SELMA LAGERLÖF

GESAMMELTE WERKE
DRITTER BAND

Herausgegeben von
Hans A. Neunzig

NYMPHENBURGER

SELMA LAGERLÖF

NILS HOLGERSSONS SCHÖNSTE ABENTEUER MIT DEN WILDGÄNSEN

NYMPHENBURGER

Die Auswahl von »Nils Holgerssons schönste Abenteuer mit den Wildgänsen« wurde für diese Ausgabe erweitert. Titel der ungekürzten Originalausgabe, aus der die vorliegende Auswahl getroffen wurde: »Wunderbare Reise des kleinen Nils Holgersson mit den Wildgänsen«.

Einzige berechtigte Übersetzung aus dem Schwedischen von Pauline Klaiber-Gottschau.

Umschlaggestaltung: R. Susanne Berner, München
Satz: Bauer & Bökeler Filmsatz KG, Denkendorf
Druck und Bindung: Welsermühl, Wels
Printed in Austria
ISBN 3-485-00386-7

Der Junge

Das Wichtelmännchen

Sonntag, 20. März

Es war einmal ein Junge. Er war ungefähr vierzehn Jahre alt, groß und gut gewachsen und flachshaarig. Viel nütz war er nicht, am liebsten schlief oder aß er, und sein größtes Vergnügen war, irgend etwas anzustellen.

Es war an einem Sonntagmorgen, und die Eltern machten sich fertig, in die Kirche zu gehen. Der Junge saß in Hemdärmeln auf dem Tischrande und dachte, wie günstig das sei, daß Vater und Mutter fortgingen und er ein paar Stunden lang tun könne, was ihm beliebe. »Jetzt kann ich Vaters Flinte hernehmen und schießen, ohne daß es mir jemand verbietet«, sagte er zu sich.

Aber es war fast, als habe der Vater die Gedanken seines Sohnes erraten, denn als er schon auf der Schwelle stand, um hinauszugehen, hielt er inne und wendete sich zu ihm. »Da du nicht mit Mutter und mir in die Kirche gehen willst«, sagte er, »so sollst du wenigstens daheim die Predigt lesen. Willst du mir das versprechen?«

»Ja«, antwortete der Junge, »das kann ich schon.« Aber er dachte natürlich, er werde gewiß nicht mehr lesen, als ihm behagte.

Dem Jungen kam es vor, als ob seine Mutter sich noch nie so rasch bewegt hätte. In einem Nu war sie am Bücherbrett, nahm Luthers Postille herunter, schlug die Predigt vom Tage auf und legte das Buch auf den Tisch am Fenster. Sie schlug auch das Evangelienbuch auf und legte es neben die Postille. Schließlich rückte sie noch den großen Lehnstuhl an den Tisch, der im vorigen Jahr auf der Auktion im Pfarrhause zu Vämmenhög gekauft worden war, und in dem sonst außer Vater niemand sitzen durfte.

Der Junge dachte, die Mutter mache sich wirklich zu

viel Mühe mit diesen Vorbereitungen, denn er hatte im Sinne, nicht mehr als eine oder zwei Seiten zu lesen. Aber zum zweiten Male war es, als ob der Vater ihm mitten ins Herz sehen könnte, denn er trat zu ihm und sagte in strengem Ton: »Gib wohl acht, daß du ordentlich liest! Wenn wir zurückkommen, werde ich dich über jede Seite ausfragen, und wenn du etwas übergangen hast, geht es dir schlecht.«

»Die Predigt hat vierzehn und eine halbe Seite«, sagte die Mutter, als wollte sie das Maß feststellen. »Du mußt dich gleich daran machen, wenn du fertig werden willst.«

Damit gingen sie endlich, und als der Junge unter der Tür stand und ihnen nachsah, war ihm, als sei er in einer Falle gefangen worden. »Jetzt wünschen sie sich Glück, daß sie es so gut eingerichtet haben, und daß ich, solange sie weg sind, über der Predigt sitzen muß«, dachte er.

Aber der Vater und die Mutter wünschten sich sicherlich nicht Glück, sondern sie waren ganz betrübt. Sie waren arme Kätnerleute, und ihr Gütchen war nicht größer als ein Garten. Als sie hierhergezogen waren, hatten sie nicht mehr als ein Schwein und ein paar Hühner füttern können; aber sie waren außerordentlich strebsame und tüchtige Leute, und jetzt hatten sie auch Kühe und Gänse. Sie waren ungeheuer vorwärts gekommen und wären an dem schönen Morgen ganz froh und zufrieden in die Kirche gewandert, wenn sie nicht immer an ihren Jungen hätten denken müssen. Der Vater klagte, daß er so träg und faul sei, in der Schule habe er nicht lernen wollen, und er sei ein solcher Taugenichts, daß man ihn mit knapper Not zum Gänsehüten gebrauchen könne. Die Mutter konnte nichts dagegen sagen, aber sie war hauptsächlich betrübt, weil er so wild und böse war, hartherzig gegen die Tiere und boshaft gegen die Menschen.

»Ach, wenn Gott ihm doch die Bosheit austreiben und ihm ein andres Herz geben würde!« seufzte die Mutter. »Er bringt schließlich noch sich selbst und uns ins Unglück.«

Der Junge überlegte lange, ob er die Predigt lesen sollte

oder nicht. Aber schließlich hielt er es doch fürs beste, diesmal folgsam zu sein. Er setzte sich also in den Pfarrhauslehnstuhl und begann zu lesen. Aber als er eine Weile die Wörter halblaut vor sich hin geplappert hatte, war es, als schläfre ihn das Gemurmel ein, und er fühlte, daß er einnickte.

Draußen war das herrlichste Frühlingswetter. Es war zwar erst der zwanzigste März, aber der Junge wohnte weit drunten im südlichen Schonen, im Dorfe Westvämmenhög, und da war der Frühling schon in vollem Gange. Die Bäume waren zwar noch nicht grün, aber überall sproßten frische Knospen hervor. Alle Gräben standen voll Wasser, der Huflattich blühte am Grabenrande, und das Gesträuch, das auf dem Steinmäuerchen wuchs, war braun und glänzend geworden. Der Buchenwald in der Ferne dehnte sich gleichsam und wurde zusehends dichter, und über der Erde wölbte sich ein hoher, blauer Himmel. Die Haustür war angelehnt, man konnte das Trillern der Lerchen im Zimmer hören. Die Hühner und die Gänse spazierten auf dem Hofe umher, und die Kühe, die die Frühlingsluft bis in den Stall hinein spürten, brüllten hin und wieder: »Muh, muh!«

Der Junge las und nickte und kämpfte mit dem Schlafe. »Nein, ich will nicht schlafen«, dachte er, »sonst werde ich den ganzen Vormittag mit der Predigt nicht fertig.«

Aber was auch der Grund sein mochte, – er schlief dennoch ein.

Er wußte nicht, ob er kurz oder lang geschlafen hatte, aber er erwachte von einem leichten Geräusch, das hinter seinem Rücken hörbar wurde. Auf dem Fensterbrett, gerade vor ihm, stand ein kleiner Spiegel, in dem man fast die ganze Stube überschauen konnte. In dem Augenblick nun, wo der Junge den Kopf aufrichtete, fiel sein Blick in den Spiegel, und da sah er, daß der Deckel von Mutters Truhe aufgeschlagen war.

Mutter besaß eine große, schwere, eichene Truhe mit eisernen Beschlägen, die außer ihr niemand öffnen durfte.

Darin verwahrte sie alles, was sie von ihrer Mutter geerbt hatte und was ihr besonders ans Herz gewachsen war. Da drinnen lagen einige altmodische Bauerntrachten aus rotem Tuch mit kurzen Leibchen und gefalteten Röcken und perlenbestickten Bruststücken. Auch weiße gestärkte Kopftücher und schwere silberne Schnallen und Ketten waren darin. Die Leute wollten solche Sachen jetzt nicht mehr tragen, und Mutter hatte wiederholt daran gedacht, sie zu verkaufen, hatte das aber doch nie übers Herz gebracht.

Jetzt sah der Junge im Spiegel ganz deutlich, daß der Deckel der Truhe offen stand. Er konnte nicht begreifen, wie das zugegangen war, denn Mutter hatte, bevor sie fortging, den Deckel zugemacht. Das wäre Mutter nicht passiert, daß sie die Truhe offengelassen hätte, wenn er allein zu Hause blieb.

Es wurde ihm ganz unheimlich zumute. Er fürchtete, ein Dieb könnte sich hereingeschlichen haben, und wagte nicht, sich zu rühren, sondern saß ganz still und starrte in den Spiegel hinein.

Während er so dasaß und wartete, daß der Dieb sich zeige, begann er sich zu fragen, was das wohl für ein schwarzer Schatten sei, der auf den Rand der Truhe fiel. Er sah und sah und wollte seinen Augen nicht trauen. Aber was dort im Anfang einem Schatten geglichen hatte, wurde immer deutlicher, und bald merkte er, daß es etwas Wirkliches war; und es war in der Tat nichts andres als ein Wichtelmännchen, das rittlings auf dem Rande der Truhe saß.

Der Junge hatte wohl schon von Wichtelmännchen reden hören, aber er hatte sich nie gedacht, daß sie so klein sein könnten. Das Wichtelmännchen, das dort auf dem Rande saß, war ja nur eine Spanne lang. Es hatte ein altes, runzliges, bartloses Gesicht und trug einen schwarzen Rock mit langen Schößen, Kniehosen und einen breitrandigen schwarzen Hut. Es sah sehr zierlich und fein aus, mit weißen Spitzen um den Hals und um die Handgelenke, Schnallen an den Schuhen und die Strumpfbänder in eine Schleife gebunden. Jetzt eben hatte es einen gestickten

Brustlatz aus der Truhe genommen und betrachtete die alte Arbeit mit solcher Andacht, daß es das Erwachen des Jungen gar nicht bemerkt hatte.

Der Junge war äußerst verdutzt, als er das Wichtelmännchen sah; aber eigentlich Angst hatte er nicht vor ihm. Vor einem so kleinen Geschöpf konnte man sich unmöglich fürchten. Und da das Wichtelmännchen von seinem eigenen Tun so hingenommen war, daß es weder hörte noch sah, bekam der Junge sogleich große Lust, ihm einen Streich zu spielen, es in die Truhe hineinzustoßen und den Deckel zuzuschlagen, oder etwas ähnliches.

Aber das Wichtelmännchen mit den Händen anzurühren, das getraute sich der Junge doch nicht; und deshalb sah er sich nach etwas im Zimmer um, womit er ihm einen Stoß versetzen könnte. Er ließ die Blicke vom Kanapee nach dem Klapptisch und vom Klapptisch nach dem Herd wandern. Er musterte die Kochtöpfe und die Kaffeekanne, die auf einem Brett neben dem Herde standen, den Wasserkrug neben der Tür, und die Löffel, die Messer und Gabeln und die Schüsseln und Teller, die durch die halbgeöffnete Schranktür sichtbar waren. Er sah hinauf zu Vaters Flinte, die neben dem dänischen Königspaar an der Wand hing, und nach den Pelargonien und Fuchsien, die auf dem Fensterbrett blühten. Ganz zuletzt fiel sein Blick auf ein altes Fliegennetz, das am Fensterkreuz hing.

Kaum hatte er das Fliegennetz erblickt, als er es auch schon zu sich heranzog und das Netz nach dem Truhenrande schwang. Und er war ganz überrascht über sein Glück. Er wußte beinahe selbst nicht, wie es zugegangen war, – aber er hatte das Wichtelmännchen wirklich gefangen. Der arme Kerl lag, den Kopf nach unten, in dem langen Netze und konnte sich nicht mehr heraushelfen.

Im ersten Augenblick wußte der Junge gar nicht, was er mit seinem Fang tun sollte. Er schwang nur immer das Netz sorglich hin und her, damit das Wichtelmännchen keine Zeit bekomme, herauszuklettern.

Jetzt begann das Wichtelmännchen zu sprechen; es bat

und flehte um seine Freiheit und sagte, es habe der Familie seit vielen Jahren viel Gutes getan und wäre wirklich einer besseren Behandlung wert. Wenn der Junge es loslasse, wolle es ihm einen alten Speziestaler geben sowie eine silberne Kette und eine Goldmünze, die so groß sei wie der Deckel an der silbernen Uhr seines Vaters.

Dem Jungen kam zwar das Lösegeld nicht gerade groß vor; aber seit er das Wichtelmännchen in seiner Gewalt hatte, fürchtete er sich gewissermaßen vor ihm. Er fühlte, daß er sich in etwas eingelassen hatte, was fremd und unheimlich war und nicht in diese Welt gehörte; deshalb war er nun sehr froh, es loszuwerden.

Er ging also schnell auf das Angebot ein und hielt das Netz still, damit das Wichtelmännchen herauskriechen könne. Als dieses aber beinahe aus dem Netz heraus war, fiel dem Jungen ein, daß er sich größere Dinge und alles mögliche Gute hätte ausbedingen können. Jedenfalls hätte er die Bedingung stellen können, daß ihm das Wichtelmännchen die Predigt in den Kopf zaubern müsse. »Wie dumm von mir, daß ich es freiließ«, dachte er und begann das Netz aufs neue hin und her zu schwingen, damit das Wichtelmännchen wieder hineinpurzle.

Aber kaum hatte der Junge das getan, da bekam er eine fürchterliche Ohrfeige, daß ihm war, als zerspringe ihm der Kopf in tausend Stücke. Er flog zuerst an die eine Wand und dann an die andre, schließlich fiel er auf den Boden und blieb bewußtlos liegen.

Als er wieder erwachte, war er noch in der Hütte. Von dem Wichtelmännchen war keine Spur mehr zu sehen. Der Truhendeckel war geschlossen, und das Fliegennetz hing an seinem gewöhnlichen Platz am Fenster. Wenn dem Jungen nicht die rechte Wange von der Ohrfeige so sehr gebrannt hätte, hätte er sich versucht gefühlt, alles für einen Traum zu halten. »Was aber auch geschehen sein mag, jedenfalls werden Vater und Mutter behaupten, daß es nichts gewesen sei als ein Traum«, dachte er. »Sie werden mir wegen des Wichtelmännchens nichts von der Predigt abziehen, und es wird am besten sein, wenn ich mich jetzt eilig dahintermache.«

Aber als er an den Tisch ging, kam ihm etwas sehr verwunderlich vor. Das Zimmer konnte doch unmöglich größer geworden sein. Woher kam es denn aber, daß er jetzt so viel mehr Schritte machen mußte als sonst, wenn er an den Tisch ging? Und was war denn mit dem Stuhl? Er sah zwar nicht gerade aus, als sei er größer als vorher, aber der Junge mußte zuerst auf die Leiste zwischen den Stuhlbeinen steigen und dann vollends auf den Sitz hinaufklettern. Und gerade so war es auch mit dem Tisch. Er konnte nicht auf die Tischplatte hinaufsehen, sondern mußte auf die Armlehne des Stuhles steigen.

»Was ist denn aber das?« sagte der Junge. »Ich glaube fast, das Wichtelmännchen hat die ganze Stube verhext.«

Die Postille lag auf dem Tische, und anscheinend war sie unverändert. Aber etwas Verkehrtes mußte doch daran sein, denn er konnte kein Wort lesen, sondern mußte erst auf das Buch selbst hinaufsteigen.

Er las ein paar Zeilen, dann aber sah er zufällig auf. Dabei fiel sein Blick in den Spiegel, und da rief er ganz laut: »Ei sieh, da ist ja noch einer!«

Denn im Spiegel sah er ganz deutlich einen winzig kleinen Knirps in einer Zipfelmütze und Lederhosen.

»Der ist genauso angezogen wie ich«, sagte der Junge und schlug vor Verwunderung die Hände zusammen. Aber da sah er, daß der Kleine im Spiegel dasselbe tat.

Da begann er sich an den Haaren zu ziehen, sich in den Arm zu kneifen und sich im Kreise zu drehen, und augenblicklich tat der Kleine im Spiegel dasselbe.

Jetzt lief der Junge ein paarmal um den Spiegel herum, um zu sehen, ob vielleicht so ein kleiner Kerl hinter dem Spiegel verborgen sei, aber er fand niemand dahinter, und da begann er vor Schrecken am ganzen Leibe zu zittern. Denn jetzt begriff er, daß das Wichtelmännchen ihn selbst verzaubert hatte, und daß er selbst der kleine Knirps war, dessen Bild er im Spiegel sah.

Der Junge wollte durchaus nicht glauben, daß er in ein Wichtelmännchen verwandelt worden war. »Es ist gewiß nur ein Traum und eine Einbildung«, dachte er. »Wenn ich ein paar Augenblicke warte, werde ich schon wieder ein Mensch sein.«

Er stellte sich vor den Spiegel und schloß die Augen.

Erst nach ein paar Minuten öffnete er sie wieder und erwartete nun, daß der Spuk vorbei sei. Aber dies war nicht der Fall, er war noch ebenso klein wie vorher. Sein weißes Flachshaar, die Sommersprossen auf seiner Nase, die Flicken auf seinen Lederhosen und das Loch im Strumpfe, alles war genauso wie vorher, nur sehr, sehr viel kleiner.

Nein, es half nichts, wenn er auch noch so lange dastand und wartete. Er mußte etwas andres versuchen. Oh, das Beste, was er tun könnte, wäre gewiß, das Wichtelmännchen aufzusuchen, es um Entschuldigung zu bitten und sich mit ihm zu versöhnen!

Er sprang auf den Boden hinunter und begann zu suchen. Er lugte hinter die Stühle und Schränke, unter das Kanapee und hinter den Herd. Er kroch sogar in ein paar Mauselöcher, aber das Wichtelmännchen war nicht zu finden.

Während er suchte, weinte er und bat und versprach alles nur Erdenkliche. Nie, nie wieder wolle er jemand sein Wort brechen, nie, nie mehr unartig sein und nie wieder über einer Predigt einschlafen!

Wenn er nur seine menschliche Gestalt wieder bekäme, würde ganz gewiß ein ausgezeichneter, guter, folgsamer Junge aus ihm. Aber was er auch immer versprach, es half alles nichts.

Plötzlich fiel ihm ein, daß er Mutter einmal hatte sagen hören, das Wichtelvolk halte sich gern im Kuhstall auf, und schnell beschloß er, auch dort nachzusehen, ob das Wichtelmännchen zu finden sei. Zum Glück stand die Tür offen; denn er hätte das Schloß nicht selbst öffnen können, so aber konnte er ungehindert hinausschlüpfen.

Als er in den Flur kam, sah er sich nach seinen Holzschuhen um, denn im Zimmer ging er natürlich auf Strümpfen. Er überlegte, wie er sich wohl mit den großen, schwerfälligen Holzschuhen abfinden solle, aber in diesem Augenblick entdeckte er auf der Schwelle ein Paar winzige Schuhe. Als er sah, daß das Wichtelmännchen so vorsorglich gewesen war, auch seine Holzschuhe zu verwandeln, wurde er ängstlicher. »Dieser Jammer soll offenbar lange dauern«, dachte er.

Auf dem alten eichenen Brett, das vor der Haustüre lag, hüpfte ein Sperling hin und her. Kaum erblickte dieser den Jungen, da rief er auch schon: »Seht doch, Nils, der Gänsehirt! Seht den kleinen Däumling! Seht doch Nils Holgersson Däumling!«

Sogleich wendeten sich die Gänse und die Hühner nach dem Jungen um, und es entstand ein entsetzliches Geschrei: »Kikerikiki!« krähte der Hahn. »Das geschieht ihm recht! Kikerikiki! Er hat mich am Kamme gezogen!«

»Ga, ga, ga, gag, das geschieht ihm recht!« riefen die Hühner, und sie fuhren ohne Aufhören damit fort.

Die Gänse sammelten sich in einen Haufen, steckten die Köpfe zusammen und fragten: »Wer hat das getan? Wer hat das getan?«

Aber das Merkwürdige daran war, daß der Junge verstand, was sie sagten. Er war so verwundert darüber, daß er auf der Türschwelle stehenblieb und zuhörte. »Das kommt gewiß daher, daß ich in ein Wichtelmännchen verwandelt bin«, sagte er, »deshalb verstehe ich die Tiersprache.«

Es war ihm unausstehlich, daß die Hühner mit ihrem ewigen »das geschieht ihm recht« gar nicht aufhören wollten. Er warf einen Stein nach ihnen und rief: »Haltet den Schnabel, Lumpenpack!«

Aber er hatte eines vergessen. Er war jetzt nicht mehr so groß, daß die Hühner sich vor ihm hätten fürchten müssen.

Die ganze Hühnerschar stürzte auf ihn zu, pflanzte sich um ihn herum auf und schrie: »Ga, ga, ga, ga! Es geschieht dir recht! Ga, ga, ga, gag! Es geschieht dir recht!«

Der Junge versuchte ihnen zu entwischen; aber die Hühner sprangen hinter ihm her und schrien so laut, daß ihm beinahe Hören und Sehen verging. Er wäre ihnen auch wohl kaum entgangen, wenn nicht die Hauskatze daher gekommen wäre. Sobald die Hühner die Katze sahen, verstummten sie und schienen an nichts andres mehr zu denken, als fleißig in der Erde nach Würmern zu scharren.

Der Junge lief schnell auf die Katze zu. »Liebe Miez«, sagte er, »du kennst doch alle Winkel und Schlupflöcher hier auf dem Hofe? Sei lieb und teile mir mit, wo ich das Wichtelmännchen finden kann.«

Die Katze gab ihm nicht sogleich Antwort. Sie setzte sich nieder, legte den Schwanz zierlich in einem Ring um die Vorderpfoten und sah den Jungen an. Es war eine große, schwarze Katze mit einem weißen Fleck auf der Brust. Ihr Fell war glatt und glänzte im Sonnenschein. Sie hatte die Krallen eingezogen, ihre Augen waren gleichmäßig grau mit nur einem kleinen, schmalen Schlitz in der Mitte. Die Katze sah durch und durch gutmütig aus.

»Ich weiß allerdings, wo das Wichtelmännchen wohnt«, sagte sie mit freundlicher Stimme. »Aber damit ist nicht gesagt, daß ich es dir sagen werde.«

»Liebe, liebe Miez, du mußt mir helfen«, sagte der Junge. »Siehst du nicht, wie es mich verzaubert hat?«

Die Katze öffnete ihre Augen ein klein wenig, so daß die grüne Bosheit herausschien. Sie spann und schnurrte vor Vergnügen, ehe sie antwortete. »Soll ich dir vielleicht jetzt helfen, weil du mich so oft am Schwanz gezogen hast?« sagte sie schließlich.

Da wurde der Junge böse; er vergaß ganz, wie klein und ohnmächtig er jetzt war. »Ich kann dich ja noch einmal am Schwanz ziehen, jawohl«, sagte er und sprang auf die Katze los.

In demselben Augenblick aber war diese so verändert,

daß der Junge sie kaum noch für dasselbe Tier halten konnte. Sie hatte den Rücken gekrümmt – die Beine waren länger geworden, der Schwanz war kurz und dick, die Ohren legten sich zurück, das Maul fauchte, und die Augen standen weit offen und funkelten in roter Glut.

Der Junge wollte sich von einer Katze nicht erschrecken lassen und trat noch einen Schritt näher. Aber da machte die Katze einen Satz, ging gerade auf den Jungen los, warf ihn um und stellte ihm mit weitaufgesperrtem Maul die Vorderbeine auf die Brust.

Der Junge fühlte, wie ihm die Klauen durch die Weste und das Hemd in die Haut eindrangen und wie die scharfen Eckzähne ihm den Hals kitzelten. Da begann er aus Leibeskräften um Hilfe zu schreien.

Aber es kam niemand, und er glaubte schon sicher, seine letzte Stunde hätte geschlagen. Da fühlte er, daß die Katze die Krallen einzog und seinen Hals losließ.

»So«, sagte sie, »jetzt will ich es genug sein lassen. Für diesmal magst du meiner guten Hausmutter zuliebe mit der Angst davonkommen. Ich wollte nur, daß du wüßtest, wer von uns beiden der Stärkere ist.«

Damit ging die Katze ihrer Wege und sah ebenso sanft aus wie vorher. Der Junge schämte sich so, daß er kein Wort sagen konnte; er lief deshalb eiligst in den Kuhstall hinein, das Wichtelmännchen zu suchen.

Es waren nur drei Kühe im Stalle. Aber als der Junge eintrat, begannen sie alle zu brüllen und einen solchen Spektakel zu machen, daß man hätte meinen können, es seien wenigstens dreißig.

»Muh, muh, muh!« brüllte Majros. »Es ist doch gut, daß es noch eine Gerechtigkeit auf der Welt gibt.«

»Muh, muh, muh!« riefen alle drei auf einmal. Der Junge konnte nicht verstehen, was sie sagten, so wild schrien sie durcheinander.

Er wollte nach dem Wichtelmännchen fragen, aber er konnte sich kein Gehör verschaffen, weil die Kühe in vollem Aufruhr waren. Sie betrugen sich genauso, als wäre ein fremder Hund zu ihnen hereingebracht worden, schlugen mit den Hinterfüßen aus, rasselten an ihren Halsketten, wendeten die Köpfe rückwärts und stießen mit den Hörnern.

»Komm nur her!« sagte Majros. »Dann geb' ich dir einen Stoß, den du nicht so bald wieder vergessen wirst.«

»Komm her!« sagte Gull-Lilja. »Dann lasse ich dich auf meinen Hörnern reiten.«

»Komm nur, komm, dann sollst du erfahren, wie es mir geschmeckt hat, wenn du mir deinen Holzschuh auf den Rücken warfst, was du immer tatest!« sagte Stern.

»Ja, komm nur her, dann werde ich dich für die Wespen bezahlen, die du mir ins Ohr gesetzt hast!« schrie Gull-Lilja.

Majros war die älteste und klügste von den dreien, und sie war am zornigsten. »Komm nur«, sagte sie, »daß ich dich für die vielen Male bezahlen kann, wo du den Melkschemel unter deiner Mutter weggezogen hast, sowie für jedes Mal, wo du ihr einen Fuß stelltest, wenn sie mit dem Melkeimer daherkam, und für alle Tränen, die sie hier über dich geweint hat.«

Der Junge wollte ihnen sagen, wie sehr er sein schlechtes Betragen bereue und daß er von jetzt an immer artig sein werde, wenn sie ihm nur sagten, wo das Wichtelmännchen zu finden wäre. Aber die Kühe hörten gar nicht auf ihn; sie brüllten so laut, daß er Angst bekam, es könnte sich schließlich eine von ihnen losreißen, und so hielt er es fürs beste, sich aus dem Kuhstalle davonzuschleichen.

Als der Junge wieder auf den Hof kam, war er ganz mutlos. Er sah ein, daß ihm auf dem ganzen Hofe bei seiner Suche nach dem Wichtelmännchen niemand beistehen wollte. Und wahrscheinlich würde ihm auch das Wichtelmännchen, selbst wenn er es fände, wenig helfen.

Er kroch auf das breite Steinmäuerchen, das das ganze Gütchen umgab und das mit Weißdorn und Brombeerranken überwachsen war. Dort ließ er sich nieder, zu überlegen, wie es werden solle, wenn er seine menschliche Gestalt nicht mehr erlangte. Wenn nun Vater und Mutter von der Kirche heimkämen, würden sie sich baß verwundern. Ja, im ganzen Lande würde man sich verwundern, und die Leute würden daherkommen von Ostvämmenhög und von Torp und von Skurup, ja, aus dem ganzen Vämmenhöger Bezirk würden sie zusammenkommen, ihn anzuschauen. Und wer weiß, vielleicht würden die Eltern ihn sogar mitnehmen, ihn auf den Märkten zu zeigen.

Ach, es war zu schrecklich, nur daran zu denken! Da wäre es ihm schließlich noch am liebsten, wenn ihn nur kein Mensch mehr zu sehen bekäme!

Ach, wie unglücklich war er doch! Auf der weiten Welt war gewiß noch nie ein Mensch so unglücklich gewesen wie er. Er war kein Mensch mehr, sondern ein verhexter Zwerg.

Er begann allmählich zu verstehen, was das heißen wollte, kein Mensch mehr zu sein. Von allem war er nun geschieden; er konnte nicht mehr mit andern Jungen spielen, konnte niemals das Gütchen von seinen Eltern übernehmen, und es war ganz und gar ausgeschlossen, daß sich je ein Mädchen entschließen würde, ihn zu heiraten.

Er betrachtete seine Heimat. Es war ein kleines weiß angestrichenes Bauernhaus, das mit seinem hohen steilen Strohdach wie in die Erde hineingedrückt aussah. Die Wirtschaftsgebäude waren auch klein und die Äckerchen so winzig, daß ein Pferd sich kaum darauf hätte umdrehen können. Aber so klein und arm das Ganze auch war, es war doch noch viel zu gut für ihn. Er konnte keine bessere Wohnung verlangen, als ein Loch unter dem Scheunenboden.

Es war wunderschönes Wetter, rings um ihn her murmelte und knospte und zwitscherte es. Aber ihm war das Herz schwer. Nie wieder würde er sich über etwas freuen können. Er meinte, den Himmel noch nie so dunkelblau gesehen zu haben wie an diesem Tage. Zugvögel kamen dahergeflogen. Sie kamen vom Auslande, waren über die Ostsee gerade auf Smygehuk zugesteuert und waren jetzt auf dem Wege nach Norden. Es waren Vögel von den verschiedensten Arten; aber er kannte nur die Wildgänse, die in zwei langen, keilförmigen Reihen flogen.

Schon mehrere Scharen Wildgänse waren so vorübergeflogen. Sie flogen hoch droben, aber er hörte doch, wie sie riefen: »Jetzt geht's auf die hohen Berge! Jetzt geht's auf die hohen Berge!«

Sobald die Wildgänse die zahmen Gänse sahen, die auf dem Hofe umherliefen, senkten sie sich herab und riefen: »Kommt mit, kommt mit! Jetzt geht's auf die hohen Berge!«

Die zahmen Gänse reckten unwillkürlich die Hälse und horchten, antworteten dann aber verständig: »Es geht uns hier ganz gut! Es geht uns hier ganz gut!«

Es war, wie gesagt, ein überaus schöner Tag, und die Luft war so frisch und leicht, daß es ein Vergnügen sein mußte, darin zu fliegen. Und mit jeder neuen Schar Wildgänse, die vorüberflog, wurden die zahmen Gänse aufgeregter. Ein paarmal schlugen sie mit den Flügeln, als hätten sie große Lust, mitzufliegen. Aber jedesmal sagte eine alte Gänsemutter: »Seid nicht verrückt, Kinder, das hieße soviel als hungern und frieren.«

Bei einem jungen Gänserich hatten die Zurufe ein wahres Reisefieber erweckt. »Wenn noch eine Schar kommt, fliege ich mit!« rief er.

Jetzt kam eine neue Schar und rief wie die andern. Da schrie der junge Gänserich: »Wartet, wartet, ich komme mit!« Er breitete seine Flügel aus und hob sich empor. Aber er war des Fliegens zu ungewohnt und fiel wieder auf den Boden zurück.

Die Wildgänse mußten jedenfalls seinen Ruf gehört haben. Sie wendeten sich um und flogen langsam zurück, um zu sehen, ob er mitkäme.

»Wartet! Wartet!« rief er und machte einen neuen Versuch.

All das hörte der Junge auf dem Mäuerchen. »Das wäre sehr schade, wenn der große Gänserich fortginge«, dachte er; »Vater und Mutter würden sich darüber grämen, wenn er bei ihrer Rückkehr nicht mehr da wäre.«

Während er dies dachte, vergaß er wieder ganz, daß er klein und ohnmächtig war. Er sprang von dem Mäuerchen hinunter, lief mitten in die Gänseschar hinein und umschlang den Gänserich mit seinen Armen. »Das wirst du schön bleiben lassen, von hier wegzufliegen, hörst du!« rief er.

Aber gerade in diesem Augenblick hatte der Gänserich herausgefunden, wie er es machen müsse, um vom Boden fortzukommen. In seinem Eifer nahm er sich nicht die Zeit, den Jungen abzuschütteln; dieser mußte mit in die Luft hinauf.

Es ging so schnell aufwärts, daß es dem Jungen schwindlig wurde. Ehe er sich klarmachen konnte, daß er den Hals des Gänserichs loslassen müßte, war er schon so hoch droben, daß er sich totgefallen hätte, wenn er jetzt hinuntergestürzt wäre.

Das einzige, was er unternehmen konnte, um in eine etwas bequemere Lage zu kommen, war ein Versuch, auf den Rücken des Gänserichs zu klettern. Und er kletterte wirklich hinauf, wenn auch mit großer Mühe. Aber es war gar nicht leicht, sich auf dem glatten Rücken zwischen den beiden schwingenden Flügeln festzuhalten. Er mußte mit beiden Händen tief in die Federn und den Flaum hineingreifen, um nicht hintüber zu fallen.

Das gewürfelte Tuch

Dem Jungen war so wirr im Kopfe, daß er lange bewußtlos blieb. Die Luft pfiff und sauste ihm entgegen, die Flügel neben ihm bewegten sich, und in den Federn brauste es wie ein ganzer Sturm. Dreizehn Gänse flogen um ihn her. Es schwirrte ihm vor den Augen, und es sauste ihm in den Ohren; er wußte nicht, ob sie hoch oder niedrig flögen, noch wohin er mitgenommen würde.

Schließlich kam er doch wieder so weit zu sich, um sich annähernd klarmachen zu können, daß er doch erfahren müsse, wohin die Gänse mit ihm flögen. Aber dies war nicht so leicht, denn er wußte nicht, wo er den Mut hernehmen sollte, hinunterzusehen. Er war fest überzeugt, daß ihm beim ersten Versuche ganz schwindlig werden würde. Seinetwegen flogen sie auch langsamer als gewöhnlich.

Als der Junge schließlich aber doch hinuntersah, meinte er, unter sich ein großes Tuch ausgebreitet zu sehen, das in eine unglaubliche Menge großer und kleiner Vierecke eingeteilt war.

»Wohin bin ich denn gekommen?« fragte er sich.

Er sah nichts weiter als Viereck an Viereck. Die einen waren überzwerch, die andern länglich, aber überall waren Ecken und gerade Ränder. Nichts war rund, nichts gebogen. »Was ist denn das da unten für ein großes gewürfeltes Tuch?« sagte der Junge vor sich hin, ohne von irgendeiner Seite eine Antwort zu erwarten.

Aber die Wildgänse um ihn her riefen sogleich: »Äcker und Wiesen! Äcker und Wiesen!«

Da begriff der Junge, daß das große gewürfelte Tuch, über das er hinflog, der flache Erdboden von Schonen war. Und er begann zu verstehen, warum es so gewürfelt und farbig aussah. Die hellgrünen Vierecke erkannte er zuerst, das waren die Roggenfelder, die im vorigen Herbst bestellt worden waren und sich unter dem Schnee grün erhalten hatten. Die gelbgrauen Vierecke waren die Stoppelfelder, wo im vorigen Sommer Frucht gewachsen war, die bräunlichen waren alte Kleeäcker und die schwarzen leere Weideplätze oder ungepflügtes Brachfeld. Die braunen Vierecke mit einem gelben Rand waren sicherlich die Buchenwälder, denn da sind die großen Bäume, die mitten im Walde wachsen, im Winter entlaubt, während die jungen Buchen am Waldessaum ihre vergilbten Blätter bis zum Frühjahr behalten. Es waren auch dunkle Vierecke da mit etwas Grauem in der Mitte. Das waren die großen viereckig gebauten Höfe mit den geschwärzten Strohdächern und den gepflasterten Hofplätzen. Und dann wieder waren Vierekke da, die in der Mitte grün waren und einen braunen Rand hatten. Das waren die Gärten, wo die Rasenplätze schon grünten, während das Buschwerk und die Bäume, die sie umgaben, noch in der nackten braunen Rinde dastanden.

Der Junge mußte unwillkürlich lachen, als er sah, wie gewürfelt das alles aussah.

Aber als die Wildgänse ihn lachen hörten, riefen sie wie strafend: »Fruchtbares, gutes Land! Fruchtbares, gutes Land!«

Der Junge war schon wieder ernst geworden. »Daß du lachen kannst«, dachte er, »du, dem das Allerschrecklichste widerfahren ist, was einem Menschen begegnen kann.«

Er war eine Weile sehr ernst, aber bald mußte er wieder lachen.

Nachdem er sich an diese Art des Reisens gewöhnt hatte, so daß er wieder an etwas andres denken konnte als daran, wie er sich auf dem Gänserücken halten solle, bemerkte er, daß viele Vogelscharen durch die Lüfte dahinflogen, die alle dem Norden zustrebten. Und es war ein Schreien und Schnattern von Schar zu Schar.

»So – ihr seid heute auch herübergekommen!« schrien einige.

»Jawohl«, antworteten die Gänse. »Was haltet ihr vom Frühling?«

»Noch nicht ein Blatt auf den Bäumen und kaltes Wasser in den Seen!« erklang die Antwort.

Als die Gänse über einen Ort hinwegflogen, wo zahmes Federvieh umherlief, riefen sie: »Wie heißt der Hof?«

Da reckte der Hahn den Kopf in die Höhe und antwortete: »Der Hof heißt Kleinfeld, heuer wie im vorigen Jahr, heuer wie im vorigen Jahr!«

Die meisten Häuser hießen wohl nach ihren Besitzern, wie es in Schonen Sitte ist, aber anstatt zu sagen: »Dieser Hof gehört Per Matsson und jener Ole Rasson«, gaben die

Hähne ihnen den Namen, der ihnen selbst am passendsten erschien.

Wenn sie auf einem armen Gütchen oder Kätnerhäuschen wohnten, riefen sie: »Dieser Hof heißt ›Körnerlos‹!« Und von den allerärmsten schrien sie:

»Dieser Hof heißt ›Frißwenig! Frißwenig‹!«

Die großen, reichen Bauernhöfe bekamen große Namen von den Hähnen, zum Beispiel: »Glückshof, Eierberg oder Talerhaus!«

Aber die Hähne auf den Herrenhöfen waren zu hochmütig, sich etwas Scherzhaftes auszudenken, sie krähten nur und riefen mit einer Kraft, als wollten sie bis in die Sonne gehört werden: »Dies ist Dybecks Herrenhof! Heuer wie im vorigen Jahr, heuer wie im vorigen Jahr!«

Und etwas weiter hin stand einer, der rief: »Dies ist Swaneholm, das sollte doch jedermann wissen!«

Der Junge merkte, daß die Gänse nicht in gerader Linie weiterflogen. Sie schwebten über der ganzen südlichen Ebene hin und her, als freuten sie sich, wieder in Schonen zu sein, und als wollten sie jeden einzelnen Hof begrüßen.

So kamen sie auch an einen Hof, wo mehrere große, ausgedehnte Gebäude mit hohen Schornsteinen standen und rings umher eine Menge kleiner Häuser.

»Dies ist die Zuckerfabrik von Jordberga!« riefen die Hähne. »Dies ist die Zuckerfabrik von Jordberga!«

Der Junge fuhr auf dem Rücken des Gänserichs zusammen. Diesen Ort hätte er kennen sollen. Er lag nicht weit vom Hause seiner Eltern entfernt, und im vorigen Jahre war er dort Gänsehirt gewesen. Aber alles sah eben ganz anders aus, wenn man es von oben aus betrachtete.

Ei, ei! Ob wohl das Gänsemädchen Asa und Klein-Mats, seine Kameraden vom vorigen Jahre, noch da waren? Und was würden sie wohl sagen, wenn sie wüßten, daß er hoch über ihren Köpfen hinwegflog!

Dann verloren sie Jordberga aus dem Gesicht und flogen nach Svedala und Skabersee und wieder zurück über Börringekloster und Häckeberga. Der Junge bekam an diesem einen Tag mehr von Schonen zu sehen als an allen übrigen seines Lebens vorher.

Wenn die Wildgänse zahme Gänse trafen, waren sie am vergnügtesten. »Jetzt geht's auf die hohen Berge! Kommt doch mit! Kommt doch mit!«

Aber die zahmen Gänse antworteten: »Der Winter ist noch im Land! Ihr seid zu zeitig dran! Kehrt wieder um! Kehrt wieder um!«

Die Wildgänse senkten sich nieder, damit die zahmen sie besser verstehen könnten, und riefen zurück: »Kommt mit, dann wollen wir euch fliegen und schwimmen lehren.«

Aber da fühlten sich die zahmen Gänse beleidigt, und sie antworteten auch nicht mit einem einzigen Schnattern mehr.

Aber die Wildgänse senkten sich noch tiefer hinunter, so daß sie beinahe die Erde berührten und dann hoben sie sich blitzschnell in die Höhe, als wenn sie über etwas furchtbar erschrocken wären. »Oj, oj, oj!« riefen sie. »Das sind ja gar keine Gänse, es sind nur Schafe, es sind nur Schafe!«

Die Gänse auf der Erde gerieten dadurch ganz außer sich und schrien laut: »Wenn ihr nur totgeschossen würdet! Alle miteinander, alle miteinander!«

Als der Junge dies Gezänke hörte, lachte er. Aber dann erinnerte er sich daran, wie sehr er sich ins Unglück gebracht hatte, und da weinte er. Aber nach einer kleinen Weile lachte er doch wieder.

Noch nie war er so schnell vorwärtsgekommen, und schnell und wild zu reiten, das war von jeher sein Vergnügen gewesen. Und er hätte natürlich nie gedacht, daß es da droben in der Luft so erfrischend sein könnte und daß da ein so guter Erd- und Harzgeruch heraufdränge.

Und er hatte sich auch noch nie vorgestellt, wie das wäre, wenn man hoch in der Luft dahinflöge. Das war ja gerade, als flöge man weit weg von seinem Kummer und seinen Sorgen und von allen Widerwärtigkeiten, die man sich denken konnte.

Akka von Kebnekajse

Der Abend

Der große zahme Gänserich, der mit den Wildgänsen davongeflogen war, fühlte sich sehr stolz, daß er über die Südebene in Gesellschaft der Wildgänse hin und her fliegen konnte. Aber so glücklich er auch war, das schützte ihn doch nicht davor, daß er am Mittag allmählich müde wurde. Er versuchte, tiefer zu atmen und schneller mit den Flügeln zu schlagen, aber trotzdem blieb er mehrere Gänselängen hinter den andern zurück.

Als die wilden Gänse, die ganz hinten flogen, bemerkten, daß die zahme nicht mehr mitkommen konnte, riefen sie der, die an der Spitze flog und den keilförmigen Zug führte, zu: »Akka von Kebnekajse! Akka von Kebnekajse!«

»Was wollt ihr von mir?« fragte die Anführerin.

»Der Weiße bleibt zurück! Der Weiße bleibt zurück!«

»Sagt ihm, schneller fliegen sei leichter als langsam!« rief die Anführerin zurück und streckte sich wie vorher.

Der Gänserich versuchte es zwar, den Rat zu befolgen und seinen Flug zu beschleunigen, aber dadurch wurde er so ermattet, daß er bis auf die beschnittenen Weidenbäume, die Äcker und Wiesen einfaßten, hinuntersank.

»Akka! Akka! Akka von Kebnekajse!« riefen nun wieder die hintersten Gänse, die sahen, wie schwer es dem Gänserich wurde.

»Was wollt ihr jetzt wieder?« fragte die Anführerin und schien sehr ärgerlich zu sein.

»Der Weiße fällt! Der Weiße fällt!«

»Sagt ihm, es sei leichter, hoch zu fliegen als niedrig«, rief die Anführerin.

Der Gänserich versuchte auch diesen Rat zu befolgen; aber als er in die Höhe hinaufsteigen wollte, kam er so außer Atem, daß es ihm beinahe die Brust zersprengte.

»Akka! Akka!« riefen die hintersten.

»Könnt ihr mich nicht in Ruhe fliegen lassen?« fragte die Anführerin und schien noch ungeduldiger zu sein.

»Der Weiße ist am Hinunterfallen! Der Weiße ist am Hinunterfallen!«

»Wer nicht mit der Schar fliegen kann, der muß wieder umkehren; sagt ihm das!« rief die Führerin. Und es fiel ihr durchaus nicht ein, langsamer zu fliegen, sondern sie streckte sich wie zuvor.

»Aha, so steht es also?« sagte der Gänserich. Es wurde ihm plötzlich klar, daß die Wildgänse ganz und gar nicht daran dachten, ihn nach Lappland mitzunehmen. Sie hatten ihn nur zum Spaß mitgelockt.

Er war sehr darüber verärgert, daß ihn die Kräfte gerade jetzt verließen, da konnte er diesen Landstreichern nicht zeigen, daß eine zahme Gans auch etwas leisten kann. Und als das Ärgerlichste von allem erschien ihm dieses Zusammentreffen mit Akka von Kebnekajse. Obwohl er eine zahme Gans war, hatte er doch von einer Anführerin reden hören, die Akka heiße und beinahe hundert Jahre alt sei. Sie stand so hoch in Achtung, daß sich stets nur die besten Wildgänse an sie anschlossen. Aber niemand verachtete die zahmen Gänse mehr als Akka und ihre Schar, und deshalb hätte ihnen der Gänserich jetzt gar zu gerne gezeigt, daß er ihnen ebenbürtig sei.

Er flog langsam hinter den andern drein, während er überlegte, ob er umdrehen oder weiterfliegen solle. Da sagte plötzlich der Knirps, den er auf seinem Rücken trug: »Lieber Gänserich Martin! Du wirst doch einsehen, daß einer, der nie geflogen ist, unmöglich mit den Wildgänsen bis nach Lappland hinauf fliegen kann. Wäre es da nicht besser, du drehtest um, ehe du dich zugrunde richtest?«

Aber dieser kleine Knirps da auf seinem Rücken war dem Gänserich noch das Unangenehmste von allem, und kaum hatte er verstanden, daß der Kleine ihm die Kraft zu der Reise nicht zutraute, als er auch schon beschloß, dabei zu bleiben.

»Wenn du noch ein Wort darüber sagst, werfe ich dich in die erste Mergelgrube, über die wir hinfliegen«, sagte er. Und vor lauter Zorn wuchsen ihm die Kräfte derart, daß er fast ebensogut fliegen konnte wie die andern.

Lange hätte er freilich so nicht mehr fortmachen können; aber es war auch nicht nötig, denn jetzt sank die Schar schnell abwärts, und gerade bei Sonnenuntergang schossen die Gänse jäh hinunter. Ehe der Junge und der Gänserich ahnten, waren sie am Strande vom Vombsee.

»Hier soll wohl übernachtet werden«, dachte der Junge und sprang vom Rücken des Gänserichs hinunter.

Er stand auf einem schmalen, sandigen Ufer, und vor ihm lag ein ziemlich großer See. Aber der See machte einen häßlichen Eindruck. Er war fast ganz mit Eis bedeckt, das schwarz und uneben und voller Risse und Löcher war, wie das im Frühling zu sein pflegt. Lange konnte es mit dem Eise nicht mehr dauern, es war schon vom Ufer abgetrennt und hatte rundherum einen breiten Gürtel von schwarzem, glänzendem Wasser. Aber das Eis war doch noch da und verbreitete Kälte und winterliches Unbehagen.

Auf der andern Seite des Sees schien freundliches, angebautes Land zu sein; aber wo die Gänse sich niedergelassen hatten, lag eine große Tannenschonung. Und es sah aus, als ob der Tannenwald die Macht hätte, den Winter an sich zu fesseln. Überall sonst war die Erde frei von Schnee, aber unter den riesigen Tannen lag er noch dicht; er war geschmolzen und wieder gefroren, geschmolzen und wieder gefroren, so daß er jetzt hart wie Eis war.

Dem Jungen war es, als sei er in eine winterliche Einöde gekommen, und es wurde ihm so bänglich zumut, daß er am liebsten laut geweint hätte.

Er war sehr hungrig, denn er hatte den ganzen Tag nichts gegessen. Aber wo hätte er etwas zu essen hernehmen sollen? Im März wächst weder auf den Bäumen noch auf den Feldern etwas Eßbares.

Ja, wo sollte er etwas zu essen hernehmen? Und wer würde ihm Obdach gewähren? Wer ihm ein Bett richten?

Wer ihn an seinem Feuer niedersitzen lassen und wer ihn vor den Wildgänsen beschützen?

Denn jetzt war die Sonne untergegangen, und nun wehte es kalt vom See herüber; die Dunkelheit senkte sich vom Himmel herab, das Unbehagen schlich sich hinter der Dämmerung her, und im Walde begann es zu knistern und zu prasseln.

Jetzt war es vorbei mit dem frohen Mut, der ihn beseelt hatte, solange er da oben durch die Lüfte dahinflog, und in seiner Angst sah er sich nach seinem Reisegefährten um. Er hatte ja sonst niemand, an den er sich hätte halten können.

Da sah er, daß der Gänserich noch schlimmer daran war als er. Der lag noch immer auf demselben Fleck, wo er niedergesunken war, und es sah aus, als liege er in den letzten Zügen. Sein Hals ruhte schlaff auf der Erde, seine Augen waren geschlossen, und der Atem war nur noch ein schwaches Zischen.

»Lieber Gänserich Martin«, sagte der Junge, »versuche einen Schluck Wasser zu trinken. Es sind keine zwei Schritte bis zum See.«

Aber der Gänserich rührte sich nicht. Der Junge war freilich bisher gegen alle Tiere, den Gänserich nicht ausgenommen, recht hartherzig gewesen, aber jetzt erschien ihm dieser als die einzige Stütze, die er noch hätte, und er bekam große Angst, er könnte ihn verlieren.

Er fing gleich an, ihn zu stoßen und zu schieben, um ihn zum Wasser hinzubringen. Das war eine harte Arbeit für den Jungen, denn der Gänserich war groß und schwer; aber schließlich gelang es ihm doch.

Der Gänserich kam mit dem Kopfe zuerst ins Wasser hinein. Einen Augenblick blieb er still liegen, bald aber streckte er den Kopf heraus, schüttelte sich das Wasser aus den Augen und schnaubte. Dann schwamm er stolz zwischen das Röhricht hinein.

Die Wildgänse lagen vor ihm im See. Sobald sie auf die Erde heruntergekommen waren, hatten sie sich ins Wasser gestürzt, ohne sich nach dem Gänserich oder nach dem

Gänsereiter umzusehen. Sie hatten sich eifrig gebadet und geputzt, und jetzt schlürften sie halbverfaulte Teichlinsen und Wassergräser in sich hinein.

Der weiße Gänserich hatte das Glück, einen kleinen Barsch zu entdecken, rasch ergriff er ihn, schwamm damit zum Strande hin und legte ihn vor dem Jungen nieder. »Das bekommst du zum Dank dafür, daß du mir ins Wasser hinuntergeholfen hast«, sagte er.

Das war das erste freundliche Wort, das der Junge an diesem Tage zu hören bekam. Er wurde so froh darüber, daß er den Gänserich am liebsten umarmt hätte, aber er wagte es doch nicht. Und auch über die Gabe freute er sich. Zuerst meinte er zwar, es sei ihm ganz unmöglich, den Fisch roh zu essen, dann aber bekam er doch Lust, wenigstens den Versuch zu machen.

Er fühlte nach, ob er sein Messer bei sich hätte, und wirklich hing es noch an seinem Hosenknopf, wenn auch so verkleinert, daß es nicht größer war als ein Zündholz. Aber den Fisch konnte er damit immerhin abschuppen und reinigen; und es dauerte gar nicht lange, da war der Barsch aufgegessen.

Als der Junge gesättigt war, schämte er sich eigentlich, daß er etwas Rohes hatte essen können. »Ich bin offenbar kein Mensch mehr, sondern ein richtiges Wichtelmännchen«, dachte er.

Während der Junge den Fisch verzehrte, war der Gänserich ganz ruhig neben ihm stehengeblieben; aber als jener den letzten Bissen verschluckt hatte, sagte er mit leiser Stimme: »Wir sind an ein recht eingebildetes Wildgänsevolk geraten, das alle zahmen Gänse verachtet.«

»Ja, ich hab' es wohl bemerkt«, erwiderte der Junge.

»Es wäre freilich sehr ehrenvoll für mich, wenn ich bis nach Lappland mit ihnen reisen und ihnen zeigen könnte, daß auch eine zahme Gans etwas leisten kann.«

»O jaaa«, erwiderte der Junge gedehnt, denn er traute dies dem Gänserich nicht zu, wollte ihm aber nicht widersprechen.

»Ich glaube aber nicht, daß ich mich auf so einer Reise allein zurechtfinden kann«, fuhr der Gänserich fort, »deshalb möchte ich dich fragen, ob du nicht mitkommen und mir helfen möchtest?«

Der Junge hatte natürlich nichts andres gedacht, als so schnell wie möglich nach Hause zurückzukehren. Er war daher über die Maßen erstaunt und wußte nicht, was er sagen sollte. »Ich glaubte, wir beide seien nicht gut Freund miteinander«, sagte er. Aber das schien der Gänserich ganz und gar vergessen zu haben; er erinnerte sich nur noch daran, daß der Junge ihm vorhin das Leben gerettet hatte.

»Ich müßte eigentlich zu Vater und Mutter zurückkehren«, sagte der Junge.

»Oh, ich werde dich schon zu rechter Zeit zu ihnen zurückbringen!« rief der Gänserich. »Und ich werde dich nicht verlassen, bis ich dich wieder vor deiner eignen Schwelle niedergesetzt habe.«

Der Junge dachte, es wäre vielleicht ganz gut, wenn er seinen Eltern noch eine Weile nicht unter die Augen käme. Er war daher dem Vorschlag nicht abgeneigt und wollte gerade zustimmen, als er ein lautes Donnern hinter sich hörte. Die Wildgänse waren alle auf einmal aus dem See herausgesprungen und schüttelten jetzt das Wasser von sich ab. Dann ordneten sie sich, die Anführerin an der Spitze, in eine lange Reihe und kamen auf die beiden zu.

Als der weiße Gänserich jetzt die Wildgänse betrachtete, war ihm gar nicht behaglich zumut. Er hatte erwartet, sie mehr den zahmen Gänsen ähnlich zu sehen und sich ihnen mehr verwandt zu fühlen. Aber sie waren viel kleiner als er, und keine von ihnen war weiß, sondern alle waren grau, an einzelnen Stellen ins Braune spielend. Und vor ihren Augen hätte er sich beinahe gefürchtet, sie waren gelb und glänzten, als ob Feuer dahinter brännte. Dem Gänserich war immer eingeprägt worden, es sei schicklich, langsam und breitspurig zu gehen, aber diese hier schienen gar nicht gehen zu können, ihr Gang war ein halbes Springen. Am meisten aber erschrak er, als er ihre Füße sah, denn die waren sehr groß und die Sohlen zertreten und zerrissen. Man sah wohl, daß die Wildgänse nie darauf acht gaben, wohin sie traten, und nie einen Umweg machten. Sonst waren sie sehr zierlich und ordentlich, aber an ihren Füßen konnte man sie als arme Landstreicher erkennen.

Der Gänserich konnte dem Jungen gerade noch zuflüstern: »Rede nur keck von der Leber, aber sage nichts davon, daß du ein Mensch bist«, da waren auch die Gänse schon bei ihnen angelangt.

Sie blieben vor den beiden stehen und nickten viele Male mit dem Halse, und der Gänserich tat dasselbe, nur noch viel öfter. Sobald es des Grüßens genug war, sagte die Anführerin: »Jetzt sollten wir wohl erfahren, was ihr für Leute seid?«

»Von mir ist nicht viel zu sagen«, begann der Gänserich. »Ich bin im vorigen Jahr in Skanör geboren. Im Herbst wurde ich an Holger Nilsson von Westvämmenhög verkauft, und dort bin ich bis jetzt gewesen.«

»Du scheinst keine Familie zu haben, auf die du stolz sein könntest«, sagte die Anführerin. »Woher kommt es dann, daß du so keck bist, dich mit den Wildgänsen einzulassen?«

»Vielleicht, um euch wilden Gänsen zu zeigen, daß auch wir zahmen etwas leisten können«, antwortete der Gänserich.

»Ja, das wäre gut, wenn du uns das zeigen könntest«, sagte die Anführerin. »Wir haben nun schon gesehen, wie du fliegst, aber möglicherweise bist du in andrer Hinsicht tüchtiger. Bist du stark im Dauerschwimmen?«

»O nein, dessen kann ich mich nicht rühmen«, antwortete der Gänserich; er glaubte zu merken, daß die Anführerin schon entschlossen war, ihn nach Hause zurückzuschicken, und es war ihm deshalb gleichgültig, was er antwortete. »Ich bin noch nie weiter geschwommen, als quer über eine Mergelgrube«, fuhr er fort.

»Dann erwarte ich, daß du ein Meister im Springen bist.«

»Noch niemals habe ich eine zahme Gans springen sehen«, antwortete der Gänserich und machte damit seine Sache noch schlimmer.

Der große weiße Gänserich war nun ganz sicher, daß die Anführerin ihn unter keiner Bedingung mitnehmen werde. Er war deshalb höchst erstaunt, als sie sagte: »Du beantwortest die an dich gestellten Fragen ja recht mutig, und wer Mut hat, kann ein guter Reisegefährte sein, wenn er auch im Anfang ungewandt ist. Hättest du nicht Lust, ein paar Tage bei uns zu bleiben, damit wir sehen können, was du leisten kannst?«

»Das ist mir sehr angenehm«, erwiderte der Gänserich äußerst vergnügt.

Hierauf streckte die Anführerin den Schnabel aus und sagte: »Aber wen hast du denn da bei dir? So einen habe ich noch nie gesehen.«

»Es ist mein Gefährte«, sagte der Gänserich. »Er ist sein Lebtag Gänsehirt gewesen und kann uns möglicherweise auf der Reise nützlich sein.«

»Ja, für eine zahme Gans mag das ganz gut sein«, antwortete die wilde. »Wie heißt er?«

»Er hat verschiedene Namen«, sagte der Gänserich zögernd. Er wußte nicht, wie er sich aus der Klemme ziehen sollte, denn er wollte nicht verraten, daß der Junge einen menschlichen Namen hatte. »Ach, er heißt Däumling«, sagte er plötzlich.

»Ist er aus dem Geschlecht der Wichtelmännchen?« fragte die Anführerin.

»Um welche Tageszeit geht ihr Wildgänse schlafen?« fragte der Gänserich hastig und versuchte so um die Antwort auf die letzte Frage herumzukommen. »Um diese Zeit fallen mir immer die Augen von selbst zu.«

Man sah wohl, daß die Gans, die mit dem Gänserich sprach, sehr alt sein mußte. Ihr ganzes Federkleid war eisgrau, ohne dunkle Streifen. Ihr Kopf war größer, ihre Beine gröber und ihre Füße mehr zertreten als die der andern. Die Federn waren steif, die Schultern knochig, der Hals mager. Alles dies kam vom Alter. Nur ihren Augen hatte dieses noch nichts anzuhaben vermocht, sie glänzten heller und sahen jünger aus als die Augen aller andern.

Jetzt wendete sie sich feierlich an den Gänserich. »So wisse denn, Gänserich, daß ich Akka von Kebnekajse bin, und die Gans, die zu meiner Rechten fliegt, ist Yksi von Vassijaure, und die zu meiner Linken ist Kaksi von Nuolja. Wisse auch, daß die zweite rechts Kolme von Sarjektjakko und die zweite links Neljä von Svappavaara ist, und daß hinter ihnen Viisi von Oviksfjällen und Kuusi von Sjangeli sind. Und wisse auch, daß die sechs jungen Gänse, die ganz zuletzt kommen, drei rechts, drei links, ebenfalls Hochlandwildgänse aus den besten Familien sind. Du darfst uns nicht für Landstreicher halten, die mit jedem, der ihnen in den Weg kommt, Kameradschaft schließen, und du darfst nicht glauben, daß wir mit jemand unsre Schlafstelle teilen, der nicht sagen will, aus welchem Geschlecht er stammt.«

Als die Anführerin Akka auf diese Weise sprach, trat der Junge hastig vor. Es hatte ihn betrübt, daß der Gänserich, der so keck für sich selbst gesprochen hatte, so ausweichende Antworten gab, als es sich um ihn handelte.

»Ich will nicht geheim halten, wer ich bin«, sagte er. »Ich heiße Nils Holgersson, bin der Sohn eines Häuslers, und bis zum heutigen Tage bin ich ein Mensch gewesen, aber heute morgen– –«

Weiter kam der Junge nicht, denn niemand hörte mehr auf ihn. Kaum hatte er gesagt, daß er ein Mensch sei, als die Anführerin drei Schritte und die andern noch weiter zurückwichen. Und sie streckten alle die Hälse und zischten ihn zornig an.

»Du bist mir doch gleich verdächtig vorgekommen, als ich dich hier auf dem Strand sah, und jetzt mußt du dich schleunigst entfernen, wir dulden keine Menschen unter uns«, sagte Akka von Kebnekajse.

»Es ist doch wohl nicht möglich«, versuchte der Gänserich zu vermitteln, »daß ihr Wildgänse euch vor einem so kleinen Wesen fürchtet. Morgen soll er gewiß nach Hause zurückkehren, aber über Nacht werdet ihr ihn doch unter euch dulden müssen. Keiner von uns könnte es verantworten, einen solchen kleinen Kerl sich in der Nacht allein gegen Wiesel und Fuchs verteidigen zu lassen.«

Die Wildgans kam wieder näher heran, aber man sah deutlich, wie schwer es ihr wurde, ihre Furcht zu bezwingen. »Ich bin gelehrt worden, mich vor allem, was Mensch heißt, zu fürchten, einerlei ob klein oder groß«, sagte sie. »Aber wenn du, Gänserich, dafür einstehen willst, daß uns dieser hier nichts Böses tut, dann mag er über Nacht dableiben. Ich fürchte jedoch, unser Nachtquartier wird weder dir noch ihm passen, denn wir begeben uns auf das schwimmende Eis hinaus und schlafen dort.«

Sie dachte wohl, der Gänserich werde bei dieser Ankündigung unsicher werden. Er ließ sich aber nichts anmerken. »Ihr seid sehr klug und versteht es, einen sicheren Schlafplatz auszuwählen«, sagte er.

»Aber du stehst mir dafür ein, daß er morgen nach Hause zurückkehrt.«

»Dann muß auch ich mich von euch trennen«, sagte der Gänserich, »denn ich habe ihm versprochen, ihn nicht zu verlassen.«

»Es steht dir frei, zu fliegen, wohin du willst«, entgegnete die Anführerin. Damit hob sie die Flügel und flog auf das Eis hinaus, wohin ihr eine Wildgans nach der andern folgte.

Der Junge war betrübt darüber, daß aus seiner Reise nach Lappland nichts werden sollte, und überdies fürchtete er sich vor dem kalten Nachtquartier. »Es wird immer schlimmer, Gänserich«, sagte er. »Und das erste wird sein, daß wir da draußen auf dem Eise erfrieren.«

Aber der Gänserich war guten Mutes. »Das hat keine Gefahr«, sagte er. »Sammle jetzt nur in aller Eile so viel Stroh und Gras zusammen, als du zu tragen vermagst.«

Als der Junge beide Arme voller dürren Grases hatte, faßte der Gänserich ihn mit seinem Schnabel am Hemdkragen, hob ihn auf und flog aufs Eis hinüber, wo die Wildgänse, den Schnabel unter einem Flügel gesteckt, schon standen und schliefen.

»Breite jetzt das Gras auf dem Eis aus, damit ich etwas habe, worauf ich stehen kann, um nicht anzufrieren. Hilf du mir, dann helfe ich dir auch«, sagte der Gänserich.

Der Junge tat, wie ihm geheißen war, und sobald er fertig war, ergriff ihn der Gänserich noch einmal am Hemdkragen und steckte ihn unter seinen Flügel. »Hier liegst du warm und gut« sagte er und drückte den Flügel an, damit der Kleine nicht herunterfallen sollte.

Er war so in Flaum eingebettet, daß er nicht antworten konnte; aber warm und schön lag er, und müde war er, und im nächsten Augenblick schlief er.

Die Nacht

Es ist eine bekannte Tatsache, daß das Eis trügerisch ist, und daß man sich nicht darauf verlassen kann. Mitten in der Nacht veränderte die vom Lande losgelöste Eisdecke auf dem Vombsee ihre Lage, so daß sie an einer Stelle den Strand berührte. Und da geschah es, daß Smirre, der Fuchs, der damals auf der östlichen Seite des Sees im Park von Övedskloster wohnte, auf seiner nächtlichen Jagd dies sah. Smirre hatte die Wildgänse allerdings schon am Abend gesehen, jedoch nicht erwartet, einer von ihnen beikommen zu können. Jetzt lief er schnell aufs Eis hinaus; als er aber den Wildgänsen schon ganz nahe war, glitt er plötzlich aus, und seine Krallen kratzten auf dem Eise. Davon erwachten die Gänse, und sie schlugen mit den Flügeln, um sich in die Luft zu erheben. Aber Smirre war ihnen zu hurtig. Er machte einen Satz, gerade, als schleudere ihn jemand vorwärts, ergriff eine Gans am Flügel und stürzte wieder dem Lande zu.

Aber in dieser Nacht waren die Wildgänse nicht allein auf dem Eise draußen; sie hatten einen Menschen bei sich, wenn auch einen noch so kleinen. Als der Gänserich mit den Flügeln schlug, erwachte der Junge, er fiel aufs Eis hinunter und saß da ganz schlaftrunken; zuerst konnte er sich die Aufregung unter den Gänsen gar nicht erklären, bis er plötzlich einen kleinen, kurzbeinigen Hund mit einer Gans im Maule davonlaufen sah.

Da sprang er rasch auf, dem Hunde die Gans abzujagen. Er hörte noch, daß der Gänserich ihm nachrief: »Däumling, nimm dich in acht! Nimm dich in acht!«

»Aber vor einem so kleinen Hunde brauche ich mich doch wohl nicht zu fürchten«, dachte der Junge und stürmte davon.

Die Wildgans, die der Fuchs Smirre mit sich wegschleifte, hörte das Geklapper von des Jungen Holzschuhen auf dem Eise, und sie traute ihren Ohren kaum. »Meint der kleine Knirps, er könne mich dem Fuchse abjagen?« dachte sie. Und so elendiglich sie auch daran war, so begann sie doch ganz unten im Halse belustigt zu schnattern, beinahe als lache sie.

»Das erste, was ihm passiert, wird sein, daß er in eine Eisritze purzelt«, dachte sie.

Aber so finter die Nacht auch war, der Junge sah alle Risse und Löcher im Eise und machte große Sätze darüber hinweg. Das kam daher, daß er jetzt die guten Nachtaugen der Wichtelmännchen hatte und in der Dunkelheit sehen konnte. Nichts war farbig, sondern alles grau oder schwarz, aber er sah den See und das Ufer ebenso deutlich wie bei Tage.

Da, wo das Eis ans Land stieß, sprang Smirre hinüber, und während er sich den Uferabhang hinaufarbeitete, rief der Junge ihm zu: »Laß die Gans los, du Lümmel!«

Smirre wußte nicht, wer das gerufen hatte; er nahm sich auch nicht die Zeit, sich umzusehen, sondern lief noch schneller davon. Jetzt rannte er in einen großen prächtigen Buchenwald hinein, und der Junge lief hinter ihm her, ohne an irgendeine Gefahr zu denken. Dagegen mußte er immerfort daran denken, mit welcher Mißachtung er am vorhergehenden Abend von den Gänsen behandelt worden war, und deshalb hätte er ihnen jetzt gar zu gerne bewiesen, daß ein Mensch, wenn er auch noch so klein ist, allen andern Geschöpfen überlegen sei.

Einmal ums andre befahl er dem Hunde da vor sich, seine Beute loszulassen. »Was bist du für ein Hund, der sich nicht schämt, eine ganze Gans zu stehlen?« rief er. »Lege sie sogleich nieder, sonst wirst du sehen, was für Prügel du bekommst! Laß los, sage ich, sonst werde ich deinem Herrn sagen, wie du dich benimmst!«

Als Smirre merkte, daß er für einen Hund gehalten wurde, der sich vor Prügeln fürchtete, kam ihm das so komisch vor, daß er die Gans beinahe hätte fallen lassen. Smirre war ein großer Räuber, der sich nicht mit der Jagd auf Ratten und Feldmäuse begnügte, sondern sich auch in die Höfe wagte und Hühner und Gänse stahl. Er wußte, wie sehr er in der ganzen Umgegend gefürchtet war. Und jetzt diese Drohung. So etwas Verrücktes hatte er seit seiner Kindheit nicht mehr gehört!

Aber der Junge lief aus Leibeskräften; es war ihm, als glitten die dicken Buchenstämme an ihm vorüber, und der Abstand zwischen ihm und Smirre verminderte sich immer mehr. Endlich war er Smirre so nahe, daß er ihn am Schwanze fassen konnte. »Jetzt entreiße ich dir die Gans doch!« rief er und hielt Smirre am Schwanze so fest, als er nur konnte. Aber er war nicht stark genug, Smirre aufzuhalten. Der Fuchs riß ihn so heftig mit sich fort, daß die dürren Buchenblätter umherstoben.

Doch jetzt glaubte Smirre zu entdecken, wie ungefährlich sein Verfolger sei. Er hielt an, legte die Gans auf die Erde, stellte die Vorderpfoten darauf, damit sie nicht wegfliegen könne, und war auf dem Punkte, ihr den Hals abzubeißen; aber dann konnte er es doch nicht lassen, den kleinen Wicht vorher noch ein wenig zu reizen. »Ja, mach nur, daß du mich bei dem Herrn verklagst, denn jetzt beiße ich die Gans tot«, sagte er.

Wer sich aber sehr verwunderte, als er die spitzige Nase

des von ihm Verfolgten sah und zugleich hörte, was für eine heisere, boshafte Stimme er hatte, das war der Junge. Er war so wütend über den Räuber, der sich über ihn lustig machte, daß gar keine Spur von Furcht in ihm aufstieg. Er packte den Schwanz nur noch fester, stemmte sich gegen eine Buchenwurzel, und gerade, als der Fuchs die offene Schnauze am Halse der Gans hatte, zog er aus Leibeskräften an. Smirre war so überrascht, daß er sich ein paar Schritte rückwärts ziehen ließ, und dadurch wurde die Wildgans frei. Sie flatterte schwerfällig empor, denn ihre Flügel waren verletzt, und sie konnte sie kaum gebrauchen; überdies sah sie in der Dunkelheit des Waldes gar nichts, sondern war so hilflos wie ein Blinder. Sie konnte deshalb dem Jungen keinerlei Beistand leisten, sondern versuchte nur, durch eine Öffnung in dem kahlen Geäste hinauszugelangen, um den See wieder zu erreichen.

Da warf Smirre sich auf den Jungen. »Kann ich den einen nicht bekommen, so will ich wenigstens den andern haben«, fauchte er, und man hörte seiner Stimme an, wie aufgebracht er war.

»Oh, denke doch ja nicht, daß dir das gelingen werde«, sagte der Junge. Er war ganz aufgeräumt, weil es ihm gelungen war, die Gans zu retten. Auch hielt er sich noch immer an dem Fuchsschwanze fest und schwang sich an ihm, als ihn der Fuchs zu fangen versuchte, auf die andre Seite hinüber.

Das war ein Tanz im Walde, daß die Buchenblätter nur so umherstoben! Smirre drehte sich rund, rund herum, aber der Schwanz schwang sich auch rund, rund herum, der Junge hielt sich daran fest, und der Fuchs konnte ihn nicht fassen.

Der Junge war so vergnügt über seinen Erfolg, daß er im Anfang nur lachte und den Fuchs verspottete; aber Meister Reincke war beharrlich, wie alte Jäger zu sein pflegen, und allmählich wurde es dem Jungen doch angst, er könnte schließlich noch gefaßt werden.

Da erblickte er eine kleine junge Buche, die schlank wie

ein Pfahl aufgewachsen war, nur um recht bald ins Freie zu gelangen, hoch da droben über dem Geäste, das die alten Buchen über dem jungen Bäumchen ausbreiteten. In aller Eile ließ der Junge den Fuchsschwanz los und kletterte auf die Buche hinauf. Smirre aber war so im Eifer, daß er sich noch eine ganze Weile nach seinem Schwanze im Kreise drehte. »Du brauchst nicht weiter zu tanzen«, sagte der Junge plötzlich.

Der Fuchs war wütend; diese Schmach, einen so kleinen Knirps nicht in seine Macht zu bekommen, war ihm unerträglich, er legte sich deshalb unter der Buche nieder, um den Jungen zu bewachen.

Der Junge hatte es nicht übermäßig gut da oben; er saß rittlings auf einem schwachen Zweige, und die junge Buche reichte nicht hinauf bis zu den Wipfeln, so daß er auf keinen andern Baum hinübergelangen konnte; aber er mochte sich auch nicht wieder hinunter auf den Boden wagen. Er fror gewaltig und war nahe daran, ganz steif zu werden und seinen Zweig loszulassen; auch war er entsetzlich schläfrig, hütete sich aber wohl, sich vom Schlaf übermannen zu lassen, aus Angst, dann auf den Boden hinunterzufallen.

Oh, es war fürchterlich, mitten in der Nacht so im Walde draußen zu sitzen! Er hatte bis jetzt keine Ahnung gehabt, was das bedeutete, wenn es Nacht ist. Es war, als sei alles versteinert und könne nie wieder zum Leben erwachen.

Dann begann der Tag zu grauen, und der Junge war froh, als alles sein altes Aussehen wieder annahm, obgleich die Kälte jetzt gegen Morgen noch durchdringender wurde als in der Nacht.

Als endlich die Sonne aufging, war sie nicht gelb, sondern rot. Dem Jungen kam es vor, als sehe sie böse aus, und er fragte sich, warum sie wohl böse sei. Vielleicht weil die Nacht, während die Sonne weggewesen war, eine solche Kälte auf der Erde verbreitet hatte.

Die Sonnenstrahlen sprühten in großen Feuergarben am

Himmel auf, um zu sehen, was die Nacht auf der Erde getan hatte, und es sah aus, als ob alles ringsum errötete, wie wenn es ein schlechtes Gewissen hätte. Die Wolken am Himmel, die seidenglatten Buchenstämme, die kleinen, ineinander verflochtenen Zweige des Geästes, der Rauhreif, der die Buchenblätter auf dem Boden bedeckte, alles glühte und wurde rot.

Aber immer mehr Sonnenstrahlen schossen am Himmel auf, und bald war alles Grauen der Nacht verschwunden. Die Lähmung war wie weggeblasen, und gar vieles Lebendiges trat zutage. Der Schwarzspecht mit dem roten Hals begann mit dem Schnabel an einem Baumstamme zu hämmern. Das Eichhörnchen huschte mit einer Nuß aus seinem Bau heraus, setzte sich auf einen Zweig und begann sie aufzuknabbern. Der Star kam mit einer Wurzelfaser dahergeflogen, und der Buchfink sang in dem Baumwipfel.

Da verstand der Junge, daß die Sonne zu allen diesen kleinen Wesen gesagt hatte: »Erwacht und kommt heraus aus eurer Behausung, jetzt bin ich hier. Jetzt braucht ihr euch vor nichts mehr zu fürchten.«

Vom See her drang der Ruf der Wildgänse, die sich zur Weiterreise rüsteten, zu dem Jungen herüber; und bald darauf flogen alle vierzehn Gänse über den Wald hin. Der Junge versuchte, ihnen zuzurufen; aber sie flogen so hoch droben, daß seine Stimme sie nicht erreichen konnte. Sie glaubten wohl, der Fuchs habe ihn schon lange aufgefressen. Ach, sie gaben sich auch nicht einmal die Mühe, sich nach ihm umzusehen!

Der Junge war vor lauter Angst dem Weinen nahe; aber die Sonne stand jetzt goldgelb und vergnügt am Himmel und flößte der ganzen Welt Mut ein. »Du brauchst dich nicht zu fürchten oder vor etwas Angst zu haben, Nils Holgersson, solange ich da bin«, sagte sie.

Das Spiel der Gänse

Montag, 21. März

Alles im Walde blieb so lange unverändert, als eine Gans ungefähr braucht, um ihr Frühstück zu genießen; aber gerade um die Zeit, wo der Morgen in den Vormittag übergehen wollte, flog eine einzelne Wildgans unter das dichte Geäst herein. Zögernd suchte sie ihren Weg zwischen Stämmen und Zweigen und flog ganz langsam. Sobald der Fuchs sie sah, verließ er seinen Platz unter der jungen Buche und schlich zu ihr hin. Die Wildgans wich dem Fuchs nicht aus, sondern flog ganz nahe heran. Smirre machte einen hohen Satz nach ihr, verfehlte sie aber, und die Gans flog in der Richtung zum See weiter.

Es dauerte nicht lange, so kam auch schon eine zweite Wildgans dahergeflogen. Sie nahm denselben Weg wie die vorige und flog noch langsamer und noch näher am Boden. Auch sie strich an Smirre vorüber, und er machte einen so hohen Satz nach ihr, daß seine Ohren ihre Füße berührten; aber auch sie entkam unbeschädigt und setzte still wie ein Schatten ihren Weg nach dem See fort.

Eine kleine Weile verging, da tauchte wieder eine Gans auf, die noch langsamer, noch näher am Boden flog. Smirre machte einen gewaltigen Satz, und es fehlte nur ein Haarbreit, so hätte er sie gefaßt; aber auch diese Gans entkam ihm.

Kaum war sie verschwunden, so erschien auch schon die vierte Wildgans. Obgleich diese so langsam flog, daß es Smirre vorkam, als könne er sie ohne besondre Schwierigkeit fassen, fürchtete er sich jetzt vor einem neuen Mißerfolg und beschloß, sie unangetastet vorbeifliegen zu lassen. Aber sie nahm denselben Weg wie die andern und ließ sich so tief heruntersinken, daß er sich doch verleiten ließ, nach ihr zu springen. Er sprang so hoch, daß er sie mit der Tatze berührte; aber sie warf sich rasch zur Seite und rettete ihr Leben.

Ehe Smirre ausgekeucht hatte, erschienen drei Gänse in

einer Reihe. Sie flogen ganz in derselben Weise wie die vorhergehenden, und Smirre machte hohe Sätze, sie zu erreichen; aber es gelang ihm nicht, eine von ihnen zu fangen.

Jetzt tauchten fünf Gänse auf; aber diese flogen besser als die vorhergehenden, und obgleich auch sie Smirre zum Springen verleiten zu wollen schienen, widerstand er doch der Versuchung.

Nach einer ziemlich langen Pause tauchte wieder eine einzelne Gans auf. Das war die dreizehnte. Die war so alt, daß sie ganz grau war und nicht einen einzigen dunklen Streifen auf dem Körper hatte. Sie schien den einen Flügel nicht recht gebrauchen zu können und flog erbärmlich schlecht und schief, so daß sie fast am Boden streifte. Smirre machte nicht nur einen hohen Satz nach ihr, sondern verfolgte sie auch noch springend und hüpfend nach dem See zu; aber auch diesmal wurde seine Mühe nicht belohnt.

Als die vierzehnte Gans erschien, war es ein sehr schöner Anblick, denn sie war ganz weiß, und als sie ihre großen Flügel bewegte, schien ein helles Licht in dem dunklen Wald aufzuleuchten. Als Smirre ihrer ansichtig wurde, bot er seine ganze Kraft auf und sprang halbwegs bis zum Geäste empor; aber die weiße Gans flog, wie all die andern vorher, unbeschädigt an ihm vorüber.

Nun wurde es eine Weile ganz still unter den Buchen; es sah aus, als sei der ganze Schwarm Wildgänse weitergeflogen.

Da fiel Smirre plötzlich sein Gefangener, der kleine Knirps, wieder ein; er hatte keine Zeit gehabt, an ihn zu denken, seit er die erste Gans gesehen hatte. Aber natürlich war der längst auf und davon.

Doch Smirre blieb auch jetzt nicht viel Zeit, an den kleinen Kerl zu denken, denn eben kam die erste Gans wieder vom See her und flog langsam unter den Wipfeln hin. Trotz seines Mißerfolges freute sich Smirre über die Rückkehr, und mit einem großen Satz stürzte er auf sie zu. Aber er war zu eilig gewesen, er hatte sich nicht die nötige Zeit zum Berechnen seines Sprunges genommen und sprang nun an ihr vorbei.

Nach dieser Gans kam wieder eine, und dann noch eine, und dann eine dritte, vierte, fünfte, bis die Reihe mit der alten eisgrauen und der großen weißen abschloß. Alle flogen langsam und nahe am Boden; und als sie über Smirre schwebten, senkten sie sich noch tiefer herab, als ob sie ihn einladen wollten, sie zu fangen. Und Smirre verfolgte sie, er machte mehrere meterhohe Sätze, und doch konnte er keine erwischen.

Das war der schrecklichste Tag, den der Fuchs Smirre je erlebt hatte. Die Wildgänse flogen unaufhörlich über seinen Kopf weg, hin und her, hin und her. Große, herrliche Gänse, die sich auf den deutschen Äckern und Heiden fett gefressen hatten, strichen den ganzen Tag durch den Wald so nahe an ihm vorüber, daß er sie wiederholt berührte, und doch konnte er seinen Hunger nicht mit einer einzigen stillen.

Der Winter war kaum vorüber, und Smirre erinnerte sich an die Tage und Nächte, wo er meistens müßig umhergestreift war, weil er auch nicht ein einziges Wildbret erjagen konnte, denn die Zugvögel waren fortgezogen, die Ratten verbargen sich unter der gefrorenen Erde, und die Hühner waren eingesperrt. Aber der Hunger des ganzen Winters war nicht so schwer zu ertragen gewesen, als der Mißerfolg dieses einen Tages.

Smirre war kein junger Fuchs mehr; oft waren ihm die Hunde an den Fersen gewesen, und die Kugeln hatten ihm um die Ohren gepfiffen. Er hatte tief drinnen in seinem Bau gelegen, während die Dachshunde in dessen Gängen waren und ihn beinahe gefunden hätten. Aber alle Angst, die Smirre während einer solchen aufregenden Jagd durchgemacht hatte, war nicht zu vergleichen mit dem Gefühl, das ihn ergriff, sooft er einen mißglückten Sprung nach den Wildgänsen machte.

Am Morgen, als das Spiel begann, war Smirre so schmuck gewesen, daß die Gänse bei seinem Anblick gestutzt hatten; Smirre liebte die Pracht, und sein Pelz war glänzend rot, seine Brust weiß, die Tatzen schwarz und der Schwanz üppig wie eine Feder. Aber das schönste an ihm war doch die Spannkraft seiner Bewegungen und der Glanz seiner Augen. Als es jedoch an diesem Tage Abend wurde, hing Smirres Pelz in Zotteln herunter, er war in Schweiß gebadet, seine Augen waren matt, die Zunge hing ihm lang aus dem keuchenden Maule heraus, und um die Lippen stand ihm der Schaum.

Den ganzen Nachmittag war Smirre so müde, daß er wie verwirrt war. Er sah nichts andres mehr vor sich als fliegende Gänse. Er sprang nach Sonnenflecken, die auf dem Boden glänzten, und nach einem armen Schmetterling, der zu früh aus seiner Puppe geschlüpft war.

Die Wildgänse flogen und flogen unermüdlich hin und her; den ganzen Tag hörten sie nicht auf, Smirre zu quälen, sie fühlten kein Mitleid, als sie Smirre verwirrt, aufgeregt, wahnsinnig sahen. Unerbittlich fuhren sie fort, obgleich sie wußten, daß er sie kaum noch sah und nach ihrem Schatten sprang.

Erst als Smirre ganz ermattet und kraftlos, beinah auf dem Punkt, den Geist aufzugeben, auf einen Haufen dürren Laubes niedersank, hörten sie auf, ihn zum besten zu haben.

»Jetzt weißt du, Fuchs, wie es dem geht, der sich mit Akka von Kebnekajse einläßt!« riefen sie ihm in die Ohren; und damit ließen sie ihn endlich in Ruhe.

Das Leben der Wildvögel

Im Bauernhof

Donnerstag, 24. März

Gerade in jenen Tagen trug sich in Schonen ein Ereignis zu, das nicht allein sehr viel von sich reden machte, sondern auch in die Zeitungen kam, das aber viele für eine Erfindung hielten, weil sie es sich nicht erklären konnten.

Im Park von Övedskloster war nämlich ein Eichhornweibchen gefangen und auf einen nahegelegenen Bauernhof gebracht worden. Alle Bewohner des Bauernhofs, alte und junge, freuten sich sehr über das kleine hübsche Tier mit dem großen Schwanz, den klugen, neugierigen Augen und den kleinen netten Füßchen. Sie wollten sich den ganzen Sommer an seinen flinken Bewegungen, seiner putzigen Art, Haselnüsse zu knabbern, und an seinem lustigen Spiel erfreuen. Schnell brachten sie einen alten Eichhörnchenkäfig in Ordnung, der aus einem kleinen grün angestrichenen Häuschen und einem aus Draht geflochtenen Rad bestand. Das Häuschen, das Tür und Fenster hatte, sollte dem Eichhörnchen als Eß- und Schlafzimmer dienen, deshalb machten sie ein Lager aus Laub zurecht, stellten eine Schale Milch hinein und legten einige Haselnüsse dazu. Das Rad sollte sein Spielzimmer sein, wo es spielen und klettern und sich im Kreise herumschwingen könnte.

Die Menschen glaubten, sie hätten es für das Eichhörnchen recht gut gemacht, und sie verwunderten sich sehr, daß es ihm offenbar nicht gefiel. Betrübt und mißmutig und nur ab und zu einen scharfen Klagelaut ausstoßend, saß es in der Ecke seines Stübchens. Es rührte die Speisen nicht an und schwang sich auch nicht ein einziges Mal in dem Rad. »Es fürchtet sich«, sagten die Leute auf dem Bauernhof. »Aber morgen, wenn es an seine Umgebung gewöhnt ist, wird es schon spielen und fressen.«

In dem Bauernhofe waren aber zu der Zeit große Vorbereitungen zu einem Fest im Gang, und gerade an dem Tag, wo das Eichhörnchen gefangen worden war, war große Backerei. Zum Unglück jedoch hatte entweder der Teig nicht recht aufgehen wollen, oder die Leute waren etwas langsam bei der Arbeit gewesen, und so mußten sie noch lange nach Einbruch der Dunkelheit arbeiten.

Überall herrschte natürlich großer Eifer, und man hatte es sehr eilig in der Küche; niemand nahm sich Zeit, nachzusehen, wie es dem Eichhörnchen ging. Doch die alte Mutter des Hauses war zu bejahrt, um noch beim Backen helfen zu können; und obwohl sie das recht gut einsah, war sie doch betrübt darüber, ganz ausgeschlossen zu sein; sie ging auch nicht zu Bett, sondern setzte sich ans Fenster der Wohnstube und sah hinaus. Die Küchentür war der Wärme wegen aufgemacht worden, und durch sie fiel ein heller Lichtschein auf den Hof hinaus. Es war ein von Gebäuden umschlossener Hof, der jetzt so hell erleuchtet war, daß die Frau die Risse und Löcher in der Verkalkung an der gegenüberliegenden Wand deutlich sehen konnte. Sie sah auch den Käfig des Eichhörnchens, der gerade dort hing, wo der Lichtschein am hellsten hinfiel, und da sah sie, daß das Eichhörnchen immerfort aus seinem Stübchen in das Rad und vom Rad wieder ins Stübchen hineinlief, ohne sich einen Augenblick Ruhe zu gönnen. Sie dachte, das Tier sei doch in einer sonderbaren Aufregung, aber sie meinte, der scharfe Lichtschein halte es wach.

Zwischen dem Kuh- und dem Pferdestall war ein großes, breites Einfahrtstor, das jetzt auch von dem Lichtschein aus der Küche hellbeleuchtet war. Als eine gute Weile vergangen war, sah die alte Mutter, daß durch das Hoftor ganz leise und vorsichtig ein winziger Knirps hereingeschlichen kam; er war nur eine Spanne hoch, hatte aber Holzschuhe an den Füßen und trug Lederhosen wie ein gewöhnlicher Arbeiter. Die alte Mutter wußte sogleich, daß dies das Wichtelmännchen war, und fürchtete sich nicht im geringsten, denn sie hatte immer gehört, daß sich ein solches auf dem Hof aufhalte, obgleich es noch nie jemand gesehen hatte; und ein Wichtelmännchen brachte ja Glück, wo es sich zeigte.

Sobald das Wichtelmännchen auf den gepflasterten Hof kam, lief es eilig auf den Käfig zu, und da es ihn nicht erreichen konnte, weil er zu hoch hing, ging es nach dem Geräteschuppen, holte eine Stange heraus, lehnte sie an den Käfig und kletterte an ihr hinauf, gerade wie ein Seemann an einem Tau hinaufklettert. Als es den Käfig erreicht hatte, rüttelte es an der Tür des kleinen grünen Hauses, um sie zu öffnen; aber die alte Mutter war ganz beruhigt, denn sie wußte, daß die Kinder ein Vorlegeschloß daran gehängt hatten, aus Angst, die Jungen vom Nachbarhof könnten versuchen, das Eichhörnchen zu stehlen. Die Frau sah, daß das Eichhörnchen, als das Wichtelmännchen die Tür nicht aufbrachte, in das Rad herauskam. Da führten nun die beiden ein langes Zwiegespräch, und nachdem das Wichtelmännchen alles wußte, was ihm das Tier zu sagen hatte, glitt es an der Stange wieder hinunter und lief eilig zum Tor hinaus.

Die Frau glaubte nicht, daß sie in dieser Nacht noch etwas von dem Wichtelmännchen zu sehen bekäme, blieb aber doch am Fenster sitzen. Nach einer Weile kam es auch richtig wieder. Es hatte es so eilig, daß seine Füße kaum den Boden zu berühren schienen, und lief spornstreichs auf den Käfig zu. Mit ihren fernsichtigen Augen sah es die Frau deutlich, auch bemerkte sie, daß es etwas in den Händen trug; aber was es war, konnte sie nicht erkennen. Jetzt legte es das, was es in der linken Hand hielt, auf das Steinpflaster nieder, aber das in seiner Rechten nahm es mit hinauf zum Käfig. Hier stieß es mit seinem Holzschuh so heftig an das Fensterchen, daß die Scheibe zersprang, und durch diese reichte es nun das, was es in der Hand hielt, dem Eichhörnchen hinein. Dann rutschte es an der Stange herunter, nahm den anderen Gegenstand vom Boden und kletterte auch damit zum Käfig hinauf. Schnell wie der Blitz war es wieder unten und stürmte so eilig davon, daß ihm die alte Frau kaum mit den Augen folgen konnte.

Aber jetzt litt es die alte Mutter nicht mehr im Zimmer. Ganz leise stand sie von ihrem Stuhl auf, ging auf den Hof hinaus und stellte sich in den Schatten des Brunnens, um hier das Wichtelmännchen zu erwarten. Und noch jemand war da, der auch aufmerksam und neugierig geworden war. Das war die Hauskatze; leise kam sie dahergeschlichen und blieb an der Mauer, gerade ein paar Schritte von dem hellen Lichtstreifen entfernt, stehen.

Die beiden mußten in der kalten Nacht lange warten, und die Frau überlegte sich schon, ob sie nicht lieber hineingehen sollte, als sie ein Geklapper auf dem Pflaster hörte und sah, daß der kleine Knirps von einem Wichtelmännchen wirklich noch einmal daherkam. Auch jetzt trug er in jeder Hand etwas, und was er trug, das zappelte und quietschte. Jetzt ging der alten Mutter ein Licht auf, und sie verstand, daß das Wichtelmännchen in das Haselnußwäldchen gelaufen war, dort die Jungen des Eichhörnchens geholt hatte und sie jetzt ihrer Mutter brachte, damit sie nicht verhungern müßten.

Die alte Frau verhielt sich ganz still, um das Wichtelmännchen nicht zu stören, und das schien sie auch nicht bemerkt zu haben. Es war eben im Begriff, das eine Junge auf den Boden zu legen, um zum Käfig hinaufzuklettern, als es plötzlich die grünen Augen der Katze dicht neben sich funkeln sah. Ganz ratlos blieb es stehen, in jeder Hand ein junges Eichhörnchen.

Es drehte sich um und spähte im Hof umher. Da gewahrte es die alte Mutter, und ohne sich lange zu besinnen, trat es rasch zu ihr hin und reichte ihr eines der Tierchen.

Die alte Mutter wollte sich des Vertrauens des Wichtelmännchens nicht unwürdig zeigen; sie nahm ihm das Eichhörnchen ab und hielt es fest, bis das Wichtelmännchen mit dem ersten zum Käfig hinaufgeklettert war und dann kam, das zweite, das es ihr anvertraut hatte, zu holen.

Am nächsten Morgen, als die Leute auf dem Bauernhofe beim Frühstück versammelt waren, konnte die Alte unmöglich über das Erlebnis der vergangenen Nacht schweigen. Aber alle miteinander lachten sie aus und sagten, sie habe das nur geträumt. Zu dieser Jahreszeit gäbe es ja noch gar keine jungen Eichhörnchen.

Doch sie war ihrer Sache ganz sicher und verlangte, daß man im Käfig nachsehe. Man tat es, und siehe da, auf dem Lager aus Laub, in der kleinen Stube, lagen vier halbnackte, halbblinde, erst zwei Tage alte Junge.

Als der Vater dies sah, sagte er: »Das mag nun zugegangen sein, wie es will, aber so viel ist sicher, wir hier auf dem Hofe haben uns benommen, daß wir uns vor Tieren und Menschen schämen müssen.« Damit nahm er das Eichhörnchen mitsamt den vier Jungen aus dem Käfig heraus und legte alle in die Schürze der Mutter. »Geh damit in das Haselnußwäldchen und gib ihnen ihre Freiheit wieder«, sagte er.

Dies ist das Ereignis, das so viel von sich reden gemacht hatte und sogar in die Zeitung kam, das aber die meisten nicht glauben wollten, weil sie es sich nicht erklären konnten.

Vittskövle

Samstag, 26. März

Zwei Tage später ereignete sich noch so eine merkwürdige Begebenheit. Eines Morgens kam eine Schar Wildgänse dahergeflogen und ließ sich im östlichen Schonen nicht weit von dem großen Herrschaftsgut Vittskövle nieder. In der Schar befanden sich dreizehn Gänse von gewöhnlicher grauer Farbe, sowie ein weißer Gänserich, der einen kleinen Knirps in gelben Lederhosen, grüner Weste und einer weißen Zipfelmütze auf dem Rücken trug.

Die Gänse befanden sich jetzt ganz nahe an der Ostsee, und auf dem Acker, wo sie sich niedergelassen hatten, war die Erde sehr sandig, wie es an den Meeresufern zu sein pflegt. Es schien, als habe es in dieser Gegend viel lockeren Flugsand gegeben, der gebunden werden mußte, denn an den verschiedensten Stellen waren große angepflanzte Kiefernwälder.

Nachdem die Wildgänse eine Weile da geweidet hatten, kamen einige Kinder an dem Rain neben dem Acker dahergewandert. Die Gans, die Wache hielt, flog sogleich mit lauten Flügelschlägen auf, damit die Gefährten merken sollten, daß Gefahr im Anzug war. Alle Wildgänse stiegen auch sofort in die Luft empor, nur der weiße Gänserich wanderte ruhig weiter. Als er die andern auffliegen sah, hob er den Kopf und rief: »Ihr braucht nicht fortzufliegen! Es sind ja nur ein paar Kinder!«

Der kleine Knirps, der auf seinem Rücken geritten war, saß jetzt am Waldesrand auf einem Rasenhügel und zerpflückte Fichtenzapfen, um die Samen herauszubekommen. Die Kinder waren ihm nun schon so nahe, daß er es nicht mehr wagte, über den Acker zu dem Gänserich hinzulaufen. Deshalb versteckte er sich rasch unter einem großen trockenen Distelblatt und stieß zugleich einen Warnungsruf aus.

Aber der weiße Gänserich hatte sich offenbar vorgenommen, sich nicht erschrecken zu lassen. Er wanderte immer noch ruhig auf dem Acker herum und wendete nicht einmal den Kopf, um zu sehen, wohin die Kinder gingen. Diese wichen indes jetzt vom Wege ab und liefen in den Acker hinein auf den Gänserich zu. Als dieser endlich aufschaute, standen sie dicht vor ihm. Da wurde er sehr bestürzt und verwirrt, und so vergaß er ganz, daß er fliegen konnte; statt dessen floh er in großen Sätzen davon. Die Kinder liefen ihm nach, und das größte von ihnen steckte ihn unter den Arm und nahm ihn mit.

Als der kleine Knirps, der unter dem Distelblatt lag, das sah, sprang er jäh auf, wie um den Kindern den Gänserich zu entreißen. Aber dann fiel ihm wohl ein, wie klein und machtlos er war, und so warf er sich nur auf den Rasen nieder und hämmerte mit geballten Fäusten wie wahnsinnig darauf los.

Der Gänserich rief mit lauter Stimme: »Däumling, komm und hilf mir! Däumling, komm und hilf mir!«

Aber darauf begann der Junge mitten in seiner Angst laut zu lachen. »Ja, ich bin gerade der rechte, jemand zu helfen! Ich, jawohl!« dachte er.

Er stand aber doch auf und lief hinter dem Gänserich drein. »Ich kann ihm freilich nicht helfen«, sagte er, »will aber doch sehen, was sie mit ihm vorhaben.«

Die Kinder hatten einen guten Vorsprung; aber es fiel dem Jungen nicht schwer, sie im Auge zu behalten, bis er an eine Bodensenke kam, wo ein Frühlingsgewässer daherschwoll. Der Bach war zwar weder breit noch gewaltig, der Junge mußte aber eine gute Strecke am Rande hinlaufen, ehe er eine Stelle fand, wo er hinüberspringen konnte.

Als er wieder oben auf dem Grabenrand stand, waren die Kinder verschwunden. Doch entdeckte er ihre Fußtapfen auf einem schmalen Pfad, der in den Wald hineinführte, und so ging er diesen nach.

Kurz nachher kam er an einen Kreuzweg, und hier mußten sich die Kinder getrennt haben, denn die Fußspuren gingen in zweierlei Richtung weiter, und nun sah der Junge höchst nachdenklich aus.

Doch in demselben Augenblick erblickte er auf einem Heidekrautbusch eine kleine weiße Flaumfeder. Da ging ihm ein Licht auf: der Gänserich hatte sie an den Wegrand geworfen, um ihm zu zeigen, in welcher Richtung er fortgetragen wurde. Nun schlug der Knirps gleich diesen Weg ein und lief den Kindern nach; durch den ganzen Wald ging es. Den Gänserich sah er allerdings nicht; aber überall, wo er des Weges nicht mehr sicher war, lag so eine kleine Flaumfeder, die ihm die Richtung zeigte, und so ging er getrost den Flaumfederchen nach. Sie führten ihn aus dem Walde hinaus und schließlich durch eine Allee nach einem Herrenhofe. Am Ende der Allee sah er Giebel und Türme und rote, mit hellen Rändern und allerlei Verzierungen geschmückte Ziegelmauern hinter den Bäumen auftauchen.

Als der Knirps merkte, daß sich hier ein Herrenhof befand, glaubte er zu verstehen, was aus dem Gänserich geworden war.

»Sicherlich haben die Kinder ihn ins Schloß getragen und da verkauft; nun ist er gewiß jetzt auch schon geschlachtet«, sagte er vor sich hin. Er wollte sich aber doch nicht damit zufriedengeben, sondern genau erfahren, wie es sich verhielt, und so lief er mit noch größerem Eifer weiter. In der ganzen Allee traf er mit niemand zusammen, und das war nur gut, denn solche Geschöpfe, wie der Junge jetzt eines war, haben immer Angst, von Menschen gesehen zu werden.

Das Herrenhaus, vor dem er jetzt stand, war ein prächtiger alter Bau von vier Flügeln, die einen Burghof umschlossen. An der Ostseite befand sich ein tiefes Torgewölbe, das in den Hof hineinführte. Bis dahin lief der kleine Knirps ohne Zögern; als er aber soweit war, blieb er unschlüssig stehen, weiter wagte er sich nicht vor, erst mußte er überlegen, was er nun unternehmen könnte.

Der Knirps stand noch mit dem Finger an der Nase nachdenklich da, als er hinter sich Schritte hörte und, sich rasch umwendend, eine ganze Schar Menschen erblickte, die durch die Allee herankamen, und so verbarg er sich eiligst hinter einem Wasserfaß, das neben dem Torgewölbe stand.

Die herankommende Schar bestand aus etwa zwanzig jungen Leuten von einer Volkshochschule, die auf einer Fußwanderung begriffen waren. Ein Lehrer war auch dabei, und als sie am Torgewölbe anlangten, sagte er, sie sollten hier warten, er wollte erst hineingehen und fragen, ob sie die alte Burg Vittskövle ansehen dürften.

Die ganze Gesellschaft war sehr erhitzt und so müde, wie wenn sie schon eine lange Wanderung hinter sich hätte, ja, einer von den jungen Leuten war so durstig, daß er an das Wasserfaß trat und sich darüberbeugte, um zu trinken. Er hatte eine Botanisiertrommel um den Hals hängen, und da er wohl dachte, sie werde ihm beim Trinken im Wege sein, nahm er sie ab und warf sie auf den Boden. Dabei ging der Deckel auf, und da konnte man sehen, daß sie mit Frühlingsblumen gefüllt war.

Die Botanisiertrommel fiel gerade vor dem Knirps auf die Erde, und nun mußte dieser wohl gedacht haben, hier biete sich ihm eine herrliche Gelegenheit, in die Burg hineinzukommen, um zu erfahren, was aus dem Gänserich geworden war. Eiligst schlüpfte er in die Trommel hinein und verbarg sich unter Anemonen und Huflattichschößlingen.

Kaum war er gut darin verborgen, als der junge Mann auch schon die Trommel wieder aufnahm, sie umhängte und den Deckel zuschlug. Zugleich kehrte auch der Lehrer zurück mit dem Bescheid, daß sie sich die Burg ansehen dürften.

Nun ging es in den Burghof hinein, und da machte der Lehrer gleich halt und begann das Gebäude zu erklären.

Er erinnerte daran, daß die ersten Menschen, die es in Schweden gegeben, in Felsgrotten und Erdhöhlen, in Zelten aus Tierhäuten und in Reisighütten gewohnt hatten, und daß sehr lange Zeit verging, bis sie darauf kamen, sich Häuser aus Baumstämmen zu errichten. Und wie lange sie dann später noch schuften und schaffen mußten, bis sie es endlich erreicht hatten, aus den Blockhäusern mit der einzigen Stube, eine solche Burg mit hundert Zimmern wie Vittskövle zu bauen.

»Ja, vor dreihundertundfünfzig Jahren ungefähr, da haben sich die Reichen und Gewaltigen solche Burgen gebaut«, fuhr der Lehrer fort. »Man merkt es auch wohl, daß Vittskövle aus einer Zeit stammt, wo Krieg und Räuberbanden die Landschaft Schonen unsicher gemacht haben. Die ganze Burg ist von einem Wassergraben umgeben gewesen, über den früher eine Brücke führte, die aufgezogen werden konnte. An den Seitenmauern führten lange Wehrgänge hin, und in den Ecken erhoben sich feste Türme mit meterdicken Mauern. Und doch«, sagte der Lehrer weiter,

»ist diese Burg nicht in der allerwildesten Kriegszeit gebaut worden, sondern der Erbauer Jens Brahe hat auch keine Mühe gescheut, sie zu einem prächtigen und reichgeschmückten Haus zu machen. Wenn wir später das große feste Gebäude auf Glimminge sehen, das nur ein Menschenalter früher gebaut worden ist, werden wir leicht erkennen, daß der Bauherr Jens Holgersen Ulfstand dieses nur stark und fest haben wollte und keinen Gedanken daran verschwendete, ob es auch schön und bequem sei. Wenn wir dann noch zu andern Schlössern kommen, wie Marsvinsholm und Snogeholm und Övedskloster, die aus späteren Jahrhunderten stammen als Vittskövle, dann werden wir sehen, wie viel friedlicher die Zeiten damals gewesen sind. Die Herren, die diese Häuser bauten, haben sie nicht mit Befestigungen versehen, sondern sich nur bemüht, große und prächtige Wohnstätten zu schaffen.«

Der Lehrer berichtete lange und ausführlich, und der in der Botanisiertrommel eingesperrte Knirps wurde äußerst ungeduldig. Er verhielt sich aber doch ganz ruhig, denn der Besitzer der Trommel merkte gar nicht, daß der kleine Kerl darin war.

Schließlich begab sich die ganze Gesellschaft doch in die Burg hinein. Wenn jedoch der Knirps auf irgendeine Gelegenheit zum Entfliehen gehofft hatte, dann wurde er darum betrogen, denn der junge Mensch legte die Trommel nicht mehr ab, und der Knirps wurde mit durch alle Zimmer getragen.

Das war eine langsame Wanderung. Immer wieder hielt der Lehrer aufs neue an und fuhr fort, zu belehren und zu unterweisen.

In einem Raum befand sich ein alter Kamin. Vor diesem blieb der Lehrer stehen und berichtete nun von den verschiedenen Feuerstellen, die die Menschen im Lauf der Zeit benützt hatten. Er sagte: Der erste Feuerherd im Innern des Hauses sei eine steinerne Platte mitten in der Stube gewesen mit einem Rauchabzugsloch oben im Dach, durch das sowohl Regen als Wind hereindrang; der zweite, ein großer gemauerter Ofen ohne Schornstein, der zwar die Stube warm machte, sie aber auch mit Rauch und Ruß füllte. Als Vittskövle gebaut wurde, seien die Menschen gerade beim offenen Feuerherd, der wohl einen weiten Rauchfang darüber hatte, angelangt gewesen, durch den aber auch das meiste von der Wärme mit in die Luft hinausströmte.

Wenn der kleine Knirps jemals heftig und ungeduldig gewesen war, dann konnte er sich an diesem Tag in der Geduld üben. Jetzt hatte er wohl schon eine Stunde lang unbeweglich in der Botanisiertrommel gelegen.

Im darauffolgenden Zimmer blieb der Lehrer vor einer alten Bettstatt mit einem hohen Betthimmel darüber und reichen Vorhängen ringsherum wieder stehen. Und sofort fing er an, von den Betten und Lagerstätten vergangener Zeiten zu berichten.

Der Lehrer ließ sich reichlich Zeit. Aber er wußte ja auch nicht, daß in einer Botanisiertrommel ein armer Knirps eingesperrt war, der immer nur darauf wartete, daß er aufhören solle. Als man in ein Zimmer mit Goldledertapeten kam, redete er gleich davon, wie die Leute sogar schon in den ersten Zeiten ihre Wände bekleidet hatten; vor einem alten Familienporträt erging er sich über die vielen wechselnden Kleidertrachten, und in den Festsälen beschrieb er wieder, wie in früheren Jahren Hochzeiten und Begräbnisse gefeiert worden waren.

Darauf schaltete der Lehrer auch noch einiges von den vielen tüchtigen Männern und Frauen ein, die in der Burg gewohnt hatten, von dem alten Geschlecht der Brahe und der Barnekow; von Christian Barnekow, der dem König mitten auf der Flucht sein Pferd abgetreten hatte, sowie vom Margarethe Ascheberg, die mit Kjell Barnekow verheiratet gewesen war und dann als Witwe dreiundfünfzig Jahre lang das Gut und die ganze Umgebung geleitet und regiert hatte. Weiter von dem Bankier, der ein Kätnersohn von Vittskövle gewesen und dann so reich geworden war, daß er das ganze Gut hatte kaufen können; und auch noch von den Gliedern der Familie Skjernsvärd, die den Bauern in Schonen bessere Pflüge verschafften, wodurch sie ihre alten Greuel von hölzernen Pflügen, die drei Ochsen kaum vom Fleck brachten, aufgeben konnten.

Während all dieser Reden verhielt sich der kleine Knirps vollkommen ruhig. Wenn er früher unartig gewesen und seine Mutter oder dem Vater die Kellertüre vor der Nase zugeschlossen hatte, so daß sie nicht mehr heraufkommen konnten, dann bekam er nun zu spüren, wie es ihnen da zumute gewesen sein mochte, denn es vergingen mehrere Stunden, ehe der Lehrer zu reden aufhörte.

Zum Schluß begaben sich alle wieder in den Burghof, und da begann der Lehrer abermals mit seinen Vorträgen. Er redete von der langen Arbeit, die das Menschengeschlecht geleistet habe, bis es so weit war, daß es Werkzeuge und Waffen, Kleider und Wohnstätten, Möbel und Schmuckgegenstände sein eigen nennen konnte. Ja, sagte er, so eine alte Burg wie Vittskövle sei wirklich ein Meilenstein auf diesem Wege gewesen. Da könne man sehen, wie weit die Menschen es vor dreihundertfünfzig Jahren schon gebracht hatten, und so sei man imstande, selbst zu beurteilen, ob es seit damals vorwärts oder rückwärts gegangen sei.

Doch diese Rede mit anzuhören wurde dem Knirps erspart, denn der Schüler, der ihn bei sich trug, war aufs neue durstig geworden. Er schlich deshalb in die Küche hinein und wollte da um ein Glas Wasser bitten. Als nun der Knirps in die Küche hineingetragen wurde, mußte er einen Versuch gemacht haben, sich nach dem Gänserich umzuschauen. Er hatte sich bewegt und dabei aus Versehen so stark gegen den Deckel gedrückt, daß dieser aufsprang. Die Deckel der Botanisiertrommeln springen ja immer auf, und der Schüler dachte sich nichts weiter dabei, sondern drückte ihn einfach wieder zu. Aber da fragte ihn die Köchin, ob er eine Schlange in seiner Trommel habe.

»Nein, nein, es sind nur Pflanzen darin«, antwortete der Schüler.

»Es hat sich aber doch etwas darin bewegt«, beharrte die Köchin.

Um sie von ihrem Irrtum zu überzeugen, machte der Schüler den Deckel wieder auf und sagte: »Hier können Sie selbst sehen . . .« Doch weiter kam er nicht, denn jetzt wollte der Knirps nicht länger in diesem Käfig bleiben. Mit einem Satz sprang er auf den Boden und stürzte davon. Die Mägde in der Küche konnten kaum sehen, was das war, das davonsprang, sie liefen aber eiligst hinter ihm her.

Der Lehrer redete immer noch, als er von lautem Rufen unterbrochen wurde.

»Haltet ihn fest! Haltet ihn fest!« schrien die aus der Küche Herauseilenden, und nun jagten alle die jungen Männer hinter dem Knirps her, der hurtiger als eine Maus davonrannte. Sie versuchten, ihm den Weg abzuschneiden; aber es ist nicht leicht, einen zu greifen, der so klein ist, und so gelangte der Knirps glücklich ins Freie, wagte es indes jetzt nicht, durch die offene Allee zu laufen, und schlug deshalb eine andere Richtung ein. Er raste durch den Garten und gelangte in den Wirtschaftshof, während seine Verfolger schreiend und lachend hinter ihm herjagten. Der arme Kerl lief, lief aus Leibeskräften, aber es sah doch aus, als würden sie ihn einholen.

Jetzt rannte er an einer kleinen Arbeiterwohnung vorüber; da hörte er plötzlich eine Gans schnattern, und zugleich sah er eine weiße Flaumfeder auf der Haupttreppe liegen. Da, da war der Gänserich! Er war also vorher auf falscher Fährte gewesen! Nun dachte er nicht mehr an die, die hinter ihm herjagten, er lief einfach die Stufen hinauf und in den Hauseingang hinein. Weiter aber kam er nicht, denn die Stubentür war verschlossen. Drinnen hörte er den Gänserich jammern und schreien; er konnte aber eben die Tür nicht aufbekommen. Die große Jagd, die hinter ihm selbst her war, kam jedoch immer näher, und im Zimmer drinnen schrie der Gänserich jämmerlicher als zuvor. In dieser äußersten Not nahm der Knirps all seinen Mut zusammen und polterte mit aller Kraft gegen die Tür.

Ein Kind kam heran und öffnete, und der Knirps schaute ins Zimmer hinein. In der Mitte saß eine Frau auf dem Boden, die den Gänserich festhielt, um ihm die Flügelfeder abzuschneiden. Ihr Kind war es gewesen, das den Gänserich draußen entdeckt hatte, und man wollte ihm nichts zuleide tun, sondern ihm nur die Flügel stutzen, damit er nicht davonfliegen könnte. Etwas Schlimmeres aber hätte ja dem Gänserich nicht widerfahren können, und so schrie und jammerte er zum Erbarmen.

Und ein Glück war es, daß die Frau nicht früher mit dem Flügelstutzen begonnen hatte. Als die Tür aufging und der kleine Knirps auf der Schwelle stand, waren erst zwei Federn unter der Schere gefallen. Sie konnte sich nichts anderes denken, als daß es das gute Hauswichtelmännchen selbst sein müsse, und in der ersten Bestürzung ließ sie die Schere fallen, schlug die Hände zusammen und vergaß, den Gänserich festzuhalten.

Und dieser, nicht faul, lief, sobald er sich frei fühlte, an die Tür, hielt aber dort nicht einen Augenblick an, ergriff nur den Knirps am Halsbündchen und riß ihn mit sich fort. Auf der Haustreppe angekommen, entfaltete er seine Flügel und flog davon. Gleichzeitig machte er einen großartigen Schwung mit dem Hals und setzte den Knirps auf seinen flaumweichen Rücken.

Dann ging es hinauf in die Lüfte, und ganz Vittskövle starrte ihnen nach!

Im Park von Övedskloster

Den Tag, an dem die Wildgänse ihr Spiel mit dem Fuchs trieben, verbrachte der Junge in einem verlassenen Eichhörnchennest in tiefem Schlafe. Als er gegen Abend erwachte, war er sehr betrübt. »Nun werden sie mich bald nach Hause zurückschicken«, dachte er, »und dann gibt es keinen Ausweg mehr für mich, ich muß mich Vater und Mutter so zeigen, wie ich jetzt bin.«

Aber als er zu den Wildgänsen hinkam, die im Vombsee umherschwammen und badeten, wurde kein Wort von seiner Abreise laut. »Sie meinen vielleicht, der Weiße sei zu müde, um sich heute abend noch mit mir auf den Weg zu machen«, dachte er.

Am nächsten Morgen waren die Gänse schon lange vor Sonnenaufgang munter, und der Junge war fest überzeugt, daß er und der Gänserich die Heimreise nun unverzüglich antreten mußten. Aber merkwürdigerweise durften alle beide die Wildgänse auf ihrem Morgenausflug begleiten. Der Junge konnte sich durchaus nicht denken, was der Grund zu diesem Aufschub sein könnte, aber dann überlegte er sich, daß die Wildgänse den Gänserich nicht auf eine so weite Reise schicken wollten, ehe er sich ordentlich sattgegessen hätte. Wie es sich aber auch verhalten mochte, der Junge war über jede weitere Stunde, die zwischen ihm und dem Wiedersehen mit seinen Eltern lag, von Herzen froh.

Die Wildgänse flogen über den Herrenhof von Övedskloster hin, der in einem herrlichen Park östlich von dem See lag und der wundervoll aussah mit seinem großen Schloß, seinem schönen gepflasterten, von niedrigen Mauern und Lusthäusern umgebenen Hofe und seinem vornehmen altmodischen Garten mit den geschnittenen Hecken, dichten Laubgängen, Teichen, Springbrunnen, prachtvollen Bäumen und kurzgeschorenen Rasenplätzen, wo die Rabatten voller bunter Frühlingsblumen standen.

Als die Wildgänse in aller Frühe über den Herrenhof hinflogen, war noch kein Mensch zu sehen. Nachdem sie sich dessen genau versichert hatten, ließen sie sich ganz nahe zur Hundehütte hinunter und riefen: »Was ist das hier für eine kleine Hütte? Was ist das hier für eine kleine Hütte?«

Sogleich kam der Hund zornig und wütend aus seinem Hause herausgerannt und bellte aus Leibeskräften.

»Nennt ihr das eine Hütte, ihr, ihr Landstreicher? Seht ihr nicht, daß das ein großes steinernes Schloß ist? Seht ihr nicht, was für schöne Mauern, wie viele Fenster, welche mächtigen Tore und welche prachtvolle Terrasse es hat, wau, wau, wau? Nennt ihr das eine Hütte, ihr? Seht ihr denn nicht den Hof, den Garten, die Gewächshäuser und die Marmorfiguren? Nennt ihr das eine Hütte, ihr? Haben die Hütten für gewöhnlich einen Park ringsum, wo es Buchenwälder und Haselnußgebüsch und Baumwiesen und Eichenhaine und Tannengehölze und einen Tiergarten voller Rehe gibt? Wau, wau, wau! Nennt ihr das eine Hütte, ihr? Habt ihr Hütten gesehen mit so vielen Nebengebäuden, daß sie einen ganzen Ort bilden? Ihr kennt wohl sehr viele Hütten, die eine eigene Kirche und ein eignes Pfarrhaus haben und die über Herrenhäuser und Bauernhöfe und Pachthöfe und Amtswohnungen gebieten, wau, wau, wau! Nennt ihr das eine Hütte, ihr? Zu dieser Hütte gehört das größte Gut in ganz Schonen, ihr Bettelvolk! Nicht ein einziges Fleckchen könnt ihr da droben von eurer Höhe aus sehen, das nicht unter dieser Hütte stünde, wau, wau, wau!«

Der Hund brachte dies alles wirklich in einem Atemzug heraus; die Gänse flogen über dem Hofe hin und her und hörten ihm zu, bis er Atem schöpfen mußte, dann aber riefen sie: »Warum bist du denn so zornig? Wir haben gar nicht nach dem Schloß gefragt, sondern nur nach deiner Hundehütte!«

Als der Junge diese Neckereien hörte, lachte er zuerst, aber dann drängte sich ihm der Gedanke auf, der ihn auf einmal ernst stimmte. »Ach, wie viele solcher Scherze würdest du zu hören bekommen, wenn du mit den Wildgänsen durchs ganze Land bis hinauf nach Lappland reisen dürftest!« seufzte er leise. »Da du dir dein Leben nun doch einmal so verdorben hast, wäre ein solche Reise noch das Beste, was dir widerfahren könnte.«

Die Wildgänse flogen auf einen der jenseits vom Herrenhof gelegenen großen Äcker und weideten da ein paar Stunden lang das Wintergras ab. Inzwischen ging der Junge in den an den Acker anstoßenden großen Park hinein und spähte eifrig, ob nicht an den Zweigen der Haselnußsträucher da und dort eine Haselnuß vom vergangenen Herbst zu finden wäre. Aber während er so im Parke umherstreifte, tauchte der Gedanke an die Heimreise einmal ums andre drohend vor seiner Seele auf. Immer wieder mußte er sich ausmalen, wie schön er es haben würde, wenn er bei den Wildgänsen bleiben dürfte. Hungern und frieren würde er freilich oftmals müssen, dafür aber wäre er auch aller Arbeit und allem Lernen enthoben.

Während er noch diesen Gedanken nachhing, ließ sich plötzlich die alte graue Gans neben ihm nieder und fragte ihn, ob er etwas Eßbares gefunden habe. Nein, er habe nichts gefunden, antwortete der Junge. Da versuchte Akka ihm zu helfen, aber auch sie fand keine Haselnüsse, entdeckte jedoch dafür ein paar Hagebutten, die noch an einem wilden Rosenbusch hingen. Der Junge verzehrte sie mit gutem Appetit; aber er fragte sich doch, was wohl seine Mutter sagen würde, wenn sie wüßte, daß ihr Sohn mit rohen Fischen und Hagebutten sein Leben fristete.

Als die Wildgänse endlich satt geworden waren, zogen sie wieder an den See hinunter und trieben da bis zur Mittagszeit allerlei Kurzweil. Sie forderten den weißen Gänserich zum Wettbewerb in ihren Künsten heraus, im Springen, Fliegen und Schwimmen, und der große Zahme tat sein Bestes, aber die flinken Wildgänse liefen ihm in allem den Rang ab. Während dieser Zeit saß der Junge auf dem Rücken des Gänserichs, feuerte diesen an und war ebenso vergnügt wie die andern. Das war ein Geschrei und Gelächter und Gegacker, und es war nur zu verwundern, daß die Herrschaft auf dem Schloß nicht aufmerksam wurde.

Nachdem die Wildgänse des Spielens überdrüssig geworden waren, flogen sie auf das Eis hinüber und pflegten ein paar Stunden der Ruhe. Den Nachmittag verbrachten sie fast ganz auf dieselbe Weise wie den Vormittag, zuerst weideten sie ein paar Stunden, dann badeten und spielten sie am Rande des Eises bis zum Sonnenuntergang, und dann stellten sie sich auf dem Eise auf, wo sie auch sogleich einschliefen.

»Ja, so ein Leben würde mir gerade gefallen«, dachte der Junge, als er am Abend unter den Flügel des Gänserichs kroch. »Aber morgen werde ich wohl fortgeschickt werden.«

Bevor er einschlief, überlegte er noch einmal alle Vorteile, die ihm aus der Reise mit den Wildgänsen erwachsen würden. Er würde nicht gescholten, wenn er faul wäre, den lieben langen Tag hindurch könnte er dem lieben Gott die Zeit abstehlen, und seine einzige Sorge wäre, wie er sich etwas Eßbares verschaffen könnte. Doch er brauchte ja jetzt so wenig, da würde sich schon Rat schaffen lassen.

Und dann malte er sich aus, was er alles zu sehen bekäme und wie viele Abenteuer er erleben würde. Oh, das wäre etwas ganz anderes als die Arbeit und Schinderei daheim. »Ach, wenn ich doch die Wildgänse auf dieser Reise begleiten dürfte, dann wollte ich mich über meine Verwandlung gewiß nicht grämen!« dachte er.

Er hatte jetzt vor nichts Angst, als nach Hause geschickt zu werden; aber auch am Mittwoch mahnten die Wildgänse nicht an die Abreise. Der Tag verging wie der vorhergehende, und dem Jungen gefiel das ungebundene Leben im Freien immer besser.

Er war der Meinung, er habe den einsamen Park, der so groß war wie ein Wald, ganz für sich allein, und er fühlte durchaus keine Sehnsucht nach der engen Stube und den kleinen Äckerchen seiner Heimat.

Am Mittwoch glaubte er, die Wildgänse hätten die Absicht, ihn bei sich zu behalten, aber am Donnerstag hatte er diese Hoffnung nicht mehr. Der Donnerstag begann ganz wie der vorhergehende Tag. Die Wildgänse weideten auf den großen Äckern, und der Junge ging im Park auf die Nahrungssuche. Nach einiger Zeit gesellte sich Akka zu ihm und fragte, ob er etwas Eßbares gefunden habe. Nein, das hatte er nicht. Da stöberte Akka eine vertrocknete Kümmelstaude auf, an der noch alle die kleinen Früchte unversehrt hingen. Aber nachdem der Junge gegessen hatte, sagte Akka zu ihm, sie finde, er streife viel zu verwegen im Park umher, ob er denn nicht wisse, vor wie vielen Feinden sich so ein kleines Geschöpf, wie er eines sei, zu hüten habe? Nein, das wisse er nicht, sagte der Junge, und darauf begann Akka ihm die Feinde aufzuzählen.

Wenn er in den Wald gehe, sagte sie, solle er sich vor dem Fuchs und dem Marder in acht nehmen, wenn er sich am Ufer aufhalte, dürfe er die Fischotter nicht vergessen, wenn er auf einem Steinmäuerchen sitze, müsse er an das Wiesel denken, das durch das kleinste Loch hindurchschlüpfen könne, und wenn er sich auf einen Laubhaufen niederlegen wolle, um zu schlafen, müsse er zuerst untersuchen, ob nicht etwa eine Kreuzotter in eben diesem Haufen ihren Winterschlaf halte. Sobald er aufs offne Feld hinauskomme, solle er sich vor Habicht und Geier, vor Adler und Falken hüten. Im Haselnußgebüsch könne er vom Sperber gefangen werden. Dohlen und Krähen fänden sich überall, und ihnen solle er nur nicht zu viel trauen. Und sobald die Dämmerung hereinbreche, solle er die Ohren spitzen und auf die großen Eulen aufpassen, die mit lautlosem Flügelschlag daherschwebten, so daß sie schon ganz dicht bei ihm seien, ehe er ihre Nähe nur ahne.

Als der Junge von so vielen Feinden hörte, die ihm mit dem Tode drohten, erschien es ihm ganz unmöglich, mit dem Leben davonzukommen. Er fürchtete sich zwar nicht besonders vor dem Sterben, wollte aber doch lieber nicht aufgefressen werden. Er fragte deshalb Akka, was er tun müsse, um den Raubtieren zu entgehen.

Und Akka antwortete sogleich, er müsse versuchen, sich mit dem kleinen Tiervolk in Wald und Feld, mit den Eichhörnchen und den Hasen, mit den Finken, Meisen, Spechten und Lerchen auf guten Fuß zu stellen. Wenn er sich die zu Freunden mache, dann würden sie ihn vor Gefahren warnen, ihm Schlupfwinkel zeigen und in der höchsten Not zusammentun, ihn zu verteidigen.

Als sich dann aber der Junge später am Tag diesen Rat zunutze machen wollte und sich an Sirle, das Eichhörnchen, um gütigen Beistand wandte, da zeigte es sich, daß dieses ihm nicht helfen wollte. »Von dem kleinen Tiervolk darfst du dir keine Hoffnung auf Hilfe machen«, sagte Sirle. »Meinst du, wir wüßten nicht, daß du Nils, der Gänsejunge bist, der im vorigen Jahr die Schwalbennester herunterriß, die Stareneier zerbrach, die jungen Krähen in die Mergelgrube warf, Drosseln in Schlingen fing und Eichhörnchen in Käfige sperrte? Du mußt dir selber helfen, so gut du kannst, und mußt noch froh sein, wenn wir uns nicht zusammentun und dich zu den Deinen zurückjagen.«

Das war gerade so eine Antwort, die der Junge früher nicht ungestraft hätte hingehen lassen. Jetzt aber bekam er nur Angst, auch die Wildgänse möchten erfahren, wie böse er sein könnte. Seither war er in beständiger Angst gewesen, die Wildgänse würden ihm am Ende die Erlaubnis, bei ihnen zu bleiben, verweigern, und er hatte sich deshalb, seit er in ihrer Gesellschaft war, nicht die kleinste Unart erlaubt. Viel Böses hätte er freilich, da er doch so klein war, nicht anstellen können, aber er hätte doch Gelegenheit genug gehabt, Vogelnester auszunehmen und die Eier zu zerbrechen. So aber war er immer nur ganz artig gewesen, hatte keiner Gans eine Feder aus dem Flügel gerupft, keine einzige unhöfliche Antwort gegeben, und wenn er Akka guten Morgen wünschte, nahm er jedesmal die Mütze ab und verbeugte sich dazu.

Den ganzen Donnerstag hindurch dachte er, die Wildgänse wollten ihn gewiß nur seiner Schlechtigkeit wegen nicht mit nach Lappland nehmen, und als er am Abend hörte, daß das Weibchen des Eichhörnchens Sirle geraubt worden sei und dessen neugeborenen Jungen nun verhungern müßten, beschloß er, ihnen zu helfen, und es ist schon berichtet worden, wie gut das Nils Holgersson gelang.

Als der Junge am Freitag wieder in den Park kam, hörte er die Buchfinken in jedem Gebüsch davon singen, wie das Weibchen des Eichhörnchens Sirle durch grimmige Räuber von ihren neugeborenen Jungen weg geraubt worden sei, und wie der Gänsejunge Nils sich zwischen die Menschen hineingewagt und ihr ihre Kleinen gebracht hätte.

»Wer ist nun im Park von Övedskloster so gefeiert«, sangen die Buchfinken, »wie Däumling, den alle fürchteten, so lange er der Gänsejunge Nils war? Sirle, das Eichhörnchen, gibt ihm Nüsse, die armen Hasen machen Männchen vor ihm, die Rehe nehmen ihn auf den Rücken und laufen mit ihm davon, wenn der Fuchs Smirre in seiner Nähe auftaucht, die Meisen warnen ihn vor dem Sperber, und die Finken und Lerchen singen von seiner Heldentat!«

Der Junge war ganz sicher, daß Akka und die andern Wildgänse alles dies gehört hatten, aber trotzdem verging der ganze Freitag, ohne daß ihm gesagt worden wäre, er dürfe jetzt bei ihnen bleiben.

Bis zum Samstag durften die Wildgänse auf den Äckern bei Öved weiden, ohne von Smirre gestört zu werden. Aber als sie am Samstag früh auf das Feld hinüberkamen, lag er da im Hinterhalt und verfolgte sie von einem Acker zum andern. Als nun Akka sah, daß er sie durchaus nicht in Ruhe lassen wollte, faßte sie einen raschen Entschluß, sie erhob sich hoch in die Luft und flog mit ihrer Schar mehrere Meilen weit über die Ebenen von Färs und den Sinderöder Bergrücken hin. Dort ließen sie sich in der Gegend von Vittskövle nieder. Dann wurde es wieder Sonntag. Eine ganze Woche war nun vergangen, seit der Junge verzaubert worden war, und noch immer war er ebenso klein wie am ersten Tage.

Aber es sah nicht aus, als ob ihm das großen Kummer machte. Am Sonntagnachmittag saß er auf einem großen, dichten Weidenbusch am Seeufer und blies auf einer Weidenpfeife. Ringsumher saßen so viele Meisen und Buchfinken und Stare, als auf dem Gebüsch Platz hatten, und zwitscherten ihre Weisen, die der Junge nachzublasen versuchte. Aber der Junge verstand sich nicht besonders auf diese Kunst; er blies so falsch, daß sich den kleinen Lehrmeistern alle Federn sträubten und sie in hellem Entsetzen schrien und mit den Flügeln schlugen. Der Junge aber lachte so herzlich über ihren Eifer, daß ihm die Pfeife entfiel.

Wieder begann er zu blasen, aber auch diesmal ging es

nicht besser, und die ganze Vogelschar jammerte: »Heute spielst du noch schlechter als sonst, Däumling! Du bringst keinen reinen Ton heraus. Wo hast du nur deine Gedanken, Däumling?«

»Die sind anderswo«, antwortete der Junge. Und das war ganz wahr. Er mußte immerfort daran denken, wie lange er wohl noch bei den Wildgänsen bleiben dürfte, und ob er am Ende schon an diesem Tage noch fortgeschickt werde.

Doch plötzlich warf der Junge die Pfeife weg und sprang von dem Weidenbusch herunter, denn er sah Akka und alle Gänse in einer langen Reihe auf sich zukommen. Sie schritten ungewöhnlich langsam und feierlich daher, und dem Jungen wurde sogleich klar, daß er jetzt erfahren werde, was sie mit ihm zu tun gedächten.

Als die Gänse schließlich vor ihm stehenblieben, sagte Akka:

»Du hast allen Grund, dich über mich zu verwundern, weil ich mich noch nicht bei dir bedankt habe, daß du mich aus Smirres Klauen errettet hast. Aber ich gehöre zu denen, die lieber mit Taten als mit Worten danken. Und ich glaube, lieber Däumling, daß es mir gelungen ist, dir einen großen Dienst zu erweisen. Ich habe nämlich an das Wichtelmännchen, das dich verzaubert hat, Botschaft geschickt. Zuerst wollte es nichts davon hören, dich wieder in deine alte Gestalt zu verwandeln, aber ich habe eine Botschaft um die andre geschickt und ihm mitteilen lassen, wie gut du dich hier bei uns aufgeführt hast. Jetzt läßt es dich grüßen und dir sagen, daß du, sobald du wieder nach Hause zurückgekehrt seiest, wieder ein Mensch werden würdest.«

Aber wie merkwürdig! Ebenso vergnügt wie der Junge gewesen war, als Akka zu sprechen angefangen hatte, ebenso betrübt war er, als sie zu sprechen aufhörte. Er sagte kein Wort, sondern wendete sich nur ab und weinte.

»Was soll denn aber das bedeuten?« fragte Akka. »Es sieht aus, als habest du mehr von mir erwartet, als ich dir bis jetzt geboten habe.«

Aber der Junge dachte an sorgenfreie Tage und lustige Neckereien, an Abenteuer und Freiheit und an die Reisen hoch über der Erde hin, deren er nun verlustig gehen würde, und er weinte laut vor Kummer und Betrübnis. »Ich mache mir nichts daraus, wieder ein Mensch zu werden!« schluchzte er. »Ich will mit euch nach Lappland!«

»Ich will dir etwas sagen«, erwiderte Akka. »Das Wichtelmännchen ist sehr leicht verletzt, und ich fürchte, es wird dir schwer werden, es ein andres Mal zu deinen Gunsten zu stimmen, wenn du sein Anerbieten jetzt ausschlägst.«

Es war von jeher merkwürdig gewesen, daß dieser Junge noch niemals jemand eigentlich liebgehabt hatte, weder Vater noch Mutter, noch den Schullehrer, noch die Schulkameraden, noch die Jungen auf den Nachbarhöfen. Alles, was sie je von ihm verlangt hatten, einerlei, ob es sich um Spiel oder Arbeit handelte, war ihm langweilig vorgekommen. Deshalb gab es jetzt auch keinen Menschen, nach dem er sich gesehnt oder den er vermißt hätte.

Die einzigen, mit denen er sich einigermaßen vertragen hatte, waren das Gänsemädchen Asa und ihr Bruder Klein-Mats gewesen, ein paar Kinder, die wie er auch Gänse hüteten. Aber auch mit ihnen verband ihn keine richtige Freundschaft. O nein, ganz und gar nicht!

»Ich will nicht wieder ein Mensch werden!« schluchzte der Junge. »Ich will euch nach Lappland begleiten! Deshalb bin ich eine ganze Woche lang artig gewesen.«

»Es soll dir nicht verweigert werden, uns zu begleiten, solange du Lust hast«, sagte Akka. »Aber überlege dir nun zuerst, ob du nicht lieber nach Hause zurückkehren möchtest. Es könnte ein Tag kommen, wo du es bereust.«

»Nein«, sagte der Junge, »da ist nichts zu bereuen. Es ist mir noch nie so gut gegangen wie hier bei euch.«

»Nun, dann sei es also, wie du willst«, sagte Akka.

»Danke, danke!« rief der Junge. Und er fühlte sich so glücklich, daß er jetzt ebenso vor Freude weinen mußte, wie er vorher vor Kummer geweint hatte.

Im Regenwetter

Mittwoch, 30. März

Nun kam der erste Regentag während der Reise. Solange sich die Wildgänse in der Nähe des Vombsees aufgehalten hatten, war schönes Wetter gewesen; an demselben Tag, wo sie ihre Reise nach dem Norden fortsetzten, begann es zu regnen, und der Junge saß stundenlang tropfnaß und vor Kälte zitternd auf dem Rücken des Gänserichs.

Am Morgen, als sie fortzogen, war es hell und warm gewesen. Die Wildgänse hatten sich hoch in die Luft erhoben, gleichmäßig und ohne Eile in strenger Ordnung, mit Akka an der Spitze und die übrigen in zwei scharfen Linien hinter ihr, flogen sie dahin. Sie hatten sich keine Zeit genommen, den Tieren auf den Feldern kleine Bosheiten zuzurufen, aber da sie nicht imstande waren, sich ganz still zu verhalten, ließen sie unaufhörlich im Takt mit ihren Flügelschlägen ihren gewöhnlichen Lockruf ertönen: »Wo bist du? Hier bin ich! Wo bist du? Hier bin ich!«

Alle beteiligten sich an diesem einförmigen Rufen, das sie nur ab und zu unterbrachen, um dem zahmen Gänserich die Wegweiser zu zeigen, nach denen sie sich richteten. Die Zeichen auf dieser Reise waren die vereinzelten Erhöhungen des Sinderöder Bergrückens, der Herrenhof Ovesholm, der Kristianstader Kirchturm, das Krongut Bäckawald, die schmale Landspitze zwischen dem Oppmannasee und dem Ivösee und dem schroffen Abhang des Ryßbergs.

Es war eine einförmige Reise gewesen; und als die Regenwolken allmählich auftauchten, dachte der Junge, das sei doch einmal eine Abwechslung. Früher, wo er die Regenwolken nur von unten gesehen hatte, waren sie ihm immer grau und langweilig vorgekommen, aber hoch droben zwischen ihnen zu sein, das war etwas ganz andres. Der

Junge sah deutlich, daß die Wolken ungeheure Lastwagen waren, die berghoch beladen am Himmel hinfuhren; die einen waren mit riesigen grauen Säcken bepackt, andre mit Tonnen, die so groß waren, daß sie einen ganzen See fassen konnten, wieder andre furchtbar hoch mit großen Kesseln und Flaschen. Und nachdem so viele aufgefahren waren, daß sie den ganzen Himmelsraum füllten, war es, als habe ihnen jemand ein Zeichen gegeben, denn sie begannen alle auf einmal aus Kesseln, Tonnen, Flaschen und Säcken Wasser auf die Erde hinunterzugießen.

In dem Augenblick, wo die ersten Frühlingsgüsse auf die Erde prasselten, stießen alle die kleinen Vögel in den Gehölzen und auf den Wiesen solche Freudenrufe aus, daß die ganze Luft davon widerhallte und der Junge auf seinem Gänserücken erschreckt zusammenfuhr. »Jetzt bekommen wir Regen, der Regen bringt uns den Frühling, der Frühling gibt uns Blumen und grünes Laub, und die Blumen geben uns Raupen und Insekten, und Raupen und Insekten geben uns Nahrung! Viele und gute Nahrung ist das Beste, was es gibt!« sangen die Vögelein.

Auch die Wildgänse freuten sich über den Frühlingsregen, der die Pflanzen aus ihrem Winterschlaf weckte und die Eisdecke auf den Seen zerbrach. Es war ihnen nicht möglich, noch länger so ernst zu bleiben wie bisher, und sie fingen an, lustige Rufe auf die Landschaft unter ihnen hinabzuschicken.

Als sie über die großen Kartoffelfelder, die bei Kristianstad besonders gut sind und die jetzt noch schwarz und kahl dalagen, hinflogen, riefen sie: »Wachet jetzt auf und bringet Nutzen! Der Frühling ist da, der euch weckt! Nun habt ihr auch lange genug gefaulenzt!«

Wenn sie Menschen sahen, die sich beeilten, unter Dach und Fach zu kommen, ermahnten sie sie und sagten: »Warum habt ihr es denn so eilig? Seht ihr nicht, daß es Brot und Kuchen regnet? Brot und Kuchen!«

Eine große, dicke Wolke bewegte sich rasch in nördlicher Richtung vorwärts und schien den Gänsen zu folgen.

Sie glaubten wohl, daß sie die Wolke mit sich zögen, denn als sie jetzt gerade große Gärten unter sich sahen, riefen sie ganz stolz: »Hier kommen wir mit Anemonen! Wir kommen mit Rosen, mit Apfelblüten und Kirschenknospen! Wir kommen mit Erbsen und Bohnen, mit Weizen und Roggen! Wer Lust hat, greife zu! Wer Lust hat, greife zu!«

So hatte es geklungen, während die ersten Regenschauer fielen, wo sich noch alle über den Regen freuten. Als es aber den ganzen Nachmittag fortregnete, wurden die Gänse ungeduldig und riefen den durstigen Wäldern rings um den Ivösee zu: »Habt ihr noch nicht bald genug? Habt ihr noch nicht bald genug?«

Der Himmel überzog sich immer mehr mit einem gleichmäßigen Grau, und die Sonne verbarg sich so gut, daß niemand herausfand, wo sie steckte. Der Regen fiel dichter, er klatschte schwer auf die Gänseflügel und drang durch die eingeölten Außenfedern bis auf die Haut durch. Die Erde dampfte, Seen, Gebirge und Wälder flossen zu einem undeutlichen Wirrwarr zusammen und die Wegzeiger waren nicht mehr zu erkennen. Die Fahrt ging immer langsamer, die lustigen Zurufe verstummten, und der Junge fühlte die Kälte immer mehr.

Aber doch hielt er den Mut aufrecht, solange er durch die Luft ritt. Auch am Abend, als sie sich unter einer kleinen Kiefer niedergelassen hatten, mitten auf einem großen Moor, wo alles naß und kalt war, wo die einen Erdhaufen mit Schnee bedeckt waren und die andern kahl aus einem Tümpel halbgeschmolzenen Eiswassers aufragten, war er noch nicht mutlos gewesen, sondern war fröhlich umhergelaufen und hatte sich Krähenbeeren und gefrorene Preiselbeeren gesucht. Aber dann wurde es Abend, und die Dunkelheit senkte sich so tief herab, daß nicht einmal solche Augen, wie der Junge jetzt hatte, hindurchdringen konnten, und das weite Land sah merkwürdig unheimlich und schreckenerregend aus. Unter dem Flügel des Gänserichs lag der Junge zwar wohl eingebettet, aber Kälte und Feuchtigkeit hinderten ihn am Einschlafen. Er hörte auch so viel Gerassel und Geprassel und drohende Stimmen ringsum, daß ihn furchtbares Entsetzen ergriff und er nicht wußte, wohin er sich wenden sollte. Wenn er sich nicht zu Tode ängstigen sollte, dann mußte er fort, dahin, wo es wärmendes Feuer und Licht gab.

»Wie wär's, wenn ich mich nur diese eine Nacht zu den Menschen hineinwagte?« dachte er. »Nur so, daß ich ein Weilchen an einem Feuer sitzen dürfte und einen Mundvoll zu essen bekäme. Vor Sonnenaufgang könnte ich ja zu den Gänsen zurückkehren.«

Er kroch sachte unter dem Flügel hervor und glitt auf den Boden hinunter. Weder der Gänserich noch eine der andern Gänse erwachte, und leise und unbemerkt schlich er über das Moor weg.

Er wußte nicht recht, in welchem Teil des Landes er sich befand, ob in Schonen, in Smaland oder in Blekinge.

Aber gerade, bevor sich die Gänse auf dem Moor niedergelassen hatten, hatte er einen Schein von einer großen Stadt gesehen, und dorthin lenkte er jetzt seine Schritte. Es dauerte auch nicht lange, bis er einen Weg fand, und bald war er auf der langen, mit Bäumen eingefaßten Landstraße, wo auf jeder Seite Hof an Hof lag.

Der Junge war in eines der großen Kirchspiele geraten, die weiter droben im Land sehr verbreitet sind, die es aber unten in der Ebene gar nicht gibt.

Die Wohnhäuser waren aus Holz und sehr hübsch gebaut. Die meisten hatten mit geschnitzten Leisten verzierte Giebel, und die Glasveranden waren mit der einen und andern bunten Scheibe versehen. Die Wände waren mit heller Ölfarbe angestrichen, die Türen und Fensterrahmen leuchteten blau und grün, hin und wieder auch rot. Während der Junge dahinwanderte und die Häuser betrachtete, hörte er sogar, wie die Leute in den warmen Stuben plauderten und lachten. Die Worte konnte er nicht verstehen, aber es kam ihm sehr schön vor, menschliche Stimmen zu hören. »Ich möchte wissen, was sie sagen würden, wenn ich anklopfte und um Einlaß bäte?« dachte er.

Das war es ja, was er im Sinn gehabt hatte; aber beim Anblick der erleuchteten Fenster war seine Angst vor der Dunkelheit verschwunden. Dagegen fühlte er jene Scheu, die ihn immer in der Nähe der Menschen überkam. »Ich werde mich eine Weile in dem Dorf umsehen«, dachte er, »ehe ich bei jemand um Obdach und Speise anhalte.«

An einem Haus war ein Balkon. Und gerade, als der Junge vorüberging, wurden die Balkontüren aufgemacht, und durch feine, lichte Vorhänge strömte ein gelber Lichtschein heraus. Dann trat eine schöne junge Frau heraus und beugte sich über das Geländer. »Es regnet, jetzt wird es bald Frühling«, sagte sie. Als der Junge sie sah, überkam ihn zum erstenmal ein merkwürdiges Angstgefühl. Es war ihm, als müsse er weinen. Zum erstenmal ergriff ihn eine gewisse Unruhe darüber, daß er sich selbst von den Menschen ausgeschlossen hatte.

Kurz nachher kam er an einem Kaufladen vorüber. Vor dem Hause stand eine rote Sämaschine. Er blieb stehen und sah sie an und kroch schließlich auf den Bock hinauf. Als er droben saß, schnalzte er mit der Zunge und tat, als fahre er. Er dachte, welches Glück das wäre, wenn er eine so schöne Maschine über einen Acker fahren dürfte.

Einen Augenblick lang hatte er ganz vergessen, wie er jetzt aussah, aber gleich erinnerte er sich wieder daran, und eilig sprang er von der Maschine herunter. Eine immer größere Unruhe bemächtigte sich seiner. Ja, wer beständig unter Tieren leben mußte, kam doch in vielem zu kurz. Die Menschen waren wirklich recht merkwürdige und tüchtige Geschöpfe.

Er ging an der Post vorbei und dachte an die Zeitungen, die jeden Tag mit Neuigkeiten von allen vier Enden der Welt kommen. Er sah die Apotheke und die Doktorwohnung, und da mußte er denken, welche große Macht die Menschen doch hatten, daß sie Krankheit und Tod bekämpfen konnten. Er kam an die Kirche und dachte an die Menschen, die sie erbaut hatten, um in ihr von einer andern Welt zu hören, einer Welt außerhalb der, in der sie lebten, sowie von Gott und Auferstehung und einem ewigen Leben.

Und je weiter er kam, desto besser gefielen ihm die Menschen.

Kinder können eben niemals weiter sehen, als ihre Nase lang ist. Was am nächsten vor ihnen liegt, nach dem strekken sie die Hand aus, ohne sich darum zu kümmern, was es sie kosten könnte. Nils Holgersson hatte kein Verständnis dafür gehabt, was er verloren gab, als er ein Wichtelmännchen zu bleiben wünschte; jetzt aber ergriff ihn eine furchtbare Angst, er würde am Ende nie wieder seine rechte Gestalt erlangen können.

Aber wie in aller Welt müßte er es angreifen, um wieder ein Mensch zu werden? Das hätte er schrecklich gerne gewußt.

Er kroch auf eine Haustreppe hinauf und setzte sich da mitten in den strömenden Regen, um zu überlegen. Er saß eine Stunde da, zwei Stunden, und sann und grübelte mit tiefgefurchter Stirne. Aber er wurde nicht klüger; es war, als ob sich seine Gedanken nur immer in seinem Kopf im Kreise drehten. Und je länger er dasaß, desto unmöglicher erschien es ihm, irgendeine Lösung zu finden.

»Dies ist sicherlich viel zu schwer für einen, der so wenig gelernt hat wie ich«, dachte er schließlich. »Ich werde jedenfalls zu den Menschen zurückkehren müssen. Dann muß ich den Pfarrer und den Doktor und den Schullehrer fragen, und auch noch andre, die gelehrt sind und Hilfe für so etwas wissen.«

Ja, er beschloß, dies sogleich zu tun; er stand auf und schüttelte sich, denn er war so naß wie ein Hund, der in einem Wassertümpel gewesen ist.

In diesem Augenblick sah er, daß eine große Eule daherflog und sich auf einen der Bäume an der Straße niederließ. Gleich darauf begann eine Waldeule, die unter der Dachleiste saß, sich zu bewegen und zu rufen: »Kiwitt, kiwitt, bist du wieder da, Sumpfeule? Wie ist es dir im Ausland ergangen?«

»Danke der Nachfrage, Waldeule, es ist mir gut gegangen«, sagte die Sumpfeule. »Ist während meiner Abwesenheit irgend etwas Merkwürdiges passiert?«

»Nicht hier in Blekinge, Sumpfeule, aber in Schonen ist ein Junge in ein Wichtelmännchen verwandelt und so klein gemacht worden wie ein Eichhörnchen, und dann ist der Junge mit einer zahmen Gans nach Lappland gereist.«

»Das ist ja eine sonderbare Neuigkeit, eine sonderbare Neuigkeit! Kann er jetzt nie wieder ein Mensch werden, Waldeule? Sag, kann er nie wieder ein Mensch werden?«

»Das ist ein Geheimnis, Sumpfeule, aber du sollst es doch wissen. Das Wichtelmännchen hat gesagt, wenn der Junge die zahme Gans bewacht, daß sie unbeschädigt wieder heimkommen und ---«

»Und was noch, Waldeule, was noch?«

»Fliege mit mir auf den Kirchturm hinauf, dann sollst du alles erfahren. Ich habe Angst, es könnte uns hier auf der Straße jemand zuhören.«

Damit flogen die beiden Eulen davon, aber der Junge warf seine Mütze hoch in die Luft. »Wenn ich nur über den Gänserich wache, damit er unbeschädigt wieder heimkommt, dann werde ich wieder ein Mensch. Hurra! Hurra! Dann werde ich wieder ein Mensch!«

Er schrie Hurra, und es war merkwürdig, daß man ihn drinnen im Hause nicht hörte. Aber das war nicht der Fall, und der Junge lief zurück zu den Wildgänsen auf das nasse Moor hinaus, so schnell ihn seine Beine tragen konnten.

Karlskrona

Samstag, 2. April

Es war Abend in Karlskrona und heller Mondschein. Jetzt herrschte warmes, schönes Wetter, am Tage aber hatte es gestürmt und geregnet, und die Menschen meinten sicher, es regne und stürme noch immer, denn kaum einer von ihnen wagte sich auf die Straße hinaus.

Während die Stadt so verlassen dalag, kam die Wildgans Akka mit ihrer Schar über Vämmön und Pantarholm auf Karlskrona zugeflogen. Sie waren spätabends noch unterwegs, sich einen sichern Schlafplatz draußen auf den Schären zu suchen. Auf dem Lande konnten sie nicht bleiben, weil der Fuchs Smirre sie immer wieder aufstöberte, wo sie sich auch niederlassen mochten.

Als nun der Junge hoch oben durch die Luft ritt und auf das Meer mit seinen Schären hinuntersah, kam ihm alles merkwürdig unheimlich und gespensterhaft vor. Der Himmel war nicht mehr blau, sondern wölbte sich über ihn wie eine Kuppel aus grünem Glas. Das Meer war milchweiß, und so weit das Auge reichte, rollte es in kleinen, weißen Wogen mit silberschimmernden Schaumkronen daher. Mitten in all diesem Weiß ragten die vielgestalteten Inseln kohlschwarz heraus. Ob sie groß oder klein waren, ob eben wie Wiesen oder mit wilden Felsstücken bedeckt, alle sahen gleich schwarz aus. Ja, sogar auch die Wohnhäuser und Kirchen und Windmühlen, die gewöhnlich weiß oder rot sind, zeichneten sich schwarz von dem grünen Himmel ab. Der Junge hatte beinahe das Gefühl, als sei die Erde unter ihm vertauscht worden, so daß er in eine ganz andre Welt gekommen sei.

Er dachte eben, in dieser Nacht wolle er recht tapfer sein und sich nicht fürchten, als er etwas erblickte, was ihm einen großen Schrecken einjagte. Das war eine bergige Insel, die mit großen, scharfen Felsblöcken bedeckt war, und zwischen diesen schwarzen Blöcken glänzten funkelnde Stellen von schimmerndem Golde. Er mußte unwillkürlich an den Maglestein von dem Zauberer Ljungby denken, den der Zauberer zuweilen auf hohe goldne Säulen stellt, und er hätte gerne gewußt, ob dies etwas Ähnliches sei.

Aber die Steine da mit dem Gold wären schließlich noch angegangen, wenn es nicht rings um die Insel von lauter großen Meeresungetümen gewimmelt hätte. Sie sahen wie Wal- und Haifische und andre große Meeresungeheuer aus, aber der Junge war dafür, daß es Meergeister seien, die sich hier versammelt hätten und hinaufklettern wollten, um mit den dort wohnenden Landgeistern zu kämpfen. Und die auf dem Lande fürchteten sich sicher, denn der Junge sah einen großen Riesen ganz oben auf dem Gipfel der Insel stehen, der die Arme in die Höhe reckte wie in Verzweiflung über all das Unglück, das ihm und seiner Insel widerfahren sollte.

Der Junge erschrak nicht wenig, als er merkte, daß Akka sich gerade auf diese Insel niedersinken ließ. »Ach nein, ach nein!« rief er. »Wir werden uns doch da nicht niederlassen wollen?«

Aber die Gänse sanken immer tiefer, und jetzt war der Junge aufs höchste überrascht, daß er so verkehrt hatte sehen können. Die großen Steinblöcke waren nichts andres als Häuser. Die ganze Insel war eine Stadt; die glänzenden, goldnen Punkte waren Laternen und erleuchtete Fensterreihen. Der Riese, der ganz oben auf der Insel stand, war eine Kirche mit zwei Türmen, und alle die Meeresungeheuer und Zauberer, die er zu sehen geglaubt hatte, waren Boote und große Schiffe, die rings um die Insel verankert waren. Auf dieser dem Lande zugelegnen Seite der Insel lagen gepanzerte Kriegsschiffe, einige mit ungeheuer dicken, nach rückwärts geneigten Schornsteinen, dann wieder länger und schmäler gebaute, die sicherlich wie Fische durchs Wasser gleiten konnten.

Welche Stadt konnte nun das wohl sein? Ja, das konnte

der Junge schon herausbringen, weil er die vielen Kriegsschiffe da unten sah. Sein ganzes Leben lang hatte er Angst vor Schiffen gehabt, obgleich er nie mit andern etwas zu tun gehabt hatte als mit den kleinen Segelbooten, die er auf dem Dorfteich hatte schwimmen lassen. Er wußte wohl, daß diese Stadt, die mit so vielen Kriegsschiffen dort lag, nur Karlskrona sein konnte.

Der Großvater des Jungen war früher Matrose auf einem Kriegsschiff gewesen, und so lange er lebte, hatte er jeden Tag von Karlskrona erzählt, von der großen Werft und allem andern, was es da gab. Hier fühlte sich der Junge ganz wie zu Hause, und er freute sich, daß er jetzt das alles sehen durfte, von dem er so viel hatte erzählen hören.

Nur im Fluge sah er den Turm und die Festungswerke, die den Hafeneingang abschließen, sowie die vielen Gebäude draußen auf der Werft, denn jetzt ließ sich Akka auf einem der flachgedeckten Kirchtürme nieder.

Der Junge hatte sicher noch keine fünf Minuten geschlafen, als er unter dem Flügel des Gänserichs hervorglitt und am Blitzableiter und an den Dachrinnen auf den Boden hinunterkletterte.

Bald stand er auf einem großen Marktplatz, der sich vor der Kirche ausbreitete; er war mit rundlichen, oben zugespitzten Steinen gepflastert, und das Gehen darauf war ebenso beschwerlich für ihn wie für große Leute das Gehen auf einer Wiese voll Erdschollen. Leute, die in einer unbebauten Gegend und weit draußen auf dem Lande wohnen, fühlen sich immer ängstlich, wenn sie in eine Stadt kommen, wo die Häuser steif und aufrecht dastehen und die Straßen und Plätze offen daliegen, so daß sie jeder, der vorübergeht, betrachten kann. Und wenn große Leute so denken, kann man sich leicht vorstellen, wieviel mehr es dem Däumling so gehen mußte. Als er auf dem Markt von Karlskrona stand und die Deutsche Kirche und das Rathaus und den Dom, von dem er gerade heruntergekommen war, sah, wünschte er sich unwillkürlich zu den Gänsen droben auf dem Kirchturm zurück. Zum Glück war der

Marktplatz ganz leer. Kein Mensch war zu sehen, wenn man nicht etwa ein Standbild, das auf einem hohen Sockel stand, für einen solchen rechnen wollte. Der Junge betrachtete das Standbild lange und hätte gerne gewußt, wer dieser große Mann in Dreispitz, langem Rock, Kniehosen und groben Schuhen sei. Er hielt einen langen Stock in der Hand und sah aus, als mache er auch Gebrauch davon, denn er hatte ein furchtbar strenges Gesicht mit einer großen Habichtsnase und einem häßlichen Mund.

»Was hat denn dieser Lippenfritze hier zu tun?« sagte der Junge schließlich.

Noch nie hatte er sich so klein und ärmlich gefühlt wie an diesem Abend. Er versuchte sich aufzuraffen, indem er etwas Keckes sagte. Dann dachte er nicht mehr an das Standbild, sondern bog in eine breite Straße ein, die zum Meer hinunterführte. Aber er war noch nicht lange gegangen, als er hörte, daß jemand hinter ihm herkam. Vom Markt her kam jemand, der mit schweren Füßen auf das Pflaster und seinen Stock auf den Boden aufstieß. Es klang fast, als hätte der große Mann aus Bronze, der drüben auf dem Markte stand, sich auf den Weg gemacht.

Der Junge horchte auf die Schritte, während er die Straße hinunterlief, und immer deutlicher erkannte er, daß es der Mann aus Bronze sein mußte. Die Erde bebte, und die Häuser zitterten, sicherlich konnte niemand anders so gehen; und der Junge erschrak, als ihm einfiel, was er vorhin über ihn gesagt hatte. Er wagte nicht einmal den Kopf zu drehen, um nachzusehen, ob er es wirklich sei.

»Er geht vielleicht nur zu seinem eignen Vergnügen spazieren«, dachte der Junge weiter. »Wegen der paar Worte, die ich über ihn gesagt habe, kann er doch unmöglich böse auf mich sein. Es war ja gar nicht schlimm gemeint.«

Anstatt nun geradeaus zu gehen, um womöglich an die Werft zu gelangen, bog der Junge in eine nach Osten führende Straße ein. Er wollte dem, der hinter ihm herkam, um jeden Preis ausweichen.

Aber gleich darauf hörte er den Bronzenen auch in diese

Straße einbiegen. Da erschrak der Junge so sehr, daß er einfach nicht wußte, was er tun sollte. Und wie schwer ist es, einen Schlupfwinkel zu finden in einer Stadt, wo alle Türen fest verschlossen sind! Da sah er zu seiner Rechten eine alte, aus Holz gebaute Kirche, die etwas abseits von der Straße an einer großen Anlage stand. Er bedachte sich nicht einen Augenblick, sondern stürzte auf die Kirche zu. »Wenn ich nur hineinkomme, werde ich wohl vor allem Übel beschützt sein!« meinte er.

Während er dahinstürmte, sah er plötzlich einen Mann auf einem Sandweg stehen, der ihm winkte. »Das ist gewiß jemand, der mir helfen will«, dachte der Junge; es wurde ihm ganz leicht ums Herz, und er eilte auf den Mann zu. Er hatte wirklich Herzklopfen vor lauter Angst.

Aber als er bei dem Mann angekommen war, der am Rande des Weges auf einem kleinen Schemel stand, stutzte er sehr. »Der kann mir doch nicht gewinkt haben«, dachte er; denn jetzt sah er, daß der ganze Mann aus Holz war.

Er blieb vor dem Mann stehen und betrachtete ihn. Es war ein grobgeschnittener Kerl mit kurzen Beinen, breitem, rotem Gesicht, glänzendem schwarzem Haar und einem schwarzen Vollbart. Er hatte einen schwarzen hölzernen Hut auf dem Kopf, auf dem Leib einen braunen hölzernen Rock, um die Mitte eine schwarze hölzerne Schärpe, an den Beinen weite, graue hölzerne Hosen und Strümpfe und an den Füßen schwarze Holzschuhe. Er war überdies frisch gestrichen und gefirnißt, so daß er im Mondschein glänzte und gleißte; und der Frühling tat auch noch das Seinige dazu und gab ihm ein so gutmütiges Aussehen, daß der Junge sogleich Vertrauen zu ihm faßte.

Neben dem Mann auf dem Wege stand eine Holztafel, und auf dieser las der Junge:

»Ich bitt' euch ganz demütiglich
Kann sprechen zwar nicht gut,
Kommt, gebt ein Scherflein her für mich
Und legt's in meinen Hut!«

Ach freilich, der Mann war eine Armenbüchse! Der Junge war ganz verdutzt. Er hatte geglaubt, etwas ganz besonders Merkwürdiges vor sich zu haben. Und jetzt erinnerte er sich auch, daß der Großvater von diesem hölzernen Manne gesprochen und gesagt hatte, alle Kinder von Karlskrona hätten ihn sehr gern. Und das mußte wohl wahr sein, denn auch dem Jungen fiel es schwer, sich von dem hölzernen Manne zu trennen. Er hatte etwas so Altmodisches, man konnte ihn für hundert Jahre alt halten, und zugleich sah er doch stark und stolz und lebenslustig aus, gerade wie die Leute in alten Zeiten gewesen sein mußten.

Es machte dem Jungen so viel Vergnügen, den hölzernen Mann anzusehen, daß er den andern, vor dem er geflohen war, ganz vergaß. Aber jetzt hörte er ihn wieder. O weh! auch er verließ die Straße und kam in den Kirchhof herein. Er ging ihm auch hierher nach! Wohin sollte der Junge nun flüchten?

Gerade in diesem Augenblick sah er, daß der Hölzerne sich verbeugte und seine breite hölzerne Hand ausstreckte. Man konnte ihm unmöglich etwas andres als Gutes zutrauen, und mit einem Satz stand ihm der Junge auf der Hand. Und der Hölzerne hob ihn zu seinem Hut empor und steckte ihn darunter.

Kaum war der Junge versteckt, kaum hatte der Hölzerne den Arm wieder an seinen richtigen Platz getan, als der Bronzene auch schon vor ihm stand und mit seinem Stock so gewaltig auf den Boden stieß, daß der Hölzerne auf seinem Schemel erzitterte. Hierauf sagte der Bronzene mit lauter metallener Stimme: »Wer ist Er?«

Der Arm des Hölzernen fuhr hinauf, daß es in dem alten Holzwerk knackte, er legte die Hand an den Hutrand und antwortete: »Rosenbom, mit Verlaub, Eure Majestät, früher Oberbootsmann auf dem Linienschiff Dristigheten, nach beendigtem Kriegsdienst Kirchenwächter bei der Admiralskirche, schließlich in Holz geschnitzt und als Armenbüchse auf dem Kirchhof aufgestellt.«

Däumling fuhr zusammen, als er den Hölzernen »Eure Majestät« sagen hörte. Denn wenn er jetzt darüber nachdachte, so fiel ihm allerdings ein, daß das Standbild auf dem Markt den vorstellen mußte, der die Stadt gegründet hatte. Es war also niemand Geringeres als Karl XI. selbst, mit dem er zusammengetroffen war.

»Er versteht es, Auskunft über sich zu geben. Kann Er mir nun auch sagen, ob Er nicht einen kleinen Jungen gesehen hat, der heute nacht in der Stadt herumstrolcht? Es ist eine naseweise Kanaille, und wenn ich ihn fasse, werde ich ihn Mores lehren.« Damit stieß er seinen Stock noch einmal auf den Boden und sah schrecklich grimmig drein.

»Mit Verlaub, Eure Majestät, ich hab' ihn gesehen«, sagte der Hölzerne; und der Junge, der unter dem Hut zusammengekauert saß und durch eine Ritze im Holz den Bronzenen sehen konnte, begann vor Angst heftig zu zittern. Aber er beruhigte sich wieder, als der Hölzerne fortfuhr: »Eure Majestät ist auf falscher Fährte. Der Junge wollte gewiß auf die Werft, um sich dort zu verstecken.«

»Meint Er das, Rosenbom? Nun, dann bleib Er nicht länger auf seinem Schemel stehen, sondern komm Er mit mir und helf Er mir, den kleinen Kerl zu suchen. Vier Augen sehen besser als zwei, Rosenbom.«

Aber der Hölzerne antwortete mit jammervoller Stimme: »Ich möchte untertänigst bitten, da bleiben zu dürfen, wo ich bin. Ich sehe gesund und glänzend aus, weil man mich eben frisch angestrichen hat, aber innerlich bin ich alt und gichtbrüchig und kann keine Motion vertragen.«

Der Bronzene gehörte sicherlich zu denen, die keinen Widerspruch vertragen können. »Was sind das für Flausen! Komm Er nur, Rosenbom!« Und er streckte seinen langen Stock aus und versetzte dem andern einen dröhnenden Schlag auf die Schulter. »Da sieht Er, daß Er hält, Rosenbom.«

Die beiden machten sich also auf den Weg und wanderten stattlich und gewaltig durch die Straßen von Karlskrona, bis sie an ein großes Tor kamen, das zur Werft führte.

Davor stand ein Marinesoldat Schildwache; aber der Bronzene ging wie selbstverständlich an ihm vorbei und stieß die Tür auf, ohne daß es der Matrose zu bemerken schien.

Sobald sie durch das Tor hindurchgeschritten waren, sahen sie einen weiten, durch hölzerne Brücken abgeteilten Hafen vor sich. In den verschiedenen Hafenbecken lagen Kriegsschiffe; diese erschienen in der Nähe noch größer und schreckenerregender als vorher, wo der Junge sie von oben herab gesehen hatte. »Es war doch nicht so verkehrt, wenn ich sie für Meeresungeheuer hielt«, dachte er.

»Wo meint Er, daß wir zuerst suchen sollen, Rosenbom?« fragte der Bronzene.

»So einer könnte sich am allerleichtesten im Modellsaal verstecken«, antwortete der Hölzerne.

Auf einem schmalen Streifen Land, der rechts dem ganzen Hafen entlang lief, lagen altertümliche Gebäude. Der Bronzene ging auf ein Haus mit niedrigen Mauern, viereckigen Fenstern und einem ansehnlichen Dach zu. Er stieß mit seinem Stock gegen die Tür, daß sie aufsprang, und stampfte eine Treppe mit ausgetretenen Stufen hinauf. Sie kamen in einen großen Saal, der mit einer Menge bemasteter und aufgetakelter Schiffe angefüllt war. Ohne daß es ihm jemand gesagt hätte, wußte der Junge, daß er hier die Modelle zu den Schiffen sah, die für die schwedische Flotte gebaut worden waren.

Es gab viele verschiedene Arten von Schiffen. Alte Linienschiffe, deren Seiten mit Kanonen gespickt waren, die vorne und hinten mächtige Aufbauten hatten und deren Masten einen großen Wirrwarr von Segel und Tauen zeigten. Ferner kleine Küstenschiffe mit Ruderbänken an den Seiten, unbedeckte Kanonenschaluppen und reichvergoldete Fregatten; das waren die Modelle von den Schiffen, deren sich die Könige auf ihren Reisen bedient hatten. Und endlich waren da auch die schweren, breiten Panzerschiffe mit Türmen und Kanonen auf dem Verdeck, die heutigentags gebraucht werden, sowie schlanke, schwarzglänzende Torpedoboote, die wie lange schmale Fische aussahen.

Während der Junge zwischen all diesem herumgetragen wurde, dachte er ganz verdutzt: »Nein, daß so große und stolze Schiffe hier in Schweden gebaut worden sind!«

Er hatte gut Zeit, sich umzusehen, denn als der Bronzene die Modelle sah, vergaß er alles andre. Er betrachtete sie der Reihe nach, vom ersten bis zum letzten, und ließ sie sich erklären. Und Rosenbom, der Oberbootsmann von Dristigheten, erzählte alles, was er wußte, wer die Baumeister gewesen waren und welche Schicksale sie gehabt hatten. Von Chapmann und Puke und Trolle, von Helgoland und Svensksund erzählte er, bis zum Jahre 1809, denn von da an war er nicht mehr dabei gewesen.

Ihm und dem Bronzenen gefielen die alten Holzschiffe am besten. Auf die neuen Panzerschiffe schienen sie sich nicht so recht zu verstehen.

»Ich sehe, daß Er von den neuen da nichts weiß, Rosenbom«, sagte der Bronzene. »Wir wollen deshalb jetzt gehen und etwas andres ansehen, denn das macht mir Spaß.«

Jetzt dachte er gewiß nicht mehr daran, den Jungen zu suchen, und dieser fühlte sich unter dem hölzernen Hut ganz sicher und behaglich.

Die beiden Männer gingen durch die großen Werkstätten, durch die Segelnähereien und die Ankerschmieden, durch die Maschinen- und Schreinerwerkstätten. Sie besahen die hohen Krane und die Docks, die großen Vorratshäuser, den Artilleriehof, das Zeughaus, die lange Seilerbahn und das große verlassene Dock, das aus den Felsen herausgespengt worden war. Sie gingen auf die Bohlenbrücken hinaus, wo die Kriegsschiffe verankert lagen, begaben sich an Bord der Schiffe und betrachteten sie wie zwei alte Seebären, fragten und verwarfen und billigten und ärgerten sich.

Der Junge saß sicher unter dem hölzernen Hut und hörte sie erzählen, wie auf diesem Platz gearbeitet und gestritten worden war, um die hier ausgerüsteten Schiffe fertigzustellen. Er hörte, wie man Leib und Leben aufs Spiel gesetzt hatte, bis das letzte Scherflein für diese Schiffe geopfert worden war, wie talentvolle Männer ihre ganze Kraft eingesetzt hatten, diese Fahrzeuge, die das Vaterland verteidigten und beschützten, zu verbessern und zu vervollkommnen. Dem Jungen traten ein paarmal die Tränen in die Augen, als er von diesem allem erzählen hörte. Und er freute sich, daß er so genaue Auskunft darüber erhielt.

Ganz zuletzt kamen sie auf einen offnen Hof, wo die Gallionsfiguren von alten Linienschiffen aufgestellt waren. Und etwas Merkwürdigeres hatte der Junge noch nie gesehen, denn die Figuren, die da hingen, hatten unglaublich große, schreckenerregende Gesichter. Groß, kühn und wild sahen sie aus, von demselben stolzen Geist erfüllt, der einst die großen Schiffe ausgerüstet hatte. Sie waren von einer andern Zeit und von andern Händen hervorgebracht worden. Dem Jungen war es, als schrumpfe er vor ihnen ganz zusammen.

Aber als sie hierher gelangt waren, sagte der bronzene Mann zu dem hölzernen: »Nehm Er vor denen, die hier stehen, den Hut ab, Rosenbom! Sie alle sind für das Vaterland im Kampf gewesen.«

Aber ebenso wie der Bronzene hatte auch Rosenbom vergessen, warum sie die Wanderung begonnen hatten. Ohne sich einen Augenblick zu besinnen, lüpfte er seinen Hut und rief: »Ich nehme meinen Hut ab vor dem, der den Hafen auserwählte, der den Grund zur Werft legte und eine neue Flotte schuf, vor dem König, der dies alles hier ins Leben gerufen hat!«

»Danke, Rosenbom, das war gut gesagt. Er ist ein prächtiger Mann. Aber was hat Er denn da, Rosenbom?«

Denn Nils Holgersson stand mitten auf Rosenboms kahlem Schädel. Aber er hatte jetzt keine Angst mehr, sondern schwang seine weiße Mütze und rief: »Ein Hurra für dich, Lippenfritze!«

Er schrie so laut, daß er erwachte. Und da merkte er zu seiner großen Verwunderung, daß er alles miteinander geträumt hatte und daß er noch immer bei den Gänsen auf dem Kirchendach war.

Die Südspitze von Öland

Sonntag, 3. bis Mittwoch, 6. April

Auf dem südlichsten Teil von Öland liegt ein altes Krongut, das Ottenby heißt. Es ist ein sehr großes Gut, das sich von einem Ufer zum anderen quer über die Insel erstreckt, und das Merkwürdige an ihm ist, daß es von jeher ein Aufenthaltsort für große Tierscharen war. Im siebzehnten Jahrhundert, wo die Könige nach Öland fuhren, dort der Jagd zu pflegen, war das Besitztum ein einziger großer Wildpark. Im achtzehnten Jahrhundert war ein Gestüt dort, wo edle Rassepferde gezüchtet wurden, und außerdem noch eine Schäferei mit vielen hundert Schafen. In unsern Tagen gibt es da weder Vollblutpferde noch Schafherden. Statt ihrer sind große Scharen junger Pferde da, die für unsere Kavallerieregimenter bestimmt sind.

In dem ganzen Lande gibt es gewiß keinen Hof, der einen bessern Aufenthaltsort für Tiere aller Art böte. Die östliche Küste entlang liegt die alte Schäferwiese, die, eine Viertelmeile lang, die größte Wiese Schwedens ist, und dort können die Tiere ebenso frei weiden und spielen und sich tummeln wie in der Wildnis. Und da ist auch der berühmte Hain von Ottenby mit den hundertjährigen Eichen, die Schatten gegen die Sonne spenden und Schutz vor dem strengen Ölandswind gewähren. Und dann darf man die lange Mauer von Ottenby nicht vergessen; diese läuft quer über das Eiland hin und schließt Ottenby von der übrigen Insel ab. Diese Mauer zeigt den Tieren, bis wohin sich das alte Krongut erstreckt, und hält sie davon ab, auf fremdes Gebiet zu gehen, wo sie nicht das Recht haben, sich aufzuhalten.

Aber daß es viele zahme Tiere auf Ottenby gibt, ist noch lange nicht alles; man sollte beinahe glauben, die wilden Tiere hätten auch das Gefühl, daß auf einem alten Krongut sowohl wilde als zahme auf Schutz und Schirm rechnen dürfen, weil sie sich in so großen Scharen dahin wagen. Nicht allein Hirsche von dem alten Stamme sowie Hasen und Brandenten und Rebhühner halten sich mit Vorliebe dort auf, sondern dieses Gut ist im Frühling und Spätsommer auch der Ruheplatz für Tausende von Zugvögeln; und auf dem sumpfigen östlichen Strand unterhalb der Schäferwiese lassen sie sich in erster Linie nieder, um da zu weiden und auszuruhen.

Als die Wildgänse und Nils Holgersson Öland schließlich erreicht hatten, ließen sie sich wie alle anderen auf dem Strande unterhalb der Schäferei nieder. Der Nebel lag ebenso dicht über der Insel wie vorher über dem Meere. Aber der Junge war doch erstaunt über die vielen Vögel, die er auf dem kleinen Stückchen des Strandes, das er überschauen konnte, sah.

Es war ein langer, sandiger Strand mit Steinen und Wasserpfützen und einer großen Menge angeschwemmten Tangs. Wenn der Junge die Wahl gehabt hätte, würde er wohl nie daran gedacht haben, sich da niederzulassen; aber die Vögel hielten diesen Ort gewiß für ein wahres Paradies. Enten und Graugänse weideten auf der Wiese, am Ufer hüpften Strandläufer und andre Strandvögel umher. Die Seetaucher lagen im Wasser und fischten, aber am meisten Leben und Bewegung war doch auf den langen Tangbänken vor dem Ufer draußen. Da standen die Vögel nebeneinander und suchten Larven, von denen es eine grenzenlose Menge geben mußte, denn man hörte niemals, daß sich irgendeine Klage über Mangel an Futter erhoben hätte.

Die meisten von den Vögeln wollten weiterreisen und hatten sich nur zum Ausruhen hier niedergelassen. Sobald der Anführer einer Schar meinte, seine Reisegenossen hätten sich jetzt genug gestärkt und gelabt, sagte er: »Seid ihr jetzt fertig? Dann begeben wir uns wohl weiter?«

»Nein, warte noch, warte noch! Wir sind noch lange nicht satt!« riefen die Mitreisenden.

»Ihr meint wohl, ihr dürftet euch so vollfressen, daß ihr euch nicht mehr bewegen könnt?« erwiderte der Anführer. Dann schlug er mit den Flügeln und flog davon. Aber mehr als einmal mußte er wieder umkehren, weil die andern nicht zum Weiterfliegen zu bewegen waren.

Unterhalb der äußersten Tangbank lag eine Schar Schwäne. Sie hatten keine Lust, an Land zu gehen, sondern ruhten sich, auf dem Wasser liegend und sich leise hin und her wiegend, aus. Ab und zu tauchten sie mit dem Hals unter und holten sich Speise aus dem Meeresgrund. Wenn sie etwas besonders Gutes ergattert hatten, stießen sie einen lauten Schrei aus, der wie ein Trompetenstoß klang.

Als der Junge hörte, daß Schwäne dort unten lagen, lief er schnell auf die Tangbänke hinaus. Er hatte noch nie wilde Schwäne in der Nähe gesehen. Und er hatte Glück, denn er gelangte ganz nahe zu ihnen hin.

Der Junge war jedoch nicht der einzige, der die Schwäne gehört hatte; sowohl die Wildgänse als auch die Graugänse und die Enten und die Seetaucher schwammen zwischen die Tangbänke hinein, legten sich wie ein Ring um die Schar der Schwäne herum und schauten sie unverwandt an. Die Schwäne bliesen die Federn auf, breiteten die Flügel wie Segel aus und hoben die Hälse hoch in die Höhe. Bisweilen schwamm einer von ihnen zu einer Gans oder einem großen Seetaucher hin und sagte ein paar Worte. Und dann war es, als ob der Angesprochene kaum den Schnabel zu einer Entgegnung zu öffnen wagte.

Doch da war auch ein kleiner Seetaucher, ein kleiner schwarzer Schlingel, dem war diese ganze Feierlichkeit unerträglich. Hurtig tauchte er unter und verschwand unter dem Wasser. Gleich darauf stieß einer der Schwäne einen lauten Schrei aus und schwamm so schnell davon, daß das Wasser hinter ihm schäumte. Dann hielt er an und versuchte, wieder majestätisch auszusehen. Aber gleich darauf schrie ein anderer wie der erste, und im nächsten Augenblick auch ein dritter.

Nun aber konnte es der kleine Seetaucher nicht länger unter dem Wasser aushalten, und er erschien wieder an der Oberfläche, klein und schwarz und boshaft. Die Schwäne stürzten auf ihn zu; aber als sie sahen, was für ein kleiner Wicht er war, machten sie rasch kehrt, als ob sie sich für zu gut hielten, mit ihm anzubinden. Der kleine Seetaucher tauchte jedoch von neuem unter und zwickte die Schwäne abermals in die Füße. Das tat ihnen sicher weh, und das schlimmste war, daß sie ihre Würde nicht aufrechterhalten konnten. Da machten sie der Sache ein Ende. Sie schlugen mit den Flügeln, daß es donnerte, jagten ein großes Stück gleichsam auf dem Wasser springend weiter, bekamen schließlich Luft unter die Schwingen und flogen davon.

Als sie fort waren, fehlten sie den andern Vögeln sehr, und die, denen das Vorgehen des kleinen Seetauchers vorher Spaß gemacht hatte, schalten ihn jetzt wegen seiner Unverschämtheit aus.

Der Junge ging wieder dem Lande zu. Hier angekommen, hielt er bei den Strandläufern an und schaute ihrem Spiel zu. Sie standen in einer langen Reihe am Strand und sahen wie winzige Kraniche aus; wie diese hatten sie auch kleine Körper, hohe Beine, lange Hälse und leichte, schwebende Bewegungen, aber sie waren nicht grau, sondern braun. Da standen sie in einer langen Reihe an dem von den Wellen bespülten Uferrand. Sobald eine Woge daherrauschte, sprang die ganze Reihe rückwärts, wenn die Welle aber wieder zurückwich, liefen sie ihr nach. Und so ging es stundenlang fort.

Die schönsten von allen Vögeln waren die Brandenten. Sie waren wohl mit den gewöhnlichen Enten verwandt, denn wie diese hatten sie auch einen schweren, gedrungenen Körper, einen breiten Schnabel und Schwimmflossen, doch waren sie viel prächtiger gekleidet. Ihr Federkleid selbst war weiß, aber um den Hals hatten sie ein gelb und schwarzes Band, die Flügeldecke glänzte grün, rot und schwarz, die Flügelspitzen waren schwarz, und der Kopf war schwarzgrün und schillerte wie Seide.

Sobald sich eine von ihnen am Strande zeigte, sagten die andern Vögel: »Seht, seht! Sie versteht es, sich herauszuputzen!«

»Wenn sie nicht so schön wären, brauchten sie ihre Beine nicht in die Erde hineinzugraben, sondern könnten wie andre Vögel offen daliegen«, spottete eine braune Wildente.

»Und wenn sie sich auch alle Mühe gibt, so kann sie doch nicht schön aussehen mit so einer Nase, wie sie hat«, sagte eine Graugans.

Und das ist auch wirklich wahr. Die Brandenten haben einen großen Knorpel auf der Schnabelwurzel, der ihrer Schönheit Eintrag tut.

Vor dem Strande flogen Möwen und Seeschwalben über das Wasser hin und fischten. »Was fangt ihr da für Fische?« fragte eine Wildgans.

»Stichlinge! Die Ölandstichlinge sind die besten Fische von der Welt«, sagte eine Möwe. »Willst du sie nicht versuchen?« Mit vollem Munde flog sie zu der Gans hin und wollte ihr von den kleinen Fischen geben.

»O pfui!« rief diese. »Meint ihr, ich werde so abscheuliches Zeug fressen?«

Am nächsten Morgen war es noch ebenso nebelig. Die Wildgänse gingen auf die Wiese und weideten; der Junge aber wanderte an den Strand hinunter, sich Muscheln zu sammeln. Es gab dort sehr viele, und da er dachte, er komme vielleicht morgen an einen Platz, wo sich für ihn gar nichts zu essen fände, wollte er versuchen, sich ein Säckchen zu machen, in dem er die Muscheln mitnehmen könnte. Auf der Wiese fand er dürres Riedgras, das zäh und stark war, und aus diesem begann er ein Ränzel zu flechten. Er verbrachte mehrere Stunden mit dieser Arbeit; als aber das Ränzel fertig war, fühlte er sich auch recht befriedigt von seinem Werk.

Um die Mittagszeit liefen plötzlich alle Wildgänse eilig auf ihn zu und fragten ihn, ob er den weißen Gänserich nicht gesehen habe? »Vor ganz kurzem war er noch bei uns«, sagte Akka, »aber jetzt wissen wir nicht mehr, wo er ist.«

Heftig erschrocken fuhr der Junge auf. Er fragte die Gänse, ob ein Fuchs oder Adler gesehen worden oder ob kürzlich irgendein Mensch in der Nähe gewesen sei? Doch keine von den Gänsen hatte etwas Verdächtiges gesehen; der Gänserich mußte sich im Nebel verlaufen haben.

Auf welche Weise der Gänserich aber auch weggekommen sein mochte, das änderte an dem Unglück des Jungen nichts, und angstvoll lief er davon, ihn zu suchen. Der Nebel beschützte ihn, so daß er ungesehen überall hingehen konnte, aber zugleich hinderte er ihn selbst auch am Sehen. Der Junge lief südwärts die Küste entlang bis zu dem Leuchtturm und der Nebelkanone auf der äußersten Spitze. Überall war dasselbe Vogelgewimmel, aber kein Gänserich. Der Junge wagte sich sogar bis zum Ottenbyer Hof, ja, er untersuchte jede einzelne der alten, hohen Eichen im Hain; aber nirgends fand er eine Spur vom Gänserich.

Er suchte und suchte, bis es zu dunkeln anfing. Da mußte er nach dem östlichen Strand zurückkehren. Mit schweren Schritten wanderte er dahin und war sehr unglücklich. Ach, es war wohl auch dumm von ihm gewesen, zu hoffen, daß er eine zahme Gans unbeschädigt durch das ganze Land führen könnte! Und doch hatte er so sehr gewünscht, daß es ihm glücke, nicht allein seiner selbst wegen, sondern auch um des Gänserichs willen, den er ebenso lieb hatte wie sich selbst.

Wie er nun so über die Schäferwiese hinwanderte, kam ihm etwas großes Weißes aus dem Nebel entgegen, und wer anders war es, als der Gänserich! Ganz unbeschädigt kam er daher und war äußerst vergnügt, daß er endlich den Weg zu den andern zurückgefunden habe. Der Nebel habe ihn so verwirrt im Kopfe gemacht, sagte er, daß er den ganzen Tag hindurch auf der Wiese umhergeirrt sei. In seiner Freude schlang der Junge die Arme um den Hals des Gänserichs und bat ihn inständig, sich doch in acht zu nehmen und nicht wieder von den andern wegzugehen. Und der Gänserich versprach hoch und teuer, es nie wieder zu tun. Nie, nie wieder!

Am nächsten Morgen jedoch, als der Junge am Ufer Muscheln suchte, kamen die Gänse wieder dahergelaufen und fragten, ob er den Gänserich nicht gesehen habe.

Nein, ganz und gar nicht. Ja, dann sei der Gänserich abermals verschwunden. Er werde sich bei dem Nebel gerade wie gestern wieder verlaufen haben.

Voll Entsetzen machte sich der Junge eilig auf die Suche. Er fand eine Stelle, wo die Mauer von Ottenby so abgebröckelt war, daß er hinüberklettern konnte. Er suchte dann unten am Strand, der sich hier ausdehnt und allmählich so groß wird, daß Platz für Äcker und Wiesen und Bauernhöfe da ist. Dann stieg er hinauf auf das flache Hochland, das die Mitte der Insel einnimmt; dort gibt es keine andern Gebäude als Windmühlen, und der Rasen ist so dünn, daß das weiße Kalkgestein darunter hervorschimmert.

Der Gänserich aber war nicht zu finden, und da es allmählich Abend wurde, mußte der Junge sich wieder dem Strande zuwenden. Er war jetzt fest überzeugt, daß er seinen Reisekameraden wirklich verloren habe, und dadurch ganz mutlos gemacht, wußte er nicht, was er tun sollte.

Schon war er wieder über die Mauer gestiegen, als er dicht neben sich einen Stein rasseln hörte, und als er sich danach umwendete, glaubte er etwas unterscheiden zu können, das sich in einem Steinhaufen dicht neben der Mauer bewegte. Er schlich näher hinzu, und da sah er, wie der weiße Gänserich mit mehreren langen Wurzelfasern mühselig den Steinhaufen hinaufkletterte. Der Gänserich sah den Jungen nicht, und dieser rief ihn nicht an, denn er wollte zuerst ergründen, warum der Gänserich auf diese Weise einmal ums andre verschwand.

Und er erfuhr auch bald die Ursache. Oben auf dem Steinhaufen lag eine junge Graugans, die vor Freude laut aufschrie, als sie den Gänserich erblickte. Der Junge schlich noch näher hinzu, um zu hören, was die beiden sprächen; und da hörte er, daß die Graugans einen beschädigten Flügel hatte und deswegen nicht fliegen konnte; ihre Reisegefährten waren schon weggereist und hatten sie allein zurückgelassen. Sie war am Verhungern gewesen, als der weiße Gänserich am gestrigen Tage ihr Rufen gehört und sie aufgesucht hatte. Und seither war er bemüht gewesen, ihr Nahrung zu verschaffen. Beide hatten gehofft, sie würde hergestellt sein, ehe er die Insel wieder verlassen müsse, aber sie konnte noch immer weder gehen noch stehen. Der Gänserich war sehr betrübt darüber, aber er tröstete sie damit, daß er noch lange nicht wegreisen werde. Schließlich wünschte er ihr gute Nacht und versprach, am nächsten Tage wiederzukommen.

Der Junge ließ den Gänserich vorausgehen, und sobald dieser verschwunden war, schlich er auch auf den Steinhaufen hinauf. Als er nun die junge Gans sah, verstand er, warum der Gänserich ihr seit zwei Tagen Futter gebracht hatte und warum er nicht gestehen wollte, was er tat. Die Graugans hatte das niedlichste Köpfchen, das man sich denken konnte; ihr Federkleid war wie Seide so weich, und die Augen hatten einen sanften, flehenden Ausdruck.

Als sie den Jungen erblickte, wollte sie entfliehen, aber ihr einer Flügel war beschädigt, er schleifte am Boden und hinderte sie bei allen Bewegungen.

»Du brauchst dich nicht vor mir zu fürchten«, sagte der Junge und hielt an, um ihr zu zeigen, daß sie nicht nötig habe, vor ihm zu fliehen. »Ich bin Däumling, Gänserich Martins Reisekamerad«, fuhr er fort. Dann aber stockte er und wußte nicht, was er sagen sollte.

Tiere haben manchmal etwas an sich, was einem unwillkürlich die Frage in den Mund legt, was für Wesen sie eigentlich seien. Man fühlt sich beinahe versucht, sie für verwandelte Menschen zu halten. Und so war es auch bei dieser Graugans. Sobald Däumling gesagt hatte, wer er war, neigte sie den Hals und Kopf sehr anmutig vor ihm, und mit einer so schönen Stimme, von der der Junge kaum glauben konnte, daß sie einer Gans angehöre, sagte sie:

»Ich freue mich sehr über dein Kommen. Du kannst mir gewiß helfen, der weiße Gänserich hat mir gesagt, es gäbe niemand, der so gut und klug sei wie du.«

Dies sagte sie mit einer Würde, von der der Junge ganz eingeschüchtert wurde. »Das kann doch wohl keine Gans sein«, dachte er. »Es ist gewiß eine verzauberte Prinzessin.«

Er hätte ihr schrecklich gern geholfen, und so griff er mit seinen kleinen Händen in die Federn hinein und tastete nach dem Flügelknochen. Der Knochen war nicht gebrochen, aber er war aus dem Gelenk geraten, und sein Finger kam an ein leeres Gelenkschüsselchen. »Halt nun fest!« sagte er, faßte den Röhrenknochen tapfer an und drehte ihn dahin, wo er hingehörte. Für einen ersten Versuch machte er seine Sache recht schnell und gut; aber er mußte der armen Gans doch sehr, sehr weh getan haben, denn sie stieß nur einen einzigen, gellenden Schrei aus und sank dann, ohne noch ein Lebenszeichen von sich zu geben, auf die Steine nieder.

Der Junge erschrak furchtbar. Er hatte ihr ja nur helfen wollen, und jetzt war sie tot. Mit einem großen Satz sprang er von dem Steinhaufen hinunter und lief davon. Er hatte das Gefühl, als habe er einen Menschen getötet.

Am nächsten Morgen war die Luft klar und vollständig frei von Nebel, und Akka sagte, nun solle die Reise fortgesetzt werden. Alle Gänse waren sehr bereit, weiterzureisen, bloß der weiße Gänserich machte Einwendungen, und der Junge wußte den Grund wohl; er wollte nur nicht von der jungen Graugans wegreisen. Aber Akka hörte nicht auf ihn, sondern machte sich gleich auf den Weg.

Der Junge sprang auf den Rücken des Gänserichs, und der Weiße folgte der Schar, obgleich langsam und unwillig. Der Junge aber freute sich, daß man die Insel verließ. Er hatte Gewissensbisse wegen der Graugans, wollte aber dem Gänserich nicht sagen, wie es gegangen sei, als er sie hatte heilen wollen. »Es wäre am besten, wenn Martin es nicht erführe«, dachte er. Zugleich verwunderte er sich, daß der Weiße das Herz hatte, die Graugans zu verlassen.

Doch plötzlich machte der Gänserich kehrt. Der Gedanke an die junge Gans hatte ihn übermannt. Mit der Lapplandreise mochte es gehen, wie es wollte! Mit dem Bewußtsein, daß die junge Gans einsam und krank zurückbliebe und verhungern müsse, konnte er nicht mit den andern davonfliegen.

Mit wenigen Flügelschlägen war er an dem Steinhaufen. Aber da lag keine junge Graugans zwischen den Steinen. »Daunenfein! Daunenfein! Wo bist du?« rief der Gänserich.

»Der Fuchs wird sie wohl geholt haben«, dachte der Junge.

Aber in demselben Augenblick hörte er eine schöne Stimme dem Gänserich antworten: »Hier bin ich, Gänserich, hier bin ich! Ich habe nur ein Morgenbad genommen.« Und aus dem Wasser tauchte die kleine Graugans empor, vollständig frisch und gesund. Und nun erzählte sie, wie Däumling ihren Flügel eingerenkt habe und daß sie ganz hergestellt sei.

Die Wassertropfen lagen wie Perlen auf ihren wie Seide schillernden Federn, und der Däumling dachte abermals, sie sei gewiß eine richtige kleine Prinzessin.

Die Stadt auf dem Meeresgrund

Samstag, 9. April

Es war eine stille, klare Nacht. Die Wildgänse brauchten nicht in einer der Höhlen Schutz zu suchen; sie schliefen oben auf dem Felsengipfel, und der Junge hatte sich neben den Gänsen auf dem kurzen, trockenen Grase ausgestreckt.

Der Mond schien hell in jener Nacht, so hell, daß der Junge lange nicht einschlafen konnte. Er besann sich, wie lange er nun schon von zu Hause fort war, und als er nachrechnete, waren seit dem Beginn der Reise gerade drei Wochen verflossen. Da fiel ihm ein, daß heute der stille Sonnabend vor Ostern war.

»Heute nacht sind alle Hexen vom Blocksberg unterwegs«, dachte er und kicherte ein wenig. Vor dem Nöck und dem Wichtelmännchen fürchtete er sich wohl ein wenig, aber an die Hexen glaubte er ganz und gar nicht.

»Wenn in dieser Nacht das Hexenpack unterwegs wäre, dann müßte ich es doch sehen. Bei so vollständig hellem und klarem Himmel könnte sich nicht der kleinste Punkt durch die Luft bewegen, ohne daß ich ihn wahrnähme«, dachte er weiter.

Während er nun zum Himmel aufschaute und an alles dies dachte, wurde ihm ein sehr schöner Anblick zuteil. Ziemlich hoch über dem Horizont segelte der Vollmond rund und hell dahin, und über ihn flog ein großer Vogel. Er flog nicht am Mond vorüber, sondern tauchte so auf, als flöge er gerade aus ihm heraus. Ganz schwarz hob sich der Vogel von dem hellen Hintergrunde ab, und seine Schwingen reichten von dem einen Rand der Mondscheibe bis zum andern. Sein Körper war klein, der Hals lang und schmal, die Beine hingen lang und dünn herab, und der Junge erkannte bald, daß es ein Storch sein mußte.

Ein paar Augenblicke später ließ sich auch wirklich der

Storch, Herr Ermenrich, neben dem Jungen nieder. Er neigte sich über ihn und stieß ihn mit dem Schnabel an, um ihn zu wecken.

Der Junge setzte sich sogleich auf. »Ich schlafe nicht, Herr Ermenrich«, sagte er. »Aber warum sind Sie mitten in der Nacht unterwegs? Wollen Sie mit Mutter Akka sprechen?«

»Die Nacht ist zu hell zum Schlafen«, antwortete Herr Ermenrich. »Ich bin daher über die Karlsinsel geflogen, um dich, meinen Freund Däumling, zu besuchen, denn ich habe von einer Fischmöwe gehört, du seiest heute nacht hier. Nach Glimmingehaus bin ich noch nicht gezogen, sondern wohne noch in Pommern.«

Der Junge freute sich über die Maßen, daß Herr Ermenrich ihn aufgesucht hatte. Sie plauderten eine Weile über alles mögliche wie alte Freunde. Plötzlich fragte der Storch den Jungen, ob er nicht Lust hätte, in dieser schönen Nacht einen Ausflug zu machen?

Doch, das wollte der Junge von Herzen gern, wenn der Storch ihn nur bis zum Sonnenaufgang wieder zu den Gänsen zurückbringen wolle. Herr Ermenrich versprach es, und sogleich ging es auf die Reise.

Wieder flog Herr Ermenrich geradenwegs auf den Mond zu. Höher und höher ging es hinauf, das Meer versank unter ihnen; aber sie schwebten gar leicht dahin, es war fast, als lägen sie ganz still.

Als Herr Ermenrich sich auf die Erde hinabsinken ließ und anhielt, war es dem Jungen, als sei erst eine unbegreiflich kurze Zeit vergangen; und doch hatte der Storch einen ganz bedeutenden Weg zurückgelegt, denn in demselben Augenblick, wo er den Jungen auf die Erde setzte, sagte er: »Dies ist Pommern. Jetzt bist du in Deutschland, Däumling.« Der Junge war über die Nachricht, daß er sich in einem fremden Lande befinde, ganz verdutzt. Das hätte er nie gedacht. Schnell sah er sich um. Er stand auf einem einsamen, mit weichem, feinem Sand bedeckten Meeresstrand. Auf der Landseite lief eine lange Reihe, oben mit

Strandhafer bewachsener Dünenhügel hin, die zwar nicht sehr hoch waren, dem Jungen aber die Aussicht ins Land hinein vollständig versperrten.

Herr Ermenrich stieg auf einen Sandhügel hinauf, zog das eine Bein in die Höhe und legte den Hals zurück, um den Schnabel unter die Flügel zu stecken. »Während ich mich ausruhe, kannst du eine Weile am Strande umherwandern«, sagte er zu Däumling. »Aber verlaufe dich nicht, damit du mich wiederfinden kannst.«

Der Junge wollte zuerst einen der Dünenhügel erklettern, um zu sehen, wie das Land dahinter aussehe. Aber kaum hatte er ein paar Schritte gemacht, als er mit der Spitze seines Holzschuhs an etwas Hartes stieß. Er bückte sich, und da sah er auf dem Sande eine kleine, von Grünspan durch und durch zerfressene, dünne Kupfermünze. Sie war so schlecht, daß sie ihm nicht einmal des Aufhebens wert deuchte, und er schleuderte sie mit dem Fuße weg.

Aber als sich der Junge wieder aufrichtete, wie grenzenlos überrascht war er da! Keine zwei Schritte vor ihm erhob sich eine dunkle Mauer mit einem großen turmgekrönten Tor.

Vor einem Augenblick, als er sich nach der Münze bückte, hatte sich das Meer noch glänzend und glitzernd vor ihm ausgebreitet, jetzt aber war es durch eine lange Mauer mit Zinnen und Türmen verdeckt. Und gerade vor dem Jungen, wo vorher nur einige Tangbänke gewesen waren, öffnete sich das große Tor in der Mauer.

Der Junge war sich ganz klar darüber, daß dies eine Art Geisterspuk sein mußte. Aber er dachte, davor brauche er sich wahrscheinlich nicht zu fürchten. Was er sah, war ja gar nicht unheimlich oder grauenhaft. Die Mauern und Türme waren prächtig gebaut, und jetzt regte sich auch gleich der Wunsch in ihm, zu sehen, was dahinter sei. »Ich muß untersuchen, was das ist«, dachte er, und damit ging er durchs Tor.

Unter dem kleinen Torgewölbe saßen in bunten, gepufften Anzügen, langstielige Streitäxte neben sich, die Wächter und spielten Würfel. Sie waren ganz in ihr Spiel vertieft und gaben nicht auf den Jungen acht, der hastig an ihnen vorbeieilte.

Dicht am Tor war ein freier, mit glatten Steinfliesen gepflasterter Platz. Ringsum standen hohe, prachtvolle Häuser, und zwischen diesen öffneten sich lange, schmale Straßen.

Auf dem Platz vor dem Tor wimmelte es von Menschen. Die Männer trugen lange, pelzverbrämte Mäntel über seidenen Unterkleidern, federngeschmückte Barette saßen ihnen schräg auf dem Scheitel, und über die Brust herunter hingen ihnen wunderschöne Ketten. Alle waren herrlich gekleidet, es hätten lauter Fürsten sein können.

Die Frauen trugen spitze Hauben und lange Gewänder mit engen Ärmeln. Sie waren auch prächtig geschmückt, aber ihr Staat konnte sich bei weitem nicht mit dem der Männer messen.

Dies alles glich ja ganz den Bildern in dem alten Märchenbuch, das Mutter ab und zu einmal aus ihrer Truhe holte und ihm zeigte. Der Junge wollte seinen Augen nicht trauen.

Aber noch viel merkwürdiger als die Männer und die Frauen war die Stadt selbst. Jedes Haus hatte einen Giebel nach der Straße zu, und diese Giebel waren so reich verziert, daß man hätte glauben können, sie wollten miteinander wetteifern, welcher von ihnen am schönsten geschmückt sei.

Wer rasch viel Neues zu sehen bekommt, kann sich nachher nicht mehr an alles erinnern. Aber der Junge erinnerte sich später doch noch, daß er ausgezackte Giebel gesehen hatte, auf deren verschiedenen Absätzen die Figuren von Christus und den Aposteln standen, Giebel, die an beiden Seiten hinauf mit Figuren geschmückte Nischen hatten, dann wieder solche, die mit buntem Glas oder mit weißem und schwarzem Marmor eingelegt waren und die ihm gewürfelt und gestreift entgegenschimmerten.

Doch während der Junge alles dies bewunderte, wurde er von einer ihm selbst unbegreiflichen Hast überfallen. »So etwas haben meine Augen noch nie gesehen. So etwas werde ich meiner Lebtage nicht wieder sehen«, sagte er sich. Und er begann in die Stadt hineinzulaufen, Straße auf, Straße ab, ohne anzuhalten. Die Straßen waren eng und schmal, aber durchaus nicht leer und düster wie in den Städten, die er bis jetzt gesehen hatte. Überall waren Menschen; alte Weiber saßen vor ihren Türen und spannen ohne Spinnrädchen, nur an der Kunkel. Die Warenlager der Kaufleute waren wie Marktbuden nach der Straße zu offen. An einem Platz wurde Tran gekocht, an einem andern wurden Häute gegerbt, an einem Wege war eine Seilerbahn.

Wenn der Junge nur Zeit gehabt hätte, ja dann hätte er hier alles mögliche lernen können! Er sah, wie die Waffenschmiede dünne Brustharnische hämmerten, wie die Goldschmiede Edelsteine in Ringe und Armbänder einsetzten, wie die Drechsler ihre Dreheisen handhabten, wie die Schuhmacher weiche rote Schuhe sohlten, wie der Goldspinner Goldfäden drehte und wie die Weber Seide und Gold in ihr Gewebe hineinwoben.

Aber der Junge hatte keine Zeit zum Verweilen. Er stürmte nur immer vorwärts, um soviel als möglich zu sehen, ehe alles wieder verschwinden würde.

Die Stadtmauer ging rund um die ganze Stadt herum und umschloß sie, gerade wie in Schweden die Steinmäuerchen die Äcker einfrieden. Am Ende jeder Straße sah man die Mauer turm- und zinnengekrönt hervorschauen. Und oben darauf wanderten Kriegsknechte umher in glänzendem Harnisch und blankem Helm.

Als der Junge die ganze Stadt durchquert hatte, kam er wieder an ein Stadttor. Da draußen lag das Meer und der Hafen. Hier sah der Junge altertümliche Schiffe mit Ruderbänken in der Mitte und mit hohen Aufbauten vorn und hinten. Lastträger und Kaufleute liefen eifrig hin und her. Überall war Leben, und alle hatten es eilig.

Aber auch hier erlaubte ihm seine innere Unruhe nicht, sich aufzuhalten. Er eilte wieder in die Stadt hinein und kam jetzt auf den großen Marktplatz. Hier lag die Domkirche mit drei hohen Türmen und tiefen, mit steinernen Figuren geschmückten Toren. Die Wände waren mit Bildhauerarbeit so reich verziert, daß auch nicht ein einziger Stein zu sehen war, der nicht seinen Schmuck gehabt hätte. Und welch eine Pracht schimmerte durch das offne Portal heraus! Goldene Kruzifixe, mit vergoldeter Schmiedearbeit verzierte Altäre und Priester in goldnen Meßgewändern! Der Kirche gegenüber stand ein Haus mit Zinnen auf dem Dach und mit einem einzigen schlanken himmelhohen Turm. Das war wohl das Rathaus. Und von der Kirche bis zum Rathaus, rings um den ganzen Markt herum, standen die schönsten Giebelhäuser mit den mannigfaltigsten Verzierungen.

Der Junge hatte sich warm und müde gelaufen; er dachte, er habe nun so ziemlich das Merkwürdigste von der Stadt gesehen, und ging deshalb etwas langsam weiter. Die Straße, in der er eben eingebogen war, das war gewiß die, wo die Stadtbewohner ihre prächtigen Kleider kauften. Die Leute drängten sich vor den kleinen Läden, wo die Kaufleute auf ihren Tischen starre, geblümte Seidenstoffe, dikken Goldbrokat, schillernden Samt, leichte, flockig gewobene seidene Tücher und spinnwebdünne Spitzen ausbreiteten.

Vorher, als der Junge so rasch gelaufen war, hatte niemand auf ihn acht gegeben. Die Leute hatten gewiß geglaubt, es springe nur eine graue Ratte vorbei. Aber jetzt, wo er ganz langsam durch die Straße dahinwanderte, gewahrte ihn einer der Kaufleute, und sogleich begann er ihm zu winken.

Der Junge wurde zuerst ängstlich und wollte davonlaufen; aber der Kaufmann winkte ihm nur, lachte ihm zu und breitete ein herrliches Stück Seidensamt auf seinem Tische aus, als ob er ihn damit herbeilocken wollte.

Der Junge schüttelte den Kopf. »Ich werde in meinem

ganzen Leben nicht so reich sein, um auch nur einen Meter von diesem Stoff kaufen zu können«, dachte er.

Aber jetzt hatte man ihn die ganze Straße entlang von jedem Laden aus bemerkt. Wohin er auch sah, überall stand ein Krämer und winkte ihm. Sie ließen ihre reichen Kunden stehen und dachten nur noch an ihn. Er sah, wie sie in den verstecktesten Winkeln des Ladens liefen, um das Beste, was sie zu verkaufen hatten, hervorzuholen, und wie ihnen, während sie es auf den Tisch legten, vor Hast und Eifer die Hände zitterten.

Als der Junge nicht anhielt, sondern weiterging, sprang einer der Kaufleute über seinen Tisch weg, hielt ihn fest und breitete Silberbrokat und in allen Farben schillernde gewebte Tapeten vor ihm aus. Der Junge konnte nicht anders, als den guten Mann auslachen. Er hätte ihm doch ansehen müssen, daß ein so armer Schlucker wie er keine solchen Waren kaufen konnte. Er blieb stehen und streckte dem Krämer seine beiden leeren Hände hin, um den Leuten zu zeigen, daß er nichts besaß und daß sie ihn in Ruhe lassen sollten.

Da hob der Kaufmann einen Finger auf, nickte ihm zu und schob ihm den ganzen Haufen von herrlichen Waren hin.

»Kann er meinen, er wolle dies alles für ein einziges Geldstück verkaufen?« fragte sich Däumling.

Der Kaufmann zog ein kleines abgegriffenes, schlechtes Geldstück heraus, das geringste, das es überhaupt gibt, und hielt es dem Däumling hin. Und in seinem Eifer, zu verkaufen, legte er noch zwei große silberne Becher auf den Haufen.

Da begann der Junge in seinen Taschen zu suchen. Er wußte zwar wohl, daß er nicht einen einzigen roten Heller besaß, aber unwillkürlich sah er doch nach.

Alle die andern Kaufleute sahen eifrig zu, wie der Handel ablaufen würde, und als sie den Jungen in seinen Taschen suchen sahen, sprangen sie über ihre Tische, ergriffen so viel Gold- und Silberschmuck, als ihre Hände zu fassen vermochten, und boten es ihm an. Und alle machten ihm Zeichen, daß sie als Bezahlung nichts weiter verlangten als einen einzigen Heller.

Aber der Junge drehte seine Westen- und Hosentaschen um und um; er besaß nichts, gar nichts. Da traten allen diesen stattlichen Kaufleuten, die doch so viel reicher waren als er, die Tränen in die Augen, und der Junge fühlte sich seltsam bewegt, denn sie sahen gar so ängstlich aus. Er besann sich, ob er ihnen denn nicht auf irgendeine Weise helfen könnte, und da fiel ihm plötzlich die grünspanige Kupfermünze ein, die er vorhin am Strand gesehen hatte.

Sofort lief er in größter Eile die Straße hinunter; und er hatte Glück, denn er kam an dasselbe Tor, durch das er zuerst gegangen war. Er stürzte hinaus und suchte nach der Kupfermünze, die vorhin hier gelegen hatte.

Und richtig, da lag sie; aber als er sie aufgehoben hatte und mit ihr in die Stadt zurückeilen wollte, sah er nur noch das Meer vor sich. Keine Stadtmauer, kein Tor, keine Wächter, keine Straßen, keine Häuser waren mehr zu sehen, nichts, nichts als Meer!

Unwillkürlich traten dem Jungen die Tränen in die Augen. Von Anfang an hatte er ja alles, was er gesehen hatte, für eine Gesichtstäuschung gehalten, aber nachher hatte er dies ganz vergessen und nur noch daran gedacht, wie schön alles sei; und jetzt, wo die Stadt verschwunden war, fühlte er sich aufs tiefste betrübt.

In demselben Augenblick erwachte Herr Ermenrich und ging zu Däumling hin. Aber der Junge hörte ihn nicht, und der Storch mußte ihn mit dem Schnabel anstoßen, um sich bemerklich zu machen. »Ich glaube, du hast ebenso fest geschlafen wie ich«, sagte er.

»Ach, Herr Ermenrich«, sagte Däumling. »Was war das für eine Stadt, die eben hier stand?«

»Hast du eine Stadt gesehen?« erwiderte der Storch. »Du hast geschlafen und geträumt, ich hab' es ja gesagt.«

»Nein, ich habe nicht geschlafen«, sagte Däumling. Und er erzählte dem Storch alles, was er erlebt hatte.

Da sagte Herr Ermenrich: »Was mich selbst anbetrifft, so glaube ich doch, daß du hier am Strande geschlafen und alles dies geträumt hast. Aber ich will dir nicht verschweigen, daß Bataki, der Rabe, der der gelehrteste von allen Vögeln ist, mir einmal erzählt hat, hier habe einst eine Stadt gestanden namens Vineta. Diese Stadt sei über die Maßen reich und schön gewesen, und keine einzige Stadt auf der Welt habe sich mit ihr vergleichen können. Aber unglückseligerweise seien ihre Einwohner hochmütig und prunksüchtig geworden. Und«, fuhr er fort, »Bataki sagt, zur Strafe dafür sei Vineta von einer Sturmflut überschwemmt und ins Meer hinab versenkt worden. Ihre Einwohner aber dürften nicht sterben und auch ihre Stadt nicht zerstören. Nur alle hundert Jahre einmal dürfe diese in all ihrer Pracht aus dem Meere aufsteigen und liege dann genau eine Stunde lang auf dem Festlande.«

»Ja, das muß wahr sein«, sagte Däumling, »denn ich habe sie gesehen.«

»Aber wenn die Stunde vorübergegangen und es während dieser Zeit niemand in Vineta gelungen sei, irgend etwas an ein lebendes Wesen zu verkaufen, dann versinkt die Stadt wieder ins Meer. Wenn du, Däumling, auch nur ein einziges, noch so ärmliches Geldstück gehabt hättest, um den Kaufmann zu bezahlen, dann hätte Vineta am Strande liegenbleiben dürfen, und deren Menschen hätten wic andre Menschen leben und sterben dürfen.«

»Ach, Herr Ermenrich«, sagte der Junge, »jetzt weiß ich, warum Sie mitten in der Nacht gekommen sind und mich geholt haben. Sie glaubten, ich könne die alte Stadt retten. Ach, Herr Ermenrich, ich bin tief betrübt, daß es mir nicht gelungen ist!«

Er verbarg sein Gesicht in den Händen und weinte; und man hätte kaum sagen können, welcher von den beiden betrübter aussah, der Junge oder Herr Ermenrich.

Die Krähen

Der tönerne Topf

In der südwestlichen Ecke von Smaland liegt der Bezirk Sunnerbo. Dort ist aber ganz ebner, gleichmäßiger Boden, und wer diesen Bezirk im Winter sieht, kann sich nichts andres denken, als daß sich unter dem Schnee umgepflügte Brachfelder, grüne Roggenäcker und abgemähte Kleewiesen ausbreiten, wie es im Flachland zu sein pflegt. Aber wenn der Schnee in Sunnerbo im Anfang April endlich schmilzt, dann zeigt es sich, daß das, was grün darunter liegen sollte, nichts als trockne, sandige Heiden, nackte Felskuppen und große, sumpfige Moore sind. Wohl gibt es da und dort auch Äcker, aber sie sind so klein, daß man sie kaum bemerkt; und kleine graue oder rote Bauernhütten sind wohl auch da, aber meistens sind sie in einem Buchenwäldchen ganz versteckt, als ob sie Angst hätten, sich zu zeigen.

Wo der Sunnerboer Bezirk mit der Grenze von Halland zusammenstößt, liegt eine Sandheide, die so groß ist, daß jemand, der auf der einen Seite steht, nicht bis zum andern Ende sehen kann. Auf der ganzen Ebene wächst nichts als Heidekraut, und man könnte wohl auch schwerlich etwas andres dort zum Wachsen bringen. Zuallererst müßte man dann das Heidekraut ausrotten; denn obgleich dieses nur einen kleinen, verkrüppelten Stamm, kleine verkrüppelte Zweige und trockne, verkrüppelte Blätter hat, bildet es sich doch ein, es sei ein Baum, und beträgt sich demgemäß ganz wie die wirklichen Bäume, breitet sich waldartig über weite Strecken aus, hält treulich zusammen und will nicht leiden, daß andre kleine und große Gewächse in seinen Bereich eindringen.

Die einzige Stelle auf der Heide, wo das Heidekraut nicht Alleinherrscher sein kann, ist ein niedriger, steiniger

Bergrücken, der sich mitten über das Heideland hinzieht. Da gibt es Wacholderbüsche, Ebereschen und mehrere große, schöne Buchen. Zu der Zeit, wo Nils Holgersson mit den Wildgänsen umherzog, war auch eine kleine Hütte mit einem kleinen Stück gepflegten Landes dort, aber die Leute, die da gewohnt hatten, waren aus dem einen oder andern Grunde weggezogen. Die kleine Hütte stand leer, und die Äcker lagen unbebaut.

Beim Verlassen ihrer Hütte hatten die Menschen zwar vorsorglich die Ofenklappe zugemacht, die Fensterhaken angelegt und die Tür verschlossen. Aber sie hatten nicht daran gedacht, daß eine Fensterscheibe zerschlagen und die Öffnung nur mit einem Lappen verstopft war. Nach ein paar tüchtigen Sommerregen war der Lappen verfault und zusammengesunken; und schließlich war es einer Krähe gelungen, ihn wegzupicken.

Der Bergrücken auf der Heide war nämlich nicht so einsam, wie man annehmen könnte, sondern er war von einem großen Volke Krähen bewohnt, das aber natürlich nicht das ganze Jahr hindurch seinen Aufenthalt da hatte. Im Winter zogen die Krähen ins Ausland, im Herbst flogen sie von einem Acker zum andern im ganzen Götland umher und pickten Saatkörner auf, im Sommer zerstreuten sie sich auf die Höfe im Bezirk Sunnerbo und lebten von Eiern, Beeren und jungen Vögeln; aber in jedem Frühling, wenn sie Nester bauen und Eier legen wollten, kehrten sie auf dieses mit Heidekraut bewachsene Heideland zurück.

Die Krähe, die den Lappen aus dem Fenster herausgepickt hatte, hieß Garm Weißfeder, wurde aber nie anders als Fumle oder Drumle oder schlechtweg Fumle-Drumle genannt, weil sie sich immer dumm und ungeschickt anstellte und zu nichts zu gebrauchen war, als daß man sich über sie lustig machte. Fumle-Drumle war größer und stärker als alle andern Krähen, aber das half ihr gar nichts, die andern trieben nach wie vor ihren Spott mit ihr. Und auch das half ihr nichts, daß sie aus sehr vornehmem Geschlecht stammte. Von Rechts wegen hätte sie sogar der Anführer der ganzen Schar sein müssen, weil diese Würde von Urzeiten her dem Ältesten der Weißfeder zu eigen gewesen war. Aber lange, ehe Fumle-Drumle zur Welt kam, hatte ihre Familie die Macht verloren, und diese gehörte jetzt einer grausamen wilden Krähe namens Wind-Eile.

Der Herrscherwechsel aber stammte daher, daß die Krähen auf dem Krähenbergrücken beschlossen hatten, ihre Lebensweise zu ändern. Viele werden wohl glauben, alles, was Krähe heißt, lebe auf ein und dieselbe Weise, aber dies ist ganz unrichtig. Es gibt ganze Krähenvölker, die ein ehrenwertes Leben führen, das heißt, sich nur von Samenkörnern, Würmerlarven und schon gestorbenen Tieren nähren. Und es gibt andre, die ein wahres Räuberunwesen treiben; diese fallen über junge Hasen und kleine Vögel her und rauben jedes Vogelnest aus, das sie nur entdecken können.

Die alten Weißfeder waren streng und mäßig gewesen; und so lange sie die Anführer waren, hatten die Krähen sich so aufführen müssen, daß ihnen die andern Vögel nichts Böses nachsagen konnten. Aber die Krähen waren sehr zahlreich; es herrschte große Armut bei ihnen, und sie brachten es auf die Dauer nicht fertig, einen so strengen Wandel zu führen. Sie empörten sich deshalb über die Weißfeder und gaben die Macht einem Krähenmann namens Wind-Eile, der der schlimmste Räuber und Nestplünderer war, den man sich denken konnte, wenn nicht sein Weib, Wind-Kara, schließlich noch schlimmer war. Unter diesen beiden hatten sich die Krähen einem solchen Lebenswandel hingegeben, daß sie jetzt mehr gefürchtet waren als Habichte und Eulen.

Fumle-Drumle wurde natürlich keine Stimme eingeräumt. Die ganze Schar erklärte einstimmig, er schlage nicht im geringsten seinen Vorfahren nach und passe ganz und gar nicht zum Anführer. Es wäre überhaupt nicht von ihm gesprochen worden, wenn er nicht immer neue Dummheiten gemacht hätte. Einige besonders Kluge sagten allerdings bisweilen, es sei vielleicht ein Glück für Fumle-Drumle, daß er ein so unbeholfener Tropf sei, sonst hätten Wind-Eile und Kara es nicht gewagt, diesen Abkömmling des alten Häuptlingsgeschlechtes in der Schar bleiben zu lassen.

Jetzt waren diese beiden im Gegenteil sehr freundlich gegen Fumle-Drumle und nahmen ihn gern mit auf ihre Jagdzüge; da konnten dann alle andern sehen, daß sie viel geschickter und kühner waren als er.

Keine von den Krähen wußte, daß Fumle-Drumle den Lappen aus der zerbrochenen Fensterscheibe herausgepickt hatte, und wenn sie es gewußt hätten, würden sie sich aufs höchste darüber gewundert haben. Die Keckheit, sich einer menschlichen Wohnung zu nähern, hätten sie Fumle-Drumle nie zugetraut. Fumle-Drumle behielt die Sache auch vollständig für sich, und dazu hatte er seine guten Gründe. Wind-Eile und Kara behandelten ihn zwar immer gut, aber in einer sehr dunklen Nacht, als die Krähen schon auf ihren Zweigen aufgesessen waren, war er plötzlich von ein paar Krähen überfallen und beinahe ermordet worden. Von da an begab er sich jeden Abend, nachdem es dunkel geworden war, von seinem gewohnten Schlafplatz in die Hütte hinein.

Da geschah es, daß die Krähen, nachdem sie schon ihre Nester auf dem Krähenberge in Ordnung gebracht hatten, einen merkwürdigen Fund machten. Eines Nachmittags waren Wind-Eile, Fumle-Drumle und ein paar andre in ein großes, an dem einen Ende der Heide liegendes Loch im Boden hinabgeflogen. Dieses Loch war nichts weiter als eine Kiesgrube, aber die Krähen konnten sich mit einer so einfachen Erklärung nicht zufrieden geben; sie flogen beständig hinein und drehten jedes Sandkorn um, weil sie gar zu gern gewußt hätten, warum die Menschen diese Grube gemacht hatten. Während sie so eifrig beschäftigt waren, stürzte plötzlich eine Masse Kies von der einen Seite herunter. Die Krähen liefen erregt dorthin, und das Glück wollte es, daß zwischen den herabgestürzten Steinen und dem Kies ein ziemlich großer tönerner, mit einem Holzdeckel verschlossener Topf lag. Sie wollten natürlich wissen, ob etwas darin sei, versuchten auch, ein Loch in den Topf zu hacken und den Deckel aufzumachen; aber keins von beiden gelang ihnen.

Ganz ratlos standen sie um den Topf herum und betrachteten ihn, als sie plötzlich eine Stimme hörten: »Soll ich kommen und euch helfen, ihr Krähen?« Sie schauten hastig auf, und da, am Rande der Grube, saß ein Fuchs, der zu ihnen hinunterschaute. Der Fuchs war, was Farbe und Gestalt betraf, einer der schönsten Füchse, den die Krähen je gesehen hatten. Sein einziger Schönheitsfehler war, daß er ein Ohr verloren hatte.

»Wenn du Lust hast, uns eine Gefälligkeit zu erweisen«, sagte Wind-Eile, »werden wir nicht nein sagen.« Gleichzeitig aber flog sie aus der Grube heraus, und die andern Krähen folgten ihr eilig nach. Der Fuchs hüpfte an ihrer Statt hinunter, biß an dem Topf herum und zog am Deckel, aber auch er konnte ihn nicht öffnen.

»Kannst du dir denken, was drin ist?« fragte Wind-Eile.

Der Fuchs rollte den Topf hin und her und horchte aufmerksam. »Silbermünzen sind's, gewiß und wahrhaftig, lauter silberne Münzen sind's!« sagte er.

Das war mehr, als die Krähen erwartet hatten. »Meinst du wirklich, es könnte Silber sein?« fragten sie, und ihre Augen funkelten vor Begierde; denn so merkwürdig es auch klingen mag, es gibt auf der Welt nichts, was die Krähen mehr lieben als Silbermünzen.

»Hört nur, wie sie klirren!« sagte der Fuchs und rollte den Topf wieder einmal hin und her. »Ich weiß nur nicht, wie wir dazu kommen sollen.«

»Nein, das ist wohl unmöglich«, seufzten die Krähen.

Der Fuchs rieb sich den Kopf mit der linken Pfote und überlegte. Vielleicht könnte es ihm jetzt mit Hilfe der Krähen gelingen, diesen Knirps, der ihm immer wieder entging, in seine Gewalt zu bekommen. »Ich wüßte wohl einen, der uns den Topf öffnen könnte«, sagte der Fuchs schließlich.

»Wen? Wen?« riefen die Krähen, und in ihrem Eifer flatterten sie wieder in die Grube hinab.

»Das will ich euch sagen, wenn ihr mir versprecht, ihn mir nachher auszuliefern«, sagte der Fuchs.

Und nun erzählte er den Krähen von Däumling und sagte, wenn sie ihn auf die Heide hier herausbringen könnten, würde er ihnen den Topf sicher öffnen können. Aber als Lohn für diesen Rat verlange er, daß ihm Däumling überlassen werde, sobald er den Krähen die Silbermünzen verschafft hätte. Die Krähen hatten keinen Grund, Däumling zu verschonen, und gingen ohne weiteres auf die Bedingung ein.

Dies alles war leicht zu vereinbaren gewesen, schwerer aber war es, zu erfahren, wo der Däumling und die Wildgänse sich befanden. Wind-Eile machte sich selbst mit fünfzehn Krähen auf den Weg und sagte, er werde bald wieder zurück sein. Aber ein Tag um den andern verging, ohne daß die Krähen auf dem Krähenhügel auch nur einen Schein von ihm gesehen hätten.

Von den Krähen geraubt

Mittwoch, 13. April

Beim ersten Morgengrauen waren die Wildgänse draußen, um sich etwas Nahrung zu verschaffen, ehe sie die Reise nach Ostgötland antraten. Der Holm in der Grasbucht, wo sie geschlafen hatten, war klein und kalt, aber im Wasser ringsum wuchsen allerlei Gewächse, an denen sie sich sättigen konnten. Der Junge war schlimmer daran, er suchte vergeblich etwas Eßbares für sich.

Als er sich nun hungrig und in der Morgenkühle schnatternd nach allen Seiten umsah, fiel sein Blick auf ein paar Eichhörnchen, die auf einer mit Bäumen bestandenen Landzunge gerade vor der kleinen Felseninsel spielten. Da dachte er, die Eichhörnchen hätten vielleicht noch etwas von ihrem Wintervorrat übrig, und er bat den weißen Gänserich, ihn auf die Landzunge hinüberzubringen, er wolle die Eichhörnchen um ein paar Haselnüsse bitten.

Der große Weiße schwamm gleich mit ihm über die Meerenge; aber zum Unglück waren die Eichhörnchen von ihrem Spiel vollständig in Anspruch genommen, sie jagten einander von Baum zu Baum und nahmen sich keine Zeit, den Jungen anzuhören, sondern zogen sich im Gegenteil immer tiefer ins Gebüsch hinein. Der Junge lief ihnen eilig nach und war bald aus dem Gesichtskreis des Gänserichs verschwunden, der ruhig am Strande liegen geblieben war.

Der Junge watete durch einige Wiesen, wo die Anemonen so hoch standen, daß sie ihm beinahe bis zum Kinn reichten, da fühlte er sich plötzlich hinten angefaßt, und es wurde der Versuch gemacht, ihn aufzuheben. Rasch wendete er sich um; da sah er, daß ihn eine Krähe am Halskragen gepackt hatte. Er versuchte, sich loszureißen; aber ehe ihm dies gelang, eilte noch eine Krähe herbei, biß sich in einem von seinen Strümpfen fest und riß ihn zu Boden.

Wenn der Junge sogleich um Hilfe geschrien hätte, wäre es dem Gänserich wohl gelungen, ihn zu befreien, aber der Junge dachte wahrscheinlich, mit ein paar Krähen müsse er es allein aufnehmen können. Er schlug und stieß um sich; aber die Krähen ließen nicht los, und es gelang ihnen auch wirklich, ihre Beute mit sich in die Luft hinaufzunehmen. Sie gingen aber dabei so unvorsichtig zu Werke, daß der Kopf des Jungen gegen einen Baum stieß. Er bekam einen starken Schlag auf den Wirbel; es wurde ihm schwarz vor den Augen, und er verlor das Bewußtsein.

Als der Junge die Augen wieder aufschlug, befand er sich hoch über der Erde. Nur langsam kehrte ihm das Gedächtnis zurück, und im Anfang wußte er weder, wo er war, noch was er sah. Als er unter sich schaute, glaubte er, da unten sei ein ungeheuer großer wolliger Teppich ausgebreitet, der in den unregelmäßigsten Mustern von grün und braun gewebt war. Es war ein sehr dicker, prachtvoller Teppich, aber der Junge dachte: »Wie schade, daß er so verdorben ist!« Denn der Teppich sah geradezu zerfetzt aus, lange Risse liefen mitten hindurch, und an einigen Stellen waren große Stücke weggerissen. Das Merkwürdigste aber war, daß der Teppich über einen Spiegel ausgebreitet zu sein schien, denn da, wo die Löcher und Risse waren, schimmerte helles, glänzendes Spiegelglas hervor.

Das nächste, was der Junge sah, war die aufgehende Sonne, die sich jetzt über dem Horizont zeigte, und siehe da, der Spiegel unter den Löchern und Rissen in dem Teppich begann plötzlich in rotem und goldnem Glanze zu schimmern. Das sah prachtvoll aus, und der Junge freute sich über das schöne Farbenspiel, obgleich er nicht recht begriff, was er eigentlich sah. Aber jetzt begannen die Krähen abwärts zu fliegen, und auf einmal entdeckte er, daß der große Teppich unter ihm die mit grünen Nadelholzwäldern und braunen, kahlen Laubwäldern bedeckte Erde war, die Löcher und Risse aber lauter glänzende Fjorde und kleine Seen waren.

Und nun fiel ihm ein, daß er, als er das erstemal auf dem Gänserücken durch die Luft geflogen war, geglaubt hatte, der Erdboden in Schonen sei ein gewürfeltes Tuch. Doch dieses Land hier, das wie ein zerrissener Teppich aussah, wie mochte es wohl heißen?

Eine Menge Fragen gingen ihm durch den Kopf. Warum saß er nicht auf dem Rücken des weißen Gänserichs? Warum flog ein großer Schwarm um ihn her? Und warum wurde er hierher und dorthin gezerrt und geschleudert, so daß er fast hinunterfiel?

Doch plötzlich wurde ihm alles klar. Er war von ein paar Krähen geraubt worden. Der weiße Gänserich lag noch am Strand und wartete auf ihn, und die Wildgänse wollten heute noch nach Ostgötland weiterreisen; ihn selbst aber brachte man fort. Südwestwärts ging es; das erkannte er daran, daß er die Sonnenscheibe hinter sich hatte. Ja, und der große Wälderteppich dort unten mußte Smaland sein.

»Wie wird es dem weißen Gänserich nun gehen, wenn ich nicht mehr für ihn sorgen kann?« dachte der Junge. Er begann den Krähen zuzurufen, sie sollten ihn sogleich zu den Wildgänsen zurückbringen. Seiner selbst wegen war er jedoch nicht im geringsten beunruhigt, er glaubte, die Krähen hätten ihn aus reinem Mutwillen mitgenommen.

Die Krähen aber richteten sich ganz und gar nicht nach seinen Befehlen, sondern flogen so schnell als möglich weiter. Aber nach einer Weile schlug eine von ihnen mit den Flügeln auf eine Art, die bei den Krähen bedeutet: »Seht euch vor! Gefahr!« Sogleich tauchten alle in einem Fichtenwald unter und drangen zwischen riesigen Zweigen hindurch bis hinunter auf den Waldboden. Hier angekommen, setzten sie den Jungen unter einer dichten Fichte nieder, wo er so gut verborgen war, daß ihn nicht einmal der Blick eines Falken hätte entdecken können.

Die Schnäbel auf den Jungen gerichtet, stellten sich fünfzehn Krähen als Wache um ihn herum. »Nun, ihr Krähen, werde ich jetzt vielleicht erfahren, warum ihr mich geraubt habt?« fragte der Junge.

Aber er hatte kaum ausgeredet, als ihn auch schon eine große Krähe anzischte: »Schweig! Oder ich hacke dir die Augen aus!«

Und mit diesem Ausspruch war es der Krähe sicherlich Ernst, darüber konnte kein Zweifel herrschen; dem Jungen blieb also nichts andres übrig, als zu gehorchen. Schweigend saß er da und starrte die Krähen an, und die Krähen starrten ihn an.

Aber je länger er sie betrachtete, desto weniger gefielen sie ihm. Ihr Federkleid war schrecklich schmutzig und schlecht geputzt, ganz als ob die Krähen von einem Bad oder von Einölen gar nichts wüßten. An ihren Zehen und Klauen klebte vertrocknete Erde, und in den Schnabelwinkeln saßen Speisereste. Das war ein andrer Schlag Vögel als die Wildgänse, das sah der Junge wohl. Sie hatten ein grausames, habsüchtiges, gieriges und freches Aussehen, ganz wie richtige Räuber und Landstreicher.

»Da bin ich ja wohl unter ein echtes Räuberpack geraten«, dachte der Junge.

In demselben Augenblick hörte er den Lockruf der Wildgänse über sich. »Wo bist du? Hier bin ich! Wo bist du? Hier bin ich!«

Er erriet, daß Akka und die andern auf der Suche nach ihm waren; aber ehe er antworten konnte, zischte die große Krähe, die der Anführer der Bande zu sein schien, ihm ins Ohr: »Denk an deine Augen!« Und es blieb ihm nichts andres übrig, als zu schweigen.

Die Wildgänse hatten wohl keine Ahnung, daß der Junge ihnen so nahe war; sie waren gewiß nur zufällig über diesen Wald hingeflogen, denn der Junge hörte sie nur ein paarmal rufen, dann verstummten sie. »Ja, nun mußt du dir selbst helfen, Nils Holgersson!« sagte er zu sich selbst. »Nun mußt du zeigen, ob du während der in der Wildnis verbrachten Wochen etwas gelernt hast.«

Nach einer Weile machten die Krähen Anstalt, aufzubrechen; sie hatten offenbar die Absicht, den Jungen noch weiter mitzunehmen, und zwar wieder so, daß ihn die eine am Hemdkragen, die andre am Strumpf festhielt. Doch da sagte der Junge: »Ist denn keine unter euch stark genug, mich auf ihrem Rücken zu tragen? Ihr habt mich schon so mißhandelt, daß ich wie gerädert bin. Laßt mich doch reiten, ich werde mich gewiß nicht hinabstürzen, das verspreche ich.«

»Glaube nur nicht, daß wir uns darum kümmern, wie es dir geht«, sagte der Anführer.

Aber jetzt kam die größte von den Krähen herbei; sie hatte eine weiße Feder im Flügel und sagte: »Es wäre gewiß besser für uns alle, Wind-Eile, wenn wir Däumling ganz und nicht halb an Ort und Stelle brächten, deshalb will ich versuchen, ihn auf meinem Rücken zu tragen.«

»Wenn du es kannst, Fumle-Drumle, dann hab' ich nichts dagegen«, sagte Wind-Eile. »Aber verliere ihn ja nicht!«

Damit war schon viel gewonnen, und der Junge war wieder ganz vergnügt. »Den Mut brauche ich nicht zu verlieren, weil mich die Krähen geraubt haben«, dachte er.

Die Krähen flogen in südwestlicher Richtung immer weiter über Smaland hin. Es war ein herrlicher, warmer, sonniger Morgen, die Vögel auf der Erde drunten gingen alle auf Freiersfüßen, sie sangen und zwitscherten ihre zärtlichsten Weisen. In einem hohen, dunklen Wald, hoch droben in dem Wipfel einer Fichte, saß eine Drossel mit herabhängenden Flügeln und aufgeblähtem Hals und sang einmal ums andre: »Ach, wie schön bist du! Wie wunderbar schön bist du! Niemand ist so schön wie du!« Und sobald sie mit diesem Liede zu Ende war, fing sie wieder von vorn an.

Aber gerade zu der Zeit flog der Junge über den Wald hin, und nachdem er das Lied ein paarmal mit angehört hatte und merkte, daß die Drossel sonst keines konnte, hielt er beide Hände wie eine Trompete vor den Mund und rief hinab: »Das haben wir schon früher gehört! Das haben wir schon früher gehört!«

»Wer macht sich über mein Lied lustig?« fragte die Drossel und versuchte den Sprecher zu entdecken.

»Der von den Krähen Geraubte ist es!« antwortete der Junge.

Da wendete der Krähenhäuptling den Kopf und sagte: »Hüte deine Augen, Däumling!«

Aber der Junge dachte: »Ach, was kümmere ich mich darum! Nun gerade will ich dir zeigen, daß ich mich nicht fürchte!«

Immer weiter ins Land hinein ging es, und überall gab es Wälder und Seen. Auf einem von Birken eingefriedeten Weideplatz saß die Waldtaube auf einem kahlen Zweige, und vor ihr stand der Täuberich. Er blies die Federn auf, verdrehte den Hals, wiegte den Körper auf und ab, so daß die Brustfedern den Zweig streiften, und dazwischen gurrte er: »Du, du, bist die Schönste im Walde! Keine im Walde ist so schön wie du, du, du!«

Aber oben in den Lüften flog der Junge vorüber, und als er den Täuberich hörte, konnte er sich nicht still verhalten. »Glaub ihm nicht! Glaub ihm nicht!« rief er hinab.

»Wer, wer, wer ist es, der mich verleumdet?« gurrte der Täuberich und versuchte den zu entdecken, der ihm die Worte zugerufen hatte.

»Der von den Krähen Geraubte ist es!« rief der Junge.

Wieder drehte Wind-Eile den Kopf nach dem Jungen und befahl ihm, zu schweigen; aber Fumle-Drumle, der ihn trug, sagte: »Laßt ihn doch schwatzen, dann denken die kleinen Vögel, wir Krähen seien gute, freundliche Vögel geworden.«

»Oh, die sind wohl auch nicht so dumm!« entgegnete Wind-Eile; aber der Gedanke schmeichelte ihm doch, und von da an ließ er den Jungen rufen, so viel er wollte.

Weiter und weiter ging es, meistens über Wälder und Waldwiesen hin, aber natürlich kamen hin und wieder auch Kirchen und Dörfer und am Waldesrand kleine Häuser. Einmal sahen sie einen alten schönen Herrensitz mit rotangestrichenen Mauern und einem steilen Dach mit mehreren Absätzen. Dahinter lag der Wald, davor ein See, der Vorplatz war von mächtigen Ahornbäumen eingefaßt, und im Garten standen große, vielästige Stachelbeerbüsche. Ganz oben auf der Wetterfahne saß ein Star und zwitscherte so laut, daß jeder Ton bis zu dem Starenweibchen hinunterdrang, das in einem Starenkasten am Birnbaum auf seinen Eiern saß. »Wir haben vier kleine Eier!« sang der Star. »Wir haben vier schöne, runde Eier! Wir haben das ganze Nest voll prächtiger Eier!«

Der Star sang sein Lied zum tausendstenmal, als der Junge über den Hof hinflog. Da legte er die Hände wie ein Rohr vor den Mund und rief: »Die Dohle wird sie holen! Die Dohle wird sie holen!«

»Wer ist es, der mich erschrecken will?« fragte der Star und schlug unruhig mit den Flügeln.

»Der Krähenreiter ist's. Der Krähenreiter!« rief der Junge. Diesmal gebot der Krähenhäuptling dem Jungen nicht Schweigen. Er und die ganze Schar waren im Gegenteil so lustig, daß sie vor Befriedigung krächzten.

Je weiter sie ins Land hineinkamen, desto größer wurden die Seen und desto mehr Inseln und Landzungen hatten sie. Am Ufer eines Sees stand der Enterich und machte tiefe Bücklinge vor der Ente. »Ich will dir treu bleiben mein Leben lang! Ich will dir treu bleiben mein Leben lang!« erklärte er feierlich.

»Es dauert keinen Sommer lang!« schrie der Junge, der eben vorbeiflog.

»Was bist du denn für einer?« rief ihm der Enterich nach.

»Ich heiße Krähenraub!« schrie der Junge.

Um die Mittagszeit ließen sich die Krähen auf einer Waldwiese nieder. Sie flogen umher und suchten sich Speise, aber keiner von ihnen fiel es ein, auch dem Jungen etwas zu geben. Plötzlich flog Fumle-Drumle mit einem wilden Rosenzweig im Schnabel, an dem einige rote Hagebutten saßen, zu dem Häuptling hin. »Sieh, was ich dir bringe, Wind-Eile«, sagte er. »Dies ist etwas Gutes, das für dich paßt.«

Aber Wind-Eile krächzte verächtlich. »Meinst du, ich wollte alte, vertrocknete Hagebutten fressen?«

»Und ich hatte gedacht, du würdest dich darüber freuen«, sagte Fumle-Drumle und warf den Zweig in hellem Mißmut weg. Der Zweig aber fiel gerade vor dem Jungen nieder, und dieser war nicht faul, ihn aufzuheben und seinen Hunger mit den Beeren zu stillen.

Als die Krähen satt waren, begannen sie miteinander zu plaudern. »Woran denkst du, Wind-Eile? Du bist heute so still?« sagte eine zu dem Anführer.

»Ich denke daran, daß in dieser Gegend einmal eine Henne lebte, die ihre Herrin sehr lieb hatte; und um ihr eine rechte Freude zu machen, legte sie ein besonders großes Ei, das sie unter dem Scheunenboden verbarg. Solange sie das Ei ausbrütete, freute sie sich immerfort, wie beglückt die Frau über das Küchlein sein werde. Die Frau wunderte sich natürlich, wo die Henne so lange blieb. Sie suchte überall nach, fand sie aber nicht. Langschnabel, kannst du erraten, wer sie fand?«

»Ich glaube, ich kann es erraten, Wind-Eile, und nachdem du dies erzählt hast, will ich etwas ähnliches zum besten geben. Entsinnt ihr euch der großen schwarzen Katze im Hinneryder Pfarrhaus? Sie war mit ihrer Herrschaft unzufrieden, weil diese ihr immer die neugeborenen Jungen wegnahmen und ertränkte. Nur ein einziges Mal gelang es der Katze, die kleinen Neugeborenen zu verstecken, denn da legte sie sie in eine Strohmiete auf dem Acker. Sie war überglücklich mit ihren Jungen, aber ich glaube, ich hatte noch mehr Freude an ihnen als sie.«

Jetzt wurden die andern Krähen so eifrig, daß sie einander ins Wort fielen. »Ist das eine Kunst, Eier und neugeborene Jungen zu stehlen?« rief eine. »Ich hab' einmal einen jungen, beinahe ausgewachsenen Hasen erjagt. Da galt es, ihn von Dickicht zu Dickicht zu verfolgen . . .«

Weiter kam sie nicht, denn schon fiel ihr eine andre ins Wort. »Es mag ja ganz lustig sein, Hühner und Katzen zu ärgern, aber viel interessanter finde ich es, wenn eine Krähe einem Menschen Verdruß bereiten kann. Ich hab' einmal einen silbernen Löffel gestohlen . . .«

Aber länger konnte der Junge diese Unterhaltung nicht mit anhören. »Nein, hört nun, ihr Krähen, ihr solltet euch schämen«, sagte er, »so viele Schlechtigkeiten preiszugeben. Jetzt habe ich drei Wochen bei den Wildgänsen zugebracht, aber von ihnen habe ich nur Gutes gehört. Ihr müßt einen schlechten Häuptling haben, wenn er euch erlaubt, auf solche Weise zu rauben und zu morden. Ihr solltet ein neues Leben anfangen, denn ich sage euch, die Menschen sind eurer Bosheit so überdrüssig geworden, daß sie euch auszurotten versuchen, koste es, was es wolle. Und dann wird es bald aus mit euch sein.«

Als Wind-Eule und die Krähen dies hörten, wurden sie so erbost, daß sie sich auf den Jungen stürzten, um ihn zu zerhacken und zu zerreißen. Aber Fumle-Drumle lachte und krächzte und stellte sich vor ihn hin. »Nein, nein, nein!« wehrte er ab und schien ganz entsetzt zu sein. »Was meint ihr wohl, was Wind-Kara sagen wird, wenn ihr den

Däumling umbringt, ehe er uns die Silbermünzen verschafft hat?«

»Ja du, hast wohl Angst vor dem Weibervolk!« rief Wind-Eile. Aber jedenfalls ließen er und die andern Krähen Däumling jetzt in Frieden.

Bald darauf zogen die Krähen weiter. Bis dahin hatte der Junge fortwährend gedacht, Smaland sei doch kein armes Land, wie ihm gesagt worden war. Es war ja wohl dicht bewaldet und voller Bergrücken, aber an den Flüssen und Seen lagen bebaute Felder, und eine wirkliche Wildnis hatte er bis jetzt noch nicht angetroffen. Aber je tiefer er ins Land hineinkam, desto weiter voneinander entfernt waren die Dörfer und Gehöfte, und schließlich war es doch, als fliege er über eine wahre Wildnis hin, denn er sah nichts als Moore, Heideland und Wacholderhügel.

Die Sonne war im Untergehen, aber es war doch noch taghell, als die Krähen die mit Heidekraut bewachsene Ebene erreichten. Wind-Eile schickte eine Krähe voraus mit der Nachricht, daß ihr Suchen mit Erfolg gekrönt worden sei; und als dies bekannt wurde, flogen mehrere hundert Krähen, Wind-Kara an der Spitze, vom Krähenhügel fort und den Ankommenden entgegen. Mitten unter dem ohrenzerreißenden Krächzen, das die Krähen bei der gegenseitigen Begrüßung ausstießen, sagte Fumle-Drumle zu dem Jungen: »Du bist auf der ganzen Reise so lustig und vergnügt gewesen, daß ich dich liebgewonnen habe. Deshalb will ich dir jetzt einen guten Rat geben. Sobald wir uns niederlassen, trägt man dir eine Arbeit auf, die dir sehr leicht vorkommen wird. Aber hüte dich wohl, sie auszuführen.«

Gleich darauf setzte Fumle-Drumle den Jungen in einer Sandgrube nieder. Der Junge ließ sich auf den Boden fallen und blieb wie zum Tode ermattet liegen. Flügelschlagend, daß es wie ein Sturm brauste, flatterten unzählige Krähen um ihn her; aber der Junge machte die Augen nicht auf.

»Steh auf, Däumling!« befahl Wind-Eile. »Du mußt etwas für uns tun, was für dich eine Kleinigkeit ist.«

Aber der Junge rührte sich nicht, sondern stellte sich schlafend. Doch ohne ein weiteres Wort zu verlieren, packte ihn Wind-Eile am Arm und schleppte ihn über den Sand zu einem altertümlich geformten tönernen Topf hin, der mitten in der Grube stand. »Steh auf, Däumling«, befahl er, »und öffne uns den Topf!«

»Warum läßt du mich denn nicht schlafen?« sagte der Junge. »Heute abend bin ich zu müde dazu. Warte bis morgen!«

»Öffne den Topf!« befahl Wind-Eile und schüttelte den Jungen.

Jetzt setzte sich der Junge auf und betrachtete den Topf sehr genau. »Wie sollte ich armes Kind einen solchen Topf öffnen können? Er ist ja ebenso groß wie ich selbst!«

»Öffne ihn!« befahl Wind-Eile noch einmal. »Sonst geht es dir schlecht!«

Der Junge stand auf, wankte zu dem Topf hin, befühlte den Deckel und ließ die Arme sinken.

»Ich bin doch sonst nicht so schwach«, sagte er. »Laßt mich doch nur bis morgen schlafen, dann werde ich den Deckel gewiß aufbringen.«

Doch Wind-Eile war ungeduldig; er sprang vor und pickte den Jungen ins Bein. Aber eine solche Behandlung wollte dieser sich nicht gefallen lassen; rasch riß er sich los, sprang ein paar Schritte zurück, zog sein Messer aus der Scheide und hielt es ausgestreckt vor sich hin.

»Nimm dich in acht, du!« rief er Wind-Eile zu.

Der aber war zu erbittert, um der Gefahr auszuweichen. Ganz blind vor Wut stürzte er auf den Jungen zu und direkt in das Messer hinein, das ihm durch das ganze Auge ins Gehirn hineindrang. Der Junge zog zwar das Messer hastig zurück, aber Wind-Eile schlug nur noch ein paarmal mit den Flügeln, dann sank er tot zu Boden.

»Wind-Eile ist tot! Der Fremde hat unsern Häuptling Wind-Eile umgebracht!« schrien die Krähen, die zunächst standen. Und dann erhob sich ein entsetzlicher Lärm: die einen jammerten, die andern schrien nach Rache. Alle miteinander, Fumle-Drumle an der Spitze, stürzten oder flatterten auf den Jungen zu. Aber wie gewöhnlich benahm sich Fumle-Drumle ganz verkehrt. Er flatterte nur mit ausgebreiteten Flügel über dem Jungen und behinderte dadurch die andern, an ihn heranzukommen und auf ihn loszuhacken.

Jetzt sah der Junge, daß er sich da in eine schlimme Lage gebracht hatte. Er konnte den Krähen nicht entfliehen, und nirgends war ein Ort, wo er sich hätte verstecken können? Aber dann fiel ihm der tönerne Topf ein. Mit einem kräftigen Ruck riß er den Deckel herunter und sprang hinein, um sich darin zu verstecken. Aber der Topf war ein schlechter Schlupfwinkel, denn er war fast bis zum Rande mit kleinen dünnen Silbermünzen gefüllt, und der Junge konnte nicht tief genug hineinkommen. Da beugte er sich vor und begann die Münzen herauszuwerfen.

Bis jetzt waren die Krähen in einem dichten Schwarm um ihn hergeflattert und hatten versucht, nach ihm zu hakken; als er aber die Münzen herauswarf, vergaßen sie auf einmal ihre Rachgier und pickten die Geldstücke eiligst auf. Mit vollen Händen warf der Junge Münzen heraus, und alle Krähen, ja selbst Wind-Kara, versuchten sie aufzufangen. Und jede, der es gelang, eine Münze zu erhaschen, stürzte in größter Hast auf und davon nach ihrem Nest, die Beute dort zu verstecken.

Als der Junge alle Silbermünzen aus dem Topf herausgeworfen hatte, sah er auf. Da war nur noch eine einzige Krähe in der Sandgrube, Fumle-Drumle mit der weißen Feder im Flügel, der ihn getragen hatte. »Du hast mir einen größeren Dienst geleistet, als du ahnen kannst, Däumling«, sagte die Krähe mit einer ganz anderen Stimme und mit ganz anderm Tonfall als vorher, »und deshalb will ich dir das Leben retten. Setze dich auf meinen Rücken, dann bringe ich dich in ein Versteck, wo du während der Nacht sicher bist. Morgen werde ich es dann so einrichten, daß du zu deinen Freunden zurückgebracht wirst.«

Die Hütte

Donnerstag, 14. April

Als der Junge am nächsten Morgen erwachte, lag er auf einem Bett, und als er vier Wände um sich her und ein Dach über sich sah, glaubte er daheim zu sein. »Ob Mutter nicht bald mit dem Kaffee kommt?« murmelte er noch im Halbschlaf. Aber dann fiel ihm ein, daß er ganz verlassen in einer Hütte auf dem Krähenberg lag und daß Fumle-Drumle mit der weißen Feder ihn am vorhergehenden Abend hierhergetragen hatte.

Dem Jungen taten alle Glieder weh nach der Reise, die er am gestrigen Tage gemacht hatte, und das Stilliegen kam ihm deshalb sehr schön vor. Er wartete auf Fumle-Drumle, der versprochen hatte, ihn zu holen. Das Bett war von einem Vorhang aus gewürfeltem Baumwollstoff umgeben, der Junge schob ihn zur Seite, um sich in der Stube umzusehen. Nein, ein solches Gebäude hatte er sicherlich noch nie gesehen! Die Wände bestanden nur aus einer doppelten Reihe Latten, dann kam gleich das Dach. Eine Zimmerdecke war nicht da, man konnte bis zum Dachfirst hinaufsehen. Die ganze Hütte war so klein, daß sie ihm mehr für solche Wesen, wie er jetzt eines war, als für richtige Menschen gemacht zu sein schien; aber der Herd und der Kamin waren ganz richtig gebaut und kamen ihm gerade so groß vor wie alle, die er früher gesehen hatte. Die Eingangstür auf der einen Giebelseite neben dem Herd war so schmal, daß sie beinahe einer Luke glich. An der Giebelseite war ein niedriges, breites Fenster mit vielen kleinen Scheiben. Es waren fast keine beweglichen Möbel im Zimmer, die Bank an der einen Langseite und der Tisch am Fenster waren an der Wand festgemacht, und desgleichen das große Bett, in dem der Junge lag, sowie auch der bunte Wandschrank.

Der Junge hätte gar zu gern gewußt, wem die Hütte gehörte und warum sie unbewohnt sei. Es sah ganz so aus, als ob die abwesenden Bewohner die Absicht gehabt hätten, wiederzukommen. Die Kaffeekanne und der Grützentopf standen auf dem Herd, und in dem Ofenwinkel lag etwas Brennholz. Der Ofenschürer und die Backschaufel standen in einer Ecke, der Spinnrocken war auf einen Stuhl gestellt, auf dem Bord über dem Fenster lagen Werg und Flachs, ein paar Stränge Garn, ein Talglicht und ein Bund Zündhölzer.

Ja, es sah gerade aus, als ob die Leute, denen die Hütte gehörte, zurückzukehren gedächten. In der Bettlade lagen die nötigen Bettstücke, und an der Wand waren lange Tuchstreifen befestigt, auf denen drei Reiter zu sehen waren, die Kaspar, Melchior und Balthasar hießen. Dieselben Pferde und dieselben Reiter waren viele Male abgebildet. Sie ritten in der ganzen Stube herum und nahmen ihren Weg sogar bis zu den Dachbalken hinauf.

Aber oben im Dach erblickte der Junge etwas, das ihn schleunigst auf die Beine brachte. Da oben auf einem Haken hingen ein paar trockene Brotkuchen. Sie sahen allerdings etwas schimmelig und alt aus, aber es war doch immerhin Brot. Er versetzte ihnen mit der Backschaufel ein paar Schläge, daß ein Stück herunterfiel. Schnell stillte er seinen Hunger und stopfte auch seine Taschen noch voll damit. Wie unglaublich gut doch Brot schmeckte!

Dann schaute er sich noch einmal in der Stube um, ob er nicht etwas entdeckte, das ihm nützlich sein könnte! »Ich darf doch wohl das mitnehmen, was mir notwendig ist, da sich niemand darum kümmert«, dachte er. Aber das meiste, was er sah, war zu groß oder zu schwer. Das einzige, was er etwa mitnehmen konnte, waren ein paar Zündhölzer.

Er kletterte auf den Tisch hinauf und schwang sich mit Hilfe der Vorhänge auf das Brett über dem Fenster. Während er da oben stand und die Zündhölzer in sein Säckchen hineinstopfte, flog die Krähe mit der weißen Feder zum Fenster herein.

»Nun, da bin ich«, sagte sie und hielt bei dem Tisch an. »Ich konnte nicht früher abkommen, weil wir Krähen heute einen neuen Häuptling gewählt haben.«

»Wen habt ihr denn gewählt?« fragte der Junge.

»Einen, der keine Räuberei und Ungerechtigkeit dulden wird«, sagte die Krähe und reckte sich, daß sie ganz majestätisch aussah. »Garm Weißfeder ist gewählt worden, der vorher Fumle-Drumle hieß.«

»Das ist eine gute Wahl«, sagte der Junge, und er gratulierte Fumle-Drumle herzlich.

»Ja, du darfst mir wohl Glück wünschen«, sagte Garm; und dann erzählte er dem Jungen, was für ein Leben er mit Wind-Eile und Kara gehabt hätte.

Plötzlich hörte der Junge vor dem Fenster eine Stimme, die ihm bekannt vorkam. »Ist er hier?« fragte Smirre, der Fuchs.

»Ja, da drinnen hat er sich versteckt«, antwortete eine Krähenstimme.

»Nimm dich in acht, Däumling!« rief Garm. »Wind-Kara steht mit dem Fuchs draußen, der dich auffressen will!«

Mehr konnte er nicht sagen, denn der Fuchs machte einen Satz gegen das Fenster. Die alte, morsche Fensterverkleidung gab nach, und im nächsten Augenblick stand Smirre auf dem Tische am Fenster. Den neugewählten Häuptling, Garm Weißfeder, der keine Zeit zum Davonfliegen gehabt hatte, biß er sofort tot. Dann sprang er auf den Boden hinunter und schaute sich nach dem Jungen um.

Dieser versuchte sich hinter einem Garnhaspel zu verstecken, aber Smirre hatte ihn schon gesehen und duckte sich zum Sprunge. Ach, die Hütte war ja so klein und niedrig, der Junge war keinen Augenblick im Zweifel, daß ihn der Fuchs ohne Schwierigkeit erreichen könne! Aber in diesem Augenblick war der Junge nicht ohne Verteidigungswaffen. Eilig brannte er ein Zündholz an, hielt es an das Wergbündel, und als dieses aufflammte, warf er es auf Smirre hinunter. Und als das Feuer auf den Fuchs fiel, wurde dieser von einem wahnsinnigen Schrecken erfaßt. Er dachte nicht mehr an den Jungen; ohne sich zu besinnen, floh er aus der Hütte hinaus.

Aber es sah aus, als ob der Junge zwar einer Gefahr entgangen sei, jedoch nur, um sich in eine größere zu bringen. Von dem Wergbündel, das er nach Smirre geworfen hatte, verbreitete sich das Feuer weiter, und schon hatte es den Bettumhang ergriffen. Der Junge sprang hinunter und versuchte, die Flammen zu löschen; aber das Feuer brannte schon zu stark, die Stube füllte sich schnell mit Rauch, und Smirre, der vor dem Fenster stehengeblieben war, erriet leicht, wie es da drinnen stand. »Na, Däumling«, rief er, »was willst du wählen? Gebraten werden oder zu mir herauszukommen? Ich möchte dich allerdings am liebsten auffressen, aber wenn dich der Tod auf andre Weise erreicht, bin ich es auch zufrieden.«

Der Junge war überzeugt, daß der Fuchs recht habe, denn das Feuer griff schrecklich schnell um sich. Schon brannte das ganze Bett, vom Boden stieg Rauch auf, und an den gemalten Tuchstreifen krochen die Flammen von einem Reiter zum andern. Der Junge war auf den Herd hinaufgesprungen und versuchte die Klappe zum Backofen zu öffnen; da hörte er plötzlich, daß ein Schlüssel in die Tür gesteckt und leise umgedreht wurde. Das mußten Menschen sein, und in der Not, in der der Junge sich befand, fürchtete er sich nicht, er freute sich nur. Er sah zwei Kinder vor sich; aber zu beobachten, was für Gesichter sie machten, als sie die Stube in Flammen stehen sahen, dazu ließ er sich keine Zeit, sondern stürzte an ihnen vorbei ins Freie.

Weit wagte er jedoch nicht zu laufen, denn er wußte wohl, daß Smirre ihm auflauerte und daß er am besten tat, sich in der Nähe der Kinder aufzuhalten. Er wendete den Kopf, um zu sehen, wie sie aussähen; aber er hatte sie noch keine Sekunde betrachtet, als er auch schon auf sie zustürzte und ausrief: »Guten Tag, Asa! Guten Tag, Klein-Mats!«

Denn als der Junge die Kinder erkannte, vergaß er vollständig, wo er sich befand. Die Krähen, die brennende Hütte und die sprechenden Tiere verschwanden aus seinem

Gedächtnis. In Westvämmenhög auf einem Stoppelfelde hütete er seine Gänse, auf dem Felde daneben wanderten die beiden smaländischen Kinder mit den ihrigen; und sobald er die Kinder sah, sprang er auf das Steinmäuerchen und rief: »Guten Tag, Gänsehirtin Asa, guten Tag, Klein-Mats!«

Als aber die beiden Kinder einen kleinen Knirps mit ausgestreckten Händen auf sich zulaufen sahen, faßten sie sich gegenseitig an, wichen ein paar Schritte zurück und sahen zum Tode erschrocken aus.

Und als der Junge ihren Schrecken wahrnahm, kam er zu sich und erinnerte sich, wer er war. Und da meinte er, es könnte ihm nichts Schlimmeres passieren, als wenn ihn gerade diese Kinder in seiner verhexten Gestalt sähen. Die Scham und der Kummer darüber, daß er kein Mensch mehr war, überwältigten ihn. Er wendete sich um und entfloh, wohin, das wußte er selbst nicht.

Aber siehe da, draußen auf der Heide, was begegnete ihm da Gutes? Aus dem Heidekraut schimmerte etwas Weißes hervor, und ihm entgegen kamen der weiße Gänserich und Daunenfein. Als der Weiße ihn in solcher Hast daherrennen sah, glaubte er, daß der Junge von gefährlichen Feinden verfolgt würde. In aller Eile hob er ihn auf seinen Rücken und flog mit ihm davon.

Der große Vogelsee

Jarro, die Wildente

Am Ostufer des Vättern liegt Omberg, östlich von Omberg liegt Dagsmosse, östlich von Dagsmosse liegt der See Takern, und rings um den Takern breitet sich die große gleichmäßige Ostgötaebene aus.

Der Takern ist ein recht großer See, und in alten Zeiten scheint er noch größer gewesen zu sein. Aber dann meinten die Menschen, er bedecke einen gar zu großen Teil der fruchtbaren Ebene, und sie versuchten, das Wasser abzulassen, um den Grund des Sees umzupflügen und Getreide darin zu säen. Es gelang ihnen jedoch nicht, den ganzen See trockenzulegen, wie es wohl ihre Absicht gewesen war; und so bedeckt er noch immer eine große Fläche. Aber seit der See zum erstenmal abgelassen wurde, ist das Wasser an keiner Stelle mehr als einen Meter tief. Die Ufer sind moorig und schlickrig geworden, und auf dem See draußen ragen überall kleine sumpfige Holme über dem Wasser auf.

Doch es gibt jemand, der gern mit den Füßen im Wasser steht, wenn nur sein Körper und Kopf in der Luft sind. Das ist das Schilf, und nirgends gedeiht es besser als an den langgestreckten, seichten Ufern des Takern und rings um die kleinen Sumpfholme herum. Ja, es gedeiht da so ausgezeichnet, daß es mehr als mannshoch wird und so dicht wächst, daß sich ein Boot mit knapper Not hindurchzwängen kann. Das Röhricht bildet einen breiten grünen Gürtel um den ganzen See herum, der dadurch nur an ein paar Stellen, wo die Menschen Luft geschaffen haben, zugänglich ist.

Aber wenn das Schilf die Menschen vom See ausschließt, so verleiht es dagegen vielen andern Geschöpfen Schutz und Schirm. In dem Schilf selbst gibt es viele Teiche und Kanäle mit grünen stillstehenden Gewässern, wo Wasserlinsen und Laichkraut gedeihen und wo Mückenlarven, Fischbrut und Kaulquappen in unermeßlichen Mengen ausgebrütet werden. An den Ufern dieser kleinen Teiche und Kanäle gibt es auch eine Menge wohlversteckter Plätze, wo die Seevögel ihre Eier ausbrüten und ihre Jungen füttern können, ohne von Feinden bedroht oder von Nahrungssorgen geplagt zu sein.

Es wohnt eine unglaubliche Menge Vögel in diesem Röhricht, und deren Zahl nimmt mit jedem Jahr zu, je mehr es bekannt wird, was für ein prächtiger Aufenthaltsort das ist. Die ersten, die sich am Takern niedergelassen haben, sind die Wildenten, die auch heute noch zu Tausenden da wohnen. Aber jetzt haben sie nicht mehr den ganzen See für sich allein, sie müssen ihn mit Schwänen, Tauchern, Bläßhühnern, Seetauchern, Löffelenten und vielen andern teilen.

Der Takern ist sicherlich der größte und ausgezeichnetste Vogelsee im ganzen Land, und die Vögel müssen sich glücklich preisen, solange sie einen solchen Aufenthaltsort besitzen. Aber es ist ungewiß, wie lange sie die Herrschaft über die Röhrichtstrecken behalten dürfen, denn die Menschen können nicht vergessen, daß sich der See über eine bedeutende Strecke guten, fruchtbaren Landes erstreckt, und einmal übers andre taucht wieder der Vorschlag unter ihnen auf, den See trockenzulegen. Und wenn dieser Vorschlag verwirklicht würde, dann müßten die vielen tausend Vögel die Gegend verlassen.

Zu der Zeit, wo Nils Holgersson mit den Wildgänsen umherzog, wohnte am Takern ein Wildenterich namens Jarro. Er war noch jung und hatte erst einen Sommer, einen Herbst und einen Winter erlebt. Das war sein erster Frühling. Er war erst kürzlich von Nordafrika zurückgekehrt, und zwar sehr frühzeitig, denn als er am Takern angelangte, war dieser noch mit Eis bedeckt.

Eines Abends, als Jarro und die andern jungen Erpel sich damit vergnügten, in ununterbrochenem Flug über dem See hin und her zu fliegen, erklangen plötzlich ein paar

Schüsse, und Jarro wurde in die Brust getroffen. Er glaubte, er müsse sterben; aber damit der Jäger, der auf ihn geschossen hatte, ihn nicht finden und verspeisen solle, flog er weiter, solange er nur konnte. Er überlegte nicht, wohin er flog, sondern suchte nur das Weite. Als ihn dann die Kräfte verließen und seine Flugkraft erlahmte, befand er sich nicht mehr über dem See, sondern über einem der großen Bauernhöfe am Takernstrand, und zu Tode erschöpft, sank er gerade vor dem Eingang dieses Hofes zu Boden.

Kurz darauf ging ein junger Knecht über den Hof. Er sah Jarro und hob ihn auf. Aber Jarro, der nur noch in Frieden zu sterben wünschte, nahm seine letzten Kräfte zusammen und biß den Knecht derb in den Finger, damit er ihn loslasse.

Doch es gelang Jarro nicht, sich freizumachen; aber sein Angriff hatte doch etwas Gutes, denn der Knecht merkte, daß Jarro nicht tot war. Ganz behutsam trug er ihn ins Haus hinein und zeigte ihn der Hofbäuerin, einer jungen Frau mit einem freundlichen Gesicht. Sie nahm dem Knecht Jarro sogleich ab, streichelte ihm den Rücken und trocknete ihm das Blut ab, das zwischen dem Flaum an seinem Hals hervorsickerte. Dann betrachtete sie ihn sehr genau, und als sie sah, wie schön er war mit seinem dunkelgrünen glänzenden Kopf, seinem weißen Halsband, seinem braunroten Rücken und seinen blauen Flügeldecken, dachte sie, es wäre schade, wenn er sterben müßte. Rasch richtete sie einen Korb her und bettete Jarro darein.

Jarro hatte die ganze Zeit mit den Flügeln geschlagen und loszukommen versucht, als er aber merkte, daß die Menschen ihn nicht umbringen wollten, legte er sich mit einem Gefühl des Wohlbehagens in dem Korbe zurecht. Jetzt erst fühlte er, wie ermattet er von den Schmerzen und dem Blutverluste war. Die Hausfrau nahm den Korb auf, um ihn in eine Ecke am Herd zu tragen; aber ehe sie ihn niedersetzte, hatte Jarro schon die Augen geschlossen und war eingeschlafen.

Nach einer Weile erwachte Jarro dadurch, daß ihn jemand leise anstieß. Als er die Augen aufschlug, erschrak er so fürchterlich, daß ihm beinahe das Bewußtsein schwand. Jetzt war er verloren, denn vor ihm stand einer, der für ihn gefährlicher war als Menschen und Raubvögel. Niemand anders als Cäsar selbst, der langhaarige Hühnerhund, stand vor ihm und beroch ihn.

Welche geradezu erbarmungswürdige Angst hatte nicht Jarro im vorigen Sommer ausgestanden, so oft er, als ein kleines, mit gelbem Flaum bedecktes Junges, den Ruf über das Röhricht hin ertönen hörte: »Cäsar kommt! Cäsar kommt!« Und wenn er den braun und weiß gefleckten Hund mit dem zähnefletschenden Maul durch das Schilf waten sah, glaubte er, den Tod selbst vor sich zu sehen. Er hatte immer gehofft, die Stunde werde er nie erleben müssen, wo Cäsar ihm Auge und Auge gegenüberstehe.

Und jetzt hatte er zu seinem Unglück gerade in den Hof hinabfallen müssen, wo Cäsar daheim war, denn dieser stand vor ihm! »Wie bist du denn ins Haus hereingekommen? Bist du nicht drunten im Röhricht daheim?«

Nur mit knapper Not brachte Jarro die Worte heraus: »Sei mir nicht böse, Cäsar, daß ich ins Haus hereingekommen bin! Ich kann nichts dafür. Eine Kugel hat mich getroffen, und die Menschen selbst haben mich in diesen Korb gebettet.«

»So, so, die Menschen selbst haben dich in diesen Korb gelegt«, sagte Cäsar. »Dann haben sie gewiß die Absicht, dich zu heilen, obgleich sie meiner Meinung nach klüger daran täten, dich zu verspeisen, solange du in ihrer Macht bist. Aber hier im Hause herrscht jedenfalls Burgfriede. Du brauchst nicht so angstvoll auszusehen, wir sind jetzt nicht auf dem Takern.«

Damit machte Cäsar kehrt und legte sich vor dem flammenden Herdfeuer zum Schlafen nieder. Sobald Jarro begriff, daß diese gräßliche Gefahr überstanden war, überfiel ihn die große Mattigkeit aufs neue, und er schlief wieder ein.

Als Jarro wieder erwachte, sah er ein Gefäß mit Grütze

und Wasser neben sich stehen. Er fühlte sich zwar noch sehr krank, aber Hunger hatte er trotzdem, und so begann er zu fressen. Als die Hausmutter sah, daß es ihm schmeckte, trat sie herzu, streichelte ihn und sah sehr vergnügt aus. Hierauf schlief Jarro abermals ein; mehrere Tage lang tat er nichts als essen und schlafen.

Eines Morgens aber fühlte er sich so gesund, daß er aus dem Korb herausstieg und auf dem Boden hinlief. Aber er war noch nicht weit gekommen, als er auch schon umfiel und nicht mehr aufstehen konnte. Da kam Cäsar herbei, öffnete sein großes Maul und packte ihn. Jarro glaubte natürlich, der Hund wolle ihn totbeißen; aber Cäsar trug ihn in seinen Korb zurück, ohne ihm etwas zuleide zu tun. Dadurch faßte Jarro großes Vertrauen zu Cäsar; ja, bei seinem nächsten Gehversuch ging er geradewegs zu dem Hunde hin und legte sich neben ihn. Von da an waren die beiden gute Freunde, und Jarro lag jeden Tag ganz ruhig schlafend zwischen Cäsars Pfoten.

Aber noch größere Hingabe als für Cäsar fühlte Jarro für die Hausfrau. Vor ihr fürchtete er sich auch nicht im geringsten, er rieb sogar seinen Kopf an ihrer Hand, sooft sie ihm sein Futter brachte. Wenn sie aus dem Zimmer ging, seufzte er schmerzlich, und wenn sie wieder eintrat, hieß er sie in seiner eignen Sprache willkommen.

Jarro vergaß vollständig, wie sehr er sich früher vor den Hunden und den Menschen gefürchtet hatte. Sie kamen ihm sanft und gut vor, er liebte sie und wünschte sehnlichst, gesund zu sein, um drunten am Takern den Wildenten erzählen zu können, daß ihre alten Feinde durchaus nicht gefährlich seien und daß sie sich ganz und gar nicht vor ihnen fürchten brauchten.

Jarro hatte herausgefunden, daß die Menschen hier im Hause und auch Cäsar vertrauenserweckende Augen hatten, in die hineinzuschauen einem wohl tat. Die einzige im Hause, deren Augen er nicht gerne begegnete, war Klaurina, die Hauskatze. Sie tat ihm zwar nichts zuleide, aber er konnte nun einmal kein Vertrauen zu ihr fassen. Sie zankte sich auch immer mit ihm, weil er die Menschen lieb hatte. »Du meinst, sie sorgten für dich, weil sie dich lieb hätten«, sagte Klaurina. »Warte nur, bis du ordentlich fett bist, dann drehen sie dir den Kragen um. Ich kenne sie, jawohl.«

Jarro hatte wie alle Vögel ein weiches, versöhnliches Herz, und wenn er die Katze so reden hörte, wurde er tiefbetrübt. Die Hausfrau sollte ihm den Kragen umdrehen wollen! Nein, das konnte er nicht von ihr glauben, ebensowenig als er so etwas von ihrem Söhnchen glauben würde, einem kleinen Jungen, der mit ihm schäkernd und plaudernd stundenlang neben seinem Korbe saß. Die beiden liebten ihn gewiß ebenso ehrlich wie er sie, dessen glaubte er sicher zu sein.

Eines Tages, als Jarro und Cäsar auf ihrem gewohnten Platze vor dem Herde lagen, saß Klaurina auf der Herdplatte und begann mit der Wildente zu zanken.

»Ich möchte wohl wissen, was ihr Wildenten im nächsten Jahre tun werdet, wenn der Takern trockengelegt und in Äcker verwandelt wird?« sagte die Katze.

»Was sagst du da, Klaurina?« rief Jarro und sprang entsetzt auf.

»Ja, so, Jarro, ich vergesse immer wieder, daß du die menschliche Sprache nicht so gut verstehst wie ich und Cäsar«, erwiderte die Katze, »sonst wüßtest du doch, was die Männer, die gestern hier waren, gesprochen haben. Die sagten, das Wasser des Takern solle abgelassen werden, und im nächsten Jahre werde der Grund des Sees beinahe trocken sein wie ein Stubenboden. Deshalb möchte ich wissen, wohin ihr Wildenten euch dann begeben wollt?«

Als Jarro diese Rede hörte, geriet er in einen fürchterlichen Zorn. Wie eine Schlange zischend fuhr er die Katze an. »Du bist boshaft wie ein Bläßhuhn und willst mich nur gegen die Menschen aufhetzen. Ich glaube gar nicht, daß sie so etwas im Sinne haben, denn der See ist das Eigentum der Wildenten, und das müssen die Menschen doch wissen. Warum sollten sie so viele Vögel heimatlos und unglücklich machen wollen? Du hast gewiß das alles nur ausgeheckt, um mir Angst zu machen. Ich wollte, Gorgo, der Adler, würde dich zerfleischen, ja, ich wollte, die Hausfrau schnitte dir deinen Schnurrbart ab!«

Aber mit diesem Ausfall konnte Jarro die Katze nicht zum Schweigen bringen. »So, du meinst also, ich lüge?« sagte sie. »Dann frage doch Cäsar. Er war gestern abend auch hier in der Stube, und Cäsar lügt nie.«

»Cäsar«, wendete sich Jarro an den Hund, »du verstehst die Sprache der Menschen viel besser als Klaurina. Sage, daß sie nicht recht verstanden hat! Bedenke doch, was geschehen würde, wenn die Menschen den Takern trockenlegen und den Seegrund in Äcker verwandelten! Dann gäbe es doch für die erwachsenen Enten weder Wasserlinsen noch Laichkraut und für die jungen Entlein keine Fischbrut, keine Kaulquappen und keine Mückenlarven mehr. Dann würde auch das Röhricht verschwinden, wo die kleinen Entlein sich verstecken können. Alle Enten müßten ja fortziehen und sich einen andern Aufenthaltsort suchen. Aber wo sollten sie einen solchen Zufluchtsort finden wie den Takern? Cäsar, sag, daß Klaurina nicht recht gehört hat!«

Cäsars Benehmen während dieser Anrede war im höchsten Grade sonderbar. Er war vorher hellwach gewesen; aber als Jarro sich an ihn wendete, gähnte er, legte seine lange Nase auf seine Vorderpfoten, und im nächsten Augenblick lag er im tiefsten Schlafe.

Mit einem durchtriebenen Lächeln sah die Katze auf Cäsar hinunter. »Ich glaube, Cäsar hat keine Lust, dir zu antworten«, sagte sie zu Jarro. »Er ist gerade wie alle andern Hunde; sie wollen nie zugeben, daß die Menschen unrecht tun können. Aber du kannst dich auf mein Wort unbedingt verlassen. Und ich will dir auch sagen, warum die Menschen den See austrocknen wollen. Wenn ihr Wildenten die Herrschaft über den See noch hättet, würden sie ihn nicht ablassen, denn von euch haben sie doch noch einen gewissen Nutzen.

Aber jetzt haben ja die Taucher und die Bläßhühner und andre Vögel, die den Menschen nicht zur Nahrung dienen, beinahe das ganze Röhricht besetzt, und deretwegen meinen sie, den See nicht beibehalten zu müssen.«

Jarro würdigte die Katze keiner Antwort mehr, aber er hob den Kopf und schrie Cäsar ins Ohr: »Cäsar! Cäsar! Auf dem Takern gibt es noch so viele Enten, daß sie die Luft wie mit Wolken erfüllen, das weißt du wohl! Darum sag, daß es nicht wahr ist! Nein, die Menschen können nicht im Sinn haben, uns heimatlos zu machen!«

Jetzt sprang Cäsar auf und fuhr so heftig auf Klaurina los, daß diese sich auf ein Wandbrett flüchten mußte. »Ich werde dich lehren, still zu sein, wenn ich schlafen will!« donnerte er sie an. »Natürlich weiß ich, daß es sich darum handelt, den See in diesem Jahre abzulassen. Aber man hat ja schon so oft über diese Sache gesprochen, ohne daß sie je verwirklicht worden wäre. Und dieses Trockenlegen des Sees ist etwas, was ich durchaus nicht billige. Denn wie sollte es mit der Jagd gehen, wenn der Takern ausgetrocknet würde? Du bist ein Simpel, wenn du dich über so etwas freust. Was haben wir denn dann noch für ein Vergnügen, wenn es keine Vögel mehr auf dem Takern gibt?«

Der Lockvogel

Sonntag, 17. April

Ein paar Tage später war Jarro fast hergestellt, und er konnte schon durchs ganze Zimmer fliegen. Er wurde denn auch von der Hausfrau gestreichelt, und der kleine Junge pflückte die ersten hervorsprießenden Grashälmchen für ihn. Während die Hausfrau ihn streichelte, dachte Jarro, obgleich er jetzt wieder so gesund war, daß er, sobald es ihm beliebte, an den Takern hätte hinabfliegen können, er wolle sich doch noch nicht von den Menschen trennen, ja, am liebsten möchte er sein ganzes Leben lang bei ihnen bleiben.

Aber eines Morgens in aller Frühe legte die Hausfrau ein Halfter oder Schlinge um Jarro, die ihn am Gebrauch seiner Flügel hinderte, und dann übergab sie ihm jenem Knecht, der ihn damals auf dem Hofe gefunden hatte. Der Knecht nahm ihn unter den Arm und ging mit ihm zum Takern hinunter.

Während Jarro krank lag, war das Eis geschmolzen. Das alte vertrocknete Röhricht vom vorigen Jahre stand noch an den Ufern und Holmen, aber alle Wasserpflanzen hatten in der Tiefe Sprößlinge getrieben, und die grünen Spitzen reichten schon bis zur Oberfläche des Wassers. Und jetzt waren fast alle Zugvögel zurückgekehrt. Die gebogenen Schnäbel der Scharben sahen aus dem Schilf hervor, die Taucher schwammen mit neuen Halskragen umher, die Bekassinen sammelten eifrig Stroh zu ihren Nestern.

Der Knecht bestieg einen Kahn, legte Jarro auf den Boden und begann, in den See hinauszustechen. Jarro, der sich jetzt daran gewöhnt hatte, nur Gutes von den Menschen zu erwarten, sagte zu Cäsar, der auch dabei war, er sei dem Knecht sehr dankbar, daß er ihn auf den See hinausfahre. Aber der Knecht hätte ihn nicht so fest zu fesseln brauchen, denn er wolle den Menschen gar nicht entfliehen. Cäsar gab keine Antwort, er war an diesem Morgen äußerst wortkarg.

Das einzige, was Jarro ein wenig sonderbar vorkam, war, daß der Knecht seine Flinte mitgenommen hatte. Die guten Leute auf dem Hofe würden doch sicherlich keine Vögel schießen wollen. Und außerdem hatte ihm Cäsar gesagt, die Menschen gingen in dieser Jahreszeit nicht auf die Jagd. »Es ist Schonzeit«, hatte er gesagt, »obgleich das für mich natürlich nicht gilt.«

Der Knecht ruderte zu einem der schilfumkränzten Sumpfholme hinüber. Hier stieg er aus, schichtete altes Röhricht zu einem großen Haufen zusammen und legte sich dahinter nieder. Die Schlinge um die Flügel und mit einer langen Schnur an das Boot angebunden, durfte Jarro umhergehen.

Plötzlich erblickte dieser einige von den jungen Wildenten, in deren Gesellschaft er früher um die Wette über den See hin und her geschwommen war. Sie waren weit entfernt, aber Jarro rief sie mit einigen lauten Rufen herbei. Sie gaben ihm Antwort, und eine große schöne Schar näherte sich ihm. Bevor sie noch herangekommen war, begann Jarro von seiner wunderbaren Errettung und von der Güte der Menschen zu berichten. Aber schon knallten zwei Schüsse hinter ihm. Drei Enten sanken tot ins Röhricht. Cäsar platschte hinaus und fing sie auf.

Da verstand Jarro – die Menschen hatten ihn gerettet, um ihn als Lockvogel zu gebrauchen. Und das war ihnen auch geglückt. Drei Enten hatten seinetwillen sterben müssen.

Es war ihm, als müsse er vor Scham selbst sterben, ja, es war ihm, als ob ihn auch sein Freund Cäsar verächtlich ansehe; und als sie wieder in der Stube waren, wagte er nicht mehr, sich neben den Hund zu legen.

Am nächsten Morgen wurde Jarro abermals an den kleinen Holm gebracht. Auch diesmal gewahrte er bald einige Enten. Als er sie aber auf sich zufliegen sah, rief er ihnen zu: »Fort! Fort! Nehmt euch in acht! Fliegt wo anders hin! Hinter dem Schilfhaufen liegt ein Jäger im Hinterhalt. Ich bin nur ein Lockvogel!« Und es gelang ihm wirklich, die Enten zu verhindern, auf Schußweite heranzukommen.

Jarro hatte kaum Zeit, ein Grashälmchen zu verzehren, so eifrig war er auf der Wacht. Sobald sich ein Vogel näherte, schrie er ihm seinen Warnruf entgegen; er warnte sogar Taucher und Bläßhühner, obgleich er sie verabscheute, weil sie die Enten aus ihren Verstecken verdrängten. Seinetwegen sollte gewiß kein einziger Vogel ins Unglück geraten. Dank Jarros Wachsamkeit mußte der Knecht heimkehren, ohne zu einem Schuß gekommen zu sein.

Dessenungeachtet sah Cäsar weniger mißvergnügt aus als am Tage vorher; und als es Abend wurde, nahm er Jarro ins Maul, trug ihn zum Herd hin und ließ ihn zwischen seinen Vorderpfoten schlafen.

Aber Jarro fühlte sich nicht mehr behaglich in der Stube; er war tief unglücklich, und das Herz tat ihm weh bei dem Gedanken, daß die Menschen ihn nie liebgehabt hätten. Wenn jetzt die Hausfrau oder der kleine Junge ihn streichelten, steckte er den Schnabel unter den Flügel und tat, als ob er schliefe.

Mehrere Tage hatte Jarro seine traurige Wacht gehalten, und man kannte ihn schon am ganzen Takern. Eines Morgens, als er wie gewöhnlich rief: »Nehmt euch in acht, ihr Vögel! Kommt mir nicht zu nahe! Ich bin nur ein Lockvogel!« sah er auf einmal ein Tauchernest daherschwimmen. Dies war nun nichts besonders Merkwürdiges; es war ein Nest vom vorigen Jahre, und da die Tauchernester so gebaut sind, daß sie wie Boote auf dem Wasser schwimmen können, treibt häufig eins auf den See hinaus. Aber Jarro blieb doch stehen und betrachtete es, denn es schwamm geradewegs auf den Holm zu, als ob es jemand über das Wasser steuere.

Als es näher kam, sah Jarro, daß ein kleiner Mensch, der kleinste, den er je gesehen hatte, in dem Nest saß und mit zwei Stäbchen ruderte. Und dieses Menschlein rief ihm zu: »Komm so nahe ans Wasser heran, als du kannst, Jarro, und halte dich zum Fliegen bereit! Du wirst bald befreit werden.«

Einige Augenblicke später lag das Nest am Land, aber der kleine Ruderer verließ es nicht, sondern saß ganz still zwischen Zweigen und Halmen verborgen. Jarro verhielt sich auch beinahe regungslos. Der Gedanke, frei zu werden und seinem Unglück entfliehen zu können, hatte ihn förmlich gelähmt.

Das nächste, was geschah, war, daß eine Schar Wildgänse daherflog. Da kam Jarro wieder zu sich, und er warnte sie mit lauten Rufen; aber dessen ungeachtet flogen sie mehrere Male über dem Holm hin und her. Sie hielten sich so hoch in der Luft, daß sie außer Schußweite waren; aber der Knecht ließ sich trotzdem verleiten, ein paar Schüsse auf sie abzugeben. Kaum waren diese abgefeuert, als der kleine Knirps auf und ans Land sprang, ein kleines Messer aus der Scheide zog und mit einem raschen Schnitt Jarros Schlinge löste. »Flieg nun davon, Jarro, ehe der Knecht wieder geladen hat!« rief er, während er selbst in das Nest zurücksprang und vom Lande abstieß. Der Jäger hatte die Augen auf die Gänse gerichtet und daher nicht gemerkt, daß Jarro befreit worden war. Aber Cäsar hatte besser achtgegeben, und gerade als Jarro die Flügel hob, stürzte er herbei und packte ihn im Nacken.

Jarro schrie zum Erbarmen, aber der Knirps, der ihn befreit hatte, sagte mit der größten Ruhe zu Cäsar: »Wenn deine Gesinnung so edel ist wie dein Aussehen, so kannst du nicht jemand bei einer so gemeinen Beschäftigung, ein Lockvogel zu sein, zurückhalten wollen.«

Als Cäsar diese Worte hörte, grinste er boshaft mit der Oberlippe, aber nach einem Augenblick ließ er Jarro los. »Flieg, Jarro!« sagte er. »Du bist wirklich zu gut zu einem Lockvogel. Ich wollte dich auch nicht deshalb zurückhalten, sondern weil die Stube ohne dich so leer sein wird.«

Die Trockenlegung des Sees

Mittwoch, 20. April

In der Bauernstube war es wirklich sehr leer, als Jarro nicht mehr da war. Dem Hund und der Katze wurde die Zeit lang, weil sie sich nicht mehr miteinander über ihn streiten konnten, und die Hausfrau vermißte das fröhliche Geschnatter, das Jarro angestimmt hatte, sooft sie ins Zimmer trat. Am meisten Heimweh nach ihm hatte aber doch der kleine Junge Per Ola. Per Ola war erst drei Jahre alt und überdies das einzige Kind, und er hatte noch nie einen so guten Spielkameraden gehabt wie Jarro. Als man Per Ola sagte, Jarro sei zu den andern Enten auf den Takern zurückgekehrt, wollte er sich mit dieser Nachricht nicht zufriedengeben, sondern dachte immerfort darüber nach, wie er wohl den guten Jarro wiederbekommen könnte.

Per Ola hatte sehr oft mit Jarro geplaudert, während dieser in seinem Korb lag, und das Kind war fest überzeugt, daß ihn der Erpel immer verstanden habe. Er bat die Mutter, mit ihm an den See hinunterzugehen, denn er wolle Jarro aufsuchen und ihn überreden, wieder zu ihnen zu kommen. Die Mutter wollte davon nichts hören, aber deshalb gab Per Ola sein Vorhaben nicht auf.

Am Tag, nachdem Jarro verschwunden war, spielte Per Ola draußen im Garten. Wie gewöhnlich spielte er ganz allein; aber Cäsar lag auf der Treppe, und als die Mutter Per Ola herausgebracht hatte, hatte sie zu dem Hunde gesagt: »Gib auf Per Ola acht, Cäsar!«

Wenn nun alles wie sonst gewesen wäre, hätte Cäsar auch dem Befehl Folge geleistet. Per Ola wäre gut bewacht gewesen und keinerlei Gefahr gelaufen. Aber in diesen Tagen war Cäsar gar nicht er selbst. Er wußte, daß die Bauern, die um den Takern herum wohnten, wegen der Trokkenlegung des Sees verhandelt hatten und daß die Sache beinahe so gut wie beschlossen war. Die Enten müßten also fortziehen, und Cäsar würde nie mehr ehrlich und ordentlich Jagd auf sie machen können. Der Gedanke an dieses Unglück beschäftigte den Hund vollständig, und er dachte nicht mehr daran, über das Kind zu wachen.

Und Per Ola sah sich kaum allein auf dem Hof, als er auch schon die rechte Stunde gekommen glaubte, nach dem Takern zu gehen und mit Jarro zu reden. Er öffnete ein Pförtchen und schlug den schmalen Wiesenpfad zum See hinunter ein. Solange man ihn von daheim sehen konnte, ging er ganz langsam, aber dann begann er zu laufen. Er hatte große Angst, die Mutter oder sonst jemand würde ihm zurufen, er dürfe nicht an den See hinunter. Er wollte zwar nichts Böses tun, nur Jarro überreden, zurückzukehren, fühlte aber wohl, daß die andern sein Vorhaben nicht gebilligt hätten.

Als Per Ola den Strand erreicht hatte, rief er Jarro mehrere Male mit Namen. Dann wartete er lange, aber Jarro zeigte sich nicht. Per Ola sah allerdings verschiedene Vögel, die wie Wildenten aussahen; diese flogen aber an ihm vorbei, ohne sich um ihn zu kümmern, und daraus schloß Per Ola, daß keiner von ihnen der rechte sei.

Als Jarro sich nicht zeigte, dachte der kleine Junge, er könne Jarro gewiß leichter finden, wenn er sich auf den See hinausbegebe. Es lagen mehrere gute Boote am Ufer, aber die waren alle angebunden. Das einzige nicht festgemachte Boot war ein alter lecker Kahn, dessen sich niemand mehr bediente. Per Ola kletterte unter großer Anstrengung hinein, ohne sich darum zu kümmern, daß der ganze Boden mit Wasser bedeckt war. Die Ruder konnte der kleine Bursche natürlich nicht handhaben, dafür aber begann er in dem Boot zu schaukeln und es hin und her zu wiegen. Es wäre sicher keinem erwachsenen Menschen gelungen, einen Kahn auf diese Weise auf den Takern hinauszubringen, aber wenn hoher Wasserstand ist und das Unglück es will, haben kleine Kinder eine wunderbare Fähigkeit, aufs Wasser hinauszukommen; Per Ola trieb wirklich bald auf dem Takern umher und rief nach seinem geliebten Jarro.

Als der alte Kahn auf diese Weise auf dem See schaukelte, öffneten sich alle seine Ritzen noch weiter, und das Wasser strömte stärker herein. Darum kümmerte sich aber Per Ola nicht im geringsten. Er saß vorn auf dem kleinen Brett, rief jeden Vogel an, den er sah, und wunderte sich, warum Jarro nicht erscheine.

Schließlich aber nahm Jarro den Jungen wirklich wahr. Er hörte, wie Per Ola ihn mit dem Namen rief, den er bei den Menschen gehabt hatte, und daraus schloß er, daß sich der Junge auf den Takern hinausbegeben hatte, um ihn zu suchen. Jarro freute sich unaussprechlich über diese Entdeckung; also liebte ihn einer von den Menschen doch aufrichtig! Schnell wie ein Pfeil schoß er zu Per Ola hinunter, setzte sich neben ihn und ließ sich von ihm liebkosen. Alle beide waren sehr glücklich über das Wiedersehen.

Aber plötzlich merkte Jarro, wie es mit dem Kahn stand. Er war schon halb voll Wasser, in kurzer Zeit mußte er untersinken. Jarro versuchte, Per Ola klarzumachen, daß er versuchen müsse, ans Land zu kommen. Aber das Kind verstand Jarro nicht. Da zögerte Jarro keinen Augenblick, sondern flog eilig davon, um Hilfe herbeizuschaffen.

Nach einer kleinen Weile kehrte Jarro zurück, und da trug er auf seinem Rücken einen kleinen Knirps, der viel kleiner als Per Ola war. Wenn er nicht gesprochen und sich bewegt hätte, würde ihn Per Ola für eine Puppe gehalten haben. Und dieser Knirps befahl Per Ola, sofort eine lange, dünne Stange zu ergreifen, die im Kahn lag, und zu versuchen, das Fahrzeug nach einem der kleinen Sumpfholme hinüberzustoßen. Per Ola gehorchte, und dann begannen die beiden mit vereinten Kräften den Kahn vorwärts zu treiben. Mit einigen Stößen erreichten sie wirklich einen kleinen, schilfumkränzten Holm, und Per Ola wurde befohlen, ans Land zu gehen. Und gerade in dem Augenblick, wo Per Ola den Fuß ans Land setzte, war der Kahn so mit Wasser gefüllt, daß er sank.

Als Per Ola dies sah, fühlte er ganz deutlich, daß Vater und Mutter sehr böse über ihn werden würden, und er hätte sicherlich geweint, wenn nicht seine Gedanken sogleich von etwas anderm in Anspruch genommen worden wären. Plötzlich kam eine große Schar grauer Vögel dahergeflogen, die sich auf der Insel niederließ. Dann führte der kleine Knirps Per Ola zu den Vögeln hin und erzählte ihm, wie sie hießen und was sie sagten. Und das war so lustig, daß Per Ola alles andre vergaß.

Doch schnell flog Jarro nach dem Bauernhof, um Cäsar mitzuteilen, wo Per Ola sei. Cäsar folgte Jarro an das Ufer hinunter, und von da schwamm und watete er nach dem Sumpfholm hinüber. Dort saß Per Ola laut lachend und vor Freude jubelnd auf einem Haufen trockenen Schilfs, die Wildgänse und die Wildenten rings um ihn herum.

Cäsar blieb lange auf dem Holm, und zwar nicht allein Per Olas wegen. Zum erstenmal in seinem ganzen Leben war er mit den Vögeln des Takers in friedlichen Verkehr gekommen, und er verwunderte sich über deren Klugheit.

Sie fragten ihn, ob das, was Jarro berichtet habe, wahr sei, daß nämlich der Takern ausgetrocknet werde solle?

»Es ist noch nicht entschieden«, sagte Cäsar, »aber morgen wollen die Strandeigentümer sich versammeln, um einen endgültigen Entschluß zu fassen, und ich fürchte, diesmal wird der Vorschlag durchgehen. Es ist recht traurig für die Vögel, aber auch für mich ist es kein Spaß, ich verliere das beste Jagdgebiet, das ein Hund je gehabt hat.«

Die Vögel wurden über die Maßen betrübt, als sie Jarros Aussage durch Cäsar bekräftigen hörten. Die Nachricht lief von einem Röhricht zum andern über den ganzen See hin, und überall erhoben sich laute Klagerufe. Die stolzen Schwäne jammerten nicht weniger als die kleinen Rohrsänger, und die Enten und Bläßhühner, die einander sonst verabscheuten, waren ganz einig darüber, daß dies ein furchtbares Unglück sei.

Als Cäsar endlich aufbrach, um nach dem Hof zurückzukehren, sagte die alte Akka, die Anführerin der Wildgänse zu ihm: »Für mich ist es einerlei, denn ich bin nur ein durchreisender Zugvogel, aber wenn du die Vögel wirklich hier am Takern behalten möchtest, dann müßtest du den Eltern nicht so bald mitteilen, wo das Kind zu finden sei.«

Cäsar starrte die Wildgans mit weit offnen Augen an. »Du bist ganz gewiß eine wunderbare alte Gans«, sagte er.

»Ach, mir ist schon manches vorgekommen in meinem Leben«, sagte Akka, »und ich weiß, es wird uns allen weich ums Herz, wenn wir unsre Jungen verlieren sollen.«

»Ich werde deinen Rat befolgen«, sagte Cäsar, »aber ihr steht mir dafür ein, daß Per Ola kein Leid geschieht.«

Indessen hatten die Leute auf dem Hofe Per Ola vermißt und nach ihm gesucht. Sie suchten in den Wirtschaftsgebäuden, sahen in den Brunnen hinunter und untersuchten den Keller. Dann suchten sie auf den Wegen und Stegen, eilten auch auf den Nachbarhof, um zu hören, ob sich das Kind nicht dahin verirrt habe, und schließlich suchten sie ihn auch am Takern. Aber soviel sie auch suchten, Per Ola war nirgends zu entdecken.

Cäsar, der Hund, wußte recht gut, wen die Herrschaft suchte, aber er tat nichts, sie auf die richtige Spur zu leiten. Er tat, als ob ihn die Sache gar nichts anginge. »Per Ola geschieht da draußen ja nichts Böses, und den andern gönne ich es, wenn sie ordentlich Angst ausstehen«, dachte er.

Später am Tage entdeckte man Per Olas Fußstapfen drunten am Bootsschuppen. Und dann merkte man, daß der alte lecke Kahn nicht mehr am Ufer lag. Da begann man zu verstehen, was geschehen war.

Der Hausherr und die Knechte schoben sogleich die Boote ins Wasser und fuhren hinaus, den Jungen zu suchen. Bis spät am Abend fuhren sie auf dem Takern umher, ohne auch nur einen Schein von ihm zu entdecken. Da konnten sie sich nichts andres denken, als daß das alte Fahrzeug gesunken sei und das Kind nun tot auf dem Grunde des Sees liege.

Am Abend wanderte Per Olas Mutter ruhelos am Strande hin und her. Die andern waren alle überzeugt, daß Per Ola ertrunken sei, sie aber konnte es nicht glauben und suchte und suchte unaufhörlich. Sie suchte zwischen Schilf und Binsen, sie wanderte auf dem sumpfigen Strand umher, ohne zu beachten, wie tief ihre Füße einsanken und wie naß sie wurden. Sie war am Verzweifeln, und das Herz tat ihr unsäglich weh. Sie weinte nicht, aber sie rang die Hände und rief mit lauter, klagender Stimme nach ihrem Kind.

Ringsherum hörte sie die Klagen der Schwäne und Enten und Brachschnepfen. Ihr war, als wanderten alle klagend und jammernd hinter ihr drein. »Sie haben gewiß einen Kummer, weil sie so jammern«, dachte die Mutter. »Aber es sind ja nur Vögel«, dachte sie weiter, »die haben sicherlich keinen Kummer.«

Aber wunderbar war es doch, daß die Vögel jetzt nach Sonnenuntergang noch nicht verstummt waren. Sie hörte, wie alle diese unzähligen Vogelscharen, die rings um den Takern wohnten, nacheinander ihre Klagerufe ertönen ließen. Mehrere liefen hinter ihr her, andre sausten auf raschen Flügeln an ihr vorüber, alle jammerten und klagten.

Und die Angst, die sie selbst quälte, öffnete ihr das Herz. Ihr war, als stehe sie allen den andern lebenden Wesen gar nicht mehr so fern, wie dies bei den Menschen sonst der Fall zu sein pflegt. Viel besser als je vorher verstand sie, wie es den Vögeln zumute sein müsse. Auch sie hatten ihre tägliche Sorge. Es war wohl kein so großer Unterschied zwischen den Vögeln und den Menschen.

Dann fiel ihr die Trockenlegung des Sees ein. Dieser war schon so gut wie fest beschlossen. Ach, und dadurch würden all die Tausende von Schwänen, Enten und Tauchern ihre Heimat hier am Takern verlieren! »Das wird sehr traurig für sie sein«, dachte sie. »Wo sollen sie später ihre Jungen aufziehen?«

Sie blieb stehen und überlegte. »Ja, es mag ja wohl ganz gut und vorteilhaft sein, einen See in Äcker und Wiesen zu verwandeln«, dachte sie, »aber der See braucht ja nicht gerade der Takern zu sein, sondern ein andrer, der nicht so vielen Tausenden von Tieren zur Heimat dient.«

»Morgen soll die Trockenlegung endgültig beschlossen werden«, dachte sie weiter. Und sie fragte sich, ob nicht am Ende Per Ola deshalb gerade an diesem Tage sich verlaufen habe? Ob es nicht am Ende Gottes Absicht sei, durch den Kummer ihr Herz zu rühren, damit es sich der Barmherzigkeit öffne, gerade heute, ehe es zu spät wäre, die schlechte Tat zu verhindern?

Rasch ging sie auf den Hof zurück und sprach mit ihrem Mann über das alles. Sie sprach von dem See und den Vögeln und sagte schließlich, sie glaube, Per Olas Tod sei eine Strafe, die Gott über sie verhängt habe. Und sie sah bald, daß ihr Mann derselben Ansicht war.

Sie besaßen schon vorher einen großen Hof, und wenn die Trockenlegung des Sees zustande kam, fiel ihnen ein sehr bedeutender Teil des Seegrundes zu, wodurch ihr Besitztum beinahe noch einmal so groß wurde. Deshalb waren sie auch eifriger für den Plan gewesen als irgendeiner von den andern Strandbesitzern. Die andern hatten die Ausgaben gescheut und die Befürchtung ausgesprochen, die Trockenlegung werde am Ende genausowenig gelingen wie das erstemal. Per Olas Vater wußte, daß nur er sie schließlich zu dem Unternehmen bestimmt hatte. Er hatte seine ganze Überredungskunst angewendet, um seinem Sohn einen doppelt so großen Hof hinterlassen zu können, als er selbst einst von seinem Vater geerbt hatte.

Jetzt fragte er sich, ob es wohl eine Fügung Gottes sei, daß der Takern ihm seinen Sohn genommen habe, gerade an dem Tage, bevor der Kontrakt zur Trockenlegung unterschrieben werden sollte? Und seine Frau brauchte nicht mehr viel zu sagen. »Ja, ja, vielleicht will Gott nicht, daß wir in seine Ordnung eingreifen«, sagte er. »Ich will morgen mit den andern sprechen, und ich glaube, wir werden alles beim alten lassen.«

Während die Eheleute so miteinander sprachen, lag Cäsar vor dem Herd. Mit aufgehobenem Kopf hörte er genau zu. Als er seiner Sache sicher zu sein glaubte, stand er auf, ging zur Mutter hin, faßte sie am Rock und zog sie nach der Tür hin. »Aber Cäsar!« sagte sie und wollte sich frei machen. »Weißt du, wo Per Ola ist?« rief sie gleich darauf. Und Cäsar bellte lustig und sprang an der Tür hinauf. Die Mutter öffnete, Cäsar stürmte in großen Sätzen zum Takern hinunter, und ohne sich lange zu besinnen, lief die Mutter hinter ihm drein, so fest war sie überzeugt, daß Cäsar wußte, wo ihr Kind war. Kaum hatte sie den Strand erreicht, da drang auch schon das Weinen einer Kinderstimme vom See herüber an ihr Ohr.

Per Ola hatte mit Däumling und den Vögeln den vergnügtesten Tag seines Lebens verbracht, aber jetzt weinte er, weil er hungrig war und sich bei der Dunkelheit fürchtete. Ach, wie froh war er, als Vater und Mutter und Cäsar kamen, ihn zu holen!

Und bei schönem, hellen Mondschein, während die Vögel des Takern lustig um sie herumflatterten, fuhren sie zurück, heim nach dem Bauernhof.

Der Rock aus Drillich und Samt

Samstag, 23. April

Hoch droben in der Luft flog der Junge dahin. Er hatte die große Ostgötaebene unter sich, und im Vorüberfliegen zählte er die vielen weißen Kirchen, die zwischen den kleinen Baumgruppen aufragten. Und es dauerte nicht lange, da war er schon bei der Zahl fünfzehn angekommen. Aber dann kam er draus, und er konnte die richtige Reihenzahl nicht mehr einhalten.

Die meisten Höfe hatten große weißangestrichene zweistöckige Häuser, die sehr stattlich aussahen, und der Junge verwunderte sich sehr darüber. »Hierzulande gibt es, wie es scheint, keine Bauern«, sagte er vor sich hin. »Ich sehe ja lauter Herrenhöfe.«

Doch da riefen die Wildgänse sogleich: »Hier wohnen die Bauern wie Herrenleute! Hier wohnen die Bauern wie Herrenleute!«

Auf der Ebene drunten waren Eis und Schnee verschwunden, und die Frühlingsarbeiten hatten begonnen. »Was sind das für lange Krebse, die über die Äcker hinkriechen?« fragte der Junge nach einer Weile.

»Pflüge und Ochsen! Pflüge und Ochsen!« antworteten alle Wildgänse zugleich.

Die Ochsen kamen auf den Äckern so langsam vorwärts, daß man gar nicht merkte, wie sie sich bewegten, und die Gänse riefen ihnen zu: »Ihr kommt erst im nächsten Jahr an Ort und Stelle! Ihr kommt erst im nächsten Jahr an Ort und Stelle!«

Aber die Ochsen blieben die Antwort nicht schuldig. Sie taten das Maul auf und brüllten: »Wir schaffen in einer Stunde mehr Nutzen, als solche Landstreicher wie ihr in eurem ganzen Leben!«

An einigen Orten wurden die Pflüge von Pferden gezogen, und diese zogen mit viel größerem Eifer als die Ochsen. »Schämt ihr euch nicht, Ochsenarbeit zu tun?« riefen die Gänse den Pferden zu.

»Schämt ihr euch nicht selbst, die Faulenzer zu spielen?« wieherten die Pferde zurück.

Während Pferde und Ochsen bei der Arbeit draußen waren, lief der Stallhammel auf dem Hofe umher. Er war frisch geschoren und machte allerlei Bocksprünge, warf die kleinen Jungen um, trieb den Kettenhund in seine Hütte hinein und stolzierte dann umher, als sei er allein Herr auf dem Hofe: »Hammel, Hammel, was hast du mit deiner Wolle getan?« fragten die Wildgänse, die über ihn hinflogen.

»Die hab' ich in die Fabriken von Norrköping geschickt!« antwortete der Hammel mit einem Meckern.

»Hammel, Hammel, was hast du mit deinen Hörnern gemacht?« fragten die Gänse. Aber Hörner hatte der Hammel zu seinem großen Kummer nie gehabt, und man konnte ihn nicht mehr kränken, als wenn man ihn danach fragte. Lange sprang er wild umher und stieß mit dem Kopfe, so zornig war er.

Auf der Landstraße trieb ein Mann aus Schonen eine Herde Ferkel vor sich her, die erst ein paar Wochen alt waren und weiter oben im Lande verkauft werden sollten. Die Ferkel trotteten tapfer voran, ob sie auch noch so klein waren, und hielten sich dicht zusammen, wie um beieinander Schutz zu suchen. »Nöff, nöff, nöff, wir sind zu zeitig von Vater und Mutter weggekommen! Nöff, nöff, nöff, wie soll es uns armen Kindern gehen?« grunzten die Ferkelchen.

Nicht einmal die Wildgänse hatten das Herz, solch arme Tröpfchen zu necken. »Es wird euch besser gehen, als ihr denkt!« riefen sie ihnen im Vorbeifliegen zu.

Die Wildgänse waren nie so guter Laune, als wenn sie übers ebene Land hinflogen. Da beeilten sie sich durchaus nicht, sondern flogen von Hof zu Hof und trieben ihren Spaß mit den Haustieren.

Während der Junge so über die Ebene hinritt, fiel ihm eine Sage ein, die er vor langer Zeit einmal gehört hatte. Er erinnerte sich ihrer nicht ganz genau, es handelte sich darin um einen Rock, dessen eine Hälfte aus goldglänzendem Samt, die andre aber aus grauem Drillich bestand. Aber der Besitzer des Rockes besetzte die Drillichseite mit so vielen Perlen und Edelsteinen, daß sie schöner und köstlicher glänzte als der Goldstoff.

An diese Drillichseite mußte der Junge denken, als er jetzt auf Ostgötland hinabschaute, denn es bestand aus einer großen Ebene, die im Norden und Süden von zwei bewaldeten Bergen eingeschlossen war. Die beiden Bergeshöhen lagen schimmernd blau und wie mit einem goldnen Schleier verhüllt im Morgenlicht da, und die Ebene, die nur einen winterlich kahlen Acker neben dem andern ausbreitete, machte an und für sich keinen schöneren Eindruck als grauer Drillich.

Aber den Menschen war es gut gegangen auf dieser Ebene, weil sie freigiebig und gütig ist, und deshalb hatten sie versucht, sie so schön als möglich herauszuputzen. Als der Junge hoch droben auf dem Gänserücken dahinritt, kamen ihm die Städte und Höfe, Kirchen und Fabriken, Schlösser und Bahnhöfe wie große und kleine Schmuckstücke vor, die darüber hingestreut waren. Die Ziegeldächer glänzten im Sonnenschein, und die Fensterscheiben funkelten wie Edelsteine. Gelbe Landstraßen, glänzende Eisenbahnschienen und blaue Kanäle liefen wie aus Seide gestickte Ranken zwischen den Ortschaften hin. Linköping lag um seine Domkirche herum wie die Perleneinfassung um einen kostbaren Stein, und die Höfe auf dem Lande waren wie Busennadeln und Knöpfe. Es war nicht viel Ordnung im Muster, aber eine Pracht, die zu sehen man nie müde wurde.

Die Gänse hatten die Omberggegend verlassen und flogen jetzt in östlicher Richtung am Götakanal hin. Dieser war auch dabei, sich für den Sommer herzurichten. Arbeiter besserten die Kanalufer aus und strichen die großen Schleusentüren mit Teer an.

Ja, überall auf dem Lande wurde gearbeitet, um den Frühling gut zu empfangen, und desgleichen auch in den Städten. Da standen Maler und Maurer auf den Gerüsten vor den Häusern und machten sie fein, die Dienstmädchen beugten sich zu den offenen Fenstern heraus und putzten die Scheiben. Drunten am Hafen wurden Segelboote und Dampfschiffe hergerichtet.

Bei Norrköping verließen die Wildgänse die Ebene und flogen gen Kolmarden, und eine Weile folgten sie einer alten, hügeligen Landstraße, die sich an Felsenschluchten und wilden Bergwänden hinzog. Da stieß der Junge plötzlich einen Schrei aus. Er hatte, während er da auf dem Gänserich durch die Luft ritt, mit dem einen Fuß geschaukelt und dabei einen Holzschuh verloren.

»Gänserich, Gänserich!« rief der Junge. »Ich habe meinen Holzschuh fallen lassen!«

Der Gänserich wendete sich um und ließ sich auf die Erde hinabfallen. Aber da sah der Junge, daß zwei Kinder, die auf dem Weg daherkamen, seinen Schuh aufgelesen hatten.

»Gänserich! Gänserich!« schrie der Junge schnell. »Flieg wieder hinauf! Es ist zu spät! Ich kann meinen Schuh nicht wieder erlangen!«

Aber drunten auf dem Wege stand das Gänsemädchen Asa mit ihrem Bruder Klein-Mats, und sie betrachteten einen kleinen Holzschuh, der vom Himmel heruntergefallen war.

»Oh, Klein-Mats, erinnerst du dich, als wir am Övedskloster vorbeikamen, erzählte man uns in einem Bauernhofe, man habe dort ein Wichtelmännchen gesehen, das Lederhosen und Holzschuhe angehabt habe wie ein einfacher Arbeiter. Und weißt du, wie wir nach Vittskövle kamen, erzählte uns ein Mädchen, sie habe ein Wichtelmännchen in Holzschuhen gesehen, das auf dem Rücken einer Gans davongeflogen sei. Und weißt du, Klein-Mats, als wir in unsere Hütte zurückkehrten, da haben wir ein Männlein gesehen, das geradeso angezogen war und auch auf eine

Gans hinaufkletterte, mit der es dann davonflog. Vielleicht ist eben jetzt dasselbe gute Wichtelmännchen da oben auf seiner Gans über uns hingeflogen, und das hat den Schuh verloren.«

»Ja, so wird's wohl sein«, sagte Klein-Mats.

Sie wendeten den Holzschuh um und betrachteten ihn genau, denn man findet nicht alle Tage den Holzschuh eines Wichtelmännchens auf der Landstraße.

»Warte, warte, Klein-Mats!« rief Asa. »Hier auf der einen Seite steht etwas!«

»Ja, wirklich. Aber es sind sehr kleine Buchstaben.«

»Laß mich einmal sehen! Ja, da steht – – da steht – Nils Holgersson von Westvämmenhög.«

»Das ist das Merkwürdigste, was ich je gehört habe!« sagte Klein-Mats.

Die Geschichte von Karr und Graufell

Der Kolmarden

Nördlich von Braviken, gerade an der Grenze zwischen Ostgötland und Södermanland liegt ein Berg, der mehrere Meilen lang und über eine Meile breit ist. Wenn er auch ebenso hoch wie lang und breit wäre, dann wäre er der schönste Berg, den man sich nur denken könnte; aber er ist nun eben nicht so hoch.

Ab und zu trifft man wohl ein Gebäude, das von Anfang an so groß angelegt wurde, daß der Eigentümer es nicht ausbauen konnte. Wenn man ganz nahe herankommt, sieht man dicke Grundmauern, starke Gewölbe und tiefe Keller, aber gar keine Außenwände und keine Dächer, das Ganze erhebt sich nur ein paar Fuß hoch über der Erde; nun, beim Anblick des eben genannten Grenzberges muß man unwillkürlich an so ein verlassenes Bauwerk denken, denn er sieht fast aus, als sei er gar kein fertiger Berg, sondern nur die Grundlage für einen Berg. Mit steil abfallenden Hängen ragt er aus der Ebene empor, und nach allen Seiten sind große Felsenmassen aufgetürmt, die aussehen, als wären sie dazu bestimmt gewesen, mächtige, hohe Felsenhallen zu tragen.

Alles ist gewaltig und großartig und riesenmäßig angelegt, aber es hat keine richtige Höhe, keinen richtigen Stil. Der Baumeister muß der Sache überdrüssig geworden sein und sie aufgegeben haben, ehe er die steilen Felsenwände und die spitzen Gipfel und scharfen Kuppen aufgeführt hatte, die sonst wie Mauern und Dächer auf den fertiggebauten Bergen stehen.

Aber gleichsam als Ersatz für die Gipfel und Felsenkuppen ist der große Berg von jeher mit prächtigen Bäumen bestanden gewesen. Eichen und Linden wuchsen am Saum des Waldes und in den Tälern, Birken und Erlen um den

See herum, Föhren droben auf den steilen Terrassen, Fichten aber überall, wo sich nur eine Handvoll Erde fand, in der sie Wurzel schlagen konnten. Alle diese Bäume miteinander bildeten den in alten Zeiten so gefürchteten Wald von Kolmarden, der so verrufen war, daß jeder Wanderer, der hindurch mußte, seine Seele Gott befahl und seines letzten Stündchens gewärtig war.

Jetzt ist es freilich schon so lange her, seit der Wald von Kolmarden heranwuchs, daß niemand mehr imstande wäre, uns zu sagen, wie er allmählich so wurde, wie er heute ist. Im Anfang mußten sich die Bäume wohl ordentlich wehren, bis sie in dem harten Felsengrund Wurzel geschlagen hatten, und sie wurden darum so wetterfest, weil sie zwischen nackten Felsblöcken stehen und ihre Nahrung aus den magern Schutthalden ziehen mußten. Es ging ihnen wie so manchem Menschen, der sich in seiner Jugend schwer durchkämpfen muß, aber gerade dadurch später groß und stark wird. Als der Wald herangewachsen war, hatte er Bäume, die drei Mann kaum umspannen konnten; die Zweige waren zu einem undurchdringlichen Netzwerk verflochten, und der Boden ringsum war von harten, glatten Wurzeln durchwoben.

Der Wald war ein herrlicher Aufenthaltsort für wilde Tiere und für Räuber, die es verstanden, hindurchzukriechen und sich einen Weg durch die Wildnis zu bahnen. Aber für andre Wesen hatte dieser Wald nichts Verlockendes; er war kalt und düster, unwegsam und unzugänglich, voll stacheligen Gestrüpps, und die alten Bäume mit ihren bärtigen Zweigen und moosbewachsenen Stämmen sahen aus wie wilde Spukgestalten.

In der ersten Zeit, wo sich die Menschen in Södermanland und Ostgötland niederließen, war ringsum beinahe nichts als Wald, der aber in den fruchtbaren Tälern und auf den Ebenen bald ausgerottet wurde.

Den Kolmarder Wald dagegen, der auf magerem Felsengrund stand, nahm sich niemand die Mühe zu fällen. Und je länger er unberührt stehenbleiben durfte, desto dichter und mächtiger wuchs er heran, bis er schließlich eine Festung bildete, deren Mauern von Tag zu Tag dicker wurden; wer da hindurchdringen wollte, mußte die Axt zu Hilfe nehmen.

Andre Wälder müssen oft Angst vor den Menschen haben, aber bei dem Kolmarder Walde war es gerade umgekehrt, da waren es die Menschen, die sich fürchten mußten, denn er war so dunkel und dicht, daß die Jäger und Besenbinder sich immer wieder darin verirrten und oft halb verhungerten, bis sie sich endlich aus der Wildnis herausgearbeitet hatten. Und für die Leute, die von Ostgötland nach Södermanland oder umgekehrt reisen mußten, war dies ein geradezu lebensgefährliches Unternehmen. Auf schmalen Tierpfaden mußten sie sich mühselig durcharbeiten; denn die Grenzbevölkerung war nicht einmal imstande, einen gebahnten Weg durch den Wald zu unterhalten. Es führten weder Brücken über die Bäche noch Fähren über die Seen oder Baumstämme über die Moore. Und im ganzen Walde war nirgends eine Hütte, wo friedliche Menschen wohnten, während es Räuberhöhlen und Schlupfwinkel für die wilden Tiere in Menge gab. Nicht viele Reisende kamen unbeschädigt durch den Wald hindurch; aber um so mehr stürzten in Abgründe und versanken in Sümpfen, wurden von Räubern ausgeplündert oder von wilden Tieren zu Tode gejagt. Selbst die Ansiedler, die am Rande des großen Waldes wohnten und sich nie hineinwagten, litten Schaden durch ihn, denn Wölfe und Bären drangen heraus und raubten ihnen das Vieh. Solange sich die wilden Tiere in dem dichten Kolmarden verstecken konnten, war es ganz und gar unmöglich, sie auszurotten.

Soviel war sicher, sowohl die Ostgötländer als die Södermanländer wären den Wald mit Freuden losgewesen; aber das ging eben sehr langsam, solange es noch anderweitig fruchtbaren Boden gab. Allmählich aber rückte man doch vor; an den Abhängen rings um den dichten Urwald entstanden Dörfer und Bauernhöfe, der Wald wurde einigermaßen befahrbar gemacht, und bei Krokek mitten in der dichtesten Wildnis bauten Mönche ein Kloster, wo die Reisenden einen sicheren Zufluchtsort fanden.

Immerhin verblieb der Wald auch fernerhin eine wilde, gefährliche Gegend, bis eines schönen Tages ein Wanderer, der ganz ins Herz hineingedrungen war, durch Zufall entdeckte, daß der Kolmarder Berg in seinem Innern Erzlager barg. Sobald dies bekannt wurde, strömten die Grubenarbeiter und Bergleute in den Wald, die Schätze zu heben. Und nun kam die Zeit, in der die Macht des Waldes gebrochen wurde; die Menschen warfen Gruben auf und bauten Schmelzöfen und Bergwerke in dem alten Walde. Doch dies allein hätte ihm nicht ernstlich geschadet, wenn bei dem Bergwerksbetrieb nicht auch so ungeheuer viel Brennmaterial verbraucht worden wäre. Kohlenbrenner und Holzfäller hielten ihren Einzug in dem alten düstern Urwald, und sie machten ihm nahezu den Garaus. Um die Bergwerke herum wurde er ganz niedergehauen und der ausgerodete Boden in Ackerland verwandelt. Viele Ansiedler zogen hinauf, und bald entstanden da, wo vor kurzem noch nichts als Bärenhöhlen gewesen waren, mehrere neue Dörfer mit Kirchen und Pfarrhöfen.

Selbst an den Stellen, wo man den Wald nicht vollständig ausgerottet hatte, wurden die alten Baumriesen gefällt und das Dickicht gelichtet. Nach allen Richtungen wurden Wege angelegt und die wilden Tiere und Räuber verjagt. Als die Menschen so allmählich Herr über den Wald geworden waren, handelten sie sehr schlecht gegen ihn; ohne eine Spur von Rücksicht wurden die Bäume gefällt und Kohlen daraus gebrannt. Sie hatten ihren alten Haß gegen den Wald nicht vergessen, und nun sah es aus, als wollten sie ihn ganz und gar von der Erde vertilgen.

Zum Glück für den Wald fand sich schließlich gar nicht so sehr viel Erz in den Kolmarder Gruben. Deshalb nahmen die Grubenarbeit und der Bergwerksbetrieb bald wieder ab. Dann hörte auch das Kohlenbrennen auf, und der Wald konnte ein wenig aufatmen. Viele von den Leuten, die sich in den Kolmarder Ortschaften niedergelassen hatten, wurden arbeitslos und konnten sich nur schwer durchbringen; der Wald aber wuchs wieder heran und breitete sich von neuem aus, daß die Höfe und Bergwerke schließlich wie Inseln in einem grünen Meere dalagen. Die Kolmarder Bewohner versuchten es nun mit Ackerbau, aber ohne viel Erfolg; der alte Waldboden wollte lieber Königseichen und Riesentannen hervorbringen als Rüben und Getreide.

Zu der Zeit betrachteten die Menschen den Wald mit düstern Blicken; der Wald schien immer kräftiger und üppiger zu werden, während sie selbst ärmer und immer ärmer wurden. Aber schließlich fiel ihnen ein, es könnte doch möglicherweise an dem Walde selbst etwas Gutes sein. Vielleicht könnten sie gerade durch ihn ihr Auskommen finden; eines Versuches müßte es doch jedenfalls wert sein.

So begannen die Leute denn Balken und Bauholz aus dem Walde zu holen und sie dann an die Tieflandbewohner, die ihren Wald schon ganz gefällt hatten, zu verkaufen. Und die Menschen erkannten bald, daß sie, wenn sie einigermaßen vernünftig zu Werke gingen, ihr Auskommen ebensogut vom Walde als von den Äckern und den Erzgruben haben könnten. Von da an sahen die Menschen den Wald mit ganz andern Augen an. Sie lernten es, schonend mit ihm umzugehen und ihn zu lieben. Jetzt vergaßen sie auch die alte Feindschaft und betrachteten fortan den Wald als ihren besten Freund.

Karr

Ungefähr zwölf Jahre, ehe Nils Holgersson mit den Wildgänsen umherzog, geschah es, daß einer der Bergwerksbesitzer von Kolmarden einen seiner Jagdhunde los sein wollte. Er ließ seinen Waldhüter kommen und sagte ihm, es sei ihm unmöglich, den Hund zu behalten, weil man diesem nicht abgewöhnen könne, alle Schafe und Hühner zu jagen, die er erblicke; deshalb solle der Waldhüter den Hund mit sich nehmen und draußen im Walde erschießen.

Der Waldhüter band dem Hund einen Strick um den Hals, um ihn an einen bestimmten Platz im Walde zu führen, wo man die alten Hunde vom Herrenhofe erschoß und vergrub. Der Waldhüter war ein guter Mensch, aber er war doch froh, daß der Hund erschossen werden sollte, denn es war ihm wohlbekannt, daß dieser Hund auch noch auf andres Wild Jagd machte als auf Schafe und Hühner. Sehr häufig trieb er sich im Walde herum und stibitzte bald ein Häschen, bald einen jungen Auerhahn.

Es war ein kleiner schwarzer Hund mit einer gelben Brust und gelben Vorderpfoten. Er hieß Karr und war so klug, daß er alles verstehen konnte, was die Menschen sagten. Als nun der Waldhüter mit ihm durch den Wald zog, wußte Karr recht wohl, was ihn erwartete. Aber das hätte ihm beileibe niemand ansehen können. Er ließ nicht den Kopf hängen und kniff auch nicht den Schwanz ein, sondern sah ganz ebenso unbekümmert aus wie sonst.

Wir werden gleich sehen, warum der Hund sich so viel Mühe gab, niemand merken zu lassen, daß er Angst hatte. Rings um das alte Bergwerk herum erstreckte sich nämlich ein großer dichter Wald, der allen Bewohnern der Umgegend und den Tieren recht wohl bekannt war, denn der Eigentümer des Waldes hatte diesem seit einer Reihe von Jahren die größte Schonung angedeihen lassen; kaum Brennholz hatte gefällt werden dürfen, ja, man hatte nicht einmal gewagt, ihn zu lichten, sondern hatte ihn einfach wachsen lassen, wie er wollte. Aber ein Wald, der auf eine solche Weise behütet wird, mußte selbstverständlich ein beliebter Zufluchtsort für die Tiere werden, und so hatten sich diese auch sehr zahlreich da niedergelassen. Unter sich nannten die Tiere den Wald den »Friedenswald«, und sie betrachteten ihn als den allerbesten Zufluchtsort im ganzen Lande.

Während der Hund nun an dem Strick durch den Wald geführt wurde, fiel ihm ein, wie sehr er von allen kleinen Tieren, die hier wohnten, gefürchtet war.

»Ei, Karr, denk dir, was das für eine Freude hier ringsum im Walde wäre, wenn sie wüßten, was deiner wartet!« dachte er. Aber er wedelte mit dem Schwanze und stieß ein fröhliches Bellen aus, damit doch ja niemand denke, er fürchte sich und sei niedergeschlagen.

»Welches Vergnügen hätte ich denn im Leben, wenn ich nicht ab und zu einmal auf die Jagd gehen könnte!« sagte er. »Bereue, wer Lust hat, ich tu's gewiß nicht!«

Aber in demselben Augenblick, wo der Hund dies sagte, ging eine sonderbare Veränderung mit ihm vor. Er streckte den Kopf und Hals vor, als hätte er am liebsten laut hinausgeheult; auch lief er jetzt nicht mehr neben dem Forstwart her, sondern hielt sich hinter ihm. Offenbar war dem guten Karr etwas Unangenehmes eingefallen. Der Sommer war jetzt angebrochen, die Elchkühe hatten vor kurzem ihre Jungen zur Welt gebracht, und am vorhergehenden Abend war es Karr gelungen, ein kaum fünf Tage altes Elchkälbchen von seiner Mutter weg und auf ein Moor hinauszutreiben. Da hatte er das Kälbchen zwischen den Rasenhügeln umhergejagt, nicht eigentlich, um es zu fangen, sondern um sich an dessen Angst zu ergötzen. Die Elchmutter wußte, daß das Moor jetzt, so kurz nach dem Auftauen des gefrorenen Bodens, grundlos war und noch kein großes Tier tragen konnte. Sie blieb deshalb am Rande stehen, solange sie es aushalten konnte; als aber Karr das Kälbchen immer weiter hinaustrieb, ging die Elchkuh plötzlich auch aufs Moor hinaus, jagte den Hund weg, nahm das Kälbchen an sich und ging mit ihm wieder dem Lande zu. Die Elentiere schreiten viel geschickter als andre Tiere über schwankenden, gefährlichen Grund hin, und es sah aus, als würde es der Elchkuh gelingen, den festen Boden wieder zu erreichen. Aber als sie schon ganz dicht am Lande angelangt war, rutschte ein Rasenhügel, auf den sie den Fuß gesetzt hatte, plötzlich in den Sumpf hinein, und sie selbst sank mit. Sie gab sich alle Mühe, wieder heraus zukommen, konnte aber nirgends festen Fuß fassen, und so sank sie immer tiefer hinein. Karr stand unbeweglich da und wagte kaum zu atmen, und als er merkte, daß die

Elchkuh sich nicht allein heraushelfen konnte, lief er so schnell als seine Füße ihn trugen davon. Er hatte plötzlich an alle die Schläge denken müssen, die ihm zuteil werden würden, wenn es herauskäme, daß er die Elchkuh aufs Moor hinausgelockt hatte, und so wagte er vor lauter Angst nicht anzuhalten, bis er daheim angelangt war.

Dieses Erlebnis war unserem Karr vorhin eingefallen, und es quälte ihn jetzt mehr als alle andern lockeren Streiche, die er je ausgeführt hatte. Vielleicht kam es daher, weil er der Elchkuh und dem Kälbchen gar kein Leid hatte antun wollen, sondern ganz unabsichtlich schuld an ihrem Tode geworden war.

»Aber vielleicht sind die beiden noch am Leben«, dachte der Hund mit einem Male. »Sie waren ja noch nicht tot, als ich von ihnen weglief. Vielleicht sind sie doch noch herausgekommen.«

Karr bekam eine unwiderstehliche Lust, etwas darüber zu erfahren, solange er noch Zeit hatte. Er sah, daß der Waldhüter den Strick nicht besonders festhielt. Da machte er einen raschen Sprung zur Seite – er kam wirklich los und rannte nun wie besessen in den Wald hinein und dem Moore zu; der Waldhüter hatte nicht einmal Zeit, die Flinte an die Wange zu legen, so schnell entschwand der Hund seinen Blicken.

Dem Waldhüter blieb nichts andres übrig, als hinter Karr herzulaufen, und als er an das Moor kam, stand der Hund ein paar Meter vom Rande entfernt auf einem Rasenhügel und heulte aus Leibeskräften. Der Waldhüter dachte, er müsse doch nachsehen, was das bedeute. Vorsichtig legte er die Flinte neben sich nieder und kroch auf allen vieren aufs Moor hinaus. Er war noch nicht weit gekommen, da sah er eine Elchkuh im Moore liegen und neben ihr ein Kälbchen. Die Kuh war tot, aber das Kälbchen lebte noch; es war aber ganz ermattet und konnte sich nicht rühren. Karr stand dicht daneben; bald bückte er sich nieder und leckte das Kälbchen, bald stieß er laute Klagetöne aus, um Hilfe herbeizurufen.

Der Waldhüter hob das Kälbchen auf und schleppte es ans Ufer. Als nun der Hund merkte, daß das Kälbchen gerettet würde, geriet er ganz außer sich vor Freude. Er sprang um den Waldhüter herum, leckte ihm die Hände und stieß ein fröhliches Bellen aus.

Der Waldhüter trug das Kälbchen nach Hause und legte es im Stall in einen Stand. Dann holte er Hilfe herbei, damit die tote Elchkuh aus dem Moor herausgezogen würde; und erst nachdem dies alles geschehen war, fiel ihm ein, daß er ja Karr hätte erschießen sollen. Er lockte den Hund, der die ganze Zeit über nicht von seiner Seite gewichen und ihm überall nachgelaufen war, und ging wieder mit ihm in den Wald hinein.

Der Waldhüter ging geradewegs nach dem Hundegraben; aber plötzlich schien er sich anders zu besinnen, denn er drehte wieder um und schlug den Weg nach dem Herrenhof ein.

Karr war ganz ruhig hinter ihm hergelaufen; aber als der Waldhüter umkehrte und den Weg nach seiner alten Heimstätte einschlug, wurde er unruhig. Ach, nun hatte der Waldhüter gewiß herausgefunden, daß Karr es gewesen war, der an dem Tode der Elchkuh schuld war, und nun führte er ihn nach dem Herrenhof, damit er dort noch vor seinem Tode seine Schläge bekäme!

Aber Schläge bekommen, das war das Schlimmste, was Karr widerfahren konnte, und bei dieser Aussicht konnte er den Mut kaum noch aufrechterhalten. Er ließ den Kopf hängen, und als die beiden den Herrenhof erreichten, sah Karr gar nicht auf, sondern tat, als erkenne er keinen Menschen.

Der gnädige Herr stand auf der Treppe, als der Waldhüter ankam.

»Was haben Sie denn da für einen Hund, Waldhüter?« fragte er. »Das ist doch wohl nicht unser Karr, der müßte doch schon längst erschossen sein?«

Der Waldhüter erzählte nun von den Elchen; Karr aber machte sich so klein wie nur möglich und verkroch sich hinter den Beinen des Forstwarts, damit man ihn nicht sehe.

Aber der Forstwart erzählte die Geschichte nicht so, wie Karr gedacht hatte. Er lobte Karr über die Maßen und sagte, der Hund habe offenbar gewußt, daß die Elche in Not gewesen seien, und habe sie retten wollen.

»Nun können der gnädige Herr mit dem Hund machen, was Sie wollen; ich kann ihn nicht erschießen«, sagte der Forstwart zum Schluß.

Der Hund richtete sich auf und horchte. Er wollte seinen Ohren nicht trauen, und obgleich er nicht zeigen wollte, wie groß seine Angst gewesen war, konnte er ein leises Bellen doch nicht unterdrücken. War es wirklich möglich, daß er das Leben behalten durfte, nur weil er so besorgt um die Elentiere gewesen war?

Der gnädige Herr fand auch, daß Karr sich gut benommen hatte; da er ihn aber unter keinen Umständen wieder auf dem Hofe haben wollte, wußte er nicht gleich, was er sagen sollte.

»Ja, wenn Sie ihn versorgen wollen, Waldhüter, und mir dafür einstehen, daß er sich künftig besser aufführt, dann mag er am Leben bleiben«, sagte er schließlich.

Der Waldhüter war bereit, Karr zu sich zu nehmen; und so kam Karr zu dem Waldhüter.

Graufells Flucht

Von dem Tage an, wo Karr zu dem Waldhüter kam, gab er das unerlaubte Jagen vollständig auf. Nicht allein, weil er einen so heilsamen Schrecken davongetragen hatte, sondern vielmehr, weil er nicht wollte, daß der Waldhüter böse auf ihn würde. Denn seit der Waldhüter ihm das Leben gerettet hatte, liebte er ihn über alles in der Welt. Karr hatte keinen anderen Gedanken mehr, als seinem neuen Herrn überall nachzulaufen und auf ihn aufzupassen. Wenn dieser ausging, rannte Karr voraus und untersuchte den Weg, und wenn er daheim war, lag Karr vor der Tür und beobachtete alle Aus- und Eingehenden mit scharfem Augen.

Wenn im Waldhaus alles ganz still war, wenn ringsum kein Schritt laut wurde und Karrs Herr sich an den jungen Bäumchen, die er in seinem Garten heranzog, zu schaffen machte, vertrieb sich Karr die Zeit damit, mit dem Elchkälbchen zu spielen.

Im Anfang hatte Karr gar keine Lust verspürt, sich mit dem Tiere abzugeben. Da er aber seinem Herrn auf Weg und Steg nachlief, kam er auch mit ihm in den Stall, und während dieser das Kälbchen mit Milch tränkte, saß Karr vor dem Stand und schaute zu. Der Waldhüter nannte das Kälbchen Graufell; er meinte, einen feineren Namen verdiene es nicht, und darin stimmte Karr mit seinem Herrn überein. Sooft er das Kälbchen ansah, meinte er, seiner Lebtage noch nie etwas so Häßliches und Unförmiges gesehen zu haben. Das Kälbchen hatte lange schlotterige Beine, die wie lose Stelzen unter seinem Körper saßen. Der Kopf war sehr groß; er hatte ein geradezu greisenhaftes Aussehen und hing immer auf die eine Seite herunter. Die Haut saß runzelig auf dem Körper, als hätte das Tier einen Pelz an, der nicht für es gemacht worden war. Auch sah es immer gedrückt und mißmutig aus; aber merkwürdigerweise stand es stets schnell auf, sobald es Karr vor dem Stand erblickte, wie wenn es sich über den Anblick des Hundes freute.

Mit jedem Tag wurde das Elchkälbchen elender; es wuchs nicht, und schließlich konnte es sich nicht einmal mehr aufrichten, wenn es Karr sah. Einmal sprang der Hund zu ihm in den Stand hinein, und da leuchteten die Augen des Kälbchens auf, als sei ihm ein besonderer Wunsch in Erfüllung gegangen. Von dieser Zeit an besuchte Karr das Kälbchen jeden Tag, er blieb stundenlang bei ihm, leckte ihm den Pelz, spielte und scherzte mit ihm und teilte ihm dies und das mit, was ein Tier des Waldes wissen sollte.

Und es war merkwürdig, von dem Tag an, wo Karr auf den Gedanken kam, zu dem Kälbchen hineinzugehen, begann dieses zu wachsen und zu gedeihen. Als es dann erst ein wenig zu Kräften gekommen war, nahm es in wenigen Wochen ungeheuer zu, und schon nach kurzer Zeit hatte es keinen Platz mehr in dem kleinen Stand, sondern mußte in einem Gehege untergebracht werden. Und nach ein paar Monaten waren seine Beine so lang geworden, daß es mit Leichtigkeit über die Hecke hätte springen können.

Da bekam der Waldhüter von dem Gutsbesitzer die Erlaubnis, den Platz mit einem starken hohen Zaun einzufrieden. Hier verbrachte das Tier mehrere Jahre und wuchs allmählich zu einem großen gewaltigen Elch heran. Karr leistete ihm Gesellschaft, sooft er konnte; aber jetzt geschah dies nicht mehr aus Mitleid, sondern weil sich eine warme Freundschaft zwischen den beiden gebildet hatte. Der Elch war noch immer niedergeschlagen und schien auch träge und energielos; aber Karr verstand es, seinen Freund munter und fröhlich zu machen.

Graufell hatte nun fünf Sommer bei dem Waldhüter verbracht; da wurde eines Tages von einem zoologischen Garten im Ausland an den gnädigen Herrn die Anfrage gerichtet, ob er den Elch vielleicht verkaufen würde. Ja, das wollte der gnädige Herr gern. Dem Waldhüter tat es sehr leid; aber es hätte ja nichts genützt, wenn er sich gesträubt hätte, und so wurde dann der Verkauf des Tieres endgültig geschlossen. Karr erfuhr bald, was bevorstand, und lief mit der Nachricht eilends zu seinem Freunde hinaus. Der Hund war unglücklich, daß er Graufell verlieren sollte; aber der Elch nahm die Sache ganz ruhig auf und schien weder betrübt noch erfreut darüber zu sein.

»Willst du dich denn so ohne Widerstand fortschicken lassen?« fragte Karr.

»Was könnte es nützen, wenn ich mich auch wehren würde?« erwiderte Graufell. »Ich bliebe freilich am liebsten da, wo ich bin, aber wenn man mich verkauft, muß ich eben fort von hier.«

Karr stand vor Graufell und betrachtete ihn mit prüfenden Blicken. Man konnte gut sehen, daß der Elch noch nicht ganz ausgewachsen war. Seine Schaufeln waren noch nicht so breit und seine Höcker nicht so hoch und seine Mähne nicht so wild wie die der ausgewachsenen Elche, aber um sich seine Freiheit zu erkämpfen, dazu wäre er doch stark genug gewesen.

»Man merkt wohl, daß er sein Leben lang in der Gefangenschaft gewesen ist«, dachte Karr; aber er sagte nichts.

Erst nach Mitternacht kehrte der Hund in das Gehege zurück; er wußte, da hatte der Elch ausgeschlafen und war bei seiner ersten Mahlzeit.

»Es ist gewiß recht vernünftig von dir, daß du dich so ruhig in dein Schicksal findest, Graufell«, sagte Karr, der jetzt ganz beruhigt und vergnügt zu sein schien. »Du wirst in einen großen Garten eingesperrt werden und da ein sorgenfreies Leben haben. Aber weißt du, es wäre doch recht schade, wenn du von hier wegkämest, ohne vorher den Wald gesehen zu haben. Du weißt, deine Stammesgenossen haben den Wahlspruch: ›Der Elch ist eins mit dem Walde‹, und du bist noch nicht einmal in einem Walde gewesen.«

Graufell hob den Kopf von dem Klee, an dem er eben kaute. »Ich möchte den Wald wohl gern sehen, aber wie soll ich über den Zaun kommen?« sagte er mit seiner gewöhnlichen Trägheit.

»Nein, das ist wohl ganz unmöglich für einen, der so kurze Beine hat«, sagte Karr.

Der Elch schielte zu Karr hinüber, der trotz seiner Kleinheit jeden Tag mehrere Male über den Zaun sprang. Er trat an den Zaun, machte einen Sprung – und war im Freien, beinahe ohne daß er wußte, wie es zugegangen war.

Nun wanderten die beiden in den Wald hinein. Es war eine wunderschöne mondhelle Sommernacht; aber drinnen unter den Bäumen war es dunkel, und der Elch ging mit vorsichtigen Schritten vorwärts.

»Es wäre vielleicht am besten, wenn wir umkehrten«, sagte Karr. »Du bist ja noch nie in solch einem wilden Walde gegangen und könntest dir leicht ein Bein brechen.«

Da begann Graufell plötzlich rascher und kecker vorwärts zu gehen.

Karr führte den Elch in den Teil des Waldes, wo mächtige Tannen wuchsen, die so dicht standen, daß nie ein Windhauch hindurchdrang. »Hier pflegen deine Stammesgenossen vor Sturm und Kälte Schutz zu suchen«, sagte Karr. »Und sie stehen hier den ganzen Winter hindurch unter freiem Himmel. Aber du bekommst es ja dort, wo du hinkommst, viel besser. Da hast du ein Dach über dem Kopf und stehst dann wie eine Kuh in einem Stalle.«

Graufell gab keine Antwort; er blieb stehen und zog den würzigen Tannenduft ein. »Hast du mir noch mehr zu zeigen, oder habe ich jetzt den ganzen Wald gesehen?« fragte er.

Da ging Karr mit ihm an ein großes Moor und zeigte ihm die Rasenhügel und das Bebemoor.

»Über dieses Moor hin fliehen die Elche, wenn ihnen Gefahr droht«, sagte Karr. »Ich weiß nicht, wie sie es machen, aber trotzdem sie so groß und schwer sind, können sie darauf gehen, ohne einzusinken. Du wüßtest dir gewiß auf so schwankem Grunde nicht zu helfen; aber du brauchst es ja auch gar nicht, denn du wirst nie von Jägern verfolgt werden.«

Graufell gab keine Antwort, aber mit einem großen Satz war er draußen auf dem Moor. Es war ihm eine Freude, als er fühlte, wie die Rasenhügel unter ihm schwankten. Er lief weit hinaus und kehrte zu Karr zurück, ohne ein einziges Mal eingesunken zu sein.

»Haben wir jetzt den ganzen Wald gesehen?« fragte er.

»Nein, noch nicht«, sagte Karr.

Jetzt ging er mit dem Elch an den Waldessaum, wo hohe Laubholzbäume wuchsen: Eichen, Espen und Linden.

»Hier pflegen deine Stammesgenossen Laub und Rinde zu fressen«, sagte Karr. »Sie halten dies für die beste Nahrung; aber im Ausland bekommst du jedenfalls viel besseres Futter.«

Graufell betrachtete verwundert die prächtigen Bäume, die sich wie grüne Kuppeln über ihm wölbten. Er kostete das Eichenlaub und die Espenrinde.

»Das schmeckt bitter und gut«, sagte er. »Es ist besser als Klee.«

»Dann kannst du dich ja freuen, daß du es einmal zu schmecken bekommen hast«, sagte der Hund.

Hierauf führte er den Elch an einen kleinen Waldsee. Das Wasser lag ganz still und glänzend da, und die von leichten Nebelschleiern halbverhüllten Ufer spiegelten sich darin. Als Graufell den See erblickte, blieb er unbeweglich stehen. »Was ist das, Karr?« fragte er; denn er sah zum erstenmal einen See.

»Das ist ein großes Wasser, ein See«, sagte Karr. »Dein Geschlecht pflegt von einem Ufer zum andern hinüberzuschwimmen. Von dir kann man das freilich nicht verlangen; aber du solltest doch jedenfalls hineinsteigen und ein Bad nehmen.« Mit diesen Worten ging Karr selbst an den See hinunter und schwamm hinaus.

Graufell blieb ziemlich lange am Ufer stehen; schließlich aber stieg er doch in die Flut. Er hielt den Atem an vor Wohlbehagen, als das Wasser sich weich und kühl an seinen Körper anschmiegte. Er wollte es auch auf dem Rükken fühlen und ging deshalb weiter hinein. Da merkte er, daß das Wasser ihn trug, und nun fing er an zu schwimmen. Bald schwamm er lustig um Karr herum und war im Wasser wie zu Hause. Als die beiden wieder am Ufer angelangt waren, fragte der Hund, ob sie nun nach Hause gehen sollten. »Ach, es ist noch lange bis zum Morgen, laß uns noch eine Weile im Walde umherstreifen!« sagte Graufell.

Sie gingen wieder in den Nadelwald hinein und erreichten bald einen freien Platz, der vom hellen Mondschein übergossen dalag. Auf den Gräsern und Blumen funkelten Tautropfen. Mitten auf der Waldwiese weideten ein paar große Tiere, ein Elchstier, mehrere Elchkühe und verschiedene Rinder und Kälber. Als Graufell diese Tiere erblickte, hielt er jäh an. Die Elchkühe und das Jungvieh beachtete er kaum; seine Augen waren unverwandt auf den alten Elchstier gerichtet, der ein breites Schaufelgeweih mit vielen Spitzen, einen mächtigen Höcker auf dem Rist und am Halse einen großen Mähnensack herunterhängen hatte.

»Was ist denn das für einer?« fragte Graufell, und seine Stimme bebte vor Erregung.

»Er heißt Hornkrone«, sagte Karr, »und ist dein Stammesgenosse. Solche breite Schaufeln und eine ebensolche Mähne bekommst du wohl eines Tages auch, und wenn du im Walde verbliebest, würdest du wohl auch der Anführer einer Herde.«

»Wenn der dort drüben mein Stammesgenosse ist, dann will ich näher treten und ihn betrachten«, sagte Graufell. »Ich hätte nie gedacht, daß ein Elchstier so stattlich sein könnte.«

Graufell ging zu den Elchen hin, kehrte aber fast augenblicklich wieder zu Karr zurück, der am Waldessaum stehengeblieben war.

»Bist du nicht freundlich aufgenommen worden?« fragte Karr.

»Ich sagte zu ihm, ich treffe hier zum erstenmal mit Stammesgenossen zusammen, und bat ihn, mich hier unter ihnen weiden zu lassen; aber er wies mich fort und drohte mir mit seinem Geweih.«

»Du hast wohlgetan, daß du ihm ausgewichen bist«, sagte Karr. »Ein junger Stier, der noch kein Schaufelgeweih hat, muß sich vor einem Kampf mit alten Elchen hüten. Ein andrer hätte freilich einen schlechten Ruf im Walde bekommen, wenn er ohne Widerstand zurückgewichen wäre; aber das braucht dich nicht anzufechten, denn du begibst dich ja ins Ausland.«

Kaum hatte Karr diese Worte gesprochen, als Graufell sich auch schon wieder der Wiese zuwendete. Der alte Elch kam gerade auf ihn zu, und bald waren die beiden mitten im heftigsten Kampfe. Sie drangen mit den Geweihen aufeinander ein und stießen zu, und Graufell wurde über die ganze Wiese zurückgetrieben; er schien gar nicht zu verstehen, wie er seine Kraft gebrauchen sollte. Als er aber bis zum Waldessaum zurückgedrängt worden war, stemmte er die Füße fester auf den Boden, stieß heftig mit dem Geweih und begann nun seinerseits Hornkrone zurückzutreiben. Graufell kämpfte lautlos, aber Hornkrone keuchte und schnaubte. Nun wurde der alte Elch allmählich über die ganze Wiese zurückgedrängt. Plötzlich ertönte ein lautes Krachen. Von Hornkrones Geweih war die Spitze abgebrochen. Da riß er sich heftig von Graufell los und rannte in den Wald hinein.

Karr stand noch immer am Waldrand, als Graufell zu ihm zurückkehrte.

»Jetzt hast du alles gesehen, was im Wald ist«, sagte er zu Graufell.

»Sollen wir jetzt nach Hause gehen?«

»Ja, es wird allmählich Zeit dazu«, sagte Graufell.

Auf dem Heimweg waren beide schweigsam. Karr seufzte mehrere Male, wie wenn er sich in etwas verrechnet hätte, Graufell aber schritt mit hocherhobenem Kopf dahin und schien sich über sein Abenteuer zu freuen. Ohne das geringste Zögern ging er weiter, aber als er mit Karr vor seinem Gehege angekommen war, blieb er stehen. Er betrachtete den engen Raum, in dem er bisher sein Leben verbracht hatte, sah das festgetretene Erdreich, das verwelkte Futter, den kleinen Trog, aus dem er seinen Durst gelöscht, und den dunklen Verschlag, wo er geschlafen hatte.

»Der Elch ist eins mit dem Walde!« rief er und warf den Kopf so weit zurück, daß sein Nacken auf dem Rücken lag; und dann stürmte er in wilder Flucht in den Wald hinein.

Tief drinnen in einem Fichtengehölz des alten Friedenswaldes zeigten sich jedes Jahr im August grauweiße Nachtschmetterlinge von der Art, die man Nonnen heißt. Sie waren klein, und es waren ihrer so wenige, daß sie fast von niemand bemerkt wurden. Nachdem diese Nonnen ein paar Nächte hindurch in dem Wald umhergeflattert waren, legten sie ein paar tausend Eier auf die Baumstämme, und kurz darauf sanken sie leblos zu Boden.

Wenn dann der Frühling kam, krochen aus den Eiern kleine Raupen, die sich sogleich von Tannennadeln nährten. Sie hatten einen guten Appetit, konnten aber den Bäumen doch keinen ernstlichen Schaden zufügen, weil ihnen von den Vögeln hart zugesetzt wurde. Mehr als einige hundert Raupen entgingen den Verfolgern nur selten.

Die wenigen Raupen, die zu wirklichem Wachstum gelangten, krochen auf die Zweige hinauf, spannen sich in weiße Fäden ein und blieben ein paar Wochen lang unbeweglich auf einem Fleck sitzen. Während dieser Zeit wurde gewöhnlich mehr als die Hälfte von ihnen weggeschnappt. Wenn im August hundert Nonnen wohlbeschwingt und ausgewachsen im Wald umherflogen, so konnten sie sich zu einem guten Jahre gratulieren.

Viele Jahre lang führten die Nonnen ein solches unsicheres und unbemerktes Dasein im Friedenswalde. In der ganzen Gegend war kein einziges Insekt in so geringer Zahl vertreten. Und so harmlos und ungefährlich wären sie auch ferner geblieben, wenn ihnen nicht ganz unvermutet ein Helfer entstanden wäre.

Aber daß die Nonnen einen Helfer bekamen, das hing mit der Flucht des Elchs aus dem Waldhüterhause zusammen. Graufell wanderte nämlich den ganzen ersten Tag nach seiner Flucht im Walde umher, um darin heimisch zu werden. Gegen Abend drang er durch dichtes Buschwerk und fand dahinter einen offenen Platz, wo der Boden aus Moor und weichem Schlick bestand. In der Mitte war ein

Tümpel schwarzen Wassers, und ringsherum standen hohe Fichten, die vor Alter und Saftlosigkeit fast gar keine Nadeln mehr hatten. Graufell gefiel der Platz gar nicht, und er hätte ihn sogleich wieder verlassen, wenn er nicht dicht bei dem Tümpel einige hellgrüne Kallablätter entdeckt hätte.

Als er den Kopf zu den Kallablättern hinunterneigte, sah er eine große schwarze Schlange, die darunterlag und schlief. Der Elch hatte Karr von den giftigen Ottern erzählen hören, die es im Walde gebe, und als das Gewürm den Kopf hob, seine gespaltene Zunge herausstreckte und ihn anzischte, da glaubte Graufell, er habe ein furchtbar gefährliches Tier vor sich. Er erschrak sehr, hob den Fuß auf, schlug nach der Schlange und zertrat sie. Hierauf eilte er in wilder Flucht davon.

Sobald Graufell verschwunden war, tauchte eine andre, ebenso lange und ebenso schwarze Schlange aus dem Tümpel auf. Sie kroch zu der Getöteten hin und fuhr ihr mit der Zunge über den zerschmetterten Schädel.

»Ist es möglich, daß du tot bist, meine gute alte Harmlos?« zischte die Schlange. »Und wir beide haben so viele Jahre lang glücklich zusammen gelebt! Wir haben es gut beieinander gehabt, und es war so schön hier in dem Tümpel, daß wir älter wurden als alle andern Nattern im Walde. Dies ist das bitterste Leid, das mich hätte treffen können.«

Die Natter war tiefbetrübt, ihr langer Körper ringelte sich, als ob er auch verwundet wäre. Selbst die Frösche, die in beständiger Angst vor ihr lebten, hatten Mitleid mit ihr.

»Welch ein böses Geschöpf muß doch das sein, das eine arme Natter totschlägt, die sich nicht wehren kann?« zischte die Schlange. »Diese Untat verdiente wahrhaftig eine ausgesuchte harte Strafe.« Die Natter wand und krümmte sich eine Weile in ihrem Schmerz, aber plötzlich hob sie den Kopf.

»So wahr ich Hilflos heiße und die älteste Natter im Walde bin, ich werde für diese Missetat hier Rache nehmen! Ich will nicht ruhen, bis der grausame Elch ebenso tot auf der Erde liegt wie hier meine getreue Lebensgefährtin!«

Nachdem die Schlange dieses Gelübde abgelegt hatte, ringelte sie sich zu einem Knäuel zusammen und überlegte. Aber etwas Schwierigeres läßt sich wohl kaum ausdenken, als wie eine arme Natter sich an einem großen starken Elch rächen könnte, und der alte Hilflos überlegte zwei volle Tage und zwei Nächte hindurch, ohne einen Ausweg zu finden.

In einer Nacht jedoch, wo die Schlange noch schlaflos über ihren Rachegedanken brütete, hörte sie ein leises Rascheln über ihrem Kopfe, und als sie aufschaute, gewahrte sie einige schimmernde Nonnenschmetterlinge, die zwischen den Bäumen gaukelten. Sie sah ihnen lange zu, dann zischte sie laut vor sich hin, aber schließlich schlief sie, offenbar ganz zufrieden mit dem, was sie sich ausgedacht hatte, ein.

Am nächsten Vormittag begab sich die Natter zu Kryle, der Kreuzotter, die in einem steinigen, hochgelegenen Teil des Friedenswaldes wohnte. Dort angekommen, berichtete sie von dem Tod der alten Natter und stellte dann der Kreuzotter das Ansinnen, die Rache für sie auszuführen, weil sie so gefährliche Bisse versetzen könne. Aber Kryle war nicht sehr geneigt, sich mit den Elchen in Streit einzulassen.

»Wenn ich einen Elch anfallen würde«, sagte sie, »würde er mich auf der Stelle töten. Die alte Harmlos ist tot, und wir können sie mit aller Mühe nicht wieder ins Leben zurückrufen. Warum sollte ich mich da ihretwegen ins Unglück stürzen?«

Als die Natter diese Antwort vernahm, hob sie den Kopf einen vollen Fuß hoch vom Boden auf und zischte ganz entsetzlich. »Wisch, wasch! Wisch, wasch!« sagte sie. »Wie schade, daß jemand, der solche Waffen erhalten hat, zu feige ist, sie zu gebrauchen.«

Als die Kreuzotter dieses hörte, wurde sie auch zornig. »Krieche deines Weges weiter, alter Hilflos!« zischte sie.

»Das Gift läuft mir schon in die Zähne; aber ich möchte dich lieber verschonen, da du ja doch als ein Stammesgenosse von mir betrachtet wirst.«

Aber die Natter rührte sich nicht; und eine gute Weile lagen die Schlangen, einander anzischend und sich gegenseitig Grobheiten ins Gesicht schleudernd, auf demselben Fleck. Als aber Kryle so zornig war, daß sie nicht mehr zischen, sondern nur noch züngeln konnte, schlug die Natter plötzlich einen andern Ton an.

»Ich hatte eigentlich noch einen zweiten Auftrag für dich«, sagte sie und ließ ihre Stimme zu einem sanften Flüstern sinken. »Aber jetzt hab' ich dich wohl so erzürnt, daß du keine Lust mehr hast, mir zu helfen.«

»Wenn du nur nichts Unsinniges von mir verlangst, dann stehe ich dir gern zu Diensten.«

»In den Fichten bei meinem Wassertümpel«, sagte die Natter, »wohnt ein Schmetterlingsvolk, das in den Nächten des Spätsommers umherfliegt.«

»Ich weiß schon, welche du meinst«, sagte Kryle. »Was ist mit ihnen?«

»Sie sind das kleinste Insektenvolk«, sagte Hilflos, »und dazu auch das unschädlichste von allen, weil die Raupen sich von nichts als Tannennadeln ernähren.«

»Das weiß ich wohl«, sagte Kryle.

»Ich habe Angst, daß dieses Schmetterlingsvolk bald vollständig ausgerottet wird«, fuhr die Natter fort. »Im Frühjahr werden die Raupen von gar so vielen weggeschnappt.«

Nun verstand die Kreuzotter die Absicht der Natter. Diese wollte die Raupen offenbar für sich allein behalten, und so antwortete sie freundlich: »Soll ich den Eulen sagen, sie sollen diese Tannenraupen in Frieden lassen?«

»Ja, es wäre mir lieb, wenn du dieses auswirken könntest; du hast ja hier im Walde etwas zu sagen«, antwortete Hilflos.

»Vielleicht kann ich auch bei den Drosseln ein gutes Wort für die Nadelfresser einlegen«, sagte die Kreuzotter.

»Ich tue dir gern einen Gefallen, wenn du nichts Unsinniges verlangst.«

»Jetzt hast du mir ein gutes Versprechen gegeben, Kryle«, sagte Hilflos. »und ich bin sehr froh, daß ich zu dir gekommen bin.«

Die Nonnen

Mehrere Jahre später schlief Karr eines Morgens auf dem Hausflur. Es war im Frühsommer, zur Zeit der kurzen Nächte, und tageshell, obgleich die Sonne noch nicht aufgegangen war. Da erwachte Karr davon, daß ihn jemand beim Namen rief. »Bist du es, Graufell?« fragte er; denn der Elch kam beinahe jede Nacht, ihn zu begrüßen. Karr erhielt keine Antwort, aber wieder hörte er, daß ihn jemand rief. Diesmal glaubte er Graufells Stimme deutlich zu erkennen, und er lief dem Tone nach.

Karr hörte, daß der Elch vor ihm herlief, konnte ihn aber nicht erreichen. Ohne auf Weg oder Steg zu achten, stürmte der Elch mitten durchs Dickicht hindurch in den dichtesten Nadelwald hinein, und Karr konnte die Spur nur mit großer Mühe verfolgen.

»Karr, Karr!« ertönte es wieder. Und die Stimme war sicher Graufells, aber mit einem Beiklang, den der Hund noch nie vernommen hatte.

»Ich komme, ich komme! Wo bist du?« antwortete Karr.

»Karr, Karr! Siehst du nicht, wie es fällt, fällt?« fragte Graufell.

Da sah Karr, daß von den Kiefern unaufhörlich Nadeln herunterrieselten wie ein dichter Regen. »Ja, ich sehe, wie es fällt!« rief er, lief aber zugleich tiefer in den Wald hinein, den Elch zu finden.

Graufell eilte gestreckten Laufes durchs Gebüsch, und abermals hätte Karr fast die Spur verloren.

»Karr, Karr!« brüllte Graufell jetzt geradezu. »Merkst du nicht, wie es hier im Walde riecht?«

Karr blieb stehen und witterte. Es war ihm vorher nicht aufgefallen; aber jetzt merkte er, daß die Fichten einen viel stärkeren Duft ausströmten als gewöhnlich.

»Ja, ich rieche es auch«, sagte er, nahm sich aber gar nicht Zeit, herauszubringen, woher der Geruch komme, sondern eilte nur weiter hinter Graufell drein.

Abermals rannte der Elch in größter Eile davon; der Hund konnte ihn nicht einholen. »Karr, Karr!« rief er nach einer Weile wieder. »Hörst du nicht, wie es in den Bäumen knackt?« Und jetzt war Graufells Stimme so betrübt, daß es einen Stein hätte erbarmen können.

Karr hielt an und lauschte. Da hörte er ein schwaches, aber deutliches Knacken in den Bäumen; es klang wie das Ticken einer Uhr.

»Ja, ich höre, wie es knackt!« rief Karr; und diesmal lief er nicht weiter. Er fühlte, der Elch wollte nicht, daß er ihm folge, er wollte ihn auf etwas aufmerksam machen, das hier im Walde vorging.

Karr stand unter einer Fichte mit üppigen, schwer herabhängenden Zweigen und dicken dunkelgrünen Nadeln. Er betrachtete den Baum genau, und da war es ihm, als ob die Nadeln sich bewegten. Als er dann noch näher hinzutrat, entdeckte er eine Menge weißlichgrauer Raupen, die auf den Zweigen herumkrabbelten und die Nadeln fraßen. Jeder Zweig war bedeckt mit solchen Raupen, die nagten und fraßen; und es knackte in den Bäumen von all den kleinen unermüdlichen Kiefern. Unaufhörlich fielen abgebissene Nadeln herunter, und der armen Fichte entströmte ein überwältigender Duft, den der Hund fast nicht aushalten konnte.

»Diese Fichte wird nicht viele von ihren Nadeln behalten dürfen«, dachte Karr und richtete seine Blicke auf den nächsten Baum. Auch dieser war eine große stattliche Fichte, aber sie sah genauso aus wie die andre. »Was das nur ist?« dachte Karr weiter. »Es ist schade um die stolzen Bäume, mit ihrer Schönheit wird es bald aus sein.« Er ging von Baum zu Baum und suchte herauszubringen, was eigentlich mit ihnen geschehen war. »Hier ist eine Edelkiefer«, dachte er. »An diese haben sich die Raupen vielleicht nicht gewagt.« Aber auch diese Kiefer war angegriffen. »Und hier eine Birke. Jawohl, auch hier, auch hier! Da wird der Waldhüter keine Freude daran haben«, dachte Karr.

Er lief weiter in den Wald hinein, um zu sehen, wie weit die Verheerung sich ausgedehnt hätte. Wohin er kam, ertönte dasselbe Ticken, verbreitete sich derselbe Geruch, fiel derselbe Nadelregen; Karr brauchte gar nicht mehr anzuhalten, um zu untersuchen, an diesen Zeichen erkannte er schon, wie die Sache stand. Die kleinen Raupen fanden sich überall. Der ganze Wald war in Gefahr, von ihnen kahlgefressen zu werden.

Plötzlich kam Karr in einen Waldstrich, wo ihm kein Geruch entgegenschlug und wo alles still und ruhig war. »Hier ist ihre Herrschaft zu Ende«, dachte der Hund, er hielt an und schaute sich um. Aber hier war es sogar noch schlimmer, hier hatten die Raupen ihre Arbeit schon beendigt, und die Bäume standen ohne Nadeln kahl da. Wie tot sahen sie aus, und das einzige, was sie bedeckte, war eine Menge verwirrter Fäden, die die Raupen gesponnen und als Brücken und Stege benutzt hatten.

Hier drinnen unter den sterbenden Bäumen stand Graufell und wartete auf Karr. Aber er war nicht allein, neben ihm standen vier alte Elche, die angesehensten vom ganzen Walde. Karr kannte sie wohl. Da war Krummrück, ein kleiner Elch, aber mit einem größeren Höcker als alle anderen, dann Hornkrone, der stattlichste des ganzen Elchvolkes, sowie Wirrmähne mit seinem dichten Pelz, und dann noch ein alter hochbeiniger, der Riesenkraft hieß und entsetzlich hitzig und streitsüchtig gewesen war, bis er bei der letzten Herbstjagd eine Kugel in den Schenkel bekommen hatte.

»Was in aller Welt geht denn hier im Walde vor?« fragte Karr, als er die Elche erreicht hatte, die mit gesenkten Köpfen und weit vorgeschobener Oberlippe dastanden und äußerst nachdenklich aussahen.

»Das weiß niemand«, antwortete Graufell. »Dieses Insektenvolk ist immer das schwächste im ganzen Walde gewesen und hat noch nie einen Schaden angerichtet; aber in den letzten Jahren hat es sich ungeheuer rasch vermehrt, und jetzt sieht es aus, als wäre es imstande, den ganzen Wald zu zerstören.«

»Ja, es sieht schlimm aus«, sagte Karr. »Aber wie ich sehe, sind die Weisesten des Waldes zusammengekommen, und sie haben vielleicht schon eine Hilfe ersonnen.«

Als der Hund dies sagte, hob Krummrück höchst feierlich seinen schweren Kopf, bewegte die langen Ohren und sagte: »Wir haben dich hierhergerufen, Karr, um von dir zu hören, ob die Menschen etwas von dieser Verheerung wissen?«

»Nein«, erwiderte Karr, »sie wissen nichts von dem Unglück; so tief in den Wald hinein kommt ja außer zur Jagdzeit nie ein Mensch.«

»Wir, die Alten hier im Walde«, nahm Hornkrone das Wort, »glauben nicht, daß wir Tiere allein über das Insektenvolk Herr werden können.«

»Dies halten wir jedoch fast für ein ebenso großes Unglück wie das andre«, sagte Wirrmähne. »Nun wird es bald aus sein mit dem Frieden im Walde.«

»Aber wir können doch nicht den ganzen Wald zugrunde gehen lassen«, sagte Riesenkraft. »Es bleibt uns durchaus keine Wahl.«

Karr fühlte, wie schwer es den Elchen wurde, mit ihrem Anliegen herauszurücken, und er versuchte ihnen zu helfen. »Meint ihr vielleicht, ich solle es den Menschen zu wissen tun, wie es hier steht?« fragte er. Da nickten alle die alten Elche mit den Köpfen. »Es ist ein schweres Unglück, daß wir von den Menschen Hilfe verlangen müssen, aber es gibt keinen andern Ausweg«, sagten sie.

Bald darauf war Karr auf dem Heimweg. Während er so tiefbekümmert über alles, was er erfahren hatte, dahineilte, kam ihm eine große schwarze Natter entgegen. »Schön guten Tag hier im Walde!« zischte die Natter.

»Schön guten Tag!« bellte der Hund und eilte vorbei, ohne anzuhalten. Aber die Natter drehte um und versuchte, Karr einzuholen. »Vielleicht ist sie auch in Sorge um den Wald«, dachte Karr und blieb stehen. Die Natter begann sogleich von der großen Verheerung zu reden. »Wenn aber die Menschen herbeigerufen werden, dann wird es mit der Ruhe und dem Frieden hier im Walde bald aus sein«, sagte sie.

»Das fürchte ich auch«, erwiderte Karr, »aber die Alten im Walde wissen wohl, was sie tun.«

»Ich könnte einen bessern Rat geben«, sagte die Natter. »Wenn ich nur den Lohn bekäme, den ich mir wünsche.«

»Bist du nicht das Tier, das man Hilflos heißt?« sagte der Hund verächtlich.

»Ich bin im Walde alt geworden«, erwiderte die Natter, »und ich weiß, wie solches Ungeziefer vertilgt werden muß.«

»Wenn du das könntest«, sagte Karr, »dann wird dir sicher niemand dein Verlangen weigern.«

Nachdem Karr dies gesagt hatte, schlüpfte die Schlange unter eine Baumwurzel, und erst, als sie wohlbeschützt in einem engen Loch lag, setzte sie die Unterredung fort. »Nun, dann grüße Graufell von mir«, rief sie, »und sag ihm, wenn er aus dem Friedenswalde fortziehen und nicht Rast machen wolle, bis er hoch in den Norden gezogen sei, wo keine Eiche mehr im Walde wächst, und auch versprechen wolle, nie wieder zurückzukehren, solange die Natter Hilflos lebt, dann werde der alte Hilflos über das Ungeziefer, das jetzt auf den Nadelholzbäumen herumkriecht und sich an ihren Nadeln mästet, Krankheit und Tod schikken.«

»Was sagst du da?« fragte Karr, während sich ihm vor Entsetzen die Haare auf dem Rücken sträubten. »Was hat dir denn Graufell zuleide getan?«

»Er hat die umgebracht, die ich am liebsten hatte«, antwortete die Schlange.

»Und ich will mich an ihm rächen.«

Noch ehe die Natter ausgesprochen hatte, fuhr Karr auf sie los; aber sie lag wohlgeborgen unter der Baumwurzel.

»Bleib du nur da liegen, solange es dir gefällt!« rief Karr schließlich. »Wir werden auch ohne deine Hilfe Herr über die Tannenraupen werden.«

Am nächsten Tage ging der Gutsbesitzer mit dem Waldhüter durch den Wald. Karr lief im Anfang neben ihnen her, aber nach einer Weile verschwand er, und bald nachher ertönte ein heftiges Bellen aus der Tiefe des Waldes heraus. »Da ist Karr wieder auf der Jagd«, sagte der Gutsbesitzer.

Aber der Waldhüter wollte es nicht glauben. »Karr hat seit vielen Jahren nicht mehr unerlaubt gejagt«, erwiderte er. Dann lief er rasch in den Wald hinein, um zu sehen, was für ein Hund gebellt hätte, und der Gutsbesitzer ging hinter ihm her.

Sie folgten dem Bellen bis in den dichtesten Wald hinein; aber da verstummte es plötzlich. Die beiden Männer blieben stehen, um zu lauschen; und da, in der tiefen Stille hörten sie, wie die Kiefer der Insekten arbeiteten; sie sahen die Tannennadeln herunterrieseln und rochen den starken Duft. Dann sahen sie auch, daß alle Bäume mit den Raupen des Nonnenschmetterlings bedeckt waren, jenen kleinen Baumfeinden, die meilenweite Wälder zerstören können.

Der große Krieg gegen die Nonnen

Im nächsten Frühling ging Karr eines Morgens im Walde spazieren. »Karr, Karr!« ertönte eine Stimme hinter ihm. Der Hund wendete sich um; er hatte richtig gehört. Ein alter Fuchs stand vor seinem Bau, der hatte ihn angerufen.

»Sage mir, ob die Menschen etwas mit dem Walde vorhaben?« fragte der Fuchs.

»Ja, du kannst dich darauf verlassen«, antwortete Karr. »Sie arbeiten, was das Zeug hält.«

»Sie haben mir mein ganzes Geschlecht umgebracht, und jetzt werden sie mich auch totschlagen«, sagte der Fuchs. »Aber es sei ihnen verziehen, wenn sie nur den Wald retten.«

In diesem Jahre streifte Karr nie im Walde umher, ohne daß er gefragt wurde, ob die Menschen den Wald retten könnten. Es war nicht leicht für Karr, darauf zu antworten, denn die Menschen wußten selbst nicht, ob es ihnen gelingen würde, über die Nonnen Herr zu werden.

Wenn man bedenkt, wie gefürchtet und berüchtigt der alte Kolmarden gewesen war, so war es ein merkwürdiger Anblick, daß jetzt jeden Tag über hundert Männer in den Wald ginge und aus Leibeskräften arbeiteten, ihn vor dem Verderben zu retten. Die am meisten verheerten Strecken wurden geschlagen, das Unterholz gelichtet und die niedrigsten Zweige der großen Bäume abgehauen, damit die Raupen nicht so leicht von Baum zu Baum kriechen könnten. Um den verheerten Wald herum hieben die Männer breite Wege aus und umhegten ihn mit Leimstangen; dadurch hofften sie, die Raupen einzusperren und auf ihr jetziges Bereich zu beschränken. Nachdem dies getan war, legten sie Leimringe um die Baumstämme. Auf diese Weise wollte man die Raupen am Herunterkriechen von den schon abgefressenen Bäumen hindern und sie zwingen, da zu bleiben, wo sie waren, weil sie dann verhungern müßten.

Bis spät ins Frühjahr hinein setzten die Menschen diese Arbeit fort. Sie waren voll guter Hoffnung und warteten fast mit Ungeduld auf das Ausschlüpfen der Raupen, denn sie waren fest überzeugt, sie so fest eingesperrt zu haben, daß die meisten Hungers sterben müßten. Mit dem Beginn des Sommers schlüpften dann die Raupen aus, und sie waren jetzt noch viel, viel zahlreicher als im letzten Jahre. Aber die Menschen meinten, das tue nichts, wenn sie nur eingesperrt seien und nicht genug Futter fänden.

Aber in dieser Beziehung ging es nicht ganz so, wie man gehofft hatte. Es blieben freilich unzählige Raupen an den

Leimstangen hängen, auch mußten große Mengen vor den Leimringen haltmachen und konnten nicht von den Bäumen heruntergelangen; aber trotzdem hätte man nicht behaupten können, daß die Raupen eingesperrt gewesen wären. Sie waren außerhalb und innerhalb der Einfriedung; sie waren überall: auf den Landstraßen krochen sie hin, auf den Feldmäuerchen, an den Häusermauern hinauf. Sie wanderten aus dem Friedenswald hinaus und in andre Teile des Kolmarden hinein.

»Sie hören nicht auf, bis der ganze Wald zerstört ist«, sagten die Menschen, die sich vor Angst fast nicht zu helfen wußten und denen die Tränen in die Augen traten, sooft sie in den Wald kamen.

Karr war das ganze Ungeziefer, das da draußen herumkroch und nagte, so zum Ekel, daß er sich kaum noch entschließen konnte, vors Haus hinauszugehen. Aber eines Tages dachte er, er müsse sich doch wieder einmal nach Graufell umsehen. So schlug er denn den Weg nach dessen Aufenthaltsgebiet ein, und mit der Nase an der Erde lief der Hund rasch vorwärts. Als er an die Baumwurzel kam, wo er im vergangenen Jahre mit dem alten Hilflos zusammengetroffen war, lag dieser wieder in dem Loch und rief ihn an.

»Hast du über das, was ich dir bei unserer letzten Begegnung sagte, mit Graufell gesprochen?« fragte die Natter. Aber Karr bellte nur und versuchte, an sie heranzukommen. »Tu es auf alle Fälle«, sagte die Schlange. »Du siehst ja, daß die Menschen nichts gegen die Verheerung ausrichten können.«

»Ja, und du auch nicht«, antwortete Karr im Weitereilen.

Karr fand Graufell; aber der Elch war in sehr gedrückter Stimmung. Er begrüßte Karr nur ganz flüchtig und begann sogleich von dem Walde zu reden.

»Ich wüßte nicht, was ich dafür geben würde, wenn dieses Elend ein Ende nähme!« sagte er.

»Dann müßte ich dir ja wohl mitteilen, daß es den Anschein hat, als könntest du den Wald retten«, sagte Karr. Und nun richtete er dem Elch den Auftrag der Natter aus.

»Wenn dies ein andrer als der alte Hilflos versprochen hätte, würde ich sofort in die Verbannung gehen«, sagte Graufell. »Aber woher sollte eine arme Natter solche Macht nehmen?«

»Es ist natürlich nur eine Großtuerei«, sagte Karr. »Die Schlangen tun immer, als wüßten sie mehr als andre Tiere.«

Als Karr nach Hause gehen mußte, begleitete ihn Graufell eine Strecke. Da hörte Karr eine Drossel, die hoch oben in einem Tannenwipfel saß, rufen: »Da ist Graufell, der an der Verheerung des Waldes schuld ist! Da ist Graufell, der an der Verheerung des Waldes schuld ist!«

Karr wollte seinen Ohren nicht trauen; aber im nächsten Augenblick lief ein Hase über den Weg, und als dieser die beiden Daherkommenden sah, blieb er stehen, wedelte mit den Ohren und rief: »Da kommt Graufell, der an der Verheerung des Waldes schuld ist!« Dann sprang er davon, so schnell er konnte.

»Was wollen sie denn damit sagen?« fragte Karr.

»Ich weiß es nicht recht«, antwortete Graufell. »Aber ich glaube, die kleinen Tiere im Wald sind unzufrieden mit mir, weil ich geraten hatte, daß wir Hilfe bei den Menschen suchen sollten; denn als das Unterholz geschlagen wurde, sind ihnen alle ihre Schlupfwinkel und Behausungen zerstört worden.«

Die beiden Freunde gingen eine Strecke weiter, und Karr hörte, wie es von allen Seiten ertönte: »Da ist Graufell, der an der Verheerung des Waldes schuld ist!« Graufell tat, als höre er es nicht, aber Karr glaubte jetzt zu verstehen, warum der Elch so niedergedrückt war.

»Du Graufell«, fragte Karr hastig. »was meint denn die Natter damit, wenn sie sagt, du habest ihr die liebste Gefährtin umgebracht.« »Wie soll ich das wissen?« sagte Graufell. »Du weißt doch, daß ich keinem Tiere etwas zuleide tue.«

Kurz darauf begegneten sie den vier alten Elchen Krummrück, Hornkrone, Wirrmähne und Riesenkraft. Still und nachdenklich wanderten sie daher, einer hinter dem andern.

»Schön guten Tag!« rief ihnen Graufell entgegen.

»Schön guten Tag!« antworteten die Elche. »Wir wollten dich eben aufsuchen, Graufell, um mit dir wegen des Waldes zu beraten.«

»Die Sache ist die«, begann Krummrück. »Es ist uns zu Ohren gekommen, daß hier im Walde eine Missetat verübt worden ist, und weil diese nicht geahndet wurde, deshalb ist der ganze Wald dem Untergang geweiht.«

»Was ist das für eine Missetat?« fragte Graufell.

»Ein Waldbewohner soll ein unschädliches Tier, das er doch nicht verzehren konnte, umgebracht haben. Dies wird im Friedenswalde für eine Missetat gerechnet.«

»Und wer hat eine solche Freveltat begangen?« fragte Graufell.

»Ein Elch soll es gewesen sein. Und wir wollen dich jetzt fragen, ob du eine Ahnung hast, wer es sein könnte.«

»Nein«, antwortete Graufell. »Ich habe nie etwas von einem Elch gehört, der ein unschädliches Tier getötet hätte.«

Graufell verließ die andern und ging mit Karr weiter. Er war noch schweigsamer als zuvor und schritt mit tiefgesenktem Kopf dahin. Jetzt kamen sie an der Kreuzotter Kryle vorbei, die auf einem Stein lag. »Da ist Graufell, der an der Verheerung des Waldes schuld ist« , zischte Kryle, gerade wie alle andern. Aber jetzt war Graufells Geduld zu Ende. Er stellte sich vor die Kreuzotter hin und hob ein Vorderbein auf.

»Hast du im Sinn, mich auch umzubringen, wie du die Natter, das Weibchen des alten Hilflos, umgebracht hast?« rief Kryle.

»Habe ich eine Natter umgebracht?« fragte Graufell.

»Ja, am ersten Tag, wo du in den Wald herauskamst, hast du das Weibchen von der Natter Hilflos totgetreten.«

Graufell wendete sich rasch ab und gesellte sich wieder

zu Karr. Plötzlich hielt er an. »Karr«, sagte er. »ich habe die Freveltat begangen. Ich habe ein unschädliches Tier umgebracht. Ich bin schuld an der Zerstörung des Waldes.«

»Was sagst du da?« unterbrach ihn Karr.

»Sage der Natter Hilflos, Graufell werde heute nacht noch in die Verbannung gehen.«

»Niemals werde ich so etwas sagen!« rief Karr. »Der hohe Norden ist eine sehr gefährliche Gegend für die Elche.«

»Meinst du, ich wollte noch hierbleiben, nachdem ich so großes Unheil angestiftet habe?« erwiderte Graufell.

»Übereile dich nicht. Warte bis morgen, ehe du irgend etwas unternimmst!«

»Du selbst hast mich gelehrt, daß die Elche eins mit dem Walde seien«, sagte Graufell; und mit diesen Worten trennte er sich von Karr.

Karr ging nach Hause; aber durch die Unterredung unruhig geworden, ging er schon am nächsten Tag wieder in den Wald, den Elch aufzusuchen. Aber Graufell war nirgends zu finden, und der Hund suchte auch nicht lange. Er erriet sogleich, daß Graufell die Natter beim Wort genommen hatte und in die Verbannung gegangen war.

Während Karr in solche Gedanken versunken dahinwanderte, erblickte er plötzlich den Waldhüter, der unter einem Baum stand und hinaufdeutete.

»Wonach schaust du?« fragte ein Mann, der neben dem Waldhüter stand.

»Unter den Raupen ist eine Seuche ausgebrochen.«

Karr verwunderte sich über die Maßen; fast aber noch mehr entrüstete er sich darüber, daß die Natter die Macht gehabt hatte, ihr Wort zu halten. Nun mußte Graufell wahrscheinlich ewig lange fortbleiben, denn diese Natter starb wohl nie.

Während Karr noch tiefbetrübt war, kam ihm ein Gedanke, der ihn ein wenig tröstete. »Die Natter braucht vielleicht gar nicht so schrecklich alt zu werden, sie wird ja wohl nicht immer wohlbeschützt unter einer Baumwurzel liegen«, dachte er. »Wenn sie nur erst die Raupen fortgeschafft hat, dann weiß ich einen, der ihr die Gurgel abbeißt.«

Ja, über die Raupen war wirklich eine Krankheit gekommen, aber im ersten Sommer verbreitete sie sich nicht in großer Ausdehnung. Kaum war sie ausgebrochen, da war es für die Raupen Zeit, sich einzupuppen, und aus den Puppen schlüpften dann Millionen von Schmetterlingen. Diese flatterten in jeder Nacht, Schneeflocken gleich, zwischen den Bäumen umher und legten unzählige Eier. Für das nächste Jahr konnte man sich auf noch größere Verheerungen gefaßt machen.

Die Verheerung kam, aber nicht allein für den Wald, sondern auch über die Raupen selbst. Die Seuche verbreitete sich rasch von einer Waldstrecke zur andern. Die erkrankten Raupen fraßen nicht mehr; sie krochen in den Gipfel des Baums hinauf und starben da. Unter den Menschen herrschte große Freude, als sie die Raupen sterben sahen; aber noch größere Freude griff unter den Tieren Platz. Der Hund Karr wanderte Tag um Tag in grimmiger Freude umher und dachte nur an den Augenblick, wo er es wagen dürfte, dem alten Hilflos die Gurgel abzubeißen.

Die Raupen hatten sich jedoch schon in meilenweitem Umkreis über den Nadelwald ausgebreitet, und auch in diesem Sommer erreichte die Krankheit nicht alle; viele blieben am Leben, die sich einpuppten und Schmetterlinge wurden.

Durch Zugvögel erhielt Karr oft Grüße von Graufell, der ihm sagen ließ, er sei noch am Leben, und es gehe ihm gut. Aber die Vögel vertrauten Karr an, Graufell sei wiederholt von Wilderern hart verfolgt worden und ihnen nur mit knapper Not entkommen.

Karr verzehrte sich in Sorge und Kummer und Heimweh nach Graufell. Aber noch zwei Sommer mußte er ausharren. Da erst war es zu Ende mit den Raupen.

Kaum hörte Karr den Waldhüter sagen, jetzt sei der Wald außer Gefahr, als er sich auch schon auf die Jagd nach dem alten Hilflos begab. Aber als er in das Dickicht kam, machte er eine entsetzliche Entdeckung: er konnte nicht mehr jagen, konnte nicht mehr rennen, konnte seinen Feind nicht aufspüren, konnte gar nichts mehr sehen. Während der langen Wartezeit war leise das Alter über Karr hereingebrochen; ohne daß er es gemerkt hatte, war er alt geworden. Nicht einmal eine Natter konnte er mehr totbeißen; er war nicht fähig, seinen Freund Graufell von seinem Feinde zu befreien.

Die Rache

Eine Nachmittags ließ sich Akka von Kebnekajse mit ihrer Schar am Ufer eines Wildsees nieder. Sie befanden sich zwar noch im Kolmarden, hatten aber Ostgötland schon verlassen und waren jetzt im Jönaker Bezirk in Södermanland.

Wie es in den Gebirgsgegenden der Fall zu sein pflegt, brach der Frühling hier sehr spät an, und der ganze See war bis auf einen schmalen offenen Rand am Ufer noch ganz mit Eis bedeckt. Die Gänse stürzten sich sofort ins Wasser, um zu baden und Nahrung zu suchen; aber Nils Holgersson hatte am Vormittag seinen Holzschuh verloren und ging deshalb zwischen die am Ufer wachsenden Erlen und Birken hinein, um etwas zu suchen, das er sich an den Fuß binden könnte.

Der Junge mußte ziemlich weit gehen, bis er etwas Passendes fand, und er sah sich unruhig um, denn es kam ihm nicht ganz geheuer im Walde vor. »Nein, da ziehe ich Wasser und ebenes Land vor«, dachte er, »denn da sieht man doch, wohin man kommt. Wenn dies wenigstens ein Buchenwald wäre, dann ginge es noch an; dort ist fast kein Unterholz, aber Birken- und Fichtenwälder sind gar so wild und unwegsam. Ich verstehe nicht, wie die Leute sich das gefallen lassen. Wenn dieser Wald hier mir gehörte, würde ich die ganze Herrlichkeit abhauen lassen.«

Schließlich entdeckte er ein Stück Birkenrinde und probierte es eben an seinen Fuß, als er hinter sich etwas rascheln hörte. Er wendete sich um und sah eine Schlange, die, durch das Unterholz kriechend, gerade auf ihn zukam. Sie war ungewöhnlich lang und dick; aber der Junge sah sogleich, daß sie auf beiden Seiten ihres Kopfes einen weißen Fleck hatte, und blieb deshalb ruhig stehen. »Es ist ja nur eine Natter«, dachte er, »die kann mir wohl nichts tun.«

Im nächsten Augenblick aber bekam er einen so heftigen Stoß von der Schlange, daß er umfiel. Er war zwar im Nu wieder auf den Beinen und rannte davon, aber die Schlange verfolgte ihn. Der Boden war steinig und mit Gestrüpp bewachsen, deshalb kam der Junge nicht sehr schnell vorwärts, und die Schlange war ihm dicht an den Fersen.

Plötzlich erblickte er einen großen, steil aufragenden Felsblock, und rasch kletterte er hinauf. »Hierher kann mir die Natter nicht folgen«, dachte er. Aber als er glücklich droben war und sich umschaute, sah er, daß die Schlange hinter ihm hinaufzuklettern versuchte.

Oben auf dem Felsblock, dicht neben dem Jungen, lag ein andrer Stein, rund und so groß wie ein Menschenkopf. Er lag ganz lose auf einem schmalen Rande; es war fast unbegreiflich, wie er überhaupt daliegen konnte. Als nun die Schlange näher kam, sprang der Junge hinter den runden Stein und versetzte diesem einen Stoß. Der Stein rollte auf die Schlange, riß sie mit auf den Boden hinunter und blieb da gerade auf dem Schlangenkopf liegen.

»Der Stein hat seine Sache gut gemacht«, dachte der Junge und stieß einen Seufzer der Erleichterung aus. Er sah, wie die Schlange noch ein paar heftige Zuckungen machte und dann ganz ruhig liegenblieb. »Ich glaube, ich bin auf der ganzen Reise fast noch nie in größerer Gefahr gewesen!« rief er noch nachträglich schaudernd aus.

Aber kaum hatte er sich etwas von seinem Schrecken erholt, da hörte er ein Sausen in der Luft, und im nächsten Augenblick ließ sich ein Vogel dicht neben der Schlange nieder. Der Vogel war ungefähr von der Größe und Gestalt einer Krähe, hatte aber ein schönes Gewand aus schwarzen, metallisch glänzenden Federn. Vorsichtig zog sich der Junge in einen Spalt des Felsblockes zurück. Die Erinnerung an sein Abenteuer mit den Krähen war noch frisch in seinem Gedächtnis, und er wollte sich deshalb nicht zeigen, wenn es durchaus nicht nötig war.

Der schwarze Vogel ging mit langen Schritten neben dem Schlangenkörper hin und her und drehte ihn mit dem Schnabel um. Schließlich schlug er mit den Flügeln und schrie mit heiserer, gellen der Stimme: »Diese tote Natter hier ist gewiß der alte Hilflos!«

Noch einmal schritt er die Schlange entlang, dann blieb er in tiefem Nachdenken stehen und kratzte sich mit dem Fuß im Nacken. »Es kann unmöglich zwei so große Schlangen hier im Walde gegeben haben«, sagte er. »Er ist es ganz gewiß.«

Der Vogel war schon im Begriff, seinen Schnabel in die Schlange zu schlagen, da besann er sich plötzlich eines andern. »Sei kein Dummrian, Bataki«, sagte er. »Du wirst doch die Schlange nicht fressen, ehe du Karr herbeigerufen hast. Er würde nie und nimmer glauben, daß der alte Hilflos tot sei, wenn er ihn nicht hier selbst liegen sähe.«

Der Junge gab sich alle Mühe, ganz still zu sein; aber als er den Vogel so lächerlich-feierlich auf und ab schreiten sah und mit sich selbst sprechen hörte, konnte er das Lachen nicht unterdrücken.

Der Vogel hörte es, und mit einem einzigen Flügelschlag war er droben auf dem Stein. Rasch richtete sich der Junge auf und ging auf den Vogel zu. »Bist du nicht der Rabe, der Bataki genannt wird und ein guter Freund von Akka von Kebnekajse ist?« fragte er.

Der Vogel betrachtete den Jungen genau und nickte dann dreimal mit dem Kopfe. »Du bist doch wohl nicht der Junge, der mit den Wildgänsen umherzieht und den sie Däumling nennen?« fragte er.

»Doch, der bin ich«, antwortete der Junge. »Ei, das ist

herrlich, daß ich dich treffe!« rief der Rabe. »Du kannst mir vielleicht sagen, wer diese Natter erschlagen hat?«

»Der Stein hier war es. Ich habe ihn auf die Natter hinuntergerollt, und er hat sie erschlagen«, sagte der Junge und erzählte hierauf dem Raben, wie alles zugegangen war.

»Das ist ein ordentliches Stück Arbeit für einen so kleinen Kerl wie du«, sagte der Rabe. »Ich habe hier in der Nähe einen Freund, der wird sehr beglückt sein, wenn er hört, daß die Schlange tot ist, und ich wünschte, ich könnte dir einen Gegendienst leisten.«

»Dann sage mir, warum du dich über den Tod der Schlange so sehr freust«, erwiderte der Junge.

»Ach, das ist eine lange Geschichte!« seufzte der Rabe. »Wenn du sie anhören müßtest, würde dir bald die Geduld ausgehen.«

Aber der Junge behauptete, er würde die Geduld sicher nicht verlieren, und so erzählte ihm denn der Rabe die ganze Geschichte von Karr und Graufell und der Natter Hilflos. Als er damit fertig war, schwieg der Junge noch eine Weile und starrte nur immer geradeaus. »Ich danke dir recht schön«, sagte er schließlich. »Nun ich dies alles gehört habe, ist es mir, als kennte ich mich hier im Walde viel besser aus. Ich möchte wohl wissen, ob von dem großen Friedenswalde noch etwas übriggeblieben ist!«

»Das meiste davon ist verheert«, entgegnete Bataki. »Die Bäume sehen aus, als sei ein Waldbrand über sie hingegangen; sie müssen gefällt werden, und es wird viele Jahre dauern, bis der Wald wieder das ist, was er früher war.«

»Diese Schlange hier hat wirklich den Tod verdient«, sagte der Junge. »Aber ich möchte doch wissen, ob sie tatsächlich sicher war, daß sie die Seuche unter die Raupen schicken konnte?«

»Vielleicht wußte sie, daß die Nonnen auf diese Weise umkommen würden«, sagte Bataki.

»Das ist wohl möglich; jedenfalls war der alte Hilflos ein äußerst kluges Tier, soviel ist sicher.« Der Junge schwieg, und der Rabe hatte auch gar nicht auf ihn gehört; er lauschte mit abgewendetem Kopf in den Wald hinein. »Hörst du!« sagte er. »Karr ist in der Nähe. Wie glücklich wird er sein, wenn er erfährt, daß der alte Hilflos tot ist.«

Der Junge drehte den Kopf nach der Seite, woher der Ton kam. »Er spricht mit den Wildgänsen«, sagte er.

»Ja, er hat sich wohl an den Strand hinuntergeschleppt, um das Neueste von Graufell zu erfahren.«

Nun hüpften der Rabe und der Junge eiligst von dem Felsblock herunter und liefen miteinander nach dem Strande. Alle Gänse waren aus dem Wasser herausgegangen; sie umringten einen alten Hund, ein gichtbrüchiges, schwaches Tier, das aussah, als könnte es jeden Augenblick tot umfallen.

»Siehst du, das ist Karr«, sagte Bataki zu dem Jungen. »Laß ihn nun zuerst hören, was ihm die Wildgänse zu berichten haben, nachher sagen wir ihm dann, daß die Schlange tot ist.«

Und sie hörten zu, was Akka dem guten Karr mitteilte.

»Es war im vorigen Jahre, auf unserer Frühlingsreise«, begann sie. »Eines Morgens waren wir, Yksi und Kaksi und ich, von Siljan in Dalarna weggeflogen, und unser Weg führte uns über die großen Grenzwälder zwischen Dalarna und Hälsingeland. Unter uns sahen wir nichts als den schwarzgrünen Nadelwald. Zwischen den Bäumen lag noch hoher Schnee, die Flüsse waren noch zugefroren, aber da und dort schimmerte eine offene Wake, und an den Ufern war der Schnee teilweise schon ganz verschwunden. Wir sahen fast nirgends Dörfer oder große Höfe, nur graue Sennhütten, die jetzt im Winter öde und verlassen waren. Ab und zu erblickten wir auch einen schmalen gewundenen Waldweg; da hatten die Leute während des Winters gefällte Bäume heimgefahren, und drunten an den Flüssen lagen große Stapel Bauholz aufgeschichtet.

Während wir nun so dahinflogen, sahen wir drei Jäger, die drunten durch den Wald gingen. Sie liefen auf Schneeschuhen, hatten Hunde am Riemen und das Messer im Gürtel, aber keine Flinten bei sich. Der Schnee hatte eine harte Eiskruste, und die Jäger hielten sich nicht an die gewundenen Waldpfade, sondern liefen ganz geradeaus. Es sah aus, als wüßten sie recht wohl, wohin sie sich zu wenden hätten, um das zu finden, was sie suchten.

Wir Wildgänse flogen hoch in der Luft dahin, und der ganze Wald lag deutlich erkennbar unter uns. Als wir die Jäger erblickten, hätten wir gar zu gerne gewußt, was für ein Wild sie erjagen wollten. Wir flogen deshalb hin und her und spähten zwischen die Bäume hinein. Da sahen wir in einem dichten Gehölz etwas, das wie große moosbewachsene Steine aussah. Aber es konnten doch keine Steine sein, denn es lag gar kein Schnee darauf.

Nun flogen wir eilig hinab und ließen uns mitten in dem Gehölz nieder. Da bewegten sich die drei Felsenblöcke. Es waren drei Elche, die da in dem Waldesdunkel lagen: ein Elchstier und zwei Kühe. Als wir uns niederließen, stand der Elchstier auf und kam auf uns zu. Es war der größte und schönste Elch, den wir je gesehen hatten. Aber als er merkte, daß ihn nur so ein paar arme Wildgänse geweckt hatten, legte er sich wieder nieder.

›Nein, Väterchen, leg dich nicht wieder schlafen‹, sagte ich da zu ihm. ›Flieht, so rasch ihr könnt; es sind Jäger im Walde, und sie steuern geradewegs auf euren Aufenthaltsort zu.‹

›Hab schönen Dank für die Warnung, Gänsemutter‹, sagte der Elch, schon wieder halb im Schlafe. ›Aber Ihr wißt doch wohl, daß uns Elchen seit vielen Jahren hier im Walde eine Freistatt gewährt ist. Diese Jäger sind wahrscheinlich nur auf die Fuchsjagd ausgezogen.‹ Es waren eine Menge Fuchsspuren im Schnee, aber die Jäger beachteten sie gar nicht. ›Glaubt mir, ihr Elche! Sie wissen, daß ihr hier liegt. Sie kommen hierher, euch zu erlegen. Ohne Flinte, nur mit Spieß und Messer bewaffnet, sind sie ausgezogen, weil sie um diese Zeit hier im Walde nicht zu schießen wagen.‹

Der Elchstier blieb ebenso ruhig liegen wie vorher, aber die Elchkühe wurden ängstlich.

›Es ist vielleicht doch so, wie die Wildgänse sagen!‹ – riefen sie und richteten sich auf.

›Bleibt nur ruhig liegen!‹ befahl der Stier. ›Es kommen keine Jäger hierher; ihr dürft euch darauf verlassen.‹

Es war nichts zu machen, und so flogen wir Wildgänse wieder in die Luft hinauf«, fuhr Akka fort. »Aber wir schwebten noch über demselben Platze hin und her, denn wir wollten sehen, wie es den Elchen ergehen würde. Und kaum hatten wir uns zu unserer gewöhnlichen Flughöhe erhoben, als wir den Elchstier aus dem Dickicht heraustreten sahen. Er witterte ringsum und ging dann geradewegs auf die Jäger zu. Beim Dahinschreiten trat er auf große Zweige, die mit lautem Krachen zerbrachen. Nun kam er an ein weites, kahles Moor. Er ging darauf hinaus und stellte sich mitten auf das offene Moor, wo ihm nichts Schutz bot.

Und dort blieb der Elch stehen, bis die Jäger am Waldrand auftauchten. In demselben Augenblich aber warf er sich herum und entfloh in einer andern Richtung als in der, woher er gekommen war. Die Jäger ließen die Hunde los, und sie selber liefen auf ihren Schneeschuhen so rasch wie möglich hinter ihm her.

Mit weit zurückgeworfenem Kopf rannte der Elch in größter Eile davon. Unter seinen Hufen flog der Schnee empor und stob um ihn her wie eine dichte Wolke. Hunde und Jäger blieben weit zurück. Jetzt blieb der Elch stehen, wie um sie zu erwarten, und erst, als sie wieder in seinem Gesichtskreis auftauchten, stürmte er weiter. Wir errieten, daß es seine Absicht war, die Jäger von dem Lagerplatz der Kühe wegzulocken, und wir lobten ihn um seiner Tapferkeit willen; er selbst begab sich in Gefahr, damit den Seinigen kein Leid widerfahren sollte. Keine von uns wollte den Ort verlassen, bis wir wüßten, wie die Sache ablaufen würde.

Ein paar Stunden ging die Jagd in derselben Weise fort, und wir verwunderten uns, daß die Jäger sich die Mühe machten, den Elch immer weiter zu verfolgen, da sie doch keine Gewehre bei sich hatten. Sie konnten sich doch wohl nicht einbilden, sie wären imstande, im Laufen länger auszuhalten als so ein Renner wie dieser Elch. Aber allmählich entfloh der Elch nicht mehr mit derselben Geschwindigkeit. Er setzte die Füße vorsichtiger auf den Schnee. Und wenn er sie wieder herauszog, glaubten wir Blutspuren zu erkennen.

Da begriffen wir, warum die Jäger so beharrlich waren. Sie rechneten auf die Hilfe des Schnees. Der Elch war schwer, bei jedem Schritt sank er bis auf den Grund der Schneeschicht ein, und dabei scheuerte ihm die harte Eiskruste des Schnees die Beine wund. Sie schabte ihm die Haare weg und riß ihm die Haut auf, und das tat dem Elch bei jedem Schritt bitter weh.

Die Jäger und Hunde dagegen, die von viel leichterem Gewicht waren, konnten auf der Eisdecke gehen und verfolgten den Elch immer weiter. Er floh und floh, aber seine Schritte wurden immer unsicherer und schwankender, und er keuchte gewaltig. Er litt nicht allein starke Schmerzen, das Waten durch den tiefen Schnee ermüdete ihn auch zusehends.

Schließlich verlor er die Geduld. Er hielt an und ließ die Hunde und Jäger herankommen, um den Kampf mit ihnen aufzunehmen. Während er so dastand und auf seine Verfolger wartete, warf er einen Blick nach oben, und als er uns Wildgänse, die über ihm schwebten, sah, rief er: ›Bleibet hier, Wildgänse, bis alles zu Ende ist! Und wenn ihr wieder über den Kolmarden hinzieht, dann suchet den Hund Karr auf und saget ihm, daß sein Freund Graufell einen schönen Tod gehabt habe.‹«

Als Akka so weit in ihrer Erzählung gekommen war, richtete sich der alte Hund auf und ging zwei Schritte näher zu ihr hin. »Graufell hat ein gutes Leben geführt«, sagte er. »Er kennt mich. Er weiß, daß ich ein tapferer Hund bin und mich nur freue, wenn ich zu hören bekomme, daß er einen schönen Tod gehabt hat. Erzähl mir nun . . .« Bei diesen Worten wedelte Karr mit dem Schwanze und hob den Kopf, wie um eine kecke, stolze Haltung anzunehmen, sank aber dann gleich wieder zusammen. »Karr, Karr!« ertönte eine menschliche Stimme aus dem Walde heraus.

Rasch stand der alte Hund auf. »Mein Herr ruft mich«, sagte er, »und ich zögere nicht, ihm zu folgen. Ich sah ihn vorhin seine Flinte laden, und wir beide werden nun zum letzten Male miteinander in den Wald gehen. Ich danke dir, liebe Wildgans. Nun weiß ich alles, was ich zu wissen brauchte, um zufrieden in den Tod zu gehen.«

Im Bergwerkdistrikt

Donnerstag, 28. April

Die Wildgänse hatten eine beschwerliche Reise. Es war ihre Absicht gewesen, gleich nachdem sie gefrühstückt hätten, geradewegs nordwärts über Västmanland hinzuziehen, aber der Westwind nahm zu und trieb sie anstatt dessen ostwärts ganz an die Grenze von Uppland.

Sie flogen hoch droben, und der Wind jagte sie in größter Eile davon. Der Junge schaute hinunter, um zu sehen, wie es in Västmanland beschaffen sei, konnte aber nicht viel unterscheiden. Der östliche Teil dieser Landschaft war flach und eben, das sah er deutlich, aber er konnte nicht begreifen, was alle die Furchen und Striche bedeuteten, die von Norden nach Süden und quer über die Ebene hinliefen. Das alles sah höchst wunderbar aus, denn fast alle die Striche erstreckten sich beinahe schnurgerade und mit ganz gleichem Zwischenraum.

»Dieses Land ist ebenso gestreift wie die Schürze meiner Mutter«, sagte der Junge. »Ich möchte nur wissen, was das für Steifen sind, die darüber hinlaufen?«

»Flüsse und Bergrücken, Straßen und Eisenbahnen!« antworteten die Wildgänse. »Flüsse und Bergrücken, Straßen und Eisenbahnen!«

Und das war wirklich wahr, denn als die Gänse ostwärts getrieben wurden, kamen sie zuerst über den Hedstrom, der zwischen zwei Bergrücken fließt und neben dem eine Eisenbahn hinläuft. Dann erreichten sie den Kolbäkfluß, der auf seiner einen Seite eine Eisenbahn und auf der andern einen Bergrücken hat, über den eine Landstraße führt. Hierauf kam der Svarta, der auch an Bergen und Landstraßen hinfließt, dann der Lilla mit dem Badelundberg und schließlich der Saga mit Straße und Eisenbahn auf seiner rechten Seite.

»Noch nie in meinem Leben habe ich so viele Wege gesehen, die alle von einer Seite herkommen«, dachte der Junge. »Es müssen doch schrecklich viele Waren von Norden her durch dieses Land hindurchgeführt werden.«

Zugleich erschien ihm das aber sehr merkwürdig, denn der Junge glaubte, gleich hinter Västmanland sei Schweden zu Ende. Was dann noch käme, könne nicht viel andres sein als Wald und Einöde.

Als der Wind die Wildgänse ganz bis zum Saga hingetrieben hatte, mußte Akka erkannt haben, daß sie woanders hingekommen war, als sie beabsichtigt hatte, denn hier drehte sie um, und die Schar arbeitete sich bei heftigem Gegenwind zurück gegen Westen. Sie flogen also noch einmal über die gestreifte Ebene und dann nach dem westlichen Teil der Landschaft, die aus waldigem Hügelland bestand.

Solange es über die Ebene hinging, hatte sich der Junge über den Hals des Gänserichs gebeugt und hinabgeschaut, aber als sie die Ebene hinter sich hatten, richtete er sich auf, um seine Augen ausruhen zu lassen, denn da, wo die Erde mit Wald bedeckt ist, gab es selten etwas Besonderes zu sehen.

Als sie jedoch eine Strecke über die Waldhügel hingeflogen waren, war es dem Jungen plötzlich, als höre er drunten auf der Erde etwas knirschen und ächzen.

Da mußte er sich natürlich wieder vorbeugen und hinuntersehen. Die Wildgänse flogen jetzt bei dem starken Gegenwind nicht besonders rasch, deshalb konnte der Junge das Land unter sich sehr deutlich erkennen. Das erste, was er sah, war ein schwarzes Loch, das senkrecht in die Erde hineinging. Über dem Loch war von großen Balken ein Hebewerk errichtet, und das Hebewerk holte unter Knirschen und Ächzen eben eine mit Felsenstücken beladene Tonne herauf. Rings herum lagen große Steinhaufen; in einem Schuppen zischte eine Dampfmaschine. Frauen und Kinder saßen in einem Kreis auf dem Boden und sortierten die Steine. Auf einer kleinen Schienenbahn rollten ein paar mit grauen Steinen beladene Wagen dahin, und am Waldessaum lagen kleine Arbeiterwohnungen.

Der Junge konnte nicht begreifen, was das sein sollte, und aus vollem Halse rief er auf die Erde hinunter: »Was ist denn das für ein Ort, wo man so viele Feldsteine aus der Erde heraufholt?«

»Hört den Dummrian! Hört den Dummrian!« zwitscherten die Sperlinge, die hier daheim waren und gut Bescheid wußten. »Er kann Eisenerz nicht von Feldsteinen unterscheiden! Er kann Eisenerz nicht von Feldsteinen unterscheiden!«

Da erkannte der Junge, daß das, was er da unten sah, eine Grube war. Er war ziemlich enttäuscht, denn er hatte geglaubt, eine Grube müßte auf einem hohen Berg liegen, diese hier aber lag auf dem ebenen Boden zwischen zwei Hügeln.

Bald hatten die Wildgänse die Grube hinter sich; der Junge saß wieder aufrecht und sah geradeaus, denn die Waldhügel und die Birkengehölze, die da unter ihm lagen, hatte er schon gar so oft gesehen. Da drang plötzlich eine starke Hitze von der Erde bis zu ihm herauf, und rasch mußte er sich wieder vorbeugen, um zu sehen, woher sie käme.

Unter ihm lagen große Haufen Kohlen und Erz, und zwischen diesen stand ein hohes, achteckiges, rot angestrichenes Gebäude, das eine ganze Flammengarbe zum Himmel hinaufsandte.

Zuerst konnte sich der Junge nichts andres denken, als daß da unten eine Feuersbrunst ausgebrochen sei; aber als er sah, wie die Leute ruhig umhergingen und sich nicht im geringsten um das Feuer kümmerten, da wußte er gar nicht, was er daraus machen sollte.

»Was ist denn das für ein Ort, wo sich niemand darum kümmert, wenn ein Haus in Flammen steht?« rief er auf die Erde hinunter.

»Trala! Der hat Angst vor dem Feuer!« zwitscherten die Finken, die am Waldrande nisteten und wohl wußten, was in ihrer Nachbarschaft vorging. »Er weiß nicht, wie das Eisen aus dem Erz herausgeschmolzen wird. Er kann das Feuer aus einem Schmelzofen nicht von einer Feuersbrunst unterscheiden!«

Bald hatten die Wildgänse den Schmelzofen hinter sich, und der Junge schaute, wieder aufrecht sitzend, geradeaus, weil er meinte, in dieser Waldgegend sei nichts Besonderes zu sehen.

Aber sie waren noch nicht weit gekommen, als aus der Tiefe der Erde ein fürchterlicher Lärm und Spektakel zu ihm heraufdrang, und als er hinunterschaute, fiel ihm zuerst ein Wasserfall auf, der über eine Felsenwand hinunterstürzte. Neben dem Wasserfall stand ein großes Gebäude mit einem schwarzen Dach und einem hohen Schornstein, der einen dicken, mit Funken vermischten Rauch ausstieß. Vor dem Gebäude lagen Eisenklumpen und Eisenstangen und wirkliche kleine Berge von Kohlen. Der Boden war weit umher ganz schwarz, und nach allen Seiten hin erstreckten sich schwarze Pfade. Aus dem Gebäude heraus tönte ein unbeschreiblicher Lärm; es dröhnte und donnerte ununterbrochen, und es war, als ob sich jemand mit gewaltigen Schlägen gegen ein brüllendes wildes Tier zu verteidigen suchte. Aber merkwürdigerweise kümmerte sich niemand um das, was hier vorging. Eine Strecke weiter hin lagen Arbeiterwohnungen unter grünen Bäumen, und noch etwas weiter ragte ein großer weißer Herrensitz auf. Auf den Stufen vor den Arbeiterwohnungen spielten die Kinder seelenvergnügt, und in der Allee, die zum Herrenhofe führte, gingen die Leute vollkommen beruhigt spazieren.

»Was ist denn das für ein Ort, wo sich niemand darum kümmert, wenn die Leute in dem Gebäude dort einander totschlagen?« rief der Junge hinunter.

»Hak ak ak ak, der hat eine Ahnung! Hak ak ak ak!« lachte eine Elster. »Dort wird niemand in Stücke gerissen. Das Eisen siedet und zischt, wenn es unter den Hammer kommt.«

Bald waren die Wildgänse auch über das Eisenwerk hinweggeflogen; der Junge hatte sich abermals aufgerichtet und schaute geradeaus, denn er dachte, jetzt sei hier im Walde gewiß nichts Besonderes mehr zu sehen.

Nachdem sie eine Weile geflogen waren, hörte der Junge eine Glocke läuten, und noch einmal mußte er sich vorbeugen, um zu sehen, woher der Klang käme.

Da sah er unter sich einen Bauernhof, wie er noch nie einen gesehen hatte. Das Wohnhaus war ein langes, rot angestrichenes, einstöckiges Gebäude; es war nicht einmal übermäßig groß, aber was den Jungen in Verwunderung setzte, waren die vielen großen, stattlichen Wirtschaftsgebäude, die daneben lagen. Der Junge wußte ungefähr, wie viele Nebengebäude zu einem Hofe gehörten, hier aber waren alle doppelt und dreifach vorhanden. So einen Überfluß an Wirtschaftsgebäuden hätte er sich nie träumen lassen. Und er konnte sich auch durchaus nicht denken, was darin aufbewahrt werden sollte, denn in der Nähe des Hofes waren fast gar keine bebauten Felder. Drinnen im Walde sah er wohl ein paar kleine Äcker; diese waren aber einerseits so klein, daß man sie kaum Äcker nennen konnte, und andrerseits stand auf jedem von ihnen schon eine Scheune, wo die zu erwartende Ernte untergebracht werden konnte.

Auf dem Stallgebäude hing die Vesperglocke in einem Türmchen, und das Läuten dieser Glocke hatte der Junge vorhin vernommen. Eben ging der Bauer mit seinen Knechten nach der Küche, und der Junge sah, daß er ein zahlreiches stattliches Gesinde hatte.

»Was sind das für Leute, die mitten im Walde, wo es doch kein Ackerland gibt, so große Höfe bauen?« rief der Junge hinunter.

Auf dem Misthaufen stand der Hofhahn, und er blieb die Antwort nicht schuldig.

»Kikeriki! Dies ist ein altes Bergwerk! Ein altes Bergwerk!« krähte er. »Die Äcker liegen unter der Erde! Die Äcker liegen unter der Erde!«

Jetzt verstand der Junge. Das war kein gewöhnliches Waldland, über das man nur so hinfliegen durfte. Ringsum waren allerdings Wälder und Berge, diese aber bargen unglaublich viel Merkwürdiges in ihrer Mitte.

Er sah Grubenfelder, wo die Hebebäume am Umfallen waren, weil die Erde durch Grubenlöcher schon ganz durchbohrt war, dann andre Grubenfelder, wo noch immer gearbeitet wurde; von diesen dröhnten dumpfe Sprengschüsse bis zu den Wildgänsen herauf, und in deren Nähe zogen sich die Arbeiterwohnungen wie ganze Dörfer am Waldrande hin. Er sah auch alte verlassene Schmiedewerkstätten, wo er durch die eingestürzten Dächer hindurch auf riesige eisenbeschlagene Hammerstiele und plump gemauerte Essen sehen konnte. Dann kamen wieder große Eisenwerke, wo so eifrig gearbeitet und gehämmert wurde, daß die Erde erzitterte. Tief drinnen in der Waldeinöde lagen still verborgen kleine Weiler, die aussahen, als wüßten sie gar nichts von dem Gelärm um sie her. Dann sah er Luftbahnen, an deren Drahtseilen die mit Erz beladenen Körbe lautlos hin und her glitten. In allen Wasserfällen drehten sich klappernde Räder, elektrische Leitungen führten durch den stillen Wald, und ungeheuer lange Eisenbahnzüge kamen dahergerollt, Züge von sechzig bis siebzig mit Erz und Kohlen, mit Eisenstangen, Eisenblech und Stahldraht beladenen Wagen.

Nachdem der Junge dies alles eine Weile aufmerksam betrachtet hatte, konnte er sich nicht länger zurückhalten.

»Wie heißt denn dieses Land hier, wo nichts als Eisen wächst?« fragte er, obgleich er jetzt wußte, daß die Vögel drunten ihn verspotten würden.

Da fuhr ein alter Uhu, der in einer verlassenen Schmelzhütte eben ein Schläfchen machte, aus dem Traume auf, streckte seine runden Kopf heraus und rief mit unheimlich krächzender Stimme: »Uhu, uhu, uhu! Das Land heißt Bergwerkdistrikt! Wenn hier kein Eisen wüchse, würden bis zum heutigen Tag nichts als Bären und Eulen hier wohnen.«

Der Eisenhammer

Donnerstag, 28. April

Der heftige Westwind blies fast den ganzen Tag hindurch, während die Wildgänse über den Bergwerkdistrikt hinflogen; und sobald sie sich gen Norden wenden wollten, wurden sie wieder ostwärts getrieben. Aber Akka glaubte, der Fuchs Smirre versuche ihnen durch den östlichen Teil des Landes zu folgen, deshalb wollte sie nicht nach dieser Seite fliegen, und so drehte sie einmal ums andre wieder um und arbeitete sich mühselig gen Westen zurück. Auf diese Weise kamen die Wildgänse nur sehr langsam vorwärts, und am Nachmittag waren sie noch immer im Bergwerkdistrikt von Västmanland. Gegen Abend legte sich indes der Wind, und die ermatteten Reisenden hofften, vor Sonnenuntergang mit Leichtigkeit noch eine gute Strecke zurücklegen zu können. Aber da fuhr plötzlich eine heftige Windsbraut daher, die die Wildgänse wie Bälle vor sich hertrieb, und der Junge, der ganz sorglos dasaß und an nichts Böses dachte, wurde unvermutet von dem Gänserücken aufgehoben und in den weiten Luftraum hinausgeschleudert.

Der Junge war indes so klein und leicht, daß er bei dem heftigen Sturm nicht geradewegs auf die Erde hinunterfiel, sondern zuerst eine Strecke weit mit dem Winde fortgetrieben wurde, dann erst sank er langsam und flatternd hinunter, gerade wie ein Blatt, das von einem Baum herabwirbelt.

»Oh, das ist nicht gefährlich!« dachte der Junge noch im Fallen. »Ich sinke so langsam auf den Boden hinunter, wie wenn ich ein Blatt Papier wäre. Gänserich Martin wird schon heruntersausen und mich auflesen.«

Als er unten auf der Erde angekommen war, riß er zuerst die Mütze vom Kopfe und winkte mit ihr, damit der Gänserich sehen könnte, wo er war. »Hier bin ich, wo bist du? Hier bin ich, wo bist du?« rief er und war fast erstaunt, als der Gänserich Martin nicht schon neben ihm stand.

Aber der große Weiße war nirgends zu sehen, und ebensowenig hob sich die Schar der Wildgänse irgendwo vom Himmel ab. Sie waren spurlos verschwunden.

Dies kam zwar dem Jungen etwas sonderbar vor, aber er beunruhigte sich deshalb nicht. Es fiel ihm keinen Augenblick ein, Mutter Akka und der Gänserich Martin könnten ihn im Stich lassen. Er dachte, der heftige Windstoß habe sie wohl mitgenommen, und sobald sie umdrehen könnten, würden sie zurückkehren, ihn zu holen.

Aber was war denn das? Wo befand er sich denn eigentlich? Zuerst hatte er immer nur zum Himmel hinaufgeschaut, um die Wildgänse zu entdecken, aber jetzt hatte er sich plötzlich umgesehen. Er war gar nicht auf die ebene Erde hinabgefallen, sondern in eine tiefe, weite Bergschlucht, oder was es sonst sein mochte. Es war ein Raum, so groß wie eine Kirche, mit fast senkrechten Felswänden auf allen Seiten, ohne irgendein Dach darüber. Auf dem Boden lagen einige große Felsblöcke zerstreut, und zwischen diesen wuchsen Moos und Heidekraut und kleine niedrige Birken. Da und dort waren an den Felswänden hervorspringende Felsen, und von diesen hingen zerbrochene Leitern herab. Auf der einen Seite gähnte ein tiefes Gewölbe, das aussah, als ginge es weit, weit in den Berg hinein.

Der Junge war nicht umsonst einen ganzen Tag lang über die vielen Bergwerke hingeflogen. Er erriet gleich, daß diese große Schlucht von Menschen geschaffen worden war, die in alten Zeiten hier Erz aus dem Gebirge gebrochen hatten. »Ich muß gleich versuchen, ob ich hinaufklettern kann«, dachte er, »denn sonst finden mich meine Reisekameraden am Ende nicht mehr.«

Er wollte gerade an die Felswand herangehen, als er sich von hinten angefaßt fühlte und eine rauhe Stimme vernahm, die ihm ins Ohr brummte: »Was bist du denn für ein Geschöpf?«

Rasch wendete sich der Junge um, und in der ersten Bestürzung glaubte er einem großen, mit langem braunem Moos bedeckten Felsblock gegenüberzustehen; aber dann sah er, daß der Felsblock breite Füße, einen Kopf, Augen und ein großes brummendes Maul hatte.

Der Junge brachte kein Wort heraus, und das große Tier schien auch gar keine Antwort zu erwarten. Es warf den kleinen Wicht um, rollte ihn mit der Tatze hin und her und schnupperte an ihm herum. Es sah aus, als wollte es den Jungen im nächsten Augenblick verschlingen, doch da schien es sich anders zu besinnen und rief: »Murre und Brumme, kommt, kommt! Hier ist ein guter Bissen für euch!«

Augenblicklich kamen zwei zottelige Jungen dahergetrottet, die noch unsicher auf den Beinen waren und eine ganz weiche Haut wie junge Hunde hatten.

»Was hast du denn gefunden, Bärenmutter? Dürfen wir es sehen?« riefen die Jungen.

»Na, da bin ich also unter die Bären geraten«, dachte der Junge. »Ja, nun kann sich Smirre wohl die Mühe sparen, noch länger hinter mir herzujagen.«

Mit ihrer Schnauze hob die Bärenmutter den Fund ihren Jungen zu; das eine packte ihn auch sogleich mit dem Maule und lief mit ihm davon. Aber es biß nicht hart zu, denn es war ausgelassen und wollte erst eine Weile mit dem Däumling spielen, ehe es ihn umbrächte. Das zweite Junge lief hinter dem ersten her, ihm das Spielzeug abzujagen; es humpelte und trottete aber so schwerfällig daher, daß es seinem Bruder, der den Jungen in der Schnauze hatte, gerade auf den Kopf fiel. Und dann wälzten sich die beiden übereinander, bissen und balgten sich und brummten dazu.

Während die beiden jungen Bären so beschäftigt waren, gelang es dem Jungen zu entwischen; er rannte hurtig zu der Felswand hin und begann hinaufzuklettern.

Aber die beiden Bärenjungen stürzten hinter ihm her, kletterten rasch und behende die Wand hinauf, holten den

Jungen ein und warfen ihn wie einen Ball aufs Moos hinunter.

»Nun weiß ich doch, wie es einem armen Mäuschen zumute sein muß, wenn es in die Krallen einer Katze geraten ist«, dachte der Junge.

Noch mehrere Male versuchte er zu entwischen; er lief weit in den alten Grubengang hinein, verbarg sich hinter Steinblöcken und kletterte auf die Birken hinauf; aber wo er sich auch zu verstecken suchte, die jungen Bären fanden ihn überall. Und sobald sie ihn gefangen hatten, ließen sie ihn wieder los, damit er aufs neue entfliehen sollte und sie ihn abermals einfangen könnten.

Schließlich war der Junge so müde und der ganzen Geschichte so überdrüssig, daß er sich platt auf den Boden warf. »Lauf, lauf!« brummten die jungen Bären. »Sonst fressen wir dich!«

»Ja, tut es nur«, sagte der Junge, »ich kann nicht mehr laufen.«

Rasch liefen die beiden Jungen zu der Bärenmutter hin. »Bärenmutter, Bärenmutter!« klagten sie. »Er will nicht mehr spielen!«

»Nun, dann nehmt ihn und verteilt ihn unter euch!« sagte die Bärenmutter. Aber als der Junge das hörte, erschrak er so sehr, daß er das Spiel sogleich wieder aufnahm.

Als es Schlafenszeit war und die Bärenmutter ihre Jungen herbeirief, damit sie sich dicht neben ihr niederlegen sollten, waren sie so vergnügt gewesen, daß sie sich am nächsten Tag an demselben Spiel ergötzen wollten. Sie nahmen den Jungen mit, legten ihre Tatzen auf ihn; so konnte er sich nicht rühren, ohne daß sie erwachten. Sie schliefen auch gleich ein, und der Junge dachte, er werde nach einer Weile einen Versuch machen können, sich davonzuschleichen. Aber der arme Kerl war in seinem Leben noch nie so hin und hergeworfen und gerollt, noch nie so herumgejagt und wie ein Kreisel herumgedreht worden, er war todmüde und schlief deshalb auch gleich ein.

Nach einer Weile kam auch der Bärenvater nach Hause.

Er kletterte die Felswand herunter, und der Junge erwachte von dem Gerassel der herabrollenden Steine, als der Alte sich in die Grube hinuntergleiten ließ. Er war ein furchtbar großer Bär mit gewaltigen Gliedmaßen, einem riesigen Rachen, großen, blendend weißen Eckzähnen und kleinen, boshaften Augen. Dem Jungen lief unwillkürlich ein kalter Schauder den Rücken hinab, als er diesen alten Waldkönig erblickte.

»Es riecht hier nach Menschen!« sagte der Bärenvater, gleich als er bei der Bärin angekommen war, und dabei stieß er ein dröhnendes Brummen aus.

»Wie kannst du dir so etwas Dummes einbilden«, erwiderte die Bärin und blieb ganz ruhig auf ihrem Platze liegen. »Es ist zwar ausgemacht, daß wir den Menschen keinen Schaden mehr zufügen; aber wenn einer hierherkäme, wo ich und die Jungen unsern Aufenthaltsort haben, dann wäre bald nicht mehr so viel von ihm übrig, daß du es riechen könntest.«

Der Bärenvater legte sich neben der Bärin nieder; er schien aber mit der Antwort, die sie ihm gegeben hatte, nicht recht zufrieden zu sein, denn er schnupperte und witterte immer wieder von neuem.

»Hör doch auf mit diesem Geschnupper!« sagte die Bärenmutter. »Nachgerade solltest du mich doch so gut kennen, daß ich den Jungen niemand nahe kommen lasse, der ihnen etwas zuleide tun könnte. Erzähl mir lieber, was du getan hast, denn ich habe dich ja seit acht Tagen nicht mehr gesehen.«

»Ich habe mich nach einer andern Wohnung für uns umgesehen«, begann der Bärenvater. »Zuerst ging ich nach Värmland hinein, um von den Verwandten in Nyskoge zu hören, wie es ihnen ginge. Aber diese Mühe hätte ich mir sparen können, denn sie sind gar nicht mehr dort. In dem ganzen Wald ist nicht eine einzige Bärenhöhle mehr bewohnt.«

»Ich glaube, die Menschen wollen den ganzen Wald für sich allein haben«, erwiderte die Bärin. »Selbst wenn wir sie mitsamt ihrem Vieh ganz in Frieden lassen und uns von nichts als von Preiselbeeren, Ameisen und Kräutern nähren, dürfen wir nicht im Walde bleiben. Ich möchte wissen, wo wir eigentlich hin sollen, um einen sichern Aufenthaltsort zu finden.«

»Hier in dieser Grube ist es uns freilich seit Jahren ausgezeichnet gegangen«, sagte der Bärenvater. »Aber seit das große Klopfwerk dicht neben uns errichtet worden ist, kann ich es eben hier nicht mehr aushalten. Schließlich habe ich mich dann noch östlich vom Dalälf, in der Nähe von Garpenberg, umgesehen. Dort gibt es auch noch viele Grubenlöcher und andre gute Schlupfwinkel, und es kam mir vor, als könnte man dort ziemlich sicher vor den Menschen sein ...«

In dem Augenblick, wo der Bärenvater dies sagte, richtete er sich auf und fing wieder an zu schnuppern. »Es ist doch merkwürdig, sobald ich von Menschen spreche, steigt mir dieser Geruch wieder in die Nase«, sagte er.

»Dann geh und sieh selber nach, wenn du mir nicht glaubst«, sagte die Bärin. »Ich möchte wohl wissen, wo hier ein Mensch verborgen sein sollte?«

Schnuppernd ging der Bär in der Höhle umher. Schließlich kehrte er unverrichteter Sache zu der Bärenmutter zurück und legte sich neben ihr nieder.

»Hab' ich nicht recht gehabt?« fragte sie. »Aber du meinst natürlich, außer dir habe niemand Augen und Ohren.«

»Bei der Nachbarschaft, die wir haben, kann man nie vorsichtig genug sein«, sagte der Bär ruhig. Aber plötzlich fuhr er mit großem Gebrüll empor: Unglücklicherweise hatte einer von den jungen Bären seine Tatze auf Nils Holgerssons Gesicht hingeschoben, dies hatte dem Jungen den Atem benommen, und er hatte niesen müssen.

Jetzt konnte die Bärin den alten Bären nicht mehr beschwichtigen. Ein Junges flog nach rechts, das andre nach links, und dann sah er Nils Holgersson, ehe dieser sich aufrichten konnte.

Und er hätte ihn auch mit einem Happ hinuntergeschluckt, wenn sich die Bärenmutter nicht ins Mittel gelegt hätte. »Rühr ihn nicht an! Das ist den Jungen ihr Spielzeug. Sie sind den ganzen Abend so vergnügt mit ihm gewesen, daß sie ihn nicht aufaßen, sondern für morgen früh aufgehoben haben.«

Aber der Bär stieß die Bärin weg. »Misch dich nicht in das, was du nicht verstehtst!« brummte er. »Merkst du denn nicht, daß es schon von weitem nach Menschen riecht? Sogleich werde ich ihn fressen, sonst spielt er uns irgendeinen schlimmen Streich.«

Wieder sperrte er das Maul auf. Indessen aber hatte der Junge ein wenig nachdenken können, und dann hatte er in aller Eile seine Zündhölzer aus seinem Ränzel herausgerissen – das war das einzige Verteidigungsmittel, das er hatte. Er rieb eins an seinen Lederhosen an und steckte dem Bären das brennende Streichholz in den Rachen.

Der Bär fauchte, als ihm der Schwefelgeruch in die Nase stieg, und damit war die Flamme gelöscht. Der Junge hielt schon ein zweites Zündholz bereit, aber merkwürdigerweise griff ihn der Bär nicht wieder an.

»Kannst du viele solche blaue Blumen anzünden?« fragte der Bär.

»So viele, daß ich den Wald einäschern könnte«, antwortete der Junge, denn er glaubte, er könne den Bären dadurch in Angst versetzen.

»Könntest du vielleicht ein Haus oder einen ganzen Hof anzünden?« fragte der Bär.

»Das wäre keine Kunst für mich«, prahlte der Junge, in der Hoffnung, sich bei dem Bären in Respekt zu setzen.

»Das ist gut«, sagte der Bär. »Dann mußt du mir einen Dienst leisten. Jetzt bin ich froh, daß ich dich nicht aufgefressen habe.«

Damit nahm der Bärenvater den Jungen ganz sachte und vorsichtig zwischen die Zähne und begann mit ihm die Felswand hinaufzuklettern. Es ging unbegreiflich leicht und hurtig, obgleich der Bär so groß und schwer war, und sobald er oben angekommen war, rannte er eiligst in den Wald hinein. Auch hier ging es rasch vorwärts; es war klar, der Bär war wie dazu geschaffen, sich einen Weg durch dichte Wälder hindurchzubahnen. Sein plumper Körper schob sich durchs Gestrüpp hindurch, wie ein Boot durch das Röhricht im Wasser hindurchgleitet.

»Sieh dir nun das große Klopfwerk dort unten an«, sagte der Bär zu dem Jungen.

Der große Eisenhammer mit seinen vielen mächtigen Gebäuden lag am Rande eines Wasserfalls. Riesige Schornsteine sandten schwarze Rauchwolken empor, die Feuer der Schmelzöfen züngelten hell auf, alle Fenster und Luken waren erleuchtet. Da drinnen waren die Hämmer und Walzwerke im Gang, und es wurde mit voller Kraft gearbeitet, daß einem von dem Gerassel und Gedröhne die Ohren gellten. Rings um die Werkstätten herum lagen ungeheure Kohlenställe, große Schlackenhaufen, Packhäuser, Bretterstapel und Werkzeugschuppen. Eine kleine Strecke davon befanden sich lange Reihen von Arbeiterwohnungen, schöne Villen, Schulhäuser, Vereinshäuser und Kaufläden. Aber dort war alles still und wie eingeschlafen. Der Junge sah nicht dorthin, er hatte nur Augen für den Eisenhammer. Der Boden ringsum war kohlschwarz, der Himmel wölbte sich herrlich dunkelblau über den aus den Schmelzöfen herausschlagenden Flammen, der Wasserfall rauschte weißschäumend herunter, die Gebäude selbst standen riesengroß da und stießen Licht und Rauch und Feuer und Funken heraus. Es war das großartigste Bild, das der Junge jemals gesehen hatte.

»Du willst doch nicht behaupten, daß du so ein großes Haus in Brand stecken könntest?« fragte der Bär.

Da war nun der Junge zwischen den Bärentatzen eingeklemmt, und er war überzeugt, wenn er überhaupt mit dem Leben davonkommen sollte, mußte er dem Bären Respekt vor seiner Geschicklichkeit beibringen. »Ein großes oder kleines Gebäude, das ist mir ganz einerlei«, sagte er deshalb. »Ich kann es gut in Brand stecken.«

»Dann will ich dir etwas sagen«, fuhr der Bär fort. »Meine Vorfahren haben von der Zeit an, wo der Wald hier heranwuchs, in dieser Gegend gewohnt. Ich habe das Jagdgebiet und die Weideplätze, die Höhlen und Schlupfwinkel von ihnen geerbt und mein ganzes Leben lang in Ruhe und Frieden hier gewohnt. Im Anfang störten mich die Menschen nur wenig. Sie kamen daher, hackten an den Bergen herum, holten etwas Erz heraus und bauten am Wasserfall einen Eisenhammer und einen Schmelzofen. Der Hammer dröhnte nur ein paarmal am Tage, der Schmelzofen wurde nie länger als ein paar Mondwechsel lang geheizt, und darein konnte ich mich schon finden. Aber seit die Menschen vor einigen Jahren dieses Klopfwerk da errichtet haben, das Tag und Nacht hindurch gleichmäßig weitergeht, kann ich es nicht mehr aushalten. Früher waren nur ein Fabrikdirektor und einige Schmiede da, aber jetzt sind eine Unmenge Leute hier, und ich bin nie mehr sicher vor ihnen. Ich glaubte schon, ich müßte fortziehen, aber jetzt habe ich etwas Besseres herausgefunden.«

Der Junge überlegte, was der Bärenvater wohl ausgeheckt habe; aber er hatte keine Zeit mehr, zu fragen, denn jetzt nahm ihn der Bär wieder zwischen die Zähne und trottete mit ihm dem Hügel zu. Der Junge konnte nichts sehen; aber an dem zunehmenden Getöse erriet er, daß sie sich dem Eisenhammer näherten.

Der Bärenvater kannte den Eisenhammer genau. In dunklen Nächten war er oft herumgestreift und hatte beobachtet, was da drinnen vorging, und sich gefragt, ob man denn niemals mit der Arbeit aussetze. Er hatte mit den Tatzen an den Mauern zu rütteln versucht und nur gewünscht, so stark zu sein, daß er das ganze Gebäude mit einem Schlage zerschmettern könnte.

Der Bär war von dem schwarzen Boden nicht leicht zu unterscheiden, und wenn er sich überdies im Schatten der Mauern hielt, schwebte er nicht gerade in Gefahr, entdeckt zu werden. Jetzt ging er ohne Furcht zwischen die Werkstätten hinein und kletterte auf einen Schlackenhaufen; hier stellte er sich auf die Hinterbeine, nahm den Jungen zwischen die Vorderbeine und hob ihn in die Höhe. »Probiere, ob du in das Haus hineinsehen kannst!« sagte er.

In dem Eisenhammer waren sie gerade beim Bessemerblasen. Oben an der Decke hing eine große schwarze, runde, mit geschmolzenem Eisen gefüllte Kugel; in diese wurde ein starker Luftstrom hineingepreßt. Und als diese Luft mit furchtbarem Getöse in die Eisenmasse hineindrang, stob ein ganzer Funkenschwall heraus. In Strahlen, in Garben, in langen Dolden fuhren die Funken empor. Sie hatten die verschiedensten Farben, waren groß und klein, brachen sich an der Wand und flogen in dem ganzen Saale herum. Der Bärenvater ließ den Jungen das prächtige Schauspiel genießen, bis die Leute mit dem Blasen fertig waren und der rote, flüssige, schönglänzende Stahl aus der runden Kugel heraus in ein paar Gefäße floß. Dem Jungen kam alles, was er da sah, wundervoll vor; er war ganz hingerissen davon und hatte fast vergessen, daß er zwischen zwei Bärentatzen gefangen saß.

Jetzt ließ der Bärenvater den Jungen auch in das Walzwerk hineinsehen. Ein Arbeiter nahm eben ein kurzes, dikkes Stück Eisen aus dem Ofen heraus und legte es dann unter eine Walze. Als die Eisenstange unter der Walze wieder hervorkam, war sie zusammengepreßt und in die Länge gezogen. Rasch ergriff sie ein anderer Arbeiter und steckte sie unter eine härtere Walze, die sie noch länger und dünner preßte. So ging es von Walze zu Walze; die Eisenstange wurde gestreckt und gezogen und schlängelte sich schließlich als ein mehrere Meter langer rotglühender Draht am Boden hin. Aber während das erste Stück Eisen also gepreßt wurde, hatten die Arbeiter ein zweites aus dem Ofen herausgenommen und unter die Walze gelegt, und nachdem dieses halbwegs fertig war, holten sie ein drittes. Unaufhörlich schlängelten sich neue rotglühende Drähte wie zischende Schlangen auf dem Boden hin. Dem Jungen gefiel dies alles außerordentlich gut; aber noch besser gefielen ihm die Arbeiter, die leicht und behende die glühenden Stangen mit ihren Zangen packten und sie unter die Walzen hinunterzwangen. »Das ist eine richtige Mannesarbeit, das muß ich sagen«, flüsterte der Junge vor sich hin.

Jetzt ließ der Bär den Jungen auch in die Schmelzhütte und in die Eisenschmiede hineinsehen; da sperrte er vor Verwunderung Mund und Nase auf. »Diese Leute haben keine Angst vor Hitze und Flammen«, dachte er. Schwarz und rußig waren sie auch, und sie kamen ihm wie eine Art Feuermenschen vor, weil sie imstande waren, das Eisen nach Belieben zu biegen und zu formen. Er konnte sich gar nicht denken, daß gewöhnliche Menschen wirklich solche Macht hätten.

»So geht es da drinnen Tag um Tag, Nacht um Nacht weiter«, klagte der Bär und legte sich auf den Boden. »Nein, es ist auf die Dauer nicht zum Aushalten, das wirst du begreifen. Deshalb bin ich goldfroh, daß ich der Sache jetzt ein Ende machen kann.«

»So, das könnt Ihr«, fragte der Junge. »Wie wollt Ihr denn das anfangen?«

»Nun, ich meine, du sollst die Gebäude hier in Brand stecken«, sagte der Bär. »Dann bekäme ich Ruhe vor dem ewigen Spektakel und könnte in meiner alten Heimat verbleiben.«

Dem Jungen lief es eiskalt den Rücken hinunter. Also deshalb hatte der Bärenvater ihn hierhergebracht!

»Wenn du das Klopfwerk anzündest, dann schenke ich dir das Leben, wenn du aber nicht tust, was ich will, wird es bald aus mit dir sein.«

Die großen Werkstätten hatten dicke Backsteinmauern, und der Junge dachte, der Bärenvater habe gut befehlen, das Gehorchen sei ihm von selbst unmöglich gemacht. Im nächsten Augenblick jedoch erkannte er, daß es vielleicht doch nicht so ganz unmöglich wäre. Dicht neben ihnen lag ein Haufen Stroh und Hobelspäne, die er leicht anzünden konnte; neben den Spänen ragte ein Stapel Bretter auf, und die Bretter reichten bis dicht an einen großen Kohlenschuppen heran. Der Kohlenschuppen stieß an die Werkstätten; und wenn diese in Brand gerieten, griff das Feuer bald auf das Dach des Eisenhammers hinüber. Alles, was brennen konnte, fing dann Feuer, die Mauern barsten vor Hitze, und die Maschinen würden vollständig zerstört.

»Nun, willst du, oder willst du nicht?« fragte der Bär.

Der Junge wußte, daß er sofort nein sagen sollte; aber er wußte auch, daß ihn dann die Bärentatzen, die ihn noch immer festhielten, mit einem einzigen Griff zerdrückten. Deshalb sagte er: »Ich muß es mir zuerst etwas überlegen.«

»Nun, so tu es«, brummte der Bär. »Aber ich will dir noch etwas sagen. Das Eisen ist es, das den Menschen eine solche Macht über uns Bären verliehen hat, und auch aus diesem Grunde will ich der Arbeit hier ein Ende gemacht haben.«

Der Junge wollte die Bedenkzeit benützen, um irgend etwas herauszufinden, wodurch er entwischen könnte; aber er war so von Angst überwältigt, daß er gar nicht Herr über seine Gedanken werden konnte, sondern nur immer daran denken mußte, welche große Hilfe das Eisen doch für die Menschen sei. Sie brauchten ja das Eisen zu allem. Aus Eisen bestand die Pflugschar, die das Feld umpflügte, aus Eisen die Axt, die das Haus baute, aus Eisen die Sense, die das Getreide schnitt, aus Eisen das Messer, das zu allem möglichen gebraucht wurde. Aus Eisen bestand der Zaum, der das Pferd lenkte, das Schloß, das die Tür verschloß, die Nägel, die die Möbel zusammenhielten, die Platten, die das Dach deckten. Das Gewehr, das die wilden Tiere ausgerottet hatte, war aus Eisen und ebenso der Pickel, der in der Grube das Erz heraushackte. Eisen bekleidete die Kriegsschiffe, die der Junge in Karlskrona gesehen hatte, auf Eisenschienen rollten die Lokomotiven durchs Land; aus Eisen bestand die Nadel, die das Kleid nähte, die Schere, die die Schafe schor, der Topf, in dem das Essen gekocht wurde. Das Große und das Kleine, alles, was nützlich und unentbehrlich war, bestand aus Eisen. Ja, der Bärenvater hatte ganz recht, das Eisen war es, das den Menschen die Übermacht über die Bären gegeben hatte.

»Nun, willst du, oder willst du nicht?« fragte der Bär noch einmal.

Der Junge fuhr auf. Da hatte er nun an vollständig unnötige Sachen gedacht und noch nichts herausgefunden, was ihn retten könnte.

»Sei doch nicht so ungeduldig«, sagte er. »Dies ist eine sehr wichtige Sache für mich, und ich muß ordentlich Zeit zum Überlegen haben.«

»Nun, dann überleg dir's noch eine Weile«, sagte der Bärenvater. »Aber das will ich noch sagen: das Eisen ist schuld daran, daß die Menschen so viel klüger geworden sind als wir Bären, und gerade deshalb möchte ich der Arbeit hier ein Ende machen.«

Als der Junge diese neue Bedenkzeit gewonnen hatte, wollte er sie zum Entwerfen eines Rettungsplanes anwenden. Aber er konnte und konnte in dieser Nacht seine Gedanken nicht zusammenhalten, sie beschäftigten sich immer wieder mit dem Eisen. Da ging ihm allmählich ein helles Licht darüber auf, was die Menschen hatten alles denken und ausklügeln müssen, bis sie herausgebracht hatten, wie sie das Eisen aus dem Erz herausschmelzen könnten; und er sah plötzlich ganz deutlich die alten schwarzen Schmiede vor sich, die sich über die Esse beugten und darüber nachgrübelten, wie sie die Sache richtig angreifen müßten. Und vielleicht gerade deshalb, weil sie so lange hatten darüber nachgrübeln müssen, war den Menschen der Verstand gewachsen, daß sie schließlich so große Fabriken hatten bauen können. Ja, ja, darüber konnte kein Zweifel herrschen, die Menschen verdankten dem Eisen mehr, als sie sich selbst bewußt waren.

»Nun, wie steht's?« fragte der Bärenvater. »Willst du, oder willst du nicht?«

Der Junge fuhr zusammen. Noch immer nahmen ihn unnötige Gedanken gefangen, obgleich er nicht wußte, was er tun sollte, um zu entwischen! »Die Wahl ist gar nicht so leicht, wie ihr meint«, sagte er. »Gebt mir noch ein wenig Bedenkzeit, Bärenvater.«

»Eine kleine Weile will ich noch warten«, sagte der Bär. »Aber dann gibt's keine Ausflucht mehr. Ich sage dir, dem Eisen allein verdanken es die Menschen, daß sie hier im Bärenland wohnen können, und eben deshalb will ich ihnen die Fabrik hier zerstören.«

»Diese letzte Bedenkzeit will ich mir aber nun zunutze machen«, dachte der Junge. Doch ängstlich und verwirrt, wie er war, konnte er durchaus nicht Herr über seine Gedanken werden, und diese beschäftigten sich jetzt mit allem, was er gesehen hatte, während er auf dem Rücken des Gänserichs über den Bergwerkdistrikt hingeflogen war. Ja, ja, es war merkwürdig, wieviel Leben und Bewegung und wieviel nützliche Arbeit in der Wildnis erstanden war! Wie arm und öde wäre es doch da, wenn es kein Eisen gäbe! Der Junge dachte an den Eisenhammer hier, der, seit er gebaut worden war, so vielen Menschen ihr tägliches Brot gab, der so viele von Menschen bewohnte Häuser um sich versammelt und Eisenbahnen und Telegraphendrähte herbeigezogen hatte, und der in die Welt hinaus . . .

»Nun, wie steht's?« fragte der Bär. »Willst du, oder willst du nicht?«

Der Junge fuhr sich mit der Hand über die Stirn. Keinerlei Rettung hatte er sich ausgedacht; aber so viel wußte er, daß er nichts gegen das Eisen unternehmen würde, gegen das Eisen, dem reich und arm so viel verdankte, und das so vielen Menschen in diesem Land das tägliche Brot gab.

»Ich will nicht«, sagte der Junge.

Ohne etwas zu sagen, drückte der Bärenvater seine Tatzen fester zusammen.

»Ihr werdet mich nie dazu bringen, den Eisenhammer zu zerstören«, sagte der Junge. »Denn das Eisen ist ein großer Segen, und es wäre unrecht, sich daran zu vergreifen.«

»Dann erwartest du wohl auch nicht, daß ich dich am Leben lasse?« fragte der Bär.

»Nein, das erwarte ich nicht«, antwortete der Junge und sah dem Bären fest in die Augen.

Der Bärenvater drückte die Tatzen immer fester zusammen. Es tat sehr weh, und dem Jungen traten die Tränen in die Augen; aber er schwieg und sagte kein Wort.

»Gut! Eins, zwei dr . . .!« sagte der Bär und hob langsam die eine Tatze, denn er hoffte bis zuletzt, der Junge werde nachgeben.

In diesem Augenblick hörte der Junge ganz in der Nähe etwas knacken, und nur ein paar Schritte entfernt sah er einen glänzenden Gewehrlauf blitzen. Er und der Bärenvater waren beide vollständig mit sich selbst beschäftigt gewesen und hatten deshalb gar nicht gemerkt, daß sich ein Mensch bis dicht zu ihnen herangeschlichen hatte.

»Bärenvater!« schrie der Junge. »Hört ihr nichts? Es hat jemand einen Hahn gespannt! Flieht, flieht, sonst werdet ihr erschossen!«

Wie der Blitz sprang der Bär auf, fand aber doch noch Zeit, den Jungen mitzunehmen. Ein paar Schüsse knallten hinter ihm her, und die Kugeln pfiffen ihm um die Ohren, trafen ihn aber nicht.

Während der Junge nun so im Maule des Bären hing, dachte er, so dumm wie in dieser Nacht sei er doch noch nie gewesen. Wenn er nur geschwiegen hätte, dann wäre der Bär erschossen worden, und er hätte entwischen können. Aber er hatte sich so daran gewöhnt, den Tieren zu helfen, daß er es ganz unwillkürlich tat.

Als der Bär ein Stück weit in den Wald hineingelaufen war, blieb er stehen und stellte den Jungen auf den Boden. »Ich danke dir, Kleiner«, sagte er. »Wenn du nicht gewesen wärest, hätten die Kugeln sicher besser getroffen. Und nun will ich dir einen Gegendienst leisten. Wenn du je wieder mit einem Bären zusammentriffst, dann sage nur das zu ihm, was ich dir jetzt ins Ohr flüstere, und dann wird er dich nicht anrühren.«

Hierauf sagte der Bärenvater dem Jungen ganz leise ein paar Worte ins Ohr und trottete dann eiligst davon, denn er glaubte zu hören, daß die Hunde und Jäger ihn verfolgten. Der Junge aber stand allein im Walde, frei und unverletzt, und konnte selbst kaum glauben, daß es so war.

Die Wildgänse waren den ganzen Abend immerfort hin und her geflogen, hatten gespäht und gerufen, aber keinen Däumling finden können. Sie suchten auch noch weiter, nachdem schon die Sonne untergegangen war, und als es so dunkel wurde, daß es Schlafenszeit für sie war, fühlten sich alle sehr niedergedrückt. Sie glaubten, der Junge sei beim Hinunterfallen verunglückt und liege nun irgendwo tot im Waldgestrüpp, wo sie ihn nicht sehen könnten.

Aber am nächsten Morgen, als die Sonne das Gesicht über die Berge erhob und die Gänse weckte, siehe! da lag der Junge wie gewöhnlich ruhig schlafend mitten unter ihnen, und als er erwachte und ihr verwundertes Geschrei und Geschnatter hörte, mußte er hell auflachen.

Die Gänse waren äußerst begierig, zu hören, was passiert war, ja, sie wollten nicht einmal auf die Weide gehen, ehe sie die ganze Geschichte erfahren hatten. Da berichtete der Junge rasch und vergnügt sein ganzes Abenteuer mit den Bären, aber dann schien er plötzlich nicht weiter erzählen zu wollen. »Nun, wie ich zu euch zurückgekommen bin, das wißt ihr wohl schon«, sagte er.

»Nein, nein, wir wissen gar nichts! Wir glaubten, du habest dich zu Tod gefallen!«

»Das ist doch merkwürdig«, sagte der Junge. »Denn als der Bärenvater mich verlassen hatte, kletterte ich auf eine Tanne und schlief ein. Aber beim ersten Morgengrauen erwachte ich davon, daß ein Adler auf mich zusauste, mich in seine Klauen nahm und mit mir davonflog. Ich dachte natürlich, jetzt sei es aus mit mir. Aber er tat mir gar nichts zuleide, flog nur geradewegs hierher und setzte mich inmitten unter euch ab.«

»Sagte er nicht, wer er sei?« fragte der große Weiße.

»Ehe ich mich bedanken konnte, war er schon verschwunden. Ich glaubte, Mutter Akka habe ihn geschickt, mich zu holen.«

»Das ist wirklich merkwürdig«, sagte der Gänserich. »Bist du auch sicher, daß es ein Adler war?«

»Ich habe zwar noch nie einen Adler gesehen«, sagte der Junge. »Aber der Vogel war so groß, daß ich keinen andern Namen für ihn wüßte.«

Der Gänserich Martin wendete sich an die Wildgänse und fragte sie, was sie von der Sache hielten. Diese aber schauten nur in die Luft hinauf, als dächten sie an ganz andre Dinge.

»Wir dürfen aber doch unser Frühstück nicht ganz vergessen«, sagte Mutter Akka; damit breitete sie die Flügel aus und flog eilig davon.

Der Daläl

Freitag, 29. April

An diesem Tag bekam Nils Holgersson den südlichen Teil von Dalarna zu sehen. Die Wildgänse flogen über das ungeheure Grubenfeld von Grängesberg hin, über die großen Anlagen bei Ludvika, über das Ulvhütter Eisenwerk und die alte Fabrik von Gränghammer bis zur Ebene von Groß-Tuna und dem Daläl.

Als der Junge gleich im Anfang hinter jedem Hügel Fabrikschlote aufragen sah, glaubte er, es sei hier alles wie in Västmanland; als er aber dann an den großen Fluß kam, da sah er etwas ganz Neues. Dies war der erste richtige Fluß, den er in seinem Leben zu sehen bekam, und der Anblick dieser großen, breiten Wassermasse, die durch die Landschaft hinzog, machte einen überwältigenden Eindruck auf ihn.

Als die Wildgänse die Schiffbrücke von Torsang erreichten, änderten sie die Richtung und flogen, dem Flusse entlang, nordwestwärts weiter, gerade als wollten sie diesen als Wegweiser benützen. Der Junge betrachtete die Ufer, wo meilenlang ein Gebäude dicht neben dem andern lag. Er sah die großen Wasserfälle bei Domnarvet und Kvarnsveden sowie die großen Fabriken, deren Räder von diesen Wassern getrieben wurden. Er sah die Schiffbrücken auf dem Wasser liegen, die Boote, die diese Brücke trugen, die Flöße, die auf dem Flusse hintrieben, die Eisenbahnen, die dem Ufer entlang oder quer übers Wasser fuhren, und allmählich wurde ihm klar, was dies für ein großes und merkwürdiges Wasser war.

Gegen Norden machte der Fluß einen großen Bogen. Innerhalb dieser Krümmung war das Land öde und menschenleer, und hier ließen sich die Wildgänse auf einer Wiese nieder, um zu weiden. Der Junge lief gleich auf den

Uferdamm hinauf; er wollte den Fluß betrachten, der hier in einem breiten Bette tief unter ihm hinzog. Die Landstraße führte zum Fluß hinunter, und die Reisenden wurden auf einer Fähre übergesetzt. Das war etwas Neues für den Jungen, und es machte ihm eine Weile großen Spaß, da zuzusehen. Doch plötzlich überfiel ihn eine ungeheure Müdigkeit. »Ich glaube, ich muß ein wenig schlafen, denn ich habe in der letzten Nacht kein Auge geschlossen«, dachte er. Damit kauerte er an einem dichten Grashügel nieder, versteckte sich, so gut er konnte, unter Gras und Kräutern und schlief ein.

Er erwachte von einem Geräusch: neben ihm saßen Menschen, die sich miteinander unterhielten. Sie waren auf der Landstraße dahergekommen, konnten aber nicht gleich über den Fluß gesetzt werden, weil große Eisschollen im Wasser trieben, die die Fähre am Überfahren hinderten. Um sich die Wartezeit zu verkürzen, hatten die Leute den Wall erstiegen und sich da niedergesetzt; jetzt redeten sie davon, welche Beschwer man mit dem Flusse doch habe.

»Ob wir wohl heuer auch wieder so eine große Überschwemmung bekommen wie im vorigen Jahre?« sagte ein Bauer. »Da ging das Wasser bei uns daheim bis oben an die Telegraphenstangen, und die ganze Schiffbrücke wurde mit fortgerissen.«

»Im letzten Jahr richtete er in unserer Gegend nicht soviel Schaden an«, sagte ein andrer Bauer. »Aber vor zwei Jahren wurde mir ein ganzer Heuschober weggeschwemmt.«

»Die Nacht werde ich nie vergessen, wo die Überschwemmung die große Brücke bei Domnarvet zerstörte«, sagte ein Eisenbahnarbeiter. »In jener Nacht hat in der ganzen Fabrik niemand auch nur ein Auge geschlossen.«

»Ja, der Fluß richtete viel Schaden an«, sagte ein großer, stattlicher Mann. »Aber wenn ich euch hier so über ihn losziehen höre, muß ich unwillkürlich an unsern Probst denken. In der Propstei wurde einmal ein Fest gefeiert, und da beklagten sich die Leute auch über den Fluß, gerade wie ihr jetzt, doch da wurde der Propst ganz erregt und sagte, er wolle uns eine Geschichte erzählen. Und als er dies getan hatte, wagte von der ganzen Gesellschaft auch nicht einer mehr ein böses Wort über den Daläl f zu sagen, und ich möchte wissen, ob es euch nicht auch so gegangen wäre, wenn ihr zugehört hättet.«

Als die Leute dies hörten, wollten alle wissen, was der Propst über den Fluß gesagt hätte, und der Bauer erzählte ihnen die Geschichte, so gut er sich noch daran erinnern konnte.

Hoch droben an der norwegischen Grenze lag tief im Gebirge ein See. Aus diesem floß ein Bach heraus, der sofort eifrig schäumend daherrauschte. So klein er auch war, wurde er doch gleich von Anfang an der Stora, der »Große Fluß«, genannt, weil er aussah, als könne etwas Rechtes aus ihm werden.

Gleich nachdem er den See verlassen hatte, schaute er sich neugierig nach allen Seiten um, welche Richtung er jetzt wohl am besten einschlagen würde. Aber was er sah, war nicht gerade ermutigend. Nach rechts, nach links und geradeaus waren nichts als waldige Hügel, die allmählich zu kahlen Felsenrücken, und weiterhin steile, kahle Felsenwände, die zu hohen Berggipfeln wurden.

Der Fluß richtete seine Blick gen Westen; da hatte er den Langfjäll mit dem Djupgravstöten sowie Barfröhagna und Storhätteshagna vor sich. Jetzt schaute er nordwärts. Da war der Näsfjäll, im Osten ragte der Nipfjäll, im Süden aber der Städjan auf. Der Fluß überlegte eben, ob er nicht am besten täte, wieder in den See zurückzukehren. Aber dann dachte er, er müßte doch wenigstens einen Versuch machen, bis zum Meere durchzudringen, und so machte er sich denn auf den Weg.

Wie man sich denken kann, war es ein schweres Stück Arbeit für den Fluß, sich einen Weg durch die Wildnis hindurchzubahnen. Wenn ihm nichts andres im Wege stand, war immer noch der Wald da. Um freien Lauf zu bekommen, mußte er eine Kiefer um die andre entwurzeln. Im

Frühjahr, wenn der Zulauf kam und sich sein Bett mit Schneewasser aus den Wäldern füllte und wenn später die Schneeschmelze auf den Bergen begann, so daß die Gebirgswasser von den Felsen herabstürzten, da war der Fluß am stärksten und reißendsten. Da nahm er alle sein Kraft zusammen, rauschte mächtig daher, fegte Stämme und Erde hinweg und grub sich einen Weg durch die Sandhügel hindurch. Aber auch im Spätjahr, wenn er nach den Herbstregen gestiegen war, vollbrachte er ein tüchtiges Stück Arbeit

Eines schönen Tages, als der Stora sich wie gewöhnlich seinen Weg eifrig weiterbahnte, hörte er rechts von sich tief im Walde ein Rauschen und Plätschern. Er lauschte so eifrig, daß er fast ganz still hielt. »Was mag das nur sein?« fragte er.

Der Wald, der ringsumher aufragte, konnte es nicht lassen, sich über den Fluß ein wenig lustig zu machen.

»Du meinst wohl, du seiest ganz allein auf der Welt?« sagte er. »Aber ich will dir nur sagen: was du da hörst, ist der Grövel aus dem Grövelsee. Jetzt eben hat er sich durch ein schönes Tal hindurchgegraben, und er erreicht das Meer gewiß ebenso schnell wie du.«

Aber der Stora hatte seinen eigenen Kopf, und als er dies hörte, sagte er, ohne auch nur einen Augenblick zu zögern: »Der Grövel ist gewiß ein armer Schlucker, der nicht allein vorwärts kommt. Sag ihm deshalb, der Stora vom Vansee sei auf dem Weg zum Meere, der wolle sich seiner annehmen, und wenn er sich ihm anschließen wolle, ihm weiterhelfen.«

»Du bist ein rechter Prahlhans«, sagte der Wald. »Ja, ich will ihm deinen Gruß bestellen, aber der Grövel wird keine Freude daran haben.«

Am nächsten Morgen jedoch stand der Wald vor dem Stora und sagte, er solle von dem Grövel einen Gruß be stellen. Dieser habe sich so mühselig durchkämpfen müssen und sei deshalb um jede Hilfe froh, er werde sich daher, so rasch er könne, mit dem Stora vereinigen.

Nachdem dies geschehen war, arbeitete sich der Stora natürlich nur noch schneller weiter, und nach kurzer Zeit erblickte er einen schönen schmalen See, in dessen klarem Wasser sich der Idreberg und die Städjanfelsen widerspiegelten.

»Was ist den das?« fragte der Fluß, der vor lauter Verwunderung wieder beinahe stillstand. »Ich kann doch nicht so verrückt gewesen und wieder zum Vansee zurückgekehrt sein?«

Aber der Wald, der zu jener Zeit überall zur Hand war, sagte: »O nein, du bist nicht zum Vansee zurückgekommen, dies ist der Idresee, den der Söräff mit seinem Wasser gefüllt hat. Das ist ein tüchtiger Fluß. Jetzt hat er den See ganz gefüllt und sucht sich einen Ausfluß zu verschaffen.«

Als der Stora das hörte, sagte er rasch zu dem Walde: »Du, der überall hinreicht, könntest dem Söräff einen Gruß von mir ausrichten und ihm sagen, der Stora vom Vansee sei da, und wenn er mich durch den See hindurchziehen lasse, wolle ich ihn dafür mit nach dem Meere nehmen. Er brauche sich dann gar nicht mehr um sein Fortkommen zu bekümmern, dafür würde ich sorgen.«

»Nun, ich kann ihm deinen Vorschlag wohl ausrichten«, sagte der Wald, »aber der Söräff wird nicht auf deinen Vorschlag eingehen, denn er ist ebenso mächtig wie du.«

Am nächsten Tag jedoch richtete der Wald aus, der Söräff sei es auch müde, sich allein einen Weg zu bahnen, und er wolle sich gern mit dem Stora vereinigen.

Der Fluß zog also mitten durch den See hindurch und arbeitete sich immer weiter durch den Wald und das Gebirge. Eine Weile kam er ordentlich vorwärts; aber dann geriet er in eine Felsenschlucht hinein, die von allen Seiten verschlossen war. Da gab es keinen Ausweg für ihn. Er brauste und schäumte vor Zorn, und als der Wald hörte, wie rasend er war, sagte er: »Jetzt ist es doch aus mit dir!«

»Aus mit mir?« rief der Fluß. »O nein, aber ich habe hier etwas ganz Besonderes vor. Ich will nur sehen, ob ich nicht ebensogut wie der Söräff einen See machen kann.«

So fing er an, den Särnasee zu schaffen, und dazu brauchte er einen ganzen Sommer hindurch. Je höher das Wasser in dem See stieg, desto höher hob sich auch der Stora, und schließlich fand er am südlichen Rand eine Stelle, wo er hinausfließen konnte.

Nachdem der Fluß wohlbehalten aus dieser Klemme hinausgekommen war, hörte er eines Tages zu seiner Linken ein lautes Brausen und Rauschen. So ein lautes Brausen hatte er im Walde noch nie vernommen, und er fragte schnell, was denn das sei.

Und natürlich hatte der Wald auch sogleich eine Antwort bereit. »Das ist der Fjätälf«, sagte er. »Hörst du, wie er rauscht und braust? Er ist auf dem Weg zum Meere.«

»Wenn du so weit reichst, daß der Fluß dich hören kann«, rief der Stora, »dann grüß ihn von mir und sage dem Schwächling, der Stora vom Vansee biete sich an, ihn mit nach dem Meere zu nehmen; doch nur unter der Bedingung, daß er meinen Namen annehme und gehorsam mit mir weiterfließe.«

»Oh, der Fjätälf gibt seine Selbständigkeit nicht auf, das glaube ich nun und nimmer!« sagte der Wald.

Aber am nächsten Tag mußte er dem Stora gestehen, daß auch der Fjätälf es müde geworden sei, sich seinen eigenen Weg zu bahnen, und sich gerne mit dem Stora vereinigen wolle.

Und der Stora zog immer weiter durchs Land. Er war indes noch gar nicht so groß, wie man eigentlich hätte erwarten können, da er jetzt doch so viele Helfer bei sich hatte. Aber stolz war er! Sein Lauf bestand fast aus lauter Wasserfällen, und mit lautem Rauschen rief er alles, was im Walde plätscherte und rieselte, ja selbst das kleinste Frühlingsbächlein, zu sich heran.

Eines Tages hörte er weit, weit im Westen einen Fluß rauschen, und als er den Wald fragte, was das sei, antwortete dieser, das sei der Fuluälf, der das Wasser von den Fulufelsen aufnehme und sich schon ein sehr langes und breites Bett gegraben habe.

Kaum hatte der Stora das vernommen, als er dem Wald auch schon den gewohnten Gruß auftrug; der Wald übernahm auch den Auftrag, und am nächsten Tag brachte er dann Botschaft vom Fuluälf. »Sage dem Stora«, hatte der Fluß geantwortet, »ich wolle durchaus keine Hilfe. Ein solcher Gruß hätte außerdem besser mir angestanden als dem Stora, denn ich bin der Mächtigere von uns beiden und komme sicher früher zum Meere als er.«

Kaum hatte der Stora diese Botschaft gehört, als er auch schon seine Antwort bereit hatte. »Sage dem Fuluälf sofort«, rief er dem Walde zu, »ich fordere ihn zum Wettstreit heraus. Wenn er meint, er sei stärker als ich, soll er es beweisen und mit mir um die Wette laufen. Wer zuerst am Meere anlangt, hat gewonnen!«

Als der Fuluälf diese Botschaft hörte, erwiderte er: »Ich habe nichts gegen den Stora, und es wäre mir lieber gewesen, wenn ich meinen Weg in Ruhe und Frieden hätte fortsetzen dürfen. Aber die Fulufelsen schicken mir gewiß so viel Beistand, daß es feig von mir wäre, wenn ich die Herausforderung nicht annähme.«

Hierauf begannen die beiden Ströme das Wettrennen. Mit noch größerer Eile als vorher rauschten sie dahin und ließen sich Sommer und Winter keine Ruhe.

Aber es hatte allen Anschein, als ob der Stora sehr bald Grund hatte, seine verwegene Herausforderung zu bereuen, denn er stieß auf ein Hindernis, das ihm beinahe unüberwindlich wurde. Dieses Hindernis war ein Berg, der mitten auf seinem Wege lag und durch den nur eine ganz enge Felsenspalte führte. Der Stora machte sich so schmal wie möglich und drängte sich unter wildem Schäumen hinein; aber er mußte viele Jahre lang waschen und aushöhlen, bis er die Spalte zu einer annähernd breiten Rinne ausgeweitet hatte. Während dieser Zeit fragte der Stora den Wald mindestens alle sechs Monate einmal, wie es dem Fuluälf gehe.

»Dem Fuluälf geht es so gut, wie er es sich nur wünschen kann«, antwortete der Wald. »Er hat sich mit dem

Sörälf vereinigt, der das Wasser von dem norwegischen Gebirge aufnimmt.«

Und ein andres Mal, als der Stora den Wald wieder gefragt hatte, antwortete dieser:

»Um den brauchst du dir keine Sorgen zu machen, er hat eben den ganzen Horrmundsee mitgenommen.«

Aber den Horrmundsee hatte der Stora selbst mitzunehmen die Absicht gehabt, und als er nun von dessen Übergang in den Fuluälf hörte, wurde er so wütend, daß er sich endlich durch seinen Engpaß hindurchzwängte und so wildschäumend davonstürzte, daß er mehr Erde und Wald mit sich fortriß, als eigentlich notwendig gewesen wäre. Es war gerade Frühling, und der Fluß überschwemmte die ganze Gegend zwischen Hyckjeberg und Väsaberg, und ehe er sich wieder beruhigen konnte, hatte er eine Landschaft geschaffen, die das Älfdal genannt wurde.

»Ich möchte nur wissen, was der Fuluälf dazu sagt!« rief der Stora dem Walde zu.

Der Fuluälf hatte indessen Transtrand und Lima ausgegraben, aber nun stand er schon ziemlich lange vor Limed und suchte nach einem Ausweg, weil er sich nicht über das steile Gebirge hinunterzustürzen wagte. Als er jedoch hörte, daß der Stora seinen Engpaß durchbrochen und das Älfdal ausgegraben habe, sagte er, nun möge es gehen, wie es wolle, er könne sich nicht länger aufhalten. Und er warf sich die Limedwand hinunter.

Es war ein gewaltiger Sprung, aber er kam wohlbehalten unten an, und jetzt ging es natürlich schnellen Laufes weiter. Er grub Malung und Järna aus, und hier gelang es ihm, den Vanfluß zu überreden, sich mit ihm zu vereinigen, obgleich der Vanfluß ganze zehn Meilen lang war und sich auf eigene Faust einen so großen See wie den Vänjan ausgegraben hatte.

Ab und zu glaubte der Fuluälf ein merkwürdiges starkes Brausen zu vernehmen. »Jetzt ist mir, als höre ich, wie sich der Stora ins Meer stürzt«, sagte er.

»Nein«, sagte der Wald, »was du hörst, ist freilich das

Rauschen des Stora, aber er hat das Meer noch nicht erreicht. Er hat allerdings den Orsasee und den Skattungen aufgenommen und prahlt nun, er wolle das ganze Siljantal füllen.«

Das war eine gute Nachricht für den Fuluälf. Er dachte, wenn sich der Stora einmal ins Siljantal hinunter verirrt hätte, dann sei er dort wie in einem Gefängnis eingeschlossen, und er selbst werde alsdann das Meer sicher zuerst erreichen.

Von da an zog der Fuluälf ganz behaglich dahin. Im Frühjahr vollbrachte er sein schwerstes Stück Arbeit. Da stieg er hoch über Wälder und Hügel hinauf, und wo er hinzog, hinterließ er ein breites Tal. Auf diese Weise schritt er von Järna nach Näs und von Näs nach Floda. Von Floda kam er nach Gagnef. Hier war schon im voraus eine Ebene. Die Berge waren weit zurückgewichen, und der Fuluälf konnte ohne jegliche Schwierigkeit weiterziehen; da vergaß er seinen vorherigen Eifer vollständig und schlängelte sich in allerlei Buchten und Krümmungen dahin, fast wie ein ganz junges, fröhliches Bächlein.

Aber wenn der Fuluälf den Stora vergessen hatte, so hatte doch der Stora den Fuluälf nicht vergessen. Jeden Tag war er eifrig an seiner Arbeit, das Siljantal ganz mit Wasser zu füllen, damit er an irgendeiner Stelle hinauskommen könnte; aber wie ein ungeheures Becken lag das Tal noch immer da und schien niemals voll zu werden. Der Stora war oft am Verzweifeln und glaubte schon, er müsse schließlich den ganzen Gesundaberg unter Wasser setzen, nur um aus seinem jetzigen Gefängnis herauszukommen. Er versuchte bei Rättvik durchzubrechen, aber da stand ihm der Lerdalberg im Wege. Schließlich kam er aber doch bei Leksand heraus.

»Sag dem Fuluälf nicht, daß ich herausgekommen bin!« rief er dem Wald zu; und der Wald versprach zu schweigen.

Im Vorbeigehen nahm der Stora nun den Insee mit, und dann floß er als gewaltiger Fluß durch Gagnef hindurch.

Als er in Gagnef nahe bei Mjälgen war, sah er einen prachtvollen, breiten Fluß, der mit hellem, glänzendem Wasser dahergezogen kam und der die Wälder und Sandhügel, die ihm im Wege lagen, spielend auf die Seite schob.

»Was ist denn das für ein wunderschöner Fluß?« fragte der Stora.

Aber gerade in diesem Augenblick fragte der andre Fluß, der der Fuluälf war, ganz dasselbe. »Was ist denn das für ein Fluß, der so stolz und gewaltig von Norden daherkommt? Ich hätte nie geglaubt, daß ich einen Fluß sehen würde, der so mächtig und kraftvoll zu Tale zieht«, sagte er.

Da sagte der Wald so laut, daß beide Flüsse es hörten: »Nachdem ihr alle beide, der Stora und der Fuluälf, so Gutes übereinander gesagt habt, meine ich, ihr solltet euch nun ohne Säumen miteinander vereinigen und euch dann gemeinsam einen Weg zum Meere bahnen.«

Das schien den beiden Flüssen zu gefallen. Aber noch ein Hindernis stand ihnen im Wege. Keiner wollte seinen Namen aufgeben und den des andern annehmen.

Aus diesem Grunde wäre die Vereinigung schließlich fast nicht zustande gekommen; da schlug der Wald vor, sie sollten doch einen neuen Namen annehmen, der bis jetzt keinem von ihnen gehörte

Darauf gingen sie ein, und der Wald sollte den Namen wählen. Dieser bestimmte nun, der Stora solle seinen Namen ablegen und sich Ost-Dalälf nennen, und der Fuluälf solle seinen auch ablegen und den Namen West-Dalälf annehmen. Und nachdem sie sich dann vereinigt hätten, sollten beide zusammen recht und schlecht Dalälf heißen.

Und jetzt, nachdem die beiden Flüsse sich vereinigt hatten, ging es mit gewaltiger Kraft weiter: nun konnte ihnen nichts mehr widerstehen. Sie machten den Boden von Groß-Tuna so eben wie einen Hofplatz; sie stürzten sich ohne Zögern über die Felsen bei Kvarnsveden und Domnarvet hinunter. Als sie in die Nähe des Runnsees kamen, sogen sie dessen Wasser auf und zwangen alle Flüsse der

Umgebung, sich mit ihnen zu vereinigen. Dann zogen sie ohne große Hindernisse ostwärts, immer weiter dem Meere zu und wurden an manchen Stellen so breit wie ganze Seen. Bei Söderfors errangen sie sich großen Ruhm, desgleichen auch bei Älfkarleby, und endlich erreichten sie das Meer. Als sie eben im Begriff waren, sich ins Meer zu stürzen, gedachten sie ihres langen Wettstreits und wie viele Mühe und Beschwer sie dadurch gehabt hätten.

Jetzt fühlten sie sich alt und müde und verwunderten sich, daß sie sich in ihrer Jugend so gerne gestritten und gegenseitig herausgefordert hatten, ja, sie fragten sich, was für einen Nutzen sie eigentlich davon gehabt hätten. Aber auf diese Frage erhielten sie keine Antwort, denn der Wald war weit droben im Lande stehengeblieben; sie selbst konnten sich in ihrem Bette nicht umdrehen und also auch nicht sehen, wie die Menschen überall vorgedrungen waren, wie viele Straßen sie gebaut hatten, wie an den Seen des Ost-Dalälfs und in den Tälern des West-Dalälfs eine Ortschaft um die andre herangewachsen war und wie im ganzen Lande noch immer überall nur öde Wälder und kahle Gebirge waren, ausgenommen da, wo die beiden Flüsse während ihres heftigen Wettstreits hingezogen waren.

Der Bruderteil

Die alte Grubenstadt

Freitag, 29. April

Bataki, der Rabe, wußte in ganz Schweden keinen Ort, wo es ihm so gut gefiel wie in Falun. Sobald im Frühjahr die Erde wieder ein wenig hervorschimmerte, begab er sich dahin und hielt sich dann mehrere Wochen lang in der Nähe der alten Bergwerkstadt auf.

Falun liegt in einer Talsenkung, durch die ein Flüßchen von kurzem Lauf hinzieht. An dem nördlichen Ende des Tals liegt ein schöner, heller, kleiner See mit grünen, reich gegliederten Ufern namens Varpan. Am südlichen Ende ist eine weite, große, vom Runnsee gebildete Bucht, die auch fast wie ein See ist; sie heißt Tisken und hat niedriges, trübes Wasser und sumpfige, unschöne, mit allem möglichen Abfall übersäte Ufer. Östlich von dem Tale zieht sich eine reizende Hügelkette hin, auf deren Gipfel stattliche Föhrenwälder und saftige Birkengehölze prangen und deren Hänge überall mit schattigen Obstgärten bedeckt sind. Westlich von der Stadt liegt auch ein Bergrücken. Dieser ist ganz oben mit ärmlichen Kiefern bestanden, die Hänge aber sind vollständig kahl, ohne Bäume und Kräuter, wie eine richtige Wüste! Nichts gibt es dort oben, nichts als große, runde Steinblöcke, die überall verstreut liegen.

Die Stadt Falun, die in der Talsenkung rechts und links von dem Flusse liegt, sieht aus, als sei sie ganz nach der Beschaffenheit des Bodens, auf dem sie steht, gebaut worden. Auf der grünen Seite des Tales sind alle die Gebäude, die ein stattliches oder hübsches Aussehen haben. Da stehen die beiden Kirchen, das Rathaus, die Wohnung des Bezirkspräsidenten, die Bergwerkkanzleien, die Bank, die Gasthäuser, die vielen Schulen, das Spital sowie alle hübschen Villen und schönen Landhäuser. Auf der schwarzen

Seite dagegen gibt es straßauf, straßab nichts als rot angestrichene einstöckige Häuser, lange traurige Holzschuppen und große plumpe Fabrikgebäude. Und auf der andern Seite dieser Gassen, mitten in der großen Steinwüste, liegen die Faluner Gruben mit ihren Winden und Pumpwerken, mit altmodischen Gebäuden, die schief auf dem untergrabenen Erdreich stehen, mit hohen schwarzen Schlackenbergen und langen Reihen Schmelzöfen ringsumher.

Was nun Bataki betrifft, so pflegte er niemals auch nur einen Blick auf den östlichen Stadtteil zu werfen und ebensowenig auf den schönen Varpansee. Um so besser aber gefiel ihm die westliche Seite und der kleine Tiskansee.

Der Rabe Bataki liebte alles, was geheimnisvoll war, alles, was ihm Gelegenheit zum Grübeln gab und ihn zum Nachdenken anregte, und dazu fand er auf der schwarzen Seite reichlich Gelegenheit. So machte es ihm zum Beispiel ein großes Vergnügen, zu ergründen, warum diese alte rote Holzstadt nicht auch abgebrannt sei wie alle andern roten Holzstädte in diesem Lande? Ebenso hatte er sich gefragt, wie lange wohl die windschiefen Häuser am Rande der Gruben noch stehenbleiben könnten? Er hatte über den großen »Schacht«, jene ungeheure Öffnung im Boden mitten auf dem Grubenfeld, ernstlich nachgedacht und war auch ganz bis auf den Grund hineingeflogen, um zu untersuchen, wie dieser unermeßlich große leere Raum entstanden sei. Er war in helle Verwunderung ausgebrochen über die riesigen Schlackenhaufen, die wie Mauern den Schacht und die Grubenhäuser umgaben. Auch hatte er sich klarzumachen versucht, was die kleine Signalglocke zu bedeuten habe, die das ganze Jahr hindurch in bestimmten Zwischenräumen einen kurzen, unheimlich klingenden Glokkenschlag vernehmen ließ; und in erster Linie hätte er gerne gewußt, wie es ganz drunten in der Erde aussehe, wo das Kupfererz seit so vielen hundert Jahren herausgebrochen wurde und wo die Erde so untergraben und so voller Gänge war wie ein Ameisenhaufen. Wenn es dann Bataki schließlich gelungen war, einigermaßen Klarheit in diese seine Gedanken zu bringen, schwebte er fort und hinaus in die unheimliche Steinwüste, um weiter darüber nachzusinnen, warum kein Gras zwischen den Feldsteinen wüchse, oder zuweilen begab er sich auch hinunter an den Tiskan. Dieser See erschien ihm als das wunderbarste Wasser, das er je gesehen hatte. Woher mochte es nur kommen, daß gar keine Fische darin waren, und woher wurde denn das Wasser, wenn es ein Sturm aufwühlte, manchmal ganz rot? Das war um so wunderbarer, als ein Grubenfluß, der in den See floß, glänzendes hellgelbes Wasser hatte. Bataki zerbrach sich den Kopf über die Ruinen der zerstörten Gebäude, die noch am Ufer des Sees lagen, sowie über die Tisker Sägemühle, die von grünen Gärten umgeben und von hohen Bäumen beschattet zwischen der öden Steinwüste und dem merkwürdigen See hervorschimmerte.

In dem Jahr, wo Nils Holgersson mit den Wildgänsen durchs Land zog, stand am Ufer des Tiskan eine Strecke vor der Stadt draußen ein altes Haus, das die »Schwefelküche« genannt wurde, weil dort alle paar Jahre einige Monate lang Schwefel gekocht wurde. Das Haus war eine alte Baracke, die einst rot angestrichen gewesen war, allmählich aber eine graubraune Färbung angenommen hatte. Statt der Fenster sah man nur eine Reihe Luken, die überdies fast immer verrammelt waren. In dieses Haus hatte Bataki fast noch nie einen Blick hineinwerfen können, und deshalb war es ihm viel interessanter als jedes andre. Er hüpfte auf dem Dach umher, um irgendein Loch zu entdecken, und oftmals saß er auf dem hohen Schornstein und schaute durch die enge Öffnung hinunter.

Aber eines Tages ging es Bataki schlecht. Es hatte tüchtig gestürmt, und in der alten Schwefelküche war eine Luke aufgerissen worden. Bataki hatte die Gelegenheit natürlich sogleich benützt und war durch die Luke in das Gebäude hineingeflogen. Doch kaum war er drinnen, da schlug die Luke hinter ihm wieder zu, und Bataki war gefangen. Er hoffte, der Sturm werde die Luke von neuem aufreißen, aber dazu schien der gar keine Lust zu haben.

Durch die Risse in den Mauern fiel ziemlich viel Licht in das Gebäude hinein, und so wurde Bataki wenigstens die Freude zuteil, sich in dem Raume umsehen zu können. Es war nichts darin als ein großer Herd mit einem eingemauerten Kessel, und daran hatte sich der Rabe bald satt gesehen. Er wollte darum das Gebäude jetzt wieder verlassen, fand dies aber noch immer unmöglich; der Wind wollte die Luke nicht wieder aufreißen. Kein einziges Loch und keine Tür stand offen; der Rabe befand sich ganz allein in seinem Gefängnis.

Bataki begann um Hilfe zu rufen, und als keine kam, setzte er sein Geschrei den ganzen Tag hindurch fort. Es gibt wohl kein andres Tier, das einen so ununterbrochenen Spektakel vollführen kann wie ein Rabe, und das Gerücht, daß Bataki in Gefangenschaft geraten sei, verbreitete sich wie ein Lauffeuer. Die graugestreifte Katze von der Tisker Sägemühle war die erste, die Kunde von dem Unglück erhielt. Sie teilte es den Hühnern mit, und diese gackerten es den vorbeifliegenden Vögeln zu. Bald wußten alle Dohlen und Tauben und Krähen und Sperlinge in ganz Falun, was geschehen war, und alle flogen auch sogleich nach der alten Schwefelküche, um die Sache in der Nähe zu besehen. Alle hatten großes Mitleid mit dem Raben, aber keinem kam ein guter Gedanke, wie man ihm heraushelfen könnte.

Da plötzlich rief ihnen Bataki mit seiner scharfen, krächzenden Stimme zu: »Still, ihr da draußen! Und hört mich an! Da ihr sagt, ich möchtet mir gern heraushelfen, so erforscht, wo sich die alte Wildgans von Kebnekajse mit ihrer Schar befindet. Soviel ich weiß, ist sie zu dieser Jahreszeit in Dalarna. Sagt Akka, wie es hier um mich steht. Ich glaube, der einzige, der mir helfen kann, ist unter ihrer Schar!«

Die Taube Agar, der beste Botschafter im ganzen Land, traf die Schar der Wildgänse am Ufer des Dalälf, und als die Dämmerung anbrach, kam sie mit Akka dahergeflogen. Die beiden ließen sich vor der Schwefelküche nieder. Auf Akkas Rücken saß der Däumling; die andern Wildgänse waren auf einer kleinen Insel im Runnsee zurückgeblieben, weil Akka gefürchtet hatte, es könnte mehr schaden als nützen, wenn alle miteinander nach Falun kämen.

Nachdem Akka sich einen Augenblick mit Bataki beraten hatte, nahm sie den Däumling auf den Rücken und flog nach einem Hofe, der ganz in der Nähe der Schwefelküche lag. Sachte schwebte sie über den Garten und das Birkengehölz hin, die den kleinen Hof umgaben, und währenddessen schauten die beiden, Akka und der Junge, unverwandt auf die Erde hinab. Hier spielten die Kinder im Freien, das war leicht zu erraten, denn auf dem Boden lagen allerlei Spielsachen umher, und es dauerte auch gar nicht lange, bis die beiden in der Luft droben entdeckt hatten, was sie suchten. In einem lustig plätschernden Frühlingsbach hämmerte eine Reihe kleiner Mühlen, und ganz in der Nähe davon lag ein kleines Stemmeisen. Auf ein paar kleinen Holzböcken stand ein halbfertiges Boot und daneben fand der Junge einen winzigen Knäuel Bindfaden.

Mit diesen Sachen flogen die beiden nach der Schwefelküche zurück. Der Junge band das eine Ende des Bindfadens um den Schornstein, führte das andre in das tiefe Loch hinein und ließ sich dann selbst daran hinuntergleiten. Nachdem er Bataki begrüßt hatte, der ihm für sein Kommen dankte, machte sich der Junge daran, mit dem Stemmeisen ein Loch in die Wand zu schlagen.

Die Schwefelküche hatte keine dicken Wände, aber der Junge brachte mit jedem Schlag nur einen ganz kleinen dünnen Span los; ein Mäuschen hätte mit seinen Vorderzähnen ganz dasselbe leisten können. Ach, der Junge sah schon, er würde unfehlbar die ganz Nacht arbeiten müssen, wenn er ein genügend großes Loch für den Raben zustande bringen wollte!

Bataki sehnte sich ungeheuer nach der Freiheit und konnte vor lauter Aufregung nicht schlafen. Im Anfang war der Junge sehr fleißig; aber nach einer Weile hörte der Rabe, daß die Schläge in immer längeren Zwischenräumen ertönten, und schließlich setzten sie ganz aus.

»Du bist gewiß müde«, sagte Bataki, »und kannst vielleicht nicht mehr weitermachen.«

»Nein, ich bin nicht müde«, antwortete der Junge und griff wieder nach dem Stemmeisen. »Aber ich habe schon längere Zeit keine Nacht ordentlich geschlafen, und nun weiß ich nicht, wie ich mich wach halten soll.«

Wieder ging die Arbeit eine Weile rasch vorwärts, doch nach kurzer Zeit ertönten die Schläge wieder in immer längeren Zwischenräumen. Und wieder weckte der Rabe den Jungen; aber soviel war ihm jetzt klar, wenn er nicht irgend etwas ausfindig machte, mit dem er ihn wach erhalten konnte, mußte er nicht nur diese eine Nacht, sondern auch noch den ganzen nächsten Tag in seinem Gefängnis bleiben.

»Meinst du, die Arbeit ginge dir besser von der Hand, wenn ich dir eine Geschichte erzählen würde?« fragte Bataki.

»Ja, das wäre wohl möglich«, antwortete der Junge. Zugleich aber mußte er laut gähnen; der arme Kerl war furchtbar schläfrig und konnte kaum noch sein Werkzeug festhalten.

Die Geschichte von der Grube zu Falun

»Siehst du, mein lieber Däumling«, begann der Rabe, »ich habe schon sehr lange auf der Welt gelebt. Gutes und Schlimmes ist mir widerfahren, und mehrere Male bin ich sogar von den Menschen gefangengehalten worden; dadurch habe ich nicht allein ihre Sprache verstehen gelernt, sondern ich habe mir auch viel von ihrer Gelehrsamkeit zu eigen gemacht. Und jetzt kann ich behaupten, daß es im ganzen Lande keinen Vogel gibt, der so gut Bescheid über deine Stammesgenossen wüßte wie ich.

Einmal saß ich viele Jahre lang ununterbrochen in einem Käfig bei einem Obersteiger hier in Falun, und in seinem Hause erfuhr ich das, was ich dir jetzt erzählen will.

In alten Zeiten wohnte hier in Dalarna ein Riese mit seinen beiden Töchtern. Als nun der Riese alt war und fühlte, daß er sterben mußte, ließ er seine Töchter vor sich kommen, um sein Besitztum zwischen ihnen zu teilen.

Sein Hauptreichtum bestand in einigen ganz mit Kupfer angefüllten Bergen, und diese wollte er seinen Töchtern schenken. ›Aber ehe ich euch die Erbschaft übergebe‹, sagte der Riese, ›müßt ihr mir versprechen, jedweden Fremdling, der euern Kupferberg entdeckt, totzuschlagen, ehe er seine Entdeckung irgendeinem andern Menschen mitteilen kann.‹

Die ältere der beiden Riesentöchter war wild und grausam, und sie versprach ohne Zögern, dem Gebot des Vaters Folge zu leisten. Die andre aber hatte ein weicheres Gemüt, und der Vater sah, daß sie überlegte, ehe sie das Versprechen gab. Deshalb vermachte er ihr nur ein Drittel der Erbschaft; und die ältere erhielt also gerade noch einmal soviel wie die jüngere.

›Auf dich kann ich mich verlassen wie auf einen Mann, das weiß ich‹, sagte der Riese, ›und deshalb erhältst du den Bruderteil.‹

Gleich darauf starb der Riese, und lange Zeit hielten die beiden Töchter gewissenhaft ihr Gelübde. Mehr als ein armer Holzfäller oder Jäger entdeckte das Kupfererz, das an mehreren Stellen ganz an der Oberfläche der Berge lag; aber kaum war er zu Hause angelangt und hatte den Seinigen mitgeteilt, was er gesehen hatte, als ihm auch schon ein Unglück zustieß. Entweder wurde er von einem stürzenden Baum erschlagen oder unter einem Bergsturz begraben. Nie hatte er Zeit, einem andern Menschen zu zeigen, wo der Schatz in der Wildnis zu finden war.

Zu jener Zeit war es allgemein Brauch im Lande, daß die Bauern im Sommer ihr Vieh weit hinein in die Wälder auf die Weide schickten. Die Hirtenmädchen zogen mit aus, sie zu bewachen, sie zu melken und Butter und Käse zu bereiten. Und damit die Leute und das Vieh ein Obdach in der Einöde hätten, rodeten die Bauern mitten in der Wildnis ein Stück Wald um und errichteten ein paar kleine Blockhäuser, die sie Sennhütten nannten.

Nun aber hatte einmal ein Bauer, der am Dalälf im Kirchspiel Torsang wohnte, seine Sennhütten drüben am Runnsee errichtet, wo der Boden so steinig war, daß ihn bis dahin niemand urbar zu machen versucht hatte. In einem Herbst begab sich der Bauer mit zwei Lastpferden nach der Viehweide, um beim Heimschaffen des Viehs, der Butterfässer und der Käslaibe zu helfen. Als er das Vieh zählte, bemerkte er, daß einer der Geißböcke ganz rote Hörner hatte.

›Was hat denn der Geißbock Kare für merkwürdige rote Hörner?‹ fragte der Bauer die Sennerin.

›Ich weiß nicht, was es ist‹, antwortete das Mädchen. ›Den ganzen Sommer hindurch ist er jeden Abend mit solchen roten Hörnern zurückgekommen. Er glaubt gewiß, das sei schön.‹ – ›Meinst du?‹ fragte der Bauer.

›Ach, dieser Bock ist eine eigensinnige Kreatur; ich mag ihm die roten Hörner noch so oft abreiben, sofort läuft er wieder davon und macht sie sich von neuem rot.‹

›Reibe die rote Farbe noch einmal ab‹, sagte der Bauer. ›Dann will ich sehen, woher er sie bekommt.‹

Kaum hatte das Mädchen die Hörner abgerieben, als der Bock auch schon wieder rasch in den Wald hineinsprang. Der Bauer lief hinter ihm her, und als er den Bock einholte, rieb dieser eben seine Hörner an einigen roten Steinen. Der Bauer hob die Steine auf, leckte und roch daran und war überzeugt, daß er hier Erz gefunden hätte.

Während er noch dastand und über die Sache nachdachte, rollte dicht neben ihm ein Felsenblock herunter. Der Bauer sprang auf die Seite und rettete sich, der Bock Kare aber wurde getroffen und erschlagen; und als der Bauer den Abhang hinaufschaute, sah er ein großes, starkes Riesenweib, das eben im Begriff war, einen zweiten Felsenblock auf ihn herunterzuwälzen.

›Was tust du denn?‹ rief der Bauer. ›Ich habe doch weder dir noch den Deinigen etwas zuleide getan.‹

›Das weiß ich wohl‹, erwiderte die Riesin. ›Aber ich muß dich umbringen, weil du meinen Kupferberg entdeckt hast.‹ Sie sagte dies mit so betrübter Stimme, wie wenn sie den Bauern ganz gegen ihren Willen töten müsse, und so faßte sich dieser ein Herz und knüpfte ein Gespräch mit ihr an. Da erzählte sie ihm von dem alten Riesen, ihrem Vater, von dem Versprechen, das sie hatte geben müssen, und von der Schwester, die den Bruderteil bekommen hatte.

›Ach, es ist mir in der Seele zuwider, wenn ich die armen, unschuldigen Tröpfe, die meinen Kupferberg entdekken, immer gleich umbringen muß, und ich wünschte, ich hätte die Erbschaft gar nicht angetreten‹, sagte die Riesin. ›Aber was ich versprochen habe, muß ich halten.‹ Und damit machte sie sich wieder an dem Felsenblock zu schaffen.

›Habe es nur nicht gar so eilig!‹ rief der Bauer. ›Mich brauchst du deines Versprechens wegen nicht umzubringen, denn ich habe ja das Kupfer nicht entdeckt; der Bock ist es gewesen, und ihn hast du doch schon erschlagen.‹

›Meinst du, ich könnte mir daran genügen lassen?‹ fragte die Riesentochter mit zweifelnder Stimme.

›Ja, sicherlich‹, antwortete der Bauer. ›Du hast dein Versprechen treulich gehalten, mehr kann niemand von dir verlangen.‹ Und er redete ihr so verständig zu, bis sie ihn wirklich am Leben ließ.

Zuallererst zog der Bauer nun mit seinem Vieh heimwärts. Dann ging er hinunter in den Bergwerkdistrikt und dingte sich da ein paar Bergleute. Diese halfen ihm, an der Stelle, wo der Bock erschlagen worden war, nach dem Erz zu schürfen. Im Anfang hatte er Angst, er würde noch nachträglich erschlagen; aber die Riesentochter war der ewigen Bewachung ihres Kupferberges überdrüssig geworden und deshalb tat sie ihm nie etwas zuleide.

Die Erzader, die der Bauer entdeckte hatte, lief an der Oberfläche des Berges hin. Das Ausbrechen des Erzes war deshalb weder eine schwierige noch eine mühselige Arbeit. Der Bauer und die Knechte schleppten Holz aus dem Walde herbei, schichteten große Holzstöße auf dem Kupferberg auf und zündeten sie an. Von der Hitze zersprang das Gestein, und nun konnten sie leicht zu dem Erz gelangen. Hierauf läuterten sie das Erz so lange wieder in einem andern Feuer, bis sie das reine Kupfer von allen Schlacken befreit hatten.

In früheren Zeiten verwendeten die Leute noch viel mehr Kupfer zum täglichen Gebrauch als heutzutage. Kupfer war deshalb eine sehr gesuchte, nützliche Ware, und der Bauer, dem die Grube gehörte, wurde bald ein steinreicher Mann. Er baute sich einen großen prächtigen Hof, und die Grube nannte er nach dem Bock das Karerbe. Wenn er nach Torsang in die Kirche fuhr, war sein Pferd mit Silber beschlagen, und bei der Hochzeit seiner Tochter ließ er aus zwanzig Tonnen Malz Bier brauen und zehn große Ochsen am Spieße braten.

Zu jener Zeit blieben die Leute meistens ruhig daheim, jeder in seinem eigenen Bezirk, und die Neuigkeiten verbreiteten sich nicht so hurtig wie jetzt. Aber das Gerücht von der Kupfergrube drang doch allmählich zu vielen Menschen, und wer nichts Wichtigeres zu tun hatte, machte sich auf den Weg hinauf nach Dalarna. Auf dem Karerbe wurden alle bedürftigen Wanderer gut aufgenommen. Der Bauer nahm sie in seinen Dienst, gab ihnen einen guten Lohn und ließ sie Erz für ihn graben. Es gab genug, ja übergenug Erz, und je mehr Leute der Bauer beschäftigte, desto reicher wurde er.

Eines Abends, so geht die Sage, kamen vier starke Männer mit dem Bergmannspickel über die Schulter zum Karerbe gewandert. Sie wurden freundlich aufgenommen wie alle anderen, aber als der Bauer sie fragte, ob sie für ihn arbeiten wollten, verneinten sie es rundweg.

›Wir wollen auf eigene Rechnung Erz graben‹, sagten sie.

›Ihr wißt doch wohl, daß der Erzberg mir gehört?‹ fragte der Bauer.

›Wir wollen gar nichts aus deiner Grube holen‹, entgegneten die Fremden. ›Der Berg ist groß; und an dem, was frei und unbeschützt in der Wildnis liegt, haben wir ebensoviel Anrecht wie du.‹

Mehr wurde nicht über die Sache geredet, und der Bauer bezeigte den Fremden auch jetzt noch alle Gastfreundschaft. Früh am nächsten Morgen zogen die Fremden zur Arbeit aus; eine Strecke weiterhin fanden sie wirklich Kupfererz und fingen an, es auszubrechen. Nachdem sie so ein paar Tage gearbeitet hatten, kam der Bauer zu ihnen.

›Der Berg ist sehr reich an Erz‹, sagte er.

›Ja, da müssen noch viele Leute fleißig sein, bis dieser Schatz gehoben ist‹, erwiderten die Fremden.

›Das weiß ich wohl‹, sagte der Bauer, ›aber ich meine doch, ihr solltet mir von dem Erz, das ihr ausbrecht, eine Abgabe zahlen, denn mir habt ihr es zu verdanken, daß ihr überhaupt hier arbeiten könnt.‹ – ›Wir wissen nicht, was du damit sagen willst‹, entgegneten die Männer.

›Nun, ich habe doch den Berg durch meine Klugheit erlöst‹, sagte der Bauer. Und dann erzählte er den Fremden von den beiden Riesentöchtern und dem Bruderteil.

Die Männer hörten aufmerksam zu: aber was sie sich aus der Erzählung merkten, war etwas ganz andres, als was der Bauer gemeint hatte.

›Ist es auch gewiß, daß die andre Riesentochter gefährlicher ist als die, mit der du zusammengetroffen bist?‹ fragten sie.

›Jawohl, und sie würde euch nicht verschonen‹, lautete die Antwort des Bauern.

Damit verließ er die Männer, beobachtete sie aber doch noch aus der Ferne. Nach einer Weile sah er, daß sie die Arbeit einstellten und in den Wald hineinwanderten.

Als an diesem Abend der Bauer mit seinen Leuten beim Abendessen saß, drang plötzlich lautes Wolfsgeheul aus dem Walde heraus. Und durch das Heulen der wilden Tiere hindurch ertönten menschliche Hilferufe. Rasch sprang der Bauer auf, aber die Knechte schienen keine Lust zu haben, ihm zu folgen. ›Es geschieht dem Diebsgesindel ganz recht, wenn es von den Wölfen zerrissen wird‹, sagten sie.

›Wer in Not ist, dem muß man beistehen‹, sagte der Bauer und begab sich rasch mit allen seinen fünfzig Knechten in den Wald.

Dort sahen sie gleich ein großes Rudel Wölfe, die umeinander sprangen und sich um eine Beute balgten. Nachdem die Knechte die Wölfe auseinandergejagt hatten, lagen vier menschliche Körper auf der Erde, die so entsetzlich zugerichtet waren, daß man sie nicht hätte erkennen können, wenn nicht vier Bergmannspickel daneben gelegen hätten.

Nach diesem Ereignis verblieb der Kufperberg im Besitz des einen Bauern bis an dessen Tod. Hierauf übernahmen ihn die Söhne; diese ließen die Grube gemeinsam bearbeiten; alles Erz, das im Laufe des Jahres gewonnen worden war, wurde in Haufen geteilt, um diese das Los geworfen, und dann schmolz jeder das Kupfer in seiner eigenen Hütte aus. Sie alle wurden mächtige Bergleute und bauten sich große stattliche Höfe. Nach ihnen kamen deren Erben an die Reihe; diese öffneten neue Grubenschächte und vermehrten den Erzgewinn. Mit jedem Jahre nahm die Grube an Umfang zu, und immer mehr Bergwerkleute hatten teil daran. Die einen wohnten ganz in der Nähe, andre hatten ihre Höfe und Schmelzöfen im ganzen Bezirk ringsumher. Es entstand allmählich eine Anzahl Dörfer, und alles zusammen bekam den Namen Großer Kupferbergwerkdistrikt.

Nun darf man aber eins nicht vergessen. Das Erz lag an der Oberfläche des Berges, und man konnte es herausbrechen wie die Steine aus einem Steinbruch. Mit der Zeit aber nahm das ein Ende, und nun waren die Grubenarbeiter gezwungen, das Erz tief unter der Erde zu suchen. Mit Hilfe von engen Schächten und langen, gewundenen Gängen mußten sie sich in die dunkeln Eingeweide der Erde hineinwühlen, dort ihre Minen legen und das Erz heraussprengen. Das Sprengen ist an und für sich ein sehr mühseliges und schweres Stück Arbeit, und sie wird noch beschwerlicher, weil der Rauch nicht abziehen kann; dazu kommt noch das Herausschaffen des Erzes auf steilen Leitern. Je tiefer es ins Innere der Erde hineinging, desto gefährlicher war die Arbeit. Manchmal drangen reißende Wildwasser aus einem Winkel in die Grube hinein, manchmal stürzte die Decke über den Arbeitern zusammen. Dadurch war die Arbeit in der großen Grube so berüchtigt, daß sich niemand freiwillig dazu hergeben wollte. Nun bot man zum Tode verurteilten Verbrechern und vogelfreien Menschen, die den Wald unsicher machten, an, ihnen ihre Missetaten zu vergeben, wenn sie Grubenarbeiter in Falun werden wollten.

Seit vielen, vielen Jahren hatte niemand mehr daran gedacht, den Bruderteil zu suchen. Aber unter den vogelfreien Männern, die zum Großen Kupferberg kamen, gab es auch solche, die ein ordentliches Leben mehr schätzten als ihr Leben, und sie streiften oft im Walde umher, in der Hoffnung, den andern Kupferberg, den Bruderteil, zu finden.

Wie es allen denen, die suchten, erging, weiß niemand, aber eine Geschichte von ein paar Grubenarbeitern hat sich noch erhalten. Diese Arbeiter kamen eines Abends ganz spät zu ihrem Herrn und erzählten, sie hätten eine gewaltige Erzader im Walde entdeckt. Sie hätten den Weg bezeichnet, und am nächsten Tage wollten sie ihrem Herrn die Ader zeigen. Aber der nächste Tag war ein Sonntag, und an diesem Tag wollte der Herr nicht in den Wald und Erz suchen; statt dessen ging er mit allen seinen Leuten in die Kirche. Es war Winter, und die ganze Schar nahm ihren Weg über den Varpansee. Auf dem Hinweg ging alles gut, aber auf dem Rückweg gerieten jene beiden Männer in eine Wake und ertranken. Da begannen die Leute sich an die alte Sage von dem Bruderteil zu erinnern, und sie raunten einander zu, diese Männer seien ganz gewiß darauf gestoßen.

Um die Schwierigkeiten bei der Grubenarbeit nach Möglichkeit zu beheben, ließen die Bergwerksbesitzer erfahrene Bergleute aus dem Auslande kommen; und diese fremden Meister unterrichteten die Leute in Falun, Fahrkünste und Pumpwerke in die Gruben zu bauen, mit denen man das Wasser herauspumpen und das Erz heraufwinden konnte. Die Fremden glaubten nicht so recht an die Sage von den Riesentöchtern: aber das wollten sie gerne glauben, daß sich irgendwo in der Nähe noch eine mächtige Erzader finden könnte, und sie suchten auch eifrig danach. Eines Abends kam denn auch ein deutscher Obersteiger in das Gasthaus bei der Grube und sagte, er habe den Bruderteil gefunden. Aber der Gedanke an den großen Reichtum, den er jetzt gewinnen würde, machte ihn vollständig verwirrt und unzurechnungsfähig. An demselben Abend hielt er ein großes Gelage in dem Wirtshaus; er trank und tanzte und spielte, und schließlich entstand Streit und Schlägerei, und der Deutsche wurde von einem seiner Saufkumpane erstochen.

Aus dem Großen Kupferbergwerk wurde noch immer so viel Erz gebrochen, daß diese Grube für die reichste im ganzen Lande galt. Sie war nicht allein für die nächste Umgebung eine Quelle unversiegbaren Reichtums – auch die Abgaben, die davon erhoben wurden, waren in schweren Zeiten eine große Hilfe für das schwedische Reich. Durch die Grube entstand nach und nach die Stadt Falun, die Grube selbst galt für eine Merkwürdigkeit ersten Ranges und war so nutzbringend, daß selbst die Könige nach Falun zu reisen pflegten, um sie zu sehen, ja, sie nannten sie geradezu das Glück und die Schatzkammer des Schwedenreiches.

Einer der letzten, der den Bruderteil sah, war ein junger Faluner Bergmann aus einer vornehmen, reichen Familie, der einen Hof und einen Schmelzofen in der Stadt besaß. Er wollte eine schöne Bauerntochter von Leksand heiraten, und so machte er sich eines Tages dorthin auf den Weg. Er brachte seine Werbung vor; sie aber sagte, wenn er sich nicht entschließen könnte, von Falun wegzuziehen, wolle sie ihn nicht heiraten. In Falun liege der Rauch aus den Schmelzöfen dick und drückend über der Stadt, und es werde ihr schon ganz schwer ums Herz, wenn sie nur daran denke.

Der Bergmann hatte das Mädchen sehr lieb, und auf dem Rückweg war er tiefbetrübt. Er hatte von jeher in Falun gewohnt, und es war ihm nie der Gedanke gekommen, es könnte jemandem schwerfallen, da zu leben. Als er sich aber jetzt der Stadt näherte, erstaunte er über die Maßen. Aus der großen Grubenöffnung, aus den hundert Schmelzöfen ringsum wallte ein schwarzer, beißender Schwefelrauch heraus und hüllte die ganze Stadt wie in einen Nebel ein. Der Rauch hinderte die Pflanzen am richtigen Wachstum, kahl und öde lagen die Felder ringsumher. Überall sah der Bergmann von schwarzen Kohlenschuppen umgebene Schmelzöfen, aus denen die Flammen herausschlugen, und zwar nicht allein hier in der Stadt und in der nächsten Umgebung, sondern in der ganzen Umgebung bei Grycksbo, bei Bengtsarvet, bei Bergsgarden, bei Stennäset, bei Korsnäs, in Vika, selbst bis nach Aspeboda. Ja, nun verstand er es: wer gewohnt war, im hellen Sonnenschein an den grünen Ufern des glänzenden Siljansees zu wohnen, der konnte hier unten nicht gedeihen.

Der Anblick der Stadt stimmte ihn noch trauriger, als er schon vorher gewesen war. Er hatte keine Lust, gleich nach Hause zu gehen, sondern wich vom Wege ab und wanderte in den Wald hinein. Hier streifte er den ganzen Tag umher, ohne daran zu denken, wohin er ging.

Gegen Abend stand er plötzlich vor einer Bergwand, die wie lauteres Gold glänzte, und als er näher hinsah, entdeckte er, daß der Glanz von einer großen Kupferader herrührte. Zuerst freute er sich über die Entdeckung; aber dann fiel ihm die Sage von dem Bruderteil ein, der schon so vielen zum Verderben gereicht hatte, und da erschrak er im tiefsten Innern. ›Heute bin ich wirklich vom Unglück verfolgt‹, dachte er. ›Vielleicht muß ich nun auch noch das Leben lassen, weil ich den Reichtum hier entdeckt habe.‹

Rasch wendete er sich ab und machte sich auf den Heimweg. Nach einer Weile begegnete er einer großen, starken Frau. Sie sah aus, als könnte sie die ehrfurchtgebietende Mutter eines Bergmannes sein; aber er konnte sich nicht erinnern, sie je gesehen zu haben.

›Ich möchte wohl wissen, was du im Walde vorgehabt hast, denn ich habe dich den ganzen Tag darin umherstreifen sehen?‹ sagte die Frau. ›Ich habe mich nach einem Bauplatz umgesehen, denn das Mädchen, das ich liebe, will nicht in Falun wohnen‹, antwortete der Bergmann. ›Hast du nicht im Sinn, Erz aus dem Kupferberg zu brechen, den du vorhin entdeckt hast?‹ fragte sie weiter.

›Nein, ich muß die Grubenarbeit aufgeben, sonst bekomme ich das Mädchen, das ich liebe, nicht.‹

›Nun, dann halte dein Wort, und es wird dir nichts Böses widerfahren‹, sagte die Frau; und damit verließ sie ihn.

Er aber beeilte sich, das zu verwirklichen, was er nur aus Not als Ausrede gesagt hatte. Er gab die Grubenarbeit auf und baute sich weit entfernt von Falun einen Hof. Da hatte sie, die er liebte, nichts mehr gegen seine Werbung; sie wurde seine Frau und zog mit ihm.«

Damit endigte die Erzählung des Raben. Der Junge hatte sich wirklich die ganze Zeit wach erhalten, trotzdem aber hatte er sein Werkzeug nicht besonders fleißig gehandhabt. »Nun, wie ging es dann später?« fragte er, als der Rabe zu sprechen aufgehört hatte.

»Ach, seit jener Zeit ist es mit dem Kupfergewinn rückwärts gegangen. Die Stadt steht allerdings noch, aber die alten Schmelzöfen sind nicht mehr da. Die ganze Gegend ist mit alten Bergmannshöfen übersät, aber die darin wohnen, müssen Land- und Forstwirtschaft betreiben. Die Faluner Grube ist nächstens erschöpft, und es wäre jetzt notwendiger als je, daß man den Bruderteil fände.«

»Ob wohl dieser Bergmann, von dem du eben erzählt hast, der letzte gewesen ist, der ihn gesehen hat?« fragte der Junge.

»Sobald du ein Loch in die Wand gehauen und mich befreit hast, sage ich dir, wer dieser letzte gewesen ist«, antwortete der Rabe.

Der Junge fuhr zusammen und begann sein Stemmeisen wieder rascher zu handhaben. Es war ihm gewesen, als ob Bataki dies letzte in einem merkwürdig bedeutungsvollen Ton gesagt hätte, beinahe wie wenn er dem Jungen zu verstehen geben wollte, er selbst, der Rabe, habe die große Erzader gesehen. Mochte er wohl eine Absicht gehabt haben, als er ihm diese Geschichte erzählt hatte?

»Du bist gewiß viel in dieser Gegend umhergestreift?« fragte der Junge, um etwas Näheres zu erfahren. »Und während du über die Berge und Wälder hingeschwebt bist, hast du gewiß allerlei gefunden?« – »Allerdings, und ich könnte dir viel Merkwürdiges zeigen, wenn du nur erst mit dieser Arbeit fertig wärest«, sagte der Rabe. Jetzt hackte der Junge mit einem Eifer darauf los, daß die Späne nur so flogen. Ganz gewiß hatte der Rabe den Bruderteil gefunden!

»Da ist es nur schade, daß du als Rabe gar keinen Nutzen aus dem Reichtum ziehen kannst«, sagte der Junge.

»Ich spreche jetzt nicht weiter über die Sache, bis ich sehe, ob du wirklich ein Loch zustande bringst, durch das ich hinausschlüpfen kann«, entgegnete Bataki.

Der Junge arbeitete und arbeitete; schließlich wurde das Eisen ganz heiß in seiner Hand. Er glaubte, die Absicht des Raben zu erraten. Dieser konnte doch nicht selbst Erz ausbrechen, und da hatte er gewiß im Sinn, seine Entdeckung ihm, Nils Holgersson, zu vermachen. Das war das Glaubwürdigste und Natürlichste. Aber wenn der Junge dann das Geheimnis kannte, dann wußte er, was er tat: sobald er seine menschliche Gestalt wiedererlangt hätte, würde er hierher zurückkehren, den großen Reichtum zu heben. Und wenn er dann Geld genug erworben hätte, kaufte er das ganze Kirchspiel Westvämmenhög und baute sich da ein Schloß, so groß wie Vittskövle. Und eines schönen Tages lüde er dann den Häusler Holger Nilsson und dessen Frau aufs Schloß ein. Wenn diese ankämen, stünde er auf der Freitreppe und sagte: »Bitte, treten Sie ein und tun Sie, als ob Sie zu Hause wären!« Sie erkannten ihn natürlich nicht, sondern fragten sich nur immer wieder, wer denn der feine Herr sei, der sie eingeladen habe. Und dann fragte der feine Herr: »Würden Sie nicht gerne auf so einem Schlosse wie dieses hier wohnen?« – »Doch, das versteht sich von selbst, aber das ist nichts für uns«, antworteten sie. – »Doch, doch, Sie sollen das Schloß hier als Entschädigung bekommen für den großen, weißen Gänserich, der im vorigen Jahre davongeflogen ist«, antwortete dann der feine Herr ...

Der Junge bewegte sein Eisen immer hurtiger. Das zweite, wozu er sein Geld anwenden würde, wäre, für das Gänsemädchen Asa und Klein-Mats ein neues Häuschen auf der Heide von Sunnerbo zu bauen. Natürlich ein viel schöneres und größeres als das alte. Und dann wollte er den ganzen Takern kaufen, und dann ...

»Jetzt muß ich deinen Fleiß tatsächlich loben«, sagte der Rabe. »Ich glaube, das Loch ist schon groß genug.«

Und der Rabe konnte sich wirklich hindurchzwängen. Der Junge folgte ihm, und da sah er Bataki ein paar Schritte entfernt auf einem Stein sitzen.

»Jetzt werde ich mein Versprechen halten, Däumling«, begann Bataki in höchst feierlichem Ton, »und dir sagen, daß ich selbst den Bruderteil gesehen habe. Aber ich möchte dir nicht raten, ihn zu suchen, denn ich habe mich viele Jahre lang abgemüht, bis ich ihn gefunden hatte.«

»Ich dachte, du würdest mir zur Belohnung für meine Hilfe zeigen, wo er ist«, sagte der Junge.

»Ach, Däumling, du mußt doch schrecklich schläfrig gewesen sein, während ich von dem Bruderteil erzählte«, sagte Bataki. »Sonst könntest du so etwas nicht erwarten. Hast du denn nicht gehört, daß alle, die offenbaren wollten, wo der Bruderteil sich befände, das Leben eingebüßt haben? Nein, mein Freund, Bataki hat in seinem langen Leben gelernt, den Mund zu halten.«

Damit breitete Bataki seine Flügel aus und flog davon.

Dicht neben der Schwefelküche schlief Mutter Akka; aber es dauerte eine gute Weile, bis der Junge zu ihr trat und sie weckte. Er war verstimmt und betrübt, weil er um den großen Reichtum gekommen war, und er hatte jetzt das Gefühl, als habe er nicht das Geringste, worüber er sich freuen könnte.

»Im übrigen glaube ich gar nicht an die Geschichte mit den Riesentöchtern und ebensowenig an die Wölfe und an das trügerische Eis«, sagte er vor sich hin. »Natürlich sind die armen Grubenarbeiter, als sie die reiche Erzader mitten im wilden Wald entdeckten, vor lauter Freude ganz von Sinnen gekommen und haben deshalb später den rechten Platz nicht mehr finden können. Und dann hat sie die Enttäuschung so vollständig überwältigt, daß sie einfach nicht mehr leben konnten. Denn ganz so ist es mir jetzt zumute.«

Daunenfein

Die schwimmende Stadt

Freitag, 6. Mai

Es gab nichts Lieberes und Gütigeres als die kleine Graugans Daunenfein. Alle andern Wildgänse hatten sie sehr lieb, und der weiße Gänserich hätte gern sein Leben für sie gelassen. Wenn Daunenfein um etwas bat, konnte es ihr selbst die alte Akka nicht abschlagen.

Sobald Daunenfein an den Mälar kam, erkannte sie die Landschaft wieder. Gleich davor mußte das Meer mit den großen Schären sein, wo ihre Eltern und Schwestern auf einem kleinen Holm wohnten. Daunenfein bat die Wildgänse, ehe sie weiter nach Norden zögen, mit ihr nach ihrer Heimat zu fliegen, damit sie den Ihrigen zeigen könne, daß sie noch am Leben sei; das würde daheim eine große Freude geben.

Akka sagte Daunenfein geradeheraus, sie sei der Ansicht, Daunenfeins Eltern und Geschwister hätten sich damals, als sie Öland verließen, nicht gerade liebevoll gegen die kranke Schwester benommen. Aber Daunenfein wollte Akka nicht recht geben. »Was hätten sie denn tun sollen, als sie sahen, daß ich nicht fliegen konnte?« erwiderte sie. »Sie hätten doch meinethalben nicht auf Öland zurückbleiben können.«

Um die Wildgänse zu bewegen, mit ihr nach den Schären hinauszufliegen, erzählte ihnen Daunenfein von ihrer Heimat. Diese liege auf einer Felseninsel. Wenn man die Insel aus der Ferne sehe, meine man, es gäbe gar nichts als Steine da, wenn man aber dort ankomme, finde man in den Rissen und Spalten herrliches Futter. Und bessere Brutplätz als dort in den Felsenspalten und unter den Weidenbüschen könnte man lange suchen. Das beste von allem aber sei doch ein alter Fischer, der auf dem Holm wohne.

Daunenfein habe gehört, daß er in seiner Jugend ein großer Jäger gewesen sei, der immer zwischen den Schären gelegen und Vögel erlegt habe. Aber auf seine alten Tage, nachdem seine Frau gestorben und seine Kinder fortgezogen seien, wohne er ganz allein in seinem Häuschen, und jetzt beschütze er die Vögel auf seiner Schäreninsel. Er lege nie mehr auf sie an und halte auch die andern Fischer davon ab. Statt dessen gehe er jetzt bei den Vogelnestern umher, und wenn die Weibchen auf ihren Eiern säßen, bringe er ihnen Futter. Kein einziger Vogel fürchte sich vor ihm. Daunenfein sei oft in seiner Hütte gewesen, und da habe er ihr Brotkrummen hingestreut. Weil nun der Fischer so gut gegen die Vögel sei, hätten sich diese auch in großer Menge auf der Schäre niedergelassen, und es fehle dort nächstens an dem nötigen Platz. Wenn man im Frühling zu spät eintreffe, könnten möglicherweise schon alle Brutplätz besetzt sein. »Und deshalb haben meine Eltern und Geschwister mich auch allein in Öland zurücklassen müssen«, schloß Daunenfein die Erzählung.

Und Daunenfein bat und bettelte so lange, bis sie ihren Willen durchgesetzt hatte, obgleich die Wildgänse sich schon etwas verspätet hatten und eigentlich ohne Aufenthalt nordwärts reisen sollten. Aber der Besuch in den Schären würde die Reise allerdings nur um einen einzigen Tag verzögern.

Eines Morgens, nachdem sie sich wohl gestärkt hatten, brachen sie auf und flogen in östlicher Richtung über den Mälar hin. Der Junge wußte nicht genau, wohin die Gänse flogen, aber er sah bald, wieviel lebhafter der Verkehr wurde, und wieviel dichter bebaut die Ufer waren, je weiter ostwärts sie kamen.

Schwerbeladene Prahme und Kähne und Fischerbarken waren in derselben Richtung wie die Wildgänse unterwegs, und viele schöne, weiße Dampfschiffe kamen ihnen entgegen oder fuhren an ihnen vorbei. An den Ufern liefen Eisenbahnen und Landstraßen hin, alle einem und demselben Ziel entgegen. Dort im Osten mußte irgendein Ort sein, den alle an diesem Morgen noch zu erreichen versuchten. Auf einer der Inseln sahen sie ein großes, weißes Schloß, und eine Strecke weiter waren die Ufer allmählich mit Villen bedeckt. Im Anfang lagen diese in großen Zwischenräumen, später aber dichter, und bald stand dem ganzen Ufer entlang eine Villa neben der andern. Die Häuser waren von höchst verschiedener Bauart: hier lag ein Schloß, dort eine Hütte, hier erhob sich ein langer niedriger Herrenhof, dort eine Villa mit vielen kleinen Türmen. Die einen standen mitten in Obstgärten, die meisten aber waren von kleinen Gehölzen umgeben, die ohne besondere Pflege die Ufer einfaßten. Aber so ungleich sie auch waren, eins hatten sie alle gemeinsam, sie waren nicht einfach und ernst wie andre Häuser, sondern wie Puppenhäuser, leuchtend grün und blau und weiß und rot angestrichen.

Der Junge betrachtete eben eifrig alle diese lustigen Sommerhäuser am Strande, als Daunenfein plötzlich einen Schrei ausstieß. »Jetzt erkenne ich meine Heimat deutlich wieder!« rief sie. »Dort drüben liegt die schwimmende Stadt!«

Da schaute Nils geradeaus, er sah aber zuerst gar nichts als feinen Dunst und Nebel, die über dem Wasser schwebten. Dann unterschied er hohe Türme und da und dort ein Haus mit langen Fensterreihen. Die Gebäude tauchten auf und verschwanden wieder, je nachdem der Nebel hin und her wogte. Aber ein Uferstreifen war nirgends zu erblikken; alles schien auf dem Wasser zu ruhen.

Als der Junge der Stadt näherkam, sah er keine lustigen Puppenhäuser mehr am Ufer, die waren dafür mit rauchigen Fabrikgebäuden bedeckt. Hinter hohen Plankenzäunen erstreckten sich große Kohlen- und Bretterhaufen, und an schwarzen, schmutzigen Brücken lagen schwerfällige Frachtdampfer; darüber aber breitete sich überall der wogende, durchsichtige Nebelschleier aus, und dadurch erschien alles so großartig und gewaltig und fremdartig, daß es einen beinahe schönen Eindruck machte.

Die Wildgänse flogen an Fabriken und Frachtdampfern

vorüber und kamen der nebelumhüllten Stadt immer näher. Da sanken plötzlich alle Nebelschleier aufs Wasser hinunter, nur ein dünner leichter, in zartestem Rosa und Hellblau schimmernder Dunst schwebte noch darüber. Die andern Nebel aber wälzten sich unter der Schar über das Wasser und das Land hin. Sie verbargen die Grundmauern und den untern Teil der Häuser, während die oberen Stockwerke, die Dächer, Türme, Giebel und Dachfirste deutlich sichtbar waren. Einige Häuser erschienen auf diese Weise übermäßig hoch und erinnerten unwillkürlich an den Turm zu Babel! Der Junge konnte sich ja wohl denken, daß sie auf Hügel und Felsenrücken gebaut sein mußten; diese selbst sah er allerdings nicht, nur die Häuser, die über den Nebelmassen aufragten. Der Nebel war glänzend weiß, und die Häuser lagen schwarz und dunkel mitten darin, denn die Sonne stand im Osten, und ihre Strahlen fielen nicht auf diese Seite.

Wohin der Junge schaute, überall sah er Dächer und Türme aus dem Nebelmeer auftauchen; die Wildgänse flogen offenbar über eine große Stadt hin. Bisweilen teilten sich die wallenden Nebelmassen, und dann sah der Junge einen rauschenden, brausenden Strom, aber Land konnte er nirgends entdecken. Es war ein wunderschöner Anblick, aber er fühlte sich doch ein wenig beklommen, wie es meistens geht, wenn man etwas sieht, was einem unverständlich ist.

Sobald sie die Stadt hinter sich hatten, war die Erde nicht mehr vom Nebel verhüllt. Jetzt konnte man Ufer, Wasser und Inseln deutlich unterscheiden. Der Junge schaute zurück, um einen letzten Blick auf die Stadt zu werfen. Sie sah jetzt noch mehr wie ein Zaubermärchen aus. Die Sonne hatte alle die Nebelschleier rosig angehaucht, und diese schwebten nun, in herrlichstem Blau und Rot und Gelb leuchtend, über der Landschaft. Die Häuser waren ganz weiß, wie wenn sie aus Licht gebaut wären, die Fenster und Türme aber glänzten wie lauter Feuer. Und alles schwamm auf dem Wasser wie zuvor.

Die Wildgänse flogen rasch ostwärts. Im Anfang sah es hier ganz so aus wie am Mälar. Zuerst ging es über Fabriken und Werkstätten hin, dann zeigten sich an den Ufern allmählich hübsche Landhäuser. Es wimmelte von Dampfschiffen und Booten; aber jetzt kamen diese von Osten her und fuhren westwärts der Stadt zu.

Die Wildgänse flogen weiter, und anstatt der schmalen Mälarfjorde und der kleinen Inseln breitete sich jetzt eine größere Wasserfläche mit unfangreicheren Inseln unter ihnen aus. Das Festland wich zur Seite und war bald nicht mehr zu sehen. Die Pflanzenwelt wurde kärglicher; Laubhölzer gab es nur noch wenig, das Nadelholz bekam das Übergewicht. Die Landhäuser hörten auf, und statt ihrer sah man Bauernhäuser und Fischerhütten.

Immer weiter flogen die Wildgänse; jetzt waren keine großen, bebauten Inseln mehr zu sehen, nur unzählige kleine, über das Wasser verstreute Schären. Die Fjorde wurden nicht mehr vom Festland eingeengt, das weite, unbegrenzte Meer dehnte sich vor ihnen aus.

Hier draußen ließen sich die Wildgänse auf einer Felseninsel nieder, und als der Junge abgestiegen war, wendete er sich an Daunenfein. »Was ist denn das für eine große Stadt, über die wir hingeflogen sind?« fragte er.

»Ich weiß nicht, wie sie bei den Menschen genannt wird«, antwortete Daunenfein. »Wir Graugänse nennen sie nur die schwimmende Stadt.«

Die Schwestern

Daunenfein hatte zwei Schwestern: Flügelschön und Goldauge. Es waren kluge und starke Vögel; aber sie hatten kein so weiches, glänzendes Federgewand wie Daunenfein und auch keinen so freundlichen, liebenswürdigen Charakter. Schon zu der Zeit, wo sie noch kleine häßliche Gösselchen gewesen waren, hatten ihnen die Eltern und Verwandten, ja sogar auch der alte Fischer, deutlich zu verstehen gegeben, daß sie Daunenfein lieber hätten, und deshalb hatten diese beiden ihre Schwester Daunenfein von jeher gehaßt.

Als die Wildgänse sich auf der Felseninsel niederließen, weideten Daunenfeins Schwestern, Flügelschön und Goldauge, eben auf einem grünen Fleck, und sie sahen die Wildgänse sogleich.

»Sieh nur, Schwester Goldauge, welche stattlichen Wildgänse sich da auf unserer Insel niederlassen!« sagte Flügelschön. »Ich habe noch nicht oft Vögel gesehen, die eine so prächtige Haltung gehabt hätten. Sieh, sie haben einen weißen Gänserich bei sich! Hast du je einen so schönen Vogel gesehen? Man könnte ihn fast für einen Schwan halten.«

Goldauge stimmte der Schwester bei und meinte auch, da sei gewiß sehr vornehmer Besuch auf die Insel gekommen. Aber plötzlich unterbrach sie sich und rief:

»Schwester Flügelschön! Schwester Flügelschön! Siehst du nicht, wer bei ihnen ist?«

In demselben Augenblick erkannte auch Flügelschön ihre Schwester Daunenfein, und sie war so überrascht, daß sie eine ganze Weile nur mit offenem Schnabel dastand und zischte.

»Es ist nicht möglich, es ist nicht möglich! Wie sollte sie zu solchen Leuten gekommen sein? Wir ließen sie ja auf Öland zurück, und dort hat sie verhungern müssen.«

»Nun wird sie uns natürlich bei Vater und Mutter verklagen und sagen, daß wir sie gestoßen hätten, bis sie sich den Flügel ausrenkte. Aber das ist noch nicht das schlimmste von allem, denn du wirst sehen, wir werden dafür von der Insel verjagt.«

»Ja, das wird eine nette Geschichte geben; denn wenn der verzärtelte Nestkegel wieder da ist, gibt es natürlich lauter Widerwärtigkeiten«, sagte Flügelschön. »Aber ich würde es doch fürs Klügste halten, wenn wir im Anfang täten, als ob wir uns über ihre Rückkehr freuten. Sie ist nämlich sehr dumm, und vielleicht hat sie nicht einmal gemerkt, daß wir sie mit Absicht stießen.«

Während Flügelschön und Goldauge so miteinander redeten, hatten die Wildgänse drunten am Strand ihre von dem raschen Flug zerzausten Federn geglättet, und jetzt wanderten sie in einer langen Reihe auf den Felsenspalt zu, wo, wie Daunenfein wußte, die Eltern zu wohnen pflegten.

Daunenfeins Eltern waren ausgezeichnete Leute; sie wohnten schon länger auf der Insel als alle die andern Vögel. Sie halfen deshalb auch allen Neuankommenden und gaben ihnen guten Rat. Auch sie hatten die Wildgänse daherfliegen sehen, aber Daunenfein in der Schar nicht erkannt.

»Sieh nur, da lassen sich Wildgänse auf der Felseninsel nieder, das ist doch merkwürdig!« sagte der Gänsevater. »Es ist eine prächtige Schar, das sieht man schon am Fluge, aber es wird schwierig sein, für so viele ordentliche Weideplätz zu finden.«

»Bis jetzt ist die Insel nicht überfüllt. Wir können noch Gäste aufnehmen«, meinte die Gänsefrau, die freundlichen, gutherzigen Gemütes war, gerade wie Daunenfein.

Als Akka näher herankam, gingen Daunenfeins Eltern ihr entgegen, und sie wollten die Gäste eben auf der Insel willkommen heißen, als Daunenfein von ihrem Platze hinten im Zug aufflog und sich gerade vor ihren Eltern niederließ.

»Vater und Mutter, hier bin ich! Kennt ihr denn eure Daunenfein nicht mehr?« rief sie.

Zuerst wollten die Alten ihren Augen nicht trauen; aber dann erkannten sie die Tochter und waren natürlich glückselig über das Wiedersehen.

Während nun die Wildgänse und der Gänserich Martin und auch Daunenfein eifrig durcheinanderschnatterten, weil alle erzählen wollten, wie Daunenfein gerettet worden war, kamen Flügelschön und Goldauge dahergelaufen. Schon aus der Ferne riefen sie: »Guten Tag! Guten Tag!« und taten so erfreut über Daunenfeins Rückkehr, daß diese ganz gerührt wurde.

Den Wildgänsen gefiel es sehr gut auf der Felseninsel,

und so beschlossen sie, nicht vor dem nächsten Morgen weiterzureisen. Nach einer Weile fragten die beiden Schwestern Daunenfein, ob sie mit ihnen kommen wollte, um zu sehen, wo sie ihre Nester zu bauen beabsichtigten. Daunenfein war sogleich bereit, und als sie die Plätze sah, lobte sie die Schwestern und sagte, sie hätten sich da sehr wohlgeschützte Brutstätten ausgewählt.

»Wo willst denn du dich niederlassen, Daunenfein?« fragten die Schwestern.

»Ich?« erwiderte Daunenfein. »Ich habe nicht die Absicht, auf der Insel zu bleiben, denn ich will mit den Wildgänsen nach Lappland reisen?«

»Wie schade! Du willst uns also gleich wieder verlassen?« sagten die Schwestern.

»Ich wäre recht gerne bei euch und bei unsern Eltern geblieben«, erwiderte Daunenfein. »Aber ich bin schon mit dem großen weißen Gänserich verlobt.«

»Hör' ich recht?« rief Flügelschön. »Du bekommst den schönen Gänserich? Das ist doch . . .« Aber in diesem Augenblick stieß Goldauge sie heftig an, und so sprach sie nicht weiter.

Die beiden bösen Schwestern steckten während des Vormittags wiederholt eifrig die Köpfe zusammen. Sie waren ganz außer sich vor Zorn, weil Daunenfein einen Freier wie den weißen Gänserich hatte. Sie selbst hatten zwar auch Freier; aber die ihrigen waren ganz gewöhnliche Graugänse und seit sie den Gänserich Martin gesehen hatten, kamen ihnen ihre Freier häßlich und ärmlich vor, sie mochten sie gar nicht mehr ansehen.

»Man könnte sich wirklich zu Tode darüber grämen«, sagte Goldauge. »Hättest wenigstens du ihn bekommen, Schwester Flügelschön!« rief sie.

»Ich wollte, der Kerl wäre tot, dann müßte ich mir jetzt nicht den ganzen Sommer hindurch unaufhörlich vorsagen: Deine Schwester Daunenfein hat sich mit einem weißen Gänserich verlobt«, sagte Flügelschön.

Trotzdem waren die Schwestern fortgesetzt sehr freundlich gegen Daunenfein; und nachmittags nahm Goldauge Daunenfein mit sich, damit sie Goldauges Freier sehen sollte. »Er ist zwar nicht so schön wie dein Bräutigam«, sagte Goldauge. »Dafür kann man aber auch ganz sicher sein, daß er das wirklich ist, wofür er sich ausgibt.«

»Was willst du damit sagen?« fragte Daunenfein.

Goldauge wollte zuerst nicht mit der Sprache heraus, aber schließlich kam es doch an den Tag: Goldauge und Flügelschön hatten sich darüber besonnen, ob die Sache mit dem Weißen auch auf ganz natürliche Weise zugegangen sei. »Noch niemals ist ein weißer Gänserich mit Wildgänsen umhergezogen«, sagten die Schwestern, »und wir möchten wohl wissen, ob er nicht am Ende verzaubert ist.«

»Seid ihr verrückt?« sagte Daunenfein gekränkt. »Er ist ja ein zahmer Gänserich.«

»Er hat aber einen bei sich, der verzaubert ist«, sagte Goldauge, »und da könnte er gut selbst auch verzaubert sein. An deiner Stelle hätte ich Angst, er sei möglicherweise ein schwarzer Kormoran.«

Goldauge wußte ihre Worte sehr gut zu setzen und jagte der armen Daunenfein einen großen Schrecken ein.

»Was du da sagst, ist doch wohl nicht dein Ernst!« rief die kleine Graugans. »Du willst mich nur erschrecken.«

»Ich will nur dein Bestes, Daunenfein«, sagte Goldauge. »Denn ich könnte mir nichts Schrecklicheres denken, als wenn du mit einem Kormoran fortfliegen würdest. Aber ich will dir etwas sagen. Bring ihn dazu, von diesen Wurzeln hier, die ich für dich gesammelt habe, zu essen. Wenn er verzaubert ist, wird es sich sofort zeigen. Ist dies nicht der Fall, dann bleibt er so, wie er ist.«

Der Junge saß mitten unter den Graugänsen und hörte der Unterhaltung zwischen Akka und dem Gänsevater zu, als plötzlich Daunenfein dahergestürzt kam. »Däumling! Däumling!« schluchzte sie. »Der Gänserich Martin ist am Sterben. Ich habe ihn umgebracht.«

»Nimm mich auf den Rücken, Daunenfein, und trage mich rasch zu ihm hin!« rief der Junge.

Die beiden flogen davon, und Akka eilte mit den andern Wildgänsen hinter ihnen her. Als sie bei dem Gänserich ankamen, lag dieser auf dem Boden ausgestreckt. Er konnte kein Wort herausbringen, sondern schnappte nur immer nach Luft.

»Kitzle ihn an der Gurgel und schlage ihn auf den Rükken!« befahl Akka.

Der Junge tat es; da hustete der große Weiße einige lange Wurzeln heraus, die ihm im Halse steckengeblieben waren.

»Hast du hiervon gegessen?« fragte Akka und deutete auf die am Boden liegenden Wurzeln.

»Ja«, antwortete der Gänserich.

»Dann darfst du von Glück sagen, daß sie dir im Halse steckengeblieben sind«, sagte Akka. »Die Wurzeln sind giftig, und wenn du sie geschluckt hättest, wärest du unrettbar verloren gewesen.«

»Daunenfein sagte, ich solle davon essen«, sagte der Gänserich.

»Ich habe sie von meiner Schwester bekommen«, rief Daunenfein und erzählte, wie alles zugegangen war.

»Nimm dich vor deinen Schwestern in acht, Daunenfein«, sagte Akka. »Sie meinen es sicher nicht gut mit dir.«

Aber Daunenfein hatte ein gar zu gutes Herz, sie konnte niemand etwas Böses zutrauen. Als nun Flügelschön nach einer Weile zu ihr kam und sagte, sie wolle ihr jetzt auch ihren Freier zeigen, ging sie sogleich mit.

»Er ist freilich nicht so schön wie der deinige«, sagte die Schwester, »aber dafür ist er tapferer und kühner.«

»Woher weißt du das?« fragte Daunenfein.

»Das will ich dir sagen. Unter den Möwen und Enten hier herrscht Jammer und Not, weil jeden Morgen bei Tagesanbruch ein großer Raubvogel dahergeflogen kommt und eine von ihnen mitnimmt.«

»Was ist es für ein Vogel?« fragte Daunenfein.

»Wir wissen es nicht«, antwortete die Schwester. »Es ist noch nie so einer hier auf der Insel gesehen worden. Merkwürdigerweise hat er noch nie eine Gans angefallen. Da hat sich nun mein Freier entschlossen, morgen mit ihm zu kämpfen und ihn zu verjagen.«

»Wenn die Sache nur gut abläuft!« sagte Daunenfein.

»Ich fürchte, das wird nicht der Fall sein«, versetzte die Schwester. »Ja, wenn mein Gänserich so groß und stark wäre wie der deinige, dann hätte ich auch Hoffnung auf Erfolg.«

»Soll ich den Gänserich Martin bitten, mit diesem fremden Raubvogel anzubinden?« fragte Daunenfein.

»Das wäre mir freilich das allerliebste«, erwidert Flügelschön. »Du könntest mir gar keinen größeren Gefallen tun.«

Am nächsten Morgen war der Gänserich Martin schon vor der Sonne auf; er stellte sich auf die höchste Klippe und spähte nach allen Seiten umher. Bald tauchte im Westen ein großer dunkler Vogel auf, der auf die Insel zuflog. Er hatte ungeheuer große Flügel, und der Gänserich sah gleich, daß es ein Adler war. Er hatte keinen gefährlicheren Gegner als eine Eule erwartet und erkannte jetzt wohl, daß es das Leben galt. Aber es fiel ihm nicht ein, dem Kampf mit einem Vogel, der so viel stärker war als er, auszuweichen.

Jetzt schoß der Adler aus der Höhe herab und schlug seine Klauen in eine Möwe; aber ehe er mit ihr auffliegen konnte, stürmte der Gänserich heran.

»Laß die Möwe los!« schrie er. »Und laß dich nie wieder hier blicken, sonst bekommst du es mit mir zu tun!«

»Was bist denn du für ein Prahlhans?« sagte der Adler. »Es ist ein Glück für dich, daß ich nie eine Gans angreife, sonst wäre es bald um dich geschehen.«

Der Gänserich Martin glaubte, der Adler sei zu hochmütig, mit ihm zu kämpfen. Er ging darum wutschnaubend auf ihn los, biß ihn in den Hals und schlug ihn mit den Flügeln. Das konnte sich der Adler natürlich nicht gefallen lassen, und nun kämpfte er mit dem Gänserich, aber nicht einmal mit voller Kraft.

Der Junge schlief noch bei Akka und den andern Wildgänsen. Da hörte er Daunenfein rufen. »Däumling! Däumling! Der Gänserich wird von einem Adler zerrissen!«

»Nimm mich auf den Rücken, Daunenfein, und trage mich zu ihm hin«, sagte der Junge.

Als die beiden die Klippe erreicht hatten, blutete der Gänserich aus mehreren Wunden; er kämpfte aber trotzdem weiter. Der Junge konnte sich nicht mit einem Adler einlassen, und es blieb ihm also nichts andres übrig, als bessere Hilfe herbeizurufen. »Schnell, schnell, Daunenfein! Rufe Akka und die Wildgänse herbei!« befahl er.

Doch in dem Augenblick, wo der Junge das sagte, hörte der Adler auf zu kämpfen. »Wer spricht hier von Akka?« fragte er. Und als er des Däumlings gewahr wurde und das Geschnatter der herbeieilenden Wildgänse hörte, breitete er rasch die Schwingen aus. »Sage Akka, ich hätte nicht erwartet, sie oder irgend jemand aus ihrem Gefolge hier draußen auf dem Meere anzutreffen!« rief er; und damit flog er stolz und majestätisch davon.

»Das ist derselbe Adler, der mich einmal zu den Wildgänsen zurückgebracht hat«, sagte der Junge und schaute ihm verwundert nach.

Die Wildgänse wollten in aller Frühe von der Insel wegfliegen, beschlossen aber, vorher doch noch ein wenig zu frühstücken. Während sie noch weideten, flog eine Felsenente zu Daunenfein hin. »Ich soll dich von deinen Schwestern grüßen«, sagte sie. »Sie wagen es nicht mehr, sich unter den Wildgänsen sehen zu lassen, aber ich soll sagen, du solltest doch ja die Insel nicht verlassen, ohne dem alten Fischer einen Besuch gemacht zu haben.«

»Das will ich auch tun!« rief Daunenfein. Sie war jedoch sehr ängstlich geworden und wollte nicht allein hingehen. Deshalb bat sie den Gänserich und den Däumling, sie nach der Hütte zu begleiten.

Die Tür der Hütte stand offen. Daunenfein ging hinein, die beiden andern blieben draußen. Im nächsten Augenblick hörten sie Akka das Zeichen zum Aufbruch geben.

Die Graugans trat auch gleich darauf aus der Hütte heraus und flog mit den Wildgänsen von der Insel fort.

Die Schar war schon eine ziemliche Strecke zwischen den Schären hingeflogen, als der Junge sich über die Graugans, die mit ihnen flog, sehr verwunderte. Daunenfein flog doch sonst so leicht und ruhig dahin, diese aber hier ruderte mit schweren rauschenden Flügelschlägen durch die Luft. »Akka, wende um! Akka, wende um!« rief der Junge erregt. »Es ist ein fremder Vogel unter uns. Wir haben Flügelschön in unsrer Schar!«

Kaum hatte er dies gesagt, als die Graugans einen häßlichen zornigen Ruf ausstieß, und nun war niemand mehr im Zweifel, wer sie war. Akka und die andern wendeten sich gegen sie; die Graugans entfloh jedoch nicht sogleich, sondern stürzte sich auf den großen Weißen, packten den Däumling mit dem Schnabel und flog mit ihm davon. Nun entspann sich eine wilde Jagd zwischen den Schären. Flügelschön flog sehr rasch, aber die Wildgänse waren dicht hinter ihr her, und sie hatte nicht die geringste Hoffnung zu entkommen.

Da stieg plötzlich ein leichter, weißer Rauch aus dem Meere auf, und zugleich ertönte der Knall eines Schusses. In ihrem Eifer hatten die Vögel nicht gemerkt, daß sie über einem Boot hinflogen, in dem ein einzelner Fischer saß.

Es wurde indes niemand getroffen; aber gerade über dem Boot öffnete Flügelschön den Schnabel und ließ den Däumling ins Meer fallen.

Der Adler Gorgo

Im Felsental

Weit droben auf dem lappländischen Gebirge lag ein altes Adlernest auf einem Felsenvorsprung, der über einer schroffen Bergwand herausragte. Das Nest war aus Kiefernzweigen verfertigt, die schichtenweise übereinandergelegt waren. Seit Jahren war es immer mehr erweitert und erhöht worden und jetzt hatte es mehrere Meter im Durchmesser und lag da oben, fast ebenso groß wie eine Lappenhütte.

Die Felsenwand, auf der das Adlernest lag, überschattete ein ziemlich hohes Tal, das im Sommer immer von einer Schar Wildgänse bewohnt war; und dieses Tal war auch wirklich ein ausgezeichneter Zufluchtsort für die Gänse, denn es lag so gut versteckt zwischen den Bergen, daß es nicht vielen Leuten bekannt war; ja, selbst unter den Lappen wußte man nur wenig davon. Mitten in dem Tal lag ein kleiner runder See, wo sich reichlich Nahrung für die kleinen Gänschen fand, und an den mit Weidenbüschen und kleinen verkrüppelten Birken dicht bestandenen Ufern gab es so gute Brutplätze, wie sie sich die Gänse nur wünschen konnten.

Seit undenklichen Zeiten hatten droben auf dem Felsen Adler und drunten im Tal Wildgänse gewohnt. Alle Jahre raubten die Adler einige von den Wildgänsen, hüteten sich aber wohl, so viele zu rauben, daß diese aus dem Tale verscheucht worden wären. Jedenfalls hatten die Wildgänse auch nicht so gar wenig Nutzen von den Adlern; diese waren ja wohl Räuber, aber sie hielten andre Räuber fern.

Ein paar Jahre, ehe Nils Holgersson mit den Wildgänsen umherzog, stand die alte Führerin der Schar, Akka von Kebnekajse, eines Morgens in dem Felsental und schaute zu dem Adlernest hinauf. Die Adler pflegten kurz nach

Sonnenaufgang auf die Jagd auszufliegen; und in allen Sommern, die Akka in diesem Tal verbracht hatte, war sie jeden Morgen auf ihrem Posten gewesen und hatte beobachtet, ob die Adler im Tale blieben, um da zu jagen, oder ob sie sich nach andern Jagdgebieten begaben.

Sie brauchte nicht lange zu warten, bis die beiden stattlichen Vögel die Felsenplatte verließen. Schön, aber furchtbar schwebten sie durch die Luft dahin. Sie schlugen die Richtung nach dem Flachlande ein, und Akka stieß einen erleichterten Seufzer aus.

Die alte Anführerin war nun zu alt zum Eierlegen und um Junge aufzuziehen. So vertrieb sie sich denn im Sommer die Zeit damit, daß sie von einem Gänsenest zum andern wanderte und über das Ausbrüten und Aufziehen der Jungen gute Ratschläge erteilte. Außerdem hielt sie nicht allein Ausschau nach den Adlern, sondern auch nach den Bergfüchsen, den Eulen und andern Feinden, von denen den Gänsen und deren Jungen Gefahr drohen konnte.

Gegen Mittag spähte Akka wieder nach den Adlern aus. Das hatte sie nun in jedem Sommer, seit sie in diesem Tale Aufenthalt nahm, getan. Sie sah auch den Adlern immer schon am Fluge an, ob sie eine gute Jagd gehabt hatten, und dann fühlte sie sich für die Ihrigen beruhigt. Aber heute kehrten die Adler nicht zurück.

»Ich muß alt und stumpfsinnig geworden sein«, dachte Akka, nachdem sie eine Weile gewartet hatte. »Die Adler müssen ja längst daheim sein.«

Am Nachmittag schaute sie abermals nach der Felsenwand hinauf; jetzt hätten die Adler auf dem schroffen Felsenvorsprung auftauchen müssen, wo sie ihre Nachmittagsruhe zu halten pflegten; und am Abend spähte sie abermals, denn da pflegten die Adler im Bergsee ein Bad zu nehmen; aber immer und immer spähte sie vergeblich. Und wieder jammerte Akka, daß sie alt werde. Sie war es so gewohnt, die Adler über sich auf dem Berge zu sehen; deshalb konnte sie sich nicht denken, daß sie noch nicht zurückgekehrt sein könnten.

Am nächsten Morgen war Akka schon früh auf den Beinen, und wieder schaute sie nach den Adlern aus. Aber auch jetzt sah sie nichts von ihnen. Dagegen drang durch die Morgenstille ein Schrei an ihr Ohr, der zornig und jämmerlich zugleich klang und aus dem Neste zu kommen schien.

»Sollte da droben wirklich ein Unglück geschehen sein?« dachte Akka. Sie breitete die Flügel aus und flog so hoch hinauf, daß sie in das Adlernest hineinsehen konnte.

Da oben war nichts von dem Adlerpaar zu entdecken; im ganzen Neste war niemand als ein halbnacktes Junges, das nach Nahrung schrie.

Langsam und zögernd ließ sich Akka zu dem Adlernest hinabsinken. Das war ein unheimlicher Ort! Man merkte gleich, was für Räuber hier wohnten. In dem Neste und auf der Felsenplatte lagen gebleichte Knochen, blutige Federn und Hautfetzen, Hasenköpfe, Vogelschnäbel und federnbesetzte Füße von Schneehühnern. Auch das Adlerjunge, das mitten in allen diesen Überbleibseln lag, bot mit seinem großen, aufgesperrten Schnabel, seinem unbeholfenen flaumigen Körper und seinen unfertigen Flügeln einen widerwärtigen Anblick.

Schließlich überwand Akka ihren Widerwillen und setzte sich auf den Rand des Nestes, sah sich aber doch ängstlich nach allen Seiten um, denn sie war darauf gefaßt, die alten Adler im nächsten Augenblick dahersausen zu sehen.

»Gut, daß endlich jemand kommt!« rief das Adlerkind. »Verschaff mir sogleich etwas zu essen.«

»Na, na, das hat wohl keine so große Eile«, sagte Akka. »Sag mir zuerst, wo deine beiden Eltern sind.«

»Ja, wenn ich das wüßte! Gestern morgen sind sie fortgeflogen und haben mir nichts als eine Maus dagelassen. Du wirst dir denken können, daß die schon lange verzehrt ist! Es ist unverschämt von meiner Mutter, mich so Hunger leiden zu lassen.«

Jetzt war Akka überzeugt, daß die alten Adler erschossen worden waren, und sie dachte, wenn sie das Junge hier verhungern ließe, wäre sie die ganze Räubergesellschaft in Zukunft los. Aber sie konnte sich eben doch nicht entschließen, ein solches verlassenes Junges so elendig umkommen zu lassen, wenn es in ihrer Macht stand, ihm zu helfen.

»Was starrst du mich denn so an?« schrie das Junge. »Hörst du nicht, daß ich etwas zu essen will?«

Akka breitete die Flügel aus und flog rasch zu dem kleinen See hinunter; kurz darauf erschien sie wieder im Adlernest mit einer Forelle im Schnabel.

Aber als sie den Fisch vor den jungen Adler hinlegte, geriet dieser außer sich vor Zorn. »Meinst du, ich esse solches Zeug?« schrie er, stieß den Fisch weg und hackte mit seinem scharfen Schnabel nach Akka. »Verschaff mir ein Schneehuhn oder eine Wühlmaus, hörst du!«

Aber jetzt streckte Akka den Kopf vor und gab dem Jungen einen ordentlichen Schlag in den Nacken. »Das laß dir gesagt sein«, rief die Alte, »wenn ich dir Futter verschaffen soll, mußt du mit dem zufrieden sein, was ich dir bringen kann. Dein Vater und deine Mutter sind tot, von ihnen kannst du also keine Hilfe mehr erwarten. Wenn du aber lieber hier verhungern willst, während du auf Schneehühner und Wühlmäuse wartest, dann habe ich nichts dagegen.«

Nachdem Akka dies gesagt hatte, flog sie sogleich davon und ließ sich erst nach einer guten Weile wieder in dem Neste sehen. Da hatte das Junge den Fisch verzehrt, und als Akka ihm einen neuen Fisch hinlegte, verschlang es diesen sogleich, obgleich man ihm gut anmerkte, daß er ihm abscheulich schmeckte.

Nun hatte Akka eine schwere Aufgabe. Die alten Adler kehrten niemals wieder, und so mußte sie alle Nahrung für das Junge ganz allein herbeischaffen. Sie brachte ihm Fische und Frösche, und diese Kost schien dem jungen Adler gar nicht übel zu bekommen, denn er wuchs groß und kräftig heran. Bald hatte er seine Eltern vollständig vergessen und glaubte, Akka sei seine rechte Mutter. Und Akka liebte ihn wie ein eigenes Kind. Sie erzog ihn mit aller Sorgfalt und gab sich die größte Mühe, ihm seinen wilden Sinn und seinen Hochmut abzugewöhnen.

Nachdem ein paar Wochen vergangen waren, fühlte Akka die Zeit herbeikommen, wo sie ihre Federn verlor und also nicht fliegen konnte. Sie wußte, während eines ganzen Monats würde sie dann nicht imstande sein, dem Jungen im Adlernest Nahrung zu bringen, und so müßte dieses elendiglich verhungern.

»Hör nun, Gorgo«, sagte Akka eines Tages zu dem jungen Adler. »Jetzt kann ich dir keine Fische mehr hier heraufbringen, und nun fragt es sich, ob du dich ins Tal hinunterwagst, damit ich dir auch ferner deine Nahrung verschaffen kann. Du mußt jetzt wählen, ob du lieber hier oben verhungern oder dich ins Tal hinunterwerfen willst, was dich möglicherweise das Leben kosten kann.«

Ohne sich einen Augenblick zu besinnen, stieg Gorgo auf den Rand des Nestes. Er nahm sich kaum die Mühe, die Entfernung mit dem Blick zu messen, sondern breitete seine kleinen Flügel aus und flog hinunter. Er überschlug sich zwar ein paarmal in der Luft, gebrauchte aber doch seine Flügel ganz geschickt, und so kam er unbeschädigt drunten im Tal an.

Von da an verbrachte Gorgo den Sommer zusammen mit den jungen Gösselchen und wurde ihnen bald ein sehr guter Kamerad. Da er sich selbst für einen jungen Gänserich hielt, gab er sich alle Mühe, geradeso zu leben wie sie, und wenn sie in den See hinausschwammen, lief er hinter ihnen her bis er fast ertrank. Er schämte sich fürchterlich, daß er nicht schwimmen lernen konnte, und ging zu Akka, ihr sein Leid zu klagen.

»Warum kann ich nicht ebensogut schwimmen lernen wie die andern?« fragte er.

»Du hast allzu gekrümmte Zehen und zu große Klauen bekommen, während du da droben auf dem Felsenvorsprung lagst«, sagte Akka. »Aber du brauchst dich deshalb nicht zu grämen, es wird noch ein rechter Vogel aus dir.

Die Flügel des jungen Adlers waren bald groß genug, ihn zu tragen; aber es dauerte doch noch bis zum Herbst, wo die jungen Gänse fliegen lernen sollten, bis es ihm einfiel, daß er seine Flügel auch zum Fliegen gebrauchen könnte. Nun aber brach eine herrliche Zeit für ihn an, denn in in dieser Kunst war er bald der erste von allen. Seine Kameraden blieben nie länger in der Luft droben, als sie durchaus mußten; er aber hielt sich fast den ganzen Tag da droben auf und übte sich im Fliegen. Er war noch immer nicht darauf gekommen, daß er von andrer Art war als die Gösselchen. Aber es fiel ihm doch allerlei auf, was ihn in Erstaunen setzte, und immer wieder kam er mit neuen Fragen zu Akka.

»Warum laufen die Schneehühner und die Wühlmäuse davon, sobald sich auch nur mein Schatten droben am Felsen zeigt?« fragte er. »Vor den andern Gänsen zeigen sie keinen solchen Schrecken.«

»Deine Flügel sind zu groß geworden, während du droben auf dem Felsenvorsprung lagst, und vor denen fürchten sich die kleinen Tiere«, sagte Akka. »Aber du brauchst dich nicht darüber zu grämen, es wird doch ein rechter Vogel aus dir.«

Nachdem Gorgo fliegen gelernt hatte, lernte er auch ganz von selbst, Fische und Frösche zu fangen, aber bald begann er auch darüber nachzugrübeln.

»Woher kommt es, daß ich von Fischen und Fröschen lebe?« fragte er. »Das tun ja meine Brüder und Schwestern auch nicht?«

»Das kommt daher, weil ich keine andre Nahrung für dich hatte, solange du droben auf dem Felsenvorsprung lagst«, sagte Akka. »Aber du brauchst dich nicht darüber zu grämen, es wird doch ein rechter Vogel aus dir.«

Als die Wildgänse im Herbst südwärts zogen, flog Gorgo mit in der Schar. Er betrachtete sich immer als zu ihnen gehörig; aber ringsumher in der Luft flogen unzählige Vögel, die alle auf dem Wege nach dem Süden waren, und als Akka mit einem Adler in ihrem Gefolge daherkam, gerieten sie in große Aufregung. Bald war die Schar der Wildgänse von einem Schwarm neugieriger Vögel umringt, die ihre Verwunderung laut kundgaben. Akka gebot ihnen Schweigen, aber es war nicht möglich, so viele böse Zungen im Zaum zu halten.

»Warum nennen sie mich einen Adler?« fragte Gorgo unaufhörlich, und er wurde immer hitziger. »Können sie denn nicht sehen, daß ich eine Wildgans bin? Ich bin doch kein Vogelräuber, der seinesgleichen verzehrt! Wie kommen sie nur darauf, mir einen so häßlichen Namen zu geben?«

Eines Tages flogen die Wildgänse über einen Bauernhof hin, wo viele Hühner auf dem Misthaufen scharrten. »Ein Adler! Ein Adler!« riefen alle Hühner und liefen eiligst davon, sich zu verstecken. Aber jetzt konnte Gorgo, der von den Adlern immer als von wilden Bösewichten hatte reden hören, seinen Zorn nicht mehr bemeistern. Er schlug mit den Flügeln, schoß hinunter und schlug seine Fänge in eines von den Hühnern. »Ich will dich lehren, daß ich kein Adler bin!« schrie er heftig und hackte mit dem Schnabel auf das Huhn los.

Da hörte er, daß Akka ihn von oben aus rief. Er gehorchte augenblicklich und flog hinauf. Die alte Wildgans kam ihm entgegengeflogen, um ihn zu züchtigen. »Was tust du?« rief sie und schlug mit dem Flügel nach ihm. »Hattest du etwa im Sinne, das arme Huhn zu zerreißen? Du solltest dich schämen!«

Als aber der Adler die Züchtigung ohne Widerstand hinnahm, erhob sich unter den großen Vogelscharen ringsumher ein wahrer Sturm von Spottreden und Schmähungen. Der Adler hörte es, und nun wendete er sich mit zornigen Blicken an Akka, wie wenn er sie anfallen wollte. Aber er änderte seine Absicht sogleich wieder, stieg mit heftigen Flügelschlägen hoch in die Luft hinauf, so hoch, bis ihn kein Ruf mehr erreichen konnte, und schwebte da droben umher, so lange die Wildgänse ihn noch sehen konnten.

Drei Tage später erschien er wieder bei den Wildgänsen.

»Jetzt weiß ich, wer ich bin«, sagte er zu Akka. »Und da ich ein Adler bin, muß ich so leben, wie es einem Adler geziemt. Aber deshalb können wir doch gute Freunde bleiben; dich oder eine der Deinigen werde ich nie angreifen.«

Aber Akka hatte ihren ganzen Stolz darein gesetzt, diesen Adler zu einem ungefährlichen Vogel heran zuziehen, und sie wollte es nicht leiden, daß er nach seiner Art leben wollte.

»Meinst du, ich werde mit einem Vogelräuber Freundschaft halten?« sagte sie. »Lebe so, wie ich es dich gelehrt habe, dann darfst du wie bisher in meiner Schar bleiben.«

Beide waren stolz und unbeugsam; keines wollte nachgeben, und schließlich verbot Akka dem Adler geradezu, sich in ihrer Nähe sehen zu lassen, ja sie war so böse auf ihn, daß in Akkas Nähe niemand seinen Namen auch nur auszusprechen wagte.

Von dieser Stunde an zog Gorgo im Lande umher, einsam und von allen gemieden, wie alle großen Räuber. Er war oftmals in trüber Stimmung, und sicherlich sehnte er sich oft nach der Zeit zurück, wo er sich noch für eine Wildgans gehalten und mit den lustigen jungen Gösselchen gespielt hatte. Unter den Tieren war er wegen seiner Kühnheit berühmt. Es hieß, er fürchte sich vor nichts und vor niemand als vor seiner Pflegemutter Akka, und er stand auch in dem Rufe, sich noch nie an einer Wildgans vergriffen zu haben.

Gefangen

Gorgo war erst drei Jahre alt und hatte noch nicht daran gedacht, sich eine Frau zu nehmen und eine Heimat zu gründen, als er eines Tages von einem Jäger gefangen wurde, der ihn an das Freiluftmuseum Skansen in Stockholm verkaufte. Als Gorgo nach Skansen kam, waren schon zwei Adler da. Sie wurden in einem Käfig aus eisernen Stangen und Stacheldraht gefangengehalten; der Käfig stand im

Freien und war sehr groß, und damit die Adler sich heimisch fühlen sollten, hatte man sogar einige Bäume hinein verpflanzt und einen ordentlichen Berg aus Steinblöcken darin aufgeführt. Aber trotz allem gediehen die Vögel nicht; fast den ganzen Tag saßen sie unbeweglich auf demselben Platz, ihr schönes dunkles Gefieder wurde struppig und verlor seinen Glanz und, hoffnungslose Sehnsucht im Blick, starrten die armen Tiere gerade in die Luft hinaus.

In der ersten Woche seiner Gefangenschaft war Gorgo noch wach und lebendig; aber dann überfiel ihn allmählich eine dumpfe Gleichgültigkeit. Er saß ganz ruhig auf demselben Platz, starrte vor sich hin, ohne etwas zu sehen, und die Tage vergingen, ohne daß er es merkte.

Eines Morgens, als Gorgo wie gewöhnlich im Halbschlaf befangen war, hörte er, daß ihn jemand vom Boden aus anrief. »Wer ruft mich?« fragte er.

»Aber Gorgo, erkennst du mich denn nicht mehr? Ich bin der Däumling, der mit den Wildgänsen umherzog.«

»Ist Akka auch gefangen worden?« fragte Gorgo in einem Ton, wie wenn er aus einem tiefen Schlaf erwachte und seine Gedanken erst zusammennehmen müßte.

»Nein, Akka und der weiße Gänserich und die ganze Schar der Wildgänse sind wahrscheinlich jetzt droben in Lappland«, sagte der Junge. »Nur ich bin hier gefangen.«

Während der Junge dies sagte, sah er, daß Gorgo die Augen abwendete und wie vorher in die Luft hinausstarrte.

»Königsadler!« rief der Junge. »Ich habe nicht vergessen, daß du mich einmal zu den Wildgänsen zurückgebracht und auch das Leben des weißen Gänserichs verschont hast. Sag mir, ob ich dir in irgendeiner Weise helfen könnte!«

Aber Gorgo hob kaum den Kopf. »Störe mich nicht, Däumling!« sagte er. »Ich träume eben, ich flöge hoch droben in der Luft umher, und ich will nicht erwachen.«

»Du mußt dir Bewegung machen und dich darum kümmern, was um dich her vorgeht«, mahnte der Junge. »Sonst siehst du bald ebenso elendig aus wie die andern Adler hier.«

»Ich wünschte, ich wäre schon wie sie. Sie sind so traumverloren, daß sie nichts mehr berühren kann«, sagte Gorgo.

Als es Nacht geworden war und alle Adler schliefen, ertönte ein leichtes Kratzen an dem Stahldrahtnetz, das den Adlerkäfig bedeckte. Die beiden alten und abgestumpften Gefangenen ließen sich von dem Geräusch nicht stören, aber Gorgo erwachte. »Wer da?« rief er. »Wer bewegt sich da oben auf dem Dache?«

»Ich bin's, Gorgo, der Däumling«, antwortete der Junge. »Ich versuche, hier den Draht durchzufeilen, damit du entfliehen kannst.«

Der Adler hob den Kopf und sah in der hellen Nacht, wie der Junge eifrig an dem Drahtnetz, das über den Käfig gespannt war, feilte. Einen Augenblick regte sich die Hoffnung in seinem Herzen, aber die Mutlosigkeit gewann doch gleich wieder die Oberhand. »Ach, Däumling, ich bin ein sehr großer Vogel«, sagte er. »So viele Drähte, daß ich hinauskommen kann, wirst du kaum durchfeilen können. Gib dein Vorhaben lieber gleich auf und laß mich in Frieden.«

»Schlaf du nur und kümmere dich nicht um mich«, erwiderte der Junge. »Heute nacht werde ich freilich noch nicht fertig und morgen nacht auch nicht; aber ich will nun einmal versuchen, dich zu befreien, denn hier gehst du ja vollständig zugrunde.«

Gorgo schlief wieder ein; als er aber am nächsten Morgen erwachte, sah er gleich, daß schon eine große Menge Drähte durchgefeilt waren. An diesem Tag fühlte er sich nicht so schläfrig wie am vorhergehenden; er schlug oft mit den Flügeln und hüpfte auf den Ästen umher, um seine steifen Glieder wieder geschmeidig zu machen.

Eines Morgens in aller Frühe, gerade als der erste Streifen Morgenlicht am Himmel aufleuchtete, weckte der Däumling den Adler. »Versuch es jetzt, Gorgo!« sagte er.

Der Adler schaute auf. Der Junge hatte wirklich die vielen Drähte durchgefeilt; da droben in dem Stahldrahtnetz war ein großes Loch. Gorgo bewegte die Flügel und schwang sich hinauf. Zweimal fiel er wieder in den Käfig zurück, aber schließlich gelangte er doch glücklich ins Freie.

Mit stolzen Flügelschlägen stieg er hoch zu den Wolken empor. Der kleine Däumling stand unten und sah ihm mit einem wehmütigen Ausdruck nach. Ach, wie sehr wünschte er, es käme jemand und gäbe auch ihm die Freiheit!

Der Junge war zwar heimisch geworden auf Skansen. Er hatte mit allen Tieren Bekanntschaft geschlossen und viele Freunde unter ihnen gewonnen; er sah ja auch wohl ein, daß in diesem Freiluftmuseum außerordentlich viel Interessantes und Lehrreiches zu sehen war, und es wurde ihm nicht schwer, sich die Zeit zu vertreiben; aber doch zogen seine Gedanken jeden Tag sehnsüchtig hinaus zu seinem lieben Gänserich Martin und allen seinen Reisegefährten.

In dieser Nacht nun sehnte sich der Junge mehr als gewöhnlich nach der Freiheit, und das kam daher, daß es jetzt im Ernst Frühling und Sommer geworden war. Er hatte während der Reise ja oft unter der Kälte und dem schlechten Wetter gelitten, und in der ersten Zeit auf Skansen hatte er öfters gedacht, es sei vielleicht ganz gut, daß er damals ins Meer gefallen war, von einem Fischer errettet und dann hierher gebracht wurde, denn wäre er im Mai nach Lappland gekommen, hätte er dort droben sicherlich erfrieren müssen. Aber jetzt war es warm geworden, die Wiesen prangten in frischem Grün, Birken und Pappeln hatten ein seidig schillerndes Blätterkleid, die Kirschbäume, ja, alle möglichen Obstbäume standen mit Blüten übersät da, die Beerensträucher hatten schon ganz kleine Früchte auf den Zweiglein, die Eichen rollten äußerst vorsichtig ihre Blätter auf, Erbsen, Kohl und Bohnen grünten auf den Gemüsebeeten auf Skansen.

»Jetzt wäre es wohl auch in Lappland warm und schön«, dachte der Junge. »Wie gerne säße ich an einem schönen Morgen auf dem Rücken des Gänserichs Martin! Wie prächtig wäre jetzt ein Ritt durch die warme stille Luft da droben, von wo ich auf die mit grünem Gras und mit herrlichen Blumen geschmückte Erde herunterschauen könnte!«

Der Junge war noch mit diesem Gedanken beschäftigt, als plötzlich Gorgo aus der Luft heruntersauste und sich neben dem Däumling auf das Dach des Käfigs setzte. »Ich wollte nur meine Flügel prüfen, um zu sehen, ob sie mich noch ordentlich tragen«, sagte er. »Du hast hoffentlich nicht gedacht, ich werde dich hier in der Gefangenschaft zurücklassen? Setze dich jetzt auf meinen Rücken, dann bringe ich dich zu deinen Reisegefährten zurück.«

»Nein, das ist unmöglich«, sagte der Junge. »Ich habe mein Wort darauf gegeben, daß ich hierbleibe, bis man mir die Freiheit zurückgibt.«

»Was schwatzt du da für dummes Zeug?« erwiderte Gorgo. »Zuerst hat man dich gegen deinen Willen hierhergebracht und dich dann noch obendrein gezwungen, hierzubleiben. So ein Versprechen braucht man nicht zu halten, das wirst du doch verstehen?«

»Ich muß es trotzdem halten«, sagte der Junge. »Nein, mein lieber Gorgo, ich danke dir für deine gute Absicht, aber du kannst mir nicht helfen.«

»So, kann ich es nicht?« erwiderte Gorgo. »Das sollst du bald sehen!« Und in demselben Augenblick ergriff Gorgo den Jungen mit seinen großen Fängen, schwang sich mit ihm zu den Wolken hinauf und verschwand in nördlicher Richtung.

Ein Morgen in Angermanland

Das Brot

Samstag, 18. Juni

Als der Adler am nächsten Morgen eine Strecke weit nach Angermanland hineingeflogen war, sagte er, heute sei er hungrig, er wolle sich etwas Nahrung verschaffen. Er setzte Nils Holgersson auf einer mächtigen Tanne ab, die auf einem hohen Felsen stand, und flog davon.

Der Junge machte sich einen guten Sitzplatz auf einem gegabelten Ast, und von da aus schaute er nach Angermanland hinunter. Es war ein wunderschöner Morgen, die Sonne vergoldete die Baumwipfel, ein sanfter Wind strich wie liebkosend durch die Nadeln, und ein lieblicher Duft stieg aus dem Walde auf. Dem Jungen war froh zumute; er dachte, niemand könnte es besser gehen als ihm.

Nach allen Seiten war die Aussicht offen, und er konnte frei umherschauen. Gegen Westen war das Land voller Felsenkuppen und Berggipfel, die in der Ferne immer höher und wilder wurden. Ostwärts war auch hügeliges Land; da aber senkte es sich und wurde niedriger, bis es sich drunten am Meere schließlich ganz flach hinzog. Überall blinkten Bäche und Flüsse, die, solange sie zwischen den Bergen flossen, einen gar beschwerlichen Lauf mit vielen Stromschnellen und Wasserfällen hatten, sich aber ausbreiteten, glänzend hell und breit wurden, sobald sie sich der Küste näherten. Den Bottnischen Meerbusen konnte Nils Holgersson auch sehen. In der Nähe des Landes war er mit Inseln gespickt und in Landzungen ausgezackt, aber weiterhin lag die Wasserfläche dunkelblau glänzend da wie ein Sommerhimmel.

Nachdem sich der Junge an der Landschaft satt gesehen hatte, nahm er sein Ränzel ab, zog ein Stück feines Weißbrot heraus und begann zu essen.

»Ich glaube, ich habe in meinem ganzen Leben noch kein so gutes Brot gegessen«, sagte er. »Und wieviel ich noch habe! Das genügt noch für mehrere Tage. Gestern um diese Zeit hätte ich nicht geglaubt, daß ich heute im Besitz von solchem Reichtum sein würde.«

Während er lustig kaute und drauflos aß, dachte er daran, auf welche Weise er das Brot bekommen hatte.

»Es schmeckt mir gewiß auch deshalb so ausgezeichnet, weil ich es auf eine so schöne Weise erhalten habe«, sagte er.

Schon am Abend vorher hatte der Königsadler Medelpad verlassen, und kaum hatte er die Grenze von Angermanland erreicht, als der Junge ein Wiesental und einen Fluß erblickte, die an Schönheit und Größe alles andre, was er bisher gesehen hatte, übertrafen.

Das Tal lag ungeheuer breit zwischen den Bergen, und der Junge fragte sich, ob nicht am Ende dieses Tal in früheren Zeiten von einem andern Flusse, einem viel größeren und breiteren als dem jetzigen, ausgegraben worden sein könnte. Nachdem das Tal hergestellt gewesen war, mußte es durch irgendein Ereignis mit Sand und Erde verschüttet worden sein, zwar nicht vollständig, aber doch ein gutes Stück an dem Gebirge hinauf. Durch das Geröll hindurch hatte sich dann der jetzige Fluß, der sehr breit und wasserreich war, auch ein tiefes Bett gegraben. Er hatte seine Ufer wunderschön ausgeschnitten: bald umsäumten Abhänge, die in roter, blauer und gelber Blumenpracht bis herauf zu dem Jungen leuchteten, bald ragten die felsigen Strecken, die dem Wasser zu hart zum Durchbrechen gewesen waren, wie steile Mauern und Türme am Flußufer auf.

Als der Adler den Jungen so hoch droben durch die Lüfte getragen hatte, war es diesem gewesen, als könne er zu gleicher Zeit in drei verschiedene Welten hineinschauen. Ganz drunten im Tale, wo der Fluß hinzog, war die eine Welt. Da wurden Balken fortgeflößt, da eilten Dampfboote von Brücke zu Brücke, da klapperten die Sägewerke, da wurden große Frachtschiffe geladen, da wurde der Lachs gefangen, da wurde gerudert und gesegelt, da flogen unzählige Schwalben, die ihre Nester in der Nähe des Ufers hatten, hin und her!

Aber ein Stockwerk höher, sozusagen zur ebenen Erde, die sich ganz bis an den Rand der Berge erstreckte, war die zweite Welt. Da lagen Gehöfte, Dörfer und Kirchen; da bestellten die Bauern ihre Felder, da weidete das Vieh, da grünten die Wiesen, da waren die Weiber in ihren kleinen Gemüsegärten eifrig an der Arbeit, da zogen sich die Landstraßen in vielen Krümmungen hin, da brauste die Eisenbahn einher!

Und dann, weit entfernt von all diesem, droben auf den waldbestandenen Höhen, da war die dritte Welt. Da lag das Weibchen des Auerhahns auf seinen Eiern, da stand der Elch im tiefen Waldesdunkel verborgen, da lauerte der Luchs, da knabberte das Eichhörnchen, da dufteten die Tannen, da blühten die Heidelbeeren, da schlug die Drossel ihre Triller!

Als Nils Holgersson das reiche Flußtal erblickte, fing er an, über Hunger zu klagen. »Nun habe ich seit zwei vollen Tagen nichts zu essen bekommen«, sagte er, »und ich bin ganz ausgehungert.«

Gorgo war der Gedanke unerträglich, es könne nachher heißen, dem Jungen sei es bei ihm schlechter gegangen als bei den Wildgänsen, und er flog deshalb sogleich langsamer.

»Warum hast du das nicht früher gesagt?« fragte er. »Du kannst so viel zu essen haben, wie du nur willst. Wenn du einen Adler als Reisekameraden hast, brauchst du nicht zu hungern.«

Gleich darauf gewahrte Gorgo einen Bauern, der drunten am Flusse ein Feld besäte. Das Saatkorn trug der Mann in einem Korbe vorn auf der Brust, und sooft der Korb leer war, holte er sich neuen Vorrat aus einem Sack, der drüben am Rande des Ackers stand. Der Adler vermutete mit Recht, daß dieser Sack mit dem Besten gefüllt sei, was sich der Junge nur wünschen könnte, und er ließ sich deshalb an dieser Stelle hinuntersinken.

Aber ehe der Adler den Boden erreicht hatte, entstand um ihn her ein entsetzlicher Lärm; in dem Glauben, der Adler wolle sich auf einen Vogel stürzen, kamen Krähen, Sperlinge und Schwalben mit lautem Geschrei eilig dahergeflogen.

»Weg, weg, du Räuber! Weg, weg, du Vogelmörder!« schrien sie; und sie vollführten einen solchen Spektakel, daß der Bauer aufmerksam wurde und herbeilief. Da war der Adler gezwungen, zu fliehen, und der Junge hatte auch nicht ein einziges Körnchen bekommen.

Diese kleinen Vögel hatten sich zu sonderbar benommen; nicht genug, daß sie den Adler in die Flucht zwangen, sie verfolgten ihn auch noch eine gute Strecke das Tal entlang. Und überall wurden die Leute auf das laute Vogelgeschrei aufmerksam; die Weiber liefen vor die Häuser heraus und klatschten so laut in die Hände, daß es wie Gewehrsalven klang, und die Männer kamen mit der Flinte in der Hand herbeigelaufen.

Und so ging es jedesmal, sobald sich der Adler auf die Erde hinabsinken ließ. Der Junge hatte die Hoffnung, der Adler werde ihm etwas Nahrung verschaffen können, schon aufgegeben. Ach, er hatte bis jetzt gar nicht gewußt, wie verhaßt und verabscheut Gorgo war! Dieser tat dem Jungen leid, und er meinte fast, es geschähe im unrecht.

Nach einer Weile flogen sie über einen schönen Bauernhof hin, wo die Hausfrau offenbar großen Backtag gehabt hatte. Die frischgebackenen Weißbrote standen zum Abkühlen auf dem Hofplatz, und die Bäuerin selbst stand zur Aufsicht daneben, damit weder Hund noch Katze eines davon stibitze.

Der Adler hätte sich auf den Hof hinabsinken lassen können; aber vor den Augen der Bäuerin wagte er die Brote nicht anzugreifen. Ratlos flog er hin und her; ein paarmal war er schon dicht über dem Schornstein, flog aber jedesmal wieder in die Höhe.

Jetzt gewahrte die Bäuerin den Adler; sie hob den Kopf und sah ihm nach.

»Wie sonderbar dieser Vogel sich benimmt!« sagte sie. »Ich glaube gar, er möchte eines von meinen Brötchen.«

Es war eine sehr schöne Frau, groß und blondhaarig, mit einem offenen, fröhlichen Gesicht. Sie lachte herzlich, nahm eines der Brötchen von der Platte und hielt es hoch über ihrem Kopf empor. »Wenn du es willst, dann hol es dir!« rief sie.

Der Adler konnte nicht verstehen, was sie sagte; aber er war sich doch sogleich klar darüber, daß sie ihm das Brot geben wollte. Blitzschnell schoß er hinunter, schnappte ihr das Brot aus der Hand und schoß wieder in die Luft hinauf.

Als der Junge den Adler das Brot ergreifen sah, traten ihm die Tränen in die Augen; einerseits aus Freude, weil er nun mehrere Tage lang nicht zu hungern brauchte, anderseits aber, weil er tief gerührt war, daß die Bäuerin ihr Brot mit einem wilden Raubvogel geteilt hatte.

Und während Nils Holgersson nun hier in dem Tannenwipfel saß, konnte er sich, sobald er nur wollte, das Bild der großen, blondhaarigen Frau ins Gedächtnis zurückrufen; er sah sie ganz deutlich vor sich, wie sie auf den Hofplatz stand und das Brot in die Höhe hob. Oh, sie hatte ohne Zweifel gewußt, daß der große Vogel ein Königsadler war, ein Räuber, den die Leute sonst mit scharfen Schüssen begrüßen, und sie hatte wohl auch das sonderbare Wesen bemerkt, das der Adler auf dem Rücken trug; aber sie hatte nicht erst lange gefragt, wer die beiden waren; sobald sie begriff, daß sie hungrig waren, hatte sie ihnen von ihrem guten Brot mitgeteilt!

»Wenn ich einmal wieder ein Mensch bin«, dachte der Junge, »dann mache ich mich auf den Weg und suche die schöne Bäuerin an dem großen Flusse auf, um ihr dafür zu danken, daß sie so gut gegen uns gewesen ist.«

Während Nils Holgersson noch mit seinem Frühstück beschäftigt war, wehte ihm plötzlich von Norden her ein schwacher Brandgeruch entgegen. Er wendete sich gleich nach dieser Seite und sah von einem der bewaldeten Hügel eine ganz dünne Rauchsäule aufsteigen, und zwar nicht von dem ihm am nächsten liegenden, sondern von einem aus der dahinter aufragenden Hügelkette. Dieser Rauch, der da mitten aus dem Walde aufstieg, machte den Jungen stutzig; aber dann dachte er, es könne ja möglicherweise dort eine Sennhütte sein, und die Sennerinnen seien beim Kaffeekochen.

Aber es war doch sonderbar, wie sehr der Rauch zunahm und wie er sich immer weiter ausbreitete! Von einer Sennhütte konnte er nicht aufsteigen; aber vielleicht waren dort Kohlenbrenner bei ihren Meilern. Auf Skansen hatte der Junge eine Kohlenbrennerhütte und einen Kohlenmeiler gesehen, und er hatte auch gehört, daß in diesen Wäldern hier an verschiedenen Orten Kohlen gebrannt würden. Aber eigentlich hatten Kohlenbrenner doch nur im Herbst und im Winter brennende Meiler!

Der Rauch nahm mit jedem Augenblick zu; jetzt wogte er über den ganzen Hügel hin. Ein Kohlenmeiler konnte nicht soviel Rauch hervorbringen, das war ausgeschlossen. Irgendwo mußte ein Brand sein; der Junge sah auch eine Menge Vögel aufsteigen und nach dem nächsten Hügel hinüberfliegen. Habichte und Auerhähne und auch kleine Vögel, die der Junge aus dieser Entfernung nicht erkennen konnte, flüchteten sich vor dem Brande.

Aus der kleinen weißen Rauchsäule war jetzt eine schwere weiße Wolke geworden, die sich am Hügelrand hinwälzte und von da ins Tal hinabsenkte. Aus der Wolke heraus flogen Funken und Rußflocken, und ab und zu leckte auch eine rote Flamme durch den Rauch. Dort drüben mußte sicher eine gewaltige Feuersbrunst ausgebrochen sein! Aber was in aller Welt brannte denn dort? Es konnte doch unmöglich ein Bauernhof so tief drinnen im Walde versteckt liegen?

Und bei einer solchen Feuersbrunst, wie die da drüben, hätte sicher auch mehr als ein Hof brennen müssen. Jetzt wallte der Rauch nicht nur von dem Hügel auf; nein, auch aus dem Tale drunten, das der Junge zwar nicht sehen konnte, weil es von dem nächsten Hügel verdeckt war, stiegen große Rauchmassen auf. Es war nicht anders möglich, der Wald selbst mußte in Brand geraten sein.

Der Junge konnte sich fast nicht vorstellen, daß der frische grüne Wald in Brand geraten könne. Und doch mußte es so sein! Aber wenn nun der Wald dort drüben wirklich brannte, dann konnte das Feuer ja bis zu ihm herüberdringen! »Sehr wahrscheinlich ist dies zwar nicht, aber es wäre mir doch recht angenehm, wenn der Adler jetzt bald käme«, dachte der Junge. Schon allein der Brandgeruch, den er bei jedem Atemzug einatmen mußte, war ihm unerträglich.

Plötzlich erklang ringsum ein entsetzliches Knattern und Dröhnen. Es kam von dem nächsten Hügel her. Ganz oben auf dem Gipfel stand eine ebenso hohe Tanne wie die, auf der Nils Holgersson saß. Sie war sehr hoch und ragte über alle andern hinaus. Vorhin war sie von der Morgensonne rot beleuchtet gewesen, jetzt glühten alle ihre Nadeln wie auf einen Schlag, und sie fing Feuer. So schön war sie noch niemals gewesen; aber dies war das letztemal, wo sie ihre Schönheit zeigen konnte. Sie war der erste Baum auf diesem Hügel, der Feuer fing, und der Junge konnte gar nicht begreifen, wie es zugegangen war. War das Feuer auf roten Schwingen dahergeflogen gekommen? Oder war es zischend an der Erde hingekrochen wie eine Schlange? Das war nicht leicht zu entscheiden, jedenfalls war es nun da; der ganze Baum loderte hell auf wie ein Haufen Reisig.

Da, da! Jetzt schlug der Rauch an verschiedenen Stellen auf dem Hügel zugleich heraus! Der Waldbrand war Vogel und Schlange zugleich; er konnte sich ebensogut weit durch die Luft schwingen wie an der Erde hinkriechen; er entzündete den ganzen Waldhügel auf einen Schlag.

Nun entstand eine wahre Panik; die Vögel flohen in wilder Eile. Wie große Rußflocken flatterten sie aus dem Rauche heraus, flogen quer übers Tal hin und auf den Hügel, wo sich der Junge befand. Ein Uhu ließ sich neben dem Jungen nieder, und gerade über ihm setzte sich ein Habicht auf einen Zweig. Zu jeder andern Zeit wären dies gefährliche Nachbarn gewesen; aber jetzt beachteten die Vögel den Jungen gar nicht. Sie starrten nur in das Feuer hinein und konnten offenbar durchaus nicht begreifen, was dort im Walde vorging. Ein Marder lief auch auf den Baum herauf; er stellte sich auf die äußerste Spitze eines Zweiges und schaute unverwandt zu dem brennenden Waldhügel hinüber. Dicht neben dem Marder saß ein Eichhörnchen; aber die beiden schienen einander gar nicht zu sehen.

Jetzt jagte das Feuer den Abhang herunter. Es zischte und dröhnte wie ein brausender Sturm. Durch den Rauch hindurch konnte man die Flammen von Baum zu Baum züngeln sehen. Ehe eine Tanne in Brand geriet, wurde sie zuerst in eine dünne Rauchwolke wie in einen Schleier gehüllt, dann wurden mit einem Schlag alle ihre Nadeln rot, und dann begann sie zu knistern und zu brennen.

Drunten im Tal vor dem Hügel floß ein kleiner, von Erlen und Birken umsäumter Bach. Es sah aus, als müsse das Feuer hier haltmachen. Die Laubholzbäume gerieten nicht so rasch in Brand wie die Nadelhölzer. Hier stand das Feuer wie vor einer Mauer und konnte nicht weiter. Es glühte und sprühte und versuchte, nach dem Nadelwald auf der andern Seite des Baches hinüberzuspringen; aber es gelang ihm nicht.

Für eine Weile war das Feuer zum Stillstand gebracht; doch jetzt leckte eine lange Feuerzunge hinüber nach einer hohen, abgestorbenen Fichte, die unten am Abhang wuchs; sofort stand auch der ganze Baum in heller Lohe, und damit war das Feuer über den Bach herübergekommen. Die Hitze war überaus stark; jeder Baum am ganzen Abhang war in größter Gefahr: er konnte im nächsten Augenblick in Brand geraten. Und mit solchem wilden Brausen und

Donnern, wie es nur der heftigste Sturm oder der wildeste Wasserfall hervorbringt, jagte das Feuer jetzt den jenseitigen Hügel hinauf.

Da breiteten der Habicht und der Uhu die Flügel aus und flogen davon. Der Marder schoß von dem Baum hinunter. Allem Anscheine nach dauerte es jetzt nicht mehr lange, bis das Feuer diese Tanne ergriff, und der Junge mußte machen, daß er herunterkam. Aber es war nicht so leicht für ihn, an dem hohen, geraden Stamm der Tanne hinabzuklettern; er klammerte sich an, so gut es ging, und ließ sich so von einem Zweig zum andern hinuntergleiten, und schließlich stürzte er schwer zu Boden. Aber er hatte keine Zeit, sich zu überzeugen, ob er sich verletzt hätte. Nur fort, fort! Das war die Losung. Wie ein zischender Blitz schlug das Feuer in die Tanne, der Erdboden darunter war glühend heiß und begann zu rauchen. Auf der einen Seite von dem Jungen lief ein Luchs, auf der andern ringelte sich eine lange Kreuzotter, und ganz dicht neben der Kreuzotter gluckte eine Auerhenne, die mit ihren kleinen flaumigen Jungen davoneilte.

Als die Flüchtlinge den Abhang hinuntergekommen waren und das Tal erreicht hatten, trafen sie mit Menschen zusammen, die ausgezogen waren, das Feuer zu löschen. Sie waren gewiß schon lange hier am Werke gewesen, aber der Junge hatte so fortgesetzt nach der Seite gestarrt, woher das Feuer kam, daß er sie nicht früher wahrgenommen hatte. Auch durch dieses Tal floß ein dicht mit Laubhölzern umsäumter Bach, und hinter diesen Bäumen arbeiteten die Leute. Sie fällten die den Erlen zunächststehenden Nadelhölzer, holten Wasser aus dem Bach, schütteten es aufs Erdreich und rissen Heidekraut und Maiblumenstöcke heraus, damit sich das Feuer keinen Weg durch das Gestrüpp bahnen könnte.

Auch diese Leute dachten an nichts andres als an den Waldbrand, der sich ihnen entgegenwälzte. Die fliehenden Tiere liefen ihnen zwischen den Beinen durch; aber sie kümmerten sich gar nicht darum. Sie schlugen nicht nach der Kreuzotter, machten keinen Versuch, die Auerhenne zu fangen, während sie mit ihren kleinen piependen Jungen am Bachufer hin und her lief; ja, sie beachteten nicht einmal den Däumling. Sie standen da und hielten große Tannenzweige in den Händen, die sie vorher in den Bach getaucht hatten und offenbar als Waffen gegen das Feuer benützen wollten. Es waren nicht besonders viele Leute, und es war ein merkwürdiger Anblick, wie sie so ganz ruhig zum Kämpfen bereit dastanden, während alles andre, was Leben hatte, entfloh.

Als sich das Feuer mit lautem Dröhnen und Krachen, mit unerträglicher Hitze und erstickendem Rauch den Hügel herabwälzte und, ohne einen Augenblick anzuhalten, Miene machte, über den Bach mit seiner Mauer aus grünen Bäumen nach dem andern Ufer hinüberzuspringen, wichen die Menschen zuerst unwillkürlich zurück, als wenn sie es nicht mehr hier aushalten könnten. Aber sie flohen nicht weit, sondern kehrten wieder um.

Jetzt lief der Waldbrand mit wilder Gewalt Sturm. Die Funken sprühten und ergossen sich wie ein Feuerregen über die Laubholzbäume. Lange, feurige Zungen schlugen zischend aus dem Rauch heraus, als wenn der Wald auf der andern Seite sie anzöge.

Aber die Laubholzbäume hielten das Feuer auf, und unter ihnen arbeiteten die Menschen. Wo die Erde zu rauchen anfing, trugen sie in Eimern Wasser herbei und kühlten sie ab. Wenn ein Baum in Rauch eingehüllt wurde, hieben sie mit gewaltigen Axtschlägen drauflos, stürzten ihn um und löschten die Flammen. Wo das Feuer im Heidekraut glimmte, schlugen sie mit den nassen Tannenzweigen darauf und erstickten es. Der Rauch war jetzt so dicht, daß er alles einhüllte. Man konnte nicht sehen, wie der Kampf sich entwickelte; aber es war wohl zu merken, welch ein harter Kampf es war, und mehrere Male war es gewiß nahe daran, daß das Feuer den Sieg davongetragen hätte.

Aber gottlob, nach einer guten Weile nahm das laute Krachen und Dröhnen des verheerenden Feuers ab, und der Rauch verteilte sich! Da hatten die Laubholzbäume alle ihre Blätter verloren, das Erdreich darunter war vollständig versengt, die Menschen waren vom Rauch geschwärzt und in Schweiß gebadet, aber der Waldbrand war überwältigt; er flammte nicht mehr. Weiß und weich glitt jetzt der Rauch am Boden hin, und eine Menge schwarzer Stämme tauchte aus ihm auf. Das war alles, was von dem prächtigen Wald noch übrig war.

Der Junge war auf einen Steinblock hinaufgeklettert und hatte von da dem Kampfe der Menschen mit dem Feuer zugesehen. Aber jetzt, wo der Wald gerettet war, begann für ihn die Gefahr; der Uhu und der Habicht richteten plötzlich ihre Augen auf ihn.

Doch in diesem Augenblick hörte der Junge eine ihm wohlbekannte Stimme seinen Namen rufen. Der Königsadler Gorgo kam durch den Wald heruntergesaust. Und bald wiegte sich der Junge von aller Gefahr erlöst hoch in den Lüften.

Das Gänsemädchen Asa und Klein-Mats

Die Krankheit

In dem Jahre, wo Nils Holgersson mit den Wildgänsen umherzog, wurde viel von zwei Kindern gesprochen, die durch das Land wanderten. Sie waren von Smaland aus dem Bezirke Sunnerbo, und sie hatten einst mit ihren Eltern und vier Geschwistern in einem Häuschen draußen auf der großen Ljungheide gewohnt. Als die Kinder noch ganz klein waren, klopfte eines Abends eine arme Frau bei den Leuten an und bat um ein Obdach. Obgleich die Hütte knapp Raum für die eigenen Bewohner hatte, wurde die arme Frau doch eingelassen, und die Mutter machte ihr ein Lager auf dem Boden zurecht. Die ganze Nacht hindurch hustete das arme Weib so fürchterlich, daß es den Kindern war, als sollte ihnen das Haus über dem Kopfe einstürzen, und am Morgen war sie so krank, daß sie nicht mehr weiter konnte.

Der Mann und die Frau waren so gut gegen sie wie nur möglich. Sie ließen sie in ihrem eigenen Bette liegen und schliefen selbst auf dem Fußboden, und der Mann ging zum Doktor und holte Tropfen für sie. Während der ersten Tage war die Frau auch wie gar nicht recht bei sich gewesen, sie hatte nur immerfort gefordert und verlangt, aber nie ein Wort des Dankes gesagt; allmählich jedoch wurde sie milder, sie taute auf und wurde demütig und dankbar. Schließlich bat sie nur immer, man möge sie vors Haus und auf die Heide hinaustragen, damit sie da draußen sterbe. Und als die Leute ihr Begehren nicht erfüllen wollten, erzählte sie ihnen, sie sei in den letzten Jahren mit einer Schar Zigeuner umhergezogen, obgleich sie nicht von Zigeunern abstamme; sie sei die Tochter eines Hofbauern, aber von Hause davongelaufen und dann bei den Zigeunern geblieben. Und jetzt glaubte sie, eine Zigeunerin, die einen Haß auf sie gehabt habe, die habe ihr die Krankheit angewünscht. Aber nicht genug damit, das Zigeunerweib habe ihr auch gedroht und gesagt, ebenso schlimm, wie es ihr selbst gehen werde, solle es auch allen denen gehen, die sie unter ihrem Dach aufnähmen und gut gegen sie seien. Und an diese Drohung glaube sie, sagte die Kranke, und deshalb bitte sie so inständig, daß man sie zum Hause hinauswerfe und sich gar nicht mehr um sie kümmere, denn über so gute Leute wolle sie kein Unglück bringen. Aber die Eltern hatten nicht nach dem Willen der Kranken getan. Es ist zwar nicht ausgeschlossen, daß sie ein wenig Angst bekamen, aber sie hatten eben doch nicht das Herz, so eine arme todkranke Frau vor die Tür zu setzen.

Bald darauf starb das Weib, und dann war das Unglück über die armen Leute hereingebrochen. Früher hatte eitel Freude in ihrem Hause geherrscht; arm waren sie allerdings immer gewesen, aber ganz verarmt waren sie doch nicht. Der Vater verfertigte Webkämme, und die Mutter und die Kinder halfen bei der Arbeit. Der Vater schnitzte die Kämme, die Mutter und die große Schwester fügten sie zusammen. Die kleineren Kinder hobelten die Zapfen und schnitzten sie zurecht. Die ganze Familie arbeitete vom Morgen bis zum Abend; aber sie waren immer guter Dinge, besonders wenn der Vater von der Zeit erzählte, wo er in fernen Ländern Webkämme verkauft hatte. Der Vater hatte einen glücklichen Humor und erzählte oft so lustig, daß Mutter und Kinder sich beinahe krank lachten.

Die Zeit nach dem Tode der armen Frau stand vor den Kindern immer wie ein böser Traum; sie wußten nicht mehr, ob sie kurz oder lang gewesen war, sie erinnerten sich nur, daß daheim ein Begräbnis nach dem andern stattfand. Ihre Geschwister starben und wurden zu Grabe getragen, eines nach dem andern. Sie hatten zwar nicht mehr als vier Geschwister gehabt, aber den Kindern kam es vor, als seien es viel mehr gewesen. Schließlich war es außerordentlich still und drückend daheim in ihrer Hütte geworden. Es war, als fände jeden Tag ein Begräbnis statt.

Die Mutter hielt den Mut einigermaßen aufrecht, aber der Vater wurde ein ganz andrer Mensch. Er konnte nicht mehr arbeiten und auch nicht mehr scherzen, sondern saß nur vom Morgen bis zum Abend da, den Kopf in den Händen vergraben, und grübelte.

Einmal – es war nach dem dritten Begräbnis – brach er in wilde verzweifelte Reden aus, vor denen die Kinder Angst bekamen. »Nein, ich kann es nicht begreifen, warum ein solches Unglück über uns hereingebrochen ist!« rief er. »Wir haben doch nur eine gute Tat getan, als wir der Kranken halfen. Ist denn das Böse in der Welt mächtiger als das Gute?« Die Mutter hatte versucht, ihn mit vernünftigen Worten zu trösten; aber es gelang ihr nicht, ihn so ruhig und ergeben zu machen, wie sie selbst war.

Ein paar Tage später hatten sie den Vater verloren. Aber er war nicht gestorben, sondern auf und davon gegangen. Ach, da war die älteste Schwester erkrankt, und diese war von jeher der Liebling des Vaters gewesen! Als er dann sah, daß sie auch sterben müßte, entfloh er dem ganzen Elend. Die Mutter sagte nur, es sei gewiß besser für den Vater, daß er jetzt nicht da sei. Er wäre sonst am Ende noch verrückt geworden. Er grüble sich ja von Sinn und Verstand, wenn er nur immerfort darüber nachgrübele, ob Gott es denn zulassen könne, daß ein böser Mensch soviel Unglück auf Erden anrichte.

Nachdem der Vater auf und davon gegangen war, wurden sie sehr arm. Im Anfang hatte er ihnen noch Geld geschickt; aber dann war es ihm wohl selbst schlecht gegangen, denn er schickte nichts mehr. Und an dem Tag, wo die älteste Schwester begraben wurde, schloß die Mutter das Haus zu und verließ mit den beiden letzten Kindern, die ihr noch geblieben waren, die Heimat. Sie ging mit ihnen nach Schonen, weil sie hoffte, dort Arbeit auf den Rübenfeldern zu bekommen, und sie erhielt auch eine Stellung in der Zuckerfabrik zu Jordberga. Die Mutter war eine tüchtige Arbeiterin und hatte ein fröhliches, offenes Wesen. Jedermann hatte sie gern; viele verwunderten sich, daß sie nach allem, was sie durchgemacht hatte, noch so ruhig sein könnte; aber sie hatte ein starkes, geduldiges Herz. Wenn jemand die beiden prächtigen Kinder lobte, erwiderte sie nur: »Sie werden auch bald sterben.« Und dies sagte sie, ohne daß ihre Stimme zitterte und ohne daß ihr die Tränen in die Augen traten. Sie hatte sich daran gewöhnt, nichts andres mehr zu erwarten.

Aber es kam nicht so, wie sie erwartete. Statt dessen wurde sie selbst krank. Es ging rasch zu Ende mit ihr, noch rascher als mit den kleinen Geschwistern. Im Anfang des Sommers war sie nach Schonen gezogen; und als der Herbst kam, waren die Kinder allein.

Während die Mutter krank lag, sagte sie immer wieder zu ihren Kindern, sie habe nie bereut, daß sie die arme Frau damals bei sich aufgenommen hätten, und das sollten sie niemals vergessen. Denn wenn man recht gehandelt habe, dann sei das Sterben nicht schwer. Alle Menschen müßten sterben, dem Tode könne keiner entrinnen; das aber habe man selbst in der Hand, ob man mit einem guten oder einem schlechten Gewissen sterben müsse.

Ehe die Mutter starb, suchte sie noch einigermaßen für die Kinder zu sorgen. Sie bat die Leute, bei denen sie wohnte, sie möchten die Kinder doch in der Kammer, wo sie alle drei zusammen gewohnt hätten, auch ferner verbleiben lassen. Wenn die Kinder nur einen Aufenthaltsort hätten, würden sie niemand zur Last fallen; sie könnten sich selbst versorgen, das wisse sie. Die Kinder durften dann wirklich die Kammer behalten; sie mußten aber dafür die Gänse hüten, denn für diese Arbeit findet man nur schwer die richtigen Kinder. Es ging dann wirklich, wie die Mutter gesagt hatte: die beiden Kinder sorgten selbst für ihren Unterhalt. Das kleine Mädchen konnte Hustenzucker kochen, und der Junge konnte aus Holz allerlei Spielzeug verfertigen, das er ringsum auf den Höfen verkaufte. Die Kinder katten Handelstalent, und nach einiger Zeit fingen sie an, bei den Bauern Eier und Butter aufzukaufen, die sie dann wieder an die Arbeiter der Zuckerfabrik verkauften. Sie waren sehr ordentlich und pünktlich, und man konnte ihnen alles anvertrauen, was es auch immer sein mochte. Das Mädchen war das ältere von den beiden, und mit dreizehn Jahren war sie schon so zuverlässig wie eine Erwachsene. Sie war still und ernst, aber der Junge war redselig und lustig, und die Schwester sagte immer von ihm, er schnattere mit den Gänsen auf der Wiese um die Wette.

Als die Kinder zwei Jahre auf Jordberga gewohnt hatten, wurde eines Abends in der Schule ein Vortrag gehalten. Der Vortrag war zwar eigentlich nur für Erwachsene bestimmt, aber die beiden smaländischen Kinder saßen auch unter den Zuhörern; die Kinder selbst rechneten sich gar nicht zu den Kindern, ja, die Erwachsenen taten es kaum. Der Redner sprach von jener traurigen Krankheit, der Tuberkulose, die jedes Jahr so viele Menschen in Schweden zum Opfer fordere. Er sprach sehr klar und leicht verständlich, und die Kinder verstanden jedes Wort.

Nach dem Vortrag blieben sie vor der Schule stehen und warteten. Als der Redner aus dem Hause trat, faßten sie einander bei der Hand, schritten feierlich auf ihn zu und fragten ihn, ob sie etwas mit ihm besprechen dürften.

Der Redner schaute wohl ein wenig verwundert drein, als er diese beiden Kinder sah, die da vor ihm standen und mit einem Ernst sprachen, der dreimal so alten Leuten angestanden hätte; aber er hörte sie doch sehr freundlich an.

Die Kinder erzählten, was sie daheim erlebt hatten, und fragten dann den Redner, ob er glaube, daß ihre Geschwister und die Mutter an der Krankheit gestorben seien, die er eben in seinem Vortrag beschrieben habe. Ja, das sei sehr wahrscheinlich, antwortete der Redner. Es könnte wohl kaum eine andere Krankheit gewesen sein.

Die Kinder fragten weiter: Wie, wenn nun Vater und Mutter das, was die beiden Kinder an diesem Abend erfahren hatten, damals schon gewußt und sich in acht genommen hätten, wenn sie die Kleider der Kranken verbrannt und auch das Bett nicht mehr benutzt hätten, – wären dann vielleicht alle die noch am Leben, um die sie jetzt trauern müßten?

Der Redner antwortete, das könne niemand ganz bestimmt sagen, aber er könne sich wohl denken, daß keines von ihren eigenen Angehörigen hätte zu sterben brauchen, wenn sie es verstanden hätten, sich vor der Ansteckung zu hüten.

Jetzt zögerten die Kinder ein wenig, ehe sie ihre nächste Frage vorbrachten; aber sie rührten sich nicht von der Stelle, denn die Frage, die sie jetzt beantwortet haben wollten, war die allerwichtigste. Schließlich kam die Frage heraus: Ob es dann nicht wahr sei, daß die Zigeunerin die Krankheit über sie herabbeschworen habe, weil sie der armen Frau, auf die das Zigeunerweib seinen Haß geworfen hatte, geholfen hätten? Ob es nicht ein Fluch gewesen sei, der sie getroffen habe?

Nein, das sei durchaus nicht der Fall gewesen, erwiderte der Redner, das könne er ihnen getrost versichern. Kein Mensch habe die Macht, auf solche Weise eine Krankheit über einen andern zu bringen. Und sie wüßten ja, daß sich die Krankheit im ganzen Lande in fast allen Häusern eingenistet habe, obgleich sie nicht überall so viele weggerafft habe wie bei ihnen.

Hierauf bedankten sich die Kinder und gingen miteinander nach Hause.

Am nächsten Tage aber erschienen die Kinder bei ihrem Brotherrn und kündigten ihre Stelle. Sie sagten, sie könnten in diesem Jahre die Gänse nicht hüten, sie müßten woanders hin. Ja, wohin sie denn wollten? fragte er. Sie müßten ausziehen und ihren Vater suchen, lautete die Antwort, denn sie müßten ihm sagen, daß die Mutter und die Geschwister an einer gewöhnlichen Krankheit gestorben seien und nicht an einem Fluche, den böse Menschen auf sie herabbeschworen hätten. Sie seien selbst so froh darüber, daß sie dies erfahren hätten; aber deshalb hielten sie es jetzt für ihre Pflicht, es ihrem Vater mitzuteilen, denn er grüble gewiß noch bis zu diesem Tage darüber nach.

Zuerst begaben die Kinder sich in ihre alte Heimat auf der Heide bei Sunnerbo, und als sie dort ankamen, stand zu ihrer großen Verwunderung das Häuschen in Flammen.

Hierauf gingen sie ins Pfarrhaus, und da erfuhren sie, daß ein Mann, der bei der Eisenbahn beschäftigt war, ihren Vater bei Malmberget hoch droben in Lappland gesehen habe.

Damals habe er in den Erzgruben gearbeitet, und er tue das vielleicht noch, aber ganz sicher sei es nicht. Als der Pfarrer hörte, daß die Kinder ausziehen wollten, ihren Vater zu suchen, holte er eine Landkarte herbei, zeigte ihnen darauf, wie weit es nach Malmberget war, und riet ihnen von der Reise ab. Aber die Kinder sagten, es sei durchaus notwendig, sie müßten versuchen, ihren Vater zu finden. Er sei aus seiner Heimat geflohen, weil er etwas geglaubt habe, was sich gar nicht so verhalten hätte, und nun müßten sie ihm sagen, daß er sich getäuscht habe.

Die Kinder hatten sich von ihrem Handel etwas Geld erspart; aber sie wollten es lieber nicht für die Eisenbahn ausgeben, und so entschlossen sie sich, zu Fuß zu gehen. Und sie bereuten es nachher ganz und gar nicht, denn es war eine wunderbar schöne Fußreise.

Noch ehe sie Smaland hinter sich hatten, gingen sie eines Tages in einen Bauernhof hinein, etwas zu essen zu kaufen. Die Hausfrau war föhlich und redselig, sie fragte die Kinder, wer sie seien und woher sie kämen, und die Kinder erzählten ihr ihre Geschichte. »Ach, du lieber Gott! Ach, du lieber Gott!« rief die Frau einmal ums andre, während die Kinder erzählten. Dann tischte sie ihnen viel Gutes zu essen auf, und sie durften durchaus nichts dafür bezahlen. Als sie sich bedankten und zum Weitergehen anschickten, fragte die Bäuerin, ob sie nicht im nächsten Dorfe bei ihrem Bruder einkehren wollten, und sie sagte ihnen auch, wie er hieß und wo er wohnte. Ja, das wollten die Kinder natürlich sehr gerne.

»Ihr sollt ihn von mir grüßen und ihm erzählen, was ihr alles erlebt habt«, trug die Bäuerin zuletzt noch auf.

Die Kinder taten es, und der Bruder der Bäuerin nahm sie auch sehr freundlich auf. Er fuhr sie auf einen Hof im nächsten Dorf, und da wurde ihnen auch eine gute Aufnahme zuteil. Sooft sie nun von einem Hofe weggingen, hieß es immer: »Wenn ihr da oder dorthin kommt, dann geht nur hinein und erzählt, was ihr erlebt habt!«

In den Höfen, wohin die Kinder gewiesen wurden, war immer irgend jemand brustkrank. Und ohne daß sie es wußten, wanderten nun diese beiden Kinder durchs Land und belehrten die Menschen darüber, welche gefährliche Krankheit das war, die sich in den Heimstätten eingeschlichen hatte, und wie sie am besten bekämpft werden könnte.

In den alten Zeiten, wo die Pest, die der Schwarze Tod genannt wurde, das Land verheerte, sollen der Sage nach ein Junge und ein Mädchen von Hof zu Hof gewandert sein. Der Junge trug eine Harke in der Hand, und wenn er vor einem Hause anhielt und mit seiner Harke vor der Tür rechte, so bedeutete das, daß darinnen viele, aber doch nicht alle sterben würden, denn die Zähne einer Harke stehen weit voneinander ab und nehmen nicht alles mit. Das Mädchen aber trug einen Besen in der Hand, und wenn sie vor einer Tür kehrte, dann bedeutete es, daß alle, die darinnen wohnten, sterben müßten; denn der Besen ist ein Gerät, das vollständig rein fegt.

Ist es nun nicht merkwürdig, daß in unseren Tagen zwei Kinder einer schweren und gefährlichen Krankheit wegen durchs Land ziehen mußten? Aber diese Kinder schreckten die Leute nicht mit Harke und Besen, sie sagten im Gegenteil: »Wir dürfen uns nicht daran genügen lassen, nur den Hof zu rechen und den Boden zu scheuern. Wir müssen auch Schrubber und Bürste und Seife gebrauchen. Vor unserer Tür soll rein gefegt sein, sowohl innerhalb als außerhalb, und wir selbst sollen uns auch rein halten. Auf diese Weise werden wir schließlich Herr über die Krankheit werden.«

Klein-Mats war tot. Allen, die ihn noch vor ein paar Stunden frisch und froh gesehen hatten, erschien es unglaublich, aber leider war es doch so. Klein-Mats war tot und mußte begraben werden.

Klein-Mats starb eines Morgens in aller Frühe, und außer seiner Schwester Asa war niemand beim Sterben anwesend.

»Rufe niemand herbei«, sagte Klein-Mats, als es dem Ende zuging. Und die Schwester tat nach seiner Bitte. »Ich bin so froh, daß ich nicht an der Krankheit sterbe, Asa«, sagte Klein-Mats. »Du nicht auch?« Und als die Schwester nichts erwiderte, fuhr er fort: »Ich mache mir gar nichts aus dem Sterben, wenn ich nur nicht auf dieselbe Weise sterben muß wie die Mutter und unsere Geschwister. Wenn das geschehen wäre, hättest du den Vater wohl kaum überzeugen können, daß die anderen nur von einer gewöhnlichen Krankheit hinweggerafft worden sind, aber du wirst sehen, jetzt gelingt es dir.«

Als alles vorüber war, blieb Asa noch lange neben dem toten Bruder sitzen und dachte darüber nach, was der kleine Bruder während seines Lebens hatte durchmachen müssen. Und dabei dachte sie, er habe in der Tat alles Unglück und Ungemach mit dem Mut eines erwachsenen Menschen getragen. Seine letzten Worte fielen ihr ein. Wie tapfer war er doch immer gewesen! Sie war sich vollständig klar darüber, daß Klein-Mats, wenn er nun begraben wurde, mit ganz denselben Ehren in die Erde versenkt werden müsse wie ein erwachsener Mensch.

Sie unterschätzte zwar die Schwierigkeit, das durchzusetzen, durchaus nicht; aber sie wünschte es eben von ganzem Herzen, und für Klein-Mats wollte sie das Äußerste versuchen.

Das Gänsemädchen Asa befand sich um diese Zeit hoch droben in Lappland, bei dem großen Grubenfeld, das Malmberget genannt wird. Es war merkwürdig, daß sie sich gerade dort befand, aber es war vielleicht ganz gut so für sie.

Klein-Mats und seine Schwester waren durch große endlose Wälder gewandert, bis sie endlich hierher gelangt waren. Mehrere Tage lang hatten sie weder Äcker noch Gehöfte gesehen, nichts als kleine Posthäuser, bis sie schließlich ganz unvermutet an dem großen Friedhof von Gellivare angekommen waren.

Dieses Dorf lag mit seiner Kirche, seinem Bahnhof, mit Rathaus, Bank, Apotheke und Gasthaus am Fuß eines hohen Berges, auf dem noch jetzt mitten im Sommer helle Streifen Schnee schimmerten. Die Häuser in Gellivare waren fast alle noch ganz neu und gut und ordentlich gebaut. Wenn die Kinder nicht den Schnee auf den Bergen und die noch vollständig kahl dastehenden Birken gesehen hätten, wäre ihnen Gellivare gar nicht wie ein hoch droben in Lappland liegender Ort vorgekommen. Und doch war Gellivare noch nicht der Ort, wo ihr Vater zu finden sein sollte, es war vielmehr Malmberget, das noch eine Strecke weiter nördlich lag, und dort hätte es sicher nicht so ordentlich ausgesehen wie hier in Gellivare.

Das aber hatte folgenden Grund. Obgleich die Menschen schon lange gewußt hatten, daß sich in der Nähe von Gellivare sehr viel Eisenerz fand, war doch die Ausbeutung erst vor einigen Jahren richtig in Gang gekommen, nachdem die Eisenbahn fertiggeworden war. Dann aber strömten mehrere tausend Menschen auf einmal hinauf, und es war auch Arbeit genug für sie da, nur fehlte es an Häusern, und diese mußten sie sich nun, so gut es eben ging, in aller Eile herstellen; die einen zimmerten sich aus unbehauenen Balken Hütten zusammen, andere wohnten in Schuppen, die sie sich aus Kisten und leeren Dynamitdosen bauten, die sie wie Backsteine aufeinander legten. Jetzt waren allmählich ziemlich viele ordentliche Häuser entstanden, aber der ganze Ort sah jedenfalls höchst merkwürdig aus. Da waren große Viertel mit schönen, hellen Häusern, aber dazwischen stieß man plötzlich auf ungerodeten Waldboden mit Baumstümpfen und Steinblöcken. Die Inspektoren und Ingenieure hatten schöne große Wohnhäuser, und daneben waren niedrige komische Baracken, die von der ersten Zeit her noch dastanden. Überdies gab es Eisenbahnen, elektrisches Licht und große Maschinenhäuser. Durch einen mit Glühlichtern erhellten Tunnel konnte man tief ins Gebirge hineinfahren; überall herrschte ein gewaltiges Treiben, und ein mit Eisenerz schwerbeladener Zug um den andern fuhr vom Bahnhof ab. Aber ringsumher lag noch das große Ödland, wo noch kein Acker bestellt, noch kein Haus gebaut wurde, wo niemand anders wohnte als Lappen, die mit ihren Rentieren umherzogen.

Jetzt saß Asa bei der Leiche ihres Bruders und dachte daran, daß es im Leben gerade so zugehe wie hier an diesem Orte. Meistens ging es ja wohl ordentlich und friedlich zu; aber sie hatte doch auch hier dies und jenes gesehen, was wild und seltsam war, und sie hatte das Gefühl, daß es vielleicht hier leichter anginge als an anderen Orten, etwas durchzusetzen, was außerhalb des Gewöhnlichen lag.

Sie dachte daran, wie es ihnen ergangen war, als sie nach Malmberget gekommen und nach einem Arbeiter gefragt hatten, der Jon Assarsson heiße und zusammengewachsene Augenbrauen habe. Diese zusammengewachsenen Augenbrauen fielen einem bei dem Vater zuerst auf. Dadurch konnten sich die Leute sehr leicht an ihn erinnern, und die Kinder erfuhren auch sogleich, daß ihr Vater mehrere Jahre lang in Malmberget gearbeitet habe, jetzt aber auf der Wanderschaft sei. Sobald die Unruhe über ihn komme, streife er planlos umher. Wohin er gegangen war, wußte niemand, aber alle waren fest überzeugt, er werde in ein paar Wochen wieder zurückkommen. Und wenn die beiden Jon Assarssons Kinder seien, könnten sie ja, während sie auf den Vater warteten, wohl in seiner Hütte wohnen. Eine Frau hatte dann den Hausschlüssel unter der Türschwelle hervorgezogen und die Kinder eintreten lassen. Niemand verwunderte sich über ihr Kommen, aber ebensowenig schien sich jemand darüber zu verwundern, daß der Vater bisweilen zwecklos in der Einöde umherwanderte. Hier oben waren sie wohl daran gewöhnt, daß jeder nach seinem eigenen Kopf handelte.

Asa war gleich mit sich im reinen, wie Klein-Mats Begräbnis gehalten werden sollte. Am vergangenen Sonntag hatte sie dem Begräbnis eines Grubenaufsehers beigewohnt. Der Sarg war von den eigenen Pferden des Inspektors in die Kirche nach Gellivare gefahren worden, und ein langer Zug Grubenarbeiter war hinter dem Sarge hergegangen. Am Grabe hatte eine Musikkapelle gespielt und ein Singchor gesungen. Und nach dem Begräbnis waren alle, die mit in der Kirche gewesen waren, in die Schule zum Kaffee eingeladen gewesen. So etwas Ähnliches wünschte das Gänsemädchen Asa für ihren Bruder Klein-Mats.

Sie hatte sich schon so lebhaft in die Sache hineingelebt, daß sie den ganzen Leichenzug fast schon vor sich sah; aber dann sank ihr der Mut wieder, und sie sagte sich, es werde doch wohl nicht so sein können, wie sie es wünschte. Nicht weil es zu teuer gewesen wäre; sie und Klein-Mats hatten sich viel Geld erspart, und sie konnte dem Bruder so ein schönes Begräbnis verschaffen, wie nur jemand wünschen konnte. Die Schwierigkeit lag ganz woanders. Erwachsene Menschen, das wußte Asa, wollten sich nie nach einem Kinde richten, und Asa war ja nur ein Jahr älter als Klein-Mats, der jetzt, wo er tot neben ihr lag, gar so klein und mager aussah. Und Asa war ja selbst noch ein Kind.

Die erste, mit der Asa des Begräbnisses wegen sprach, war die Krankenpflegerin. Schwester Hilma kam, kurz nachdem Klein-Mats den letzten Atemzug getan hatte, vor dem Häuschen an, und schon bevor sie die Türe aufmachte, wußte sie, wie es drinnen stand. Um diese Zeit mußte es zu Endc scin. Am vorhergehenden Nachmittag war Klein-Mats in der Nähe der Gruben umhergestreift und stand zu nahe an einem Lichtschacht, als eben eine Sprengung im Gange war; da hatten ihn einige umherfliegende Steine getroffen. Er war ganz allein gewesen und hatte lange ohnmächtig auf dem Boden gelegen, ohne daß jemand wußte, was geschehen war. Schließlich bekamen ein paar Männer, die unter dem Lichtschacht arbeiteten, auf höchst seltsame Weise Kenntnis von dem Unglücksfall. Sie behaupteten, ein kleines Knirpschen, kaum eine Spanne hoch, sei am Rande der Grube erschienen und habe ihnen zugerufen, sie sollten rasch Klein-Mats zu Hilfe kommen, er liege vor der Grube und sei am Verbluten. Hierauf war Klein-Mats nach Hause getragen und verbunden worden; aber es war schon zu spät gewesen. Er hatte so viel Blut verloren, daß er nicht mehr zu retten war.

Als die Krankenschwester ins Zimmer trat, dachte sie weniger an Klein-Mats als an seine Schwester. »Was soll ich nur mit dem armen Kinde anfangen?« fragte sie sich. »Sie wird ganz untröstlich sein.«

Aber sie sah bald, daß Asa weder weinte noch jammerte, sondern ganz ruhig bei allem half, was getan werden sollte. Die Krankenschwester verwunderte sich sehr darüber; aber sie erhielt Aufklärung, als Asa mit ihr wegen des Begräbnisses sprach.

»Wenn man mit jemand wie Klein-Mats zusammengewesen ist«, sagte Asa, die sich leicht ein wenig altklug und feierlich ausdrückte, »dann muß man vor allem anderen daran denken, wie man ihn ehren kann, solange es noch möglich ist. Nachher ist Zeit genug zum Weinen.«

Und dann bat sie die Krankenschwester, ihr zu helfen, daß Klein-Mats ein ehrenvolles Begräbnis bekäme. Niemand verdiene ein solches mehr als Klein-Mats, sagte Asa.

Die Krankenschwester meinte, wenn dieser Gedanke dem armen verlassenen Kinde Trost gewähren könne, so sei das nur ein großes Glück für Asa. Sie versprach, ihr zu helfen, und das war für Asa von größter Wichtigkeit, ja, es war ihr, als sei das Ziel jetzt schon fast erreicht; denn Schwester Hilmas Stimme fiel hier schwer ins Gewicht. Auf dem großen Grubenfeld, wo die Sprengschüsse jeden Tag ertönten, mußte ja jeder Arbeiter jeden Augenblick gewärtig sein, von einem umherfliegenden Stein oder einem herabrollenden Felsblock getroffen zu werden, und deshalb wollte sich jeder mit der Krankenschwester gut stellen.

Als darum Schwester Hilma und Asa bei den Grubenarbeitern herumgingen und sie baten, am nächsten Sonntag Klein-Mats das Trauergeleite zu geben, schlugen ihnen nicht viele ihre Bitte ab. »Wenn Schwester Hilma uns darum bittet, dann tun wir es«, sagten sie.

Auch mit der Musik brachte die Krankenpflegerin alles nach Wunsch in Ordnung; es sollte am Grabe geblasen und von dem kleinen Singchor auch ein Lied gesungen werden. Wegen des Schulhauses tat Schwester Hilma keine Schritte; da es aber noch schönes beständiges Sommerwetter war, wurde beschlossen, die Leidtragenden im Freien mit Kaffee zu bewirten. Tische und Bänke sollten aus dem Saale der Guttempler und Tassen und Teller vom Kaufmann entlehnt werden. Zwei Grubenarbeiterfrauen, die in den Truhen allerlei Vorräte hatten, die sie, solange sie hier in der Einöde wohnten, nicht gebrauchten, nahmen der Schwester zuliebe feines Tischzeug heraus, das auf die Kaffeetische gebreitet werden sollte.

Dann wurden Zwiebäcke und Brezeln bei einem Bäcker in Boden und schwarz-weißes Konfekt bei einem Konditor in Lulea bestellt.

Es herrschte eine solche Aufregung wegen dieses Begräbnisses, das Asa ihrem Bruder veranstalten wollte, daß in ganz Malmberget davon gesprochen wurde. Und schließlich erfuhr auch der Inspektor, was sich da vorbereitete.

Als dieser hörte, daß fünfzig Grubenarbeiter einen zwölfjährigen Jungen zu Grabe geleiten sollten, der, soviel er wußte, ein herumziehender Betteljunge gewesen war, kam es ihm wie der reine Wahnsinn vor. Und Gesang und Musik und Kaffeebewirtung sollte es geben! Und das Grab mit Tannenreis geschmückt, und Konfekt von Lulea! Er ließ die Krankenpflegerin zu sich kommen und befahl ihr, die ganze Sache zu verhindern.

»Es ist unrecht, wenn man das Kind sein Geld auf diese Weise verschleudern läßt«, sagte er. »Erwachsene Leute können sich doch unmöglich nach dem Einfall eines Kindes richten. Ihr macht euch ja alle miteinander lächerlich.«

Der Inspektor war weder zornig noch böse; er sprach ganz ruhig und bat die Krankenpflegerin mit einfachen Worten, den Gesang und die Musik und das große Geleite abzubestellen. Es sei ja ganz genügend, von neun bis zehn Menschen den Jungen zu Grabe zu geleiten. Und die Krankenpflegerin widersprach dem Inspektor mit keinem Wort, teils aus Respekt, teils auch, weil sie in ihrem Herzen zugeben mußte, daß er recht habe. Es war wirklich zu viel Aufhebens um so einen Betteljungen. Aus Mitleid mit dem armen Mädchen war ihr das Herz mit dem Verstande durchgegangen.

Von der Villa des Inspektors ging die Krankenpflegerin hinunter in das Arbeiterviertel, Asa zu sagen, daß sie es nun nicht so einrichten könne, wie das Mädchen es wünschte; aber sie tat es nicht mit leichtem Herzen, denn niemand wußte besser als sie, was dieses Begräbnis für das arme Kind bedeutete. Auf dem Wege traf sie mit ein paar Arbeiterfrauen zusammen; diesen teilte sie ihre Sorgen mit, und die Arbeiterfrauen sagten sogleich, der Inspektor habe ganz recht, es hätte gar keinen Sinn, wenn man mit einem Betteljungen soviel Umstände machen würde. Das arme Mädchen tue ihnen zwar herzlich leid, aber es wäre ganz unnatürlich, wenn man ein Kind auf diese Weise alles einrichten und anordnen ließe, deshalb sei es ganz gut, wenn aus dem Ganzen nichts würde.

Beim Nachhausegehen teilten die Frauen die Geschichte noch anderen mit, und bald hatte sich von dem Arbeiterviertel bis nach den Grubenschächten die Nachricht verbreitet: das große feierliche Begräbnis für Klein-Mats dürfe nicht stattfinden; und da stimmte jedermann sogleich darin überein, daß es so allein richtig sei.

In ganz Malmberget war gewiß nur eine einzige Person, die anderer Meinung war, und diese war Asa.

Die Krankenpflegerin hatte wirklich einen schweren Kampf mit ihr; Asa klagte nicht und weinte nicht, aber sie wollte nicht nachgeben. Sie sagte, da sie von dem Inspektor keine Hilfe verlange, habe er ja gar nichts dabei zu tun. Er könne ihr doch nicht verbieten, ihren Bruder zu begraben, wie sie wollte. Erst als ihr mehrere Frauen erklärt hatten, nachdem der Inspektor nichts davon wissen wolle, werde nicht eine von ihnen an dem Begräbnis teilnehmen, wurde ihr klar, daß sie dessen Erlaubnis haben müsse.

Asa saß einen Augenblick ganz still da und überlegte, dann stand sie rasch auf.

»Wohin willst du?« fragte die Krankenschwester.

»Ich muß mit dem Inspektor reden«, antwortete Asa.

»Du denkst doch wohl nicht, er werde sich darum kümmern, was du ihm sagst?« riefen die Frauen.

»Ich glaube, Klein-Mats wäre es recht, wenn ich hinginge«, sagte Asa. »Der Inspektor weiß vielleicht gar nicht, was für ein Mensch Klein-Mats gewesen ist.«

Das Gänsemädchen Asa machte sich rasch fertig und war bald auf dem Wege zum Inspektor. Aber es ist wohl kaum nötig, zu sagen, wie unerhört es war, daß ein Kind wie Asa überhaupt daran denken konnte, den Inspektor, den mächtigsten Mann in ganz Malmberget, von seinem einmal ausgesprochenen Willen abzubringen. Deshalb gingen auch die Krankenschwester und die andern Frauen ganz von selbst hinter ihr her, um zu sehen, ob sie wirklich den Mut hätte, in die Villa hineinzugehen.

Das Gänsemädchen Asa ging in der Mitte der Straße, und während sie so dahinwanderte, hatte sie etwas an sich, daß sich die Leute unwillkürlich nach ihr umschauten. Sie schritt so ernst und würdig einher wie ein junges Mädchen, das am Konfirmationstag zum Altar schreitet. Sie hatte sich ein großes, schwarzseidenes Tuch, ein Erbstück von ihrer Mutter, um den Kopf geschlungen, in der Hand trug sie ein zusammengefaltetes Taschentuch und in der andern ein Körbchen Spielsachen, die Klein-Mats verfertigt hatte.

Als die am Wege spielenden kleinen Kinder Asa so daherkommen sahen, liefen sie auf sie zu und riefen: »Wohin gehst du, Asa? Wohin gehst du?«

Aber Asa gab keine Antwort; sie hatte die Frage nicht einmal gehört und ging ruhig weiter. Als aber die Kinder immer wieder fragten und Asa an den Kleidern zogen, hielten die hinterherkommenden Weiber die Kinder zurück und geboten ihnen Schweigen. »Laßt sie gehen«, sagten sie. »Sie geht zum Inspektor, ihn zu bitten, daß sie Klein-Mats ein großes Begräbnis halten darf.«

Da wurden auch die Kinder von Erstaunen überwältigt, weil Asa sich auf etwas so Kühnes einlassen wollte, und eine kleine Schar Kinder lief mit, zu sehen, wie das ablaufen würde.

Dies alles trug sich etwa um sechs Uhr nachmittags zu, als eben die Arbeiter in den Gruben Schicht machten; und als Asa eine Strecke weit gegangen war, kamen mehrere hundert Arbeiter mit langen, hastigen Schritten des Weges daher. Für gewöhnlich sahen sie, wenn sie von der Arbeit kamen, weder rechts noch links, aber als sie Asa begegneten, merkten einige gleich, daß das Kind etwas Ungewöhnliches vorhatte, und fragten es, was geschehen sei. Asa sagte kein Wort, aber die Kinder schrien laut durcheinander, wohin sie wollte. Da dachten einige der Arbeiter, das sei doch ein sehr mutiges Unterfangen von einem Kinde, und sie gingen auch mit, zu sehen, wie es ihr dabei ginge.

Asa ging in das Kontorgebäude hinein, wo der Inspektor um diese Zeit gewöhnlich bei seiner Arbeit saß. Als sie in den Flur trat, ging die Tür auf, und der Inspektor stand vor ihr; er hatte den Hut auf und den Stock in der Hand und war auf dem Wege nach seiner Wohnung, um zu essen.

»Wen möchtest du sprechen?« fragte er, als er das kleine Mädchen sah, das mit einem schwarzseidenen Tuch um den Kopf und einem zusammengefalteten Taschentuch in der Hand so feierlich daherkam.

»Ich möchte gern mit dem Herrn Inspektor selbst sprechen«, antwortete Asa.

»Ach so! Nun, dann komm herein!« sagte der Inspektor

und trat wieder ins Kontor. Er ließ die Tür hinter sich offen, denn er dachte natürlich, das kleine Mädchen würde ihn nicht lange aufhalten. So kam es, daß die Personen, die hinter Asa hergekommen waren und nun im Flur und auf der Treppe standen, hörten, was im Kontor vorging.

Nachdem das Gänsemädchen Asa eingetreten war, richtete sie sich zuerst auf, schob das seidene Tuch zurück und heftete ihre runden Kinderaugen, die einen so ernsten Blick hatten, daß es einem ins Herz schnitt, ruhig auf das Gesicht des Inspektors. »Klein-Mats ist ja nun tot«, begann sie, und dabei zitterte ihre Stimme.

Jetzt wußte der Inspektor, wen er vor sich hatte. »Ach so, du bist also das kleine Mädchen, das das große Begräbnis halten will«, sagte er freundlich. »Das mußt du aber lassen, Kind. Es wird zu teuer für dich. Wenn ich nur früher etwas davon gewußt hätte, dann würde ich es gleich verhindert haben.«

Es zuckte in dem Gesicht des kleinen Mädchens, und der Inspektor glaubte, sie würde in Tränen ausbrechen. Statt dessen aber sagte sie: »Darf ich dem Herrn Inspektor nicht ein wenig von Klein-Mats erzählen?«

»Ich habe eure Geschichte schon gehört«, erwiderte der Inspektor in seiner gewöhnlichen ruhigen, freundlichen Weise. »Du tust mir von Herzen leid, das darfst du mir glauben. Ich will gewiß nur dein Bestes.«

Da richtete sich das Gänsemädchen Asa noch höher auf, und sie begann mit lauter, klarer Stimme: »Von seinem neunten Jahre an hat Klein-Mats weder Vater noch Mutter mehr gehabt, und von da an hat er ganz für sich selbst sorgen müssen wie ein erwachsener Mann. Er ist sich stets zu gut zum Betteln gewesen, niemals hätte er auch nur um einen Teller Suppe gebeten, ohne dafür bezahlen zu wollen. Er hat immer gesagt: ›Ein Mann darf nicht betteln, das schickt sich nicht für ihn.‹ Um etwas zu verdienen, ist Klein-Mats umhergegangen und hat Eier und Butter aufgekauft, und da hat er seine Sache so gut gemacht wie ein gewiegter Kaufmann. Er hat nie etwas verschleudert und niemals auch nur einen roten Heller für sich behalten, sondern alles miteinander mir gebracht. Wenn er die Gänse hütete, hat er immer eine Arbeit mitgenommen und ist dann so fleißig gewesen, wie nur ein Erwachsener es sein kann. Die Bauern von Schonen haben Klein-Mats, wenn er von Hof zu Hof wanderte, oft sehr große Summen mitgegeben, denn sie wußten, daß sie sich auf Klein-Mats verlassen könnten wie auf sich selbst. Und deshalb ist es nicht richtig, wenn man sagt, Klein-Mats sei nur ein Kind gewesen, denn es gibt nicht viele große Leute, die – – –«

Der Inspektor sah zu Boden; nicht ein Muskel bewegte sich in seinem Gesicht, und Asa schwieg, denn es war ihr, als ob ihre Worte gar keinen Eindruck auf ihn machten. Daheim in der Hütte, da war es ihr gewesen, als hätte sie so gar viel von Klein-Mats zu sagen, aber jetzt kam es ihr herzlich wenig vor. Ach, wie sollte sie doch den Inspektor zu der Einsicht bringen, daß Klein-Mats es verdiente, mit Ehrenbezeigungen begraben zu werden, die man einem Erwachsenen zuteil werden ließ?

»Und da ich das Begräbnis selbst bezahlen will . . .«, begann Asa wieder, verstummte aber aufs neue.

Jetzt hob der Inspektor den Kopf und sah dem Gänsemädchen Asa tief in die Augen. Er prüfte sie und schätzte sie ein, wie der zu tun gewohnt ist, dem viele Menschen unterstellt sind. Und während er so tat, dachte er: »Dieses Mädchen hier hat ihre Heimat, ihre Eltern und ihre Geschwister verloren, aber noch ist ihr Mut nicht gebrochen, es wird ein prächtiges Menschenkind aus ihr werden. Aber ich darf der Last, die sie zu tragen hat, nicht das Geringste hinzufügen, denn das könnte der Strohhalm sein, unter dem sie zusammenbräche.« Er verstand, was das für sie gewesen war, als sie sich entschloß, hierherzukommen, um mit ihm zu sprechen. Sie mußte diesen Bruder über alles geliebt haben! Nein, einer solchen Liebe durfte man keine abschlägige Antwort geben!

»Ja, ja, ich muß dich wohl gewähren lassen«, sagte der Inspektor.

Bei den Lappen

Das Begräbnis war vorüber. Die Gäste des Gänsemädchens Asa waren gegangen, und sie saß allein in der kleinen Hütte, die ihrem Vater gehört hatte. Asa hatte die Tür verriegelt, um in Ruhe und Frieden an ihren Bruder denken zu können. Sie dachte an alles, was Klein-Mats gesagt und getan hatte, an eins nach dem andern; es war so viel, daß sie ganz vergaß, zu Bett zu gehen, und nicht nur den ganzen Abend, sondern auch noch spät in der Nacht in ihre Gedanken versunken sitzenblieb. Je mehr sie an ihren Bruder dachte, desto deutlicher sah sie, wie schwer es ihr werden würde, ohne ihn weiterzuleben, und schließlich legte sie den Kopf auf den Tisch und weinte bitterlich. »Was soll aus mir werden, wenn ich Klein-Mats nicht mehr habe?« schluchzte sie.

Es war, wie gesagt, schon spät in der Nacht, und das Gänsemädchen Asa hatte einen anstrengenden Tag hinter sich, deshalb war es nicht verwunderlich, daß sie der Schlaf übermannte, sobald sie den Kopf auf den Tisch sinken ließ. Und ebensowenig verwunderlich war es, daß ihr von Klein-Mats träumte, an den sie immerfort gedacht hatte.

Plötzlich war es ihr, als trete Klein-Mats leibhaftig zu ihr ins Zimmer herein und sagte: »Asa, nun mußt du dich aufmachen und unsern Vater suchen.« Und sie schien zu antworten: »Wie könnte ich das, ich weiß ja nicht einmal, wo ich ihn suchen soll?«

»Darüber brauchst du dir keine Sorgen zu machen«, antwortete Klein-Mats in seiner gewohnten frischen, fröhlichen Art. »Ich will dir jemand schicken, der dir helfen kann.«

In demselben Augenblick, wo das Gänsemädchen Asa also träumte, klopfte es an ihre Kammertür. Und das war ein wirkliches Klopfen, nicht eines, das sie nur im Traume hörte. Aber sie war noch ganz in ihrem Traume befangen und konnte nicht unterscheiden, was Wirklichkeit und was Einbildung war. Als sie nun hinging und die Tür öffnete, dachte sie: »Nun kommt ganz bestimmt der Helfer, den mir Klein-Mats zu schicken versprochen hat.«

Hätte nun Schwester Hilma oder irgendein anderer richtiger Mensch auf der Schwelle gestanden, als Asa die Tür aufmachte, dann hätte sie gleich gemerkt, daß sie nicht mehr träumte; aber dies war nicht der Fall; der, welcher da draußen stand und geklopft hatte, war gar kein Mensch, es war ein kleiner Knirps, kaum eine Spanne lang. Obgleich so spät in der Nacht, war es doch ebenso hell wie bei Tage, und Asa erkannte sofort dasselbe Kerlchen, mit dem sie und Klein-Mats auf ihrer Wanderung durch das Land schon ein paarmal zusammengetroffen waren. Damals hatte sie sich vor ihm gefürchtet, und so wäre es ihr auch jetzt gegangen, wenn sie ganz hellwach gewesen wäre. Aber sie hatte das Gefühl, als träumte sie noch immer, und deshalb blieb sie ganz ruhig stehen und dachte: »Ich habe nichts anderes erwartet, als daß Klein-Mats diesen meinte, als er sagte, er wolle mir jemand schicken, der mir behilflich sein könne, Vater ausfindig zu machen.« Und darin hatte sie nicht ganz unrecht, denn der kleine Bursche kam aus keinem anderen Grunde. Als er sah, daß sie sich nicht vor ihm fürchtete, teilte er ihr mit wenigen Worten mit, wo ihr Vater sei und was sie tun müsse, um zu ihm zu gelangen.

Aber während der Knirps sprach, kehrte Asa allmählich das volle Bewußtsein zurück, und als er ausgesprochen hatte, war sie vollständig wach. Und da entsetzte sie sich über die Maßen, – denn hier stand sie ja und sprach mit einem, der nicht ihrer Welt angehörte! Sie brachte kein Wort über die Lippen, ja nicht einmal einen einfachen Dank, sondern wich rasch ins Zimmer zurück und schlug die Tür heftig hinter sich zu. Sie glaubte allerdings noch zu sehen, daß das Gesicht des Kleinen einen sehr betrübten Ausdruck annahm, als sie das tat, aber sie konnte nicht anders. Ganz außer sich vor Entsetzen, kroch sie nun eiligst in ihr Bett und zog die Decke über den Kopf.

Und doch, trotzdem sie so große Angst vor dem kleinen Knirps hatte, fühlte sie, daß er es gut mit ihr meinte, und am nächsten Tag verlor sie keine Zeit, das zu tun, was er ihr geraten hatte.

Auf dem linken Ufer vom Luossajaure, einem kleinen See, der noch viele Meilen nördlicher liegt als Malmberget, war ein kleines Lappenlager. Am südlichen Ende des Sees ragte ein gewaltiger Berg auf, der Kirunavara heißt und der der Sage nach aus lauter Eisenerz bestehen soll. Auf der nordöstlichen Seite lag wieder ein Berg, der Luossavara heißt, und auch das ist ein an Eisenerz reicher Berg. Zu diesen Bergen hinauf wurde eben die Eisenbahn von Gellivare aus weitergeführt, und in der Nähe von Kirunavara baute man eifrig einen Bahnhof, ein Gasthaus und eine Menge Wohnhäuser für die Arbeiter und Ingenieure, die hier wohnen sollten, wenn die Ausbeutung des Erzes einmal ordentlich in Gang gekommen wäre. Es war ein ganzes Städtchen von hübschen, behaglichen Häusern, das da so hoch droben in diesem nördlich gelegenen Bezirk entstand, wo die kleinen verkrüppelten Birken, die hier überall wuchsen, ihre Blätter erst nach dem Johannisfest entfalten können. Westlich von dem See lag das Land frei und offen da, und dort hatten, wie schon gesagt, ein paar Lappenfamilien ihr Lager aufgeschlagen. Vor ungefähr einem Monat waren sie dahingekommen und hatten dann nicht viel Zeit gebraucht, ihre Wohnung in Ordnung zu bringen. Zur Herstellung eines guten und ebenen Bauplatzes hatten sie weder Felsen sprengen noch Grundmauern errichten müssen; nachdem sie sich erst einen guten trockenen Platz in der Nähe des Sees ausgewählt hatten, brauchten sie nichts weiter zu tun, als etwas Weidengebüsch wegzuhauen und ein paar Erdhügel zu ebnen, und damit war der Bauplatz hergestellt.

Und dann machten sie sich durchaus keine Sorgen über alles, was zum Bau eines Hauses nötig ist. Sie hatten nicht viele Tage lang gehauen und gehämmert und gezimmert, bis die Holzwände gesichert dastanden; ebensowenig hatten sie sich Mühe mit dem Aufrichten des Daches gegeben und sich auch nicht den Kopf zerbrochen, wie das Haus innen mit Brettern getäfelt, Fenster und Türen eingesetzt und Schlösser und Riegel angebracht würden. Sie brauchten nichts weiter, als ihre Zeltstangen fest in den Boden hineinzuschlagen und die Zeltdecke darüber zu hängen, und dann war die Wohnung schon so gut wie fertig. Auch das Einziehen und Einrichten machte ihnen recht herzlich wenig Mühe. Das wichtigste war, einige Fichtenzweige und ein paar Felle auf dem Boden auszubreiten und an eine eiserne Kette, die oben an den Zeltstangen befestigt wurde, den großen Kessel zu hängen, in dem sie sich ihr Rentierfleisch zu kochen pflegten.

Die Ansiedler auf der östlichen Seite des Sees, die aus Leibeskräften arbeiteten, ihre Häuser vor Beginn des strengen Winters fertigzubringen, verwunderten sich sehr über die Lappen, die nun schon seit vielen, vielen hundert Jahren hier oben in dem kalten Norden umherstreiften, ohne je zu denken, man könnte einen anderen Schutz vor Sturm und Kälte nötig haben als dünne Zeltwände. Und die Lappen wunderten sich ihrerseits über die Ansiedler, die sich diese ganze schwierige und mühselige Arbeit machten, wenn doch der Besitz von einigen Rentieren und einem Zelt zur Erhaltung des Lebens genügte.

An einem Nachmittag im Juli regnete es da droben am Luossajaure ganz fürchterlich, und die Lappen, die sonst zur Sommerszeit fast die ganzen Tage und Nächte im Freien zubrachten, waren alle miteinander in einem Zelte zusammengekrochen; da kauerten sie ums Feuer und tranken Kaffee.

Während sie sich so bei dem Kaffeetopf ganz vergnüglich unterhielten, kam von der Kirunaer Seite ein Boot über den See herübergerudert und legte bei dem Lappenlager an. Aus dem Boot stieg ein Arbeiter mit einem Mädchen, das dreizehn bis vierzehn Jahre alt sein mochte. Die Hunde der Lappen rannten den beiden mit heftigem Bellen entgegen, und einer der Lappen steckte den Kopf aus der Zeltöffnung heraus, um zu sehen, was es gäbe. Er war sehr erfreut, als er den Arbeiter sah, denn dieser war ein guter Freund von den Lappen, ein freundlicher, redseliger Mann, der sich in der Lappensprache unterhalten konnte. Der Lappe rief ihm auch gleich zu, er solle nur zu ihnen ins Zelt hereinkriechen.

»Du kommst wie gerufen, Söderberg«, sagte er. »Der Kaffeekessel hängt über dem Feuer. Bei diesem Regenwetter kann man nichts anderes tun. Komm nur herein und erzähl uns etwas Neues aus der Welt draußen!«

Der Arbeiter kroch zu den Lappen hinein; und mit viel Mühe und unter eitel Lachen und Scherzen wurde ihm und dem Mädchen in dem kleinen Zelt, das schon vorher gepfropft voll von Menschen war, noch Platz gemacht, und dann fing der Mann sogleich an, lappisch mit seinen Wirten zu sprechen. Indess saß das Mädchen, das mit ihm gekommen war und von der Unterhaltung nichts verstand, ganz still da und betrachtete erstaunt den Fleischkessel und den Kaffeetopf, das Feuer und den Rauch, die Lappen und die Lappenfrauen, die Kinder und Hunde, die Wände und den Boden, die Kaffeetassen und die Tabakspfeifen, die bunten Kleider und die geschnitzten Geräte, – nichts, gar nichts war so, wie sie es gewohnt war.

Aber plötzlich gab sie das Umherschauen auf und schlug die Augen nieder, denn sie fühlte, daß alle im Zelte sie ansahen. Söderberg mußte etwas von ihr erzählt haben, denn jetzt nahmen die Männer und Weiber ihre kurzen Tabakspfeifen aus dem Munde und starrten sie an. Der ihr zunächst sitzende Lappe klopfte ihr auf die Schulter und sagte auf schwedisch: »Gut, gut!« Ein Lappenweib schenkte eine große Tasse Kaffee ein, die ihr mit vieler Mühe hinübergereicht wurde, und ein Lappenjunge von ungefähr demselben Alter wie das Mädchen schlängelte sich zwischen den Dasitzenden durch, bis er ganz nahe zu dem Mädchen hingekommen war. Da blieb er liegen und sah sie nur immer an.

Das Mädchen erriet, wovon die Rede war: gewiß hatte

Söderberg erzählt, wie sie das feierliche Begräbnis für Klein-Mats zustande gebracht hatte; aber sie wünschte innig, er möchte nicht soviel von ihr erzählen, sondern lieber die Lappen fragen, ob sie nichts von ihrem Vater wüßten. Der kleine Knirps hatte ihr gesagt, er halte sich bei den Lappen auf, die ihr Lager westwärts vom Luossajaure aufgeschlagen hätten, und da hatte sie gebeten, man möchte sie mit einem der Züge, die Material zum Eisenbahnbau hinaufbrachten, hinfahren lassen – denn richtige Züge gingen noch nicht auf dieser Bahn –, damit sie ihren Vater suchen könne. Alle miteinander, Aufseher und Arbeiter, waren ihr nach Kräften behilflich gewesen, und ein Ingenieur in Kiruna hatte jetzt Söderberg, der lappisch sprechen konnte, mit ihr über den See hinübergeschickt; dort sollte er sich für sie nach ihrem Vater erkundigen. Sie hatte gehofft, sie würde ihn da treffen, sobald sie angekommen wäre, und sie hatte auch ihren Blick prüfend von einem Gesicht zum andern im ganzen Zelt herumgleiten lassen. Aber ach, alle diese Gesichter gehörten dem Lappenvolk an, der Vater war nicht da!

Je länger Söderberg mit den Lappen sprach, desto ernster wurden alle; Asa sah es wohl. Die Lappen schüttelten die Köpfe und klopften sich an die Stirne, als wenn sie von jemand sprächen, der nicht ganz bei Verstand sei. Dies beunruhigte Asa sehr, sie konnte nicht mehr ruhig zuhören und zuwarten und fragte deshalb Söderberg, was die Lappen von ihrem Vater wüßten.

»Sie sagen, er sei auf dem Fischfang«, antwortete der Arbeiter, »und sie wüßten nicht, ob er heute abend zurückkomme. Aber sobald das Wetter wieder etwas besser ist, will einer von ihnen sich aufmachen und ihn suchen.«

Hierauf wendete sich Söderberg wieder an die Lappen und sprach aufs neue eifrig mit ihnen. Er wollte offenbar nicht, daß Asa noch mehr Fragen über ihren Vater an ihn richtete.

Am nächsten Tage war sehr schönes Wetter. Ola Serka, der Vornehmste unter den Lappen, hatte gesagt, er wolle sich selbst auf die Suche nach Asas Vater machen. Aber er beeilte sich durchaus nicht; ruhig hockte er noch vor dem Zelte, dachte an Jon Assarsson und überlegte, wie er ihm die Nachricht von der Ankunft seiner Tochter beibringen sollte. Es handelte sich nämlich darum, ihm die Nachricht so mitzuteilen, daß er nicht erschrak und entfloh, denn er war ein sehr eigentümlicher Mann, der sich ängstlich hütete, mit Kindern zusammenzutreffen. Er pflegte zu sagen, er bekomme gar so trübe Gedanken, wenn er Kinder sehe, und das könne er nicht ertragen.

Während Ola Serka über seine Aufgabe nachdachte, saßen Asa und Aslak, der Lappenjunge, der am vorhergehenden Abend das Mädchen so unverwandt angeschaut hatte, auf dem freien Platze vor dem Zelte und plauderten miteinander. Aslak war in die Schule gegangen und konnte schwedisch sprechen. Er erzählte Asa von dem Leben seines Volkes und versicherte ihr, ihnen ginge es besser als allen anderen Menschen. Asa dagegen fand, daß es ihnen schrecklich schlecht gehe, und sie sagte ihm das auch.

»Du weißt nicht, was du sprichst«, erwiderte Aslak. »Bleibe nur eine Woche lang bei uns, dann wirst du selbst sehen, daß wir das glücklichste Volk auf der ganzen Welt sind.«

»Wenn ich eine Woche hierbliebe, würde ich wahrscheinlich in eurem Zelt vor lauter Rauch ersticken«, sagte Asa.

»Das darfst du nicht sagen«, erwiderte der Lappenjunge. »Du weißt ja gar nichts von uns. Ich will dir eine Geschichte erzählen, daraus kannst du ersehen, daß es dir immer besser bei uns gefallen würde, je länger du hier bliebest.«

Und dann fing Aslak an, Asa von der Zeit zu erzählen, wo die große Krankheit, die der Schwarze Tod genannt wurde, durchs Land gezogen war. Er wußte nicht, ob sie hier oben im richtigen Lappland, wo sie sich jetzt befanden, gewütet hatte, aber in Jämtland hatte sie ganz fürchterlich gehaust. Von den Lappen, die da in den Wäldern und Gebirgen wohnten, waren bis auf einen einzigen

Jungen von fünfzehn Jahren alle gestorben, und von den Schweden, die in den Tälern wohnten, war niemand verschont geblieben als ein Mädchen, das auch ungefähr fünfzehn Jahre alt war.

»Der Junge und das Mädchen waren einen ganzen Winter hindurch in dem verlassenen Lande umhergezogen, um andere Menschen zu finden«, erzählte Aslak weiter. »Und gegen das Frühjahr stießen sie endlich aufeinander. Da bat das schwedische Mädchen den Lappenjungen, mit ihr südwärts zu ziehen, damit sie wieder zu Leuten aus ihrem Stamme komme. Sie wollte nicht in Jämtland bleiben, wo nur verlassene, ausgestorbene Höfe seien.

›Ich will dich führen, wohin du willst‹, sagte der Junge, ›aber nicht vor dem Winter. Jetzt ist es Frühling, meine Rentiere ziehen westwärts ins Gebirge hinauf, und du weißt, wir vom Lappenvolke müssen dahin gehen, wohin uns unsere Rentiere führen!‹

Das schwedische Mädchen war das Kind reicher Eltern. Sie war gewohnt, in einem Hause zu wohnen, in einem Bett zu schlafen und an einem Tische zu essen. Bis jetzt hatte sie das arme Gebirgsvolk immer verachtet, und sie meinte, die Menschen, die unter freiem Himmel schliefen, müßten sehr unglücklich sein. Aber sie fürchtete sich vor der Rückkehr in ihre Heimat, wo alles ausgestorben war.

›So laß mich wenigstens mit dir in die Berge hinaufziehen‹, sagte sie zu dem Jungen, ›dann muß ich doch nicht hier allein sein, wo ich nie eine menschliche Stimme vernehme.‹

Der Junge ging gern darauf ein, und so zog das Mädchen mit den Rentieren hinauf ins Gebirge. Die Herde sehnte sich nach den guten Bergweiden und legte jeden Tag ein großes Stück Weges zurück. Es blieb den beiden keine Zeit, ein Zelt aufzuschlagen; nur in den Stunden, wo die Rentiere anhielten, um zu weiden, konnten sie sich auf den Schnee werfen und ein wenig schlafen. Die Tiere fühlten den Südwind durch ihre Pelze wehen, und sie fühlten auch, daß er in wenigen Tagen den Schnee von den Berghängen wegfegen würde. Das Mädchen und der Junge mußten ihnen durch schmelzenden Schnee und brechendes Eis hindurch nacheilen. Als sie endlich hoch ins Gebirge hinaufgekommen waren, wo der Nadelwald aufhörte und die verkrüppelten Birken anfingen, ruhten sie sich einige Wochen aus, bis der Schnee von den obersten Berghalden geschmolzen war; dann zogen sie da hinauf. Das Mädchen jammerte und keuchte und sagte sehr oft, sie sei müde, sie wolle umkehren und wieder ins Tal hinunter; aber sie ging doch noch lieber mit, als daß sie allein, ohne eine lebende Seele, mit der sie ein Wort hätte sprechen können, zurückgeblieben wäre.

Als sie endlich die Hochebene erreicht hatten, schlug der Junge auf einem schönen grünen Platz, der gegen einen Gebirgsbach sanft abfiel, ein Zelt für das Mädchen auf. Als es Abend wurde, fing der Junge die Rentierkühe mit einer Wurfleine ein, melkte sie und gab dem Mädchen von der Milch zu trinken. Er fand auch etwas Rentierkäse und getrocknetes Rentierfleisch, das sein Volk im vorigen Jahre da oben auf der Höhe versteckt hatte. Aber das Mädchen jammerte immerfort und war durchaus nicht zufrieden. Sie konnte sich nicht daran gewöhnen, im Zelt auf dem Boden oder nur auf einem von wenigen Zweigen und einem Rentierfell hergerichteten Lager zu schlafen. Aber der Sohn des Gebirgsvolkes lachte nur über ihr Gejammer und war immer gut und freundlich gegen sie.

Nachdem so einige Tage vergangen waren, trat das Mädchen zu dem Jungen, als er eben die Rentiere melkte, und fragte, ob sie ihm helfen dürfe. Sie übernahm es jetzt auch, Feuer unter dem Kessel anzuzünden, wenn Rentierfleisch gekocht werden sollte, sowie Wasser zu holen und Käse zu bereiten. Nun hatten die beiden eine schöne Zeit miteinander. Das Wetter war warm und das Essen leicht zu beschaffen. Sie zogen miteinander aus, Vogelschlingen zu legen, Forellen in den Bächen zu fangen und Multebeeren auf den Mooren zu pflücken.

Als der Sommer zu Ende ging, zogen sie bis zu der

Grenze zwischen dem Nadel- und Laubholzwald vom Gebirge herunter, und da schlugen sie wieder ihr Lager auf. Es war jetzt Schlachtzeit, und sie mußten alle Tage sehr streng arbeiten; aber es war auch eine gute Zeit, denn jetzt konnten sie sich noch leichter Nahrung verschaffen als im Sommer. Als der Schnee vom Himmel herabwirbelte und sich die Seen allmählich mit Eis bedeckten, zogen die Kinder ostwärts in den dichten Fichtenwald hinein. Sobald sie da ihr Zelt errichtet hatten, machten sie sich an die Winterarbeiten. Der Junge lehrte das Mädchen Faden aus Rentiersehnen drehen, die Felle bereiten und Kleider und Schuhe daraus nähen sowie Kämme und Werkzeuge aus Rentierhörnern verfertigen, auf Schneeschuhen laufen und in Rentierschlitten fahren. Nachdem sie den dunklen Winterwald hinter sich hatten und die Sonne allmählich wieder warm schien, sagte der Junge zu dem Mädchen, jetzt wolle er sie in den Süden des Landes begleiten, damit sie die Leute ihres eigenen Stammes wiederfinde.

Doch da sah ihn das Mädchen verwundert an. ›Warum willst du mich fortschicken?‹ fragte sie. ›Sehnst du dich, wieder allein mit deinen Rentieren zu sein?‹

›Ich glaubte, du sehntest dich fort von hier‹, erwiderte der Junge.

›Jetzt habe ich fast ein ganzes Jahr lang das Leben des Lappenvolkes gelebt‹, sagte das Mädchen, ›nun kann ich nicht mehr zu meinem Volk zurückkehren. Nachdem ich so frei auf den Bergen und in den Wäldern umhergezogen bin, ist es mir nicht mehr möglich, in engen Häusern zu wohnen. Jage mich nicht fort, sondern laß mich hierbleiben, denn euer Leben ist besser als das unsrige.‹

Und das Mädchen blieb ihr ganzes Leben lang bei dem Jungen und hatte niemals Heimweh nach ihrem Volke und nach dem Leben in den Tälern. Und wenn du, Asa, nur einen Monat hier oben bliebest, würdest du dich auch nicht wieder von uns trennen können.«

Mit diesen Worten schloß Aslak seine Erzählung, und in demselben Augenblick nahm Ola Serka die Pfeife aus dem

Munde und stand auf. Der alte Ola verstand mehr Schwedisch, als er andere wissen lassen wollte, und er hatte verstanden, was der Sohn gesagt hatte. Und während er zugehört hatte, war ihm plötzlich klargeworden, auf welche Weise er Jon Assarsson mitteilen müsse, daß seine Tochter gekommen sei, ihn zu suchen.

Ola Serka ging hinunter an den Luossajaure und wanderte dort eine Strecke dem Ufer entlang, bis er einen Mann traf, der auf einem Stein saß und fischte. Der Fischer hatte graues Haar und eine gebeugte Haltung. Seine Augen sahen müde drein; etwas Schlaffes und Hilfloses lag über dem ganzen Manne, er sah aus wie jemand, der versucht hat, eine Last zu tragen, die ihm zu schwer war, oder wie einer, der über etwas nachgrübelt, das ihm zu schwierig zu lösen war, und der nun gebrochen und mutlos geworden ist, eben weil ihm die Sache nicht glücken wollte.

»Du hast offenbar Glück bei deinem Fischfang gehabt, Jon, da du die ganze Nacht hier sitzengeblieben bist«, sagte der Gebirgsbewohner in lappischer Sprache und trat näher.

Der andre fuhr zusammen und schaute auf. Der Köder an seiner Angel war verschwunden, und neben ihm lag nicht ein einziger Fisch. Hastig befestigte er einen neuen Köder an der Angel und warf dann die Schnur wieder aus. Indessen setzte sich Ola neben ihm ins Gras.

»Ich möchte gern etwas mit dir besprechen«, begann der Lappe. »Du weißt, ich habe eine Tochter gehabt, die im vorigen Jahr gestorben ist, und seitdem habe ich sie in meinem Zelte bitter vermißt.«

»Ja, das weiß ich«, erwiderte der Fischer kurz, als könnte er es nicht ertragen, an ein verstorbenes Kind erinnert zu werden; er sprach gut lappisch.

»Aber es nützt nichts, wenn man sein Leben vertrauert«, fuhr der Lappe fort.

»Nein, es nützt gar nichts.«

»Und deshalb habe ich gedacht, ein anderes Kind anzunehmen. Meinst du nicht, das sei ein guter Gedanke?«

»Es kommt darauf an, was es für ein Kind ist, Ola.«

»Ich will dir erzählen, was ich über das Mädchen weiß, Jon«, sagte Ola.

Und nun erzählte er dem Fischer, in diesem Sommer seien zwei Kinder, ein Junge und ein Mädchen, nach Malmberget gekommen, ihren Vater zu suchen, und als sie gehört hatten, daß der Vater abwesend war, seien sie dort geblieben, seine Rückkehr abzuwarten. Aber während sie sich in Malmberget aufhielten, sei der Junge durch einen Felsblock bei einer Sprengung ums Leben gekommen, und da habe das Mädchen ihm ein feierliches Begräbnis, gerade wie für einen Erwachsenen, gehalten.

Hierauf beschrieb Ola sehr schön, wie das arme kleine Mädchen alle Menschen dazu gebracht habe, daß sie ihr geholfen hätten, ja, daß sie sogar den Mut gehabt habe, selbst zum Inspektor zu gehen.

»Ist es dies Mädchen, das du zu dir nehmen willst, Ola?« fragte der Fischer.

»Ja«, antwortete der Lappe. »Als wir ihre Geschichte hörten, haben wir alle weinen müssen; alle haben darin übereingestimmt, daß eine so gute Schwester gewiß auch eine gute Tochter abgeben werde, und wir haben jetzt nur den einen Wunsch, daß sie zu uns komme.«

Der andere schwieg eine Weile und setzte dann auch die Unterhaltung offenbar nur fort, um seinem Freunde, dem Lappen, eine Freude zu machen. »Und das Mädchen gehört doch wohl deinem eigenen Stamme an?«

»Nein, es gehört nicht zum Lappenvolke.«

»Dann ist sie wohl die Tochter eines Ansiedlers, die an das Leben hier oben im Norden gewöhnt ist?«

»Nein, sie stammt weit aus dem Süden drunten«, sagte Ola und sah dabei aus, als habe das gar nichts mit der Sache zu tun.

Aber jetzt wurde der Fischer aufmerksam. »Dann solltest du sie nicht bei dir behalten, Ola«, sagte er. »Wenn sie nicht von Geburt daran gewöhnt ist, kann sie den Winteraufenthalt in so einem Lappenzelt gewiß nicht ertragen.«

»Sie bekommt gute Eltern und gute Geschwister in diesem Lappenzelt«, fuhr Ola hartnäckig fort. »Alleinstehen ist schlimmer als frieren.«

Aber jetzt wurde der Fischer immer eifriger, die Sache zu verhindern. Es war, als könne er den Gedanken nicht ertragen, daß ein Kind, das schwedische Eltern hatte, bei den Lappen wohnen sollte.

»Hast du nicht gesagt, das Mädchen habe einen Vater in Malmberget?«

»Er ist tot«, versetzte der Lappe kurz.

»Weißt du das aber auch ganz gewiß, Ola?«

»Was braucht man da noch zu fragen«, erwiderte der Lappe verächtlich. »Hätten die beiden Kinder wohl nötig gehabt, allein durchs ganze Land zu ziehen, wenn ihr Vater noch am Leben wäre? Wäre es denkbar, daß zwei kleine Kinder selbst für sich hätten sorgen müssen, wenn sie einen Vater hätten? Hätte das Mädchen den schweren Gang zum Inspektor selbst machen müssen, wenn ihr Vater noch lebte? Meinst du, sie wäre dann jetzt auch nur einen einzigen Augenblick allein und verlassen, jetzt, wo das ganze Sameland davon spricht, was für ein gutes, mutiges Mädchen sie sei? Das Mädchen selbst meint freilich, ihr Vater sei noch am Leben, ich aber sage, er muß tot sein, es ist nicht anders möglich.«

Der Mann mit den müden Augen wendete sich dem Lappen zu. »Wie heißt sie, Ola?« fragte er.

Der Lappe überlegte ein wenig, dann sagte er: »Ich weiß es nicht mehr, aber ich will sie fragen.«

»Sie fragen? Ja, ist sie denn schon hier?«

»Ja, sie ist drüben im Zelte.«

»Wie, Ola? Hast du sie zu dir genommen, ehe du weißt, was ihr Vater dazu sagen wird?«

»Was brauche ich mich um ihren Vater zu kümmern? Wenn er wirklich nicht tot ist, dann will er offenbar nichts von dem Kinde wissen, und er kann nur froh sein, wenn ein anderer sich ihrer annehmen will.«

Doch jetzt warf der Fischer seine Gerte weg und richtete

sich auf; es war eine Lebhaftigkeit über ihn gekommen, als wenn neues Leben in ihm erwacht wäre.

»Dieser Vater ist wahrscheinlich nicht wie andere Menschen«, fuhr der Lappe fort. »Vielleicht ist er einer von denen, die von schwermütigen Gedanken verfolgt werden, so daß er es bei keiner Arbeit lange aushalten kann. Aber sage selbst, wäre ein solcher Vater ein großer Gewinn für das Mädchen?«

Während Ola dies sagte, stand der Fischer auf und ging mit raschen Schritten dem Ufer entlang.

»Wohin willst du?« fragte der Lappe.

»Ich will mir deine Pflegetochter ansehen, Ola.«

»Das ist recht«, sagte Ola. »Komm nur und sieh sie dir an. Du wirst gewiß finden, daß ich eine gute Pflegetochter bekomme.«

Der Schwede ging mit immer rascheren Schritten vorwärts, und der alte Ola konnte ihm kaum nachkommen. Nachdem sie eine kleine Strecke zurückgelegt hatten, sagte Ola zu seinem Gefährten: » Jetzt eben fällt mir ein, wie das Mädchen heißt. Asa Jontochter heißt sie.«

Der andre beschleunigte seine Schritte nur noch mehr, und der alte Ola war so beglückt, daß er am liebsten in lauten Jubel ausgebrochen wäre. Als nach einer Weile die Zelte vor ihren Augen auftauchten, ergriff Ola noch einmal das Wort.

»Sie ist hier heraufgekommen, um ihren Vater zu suchen, nicht, um meine Pflegetochter zu werden; aber wenn sie den Vater nicht findet, möchte ich sie gerne in meinem Zelt behalten.«

Doch der andre erwiderte nichts, er eilte nur mit immer größerer Hast vorwärts.

»Ich habe es mir doch gedacht, daß er bei der Nachricht, ich wolle seine Tochter unter die Lappen aufnehmen, erschrecken werde«, sagte Ola vor sich hin.

Als der Mann von Kiruna, der Asa nach dem Lappenlager hinübergerudert hatte, später am Tage wieder zurückruderte, hatte er zwei Personen in seinem Boot, die dicht nebeneinander saßen und sich so fest an der Hand hielten, als ob sie sich nie wieder trennen wollten. Es waren Jon Assarsson und seine Tochter Asa. Alle beide hatten jetzt ein ganz anderes Aussehen als noch vor ein paar Stunden. Jon Assarsson sah lange nicht mehr so müde und gebeugt aus, und seine Augen hatten einen hellen, freundlichen Ausdruck, als wenn er jetzt Antwort auf das bekommen hätte, was ihn solange geängstigt hatte; und das Gänsemädchen Asa schaute jetzt nicht mehr mit dem ihm eigenen altklugen Blick umher. Jetzt hatte sie ja jemand, auf den sie sich stützen und verlassen konnte, und es sah aus, als sei sie auf dem Wege, wieder ein harmloses Kind zu werden.

Gen Süden! Gen Süden!

Der erste Reisetag

Samstag, 1. Oktober

Nils Holgersson saß auf dem Rücken des weißen Gänserichs und ritt hoch droben durch die Lüfte. Einunddreißig Wildgänse flogen in wohlgeordnetem Zuge rasch südwärts. Ihre Federn rauschten, und die vielen Flügel schlugen mit so lautem Sausen durch die Luft, daß man fast sein eigenes Wort nicht verstehen konnte. Akka von Kebnekajse flog an der Spitze, hinter ihr kamen Yksi und Kaksi, Kolme und Neljä, Viisi und Kuusi, der Gänserich Martin und Daunenfein. Die sechs jungen Gänse, die sich im letzten Herbst der Schar angeschlossen hatten, waren nun fortgeflogen, um sich auf eigene Faust durchzubringen. Statt dessen hatten die Gänse zweiundzwanzig junge Gänse bei sich, die in diesem Sommer im Felsental herangewachsen waren. Elf von ihnen flogen rechts und elf links, und sie gaben sich alle Mühe, denselben Abstand zwischen sich einzuhalten wie die großen Gänse.

Die armen Jungen hatten noch nie eine große Reise gemacht, und im Anfang wurde es ihnen sehr schwer, bei dem raschen Fluge der Alten mitzukommen.

»Akka von Kebnekajse! Akka von Kebnekajse!« riefen sie in jammervollem Tone.

»Was gibt's?« fragte die Anführerin.

»Unsere Flügel sind von dem vielen Schlagen müde!« schrien die Jungen.

»Je länger ihr weitermacht, desto besser geht es«, erwiderte die Anführerin; und sie flog auch nicht ein bißchen langsamer, sondern ebenso geschwind wie zuvor. Und es war wirklich, als ob sie recht behalten sollte, denn nachdem die jungen Gänse ein paar Stunden geflogen waren, klagten sie nicht mehr über Müdigkeit. Droben im Felsental waren sie jedoch den ganzen Tag auf der Weide gewesen, und es dauerte deshalb nicht lange, bis sie sich nach Nahrung sehnten.

»Akka, Akka, Akka von Kebnekajse!« riefen die jungen Gänse mit kläglicher Stimme.

»Was gibt's jetzt?« rief die Anführerin.

»Wir sind so hungrig, daß wir nicht mehr weiterfliegen können!« schrien die Jungen. »Wir sind so hungrig, daß wir nicht mehr weiterfliegen können!«

»Die Wildgänse müssen es lernen, Luft zu essen und Wind zu trinken!« antwortete die Anführerin, und sie hielt nicht an, sondern flog gerade wie vorher weiter.

Es war auch beinahe, als lernten es die Jungen wirklich, von Luft und Wind zu leben, denn nachdem sie wieder eine Weile geflogen waren, klagten sie nicht mehr über Hunger. Die Schar war noch immer droben zwischen den Bergen, und die alten Gänse riefen mit lauter Stimme die Namen aller der Berggipfel, an denen sie vorüberkamen, damit die Jungen lernten, wie sie hießen. Aber nachdem es eine Zeitlang so fortgegangen war: »Das ist Porsotjakko, das ist Sarjektjakko, das ist Sulitelma!« wurden die Jungen aufs neue ungeduldig.

»Akka, Akka, Akka!« riefen sie mit herzzerreißender Stimme.

»Was gibt's denn?« fragte die Anführerin.

»Wir können nicht noch mehr Namen in unseren Kopf hineinbringen!« schrien die Jungen. »Wir können nicht noch mehr Namen in unseren Kopf hineinbringen!«

»Je mehr in euren Kopf hineinkommt, desto mehr Platz habt ihr darin«, antwortete die Anführerin; und sie rief ihnen die merkwürdigsten Namen gerade wie vorher zu.

Nils Holgersson dachte auch, es sei höchste Zeit für die Wildgänse, südwärts zu ziehen, denn es war schon sehr viel Schnee gefallen; soweit das Auge reichte, war die Erde ganz weiß. Und es war auch in der letzten Zeit im Felsental tatsächlich recht unbehaglich gewesen. Regen und Sturm und Nebel hatten unaufhörlich miteinander abgewechselt, und wenn sich das Wetter je einmal aufhellte, hatte sogleich starker Frost eingesetzt. Die Beeren und Pilze, von denen sich der Junge den Sommer hindurch ernährt hatte, erfroren oder verfaulten. Schließlich hatte er sich mit rohen Fischen sättigen müssen, und das war ihm äußerst unangenehm gewesen. Die Tage wurden immer kürzer, und bei den langen Abenden und dem immer späteren Tagesanbruch war es natürlich sehr traurig und langweilig für den Jungen gewesen; denn er konnte ja seine Natur nicht so einrichten und nicht genauso lange schlafen, wie die Sonne verschwunden war.

Dann aber hatten die Gösselchen allmählich so große Flügel bekommen, daß die Reise gen Süden unternommen werden konnte, und der Junge war hochbeglückt darüber. Er sang und lachte in einem fort, während er jetzt auf dem Rücken des Gänserichs dahinflog. Ach, er sehnte sich nicht nur von Lappland fort, weil es da droben jetzt trüb und dunkel und kalt und mit der Nahrung knapp bestellt war, nein, er hatte auch noch andere Gründe dazu.

In den ersten Wochen hatte er da droben durchaus nicht an Heimweh gelitten. Er meinte, noch niemals in einem so wunderschönen Lande gewesen zu sein, und hatte keine anderen Sorgen, als sich der Mückenschwärme zu erwehren, damit sie ihn nicht ganz und gar auffräßen. Von dem weißen Gänserich sah er in dieser Zeit nicht viel; denn der große Weiße dachte an nichts andres, als für Daunenfein zu sorgen, und wich keinen Schritt von ihrer Seite. Da hatte sich der Junge an die alte Akka und an den Adler Gorgo gehalten, und die drei hatten viele vergnügte Stunden miteinander verbracht. Er war von den Vögeln auf weite Ausflüge mitgenommen worden; Nils Holgersson hatte sogar oben auf dem schneebedeckten Kebnekajse gestanden und auf die Gletscher hinabgeschaut, die sich dort unter dem steilen Bergkegel ausbreiten. Der Junge war auch noch auf vielen andern hohen Berggipfeln gewesen, die nur sehr selten von einem Menschenfuß betreten worden sind. Akka zeigte ihm verborgene Täler zwischen den Bergen und ließ ihn in Felsenschluchten hinabsehen, wo die Wölfinnen ihre Jungen aufzogen. Es versteht sich von selbst, daß er auch die Bekanntschaft der zahmen Rentiere machte, die in großen Scharen an den Ufern des schönen Torneteich weideten; und er war auch drunten an dem großen Sjöfall gewesen und hatte den dort wohnenden Bären von ihren Verwandten im Bergwerkdistrikt Grüße bestellt. Wo immer er hinkam, – überall war das Land wunderschön; er freute sich auch von Herzen, daß er alles sehen durfte, und doch hätte er nicht immer da leben mögen. Er mußte Akka recht geben, wenn sie sagte: »Die schwedischen Ansiedler sollten dieses Land nicht beunruhigen, sondern es wie bisher den Bären und Wölfen und Rentieren und Wildgänsen, den Bergeulen, den Wühlmäusen und den Lappen überlassen, die dazu geschaffen sind, da zu leben.«

Eines Tages war Akka mit ihm auf eines der großen Grubenfelder geflogen, und da hatte er Klein-Mats von einem Sprengschuß zerschmettert an der Grubenöffnung gefunden. In den nächsten Tagen hatte der Junge dann an nichts weiter denken können, als wie er dem Gänsemädchen Asa helfen könnte; nachdem aber diese ihren Vater gefunden hatte und seiner Hilfe nicht mehr bedurfte, wanderte er meistens in dem Felsental umher; und von dieser Zeit an sehnte er sich nach dem Tag, wo er mit dem Gänserich Martin heimkehren und wieder ein Mensch werden würde. Ach, er wollte doch so gerne wieder so werden, daß das Gänsemädchen Asa mit ihm zu sprechen wagte und ihm nicht vor lauter Angst die Tür vor der Nase zuschlüge!

Ja, ja, Nils Holgersson war überglücklich, daß es nun südwärts ging. Als der erste Fichtenwald auftauchte, schwang er seine Mütze und rief Hurra! und auf dieselbe Weise begrüßte er das erste Ansiedlerhaus, die erste Ziege, die erste Katze und die ersten Hühner. Der Weg führte über prachtvolle Wasserfälle hin, und zu seiner Rechten sah der Junge wunderschöne Berge; aber an solche Herrlichkeiten war er jetzt so gewöhnt, daß er kaum noch einen

Blick auf sie warf. Etwas andres war es, als er östlich von den Bergen die Kapelle von Kvickjock, von einem kleinen Pfarrhof und einem kleinen Dorfe umgeben, erblickte. Dieser Anblick ergriff ihn so mächtig, daß ihm die Tränen in die Augen traten.

Die ganze Zeit trafen die Wildgänse mit andern Zugvögeln zusammen, die jetzt in etwas größeren Scharen als im Frühling einhergeflogen kamen.

»Wohin, ihr Wildgänse, wohin?« riefen die Zugvögel.

»Ins Ausland, wie ihr auch!« antworteten die Wildgänse. »Ins Ausland, ins Ausland!«

»Die Jungen sind ja noch nicht ganz ausgewachsen!« riefen die andern. »Mit so kleinen Flügeln kommen sie nie übers Meer hinüber!«

Die Lappen und die Rentiere zogen nun auch von den Bergen herunter. Sie kamen in guter Ordnung daher: ein Lappe führte den Zug an, dann kam die Herde mit den großen Rentierstieren in den ersten Gliedern, hierauf eine Reihe Lasttiere, die die Zelte und das andre Eigentum der Lappen trugen, und zum Schlusse etwa sieben bis acht Menschen.

Als die Wildgänse die Rentiere sahen, ließen sie sich etwas hinuntersinken und riefen ihnen zu: »Habt schönen Dank für den Sommer! Habt schönen Dank für den Sommer!«

»Glückliche Reise und auf Wiedersehen im nächsten Jahr!« antworteten die Rentiere.

Aber als die Bären die Wildgänse sahen, zeigten sie sie ihren Jungen und brummten: »Seht, seht! Diese dort fürchten sich vor ein bißchen Kälte; deshalb bleiben sie im Winter nicht daheim.«

Aber die alten Wildgänse blieben den Bären die Antwort nicht schuldig, sondern riefen den Jungen zu: »Seht, seht! Diese verschlafen lieber das halbe Jahr, als daß sie sich der Mühe unterziehen, südwärts zu reisen!«

Drunten in den Fichtenwäldern saßen die jungen Auerhähne zerzaust und verfroren beieinander und sahen den großen Vogelscharen, die jubelnd und fröhlich südwärts zogen, mit sehnsüchtigen Augen nach.

»Wann kommt die Reihe an uns?« fragten sie die Auerhähne. »Wann kommt die Reihe an uns?«

»Ihr müßt bei Vater und Mutter daheim bleiben«, sagten die alten Auerhähne. »Ihr müßt bei Vater und Mutter daheim bleiben.«

Auf dem Östberge

Dienstag, 4. Oktober

Wer sich je in Gebirgsgegenden aufgehalten hat, weiß, wie beschwerlich der Nebel sein kann, wenn er sich über eine Landschaft hereinwälzt und die ganze Aussicht verhüllt, so daß man von allen den schönen, ringsherum aufragenden Bergen gar nichts sieht. Mitten im Sommer kann man in solch einen Nebel hineingeraten, und im Herbst ist es kaum möglich, ihm zu entgehen; das kann man mit Wahrheit behaupten. Nils Holgersson hatte im ganzen genommen recht schönes Wetter gehabt, solange sich die Wildgänse noch in Lappland befanden; aber kaum hatten sie gemeldet, jetzt ginge es nach Jämtland hinein, als die Nebel auch schon um sie her aufstiegen und sich so verdichteten, daß sie nichts von der Landschaft sahen. Der Junge flog einen ganzen Tag auf dem Rücken des Gänserichs dahin, ohne zu wissen, ob er in einem Gebirgsland oder in einem Flachland wäre.

Gegen Abend ließen sich die Wildgänse auf einem grünen Platze nieder, der nach allen Seiten hin abfiel. Sie mußten sich also auf dem Gipfel eines Hügels befinden; ob dieser aber groß oder klein war, das konnte der Junge nicht herausfinden. Er dachte jedoch, sie müßten in einer bewohnten Gegend sein, denn er glaubte Menschenstimmen sowie das Rasseln von Fuhrwerken zu hören, die auf einer Straße dahinrollten; ganz sicher war er aber seiner Sache indes nicht.

Er hätte sich schrecklich gerne nach einem Hofe umgesehen, fürchtete aber, sich im Nebel zu verirren, und so entschloß er sich, bei den Wildgänsen zu bleiben. Ringsum tropfte alles vor Nässe und Feuchtigkeit; an jedem Grashälmchen und jedem Kräutlein hingen kleine Tropfen, und der Junge bekam ordentlich einen Regenschauer auf sich hernieder, sobald er sich nur ein wenig bewegte. »Es ist hier nicht viel besser als droben im Felsental«, dachte er. »Aber ein paar Schritte könnte ich doch machen«, dachte er weiter. Und jetzt konnte er auch in ganz geringer Entfernung vor sich ein Gebäude unterscheiden, das zwar nicht umfangreich, aber viele Stockwerke hoch war; der Junge konnte nicht bis zum Dache hinauf sehen. Die Haustür war verschlossen, und das Haus schien ganz unbewohnt zu sein. Ach, es war natürlich nur ein Aussichtsturm, wo es weder etwas zu essen noch ein gewärmtes Zimmer gab! Aber Nils Holgersson lief trotzdem in größter Eile zu den Wildgänsen zurück.

»Lieber Gänserich Martin«, sagte er, »nimm mich auf den Rücken und trage mich auf den Turm dort drüben hinauf. Ich kann hier nicht schlafen, weil es überall zu naß ist; dort droben werde ich schon ein trockenes Plätzchen finden, wo ich mich niederlegen kann.« Der Gänserich Martin war sogleich bereit, seinem guten Freunde zu helfen; er trug ihn hinauf auf das Plattdach des Turmes, und da schlief der Junge, bis ihn die Morgensonne weckte.

Als er seine Augen aufschlug und sich umschaute, konnte er zuerst gar nicht begreifen, was er sah oder wo er sich befand. Er war früher einmal auf einem Jahrmarkt in einem Zelt gewesen und hatte da ein mächtig großes Panorama gesehen; und jetzt war es ihm, als stehe er wieder mitten in so einem großen runden Zelt, mit einer schönen roten Decke über sich, während an den Wänden und am Boden hin eine prächtige weite Landschaft gemalt war, mit großen Dörfern, Wiesen, Landstraßen und Eisenbahnen, ja sogar mit einer ganzen Stadt. Es wurde ihm ja bald klar, daß er sich hier nicht in einem Panorama befand, sondern daß er selbst auf einem Aussichtsturm stand, mit dem roten Morgenhimmel über sich und einem wirklichen Land ringsumher. Aber er hatte jetzt schon so lange nichts anderes als Einöde gesehen, da war es nicht verwunderlich, daß er das, was er jetzt vor sich sah – eine richtige, dichtbebaute Landschaft – für ein Gemälde hielt.

Und noch etwas war schuld daran, daß der Junge alles, was er sah, zuerst für ein Gemälde gehalten hatte; von allem, was er sah, hatte nämlich nichts seine richtige Farbe. Der Aussichtsturm, auf dem er sich befand, stand auf einem Berg, der Berg auf einer Insel, und die Insel selbst lag nahe bei dem östlichen Ufer eines großen Sees. Der See aber war nicht grau, wie solche Binnenseen sonst zu sein pflegen, sondern ein großer Teil seines Wasserspiegels schimmerte ebenso rosig wie der Morgenhimmel, und drinnen in den tiefen Buchten blinkte er fast nachtschwarz heraus. Und dann war das Land um den See herum nicht grün; mit allen seinen eingeheimsten Getreidefeldern und den goldigschimmernden Laubwäldern leuchtete es hellgelb herüber, und rings um das Gelbe zog sich ein breiter Gürtel aus schwarzem Nadelwald. Noch niemals war dem Jungen der Wald so schwarz erschienen wie an diesem Morgen; aber er meinte, es komme vielleicht daher, weil der Laubwald innerhalb des dunklen Fichtengürtels so besonders hell glänzte. Jenseits dieser dunklen Strecke blauten im Osten einige Höhenzüge; aber am ganzen westlichen Horizont wölbte sich ein langgestreckter, glänzender Bogen aus zackigen, verschieden geformten Bergen von einer wunderbar schönen, sanftglänzenden Farbe, die weder rot noch weiß noch blau genannt werden konnte – es gab einfach gar keinen Namen für diese Schattierung.

Doch jetzt wendete der Junge seinen Blick von den Bergen und Nadelwäldern ab und richtete ihn auf die nächste Umgebung. Rings um den See her in dem goldnen Gürtel tauchte allmählich ein rotes Dorf nach dem andern und eine weiße Kirche nach der andern auf, und direkt gen Osten, jenseits des schmalen Sundes, der die Insel vom

Festland trennte, lag eine Stadt. Sie breitete sich am Seeufer aus, dicht hinter ihr ragte ein Berg auf, der sie beschützte, und ringsumher lag eine reiche dichtbevölkerte Landschaft.

»Diese Stadt hat es wirklich verstanden, sich eine gute Lage auszuwählen«, dachte der Junge. »Wie sie wohl heißen mag?«

In demselben Augenblick fuhr er heftig zusammen und schaute sich um. Er war ganz in die Aussicht versunken gewesen und hatte deshalb gar nicht gemerkt, daß unten Menschen herangekommen waren. Jetzt liefen diese Besucher eilig die Treppen herauf. Der Junge hatte gerade noch Zeit, sich nach einem Versteck umzusehen und sich dort zu verbergen; da waren sie auch schon oben.

Es war eine Schar junger Leute, die auf einer Fußwanderung begriffen waren. Sie hatten Jämtland durchstreift und gaben nun ihrer Freude in lauten Worten Ausdruck, daß sie am vorhergehenden Abend Östersund noch erreicht hätten und nun an diesem schönen Morgen die Aussicht vom Östberg auf die Frösö genießen könnten. Von hier aus könne man mehr als zwanzig Meilen im Umkreis umherschauen, nun könnten sie doch noch einen letzten Blick auf ihr liebes Jämtland werfen, ehe sie es verließen.

»Dort unten haben wir Sunne«, sagten sie. »Und dort liegt Marby und dort drüben Hallen. Was wir dort gerade im Norden sehen, ist die Kirche von Rödö, und die andere da unter uns ist die von Frösö.« Dann unterhielten sie sich über die Berge. Die nächstliegenden seien die Oviksfjälle, sagten die einen, und die anderen stimmten alle damit überein; aber dann waren sie nicht ganz einig darüber, welcher wohl der Klövsjöfjäll und der Anarisfjäll seien, und wo Västerfjället, Almasafjället und der Areskutan lägen.

Während sie noch darüber sprachen, zog ein junges Mädchen eine Landkarte heraus, breitete sie auf ihren Knien aus und studierte darin. Plötzlich schaute sie auf.

»Wenn ich das Jämtland so hier auf einer Karte sehe«,

sagte sie, »kommt es mir immer wie ein einziger großer Felsen vor. Ich warte immer darauf, daß mir jemand einmal erzählt, dieses Gebirge habe einst ganz aufrecht dagestanden und bis zum Himmel hinaufgereicht.«

»Das hätte wahrlich ein gewaltiger Berg sein müssen«, sagte eines von den andern und lachte das junge Mädchen aus.

»Allerdings; aber deshalb ist er ja auch umgefallen. Hier, seht doch selbst! Es gleicht wahrhaftig einem richtigen hohen Berg mit breitem Fuß und spitzigem Gipfel.«

»Es paßt gar nicht so schlecht für ein Gebirgsland, wenn der ganze Gebirgsstock wie ein einzelner Berg aussieht«, sagte wieder eines von den Umstehenden. »Ich habe zwar schon allerlei Sagen vom Jämtland gehört, aber doch noch nie ...«

»Kennst du die Sage vom Jämtland?« fiel ihm das junge Mädchen eifrig ins Wort. »Dann mußt du sie sogleich erzählen.«

»Und hier ist der allerbeste Platz zum Anhören, hier, wo wir gleich das ganze Land vor uns haben.«

Alle anderen stimmten mit dem jungen Mädchen überein; und ihr Gefährte ließ sich nicht lange nötigen, sondern begann sogleich seine Erzählung.

Die Sage von Jämtland

»Zu der Zeit, wo es noch Riesen in Jämtland gab, geschah es einmal, daß ein alter Bergriese auf dem Hofe vor seinem Hause stand und seine Pferde striegelte. Während er eifrig bei dieser Arbeit war, fingen die Pferde plötzlich vor lauter Angst heftig an zu zittern.

›Was ist denn mit euch los?‹ sagte der Riese und sah sich um, was die Pferde wohl erschreckt haben könnte. Es waren aber weder Wölfe noch Bären in der Nähe zu erblikken; das einzige, was er entdecken konnte, war ein Wandersmann, der zwar bei weitem nicht so groß und stark war wie er selbst, aber doch recht stattlich aussah und offenbar auch über gute Kräfte verfügte, und der eben den Pfad heraufstieg, der zu der Berghütte führte. Aber kaum war der alte Bergriese des Wandersmanns gewahr geworden, als er auch schon von Kopf bis Fuß zitterte, gerade wie seine Pferde; er nahm sich gar nicht Zeit, seine angefangene Arbeit fertigzumachen, sondern lief eiligst in den Saal hinein zu seinem Weib, das an der Kunkel Werg spann.

›Was ist denn los?‹ fragte die Frau. ›Du siehst ja todesbleich aus.‹

›Soll ich etwa nicht bleich aussehen‹, erwiderte der Riese, ›wenn ein Wanderer des Weges daherkommt, der ebenso gewiß, wie du mein Weib bist, Asa-Thor sein muß.‹

›Das ist freilich kein willkommener Besuch‹, erwiderte das Weib des Riesen. ›Kannst du ihm nicht die Augen verhexen, so daß er den ganzen Hof hier für einen Felsen hält und an unserer Tür vorübergeht?‹

›Es ist zu spät, Zauberkunst auszuüben‹, sagte der Riese, ›denn ich höre ihn schon die Pforte öffnen und in den Hof hineintreten.‹

›Dann rate ich dir, dich verborgen zu halten und mich ihn allein in Empfang nehmen zu lassen‹, sagte die Frau schnell. ›Ich will mein Bestes tun, ihm das Wiederkommen zu verleiden.‹

Der Vorschlag gefiel dem Riesen über die Maßen. Er ging in die Kammer nebenan, seine Frau aber blieb auf der Frauenbank in dem Saal sitzen und spann ruhig weiter, als ahnte sie keine Gefahr.

Aber nun müßt ihr wissen, daß es zu jenen Zeiten im Jämtland ganz anders aussah als heutigentags. Das ganze Land war eine einzige flache Hochebene, die vollständig kahl und nackt dalag; nicht einmal ein Fichtenwald konnte sich da fortbringen. Es gab weder See noch Fluß, und auch keine Felder, über die der Pflug hätte gehen können. Ja, zu jener Zeit waren nicht einmal die Berge und Felsenmassen da, die jetzt im ganzen Lande zerstreut liegen; diese standen alle weit drüben im Westen. In dem ganzen großen Lande konnten keine Menschen leben, aber den Riesen ging es dafür um so besser. Wohl kaum ohne ihren Willen und ihr Einverständnis blieb das Land so öde und ungastlich liegen; und deshalb hatte es seine guten Gründe, wenn der Bergriese so erschrak, als er Asa-Thor auf sein Haus zukommen sah.

Er wußte, die Asen waren denen nicht hold, die Kälte, Dunkelheit und Öde um sich verbreiteten und die Erde daran verhinderten, reich und fruchtbar zu werden und sich mit menschlichen Wohnungen zu schmücken.

Die Frau des Riesen brauchte nicht lange zu warten; nach wenigen Augenblicken ertönten feste Schritte vor dem Hause, und der Wanderer, den der Riese auf dem Pfad gesehen hatte, riß die Tür auf und trat in die Stube. Er blieb jedoch nicht an der Tür stehen, wie sonst die umherziehenden Leute zu tun pflegen, sondern ging geradewegs auf die Frau zu, die auf der entgegengesetzten Seite des Saals an der Giebelwand saß. Aber wie merkwürdig! Als er meinte, nun habe er ein ordentliches Stück zurückgelegt, war er erst eine ganz kleine Strecke von der Tür entfernt, und es war noch weit bis zur Feuerstelle, die sich mitten in der Stube befand. Der Fremde machte längere Schritte; aber nachdem er eine Weile gegangen war, kam es ihm vor, als sei die Frau und auch die Feuerstelle noch weiter entfernt als bei seinem Eintritt. Im Anfang war ihm das Haus gar nicht besonders groß vorgekommen, und er merkte erst, wie groß es war, als er die Feuerstelle schließlich erreicht hatte; denn da war er so müde, daß er sich auf seinen Stab stützen und ausruhen mußte. Als die Frau des Riesen sah, daß er stehenblieb, legte sie die Kunkel weg, stand von der Bank auf und war mit wenigen Schritten neben ihm.

›Wir Riesen haben große Stuben gern‹, sagte sie, ›und mein Mann beklagt sich oft darüber, wie enge es hier sei. Aber für jemand, der keine größeren Schritte machen kann als du, muß es sehr anstrengend sein, das Zimmer eines

Riesenhauses zu durchschreiten, das begreife ich recht wohl. Laß mich nun wissen, wer du bist und was du von den Riesen willst?‹

Augenscheinlich lag dem Wanderer eine heftige Antwort auf der Zunge; aber er wollte sich ohne Zweifel mit einer Frau nicht in Streit einlassen, denn er antwortete ganz ruhig: ›Mein Name ist Handfest, und ich bin ein Recke, der manches Abenteuer bestanden hat. Nun habe ich das ganze Jahr daheim auf meinem Hof gesessen und hatte mich schon gefragt, ob es denn gar nichts mehr für mich zu tun gebe, als ich die Menschen sagen hörte, ihr Riesen sorgtet gar zu schlecht für das Land hier oben, so daß es außer euch niemand hier aushalten könne. Da habe ich mich flugs aufgemacht, um mit deinem Manne über diese Sache zu sprechen und ihn zu fragen, ob er nicht für eine bessere Ordnung hier Sorge tragen wolle.‹

›Mein Mann ist auf der Jagd‹, sagte die Frau, ›und wenn er nach Hause kommt, wird er dir selbst Antwort auf deine Fragen geben. Aber das will ich dir doch sagen: wer mit solchen Fragen zu einem Bergriesen kommt, müßte eigentlich ein größerer Mann sein als du. Es wäre gewiß am besten für deinen guten Ruf, wenn du dich gleich wieder aus dem Staube machtest, ohne mit dem Riesen zusammengetroffen zu sein.‹

›O nein, da ich nun einmal gekommen bin, will ich auch auf ihn warten‹, erwiderte der Mann, der sich Handfest genannt hatte.

›Ich habe dir nach meinem besten Wissen geraten‹, sagte die Riesin, ›tu nun eben, was du nicht lassen kannst. Setze dich indessen hier auf die Bank, dann will ich dir einen Willkommtrunk holen.‹

Die Frau ergriff ein gewaltiges Methorn und begab sich damit in den hintersten Winkel der Stube, wo das Metfaß lag. Auch dieses kam dem Gaste nicht besonders groß vor; als aber die Frau den Zapfen herauszog, stürzte der Met mit so lautem Brausen in das Methorn, wie wenn ein Wasserfall ins Zimmer hereingerauscht käme. Das Horn war bald voll. Aber als die Frau den Zapfen wieder in das Faß hineinstecken wollte, kam sie nicht zustande damit; der Met schäumte wild hervor, riß ihr den Zapfen heraus und floß auf den Boden. Die Frau machte noch einen Versuch, den Zapfen wieder hineinzustecken, aber es mißlang ihr abermals. Da rief sie den Fremden zu Hilfe.

›Siehst du denn nicht, daß mir der Met ausläuft, Handfest? Komm her und stecke den Zapfen in die Tonne!‹

Der Gast eilte ihr sofort zu Hilfe; er nahm den Zapfen und versuchte, ihn in das Spundloch hineinzudrücken; aber der Met riß ihn wieder heraus, schleuderte ihn weit weg, schoß mit unverminderter Gewalt heraus und überschwemmte den Boden.

Handfest versuchte einmal ums andre, den Zapfen hineinzustecken, aber es gelang ihm nicht, und schließlich warf er den Zapfen weg. Der ganze Boden war nun mit Met bedeckt, und damit man doch wenigstens im Zimmer sein konnte, zog der Fremde tiefe Furchen, in denen der Met fließen konnte. Er machte in dem harten Felsengrund Rinnen, wie Kinder im Frühling durch den Sand Furchen ziehen, damit das Schneewasser ablaufen kann, und da und dort stampfte er mit dem Fuß tiefe Löcher, in denen die Flüssigkeit sich sammeln konnte. Die Frau sah ganz ruhig zu; und wenn der Gast aufgeschaut hätte, würde er entdeckt haben, daß sie seiner Arbeit verwundert und auch entsetzt zusah.

Aber als er fertig war, sagte sie spöttisch: ›Ich danke dir schön, Handfest. Ich sehe, du tust, was in deiner Macht steht. Sonst hilft mir mein Mann, den Zapfen einzusetzen; aber es kann ja nicht jedermann so stark sein wie er. Da du nun dies nicht kannst, wäre es wohl am besten für dich, wenn du gleich jetzt deines Weges zögest.‹

›Ich gehe nicht, ehe ich mein Vorhaben ausgeführt habe‹, sagte der Fremde; aber er sah beschämt und niedergeschlagen dabei aus.

›Dann setze dich dort auf die Bank‹, sagte die Frau. ›Ich will dir einen Teller Grütze kochen.‹

Sie tat, wie sie gesagt hatte; als aber die Grütze beinahe fertig war, wendete sie sich an den Gast und sagte: ›Ich sehe eben, daß ich fast kein Mehl mehr habe, um die Grütze gehörig dick zu machen. Meinst du, du seiest stark genug, die Mühle zu drehen, die dort neben dir steht; ein paar Drehungen genügen schon, und es ist Korn zwischen den Steinen. Du mußt jedoch deine ganze Kraft zusammennehmen, denn die Mühle geht nicht gerade leicht.‹

Der Gast ließ sich nicht lange bitten, sondern suchte die Handmühle zu drehen. Sie kam ihm nicht besonders groß vor; als er aber den Griff erfaßt hatte und den Stein im Kreise herumdrehen wollte, ging sie so schwer, daß er sie nicht bewegen konnte; er wendete seine ganze Kraft auf, brachte aber trotz aller Mühe die Mühle nur ein einziges Mal im Kreise herum.

Mit stummer Verwunderung sah die Riesenfrau zu, während er sich abmühte; und als er die Mühle losließ, sagte sie: ›Ja, ich bin von meinem Mann her freilich bessere Hilfe gewöhnt, wenn die Mühle nicht gehen will. Aber es kann ja niemand von dir fordern, daß du mehr tun sollst, als deine Kraft vermag; du wirst jetzt aber doch wohl selbst einsehen, daß es am besten für dich wäre, wenn du nicht mit dem zusammenträfest, der auf dieser Mühle mahlen kann, soviel er Lust hat.‹

›Trotzdem habe ich im Sinne, auf ihn zu warten‹, erwiderte Handfest ganz leise und sanft.

›Nun, dann setze dich dort auf die Bank, während ich ein Bett für dich zurechtmache‹, sagte die Frau; ›denn in diesem Falle wirst du hier übernachten müssen.‹

Sie richtete ihm aus vielen Kissen und Decken ein Lager her und wünschte ihm gute Nacht. ›Du wirst das Bett ziemlich hart finden‹, sagte sie, ›aber mein Mann liegt jede Nacht auf so einem Lager.‹

Als Handfest sich nun in dem Bett behaglich ausstrecken wollte, fühlte er so viel Unebenheiten und Höcker unter sich, daß von Schlafen keine Rede sein konnte; er wälzte und drehte sich von einer Seite auf die andere, konnte aber durchaus nicht einschlafen. Schließlich warf er in hellem Zorn ein Kissen dahin und ein Polster dorthin, und dann schlief er ruhig bis zum Morgen.

Als die Sonne durch die Dachluke hereinschien, stand er auf und verließ das Haus des Riesen. Er ging über den Hofplatz und durch die Pforte; als er jedoch diese wieder hinter sich zumachte, stand plötzlich die Frau des Riesen neben ihm.

›Ich sehe, du willst nun doch deiner Wege gehen, Handfest‹, sagte sie, ›und das ist gewiß auch das Klügste, was du tun kannst.‹

›Wenn dein Mann in einem solchen Bett schlafen kann, wie du mir für diese letzte Nacht bereitet hast‹, sagte Handfest mißmutig, ›dann will ich mich nicht mit ihm einlassen, denn dann muß er ein Mann von Eisen sein, mit dem es niemand aufnehmen kann.‹

Die Riesin lehnte an der Pforte. ›Jetzt, wo du außerhalb meines Hofes bist, Handfest‹, sagte sie, ›will ich dir doch sagen, daß deine Reise zu uns Riesen durchaus nicht so unehrenvoll für dich abgelaufen ist, wie du selbst zu denken scheinst. Es ist gar nicht merkwürdig, daß du den Weg durch meine Stube lang fandest; da bist du über die ganze Hochebene, die Jämtland genannt wird, hingegangen. Desgleichen war es auch nicht verwunderlich, daß du den Zapfen nicht in das Faß hineinbrachtest, denn aus dem Faß ist dir alles Wasser entgegengeströmt, das von den Schneebergen herabläuft. Und als du das Wasser auf dem Boden in Rinnen leitetest, hast du Furchen und Vertiefungen geschaffen, die jetzt Flüsse und Seen sind. Es war kein geringer Beweis deiner Stärke, daß du die Mühle einmal im Kreise herumgebracht hast, denn zwischen den Steinen war kein Korn, sondern Kalksteine und Schiefer, und mit der einen Drehung hast du so viel gemahlen, daß die ganze Hochebene mit guter fruchtbarer Erde bedeckt worden ist. Daß du in dem Bett, das ich dir zurechtgemacht habe, nicht hast liegen können, verwundert mich auch nicht; denn ich habe große Berggipfel hineingelegt; diese hast du nun über das halbe Land hingeschleudert, und vielleicht sind dir die Menschen dafür nicht so dankbar wie für das andere, was du getan hast. Ich sage dir jetzt Lebewohl und verspreche dir, daß ich und mein Mann von hier fortziehen werden an einen Ort, wo du uns nicht so leicht aufsuchen kannst.‹

Der Wanderer hörte dies alles mit wachsendem Zorne an, und als die Riesenfrau ausgesprochen hatte, griff er nach dem Hammer, den er in seinem Gürtel trug. Aber ehe er ihn herausziehen konnte, war die Frau verschwunden, und da, wo das Haus der Riesen gestanden hatte, war nichts mehr zu sehen als eine graue Bergwand. Aber was nicht verschwunden war, das waren die mächtigen Flüsse und Seen, denen Handfest auf der Hochebene einen Weg geschaffen, sowie das fruchtbare Erdreich, das er gemahlen hatte. Nicht verschwunden waren außerdem noch die prächtigen Berge, die dem Jämtland seine Schönheit verleihen und allen denen, die es besuchen, Kraft und Gesundheit, Freude, Mut und Lebenslust schenken; deshalb ist wohl auch von allen Taten, die Asa-Thor vollbracht hat, keine lobenswerter als die, welche er in jener Nacht ausführte, als er Felsenmassen hinausschleuderte, vom Frostviksgebirge im Norden bis zum Helagsberg im Süden, von den Ovikshöhen bis jenseits des Storsees, ja bis zu den Sylarna, den hohen Bergen an der Reichsgrenze.«

Die Sage vom Härjedal

Dienstag, 4. Oktober

Nils Holgersson wurde unruhig, weil die Reisenden gar so lange auf dem Aussichtsturm blieben. Der Gänserich Martin konnte seinen Gefährten nicht abholen, solange die Fremden da waren, und der Junge wußte doch, daß die Wildgänse so rasch wie möglich südwärts reisen wollten. Mitten unter der Erzählung war ihm freilich gewesen, als höre er Gänsegeschnatter und laute Flügelschläge; vielleicht waren das die Wildgänse, die weiterflogen. Aber der Junge hatte nicht an die Brüstung zu treten gewagt, um zu sehen, wie es sich verhielt.

Als die Gesellschaft endlich gegangen war und der Junge sich aus seinem Versteck herauswagen konnte, sah er keine Wildgänse drunten auf dem Boden, und kein Gänserich Martin kam, ihn zu holen. Er rief: »Hier bin ich! Wo bist du?« so laut er konnte; aber die Reisegefährten zeigten sich nicht. Es fiel ihm zwar keinen Augenblick ein, sie könnten ihn verlassen haben; aber er fürchtete, es sei ihnen ein Unglück zugestoßen, und er überlegte eben, auf welche Weise er sie ausfindig machen könnte, als sich plötzlich der Rabe Bataki neben ihm niederließ.

Der Junge hätte nie gedacht, daß er Bataki jemals mit einem so frohen Willkommen begrüßen würde, wie er jetzt tat. »Lieber Bataki« sagte er, »wie herrlich, daß du kommst! Du kannst mir vielleicht sagen, was aus dem Gänserich Martin und aus den Wildgänsen geworden ist.«

»Jawohl, und ich komme gerade in ihrem Auftrag«, antwortete der Rabe. »Akka hat einen Jäger auf dem Gebirge umherstreifen sehen, deshalb wagte sie es nicht, auf dich zu warten, sondern ist vorausgeflogen. Setze dich jetzt auf meinen Rücken, dann wirst du gleich wieder bei deinen Freunden sein.«

Der Junge setzte sich eiligst auf Batakis Rücken, und Bataki würde die Wildgänse auch bald eingeholt haben, wenn ihn der Nebel nicht daran verhindert hätte. Aber es war, als hätte die Morgensonne den Nebel wieder geweckt. Kleine, leichte Nebelschleier, die sich verdichteten und mit erstaunlicher Schnelligkeit ausbreiteten, stiegen plötzlich vom See, von den Feldern und aus dem Walde auf, und schon nach ganz kurzer Zeit war die Erde ringsum von weißen, wogenden Nebelmassen verhüllt.

Da droben, wo Bataki flog, war vollständig klare Luft und strahlender Sonnenschein; aber die Wildgänse waren offenbar mitten in den Nebelmassen, da die beiden sie mit keinem Auge entdecken konnten. Der Junge und der Rabe riefen und schrien aus vollem Halse, aber sie erhielten keine Antwort.

»Das ist doch ein rechtes Mißgeschick«, sagte der Rabe schließlich. »Aber wir wissen ja, in welcher Richtung sie fliegen, und sobald der Nebel sich verzieht, werde ich sie schon ausfindig machen.«

Der Junge war sehr betrübt, daß er gerade jetzt von dem Gänserich Martin getrennt worden war, denn auf der Reise war der große Weiße allen möglichen Gefahren ausgesetzt. Aber nachdem er sich ein paar Stunden lang gegrämt und geängstigt hatte, sagte er sich, es sei ja doch bisher auch kein Unglück geschehen, und deshalb hätte es keinen Sinn, wenn er jetzt schon den Mut sinken ließe.

In diesem Augenblick hörte er drunten auf der Erde einen Hahn krähen, und sogleich neigte er sich über den Rücken des Raben vor und rief: »Wie heißt das Land, über das ich hinfliege? Wie heißt das Land?«

»Es heißt Härjedal! Härjedal! Härjedal!« krähte der Hahn.

»Wie sieht es bei euch da drunten aus?« fragte der Junge.

»Berge im Westen, Wälder im Osten und ein breites Tal durchs ganze Land!« antwortete der Hahn.

»Schönen Dank! Schönen Dank für die gute Antwort!« rief der Junge.

Nachdem sie wieder eine Weile geflogen waren, hörte er unter sich im Nebel eine Krähe krächzen.

»Was für Menschen wohnen hier in diesem Lande?« rief der Junge hinunter.

»Ein prächtiges, gutes Bauernvolk!« antwortete die Krähe. »Ein prächtiges, gutes Bauernvolk!«

»Was arbeiten sie?« fragte der Junge. »Was arbeiten sie?«

»Sie treiben Viehzucht und roden Wald«, krächzte die Krähe zurück.

»Schönen Dank! Schönen Dank für die gute Antwort!« rief der Junge.

Kurz darauf hörte er den Gesang eines Menschen durch den Nebel heraufdringen.

»Gibt es irgendeine große Stadt in dieser Landschaft?« fragte der Junge.

»Was ... Was ... Wer ruft denn hier?« rief der Mensch als Antwort.

»Gibt es irgendeine große Stadt in dieser Landschaft?« wiederholte der Junge.

»Ich will wissen, wer da ruft!« schrie der Mensch.

»Ja, ich habe mir wohl gedacht, daß ich keinen ordentlichen Bescheid bekomme, wenn ich einen Menschen frage«, rief der Junge.

Nach kurzer Zeit verzog sich der Nebel ebenso rasch wieder, wie er aufgetaucht war, und nun sah der Junge, daß Bataki über einem breiten Flußtal hinflog. Es war ein schöner Landstrich mit ebenso hohen Bergen wie im Jämtland, aber am Fuße der Berge war kein fruchtbares, dichtbebautes Land wie dort. Die Ortschaften lagen weit voneinander entfernt, und die Felder waren nur klein. Bataki flog den Fluß in südlicher Richtung entlang, bis er in die Nähe eines Dorfes kam. Da flog er auf ein Stoppelfeld hinunter und ließ den Jungen absteigen.

»Auf diesem Felde hat im Sommer Gerste gestanden«, sagte Bataki.

»Sieh, ob du nicht etwas Eßbares findest.«

Der Junge befolgte den guten Rat, und schon nach ganz kurzer Zeit fand er eine Ähre. Während er die Körner herausschälte und sie verzehrte, fing Bataki ein Gespräch mit ihm an.

»Siehst du das große Gebirge dort, das gerade im Süden vor uns aufragt?« fragte er.

»Jawohl, ich sehe es deutlich«, antwortete der Junge.

»Es heißt Sonfjället«, fuhr der Rabe fort, »und du darfst mir glauben, in den alten Tagen hat es dort viele Wölfe gegeben.«

»Dieses Gebirge muß auch ein guter Schlupfwinkel für sie gewesen sein«, räumte der Junge ein.

»Ja, für die Leute hier im Tale war es oft sehr schwer, daß sie sich auch noch mit den Wölfen herumschlagen mußten«, sagte Bataki.

»Weißt du nicht irgendeine gute Geschichte von Wölfen, die du mir erzählen könntest?« fragte der Junge. Und Bataki erzählte:

»Vor langer, langer Zeit sollen die Wölfe von Sonfjället einmal einen Bauern überfallen haben, der mit einer Ladung Böttcherfässer umherfuhr. Er war von Hede, einem Dorf, das einige Meilen höher droben, als wir uns hier befinden, im Adal liegt. Es war Winter, und die Wölfe jagten hinter dem Schlitten her, als er eben über das Eis des Ljusnan hinüberfuhr. Es waren ihrer wohl acht bis zehn Stück, und der Bauer hatte kein gutes Pferd, so daß er nicht viel Hoffnung hatte, ihnen entkommen zu können.

Als der Mann die Wölfe hinter sich heulen hörte und sah, was für ein großes Rudel er im Rücken hatte, verlor er alle Besinnung, und es fiel ihm nicht ein, daß er Kübel, Bottiche und Wannen eiligst von seinem Wagen hätte werfen sollen, um die Last zu erleichtern. Er peitschte nur auf das Pferd los, und dieses lief auch wie noch nie, aber trotzdem kamen die Wölfe immer näher, das merkte der Bauer wohl. Es war eine sehr einsame Gegend, der nächste Hof lag mindestens noch zwei Meilen entfernt, der Bauer konnte nichts anderes erwarten, als daß seine letzte Stunde gekommen sei, und er fühlte, wie ihm vor Entsetzen alle Glieder erstarrten.

Während er so wie gelähmt dasaß, sah er, daß sich zwischen den Tannenbüschen, die auf dem Eis aufgepflanzt waren, um den Weg zu bezeichnen, etwas bewegte. Und als er sah, was es war, wuchs der Schrecken, der ihn schon vorher erfaßt hatte, ins Ungeheure.

Aber nicht Wölfe waren es, die ihm da entgegenkamen, sondern ein altes Bettelweib. Sie hieß die Finnen-Malin und war eine rechte Landstreicherin. Sie hinkte ein wenig und hatte überdies einen kleinen Höcker; der Mann konnte sie schon aus der Ferne erkennen.

Die Frau ging gerade auf die Wölfe zu. Offenbar wurden sie durch den Schlitten vor ihr verdeckt, und dem Bauern war es sogleich klar: wenn er an ihr vorüberfuhr, ohne sie zu warnen, dann fiel sie den wilden Tieren unwiederbringlich zur Beute, und während diese die Alte zerrissen, konnte er entkommen. Auf ihren Stock gestützt, hinkte sie langsam daher; ja, sie war unrettbar verloren, wenn er ihr nicht half. Aber wenn er auch anhielt und sie auf den Schlitten nahm, war es durchaus nicht sicher, daß sie gerettet würde; wenn er es tat, war es mehr als wahrscheinlich, daß er von den Wölfen eingeholt wurde, und dann wurden alle miteinander, er und die Alte und das Pferd, zerrissen und aufgefressen, und der Bauer fragte sich, ob es nicht am richtigsten wäre, ein Leben zu opfern, um zwei andere zu retten.

Aber damit war es noch nicht genug, er mußte sogleich auch daran denken, wie es ihm wohl nachher selbst gehen würde: Ob er Gewissensbisse bekäme, weil er dem Weib nicht geholfen hatte, ob die Leute erführen, daß er ihr begegnet war und sie im Stiche gelassen hatte?

In seiner Brust entspann sich ein großer Streit, und er sagte sich schließlich: ›Es wäre mir viel lieber, ich wäre ihr gar nicht begegnet!‹ In diesem Augenblick stießen die Wölfe ein lautes Geheul aus. Das Pferd schreckte zusammen, fuhr wild davon und jagte an dem Bettelweib vorüber. Sie hatte das Wolfsgeheul auch gehört, und als der Bauer an ihr vorüberbrauste, las er in ihrem Gesicht, daß sie wußte, was ihr bevorstand. Sie stand da, den Mund zu einem Schrei geöffnet und die Arme um Hilfe ausgestreckt, aber sie hatte weder geschrien noch den Versuch gemacht, sich auf den Schlitten zu werfen. Sie mußte von irgendeiner Erscheinung wie versteinert worden sein.

›Ich habe wohl wie ein böser Geist ausgesehen, als ich an ihr vorüberfuhr‹, dachte der Bauer, und er versuchte, sich jetzt, wo er seines Leben sicher sein konnte, zufrieden zu fühlen. Aber in demselben Augenblick begann es in seiner Brust zu arbeiten und zu brennen. Er hatte noch nie etwas

Böses getan, und nun hatte er in einem einzigen Augenblick sein Leben verdorben. ›Nein, es mag gehen, wie es will!‹ rief er plötzlich und hielt das Pferd an. ›Ich kann sie nicht mit den Wölfen allein lassen.‹

Nur mit großer Mühe gelang es ihm, das Pferd zu wenden; aber schließlich brachte er es doch zustande, und er hatte die Finnen-Malin bald wieder erreicht.

›Steige schnell in meinen Schlitten!‹ befahl er ihr in barschem Ton; denn er war wütend über sich selbst, weil er das Weib nicht seinem Schicksale überlassen konnte. ›Du tätest auch besser, daheim zu bleiben, anstatt dich immer herumzutreiben, du alte Hexe‹, fuhr er fort, › jetzt werden wir beide deinetwegen umkommen, der Rappe und ich.‹

Das Weib erwiderte kein Wort, aber der Bauer war jetzt in einer so verzweifelten Stimmung, daß er sie nicht schonen konnte. ›Der Rappe ist heute schon fünf Meilen gelaufen, da wirst du begreifen, daß er bald ermattet sein wird. Und die Last ist nicht leichter geworden, seit du dazugekommen bist.‹

Die Schlittenkufen knirschten auf dem Eis; aber trotzdem vermeinte er zu hören, wie die Klauen der Wölfe hinter ihm aufschlugen, und er fühlte, daß die Raubtiere ihn nun eingeholt hatten.

›Jetzt ist es aus mit uns‹, sagte er. ›Daß ich dich zu retten versucht habe, ist weder dir noch mir gut bekommen, Finnen-Malin.‹

Erst jetzt sprach das Weib. Vorher hatte sie nur geschwiegen, wie jemand, der an Scheltworte gewöhnt ist.

›Ich kann nicht verstehen, warum du deine Gefäße nicht abladest und die Last erleichterst‹, sagte sie. ›Du kannst ja morgen früh wiederkommen und sie zusammenlesen.‹

Der Bauer verstand, welch ein kluger Rat das war, und war nur höchst erstaunt, daß er nicht selbst daran gedacht hatte. Er übergab dem Weib die Zügel, löste den Strick, der die Gefäße zusammenhielt, und begann eifrig, sie abzuladen. Die Wölfe jagten schon neben dem Schlitten her, hielten aber jetzt an, um zu untersuchen, was da aufs Eis flog, und dadurch bekamen die Reisenden wieder einen kleinen Vorsprung.

›Wenn das nicht hilft, werde ich mich selbstverständlich den Wölfen ausliefern, damit du entkommst‹, sagte die Finnen-Malin.

Als sie dies sagte, war der Bauer eben dabei, einen großen schweren Braubottich vom Schlitten hinabzustoßen. Aber plötzlich hielt er inne, als wenn er sich nicht entschließen könnte, diesen abzuladen. In Wirklichkeit jedoch waren seine Gedanken von etwas ganz anderem in Anspruch genommen. ›Ein Pferd und ein Mann, denen gar nichts fehlt, sollten doch eigentlich nicht gezwungen sein, sich wegen einer alten Frau von den Wölfen fressen zu lassen‹, dachte er. ›Es muß doch wohl noch einen Ausweg zur Rettung geben. Ja, ganz sicher gibt es einen; der Fehler ist nur, daß ich ihn nicht herausfinden kann.‹

Schließlich schob er wieder an dem Braubottich; doch plötzlich hielt er wieder an und brach in lautes Lachen aus.

Das Weib sah ihn erschreckt an und fragte sich, ob er verrückt geworden sei; aber der Bauer lachte nur über sich selbst, weil er bisher so dumm gewesen war.

Jetzt wußte er, was er tun mußte; es war das einfachste von der Welt, und er konnte gar nicht begreifen, daß es ihm nicht früher eingefallen war.

›Paß nun wohl auf, was ich sage, Malin‹, begann er. ›Was du da gesagt hast, daß du dich den Wölfen vorwerfen wollest, war wirklich gut von dir. Aber das ist nicht nötig, denn ich weiß jetzt, wie uns allen dreien geholfen werden kann. Du mußt jetzt nur tun, was ich sage. Du nimmst die Zügel, und was ich auch danach tue, du bleibst ganz ruhig sitzen und fährst geradewegs nach Linsäll. Dort weckst du die Leute auf und sagst ihnen, daß ich hier mit zehn Wölfen allein auf dem Eise sei, und bittest sie, mir zu helfen.‹

Der Bauer wartete nun, bis die Wölfe wieder ganz dicht herangekommen waren. Dann wälzte er den großen Bottich aufs Eis hinab, sprang selbst nach und kroch darunter.

Es war ein großer schwerer Bottich, dazu gemacht, einen ganzen Weihnachtsvorrat an Bier fassen zu können. Die Wölfe sprangen darauf zu, bissen in die Reifen und versuchten, den Bottich umzustürzen. Aber er war zu stark und zu schwer, sie konnten nichts ausrichten; der darunter saß, war sicher.

Ja, der Bauer wußte, daß er sicher war, die Wölfe konnten ihm nichts anhaben, und er lachte unter seinem Bottich.

Aber plötzlich wurde er sehr ernst. ›Sobald ich wieder in irgendeiner Not bin‹, sagte er, ›werde ich an diesen Braubottich denken; und ich werde mich daran erinnern, daß ich weder mir selbst noch andern unrecht zu tun brauche. Es gibt immer noch einen dritten Ausweg, es handelt sich nur darum, ihn zu finden.‹«

Damit schloß Bataki seine Erzählung. Aber Nils Holgersson hatte jetzt schon gemerkt, daß Bataki nie eine Geschichte erzählte, ohne eine besondere Absicht dabei zu haben, und je länger er ihm zuhörte, desto nachdenklicher wurde der Junge.

»Ich möchte wohl wissen, warum du mir eigentlich diese Geschichte erzählt hast?« sagte er schließlich.

»Ach, sie ist mir eben gerade eingefallen, als ich den Sonfjäll betrachtete«, antwortete der Rabe.

Sie flogen nun weiter den Ljusnan entlang, und nach ungefähr einer Stunde gelangten sie an das Dorf Kolsätt, das gerade auf der Grenze von Hälsingeland liegt. Hier ließ sich der Rabe in der Nähe einer kleinen Hütte nieder. Sie hatte keine Fenster, sondern nur eine Luke; aus dem Schornstein stieg ein mit Funken vermischter Rauch empor, und aus dem Hause heraus dröhnten laute Hammerschläge.

»Wenn ich diese Schmiede hier sehe«, sagte der Rabe, »muß ich unwillkürlich daran denken, daß es in früherer Zeit im Härjedal und ganz besonders in diesem Dorfe hier ausgezeichnete Schmiede gegeben hat, die ihresgleichen im ganzen Reiche nicht hatten.«

»Kannst du mir nicht vielleicht auch von ihnen eine Geschichte erzählen?« fragte der Junge

»O doch, denn ich habe gehört, ein Schmied von Härjedal habe einmal zwei andere Schmiedemeister, einen von Dalarna und einen von Värmland, zu einem Wettstreit im Nägelschmieden herausgefordert. Die Herausforderung wurde angenommen, und die drei Schmiede kamen hier in Kolsätt zusammen. Der Dalmann machte sich zuerst an die Arbeit. Er schmiedete ein Dutzend Nägel, die alle ganz gleich und so spitzig und glatt waren, daß sie nicht besser hätten sein können. Nach ihm kam der Värmländer an die Reihe. Er schmiedete auch ein Dutzend Nägel, und diese waren über alles Lob erhaben, und dazu kam noch, daß dieser Schmied nur halb soviel Zeit dazu gebraucht hatte als der Dalmann. Als die zu Schiedsrichtern erwählten Männer dies sahen, sagten sie zu dem Schmied von Härjedal, es hätte gar keinen Wert, wenn er noch irgendeinen Versuch machte, denn besser als der Dalmann und hurtiger als der Värmländer könne er doch nicht schmieden.

›Nein, ich ergebe mich nicht‹, sagte der Mann vom Härjedal. ›Es wird sich ja wohl noch etwas finden, womit ich mich auszeichnen kann.‹ Er legte das Eisen auf den Amboß, ohne es vorher in der Esse erhitzt zu haben, und hämmerte drauflos, bis es heiß war, und dann schmiedete er einen Nagel um den andern, ohne Kohlen oder einen Blasebalg zu brauchen. Noch niemals hatte man einen Schmied mit solcher Meisterschaft den Hammer schwingen sehen, und der Schmied von Härjedal wurde als der beste im ganzen Lande ausgerufen.«

Bataki schwieg, aber der Junge wurde noch nachdenklicher. »Warum hast du mir das eigentlich erzählt, Bataki?« sagte er.

»Ach, die Geschichte fiel mir ein, als ich die alte Schmiede da sah«, antwortete Bataki gleichgültig.

Die beiden Reisenden stiegen nun wieder miteinander in die Luft hinauf, und der Rabe flog jetzt südwärts nach dem Kirchspiel Lillhärdal auf der Grenze von Dalarna. Hier ließ er sich auf einem bewaldeten Hügel nieder, der ganz oben auf einem Bergrücken aufragte.

»Ob du wohl eine Ahnung davon hast, was das für ein Hügel ist, auf dem du jetzt stehst, Däumling?« fragte Bataki.

Nein, der Junge mußte einräumen, daß er es nicht wußte.

»Es ist ein Grabhügel«, sagte Bataki. »Hier ruht ein Mann namens Härjulf, und er ist der erste gewesen, der sich im Härjedal niedergelassen hat und das Land hier zu bebauen anfing.«

»Vielleicht kannst du mir auch von ihm eine Geschichte erzählen?« bat der Junge.

»Ich habe nicht viel von ihm gehört, aber meiner Ansicht nach muß er ein Norweger gewesen sein. Er hatte zuerst bei einem norwegischen König im Dienst gestanden, aber es erhob sich ein Zwist zwischen ihnen, und so mußte er aus dem Lande fliehen. Da begab er sich zu dem schwedischen Könige, der in Uppsala wohnte, und trat bei diesem in Dienst. Aber nach einiger Zeit begehrte er die Schwester des Königs zur Ehefrau, und als ihm der König eine so vornehme Braut nicht geben wollte, entfloh er mit ihr. Jetzt war es so weit gekommen, daß er weder in Norwegen noch in Schweden wohnen konnte, und ins Ausland wollte er nicht ziehen.

›Aber es muß doch wohl noch einen dritten Weg geben‹, dachte er; und so zog er mit seinen Dienern und seinen Schätzen durch Dalarna hindurch immer weiter gen Norden, bis er die großen, wilden Wälder erreichte, die sich nördlich von Dalarna ausbreiteten. Dort siedelte er sich an, baute sich ein Haus und rodete den Wald aus, und so ist er der erste gewesen, der sich in dieser Einöde niedergelassen hat.«

Als Nils Holgersson diese Geschichte hörte, wurde er noch viel nachdenklicher. »Wenn ich nur wüßte, was du für eine Absicht dabei hast, daß du mir alles dies erzählst«, sagte er noch einmal.

Bataki gab lange keine Antwort; er verdrehte nur den Kopf und kniff die Augen zusammen. »Da wir beide jetzt allein hier sind, will ich doch die Gelegenheit nützen und dich nach etwas fragen, was mir sehr wichtig ist. Hast du je genauen Bescheid darüber erhalten, unter welchen Bedingungen dir das Wichtelmännchen, das dich verwandelt hat, deine frühere Gestalt wiedergeben will?«

»Ich habe nie von einer anderen Bedingung gehört, als daß ich den weißen Gänserich wohlbehalten nach Lappland und wieder nach Schonen zurückbringen solle.«

»Das habe ich mir doch gedacht«, rief Bataki; »denn als wir uns das letztemal sahen, nahmst du den Mund sehr voll und sagtest, es gäbe nichts Häßlicheres, als einen Freund, der sich auf einen verläßt, im Stiche zu lassen. Deshalb solltest du doch Akka einmal nach der Bedingung fragen. Du weißt, sie ist bei dir daheim gewesen und hat mit dem Wichtelmännchen gesprochen.«

»Davon hat mir Akka nichts gesagt«, entgegnete der Junge.

»Sie hielt es wohl fürs beste, dich in Unkenntnis darüber zu lassen, wie die Worte des Wichtelmännchens lauteten, denn sie will lieber dir als dem Gänserich Martin helfen.«

»Es ist doch sonderbar, Bataki, sooft ich mit dir zusammen bin, gelingt es dir, mir das Herz so recht schwer und unruhig zu machen«, sagte der Junge.

»Ja, es mag wohl so aussehen«, versetzte der Rabe, »aber ich glaube, diesmal wirst du mir doch dankbar sein, denn ich will dir die Worte des Wichtelmännchens jetzt mitteilen. Sie lauteten so: Du werdest wieder ein Mensch werden, wenn du den Gänserich Martin heimbringst, damit ihn deine Mutter schlachten könne.«

Nils Holgersson fuhr auf: »Das ist gewiß nur eine boshafte Erfindung von dir!« rief er.

»Du kannst ja Akka selbst fragen«, sagte Bataki. »Da kommt sie eben mit ihrer ganzen Schar angeflogen. Vergiß nun nicht, was ich dir heute erzählt habe; es gibt immer einen Ausweg aus allen Schwierigkeiten, es handelt sich nur darum, ihn zu finden. Und ich freue mich schon jetzt darauf, zu erfahren, wie dir das glücken wird.«

Das Gold auf der Schäre

Auf dem Wege zum Meere

Freitag, 7. Oktober

Seit die Wildgänse ihre Herbstreise angetreten hatten, waren sie immer geradewegs südwärts geflogen; aber als sie das Fryksdal verließen, änderten sie die Richtung und flogen nun über das westliche Värmland und Dalsland nach Bohuslän.

»Weißt du, Gänserich Martin«, sagte der Junge, während sie hoch droben dahinflogen, »es wird gewiß recht einförmig für uns, wenn wir den ganzen Winter daheim bleiben, jetzt wo wir eine so große Reise mitgemacht haben. Ich überlege mir deshalb eben, ob wir nicht mit den Wildgänsen ins Ausland reisen sollten.«

»Das kann dir doch nicht ernst sein!« sagte der Gänserich entsetzt; denn jetzt, nachdem er den Beweis geliefert hatte, daß er mit den Wildgänsen bis nach Lappland hinauf reisen konnte, war er vollständig zufrieden, wieder in Holger Nilssons Gänsestall zurückzukehren.

Der Junge schwieg eine Weile und schaute auf das Värmland hinunter, wo alle Birkenwälder und Haine und Gärten in herbstlich bunten Farben prangten und wo die langen Seen lichtblau glänzend zwischen ihren gelben Ufern lagen.

»Ich glaube, ich habe die Erde noch nie so schön unter uns daliegen sehen wie heute«, sagte er. »Die Seen sehen aus wie blaue Seide und die Ufer wie breite goldene Bänder. Meinst du nicht auch, es wäre schade, wenn wir uns jetzt in Westvämmenhög festsetzten und nicht noch mehr von der Welt zu sehen bekämen?«

»Ich glaubte, du wolltest zu deinem Vater und deiner Mutter zurückkehren, um ihnen zu zeigen, was für ein guter Junge du geworden bist?« entgegnete der Gänserich.

Den ganzen Sommer hindurch hatte der große Weiße von nichts anderem geträumt, als von dem stolzen Augenblick, wo er sich plötzlich auf dem freien Platze vor Holger Nilssons Haus niederlassen und den Gänsen und den Hühnern und den Kühen und der Katze und auch Mutter Nilsson seine Daunenfein und die sechs Jungen zeigen würde! Deshalb war er über den Vorschlag des Jungen gar nicht besonders erfreut.

An diesem Tage hielten die Wildgänse mehrere Male lange Rast, denn überall fanden sie die herrlichsten Stoppelfelder; sie konnten sich kaum entschließen, sie zu verlassen, und so erreichten sie Dalsland erst gegen Sonnenuntergang. Sie flogen über den nordwestlichen Teil dieser Landschaft hin, und da war es noch schöner als in Värmland. Dieser Landstrich ist so voller Seen, daß sich das Land wie kleine spitzige Hügelketten hinzieht. Zum Getreidebau war dieser Boden nicht günstig; um so besser aber gediehen die Bäume, und die steilen Uferhänge der Seen sahen aus wie wunderschöne Gärten. Es mußte etwas in der Luft oder im Wasser sein, das den Sonnenschein noch zurückhielt, wenn die Sonne schon längst hinter die Hügel hinabgesunken war; goldene Lichter spielten auf den dunklen, glänzenden Wasserspiegeln, und über der Erde zitterte ein heller, blaßroter Schein, aus dem die lichtgelben Birken, die hellroten Espen und die gelbroten Vogelbeerbäume herausragten.

»Meinst du denn nicht auch, lieber Gänserich Martin, es wäre sehr langweilig, wenn wir nie wieder so etwas Schönes zu sehen bekämen?« fragte der Junge.

»Ich sehe lieber die fruchtbaren flachen Äcker in Schonen als diese magern Waldhügel hier. Aber du weißt ja, daß ich mich nicht von dir trennen werde, wenn du die Reise fortsetzen willst«, antwortete der Gänserich.

»Diese Antwort habe ich von dir erwartet«, erwiderte der Junge. Es war ihm ein schwerer Stein vom Herzen gefallen, und das konnte man seiner Stimme deutlich anhören.

Als sie hierauf über Bohuslän hinflogen, wurden die Hochebenen zusammenhängender; die Täler lagen tief drunten wie schmale, aus dem Gebirge herausgesprengte Schluchten, und die langen Seen darinnen waren so schwarz, wie wenn sie aus der Tiefe der Erde aufgestiegen wären. Ja, es war wirklich eine wunderschöne Landschaft; und so, wie der Junge sie jetzt unter sich sah, bald von einem Sonnenstrahl erhellt, bald im dunklen Schatten liegend, hatte sie einen ganz eigenartigen Reiz. Der Junge wußte nicht, woher es kam, aber er dachte unwillkürlich, in den alten Zeiten müßten hier gewiß tapfere Recken gewohnt haben, die in diesen geheimnisvollen Gegenden gefährliche und kühne Abenteuer bestanden hätten. Und der alte Hang nach merkwürdigen Erlebnissen regte sich jetzt im Herzen des kleinen Nils Holgersson.

»Es wäre wohl möglich, daß mir etwas fehlen würde, wenn ich künftig nicht alle zwei Tage in Lebensgefahr geriete«, dachte er. »Darum ist es gewiß am besten, ich bin damit zufrieden, wie es nun einmal ist.«

Davon sagte er aber nichts zu dem großen Weißen; denn die Wildgänse flogen mit größter Geschwindigkeit über Bohuslän hin; der Gänserich keuchte heftig und hätte kein Wort erwidern können. Die Sonne stand jetzt tief am Himmel; ab und zu verschwand sie hinter einem Berggipfel; aber die Wildgänse flogen so rasch, daß der große Feuerball immer wieder vor ihnen auftauchte.

Endlich sahen sie im Westen einen hellen Streifen, der sich mit jedem Flügelschlag breiter vor ihnen ausdehnte. Das war das Meer; zwischen milchweiß, rosenrot und himmelblau immer wechselnd lag es da draußen, und als die Gänse an den Strandklippen vorüberflogen, sahen sie abermals die Sonne, die jetzt groß und rotglühend am Himmelsrand stand, eben im Begriff, ins Meer zu versinken.

Als aber der Junge das freie, unendliche Meer vor sich sah und die rote Abendsonne, die mit einem gar so milden Glanz leuchtete, daß er ihr gerade ins Gesicht sehen konnte, zogen Freude und Vertrauen in seine Seele ein.

»Es hat keinen Sinn, wenn du auch noch so betrübt bist, Nils Holgersson«, sagte die Sonne. »Die Welt ist ein herrlicher Aufenthalt, sowohl für Kleine wie für Große, und es ist auch gut, wenn man frank und frei ist und das ganze Weltall hat, in dem man sich herumtummeln kann.«

Das Geschenk der Wildgänse

Die Wildgänse hatten sich auf einer kleinen Schäreninsel vor Fjällbacka zum Schlafen niedergelassen. Aber als es nahe an Mitternacht war und der Mond hoch am Himmel stand, rieb sich Akka den Schlaf aus den Augen und weckte Yksi und Kaksi, Kolme und Neljä, Viisi und Kuusi. Schließlich stieß sie auch den Däumling mit dem Schnabel an, daß er erwachte.

»Was gibt's, Mutter Akka?« fragte er erschrocken.

»Nichts Gefährliches«, antwortete die Anführerin. »Nichts weiter, als daß wir sieben Alten von der Schar ein Stück weit aufs Meer hinausfliegen wollen und wissen möchten, ob du Lust hättest, mitzukommen?«

Der Junge erriet sogleich, daß Akka keinen solchen Vorschlag machen würde, wenn es sich nicht um etwas Besonderes gehandelt hätte; er setzte sich ihr also sofort auf den Rücken, und Akka flog in gerader westlicher Richtung davon. Zuerst ging es über eine Reihe großer und kleiner, nahe an der Küste liegender Inseln hin, dann über eine breite Strecke offnes Wasser, und schließlich erreichten sie die große Väderöer Inselgruppe, die ganz draußen dicht am offnen Meere liegt. Es waren lauter niedrige, felsige Inseln, und im Mondenschein konnte man deutlich sehen, daß sie an ihrer Westseite von den Wogen ganz glatt geschliffen waren. Einige davon waren ziemlich groß, und auf diesen unterschied der Junge einige Häuser. Akka suchte eine der kleinsten von diesen Schäreninseln auf und ließ sich darauf nieder. Die Schäre bestand nur aus einer unebenen Felsplatte mit einem breiten Spalt in der Mitte, in den das Meer feinen weißen Sand und Muscheln hineingeschwemmt hatte.

Als der Junge von Akkas Rücken herabsprang, sah er dicht neben sich etwas, was einem hohen, spitzigen Stein glich. Aber schon im nächsten Augenblick bemerkte er, daß es ein großer Raubvogel war, der sich diese Schäre zum Nachtquartier ausgewählt hatte. Der Junge hatte indes kaum Zeit, sich über die Wildgänse zu verwundern, die sich so unvorsichtig neben einem gefährlichen Feinde niedergelassen hatten, als sich der Vogel auch schon mit einem langen Sprung zu ihnen herschwang und Nils Holgersson den Adler Gorgo erkannte.

Nun verstand der Junge: Akka und Gorgo hatten sich hier verabredet!

»Das hast du gut gemacht, Gorgo«, sagte Akka. »Ich hatte eigentlich gedacht, du würdest den Ort unsrer Zusammenkunft nicht vor uns erreichen können. Hast du schon lange gewartet?«

»Ich bin am Abend angekommen«, antwortete Gorgo. »Ja, die Zeit habe ich gut getroffen«, fuhr er fort, »aber ich fürchte, das wird leider auch das einzige sein, worüber du mich loben kannst; mit der Sache, die du mir aufgetragen hast, steht es nicht gut.«

»Du hast gewiß mehr erreicht, als du dir merken lassen willst«, sagte Akka. »Doch ehe du erzählst, wie deine Reise abgelaufen ist, möchte ich den Däumling bitten, mir beim Suchen von etwas, was hier auf der Insel versteckt ist, zu helfen.«

Der Junge hatte eben aufmerksam ein paar große schöne Schneckenhäuser betrachtet, als aber Akka seinen Namen nannte, schaute er auf. »Du hast dich wohl verwundert, Däumling, warum wir nicht den geraden Weg eingehalten haben, sondern hier aufs Kattegatt hinausgeflogen sind?« fuhr Akka fort.

»Es ist mir allerdings ein wenig sonderbar vorgekommen«, antwortete der Junge; »aber ich weiß ja, daß Ihr für alles, was Ihr tut, stets einen guten Grund habt.«

»Du hast einen guten Glauben an mich«, sagte Akka. »Aber ich fürchte beinahe, diesmal wird er erschüttert, denn wahrscheinlich wird diese Reise ohne Erfolg bleiben.«

»Vor vielen Jahren«, fuhr Akka fort, »sind wir, ich und noch einige, die jetzt die Alten in unsrer Schar sind, auf einer Frühjahrsreise von einem Sturm überfallen und auf diese Insel verschlagen worden. Als wir sahen, daß wir nur das unendliche offene Meer vor uns hatten, bekamen wir Angst, wir könnten so weit hinausgetrieben werden, daß wir das Land nie wieder erreichen würden, und wir ließen uns deshalb auf die Wogen hinunter. Der Sturm zwang uns, hier zwischen diesen kahlen Klippen mehrere Tage auszuharren. Wir litten großen Hunger, und eines Tages gingen wir hier in diese Rinne hinein, in der Hoffnung, da Futter zu finden. Wir fanden indes nicht ein einziges Grashälmchen, dafür aber einige Säcke, die fest zugebunden, halb im Sande lagen. Da wir hofften, es sei Korn in den Säcken, rissen und zerrten wir so lange daran, bis der Stoff zerriß; aber keine Körner kamen heraus, sondern lauter glänzende Goldstücke. Dafür hatten wir Wildgänse jedoch keine Verwendung, und wir ließen sie deshalb, wo sie waren. In allen diesen Jahren haben wir gar nicht mehr an unsern Fund gedacht; da hat sich im letzten Herbst etwas ereignet, was es uns wünschenswert macht, Gold zu besitzen. Es ist freilich sehr unwahrscheinlich, daß der Schatz noch da ist, aber wir sind trotzdem herbeigeflogen, um dich zu bitten, jetzt nachzusehen, wie sich die Sache verhält.«

Der Junge sprang in die Felsplatte hinein, nahm in jede Hand eine Muschel und schaufelte damit eifrig den Sand weg. Säcke fand er keine, aber nachdem er ein ziemlich tiefes Loch gegraben hatte, hörte er ein Klirren wie von Metall, und er merkte, daß er auf eine Münze gestoßen war. Er tastete mit den Händen umher, fühlte, daß viele runde Münzen im Sande lagen, und eilte rasch zu Akka zurück.

»Die Säcke sind verfault und zerfallen«, sagte er, »aber das Gold liegt noch im Sand verstreut, und ich glaube, es ist noch alles da.«

»Das ist gut«, sagte Akka. »Fülle das Loch wieder zu und mache die Oberfläche wie vorher, damit niemand sehen kann, daß daran gerührt worden ist.«

Der Junge tat, wie Akka ihn geheißen hatte; aber als er darauf wieder aus der Felsspalte heraustrat, blieb er überrascht stehen, denn Akka hatte sich an die Spitze der sechs andern Wildgänse gestellt, und der ganze Zug kam nun höchst feierlich auf ihn zugeschritten. Vor dem Jungen angekommen, hielten sie an, verneigten sich vielmals mit dem Halse und sahen so vornehm drein, daß der Junge unwillkürlich die Mütze abnahm und sich auch verbeugte.

»Wir haben dir etwas zu sagen«, begann Akka. »Wir, die Alten in der Schar, haben zueinander gesagt, wenn du, Däumling, bei Menschen im Dienst gestanden und ihnen so viele und große Hilfe geleistet hättest, wie du uns geleistet hast, dann würden sie sich ganz gewiß nicht von dir trennen, ohne dich reichlich dafür zu belohnen.«

»Ach, Mutter Akka, nicht ich habe euch geholfen«, sagte der Junge, »ihr seid es gewesen, die sich meiner angenommen haben.«

»Und wir meinen auch«, fuhr Akka fort, »wenn uns nun ein Mensch auf der ganzen Reise begleitet hat, sollte er nicht ebenso arm von uns gehen, wie er gekommen ist.«

»Oh, ich weiß recht wohl, was ich in diesem einen Jahr alles gelernt habe! Das ist mehr wert als Geld und Gut«, sagte der Junge.

»Da nun diese Goldstücke nach so vielen Jahren noch immer in der Felsenspalte liegen, haben sie sicherlich keinen Eigentümer mehr«, fuhr die Anführergans fort, »und ich meine, du solltest sie nun an dich nehmen, Däumling.«

»Habt ihr denn nicht den Schatz für euch selbst haben wollen, Mutter Akka?« fragte der Junge.

»Doch, wir wollen dich damit belohnen, damit dein Vater und deine Mutter sehen können, daß du bei ordentlichen Leuten Gänsejunge gewesen bist.«

Der Junge wendete sich halb um; er blickte übers Meer hin, und dann sah er Akka in die glänzenden Augen.

»Ich verwundere mich doch sehr über euch, Mutter Akka«, sagte er. »Ihr wollt mich verabschieden und gebt mir meinen Lohn, bevor ich euch gekündigt habe.«

»Solange wir Wildgänse noch in Schweden sind, wirst du ja wohl bei uns bleiben«, sagte Akka. »Aber ich wollte dir zeigen, wo der Schatz liegt, da wir es jetzt ohne einen allzu großen Umweg einrichten konnten.«

»Trotzdem ist es so, wie ich sage«, entgegnete der Junge. »Ihr wollt mich los sein, bevor ich selbst von euch fort will. Nach einer so langen Zeit, die wir in guter Freundschaft miteinander verbracht haben, wäre es doch wohl nicht zuviel verlangt, wenn ihr mich auch noch ins Ausland mitnehmen würdet.«

Als der Junge dies sagte, streckten Akka und die andern Wildgänse die Hälse gerade in die Höhe und saugten mit halbgeöffnetem Schnabel schweigend die Luft ein.

»Das ist etwas, woran ich noch gar nicht gedacht habe«, sagte Akka, nachdem sie sich wieder gefaßt hatte. »Aber bevor du irgendeinen Entschluß faßt, wollen wir hören, was Gorgo zu berichten hat. Ich muß dir nämlich noch etwas sagen. Ehe wir Lappland verließen, sind Gorgo und ich übereingekommen, daß er nach Schonen in deine Heimat fliegen und versuchen solle, bessere Bedingungen für dich auszuwirken.«

»Ja, so ist es«, fiel Gorgo ein. »Aber wie ich dir schon gesagt habe, habe ich kein Glück gehabt. Holger Nilssons Haus fand ich ganz leicht, und nachdem ich einige Male darüber hingeschwebt war, gewahrte ich auch das Wichtelmännchen, das eben zwischen den Gebäuden umherschlich. Ich flog sogleich hinunter, packte es und flog mit ihm auf ein Feld hinaus, damit wir in aller Ruhe miteinander verhandeln könnten. Nun sagte ich ihm, ich käme im Auftrag von Akka von Kebnekajse, um zu fragen, ob es für Nils Holgersson nicht leichtere Bedingungen stellen würde.

›Ich wünschte, ich könnte es‹, erwiderte das Wichtelmännchen, ›denn ich habe gehört, der Junge habe sich auf der Reise recht gut gemacht; aber es steht nicht in meiner Macht.‹

Da wurde ich zornig, und ich sagte, wenn es nicht nachgäbe, würde ich mich gar nicht scheuen, ihm die Augen auszuhacken.

›Mache mit mir, was du willst‹, erwiderte es, ›aber mit Nils Holgersson bleibt es, wie ich gesagt habe. Er wird wieder ein Mensch werden, wenn er den Gänserich Martin heimbringt, damit ihn seine Mutter schlachten kann. Du kannst ihn aber von mir grüßen und ihm sagen, er täte am besten, recht bald mit seinem Gänserich heimzukommen, denn es stehe schlecht daheim. Holger Nilsson ist leider für einen Bruder, dem er volles Vertrauen schenkte, eine Bürgschaft eingegangen, die er jetzt hat bezahlen müssen. Mit geborgtem Geld hat er sich ein Pferd gekauft; aber das Pferd lahmte vom ersten Male an, wo Holger Nilsson mit ihm fuhr, und seitdem ist es nicht zu gebrauchen. Ja, erzähle nur Nils Holgersson‹, hat das Wichtelmännchen noch eindringlich hinzugefügt, ›seine Eltern hätten schon zwei Kühe verkaufen müssen, und sie seien gezwungen, von Haus und Hof zu gehen, wenn ihnen nicht von irgendeiner Seite Hilfe zuteil würde‹.«

Als der Junge dies hörte, runzelte er die Stirne und ballte die Fäuste, daß die Knöchel weiß hervortraten.

»Das ist sehr grausam von dem Wichtelmännchen!« rief er. »Unter der Bedingung, die er gestellt hat, kann ich nicht zu meinen Eltern zurückkehren, um ihnen zu helfen. Aber es soll ihm nicht gelingen, einen treulosen Freund aus mir zu machen. Mein Vater und meine Mutter sind ehrbare Leute, und ich weiß, sie wollen lieber meine Hilfe entbehren, als daß ich mit einem bösen Gewissen zu ihnen zurückkehrte.«

Bei Holger Nilssons

Dienstag, 8. November

Es war ein nebeliger, trüber Tag. Die Wildgänse hatten auf den großen Feldern bei der Skuruper Kirche geweidet und hielten eben Mittagsrast, da trat Akka zu Nils Holgersson.

»Es sieht aus, als bekämen wir jetzt einige Zeit stilles Wetter«, begann sie, »und ich gedenke deshalb, morgen über die Ostsee zu fliegen.«

»Ach so«, erwiderte der Junge kurz, denn der Hals war ihm wie zugeschnürt, und er konnte nicht sprechen. Er hatte eben doch immer noch gehofft, er werde, so lange er in Schonen sei, von seiner Verzauberung befreit werden.

»Wir sind jetzt ziemlich nahe bei Westvämmenhög«, fuhr Akka fort; »und ich dachte, du hättest vielleicht Lust, einen kleinen Besuch daheim zu machen. Es wird ja eine gute Weile dauern, bis du wieder jemand von den Deinen zu sehen bekommst.«

»Es ist gewiß am besten, ich unterlasse das«, sagte der Junge; aber seiner Stimme war wohl anzuhören, wie sehr er sich über den Vorschlag freute.

»Wenn der Gänserich hier bei uns bleibt, kann ihm ja kein Unglück geschehen«, sagte Akka. »Ich meine, du solltest dir genauen Bescheid verschaffen, wie es bei dir daheim steht. Vielleicht könntest du deinen Eltern doch auf irgendeine Weise helfen, selbst wenn du nicht wieder ein Mensch wirst.«

»Ja, da habt Ihr recht, Mutter Akka. Daran hätte ich auch selbst denken können!« rief der Junge, und er wurde plötzlich ganz eifrig.

Einen Augenblick später war er und Akka auf dem Wege zu Holger Nilssons, und schon nach einer kleinen Weile ließ sich Akka bei dem Steinmäuerchen nieder, das das Gütchen des Häuslers rings umgab.

»Es ist doch merkwürdig, wie unverändert alles ist!« sagte der Junge; er kletterte eilig auf das Mäuerchen hinauf und schaute sich um. »Es ist mir, als sei es gestern gewesen, daß ich hier auf dem Steinmäuerchen saß und euch daherfliegen sah.«

»Ob dein Vater wohl eine Flinte hat?« fragte Akka plötzlich.

»Das will ich meinen!« rief der Junge. »Dieser Flinte wegen bin ich ja an jenem Sonntag daheim geblieben, anstatt in die Kirche zu gehen.«

»Dann wage ich nicht, hier auf dich zu warten«, sagte Akka, »und es ist wohl am besten, du schleichst dich morgen früh wieder zu uns zurück, dann kannst du die Nacht über hierbleiben.«

»Ach nein, Mutter Akka, fliegt nicht fort!« rief der Junge und sprang rasch von dem Mäuerchen herab. Er wußte nicht, woher es kam, aber er hatte das Gefühl, als müsse ihm oder den Wildgänsen etwas zustoßen, so daß sie einander nie mehr sehen würden. »Ihr seht ja wohl, daß ich betrübt bin, weil ich meine rechte Gestalt nicht wieder bekommen soll, aber ich sage Euch, ich bereue durchaus nicht, damals mit euch Gänsen fortgeflogen zu sein. Nein, nein, lieber will ich nie wieder ein Mensch werden, als daß ich diese Reise nicht mit euch gemacht hätte.«

Akka sog ein paarmal die Luft durch ihren Schnabel ein, ehe sie antwortete. »Es liegt mir etwas auf dem Herzen, worüber ich schon lange gern mit dir gesprochen hätte; da du jedoch nicht zu den Deinen zurückzukehren gedachtest, hielt ich es nicht für so eilig. Es kann indes nichts schaden, wenn ich es dir mitteile.«

»Ihr wißt, es gibt nichts, was ich nicht gerne für Euch täte«, sagte der Junge.

»Wenn du etwas Gutes gelernt hast, Däumling, dann bist du vielleicht jetzt nicht mehr der Ansicht, daß die Menschen allein auf der Welt herrschen sollten«, sagte die Anführerin feierlich. »Bedenke, ihr habt ein großes Land für euch, und deshalb könntet ihr uns recht gut ein paar

Schären und einige sumpfige Seen und Moore sowie öde Felsen und abgelegene Wälder überlassen, wo wir armen Tiere in Frieden leben könnten. Solange ich lebe, bin ich nun beständig verfolgt und gejagt worden. Es wäre eine Wohltat, wenn sich für solche Geschöpfe, wie wir sind, auch irgendwo eine richtige Freistatt fände.«

»Wie sehr würde ich mich freuen, wenn ich euch in dieser Sache helfen könnte. Aber ich genieße gewiß niemals soviel Macht und Ansehen bei den Menschen«, seufzte der Junge.

»Aber, Däumling, wir stehen ja hier und sprechen miteinander, als ob wir uns nie wiedersehen sollten!« sagte Akka plötzlich. »Und doch treffen wir wohl schon morgen früh wieder zusammen. Jetzt will ich zu meiner Schar zurückfliegen.« Damit hob Akka die Flügel, ließ sich jedoch sogleich wieder nieder, rieb ihren Schnabel ein paarmal an dem Däumling auf und ab und flog erst dann endgültig davon.

Es war schon glockenhell, aber auf dem Hofe war kein Mensch zu sehen, und der Junge konnte ohne Scheu überall herumgehen. Zuerst lief er in den Kuhstall hinein, denn er wußte, bei den Kühen würde er Auskunft erhalten. Im Frühling waren drei prächtige Kühe im Stalle gewesen, aber jetzt stand nur noch eine einzige da. Diese eine war Majros, und man konnte ihr wohl anmerken, daß sie Heimweh nach ihren Kameraden hatte. Sie ließ den Kopf hängen und fraß kaum ein Hälmchen von dem Futter, das vor ihr lag.

»Guten Tag, Majros!« sagte der Junge und sprang ohne Angst in den Stand zu ihr hinein. »Wie geht es meiner Mutter und meinem Vater? Und was machen die Hühner und Gänse und die Katze? Und wo hast du denn Stern und Gull-Lilja gelassen?«

Als Majros die Stimme des Jungen hörte, fuhr sie zusammen, und es sah aus, als wolle sie mit den Hörnern nach ihm stoßen. Aber sie war jetzt nicht mehr so hitzig wie früher, sondern nahm sich Zeit, Nils Holgersson näher zu betrachten, ehe sie zustieß. Er war noch ebenso klein wie bei seiner Abreise und trug auch noch denselben Anzug; aber er sah sich trotzdem gar nicht mehr ähnlich. Der Nils Holgersson, der im Frühjahr fortgezogen war, hatte einen schwerfälligen, langsamen Gang, eine träge Stimme und schläfrige Augen gehabt; der Nils Holgersson, der jetzt zurückgekehrt war, war flink und geschmeidig, sprach rasch und hatte glänzende, leuchtende Augen. Auch hatte er eine so kecke Haltung, daß man unwillkürlich Respekt vor ihm bekam. Trotz seiner Kleidung, und obgleich er nicht gerade glücklich aussah, wurde man froh, wenn man ihn nur ansah.

»Muu!« brüllte Majros. »Es hieß, er sei anders geworden, aber ich wollte es nicht glauben. Grüß dich Gott, Nils Holgersson, grüß dich Gott! Dies ist der erste frohe Augenblick, den ich seit langer Zeit habe.«

»Ich danke dir, Majros«, erwiderte der Junge, sehr angenehm überrascht über die freundliche Begrüßung. »Erzähl mir nun, wie es meinem Vater und meiner Mutter geht!«

»Seit du fort bist, haben sie nichts als immerfort Kummer und Unglück gehabt«, sagte Majros. »Das schlimmste aber ist die Sache mit dem teuren Pferd, das nun den ganzen Sommer nichts tun konnte und immer nur gefressen hat. Dein Vater kann es nicht übers Herz bringen, es zu erschießen, und verkaufen kann er es auch nicht. Des Pferdes wegen haben Stern und Gull-Lilja verkauft werden müssen.«

Der Junge hätte eigentlich etwas ganz andres gerne gewußt; aber er scheute sich, geradeheraus zu fragen. Deshalb sagte er: »Meine Mutter war wohl sehr ärgerlich, als sie entdeckte, daß der Gänserich Martin davongeflogen war?«

»Wenn sie gewußt hätte, wie alles gekommen war, hätte sie sich über den Verlust des Gänserichs Martin wohl nicht so sehr gegrämt. So aber trauert sie Tag und Nacht darüber, daß ihr eigener Sohn von daheim fortgelaufen sei und den Gänserich mitgenommen habe.«

»Wie, glaubt sie denn, ich habe die Gans gestohlen?« rief der Junge.

»Ja, was soll sie denn sonst glauben?«

»Vater und Mutter meinen wohl, ich hätte mich den Sommer hindurch wie ein gemeiner Landstreicher herumgetrieben?«

»Sie denken, es stehe schlimm mit dir«, sagte Majros, »und sie haben um dich getrauert, wie man trauert, wenn man sein Liebstes verloren hat.«

Als der Junge dies hörte, verließ er rasch den Kuhstall und ging zu dem Pferde hinein. Der Pferdestall war ein kleiner, aber hübscher Raum. Der Junge sah wohl, der Vater hatte sich alle Mühe gegeben, es dem Pferde bei seiner Ankunft so recht behaglich zu machen. Und es stand auch wirklich ein wunderschönes Pferd im Stall, das von Gesundheit strotzte.

»Guten Tag, guten Tag!« sagte der Junge. »Wie ich höre, soll ein krankes Pferd hier sein. Damit bist du doch wohl nicht gemeint, denn du siehst ja ganz frisch und gesund aus?«

Das Pferd wendete den Kopf und sah den Jungen nachdenklich an.

»Bist du der Sohn des Hauses?« fragte es. »Von dem habe ich sehr viel sprechen hören. Aber du siehst so gut aus, und wenn ich nicht wüßte, daß du in ein Wichtelmännchen verwandelt worden bist, würde ich nie geglaubt haben, du seiest der kleine Nils Holgersson.«

»Ich weiß wohl, ich habe hier einen schlechten Ruf hinterlassen«, entgegnete der Junge. »Meine Mutter glaubt, ich hätte mich als ein Dieb fortgeschlichen; das ist nun freilich einerlei, denn ich bleibe nicht lange hier. Bevor ich wieder gehe, möchte ich aber doch noch wissen, was dir eigentlich fehlt.«

»Wie schade, daß du nicht hier bleibst!« sagte das Pferd. »Ich bin überzeugt, wir zwei wären sehr gute Freunde geworden. Mir fehlt gar nichts, als daß ich mir etwas in den Fuß hineingetreten habe, eine Messerspitze oder was es sonst sein mag. Es sitzt so tief drinnen, daß es der Doktor nicht entdeckt; aber es sticht und sticht, und deshalb kann ich durchaus nicht auftreten. Wenn du nur Holger Nilsson mitteilen würdest, was mir fehlt, dann würde er mir gewiß helfen können. Ich möchte doch für all das Futter auch etwas leisten und schäme mich wirklich, hier nichts zu tun als immer nur zu fressen.«

»Wie gut, daß du keine eigentliche Krankheit hast!« rief der Junge. »Ich muß dafür sorgen, daß du kuriert wirst. Es täte dir wohl nicht weh, wenn ich mit meinem Messer ein wenig auf deinen Huf kritzelte?«

Nils Holgersson war mit dem Pferde eben fertig geworden, als er draußen auf dem Hofe Stimmen hörte. Er öffnete vorsichtig einen Spalt an der Stalltür und lugte hinaus: Sein Vater und seine Mutter waren es, die von der Landstraße her auf das Haus zukamen. Ach ja, Nils Holgersson sah ihnen wohl an, wie niedergedrückt sie waren! Seine Mutter hatte mehr Runzeln im Gesicht, als sie im Frühjahr gehabt hatte, und sein Vater war ganz grau geworden; die Mutter versuchte eben, den Vater zu überreden, von seinem Bruder Geld zu entlehnen.

»Nein, ich will nicht noch mehr Geld entlehnen«, sagte der Vater gerade in dem Augenblick, wo die beiden am Stall vorübergingen. »Schulden haben ist das allerschlimmste, dann lieber den Hof verkaufen.«

»Ich hätte auch nicht so sehr viel gegen den Verkauf, wenn es nicht des Jungen wegen wäre«, erwiderte die Mutter. »Aber wo soll er sich hinwenden, wenn er nun, wie man sich denken kann, eines Tages arm und elend zurückkehrt und wir dann nicht mehr da sind?«

»Ja, da hast du recht«, sagte der Vater. »Aber wir müßten eben den neuen Besitzer bitten, ihm zu sagen, daß wir ihn erwarten. Und wir werden ihm kein böses Wort geben, wie er auch sein mag, nicht wahr, Mutter?«

»Ach nein, nein! Wenn ich ihn nur wieder hätte, dann wüßte ich doch, daß er nicht auf der Landstraße hungern und frieren muß; das andre wäre dann ganz einerlei.«

Nach diesen Worten gingen die beiden ins Haus hinein, und der Junge hörte nichts mehr von ihrer Unterhaltung. Die Worte der Eltern hatten ihn beglückt und gerührt; er erkannte daraus, wie innig lieb sie ihn hatten, obwohl sie glaubten, er sei ganz verkommen. Er hatte die größte Lust, hinter ihnen herzulaufen. »Aber ach, wenn sie mich so sähen, wie ich jetzt bin, würden sie vielleicht noch viel betrübter!« dachte er.

Während er noch überlegte, was er tun solle, kam ein Wagen dahergefahren und hielt gerade vor dem Hoftor. Beinahe hätte der Junge vor lauter Überraschung laut hinausgeschrien; denn die Reisenden, die ausstiegen und in den Hof hereinkamen, waren niemand anders als das Gänsemädchen Asa mit seinem Vater. Hand in Hand gingen sie auf das Haus zu; sie schritten ganz still und ernst vorwärts, aber ein schöner glücklicher Glanz strahlte aus ihren Augen. Als sie ungefähr mitten auf dem Hofe angekommen waren, hielt Asa ihren Vater zurück und sagte: »Vergiß es ja nicht, Vater, du darfst weder von dem Holzschuh ein Wort erwähnen, noch von den Wildgänsen, noch von dem kleinen Knirps, der Nils Holgersson so aufs Haar geglichen hat, daß er, wenn es nicht Nils selbst gewesen ist, doch in irgendeinem Zusammenhang mit ihm gestanden haben muß.«

»Nein, nein, ich will gewiß nichts davon sagen«, erwiderte Jon Assarson. »Ich werde nur sagen, ihr Sohn sei dir mehrere Male eine große Hilfe gewesen, und wir kämen deshalb, zu fragen, ob wir ihnen dafür nicht auch eine Gefälligkeit erweisen könnten. Seit ich die Grube da droben entdeckt habe, bin ich ja ein wohlhabender Mann geworden und habe mehr, als ich brauche.«

»Ja, ich weiß wohl, daß du deine Worte gut zu setzen verstehst«, sagte Asa, »und ich meinte auch nur, du solltest dieses eine verschweigen.«

Sie traten ins Haus hinein, und der Junge wäre schrecklich gerne mitgegangen, um zu hören, was drinnen gesprochen wurde. Aber er wagte sich nicht über den Hofplatz hinüber. Schon nach ganz kurzer Zeit kamen die beiden wieder heraus, und Vater und Mutter begleiteten sie bis ans Gittertor.

Als die beiden Besucher wieder weggefahren waren, blieben die Eltern an der Pforte stehen und sahen ihnen nach.

»Nun will ich nicht mehr so betrübt sein«, sagte die Mutter. »Jetzt, wo ich soviel Gutes von Nils gehört habe.«

»Eigentlich haben sie uns gar nicht soviel von ihm erzählt«, erwiderte der Vater nachdenklich.

»Wie, ist es nicht genug, wenn sie einzig und allein deshalb hergereist sind, uns ihre Hilfe anzubieten, nur weil unser Nils ihnen so große Dienste geleistet hat? Ich meine übrigens, du hättest ihr Anerbieten annehmen sollen, Vater!«

»Nein, Mutter, ich will von niemand Geld annehmen, weder als Geschenk noch als Darlehen. In erster Linie will ich jetzt meine Schulden loswerden, und dann wollen wir uns wieder heraufbringen. Beim Licht besehen sind wir doch eigentlich noch gar nicht so steinalt, wie, Mutter?« rief der Vater; und als er dies sagte, lachte er herzlich.

»Ich glaube wahrhaftig, du meinst, es sei ein Spaß, den Hof zu verkaufen, auf den wir doch so viel Mühe und Arbeit verwendet haben!« versetzte die Mutter.

»Ach, du weißt wohl, warum ich lache, Mutter. Was mich so schwer bedrückt hat, daß ich zu nichts mehr Lust und Kraft hatte, war ja der Gedanke, der Junge sei ein Taugenichts geworden. Nun ich aber weiß, daß er sich gut gemacht hat, jetzt sollst du sehen: Holger Nilsson ist noch etwas wert!«

Die Mutter ging ins Haus hinein, Nils Holgersson aber versteckte sich rasch in einen Winkel, denn der Vater trat in den Stall, um nach dem Pferd zu sehen. Er ging in den Stand zu ihm hinein und hob wie gewöhnlich dessen kranken Fuß in die Höhe, um zu sehen, ob er denn nicht entdecken könnte, was ihm fehle.

»Aber was ist denn das?« sagte der Vater. Auf dem Huf

waren einige Buchstaben eingeritzt. »Nimm das Eisen ab!« las er und sah sich verwundert nach allen Seiten um. Schließlich befühlte und betrachtete er die untere Seite des Hufes sehr genau. »Ich glaube wahrhaftig, es sitzt etwas Spitziges drin«, murmelte er.

Während der Vater mit dem Pferd beschäftigt war und der Junge in dem Winkel verborgen saß, kamen noch mehr Besuche auf den Hof. Mit diesen verhielt es sich aber folgendermaßen. Als der Gänserich Martin seiner alten Heimat so nahe war, hatte er der Lust nicht widerstehen können, seine Frau und seine Kinder den früheren Gefährten auf dem Gütchen vorzustellen; und so hatte er Daunenfein und die jungen Gänse einfach mitgenommen und war mit ihnen hierhergeflogen.

Als nun der Gänserich durch die Luft daherkam, war auf dem ganzen Hofe kein Mensch zu sehen; er ließ sich deshalb ruhig nieder und zeigte Daunenfein, wie herrlich er es als zahme Gans gehabt hatte. Nachdem sie sich den Hofplatz besehen hatten, bemerkte er, daß die Kuhstalltür offen stand.

»Kommt einen Augenblick mit herein«, sagte er, »dann könnt ihr sehen, wo ich früher gewohnt habe. Das war etwas andres, als sich in Teichen und Sümpfen aufzuhalten, wie wir es jetzt tun.«

Der Gänserich stand auf der Schwelle und schaute in den Kuhstall hinein. »Es ist kein Mensch da«, sagte er. »Komm, Daunenfein, ich zeige dir den Gänsestall. Hab keine Angst, es ist nicht die geringste Gefahr dabei.«

Und so gingen der Gänserich, Daunenfein und alle sechs Jungen in den Gänsestall hinein, um sich anzusehen, in welchem Glanz und Überfluß der große Weiße gelebt hatte, ehe er sich der Schar der Wildgänse anschloß.

»Ja, seht, so hatten wir es. Hier war mein Platz, und dort stand der Freßtrog, der immer mit Hafer und Wasser gefüllt war«, sagte der Gänserich. »Ei der Tausend, es ist wahrhaftig auch jetzt noch etwas drin!« Damit schoß er zum Troge hin und fraß Hafer in sich hinein.

Aber Daunenfein war unruhig. »Laß uns jetzt wieder gehen!« sagte sie.

»Nur noch ein paar Körner!« erwiderte der Gänserich. In demselben Augenblick jedoch stieß er einen Schrei aus und eilte dem Ausgang zu. Aber es war zu spät, die Tür fiel ins Schloß, Holger Nilssons Frau stand draußen und schob den Riegel vor; sie waren eingesperrt.

Holger Nilsson hatte ein spitziges Eisen aus dem Fuß des Rappens herausgezogen und streichelte das Tier nun ganz erfreut, als seine Frau eilig in den Pferdestall hereintrat. »Komm, Vater!« rief sie. »Dann sollst du sehen, was ich für einen Fang gemacht habe!«

»Nein, wart ein wenig, Mutter, und sieh erst hierher«, sagte Holger Nilsson. »Ich habe entdeckt, was dem Pferde gefehlt hat.«

»Ich glaube, das Glück hat sich gewendet und kehrt wieder bei uns ein!« rief die Frau. »Denk dir nur, der große Gänserich, der im Frühjahr verschwunden ist, muß mit den Wildgänsen davongeflogen sein! Er ist zurückgekommen und hat sieben Wildgänse bei sich. Sie gingen in den Gänsestall hinein, und ich habe sie alle miteinander darin eingeschlossen.«

»Das ist doch merkwürdig«, sagte Holger Nilsson. »Aber weißt du, was das beste an der Sache ist, Mutter? Daß wir nun nicht mehr zu glauben brauchen, unser Junge habe die Gans mitgenommen, als er von daheim fortgelaufen ist.«

»Ja, da hast du recht, Vater. Aber ich glaube, wir müssen die Gänse heute abend noch schlachten. In ein paar Tagen ist der Martinstag, und wenn wir die Gänse dazu noch in die Stadt bringen wollen, müssen wir uns beeilen.«

»Es kommt mir geradezu wie ein Unrecht vor, wenn wir den Gänserich schlachten, da er doch mit so einer großen Gesellschaft zu uns zurückgekehrt ist«, sagte Holger Nilsson.

»Wenn die Zeiten besser wären, würde ich ihn gern am Leben lassen, aber wenn wir doch vom Hofe fort müssen, können wir die Gänse ja nicht behalten«, entgegnete die Frau.

»Ja, das ist allerdings wahr.«

»Komm und hilf mir, sie ins Haus hereintragen!« sagte die Mutter.

Sie verließen miteinander den Hof, und einen Augenblick später sah der Junge seinen Vater mit Daunenfein unter dem Arm und dem Gänserich unter dem andern in Gesellschaft der Mutter über den Hof kommen. Der Gänserich schrie: »Däumling, komm und hilf mir!« wie immer, wenn ihm eine Gefahr drohte, obgleich er ja nicht wissen konnte, daß der Junge in der Nähe war.

Nils Holgersson hörte ihn wohl schreien, blieb aber trotzdem vor dem Stalle stehen, nicht, weil er wußte, daß es für ihn selbst gut wäre, wenn der Gänserich geschlachtet würde – daran dachte er in diesem Augenblick nicht einmal –, sondern weil er sich, wenn er die Gans retten wollte, vor seinen Eltern sehen lassen mußte, und dazu konnte er sich nicht entschließen. »Sie haben es ohnedies schon schwer genug«, dachte er. »Sollte ich wirklich dazu verurteilt sein, ihnen auch noch diesen Kummer zu bereiten?«

Aber als sich die Tür hinter dem Gänserich geschlossen hatte, kam Leben in den Jungen. Schnell wie der Blitz lief er über den Hofplatz, sprang auf die eichene Schwelle vor der Haustür und von da in den Flur hinein. Aus alter Gewohnheit zog er die Holzschuhe aus und näherte sich der Stubentür. Aber er empfand noch immer den größten Widerwillen, sich so vor seinen Eltern sehen zu lassen, und hatte nicht die Kraft, die Hand aufzuheben und anzuklopfen.

»Aber es handelt sich doch um den Gänserich Martin«, dachte er. »Seit du zum letzten Male hier gestanden hast, ist er immer dein bester Freund gewesen.«

In einem Nu durchlebte Nils Holgersson in Gedanken alles wieder, was er und der Gänserich auf gefrorenen Seen und stürmischen Meeren und zwischen gefährlichen Raubtieren miteinander durchgemacht hatten. Sein Herz floß über vor Dankbarkeit und Liebe; er überwand sich und klopfte an die Tür.

»Ist jemand da?« fragte der Vater, indem er die Tür öffnete.

»Mutter, du darfst der Gans nichts tun!« rief der Junge; und zugleich stießen der Gänserich Martin und Daunenfein einen Freudenschrei aus; sie lagen gebunden auf einer Bank, und an dem Schreien hörte man, daß sie noch am Leben waren.

Wer aber auch einen Freudenschrei ausstieß, das war die Mutter. »Nein, wie groß und schön du geworden bist!« rief sie.

Der Junge war nicht eingetreten, sondern auf der Schwelle stehengeblieben wie jemand, der seines Empfangs nicht ganz sicher ist.

»Gott sei Lob und Dank, daß ich dich wieder habe!« rief die Mutter. »Komm herein! Komm herein!«

»Ja, Gott sei Lob und Dank«, sagte auch der Vater; mehr konnte er nicht herausbringen.

Aber der Junge zögerte noch immer auf der Schwelle. Wie war es nur möglich, daß sich die Eltern über das Wiedersehen freuten, wo er doch so aussah! Aber da kam die Mutter herbei, schlang ihre Arme um ihn und zog ihn in die Stube herein; und nun merkte der Junge, wie die Sache sich verhielt.

»Vater! Mutter! Ich bin groß! Ich bin wieder ein Mensch!« rief er.

Der Abschied von den Wildgänsen

Mittwoch, 9. November

Am nächsten Morgen war Nils Holgersson vor Tagesgrauen auf und wanderte an den Strand hinunter. Ehe es richtig hell war, stand er eine kleine Strecke östlich von dem Fischerdorfe Smyge am Ufer. Er war ganz allein; vor dem Weggehen war er im Gänsestall bei dem Gänserich Martin gewesen und hatte versucht, ihn zu wecken. Aber der große Weiße hatte sich nicht von der Stelle gerührt. Ohne ein Wort zu sagen, steckte er den Kopf wieder unter den Flügel und schlief weiter.

Der Tag versprach wunderschön zu werden, fast so schön wie jener Frühlingstag, wo die Wildgänse nach Schonen gekommen waren. Still und unbeweglich breitete sich das Meer aus; kein Lüftchen rührte sich, und der Junge dachte daran, welch eine schöne Reise übers Meer die Wildgänse bekommen würden!

Er selbst ging noch immer wie im Traum umher. Bald fühlte er sich als Wichtelmännchen bald als Mensch. Wenn er ein Steinmäuerchen am Wege sah, wagte er kaum weiterzugehen, ehe er sich überzeugt hatte, daß kein Raubtier dahinter auf der Lauer lag. Und gleich darauf lachte er über sich und freute sich, daß er nun groß und stark war und sich vor nichts mehr zu fürchten brauchte.

Als er am Ufer angekommen war, stellte er sich in seiner ganzen Größe weit draußen auf den Strand, damit ihn die Wildgänse gut sehen könnten.

Heute war großer Reisetag! Unaufhörlich tönten die Lockrufe durch die Luft. Der Junge lächelte vor sich hin: er war ja der einzige, der verstand, was die Vögel einander zuriefen.

Jetzt kamen auch Wildgänse dahergeflogen, eine große Schar hinter der andern. »Wenn das nur nicht meine Gänse sind, die da davonfliegen, ohne mir Lebewohl gesagt zu haben!« dachte er. Er hätte ihnen doch gar zu gerne erzählt, wie alles zugegangen war, und sich ihnen nun auch als Mensch gezeigt.

Jetzt kam eine Schar, die flog schneller und schrie lauter als alle andern, und etwas in seinem Herzen sagte Nils Holgersson, daß es seine Schar sei; aber er war seiner Sache doch nicht so gewiß, wie er es am vorhergehenden Tag gewesen wäre.

Die Schar flog jetzt langsamer und schwebte über dem Strand hin und her. Da wußte der Junge, daß seine Ahnung ihn nicht betrogen hatte. Er konnte nur nicht begreifen, warum sich die Wildgänse nicht neben ihm niederließen. Da, wo er stand, mußten sie ihn sehen, es war nicht anders möglich.

Er versuchte, einen Lockton auszustoßen, der sie zu ihm herrufen würde. Aber was war denn das? Seine Zunge wollte nicht; er konnte den rechten Ton nicht finden.

Jetzt hörte er Akka in der Luft droben rufen; aber er verstand nicht, was sie sagte. »Was ist denn das? Haben die Wildgänse ihre Sprache verändert?« dachte er.

Er winkte ihnen mit seiner Mütze, lief am Strande hin und her und rief: »Hier bin ich! Wo bist du?«

Aber es schien, als erschrecke er die Gänse. Sie flogen auf und aufs Meer hinaus. Da begriff der Junge endlich: sie wußten nicht, daß er wieder ein Mensch war, und erkannten ihn nicht wieder.

Und er konnte sie nicht zu sich rufen, weil ein Mensch die Sprache der Vögel nicht sprechen kann. Er konnte sie nicht allein nicht sprechen, nein, er konnte sie auch nicht verstehen.

Obgleich Nils Holgersson über seine Befreiung von der Verzauberung hochbeglückt war, tat es ihm doch recht bitter weh, daß er nun von seinen guten Kameraden ganz getrennt sein sollte. Er legte sich in den Sand und vergrub das Gesicht in den Händen. Was hatte es für einen Wert, den Gänsen nachzuschauen?

Aber gleich darauf hörte er Flügelrauschen. Der alten Mutter Akka war es schwergefallen, von dem Däumling wegzureisen, und so hatte sie sich noch einmal umgedreht. Und jetzt, wo der Junge still dasaß, wagte sie sich näher an ihn heran. Und da war es ihr plötzlich, als seien ihre Augen aufgetan, sie erkannte den Dasitzenden und ließ sich am Ufer neben ihm nieder.

Der Junge stieß einen Freudenschrei aus und umschlang die alte Akka mit beiden Armen. Die andern Wildgänse rieben ihre Schnäbel an ihm auf und ab und drängten sich um ihn zusammen. Sie schnatterten und plauderten und wünschten ihm auf alle mögliche Weise Glück; und er sprach auch mit ihnen und dankte ihnen für die herrliche Reise, die er in ihrer Gesellschaft gemacht hatte. Aber plötzlich wurden die Wildgänse merkwürdig still, als wenn sie sagen wollten: »Ach, er ist ja ein Mensch! Er versteht uns nicht, und wir verstehen ihn nicht.«

Da stand der Junge auf und trat dicht an Akka heran. Er liebkoste und streichelte sie. Dasselbe tat er Yksi und Kaksi, Kolme und Neljä, Viisi und Kuusi, allen den alten, die von Anfang an dabei gewesen waren.

Hierauf ging er vom Ufer weg landeinwärts; er wußte, der Schmerz der Tiere dauerte nie lange, und so wollte er lieber von ihnen scheiden, solange sie noch betrübt waren, daß sie ihn verloren hatten.

Als er den Uferrain erreicht hatte, wendete er sich um und sah den vielen Vogelscharen nach, die übers Meer hinflogen. Alle stießen ihre Locktöne aus, nur eine Schar Wildgänse zog schweigend ihres Weges, solange er ihnen mit den Augen folgen konnte.

Aber die Schar zog in regelmäßiger Ordnung mit starken und kräftigen Flügelschlägen übers Meer. Da ergriff den Jungen eine schmerzliche Sehnsucht nach den Davonziehenden, und es hätte nicht viel gefehlt, so hätte er sich gewünscht, wieder der Däumling zu sein, um mit einer Schar Wildgänse über Land und Meer hinfliegen zu können.

Inhalt

SELMA LAGERLÖF

GESAMMELTE WERKE
FÜNFTER BAND

Herausgegeben von
Hans A. Neunzig

NYMPHENBURGER

SELMA LAGERLÖF

JERUSALEM

Roman

NYMPHENBURGER

Aus dem Schwedischen von Pauline Klaiber-Gottschau und Sophie Angermann.

Umschlaggestaltung: R. Susanne Berner, München
Satz: Bauer & Bökeler Filmsatz KG, Denkendorf
Druck und Bindung: Welsermühl, Wels
Printed in Austria
ISBN 3-485-00386-7

In Dalarne

Einleitung

Die Ingmarssöhne

I

An einem Sommermorgen war ein junger Mann draußen auf seinem Brachfeld und pflügte. Die Sonne schien freundlich, das Gras war feucht von Tau und die Luft so frisch, daß man es mit Worten nicht beschreiben kann. Die Pferde waren von der Morgenluft etwas ausgelassen und zogen den Pflug wie ein Spielzeug vorwärts. Das war ein ganz anderer Trott als gewöhnlich; der junge Mann mußte beinahe laufen, um ihnen folgen zu können.

Die umgepflügte Erde lag schwarzbraun da und leuchtete vor Feuchtigkeit und Fette, und der Mann, der pflügte, freute sich, hier bald Roggen säen zu können. Er dachte im stillen: »Wie kommt es nur, daß ich mir manchmal so große Sorgen mache und meine, es sei so schwer zu leben? Braucht man etwas anderes als Sonnenschein, um so glücklich zu sein wie ein Kind Gottes im Himmel?«

Es war ein langes, ziemlich breites Tal, das von vielen gelben und gelbgrünen Saatfeldern durchschnitten war, sowie von gemähten Kleewiesen, blühenden Kartoffeläckern und kleinen blau blühenden Hanffeldern, über denen zahllose weiße Falter schwebten. Und wie um alles vollkommen zu machen, erhob sich mitten im Talgrund ein mächtiger alter Bauernhof mit vielen grauen Wirtschaftsgebäuden und einem großen rotangestrichenen Wohnhaus. An der Giebelseite standen zwei hohe verwachsene Birnbäume, neben der Haustür ein paar junge Birken, auf dem Hofplatz sah man große Stapel Brennholz und hinter der Scheune ein paar riesige Heuschober. Es war ein prächtiger Anblick, wie dies alles mitten aus dem flachen Land aufragte, gleich einem großen Schiff mit Masten und Segeln auf dem weiten Meer.

»Und so einen Hof hast du!« dachte der junge Bauer, der da pflügte. »Gute wohlgezimmerte Gebäude, einen schönen Viehstand, flinke Pferde und Knechte so treu wie Gold! Du bist mindestens ebenso reich wie der Reichste im Bezirk und brauchst nicht zu befürchten, jemals arm zu werden.

Ja, es ist auch nicht die Armut, vor der ich mich fürchte«, sagte er gleichsam als Antwort auf seine eigenen Gedanken. »Ich will zufrieden sein, wenn ich nur ein ebenso braver Mensch werde, wie mein Vater und mein Großvater es waren.

Wie dumm, daß ich auf diese Gedanken kam«, fuhr er fort, »denn ich war vorhin so froh. Aber wenn ich nur an das eine denke: Zu Vaters Zeiten richteten sich alle Nachbarn nach ihm, in allem, was er tat. An demselben Morgen, an dem er die Ernte begann, begannen auch sie, und an demselben Tag, an dem wir auf dem Ingmarshof zu pflügen anfingen, stießen auch sie im ganzen Tal den Pflug in die Erde. Aber nun pflüge ich hier schon seit ein paar Stunden, ohne daß einer auch nur eine Pflugschar gewetzt hätte.

Ich glaube, ich habe den Hof ebenso gut betrieben wie irgendeiner, der Ingmar Ingmarsson geheißen hat«, sagte er. »Ich habe mehr für mein Heu bekommen als der Vater, und ich habe die schmalen verwucherten Gräben abgeschafft, die zu seiner Zeit die Äcker durchzogen. Und das ist doch auch wahr, daß ich nicht so schlimm mit dem Wald umgehe wie Vater und ihn niederbrenne, um urbares Land zu gewinnen.

Es ist oft recht schwer, daran zu denken«, sagte der junge Mann, »und ich nehme es nicht immer so leicht wie heute. Als Vater und Großvater lebten, da hieß es, die Ingmarssöhne seien so lange auf der Welt, daß sie wüßten, wie Gott es haben wolle, und daß die Leute sie geradezu anflehten, über die ganze Ortschaft zu herrschen. Sie setzten den Pfarrer und den Küster ein, sie bestimmten, wann der Fluß gereinigt und wo das Schulhaus gebaut werden solle.

Mich aber fragt keiner um Rat, und ich habe nichts zu bestimmen.

Immerhin ist es merkwürdig, wie leicht einem an einem solchen Morgen die Sorgen erscheinen; nun könnte ich fast über alle zusammen lachen. Und doch habe ich Angst, daß es im Herbst schlimmer für mich werden wird als je zuvor. Wenn ich das tue, woran ich jetzt denke, wird am Sonntag weder der Pfarrer noch der Amtsrichter auf dem Kirchplatz zu mir treten und mir die Hand schütteln, und das haben sie doch bis jetzt beibehalten. Ich werde nicht einmal mehr in den Vorstand des Armenvereins gewählt und niemals Kirchenältester werden.«

Nie geht das Nachdenken so leicht, als wenn man so hinter dem Pflug die Furchen auf und ab geht. Allein ist man, und nichts stört einen, nichts als die Krähen, die in den Furchen laufen und nach Würmern suchen. Dem jungen Bauern schienen die Gedanken so leicht in seinem Kopfe aufzusteigen, als ob sie ihm jemand ins Ohr flüsterte. Und da er selten so deutlich und klar zu denken vermochte wie an diesem Tag, wurde er froh und aufgeräumt. Er fing an zu glauben, daß er sich unnötige Sorgen mache, und sagte sich selbst, es verlange ja niemand von ihm, daß er sich ins Unglück stürze.

Er dachte, wenn sein Vater noch lebte, würde er ihn fragen, wie er ihn früher in allen schwierigen Sachen um Rat gefragt hatte, und er wurde ganz ungeduldig, daß der Vater nicht mehr da war und er sich nicht gleich mit ihm beraten konnte.

»Wenn ich nur den Weg wüßte«, sagte er und lächelte über seinen Gedanken, »dann würde ich gleich zu ihm gehen. Ich möchte wohl wissen, was Groß-Ingmar sagen würde, wenn ich eines schönen Tages daherkäme. Ich denke mir, daß er auf einem Hof sitzt, mit vielen Äckern und Wiesen und großen Gebäuden und lauter roten Kühen, keine schwarzen und keine bunten, sondern alle so, wie er sie hier unten haben wollte. Und wenn ich dann in die Groß-Stube trete . . .«

Der junge Bauer hielt plötzlich mitten auf dem Acker an und lachte. Diese Gedanken bereiteten ihm ein unglaubliches Vergnügen und rissen ihn mit sich fort, so daß er kaum wußte, ob er überhaupt noch auf der Erde sei. Es war ihm, als sei er auf einmal zu seinem alten Vater in den Himmel gekommmen.

»Wenn ich dann in die Groß-Stube trete«, fuhr er fort, »sitzen die Bauern rings an den Wänden, alle mit graurotem Haar und weißen Augenbrauen und großen Unterlippen, und alle sehen Vater so ähnlich wie ein Ei dem andern. Wenn ich dann sehe, daß so viele Leute da sind, werde ich schüchtern und bleibe an der Tür stehen. Aber Vater sitzt ganz oben am Tisch, und sobald er mich sieht, sagt er: ›Willkommen, Klein-Ingmar Ingmarsson.‹ – Und dann steht Vater auf und kommt auf mich zu. – ›Ich hätte gern ein paar Worte mit Euch geredet, Vater‹, sage ich, ›aber hier sind so viele Fremde.‹ – ›Ach, die gehören alle zur Familie‹, sagt Vater, ›die Männer hier haben alle auf dem Ingmarshof gewohnt, und der älteste von ihnen stammt sogar aus der Heidenzeit.‹ – ›Ja, aber ich möchte gerne ein paar Worte mit Euch allein reden.‹

Da sieht Vater sich um und überlegt, ob er in die Kammer nebenan gehen soll; aber weil nur ich es bin, geht er mit mir in die Küche. Nun setzt sich Vater auf den Herd und ich setze mich auf den Haublock. ›Das ist ein schöner Hof, den Ihr da habt, Vater‹, sage ich. – ›Ja, er ist schon recht‹, sagt Vater. ›Aber wie steht es daheim auf dem Ingmarshof?‹ – ›Da steht es gut‹, sage ich. ›Im vorigen Jahr bekamen wir zwölf Kronen für das Schiffspfund Heu.‹ – ›Ist das möglich?‹ sagt Vater. ›Ich glaube, du bist hierhergekommen, um mich zum besten zu haben, Klein-Ingmar!‹

›Aber mir geht es schlecht‹, sage ich. ›Immerfort muß ich hören, daß Ihr, Vater, ebenso klug wie der liebe Herrgott selber gewesen seid, aber nach mir fragt niemand.‹ – ›Bist du nicht in den Gemeinderat gewählt worden?‹ fragt nun der Alte. – ›Nein, weder in den Schulrat noch in den Kirchenrat, noch als Schöffe.‹ – ›Was hast du denn dann verbrochen, Klein-Ingmar?‹ – ›Ach, die Leute sagen, wer für anderer Leute Angelegenheiten sorgen will, der muß zuerst seine eigenen Sachen in Ordnung halten.‹

Ich denke mir, daß der Alte dann die Augen niederschlägt und eine Weile still überlegt. – ›Du mußt sehen, daß du heiratest, Ingmar, und eine gute Frau bekommst‹, sagt er schließlich. – ›Aber das ist es gerade, was ich nicht kann, Vater‹, antworte ich. ›Kein noch so armer Bauer im Dorf will mir seine Tochter geben.‹ – ›Erzähl mir nun ordentlich, wie das alles zusammenhängt, Klein-Ingmar‹, sagt Vater, und seine Stimme klingt ganz sanft.

›Ja, seht Ihr, Vater, vor vier Jahren, im selben Jahr, wo ich den Hof übernahm, freite ich um Brita auf Bergskog.‹ – ›Laß sehen‹, sagt Vater, ›wohnt jemand von unserem Geschlecht auf Bergskog?‹ Er erinnert sich nicht mehr genau, wie es hier unten steht. – ›Nein, aber es sind wohlhabende Leute, und Ihr wißt doch sicher noch, daß Britas Vater Reichstagsmitglied ist.‹ – ›Ja ja, ja ja, aber du hättest eine aus unserem eigenen Geschlecht heiraten sollen, so daß du eine Frau bekommen hättest, die alten Brauch und alte Sitte kennt.‹ – ›Das ist sehr wahr, Vater, das wurde mir nachher auch klar.‹

Nun sitzen Vater und ich eine Weile schweigend da, aber dann beginnt Vater aufs neue. ›Sie war wohl hübsch?‹ – ›Ja‹, sage ich, ›sie hatte dunkles Haar und helle Augen und Rosen auf den Wangen. Aber sie war auch tüchtig, und die Mutter war sehr erfreut, daß ich sie nehmen wollte. Es wäre auch gut gegangen, aber seht Ihr, der Fehler war der, daß sie mich nicht wollte.‹ – ›Das ist doch wohl einerlei, was so ein junges Ding will.‹ – ›Ja, die Eltern zwangen sie auch, ja zu sagen.‹ – ›Woher weißt du, daß sie gezwungen wurde? Ich dächte, sie hätte froh sein können, einen Mann zu bekommen, der so reich ist wie du, Klein-Ingmar Ingmarsson.'

›Ach nein, froh war sie gerade nicht, aber jedenfalls wurden wir in der Kirche aufgeboten, der Hochzeitstag war bestimmt, und vor der Hochzeit zog Brita auf den Ingmarshof, um Mutter zu helfen. Denn Mutter wird nachgerade alt und müde, das kann ich dir sagen.‹ – ›Das alles ist aber doch nicht schlimm, Klein-Ingmar!‹ sagt Vater, mich gleichsam aufmunternd.

›Aber in dem Jahr wollte nichts auf den Äckern wachsen, die Kartoffeln schlugen fehl, und die Kühe wurden krank, so daß Mutter und ich meinten, es wäre besser, wenn die Hochzeit um ein Jahr verschoben würde. Siehst du, ich dachte, die Hochzeit sei nicht so wichtig, weil wir doch schon aufgeboten waren; aber es war wohl altmodisch, so zu denken.‹ – ›Hättest du eine aus unserem Geschlecht genommen, so hätte sie sich schon in Geduld gefaßt‹, sagt Vater. – ›Ach ja‹, antworte ich, ›ich merkte wohl, daß Brita dieser Aufschub nicht gefiel, aber seht Ihr, ich glaubte, ich hätte das Geld nicht zur Hochzeit. Wir hatten ja erst im Frühjahr das Begräbnis gehabt, und ich wollte nichts aus der Sparkasse holen.‹ – ›Nein, es war ganz richtig, daß du warten wolltest‹, sagt Vater. – ›Aber ich hatte doch Angst, Brita würde es nicht gefallen, vor der Hochzeit Kindstaufe halten zu müssen.‹ – ›In erster Linie muß man aber doch daran denken, ob man das Geld dazu hat.‹

›Aber mit jedem Tag wurde Brita stiller und sonderbarer, und ich konnte gar nicht begreifen, was mit ihr los war. Ich meinte, sie habe Heimweh, denn sie hing sehr an ihren Eltern und an ihrer Heimat. ›Es wird schon vorübergehen‹, dachte ich, ›wenn sie sich erst eingewöhnt hat. Es wird ihr mit der Zeit schon auf dem Ingmarshof gefallen.‹ Damit beruhigte ich mich eine Weile, aber dann fragte ich Mutter, warum Brita so blaß und verstört aussehe. Mutter sagte, sie erwarte ein Kind, aber sicher würde alles wieder besser werden, wenn sie das überstanden hätte. Ich hatte den stillen Verdacht, daß Brita sich ärgerte, weil die Hochzeit verschoben war, aber ich fürchtete mich, sie zu fragen. Ihr wißt, Vater, daß Ihr mir immer gesagt habt, in dem Jahr, in dem ich mich verheirate, solle ich das Wohnhaus rot anstreichen lassen. Und gerade zu diesem roten Anstrich hatte ich eben das Geld nicht. ›Im nächsten Jahr wird das alles zu machen sein, dachte ich.‹«

Der junge Bauer schritt weiter und bewegte die Lippen dabei. Er war so in seine Gedanken versunken, daß er das Gesicht seines Vaters wirklich vor sich zu sehen meinte. »Ich muß dem Vater alles deutlich und klar vorlegen«, dachte er, »damit er mir einen guten Rat geben kann.

›So verging der Winter, und ich dachte oft, daß ich, wenn Brita fortgesetzt unglücklich wäre, sie lieber aufgeben und nach Bergskog zurückschicken wolle, aber auch dazu war es nun zu spät. Dann kam der Mai heran, und da merkten wir eines Abends, daß sie sich fortgeschlichen hatte. Wir suchten sie die ganze Nacht, und gegen Morgen fand sie eine der Mägde!‹

Nun wird es mir schwer, weiterzureden, und ich schweige, aber da fragt der Vater: ›Sie war doch um Gottes willen nicht tot?‹ – ›Nein, sie nicht‹, sage ich, und Vater merkt, daß meine Stimme zittert. – ›War das Kind geboren worden?‹ sagt Vater. – ›Ja‹, sage ich, ›und sie hatte es erwürgt. Es lag tot neben ihr.‹ – ›Sie war wohl nicht bei Sinnen?‹ – ›Doch, bei Sinnen war sie. Aber sie hatte es getan, um sich an mir zu rächen, weil ich sie mir erzwungen hatte. Sie hätte es aber doch nicht getan, wenn ich sie geheiratet hätte, sagte sie, aber nun, sagte sie, habe sie gedacht, daß ich gar keines haben solle, da ich mein Kind nicht in Ehren gewollt habe.‹ – Nun wird Vater ganz still vor Kummer. ›Hattest du dich auf das Kind gefreut, Klein-Ingmar?‹ fragt er schließlich. – ›Ja‹, sage ich. – ›Dann ist es ein Jammer, daß du dich mit einem so schlechten Frauenzimmer eingelassen hast.‹

›Sie ist wohl jetzt im Zuchthaus?‹ fragt Vater. – ›Ja, sie wurde zu drei Jahren verurteilt.‹ – ›Und darum also will dir keiner seine Tochter geben?‹ – ›Ja. Aber ich habe auch keinen gefragt.‹ – ›Und darum also hast du kein Ansehen im Dorfe?‹ – ›Die Leute meinen, es hätte nicht so mit Brita zu gehen brauchen. Sie sagen, wenn ich so klug gewesen wäre wie Ihr, Vater, dann hätte ich mit ihr gesprochen und herausgebracht, worüber sie sich grämte.‹ – ›Es ist nicht so leicht für einen jungen Mann, sich auf ein schlechtes Frauenzimmer zu verstehen.‹

›Nein, Vater‹, sage ich, ›Brita war nicht schlecht, aber sie war stolz.‹ – ›Das kommt auf eins heraus‹, sagt Vater.

Wie ich nun merke, daß Vater eigentlich meine Partei ergreifen will, sage ich: ›Viele meinen, ich hätte dafür sorgen sollen, daß man nur von einem totgeborenen Kind erfuhr, nichts anderes.‹ – ›Warum sollte sie ihre Strafe nicht leiden?‹ sagt Vater. – ›Sie sagen, wenn es zu Eurer Zeit geschehen wäre, so hättet Ihr dem Mädchen, das sie gefunden hatte, den Mund gestopft, so daß nichts herausgekommen wäre.‹ – ›Und würdest du sie dann geheiratet haben?‹ – ›Nein, dann hätte ich nicht nötig gehabt, sie zu heiraten. Ich hätte nach ein paar Wochen das Aufgebot widerrufen lassen und sie zu ihren Eltern zurückschicken können, weil es ihr bei mir nicht gefiel.‹ – ›Ja, das hättest du allerdings können; aber die Leute konnten nicht verlangen, daß du, da du noch jung bist, so klug wie ein Alter sein solltest!‹

›Das ganze Kirchspiel meint, daß ich schlecht an Brita gehandelt habe!‹ – ›Sie hat wohl noch schlechter gehandelt, sie, die Schande über ehrbare Leute gebracht hat!‹ – ›Aber ich habe sie mir doch erzwungen.‹ – ›Ja, darüber hätte sie nur froh sein sollen‹, sagt Vater.

›Ihr meint also nicht, es sei meine Schuld, daß sie ins Gefängnis kam?‹ – ›Ich meine, daß sie sich selbst dahin gebracht hat.‹ – Da richte ich mich auf und sage langsam: ›Ihr meint also nicht, Vater, daß ich etwas für sie zu tun brauche, wenn sie nun zum Herbst herauskommt?‹ – ›Was wolltest du tun, willst du sie etwa heiraten?‹ – ›Ja, das müßte ich wohl?‹ – Vater sieht mich scharf an und fragt mich dann: ›Hast du sie lieb?‹ – ›Nein, sie hat meine Liebe getötet.‹ Da schließt Vater die Augen und sagt nichts, sondern überlegt nur.

›Seht Ihr, ich kann nicht darüber hinwegkommen, Vater, daß ich das Unglück verschuldet habe‹, sage ich. Der Alte sitzt ganz still und gibt keine Antwort. – ›Als ich sie zum letztenmal sah, war es bei der Gerichtsverhandlung, und da war sie ganz unglücklich und weinte bitterlich, daß sie das Kind nicht mehr hatte. – Nicht ein einziges böses Wort gab sie mir, sie nahm alle Schuld auf sich allein. Viele der Anwesenden weinten, Vater, und selbst dem Richter traten beinahe die Tränen in die Augen. Er gab ihr auch nicht mehr als drei Jahre.‹

Aber Vater sagt kein Wort.

›Es wird sehr schwer für sie werden, nun im Herbst, wenn sie heimkommt‹, sage ich. ›Sie werden sich in Bergskog nicht über ihre Heimkehr freuen. Sie meinen, sie habe Schande über sie gebracht, und wer weiß, ob sie es ihr nicht auch vorwerfen. Sie wird immer daheim bleiben müssen und sich kaum in die Kirche wagen dürfen. Es wird in jeder Beziehung sehr schwer für sie werden.‹

Aber Vater gibt keine Antwort.

›Es ist aber auch nicht leicht für mich, sie zu heiraten‹, sage ich. ›Für einen, der einen großen Hof hat, ist es nicht angenehm, eine Frau zu haben, auf die die Knechte und Mägde heruntersehen. – Auch Mutter wäre das nicht recht, und ich glaube nicht, daß wir dann noch angesehene Leute weder zur Hochzeit noch zum Begräbnis zu uns einladen könnten.‹

Noch immer schweigt Vater.

›Seht, beim Thing suchte ich ihr zu helfen, so gut ich konnte; ich sagte zum Richter, daß ich an allem schuld sei, weil ich sie gezwungen hätte. Und ich sagte auch, ich hielte sie für so unschuldig, daß ich sie an demselben Tag heiraten würde, an dem sie ihre Gesinnung gegen mich änderte. Das sagte ich, damit sie eine mildere Strafe bekäme. Aber obgleich sie mir zweimal geschrieben hat, so deutet doch nichts auf eine Sinnesänderung bei ihr hin. Da könnt Ihr doch wohl verstehen, Vater, daß ich nicht verpflichtet bin, sie nur wegen des Geredes zu heiraten.‹

Aber Vater sitzt da und überlegt und ist ganz stumm.

›Ich weiß, daß man das die Sache nach Menschenweise beurteilen heißt, und wir Ingmarssöhne haben immer gut mit dem lieben Gott stehen wollen. Manchmal jedoch denke ich, der liebe Gott würde es vielleicht nicht billigen, daß eine Mörderin so erhöht wird.‹

Aber Vater schweigt nur.

›Ihr müßt daran denken, Vater‹, sage ich, ›wie schwer es für den ist, der einen anderen leiden läßt, ohne zu versuchen, ihm zu helfen. Ich glaube, alle im Dorfe würden es für unrecht halten, aber diese Jahre sind mir zu schwer gefallen, als daß ich nicht versuchen möchte, etwas für sie zu tun, wenn sie frei wird.‹

Vater sitzt ganz unbeweglich.

Da kommen mir fast die Tränen, und ich sage: ›Seht, ich bin ein junger Bursche, und ich verliere sehr viel, wenn ich sie nehme. Die Leute meinen, ich habe zuerst schlecht gehandelt, und wenn ich das tue, so werden sie es für noch verkehrter halten.‹

Aber ich kann Vater nicht dazu bringen, ein einziges Wort zu sagen.

›Und dann habe ich auch gedacht, Vater, es sei doch merkwürdig, daß wir Ingmarssöhne nun seit vielen hundert Jahren auf dem Hofe sitzen, während alle anderen Höfe ihre Besitzer gewechselt haben. Und dann denke ich, es werde wohl deshalb so sein, weil die Ingmarssöhne immer Gottes Wege zu gehen versuchten. Wir Ingmarssöhne haben nicht nötig, die Menschen zu fürchten, wir wollen nur die Wege Gottes gehen.‹

Nun schlägt der Greis die Augen auf, und dann sagt er: ›Dies ist eine schwierige Frage, Ingmar, ich glaube, ich will hineingehen und die anderen Ingmarssöhne fragen.‹

Und darauf geht Vater wieder in die Groß-Stube, ich aber bleibe draußen sitzen. Und ich muß warten und warten, aber Vater kommt nicht zurück. Nachdem ich viele Stunden gewartet habe, bin ich es leid und gehe zum Vater hinein. ›Gedulde dich draußen, Klein-Ingmar‹, sagt Vater, ›dies ist eine schwierige Frage.‹ Und ich sehe alle die Alten, wie sie mit geschlossenen Augen dasitzen und nachdenken. Und ich warte und warte, und ich warte wohl noch – – –«

Der junge Bauer ging lächelnd hinter dem Pfluge her, der nun ganz langsam weiter zog, als ob die Pferde Ruhe brauchten. Am Grabenrand blieb er stehen und zog die Zügel an; er war ganz ernst geworden.

»Es ist doch merkwürdig, wenn man jemand um Rat fragt, dann merkt man, schon während man fragt, selbst, was recht und was unrecht ist; da sieht man auf einmal, was man in drei langen Jahren nicht herausgefunden hat. Nun mag es gehen, wie Gott will.«

Er fühlte, daß er es tun müsse. Gleichzeitig erschien es ihm aber so schwer, daß ihn aller Mut verließ, wenn er daran dachte.

»Gott helfe mir!« dachte er – – –

Ingmar Ingmarsson war indes nicht der einzige, der in dieser frühen Morgenstunde unterwegs war.

Auf einem Pfad, der sich zwischen den Kornäckern hinschlängelte, kam ein alter Mann. Es war nicht schwer zu erraten, was er für ein Gewerbe hatte, denn er trug einen langen Malerpinsel über der Schulter und war von der Mütze bis zu den Schuhen mit roter Farbe bespritzt. Er sah sich oft um, wie es die herumwandernden Tüncher zu tun pflegen, um einen unangestrichenen Hof, oder einen, an dem alle Farbe verblaßt oder abgewaschen ist, zu entdekken. Er glaubte bald da, bald dort einen solchen zu sehen, konnte sich aber nicht recht für den einen oder den anderen entscheiden. Schließlich erreichte er eine kleine Anhöhe und erblickte von da den Ingmarshof, der groß und mächtig im Tale lag. »Ach, du lieber Gott!« rief er laut und blieb vor Freude stehen, »das Wohnhaus dort ist seit hundert Jahren nicht mehr angestrichen worden, es ist ja ganz schwarz vor Alter, und die Wirtschaftsgebäude haben noch nie eine Farbe gesehen. Und solch eine Menge Häuser!« rief er aus. »Hier hab ich ja Arbeit bis in den Herbst hinein!«

Er war noch nicht lange weitergegangen, da sah er einen Mann, der ein Feld umpflügte. »Sieh, da ist ein Bauer, der hier ansässig ist und die Gegend kennt«, dachte der Tüncher, »von ihm kann ich erfahren, was ich über den Hof wissen muß.« Er bog vom Weg ab auf das Feld zu und fragte Ingmar, was das für ein großer Hof sei, und ob er glaube, daß der Besitzer ihn anstreichen lassen wolle.

Ingmar Ingmarsson fuhr zusammen und starrte den Mann an, als ob er ein Geist sei. »Ich glaube wahrhaftig, es ist ein Maler«, dachte er, »und er kommt gerade jetzt!« Er war ganz überwältigt und konnte nichts herausbringen.

Er erinnerte sich ganz deutlich daran, daß der Vater, sooft jemand zu ihm sagte: »Ihr solltet doch Euer altes häßliches Haus anstreichen lassen«, stets erwidert hatte, er werde es in dem Jahr tun lassen, in dem Ingmar Hochzeit mache.

Der Maler fragte ein zweites und drittes Mal, aber Ingmar stand ganz still da, als ob er ihn nicht verstünde.

Sind sie da droben im Himmel nun mit der Antwort fertig geworden? fragte er sich. Ist dies eine Botschaft vom Vater, daß ich in diesem Jahr heiraten soll?

Er war so betroffen von diesem Gedanken, daß er dem Mann ohne weiteres die Arbeit zusagte.

Alsdann ging er tief bewegt und beinahe glücklich hinter seinem Pflug her. »Es wird dir nun nicht mehr so schwer werden, es zu tun, jetzt, wo du sicher weißt, daß der Vater es will«, sagte er.

2

Ein paar Wochen später war Ingmar mit dem Putzen seines Pferdegeschirrs beschäftigt. Er schien schlechter Laune, und die Arbeit ging ihm nur langsam von der Hand. »Wenn ich der liebe Gott wäre . . .«, dachte er und rieb das Lederzeug: »Wenn ich der liebe Gott wäre, dann würde ich dafür sorgen, daß eine Sache in demselben Augenblick, in dem sie beschlossen ist, auch getan wird. Ich würde den Leuten nicht so lang Zeit lassen, sich zu besinnen und über alles, was im Weg steht, nachzugrübeln. Ich würde ihnen gar nicht erst Zeit lassen, das Geschirr zu putzen und den

Wagen anzustreichen; ich würde sie gleich vom Pflug wegholen.«

Er hörte einen Wagen auf der Straße daherrrollen, schaute auf und erkannte sofort Pferd und Fuhrwerk. »Der Reichstagsabgeordnete von Bergskog kommt hierher« rief er in die Küche hinein, wo seine Mutter an der Arbeit war. Gleich darauf hörte man sie das Feuer schüren und die Kaffeemühle in Gang setzen.

Der Reichstagsabgeordnete fuhr auf den Hof; hier blieb er sitzen, ohne abzusteigen. »Nein, ich danke, ich will nicht hinein«, sagte er, »denn ich möchte nur ein paar Worte mit dir reden, Ingmar. Ich habe nur wenig Zeit, denn ich muß in die Gemeinderatssitzung.« – »Mutter wird gleich mit dem Kaffee fertig sein«, sagte Ingmar. – »Danke, aber ich muß zu rechter Zeit da sein.« – »Es ist lang her, seit Sie das letztemal hier waren«, versuchte Ingmar ihn zu überreden.

Seine Mutter trat nun auch vor die Tür und bat den Mann, hereinzukommen. »Der Herr Reichstagsabgeordnete wird doch nicht wegfahren wollen, ohne eine Tasse Kaffee getrunken zu haben«, sagte sie. Ingmar schlug das Spritzleder zurück, und der Reichstagabgeordnete stand auf. »Ja, wenn Mutter Märta selbst darum bittet, muß ich wohl gehorchen«, sagte er.

Er war ein schöner, stattlicher Mann, der sich rasch und leicht bewegte und einem ganz anderen Menschenschlag anzugehören schien als Ingmar und seine Mutter, die beide häßlich waren, mit verschlafenen Gesichtern und schwerfälligen Gliedmaßen. Aber er empfand große Ehrerbietung vor dem altansässigen Geschlecht auf dem Ingmarshof und hätte gerne sein schönes Äußere drangegeben, um so auszusehen sie Ingmar und selbst einer der Ingmarssöhne zu sein. Seiner Tochter gegenüber hatte er stets Ingmars Partei ergriffen, und es wurde ihm ganz leicht ums Herz, als er sich nun so aufgenommen sah.

Als Mutter Märta nach einer Weile den Kaffee brachte, rückte er mit seinem Anliegen heraus.

»Ich möchte«, begann er und räusperte sich, »ich möchte gerne mitteilen, was wir mit Brita vorhaben.« Die Tasse, die Mutter Märta in der Hand hielt, zitterte ein wenig, so daß der Löffel auf der Untertasse klirrte; darauf trat eine drückende Stille ein. – »Wir meinen, es wäre das beste, wenn sie nach Amerika ginge.« Er hielt aufs neue inne, und wieder trat Stille ein. Da seufzte er über diese schwerfälligen Menschen. »Wir haben schon die Fahrkarte für sie gekauft.« – »Sie kommt doch wohl zuerst nach Hause?« sagte Ingmar. – »Nein, was sollte sie denn daheim?«

Ingmar verfiel wieder in Schweigen. Seine Augen waren fast geschlossen, und er saß so ruhig da, als ob er schliefe. An seiner Stelle begann nun Mutter Märta zu fragen: »Sie wird doch Kleider brauchen?« – »Das ist schon alles in Ordnung, es steht ein gepackter Koffer bei Kaufmann Löfberg, wo wir einkehren, wenn wir in der Stadt sind.« – »Und ihre Mutter geht nicht hin, um sie noch zu sehen?« – »Doch, sie möchte gern, aber ich sagte, es sei besser, wenn die beiden sich nicht sähen.« – »Ja, das ist wohl möglich.« – »Die Fahrkarte und das Geld liegen beim Kaufmann Löfberg für sie bereit; sie bekommt also alles, was sie nötig hat.

Ich dachte, Ingmar müßte es wissen, damit er sich die Sache nicht mehr zu Herzen nimmt«, sagte der Abgeordnete. Nun schwieg Mutter Märta auch, das Kopftuch war ihr in den Nacken geglitten; sie saß da und betrachtete ihre Schürze. »Nun muß Ingmar an eine neue Heirat denken.« Mutter und Sohn schwiegen beide gleich tapfer. »Mutter Märta braucht eine Hilfe in dem großen Haushalt, und Ingmar muß dafür sorgen, daß sie ein ruhiges Alter bekommt.« Der Abgeordnete schwieg und fragte sich, ob sie seine Worte gehört hätten. »Ich und meine Frau möchten ja alles wiedergutmachen«, fügte er schließlich hinzu.

Ingmar aber fühlte eine große Freude in seinem Herzen aufsteigen. Brita sollte nach Amerika, und er brauchte sie nicht zu heiraten. Es würde keine Mörderin auf dem alten Ingmarshof Hausmutter werden. Er hatte so still dagesessen, weil er es nicht passend fand, seine Freude sogleich zu zeigen. Aber jetzt schien es ihm an der Zeit, etwas zu sagen.

Der Abgeordnete war nun auch verstummt, er wußte, daß er den Ingmarsleuten Zeit lassen mußte, sich zu besinnen. Und endlich sagte denn auch Ingmars Mutter: »Ja, nun hat Brita ihre Strafe verbüßt, jetzt kommt die Reihe an uns andere.« Die Alte wollte damit sagen, wenn der Abgeordnete irgendeine Hilfe von den Ingmarssons verlangte, und zwar zum Lohn dafür, daß er ihnen den Weg geebnet hatte, so würden sie sich dem nicht entziehen, aber Ingmar faßte die Worte anders auf. Er fuhr zusammen, und es war, als erwachte er aus einem Schlaf. »Was würde Vater dazu sagen?« dachte er. »Wenn ich ihm nun die Sache vorlegte, was würde er dazu sagen? – ›Du darfst nicht glauben, daß du Gottes Gerechtigkeit spotten kannst‹, sagt Vater da. ›Du darfst nicht glauben, daß er es ungestraft hingehen läßt, wenn du Brita alle Schuld allein tragen läßt. Wenn ihr Vater sie verstoßen will, um sich dir angenehm zu machen und Geld von dir zu leihen, so sollst doch du die Wege Gottes gehen, du Klein-Ingmar Ingmarsson.‹

Ich glaube wirklich, der alte Vater wacht in dieser Sache über mich«, dachte er, »er hat gewiß Britas Vater hierhergeschickt, um mir zu zeigen, wie häßlich es ist, ihr allein alle Schuld aufzuladen, der Ärmsten. Er wird wohl gesehen haben, daß ich in den letzten Tagen wenig Lust zu der Reise in die Stadt hatte.«

Ingmar stand auf, goß Kognak in seinen Kaffee und erhob die Tasse: »Nun danke ich schön, daß der Herr Abgeordnete heute hierhergekommen ist«, sagte er und stieß mit ihm an.

3

Den ganzen Vormittag hatte sich Ingmar eifrig an den Birken vor der Haustüre zu schaffen gemacht. Zuerst hatte er ein Gerüst aufgeschlagen, und dann bog er die Birkenwipfel so zusammen, daß sie eine Pforte bildeten. Die Bäume ließen sich nur widerwillig biegen, rissen sich immer wieder los und richteten sich kerzengerade auf. »Was machst du hier?« fragte Mutter Märta. – »Ach, ich meine, sie könnten nun auch eine Weile so wachsen«, sagte Ingmar.

Es wurde Mittag, und als das Essen vorüber war, gingen die Dienstboten auf den Hofplatz hinaus, um zu schlafen. Ingmar Ingmarsson schlief auch, aber er lag in einem breiten Bett in der Kammer neben der Groß-Stube. Die einzige, die nicht schlief, war die Hausmutter; sie saß in der Groß-Stube und strickte.

Da öffnete sich leise die Tür, und ein altes Weib trat mit zwei großen Körben herein, die sie an einem Joch über dem Nacken trug. Sie grüßte leise, setzte sich auf einen Stuhl neben der Tür und hob, ohne ein Wort zu sagen, den Deckel von den Körben. Der eine war mit Zwieback und Brezeln gefüllt, der andere mit frisch gebackenen Weißbroten. Die Hausmutter trat schnell näher, um sich etwas auszusuchen. Sonst konnte sie mit ihren Groschen recht genau sein, aber einem guten Kaffeebrot vermochte sie nicht leicht zu widerstehen.

Während sie unter den Broten wählte, unterhielt sie sich mit der Alten, die sehr redselig war, wie die meisten ihres Schlags, die von einem Hof zum andern wandern und viele Menschen sehen. – »Ihr seid eine kluge Frau, Kajsa, auf die man sich verlassen kann«, begann Mutter Märta.

»O ja«, entgegnete Kajsa, »wenn ich nicht über das, was ich weiß, schweigen könnte, so würden sich viele in den Haaren liegen.« – »Aber manchmal schweigt ihr zuviel, Kajsa.« – Die Alte sah auf und verstand sofort, was Mutter Märta meinte. »Ja, Gott sei mir gnädig«, sagte sie, indem ihr die Tränen in die Augen traten. »Ich sprach mit der

Frau des Abgeordneten auf Bergskog, aber ich hätte zu Euch gehen sollen.« – »Soso, Ihr habt also mit der Frau des Reichstagsabgeordneten gesprochen?« Mit einer unendlichen Verachtung im Ton, sprach sie das lange Wort aus.

Ingmar Ingmarsson fuhr aus dem Schlaf auf, als sich die Tür zur Groß-Stube leise öffnete. Es trat zwar niemand ein, aber die Tür blieb angelehnt. Er wußte nicht, ob sie von selbst aufgegangen war, oder ob sie jemand geöffnet hatte. Aber schläfrig wie er war, blieb er ruhig liegen und hörte nur, daß nebenan gesprochen wurde.

»Sagt mir nur, Kajsa, woher Ihr erfahren habt, daß Brita Ingmar nicht mochte«, sagte die Mutter. – »Ach, es hieß ja von Anfang an, daß die Eltern sie gezwungen hätten«, meinte die Alte ausweichend. – »Sprecht nur geradeheraus, Kajsa; wenn ich frage, braucht Ihr keine Umschweife zu machen, um die Wahrheit zu sagen. Ich glaube, ich werde das schon ertragen können, was Ihr sagen könnt.«

»Nun, ich muß sagen, daß sie jedesmal verweint aussah, sooft ich zu jener Zeit nach Bergskog kam. Und einmal, als sie und ich in der Küche auf Bergskog allein waren, sagte ich zu ihr: ›Du bekommst einen schönen Mann, Brita!‹ – Sie sah mich an, als ob sie glaubte, ich wollte sie verspotten. Und dann sagte sie: ›Ja, das kannst du schon sagen, schön ist er.‹ Dies sagte sie so, daß ich Ingmar Ingmarsson vor mir sah. Schön ist er allerdings nicht, aber daran hatte ich vorher gar nicht gedacht, denn ich habe immer große Achtung vor den Ingmarssons gehabt. Aber nun konnte ich mich nicht enthalten, ein wenig zu lachen. Da sah mich Brita an und sagte noch einmal: ›Ja, schön ist er‹; dann aber wandte sie sich rasch ab, stürzte in die Kammer nebenan, und ich hörte sie weinen.

Aber als ich ging, dachte ich bei mir selbst: Es wird schon recht werden, denn alles wird recht bei den Ingmarssöhnen. Ich wunderte mich nicht über die Eltern, denn wenn ich eine Tochter gehabt hätte, und Ingmar Ingmarsson hätte um sie geworben, dann hätte ich auch nicht eher geruht, als bis sie ja gesagt hätte.«

Ingmar lag auf dem Bett und hörte zu. »Das tut Mutter absichtlich«, dachte er. »Sie wundert sich über die Reise in die Stadt, die ich morgen antreten will. Mutter denkt, ich will hinfahren und Brita holen, sie weiß ja nicht, daß ich Tropf das gar nicht fertigbringe.«

»Als ich dann Brita wiedersah«, fuhr das Weib fort, »war sie schon hierher auf den Ingmarshof gezogen. Ich konnte sie nicht gleich fragen, wie es ihr geht, denn es waren so viele Leute in der Stube, aber als ich den Hof verließ und auf das Gehölz zuging, kam sie mir nach. ›Kajsa‹, sagte sie, ›bist du kürzlich in Bergskog gewesen?‹ – ›Vorgestern war ich dort‹, sagte ich. – ›Ach, du lieber Gott, du warst erst vorgestern dort, und mir ist, als wäre ich seit vielen Jahren nicht mehr daheim gewesen.‹ – Ich wußte nicht recht, was ich ihr antworten sollte; sie sah aus, als würde sie sofort in Tränen ausbrechen, was ich auch immer sagen mochte. ›Du kannst doch einmal nach Hause gehen und deine Eltern besuchen‹, sagte ich. – ›Nein‹, sagte sie, ›ich glaube, ich komme nie mehr nach Hause.‹ – ›Geh du nur einmal heim‹, sagte ich zu ihr, ›es ist so schön da oben, der ganze Wald ist voller Beeren, und die Meilerplätze sind ganz rot von Preiselbeeren.‹ – ›Du liebe Zeit!‹ rief sie, und ihre Augen wurden ganz groß, ›gibt es schon Preiselbeeren?‹ ›Ja, und du wirst dich schon einen Tag frei machen können, so daß du hingehen und dich daran satt essen kannst.‹ – ›Nein, ich glaube nicht, daß ich es tue‹, sagte sie. ›Gehe ich heim, dann wird es nur schlimmer, wenn ich wieder hierher zurückkomme.‹

›Ich habe immer gehört, daß man es bei den Ingmarssöhnen gut hat‹, sagte ich. ›Es sind gute Leute.‹ – ›Ja‹, antwortete sie, ›es sind gute Leute.‹ – ›Es sind die besten Leute im Dorf‹, sagte ich. ›Sie sind rechtschaffen.‹ – ›Ja, es wird ja nicht als Unrecht angesehen, wenn man eine Frau gegen ihren Willen nimmt.‹ – ›Und klug sind sie auch.‹ – ›Ja, aber sie verschweigen das, was sie wissen.‹ – ›Sagen sie nie etwas?‹ – ›Keiner von ihnen redet mehr als das Allernotwendigste.‹

Nun mußte ich gehen, aber da fiel mir noch etwas ein, und ich fragte sie: ›Soll die Hochzeit hier oder daheim bei dir gefeiert werden?‹ – ›Sie soll hier auf dem Hof gefeiert werden, denn hier ist besser Platz dazu.‹ – ›Dann sorge nur dafür, daß die Hochzeit nicht allzulange hinausgeschoben wird‹, sagte ich. – ›Sie soll in vier Wochen sein, erwiderte sie.

Aber als ich Brita verlassen wollte, fiel mir ein, daß man auf dem Ingmarshof eine schlechte Ernte gehabt hatte, und ich sagte, ich sei nicht sicher, daß die Hochzeit noch in diesem Jahr stattfinden werde. – ›Dann muß ich ins Wasser gehen‹, sagte Brita.

Einen Monat später hörte ich, daß die Hochzeit verschoben sei, und ich fürchtete, es könnte schlimm ablaufen, deshalb ging ich nach Bergskog und redete mit der Frau des Abgeordneten. – ›Das ist nicht recht von den Leuten auf dem Ingmarshof‹, sagte ich. – ›Nun, wir müssen zufrieden sein, wie sie es einrichten‹, sagte sie. ›Wir danken Gott jeden Tag dafür, daß wir unsere Tochter so gut versorgt wissen.‹«

»Mutter hätte sich nicht so viele Mühe zu machen brauchen«, dachte Ingmar Ingmarsson, »denn hier auf dem Hof ist niemand, der in die Stadt fahren und Brita holen will. Sie hätte nicht nötig gehabt, wegen der Ehrenpforte zu erschrecken, das ist nur etwas, was ein Mann tut, um zu Gott sagen zu können: ›Ich war ja bereit dazu! Du konntest doch daran sehen, daß es meine Absicht war.‹ Es aber wirklich tun, das ist etwas anderes.«

»Als ich Brita zum letztenmal sah«, fuhr Kajsa fort, »war es Winter, und es lag hoher Schnee. Ich ging auf einem schmalen Pfad mitten im wilden Wald; es war sehr schwer zu gehen, denn es hatte zu tauen begonnen, und meine Füße glitten im geschmolzenen Schnee aus. Da erblickte ich einen Menschen, der auf dem Schnee saß und sich ausruhte, und als ich näher kam, erkannte ich Brita. ›Bist du allein hier im Wald?‹ fragte ich sie. – ›Ja‹, sagte sie. Da blieb ich stehen und sah sie an, denn ich konnte nicht begreifen, was sie hier wollte. ›Ich will sehen, ob ich hier nicht einen steilen Felsen finde‹, sagte Brita dann. – ›Daß Gott erbarm, du wirst dich doch nicht hinabstürzen wollen!‹ sagte ich, denn sie sah aus, als ob sie nicht länger leben wollte.

›Doch‹, sagte sie, ›wenn ich nur einen Felsen fände, der hoch und steil genug wäre, dann würde ich mich hinabstürzen.‹ – ›Du solltest dich schämen, Brita, so wie es um dich steht.‹ – ›Siehst du, Kajsa, ich bin eben schlecht.‹ – ›Ja, es scheint so.‹ – ›Ich tue gewiß noch einmal etwas Böses, so daß es besser wäre, ich stürbe.‹ – ›Was sind das für Reden, Kind?‹ – ›Ja, ich wurde schlecht, als ich da hinunterzog.‹ Dann trat sie ganz nahe zu mir mit verstörten Augen und sagte: ›Sie sinnen nur darauf, wie sie mich quälen, und ich denke nur daran, wie ich sie auch quälen kann.‹ – ›Gewiß nicht, Brita, es sind gute Leute.‹ – ›Sie sinnen nur darauf, wie sie Schande über mich bringen können.‹ – ›Hast du ihnen das gesagt?‹ – ›Ich spreche nie mit ihnen. Ich denke nur darüber nach, wie ich ihnen Böses zufügen kann.

Ja, ich denke darüber nach, ob ich den Hof anzünden soll; ich weiß, er hängt sehr daran. Ich überlege auch, ob ich den Kühen Gift geben soll; sie sind so häßlich und alt und weiß um die Augen herum, als wären sie mit ihm verwandt.‹ – ›Hunde, die bellen, beißen nicht‹, sagte ich. – ›Etwas Böses muß ich ihm antun‹, sagte sie, ›eher finde ich keine Seelenruhe.‹ – ›Du weißt selbst nicht, was du sagst‹, warnte ich, ›ja, du wirst deiner Seelenruhe schließlich für immer ein Ende machen.‹

Da begann sie auf einmal zu weinen. Sie wurde weich und sagte, es sei so schwer für sie, mit all den bösen Gedanken, die sie überfielen, fertig zu werden. Dann begleitete ich sie zurück auf den Ingmarshof, und als wir uns trennten, versprach sie mir, daß sie nichts Böses tun wolle, wenn ich nur meinen Mund halten würde.

Und dann überlegte ich eifrig, mit wem ich darüber sprechen könnte«, sagte Kajsa, »denn es kam mir so schwierig vor, zu so vornehmen Leuten zu gehen wie Ihr . . .«

In diesem Augenblick läutete die Eßglocke auf dem Stallgebäude; die Mittagsruhe war vorüber. Mutter Märta verabschiedete Kajsa rasch. »Hört, Kajsa, meint Ihr, daß es jemals zwischen Ingmar und Brita wieder gut werden könnte?« – »Was?« sagt die Alte betroffen. – »Ich meine, – wenn sie nun nicht nach Amerika ginge, ob Ihr glaubt, daß sie ihn nehmen würde?« – »Wie soll ich das wissen? Nein, ich glaube es eigentlich nicht.« – »Würde sie wohl nein sagen?« – »Ja, das würde sie.«

Nebenan saß Ingmar und ließ die Beine über die Bettkante herunterhängen. »Nun, Ingmar«, sagte er zu sich selbst und schlug mit der Faust auf die Bettkante, »das war es wohl, was dir not tat, und jetzt, denke ich, wirst du morgen reisen. Aber wie kann Mutter nur glauben, sie könnte mich zurückhalten, indem sie mir zeigt, daß Brita mich nicht liebt.«

Wieder und wieder schlug er auf die Bettkante, wie wenn er in seinen Gedanken etwas Hartes niederschlüge, das ihm Widerstand leistete. »Nun will ich es doch noch einmal versuchen. Wir Ingmarssöhne fangen wieder von vorne an, wenn etwas schiefgegangen ist. – Kein rechter Kerl kann sich darein finden, daß ein Frauenzimmer aus Groll gegen ihn den Verstand verliert.«

Noch nie hatte er seine Niederlage so tief gefühlt, und er brannte vor Sehnsucht nach irgendeiner Genugtuung.

»Das wäre doch des Teufels, wenn ich Brita nicht lehren könnte, auf dem Ingmarshof glücklich zu sein«, sagte er.

Er versetzte der Bettkante einen letzten Schlag, ehe er aufstand, um an seine Arbeit zu gehen.

»So wahr ich dastehe, Groß-Ingmar hat Kajsa hergeschickt, um mich zu dieser Reise in die Stadt zu bringen.«

4

Ingmar Ingmarsson hatte die Stadt erreicht und ging nun langsam auf das große Bezirksgefängnis zu, das auf einem kleinen Hügel über den städtischen Anlagen hoch aufragte. Er sah sich nicht um, sondern schleppte sich mit tief gesenkten Augenlidern mühsam vorwärts wie ein Greis.

In Anbetracht der ernsten Angelegenheit hatte er die schöne Volkstracht seines Heimatdorfs abgelegt und trug einen schwarzen Tuchanzug und ein gestärktes Vorhemd, das schon etwas zerknittert war. Ihm war sehr feierlich zumut, aber gleichzeitig auch ängstlich und widerwillig.

Nun erreichte Ingmar den kiesbestreuten Platz vor dem Gefängnis; er bemerkte einen Schutzmann und fragte, ob Brita Erikstochter wirklich heute entlassen werde. »Ja, ich glaube, es wird heute jemand frei«, sagte der Schutzmann. – »Es ist eine, die wegen Kindsmord gesessen hat«, klärte ihn Ingmar auf. – »Jawohl, ja; sie wird heute vormittag entlassen.«

Ingmar ging nicht weiter, sondern stellte sich neben einem Baum auf, um zu warten; nicht ein einziges Mal wandte er die Augen von dem Gefängnistor ab. »Manche von denen, die da hineingegangen sind, mögen es nicht allzugut gehabt haben«, dachte er. »Ich will zwar nicht übertreiben«, fuhr er fort, »aber doch hat es vielleicht mancher, der da hineingegangen ist, leichter gehabt als ich, der hier außen steht.«

»Ja, ja, nun hat Groß-Ingmar mich doch hierhergebracht, um die Braut aus dem Gefängnis zu holen«, sagte er dann. »Aber ich könnte nicht behaupten, daß Klein-Ingmar froh darüber wäre; es wäre ihm lieber, wenn die Braut durch eine Ehrenpforte geschritten käme, ihre Mutter neben sich, um sie dem Bräutigam zuzuführen. Und dann hätten sie mit einer großen Hochzeitsgesellschaft in die Kirche fahren sollen. Und die Braut hätte schön geschmückt neben ihm sitzen und unter der Brautkrone lächeln sollen.«

Das Tor öffnete sich mehrere Male; es kam ein Pfarrer, es kam die Frau des Gefängnisdirektors sowie deren Mägde, die in die Stadt gingen. Schließlich kam Brita. Als das Tor aufging, fühlte Ingmar, wie sich sein Herz zusammenkrampfte. »Jetzt kommt sie«, dachte er. Seine Augen schlossen sich, er war wie gelähmt und rührte sich nicht. Als er sich ermannte und aufsah, stand sie auf der Stufe vor dem Tor.

Er sah, wie sie einen Augenblick stehenblieb. Sie schob das Kopftuch zurück und schaute mit klaren Augen in die Ferne. Das Gefängnis lag hoch über der Stadt, und über Wälder und Hügel hinweg konnte sie die heimatlichen Berge sehen.

Nun sah Ingmar, daß sie wie von einer unsichtbaren Macht geschüttelt und gebeugt wurde. Sie schlug die Hände vors Gesicht und setzte sich auf die Stufe.

Von seinem Platz aus hörte er deutlich, daß sie schluchzte.

Da schritt er über den Kiesplatz, stellte sich neben sie und wartete. Sie weinte so heftig, daß sie nichts hörte, und er mußte lange dastehen. – »Weine nicht so, Brita«, sagte er schließlich. Sie sah auf. »Ach Gott im Himmel, bist du hier?« rief sie. Im selben Augenblick stand alles, was sie ihm angetan hatte, deutlich vor ihr, und ebenso deutlich, was es ihn gekostet haben mußte, hierherzukommen. Sie stieß einen Freudenschrei aus, warf sich ihm an den Hals und schluchzte aufs neue.

»Ach, wie sehr habe ich gewünscht, daß du hiersein möchtest!« sagte sie. – Ingmars Herz begann heftig zu klopfen, weil sie sich über sein Kommen freute. – »Was sagst du, Brita, hast du dich nach mir gesehnt?« sagte er gerührt. – »Ja, ich hätte dich gern um Verzeihung gebeten.«

Da richtete sich Ingmar in seiner ganzen Größe auf und wurde so kalt wie ein Steinbild. – »Das hat wohl Zeit«, sagte er, »ich meine, wir sollten jetzt nicht länger hier stehenbleiben.« – »Nein, das ist kein Platz zum Verweilen«, antwortete sie demütig. – »Ich bin bei Kaufmann Löfberg abgestiegen«, sagte Ingmar im Weitergehen. – »Dort steht auch mein Koffer.« – »Ja, ich habe ihn dort stehen sehen«, sagte Ingmar, »er ist zu groß, um ihn hinten auf den Wagen zu stellen, wir müssen ihn hierlassen, bis wir ihn holen lassen können.« – Brita blieb stehen und sah Ingmar an. Es war die erste Anspielung, daß er die Absicht habe, sie mit sich nach Hause zu nehmen. – »Ich habe heute einen Brief von meinem Vater bekommen; er schrieb, du meintest auch, ich solle nach Amerika auswandern.« – »Ich meinte, es würde nichts schaden, wenn du die Wahl hättest; es war ja nicht sicher, ob du mit mir gehen wolltest.« Sie merkte wohl, daß er nicht sagte, er wünsche es, aber das konnte seinen Grund auch darin haben, daß er sie nicht aufs neue zwingen wollte. Sie wurde sehr bedenklich. Es war gewiß nichts Beneidenswertes, eine Frau wie sie auf den Ingmarshof heimzuführen. »Sag ihm, daß du nach Amerika willst, das ist der einzige Dienst, den du ihm erweisen kannst«, sagte sie zu sich selbst. »Sag es ihm, sag es ihm«, trieb sie sich selbst an. Während sie noch so dachte, hörte sie jemand sagen: »Ich fürchte, ich bin nicht stark genug, um nach Amerika auszuwandern, es heißt, man müsse dort hart arbeiten.« Und dabei kam es ihr vor, als hätte nicht sie, sondern jemand ganz anderes so gesprochen. – »Ja, das heißt es«, sagte Ingmar leise. Sie schämte sich, daß sie gerade heute morgen zum Pfarrer gesagte hatte, sie gehe nun als ein neuer und besserer Mensch in die Welt hinaus. Sehr unzufrieden mit sich selbst wanderte sie schweigend weiter und überlegte, wie sie ihre Worte wieder zurücknehmen könnte, aber sobald sie etwas derartiges sagen wollte, hielt sie der Gedanke zurück, daß es schwärzester Undank von ihr wäre, ihn wieder zurückzuweisen. Offenbar hatte er sie noch immer lieb. »Wenn ich nur in seinen Gedanken lesen könnte«, dachte sie.

Da sah Ingmar, daß sie stehenblieb und sich an eine Mauer lehnte. – »Ich werde ganz verwirrt von all dem Lärm und den vielen Menschen.« Er streckte die Hand aus, die sie ergriff, und dann gingen sie Hand in Hand durch die Straße. »Nun sehen wir aus wie ein Brautpaar«, dachte Ingmar, aber er überlegte die ganze Zeit, wie es wohl gehen würde, wenn er heimkäme, und wie er mit seiner Mutter und all den anderen zurechtkommen würde.

Als sie das Löfbergsche Haus erreicht hatten, sagte Ingmar, daß sein Pferd nun ausgeruht habe und daß er vorschlage, wenn es Brita recht sei, die ersten Wegstrecken noch heute zurückzulegen. Da dachte sie, jetzt sei der Augenblick gekommen, ihm zu danken und zu sagen, daß sie nicht wolle. Sie flehte zu Gott, er möge ihr doch kundtun, ob Ingmar nur aus Barmherzigkeit gekommen sei. Mittlerweile zog Ingmar den Wagen aus dem Schuppen heraus. Er war frisch angestrichen, das Spritzleder leuchtete und die Sitze hatten neue Bezüge bekommen. Vorn am Wagendach steckte ein kleiner halbverwelkter Wiesenblumenstrauß. Als Brita diesen sah, blieb sie stehen und überlegte; Ingmar aber ging in den Stall, schirrte das Pferd an und zog es heraus. Da sah sie einen ebensolchen halbverwelkten Strauß an dem Kummet stecken und fing nun an zu glauben, daß er sie wirklich liebhabe und daß es das beste wäre, zu schweigen. Sonst könnte er vielleicht denken, sie sei undankbar und verstehe nicht, wie groß das war, was er ihr bot.

Sie fuhren auf der Straße hin, und um das Schweigen zu beenden, begann sie ihn über dies und jenes daheim auszufragen. Mit jeder neuen Frage erinnerte sie ihn an irgend jemand, vor dessen Urteil ihm bange war. »Wie der sich verwundern wird«, dachte er, »wie der sich über mich lustig machen wird!« Er gab ihr nur einsilbige Antworten, und wieder und wieder war es ihr, als sollte sie ihn bitten, wieder umzukehren. Er will mich nicht haben, er hat mich nicht lieb; er tut es nur aus Barmherzigkeit!

Bald hörte sie auf zu fragen, in tiefem Schweigen fuhren sie eine Meile um die andere dahin. Aber als sie an ein Gasthaus kamen, standen Kaffee und neugebackenes Brot für sie bereit, und auf dem Kaffeebrett lagen wieder Blumen. Sie begriff, daß er es so bestellt hatte, als er am vorhergehenden Tag vorbeigekommen war. War das auch nur Güte und Barmherzigkeit? War er gestern froh gewesen? War er seines Entschlusses erst heute überdrüssig geworden, als er sie aus dem Gefängnis kommen sah? Aber morgen, wenn er es wieder vergessen hatte, da würde es schon recht werden!

Brita war weich geworden vor Reue und Demut. Sie wollte ihm keinen neuen Kummer bereiten. Vielleicht, daß er sie doch wirklich – – –

Sie blieben in einer Herberge über Nacht, brachen aber früh wieder auf, und gegen zehn Uhr waren sie so weit gekommen, daß sie die Kirche ihres Heimatdorfes sehen konnten. Als sie daran vorbeifuhren, war der Weg voller Kirchgänger, und die Glocken läuteten. »Lieber Gott, es ist Sonntag!« sagte Brita und faltete unwillkürlich die Hände. Sie vergaß alles über dem Wunsch, zur Kirche zu fahren und Gott zu danken.

Das neue Leben, das sie nun führen würde, hätte sie so gern mit einem Gottesdienst in der alten Kirche eingeweiht.

»Ich möchte so gern in die Kirche gehen«, sagte sie zu Ingmar. In diesem Augenblick dachte sie gar nicht daran, daß es ihm schwerfallen könnte, sich dort mit ihr zu zeigen; sie war ganz von Andacht und Dankbarkeit erfüllt. – Ingmar war nahe daran, es ihr rundweg abzuschlagen, er traute sich den Mut nicht zu, den scharfen Blicken und klatschsüchtigen Zungen zu begegnen. »Aber einmal muß es ja doch sein«, dachte er und bog in den Kirchenweg ein. »Es wird immer schlimm sein, wann es auch geschehen mag.«

Als sie den Hügel zur Kirche hinanfuhren, saßen auf dem Steinmäuerchen eine Menge Menschen, die auf den Beginn des Gottesdienstes warteten und indes die Ankommenden betrachteten. Als sie nun Ingmar und Brita erkannten, begannen sie zu flüstern und einander anzustoßen und auf die beiden zu deuten. Ingmar sah Brita an; sie saß mit gefalteten Händen und sah aus, als wüßte sie nicht, wo sie sei. Sie sah die Menschen nicht, aber Ingmar sah sie dafür umso besser, einige davon liefen sogar hinter dem Wagen her. Er wunderte sich nicht darüber, daß sie nachliefen und daß sie ihn anstarrten! Sie wußten nicht, ob sie recht gesehen hatten, denn sie konnten sich natürlich nicht denken, daß er mit ihr, die ihr Kind erwürgt hatte, in Gottes Haus gefahren kommen werde. »Das ist zuviel«, dachte er, »ich ertrage es nicht.«

»Es ist am besten, du gehst gleich in die Kirche, Brita«, sagte er, als er ihr beim Aussteigen half. – »Jawohl«, antwortete sie, denn sie war gekommen, um dem Gottesdienst beizuwohnen, und nicht, um andere Menschen zu treffen. Ingmar ließ sich reichlich Zeit, um das Pferd auszuspannen und zu füttern. Viele Blicke waren auf Ingmar gerichtet, aber niemand redete ihn an. Als er endlich fertig war und in die Kirche ging, saßen die meisten auf ihren Plätzen, und man hatte schon angefangen zu singen. Während er nun den breiten Gang hinaufschritt, schaute er nach der Frauenseite hinüber. Alle Bänke waren besetzt, mit Ausnahme einer einzigen, und in dieser saß nur eine Person. Er sah sogleich, daß es Brita war, und erriet, daß niemand neben ihr sitzen wollte. Er ging noch ein paar Schritte weiter, dann wandte er sich nach der Frauenseite und setzte sich neben Brita. Brita machte große Augen, als er zu ihr trat. Sie hatte vorher gar nichts bemerkt, jetzt aber erriet sie, weshalb sie allein auf der Bank saß. Da verwandelte sich die feierliche Sonntagsfreude, die sie vorhin empfunden hatte, in tiefe Traurigkeit. Was sollte nur daraus werden? Ach, sie hätte nie mit ihm zurückkehren sollen!

Die Tränen traten ihr in die Augen, und um nicht zu weinen, nahm sie ein altes Gesangbuch, das vor ihr lag, und begann darin zu lesen. Sie blätterte die Evangelien samt den Episteln durch, vermochte aber vor lauter Tränen, die sie nicht zurückhalten konnte, kein Wort zu unterscheiden. Da leuchtete plötzlich etwas Hochrotes vor ihren Augen auf; es war ein Buchzeichen mit einem roten

Herzen darauf, das zwischen den Blättern lag. Sie nahm es und schob es Ingmar hin.

Sie sah, daß er es in seiner Hand hielt und es verstohlen betrachtete. Gleich nachher lag es auf dem Boden. »Was soll aus uns werden, was soll aus uns werden?« dachte Brita und weinte in das Gesangbuch hinein.

Sie verließen die Kirche, sobald der Pfarrer von der Kanzel gestiegen war. Ingmar spannte in aller Eile an, und Brita half ihm dabei. Als der Segen gesprochen und die Schlußverse gesungen waren und die Leute allmählich aus der Kirche strömten, waren Brita und Ingmar schon unterwegs. Beide hatten ungefähr denselben Gedanken. Wer ein solches Verbrechen begangen hat, darf nicht mehr unter anderen Menschen leben. Sie fühlten es alle beide, daß sie da in der Kirche gesessen hatten, als stünden sie am Pranger. »Das können wir beide nicht aushalten«, dachten sie.

Mitten in ihrem Kummer erblickte Brita den Ingmarshof, und sie erkannte ihn fast nicht wieder, so rotleuchtend lag er da. Es fiel ihr ein, daß es immer geheißen hatte, der Hof werde rot angestrichen werden, wenn Ingmar Hochzeit feiere. Und damals war die Hochzeit verschoben worden, weil er das Geld fürs Anstreichen nicht ausgeben wollte. Ach, Brita fühlte, daß er alles recht gut hatte machen wollen, daß es ihm dann aber doch zu schwer geworden war.

Als sie auf den Ingmarshof fuhren, saßen die Bewohner eben beim Mittagessen. »Da ist der Herr«, sagte einer der Knechte und schaute hinaus. Mutter Märta stand auf, hob aber kaum die schläfrigen Augenlider. »Ihr bleibt alle hier«, befahl sie. »Es braucht keiner vom Tisch aufzustehen.«

Die alte Frau ging schwerfällig durch die Stube. Den Leuten, die ihr nachsahen, fiel es auf, daß sie, um noch gebieterischer auszusehen, im Sonntagsstaat war, mit einem seidenen Schal um die Schultern und einem seidenen Tuch auf dem Kopf. Sie stand schon an der Haustür, als der Wagen hielt.

Ingmar sprang schnell ab, aber Brita blieb sitzen. Er ging

auf ihre Seite hinüber und knöpfte das Spritzleder auf. »Willst du nicht aussteigen?« – »Nein, ich will nicht.« – Sie war in Tränen ausgebrochen und hielt die Hände vors Gesicht. – »Ich hätte nie zurückkommen sollen«, sagte sie schluchzend. – »Ach, steig jetzt nur aus«, sagte Ingmar. – »Laß mich in die Stadt zurückfahren, ich bin nicht gut genug für dich.« – Vielleicht dachte Ingmar ›darin hat sie recht‹; er sprach es aber nicht aus, sondern hielt das Spritzleder zurück und wartete. – »Was sagt sie?« fragte Mutter Märta von der Haustüre her. – »Sie sagt, sie sei nicht gut genug für uns«, sagte Ingmar, denn Brita konnte vor lauter Weinen kein deutliches Wort hervorbringen. – »Und warum weint sie?« fragte die Alte. – »Weil ich eine arme Sünderin bin«, schluchzte Brita, die Hände auf das Herz gedrückt; sie meinte, es müsse ihr vor Schmerz brechen. – »Was sagt sie?« fragte die Alte wieder. – »Weil sie eine arme Sünderin ist«, wiederholte Ingmar.

Als Brita hörte, daß er ihre Worte mit kalter, gleichgültiger Stimme wiederholte, ging ihr plötzlich die Wahrheit auf. Nein, er hätte nicht dastehen und ihre Worte der Mutter wiederholen können, wenn er sich etwas aus ihr gemacht, wenn er auch nur die geringste Spur von Liebe für sie gefühlt hätte. Nun brauchte sie nicht mehr zu fragen, sie wußte jetzt, wie sich alles verhielt.

»Warum steigt sie nicht aus?« fragte die Alte.

Nun unterdrückte Brita ihre Tränen und antwortete selbst mit lauter Stimme: »Weil ich Ingmar nicht ins Unglück bringen will.« – »Ich denke, sie hat recht«, sagte die Mutter, »laß sie gehen, Klein-Ingmar. Sonst gehe ich, das mußt du wissen, denn mit so einer schlafe ich nicht eine einzige Nacht unter demselben Dach.«

»Laß uns um Gottes willen von hier fortkommen!« jammerte Brita. – Ingmar stieß einen Fluch aus, wandte den Wagen und sprang hinauf. Er war der ganzen Sache überdrüssig und wollte nicht länger dafür kämpfen.

Als sie wieder auf der Fahrstraße waren, begegneten ihnen jeden Augenblick Leute, die aus der Kirche kamen.

Das war Ingmar peinlich, und er bog plötzlich in einen schmalen Waldweg ein, der in früheren Zeiten eine Landstraße gewesen war. Er war steinig und holperig, aber mit einem Einspänner konnte man schon darauf fahren.

Gerade als er in diesen Weg einbog, rief ihn jemand an. Er sah sich um; es war der Postbote, der ihm einen Brief übergab. Ingmar nahm ihn, steckte ihn in die Tasche und fuhr in den Wald hinein.

Sobald er so weit gekommen war, daß ihn von der Landstraße aus niemand mehr sehen konnte, hielt er an und zog den Brief hervor. In demselben Augenblick legte Brita die Hand auf seinen Arm. »Lies ihn nicht«, sagte sie. – »Soll ich ihn nicht lesen?« – »Nein, er ist es nicht wert.« – »Wie kannst du das wissen?« – »Der Brief ist von mir.« – »Dann kannst du mir ja selbst sagen, was darin steht.« – »Nein, das kann ich nicht.«

Er sah sie an; sie wurde glühend rot, und ihre Augen waren ganz verstört vor Angst. »Ich glaube, ich will den Brief doch lesen«, sagte Ingmar. Er wollte ihn öffnen, aber sie versuchte ihn ihm zu entreißen. Er widersetzte sich, und es gelang ihm, den Umschlag aufzuschlitzen. – »Ach du lieber Gott«, jammerte sie, »mir wird doch nichts erspart!«

»Ingmar«, flehte sie, »lies ihn in ein paar Tagen, wenn ich abgereist bin.« Er hatte den Brief schon ausgebreitet und begann zu lesen. Sie deckte das Blatt mit der Hand zu. »Höre mich, Ingmar, der Gefängnispfarrer war es, der mich dazu brachte, den Brief zu schreiben, und er versprach, ihn erst abzuschicken, wenn ich schon auf dem Dampfschiff sei. Nun hat er ihn zu früh abgeschickt, und du hast kein Recht, ihn jetzt schon zu lesen. Laß mich nur erst fort sein, bevor du ihn liest.«

Ingmar warf ihr einen zornigen Blick zu, er sprang vom Wagen, um ungestört zu sein, und schickte sich an, den Brief zu lesen. Sie war jetzt in ebenso großer Aufregung wie früher manchmal, wenn sie ihren Willen nicht durchsetzen konnte. – »Es ist nicht wahr, was darin steht! Der Pfarrer hat mich dazu überredet! Ich liebe dich nicht, Ingmar!« Mit einem großen verwunderten Blick schaute er von dem Brief auf. Da verstummte sie, und die Demut, die sie im Gefängnis gelernt hatte, überkam sie von neuem und zwang sie zur Ruhe. Nun, es war ja nicht mehr, als sie verdient hatte.

Ingmar plagte sich mit dem Lesen des Briefs. Plötzlich knitterte er ihn ungeduldig zusammen, und aus seinem Hals drang ein röchelnder Laut. »Ich kann nicht klug daraus werden!« rief er und stampfte auf den Boden. »Es fließt mir alles ineinander.«

Er ging um den Wagen herum, trat zu Brita und faßte sie heftig beim Arm. »Ist das wahr, was da in dem Brief steht, daß du mich liebhast?« Seine Stimme klang zornig und rauh, und er sah schrecklich aus. »Steht in dem Brief, daß du mich liebhast?« wiederholte er heftig. – »Ja«, antwortete sie tonlos.

Er schüttelte ihren Arm und schleuderte ihn weg. – »Du lügst also, du lügst also!« sagte er. Er brach in ein lautes, rohes Gelächter aus und verzerrte sein Gesicht gräßlich. »Gott weiß es,« sagte sie feierlich, »daß ich ihn jeden Tag darum gebeten habe, dich vor meiner Abreise noch einmal sehen zu dürfen!« – »Wo willst du denn hin?« – »Ich soll doch nach Amerika.« – »Den Teufel sollst du, ja!«

Ingmar war ganz von Sinnen; er wankte ein paar Schritte in den Wald hinein; hier warf er sich auf den Boden nieder, und nun war die Reihe an ihm zu weinen. Brita ging ihm nach und setzte sich neben ihn; sie war so froh, daß sie es kaum über sich vermochte, nicht hell aufzulachen. – »Ingmar, Klein-Ingmar«, sagte sie und nannte ihn bei seinem Kosenamen. – »Du, die mich für so häßlich hält!« – »Ja, das tue ich wahrhaftig!« – Ingmar stieß ihre Hand zurück. – »Laß mich dir alles erklären.« – »Ja, tu das!« – »Erinnerst du dich daran, was du vor drei Jahren bei der Gerichtsverhandlung sagtest?« – »Ja.« – »Daß du mich heiraten wolltest, wenn ich meinen Sinn ändern würde?« – »Ja, ich erinnere mich.« – »Damals begann ich, dich liebzugewinnen, denn ich hätte nie geglaubt, daß irgendein Mensch so etwas sagen könnte. Übermenschlich war es, daß du das zu mir sagen konntest, Ingmar, nach allem, was ich getan hatte. Als ich dich damals ansah, dachte ich, du seist schöner als alle anderen, du seist klüger als alle die anderen und du seist der einzige, mit dem es sich gut leben ließe. Ich gewann dich innig lieb, und ich dachte, du gehörtest zu mir und ich zu dir. Und im Anfang betrachtete ich es als eine ausgemachte Sache, daß du kommen würdest und mich holen; aber später wagte ich nicht mehr, daran zu glauben.« Ingmar hob den Kopf. »Warum hast du nicht geschrieben?«

»Ich habe ja geschrieben.« – »Und du batest mich um Verzeihung; das war doch nichts, um darüber zu schreiben.« – »Worüber hätte ich denn sonst schreiben sollen?« – »Über das andere.« – »Hätte ich das tun dürfen, ich?« – »Nun wäre ich beinahe nicht gekommen.« – »Aber Ingmar, ich durfte dir doch keinen Antrag machen, nach allem, was ich dir angetan hatte! Am letzten Tag im Gefängnis schrieb ich dir auch nur, weil der Pfarrer sagte, ich müsse es tun. Er nahm den Brief zu sich und versprach mir, daß du ihn nach meiner Abreise bekommen solltest. Und nun hat er ihn schon abgeschickt.«

Ingmar ergriff ihre Hand, legte sie auf die Erde und schlug darauf. »Ich hätte Lust, dich selbst zu schlagen.« – »Du darfst mir tun, was du willst, Ingmar.« Er schaute ihr ins Gesicht, dem das Leiden eine neue Schönheit verliehen hatte, dann richtete er sich auf und beugte sich über sie. »Es war aber nahe daran, daß ich dich hätte reisen lassen.« – »Du konntest es aber doch nicht unterlassen, zu kommen.« – »Ich muß dir sagen, daß ich dich gar nicht liebhatte.« – »Das verstehe ich recht wohl.« – »Ich war so froh, als ich hörte, daß du nach Amerika solltest.« – »Ja, Vater schrieb, du freutest dich darüber.« – »Wenn ich Mutter ansah, dachte ich, ich könnte ihr eine wie dich nicht als Schwiegertochter bringen.« – »Nein, das geht auch nicht, Ingmar.« – »Ich habe deinetwegen so viel Verdruß gehabt; niemand wollte mich mehr ansehen, weil ich so schlecht an dir gehandelt hatte.« – »Ich glaube, jetzt schlägst du mich, Ingmar, wie du vorhin sagtest.« – »Ja, kein Mensch kann sich vorstellen, wie böse ich auf dich bin.«

Sie saß ganz ruhig da. »Wenn ich bedenke, wie es mir nun seit vielen Tagen und Monaten zumut war«, begann er aufs neue. – »Aber Ingmar!« – »Ach, deshalb bin ich nicht böse, aber ich hätte dich ja abreisen lassen können.« – »Hattest du mich nicht lieb, Ingmar?« – »O nein!« – »Auch während der Fahrt nicht?« – »Nicht einen Augenblick! Du warst mir nur zuwider!« – »Wann kam es denn wieder?« – »Als ich den Brief bekam.« – »Ja, ich sah ja wohl, daß es bei dir vorbei war; und deshalb meinte ich, es sei eine Schande für mich, wenn du erfährst, daß es bei mir begonnen hatte.«

Ingmar lachte still vor sich hin. »Was hast du, Ingmar?« – »Ich denke daran, daß wir aus der Kirche geflohen sind und vom Ingmarshof fortgejagt wurden.« – »Und darüber lachst du?« – »Ja, ist es nicht zum Lachen? Wir müssen wohl wie andere Landstreicher auf freiem Feld übernachten. Das sollte der Vater sehen!« – »Jetzt lachst du wohl, Ingmar, aber es geht nicht, es geht nicht, und das ist meine Schuld.« – »Es wird schon gehen«, sagte er, »denn nun kümmere ich mich keinen Pfifferling um jemand anders als um dich.«

Brita war dem Weinen nahe vor lauter Angst, aber er wollte nur immer wieder hören, wie sie an ihn gedacht und sich nach ihm gesehnt hatte. Allmählich beruhigte er sich wie ein Kind, das einem Wiegenlied lauscht. Es war eben alles ganz anders, als Brita es sich gedacht hatte. Sie hatte gedacht, wenn sie nach ihrer Entlassung aus dem Gefängnis mit ihm zusammenträfe, würde sie sogleich von ihrer Schuld sprechen und ihm sagen, wie sehr diese sie bedrükke und wie schlecht sie selbst sei. Ihm oder der Mutter oder wer auch immer käme, würde sie sagen, daß sie wohl wisse, wie tief sie unter ihnen stehe, und wie sie ja nicht glauben sollten, sie rechne sich ihnen ebenbürtig. Und nun hatte sie von all dem gar nichts zu ihm sagen können.

Da unterbrach er sie plötzlich und sagte leise: »Du möchtest mir etwas sagen.« – »Ja, ich möchte gern.« – »Etwas, woran du immerfort denkst?« – »Ja, Tag und Nacht.« – »So sag es jetzt, dann tragen wir es zu zweien.« Er sah ihr in die Augen, die einen ängstlichen, verstörten Ausdruck hatten, die aber ruhiger wurden, während sie sprach. »Jetzt ist es dir leichter«, sagte er, als sie fertig war. – »Ja, nun ist es mir, als sei es ganz verschwunden«, sagte sie. – »Das kommt daher, daß wir es nun zu zweien tragen. Nun willst du vielleicht nicht mehr fortgehen.« – »Ach nein, ich möchte so gerne bleiben«, sagte sie und faltete die Hände.

»Dann fahren wir jetzt heim«, erklärte Ingmar und stand auf. – »Nein, das wage ich nicht«, sagte Brita. – »Ach, Mutter ist nicht so gefährlich, wenn sie erst begriffen hat, daß man selbst weiß, was man will.« – »Nein, niemals will ich sie aus ihrer Heimat vertreiben. Ich weiß mir keinen anderen Rat, als daß ich nach Amerika reise.« – »Ich will dir etwas sagen«, sagte Ingmar und lächelte geheimnisvoll, »du brauchst keine Angst zu haben, es gibt einen, der uns hilft.« – »Wer ist das?« – »Es ist der Vater, er sorgt schon dafür, daß es geht.«

Da kam jemand auf dem Waldpfad gegangen. Es war Kajsa; aber die beiden erkannten sie kaum, denn sie hatte weder Joch noch Körbe bei sich. – »Guten Tag, guten Tag!« begrüßten sie die Alte; und diese trat zu ihnen und drückte ihnen die Hände. »Ja, hier sitzt ihr, während alle Knechte vom Ingmarshof auf der Suche nach euch sind. – Ihr hattet es so eilig, aus der Kirche herauszukommen«, fuhr die Alte fort, »daß ich euch nicht mehr erreichen konnte, aber ich wollte doch Brita begrüßen, und so ging ich nach dem Ingmarshof, und gleichzeitig mit mir kam auch der Pfarrer, und er trat in die Groß-Stube, ehe ich nur guten Tag zu ihm sagen konnte. Und noch ehe er Mutter Märta die Hand gereicht hatte, rief er ihr zu: ›Jetzt, Mutter Märta, werdet Ihr Freude an Ingmar erleben, jetzt sieht man, daß er vom alten Stamm ist, nun müssen wir anfangen, ihn Groß-Ingmar zu nennen!‹

Mutter Märta sagt ja nie viel, sie stand da und knüpfte nur ihr Kopftuch auf und zu. ›Was sagt der Herr Pfarrer?‹ fragte sie schließlich. – ›Er hat Brita heimgeholt‹, sagte der Pfarrer, ›und glaubt mir, Mutter Märta, dafür wird er geehrt werden, solang er lebt.‹ – ›Ach nein, ach nein‹, sagte die Alte. – ›Ich wäre beinahe in der Predigt steckengeblieben, als ich sie in der Kirche sitzen sah, das war eine bessere Predigt, als ich eine halten kann. Ingmar wird uns allen zum guten Beispiel, gerade wie sein Vater es auch war.‹ – ›Das sind schwere Nachrichten, die der Herr Pfarrer bringt‹, sagte Mutter Märta. – ›Ist er denn noch nicht heimgekommen?‹ – ›Nein, er ist nicht daheim, aber sie sind vielleicht zuerst nach Bergskog gefahren.‹ «

»Hat Mutter das gesagt?« rief Ingmar. – »Ja, gewiß, und während wir auf euch warteten, schickte sie einen Boten nach dem anderen auf die Suche nach euch.«

Kajsa sprach noch weiter, aber Ingmar hörte nicht mehr, was sie sagte; seine Gedanken waren weit weg. – »Dann trete ich in die Groß-Stube«, dachte er, »wo der Vater mit all den Ingmarssöhnen sitzt. – ›Guten Tag, Groß-Ingmar Ingmarsson‹, sagt Vater und geht mir entgegen. ›Guten Tag, Vater, und schönen Dank für die Hilfe.‹ – ›Ja, nun machst du eine gute Heirat‹, sagt Vater, ›und dann kommt alles andere von selbst.‹ – ›Ich wäre nie so weit gekommen, wenn Ihr mir nicht beigestanden hättet‹, sage ich. – ›Das war keine Kunst‹, sagt Vater. ›Wir Ingmarssöhne brauchen nur die Wege Gottes zu gehen.‹«

Erster Teil

Beim Schulmeister

In dem Kirchspiel, in dem die alten Ingmarssöhne lebten, war im Anfang der achtziger Jahre kein Mensch, der sich hätte denken können, daß er je einen neuen Glauben annehmen oder einer neuen Art Gottesdienst beiwohnen könnte. Die Leute hatten wohl davon reden hören, daß in den anderen Kirchspielen in Dalarne da und dort Sekten entstanden, und daß es Menschen gab, die in die Flüsse und Teiche stiegen, um sich mit der neuen Taufe der Baptisten taufen zu lassen; aber sie lachten alle darüber und sagten: »So etwas paßt vielleicht für die, die in Äppelbo und in Gagnef wohnen, aber das wird nie zu uns kommen.«

Ebenso wie die Leute an anderen alten Gebräuchen festhielten, so hielten sie auch streng darauf, daß man jeden Sonntag in die Kirche ging. Wer kommen konnte, der kam, selbst im Winter bei der allerstrengsten Kälte. Und gerade im Winter war es beinahe notwendig, denn man hätte es nicht aushalten können, bei vierzig Grad Kälte in der ungeheizten Kirche zu sitzen, wenn sie nicht mit Menschen ganz dicht besetzt gewesen wäre.

Aber man darf nicht glauben, daß die Leute so zahlreich kamen, weil man einen so ausgezeichneten Pfarrer hatte. Der Seelsorger, der auf den alten Propst in Groß-Ingmars Jugendzeit folgte, war zwar ein guter Mann, aber niemand hätte von ihm sagen können, daß er eine besondere Gabe habe, das Wort Gottes auszulegen. Zu jener Zeit ging man in die Kirche, um Gott zu ehren, und nicht, um sich an einer schönen Predigt zu erfreuen. Wenn man sich nachher auf der stürmischen Landstraße heimwärts kämpfte, dachte man: »Gott hat es wohl bemerkt, daß du bei diesem kalten Wetter in der Kirche warst.«

Das war es, worauf es ankam, im übrigen aber konnte niemand etwas dafür, wenn der Pfarrer wieder genau dasselbe gesagt hatte, was man ihn, seit er ins Dorf gekommen war, an jedem Sonntag wiederholen hörte.

Aber um die Wahrheit zu sagen, so war der Zusammenhang wohl der, daß die meisten mit dem, was sie zu hören bekamen, vollkommen zufrieden waren. Sie wußten, daß das, was der Pfarrer ihnen vorlas, das Wort Gottes war, und deshalb fanden sie es schön. Nur der Schulmeister und der eine oder andere der alten klugen Bauern sagten gelegentlich einmal zueinander: »Unser Pfarrer hier hat eigentlich nur eine einzige Predigt. Er spricht beinahe von nichts anderem als von Gottes Vorsehung und Gottes Lenkung. Das geht noch an, solange die Sekten sich fernhalten; denn gegenwärtig ist diese Festung schlecht verwahrt, und beim ersten Angriff wird sie fallen.«

Es verhielt sich auch in der Tat so, daß die herumreisenden Prediger immer an dem Kirchspiel vorbeizogen. Es nütze nichts, dorthin zu gehen, sagten sie. Die Leute da wollten nichts von einer Erweckung wissen. Die Laienprediger und die Erweckten der Nachbardörfer hielten denn auch die alten Ingmarssons und die übrigen Dorfbewohner für große Sünder, und wenn sie die Kirchenglocken des Dorfs hörten, sagten sie, sie läuteten die Melodie: »Schlafet in euren Sünden, schlafet in euren Sünden!«

Alle im Dorfe, die Kleinen und die Großen, waren sehr aufgebracht, als sie hörten, wie die Leute über ihre Glokken sprachen. Wußten sie doch, daß kein Mensch im ganzen Kirchspiel es versäumte, ein Vaterunser zu beten, wenn die Kirchenglocken läuteten. Und jeden Abend, wenn die Betglocke erklang, wurde in und außer dem Hause jegliche Arbeit unterbrochen; die Männer nahmen die Hüte ab, die Frauen verneigten sich, und alle standen so lange still, als man braucht, um ein Vaterunser zu beten. Und wer je in diesem Dorfe gewohnt hatte, mußte zugeben, nie so deutlich gefühlt zu haben, daß Gott »das Reich und die Kraft und die Herrlichkeit« gehören, als wenn an den Sommerabenden plötzlich die Sensen ruhten, die Pflüge mitten in den Furchen anhielten und die Erntewagen auf dem Weg zur Scheune stehenblieben, und das alles nur um einiger Glockenschläge willen. Es war, als wüßten die Leute, daß gerade da Gott auf einer Abendwolke über das Dorf hinschwebe, groß und mächtig und gut und Segen über die ganze Gegend ausstreuend.

In diesem Dorf gab es noch keinen Schullehrer, der auf einem Seminar gewesen war, sondern man hatte einen altmodischen Schulmeister, einen Bauern, der sich seine Kenntnisse selbst erworben hatte. Er war ein tüchtiger Mann, der ganz allein mit mehr als hundert Kindern fertig wurde; seit mehr als dreißig Jahren war er nun Schulmeister hier und genoß das größte Ansehen. Der Schulmeister war auch beinahe davon überzeugt, daß er für das Wohl und Wehe des ganzen Dorfes verantwortlich sei, und nun wurde er unruhig, weil man einen Pfarrer hatte, der durchaus nicht predigen konnte. Er verhielt sich indes ruhig, solange in den Dörfern nur von der Einführung einer neuen Taufe die Rede war, aber als er hörte, daß die Reihe nun auch an das Abendmahl gekommen sei und daß die Leute sich da und dort in den Häusern versammelten, um das Abendmahl zu nehmen, konnte er nicht mehr gleichgültig zusehen. Er selbst war arm, aber es gelang ihm, von einigen der ersten Bauern Geld für den Bau eines Missionshauses zu erhalten. »Ihr kennt mich«, sagte er zu ihnen, »ich will nur predigen, um die Leute in dem alten Glauben zu stärken. Denn wohin soll es führen, wenn die Laienprediger uns mit der neuen Taufe und dem neuen Abendmahl überfallen und dann niemand da ist, der den Leuten sagt, was wahre und was falsche Lehre ist?«

Der Schulmeister war beim Pfarrer und bei jedermann sonst recht gut angeschrieben. Er und der Pfarrer gingen sehr oft lange zwischen dem Pfarrhof und der Schule auf und ab, als könnten sie mit dem, was sie einander zu sagen hatten, nie fertig werden. Der Pfarrer kam häufig abends zum Schulmeister, saß dann in der Küche an dem großen

Herd und plauderte mit Mutter Stina, des Schulmeisters Frau. Bisweilen kam er sogar jeden Abend. Es war immer so traurig bei ihm daheim, seine Frau lag beständig zu Bett, und so herrschte weder Ordnung noch Gemütlichkeit in seinem Hause.

Es war an einem Winterabend. Der Schulmeister und seine Frau saßen still und ernst neben dem Herd, und in einer Ecke spielte ein zwölfjähriges Mädchen, das Gertrud hieß und die Tochter des Schullehrers war. Sie war ganz hellblond, beinahe weißhaarig, hatte rosige runde Wangen, sah aber weder so aufgeweckt noch so altklug aus, wie es sonst die Art der Schulmeisterskinder ist.

Der Winkel, in dem sie saß, war ihr Spielkämmerchen. Da hatte sie eine Menge verschiedener Sachen zusammengetragen; kleine Scherben farbigen Glases, zerbrochene Tassen und Teller, runde Steine vom Flußufer, kleine Holzklötze und vielen anderen ähnlichen Kram.

Nun hatte sie schon lange ruhig weiterspielen dürfen; weder Vater noch Mutter hatten sie gestört. Sie saß auf dem Boden, baute eifrig mit ihren Holzklötzen und Glasscherben und fürchtete nur, an ihre Aufgaben und ihre Arbeit erinnert zu werden. Doch nein, das war herrlich, es sah nicht danach aus, als ob aus der Rechenstunde beim Vater heute abend etwas werden würde.

Sie hatte da in ihrem Winkel eine große Arbeit vor; nämlich nichts weniger, als ein ganzes Dorf zu bauen. Das ganze Kirchspiel samt Kirche und Schule sollte geschaffen werden. Der Fluß und die Brücke mußten auch dabeisein; sie wollte es ganz so machen, wie es war.

Sie hatte auch schon ein großes Stück fertig. Die hohe Bergkette, die das ganze Tal umgab, war aus großen und kleinen Steinen errichtet. In alle Zwischenräume hatte sie kleine Tannenzweige gesteckt, die den Wald vorstellen sollten, und droben gegen Norden ragten zwei spitzige Steine auf, die stellten den Klackberg und den Olofshut vor, die zu beiden Seiten des Flusses einander gerade gegenüberstanden und das ganze Tal beschatteten.

Das runde Tal zwischen den Bergen war mit Erde aus einem der Blumentöpfe der Mutter bedeckt, und soweit war alles recht, aber es gelang ihr nicht, alles so grün und fruchtbar zu machen, wie es sein sollte. Da tröstete sie sich mit dem Gedanken, es sei Frühling, ehe Gras und Getreide aufgegangen seien.

Den Fluß, der breit und schön durch das Kirchspiel floß, hatte sie dagegen mit einem langen schmalen Glasscherben ganz deutlich angeben können, und die schwankende Floßbrücke, die die beiden Teile des Kirchspiels miteinander verband, lag schon lange bereit und schwamm auf dem Wasser.

Die abgelegenen Höfe und Weiler hatte sie auch schon durch rote Ziegelstückchen bezeichnet. Weit im Norden, von Äckern und Wiesen umgeben, lag der Ingmarshof, aber der Ort Kolaaos lag ganz im Osten droben am Bergabhang und das Sägewerk von Bergsaana am weitesten gegen Süden, wo sich der Fluß mit Stromschnellen und Fällen zum Tal hinausdrängte und die Bergkette durchbrach.

Mit dem Äußern war sie nun eigentlich fertig. Die Landstraßen zogen sich, gut mit Kies und Sand bestreut, zwischen den Höfen hin und den Fluß entlang. Bei den Höfen und um die Häuser herum standen da und dort kleine Bäume. Das Mädchen brauchte nur einen Blick auf sein Gebilde aus Steinen und Erde und Tannenzweiglein zu werfen, und sogleich sah es das ganze Kirchspiel vor sich. Es meinte, es sei über alle Maßen schön.

Ein ums andere Mal hob die kleine Gertrud auch den Kopf, um die Mutter zu rufen und ihr das Wunderwerk zu zeigen, aber sie unterließ es jedesmal, denn sie fand es doch am klügsten, die Eltern nicht an ihre Gegenwart zu erinnern.

Was nun noch zu tun blieb, war das Schwerste von allem, nämlich das Kirchdorf selbst zu bauen, das sich mitten im Kirchspiel zu beiden Seiten des Flusses ausbreitete. Sie mußte die Steine und Glasscherben oftmals verschieben, ehe sie Ordnung in all den Wirrwarr brachte. Das Haus des Schultheißen wollte den Kaufladen auf die Seite drängen, und das des Landrichters fand keinen Platz neben dem des Doktors. Und wie schwer war es schon allein, sich an all das zu erinnern, was da war: die Kirche und der Pfarrhof, die Apotheke und das Postamt, die großen Bauernhöfe mit ihren Wirtschaftsgebäuden, das Wirtshaus, der Hof des Jägermeisters, die Telegraphenstation – – –

Endlich lag das ganze Dorf mit seinen weißen und roten Häusern im Grünen eingebettet da. Nun fehlte nur noch eins.

Sie hatte sich mit all diesem so sehr beeilt, um an den Bau des Schulhauses zu kommen, das ja auch im Ort stehen mußte. Für die Schule brauchte sie sehr viel Platz. Sie sollte sich am Flußufer erheben; ein mächtiges, weißes, zweistöckiges Haus mit einem großen Garten und einer Fahnenstange mitten im Hof.

Ihre besten Klötze hatte sie für die Schule aufgehoben, und doch saß sie lange da und überlegte, wie sie damit zurechtkommen sollte. Am liebsten hätte sie das Schulhaus ganz so gebaut, wie es war; mit einem großen Schulzimmer in jedem Stock und mit der Küche und der Stube, wo sie und die Eltern wohnten.

»Aber das wird sehr viel Zeit in Anspruch nehmen, und man wird mich wohl nicht so lange in Frieden lassen«, dachte sie.

Da erklangen Schritte auf dem Flur, jemand stampfte draußen den Schnee von den Schuhen, und sogleich fing das Mädchen wieder zu bauen an. Nun war ja der Pfarrer da und unterhielt sich mit Vater und Mutter, nun hatte sie den ganzen Abend für sich. Und sie begann mit frischem Mut, den Grund zu einem Schulhaus zu legen, das so groß war wie das halbe Dorf.

Die Mutter hatte die Schritte auf dem Flur auch gehört. Sie stand auf und rückte einen alten Lehnstuhl an den Herd. Zugleich wandte sie sich an ihren Mann. »Willst du es ihm heute abend sagen?« – »Ja«, antwortete der Schulmeister, »sobald ich Gelegenheit finde.« Der Pfarrer trat ein, verblasen und erfroren und froh, sich in einer warmen Stube an den Ofen setzen zu können. Er war wie gewöhnlich sehr redselig. Man konnte sich wirklich keinen angenehmeren Mann denken als den Pfarrer, wenn er so kam, um über alles mögliche zu plaudern. Er sprach außerordentlich gewandt und offen über alles, was zu dieser Welt gehörte, und es war kaum zu glauben, daß dies derselbe Mann sein sollte, dem das Predigen so schwer wurde. Redete man mit ihm jedoch über geistige Dinge, so bekam er einen roten Kopf, suchte nach Worten und sagte nie etwas, das des Anhörens wert war, höchstens wenn er davon sprach, wie Gott regiere.

Als nun der Pfarrer so dasaß, wandte sich der Schulmeister an ihn und sagte erfreut: »Nun muß ich dem Herrn Pfarrer mitteilen, daß ich ein Missionshaus bauen will.«

Der Pfarrer erblaßte, er sank in dem Lehnstuhl, den Mutter Stina für ihn hingestellt hatte, förmlich zusammen.

»Was sagen Sie, Storm?« fragte er. »Soll hier ein Missionshaus gebaut werden? Was wird dann aus der Kirche und aus mir? Sollen wir fort?«

»Die Kirche und den Pfarrer haben wir trotzdem noch recht nötig«, sagte der Schulmeister entschieden. »Meiner Ansicht nach wird das Missionshaus die Kirche stützen. Es ziehen so viele Irrlehrer im Land umher, daß die Kirche wahrlich einer Hilfe bedarf.«

»Ich glaubte, Sie wären mein Freund, Storm«, sagte der Pfarrer betrübt.

Vor ein paar Augenblicken war er sicher und froh hereingekommen, nun war er auf einmal so zusammengefallen, als sei es aus mit ihm.

Der Schulmeister verstand wohl, warum der Pfarrer so verzweifelt war. Er und jedermann sonst wußte, daß der Pfarrer einst einen ausgezeichneten Lernkopf gehabt, aber in seinen jungen Jahren zu ausgiebig gelebt hatte, bis er schließlich vom Schlag getroffen worden war, von dem er sich nie wieder ganz erholen konnte. Oftmals vergaß er selbst, daß er nur noch eine Ruine von einem Menschen war, aber sooft ihn etwas daran erinnerte, bemächtigte sich seiner eine düstere Verzweiflung.

Nun saß er fast wie tot im Lehnstuhl, und lange wagte niemand ein Wort zu sagen. So dürfe der Pfarrer die Sache nicht auffassen, sagte der Schulmeister endlich und versuchte, so leise und freundlich als möglich zu sprechen.

»Still, Storm«, sagte der Pfarrer, »ich weiß, daß ich kein hervorragender Prediger bin, aber ich hätte nicht geglaubt, daß Sie mir das Amt abnehmen wollten.«

Storm streckte abwehrend die Hände aus, wie um zu sagen, daß so etwas gewiß nicht seine Absicht sei, aber er wagte kein Wort zu sagen.

Der Schulmeister war ein Mann von sechzig Jahren, aber noch in seiner vollen Kraft, trotz aller Arbeit, die er sich auferlegte. Zwischen ihm und dem Pfarrer bestand ein großer Gegensatz. Storm war so groß wie der größte Mann in Dalarne, die Stirn war von schwarzen Locken umrahmt, die Haut so dunkel wie Kupfer und das Gesicht scharf geschnitten. Er sah wie ein Riese aus neben dem Pfarrer, der klein war, mit eingefallener Brust und kahlem Scheitel.

Die Frau Schulmeisterin meinte, daß ihr Mann, weil er der Stärkere sei, auch der Nachgiebige sein müsse. Sie gab ihm ein Zeichen, daß er einlenken solle; aber so betrübt er auch war, so machte er doch keine Miene, von seinem Vorsatz abzustehen.

Der Schulmeister begann nun sehr langsam und deutlich zu sprechen. Er sagte, es werde bestimmt nicht mehr lange dauern, bis sich das sektiererische Treiben auch in diese Gemeinde eindränge. Und er sagte, man brauche einen Ort, wo man mit dem Volk in einfacherer Weise reden könne, als es sich in der Kirche schicke, einen Ort, wo man sich seinen Text selbst wählen, die ganze Bibel erklären und die Gemeinde über die Bedeutung aller schwierigen Stellen aufklären könne.

Seine Frau machte ihm ein Zeichen, daß er schweigen solle; sie fühlte, wie der Pfarrer bei jedem Wort dachte:

»Ich habe also keine Unterweisung gegeben, ich bin kein Schutz gegen den Unglauben gewesen, ich muß wahrlich recht schlecht sein, wenn mein eigener Schullehrer, ein Mann, der nur ein selbstgelehrter Bauer ist, glaubt, daß er besser predigen könne als ich.«

Aber der Schulmeister schwieg nicht, er sprach weiter von all dem, was getan werden müsse, um die Herde zu beschützen, damit die Wölfe nicht über sie herfielen.

»Aber ich sehe gar keine Wölfe«, sagte der Pfarrer.

»Ich weiß, daß sie unterwegs sind«, erwiderte Storm.

»Und Sie, Storm, Sie sind es, der ihnen die Tür öffnet.«

Der Pfarrer richtete sich im Lehstuhl auf; die Worte des Schulmeisters hatten ihn erzürnt; er bekam einen roten Kopf und gewann einen Teil seiner Würde zurück.

»Lieber Storm, lassen Sie uns nicht weiter über die Sache reden«, sagte er.

Darauf wandte er sich an die Hausmutter und begann mit ihr über die schöne Braut, die sie kürzlich geschmückt hatte, zu scherzen; denn Mutter Stina schmückte alle Bräute des Dorfs zu ihrer Hochzeit. Aber die Bauernfrau verstand, welch furchtbarer Schmerz über sein eigenes Unvermögen in ihm erweckt worden war; sie weinte aus Mitleid und konnte vor lauter Tränen nicht antworten, so daß der Pfarrer die Unterhaltung fast ganz allein führen mußte.

Die ganze Zeit aber dachte der Pfarrer: »Ach, ach, hätte ich doch noch die Kraft und Stärke meiner Jugend! Dann würde ich diesen Bauern bald davon überzeugen, wie schlecht er handelt.«

Plötzlich wandte er sich aufs neue an den Schullehrer. »Wo haben Sie denn das Geld her, Storm?«

»Wir haben eine Gesellschaft gegründet«, antwortete Storm und nannte einige der Bauern, die ihm ihre Hilfe versprochen hatten. Er wollte damit beweisen, daß es lauter Leute seien, die weder dem Pfarrer noch der Kirche zu schaden trachteten.

»Ist Ingmar Ingmarsson auch dabei?« fragte der Pfarrer, und es war, als hätte er einen neuen Todesstoß erhalten.

»Storm und Ingmar Ingmarsson«, dachte er, »auf diese beiden habe ich vertraut wie auf keinen andern.«

Aber er sagte nichts mehr darüber, sondern wandte sich wieder an die Hausmutter und sprach mit ihr. Er bemerkte wohl, daß sie weinte, tat jedoch, als sehe er es nicht.

Nach einer kleinen Weile fing er aber doch wieder mit dem Schulmeister an:

»Geben Sie es auf, Storm!« bat er. »Geben Sie es um meinetwillen auf. Es würde Ihnen auch nicht gefallen, wenn jemand eine Schule neben der Ihrigen errichtete.«

Der Schulmeister schaute zu Boden und überlegte. »Ich kann nicht, Herr Pfarrer«, sagte er dann und versuchte, mutig und ruhig auszusehen.

Der Pfarrer sagte nichts mehr, und wohl zehn Minuten lang war es totenstill im Zimmer.

Dann stand er auf, zog seinen Pelz an, setzte die Mütze auf und ging zur Tür.

Den ganzen Abend hatte er nach Worten gesucht, die Storm beweisen sollten, daß er unrecht tue, und zwar nicht allein ihm, dem Pfarrer, sondern der ganzen Gemeinde, die er mit diesem Unternehmen verderben werde. Und obgleich sich die Worte und Gedanken in seinem Gehirn drängten, so konnte er sie doch nicht aussprechen und keine Ordnung hineinbringen, weil er ein gebrochener Mann war.

Auf dem Weg zur Tür bemerkte er Gertrud, die in ihrer Ecke saß und mit ihren Klötzchen und Glasscherben spielte. Er blieb stehen und sah sie an. Sie hatte offenbar kein Wort von der Unterhaltung gehört, ihre Augen glänzten vor Freude, und ihre Wangen waren röter als gewöhnlich.

Der Pfarrer wurde von dem Gegensatz zwischen dieser großen Sorglosigkeit und seinem eigenen schweren Kummer betroffen, und er trat zu ihr. »Was machst du da?« fragte er.

Das Mädchen war längst mit dem ganzen Dorf fertig geworden. Sie hatte es sogar schon zerstört und mit etwas Neuem begonnen.

»Wenn der Herr Pfarrer nur ein klein wenig früher gekommen wäre!« sagte das Kind. »Ich hatte so ein schönes Dorf mitsamt der Kirche und dem Schulhaus.«

»Wo ist es denn nun?«

»Ach, das Dorf habe ich wieder zerstört, und nun bin ich dabei, Jerusalem zu bauen, und – – –«

»Was sagst du?« rief der Pfarrer. »Willst du damit sagen, daß du das Dorf zerstört hast, um Jerusalem zu bauen?«

»Ja«, antwortete Gertrud, »es war ein sehr schönes Dorf, aber wir haben gestern in der Schule von Jerusalem gehört, und nun habe ich das Dorf zerstört, um Jerusalem zu bauen.«

Der Pfarrer blieb stehen und betrachtete das Kind. Er strich sich über die Stirn, um Klarheit in seine Gedanken zu bringen. »Es muß wahrlich ein Größerer sein als du, der durch deinen Mund spricht«, sagte er.

Die Worte des Kindes erschienen ihm so merkwürdig, daß er sie einmal übers andere vor sich hin sagte. Während er dies tat, glitt er in seinen gewöhnlichen Gedankengang hinein und begann, sich darüber zu verwundern, wie Gott die Welt regiere und welche Mittel er anwende, um seinen Willen durchzusetzen.

Er trat wieder zum Schulmeister und sagte mit seiner gewöhnlichen freundlichen Stimme und mit einem ganz neuen klaren Ausdruck in den Augen:

»Ich bin nicht mehr böse auf Sie, Storm, Sie tun wohl nur, was Sie tun müssen. Mein Lebtag habe ich darüber nachgedacht, wie Gott die Welt regiert, aber ich bin nie zu einer rechten Klarheit gekommen. Auch dies hier verstehe ich nicht, aber das verstehe ich, daß Sie tun, was Sie tun müssen.«

In dem Frühjahr, in dem das Missionshaus gebaut wurde, trat plötzlich Tauwetter ein, und der Fluß schwoll hoch an. Es war erstaunlich, all das Wasser zu sehen, das dieser Frühling brachte. Es regnete vom Himmel herunter, es kam in großen Strömen von den Bergen herabgestürzt, es rieselte aus der Erde heraus, in jedem Wagengeleise und in jeder Pflugfurche stand Wasser. Und alles Wasser vereinte sich mit dem Fluß, der wuchs und wuchs und immer eiliger dahinrauschte. Er war nicht dunkel und klar und ruhig wie gewöhnlich, sondern gelbgrau von all dem erdigen Wasser, das hineinströmte, und wie er nun daherrauschte, voller Balken und Eisschollen, sah er merkwürdig unheimlich und drohend aus.

Im Anfang kümmerten sich die Erwachsenen nicht viel um das Frühjahrshochwasser; nur die Kinder liefen ans Ufer, sobald sie eine freie Stunde hatten, und besahen den rasenden Strom und all das, was er mit sich führte.

Bald waren es auch nicht mehr bloß Balken und Eisschollen; da kam noch ganz anderes! Es kamen Waschbrücken und Badehütten, und eine kleine Weile später kamen Boote und Stücke von zerstörten Floßbrücken.

»Er nimmt wohl bald auch unsere Brücke mit! Ja, ganz gewiß!« sagten die Kinder. Sie waren ein wenig ängstlich, aber die Freude darüber, daß etwas so Merkwürdiges geschehen könnte, überwog.

Plötzlich kam eine große Tanne mit allen Wurzeln und Zweigen dahergesegelt, und hinter ihr schwamm eine Espe mit weißem Stamm; vom Ufer aus konnte man sehen, daß die dicken Zweige große Knospen hatten, die in dem langen Bad aufgequollen waren. Und dicht hinter den Bäumen kam ein kleiner umgestürzter Heuschuppen. Er war noch mit Heu und Stroh gefüllt und schwamm auf dem Dach wie ein Boot auf seinem Kiel.

Aber als solche Dinge vorbeitrieben, kamen die Erwachsenen auch in Bewegung. Man begriff, daß der Fluß irgendwo weiter nördlich über seine Ufer getreten sein mußte, und eilte zum Strand hinunter mit Stangen und Bootshaken, um Hausgeräte und Gebäude ans Land zu ziehen.

Weit droben im Norden des Bezirks, wo das Land nur spärlich bebaut war und nur wenige Menschen wohnten, stand Ingmar Ingmarsson allein am Flußufer. Er war nun nahe an sechzig und sah sogar noch etwas älter aus. Das Gesicht war grob geschnitten und gefurcht, der Rücken gebeugt, und er sah noch ebenso unbeholfen und hilflos aus wie früher.

Er stand da und stützte sich auf einen langen schweren Bootshaken, während er mit trägem und schläfrigem Blick über den Fluß hinschaute.

Der Fluß brauste und schäumte und zog mit all dem, was er von den Ufern geraubt hatte, stolz an ihm vorüber. Es war, als wollte er den Bauern wegen seiner Langsamkeit verhöhnen, und er schien zu sagen: »Du bist nicht der Richtige, um mir von meiner Fracht etwas zu entreißen.«

Ingmar Ingmarsson ließ Floßbrücken und Bootsrümpfe dicht an sich vorüberschwimmen, ohne einen Versuch zu machen, sie herauszuziehen. »Das wird schon drunten im Kirchdorf geborgen werden«, dachte er.

Trotzdem wandte er kein Auge vom Fluß, sondern beobachtete alles, was vorüberkam. Plötzlich erschien ein gutes Stück weiter droben auf dem Strom etwas leuchtend Gelbes auf ein paar zusammengenagelten Brettern, und er entdeckte es augenblicklich. »Ja, darauf habe ich schon lange gewartet«, sagte er dann laut zu sich selbst. Er konnte noch nicht erkennen, was das Gelbe war, aber für den, der weiß, wie die kleinen Kinder in Dalarne gekleidet sind, war es leicht zu erraten. »Das sind ein paar Kinder, die auf einer Waschbrücke saßen und spielten«, dachte er, »und nicht genug Verstand hatten, ans Land zu gehen, ehe der Fluß sie ergriff.«

Es dauerte auch nicht lange, bis der Bauer sah, daß er recht geraten hatte. Er konnte deutlich drei kleine Kinder in gelben Frieskleidern und gelben runden Mützen erkennen, die auf dem Fluß dahergesegelt kamen, und zwar auf einer schlecht gezimmerten Brücke, die von der Strömung und von anprallenden Eisstücken allmählich auseinandergerissen wurde.

Die Kinder waren zwar noch weit entfernt, aber Ingmar wußte, daß eine Strömung im Fluß gerade auf die Uferstelle zutrieb, an der er stand. Wenn es nun Gottes Wille war, daß die Brücke, auf der die Kinder saßen, in diese Strömung geriet, dann war es möglich, daß er sie an Land ziehen konnte.

Er stand unbeweglich da und schaute auf den Fluß. Da war es, als habe jemand der Brücke einen Stoß versetzt, sie änderte den Kurs und wandte sich seinem Ufer zu. Die Kinder kamen so nahe, daß er ihre kleinen angstvollen Gesichter sehen und ihr Weinen hören konnte.

Aber sie waren doch zu weit draußen, als daß er sie vom Ufer aus mit dem Bootshaken hätte erreichen können. Da eilte er hinunter ins Wasser und begann, in den Fluß hinauszuwaten.

Während er dies tat, hatte er ein sonderbares Gefühl; es war ihm, als ob ihm jemand zuriefe: »Du bist kein junger Mann mehr, Ingmar, du setzest vielleicht dein Leben aufs Spiel!«

Er besann sich einen Augenblick und überlegte, ob er recht tue, sein Leben zu wagen. Seine Frau, die er einst aus dem Gefängnis geholt hatte, war im letzten Winter gestorben, und seit sie von ihm gegangen war, war er von dem Wunsch beseelt, ihr bald nachzufolgen. Aber andererseits war der Sohn, der den Hof übernehmen sollte, noch nicht erwachsen. Er mußte wohl um des Sohnes willen noch durchhalten.

»Es mag nun jedenfalls gehen, wie Gott will«, sagte er.

Und nun war Groß-Ingmar nicht mehr unbeholfen und langsam. Als er in den brausenden Strom hineinschritt, stieß er beständig die Stange in den Boden, um nicht von der Strömung mit fortgerissen zu werden, und gab genau acht auf die Eisschollen und Balken, die an ihm vorbeischwammen, damit sie ihn nicht umrissen. Und als dann die Brücke kam, stemmte er seine Füße fest in den Flußgrund, streckte den Bootshaken aus und schlug ihn in die Brücke ein.

»Haltet euch gut fest!« rief er den Kleinen zu, denn in demselben Augenblick machte die Brücke eine große Wendung und krachte in allen Fugen. Aber das ärmliche Machwerk hielt, und Groß-Ingmar brachte es aus der schlimmsten Strömung heraus. Dann ließ er es los, denn er wußte, daß es nun von selbst vollends ans Ufer treiben würde.

Wieder stieß er die Stange fest in den Boden und wandte sich, um selbst ans Land zurückzugehen. Aber dabei gab er nicht acht auf einen großen Balken, der dahergesaust kam. Er prallte auf ihn auf und stieß ihn in die Seite gerade unter dem Arm. Es war ein furchtbarer Stoß; der Balken war mit großer Wucht dahergekommen, und Groß-Ingmar schwankte im Wasser hin und her. Aber er stützte sich noch immer auf den Bootshaken und erreichte das Ufer. Als er am Ufer stand, wagte er es kaum, seinen Körper zu befühlen, er meinte, der ganze Brustkasten müsse ihm eingedrückt sein. Sein Mund füllte sich schnell mit Blut. Nun ist es aus mit dir, Groß-Ingmar, dachte er. Er konnte keinen Schritt mehr machen, sondern sank zu Boden.

Die kleinen geretteten Kinder stießen ein Angstgeschrei aus, so daß Leute herbeikamen und Groß-Ingmar nach Hause geschafft wurde. – – –

Vom Ingmarshof aus wurde der Pfarrer geholt, der dann den ganzen Nachmittag dort blieb. Als er am Abend zurückkam, ging er zu Schulmeisters hinüber. Er hatte im Lauf des Tags Dinge erfahren, über die er noch mit jemand sprechen mußte.

Der Schulmeister und Mutter Stina waren tief betrübt, denn sie hatten schon von Ingmar Ingmarssons Tod gehört. Der Pfarrer dagegen ging mit leichten Schritten dahin, und es lag etwas Freudiges und Klares über ihm, als er bei den beiden eintrat.

Der Schulmeister fragte ihn sogleich, ob er noch zur

rechten Zeit gekommen sei. – »Ja«, antwortete der Pfarrer, »aber man hatte mich da nicht nötig.« – »Nicht?« fragte Mutter Stina. – »Nein«, sagte der Pfarrer und lachte geheimnisvoll, »er konnte ebensogut ohne mich fertig werden!«

»Es ist oft recht schwer, an einem Sterbebett zu sitzen«, sagte der Pfarrer. – »Jawohl, jawohl«, stimmte der Schulmeister bei. – »Ja, und besonders wenn es der erste Mann im Dorf ist, der stirbt.« – »Jawohl.« – »Aber es kann auch ganz anders sein, als man sich gedacht hat.«

Hierauf schwieg der Pfarrer eine Weile und sah geradeaus, seine Augen leuchteten etwas heller als sonst hinter der Brille.

»Haben Sie, Storm, oder Sie, Mutter Stina, auch von dem merkwürdigen Erlebnis gehört, das Groß-Ingmar in seiner Jugend gehabt hat?« fragte der Pfarrer. – Der Schulmeister antwortete, daß man ja allerlei von Groß-Ingmar gehört habe. – »Jawohl, aber dies ist das Allermerkwürdigste; ich habe es erst heute droben auf dem Ingmarshof gehört.

Groß-Ingmar hat einen guten Freund, der ein Häusler auf seinem Hof ist«, fuhr der Pfarrer fort. – »Ja, das weiß ich«, sagte der Schulmeister. »Er heißt Ingmar, und die Leute nennen ihn Stark-Ingmar, um einen Unterschied zwischen den beiden zu machen.« – »Ja, der ist es«, sagte der Pfarrer, »der Vater nannte ihn Ingmar aus Hochachtung für seinen Herrn.

Aber da geschah es einmal, als Groß-Ingmar noch jung war – es war im Sommer und an einem Samstagabend, und er und sein Freund Stark-Ingmar hatten eben Feierabend gemacht –, daß sie ihre Sonntagskleider anzogen und ins Kirchdorf hinuntergingen, um sich einen vergnügten Abend zu machen.«

Der Pfarrer hielt inne und dachte nach. »Ich kann mir denken, welch ein herrlicher Abend das gewesen sein muß«, sagte er; »ganz still und klar, ein Abend, an dem Erde und Himmel die Farbe vertauschen, so daß der Himmel in ein helles Grün übergeht und die Erde sich mit einem leichten Nebel bedeckt, der allem ein weißes oder bläuliches Aussehen verleiht.

Aber als Groß-Ingmar und Stark-Ingmar ins Dorf kamen und über die Brücke gehen wollten, war es ihnen, als ob jemand zu ihnen sagte, sie sollten die Augen aufheben. Das taten sie, und da sahen sie den Himmel offen über sich. Das ganze Himmelsgewölbe war wie ein Vorhang auf die Seite geschoben, und die beiden standen Hand in Hand und sahen in die Herrlichkeit des Himmels hinein.

Haben Sie je so etwas gehört, Mutter Stina, oder Sie, Storm?« fragte der Pfarrer. »Die beiden, Groß-Ingmar und Stark-Ingmar, standen da auf der Brücke und sahen den Himmel offen.

Sie haben eigentlich niemals mit jemand darüber gesprochen, was sie gesehen hatten, sondern nur zu ihren Kindern und nächsten Anverwandten gesagt, daß sie einmal dagestanden und den Himmel offen gesehen hätten. Kein Fremder hat es je früher erfahren, und es ist ihr größter Schatz und ihr Heiligtum gewesen, daß sie des Himmels Herrlichkeit gesehen hatten.«

Wieder schaute der Pfarrer eine Weile zu Boden, dann seufzte er tief auf. »Ich habe noch nie so etwas gehört«, sagte er, und seine Stimme bebte ein wenig, als er fortfuhr: »Ich hätte gern mit Groß-Ingmar und Stark-Ingmar dort auf der Brücke gestanden und den Himmel offen gesehen.

Heute nun, sobald man Groß-Ingmar auf den Hof geschafft hatte«, sagte der Pfarrer, »befahl er, daß man Stark-Ingmar holen sollte; das tat man sofort, und gleichzeitig schickte man auch nach dem Doktor und nach mir. Aber Stark-Ingmar war nicht daheim. Er war weit droben im Wald beim Baumfällen und nicht leicht zu finden. Man schickte einen Boten nach dem andern aus, und Groß-Ingmar war sehr besorgt, daß er ihn vor seinem Tode nicht mehr sehen würde.

Es dauerte sehr lange; ich kam, und der Doktor kam, aber Stark-Ingmar war nicht zu finden.

Groß-Ingmar kümmerte sich nicht viel um uns andere; er war dem Tode nahe. ›Nun sterbe ich bald, Herr Pfarrer‹, sagte er. ›Wenn ich doch nur Ingmar vorher noch sehen könnte.‹

Er lag auf dem breiten Bett in der Kammer, und die schönste Decke, die sie hatten, war über ihn gebreitet worden. Er lag mit offenen Augen da und schaute die ganze Zeit nach etwas aus, das weit entfernt war und das kein anderer sah. Die drei geretteten Kinder hatte man zu ihm aufs Bett gehoben, sie saßen zusammengekauert und ruhig zu seinen Füßen. Wenn er dazwischen einmal die Blicke von dem abwandte, was er in weiter Ferne sah, fielen sie auf die Kinder, und dann ging ein Strahlen über sein ganzes Gesicht.

Schließlich hatte man den Häusler doch gefunden, und Groß-Ingmar schaute lächelnd vor sich hin, als er Stark-Ingmars schwere Schritte in der Groß-Stube vernahm.

Als der Mann an sein Bett trat, ergriff der Kranke seine Hand und streichelte sie sachte; dann fragte er ihn:

›Weißt du noch, du, Stark-Ingmar, wie wir da drunten auf der Kirchenbrücke standen und den Himmel offen sahen?‹

›Ja, wahrlich weiß ich es noch, wie wir beide in den Himmel hineinsahen,‹ antwortete Stark-Ingmar.

Da wandte sich Groß-Ingmar ganz zu ihm hin; er lächelte, und sein Gesicht strahlte, als habe er die größte Freude zu verkünden. – ›Ich gehe nun dorthin‹, sagte er zu Stark-Ingmar.

Da beugte sich der Häusler vor und sah ihm tief in die Augen. ›Und ich komme nach‹, sagte er. Groß-Ingmar nickte ihm zu. ›Aber du weißt, daß ich nicht kommen kann, ehe dein Sohn von der Wallfahrt zurück ist.‹

›Ja, das weiß ich‹, sagte Groß-Ingmar und nickte ihm zu.

Nachdem er dies gesagt hatte, tat er noch ein paar tiefe Atemzüge, und dann war er tot.«

Die Schulmeistersleute stimmten mit dem Pfarrer überein, daß dies ein schöner Tod sei. Alle drei saßen lange Zeit still da.

»Aber«, sagte Mutter Stina plötzlich, »was meinte denn Stark-Ingmar mit dem, was er von der Wallfahrt gesagt hat?«

Ein wenig verwirrt sah der Pfarrer auf. »Ich weiß es nicht, Groß-Ingmar starb gleich nachher, und ich habe noch nicht Zeit gehabt, darüber nachzudenken«, sagte er und versank in Gedanken. »Es waren recht merkwürdige Worte, da haben Sie recht, Mutter Stina.«

»Der Herr Pfarrer weiß doch, daß es heißt, Stark-Ingmar könne in die Zukunft sehen.«

Der Pfarrer strich sich nachdenklich über die Stirne, wie um seine Gedanken zu ordnen. »Es gibt nichts Merwürdigeres, als wenn man bedenkt, wie Gott die Welt regiert«, sagte er dann. »Nein, es gibt nichts Merkwürdigeres auf der Welt.«

Karin Ingmarstochter

Es war an einem Vormittag im Herbst. Die Schule hatte angefangen, aber es war gerade Vormittagspause. Der Schulmeister und Gertrud traten in die Küche; sie setzten sich an den Tisch, und Mutter Stina schenkte ihnen Kaffee ein.

Ehe sie ihre Tassen geleert hatten, bekamen sie Besuch.

Es war Halvor Halvorsson, ein junger Bauer, der einen Kaufladen im Kirchdorf eröffnet hatte. Er stammte vom Timshof und wurde deshalb meistens Tims Halvor genannt. Er war ein großer hübscher Mensch, sah aber niedergeschlagen aus. Mutter Stina bot ihm auch Kaffee an; er setzte sich an den Tisch und begann ein Gespräch mit dem Schulmeister.

Die Hausmutter saß auf dem Kanapee am Fenster und strickte. Sie saß so, daß sie auf die Straße hinausschauen konnte. Auf einmal wurde sie ganz rot im Gesicht und beugte sich vor, um besser zu sehen. Aber sie versuchte sofort, wieder ruhig auszusehen, und sagte gleichgültig: »Ich glaube, wir bekommen vornehmen Besuch.« Der Kaufmann hörte, daß ein ungewohnter Ton in ihrer Stimme lag; er stand auf und sah hinaus. Da sah er eine große, etwas vorgebeugte Frau mit einem halbwüchsigen Jungen auf die Schule zukommen.

»Wenn ich nicht falsch sehe, so ist es Karin Ingmarstochter«, sagte Mutter Stina. – »Ja, gewiß ist es Karin«, sagte der Kaufmann. Er sagte nichts weiter, sondern wandte sich vom Fenster ab und sah sich in der ganzen Stube um, als spähe er nach einem Ausgang. Aber dann ging er ruhig an seinen alten Platz zurück.

Die Sache verhielt sich nämlich so, daß im vergangenen Sommer, als Groß-Ingmar noch lebte, Halvor um Karin Ingmarstochter gefreit hatte. Er hatte zwar schon viel früher um sie geworben, aber es hatte viele Wenn und Aber gegeben. Das alte Geschlecht hatte nicht gewußt, ob er gut genug sei, und zwar nicht um des Geldes willen, denn Halvor war reich, sondern weil sein Vater dem Trunk ergeben gewesen war, und man fürchtete, dies könnte sich vererben. Schließlich aber war es doch bestimmt worden, daß er Karin bekommen sollte.

Der Hochzeitstag war festgesetzt und das Aufgebot beim Pfarrer bestellt, aber ehe das Brautpaar zum erstenmal von der Kanzel verkündet wurde, machten Karin und Halvor eine Reise nach Falun, um die Eheringe und das Gesangbuch zu kaufen. Sie waren drei Tage fort, und als sie zurückkamen, erklärte Karin ihrem Vater, sie könne Halvor nicht heiraten. Sie konnte sich über nichts weiter beklagen, als daß sich Halvor während der Reise einmal betrunken hatte, und deshalb fürchtete sie, er könnte wie sein Vater werden. Groß-Ingmar sagte, er werde seine Tochter nicht zwingen, und so wurde Halvor verabschiedet.

Aber Halvor war ganz außer sich. »Du tust mir eine Schmach an, die ich nicht ertragen kann«, sagte er zu Karin. »Was müssen die Leute von mir denken, wenn du mich so verwirfst? So darf man nicht mit einem ehrenhaften Mann umgehen.«

Aber Karin ließ sich nicht erweichen, und Halvor war seither mißmutig und unglücklich gewesen; er konnte das Unrecht, das ihm die Ingmarssöhne angetan hatten, nicht vergessen.

Und da kam nun Karin, und hier saß Halvor. Was sollte jetzt daraus werden?

Soviel war gewiß, daß von einer Versöhnung keine Rede sein konnte, denn seit dem vorigen Herbst war Karin mit Eljas Elof Ersson verheiratet. Sie und ihr Mann wohnten auf dem Ingmarshof und verwalteten ihn, seit Groß-Ingmar im Frühjahr gestorben war. Groß-Ingmar hatte fünf Töchter und einen Sohn hinterlassen, aber der Sohn war noch zu jung, um den Hof zu übernehmen.

Jetzt trat Karin in die Küche. Sie war erst Anfang der Zwanzig, aber sie hatte gewiß nie richtig jung ausgesehen. Von vielen anderen Leuten wäre sie wohl für häßlich erklärt worden, denn sie schlug ihrem Geschlecht nach, hatte schwere Augenlider, rötliches Haar und einen strengen Zug um den Mund; aber den Schulmeistersleuten gefiel es, daß sie den alten Ingmarssöhnen ähnlich sah.

Karin verzog keine Miene, als sie Halvor erblickte, sondern ging langsam und ruhig von einem zum andern, um sie zu begrüßen. Als sie Halvor die Hand reichte, streckte er die seinige nur so weit vor, daß sich ihre äußersten Fingerspitzen berührten.

Karin hatte immer eine etwas vorgebeugte Haltung, und als sie nun zu Halvor trat, schien sie den Kopf noch tiefer zu senken als für gewöhnlich, aber Halvor stand aufrechter und größer da, als es sonst seine Art war.

»So, Ihr seid also heute unterwegs, Karin?« sagte Mutter Stina und rückte den pfarrherrlichen Lehnstuhl für sie herbei. – »Ja«, antwortete sie, »die Wege sind jetzt nicht mehr so schlecht, seit es gefroren hat.« – »Ja, es hat heute nacht fest gefroren«, sagte der Schulmeister.

Aber danach wurde es still in der Stube, keines wußte noch etwas zu sagen, und die Stille währte mehrere Minuten. Dann erhob sich Halvor, und die andern fuhren auf, als erwachten sie aus einem tiefen Schlaf.

»Nun muß ich in meinen Laden zurück«, sagte er. – »Ach, es wird wohl keine so große Eile haben«, sagte Mutter Stina. – »Ich werde Halvor doch nicht etwa vertreiben«, sagte Karin, und ihre Stimme klang sehr demütig, als sie dies sagte.

Sobald sich Halvor entfernt hatte, war der Bann gebrochen, und der Schulmeister wußte sofort, wovon er reden sollte. Er betrachtete den Jungen, der mit Karin gekommen war und den vorher niemand beachtet hatte. Es war ein kleiner Bursche, der nicht viel älter sein konnte als Gertrud. Er hatte ein offenes weiches Kindergesicht, aber zugleich auch etwas Altkluges, und es war nicht schwer zu erraten, welchem Geschlecht er angehörte.

»Mir scheint, Ihr bringt mir einen Schüler, Karin«, sagte der Schulmeister. – »Es ist mein Bruder, er ist jetzt der Ingmar Ingmarsson«, antwortete Karin. – »Er ist freilich etwas klein für diesen Namen«, bemerkte der Schulmeister. – »Ja, Vater starb viel zu früh.« – »Das ist ein wahres Wort«, sagten der Schulmeister und seine Frau wie aus einem Mund.

»Er ist in die Lateinschule in Falun gegangen«, sagte Karin. »Deshalb ist er nicht früher hierher zum Herrn Schulmeister gekommen.« – »Könnt Ihr es denn nicht einrichten, daß er jetzt im Herbst auch wieder dorthin kommt?« – Karin senkte die schweren Augenlider und seufzte tief, gab aber keine Antwort. »Es heißt, er lernt recht gut«, sagte sie dann. – »Ja, ich fürchte nur, daß er hier bei mir nichts mehr lernen kann. Er weiß gewiß ebensoviel wie ich selbst.« – »Ach, ich weiß wohl, daß der Herr Schulmeister mehr weiß als so ein kleiner Bursche.«

Wieder trat eine Stille ein, bis Karin auf neue begann. »Ich meine nicht nur, daß er hier in die Schule gehen soll, ich möchte den Herrn Schulmeister und Mutter Stina auch fragen, ob er hier wohnen darf.«

Der Schulmeister und seine Frau sahen einander betroffen an, und keines wußte etwas zu antworten. – »Aber wir haben ja selbst so wenig Platz«, sagte Storm schließlich.

»Ich dachte, ich könnte vielleicht Butter und Milch und Eier statt Bezahlung geben.« – »Ach, was das anbelangt . . .« – »Es wäre ja eine sehr große Gefälligkeit«, sagte die reiche Bäuerin.

Aber Mutter Stina begriff, daß Karin sie nicht um etwas so Außerordentliches bitten würde, wenn sie die Hilfe nicht dringend nötig hätte. Deshalb entschied sie die Sache rasch.

»Ihr braucht uns nicht länger darum zu bitten«, sagte sie. »Für die Ingmarssöhne tun wir alles, was wir können.«

»Ich danke Euch«, sagte Karin.

Mutter Stina und Karin sprachen dann noch lange miteinander darüber, wie Ingmar es haben solle, Storm aber nahm Ingmar mit ins Schulzimmer hinauf. Dort setzte sich dieser auf die Bank neben Gertrud. Am ganzen ersten Tag sprach er nicht ein einziges Wort.

Tims Halvor hielt sich eine ganze Woche lang vom Schulhaus fern, als fürchte er, dort wieder mit Karin zusammenzutreffen. Aber eines Vormittags, als es in Strömen regnete und keine Kunden zu erwarten waren, überfiel ihn tiefe Niedergeschlagenheit. »Ich tauge zu gar nichts, niemand hat Achtung vor mir«, dachte er in dieser selbstquälerischen Art, die ihm zur Gewohnheit geworden war, seit Karin die Verlobung aufgelöst hatte.

Endlich entschloß er sich, zu Mutter Stina hinüberzugehen, um mit einem frohen und freundlichen Menschen ein wenig zu plaudern.

Er verschloß seinen leeren Kaufladen, knöpfte seinen Mantel fest zu und arbeitete sich durch Regen und Wind und patschende Wasserlachen zum Schulhaus durch.

Halvor fühlte sich so wohl im Schulhaus, daß er noch dasaß, als es zur Vormittagspause läutete und Storm mit den zwei Kindern zum Kaffee hereinkam.

Sie begrüßten ihn alle drei, und Halvor stand vor dem

Schulmeister auf, aber als Ingmar ihm die Hand reichen wollte, hatte er sich schon wieder gesetzt und sprach so eifrig mit Mutter Stina, daß er den Jungen gar nicht zu bemerken schien. Ingmar blieb einen Augenblick ganz ruhig stehen, dann trat er an den Tisch und setzte sich. Er seufzte ein paarmal, ganz wie seine Schwester letzthin, als sie hier gesessen hatte.

»Halvor will uns seine neue Uhr zeigen«, sagte Mutter Stina. Darauf zog Halvor eine neue silberne Uhr aus der Tasche und zeigte sie. Sie war sehr schön, ganz klein und mit einer vergoldeten Blume auf dem Deckel. Der Schulmeister machte die Uhr auf, ging dann in die Schule hinüber und holte ein Vergrößerungsglas, klemmte es in das Auge und betrachtete das Uhrwerk genau. Er war ganz entzückt davon, blieb lange davor stehen und hatte große Freude daran, zu sehen, wie die Räder ineinandergriffen. Noch nie habe er eine so gute Arbeit gesehen, meinte er. Endlich gab er Halvor die Uhr zurück, und dieser steckte sie wieder ein, sah aber weder so vergnügt noch so stolz aus, wie die Leute es sonst zu sein pflegen, wenn man das lobt, was sie sich angeschafft haben.

Ingmar schwieg, während er aß, aber als er seine Kaffeetasse ausgetrunken hatte, fragte er Storm, ob er sich auf Uhren verstehe. – »Ja«, antwortete der Schulmeister, »du weißt doch, daß ich mich auf alles verstehe.«

Da zog Ingmar eine Uhr aus seiner Westentasche; es war eine große, runde silberne Zwiebel, häßlich und klobig, besonders jetzt, wo man eben Halvors neue Uhr gesehen hatte. Die Kette, an der die Uhr hing, war ebenfalls häßlich und plump. Auf dem Deckel war keine Verzierung, sondern nur eine große Beule. Die Uhr war überhaupt nicht mehr viel wert; das Glas fehlte über den Zeigern, und das Email auf dem Zifferblatt war ebenfalls schadhaft.

»Sie steht«, sagte der Schulmeister und hielt sie ans Ohr. – »Ja«, sagte der Junge, »ich möchte auch nur wissen, ob man sie wieder instand setzen kann.«

Der Schulmeister öffnete die Uhr, und da rasselte es in ihr, als ob alle Räder lose wären. »Du hast wohl Nägel mit dieser Uhr eingeschlagen,« sagte er, »der kann ich nicht mehr helfen.« – »Meinen Sie, daß der Uhren-Erich ihr helfen könnte?« – »Ebensowenig wie ich, das beste wäre, sie nach Falun zu schicken und ein neues Werk einsetzen zu lassen.« – »Ja, das dachte ich auch«, sagte Ingmar und steckte die Uhr wieder ein.

»Was hast du nur mit der Uhr gemacht?« fragte der Schulmeister. Der Junge saß da und schluckte, als ob ihm das Weinen nahe sei.

»Es ist Vaters Uhr«, sagte er. »Sie wurde so zugerichtet, als der Balken den Vater traf.« Nun wurden plötzlich alle ganz still und aufmerksam, Ingmar aber überwand sich und fuhr fort:

»Wir hatten gerade Osterferien, so daß ich daheim war, als es geschah, und ich war der erste, der an den Fluß zu Vater hinunterkam. Da lag Vater und hielt die Uhr in der Hand. ›Nun ist es aus mit mir, Ingmar‹, sagte er, ›es tut mir leid, daß die Uhr entzwei ist, denn ich möchte, daß du sie jemand gibst, dem ich einmal unrecht getan habe, und daß du ihn von mir grüßest.‹ Dann sagte er mir, wer die Uhr haben sollte.

Er gebot mir, dafür zu sorgen, daß sie in Falun hergerichtet werde, ehe ich sie dem, der sie bekommen sollte, gebe. Aber ich kam ja gar nicht mehr nach Falun, und nun weiß ich nicht, was ich tun soll.«

Der Schulmeister dachte sogleich darüber nach, ob er nicht jemand wisse, der in der nächsten Zeit in die Stadt reisen würde, aber Mutter Stina fragte den Jungen:

»Wer ist es, Ingmar, der die Uhr haben soll?« – »Ich weiß nicht, ob ich es sagen darf«, sagte der Junge. – »Ist es nicht Tims Halvor, der hier sitzt?« – »Ja, der ist es«, antwortete Ingmar leise. – »Dann gib Halvor die Uhr so, wie sie ist«, sagte Mutter Stina, »das wird ihm am liebsten sein.« Ingmar stand gehorsam auf, nahm die Uhr, fuhr mit dem Rockärmel ein paarmal darüber hin, um sie so schön wie möglich zu machen, und ging dann mit langen Schritten zu Halvor hin. – »Ich soll dich von Vater grüßen und dir dies geben«, sagte er und reichte ihm die Uhr.

Halvor hatte die ganze Zeit still und düster dagesessen, und als der Junge nun mit der Uhr zu ihm trat, legte er die Hand über die Augen, als wollte er nichts sehen. Ingmar stand geraume Zeit vor ihm und hielt ihm die Uhr hin. Schließlich schaute er die Hausmutter an, als ob er sie um Hilfe bäte. – »Selig sind die Friedfertigen«, sagte diese. Da machte Halvor eine Bewegung mit der Hand, wie um die Uhr zurückzuweisen. Aber nun versuchte auch der Schulmeister, sich ins Mittel zu legen. – »Ich meine, Ihr könntet keine bessere Genugtuung verlangen, Halvor«, sagte er, »und ich habe immer gesagt, daß Ingmar Ingmarsson, wenn er am Leben geblieben wäre, Euch längst die Ehrenrettung hätte zuteil werden lassen, die Ihr verdient habt.«

Nun sahen die übrigen Anwesenden, daß Halvor mit der Hand, die er nicht vor die Augen hielt, fast widerwillig die Uhr ergriff und an sich nahm. Gleich darauf schob er sie unter Rock und Weste und versteckte sie dort.

»Diese Uhr entreißt ihm niemand mehr«, sagte der Schulmeister lachend, als er sah, wie fest Halvor Wams und Rock zuknöpfte. – Halvor lachte auch. Dann stand er auf, reckte sich und tat einen tiefen Atemzug. Ein helles Rot überzog seine Wangen, und mit großen glänzenden Augen schaute er sich um. – »Ich glaube, Halvor ist so zumut, als hätte man ihm ein neues Leben geschenkt«, sagte die Schulmeisterin.

Nun zog Halvor seine eigene neue Uhr aus dem Wams und trat auf Ingmar zu, der sich wieder an den Tisch gesetzt hatte.

»Nachdem ich nun die Uhr deines Vater von dir angenommen habe, mußt du diese hier von mir annehmen«, sagte er.

Mit diesen Worten legte er die Uhr auf den Tisch und verließ ohne ein Wort des Abschieds die Stube. Den ganzen Tag trieb er sich draußen umher. Ein paar Bauern, die gekommen waren, um bei ihm ihre Einkäufe zu machen, warteten vom Mittag bis zum Abend vor dem verschlossenen Laden, aber kein Tims Halvor ließ sich blicken.

Elof Ersson vom Eljashof, der Karin Ingmarstochter geheiratet hatte, war der Sohn eines Geizhalses. Er hatte es sehr schlecht bei seinem Vater gehabt. Als Kind hatte er sich kaum satt essen dürfen, und auch als erwachsener junger Mann wurde er noch immer unterdrückt. Der Alte jagte ihn unaufhörlich an die Arbeit, nie durfte er auf den Tanzboden gehen, und selbst am Sonntag hatte er keine Ruhe. Und auch nachdem Eljas Elof schließlich geheiratet hatte, war er nicht sein eigener Herr, denn da mußte er auf den Ingmarshof ziehen und hatte den Schwiegervater über sich. Und auf dem Ingmarshof kannte man auch nichts als Arbeit und Sparsamkeit. Aber solange Ingmar Ingmarsson lebte, schien Eljas Elof ganz zufrieden zu sein, er plagte sich vom Morgen bis zum Abend und verlangte nichts Besseres. Es hieß allgemein, nun hätten die Ingmarsleute einen Schwiegersohn nach ihrem Herzen bekommen, denn Elof Ersson wisse nicht, daß es außer Arbeit noch etwas anderes auf der Welt gäbe.

Aber sobald Groß-Ingmar tot war, fing der Schwiegersohn das Trinken an und begann auch sonst ein wildes Leben zu führen. Er machte mit allen leichtsinnigen Burschen des Kirchspiels Bekanntschaft, lud sie auf den Ingmarshof ein oder trieb sich mit ihnen in Spielstuben oder Wirtshäusern umher. Er versäumte die Arbeit vollständig und betrank sich jeden Tag. Im Verlauf von wenigen Monaten wurde er ein regelrechter Trunkenbold.

Als seine Frau Karin ihn zum erstenmal betrunken sah, wurde sie wie versteinert. »Das ist die Strafe Gottes, weil ich Halvor unrecht getan habe«, dachte sie sogleich.

Ihrem Mann machte sie nicht viel Vorwürfe und hielt ihm auch keine Strafpredigten. Sie sah bald, daß er ein Baum war, dem die Axt schon an die Wurzel gelegt war, und daß sie von ihm nie Schutz oder Schirm zu erwarten hatte.

Aber Karins Schwestern waren nicht so klug wie sie. Sie empfanden das ausschweifende Leben des Schwagers als eine Schande und waren unglücklich darüber, daß man vom Ingmarshofe bis auf die Straße hinaus Lärmen und Trinklieder hörte. Bald verspotteten, bald ermahnten sie ihn, und obgleich der Schwager im Grunde ein gutmütiger Mensch war, geriet er doch bisweilen in heftigen Zorn. So gab es viel Unfrieden im Haus.

Nun dachte Karin nur daran, ihre Schwestern aus dem Hause zu schaffen, damit diese von dem Elend, in dem sie selbst lebte, befreit würden. Im Lauf des Sommers feierte sie die Hochzeit der beiden ältesten, die beiden jüngsten aber schickte sie nach Amerika, wo sie reiche Verwandte hatten.

Allen Schwestern wurde ihr Erbteil, das sich auf zwanzigtausend Kronen belief, ausbezahlt. Karin selbst hatte den Hof bekommen, aber es war bestimmt, daß der junge Ingmar mit seinen zwanzigtausend Kronen den Hof einlösen sollte, sobald er mündig wäre, und dann sollten Karin und Eljas Elof ihren Wohnsitz anderswo aufschlagen.

Es war merkwürdig, daß Karin, die so unentschlossen und schüchtern aussah, die Kraft hatte, nicht allein so viele Vögel aus dem Nest hinauszusenden, sondern ihnen auch noch Männer und Aussteuern und Fahrkarten nach Amerika zu verschaffen. Denn sie mußte dies alles allein besorgen; von ihrem Mann hatte sie nicht die geringste Hilfe.

Aber wer Karin am meisten Sorgen machte, das war ihr Bruder, er, der nun Ingmar Ingmarsson war. Dieser trat Karins Mann schärfer entgegen als eines der anderen Geschwister, und zwar tat er es nicht mit Worten, sondern mit der Tat. Einmal goß er allen Branntwein aus, den Eljas Elof ins Haus geschafft hatte, und ein anderes Mal ertappte ihn der Schwager dabei, wie er seine Getränke mit Wasser verdünnte.

Als es Herbst wurde, wollte Karin, daß Ingmar, wie

schon seit mehreren Jahren, wieder in die Lateinschule nach Falun gehen sollte, aber ihr Mann, der Ingmars Vormund war, schlug es rundweg ab.

»Ingmar soll ein Bauer werden wie ich und sein Vater und mein Vater«, sagte Eljas Elof. »Was soll er in der Lateinschule? Im Winter gehen er und ich in den Wald und setzen Kohlenmeiler, das ist die beste Gelehrsamkeit, die er erwerben kann. Als ich so alt war wie er, schlief ich den ganzen Winter hindurch in der Kohlenbrennhütte.«

Karin konnte ihn nicht bewegen, seine Ansicht zu ändern, sondern mußte sich darein finden, daß Ingmar auf dem Hof verblieb.

Eljas Elof gab sich nun alle Mühe, Ingmar zu gewinnen. Besonders nahm er ihn jetzt oft mit, wenn er ausfuhr. Der Junge tat es nur ungern, denn er wollte nicht an den Trinkgelagen des Schwagers teilnehmen. Aber dann versprach der andere hoch und heilig, daß er gewiß nicht weiter fahren werde als bis zur Kirche oder bis zum Kaufladen; wenn er jedoch Ingmar erst sicher auf dem Wagen hatte, fuhr er weit fort, zu den Schmieden beim Gut Bergsaana oder ins Wirtshaus in Karmsund.

Karin freute sich darüber, daß der Mann den Jungen mitnahm. Sie betrachtete es als eine gewisse Sicherheit dafür, daß er nicht in einem Straßengraben liegenbleiben oder das Pferd zuschanden fahren werde.

Aber einmal, als Eljas erst morgens um acht Uhr heimkam, saß Ingmar neben ihm auf dem Wagen und schlief fest.

»Komm und hilf mir, ihn hineintragen«, sagte Eljas zu Karin. »Der Junge hat sich betrunken und kann weder stehen noch gehen.«

Karin war so entsetzt, daß sie förmlich zusammensank. Sie mußte sich einen Augenblick auf die Treppenstufen setzen, ehe sie helfen konnte, Ingmar hineinzutragen.

Als sie ihn aufhob, sah sie, daß er nicht schlief, sondern wie tot war, ganz kalt und vollständig ohne Bewußtsein. Karin nahm ihn auf den Arm und trug ihn in die Kammer.

Da schloß sie sich mit dem Knaben ein und versuchte ihn wieder ins Leben zurückzurufen.

Bald nachher kam Karin in die Groß-Stube, wo Eljas beim Frühstück saß. Sie trat an ihn heran und legte ihm die Hand auf die Schulter. – »Du tust gut daran, dich ordentlich satt zu essen«, sagte sie, »denn wenn mein Bruder stirbt, so wirst du bald geringere Kost bekommen als die auf dem Ingmarshof.« – »Ach, Unsinn«, sagte der Mann, »so ein bißchen Branntwein kann ihm nichts schaden.« – »Aber es ist doch so, wie ich sage«, erwiderte Karin, während sie ihre harten mageren Hände auf seine Schulter preßte. »Stirbt er, dann bekommst du deine zwanzig Jahre Zuchthaus, Eljas.«

Als Karin wieder bei dem Jungen eintrat, war er zum Bewußtsein gekommen, aber noch ganz wirr im Kopf, konnte kein Glied rühren und litt große Schmerzen. »Glaubst du, daß ich sterben muß, Karin?« fragte er. – »Nein, gewiß nicht«, sagte sie und setzte sich neben ihn. – »Ich wußte nicht, was das war, was sie mir gaben«, sagte er. – »Gott sei gedankt dafür«, antwortete Karin ernst. – »Schreib es den Schwestern, wenn ich sterbe«, sagte der Junge. »Schreib, ich hätte nicht gewußt, daß es Branntwein war.« – »Ja«, sagte Karin. – »Ich wußte es nicht, ich schwöre es dir.«

Ingmar fieberte den ganzen Tag und redete irre.

»Sag es nur Vater nicht«, sagte er zu der Schwester. – »Nein, niemand wird es ihm sagen.« – »Aber wenn ich nun sterbe, dann erfährt es Vater doch, und ich muß mich vor ihm schämen.« – »Es war ja nicht deine Schuld«, sagte Karin. – »Aber Vater denkt vielleicht, ich hätte mich vor allem, was Eljas mir gab, hüten sollen. – Meinst du, das ganze Dorf weiß, daß ich betrunken war«, fragte er wieder. »Was sagen die Knechte, und was sagt die alte Lisa? Und was sagt Stark-Ingmar?«

»Nichts sagen sie«, erwiderte Karin.

»Aber du, Karin, du mußt ihnen erklären, wie es zugegangen ist. Siehst du, sie hatten die ganze Nacht hindurch getrunken, und ich saß im Halbschlummer in der Ecke auf einer Bank. Es war im Wirtshaus zu Karmsund. Da weckte mich Eljas und sagte ganz freundlich: ›Wach auf, Ingmar, da hast du etwas, um dich zu erwärmen. Hier, trink, es ist nur Wasser und Zucker!‹ – Mich fror tüchtig, als ich aufwachte, und als ich kostete, was er mir reichte, fand ich nur, daß es warm und süß schmeckte. Und dann war es doch etwas anderes gewesen, was er für mich zusammengebraut hatte. Ach, was wird der Vater nun sagen!«

Karin öffnete die Tür. Eljas saß noch draußen, und sie dachte, es wäre ihm nur heilsam, wenn er hörte, was hier gesprochen wurde.

»Wenn nur der Vater noch lebte, Karin! Wenn doch nur der Vater noch lebte!« – »Was dann, Ingmar?« – »Glaubst du nicht, daß er Eljas totschlüge?« Da brach Eljas in ein rohes Gelächter aus, und der Junge wurde totenblaß, als er es hörte, so daß Karin schnell die Tür wieder schloß.

Nach diesem Vorfall wurde Eljas indes so zahm, daß er sich nicht widersetzte, als Karin Ingmar bei den Schulmeistersleuten unterbrachte.

In der ersten Zeit, nachdem Tims Halvor die Uhr bekommen hatte, waren immer viele Leute in seinem Laden. Kein Bauer kam in das Kirchdorf, ohne daß er einen Einkauf bei Halvor machte, um die Geschichte von Groß-Ingmars Uhr zu hören. Stundenlang lehnten sich die Bauern, die durchfurchten ernsten Gesichter auf Halvor gerichtet, in ihren langen weißen Pelzmänteln über den Ladentisch und lauschten eifrig der Erzählung. Und zum Schluß zog dann Halvor die Uhr aus der Tasche und zeigte das verbogene Gehäuse und das zersprungene Zifferblatt. – »Soso, da also hat ihn der Balken getroffen?« sagten die Bauern, und es war, als sähen sie den ganzen Vorgang von Groß-Ingmars Tod vor sich. »Ja, der Besitz dieser Uhr, das ist etwas Großes für dich, Halvor.«

Wenn Halvor die Uhr vorzeigte, gab er sie nie aus der

Hand, sondern hielt sie die ganze Zeit an der Kette fest; nicht einen einzigen Augenblick ließ er sie los.

Eines Tages war Halvor auch wieder wie gewöhnlich von einem Haufen Bauern umgeben. Er erzählte und erzählte, schließlich wurde die Uhr vorgezeigt. Und sogleich überkam es alle wie Andacht, und es herrschte eine fast lautlose Stille, während einer nach dem andern die Uhr betrachtete.

Gerade während dies geschah, trat Eljas in den Laden; die Uhr nahm jedoch die Aufmerksamkeit aller so in Anspruch, daß niemand ihn beachtete. Und da er die Geschichte von seines Schwiegervaters Uhr auch gehört hatte, begriff er augenblicklich, was hier vorging. Er war nicht neidisch auf Halvor, sondern es kam ihm nur sehr lächerlich vor, ihn und die andern so andächtig um die alte schlechte silberne Uhr versammelt zu sehen.

Eljas schlich sich hinter die Männer, die über den Tisch gebeugt standen, packte mit einem raschen Griff die Uhr und riß sie an sich. Es war nur ein Scherz von Eljas; er dachte nicht daran, Halvor die Uhr wegzunehmen, sondern wollte ihn nur ein wenig ärgern.

Halvor wollte die Uhr wieder ergreifen, aber Eljas ging ein paar Schritte rückwärts und hielt sie dabei hoch in der Hand, wie man einem Hund ein Stück Zucker hinhält. Halvor stützte sich auf den Ladentisch und schwang sich hinüber. Er sah so böse aus, daß Eljas Angst bekam und zur Tür lief, anstatt stehenzubleiben und ihm die Uhr zurückzugeben.

Vor der Tür war eine hölzerne Treppe mit ausgetretenen Stufen. Eljas geriet mit einem Fuß in ein Loch, strauchelte, fiel rückwärts die Treppe hinunter und blieb auf der Erde liegen. Halvor warf sich über ihn, entriß ihm zuerst die Uhr und gab ihm dann ein paar tüchtige Rippenstöße.

»Du brauchst nicht so hart zuzuschlagen«, sagte Eljas »Sieh lieber nach, was mit meinem Rücken geschehen ist.«

Da hörte Halvor auf zu schlagen, aber Eljas rührte weder Arm noch Bein, um sich aufzurichten. – »Hilf mir auf«, bat er. – »Du wirst dir wohl selbst helfen können, wenn du deinen Rausch ausgeschlafen hast«, sagte Halvor. – »Ich bin nicht betrunken«, erwiderte Eljas, »aber als ich auf die Treppe herauskam, war es mir, als ob Groß-Ingmar mir entgegentrat und mir die Uhr nahm, deshalb fiel ich so unglücklich zu Boden.«

Da bückte sich Halvor, um den erbärmlichen Kerl, der da vor ihm lag, aufzuheben. Hierauf mußte Eljas nach Hause gefahren werden; er hatte sich das Rückgrat verletzt und sollte nie wieder auf seinen Füße stehen können.

Von dieser Zeit an lag Eljas immer zu Bett; er war gelähmt und konnte sich nicht bewegen. Aber sprechen konnte er, und den lieben langen Tag hindurch bettelte er um Branntwein.

Der Doktor hatte Karin strengstens verboten, ihrem Manne geistige Getränke zu geben, weil er sich sonst in kurzer Zeit zugrunde richten würde. Da versuchte Eljas sich das, wonach ihn verlangte, zu erzwingen, indem er besonders bei Nacht immerfort schrie und johlte. Er führte sich wie ein Wahnsinniger auf, so daß niemand schlafen konnte.

Dies war Karins schwerste Lebenszeit. Ihr Mann quälte sie oft so, daß sie glaubte, es nicht mehr ertragen zu können. Er erfüllte den Hof mit giftigen Worten und bösen Flüchen, daß es die reine Hölle war.

Da bat Karin die Schulmeistersleute, Ingmar ganz zu sich zu nehmen. Sie wollte den Bruder nicht einen einzigen Tag auf dem Hofe haben, nicht einmal zu Weihnachten.

Alle Dienstleute auf dem Ingmarshof standen in irgendeiner Verwandtschaft mit den Ingmarssons und hatten ihr ganzes Leben auf dem Hofe zugebracht. Und wenn sie nicht so fest mit den Ingmarssons verwachsen wären, hätten sie es jetzt nicht länger ausgehalten.

Denn es gab nicht viele Nächte, an denen Eljas sie ruhig schlafen ließ, und immer wieder verfiel er auf etwas Neues, womit er Karin so quälte, daß sie schließlich seinen Bitten nachgeben mußte.

In diesem großen Elend nun verbrachte Karin eine lange Zeit: einen Winter, einen Sommer und noch einen Winter.

Es gab einen Ort, an den sich Karin Ingmarstochter flüchtete, um allein zu sein und über ihr Unglück nachzugrübeln. Das war ein schmales Bänkchen hinter dem kleinen Hopfengarten; tief vorgebeugt, die Ellbogen auf die Knie und das Kinn in die Hände gestützt, saß sie hier oft und starrte vor sich hin, ohne etwas zu sehen. Man hatte übrigens von hier aus einen weiten Blick. Die Kornfelder breiteten sich zu ihren Füßen bis zum Walde aus mit den ansteigenden Hügeln und dem Klackgebirge.

An diesem Platz saß Karin auch eines Abends im April. Sie fühlte sich schwach und mutlos, wie es den Menschen oft geht, wenn der Schnee erst halb geschmolzen ist und so recht naß und schmutzig aussieht und die Erde noch nicht vom Frühlingsregen rein gewaschen worden ist. Die Sonne schien warm, aber der Nordwind wehte gleichzeitig über Karin hin, denn die beschützenden Hopfenranken wuchsen noch nicht in die Höhe, sondern lagen noch im Winterschlaf unter ihrer Decke aus Tannenzweigen. Es war ein recht scharfer Wind, und allerlei Fetzen und Papierschnitzel und vertrocknetes Gras wirbelten über das Feld hin. Drüben über den Bergen stand der Dunstrauch der Schneeschmelze, die Birken bekamen schon braune Wipfel, aber am Waldrand lag noch hoher Schnee. Ja, nun wird es bald Frühling werden, dachte Karin und fühlte sich dabei müder als je.

Sie dachte daran, was nun alles auf sie einstürmen würde. Das Säen und die Heuernte, die Frühjahrsbäckerei und die Frühjahrswäsche, das Weben und Kleidermachen; nein, es erschien ihr unmöglich, das alles fertigzubringen.

»Nun, es tut ja nichts, wenn ich sterbe«, sagte sie leise. »Mir kommt es vor, als lebte ich nur dafür, um Eljas daran zu hindern, sich zu Tode zu trinken.«

Plötzlich schaute sie auf, es war ihr, als hätte jemand ihren Namen gerufen. Gerade vor ihr stand Halvor Halvorsson. Er lehnte am Zaun und sah sie an.

Karin wußte nicht, wann er gekommen war; es sah aus, als hätte er schon lange hier gestanden.

»Ich dachte mir, daß du hier sitzen würdest«, sagte Halvor. – »So, dachtest du das?« – »Ja, ich erinnerte mich aus alten Tagen, daß du dich, wenn du eine freie Stunde hattest, hierherflüchtetest, um dich zu grämen.« – »Ach, damals gab es nicht viel, worüber ich mich hätte grämen müssen.« – »Den Kummer, den du damals nicht hattest, den bildetest du dir ein.«

Wie nun Karin Halvor so vor sich sah, dachte sie, er werde sie wohl für recht dumm halten, daß sie ihn nicht geheiratet habe, solch einen stolzen und stattlichen Mann, wie er einer war. »Nun hat er mich da, wo er mich haben will«, dachte sie, »und er ist hierhergekommen, um sich über mich lustig zu machen.«

»Ich war bei Eljas und habe mit ihm gesprochen«, sagte Halvor. »Eigentlich wollte ich auch nur mit ihm sprechen.«

Karin gab keine Antwort, aufrecht und steif, mit niedergeschlagenen Augen und die Hände übereinandergelegt, saß sie da und wartete auf all den Hohn, den Halvor nun über sie ausgießen würde.

»Ich sagte zu ihm«, fuhr Halvor fort, »daß ich mich teilweise für sein Unglück verantwortlich fühle, weil er doch vor meinem Hause zu Schaden gekommen ist.« – Halvor hielt inne, als wartete er auf ein Zeichen der Billigung oder der Mißbilligung; aber Karin blieb stumm. – »Deshalb fragte ich ihn«, fuhr Halvor fort, »ob er nicht eine Zeitlang zu mir kommen wolle. Das wäre doch eine Veränderung für ihn, und er würde dort mehr Leute sehen als hier.«

Nun schlug Karin die Augen auf, sonst aber blieb sie unbeweglich sitzen.

»Wir haben nun ausgemacht«, sagte Halvor, »daß du ihn morgen zu mir fahren läßt. Ich weiß, er willigt ein, weil er denkt, er könne sich bei mir Branntwein verschaffen, aber das verstehst du doch, Karin, daß davon keine Rede ist, nein, nicht einen Tropfen, bei mir sowenig wie bei dir. Nun, morgen kommt er also. Ich gebe ihm die Stube hinter dem Laden und habe ihm versprochen, daß die Tür zum Laden offenstehen soll, so daß er die Leute sehen kann.«

Bei den ersten Worten, die Halvor sagte, hatte sich Karin gefragt, ob er sich das ausgedacht hatte, um sie zu verhöhnen, aber allmählich verstand sie, daß er es ernst meinte.

Karin war immer der Ansicht gewesen, Halvor habe nur um sie geworben, weil sie reich war und aus einer guten Familie stammte. Nie hatte sie an die Möglichkeit gedacht, daß er sie um ihrer selbst willen liebhaben könnte. Sie wußte recht wohl, daß sie nicht zu den Mädchen gehörte, die den Männern gefallen, und sie selbst war auch weder in Halvor noch in Eljas verliebt gewesen.

Aber als Halvor nun kam und ihr helfen wollte, diese Last zu tragen, wurde Karin von etwas so Großem und Unerhörtem ganz überwältigt.

Halvor mußte sie also lieben, ja, er mußte sie lieben, wenn er auf diese Weise seinen Beistand anbot.

Karins Herz begann plötzlich sehr heftig und unruhig zu schlagen. Es regte sich etwas in ihr, was sie noch nie empfunden hatte. Sie wußte nicht, was es war, bis sie plötzlich begriff, daß Halvors Güte ihr erfrorenes Gemüt erwärmt hatte, so daß die Liebe zu ihm in ihr aufzulodern begann.

Halvor erklärte ihr nun seinen Plan näher – er fürchtete, sie könnte Einwendungen machen. »Es ist ja auch schwer für Eljas«, sagte er, »er kann schon eine Veränderung brauchen. Und so ungebärdig, wie er gegen dich gewesen ist, wird er gegen mich nicht sein. Es ist etwas anderes, wenn ein Mann im Haus ist, vor dem er sich fürchtet.«

Karin wußte nicht, was sie tun sollte, es war ihr, als könnte sie nicht ein Wort sagen und keine Bewegung machen, ohne Halvor merken zu lassen, daß sie ihn liebte. Aber etwas mußte sie doch sagen.

Schließlich schwieg Halvor und sah sie an.

Karin erhob sich scheinbar widerwillig, trat zu Halvor und streichelte ihm sanft die Hand.

»Gott segne dich, Halvor!« sagte sie mit gebrochener Stimme. »Gott segne dich!«

Wie vorsichtig sie aber auch war, so mußte doch Halvor etwas gemerkt haben, denn er ergriff rasch ihre Hände und zog sie an sich. – »Nein, nein!« rief sie entsetzt, indem sie sich losriß und davoneilte.

Eljas zog also zu Halvor und lag den ganzen Sommer in der Ladenstube. Er fiel übrigens Halvor nicht allzulange zur Last, denn er starb schon im Herbst.

Kurz nachher sagte Mutter Stina zu Halvor: »Nun mußt du mir etwas versprechen.« Halvor fuhr zusammen und schaute auf. »Du mußt mir versprechen, Geduld mit Karin zu haben.« – »Gewiß werde ich Geduld mit ihr haben«, sagte Halvor verwundert. – »Ja, es ist der Mühe wert, sie zu gewinnen, und sollte man auch sieben lange Jahre auf sie warten müssen.«

Aber es war nicht so leicht für Halvor, Geduld zu üben; denn bald hörte er davon reden, daß der und jener um sie werbe, ja, das Gerede begann schon vierzehn Tage nach Eljas Begräbnis.

An einem Sonntagnachmittag saß Halvor auf den Stufen vor seinem Haus und betrachtete die Vorübergehenden. Es kam ihm vor, als ob ungewöhnlich viele schöne Gefährte nach dem Ingmarshof führen. In einem saß einer der Inspektoren von Bergsaana, dann fuhr der Sohn des Wirts in Karmsund vorüber, und schließlich kam Berger Sven Persson, ein Großbauer aus dem Nachbarkirchspiel. Er war der reichste Bauer in Westdalarne, ein kluger und hochangesehener Mann. Jung war er allerdings nicht mehr, war auch schon zweimal verheiratet gewesen und nun wiederum Witwer.

Als Berger Sven Persson vorüberfuhr, konnte Halvor

nicht mehr ruhig sitzen bleiben. Er ging die Straße entlang. Bald hatte er die Brücke überschritten und war auf der Seite des Flusses, wo der Ingmarshof lag. »Ich möchte wissen, wo alle diese Wagen hinfahren«, sagte er. Er ging den Spuren nach, und je weiter er ging, desto erregter wurde er. »Ich weiß, daß es dumm ist«, sagte er, und Mutter Stinas Warnung fiel ihm ein. »Ich will auch nur bis zum Hoftor gehen und sehen, was sie da droben vorhaben.«

Berger Sven Persson und ein paar andere Männer saßen in der Groß-Stube auf dem Ingmarshof und tranken Kaffee. Ingmar Ingmarsson, der noch immer in der Schule wohnte, war an diesem Sonntag daheim. Er saß mit den andern am Tisch und mußte den Wirt machen, denn Karin war nicht anwesend; sie hatte sich damit entschuldigt, daß sie in der Küche zu tun habe, weil die Mägde ins Missionshaus gegangen seien, um den Schulmeister predigen zu hören.

Es war totenstill im Zimmer; alle tranken ihren Kaffee, ohne ein Wort zu sagen. Die Freier waren einander fast ganz fremd, und jeder wartete nur auf eine Gelegenheit, um in die Küche hinauszugehen und allein mit Karin sprechen zu können.

Da ging die Tür auf, und es trat noch ein Gast ein. Ingmar Ingmarsson ging ihm entgegen und führte ihn an den Tisch. »Dies ist Tims Halvor Halvorsson«, sagte er zu Berger Sven Persson. Sven Persson stand nicht auf, er grüßte ihn nur mit einer leichten Handbewegung und sagte scherzhaft: »Es ist ja sehr erfreulich, mit einem so berühmten Mann zusammenzutreffen.« Ingmar Ingmarsson rückte Halvor einen Stuhl hin, und zwar so laut, daß Halvor nicht zu antworten brauchte.

Von dem Augenblick an, als Halvor eingetreten war, wurden alle Freier auf einmal gesprächig und großsprecherisch. Sie begannen, sich gegenseitig zu loben und einander Schmeicheleien zu sagen, es war, als hätten sie verabredet, daß sie zusammenhalten wollten, bis sie Halvor verscheucht hätten. – »Das ist ein prächtiges Pferd, mit dem

Sie heute gefahren sind, Herr Gemeinderatsvorsteher«, begann der Inspektor. Berger Sven Persson ging auf das Spiel ein und sprach von einem Bären, den der Inspektor im vergangenen Winter erlegt hatte. Hierauf priesen beide dem Wirtssohn von Karmsund gegenüber das neue Wohnhaus, das sein Vater baute. Schließlich vereinigten sich alle drei und rühmten Berger Sven Perssons Reichtum. Sie wurden sehr beredt, und mit jedem Wort gaben sie Halvor zu verstehen, daß er ein viel zu geringer Mann sei, um sich mit ihnen messen zu können. Halvor fühlte sich auch sehr unbedeutend und bereute bitter, daß er gekommen war.

Nun trat Karin ein und bot noch mehr Kaffee an. Als sie Halvors ansichtig wurde, freute sie sich im ersten Augenblick über sein Kommen, aber gleich darauf fand sie, wie schlecht es aussähe, daß er so schnell nach dem Todesfall zu ihr gekommen war.

Wenn er es so eilig hatte, würden die Leute sagen, er habe Eljas schlecht gepflegt, um ihn bald loszuwerden und Karin zu bekommen.

Ihr wäre es am liebsten gewesen, wenn er zwei, drei Jahre gewartet hätte, das wäre lange genug gewesen, um den Leuten verständlich zu machen, daß er Eljas nicht aus Ungeduld etwas Böses zugefügt habe. »Warum diese Eile?« dachte sie. »Er muß doch wissen, daß ich keinen andern nehme als ihn.«

Als Karin eintrat, wurde es wieder still in der Stube, und keiner dachte nunmehr an etwas anderes, als aufzupassen, wie sie und Halvor einander begrüßten. Aber sie berührten einander kaum mit den Fingerspitzen. Als der Gemeinderatsvorsteher dies sah, machte er seiner Freude in einem kurzen scharfen Pfiff Luft, während der Inspektor in lautes Gelächter ausbrach. Halvor wandte sich ruhig an ihn: »Warum lacht der Herr Inspektor?« fragte er leise. Und der Inspektor wußte nicht gleich, was er antworten sollte. Etwas Verletzendes wollte er nicht sagen, weil Karin dabei war. – »Er dachte an einen Jagdhund, der einen Hasen aufgestöbert hat, ihn aber von einem anderen fangen läßt«, sagte der Wirtssohn bedeutungsvoll. Karin war dunkelrot geworden, während sie den Kaffee einschenkte. Nun sagte sie entschuldigend: »Berger Sven Persson und ihr andern müßt mit Kaffee vorliebnehmen, wir geben keine geistigen Getränke mehr auf dem Hof.« – »Das tue ich bei mir daheim auch nicht«, sagt der Gemeinderatsvorsteher. Der Inspektor und der Wirt schweigen, aber es war ihnen ganz klar, daß Sven Persson einen großen Schritt vorwärts getan hatte. Und sogleich fing er an, auch von der Enthaltsamkeitsfrage und ihrem Nutzen zu sprechen. Karin blieb stehen und hörte zu; sie stimmte in allem, was er sagte, mit ihm überein. Der Bauer erkannte sofort, daß das die richtige Art war, sie zu gewinnen, und verbreitete sich daher weitläufig über Branntwein und Trunksucht. Karin erkannte alle eigenen Gedanken wieder, die in den letzten Jahren in ihr aufgestiegen waren, und freute sich, daß ein so mächtiger und kluger Mann sie mit ihr teilte.

Mitten im Gespräch sah der Gemeinderatsvorsteher zu Halvor hinüber. Niedergeschlagen und ärgerlich saß dieser da, die Kaffeetasse stand unberührt vor ihm. »Ja, gewiß ist es hart für ihn«, dachte Berger Sven Persson, »besonders wenn es wahr ist, was die Leute sagen, daß er nämlich bei Eljas ein wenig nachgeholfen hat, und eigentlich war es doch nur eine gute Tat, daß er Karin von dem schrecklichen Menschen befreite.« Und weil er dachte, er habe das Spiel beinahe gewonnen, fühlte er sich freundlich gegen Halvor gestimmt. Er hob ihm seine Tasse entgegen und sagte: »Dein Wohl, Halvor! Du bist Karin sicherlich eine große Hilfe gewesen, indem du dich des erbärmlichen Kerls, mit dem sie verheiratet war, angenommen hast.« Halvor blieb ruhig sitzen, sah den andern unverwandt an und überlegte, wie er diese Worte aufnehmen sollte. Aber der Inspektor brach wieder in ein Gelächter aus. »Ja, eine gute Hilfe«, rief er lachend, »eine recht gute Hilfe!«

Ehe das Lachen wieder verstummte, war Karin verschwunden; wie ein Schatten war sie zu der Tür, die in die Küche führte, hinausgeglitten.

Dicht hinter der Tür blieb sie stehen, um alles, was in der Groß-Stube geredet wurde, verstehen zu können. Sie war ärgerlich und verzweifelt, weil Halvor zu früh gekommen war. Auf diese Weise würde sie ihn wohl nie heiraten können, die Verleumdung war ja schon unterwegs. »Ich weiß nicht, wie ich es ertragen soll, ihn noch einmal zu verlieren«, dachte sie und preßte die Hand aufs Herz.

Im Anfang war es ganz still in der Stube, dann aber hörte sie, daß ein Stuhl zurückgeschoben wurde und jemand aufstand. »Willst du schon gehen, Halvor?« fragte der junge Ingmar. – »Ja«, antwortete Halvor, »ich kann nicht länger bleiben, grüße Karin von mir zum Abschied.« – »Du kannst doch selbst in die Küche gehen und dich verabschieden, Halvor.« – »Nein«, hörte sie Halvor sagen, »wir beide haben einander nichts mehr zu sagen.«

Karins Herz begann heftig zu klopfen, und die Gedanken jagten sich wie nie vorher. Jetzt war Halvor böse auf sie, und das war nicht zum Verwundern. Sie hatte ja kaum gewagt, ihm die Hand zu geben, und als die anderen ihn verspotteten, hatte sie ihn nicht verteidigt, sondern geschwiegen und sich davongeschlichen.

Und nun glaubte er, sie habe ihn nicht lieb; nun ging er davon und kam nie wieder!

Nein, sie wußte nicht, wie sie so hatte handeln können, trotzdem sie ihn so liebte.

Plötzlich war ihr, als hörte sie die Worte, die ihr Vater zu sagen pflegte: daß die Ingmarssöhne nichts nach den Menschen zu fragen brauchten, sondern nur auf Gottes Wegen wandeln sollten.

Da machte Karin rasch die Tür wieder auf und stand vor Halvor, noch ehe er die Stube verlassen hatte.

»Gehst du schon, Halvor? Ich dachte, du würdest zum Abendbrot dableiben!« Halvor sah sie verwundert an. Sie war ganz verwandelt, rot und warm stand sie vor ihm und hatte einen rührenden, zärtlichen Ausdruck, den er nie vorher an ihr gesehen hatte. – »Ich habe die Absicht, zu gehen und nie wiederzukommen«, sagte Halvor; er verstand nicht, was sie wollte. – »Ach, bleib doch da und trinke deinen Kaffee aus!« sagte Karin.

Sie nahm ihn bei der Hand und führte ihn an den Tisch. Wohl errötete und erblaßte sie dabei abwechselnd, der Mut verließ sie mehrere Male, aber sie gab nicht nach, obgleich Hohn und Verachtung das Bitterste war, das ihr begegnen konnte. »Nun soll er wenigstens sehen, daß ich die Last mit ihm teilen will«, dachte sie.

»Berger Sven Persson und ihr andern«, sagte Karin, »Halvor und ich haben zwar noch nicht miteinander darüber gesprochen, weil ich ja erst seit kurzem Witwe bin, aber ich glaube, es ist am besten, wenn jedermann erfährt, daß ich Halvor lieber heirate als irgendeinen andern.« Sie hielt inne, weil ihr die Stimme versagte. »Die Leute mögen nun darüber reden, was sie wollen, aber Halvor und ich haben nichts Böses getan.«

Als sie das gesagt hatte, trat Karin näher zu Halvor, wie um gegen die bösen Worte, die sie nun hören würde, Schutz zu suchen.

Alle schwiegen eine Weile, hauptsächlich vor Verwunderung über Karin, die in diesem Augenblick mehr wie ein junges Mädchen aussah als je vorher in ihrem Leben.

Halvor sagte mit bebender Stimme: »Als ich deines Vater Uhr bekam, Karin, da glaubte ich, daß ich nie etwas Größeres erleben könnte, aber das, was du jetzt getan hast, ist das Größte, was einem Manne widerfahren kann.«

Aber Karin wartete mehr auf die Worte der andern als auf die Halvors; die Angst verließ sie nicht.

Da erhob sich Berger Sven Persson – er war in vieler Hinsicht ein ausgezeichneter Mann –. »Dann müssen wir alle Karin und Halvor Glück wünschen«, sagte er freundlich, »denn das weiß jeder, wen Karin Ingmarstochter erwählt, der ist ohne Fleck und Tadel.«

Niemand darf sich darüber wundern, wenn ein alter Dorfschulmeister manchmal ein wenig selbstbewußt wird. Da hat er nun sein ganzes Leben lang Kenntnisse und Gelehrsamkeit unter seinen Mitmenschen verbreitet; er sieht, daß alle Bauern nur gerade von dem leben, was er ihnen gegeben hat, und daß keiner mehr weiß, als was er, der Schulmeister, ihn einst gelehrt hat. Kann er da etwas dafür, daß er alle Gemeindemitglieder, und wenn sie auch noch so alt werden, als Schulkinder betrachtet und daß er denkt, er sei klüger als alle anderen? Ja, so einem richtigen alten Schulmeister fällt es hin und wieder geradezu schwer, jemand als erwachsen zu behandeln, denn in seinen Augen sieht jeder noch ebenso aus wie in seinen Kinderjahren, mit runden Kinderwangen und Grübchen darin und frommen ruhigen Kinderaugen.

Es war an einem Sonntag im Winter, gleich nach dem Gottesdienst. Der Pfarrer und der Schullehrer unterhielten sich noch in der kleinen gewölbten Sakristei, und im Laufe des Gesprächs waren sie auf die Heilsarmee gekommen.

»Das ist doch eine höchst merkwürdige Sache«, sagte der Pfarrer, »nie hätte ich gedacht, daß ich so etwas zu sehen bekäme.« Der Schulmeister sah den Pfarrer streng an; es kam ihm vor, als spreche dieser ungebührlich. Er, der Pfarrer, konnte doch wirklich nicht meinen, daß solch eine Verrücktheit in ihrer Gemeinde Einlaß fände. »Ich glaube auch nicht, daß der Herr Pfarrer sie zu sehen bekommt«, sagte er mit Nachdruck.

Der Pfarrer, der sich seiner Schwäche und Unfähigkeit wohl bewußt war, ließ zwar meistens den Schulmeister nach eigenem Gutdünken regieren, aber er konnte es doch nicht unterlassen, ihm zu widersprechen. »Sind Sie denn so sicher, daß wir von der Heilsarmee verschont bleiben, Storm?« sagte er. – »Doch«, antwortete Storm, »wo der Pfarrer und der Schulmeister zusammenhalten, da kann sich so ein Ungeziefer nicht eindrängen.« – »Es ist mir eigentlich nicht bewußt, daß Sie es so ganz mit mir halten, Storm«, sagte der Pfarrer ein wenig spitz. »Sie predigen ja auf eigene Faust drüben in Ihrem Zion.« – Der Schulmeister schwieg zuerst, dann sagte er leise: »Der Herr Pfarrer hat mich ja noch nie predigen hören.«

Dieses Missionshaus war ein böser Stein des Anstoßes. Der Pfarrer hatte nie einen Fuß über seine Schwelle gesetzt. Aber da es nun einmal zur Sprache gekommen war, bekamen die beiden alten Freunde Angst, sie könnten am Ende etwas Verletzendes gesagt haben. »Ich bin doch wohl ungerecht gegen Storm«, dachte der Pfarrer, »in den vergangenen vier Jahren, seit er am Sonntagnachmittag Bibelstunde im Missionshaus hält, habe ich am Sonntagvormittag mehr Leute in der Kirche als je zuvor, und ich habe auch nie eine Spur von einer Spaltung in der Gemeinde gemerkt. Er hat keine Störung hervorgerufen, wie ich es erwartet hatte, und er ist wirklich ein treuer Freund und Diener; ich will versuchen, ihm zu beweisen, wie hoch ich ihn schätze.«

Und dieser kleine Zwist war Veranlassung, daß der Pfarrer am Nachmittag Storms Bibelstunde beiwohnte. »Ich will Storm eine recht große Freude machen«, dachte er. »Ich will hingehen und hören, wie er dort in seinem Zion predigt.«

Auf dem Weg dahin gedachte der Pfarrer der Zeit, als das Missionshaus gebaut wurde. Nein, wie schwirrte es da durch die Luft von Prophezeiungen, und wie sicher war er gewesen, daß Gott etwas Großes damit im Sinn habe! Aber seither hatte man gar nichts mehr davon gehört. »Der liebe Gott hat es sich wohl anders überlegt«, dachte er und lachte zugleich im stillen darüber, daß er solch sonderbare Gedanken über den lieben Gott hatte.

Des Schulmeisters »Zion« war ein großer Saal mit hellen Wänden. An der Langseite hingen Holzschnitte von Luther und Melanchthon mit pelzverbrämten Mützen. An dem Deckengesims waren Bibelsprüche gemalt, umrahmt von Blumen und himmlischen Posaunen und Trompeten, und über einer kleinen Erhöhung an dem einen Ende des Saals hing ein Ölfarbendruck, der den guten Hirten darstellte. Der große kahle Raum war voller Menschen, und mehr brauchte es nicht, um einen frohen und feierlichen Eindruck hervorzurufen.

Die meisten waren schön gekleidet; sie trugen die alte Tracht des Kirchspiels, und die gestärkten, weitabstehenden weißen Kopftücher der Frauen erweckten die Vorstellung, als ob der Saal voll großer weißbeschwingter Vögel wäre.

Storm hatte seinen Vortrag schon begonnen, als er den Pfarrer eintreten und sich auf die erste Bank setzen sah. »Du, Storm, du bist doch ein merkwürdiger Mensch«, dachte er bei sich selbst. »Alles gelingt dir. Da kommt nun sogar der Pfarrer und erweist dir die Ehre, dir zuzuhören!«

Seit Einführung dieser Bibelstunde hatte der Schulmeister die Bibel von der ersten bis zur letzten Seite durchgenommen. An diesem Abend nun sprach er über das himmlische Jerusalem und die ewige Seligkeit aus der Offenbarung Johannis. Und so glücklich war er über des Pfarrers Anwesenheit, daß er dachte: »Was mich betrifft, so würde ich mir im ewigen Leben kein besseres Los wünschen, als auf einem Katheder zu stehen und kluge und folgsame Kinder zu unterrichten; und wenn Gott der Herr dazwischen einmal hereinkäme und mir zuhörte, wie der Pfarrer eben jetzt, wäre niemand im Himmel glückseliger als ich.«

Der Pfarrer seinerseits war betroffen, als er von Jerusalem reden hörte, und aufs neue wurde er von seinen sonderbaren Ahnungen ergriffen.

Da, mitten unter dem Vortrag, ging plötzlich die Tür auf, und eine Menge Leute traten ein. Es waren ungefähr zwanzig Personen, die jedoch beim Eingang stehenblieben, um nicht zu stören. »Ei sieh«, dachte der Pfarrer, »ich wußte doch, daß heute etwas geschehen würde.«

Und sobald Storm Amen gesagt hatte, erhob sich aus der Gruppe an der Tür eine Stimme, die sagte: »Ich bitte um die Erlaubnis, einige Worte reden zu dürfen.«

Die Stimme klang außerordentlich sanft und freundlich. »Das kann nur Hök Matts Eriksson sein«, dachte der Pfarrer, und viele andere dachten dasselbe. Im ganzen Dorf hatte keiner eine so freundliche Kinderstimme.

Im nächsten Augenblick drängte sich ein kleiner Mann mit gutem Gesicht an die Estrade vor, und ihm folgte eine Schar Männer und Frauen, die ihn zu begleiten schienen, um ihn zu unterstüzten, und die ihm Mut zuzusprechen schienen. Der Pfarrer, der Schulmeister und die ganze Versammlung saßen unbeweglich da. »Hök Matts kommt, um ein großes Unglück anzuzeigen«, dachten sie. »Entweder ist der König gestorben, oder es ist Krieg ausgebrochen, oder vielleicht hat sich irgendein unglücklicher Mensch im Fluß ertränkt.«

Hök Matts sah indes nicht aus, als hätte er eine schlimme Botschaft mitzuteilen. Er war feierlich und bewegt, aber doch so froh, daß er ein Lächeln fast nicht unterdrükken konnte. – »Ich möchte den Schulmeister und der Versammlung mitteilen«, sagte er, »daß vor kurzem, an einem Sonntag, als ich mit meinen Dienstleuten in der Stube saß, der Geist über mich kam, so daß ich anfing zu predigen. Das Glatteis hatte uns verhindert, hierherzukommen und Storm zu hören; wir sehnten uns alle nach dem Wort Gottes, und da kam es über mich, daß ich selbst reden konnte. Nun habe ich an den beiden letzten Sonntagen gepredigt, und nun haben meine Hausgenossen und Nachbarn zu mir gesagt, ich sollte hierhergehen und mich vor allen Leuten hören lassen.«

Hök Matts sagte ferner, er sei sehr erstaunt, daß die Gabe des Predigens auf einen so geringen Mann wie ihn gefallen sei. »Aber der Schulmeister ist ja selbst nichts anderes als ein Bauer«, fügte er zutraulich hinzu.

Nach dieser Einleitung faltete Hök Matts die Hände und wollte anfangen zu predigen. Aber nun hatte sich der Schulmeister von der ersten Überraschung erholt. – »Ist es deine Absicht, Hök Matts, heute hier zu predigen?« unterbrach er ihn. – »Ja, allerdings ist das meine Absicht«, antwortete der Mann. Er wurde ängstlich wie ein Kind, als er Storms düstere Miene sah. – »Es war meine Absicht, den Schulmeister und die anderen vorher um Erlaubnis zu bitten«, sagte er demütig. – »Nein, wir sind für heute fertig«, sagte Strom entschieden.

Dem kleinen freundlichen Mann traten die Tränen in die Augen, und er sagte bittend. »Wenn ich nur ganz wenige Worte sagen dürfte. Es ist etwas, das über mich gekommen ist, während ich hinter dem Pflug her ging oder den Kohlenmeiler bewachte, und nun will es heraus.« – Aber der Schulmeister, der heute einen so ehrenvollen Tag gehabt hatte, kannte kein Erbarmen. »Matts Eriksson, du kommst mit deinen eigenen Betrachtungen hierher und sagst, es sei Gottes Wort«, antwortete er zurechtweisend.

Hök Matts wagte nicht zu widersprechen, und der Schulmeister schlug das Gesangbuch auf. – »Wir singen jetzt Nummer 187«, sagte er. Mit lauter Simme las er das Lied vor und begann dann zu singen: »Ich hebe meine Augen auf zu Jerusalem.«

Beim Singen aber dachte er: »Es ist nur gut, daß der Pfarrer gerade heute kam und sieht, daß ich Ordnung in meinem Zion halte.«

Aber der Gesang war kaum beendet, als sich einer der Zuhörer erhob. – Ljung Björn Olofsson war es, ein stolzer, stattlicher Mann, der mit einer der Ingmarstöchter verheiratet war und einen großen Hof mitten im Dorf besaß.

»Wir hier unten«, sagte Ljung Björn ganz ruhig, »wir meinen, der Schulmeister hätte uns um unsere Meinung fragen sollen, ehe er Matts Erikson abwies.«

»Meinst du, mein Junge?« sagte der Schulmeister im selben Ton, in dem er mit einem naseweisen Schulbuben gesprochen hätte. »Dann will ich dir nur mitteilen, daß hier in diesem Saal außer mir niemand etwas zu sagen hat.«

Ljung Björn wurde dunkelrot; er hatte ganz gewiß nicht die Absicht gehabt, mit dem Schulmeister Streit anzufangen, sondern nur daran gedacht, den Schlag für Hök Matts, der ein guter Mann war, zu mildern, und es war nur natürlich, daß er sich über die Antwort, die ihm zuteil geworden war, ärgerte. Aber ehe er sich zu einer Entgegnung gesammelt hatte, ergriff einer von denen, die mit Hök Matts gekommen waren, das Wort.

»Ich habe Hök Matts schon zweimal predigen hören, und ich muß sagen, daß es ganz merkwürdig ist, wenn man ihm zuhört. Ich glaube auch, es würde für alle, die hier anwesend sind, von Nutzen sein, wenn sie ihn hörten.«

Sofort antwortete der Schulmeister in einem freundlicheren und zugleich ermahnenden Ton, gerade als ob er einen Jungen in der Schule zurechtwiese:

»Aber Krister Larsson, du verstehst doch wohl, daß das unmöglich ist. Lasse ich Hök Matts heute predigen, dann kommst du, Krister, am nächsten Sonntag und willst uns predigen, und dann du, Ljung Björn, am übernächsten und so fort.« Als der Schulmeister das sagte, lachten mehrere Zuhörer, aber aus Ljung Björns Mund erklang die Antwort scharf und hart: »Ich weiß nicht, warum Krister oder ich nicht ebenso geschickt zum Predigen sein sollten wie der Schulmeister.«

Da stand Tims Halvor auf, und um die Leute zu beruhigen und einem Streit zuvorzukommen, sagte er: »Aber die, die das Geld gegeben haben, um diesen Betsaal zu bauen, müssen doch wohl um Erlaubnis gefragt werden, ehe ein neuer Prediger reden darf.« – Doch nun war Krister Larsson auch böse geworden und erklärte sofort: »Ich erinnere mich, daß wir, als wir dies Haus bauten, übereinkamen, daß es ein freier Predigtsaal und keine Kirche sein solle, wo nur ein einziger Mann das Wort Gottes verkünden darf.«

Als Krister das sagte, atmeten alle Anwesenden tief auf. Vor nur einer Stunde wäre es niemand eingefallen, auch nur zu wünschen, es möchte ein anderer als der Schulmeister hier predigen, aber nun dachten sie: »Es wäre ganz angenehm, etwas Neues zu hören, wir möchten wohl gern dort hinter dem Katheder neue Worte hören und ein neues Gesicht sehen.«

Es wäre aber vielleicht doch nicht zu einem Streit gekommen, wenn nicht auch Kolaas Gunnar anwesend gewesen wäre. Der war auch ein Schwager von Halvor, ein langer magerer Mensch, von dunkler Gesichtsfarbe und mit stechenden Augen. Er hatte den Schulmeister gern, wie die andern auch, aber noch lieber war ihm ein ordentlicher Streit. »Ja, als dies Haus gebaut wurde, war viel von Freiheit die Rede«, sagte er, »aber seit es fertig ist, habe ich nicht ein einziges freies Wort hier gehört.«

Jetzt bekam der Schulmeister einen roten Kopf. Das war die erste Äußerung, die von Bosheit und Aufsässigkeit zeugte. »Ich will dir etwas sagen, Kolaas Gunnar«, begann er, »hier hast du die Predigt von der wahren Freiheit vernommen, so wie Luther sie gepredigt hat, aber niemals hat hier Freiheit geherrscht, solche Neuigkeiten zu verkünden, die an einem Tag stehen und am andern wieder fallen.«

»Der Herr Schulmeister will uns glauben machen, daß alles Neue falsch sei, sobald es die Lehre angeht«, erwiderte der Mann ruhiger, als ob er seine Heftigkeit bereute. »Er will allerdings, daß wir bei der Viehzucht neue Methoden anwenden und bei der Landwirtschaft neue Maschinen anschaffen, aber von den neuen Werkzeugen, womit Gottes Boden umgepflügt wird, erfahren wir nichts.«

Der Schulmeister dachte, Kolaas Gunnar habe es nicht so böse gemeint, als es klang. »Meinst du damit«, versuchte er zu scherzen, »daß hier eine andere als die lutherische Lehre gepredigt werden soll?« – »Es handelt sich hier nicht um eine neue Lehre«, fuhr nun Gunnar mit scharfer Stimme auf, »sondern darum, wer predigen darf, und soviel ich weiß, ist Matts Eriksson ein ebenso guter Lutheraner wie der Herr Schulmeister und der Herr Pfarrer.«

Der Schulmeister hatte einen Augenblick den Pfarrer ganz vergessen, nun sah er diesen an.

Der Herr Pfarrer saß, das Kinn auf den Griff seines Stockes gestützt, ruhig und unbeweglich mit einem sonderbaren Glanz in den Augen da, und Storm sah, daß seine Blicke immerfort auf ihm ruhten.

»Es wäre vielleicht doch besser gewesen, wenn er nicht gerade an diesem Abend gekommen wäre«, dachte der Schulmeister.

Es fiel ihm auf, daß das, was hier geschah, Ähnlichkeit mit früheren Erlebnissen hatte. An schönen sonnigen Frühlingstagen geschah es zuweilen, daß sich ein Vögelchen vor das Fenster des Schulzimmers setzte und sang und sang. Und auf einmal begannen alle Kinder um einen freien Nachmittag zu bitten, sie hörten auf zu lernen, wurden unruhig und lärmend und waren kaum mehr zu bändigen. Etwas Ähnliches war es, was die Versammlung nach Hök Matts Ankunft heute überfallen hatte. Aber der Schulmeister dachte, nun wolle er dem Pfarrer und allen miteinander zeigen, daß er der Mann dazu sei, den Aufruhr zu unterdrücken.

»Fürs erste will ich sie sich selbst überlassen, bis die Rädelsführer sich müde geschrien haben«, dachte er und setzte sich ganz ruhig auf den Stuhl, der hinter dem Tisch mit dem Glas Wasser stand.

Aber gleichzeitig brach ein rasender Sturm um ihn her los, denn nun wurden alle von dem Gedanken ergriffen: Wir sind ja alle ebenso gut wie der Schulmeister. Warum soll er allein uns sagen dürfen, was wir glauben und was wir nicht glauben sollen?

Das waren zwar für die meisten ganz neue Gedanken, aber man hörte es doch ihren Worten an, daß sie in ihnen gekeimt und gesproßt hatten, seit der Schulmeister das Missionshaus gebaut und ihnen gezeigt hatte, daß auch ein einfacher und geringer Mann das Wort Gottes auslegen könne.

Nach einer Weile dachte der Schulmeister: »Nun hat sich die Jugend wohl ausgetobt, jetzt ist es Zeit, ihnen zu zeigen, wer Herr in diesem Haus ist.«

Er stand auf, schlug mit der Hand kräftig auf den Tisch und rief mit starker Stimme: »Nun ist es genug! Was ist das für ein Spektakel! Ich gehe jetzt fort, und ihr müßt auch gehen, damit ich abschließen kann.«

Einige erhoben sich wirklich, denn sie waren alle zu Storm in die Schule gegangen und wußten, wenn er auf den Tisch schlug, so war das ein Zeichen, dem man gehorchen mußte; aber die meisten blieben trotzdem sitzen.

»Der Herr Schulmeister vergißt, daß wir jetzt erwachsene Männer sind«, sagten sie. »Er glaubt, wir müßten folgen, nur weil er auf das Katheder schlägt.«

Sie fuhren fort, darüber zu reden, daß sie neue Prediger hören wollten, und sie verhandelten, wen man berufen solle, ja, sie stritten sich schon darüber, ob es einer von den Waldenströmianern oder ein Laienprediger der evangelischen Nationalvereinigung sein sollte.

Der Schulmeister starrte die Versammlung an, als sähe er etwas Unheimliches. Bis jetzt hatte er in jedem menschlichen Gesicht immer nur das Kind gesehen. Aber nun verschwanden alle die runden, weichen Kinderwangen und die hellen Kinderlocken und die frommen Kinderaugen, und der Schulmeister sah nur noch eine Schar erwachsener Menschen mit ernsten, barschen Gesichtern und fühlte, daß er über diese keine Macht hatte. Er wußte kaum noch, wie er mit ihnen reden sollte. Der Lärm dauerte fort und wurde immer lauter. Der Schulmeister schwieg und ließ sie toben. Kolaas Gunnar und Ljung Björn und Krister Larsson waren die Anführer. Hök Matts, der ja den Anlaß zu dem Aufruhr gegeben hatte, erhob sich wieder und wieder und bat sie, zu schweigen, aber niemand hörte auf ihn.

Wieder richtete der Schulmeister seinen Blick auf den Pfarrer. Der saß noch ebenso ruhig da, mit demselben Glanz in den Augen, und sah ihn an. »Er denkt wohl an den Abend vor vier Jahren, als ich ihm erklärte, daß ich ein Missionshaus bauen wolle«, dachte der Schulmeister.

»Ja, er hatte recht«, dachte Storm weiter, »nun sind sie da, die Irrlehren und der Aufruhr und die Zersplitterung, und dies alles wäre vielleicht nie gekommen, wäre ich nicht so darauf versessen gewesen, mein Zion zu bauen.«

Als das dem Schulmeister klargeworden war, hob er den Kopf und richtete sich gerade auf. Aus der Tasche zog er einen kleinen Schlüssel aus glänzendem Stahl, mit dem er das Missionshaus auf- und zuzuschließen pflegte. Er hob den Schlüssel ins Licht, so daß er glänzte und im ganzen Saal gesehen werden konnte.

»Nun lege ich diesen Schlüssel hier auf den Tisch«, sagte er, »und nehme ihn nicht wieder zu mir. Denn ich sehe, daß ich allem, was ich damit ausschließen wollte, gerade Einlaß verschafft habe.«

Hierauf legte der Schulmeister den Schlüssel nieder, nahm seinen Hut und ging direkt auf den Pfarrer zu. »Ich muß Ihnen vielmals danken, Herr Pfarrer, daß Sie heute abend kamen, um mich zu hören«, sagte er, »denn wenn Sie heute nicht gekommen wären, hätten Sie mich niemals predigen hören.«

Die wilde Jagd

Es gab viele, die meinten, Eljas Elof Ersson dürfte eigentlich keine Ruhe im Grabe haben, weil er sich so schlecht gegen Karin und den jungen Ingmar Ingmarsson benommen hatte.

Absichtlich schien er Karins Geld verschleudert zu haben, damit sie es nach seinem Tode recht schwer haben sollte. Den Hof hatte er so mit Schulden überlastet, daß ihn Karin den Gläubigern hätte überlassen müssen, wenn nicht Halvor Halvorsson reich genug gewesen wäre, den Hof zu kaufen und die Schulden zu bezahlen. Aber Ingmar Ingmarssons zwanzigtausend Kronen, die Eljas zu verwalten gehabt hatte, waren vollständig verschwunden. Die einen glaubten, Eljas habe sie vergraben, andere meinten, er habe sie verschenkt. Nur eines war sicher, daß sie nirgends zu finden waren. Niemand hatte eine Ahnung davon gehabt, wie die Dinge standen; erst bei der Inventur war es an den Tag gekommen. Die Gerichtsvollstrecker hatten das Geld tagelang gesucht, aber es war und blieb verschwunden.

Als Ingmar erfuhr, daß er nun arm sei, beratschlagte er mit Karin, was er anfangen sollte. Ingmar sagte, er möchte am liebsten Schullehrer werden. Er bat Karin, ihn auch ferner beim Schulmeister zu lassen, bis er alt genug sei, um ins Lehrerseminar einzutreten. Drunten im Kirchdorf, sagte er, könne er vom Schulmeister und vom Pfarrer die nötigen Büchlein leihen, und er könne auch Storm in der Schule beim Unterricht helfen; das sei eine gute Übung.

Karin besann sich lange, ehe sie ihre Einwilligung gab, schließlich aber sagte sie:

»Du hast wohl keine Lust mehr, hierzubleiben, da du jetzt nicht mehr der Herr des Hofes werden kannst.«

Als Schulmeisters Gertrud erfuhr, daß Ingmar wieder zu ihnen komme, machte sie ein verdrossenes Gesicht. Sie dachte, wenn überhaupt ein Junge bei ihnen wohnen solle, dann hätte es ebensogut der hübsche Bertil des Gemeinderatsvorstehers oder der lustige Gabriel, Hök Matts Erikssons Sohn, sein können.

Gabriel und Bertil konnte Gertrud nämlich recht gut leiden, aber was sie über Ingmar dachte, darüber war sie sich selbst nicht recht klar. Sie hatte ihn gern, weil er die Aufgaben mit ihr machte und ihr wie ein Sklave gehorchte, aber manchmal war sie seiner auch überdrüssig, weil er so schwerfällig und langsam war und nicht mit ihr spielen konnte. Bald bewunderte sie ihn, weil er fleißig und gelehrig war, bald verachtete sie ihn, weil er sich nie verteidigte, wenn er angegriffen wurde.

Gertrud hatte immer den Kopf voll lustiger Einfälle und allerlei Phantasien, die sie Ingmar anvertraute, und wenn er dann einmal ein paar Tage weg war, wurde sie unruhig und meinte, sie habe niemand, mit dem sie sich unterhalten könne. Kam er dann aber zurück, so wußte sie nicht recht, wonach sie sich eigentlich gesehnt hatte.

Das Mädchen hatte nie Rücksicht darauf genommen, daß Ingmar reich war und zu den besten Familien des Dorfes gehörte; sie behandelte ihn eher so, als sei er ein wenig geringer als sie. Aber als sie nun hörte, daß er arm geworden war, weinte sie, und als er ihr sagte, daß er nicht daran denke, den Hof wiederzugewinnen, sondern Schulmeister werden wolle, wurde sie so böse, daß sie sich kaum beherrschen konnte.

Gott mochte wissen, wie hoch er in ihren Träumen schon gestiegen war!

Die Kinder im Schulhaus erhielten eine strenge Erziehung. Sie wurden stets zur Arbeit angehalten und hatten selten ein Vergnügen. Darin trat indes in dem Frühjahr, als Storm aufhörte, im Missionshaus zu predigen, eine Veränderung ein. Da sagte nämlich bisweilen Mutter Stina zu ihrem Mann: »Storm, nun dürfen wir die Jungen jung sein lassen. Denk an dich und mich! Als wir siebzehn Jahre alt waren, tanzten wir manches Mal von Sonnenuntergang bis Tagesanbruch.«

An einem Sonnabend, als der junge Hök Gabriel Mattsson und des Schultheißen Gunhild zu Besuch gekommen waren, wurde sogar im Schulhaus getanzt.

Gertrud war ganz ausgelassen vor Freude darüber, daß sie tanzen durfte, aber Ingmar wollte nicht mittun. Er nahm ein Buch in die Hand, setzte sich auf das Kanapee am Fenster und fing an zu lesen. Gertrud kam immer wieder, um ihn von seinem Buch wegzulocken, aber er saß mürrisch und schüchtern da und weigerte sich, mitzugehen. Mutter Stina seufzte, wenn sie ihn ansah. »Man merkt, daß er aus einem alten Geschlecht stammt«, dachte sie. »Es heißt, solche Menschen können nie recht jung sein.«

Den drei anderen aber gefiel es so gut, daß sie davon sprachen, am nächsten Sonnabend auf einen Tanzboden zu gehen, und schließlich fragten sie die Schulmeisterleute, was sie dazu meinten.

»Ja, wenn ihr auf Stark-Ingmars Tanzboden geht, dann habt ihr von mir aus die Erlaubnis«, sagte Mutter Stina, »denn ich weiß, daß ihr dort anständige und bekannte Leute trefft.«

Storm stellte noch eine andere Bedingung. »Ich lasse

Gertrud nicht zum Tanz gehen, wenn nicht Ingmar mitgeht und auf sie aufpaßt.«

Da stürmten alle drei auf Ingmar los. Er aber schlug es ihnen rundweg ab, hielt die Augen auf das Buch geheftet und las weiter. »Ach, es lohnt sich nicht, ihn darum zu bitten«, sagte Gertrud da in einem so sonderbaren Ton, daß er die Augen aufschlug und sie ansah. Wie hübsch sie doch nach dem Tanz aussah! Aber ihr Mund lachte spöttisch, und die Augen funkelten, als sie sich von ihm abwandte. Man konnte ihr deutlich ansehen, wie tief sie ihn verachtete, ihn, der häßlich und sauertöpfisch dasaß und nicht jung sein konnte. Ingmar mußte schnell einwilligen – einen andern Ausweg gab es nicht für ihn.

Ein paar Tage später saßen Gertrud und ihre Mutter in der Küche bei der Arbeit. Auf einmal merkte Gertrud, daß die Mutter unruhig wurde. Sie hielt den Spinnrocken an und lauschte zwischen jedem Wort, das sie sagte. – »Ich begreife nicht, was das ist«, sagte sie. »Hörst du nichts, Gertrud?« – »Ja«, antwortete Gertrud, »es ist jemand in der Schulstube.« – »Wer kann denn um diese Zeit dort sein? Und höre nur, wie es schlurft und raschelt und von einer Ecke in die andere fährt.«

Ja, es raschelte und schlurfte und fuhr in der großen leeren Stube herum, daß es Gertrud und ihrer Mutter ganz unheimlich zu Mut ward. »Es muß doch jemand droben sein«, sagte Gertrud. – »Das ist aber doch nicht möglich«, antwortete Mutter Stina, »und ich kann dir sagen, daß es jeden Abend so geht, seit ihr droben getanzt habt.«

Gertrud sah der Mutter an, daß sie glaubte, es spuke im Schulzimmer seit dem Tanz. Und das wußte sie, wenn Mutter Stina einmal diesen Glauben hatte, dann war es vorbei mit allem, was Tanz und Tanzboden hieß.

»Jetzt gehe ich hinauf und sehe nach, was es ist«, sagte Gertrud; aber die Mutter hielt sie am Kleid fest. – »Ich weiß nicht, ob ich dich gehen lassen soll.« – »Doch, Mutter, es ist am besten, wir erfahren, was es ist.« – »Dann wollen wir wenigstens zusammen gehen.«

Ganz leise schlichen sie die Treppe hinauf; die Tür wagten sie aber nicht aufzumachen, sondern Mutter Stina bückte sich und sah durchs Schlüsselloch.

Lange stand sie so, und einmal war es, als ob sie lachte. »Was ist es, Mutter?« fragte Gertrud. – »Du kannst selbst sehen, aber sei nur recht leise.«

Gertrud bückte sich und sah hinein. Die Tische und Bänke, die sonst die ganze Stube einnahmen, waren zusammengerückt, die Luft war von Staub erfüllt, und mitten drin stand Ingmar und drehte sich mit einem Stuhl im Arm im Kreise herum.

»Ist Ingmar verrückt geworden?« rief Gertrud. – »Still!« sagte die Mutter und zog sie mit sich die Treppe hinunter. »Ich glaube, er versucht, tanzen zu lernen. Er wird es lernen wollen, damit er auch auf den Tanzboden gehen kann«, fuhr sie schmunzelnd fort.

Und dann schüttelte sich Mutter Stina vor Lachen. »Er hat mir beinahe einen Todesschrecken eingejagt«, sagte sie. »Gott sei Dank, daß er auch einmal jung sein kann!« Und nachdem sie sich wieder gefaßt hatte, fuhr sie fort: »Nun sagst du keinem Menschen ein Sterbenswörtchen davon, hörst du, Gertrud!«

Es wurde Sonnabend, und die vier jungen Leute standen auf der Treppe des Schulhauses zum Gehen bereit. Mutter Stina musterte sie; sie waren so schön, daß sie förmlich glänzten. Die jungen Burschen trugen gelbe Lederhosen und grüne Frieswesten mit roten Ärmeln. Gertrud und Gunhild hatten weite weiße Puffärmel, große rosa Tücher bedeckten fast den ganzen Oberkörper, die Röcke waren aus gestreiftem Stoff mit einem Saum von rotem Tuch und die großen Schürzen von derselben rosa Farbe wie die Halstücher.

Während die vier durch den schönen Sommerabend dahinwanderten, waren sie zuerst ganz still. Gertrud sah Ingmar bisweilen verstohlen an und dachte daran, wie viele Mühe er sich gegeben hatte, tanzen zu lernen. Woher es nun auch kommen mochte, ob der Gedanke an Ingmar oder die Aussicht auf das Tanzvergnügen schuld daran waren, Gertrud begann jedenfalls zu träumen und zu phantasieren und ließ die andern ein wenig vorausgehen, um ihren Träumen nachhängen zu können. Sie dachte sich eine kleine Geschichte aus, wie es zugegangen war, als die Bäume neue Blätter bekamen.

»Es ist wohl so zugegangen«, dachte sie, »daß die Bäume, die den ganzen Winter hindurch in Frieden und Ruhe geschlafen hatten, plötzlich anfingen, zu träumen. Und da haben sie geträumt, daß es schon hoher Sommer sei. Sie sahen die Felder mit grünem Gras und wogendem Getreide bedeckt, an den Heckenrosenbüschen leuchteten frische Blüten. Die Blätter der Wasserlilie bedeckten Gräben und Dämme, die feinen Kletterranken der Linneen bedeckten die Steine, und der Waldboden verschwand ganz unter den Sternmieren und Anemonen. Und zwischen allem, was bekleidet und verhüllt war, sahen sich die Bäume nackt und bloß, und sie schämten sich ihrer Nacktheit.

In ihrer Verwirrung dachten die Laubbäume, alles mache sich über sie lustig. Die Hummeln kamen brummend daher und verhöhnten sie, die Krähen lachten sie aus, und die andern Vögel sangen Spottlieder. ›Wo sollen wir etwas hernehmen, um uns zu bedecken?‹ dachten die Bäume ganz verzweifelt. Aber kein einziges Blättchen konnten sie entdecken, weder an Zweig noch Ast, und ihre Angst wurde so groß, daß sie erwachten.

Als sie sich schlaftrunken umschauten, war ihr erster Gedanke: ›Gott sei Dank, daß es nur ein Traum war! Nirgends ist eine Spur vom Sommer zu erblicken. Nur gut, daß wir nicht verschlafen haben.‹

Aber als sie sich weiter umschauten, merkten sie, daß das Eis auf den Seen verschwunden war. Grashalme und Anemonen sproßten aus der Erde hervor, und es gärte und trieb unter ihrer eigenen Rinde. ›Nun haben wir doch verschlafen, wenn es auch noch nicht Sommer ist; wie gut, daß wir erwachten, nun haben wir für ein Jahr genug geschlafen und müssen jetzt unsere Kleider anziehen!‹

Und dann hatten die Birken in aller Eile kleine gelbgrüne, klebrige Blätter herausgestreckt, während sich die Ahornbäume vorläufig nur mit grünen Blättern bekleideten. Die Blätter der Erlen krochen so unfertig und kraus heraus, daß sie wahren Mißgeburten glichen, die Weidenblätter aber waren von Anfang an glatt und wohlgeformt, als sie aus den Knospen glitten.«

Gertrud lächelte, während sie sich das ausmalte, und sie wünschte nur, allein mit Ingmar zu sein, um ihm gleich alles erzählen zu können.

Es war ein weiter Weg bis zum Ingmarshof, und sie mußten mehr als eine Stunde zu Fuß gehen. Es ging den Fluß entlang, und Gertrud blieb die ganze Zeit eine Strekke hinter den andern zurück. Jetzt spielten ihre Gedanken mit dem roten Schein des Sonnenuntergangs, der über den Fluß und das Ufer hinleuchtete. Graue Erlenbüsche und lichtgrüne Birken waren wie in rosige Glut getaucht, sie flammten einen Augenblick auf und nahmen ebenso schnell ihre natürliche Farbe wieder an.

Plötzlich blieb Ingmar stehen. Er hatte gerade etwas erzählt, brach aber mittendrin ab und konnte kein Wort weiter hervorbringen. »Was ist?« fragte Gunhild, aber Ingmar starrte nur totenbleich geradeaus. Die andern sahen nichts als eine weite Ebene von Kornfeldern, die von einem Höhenzug begrenzt war. Mitten auf der Ebene lag ein großer Bauernhof. In diesem Augenblick fiel der rote Abendschein auf den Hof, alle Fenster blinkten, und die alten Dächer und Mauern leuchteten in roter Glut.

Gertrud trat rasch näher und warf einen schnellen Blick auf Ingmar, dann zog sie geschwind die andern mit sich fort. »Ihr dürft ihn nicht fragen«, flüsterte sie. »Das dort ist der Ingmarshof, und es wird ihm gewiß recht schwer, ihn zu sehen. Er ist seit zwei Jahren nicht mehr daheim gewesen, nicht ein einziges Mal, seit er arm geworden ist.«

Um Stark-Ingmars Hütte am Waldessaum zu erreichen, mußten sie nun quer über die Ebene am Ingmarshof vorüber.

Ingmar holte sie bald ein und rief ihnen zu: »Es ist besser, wir schlagen diesen Weg hier ein!« Damit führte er sie auf einen Fußpfad, der am Waldessaum hinlief und zu der Hütte führte, ohne daß man den Hof selbst berührte.

»Du kennst doch wohl Stark-Ingmar?« sagte Hök Gabriel Mattsson zu Ingmar. – »Ja, wir sind früher recht gute Freunde gewesen.« – »Ist es wahr, daß er hexen kann?« fragte nun Gunhild. – »Ach nein«, antwortete Ingmar ein wenig zögernd, als ob er doch halb daran glaubte. – »Du darfst schon sagen, was du weißt«, fuhr Gunhild fort. – »Der Schulmeister hat gesagt, wir sollen dergleichen nicht glauben.« – »Der Schulmeister kann keinem Menschen verbieten, zu glauben, was er sieht und was er weiß.«

Da bekam Ingmar große Lust, von seiner Heimat zu sprechen. Alle Erinnerungen aus seiner Kindheit tauchten vor ihm auf, als er den alten Hof sah.

»Ich kann euch etwas erzählen, was ich selbst erlebt habe«, sagte er.

»Es war in einem Winter, wo Vater und Stark-Ingmar weit drin im Walde bei den Kohlenmeilern waren. Als Weihnachten kam, bot sich Stark-Ingmar an, allein bei den Kohlenmeilern draußen zu bleiben, damit Vater die Festtage daheim verbringen könne. Es wurde denn auch so beschlossen, und am Heiligen Abend schickte Mutter mich mit dem Weihnachtsmahl zu Stark-Ingmar in den Wald. Ich ging sehr früh fort und erreichte den Kohlenmeiler um die Mittagszeit. Als ich ankam, hatten Vater und Stark-Ingmar eben einen Kohlenmeiler fertig gebrannt; sie hatten ihn geöffnet, und die heißen Kohlen lagen zum Abkühlen auf dem Boden ausgebreitet. Es rauchte aus den Kohlenhaufen, und wo die Kohlen dicht beieinander lagen, flammten sie auf, was aber nicht sein durfte. Das war die gefährlichste Zeit des ganzen Kohlenbrennens. Sobald Vater mich erblickte, sagte er auch: ›Ich fürchte, du mußt allein wieder heimgehen, Ingmar, denn ich kann Stark-Ingmar bei dieser Arbeit nicht verlassen.‹ Stark-Ingmar stand auf der andern Seite des Kohlenhaufens mitten im dichten

Rauch. ›Jawohl kannst du gehen, Groß-Ingmar, ich habe schon Schwierigeres vollbracht.‹

Nach einer Weile rauchte es etwas weniger aus dem Kohlenhaufen heraus. ›Nun will ich doch sehen, was für ein Weihnachtsgericht Mutter Brita mir geschickt hat‹, sagte Stark-Ingmar und nahm mir das Bündel ab. ›Komm mit, dann kannst du sehen, wie fein dein Vater und ich hier wohnen‹, sagte er. Er zeigte mir die Hütte, wo er und der Vater schliefen. Ein großer Stein bildete die hintere Wand, aber die andern Wände waren aus Tannenzweigen und Schlehdorn zusammengefügt. ›Ja, mein Junge‹, sagte Stark-Ingmar, ›das hast du wohl nicht gedacht, daß dein Vater so ein königliches Schloß hier mitten im Wald hat. Hier kannst du Wände sehen, die Kälte und Unwetter aushalten‹, sagte der Alte und streckte den Arm durch die Tannenzweige ins Freie hinaus.

Vater kam nun auch herein und lachte. Beide waren ganz schwarz von Ruß und rochen nach dem säuerlichen Kohlenmeilerrauch, aber noch nie hatte ich Vater so vergnügt und lustig gesehen. Keiner von den beiden konnte aufrecht in der Hütte stehen, und es fanden sich nur ein paar Lagerstätten aus Tannenreis und einige Steine, worauf ein Feuer brannte, aber trotzdem waren sie seelenvergnügt. Sie setzten sich nebeneinander auf das Tannenreislager und öffneten das Bündel. ›Ich weiß nicht, ob ich dir etwas davon abgebe‹, sagte Stark-Ingmar zu Vater, ›das ist mein Weihnachtsessen.‹ – ›Du mußt barmherzig sein, denn es ist ja Heiliger Abend‹, sagte Vater. – ›Ja, ja, da darf man so einen armen Kohlenbrenner nicht hungern lassen‹, sagte Stark-Ingmar.

Auf diese Weise machten sie fort. Es war auch ein wenig Branntwein im Körbchen, und ich wunderte mich, daß man am Essen und Trinken so eine Freude haben könne. ›Du mußt deiner Mutter sagen, daß Groß-Ingmar mir alles weggegessen hat‹, sagte Stark-Ingmar zu mir. ›Sie muß morgen noch mehr schicken.‹ – ›Ja, ich sehe, daß es wahr ist‹, sagte ich.

In demselben Augenblick fuhr ich heftig zusammen, denn es knisterte im Feuer, beinahe, als hätte jemand eine Handvoll Kiesel auf die Steinplatte geworfen, worauf es brannte. Vater merkte nichts, aber Stark-Ingmar sagte schnell: ›Aha, steht es so?‹ doch aß er ruhig weiter. Da prasselte es aufs neue, nur viel stärker. Ich sah nichts, aber es war, als hätte jemand kleine Steine mitten ins Feuer geworfen. ›Ja, ja, hat es denn solche Eile?‹ sagte Stark-Ingmar und ging hinaus. ›Ja, die Kohlen haben Feuer gefangen‹, rief er gleich darauf, ›aber bleib du nur sitzen, Groß-Ingmar, ich werde schon allein fertig!‹ Vater und ich saßen ganz still, keiner hatte Lust, etwas zu sagen.

Da kam Stark-Ingmar wieder herein, und das Necken begann aufs neue.

›Ich glaube, ich habe seit vielen Jahren keinen so vergnügten Heiligen Abend gefeiert‹, sagte er. Während er noch sprach, begann das Prasseln wieder. ›Ach so, ist es schon wieder soweit?‹ sagte er. Er ging hinaus, und da hatten die Kohlen aufs neue Feuer gefangen. Als er zurückkam, sagte Vater: ›Du hast wirklich recht gute Hilfe, und ich sehe ein, daß du hier bei den Kohlenmeilern gut allein fertig werden kannst.‹ – ›Ja, geh du nur ruhig heim, Groß-Ingmar, es gibt hier schon welche, die mir helfen.‹ Und so ging der Vater mit mir heim, und alles lief gut ab, und weder früher noch später ist jemals einer von Stark-Ingmars Kohlenmeilern in Brand geraten.«

Gunhild bedankte sich bei Ingmar für seine Erzählung, aber Gertrud schritt schweigend weiter, als ob sie Angst bekommen hätte. Die Dämmerung war mittlerweile angebrochen, und alles, was vorhin rot gewesen war, hatte nun eine bleiche graue Färbung angenommen. Nur drin im Walde saß da und dort ein einzelnes rotes Blatt, das wie das Auge eines Kobolds leuchtete.

Gertrud war ganz erstaunt über Ingmar, der so lang und so ausführlich erzählt hatte. Und unwillkürlich dachte sie, er trage den Kopf etwas höher und schreite mit schnelleren Schritten dahin. Er sei gleichsam ein anderer geworden, seit er den heimatlichen Boden betreten hatte. Gertrud wußte nicht, warum sie das beunruhigte, warum es ihr eigentlich nicht gefiel. Sie nahm sich aber schnell zusammen und begann Ingmar zu necken, indem sie ihn fragte, ob er die Absicht habe, zu tanzen.

Endlich erreichten sie eine kleine graue Hütte. Es brannte Licht drinnen; die kleinen Fenster ließen wohl nicht genug Tageslicht eindringen. Violinspiel und Tanzschritte drangen zu den Ankommenden heraus, aber trotzdem blieben die jungen Mädchen stehen und fragten: »Ist es hier? Kann man denn hier tanzen?«

Es kam ihnen vor, als ob in dem Häuschen höchstens für ein einziges Paar Platz wäre.

»Ach«, sagte Gabriel, »nur immer zu! Das Haus ist gar nicht so klein, wie es aussieht.«

Die Tür stand offen, und davor standen einige junge Paare, die sich warm getanzt hatten. Die Mädchen hatten die Kopftücher abgenommen und fächelten sich damit, und die Burschen zogen die kurzen schwarzen Jacken aus, um in den hellgrünen Westen mit den roten Ärmeln zu tanzen.

Die Neuangekommenen drängten sich durch die verschiedenen Gruppen an der Tür hindurch und traten in die Stube. Der erste, den sie sahen, war Stark-Ingmar. Er war ein kleiner dicker Mann, mit einem großen Kopf und einem langen Bart. »Ja, er sieht wirklich aus, als sei er mit Kobolden verwandt«, dachte Gertrud. Stark-Ingmar stand mit der Geige auf dem Herd, wahrscheinlich um den Tanzenden nicht im Wege zu sein.

Das Häuschen hatte mehr Raum, als es von außen den Anschein hatte. Aber es war verfallen und ärmlich, die nackten Bretterwände waren wurmstichig und die Decke rußgeschwärzt. Es gab weder Vorhänge an den Fenstern noch eine Decke auf dem Tisch, man sah gleich, daß Stark-Ingmar ein einsamer Mann war. Seine Kinder waren nach Amerika ausgewandert, und des alten Mannes einziges Vergnügen in seiner Einsamkeit bestand darin, am

Sonnabend die Jugend um sich zu versammeln und ihnen auf der Violine zum Tanz aufzuspielen.

Im Zimmer war es dunkel und schwül, Paar an Paar drehte sich im Kreise. Gertrud wurde zuerst fast ohnmächtig, und sie wollte rasch wieder hinausgehen, aber es war ganz unmöglich, sich durch die lebendige Mauer von Menschen, die den Eingang versperrten, hindurchzudrücken.

Stark-Ingmar spielte taktfest und sicher, aber als Ingmar Ingmarsson an der Tür erschien, fuhr er mit dem Fiedelbogen über die Saiten, daß es kratzte und die Tanzenden anhielten. »Nein, nein!« rief er, »es war nichts, tanzt nur weiter!«

Ingmar legte den Arm um Gertrud, um mit ihr den Tanz zu beginnen, und Gertrud tat selbstverständlich sehr überrascht, daß er tanzen wollte. Aber dann blieb sie stehen, denn ein Paar folgte dem andern so dicht auf dem Fuße nach, daß es nicht möglich war, sich dazwischenzuschieben, wenn man nicht von Anfang an dabeigewesen war.

Da unterbrach der alte Stark-Ingmar sein Spiel, schlug mit dem Fiedelbogen auf den Rand des Herds und rief mit gebieterischer Stimme: »Groß-Ingmars Sohn muß Platz haben, wenn in meinem Haus getanzt wird!« Alle sahen auf Ingmar, da wurde er verlegen und kam nicht vom Fleck. Gertrud mußte ihn fest anfassen und in die Reihe hineinziehen.

Sobald der Tanz vorüber war, trat der Häusler zu Ingmar und begrüßte ihn. Als nun Ingmars Hand in der seinigen lag, tat der Alte, als erschrecke er, und ließ sie schnell los. »Ei, ei«, sagte er, »man muß sich wohl in acht nehmen vor den feinen Schulmeistershänden, so ein alter Klodrian wie ich könnte sie leicht zerquetschen.«

Hierauf zog er Ingmar und die mit ihm waren, an den Tisch, und ein paar Bauernweiber, die dort saßen und den andern zusahen, jagte er einfach weg. Dann ging er an einen Schrank und nahm Brot, Butter und ungegorenes Bier heraus. »Ich warte sonst den Leuten nicht auf«, sagte er, »die andern müssen sich mit Spiel und Tanz begnügen, aber Ingmar Ingmarsson soll doch einen Bissen Brot unter meinem Dach essen.«

Während die jungen Leute aßen, zog er einen niederen dreibeinigen Stuhl herbei, setzte sich Ingmar gerade gegenüber und starrte ihn an. »Und du willst also Schulmeister werden?« fragte er. Eine Weile saß Ingmar mit niedergeschlagenen Augen da; seine Mundwinkel verzogen sich ein wenig, als ob er lachen wollte, aber er antwortete doch betrübt: »Man braucht mich daheim nicht.« – »So, braucht man dich nicht daheim?« sagte der Alte. »Was weißt du, ob der Hof dich nicht nötig hat? Eljas lebte noch zwei Jahre, wer weiß, wie lange Halvor noch am Leben bleibt?« – »Halvor ist ein gesunder kräftiger Mann«, sagte Ingmar. – »Aber du weißt recht wohl, daß dir Halvor den Hof überläßt, sobald du ihn zurückkaufen kannst.« – »Er wird nicht so verrückt sein, den Ingmarshof wieder herzugeben, nun er ihn einmal in der Hand hat.«

Während dieser Reden hatte Ingmar die Tischkante erfaßt. Es war ein einfacher Tisch mit einer dicken Platte aus Föhrenholz. Plötzlich ertönte ein Krach; Ingmar hatte ein Stück von der Ecke abgebrochen.

Stark-Ingmar saß da und sprach mit aufgehobener Hand. – »Nein, niemals wird er dir den Hof abtreten, wenn du Schulmeister wirst.« – »Glaubst du das?« – »Glauben, glauben«, sagte der Alte. »Da hört man, wo du erzogen worden bist. Bist du je hinter dem Pflug her gegangen?« – »Nein«, antwortete Ingmar. – »Hast du je einen Kohlenmeiler aufgerichtet, hast du einmal eine hundertjährige Kiefer gefällt?«

Noch immer saß Ingmar ruhig da, aber die Tischkante krachte unter seinen Fingern. Schließlich wurde der Alte aufmerksam und verstummte plötzlich. »Ei, ei«, sagte er, als er die zersplitterte Tischplatte sah, »ich muß dich doch noch einmal in die Hand nehmen.« Er hob einige der abgebrochenen Stücke auf und hielt sie an die Stelle, wo sie hingehörten. »Nein, so einer! Du kannst dich ja auf dem Jahrmarkt für Geld sehen lassen! Du Schelm!« Er schlug Ingmar auf die Schulter. »Ja, du bist wirklich zu einem Schulmeister wie geschaffen!«

Und in einem Nu war er wieder droben auf dem Herd und begann zu spielen. Und nun war eine ganz andere Kraft in seinem Spiel. Er stampfte den Takt mit dem Fuß und spielte den Tanz in rasendem Tempo. »Das ist Jung-Ingmars Polka!« rief er. »Juhe! Nun tanzen alle in der Stube für Jung-Ingmar!«

Gertrud und Gunhild waren hübsche Mädchen, und es fehlte ihnen nie an Tänzern. Ingmar tanzte nicht viel; er unterhielt sich meistens mit einigen der älteren Burschen ganz hinten in der Stube. In den Pausen versammelte sich eine Menge Leute um Ingmar, als machte es ihnen Freude, ihn nur anzusehen.

Gertrud kam es vor, als hätte Ingmar sie vollständig vergessen, und es wurde ihr ganz ängstlich zumut. »Jetzt merkt er, daß er der Sohn des großen Ingmar ist, ich aber nur des Schulmeisters Gertrud bin«, dachte sie.

Und sie war selbst erstaunt darüber, daß ihr dieser Gedanke so weh tat.

In den Pausen gingen die jungen Leute in die Frühlingsnacht hinaus, wo es indes bitter kalt war, so daß man sich leicht erkälten konnte. Es war stockfinster draußen, aber da niemand Lust hatte, sich auf den Heimweg zu machen, sagten alle: »Wir wollen noch ein wenig dableiben, bald geht der Mond auf, jetzt ist es zu dunkel.«

Einmal, als Ingmar gerade neben Gertrud unter der Tür stand, trat der Häusler zu ihnen und zog ihn mit sich fort. »Komm, ich will dir etwas zeigen«, sagte er.

Er nahm Ingmar bei der Hand und führte ihn durch ein Gebüsch nach der hinteren Seite der Hütte. »Bleib nun stehen und sieh hier hinunter«, sagte er. Ingmar sah in eine Schlucht hinab, auf deren Boden etwas Weißes undeutlich schimmerte.

»Das ist gewiß der Langfors«, sagte er. – »Ja, du kannst dich darauf verlassen, daß es der Langfors ist«, sagte der Häusler; »aber was meinst du wohl, wozu solch ein Wasserfall benützt werden könnte?« – »Oh, man könnte ein Sägewerk oder eine Mühle hier errichten«, sagte Ingmar. – Der Alte klopfte Ingmar lachend auf die Schulter und puffte ihn in die Seite, so daß er ihn beinahe in die Schlucht hinunterstieß. »Aber wer soll hier ein Sägewerk errichten? Wer soll hier reich werden, wer soll den Ingmarshof zurückkaufen?« – »Ja, ja, ich denke eben auch darüber nach«, sagte Ingmar. Da begann der Häusler einen großen Plan zu entwickeln, den er sich ausgedacht hatte. Ingmar sollte Tims Halvor überreden, an dem Wasserfall ein Sägewerk zu errichten, und dann solle Ingmar es pachten. Schon seit mehreren Jahren hatte der Alte über nichts anderes nachgegrübelt, als etwas ausfindig zu machen, wodurch Groß-Ingmars Sohn wieder zu Reichtum gelangen könnte.

Ingmar sah lange in die Schlucht hinunter. »Nein, nun komm, nun wollen wir wieder hineingehen und tanzen«, sagte Stark-Ingmar. Aber Jung-Ingmar rührte sich nicht von der Stelle, und der alte Häusler wartete geduldig. »Wenn er von der rechten Sorte ist, dann gibt er weder heute noch morgen eine Antwort; die Alten müssen sich gedulden.«

Während sie so dastanden, ertönte plötzlich das laute zornige Bellen eines Hundes. »Hörst du etwas, Ingmar?« fragte der Häusler. –»Ja, ein Hund treibt sich im Wald umher«, antwortete Ingmar. Sie hörten, daß das Bellen näher kam; es kam rasch auf sie zu, als ob die Jagd gerade über die Hütte weggehen sollte. Der Alte ergriff Ingmar beim Handgelenk. »Komm, komm«, sagte er, »mach, daß du hineinkommst, sag ich!« – »Was gibt es denn?« fragte Ingmar. – »Komm ins Haus hinein«, antwortete der Häusler, »sei still und geh hinein.«

Während sie die paar Schritte nach dem Hause eilten, erklang das heftige Bellen ganz in ihrer Nähe. »Was ist das für ein Hund?« fragte Ingmar ein Mal ums andere. – »Hinein mit dir, nur hinein!« Der Häusler puffte Ingmar in den kleinen Flur hinein, er selbst blieb auf der Schwelle stehen und machte sich daran, die Haustür zu schließen. »Wenn noch jemand draußen ist«, rief er mit lauter Stimme, »dann soll er hereinkommen!« Er hielt die Tür halb offen, die Leute eilten von allen Seiten herbei. »Macht nur, daß ihr hereinkommt!« rief er. »Rasch!« Er stampfte vor Ungeduld auf den Boden.

Mittlerweile wurde es den Menschen in der Stube ganz ängstlich zumute, und alle wollten wissen, was bevorstehe. Endlich war der letzte hereingekommen, und der Häusler schloß die Tür und legte den Riegel vor. »Seid ihr verrückt, daß ihr draußen bleiben wollt, wenn sich der Berghund hören läßt!« sagte er. Zugleich erklang das Bellen dicht vor der Hütte; es lief ein paarmal rund ums Haus herum; ein heftiges, unheimliches Bellen. – »Ist es kein richtiger Hund?« fragte ein Bursche. – »Du kannst hinausgehen und ihn locken, wenn du Lust dazu hast, du, Nils Jansson.«

Alle horchten schweigend auf das Bellen, das unaufhörlich rund um das Haus herumlief. Es schien ihnen, als würde es nun wild und unheimlich; sie schauderten, und viele wurden totenblaß. Nein, das war kein gewöhnlicher Hund, das konnte man hören. Es war gewiß irgendein Ungeheuer, das der Hölle entsprungen war.

Der kleine alte Häusler war der einzige, der sich zu bewegen wagte; zuerst zog er die Läden zu, dann blies er die Lichter aus. »Nein, nein«, riefen die Frauen, »nicht auslöschen!« – »Ihr müßt mich das tun lassen, was für uns alle das Beste ist«, sagte der Alte. Jemand hielt ihn am Rock fest. – »Tut er uns etwas, dieser Berghund?« – »Der nicht«, antwortete der Alte, »aber das, was nachkommt.« – »Was kommt denn nach?« – Der Alte blieb stehen und lauschte. »Nun müssen wir alle ganz still sein«, sagte er.

Sofort wurde es totenstill in der Stube, so daß man nicht einen Atemzug hörte. Noch einmal erklang das Bellen des Hundes rund um das Haus herum. Dann nahm es an Stärke ab, und man konnte verfolgen, wie der Hund über das Langforsmoor hinweg- und den Berg auf der andern Seite des Tals hinaufjagte. Dann wurde es ganz still.

Da konnte einer der Burschen sich nicht enthalten, zu sagen: »Nun ist der Hund fort.« Ohne ein Wort zu erwidern, streckte Stark-Ingmar die Hand aus und gab ihm eine Maulschelle. Darauf wurde es wieder ganz still.

In weiter Ferne vom Gipfel des Klackbergs erklang jetzt ein lauter Ton. Es war wie ein Windstoß, aber es konnte auch ein Hornsignal sein. Ab und zu hörte man einen langgezogenen Ton, dann Lärm und Hufschlag und Schnauben. Vom Berg herunter kam es mit großem Getöse. Sie hörten es am Bergabhang, sie hörten es am Waldessaum, sie hörten es, als es über ihnen war. Es war wie ein Donner, der über die Oberfläche der Erde hinrollt, es war, als komme der ganze Berg herunter und stürze sich ins Tal. Und als es ganz dicht bei ihnen war, senkten alle die Köpfe und zogen die Schultern ein. »Sie zerschmettern uns, sie zerschmettern uns!« dachten sie.

Aber es war weniger Angst vor dem Tod, die sie empfanden, sondern vielmehr ein Grauen, daß es der Fürst der Hölle sein könnte, der mit seinem ganzen Heer durch die Nacht dahinsause. Was sie am meisten entsetzte, war, daß sie mitten in dem Getöse Angst- und Klagerufe vernahmen. Es fauchte und jammerte, es heulte und lachte, es pfiff und johlte. Und als das, was soeben noch wie ein heftiges Gewitter geklungen hatte, ganz nahe herbeigekommen war, da hörte man, daß es aus Klagen und Verwünschungen zusammengesetzt war, aus Heulen und Raserei, aus schriller Hornmusik, aus knisterndem Feuer, aus dem Heulen der Geister, dem Hohnlachen der Teufel und dem Sausen großer Flügel.

Sie fühlten, daß alle Schrecken des Abgrundes in dieser Nacht losgelassen waren und sich über sie herstürzten.

Die Erde erbebte unter ihnen, und das Haus schwankte einen Augenblick, als wollte es einstürzen. Es war, als ob wilde Pferde über die Hütte hinwegsetzten – ihre Hufe schlugen dröhnend aufs Dach – als ob Geister heulend um die Ecken sausten und Fledermäuse und Eulen mit schweren Flügelschlägen gegen den Schornstein schlügen.

Während das vor sich ging, legte plötzlich jemand seinen Arm um Gertrud und zwang sie auf die Knie nieder. Und sie hörte Ingmar flüstern: »Laß uns niederknien, Gertrud, und zu Gott beten.«

Einen Augenblick vorher hatte Gertrud gemeint, sie müsse sterben, so entsetzlich war die Angst, die sie ergriffen hatte. »Ich fürchte mich nicht vor dem Sterben«, dachte sie, »aber das Entsetzliche ist, daß die bösen Mächte über uns und uns nahe sind.« Aber sobald sie Ingmars Arm um ihre Schultern fühlte, begann ihr Herz wieder zu schlagen, und ihr Körper war nicht länger steif und unbeweglich. Sie drückte sich ganz dicht an ihn. Wenn er sie nur festhielt, dann fürchtete sie sich nicht mehr. Es war sonderbar; er selbst fürchtete sich wohl auch, und doch ging so viel Sicherheit von ihm aus. Dann endlich nahm der entsetzliche Lärm ab, und man hörte, wie er davonzog. Er nahm denselben Weg wie vorhin der Hund, über das Langforsmoor und zu den Wäldern unter dem Olofhut hinauf. Aber trotzdem blieb es still und ruhig in Stark-Ingmars Haus; niemand bewegte sich, niemand sagte ein Wort, es war, als ob niemand die Kraft hätte, ein Glied zu rühren. Beinahe hätte man glauben können, der Schreck habe alles Leben ausgelöscht, nur ab und zu hörte man einen schweren Atemzug, der erkennen ließ, daß noch jemand lebte. Aber lange, lange bewegte sich niemand. Die einen lehnten sich an die Wand, andere waren auf die Bänke gesunken, die meisten aber knieten in angstvollem Gebet auf dem Boden. Alle waren unbeweglich, von Entsetzen gelähmt.

Stunde auf Stunde verging, und während dieser Zeit ging mancher in sich und beschloß, von nun an ein neues Leben zu führen; ein Leben, das näher bei Gott und weiter entfernt von seinen Feinden wäre. Denn jeder einzelne der Anwesenden dachte: »Ganz sicher ist etwas, was ich getan habe, der Grund, warum das über uns gekommen ist. Es geschieht um meiner Sünde willen. Ich habe wohl gehört, wie die Vorüberjagenden mich riefen, mich verhöhnten, meinen Namen schrien!«

Und was Gertrud betrifft, so hatte sie nur einen Gedanken: »Nun weiß ich, daß ich nicht ohne Ingmar leben kann, sondern immer mit ihm zusammen sein muß, um der Sicherheit willen, die von ihm ausgeht.«

Allmählich begann der Tag zu grauen, die schwache Morgendämmerung drang in die Stube herein und beleuchtete die vielen bleichen Gesichter. Dann begann ein Vogel zu zwitschern, und dann noch einer, Stark-Ingmars Kuh brüllte nach Futter, und seine Katze, die an den Tanzabenden nie in der Stube schlief, kam an die Tür und miaute.

Aber niemand bewegte sich, ehe die Sonne hinter den Bergen im Osten aufgegangen war. Dann erst schlich sich einer nach dem andern fort, ohne ein Wort zu sagen oder sich zu verabschieden. Vor dem Hause fanden sie ein Bild der Zerstörung. Die große Fichte, die dicht neben dem Hauseingang gestanden hatte, war mit allen Wurzeln ausgerissen und lag am Boden; Zweige und Heckenpfähle lagen ringsherum auf der Erde zerstreut, ein paar Fledermäuse und Eulen hatten sich an der Hauswand zerschmettert.

Weit hinauf am Klackberg waren die Bäume umgerissen, so daß es aussah, als führte eine breite Straße aufwärts.

Niemand wagte, sich lange umzuschauen, alle beeilten sich, ins Dorf hinabzukommen. Während sie dahinschritten, erwachte der Morgen ringum. Es war Sonntag, und die Leute standen spät auf, aber da und dort war doch schon jemand auf und fütterte das Vieh. Die Sonntagskleider über dem Arm, trat ein alter Mann vor seine Tür, um den Staat auszulüften und auszubürsten. Aus einem andern Haus kamen Vater und Mutter und Kinder schon sonntäglich gekleidet heraus; sie wollten wohl im Nachbarort einen Besuch machen. Es war ein großer Trost, zu sehen, daß die Leute alle so ruhig waren und keine Ahnung hatten von dem Entsetzlichen, was sich in dieser Nacht im Wald zugetragen hatte.

Endlich kamen sie an den Fluß, wo die Wohnhäuser

dichter standen, und schließlich erreichten sie das Dorf. Wie froh waren sie, als sie die Kirche und alles andere sahen! Es war ihnen eine große Beruhigung, daß sie hier unten alles unverändert vorfanden. Das Schild am Kaufladen glänzte wie sonst auch, das Horn auf dem Posthaus saß auf seinem alten Platz, und der Hund des Wirts schlief wie gewöhnlich vor seiner Hütte.

Es war auch ein Trost, ein wildes Kirschbäumchen zu sehen, das ausgeschlagen hatte, seit sie zuletzt hier vorübergegangen waren, sowie die grünen Bänke im Pfarrgarten, die gestern abend noch spät herausgesetzt worden sein mußten.

All das war unbeschreiblich beruhigend, aber trotzdem wagte niemand ein Wort zu sprechen, ehe sie daheim angelangt waren.

Als Gertrud auf der Vortreppe des Schulhauses stand, sagte sie zu Ingmar:

»Nun habe ich zum letztenmal getanzt, Ingmar!«

»Ja«, antwortete Ingmar, »ich auch.«

»Und, Ingmar«, sagte Gertrud, »du wirst Pfarrer werden, nicht wahr? Und wenn du kein Pfarrer werden kannst, so mußt du wenigstens Schullehrer werden. Gegen die Macht des Bösen sollte man mit allen Kräften ankämpfen.«

Ingmar sah Gertrud fest an. »Diese Stimmen«, fragte er, »was sagten diese Stimmen zu dir, Gertrud?«

»Sie sagten zu mir, ich sei in das Netz der Sünde verstrickt, und die Teufel würden kommen und mich holen, weil ich so gerne tanze.«

»Nun will ich dir sagen, was ich gehört habe«, sagte Ingmar. »Mir war, als ob all die alten Ingmarssöhne mir drohten und mich verfluchten, weil ich etwas anderes werden wollte als ein Bauer und mir ein anderes Arbeitsfeld suchen wollte als den Wald und das Ackerfeld.«

Hellgum

In der Nacht, in der die Jugend bei Stark-Ingmar tanzte, war Halvor nicht daheim, und die Ingmarstochter Karin lag allein in ihrer Kammer. Mitten in der Nacht hatte sie einen schweren Traum. Ihr träumte, Eljas sei noch am Leben und halte ein großes Trinkgelage. Sie hörte, daß drin in der Groß-Stube die Gläser klangen, lautes Lachen ertönte und Trinklieder angestimmt wurden.

Es kam ihr vor, als ob der Lärm, den Eljas und seine Kameraden machten, immer lauter würde, und schließlich hörte es sich an, als ob sie Tische und Bänke entzweischlügen. Darüber erschrak Karin so sehr, daß sie erwachte.

Aber obgleich sie wach war, hörte das Getöse um sie herum doch nicht auf. Die Erde erbebte, die Fenster klirrten, die Ziegel flogen von den Dächern herunter, der alte Birnbaum an der Giebelseite schlug mit seinen dürren Zweigen gegen die Mauer.

Es war, als bräche der Morgen des Jüngsten Tages an.

Da, gerade als das Getöse am heftigsten war, zersprang eine Fensterscheibe, und die Glasscherben flogen klirrend zu Boden. Ein heftiger Wind sauste ins Zimmer herein, und Karin hörte dicht an ihrem Ohr ein Lachen, dasselbe Lachen, das sie eben im Traum gehört hatte.

Karin glaubte, sie müsse sterben; noch nie hatte sie so ein Entsetzen empfunden. Ihr Herz hörte auf zu schlagen, und ihr Körper wurde steif und eiskalt.

Das Getöse hörte indes schnell auf, und Karin kam wieder zu sich. Die kalte Nachtluft strömte in die Stube herein, und nach einer Weile entschloß sie sich, aufzustehen, um das Loch in der Fensterscheibe zu verstopfen. Aber als sie aus dem Bett steigen wollte, versagten ihr die Beine, und sie merkte, daß sie nicht gehen konnte.

Karin rief nicht um Hilfe, sondern legte sich leise wieder nieder. »Wenn ich mich beruhigt habe, werde ich schon wieder gehen können«, dachte sie. Nach einer Weile machte sie einen neuen Versuch, aber ihre Beine waren völlig kraftlos und versagten den Dienst. Sie konnte sich nicht darauf stützen, sondern fiel um und blieb neben dem Bett liegen.

Am nächsten Morgen, als die Dienstboten aufgestanden waren, wurde nach dem Doktor geschickt. Er kam auch schnell, konnte aber nicht verstehen, was mit Karin vorgegangen war. Sie war weder krank noch gelähmt, und er meinte, es sei wohl eine Folge des Schreckens, den sie gehabt habe. »Es wird bald wieder besser werden«, tröstete er. Karin hörte den Doktor an, ohne ein Wort zu erwidern. Sie wußte, daß Eljas in der Nacht in der Stube gewesen war und daß er ihr das angetan hatte. Sie war überzeugt, daß sie nie wieder würde gehen können.

Den ganzen Vormittag war Karin schweigsam und nachdenklich. Sie versuchte zu ergründen, warum Gott ihr diese Heimsuchung geschickt hatte, und sie ging streng mit sich selbst ins Gericht, konnte aber keine Sünde finden, die eine so harte Strafe verdient hätte. »Gott ist ungerecht gegen mich«, dachte sie.

Am Nachmittag ließ sich Karin in Storms Missionssaal fahren, wo der Prediger Dagson predigte. Sie hoffte, Dagson werde ihr erklären können, warum sie so hart gestraft wurde.

Dagson war ein beliebter Prediger, aber noch nie hatte er so viele Zuhörer gehabt wie an diesem Tage. Nein, was für eine Menschenmenge stand um das Missionshaus herum! Und niemand sprach von etwas anderem als davon, was in der vergangenen Nacht bei Stark-Ingmar geschehen war.

Die ganze Gemeinde war aufgeschreckt worden und nun zusammengekommen, um ein Wort Gottes zu hören, das ihre Furcht verjagen könnte.

Nicht der vierte Teil der Anwesenden konnte ins Haus hinein, aber die Fenster und Türen standen weit offen, und Dagson hatte eine laute Stimme, so daß ihn auch die Außenstehenden hören konnten.

Der Prediger wußte, was geschehen war und wonach

die Leute sich sehnten. Er begann seine Rede mit furchtbaren Worten über die Hölle und den Fürsten der Finsternis. Er erinnerte an den, der in der Dunkelheit umhergehe und die Seelen fange, der die Schlingen des Lasters lege und die Netze der Sünde ausbreite.

Die Zuhörer schauderten und sahen die Welt von Teufeln erfüllt, die die Menschen lockten und versuchten. Überall war Sünde und Gefahr. Man wanderte über Fallgruben, und man war wie die Tiere des wilden Waldes, die gejagt und gehetzt werden.

Als Dagson so redete, hallte seine Stimme durch den Saal wie ein wilder Sturm, und seine Worte waren wie Feuerflammen.

Dagsons Rede erinnerte an einen Waldbrand; mitten unter diesen Teufeln und in all diesem Rauch und Feuer hatte man das Gefühl, als ob der Wald ringsum in Flammen stünde, als ob Feuer durch das Moos kröche, wo man den Fuß hinsetzte, und als ob Rauchwolken aufstiegen, die man einatmen müsse; es war, als ob die Hitze einem das Haar versengte, das Knistern des Feuers einem in den Ohren tönte und als ob die Funken jeden Augenblick die Kleider in Brand setzen würden.

Auf solche Weise jagte Dagson seine Zuhörer durch Feuer, Rauch und Verzweiflung hindurch. Feuer vor sich, Feuer hinter sich und Feuer auf allen Seiten; nirgends etwas anderes als Verderben.

Aber durch all diese Schrecken hindurch führte er sie dann schließlich zu einem grünen Platz mitten im Walde, da war nur Ruhe, Kühle und Sicherheit. Und mitten auf der blühenden Waldwiese saß Jesus. Er streckte seine Arme den gehetzten Menschen entgegen, und sie ließen sich zu seinen Füßen nieder, und alle Gefahr war vorüber, und es gab keinen Schrecken und keine Verfolgung mehr.

Dagson sprach so, wie er es selbst fühlte. Wenn er sich nur zu Jesu Füßen niederlegen durfte, kamen Ruhe und Frieden über ihn, und er fürchtete sich vor keiner Gefahr des Lebens mehr.

Nachdem Dagson geendet hatte, ging eine heftige Bewegung durch die Zuhörer. Mehrere traten vor und dankten ihm, während andern die Tränen aus den Augen stürzten. Sie sagten, durch diese Predigt seien sie zum rechten Glauben an Gott erweckt worden.

Aber Karin Ingmarstochter saß unbeweglich da, und als Dagson seine Rede schloß, hob sie die schweren Augenlider und sah ihn mit einem Blick an, der ihm vorzuwerfen schien, daß sie leer ausgegangen sei.

Da erhob sich draußen vor dem Missionshaus eine starke Stimme und rief so laut, daß die ganze Versammlung die Worte verstand:

»Weh, weh, weh über die, die Steine statt Brot geben!«

Karin konnte nicht sehen, wer gesprochen hatte, sie mußte still sitzen bleiben, während die andern hinausstürmten.

Später erfuhr sie von ihrem Gesinde, daß es ein großer dunkler Mann gewesen sei, den niemand gekannt habe. Er und eine schöne blonde Frau seien während der Predigt in einem Einspänner vorübergefahren. Sie hätten angehalten und zugehört, und als sie dann weiterfuhren, sei der Mann aufgestanden und habe jene Worte gerufen.

Einige meinten, die Frau sei ihnen bekannt vorgekommen. Sie sagten, es müsse eine der Ingmarstöchter gewesen sein, die in Amerika verheiratet waren, und der Mann neben ihr sei also wohl ihr Mann gewesen. Aber es sei nicht so leicht, jemand wiederzuerkennen, den man in der gewöhnlichen Dorftracht als junges Ding gekannt habe und der nun erwachsen und in städtischen Kleidern zurückkomme.

Karin dachte über Dagson genau wie der Fremde; das konnte man daraus entnehmen, daß sie sich nie mehr ins Missionshaus fahren ließ.

Im Lauf des Sommers hörte sie einen Prediger der Baptisten, der ins Kirchspiel gekommen war und hier predigte und taufte, und als auch die Heilsarmee im Ort Versammlungen abhielt, ließ sie sich einmal hinfahren.

Eine große religiöse Bewegung ging durch das Kirchspiel. Bei allen Versammlungen geschahen Erweckungen und Bekehrungen, alle schienen gerade das zu finden, wonach sie gesucht hatten.

Aber keiner von denen, die Karin hörte, konnte sie lehren, sich mit dem Strafgericht, das Gott über sie hatte kommen lassen, auszusöhnen.

Birger Larsson hieß ein Schmied, dessen Werkstatt neben der Landstraße lag. Die Schmiede war klein und dunkel, mit einer Luke anstatt des Fensters und einer niederen Tür. Birger Larsson verfertigte grobe Messer, besserte Schlösser aus, machte Eisenringe für Wagenräder, beschlug Schlittenkufen und machte auch Nägel.

Eines Sommerabends war die Arbeit in der Schmiede noch in vollem Gang. Birger Larsson selbst schlug auf einem Amboß Nagelköpfe breit, während sein ältester Sohn, der siebzehn Jahre alt war, vor einem andern stand, einen dünnen Eisendraht nach dem anderen zurechthämmerte und in kurze Stücke zerschnitt. Ein zweiter Sohn zog den Blasbalg, während ein dritter Kohlen herbeitrug oder die Eisen umwandte, die in der Esse glühten, und sie den Schmieden hintrug. Der vierte Sohn war kaum sieben Jahr alt; er las die fertigen Nägel auf, kühlte sie in einem Kübel Wasser ab und band sie schließlich zusammen.

Mitten unter der Arbeit kam ein fremder Mann vorüber und blieb an der offenen Tür stehen. Es war ein hochgewachsener, dunkler Mann, und er mußte sich tief bücken, um in die Schmiede hineinsehen zu können.

Birger Larsson hielt in der Arbeit inne, um zu fragen, was der Fremde wollte.

»Ihr müßt es nicht übelnehmen, wenn ich hereinschaue, obgleich ich keine Bestellung machen will«, sagte der Mann. »Ich bin in meiner Jugend selbst Schmied gewesen, und deshalb wird es mir immer schwer, an einer Schmiede vorüberzugehen, ohne hineinzuschauen.«

Birger Larsson warf unwillkürlich einen Blick auf die Hände des Fremden; sie waren groß und sehnig, richtige Schmiedsfäuste.

Nun begann der Schmied den Fremden auszufragen, wer er sei und woher er komme. Der Mann gab freundlich Antwort, ohne sich jedoch zu erkennen zu geben. Birger dachte, es sei ein kluger Mann, und er fand Gefallen an ihm. Er ging mit ihm auf den schwarzen Vorplatz hinaus und prahlte da mit seinen Söhnen. Er sagte, im Anfang habe er schwere Zeiten gehabt, bis die Söhne herangewachsen seien und bei der Arbeit hätten helfen können. Aber nun, seit sie alle mit Hand anlegten, gehe es gut. »Und du wirst sehen, in ein paar Jahren bin ich ein reicher Mann«, schloß Birger seine Erzählung.

Der Fremde lächelte und sagte, es freue ihn, daß Birger an seinen Söhnen eine so gute Hilfe habe. »Nun aber möchte ich dich etwas fragen«, fuhr er fort, indem er seine Hand schwer auf Birgers Schulter legte und ihm tief in die Augen sah. »Da du in den weltlichen Dingen eine so gute Hilfe an deinen Söhnen hast, läßt du sie dir wohl auch in den geistlichen beistehen?« Birger starrte ihn verständnislos an. Da sagte der Fremde: »Ich sehe, daß das eine neue Frage für dich ist, so denke denn darüber nach, bis wir uns wiedersehen.« Lächelnd ging er seiner Wege. Birger Larsson aber trat wieder in seine Schmiede; er kratzte sich im Haar, das steif war und gelb wie Messing, und begab sich dann wieder an seine Arbeit.

Die Worte des Fremden beschäftigten ihn mehrere Tage lang unausgesetzt. Was war das nur für eine seltsame Frage? »Dahinter versteckt sich etwas, was ich nicht verstehe«, dachte er.

Es war am Tag, nachdem der Fremde mit Birger Larsson gesprochen hatte, drunten im Dorf in Tims Halvors früherem Laden, den er nach seiner Verheiratung mit Karin seinem Schwager Kolaas Gunnar überlassen hatte.

Gunnar war verreist, und indessen besorgte seine Frau, Brita Ingmarstochter, den Laden.

Schön und stattlich stand Brita hinter dem Ladentisch. Sie hatte sowohl den Namen als auch das Aussehen von ihrer Mutter, Groß-Ingmars schöner Frau, geerbt. Ein so schönes Mädchen wie Brita war noch nie auf dem Ingmarshof aufgewachsen.

Aber wenn auch Brita ihrem Äußern nach nicht dem alten Geschlecht nachschlug, so war sie doch ebenso gut, rechtschaffen und gewissenhaft wie irgendein anderes Glied der Familie.

In Gunnars Abwesenheit besorgte Brita den Laden auf ihre eigene Art. Wenn zum Beispiel der alte Korporal Fält betrunken und schwankend hereinkam und eine Flasche Bier verlangte, dann schlug es ihm Brita rundweg ab, und als die arme Lena Kolbjörn eine hübsche Brosche kaufen wollte, schickte Brita sie mit fünf Pfund Roggenmehl wieder fort.

Solange Brita im Laden regierte, wagte sich kein Kind herein, um seine mageren Pfennige für Rosinen oder Süßigkeiten zu vergeuden. Und eine Bäuerin, die gekommen war, um von den leichten, dünnen städtischen Stoffen zu kaufen, wurde von Brita mit der Ermahnung weggeschickt, haltbareres, starkes, dauerhaftes Zeug auf ihrem eigenen Webstuhl zu weben.

An diesem Tag hatte Brita nicht viele Kunden; stundenlang saß sie allein da. Sie sank zusammen und starrte vor sich hin, während Verzweiflung in ihren Augen brannte.

Endlich richtete sie sich auf, suchte einen Strick hervor, trug die Leiter aus dem Laden in die Hinterstube und knüpfte aus dem Strick eine Schlinge, die sie an einem Haken an der Decke befestigte.

Brita war ganz in ihre Vorbereitungen vertieft und hatte bald alles bereit. Sie wollte eben den Kopf durch die Schlinge stecken, als sie einen Blick zurück warf.

In diesem Augenblick öffnete sich die Tür, und ein hoher, dunkler Mann trat herein. Er war in den Laden gekommen, ohne daß sie ihn gehört hatte, und als er niemand darin fand, war er um den Ladentisch herumgegangen und hatte die Tür zur Hinterstube geöffnet.

Brita stieg schweigend die Leiter wieder herunter. Der Mann sagte nichts zu ihr, sondern ging langsam wieder in den Laden zurück, und Brita folgte ihm nach. Sie hatte den Mann noch nie gesehen, er hatte schwarzes, lockiges Haar, einen dichten Vollbart, scharfe Augen und große sehnige Hände. Er war gut angezogen, bewegte sich aber wie ein Arbeiter. Er setzte sich auf einen zerfetzten Stuhl in der Nähe der Tür und sah Brita unverwandt an.

Die Bauernfrau stand ruhig hinter dem Ladentisch und stellte keine Frage an ihn, sondern wünschte nur, daß er wieder gehe. Der Mann aber sah sie immerfort an, und es war Brita, als hielten seine Augen sie fest, so daß sie sich nicht bewegen konnte.

Schließlich wurde Brita doch ungeduldig, und sie sagte zu sich selbst: »Ich bin erstaunt, daß du glaubst, es würde etwas nützen, wenn du dastehst und mich bewachst. Du wirst begreifen, daß ich das, was ich vorhabe, doch tue, sobald ich allein bin.«

Ruhig stand Brita da und hielt ein stummes Zwiegespräch mit dem Mann. »Wenn es sich um etwas handelte, das ein Ende nehmen oder einen Übergang bilden würde, dann dürftest du mich schon daran hindern, aber es ist ganz hoffnungslos.«

Aber der Mann blieb und sah sie noch immer unverwandt an.

»Ich will dir etwas sagen – es schickt sich für uns vom Ingmarshof nicht, daß wir einen Laden halten«, fuhr Brita in ihren Gedanken fort. »Du glaubst gar nicht, wie schön ich es mit Gunnar hatte, ehe wir den Laden übernahmen. Die Leute rieten mir freilich ab, ihn zu heiraten, denn sie konnten ihn nicht leiden wegen seiner schwarzen Haare, seiner stechenden Augen und seiner scharfen Zunge. Aber wir hatten uns lieb und gaben uns nie ein böses Wort, bis Gunnar den Laden übernahm.«

»Erst da«, fuhr Brita in ihrer stummen Rede fort, »ging es nicht mehr so gut bei uns. Ich wollte, er sollte den Laden nach meiner Art führen, denn ich kann es nicht leiden, wenn er Wein und Bier an die Trinker verkauft, und ich meine, er sollte die Leute nur das kaufen lassen, was ihnen nützlich und notwendig ist, aber das hält Gunnar für unvernünftig. Und da keiner von uns nachgeben will, streiten wir immerfort, und nun liebt er mich nicht mehr.«

Sie sah den Mann mit verstörten Augen an, gleichsam erstaunt darüber, daß er ihren Bitten nicht nachgebe.

»Aber das wirst du doch begreifen, daß ich die Schande nicht überleben kann, wenn er die armen Leute durch den Vogt auspfänden läßt und ihnen die einzige Kuh oder ihre wenigen Schafe nimmt?

Das kann nie wieder gut werden, verstehst du das denn nicht? Warum gehst du denn nicht, damit ich ein Ende machen kann?«

Aber während der Mann so dasaß und Brita anstarrte, wurde diese immer ruhiger, und schließlich begann sie leise vor sich hin zu weinen. Sie war gerührt darüber, daß der Fremde sitzen blieb und sie bewachte. Das war sehr viel von jemand, der sie gar nicht kannte.

Sobald der Mann sah, daß Brita weinte, stand er auf und ging zur Tür, und als er auf der Schwelle stand, wandte er sich um, sah Brita noch einmal durchdringend an, räusperte sich und sagte mit tiefer Stimme: »Tu dir nicht selbst ein Leid an, die Zeit ist nahe, da du in Gerechtigkeit leben wirst.«

Hierauf ging er. Seine Schritte dröhnten auf der Vortreppe und auf dem Weg, während er sich entfernte.

Brita eilte in die Hinterstube, nahm den Strick ab und stellte die Leiter wieder in den Laden. Dann setzte sie sich still auf eine Truhe und rührte sich mehrere Stunden lang nicht von der Stelle.

Sie hatte das Gefühl, als sei sie lange in dunkler Nacht umhergewandert, und zwar in einer so dunklen Nacht, daß man die Hand nicht vor Augen sehen konnte. Sie hatte sich verirrt, wußte nicht, wohin sie gekommen war, und fürchtete bei jedem Schritt, den sie machte, in einem Sumpf zu versinken oder in einen Abgrund zu stürzen. Aber nun hatte ihr jemand zugerufen, daß sie nicht weitergehen, sondern sich niedersetzen sollte und warten, bis es Tag würde. Sie freute sich, daß sie die gefährliche Wanderung nicht fortsetzen mußte, und nun saß sie da und wartete auf die Morgendämmerung.

Stark-Ingmar hatte eine Tochter, die hieß Anna Lisa. Sie war seit vielen Jahren in Chicago und hatte sich dort mit einem Schweden namens Johan Hellgum verheiratet, der einer kleinen Gemeinde mit eigenem Glauben und eigener Lehre vorstand. Am Tag nach der vielgesprochenen Nacht, in der die jungen Leute bei Stark-Ingmar getanzt hatten, war Anna Lisa mit ihrem Mann heimgekehrt, um ihren alten Vater zu besuchen.

Hellgum benützte seine freie Zeit, um lange Fußwanderungen in der Umgegend zu machen, und da ließ er sich mit allen Menschen, denen er begegnete, in ein Gespräch ein. Zuerst sprach er immer von ganz alltäglichen Dingen mit ihnen, aber beim Abschied legte er ihnen seine große Hand schwer auf die Schulter und sagte ein paar Worte zur Ermunterung und zur Erweckung.

Stark-Ingmar sah nicht viel von seinem Schwiegersohn. In jenem Jahr war der Alte eifrig beschäftigt, mit dem jungen Ingmar Ingmarsson, der wieder auf den Hof gezogen war, ein Sägewerk am Langfors zu errichten. Das war ein stolzer Tag für Stark-Ingmar, als die Sägemühle fertig war und der erste Balken von den knirschenden Sägeblättern in weiße Bretter zerschnitten wurde.

Eines Abends, als der Alte von der Arbeit nach Hause ging, begegnete ihm Anna Lisa. Sie sah ängstlich aus, und es schien, als ob sie sich vor ihm verstecken wollte.

Stark-Ingmar beschleunigte seine Schritte, kam an sein Haus und blieb plötzlich mit gerunzelter Stirn davor stehen. Dicht neben dem Eingang hatte von jeher ein großer Heckenrosenbusch gestanden. Der war ihm lieber gewesen als sein Augapfel, und er hatte nie erlaubt, daß auch nur eine einzige Blüte oder ein Blatt gepflückt oder ihm ein Schaden zugefügt werde.

Stark-Ingmar hatte ihn so gut gepflegt, weil er wußte, daß unterirdische Geister darunter wohnten.

Aber nun war der Busch abgehauen, und selbstverständlich hatte es der Schwiegersohn getan, dieser Prediger, der den Busch nicht hatte leiden können.

Stark-Ingmar hatte seine Axt in der Hand, und seine Finger umschlossen den Stiel fester, als er ins Haus trat.

Hier saß Hellgum, die Bibel vor sich. Er schlug die Augen auf und sah Stark-Ingmar fest und durchdringend an. Dann fuhr er mit lauter Stimme fort, aus der Bibel vorzulesen:

»Dazu, daß ihr gedenket, wir wollen tun wie die Heiden und, wie andre Leute in Ländern, Holz und Stein anbeten; das soll euch fehlen.

So wahr ich lebe, spricht der Herr, ich will über euch herrschen mit starker Hand und ausgestrecktem Arm und mit ausgeschüttetem Grimm . . . «

Ohne ein Wort zu sagen, verließ Stark-Ingmar das Haus und schlief in dieser Nacht in der Scheune. Zwei Tage später zog er mit Ingmar hinauf in den Wald zum Kohlenbrennen und Baumfällen. Die beiden hatten im Sinn, den ganzen Winter fortzubleiben.

Ein paarmal war Hellgum bei Bauernversammlungen aufgetreten und hatte seine Lehre verkündigt, die, wie er sagte, das einzig richtige Christentum sei. Aber Hellgum war nicht so beredt wie Dagson, und er hatte nicht einen einzigen Anhänger gewonnen. Wer ihm auf Wegen und Stegen begegnet war und ihn nur ein paar Worte hatte sagen hören, hatte allerdings große Dinge von ihm erwartet, aber als Hellgum dann einen langen Vortrag halten sollte, drückte er sich schwerfällig aus, der Atem versagte ihm, und er wirkte ermüdend auf die Zuhörer.

Gegen Ende des Sommers war Karin Ingmarstochter ganz niedergedrückt, und nur selten hörte man sie ein Wort sagen. Sie konnte noch immer nicht gehen und saß den ganzen Tag unbeweglich in ihrem Stuhl. Sie suchte auch keine weiteren Prediger auf, sondern saß allein daheim und grübelte über ihr Unglück nach. Dazwischen sagte sie wohl einmal zu Halvor, sie habe ihren Vater immer sagen hören, die Ingmarssons brauchten sich vor nichts zu fürchten, wenn sie nur Gottes Wege gingen, aber nun wisse sie, daß selbst das nicht wahr sei.

In seiner Ratlosigkeit schlug ihr Halvor einmal vor, sie solle doch mit dem neuen Prediger reden, aber Karin entgegnete schnell, daß sie keine Hilfe mehr bei Predigern suchen wolle.

Eines Sonntags, Ende August, saß Karin allein am Fenster der großen Stube. Eine tiefe Stille herrschte über dem ganzen Hof, und Karin wurde es schwer, sich wach zu halten. Immer tiefer sank ihr der Kopf auf die Brust, und schließlich schlief sie ein.

Sie erwachte davon, daß jemand gerade unter ihrem Fenster sprach. Wer es war, konnte sie nicht sehen, aber es war eine starke und tiefe Stimme, und Karin meinte, noch nie eine so schöne Stimme gehört zu haben.

»Ich sehe, du hältst es für undenkbar, daß ein armer, ungelehrter Mann die Wahrheit gefunden haben soll, an der so viele gelehrte Herren Schiffbruch erlitten haben«, sagte die Stimme.

»Ja«, antwortete Halvor, »ich verstehe nicht, wie du so sicher sein kannst.«

»Das ist Hellgum, mit dem Halvor redet«, dachte Karin. Sie versuchte das Fenster zu schließen, konnte es aber von ihrem Platz aus nicht erreichen.

»Aber es steht ja geschrieben«, fuhr Hellgum fort, »wenn jemand dich auf die rechte Backe schlägt, so biete ihm die andere auch dar; desgleichen, daß wir dem Bösen nicht widerstreben sollen, und noch vieles von derselben Art. Das sind aber lauter Vorschriften, die niemand halten kann. Wolltest du das versuchen, so würden die Leute kommen und dir deine Äcker und deinen Wald nehmen, sie würden dir deine Kartoffeln stehlen und deinen Roggen auf dem Rücken davontragen, wenn du dein Eigentum nicht verteidigst, ja, ich glaube, sie würden dir den ganzen Ingmarshof nehmen.«

»Das könnte schon sein«, erwiderte Halvor.

»Dann hat also Christus gar nichts mit diesen Worten gemeint, sondern nur so ins Blaue hineingeredet.«

»Ich weiß nicht, wo du hinauswillst.«

»Ja, siehst du, da ist auch noch etwas anderes, was man bedenken muß«, sagte Hellgum. »Und das ist, daß wir so unendlich weit mit unserm Christentum gekommen sind. Keiner stiehlt mehr, keiner mordet mehr, keiner übervorteilt die Witwen und Waisen, keiner haßt oder verfolgt den andern mehr. Es kommt nie vor, daß einer unter uns unrecht tut, weil wir ja eine so gute Religion haben.«

»Nun, es ist allerdings vieles da, was nicht so ist, wie es sein sollte«, gab Halvor leise zu; seine Worte klangen schläfrig und teilnahmslos.

»Aber wenn du eine Dreschmaschine hast, die nicht ordentlich arbeitet, so siehst du doch nach, wo der Fehler steckt? Und du gibst nicht eher Ruhe, als bis du weißt, was nicht in Ordnung daran ist. Und da du nun siehst, daß die Leute gar nicht dazu zu bringen sind, ein richtiges christliches Leben zu führen, so müßtest du eigentlich nachsehen, ob sich bei diesem Christentum nicht irgendwo ein Fehler findet.«

»Ich kann nicht glauben, daß Christi Lehre unrichtig sei«, sagte Halvor.

»Nein, von Anfang an war sie ganz gut, aber es könnte ja sein, daß sie aus dem Geleise gekommen wäre. Es könnte ja ein Rad zerbrochen sein, siehst du, nur ein einziges kleines Rädchen, und dann steht gleich das ganze Werk still.«

Er schwieg eine Weile, wie wenn er nach Worten und Beweisen suchte:

»Nun will ich dir erzählen, wie es mir vor ein paar Jahren ergangen ist. Damals versuchte ich es zum erstenmal, getreu nach den Vorschriften Jesu zu leben, und weißt du, womit es endete? Damals arbeitete ich in einer Fabrik, und als die Kameraden herausfanden, wie es mit mir bestellt war, luden sie mir zuerst einen großen Teil ihrer eigenen Arbeit auf, dann nahmen sie mir meinen Platz, und schließlich verdächtigten sie mich einer Betrügerei, die einer von ihnen begangen hatte, so daß ich ins Gefängnis kam.«

»Man kommt nicht immer mit so schlechten Menschen zusammen«, meinte Halvor noch immer gleichgültig.

»Da sagte ich zu mir selbst: ›Es wäre nicht so schwer, ein Christ zu sein, wenn man ganz allein auf der Welt wäre und keine Mitmenschen hätte.‹ Ich war geradezu froh, daß ich im Gefängnis saß, denn da konnte ich ein rechtschaffenes Leben führen, ohne gestört oder beunruhigt zu werden. Aber dann dachte ich, in der Einsamkeit ein rechtschaffenes Leben führen, das sei wie eine Mühle, die sich drehe, ohne Korn zwischen ihren Steinen zu haben. Ich dachte, da Gott so viele Menschen auf die Welt gesetzt habe, so werde es doch wohl auch seine Absicht sein, daß sie einander Hilfe und Schutz gewähren und ihnen nicht Verderben bringen sollten. Und da endlich, da verstand ich, daß der Teufel etwas aus der Bibel entfernt haben müsse, damit das Christentum auf Abwege gerate.«

»Dazu hätte der Teufel gar nicht die Macht«, sagte Halvor.

»Doch, denn er hat wirklich etwas weggenommen, nämlich die Worte: ›Ihr, die ihr ein christliches Leben führen wollt, sollt Hilfe bei euren Nächsten suchen.‹«

Halvor gab keine Antwort, aber Karin nickte beifällig. Sie hatte sehr aufmerksam zugehört, und es war ihr kein Wort entgangen.

»Sobald ich aus dem Gefängnis entlassen worden war«, fuhr Hellgum fort, »ging ich zu einem Kameraden und bat ihn, mir beizustehen, um ein rechtschaffenes Leben zu führen, und sobald wir zu zweit waren, ging es gleich besser. Und bald kam ein dritter und dann ein vierter, die sich uns anschlossen, und es ging immer besser. Jetzt sind wir zu dreißig, die in Chicago beieinander wohnen. Wir teilen alles miteinander, und einer wacht über den andern, und der Weg der Gerechtigkeit liegt eben und gerade vor uns. Wir können echt christlich aneinander handeln, denn der eine Bruder mißbraucht die Güte des andern nicht und tritt ihn in seiner Demut nicht nieder.«

Als Halvor noch immer schwieg, versuchte Hellgum ihn weiter zu überreden: »Du weißt doch, Halvor, wer etwas Großes vollbringen will, der tut sich mit andern zusammen und läßt sich von ihnen helfen. Du kannst den Hof hier auch nicht allein besorgen, und wenn du eine Fabrik einrichten wolltest, müßtest du viele Aktionäre auftreiben, und bedenke doch, wieviel Menschen du nötig hättest, wenn du eine Eisenbahn bauen wolltest.

Aber das Schwierigste von allem, das ist das christliche Leben selbst, und das willst du auf eigene Faust ohne die Hilfe anderer führen? Oder du versuchst es vielleicht gar nicht, weil du im voraus weißt, daß es dir nicht gelingt.

Die einzigen nun, die den rechten Weg eingeschlagen haben, das sind die, die drüben in Chicago mit mir zusammenhalten. Diese Vereinigung ist das richtige neue Jerusalem, das vom Himmel herniedergekommen ist. Und du kannst es daran erkennen, daß die Gaben des Heiligen Geistes, die über die ersten Christen ausgegossen waren, auch über uns ausgegossen sind. Denn einige von uns hören Gottes Stimme; andere sagen wahr, und wieder andere heilen Kranke.«

»Kannst du Kranke gesund machen?« unterbrach ihn Halvor rasch.

»Ja«, sagte Hellgum, »ich kann die gesund machen, die an mich glauben.«

»Es ist schwer, etwas anderes zu glauben als das, was man als Kind gelernt hat«, meinte Halvor nachdenklich.

»Ich sage dir aber ganz gewiß, Halvor, daß du uns bald helfen wirst, das neue Jerusalem aufzubauen«, sagte Hellgum.

Darauf wurde es ganz still, und kurz nachher hörte Karin, daß Hellgum sich verabschiedete.

Nach einer Weile kam Halvor zu Karin herein. Als er sie am offenen Fenster sitzen sah, sagte er: »Du hast sicher alles gehört, was Hellgum gesagt hat?« – »Ja«, antwortete seine Frau. – »Hast du auch gehört, wie er sagte, er könne den heilen, der an ihn glaube?«

Karin errötete ein wenig; Hellgums Lehre hatte ihr besser gefallen als alles, was sie im Lauf des Sommers gehört hatte. Es schien ihr ein gesunder und praktischer Sinn darin zu liegen, der ihr einleuchtete. Da handelte es sich um Tätigkeit und Arbeit und nicht um eine Empfindsamkeit, auf die sie sich nicht verstand. Aber sie wollte es nicht zugestehen; sie wollte nun einmal nichts mehr mit Predigern zu tun haben. »Ich will keinen andern Glauben haben als Vater«, sagte sie.

Ein paar Wochen später saß Karin wieder in der Groß-Stube. Der Herbst war angebrochen, der Wind brauste um das Haus, und das Feuer knisterte im Kamin. Niemand war außer ihr im Zimmer als ihr Töchterchen, das beinahe ein Jahr alt war und eben das Gehen gelernt hatte. Das Kind saß zu Füßen der Mutter und spielte.

Als Karin nun so dasaß, ging die Tür auf, und ein großer dunkler Mann trat herein. Er hatte lockiges Haar, scharfe Augen und große sehnige Schmiedsfäuste. Bevor er anfing zu sprechen, erriet sie schon, daß es Hellgum war.

Nachdem er sie begrüßt hatte, fragte er nach Halvor, und Karin sagte ihm, daß er zu einer Versammlung gefahren sei, aber bald zurückkommen würde.

Hellgum setzte sich; er verhielt sich schweigsam, nur ab und zu warf er einen raschen Blick auf Karin.

»Ich habe gehört, daß du krank bist«, begann er nach einer Weile. – »Ja«, antwortete Karin, »seit einem halben Jahr kann ich keinen Schritt mehr gehen.« – »Ich habe mir vorgenommen, mit dir zu beten«, sagte der Prediger. Karin gab keine Antwort, sie schlug die Augen nieder und verschloß sich gleichsam in sich selbst. »Du hast vielleicht gehört, daß Gott mir die Gnade verliehen hat, Kranke heilen zu können?«

Nun schlug Karin die Augen auf und warf ihm einen mißtrauischen Blick zu. »Ich danke Euch, daß Ihr an mich gedacht habt, aber daraus kann nichts werden, denn ich wechsle meinen Glauben nicht leicht«, sagte sie. – »Es ist aber möglich, daß dir Gott trotzdem hilft, weil du immer versucht hast, ein rechtschaffenes Leben zu führen«, sagte er. – »Ach, ich bin gewiß nicht so gut bei Gott angeschrieben, daß er mir helfen würde.«

Darauf schwiegen beide eine Weile, dann fragte Hellgum: »Hast du dich noch nie gefragt, warum diese Heimsuchung über dich gekommen ist?« Karin gab keine Antwort, sie schien sich von neuem in sich selbst verschlossen zu haben. – »In meinem Innern ist eine Stimme, die mir sagt, daß Gott das getan hat, damit sein Name noch mehr geehrt werde«, sagte Hellgum.

Als Karin das hörte, geriet sie in Zorn. Ein paar scharfe rote Flecken zeigten sich auf ihren Wangen, und sie fand es höchst anmaßend von Hellgum, zu glauben, daß die Krankheit über sie gekommen sei, damit er Gelegenheit finde, ein Wunder zu tun.

Der Prediger stand auf, trat zu Karin und legte ihr seine Hand auf den Kopf. »Willst du, daß ich für dich bete?« fragte er. In demselben Augenblick fühlte Karin einen Strom von Leben und Gesundheit durch ihren Körper dringen, aber sie war so zornig über Hellgums Aufdringlichkeit, daß sie heftig seine Hand abschüttelte und den Arm erhob, als wollte sie ihn schlagen; Worte fand sie in der Eile nicht.

Hellgum zog sich bis zur Tür zurück. »Man soll nicht zurückweisen, was Gott einem schickt«, sagte er. – »Nein«, erwiderte Karin, »was Gott schickt, das muß man annehmen.«

»Ich sage dir, heute wird diesem Haus Heil widerfahren«, sagte der Mann. Karin erwiderte nichts darauf. »Denk an mich, wenn dir geholfen wird«, sagte Hellgum und verließ mit diesen Worten die Stube.

Karin saß aufrecht in ihrem Stuhl; die roten Flecken brannten noch lange auf ihren Wangen. »Kann man mich nicht einmal in meinem eigenen Haus in Frieden lassen!« dachte sie. »Es ist schrecklich, wie viele Menschen glauben, sie seien von Gott berufen.«

Da sah Karin plötzlich, daß sich ihr kleines Mädchen vom Boden aufgerichtet hatte und zum Kamin hinkroch. Die Kleine hatte soeben das Feuer entdeckt, sie jauchzte vor Freude und lief und kroch, so schnell sie konnte, darauf zu.

Karin rief sie zurück, aber das Kind hörte nicht; es gab sich alle Mühe, auf den Kaminsockel zu klettern, fiel zwar ein paarmal zurück, erreichte aber doch endlich die Steinplatte, auf der das Feuer brannte.

»Ach Gott, ach Gott, hilf mir!« schrie Karin. Sie begann laut zu rufen, obgleich sie wußte, daß kein Mensch in der Nähe war.

Das Kind beugte sich lachend über das Feuer; da fiel ein brennendes Holzscheit aus der Glut und gerade auf ihr gelbes Kleidchen.

Aber plötzlich stand Karin aufrecht da, lief zum Kamin und riß das Kind weg.

Erst als sie alle Funken von dem Kleidchen abgeschüttelt, das Kind untersucht und unverletzt gefunden hatte, besann sie sich auf das, was geschehen war. Daß sie auf ihren Beinen stand, daß sie gegangen war und daß sie noch immer gehen konnte!

Karin befand sich in der größten Gemütsbewegung, die sie je im Leben durchgemacht hatte, und zugleich fühlte sie sich unbeschreiblich glücklich.

Sie erkannte, daß sie unter Gottes besonderer Obhut und Fürsorge stand und daß er einen heiligen Mann Gottes in ihr Haus geschickt hatte, um ihr zu helfen.

In diesen Tagen stand Hellgum oft in der kleinen Laube vor Stark-Ingmars Haus und blickte ins Weite. Die Landschaft ringsum wurde mit jedem Tag schöner. Die ganze Erde war gelb, und alle Bäume waren leuchtend rot oder glänzend gelb. Da und dort leuchtete ein Laubwald auf wie ein wogendes Meer von flüssigem Gold. Überall auf den mit Fichten bewachsenen Höhen sah man gelbe Stellen von Laubbäumen, die sich dorthin verirrt hatten.

Wie selbst eine ärmliche graue Hütte leuchten und strahlen kann, wenn Feuer darin brennt, so flammte diese arme schwedische Landschaft in seltener Pracht. Alles war gelb und so wunderbar strahlend, wie man sich nur eine Landschaft auf der Oberfläche der Sonne denken könnte.

Aber als Hellgum das sah, dachte er, die Zeit sei nahe, da Gott dies Land von Heiligkeit erstrahlen lassen werde und da alle Worte, die er im Lauf des vergangenen Sommers ausgestreut hatte, aufgehen und die herrliche Erstlingsfrucht der Gerechtigkeit tragen würden.

Und siehe da, eines Abends kam Halvor zu ihm und lud ihn und Anna Lisa auf den Ingmarshof ein.

Als sie den großen Hofplatz betraten, war alles fein geputzt und geschmückt. Alle dürren Blätter unter den Birken waren weggekehrt, und die Gerätschaften und Arbeitswagen, die sonst den Hof füllten, waren auf die Seite gestellt. »Es kommen gewiß recht viele Gäste«, dachte Anna Lisa. In diesem Augenblick öffnete Halvor die Tür.

Es waren viele Leute drin, die alle feierlich auf den Bänken saßen und aussahen, als erwarteten sie jemand. Und Hellgum erkannte sogleich die vornehmsten Leute des Dorfes.

Die ersten, die er bemerkte, waren Ljung Björn und seine Frau, Märta Ingmarstochter, sowie Kolaas Gunnar und seine Frau. Dann sah er Krister Larsson und Israel Tomasson mit ihren Frauen, die auch zu der Ingmarsfamilie gehörten. Dann bemerkte er Hök Matts Eriksson und dessen Sohn Gabriel, des Bürgermeisters Gunhild und viele andere. Es waren etwa zwanzig Personen.

Nachdem Hellgum und Anna Lisa bei allen herumgegangen waren und sie begrüßt hatten, sagte Tims Halvor: »Hier sind einige von denen versammelt, die darüber nachgedacht haben, was Hellgum uns im Sommer gesagt hat. Die meisten von uns gehören einer alten Familie an, die immer Gottes Wege gehen wollte, und wenn uns Hellgum dabei helfen kann, dann wollen wir ihm folgen.«

Am nächsten Morgen verbreitete sich das Gerücht im Kirchspiel, daß auf dem Ingmarshof eine Sekte gegründet worden sei, die behaupte, im Besitz des einzig wahren Christentums zu sein.

Der neue Weg

Es war im nächsten Frühling, gleich nachdem der Schnee geschmolzen war. Ingmar und Stark-Ingmar waren vor kurzem ins Tal herabgekommen, um die Sägemühle in Gang zu setzen. Den ganzen Winter hindurch hatten sie droben im Wald gelebt, um Kohlen zu brennen und Bäume zu fällen, und als Ingmar nun wieder ins Flachland herunterkam, fühlte er sich wie ein Bär, der eben aus seiner Höhle herausgekrochen ist. Er konnte sich kaum daran gewöhnen, die Sonne am weiten Himmel strahlen zu sehen, und blinzelte mit den Augen, als könnte er das Licht nicht ertragen. Auch das Tosen des Wasserfalls und die menschlichen Stimmen zu hören, tat ihm weh, und all der Lärm, der ihm drunten auf dem Hof um die Ohren brauste, war ihm eine Qual. Gleichzeitig war er aber doch außerordentlich glücklich über das alles. Zwar zeigte er es beileibe nicht in seinem Gang und in seinem Wesen, Gott bewahre!, aber in diesem Frühling fühlte er sich ebenso jung wie die frischen Triebe an den Birken.

Nicht zu sagen, wie gut es ihm schmeckte, wieder in einem frischgemachten Bett zu schlafen und wohlzubereitete Speisen zu verzehren. –

Und dann daheim zu sein, bei Karin, die zärtlicher für

ihn sorgte als eine Mutter. Sie hatte ihm neue Kleider machen lassen, und oft kam sie von der Küche herein und steckte ihm einen Leckerbissen zu, gerade als sei er noch ein kleiner Junge.

Und welch merkwürdige Dinge waren geschehen, während er droben im Wald gehaust hatte! Ingmar war am Tag nach der großen Versammlung fortgegangen und seither nicht wieder daheim gewesen, und über Hellgums Lehre waren nur einige unbestimmte Gerüchte zu ihm gedrungen. Wenn er aber jetzt Halvor und Karin davon reden hörte, wie glücklich sie seien, und sah, wie sie und ihre Freunde einander zu helfen versuchten, Gottes Wege zu gehen, so war er geradezu erbaut davon. »Wir hoffen ganz sicher, daß du dich uns auch anschließt«, sagte Karin. Und Ingmar antwortete, er habe wirklich Lust dazu, wollte es sich aber vorher noch reiflich überlegen. »Den ganzen Winter hindurch habe ich mich danach gesehnt, daß du kommen solltest und auch an unserer Glückseligkeit teilnehmen«, sagte Karin, »denn wir leben nun nicht länger auf der Erde, sondern in dem neuen Jerusalem, das vom Himmel herabgekommen ist.«

Ingmar war auch erfreut, als er hörte, daß sich Hellgum noch immer in der Gegend befand. Im vergangenen Sommer war dieser nämlich oft zum Sägewerk gekommen und hatte sich mit Ingmar unterhalten, und da waren die beiden recht gute Freunde geworden. Ingmar bewunderte Hellgum und hielt ihn für den vortrefflichsten Mann, den er je kennengelernt hatte. Noch nie war ihm einer begegnet, der so männlich, so beredt und seiner selbst so sicher gewesen war.

Manchmal, wenn Ingmar sehr viel zu tun hatte, zog Hellgum den Rock aus und half ihm in der Sägemühle; dann verstummte Ingmar vollständig vor lauter Verwunderung, denn noch nie hatte er jemand gesehen, der so fest zupacken konnte.

Jetzt war Hellgum ein paar Tage verreist, aber er wurde bald zurückerwartet.

»Ja, wenn du erst mit Hellgum darüber gesprochen hast, dann wirst du schon zu uns übertreten«, sagte Karin. Und das glaubte Ingmar auch, obgleich ihm nicht ganz wohl dabei war, sich an etwas anzuschließen, dem der Vater nicht zugestimmt hätte.

»Aber gerade Vater hat uns ja gelehrt, daß wir immer die Wege Gottes gehen sollen«, sagte Karin.

Ja, alles miteinander war recht und gut, und Ingmar hätte nie geglaubt, daß es so herrlich war, wieder unter Menschen zu sein. Nur eins vermißte er, nämlich, daß niemand von Schulmeisters Gertrud sprach. Das tat ihm leid, denn er hatte Gertrud seit einem ganzen Jahr nicht mehr gesehen. Früher hatte er nie darauf zu warten brauchen, denn im vorigen Jahr war kaum ein Tag vergangen, ohne daß jemand von Storms gesprochen hätte.

Es war wohl nur Zufall, daß jedermann über sie schwieg; aber es kann doch höchst unbehaglich sein, wenn man sich scheut, nach etwas zu fragen, und niemand von selbst das Gespräch auf das bringt, was man am liebsten hören möchte.

Aber wenn auch Ingmar glücklich und zufrieden war, so war das bei Stark-Ingmar durchaus nicht der Fall. Der Alte war sauertöpfisch und mürrisch, und es hielt schwer, ihm etwas recht zu machen. – »Ich glaube, du sehnst dich in den Wald zurück«, sagte Ingmar eines Nachmittags zu ihm, als sie auf ihren Stämmen saßen und das Vesperbrot verzehrten. – »Ja, weiß Gott, das tue ich«, sagte der Alte. »Ich wollte, ich wäre gar nicht heruntergekommen.«

»Was ist dir denn nicht recht daheim?« fragte Ingmar.

»Und das fragst du?« erwiderte Stark-Ingmar. »Ich glaubte, du wüßtest ebenso gut wie ich, daß es um Hellgum schlimm steht.« – Aber Ingmar sagte, er habe im Gegenteil gehört, Hellgum sei ein großer Mann geworden. – »Ja, er ist ein so großer Mann geworden, daß er das ganze Dorf durcheinandergebracht hat.«

Ingmar fand es merkwürdig, daß Stark-Ingmar keine Spur von Liebe zu seinem eigenen Geschlecht zeigte, sondern sich nur immer um den Ingmarshof und die Ingmarssöhne kümmerte, und er hielt es für seine Pflicht, den Schwiegersohn in Schutz zu nehmen.

»Ich glaube, es ist eine gute Lehre«, sagte Ingmar. – »So, das glaubst du?« sagte der Alte und sah ihn grimmig an. »Meinst du, daß Groß-Ingmar auch so gedacht hätte?« – Darauf antwortete Ingmar, der Vater wäre sicher damit einverstanden gewesen, daß man ein rechtschaffenes Leben führte. – »So, du glaubst also, Groß-Ingmar hätte mitgetan, alle Leute für Teufel und Antichristen zu erklären, die nicht zu dieser Sekte gehören, und daß er sich geweigert hätte, mit seinen alten Freunden umzugehen, weil diese an ihrem alten Glauben festhielten?« – »Ich kann nicht glauben, daß sich Leute wie Hellgum und Halvor und Karin so aufführen«, sagte Ingmar. – »Du kannst es ja versuchen, dich ihnen zu widersetzen, dann wirst du schon sehen, was du ihnen wert bist.«

Ingmar schnitt große Stücke von seinem Butterbrot ab und stopfte sich den Mund damit voll. Es war recht verdrießlich, daß Stark-Ingmar so schlecht gelaunt war.

»Ach ja«, sagte der Alte nach einer Weile, »so geht es. Hier sitzt du nun, der Sohn des großen Ingmar, und hast nichts zu sagen. Aber meine Anna Lisa und ihr Mann, die leben unter vornehmen Leuten. Die Großen des Dorfs bükken und verneigen sich vor ihnen, und sie werden überall eingeladen.«

Ingmar aß ruhig weiter, er dachte, darauf brauchte er nicht zu antworten.

Aber Stark-Ingmar begann aufs neue: »Ja, eine schöne Lehre ist es, das ist ganz gewiß wahr, deshalb hat sich auch das halbe Dorf an Hellgum angeschlossen. Soviel Macht wie Hellgum hat noch nie jemand hier im Dorf gehabt, nicht einmal Groß-Ingmar. Er trennt das Kind von seinen Eltern, indem er predigt, wer ihn anhöre, könne nicht unter Sündern leben. Hellgum braucht nur zu winken, so verläßt der Bruder den Bruder, der Freund den Freund und der Bräutigam die Braut. Er hat es so weit gebracht, daß im vergangenen Winter in jedem Hof Zank und Streit herrschten. Ja, Groß-Ingmar wäre über so etwas erfreut gewesen, jawohl! Er wäre mit Hellgum durch dick und dünn gegangen. Ja, ja, ganz sicher!«

Ingmar schaute die Schlucht hinauf und hinab, am liebsten wäre er davongelaufen. Er fühlte ja wohl, daß Stark-Ingmar übertrieb, aber es verdarb ihm immerhin die gute Laune.

»O ja«, sagte der Alte, »ich will nicht leugnen, daß es erstaunlich ist, was Hellgum zuwege bringt: wie er es erreicht, daß die Leute zusammenhalten und daß die, die früher nichts voneinander wissen wollten, jetzt Freunde sind. Und wie er von den Reichen nimmt und den Armen gibt, und wie er sie dazu bringt, übereinander zu wachen! Ich meine ja nur, es ist schade für die andern, daß sie Teufelskinder genannt werden und nicht auch mitspielen dürfen, aber das denkst du natürlich nicht.«

Ingmar war böse auf den Alten, weil er so schlecht von Hellgum sprach.

»Und wie friedlich haben wir früher hier im Dorf gelebt!« sagte Stark-Ingmar. »Das ist nun alles vorbei. Zu Groß-Ingmars Zeiten hielt man hier so fest zusammen, daß es hieß, hier wohnten die einträchtigsten Leute in ganz Dalarne. Aber nun sind sie alle geschieden in Engel und Teufel, in Schafe und Böcke.«

»Wenn wir nur die Säge in Gang setzen könnten«, dachte Ingmar, »damit ich dieses Geschwätz nicht mehr anzuhören brauchte.«

»Es wird auch nicht mehr lange dauern, bis es zwischen dir und mir aus ist«, fuhr Stark-Ingmar fort. »Wenn du zu den andern übergehst, dann lassen sie dich nicht mehr mit mir verkehren.«

Ingmar stieß einen Fluch aus und stand auf. »Ja, wenn du so weiterfaselst, dann ist es nicht unmöglich, daß es so geht«, sagte er. »Du mußtest doch einsehen, daß es nichts nützt, mich gegen die Meinigen aufzuhetzen, sowie gegen Hellgum, denn er ist der trefflichste Mann, den ich kenne.«

Damit brachte Ingmar den Alten zum Schweigen; nach einer Weile hörte Stark-Ingmar auf zu arbeiten und ging fort. Er wolle ins Dorf hinuntergehen und mit seinem Freund, dem Korporal Fält, reden, sagte er. Er habe schon lange mit keinem vernünftigen Menschen mehr geredet. – Ingmar war froh, daß er ging. Es ist gewiß immer so, wenn man lange fort gewesen ist, daß man nichts Unangenehmes hören will, sondern nur wünscht, daß um einen herum alles hell und froh und vergnügt sein soll, dachte er.

Am nächsten Tag kam Ingmar schon morgens um fünf Uhr zum Sägewerk, aber Stark-Ingmar war schon vor ihm da. »Heute kannst du mit Hellgum reden«, sagte der Alte. »Er und Anna Lisa sind gestern abend zurückgekommen. Ich glaube, sie sind von dem großen Gastgelage weggeeilt, nur um dich zu bekehren.«

»Fängst du jetzt wieder damit an?« fragte Ingmar. Die Worte des Alten hatten ihm die ganze Nacht in den Ohren geklungen. Er konnte es nicht unterlassen, darüber nachzugrübeln, wer recht hatte; aber über seine nächsten Verwandten wollte er nichts Böses mehr hören.

Stark-Ingmar schwieg eine Weile, dann begann er vor sich hin zu lachen. »Worüber lachst du?« fragte Ingmar. Er war eben im Begriff, die Schleuse aufzuziehen, um die Säge in Gang zu setzen. – »Ach, ich denke bloß an Schulmeisters Gertrud.« – »Was ist mit ihr?« – »Ja, es hieß gestern im Dorf drunten, sie sei die einzige, die etwas über Hellgum vermöge.« – »Was hat denn Gertrud mit Hellgum zu tun?«

Ingmar zog die Schleuse nicht auf; war die Säge erst im Gang, konnte er nichts mehr verstehen. Der Alte sah ihn prüfend an. Ingmar lachte ein wenig. »Du weißt es schon so einzurichten, daß du deinen Willen bekommst«, sagte er.

»Das verrückte Ding, Gunhild, Burgermeister Lars Clemenssons Tochter, ist schuld daran.« – »Sie ist kein verrücktes Ding«, unterbrach ihn Ingmar. – »Du kannst sie nennen, wie du willst, jedenfalls war sie zufälligerweise auf dem Ingmarshof, als diese Sekte gegründet wurde. Als sie nach Hause kam, sagte sie zu ihren Eltern, sie habe den einzig richtigen Glauben angenommen, und nun müsse sie ihr Heim verlassen und auf den Ingmarshof ziehen. Die Eltern fragten sie natürlich, warum sie denn wegziehen wollte, und sie antwortete, damit sie ein rechtschaffenes Leben führen könnte. Sie sagten, das werde sie wohl auch daheim können. – Nein, das könne niemand, wenn er nicht bei denen leben dürfe, die desselben Glaubens seien. – Ja, ob denn dann jedermann auf den Ingmarshof ziehen sollte? fragte der Bürgermeister. – Nein, nur sie, denn die andern hätten wahre Christen bei sich daheim.

Der Bürgermeister ist ja ein braver Mann, und er und seine Frau versuchten Gunhild im guten wieder zur Vernunft zu bringen, aber Gunhild gab nicht nach, und der Bürgermeister wurde schließlich so aufgebracht, daß er Gunhild in die Kammer einschloß und ihr sagte, da müsse sie bleiben, bis sie ihre Torheit abgelegt hätte.«

»Ich dachte, du wolltest von Gertrud sprechen«, unterbrach ihn Ingmar. – »Ich komme schon noch zu Gertrud, wenn du Geduld hast. Übrigens kann ich dir auch jetzt schon mitteilen, daß am Tag darauf, als Gertrud und Mutter Storm in der Küche spannen, die Bürgermeisterin zu ihnen kam. Sie erschraken, als sie sie sahen. ›Was gibt es, was ist geschehen, und warum siehst du so betrübt aus?‹ fragte Mutter Stina. – Da antwortete die Frau: ›Man kann nicht anders aussehen, wenn man das Liebste, das man besaß, verloren hat.‹

Oh, ich hätte große Lust, sie durchzuprügeln«, sagte der Alte. – »Wen?« fragte Ingmar. – »Ach, Hellgum und Anna Lisa«, antwortete Stark-Ingmar, »denn sie waren in der Nacht beim Bürgermeister gewesen und hatten Gunhild entführt.« Nun stieß Ingmar einen Schrei aus. »Ja, ich glaube beinahe, Anna Lisa ist an einen Räuber verheiratet«, sagte der Alte.

»Mitten in der Nacht kamen sie, klopften ans Fenster der Kammer und fragten Gunhild, warum sie nicht auf den

Ingmarshof gekommen sei. Sie sagte, daß ihre Eltern sie eingeschlossen hätten. Und da sagte Hellgum, das sei der Teufel, der die Eltern dazu gebracht habe. Die Eltern aber hörten alles mit an.«

»Hörten sie es?« – »Ja, sie lagen in der Stube nebenan, und die Tür war nur angelehnt, und da hörten sie alles, was Hellgum sagte, um die Tochter zu verlocken.« – »Aber sie hätten ihn doch hinauswerfen können.« – »Nein, sie hielten es für besser, Gunhild selbst entscheiden zu lassen; sie hätten ja nie geglaubt, daß diese sie wirklich verlassen würde, denn sie waren immer so gut gegen sie gewesen. Sie erwarteten, sie würde sagen, daß sie ihre alten Eltern nicht verlassen wolle.« – »Und dann ging sie doch?« – »Ja, Hellgum ließ nicht nach, bis sie mit ihm ging. Und als die Eltern hörten, daß sie ihm nicht widerstehen konnte, ließen sie ihre Tochter ziehen. Es gibt eben auch solche Leute.

Aber am Morgen bereute es die Mutter und bat ihren Mann, auf den Ingmarshof zu fahren und die Tochter wieder zu holen. – ›Nein‹, sagte er, ›ich hole sie nicht wieder; ich will sie auch nicht wieder sehen, wenn sie nicht aus freien Stücken wiederkommt.‹

Da ging die Mutter zu Schulmeisters und bat Gertrud, auf den Ingmarshof zu gehen und mit Gunhild zu reden.« – »Und tat es Gertrud?« – »Ja, sie ging hin und redete mit Gunhild, aber Gunhild kümmerte sich nicht um das, was sie sagte.« – »Ich habe aber Gunhild daheim bei uns gar nicht gesehen«, sagte Ingmar nachdenklich. – »Nein, denn nun ist sie wieder bei ihren Eltern daheim.

Es traf sich nämlich, daß Gertrud, als sie von Gunhild wegging, Hellgum begegnete. ›Sieh, da ist der, der all das Elend verschuldet hat‹, dachte sie. Dann ging sie gerade auf ihn zu und redete ihm ordentlich ins Gewissen. Sie war so zornig, daß sie sich nicht davor gefürchtet hätte, ihn zu schlagen.« – »Ja, Gertrud ist nicht auf den Mund gefallen«, sagte Ingmar bewundernd.

»Sie sagte zu Hellgum, sie habe einmal ein Bild gesehen, auf dem ein heidnischer Krieger eine Jungfrau mit sich fortschleppte, die er geraubt hatte, und es komme ihr vor, als ob er sich auch gerade so aufführte.« – »Was sagte Hellgum darauf?« – »Er hörte ihr eine Weile zu, und dann sagte er ganz sanft, sie habe recht, er sei wirklich zu gewalttätig vorgegangen. Und am Nachmittag brachte er Gunhild zu den Eltern zurück und machte alles wieder gut.«

Als Stark-Ingmar seine Erzählung beendet hatte, sah ihn Ingmar lächelnd an. »Ja, Gertrud ist ein Prachtmädel«, sagte er, »aber Hellgum ist auch ein Prachtkerl, obgleich er ein wenig wild ist.« – »Ach, so faßt du es auf?« sagte Stark-Ingmar. »Ich glaubte, du würdest dich darüber wundern, daß Hellgum so nachgiebig gegen Gertrud war.« Darauf schwieg Ingmar.

Stark-Ingmar schwieg auch eine Weile, dann aber begann er von neuem. »Es haben drunten im Dorf viele nach dir gefragt. Sie wollten wissen, auf welche Seite du dich zu stellen gedenkst.« – »Das ist doch wohl einerlei, wohin ich gehöre.«

»Aber ich will dir etwas sagen«, fuhr der Alte fort. »In diesem Dorf sind die Leute daran gewöhnt, daß einer da ist, der sie führt und leitet. Nun aber ist Groß-Ingmar nicht mehr da, der Schulmeister hat seine Macht verloren, und der Pfarrer hat niemals die Kraft dazu gehabt, im Dorf zu regieren. Deshalb folgen sie Hellgum, solange du dich zurückhältst.« – Ingmar ließ die Hände sinken, er sah ganz unglücklich aus. »Aber ich weiß doch gar nicht, wer recht hat.« – »Die Leute hoffen, daß du sie von Hellgum befreist.

Glaube mir, uns beiden, die wir im Winter nicht hier unten waren, ist viel Böses erspart worden. Im Anfang war es wohl am schwersten, bis sich die Leute an die Bekehrungssucht gewöhnt hatten, sowie auch daran, Teufel und Höllenhunde genannt zu werden. Aber am schlimmsten war es doch, als auch bekehrte Kinder zu predigen anfingen.« – »Wie, haben denn auch Kinder gepredigt?« fragte Ingmar mißtrauisch. – »Ja, Hellgum hatte ihnen vorgehalten, daß sie Gott dienen sollten, anstatt zu spielen, und da fingen sie an, die Erwachsenen bekehren zu wollen. Sie legten sich in den Hinterhalt und überfielen die Leute, die des Weges kamen. Und dann klang es denen in die Ohren: ›Willst du nicht anfangen, dem Teufel zu widerstehen? Willst du in deinen Sünden weiterleben?‹«

Ingmar wehrte sich in seinem Herzen gegen das, was er vernommen hatte. Er konnte nicht glauben, daß all das, was der Alte ihm erzählte, wahr sei. – »Ach, nun kommst du sicher mit etwas, was dir der Korporal weisgemacht hat«, sagte er.

»Ja, das wollte ich dir gerade erzählen«, sagte der Alte. »Mit Fält ist es auch vorbei. Ach, wenn ich daran denke, daß all dies vom Ingmarshof ausgegangen ist, dann wage ich den Leuten kaum noch in die Augen zu sehen!«

»Ist denn Fält etwas Böses widerfahren?« fragte Ingmar. – »Ach, diese Kinder sind schuld daran. Eines Abends, als sie nichts anderes zu tun wußten, fiel es ihnen ein, Fält bekehren zu wollen. Sie hatten natürlich die andern sagen hören, Fält sei ein großer Sünder.« – »Aber früher hatten doch alle Kinder vor Fält ebenso große Angst wie vor den Hexen«, sagte Ingmar. – »Ja, sie hatten auch tüchtig Angst, aber sie wollten nun eine Heldentat verrichten.

So drangen sie eines Abends bei Fält ein, als dieser gerade in seiner Hütte saß und sich Grütze kochte. Als sie die Tür öffneten und Fält sahen, wie er mit seinem borstigen Schnurrbart und seiner gespaltenen Nase dasaß und mit seinem einen Auge ins Feuer starrte, bekamen sie alle miteinander Angst, und ein paar von den Kleinsten liefen davon. Aber zehn bis zwölf an der Zahl wagten sich hinein, knieten rings um den alten Mann nieder und begannen zu singen und zu beten.«

»Hat er sie denn nicht hinausgeworfen?« fragte Ingmar.– »Hätte er es doch nur getan!« sagte Stark-Ingmar. »Ich verstehe gar nicht, was über ihn gekommen war. Der Ärmste hatte vielleicht eben daran gedacht, daß er in seinem Alter einsam und verlassen sei, und dann schonte er sie wohl auch, weil es lauter Kinder waren. Es war ihm wahrscheinlich doch zu Herzen gegangen, daß sie sich immer so sehr vor ihm gefürchtet hatten. Und als er dann alle die aufgehobenen Augen sah, die voller Tränen standen, war er entwaffnet.

Die Kinder erwarteten natürlich nichts anderes, als daß er auffahren und sie schlagen würde. Sie sangen und beteten zwar, aber sie waren natürlich bereit, davonzulaufen, sobald er sich rührte.

Da sahen plötzlich ein paar von ihnen, daß es in Fälts Gesicht sonderbar zuckte. ›Nun kommt's, nun kommt's‹, dachten sie und standen auf, um zu entfliehen. Aber der Alte blinzelte, und dann rollte ihm eine Träne aus den Augen. Da riefen die Kinder Halleluja, und nun ist es, wie gesagt, aus mit Fält. Jetzt läuft er immerzu in die Betstunden, fastet und betet und hört Gottes Stimme.«

»Ich kann nicht einsehen, daß das ein Unglück ist«, sagte Ingmar. »Fält war ja nahe daran, sich den Hals abzutrinken.« – »Nun, und du hast ja auch so viele Freunde, daß es dir nichts ausmacht, wenn du einen davon verlierst. Du würdest es vielleicht auch gern sehen, wenn die Kinder den Schulmeister bekehren könnten.« – »Das glaube ich nun und nimmer, daß die armen Kinder sich bis zu Storm wagen würden.« Ingmar war ganz atemlos vor Verwunderung. Es mußte doch wirklich etwas Wahres daran sein, wenn Stark-Ingmar sagte, das Dorf sei von oberst zu unterst gekehrt. – »Aber sie haben es doch gewagt; eines Abends, als Storm gerade in der Schulstube saß und in seine Bücher schrieb, kamen so ein Stücker zwanzig und begannen ihm zu predigen.« – »Und was tat Storm?« fragte Ingmar; er konnte nicht anders, er mußte laut herauslachen. – »Zuerst war er so verblüfft, daß er gar nichts sagen noch tun konnte. Aber da war zufälligerweise Hellgum gleichzeitig in die Küche gekommen, um mit Gertrud zu reden.« – »War Hellgum bei Gertrud?« – »Ja, Hellgum und Gertrud sind sehr gute Freunde, seit er ihr damals wegen Gunhild nachgegeben hat.

Als Gertrud den Lärm in der Schulstube hörte, sagte sie

zu Hellgum: ›Nun kommen Sie gerade recht, um etwas Neues zu sehen. In Zukunft werden, scheint's, die Kinder den Schulmeister in die Schule nehmen.‹ Da lachte Hellgum; er verstand wohl, daß das zu weit ging; rasch jagte er die Kinder aus der Schule hinaus, und damit hatte der Unfug ein Ende.«

Ingmar fühlte, daß ihn Stark-Ingmar, während er dies sagte, mit einem ganz eigenen Blick betrachtete. Es war gerade, wie wenn ein Jäger vor einem angeschossenen Bären steht und überlegt, ob es nötig sei, ihm noch einen Schuß zu geben.

»Was erwartest du denn eigentlich von mir?« fragte Ingmar. – »Was sollte ich von dir erwarten, du bis ja nur ein Junge, der nichts besitzt, du hast nur zwei leere Hände anzubieten.« – »Ich glaube wahrhaftig, du möchtest, daß ich Hellgum totschlagen soll.« – »Drunten im Dorf heißt es, daß allen geholfen wäre, wenn du Hellgum dazu bringen könntest, die Gegend zu verlassen.« – »Aber es ist doch von jeher so gewesen, daß Spaltungen und Streit ausbrachen, wenn eine neue Lehre verkündigt wurde«, sagte Ingmar. – »Ja, aber es wäre jedenfalls eine gute Gelegenheit für dich, den Leuten zu zeigen, was du taugst«, sagte Stark-Ingmar eigensinnig.

Ingmar wandte dem Alten den Rücken und setzte die Säge in Gang. Vor allem hätte er gern erfahren, wie es Gertrud ging und ob sie sich schon den Hellgumianern angeschlossen hatte, aber er war zu stolz, um seine Unruhe zu verraten.

Um acht Uhr ging Ingmar auf den Ingmarshof, um zu frühstücken. Wie gewöhnlich wurden ihm viele gute Dinge vorgesetzt, und Halvor und Karin waren ganz besonders freundlich zu ihm. Sobald Ingmar die beiden sah, war es ihm, als könnte er von allem, was Stark-Ingmar erzählt hatte, kein Wort glauben. Es wurde ihm leicht ums Herz, und er war fest überzeugt, daß der Alte übertrieben hatte.

Aber bald ergriff ihn die Unruhe um Gertrud aufs neue mit solcher Gewalt, daß er keinen Bissen essen konnte.

»Bist du in der letzten Zeit nicht bei Schulmeisters gewesen, Karin?« fragte er plötzlich. – »Nein«, antwortete Karin schnell, »mit solch gottlosen Leuten gehe ich nicht um.«

Ingmar schwieg lange, denn das war eine Antwort, die ihm zu denken gab. War es nun richtiger zu schweigen oder zu reden? Wenn er redete, so überwarf er sich mit seiner Familie; aber das wollte er auch nicht, daß sie glaubten, er sei mit dem einverstanden, was ihm unrecht schien. – »Ich habe bei Schulmeisters noch nie etwas von Gottlosigkeit bemerkt«, sagte er, »und ich habe doch vier Jahre lang dort gewohnt.«

Nun dachte Karin beinahe dasselbe, was Ingmar vorhin gedacht hatte; auch sie wußte nicht, ob sie schweigen oder sprechen sollte. Aber sie mußte ja die Wahrheit sagen, selbst wenn es Ingmar weh tat, und deshalb sagte sie, wenn die Menschen dem Rufe Gottes nicht folgten, dann müßten sie doch gottlos sein.

Halvor erklärte auch: »Es ist doch ungeheuer wichtig, welche Erziehung die Kinder bekommen.« – »Storm hat das ganze Dorf erzogen und dich auch, Halvor.« – »Ja, aber er hat uns doch nicht gelehrt, ein rechtschaffenes Leben zu führen«, sagte Karin. – »Ich meine, danach hättest du doch immer getrachtet, Karin.« – »Ich will dir sagen, Ingmar, was ein Leben nach der alten Lehre bedeutete. Es war, als ginge man auf einem runden Balken, auf dem man den einen Augenblick steht und im andern fällt. Aber wenn ich mich von meinen Mitchristen an den Händen nehmen und mich von ihnen stützen lasse, dann kann ich auf dem schmalen Weg der Gerechtigkeit fortschreiten, ohne zu fallen.« – »Ja«, sagte Ingmar, »aber dann ist es auch keine Kunst.« – »Es ist immer noch schwer genug, aber es ist nicht mehr unmöglich.«

»Aber wie ist es denn nun mit den Schulmeistersleuten?« – »Ja, wer zu uns gehört, nahm seine Kinder aus der Schule. Wir wollen nicht haben, daß die Kinder in der alten Lehre unterrichtet werden.« – »Aber was sagt denn der Schulmeister dazu?« – »Er sagt, das Gesetz verlange, daß die Kinder in die Schule gingen.« – »Ja, das meine ich auch.«– »Dann schickte er den Landvogt zu Israel Tomassons und zu Krister Larssons und ließ die Kinder holen.« – »Und nun seid ihr mit Storms zerfallen?« – »Ja, wir halten fest untereinander zusammen.« – »Ihr seid wohl mit dem ganzen Dorf zerfallen?« – »Wir halten uns von denen fern, die nur zur Sünde verlocken wollen.«

Je länger die drei miteinander redeten, desto leiser sprachen sie. Alle wogen sehr vorsichtig jedes Wort ab, das sie sagten, denn alle drei hatten das Gefühl, daß die Unterhaltung eine betrübliche Wendung zu nehmen drohte.

»Aber von Gertrud kann ich dich grüßen«, sagte Karin, indem sie einen fröhlicheren Ton anzuschlagen versuchte. »Hellgum hat im Winter oft mit ihr gesprochen, und er sagt, sie will sich uns noch heute abend anschließen.«

Ingmars Lippen zitterten. Ihm war, als hätte er den ganzen Tag darauf gewartet, daß er angeschossen würde, und nun kam der Schuß. – »So, sie will sich euch also anschließen«, sagte er mit beinahe unhörbarer Stimme. »Hier unten geschieht manches, während man droben in der Dunkelheit des Waldes haust.«

Ingmar bekam den Eindruck, daß Hellgum die ganze Zeit versucht hatte, sich an Gertrud heranzumachen, und daß er ihr Schlingen gelegt hatte, um sie einzufangen.

»Aber was soll nun aus mir werden?« fragte Ingmar plötzlich in einem sonderbar hilflosen Ton. – »Du sollst dich unserem Glauben anschließen«, sagte Halvor schnell. »Hellgum ist nun zurück, und wenn du erst mit ihm gesprochen hast, wirst du bald bekehrt sein.« – »Es könnte aber doch sein, daß ich mich nicht bekehren lassen möchte«, sagte Ingmar. Da schwiegen Karin und Halvor.

»Es könnte sein, daß ich keinen andern Glauben haben will als den meines Vaters«, fuhr Ingmar fort. – »Du darfst nichts sagen, bis du mit Hellgum gesprochen hast«, sagte Karin. – »Aber wenn ich nicht zu euch übertrete, dann werdet ihr mich wohl nicht mehr unter eurem Dach haben wollen?« sagte Ingmar und stand von seinem Stuhl auf.

Als ihm die beiden darauf keine Antwort gaben, war es Ingmar, als ob alles um ihn herum plötzlich einstürzte. Er richtete sich jedoch sogleich auf und sah mutiger aus. »Es ist am besten, ich schaffe jetzt sofort Klarheit«, dachte er.

»Ich möchte wissen, wie es mit der Sägemühle werden soll«, fuhr Ingmar fort. Da sahen Halvor und Karin einander an, beide scheuten sich, etwas zu sagen. – »Du darfst nicht vergessen, Ingmar, daß wir außer dir niemand auf der Welt haben«, sagte Halvor. – »Ja, aber wie soll es mit dem Sägewerk werden?« fragte Ingmar eigensinnig. – »Vor allem sollst du deine Stämme aufarbeiten«, sagte Halvor.

Als Ingmar diese ausweichenden Antworten vernahm, ging ihm plötzlich ein Licht auf. – »Wollt ihr vielleicht Hellgum die Sägemühle in Pacht geben?« Halvor und Karin waren verwirrt durch Ingmars Heftigkeit; seit er das über Gertrud gehört hatte, war er ganz unzugänglich geworden. – »Laß nur Hellgum zuerst mit dir reden«, sagte Karin besänftigend. – »Er wird schon Gelegenheit finden, mit mir zu reden, aber es wäre mir lieb zu wissen, wonach ich mich zu richten habe.« – »Du weißt doch, daß wir es gut mit dir meinen.« – »Aber ihr wollt Hellgum die Mühle in Pacht geben?« fragte Ingmar. – »Wir hätten Hellgum gern eine passende Arbeit verschafft, damit er hier in Schweden bleiben kann, und da dachten wir, du und er, ihr könntet euch zusammentun, falls du zu dem rechten Glauben kommst; Hellgum ist ein sehr tüchtiger Arbeiter.«

»Ich weiß nicht, seit wann du dich fürchtest, offen zu reden, Halvor«, sagte Ingmar. »Ich möchte jetzt nur wissen, ob Hellgum die Sägemühle bekommen soll oder nicht.« – »Ja, er soll sie haben, wenn du Gott widerstrebst«, sagte Halvor. – »Ich danke dir, Halvor, nun weiß ich doch, wie gut es für mich wäre, wenn ich zu eurem Glauben überträte.« – »Du weißt wohl, daß es nicht so gemeint ist«, sagte Karin. – »Oh, ich verstehe recht gut, wie es gemeint ist«, sagte Ingmar, »nämlich daß mir Gertrud und die Sägemühle und die alte Heimat hier verlorengehen, wenn ich nicht zu euch übergehe.«

Nach diesen Worten verließ Ingmar schnell die Stube. Er wagte es nicht, länger zu bleiben.

Als er in den Hof hinauskam, dachte er wieder: »Es ist am besten, die Sache wird gleich entschieden. Ich muß wissen, wonach ich mich zu richten habe.« Mit langen Schritten schlug er die Richtung zum Schulhaus ein.

Als Ingmar das Gartenpförtchen des Schulhauses öffnete, fiel ein leichter Regen, ein richtig milder, dichter Frühlingsregen. In dem schönen Garten hatte es schon angefangen zu knospen und zu sprossen. Die Wiese wurde so rasch grün, daß man wirklich das Gras wachsen zu sehen meinte. Gertrud stand auf der Vortreppe und sah dem Frühlingsregen zu, und zwei große Faulbäume, an denen überall die jungen Blätter hervorsprossen, breiteten ihre Zweige über sie.

Verwundert blieb Ingmar stehen; alles hier war so schön und friedlich, und noch einmal legte sich die Erregung, in der er sich befand. Gertrud hatte ihn noch nicht gesehen; leise schloß er das Pförtchen und ging auf sie zu.

Aber plötzlich blieb er betroffen stehen und betrachtete Gertrud. Als er sich von ihr getrennt hatte, war sie nicht viel mehr als ein Kind gewesen, aber in dem einen Jahr, in dem er sie nicht gesehen hatte, war sie eine stolze Jungfrau geworden. Sie war groß und schlank und vollständig erwachsen. Der Kopf saß schön auf dem feinen Hals, ihre Haut war weiß und zart wie Flaum, mit frischem Rot auf den Wangen. Die Augen waren tief und sehnsüchtig geworden, und ihr schelmisch froher Ausdruck von früher hatte sich in Ernst und milde Träumerei verwandelt.

Als Ingmar Gertrud so sah, wurde sein Herz von Wonne erfüllt; es wurde still und feierlich um ihn her, und ihm war, als läuteten große Glocken den Sonntagsfrieden ein. Es war so herrlich, daß er versucht war, hinzuknien und Gott zu danken.

Aber als Gertrud Ingmar sah, wurden ihre Züge plötzlich starr, die Augenbrauen zogen sich zusammen, und zwischen ihnen erschien eine feine Falte.

An diesem Tag waren Ingmars Gedanken rascher als sonst. Er sah sofort, daß Gertrud sich nicht über das Wiedersehen freute, und fühlte, wie ihn ein scharfer Schmerz durchfuhr. »Sie wollen sie dir nehmen«, dachte er; »sie haben sie dir schon genommen.«

Der Sonntagsfrieden war fort, und Aufregung und Unruhe kehrten zurück.

Ohne Einleitung fragte Ingmar Gertrud, ob es wahr sei, daß sie gedächte, sich an Hellgum und seine Anhänger anzuschließen. Und Gertrud antwortete, daß es wirklich so sei. Ingmar fragte, ob sie auch bedacht habe, daß die Hellgumianer ihr nur erlauben würden, mit Gesinnungsgenossen zu verkehren. Und Gertrud antwortete leise, daß sie auch das bedacht habe.

»Hast du von deinem Vater und deiner Mutter die Erlaubnis dazu bekommen?« fragte Ingmar. – »Nein«, antwortete Gertrud, »sie wissen noch nichts davon.« – »Aber Gertrud ...« – »Still, Ingmar, ich muß es tun, um Ruhe zu bekommen. Gott selbst zwingt mich dazu.« – »Ach«, fuhr Ingmar auf, »das ist nicht Gott, sondern es ist ...« Da wandte sich Gertrud heftig nach Ingmar um, und er sagte: »Ich will dir nur sagen, daß ich mich niemals an die Hellgumianer anschließen werde. Wenn du also zu ihnen übergehst, dann sind wir für alle Zeiten geschieden.«

Gertrud sah aus, als ginge sie das nichts an.

»Tu es nicht, Gertrud!« bat Ingmar. – »Glaube ja nicht, ich handle leichtsinnig, ich habe es mir reiflich überlegt.« – »Du mußt es dir noch einmal überlegen.« – Ungeduldig wandte sich Gertrud ab. – »Du mußt wohl die Sache auch um Hellgums willen überlegen«, sagte Ingmar in wachsendem Zorn und ergriff Gertrud am Arm, um sie festzuhalten. – Aber Gertrud schüttelte seine Hand ab. – »Bist du denn ganz von Sinnen, Ingmar?« – »Ja«, antwortete Ingmar, »Hellgum und sein Treiben machen mich verrückt, es muß ein Ende damit haben.« – »Was muß ein Ende haben?« – »Das werde ich dir ein andermal sagen.«

Gertrud zuckte die Achseln. »Leb wohl, Gertrud«, sagte

Ingmar, »und das kann ich dir sagen, nie und nimmer kommst du unter die Hellgumianer, merke dir das.« – »Was hast du denn im Sinn?« fragte das Mädchen, das unruhig wurde. – »Leb wohl, Gertrud, und denk an das, was ich dir gesagt habe!« Er war schon drunten auf dem Kiesweg.

Ingmar lenkte seine Schritte nun heimwärts. »Wenn ich nur so klug wäre wie mein Vater«, dachte er unterwegs. »Wenn ich soviel Macht hätte, wie mein Vater hatte. Was soll ich tun? Ich verliere alles, was ich liebhabe, und sehe nirgends einen Ausweg.«

Aber das eine stand fest, wenn ihn all dies Unglück wirklich traf, dann sollte Hellgum nicht mit heiler Haut davonkommen.

Ingmar ging zu Stark-Ingmars Hütte, um Hellgum aufzusuchen. Als er sich der Tür näherte, hörte er mehrere Stimmen laut und eifrig reden. Es schien, als seien Fremde drinnen, und Ingmar drehte sogleich wieder um. Aber gerade als er sich zum Gehen wandte, hörte er einen Mann mit sehr lauter Stimme sagen: »Wir sind drei Brüder, die von weit her gekommen sind, um dich, Johan Hellgum, zur Verantwortung zu ziehen, wegen unseres jüngsten Bruders, der vor zwei Jahren nach Amerika gegangen ist. Dort ließ er sich in deine Gemeinde aufnehmen, und in den letzten Tagen haben wir einen Brief bekommen, daß er wahnsinnig geworden ist, weil er zuviel über deine Lehre nachgegrübelt hat.«

Ingmar ging rasch davon. Es gab also noch andere Leute, die über Hellgum Klage zu führen hatten, und diese standen ihm ebenso hilflos gegenüber wie er.

Nun ging Ingmar zum Sägewerk hinunter. Stark-Ingmar war schon in voller Arbeit. Während die Säge knirschte und der Wasserfall tobte, meinte Ingmar von der Hütte her einen Schrei zu hören. Er gab aber nicht weiter darauf acht. In diesem Augenblick hatte er für nichts anderes Sinn als für den großen Haß, den er gegen Hellgum fühlte. Er rechnete sich fortwährend vor, was Hellgum ihm genommen hatte: Gertrud und Karin, die Sägemühle und die Heimat. Noch einmal war ihm, als höre er einen Schrei, und zugleich fiel ihm ein, daß die Fremden und Hellgum am Ende in Streit geraten sein könnten. Es wäre kein Schade, wenn sie einander totschlügen, dachte Ingmar.

Da ertönte ein lauter Hilferuf, und nun lief Ingmar schnell den Abhang hinauf.

Je näher er kam, desto deutlicher hörte er Hellgums Hilferufe, und als er die Hütte erreicht hatte, war es ihm, als ob die Erde unter dem Streitgetöse erbebte.

Ingmar öffnete die Türen immer sehr leise, und diesmal tat er es mit doppelter Vorsicht. Ganz leise glitt er in die Stube hinein. Hier stand Hellgum an eine Wand gedrückt und verteidigte sich mit einer kurzen Axt. Die drei Fremden, lauter starke kräftige Männer, drangen mit Holzscheiten, die sie wie Keulen schwangen, auf ihn ein. Flinten hatten sie nicht bei sich, und daraus konnte Ingmar entnehmen, daß sie nur gekommen waren, um Hellgum eine ordentliche Tracht Prügel zu geben, aber als er sich zur Wehr gesetzt hatte, waren sie von Mordlust ergriffen worden, so daß es nun Hellgums Leben galt.

Sie sahen Ingmar kaum an; es war ja nur ein langer linkischer Junge, der in die Stube getreten war.

Einen Augenblick blieb Ingmar stehen und sah zu. Das war ja gerade wie in einem Traum, wo das, was man sich am meisten wünscht, vor den Blicken ersteht, ohne daß man begreift, woher es kommt. Ab und zu stieß Hellgum einen Hilferuf aus. »Du mußt nicht glauben, daß ich so dumm bin und dir helfe«, dachte Ingmar.

Nun schlug einer der Männer Hellgum mit so großer Wucht auf den Kopf, daß dieser die Axt losließ und zu Boden fiel. Sogleich warfen die andern die Holzscheite weg, zogen die Messer heraus und stürzten sich auf Hellgum. Da durchzuckte Ingmar ein Gedanke. Es ging eine alte Sage in seiner Familie, daß jedes Glied der Familie einmal in seinem Leben etwas Schändliches oder Unrechtes tun müsse. War vielleicht die Reihe nun an ihm?

Plötzlich fühlte sich einer der Brüder von zwei starken Armen von hinten ergriffen, die ihn aufhoben und zum Zimmer hinauswarfen. Der zweite wollte sich eben aufrichten, als es ihm ebenso ging, und der dritte, dem es gelang, auf die Beine zu kommen, bekam einen Stoß, daß er rückwärts den andern nachflog.

Als er alle drei hinausgeworfen hatte, stellte sich Ingmar unter die Tür. »Wollt ihr nicht noch einmal kommen?« rief er lachend. Er hätte gar nichts dagegen gehabt, wenn sie ihn selbst angegriffen hätten. Es hätte ihm wohl getan, seine ganze Kraft brauchen zu müssen.

Die drei Brüder schienen auch ganz dazu aufgelegt, noch einmal anzufangen, aber plötzlich rief einer von ihnen, sie müßten fliehen, denn er sehe jemand auf dem Pfad hinter dem Erlengebüsch kommen.

Aber sie waren wütend darüber, daß sie Hellgum nicht überwunden hatten, und gerade als sie sich umwandten, um davonzulaufen, sprang einer zurück, fuhr auf Ingmar los und stieß ihm das Messer in den Nacken. – »Das bekommst du, weil du dich in unsere Angelegenheiten gemischt hast!« rief er. Ingmar sank zu Boden, und mit Hohngelächter sprang der Bauer davon.

Ein paar Minuten später stand Karin in der Hütte. Sie fand Ingmar mit einer Wunde im Nacken auf der Schwelle sitzen, und drinnen in der Stube sah sie Hellgum. Er hatte sich wieder aufgerichtet, lehnte sich aber an die Wand. Die Axt hielt er noch in der Hand, das Gesicht war mit Blut überströmt.

Karin hatte die Flüchtlinge nicht gesehen, und sie glaubte, Ingmar sei es, der Hellgum überfallen und verwundet habe.

Sie erschrak so, daß ihr die Knie zitterten. »Nein, es ist nicht möglich«, dachte sie, »aus unserer Familie kann keiner zum Mörder werden.« Da fiel ihr plötzlich die Geschichte ihrer Mutter ein, und sie murmelte: »Jaja, daher stammt es.«

An Ingmar vorbei eilte sie nun auf Hellgum zu. – »Nein,

nein, Ingmar zuerst!« rief dieser. – »Man darf sich doch nicht des Mörders annehmen, ehe man nach dem Opfer sieht«, sagte Karin. – »Ingmar zuerst! Ingmar zuerst!« brüllte Hellgum. Er war in solcher Aufregung, daß er die Axt vor Karin schwang. »Er ist es ja, der die Mörder geschlagen und mir das Leben gerettet hat!«

Als Karin endlich den Zusammenhang begriff und sich nach Ingmar umwandte, war dieser aufgestanden und hinausgegangen. Karin sah ihn über den Hofplatz wanken.

Sie eilte ihm nach. »Ingmar! Ingmar!« rief sie.

Aber Ingmar ging weiter, ohne auch nur den Kopf zu wenden.

Mühelos holte Karin ihn ein und legte ihre Hand auf seinen Arm.

»Bleib da, Ingmar«, sagte sie, »damit ich dich verbinden kann.«

Aber Ingmar riß sich los und ging weiter. Wie ein Blinder taumelte er vorwärts, ohne auf Weg und Steg zu achten. Das Blut hatte sich einen Weg durch seine Kleider gebahnt; es rieselte herunter und in den einen Schuh, der bald mit Blut gefüllt war. Bei jedem Schritt wurde das Blut aus dem Schuh herausgedrückt und hinterließ eine rote Spur auf dem Feld.

Händeringend lief Karin hinter Ingmar her. »Bleib da, Ingmar! Bleib da! Wohin willst du? Bleib da, Ingmar!«

Ingmar ging geradenwegs in den Wald hinein. Aber dort waren doch keine Menschen, die ihm hätten helfen können.

Karin sah unverwandt auf seine Schuhe, die voller Blut waren. Mit jedem Augenblick wurden die Fußstapfen röter.

»Nun geht er in den Wald hinein, um sich niederzulegen und sich zu verbluten«, dachte Karin.

»Gott segne dich, Ingmar, daß du Hellgum geholfen hast!« sagte Karin mit weicher Stimme. »Dazu gehörte wirkliche männliche Kraft und ein männlicher Mut.«

Ingmar ging weiter, ohne auf sie zu hören.

Da eilte Karin an ihm vorbei und stellte sich ihm in den Weg. Er wich auf die Seite, ohne zu ihr aufzusehen, ja er murmelte sogar: »Geh und hilf Hellgum!«

»Höre, was ich dir sage, Ingmar. Halvor und ich waren sehr betrübt über das, was wir heute morgen gesagt haben, und ich war eben auf dem Weg zu Hellgum, um ihm zu sagen, daß du die Mühle behalten sollst.«

»Ja, nun kannst du sie ja Hellgum geben«, erklang Ingmars Stimme.

Er ging immer weiter und stolperte öfters, aber er ging und ging.

Karin lief hinter ihm her und versuchte ihn zu erweichen. »Du mußt mir verzeihen, daß ich mich einen Augenblick geirrt habe. Ich glaubte, du hättest mit Hellgum Streit gehabt. Es war nicht leicht, etwas anderes zu glauben.«

»Ja, es wurde dir leicht, deinen Bruder für einen Mörder zu halten«, sagte Ingmar, ohne sie anzusehen.

Er ging immer weiter, ohne anzuhalten.

Als Ingmar den Namen Hellgum immer wieder aussprach, wurde es Karin erst richtig klar, wie sehr er ihn haßte. Und gleichzeitig erkannte sie, wie groß es war, was Ingmar getan hatte.

»Es wird überall bekannt werden, was du heute getan hast, und jedermann wird dich dafür loben, Ingmar«, sagte Karin. »Da wirst du doch nicht sterben wollen!«

Sie hörte ihn höhnisch lachen. Er wandte ihr sein bleiches, verzerrtes Gesicht zu. »Willst du nicht endlich gehen! Ich weiß ja doch, wem du am liebsten helfen möchtest.«

Sein Gang wurde immer schwankender, und auf dem Boden zeigte sich nun eine zusammenhängende Blutspur.

Der Blutstrom brachte Karin ganz außer sich. Die große Liebe, die sie von jeher für Ingmar gehabt hatte, flammte mit neuer Stärke auf, als wenn sie von den Blutstreifen genährt würde. Und sie war auch stolz auf Ingmar und betrachtete ihn als kräftigen Sproß an dem alten Stamm.

»Ingmar«, sagte Karin, »ich glaube nicht, daß du es vor Gott und den Menschen verantworten kannst, dein Leben auf diese Weise aufs Spiel zu setzen. Und das sage ich dir, wenn dir irgend etwas wieder Lust zum Leben geben kann, und es steht in meiner Macht, so brauchst du es nur zu sagen.«

Da blieb Ingmar stehen; er umschlang einen Baumstamm, um sich aufrecht zu halten, und sie hörte ihn mißtrauisch lachen, als er sagte:

»Du würdest vielleicht auch Hellgum nach Amerika zurückschicken?«

Karin sah auf die Blutlache und versuchte ihre Gedanken zu ordnen, um sich klarzumachen, was der Bruder verlangte. Das hieß wohl, sie sollte den schönen Paradiesgarten, in dem sie den Winter über gelebt hatte, wieder verlassen und das Leben in der alten, elenden Welt der Sünde von neuem beginnen.

Ingmar wandte sich ganz um; sein Gesicht war wachsgelb, die Haut an den Schläfen eingefallen und die Nase wie bei einem Toten. Aber die große Unterlippe schob sich gebieterischer vor als je, und der scharfe Zug um den Mund wurde sehr deutlich. Es war unwahrscheinlich, daß er seine Forderung aufgeben würde.

»Ich glaube nicht, daß Hellgum und ich hier im Dorf miteinander leben können«, sagte Ingmar, »aber ich sehe schon, daß *ich* weichen muß.«

»Nein«, sagte Karin schnell, »wenn ich dich nur pflegen darf, damit du am Leben bleibst, dann verspreche ich dir, dafür zu sorgen, daß Hellgum abreist.«

»Gott kann einen andern Helfer für uns finden«, dachte Karin, während sie das sagte, »aber ich sehe keinen andern Ausweg, als das zu tun, was Ingmar will.«

Ingmar war verbunden und zu Bett gebracht worden. Die Wunde war nicht gefährlich; er sollte sich nur ein paar Tage ruhig verhalten. Er lag droben in der Oberstube, und Karin saß an seinem Bett.

Den ganzen Tag hindurch redete Ingmar im Fieber, er

durchlebte alles noch einmal, was ihm am Tage geschehen war, und Karin wurde es bald klar, daß es nicht allein Hellgum und die Sägemühle waren, die ihm so viel Kummer gemacht hatten.

Am Abend war er wieder klar und ruhig, und da sagte Karin zu ihm: »Es ist jemand da, der gerne mit dir reden möchte.« Ingmar antwortete, er sei zu müde, um mit jemand sprechen zu können. – »Aber ich glaube, daß es dir guttun würde.«

Gleich darauf trat Gertrud ins Zimmer. Sie sah sehr feierlich und bewegt aus. Ingmar hatte Gertrud von jeher liebgehabt, er hatte sie auch schon geliebt, als sie noch nekkisch und launisch gewesen war, damals hatte sich jedoch bei ihm stets etwas gegen die Liebe gesträubt. Jetzt aber war ein schweres Jahr voller Sehnsucht und Unruhe über Gertrud hingegangen, und das hatte sie so verändert, daß es ihn heftig verlangte, sie zu gewinnen.

Als Gertrud ans Bett trat, bedeckte er die Augen mit der Hand.

»Willst du mich nicht sehen?« fragte sie.

Ingmar schüttelte den Kopf, er war jetzt wie ein launisches Kind.

»Ich möchte dir nur ein paar Worte sagen«, sagte Gertrud.

»Du kommst wohl, um mir mitzuteilen, daß du dich an die Hellgumianer angeschlossen hast?«

Gertrud ließ sich neben dem Bett auf die Knie nieder; sie zog Ingmars Hand von den Augen weg.

»Es ist etwas, wovon du nichts weißt, Ingmar.« Er sah sie fragend an, sagte aber nichts. Gertrud errötete und zögerte, dann aber sagte sie: »Im vorigen Jahr, gerade als du von uns wegzogst, hatte ich angefangen, dich auf die richtige Weise liebzuhaben.«

Ingmar wurde rot und lächelte ein wenig vor Freude, aber sogleich wurde er wieder ernst und mißtrauisch. – »Ich habe sehr großes Heimweh nach dir gehabt, Ingmar.« – Ingmar lächelte ungläubig, streichelte aber ihre Hand zum Dank dafür, daß sie gut gegen ihn sein wollte. – »Und du kamst nicht ein einziges Mal zu mir«, klagte sie; »es war, als sei ich gar nicht mehr für dich da.«

»Ich wollte dich nicht wiedersehen, ehe ich ein wohlhabender Mann war, der um dich freien könnte«, sagte Ingmar, als ob das etwas Selbstverständliches sei.

»Aber ich dachte, du hättest mich vergessen.« Tränen traten in Gertruds Augen. »Du weißt gar nicht, was ich für ein Jahr durchgemacht habe. Hellgum ist sehr gut gegen mich gewesen und hat mich getröstet. Er sagte, mein Herz würde still werden, wenn ich es Gott ganz hingäbe.«

Nun sah Ingmar sie mit einer ganz neuen Erwartung im Blick an.

»Als du heute morgen kamst, erschrak ich. Ich fürchtete, ich würde dir nicht widerstehen können, und dann würde der Kampf von neuem beginnen.«

Jetzt breitete sich ein strahlendes Lächeln über Ingmars Gesicht aus. Aber er schwieg noch immer.

»Heute abend erfuhr ich jedoch, daß du dem beigestanden hast, den du haßt, Ingmar. Und da konnte ich nicht mehr.« Gertrud wurde dunkelrot. »Ich fühlte, daß ich nicht die Kraft habe, etwas zu tun, das mich von dir scheiden würde.«

Und zugleich neigte sie sich über Ingmars Hand und küßte sie.

Aber in Ingmars Ohren klang es, als ob große Glocken einen hohen Festtag einläuteten. Sonntagsfrieden und Sonntagsruhe erfüllten sein Herz; süß wie Honig lag die Liebe auf seiner Zunge und verbreitete sich erfrischend und heilend durch sein ganzes Sein.

Zweiter Teil

Der Untergang der »L'Univers«

In einer nebligen Sommernacht des Jahres 1880, also ein paar Jahre, bevor der Schulmeister sein Missionshaus zu bauen begann und Hellgum von Amerika nach Schweden zurückkehrte, fuhr der große französische Passagierdampfer »L'Univers« auf der Fahrt von New York nach Havre über den Atlantischen Ozean.

Es war gegen vier Uhr morgens, die meisten der Passagiere und der Schiffsmannschaft lagen in ihren Kojen und schliefen. Das große Deck war fast ganz leer. Gerade vor Tagesanbruch drehte und wandte sich ein französischer Matrose in seiner Hängematte, ohne wieder einschlafen zu können. Die See war etwas bewegt, und das Holzwerk des Schiffes krachte und ächzte unaufhörlich, aber sicher war es nicht das, was den Franzosen am Wiedereinschlafen hinderte.

Er und seine Kameraden lagen in einem großen, aber sehr niedrigen Raum, der durch eine Bretterwand vom Zwischendeck abgeteilt war. Es brannten ein paar Laternen, so daß der Matrose die grauen Hängematten unterscheiden konnte, die in dichten Reihen nebeneinanderhingen und mit den schlafenden Seeleuten hin und her schwankten. Ab und zu fuhr ein kühler Windstoß durch eine der Luken so feucht herein, daß das ganze Meer, das sich da draußen unter dem Nebel in kleinen grünen Wogen kräuselte, vor dem inneren Auge des Matrosen aufstieg.

»Es geht doch nichts über das Meer«, dachte der alte Seemann.

Während er so dachte, wurde es plötzlich sonderbar still ringsum. Er hörte nichts mehr, weder das Stampfen der Maschine noch das Rasseln der Ketten am Steuer noch das

Plätschern der Wellen noch das Rauschen des Windes noch sonst irgend etwas. Er glaubte, das Schiff sei am Ende plötzlich untergegangen und er und seine Kameraden würden nun nie in ein Leichentuch gehüllt noch in einen Sarg gelegt werden, sondern müßten für ewige Zeiten hier in diesen grauen Kojen tief unten im Meer hängenbleiben.

Früher hatte er sich immer davor gefürchtet, sein Grab in den Wellen finden zu müssen. Nun aber war ihm der Gedanke ganz angenehm. Er freute sich, daß das bewegliche, durchsichtige Wasser über ihm war und keine schwarze schwere Kirchhofserde.

»Es geht doch nichts über das Meer«, dachte er noch einmal.

Aber dann stieg ein Gedanke in ihm auf, der ihn beunruhigte. Er hatte ja die Letzte Ölung nicht empfangen, und nun grübelte er darüber nach, ob wohl seine Seele Schaden nehmen würde, weil sie auf dem Meeresgrunde lag, ohne die heiligen Sterbesakramente empfangen zu haben. Ihm wurde angst, sie werde am Ende den Weg zum Himmel nicht finden.

Da nahm er plötzlich ganz vorn, wo der Schlafraum schmäler wurde, einen schwachen Lichtschein wahr; er richtete sich auf und beugte sich über die Hängematte hinaus, um zu sehen, was es sei. Da sah er ein paar Leute mit brennenden Lichtern daherkommen, und er beugte sich noch weiter vor, um sie näher zu betrachten.

Die Hängematten hingen so dicht nebeneinander und so nahe am Boden, daß jemand, der durch den Raum gelangen wollte, ohne die Schlafenden zu wecken oder zu stoßen, am besten auf der Erde kroch. Der alte Matrose begriff nicht, wer sich hier einen Weg bahnen wollte.

Aber bald sah er, daß es zwei Chorknaben waren, jeder mit einem Wachslicht in der Hand. Er sah ihre langen schwarzen Mäntel und das kurzgeschnittene Haar ganz deutlich.

Der Matrose war gar nicht erstaunt über das, was er sah; er dachte sogar, es sei ganz natürlich, daß so kleine Chorknaben mit brennenden Lichtern unter den Hängematten hindurchgehen konnten.

»Ob sie wohl auch einen Priester bei sich haben?« fragte er sich. Zugleich hörte er das Klingeln einer durchdringenden Glocke und sah, daß noch jemand hinter den Knaben kam. Aber es war kein Priester, sondern eine alte Frau, die nicht viel größer war als die Chorknaben.

Die alte Frau kam ihm bekannt vor. »Es muß meine Mutter sein«, dachte er. »Ich kenne niemand, der kleiner wäre als meine Mutter. Und außer ihr könnte niemand so still unter den Hängematten durchschlüpfen, ohne die Matrosen zu wecken.«

Er sah, daß die Mutter ein mit breiten Spitzen besetztes Batisthemd, das wie das Chorgewand eines Priesters aussah, über ihrem schwarzen Kleid trug. In der Hand hielt sie das große Meßbuch mit dem goldenen Kreuz darauf, das er unzählige Male daheim in der Kirche auf dem Altar hatte liegen sehen.

Die Chorknaben stellten die Lichter neben seiner Hängematte auf, dann knieten sie nieder und schwangen ihre Rauchfässer. Der Matrose roch den leichten Duft des Weihrauchs, sah die blauen Rauchwölkchen aufsteigen und hörte die Ketten der Rauchfässer klirren.

Mittlerweile schlug seine Mutter das große Meßbuch auf, und er meinte, sie die Sterbegebete lesen zu hören.

Nun empfand er es gut und friedlich, tot auf dem Meeresgrund zu liegen. Das war viel besser als auf dem Kirchhof.

Er streckte sich in seiner Hängematte aus, und noch lange hörte er die Stimme seiner Mutter lateinische Worte murmeln. Der Weihrauchduft zog über ihn hinweg, und er lauschte dem Klirren der Ketten an den Räuchergefäßen.

Dann hörte auf einmal alles auf; die Chorknaben nahmen die Lichter und gingen der Mutter voraus, die das Buch mit einem lauten Schlag zuklappte und ihnen folgte. Er sah, daß alle drei unter den grauen Hängematten verschwanden.

Aber in dem Augenblick, wo sie aus seinem Gesichtskreis verschwanden, war es aus mit der Stille ringsum. Er hörte wieder die Atemzüge der Kameraden, das Holzwerk krachte, der Wind heulte und die Wogen plätscherten. Und er wurde sich bewußt, daß er noch immer zu den Lebenden auf der Oberfläche des Meeres gehörte.

»Jesus Maria, was bedeutet das, was ich heute nacht gesehen habe?« fragte er sich.

Zehn Minuten nachher wurde L'Univers durch einen heftigen Stoß erschüttert, es war, als würde das ganze Schiff mitten durchgeschnitten.

»Das habe ich erwartet«, dachte der alte Matrose.

Während der entsetzlichen Verwirrung, die nun folgte, als alle Matrosen halbnackt aus ihren Kojen stürzten, zog er bedächtig seine besten Kleider an. Er hatte einen Vorgeschmack des Todes auf den Lippen, aber dieser war mild und lieblich. Da unten auf dem Meeresgrund kam er sich schon wie daheim vor.

Als der furchtbare Stoß das Schiff erschütterte, schlief ein kleiner Kajütenjunge in einem Winkel auf Deck neben dem Speisesaal.

Verwirrt setzte er sich auf. Gerade über seinem Kopf war eine kleine runde Glasscheibe, durch die er hinauslugte. Er konnte aber nichts weiter sehen als Nebel und etwas unförmig Graues, das aus dem Nebel herauszuwachsen schien. Der kleine Schiffsjunge glaubte, große Flügel zu sehen; das war sicher ein schrecklicher Vogel, der sich in der Dunkelheit auf dem Deck niedergelassen hatte. Nun ächzte und schwankte das Schiff unter seinen heftigen Angriffen, bei denen das große Ungetüm mit seinen Krallen und seinem Schnabel und sausenden Flügelschlägen darauflosschlug.

Der kleine Schiffsjunge glaubte, vor Entsetzen sterben zu müssen.

Aber im nächsten Augenblick war er vollständig wach

und bemerkte, daß ein großes Segelschiff vor dem Dampfschiff lag und immer dagegenschlug. Er sah große Segel und ein fremdes Schiffsdeck, auf dem Männer in langen Lederjacken wie in wahnsinniger Angst hin und her liefen. Der Wind hatte sich erhoben, und die unzähligen Segel waren so stark geschwellt, daß man auf ihnen wie auf einem Trommelfell hätte trommeln können. Die Masten schwankten, und Rahen und Taue zersprangen mit Geknall, das wie Schüsse klang.

Der große Dreimaster, der im Nebel gerade auf die »L'Univers« aufgelaufen war, hatte sich mit seinem Bugspriet so in die Seite des Dampfers eingekeilt, daß er nicht mehr loskommen konnte. Der Passagierdampfer neigte sich stark auf die Seite, aber seine Schraube arbeitete weiter, so daß er mit dem Segelschiff fortgetrieben wurde.

»Lieber Gott!« rief der kleine Kajütenwächter, indem er auf Deck hinausstürzte. »Das arme Schiff ist mit uns zusammengestoßen und muß nun untergehen.«

Nicht einen Augenblick dachte er daran, daß der Dampfer in Gefahr sein könnte, denn der war ja so ungeheuer groß und stark.

Nun kamen auch die Offiziere des Schiffs herbeigeeilt. Aber als sie sahen, daß es nur ein Segelschiff war, das mit der »L'Univers« zusammengestoßen war, beruhigten sie sich völlig und trafen mit größter Sicherheit die nötigen Vorbereitungen, um beide Fahrzeuge voneinander loszumachen.

Der kleine Schiffsjunge stand auf Deck; er war barfuß, und sein Hemd flatterte im Winde, aber er winkte den unglücklichen Leuten auf dem Segelschiff zu, daß sie auf den Dampfer herüberkommen sollten, um sich zu retten.

Im Anfang schien niemand auf ihn achtzugeben, aber bald sah er, daß ihm von drüben ein großer rotbärtiger Mann zuwinkte.

»Komm herüber, Junge!« rief der Mann und lief dicht an die Reling vor. »Das Dampfschiff sinkt!«

Aber der kleine Schiffsjunge dachte keinen Augenblick daran, auf das Segelschiff hinüberzugehen. Er schrie so laut er konnte, die Schiffbrüchigen sollten sich doch auf die »L'Univers« herüberretten.

Die andern Matrosen auf dem Segelschiff arbeiteten eifrig mit Stangen und Bootshaken, um von dem Dampfer loszukommen, aber den Rotbärtigen schien ein merkwürdiges Mitleid mit dem kleinen Schiffsjungen ergriffen zu haben. Er hielt die Hände wie ein Sprachrohr an den Mund und schrie: »Komm herüber! Komm herüber!«

Der Kleine stand ängstlich und in seinem dünnen Hemd frierend da; er stampfte mit seinen bloßen Füßen auf die Decksplanken und ballte die Fäuste gegen die Mannschaft des Segelschiffs, weil sie ihm nicht folgte und auf das Dampfschiff herüberkam. Ein so großes Dampfschiff wie die »L'Univers«, mit sechshundert Passagieren und zweihundert Mann Besatzung, konnte doch unmöglich untergehen! Und er sah ja, daß der Kapitän und die Matrosen ebenso beruhigt waren wie er selbst.

Plötzlich ergriff der Rothaarige einen Bootshaken und langte damit nach dem Knaben. Er hakte ihn in sein Hemd ein und wollte ihn auf das Segelschiff herüberziehen. Der Junge wurde auch bis an die Reling herangezogen, aber da gelang es ihm, sich wieder frei zu machen. Er wollte sich doch nicht auf das fremde Schiff hinüberziehen lassen!

Gleich darauf ertönte ein neuer entsetzlicher Krach. Der Bugspriet des Segelschiffes war zerbrochen, und dadurch kamen die beiden Schiffe voneinander los. Als nun das Dampfschiff davonrauschte, sah der Junge, daß der ungeheure Bugspriet vorn an dem Segelschiff herunterhing, und gleichzeitig sah er ganze Wolken von Segeln auf die Mannschaft herabstürzen.

Aber der Dampfer arbeitete mit voller Fahrt, und das fremde Schiff wich zurück im Nebel. Das letzte, was der Junge von ihm sah, war, daß die Leute sich aus den Haufen von Segeln herausarbeiteten.

Dann verschwand das Schiff schnell, als sei es hinter eine Mauer geglitten. – »Es ist schon untergegangen«, dachte der Junge und lauschte, ob er keine Hilferufe vernehme.

Da ertönte eine rauhe, starke Stimme über das Dampfschiff hin: »Rettet die Passagiere! Setzt die Boote aus!«

Wieder wurde es ganz still; wieder lauschte der Junge auf Hilferufe.

Da erklang die Stimme aufs neue wie aus weiter Ferne: »Betet zu Gott, ihr seid verloren!«

Im selben Augenblick trat ein alter Matrose zum Kapitän und sagte leise und feierlich: »Wir haben mittschiffs ein großes Leck, wir sinken.«

Beinahe im gleichen Augenblick, als die Größe der Gefahr bekanntgegeben wurde, erschien eine kleine Dame auf Deck. Sie war vollständig angekleidet und hatte die Hutbänder unter dem Kinn zu einer hübschen Schleife gebunden.

Es war eine kleine alte Frau mit grauem lockigem Haar, runden Eulenaugen und roter Gesichtsfarbe. Während der kurzen Zeit, die sie an Bord zugebracht hatte, war es ihr gelungen, mit allen Leuten auf dem Schiff Bekanntschaft zu machen. Jedermann wußte, daß die Dame Miß Hoggs hieß, und allen Menschen, sowohl den Seeleuten als auch den Passagieren, hatte sie mitgeteilt, daß sie noch niemals Angst gehabt habe. Sie wisse nicht, wovor sie sich fürchten solle, meinte sie. Sterben müsse man ja doch einmal, und es sei ihr einerlei, ob das früher oder später geschehe.

Auch jetzt hatte sie keine Angst, sie war nur auf Deck geeilt, um zu sehen, ob da etwas Interessantes oder Aufregendes vor sich ging.

Das erste, was sie sah, waren zwei Matrosen, die mit wilden, entsetzten Gesichtern an ihr vorbeistürmten. Die Stewards eilten halbangekleidet herbei, um in die Kajüten hinunterzustürzen und die Passagiere an Deck zu rufen. Ein alter Matrose kam mit einer ganzen Last Rettungsgürtel, die er auf einen Haufen warf. Ein kleiner Schiffsjunge saß im bloßen Hemd weinend in einem Winkel und jammerte, daß er sterben müsse.

Den Kapitän sah sie hoch oben auf der Kommandobrücke, und sie hörte ihn kommandieren: »Maschine stoppen! Setzt die Boote aus!«

Die rußigen Treppen, die in den Maschinenraum führten, stürzten die Heizer und Maschinisten herauf und schrien, das Wasser dringe schon in den Maschinenraum ein.

Miß Hoggs war erst einige Augenblicke auf Deck, als es sich auch schon mit Menschen füllte. Aus der dritten und vierten Klasse stürmten sie in wilden Haufen daher und schrien laut durcheinander, daß man schnell die Boote erreichen müßte, weil sonst nur die Passagiere der ersten und zweiten Klasse gerettet werden würden.

Als aber die Verwirrung immer größer wurde und Miß Hoggs begriff, daß wirklich Gefahr vorhanden war, schlich sie sich auf das oberste Deck über dem Speisesaal, wo ein paar Boote außerhalb der Reling hingen.

Hier oben war kein Mensch, und ohne daß es jemand bemerkte, kletterte Miß Hoggs in eins der Boote, die in ihren Blöcken und Tauen über der schwindelnden Tiefe hingen. Sobald sie das glücklich bewerkstelligt hatte, wünschte sie sich Glück zu ihrer großen Klugheit und Unerschrockenheit. Das hieß man einen klaren und ruhigen Kopf haben.

»Wenn nun das Boot ins Wasser gelassen wird«, dachte sie, »dann drängen die Leute von allen Seiten herbei, um hineinzukommen, und dann gibt es einen entsetzlichen Kampf an den Luken und Fallreeptreppen.« Sie beglückwünschte sich immer wieder, daß sie daraufgekommen war, das Boot im voraus zu besteigen.

Das Boot, worin Miß Hoggs saß, hing achtern am Schiff, aber wenn sie sich hinausbeugte, konnte sie doch die Fallreeptreppe sehen.

Sie sah nun, daß ein Boot bemannt und zur Treppe hingerudert wurde, damit die Leute einsteigen könnten. Aber plötzlich ertönte ein fürchterlicher Schrei; in der Angst war jemand fehlgetreten und ins Wasser gefallen. Das mußte die andern erschreckt haben, denn das Schiff hallte von lautem Geschrei wider. Die Leute drängten sich in wilder Verwirrung durch die Luken hinaus, stießen einander weg und kämpften sich zur Fallreeptreppe hin. Während dieses Kampfes stürzten viele ins Meer, und andere, die sahen, daß es unmöglich war, die Treppe zu erreichen, stürzten sich sinnlos ins Wasser, um das Boot schwimmend zu erreichen. Aber da ruderte das Boot weg; es war schon sehr schwer beladen, und die Insassen zogen ihre Messer heraus und schnitten denen die Finger ab, die hineinzuklettern versuchten.

Miß Hoggs sah, wie ein Boot nach dem andern heruntergelassen wurde. Sie sah auch, wie ein Boot nach dem andern unter der Last der vielen, die sich hineinstürzten, kenterte.

Die Boote, die neben ihr hingen, wurden auch heruntergelassen; aber durch irgendeinen Zufall kam niemand zu dem, worin sie saß.

»Gott sei Dank, daß sie mein Boot hängen lassen, bis das Schlimmste vorüber ist!« dachte sie.

Miß Hoggs sah und hörte entsetzliche Dinge, und es war ihr, als schwebe sie über einer wahren Hölle.

Das Deck selbst konnte sie zwar nicht sehen, aber sie meinte, das Getöse eines heftigen Kampfes zu vernehmen. Sie hörte den scharfen Knall von Revolvern und sah leichte blaue Rauchwolken vom Deck aufsteigen.

Endlich kam der Augenblick, wo alles still wurde. »Nun wäre es Zeit, mein Boot herunterzulassen«, dachte Miß Hoggs.

Sie fürchtete sich durchaus nicht, sondern saß ganz still und ruhig da, bis das Dampfschiff sich schließlich auf die Seite legte. Erst da wurde es Miß Hoggs allmählich klar, daß die »L'Univers« sank und daß ihr Boot vergessen worden war.

Auf dem Dampfschiff war auch eine junge Amerikanerin, eine Mrs. Gordon. Sie wollte nach Europa, um ihre alten Eltern zu besuchen, die seit einigen Jahren in Paris wohnten.

Sie hatte ihre beiden Kinder bei sich, zwei kleine Jungen, die mit ihr in einer Kajüte lagen und ruhig schliefen, als das Unglück geschah.

Die Mutter erwachte sogleich; es gelang ihr, sich und die Kinder notdürftig anzukleiden, dann trat sie vor die Kabinentür auf den schmalen Gang hinaus.

Der Gang war voller Menschen, die alle aus ihren Kajüten herausstürzten, um an Deck zu eilen. Hier war es noch nicht schwierig, vorwärts zu kommen. Auf der Treppe war es viel schlimmer, da herrschte ein fürchterliches Gedränge, weil mehr als hundert Menschen auf einmal hinaufstürmten.

Ihre beiden Kinder an der Hand, blieb die junge Amerikanerin stehen. Sehnsüchtig sah sie die Treppe an und fragte sich, wie sie wohl mit den Kleinen da hinaufgelangen könnte. Sie sah, daß die Menschen sich drängten und stießen und nur an sich selbst dachten. Keiner schien sie auch nur zu sehen.

Aber sie mußte sich nach Hilfe umschauen, denn sie hatte ja die Sorge für die Kinder. Sie hoffte, jemand zu finden, der den einen Jungen auf den Arm nehmen und die Treppe hinauftragen würde, während sie den andern trug.

Aber sie wagte es nicht, jemand anzusprechen. Die Männer kamen in der sonderbarsten Kleidung dahergestürzt, die einen hatten Reisedecken um sich geschlagen, die andern die Überzieher über das Nachthemd gezogen. Mrs. Gordon sah, daß mehrere von ihnen einen Stock in der Hand hielten, und durch die starren Blicke dieser Menschen bekam sie den Eindruck, daß sie alle gefährlich seien.

Vor den Frauen fürchtete sie sich nicht, aber sie sah nicht eine einzige, der sie ihr Kind hätte anvertrauen mögen. Alle hatten die Besinnung verloren und waren so außer sich, daß sie gar nicht begriffen hätten, was sie von ihnen wollte.

Mrs. Gordon sah sich suchend um, ob sich denn nicht eine einzige finde, die noch Vernunft hätte. Aber als sie diese Frauen sah, die einen darauf bedacht, die Blumen zu retten, die sie zum Abschied von New York bekommen hatten, die andern schreiend und händeringend, da wagte sie es nicht, sich an eine von ihnen zu wenden.

Schließlich versuchte sie, einen jungen Mann anzusprechen, der ihr Tischnachbar gewesen war und ihr viel Aufmerksamkeit erwiesen hatte.

»Ach Mr. Martens ... « Aber er sah sie mit demselben bösen, starren Blick an, den sie in den Augen der andern Männer auch gesehen hatte, ja, er erhob sogar den Stock ein wenig, und wenn sie es versucht hätte, ihn aufzuhalten, so hätte er sie sicher geschlagen.

Gleich nachher hörte sie ein Geheul, das heißt, ein Geheul konnte man es eigentlich nicht nennen, sondern ein zorniges Fauchen, wie wenn ein gewaltiger Sturm plötzlich eingedämmt würde. Es kam von den Leuten, die auf der Treppe aufgehalten wurden.

Ein Mann war die Treppe hinaufgetragen worden, ein Krüppel, der nicht gehen konnte. Er war so hilflos, daß ihn sein Diener zu den Mahlzeiten hin und her hatte tragen müssen. Es war ein großer, schwerer Mann, und der Diener hatte ihn mit vieler Mühe auf seinem Rücken die Treppe halb hinaufgetragen. Da hatte er einen Augenblick angehalten, um Atem zu schöpfen, aber die Leute hatten ihn von hinten gestoßen, so daß er in die Knie gesunken war. Nun versperrten er und sein Herr die ganze Breite der Treppe und bildeten ein Hindernis, über das niemand hinwegkommen konnte.

Da sah Mrs. Gordon, wie ein großer, vierschrötiger Mensch sich bückte, den Krüppel aufhob und ihn über das Treppengeländer hinunterwarf. Aber zugleich sah sie auch, daß sich niemand über diese Tat entsetzte oder empörte, so gräßlich sie war. Niemand dachte an etwas anderes, als so rasch wie möglich die Treppe hinaufzukommen. Es war, als sei nur ein Stein, der im Wege gelegen hatte, in den Graben geworfen worden, weiter nichts.

Die junge Amerikanerin sah ein, daß bei diesen Menschen keine Rettung zu erhoffen war; sie und ihre kleinen Kinder waren zum Tod verurteilt.

Ein junges Paar, das sich auf der Hochzeitsreise befand, war auch an Bord. Die beiden hatten ihre Kajüte weit hinten, und sie hatten so gut geschlafen, daß sie vom Zusammenstoß gar nichts gemerkt hatten. Da hinten entstand auch nachher kein großer Lärm, und da niemand daran dachte, sie zu rufen, schliefen sie noch immer, als die andern schon auf Deck waren und der Kampf um die Rettungsboote begonnen hatte.

Aber sie erwachten, als die Schraube, die die ganze Nacht hindurch unter ihnen gedröhnt hatte, plötzlich stillstand. Der Mann warf ein paar Kleidungsstücke über und eilte hinaus, um zu sehen, was es gäbe.

Nach ein paar Minuten kam er wieder zurück. Er machte die Kajütentür fest zu, ehe er ein Wort sprach.

»Das Schiff geht unter«, sagte er dann.

Zugleich setzte er sich nieder, und als seine Frau hinauseilen wollte, bat er sie, dazubleiben.

»Alle Rettungsboote sind schon fort«, sagte er, »die meisten Passagiere sind ertrunken, und die, die noch an Bord sind, kämpfen auf Leben und Tod um die letzten Boote.«

Auf einer der Stufen war er über eine totgetretene Frau gestolpert, und von allen Seiten war Todesgeschrei an sein Ohr gedrungen.

»Es gibt keine Rettung für uns«, sagte er. »Geh nicht hinaus, laß uns hier zusammen sterben!« Sie fand, daß er recht habe, und setzte sich gehorsam neben ihn.

»Du möchtest doch wohl nicht alle diese kämpfenden Menschen sehen?« sagte der Mann. »Und da wir doch sterben müssen, so laß uns lieber einen stillen Tod erleiden.«

Sie fand es nicht zuviel verlangt, daß sie die wenigen Augenblicke, die sie noch zu leben hatten, bei ihm aushalten sollte. Ach, sie hatte ihm ja ihr ganzes Leben geben wollen, von der ersten Jugend an bis ins hohe Alter!

»Ich hatte gedacht«, sagte er, »du würdest einmal, wenn wir schon viele Jahre miteinander verheiratet wären, an meinem Sterbebett sitzen, und ich würde dir für ein langes glückliches Leben danken.«

Im selben Augenblick sah sie einen schmalen Streifen Wasser unter der geschlossenen Tür hereinströmen. Das war zuviel für sie.

Verzweifelt streckte sie die Arme aus.

»Ich kann nicht!« rief sie. »Laß mich hinaus! Ich kann nicht hier eingeschlossen sitzen und auf den Tod warten. Ich liebe dich, aber das kann ich nicht!«

Sie stürzte hinaus, gerade als das Schiff vor seinem Untergang ächzte und schwankte.

Die junge Mrs. Gordon lag im Wasser, der Dampfer war gesunken, ihre Kinder waren ertrunken, und sie selbst war tief, tief drunten im Meer gewesen.

Nun war sie wieder an die Oberfläche heraufgekommen, aber sie wußte, daß sie im nächsten Augenblick wieder sinken würde und daß dann der Tod kam.

Da dachte sie nicht mehr an Mann und Kinder oder an sonst etwas auf dieser Welt, sie dachte nur noch daran, ihre Seele zu Gott zu erheben.

Und ihre Seele stieg hinauf wie ein freigelassener Gefangener. Sie fühlte, wie froh diese Seele war, die schweren Fesseln des menschlichen Lebens abzuwerfen, wie sie sich jubelnd ausbreitete, um nach ihrer wahren Heimat zu ziehen!

»Ist Sterben so leicht?« dachte Mrs. Gordon.

Und während sie so dachte, hörte sie, daß all der wirre Lärm um sie her, das Rauschen der Wogen, das Sausen des Windes, das Jammergeschrei der Ertrinkenden und das

Getöse der gegeneinanderstoßenden Wrackstücke, durcheinandergellte. Und alles schien sich ihr zu Tönen zu vereinigen, die sie verstehen konnte, und zwar auf diesselbe Weise, wie formlose Wolken sich manchmal zu Bildern zusammenziehen.

Und das, was sie hörte, klang so:

»Ja, du hast recht, sterben ist leicht, aber leben, das ist schwer.«

»Ja, so ist es«, dachte sie und fragte sich, was denn wohl dazu gehöre, um das Leben ebenso leicht zu machen wie den Tod.

Ringsum kämpften die Schiffbrüchigen um treibende Trümmer und gekenterte Boote. Aber mitten aus diesem wilden Geschrei und den Verwünschungen heraus hörte sie wieder, wie sich das Getöse plötzlich zu lauten Worten vereinigte und ihr antwortete:

»Das, was verlangt wird, damit das Leben ebenso leicht sei wie der Tod, das ist Einigkeit, Einigkeit, Einigkeit!«

Und es kam ihr vor, als ob der Herr der Welt selbst all diesen Lärm und das Getöse zu seinem Sprachrohr gemacht habe, um ihr zu antworten.

Während diese Worte ihr noch in den Ohren klangen, wurde sie gerettet. Sie wurde in eine kleine Jolle hineingezogen, in der nur drei Menschen saßen. Ein großer starker Matrose in seinen Sonntagskleidern, eine alte Frau mit runden Eulenaugen und ein kleiner verweinter Knabe, der nichts auf dem Leib hatte als ein zerrissenes Hemd.

Am nächsten Tag gegen Abend fuhr ein norwegisches Segelschiff an den großen Fischereiplätzen und Sandbänken von Neufundland vorüber.

Es herrschte ruhiges, schönes Wetter, die See lag fast spiegelglatt da, und das Schiff kam nur langsam vorwärts. Alle Segel waren aufgezogen, um den letzten Hauch des hinsterbenden Windes aufzufangen.

Die Meeresoberfläche war wunderbar schön; glänzend

und himmelblau dehnte sich das Wasser ringsum, und wo die leichte Brise darüberstrich, war es weiß wie Silber.

Als diese Abendruhe eine Zeitlang gedauert hatte, sahen die Schiffsleute plötzlich einen dunklen Gegenstand auf dem Wasser hintreiben.

Allmählich kam der dunkle Gegenstand näher, und bald zeigte es sich, daß es eine Leiche war. Der Kutter fuhr ganz dicht daran vorüber, und den Kleidern nach war es die Leiche eines Matrosen.

Mit ruhigem Gesicht und offenen Augen schwamm er auf dem Rücken dahin, er hatte noch nicht so lange im Wasser gelegen, daß der Körper aufgetrieben war. Es sah aus, als ließe er sich mit Wohlgefallen von den kleinen, leicht gekräuselten Wogen dahinschaukeln.

Aber als die Seeleute die Blicke von ihm abwandten, hätten sie beinahe laut aufgeschrien, denn ohne daß sie es bemerkt hatten, war ein neuer Leichnam gerade neben dem Vordersteven aufgetaucht. Sie wären fast darüber hinweggefahren, doch im letzten Augenblick wurde er von den Wellen weggetragen. Alles stürzte an die Reling und starrte aufs Wasser hinunter. Diesmal war es ein Kind, ein feingekleidetes kleines Mädchen, mit einem Hut auf dem Kopf und in einem blauen Mäntelchen.

»Lieber Gott!« riefen die Seeleute und trockneten sich die Augen. »Ach du lieber Gott, so ein kleines Ding!«

Das Kind schaukelte vorbei und sah zu ihnen herauf mit einem altklugen, ernsten Ausdruck, als hätte es eine wichtige Besorgung zu machen.

Gleich darauf rief einer der Männer, daß er noch eine Leiche sehe, und im selben Augenblick verkündete ein dritter, der nach der andern Seite ausschaute, noch eine. Sie sahen fünf Leichen auf einmal, dann zehn, und dann war es eine ganze Schar, die sie gar nicht zählten konnten.

Das Schiff glitt ganz langsam zwischen all diesen Toten hin, die sich darum scharten, als wollten sie etwas von ihm.

Die einen kamen in großen Gruppen dahergeschwommen, es sah aus, als seien es Wrackstücke oder etwas Ähnliches, das vom Lande losgerissen worden sei; aber es waren lauter Leichen.

Alle Matrosen betrachteten unverwandt dieses Schauspiel, keiner wagte sich zu rühren. Sie konnten kaum glauben, daß das, was sie sahen, wahr sein könne.

Plötzlich meinten sie, eine ganze Insel aus dem Meer aufsteigen zu sehen. Es sah aber nur aus wie Land, als es näher kam, zeigte es sich, daß es wieder nichts als Leichen waren, die dicht nebeneinander schwammen.

Sie umgaben das Schiff von allen Seiten, sie schienen ihm zu folgen, als wollten sie es auf seiner Fahrt über den Ozean begleiten.

Der Kapitän ließ das Steuer drehen, um Wind in die Segel zu bekommen; aber es half nur wenig. Die Segel hingen schlaff herunter, und die Toten folgten ihnen noch immer.

Die Seeleute wurden immer bleicher und schweigsamer. Der Kutter bewegte sich so langsam vorwärts, daß sie sich nicht von den Toten losmachen konnten. Und die Mannschaft fürchtete, es könnte die ganze Nacht hindurch so bleiben.

Da ging ein schwedischer Matrose zum Vorschiff und betete mit lauter Stimme das Vaterunser. Danach stimmte er ein Kirchenlied an.

Als er mitten drin war, ging die Sonne unter, und die Abendbrise führte das Schiff aus dem Bereich der Toten hinaus.

Hellgums Brief

Eine alte Frau tritt aus einer Hütte mitten im Wald. Obgleich es Werktag ist, trägt sie ihre Sonntagskleider, als wolle sie in die Kirche gehen. Sie zieht den Schlüssel ab und legt ihn an seinen gewohnten Platz unter der Türschwelle.

Als die Alte ein paar Schritte gegangen ist, dreht sie sich

um und wirft noch einen Blick auf ihre Hütte, die recht klein und armselig unter den mächtigen schneebedeckten Tannen liegt.

Mit großer Zärtlichkeit schaut sie auf die kleine Hütte zurück. »Viele glückliche Tage habe ich hier verlebt«, sagt sie feierlich vor sich hin. »Ja, ja, der Herr gibt, und der Herr nimmt.«

Dann geht sie den Waldweg hinunter. Sie ist recht alt und gebrechlich, und doch ist sie eine von denen, die sich aufrecht und gerade halten, wie sehr auch das Alter sie zu beugen versucht.

Sie hat ein schönes Gesicht und weiches weißes Haar und sieht so freundlich aus, daß es ganz sonderbar ist, ihre Stimme zu hören, die scharf und feierlich und langsam klingt wie die eines alten Propheten.

Die Alte hat einen langen Weg vor sich, denn sie will zu einer Versammlung der Hellgumianer auf dem Ingmarshof. Die alte Eva Gunnarstochter ist eine von denen, die sich am eifrigsten an Hellgums Lehre angeschlossen haben.

»Ach!« denkt sie, während sie auf dem Pfad dahingeht, »das war eine schöne Zeit, als alles noch im Werden war, damals, als sich mehr als das halbe Dorf an Hellgum angeschlossen hatte. Wer hätte geglaubt, daß so viele wieder abtrünnig würden, daß nach knapp fünf Jahren, wenn man die unmündigen Kinder nicht mitrechnet, kaum noch zwanzig dasein würden!«

Ihre Gedanken wandern zu der Zeit zurück, wo sie, die so viele Jahre einsam und vergessen im Waldesdunkel gesessen, auf einmal eine Menge Brüder und Schwestern gewonnen hatte, die sie in ihrer Einsamkeit besuchten, die nie vergaßen, nach dem großen Schneefall einen Weg zu ihrer Hütte zu bahnen, und die ihre kleine Holzlege mit trockenem Brennholz füllten, ohne daß sie darum zu bitten brauchte. Sie denkt an die Zeit, wo Karin Ingmarstochter und ihre Schwestern und viele andere vornehme Leute zu ihr gekommen waren und ihre Liebesmahle in ihrer kleinen grauen Hütte gehalten hatten.

»Ach, daß doch so viele die Zeit ihrer Heimsuchung nicht erkennen!« denkt sie. »Nun kommt die Strafe über uns. Im nächsten Sommer müssen wir alle verderben, weil nur so wenige dem Ruf Folge geleistet haben und weil die, die dem Ruf gefolgt waren, im Glauben nicht beständig geblieben sind.«

Die Alte grübelt nun über Hellgums Briefe nach, über diese Briefe, die die Hellgumianer als wahre Apostelbriefe betrachten und die man in ihren Versammlungen vorliest, wie man in anderen religiösen Versammlungen aus der Bibel liest.

»Es gab eine Zeit, da war er Milch und Honig«, sagte die Alte. »Er ermahnte uns, mit den Unbekehrten Geduld zu haben und den Abgefallenen Sanftmut zu zeigen, und den Reichen legte er ans Herz, ihre Werke der Barmherzigkeit Gerechten und Ungerechten zu erzeigen. Aber seit einiger Zeit ist er wie Galle und Wermut geworden. Er schreibt von nichts anderem als von Heimsuchungen und Strafgerichten.«

Nun hatte die Alte den Waldessaum erreicht, von dem sie auf das Dorf hinabsehen konnte.

Es war ein sehr schöner Tag im Februar. Der Schnee breitete seine weiße Reinheit über die ganze Landschaft aus, alles Pflanzenleben war in den Winterschlaf versunken, und kein Lüftchen regte sich.

Aber die alte Frau dachte daran, daß diese Landschaft, die nun den ruhigen Winterschlaf schlafe, bald erwachen werde, um mit brennenden Schwefelströmen verbrannt zu werden; sie sah im Geist schon alles ringsum in Flammen eingehüllt, geradeso wie jetzt alles in Schnee gehüllt war.

»Er hat es zwar nicht mit klaren Worten gesagt, aber er schreibt immer von einer großen Heimsuchung. Ach ja, ach ja, wer könnte sich darüber wundern, wenn dieses Kirchspiel wie Sodom bestraft und wie Babylon verheert würde!«

Während die Eva Gunnarstochter nun durch das Dorf wanderte, stellte sie sich bei jedem Haus, auf das ihr Auge fiel, schon vor, wie es bei dem kommenden Erdbeben wanken und einstürzen würde, als sei es aus Sand gebaut. Und wenn ihr Menschen begegneten, dachte sie immer, wie bald die Ungeheuer der Hölle sie jagen und verschlingen würden.

»Sieh, da kommt Schulmeisters Gertrud!« dachte sie, als ihr ein schönes Mädchen auf der Straße entgegenkam. »Ihre Augen glänzen und leuchten wie der Sonnenschein auf dem Schnee. Sie ist wohl so glücklich, weil sie im Herbst mit dem jungen Ingmar Ingmarsson Hochzeit macht. Ich sehe, sie trägt einen Pack Garn unter dem Arm, da will sie wohl Bettvorhänge und Leintücher für ihr eigenes Heim weben. Aber ehe die Tücher fertig sind, wird das Verderben über uns sein.«

Die Alte warf düstere Blicke um sich, während sie durch das Kirchdorf wanderte, das sich zu einer ungeahnten Größe entwickelt hatte. Aber alle diese weißen und gelben Höfe mit ihren Holzverkleidungen und hohen Fenstern mußten fallen, ebenso wie ihre eigene ärmliche Hütte, wo die Fenster nur wie Gucklöcher waren und das Moos zwischen den Balken hervorsah.

Mitten im Dorf hielt sie an und stieß ihren Stock hart auf den Boden. Ein heftiger Zorn bemächtigte sich ihrer, und sie rief mit so lauter Stimme, daß die Leute, die in der Nähe waren, stehenblieben und sich umsahen. »Ja, ja, in all diesen Häusern wohnen solche, die das Evangelium Christi verachtet haben und es mit den Feinden des Evangeliums halten! Warum hörten sie die Einladung nicht, warum wandten sie sich nicht von ihren Sünden ab? Darum müssen wir alle untergehen! Gottes Hand schlägt hart, sie trifft die Gerechten und Ungerechten mit demselben Strafgericht!«

Als die Alte den Fluß überschritten hatte, wurde sie von einigen Hellgumianern eingeholt. Es war der alte Korporal Fält und Kolaas Gunnar mit seiner Frau, Brita Ingmarstochter. Kurz nachher gesellten sich auch noch Hök Matts Eriksson und sein Sohn Gabriel sowie des Bürgermeisters Gunhild zu ihnen.

Es war ein ebenso schöner wie fröhlicher Anblick, alle diese Männer und Frauen in den bunten Farben ihrer Dorftracht über den weißen Schnee wandern zu sehen. Aber Eva Gunnarstochter kamen sie nur wie Gefangene vor, die zum Schafott geführt werden, wie Tiere, die man zur Schlachtbank führt.

Alle Hellgumianer sahen sehr niedergeschlagen aus. Sie gingen und schauten zu Boden wie von Kummer schwer bedrückt. Sie hatten ja alle geglaubt, daß sich das Reich der Verheißung schnell über die ganze Erde verbreiten würde und daß sie den Tag erleben dürften, wo das neue Jerusalem aus den Wolken des Himmels herabfahren würde. Als sie aber nun so wenige geworden waren und nicht umhinkonnten, einzusehen, daß ihre Hoffnung getäuscht worden war, schien in ihrem Herzen etwas zerrissen zu sein; langsam und mit schleppenden Schritten wanderten sie dahin, sie seufzten oft und hatten einander nichts zu sagen, denn es war ihnen wirklich Ernst mit der Sache gewesen. Sie hatten ihr Leben eingesetzt und nun verloren.

»Warum sind sie denn so betrübt?« dachte das Weib. »Und sie denken noch nicht einmal das Schlimmste, denn sie wollen Hellgums Brief nicht verstehen. Ich habe ihnen Hellgums Worte erklärt, aber sie wollen nicht darauf hören. Ja, die in der Ebene unter freiem Himmel wohnen, wissen nicht, was Angst ist. In ihnen leben andere Gedanken als in denen, die einsam im Dunkel des Waldes sitzen.«

Sie merkte, daß die Hellgumianer besorgt waren, weil Halvor sie an einem Werktag zusammenberufen hatte. Sie fürchteten, er würde ihnen einen neuen Abfall mitzuteilen haben. Unruhig sahen sie einander an und musterten sich mit ängstlichen, mißtrauischen Blicken, die zu fragen schienen: Wie lange wirst du noch treu bleiben? Und wie lange du, und du?

Wäre es da nicht besser, dem Ganzen ein Ende zu machen und die ganze Verbindung aufzulösen, dachten sie, wie es auch besser ist, einen schnellen Tod zu sterben, statt langsam hinzusiechen?

Ach, daß diese Gemeinschaft, dieses Friedensevangelium, dieses selige Leben in Einigkeit und Brüderlichkeit, das sie so hoch schätzten, daß dies nun dem Untergang geweiht sein sollte!

Während diese betrübten Menschen so ihren Weg fortsetzten, wanderte die Sonne mächtig und herrlich wie jemals ihre Bahn an dem hohen blauen Himmel hin. Vom Schnee stieg eine erfrischende Kühle auf, die Mut und Freudigkeit weckte. Und von den mit dunklen Tannen bekleideten Höhen senkte sich eine beruhigende Stille und ein wohltuender Frieden auf die Landschaft nieder.

Endlich hatten die Leute den Ingmarshof erreicht und traten in das Haus.

In der Groß-Stube auf dem Ingmarshof hing hoch oben an der Wand ein altes Ölgemälde, das vor mehr als hundert Jahren von einem Dorfmaler gemalt worden war. Das Bild stellte eine große, von hohen Mauern umgebene Stadt dar, und über den Mauern sah man die Giebel und Dächer vieler Häuser aufragen. Einige dieser Gebäude waren rote Bauernhäuser mit grünen Rasendächern, andere hatten weiße Mauern und Schieferdächer wie die Herrenhöfe, und wieder andere hatten schwere kupferbeschlagene Türme wie die Kristinakirche in Falun.

Außen vor der Stadt gingen Herren in Kniehosen und Schnallenschuhen spazieren, Stöcke mit goldenen Knöpfen in der Hand, und zum Stadttor heraus fuhr eine Kutsche voller Damen mit gepudertem Haar und mit Schäferhüten. Um die Mauer her wuchsen dichtbelaubte Bäume, und durch das hohe, wogende Gras auf der Wiese rieselten glänzende Bächlein.

Unter dem Bild standen mit großen verschnörkelten Buchstaben die Worte gedruckt: Dies ist Gottes heilige Stadt Jerusalem.

Das alte Gemälde hing so hoch an der Wand, daß es nur selten von jemand beachtet wurde; selbst die meisten von denen, die öfter auf den Ingmarshof kamen, wußten kaum, daß es da war.

Aber an diesem Tag war ein Kranz von grünen Preiselbeerzweigen um das Bild geschlungen, so daß es den Eintretenden gleich in die Augen fallen mußte. Eva Gunnarstochter bemerkte es sofort, und sie dachte: »Sieh, sieh! Nun wissen sie hier auf dem Ingmarshof auch schon, daß wir umkommen müssen, und deshalb sollen wir das himmlische Jerusalem betrachten.«

Karin und Halvor begrüßten die Freunde, aber Eva kamen die beiden heute noch schattenhafter und düsterer vor als die andern. »Ja, ja, sie wissen, daß das Ende nahe ist«, dachte die Alte.

Da Eva die Älteste war, bekam sie ihren Platz ganz oben am Tisch, und vor ihr auf der Tischplatte lag ein geöffneter Brief mit einer amerikanischen Briefmarke.

»Ja, es ist wieder ein Brief von unserem lieben Bruder Hellgum gekommen«, sagte Halvor, »und das ist der Grund, weshalb ich die Brüder und Schwestern zusammengerufen habe.«

»Der Brief enthält also eine wichtige Botschaft, Halvor?« sagte Kolaas Gunnar nachdenklich. – »Ja«, sagte Halvor, »wir bekommen nun Aufklärung darüber, was Hellgum meinte, als er neulich schrieb, es stehe uns eine große Heimsuchung bevor.« – »Ich denke, keiner von uns fürchtet sich davor, um des Herrn willen zu leiden«, sagte Gunnar.

Einige Hellgumianer hatten sich verspätet, und man mußte ziemlich lange auf sie warten. Die alte Eva Gunnarstochter betrachtete indessen Hellgums Brief mit verlangendem Blick. Sie dachte an den Brief mit den vielen Siegeln in der Offenbarung und glaubte, daß in demselben Augenblick, in dem eine menschliche Hand den Brief berührte, der Engel der Zerstörung vom Himmel herabfahren würde.

Sie richtete ihren Blick auf das Gemälde von Jerusalem. »Ja«, murmelte sie, »ja, sicherlich werde ich in diese Stadt kommen, deren Tore aus Gold sind und deren Mauern aus gebranntem Glas.« Und sie begann vor sich hin zu sagen:

»Und die Fundamente der Mauern der Stadt waren geschmückt mit allerlei Edelsteinen. Das erste Fundament war ein Jaspis, das andere ein Saphir, das dritte ein Chalzedonier, das vierte ein Smaragd, das fünfte ein Sardonich, das sechste ein Sardis, das siebente ein Chrysolith, das achte ein Beryll, das neunte ein Topas, das zehnte ein Chrysopras, das elfte ein Hyazinth, das zwölfte ein Amethyst.«

Die Alte war so versunken in ihr geliebtes Buch der Offenbarung, daß sie zusammenfuhr, als ob sie geschlafen hätte, als Halvor Halvorsson nun an den Tisch trat, wo der Brief lag. – »Nun wollen wir mit einem Lied beginnen«, sagte er. »Ich denke, wir singen Nummer 244.«

Und die Hellgumianer sangen:

»O Jerusalem, du schöne,
Da man Gott beständig ehrt
Und das himmlische Getöne:
Heilig, heilig, heilig! hört;
Ach, wann komm ich doch einmal
Hin zu deiner Bürger Zahl?«

Eva Gunnarstochter stieß einen Seufzer der Erleichterung aus, daß der schwere Augenblick noch etwas hinausgeschoben wurde.

»Ach, ach, daß ich alter Tropf mich so vor dem Sterben fürchte!« dachte sie ganz beschämt.

Als das Lied zu Ende war, ergriff Halvor den Brief und entfaltete ihn.

Aber in diesem Augenblick kam der Geist Gottes über Eva Gunnarstochter, so daß sie aufstand und ein langes Gebet sprach, in dem sie um Gnade flehte, daß doch alle die Botschaft, die der Brief enthalte, auf die rechte Weise auffassen möchten. Halvor wartete geduldig mit dem Brief in der Hand, bis sie fertig war.

Dann fing er an, mit einer Stimme zu lesen, als ob er eine Predigt vorläse:

»Liebe Brüder und Schwestern! Gottes Friede zuvor!

Bis jetzt hatte ich geglaubt, daß ich und Ihr, die Ihr meine Lehre angenommen habt, mit diesem Gedanken allein in der Welt dastünden. Aber Gott sei gedankt, nun haben wir hier in Chicago Gleichgesinnte und Brüder gefunden, die nach denselben Vorschriften denken und leben.

Denn Ihr müßt wissen, daß hier in der Stadt Chicago im Anfang der achtziger Jahre ein Mann namens Edward Gordon wohnte. Er und seine Frau waren gottesfürchtig, und all die viele Not, die sich in der Welt findet, ging ihnen sehr zu Herzen, so daß sie Gott anflehten, er möge ihnen Gelegenheit geben, etwas zu ihrer Linderung beizutragen. Da geschah es, daß Edwards Frau eine große Seereise machen mußte, aber sie litt Schiffbruch und versank in den Wellen. Als sie sich in äußerster Not befand, sprach Gottes Stimme zu ihr. Und Gottes Stimme befahl, sie sollte die Menschen lehren, in Einigkeit beisammen zu leben.

Und die Frau wurde aus dem Meer und aus der Lebensgefahr errettet und kam wieder zu ihrem Mann und verkündigte ihm die Botschaft des Herrn. Da sagte er: ›Das ist eine große Botschaft, die Gott uns geschickt hat, nämlich, daß wir einig leben sollen, und wir wollen sie erfüllen. Es ist ein so großes Gebot, daß sich auf dem ganzen Weltkreis nur ein einziger Platz findet, der würdig wäre, es zu empfangen. Wir wollen deshalb unsere Freunde um uns sammeln, mit ihnen nach Jerusalem ziehen und dieses letzte heilige Gebot Gottes vom Berge Zion verkündigen.‹

Hierauf zogen Edward Gordon und seine Frau mit dreißig andern, die auch dem letzten heiligen Gebot Gottes folgen wollten, nach Jerusalem.

Dort lebten sie alle einträchtig in einem Hause beieinander. Sie teilten Hab und Gut miteinander, hatten alles gemeinsam, dienten einander und wachten einer über den andern.

Und sie nahmen die Kinder der Armen zu sich und pflegten deren Kranke. Sie unterstützten die Alterschwachen und standen allen bei, die in Not waren, ohne irgendeinen Lohn oder eine Gegengabe zu verlangen.

Sie predigten jedoch nicht in den Kirchen oder auf den

Märkten, denn sie sagten: ›Unser Leben ist es, das für uns reden muß.‹

Aber die Leute, die von diesem ihrem Lebenswandel hörten, sagten: ›Diese Menschen müssen Narren sein.‹

Und die am lautesten gegen sie schrien, waren die Christen, die nach Jerusalem gezogen waren, um die Juden und Mohammedaner durch Lehre und Predigt zu bekehren. Diese sagten: ›Wer sind die, die nicht predigen? Sicher sind sie hierhergekommen, um ein schlechtes Leben zu führen und ihrer Sinneslust unter den Heiden zu frönen.‹

Und sie erhoben ein großes Geschrei wider sie, das sogar bis über das Meer und bis in ihre Heimat drang.

Aber unter denen, die nach Jerusalem gezogen waren, befand sich eine Witwe. Sie lebte da mit zwei unmündigen Kindern, und sie war sehr reich. Sie hatte einen Bruder in der Heimat zurückgelassen, und nun sagten alle Leute zu ihm: ›Wie kannst du zulassen, daß deine Schwester und ihre Kinder unter diesen Leuten leben, die einen schlechten Lebenswandel führen? Es sind lauter Tagediebe, die von ihrem Reichtum leben.‹ Und der Bruder verklagte seine Schwester vor Gericht, um sie zu zwingen, ihre Kinder in Amerika erziehen zu lassen.

Und um dieses Prozesses willen reiste die Mutter mit ihren Kindern und mit Edward Gordon und seiner Frau für kurze Zeit nach Chicago zurück. Da hatten sie schon vierzehn Jahre lang in Jerusalem gewohnt.

Als sie nun aus dem fernen Land zurückkehrten, wurde in allen Zeitungen von ihnen berichtet; die einen sagten, sie seien Narren, die andern aber nannten sie Betrüger.«

Nachdem Halvor dies alles vorgelesen hatte, machte er eine Pause und wiederholte mit eigenen Worten den ganzen Bericht, damit ihn alle richtig verstehen konnten.

Dann las er wieder: »Aber seht, nun gibt es in Chicago ein Haus, das Ihr kennt. In diesem Haus wohnen Leute, die Gott in Gerechtigkeit dienen wollen und die alles miteinander teilen und übereinander wachen.

Wir nun, die in diesem Hause wohnen, lasen in einer

Zeitung von diesen ›Narren‹, die von Jerusalem heimgekommen seien, und wir fingen an, untereinander zu sagen: ›Diese Menschen haben unsern Glauben; sie haben sich zusammengetan, um ein rechtschaffenes Leben zu führen, und wir möchten die, die unsern Glauben teilen, gerne sehen.‹

Und wir schrieben an sie, daß sie uns besuchen sollten. Und die, so von Jerusalem gekommen waren, folgten der Einladung, und wir verglichen unsern Glauben mit dem ihrigen und sagten: ›Seht, wir denken und glauben dasselbe. Es ist eine Gnade Gottes, daß wir uns gefunden haben.‹

Und sie erzählten uns von der Herrlichkeit der Stadt Gottes, wie sie hellglänzend daliegt auf ihrem weißen Berg, und wir priesen die glücklich, die auf den Wegen wandelten, die Jesus gewandelt war.

Da sagte einer der Unsrigen: ›Warum sollten wir nicht mit euch ziehen, wenn ihr nach Jerusalem zurückkehrt?‹

Sie aber antworteten: ›Ihr dürft uns nicht dahin folgen, denn die heilige Stadt Gottes ist voller Streit und Uneinigkeit, Not und Krankheit, Schlechtigkeit und Armut.‹

Und schnell rief ein anderer der Unsrigen: ›Vielleicht hat Gott euch zu uns geführt, damit wir euch dahin folgen und gegen all das kämpfen sollen!‹

Da hörten wir alle Gottes Stimme durch unsere Herzen brausen: ›Ja, ja, das ist mein Wille!‹

Wir fragten sie, ob sie uns in ihre Gemeinschaft aufnehmen wollten, obgleich wir arm und unwissend seien, und sie antworteten, daß sie es tun wollten.

Da beschlossen wir, daß wir Brüder und Schwestern sein und alles miteinander teilen wollten, und sie nahmen unsern Glauben an und wir den ihrigen, und die ganze Zeit war der Geist über uns, und wir wurden von großer Freude erfüllt. Und wir sagten: ›Nun sehen wir, daß Gott uns liebhat, weil er uns in dasselbe Land schickt, wohin er einst seinen Sohn gesandt hat. Und jetzt wissen wir, daß unsere Lehre die rechte ist, nachdem Gott will, daß sie von dem heiligen Berg Zion verkündigt werde.‹

Aber dann sagte einer von denen, die zu uns gehörten: ›Und unsere Brüder daheim in Schweden?‹ Hierauf sagten wir zu den Jerusalemfahrern: ›Wir sind zahlreicher, als ihr hier seht. Wir haben noch Brüder und Schwestern, die daheim in Schweden leben. Und sie werden durch Abfall schwer heimgesucht und führen einen harten Kampf um die Gerechtigkeit, weil sie unter Sündern leben müssen.‹

Da antworteten die Jerusalemfahrer: ›Lasset eure Brüder und Schwestern in Schweden nach Jerusalem nachkommen und an der heiligen Arbeit teilnehmen.‹

Und wir waren zuerst sehr erfreut über den Gedanken, daß Ihr zu uns kommen und in Jerusalem ein gemeinsames Leben in Freude mit uns führen würdet, gleich darauf aber wurden wir betrübt und sagten: ›Niemals werden sie ihre großen Höfe verlassen und ihre guten Äcker und ihre gewohnte Arbeit.‹

Aber die Jerusalemfahrer antworteten: ›Wir haben keine Äcker und keine großen Höfe anzubieten, aber sie werden auf den Wegen gehen dürfen, auf denen Jesu Füße gewandelt sind.‹

Aber noch immer waren wir im Zweifel und sagten: ›Sicherlich werden unsere Brüder und Schwestern in Schweden niemals in ein fremdes Land ziehen, in dem niemand ihre Sprache versteht.‹

Die Jerusalemfahrer antworteten: ›Sie werden verstehen lernen, was die Steine des Heiligen Landes von ihrem Erlöser reden.‹

Wir sagten: ›Niemals werden sie ihr Eigentum Fremden überlassen und selbst bettelarm werden. Sie werden ihre Macht und ihr Ansehen nicht aufgeben wollen, denn es sind die vornehmsten Männer und Frauen in ihrem Heimatdorfe.‹

Die Jerusalemfahrer antworteten: ›Wir haben keine Macht und keine Güter anzubieten, aber wir bieten ihnen an, die Leiden Christi, unseres Heilands, zu teilen.‹

Als sie das gesagt hatten wurden wir wieder von großer Freude erfüllt und glaubten, daß Ihr kommen würdet.

Aber nun sage ich Euch, liebe Brüder und Schwestern, sprecht nicht miteinander, wenn Ihr das gelesen und gehört habt, sondern seid stille und merket auf. Und was Gottes Stimme Euch befiehlt, das tut.«

Halvor faltete den Brief zusammen und sagte: »Nun wollen wir es machen, wie Hellgum uns befiehlt. Wir wollen stille sein und aufmerken.«

Da entstand eine lange Stille in der Groß-Stube.

Die alte Eva Gunnarstochter saß wie die übrigen ganz still und wartete, daß Gottes Stimme zu ihr sprechen sollte. Sie verstand das alles auf ihre eigene Weise. »Ja, ja«, dachte sie, »Hellgum will, daß wir nach Jerusalem ziehen, um dem großen Verderben zu entgehen. Der Herr will uns aus der Schwefelflut erretten und uns vor dem Feuerregen bewahren. Und die Gerechten unter uns werden Gottes Stimme hören, die ihnen erlaubt, zu entfliehen.«

Die Alte dachte keinen Augenblick daran, daß es für irgend jemand ein Opfer sein könnte, von Haus und Heimat wegzuziehen, wenn es sich um so etwas handelte. Es fiel ihr durchaus nicht ein, daß irgend jemand im Zwiespalt mit sich selbst sein könnte, ob er die grünen Wälder seiner Heimat, den fröhlichen Fluß und die guten Felder verlassen sollte. Mehrere der andern dachten mit Schrecken, daß sie ihre ganze Lebensweise ändern und das väterliche Heim, Eltern und Angehörige verlassen müßten, aber Eva dachte nichts dergleichen. Dieses bedeutete ja, daß Gott sie erretten wollte, so wie er einst Noah und Loth errettet hatte. Sie wurden ja zu einem Leben von überirdischer Herrlichkeit in Gottes heilige Stadt gerufen. Es war ihr gerade, als habe Hellgum geschrieben, sie sollten lebendig in den Himmel aufgenommen werden.

Alle saßen mit geschlossenen Augen da, ganz in sich selbst versunken. Viele litten in ihrem Herzen solche Qual, daß ihnen der helle Schweiß auf der Stirne stand. »Ja, das ist sicher die Prüfung, die uns Hellgum prophezeit hat«, seufzten sie.

Die Sonne neigte sich zum Untergang, so daß sie nun gerade über dem Horizont stand und scharfe Strahlen in das Zimmer warf; der Abendschein legte sich blutrot über die vielen blassen Gesichter.

Endlich erhob sich Ljung Björns Frau, Märta Ingmarstochter, von ihrer Bank und sank in die Knie. Und die andern taten auch also, bis alle knieten.

Und auf einmal stießen mehrere von ihnen einen tiefen Seufzer aus, und ihre Gesichter erhellten sich zu einem Lächeln.

Da sagte Karin Ingmarstochter mit bebender Verwunderung in ihrer Stimme: »Ich höre Gottes Stimme, die mich ruft!«

Bürgermeisters Gunhild streckte die Hände aus vor Entzücken, während ihr die Tränen über die Wangen rollten. »Auch ich darf reisen«, sagte sie. »Gottes Stimme ruft mich.«

Hierauf sprachen Krister Larsson und seine Frau beinahe wie aus einem Mund: »Es tönt in meinem Ohr, daß ich hinziehen soll. Ich höre, daß Gottes Stimme mich ruft.«

Die Berufung kam zu einem nach dem andern, und zugleich verließ sie alle Angst und aller Kummer. Eine große, große Freude erfüllte sie. Sie dachten nicht mehr an ihre Höfe und ihre Anverwandten, sie dachten nur noch daran, daß ihre Gemeinde wieder aufblühen würde und welche Herrlichkeit es sei, dazu berufen zu sein, in Gottes eigener Stadt zu wohnen.

Die meisten hatten nun die Berufung vernommen, aber zu Halvor Halvorsson war sie noch nicht gekommen. Er kämpfte einen harten Kampf im Gebet und wurde tief betrübt, indem er dachte: »Gott will mich nicht rufen, wie er die andern berufen hat. Er sieht, daß ich meine Äcker und Wiesen mehr liebe als sein Wort. Ich bin nicht würdig dazu.«

Da ging Karin Ingmarstochter zu ihm hin und legte ihm ihre Hand auf die Stirn. »Du mußt ganz ruhig sein, Halvor, und in der Stille auf Gottes Stimme warten.«

Halvor faltete seine Hände so heftig, daß die Gelenke krachten. »Vielleicht hält mich Gott nicht für würdig, auch mitzuziehen«, sagte er.

»Doch, Halvor, du darfst mitziehen, aber du mußt ganz stille sein«, sagte Karin. Sie ließ sich neben ihm auf die Knie nieder und legte den Arm um ihn. »Lausche nun in aller Stille und ohne Furcht.«

Nach ein paar Augenblicken verschwand die Spannung aus Halvors Zügen. – »Ich höre – ich höre etwas in weiter Ferne.« – »Das sind die Harfen der Engel, die der Stimme Gottes vorangehen«, sagte seine Frau. »Sei nun ganz stille!« – Sie drückte sich immer inniger an ihn, wie sie es in Gegenwart Fremder noch nie getan hatte. »Ach«, rief er und schlug die Hände zusammen, »nun habe ich es gehört! Es sagte so laut zu mir, daß es in meinen Ohren dröhnte: ›Du sollst nach meiner heiligen Stadt Jerusalem ziehen!‹ Habt ihr andern es auch so gehört?« – »Ja, ja«, riefen alle, »das haben wir alle gehört!«

Aber nun begann die alte Eva zu jammern. – »Ich habe nichts gehört! Ich darf nicht mit euch ziehen! Ich bin wie Loths Frau, die auf der Flucht zurückgelassen wurde. Ich muß hierbleiben und werde in eine Salzsäule verwandelt.«

Sie weinte in großer Angst und Sorge, und die Hellgumianer versammelten sich um sie, um mit ihr zu beten. Aber sie hörte immer noch nichts, und ihr Schmerz verwandelte sich in Verzweiflung. »Ich kann nichts hören«, sagte sie, »aber ihr müßt mich auf jeden Fall mitnehmen. Ihr *dürft* mich nicht hier zurücklassen, ihr dürft mich nicht im Schwefelregen umkommen lassen!«

»Du mußt warten, Eva«, sagten die Hellgumianer. »Die Berufung kann noch kommen. Sie kommt sicher in dieser Nacht oder morgen.«

»Ihr antwortet mir nicht«, sagte die Alte, »nein, ihr antwortet mir nicht auf meine Frage. Wollt ihr mich nicht mitnehmen, wenn die Berufung nicht zu mir kommt?«

»Sie kommt! Sie kommt!« riefen die Hellgumianer.

»Ihr antwortet mir nicht!« sagte die Alte verzweifelt.

»Liebe Eva«, sagten die Hellgumianer, »wir können dich nicht mitnehmen, wenn Gott dich nicht selbst beruft. Aber fürchte dich nicht, die Berufung wird schon kommen.«

Da erhob sich die Alte hastig aus ihrer knienden Stellung; sie richtete ihren gebrechlichen Körper gerade auf und stieß den Stock hart auf den Boden.

»Ich sehe, ihr wollt ohne mich fortziehen und mich hier zugrunde gehen lassen«, sagte sie. »Ja, ja, ja! Ihr wollt fortziehen und mich hier zugrunde gehen lassen!«

Ein furchtbarer Zorn hatte sie ergriffen, und nun sah man Eva Gunnarstochter noch einmal so, wie sie in ihrer Jugend gewesen war, stark und heftig und feurig.

»Nie will ich wieder etwas von euch wissen!« schrie sie. »Ich will nicht von euch gerettet werden! Pfui über euch! Ihr wollt Frau und Kinder und Vater und Mutter verlassen, nur um euch selbst zu retten. Pfui, ihr seid verrückt, daß ihr eure guten Höfe verlaßt! Ihr seid verführt und verirrt und lauft falschen Propheten nach! Ihr seid es, über die es Schwefel und Feuer regnen wird! Ihr seid es, die zugrunde gehen werden! Aber wir, die daheim bleiben, wir werden leben!«

Der große Baumstamm

An ebendiesem schönen Februartag, aber in später Dämmerungsstunde, stehen zwei junge Leute auf der Straße und sprechen miteinander.

Der junge Mann kam mit einem großen Baumstamm vom Wald hergefahren; der Baumstamm war so groß, daß ihn das Pferd kaum vom Fleck brachte. Trotzdem aber mußte das Tier noch einen weiten Umweg machen, damit der Stamm durch das Dorf und an dem großen weißangestrichenen Schulhaus vorbeikam.

Vor dem Schulhaus durfte das Pferd rasten, und ein junges Mädchen kam fast augenblicklich aus dem Haus heraus, um den Balken in Augenschein zu nehmen.

Sie wird es gar nicht müde, ihn zu bewundern. Wie lang und dick er ist, und welch eine hübsche hellbraune Rinde er hat, und solch ein herrliches fehlerloses Holz!

Der junge Mann erzählt mit großem Ernst, daß der Baum auf dem Heideland ganz droben im Norden des Bezirks hinter dem Olofshut gestanden habe; er erzählt, wie er ihn gefällt und wie lange er ihn zum Austrocknen im Wald habe liegenlassen. Er prägt ihr auch sehr genau ein, wieviel Zoll der Stamm im Umfang und wieviel er im Durchschnitt mißt.

Das junge Mädchen hat schon Tausende und aber Tausende von Bäumen den Fluß herunterflößen oder die Landstraße entlangschleppen sehen, aber dieser Baum scheint ihr merkwürdiger zu sein als die andern alle zusammen.

»Ach, aber Ingmar«, sagte sie, »das ist doch nur der erste!«

Mitten in ihrer Freude ist sie ängstlich geworden bei dem Gedanken, daß es fünf Jahre Mühe und Arbeit gekostet hatte, bis Ingmar so weit gekommen war, den ersten Stamm des Bauholzes heimzuführen, das zum Bau ihres eigenen Hauses verwendet werden soll. Wie lange wird es da wohl dauern, die andern herbeizuschaffen und dann das Haus selbst aufzurichten! Aber Ingmar glaubt, nun seien alle Schwierigkeiten überwunden.

»Warte nur, Gertrud«, sagt er, »wenn ich das Bauholz herunterführen kann, solange der Boden noch gefroren ist, dann wird das Haus bald dastehen.«

Es wird allmählich tüchtig kalt, denn die Sonne ist längst untergegangen, und das Pferd friert; es schüttelt den Kopf und scharrt mit dem Fuß, Mähne und Stirnhaare sind weiß bereift.

Aber die beiden jungen Leute frieren offenbar nicht. Da stehen sie auf der Straße und bauen ihr ganzes Haus vom Keller bis zum Bodenraum.

Und nachdem das Haus fertig ist, fangen sie an, es einzurichten. »An die lange Wand müssen wir das Sofa stellen«, sagt Ingmar.

»Aber wir haben ja gar kein Sofa«, entgegnet das Mädchen.

Da beißt sich der junge Mann auf die Lippe. Es ist seine Absicht gewesen, ihr fürs erste nicht zu erzählen, daß das Sofa schon beim Schreiner fertig steht, aber nun hat er das Geheimnis verraten.

Da muß auch Gertrud beichten, was sie in diesen fünf Jahren vor ihm geheimgehalten hat, und sie erzählt ihm, daß sie feine Haararbeiten gemacht und Bänder gewoben und sie dann verkauft habe. Für das Geld aber habe sie allerlei Hausrat angeschafft: Pfannen und Töpfe, Teller und Schüsseln, Laken und Bettbezüge, Decken und Läufer.

Ingmar ist ganz entzückt über diesen Reichtum und kann sie nicht genug rühmen. Aber mitten in seiner Lobrede bricht er ab. Sein Blick fällt auf Gertrud, und wie immer verstummt er auch jetzt darüber, daß ein so wunderbar schönes Mädchen ihm zu eigen gehören soll.

»Woran denkst du, Ingmar?« fragt Gertrud.

»Ich denke daran, daß das Beste von allem doch du selbst bist.«

Gertrud sagt kein Wort, aber sie legt ihre Hand liebkosend auf den großen Baumstamm, der zum Bau des Hauses verwendet werden soll, in dem sie mit Ingmar wohnen wird. Sie weiß, daß Sicherheit und Glück ihrer da warten, denn der Mann, den sie heiratet, ist gut, klug und treu.

In diesem Augenblick bemerken die beiden eine alte Frau, die in der wachsenden Dunkelheit an ihnen vorbeieilt. Sie geht sehr schnell und spricht mit sich selbst, wie in heftiger Erregung.

»Ja, ja, ja«, sagt die Alte, »ihr Glück wird nicht länger währen als vom Morgenanbruch bis zum Sonnenaufgang. Wenn die Prüfung kommt, wird ihr Glauben zerreißen wie ein Strick, der aus Moos geflochten ist. Und ihr Leben wird eine fortgesetzte Nacht sein.«

»Sie kann doch nicht uns meinen!« sagt Gertrud.

»Nein, wie könnte das denn uns gelten?« sagt der junge Mann.

Der nächste Tag war ein Sonnabend. Der Pfarrer war auswärts gewesen und fuhr nun spät abends bei starkem Schneegestöber nach Hause.

Er kehrte von einem Kranken zurück, der ganz im Norden des Bezirks mitten im Wald wohnte, und kam nur langsam und mühselig vorwärts. Das Pferd sank tief in den Schnee ein, der Schlitten war ein Mal ums andere in Gefahr, umgeworfen zu werden, der Kutscher und auch der Pfarrer mußten oft aussteigen, um den Weg zu suchen. Es war nicht besonders dunkel, der Mond lugte groß und rund hinter den Schneewolken hervor, und der Mondschein erleuchtete die Wolken, so daß sie ganz lichtgrau aussahen. Wenn der Pfarrer aufschaute, konnte er die Schneeflocken umherwirbeln sehen, die die ganze Luft mit kleinen weißen Punkten erfüllten.

Nicht überall war es gleich schwierig, vorwärtszukommen. Es fanden sich einzelne Wegstrecken, wo kein Schnee lag, und da ging es leicht über den eisglatten festgefrorenen Weg hin. An andern Stellen lag der Schnee zwar tiefer, aber doch lose und gleichmäßig, so daß er kein Hindernis bildete. Die Hauptschwierigkeit war, da weiterzukommen, wo der Wind den Schnee zu so hohen Haufen zusammengeweht hatte, daß man kaum darüber hinwegsehen konnte. Dann mußte man vom Weg abbiegen und sich über Felder und Zäune zurechtfinden, wobei man immer gewärtig sein mußte, in einen Graben zu versinken, oder daß sich das Pferd an einem Zaunpfahl aufspießte.

Der Pfarrer und der Knecht sprachen sich besorgt über die großen Schneemassen aus, die sich bei jedem Schneegestöber regelmäßig an einem hohen, alten Bretterzaun ganz in der Nähe des Ingmarshofs aufhäuften. »Wenn wir nur den glücklich hinter uns haben, dann sind wir so gut wie daheim«, sagten sie.

Dem Pfarrer fiel es ein, wie oft er Groß-Ingmar gebeten hatte, den hohen Bretterzaun niederzureißen, weil er die

Ursache sei, daß sich der Schnee an dieser Stelle so hoch anhäufe. Aber es war nie geschehen, und der Zaun stand noch heutigentags. Was sich auch immer auf dem Ingmarshof verändert haben mochte, das war sicher, der Bretterzaun stand noch da, wo er immer gestanden hatte, fest wie eh und je.

Bald konnte man den Hof unterscheiden, und auch die Schneemassen fanden sich an dem gewohnten Platz, hoch wie eine Mauer und hart wie Stein. Von Ausweichen konnte hier keine Rede sein, man mußte gerade über das Ungeheuer hinüber. Das sah aber so unmöglich aus, daß der Knecht sagte, er wollte lieber auf den Hof gehen und um Hilfe bitten.

Aber das wollte der Pfarrer nicht erlauben. Seit fünf Jahren hatte er mit Karin und Halvor kein Wort mehr gewechselt, und er freute sich jetzt ebensowenig auf ein Wiedersehen mit ihnen, wie andere Menschen sich über die Aussicht freuen, mit früheren Freunden zusammenzutreffen, mit denen man sich entzweit hat.

Das Pferd mußte also auf den Schneewall hinauf. Der Schnee trug es auch, bis der Gipfel erreicht war. Da versank es plötzlich; es verschwand, als sei es in ein Grab gestürzt, und die beiden Insassen des Schlittens saßen da und starrten ihm nach.

Und als das Pferd versank, riß auch einer der Stränge, und man konnte nicht weiterfahren.

Einige Minuten später öffnete der Pfarrer die Tür zur Groß-Stube auf dem Ingmarshof.

Ein großes Feuer brannte im Kamin; auf der einen Seite saß die Hausfrau und spann feingekardete Wolle, hinter ihr aber, in einer langen Reihe, saßen die Frauen und Mädchen und spannen Werg und Flachs. Die andere Seite des Kamins gehörte den Männern. Diese waren noch nicht lange vom Holzfahren heimgekommen, die einen ruhten aus, die andern hatten irgendeine leichte Arbeit vor, die ihnen gleichsam ein Spiel war. Sie machten Späne, schnitzten Zähne für Rechen und verfertigten Axtschäfte.

Als der Pfarrer eintrat und sein Mißgeschick berichtete, entstand eine allgemeine Bewegung. Die Knechte gingen sogleich hinaus, um das Pferd aus dem Schnee auszugraben. Halvor führte den Pfarrer an den Tisch und bat ihn, auf der langen Bank Platz zu nehmen. Karin schickte die Mägde in die Küche, um Kaffee zu kochen und ein Mahl für den Gast zu bereiten. Sie selbst hängte dessen Pelz zum Trocknen an den Ofen, zündete die Hängelampe an und rückte ihren Spinnrocken an den Tisch, damit sie an der Unterhaltung der Männer teilnehmen konnte.

»Besser hätte ich selbst zu Groß-Ingmars Lebzeiten nicht aufgenommen werden können«, dachte der Pfarrer.

Halvor begann eine bedächtige Unterhaltung über die Beschaffenheit der Wege und fragte dann den Pfarrer, ob ihm sein Getreide gut bezahlt worden sei und ob die Verbesserungen gemacht worden seien, um die er schon so lange eingekommen war. Karin erkundigte sich nach der Pfarrerin und fragte, ob sich denn in der letzten Zeit ihre Krankheit nicht doch gebessert habe.

Der Knecht des Pfarrers trat ein und meldete, daß das Pferd ausgegraben, die Zügel in Ordnung und alles zur Abfahrt bereit sei. Aber Karin und Halvor baten den Pfarrer inständig, doch zum Abendbrot dazubleiben, und sie hörten nicht auf, zu bitten und zu betteln, bis er einwilligte.

Der Kaffee wurde aufgetragen; die größte silberne Kanne und die alte silberne Zuckerdose, die kaum bei Hochzeiten und Begräbnissen benutzt wurden, blinkten auf dem Brett, und auf drei hohen Schalen war feines Weißbrot aufgehäuft.

Des Pfarrers kleine Augen öffneten sich weit vor Verwunderung. Ein Mal ums andere strich er sich mit der Hand über die Stirn, wie im Traum saß er da und fürchtete jeden Augenblick, zu erwachen.

Halvor zeigte dem Pfarrer das Fell eines Elchs, der im vergangenen Herbst in seinem Wald erlegt worden war. Das Fell wurde auf dem Boden ausgebreitet, und noch niemals hatte der Pfarrer ein größeres und schöneres gesehen.

Karin trat zu Halvor und flüsterte ihm etwas ins Ohr; sogleich bat Halvor den Pfarrer, das Fell als Geschenk anzunehmen.

Karin ging ab und zu und nahm aus den blauangemalten Schränken herrliches altes Silberzeug heraus. Sie breitete eine Decke mit einem breiten Hohlsaum auf den Tisch und legte so viele silberne Löffel darauf, als ob sie zu einem Fest decke. Milch und Getränke goß sie in schwere silberne Kannen. Als die Mahlzeit vorüber war, wollte der Pfarrer aufbrechen.

Halvor Halvorsson selbst nebst zweien seiner Knechte gaben ihm das Geleit; sie schaufelten den Schnee an den schwierigen Stellen auf die Seite, stützten den Schlitten, wenn er am Umfallen war, und verließen ihn nicht, bis er am Pfarrhaus angekommen war.

Nun stand der Pfarrer wohlbehalten auf der Vortreppe seines Hauses. Er dachte, wie schön es doch sei, alte Freunde wiederzufinden, und verabschiedete sich mit großer Herzlichkeit von Halvor. Der Bauer blieb stehen und suchte nach etwas in seiner Tasche.

Schließlich brachte er ein zusammengefaltetes Papier zum Vorschein.

Ob er dies wohl jetzt gleich dem Herrn Pfarrer geben dürfte, fragte er. Es sei eine Bekanntmachung, die morgen nach der Predigt verkündigt werden sollte. Wenn nun der Herr Pfarrer so gut wäre und sie jetzt gleich in Empfang nähme, dann hätte er nicht nötig, am nächsten Morgen einen besonderen Boten in die Kirche zu schicken.

As der Pfarrer seine Stube erreicht und ein Licht angezündet hatte, entfaltete er das Papier und las:

»Infolge Wegzugs des Eigentümers nach Jerusalem wird der Ingmarshof zum Verkauf angeboten – – –«

Weiter kam der Pfarrer nicht; er versank in tiefe Gedanken.

»Ja, ja, nun ist es also über uns«, murmelte er, als spreche er von einem Gewitter. »Das ist es, worauf ich seit Jahren gewartet habe.«

Hök Matts Eriksson

Es ist ein schöner Frühlingstag. Ein Bauer und sein Sohn sind unterwegs zu dem großen Sägewerk, das im südlichsten Teil des Bezirks liegt.

Die beiden wohnen weit droben im Norden und müssen also fast das ganze Kirchspiel durchwandern. Sie kommen an all den frischgepflügten und eingesäten Feldern vorüber, wo die Saat schon hervorsprießt, und sie sehen alle die saftig grünen Roggenäcker, all die schönen Wiesen, wo der Klee bald rot blühen und süß duften wird.

Sie kommen auch an vielen Häusern vorbei, die frisch angestrichen werden und wo man neue Fenster einsetzt oder eine Veranda anbaut, und sie kommen an Gärten vorüber, wo man gräbt und pflanzt. Alle Menschen, denen sie begegnen, haben Erde an den Stiefeln und Erde an den Händen, weil sie draußen auf den Feldern oder in den Gemüsegärten gewesen sind oder Kartoffeln gelegt oder Rüben und Karotten gesät haben.

Der Bauer kann es nicht unterlassen, ab und zu stehenzubleiben und die Leute zu fragen, welche Sorte Kartoffeln sie gelegt oder wie lange es her sei, daß sie ihren Hafer gesät haben. Sobald er ein Kalb oder ein Füllen sieht, überlegt er, wie alt es wohl sein kann. Er rechnet aus, wieviel Kühe auf diesem oder jenem Hof gehalten werden, und fragt sich, was wohl jenes Füllen wert sei, wenn es eingefahren wäre.

Der Sohn versucht es immer wieder, die Gedanken seines Vaters von all dem abzulenken. »Ich denke daran, daß du und ich bald im Tale Saron und in der Wüste Judäas wandern werden«, sagt er.

Der Vater lächelt, und sein Gesicht klärt sich einen Augenblick auf. »Ja, es wird schön sein, in den Fußstapfen Jesu zu wandeln«, sagt er.

Aber schon im nächsten Augenblick werden seine Gedanken wieder von einer Last ungelöschten Kalks in Anspruch genommen, die an ihnen vorübergefahren wird.

»Wer ist es wohl, der Kalk fährt, Gabriel? Es heißt, Kalk gibt herrliches Getreide. Das müssen wir uns im Herbst ansehen.«

»Im Herbst, Vater?« sagt Gabriel mahnend.

»Ach, ich weiß wohl«, antwortet der Bauer, »daß ich im Herbst in den Hütten Jakobs wohnen und im Weinberge des Königs arbeiten werde.«

»Ja«, antwortete der Sohn, »so ist es. Amen, amen.«

Sie wandern eine Weile schweigend weiter und betrachten den sprießenden Frühling. Das Wasser rieselt in den Gräben, und selbst der Weg ist vom Frühlingsregen aufgeweicht. Wohin man sieht, sind die Leute an der Arbeit, die nun getan werden muß, und jeder bekommt unwillkürlich Lust, mit anzugreifen und mitzuhelfen, selbst wenn er über Felder geht, die ihm nicht gehören.

»Nun ja«, sagt der Bauer nachdenklich, »ich kann es nicht leugnen, daß ich es vorgezogen hätte, meinen Hof im Spätjahr zu verkaufen, wenn die Arbeit zu Ende ist. Es ist hart, wenn man ihn im Frühjahr verlassen muß, gerade da, wo man mit allen Kräften darin arbeiten möchte.«

Der Sohn zuckt nur die Achseln; er sieht ein, daß er den andern schwatzen lassen muß.

»Nun ist es einunddreißig Jahre her, daß ich als junger Bursche ganz droben im Norden des Kichspiels ein Stück Ödland kaufte«, sagt der Bauer. »Noch nie war ein Spatenstich dort oben gemacht worden. Die Hälfte des Guts war ein Moor und die andere Hälfte ein Steinhaufen, und es sah ganz entsetzlich aus. Aus diesem Steinhaufen habe ich dann Steine gebrochen, so daß ich oft glaubte, der Rücken bricht mir entzwei. Und doch glaube ich, daß die Arbeit in dem Moorboden noch schwerer war, ehe ich das Moor drainiert und ausgetrocknet hatte.«

»Ja, gewiß habt Ihr fleißig gearbeitet, Vater«, sagt der Sohn, »deshalb denkt jetzt Gott auch an Euch und ruft Euch in sein heiliges Land.«

»In der ersten Zeit«, fuhr der Bauer fort, »da wohnte ich in einer Behausung, die nicht besser war als eine Kohlenbrennerhütte; sie war aus ungeschälten Stämmen gebaut, und auf dem Dach lag fest zusammengestampfte Erde. Es gelang mir nie, das Dach ganz dicht zu machen, so daß es nicht hereinregnete. Das war sehr schwer, besonders bei Nacht. Und die Kuh und das Pferd hatten es auch nicht besser als ich. Den ganzen ersten Winter hindurch standen sie in einer Höhle, wo es so dunkel war wie in einem Keller.«

»Vater«, fragte der Sohn, »warum hängt Ihr denn so sehr an einem Ort, wo Ihr Euch doch so hart habt abschinden müssen?«

»Aber du mußt auch bedenken, welche Freude das war, als ich einen großen Stall für das Vieh baute, und daß der Viehstand sich von einem Jahr zum andern vermehrte, so daß ich die Stallgebäude immer erweitern mußte. Wenn ich den Hof nun nicht verkaufen würde, hätte ich das Scheunendach umdecken müssen. Jetzt gerade wäre die richtige Zeit dazu, sobald ich mit der Aussaat fertig gewesen wäre.«

»Vater«, sagt der Sohn, »Ihr werdet in jenem Land auch Samen ausstreuen, und etwas davon wird unter die Dornen fallen und etliches auf das Steinige und etliches auf den Weg und etliches auf das gute Land.«

»Und das alte Haus«, sagt der Vater, »das ich nach der ersten Hütte baute, das hätte ich gerade in diesem Jahr niedergerissen, um mir ein schönes zweistöckiges Wohnhaus zu bauen. Was soll ich nun mit all dem Bauholz, das wir im Winter heruntergefahren haben? Es war doch eine harte Arbeit, es herbeizuschleppen, die Pferde mühten sich damit ab und wir auch.«

Der Sohn wird unruhig; er hat ein Gefühl, als ob der Vater von ihm weggleitet, und er fürchtet, daß der Alte nicht in der richtigen Gemütsverfassung hingeht, um Gott sein Hab und Gut zu opfern.

»Ja«, sagt der Sohn, »aber was ist ein neues Haus und ein neuer Stall im Vergleich zu einem neuen reinen Leben unter Gleichgesinnten?«

»Halleluja!« sagt der Vater, »ja, ich weiß, daß uns ein

schönes Los beschert wurde. Und nun gehe ich ja auch zum Sägewerk hinunter, um meinen Besitz der Aktiengesellschaft dort zu verkaufen. Wenn ich auf diesem Weg wieder zurückkomme, ist alles vorüber, und ich besitze nichts mehr.«

Der Sohn erwidert nichts, er beruhigt sich, als er den Vater so sprechen hört. Kurz danach kommen sie an einem Hof vorüber, der auf einem Hügel schön daliegt. Er hat ein weißangestrichenes Wohnhaus mit einem Altan und einer Veranda, und rings ums Haus wachsen hohe Balsampappeln, deren schöne grauweiße Stämme vor Saft strotzen.

»Sieh«, sagt der Bauer, »gerade so hätte ich es auch gemacht. Gerade so eine Veranda mit einem Altan darüber und mit vielen Schnitzereien daran. Und gerade so einen grünen Platz davor mit dichtem, feinem Gras. Wäre das nicht schön gewesen, Gabriel?«

Der Sohn gibt keine Antwort, und der Bauer fühlt, daß er von dem Hof nichts mehr hören will. Nun schweigt auch er, aber seine Gedanken sind unaufhörlich bei der Heimat. Er denkt daran, wie es unter einem neuen Eigentümer seinen Pferden und überhaupt dem ganzen Hof gehen wird. »Ach«, denkt er, »es ist sicher dumm von mir, daß ich ihn an eine Aktiengesellschaft verkaufe. Die tut ja doch nichts anderes, als den Wald umhauen und den ganzen Hof verkommen lassen. Sie lassen das Moor wieder zu Moor werden und das Birkenwäldchen auf die Äcker hinauswachsen.«

Nun sind die beiden am Sägewerk angekommen, und da erwacht das Interesse des Alten aufs neue. Er sieht Pflüge und Eggen von ganz neuer Konstruktion, und es fällt ihm ein, wie lange er sich schon gewünscht hatte, eine Mähmaschine anschaffen zu können. Er schielt zu Gabriel hin, der ein hübscher junger Mann ist, und stellt sich den Sohn vor, wie er auf einer flotten roten Mähmaschine sitzt, mit der Peitsche knallt und das hohe Gras umlegt, so wie ein starker Held die Feinde niedermäht.

Als er im Kontor steht, meint er noch immer das Rasseln der Mähmaschine zu hören. Er vernimmt das leise Rauschen des fallenden Grases und das Zwitschern und Summen aufgescheuchter Vögel und Insekten.

Im Kontor liegt der Verkaufskontrakt schon fix und fertig bereit. Alle Unterhandlungen sind abgeschlossen, der Preis ist bestimmt, er braucht nur noch zu unterschreiben.

Man liest ihm den Kontrakt vor. Er hört, wie sein Hab und Gut aufgezählt wird: soundso viel Morgen Wald, soviel Äcker und Wiesen, soviel Hausgeräte und soviel Stück Vieh, die er abliefern muß. Sein Gesicht wird hart. »Nein«, sagt er zu sich selbst, »nein, das wird nicht geschehen.«

Nachdem alles vorgelesen ist, will er sagen, daß er es doch nicht tun könne, aber da beugt sich sein Sohn zu ihm hin und flüstert: »Vater, es gilt mich oder den Hof. Was Ihr auch tut, ich ziehe auf jeden Fall fort.«

Der Bauer war von seinen Gedanken an den Hof so in Anspruch genommen gewesen, daß es ihm gar nicht in den Sinn gekommen war, der Sohn könnte am Ende ohne ihn abreisen wollen. Ja so, der Sohn würde also auf jeden Fall fortgehen. Er kann das allerdings nicht recht verstehen, – er wäre gewiß nicht fortgegangen, wenn der Sohn daheimgeblieben wäre.

Aber das war ja klar, daß er mit dem Sohn ziehen mußte.

Er tritt an das Pult, wo der Kontrakt seiner Unterschrift harrt. Der Verwalter steckt ihm die Feder zwischen die Finger und deutet auf das Papier. »Hier«, sagt er, »hier müssen Sie Hök Matts Eriksson hinschreiben.«

Der Alte nimmt die Feder, und zugleich erinnert er sich ganz deutlich daran, wie er vor einunddreißig Jahren auch so einen Kontrakt unterschrieben hat, womit er sich ein Stück Ödland erhandelt hatte.

Er erinnert sich, daß er, nachdem er unterschrieben hatte, hinging und sein Eigentum in Augenschein nahm. Da hatte er zu sich selbst gesagt: »Sieh, was Gott dir gegeben hat; hier ist Arbeit für ein ganzes Leben.«

Der Verwalter glaubt, daß der Bauer zögert, weil er nicht sicher ist, wo er seinen Namen hinsetzen soll, und deutet wieder auf das Papier, indem er sagt: »Hier muß der Namen stehen. Schreiben Sie hierher: Hök Matts Eriksson.«

Hök Matts Eriksson beginnt zu schreiben. »Diesen Namen«, denkt er, »schreibe ich um meines Glaubens und meiner Seligkeit willen, um meiner lieben Freunde, der Hellgumianer, und um unseres teuren Zusammenlebens willen, damit ich nicht einsam zurückgelassen werde, wenn alle fortziehen.«

Und er kritzelt seinen ersten Namen hin.

»Und diesen«, denkt er weiter, »schreibe ich um meines Sohnes Gabriel willen, damit ich einen so guten und teuren Sohn nicht verliere, ja, um der vielen Male willen, wo er gut gegen seinen alten Vater gewesen ist, und um ihm zu zeigen, daß er mir doch das Allerliebste auf Erden ist.« Und so wird der zweite Namen hingekritzelt.

»Aber diesen«, denkt er, als er wieder zu schreiben anfängt, »warum schreibe ich diesen?« Und im selben Augenblick bewegt sich seine Hand wie von selber und macht dicke Striche kreuz und quer auf das verhaßte Papier.

»Ja, dies tue ich, weil ich ein alter Mann bin, der die Erde bebauen muß, der da, wo er immer geschafft und gearbeitet hat, auch ferner pflügen und säen muß.«

Hök Matts Eriksson sieht verlegen aus, als er sich zum Verwalter wendet und ihm das Papier zeigt.

»Der Herr Verwalter muß entschuldigen, es ist zwar meine Absicht gewesen, mich meines Eigentums zu entledigen, aber ich konnte es nicht.«

Die Auktion

Im Mai war Auktion auf dem Ingmarshof. Gott, welch ein schöner Tag war es, richtig sommerwarm! Alle Knechte hatten die langen weißen Pelze abgelegt und gingen in kurzen Joppen, und die Frauen trugen schon die weiten weißen Ärmel, die zu ihrem Sommeranzug gehörten.

Die Frau des Schulmeisters machte sich fertig, um zur Auktion zu gehen. Gertrud wollte nicht mitgehen, und Storm mußte Schule halten. Als Mutter Stina fertig war, öffnete sie die Tür der Schulstube und nickte ihrem Mann zum Abschied zu. Er erzählte den Kindern gerade vom Untergang der Stadt Ninive und hatte dabei eine so barsche Miene angenommen, daß es den armen Kleinen angst und bange wurde.

Auf ihrer Wanderung nach dem Ingmarshof blieb Mutter Stina immer wieder stehen, sobald sie einen blühenden Schlehdornstrauch sah oder einen Erdhügel, der mit duftenden weißen Maiblumen bedeckt war. »Kann man wohl etwas Schöneres sehen, und wenn man auch bis nach Jerusalem reist?« sagte sie.

Es ging Mutter Stina gerade wie noch manchen andern im Dorf; seit die Hellgumianer dieses ein Sodom nannten und es verlassen wollten, hatten sie ihr Heimatdorf noch einmal so lieb als vorher.

Sie pflückte von den Blumen, die am Wege wuchsen, und betrachtete sie beinahe zärtlich. »Wenn wir so schlecht wären, wie sie sagen, so wäre es Gott ein leichtes, uns zu verderben. Er dürfte ja nur die Kälte anhalten und die Erde mit Schnee bedeckt lassen. Aber da der liebe Gott die Wärme und den Frühling wieder zu uns kommen läßt, so meine ich doch wenigstens, daß wir zu leben verdienen.«

Als Mutter Stina auf dem Ingmarshof ankam, blieb sie stehen und schaute sich ängstlich um. »Ich glaube, ich will wieder umkehren; ich kann es nicht mit ansehen, wie das gute alte Heim hier zerschlagen wird.«

Aber in Wirklichkeit war sie doch zu neugierig, wie es mit dem Hof gehen würde, als daß sie wieder umgekehrt wäre.

Sobald es bekanntgeworden war, daß der Hof verkauft werden sollte, hatte Ingmar versucht, ihn zu kaufen. Aber er besaß im ganzen nur etwa sechstausend Kronen, und

Halvor waren von der großen Sägewerksgesellschaft, der das Gut Bergsaana gehörte, fünfundzwanzigtausend geboten worden. Es war Ingmar zwar gelungen, Geld zusammenzubringen, so daß er eine ebenso große Summe hatte bieten können, aber da hatte die Gesellschaft ihr Angebot auf dreißigtausend erhöht, und eine so große Schuldenlast wagte sich Ingmar nicht aufzuladen.

Das Traurige dabei war nicht allein, daß der Hof auf diese Weise für alle Zeiten der Familie verlorenging, denn die große Gesellschaft verkaufte nie wieder etwas, was sie einmal erworben hatte, sondern es kam noch dazu, daß die Gesellschaft auch sicherlich Ingmar die Sägemühle am Langfors nicht verpachten würde, und in diesem Fall wurde er brotlos. Dann konnte er nicht daran denken, mit Gertrud im Herbst Hochzeit zu machen, wie es seine Absicht gewesen war. Er war vielleicht sogar gezwungen, auswärts Arbeit zu suchen.

Mutter Stina war in ihrem Herzen gegen Karin und Halvor nicht freundlich gestimmt, wenn sie an all das dachte. »Ich will nur hoffen«, sagte sie zu sich selbst, »daß Karin nicht zu mir herkommt und mit mir sprechen will, denn dann kann ich es nicht unterlassen, ihr zu sagen, wie schlecht sie gegen Ingmar handelt. Nein, dann kann ich es nicht unterlassen, sie daran zu erinnern, daß es doch eigentlich ihre Schuld ist, wenn Ingmar den Hof nicht jetzt schon besitzt.

Ich habe ja freilich sagen hören, daß sie furchtbar viel Geld zu der Reise brauchen, aber es ist doch recht verwunderlich, daß Karin das Herz hat, dieses alte Erbgut an die Aktiengesellschaft zu verkaufen, die nur den Wald abholzt und die Landwirtschaft zugrunde gehen läßt.«

Außer der Aktiengesellschaft war noch ein Liebhaber für den Hof da, nämlich der reiche Gemeinderatsvorsteher Berger Sven Persson. Und auf diesen setzte Mutter Stina ihre Hoffnung, denn Sven Persson war ein edelmütiger Mann, und er würde Ingmar sicher das Sägewerk nicht nehmen.

»Sven Persson vergißt gewiß nicht, daß er hier auf dem Hof als armer Hirtenjunge herumgelaufen ist«, dachte Mutter Stina, »und daß Groß-Ingmar ihm die hilfreiche Hand geboten hat, damit er vorwärtskommen konnte.«

Die meisten, die zu der Auktion kamen, gingen nicht ins Haus hinein, sondern blieben draußen auf dem Hofplatz. Die Schulmeisterin machte es wie die andern, auch sie setzte sich auf einen Bretterstapel und schaute sich um, wie man es tut, wenn man weiß, daß man einen lieben Ort zum letztenmal sieht.

Auf drei Seiten war der Hof von Wirtschaftsgebäuden umgeben, und in der Mitte stand ein kleines Vorratshaus auf Pfählen. Von all diesen Gebäuden sah eigentlich keines so richtig alt aus, mit Ausnahme des kleinen Vorbaus mit seinen geschnitzten Leisten rings herum am Dach vor dem Eingang zum Wohnhaus, sowie eines anderen, noch älteren mit dicken, gewundenen Säulen vor dem Brauhaustor.

Mutter Stina dachte an all die Ingmarssöhne, deren Füße diesen Hof ausgetreten hatten. Es war ihr, als sehe sie sie von der Arbeit nach Haus kommen und in den Hof hereintreten, lauter große, etwas vorgebeugte Gestalten, die sich immer davor fürchteten, aufdringlich zu sein oder einen besseren Platz einzunehmen, als der ihnen von Rechts wegen zukam.

Sie dachte an all den Fleiß und die Ehrenhaftigkeit, die ihren Wohnsitz auf diesem Hof gehabt hatten. »Es dürfte nicht geschehen«, dachte die im Hinblick auf die Auktion, »der König müßte es wissen.«

Mutter Stina fühlte es schmerzlicher, als wenn es ihr eigenes Haus gegolten hätte.

Die Versteigerung hatte noch nicht begonnen, aber viele Leute waren schon gekommen. Die einen gingen in die Ställe, um das Vieh zu besichtigen, die andern blieben auf dem Hofplatz stehen und besahen sich alle die Arbeitswagen und Pflüge und Spaten und Äxte, die hier zusammengestellt und aufgehäuft waren.

Und sooft Mutter Stina wieder ein paar Bauernweiber

aus dem Viehstall herauskommen sah, dachte sie: »Ei sieh, Mutter Inga und Mutter Gusta, nun hat sich jede von euch ihre Kuh ausgesucht. Ihr werdet wohl später damit prahlen wollen, daß ihr Kühe von der alten Rasse auf dem Ingmarshof habt.«

Sie lächelte ein wenig spöttisch, als sie sah, wie Bäcker Nils sich einen der Pflüge aussuchte.

»Der Backhaus-Nils wird sich wie ein richtiger Großbauer vorkommen, wenn er mit einem Pflug pflügen kann, den Groß-Ingmar selbst benutzt hat«, murmelte sie vor sich hin.

Allmählich versammelten sich immer mehr Leute um die Sachen, die versteigert werden sollten. Verwundert betrachteten sie einige alte Gegenstände, von denen niemand mehr wußte, wozu sie eigentlich gebraucht worden waren. Und ein paar Umstehende waren sogar so unehrerbietig, daß sie über die alten Schlitten zu lachen wagten. Einige davon waren nämlich uralt; sie waren wunderschön mit Rot und Grün bemalt, und das dazugehörige Geschirr war mit bunten wollenen Quasten und weißen Muscheln verziert.

Wieder kam es Mutter Stina vor, als sähe sie die alten Ingmarssöhne in diesen alten Schlitten gemächlich angefahren kommen. Sie kehrten von Festgelagen heim, oder sie kamen mit einer Braut neben sich von der Hochzeit nach Hause. »Viele gute Leute ziehen aus dem Dorfe fort«, sagte sie. Denn Mutter Stina hatte das Gefühl, als ob alle Vorfahren bis auf diesen Tag noch auf dem Hofe wohnten, wo jetzt ihre ganze Habe und ihre Fuhrwerke in alle Winde zerstreut wurden.

»Ich möchte wissen, wo Ingmar steckt und wie es ihm geht«, dachte sie. »Wenn es mir schon so schwer wird, wieviel schwerer muß es da ihm ums Herz sein!«

Der Tag war so schön, daß der Auktionator vorschlug, alles, was an beweglicher Habe verkauft werden solle, in den Hof hinauszuschaffen, damit in den Stuben kein so großes Gedränge sei. Die Knechte und Mägde schleppten daher Kisten und Truhen herbei, die mit Tulpen und Rosen bemalt waren. Viele davon hatten in ungestörter Ruhe seit mehreren hundert Jahren in den Kleiderkammern gestanden. Auch silberne Kannen und altertümliche Kupferkessel, Spinnrocken und Kardätschen, Bettzeug und alle Arten sonderbarer Webegerätschaften wurden herausgetragen.

Um alle diese Gegenstände versammelten sich die Bauernweiber, nahmen sie in die Hand und drehten sie nach allen Seiten.

Mutter Stina hatte nicht im Sinn gehabt, etwas zu kaufen, aber da fiel ihr ein, daß auf dem Ingmarshof ein Webstuhl sein sollte, auf dem man den allerfeinsten Drell weben könne, und so trat sie näher, um sich diesen anzusehen. Aber gerade als Mutter Stina sich dem Platz näherte, schleppte eine Magd zwei mächtige alte Bibeln daher. Sie waren so schwer mit ihrem Ledereinband und ihren Messingbeschlägen, daß das Mädchen kaum beide tragen konnte.

Mutter Stina war ganz bestürzt, es war ihr, als habe sie einen Schlag ins Gesicht bekommen, und sie ging wieder an ihren vorigen Platz zurück. Sie sah ja wohl ein, daß jetzt niemand mehr in den alten Bibeln mit ihrer veralteten Sprache las, aber es war doch sehr sonderbar, daß Karin sie verkaufen wollte.

Das dort war vielleicht die Bibel, in der Karins Großmutter eben las, als man ihr die Nachricht brachte, daß ihr Mann von einem Bären getötet worden war.

Mutter Stina rief sich alles ins Gedächtnis zurück, was sie je von den alten Ingmarssöhnen gehört hatte. Jedes Stück, das sie hier sah, schien seine Geschichte zu haben.

Diese altertümlichen silbernen Schnallen, die dort auf dem Tisch lagen, waren dem Troll im Klackberg von einem Ingmar Ingmarsson geraubt worden.

In der alten Chaise dort drüben war der Ingmar Ingmarsson, der in Mutter Stinas Jugend gelebt hatte, immer in die Kirche gefahren. Und sooft er an ihr und ihrer Mutter auf dem Kirchweg vorübergefahren kam, hatte ihr die Mutter die Hand auf die Schulter gelegt und zu ihr gesagt: »Mach einen Knicks, Stina, denn da kommt Ingmar Ingmarsson.«

Sie hatte sich damals darüber gewundert, daß die Mutter nie vergaß, sie zu ermahnen, sie solle sich vor Ingmar Ingmarsson verneigen, denn die alte Frau nahm es durchaus nicht so genau, wenn es sich um den Kronvogt oder den Landrichter handelte.

Schließlich hatte sie erfahren, daß zu der Zeit, als die Mutter noch ein kleines Mädchen gewesen und mit ihrer eigenen Mutter den Kirchweg gegangen war, diese ihr auch immer die Hand auf die Schulter gelegt und gesagt hatte: »Mach einen Knicks, denn da kommt Ingmar Ingmarsson.«

»Das weiß Gott«, seufzte Mutter Stina, »es wird mir nicht nur darum so schwer, daß alles zerstreut wird, weil ich erwartet hatte, Gertrud würde einmal darüber herrschen, sondern mir ist es, als sei es zugleich mit dem ganzen Dorf aus und vorbei.«

In diesem Augenblick kam der Pfarrer gefahren. Er sah sehr ernst und niedergedrückt aus. Rasch ging er ins Wohnhaus hinein, und Mutter Stina erriet, daß er gekommen war, um bei Karin und Halvor Ingmars Sache zu führen.

Kurz nachher kam auch der Inspektor von Bergsaana als Vertreter der Aktiengesellschaft und mit ihm der Gemeinderatsvorsteher Berger Sven Persson. Der Inspektor ging rasch ins Haus hinein, aber Berger Sven Persson wanderte eine Weile auf dem Hof herum und betrachtete die umherliegenden Gegenstände. Als er an einem alten Mann mit langem Bart vorüberkam, der auf demselben Bretterstapel wie Mutter Stina saß, blieb er stehen und sagte:

»Du weißt wohl nicht, ob Ingmar Ingmarsson das Bauholz will, das ich ihm angeboten habe, Stark-Ingmar?«

»Er hat es abgeschlagen, aber wer weiß, vielleicht ändert er noch seinen Sinn.«

Gleichzeitig zwinkerte der Alte mit den Augen und deutete auf Muttter Stina, als ob er Sven Persson warnen wollte, sie etwas von ihrem Gespräch hören zu lassen.

»Ich meine, er könnte mit dem Angebot wohl zufrieden sein«, sagte Sven Persson. »Ich biete solche Ware nicht jeden Tag an und tue es nur um Groß-Ingmars willen.«

»Ja, ein gutes Angebot ist es, das ist gewißlich wahr«, sagte der Alte, »aber er sagt, er habe seine Einkäufe schon anderswo gemacht.«

»Er hat es sich sicher nicht recht überlegt, was er sich da entgehen läßt«, sagte Sven Persson und ging langsam weiter.

Noch hatte Mutter Stina niemand von den Bewohnern des Hofs selbst gesehen, aber eben jetzt erblickte sie Ingmar. Dort drüben lehnte er unbeweglich an der Mauer, mit fast geschlossenen Augen.

Mehrere Bekannte gingen auf ihn zu, um ihn zu begrüßen, aber als sie näher kamen, besannen sie sich und traten wieder zurück.

Ingmar war totenbleich, und alle, die ihn ansahen, fühlten, daß er mit einem übermächtigen Schmerz kämpfte, und deshalb wagte niemand, ihn anzureden.

Ingmar stand so ruhig da, daß ihn viele gar nicht bemerkt hatten; aber wer ihn beobachtet hatte, der konnte nachher an nichts anderes mehr denken, und von der Lustigkeit, die sonst bei Auktionen zu herrschen pflegte, war diesmal keine Rede. Wie hätte man, solange Ingmar dort an der Mauer der alten Heimat lehnte, die er bald verlassen würde, das Herz haben können, zu lachen oder schlechte Witze zu machen?

Schließlich kam der Augenblick, wo die Auktion ihren Anfang nehmen mußte. Der Auktionator stieg auf einen Stuhl und fing an, einen alten Pflug auszurufen. Noch immer stand Ingmar unbeweglich, als sei er kein Mensch, sondern ein Steinbild.

»Lieber Gott, wenn er doch fortginge!« dachten die Leute. »Er hätte nicht nötig, all diesen Jammer mit anzusehen.

Aber die Ingmarssöhne machen es eben nie wie andere Menschen.«

Dann fiel der erste Hammerschlag. Da zuckte Ingmar zusammen, als hätte er ihn getroffen. Doch sofort stand er wieder unbeweglich, aber bei jedem Hammerschlag lief ein Zittern durch seinen Körper.

Zwei Bauernweiber kamen an Mutter Stina vorüber, als sie gerade von Ingmar sprachen.

»Und denk dir, wenn er um eine reiche Bauerntochter hätte freien wollen, dann hätte er Geld genug bekommen, um den Hof zu kaufen, aber er will ja Schulmeisters Gertrud heiraten«, sagte die eine.

»Das muß ein reicher Mann sein, der ihm den Ingmarshof als Aussteuer verspricht, wenn er seine Tochter heiratet«, entgegnete die andere. »Siehst du, die Leute machen sich nichts daraus, daß er arm ist, nur weil er aus einer so guten Familie stammt.«

»Ja, das ist keine schlechte Sache, wenn man der Sohn des großen Ingmar ist.«

»Es wäre freilich ein rechtes Glück gewesen, wenn Gertrud ein bißchen was gehabt hätte, um ihm zu helfen«, dachte Mutter Stina.

Allmählich waren die Wirtschaftsgeräte verkauft, und der Auktionator ging auf eine andere Seite des Hofs. Hier wurden selbstgewebte Stoffe verkauft. Es waren Handtücher und Bettumhänge, und er hielt sie in die Höhe, so daß die gestickten Tulpen und die eingewebten bunten Kanten über den ganzen Hof leuchteten.

Ingmar mußte die Stoffe gesehen haben, denn er schlug unwillig die Augen auf. Eine Sekunde lang sah Mutter Stina die matten, geröteten Augen, die über die schreckliche Zerstörung hinschauten, dann schlossen sie sich wieder.

»Noch nie habe ich jemand gesehen, der so elend aussieht«, sagte ein junges Bauernmädchen, »ich glaube, er stirbt. Wenn er doch nur nicht hier stehenbleiben und sich quälen würde.«

Mutter Stina stand halb auf, um ihnen zuzurufen, daß

sie aufhören sollten; aber dann setzte sie sich wieder. »Ich muß daran denken, daß ich arm und machtlos bin«, seufzte sie.

Auf einmal wurde es ganz still auf dem Hof, so daß Mutter Stina unwillkürlich aufschaute. Da bemerkte sie, daß die Stille eintrat, weil die Ingmarstochter Karin aus dem Wohnhaus getreten war. Jetzt zeigte es sich deutlich, was die Leute über Karin und ihr Verhalten dachten, denn während sie über den Hof ging, wichen alle vor ihr zurück, nicht einer streckte die Hand zur Begrüßung aus, sondern alle standen schweigend da und schauten ihr mißbilligend nach.

Karin sah müde und abgemagert aus und ging noch gebeugter als gewöhnlich. Auf ihren Wangen brannten zwei rote Flecken, und sie sah ebenso niedergedrückt aus wie zu der Zeit, wo sie sich mit Eljas abmühen mußte.

Karin kam, um Mutter Stina ins Haus hineinzubitten. »Ich habe nicht gewußt, daß Ihr da seid, Mutter Storm«, sagte sie.

Mutter Stina machte Einwendungen, aber Karin überwand sie, indem sie sagte: »Wir möchten so gern, daß jetzt, wo wir fortziehen, aller Streit vergessen sein soll.«

Während die beiden miteinander über den Hof gingen, sagte Mutter Stina, daß es wohl ein schwerer Tag für Karin sei.

Karin seufzte, antwortete aber doch verneinend.

»Ich kann nicht verstehen, wie Ihr das Herz habt, alle diese Sachen zu verkaufen.«

»Gerade das, was man am liebsten hat, muß man vor allem dem Herrn opfern«, sagte Karin.

»Die Leute meinen, es ist recht sonderbar«, begann Mutter Stina, aber Karin unterbrach sie, indem sie sagte: »Der Herr würde es auch recht sonderbar finden, wenn wir etwas von dem, was er uns gegeben hat, auf die Seite tun wollten.«

Mutter Stina biß sich auf die Lippen und brachte es nicht über sich, noch etwas zu sagen. Und so wurde nichts aus all den Vorwürfen, die sie Karin hatte machen wollen. Es lag so viel Würde über Karin, daß niemand sie zu tadeln wagte.

Als die beiden Frauen aber die breiten Stufen zu der Veranda emporstiegen, legte Mutter Stina Karin die Hand auf den Arm. »Habt Ihr gesehen, wer dort steht, Karin?« sagte sie und deutete auf Ingmar.

Es war, als sinke Karin zusammen. Sie hütete sich wohl, dahin zu schauen, wo Ingmar stand. »Der Herr wird schon einen Ausweg finden«, murmelte sie. »Gott wird schon einen Ausweg finden.«

In der Groß-Stube war wegen der Auktion wenig verändert worden, da die Bänke und Bettstellen, die hier standen, an den Wänden festgemacht waren und nicht verrückt werden konnten. Aber das Kupfergeschirr glänzte nicht mehr von den Wandbrettern herab, die Bettstellen gähnten leer, ohne Vorhänge und ohne Federbetten, und die blauangestrichenen Schranktüren, die früher oft halb offenstanden, damit die Gäste die hohen silbernen Kannen und Becher auf den Borten sehen konnten, waren geschlossen, zum Zeichen, daß darin nichts mehr verwahrt wurde, was wert war, gezeigt zu werden.

Das einzige, was noch die Wände schmückte, war das Gemälde von Jerusalem, auch heute wieder von einem frischen grünen Kranz umgeben.

Der große Raum war dicht besetzt. Karin und Halvors Verwandte und Glaubensgenossen hatten sich zahlreich eingefunden. Einer nach dem andern wurde mit vielen schönen Redensarten an einen großen gedeckten Tisch geführt und bewirtet.

Die Tür zur Kammer war geschlossen. Dort gingen die Verhandlungen über den Hof selbst vor sich. Man sprach laut und heftig, besonders der Pfarrer.

Aber in der Groß-Stube ging es um so stiller zu, und wenn jemand sprach, so nur im Flüsterton. Alle waren mit ihren Gedanken und ihrem Herzen in der Kammer nebenan, wo das Schicksal des Hofs entschieden wurde.

Mutter Stina wandte sich an Gabriel Mattsson und fragte ihn: »Es ist wohl nicht möglich, daß Ingmar auf dem Hof bleibt?«

»Sein Angebot ist längst überschritten«, antwortete Gabriel. »Der Wirt von Karmsund soll zweiunddreißigtausend Kronen geboten haben, und die Aktiengesellschaft ist auf fünfunddreißigtausend gegangen. Nun versucht der Pfarrer, sie zu überreden, trotzdem dem Wirt den Hof zu geben und nicht der Aktiengesellschaft.«

»Aber Berger Sven Persson?« fragte Mutter Stina.

»Er soll heute gar kein Angebot gemacht haben.«

Man hörte den Pfarrer lange und eindringlich reden. Was er sagte, konnte man nicht verstehen; aber so viel wußte man, daß nichts entschieden war, solange er sprach.

Da wurde es einen Augenblick ganz still; aber dann hörte man wieder den Wirt reden, nicht gerade laut, aber mit solchem Nachdruck, daß man jedes Wort verstehen konnte:

»Ich biete sechsunddreißigtausend, nicht weil ich glaube, daß das Gut soviel wert ist, sondern weil ich nicht will, daß der Hof Eigentum der Aktiengesellschaft wird.«

Gleich darauf klang es, als ob jemand mit der Faust auf den Tisch schlüge, und man hörte den Inspektor der Aktiengesellschaft mit donnernder Stimme rufen:

»Ich biete vierzigtausend, auf ein besseres Angebot werden Karin und Halvor wohl kaum hoffen können!«

Mutter Stina stand ganz bleich von ihrem Stuhl auf und ging wieder hinaus auf den Hofplatz. Es war ihr zwar hier draußen auch schwer und traurig zumut, aber in der dumpfigen Stube zu sitzen und der Versteigerung zuzuhören, war ihr ganz unerträglich.

Hier waren die gewebten Stücke indessen verkauft worden, und der Auktionator wechselte aufs neue den Platz. Er war eben dabei, das alte Silberzeug auszurufen; die großen silbernen, mit Goldmünzen besetzten Kannen und die Becher mit Inschriften aus dem siebzehnten Jahrhundert.

Als der Auktionator die erste silberne Kanne in die Höhe hob, trat Ingmar ein paar Schritte vor, als wollte er den Verkauf verhindern. Aber er hielt gleich wieder inne und ging an seinen früheren Platz zurück.

Ein paar Minuten später trat ein alter Bauer mit einer silbernen Kanne in der Hand zu Ingmar. Er stellte sie bescheiden vor seine Füße nieder und sagte: »Dies gehört dir, als Andenken an alles, was dein hätte sein sollen.«

Wieder lief ein Zittern durch Ingmars Körper. Seine Lippen bebten, und er rang schwer darum, ein Wort hervorzubringen.

»Du brauchst jetzt nichts zu sagen, das kannst du ein anderes Mal tun«, sagte der Bauer. Er ging ein paar Schritte weiter, trat dann aber noch einmal näher. »Die Leute sagen, du hättest den Hof übernehmen können, wenn du nur gewollt hättest. Das wäre der größte Dienst, den du dem ganzen Dorf erweisen könntest.«

Auf dem Ingmarshof gab es mehrere alte Leute, die ihr Leben lang dort gedient hatten und nun das Gnadenbrot auf dem Hofe genossen. Sie ängstigten sich mehr als alle andern, weil sie fürchteten, daß sie aus ihrer alten Heimat vertrieben und gezwungen sein würden, den Bettelstab zu ergreifen, wenn der Hof einen neuen Besitzer bekam. Und wie es auch gehen mochte, sie waren sicher: so gut wie bei ihrer alten Herrschaft bekamen sie es nie wieder.

Diese armen Alten irrten den ganzen Tag auf dem Hof umher und fanden nirgends Ruhe. Es war jämmerlich anzusehen, wie diese altersschwachen und verschüchterten Menschen mit ängstlichem Ausdruck in den halberblindeten, rotgeränderten Augen umherschlichen.

Schließlich fiel es einem fast hundertjährigen Greis ein, zu Ingmar zu gehen und sich neben ihn auf den Boden zu setzen. Es war, als sei das der einzige Ort, wo er Ruhe finden könnte, denn da blieb er, die alten zitternden Hände auf den Krückstock gestützt, ruhig sitzen.

Sobald die alte Lisa und Lagaards Märta sahen, wo Korp Bengt sich niedergelassen hatte, kamen sie auch herbeigehumpelt und setzten sich neben Ingmar. Sie sprachen kein Wort zu ihm, sie hatten wohl eine unklare Vorstellung davon, daß er, der jetzt der Ingmar Ingmarsson war, imstande sein müsse, sie zu beschützen.

Von dem Augenblick an, wo sich die Alten um ihn versammelt hatten, hielt Ingmar die Augen nicht mehr geschlossen, sondern sah auf sie hinunter. Es war, als zähle er alle Jahre und alle Sorgen, die über ihre Köpfe hingegangen waren, während sie seiner Familie gedient hatten. Und er dachte wohl, daß es seine erste Pflicht sei, dafür zu sorgen, daß sie in ihrem alten Neste sterben dürften.

Er schaute sich suchend um, bis sein Auge auf Stark-Ingmar fiel, dem er bedeutsam zunickte.

Ohne ein Wort zu sagen, ging Stark-Ingmar in das Wohnhaus und mitten durch die Groß-Stube in die Kammer hinein. Hier blieb er an der Tür stehen und wartete auf den rechten Augenblick, um sein Anliegen vorzubringen.

Als Stark-Ingmar eintrat, stand der Pfarrer mitten im Zimmer und redete auf Karin und Halvor ein, die so steif und unbeweglich dasaßen, als wären sie aus Stein gehauen. Der Gutsverwalter saß am Tisch; er sah sehr selbstbewußt aus, und er wußte ja auch, daß er es tatsächlich in der Hand hatte, alle andern zu überbieten. Der Wirt von Karmsund stand am Fenster; er war in großer Aufregung, der Schweiß perlte ihm auf der Stirne, und seine Hände bebten. Berger Sven Persson saß auf dem Sofa in der hintersten Ecke des Zimmers; sein großes, ausdrucksvolles Gesicht verriet keine Spur von Erregung. Er hatte die Hände über dem Bauch gefaltet und schien nur daran zu denken, wie er möglichst schnell die Daumen drehen könnte.

Jetzt hörte der Pfarrer auf zu sprechen. Halvor sah zu Karin hinüber, als wollte er sie um Rat fragen; aber sie saß unbeweglich da und schaute zu Boden.

»Für Karin und mich gilt es zu bedenken, daß wir in ein fremdes Land ziehen«, sagte Halvor, »und daß wir und die Brüder von dem Geld leben müssen, das wir für das Gut bekommen. Wir haben erfahren, daß die Reise nach Jerusalem allein schon fünfzehntausend Kronen kostet, und nachher müssen wir doch ein Haus mieten und Kleider und Speisen kaufen. Ich glaube nicht, daß wir es uns leisten können, etwas zu verschenken.«

»Ist es nicht unrecht, von Karin und Halvor zu verlangen, daß sie den Hof für einen Bettel weggeben sollen, nur damit er nicht an die Aktiengesellschaft kommt?« sagte der Verwalter. »Ich meine, sie sollten mein Angebot schnell annehmen, und wenn auch nur, um von all diesem Hin- und Herreden befreit zu sein.«

»Ja«, sagte Karin, »es ist wohl am besten, wir halten uns an das höchste Angebot.«

Aber der Pfarrer gab sich nicht so leicht geschlagen. Sobald es sich um etwas Weltliches handelte, wußte er sehr gut, wie er seine Worte setzen mußte; da war er ein anderer Mann als auf der Kanzel.

»Aber ihr hängt doch wohl so an dem alten Hof, daß ihr ihn lieber an jemand verkauft, der ihn ordentlich instand hält, selbst wenn ihr ein paar Tausend Kronen weniger dafür bekommt?« sagte er.

Und mit besonderer Rücksicht darauf, daß Karin dabeisaß und zuhörte, berichtete er von verschiedenen Höfen, die ganz verfallen waren, nachdem sie in die Hände von Aktiengesellschaften geraten waren.

Karin sah ein paarmal auf, und der Pfarrer dachte im stillen, ob es ihm jetzt nicht endlich gelingen würde, Eindruck auf sie zu machen. Es wird doch wohl noch ein kleiner Rest von der alten Hofbäuerin übriggeblieben sein, dachte er, während er von verhungertem Vieh und verfallenen Gebäuden sprach.

Endlich schloß er mit den Worten: »Ich weiß recht wohl, daß die Aktiengesellschaft, wenn sie entschlossen ist, den Hof zu kaufen, die Bauern so lange überbieten kann, bis keiner mehr mitkommt. Aber wenn Karin und Halvor verhindern wollen, daß dieser alte Hof der vernachlässigte Besitz einer Aktiengesellschaft wird, dann müssen sie jetzt einen bestimmten Preis festsetzen, damit die Bauern wissen, wonach sie sich zu richten haben.«

Als der Pfarrer ausgeredet hatte, sah Halvor Karin unruhig an; Karin aber schlug langsam die schweren Augenlider auf und sagte: »Ich glaube, wir beide, Halvor und ich, sind ganz einig, daß wir den Hof lieber an einen der Unseren verkaufen, wo wir sicher sein können, daß alles so bleibt, wie es war.«

»Ja, wenn außer der Aktiengesellschaft noch jemand vierzigtausend böte, dann würden wir uns mit dieser Summe begnügen«, sagte Halvor, der jetzt verstanden hatte, was seine Frau wünschte.

Nach diesen Worten ging Stark-Ingmar mit langen Schritten mitten durchs Zimmer geradenwegs auf Berger Sven Persson zu und flüsterte ihm einige Worte ins Ohr.

Da stand der Gemeinderatsvorsteher schnell auf, trat zu Halvor und sagte: »Da Halvor versprochen hat, sich mit vierzigtausend zu begnügen, will ich diese Summe bieten.«

Da zuckte es über Halvors Gesicht. Er schluckte ein paarmal, ehe er antworten konnte. »Wir danken dem Gemeinderatsvorsteher«, sagte er und reichte ihm die Hand. »Ich freue mich, den Hof in so gute Hände zu geben.«

Auch mit Karin wechselte Sven Persson einen Händedruck; sie war sehr bewegt und wischte sich die Augen.

»Ihr dürft versichert sein, daß hier alles beim alten bleiben wird«, sagte der Gemeinderatsvorsteher.

Karin fragte, ob er selbst auf den Hof ziehen wollte.

»Nein«, antwortete er, und mit feierlichem Nachdruck fügte er hinzu: »Ich verheirate zum Sommer meine jüngste Tochter, ihr und ihrem Mann gebe ich den Hof.«

Hierauf wandte er sich an den Pfarrer und dankte ihm:

»Nun geht es so, wie der Herr Pfarrer es haben wollte«, sagte er. »Das hätte ich damals, wie ich als armer Hirtenjunge hier herumlief, nicht gedacht, daß ich es einmal durchsetzen würde, daß wieder ein Ingmar Ingmarsson auf den Ingmarshof kommt.«

Der Pfarrer und die andern Männer starrten ihn an, ohne gleich zu verstehen, was er meinte, aber Karin verließ rasch die Kammer.

Als sie durch die Groß-Stube ging, richtete sie sich hoch auf, band das Kopftuch fest, daß es richtig in Falten lag, und glättete ihre Schürze.

Darauf ging Karin mit großer Würde und Feierlichkeit über den Hof. Sie hielt sich sehr gerade, die Augen waren gesenkt, und sie ging so langsam, daß man kaum sah, daß sie sich bewegte.

So kam sie zu Ingmar und reichte ihm die Hand.

»Nun muß ich dir Glück wünschen, Ingmar«, sagte sie, und ihre Stimme zitterte vor Freude. »Wir sind einander in dieser Sache hart gegenübergestanden, aber da Gott mir die Freude nicht hat zuteil werden lassen, daß du dich uns anschließt, danke ich ihm dafür, daß du es bist, der hier über den Hof herrschen wird.«

Ingmar erwiderte nichts, seine Hand lag schlaff in der ihren. Und als Karin sie wieder losgelassen hatte, stand er noch ebenso niedergedrückt da, wie schon den ganzen Tag.

Alle die Männer, die bei der Entscheidung zugegen gewesen waren, traten nun zu Ingmar, schüttelten ihm die Hand und sagten: »Viel Glück und Segen dir, Ingmar Ingmarsson vom Ingmarshof!«

Da fuhr ein Freudenschimmer über Ingmars Gesicht. Er murmelte leise vor sich hin: »Ingmar Ingmarsson vom Ingmarshof« und sah aus wie ein Kind, dem eine lang ersehnte Gabe zuteil geworden ist. Aber schon im nächsten Augenblick nahm sein Gesicht einen andern Ausdruck an, als wolle er das gewonnene Glück mit Widerwillen und Ekel zurückweisen.

Im Nu hatte sich die Neuigkeit über den ganzen Hof verbreitet. Die Leute fragten und redeten laut und eifrig durcheinander. Vielen traten vor Freude die Tränen in die Augen.

Niemand kümmerte sich mehr um das Ausrufen des Auktionators, sondern alle, Vornehme und Geringe, Bekannte und Unbekannte, drängten sich um Ingmar.

Als Ingmar von all diesen Menschen umgeben war,

schlug er die Augen auf, und da fiel sein Blick auf Mutter Stina, die etwas entfernt von ihm stand und ihn betrachtete. Sie war sehr bleich und sah ärmlich und alt aus. Als Ingmars Blicke sie trafen, wandte sie sich ab und schlug den Heimweg ein.

Ingmar machte sich von den andern los und eilte ihr nach.

Er beugte sich zu ihr herab und sagte mit heiserer Stimme, während es in seinem Gesicht vor Schmerz zuckte:

»Geht heim zu Gertrud, Mutter Stina, und sagt ihr, daß ich sie aufgegeben und mich für den Hof verkauft habe. Sagt ihr, sie soll nie mehr an einen so unglückseligen Menschen denken, wie ich es bin.«

Gertrud

Es war etwas Sonderbares über Gertrud gekommen, dessen sie nicht Herr werden und das sie nicht verscheuchen konnte, etwas, das wuchs und ihr fast allen Willen nahm.

Es begann in dem Augenblick, als sie erfuhr, daß Ingmar sie aufgegeben hatte, und es bestand aus großer Angst vor einem Wiedersehen mit ihm, aus der Furcht, daß sie ihm auf der Straße oder in der Kirche oder sonstwo plötzlich begegenen könnte. Warum das so entsetzlich sein würde, wußte sie nicht, aber sie fühlte, daß sie es nicht ertragen könnte.

Am liebsten hätte sie sich Tag und Nacht eingeschlossen, um sicher zu sein, daß sie ihn nicht sehen würde; aber das war für ein armes Mädchen wie Gertrud unmöglich. Sie mußte hinausgehen und im Garten arbeiten, sie war gezwungen, täglich mehrmals den weiten Weg nach der Viehweide zu machen, um die Kühe zu melken, und sie wurde oft zum Kaufmann geschickt, um Zucker oder Mehl oder andere im Haushalt notwendige Waren einzukaufen.

Wenn Gertrud auf die Straße hinaustrat, zog sie das

Kopftuch tief über das Gesicht, schlug nie die Augen auf und eilte davon, als ob sie von Gespenstern verfolgt würde. Soweit es anging, vermied sie die Landstraße und schlug allerlei schmale Pfade ein, die an den Gräben entlang und zwischen den Äckern hin führten, wo sie vor einer Begegnung mit Ingmar vollständig sicher zu sein glaubte.

Aber sie hatte trotzdem immer noch große Angst davor. Er konnte ja überall hinkommen. Wenn sie auf den Fluß hinausruderte, konnte er gerade dort seine Baumstämme abwärtstreiben, und schlich sie sich weit in den Wald hinein, konnte er ihr auf dem Weg zur Arbeit mit der Axt über der Schulter entgegenkommen. Wenn sie ihn aber wiedersähe, würde alles unendlich schwer für sie sein. Das könnte sie nicht ertragen.

Wenn sie im Garten auf den Knien lag und Unkraut jätete, hob sie alle Augenblicke den Kopf, um rechtzeitig auf und davon laufen zu können, falls er des Wegs daherkäme.

Sie dachte mit Bitterkeit daran, daß er bei ihr zu Haus nur allzugut bekannt war. Ihr Hund würde nicht bellen, wenn er käme, und ihre Tauben, die auf dem Kiesweg umhertrippelten, würden nicht wegfliegen und sie mit lautem Flügelschlag warnen.

Gertruds Angst nahm nicht ab, eher wurde sie mit jedem Tag schlimmer. Alles Leid und aller Schmerz verwandelten sich in Schrecken und Angst, und ihre Kraft, dagegen anzukämpfen, wurde immer geringer. »Bald wird der Tag kommen, wo ich nicht mehr vor die Tür zu treten wage«, dachte sie. »Ich werde ganz sonderbar und menschenscheu, wenn ich nicht überhaupt den Verstand verliere.«

»Ach Gott, ach Gott!« flehte Gertrud, »nimm diese Angst von mir! Ich sehe es Vater und Mutter wohl an, daß sie mich schon für verrückt halten. Und ich sehe, daß auch die andern, denen ich begegne, so denken. Ach lieber Gott, hilf mir!«

Und gerade, als die Angst ihren Höhepunkt hatte, geschah es in einer Nacht, daß Gertrud einen merkwürdigen Traum hatte.

Ihr träumte, sie ging eines Mittags mit dem Melkeimer am Arm auf die Viehweide, um die Kühe zu melken. Das Vieh weidete auf einer eingehegten Wiese am Rand des Waldes, und sie ging auf schmalen Pfaden, die an den Gräben entlang und zwischen den Äckern hin führten. Das Gehen wurde ihr sauer, denn sie fühlte sich so müde und schwach, daß sie kaum die Beine fortbewegen konnte. »Was ist nur mit mir?« fragte sie sich im Traum. Und sie antwortete sich selbst: »Du bist müde, weil du dich mit einem so schweren Kummer abschleppen mußt.«

Endlich glaubte sie die Viehweide erreicht zu haben. Aber als sie auf den umhegten Platz kam, konnte sie die Kühe nirgends entdecken. Sie erschrak sehr und suchte die Tiere im Gebüsch und am Bach und im Birkenwäldchen.

Während sie so nach ihnen suchte, entdeckte sie eine Öffnung im Zaun auf der Seite, an die sich der Wald anschloß. Da wurde sie grenzenlos unglücklich und rang die Hände. »Ach, und ich bin doch so müde!« schluchzte sie. »Muß ich nun noch im Wald umherlaufen, um die Kühe zu suchen?«

Trotzdem wanderte sie in den Wald hinein und bahnte sich mühsam einen Weg durch die riesigen Tannen und stechenden Wacholderbüsche hindurch.

Aber schon nach ganz kurzer Zeit befand sie sich auf einem ebenen, angenehmen Waldpfad, ohne daß sie wußte, wie sie dahin gelangt war. Der Pfad war weich und etwas schlüpfrig durch die braunen Tannennadeln, die ihn bedeckten; die Tannen ragten zu beiden Seiten gerade und himmelhoch empor, und der Sonnenschein spielte auf dem gelben Moos unter den Bäumen. Es war so schön und so lieblich, daß ihre Angst geringer wurde.

Wie sie so dahinging, sah sie plötzlich eine alte Frau zwischen den Bäumen gehen. Das war die alte Finnen-Marit, die hexen konnte. »Es ist doch entsetzlich, daß das alte böse Weib noch lebt und daß ich ihr hier im Walde begegnen muß!« dachte Gertrud. Und sie ging so vorsichtig als möglich weiter, damit das Weib sie nicht sähe.

Aber als sie eben an ihr vorbeihuschen wollte, schaute die Alte auf.

»Wart ein wenig, dann zeig ich dir etwas!« rief das Weib. Und gleich darauf lag die Finnen-Marit auf den Knien gerade vor Gertrud mitten auf dem Weg. Sie ritzte einen Kreis in die Tannennadeln, und mitten in den Kreis stellte sie eine flache Messingschale. »Nun will sie gewiß hexen«, dachte Gertrud, »es ist also wirklich wahr, daß sie eine Hexe ist.«

»Sieh nun in die Schale hinein, dann siehst du vielleicht etwas«, sagte das Finnenweib. Gertrud senkte den Blick und fuhr erschrocken zusammen; denn auf dem Grunde der Schale zeigte sich ganz deutlich Ingmars Gesicht. Gleichzeitig steckte ihr die Alte eine Nadel in die Hand. »Sieh«, sagte sie, »nimm die Nadel und stich ihm damit die Augen aus. Tu es ihm nur dafür, weil er dich hat sitzenlassen.« Gertrud zögerte, aber sie fühlte eine merkwürdige Lust, es zu tun. »Warum soll er es gut haben und reich und glücklich sein, wo du doch so großes Leid trägst?« sagte die Alte. Da überkam Gertrud eine unbezwingliche Lust, der Alten zu folgen. Sie senkte die Nadel. »Gib acht, daß du ihn mitten in die Augen triffst«, sagte das Weib. Und Gertrud stieß zweimal ganz schnell mitten in Ingmars Augen hinein. Aber als sie die Nadel hineinstieß, merkte sie, daß diese tief drang, als ob sie nicht auf Messing träfe, sodern sich in etwas Weiches hineinbohre, und als Gertrud die Nadel wieder zurückzog, war sie blutig.

Als Gertrud das Blut an der Nadel sah, war es ihr, als habe sie Ingmar wirklich die Augen ausgestochen, und sie erschrak so sehr über ihre Missetat, daß sie einen lauten Schrei ausstieß, durch den sie erwachte.

Gertrud brach in heftiges Weinen aus, so daß ihr ganzer Körper davon erschüttert wurde, und es dauerte lange, bis sie sich überzeugte, daß alles nur ein Traum gewesen war. »Gott bewahre und behüte mich davor, daß ich Lust bekommen könnte, mich an Ingmar zu rächen!« schluchzte sie.

Doch kaum hatte sie sich beruhigt und war wieder eingeschlafen, als derselbe Traum von neuem begann.

Noch einmal wanderte sie auf den schmalen Pfaden zur Viehweide. Wieder waren die Kühe verschwunden, und sie ging in den Wald hinein, um sie zu suchen. Und wieder kam sie auf den schönen Weg und sah den Sonnenschein auf dem Moos spielen. Da erinnerte sie sich, was ihr vorhin im Traum begegnet war, und sie bekam große Angst, sie könnte wieder dem Finnenweib begegnen.

Aber wie sie so dahinging, war es ihr, als ob sich plötzlich der Boden zwischen zwei Rasenhügeln vor ihr öffnete. Zuerst hob sich ein Kopf aus der Öffnung heraus, und dann arbeitete sich ein ganz kleiner Mann heraus. Er schnurrte und brummte immerfort vor sich hin, und daran erkannte Gertrud, wer es war. Das war ja der Schnurre-Peter, der nicht ganz richtig im Kopf war. Zuweilen wohnte er drunten im Dorf, aber im Sommer lebte er meist droben im Wald in einer Höhle.

Gertrud fiel sogleich ein, daß es hieß, wenn jemand seinem Feinde etwas Böses antun wollte, ohne daß es herauskäme, dann sei der Schnurre-Peter zu gebrauchen. Er stand im Verdacht, schon öfters für andere den Brandstifter gemacht zu haben.

In ihrem Traum ging Gertrud nun zu dem Mann hin und fragte ihn gleichsam im Scherz, ob er den Ingmarshof anzünden wollte; sie möchte es gern haben, sagte sie, weil Ingmar den Hof mehr liebte als sie.

Zu ihrem großen Schrecken schien der Verrückte sogleich auf ihren Vorschlag einzugehen. Er nickte ihr eifrig zu und begann augenblicklich den Weg zum Dorf hinabzurennen. Sie lief ihm nach, konnte ihn aber nicht einholen. Tannenzweige hielten sie fest, sie sank in Sumpflöcher ein und glitt auf glatten Steinen aus. Endlich erreichte sie den Waldessaum, aber da leuchtete ihr das Feuer zwischen den Bäumen entgegen. »Ach, er hat es schon getan, er hat den Hof schon angezündet!« rief sie und erwachte aufs neue entsetzt über ihren Traum.

Gertrud setzte sich im Bett auf, Tränen strömten über ihre Wangen. Sie wagte sich nicht wieder niederzulegen, aus Furcht, der Traum könnte noch einmal beginnen.

»Lieber Gott, hilf mir! Ach Gott, hilf mir!« schluchzte sie. »Ich weiß gar nicht, wieviel Böses in meinem Herzen ist! Aber du Gott im Himmel, du weißt es, daß ich während dieser ganzen Zeit nicht ein einziges Mal daran gedacht habe, mich an Ingmar zu rächen. Ach lieber Gott, laß diese Sünde nicht über mich kommen!«

»Das Leid ist gefährlich!« rief sie und preßte die Hände ineinander. »Das Leid ist gefährlich! Oh, das Leid ist gefährlich!«

Sie war sich sicher selbst nicht ganz klar darüber, was sie damit sagen wollte, sie fühlte nur, daß ihr armes Herz wie ein verwüsteter Garten war, in dem nun der Kummer umherging und Dornen und Giftblumen pflanzte.

Den ganzen Vormittag meinte Gertrud noch immer zu träumen. Sie war gar nicht ganz wach; der Traum war so klar gewesen, daß sie ihn nicht vergessen konnte.

Wenn sie an die Freude dachte, mit der sie in Ingmars Augen gestochen hatte, schauderte sie. »Es ist gräßlich, daß ich so rachsüchtig und schlecht geworden bin«, sagte sie zu sich selbst. »Ich weiß nicht, was ich tun soll, um mich davon frei zu machen. Ach, ich bin nicht weit davon entfernt, schlecht und verdorben zu werden!«

Um die Mittagszeit nahm Gertrud wie gewöhnlich ihren Melkeimer an den Arm und ging fort, um die Kühe zu melken.

Wie gewöhnlich zog sie das Kopftuch tief ins Gesicht herein und hob die Augen nicht vom Boden auf. Sie ging die schmalen Pfade, die sie im Traum gegangen war, und erkannte auch die Blumen wieder, die am Wegrand wuchsen. Und so sonderbar halbwach, wie sie war, konnte sie nun kaum unterscheiden, was sie wirklich sah und was sie sich zu sehen einbildete.

Als Gertrud die Viehweide erreicht hatte, ging es ihr abermals wie im Traum, die Kühe waren nirgends zu sehen. Sie suchte sie, gerade wie sie es im Traum auch getan hatte, suchte am Bach, unter den Birken und im Tannengebüsch. Aber sie fand sie nirgends, hatte jedoch das Gefühl, daß sie dasein müßten und daß sie sie gleich finden würden, sobald sie ganz wach sei.

Bald entdeckte sie ein großes Loch im Zaun und erriet, daß das Vieh hier hinausgelaufen war.

Nun machte sich Gertrud auf die Suche nach den Kühen. Sie folgte den tiefen Spuren, die ihre Hufe in dem weichen Waldboden zurückgelassen hatten, und entdeckte bald, daß sie den Weg nach einer entlegenen Sennhütte eingeschlagen hatten.

»Ach, nun weiß ich, wo sie sind!« rief Gertrud. »Die Leute vom Lyckhof haben heute vormittag ihr Vieh zur Sennhütte hinaufgetrieben; als dann unsere Kühe das Läuten der Glocken hörten, sind sie hier ausgebrochen und ihnen durch den Wald nachgelaufen.«

Die Unruhe hatte das Mädchen für eine Weile ganz wach gemacht. Sie beschloß, zur Alm hinaufzugehen und die Kühe zu holen, sonst konnte man nicht wissen, wann sie wieder heimgetrieben würden. Und rasch schlug sie den steilen, steinigen Weg ein, der dorthin führte.

Aber nachdem dieser eine Weile steil aufwärts geführt hatte, machte er eine scharfe Biegung, und nun lag er ganz eben und mit Tannennadeln bestreut weich und glatt vor ihr.

Sie erkannte ihn wieder aus ihrem Traum; da waren dieselben Sonnenflecken drüben auf dem weißgelben Moos und dieselben hohen Bäume.

Als Gertrud den Weg wiedererkannte, versank sie sogleich aufs neue in denselben halbwachen Zustand, in dem sie sich schon den ganzen Tag befunden hatte, und sie erwartete beinahe, daß ihr etwas Übernatürliches begegnen würde. Sie spähte zwischen die Tannen, um zu sehen, ob sie nicht einige der sonderbaren Wesen wahrnehmen könnte, die im Waldesdunkel umherwandern.

Sie sah indes nichts, was sich zwischen den Bäumen bewegt hätte, aber in ihrer Seele stiegen wunderliche Gedanken auf: »Wie, wenn ich mich wirklich an Ingmar rächen würde? Vielleicht würde ich dann von meiner Angst befreit? Vielleicht könnte ich dann dem Verrücktwerden entgehen? Vielleicht wäre es ganz angenehm, Ingmar das leiden zu lassen, was ich jetzt selbst leide?« Der schöne Tannenpfand kam ihr endlos lang vor. So wanderte sie wohl eine Stunde lang weiter und war ganz verwundert, daß nichts Wunderbares eintraf. Endlich mündete der Weg in eine ebene Waldlichtung.

Es war ein hübscher kleiner, mit frischem, saftigem Gras und vielen Blumen bewachsener Platz. Auf der einen Seite erhob sich eine steile Bergwand, auf der andern standen blühende Vogelbeerbäume zwischen hellgrünen Birken und dunklen Erlen. Ein ziemlich breiter und wasserreicher Bach strömte den Abhang herunter, schlängelte sich durch die Wiese hin und stürzte dann in eine Schlucht hinab, die mit üppigem Buschwerk und Niederwald dicht bewachsen war.

Gertrud blieb plötzlich stehen. Sie wußte auf einmal, wo sie war. Der Bach hieß Schwarzbach, und es wurden höchst merkwürdige Dinge von ihm erzählt. Schon öfters war es vorgekommen, daß Leute, während sie über den Bach gingen, hellsehend geworden waren.

Ein Junge, der hinübergegangen war, hatte einmal einen Hochzeitszug gesehen, der weit droben im Norden gerade in die Kirche wanderte, und ein Kohlenbrenner sah einen König, mit der Krone auf dem Kopf und dem Zepter in der Hand, zu seiner Krönung reiten.

Gertrud meinte, das Herz müsse ihr stillstehen. »Gott sei mir gnädig«, seufzte sie, »was ich auch immer sehen mag!«

Beinahe wäre sie wieder umgekehrt. »Aber ich muß ja hinüber!« klagte sie. »Ich muß ja weiter, um meine Kühe wiederzubekommen!«

»Lieber Gott!« flehte sie und preßte in großer Angst die Hände zusammen. »Laß mich nichts Arges oder Böses sehen! Laß mich nicht in schwere Versuchung fallen!«

Sie zweifelte keinen Augenblick daran, daß sie etwas sehen würde, und wagte deshalb kaum auf die flachen Steine zu treten, die durch den Bach führten.

Als sie in der Mitte des Baches angekommen war, sah sie, daß sich drüben im Dunkel etwas bewegte. Aber es war kein Hochzeitszug, sondern ein einzelner Mann, der langsam über die Wiese schritt.

Er war groß und jung und trug ein langes, schwarzes Gewand, das ihm bis auf die Füße reichte. Er hatte ein längliches schönes Gesicht; das Haupt war unbedeckt, und lange dunkle Locken wallten auf die Schultern herab.

Der Fremde kam geradewegs auf Gertrud zu. Seine Augen leuchteten und strahlten, als ob ein Licht von ihnen ausging, und als seine Blicke auf Gertrud weilten, fühlte sie, daß er all ihren Schmerz lesen konnte. Und sie sah, daß er Mitleid mit ihr hatte, mit ihr, deren Herz von so großer Sorge um irdische Dinge erfüllt und deren Seele, darin die Disteln und Giftblumen des Kummers wuchsen, von Rachgier beschmutzt war.

Als sein Blick Gertrud traf, fühlte sie, wie ihr ganzes Wesen von zunehmender Freude und Seligkeit und stiller, wohltuender Ruhe durchströmt wurde. Und als er an ihr vorübergegangen war, da war von all ihrem Kummer, ihrer Bitterkeit nichts mehr übriggeblieben; alles Böse war verschwunden wie eine Krankheit, die geheilt worden ist und nur Gesundheit und Stärke zurückgelassen hat.

Lange blieb Gertrud still stehen. Die Erscheinung glitt weiter, aber noch immer stand Gertrud in träumerischer Glückseligkeit auf derselben Stelle. Als sie sich endlich umschaute, war die Gestalt verschwunden, aber der Eindruck dessen, was sie gesehen hatte, verschwand nicht. Sie faltete die Hände und hob sie entzückt zum Himmel auf. »Ich habe Jesus gesehen!« rief sie hingerissen. »Ich habe Jesus gesehen! Er hat all meinen Schmerz von mir genommen, und ich liebe ihn! Nun kann ich sonst niemand mehr lieben auf dieser Welt!«

Die Sorgen des Lebens schwanden und wurden unendlich klein. Und die langen Jahre des Lebens erschienen ihr wie ein einziger kurzer Tag. Und alles irdische Glück kam ihr arm und schal und wertlos vor.

Und gleichzeitig stand es auch klar vor ihr, wie sie ihr Leben einrichten müßte.

Damit sie nicht aufs neue in düstere Angst versinken und nicht wieder zu Bösem und zur Rache verleitet würde, mußte sie diese Gegend verlassen. Sie mußte mit den Hellgumianern nach Jerusalem ziehen.

Dieser Gedanke war in ihr aufgestiegen, während Jesus an ihr vor überging. Sie glaubte, daß er von ihm gekommen war; sie hatte ihn in seinen Augen gelesen.

An jenem schönen Junitag, da Berger Sven Persson die Hochzeit seiner Tochter mit Ingmar Ingmarsson feierte, kam eine junge Frauensperson früh am Morgen auf den Hof, wo die Hochzeit gefeiert wurde, und verlangte den Bräutigam zu sprechen. Sie war groß und schlank, hatte aber das Kopftuch so weit hereingezogen, daß von ihrem Gesicht nichts weiter zu sehen war als eine weiche Wange und ein Paar rote Lippen. Am Arm trug sie einen Korb, in dem kleine Bündel selbstgewebter Bänder sowie einige Haarketten und Haararmbänder lagen.

Sie sagte ihr Anliegen einer alten Magd, die sie vor dem Hof traf, und diese ging sogleich hinein und sagte es der Hausmutter. Die Hausmutter antwortete: »Geh zu ihr hinaus und sag ihr, daß Ingmar Ingmarsson jetzt in die Kirche fahren muß und keine Zeit hat, mit ihr zu sprechen.«

Nach diesem Bescheid entfernte sich die Fremde vom Hof und wurde den ganzen Vormittag hindurch nicht wieder gesehen. Aber als die Hochzeitsleute aus der Kirche zurückkamen, erschien sie wieder und bat noch einmal, Ingmar Ingmarsson sprechen zu dürfen.

Diesmal trug sie ihren Wunsch einem jungen Knecht vor, der an der Stalltür lehnte, und er ging hinein und sagte es dem Hausvater: »Sag ihr«, trug ihm der Hausherr auf,

»daß sich Ingmar Ingmarsson eben jetzt zum Hochzeitsmahl setzt und daß er keine Zeit hat, mit ihr zu sprechen.«

Als die Fremde diesen Bescheid bekam, seufzte sie und entfernte sich aufs neue; erst spät am Abend, als die Sonne schon am Untergehen war, kam sie wieder.

Diesmal gab sie ihren Auftrag einem kleinen Kind, das rittlings auf dem Gatter saß, und das Kind ging geradewegs in die Groß-Stube hinein und richtete es der Braut aus. – »Sag ihr«, antwortete die Braut, »daß Ingmar Ingmarsson mit seiner Braut tanzt und daß er keine Zeit hat, mit jemand anderem zu sprechen.«

Als das Kind mit diesem Bescheid wieder herauskam, lachte die Fremde und sagte: »Nein, nun sprichst du die Unwahrheit, Ingmar Ingmarsson tanzt nicht mit seiner Braut.«

Sie ging auch nicht wieder weg, sondern blieb am Tor stehen.

Kurz danach dachte die Braut: »Nun habe ich an meinem Hochzeitstag gelogen.« Sie bereute es, ging zu Ingmar hin und sagte ihm, daß eine Fremde auf dem Hof sei und mit ihm zu sprechen wünsche.

Ingmar ging hinaus und sah Gertrud am Tor auf ihn warten.

Als Gertrud ihn kommen sah, ging sie vor ihm auf den Weg hinaus, und Ingmar folgte ihr. Sie wanderten schweigend weiter, bis sie eine gute Strecke vom Hochzeitshof entfernt waren.

Ingmar schien in den letzten Wochen sehr gealtert zu sein. Jedenfalls hatte sein Gesicht einen entschiedeneren Ausdruck von Vorsichtigkeit und Klugheit angenommen. Er ging auch gebeugter und sah, seit er reich geworden war, demütiger aus als früher, da er nichts besessen hatte.

Ingmar war sicherlich nicht erfreut, Gertrud zu sehen. An jedem Tag, der seit der Auktion vergangen war, hatte er sich selbst einzureden versucht, daß er mit dem Tausch, den er gemacht hatte, zufrieden sei. »Denn es ist ja so, daß wir Ingmarssöhne eigentlich nichts anderes erstreben, als auf dem Ingmarshof zu pflügen und zu säen«, hatte er zu sich selbst gesagt.

Aber was ihn noch mehr quälte als der Gedanke, Gertrud verloren zu haben, war das Bewußtsein, daß es nun einen Menschen gab, der von ihm sagen konnte, er habe nicht gehalten, was er versprochen hatte. Und wie er nun so hinter Gertrud herging, dachte er immerfort an all den Hohn und die Verachtung, die sie über ihn auszugießen ein Recht hatte.

Gertrud setzte sich auf einen Stein am Weg und stellte ihren Korb neben sich. Das Kopftuch zog sie noch tiefer ins Gesicht herein.

»Setz dich«, sagte sie zu Ingmar und deutete auf einen andern Stein. »Ich habe viel mit dir zu reden.«

Ingmar setzte sich und war froh, daß er sich so ruhig fühlte. »Es geht besser, als ich erwartet hatte«, dachte er. »Ich glaubte, es würde viel schlimmer sein, Gertrud wiederzusehen und sie sprechen zu hören. Ich fürchtete, die Liebe würde mich ganz überwältigen.«

»Ich hätte dich nicht gerade an deinem Hochzeitstag gestört«, sagte Gertrud, »wenn ich nicht dazu gezwungen gewesen wäre, denn ich gehe nun aus dieser Gegend weg und komme nie wieder zurück. Schon vor einer Woche war ich ganz reisefertig, aber da trug sich etwas zu, was mich veranlaßte, die Reise aufzuschieben, um gerade heute mit dir zu reden.«

Ingmar saß schweigend und wie in sich zusammengesunken da. Er sah aus wie jemand, der die Schultern vorschiebt und den Kopf senkt, in der Erwartung, daß ein schweres Gewitter über ihn hereinbrechen werde.

Er dachte immerfort: »Was auch Gertrud denken mag, so weiß ich doch ganz gewiß, daß ich recht tat, indem ich den Hof wählte. Ich hätte es nicht ohne ihn aushalten können, ich hätte mich vor Kummer verzehrt, wenn er in andere Hände gekommen wäre.«

»Ingmar«, sagte Gertrud, und sie errötete dabei, so daß der kleine Teil, der von ihrer Wange sichtbar war, ganz dunkelrot wurde. »Ingmar, du wirst dich wohl noch erinnern, daß ich vor fünf Jahren die Absicht gehabt hatte, zu den Hellgumianern überzutreten. Damals hatte ich dem Heiland mein Herz gegeben, aber ich nahm es wieder zurück, um es dir zu schenken. Das ist wohl ein großes Unrecht von mir gewesen, und deshalb ist all dies über mich gekommen. So wie ich Christus aufgegeben habe, bin ich nun von dem, den ich liebte, auch aufgegeben worden.«

Sobald Ingmar begriff, daß Gertrud mit den Hellgumianern ziehen wollte, machte er eine unwillige Bewegung. Er hatte eine heftige Empfindung des Unbehagens. »Ich kann mich nicht dareinfinden, daß sie sich an diese Jerusalemfahrer anschließen und in ein fremdes Land ziehen will«, dachte er und widersprach ihr dann so eifrig, wie er es getan hätte, wenn sie noch immer seine Braut gewesen wäre.

»So darfst du nicht denken, Gertrud. Es ist niemals Gottes Absicht gewesen, dich dafür zu bestrafen.«

»Nein, nein, Ingmar, keine Strafe, so meine ich es nicht, sondern nur, um mir zu zeigen, wie schlecht ich vorher gewählt hatte. Ach nein, nicht als Strafe! Ich bin ja so glücklich! Ich vermisse nichts; ich bin von allem Schmerz erlöst worden. Das wirst du doch begreifen können, Ingmar, wenn ich dir sage, daß Gott selbst mich erwählt und berufen hat.«

Ingmar schwieg, sein ganzes Gesicht verhärtete sich in Vorsicht und Berechnung. »Du bist recht dumm«, schalt er sich selbst, »laß doch Gertrud fortziehen, Meer und Land zwischen euch ist das beste. Meer und Land, Meer und Land!«

Aber das, was sich in seinem Innern gegen Gertruds Abreise auflehnte, wurde gleichsam stärker als er, so daß er sagte: »Ich kann nun und nimmer verstehen, daß dir deine Eltern erlauben, fortzuziehen.«

»Das tun sie auch nicht«, antwortete Gertrud, »und ich weiß das so genau, daß ich sie nicht einmal um die Erlaubnis zu bitten wage; Vater würde nie seine Einwilligung geben. Ich glaube beinahe, er würde mich mit Gewalt zurückhalten. Am schwersten wird mir, daß ich mich von daheim fortschleichen muß. Sie glauben nun, ich gehe herum, um meine Bänder zu verkaufen, und sie werden es erst erfahren, wenn ich mich den Jerusalemfahrern in Göteborg angeschlossen habe und das Schiff abgefahren ist.«

Ingmar war ganz empört, daß Gertrud ihren Eltern so schweren Kummer bereiten wollte. »Weiß sie wohl, wie schlecht sie handelt?« dachte er. Er war schon im Begriff, ihr Vorhaltungen darüber zu machen, besann sich jedoch eines andern. »Es schickt sich nicht für dich, Ingmar, Gertrud über irgend etwas Vorwürfe zu machen.«

»Ich weiß wohl, daß es unrecht gegen Vater und Mutter ist«, sagte Gertrud, »aber ich darf nun eben Jesum folgen.«

Sie lächelte, als sie den Namen des Erlösers aussprach. »Er hat mich ja aus Angst und Seelennot errettet«, sagte sie innig und faltete ihre Hände.

Und als ob sie erst jetzt den Mut dazu fände, schob sie das Kopftuch zurück und sah Ingmar gerade in die Augen. Es war Ingmar, als vergliche sie ihn mit einem andern, der ihr vorschwebte, und er fühlte selbst, wie gering und unbedeutend er sich daneben ausnehmen mußte.

»Ja, es ist sehr unrecht gegen Vater und Mutter. Vater ist nun so alt, daß er seine Entlassung nehmen muß, und dann haben wir ein noch kleineres Einkommen als vorher. Und wenn Vater nicht beschäftigt ist, dann wird er übellaunig und verdrossen. Mutter wird es recht schwer mit ihm haben, und sie werden gewiß beide sehr traurig sein. Hätte ich daheim bleiben und sie erheitern können, dann wäre alles anders gewesen.«

Gertrud hielt inne, wie wenn sie überlegte, ob sie ganz offen reden dürfe, aber Ingmar fühlte, daß ihm selbst das Weinen aufstieg. Er erriet, daß Gertrud ihn bitten wollte, sich ihrer Eltern anzunehmen. »Ich glaubte, sie käme, um mich zu verhöhnen und mir ihre Verachtung zu zeigen«, dachte er, »statt dessen beweist sie mir das größte Vertrauen.«

»Du hast nicht nötig, mich erst darum zu bitten, Gertrud«, sagte Ingmar. »Es ist eine große Ehre, die du mir erweist, mir, der dich verlassen hat! Glaube mir, ich werde gegen deine alten Eltern besser handeln, als ich gegen dich gehandelt habe.«

Ingmars Stimme zitterte, und zugleich schien etwas von der Vorsicht und der Klugheit aus seinem Gesicht zu verschwinden. »Wie gut Gertrud gegen mich ist! Wenn sie mich um das bittet, so ist es nicht nur um ihrer alten Eltern willen, sondern auch, um mir zu zeigen, daß sie mir vergibt.«

»Ja, das wußte ich, Ingmar, daß du es mir nicht abschlagen würdest, wenn ich dich darum bäte«, sagte sie »Aber nun habe ich dir noch etwas anderes zu sagen.« Ihre Stimme wurde stärker und froher. »Ich habe ein großes Geschenk für dich.«

»Wie schön Gertrud spricht!« sagte Ingmar plötzlich zu sich selbst. »Ich glaube, ich habe noch nie jemand mit einer so frohen und klangvollen Stimme reden hören.«

»Vor acht Tagen ging ich von zu Hause weg«, sagte Gertrud, »und da hatte ich im Sinn, nach Göteborg zu gehen, um dort mit den Hellgumianern zusammenzutreffen. In der ersten Nacht schlief ich bei einer armen Schmiedswitwe in Bergsaana, namens Marie Bouving. Den Namen mußt du dir merken, Ingmar. Und wenn sie je in Not kommen sollte, so mußt du ihr beistehen.«

»Wie schön Gertrud ist!« dachte Ingmar, während er nickte und ihr versprach, sich an Marie Bouvings Namen zu erinnern. »Wie schön Gertrud ist! Wie wird es mir gehen, wenn ich sie nie wiedersehen kann! Gott sei mir gnädig, wenn ich unrecht getan habe, als ich sie um eines alten Hofs willen aufgab! Wie können Äcker und Wiesen dasselbe für mich sein wie ein Mensch! Sie können nicht mit mir lachen, wenn ich froh bin, noch mich trösten, wenn ich betrübt bin! Nichts auf der Welt kann einen Menschen, den man geliebt hat, ersetzen.«

»Marie Bouving«, fuhr Gertrud fort, »hat ein Kämmerchen hinter ihrer Küche, in dem sie mich in jener Nacht schlafen ließ. ›Du wirst sehen, wie gut du hier schläfst‹, sagte sie zu mir, ›denn du liegst in dem Bett, das ich bei der Auktion auf dem Ingmarshof gekauft habe.‹ Sobald ich mich niedergelegt hatte, fühlte ich einen sonderbar harten Knäuel unter meinem Kopf. ›Da hat sich Marie aber kein besonders gutes Bett gekauft‹, dachte ich. Ich war jedoch so müde von dem langen Gehen am verflossenen Tag, daß ich rasch einschlief.

Mitten in der Nacht wachte ich auf und drehte das Kissen auf die andere Seite, um den Knäuel unter meinem Kopf loszuwerden. Da merkte ich, daß es in der Mitte aufgeschnitten und mit großen Stichen schlecht wieder zusammengenäht worden war. Innen lag etwas Hartes, das wie Papier knisterte. ›Ich brauche nicht gerade auf Steinen zu schlafen‹, dachte ich und versuchte das Harte herauszuziehen. Schließlich brachte ich es heraus, es war ein mit einem Bindfaden umwickeltes, versiegeltes Päckchen.«

Gertrud hielt einen Augenblick inne, um zu sehen, ob Ingmar neugierig sei; aber Ingmar hatte nicht besonders aufmerksam zugehört. »Wie schön Gertrud beim Sprechen die Hand bewegt!« dachte er. »Ich glaube, ich habe noch nie jemand gesehen, der so geschmeidig in allen seinen Bewegungen ist und so leicht geht wie Gertrud. Ja, ein altes Sprichwort sagt: Der Mensch liebt vor allem den Menschen. Aber ich habe doch recht getan, denn nicht allein der Hof, sondern auch das ganze Dorf hat mich nötig.«

Trotzdem fühlte er mit Kummer, daß es ihm jetzt nicht mehr so leicht wurde wie vor kurzem, sich einzureden, er habe den Hof lieber als Gertrud.

»Ich legte das Päckchen neben das Bett«, fuhr Gertrud fort, »und hatte vor, es am nächsten Morgen Marie Bouving zu zeigen. Aber als es hell wurde, sah ich, daß dein Name darauf stand. Ich untersuchte es dann näher, und schließlich entschloß ich mich, es an mich zu nehmen und es dir zu übergeben, ohne Marie oder sonst jemand etwas davon zu sagen. Hier hast du es nun, Ingmar, es ist dein Eigentum.«

Und aus ihrem Korb nahm Gertrud nun ein nicht besonders großes Päckchen und übergab es Ingmar, indem sie ihn ansah, als erwartete sie, daß er sehr freudig überrascht sein würde.

Ingmar nahm die Gabe in die Hand, ohne viel zu überlegen, was es wohl sein könne. In Gedanken bemühte er sich, die bittere Reue zu unterdrücken, die ihn zu überwältigen drohte.

»Wenn Gertrud wüßte, wie gefährlich sie mir ist, wenn sie so freundlich und gut gegen mich ist!« dachte er. »Ach, wäre es denn nicht viel besser gewesen, wenn sie gekommen wäre, um mich zu schelten?

Ich sollte ja froh darüber sein, aber ich bin es nicht«, dachte er, »es ist ja, als wäre mir Gertrud dankbar, daß ich sie sitzenließ. Aber das zu denken, ist mir unerträglich.«

»Ingmar«, sagte Gertrud in einem Ton, der ihm endlich zum Bewußtsein brachte, daß es etwas außerordentlich Wichtiges sei, was sie ihm zu sagen hatte. »Es ist mir eingefallen, daß Eljas, während er auf dem Ingmarshof krank lag, dieses Kopfkissen gehabt haben muß.«

Zugleich nahm sie Ingmar das Päckchen aus der Hand und wickelte es auf. Ingmar hörte es knistern wie von neuen Banknoten. Dann sah er, daß Gertrud zwanzig Scheine abzählte, jeden von tausend Kronen. Sie hielt sie ihm vor die Augen: »Sieh hier, Ingmar, das ist dein väterliches Erbteil. Du begreifst wohl, daß Eljas es in das Kissen hineingestopft hat.«

Ingmar hörte ihre Worte und sah auch die Banknoten, aber es war ihm, als sähe und hörte er durch einen Nebel hindurch. Gertrud reichte ihm die Banknoten, aber er konnte sie nicht festhalten, und das ganze Bündel fiel zu Boden. Gertrud hob es auf und steckte es ihm in die Tasche. Ingmar merkte, daß er schwankte, als wenn er betrunken wäre.

Plötzlich streckte er einen Arm aus, ballte die Faust und schüttelte sie drohend in der Luft, so wie es ein Betrunkener manchmal tut.

»Ach Gott! Ach Gott!« schluchzte er.

Ach, wie sehr wünschte er, ein Wort mit dem Gott da droben im Himmel sprechen zu können, ihn fragen zu können, warum dieses Geld nicht früher zum Vorschein gekommen war! Warum es jetzt käme, jetzt, wo er es nicht brauchte, jetzt, wo Gertrud für ihn verloren war.

Im nächsten Augenblick fielen seine Hände schwer auf Gertruds Schultern nieder.

»Du verstehst dich zu rächen, du!« sagte er.

»Nennst du das Rache, Ingmar?« fragte sie bestürzt.

»Wie soll ich es sonst nennen? Warum kamst du nicht sofort zu mir mit dem Geld?« – »Nein, ich wollte den Hochzeitstag abwarten.« – »Wärst du gekommen, ehe ich Hochzeit gemacht hatte, hätte ich den Hof von Berger Sven Persson zurückkaufen können, und dann hätte ich dich heiraten können.« – »Ja, das wußte ich.« – »Aber nun kommst du gerade am Hochzeitstag, wo es zu spät ist.« – »Es war auf jeden Fall zu spät, Ingmar. Es war zu spät vor acht Tagen, es ist zu spät jetzt, es ist zu spät für immer.«

Ingmar war wieder auf den Stein niedergesunken; er hielt die Hände vor das Gesicht und klagte.

»Und ich, der glaubte, daß nirgends Hilfe zu finden wäre! Und ich, der glaubte, daß es nicht in menschlicher Macht stünde, es zu ändern! Und nun sehe ich, daß es doch Hilfe gab. Nun sehe ich, daß wir alle glücklich hätten werden können!«

»Eins sollst du aber doch wissen, Ingmar«, sagte Gertrud. »Als ich das Geld fand, sah ich sogleich, daß es uns helfen könnte, geradeso, wie du eben gesagt hast, aber es war keine Versuchung mehr für mich, nein, nicht einen einzigen Augenblick, und zwar deshalb, weil ich jetzt einem andern gehöre.«

»Du hättest das Geld selbst behalten sollen!« rief Ingmar. »Nun ist es mir, als ob mir ein Wolf die Brust zerreißt und zerfleischt. Es war nichts, als ich wußte, daß es unmöglich war, aber jetzt, da ich weiß, daß ich dich hätte bekommen können . . .«

»Ich kam hierher, um dir eine Freude zu machen, Ingmar.«

Doch auf dem Hof fing man allmählich an, ungeduldig zu werden. Die Leute traten auf die Vortreppe und riefen: »Ingmar! Ingmar!«

»Und die Braut steht dort drüben und wartet auf mich!« rief Ingmar in größter Herzensangst. »Und daß du es bist, Gertrud, die an all dem schuld ist! Als ich dich aufgab, tat ich es in äußerster Not, du aber hast alles zerstört, nur um mich unglücklich zu machen. Nun weiß ich, wie es Vater zumut war, als Mutter das Kind umgebracht hatte!« rief er außer sich.

Er brach in heftiges Weinen aus. »Nie habe ich dich so geliebt wie heute abend«, stöhnte er. »Nie habe ich dich auch nur halb so liebgehabt wie gerade jetzt. Ach, nie habe ich gewußt, daß die Liebe so bitter und furchtbar sein kann!«

Sanft legte ihm Gertrud die Hand auf den Kopf. »Nie, niemals ist es meine Absicht gewesen, mich an dir zu rächen, Ingmar, aber solange dein Herz an den Dingen dieser Welt hängt, ist es an den Kummer gebunden.«

Ingmar schluchzte noch lange, und als er endlich aufschaute, war Gertrud verschwunden. Vom Hof her kamen Leute, die ihn suchten.

Hart ließ er die Hand auf den Stein niederfallen, auf dem er saß, und zäher Starrsinn breitete sich auf seinem Gesicht aus.

»Gertrud und ich treffen vielleicht wieder einmal zusammen«, sagte er, »und dann könnte es sein, daß es anders geht als jetzt. Wir Ingmarssöhne sind dafür bekannt, daß wir das erreichen, wonach wir streben!«

Es muß noch berichtet werden, wie alle Menschen versuchten, die Hellgumianer zu überreden, nicht nach dem Orient zu ziehen. Manchmal war es, als ob es von den Bergen und Schluchten widerhallte: »Ziehet nicht fort! Ziehet nicht fort!«

Und nicht nur ihre eigenen Standesgenossen, auch die Herrenleute versuchten es, die Bauern von ihrem Vorhaben abzubringen. Der Landrichter und der Landvogt ließen ihnen keine Ruhe. Sie fragten sie, woher sie denn wüßten, daß diese Amerikaner keine Betrüger seien. Sie wüßten ja gar nicht, was das für Menschen seien, mit denen sie sich zusammentun wollten.

Es gäbe auch weder Gesetz noch Ordnung in dem Land da drunten. Jeden Tag könnte man von Räubern überfallen werden. Und Straßen gäbe es dort überhaupt nicht, sie würden gezwungen sein, all ihre Habe mit Pferden zu befördern, wie droben in den finnischen Wäldern.

Der Doktor prophezeite ihnen, daß sie das Klima nicht vertragen würden. Und Jerusalem sei voller Pocken und Fieber; sie zögen nur hin, um dort zu sterben.

Aber die Hellgumianer erwiderten, daß sie das alles schon wüßten, und gerade deshalb zögen sie hin. Sie gingen ja hin, um die Pocken und das Fieber zu bekämpfen, um Straßen zu schaffen und die Felder zu bebauen. Das Land Gottes sollte nicht länger im argen liegen, sie würden es in ein Paradies umwandeln.

Und niemand konnte sie von ihrem Vorhaben abbringen.

Neben der Kirche wohnte eine alte Pfarrerswitwe. Sie war steinalt und wohnte in einer großen Dachkammer im Postgebäude, der Kirche schräg gegenüber. Da wohnte sie, seit sie aus dem Pfarrhaus hatte ausziehen müssen.

Es war von jeher Sitte gewesen, daß die eine und andere der Hofbäuerinnen, wenn sie zur Kirche kamen, der Pfarrerswitwe etwas neugebackenes Brot oder Butter oder

Milch brachte. Dann ließ diese schnell den Kaffeekessel aufsetzen, und die Frau, die am lautesten schreien konnte, sprach mit ihr, denn die alte Pfarrerswitwe war stocktaub. Man versuchte ihr dann zu berichten, was sich unter der Woche im Dorfe zugetragen hatte, aber man bekam nicht recht heraus, wieviel sie von dem, was man ihr sagte, verstand.

Die alte Pfarrerswitwe saß immer in ihrer Stube, und manchmal vergaßen die Menschen beinahe, daß sie noch da war. Aber dann kam es vor, daß irgend jemand, der an ihrem Fenster vorüberging, zufällig ihr altes Gesicht hinter den weißen, faltigen Vorhängen erblickte. Dann dachte er: »Wir dürfen sie nicht ganz vergessen, da sie doch so verlassen ist. Morgen, wenn wir unser Kalb geschlachtet haben, gehe ich zu ihr und bringe ihr ein Stück Fleisch.«

Niemand brachte heraus, wieviel sie von dem wußte, was sich im Dorf zutrug. Sie wurde immer älter und gebrechlicher und schließlich schien sie sich um nichts mehr zu kümmern, was zu dieser Welt gehört. Sie las nur immer in ein paar alten Postillen, die sie schon auswendig konnte.

Die Pfarrerin hatte ein altes Dienstmädchen, das ihr beim Ankleiden half und für sie kochte. Alle beide hatten große Angst vor Dieben und Ratten, und aus Furcht vor Feuersgefahr vermieden sie es meistens, abends Licht anzuzünden.

Mehrere von denen, die Hellgumianer geworden waren, hatten die Gewohnheit gehabt, mit kleinen Geschenken zu der alten Pfarrerswitwe zu kommmen. Seit sie sich jedoch bekehrt und sich von allen Menschen geschieden hatten, gingen sie nicht mehr zu ihr; aber niemand wußte, ob die Alte verstand, warum sie nicht mehr kamen.

Ebensowenig wußte man, ob sie etwas von der großen Auswanderung nach Jerusalem erfahren hatte.

Da befahl die alte Pröpstin eines Tages, Pferde und Wagen zu bestellen, weil sie eine Ausfahrt machen wolle.

Wie verwundert die alte Magd da wohl ausgesehen haben mag!

Aber als sie Einwendungen zu machen versuchte, stellte sich die alte Dame stocktaub. Sie hob nur die rechte Hand mit ausgestrecktem Zeigefinger in die Höhe und sagte: »Ich will ausfahren, Sara-Lena, du mußt mir einen Wagen und Pferde verschaffen.«

So blieb Sara-Lena nichts anderes übrig, als ihrem Befehl nachzukommen. Sie mußte zum Pfarrer gehen und ihn bitten, der Pröpstin ein anständiges Gefährt zu leihen. Dann hatte sie unglaubliche Mühe, einen alten Pelzkragen und einen Samthut auszulüften, die seit zwanzig Jahren wohlverwahrt in Kampfer gelegen hatten.

Dann war es auch kein Spaß, die alte Dame die Treppe hinunterzugeleiten und ihr beim Einsteigen behilflich zu sein. Sie war so gebrechlich, daß man fürchten mußte, sie werde jeden Augenblick verlöschen wie eine ausgebrannte Kerze.

Als die Pröpstin endlich im Wagen saß, befahl sie dem Kutscher, zum Ingmarshof zu fahren.

Dort waren die Leute nicht wenig erstaunt, als sie sahen, wer im Wagen saß.

Sie kamen heraus und hoben sie aus dem Wagen und führten sie in die Groß-Stube hinein. Hier waren mehrere Hellgumianer versammelt. Man saß beim Essen. In letzter Zeit pflegten die Hellgumianer zusammenzukommen und ihre dürftigen Mahlzeiten gemeinsam einzunehmen, die nur aus Reis und Tee und andern leichten Gerichten bestanden, um sich dadurch auf den bevorstehenden Zug durch die Wüste vorzubereiten.

Als die Pröpstin auf der Schwelle war, blieb sie stehen und schaute sich in dem Raum um. Einige versuchten, sie anzureden, aber an diesem Tag hörte sie gar nichts.

Sie erhob die Hand und sagte mit jener trockenen, harten Stimme, die den Tauben eigen ist:

»Da ihr nicht mehr zu mir kommt, komme ich zu euch, um euch zu sagen, daß ihr nicht nach Jerusalem ziehen sollt. Es ist eine böse Stadt, dort hat man unsern Heiland gekreuzigt.«

Karin versuchte, ihr zu antworten, aber sie hörte nichts, sondern fuhr fort: »Es ist eine böse Stadt, es wohnen schlechte Leute dort, dort ist unser Heiland gekreuzigt worden.

Ich bin hierhergekommen«, fuhr sie fort, »weil dies ein gutes Haus gewesen ist. Der Name Ingmarsson ist ein guter Name gewesen. Es ist von jeher ein guter Name gewesen. Ihr sollt in unserem Dorf bleiben.«

Dann wandte sie sich zum Gehen. Nun hatte sie das Ihrige getan, nun konnte sie ruhig sterben. Das war die letzte Tat, die das Leben von ihr verlangt hatte.

Die Ingmarstochter Karin weinte, nachdem die Pfarrerswitwe abgefahren war. »Es ist vielleicht nicht recht, daß wir fortziehen«, sagte sie. Aber gleichzeitig freute sie sich, daß die alte Dame gesagt hatte: ›Es ist ein guter Name, es ist von jeher ein guter Name gewesen.‹

Das war das erste und einzige Mal, daß Karin dem großen Vorhaben gegenüber Zweifel hatte.

Die Abreise

An einem schönen Morgen im Juli fuhr ein langer Zug von Karren und Lastwagen vom Ingmarshof ab. Es waren die Jerusalemfahrer, die endlich ihre Vorbereitungen beendigt hatten und nun ihre Reise mit der weiten Fahrt nach der Eisenbahnstation begannen.

Als der lange Zug durch das Dorf fuhr, kam er an einem ärmlichen Hof vorüber, der der Myckelsumpf genannt wurde.

Hier wohnten schlechte Leute, der Auswurf der Menschheit, solche, die entstehen, wenn Gott einmal das Auge abwendet oder von anderen Dingen in Anspruch genommen ist.

Dort gab es einen ganzen Haufen schmutziger und zerlumpter Kinder, die allen Vorüberkommenden Schimpfworte nachschrien; da gab es auch eine alte Großmutter, die meistens betrunken am Grabenrand saß, und da gab es einen Mann und eine Frau, die sich immer zankten und balgten.

Nie hatte man sie arbeiten sehen, und man wußte nicht, ob sie mehr bettelten als stahlen, oder mehr stahlen als bettelten.

Als nun der Zug an dieser elenden, ärmlichen Hütte vorüberfuhr, die so war, wie ein Ort zu werden pflegt, wo Wind und Wetter jahrelang ungehindert ihr Wesen treiben dürfen, stand die alte Großmutter nüchtern und ordentlich bekleidet auf demselben Platz am Wege, wo sie sonst betrunken lallend und schwankend saß, vier der Kinder standen ruhig um sie her, und alle fünf waren gekämmt und gewaschen und so ordentlich gekleidet, als es ihnen möglich war.

Als die Insassen des ersten Wagens die Gestalten gewahrten, verminderten sie den Schritt der Pferde und fuhren ganz langsam an ihnen vorüber; ebenso machten es die nächsten, sie fuhren auch so langsam, daß die Pferde sich gerade noch vorwärts bewegten.

Und alle die Abreisenden begannen plötzlich heftig zu weinen; die Erwachsenen weinten still vor sich hin und schluchzten, aber die Kinder brachen in lautes Heulen und Geschrei aus.

Die Jerusalemfahrer konnten später nie verstehen, warum sie über nichts so bitterlich geweint hatten wie über die Bettel-Lena, die da so ärmlich und altersschwach am Wege gestanden hatte. Aber heute noch können sie in Tränen ausbrechen, wenn sie erzählen, wie sie sich an jenem Tag den Branntwein versagt hatte und ganz nüchtern mit den gewaschenen und gekämmten Kindern herausgekommen war, um ihnen noch eine Ehre zu erweisen.

Als der ganze Zug vorüber war, begann auch die Bettel-Lena zu weinen. »Die fahren in den Himmel, um bei Jesu zu sein!« sagte sie zu den Kindern. »Alle fahren gen Himmel, nur wir müssen hier am Weg sitzenbleiben.«

Als der lange Zug von Karren und Lastwagen durch das halbe Dorf gefahren war, kam er an die lange Floßbrücke, die schwankend im Fluß liegt.

Es ist sehr schwierig, über diese Brücke zu fahren. Zuerst geht es einen Abhang hinunter, um bis ans Wasser zu gelangen, und dann ein paar steile Stufen zur Brücke empor, denn die Brücke muß etwas erhöht sein, damit die Boote und Flöße darunter hindurchfahren können, und auf der andern Seite führt der Weg so jäh in die Höhe, daß Menschen und Tiere bei dem Gedanken, daß sie da hinaufmüssen, schaudern.

Diese Brücke macht den Leuten immer schwere Sorgen. Die Bretter verfaulen und müssen unaufhörlich erneuert werden. Zur Zeit des Eisgangs muß Tag und Nacht gewacht werden, damit sie nicht zertrümmert wird, und wenn im Frühjahr Hochwasser eintritt, reißt es große Stükke von der Brücke weg und führt sie bis hinunter zum Wasserfall beim Bergsaanaer Sägewerk.

Aber die Dorfbewohner sind stolz auf die Brücke und sehr glücklich über ihren Besitz. Denn wenn sie nicht wäre, müßte man ja immer ein Boot oder eine Fähre haben, sooft man von einem Ufer zum andern wollte.

Die Brücke ächzte und bog sich unter der Last, als die Jerusalemfahrer darüber hinfuhren, und das Wasser drang zwischen den Brettern hindurch und spritzte den Pferden an die Beine.

Den Wegziehenden tat es sehr weh, von ihrer geliebten Brücke scheiden zu müssen. Sie dachten daran, daß sie etwas war, was ihnen allen zusammen gehörte. Die Häuser, die Höfe, die Äcker und die Wälder waren an die verschiedensten Besitzer verteilt, aber die Brücke war gemeinsames Eigentum, und es war für alle ein Schmerz, sie zu verlassen.

Aber hatten sie denn sonst nichts, was ihnen gemeinsam gehörte? Hatten sie denn nicht die Kirche, die dort jenseits der Brücke zwischen den Birken lag? Hatten sie nicht das schöne weiße Schulhaus und den Pfarrhof?

Und was hatten sie sonst noch an gemeinsamem Besitz? Doch wohl auch die Schönheit, die hier ihren Augen begegnete. Die herrliche Aussicht über den breiten mächtigen Fluß, der ruhig und sommerhell zwischen den Baumgruppen hinzog, die weite Fernsicht das Tal entlang bis hinauf zu den blauen Bergen.

Das alles gehörte ihnen, das alles hatte sich ihnen fest eingeprägt, und das alles sollten sie nun nie wiedersehen!

Als die Abreisenden mitten auf der Brücke waren, stimmten sie eines der Moody- und Sankey-Lieder an:

»Ja gewiß, wir sehn uns wieder, ja gewiß, wir sehn uns wieder, droben einst im Himmelreich!«

Auf der Brücke war kein Mensch, der sie hören konnte. Den blauen Höhen ihres Heimatlandes, den grünen Wassern des Flusses und den vom Winde schwankenden Bäumen sangen sie.

Sie würden sie nie wiedersehen, und aus den Kehlen, die vom Weinen zusammengeschnürt waren, erklang das Abschiedslied.

»Du schönes Heimatdorf, mit deinen freundlichen roten und weißen Höfen zwischen den dichten Birkenhainen, mit deinen fruchtbaren Äckern und grünen Wiesen, mit deinen Gehölzen und Weideplätzen, mit deinem langen Tal, das vom Fluß durchschnitten wird, hör uns! Wir wollen beten, daß wir uns wiedersehen! Wir wollen beten, daß wir dich einst im Himmel wiedersehen!«

Als dieser lange Zug von Karren und Lastwagen die Brükke hinter sich hatte, kam er am Kirchhof vorüber.

Drinnen auf dem Kirchhof lag ein großer, flacher, vom Alter ganz verwitterter Felsblock; es stand weder ein Name noch eine Jahreszahl darauf, aber man wußte von alters her, daß ein Bauer aus dem Ljunggaardsgeschlecht darunter begraben lag.

Einmal, als Ljung Björn Olofsson, der jetzt nach Jerusalem zog, und sein Bruder Per noch Kinder waren, hatten sie auf diesem Stein gesessen und sich miteinander unterhalten.

Im Anfang waren sie ganz einig gewesen, aber schließlich hatten sie sich über irgend etwas gestritten und dabei heftige Worte gebraucht und schließlich hatten sie sich angeschrien.

Worüber sie gestritten hatten, vergaßen sie später wieder, aber was sie nie wieder vergaßen, war, daß sich unter dem Stein, worauf sie saßen, als sie eben am heftigsten stritten, ein langsames und deutliches Klopfen hören ließ.

Da verstummten beide augenblicklich. Sie faßten sich an der Hand und schlichen sich leise fort, und später konnten sie nie auf dem Stein sitzen, ohne daran zu denken.

Als Ljung Björn nun am Kirchhof vorüberfuhr, sah er seinen Bruder Per, den Kopf in die Hände gestützt, auf dem Stein sitzen.

Da hielt Ljung Björn sein Pferd an und gab den andern ein Zeichen, daß sie auf ihn warten sollten.

Er stieg vom Wagen, kletterte über die Kirchhofsmauer, ging zu dem Stein hin und setzte sich neben seinen Bruder.

Sogleich sagte Per Olofsson: »Du hast den Hof verkauft, Björn.« – »Ja«, antwortete Björn, »ich habe all das Meine Gott gegeben.« – »Ja, aber es war nicht das Deinige«, fiel der Bruder leise ein. – »Wie, gehörte es etwa nicht mir?« – »Nein, es gehörte der Familie.«

Ljung Björn gab keine Antwort, sondern wartete schweigend; hatte der Bruder sich auf diesen Stein gesetzt, dann sprach er nur Worte des Friedens, das wußte er. Er fürchtete sich nicht vor dem, was Per sagen würde.

»Ich habe den Hof wieder gekauft«, sagte nun der Bruder.

Ljung Björn fuhr zusammen. »Konntest du es nicht ertragen, daß er aus der Familie ging?«

»Ich bin nicht reich genug, um so etwas nur deshalb zu tun«, antwortete der Bruder.

Björn sah ihn fragend an. »Ich tat es, damit du etwas hast, wohin du zurückkommen kannst.« Björn stiegen die

Tränen auf, und er begann zu schluchzen. »Und damit deine Kinder etwas haben, wohin sie zurückkommen können.« Björn legte den Arm um des Bruders Hals und liebkoste ihn. »Und um meiner lieben Schwägerin willen«, sagte Per; »es wird gut für sie sein, wenn sie weiß, daß sie Haus und Heimat hat, die für sie bereitstehen und auf sie warten. Die alte Heimat steht immer offen für jeden von euch, der zurückkehrt.«

»Per«, sagte Björn, »setz dich dort auf den Wagen und zieh mit nach Jerusalem, dann bleibe ich daheim. Du verdienst es mehr, in das Gelobte Land zu kommen, als ich.« – »Ach nein«, sagte der Bruder lächelnd, »ich weiß wohl, was du meinst, aber ich passe besser hierher.« – »Ich glaube, du paßt am besten in den Himmel«, sagte Björn. Er lehnte seinen Kopf an die Schulter des Bruders. »Nun mußt du mir alles vergeben«, sagte er.

Sie erhoben sich und reichten sich die Hände zum Abschied. »Diesmal wurde uns nicht geklopft«, sagte Per, als sie aufstanden. – »Es war doch sonderbar, daß du darauf verfielst, dich auf diesen Stein zu setzen«, sagte Björn. – »Es ist uns Brüdern in der letzten Zeit schwer geworden, Frieden zu halten, wenn wir zusammenkamen.« – »Glaubtest du, ich sei heute streitlustig aufgelegt?« – »Nein, aber ich werde zornig, wenn ich daran denke, daß ich dich verliere.«

Sie gingen auf die Landstraße hinaus, und Ljung Per drückte Björns Frau kräftig die Hand. »Ich habe den Ljunghof zurückgekauft«, sagte er, »und ich sage es dir jetzt, damit du weißt, daß du hier etwas hast, wohin du jederzeit zurückkehren kannst.«

Ebenso drückte er dem ältesten Kind die Hand. »Erinnere dich, Kleiner, daß du hier Haus und Hof hast, wohin du zurückkehren kannst, wenn du wieder in die alte Heimat kommen willst.«

Er ging von einem zum andern, bis er zu dem kleinen Erik kam, der erst zwei Jahre alt war und nicht verstehen konnte, was der Oheim meinte. »Vergeßt nicht, ihr Kinder alle miteinander, Erik zu erzählen, daß er Haus und Hof hat, wohin er zurückkehren kann, sobald er heimkehren will.«

Und dann fuhr der lange Zug weiter.

Als der lange Zug der Karren und Lastwagen an dem Kirchhof vorbeigefahren war, erreichte er eine große Schar von Verwandten und Freunden, die den Fortziehenden Lebewohl sagen wollten.

Es wurde ein langer Aufenthalt, denn alle wollten sich noch einmal die Hand drücken und Abschiedsworte sagen.

Und als sie durch das Kirchdorf fuhren, war der ganze Weg mit Menschen dicht besetzt, die die Abreisenden sehen wollten.

Vor allen Häusern standen Menschen; sie lehnten sich weit aus dem Fenster heraus, sie waren auf die Zäune geklettert, und die weiter entfernt wohnten, standen auf den Hügeln und Anhöhen und winkten zum Abschied.

Der lange Zug fuhr langsam an der großen Menschenschar vorüber, bis er das Haus des Dorfschulzen Lars Clementsson erreichte. Hier hielt er an, und Gunhild stieg vom Wagen, um ihren Eltern Lebewohl zu sagen.

Gunhild hatte auf dem Ingmarshof gewohnt, seit sie sich entschlossen hatte, mit nach Jerusalem zu ziehen. Sie hatte gemeint, es sei besser, als mit ihren Eltern in Streit zu leben, die sich nicht mit dem Gedanken aussöhnen konnten, daß die Tochter sie verlassen wollte.

Als Gunhild vom Wagen gestiegen war, sah sie, daß das ganze Haus wie ausgestorben dalag. Nicht ein Mensch war vor der Tür oder an den Fenstern zu sehen.

Als sie das Tor öffnen wollte, war es verschlossen. Da kletterte sie über ein Gatter und gelangte so in den Hof; aber auch die Haustür war verschlossen und verriegelt.

Gunhild ging an die Küchentür, doch da war der Riegel von innen vorgeschoben.

Gunhild klopfte mehrere Male, aber niemand öffnete;

da nahm sie einen Stecken, mit dessen Hilfe es ihr gelang, den Riegel zu heben. So gelangte sie ins Haus hinein.

In der Küche war kein Mensch, die Groß-Stube war ebenso leer, und in der Kammer daneben war auch niemand.

Gunhild wollte nicht wieder gehen, ohne den Eltern ein Zeichen zu hinterlassen, daß sie dagewesen sei, um ihnen Lebewohl zu sagen. Sie trat an den Sekretär und machte die Klappe auf, denn sie wußte, daß der Vater hier Tinte und Feder aufbewahrte.

Sie konnte die Tinte nicht gleich finden und suchte daher in den Schubladen und Fächern. Da fiel ihr ein Kästchen in die Augen, das sie gut kannte. Es gehörte der Mutter; sie hatte es als Brautgeschenk vom Vater erhalten, und als Gunhild noch klein war, hatte die Mutter es ihr oft gezeigt.

Das Kästchen war weiß lackiert, mit einer gemalten Blumengirlande außen auf dem Deckel; innen auf dem Deckel aber war das Bild eines Hirten, der inmitten einer Schar weißer Lämmer die Flöte blies. Gunhild schlug den Deckel auf, um den Hirten noch einmal zu sehen.

In diesem Kästchen hatte die Mutter früher das Teuerste, was sie besaß, aufgehoben. Da verschloß sie den dünn gewordenen Verlobungsring ihrer Mutter, die ausgediente Uhr ihres Vaters und ihre eigenen goldenen Ohrringe.

Aber als Gunhild das Kästchen öffnete, sah sie, daß all die Andenken herausgenommen waren und an ihrer Stelle nur ein Brief lag.

Es war ein Brief von ihr selbst. Vor ein paar Jahren hatte Gunhild eine Reise nach Mora gemacht, und als sie über den Siljasee fuhr, kenterte das Schiff. Mehrere der Reisegenossen waren ertrunken, und die Eltern hatten gehört, daß auch Gunhild ums Leben gekommen sei.

Gunhild erriet nun, daß die Mutter über den Brief, worin ihr Gunhild mitgeteilt hatte, daß sie noch lebte, so glücklich gewesen war, daß sie alles andere aus dem Brautkästchen herausgenommen und dafür jenen Brief als ihren größten Schatz hineingelegt hatte.

Gunhild wurde totenblaß, ihr Herz krampfte sich zusammen.

»Nun weiß ich, daß ich meine Mutter umbringe«, sagte sie.

Sie dachte nicht mehr daran, ein paar Worte zu schreiben, sondern eilte zum Haus hinaus. Dann setzte sie sich wieder auf den Wagen, gab aber keine Antwort auf die Fragen der andern, ob sie ihre Eltern getroffen hätte. Auf dem ganzen Weg saß sie unbeweglich, die Hände im Schoß gefaltet, unverwandt vor sich starrend. »Ich ermorde meine Mutter. Ich weiß, daß meine Mutter stirbt«, dachte sie. »Für mich gibt es keinen glücklichen Tag mehr. Wohl darf ich in das Heilige Land ziehen, aber ich bringe meine eigene Mutter um.«

Nachdem der lange Zug der Karren und Lastwagen endlich das Dorf und das Tal hinter sich hatte, kam er an ein Birkengehölz.

Hier bemerkten die Jerusalemfahrer zum erstenmal, daß mehrere Personen sie begleiteten, die keiner kannte.

Solange die Reisenden sich noch im Kirchspiel befunden hatten, waren sie vom Abschiednehmen und vom Grüßeauftragen so in Anspruch genommen worden, daß sie keine Zeit gehabt hatten, auf ein fremdes Fuhrwerk zu achten, aber nun im Walde fiel es allen auf.

Bald fuhr es allen andern Wagen voraus, so daß es an der Spitze des Zuges war, dann hielt es wieder an und ließ alle andern an sich vorüberfahren.

Das Fuhrwerk war nur ein gewöhnlicher Arbeitswagen, wie sie überall gebraucht werden. Aber gerade deshalb war es nicht möglich, herauszubringen, wem er gehörte, und auch das Pferd kannte niemand.

Der Wagen wurde von einem alten Mann gefahren, der ganz vorgebeugt dasaß und runzelige Hände sowie einen langen weißen Bart hatte. Niemand kannte ihn, das war sicher.

Aber neben ihm saß eine Frau, die man zu erkennen glaubte. Ihr Gesicht konnte man zwar nicht sehen, denn sie hatte ein schwarzes Tuch über dem Kopf und hielt es mit den Händen so fest zusammen, daß nicht einmal ein kleines Stück von den Augen sichtbar ward.

Mehrere versuchten, aus Größe und Haltung der Frau zu erraten, wer es sein könnte, aber nicht zwei waren gleicher Ansicht.

Gunhild sagte sogleich, es sei ihre Mutter, aber Israel Tomassons Frau erklärte sie für ihre Schwester.

Kaum einer war da, der nicht seine eigenen Gedanken darüber gehabt hätte, wer da auf dem Wagen saß. Tims Halvor glaubte, es sei die alte Eva Gunnarstochter, die nicht mit nach Jerusalem ziehen durfte.

Der Wagen begleitete sie auf dem ganzen Weg, aber nicht ein einziges Mal schlug die Frau das Tuch zurück.

Einige der Abreisenden sahen in ihr eine Person, die sie liebten, andere eine, die sie fürchteten, aber den meisten kam es vor, als sei sie eine, die sie nicht mitgenommen hatten.

Mehrere Male, wenn der Weg breit genug war, fuhr der Wagen wieder an der ganzen Reihe vorüber, hielt dann an und ließ alle wieder an sich vorüberziehen.

Dann wandte die Fremde den Abziehenden das Gesicht zu und betrachtete sie unverwandt, aber keinem von allen machte sie ein Zeichen, und niemand konnte genau sagen, wer sie war.

Sie begleitete die Auswanderer bis zur Eisenbahnstation; dort hofften sie, ihr Gesicht zu sehen. Aber als sie abgestiegen waren und sich nach ihr umschauten, war sie verschwunden.

Während der lange Zug der Karren und Lastwagen durch das Dorf fuhr, sah man niemand, der auf einer Wiese mähte oder das Heu umwandte oder es auf Haufen setzte.

An diesem Morgen ruhte die Arbeit; alle Menschen standen müßig am Wege oder kamen in ihren Sonntagskleidern angefahren, um die Auswanderer zu begleiten. Die einen fuhren eine Meile mit, die andern zwei, viele sogar bis zur Eisenbahnstation.

Solange der Zug durch das Kirchspiel fuhr, sah man nur einen Mann, der an der Arbeit war, und dieser eine Mann war Hök Matts Eriksson.

Er war nicht mit der Sense hinausgegangen, denn das Mähen kam ihm immer wie eine Feierabendarbeit vor, sondern hatte sich darangemacht, Steine aus der Erde zu brechen, was er in seiner Jugend getan hatte, als er sein Ödland urbar machte.

Gabriel Mattson sah den Vater im Vorüberfahren vom Wagen aus. Hök Matts schaffte auf seinem Feld mit der Hebestange, brach Steine aus und häufte sie zu einer Mauer übereinander, er sah nicht auf, sondern mühte sich eifrig mit seinen Steinen ab, von denen einige so schwer waren, daß Gabriel meinte, der Vater müsse darunter zusammenbrechen. Und dann warf er sie auf die Steinmauer hinauf mit einer Kraft, daß die Kanten zersplitterten und die Funken heraussprangen.

Gabriel fuhr einen der beladenen Wagen, aber seine Pferde mußten selbst aufpassen, denn er konnte seine Augen nicht vom Vater abwenden.

Der alte Hök Matts arbeitete und arbeitete. Er mühte sich ab, gerade wie damals, als der Sohn geboren worden war und der Vater seine ganze Kraft einsetzte, um das Eigentum zu erweitern.

Der Kummer griff ihm tief ins Herz; aber Hök Matts brach immer größere Steine aus, die er zur Mauer hinschleppte.

Kurz nachdem der Zug vorüber war, brach ein heftiges Gewitter mit einem Platzregen los. Jedermann beeilte sich, unter Dach zu kommen. Zuerst wollte Hök Matts auch unterstehen, aber dann besann er sich eines andern und blieb draußen. Er wagte es nicht, seine Arbeit zu verlassen.

Um die Mittagszeit trat seine Tochter unter die Tür und

rief ihn zum Essen. Hök Matts war nicht besonders hungrig, aber er meinte doch, ein paar Bissen könnten ihm guttun. Schließlich ging er aber doch nicht hinein; er wagte es nicht, seine Arbeit zu unterbrechen.

Seine Frau hatte den Sohn bis zum Bahnhof begleitet; spät abends kam sie allein zurück. Sie ging zu ihrem Mann hinaus, um ihm zu erzählen, daß der Sohn nun abgereist sei; aber er arbeitete noch immer mit der Hebestange und schleppte sich noch immer mit den Steinblöcken ab, ohne einen Augenblick auszusetzen und sie anzuhören.

Den Nachbarn war es aufgefallen, wie Hök Matts den ganzen Tag hindurch arbeitete. Sie kamen herbei und beobachteten ihn, blieben eine Weile stehen, und wenn sie dann wieder heimkamen, erzählten sie: »Er ist noch draußen, den ganzen Tag hat er ohne Unterlaß so fortgemacht.«

Der Abend brach herein, aber das Tageslicht hielt noch eine Weile an, und Hök Matts fuhr in seiner Arbeit fort. Ihm war, als müsse der Schmerz ihn überwältigen, wenn er die Arbeit einstellte, solange er noch einen Schritt machen konnte.

Seine Frau kam wieder heraus und sah ihm eine Zeitlang zu. Der Weideplatz war eingeebnet, der Steinwall war gewachsen; aber noch immer schleppte der Mann Steine herbei, die wahrlich besser für die Kräfte eines Riesen gepaßt hätten.

Ab und zu kam einer der Nachbarn vorüber, um zu sehen, ob Hök Matts noch immer arbeitete; aber keiner redete ihn an.

Dann wurde es so dunkel, daß man nichts mehr sehen konnte; aber arbeiten hören konnte man ihn trotzdem, und wenn er die Blöcke auf den Wall hinaufschleuderte, stoben Funken um ihn her.

Aber plötzlich, als er gerade mit der Hebestange hantierte, entfiel sie ihm, und als er sich bückte, um sie aufzuheben, fiel er selbst zu Boden. Er blieb auf dem Feld liegen, und ehe er sich aufrichten konnte, schlief er ein.

Kurz danach kam er ins Haus herein. Er sagte nichts, dachte auch nicht daran, sich erst auszukleiden, sondern warf sich auf die Holzbank und schlief sofort ein.

Die lange Reihe der Karren und Lastwagen hatte endlich den Bahnhof erreicht.

Die Eisenbahnlinie war erst vor kurzem eröffnet worden, und das Bahnhofsgebäude war ganz neu. Es lag auf einem sehr großen, abgeholzten Platz mitten im tiefsten, dunkelsten Wald. Es gab kein Dorf, keine Felder oder Gärten weit und breit, aber alles war großzügig angelegt, weil man erwartete, daß in dieser einsamen und öden Gegend ein ansehnlicher Eisenbahnort entstehen würde.

Rund um das Stationsgebäude selbst war der Boden geebnet; da gab es einen breiten gepflasterten Bahnsteig, riesige Güterschuppen und weite, leere, unendliche Kiesplätze. Ein paar Kramläden, ein photographisches Atelier, einige Werkstätten und ein Gasthaus waren schon um die Kiesplätze her gebaut, aber der übrige Teil des abgeholzten Platzes war eine einzige Wildnis.

Der Fluß aus dem Tal zog auch hier vorüber. Wild brausend kam er aus dem dunklen Walde heraus, mit schäumenden Wirbeln und kleinen Stromschnellen. Die Jerusalemfahrer konnten kaum begreifen, daß dies der breite, majestätische Fluß sein sollte, dem sie erst am Morgen Lebewohl gesagt hatten.

Hier fanden sich keine lachenden Täler, über die man hinschauen konnte, hier war die Aussicht überall von dunklen, mit Tannen bewachsenen Hügeln eingeengt.

Als die kleineren Kinder, die ihre Eltern nach Jerusalem begleiteten, hier aus dem Wagen gehoben wurden, hatten sie Angst und fingen zu weinen an. Zuerst hatten sich die Kinder sehr darüber gefreut, daß sie nach Jerusalem reisen durften, aber beim Abschied von der Heimat hatten sie bitterlich geweint, und hier auf dem Bahnhof waren sie ganz verzweifelt.

Die Erwachsenen hatten aber zuviel mit ihrem Gepäck zu tun, das gleich abgeladen werden mußte. Jedermann griff mit an, und niemand hatte Zeit, auf die Kinder achtzugeben.

Aber die Kinder taten sich zusammen; in einem dichten Kreis standen sie beieinander und beratschlagten.

Kurz danach nahmen die älteren die kleinen an die Hand und wanderten vom Bahnhof fort, zu zwei und zwei, immer ein großes und ein kleines. Sie schlugen den Weg ein, den sie gekommen waren, über das Sandmeer, die Wildnis und die Flußbrücke in den Wald hinein.

Nach einiger Zeit dachte eine der Frauen doch an die Kinder. Sie machte einen Vorratskorb auf und wollte ihnen etwas zu essen geben.

Sie rief nach ihnen, erhielt aber keine Antwort. Die Kinder waren verschwunden; und einige Männer wurden auf die Suche nach ihnen geschickt.

Die Männer folgten den Spuren, die die vielen kleinen Füße im Sand zurückgelassen hatten, und als sie eine Strekke weit in den Wald hineingekommen waren, sahen sie die Kinder.

In langer Reihe wanderten sie dahin, zwei und zwei, immer ein großes und ein kleines. Als ihnen die Männer zuriefen, blieben sie nicht stehen, sondern gingen ruhig weiter. Da mußten die Männer laufen, um die Kinder einzuholen.

Die Kinder versuchten, davonzulaufen, aber die kleinsten kamen nicht mit, sie strauchelten und fielen zu Boden.

Da blieben die Kinder stehen, verweint und unglücklich.

»Aber Kinder, wo wollt ihr denn hin?« fragte einer.

Da brachen die kleinsten in lautes Weinen aus, und der älteste Junge sagte:

»Wir wollen nicht nach Jerusalem, wir wollen heim.«

Und noch lange, nachdem die Kinder zum Bahnhof zurückgebracht und in die Wagen gesetzt worden waren, weinten und jammerten sie:

»Wir wollen nicht nach Jerusalem! Wir wollen heim!«

Im Heiligen Land

Erster Teil

Mauern von lauterem Gold und Tore von Kristall

Von den schwedischen Bauern und ihrer Reise ist nun zu berichten, daß sie zunächst mit der Bahn nach Göteborg fuhren, von dort mit einem schwedischen Dampfer nach Antwerpen und schließlich mit der »Augusta Viktoria«, einem großen deutschen Dampfer, nach Palästina weiterfuhren. Sie hatten eine gute Reise, und als sie in Jaffa ankamen, waren sie alle gesund und wohlbehalten.

Gleich nachdem das Schiff außerhalb von Jaffa vor Anker gegangen war, eilten die Jerusalemfahrer an Deck, um einen ersten Blick auf das Heilige Land zu werfen. Aber die »Augusta Viktoria« lag weit draußen im Meer, und die Morgensonne stach ihnen in die Augen, so daß sie nicht viel unterscheiden konnten. Das einzige, was sie deutlich sahen, war ein großer Berg, der mitten vor ihnen nahe am Strand aufragte, und an seinen Hängen erkannten sie viele gelbe Häuser mit flachen Dächern und Gärten mit dunklem Grün. Nach und nach erkannten sie auch, daß sich rings um den Hügel eine flache Küste mit Sandstrand erstreckte, dahinter dehnte sich eine breite Ebene, die in weiter Ferne von einer langen, aber nicht übermäßig hohen Bergkette begrenzt war.

Es war nichts Auffallendes oder Merkwürdiges an diesem Land, und nach dem ersten Blick sagte sicher der eine oder andere der Bauern zu sich: »Nun, so sieht es hier also aus. Ich hatte mir alles ganz anders vorgestellt. Diese Landschaft hier habe ich schon oft gesehen.«

Als die Bauern seinerzeit nach Göteborg kamen, wurden sie von Hellgum erwartet, der hingekommen war, um ihnen auf der weiteren Reise behilflich zu sein. Hellgum kam geradewegs von Jerusalem, wo er und seine Glaubensgenossen schon seit ein paar Monaten lebten. Er war also in Palästina ganz zu Hause, und als er nun merkte, daß die Bauern zum Festland hinüberblickten, trat er zu ihnen und erklärte ihnen alles, was sie sahen.

»Auf diesem Berg dort liegt Jaffa mit seinen fünfhundert Orangenhainen«, sagte er. »Die Ebene dahinter ist die Ebene von Saron, auf der die Lilien wachsen, und die Berge in der Ferne sind das Gebirge von Judäa.«

Als er diesen Namen aussprach, wurde den Schweden etwas bewußt, was ihnen bisher entgangen war. Sie sahen, daß die Sonne hier einen leuchtenderen Schein über den Himmel verbreitete als in ihrer Heimat und daß über Ebene, Gebirge und Stadt ein Schimmer von Hellblau und Silberweiß lag, den sie nirgends sonst beobachtet hatten.

»Halleluja!« riefen sie alle erfreut aus. »Wie schön, daß wir wirklich so weit gekommen sind!«

Es erschien ihnen ganz unglaubhaft, daß sie alle Schwierigkeiten überwunden hatten und daß es armen Bauern, wie sie es alle waren, gelungen war, die Ebene von Saron und das Gebirge von Judäa zu schauen.

»Hierher nach Jaffa sandte König Hiram die Zedern aus dem Libanon für Salomon«, erklärte Hellgum. »Und hier schiffte sich auch der Prophet Jonas ein, als er sich dem Befehl Gottes entziehen wollte.«

Die Bauern hörten ihm voll Andacht zu. Ihnen war es, als stünden sie vor dem Tor zu einem großen Gotteshaus, in dem alles, was heilig war, aufbewahrt wurde. Trotzdem trat doch ein Lächeln auf ihre Lippen, als Hellgum von Jonas sprach, den sie auf so vielen alten Bildern gesehen hatten, wie er gerade aus dem Rachen des Walfisches ausgespien wird.

Unter den Jerusalemfahrern befand sich ein Schmied, namens Birger Larsson. Er war während der ganzen Reise immer froh und zufrieden gewesen. Keiner von ihnen allen hatte sich so leicht von der Heimat getrennt wie er, und keiner hatte sich so wie er darauf gefreut, die Herrlichkeit Jerusalems zu sehen.

Nun drängte sich Birger an Hellgum heran:

»Du mußt uns nun vor allem sagen, wo wir Jerusalem finden werden«, sagte er.

»Jerusalem und Bethlehem liegen droben zwischen den Bergen von Judäa«, erklärte Hellgum. »Jerusalem liegt beinahe in gerader Linie hinter Jaffa, während Bethlehem ein Stück weiter südlich ist.«

Birger schaute sofort in die Richtung, in der Jerusalem liegen sollte. Es war, als könnte er seine Blicke von nun an nicht mehr von dort losreißen.

Hellgum hatte schon während der Reise davon erzählt, daß der Hafen von Jaffa zu seicht sei und daß deshalb nur Fischerboote und kleine Segelboote dort einlaufen könnten. Große Dampfer wie die »Augusta Viktoria« mußten weiter draußen vor Anker gehen, und Passagiere und alle Waren mußten mit Ruderbooten an Land gebracht werden. Die Bauern wußten auch schon, daß die Landung, wenn das Wetter schlecht war, oft sehr gefährlich sein konnte, weil man eine weite Strecke ohne Schutz gegen Wind und Wellen über das offene Meer rudern mußte.

Jetzt aber war das Wetter ruhig und still, und Hellgum, der seinerzeit eine schwierige Landung erlebt hatte, war darüber sehr froh. Er deutete auf zwei schwarze Klippen, die mitten in der Hafeneinfahrt lagen, nur ein paar Ruderlängen voneinander entfernt, und erklärte den Bauern, daß alle Boote, die nach Jaffa wollten, zwischen diesen Klippen hindurchfahren müßten. Schon mehr als einmal sei es bei starkem Sturm vorgekommen, daß die kleinen Ruderboote gegen diese Klippen geworfen worden und daran zerschellt waren.

Der Dampfer war noch nicht lange auf Reede gelegen, als schon zahlreiche Boote aus dem Hafen herausgeschossen kamen. Sie fuhren so schnell, als flögen sie. Auf die Bauern machte das großen Eindruck, denn die Männer in den Booten ruderten halb aufgerichtet und stehend, um bessere Fahrt zu haben. Anfangs waren sie noch etwas vorsichtig, nachdem sie aber die gefährlichen Klippen passiert hatten, setzte ein scharfes Wettrudern ein. Man hörte ihr Lachen und ihre aneifernden Zurufe bis zum Dampfer heraus.

»So machen sie es hier immer«, sagte Hellgum. »Jeder möchte der erste sein, und vor lauter Eile bringen sie oft das Leben ihrer Passagiere in Gefahr. Schaut sie euch nur näher an, wenn sie an Bord kommen. Es gibt keinen unter ihnen, dessen Gesicht nicht voll Narben und Schrammen wäre. Sie sind die wildesten Seeleute am Mittelmeer. Sie scheuen weder einen Messerstich noch einen Schlag mit dem Ruderblatt, wenn es gilt, einen Kameraden am Überholen zu hindern.«

Noch während Hellgum so redete, kamen schon ein paar der Seeleute von Jaffa an Bord. Es waren große schwarze Burschen, die von den Bauern sehr bestaunt wurden, denn sie hatten nicht erwartet, in diesem zurückgebliebenen Land so gut aussehende Menschen anzutreffen.

»Seht sie euch an!« sagte Hellgum. »Sehr nur, wie sie über das Deck dahinstürmen! Wir können Gott danken, daß das Wetter so schön ist und wir dadurch ungefährdet an Land gelangen werden.«

Da trat Birger Larsson vor und sagte ein paar Worte, die den Bauern unvergeßlich blieben:

»Ich weiß nicht, wie ihr andern darüber denkt, aber was mich betrifft, so wäre es mir lieber gewesen, wir hätten einen richtigen Sturm gehabt, so daß der Schaum über die schwarzen Klippen dort gesprüht wäre, vor denen Hellgum so Angst hat. Ich wollte, wir wären von den wildesten Männern in den schlechtesten Booten an Land gebracht worden, damit wir hätten zeigen können, daß wir fest auf Gottes Führung vertrauen und daß nichts uns daran hindern kann, diese Küste zu betreten.«

»Amen! Amen!« sagten die Bauern nacheinander. Und ihre Herzen waren von so starker Zuversicht erfüllt, daß sie meinten, sie vermöchten über das Wasser zu gehen.

Gleich nach der Ankunft in Jaffa wurde Birger Larsson jedoch krank. Es war keineswegs eine gute Luft, die ihnen auf dem Weg zur Bahnstation in den Straßen von Jaffa entgegenschlug, und Birger wurde von Fieberschauern geschüttelt. Aber er wollte sich nicht anmerken lassen, daß er sich elend fühlte, und als die Bauern ihr Gepäck am Bahnhof abgestellt hatten, ging er mit ihnen, um die Stadt zu besehen.

Die Ankunft der Schweden in Palästina fiel in den August, den allerheißesten Monat dort. Die Sonne stieg so hoch, daß ihre Strahlen senkrecht auf die Köpfe der Menschen trafen, keine Wolke stand am Himmel, alles sah verdorrt aus, und man konnte verstehen, daß Hellgum die Wahrheit sagte, als er behauptete, es hätte seit April nicht mehr geregnet. Er sagte, in Jaffa sei es nicht so heiß wie in andern Teilen des Landes, weil die Stadt am Meer läge, aber die Bauern fanden, daß es auch hier schon heiß genug war. Auf dem Weg zum Bahnhof sahen sie große Rizinussträucher, die in der Sonnenhitze ganz eingeschrumpft waren, und Geranien, wie sie daheim in Dalarne als Topfpflanzen in den Fenstern standen, wuchsen hier an den Straßengräben und schienen ganz ermattet von der Hitze. Wie heiß es aber war, merkten sie am deutlichsten, als sie sahen, wie die Kinder, die über den Sandstrand liefen, um im Meer zu baden, die Füße hoch aufhoben, weil der Sand so heiß war, daß er ihnen die Sohlen verbrannte.

Hellgum führte die Bauern zu den großen Seifensiedereien, die zu den Sehenswürdigkeiten von Jaffa gehören, und zu den armseligen Ruinen, die angeblich ein Überbleibsel des Hauses sind, in dem der Apostel Paulus einmal gewohnt hat. Überall herrschten entsetzlicher Gestank und große Hitze, und Birger Larsson wurde davon immer kränker. Er sagte nichts von seiner Krankheit, sondern zeigte sich in bester Laune und war mit allem zufrieden. In Jaffa ist es wie in fast allen östlichen Städten, daß man nur fensterlose Mauern sieht, wenn man durch die Straßen geht, so daß die Bauern nicht viel Freude auf ihrer Wanderung erlebten. Aber Birger freute sich über das wenige, was es zu sehen gab, über die hübschen Kinder, denen sie begegneten, über die grauen Esel mit ihren großen Gemüsekörben, ja sogar über die häßlichen kleinen Straßenköter.

Am meisten aber freute Birger sich, als Hellgum seine Freunde zur deutschen Kolonie führte, die vor den Toren der Stadt lag. Sie war etwa dreißig Jahre vorher von deutschen Bauern gegründet worden, die nach Palästina ausgewandert waren, weil man sie als Sektierer in ihrem Heimatort verfolgt hatte. Sie hatten anfangs viel Schweres durchmachen müssen, kamen aber jetzt mit den Verhältnissen im Heiligen Land zurecht und waren wohlhabend und unabhängig geworden. Ihre Kolonie bestand aus vielen gut gebauten Häusern, umgeben von großen Gärten und Feldern. Wenn man dort hinkam, konnte man annehmen, man befände sich plötzlich in einer hübschen schwedischen Kleinstadt. Als Birger Larsson alle diese schönen Häuser sah, sagte er, er hoffe, daß es ihnen nicht schlechter gehen werde als den Deutschen.

»Es wird nicht lange dauern, dann bauen wir uns auch so eine schöne kleine Stadt außerhalb von Jerusalem«, meinte er.

Gegen Mittag wurde es zu heiß, um noch im Freien umherzuwandern, und die Schweden mußten deshalb zum Bahnhof zurückgehen, um unter den Schutz eines Daches zu kommen. Hier konnten sie sich hinsetzen und die Zeit abwarten, bis der Zug im Lauf des Nachmittags abfahren würde. Birgers Zustand wurde immer schlechter, aber er hielt sich aufrecht und ließ sich nichts anmerken. Er saß an einem Fenster, und plötzlich erblickte er draußen einen langen Zug von Menschen, der vorüberwanderte. Auch sie sahen aus wie Bauern. Sie hatten rundgeschnittenes Haar und große Bärte, graue, lange Röcke und Hosen, die unten in hohe Schaftstiefel gestopft waren. Alle gingen mit einem Stock über der Schulter, an dem ein kleines Bündel hing. Birger erfuhr, daß es Russen waren, die sich auf der Wallfahrt nach Palästina befanden. Sie waren mit dem

Dampfer angekommen, gingen aber bei ihrer Ankunft in Jaffa zu Fuß weiter, denn sie wollten das Land auf die gleiche Weise durchwandern wie Christus.

Birger wurde sehr nachdenklich, als er das hörte. Man sah ihm an, daß er dem Beispiel gern gefolgt wäre.

»So werden wir es später auch einmal machen«, sagte er und nickte seinen Reisekameraden zu. »Es wird schön sein, auf den Wegen des Herrn zu wandeln.«

Als der Zug sich endlich in Bewegung setzte, bekam Birger in dem heißen Eisenbahnwagen so starke Kopfschmerzen, daß er meinte, der Kopf müßte ihm zerspringen, und nun ließ es sich nicht mehr vor den andern verbergen, daß er krank war. Sie fragten ihn, was ihm fehlte, und Birger sagte, er habe nur ein wenig Kopfweh von der Hitze.

»Du als Schmied müßtest aber doch Hitze vertragen können!« meinten die Bauern und lachten ihn aus, denn niemand kam der Gedanke, daß er ernstlich krank sein könnte.

Der Zug führte sie nun durch die Obsthaine von Jaffa und hinaus auf die Ebene von Saron, die um diese Jahreszeit so öde war wie die Wüste. Wohl lebten in den Städten und kleinen Orten, die über die Ebene verstreut waren, viele Menschen, aber sie wagten sich nicht aus ihren Wohnungen, solange die Sonne am Himmel stand, um nicht vor Hitze krank zu werden. Jedenfalls gingen sie nie vor die Stadt hinaus, in der die Häusermauern und da und dort ein Baum ihnen wenigstens einen kleinen Schutz gewährten. Aber man sah weder einen Menschen auf der ganzen Ebene noch einen einzigen grünen Grashalm. Alle die prächtigen roten Anemonen und Mohnblumen des Frühlings, alle die Tausendschönchen und Nelken, die den Boden mit einem dichten roten und weißen Teppich bedeckt hatten, waren verdorrt. Öde lagen auch die Felder, auf denen Weizen, Roggen und Durrahirse gestanden hatten, und die Ernteleute mit ihren Ochsen und Eseln, mit ihren Liedern und Tänzen waren in ihre Dörfer gezogen. Die einzigen noch vorhandenen Spuren von der Herrlichkeit des Frühlings waren einige hohe verdorrte Stengel, die aus der verbrannten Erde herausragten und einstmals die berühmten Lilien von Saron getragen hatten.

Hellgum wurde nicht müde, den Kameraden die bemerkenswerten oder heiligen Orte zu erklären, an denen sie vorbeifuhren, aber Birger fühlte sich jetzt so elend, daß er nicht mehr alles aufnahm, was gesagt wurde. Er hörte, daß von Simson und den Philistern die Rede war, und ihm schien es nun so, als hätte Simson nicht nur die Felder verbrannt, sondern auch den Brand entzündet, der in seinem Kopf wütete.

Als sie die Ebene überwunden hatten und zwischen den Bergen von Judäa dahinfuhren, war Birger nicht mehr ganz bei klarem Bewußtsein. Es war kein wildes Gebirge, sondern nur ein Wirrwarr von grünen Hügeln, zwischen denen der Zug sich mühsam dahinwand. Für Birger Larsson aber schienen sich grüne Wälle aufzutürmen zwischen ihm und der Stadt, in die er gelangen wollte. Er zwängte sich durch einen Wall nach dem andern, aber immer wieder richtete sich ein neues Hindernis vor ihm auf. Die Arbeit machte ihn so glühend heiß, daß ihm der Schweiß herunterrann, und zugleich so müde und erschöpft, daß er nicht wußte, wie er je ans Ziel gelangen sollte. Als endlich die Hügel zur Seite wichen und jemand sagte, sie seien nun in Jerusalem angelangt, stand es so schlecht um ihn, daß Tims Halvor und Ljung Björn ihn unter den Armen fassen und vom Bahnhof beinahe wegtragen mußten.

Hellgum hatte von Jaffa aus durch ein Telegramm die Kolonisten von der Ankunft der Schweden unterrichtet. Mehrere ihrer Landsleute aus Amerika waren an den Bahnhof gekommen, um sie zu begrüßen. Unter ihnen befanden sich Hellgums Frau, die beiden Töchter von Groß-Ingmar, die gleich nach dem Tod des Vaters nach Amerika gefahren waren, und noch verschiedene andere aus dem gleichen Kirchspiel, die sich Hellgum in Amerika angeschlossen hatten und nun mit ihm nach Palästina gekommen waren. Es waren lauter alte Bekannte von Birger Larsson, aber er erkannte keinen einzigen wieder. So viel erfaßte er aber doch, daß er nun in Jerusalem war, und er hatte nur noch einen Wunsch: sich so lange aufrecht zu erhalten, bis er die Heilige Stadt gesehen hätte.

Vom Bahnhof aus, der eine gute Strecke außerhalb der Stadt liegt, konnte Birger nichts von Jerusalem wahrnehmen, und solange er dort warten mußte, lag er mit geschlossenen Augen ganz still da. Endlich hatten alle in den Wagen, die auf sie warteten, Platz gefunden. Sie fuhren hinab in das Tal Hinnom, und da, auf dem Gipfel des Bergrückens über ihnen, zeigte sich Jerusalem.

Birger hob die schweren Augenlider und sah eine Stadt, die von einer mächtigen, mit Zinnen und Türmen geschmückten Mauer umgeben war. Hinter der Mauer ragten hohe, gewölbte Gebäude empor, und ein paar Palmen wogten im Bergwinde.

Es war gegen Abend, und die Sonne stand dicht über dem Rande der westlichen Hügel. Sie war sehr rot und sehr groß und warf einen feurigen Schein über den ganzen Himmel hin, und auch die Erde ringsum erstrahlte in roter und goldener Glut. Aber Birger meinte, daß dieser Schein, der auf die Erde fiel, nicht von der Sonne komme, sondern von der Stadt vor ihm. Er ging von deren Mauern aus, die wie helles Gold schimmerten, und von deren Türmen, die mit Platten aus Kristall gedeckt waren.

Birger Larsson lächelte darüber, daß er zwei Sonnen sah, am Himmel eine und auf der Erde eine, und diese war Jerusalem, die Stadt Gottes.

Einen Augenblick fühlte er sich durch die Freude wie geheilt. Aber bald kehrte das Fieber mit neuer Gewalt zurück, und während der ganzen Fahrt nach der Kolonie, die auf der anderen Seite der Stadt lag, war er bewußtlos.

Auch von dem Empfang in der Kolonie merkte Birger nichts. Er konnte sich über das große Haus ebensowenig freuen wie über die weißen Marmorstufen oder über die prächtige Galerie, die das Haus rings umgab. Er konnte Mrs. Gordons schönes, kluges Gesicht nicht sehen, als sie auf die Treppe heraustrat, um die Ankommenden willkommen zu heißen, auch nicht Miß Hoggs mit ihren Eulenaugen, oder die andern neuen Brüder und Schwestern. Er wußte nicht einmal, daß er in ein großes helles Zimmer gebracht wurde, das für ihn und seine Familie nun Heimat werden sollte und wo man ein Bett für ihn herrichtete.

Am nächsten Tag war er noch ebenso krank, gewann aber doch für einige Stunden das Bewußtsein zurück. Und da war er tief bekümmert, daß er sterben sollte, ohne nach Jerusalem selbst hineingekommen zu sein und dessen Herrlichkeit in der Nähe geschaut zu haben.

»Ach, nun bin ich so weit gekommen«, sagte er, »und nun muß ich sterben, ohne Jerusalems Palast und die goldenen Gassen gesehen zu haben, in denen die Heiligen in langen weißen Gewändern mit Palmen in den Händen wandeln.«

Zwei Tage lang jammerte er so fort. Das Fieber nahm zu, aber selbst in seinen Fieberphantasien wurde er von derselben Furcht geplagt: daß er die goldglänzenden Mauern und die leuchtenden Türme, die Gottes eigene Stadt bewachten, nicht sehen würde.

Seine Verzweiflung und Angst waren so groß, daß Ljung Björn und Tims Halvor sich seiner erbarmten und beschlossen, ihn zufriedenzustellen. Sie glaubten, daß es besser mit ihm werde, wenn sein Verlangen gestillt würde. Sie verfertigten daher eine Bahre, und eines Abends, als die Luft sich ein wenig abkühlte, trugen sie ihn hinein nach Jerusalem.

Man schlug den geraden Weg nach der Stadt ein, und Birger war ganz bei Bewußtsein und betrachtete unverwandt den steinigen Erdboden und die kahlen Hügel. Als sie so weit gekommen waren, daß sie das Damaskustor und die Stadtmauer sehen konnten, setzten die Träger die Bahre nieder, damit der Kranke sich an dem ersehnten Anblick erfreuen könne.

Birger sagte kein Wort; er beschattete die Augen mit der Hand und strengte sich an, um recht sehen zu können.

Aber er sah nichts anderes vor sich als eine graubraune Mauer aus Stein und Lehm, wie alle sonstigen Mauern auch. Das große Tor mit seinem niederen Eingang und dem vielzackigen Gipfel kam ihm unheimlich vor.

Während er nun so matt und entkräftet dalag, bildete er sich ein, daß die andern ihn nicht in das rechte Jerusalem führten. An jenem Abend vor ein paar Tagen hatte er ein anderes gesehen, strahlend wie die Sonne.

»Daß meine alten Freunde und Landsleute so schlecht an mir handeln können,« dachte der Kranke. »Ach, warum wollen sie es mir nicht gönnen, daß ich das rechte Jerusalem sehe!«

Die Bauern trugen ihn den steilen Abhang, der zu dem Tor führte, hinunter. Birger war es, als trügen sie ihn in das Innere der Erde.

Als Birger durch das Gewölbe hindurchgekommen war, richtete er sich ein wenig auf. Nun wollte er sehen, ob sie ihn in die goldene Stadt getragen hatten.

Aber immer mehr verwunderte er sich, daß er auf allen Seiten nur häßliche graue Häusermauern sah, und immer verwirrter wurde er, als er die verstümmelten Bettler gewahr wurde, die vor den Haustüren saßen, und die vielen mageren, schmutzigen Hunde, die zu vier oder fünf auf den großen Kehrrichthaufen lagen und schliefen.

Noch nie hatte er einen so eigentümlich ekelhaften Gestank verspürt oder eine so schwüle Hitze empfunden, wie sie ihm hier entgegenschlugen, und er fragte sich, ob es wohl einen starken Wind gäbe, der diese schwere Luft in Bewegung setzen könnte.

Als Birger auf die Pflastersteine niederblickte, sah er, daß sie mit vertrocknetem Schmutz ganz bedeckt waren. Er wunderte sich sehr über all den Kehrricht und die Kohlblätter und Obstabfälle, die auf der Straße umherlagen.

»Ich verstehe gar nicht, warum Halvor mir diesen armseligen und elendigen Ort zeigen will«, murmelte Birger vor sich hin.

Die Bauern trugen ihn rasch weiter durch die Stadt; sie

selbst waren schon mehrere Male drin gewesen und konnten dem Kranken erklären, wie die Orte, an denen sie vorüberkamen, hießen.

»Dies ist das Haus des reichen Mannes«, sagte Halvor und deutete auf ein Gebäude, das Birger vorkam, als könne es jeden Augenblick einstürzen.

Sie bogen in eine Straße ein, die so düster aussah, als würde sie niemals von einem Sonnenstrahl erhellt. Birger betrachtete die Halbbögen, die sich von einem Haus zum andern quer über die Straße spannten. »Das ist allerdings notwendig«, dachte er, »denn wenn diese Baracken nicht so gut gestützt wären, würden sie bald einfallen.«

»Dies ist Christi Leidensweg«, sagte Halvor zu Birger. »Hier ist Jesus gegangen, als er sein Kreuz trug.«

Birger lag still und bleich da. Sein Blut brauste nicht mehr so durch seinen Körper wie bisher am Tag; es schien ganz still zu stehen, und er war kalt wie Eis.

Wo er auch immer hinkam, nirgends sah er etwas anderes als baufällige graue Mauern sowie da und dort ein niederes Tor. Selten war ein Fenster zu sehen, und da, wo sich solche fanden, waren sie immer zerbrochen, und in die leeren Rahmen waren Lumpen hineingestopft.

Wieder hielt Halvor die Bahre an. »Hier stand Pilatus' Palast«, sagte er, »und hier war es, wo sie Jesus hinausführten und von ihm sagten: ›Seht, welch ein Mensch!‹«

Birger Larsson winkte Halvor zu sich heran und ergriff feierlich seine Hand.

»Nun mußt du mir auf eins antworten, weil du mit mir verwandt bist«, sagte er. »Glaubst du, daß dies das rechte Jerusalem ist?«

»O ja«, sagte Halvor, »freilich ist dies das rechte Jerusalem.«

»Sieh, ich bin krank und kann morgen tot sein, und da begreifst du doch wohl, daß du mich nicht anlügen darfst«, sagte Birger.

»Niemand denkt daran, dich zu belügen«, erwiderte Halvor.

Birger hatte sicher gehofft, daß er Halvor dazu bringen könnte, die Wahrheit zu sagen. Die Tränen traten ihm in die Augen, als er daran dachte, daß Halvor und die andern so schlecht an ihm handelten.

Plötzlich kam ihm ein guter Gedanke.

»Sie machen es so, damit ich mich nachher umso mehr freue, wenn ich durch die hohen Tore in die Stadt der Ehre und Herrlichkeit hineingetragen werde«, dachte er. »Nun lasse ich sie ruhig weitermachen, denn sie meinen es gewiß gut mit mir. Wir Hellgumianer haben ja gelobt, wie Brüder aneinander zu handeln.«

Die Bauern trugen Birger weiter durch die düstern Straßen. Einige davon waren mit riesigen Segeltüchern überspannt, die aber alle große Risse und Löcher hatten. Wo diese Segeltücher hingen, konnte man es vor Dunkelheit und Gestank und erstickender Hitze kaum aushalten.

Das nächste Mal hielt die Bahre auf dem Vorhof eines großen, grauen Gebäudes. Der offene Platz war mit Bettlern und armen Hökern angefüllt, die Rosenkränze, Pilgerstäbe, Heiligenbilder und andern Kram feilboten.

»Hier siehst du nun die Kirche, die über dem Heiligen Grab und Golgatha gebaut ist«, sagte Halvor.

Mit matten Blicken schaute Birger Larsson an dem Gebäude empor. Allerdings hatte es große Türen und breite Fenster und war von ansehnlicher Höhe; aber noch nie hatte Birger eine Kirche so zwischen andern Häusern eingeklemmt gesehen. Er sah weder den Turm noch den Chor, noch die Vorhalle. Nein, das würde er sich gewiß nicht weismachen lassen, daß das ein Gotteshaus sei. Und das konnte er auch nicht glauben, daß sich so viele Händler und Verkäufer im Vorhof aufgehalten hätten, wenn dies wirklich das Grab Christi wäre. Er wußte wohl, wer die Wechsler aus dem Tempel hinausgejagt und den Taubenhändlern ihre Käfige umgeworfen hatte.

»Ich sehe es, ich sehe es«, sagte Birger und nickte Halvor zu. Aber im stillen dachte er: »Ich möchte nur wissen, was sie das nächste Mal vorbringen werden!«

»Ich weiß nicht, ob du für diesmal noch mehr ertragen kannst«, sagte Halvor.

»O ja, das kann ich schon«, erwiderte der Kranke, »wenn nur ihr es könnt.«

Die Männer nahmen die Bahre wieder auf und wanderten weiter; man kam nun in den südlichen Teil der Stadt.

Die Straßen sahen genau so aus wie die andern, nur waren sie voller Menschen. Halvor hielt die Bahre an einer Querstraße an und machte Birger auf dunkelhäutige Beduinen aufmerksam, die das Gewehr auf der Schulter und den Dolch im Gürtel trugen. Er zeigte ihm halbnackte Wasserträger, die das Wasser in schweinsledernen Schläuchen umhertragen, und er forderte ihn auf, russische Priester zu betrachten, die das Haar wie die Frauen in einem Knoten im Nacken aufstecken, sowie mohammedanische Frauen, die wie Gespenster aussehen, wenn sie, ganz in weiße Gewänder gehüllt und mit einem schwarzen Tuch vor dem Gesicht, daherkommen.

Birger war immer mehr überzeugt, daß seine Freunde einen ganz besonderen Scherz mit ihm vorhätten. Diese Leute sahen ja den friedsamen Psalmenträgern, die auf den Straßen des richtigen Jerusalems wandelten, gar nicht ähnlich.

Aber als Birger in das Menschengewimmel hineinkam, ergriff ihn das Fieber aufs neue. Halvor und die andern, die seine Bahre trugen, sahen, daß er immer kränker wurde. Seine Hände tasteten unruhig auf der Decke umher, die über ihn gebreitet war, und die Schweißtropfen traten auf seine Stirn.

Aber sobald von Umkehren die Rede war, fuhr er auf und sagte, es wäre sein Tod, wenn sie ihn nicht so weit tragen würden, daß er die Stadt Gottes zu Gesicht bekäme.

Auf diese Weise trieb er sie an, bis sie den Berg Zion erreichten, und als er das Zionstor erblickte, rief er, daß er dahinaus getragen werden wollte. Er richtete sich auf, in der sichern Hoffnung, daß er hinter dieser Mauer die schöne Gottesstadt, nach der er sich sehnte, finden werde.

Aber jenseits der Mauer sah er nichts weiter als sonnverbrannte, unfruchtbare Felder, die mit Steinen, Schutt und Kehrrichthaufen bedeckt waren.

Dicht neben dem Tor kauerten ein paar arme Menschen. Die krochen näher herbei, um zu betteln, und streckten dem Kranken Hände entgegen, von denen einige Finger abgefault waren. Mit einer Stimme, die wie das Knurren eines Hundes klang, riefen sie ihn an. Ihre Gesichter waren halb zerfressen, der eine hatte keine Nase und der andere keine Wangen mehr.

Birger schrie laut auf vor Entsetzen. In seiner Schwäche begann er angstvoll zu weinen und jammerte, daß man ihn in die Hölle trage.

»Das sind ja nur die Aussätzigen«, sagte Halvor. »Du weißt doch wohl, daß es hierzulande solche gibt?«

Die Bauern beeilten sich indes, ihn den Hügel weiter hinaufzutragen, damit er von dem traurigen Anblick der Unglücklichen an dem Tor befreit würde.

Dann setzte Halvor die Bahre nieder, trat zu dem Kranken und richtete seinen Kopf von dem Kissen auf. »Versuche jetzt aufzusehen, Birger, von hier kannst du sogar das Tote Meer und den Berg Moab wahrnehmen.«

Noch einmal schlug Birger die müden Augen auf. Er schaute über die öde, wilde Gebirgsgegend östlich von Jerusalem hin. Weit, weit draußen glänzte ein Wasserspiegel, und jenseits davon erhob sich eine Bergkette, die in schimmerndem, mit lichtem Gold überflutetem Blau erstrahlte.

Das war so schön, so licht und durchsichtig und glänzend, daß es einem schwer wurde, zu glauben, daß das, was man sah, der Erde angehöre.

Von Entzücken ergriffen, stand Birger von der Bahre auf, um dieser fernen Erscheinung entgegenzueilen. Schwankend machte er ein paar Schritte, dann sank er ohnmächtig zusammen.

Die Bauern glaubten zuerst, Birger sei tot; aber das Leben kehrte doch wieder zurück, und er lebte noch volle zwei Tage. Bis zu seiner Todesstunde phantasierte er von dem rechten Jerusalem. Er klagte, daß es sich immer weiter zurückziehe, sobald er versuche, es zu erreichen, so daß weder er noch irgendeiner von den andern je dahin gelangen könne.

Der Kreuzträger

Während all der Jahre, die die Gordonisten nun in Jerusalem zugebracht hatten, zeigte sich auf den Straßen der Heiligen Stadt jeden Tag ein Mann, der ein schweres, plumpes Holzkreuz schleppte. Er sprach mit niemand, und niemand sprach mit ihm. Niemand wußte, ob der Mann ein Irrsinniger war, der unter der Einbildung litt, daß er Christus sei, oder ob er nur ein armer Pilger war, der eine Bußübung verrichtete.

Der unglückliche Kreuzträger schlief des Nachts in einer Höhle auf dem Ölberg. Jeden Morgen, wenn die Sonne aufging, trat er auf den Berg hinaus und sah hinunter nach Jerusalem, das auf dem Berg Zion gerade vor ihm lag. Sein Blick schweifte suchend über die Stadt hin, von Haus zu Haus, von Kuppel zu Kuppel, als erwarte er eine große Veränderung, die sich über Nacht zugetragen hätte. Wenn er schließlich sah, daß alles noch so war wie vorher, stieß er einen tiefen Seufzer aus; er ging zurück in seine Höhle, lud das große Kreuz auf seine Schultern und legte sich einen Kranz aus zusammengeflochtenen scharfen Dornen auf den Kopf.

Dann stieg er den Berg hinab und schleppte dabei seine schwere Last langsam und seufzend durch Weingärten und Olivenhaine, bis er die hohe Mauer erreichte, die den Garten Gethsemane umgibt. Hier pflegte er vor einer niederen Pforte anzuhalten; er legte das Kreuz auf den Boden und lehnte sich an den Türpfosten, als ob er warte. Immer wieder beugte er sich zum Schlüsselloch hinunter, um in den kleinen Garten hineinzusehen. Wenn er dann einen der Franziskaner, die den Garten pflegten, zwischen den alten

Olivenbäumen und Myrtenhecken umhergehen sah, nahm sein Gesicht einen gespannten Ausdruck an, und er lächelte in froher Erwartung. Aber gleich darauf schüttelte er den Kopf; es schien ihm klar zu sein, daß der, den er suchte, nicht kommen würde. Da nahm er sein Kreuz aufs neue auf und wanderte weiter.

Später am Tag ging er gewöhnlich auf die tiefer liegenden Terrassen des Berges hinab, hinunter in das Tal Josaphat, wo der große Judenkirchhof liegt. Das lange Kreuz schleifte er hinter sich her; es klapperte auf den vielen fliesenförmigen Grabsteinen und fegte die kleinen Steine, die darübergestreut waren, zur Seite. Oft hielt er an, wenn er die Steine rasseln hörte, und sah sich um in dem sicheren Gefühl, daß jemand hinter ihm her komme. Wenn er dann merkte, daß er sich getäuscht hatte, stieß er wieder einen tiefen Seufzer aus und wanderte weiter.

Diese Seufzer wurden zu lautem Stöhnen, wenn er den Talgrund erreicht hatte und es nun seine Aufgabe war, das mächtige Kreuz den westlichen Abhang, auf dessen Kamm Jerusalem liegt, hinaufzuschleppen. Auf dieser Seite sind die Gräber der mohammedanischen Bevölkerung, und oftmals sah er da auf den niederen, sargähnlichen Grabdenkmälern eine trauernde Frau im weißen Überkleid sitzen. Er stolperte dann auf sie zu, bis sie, vom Aufschlagen des Kreuzes auf den Grabsteinen erschreckt, ihm das Gesicht zuwandte, das mit einem dichten schwarzen Schleier bedeckt war und die Vorstellung erweckte, daß darunter kein Gesicht, sondern nur ein leeres, dunkles Loch sei. Dann wandte er sich schaudernd ab und zog weiter.

Mit unsäglicher Mühe erklomm er den Kamm des Berges an der Stelle, wo die Stadtmauer hoch aufragt. Von hier aus pflegte er auf einem schmalen Pfad außerhalb der Mauer nach dem Berg Zion auf der südlichen Seite des Gebirges zu wandern und erreichte so die kleine armenische Kirche, die das Haus Kaiphas genannt wird.

Hier legte er abermals das Kreuz auf den Boden nieder und lugte durchs Schlüsselloch. Doch begnügte er sich nicht damit, sondern griff nach dem Glockenzug und läutete. Wenn er dann Pantoffeln auf dem Pflaster schlurfen hörte, lächelte er und hob schon die Hände nach der Dornenkrone, um sie abzunehmen.

Aber sobald der Kirchendiener, der die Pforte öffnete, den Kreuzträger erblickte, schüttelte er verneinend den Kopf.

Der Büßer beugte sich vor und schaute durch die halbgeöffnete Tür. Er ließ den Blick über den kleinen Garten hinschweifen, wo der Sage nach Petrus den Heiland verleugnet hat, und vergewisserte sich, daß er ganz leer war. Sein Gesicht nahm den Ausdruck tiefen Grams an, ungeduldig machte er die Pforte wieder zu und wanderte weiter.

Das schwere Kreuz klapperte auf dem mit Steinen und altem Schutt bedeckten Boden Zions. Es wurde nun rascher weitergeschleift, als hätte eine ungeduldige Erwartung dem Träger große Kräfte verliehen.

Er wanderte durch das Zionstor hinein in die Stadt und legte das Kreuz erst wieder nieder, wenn er ein düsteres graues Gebäude erreicht hatte, das als das Grab des Königs David verehrt wird und von dem auch behauptet wird, daß es den Saal enthalte, wo Jesus das heilige Abendmahl eingesetzt hat.

Hier pflegte der Alte das Kreuz zurückzulassen, während er selbst in den Hof hineinging. Wenn der mohammedanische Türhüter, der sonst allen Christen zornige Blicke nachwarf, den Kreuzträger kommen sah, verbeugte er sich vor dem, dessen Verstand bei Gott war, und küßte ihm die Hand. Und sooft dem alten Mann diese Ehrenbezeigung widerfuhr, sah er den Türhüter erwartungsvoll an; aber im nächsten Augenblick schon zog er seine Hand zurück, wischte sie an seinem langen groben Mantel ab, trat wieder hinaus ins Freie und lud das Kreuz aufs neue auf seine Schultern.

Unendlich langsam pflegte er dann nach dem nördlichen Teil der Stadt zu wandern, wo sich der Leidensweg Christi in seiner tieftraurigen Düsterheit hinzieht. Solange er sich auf belebten Straßen befand, schaute er in jedes Gesicht, blieb stehen, betrachtete es forschend und wandte die Blikke dann mit unendlicher Enttäuschung wieder ab.

Gutmütige Wasserträger, die sahen, daß er von seiner Wanderung in Schweiß gebadet war, boten ihm oft ein kleines mit Wasser gefülltes Zinngefäß an, und die Gemüsehändler pflegten ihm eine Handvoll Bohnen und Pistazien zuzuwerfen. Wenn ihm diese Gaben dargereicht wurden, nahm er sie zuerst mit strahlender Freundlichkeit an, dann aber wandte er sich ab, als hätte er etwas anderes und Besseres erwartet.

Wenn er den Passionsweg erreicht hatte, sah er hoffnungsvoller aus als während des ersten Teils seiner Wanderung. Er stöhnte weniger tief unter der Last des Kreuzes, richtete sich auf und sah sich um wie ein Gefangener, der nun seiner Befreiung sicher ist.

Er begann bei der ersten der vierzehn Stationen des Leidenswegs Christi, die die ganze Straße entlang durch kleine steinerne Tafeln bezeichnet sind. Aber er hielt nicht inne, bis er das Kloster der Zionsschwestern in der Nähe des Ecce-Homo-Bogens erreichte, wo einst Pilatus den Heiland der Volksmenge gezeigt hatte. Hier schleuderte er das Kreuz auf die Straße, wie eine Bürde, die er nie wieder aufzunehmen brauchte, und schlug an das Klostertor mit drei starken, wuchtigen Schlägen. Ehe jemand öffnen konnte, hatte er die Dornenkrone vom Kopf gerissen, und manchmal war er seiner Sache so sicher, daß er sie den Hunden hinwarf, die ihre Schlafstätte in der Nähe des Klosters hatten.

Drinnen im Kloster kannte man sein Pochen. Eine der frommen Schwestern öffnete die Türluke und reichte ihm ein rundes Brot heraus.

Da geriet er in schrecklichen Zorn. Das Brot nahm er nicht an, sondern ließ es auf die Straße fallen; er stampfte auf den Boden und stieß wilde Verzweiflungsschreie aus. Lange blieb er vor dem Tor stehen. Schließlich nahm sein

Gesicht aber doch wieder den Ausdruck geduldigen Leidens an. Er bückte sich nach dem Brot und verzehrte es mit gierigem Appetit. Dann versuchte er die Dornenkrone in Ordnung zu bringen und nahm das Kreuz wieder auf.

Nur wenige Augenblicke später stand er in strahlender Erwartung vor der kleinen Kapelle, die das Haus der heiligen Veronika genannt wird; aber niedergedrückt von Enttäuschung wanderte er von dannen. Er ging die ganze Straße hinauf von Station zu Station, erwartete mit derselben Gewißheit seine Befreiung an der Kapelle, die die Lage des Tores der Gerechtigkeit kennzeichnet, durch das Jesus die Stadt verließ, sowie an der Stelle, wo der Heiland zu den Frauen Jerusalems gesprochen hat.

Nachdem er so Christi Leidensweg zurückgelegt hatte, geschah es bisweilen, daß er in den engen Vorhof der heiligen Grabeskirche hineingeriet. Aber hier legte der unglückliche Kreuzträger seine Last nicht nieder, hier riß er die Dornenkrone nicht vom Kopf. Sobald er die düstere graue Fassade gewahr wurde, wandte er sich ab und floh. Der alte Büßer schien überzeugt zu sein, daß er gerade an diesem Orte das unmöglich finden konnte, was er suchte.

Es war am Abend des Tages, an dem sie Birger Larsson begraben hatten. Alle, die zur Kolonie gehörten, die alten Gordonisten sowohl, die schon seit bald vierzehn Jahren in Jerusalem lebten, als auch die Schwedisch-Amerikaner, die mit Hellgum herübergekommen waren, und die zuletzt angekommenen schwedischen Bauern, waren beim Abendgottesdienst versammelt. Aber der großen Hitze wegen hatten sie es nicht drinnen im Saal ausgehalten, sondern ihre Stühle auf die Dachterrasse vor dem Versammlungssaal getragen und unter freiem Himmel geredet und gesungen.

Nach dem Gottesdienst waren die andern wieder an ihre Arbeit gegangen, die Leute aus Dalarne aber waren noch dageblieben, denn sie hatten das Gefühl, daß es sich nicht schicke, nach einem Begräbnis wieder zu arbeiten. Aufrecht und feierlich saßen sie auf ihren Stühlen und verhielten sich schweigend. Birger hatte eine Frau und acht Kinder hinterlassen, die nun leise vor sich hin schluchzten. Der eine oder andere redete ein paar Worte mit ihnen, um sie zu beruhigen und ihnen zu sagen, daß sie sich keine Sorgen um ihre Zukunft zu machen brauchten.

»Es wird euch nicht so ergehen wie andern Witwen und Waisen draußen in der Welt«, versicherten sie ihnen. »Es soll euch genau so gut gehen wie bisher. Ihr habt jetzt mehr als hundert Brüder und Schwestern, die sich eurer annehmen.«

Noch während sie dasaßen, ging die Sonne unter. Die Dunkelheit fiel rasch ein und ließ Mond und Sterne sichtbar werden. Aber an diesem Abend strich kein kühlender Windhauch von den Bergen hernieder, sondern die drükkende Hitze hielt weiterhin an. Schon tagsüber war es unerträglich heiß gewesen, und mehrere der Bauern wurden von Fieberschauern geschüttelt. Sie glaubten schon, es würde ihnen allen so ergehen wie Birger Larsson, und während sie so in Dunkelheit und Schweigen dasaßen, dachten sie darüber nach, was Gott wohl im Sinn gehabt haben mochte, als er sie in dieses Land schickte, wenn sie doch nicht imstande waren, darin zu leben.

Alles andere war hier viel besser gewesen, als sie zu hoffen gewagt hatten. Sie hatten geglaubt, daß sie nur Schwierigkeiten begegnen würden und Entbehrungen leiden müßten. Nun aber hatte es den Anschein, als wären die Kolonisten hier wohlhabend und hätten sich mit allem gut eingerichtet. Außer dem geräumigen Haus vor dem Damaskustor, in dem sie den großen Versammlungssaal, Eßsaal, Küche und Waschraum hatten und in dem außerdem die vornehmsten Bauern unter ihnen mit ihren Familien große prächtige Zimmer bewohnten, hatten die Kolonisten auch noch drei Häuser in Jerusalem selbst gemietet. Zwei davon dienten als Wohnungen, das dritte dagegen wurde als Schulhaus verwendet. Zur nicht geringen Freude der Neuankömmlinge besaß die Kolonie eine ausgezeichnete Schule, in der ihre Kinder besseren Unterricht erhalten würden, als sie ihnen daheim hätten geben können.

Als die Bauern ihre Habseligkeiten ausgepackt und ihre Zimmer in Ordnung gebracht hatten, merkten sie bald, daß es ihnen an allerlei Möbeln und Hausrat fehlte, und sie beschlossen, Hobelbänke herzustellen und Stühle, Tische, Betten, Bänke, Küchenschränke und andere notwendige Gegenstände zusammenzuschreinern. Sie hatten auch die Frauen davon reden hören, wie schwer es sei, ein ordentliches Brot in dem orientalischen Backofen des Hauses zuwege zu bringen, und sie beschlossen, ihn umzubauen. Und ebenso wie die Männer überlegten auch ihre Frauen, wie sie sich in der Kolonie nützlich machen könnten. Es sah ganz so aus, als gäbe es auch für sie genug zu tun.

Die eigentliche Arbeit der Gordonisten bestand vor allem im Schulunterricht und in der Pflege der Kranken und Armen, die sie auch jetzt unverändert besuchten. Solange sie allein gewesen waren, hatten sie fremde Hilfe für alle Hausarbeit genommen, aber seit der Ankunft der Schwedisch-Amerikaner hatten diese die Arbeit in der Küche übernommen. Es gab da nicht wenig zu tun, denn sie mußten tagaus, tagein für hundertundzwanzig Personen sorgen. Aber es war, als hätten sie außer Kochen und Waschen alles andere vergessen. Jetzt wollten die schwedischen Bäuerinnen alles, was an Kleidern gebraucht wurde, weben und nähen. Sie wollten so schnell wie möglich ihre Webstühle aufstellen und Stoffe, Matten, Handtücher und feine Tischtücher weben, denn wo käme man denn hin, wenn man all das kaufen müßte, was diese vielen Menschen brauchten?

Aber besser noch als das alles waren die große Liebe und freudige Aufnahme, die sie in der Kolonie gefunden hatten. Sie konnten noch nicht mit den alten Gordonisten reden, spürten aber deutlich, daß sie alles taten, was in ihren Kräften stand, damit die Neuankömmlinge sich zu Hause und glücklich fühlen konnten. Und die Schwedisch-Amerikaner versicherten, daß sie noch nie nettere Menschen getroffen hätten. Sie waren jederzeit hilfsbereit, sagten nie ein unfreundliches Wort und gaben nie zu erkennen, daß sie sich besser dünkten als die Bauern, mit denen sie sich zusammengetan hatten. Keiner wollte etwas für sich allein behalten, sondern was einem einzelnen gehörte, gehörte ihnen allen. Und es lag eine solche Freude über ihnen. Sie spielten wie die reinen Kinder, und ihre Kinder waren wie sie selbst, tapfer, unbekümmert und heiter.

Das Schönste von allem in den Augen dieser Bauern war die Tatsache, daß sie sich in Jerusalem, der Stadt Gottes, befanden. Ehe sie hier anlangten, hatten sie nicht geglaubt, daß es so schön sein könnte, an dem Ort zu leben, an dem Jesus gewirkt hatte. Dadurch, daß sie ihn gleichsam ständig vor Augen hatten, wurden sie auch immer an ihn erinnert. Über dem ganzen Leben lag eine Seligkeit, als befänden sie sich unter den Scharen, die dem Heiland folgten, wo immer er auf Erden wanderte, und alles hingaben, um nach seinen Worten zu leben.

Alles wäre gut gegangen, bis auf das eine: sie meinten, das Klima im Heiligen Land nicht aushalten zu können. Es schien ihnen, als wäre die Luft, die sie einatmeten, voller Gift. Was war Gottes Absicht? Hatte er sie hierher geführt, um ihnen den Anbruch eines neuen herrlichen Lebens zu zeigen, nur um sie danach sterben zu lassen?

Während die Bauern in diese Gedanken und Fragen vertieft dasaßen, stand die Tochter des Schulmeisters plötzlich mit einem lauten Ausruf auf.

»Seht ihr ihn?« fragte sie, den Blick nach Süden gen Jerusalem gewandt und zugleich so betroffen, daß sie sich an der Stuhllehne festhalten mußte, um nicht umzufallen.

Die Stadt Jerusalem war von der Kolonie aus nicht zu sehen, denn sie lag hinter Hügeln verborgen. Viele glauben, einer dieser Hügel sei das wirkliche Golgatha, und halten die Annahme für falsch, die es an die Stelle verlegt, wo sich jetzt die heilige Grabeskirche erhebt.

Und nun sah Gertrud gerade auf dem Gipfel dieses Hügels eine Gestalt. Sie erkannte sie deutlich gegen den mondhellen Himmel. Es war ein Mann mit einem langen Gewand, der eine Dornenkrone auf seinem Haupt trug und ein großes Kreuz aufrecht neben sich hielt.

Alle Bauern blickten in der gleichen Richtung wie sie und sahen das gleiche Bild. Die meisten standen auf und liefen zur Balustrade vor, um besser sehen zu können, andere aber blieben stehen, als hätte der Anblick sie überwältigt. Und das, was sie sahen, löste sich nicht zu einem Traumbild auf. Der Mann mit der Dornenkrone und dem Kreuz war deutlich zu unterscheiden oben auf dem Hügel, den man für die wahre Kreuzigungsstätte hält. Er wirkte unnatürlich groß in dem graugrünen Mondlicht, und es gab wohl keinen unter den Bauern, der etwas Irdisches und Wirkliches zu sehen glaubte.

Aber Hellgum, der auch unter ihnen gesessen hatte, beeilte sich, die andern darüber aufzuklären, wer es war, der dort auf dem Hügel stand.

»Es ist ein armer Wahnsinniger«, sagte er. »Ich habe ihn schon oft in Jerusalem gesehen. Er glaubt, daß er Christi Kreuz tragen und es so lange mit sich herumschleppen müsse, bis er jemand gefunden habe, der es an seiner Stelle tragen will.«

Niemand schien gehört zu haben oder auch nur hören zu wollen, was Hellgum sagte. Aller Blicke hingen gebannt an diesem Mann auf dem Hügel. Da er ihnen so erschienen war, wollten sie sich nicht davon abbringen lassen, daß es mit seinem Erscheinen etwas Wunderbares auf sich habe.

Das Geräusch, das entstand, als sie an den Rand des Daches eilten, war offenbar von dem Kreuzträger gehört worden. Sie beobachteten, wie er ihnen sein Gesicht zuwandte und sie betrachtete. Dann nahm er schnell sein Kreuz, legte es sich über die Schulter und begann, den Hang herunterzusteigen. Man hörte ihn unter seiner schweren Bürde stöhnen und vernahm das Scharren des Kreuzes auf dem steinigen Boden.

Hellgum schilderte nun weiter, wie der Wahnsinnige

tagtäglich durch Jerusalem wanderte und auf jeden ihm Entgegenkommenden zueilte in der ständigen Hoffnung, den zu treffen, der ihn ablösen würde. Aber die Bauern wandten die Blicke nicht von dem Kreuzträger.

Für einen Augenblick verschwand er hinter den Hügeln, doch bald darauf kam er auf dem Weg, der zur Kolonie führte, wieder zum Vorschein.

»Er kommt her, er kommt her!« riefen einige, und ihre Stimmen klangen erregt, als hätten sie noch nicht ganz erfaßt, daß es nicht Christus war, der dort einherwanderte.

»Ja, er kommt her«, sagte Hellgum. »Sobald er jemand sieht, kommt er herbeigeeilt, kehrt aber sofort wieder um, wenn er merkt, daß es nicht der Richtige ist.«

»Wie kann er wissen, wer der Richtige ist?« fragte Gertrud.

»Das weiß niemand«, entgegnete Hellgum, »und wahrscheinlich weiß er selbst es auch nicht.«

Der Kreuzträger kam näher, und sie sahen jetzt deutlich, wie groß sein Kreuz war und mit welcher Mühe er es mit sich schleppte.

»Ach, der Arme!« riefen die Frauen, von innigem Mitleid erfüllt. Sie streckten ihm die Arme entgegen, und man sah ihnen an, daß sie am liebsten geradewegs vom Dach des Hauses hinuntergeeilt wären, um ihm seine Last tragen zu helfen.

Als er aber dicht vor dem Haus stand, wurden sie ganz still, denn er war, wie er da vor ihnen stand, ein so getreues Abbild des Heiligsten, mit dem sie vertraut waren, daß sie wie gelähmt in Andacht verharrten. Sie konnten nur beobachten und abwarten, was er nun tun würde. Und der Kreuzträger stand still und blickte minutenlang zu ihnen auf. Die Dachterrasse befand sich nicht hoch über der Straße, das Mondlicht lag hell auf den Gesichtern der Bauern, und sicher konnte der Mann ihre treuherzigen und ernsten Züge gut erkennen.

Endlich setzte er sich wieder in Bewegung.

»Jetzt hat er uns gesehen«, sagte Hellgum, »und nun

werdet ihr erleben, wie schnell er wieder seiner Wege geht.«

Aber der Kreuzträger ging keineswegs so schnell fort. Statt dessen kam er noch näher an das Haus heran. Er hob das Kreuz von der Schulter und lehnte es an die Wand, dann nahm er die Dornenkrone vom Haupt und hängte sie auf einen der Kreuzesbalken.

Gleich darauf sahen die Bauern, daß er aufrecht und leichten Schrittes, von seiner Bürde befreit, wegging.

Als ihnen klar wurde, daß er seine Last vor ihrem Haus zurückgelassen hatte, sagten sie kein Wort. Aber die einen drückten den Nebenstehenden die Hand, und den andern traten Tränen in die Augen. Fast aller Gesichter leuchteten auf und wurden dadurch fast schön. Sie hatten Antwort auf ihre Fragen erhalten. Es ging also nicht darum, zu leben oder zu sterben, sondern einzig und allein darum, das Kreuz zu tragen. Etwas anderes brauchten sie nicht zu wissen.

Die Gordonisten

Anfang der achtziger Jahre, etwa gleichzeitig mit dem Untergang des großen Dampfers »L'Univers« und einige Jahre bevor der Schulmeister in der alten Heimat sein Missionshaus zu bauen begann, ließ sich in Jaffa ein junger Mann namens Eliahu nieder. Er war arm, aber er hatte in einer Missionsschule eine gute Erziehung erhalten und konnte sieben Sprachen sprechen. Nun glaubte er, seine Kenntnisse nicht besser verwerten zu können, als wenn er als Dolmetscher die Fremden herumführe, die das Heilige Land besuchten. Und da er sehr geschickt war und sich der Reisenden umsichtig annahm, war er bald sehr begehrt.

Hier muß gesagt werden, daß die Zustände in Palästina um jene Zeit unbeschreiblich schlecht waren, und das Traurigste war beinahe, daß kein Mensch daran glaubte, sie könnten je besser werden. Man war fest davon überzeugt, Palästina werde immer ein Land ohne Straßen, ohne

Brücken, ohne richtige Bewässerung und infolgedessen auch ohne eine ertragreiche Landwirtschaft bleiben. Man konnte sich nicht vorstellen, daß die Bauern jemals lernen würden, andere Pflüge zu verwenden als die, die sie aus einem krummen Ast des Olivenbaumes selbst verfertigten, oder daß sie sich andere Wohnungen schaffen würden als die fensterlosen Lehmhütten, in denen Menschen und Tiere unter einem Dach hausten. Es würde sich wohl auch nie etwas daran ändern, daß drei Viertel des Landes als offene Weide dalagen, ebensowenig wie man hoffen konnte, seine Waren einmal mit der Eisenbahn zu befördern, statt auf dem Kamelrücken, oder Häfen an der Küste zu bauen oder andere Möglichkeiten zu schaffen, als die Straßen durch die Hunde rein zu halten.

Die meisten Eingeborenen dachten vermutlich nie daran, wie zurückgeblieben das Land war, aber Eliahu, der durch die Reisenden immer wieder von den großen Fortschritten in Europa und Amerika hörte, sah den Verfall umso deutlicher. Zwar glaubte er wie alle andern, daß es dagegen keine Hilfe gäbe, aber wenn er die Reisenden durch das Land begleitete, saß er oft grübelnd auf dem Rücken seines Pferdes und versuchte, sich klar darüber zu werden, warum Palästina, das früher einmal ein mächtiges Reich gewesen war, jetzt so arm und unglücklich sein mußte.

Er fragte sich, ob die geographische Lage daran schuld sei. Er hatte jedoch immer gehört, daß die Lage am Mittelmeer für ein Land sehr vorteilhaft sei, und Palästina hatte ja eine meilenlange Mittelmeerküste. Diese war freilich flach und gerade, ohne Inseln und Buchten, so daß sie keine guten Landeplätze bot, aber er wußte, daß es möglich war, in Jaffa oder Haifa oder an einer andern Stelle der Küste einen künstlichen Hafen anzulegen. Fast packte ihn ein Taumel, wenn er an einen Hafen dachte. Was für einen Zulauf an Reisenden, welchen Zufluß an Waren, was für einen Handel, welch ein Leben würde das geben! Ganz Arabien, Persien und Mesopotamien würden mit kostbaren

Teppichen und edlen Pferden kommen, würden Stickereien, Wohlgerüche und schöne Waffen herbeibringen, um sie von hier aus nach dem Abendland zu schicken.

Wenn es aber nicht mit der geographischen Lage zusammenhing, daß Palästina so arm war, so konnte es vielleicht von ungünstigen Bodenbedingungen herrühren. Eliahu, der das Land bereits mehrere Male durchstreift hatte, konnte auch das nicht glauben. Es war freilich ein kleines Land und bestand nur aus einer einzigen großen Ebene am Meer, die ebenso lang war wie das Land selbst und zehn bis dreißig Kilometer breit. Ferner aus einem Gebirgszug hinter der Ebene, ebenso lang und breit wie diese, und jenseits des Gebirgszuges aus dem tiefen Jordantal, das sich ebenfalls vom See von Tiberias hoch oben im Norden bis zum Toten Meer im Süden durch das ganze Land erstreckte. Aber in keiner dieser Gegenden hatte Eliahu wirkliche Unfruchtbarkeit beobachtet.

Was die Ebene an der Küste betraf, so wußte er, daß sie außerordentlich fruchtbar war. Er hatte gesehen, daß sie dort, wo der Boden bearbeitet und gedüngt wurde, Jahr für Jahr reiche Ernten gab, wobei die einzige Mühe darin bestand, daß man die Grasnarben mit einem Holzpflug umlegte. Das Herz tat ihm weh, wenn er sich vorstellte, daß dieses Land, das jetzt nur von Wiesenblumen bedeckt war, ein wogendes Meer von Weizen und Mais sein könnte.

Und wenn er an den Gebirgszug dachte, so meinte er, daß dieser noch ertragreicher werden könnte als die Küstenebene. Zum mindesten müßte er für die Menschen ein beliebter Aufenthaltsort sein, denn dort herrschte eine viel frischere Luft, und auch die Hitze war dort nicht sehr zu spüren. Es gab wohl einige Gegenden, die wild und unbewohnbar waren, aber der größere Teil bestand aus niedrigen Hügeln, die man sogar bis obenhin bebauen konnte. Und er liebte es, sich diese Hügel mit Obstgärten bedeckt vorzustellen, so wie sie in den günstigen Gegenden rings um Bethlehem waren. So lebhaft konnte er sich das alles vorstellen, daß die steinigen Felder, auf denen die Ziegenherden zwischen Disteln und rauhem Gras weideten, vor seinen Blicken verschwanden und er statt dessen ausgedehnte Haine von Mandel- und Aprikosenbäumen sah, von Granatbäumen und Feigenbäumen, Oliven- und Orangenbäumen, die sich von einem Hügel zum andern erstreckten.

Die schönsten Träume aber träumte Eliahu, wenn er durch das Dickicht kümmerlicher Weidenbüsche ritt, das jetzt den Grund des Jordantales bedeckte. In diesem tiefen Tal, das so wohlbeschützt zwischen hohen Bergen lag und so gut bewässert war, reiften die zartesten und seltensten Gewächse. Hier sah der arme Eliahu ein neues Eden vor sich, voll von stattlichen Palmen, duftenden Kräutern, von all diesen geheimnisvollen Pflanzen, die man zur Herstellung von Wohlgerüchen, Farben und Arzneien verwendet.

Das alles waren jedoch nur Träume, die nie Wirklichkeit werden konnten. Wenn Eliahu mit einem Einwohner von Palästina darüber sprach, so begnügte dieser sich damit, die Schultern zu zucken und nach Nordwesten aufs Meer hinaus zu deuten. Damit war alles gesagt.

Und Eliahu wußte ja selbst, daß das der türkischen Regierung in Konstantinopel galt, die an diesem ganzen Unglück Schuld trug. Sie war es, die die alte Wasserleitung hatte verfallen lassen, die die Wege nicht instand hielt, die sich jedem Bau von Eisenbahnen widersetzte, die unternehmungslustige Ausländer daran hinderte, Häfen anzulegen, und die Einfuhr abendländischer Bücher und Zeitungen verbot. Sie war es, die jedem schwere Steuern auferlegte, wenn er eine nützliche oder einträgliche Arbeit betrieb, so daß die Menschen es vorzogen, in Untätigkeit dahinzudämmern. Sie war es, die das Recht nicht wahrte, sondern den Richtern erlaubte, Bestechungsgelder anzunehmen, die die Räuber lange Zeit hindurch ungestraft ihr Unwesen treiben ließ, die das ganze Volk vernachlässigte und herunterkommen ließ, bis es nicht mehr imstande war, sich aus eigener Kraft emporzuarbeiten.

Eliahu stieg bei diesen Gedanken oft das Blut in die Wangen, wenn er alle diese Missetaten der Türken aufzählte. Er konnte es nicht verstehen, daß sie ungestört im Land seiner Väter regieren durften. Denn war Palästina nicht das Land, das alle Christen liebten? Und es war kein fremdes Land für sie. Man traf sie dort in den verschiedensten Klöstern, Schulen und Missionsanstalten an, Russen und Griechen, Angehörige der römisch-katholischen Kirche und Protestanten, armenische Christen, Kopten und Jakobiten. Und wenn man wußte, welche Macht manche von ihnen in ihrer Heimat besaßen, war es da nicht unglaublich, daß sie die Türken ihre schlechte Regierung weiterführen ließen? Warum sorgten sie alle, die sich zu Christus bekannten, nicht dafür, daß sein Land gerecht regiert wurde? Warum wollten sie nicht, daß die andern Völker sagen mußten:

»Seht, Jesu Geburtsland ist wie ein herrlicher Obstgarten vor dem Herrn. Dort blühen Frieden und Liebe, keiner schadet dem andern, sondern das ganze Land blüht und gedeiht. In andern Gegenden der Welt ist es nur unter Schwierigkeiten geglückt, Jesu Lehre einzuführen, in Palästina aber herrscht sie in ihrer ganzen Lieblichkeit!« Warum wollten die Christen denn nicht, daß die andern Völker so sagen mußten? Wenn sie das aus ganzem Herzen gewollt hätten, hätten die Türken sie nicht hindern können.

Eliahu stellte diese Fragen an viele gebildete und warmherzige Christen in Palästina, erhielt aber stets die gleiche Antwort:

»Siehst du denn nicht, daß wir Christen in diesem Land hier ohnmächtig sind, weil wir nicht einig sein können? Wir leben ja in bitterer Fehde und ewigem Streit untereinander. Wie sollten wir da ein Reich Gottes einführen können? Hier, wo Jesus gelebt hat, brennt der Glaube stärker als irgendwo sonst auf der Erde, aber gerade deshalb auch tobt der Haß zwischen den verschiedenen Gläubigen wilder als irgendwo sonst. Überall in der Welt können die Christen einträchtiger sein als im Heiligen Land.«

Eliahu erkannte die Wahrheit dieser Worte. Er begriff, daß das Unglück so lange in seinem Vaterland herrschen würde, bis die Christen gelernt hätten, einig zu sein. Und er hatte schon genug gesehen von diesem düsteren Glaubenseifer, der in Jerusalem herrschte, um zu erkennen, daß dieser Tag nie kommen würde.

Nachdem Eliahu sich schon über ein Jahr als Fremdenführer betätigt hatte, traf eine Gesellschaft amerikanischer Touristen in Palästina ein. Sie kamen alle aus Chicago und waren einander schon nicht mehr fremd, als sie die Reise antraten, sondern freundschaftlich miteinander verbunden. Sie waren auch nicht irgendwelche reichen Nichtstuer, die nur der Zerstreuung halber reisten, sondern einfache und bürgerliche Leute, die das Land, in dem ihr Erlöser gelebt hatte, kennenlernen wollten. Die bedeutensten unter ihnen waren der Advokat Edward Gordon und seine Frau. Ferner befanden sich ein junger Arzt und seine Schwester und ein paar Lehrerfamilien unter ihnen, im ganzen fünfzehn Personen. Sie wollten durch ganz Palästina reiten und sämtliche heiligen Stätten besuchen, um danach wieder in ihre Heimat zurückzukehren.

Es traf sich so, daß Eliahu diese Amerikaner zu führen hatte. Er beschaffte ihnen alles, was sie brauchten: Pferde, Sättel, Zelte, Diener, Lebensmittel und die übrige Ausrüstung. Während der Reise sorgte er dafür, daß ihre Mahlzeiten schon bereit standen, wenn sie an ihren Rastplatz kamen, er wählte die besten Wege aus und machte seine Sache so gut, daß die Reise von Hebron bis Tiberias ohne das geringste Mißgeschick vonstatten ging. Noch nie hatte er sich so viel Mühe mit einer Reisekarawane gegeben. Er strengte sich jedoch nicht deshalb so an, weil er von den Amerikanern eine große Belohnung erhoffte, sondern weil er sie mit der Zeit liebgewonnen hatte.

Eliahu hatte bereits viele Arten von Menschen kennengelernt, aber noch nie diese Art. Sie traten sehr einfach auf, und Eliahu glaubte nicht, daß sie in ihrem eigenen Land hohe Stellungen innehatten oder besonders großes Ansehen genossen, er empfand jedoch größte Ehrerbietung vor ihnen. Über ihnen schien etwas von dem Glanz und der Würde zu liegen, wie sie geborenen Herrschern über Menschen zu eigen ist. Das kam wahrscheinlich daher, daß sie alle große Selbstbeherrschung zeigten. Niemals gaben sie einander oder auch nur dem geringsten ihrer syrischen Diener ein böses Wort. Niemals zeigten sie sich unzufrieden, gerieten niemals in schlechte Laune und ertrugen Regen wie Hitze mit unveränderlichem Gleichmut. Es herrschten so viel Freudigkeit und frische Zuversicht unter ihnen, daß Eliahu oft zu sich sagte: »Ach, wenn doch alle Reisenden so wären wie sie! Da wäre es ein Vergnügen, Reiseführer zu sein.« Er wurde ein anderer Mensch während der Zeit, in der er mit dieser Gesellschaft durch das Land zog, und er dachte voll Kummer an den Tag, an dem er sie nach Jaffa bringen und ihre Abreise erleben würde.

Zuerst reiste Eliahu mit den Amerikanern durch das ganze Land und hielt sich anschließend mit ihnen in Jerusalem auf. Dort führte er sie zu jeder alten Kirche und zu jedem Stein und jeder Grotte, über die etwas Merkwürdiges zu berichten war. Aber sosehr er auch die Zeit hinauszog, der Tag kam doch, an dem er sich gestehen mußte, daß er nichts mehr zu zeigen hatte, und an dem die Amerikaner anfingen, an ihre Abreise zu denken.

Am Abend, ehe sie Jerusalem verlassen sollten, sandten sie Eliahu einen Boten mit der Bitte, sie in dem Speisesaal ihres Gasthauses aufzusuchen. Als er kam, war er schweigsam und düster, und man sah ihm an, wie traurig er war. Die Amerikaner baten ihn, sich mit ihnen an den Tisch zu setzen, und während der Mahlzeit machten sie mehrere Versuche, ihn aufzuheitern, jedoch ohne Erfolg.

»Eliahu«, sagte da plötzlich Mr. Gordon, »wir sind übereingekommen, Ihnen zu sagen, wer wir sind, ehe wir das Land hier verlassen. Sie sind uns während der Zeit hier ein lieber Freund geworden, und es wäre uns am liebsten, wenn wir uns nicht von Ihnen trennen müßten.«

Er erzählte nun Eliahu, daß seine Frau bei einem

Schiffsunglück beinahe umgekommen wäre und daß sie, während sie mit den Wellen kämpfte, eine Botschaft von Gott empfangen habe. Dann sagte er, daß sie alle, die Eliahu hier durchs Land geführt habe, und noch einige andere, die in Chicago zurückgeblieben seien, eine Gemeinde gebildet hätten, die in gegenseitiger Einigkeit leben und diese Einigkeit über die ganze Welt ausbreiten wollte. Und schließlich fragte er Eliahu, ob er dieser Gemeinde beitreten und ihnen in ihre Heimat folgen wollte. Er sei ja ein alleinstehender Mann, der sich überall in der Welt niederlassen könne, wo es ihm gefiele, und es würde bei ihnen nicht an Arbeit fehlen für einen Menschen, der so viele Kenntnissse besäße wie er. Sie hätten auf dieser Reise genug von ihm gesehen, um überzeugt zu sein, daß er zu ihnen passen würde. Und er seinerseits habe sie alle und ihr Wesen kennengelernt und könne nun selbst entscheiden, ob er sich ihnen anschließen wolle.

Nachdem Mr. Gordon seine Rede beendet hatte, saß Eliahu lange schweigend da. In ihm ging etwas Merkwürdiges vor. Als Mr. Gordon davon sprach, daß er und seine Freunde eine Gemeinschaft gegründet hätten, um die Einigkeit zu verbreiten, erwachten alle seine Träume zu neuem Leben. Die Gedanken jagten einander in seinem Kopf. Ihm kamen diese Menschen so mächtig und unwiderstehlich vor, daß er überzeugt war, sie könnten sogar unter den Christen von Jerusalem die Einigkeit einführen, wenn sie nur wollten. Und er wußte, daß damit alles gewonnen wäre. Er sah wogende Weizenfelder auf der Ebene von Saron und blühende Mandelbäume außerhalb von Jerusalem und wehende Palmen rings um Jericho.

»Was sagen Sie zu unserem Vorschlag, Eliahu?« fragte schließlich Mr. Gordon, als der Fremdenführer das Schweigen anscheinend nicht brechen wollte.

»Ich sage, daß nicht ich es bin, der Ihnen folgen muß«, erklärte Eliahu endlich, und seine Stimme klang undeutlich vor lauter Rührung, »sondern Sie sind es, die hierbleiben müssen.«

»Wie, Eliahu, was sagen Sie da?« rief Mr. Gordon aus.

»Mr. Gordon«, sagte Eliahu, »nirgends in der Welt herrscht ein solcher Haß zwischen den Christen wie hier in Jerusalem. Ich weiß, es ist Gottes Wille, daß Sie und Ihre Freunde hierbleiben, um die verschiedenen Gemeinden Einigkeit zu lehren.«

Als Eliahu diese Worte aussprach, war er blaß wie der Tod und so erregt, daß er am ganzen Körper zitterte. Es war, als spräche er nicht aus eigenem, freiem Willen, sondern als würden die Worte ihm von einer fremden Macht diktiert. Er machte auch wirklich großen Eindruck auf die Amerikaner. Während der langen Reise durch das Land hatte Eliahu oft mit ihnen über seine Träume und Wünsche gesprochen, so daß sie nun sofort verstanden, was er meinte. Sie dachten jedoch nicht daran, auf ihn zu hören.

Wohl war es wahr, daß sie eine große Liebe zu dem alten Land gefaßt hatten, das alle diese heiligen Männer und Frauen Gottes hervorgebracht hatte, wie ihnen von Kindheit an berichtet worden war. Und als sie es nun durchwanderten, hatten sie oft untereinander gesagt, welch ein Unrecht es sei, daß man es so ganz seinem Verfall überließe. Man müßte ihm doch ein wenig Dankbarkeit erweisen für alle die wunderbaren Lehren, die man von dort empfangen habe. Aber keinen Augenblick hatten sie daran gedacht, daß sie dazu bestimmt sein könnten, das Werk zu beginnen. Ihre Arbeit, alle ihre Interessen und ihr ganzer Besitz waren in Chicago zurückgeblieben. Es war nicht anders denkbar, als daß sie wieder dorthin zurückkehren mußten.

Mr. Gordon sagte das auch Eliahu. Er sprach lange und freundlich mit ihm darüber und versuchte, ihn zu beruhigen. Aber Eliahu wiederholte nur immer wieder:

»Ich weiß, daß es Gottes Wille ist, ich weiß, daß Gott es will. Er wird es Ihnen zeigen, daß er es will.« Und als er schließlich begriff, daß er keinen Einfluß auf die Amerikaner ausüben konnte, verließ er schnell und mit Tränen in den Augen den Saal.

Am nächsten Tag fuhren die Amerikaner nach Jaffa. Eliahu begleitete sie, erwähnte jedoch seinen Vorschlag vom vorhergehenden Abend nicht mehr. Es schien fast, als schämte er sich seines Einfalls wegen.

Die Reisenden wußten, daß an diesem Tag ein großer französischer Dampfer in Jaffa erwartet wurde, als sie jedoch hinkamen, lag die Reede leer da. Den ganzen nächsten Tag suchten ihre Augen vergeblich das Meer ab, in der der Erwartung, dort einen Dampfer auftauchen zu sehen. Sie sahen wohl Schiffe weit draußen auf dem Meer vorüberziehen, aber nicht eins näherte sich der Küste von Palästina.

Es dauerte nicht lange, da erfuhren sie, was geschehen war. Die Regierung hatte Palästina als choleraverdächtig erklärt, und nun kam kein Dampfer nach Jaffa, um nicht im nächsten Hafen in Quarantäne gehen zu müssen. Im Heiligen Land wußte niemand etwas von Cholera, denn alles beruhte nur auf einem Irrtum. Aber es dauerte noch eine ganze Woche, ehe der Sultan sich entschloß, das Verbot aufzuheben.

Endlich kam der Dampfer, und die Amerikaner bereiteten sich auf die Abreise vor. Jetzt aber brach ein Sturm los, der haushohe Gischtwolken gegen die schwarzen Klippen warf, so daß es den kleinen Ruderbooten unmöglich war, zu dem Dampfer hinauszufahren. Dieser lag einen halben Tag draußen auf der Reede und wartete auf die Passagiere, aber der Sturm hielt mit unverminderter Stärke an, und so mußte der Dampfer schließlich weiterfahren, ohne daß auch nur ein einziger von den Reisenden hatte an Bord gehen können.

Die Amerikaner wohnten in einem kleinen, überfüllten Gasthof in der deutschen Kolonie, wo sie in vieler Beziehung höchst unbequem untergebracht waren. Überdies schien es fast, als ob der große Eifer, wegzukommen, der sie in den ersten Tagen erfüllt hatte, mit jedem Tag geringer würde. Zwar sprachen sie untereinander nicht über die merkwürdige Tatsache, daß es ihnen offenbar unmöglich war, Palästina zu verlassen, aber es kam eine Stille und Feierlichkeit über sie, wie über Menschen, die spüren, daß sie unter Gottes Führung stehen und nicht ihrem eigenen Willen folgen können.

Natürlich kamen nicht jeden Tag europäische Dampfer nach Jaffa, aber nach einiger Zeit lag doch wieder einer draußen auf der Reede. Das Wetter war schön, und das Meer spiegelblank, jetzt aber war Miß Young, die Schwester des jungen Arztes, gefährlich erkrankt und konnte nicht an Bord gebracht werden. Die Kranke und auch ihr Bruder wünschten zwar, daß die andern abreisen und sie zurücklassen sollten, aber keiner schien diesem Wunsch nachkommen zu wollen.

Eliahu suchte den Gasthof auf, um zu erfahren, ob sie abreisen würden und ob er ihr Gepäck an Bord bringen sollte, er stellte jedoch fest, daß keinerlei Vorbereitungen zur Abreise getroffen waren, und Mr. Gordon sagte ganz ruhig zu ihm:

»Wir glauben nun alle, daß es so ist, wie Sie sagten, Eliahu. Wir sollen in Palästina bleiben. Gott will es.«

Um die gleiche Zeit, in der die Gordonisten den Entschluß faßten, im Heiligen Land zu bleiben, lebte in Jerusalem eine alte Engländerin, die sich Miß Hoggs nannte. Sie war allein und unabhängig und schon viel in der Welt herumgekommen. Jetzt aber gedachte sie für den Rest ihres Lebens in Jerusalem zu bleiben, nicht aus religiösen Gründen, sondern weil sie erkannt hatte, daß nirgends in der Welt so viel Merkwürdiges und Aufregendes geschah wie hier.

Miß Hoggs hatte ein wunderschönes Haus gemietet, an der Nordseite der Stadt und dicht an der Ringmauer gelegen. Es war ganz auf die in Jerusalem übliche Art gebaut und machte den Eindruck, als hätte der Baumeister zunächst viele kleinere Häuser in Ordnung gebracht, die alle gleich lang, breit und hoch waren wie Würfel und von einer niedrigen kleinen Kuppel gedeckt, und daß er sie dann etwas wahl- und planlos rings um einen Hof und ein paar Dachterrassen aufgestellt hätte. Es gab keine Türen zwischen den einzelnen Räumen, sondern man mußte jedesmal ins Freie hinausgehen, um von dem einen in den andern zu gelangen, und zu einigen, die wie ein Taubenschlag direkt an die Mauer angeklebt waren, konnte man nur über schmale abenteuerliche Treppen gelangen. Aber es war ein großes und geräumiges Haus und hatte vor allem den Vorteil, daß es nicht an einer dunklen engen Straße in der Stadt lag, sondern daß Licht und Luft freien Zugang hatten. Außerdem war es auch auf abendländische Art mit Stühlen, Tischen und Betten und nicht nur mit Matten und Diwans ausgestattet.

Das Haus war viel zu groß für Miß Hoggs, als sie es jedoch mietete, hatte sie aufs bestimmteste erklärt, daß sie es für sich allein haben wollte.

»Andere Menschen werden sich nie mit mir vertragen und ich mich nicht mit ihnen«, sagte Miß Hoggs. »Ich brauche niemand, ich kann für mich selbst sorgen. Warum sollte ich da jemand in mein Haus hereinnehmen?«

Eines Tages, als Miß Hoggs ausgegangen war, um Antiquitäten zu kaufen, begegnete sie in der Davidstraße Mrs. Gordon in Begleitung von Eliahu. Die beiden hatten Jerusalem durchstreift, um eine passende Unterkunft für die kleine Gemeinde zu finden. Mr. Gordon und einige andere Mitglieder waren nach Amerika gefahren, um ihre Angelegenheiten dort drüben zu ordnen, während die Zurückgebliebenen es übernommen hatten, ein neues Heim in Jerusalem zu beschaffen. Sie hatten sich zu diesem Zweck in kleine Gruppen geteilt und gingen nun suchend von Straße zu Straße, ohne bis jetzt ein Haus gefunden zu haben, in dem sie hätten wohnen mögen.

Eliahu hatte es oftmals bedauert, daß die alte Miß Hoggs dieses schöne Haus an der Stadtmauer gemietet hatte. Vorher hatte ein Schweizer Missionar dort gewohnt, es war also sicher, daß das Haus für abendländische Bewohner geeignet sein würde.

»Miß Hoggs sollte nicht ein ganzes Haus für sich allein bewohnen, da sie doch weiß, wie schwer es ist, in Jerusalem eine Unterkunft zu finden«, sagte er.

Als Miß Hoggs Mrs. Gordon auf der Straße gehen sah, eilte sie sofort auf sie zu.

»Wie geht es Ihnen?« fragte sie. »Sie erinnern sich doch noch an mich von unserm letzten Zusammentreffen? Erinnern Sie sich noch, daß ich sagte, ich fürchte mich nie? Dazu hatte ich auch nicht den geringsten Anlaß. Alles ging doch ausgezeichnet für uns.«

Daraufhin fragte sie Mrs. Gordon, wann sie nach Jerusalem gekommen sei und wie lange sie zu bleiben gedenke.

Mrs. Gordon antwortete, sie wolle nach Jerusalem ziehen und sei eben dabei, eine Wohnung zu suchen.

»Das wird keine leichte Sache für Sie sein«, meinte Miß Hoggs. Aber als hätte sie Angst, Mrs. Gordon könnte sie bitten, sich bei ihr einmieten zu dürfen, wechselte sie schnell den Gesprächsstoff. »Warum wollen Sie sich denn eigentlich hier niederlassen?« fragte sie. »Hat Ihr Mann irgendwelche wissenschaftliche Forschungen vor, die ihn veranlassen, in Jerusalem zu bleiben?«

Mrs. Gordon machte kein Geheimnis aus dem Anlaß ihrer Übersiedlung nach Jerusalem. Sie und ihr Mann hätten sich mit einigen Freunden zusammengetan und wollten versuchen, ein gutes Leben zu führen. Ihr Ziel sei, die Menschen Einigkeit zu lehren, und nun hätten sie sich vorgenommen, damit in Jerusalem anzufangen.

Miß Hoggs' Augen wurden noch runder als sonst.

»Einigkeit!« wiederholte sie. »Hier in Jerusalem! Sie wollen sich hier niederlassen, um die Menschen Einigkeit zu lehren? Ihnen hat wohl der Schiffbruch den Verstand getrübt?«

Mrs. Gordon wollte ihr erklären, daß sie glaubte, von Gott einen Auftrag erhalten zu haben, aber Miß Hoggs hörte nicht auf sie. Sie nahm sie nur bei der Hand, führte sie in den Schatten einer Hauswand und versuchte, sie von diesem Gedanken abzubringen.

»Hören Sie auf mich«, sagte sie. »Sie sind das junge Amerika, das sich auf allerlei Abenteuer einläßt, und ich bin das alte England, das die Welt kennengelernt hat und weiß, was darin möglich ist. Glauben Sie mir, in dieser Stadt werden Sie Ihre Kräfte verschwenden, ohne irgendeinem Menschen zu helfen!«

»Wir können nicht begreifen, warum gerade in dieser Stadt die Menschen in ständiger Feindschaft leben sollen«, erwiderte Mrs. Gordon.

»Nein, das begreifen Sie natürlich nicht«, sagte Miß Hoggs, »aber denken Sie einmal ein bißchen über die Sache nach. Was sind es denn für Menschen, die hier leben? Es sind entweder Mohammedaner oder Juden oder Christen. Angenommen nun, meine junge Freundin, Sie wären eine Mohammedanerin, dann wäre diese Stadt doch ein heiliger Ort für Sie. Sie würden glauben, daß der Prophet gerade von dem alten Tempelplatz dort gen Himmel aufgestiegen sei, und Sie würden sich gezwungen fühlen, die Juden und die Christen zu hassen, weil Sie wissen, daß jene nichts inständiger wünschen, als Sie von diesem Ort zu vertreiben. Und wenn Sie eine Jüdin wären, Mrs. Gordon, dann müßten Sie doch die Mohammedaner hassen, weil diese das Land Ihrer Väter besitzen, und genausowenig könnten Sie die Christen leiden, weil Sie wissen, daß diese Ihr Volk niemals zur Herrschaft in dieser Stadt gelangen lassen würden. Oder auch, Mrs. Gordon, Sie sind eine Christin; in diesem Fall ist aber Jerusalem vor allen anderen eine heilige Stadt, und Sie müßten die Mohammedaner hassen, weil sie ihnen gehört, und die Juden, weil sie sie besitzen wollen und behaupten, diese Stadt und dieses Land gehöre ihnen und kein anderer habe ein Recht darauf. Als Christin aber müßten Sie außerdem noch alle Christen hassen, die nicht des gleichen Glaubens sind wie Sie, denn Sie wissen ja, daß man Sie erbarmungslos vertreiben würde, sobald eine der anderen Glaubensgemeinschaften zur Macht käme. – Ja, so liegen die Dinge hier, und nun hoffe ich nur, Sie, als das junge Amerika, sind davon überzeugt, daß es sich nicht lohnt, in Jerusalem Einigkeit zu predigen.«

»Wir haben gar nicht die Absicht zu predigen«, erklärte Mrs. Gordon, »wir wollen nur durch unser Beispiel den Menschen zeigen, welches Glück darin liegt, einig zu sein.«

»Sie sind natürlich eine Schar von Engeln«, meinte Miß Hoggs. »Aber Sie haben die Luft in Jerusalem noch nicht lange geatmet. Es wird nicht lange dauern, dann werden Sie sich alle hassen.«

»Nein, Miß Hoggs«, erklärte Mrs. Gordon mit fester Stimme, »so wird es nicht kommen. Wir haben ein ganzes Jahr lang in Frieden und Eintracht gelebt, und es hat keinerlei Reibereien zwischen uns gegeben.«

»Was ist aber mit dieser Ihrer Einigkeit bewiesen?« fragte Miß Hoggs. »Ich bin sicher, daß Sie sich alle schon kannten, ehe Sie sich zusammentaten, und wußten, daß Sie friedliche und ordentliche Leute sind, mit denen leicht auszukommen ist. Wenn aber eine böse alte Frau unter Ihnen wäre wie ich, die reizbar und unverträglich ist, und wenn es Ihnen geglückt wäre, mit ihr in Frieden zu bleiben, dann hätte ich mehr Vertrauen zu Ihnen.«

»Wollen Sie nicht zu uns kommen, Miß Hoggs«, sagte Mrs. Gordon lächelnd, »damit wir einen Versuch machen können?«

Da lachte auch Miß Hoggs.

»Was?« sagte sie. »Haben Sie tatsächlich den Mut dazu? Vergessen Sie nicht, daß ich Miß Hoggs bin und daß ich stets tue, was ich will, und daß es noch nie einer mit mir ausgehalten hat! Es gibt nichts, wovor ich mich fürchte, ich ändere nie meine Meinung und habe vor nichts Respekt.«

»Wollen Sie wirklich versuchen, sich uns anzuschließen, Miß Hoggs?« fragte Mrs. Gordon. »Das wäre für uns eine große Freude.«

Miß Hoggs hob den Blick und stand lange Zeit da und starrte zu einer ausgefransten Matte hinauf, die als Schutz gegen Sonne und Regen dort hing. Vielleicht überkam sie in diesem Augenblick eine plötzliche Angst bei dem Gedanken, daß sie jetzt allmählich alt wurde und ganz allein in der Welt stand. Vielleicht dachte sie daran, daß das Leben doch sehr armselig sei für den, der nichts anderes zu tun habe, als von Ort zu Ort zu reisen und sich zu zerstreuen. Vielleicht fand sie doch, daß diese Amerikaner sich eine schöne und große Aufgabe gestellt hatten und es der Mühe wert sein könnte, ihnen dabei zu helfen, jetzt, nachdem sie aller anderen Dinge müde geworden war. Aber davon sagte sie nichts zu Mrs. Gordon, sondern sie sprach mit ihr auch weiterhin in dem gleichen leichten Ton wie vorher.

»Ich will Ihnen etwas sagen!« begann sie. »Ich habe dort an der Stadtmauer ein großes Haus mit vielen Zimmern gemietet. Wenn nun Sie und Ihre Freunde den Mut dazu haben, so können Sie für eine Woche zu mir ziehen und bei mir wohnen. Da werden Sie die richtige Miß Hoggs kennenlernen, und wenn Sie es dann nicht mit ihr aushalten können, dann müssen Sie mir versprechen, Ihren verrückten Plan, in Jerusalem die Einigkeit einführen zu wollen, aufzugeben. Sie begreifen doch, wenn Sie es mit einem Menschen meiner Art nicht aushalten, dann hat es auch keinen Sinn, es mit den andern zu versuchen. Nun, was sagen Sie dazu?«

»Wir sind Ihnen außerordentlich dankbar, Miß Hoggs«, erwiderte Mrs. Gordon, »und nehmen Ihr Angebot mit Freuden an.«

Am nächsten Tag zogen die Amerikaner in das Haus an der Stadtmauer ein und lernten nun die wahre Miß Hoggs kennen. Sie war eine kluge, offene und rechtschaffene alte Frau, und sie erblickten nicht den geringsten Anlaß zu einem Streit mit ihr. In den ersten Tagen schien Miß Hoggs sehr enttäuscht zu sein, daß sie nicht mit ihren Gästen in Meinungsverschiedenheiten geraten konnte, aber noch ehe die Woche um war, erklärte sie, daß sie der Gemeinschaft beitreten wolle. Denn sie habe erkannt, so sagte sie, daß sie ihnen nützlich sei. Sie seien alle so freundlich, daß man ihnen ihre Einigkeit durchaus nicht als großes Verdienst anrechnen könne. Wenn sie mit einer so alten, harten und streitsüchtigen Frau auskämen, wie sie selbst eine sei, dann könne man verstehen, daß man wirklich alle Ursache habe, ihre Eintracht zu loben.

Als die Gordonisten einige Jahre in Jerusalem gelebt hatten, begannen sich große Zweifel und Befürchtungen bei ihnen einzuschleichen. Sie lebten zwar glücklich und zufrieden und vermochten den Armen und Kranken unter der Bevölkerung von Jerusalem zu helfen, aber sie mußten erkennen, daß die Einigkeit unter den Christen seit ihrer Ankunft keineswegs größer geworden war. Im Gegenteil, es schien, als hätten Verfolgung, Vorwürfe und Feindschaften zugenommen und als richtete sich vieles davon gegen die Gordonisten selbst. Wohl hatten sie dort Freunde gewonnen, wo sie es am wenigsten erwarteten, unter den Juden und Mohammedanern, aber es bereitete ihnen Kummer, daß sie deshalb von den anderen Christen scheel angesehen wurden. Immer wieder fragten sie sich: »Haben wir wirklich recht daran getan, hierherzuziehen? Vielleicht haben wir Gottes Willen mißverstanden.«

In dieser Zeit der Kümmernisse erhielten die Gordonisten Besuch von zwei französischen Matrosen. Der eine war so alt, daß er daran dachte, die Seefahrt aufzugeben, der andere war ein junger Bursche, der noch nicht einmal sein zwanzigstes Lebensjahr erreicht hatte. Ihr Schiff lag in Jaffa, um Apfelsinen zu laden, und die beiden Matrosen hatten ein paar Tage Urlaub erhalten, um Jerusalem besuchen zu können.

Sie waren gute Freunde geworden, die zwei Männer, denn sie hatten gemeinsam das große Unglück überlebt, als der Dampfer »L'Univers« unterging. Nie konnten sie vergessen, was sie in jener Nacht gesehen hatten. Sie waren seitdem für ihr ganzes Leben ernster geworden und fühlten sich unter den anderen Matrosen nicht mehr so wohl.

Der ältere von ihnen hatte keinen besonderen Schaden von dem Unglück davongetragen, der junge aber litt immer noch schwer darunter. Der Schrecken war seinerzeit so ungeheuer gewesen, daß er davon auch jetzt noch jede Nacht im Traum verfolgt wurde. Kaum war er eingeschlafen, so träumte er, daß die zwei Schiffe zusammenstießen, und er sah den Segler wie einen riesigen Vogel auf den Dampfer herabstoßen und sich in ihn einbohren. Er rief den Seeleuten auf dem fremden Schiff zu, sie sollten auf die »L'Univers« herüberkommen, um sich zu retten, und sie ihrerseits schrien ihm zu, es sei der Dampfer, der sinken werde, und versuchten, ihn mit einem Bootshaken zu sich herüberzuziehen. Erst als die Schiffe sich voneinander gelöst hatten, begriff er, daß tatsächlich der Dampfer am Sinken war. Er wurde von der entsetzlichsten Verzweiflung erfaßt, weil er sich nicht auf das andere Boot hinübergerettet hatte, und diese Verzweiflung war so tief, daß er davon aufwachte. Da lag er dann bebend und weinend vor Schrecken und Angst und litt schwere Qualen, bis er richtig zur Besinnung kam und sich sagen konnte, daß alles ja nur ein Traum war.

Mag sein, daß man das nicht gerade eine große Qual nennen kann, da der Traum aber Nacht für Nacht wiederkam, bedeutete er ein solches Leiden für den jungen Mann, daß er ihm das ganze Leben zu zerstören drohte. Viele Nächte ging er gar nicht zu Bett, sondern hielt sich wach, um dem Traum zu entgehen. Manchmal wachte er mehrere Nächte hintereinander, wenn er aber doch schließlich schlafen mußte, kam der Traum sofort wieder. Er fuhr von Land zu Land, und jedesmal, wenn er in einen neuen Hafen kam, hoffte er, nun an einem Ort angelangt zu sein, wo der Traum ihn nicht finden könnte, aber bis jetzt war er noch nicht zu der Freistatt gelangt, wohin er ihm nicht gefolgt wäre.

Gleich nach ihrer Ankunft in Jerusalem begegneten die beiden Matrosen Miß Hoggs auf der Straße. Sie erkannte sie sofort wieder und nahm sie mit in die Kolonie. Dort wurden sie, wie man sich denken kann, mit großer Freundlichkeit aufgenommen. Eliahu ging mit ihnen herum und zeigte ihnen sämtliche Sehenswürdigkeiten der Stadt, und die Kolonisten boten ihnen Verpflegung und Unterkunft an, weil sie meinten, das müßte zwei armen Matrosen sehr willkommen sein.

Die beiden Franzosen waren jedoch nicht so erfreut, wie die Gordonisten erwartet hatten. Sie hatten von ihnen schon in Jaffa gehört, wo die Leute sich sehr mißbilligend über sie geäußert und gesagt hatten, diese Amerikaner, die ursprünglich nach Jerusalem gekommen seien, um anderen Christen Vorbild zu sein, verkehrten jetzt nur noch mit Juden und Mohammedanern. Die Leute schienen damit sagen zu wollen, daß die Amerikaner dem Christentum untreu geworden seien und wie Heiden lebten.

Natürlich waren die Matrosen zu schüchtern, um die Gastfreundschaft der Amerikaner abzulehnen. Sie glaubten, es nicht abschlagen zu dürfen, die Nacht über in der Kolonie zu schlafen, aber sie nahmen sich vor, am nächsten Morgen schon in aller Frühe aufzubrechen.

Als sie aber am nächsten Tag erwachten, setzte sich der junge Mann mit einem Freudenruf im Bett auf. Er hatte die ganze Nacht geschlafen, ohne von seinem Schreckenstraum heimgesucht zu werden, und das war ihm seit dem Schiffbruch zum erstenmal widerfahren.

Das stimmte ihn und seinen Kameraden nachdenklich, und sie sagten zueinander:

»Diese Menschen, die wir hier getroffen haben, können unmöglich gottlos sein, da in ihrem Haus ein so schöner Friede herrscht, daß der böse Traum sich nicht hierherwagt.« Und sie blieben den ganzen Tag in der Kolonie, um die Lebensweise der Kolonisten zu beobachten und sie nach ihrer Lehre zu fragen.

Sie schliefen dann noch eine weitere Nacht in der Kolonie, und auch diesmal kam der Traum nicht zurück.

Da glaubten beide, Gott habe ihnen ein Zeichen geschickt, daß sie sich den Kolonisten anschließen und sie bei ihren Bestrebungen unterstützen sollten. Als sie Abschied nahmen, sagten sie, es sei ihr Wunsch, sich mit ihnen zu vereinigen, sobald sie sich von ihrem Dienst frei machen könnten.

So geschah es, und für die Gordonisten bedeutete das eine große Freude. Sie nahmen das Geschehen als neuen Beweis dafür, daß sie Gottes Willen nicht mißverstanden hatten, sondern auf dem eingeschlagenen Weg fortfahren sollten.

Nun lebten die Gordonisten schon seit zwölf Jahren in Jerusalem, und noch immer war keine Einigkeit unter den Christen in der Heiligen Stadt zu erkennen. Trotzdem waren die Bewohner des Hauses unterhalb der Stadtmauer immer mehr davon überzeugt, daß Gott mit ihnen sei. Denn in diesen zwölf Jahren hatte sich im Heiligen Land vieles geändert. Es wurden nun in verschiedenen Gegenden Straßen angelegt, zwischen Jerusalem und Jaffa entstand eine Bahnlinie, und in andern Teilen des Landes wurden landwirtschaftliche Siedlungen errichtet. Überall im Land wurden neue, schöne Missionsstationen mit Schulen und Krankenhäusern gebaut, und westlich von Jerusalem, gleich außerhalb der Stadtmauer, war ein ganz neuer Stadtteil entstanden. Es gab jetzt europäische Läden, Banken, Telegraphenämter und große Hotels in Jerusalem, und das Leben wurde dadurch viel leichter. Die Gordonisten mußten zugeben, daß das Heilige Land im Aufblühen war, wenngleich noch ungeheuer viel zu tun blieb. Sie waren sehr stolz auf alles, was seit ihrer Ankunft geschaffen worden war, und glaubten, Gott habe ihren guten Willen anerkannt, wenn auch ihre Bemühungen nicht so gute Früchte trugen, wie sie gehofft hatten. Sie empfanden es so, als hätten sie eine Art Vertrag mit Gott abgeschlossen, und waren überzeugt, daß er jetzt das Land aus seiner Erniedrigung heraushob, weil sie ihm gehorcht hatten und in Jerusalem geblieben waren.

Die Mißachtung, mit der die andern Christen ihnen begegneten, nahm mit jedem Jahr zu, und keiner war so hart gegen sie wie ihre eigenen Landsleute und deren Konsul, ein Methodistenpfarrer. Aber auch das stärkte nur ihre Überzeugung, daß Gott mit ihnen sei, denn sie erfuhren es immer wieder, daß das Böse, das gegen sie geplant wurde, ihnen doch immer wieder zum Guten ausschlug.

Um diese Zeit geschah es, daß einige reiche Amerikaner auf den Gedanken kamen, einen großen Dampfer zu mieten, um damit eine Vergnügungsreise in die Alte Welt zu machen. Es war eine Gesellschaft von nahezu hundert Personen, und die Reise sollte nicht nur nach England, Deutschland und Frankreich gehen, sondern es sollten auch alle Mittelmeerländer aufgesucht werden. Eines Morgens ging das Schiff vor Jaffa vor Anker, und von dort aus unternahm die Reisegesellschaft einen Ausflug nach Jerusalem.

Unter den Reisenden befand sich eine junge Frau, die seinerzeit auch an Bord der »L'Univers« gewesen war. Sie lebte in ständiger Bedrückung seit jener schrecklichen Nacht, in der das Schiff untergegangen war, und keiner sah sie je in froher oder sorgloser Stimmung. Sie und ihr Mann hatten damals ihre Hochzeitsreise auf dem Unglücksschiff gemacht, und seither quälte sie sich mit schweren Vorwürfen, weil sie ihn im Stich gelassen und nicht gemeinsam mit ihm den Tod erlitten hatte, wie es sein Wunsch gewesen war.

Sie lebte jetzt bei ihrer Mutter, einer reichen Frau, die in New York ein großes Haus führte. Um ihretwillen mußte die Tochter an allen möglichen Vergnügungen und Zerstreuungen teilnehmen, aber sie hörte nie auf, um ihren Mann zu trauern und zu bereuen, ihm seine Bitte nicht erfüllt zu haben. Ihre Mutter hatte sie auch gezwungen, an dieser Vergnügungsreise teilzunehmen, denn sie hoffte, daß die Tochter so ihren Kummer vergessen würde.

Die Gesellschaft beabsichtigte, eine ganze Woche in Jerusalem zu bleiben. Hier in dieser Stadt schien die junge

Witwe, Mrs. Hammond, weniger stumpf und gleichgültig zu sein als während der Zeit vorher. Als sie Jerusalem tief zwischen den Bergen auf einer dunklen, senkrechten Klippe liegen sah, umgeben von einem ungeheuren natürlichen Wallgraben aus dunklen Tälern und darum herum eine riesige Ringmauer von stolzen Anhöhen, fühlte sie, wie diese Stadt geheimnisvoll und losgelöst dalag, vom Anbeginn der Zeiten zum Schauplatz des bedeutungsvollsten Ereignisses bestimmt. Sie empfand ein merkwürdiges Mitleid mit dieser Stadt, über der immer ein furchtbarer Ernst lag. Es war der Kummer über etwas, das nicht wieder ungeschehen gemacht und nie vergessen werden konnte. Vielleicht konnte die Stadt wieder reich und mächtig werden, aber froh und sorglos wie andere Städte konnte sie nie wieder sein.

Mrs. Hammond wußte, daß Mrs. Gordon, die auch die Reise auf der »L'Univers« gemacht hatte, in Jerusalem lebte, und sie fragte eines Tages den amerikanischen Konsul, ob er sie kenne. Da machte der Konsul ein Gesicht, als hielte er es für eine Beleidigung, daß man ihn nach einem Mitglied der Gordonisten fragte. Er antwortete, Mrs. Gordon und ihre Anhänger seien eine Schar von Abenteurern, die sicher nur nach Jerusalem gekommen seien, um hier ungehindert und außerhalb aller Gesetze leben zu können. Kein Christ wolle etwas mit ihnen zu tun haben, und sie verkehrten nur mit Mohammedanern.

Mrs. Hammond hatte ursprünglich nicht die Absicht gehabt, Mrs. Gordon aufzusuchen, diese Antwort aber veranlaßte sie, es gerade zu tun. Sie hielt es für unmöglich, daß Landsleute von ihr sich nur aus Abenteuerlust in Jerusalem niedergelassen haben sollten. Konnte denn jemand nur zum Vergnügen in dieser Stadt leben? Sie wollte ergründen, wie sich die Sache verhielt, und begab sich deshalb zur Kolonie, um Mrs. Gordon zu besuchen.

Nachdem sie aber erst einmal in den Mauern der Kolonie gewesen war, hatte sie diese nicht mehr verlassen, bis sie mit ihren Reisekameraden weiterziehen mußte. Sie war von früh bis spät dort. Sie saß bei Mr. Young, dem Arzt, wenn er morgens Sprechstunde für die Kranken hielt, sie begleitete Mrs. Gordon in die Häuser der Mohammedaner, wo sie den armen Frauen, die so merkwürdig von der Welt abgeschlossen lebten, beistand, und sie besuchte die Schule der Kolonisten, in der die Kinder der armen Orientalen kostenlos Unterricht erhielten.

In dieser Zeit dachte sie oft, sie würde von der quälenden Reue, ihrem Mann nicht in den Tod gefolgt zu sein, befreit werden, wenn sie jetzt ihr ganzes Leben darauf verwenden dürfte, den Notleidenden zu helfen. Dann würde sie glauben, daß sie recht daran getan hatte, ein Leben zu erhalten, das für viele Menschen von Nutzen war. Solange sie das müßige Leben einer reichen Frau führte, war es etwas ganz anderes. Für diese Art zu leben hätte sie ihren Mann nicht im Stich lassen dürfen.

Nach und nach lebte sie sich in den Gedanken ein, in die Gemeinde einzutreten, und als sie von Jerusalem wegfuhr, war sie fest dazu entschlossen. Sie wußte, daß sie auf diese Weise Freude und Kraft zum Leben zurückgewinnen würde, nur wollte sie sich den Gordonisten nicht anschließen, ohne erst von ihrer Mutter Abschied zu nehmen.

Als sie jedoch nach New York zurückkam und der Mutter von ihren Absichten erzählte, war diese bestürzt und verzweifelt. Sie tat alles, um ihre Tochter davon abzuhalten, sich einer Schar von Schwärmern anzuschließen, und da ihr Wille viel stärker war als der ihrer Tochter, blieb Mrs. Hammond tatsächlich zu Hause. Zugleich aber verließ sie jeder Wille, weiterhin am Leben zu bleiben.

Sie starb einige Monate nach ihrer Rückkehr, und man erfuhr nun, daß sie alles, was sie besaß, den Gordonisten vermacht hatte. Denn sie wollte ihnen helfen, auf dem Weg weiterzugehen, auf dem sie sich ihnen so gerne angeschlossen hätte.

In dem Jahr, in dem die schwedischen Bauern nach Palästina zogen, trat das merkwürdige Ereignis ein, daß es schon im August regnete. Gewöhnlich regnete es nicht vor Oktober oder November. Der Regen fiel so reichlich, daß die Erde sich mit Grün überzog, und man hatte den ganzen Herbst hindurch frisches Trinkwasser. Die starke Hitze setzte nicht wieder ein, sondern es herrschte bis Weihnachten mildes und erträgliches Wetter.

Die Gordonisten konnten Gott nicht genug preisen, der in seiner Güte den Regen gerade in diesem Jahr so frühzeitig hatte einsetzen lassen. Sie erkannten, daß sie eine große Unvorsichtigkeit begangen hatten, als sie die Schweden gerade um die heißeste Zeit nach Palästina kommen ließen. Hätten Regen und kühleres Wetter nicht gleich nach ihrer Ankunft eingesetzt, so wären möglicherweise alle krank geworden.

Da nun das Wetter so schön war, machte Mrs. Gordon den Vorschlag, daß alle Neuankömmlinge diese erfreuliche Tatsache mit einer Wallfahrt durch das Land feiern sollten. Es war ihre Absicht, sie für die nächsten Wochen noch nicht an der Arbeit der Kolonie teilnehmen zu lassen, sondern ihnen Gelegenheit zu geben, erst die Orte kennenzulernen, von denen sie so oft in der Bibel gelesen hatten.

Diese Zeit der Wanderung war später die schönste Erinnerung für die Jerusalemfahrer. Eliahu ging noch einmal als Fremdenführer mit ihnen, führte sie zuerst über die Berge durch Samaria hinauf nach Nazareth, dann nach Osten hinüber zum See Tiberias, dann nach Süden durch das Jordantal zum Toten Meer und schließlich wieder hinauf in die Berge nach Hebron, Bethlehem und Jerusalem.

Alle gingen zu Fuß, und ihre Ausrüstung an Zelten und Lebensmitteln war denkbar einfach, aber sie zogen unter Gesang und frommen Gesprächen dahin. Unaufhörlich wurden ihre Gedanken auf Dinge gelenkt, die sie an die Vergangenheit erinnerten. Das Land lag größtenteils öde da, aber hier und dort gelangten sie an einen Ort, dessen Namen ihnen aus der Bibel bekannt war, und sie begegneten Menschen, die lange braungestreifte Umhänge trugen, Binden aus Kamelhaar um die Köpfe gebunden hatten und aussahen wie Moses oder Abraham. Den Schweden gefielen die großen Herden von Schafen und Ziegen, die an den Berghängen weideten, und sie verstanden jetzt besser als früher, warum in der Heiligen Schrift so viel von Herden und Hirtenleben die Rede ist. Wenn sie die langen Kamelkarawanen vorbeiziehen sahen, dachten sie daran, wie die Heiligen Drei Könige zur Krippe Jesu gezogen waren. Sie sahen Frauen zu den Brunnen gehen, die meistens außerhalb der Stadt lagen, mit Wasserkrügen auf dem Kopf, wie die Samariterin, mit der Jesus gesprochen hatte. Sie sahen, wie die Töpfer ihre Tongeschirre im Freien vor ihrer Behausung formten und wie die Fischer am See Tiberias mit hochgebundenen Gewändern ins Wasser hinausgingen, um die Netze auszulegen, ganz wie man es auch schon zu Christi Zeit getan hatte.

Eliahu hatte im Lauf des Sommers von den Schwedisch-Amerikanern Schwedisch gelernt, und nun schilderte er auf der Wanderung den Neuankömmlingen die Streitigkeiten und Siege der alten Gordonisten. Und wiederum vernahm man auf den Wegen und Stegen des Heiligen Landes die wunderbare Geschichte, in der es heißt, daß Gott für sein Land um der heiligen Menschen willen, die darin wohnten, sorgen und es von seinen Unterdrückern befreien würde.

Als die Schweden den Bericht von dem Schiffbruch und allem anderen, was dazugehörte, erfuhren, befiel sie manchmal eine leichte Unruhe. Es schien ihnen, als gehörten sie vielleicht doch nicht so ganz dazu. Sie hätten auch gerne den frohen Glauben der Gordonisten geteilt, daß Gott um ihretwillen das Land aufblühen lassen würde. Sie wußten jedoch nicht, ob sie mit etwas anderem rechnen dürften als Kummer und Schwierigkeiten.

Eines Abends saßen sie, nachdem sie ihr Lager aufgeschlagen hatten, noch beisammen und besprachen das alles. Da ergriff auch Hellgum das Wort und erzählte von dem Matrosen, der über die Toten ein Vaterunser gesprochen und ein frommes Lied gesungen hatte.

»Woher wißt Ihr das, Hellgum?« fragte Gertrud. »Habt Ihr denn den Matrosen getroffen?«

»Ich weiß es daher, weil der Matrose vorher ein Herumtreiber gewesen war und sich an vielerlei Dingen versucht hatte«, erklärte Hellgum. »Von jenem Augenblick an aber dachte er, daß nur eins vonnöten sei: nämlich so zu leben, daß er jederzeit zum Sterben bereit wäre. Ich weiß es auch darum, weil ich selbst dieser Matrose bin, der jetzt hier sitzt und mit euch spricht.«

Als die Schweden das hörten, wurden sie sehr froh, denn gerade durch Hellgum waren sie auf den Weg geführt worden, der sie nach Jerusalem gebracht hatte. Sie saßen unter dem schönen Sternenhimmel und sannen darüber nach, wie Gott Glied an Glied dieser langen Kette von Ereignissen zusammengefügt hatte. Und nun wurden auch sie mit Hoffnung und Trost erfüllt. Sie fingen an zu glauben, daß es nicht nur Leiden seien, die ihrer warteten, sondern auch eine an Freuden reiche Arbeit in Gottes Weinberg.

Jerusalem, die heilige Stadt Gottes

Es ist in der Tat so: nicht alle Menschen sind kräftig genug, um es lange in Jerusalem auszuhalten; selbst diejenigen, die das Klima ertragen und nicht von Krankheiten befallen werden, unterliegen häufig. Die Heilige Stadt macht sie milzkrank oder wahnsinnig, ja sie bringt sie geradezu um. Niemand hat auch nur ein paar Wochen in Jerusalem zugebracht, der nicht über den oder jenen, der plötzlich gestorben war, den Ausspruch gehört hätte: »Jerusalem hat ihn getötet.«

Wer zuerst so etwas hört, verwundert sich natürlich sehr darüber. »Wie ist das möglich?« fragt man sich. »Wie kann eine Stadt Menschen umbringen? Diese Leute sprechen wohl nicht im Ernst.«

Und während man in Jerusalem umherwandert und dies und das besieht, kann man sich des Gedankens nicht erwehren: »Ich möchte wohl wissen, was das bedeuten soll, wenn die Leute sagen: Jerusalem tötet! Ich möchte wohl wissen, wo das Jerusalem ist, das Menschen umbringen kann!«

Und man könnte zum Beispiel Lust bekommen, eine Wanderung durch ganz Jerusalem zu unternehmen. Dann geht man zuerst durch das Jaffator, wendet sich von da nach Westen, wandert an dem mächtigen viereckigen Davidsturm vorüber und gelangt alsdann auf dem schmalen Fußweg, der neben der Stadtmauer her läuft, zum Zionstor.

Dicht neben der Mauer ist eine türkische Kaserne, aus der kriegerische Musik und Waffenlärm herausdringen. Dann kommt man an dem großen armenischen Kloster vorüber, das auch eine wahre Festung mit starken Mauern und verrammelten Toren ist. Eine Strecke weiter erreicht man das mächtige Gebäude, das das Grab Davids genannt wird, und bei seinem Anblick erinnert man sich plötzlich daran, daß man auf dem heiligen Berg Zion, dem Berg der Könige, wandelt.

Und dann muß man daran denken, daß der ganze Berg unter einem ein großes Gewölbe ist, in dem König David sitzt, auf einem feurigen Thron und von einem goldenen Mantel umwallt, und daß er noch heute das Zepter über Jerusalem und Palästina hält. Man denkt daran, daß diese Trümmer, die den Boden bedecken, Mauerreste der gefallenen Königsburgen sind, daß der Hügel gerade vor einem der Berg des Ärgernisses ist, wo Salomo sündigte, daß das Tal, in das man hinabschaut, das tiefe Tal Hinnom, einstmals bis an den Rand mit den Leichen der Menschen gefüllt war, die in Jerusalem umgebracht worden waren, als die Stadt von den Römern zerstört wurde.

Es ist einem sonderbar zumut, wenn man da geht. Man meint, Kriegslärm zu vernehmen, große Heere zum Angriff auf die Mauern heranziehen und Könige auf ihren Streitwagen herbeistürmen zu sehen.

»Dies ist das Jerusalem der Gewalt und der Macht und

des Krieges«, denkt man, und entsetzt sich über alle Bluttaten und Schrecken, die sich vor dem Gedächtnis aufrollen.

Dann fragt man sich vielleicht einen Augenblick, ob dies wohl das Jerusalem sei, das die Menschen umbringt. Aber gleich zuckt man die Achseln und sagt: »Unmöglich, es ist zu lange her, seit der klirrende Schwerterklang ertönte und Blut strömte.«

Und man wandert weiter.

Aber sobald man um die Ecke der Mauer gebogen und den östlichen Stadtteil erreicht hat, bietet sich ein ganz anderer Anblick dar. Nun hat man die heilige Seite der Stadt erreicht. Hier denkt man nur an die alten Hohenpriester und Tempeldiener. An der Mauer ist der Klageplatz der Juden, wo sich die Rabbiner in langen rot- oder blausamtenen Kaftanen an die kalte Steinwand lehnen und weinen über den Palast, der zerstört ist, über die Mauern, die eingestürzt sind, über die Priester, die sich versündigt haben, über die Könige, die den Allmächtigen verleugnet haben. Da erhebt sich der Berg Moria mit dem herrlichen Tempelplatz. Vor der Mauer senkt sich das Land ins Tal Josaphat mit all seinen Gräbern, und jenseits des Tals erscheint Gethsemane und der Ölberg, von wo Jesus zum Himmel auffuhr. Da sieht man auch in der Mauer die Säule, wo Christus am Tage des Jüngsten Gerichts stehen und das eine Ende eines haarfeinen Fadens festhalten soll, während Mohammed auf dem Ölberg steht und das andere Ende festhält. Und dann werden die Toten gezwungen, auf diesem Faden durch das Tal Josaphat zu wandeln, und die Gerechten werden die andere Seite des Tals erreichen, die Ungerechten aber in das Feuer Gehennas hinabstürzen.

Während man hier geht, denkt man: »Dies ist das Jerusalem des Todes und des Gerichts, hier öffnen sich beide, der Himmel und die Hölle. Aber auch dies ist nicht das Jerusalem, das tötet. Die Posaunen des Gerichts sind zu weit entfernt, und das Feuer der Gehenna ist erloschen.«

Man geht die Ringmauer immer weiter entlang und erreicht schließlich die Nordseite der Stadt. Nun wandert man durch trockne, öde, einförmige Gegenden. Hier liegt die kahle Felsenstirne, die das eigentliche Golgatha sein soll, hier liegt die Höhle, wo Jeremias seine Klagelieder gedichtet hat. Hier befindet sich neben der Mauer der Teich Bethesda, hier zieht sich die Via Dolorosa unter düstern Halbbogen hin. Hier ist das Jerusalem der Trostlosigkeit, des Leidens, der Qual und der Versöhnung.

Man hält an und betrachtet nachdenklich diese strenge Düsterkeit. »Aber auch dies ist nicht das Jerusalem, das Menschen tötet«, denkt man und geht weiter.

Aber wenn man sich dann nach Nordwesten und Westen wendet, welche Veränderung! Hier erheben sich in dem neuen Stadtteil, der außerhalb der Mauer entstanden ist, die stattlichen Missionspaläste und die großen Gasthäuser. Hier liegt der umfangreiche Häuserkomplex der Russen: Kirche, Krankenhaus und die riesige Herberge, die zwanzigtausend Pilger zugleich aufnehmen kann. Hier bauen sich Konsuln und Priester schöne Landhäuser, hier wandern die Pilger zwischen den Läden umher, die mit heiligem Kram gefüllt sind.

Auf der andern Seite breiten sich die stattlichen jüdischen und deutschen landwirtschaftlichen Kolonien aus sowie die großen Klöster und die mannigfaltigen Anstalten der Barmherzigkeit. Hier wandeln Mönche und Nonnen, Krankenpflegerinnen und Diakonissinnen, Popen und Missionare. Hier wohnen Männer der Wissenschaft, die Forschungen über Jerusalems Vorzeit anstellen, und alte englische Damen, die meinen, nirgends anders leben zu können.

Hier finden sich die prächtigen Missionsschulen, die ihren Schülern unentgeltlichen Unterricht, freie Wohnung, Kost und Kleidung geben, nur um Gelegenheit zu finden, ihre Seelen einzufangen. Hier stehen die Missionskrankenhäuser, wo man die Kranken förmlich anfleht, zu kommen und sich pflegen zu lassen, nur um sie bekehren zu können. Hier werden Gebetsversammlungen und Gottesdienste gehalten, wo man um Seelen kämpft.

Hier ist es, wo die Katholiken von den Protestanten, die Methodisten von den Quäkern, die Lutheraner von den Reformierten, die Russen von den Armeniern Schlechtes sagen. Hier schleicht der Neid umher, hier mißtraut der Schwärmer dem Gesundbeter, hier streitet der Rechtgläubige mit dem Ketzer, hier wird keine Barmherzigkeit geübt, hier haßt man um Gottes höherer Ehre willen jeden Menschen.

Und hier findet man das, was man sucht. Hier ist das Jerusalem der Seelenjagd, das Jerusalem der bösen Zungen, das Jerusalem der Lüge, der Verleumdung und der Lästerung. Hier verfolgt man ohne Aufhören, hier mordet man ohne Waffen. Dies ist das Jerusalem, das Menschen tötet.

Von der Stunde an, wo die schwedischen Bauern in der Heiligen Stadt angekommen waren, nahmen alle Mitglieder der gordonistischen Kolonie in dem Verhalten der Leute gegen sie eine große Veränderung wahr.

Im Anfang waren es nur Kleinigkeiten. Es war zum Beispiel nichts weiter, als daß der englische Methodistenprediger es vermied, sie zu grüßen, oder daß die frommen Zionsschwestern, die in dem Kloster neben dem Ecce-Homo-Bogen wohnten, auf die andere Seite der Straße hinübereilten, wenn sie ihnen begegneten, als ob sie fürchteten, von etwas Bösem angesteckt zu werden, wenn sie ihnen nahe kämen.

Keinem Kolonisten fiel es ein, sich darüber zu grämen, auch fragten sie nicht viel danach, daß ein paar durchreisende Amerikaner, die die Kolonie besuchten und einen ganzen Abend in freundlichem Gespräch mit ihren Landsleuten verbrachten, nicht, wie sie versprachen, am nächsten Tage wiederkamen, ja Mrs. Gordon und Miß Young sogar nicht wiederzuerkennen schienen, als sie ihnen auf der Straße begegneten.

Schlimmer war folgendes: Als die jungen Frauen von der Kolonie in die großen neuen Läden draußen am Jaffator kamen, erlaubten sich die griechischen Kaufleute, ihnen Worte zuzurufen, die die Frauen zwar nicht verstanden, die aber mit solcher Miene und in einem Ton gesagt wurden, daß sie erröteten.

Die Kolonisten versuchten sich einzureden, daß alles auf Zufall beruhe. »Man hat gewiß drüben in dem christlichen Stadtteil irgendeine Verleumdung über uns ausgestreut«, sagte sie, »aber das wird schon vorübergehen.«

Die alten Gordonisten erinnerten sich, daß auch früher schon böse Gerüchte über sie im Umlauf gewesen waren. Man hatte ihnen nachgesagt, daß sie ihre Kinder nichts lernen ließen und daß sie auf Kosten einer reichen alten Witwe lebten, die sie vollständig ausplünderten, daß sie ihre Kranken ohne Pflege hinsterben ließen, weil sie nicht in Gottes Lenkung eingreifen wollten, daß sie vorhatten, zum Islam überzutreten, und daß sie ein üppiges, müßiges Leben führten, während sie sich den Anschein gäben, an der Einführung des wahren Christentums zu arbeiten.

»Von all diesen Gerüchten wird wieder etwas aufgetaucht sein«, sagten sie. »Aber die Verleumdung wird hinsterben wie damals auch, weil sie kein Körnchen Wahrheit enthält, an der sie sich nähren könnte.«

Dann geschah es, daß die Frau aus Bethlehem, die ihnen jeden Tag Früchte und Gemüse brachte, plötzlich wegblieb. Man suchte sie auf, um sie zu überreden, wiederzukommen, aber sie weigerte sich auf das bestimmteste, den Gordonisten je wieder Bohnen und Kohlrüben zu verkaufen.

Das war ein deutliches Zeichen. Die Kolonisten erkannten nun, daß etwas äußerst Ehrenrühriges über sie im Umlauf sein mußte und außerdem etwas, was sie alle miteinander anging und in allen Volksschichten bekannt sein mußte.

Es dauerte auch nicht lange, bis sie die Bestätigung erhielten. Ein paar von den Schweden standen eines Tages in der Kirche des Heiligen Grabes, als eine Schar russischer Pilger hindurchzog. Die gutmütigen Russen lachten sie an und nickten ihnen zu, denn sie sahen, daß die andern auch Bauern waren wie sie. Aber in diesem Augenblick ging ein griechischer Priester vorüber und sagte ein paar Worte zu den Pilgern. Sogleich bekreuzten sich diese und ballten die Fäuste gegen die Schweden. Sie sahen aus, als hätten sie große Lust, sie aus der Kirche hinauszujagen.

Ganz nahe bei Jerusalem gab es eine Kolonie deutscher Bauern, die von der großen Kolonie in Jaffa weggezogen und nach Jerusalem gekommen waren. Sie hatten in ihrer Heimat und auch in Palästina viele Verfolgungen erlitten. Man hatte versucht, sie vollständig auszurotten. Trotzdem aber war es ihnen so gut gegangen, daß sie nun in verschiedenen Gegenden von Palästina große prächtige Kolonien besaßen, außer der, die sie in Jerusalem selbst angelegt hatten.

Einer von diesen Deutschen kam eines Tages zu Mrs. Gordon und sagte ihr ganz offen, daß er böse Gerüchte über ihre Leute gehört hätte.

»Die Missionare dort drüben sind es, die euch verleumden«, sagte er, indem er auf den westlichen Stadtteil deutete. »Wahrlich, wenn ich nicht selbst erfahren hätte, daß man ganz unschuldig verfolgt werden kann, würde ich euch in Zukunft weder Fleisch noch Mehl verkaufen. Aber sie haben es nicht ertragen können, daß ihr in der letzten Zeit so viele Anhänger bekommen habt, das ist mir ganz klar.«

Mrs. Gordon fragte ihn, was man ihnen denn zur Last legte.

»Sie sagen, ihr führt hier in der Kolonie einen schlechten Lebenswandel. Ihr ließt die Leute nicht in den Ehestand treten, wie Gott befohlen hat, und seitdem behauptet man, daß hier nicht alles richtig zugeht.«

Die Kolonisten wollten ihm zuerst nicht glauben. Aber sie merkten gar bald, daß er die Wahrheit sprach und daß alle Leute in Jerusalem glaubten, sie führten ein schlechtes Leben. Von den Christen in Jerusalem wollte keiner mehr mit ihnen sprechen. In den Gasthäusern wurden die Fremden davor gewarnt, sie zu besuchen. Durchreisende Missionare wagten sich aber doch bisweilen zur Kolonie heraus. Wenn sie dann zurückkamen, schüttelten sie bedeutungsvoll den Kopf. Sie hatten zwar nichts Anstößiges bemerkt, aber sie meinten, es könnte doch viel Unfug da draußen getrieben werden, wenn er auch nicht gerade zutage träte.

Und die Amerikaner, vom Konsul bis hinab zur geringsten Krankenpflegerin, schrien am allerlautesten gegen die Gordonisten. »Es ist eine Schande für uns alle, die wir Amerikaner sind«, sagten sie, »daß diese Menschen nicht von Jerusalem fortgejagt werden.«

So kluge Leute wie die Kolonisten sagten sich natürlich selbst, daß man dagegen nichts tun könne, als die Leute schwatzen zu lassen, ihre Widersacher würden mit der Zeit selbst einsehen, wie unrecht sie ihnen getan hätten.

»Wir können ja nicht von Haus zu Haus gehen und sagen, daß wir unschuldig sind«, riefen sie und trösteten sich damit, daß sie ja einander hätten und einig und glücklich seien. »Die Armen und Kranken in Jerusalem haben noch nicht angefangen, sich vor uns zu scheuen«, sagten sie. »Wir müssen das Wetter vorüberziehen lassen, es ist eine Prüfung, die uns Gott geschickt hat.«

Von Anfang an ertrugen die Schweden die schweren Verleumdungen mit größter Ruhe. »Wenn die Leute so verwirrt sind«, sagten sie, »daß sie glauben, wir armen Bauern hätten gerade diese Stadt, wo unser Heiland gestorben ist, aufgesucht, um ein schlechtes Leben zu führen, dann ist ihr Urteil nicht viel wert, und dann ist es ganz einerlei, was sie sagen.«

Als die Menschen nicht aufhörten, ihnen ihre Verachtung zu zeigen, freuten sie sich in dem Gedanken, daß Gott sie für würdig erachtete, in derselben Stadt, wo man Christus verspottet und gekreuzigt hatte, Verfolgung und Schmach zu leiden.

Aber als der Winter vorüber und der Mai gekommen war, traf eines Tages ein Brief an Bürgermeisters Gunhild ein. Der Brief war von ihrem Vater, und dieser teilte ihr mit, daß ihre Mutter gestorben sei. Es war kein harter Brief, wie Gunhild erwartet hatte. Der Vater machte ihr keine Vorwürfe, er berichtete nur von der Krankheit und dem Begräbnis. Man merkte, daß der alte Bürgermeister gedacht hatte: »Ich will ihr schonend schreiben, sie wird jedenfalls unglücklich genug sein.«

Er hatte den ganzen Brief in gleich freundlicher Gemütsstimmung geschrieben, bis er seinen Namenszug daruntersetzte. Aber da hatte ihn der zurückgehaltene Zorn plötzlich übermannt; hastig und tief hatte er die Feder in das Tintenfaß getaucht und mit großen, grobgeformten Buchstaben auf den Rand des Briefes geschrieben:

»Deine Mutter hätte den Kummer über deine Abreise wohl verwunden, aber sie starb, weil sie in der Missionszeitung las, daß ihr da draußen in Jerusalem ein schlechtes Leben führt. So etwas hätte man hier weder von dir noch von den andern, mit denen du gereist bist, geglaubt.«

Gunhild steckte den Brief in die Tasche und trug ihn den ganzen Tag mit sich herum, ohne mit jemand darüber zu reden.

Sie zweifelte nicht daran, daß der Vater die Wahrheit schrieb in bezug auf das, was den Tod der Mutter herbeigeführt hatte. Die Eltern waren immer ehrenhaft und sehr auf ihren guten Ruf bedacht gewesen; niemand in der Kolonie hatte so darunter gelitten wie sie, daß sie der Verleumdung ausgesetzt worden waren. Es half ihr nichts, daß sie sich unschuldig wußte, sie fühlte sich doch beschimpft, und es war ihr, als könnte sie sich nicht mehr unter Menschen zeigen. Die ganze Zeit über hatte sie sich gegrämt, und die Stiche der bösen Zungen hatten sie geschmerzt wie brennende Wunden. Und nun hatten sie ihrer Mutter das Leben genommen.

Gertrud und Gunhild bewohnten dasselbe Zimmer, und sie waren immer die besten Freunde. Aber selbst Gertrud gegenüber verschwieg Gunhild, was der Vater geschrieben hatte. Sie meinte, es wäre unrecht, Gertrud in ihrem Glück zu stören. Diese war ganz entzückt, daß sie sich in Jerusalem befand, wo alles ihr die Erinnerung an ihren Heiland wachrief.

Aber immer und immer wieder nahm Gunhild den Brief in die Hand und betrachtete ihn. Sie wagte nicht, ihn zu lesen; wenn sie ihn nur ansah, krampfte sich ihr das Herz zusammen, und sie empfand einen brennenden Schmerz. »Wenn ich nur sterben könnte«, dachte sie. »Ich kann nie wieder froh werden. Wenn ich doch nur sterben dürfte!«

Sie saß da und betrachtete den Brief; es war ihr, als enthalte er ein Gift, das sie töten könnte, und sie hoffte nur, es werde schnell gehen und bald vorüber sein.

Am nächsten Tag kam Gunhild durch das Damaskustor zurück. Sie war in der Stadt gewesen und nun auf dem Heimweg nach der Kolonie. Es war unglaublich heiß, wie es Ende Mai oft sein kann. Als Gunhild aus der dunklen Stadt heraustrat, wo Häuser und Halbbögen Schutz gegen die Sonne boten, war es ihr, als treffe sie der blendende Sonnenschein wie ein Schlag, und sie hatte große Lust, unter das kühle, schattige Torgewölbe zurückzueilen. Sie meinte, der sonnige Weg, den sie vor sich hatte, sehe gefährlich aus. Es war ihr, als müsse sie an einem Schießstand vorbei, wo die Soldaten gerade nach der Scheibe schossen.

Aber wegen des bißchen Sonnenscheins wollte Gunhild doch nicht umkehren. Sie hatte zwar gehört, daß er gefährlich sein könnte, aber sie glaubte nicht recht daran. Dafür tat sie, was man zu tun pflegt, wenn man von einem heftigen Regenschauer überfallen wird. Sie zog die Schultern in die Höhe, schob das Tuch, das sie um den Hals trug, höher hinauf und ging eilig weiter.

Im Gehen war es ihr, als habe die Sonne oben am Himmel einen blitzenden Bogen in der Hand und schösse einen glühenden Pfeil nach dem andern ab, die alle auf sie gerichtet waren. Ja, die Sonne schien wirklich nichts anderes zu tun zu haben, als auf sie zu zielen. Erstickendes Feuer regnete auf sie herab, und zwar nicht allein vom Himmel, nein, alles um sie her funkelte und stach ihr in die Augen. Sogar aus den Glimmerkörnern in der Mauer fuhren kleine spitzige Pfeile heraus, und die grünen Fensterscheiben eines nahe liegenden Klosters glitzerten derartig, daß sie nicht hinzusehen wagte. Ein stählerner Schlüssel in einer Tür sandte einen kleinen bösen Strahl nach ihr und ebenso die glänzenden Blätter eines Rizinusstrauchs, der nur deshalb hier zu stehen schien, um sie zu quälen.

Wohin sie schaute, am Himmel und auf der Erde, überall glänzte und gleißte es. Und doch hatte sie nicht das Gefühl, daß die Hitze es sei, die sie plage, sondern vielmehr der fürchterlich weiße Sonnenschein, der hinter die Augen eindrang und im Gehirn brannte.

Gunhild fühlte einen derartigen Zorn und Haß gegen die Sonne, wie ihn wohl ein armes, gehetztes Wild gegen den, der ihm nach dem Leben trachtet, empfindet. Es überkam sie eine sonderbare Lust, stehenzubleiben und ihrem Verfolger ins Gesicht zu sehen. Eine Weile widerstand sie, aber plötzlich wandte sie sich um und sah zum Himmel auf. Ja richtig, die Sonne stand da droben wie eine große blauweiße Flamme. Während Gunhild hinaufschaute, wurde der Himmel ganz schwarz, die Sonne aber schrumpfte zu einem kleinen Funken zusammen, der einen scharfen, gefährlichen Schein hatte, und Gunhild glaubte zu sehen, wie sich dieser Funken von seinem Platz am Himmel losmachte und nun sausend herabfuhr, um sie in den Nacken zu treffen und zu töten.

Gunhild stieß einen Angstschrei aus. Sie hob die Hand auf und hielt sie schützend über den Nacken, während sie gleichzeitig davonstürzte.

Als sie eine kleine Strecke auf dem Weg weitergelaufen war, wo der weiße Kalkstaub wie eine erstickende Wolke aufwirbelte, erblickte sie einen großen Steinhaufen, die Mauerreste eines eingestürzten Hauses. Sie eilte darauf zu, und glücklicherweise gelang es ihr auch, den Eingang eines Kellergewölbes zu finden.

Eine kühle, angenehme Dunkelheit umfing sie, es war so finster, daß sie keine zwei Schritte vor sich sehen konnte.

Sie stellte sich mit dem Rücken gegen den Eingang und ließ die Augen in der Dunkelheit ausruhen. Nichts leuchtete, nichts glitzerte. Nun begriff sie, wie es einem armen, unglücklichen Fuchs zumute sein muß, wenn er in seinen Bau hineinschlüpfen kann, während die Jäger hinter ihm her sind. Nun standen die Hitze und der Dampf und das Licht und das Sonnengeglitzer wie betrogene Jäger draußen vor ihrem Zufluchtsort. Die ganze Schar stand mit funkelnden Speeren draußen und wartete, aber sie war getrost und in Sicherheit.

Allmählich gewöhnten sich Gunhilds Augen an die Dunkelheit, sie entdeckte einen Stein und setzte sich darauf, um zu warten. Sie würde wohl stundenlang nicht den Mut finden, diese Höhle zu verlassen. Jedenfalls nicht, ehe die Sonne so tief nach Westen gesunken war, daß sie ihre Macht am Himmel verloren hatte.

Aber Gunhild hatte erst eine kleine Weile in der Dunkelheit gesessen, als tausend Sonnen und sprühende Funken vor ihren Augen leuchteten und in ihrem überhitzten Gehirn sich alles zu drehen begann. Sie wurde von einem heftigen Schwindel ergriffen, und es war ihr, als ob die Wände des Gewölbes sich unaufhörlich im Kreise drehten. Sie war so verwirrt, daß sie sich an die Wand lehnen mußte, um nicht umzufallen.

»Ach Gott, sie verfolgt mich auch hier!« stöhnte Gunhild.

»Ich muß etwas sehr Böses getan haben, da die Sonne mich nicht mehr leiden kann«, fuhr sie fort.

Im selben Augenblick erinnerte sie sich an den Brief, an den Tod der Mutter, an ihren furchtbaren Kummer und an ihren Wunsch, sterben zu dürfen. Sie hatte an all das gar nicht gedacht, als sie in wirklicher Lebensgefahr gewesen war, sondern nur daran, sich zu retten.

Rasch zog Gunhild jetzt den Brief heraus, entfaltete ihn und trat an den Eingang, um ihn lesen zu können. Sie sah, daß die Worte geradeso dastanden, wie sie sie im Gedächtnis hatte, und sie stöhnte.

Gleich darauf stieg ein Gedanke in ihr auf, der ihr leicht und trostreich vorkam.

»Verstehst du nicht«, sagte sie zu sich selbst, »daß es Gottes Absicht ist, dich vom Leben zu befreien?«

Das erschien ihr sehr schön und als eine große Gnade Gottes. Sie konnte sich nicht recht klar darüber werden, denn sie war nicht ganz bei Sinnen. Der Schwindel hatte sich wieder eingestellt, der ganze Keller drehte sich im Kreise, und vor ihren Augen tanzte ein funkelnder Streifen.

Aber sie hielt doch an dem Gedanken fest, daß Gott ihr erlaubte, aus dem Leben zu gehen, zu ihrer Mutter in den Himmel hinaufzugelangen und all ihrem Kummer zu entrinnen.

Sie stand auf, faltete zuerst die Hände im Nacken, zog sie aber wieder zurück und ging dann ganz ruhig in den Sonnenschein hinaus, als ginge sie mitten durch eine Kirche.

Sie hatte sich nun ein wenig abgekühlt, und als sie ins Freie trat, bemerkte sie zuerst keine Jäger oder Speere oder funkelnde Pfeile.

Aber als sie ein paar Schritte gemacht hatte, war alles wieder über ihr, als ob es aus dem Hinterhalt auf sie losstürzte. Alles auf der Erde um sie her leuchtete und funkelte, und die Sonne fuhr sausend auf sie los wie ein scharfer Funke und stach sie in den Nacken.

Sie machte noch ein paar Schritte, dann stürzte sie wie vom Blitz getroffen nieder.

Einige Leute aus der Kolonie fanden sie ein paar Stunden später. Die eine Hand hatte sie aufs Herz gedrückt, die andere aber war ausgestreckt und hielt den Brief umschlossen, wie um zu zeigen, was sie getötet habe.

Am selben Tag, an dem Gunhild starb, war auch Gertrud von Hause fort und durch eine der breiten Straßen in der westlichen Vorstadt gegangen. Sie wollte Knöpfe und Bänder kaufen, die sie zu ihrer Näharbeit benötigte, aber kannte sich in diesem Stadtteil nicht gut aus und brauchte lange, bis sie das Gewünschte fand.

Wie immer, wenn Gertrud auf die Straße hinauskam, trat ein glückliches Lächeln in ihr Gesicht. Sie empfand zwar auch die entsetzliche Hitze und den scharfen Sonnenschein, aber sie litt nicht so darunter wie die andern. Mit jedem Schritt, den sie machte, dachte sie daran, daß vielleicht Jesus auf derselben Stelle, die sie betrat, gewandelt war. Sie war überzeugt, daß seine Blicke auf den Hügeln dort, die sie am Ende der Straße hervorschimmern sah, geweilt hatten. Staub und Hitze hatten ihn geplagt, genau wie sie jetzt davon geplagt wurde. Und wenn sie daran dachte, dann war er ihr so nahe, daß tiefe Freude sie überwältigte.

Was Gertrud nach der Ankunft in Palästina so unendlich beglückte, war gerade, daß sie Jesus so viel näher gekommen war als vorher. Hier dachte sie nie daran, daß zwei Jahrtausende vergangen sind, seit er mit seinen Jüngern im Land umhergezogen ist, sondern sie war in der Illusion befangen, daß er erst vor ganz kurzem hier gelebt habe. Sie sah die Spuren seiner Füße auf der Erde, sie hörte den Widerhall seiner Stimme in den Straßen Jerusalems.

Gerade als Gertrud den steilen Hügel hinunterging, der zu dem Jaffator führt, zogen einige russische Pilger die Straße herauf. Sie waren seit mehreren Stunden umhergewandert, um die heiligen Orte außerhalb Jerusalems zu besuchen, und nun so müde und matt nach der Wanderung in dem heißen Sonnenschein, daß es aussah, als hätten sie kaum noch Kraft genug, das russische Gasthaus auf der Höhe des Hügels zu erreichen.

Gertrud blieb stehen und betrachtete sie. Es waren lauter

Bauern, und als sie nun in ihren Friesröcken und gestrickten Wämsern an ihr vorbeigingen, fiel ihr auf, wie ähnlich sie ihren Landsleuten in der Heimat waren.

»Das ist gewiß ein ganzes Dorf, das sich gemeinsam nach Palästina auf den Weg gemacht hat«, dachte sie. »Dieser da mit der Brille auf der Nase ist der Schulmeister, und der dort mit dem dicken Stock hat einen großen Hof und regiert das ganze Dorf. Der hier, der so aufrecht dahermarschiert, ist ein alter Soldat, und jene Gestalt dort mit den schmalen Achseln und den langen Händen ist der Dorfschneider.«

Recht gut aufgelegt stand Gertrud da, und nach alter Gewohnheit dachte sie sich Geschichten über die Vorüberziehenden aus.

»Die Frau dort mit dem seidenen Tuch auf dem Kopf ist reich«, dachte sie, »aber sie hat erst auf ihre alten Tage von Hause fortkommen können, weil sie zuvor ihre Söhne und Töchter verheiraten und ihre Enkel aufziehen mußte. Und das Weib, das neben ihr geht und ein ganz kleines Bündel in der Hand trägt, ist sehr arm. Sie hat ihr ganzes Leben lang kämpfen und sparen müssen, um das Geld zur Jerusalemreise zusammenzubringen.«

Es genügte, die Pilger daherwandern zu sehen, um sie liebzugewinnen. Obgleich sie sehr staubig und erhitzt waren, sahen sie doch froh und zufrieden aus, und keiner machte ein verdrossenes Gesicht.

»Wie fromm und geduldig müssen sie sein«, dachte Gertrud, »und wie sehr müssen sie Jesus lieben, da sie so glücklich sind, nun in seinem Lande zu wandeln, und kein Leiden zu kennen scheinen!«

Am Schluß des Zugs kamen einige, die ganz ermattet waren und sich kaum noch weiterschleppen konnten. Es war rührend anzusehen, wie ihre Freunde und Verwandten sie an der Hand nahmen und ihnen den Hügel hinaufhalfen. Aber diejenigen, die am elendesten von allen aussahen, mußten allein gehen; sie schienen so schlimm dran zu sein, daß niemand die Kraft in sich fühlte, ihnen zu helfen.

Ganz zuletzt kam ein Mädchen von siebzehn Jahren. Sie war beinahe die einzige, die jung aussah, die andern waren meistens alt oder doch in mittleren Jahren. Als Gertrud das junge Mädchen erblickte, schien es ihr sicher, daß es tief ins Unglück geraten sein mußte und ihm deshalb das Leben daheim unerträglich geworden war. Vielleicht war auch dieser Betrübten Jesus im Walde begegnet, um ihr zu raten, nach Palästina auszuwandern.

Die junge Pilgerin sah sehr krank und leidend aus. Sie war zart gebaut, und die groben, schweren Kleider, vor allem aber die plumpen Stiefel, die sie wie alle andern Frauen trug, schienen sie ungeheuer zu beschweren. Sie wankte noch ein paar Schritte weiter, dann blieb sie stehen, um Atem zu schöpfen. Da sie aber mitten auf der Straße stehenblieb, ohne sich zu rühren, kam sie in große Gefahr, von einem Kamel umgestoßen oder von einem Wagen überfahren zu werden.

Gertrud fühlte den unwiderstehlichen Drang, der Kranken zu helfen. Sie bedachte sich nicht lange, sondern trat auf sie zu, legte den Arm um sie und zeigte ihr, wie sie sich an sie anlehnen solle, um einen Halt zu finden. Mit stumpfem Blick schaute das Mädchen auf. Halb unbewußt nahm es die Hilfe an und ließ sich von Gertrud einige Schritte weiterschleppen.

Da wandte sich eine der älteren Frauen um. Sie sah Gertrud scharf an und rief der Kranken dann mit strenger Stimme einige Worte zu. Diese schien zu erschrecken; sie richtete sich auf, stieß Gertrud zurück und versuchte, allein weiterzugehen, mußte jedoch bald wieder stehenbleiben.

Gertrud konnte nicht verstehen, warum das Mädchen ihre Hilfe nicht annehmen wollte. Sie glaubte, es käme daher, daß die Russen zu bescheiden seien, um von einer Fremden Hilfe anzunehmen. Deshalb eilte sie wieder auf die Kranke zu und legte aufs neue den Arm um sie. Aber da verzerrte sich das Gesicht der Fremden in größtem Schrecken und Abscheu. Sie riß sich von Gertrud los, schlug sogar mit der Hand nach ihr und fing zu laufen an.

Nun sah Gertrud deutlich, daß sich die andere vor ihr fürchtete, und es wurde ihr klar, daß es einzig und allein von den abscheulichen Verleumdungen kommen konnte, die über die Gordonisten ausgesprengt worden waren. Da wurde Gertrud böse und betrübt zugleich; das einzige, was sie für die Ärmste tun konnte, war, sie in Ruhe zu lassen und sie nicht weiter zu ängstigen. Aber während sie ihr mit den Blicken folgte, sah sie mit Entsetzen, daß das Mädchen, während es vor ihr floh, in seiner Verwirrung und Angst gerade einem Wagen entgegenlief, der in voller Fahrt den Hügel herunterkam, und mit Sicherheit überfahren und getötet werden mußte.

Gertrud wollte die Augen schließen, um das gräßliche Unglück nicht zu sehen, aber sie hatte vollständig die Gewalt über sich verloren und konnte nicht einmal die Augenlider senken. Sie stand mit weitoffenen Augen da und sah, wie die Pferde auf die Kranke losstürmten und sie umwarfen. Aber schon in der nächsten Sekunde mäßigten sich die herrlichen klugen Tiere; sie wichen zurück, setzten die Füße fest auf den Boden, um das ganze Gewicht des nachrollenden Wagens zurückzuhalten, warfen sich dann geschmeidig auf die Seite und setzten die Fahrt fort, ohne daß ein Huf oder ein Wagenrad die am Boden Liegende auch nur berührt hätte.

Gertrud glaubte schon, daß alle Gefahr vorüber sei. Das russische Mädchen lag zwar noch auf dem Boden, ohne sich zu rühren, aber das war wohl nur, weil es vor Schrekken das Bewußtsein verloren hatte.

Von allen Seiten stürzten nun Menschen herbei, um der Verunglückten beizustehen. Gertrud war die erste von allen, die sie erreichte. Sie bückte sich, um ihr aufzuhelfen. Da sah sie, daß unter dem Kopf Blut hervorquoll und daß das Gesicht, das nach oben gewandt war, plötzlich sonderbar starr wurde. »Sie ist tot«, dachte Gertrud, »und ich, ich habe sie in den Tod getrieben.«

In diesem Augenblick wurde Gertrud von einem Mann ungeduldig angefaßt und auf die Seite geschleudert. Er brüllte ihr ein paar Worte zu, aus denen sie den Sinn erraten konnte, daß ein so verworfenes Wesen nicht wert sei, die fromme junge Pilgerin zu berühren. Und im nächsten Augenblick wurden dieselben Worte rings um sie her wiederholt. Man hob drohend die Hände gegen sie auf, drängte und stieß sie, bis sie sich außerhalb der dichten Schar befand, die sich um die Verunglückte versammelt hatte.

Einen Augenblick war Gertrud so erzürnt über diese Behandlung, daß sie die Fäuste ballte. Sie wollte sich verteidigen, sie wollte sich wieder bis zu dem russischen Mädchen durchdrängen, sie mußte ja wissen, ob es wirklich tot sei.

»Nicht ich bin unwürdig, ihr nahe zu kommen, ihr seid es, ihr alle!« rief sie laut in schwedischer Sprache. »Eure elende Verleumdung ist es, die sie in den Tod gejagt hat!«

Niemand verstand sie, und Gertruds Zorn wich rasch einem unendlichen Schrecken. Lieber Gott, wenn nun jemand gesehen hätte, wie alles zugegangen ist, und es den Pilgern erzählte! Dann würden sich alle diese Menschen ohne Erbarmen auf sie stürzen und sie totschlagen!

Eilig floh sie von dem Platz; sie lief, so schnell sie konnte, obgleich niemand sie verfolgte. Und sie hemmte ihre Eile nicht, bis sie die kahle Gegend erreicht hatte, die sich hinter der nördlichen Seite Jerusalems hinzieht.

Hier hielt sie inne, strich sich über die Stirn und preßte die gefalteten Hände auf den Kopf.

»O Gott! O Gott!« rief sie aus. »Bin ich eine Mörderin? Bin ich wirklich schuld an dem Tod eines Menschen?«

Im nächsten Augenblick wandte sie sich der Stadt zu, deren hohe, düstere Mauern neben ihr aufragten. »Nein, nicht ich bin es, sondern du!« rief sie. »Nicht ich, sondern du!«

Mit Schaudern wandte sie sich ab, um zur Kolonie zu gehen, deren Dach sie in der Ferne hervorschimmern sah. Aber immer wieder blieb sie stehen, während sie versuchte, in die Gedanken, die auf sie einstürmten, ein klein wenig Ordnung zu bringen.

Als Gertrud nach Palästina gekommen war, hatte sie gedacht: »Hier bin ich in dem Lande meines Herrn und Königs, nun stehe ich unter seiner ganz besonderen Obhut, hier kann mir nichts Böses widerfahren.« Und sie hatte sich in den Glauben eingelebt, daß Christus ihr befohlen habe, ins Heilige Land zu ziehen, weil er gesehen, daß sie genug Kummer gelitten hatte und nun nichts mehr im Leben durchzumachen brauchte, sondern eitel Ruhe und Frieden genießen sollte.

Aber jetzt fühlte sie, was ein Mensch empfinden muß, der in einer starkbefestigten Stadt wohnt und plötzlich die schützenden Türme und Mauern einstürzen sieht. Sie sah, daß sie wehrlos war; es gab keinen Schutz zwischen ihr und dem hereindringenden Bösen. Im Gegenteil, hier konnte sie das Unglück noch schlimmer treffen als anderswo.

Mutig wies sie den Gedanken zurück, daß sie den Tod der jungen Russin verursacht hätte; sie wollte sich keine Vorwürfe darüber machen. Aber sie fühlte eine dunkle Angst davor, daß dieses Vorkommnis ihr schaden könnte.

»Nun werde ich wohl immerfort vor mir sehen, wie die Pferde auf sie einstürmten«, klagte sie. »Nie wieder werde ich einen frohen Tag haben!«

Auch eine Frage drängte sich ihr auf, die sie zwar gleich zu unterdrücken versuchte, die aber immer wiederkehrte. Sie fragte sich, warum denn Christus sie in dieses Land geschickt habe. Sie wußte wohl, daß es eine große Sünde sei, so zu fragen, aber sie konnte es nicht lassen; immer und immer wieder tönte es in ihr: »Was hatte Christus beabsichtigt, als er mich in dieses Land schickte?«

»Ach Gott«, sagte sie ganz verzweifelt, »ich glaubte, du hättest mich lieb und wolltest alles aufs beste für mich einrichten! Ach Gott, ich war so glücklich in dem Gedanken, daß du mich beschützt!«

Als Gertrud in die Kolonie zurückkehrte, wurde sie von einer eigentümlichen Stille und Feierlichkeit empfangen. Der Junge, der die Tür öffnete, war ungewöhnlich ernst, und als sie den Hof erreichte, fiel es ihr auf, wie still alle über das Pflaster gingen und daß niemand laut sprach. »Hier ist der Tod eingekehrt«, dachte sie, ehe noch jemand ein Wort zu ihr gesagt hatte.

Bald erfuhr sie, daß Gunhild auf der Straße tot aufgefunden worden war. Man hatte sie schon nach Hause gebracht und in der Waschküche im Kellerraum auf eine Bahre gelegt. Gertrud wußte, daß im Morgenland die Toten sehr schnell beerdigt werden müssen, aber sie entsetzte sich doch, als sie sah, daß die Vorbereitungen dazu schon in vollem Gang waren. Tims Halvor und Ljung Björn verfertigten den Sarg, und einige der älteren Frauen waren dabei, die Tote anzukleiden. Mrs. Gordon hatte sich zu dem Vorstand einer amerikanischen Missionsanstalt begeben, um ihn um Erlaubnis zu bitten, Gunhild auf dem amerikanischen Friedhof begraben zu dürfen. Hellgum und Gabriel standen mit Schaufeln in den Händen auf dem Hof und warteten nur auf Mrs. Gordons Rückkehr, um hinzugehen und das Grab zu schaufeln.

Gertrud ging hinab in die Waschküche. Lange betrachtete sie Gunhild unverwandt, dann brach sie in heftiges Weinen aus. Sie hatte die Freundin, die jetzt tot dalag, immer sehr liebgehabt; aber während sie hier stand und Gunhild vor sich sah, wurde sie sich deutlich bewußt, daß weder sie selbst noch sonst einer von der Kolonie Gunhild so viel Liebe erzeigt hatte, als sie verdiente. Alle hatten zwar gefühlt, daß sie rechtschaffen und gut und wahrheitsliebend war, aber sie hatte sich und andern das Leben schwer gemacht, weil sie sich leicht über Kleinigkeiten erzürnte, und dadurch hatte sie die Menschen zurückgestoßen. Sooft Gertrud daran dachte, hatte sie mit Gunhild so tiefes Mitgefühl, daß ihre Tränen immer aufs neue flossen.

Aber plötzlich hörte sie auf zu weinen und betrachtete Gunhild voll Unruhe und Schrecken. Sie hatte gesehen, daß Gunhild mit dem Ausdruck im Gesicht dalag, den sie im Leben gehabt hatte, wenn sie über etwas nachgrübelte, das schwer oder verwickelt war. Es war sonderbar, wie sie mit tiefer Falte zwischen den Augenbrauen und etwas vorgeschobenen Lippen dalag und grübelte.

Langsam entfernte sich Gertrud von der Toten. Als sie den fragenden Ausdruck in Gunhilds Gesicht erkannt hatte, war sie sich ihrer Kümmernisse wieder bewußt geworden. Es war ihr, als ob Gunhild sich auch fragte, warum Jesus sie in dieses Land geschickt hatte. Warum sollte ich hierherkommen, wenn es nur allein zum Sterben war? schien sie sich zu fragen.

Als Gertrud wieder auf den Hof trat, eilte Hellgum auf sie zu. Er bat sie, doch mit ihm zu kommen und ein paar Worte mit Hök Gabriel Mattsson zu sprechen.

Ganz verwirrt betrachtete Gertrud Hellgum; sie war so weit weg in ihren eignen Gedanken, daß sie nicht einmal erfaßte, was er sagte.

»Gabriel war es, der Gunhild auf der Straße fand«, erklärte Hellgum.

Aber Gertrud hörte ihn nicht, sie stand vor ihm und grübelte weiter darüber nach, warum Gunhild wohl einen solchen Ausdruck im Gesicht habe.

»Es war ganz schrecklich für Gabriel, als er sie plötzlich tot vor sich liegen sah, während er nichtsahnend die Straße entlangkam«, sagte Hellgum. »Du weißt doch, daß er sie liebhatte?«

Gertrud fuhr wie aus dem Schlafe auf und sah sich um. Ach freilich, ach freilich, sie wußte es ja von früher her, daß Gabriel Gunhild liebte. Sie hätten einander ja geheiratet, wenn nicht diese Jerusalemfahrt dazwischengekommen wäre. Aber da waren sie übereingekommen, daß sie beide nach Jerusalem ziehen müßten, selbst wenn sie dann nie Mann und Frau werden könnten. Und nun hatte Gabriel Gunhild tot auf der Straße gefunden.

Gertrud trat zu Gabriel, der mit aufeinandergepreßten Lippen und starrem Blick unbeweglich neben dem Tor stand und die Schaufel zwischen den Steinen in die Erde drückte. Als Gertrud vor ihm stand, bewegte er die Lippen, brachte aber keinen Laut hervor.

»Es wäre gewiß gut für ihn, wenn er weinen könnte«, flüsterte Hellgum Gertrud zu.

Schweigend reichte Gertrud Gabriel die Hand, wie es bei einem Begräbnis unter den nächsten Anverwandten Sitte ist; Gabriels Hand lag schlaff und kalt in der ihrigen.

»Hellgum sagt mir, daß du Gunhild gefunden hast«, sagte Gertrud.

Noch immer rührte sich Gabriel nicht.

»Das war recht schwer für dich«, fuhr Gertrud fort, während Gabriel unbeweglich dastand. Jetzt aber war es Gertrud gelungen, sich in seinen Schmerz hineinzudenken, und sie verstand, wie entsetzlich es für ihn gewesen sein mußte.

»Aber ich denke, es war Gunhild lieb, daß gerade du sie gefunden hast«, fuhr sie fort.

Da fuhr Gabriel zusammen, und er sah Gertrud groß an.

»Meinst du, daß es ihr lieb gewesen ist?«

»Ja«, sagte Gertrud, »ich begreife, daß es schwer für dich war, aber ich glaube, sie hätte es sicher gewollt, daß du sie findest.«

»Ich wich nicht einen Augenblick von ihr«, sagte Gabriel leise, »bis Leute herbeikamen, die mir helfen konnten, und ich trug sie ganz sanft und gut.«

»Ja, das glaube ich«, sagte Gertrud.

Gabriels Lippen fingen an zu zittern, und plötzlich stürzten Tränen aus seinen Augen. Hellgum und Gertrud standen still neben ihm und ließen ihn sich ausweinen. Gabriel drückte das Gesicht gegen den Türpfosten und schluchzte heftig.

Nach einiger Zeit beruhigte er sich indes wieder. Er trat zu Gertrud und ergriff ihre Hand. »Ich danke dir, daß du mich zum Weinen gebracht hast«, sagte er. Seine Stimme klang nun weich und mild; man hätte fast glauben können, es sei sein Vater, der alte Hök Matts, der sprach.

»Nun will ich dir etwas zeigen, was ich keinen Menschen sehen lassen wollte«, fuhr er fort. »Als ich Gunhild fand, hielt sie einen Brief ihres Vaters in der Hand, und ich nahm ihn, weil ich dachte, ich sei der nächste dazu, ihn zu lesen. Und weil du mich zum Weinen gebracht hast, will ich ihn dir zu lesen geben, denn auch du hast ja alte Eltern in der Heimat.«

Gertrud nahm den Brief und las ihn. Dann sah sie Gabriel an.

»Also daran starb sie?« sagte sie.

Gabriel nickte, indem er erwiderte: »Ja, ich glaube, sie starb daran.«

Da schluchzte Gertrud laut auf. »Jerusalem, Jerusalem, du nimmst uns allen das Leben! Ich glaube, Gott hat uns verlassen!«

In diesem Augenblick kam Mrs. Gordon zum Tor herein und schickte Gabriel und Hellgum gleich zum Begräbnisplatz. Gertrud aber ging in das kleine Zimmer, in dem sie mit Gunhild gewohnt hatte, und blieb den ganzen Abend dort.

Von heftigem, unüberwindlichem Schrecken erfaßt, der einer lang anhaltenden Gespensterfurcht glich, saß sie da; ihr war, als müsse sich an diesem Tag noch etwas Schlimmes ereignen, und ihr graute vor dem, was im Hinterhalt auf sie lauerte. Und gleichzeitig ward sie auch von bangen Zweifeln geplagt.

»Ich weiß nicht, warum uns Christus hierhergeschickt hat«, dachte sie. »Wir bringen ja Unheil über uns selbst und alle andern.«

Sie wies die Verzweiflung eine Weile von sich, aber im nächsten Augenblick ertappte sie sich dabei, daß sie alle aufzählte, die durch die Auswanderung ins Unglück geraten waren. Nichts schien so sicher und gewiß, als daß Gott ihnen selbst befohlen hatte, nach Jerusalem zu ziehen. Wie war es da möglich, daß lauter Elend daraus entstand?

Sie hatte sich Feder und Papier verschafft, um an ihre Eltern zu schreiben, aber sie vermochte es nicht. »Was soll ich schreiben, damit sie mir glauben?« rief sie aus. »Ja, wenn ich mich hinlegen und sterben würde wie Gunhild, dann würden sie vielleicht an unsere Unschuld glauben.«

Endlich ging der Tag zu Ende, und die Nacht brach an. Gertrud fühlte sich zu unglücklich, um schlafen zu können. Immer sah sie Gunhilds Gesicht vor sich; sie mußte sich unaufhörlich fragen, worüber die Tote wohl nachgrüble, und es wurde ihr zur Gewißheit, daß Gunhild mit derselben Frage auf den Lippen gestorben war, mit der auch sie sich abmühte.

Ehe noch der Tag graute, stand Gertrud auf und kleidete sich an, um fortzugehen.

Am Tag vorher und in dieser Nacht hatte sie sich so weit von Jesus entfernt, daß sie kaum wußte, wie sie zu ihm zurückfinden sollte. Jetzt am Morgen ward sie von heißer Sehnsucht ergriffen, irgendeinen Ort aufzusuchen, den der Heiland sicher betreten hatte. Und der einzige Ort, dessen Lage nie bestritten wurde, war der Ölberg. Deshalb dachte Gertrud, wenn sie dort hinginge, würde sie Jesus wieder näher kommen; dort würde sie sich von seiner Liebe überschattet fühlen und seine Absicht mit ihr verstehen lernen.

Als sie in die dunkle Nacht hinaustrat, fühlte sie zuerst eine doppelte Angst. Immer wieder dachte sie über das Unglück und das Unrecht nach, das an diesem einen Tag geschehen war.

Aber während sie den Berg immer höher hinaufstieg, fühlte sie, daß es seltsam licht in ihr wurde. Die drückende Last wurde von ihr genommen, und sie fand eine Erklärung für alles.

»Ja, nur so ist es zu verstehen«, dachte sie. »Wenn solche Ungerechtigkeit ihren Lauf haben darf, dann muß das Ende der Welt angebrochen sein. Nicht anders ist es zu erklären, daß aus Recht Unrecht wird, daß Gott nicht die Macht hat, das Böse zu hindern, daß die Heiligen verfolgt werden und daß die Lüge keinen Widerspruch findet.«

Grübelnd blieb sie stehen. Ja, wahrlich, so war es, die Wiederkunft des Herrn stand bevor, und sie würde ihn bald auf den Wolken des Himmels niederfahren sehen.

Wenn es sich so verhielt, dann konnte sie verstehen, warum sie alle nach Jerusalem gerufen worden waren. Aus lauter Gnade waren sie und ihre Freunde von Gott hierhergeschickt worden, um Jesus zu begegnen. Sie schlug die Hände zusammen in Verwunderung und Freude, als sie daran dachte, wie unendlich groß das war.

Mit raschen Schritten wanderte sie über die Berghalde, bis sie den höchsten Punkt erreicht hatte, wo Jesus zum Himmel aufgefahren war. Den eingefriedeten Platz selbst konnte sie nicht betreten, aber nun stand sie dicht davor und sah zu den Wolken auf, die in der schnell anbrechenden Morgendämmerung leuchteten.

»Vielleicht ist heute schon der Tag, an dem er erscheint«, dachte sie. Sie faltete die Hände und schaute zum Morgenhimmel empor, der mit leichten Federwolken bedeckt war. Und als sie sich in diesem Augenblick mit rosigem Schimmer überzogen, schien ihr Widerschein auch Gertruds Gesicht zu färben. »Er kommt«, sagte sie, »ganz sicher, er kommt.«

Sie starrte auf die Morgenröte, als sähe sie sie zum ersten Mal. Es war ihr, als schaue sie weit in den Himmel hinein. Gerade im Osten sah sie ein tiefes Gewölbe mit einem hohen, breiten Tor, und sie wartete nur darauf, daß sich die Torflügel auftaten, damit Christus und alle seine Engel herausziehen könnten.

Nach einer Weile öffnete sich auch wirklich das Tor des Ostens, und die Sonne erhob sich am Himmel. In atemloser Erwartung stand Gertrud unbeweglich, während die Sonne ihren Schein über das Gebirge warf, dort, westlich von Jerusalem, wo Hügelreihen auftauchten wie die Wogen im Meer. Ganz ruhig wartete sie, bis die Sonne so hoch gestiegen war, daß ihre Strahlen auf dem Kreuz über der Kuppel der heiligen Grabeskirche funkelten.

Da fiel es Gertrud ein, daß sie gehört hatte, Christus werde bei Sonnenaufgang auf den Flügeln der Morgenröte erscheinen, und sie sah ein, daß sie ihn nun an diesem Tag nicht mehr erwarten konnte. Aber deshalb fühlte sie sich nicht bedrückt oder beunruhigt. »Dann wird er eben morgen kommen«, sagte sie mit der größten Zuversicht.

Sie stieg vom Berg herab und kehrte mit glückstrahlendem Gesicht in die Kolonie zurück, aber keinem vertraute sie die große, frohe Gewißheit an, die sie erfüllte. Den ganzen Tag saß sie wie gewöhnlich an ihrer Arbeit und redete von gleichgültigen Dingen.

Am nächsten Morgen bei Tagesanbruch stand sie wieder auf dem Ölberg.

Und Morgen um Morgen kehrte sie dahin zurück, weil sie von allen Menschen die erste sein wollte, die Christus in der Herrlichkeit des Morgens auftauchen sah.

Ihre Wanderungen erregten bald Aufsehen in der Kolonie, und man bat Gertrud, zu Hause zu bleiben. Die Kolonisten stellten ihr vor, daß es ihnen schaden würde, wenn die Leute sie jeden Morgen auf dem Ölberg auf den Knien liegen sähen, um die Wiederkunft Christi zu erwarten. Wenn sie so fortfahre, dann würde man schließlich die Gordonisten auch noch als wahnsinnig verschreien.

Gertrud versuchte, zu gehorchen und daheim zu bleiben. Aber beim ersten Morgengrauen erwachte sie, und dann stand es wieder ganz deutlich vor ihr, daß gerade an diesem Tag Jesus kommen müsse. Und dann konnte nichts sie zurückhalten, sie stand auf und eilte hinaus, um ihren Heiland und König zu empfangen.

Diese Erwartung war ihr zur zweiten Natur geworden. Sie konnte ihr nicht widerstehen, konnte sich nicht davon frei machen. In allem andern war sie genau wie vorher; auch war ihr Geist nicht gestört, sie war nur insofern verändert, daß sie froher und freundlicher war als zuvor.

Nach einiger Zeit hatte man sich so an ihre Morgenwanderungen gewöhnt, daß sie kommen und gehen durfte, ohne daß sich jemand darum kümmerte. Aber wenn sie des Morgens ausging, dann sah sie einen dunklen Schatten am Tor stehen und auf sie warten. Und während sie den Berg erstieg, hörte sie hinter sich den Tritt eisenbeschlagener Absätze. Sie sprach nie mit diesem Schatten, aber es überkam sie ein Gefühl der Sicherheit, wenn die schweren Tritte hinter ihr klangen.

Manchmal, wenn sie vom Berge niederstieg, traf sie plötzlich mit Gabriel zusammen, der an einer Mauer lehnte und auf sie wartete.

Da gingen sie dann miteinander heim in die Kolonie, und Gertrud verstand wohl, daß Gabriel auf sie nur gewartet hatte, um mit ihr von Gunhild sprechen zu können. Sie machte ihm gern diese Freude. Je öfter sie so mit ihm sprach, desto mehr erkannte sie, wie gutherzig und freundlich er war, und so fing sie bald an, mit ihm von ihren Träumen und Hoffnungen zu sprechen. Gabriel gab ihr jedoch darin nicht recht und versuchte sie davon abzubringen. Aber er tat das so behutsam, daß er sie nicht erschreckte.

Baram Pascha

Die Gordonisten waren froh, daß sie das neue, prächtige Haus vor dem Damaskustor hatten mieten können. Es war so groß, daß fast alle darin Platz hatten und nur wenige Familien anderswo untergebracht werden mußten. Es wohnte sich auch äußerst angenehm in diesem Haus mit seinen schönen Dachterrassen und seinen offenen Säulengängen, die in der Sonnenhitze herrliche Zuflucht boten. Die Gordonisten konnten sich des Gedankens nicht erwehren, daß ihnen Gott eine ganz besondere Gnade erwiesen habe, indem gerade dieses Haus leer gestanden hatte. Sie sagten oft, sie hätten nicht gewußt, wie sie Gedeihen und Zusammenhalt in der Kolonie zustande bringen sollten, wenn sie kein so großes Haus gefunden, sondern an verschiedenen Stellen der Stadt hätten wohnen müssen.

Aber es verhielt sich so, daß das Haus Baram Pascha gehörte, dem derzeitigen Gouverneur von Jerusalem. Vor etwa drei Jahren hatte er dieses große Haus fur seine Gattin, die er über alles liebte, gebaut. Er wußte, daß er ihr keine größere Freude machen konnte, als wenn er ihr dieses Haus baute, in dem sie mit ihrem ganzen großen Haushalt, mit ihren Söhnen und deren Frauen, mit ihren Töchtern und deren Ehegatten und Kindern und den Dienern wohnen konnte.

Aber nachdem das Haus fertig geworden und Baram Pascha mit den Seinigen eingezogen war, traf ihn ein furchtbares Unglück. In der ersten Woche, die er darin wohnte, starb eine seiner Töchter, in der nächsten starb noch eine und in der dritten seine geliebte Frau. Da wurde Baram Pascha von tiefem Schmerz ergriffen, schnell zog er wieder aus dem Palast aus, verschloß und verriegelte ihn und schwur, daß er ihn niemals wieder betreten werde.

Von da an hatte der Palast leer gestanden, bis die Gordonisten im Frühjahr zu Baram Pascha gekommen waren und ihn gebeten hatten, das Haus mieten zu dürfen. Sie waren alle sehr verwundert, als er seine Einwilligung gab, denn sie hatten geglaubt, Baram Pascha werde nie wieder einen Menschen in diesen Mauern wohnen lassen.

Als aber im Herbst die schweren Verleumdungen über die Gordonisten ausgesprengt worden waren, überlegten sich mehrere amerikanische Missionare, wie sie ihre Landsleute zwingen könnten, Jerusalem zu verlassen. Und sie beschlossen, Baram Pascha aufzusuchen und mit ihm über seine Mieter zu sprechen. Sie berichteten ihm alles Böse, was sie über diese wußten, und fragten ihn, wie er dulden könne, daß so verabscheuungswürdige Menschen in dem Hause wohnten, das er für seine Gattin gebaut hatte.

Es war acht Uhr morgens an einem schönen Tag im Mai.

Die düstere Nacht, die Jerusalem in Finsternis gefangengehalten hatte, war schon gewichen, und die Stadt gewann allmählich das Aussehen des Tages wieder. Am Damaskustor hatten die Bettler schon seit geraumer Zeit ihre Plätze eingenommen, und die Straßenhunde, die die ganze Nacht in Bewegung gewesen waren, begaben sich nun den Tag über in ihre Höhlen und auf die Kehrichthaufen, um zu schlafen. Dicht neben dem Tor hatte eine kleine Karawane ihr Nachtlager aufgeschlagen. Dies wurde nun abgebrochen, und die Führer banden die Warenbündel auf die vor ihnen knienden Kamele, die laut brüllten, als sie die schwere Last auf dem Rücken fühlten. Von der Straße draußen kamen Landleute herein, die mit großen Körben voll Gemüse in die Stadt eilten. Hirten stiegen vom Gebirge herab und schritten feierlich durch das Torgewölbe, und hinter ihnen kamen große Herden von Schafen, die geschlachtet, und von Ziegen, die gemolken werden sollten.

Gerade als das Morgengedränge unter dem Tor seinen Höhepunkt erreicht hatte, kam ein alter Mann auf einem schönen weißen Esel geritten. Er war prachtvoll gekleidet; sein Leibrock war aus weichem, gestreiftem Seidenzeug, und darüber trug er einen bis zu den Füßen herabfallenden pelzverbrämten Kaftan aus hellblauem Brokat. Sein Gürtel und sein Turban waren mit reichen Stickereien aus goldglänzender Seide geschmückt. Sein Gesicht war sicher einmal schön und ehrfurchtgebietend gewesen, jetzt aber war es vom Alter gezeichnet, die Augen tränten, der Mund war eingefallen, und der große weiße Bart hing struppig und mit gelben Spitzen lang herab.

Alle Leute, die sich unter dem Tor drängten, verwunderten sich und sagten zueinander: »Warum reitet Baram Pascha durch das Damaskustor auf die Straße hinaus, die er seit drei Jahren nicht mehr sehen wollte?«

Andere aber fragten: »Will Baram Pascha etwa sein Haus besehen? Er hatte doch geschworen, es nie wieder zu betreten.«

Während Baram Pascha so durch das Volksgedränge ins Tor ritt, sagte er zu seinem Diener Machmud, der ihn begleitete: »Hörst du es, Machmud? Alle, denen wir hier begegnen, verwundern sich und fragen: ›Was soll das bedeuten? Will Baram Pascha sein Haus besuchen, das er seit drei Jahren nicht mehr gesehen hat?‹«

Und sein Diener antwortete, er habe auch gehört, wie sich die Leute darüber verwunderten.

Da sagte Baram Pascha in heftigem Zorn: »Meinen sie

denn, ich bin so alt, daß man mit mir anfangen kann, was man will? Meinen sie, ich werde es ertragen, daß sich Fremde in dem Haus schlecht aufführen, das ich meiner Gattin, die eine gute und ehrenhafte Frau war, gebaut habe?«

Baram Paschas Diener suchte den Zorn seines Herrn zu besänftigen und sagte: »Herr, du vergissest, daß wir nicht zum ersten Male hören, wie die Christen sich gegenseitig verleumden.«

Baram aber hob zornig die Arme auf und rief: »Flötenbläser und Tänzerinnen wohnen in den Räumen, wo meine Lieben starben! Der Tag soll nicht zu Ende gehen, ehe diese Missetäter aus meinem Hause verjagt sind!«

Kaum hatte der alte Pascha das gesagt, da begegnete ihnen eine kleine Schar Schulkinder, die zu zwei und zwei mit raschen Schritten daherkamen. Und als Baram sie gewahr wurde, fand er ihr Aussehen dem aller andern Kinder, die sich auf den Straßen Jerusalems umhertummelten, sehr unähnlich, denn diese hier waren reingewaschen, trugen ganze Kleider und starke Schuhe und hatten blondes, glattgekämmtes Haar.

Baram Pascha hielt seinen Esel an und sagte zu seinem Diener: »Geh und frage, wem sie gehören!«

»Ich brauche nicht zu fragen, wem sie gehören«, antwortete ihm sein Diener, »denn ich sehe sie jeden Tag hier. Es sind die Kinder der Gordonisten, und sie gehen in die Schule, die diese Leute in dem Haus am Fuß der Stadtmauer, wo sie wohnten, ehe sie dein großes Haus mieten konnten, eingerichtet haben.«

Während der Pascha noch immer den Kindern nachschaute, kamen zwei Männer, die auch zu der Kolonie gehörten, mit einem Karren, worin die kleinsten der Schulkinder, die noch nicht allein in die Stadt gehen konnten, saßen. Und der Pascha sah, daß die Kleinen, weil sie fahren durften, vor Freude in die Hände klatschten, und die sie zogen, lachten ihnen zu und liefen schneller, um ihnen einen Spaß zu bereiten.

Da faßte der Diener Mut und fragte Baram Pascha: »Meinst du nicht, o Herr, daß diese Kinder gute Eltern haben müssen?«

Aber Baram Pascha war ein alter Mann und unbeirrbar in seinem Zorn, wie die Alten zu sein pflegen. »Ich habe ihre eigenen Genossen über sie reden hören«, erwiderte er, »und ich sage dir, ehe es Abend ist, sollen sie aus meinem Hause vertrieben sein.«

Nachdem Baram Pascha wieder eine Strecke geritten war, begegnete er einem Haufen Frauen in europäischer Kleidung, die in die Stadt gingen. Sie wandelten sehr still und sittsam, ihre Kleider waren ärmlich, und in den Händen trugen sie schwere, wohlgefüllte Körbe.

Der Pascha wandte sich an seinen Diener und sagte zu ihm: »Geh und frage, wer sie sind!«

Und der Diener antwortete: »Ich brauche nicht zu fragen, o Herr, denn ich begegne ihnen jeden Tag. Es sind die Frauen der Gordonisten, die mit Eßwaren und Heilmitteln nach Jerusalem hineingehen, um den Kranken beizustehen, die zu schwach sind, um zu ihnen herauszukommen und Hilfe zu suchen.«

Baram Pascha erwiderte: »Und wenn sie auch ihre Bosheit unter Engelsflügeln verbärgen, ich werde sie doch aus meinem Hause hinausjagen.«

Er ritt weiter, bis er das große Haus erreichte. Als er sich diesem näherte, drang das Geräusch vieler Stimmen sowie ab und zu ein lauter Schrei an sein Ohr.

Er wandte sich an seinen Diener und sagte: »Hörst du die Spielleute und Tänzerinnen in meinem Hause lärmen?«

Aber als er um die Ecke bog, sah er allerlei Kranke und Verwundete vor dem Eingang des Hauses auf dem Boden kauern. Sie erzählten sich gegenseitig von ihren Leiden, und einige stießen Schmerzensschreie aus.

Und Machmud, sein Diener, faßte sich ein Herz und sagte: »Hier siehst du die Spielleute und Tänzerinnen, die, wie du glaubst, in deinem Hause lärmen. Sie kommen jeden Morgen hierher, um den Arzt der Gordonisten um Rat zu fragen und sich von den Krankenpflegerinnen verbinden zu lassen.«

Baram Pascha erwiderte: »Ich sehe, daß diese Gordonisten dich betört haben, aber ich bin zu alt, um mich durch ihre Lügen täuschen zu lassen. Ich sage dir, wenn es in meiner Macht stände, dann würde ich sie alle ringsum am Dachgesims meines Hauses aufhängen lassen.«

Und Baram Pascha war noch immer im größten Zorn, als er von seinem Esel stieg und die Stufen hinaufging. Als er den Hofplatz erreicht hatte, trat ihm eine große, stolze Frau entgegen und begrüßte ihn. Ihr Haar war weiß, obwohl sie nicht älter als vierzig Jahre zu sein schien. Sie hatte ein gebieterisches, kluges Gesicht, und obgleich sie nur ein einfaches, schwarzes Kleid trug, sah sie doch aus, als sei sie gewöhnt, über viele Menschen zu gebieten.

Baram Pascha wandte sich an Machmud und sagte zu ihm: »Diese Frau sieht so gut und klug aus wie Kadidscha, die Gattin des Propheten, was hat sie in diesem Hause zu schaffen?«

Und Machmud, sein Diener, antwortete ihm: »Das ist Mrs. Gordon, die die Kolonie leitet, seit vor einem Jahr ihr Mann starb.«

Da verbitterte sich der Sinn des alten Mannes aufs neue, und mit barscher Stimme sagte er zu Machmud: »Du mußt ihr sagen, daß ich gekommen bin, sie und ihre Leute aus meinem Hause zu vertreiben.«

Und sein Diener sagte zu ihm: »Sollte der gerechte Baram Pascha diese Christen verjagen, nur weil er ihre Brüder schlecht über sie reden hörte? Wäre es nicht besser, o Herr, wenn du zu dieser Frau sagen würdest: ›Ich bin gekommen, um mein Haus zu besehen‹? Und wenn du findest, daß es hier so zugeht, wie die Missionare dir gesagt haben, dann sage zu ihr: ›Du mußt diesen Platz verlassen, denn am dem Ort, wo meine Lieben starben, darf nichts Schlechtes geschehen.‹«

Da erwiderte Baram Pascha: »Sag ihr, daß ich mein Haus besehen will.«

Machmud sagte es Mrs. Gordon und sie antwortete: »Wir freuen uns, Baram Pascha zeigen zu können, wie wir uns in seinem Palast eingerichtet haben.«

Hierauf ließ Mrs. Gordon die junge Miß Young holen, die seit ihrer Kindheit in Jerusalem wohnte und fließend Arabisch sprechen konnte, und bat sie, Baram herumzuführen.

Baram Pascha nahm den Arm seines Dieners, und die Wanderung begann. Und da Baram das ganze Haus sehen wollte, führte ihn Miß Young zuerst in das Kellergeschoß, wo die Waschküche eingerichtet war. Und mit Stolz zeigte sie ihm die vielen frischgewaschenen Kleider, die prächtigen Waschkufen und Kessel sowie die fleißigen, ernsthaften Arbeiterinnen, die an den Waschzubern und Bügeltischen beschäftigt waren.

Dicht daneben befand sich die Backstube. Und Miß Young sagte zu Baram Pascha: »Seht, welchen vortrefflichen Backofen die Brüder gemauert haben? Und seht, welch schönes Brot wir selbst herstellen!«

Von der Backstube führte sie ihn in die Schreinerwerkstatt, wo ein paar alte Männer arbeiteten. Und Miß Young zeigte Baram Pascha einige einfache Tische und Stühle, die in der Kolonie verfertigt worden waren.

»Ach, Machmud, diese Menschen sind mir sicher zu schlau«, sagte der alte Pascha auf türkisch, denn er nahm an, daß Miß Young es nicht verstände. »Sie haben die Gefahr geahnt, sie haben mein Kommen erspäht. Ich dachte, ich würde sie beim Wein und beim Würfelspiel antreffen, und nun finde ich sie alle bei der Arbeit.«

Baram Pascha wurde nun durch die Küche und die Nähstube geführt und von da in ein anderes Zimmer, dessen Tür sich mit einer gewissen Feierlichkeit vor ihm öffnete. Das war die Webstube, wo Webstühle klatschten und Spinnrocken und Kardätschen in vollem Gang waren.

Da faßte sich Baram Paschas Diener ein Herz und bat seinen Herrn, das feste, starke Tuch, das hier hergestellt werde, zu betrachten. »Sieh, o Herr«, sagte er, »das sind keine leichten Stoffe für Tänzerinnen oder zu leichten Gewändern für leichtsinnige Frauenzimmer.«

Aber Baram Pascha schwieg und ging weiter.

Wo er hinkam, sah er Menschen mit rechtschaffnen, klugen Gesichtern. Alle saßen still und ernst bei ihrer Arbeit, aber wenn er ins Zimmer trat, leuchteten ihre Augen freundlich auf.

»Ich erzähle ihnen«, sagte Miß Young zu Baram Pascha, »daß Ihr der gute Gouverneur seid, der uns dies prächtige Haus vermietet hat, und sie bitten mich, Euch zu danken, daß Ihr so gut gegen uns gewesen seid.«

Aber Baram hatte während der ganzen Zeit einen barschen und harten Ausdruck im Gesicht und erwiderte kein Wort. Und Miß Young bekam Angst und dachte im stillen: »Warum will er nicht mit mir reden? Hat er vielleicht Böses gegen uns im Sinn?«

Sie führte den Pascha in die langen, schmalen Speisesäle, wo eben die Tische abgedeckt und das Frühstücksgeschirr gespült wurde. Auch hier sah er nichts als strenge Ordnung und größte Einfachheit.

Aber noch einmal faßte sich sein Diener Machmud ein Herz und sagte zu ihm: »Wie wäre es möglich, o Herr, daß sich diese Leute, die ihr eigenes Brot backen und ihre eigenen Kleider verfertigen, bei Nacht in Flötenbläser und Tänzerinnen verwandeln?«

Und Baram Pascha konnte ihm nichts erwidern.

Durch alle Räume seines Hauses wanderte Baram Pascha mit großer Ausdauer. Er kam in den großen Schlafsaal der ledigen Männer mit den genau ausgerichteten einfachen Betten. Er kam in die Zimmer der verschiedenen Familien, wo Eltern und Kinder beisammen wohnten. In diesen Räumen sah er überall reingefegte Fußböden, weiße Bettvorhänge, hübsche Möbel aus hellgebeiztem Holz, selbstgewebte Läuferteppiche und karierte baumwollne Überzüge.

Da schien Baram Pascha immer zorniger zu werden; und er sagte zu Machmud: »Diese Christen sind mir zu schlau. Sie verstehen es zu gut, ihr sündiges Leben zu verbergen. Ich hatte erwartet, die Fußböden mit Orangenschalen und Zigarrenasche besät zu sehen. Ich glaubte, ich würde die Frauen eifrig schwatzend beisammen finden, während sie Wasserpfeifen rauchen und ihre Nägel bemalen.«

Zuletzt stieg er eine blendendweiße Marmortreppe hinauf, die zum Versammlungssaal führte. Dieser Raum war der große Empfangssaal des Paschas gewesen, der nun aber auf amerikanische Weise mit einzelnen Gruppen bequemer Stühle und Tische eingerichtet war, und wo sich Bücher und Zeitschriften, Klavier und Harmonium sowie einige Photographien an den hellgestrichenen Wänden befanden.

Hier wurden die Gäste wieder von Mrs. Gordon empfangen, und Baram Pascha sagte zu seinem Diener: »Sag ihr, daß sie und ihre Anhänger noch vor Abend das Haus verlassen müssen.«

Aber Machmud, Baram Paschas Diener, erwiderte ihm: »Herr, die eine dieser Frauen kann deine Sprache sprechen. Laß sie deinen Willen aus deinem eigenen Munde vernehmen!«

Da hob Baram Pascha die Augen auf und sah Miß Young an, und sie begegnete seinem Blick mit freundlichem Lächeln. Und Baram Pascha wandte sich von ihr ab und sagte zu seinem Diener:

»Ich habe noch nie ein Gesicht gesehen, dem der Allmächtige größere Schönheit und Reinheit verliehen hätte. Ich wage ihr nicht zu sagen, daß ich gehört habe, ihre Leute seien der Sünde und dem Leichtsinn verfallen.«

Und Baram Pascha sank auf einen Stuhl nieder und verbarg das Gesicht in den Händen, während er zu ergründen suchte, wieviel von dem, was er gesehen und gehört hatte, wahr sei.

Da öffnete sich die Tür ganz leise, und ein alter, armer Wanderer trat herein. Er trug einen abgeschabten grauen Mantel, und seine Beine waren mit Lumpen umwickelt.

Auf dem Kopf hatte er einen schmutzigen Turban, dessen grüne Farbe den Träger als einen Abkömmling Mohammeds kennzeichnete.

Ohne auf den Pascha zu achten, trat der Mann ins Zimmer und ließ sich ein wenig abseits von den andern auf einem Stuhl nieder. Man ließ ihn gewähren, ohne ihn nach seinem Anliegen zu fragen.

»Wer ist der Mann, und was will er?« wandte sich Baram Pascha an Miß Young.

»Wir kennen ihn nicht«, antwortete Miß Young, »er ist noch nie hiergewesen. Ihr müßt es nicht übelnehmen, daß er hier hereinkommt. Unser Haus steht allen offen, die hier Zuflucht suchen.«

»Machmud«, sagte der Pascha zu seinem Diener, »frage diesen Wanderer, der ein Abkömmling des Propheten ist, was er hier bei diesen Christen zu tun hat!«

Machmud richtete seinen Auftrag aus und trat dann wieder zu Baram Pascha.

»Er antwortete mir, daß er hier nichts zu tun habe, aber er habe nicht vorbeigehen wollen, ohne hereinzukommen, weil geschrieben steht: ›Laß nicht deine Füße sündigen, indem du an der Wohnung des Gerechten vorübergehst.‹«

Baram Pascha saß eine Weile still da, dann wandte er sich an seinen Diener und sagte:

»Du hast sicher nicht recht gehört, frag ihn noch einmal, was er in diesem Haus zu tun hat!«

Machmud ging und kam wieder zurück; Wort für Wort wiederholte er dieselbe Antwort.

»So laß uns Gott danken, mein Freund Machmud«, sagte Baram einfach; »er hat uns diesen Mann gesandt, um uns aufzuklären. Er hat ihn geheißen, hier einzutreten, damit sich meine Augen der Wahrheit öffnen. Nun wollen wir heimreiten, mein Freund Machmud, und ich werde diese Christen nicht aus ihrem Hause vertreiben.«

Kurz darauf ritt Baram Pascha fort, aber nach einer Stunde kehrte Machmud in die Kolonie zurück, den schönen weißen Esel des Paschas neben sich. Er führte ihn den

Kolonisten zu mit der Botschaft von Baram Pascha, daß der Esel die kleinen Kinder morgens in die Schule tragen solle.

In Gehenna

Jenseits der Mauern Jerusalems, auf dem westlichen Abhang von Zion, besaß eine der amerikanischen Missionsanstalten einen Kirchhof, und die Gordonisten hatten Erlaubnis erhalten, ihre Toten da zu begraben. Schon eine Menge der Ihren ruhten da draußen, von dem kleinen Jacques Garnier an, der Kajütenjunge auf dem großen Dampfer »L'Univers« gewesen war und der von den Gordonisten als erster starb, bis zu Edward Gordon selbst, der im vergangenen Jahre gleich nach der Rückkehr von Amerika dem Fieber erlegen war.

Dieser Begräbnisplatz war so einfach und ärmlich, wie man sich nur denken konnte. Er bestand aus einem kleinen viereckigen Stück Land, das von einer so hohen und dikken Mauer umgeben war, daß sie zu einer Festung gepaßt hätte. Keine Bäume, keine grünen Hügel waren zu sehen, man hatte nichts getan, als Steine und Schutt entfernt, so daß der Boden nun gesäubert und geebnet war. Auf den Gräbern lagen flache Kalksteinplatten, deren es in Jerusalem so viele gibt, und neben einigen Grabhügeln standen grüne Bänke und Stühle.

In der östlichen Ecke, wo man eine sehr schöne Aussicht auf das Tote Meer und das golden schimmernde Gebirge Moab gehabt hätte, wenn die Mauer nicht im Wege gewesen wäre, hatten die Schweden ihre Gräber. Da lagen nun schon viele von ihnen, gleich als ob der Herr im Himmel dächte, sie hätten genug für ihn getan, indem sie ihre Heimat für ihn verlassen hatten, und er nun nichts mehr von ihnen verlangte, um sie in sein Reich eingehen zu lassen.

Da lagen Birger Larsson, der Schmied, und Ljung Björns kleiner Erik und Bürgermeisters Gunhild sowie Brita Ingmarstochter, die nach Gunhild an den Pocken gestorben war. Da lagen auch Per Gunnarsson und Märta Eskilstochter, die beide schon in Amerika zu Hellgums Gemeinde gehört hatten. Der Tod hatte reiche Ernte unter ihnen gehalten, und mit Unbehagen empfanden die Kolonisten, daß sie von dem engen Friedhof fast schon allzuviel Raum eingenommen hatten.

Auch Tims Halvor Halvorsson hatte eins seiner Lieben auf diesem Kirchhof, das jüngste seiner Kinder, ein kaum drei Jahre altes Mägdlein. Er hatte dieses Kind über die Maßen liebgehabt, und es war auch von allen seinen Kindern das gewesen, was ihm am meisten geglichen hatte. Halvor war es, als habe er nie jemanden so geliebt wie dieses Töchterchen. Als es tot war, konnte er es keinen Augenblick vergessen.

Wenn sie in Dalarne geboren wäre und auf dem heimatlichen Kirchhof gelegen hätte, dann hätte er sich wohl zwingen können, nicht immerfort an sie zu denken; aber nun war es ihm, als müsse sich sein Töchterchen auf dem unheimlichen Kirchhof da draußen einsam und verlassen fühlen. Bei Nacht sah er, wie es weinend und frierend auf seinem kleinen Grabe saß und klagte, daß es sich in der Dunkelheit und der unbekannten Umgebung fürchte.

Eines Nachmittags zog Halvor hinunter ins Tal Josaphat und pflückte beide Hände voll roter Mohnblumen, die schönsten und leuchtendsten, die er finden konnte, um sie auf das Grab zu legen. Während er so in dem grünen Tal umherwanderte, sagte er zu sich selbst: »Ach, wenn ich doch mein liebes Mägdlein hier im Freien unter dem grünen Rasen liegen hätte, so daß es wenigstens nicht von der schrecklichen Mauer eingeschlossen wäre!«

Er hatte die hohe Mauer um den Begräbnisplatz immer gehaßt, und sooft er an sein totes Kind dachte, war es ihm, als habe er die arme Kleine in ein dunkles, kaltes Haus eingeschlossen und ohne Fürsorge gelassen, und er meinte, es klagen zu hören: »Mich friert, und ich fürchte mich! Ach, mich friert, und ich fürchte mich!«

Halvor verließ das Tal und stieg den schmalen Pfad hinauf, der sich unter der Ringmauer hinzieht, bis er den Berg Zion erreicht hatte. Der Kirchhof lag etwas westlich vom Zionstor, unterhalb des großen Gartens der Armenier.

Halvors Gedanken waren unaufhörlich bei seinem Kinde. Er wanderte auf dem wohlbekannten Weg weiter, ohne die Augen vom Boden aufzuheben. Aber auf einmal hatte er das Gefühl, als ob etwas verändert sei. Er schaute auf und sah, daß nicht weit vom Weg ein paar Männer mit dem Niederreißen einer Mauer beschäftigt waren. Er blieb stehen und betrachtete sie. Was war doch das für eine Mauer, die da gestanden hatte? War es ein Gebäude oder eine Schutzmauer gewesen? Dort drüben mußte ja eigentlich der Kirchhof liegen, oder hatte er am Ende eine falsche Richtung eingeschlagen?

Es dauerte ein paar Minuten, ehe er sich zurechtfinden konnte, aber dann begriff er, was geschehen war. Es war die hohe Kirchhofmauer, die die Arbeiter niederrissen.

Halvor versuchte sich einzureden, daß man die Mauer eingerissen habe, um den Platz zu erweitern oder ihn mit einem eisernen Gitter zu umgeben, und er dachte, es werde gewiß weniger feucht und kalt da drinnen sein, wenn die Mauer entfernt sei. Trotzdem aber ergriff ihn eine so heftige Unruhe, daß er zu laufen begann. »Wenn sie nur nichts an dem Grab gemacht haben!« dachte er. »Das Kind liegt ja dicht neben der Mauer; wenn sie nur nichts damit gemacht haben!«

Er war ganz außer Atem, als er über den Schutt kletterte, um auf den Begräbnisplatz zu gelangen. Endlich war er so weit gekommen, daß er einen Überblick gewinnen konnte. Aber in diesem Augenblick fühlte er, daß mit seinem Herzen etwas nicht in Ordnung war. Er setzte plötzlich aus, dann tat es ein paar heftige Schläge, dann setzte es wieder aus. Es war wie ein Uhrwerk, das entzweigeht.

Halvor mußte sich auf einen Stein setzen, aber nun klopfte sein Herz zum Zerspringen. Nur ganz allmählich beruhigte es sich und schlug wieder wie gewöhnlich, wenn auch mit Mühe und Anstrengung. »Ach, ich werde schon mit dem Leben davonkommen«, sagte er leise. »Ich werde es schon überwinden.«

Er nahm all seinen Mut zusammen und schaute noch einmal in den Begräbnisplatz hinein. Alle Gräber waren geöffnet und die Särge, die darin gestanden hatten, verschwunden. Auf der Erde lagen Schädel und Knochen umher; sie waren wohl aus den morschen Särgen herausgefallen. Die Grabsteine lagen in der Ecke des Kirchhofs auf einem Haufen.

»Ach Gott im Himmel, was haben sie mit den Toten gemacht!« rief Halvor.

Er trat zu den Arbeitern und fragte auf schwedisch: »Was habt ihr mit Klein-Greta gemacht?« Er war nicht recht bei sich und dessen nicht ganz bewußt, was er sagte. Dann merkte er, daß er in seiner Heimatsprache geredet hatte; er strich sich über die Stirn und wurde verlegen.

Dann versuchte er sich klarzumachen, wer er war. Er sei doch wahrlich kein Kind, sondern ein kluger Mann, sagte er zu sich selbst. Er sei ein Großbauer, zu dem einst das ganze Dorf aufgesehen habe; für solch einen Mann schicke es sich doch wahrlich nicht, die Fassung zu verlieren.

Nun nahm er eine steife, aufrechte Haltung an und fragte die Arbeiter auf englisch, ob sie nicht wüßten, warum der Kirchhof aufgerissen sei.

Die Arbeiter waren lauter Eingeborene, aber einer von ihnen konnte doch ein wenig Englisch sprechen.

Dieser Mann teilte Halvor mit, daß die Amerikaner den Begräbnisplatz an Deutsche verkauft hätten und daß diese hier ein Krankenhaus bauen wollten. Deshalb müßten die Toten aus der Erde heraus.

Halvor schwieg eine Weile und grübelte über das Gehörte nach. Ach so, es sollte also ein Krankenhaus hier gebaut werden, gerade hier! Wie merkwürdig, daß man auf den vielen kahlen Hügeln keinen anderen Platz hatte finden können, sondern das Haus gerade hierher legen mußte. Wenn dann nur die hinausgeworfenen Toten nicht an einem dunklen Abend an der Glocke zogen und Einlaß begehrten! »Wir wollen auch eine Lagerstätte hier haben«, würden sie sagen. Und in einer langen Reihe würden sie dastehen, Birger Larsson und Klein-Erik und Gunhild und ganz am Ende sein eigenes Töchterchen.

Halvor kämpfte mit den Tränen, aber noch immer versuchte er zu tun, als ginge ihn die Sache gar nichts an. Er setzte eine gleichgültige Miene auf, stellte den einen Fuß vor und schwang seinen Strauß von rotem Mohn hin und her.

»Aber was ist mit den Toten geschehen?« fragte er.

»Die Amerikaner sind hier gewesen und haben ihre Särge weggeführt«, antworteten die Arbeiter. »Allen, die hier jemand begraben hatten, ist mitgeteilt worden, daß sie die Särge holen sollten.«

Plötzlich unterbrach sich der Sprecher und betrachtete Halvor. »Bist du vielleicht aus dem großen Haus vor dem Damaskustor?« fragte er. »Die da wohnen, haben nicht einen einzigen ihrer Toten abgeholt.«

»Wir haben keine Nachricht erhalten«, sagte Halvor. Noch immer schwang er die Blumen in der Luft; sein Gesicht sah aus, als sei es in Stein verwandelt, während er sich bemühte, den fremden Männern nicht zu zeigen, welche Qualen er litt.

»Die nicht abgeholt worden sind, liegen dort drüben«, sagte der Arbeiter und deutete den Hügel hinab. »Ich will dir zeigen, wo sie sind, damit ihr sie begraben könnt.«

Der Mann ging voraus, und Halvor folgte ihm. Als sie über die eingerissene Mauer kletterten, hob Halvor einen Stein auf. Der Arbeiter ging ruhig und unbefangen weiter, während Halvor mit dem Stein in der Hand hinter ihm her schritt.

»Merkwürdig, daß er sich nicht vor mir fürchtet«, sagte Halvor laut in schwedischer Sprache, »und es wagt, so dicht vor mir zu gehen. Und er hat sogar dabei geholfen, sie hinauszuwerfen. Er hat Klein-Greta auf den Kehrichthaufen geworfen.«

»Klein-Greta, Klein-Greta«, fuhr er fort, »sie war so fein, daß sie wohl in einem Marmorsarge zu liegen verdient hätte. Und dann hat sie in dem ärmlichen Grabe hier nicht einmal in Frieden liegen dürfen!«

»Vielleicht ist es gerade dieser Mann hier gewesen, der sie herausgenommen hat«, murmelte Halvor und wog den Stein in der Hand. »Noch nie habe ich solche Lust verspürt, etwas zu zerschlagen, wie jetzt diesen abrasierten Schädel unter der roten Mütze.«

»Ich will dir nur sagen, daß es Klein-Greta vom Ingmarshof war«, sagte er wieder, indem er sich aufrichtete, »und von Rechts wegen hätte sie neben Groß-Ingmar liegen sollen. Sie stammte aus solcher Familie, daß sie das Recht gehabt hätte, bis zum Jüngsten Tag in einem eigenen Grabe zu ruhen. Hier ist nicht einmal ein ordentlicher Leichenschmaus für sie gehalten worden, auch wurde sie nicht unter dem Läuten der Glocken auf den Kirchhof getragen, und kein richtiger Pfarrer hat die Leichenrede gehalten. Aber deshalb hattest du doch nicht das Recht, sie aus dem Grabe zu werfen. Und wenn ich mich auch nicht wie ein rechter Vater gegen sie bewiesen habe, so begreifst du doch wohl, daß ich nicht so schlecht bin, um zu dulden, daß du sie aus ihrem Grabe hinauswirfst.«

Halvor hob zielend den Stein in die Höhe und hätte ihn sicher geworfen, wenn nicht in diesem Augenblick der Mann angehalten und sich nach ihm umgewandt hätte.

»Hier sind sie«, sagte er.

Zwischen Haufen von Unrat und Mauerresten befand sich eine tiefe Grube, und in diese waren die schwarzen Särge der Kolonisten hineingeworfen worden. Ohne jede Sorgfalt hatte man sie, wie es eben kam, hinabgestürzt, so daß einige alte Särge geborsten und die darin befindlichen Toten nun sichtbar geworden waren. Einige Särge waren auch verkehrt gefallen, und aus den morschen Deckeln drängten sich lange, vertrocknete Hände hervor, die sich Mühe zu geben schienen, den Sarg wieder in die richtige Lage zu bringen.

Während Halvor in die Grube hineinschaute, fielen die Blicke des Arbeiters auf seine Hand, die den Stein so krampfhaft umspannte, daß die Fingerspitzen ganz weiß aussahen. Von der Hand richtete der Mann seine Augen auf Halvors Gesicht, und er mußte wohl etwas Entsetzliches darin gelesen haben, denn er stieß einen lauten Schrei aus und ergriff die Flucht.

Aber nun dachte Halvor nicht mehr an ihn, er war von dem, was er sah, ganz vernichtet. Das Entsetzlichste war, daß der scharfe Leichengeruch sich der Luft mitgeteilt hatte und nun weit und breit verkündigte, was geschehen war. Hoch oben in der Luft schwebten schon zwei Geier und warteten nur noch auf ein paar Kameraden, um sich herabzustürzen. Schon von weitem hörte man das Surren einer Menge schwarzer und gelber Insekten, die über den Särgen schwärmten. Ein paar Straßenhunde liefen herbei, setzten sich mit weit heraushängender Zunge auf den Rand der großen Grube und schauten hinein.

Mit Schaudern erinnerte sich Halvor daran, daß er sich am Ausgang des Tals Hinnom befand, ganz nahe dem Platz, wo das Feuer der Gehenna einst gebrannt hatte. »Wahrlich, dies ist Gehenna, dies ist die Wohnung des Entsetzens!« rief er aus.

Aber lange blieb er nicht in Betrachtung versunken müßig stehen. Er sprang hinab in die Grube, schob die schweren Särge auf die Seite und kroch zwischen die Toten hinein. Er suchte und suchte, bis er Klein-Gretas Sarg fand, und als er ihn gefunden hatte, hob er ihn auf seine Schulter und stieg aus der Grube hinaus.

»Sie soll wenigstens nicht sagen können, daß ihr Vater sie über Nacht an diesem Ort habe liegenlassen!« rief er.

»Liebes Kind«, sagte er mit ernster und überzeugender Stimme, als wollte er sich vor der Toten verantworten. »Liebe kleine Greta, wir wußten nichts davon. Niemand wußte, daß du aus der Erde herausgeworfen wurdest. Alle andern haben erfahren, was geschehen sollte, nur wir nicht. Sie betrachten uns nicht als Menschen, deshalb haben sie es nicht der Mühe wert gehalten, es uns mitzuteilen.« Als er mit dem Sarg aus der Grube herauskam, fühlte er aufs neue, daß an seinem Herzen etwas in Unordnung war. Er mußte sich niedersetzen und warten, bis der ärgste Schmerz nachgelassen hatte.

»Du brauchst keine Angst zu haben, mein Kind«, begann er aufs neue. »Es wird bald vorübergehen. Du mußt nicht glauben, daß ich dich nicht von hier wegtragen könnte.« Allmählich kehrten seine Kräfte wieder zurück, und den Sarg auf der Schulter, ging er nach Jerusalem hinauf.

Während er auf dem schmalen Pfad der Mauer entlangschritt, war es ihm, als habe alles ein anderes Aussehen bekommen. Die Mauern und Trümmerhaufen flößten ihm Schrecken ein; alle sahen nun so sonderbar und feindlich aus. Das fremde Land und die fremde Stadt freuten sich über seinen Schmerz.

»Sei nicht böse über deinen Vater, mein Kind; sei nicht böse, daß er dich in ein unbarmherziges Land geführt hat«, bat er.

»Wenn das daheim vorgekommen wäre«, fuhr er fort, »oh, dann hätte der Wald geweint, und die Berge gejammert, aber dies ist ein unbarmherziges Land.«

Er ging immer langsamer, um sein Herz zu schonen, das nicht mehr die Kraft zu haben schien, das Blut durch den Körper zu treiben. Er war hilflos und verzweifelt, und vor allem ergriff ihn große Angst davor, daß er so weit weg in der Fremde war, wo niemand Barmherzigkeit mit ihm haben würde.

Dann bog er um die Ecke und wanderte an der östlichen Mauer entlang. Das mit Gräbern bedeckte Tal Josaphat breitete sich in der Tiefe vor ihm aus.

»Und hier also soll das Jüngste Gericht stattfinden und sollen die Toten auferstehen«, dachte er.

»Was wird Gott am Tage des Gerichts von mir sagen, von mir, der die Seinigen nach Jerusalem, dieser Stadt des Todes, geführt hat?« fragte er sich.

»Und ich habe auch meine Nachbarn und Verwandten

dazu überredet, daß sie an diesen Ort des Entsetzens zogen. Sie werden mich vor Gott verklagen.«

Es war ihm, als hörte er seine Landsleute die Stimme gegen ihn erheben und ausrufen: »Wir glaubten ihm, und er führte uns in ein Land, wo wir verachteter waren als Hunde, und in eine Stadt, deren Grausamkeit uns tötete.«

Halvor versuchte jedoch, sich dieser Gedanken zu entschlagen und nicht länger dabei zu verweilen. Aber es war ihm unmöglich; er erkannte auf einmal alle Schwierigkeiten und Gefahren, die seinen Gefährten drohten. Er dachte an die bittre Armut, die bald über sie hereinbrechen mußte, weil sie keinen Lohn für ihre Arbeit annahmen, er dachte auch an das ungewohnte Klima und an die Krankheiten, die ihre Gesundheit zerstören würden, und ebenso dachte er an die schweren Gebote, die sie sich selbst auferlegt hatten und die Zersplitterung und Untergang herbeiführen mußten; er fühlte sich todmüde.

»Ebensowenig wie wir imstande sind, den Boden dieses Landes zu bebauen oder dessen Wasser zu trinken, ebensowenig können wir hier weiterleben!« rief er.

Immer langsamer schleppte er sich vorwärts; er war vollständig ermattet und kraftlos.

Die Kolonisten saßen schon beim Abendbrot; da ertönte ein schwaches Läuten an der Haustür.

Als geöffnet wurde, saß Tims Halvor vor dem Tor auf der Erde; er war dem Sterben nahe. Neben ihm stand der Sarg seines Töchterchens; er zog einzelne Blüten aus einem großen Strauß verwelkter Mohnblumen und streute sie auf den Sarg.

Ljung Björn war gekommen, um zu öffnen. Es schien ihm, daß Halvor etwas zu ihm sagte, und er bückte sich, um es verstehen zu können.

Mehrere Male setzte Halvor zu sprechen an, bevor es ihm gelang, sich verständlich zu machen.

»Man hat unsere Toten hinausgeworfen«, sagte er; »sie liegen unter freiem Himmel drunten in Gehenna. Ihr müßt sie in dieser Nacht noch holen.«

»Was sagst du?« fragte Ljung Björn; er verstand gar nicht, um was es sich handelte.

Der Sterbende nahm seine letzte Kraft zusammen und richtete sich auf.

»Sie haben unsre Toten aus ihren Gräbern hinausgeworfen, Björn. In dieser Nacht müssen alle unsere Männer nach Gehenna hinunter und sie holen.«

Nachdem er das gesagt hatte, sank er wieder zusammen und saß stöhnend auf dem Boden.

»Ich fühle mich so schwer, Björn; es ist gewiß etwas mit meinem Herzen«, stieß er hervor. »Ich hatte Angst, daß ich sterben würde, ehe ich euch das mitgeteilt hätte. Klein-Greta habe ich heimgetragen, aber die andern konnte ich nicht mitnehmen.«

Björn ließ sich neben ihm auf die Knie nieder.

»Willst du nicht hereinkommen, Halvor?« fragte er. Aber Halvor hörte ihn nicht.

»Versprich mir, Björn, daß Klein-Greta ordentlich in die Erde kommt. Sie soll nicht denken, sie habe einen schlechten Vater.«

»Ja, ja«, sagte Björn, »aber willst du jetzt nicht versuchen, hereinzukommen?«

Halvors Kopf sank immer tiefer herab. »Sorge dafür, daß sie unter grünem Rasen liegt«, flüsterte er. »Und bettet auch mich unter einen grünen Hügel«, fügte er nach einer Weile hinzu.

Björn sah, daß Halvor schwer krank war, und eilte, Hilfe zu holen, um ihn hineinzutragen. Als er zurückkam, war Halvor schon tot.

Der Paradiesesbrunnen

Es wurde ein sehr schwerer Sommer für Jerusalem mit Wassermangel und Krankheiten. Die Winterregen waren in diesem Jahr nur spärlich gefallen, und es mangelte der Heiligen Stadt bald an Wasser, da sie fast kein anderes hat als den Regen, der im Winter in den unterirdischen Zisternen gesammelt wird, die sich beinahe auf jedem Hofe finden. Und sobald sich die Leute mit dem modrigen, schlechten Wasser, das sich noch auf dem Boden der Zisternen fand, begnügen mußten, nahmen die Krankheiten in erschreckendem Maße zu. Bald fand sich kaum ein Haus, wo nicht jemand an Pocken oder Ruhr oder Malaria krank lag.

Die Gordonisten bekamen eine arbeitsreiche Zeit; sie wurden beinahe alle durch Krankenpflege in Anspruch genommen. Diejenigen unter ihnen, die schon lange in Jerusalem lebten, schienen für Ansteckung nicht empfänglich und gingen ungefährdet von Krankenbett zu Krankenbett. Die Schweden aus Amerika, die auch in Chicago schon heiße Sommer erlebt hatten und gewohnt waren, Stadtluft zu atmen, widerstanden Krankheit und Anstrengung auch ganz gut; die armen Bauern aus Dalarne aber erkrankten fast alle.

Im Anfang sah es bei ihnen gar nicht so gefährlich aus; wenn sie auch keine Arbeit verrichten konnten, gingen die meisten doch umher. Trotzdem sie abmagerten und beständig Fieber hatten, glaubte niemand, daß es etwas anderes sei als ein vorübergehendes Unwohlsein. Aber nach acht Tagen starb Birger Perssons Witwe und kurz darauf einer seiner Söhne. Gleichzeitig stellten sich neue Krankheitsfälle ein; es sah fast aus, als sollten alle Dalekarlier auf einmal hinweggerafft werden.

Alle Kranken hatten dieselbe brennende Sehnsucht und dasselbe Verlangen. Alle flehten um einen Trunk Wasser, nur einen einzigen Schluck frischen reinen Wassers. Es war, als hätten sie nichts weiter nötig als dies eine, um zu genesen.

Aber wenn man ihnen das Zisternenwasser reichte, wandten sie den Kopf weg und wollten es nicht einmal sehen. Obgleich es filtriert und abgekühlt war, behaupteten sie, es rieche modrig und habe einen widerwärtigen Geschmack. Einige Kranke, die versucht hatten, es zu trinken, bekamen Schmerzen und jammerten, daß man sie vergiftet habe.

Eines Vormittags, als diese Krankheit den höchsten Grad erreicht hatte, saßen ein paar Bauern plaudernd in dem schmalen Schatten vor dem Hause. Alle hatten Fieber, man sah es deutlich an den abgezehrten Gesichtern und an ihren matten, blutunterlaufenen Augen. Keiner war mit einer Arbeit beschäftigt, sie rauchten nicht einmal aus ihren kleinen Kreidepfeifen.

Ihre eigentliche Beschäftigung war, zum Himmel aufzuschauen, der sich klar und blau über ihnen wölbte. Sie hielten genaueste Ausschau, und kein noch so kleines Wölkchen am Horizont entging ihren Blicken. Alle wußten zwar genau, daß vor Ablauf mehrerer Monate kein Regen zu erwarten war, aber sobald sich eine der weißen Sommerwolken über den Horizont erhob, bildeten sie sich ein, daß ein Wunder geschehen und es bald zu regnen anfangen würde. »Wer weiß, ob Gott uns nicht schließlich doch helfen will!« sagten sie.

Während sie mit größter Aufmerksamkeit das Anwachsen und die Bewegung der Wolke am Himmel verfolgten, begannen sie miteinander darüber zu reden, wie schön es doch wäre, wenn plötzlich große Tropfen gegen die Wände schlagen und auf die Scheiben prasseln würden, und das Wasser aus der Dachrinne herausströmte und auf der Erde kleine Steine und Sand mit sich fortschwemmte. Sie beschlossen, daß sie, wenn es regnen würde, nicht unter Dach gehen wollten; nein ganz ruhig sitzen bleiben und das Wasser über sich hinströmen lassen, das wollten sie, denn sie lechzten ja ebenso wie das ausgedorrte Erdreich danach, durch und durch naß zu werden.

Aber wenn die Wolke ein Stück weit am Himmel aufgestiegen war, mußten sie leider gewahren, daß sie sich verkleinerte und zerschmolz. Zuerst wurden die flaumigen Ränder verzehrt, dann begann das Zerstörungswerk von innen heraus, und die Wolke zerfiel in dünne Flocken und Streifen und war nach wenigen Augenblicken verschwunden.

Als die Bauern die Wolke nicht mehr sahen, waren sie verzweifelt. Die alten Männer waren von Krankheit so entkräftet, daß sie rasch die Hände auf die Augen legten, um etwa hervorquellende Tränen zu verbergen.

Ljung Björn Olofsson, der sich seit Tims Halvors Tod als der Führer der Schweden fühlte, versuchte, die andern ein wenig aufzumuntern. Er begann von dem Bach Kidron zu sprechen, der in früheren Zeiten durch das Tal Josaphat geflossen war und Jerusalem zu einer wasserreichen Stadt gemacht hatte. Er hatte seine Bibel in der Tasche; diese schlug er nun auf und las den andern die Stelle vor, wo der Bach Kidron genannt ist. Dann beschrieb er ihnen, welch ein großer mächtiger Strom der Bach Kidron einst gewesen war, wie er Mühlen getrieben hatte und wie er im Winter ab und zu so mächtig anschwoll, daß er über seine Ufer trat und das ganze Land überschwemmte.

Man merkte Ljung Björn wohl an, daß es eine Wohltat für ihn war, von diesem großen Wasser, das einst an Jerusalem vorübergeströmt war, sprechen zu können. Sicherlich dachte er immerfort an den Fluß, und am liebsten hielt er sich bei der Stelle auf, wo berichtet wird, wie David den Kidron durchwatete, als er vor Absalom floh. Ljung Björn beschrieb den andern, wie schön es wäre, wenn sie mit nackten Füßen durch kaltes fließendes Wasser gehen dürften. »Das wäre mir noch lieber, als es zu trinken«, sagte er.

Ljung Björn war noch lange nicht fertig mit der Beschreibung des Baches Kidron, als sein Schwager, Kolaas Gunnar, ihn unterbrach und sagte, daß er sich gar nichts aus dem Bach Kidron mache, der ja längst versiegt und vertrocknet sei. Dagegen müsse er, schon seit diese schwere Zeit hier angefangen habe, immerfort an eine Prophezeiung Hesekiels denken. Im siebenundvierzigsten Kapitel sei im ersten und den folgenden Versen von einem Strom die Rede, der an der Schwelle des Tempels entspringt und durch das Land bis an das Tote Meer fließt.

Kolaas Gunnar warf, während er sprach, das schwarze lockige Haar aus der Stirn zurück, seine Augen leuchteten, und er erzählte so, daß die Bauern das Wasser ganz deutlich vor Augen ins Tal hinunterfließen sahen. Leise murmelnd kam es in einer steinernen Rinne langsam dahergeflossen und ergoß sich von da in viele kleine Rinnsale, die zwischen grünen Rasenflächen hinliefen. Weiden und Pappeln wuchsen an den Ufern, große Wasserpflanzen mit dikken Blättern hingen auf die Oberfläche des Wassers herab. Auf dem Grunde der Bäche lagen kleine weiße Steine, und das Wasser glitzerte und plätscherte, während es über sie hinfloß.

»Und das muß einmal geschehen!« rief Kolaas Gunnar, »denn es ist eine göttliche Prophezeiung, die noch nicht in Erfüllung gegangen ist. Ich denke nun immerfort, ob sie sich nicht am Ende heute oder morgen erfüllen könnte.«

Als Hellgum, der auch unter der Schar war, das hörte, wurde er ganz aufgeregt; er ließ sich Ljung Björns Bibel geben und las zuerst für sich einige Verse in dem Buch der Chronika, dann aber sagte er:

»Geht nun wohl acht, das ist das Merkwürdigste, was ich je vernommen habe.« Und er las ihnen vor: »Nach diesen Geschichten kam Sanherib, der König zu Assur, und zog in Juda und lagerte sich vor die festen Städte und gedachte, sie zu sich zu reißen. Und da Hiskia sahe, daß Sanherib kam und sein Angesicht stand zu streiten wider Jerusalem, ward er Rats mit seinen Obersten und Gewaltigen, zuzudecken die Wasser von den Brunnen, die draußen vor der Stadt waren; und sie halfen ihm. Und es versammelte sich ein groß Volk und deckten zu alle Brunnen und fließenden Wasser mitten im Lande und sprachen: ›Daß die Könige von Assur nicht viel Wasser finden, wenn sie kommen.‹«

Nachdem Hellgum das gelesen hatte, ließ er den Blick über die kahlen Felder, die die Kolonie umgaben, gleiten. »Ich habe viel über diese Geschichte nachgedacht«, sagte er, »und habe auch die Amerikaner darüber befragt, und nun will ich euch sagen, was ich erfahren habe.«

»Ja, die Amerikaner haben mir gesagt«, fuhr Hellgum

fort, »daß zur Zeit des Königs Hiskia die Hochebene hier mit unzähligen Bäumen und Sträuchern bewachsen war. Es wuchs zwar kein Korn auf diesem steinigen Boden, aber dafür gab es eine Menge Gärten, reich besetzt mit Granat- und Aprikosenbäumen, mit Rosen- und Nardusbüschen, mit Safran, Kalmus und Zimt, mit allen Arten von wohlriechenden Pflanzen und allerlei köstlichen Früchten. Alle diese Bäume waren gut bewässert, denn aus Strömen und Bächen floß das Wasser in jeden Lustgarten, und jeder Gartenbesitzer hatte das Recht, während einer bestimmten Zeit des Tages sein Besitztum unter Wasser zu setzen.

Aber eines Tages zog König Hiskia mit seinen Heerscharen hinaus, an einem Morgen, wo alle diese Bäume gerade am herrlichsten geschmückt standen. Als Hiskia hinauswanderte, streuten Mandel- und Aprikosenbäume ihre Blüten über ihn, und die Luft war schwül von balsamischen Düften. Und am Schluß des Tages, als Hiskia mit seinem Heer wieder heimkehrte, standen die Bäume noch geradeso und begrüßten ihn mit ihren lieblichen Düften.

Aber an diesem Tage hatte König Hiskia alle Quellen Jerusalems verstopft, und den großen Strom, der mitten durchs Land floß, hatte er abgedämmt. Und am nächsten Tag floß kein Wasser mehr in den kleinen Rinnen, die zu den Wurzeln der Bäume führten.

Nach einiger Zeit, als die Bäume Früchte ansetzen sollten, waren sie kraftlos und setzten nur ganz wenig Frucht an, und als die Blätter aus den Knospen hervorbrachen, waren sie klein und verkümmert.

Aber dann brach eine böse Zeit über Jerusalem herein mit Krieg und großer Not; niemand hatte Zeit, die Quellen wieder zu öffnen, noch den großen Strom wieder in sein altes Bett zu leiten. Und da starben die Obstbäume auf den Hochebenen rings um die Stadt herum ab, etliche schon während der Trockenheit des ersten Sommers, andere im zweiten und wieder andere im dritten. Und rings um Jerusalem wurde das Land so öde, wie es bis an diesen Tag geblieben ist.«

Hellgum hob einen Scherben vom Boden auf und grub damit in der Erde. »Aber nun ist die Sache die«, fuhr er fort, »daß die Juden, als sie von Babylon zurückkehrten, die Stelle, wo der Strom gedämmt worden war, nicht mehr finden konnten und ebensowenig die Lage der verschütteten Quellen. Und kein Mensch hat sie je wiedergefunden bis auf diesen Tag.

Aber wir, die wir hier sitzen und nach Wasser lechzen, warum gehen wir nicht hin und suchen die Quellen des Königs Hiskia? Warum ziehen wir nicht hinaus, um den großen Strom und die vielen Quellen zu finden? Wenn wir sie fänden, könnten die Bäume auf den Hochebenen wieder wachsen, und dieses Land würde reich und fruchtbar werden. Wenn wir sie fänden, so wäre es mehr wert, als wenn wir Gold entdecken würden.«

Als Hellgum geendet hatte, überlegten die andern seine Worte und gaben zu, daß es sich so verhalten könne, wie er gesagt hatte, und daß es vielleicht nicht unmöglich wäre, den großen Strom wiederzufinden. Aber keiner erhob sich, um hinzugehen und einen Versuch zu machen, nicht einmal Hellgum.

Nun ergriff Hök Gabriel Mattsson, der bis jetzt ruhig dagesessen und den andern zugehört hatte, das Wort.

»Ich denke nicht an so heilige und wunderbare Wasser wie ihr«, sagte Gabriel langsam, »aber vom Morgen bis zum Abend denke ich an einen Fluß, der mit hellem, glänzendem Wasser frisch und klar dahinfließt.«

Mit gespannter Erwartung schauten die Bauern auf.

»Ich denke an einen Strom, der breit und tief aus dem dunklen Walde hervorkommt und so klar ist, daß man alle Kieselsteine, die auf seinem Grunde glänzen, unterscheiden kann. Und der Strom ist nicht vertrocknet wie der Kidron, er ist auch nicht nur ein Traum wie der Fluß, von dem Hesekiel spricht, oder so unmöglich zu finden wie der des Hiskia, sondern er braust und rauscht noch heutigen Tags. Ich denke an den Fluß daheim in Dalarne.«

Die andern erwiderten kein Wort; mit gesenkten Blicken

saßen sie da. Seit der heimatliche Fluß genannt worden war, brachte es keiner mehr fertig, von den Quellen und Flüssen Palästinas zu reden.

Am selben Tag gegen Mittag trat ein neuer Todesfall ein. Ein Kind des Kolaas Gunnar starb, ein lustiges Bürschchen, das alle sehr liebgehabt hatten.

Aber nun geschah das Merkwürdige, daß niemand um das Kind zu trauern schien, dagegen wurden alle Dalbauern von Entsetzen ergriffen, worüber sie kaum Herr werden konnten. Der Tod des armen kleinen Jungen kam ihnen wie ein Zeichen vor, daß keiner von ihnen die Krankheit überwinden würde.

Die gewöhnlichen eiligen Vorbereitungen zu dem Begräbnis wurden rasch in Angriff genommen, aber die, die den Sarg zimmerten, fragten sich dabei, wer wohl für sie selbst diese Arbeit verrichten werde, und die, die den Toten einkleideten, sprachen davon, wie sie es haben möchten, wenn sie selbst tot wären. »Falls du mich überlebst«, sagte die eine Frau zur andern, »dann vergiß nicht, daß ich in meinen eigenen Kleidern begraben werden will.«

»Und du vergiß nicht«, sagte ihre Gefährtin, »daß ich schwarzen Trauerflor am Sarg haben möchte, und meinen Ehering will ich auch mit ins Grab nehmen.«

Während sich all dies zutrug, ging eine sonderbare Rede unter den Kolonisten um. Niemand wußte, wer die Worte zuerst gesagt hatte, aber nachdem sie ausgesprochen worden waren, wurden alle aufmerksam und fingen an, darüber nachzudenken und sich darüber zu wundern. Und wie es oft zu gehen pflegt, wenn ein Vorschlag gemacht wird, so meinten zuerst alle, er sei unvernünftig und unausführbar, aber nach einiger Zeit schien er ihnen ganz vernünftig und das einzige zu sein, was getan werden konnte.

Bald wurde in der ganzen Kolonie unter Gesunden und Kranken, unter Amerikanern und Schweden von nichts anderem mehr gesprochen.

»Es wäre vielleicht am allerbesten, wenn die Leute aus Dalarne wieder heimreisen würden«, hieß es.

Keiner der Amerikaner konnte es sich verheimlichen, daß vermutlich alle Bauern in Jerusalem sterben müßten. Wie traurig es auch sein würde, wenn so viele gute und redliche Menschen die Kolonie verlassen sollten, so schien sich doch kaum ein anderer Ausweg zu finden. Da war es doch besser, sie reisten heim und dienten in ihrem eigenen Land der Sache Gottes, so gut sie konnten, als daß sie hier in der Heiligen Stadt zugrunde gingen.

Die Schweden meinten zuerst, es wäre ihnen ganz unmöglich, sich von diesem Land mit allen seinen heiligen Orten und Erinnerungen loszureißen, und sie schauderten vor dem Gedanken zurück, wieder in die Unruhe und den Streit der Welt zurückkehren zu müssen, nachdem sie sich an dieses liebevolle ruhige Zusammenleben in der Kolonie gewöhnt hatten, und verschiedene dachten, sie würden fast lieber sterben als heimreisen.

Aber dann kam der Gedanke an die Heimat und stellte sich ihnen sehr verlockend und verführerisch dar. »Vielleicht gibt es keinen andern Ausweg, und wir müssen reisen«, sagten sie.

Plötzlich erklang die Glocke, die die Kolonisten zu den Gottesdiensten und Zusammenkünften in den Versammlungssaal zu rufen pflegte. Da waren alle sehr bestürzt, ja sie fürchteten sich sogar, denn sie ahnten, daß Mrs. Gordon sie zusammenrief, um mit ihnen die Frage der Heimreise zu besprechen. Die Schweden wußten zwar selbst noch nicht recht, was sie eigentlich wollten, aber es lag doch schon eine Erleichterung in dem bloßen Gedanken, dem Tod und der Krankheit entfliehen zu können. Das zeigte sich am deutlichsten darin, daß mehrere Schwerkranke aufstanden und sich anzogen, um in den Versammlungssaal zu gehen.

Im Saal herrschte nicht die Ruhe und Ordnung einer gewöhnlichen Sitzung. Niemand hatte sich gesetzt, die Leute standen in einzelnen Gruppen herum und unterhielten sich.

Alle waren sehr erregt, am eifrigsten sprach Hellgum. Man merkte ihm an, daß er, der die Dalekarlier zur Auswanderung nach Jerusalem bewogen hatte, von der schweren Verantwortung, die er auf sich geladen, gequält wurde. Er ging von einem zum andern und drängte zur Heimreise.

Mrs. Gordon war sehr blaß; sie sah müde und angegriffen aus und schien so wenig zu wissen, was sie wollte, daß sie sich scheute, mit der Besprechung zu beginnen. Noch nie hatte man sie so unentschlossen gesehen.

Die Schweden sagten kaum ein Wort. Sie waren zu krank und abgestumpft, um selbst einen Entschluß zu fassen, sondern erwarteten geduldig, was die andern für sie beschließen würden.

Einige junge Amerikanerinnen waren ganz außer sich vor Mitleid. Unter Tränen baten sie, man solle doch diese armen kranken Menschen lieber nach Hause schicken, als sie hier hinsterben lassen.

Während eifrig für und wider die Sache gesprochen wurde, öffnete sich plötzlich die Tür, und Karin Ingmarstochter trat fast lautlos ein.

Karin war sehr zusammengesunken und gebeugt. Sie war erschreckend gealtert; das Gesicht war ganz klein und zusammengeschrumpft und das Haar völlig ergraut.

Seit Halvor Halvorssons Tod verließ Karin nur noch selten ihr Zimmer. Sie saß dort ganz allein in einem großen Stuhl, den Halvor für sie verfertigt hatte. Bisweilen flickte und nähte sie ein wenig für die beiden Kinder, die ihr noch geblieben waren, aber meistens saß sie mit gefalteten Händen und starrte still vor sich hin.

Niemand hätte unauffälliger ins Zimmer treten können als Karin, aber trotzdem wurde es still im Saal, als sie kam, und alle wandten sich um und sahen sie an.

Langsam und demütig kam Karin näher. Sie ging nicht mitten durch den Saal, sondern drückte sich an der Wand entlang, bis sie Mrs. Gordon erreicht hatte.

Mrs. Gordon ging ihr ein paar Schritt entgegen und reichte ihr die Hand.

»Wir sind hier versammelt, um wegen eurer Heimreise zu beraten«, sagte Mrs. Gordon. »Was sagst du dazu, Karin?«

Einen Augenblick sank Karin zusammen, als wenn ihr jemand einen Schlag versetzt hätte. In ihren Augen flammte die tiefste Sehnsucht auf. Sicherlich sah sie den alten Hof vor sich und dachte daran, daß sie dann noch einmal beim Feuer in der Groß-Stube sitzen könnte oder am Tor stehen und sehen, wie das Vieh an einem schönen Frühlingsmorgen auf die Weide getrieben wurde.

Aber das dauerte nur einen Augenblick; schnell richtete sie sich auf, und ihr Gesicht nahm wieder den gewohnten Ausdruck zäher Ausdauer an.

»Ich will euch eins fragen«, sagte Karin auf englisch und so laut, daß alle Anwesenden es hören konnten. »Gottes Stimme hat uns berufen, hierher nach Jerusalem zu ziehen. Hat nun jemand Gottes Stimme gehört, die befohlen hat, daß wir von hier wegziehen sollen?«

Tiefes Schweigen herrschte im Saal, nachdem Karin diese Frage gestellt hatte. Niemand wagte ein Wort zu erwidern.

Aber Karin hatte Fieber wie alle andern, und sie hatte kaum gesprochen, als die Anwesenden sahen, daß sie schwankte und beinahe umfiel; da legte Mrs. Grodon den Arm um sie und führte sie hinaus.

Als Karin an ihren alten Dorfgenossen vorüberkam, nickten ihr einige unter ihnen zu und sagte: »Wir danken dir, Karin.«

Sobald sich die Tür hinter Karin geschlossen hatte, begannen die Amerikaner aufs neue von der Heimreise zu sprechen, als ob nichts vorgefallen wäre. Die Schweden erwiderten kein Wort, aber einer nach dem andern schlich sich aus der Versammlung weg.

»Warum geht ihr?« fragte einer der Amerikaner. »Wenn Mrs. Gordon zurückkehrt, soll die Sitzung ja erst beginnen.«

»Merkt ihr denn nicht, daß schon alles entschieden ist?«

sagte Ljung Björn. »Unsretwegen braucht ihr keine Sitzung zu halten. Wir hatten es allerdings fast vergessen, aber nun wissen wir wieder, daß nur Gott allein über unsere Heimreise bestimmen kann.«

Und mit Verwunderung sahen die Amerikaner, daß Ljung Björn und all seine Dorfgenossen jetzt den Kopf höher trugen und weniger mutlos und verstört aussahen, als sie zur Beratung gekommen waren. Kraft und Ausdauer waren zurückgekehrt, als sie ihren Weg klar vor sich sahen und nicht daran dachten, daß sie der Gefahr entfliehen könnten.

In der kleinen Kammer, die sie mit Gunhild bewohnt hatte, lag Gertrud krank. Da drinnen war es sehr freundlich und schmuck. Gabriel hatte alle Möbel verfertigt; sie waren besser gearbeitet und reicher verziert als die in den andern Zimmern. Die weißen Gardinen und Bettvorhänge hatte Gertrud selbst gewebt und mit Hohlsäumen und Spitzen versehen.

Nach Gunhilds Tod war eins der schwedisch-amerikanischen Mädchen namens Betsy Nielsen zu Gertrud ins Zimmer gezogen, und hatte sich mit ihr sehr befreundet. Seit Gertrud krank lag, pflegte Betsy sie mit großer Liebe.

Es war am Abend desselben Tages, an dem bei der großen Versammlung beschlossen worden war, daß die Leute aus Dalarne in Jerusalem verbleiben sollten. Gertrud hatte heftiges Fieber; sie lag zu Bett und redete ohne aufzuhören. Betsy saß bei ihr und erwiderte nur hin und wieder einige Worte, um sie zu beruhigen.

Da sah Betsy plötzlich, wie die Tür sich leise öffnete und Gabriel eintrat. Er verhielt sich ganz leise, trat auch nicht weiter vor, sondern drückte sich an die Wand und blieb am Eingang stehen. Gertrud schien sein Eintreten kaum zu bemerken, aber Betsy wandte sich heftig zu ihm, um ihn aus dem Krankenzimmer hinauszuweisen.

Aber als sie Gabriel ins Gesicht sah, wurde es ihr ganz

weh ums Herz, und sie fühlte großes Mitleid mit ihm. »Ach lieber Gott, er glaubt sicher, Gertrud liegt im Sterben! Er meint gewiß, es gibt keine Rettung mehr für sie, seit die Dalekarlier beschlossen haben, in Jerusalem zu bleiben«, dachte sie.

Sie verstand auf einmal, wie Gabriel Gertrud lieben mußte, und sagte zu sich selbst: »Es ist am besten, der Ärmste bleibt hier. Ich habe nicht das Herz, ihm zu verweigern, sie so lange als möglich zu sehen. Sie ist ja die beste Freundin, die er hat.«

Gabriel durfte also in der Tür stehenbleiben und hörte so jedes Wort, was Gertrud sagte. Sie hatte kein hohes Fieber, daß sie irreredete, aber sie sprach immerfort von Brunnen und Flüssen, gerade wie die andern Kranken, und unaufhörlich klagte sie über den furchtbaren, brennenden Durst, der sie quäle.

Einmal goß Betsy Wasser in ein Glas und bot es ihr an, indem sie sagte: »Trink von diesem Wasser, Gertrud, es ist nicht gefährlich.«

Gertrud richtete sich ein wenig aus ihren Kissen auf, griff nach dem Glas und führte es an die Lippen. Aber ehe sie das Wasser gekostet hatte, warf sie den Kopf zurück. »Merkst du denn nicht, wie entsetzlich es riecht?« klagte sie. »Du wirst mich noch umbringen.«

»Dies Wasser hat weder einen üblen Geschmack noch Geruch«, sagte Betsy sanft. »Es ist ganz besonders gereinigt worden, damit die Kranken es ohne Gefahr trinken können.«

Sie nötigte Gertrud, zu trinken, aber diese stieß das Glas so heftig zurück, daß das Wasser auf die Bettdecke verschüttet wurde.

»Ich meine, du siehst, daß ich ohnehin schon krank genug bin, so daß du mich nicht noch vergiften brauchst.«

»Du würdest dich gewiß besser fühlen, wenn du das Wasser nur versuchtest«, beharrte Betsy.

Gertrud gab keine Antwort, aber nach einer Weile fing sie an zu schluchzen und zu weinen.

»Liebstes Kind, warum weinst du denn?« fragte Betsy.

»Es ist so schrecklich, daß niemand mir trinkbares Wasser verschaffen kann«, klagte Gertrud, »daß ich hier liegen und verdursten muß, ohne daß jemand Mitleid hat!«

»Ach, du weißt wohl, daß wir dir gern helfen würden, wenn wir nur könnten«, sagte Betsy, indem sie die Hand der Kranken streichelte.

»Warum gebt ihr mir denn kein Wasser?« schluchzte Gertrud. »Nichts andres als dieser entsetzliche Durst hat mich krank gemacht, im Augenblick, wo ich gutes Wasser zu trinken bekäme, wäre ich gesund.«

»In ganz Jerusalem ist kein besseres Wasser aufzutreiben als dieses«, sagte Betsy betrübt.

Aber Gertrud hörte nicht auf sie.

»Es würde mir gar nicht so schwer werden, wenn ich nicht wüßte, daß es hier doch gutes Wasser gibt«, klagte sie. »Ach, daß ich hier verdursten muß, während sich in Jerusalem ein ganzer Brunnen voll frischen reinen Wassers findet!«

Gabriel fuhr zusammen, als er die Worte hörte, und sah Betsy fragend an. Diese zuckte nur die Achseln und schüttelte den Kopf. »Ach, das bildet sie sich nur ein«, schien sie zu sagen.

Als aber Gabriel sie noch einmal fragend anschaute, versuchte Betsy, aus Gertrud herauszubringen, was sie meinte.

»Ich glaube nicht, daß sich irgendwo in Jerusalem Quellwasser findet«, sagte sie.

»Merkwürdig, daß du so ein schlechtes Gedächtnis hast«, erwiderte Gertrud. »Oder bist du vielleicht damals nicht dabeigewesen, als wir den alten Platz besuchten, wo einst der Tempel der Juden gestanden hat?«

»Doch, da war ich dabei.«

»Es war nicht in der Omarmoschee«, sagte Gertrud sinnend, »nein, es war nicht in der schönen Moschee mitten auf dem Platz, sondern in der alten häßlichen, die an der einen Schmalseite liegt. Kannst du dich nicht erinnern, daß sich dort ein Brunnen befand?«

»Ja, daran erinnere ich mich wohl«, sagte Betsy, »aber ich verstehe nicht, warum du das Wasser dieses Brunnens für besser hältst als irgendein andres in der Stadt.«

»Es fällt mir sehr schwer, daß ich so viel reden muß, während ich doch so brennenden Durst leide«, klagte Gertrud. »Du hättest doch wohl hören können, was Miß Young von dem Brunnen erzählte.«

Es verursachte ihr wirklich Schmerzen, mit trockenen Lippen und brennendem Halse zu sprechen, aber ehe Betsy etwas erwidern konnte, war sie schon eifrig dabei, zu berichten, was sie über den Brunnen wußte.

»Dieser Brunnen ist der einzige in Jerusalem, der immer gutes Wasser hat«, sagte sie. »Und das kommt daher, daß seine Quelle im Paradies entspringt.«

»Ich möchte wohl wissen, woher du oder sonst jemand das wissen kann«, sagte Betsy mit leichtem Lächeln.

»Doch«, fuhr Gertrud sehr ernsthaft fort, »ich weiß es. Siehst du, Miß Young erzählte, in einem Sommer, bei einer fürchterlichen Dürre, sei einmal ein armer Wasserträger nach der Moschee gegangen, um Wasser zu holen. Er befestigte seinen Eimer an dem Haken des über dem Brunnen hängenden Seils und ließ ihn hinab. Aber als der Eimer auf dem Wasser aufschlug, fiel er aus dem Haken heraus und blieb auf dem Grunde des Brunnens liegen. Nun, und du verstehst doch wohl, daß der Mann seinen Eimer nicht verlieren wollte?«

»Ja, das verstehe ich sehr gut«, sagte Betsy.

»Er holte also rasch ein paar andere Wasserträger herbei, und diese ließen ihn in den dunklen Brunnen hinab.«

Hier richtete sich Gertrud auf den Ellenbogen auf und sah Betsy mit fieberglühenden Augen an.

»Es ging sehr tief hinunter«, fuhr sie fort, »und je weiter er hinabkam, desto mehr wunderte er sich, denn ein sanftes Licht strömte ihm aus der Tiefe entgegen. Und als er endlich festen Grund unter den Füßen fühlte, hatte sich das Wasser verlaufen, und an seiner Stelle breitete sich der allerschönste Garten aus. Sonne und Mond schienen zwar nicht, aber ein schwaches Tageslicht ruhte darüber, so daß er alles ganz deutlich sehen konnte. Das Merkwürdigste war, daß da unten alles zu schlafen schien. Die Blumen standen mit geschlossenen Kelchen, die Blätter hingen zusammengefaltet an den Zweigen, und das Gras lag flach auf der Erde. Die herrlichsten Bäume neigten sich im Schlummer gegeneinander, und die Vögel saßen unbeweglich in den Wipfeln. Und nichts da unten war rot oder grün, sondern alles grau wie Asche, aber trotzdem war es, wie du dir denken kannst, wunderschön.«

Gertrud erzählte sehr umständlich, als sei es für sie sehr wichtig, daß Betsy ihr glaube.

»Wie ging es dann aber dem Mann?« fragte Betsy.

»Ach, er war zuerst ganz verblüfft und fragte sich, wo er denn hingeraten sei, aber dann bekam er Angst, die Männer, die ihn hinuntergelassen hatten, würden die Geduld verlieren, wenn er zu lange zögere. Aber ehe er sich wieder an die Oberwelt hinaufziehen ließ, ging er dahin, wo der schönste und größte Baum des ganzen Gartens stand, brach einen Zweig davon ab und nahm ihn mit.«

»Wäre er doch lieber noch eine Weile dort geblieben!« sagte Betsy lachend.

Aber Gertrud ließ sich nicht stören, sondern fuhr fort:

»Als er wieder oben bei seinen Freunden war, erzählte er ihnen, was er gesehen, und zeigte ihnen auch den Zweig, den er mitgebracht hatte. Und denk dir, in demselben Augenblick, wo dieser an Luft und Licht kam, bekam er Leben. Die Blätter breiteten sich aus; sie verloren ihre graue Farbe und wurden frisch und glänzend grün. Und als der Wasserträger und seine Freunde das sahen, wurde es ihnen klar, daß er unten im Garten des Paradieses gewesen war, der in der Erde unter Jerusalem liegt und schläft, bis er einst am Tage des Jüngsten Gerichts mit neuem Leben und neuem Glanze an die Oberfläche der Erde emporsteigen wird.«

Schwer nach Atem ringend, sank Gertrud nach diesen Worten in ihre Kissen zurück.

»Liebste Gertrud, es ermüdet dich zu sehr, wenn du so viel sprichst«, sagte Betsy.

»Ich muß ja sprechen, damit du begreifst, warum es gerade in diesem Brunnen gutes Wasser gibt«, seufzte Gertrud, »und nun bin ich auch gleich zu Ende mit meiner Erzählung. Natürlich hätte dem Mann kein Mensch geglaubt, daß er im Garten des Paradieses gewesen sei, wenn er nicht den Zweig mitgebracht hätte. Der aber glich nicht einer Baumart, die die Menschen je gesehen hatten, und darum wollten seine Freunde nun auch schnell in den Brunnen hinabsteigen und das Paradies sehen. Aber siehe da, das Wasser war in den Brunnen zurückgekehrt, und ob die Männer auch noch so tief untertauchten, sie fanden keinen Grund.«

»Ach so, und seit dem Wasserträger hat also nie wieder jemand das Paradies gesehen?«

»Nein, sonst niemand, und seit der Zeit ist auch das Wasser nie wieder verschwunden, so daß es keinem Menschen mehr gelungen ist, den Grund des Brunnens zu erreichen, obgleich es viele, ja unzählig viele versucht haben.«

Gertrud stieß einen tiefen Seufzer aus; dann begann sie von neuem: »Ach, ich glaube, der Grund ist der, daß wir das Paradies nicht schon in diesem Leben sehen sollten.«

»Ja, so wird es wohl sein«, gab Betsy zu.

»Aber das Wichtigste für uns ist doch, zu wissen, daß es da unten im Schlaf ruht und auf uns wartet.«

»Ja, so ist es.«

»Und nun, Betsy, wirst du wohl auch verstehen, daß sich in diesem Brunnen, der seinen Ursprung im Paradies hat, immer frisches, reines Wasser findet.«

»Ach, liebste Gertrud, wenn ich dir doch nur von diesem Wasser, nach dem du dich so sehr sehnst, etwas verschaffen könnte«, sagte Betsy mit wehmütigem Lächeln.

Gerade als Betsy das sagte, öffnete eine ihrer kleinen Schwestern die Tür und winkte ihr.

»Betsy, Mutter ist krank geworden«, sagte das Kind, »sie liegt zu Bett und verlangt nach dir.«

Betsy blickte bedenklich, sie wußte nicht, ob sie Gertrud verlassen dürfte. Aber im nächsten Augenblick faßte sie einen Entschluß, und zu Gabriel gewendet, der noch immer an der Tür stand, sagte sie:

»Kannst du wohl bei Gertrud bleiben und auf sie achtgeben, solange ich weg bin?«

»Ja«, antwortete Gabriel. »Ich werde über sie wachen, so gut ich kann.«

»Versuch es, sie zum Trinken zu bewegen, damit sie sich nicht länger einbildet, verdursten zu müssen«, flüsterte Betsy im Weggehen.

Gabriel nahm Betsys Platz am Bett ein, und Gertrud schien es gleichgültig zu sein, ob er oder Betsy dasaß. Noch immer sprach sie von dem Paradiesbrunnen und malte sich aus, wie labend, erfrischend und rein sein Wasser sein müßte.

»Siehst du, Gabriel, ich kann Betsy gar nicht davon überzeugen, daß das Wasser in diesem Brunnen besser ist als in jedem andern der Stadt«, klagte sie. »Deshalb macht sie auch keinen Versuch, es mir zu verschaffen.«

Gabriel war sehr nachdenklich und grüblerisch geworden. »Ich denke eben darüber nach«, sagte er, »ob ich nicht selbst hingehen und dir von diesem Wasser holen könnte.«

Gertrud erschrak heftig und packte ihn am Rockärmel, um ihn zurückzuhalten.

»Ach nein, daran darfst du nicht denken, ich klagte nur Betsy gegenüber, weil ich so fürchterlichen Durst leide. Ich weiß ja recht wohl, daß sie mir von diesem Paradiesbrunnen kein Wasser verschaffen kann; Miß Young sagte, die Mohammedaner hielten ihn so heilig, daß sie keinem Christen erlaubten, Wasser daraus zu schöpfen.«

Gabriel schwieg eine Weile, aber er dachte immerfort über das Gehörte nach. »Ich könnte mich als Mohammedaner verkleiden«, schlug er schließlich vor.

»Nein, du darfst an so etwas nicht denken«, sagte Gertrud, »das ist sehr töricht von dir.«

Aber Gabriel wollte den Plan nicht aufgeben. »Wenn ich

mit dem alten Schuhmacher rede, der unten im Hof sitzt und unsere Schuhe macht, dann leiht er mir vielleicht seine Kleider«, sagte er.

Gertrud lag still und nachdenklich da. »Ist der Schuhmacher heute da?« fragte sie dann.

»Jawohl«, antwortete Gabriel.

»Ach, es kann jedenfalls nichts daraus werden«, seufzte Gertrud.

»Ich glaube, ich versuche es heute nachmittag, wenn keine Gefahr mehr ist, daß ich einen Sonnenstich bekomme«, sagte Gabriel.

»Aber hast du nicht furchtbare Angst? Du mußt nämlich wissen, daß die Mohammedaner dich totschlagen, wenn sie merken, daß du ein Christ bist.«

»Ach, ich fürchte mich nicht, wenn ich nur ordentlich verkleidet bin mit einem roten Fes und weißem Turban, zerlumpten gelben Pantoffeln an den Füßen und den Leibrock so hinaufgenommen, wie die Wasserträger ihn gewöhnlich haben.«

»Aber worin willst du das Wasser holen?«

»Ich nehme zwei von unsern großen kupfernen Kesseln und hänge sie an einem Joch über die Schultern«, sagte Gabriel.

Er glaubte zu sehen, wie Gertrud neues Leben bekam, allein in dem Gedanken, daß er hingehen und von dem Wasser holen würde, obgleich sie immer noch Bedenken hatte. Aber im selben Augenblick wurde ihm ganz klar, wie unmöglich das ganze Unternehmen war. »Ach, lieber Gott«, dachte er, »ich kann ja nicht hingehen und Wasser von dem Tempelplatz holen, den die Mohammedaner so heilig halten, daß ein Christ ihn kaum betreten darf. Die Brüder in der Kolonie würden mir gar nicht erlauben, so etwas auch nur zu versuchen, so gerne ich es täte. Und es würde auch nichts nützen, denn in diesem sogenannten Paradiesbrunnen ist gewiß ebenso schlechtes Wasser wie sonst überall auch.«

Während er so überlegte, sagte Gertrud zu seiner Überraschung: »Um diese Tageszeit sind auch nur ganz wenig Menschen auf der Straße.«

»Nun erwartet sie gewiß, daß ich gehe«, dachte Gabriel, »da sitze ich schön drinnen. Und Gertrud sieht ganz vergnügt aus; ich habe wirklich nicht den Mut, ihr zu sagen, daß es unmöglich ist.«

»Ja, das ist wahr«, sagte er dann zögernd; »bis zum Damaskustor würde gewiß alles gut gehen, wenn ich nicht etwa einem der Kolonisten begegne.«

»Meinst du, sie würden dir verbieten, hinzugehen?« fragte Gertrud und sah ganz ängstlich aus.

Gabriel wollte gerade etwas Derartiges sagen, damit er den ganzen Plan fallenlassen könnte, aber als er ihre Angst sah, hatte er nicht das Herz dazu.

»Nein, sie verbieten es mir nicht«, sagte er, »sie erkennen mich ja gar nicht, wenn ich ihnen als Wasserträger verkleidet entgegenkomme mit den großen kupfernen Eimern, die um die Beine baumeln.«

Gertrud sah nun beruhigter aus, und ihre Gedanken schlugen schnell eine andere Richtung ein.

»Sind denn die Eimer gar so groß?« fragte sie.

»Ja, du kannst dich darauf verlassen, daß du sie in vielen Tagen nicht austrinken kannst.«

Darauf lag Gertrud ganz still da, aber ihr Ausdruck schien innig darum zu flehen, daß Gabriel weiterreden solle; und er konnte ihr nicht widerstehen.

»Am Damaskustor ist es schlimmer für mich«, sagte er, »und ich weiß nicht, wie ich mich durch das Menschengewühl hindurchwinden soll.«

»Aber die andern Wasserträger können es ja auch«, sagte Gertrud eifrig.

»Allerdings, aber es sind nicht nur Menschen, es sind auch Kamele da«, sagte Gabriel, der alle möglichen Hindernisse aufzuzählen versuchte.

»Meinst du, du wirst da lange aufgehalten?« fragte die Kranke ängstlich.

Wieder ging es Gabriel wie vorher, er wagte es nicht,

Gertrud zu sagen, daß der ganze Plan unmöglich sei, und so sagte er: »Wenn ich Wasser in den Eimern hätte, dann müßte ich wohl warten, aber da sie leer sind, kann ich schon zwischen Kamelen hindurchschlüpfen.«

Nun schwieg Gabriel wieder; da streckte Gertrud ihre abgemagerte Hand aus und streichelte die seine ein paarmal. »Es ist so lieb von dir, daß du das Wasser für mich holst«, sagte sie.

»Ach, Gott helfe mir! Da sitze ich und mache ihr weis, daß es wirklich möglich ist«, dachte Gabriel. Aber als Gertruds Hand die seinige noch immer liebkosend streichelte, fuhr er fort, ihr auszumalen, wie er seinen Weg fortsetzen würde.

»Dann gehe ich ganz geradeaus, bis ich an die Via Dolorosa komme«, sagte er.

»Ja, dort sind nie viele Menschen«, sagte Gertrud.

»Nein, da begegnet mir niemand, nur höchstens ein paar alte Nonnen«, sagte Gabriel rasch, »und ich kann ohne Aufenthalt bis an den Serail und die Gefängnisse gelangen.«

Hier verstummte er aufs neue, aber noch immer streichelte Gertrud leise seine Hand. Es war wie eine stumme Bitte, daß er fortfahren solle. »Ich glaube, sie fühlt den Durst weniger heftig, nur weil ich davon rede, daß ich auf dem Weg zum Wasser bin«, dachte er. »Ich muß weiterberichten, wie es mir dabei ergehen wird.«

»Bei den Gefängnissen gerate ich freilich wieder in Lärm und Gedränge hinein, denn wie gewöhnlich kommt die Polizei mit einem Dieb daher, der eingesperrt werden soll, und da steht immer ein ganzer Haufen Menschen davor, die die Sache bereden.«

»Aber du machst doch, daß du so rasch wie möglich vorüberkommst«, sagte Gertrud eifrig.

»Nein, ich gehe nicht vorbei, denn da würden alle schnell merken, daß ich kein Eingeborener bin, nein, ich bleibe stehen und höre zu, als wollte ich erfahren, um was es sich handelt.«

»Du bist wirklich klug, Gabriel«, sagte Gertrud bewundernd.

»Wenn es dann all den Leuten endlich klargeworden ist, daß sie von dem Dieb nichts weiter zu sehen bekommen, verteilt sich der Haufe, und ich wandre weiter. Nun muß ich nur noch durch ein dunkles Tor gehen, dann bin ich auf dem Tempelplatz. Aber ich bin überzeugt, daß mir, gerade während ich über ein kleines Kind steige, das mitten auf der Straße liegt und schläft, irgendein Bengel ein Bein stellt, so daß ich stolpere und ich auf schwedisch zu fluchen anfange. Ich erschrecke natürlich furchtbar und schiele zu den Kindern hinüber, um zu sehen, ob sie etwas gemerkt haben. Aber sie liegen gleichgültig am Boden und wälzen sich im Schmutz wie zuvor.«

Noch immer streichelte Gertrud Gabriels Hand, und es überkam ihn dabei eine seltsame Rührung. »Gunhild hätte sich sicher darüber gefreut, daß ich ihr helfe«, dachte er. Es kam ihm so vor, als erzählte er einem Kind ein altes Märchen, und es machte ihm nun selbst Spaß, seine Erzählung mit allerlei Abenteuern auszuschmücken. »Nun muß ich soviel wie möglich aus diesem Gang machen«, dachte er, »denn sie freut sich offenbar darüber, und später muß ich eben sehen, wie ich von der Sache loskomme.«

»Ja, dann gelange ich also auf den großen weiten Tempelplatz, mitten in den Sonnenschein hinein«, sagte er. »und ich sage dir, im ersten Augenblick vergesse ich alles, dich und den Brunnen und das Wasser, das ich holen will.«

»Aber was in aller Welt widerfährt dir denn?« fragte Gertrud und lächelte ihn an.

»Gar nichts widerfährt mir«, erwiderte Gabriel mit vollkommener Sicherheit, »es ist nur plötzlich so hell und schön und friedvoll im Vergleich zu der schwarzen Stadt, aus der ich komme, daß ich nichts weiter will, als stehenbleiben und mich umsehen. Und gerade vor mir steht die schöne Omarmoschee auf einer Erhöhung mitten auf dem Platz und gar viele Pavillons und Tore und Treppen und überbaute Brunnen ringsumher. Und dann alle die Erinnerungen! Wenn ich daran denke, daß ich auf dem alten Tempelplatz der Juden stehe, ja, da wünsche ich mir, daß die großen Steinplatten, die den Boden bedecken, sprechen könnten und mir erzählen, was hier geschehen ist!«

»Aber es ist vielleicht gefährlich, wenn du da stehenbleibst und so verwundert dreinschaust«, sagte die Kranke.

»Gertrud möchte wohl, daß ich recht schnell mit dem Wasser zurückkomme«, dachte Gabriel, »es ist sonderbar, wie eifrig sie ist, gerade als ob sie meinte, ich sei wirklich auf dem Wege nach dem Paradiesbrunnen.«

Aber in Wirklichkeit ging es Gabriel genau so, er war nun so eifrig bei seiner Erzählung, daß er den ganzen Tempelplatz vor sich sah und von seinen Abenteuern sprach, als hätte er sie in der Tat erlebt.

»Ach, ich bleibe nicht lange stehen«, sagte er, »sondern gehe an der Omarmoschee vorbei, ebenso an den großen dunklen Zypressen, die auf der südlichen Seite stehen, sowie an dem großen Wasserbassin, von dem gesagt wird, es sei das Kupferbecken aus dem Tempel Salomo. Und wo ich hinkomme, liegen Menschen auf den Steinfliesen ausgestreckt und lassen sich im Sonnenschein braten. Da spielen Kinder, da schlafen Faulenzer, und ein Derwisch sitzt auf dem Boden mit seinen Jüngern um sich her. Während des Sprechens biegt er den Oberkörper vor und zurück, und als ich ihn gewahr werde, muß ich unwillkürlich denken: So saß gewiß einst auch der Heiland hier auf dem Tempelplatz und lehrte seine Jünger. Und während ich das denke, schaut der Derwisch auf und betrachtet mich. Und da erschrecke ich, das wirst du begreifen, denn er hat große schwarze Augen, die einem bis auf den Grund der Seele sehen.«

»Wenn er nur nicht sieht, daß du kein richtiger Wasserträger bist!« sagte Gertrud.

»Ach nein, er scheint über meinen Anblick gar nicht zu stutzen, aber gleich nachher muß ich an ein paar richtigen Wasserträgern vorüber, die an einem Brunnen stehen und Wasser heraufwinden. Sie rufen mich an, und ich wende mich um und mache ihnen ein Zeichen, daß ich in die Moschee hineinmüsse. Und dann wird es ganz still hinter mir.«

»Wie schrecklich, wenn sie merken würden, daß du kein Muselmann bist!«

»Ich wende mich noch einmal nach ihnen um, aber da haben sie mir den Rücken zugekehrt und reden unter sich.«

»Sie haben vielleicht etwas gesehen, was ihnen wichtiger ist als du?«

»Ja, das glaube ich auch.«

»Dann bin ich endlich an der alten Moschee El Aksa, in der sich der Paradiesbrunnen befindet«, sagte Gabriel, »und da komme ich dicht an den zwei Säulen im Tor vorüber, die ganz nahe beieinanderstehen und von denen, wie du weißt, gesagt wird, daß nur ein Gerechter zwischen ihnen hindurchgehen könne. Ja, sage ich vor mich hin, heute werde ich es gewiß nicht versuchen, mich zwischen den Säulen hindurchzudrängen, heute, wo ich im Begriff bin, Wasser zu stehlen.«

»Wie kannst du so etwas denken!« fiel Gertrud ihm ins Wort. »Das ist doch das Beste, was du in deinem ganzen Leben getan hast.«

Gertrud lag nun in froher Erwartung mit leuchtenden Augen da. Sie hatte jetzt so hohes Fieber, daß sie Wirklichkeit und Einbildung nicht auseinanderhalten konnte, sondern war fest überzeugt, daß Gabriel tatsächlich auf dem Wege zum Paradiesesbrunnen sei, um Wasser zu holen.

»Dann schlüpfe ich aus den Pantoffeln heraus und gehe in die Moschee El Aksa hinein«, fuhr Gabriel fort. Er fand, daß es ihm merkwürdig leicht wurde, diese Geschichte auszuspinnen. Doch das tiefe Mitleid, das er mit Gertrud empfand, formte die Worte auf seinen Lippen. Ihn beunruhigte nur der Gedanke, wie er Gertrud schließlich mitteilen solle, daß er ihr in Wirklichkeit kein Wasser verschaffen könne.

»Und wenn ich hineingekommen bin, sehe ich gleich links den Brunnen zwischen einem ganzen Wald von Säulen. Es hängt eine Winde darüber mit einem Seil und einem

Haken daran, so daß es keine Kunst ist, die Eimer hinabzulassen und sie mit Wasser zu füllen. Und ich sage dir, das Wasser, das ich aus dem Brunnen heraufziehe, ist ganz rein und glänzend hell. ›Wenn Gertrud dies Wasser nur sieht und kostet, wird sie sicher gesund‹, denke ich, während ich den Eimer heraufziehe.«

»Ach, wenn du bloß damit heimkämst!« sagte Gertrud.

»Ja, weißt du«, fuhr Gabriel fort, »jetzt bin ich gar nicht mehr so ruhig wie vorher, als ich ankam. Jetzt, da ich das Wasser habe, überfällt mich große Angst, es könnte mir wieder genommen werden. Und wie ich mich nach der Tür umwende, um hinauszugehen, wird mir noch ängstlicher zumut, denn es ist mir, als hörte ich rufen und schreien.«

»Ach, was kann das bloß sein?« fragte Gertrud, und Gabriel sah, wie sie vor Schrecken erblaßte. Aber seine Phantasie war durch das Interesse, das Gertrud offenbar an seiner Erzählung nahm, ordentlich aufgestachelt, so daß er ausrief:

»Was das sein kann? Das will ich dir gleich sagen! Ganz Jerusalem ist es, das auf mich einstürmt.« Er hielt einen Augenblick den Atem an, wie um seine Bestürzung und seinen Schrecken auszudrücken, und fuhr dann fort: »Ja, alle die da draußen müßig auf den Steinfliesen lagen, stehen nun laut schreiend vor der Moschee El Aksa. Und ihr Schreien ruft die Leute von allen Seiten herbei. Aus der Omarmoschee stürzt der höchste Tempelvorsteher heraus in großem Turban und Fuchspelz, und von den Eingängen kommen die Kinder gerannt, und von allen Ecken des Tempelplatzes laufen die Tagediebe herbei, die da herumlagen und schliefen. Und ich sehe nichts anderes vor mir als geballte Fäuste und schreiende Münder und hoch erhobene Arme. Und vor meinen Augen ist ein Wirrwarr von braungestreiften Mänteln und fliegenden Gewändern und roten Gürteln und von gelben Pantoffeln, die auf die Erde stampfen.«

Gabriel warf einen Blick auf Gertrud, während er dies berichtete. Sie unterbrach ihn mit keiner Frage, sondern hörte mit der gespannten Aufmerksamkeit zu, und in ihrer Angst richtete sie sich ein wenig von den Kissen auf.

»Ich verstehe natürlich kein Wort von all ihrem Geschrei«, fuhr Gabriel fort, »aber soviel begreife ich immerhin, daß sie wütend sind, weil ein Christ es gewagt hat, Wasser aus dem Paradiesesbrunnen zu holen.«

Leichenblaß sank Gertrud in ihre Kissen zurück. »Ja, ich begreife gut, daß du mir kein Wasser bringen kannst«, sagte sie beinahe tonlos.

Gabriel wollte gerade schildern, wie er die Wassereimer im Stich lassen und die Flucht ergreifen mußte, aber dann dachte er wieder daran, wie hart und grausam das Leben mit Gertrud, diesem sanften, zarten Geschöpf, umgegangen war, und wußte, daß wenigstens er nun gut gegen sie sein müsse. »Ich glaube, ich muß es doch so einrichten, daß dieses Paradieseswasser glücklich zu Gertrud kommt«, dachte er.

»Nehmen sie dir nun das Wasser?« fragte Gertrud.

»Nein, im Anfang schreien sie nur alle durcheinander, denn sie wissen wohl selbst nicht recht, was sie wollen.«

Gabriel hielt einen Augenblick inne, er wußte auch nicht recht, wie er sich aus der Klemme ziehen sollte. Da kam ihm Gertrud selbst zu Hilfe, indem sie sagte:

»Ich hatte gehofft, daß der Derwisch, der am Boden saß und mit seinen Jüngern sprach, dich retten würde.«

Da atmete Gabriel erleichtert auf. »Nein, daß du das erraten konntest!« rief er.

»Ich sehe nun, wie der Moscheevorsteher in dem schönen Fuchspelz den Leuten Befehle erteilt«, fuhr er fort, »und sogleich ziehen einige von ihnen ihre Dolche aus den Gürteln und stürzen auf mich los. Es ist offenbar ihre Absicht, mich auf der Stelle umzubringen. Aber merwürdig ist es doch, daß ich gar nicht um mein Leben besorgt bin, sondern nur fürchte, sie könnten mir das Wasser verschütten. Und wie die Männer nun wütend auf mich losstürzen, stelle ich natürlich die Eimer auf den Boden und mich selbst davor. Und wie die Männer auf mich eindringen, strecke ich abwehrend die Arme aus und stoße sie zurück. Sie sehen ganz verdutzt aus, als sie zu Boden fliegen, denn sie hatten noch nie erfahren, was es heißt, mit einem Dalbauern anzubinden.

Aber rasch sind sie wieder auf den Beinen, und das Getümmel wird immer größer. Nun sind es so viele Menschen, daß ich schon deutlich den Augenblick herannahen sehe, wo ich übermannt werde.«

»Aber dann tritt er vor, der Derwisch, nicht wahr?« fiel Gertrud ein.

Und schnell spann Gabriel den Gedanken weiter. »Ja, ganz still und würdig tritt er vor und spricht ein paar Worte zu der Volksmenge, die auch sofort davon abläßt, mir zu drohen und mich anzufallen.«

»Oh, ich weiß so gut, so gut, was er dann tut!« rief sie.

»Er heftet seinen klaren, ruhigen Blick auf mich«, fuhr Gabriel fort. »Und dann ...« Gabriel versuchte etwas herauszubringen, aber er war ganz hilflos. »Ja, du hast es ja schon erraten«, sagte er alsdann, um Gertrud zum Sprechen zu verlocken.

Gertrud sah den Auftritt deutlich vor sich, sie zögerte keinen Augenblick. »Dann schiebt er dich auf die Seite und schaut in deine Wassereimer hinein«, sagte sie.

»Ja, ja, genau so ist es«, sagte Gabriel.

»Er sieht in das Wasser aus dem Paradiesesbrunnen hinein«, sagte Gertrud bedeutungsvoll. Aber ehe sie noch ein weiteres Wort hinzugefügt hatte, war Gabriel, ohne sich dessen bewußt zu sein, so mitten in ihrem Gedankengang, daß er auf einmal ganz deutlich vor sich sah, wie Gertrud sich den Ausgang des Abenteuers dachte, und wieder eifrig zu erzählen begann.

»Du verstehst doch, Gertrud, daß sich in den Eimern, als ich sie aus El Aksa herausbrachte, nichts weiter befand als reines Wasser!«

»Nun, und jetzt?«

»Ja, wie sich der Mann darüberbeugt, sehe ich, daß ein paar Zweige darin herumschwimmen; war es nicht so?«

»Ja, ja, ich dachte mir, daß es so gehen würde.«

»Und an den Zweigen hängen zusammengerollte, aschgraue Blätter; ist es nicht so?«

»Ja, ich sehe es genau. Dieser Derwisch muß eine Art Wundertäter sein.«

»Das ist er wohl«, bekräftigte Gabriel, »und gut und barmherzig ist er auch.«

»Wie er sich nun niederbückt, die Zweige herausnimmt und sie in die Höhe hält«, sagte Gertrud, »da entfalten sich die Blätter und nehmen die schönste Farbe an.«

»Und dann bricht der ganze Volkshaufen in einen Schrei des Entzückens aus«, fügte Gabriel schnell hinzu, »und mit den schönen Blättern in der Hand tritt der Derwisch zu dem Moscheevorstand. Er deutet auf die Zweige, und er deutet auf mich. Und nun ist es leicht zu erraten, was er sagt: ›Dieser Christ hat ja Blätter und Zweige aus dem Paradies geholt. Versteht ihr nicht, daß er unter Gottes besonderem Schutz steht und daß ihr ihn nicht morden dürft?‹

Alsdann tritt er wieder zu mir, noch immer mit den leuchtenden Blättern in der Hand. Ich sehe, wie sie im Sonnenschein glänzen und die Farbe verändern, bald sind sie rot wie Kupfer, bald blau wie Stahl. Er hilft mir, das Joch wieder auf die Schultern zu nehmen, und bedeutet mir zu gehen. Und ich gehe, so schnell ich kann, aber ich kann es nicht unterlassen, mich mehrere Male umzusehen. Und er steht noch immer und hält die Blätter, die ihre Farbe wechseln, in die Höhe, und alles Volk steht da und sieht auf ihn. Und so bleibt er stehen, bis ich den Tempelplatz verlassen habe.«

»Ach, Gott segne ihn!« sagte Gertrud, Gabriel mit strahlendem Lächeln ansehend. »Nun kommst du wohl gut nach Hause?«

»Ja«, antwortete Gabriel, »nun stellt sich mir kein Hindernis mehr in den Weg, nun komme ich glücklich nach Hause.«

In diesem Augenblick hob Gertrud erwartungsvoll den

Kopf und lächelte aufs neue. »Ach lieber Gott, sie meint, ich habe das Wasser hier«, dachte Gabriel. »Ach, es ist furchtbar schlecht von mir, daß ich sie so angeführt habe. Sie stirbt sicher, wenn ich ihr sage, daß es das Wasser, nach dem sie sich so heiß sehnt, gar nicht gibt.«

In seiner Angst ergriff er das Wasserglas, das auf dem Tisch stand, dasselbe, das Betsy vor einer Weile Gertrud angeboten hatte, und reichte es ihr.

»Willst du nun das Wasser aus dem Paradies kosten, Gertrud?« sagte er mit vor Erwartung bebender Stimme. Er erschrak beinahe, als er sah, wie Gertrud sich aufrichtete und mit beiden Händen nach dem Glas griff. Mit großer Begierde trank sie das halbe Glas auf einen Zug aus.

»Gott segne dich«, sagte sie, »nun werde ich wohl wieder gesund werden.«

»Bald bekommst du mehr davon«, sagte Gabriel.

»Ich will, daß du den anderen Kranken ebenfalls von diesem Wasser gibst, damit auch sie gesund werden«, sagte Gertrud.

»Nein«, erwiderte Gabriel, »das Wasser aus dem Paradies ist nur für dich allein. Niemand sonst darf davon trinken.«

»Aber du selbst mußt doch wenigstens versuchen, wie gut es ist«, sagte Gertrud.

»Ja, das will ich gerne.« und er nahm das Glas aus Gertruds Hand, drehte es so, daß seine Lippen an dieselbe Stelle kamen, die die ihrigen vorher berührt hatten, und leerte es.

Aber noch bevor er das Glas auf den Tisch gestellt hatte, war Gertrud in die Kissen zurückgesunken und augenblicklich eingeschlafen wie ein Kind.

An einem Sonntagnachmittag, als die Dalekarlier schon anderthalb Jahre in Jerusalem zugebracht hatten, waren sie mit den andern Kolonisten beim Gottesdienst versammelt. Es ging auf Weihnachten zu, und der Winter hatte begonnen, aber die Tage waren sehr warm und mild, so daß man die Fenster im großen Versammlungssaal offenstehen lassen konnte.

Während nun eins der Sankeylieder gesungen wurde, ertönte plötzlich die Glocke an der Haustür. Es war ein schwaches, demütiges Läuten, nur ein einziger Schlag, und wenn die Fenster nicht offen gewesen wären, hätte es niemand gehört. Einer der jungen Männer, die an der Tür saßen, ging, um zu öffnen, und dann dachte niemand weiter darüber nach, wer wohl gekommen sein könnte.

Nach einer Weile ließen sich schwere Tritte vernehmen, die langsam und vorsichtig die Marmortreppe emporkamen. Als der Ankömmling die oberste Stufe erreicht hatte, blieb er lange Zeit stehen. Er schien zu überlegen, ehe er noch zögernder über den Marmorboden in den großen offenen Flur vor dem Versammlungssaal ging. Schließlich legte er die Hand auf die Klinke und drückte sie nieder. Die Tür öffnete sich kaum einen Viertelzoll breit, und weiter schien der Draußenstehende nicht gehen zu wollen.

Vorher, als man die Schritte vernommen hatte, dämpften die Schweden unwillkürlich ihre Stimmen, um besser hören zu können, und jetzt wandten alle das Gesicht dem Eingang zu. Diese vorsichtige Art, eine Tür zu öffnen, war ihnen wohlbekannt. Sie vergaßen ganz, wo sie sich befanden, und es war ihnen, als säßen sie daheim in Dalarne in einem ihrer eignen kleinen Häuser. Aber im nächsten Augenblick kamen sie wieder zu sich und schauten wieder in ihre Gesangbücher hinein.

Nun ging die Tür langsam und lautlos weiter auf, jedoch ohne daß der, der draußen stand, sich schon sehen ließ. Karin Ingmarstochter und mehrere andere Frauen fühlten, wie ihnen das Blut ins Gesicht stieg und tiefe Röte wie eine Wolke darüber hinzog, während sie sich alle Mühe gaben, ihre Gedanken zusammenzuhalten und dem Gesang zu folgen. Die Männer aber begannen lauter zu singen, mit stärkerem Baß als zuvor, ohne sich um die Melodie zu kümmern.

Endlich, als die Tür ungefähr einen Fußbreit offenstand, wurde ein großer, häßlicher Mann sichtbar, der sich durch den schmalen Spalt hereinschob. Mit einer überaus demütigen Haltung trat er ein, und in seiner Angst, den Gottesdienst zu stören, wagte er nicht vorzutreten, sondern blieb mit gesenktem Kopf und gefalteten Händen dicht an der Schwelle stehen.

Er trug einen Anzug aus feinem schwarzen Tuch, der aber schlottrig und faltig am Körper hing. Die Hände, die aus den zerknitterten Manschetten hervorsahen, waren schwielig mit geschwollenen Adern unter der Haut. Er hatte ein großes, sommersprossiges Gesicht mit ganz weißen Augenbrauen, eine stark vorgeschobene Unterlippe und einen scharfen Zug um den Mund.

Als der Ankömmling in die Tür trat, stand Ljung Björn sogleich von seinem Sitz auf und sang stehend weiter. In der nächsten Sekunde erhoben sich alte und junge Dalekarlier und sangen ebenfalls stehend wie Ljung Björn. Sie hoben die Augen nicht von den Gesangbüchern, und kein Lächeln erhellte ihre Gesichter; nur hin und wieder glitt ein verstohlener Blick zu dem Manne an der Tür hin.

Aber der Gesang wurde auf einmal lauter, wie ein Feuer, das, von einem Windstoß angefacht, plötzlich hell auflodert. Die vier Ingmarstöchter, die alle schöne Stimmen hatten, übernahmen die Führung, und die Töne erklangen in Jubel und Kraft wie noch nie zuvor.

Und die Amerikaner schauten verwundert auf die Leute von Dalarne, denn ihnen selbst vielleicht unbewußt, hatten alle angefangen, in schwedischer Sprache zu singen.

Zweiter Teil

Barbro Svenstochter

In der ersten Zeit, als Ingmar Ingmarsson verheiratet war, dachte er nicht viel daran, daß er eine Frau hatte. Als er auf Gertrud verzichtete, um den Hof zu bekommen, sah er in Gedanken die Felder und Viehherden vor sich, die Häuser und die Einrichtung, die nun sein Eigentum werden sollten; daß er auch eine Frau bekommen sollte, schien er aber gar nicht bedacht zu haben. Und nachdem sie Hochzeit gefeiert hatten und zusammengezogen waren, machte es wirklich den Eindruck, als könnte er gar nicht begreifen, daß die Frau zu ihm gehörte. Er dachte nie darüber nach, wie es ihr wohl ginge, ob sie sich wohlfühle oder Sehnsucht habe, auch gab er nie darauf acht, ob sie ihre Pflichten erfüllte und ob sie den Haushalt gut oder schlecht führte. Er dachte so viel an Gertrud, daß er sich der Gegenwart seiner Frau gar nicht bewußt wurde. Sie war wie eine wertlose Sache, die einfach zum Hof gehörte. Sie mußte selbst für sich sorgen, so gut sie konnte, er wollte sich um ihretwillen keinerlei Gedanken machen.

Es gab aber noch einen besonderen Grund, warum Ingmar sich gar nichts aus seiner Frau machte. Er verachtete sie tief, weil sie ihn genommen hatte, obgleich er eine andere liebte. »Da muß doch etwas bei ihr nicht ganz stimmen«, dachte er, »da ihr Vater ihr auf diese Art einen Mann geradezu erkaufen mußte.«

Wenn Ingmar seine Frau überhaupt je beachtete, so geschah das nur, um sie mit der anderen zu vergleichen. Wohl sah er, daß auch seine Frau hübsch war, aber so schön wie Gertrud war sie nicht. Sie hatte weder einen so leichten Gang noch schöne Handbewegungen, auch wußte sie nie etwas Nettes oder Lustiges zu sagen. Stumm und geduldig ging sie ihrer Arbeit nach, das war das einzige, wozu sie taugte.

Der Gerechtigkeit halber mußte man allerdings zugeben, daß Ingmar mit seiner Frau nie darüber sprechen konnte, was ihm doch am meisten im Sinn lag. Er konnte ihr nicht anvertrauen, daß er beständig an die Allerliebste dachte, die in das fremde Land gezogen war. Und er konnte auch nicht mit ihr darüber sprechen, daß er immer noch Gottes Strafe erwartete, die über ihn kommen mußte, weil er sein Wort gebrochen hatte, und daß er Angst davor hatte, an seinen Vater im Himmel zu denken, und sich einbildete, alle Menschen tadelten ihn. Zwar erwiesen ihm alle, mit denen er sprach, große Hochachtung, aber in seiner schwermütigen Stimmung war er immer der Meinung, sie würden sich alle über ihn lustig machen, sobald er ihnen den Rücken drehte, und sagen, er sei des Namens nicht würdig, den er trug, und noch viele ähnliche Dinge.

Hier soll nun geschildert werden, wie Ingmar zum erstenmal merkte, daß er eine Frau hatte.

Das kam so: Als Ingmar und Barbro ein paar Monate verheiratet waren, wurden sie auf eine Hochzeit zu Verwandten geladen, die in Barbros Kirchspiel lebten. Es war ein weiter Weg dorthin, und sie mußten in einer Herberge haltmachen, um das Pferd zu füttern. Das Wetter war schlecht, und die Frau ging ins Haus und setzte sich in eines der Gastzimmer, um dort zu warten. Ingmar gab dem Pferd Wasser und Hafer und kam dann auch in das Zimmer, in dem seine Frau saß. Er sagte nichts, sondern saß nur da und dachte daran, wie schwer es doch für ihn sei, jetzt unter Menschen zu gehen, und er überlegte, ob die Leute auf dem Hochzeitshof ihm durch ihr Verhalten wohl zu verstehen geben würden, was sie von ihm dachten. Während er so dasaß und sich quälte, kam ihm der Gedanke, daß im Grunde genommen seine Frau an allem schuld sei. »Wenn sie mich nicht unbedingt hätte heiraten wollen«, dachte er, »dann stünde ich jetzt noch als makelloser Mann da. Ich wäre keiner Versuchung ausgesetzt gewesen und müßte mich jetzt nicht davor scheuen, anständigen Leuten ins Gesicht zu blicken.«

Nie wäre es Ingmar bisher in den Sinn gekommen, daß er seine Frau noch einmal hassen könnte, aber in diesem Augenblick meinte er es wirklich zu tun. Bald jedoch war er gezwungen, etwas anderes zu denken. In den Saal neben dem Gastzimmer waren ein paar Männer eingetreten. Sie hatten offenbar Ingmar und seine Frau bei ihrer Ankunft gesehen und fingen an, über diese zu reden. Und da die Wände des Hauses sehr dünn waren, konnten die nebenan Sitzenden jedes Wort verstehen.

»Ich möchte wissen, wie die zwei miteinander leben«, sagte einer der Männer.

»Daß Barbro Svenstochter überhaupt je heiraten würde, hätte ich nicht gedacht«, meinte ein anderer.

»Ich weiß noch gut, wie verliebt sie in Stig Börjesson war, der vor drei oder vier Jahren als Sommerknecht auf dem Bergershof diente.«

Als Barbro hörte, daß die Männer über sie sprachen, sagte sie rasch:

»Müssen wir uns jetzt nicht wieder auf den Weg machen?«

Aber Ingmar war es peinlich, daß die Fremden nun merken könnten, daß er und seine Frau nebenan gesessen und alles gehört hatten. Lieber wollte er warten, bis die andern wieder gingen.

Nun unterhielten sich die Männer nebenan noch weiter über Barbro.

»Dieser Stig Börjesson war ein armer Teufel, und Berger Sven Persson jagte ihn sofort vom Hof, als er merkte, daß seine Tochter ihn liebte«, erzählte einer, der die Geschichte genau zu kennen schien. »Barbro wurde daraufhin ganz krank vor Kummer, und schließlich mußte der Alte nachgeben und mit Stig zum Pfarrer fahren und die beiden zur Hochzeit aufbieten lassen. Das Merkwürdige an der ganzen Sache ist aber, daß sich Stig gleich nach dem ersten Aufgebot plötzlich anders entschloß und erklärte, er habe keine Lust zum Heiraten. Nun war es Sven Persson, der um der Tochter willen bitten und betteln mußte, Stig solle sie doch nicht im Stich lassen. Aber Stig kannte kein Erbarmen. Er sagte, er fühle einen solchen Haß gegen Barbro, daß er sie nicht mehr sehen wolle, und er erzählte überall, daß er sich nie etwas aus Barbro gemacht habe, sondern daß sie im Gegenteil ihm nachgelaufen sei.«

Als die Männer in dieser Art immer weiter redeten, schämte Ingmar sich sehr und wagte nicht, seine Frau anzusehen. Gleichzeitig aber fand er auch, daß sie jetzt erst recht nicht mehr durch den Saal gehen konnten.

»Das alles war sehr schlecht von Stig«, sagte wieder einer der Männer nebenan, »aber er hat es dann auch bereuen müssen.«

»Das hat er«, sagte einer, der bisher noch nicht gesprochen hatte. »Er ging hin und heiratete die Nächstbeste, die ihn nehmen wollte. Wahrscheinlich nur, um Barbro zu zeigen, daß sie ihn nicht haben könnte. Aber er bekam eine schlechte Frau, und es wurde nichts als Armut und Elend daraus, und jetzt hat er zu trinken angefangen. Er säße längst mit seiner Familie im Armenhaus, wenn Barbro ihm nicht helfen würde. Offenbar ist sie es, die ihn und seine Frau mit Kleidern und Lebensmitteln unterstützt.«

Damit war das Gespräch über Barbro beendet, und nach einiger Zeit verließen die Männer den Saal. Da ging auch Ingmar hinaus und spannte das Pferd wieder ein, und als seine Frau herauskam und in den Wagen steigen wollte, griff er zu und hob sie hinein. Sie glaubte, er täte das nur, damit sie sich den Rock nicht am Wagenrad beschmutzen sollte, in Wirklichkeit aber wollte Ingmar ihr auf diese Weise zeigen, daß sie ihm leid tue. Er machte sich zwar nicht so viel aus ihr, daß das, was er über sie gehört hatte, ihm selbst naheging, aber sie tat ihm leid. Und als sie nun weiterfuhren, drehte er sich manchmal nach ihr um und sah sie an. Soso, sie hatte also ein so liebevolles Gemüt, daß sie es fertigbrachte, dem Menschen beizustehen und zu helfen, der sie verraten hatte. Und merkwürdig, genau betrachtet, war sie nicht weniger verraten worden als Gertrud.

Als sie ein Stück weit gefahren waren, merkte Ingmar, daß seine Frau weinte.

»Du brauchst deswegen nicht zu weinen«, sagte er da, »es ist ja schließlich nichts so Besonderes, daß du einen anderen gern hast. Mir geht es ja genauso.« Dann aber ärgerte er sich darüber, daß er ihr kein freundliches Wort zu sagen wußte.

Nun sollte man eigentlich annehmen, daß Ingmar sich doch manchmal Gedanken darüber machte, ob seine Frau diesen Stig nicht immer noch liebte. Aber solche Erwägungen kamen ihm gar nicht in den Sinn, er machte sich nicht genug aus ihr, um überhaupt zu ergründen, wen sie eigentlich liebte oder nicht liebte. Er ging in seine eigenen traurigen Gedanken vertieft herum und vergaß darüber beinahe ihre Gegenwart. Er wunderte sich auch nicht darüber, daß sie immer so still und ruhig und nie heftig zu ihm war, obgleich er sich nicht so gegen sie verhielt, wie er eigentlich hätte sollen.

Diese Ruhe, die sie ständig an den Tag legte, ließ Ingmar schließlich glauben, daß sie nicht einmal wußte, was ihn bedrückte. Aber eines Tages im Herbst, sie waren nun ungefähr ein halbes Jahr verheiratet, herrschte besonders kaltes und unfreundliches Wetter. Ingmar war schon seit dem Morgengrauen fort gewesen und kam erst spät nach Hause. In der Groß-Stube, in der das Gesinde schlief, war es pechfinster, aber in der Kammer nebenan brannte ein großes Feuer im Kamin. Barbro war noch auf und hatte etwas zu essen bereitgestellt, und zwar bessere Sachen als sonst. Als Ingmar hereinkam, sagte sie zu ihm:

»Zieh den Rock aus, er ist ja ganz naß.«

Sie half ihm dabei und hielt dann den Rock ans Feuer.

»Du meine Güte, wie naß er ist!« sagte sie. »Wie soll ich den nur bis morgen wieder trocken kriegen. – Ich wundere mich bloß, wo du bei diesem Wetter den ganzen Tag warst!« sagte sie nach einer Weile.

Es war das erste Mal, daß sie ihm eine solche Frage stellte. Er schwieg und überlegte, worauf sie abzielen könnte.

»Die Leute behaupten, daß du jeden Abend zum Schulhaus hinüberruderst und dich am Ufer auf einen Stein setzt und dich stundenlang nicht vom Fleck rührst.«

»Man muß die Leute reden lassen«, erwiderte Ingmar äußerlich unverändert ruhig, aber innerlich ärgerte er sich darüber, daß man ihm nachspionierte.

»Ja, aber für die Frau ist es nicht gerade angenehm, so etwas hören zu müssen.«

»Nun«, meinte Ingmar darauf, »wer sich seinen Mann erkauft hat, darf sich nichts Besseres erwarten.«

Barbro stand da und versuchte den einen Rockärmel umzuwenden. Er war ganz steif von den vielen Flickstellen und wollte ihren Bemühungen nicht nachgeben. Ingmar sah auf, um die Wirkung seiner Worte zu beobachten, und da merkte er, daß sie mit einem Lächeln auf den Lippen dastand. Als sie endlich mit dem Ärmel zurechtgekommen war, sagte sie:

»Ach, mir lag gar nicht so viel am Heiraten. Im Grunde war es der Vater, der alles so wollte.«

Ingmar sah seine Frau noch einmal an, und als er ihrem Blick begegnete, dachte er: »Sie sieht ganz so aus, als wüßte sie genau, was sie will.«

»Ich habe nicht den Eindruck, daß du zu denen gehörst, die sich leicht zu etwas zwingen lassen«, meinte er.

»Nein, nein«, sagte seine Frau, »aber meinem Vater kann man sich nicht so leicht widersetzen. Wenn er den Fuchs nicht mit dem Hund erwischen kann, dann fängt er ihn in einer Falle.«

Ingmar erwiderte darauf nichts. Er war schon wieder bei seinen eigenen Gedanken und hörte kaum, was sie sagte. Aber Barbro war offenbar der Meinung, daß sie am besten gleich fortfahren sollte, nachdem sie schon einmal so viel gesagt hatte.

»Eines will ich dir sagen«, begann sie, »Vater hat immer sehr viel übrig gehabt für den Ingmarshof, auf dem er seine Kindheit verbracht hat. Er war immer voll des Lobes über den Hof und die Ingmarssöhne, und von keinem andern

Ort in der Welt habe ich so viel reden hören. Ich glaube, ich weiß mehr über alle, die hier gelebt haben, als du selbst.«

Als Barbro in ihrer Erzählung an diesem Punkt angelangt war, stand Ingmar vom Tisch auf, an dem er gesessen und seine Mahlzeit eingenommen hatte, und setzte sich mit dem Rücken zum Feuer an der Herdstätte, so daß er Barbros Gesicht sehen konnte.

»Dann ging es so mit mir, wie du ja bereits weißt«, sagte seine Frau.

»Daran brauchst du jetzt nicht zu rühren«, fiel ihr Ingmar hastig ins Wort. Er schämte sich in Gedanken daran, daß er sie in der Herberge gezwungen hatte, alles mit anzuhören.

»Aber du mußt wissen, daß Vater, nachdem Stig mich sitzengelassen hatte, große Angst bekam, niemand könnte mich mehr haben wollen, und er bot mich deshalb nach allen Seiten hin an. Das wurde mir bald zu dumm. Schließlich war ich doch noch nicht so wenig wert, daß er bei den Leuten darum betteln mußte, mich zu heiraten.«

Während sie das sagte, sah Ingmar, wie sie sich aufrichtete. Sie warf den Rock auf einen Stuhl und sah dann Ingmar fest in die Augen:

»Ich wußte nicht, wie ich ein Ende machen sollte«, fuhr sie fort, »eines Tages aber sagte ich zufällig zu Vater: ›Ich werde nicht heiraten, außer ich bekomme Ingmar Ingmarsson auf dem Ingmarshof‹. Als ich das erklärte, wußte ich natürlich genau so gut wie alle andern, daß Tims Halvor Besitzer des Ingmarshofes war und du Gertrud, die Tochter des Schulmeisters, heiraten wolltest. Aber ich hatte mir ja absichtlich das Allerunmöglichste ausgedacht, damit man mich endlich in Ruhe lassen sollte. Anfangs war Vater auch ganz erschrocken darüber. ›Dann wirst du nie heiraten‹, sagte er. – ›Nun, dann muß ich mich eben damit abfinden‹, meinte ich. Aber ich sah Vater an, daß ihm der Gedanke durchaus gefiel. – ›Kannst du mir dein Wort darauf geben?‹ fragte er nach einer Weile. ›Ja, das kann ich‹, erklärte ich, natürlich dachte ich auch nicht eine Minute daran, daß es ihm möglich wäre, das zu erreichen. Das verstehst du doch? Es sah genauso unmöglich aus, als wollte er mich mit dem König verheiraten.

Von diesem Tag an hatte ich jedenfalls ein paar Jahre lang Ruhe vor allen Heiratsvorschlägen, und das war mir das Wichtigste. Es ging mir so gut, wie ich es mir nur wünschen konnte, ich versorgte Vaters großen Haushalt und konnte schalten und walten, wie ich wollte, solange er Witwer war. Aber im vergangenen Mai kam Vater eines Abends spät heim und ließ mich sofort rufen. ›Jetzt kannst du Ingmar Ingmarsson auf dem Ingmarshof bekommen‹, sagte er. Vater hatte in den ganzen zwei Jahren kein einziges Wort über diese Sache gesagt. ›Jetzt erwarte ich von dir, daß du dein Wort hältst‹, erklärte er. ›Ich habe den Hof für vierzigtausend Kronen gekauft.‹ – ›Aber Ingmar hat doch schon eine Braut‹, sagte ich da. – ›Er wird sich wohl nicht viel aus ihr machen, da er sich jetzt um dich bewirbt.‹«

Als Ingmar seine Frau so reden hörte, wurde er ganz verbittert. »Wie merkwürdig!« dachte er. »Das klingt alles ganz wie ein Spiel. Zu denken, daß ich auf Gertrud verzichten mußte, nur weil Barbro einmal mit ihrem Vater einen schlechten Scherz getrieben hat!«

»Ich wußte nicht, was ich tun sollte«, fuhr Barbro fort, »es rührte mich ja schließlich auch, daß Vater meinetwegen so viel Geld ausgegeben hatte, und ich meinte deshalb, ich könnte nicht sofort nein sagen. Außerdem wußte ich auch nicht, wie du darüber dachtest und ob der Hof dir nicht vielleicht lieber wäre als alles andere. Vater verschwor sich, daß er den Hof an die Sägewerksgesellschaft verkaufen würde, wenn ich nicht nachgäbe. Nun fühlte ich mich aber gerade um jene Zeit zu Hause auch nicht mehr so wohl. Vater hatte zum dritten Mal geheiratet, und es paßte mir nicht, mich einer Stiefmutter zu fügen auf dem Hof, auf dem ich so lange Zeit selbständig gewesen war. Und da ich mir also nicht gleich klar darüber war, ob ich ja oder nein sagen sollte, kam alles so, wie Vater es wollte. Ich nahm es eben nicht ernst genug, wie du siehst.«

»Ja, ja«, sagte Ingmar, »ich merke schon, daß für dich alles nur ein Spiel war.«

»Ich begriff nicht, was ich angerichtet hatte, bis ich erfuhr, daß Gertrud von daheim fortgelaufen und nach Jerusalem gefahren war. Aber seitdem habe ich keine Ruhe mehr gefunden. Ich gehöre ja nicht zu denen, die andere Menschen unglücklich machen wollen.

Jetzt sehe ich freilich, wie auch du dich quälst«, fuhr Barbro fort, »und ich denke immer daran, daß alles meine Schuld ist.«

»O nein«, sagte Ingmar, »ich trage nur meine eigene Schuld, und es geht mir nicht schlechter, als ich es verdiene.«

»Ich weiß nicht, wie ich den Gedanken aushalten soll, daß ich solchen Jammer verursacht habe«, meinte seine Frau. »Jeden Abend sitze ich da und bin darauf gefaßt, daß du nicht wiederkommst. Er wird sicher noch einmal unten im Fluß bleiben, denke ich dann. Und dann ist mir, als hörte ich Leute auf dem Hof draußen, und ich bilde mir ein, daß man dich hereinträgt. Und dann denke ich darüber nach, wie es mir danach gehen wird. Ob ich es wohl je im Leben vergessen könnte, daß ich deinen Tod verschuldet habe!«

Während sie so redete und ihrem Kummer Luft machte, saß Ingmar in merkwürdige Gedanken vertieft da. Jetzt will sie auch noch getröstet werden, dachte er. Er fühlte sich nur belästigt dadurch, daß sie sich um seinetwillen beunruhigte. Ihm wäre es lieber gewesen, wenn sie sich ruhig verhalten hätte, damit er ihre Gegenwart gar nicht zu beachten brauchte. »Ich kann doch jetzt nicht auch noch ihren Kummer tragen«, dachte er.

Aber er begriff, daß er irgend etwas sagen mußte.

»Mach dir keine Sorgen um mich«, fing er an. »Ich werde allem, was ich angerichtet habe, nicht noch ein neues Unrecht hinzufügen.« Diese wenigen Worte genügten, um auf ihrem Gesicht einen freudigen Schimmer hervorzuzaubern.

So gleichgültig Ingmar auch seiner Frau gegenüberstand, blieb er nun doch wenigstens ein paar Abende daheim, seitdem sie ihm gesagt hatte, welche Sorgen sie sich um ihn mache. Barbro verstand, daß er um ihretwillen daheim blieb, aber sie ließ sich nichts anmerken, sondern war ruhig und schweigsam wie immer. Seit Ingmar daheim blieb und zusammen mit den Leuten auf dem Hof am offenen Feuer in der Groß-Stube saß, waren auch die alte Lisa und Korp Bengt immer dabei. Den ganzen Abend über wurde eifrig geredet und erzählt, und Ingmar fand, daß die Zeit viel rascher verging, als er gedacht hatte.

Zwei Abende lang brachte Ingmar es fertig, zu Hause zu bleiben, der dritte jedoch war ein Sonntagabend, und da fiel es seiner Frau ein, die Gitarre hervorzuholen und zu singen, um die Zeit zu vertreiben. Eine Weile ging es ganz gut, dann aber verfiel sie auf ein Lied, das Gertrud immer so gern gesungen hatte, und nun konnte es Ingmar nicht mehr länger daheim aushalten. Er setzte die Mütze auf und ging seiner Wege.

Draußen war alles dunkel wie in einem Berg, und es fiel ein feiner, kalter Regen, aber das war gerade das richtige Wetter für seine Stimmung. Er ruderte zum Schulhaus hinunter, setzte sich dort auf einen Stein am Ufer und dachte an Gertrud und an die Zeit, in der er sein Versprechen noch nicht gebrochen hatte, sondern ein ehrenhafter und rechtschaffener Mann gewesen war. Als er wieder heimkehrte, war es schon elf Uhr vorbei. Da saß seine Frau unten am Flußufer und wartete auf ihn.

Ingmar war das nicht recht, er sagte jedoch nichts zu ihr, bevor sie in der Kammer waren.

»Du mußt mich gehen und kommen lassen, wie ich will«, erklärte er ihr dann, und sie konnte seiner Stimme anhören, daß er unzufrieden war. Sie erwiderte nichts darauf, sondern beeilte sich nur, Licht zu machen. Da sah ihr Mann, daß sie ganz naß war und daß die Kleider ihr am

Leib klebten. Sie ging hinaus und holte etwas zu essen für ihn, zündete das Feuer im Kamin an und richtete die Betten her, und bei jeder Bewegung schlugen ihr die nassen Kleider klatschend um die Beine. Es war ihr jedoch nicht anzusehen, ob sie böse oder verdrossen sei. »Ob sie wohl so fromm ist, daß nichts sie reizen kann?« dachte Ingmar.

Plötzlich wandte er sich an sie und fragte:

»Wenn ich nun an dir genauso handelte wie an Gertrud, würdest du mich dann verlassen?«

Einen Augenblick sah sie ihn fest an.

»Nein«, sagte sie nur, und zugleich blitzte es in ihren Augen auf.

Schweigend saß er da. »Warum würde sie mich denn nicht verlassen«, dachte er, »sie hat doch auch diesen Stig verlassen? Aber wahrscheinlich findet sie es viel schlimmer, daß ich Gertrud um des Hofes willen verlassen habe.«

Einige Tage später vermißte Ingmar einen Meißel. Er suchte ihn überall und kam dabei auch in die Kammer hinter dem Brauhaus. Dort lag die alte Lisa, die krank war, und Barbro saß an ihrem Bett und las ihr aus der Bibel vor. Es war eine ungewöhnlich große Bibel mit Messingbeschlägen und einem dicken Einband. Ingmar blieb stehen und betrachtete sie. »Die stammt vielleicht aus Barbros Elternhaus«, dachte er und ging wieder seiner Wege. Gleich darauf aber kam er noch einmal zurück, nahm seiner Frau die Bibel aus der Hand und schlug die erste Seite auf. Da sah er, daß es eine der alten Bibeln war, die sie früher auf dem Hof gehabt hatten und die Karin auf der Auktion hatte verkaufen lassen.

»Wo hast du die her?« fragte er.

Seine Frau schwieg, aber an ihrer Stelle antwortete die alte Lisa: »Hat Barbro dir denn nicht gesagt, daß sie die Bibel zurückgekauft hat?«

»So, Barbro hat sie zurückgekauft?« sagte Ingmar.

»Sie hat noch mehr getan als nur das«, erklärte die Alte eifrig, »geh nur einmal in die Groß-Stube und schau in den Schrank hinein.«

Ingmar ging rasch zur Groß-Stube hinüber, und als er den Schrank öffnete, sah er zwei von den alten Pokalen darin stehen. Er nahm sie heraus, drehte sie um, um das Kennzeichen auf der unteren Seite zu sehen, und stellte fest, daß es die richtigen waren. Noch während er dort stand, kam Barbro herein. Sie sah verlegen aus.

»Ich hatte etwas Geld auf einem Sparbuch«, sagte sie leise.

Ingmar war so froh, wie er schon lange nicht mehr gewesen war. Nun ging er hin und gab ihr die Hand.

»Hab vielen Dank dafür«, sagte er. Aber im nächsten Augenblick richtete er sich auf und ging hinaus. Er empfand es als ein Unrecht, daß er gegen seine Frau freundlich war. Schließlich war er es doch Gertrud schuldig, daß er der anderen, die nun ihre Stelle einnahm, nicht irgendwelche Zeichen von Liebe oder Wohlwollen gab.

Es mochte ungefähr eine Woche vergangen sein, als Ingmar aus der Scheune trat und auf das Wohnhaus zuging. In diesem Augenblick öffnete ein fremder Mann das Hoftor und trat in den Hof herein. Der Fremde grüßte und fragte, ob Barbro Svenstochter zu Hause sei.

»Ich bin ein alter Bekannter von ihr«, sagte er.

Merkwürdigerweise aber glaubte Ingmar sofort zu wissen, wer dieser Fremde war.

»Dann bist du wohl Stig Börjesson«, sagte er.

»Ich dachte nicht, daß mich hier jemand kennen würde«, erwiderte der andere, »und ich werde gleich wieder meiner Wege gehen. Ich habe nur ein paar Worte mit Barbro zu reden. Aber sage Ingmar Ingmarsson nichts davon, daß ich hier war! Er wäre vielleicht nicht damit einverstanden, daß ich hierherkomme.«

»Ach, ich könnte mir denken, daß Ingmar sich vielleicht freuen würde, dich zu sehen«, sagte Ingmar, »er hat sich schon oft gefragt, wie so ein Schuft wohl aussieht.« Ingmar war wütend darüber, daß dieser elende Kerl immer noch herumging und den Leuten einreden wollte, Barbro mache sich noch etwas aus ihm.

»Es ist mir nicht bekannt, daß man mich früher jemals einen Schuft genannt hätte«, sagte Stig.

»Nun, wenn das bisher noch keiner getan hat, dann tue ich es jetzt«, erklärte Ingmar, hob die Hand und versetzte ihm eine Ohrfeige.

Der Mann fuhr zurück, wurde totenblaß, und sein Gesicht verzerrte sich vor Wut.

»Laß das sein!« sagte er. »Du weißt nicht, was du tust. Ich wollte mir nur von Barbro Geld ausleihen, das ist alles.«

Ingmar schämte sich jetzt etwas seiner Heftigkeit. Er begriff nicht mehr, warum er so gehandelt hatte. Um aber dem andern seine Reue nicht zu zeigen, sagte er zornig:

»Bilde dir bloß nicht ein, ich hätte Angst, daß Barbro sich etwas aus dir macht. Ich finde nur, du hast eine Ohrfeige verdient, weil du sie im Stich gelassen hast.«

Da trat Stig Börjesson nahe an ihn heran.

»Ich will dir etwas sagen, dafür, daß du mich geschlagen hast«, begann er, und die Stimme drang ihm scharf und heiser aus der Kehle. »Und vermutlich wird dir das, was du jetzt zu hören bekommst, weher tun, als wenn ich dich auspeitschen würde. Du liebst diese Barbro wahrscheinlich sehr, darum will ich dir nur sagen, daß sie eine von denen ist, die von dem Roßtäuscher auf Sorgbackan stammen.«

Nach diesen Worten wartete er ab, was Ingmar tun würde. Der aber machte nur ein erstauntes Gesicht.

»Was meinst du eigentlich damit?« fragte er.

»Ach so, das weißt du nicht?« sagte Stig immer noch wütend. »Dann will ich es dir erklären. – Es war einmal ein Mann, der leidenschaftlich gern mit Pferden handelte. Er reiste beständig von Markt zu Markt, um Pferde zu tauschen, und behandelte die Tiere sehr schlecht. Er trieb auch allerlei Betrügereien. Er malte sogar Tieren, von denen die Leute wußten, daß sie den Koller hatten, einen weißen Fleck auf die Stirn, damit man sie nicht wiedererkennen konnte, und manchmal gab er alten, abgerackerten Schindmähren ein bestimmtes Futter, das ihnen ein wohlgenährtes und glänzendes Aussehen verlieh, gerade so lange, bis er sie wieder losgeworden war. Am schlimmsten aber ging er mit seinen Pferden um, wenn er sie Probe fahren lassen mußte. Da wurde er richtig verrückt und schlug so auf das Pferd ein, daß dem Tier die Haut platzte und nach jedem Hieb das rote Fleisch aufleuchtete.

Einmal war der Kerl einen ganzen Tag auf dem Markt gewesen, ohne ein Pferd loszuwerden. Das kam zum Teil daher, daß die Leute schon so oft von ihm betrogen worden waren und jetzt nichts mehr mit ihm zu schaffen haben wollten, zum Teil lag es auch an dem Gaul, den er an diesem Tag tauschen wollte, denn er war so alt und abgeschunden, daß keiner ihn haben wollte. Er trieb das arme Tier im wildesten Galopp durch die Volksmenge hin und her und schlug so darauf ein, daß das Blut am Geschirr herunterlief, aber je mehr er das Pferd antrieb, desto weniger hatten die Leute Lust, sich auf einen Handel mit ihm einzulassen.

Gegen Abend mußte er wohl einsehen, daß er an diesem Tag kein Geschäft mehr machen würde. Er wollte aber, bevor er den Heimweg antrat, noch einen letzten Versuch unternehmen, und hetzte deshalb sein Pferd so grausam über den Marktplatz, daß alle Leute glaubten, das Tier würde zusammenbrechen. Dabei fiel sein Blick auf einen Mann, der ein schönes schwarzes Jungpferd vorgespannt hatte und genauso schnell fuhr wie er selbst, ohne daß dies dem Tier die geringste Anstrengung zu bedeuten schien.

Kaum hatte der Roßtäuscher angehalten, da kam der andere, dem das gute Pferd gehörte, auf ihn zu. Er war klein und schmächtig, hatte ein schmales Gesicht und einen Spitzbart am Kinn. Er trug einen schwarzen Anzug, und der Roßtäuscher konnte weder am Stoff noch am Schnitt des Anzugs erkennen, aus welcher Gegend er stammte.

Der Roßtäuscher merkte bald, daß der Bauer ein recht einfältiger Mann war, und erzählte ihm nun, daß er daheim einen Fuchs habe und das schwarze Pferd hier weggeben wolle, um dafür einen Fuchs einzutauschen. ›Das

Pferd, mit dem du gefahren bist, würde mir gut in der Farbe passen‹, sagte er, ›und ich würde es ganz gerne nehmen, wenn es auch sonst etwas taugt. Aber sei so gut und hänge mir nicht etwa ein schlechtes Pferd auf, denn ich muß sagen, vom Pferdehandel verstehe ich nicht das geringste.‹

Natürlich endete die Geschichte damit, daß der Roßtäuscher dem Bauern seinen Schindergaul gab und dafür das gute Jungpferd eintauschte. Noch nie in seinem Leben hatte er einem so gut gebauten Tier das Geschirr angelegt. ›Noch nie hat ein Tag so schlecht für mich angefangen und so gut aufgehört‹, sagte er vor sich hin, als er sich in seinen Wagen setzte, um heimzufahren. Er hatte nicht weit heim vom Marktplatz bis zu seinem Hof, und als er dort ankam, war es noch nicht ganz dunkel. Als er durch das Tor hineinfuhr, sah er eine ganze Schar seiner alten Freunde, Roßtäuscher aus verschiedenen Kirchspielen, vor seinem Haus stehen und auf ihn warten. Sie waren sehr guter Laune, und als er vorfuhr, fingen sie gleich an, zu schreien und hurra zu rufen und zugleich unbändig zu lachen.

›Was gibt es denn so Lustiges?‹ fragte der Roßhändler und zog die Zügel straff.

›Ja‹, sagten sie, ›wir warten schon lange auf dich, um zu sehen, ob es dem Kerl wirklich geglückt ist, dir sein blindes Fohlen aufzuhängen. Wir begegneten ihm, als er gerade zum Markt fuhr, und da wettete er mit uns, daß er dich dazu kriegen würde.‹

Der Roßtäuscher sprang vom Wagen, stellte sich vor das Pferd und versetzte ihm mit dem Peitschenstiel einen furchtbaren Schlag zwischen die Augen. Das Tier machte keine Bewegung, um dem Schlag auszuweichen. Die Männer hatten also recht, es war vollkommen blind.

Da wurde der Roßtäuscher so wütend und verzweifelt, daß er fast den Verstand verlor. Während seine Freunde ihn noch verhöhnten und auslachten, spannte er das Pferd vom Wagen, ergriff die Zügel und führte es auf einen steilen Hang hinauf, der hinter dem Wohnhaus lag. Er schnalzte lockend mit der Zunge, und das Pferd ging rasch dahin, als es aber oben angelangt war, blieb es stehen und wollte nicht weitergehen. Der Hügel hatte einen Einschnitt, der sich unten zu einer unheimlich tiefen und weiten Grube ausdehnte. Dort hatten die Bauern aus der ganzen Umgegend schon seit vielen Jahren Kies herausgeholt. Das Pferd mußte gespürt haben, daß der Boden unter ihm unterhöhlt war. Es wollte nicht mehr weitergehen. Der Mann schlug auf das Tier ein, das Fohlen aber wurde nur immer furchtsamer, es richtete sich auf die Hinterbeine auf, wollte jedoch um keinen Preis vorwärtsgehen. Endlich, als es sich nicht mehr anders zu helfen wußte, setzte es zu einem weiten Sprung an, als ob es glaubte, daß es nur über einen Graben springen müßte und durch diesen Satz auf die andere Seite gelangen könnte. Aber es gab keine andere Seite, auf die es gelangen konnte, und als das Tier keinen Halt für seine Hufe fand, schrie es laut und furchtbar auf. Im nächsten Augenblick lag es mit gebrochenem Genick auf dem Grund der Kiesgrube. Der Roßhändler sandte ihm nicht einen einzigen Blick nach, ehe er zu seinen Freunden zurückging. ›So, jetzt habt ihr wohl aufgehört zu lachen‹, sagte er. ›Jetzt könnt ihr ihm erzählen, wie es seinem Fohlen ergangen ist!‹

Aber die Geschichte ist noch nicht zu Ende«, fuhr Stig fort, »denn jetzt sollst du erst noch hören, was dann geschah. Die Frau dieses Mannes bekam kurze Zeit darauf einen Sohn. Eine richtige Mißgeburt, denn er war schwachsinnig und überdies noch blind. Und damit nicht genug, auch alle anderen Söhne, die die Frau danach zur Welt brachte, waren blind und schwachsinnig. Aber die Töchter waren schön und klug und heirateten reiche Männer.«

Ingmar hatte die ganze Zeit wie gebannt zugehört. Jetzt machte er eine Bewegung, als wollte er sich losreißen, aber als Stig fortfuhr, blieb er doch wieder stehen.

»Aber auch damit noch nicht genug«, fing Stig wieder an. »Als die verheirateten Töchter Kinder bekamen, waren auch ihre Söhne blind und schwachsinnig, während die

Töchter schön und wohlgeschaffen waren und einen ausgezeichneten Verstand hatten.

Und so ist es bis zum heutigen Tag geblieben«, endete Stig, »daß alle, die sich mit einer Tochter aus diesem Geschlecht verheirateten, Idioten als Söhne bekamen. Und darum nennen die Leute den kleinen Bauernhof Sorgbakkan, und es scheint, daß er nie anders heißen wird.«

Ingmar erinnerte sich nun undeutlich, als Kind die Geschichte von der Familie auf Sorgbackan gehört zu haben, aber sie war immer nur wie ein Märchen erzählt worden, und er hatte nie geglaubt, daß etwas Wahres daran sei. Jetzt lachte er Stig aus.

»Du glaubst wohl nicht an diese Geschichte?« sagte Stig daraufhin und trat noch näher an ihn heran. »Aber ich kann dir sagen, daß die zweite Frau von Sven Persson von dort herstammte. Die Familie auf Sorgbackan ist jetzt in eine andere Gegend gezogen, und man hat hier allmählich vergessen, wie es sich mit ihnen verhält, aber meine Mutter weiß Bescheid über sie. Sie schwieg zwar und sagte zu keinem Menschen, wer Sven Perssons Frau gewesen war. Erst als es darum ging, daß ich ihre Tochter heiraten sollte, fing sie an, etwas darüber zu sagen. Und als ich das erfuhr, konnte ich sie doch nicht nehmen. Aber ich schwieg darüber, wie es sich für einen anständigen Menschen gehört. Wenn ich wirklich ein Schuft gewesen wäre, hätte ich darüber geredet. Statt dessen habe ich alle Schmähungen ertragen, die ich um dieser Sache willen hinnehmen mußte, und immer geschwiegen, bis heute, als du mich schlugst. Und Sven Persson selbst hat sicher nie gewußt, an wen er da geraten war. Seine Frau starb, nachdem sie ihm diese eine Tochter geboren hatte. Und die Töchter von den Leuten auf Sorgbackan sind ja wirklich schön, nur die Buben sind blind und schwachsinnig. Und jetzt kannst du so liegen, wie du dich selbst gebettet hast. Du darfst mir glauben, daß ich nicht wenig gelacht habe, wenn ich daran dachte, wie du deine Liebste im Stich gelassen hast, und wenn ich an den Ingmar Ingmarsson dachte, der nach dir einmal den Hof haben soll. Und wenn ich nicht irre, wirst du von heute an sehr glücklich mit deiner Frau sein.«

Aber während Stig so vor Ingmar stand und ihm diese ganze Geschichte mit heiserer Stimme erzählte, warf dieser zufällig einen Blick zum Wohnhaus hinauf. Und da sah er einen Rockzipfel hinter der Eingangstür. Er schloß daraus, daß Barbro in den Flur herausgekommen war, als sie sah, daß er und Stig auf dem Hof zusammentrafen. Und nun stand sie also da und hatte alles gehört. Da erst wurde Ingmar ängstlich, und er dachte: »Was für ein Unglück, daß Barbro das mit anhören mußte. Sollte nun wirklich das eingetreten sein, was ich schon so lange befürchte? Ist das wirklich die Strafe Gottes, die ich erwarte?«

Gleichzeitig kam es Ingmar zum ersten Mal richtig zum Bewußtsein, daß er eine Frau und die Pflicht hatte, sie zu schützen. Darum zwang er sich noch einmal zu einem lauten Gelächter und tat ganz unbekümmert.

»Gut, daß du mir das erzählt hast. Jetzt brauche ich doch nicht mehr wütend auf dich zu sein.«

»Ach so«, sagte Stig, »so faßt du das auf?«

»Ja, du glaubst doch wohl nicht, daß ich so dumm bin wie du und wegen dieses alten Aberglaubens mein Glück verscherzen werde.«

»Nun, dann habe ich für diesmal nichts mehr zu sagen«, meinte Stig. »Man wird ja sehen, ob du in einem Jahr immer noch so sicher bist.«

»Komm jetzt nur herein und sprich mit Barbro«, sagte Ingmar, als er sah, daß Stig sich zum Gehen wandte.

»Nein, nein, laß nur gut sein«, erklärte Stig jetzt.

Als er fort war, ging Ingmar sofort ins Haus, um mit seiner Frau zu sprechen. Sie stand in der Stube und erwartete ihn, und ehe er noch ein Wort äußern konnte, sagte sie ganz ruhig:

»An solche Kindermärchen werden wir doch wohl nicht glauben, Ingmar. Ich habe nichts zu tun mit Dingen, die sich vor mehr als hundert Jahren zugetragen haben, wenn sie sich überhaupt zugetragen haben.«

»Du weißt also davon?« fragte Ingmar. Er wollte sie nicht merken lassen, daß er gesehen hatte, wie sie dastand und lauschte.

»Ich weiß von dieser alten Geschichte genauso wie die andern auch, aber heute habe ich zum ersten Mal erfahren, daß es mit mir etwas zu tun haben soll.«

»Schade, daß du das hören mußtest«, meinte Ingmar, »aber es tut nichts, solange du nicht daran glaubst.«

Barbro lachte. »Ich habe nicht das Gefühl, daß ein Fluch auf mir liegt«, erklärte sie.

Ingmar fand, daß er noch selten jemand begegnet war, der besser aussah als sie.

»Ich glaube ja auch, man kann von dir sagen, daß du gesund an Leib und Seele bist«, sagte er.

Gegen das Frühjahr zu bekam Barbro ein Kind. Sie hatte sich während der ganzen Zeit tapfer gehalten und nie irgendwelche Unruhe gezeigt. Ingmar glaubte oft, sie habe ganz vergessen, was Stig seinerzeit erzählt hatte. Was ihn selbst betraf, so wagte er seit jenem Gespräch nicht mehr, sich wie früher ganz seinem Kummer hinzugeben. Er dachte immer, er müßte seiner Frau durch sein Benehmen beweisen, daß er nicht an den Fluch glaube, der ihr angeblich anhafte. Er versuchte, zu Hause ein zufriedenes Gesicht zu machen und nicht immer so auszusehen, als erwarte er Gottes Strafe. Er begann seinen Besitz zu vergrößern und zeigte sich hilfreich gegen seine Mitmenschen, genau wie sein Vater. »Ich darf doch jetzt nicht immer unglücklich aussehen«, dachte er. »Barbro bildet sich sonst noch ein, ich glaube an diesen Fluch und mache mir Kummer deswegen.«

Barbro freute sich unendlich über das Kind. Es war ein Junge. Er hatte wohlgeformte Glieder und war ein hübsches Kind mit einer hohen, breiten Stirn und großen, klaren Augen. Immer und immer wieder rief sie Ingmar in die Stube, damit er den Jungen betrachten konnte.

»Er ist doch ganz in Ordnung, meinst du nicht auch? Es ist doch kein Fehler an ihm?« sagte sie dann.

Ingmar stand ganz verlegen da, hielt die Hände auf dem Rücken und wagte nicht, das Kind anzufassen.

»Er ist natürlich in Ordnung«, wiederholte er.

»Und jetzt will ich dir zeigen, daß er auch sehen kann«, fuhr Barbro fort. Sie zündete ein Licht an und bewegte es vor den Augen des Kindes hin und her.

»Ja«, sagte Ingmar und war überzeugt, daß seine Frau sah, wie das Kind die Augen bewegte, wenngleich er es nicht bemerken konnte.

So vergingen einige Tage, und Barbro stand wieder auf. Ihr Vater und die Stiefmutter kamen, um das Kind zu sehen. Die Stiefmutter hob den Säugling aus der Wiege und wog ihn gleichsam auf den Armen.

»Ein großes Kind«, sagte sie erfreut. Gleich darauf aber sah sie den Kopf des Kindes genauer an. »Hat es nicht einen zu großen Kopf?« meinte sie dann.

»Die Kinder in unserer Familie haben alle große Köpfe«, sagte Ingmar.

»Ist dein Kind auch gesund?« fragte die Stiefmutter nach einer Weile und legte das Bündel wieder in die Wiege.

»Ja«, antwortete Barbro, »es wird mit jedem Tag größer.«

»Bist du eigentlich sicher, daß es sehen kann«, fragte die Stiefmutter wieder nach einer Weile, »es verdreht die Augen so, daß man immer nur das Weiße sieht.«

Da fing Barbro an zu zittern. Auch ihre Lippen bebten.

»Versucht es doch mit einem brennenden Licht«, rief Ingmar, »dann werdet Ihr sehen, daß seine Augen in Ordnung sind.«

Rasch zündete Barbro eine Kerze an und hielt sie dem Kind vor die Augen.

»Natürlich sieht es«, sagte sie und versuchte ihrer Stimme einen hoffnungsvollen und frohen Klang zu geben.

Das Kind aber lag still in der Wiege, mit verdrehten Augen, so daß man nur das Weiße sah.

»Seht doch, wie es die Augen nach dem Licht dreht!« rief Barbro. Keiner der andern sagte ein Wort.

»Seht Ihr denn nicht, daß es die Augen bewegt?« wandte Barbro sich an die Stiefmutter. Diese gab keine Antwort.

»Er ist jetzt schläfrig«, erklärte Barbro. »Die Augen sind ihm wieder zugefallen.«

»Wie soll er denn heißen?« fragte die Stiefmutter nach einer Weile.

»Der älteste Junge heißt hier auf dem Hof immer Ingmar«, sagte der Bauer.

Seine Frau aber fiel ein: »Ich wollte dich eigentlich bitten, ihn Sven zu nennen, nach meinem Vater.«

Da wurde es unheimlich still. Ingmar merkte, daß seine Frau ihn genau beobachtete, obgleich sie so tat, als sähe sie zu Boden.

»Nein«, erklärte er, »zwar ist dein Vater, Sven Persson, ein tüchtiger Mann, aber unser Ältester soll doch Ingmar heißen.«

Eines Nachts aber, das Kind war nun acht Tage alt, wurde es von heftigen Krämpfen befallen, und gegen Morgen starb es. Auf diese Weise konnten die Eltern nie mit Sicherheit erfahren, wie es mit dem Kind gestanden hatte. Sie redeten sich wohl ein, daß es ein gesundes und normales Kind gewesen sei, aber ganz sicher waren sie doch nicht.

Seit jenem Gespräch mit Stig war Ingmar immer gut zu Barbro gewesen, ja, manchmal benahm er sich richtig wie ein jungverheirateter Ehemann gegen sie. Er glaubte zwar immer noch, daß seine ganze Liebe nur Gertrud gehörte, und er sagte sich im stillen: »Ich liebe Barbro zwar nicht, aber ich muß doch gut gegen sie sein, weil sie ein so schweres Schicksal tragen muß. Sie soll spüren, daß sie nicht allein in der Welt steht, sondern einen Mann hat, der sich ihrer annimmt.«

Barbro weinte nicht viel wegen des Kindes. Sie schien eher erleichtert über seinen Tod. Und nach ein paar Wochen hatte sie ihre Ruhe wiedergefunden. Niemand konnte ihr ansehen, ob sie innerlich noch unglücklich war oder ob sie die schweren Gedanken wieder abgeschüttelt hatte.

Im Laufe des Sommers zog Barbro auf die Alm hinauf, und Ingmar blieb allein zurück.

Jetzt aber erlebte er etwas Seltsames. Sooft er ins Haus trat, ging er gleichsam umher und suchte Barbro. Manchmal, während der Arbeit, hob er den Kopf und lauschte, ob er nicht ihre Stimme höre. Ihm war, als sei kein Leben mehr auf dem Hof. Es war nicht mehr der gleiche Ort.

Am Samstagabend ging er in den Wald hinauf zu Barbro. Sie saß auf der Steinstufe vor der Almhütte, hatte die Hände um die Knie geschlungen, und obwohl sie Ingmar kommen sah, ging sie ihm nicht entgegen. Er setzte sich neben sie.

»Es ist jetzt etwas Merkwürdiges über mich gekommen«, sagte er.

»Soso«, sagte sie, ohne eine weitere Frage zu stellen.

»Ich habe nämlich angefangen, dich gern zu haben.«

Sie sah ihn an, und er merkte, daß sie müde war, denn sie konnte die Lider fast nicht heben.

»Dazu ist es jetzt zu spät«, sagte sie.

Er erschrak sehr, als er sah, wie es um sie stand.

»Es ist nicht gut für dich, daß du so allein hier im Wald lebst«, meinte er.

»Doch, es geht mir gut hier, ich bliebe am liebsten mein ganzes Leben hier.«

Ingmar versuchte, ihr begreiflich zu machen, daß er sie jetzt wirklich liebhabe und daß er an keine andere mehr denke außer an sie. Er habe nicht gewußt, wie es um ihn stünde, ehe sie von daheim weggegangen sei. Barbro gab nur wortkarge Antworten.

»Das hättest du mir im vergangenen Herbst sagen sollen«, erwiderte sie nur.

»Hast du mich denn im vergangenen Herbst liebgehabt?« fragte Ingmar.

»Damals betete ich jeden Abend zu Gott, du mögest mich doch eines Tages liebhaben«, sagte Barbro. »Ich hätte mich von dir mit Füßen treten lassen für ein einziges freundliches Wort.«

»Aber so, wie ich gegen dich war, hattest du doch wirklich keinen Grund, mich zu lieben«, sagte Ingmar erstaunt.

»Das war gleichsam von vornherein so bestimmt«, meinte Barbro. »Vater hatte mir so viel vom Ingmarshof und den Ingmarssöhnen erzählt, daß ich schon ganz müde davon war und am liebsten einen Fehler am Hof und an dir gefunden hätte. Kaum aber hatte ich meinen Fuß in dieses Haus gesetzt, so fühlte ich mich gleich wie daheim, und ich wußte, daß das der Ort war, nach dem ich mich immer gesehnt hatte.«

»Ich verstehe nicht, wie das so kommen konnte«, sagte Ingmar.

»Ich glaube, das hängt mit Vater zusammen. Denn als ich eine Woche auf dem Ingmarshof war und gesehen hatte, wie man dort lebt, begriff ich, daß Vater alle seine besten Eigenschaften von dort mitbekommen hatte, und auch alle altmodischen Sitten und Bräuche, die wir daheim pflegen, hatte er dort gelernt. Ich glaube, er hat sein ganzes Leben lang danach gestrebt, wie ein Ingmarssohn zu werden, und mich hat er so erzogen, daß ich wie eine der Ingmarstöchter werden sollte.«

»Ja, du bist ja auch von Sven Persson selbst erzogen worden«, sagte Ingmar.

»Das stimmt. Mutter starb, als ich noch ein kleines Kind war.«

»Du siehst doch selber ein, es kann gar nicht anders sein, als daß ich dich liebhaben muß«, sagte Ingmar.

Barbro blickte ihn prüfend an.

»Im vergangenen Herbst meinte ich, diese andere Geschichte sei nur eine große Verirrung gewesen«, sagte sie. »Ich begriff nicht mehr, daß ich mich in jemand verlieben konnte, der nicht so war wie du. Und ich dachte, du hättest vielleicht bemerkt, daß etwas mich an dich und alles, was dir gehörte, auf eine besondere Art band, wenn nicht Gertrud zwischen uns gestanden hätte.«

Ingmar saß schweigend da, um Zeit zu gewinnen und zu überlegen; nach einer Weile sah er auf und lachte leise:

»Du hast mich wohl für besser gehalten, als ich bin.«

»Wieso?«

»Ja, du dachtest wohl, ich sei ein anständiger Kerl, daß ich nie meine Meinung ändern würde. Ich selber kam mir ja auch erbärmlich vor, daß ich Gertrud nicht die Treue bewahrt habe, aber dann dachte ich auch wieder, es könne doch nicht unrecht sein, meine eigene Frau liebzuhaben. Schließlich lebe ich doch nur mit dir und nicht mit der andern.«

»Ja, das ist freilich wahr, das ist freilich wahr«, erwiderte Barbro, »aber es kommt mir doch so vor, als ob das nicht recht wäre.«

»Gertrud hat mir geschrieben und mich gebeten, nicht an sie zu denken«, sagte Ingmar. »Sie ist jetzt glücklicher, als sie je geworden wäre, wenn wir geheiratet hätten. Halvor und Karin schreiben auch, Gertrud sei die Zufriedenste von ihnen allen.«

»Aber nein, glaubst du, daß das wahr ist?« rief Barbro aus und hob zugleich den Kopf, als ob sie eine schwere Last losgeworden wäre.

»Man kann doch nicht verlangen, daß Gertrud ihr ganzes Leben lang um mich trauert«, meinte Ingmar.

»Wenn ich sicher wäre, daß Gertrud glücklich ist, dann hätte ich auch den Mut, es zu sein«, sagte Barbro, während ein Schimmer der Freude über ihr Gesicht zog.

Als Ingmar wieder in den Ort hinunterkam, lag ein Brief aus Jerusalem für ihn da. Darin stand allerdings nicht so viel von Freude und Glück wie in den andern Briefen, die im Verlauf des Winters und Frühlings von dort eingetroffen waren. Ingmar erfuhr diesmal, daß Halvor und Gunhild gestorben waren und daß Gertrud in letzter Zeit sich sehr seltsam benahm. Der Brief kam von Hök Gabriel Mattsson, der Ingmar versprach, nach besten Kräften über Gertrud zu wachen, aber er fürchtete offensichtlich, sie würde den Verstand verlieren.

»Nein, es gibt kein Glück für mich«, sagte Ingmar vor sich hin, nachdem er den Brief gelesen hatte. »Ich habe noch nicht genug gebüßt. Es ist nicht anzunehmen, daß Gott sich zufriedengeben wird, ehe ich nicht alles in Ordnung gebracht habe, was ich verschuldet habe.«

Im August stieg Ingmar wieder einmal zur Alm hinauf.

»Ich habe eine sehr traurige Nachricht«, sagte er, als er Barbro begrüßte.

»Was denn?« fragte sie.

»Dein Vater ist gestorben.«

»Das ist freilich eine wichtige Nachricht für uns beide«, sagte sie.

Barbro setzte sich auf einen Stein am Wegrand und hieß Ingmar, sich neben sie setzen.

»Jetzt sind wir frei und können tun, was wir wollen«, sagte sie, »und nun wollen wir uns trennen.«

Er wollte sie unterbrechen, aber sie ließ ihn nicht zu Wort kommen.

»Solange Vater lebte, war das unmöglich, aber jetzt müssen wir sofort die Scheidung in die Wege leiten. Das verstehst du doch.«

»Nein«, erklärte Ingmar, »ich verstehe überhaupt nichts.«

»Du hast doch gesehen, was für ein Kind ich dir geboren habe?«

»Es war ein schönes Kind«, sagte er.

»Es war blind, und es wäre ein Idiot geworden«, sagte sie.

»Das ist alles ganz gleich. Ich will dich auf jeden Fall haben.«

Sie faltete die Hände, und Ingmar sah, daß sie die Lippen bewegte.

»Dankst du Gott dafür?« fragte er.

»Den ganzen Sommer hindurch habe ich Gott um Erlösung gebeten«, sagte sie.

»Herr mein Gott, soll ich jetzt denn wegen dieses alten Märchens mein Glück verlieren?« rief er aus.

»Es war kein Märchen«, erwiderte Barbro, »das Kind war blind.«

»Das weiß kein Mensch«, entgegnete er. »Wenn es am Leben geblieben wäre, hättest du sehen können, daß seine Augen in Ordnung waren.«

»Aber mein nächstes Kind würde ganz bestimmt ein Idiot werden«, sagte sie, »denn jetzt glaube ich daran.«

Ingmar stritt noch eine Weile mit ihr darüber.

»Es hängt ja nicht nur mit dem Kind zusammen, daß ich mich scheiden lassen möchte«, sagte sie.

Er fragte, ob denn noch etwas anderes im Weg stünde.

»Ich möchte, daß du nach Jerusalem ziehst und Gertrud heimholst.«

»Das werde ich nie tun«, erklärte er.

»Du sollst es um meinetwillen tun«, sagte sie, »damit ich wieder meine innere Ruhe finde.«

Er wehrte sich dagegen und erklärte, daß sie damit etwas Unvernünftiges von ihm verlange.

»Du mußt es trotzdem tun, weil es richtig ist. Du siehst doch ein, wenn wir weiterhin wie Mann und Frau hier leben, wird Gott nicht aufhören, uns zu strafen.«

Sie wußte vom ersten Augenblick an, daß es ihr gelingen würde, ihn zu überreden, weil er ein schlechtes Gewissen hatte.

»Sei froh, daß du jetzt alles wiedergutmachen kannst, was du im letzten Jahr Unrechtes getan hast. Du würdest dich sonst dein ganzes Leben lang darüber grämen.« Und als er ihr immer noch widersprach, sagte sie schließlich: »Mache dir keine Sorgen wegen des Hofes, du kannst ihn mir abkaufen, wenn du wiederkommst. Aber solange du in Jerusalem bist, will ich hierbleiben und alles für dich verwalten.«

So zogen sie also zum Hof hinunter, um alles Nötige wegen der Scheidung zu veranlassen. Ingmar erlebte jetzt eine schwerere Zeit denn je. Er sah, daß Barbro froh und glücklich war, von ihm frei zu werden. Es bereitete ihr die größte Freude, davon zu sprechen, wie Gertrud und er in Zukunft leben würden. Vor allem malte sie sich gern aus, wie froh Gertrud werden würde, wenn er sie in Jerusalem abholte. Einmal, als sie ausführlich darüber sprach, kam ihm der Verdacht, Barbro könne ihn doch nicht liebhaben, sonst würde sie nicht ständig davon sprechen, daß sie ihn mit Gertrud vereinen wolle. Bei diesem Gedanken fuhr er auf und schlug mit der Faust auf den Tisch.

»Gut, ich werde hinfahren«, rief er, »aber sprich jetzt nicht mehr davon!«

»Dann wird alles gut werden«, sagte sie und sah dabei ganz froh aus. »Denke immer daran, Ingmar, daß ich keine ruhige Stunde haben werde, bis du dich mit Gertrud ausgesöhnt hast.«

Und so nahm die Sache ihren Verlauf. Sie wurden vom Pfarrer ermahnt, sie wurden vom Kirchenrat ermahnt, und zum Herbst wurden sie für die Dauer eines Jahres von Tisch und Bett geschieden.

Noch am gleichen Tag, an dem diese Trennung ausgesprochen wurde, trat Ingmar die Reise nach Jerusalem an.

Ingmars Brief

Am Tag nach Ingmars Ankunft in Jerusalem saß Karin Ingmarstochter wie gewöhnlich allein in ihrem Zimmer. Den ganzen vorhergehenden Abend hatte sie vor lauter Freude über das Wiedersehen mit Ingmar im Versammlungssaal zugebracht und an der allgemeinen Unterhaltung teilgenommen. Aber jetzt war die Erstarrung wieder über sie gekommen; steif und aufrecht saß sie in Halvors Lehnstuhl und blickte unverwandt ins Leere, ohne sich mit irgendeiner Arbeit zu beschäftigen.

Da ging die Tür auf, und Ingmar trat ein. Karin bemerkte es erst, als er dicht vor ihr stand. Sie wurde verlegen, weil der Bruder sie so ganz müßig dasitzen sah, das Blut stieg ihr ins Gesicht und hastig griff sie nach ihrem Strickstrumpf.

Ingmar nahm auf einem Stuhl Platz und blieb still sitzen, ohne Karin anzusehen, und dieser fiel es plötzlich ein, daß alle die Dalleute gestern mit Ingmar nur darüber gesprochen hatten, wie es ihnen selbst in Jerusalem ging, daß aber keiner von Ingmar erfahren hatte, wie es ihm selbst gehe oder warum er sie aufgesucht habe. »Wahrscheinlich will er nun mit mir darüber sprechen«, dachte Karin.

Ingmar bewegte die Lippen ein paarmal, als wollte er ein Gespräch anfangen, aber kein Laut drang hervor. Indessen betrachtete Karin den Bruder. »Schrecklich, wie sehr er gealtert ist!« dachte sie. »Vater hatte kaum tiefere Furchen auf der Stirn, und er war doch ein alter Mann. Entweder ist Ingmar krank gewesen, oder er hat etwas recht Schweres durchmachen müssen, seit ich ihn zuletzt gesehen habe.«

Und Karin begann sich zu fragen, was wohl Ingmar widerfahren sei. Sie hatte eine dunkle Erinnerung, daß die Schwestern aus einem Brief einmal etwas vorgelesen hatten, was ihn betraf, aber sie war in ihren eigenen Schmerz versunken gewesen, daß alles, was in der Außenwelt vor sich ging, an ihr abgeglitten war, als etwas, womit sie nichts zu schaffen hatte.

Auf die ihr eigene vorsichtige Art versuchte Karin, Ingmar zu bewegen, ihr mitzuteilen, wie es ihm gehe und warum er nach Jerusalem gereist sei. »Es ist gut, daß du zu mir kommst, damit ich höre, wie es im Dorf daheim steht«, sagte sie.

»Ja«, antwortete Ingmar, »ich kann mir denken, daß du über vieles Bescheid haben möchtest.«

»Bei unsern Leuten ist es von jeher Sitte gewesen«, begann Karin langsam, wie jemand, der versucht, sich in eine Sache hineinzuversetzen, die ihm seit langem aus dem Gedächtnis entschwunden war, »daß sie jemand haben mußten, nach dem sie sich richten konnten, einmal war es Vater, dann Halvor, und längere Zeit auch der Schulmeister. Ich möchte wohl wissen, wer es jetzt ist!«

Kaum hatte Karin diese Frage an Ingmar gerichtet, als dieser die Augen niederschlug und schwieg, ohne jede Regung in seinen Zügen.

»Vielleicht ist der Herr Pfarrer nun der Leitende bei euch geworden?« riet Karin weiter.

Ingmar saß steif und gerade da und antwortete noch immer nicht.

»Im stillen habe ich gedacht, Per, Ljung Björns Bruder, werde nun wohl der Erste im Dorf sein«, forschte Karin weiter, aber auch diesmal erhielt sie keine Antwort.

»Ich weiß wohl«, begann sie von neuem, »es war von jeher Sitte, daß sich die Leute nach dem Herrn des Ingmarshofs richteten, aber niemand kann verlangen, daß sie sich von einem regieren lassen, der so jung ist wie du.«

Sie hielt inne, und nun endlich gab Ingmar Antwort.

»Du weißt doch, daß ich noch zu jung bin, um in den Gemeinderat oder als Schöffe gewählt zu werden.«

»Man kann auch regieren, ohne viele Ämter zu haben.«

»Ja, das kann man«, stimmte Ingmar bei.

Als Ingmar das sagte, stieg in Karin ein Gefühl der Freude auf. »Ach, ich frage ja all dem nichts mehr nach«, dachte sie; aber sie konnte es doch nicht unterlassen, sich darüber zu freuen, daß die alte Macht und das Ansehen des Geschlechts auf Ingmar übergegangen waren. Sie richtete sich auf und sprach nun in einem selbstbewußteren Ton als vorher:

»Ich kann mir wohl denken, daß die Leute so verständig waren und begriffen haben, daß du recht daran tatest, den Hof zu übernehmen.«

Ingmar blickte Karin lange an; er verstand, was sich hinter ihren Worten verbarg. Sie hatte wohl gefürchtet, daß er der Verachtung der Dörfler ausgesetzt sei, weil er Gertrud aufgegeben hatte.

»Nein, auf diese Weise hat mich Gott nicht gestraft«, sagte er.

»Wenn es nicht das ist, so ist es etwas anderes Schweres, das ihm widerfahren ist«, dachte Karin. Sie mußte eine Weile still nachdenken, nur mit großer Mühe konnte sie sich in die Gedanken und Gefühle, die sie in dem alten Lande gehabt hatte, hineinversetzen.

»Ich möchte wissen, ob noch jemand im Dorf ist, der an unsrer Lehre festhält?« fragte sie dann.

»Höchstens einer oder zwei, mehr nicht.«

»Ich habe immer gedacht, es werde noch jemand den Ruf Gottes vernehmen und uns nachfolgen«, sagte Karin, indem sie den Blick forschend auf Ingmar richtete.

»Nein«, erwiderte Ingmar, »soviel ich weiß, ist niemand mehr berufen worden.«

»Gestern, als ich dich sah, dachte ich, dir sei die Gnade Gottes zuteil geworden«, sagte Karin.

»Nein, aus diesem Grunde bin ich nicht hier.«

Karin schwieg eine Weile, ehe sie weitere Fragen stellte; dann begann sie schüchterner, als habe sie Angst vor der Antwort, die sie erhalten könnte: »Nun denkt wohl daheim niemand mehr an uns hier draußen?«

Hierauf antwortete Ingmar wieder mit einer gewissen Verlegenheit: »Man trauert allerdings jetzt weniger als im Anfang«, sagte er.

»Ach so, hat man um uns getrauert? Ich glaubte, es müßte eher eine Erleichterung gewesen sein, uns loszuwerden!«

»O ja, viele haben um euch getrauert«, erwiderte Ingmar eifriger, »und es dauerte sehr lange, bis eure Nachbarn sich an die Menschen, die in eure Wohnungen hineinzogen, gewöhnten. Ich weiß, daß Ljung Björns Nachbarin, Börs Berit Perstochter, im Winter jeden Abend um das Haus herumschlich, wo er gewohnt hatte.«

Sehr langsam sprach Karin ihre nächste Frage aus. »Dann war wohl Börs Berit diejenige, die am meisten von allen um uns trauerte?«

»O nein«, sagte Ingmar mit scharfer Stimme, »es gab einen, der im Herbst jeden Abend, sobald es dunkel war, den Fluß hinabruderte bis zum Schulhaus und sich dort am Ufer auf einen Stein setzte, wo Gertrud zu sitzen pflegte, wenn sie den Sonnenuntergang betrachtete.«

Nun glaubte Karin zu wissen, warum Ingmar gealtert war, und rasch wechselte sie den Gesprächsgegenstand. »Besorgt deine Frau den Hof, solange du fort bist?«

»Ja«, antwortete Ingmar.

»Ist sie eine gute Hausmutter?«

»Ja«, antwortete Ingmar noch einmal.

Karin strich mit der Hand über ihre Schürze, ehe sie weiterredete. Sie glaubte sich nun zu erinnern, daß die Schwestern erzählt hatten, es stehe nicht gut zwischen Ingmar und seiner Frau.

»Habt ihr Kinder?« fragte sie schließlich.

»Nein, wir haben kein Kind«, antwortete Ingmar.

Nun war Karin ratlos; wieder und wieder glättete sie ihre Schürze. Es widerstrebte ihr, Ingmar geradeheraus zu fragen, warum er gekommen sei; das war niemals Sitte auf dem Ingmarshof gewesen. Da kam ihr Ingmar selbst zu Hilfe.

»Barbro und ich wollen uns scheiden lassen«, sagte er mit harter Stimme.

Karin fuhr auf; auf einmal war sie ganz so, als säße sie noch als Hausmutter daheim auf dem Ingmarshof. Sie erinnerte sich an nichts mehr als an ihre alten Ansichten und Gefühle.

»Gott bewahre dich vor dem, was du sagst!« rief sie. »Noch niemals ist einer aus unserm Geschlecht geschieden worden!«

»Es ist schon geschehen«, sagte Ingmar. »Beim Herbstthing sind wir für ein Jahr von Tisch und Bett getrennt worden. Wenn das Jahr vorüber ist, müssen wir um richtige Scheidung einkommen.«

»Was hast du denn gegen sie?« fragte Karin. »Du kannst keine reichere oder angesehenere Frau bekommen.«

»Ich habe nichts gegen sie«, sagte Ingmar ausweichend.

»Will sie sich denn von dir scheiden lassen?«

»Ja«, antwortete Ingmar, »sie ist es, die sich scheiden lassen will.«

»Wenn du so gegen sie gewesen wärst, wie es sich gehört, so würde sie keine Scheidung verlangen«, sagte Karin heftig.

Mit hartem Griff erfaßte sie die Armstützen ihres Lehnstuhls, sie war sehr erregt, das zeigte sich am deutlichsten daran, daß sie nun von Halvor zu sprechen begann.

»Es ist nur gut, daß Vater und Halvor tot sind, so daß sie das nicht mehr erleben müssen«, sagte sie.

»Ja, es ist gut für alle, die tot sind«, sagte Ingmar.

»Und nun bist du Gertruds wegen hier!« rief Karin.

Ingmar gab keine Antwort, er senkte nur den Kopf.

»Es wundert mich nicht, daß du dich schämst«, sagte sie.

»An dem Tag, an dem der Ingmarshof verkauft wurde, habe ich mich sehr geschämt.«

»Was meinst du wohl, was die Leute darüber sagen werden, daß du ausziehst und um eine andere freist, ehe du von der ersten richtig geschieden bist?«

»Es durfte keine Zeit verloren werden«, sagte Ingmar leise, »ich mußte hierherreisen, um mich Gertruds anzunehmen; es kam ein Brief zu uns, in dem stand, daß sie nahe daran sei, verrückt zu werden.«

»Oh, deshalb hättest du dich nicht zu bemühen brauchen«, erwiderte Karin heftig, »es gibt hier Leute, die sich ihrer besser annehmen, als du es kannst.«

Eine Weile blieb es ganz still, dann stand Ingmar auf. »Ich hatte einen andern Ausgang dieses Gesprächs erwartet«, sagte er und legte dabei eine solche Würde in sein Auftreten, daß Karin unwillkürlich eine ähnliche Hochachtung vor ihm empfand wie einst vor dem Vater.

»Ich habe Gertrud und auch Storms, die mir wie Vater und Mutter gewesen sind, großes Unrecht zugefügt und glaubte nun, du würdest mir helfen, es wiedergutzumachen.«

»Du willst wohl dem ersten Übel nun noch ein zweites hinzufügen, indem du deine dir rechtmäßig angetraute Frau verläßt?« sagte Karin heftig. Sie suchte ihren Zorn mit bösen Worten aufrechtzuerhalten, denn sie fürchtete, Ingmar könnte sie dahin bringen, die Sache mit seinen Augen zu betrachten.

Ingmar aber antwortete nicht auf ihre Worte über seine Frau, er sagte nur:

»Ich glaubte, du würdest dich freuen, daß ich nun Gottes Wege zu gehen versuche.«

»Soll ich mich darüber freuen, daß du Heimat und Frau verläßt, um deiner Liebsten nachzulaufen?«

Langsam ging Ingmar zur Tür. Er sah müde und angegriffen aus, zeigte aber keinen Zorn; nein, er sah nicht aus wie jemand, der von einer großen, unbändigen Liebe getrieben wird.

»Wenn Halvor noch lebte, würde er dir raten, wieder heimzureisen und dich mit deiner Frau zu versöhnen, das weiß ich gewiß«, sagte Karin.

»Ich habe vollständig aufgehört, nach dem Rat der Menschen zu handeln«, erwiderte Ingmar.

Nun stand Karin auch auf; sie war aufs neue erbittert, weil Ingmar andeutete, daß er nach Gottes Geboten handle. »Ich glaube nicht, daß Gertrud jetzt noch so wie früher an dich denkt«, sagte sie.

»Ja, ich weiß wohl, daß hier in der Kolonie niemand ans Heiraten denkt«, sagte Ingmar, »aber ich wollte es jedenfalls versuchen.«

»Ja, du brauchst dich freilich nicht darum zu kümmern, was die Gemeindemitglieder einander versprochen haben«, unterbrach ihn Karin, »aber du wirst wohl mehr Gewicht darauf legen, wenn ich dir sage, daß Gertrud ihre Neigung einem andern zugewendet hat.«

Ingmar war nun dicht an der Tür. Als er diese Worte hörte, hielt er inne und streckte tastend die Hand aus, als könnte er das Schloß nicht sehen, aber er wandte Karin das Gesicht nicht zu. Es dauerte auch keine Sekunde, da nahm Karin ihre Worte zurück.

»Gott soll mich bewahren, zu behaupten, daß eins von uns einen andern Menschen mit fleischlicher Liebe lieben könnte«, sagte sie, »aber ich glaube, Gertrud liebt jetzt den geringsten Bruder in der Kolonie mehr als dich, der du nicht dazu gehörst.«

Da stieß Ingmar einen tiefen Seufzer aus; schnell machte er die Tür auf und ging hinaus.

Karin blieb noch eine Weile in tiefes Grübeln versunken sitzen, dann erhob sie sich, glättete ihr Haar, band das Kopftuch um und ging, um mit Mrs. Gordon zu reden.

Offen berichtete Karin Mrs. Gordon, warum Ingmar gekommen war. Sie riet der Vorsteherin, Ingmar nicht in der Kolonie bleiben zu lassen, wenn sie nicht Gefahr laufen wolle, eine der Schwestern zu verlieren. Aber nun geschah es, daß Mrs. Gordon, während Karin sprach, am Fenster saß und in den Hof hinuntersah, wo Ingmar eben an der Wand lehnte und hilfloser und linkischer aussah als je; da flog ein leichtes Lächeln über Mrs. Gordons Gesicht.

Sie erwiderte Karin, daß sie nur ungern jemand aus der Kolonie wegweise, am allerwenigsten aber den, der so weit hergekommen sei und so viele Verwandte unter den Kolonisten habe. Wenn nun Gott Gertrud eine Prüfung schicke, sagte sie, so müsse man sich wohl hüten, zu verhindern, daß sie sie durchmache.

Karin wunderte sich über diese Antwort. Schnell trat sie näher zu Mrs. Gordon und konnte nun sehen, wen diese da unten lächelnd betrachtete. Aber ihrerseits sah Karin nur, wie ähnlich Ingmar dem Vater geworden war, und so böse sie auch auf ihn war, verdroß es sie doch, daß Mrs. Gordon nicht begriff, daß ein Mensch von dieser Gestalt männlicher war als alle andern und mehr Klugheit und Tüchtigkeit besaß als andre Menschen.

»Nun ja«, sagte sie, »Sie können ihn gern hierbleiben lassen, denn der dort richtet es jedenfalls so ein, daß es geht, wie er will.«

Am Abend desselben Tages waren die meisten Kolonisten in dem großen Saal versammelt. Sie hatten es da äußerst behaglich und angenehm. Einige sahen dem Treiben der fröhlich spielenden Kinder zu, andre plauderten miteinander über die Vorkommnisse des verflossenen Tages, wieder andre zogen sich in eine Ecke zurück und lasen sich aus amerikanischen Zeitschriften vor. Als Ingmar Ingmarsson diesen großen, hellerleuchteten Saal sah und die vielen glücklichen und vergnügten Gesichter, konnte er nicht umhin, zu denken: »Sicherlich sind die Leute aus Dalarne hier glücklich und sehnen sich nicht zurück in die Heimat. Diese Amerikaner verstehen es viel besser als wir, es sich und andern behaglich zu machen. Ja, dieses gute Zusammenleben ist der Grund, warum die Kolonisten alle Sorgen und Entbehrungen ertragen können, das ist mir vollkommen klar. Allerdings müssen sich die, die früher einen ganzen Hof besessen haben, nun mit einem einzigen Zimmer begnügen, aber dafür haben sie auch viel mehr Freude und Unterhaltung als vorher. Und dann haben sie unglaublich viel gesehen und gelernt. Von den Erwachsenen will ich nicht sprechen, aber es kommt mir geradezu vor, als ob es hier kein Kind gäbe, und wäre es noch so klein, das nicht viel mehr wüßte als ich.«

Mehrere Bauern traten zu Ingmar und fragten ihn, ob er nicht finde, daß sie es gut hätten. »Ja«, sagte Ingmar, »ich kann es nicht leugnen.«

»Du glaubst wohl, wir wohnen hier in Höhlen?« sagte Ljung Björn.

»Ach nein, ich wußte wohl, daß es so schlimm nicht war«, antwortete Ingmar.

»Aber soviel wir hörten, waren doch dergleichen Gerüchte daheim verbreitet worden.«

An diesem Abend wurde Ingmar sehr ausgefragt, wie es im Heimatdorf aussähe. Einer nach dem andern kam herbei, setzte sich neben ihn und erkundigte sich nach seinen Nächsten, und beinahe alle fragten nach der alten Eva Gunnarstochter.

»Sie ist munter und gesund«, sagte Ingmar, »und nie trifft sie mit jemand zusammen, ohne über die Hellgumianer loszuziehen.«

Ingmar beobachtete, daß zwei Leute es während des ganzen Abends vermieden, in seine Nähe zu kommen, und diese beiden waren Gabriel und Gertrud. Am meisten wunderte er sich darüber, daß Gabriel nicht zu ihm kam und sich nach seinem Vater erkundigte. Was Gertrud betraf, so konnte er ja verstehen, weshalb sie ihm fernblieb. Er sah aber auch nicht, daß die beiden miteinander sprachen, glaubte jedoch zu beobachten, daß Gabriel Gertrud ständig mit seinen Blicken folgte, wo immer sie ging. Gleichzeitig wunderte Ingmar sich über Gabriels gutes Aussehen. Er war zwar immer ein hübscher Bursche gewesen, jetzt aber hatte er sich so gut herausgemacht, daß er wirklich ein stattlicher Mann geworden war. Außerdem war in sein Gesicht ein lebendiger und wacher Ausdruck gekommen, den er früher nie darin wahrgenommen hatte.

»Wenn nun Gabriel heimkäme, so würde man ihn wohl für einen viel vornehmeren Mann halten, als ich es bin«, dachte Ingmar.

Gleich darauf trat Ingmar hastig auf Ljung Björn zu und fragte ihn, ob er ihm Papier und Feder verschaffen könnte.

Björn war ein wenig verwundert, Ingmar strich sich über die Stirn und erklärte, er müsse einen wichtigen Brief schreiben. Er habe es den Tag über vergessen, aber wenn er nun am Abend noch schreibe, könne der Brief doch morgen mit dem ersten Zug abgehen.

Ljung Björn verschaffte ihm das Gewünschte und führte ihn in die Schreinerwerkstatt, damit er in aller Ruhe schreiben konnte. Hier zündete er eine Lampe an und stellte einen Stuhl vor die Hobelbank. »Nun kannst du die ganze Nacht ungestört schreiben«, sagte er und ging.

Sobald Ingmar allein war, streckte er die Arme aus wie in heißer Sehnsucht, und ein Stöhnen entrang sich seiner Brust. »Ach, ich glaube nicht, daß ich es aushalte«, sagte er. »Ich kann einfach nicht durchführen, was ich mir vorgenommen habe.

Tag und Nacht kann ich an keine andere denken als an die, die ich verlassen habe«, fuhr er fort. »Und das schlimmste ist, daß ich wahrscheinlich Gertrud gar nichts nützen kann.«

Er überlegte eine Weile, dann lächelte er über sich selbst.

»Eigentlich müßte es mir leichter fallen als anderen, das

Richtige zu tun, weil ich ein Sohn von Groß-Ingmar bin. Aber für mich ist das keine Hilfe. Ich bin und bleibe trotzdem ein armer Tropf.«

Über den Brief, den Ingmar schreiben wollte, hatte er seit seiner Abreise von zu Hause tagtäglich nachgedacht. Auf der ganzen Reise war er den Gedanken nicht losgeworden, daß er sich mit seiner Frau im Grunde nie offen ausgesprochen hatte und daß er noch einen Versuch machen müßte, sie genau wissen zu lassen, wie es um ihn stehe. Zwar fiel ihm das Schreiben auch nicht sehr leicht, aber er fand doch, daß er schriftlich die Schüchternheit leichter überwinden könnte, die ihn sonst daran hinderte, über sich selbst zu sprechen.

Ingmar schrieb an Barbro und schilderte ihr alles, was seit ihrer Verheiratung in seiner Seele vorgegangen war, er erinnerte sie an die wichtigsten Ereignisse während ihrer Ehe, schilderte ihr seine Empfindungen bei den verschiedenen Geschehnissen und wie er sie nach und nach liebgewonnen habe. Er schrieb lange Zeit und hatte schließlich mehrere Bogen beschrieben. Und das Ganze war nichts anderes als eine lange Bitte an Barbro, von ihrer Forderung, daß er Gertrud heiraten solle, abzustehen und ihn zu ihr zurückkommen zu lassen.

Sie müsse doch begreifen, daß es für ihn unmöglich sei, zu dem zurückzukehren, was tot und gewesen sei. Wenn er sich jetzt Gertrud mit geheuchelter Liebe wieder nähern wollte, würde er sie doch nur zum zweiten Mal betrügen.

Als Ingmar diese Worte niederschrieb, dachte er daran, was seine Frau gesagt hatte, als sie mit ihm über die Scheidung sprach. »Du sollst es um meinetwillen tun, damit ich meinen inneren Frieden wiederfinde.«

Da war es ihm, als säße er wieder droben im Wald und hörte Barbro sagen: »Du solltest froh sein, daß du das wiedergutmachen kannst, was du schlecht gemacht hast.« Und nicht nur diese Worte meinte er zu hören, sondern auch alles andere, was sie gesagt hatte.

Ihm wurde das Herz weit vor Liebe und Bewunderung

für sie. »Und ist denn das, was sie von mir verlangt, zu schwer im Vergleich zu dem schweren Schicksal, das sie selbst tragen muß?« dachte er.

Da war es ihm plötzlich, als ob dieser Brief nun und nimmer unter Barbros Augen kommen dürfe. O nein, denn dann würde sie ja erfahren, daß er meinte, es nicht durchführen zu können. Sollte er sie so erbärmlich anflehen, ihn ohne Sühne und Strafe ausgehen zu lassen?

Sie hatte keinen Augenblick geschwankt, sie, nicht eine Sekunde, sobald sie geglaubt hatte, ihrem eignen Willen folgen zu dürfen. Ihn aber hatte sie die ganze Zeit zwingen müssen. Und nun sollte er ihr schreiben, er habe die Kraft nicht, das angefangene Werk durchzuführen!

Ingmar legte die beschriebenen Blätter zusammen und steckte sie ein. »Es ist sicher überflüssig, daß ich den Brief fertigschreibe«, sagte er.

Er schraubte die Lampe herunter und verließ die Schreinerwerkstatt. Noch immer sah er gedrückt und unglücklich aus, aber er war nun fest entschlossen, dem Willen seiner Frau nachzukommen.

Als er hinauskam, sah er dicht neben sich eine kleine Hinterpforte, die offenstand. Draußen war schon ein strahlender Morgen angebrochen. Er stellte sich unter die Tür und atmete die frische Luft ein. »Es ist wohl nicht mehr der Mühe wert, schlafen zu gehen«, dachte er.

Sachte und verstohlen drangen die ersten Sonnenstrahlen hinter den Hügeln hervor, und allmählich wurden sie wie von einem rotbraunen Schimmer überzogen; übrigens wechselte alles ringsum, so weit das Auge reichte, mit jeder Minute die Farbe.

Von den Abhängen her, die unterhalb des Ölbergs liegen, sah Ingmar Gertrud daherkommen. Die Sonnenstrahlen folgten ihr und umspannten auch sie mit flimmerndem Glanz. Mit leichten, fröhlichen Schritten kam sie näher, und Ingmar dachte, es sehe aus, als ginge der leuchtende Schein von ihr selbst aus.

Und hinter Gertrud sah Ingmar einen hochgewachsenen

Mann auftauchen. Er folgte ihr in einer gewissen Entfernung, blieb jedoch dann und wann stehen und schaute nach der andern Seite, aber es war unverkennbar, daß er Gertrud bewachte.

Ingmar erkannte den Mann bald, und im selben Augenblick heftete er den Blick nachdenklich auf den Boden.

Es schien ihm manches klarzuwerden, was ihm am vorhergehenden Tag aufgefallen war, und eine große Freude stieg in seinem Herzen auf.

»Nun glaube ich, daß Gott mir helfen will«, sagte er.

Der Derwisch

Eines Abends, kurz vor der Dämmerung, wanderte Gertrud durch die Straßen von Jerusalem. Da fiel ihr ein hoher, schlanker Mann in einem bis auf die Füße herabfallenden schwarzen Gewand auf, der vor ihr her ging. Gertrud meinte, es sei etwas Ungewöhnliches an ihm, aber sie wußte nicht recht, worin es bestand. Es kam wohl nicht daher, daß er einen grünen Turban trug, um damit anzuzeigen daß er ein Abkömmling des Propheten sei; Männern mit ähnlichen Kopfbedeckungen konnte man ja auf jeder Straße begegnen. Eher konnte es darauf beruhen, daß er das Haar weder abrasiert noch unter dem Turban aufgesteckt trug, wie es andre Orientalen zu tun pflegen, sondern es in gleichmäßigen langen Locken auf die Schultern herabfallen ließ.

Gertrud folgte dem Mann mit den Blicken und konnte den Wunsch nicht unterdrücken, er möge sich nur einmal umdrehen, damit sie sein Gesicht sehen könne. Da kam ihm ein junger Mann entgegen, der sich tief verbeugte, ihm die Hand küßte und dann weiterging. Der Schwarzgekleidete blieb einen Augenblick stehen und schaute dem Mann nach, der ihn so demütig gegrüßt hatte, und auf diese Weise ging Gertruds Wunsch in Erfüllung.

Da versagte Gertrud beinahe der Atem vor glücklicher

Überraschung. Unbeweglich, die Hand auf das Herz gedrückt, blieb sie stehen. »Das ist ja Christus!« sagte sie. »Das ist ja Jesus Christus, dem ich damals beim Waldbach begegnete.«

Der Mann ging alsbald weiter, und Gertrud versuchte, ihm zu folgen, aber er bog nun in eine sehr belebte Straße ein, und da verlor sie jede Spur von ihm. Nun schlug Gertrud wieder den Weg zur Kolonie ein; sie ging sehr langsam, ein Mal ums andre blieb sie stehen, lehnte sich an eine Mauer und schloß die Augen.

»Wenn ich ihn nur in der Erinnerung behalten könnte«, murmelte sie, »wenn ich nur immer sein Gesicht sehen könnte!«

Sie versuchte, ihren Augen tief einzuprägen, was sie soeben gesehen hatte. »Er hatte einen etwas graumelierten Bart«, wiederholte sie, »der ganz kurz geschnitten war und in zwei Spitzen auslief. Er hatte ein längliches Gesicht; die Nase war auch lang, und die Stirn breit, aber nicht besonders hoch. Und er sah ganz so aus, wie ich Christus oft gemalt gesehen habe; er war genau so, wie er mir damals auf dem Waldweg entgegenkam, nur war er jetzt noch schöner und herrlicher. Ein Licht ging von seinen Augen aus und eine große Macht, und um die Augen waren dunkle Ringe und auch viele Runzeln. Ja, um seine Augen herum lag alles vereinigt, Weisheit und Liebe und Schmerz und Mitleid und noch etwas anderes, das andeutete, daß diese Augen bisweilen durch den Himmel hindurch Gott und seine Engel zu schauen vermöchten.«

Auf dem ganzen Heimweg war Gertrud von höchstem Entzücken erfüllt. So von Glück durchströmt hatte sie sich seit jenem Tag nicht mehr gefühlt, an dem sie Christus auf dem Waldweg gesehen hatte. Mit gefalteten Händen und nach oben gerichteten Augen schritt sie dahin und sah aus, als wandelte sie nicht mehr auf der Erde, sondern auf Wolken und blauer Luft.

Christus hier in Jerusalem zu begegnen, das war von viel größerer Bedeutung, als daß er sich ihr in der wilden

Waldgegend in Dalarne gezeigt hatte. Da war er wie eine Erscheinung an ihr vorübergeglitten; aber wenn er sich nun hier offenbarte, so bedeutete das, daß er wiedergekommen war, um unter den Menschen zu wirken.

Ja, daß Christus wiedergekehrt war, das war etwas so Großes, daß sie gar nicht auf einmal auszudenken vermochte, wieviel es bedeutete, aber Friede und Freude und Seligkeit, das war das erste, was diese Gewißheit mit sich brachte.

Als Gertrud vor die Stadt hinauskam und sich der Kolonie näherte, begegnete sie Ingmar Ingmarsson. Er trug noch immer den feinen schwarzen Anzug, der so schlecht zu seinen schwieligen Händen und groben Zügen paßte, und sah düster und mißmutig aus.

Vom ersten Augenblick an, da Gertrud Ingmar in Jerusalem wiedersah, hatte sie sich darüber gewundert, daß sie ihn einmal so liebgehabt hatte. Und ebenso kam es ihr merkwürdig vor, daß ihr Ingmar daheim als ein so vornehmer Herr erschienen war. So arm er auch gewesen war, sie und andre Leute hatten gemeint, sie könnte niemals eine bessere Heirat machen. Aber hier in Jerusalem sah er nur verkommen und verloren aus. Sie konnte nicht verstehen, was man im Heimatdorf Merkwürdiges an ihm gefunden hatte.

Aber Gertrud hatte dennoch keinerlei Widerwillen gegen Ingmar gefühlt, und sie hätte sich ihm gern freundlich erzeigt, wenn ihr nicht jemand gesagt hätte, daß Ingmar von seiner Frau geschieden und nun nach Jerusalem gekommen sei, um Gertrud wiederzugewinnen. Da war sie erschrocken und hatte gedacht: »Nun kann ich nicht einmal mit ihm reden, denn ich muß ihm zeigen, daß ich mir nichts aus ihm mache. Jetzt darf ich ihn nicht einen Augenblick im Glauben lassen, daß er mich wiederbekommen könnte. Er ist wohl hierhergereist, weil er meint, er habe sehr unrecht an mir gehandelt; aber wenn er sieht, daß ich mir nichts mehr aus ihm mache, wird er wohl bald zur Vernunft kommen und wieder abreisen.«

Aber als Gertrud Ingmar jetzt vor der Kolonie begegnete, dachte sie an nichts weiter, als daß sie nun einen Menschen gefunden hatte, dem sie ihre große wunderbare Entdeckung anvertrauen konnte. Sie stürzte auf ihn zu und rief ihm entgegen: »Ich habe Christus gesehen!«

Ein solcher entzückter Ausruf hatte wohl nicht wieder über die kahlen Felder und Berge von Jerusalem geklungen, seit einst die frommen Weiber von dem verlassenen Grabe zurückkehrten und den Aposteln zuriefen: »Der Herr ist auferstanden!«

Ingmar blieb stehen und schlug die Augen nieder, wie es seine Gewohnheit war, wenn er seine Gedanken verbergen wollte. »Ja, wirklich«, sagte er zu Gertrud, »du hast Christus gesehen?«

Gertrud wurde ungeduldig, ganz wie in früheren Tagen, wenn Ingmar sich nicht so schnell in ihre Träume und Ideen hineinversetzen konnte. Sie wünschte, sie wäre statt seiner Gabriel begegnet; er würde sie weit besser verstehen. Aber sie fing doch an zu erzählen, was sie gesehen hatte.

Ingmar sagte kein Wort, das verraten hätte, daß er ihr nicht glaube, jedenfalls aber kam es Gertrud vor, als schmelze das, was sie zu berichten hatte, während des Erzählens in ein Nichts zusammen. Sie war einem Mann auf der Straße begegnet, der Christus ähnlich sah, das war alles. Die ganze Sache war ganz und gar wie ein Traum. Sie war ihr so merkwürdig vorgekommen, als sie sie erlebte, aber sie zerfloß vollständig, als sie davon zu sprechen versuchte.

Jedenfalls schien Ingmar erfreut, daß sie ihn angesprochen hatte. Er gab sich viel Mühe, sich nach Zeit und Ort, wo sie den Mann getroffen hatte, zu erkundigen. Und er ließ sich dessen Kleidung und Aussehen sehr genau beschreiben.

Aber als die beiden in der Kolonie ankamen, eilte Gertrud von Ingmar weg. Sie fühlte eine große Niedergeschlagenheit und eine unbegreifliche Müdigkeit. »Ich verstehe, es ist nicht Gottes Absicht, daß ich es andern Menschen erzählen soll«, dachte sie. »Ach, und ich war so glücklich, als nur ich allein es wußte!«

Sie beschloß, mit niemand mehr darüber zu sprechen, und wollte auch Ingmar bitten, zu schweigen. »Es ist ja die Wahrheit, es ist die Wahrheit«, wiederholte sie für sich selbst, »daß ich ihm begegnet bin, geradeso, wie ich ihn auf dem Waldweg sah; aber es ist wohl zuviel verlangt, daß mir jemand glauben soll.«

Ein paar Tage danach wurde Gertrud sehr überrascht; Ingmar trat gleich nach dem Abendessen zu ihr und teilte ihr mit, daß auch er den Mann in dem schwarzen Gewand gesehen habe.

»Seit du mir erzähltest, daß es so einen gibt, bin ich auf derselben Straße oft auf und ab gegangen und habe auf ihn gewartet«, sagte Ingmar.

»Dann hast du mir also doch geglaubt?« sagte Gertrud erfreut. Ihre ganze Glaubenszuversicht loderte wieder in ihr auf.

»Ich gehöre nicht zu denen, die so leicht etwas glauben«, sagte Ingmar.

»Hast du je ein solches Gesicht gesehen?« fragte Gertrud.

»Nein«, antwortete Ingmar, »noch nie.«

»Geht es dir nicht auch so, daß du es immer vor dir siehst, wohin du auch gehst?«

»Doch, es ist wahr, es geht mir genauso.«

»Glaubst du nun nicht, daß es Christus ist?«

Ingmar vermied es, eine Antwort darauf zu geben. »Es ist seine Sache, uns zu zeigen, wer er ist.«

»Ach, wer ihn doch noch einmal sehen könnte!« seufzte Gertrud.

Ingmar sah zweifelnd aus. »Ich weiß, wo er sich heut abend aufhält«, sagte er zögernd.

Da wurde Gertrud gleich Feuer und Flamme. »Nein, was du sagst! Weißt du, wo er sich aufhält?« rief sie. »Dann kannst du mich dorthin führen, damit ich ihn wiedersehe.«

»Aber es ist schon ganz dunkel«, sagte Ingmar, »und es ist wohl nicht ratsam, so spät in Jerusalem umherzugehen.«

»Ach, das ist nicht gefährlich«, sagte Gertrud, »ich bin schon öfters noch später zu Kranken gegangen.«

Es kostete Gertrud viel Mühe, Ingmar zu überreden. »Willst du vielleicht nicht mit mir gehen, weil du meinst, ich sei verrückt?« fragte sie, während ihre Augen ganz dunkel wurden und gefährlich aussahen.

»Es war dumm von mir, dir zu sagen, daß ich ihn gefunden habe«, sagte Ingmar, »aber ich glaube, es wird am besten sein, wenn ich nun mit dir gehe.«

Da wurde Gertrud so froh, daß ihr die Tränen in die Augen traten.

»Aber wir müssen versuchen, aus der Kolonie wegzukommen, ohne daß es jemand merkt«, sagte sie. »Ich will mit niemand hier darüber sprechen, bis ich ihn noch einmal gesehen habe.«

Es gelang ihr, eine Laterne aufzutreiben, und schließlich konnten sie sich auf den Weg machen. Sturm und Regen schlugen ihnen entgegen, aber Gertrud fragte nichts danach.

»Bist du ganz sicher, daß ich ihn heute abend wiedersehen werde?« fragte sie immer wieder. »Bist du wirklich sicher, daß ich ihn sehen werde?«

Gertrud sprach unaufhörlich; nun war es, als hätte nie etwas Trennendes zwischen ihr und Ingmar gestanden, und sie schenkte ihm ihr ganzes Vertrauen wie in früheren Tagen. Sie erzählte ihm von den vielen Morgen, wo sie in Erwartung auf dem Ölberg gestanden hatte, und berichtete dabei auch, wie qualvoll es ihr gewesen war, daß bisweilen Menschen gekommen waren und sie betrachtet hatten, während sie dort auf den Knien lag und zum Himmel aufschaute. »Es war nicht angenehm für mich, wenn mich alle so sonderbar anschauten, gerade als ob ich wahnsinnig wäre. Aber ich war so fest überzeugt, daß Christus kommen würde, da konnte ich es doch nicht unterlassen, hinaufzugehen und auf ihn zu warten. – Es wäre mir freilich lieber gewesen, wenn er mit großer Macht und Herrlichkeit auf den Flügeln der Morgenröte erschienen wäre«, sagte sie, »aber was mache ich mir schließlich daraus, wenn er nur überhaupt kommt. Was tut es, wenn er in der dunklen Winternacht kommt, wenn er sich zeigt, wird es schon Tag und heller Morgen werden.

Und wie merkwürdig ist es, Ingmar, daß du gerade jetzt hierherkommen mußtest, da er hervortritt und zu wirken beginnt. Du bist glücklich, du hast nicht warten müssen. Du kommst mitten in der guten Zeit.«

Plötzlich hielt Gertrud inne; sie hob die Laterne in die Höhe, um Ingmars Gesicht sehen zu können. Er sah düster und schwermütig aus.

»Du bist in diesem letzten Jahr recht alt geworden, Ingmar«, sagte sie, »und ich verstehe, daß du dich meinetwegen mit Gewissensbissen geplagt hast. Aber du mußt nun vollständig vergessen, daß du schlecht an mir gehandelt hast. Es war Gottes Wille, und es mußte so gehen. Gott wollte dir und auch mir eine große Gnade erweisen, er wollte uns zu der rechten, großen Zeit hierher nach Jerusalem führen.

Vater und Mutter werden nun auch zufrieden sein, wenn sie Gottes Absicht verstehen lernen«, fuhr Gertrud fort. »Ja, sie haben mir auch nie ein hartes Wort darüber geschrieben, daß ich mich heimlich davongemacht habe; sie begriffen wohl, daß ich es zu Hause nicht aushalten konnte, aber über dich sind sie sehr erbittert gewesen, das weiß ich. Aber nun müssen sie sich mit den beiden Kindern, die in ihrem Hause aufgewachsen sind, wieder versöhnen. Weißt du, ich glaube beinahe, sie haben um dich mehr getrauert als um mich.«

Schweigend wanderte Ingmar in dem Unwetter dahin, er antwortete darauf ebensowenig wie auf alles andre, was Gertrud sagte. »Ja, es ist schon so, er glaubt nicht, daß ich Christus gefunden habe«, dachte Gertrud, »aber was tut es, da er mich dennoch zu ihm führt. Ach, wenn ich nur noch eine kleine Weile Geduld habe, dann werde ich bald alle

Völker und Fürsten der Erde die Knie vor ihm beugen sehen, vor ihm, der der Heiland ist!«

Ingmar führte Gertrud in den mohammedanischen Teil der Stadt, und sie durchschritten viele dunkle und winklige Gassen. Endlich blieb er vor einer niedrigen Pforte in einer hohen fensterlosen Mauer stehen und stieß sie auf. Sie gingen durch einen langen Gang und gelangten dann auf einen erleuchteten Hof.

Einige Diener waren in einer Ecke mit einer Arbeit beschäftigt, und zwei alte Männer kauerten an der einen Mauer auf einer steinernen Bank, aber niemand schenkte Gertrud und Ingmar die geringste Aufmerksamkeit; sie setzten sich auf eine andre Bank, und Gertrud sah sich um.

Der Hof sah genauso aus, wie viele andere, die Gertrud in Jerusalem gesehen hatte. Auf allen vier Seiten war er von einem bedeckten Säulengang umgeben, und über den offenen Platz in der Mitte war ein großes schmutziges Zeltdach gespannt, das in Fetzen und Streifen herunterhing.

Der ganze Ort schien einst reich und ansehnlich gewesen zu sein, obgleich er jetzt verfallen war. Die Säulen sahen aus, als stammten sie aus einer Kirche. Sie hatten gewiß oben einmal schöne Verzierungen gehabt, aber nun waren diese abgebrochen und verunstaltet. Der Bewurf der Mauern war abgebröckelt, und aus Luken und Löchern schauten schmutzige Lumpen hervor. Auf der einen Seite war eine Menge alter Kisten und Hühnerkäfige aufgestapelt.

»Bist du ganz sicher, daß dies der Ort ist, wo ich ihn sehen soll?« fragte Gertrud flüsternd.

Ingmar nickte und deutete auf zwanzig kleine Lammfelle, die in der Mitte des Hofes in einem Kreis auf dem Boden lagen. »Hier sah ich ihn gestern mit seinen Jüngern«, sagte er.

Gertrud sah ein wenig enttäuscht aus, aber bald lächelte sie wieder. »Es ist merkwürdig, daß man ihn immer in Ehre und Herrlichkeit erwartet«, sagte sie. »Aber er will nichts von alldem wissen, sondern kommt in Niedrigkeit und Armut. Aber du begreifst doch, daß ich nicht sein werde wie die Juden, die ihn nicht anerkennen wollen, weil er sich nicht als der Fürst und Herr dieser Welt zeigte.«

Nach einer Weile kamen einige Männer von der Straße herein. Sie gingen langsam bis in die Mitte des Platzes und ließen sich da auf den kleinen Schaffellen nieder. Alle Eintretenden trugen orientalische Kleidung, in allem andern jedoch waren sie sich sehr unähnlich. Einige waren jung, einige alt, einige kamen in kostbarem Pelzwerk und Seidenstoffen, andere wie arme Wasserträger und Feldarbeiter gekleidet. Und wie sie so der Reihe nach ankamen, begann Gertrud über sie zu sprechen und ihnen Namen beizulegen.

»Siehst du, dies ist Nikodemus, der bei Nacht zu dem Herrn kam«, sagte sie von einem alten vornehmen Mann, »und der mit dem großen Bart ist Petrus, und dort drüben sitzt Josef von Arimathia. Nein, noch nie habe ich so gut verstanden, wie es zuging, wenn die Jünger sich um den Herrn versammelten. Der dort drüben, der die Augen niedergeschlagen hält, ist Johannes, und der Mann mit dem roten Haar unter der Filzmütze ist Judas. Aber die beiden, die dort auf der Bank kauern, ihre Wasserpfeifen rauchen und nichts danach zu fragen scheinen, was sie hören werden, das sind zwei Schriftgelehrte. Sie glauben nicht an ihn und sind nur aus Neugierde gekommen oder um ihm zu widersprechen.«

Während Gertrud auf diese Weise redete, war der Kreis vollzählig geworden. Gleich darauf kam der Mann, den sie erwartete, und stellte sich in die Mitte.

Gertrud hatte nicht gesehen, woher er kam. Sie schrie beinahe laut auf, als sie ihn plötzlich gewahrte. »Ja, ja, er ist es!« rief sie und faltete die Hände.

Eine Weile schaute sie ihn unverwandt an, während er mit gesenkten Augen still wie im Gebet dastand. Und je länger sie ihn betrachtete, desto stärker wurde ihr Glaube.

»Kannst du denn nicht sehen, Ingmar, daß er kein Mensch ist?« flüsterte sie; und Ingmar erwiderte ebenso:

»Gestern, als ich ihm zuerst begegnete, glaubte ich auch, er sei mehr als ein Mensch.«

»Ich fühle Seligkeit, wenn ich ihn nur ansehe«, sagte Gertrud. »Es gibt nichts, was ich nicht für ihn täte, wenn er mich darum bitten würde.«

»Es kommt wohl daher, daß wir gewöhnt sind, zu denken, der Heiland müsse so aussehen«, sagte Ingmar.

Der Mann, den Gertrud für Christus hielt, stand nun mit aufrechter und befehlender Haltung mitten im Kreis seiner Anhänger. Dann machte er eine leichte Bewegung mit der Hand, und auf einmal begannen alle, die auf dem Boden um ihn herum saßen, ein lautes »Allah, Allah!« anzustimmen. Gleichzeitig bewegten auch alle den Kopf, indem sie ihn mit einer scharfen Bewegung nach rechts warfen, dann nach links, nach rechts, nach links. Sie bewegten sich alle im selben Takt, und bei jeder Wendung riefen sie: Allah, Allah! Der Mann in der Mitte stand beinahe ganz still, gab aber durch eine leichte Neigung des Kopfes den Takt an.

»Was ist das?« fragte Gertrud. »Was ist das nur?«

»Du bist länger in Jerusalem als ich, Gertrud«, sagte Ingmar, »du wirst wohl selbst wissen, was es ist.«

»Ich habe gehört, daß es Leute gibt, die man tanzende Derwische nennt«, sagte Gertrud, »dies ist gewiß ihr Gottesdienst.«

Still saß sie da und überlegte, dann sagte sie: »Das ist nur der Anfang, es ist vielleicht hierzulande so Sitte, und das nimmt wohl die Stelle des Liedes ein, mit dem wir den Gottesdienst beginnen. Wenn es vorüber ist, wird er schon seine Lehre auslegen. Ach, wie glücklich werde ich sein, wenn ich seine Stimme höre!«

Die Männer, die mitten auf dem Hof saßen, stießen noch immer ihr »Allah, Allah!« hervor, während sie fortgesetzt den Kopf hin und her warfen. Sie bewegten sich in immer rascherem Takte, ihre Stirnen bedeckten sich mit Schweißtropfen, und die Allah-Rufe klangen wie ein Geröchel.

Mehrere Minuten lang fuhren sie ununterbrochen damit

fort, bis ihr Führer eine leichte Bewegung mit der Hand machte; da mäßigten sie sich augenblicklich.

Gertrud hatte die Augen geschlossen, um nicht mehr sehen zu müssen, wie diese Menschen sich abquälten. Als es still wurde, schaute sie auf und sagte zu Ingmar: »Nun wird er wohl sprechen. Wer doch so glücklich wäre, seine Predigt verstehen zu können! Aber ich will zufrieden sein, wenn ich nur seine Stimme höre!«

Einen Augenblick war es ganz still, aber bald machte der Anführer ein Zeichen, und da riefen seine Anhänger aufs neue Allah! Allah! Diesmal wurde ihnen befohlen, nicht nur den Kopf, sondern auch den ganzen Oberkörper zu bewegen, und bald war alles wieder in vollem Gang. Der Mann mit den ehrfurchtgebietenden Zügen und den schönen Christusaugen dachte an nichts weiter, als seine Anhänger zu immer heftigeren Bewegungen anzutreiben. Eine Minute nach der andern ließ er sie so fortmachen. Sie hielten auch aus, wie von einer übernatürlichen Kraft getrieben, viel länger, als man es für menschenmöglich gehalten hätte. Es war geradezu schauerlich, diese Männer zu sehen, die vor lauter Anstrengung dem Tode nahe zu sein schienen, und diese stöhnenden Ausrufe anhören zu müssen, die aus den nach Luft ringenden Kehlen hervorgestoßen wurden.

Nun entstand eine kleine Pause, dann begannen die heftigen Bewegungen aufs neue, dann trat wieder eine Pause ein.

»Diese Männer mußten gewiß lange üben, ehe sie so ohne Unterbrechung fortmachen konnten«, sagte Ingmar.

Hilflos und etwas ängstlich blickte Gertrud zu Ingmar auf, und ihre Lippen bebten, als sie sagte: »Glaubst du nicht, daß das schließlich ein Ende nehmen wird?« Dann warf sie einen Blick auf die hohe Gestalt, die gebieterisch und befehlend mitten unter den Anhängern stand, und neue Hoffnung belebte sie. »Gewiß werden bald die Kranken und Unglücklichen herbeikommen, um ihn um Hilfe zu bitten«, sagte sie innig. »Und ich werde sehen, wie er die Wunden der Aussätzigen heilt und den Blinden das Augenlicht wiedergibt.«

Aber der Derwisch fuhr fort, wie er begonnen hatte. Er machte ein Zeichen, daß sich alle erheben sollten, und nun wurden die Bewegungen noch heftiger. Alle blieben auf ihren Plätzen stehen, aber ihre armen Körper bewegten und schwangen sich mit der größten Heftigkeit hin und her. Glanzlos und blutunterlaufen starrten die Augen geradeaus, und mehrere der Männer schienen sich nicht mehr bewußt zu sein, wo sie sich befanden, ihre Körper bewegten sich wie unwillkürlich, hin und her, auf und ab, immer heftiger und heftiger.

Schließlich, nachdem die beiden wohl ein paar Stunden lang zugeschaut hatten, ergriff Gertrud in großer Angst Ingmars Arm. »Kann er sie denn nichts anderes lehren?« flüsterte sie.

Denn sie verstand allmählich, daß der Mann, den sie für Christus gehalten hatte, die Menschen in nichts weiter unterrichten konnte als in diesen wilden Übungen. Er hatte keinen andern Gedanken, als diese Wahnsinnigen aufzustacheln und anzufeuern. Wenn sich einer von ihnen eifriger und anhaltender bewegte als die andern, zog er ihn in den Kreis hinein und stellte den eifrig Verneigenden und nach Luft Ringenden als ein Vorbild auf. Und auch er selbst, der Anführer, wurde immer eifriger; auch sein Körper begann sich hin und her zu wiegen und sich zu verdrehen, als sei er nicht mehr imstande, sich ruhig zu verhalten.

Gertrud kämpfte mit Tränen und Verzweiflung. Alle Hoffnungen und Träume erloschen in ihrer Seele. »Hat er sie denn nichts, gar nichts zu lehren?« fragte sie ein Mal ums andere.

Gleichsam als Antwort darauf gab der Derwisch den Dienern, die an den Übungen keinen Anteil genommen hatten, ein Zeichen. Sie ergriffen ein paar Instrumente, die an einem Pfeiler hingen; es waren Trommeln und Tamburine. Und als nun die Musik erklang, wurden die Rufe immer lauter und gellender, und die Menschen verrenkten sich immer ungestümer. Mehrere rissen ihren Fes und Turban vom Kopf und lösten ihr Haar auf, das wohl einen halben Meter lang war. Sie sahen entsetzlich aus, während sie sich so hin und her schwangen, daß ihnen das lange Haar bald um das Gesicht flog, bald den Rücken hinunterfloß. Ihre Augen wurden immer starrer, die Gesichter leichenhaft, ihre Bewegungen gingen in krampfhafte Zuckungen über, und aus ihrem Munde drang weißer Schaum.

Gertrud stand auf; alle Freude und Begeisterung waren in ihr erstorben; die letzte Hoffnung war erloschen. Nichts war zurückgeblieben als ein tiefer Widerwille. Sie ging zum Ausgang, ohne sich nach dem umzusehen, den sie vor kurzem noch für den ausgesandten Heiland gehalten hatte.

»Es ist recht schade um dieses Land«, sagte Ingmar, als sie auf der Straße waren. »Bedenke, welche Lehrer sich früher hier fanden, und nun geht der ganze Unterricht dieses Mannes darauf aus, seine Anhänger dazu zu bringen, sich wie Verrückte zu verdrehen und zu verrenken.«

Gertrud gab keine Antwort; rasch schritt sie heimwärts. Als sie vor der Kolonie standen, hob sie die Laterne in die Höhe. »Hast du ihn gestern auch so gesehen?« fragte sie und betrachtete Ingmars Gesicht mit zornig flammenden Augen.

»Ja«, antwortete Ingmar ohne Zögern.

»Tat es dir so weh, mich glücklich zu sehen, daß du ihn mir zeigen mußtest?« sagte Gertrud »Das werde ich dir nie verzeihen«, fügte sie nach einer Pause hinzu.

»Das kann ich gut verstehen«, sagte Ingmar, »aber man muß trotzdem tun, was recht ist.«

Sie schlüpften durch die Hintertür hinein, und mit einem erbitterten Auflachen verließ Gertrud Ingmar. »Du kannst nun ruhig schlafen, jawohl«, sagte sie. »Du hast deine Sache gut gemacht, ich glaube nun nicht mehr, daß dieser Mann Christus ist. Ich bin nicht mehr verblendet, du hast deine Sache gut gemacht.«

Leise ging Ingmar zur Treppe, die zu dem Schlafzimmer der Männer führte. Gertrud kam hinter ihm her. »Vergiß nur nicht, daß ich dir das niemals verzeihen werde«, wiederholte sie.

Darauf begab sie sich in ihr eigenes Zimmer, legte sich zu Bett und weinte sich in Schlaf. Früh am nächsten Morgen erwachte sie, blieb aber ruhig liegen. Sie verwunderte sich. »Was ist denn das, daß ich nicht aufstehe? Woher kommt es denn, daß ich mich nicht nach dem Ölberg sehne?« fragte sie sich.

Dann schlug sie die Hände vors Gesicht und brach aufs neue in Tränen aus. »Ich erwarte ihn nicht mehr. Ich habe keine Hoffnung mehr. Es tat zu weh gestern, als ich sah, daß ich mich getäuscht hatte. Ich wage es nicht mehr, ihn zu erwarten. Ich glaube nicht, daß er kommt!« schluchzte sie.

Am Abend, als die Kolonisten wie gewöhnlich in dem großen Saal versammelt waren, sah Ingmar, daß Gertrud sich neben Gabriel setzte und lange eifrig mit ihm sprach.

Nach einer Weile stand Gabriel auf und trat zu Ingmar.

»Gertrud hat mir erzählt, was du gestern abend für sie zu tun versucht hast«, sagte Gabriel.

»Ach so«, erwiderte Ingmar, der nicht wußte, worauf der andere abzielte.

»Du mußt nicht glauben, ich hätte nicht verstanden, daß du ihren Verstand retten wolltest«, sagte Gabriel.

»Es ist wohl nicht so gefährlich mit ihr«, sagte Ingmar.

»Doch«, sagte Gabriel, »wer mit dieser Sorge nun seit mehr als einem Jahre herumgegangen ist, der weiß, daß es gefährlich ist.«

Er wandte sich zum Gehen, da streckte Ingmar plötzlich die Hand aus.

»Wir waren doch früher immer gute Freunde, wir beide«, sagte er.

Gabriel wurde blaß, aber er legte seine Hand in Ingmars dargebotene Rechte und drückte sie lange und fest.

Es ist Ende Februar; die Winterregen sind gefallen, und der Lenz ist gekommen. Aber er ist noch nicht weit vorgeschritten. Die Knospen der Feigenbäume haben noch nicht zu schwellen begonnen, aus den schwarzbraunen Weinstöcken drängen sich noch keine Ranken und Blätter hervor, und die großen Blütenbüschel der Orangenbäume haben sich noch nicht erschlossen. Aber was sich in der frühen Jahreszeit schon hervorgewagt hat, das sind die kleinen Blumen des Feldes.

Wohin man sieht, überall wachsen Blumen; große feuerrote Anemonen bedecken die steinigen Abhänge, auf allen Felsvorsprüngen blühen bläulichrote Zyklamen, auf allen Ebenen wachsen niedere Wiesennelken und Tausendschönchen, jedes feuchte Gebüsch steht voller Krokusse und Ranunkeln.

Und wie man in andern Ländern Beeren und Obst erntet, so geht man in Palästina hinaus, um Blumen zu sammeln. Aus allen Klöstern, aus allen Missionsanstalten zieht man zur Blumenernte hinaus. Arme jüdische Gemeindemitglieder, reisende Touristen und syrische Arbeiter treffen sich in den wilden Felsentälern mit Blumenkörben in der Hand. Und am Abend kehren alle Erntearbeiter wieder heim, mit Anemonen und Perlhyazinthen, Veilchen und Tulpen, Narzissen und Orchideen reich beladen.

Auf den Höfen der vielen Klöster und Herbergen in Jerusalem stehen mächtige steinerne, mit Wasser gefüllte Gefäße, in die die Blumen gelegt werden, und in Zellen und Zimmern sind fleißige Hände damit beschäftigt, die Blüten auf großen Papierbögen auszubreiten und zu pressen.

Aber sobald die kleinen Wiesennelken und Hyazinthen ordentlich plattgedrückt und getrocknet sind, werden sie in häßlichen und schönen Zusammenstellungen zu großen und kleinen Sträußen vereinigt, auf Karten geklebt oder in kleine Alben, auf deren Einbänden von Olivenholz »Blumen aus Jerusalem« geschrieben steht.

Und bald wandern alle diese »Blumen von Zion«, »Blumen aus Hebron«, »Blumen vom Ölberg« und »Blumen aus Jericho« in die weite Welt hinaus.

Sie werden in den Läden verkauft, in Briefen weggeschickt, als Andenken verschenkt und gegen milde Gaben eingetauscht. Weiter als die Perlen aus Indien, weiter als die Seide von Brussa werden diese kleinen Wiesenblumen verbreitet, sie, des armen Heiligen Landes einziger Reichtum.

An einem schönen Frühlingsmorgen herrschte großer Eifer in der gordonistischen Kolonie; alle Leute machten sich fertig, um hinauszuziehen und Blumen zu sammeln. Die Kinder, die den ganzen Tag schulfrei hatten, tollten übermütig herum und wollten bei jedermann Körbe zum Blumenpflücken entlehnen. Die Frauen waren seit vier Uhr auf, um den Proviant herzurichten, und hatten in der Küche mit Pfannen und Einmachtöpfen noch alle Hände voll zu tun. Einige der Männer packten Butterbrote, Milchflaschen, kaltes Fleisch und Brot in ihre Ranzen. Andre kümmerten sich um die Flaschen mit Wasser oder die Körbe mit Teekannen und Tassen. Endlich wurde das Tor geöffnet, die Kinder stürmten zuerst hinaus, dann kamen alle andern in großen und kleinen Gruppen. Niemand blieb daheim, und das große Haus stand bald ganz verlassen.

Hök Gabriel Mattsson war an diesem Tag sehr glücklich. Er richtete es so ein, daß er neben Gertrud ging, und half ihr beim Tragen, wenn es bergauf ging.

Gertrud hatte das Kopftuch so weit in die Stirne hereingezogen, daß Gabriel nur ihr Kinn und die weiche, weiße Wange sehen konnte, und er lächelte über sich selber, daß er sich so glücklich fühlte, wenn er nur neben Gertrud her gehen durfte, obwohl er weder ihr Gesicht sehen konnte noch sie anzureden wagte.

Gabriel verspürte in der ersten Zeit nach Ingmars Ankunft in der Kolonie große Unruhe und Sorge, weil er befürchtete, Ingmar sei in der Absicht gekommen, Gertrud nach Schweden heimzuholen. Es wäre für Gabriel furchtbar gewesen, sie zu verlieren, denn Gertrud war jetzt seine Vertraute und Freundin geworden, und manchmal war er von so starkem Gefühl für sie erfüllt, daß er fürchtete, die große Liebe, die er einst für Gunhild gehegt hatte, auf sie übertragen zu haben. Nun aber lebte Ingmar schon seit drei Monaten in Jerusalem, ohne Gertrud näherzukommen, und Gabriel begann dadurch nach und nach seine innere Ruhe zurückzugewinnen. »Es ist ja keine Liebe, die ich für Gertrud empfinde«, dachte er. »Das alles kommt nur daher, daß ich niemand habe, mit dem ich mich aussprechen kann. Und darum kann ich den Gedanken, daß sie von hier wegreisen soll, nicht ertragen. Wenn ich aber weiß, daß ich sie behalten darf, bin ich ganz ruhig, und wenn ich so wie jetzt neben ihr einhergehe, ist sie für mich nur wie eine liebe Schwester.«

Er war sehr glücklich darüber, daß zwischen Gertrud und ihm kein Gefühl der Liebe aufgekommen war, denn die Gordonisten erlaubten ja keine Heirat unter den jungen Leuten in der Kolonie. Sie waren der Meinung, daß man um der Einigkeit willen alle auf die gleiche Art lieben müsse und daß es nicht anginge, sich an einen einzelnen Menschen besonders zu binden. Es wäre also nur ein großes Unglück gewesen, wenn er sich wirklich in Gertrud verliebt hätte.

Ebensowenig war auch Gertrud in ihn verliebt, das wußte er sicher. Sie war, seitdem sie nicht mehr die nahe Ankunft des Erlösers erwartete, stets düster und menschenscheu. Wohl ertrug sie Gabriel besser als die andern, aber das war auch alles. Es schien nicht wahrscheinlich, daß Gertrud je wieder eine irdische Liebe empfinden könnte.

Karin Ingmarstochter und ihre Schwestern gingen hinter diesen beiden. Sie stimmten ein Morgenlied an, das sie mit ihrer Mutter daheim auf dem Ingmarshof gesungen hatten, wenn sie am frühen Morgen vor dem Spinnrocken saßen.

Dicht vor Gabriel wanderte der alte Korporal Fält. Wie

jetzt immer hatte er alle Kinder um sich versammelt, und sie klammerten sich an seinen Stock oder zerrten ihn an den Rockschößen. Gabriel, der sich des Korporals aus der Zeit erinnerte, da alle Kinder Reißaus nahmen, wenn sie ihn nur von weitem sahen, dachte im stillen: »Ich habe ihn früher nie so steif und barsch gesehen. Er ist so stolz, weil die Kinder sich zu ihm halten, deshalb steht wohl auch sein Schnurrbart wie Borsten in die Höhe, und seine Nase ist auch noch krummer geworden als vorher.«

Mitten unter der Schar sah Gabriel Hellgum, der mit seiner Frau an der einen Hand und seinem hübschen Töchterchen an der andern dahinschritt. »Es ist doch merkwürdig«, dachte Gabriel, »Hellgum ist recht zurückgesetzt worden, seit wir uns an die Amerikaner angeschlossen haben, und das ist ja auch gar nicht anders möglich, da sie so hervorragende Leute sind und eine so große Gabe haben, das Wort Gottes auszulegen. Ich möchte wohl wissen, wie er es aufnimmt, daß sich die Leute auf so einer Wanderung nicht um ihn scharen. Aber wer froh darüber ist, daß sie ihn ganz für sich hat, das ist seine Frau. Man sieht es ihrer Haltung und ihrem ganzen Wesen an. Sie ist in ihrem ganzen Leben noch nie so glücklich gewesen.«

An der Spitze des Zuges ging die schöne Miß Young und neben ihr ein junger Engländer, der sich der Kolonie schon vor ein paar Jahren angeschlossen hatte. Gabriel wußte so gut wie alle andern, daß der junge Mann Miß Young liebte und daß er sich nur in der Hoffnung, Miß Young heiraten zu dürfen, der Kolonie angeschlossen hatte. Dem jungen Mädchen gefiel er offenbar auch recht gut, aber die Gordonisten wollten um ihretwillen nicht von ihrer strengen Regel abweichen, und so hatten die jungen Leute schon einige Jahre in hoffnungslosem Warten verbracht. An diesem Tag gingen sie nebeneinander, sprachen auch zusammen und hatten nur Augen füreinander. Und während sie so leicht und beschwingt an der Spitze des Zuges dahineilten, schien es, als wollten sie sich davonmachen, die ganze Schar hinter sich lassen und in die weite

Welt hinausfliehen, um einmal ihr eigenes Leben leben zu dürfen.

Aber am Schluß des Zuges sah Gabriel Ingmar Ingmarsson, der neben Eliahu ging. Er war in diesen Tagen viel mit diesem Mann zusammen, und Gabriel wußte, daß Ingmar bei Eliahu Englisch lernte. Das ließ darauf schließen, daß Ingmar die Kolonie noch nicht so schnell zu verlassen gedachte, aber Gabriel war überzeugt davon, daß es ihm nicht gelingen würde, Gertrud von hier mitzunehmen, und sollte er auch noch ein ganzes Jahr hierbleiben.

Anfangs wanderte der Zug in gerader, östlicher Richtung einem verlassenen, wilden Gebirge zu. Da gab es noch keine Blumen. Von den steilen Felsabhängen war das Erdreich ganz weggeschwemmt, überall begegnete dem Auge der nackte, gelbgraue Berg.

»Das ist doch merkwürdig«, dachte Gabriel. »Ich habe noch nie einen so blauen Himmel gesehen wie den, der sich über diesen gelben Anhöhen wölbt. Und diese Berge sind nicht häßlich, obwohl sie so kahl sind. Wenn ich ihre schöne Rundung sehe, muß ich an die großen Kuppeln denken, mit denen die Kirchen und Häuser hierzulande gedeckt sind.«

Als die Wanderer ungefähr eine Stunde gegangen waren, erblickten sie das erste Felsental, das mit roten Anemonen übersät war. Das war eine Aufregung und Freude! Alle liefen mit lautem Rufen und Lachen den Abhang hinunter und fingen an, Blumen zu pflücken. Und man sammelte mit großem Eifer Anemonen, bis man nach einer Weile ein anderes Tal entdeckte, das mit Veilchen bedeckt war, und dann ein drittes, wo alle möglichen Frühlingsblumen durcheinanderwuchsen.

Anfangs pflückten die Schweden gar zu eifrig, sie rissen die Blumen einfach ab. Dann aber kamen die Amerikaner und zeigten ihnen, wie man es machen muß. Man müsse mit Sorgfalt auswählen, sagten sie, und nur solche Blumen nehmen, die sich zum Pressen eignen; das sei eine Arbeit, die sehr viel Sorgfalt verlange.

Gabriel ging neben Gertrud und pflückte Blumen. Einmal reckte er sich in die Höhe, um sich zu strecken. Da sah er ganz in seiner Nähe ein paar Großbauern, die wohl seit vielen Jahren keine Blume angesehen hatten, ebenso eifrig pflücken wie die andern. Da konnte Gabriel das Lachen kaum unterdrücken, plötzlich wandte er sich an Gertrud und sagte:

»Ich denke eben darüber nach, was Christus damit meinte, als er sagte: So ihr nicht umkehret und werdet wie die Kinder, könnt ihr nicht in das Reich Gottes kommen.«

Gertrud hob den Kopf und sah Gabriel an: »Das ist allerdings ein merkwürdiges Wort«, sagte sie.

»Ja«, meinte Gabriel sehr bedächtig und langsam, »es ist mir oft aufgefallen, daß die Kinder nie artiger sind, als wenn sie im Spiel die Erwachsenen nachahmen. Nie ist man so sicher vor ihnen, als wenn sie einen Acker umpflügen, den sie sich mitten auf der Landstraße abgesteckt haben, als wenn sie die Braunen schnalzend antreiben oder mit der Peitsche aus Bindfaden knallen oder mit einem Zweig im Straßenschmutz Furchen ziehen. Sie sind ganz vergnügt und artig, während sie versuchen, vor ihren Nachbarn mit ihrer Aussaat fertig zu werden, und wenn sie jammern, daß sie noch niemals einen so schweren Ackerboden zu pflügen hatten.«

Mit gesenktem Kopf pflückte Gertrud weiter, ohne etwas zu erwidern; sie begriff nicht, wo Gabriel mit diesen Reden hinauswollte.

»Ich erinnere mich noch gut, wie hübsch es war«, fuhr er mit gleichem Ernst fort, »als ich mir einmal einen Stall aus Holzklötzen gebaut und als Kühe Tannenzapfen hineingestellt hatte. Pünktlich jeden Morgen und Abend brachte ich den Kühen frischgemähtes Gras, und bisweilen spielte ich, es sei Frühjahr und ich müsse meine Kühe auf die Alm treiben. Ich blies auf meiner Birkenpfeife und rief ›Stern‹ und ›Goldblatt‹, daß man es auf dem ganzen Hof hören konnte. Und ich sprach mit Mutter darüber, wieviel Milch meine Kühe gäben und wieviel ich von der Meierei für meine

Butter bekommen könnte. Ich gab auch sehr genau acht, daß dem Stier das Stirnblatt ordentlich fest saß, und allen Vorübergehenden rief ich zu, daß sie sich in acht nehmen müßten, denn der Stier sei leicht stößig.«

Gertrud pflückte nun weniger eifrig. Sie hörte Gabriel aufmerksam zu und wunderte sich jetzt, daß er ähnliche Gedanken und Einbildungen hatte, wie sie ihren eigenen Sinn so häufig erfüllten.

»Aber ich glaube, am hübschesten war es doch, wenn wir kleinen Burschen so taten, als wären wir erwachsene Männer, und Gemeinderat hielten«, fuhr Gabriel fort. »Ich erinnere mich, daß ich und meine Brüder und ein paar andere Knirpse zusammengekauert auf einem Bretterstapel saßen, der jahrelang daheim auf dem Hof lag. Der Wortführer schlug mit einem hölzernen Kochlöffel auf die Bretter, und wir andern saßen andächtig im Kreis um ihn herum und berieten, wer von uns eine Armenunterstützung bekommen und wie hoch der oder jener besteuert werden sollte. Wir saßen da, die Daumen in die Armlöcher der Westen gesteckt, und sprachen mit dumpfen Stimmen, als ob wir Brei im Munde hätten, und redeten uns nie anders als Bürgermeister, Küster, Kirchenvorsteher und Schöffe an.«

Gabriel hielt inne und rieb sich die Stirn, als gälte es, nun endlich mit dem, was er sagen wollte, herauszukommen. Gertrud hatte aufgehört, Blumen zu pflücken. Den Kopf ein wenig zurückgeneigt, saß sie auf der Erde und sah Gabriel an, als erwarte sie, etwas ganz Neues und Merkwürdiges zu hören.

»Und so ist es möglich«, sagte Gabriel, »daß es, gleichwie es für Kinder gut ist, wenn sie in ihrem Spiel Erwachsene vorstellen wollen, auch für die Großen gut sein kann, wenn sie sich bisweilen in Kinder verwandeln. Wenn ich diese alten Männer, die gewohnt sind, um diese Jahreszeit im wilden Wald zu arbeiten und sich mit Baumfällen und Holzfahren abzuschinden, hier mit einer solchen Kinderarbeit wie Blumenpflücken beschäftigt sehe, dann ist es mir, als seien wir wirklich auf dem Weg, dem Wort Jesu zu folgen, nämlich umzukehren und wieder zu werden wie die Kinder.«

Gabriel sah, daß es in Gertruds Augen aufleuchtete; sie verstand jetzt, was er sagen wollte.

»Es ist mir auch, als seien wir, seit wir hier wohnen, wieder zu Kindern geworden«, sagte sie.

»Ja«, erwiderte Gabriel, »darin wenigstens sind wir wie Kinder gewesen, daß wir uns in allem möglichen erziehen lassen mußten. Wir haben gelernt, Gabel und Löffel ordentlich zu halten und Gerichte gern zu essen, die wir noch nie gekostet hatten. Und es war doch auch recht kindlich, daß wir im Anfang, wenn wir ausgingen, Führer haben mußten, damit wir uns nicht verliefen, und vor gewissen Menschen gewarnt wurden, weil sie gefährlich seien, und vor bestimmten Plätzen, weil es nicht erlaubt sei, sie zu betreten.«

»Ja, wir aus Schweden waren wie richtige kleine Kinder, denn wir mußten ja zuerst sogar sprechen lernen«, sagte Gertrud. »Wir mußten fragen, wie ein Tisch und Stuhl, ein Bett und Schrank heißt.«

Die beiden strengten sich nun eifrig an, weitere Ähnlichkeiten herauszufinden. Gabriel war überglücklich, etwas gefunden zu haben, was Gertrud so interessierte, daß sie ihre sonstige Lustlosigkeit ablegte und sich lebhaft und vergnügt unterhielt wie früher.

»Ich habe nun die Namen der Pflanzen und Bäume hier gelernt, genauso wie Mutter sie mich gelehrt hatte, als ich klein war«, sagte Gabriel. »Nun kann ich Pfirsiche von Aprikosen sowie den knotigen Feigenbaum von dem knorrigen Olivenbaum unterscheiden. Auch habe ich gelernt, den Türken an seiner kurzen Jacke, den Beduinen an seinem gestreiften Mantel, den Derwisch an seinem Fes und den Juden an seinen kleinen Korkenzieherlocken am Ohr zu erkennen.«

»Ja«, sagte Gertrud, »so haben wir auch als Kinder gelernt, die Bauern von Floda und die von Gagnef an ihren verschiedenen Röcken und Hüten zu unterscheiden.«

»Das Allerkindlichste ist aber doch, daß wir andere für uns sorgen lassen«, sagte Gabriel, »und daß wir kein eigenes Geld haben, sondern jeden Groschen von andern erbitten müssen. Sooft mir ein Obsthändler eine Apfelsine oder eine Weintraube anbietet, muß ich daran denken, wie es mir als Kind zumute war, wenn ich auf dem Jahrmarkt an einer Bude mit Zuckerwaren vorübergehen mußte, weil ich keinen Heller in der Tasche hatte.«

»Ich bin überzeugt, daß wir vollständig umgewandelt sind«, sagte Gertrud. »Wenn wir jetzt nach Schweden zurückkämen, würden uns die Leute zu Hause nicht wiedererkennen.«

»Wir müssen uns ja wohl wieder wie Kinder vorkommen, wenn wir einen Kartoffelacker umgraben, nicht größer als eine Scheunentenne, und ihn dann mit einem Pflug umpflügen, der aus einem Zweig gemacht ist, und wenn wir so einen kleinen Esel als Pferd haben und keine richtige Arbeit leisten, sondern uns nur mit allerlei Nebenarbeiten befassen sollen.«

»Ja, es war wohl immer so, daß Christus hauptsächlich an die Gesinnung dachte, als er diese Worte aussprach«, meinte Gertrud.

»Aber auch unsere Gesinnung hat sich gewandelt«, fiel Gabriel ein, »das ist ganz sicher. Ist es dir nicht aufgefallen, daß wir, wenn wir jetzt einen schweren Kummer haben, uns nicht tage- und wochenlang damit plagen, sondern ihn in ein paar Stunden vergessen haben?«

Gerade als Gabriel das gesagt hatte, rief man den beiden zu, sie sollten kommen und frühstücken. Gabriel wurde ganz ärgerlich darüber; er hätte den ganzen Tag so neben Gertrud her gehen und sich mit ihr unterhalten können, ohne hungrig zu werden.

Jedenfalls fühlte er an diesem Tag solche Ruhe und Befriedigung, daß er dachte:

»Die Kolonisten haben sicherlich recht; die Menschen brauchen nur, so wie wir jetzt, in Frieden und Einigkeit zu leben, um ganz glücklich zu sein. Ich bin jetzt vollkommen zufrieden, daß alles so ist, wie es ist. So lieb ich Gertrud habe, verlange ich sie mir doch nicht zur Frau. Ich empfinde nicht mehr die quälende Liebessehnsucht, von der die Menschen draußen in der Welt so gepeinigt werden, sondern bin ganz zufrieden, wenn ich sie nur jeden Tag ein wenig sehen, ihr dienen und sie beschützen darf.«

Er hätte Gertrud gern gesagt, daß er sich auch darum als Kind fühle, aber er war zu schüchtern, er konnte nicht die rechten Worte finden.

Auf dem ganzen Heimweg grübelte Gabriel darüber nach. Er hielt es für notwendig, Gertrud mitzuteilen, wie verändert er sei, damit sie sich in seiner Gesellschaft sicher fühlen und ihn ganz als Bruder betrachten konnte.

Als die Sonne unterging, waren die Kolonisten wieder daheim. Gabriel setzte sich unter eine alte Sykomore neben der Haustür, denn er wollte so lange als möglich im Freien bleiben. Als alle andern ins Haus gegangen waren, trat Gertrud zu ihm und fragte ihn, ob er nicht auch hineingehen wolle.

»Ich sitze hier und denke noch immer an das, worüber wir heute gesprochen haben«, sagte Gabriel, »und ich überlege, wie es wohl sein würde, wenn Christus auf diesem Wege daherkäme – was wohl einst oft der Fall war, solange er noch hier wandelte –, sich unter diesem Baum niederließe und zu mir sagte: Wenn ihr nicht umkehret und werdet wie die Kinder, könnt ihr nicht in das Reich Gottes gelangen.«

Gabriel sprach mit einem träumerischen Klang in der Stimme, als ob er laut dächte. Gertrud stand still neben ihm und hörte ihm zu. Sie dachte daran, wie gern die Leute seinem Vater zugehört hatten, und verstand, daß Gabriel seine Gabe geerbt hatte, Worte zu gebrauchen, die nicht aus ihm selbst zu kommen schienen, sondern ihm von außen eingegeben wurden.

»Dann würde ich ihm antworten und sagen: ›Meister, wir helfen und stehen einander bei, ohne Lohn zu begehren, gerade wie die Kinder zu tun pflegen, und wenn wir uns streiten, entsteht kein lebenslanger Haß daraus, sondern wir versöhnen uns wieder, ehe die Sonne untergegangen ist. Siehst du nicht, Meister, daß wir ganz wie Kinder sind?‹«

»Was glaubst du, daß Christus dir antworten würde?« fragte Gertrud mit sanfter Stimme.

»Er antwortet mir gar nicht«, sagte Gabriel. »Er sitzt ganz still und sagt noch einmal: Ihr müsset sein wie die Kinder, wenn ihr in das Reich Gottes eingehen wollt. Und ich sage zu ihm ungefähr wie zuvor: Meister, wir lieben alle Menschen, gerade wie Kinder zu tun pflegen. Wir machen keinen Unterschied zwischen Juden und Armeniern, zwischen Beduinen und Türken, zwischen weiß und schwarz. Wir lieben gelehrt und ungelehrt, hoch und nieder, und wir teilen unsere Habe mit Christen und Mohammedanern. Sind wir damit nicht wie die Kinder, o Meister, und können in dein Reich eingehen?«

»Was antwortet Christus darauf?« fragte Gertrud noch einmal.

»Er antwortet nichts«, sagte Gabriel. »Er bleibt unter dem Baum sitzen und sagt leise: Wenn ihr nicht werdet wie die Kinder, könnt ihr nicht in mein Reich eingehen. Und dann verstehe ich, was er meint, und ich sage zu ihm: Meister, auch darin bin ich wie ein Kind geworden, daß ich keine solche Liebe mehr fühle wie in früheren Tagen, sondern meine Geliebte ist mir nun wie ein Spielkamerad und eine liebe Schwester, mit der ich hinauswandere ins Grüne und Blumen pflücke, Meister, bin ich da nicht ...«

Auf einmal verstummte Gabriel, denn in dem Augenblick, da er diese Worte aussprach, fühlte er, daß er log. Es war ihm, als habe Christus wirklich vor ihm gestanden und ihm auf den Grund der Seele geschaut. Und Gabriel meinte, Jesus müsse gesehen haben, wie die Liebe in ihm aufstieg und ihn wie ein Raubtier packte, weil er sie vor sich selbst und vor der Geliebten verleugnen wollte.

Und in heftiger Erregung verbarg Gabriel das Gesicht in den Händen und stieß die Worte hervor: »Nein, Meister, ich bin nicht wie ein Kind, und ich kann nicht in dein Reich eingehen. Vielleicht daß die andern es können, aber ich kann das Feuer in meiner Seele und das Leben in meinem Herzen nicht auslöschen. Denn ich liebe und brenne, wie kein Kind brennen kann. Aber wenn es dein Wille ist, Meister, soll mich dieses Feuer bis an das Ende meines Lebens verzehren, ohne daß ich mein Verlangen zu stillen suche.«

Noch lange saß Gabriel da und weinte, überwältigt von der neuen großen Liebe, die aus ihrem Versteck hervorgebrochen war. Als er wieder aufsah, hatte Gertrud ihn verlassen. Sie war so lautlos verschwunden, daß er sie nicht hatte fortgehen hören.

In den Tagen der Armut

Als Ingmar noch einige Monate in Jerusalem zugebracht hatte und der April zu Ende ging, blieb er eines Tages beim Jaffator stehen. Es war ungewöhnlich schönes Wetter, viele Leute waren unterwegs, und Ingmar betrachtete vergnügt den Menschenstrom, der durch das Tor ein und aus ging.

Aber er hatte noch nicht lange dagestanden, als er ganz vergaß, wo er sich befand. Seine Gedanken wandten sich einer Frage zu, die ihn unaufhörlich beschäftigte. »Wenn ich nur wüßte, wie ich Gertrud dazu bringen könnte, die Kolonie zu verlassen«, dachte er, »aber es sieht ganz unmöglich aus.«

Ingmar war sich vollkommen klar darüber, daß er Gertrud nicht in Jerusalem zurücklassen durfte, sondern daß er sie mit nach Hause nehmen mußte, wenn er jemals wieder Frieden finden sollte. »Ach, wenn ich sie wieder daheim in dem alten Schulhaus hätte!« dachte er. »Wenn ich sie aus diesem entsetzlichen Land weg hätte, wo es so viele grausame Menschen gibt und so viele gefährliche Krankheiten und so viele sonderbare Ideen und Schwärmereien! Gertrud nach Dalarne zurückzubringen, das ist jetzt wirklich das einzige, woran ich denken muß. Ich darf mich gar nicht dabei aufhalten, ob ich sie liebhabe oder ob sie mich liebhat, ich muß bloß versuchen, sie ihren alten Eltern wieder zuzuführen.

Es steht wirklich jetzt nicht so gut in der Kolonie wie bei meiner Ankunft«, dachte Ingmar weiter. »Harte Zeiten sind eingekehrt, und es könnte sein, daß ich Gertrud schon allein darum fortbringen muß. Ich weiß gar nicht, warum die Kolonisten auf einmal so arm geworden sind; sie scheinen vollständig ohne Geld zu sein. Niemand wagt sich einen neuen Rock oder ein Kleid anzuschaffen, niemand getraut sich beim Obsthändler eine Apfelsine zu kaufen, ja, ich glaube, sie wagen es kaum noch, sich bei den Mahlzeiten richtig satt zu essen.«

In der letzten Zeit glaubte Ingmar zu bemerken, daß Gertrud eine Neigung zu Gabriel gefaßt habe, und er bildete sich ein, sie würde ihn vielleicht mit der Zeit heiraten, wenn sie nur glücklich daheim wären. Ingmar sah ein, daß das das allergrößte Glück wäre, was er erwarten konnte. »Ich weiß ja wohl, daß ich Barbro nie wiederbekommen kann«, dachte er, »aber ich würde zufrieden sein, wenn ich keine andere heiraten müßte und einsam durchs Leben gehen dürfte.« Aber er schob diese Gedanken immer sehr schnell von sich. Er ging sehr streng mit sich selbst ins Gericht. »Du sollst weder an dies noch an jenes denken, und du sollst dir nichts einbilden; du hast nichts weiter zu tun, als zu überlegen, wie du Gertrud nach Hause bringen kannst.«

Während Ingmar so in seine Gedanken versunken dastand, sah er einen der Gordonisten aus dem amerikanischen Konsulat herauskommen, und zwar in Gesellschaft des Konsuls. Ingmar kam das merkwürdig vor, denn er wußte nun ziemlich gut Bescheid über alles, was die Kolonisten anging, und es war ihm deshalb auch bekannt, daß der Konsul beständig versuchte, ihnen auf jede Weise zu schaden. Es herrschte große Feindschaft zwischen ihm und allen, die zu der Kolonie gehörten.

Der Mann, der den Konsul besucht hatte, war ein Russe, namens Godokin, der mehrere Jahre in Amerika gelebt und sich dort den Gordonisten angeschlossen hatte. Als die beiden auf die Straße hinauskamen, verabschiedete sich der Konsul von ihm.

»Du willst es also morgen versuchen?« fragte der Konsul.

»Ja«, antwortete der Mann, »ich muß sehen, die Sache ins reine zu bringen, solange Mrs. Gordon abwesend ist.«

»Nur Mut«, sagte der Konsul, »ich werde dir den Rükken decken, wie es auch immer geht.«

In diesem Augenblick gewahrte der Konsul Ingmar. »Ist das nicht einer von den Eurigen?« fragte er mit gedämpfter Stimme.

Godokin sah sich erschreckt um, beruhigte sich aber, als er Ingmar erkannte. »Ach richtig, ja, das ist der Mann, der den ganzen Tag im Schlaf zu wandeln scheint«, sagte er, ohne sich auch nur zu bemühen, leiser zu sprechen. »Er ist noch nicht lange hier, und ich glaube nicht, daß er Englisch versteht.«

Dadurch wurde der Konsul beruhigt, und als er sich von Godokin trennte, sagte er: »Also, mach deine Sache gut! Ich hoffe, daß wir damit die ganze Bande endlich loswerden.«

»Ja«, erwiderte Godokin, aber er sah jetzt nicht mehr so sicher aus. Er schaute dem Konsul einen Augenblick nach, und da meinte Ingmar zu sehen, daß er zitterte, auch war sein Gesicht aschgrau. Schließlich entfernte er sich. Ingmar rührte sich nicht vom Fleck. Aber was er eben vernommen hatte, erweckte doch allerlei unruhige Gedanken in ihm.

»Ja, er hat ganz recht, ich verstehe allerdings nicht besonders gut Englisch«, sagte Ingmar, »aber so viel habe ich doch verstanden, daß er jetzt irgendeine Schlechtigkeit in der Kolonie vorhat, während Mrs. Gordon in Jaffa ist. Ich möchte wohl wissen, was er im Sinn hat. Der Konsul sah so vergnügt aus, als ob er bereits die ganze Kolonie zu Fall gebracht hätte.«

»Dieser Mensch da ist sicher schon lange mit den Einrichtungen in der Kolonie unzufrieden«, dachte Ingmar weiter. »Soviel ich gehört habe, soll er im Anfang der Eifrigste gewesen sein, aber in der letzten Zeit hat sich dieser Eifer wohl abgekühlt. Ja, wer weiß, ob er nicht ein Mädchen in der Kolonie liebhat, das er auf keine andere Weise herausbringen kann, und nun denkt er wahrscheinlich, die Kolonie könnte nicht bestehen, weil die Armut eingekehrt ist, und so wäre es gut, wenn sie aufgelöst würde, je eher, je lieber. Ja, wenn ich es genau überlege, glaube ich sicher, daß es die Armut ist, die ihn so mißvergnügt macht. Schon lange schleicht er herum und hetzt die andern auf. Einmal hörte ich selbst, wie er Bemerkungen über Miß Young machte, daß sie feiner gekleidet sei als die andern jungen Mädchen, und ein andermal behauptete er, an Mrs. Gordons Tisch würden bessere Speisen aufgetragen als an den andren.

Was soll ich bloß tun?« dachte Ingmar, während er auf die Straße hinaustrat. »Er ist sicher gefährlich. Ich muß so schnell wie möglich heimgehen und erzählen, was ich gehört habe.«

Aber im nächsten Augenblick stand Ingmar schon wieder auf seinem vorigen Platz neben dem Tor. »Du, Ingmar, du solltest gewiß der letzte sein, der den Kolonisten dergleichen mitteilt«, sagte er zu sich selbst. »Laß du diesen Mann nur weitermachen, dann bekommst du selbst leichte Arbeit. Hast du nicht eben darüber nachgegrübelt, wie du Gertrud dazu bringen könntest, sich von der Kolonie zu trennen? Nun geht es von selbst. Der Konsul und dieser Godokin waren ja fest überzeugt, daß es in kurzem keine Gordonisten mehr in Jerusalem geben werde.«

»Ja, wenn doch nur die Kolonie wirklich aufgelöst werden würde!« dachte Ingmar, »dann käme Gertrud wahrscheinlich von Herzen gern mit nach Schweden zurück.«

Bei dem Gedanken an eine baldige Heimreise fühlte Ingmar so recht, wie sehr er sich nach Hause sehnte. »Das muß ich sagen, wenn ich daran denke, daß ich jetzt im

April von Rechts wegen meinen Acker pflügen müßte, dann zuckt es mir in den Gliedern, und es kribbelt mir ordentlich in den Fingern vor lauter Lust, die Zügel in der Hand zu halten. Ich kann kaum verstehen, wie die Schweden es hier ohne Arbeit im Wald und auf den Feldern aushalten können. Und ich glaube auch, daß ein Mann wie Tims Halvor heute noch leben würde, wenn er einen Kohlenmeiler zu versorgen oder ein Feld zu pflügen gehabt hätte.«

Ingmar konnte sich vor lauter Eifer und Sehnsucht kaum ruhig halten. Er ging durch das Tor hinaus und den Weg entlang, der quer durch das Tal Hinnom führt. Ein Mal ums andre und mit immer größerer Bestimmtheit kehrte der Gedanke zurück, daß Gertrud Gabriel heiraten würde, wenn sie nur daheim in Schweden wären, und daß er, Ingmar, dann für immer allein bleiben dürfte. »Möglicherweise kehrt auch Karin mit heim und willigt ein, Hausmutter auf dem Ingmarshof zu werden«, dachte er. »Das wäre am allerbesten, und dann könnte ihr Sohn einmal den Ingmarshof erben.

Und wenn Barbro auch in das Heimatdorf ihres Vaters zieht, ist sie doch nicht so weit weg, daß ich sie nicht ab und zu sehen kann«, fuhr er in seinen Plänen fort. »Wenn ich will, kann ich jeden Sonntag zu ihrer Kirche fahren, und bisweilen treffen wir uns wohl auch bei einer Hochzeit oder bei einem Begräbnis. Und bei einer Gesellschaft kann ich mich auch neben sie setzen und mich mit ihr unterhalten. Wir sind ja keine Feinde, obgleich wir uns trennen mußten.«

Einmal fragte sich Ingmar auch, ob es unrecht sei, sich über die mögliche Auflösung der Kolonie zu freuen. Aber er verteidigte sich eifrig vor sich selbst. »Man braucht zwar nicht lange hier unter den Kolonisten zu leben, um zu sehen, daß es ganz ausgezeichnete Leute sind«, dachte er, »und doch kann niemand wünschen, daß es so weitergeht. Wenn man bedenkt, wie viele von ihnen schon gestorben sind und wie viele Verfolgungen sie ausgestanden haben;

und nun diese bittre Armut, die über sie hereingebrochen ist! Ja, und da diese Armut nun einmal da ist, kann man gewiß nichts anderes wünschen, als daß die Kolonie so bald wie möglich aufgelöst wird.«

Mit diesen Gedanken war Ingmar immer weiter gegangen. Er hatte das Tal Hinnom hinter sich gelassen und war auf dem Weg nach dem »Berg des bösen Rats« weitergegangen. Hier waren überall neue palastähnliche Gebäude neben höchst altertümlichen Ruinen. Ingmar war zwischen ihnen hingegangen, ohne daran zu denken, wohin er geraten war; bald blieb er stehen, bald ging er weiter, wie man tut, wenn man in tiefe Gedanken versunken ist.

Schließlich hatte er unter einem Baum haltgemacht und auch schon eine ganze Weile da gestanden, ehe er den Baum selbst betrachtete. Dieser war sehr hoch und von den andern Bäumen insofern ganz verschieden, als er nur auf der einen Seite des Stammes Zweige hatte. Aber keiner der Zweige wuchs nach oben, sondern alle miteinander bildeten eine dichte, struppige Masse, die in gerader Richtung nach Osten deutete.

Als Ingmar schließlich den Baum erkannte, fuhr er erschrocken zusammen. »Das ist doch der Judasbaum«, dachte er, »an dem hat sich der Verräter erhängt. Wie merkwürdig, daß ich hierher geraten bin!«

Aber er ging nicht weiter, sondern betrachtete nur immer den Baum.

»Nun möchte ich wohl wissen, ob Gott mich hierhergeführt hat, weil er meint, ich handle wie ein Verräter an der Kolonie!«

Wieder stand er eine Weile still da. »Sollte es vielleicht doch Gottes Wille sein, daß es diese Kolonie gibt und daß sie Bestand haben soll?«

Ingmar fühlte sich in seinem Denken gelähmt, und die Gedanken, mit denen er sich abmühte, waren schmerzlich und bitter.

»Du magst dich verteidigen, wie du willst, es ist doch unrecht, daß du die Kolonisten nicht warnst, da du doch weißt, daß Pläne gegen sie geschmiedet werden«, sagte er zu sich selbst.

»Es sieht aus, als glaubst du, Gott habe nicht gewußt, was er wollte, als er deine nächsten Anverwandten in dieses fremde Land führte. Aber wenn du auch seine Absicht nicht erraten kannst, so begreifst du doch wohl, daß nach seinem Willen all das nicht nur ein paar kurze Jahre Bestand haben soll.

Vielleicht sah Gott auf Jerusalem herab und auf all die Streitigkeiten, die sich in der Stadt erhoben, und da dachte er: ›Sehet, selbst hier will ich eine Freistatt schaffen, wo Einigkeit wohnen soll, und eine Stätte für Eintracht und Frieden will ich hier errichten!‹«

Noch immer stand Ingmar unbeweglich und ließ seine Gedanken miteinander kämpfen. Sie standen sich wie Streiter gegenüber und drangen heftig aufeinander ein.

Die vor kurzem gefaßte Hoffnung, bald heimreisen zu dürfen, hatte sich in seinem Herzen fest eingewurzelt, und er kämpfte zäh darum, sie behalten zu dürfen. Die Sonne sank, rasch brach die Dunkelheit herein, aber noch immer stand Ingmar im Abenddunkel da und kämpfte.

Es wurde ihm immer klarer, daß Gott hier im Osten ein großes Werk vorbereitete. »Bald wird der Tag kommen, an dem diese Länder frei sein werden von ihren Unterdrükkern«, dachte Ingmar, »und damit dieser Tag zum Segen und nicht zum Schaden gereicht, hat Gott Menschen hierhergerufen und überall im Land verteilt, die alle andern unterweisen und auf die Zeit der kommenden Wiederaufrichtung vorbereiten sollen.«

Endlich faltete er die Hände und betete: »Nun bitte ich dich, lieber Gott, daß du mir hilfst, deine Wege zu gehen«, sagte er. »Ich will mich dir nicht widersetzen, wenn du die Leute aus meinem Kirchspiel in diesem Land brauchst.«

Kaum hatte er das gesagt, als es ihm wunderbar friedvoll zumute wurde. Gleichzeitig schwand aber auch jeder Eigenwille aus seinem Herzen, und er fing an, einem Willen zu folgen, der nicht sein eigener, sondern der eines andern war. Er empfand das so deutlich, wie wenn ihn jemand an der Hand genommen hätte, um ihn zu leiten. »Gott ist es, der mich führt«, dachte er.

Er stieg vom »Berg des bösen Rats« hinab, wanderte durch das Tal Hinnom zurück und an Jerusalem vorüber. Die ganze Zeit war es seine Absicht, sich in die Kolonie zu begeben und den Obern dort mitzuteilen, was er entdeckt hatte. Aber als er an die Stelle kam, wo die Straße nach Jaffa abzweigt, hörte er plötzlich Pferdegetrappel hinter sich. Er wandte sich um. Ein Dragoman, der wiederholt in der Kolonie gewesen war, kam mit zwei Pferden daher; auf dem einen saß er, und das andre führte er am Zügel.

»Wohin reitest du?« fragte Ingmar und hielt ihn an.

»Nach Jaffa«, antwortete der Mann.

»Nach Jaffa möchte ich auch«, sagte Ingmar schnell. Es fiel ihm ein, daß er diese Gelegenheit benützen sollte, um geradewegs zu Mrs. Gordon zu eilen, anstatt vorher in die Kolonie zurückzugehen.

Die beiden kamen schnell überein, daß Ingmar auf dem ledigen Pferd nach Jaffa reiten solle. Es war ein gutes Tier, und Ingmar beglückwünschte sich zu seinem guten Einfall. »Die sieben Meilen nach Jaffa werde ich wohl in dieser Nacht noch zurücklegen können«, dachte er, »und dann kann Mrs. Gordon morgen nachmittag daheim sein.« Aber als Ingmar eine Stunde geritten war, merkte er, daß sein Pferd lahmte. Er stieg ab und sah, daß es ein Hufeisen verloren hatte. »Was sollen wir nun tun?« fragte Ingmar den Dragoman, der neben ihm ritt.

»Ja, da bleibt mir nichts andres übrig, als wieder nach Jerusalem zurückzukehren und das Pferd frisch beschlagen zu lassen.«

Da stand nun Ingmar allein mitten auf der Straße und wußte nicht recht, was er tun sollte. Doch entschloß er sich rasch, den Weg nach Jaffa zu Fuß fortzusetzen. Er wußte zwar nicht, ob das das Klügste war, was er tun konnte, aber jene Macht, die über ihm war, trieb ihn vorwärts. Er hatte keine Ruhe, er konnte nicht umkehren.

Mit langen Schritten wanderte Ingmar also gen Jaffa, und er kam tüchtig vorwärts. Aber nach einer Weile wurde er doch unruhig. »Wenn ich nur erfahren könnte, wo Mrs. Gordon in Jaffa wohnt. Hätte ich noch den Dragoman bei mir, so wäre das etwas anderes, nun aber muß ich wohl von Haus zu Haus gehen und nach ihr fragen.« Aber obgleich er die Berechtigung dieser Unruhe einsah, wanderte er doch weiter.

Es war eine gute breite Landstraße, auf der er dahinschritt, und er hätte sich auf ihr zurechtfinden können, auch wenn die Nacht finster gewesen wäre. Aber gegen acht Uhr ging der Mond auf, und in seinem hellen Schein wurden alle Anhöhen, zwischen denen sich der Weg hinzieht, ringsumher sichtbar.

Über diese Hügel zog sich die Straße hin, bergauf, bergab. Sobald Ingmar eine Anhöhe überwunden hatte, stand eine neue da und wartete auf ihn. Dann und wann fühlte er sich sehr müde, aber jene fremde Macht trieb ihn weiter, er nahm sich keine Zeit, anzuhalten oder auch nur eine einzige Minute auszuruhen.

Eine Stunde nach der andern ging es auf diese Weise vorwärts. Er wußte nicht, wie lange er schon gegangen war, aber noch immer befand er sich zwischen den Bergen. Sobald er die Spitze eines Hügels erreicht hatte, dachte er, nun sei er doch wohl soweit, daß er die Ebene Saron und das Meer, das sich dahinter ausbreitet, sehen könne. Aber er sah nichts als Hügelketten, die sich vor ihm auftürmten.

Ingmar zog seine Uhr heraus. Der Mondschein war so hell, daß er das Zifferblatt und die Zeiger ganz leicht unterscheiden konnte. Es war schon gegen elf Uhr. »Ach, ist es schon so spät?« dachte er. »Und ich bin noch immer auf dem Gebirge Juda!«

Eine immer größere Sehnsucht ergriff ihn; er konnte nicht mehr gehen, er mußte laufen. Er keuchte, das Blut hämmerte ihm in den Schläfen, und sein Herz klopfte heftig. »Ich richte mich zugrunde«, sagte er, »so kann ich nicht fortmachen.« Aber trotzdem rannte er weiter.

In größter Eile ging es nun einen langen Abhang hinunter. Der Weg lag glatt und eben im Mondschein da, und Ingmar dachte an keine Gefahr. Aber drunten im Tal geriet er plötzlich in dunkle Schatten. Er sah den Weg nicht mehr so deutlich, lief aber immer gleich schnell. Dann stolperte er über einen Stein und fiel zu Boden.

Rasch war er wieder auf den Beinen, merkte jedoch gleich, daß er sein Knie verletzt hatte, so daß er nur mühsam gehen konnte. Da setzte er sich am Wegrand nieder. »Es wird wohl bald vorübergehen«, dachte er, »ich muß nur ein wenig ausruhen.«

Aber es war ihm beinahe unmöglich, stillzusitzen, kaum nahm er sich Zeit, ordentlich Atem zu schöpfen.

»Ich merke wohl, daß ich mich nicht in der Gewalt habe«, sagte er. »Es ist gerade, als treibe und schleppe mich jemand nach Jaffa.«

Er stand wieder auf, ohne sich um sein Knie zu kümmern, das heftig schmerzte, und wanderte weiter. Aber nach einer Weile versagte das Bein ganz, und Ingmar blieb auf der Straße liegen.

»Nun ist es aus mit mir«, sagte er, als er niedersank, und redete damit die Macht an, die ihn vorwärts trieb. »Nun mußt du in Gottes Namen etwas ausfindig machen, um mir zu helfen.«

Kaum hatte Ingmar das gesagt, als er in der Ferne das Rollen von Rädern vernahm. Es näherte sich mit unwahrscheinlicher Geschwindigkeit. Noch eben hatte er es in der Ferne vernommen, da war es auch schon ganz nahe, und er erkannte an dem Geräusch, daß die Pferde in wildem Galopp über die Hügel dahergesaust kamen. Vor allem vernahm man das unaufhörliche Knallen einer Peitsche und die Rufe, mit denen der Kutscher die Pferde antrieb.

Rasch stand Ingmar von der Straße auf und setzte sich an den Wegrand, um nicht überfahren zu werden.

Endlich kam das Gefährt den langen Abhang herunter, den Ingmar vorhin herabgelaufen war, und er konnte nun gut sehen, wer kam. Es war ein gewöhnlicher, einfacher, grünangestrichener Karren, wie sie in Westdalarne im Gebrauch sind. »Ach so«, dachte Ingmar sogleich, »das geht wohl nicht mit rechten Dingen zu; solche Karren gibt es hier in Palästina nicht.« Und der Kutscher kam ihm noch sonderbarer vor. Er war auch von daheim und sah wie ein richtiger Dalekarlier aus mit seinem kleinen schwarzen Hut und dem ringsherum gleichmäßig abgeschnittenen Haar. Und zu allem hatte er den Rock abgeworfen und fuhr in einer grünen Tuchweste mit roten Ärmeln. Dieses Kleidungsstück war aus Dalarne, da gab es keinen Zweifel. Das Pferd war auch sonderbar. Es war ein prächtiges, großes, starkes Tier von kohlschwarzer Farbe und so blank und wohl gepflegt, daß es förmlich glänzte. Der Mann im Wagen saß nicht, sondern stand über das Pferd gebeugt und schlug mit der Peitsche auf seinen Kopf ein, um es anzutreiben. Aber das Pferd schien die Schläge nicht zu fühlen, auch war es gar nicht ermüdet von der furchtbaren Eile, sondern jagte dahin, als sei es ein Spiel.

Als der Mann in dem Karren Ingmar erreicht hatte, hielt er mit einem Ruck das Pferd an. »Du kannst mit mir fahren, wenn du willst«, sagte er.

Aber sosehr Ingmar auch daran lag, weiterzukommen, hatte er doch keine rechte Lust, diesem Anerbieten Folge zu leisten, und zwar nicht allein, weil er wußte, daß alles das Spuk und Hexerei war, sondern weil der Mann ein sehr unangenehmes Gesicht hatte, ganz mit Narben bedeckt, als sei er oft bei Schlägereien gewesen; über dem einen Auge hatte er außerdem eine frische Stichwunde.

»Ich fahre allerdings schneller, als du es gewohnt bist«, sagte der Mann, »aber ich glaubte, du hast Eile.«

»Hast du ein sicheres Pferd?« fragte Ingmar.

»Es ist zwar blind, aber es ist sicher genug.«

Da begann Ingmar am ganzen Leibe zu zittern. Der Mann beugte sich aus dem Wagen und sah ihm ins Gesicht.

»Komm du nur unbesorgt mit«, sagte er, »du wirst schon verstehen, wer mich schickt.« Als er das gesagt hatte, war es Ingmar, als kehre sein ganzer Mut zurück. Er stieg in den Karren, und in wahnsinniger Fahrt ging es hinunter in die Ebene Saron.

Mrs. Gordon war nach Jaffa gereist, um eine Freundin zu pflegen, die plötzlich erkrankt war. Es war die Frau eines Missionars, der den Kolonisten immer freundlich gesinnt gewesen war und ihnen mancherlei Hilfe hatte zuteil werden lassen.

Es war in der Nacht, in der Ingmar Ingmarsson sich auf dem Weg nach Jaffa befand. Mrs. Gordon hatte bis nach Mitternacht bei der Kranken gewacht und war eben abgelöst worden. Als sie aus dem Krankenzimmer kam, sah sie, daß die Nacht hell und klar war, mit so wunderschönem, silberhellem Mondschein, wie man ihn nur an der Meeresküste zu sehen bekommt. Sie trat auf einen Altan und schaute über die großen Orangenhaine hin, über die alte, an den schroffen Felsen hinaufgebaute Stadt und über das endlose, glitzernde Meer.

Mrs. Gordon befand sich nicht in der Stadt selbst, sondern in der deutschen Kolonie, die auf einer kleinen Anhöhe vor der Stadt lag. Gerade unter dem Altan und mitten durch die Kolonie zog sich die breite Landstraße hin. In dem weißen Mondschein konnte Mrs. Gordon diese eine ganze Strecke weit zwischen Häusern und Gärten verfolgen.

Und da sah Mrs. Gordon einen Mann, der zögernd, gleichsam unschlüssig näher kam. Es war ein großer Mann, und der Mondschein ließ ihn noch größer erscheinen, als er in Wirklichkeit war, so daß er ihr wie ein richtiger Riese vorkam. Sooft er ein Haus erreicht hatte, blieb er stehen und betrachtete es sehr genau. Ein unerklärliches Gefühl brachte Mrs. Gordon auf den Gedanken, daß etwas Geisterhaftes und Unheimliches an dem Manne sei, als ob es ein Gespenst wäre, das ein Haus suchte, wo es eindringen könnte, um die armen Bewohner zu Tode zu erschrecken.

Schließlich hatte der Mann das Haus erreicht, auf dessen Altan Mrs. Gordon stand. Dieses betrachtete er länger als alle andern, ging rundherum, und Mrs. Gordon hörte, wie er an die Fensterläden klopfte und an der Haustüre rüttelte. Sie beugte sich weit über den Altan, um zu sehen, wie die Sache ablaufen würde, und dadurch wurde der Mann sie gewahr.

»Mrs. Gordon«, sagte er leise und vorsichtig, »ich möchte gern ein paar Worte mit Ihnen sprechen.«

Zugleich neigte er den Kopf zurück, um zu Mrs. Gordon hinaufzuschauen, und da erkannte sie Ingmar Ingmarsson.

»Mrs. Gordon«, sagte er, »vor allem möchte ich Ihnen mitteilen, daß ich ganz aus eigenem Antrieb hierhergekommen bin und daß keiner der Brüder etwas davon weiß.«

»Ist daheim ein Unglück geschehen?« fragte Mrs. Gordon.

»Nein, nicht gerade ein Unglück«, erwiderte Ingmar, »aber es wäre sehr gut, wenn Sie heimreisten.«

»Ja, ich werde morgen kommen«, sagte Mrs. Gordon.

Ingmar bedachte sich einen Augenblick, dann sagte er auf seine langsame Art: »Es wäre wohl am besten, wenn Sie heute nacht abreisten.«

Mrs. Gordon wurde ein wenig ungeduldig; sie dachte daran, wie umständlich es wäre, wenn sie das ganze Haus aufwecken müßte, und sie glaubte auch, der Bauer da sei nicht so wichtig, daß sie sich nach ihm richten müßte. »Wenn ich nur erfahren könnte, was eigentlich geschehen ist!« dachte sie und fragte dann Ingmar, ob jemand erkrankt oder ob der Kolonie vielleicht das Geld ausgegangen sei. Aber anstatt zu antworten, wandte sich Ingmar zum Gehen.

»Gehen Sie denn?« fragte Mrs. Gordon.

»Sie haben jetzt Nachricht bekommen, nun können Sie tun, was Sie wollen«, antwortete Ingmar, ohne sich umzuwenden.

Da verstand Mrs. Gordon, daß etwas Ernstes vorgefallen sein mußte und schnell faßte sie ihren Entschluß. »Wenn Sie eine Weile warten, können Sie mit mir fahren!« rief sie Ingmar nach.

»Ich danke Ihnen, aber ich habe eine bessere Fahrgelegenheit, als Sie mir bieten können.«

Mrs. Gordon bekam von dem Herrn des Hauses ausgezeichnete Pferde. Mit fliegender Eile fuhr sie über die Ebene Saron und dann zwischen den Hügeln dem Gebirge Juda entgegen.

Als es eben hell zu werden begann, ging es einen der langgestreckten Hügel hinauf, die vor dem alten Räubernest Abu Gosch liegen. Da war sie sehr unzufrieden mit sich selbst, daß sie sich so leicht zur Heimreise hatte verleiten lassen. Der Bauer da, der die Verhältnisse gar nicht kannte, war nicht zuverlässig genug, um sich nach ihnen zu richten. Immer wieder dachte sie, daß sie lieber nicht weiterfahren, sondern wieder umdrehen und nach Jaffa zurückkehren sollte.

Als sie die Höhe einer langen Hügelkette hinter sich hatte und wieder in ein Tal hinabfuhr, sah sie einen Mann am Weg sitzen. Er stützte den Kopf in die Hand und sah aus, als ob er schliefe. Aber als der Wagen vorbeifuhr, schaute er auf, und Mrs. Gordon sah, daß es Ingmar Ingmarsson war.

»Wie ist es möglich, daß er schon so weit gekommen ist?« dachte sie. Sie ließ den Wagen halten und rief Ingmar an, und als Ingmar ihre Stimme erkannte, wurde er über die Maßen froh. Rasch stand er auf und fragte sie: »Sind Sie auf dem Wege nach der Kolonie, Mrs. Gordon?«

»Ja«, antwortete sie.

»Das ist ausgezeichnet«, sagte Ingmar. »Sie müssen nämlich wissen, daß ich auf dem Wege war, Sie zu holen, aber da glitt ich aus und verletzte mir das Knie, und nun habe ich die ganze Nacht hier gesessen.«

Mrs. Gordon sah ganz bestürzt aus. »Sind Sie denn nicht heute nacht in Jaffa gewesen, Ingmar Ingmarsson?« sagte sie.

»Ach, nein«, erwiderte er. »Nicht in Wirklichkeit, wohl aber im Traum; denn sobald ich nur ein wenig einschlummerte, war es mir, als wanderte ich drunten in Jaffa straßauf, straßab, um Sie zu suchen.«

Mrs. Gordon wurde sehr nachdenklich; sie brachte kein Wort heraus, und Ingmar lächelte ein wenig verlegen, als sie immer noch schwieg.

»Dürfte ich wohl mit Ihnen fahren, Mrs. Gordon?« fragte er. »Ich kann nicht gut zu Fuß gehen.«

Im Nu war Mrs. Gordon aus dem Wagen und half Ingmar beim Einsteigen. Aber dann blieb sie auf der Straße unbeweglich stehen. »Es ist unmöglich zu verstehen«, sagte sie leise, und Ingmar mußte sie förmlich wieder aufwecken.

»Sie müssen es mir nicht übelnehmen«, sagte er, »aber es wäre recht gut, wenn Sie so schnell wie möglich heimführen.«

Sie stieg in den Wagen, versank aber sogleich wieder in ihre Grübeleien. Wieder mußte Ingmar sie stören. »Verzeihen Sie«, sagte er, »aber ich muß Ihnen etwas mitteilen. Sie haben wohl keine Nachricht von Godokin bekommen?«

»Nein«, sagte Mrs. Gordon.

»Ich hörte ihn gestern mit Ihrem Konsul sprechen; er hat heute, solange Sie abwesend sind, irgendeine Schlechtigkeit im Sinn.«

»Was sagen Sie da?« rief Mrs. Gordon.

»Er hat die Absicht, die ganze Kolonie zu verderben.«

Nun endlich hatte Mrs. Gordon ihre Gedanken beisammen. Sie wandte sich zu Ingmar und fragte ihn genau aus über das, was er gehört hatte.

Wieder saß sie eine Weile in tiefe Gedanken versunken da. Dann sagte sie plötzlich zu Ingmar:

»Es freut mich sehr, daß Sie die Kolonie schon so liebgewonnen haben, Ingmar Ingmarsson.« Ingmar errötete bis an die Haarwurzeln und fragte dann Mrs. Gordon, woher sie wissen könne, daß er ein Freund der Kolonie sei.

»Ich weiß es, weil Sie heute nacht in Jaffa waren und mich baten, nach Hause zu reisen.«

Und dann schilderte sie Ingmar, wie sie ihn in der Nacht gesehen und was er da zu ihr gesagt habe. Nachdem alles berichtet war, sagte Ingmar, das sei das Wunderbarste, was er je erlebt habe.

»Wenn nicht alles fehlschlägt, werden wir bis heute abend noch größere Dinge erleben«, sagte Mrs. Gordon, »denn nun weiß ich sicher, daß Gott uns helfen wird.«

Sie war nun ruhig und guten Muts und unterhielt sich mit Ingmar, als ob gar keine Gefahr drohte.

»Nun müssen Sie mir erzählen, ob sich während meiner Abwesenheit irgend etwas ereignet hat«, sagte sie.

Ingmar überlegte, und dann begann er sich zu entschuldigen, daß er nicht Englisch sprechen könne.

»Ach, ich verstehe Sie schon«, sagte Mrs. Gordon. »Sie sprechen beinahe so gut englisch wie die andern Schweden.«

»Es ging im ganzen alles seinen gewohnten Gang«, sagte er schließlich.

»Irgend etwas haben Sie doch gewiß zu berichten«, sagte Mrs. Gordon.

»Haben Sie schon einmal etwas von Baram Paschas Mühle gehört?« sagte Ingmar.

»Nein, was ist damit?« fragte Mrs. Gordon. »Ich habe nicht einmal gewußt, daß Baram Pascha eine Mühle besitzt.«

»Jawohl«, sagte Ingmar, »als Baram Pascha vor kurzem Gouverneur von Jerusalem wurde, scheint er gedacht zu haben, es sei für einen Menschen hier doch recht schwer, daß sie nur Handmühlen zum Mahlen hätten. Er ließ also in einem der großen Täler hier in der Nähe eine Mühle mit Dampfkraft bauen. Aber es ist kein Wunder, daß Sie nie von dieser Mühle gehört haben, denn sie ist beinahe nie im Betrieb gewesen. Baram Pascha hat nie die richtigen Leute gehabt, die mit ihr umgehen konnten, und so war stets etwas in Unordnung daran. Vor ein paar Tagen nun ließ Baram Pascha fragen, ob nicht einer der Gordonisten die Mühle in Gang setzen könne. Und da sind einige von uns hingegangen und haben sie wiederhergerichtet.«

»Das ist eine gute Nachricht«, sagte Mrs. Gordon, »ich freue mich, daß wir Baram Pascha eine Gefälligkeit erweisen konnten.«

»Baram Pascha war auch so erfreut, daß er den Kolonisten vorschlug, die Mühle dauernd zu betreuen. Er erbot sich, sie ihnen ohne Pacht zu überlassen. ›Ihr dürft den ganzen Verdienst für euch behalten‹ sagte er, ›wenn ihr nur dafür sorgt, daß sie in Tätigkeit bleibt.‹«

Mrs. Gordon sah Ingmar erwartungsvoll an, indem sie fragte: »Nun, und was antworteten sie darauf?«

»Die Antwort war nicht schwierig«, sagte Ingmar, »sie konnten ja nichts weiter sagen, als daß sie die Mühle gern betreiben würden, aber keinen Lohn für ihre Arbeit annehmen könnten.«

»Ja, das war vollständig richtig«, sagte Mrs. Gordon.

»Ich weiß nicht, ob es so ganz richtig war«, sagte Ingmar, »denn nun will ihnen Baram Pascha die Mühle nicht geben. Er sagt, er könne ihnen die Mühle nicht überlassen, wenn sie sich ihre Arbeit nicht bezahlen ließen. Er sagt, die Leute dürften hier nicht daran gewöhnt werden, daß sie alles umsonst bekommen könnten. Und er sagt auch, daß alle andern, die Mehl verkaufen oder Mühlen besitzen, sich über ihn beim Sultan beklagen würden.«

Mrs. Gordon schwieg.

»So ist also nichts aus der Mühle geworden«, sagte Ingmar. »Und die Kolonisten hätten doch wenigstens das Brot zum eigenen Hausbedarf damit verdient, und überdies wäre es ein großer Segen für das Volk hier, wenn die Mühle arbeiten würde. Aber daran war nun nicht zu denken.«

Auch darauf gab Mrs. Gordon keine Antwort. »Ist sonst nichts vorgefallen?« fragte sie, wie um Ingmar auf etwas andres zu bringen.

»O doch«, antwortete Ingmar, »es ist auch mit Miß Young und der Schule etwas vorgefallen. Haben Sie auch davon nichts gehört?«

»Nein«, sagte Mrs. Gordon.

»Ja, Achmed Efendi, der Direktor aller mohammedanischen Schulen in Jerusalem, kam vor ein paar Tagen zu uns und sagte: ›Es gibt in Jerusalem eine große Mädchenvolksschule von mehreren hundert Kindern, die nichts weiter tun, als schreien und sich balgen. Wenn man an der Schule vorübergeht, rauscht und braust es lauter darin, als das Mittelmeer im Hafen von Jaffa. Ich weiß nicht, ob die Lehrerinnen lesen und schreiben können, aber so viel weiß ich, daß die Kinder nichts bei ihnen lernen. Und ich kann nicht selbst hingehen und kann auch keinen Mann hinschicken, der die Ordnung aufrechterhält, weil unsere Religion den Männern verbietet, eine Mädchenschule zu betreten. Nun weiß ich aber etwas, was der Schule helfen könnte‹, sagte Achmed Efendi, ›und das wäre, wenn Miß Young sie übernehmen würde. Ich weiß, daß sie sehr gelehrt ist, und ich weiß auch, daß sie Arabisch kann. Ich werde ihr keine noch so hohe Bezahlung abschlagen, wenn sie nur die Schule übernimmt.‹«

»Und«, sagte Mrs. Gordon, »wie ging die Sache aus?«

»Genau so wie mit der Mühle«, antwortete Ingmar. »Miß Young sagte, sie sei bereit, die Schule zu übernehmen, würde jedoch keine Bezahlung für die Arbeit annehmen. Aber Achmed Efendi erwiderte: ›Ich bin gewohnt, jeden, der für mich arbeitet, zu bezahlen; ich habe nie gelernt, Gnadengeschenke anzunehmen.‹ Allein Miß Young blieb unerschütterlich, und er mußte unverrichteter Sache abziehen. Er war sehr erzürnt und sagte zu Miß Young, sie trüge die Verantwortung dafür, wenn so viele arme Kinder ohne Fürsorge und Unterricht aufwachsen müßten.«

Mrs. Gordon schwieg eine Weile, dann sagte sie: »Ich sehe wohl, daß Sie, Ingmar Ingmarsson, meinen, wir hätten in diesem Fall unrecht gehandelt. Es ist immer gut, wenn man die Ansicht eines klugen Mannes erfährt, und ich möchte Sie daher bitten, mir zu sagen, was Sie noch weiter an unserm Lebenswandel auszusetzen haben.«

Ingmar überlegte lange. Mrs. Gordon umgab so viel Würde, daß es nicht leicht für ihn war, mit Einwendungen zu kommen.

»Nun wohl«, sagte er schließlich, »es wäre durchaus nicht nötig, daß die Kolonisten in so großer Armut leben.«

»Und wie sollen wir das vermeiden?« sagte Mrs. Gordon lächelnd.

Ingmar zögerte noch länger mit der Antwort als das erstemal, dann sagte er: »Wenn Sie Ihre Leute um Lohn arbeiten ließen, brauchten sie nicht in solche Bedrängnis zu geraten wie in diesem Augenblick.«

Mrs. Gordon wandte sich heftig an Ingmar: »Ich meine, nachdem ich diese Kolonie so geleitet habe, daß wir sechzehn Jahre lang in Frieden und Liebe miteinander ausgekommen sind, sollte ein Neuling es nicht versuchen, Änderungen vorzuschlagen.«

»Nun sind Sie mir böse, und Sie selbst haben mich doch zum Sprechen verleitet«, sagte Ingmar.

»Ich weiß wohl, daß Sie es gut meinen«, entgegnete Mrs. Gordon. »Und außerdem kann ich Ihnen sagen, daß wir noch viel Geld besitzen, aber in der letzten Zeit hat jemand von hier aus falsche Berichte über uns an unsere Bankiers nach Amerika geschickt, und deshalb hat man uns nichts mehr senden wollen. Gerade jetzt habe ich aber gehört, daß das Geld unterwegs ist.«

»Da sagen Sie etwas, was mir große Freude bereitet«, sagte Ingmar, »allein bei uns zu Hause meint man, es sei besser, sich auf die eigene Arbeit zu verlassen anstatt auf erspartes Geld.«

Hierauf gab Mrs. Gordon keine Antwort, und Ingmar begriff, daß es besser war, nicht mehr über diese Dinge zu reden.

Nach einiger Zeit setzte Mrs. Gordon das Gespräch wieder fort.

»Sicherlich ist das nicht Ihre einzige Beanstandung, Ingmar«, sagte sie. »Es gibt wahrscheinlich auch noch andere Dinge, die Ihnen mißfallen.«

Jetzt zögerte Ingmar sehr lange, und Mrs. Gordon mußte ihn sehr bitten, ehe er es über sich brachte, ihr seine Ansicht zu sagen.

»Ich finde, Sie sollten die jungen Leute nicht so schlecht über Sie reden lassen«, brachte er schließlich hervor.

»Aber wie sollen wir das verhindern, Ingmar?« fragte Mrs. Gordon.

»Glauben Sie nicht, daß das Schlechte, was über Sie gesprochen wird, nur daher kommt, daß Sie allzu heilig sein möchten? Das Gerede fände bald ein Ende, wenn Sie so sein wollten wie alle andern und die jungen Leute heiraten lassen würden.« Zu Ingmars Erstaunen wurde Mrs. Gordon über diese Bemerkung nicht so böse wie vorher, als er ihr geraten hatte, Geld zu verdienen.

»Sie sind der erste, der mir das sagt«, erklärte sie. »Fragen Sie in der Kolonie, wen Sie wollen, und sie werden Ihnen alle antworten, daß sie ein reines und makelloses Leben führen wollen.«

»Ja, das ist wahr, so verhält es sich«, gab Ingmar zu.

»Gott muß uns ein Zeichen geben, wenn er will, daß wir in unserm Leben etwas ändern sollen«, sagte Mrs. Gordon, und damit fand das Gespräch ein Ende.

Mrs. Gordon erreichte die Kolonie zu guter Zeit; es konnte kaum über halb neun sein. Während der letzten halben Stunde hatte sie sich beunruhigt gefühlt; sie fragte sich, was sie wohl bei ihrer Ankunft erfahren würde. Als sie das große Gebäude wiedersah und bemerkte, daß ringsum alles ruhig war, stieß sie einen Seufzer der Erleichterung aus. Es war, als hätte sie erwartet, daß irgendeiner der mächtigen Geister, von denen so oft in den morgenländischen Sagen die Rede ist, die ganze Kolonie auf den Rükken genommen habe und damit fortgeflogen sei.

Als sie dem Haus näher kamen, hörten sie Liedergesang. »Hier scheint bis jetzt alles gut zu stehen«, sagte Mrs. Gordon, als der Wagen vor dem Tor hielt. »Ich höre, daß eben die Morgenandacht gehalten wird.«

Sie hatte ihren eigenen Schlüssel zu einem der Eingänge bei sich und öffnete damit, um die Andacht nicht zu unterbrechen. Ingmar wurde das Gehen sauer, sein Knie war ganz steif geworden. Da legte Mrs. Gordon den Arm um ihn und half ihm in den inneren Hof hinein. Hier ließ sich Ingmar schnell auf eine Bank nieder. »Sie müssen gleich hineingehen und sehen, wie es hier steht, Mrs. Gordon«, sagte er.

»Vor allem will ich Ihnen einen Umschlag um Ihr Knie machen«, erwiderte sie. »Wir haben reichlich Zeit dazu; Sie hören ja, daß eben die Morgendandacht gehalten wird.«

»Nein«, sagte Ingmar, »diesmal müssen Sie sich meinem Willen fügen. Gehen Sie schnell hinein und erkundigen Sie sich, ob hier etwas passiert ist.«

Ingmar schaute Mrs. Gordon nach, wie sie die Stufen hinaufstieg und durch den offenen Flur zum Versammlungssaal ging. Als sie die Tür öffnete, hörte er, daß jemand mit lauter Stimme drinnen sprach, aber die Rede plötzlich verstummte. Dann fiel die Tür ins Schloß, und alles wurde still.

Aber Ingmar hatte kaum fünf Minuten gewartet, als die Tür zum Versammlungsraum heftig aufgerissen wurde. Vier Männer erschienen, die einen fünften zwischen sich trugen. Schweigend schritten sie die Treppe herunter und über den Hof, wobei sie an Ingmar vorüberkamen. Dieser beugte sich vor und schaute dem, der getragen wurde, ins Gesicht. Es war Godokin.

»Wohin wollt ihr mit ihm?« fragte er.

Die Männer blieben stehen. »Ins Leichenhaus, denn er ist tot.«

Erschrocken stand Ingmar auf. »Wie ist er denn gestorben?« fragte er.

»Keine Menschenhand hat ihn berührt«, sagte Ljung Björn.

»Wie ist er gestorben?« fragte Ingmar noch einmal.

»Ich will dir sagen, wie es zuging«, begann Ljung Björn. »Als die Morgenandacht beendet war, stand dieser Godokin hier auf und bat ums Wort. Er möchte eine Nachricht mitteilen, die uns freuen würde, sagte er. Weiter war er noch nicht gekommen, als die Tür aufging und Mrs. Gordon eintrat. Aber sobald er sie erblickte, verstummte er, und sein Gesicht wurde aschgrau. Zuerst blieb er ruhig stehen, aber Mrs. Gordon ging durch den Saal, und als sie ihm näher kam, wich er, den Arm vor dem Gesicht, ein paar Schritte zurück. Das kam uns andern so sonderbar vor, daß wir uns alle auf einmal erhoben, und da schien Godokin wieder zu sich zu kommen. Er ballte erregt die Fäuste, streckte sie in heftiger Abwehr aus, wie jemand, der mit einem furchtbaren Schrecken kämpft, und trat auf Mrs. Gordon zu. ›Wie kommen Sie hierher?‹ sagte er zu ihr. Da sah ihn Mrs. Gordon ruhig und ernst an, indem sie sagte: ›Gott hat mir geholfen!‹ – ›Ja, das sehe ich‹, erwiderte er, und die Augen traten ihm förmlich aus den Höhlen vor lauter Entsetzen. ›Ich sehe auch, wer Sie begleitet!‹ – ›Und ich sehe auch, wer dich begleitet‹, sagte da Mrs. Gordon. ›Es ist der Satan.‹

Da war es, als könnte Godokin es nicht länger ertragen, Mrs. Gordon anzusehen, wieder wich er, den Arm vor dem Gesicht, zurück. Und Mrs. Gordon folgte ihm mit ausgestreckter Hand, aber sie berührte ihn nicht einmal mit dem Finger. ›Ich sehe, daß Satanas hinter dir steht‹, wiederholte sie, und nun klang ihre Stimme laut und furchtbar.

Da war uns allen, als sähen wir den Satan hinter ihm stehen, wir streckten die Hände aus und deuteten auf den, den wir sahen. Und gleichzeitig riefen wir: ›Satanas! Satanas!‹

Aber Godokin schlich sich an unsern Reihen vorbei, und obgleich ihn keiner von uns berührte, jammerte er laut, als ob wir auf ihn eindrängten und nach ihm schlügen. So schlich er zusammengeduckt davon und erreichte auch die Tür. Aber als er sie öffnen wollte, riefen wir alle noch einmal: ›Satanas! Satanas!‹ Und da sahen wir, wie er vornüber zu Boden stürzte und liegenblieb. Und als wir zu ihm traten und ihn anfaßten, da war er tot.«

»Er war ein Verräter«, sagte Ingmar, »er hat seine Strafe verdient.«

»Ja«, sagten die andern, »er hat seine Strafe verdient.«

»Aber was hat er uns denn eigentlich tun wollen?« fragte einer der Männer.

»Das weiß eigentlich keiner«, sagte ein anderer.

»Er wollte uns verderben.«

»Ja, aber wie?«

»Das weiß niemand.«

»Nein, und das wird wohl auch niemand erfahren.«

»Es ist gut, daß er tot ist«, sagte Ingmar.

»Ja, es ist gut, daß er tot ist«, wiederholten die andern.

Den ganzen Tag hindurch waren die Kolonisten sehr erregt. Niemand wußte, was Godokin ihnen hatte antun wollen, oder ob die Gefahr mit seinem Tode abgewendet war. Stunde auf Stunde verbrachten sie unter Gebet und Gesang im Versammlungssaal. Sie waren über die Erde hinausgehoben in dem Gefühl, daß Gott für sie gekämpft hatte.

Im Lauf des Tages bemerkten sie wiederholt, daß Scharen von Menschen, größtenteils russische Pilger, auf die kahlen Felder rings um die Kolonie herauskamen und das Haus betrachteten. Die Kolonisten dachten nun, Godokin habe einen Überfall vorgehabt, und nun kämen diese wilden Scharen, um sie aus ihrem Hause zu verjagen. Aber die Russen verschwanden alle wieder, und der Tag verging ohne weitere Ereignisse.

Am Abend kam Mrs. Gordon zu Ingmar, der mit verbundenem Knie auf dem Bettrand saß. Sie dankte ihm warm für seine Hilfe und zeigte sich ihm gegenüber sehr wohlwollend.

Ingmar fragte sich, ob sie erfahren habe, was für einen Anschlag Godokin und der Konsul gegen die Kolonie planten.

»Nach und nach kommen wir nun dahinter, was sie im Sinn hatten«, sagte Mrs. Gordon. »Sie wollten Mrs. Hunt, meine beste Freundin, die von Anfang an in der Kolonie war, entführen. Sie hat einen Bruder, der sich nie damit abfinden konnte, daß sie sich uns angeschlossen hat, und dieser Bruder ist nun vor einiger Zeit hierhergekommen, um sie zum letztenmal zu überreden, uns zu verlassen. Er war hier und hat mit ihr gesprochen, aber als sie sich weigerte, ihm zu folgen, beschloß er, sie mit List zu entführen. Unser Konsul sollte ihm dabei helfen, und außerdem hatte er Godokin veranlaßt, Mrs. Hunt von der Kolonie fort und an eine Stelle zu locken, wo er sie überwältigen und entführen konnte. Vermutlich wollte man dann erklären, sie sei wahnsinnig geworden, oder etwas Ähnliches, damit niemand sich über ihre Gefangenschaft wunderte. Zudem glaubte ihr Bruder, wenn es nur gelänge, sie von mir zu trennen, würde sie bald seinen Bitten nachgeben und gutwillig mit ihm gehen.«

Ingmar erwiderte darauf, daß alles sei durchaus glaubhaft, er könne nur nicht verstehen, was der Konsul gemeint habe, als er sagte, er hoffe sie alle loszuwerden, nachdem es sich anscheinend nur darum gehandelt habe, eine einzige Person zu entführen.

»Er wußte schon, was er sagte«, meinte Mrs. Gordon. »Mrs. Hunt ist die einzige von uns, die reich ist. In letzter Zeit hat ihr Bruder ihr Vermögen zurückgehalten, und wir andern mußten nun auf das wenige zurückgreifen, was wir selbst besitzen. Wir haben zwar so sparsam wir möglich gewirtschaftet, wir wissen jedoch, daß unsere Zuflüsse bald versiegen werden. Nun konnte aber Mrs. Hunts Bankier sich nicht mehr länger weigern, ihr das auszuzahlen, was ihr zusteht. Er hat ihr deshalb Geld geschickt, und wir glaubten, die Gefahr sei vorüber. Und nun wollte man versuchen, sie zu entführen, um uns dadurch vollkommen mittellos zu machen. Und es wäre auch dahin gekommen, daß wir die Kolonie hätten auflösen müssen, wie sie es wünschten, wenn Gott nicht Sie zu unserer Rettung geschickt hätte, Ingmar.«

»Dieser Godokin war wirklich ein Verräter«, erklärte Ingmar.

»Wir waren in großer Gefahr«, sagte Mrs. Gordon ernsthaft. »Denn er plante, falls es ihm nicht gelingen sollte, Mrs. Hunt im guten fortzuholen, seine Landleute, die russischen Pilger, gegen uns aufzuhetzen mit der Behauptung, wir hielten eine Frau gegen ihren Willen fest, und zu erreichen, daß sie die Kolonie stürmten, um die Gefangene zu befreien. Einige von Godokins Freunden waren hier und fragten nach ihm, und wir haben sie zu ihm geführt und ihnen geschildert, auf welche Weise er gestorben ist. Und sie haben erkannt, daß er seine wohlverdiente Strafe erlitten hat, weil er seine Freunde verraten wollte. Sie werden uns also keinen Schaden zufügen.«

Ingmar beglückwünschte Mrs. Gordon.

»Ich glaube bestimmt, es ist Gottes Wille, daß die Kolonie in Jerusalem bleibt«, sagte er.

»Ingmar Ingmarsson«, sagte Mrs. Gordon, »es wäre mir eine große Freude, wenn ich Ihnen einen Gegendienst erweisen könnte. Wollen Sie mir nicht mitteilen, warum Sie hier in Jerusalem sind, damit ich Ihnen behilflich sein kann?«

Mrs. Gordon wußte wohl, was Ingmar in Jerusalem erreichen wollte. An keinem andern Tage wäre sie bereit gewesen, ihm in einer solchen Sache beizustehen, jetzt aber wollte sie nichts lieber tun, als dem helfen, der ihnen allen einen so großen Dienst geleistet hatte.

Als Mrs. Gordon ihm ihre Hilfe anbot, schlug Ingmar schnell die Augen nieder. Er ließ sich reichlich Zeit zum Nachdenken, bevor er antwortete.

»Nun müssen Sie mir versprechen, meine Bitte nicht übel aufzunehmen«, sagte er. Und Mrs. Gordon versprach, Nachsicht mit ihm zu haben.

»Es sieht so aus«, sagte Ingmar, »als ob die Angelegenheit, um derentwillen ich hier bin, sich sehr in die Länge ziehen würde, und es wird mir recht langweilig werden, wenn ich keine Arbeit habe, an die ich gewöhnt bin.« – Das konnte Mrs. Gordon wohl verstehen. – »Wenn Sie mir daher einen Dienst erweisen wollen, Mrs. Gordon«, fuhr Ingmar fort, »dann wäre es etwas Großes für mich, wenn ich Baram Paschas Mühle bekäme. Sie wissen, daß ich nicht geschworen habe, kein Geld zu verdienen, und ich hätte dadurch eine Arbeit, die mir Freude macht.«

Mrs. Gordon betrachtete Ingmar scharf, aber er saß mit

geschlossenen Augen da, und das ganze Gesicht war ohne jeden Ausdruck. Sie wunderte sich, daß er um nichts anderes bat, zugleich aber war sie sehr erfreut über diese Bitte. »Ich wüßte nicht, warum ich Ihnen hierbei nicht helfen sollte«, sagte sie. »Es kann nichts Unrechtes sein. Und überdies ist es gut für uns, wenn wir Baram Paschas Wunsch nachkommen.«

»Ja, ich wußte wohl, daß Sie mir helfen würden«, sagte Ingmar. Dann dankte er ihr, und als sie sich trennten, waren alle beide sehr zufrieden miteinander.

Ingmars Kampf

Ingmar hat nun Baram Paschas Mühle übernommen.

Er macht dort den Müller, und bald kommt der eine, bald der andre der Kolonisten und hilft ihm bei der Arbeit.

Aber das weiß man ja von alters her, daß sich in allen Mühlen viel Zauberspuk und dergleichen findet, und die Kolonisten merken bald, daß man auch nicht einen Tag lang das Dröhnen der Steine in Baram Paschas Mühle hören kann, ohne wie verhext zu sein.

Wer immer dort sitzt und ihnen zuhört, versteht schließlich, daß sie unaufhörlich singen und brummen: »Wir mahlen Mehl, wir verdienen Geld, wir schaffen Nutzen, aber was tust du, was tust du, was tust du?«

Und wer das hört, fühlt einen unwiderstehlichen Drang, im Schweiß seines Angesichts sein Brot zu verdienen. Wie ein Fieber überkommt es ihn, während er den Mühlsteinen zuhört.

Unwillkürlich überlegt er, wozu er tauge und was er wohl ausrichten könne, um die Kolonie zu unterstützen.

Wer immer ein paar Tage in der Mühle gearbeitet hat, spricht von nichts andrem mehr als von den anbaufähigen Tälern, die ungenützt daliegen, von den Bergen, die aufgeforstet werden müßten, und von den verlassenen Weinbergen, die nach Arbeitern riefen.

Und nachdem die Mühlsteine ihr Lied ein paar Wochen gesungen haben, kommt ein Tag, an dem die schwedischen Bauern drunten in der Ebene Saron ein Stück Land pachten, und anfangen zu pflügen und zu säen.

Kurze Zeit danach erwerben sie ein paar große Weinberge auf dem Ölberg.

Und nachdem noch einige Zeit vergangen ist, legen sie eine ausgedehnte Wasserleitung in einem der Täler an.

Nachdem die Schweden den Anfang gemacht haben, lassen sich die Amerikaner und Syrer auch allmählich herbei, es ihnen nachzutun. Sie fangen an, in den Schulen zu unterrichten, sie schaffen einen photographischen Apparat an, ziehen im Land umher und machen Aufnahmen, die dann an Reisende verkauft werden, und in einer Ecke der Kolonie richten sie eine kleine Goldschmiede ein.

Miß Young ist schon seit langem Vorsteherin der Schule Achmed Efendis, und junge Schwedinnen unterrichten mohammedanische Kinder im Nähen und Stricken.

Im Herbst ist in der ganzen Kolonie eine so emsige Tätigkeit wie in einem Ameisenhaufen, überall ist Leben und Bewegung.

Und wenn man zurückdenkt, so ist den ganzen Sommer hindurch kein Unglück eingetreten; seit Ingmar die Mühle übernommen hat, ist kein einziger Todesfall mehr vorgekommen, und niemand hat sich über die Bosheit Jerusalems so gegrämt, daß er darüber den Verstand verloren hätte.

Jedermann ist froh und vergnügt, alle lieben ihre Kolonie mehr denn je; sie fassen Pläne, sie bereiten neue Unternehmungen vor. Das allein hatte ihnen gefehlt, um wirklich glücklich zu sein. Und nun glauben alle, daß es Gottes Wille ist, daß sie ihr Brot mit ihrer Hände Arbeit verdienen.

Im Herbst überläßt Ingmar die Mühle Ljung Björn, und er selbst bleibt daheim in der Kolonie. Er und Gabriel errichten eine Art Schuppen auf den kahlen Feldern davor. Aber niemand weiß, wozu er bestimmt ist, niemand darf sehen, wie es darin aussieht; es ist ein großes Geheimnis.

Als der Schuppen endlich fertig ist, reisen Ingmar und Gabriel nach Jaffa und führen lange, unendlich lange Verhandlungen mit den dortigen deutschen Kolonisten.

Aber nach zwei Tagen kehren die beiden Männer wieder heim, und da kommen sie auf ein paar prächtigen braunen Pferden geritten.

Diese sollen nun der Kolonie gehören, und soviel ist sicher, wenn auch ein Sultan oder ein Kaiser ans Tor geklopft und gesagt hätte, er wolle sich den Kolonisten anschließen, so hätte er wohl kaum willkommener sein können als diese beiden Braunen.

Ach, wie die Kinder sich an die Pferde hängen und an ihnen herumbaumeln! Und wie stolz der Bauer ist, der mit ihnen pflügen darf!

Sie werden sorgfältiger gestriegelt als alle andern Pferde im Morgenland, und es vergeht kein Abend, ohne daß die Bauern sich im Schuppen nach ihnen umsehen und dafür sorgen, daß die Krippen gefüllt sind.

Aber wer immer von den Schweden die Pferde einspannt, kann es nicht unterlassen zu denken: »Es ist wirklich nicht so schwer, in diesem Land zu leben, nun fühle ich, daß es mir gut geht. Ach, wie schade ist es doch, daß Tims Halvor nicht mehr dabeisein kann! Er hätte sich nicht zu Tode gegrämt, wenn er mit solchen Pferden hätte fahren dürfen.«

Es war an einem Morgen im September. Sehr früh, während es noch ganz Nacht war, verließen Ingmar und Gabriel die Kolonie. Sie wollten zur Arbeit hinaus in einen der Weinberge, die die Kolonisten auf dem Ölberg gepachtet hatten.

Es stand indes so, daß beide selten gut miteinander auskamen. Zu einer offenen Feindschaft war es zwischen ihnen zwar nicht gekommen, aber sie waren nie gleicher Meinung über eine Sache. Wie sie nun zusammen zum Ölberg gingen, fingen sie an, über den Weg zu streiten. Gabriel wollte den langen Umweg über die Hügel machen; er sagte, dieser sei in der Dunkelheit leichter zu gehen. Ingmar dagegen wollten einen kürzeren, aber beschwerlicheren Weg einschlagen, der durch das Tal Josaphat und von da in gerader Richtung den Berg hinaufführt.

Nachdem sie eine Weile darüber gestritten hatten, schlug Ingmar vor, jeder solle seinen eignen Weg gehen, dann könne man sehen, wer am schnellsten vorwärts komme. Damit war Gabriel einverstanden; er ging in der Richtung, die er vorgeschlagen hatte, und Ingmar nach der andern.

Als Gabriel gegangen war, wurde Ingmar von der großen Sehnsucht überfallen, die ihn immer quälte, sobald er allein war. »Ach, wird sich denn Gott nie meiner erbarmen und mich heimreisen lassen?« sagte er. »Will er mir denn nicht helfen, Gertrud von Jerusalem fortzubringen?

Es ist merkwürdig, daß mir gerade das, weswegen ich hierhergereist bin, am allerwenigsten gelingt«, sagte er halblaut, während er, in tiefe Gedanken versunken, durch die Dunkelheit dahinschritt, »denn Gertrud bin ich nicht einen einzigen Schritt nähergekommen.

In allem andern ist es mir viel besser gegangen, als ich erwarten konnte. Ich glaube kaum, daß die Leute hier mit der Arbeit in Gang gekommen wären, wenn es mir nicht eingefallen wäre, die Mühle zu übernehmen.

Es ist eine rechte Freude, zu sehen, wie die Arbeit immer mehr Besitz von ihnen ergriffen hat«, fuhr er fort, »ja, ich habe hier sehr viel Gutes und Lehrreiches zu sehen bekommen, aber trotz allem sehne ich mich jetzt heim. Mir ist, als müsse ich mich vor dieser Stadt fürchten, und ich kann nicht frei atmen, ehe ich sie nicht verlassen darf. Und manchmal habe ich das Gefühl, als müßte ich hier sterben und dürfe nie wieder heimreisen und Barbro und den Ingmarshof nicht wiedersehen.«

Während Ingmar diesen Gedanken nachhing, hatte er den Talgrund erreicht. Hoch über ihm zeichneten sich die zackigen Mauern der Stadt vom Nachthimmel ab, und auf allen Seiten erhoben sich mächtige, den Ausgang versperrende Höhen.

»Es ist wirklich eine unheimliche Gegend«, dachte Ingmar. Und jetzt erst fiel ihm ein, daß er an dem mohammedanischen und auch an dem jüdischen Begräbnisplatz vorübermußte.

Bei dem Gedanken an die beiden Friedhöfe fiel Ingmar ein Ereignis ein, das sich jetzt eben in Jerusalem zugetragen hatte. Als am Tag zuvor die Rede davon gewesen war, hatte es ihn nicht mehr berührt als andre Dinge auch, die von der Heiligen Stadt berichtet wurden, aber jetzt, in der nächtlichen Dunkelheit, erschien es ihm unheimlich und schauerlich.

In dem Judenquartier gab es nämlich ein kleines Krankenhaus, das in der ganzen Stadt berüchtigt war, weil niemals ein Kranker dort lag. Ingmar war mehrere Male daran vorübergekommen; da hatte er durch die Fenster hineingeschaut und gesehen, daß alle Betten leer standen. Das hatte indes eine ganz natürliche Ursache und hätte kaum anders sein können. Das Krankenhaus war von einer englischen Missionsgesellschaft eingerichtet worden, die kranke Juden aufnehmen wollte, um sie bekehren zu können. Aber die Juden, voll Furcht, sie müßten dort verbotene Speisen essen, ließen sich nicht dort hinbringen.

Vor wenigen Tagen hatte sich aber doch ein Patient in diesem Krankenhaus eingefunden, und zwar eine arme alte Jüdin, die gerade vor dem Gebäude ausgeglitten war und das Bein gebrochen hatte. Sie war in das Spital hineingetragen und dort verpflegt worden, aber schon nach wenigen Tagen gestorben.

Bevor sie starb, hatten ihr die Krankenpflegerin und der Arzt hoch und heilig versprechen müssen, dafür Sorge zu tragen, daß sie auf dem jüdischen Friedhof im Tal Josaphat begraben würde. Sie sagte ihnen, daß sie einzig und allein, um diesen Vorzug zu genießen, in ihrem hohen Alter nach Jerusalem gereist sei.

Als sie tot war, schickten also die Engländer zu dem Gemeindevorsteher der Juden und baten ihn, Leute zu senden, die die Tote abholen und begraben sollten.

Aber da hatten die Juden geantwortet, daß die alte Frau, die in dem christlichen Krankenhaus gestorben sei, nicht auf dem Kirchhof der Juden begraben werden dürfe.

Die Missionare hatten sich sehr bemüht, die Juden zum Nachgeben zu bewegen; sie hatten sich sogar an den Oberrabbiner gewandt, aber alles war vergeblich gewesen. Es blieb ihnen nichts andres übrig, als die Tote selbst zu begraben. Aber sie wollten nicht, daß ihr die Erfüllung ihres Wunsches vorenthalten würde, auf die sie sich in ihrem ganzen armseligen Leben gefreut hatte. Sie fragten also nichts nach dem Verbot der Juden, sondern ließen auf dem Friedhof im Tal Josaphat ein Grab aufwerfen und legten die Tote hinein.

Die Juden taten nichts, um es zu verhindern, aber in der nächsten Nacht kamen sie herbei, öffneten das Grab und warfen den Sarg heraus.

Den Engländern lag es aber sehr am Herzen, ihr Wort zu halten, und sobald sie hörten, daß die Tote aus dem Grabe hinausgeworfen worden war, begruben sie sie aufs neue am selben Platz.

Da wurde sie in der nächsten Nacht wieder ausgegraben – –

Plötzlich hielt Ingmar Ingmarsson an und lauschte. »Wer weiß«, dachte er, »vielleicht sind die Grabschänder auch heute nacht hier draußen.«

Anfangs hörte er nichts, dann vernahm er ein Klirren, wie wenn ein eisernes Werkzeug an einen Stein schlägt.

Er ging ein paar Schritte in der Richtung, wo der Laut hergekommen war, dann blieb er wieder stehen und lauschte. Nun hörte er ganz deutlich, wie man mit eisernen Spaten in der Erde grub und Kies und Steine aufwarf.

Wieder ging er weiter und hörte aufs neue eifrig graben. »Es sind wenigstens fünf bis sechs Spaten an der Arbeit«, dachte er. »Gott behüte und bewahre uns, wie können Menschen einen Toten auf diese Weise verfolgen!«

Während Ingmar dem Graben zuhörte, fühlte er einen furchtbaren Zorn in sich aufsteigen, der mit jeder Minute zunahm. »Es ist nicht deine Sache«, sagte er zu sich selbst, um sich zu beruhigen, »du hast gar nichts damit zu tun.« Aber das Blut stieg ihm in den Kopf, es war ihm als stocke es ihm im Halse, so daß er kaum atmen konnte. »Es ist ganz abscheulich und entsetzlich anzuhören«, dachte er, »noch nie habe ich etwas Schlimmeres erlebt.«

Schließlich blieb er stehen. Er hob die geballte Hand und schüttelte sie. »Wartet nur, ihr Schurken, jetzt komme ich!« sagte er. »Nun habe ich lange genug zugehört. Das kann niemand von mir verlangen, daß ich ruhig vorbeigehe, während ihr dabei seid, einen Toten auszugraben!«

Mit raschen, leisen Schritten eilte er vorwärts. Nun war ihm auf einmal leicht ums Herz, und er fühlte sich beinahe froh. »Es ist allerdings ein Wahnsinn«, dachte er, »aber ich möchte wissen, was Vater gesagt hätte, wenn ihm jemand an dem Tage, als er ins Wasser ging, um die kleinen Kinder zu retten, zugerufen hätte, er solle sich in acht nehmen und am Ufer bleiben. Und jetzt muß ich auch tun dürfen, was ich will, ich ebenso wie der Vater. Denn hier fließt ein Strom der Bosheit an mir vorüber mit schwarzem, brausendem Wasser, und der reißt Tote und Lebendige mit sich fort, und ich kann es nicht länger aushalten, still am Ufer zu stehen. Nun ist an mir die Reihe, hinzugehen und mit dem Strom zu kämpfen.«

Endlich stand er am Rande eines Grabes, an dem einige Männer eifrig arbeiteten. Sie hatten weder Licht noch Laterne, sondern gruben in der Dunkelheit, so gut sie konnten. Ingmar konnte nicht sehen, wie viele es waren, er fragte auch nicht danach, sondern stürzte sich mitten unter sie. Dem einen entriß er den Spaten, mit dem dieser eben grub, und schlug damit nach rechts und links um sich. Er war so unerwartet über die Männer gekommen, daß sie vor Schrecken verwirrt davonrannten, ohne Widerstand zu leisten. Ein paar Augenblicke später war Ingmar allein.

Seine erste Arbeit war, die aufgeworfene Erde wieder in

das Grab hineinzuschaufeln, und dann überlegte er, was er jetzt tun sollte. Es erschien ihm nicht ratsam, den Platz vor Tagesanbruch zu verlassen, denn sobald er wegging, kamen die Grabschänder sicher zurück.

Er blieb also bei dem Grab und wartete. Gespannt lauschte er auf jeden Laut, aber anfangs war alles ganz still ringsum. »Ich glaube aber doch nicht, daß sie vor einem einzelnen Mann gar so weit weg geflohen sind«, dachte er. Dann hörte er ein leises Knirschen der Steinbrocken, die auf den Gräbern ringsum verstreut lagen, und er glaubte auch zu sehen, daß dunkle Gestalten über den mit Grabplatten bedeckten Boden herankrochen.

»Jetzt wird es Ernst«, dachte Ingmar und erhob den Spaten zur Notwehr. Da prasselte plötzlich ein dichter Hagel von großen und kleinen Steinen auf ihn nieder, so daß er ganz betäubt wurde. Gleichzeitig warfen sich ein paar Männer über ihn und suchten, ihn niederzuwerfen.

Ein harter Kampf entspann sich. Ingmar war ein riesenstarker Mann, und er warf einen nach dem andern zu Boden. Aber die Gegner kämpften tapfer und wollten nicht weichen. Schließlich stürzte einer gerade vor Ingmars Füßen nieder. Im gleichen Augenblick jedoch trat Ingmar einen Schritt vor und strauchelte über den Gefallenen. Mit aller Wucht stürzte er zu Boden und fühlte gleichzeitg einen furchtbaren Schmerz in einem Auge. Er war wie gelähmt. Er fühlte, daß die andern sich über ihn warfen und ihn banden, aber er vermochte keinen Widerstand zu leisten. Der Schmerz war so durchdringend und scharf, daß er ihm alle Kraft raubte, und im ersten Augenblick war ihm, als müsse er sterben – – –

Indessen war Gabriel auch weitergegangen und hatte dabei immerfort an Ingmar denken müssen. Anfangs eilte er sehr rasch vorwärts, denn er wollte den Gipfel des Berges zuerst erreichen, aber nach einer Weile mäßigte er seine Schritte. Schwermütig lächelte er über sich selbst. »Ich weiß ja doch, daß ich nicht so schnell vorwärts komme wie Ingmar, und wenn ich mich noch so sehr beeile. Noch nie habe ich jemand gesehen, der in allem so großen Erfolg gehabt und eine solche Fähigkeit besessen hätte, seinen Willen durchzusetzen. Was kann ich anders erwarten, als daß er Gertrud mit sich heim nach Dalarne führt, ja ganz gewiß. Ich habe ja gesehen, wie in der Kolonie nun seit einem halben Jahr alles nach seinem Kopf gegangen ist.«

Aber als Gabriel den Ort der Zusammenkunft auf dem Ölberg erreichte, fand er Ingmar dort nicht vor, wie er erwartet hatte, und das freute ihn sehr. »Er wird wohl gemerkt haben, daß er diesmal den falschen Weg gewählt hat«, dachte Gabriel und machte sich gleich an die Arbeit.

Als es aber schließlich heller wurde und Ingmar immer noch nicht erschien, wurde Gabriel unruhig und fürchtete, es könnte ihm ein Unfall zugestoßen sein. Er begann den Berg hinabzusteigen, um Ingmar zu suchen. »Es ist doch merkwürdig«, dachte er, »obgleich ich gar keinen besonderen Grund habe, Ingmar zu lieben, wäre es mir wahrscheinlich doch sehr leid, wenn ihm ein Unglück widerführe.«

Bald war es ganz hell, und als Gabriel in das Tal Josaphat hinunterkam, dauerte es nicht lange, bis er Ingmar fand, der zwischen zwei Gräbern lag. Seine Hände waren gefesselt, und er lag unbeweglich da, aber als er Gabriels schweren Schritt hörte, hob er den Kopf. »Bist du es, Gabriel?« sagte er.

»Ja«, antwortete Gabriel, »was ist denn hier geschehen?« Zugleich sah er Ingmars Gesicht; beide Augen waren geschlossen, das eine war geschwollen, und aus dem Augenwinkel floß Blut. »Was hast du denn angestellt, Ingmar?« fragte Gabriel, und seine Stimme klang merkwürdig undeutlich.

»Ich habe mit diesen Grabschändern kämpfen müssen«, sagte Ingmar, »da fiel ich über einen von ihnen, und der hatte ein Messer in der Hand, das mir mitten ins Auge drang.«

Gabriel ließ sich neben Ingmar auf die Knie nieder und fing an, die Stricke von seinen Händen zu lösen.

»Wie bist du denn mit den Grabschändern in Streit geraten?« fragte er.

»Ich ging doch durch das Tal, und da hörte ich sie graben.«

»Und dann konntest du es nicht dulden, daß man die Tote auch in dieser Nacht wieder aus ihrem Grab herauswarf?«

»Nein«, sagte Ingmar, »das konnte ich nicht dulden.«

»Das war wirklich brav von dir, Ingmar«, sagte Gabriel.

»O nein«, sagte Ingmar, »es war dumm, aber ich konnte es eben nicht lassen.«

»Du beschämst uns alle, Ingmar«, sagte Gabriel, der schnell gerührt war und die Tränen kaum zurückhalten konnte. »Man muß dir doch gut sein, mag man sich auch noch so sehr dagegen sträuben.«

Auf dem Ölberg

Ingmar wurde von einem der Ärzte des großen englischen Augenhospitals behandelt. Dieser kam jeden Tag in die Kolonie heraus, um den Verband zu erneuern. Ingmars Auge heilte auch rasch und gut, und er fühlte sich bald so frisch, daß er das Bett verlassen konnte.

Aber eines Morgens bemerkte der Doktor, daß das unbeschädigte Auge rot und geschwollen war. Das beunruhigte ihn sehr, und er gab sogleich genaue Anweisung, wie das Auge zu behandeln sei. Darauf wandte er sich an Ingmar und sagte ihm ganz offen, daß er am besten daran täte, Palästina so schnell wie möglich zu verlassen.

»Ich fürchte, Sie sind von der gefährlichen morgenländischen Augenkrankheit angesteckt worden«, sagte er; »ich werde zwar tun, was in meinen Kräften steht, aber Ihr eines Auge ist nicht stark genug, um der Ansteckung, die hier überall umherfliegt, zu widerstehen. Wenn Sie hierbleiben, werden Sie in ein paar Wochen unfehlbar erblinden.«

Diese Nachricht verbreitete große Traurigkeit in der Kolonie, nicht allein unter Ingmars Verwandten, sondern auch unter den andern Kolonisten. Alle erklärten, Ingmar habe ihnen die größte Wohltat erwiesen, indem er sie veranlaßt habe, wie andere Menschen ihr Brot im Schweiße ihres Angesichts zu verdienen, ein solcher Mann dürfte die Kolonie eigentlich nicht verlassen. Aber doch sahen alle ein, daß Ingmar reisen mußte, und Mrs. Gordon sagte sogleich, einer der Brüder solle sich bereit halten, um ihn zu begleiten, da er nicht gut allein reisen könnte.

Lange hörte Ingmar schweigend den Verhandlungen über seine Abreise zu, und schließlich sagte er: »Es ist wohl nicht so sicher, daß ich blind werde, auch wenn ich mich noch länger hier aufhalte.«

Mrs. Gordon fragte ihn, was er damit sagen wolle.

»Ich bin noch nicht fertig mit der Sache, wegen der ich gekommen bin«, sagte er langsam.

»Heißt das, daß Sie nicht abreisen wollen?« fragte Mrs. Gordon.

»Ja«, antwortete Ingmar, »es wäre sehr hart für mich, wenn ich unverrichteter Sache heimkehren müßte.«

Und nun zeigte es sich, wie hoch Mrs. Gordon Ingmar schätzte, denn sie suchte Gertrud auf und teilte ihr mit, daß Ingmar nicht abreisen wollte, obgleich er Gefahr laufe, blind zu werden, wenn er bleibe. »Du weißt doch wohl, aus welchem Grund er nicht abreisen will?« fragte Mrs. Gordon.

»Ja«, antwortete Gertrud.

Mit großen Augen betrachtete sie Mrs. Gordon, aber diese sagte nichts weiter. Mrs. Gordon konnte sie doch nicht geradezu auffordern, die Gesetze, die in der Kolonie galten, zu brechen; aber Gertrud verstand, daß ihr alles, was sie um Ingmars willen täte, vergeben werden würde.

Den ganzen Tag hindurch kam bald der eine, bald der andere zu Gertrud und redete von Ingmar mit ihr. Niemand wagte, ihr offen ins Gesicht zu sagen, daß sie mit ihm heimreisen solle, aber die schwedischen Bauern setzten sich neben sie und sprachen von dem Helden, der im Tal Josaphat um die Tote gekämpft habe, und sagten, nun habe Ingmar bewiesen, daß er ein echter Sprößling des alten Stammes sei. »Es wäre ewig schade, wenn ein solcher Mann blind würde«, sagten sie.

»Ich sah Ingmar am Tag der Auktion auf dem Ingmarshof«, sagte Ljung Björn zu Gertrud, »und wenn du ihn damals gesehen hättest, wärest du nie böse auf ihn gewesen, das sage ich dir.«

Aber Gertrud war es, als müsse sie den ganzen Tag wie in einem Traum kämpfen, in dem man fliehen möchte, aber doch nicht von der Stelle kommt. Sie wollte Ingmar helfen und wußte doch nicht, woher sie die Kraft dazu nehmen sollte. »Wie kann ich das für Ingmar tun, da ich ihn doch nicht mehr liebe?« fragte sie sich. »Und wie kann ich unterlassen, es zu tun, da ich doch weiß, daß er dann blind wird?« fragte sie sich auch.

Am Abend stand Gertrud vor dem Haus unter den großen Sykomoren und dachte immerfort daran, daß sie mit Ingmar ziehen sollte, aber nicht die Kraft habe, den Entschluß zu fassen. Da trat Gabriel zu ihr.

»Es ist manchmal so«, sagte er, »daß die Menschen sich über ihr Unglück freuen und über ihr Glück betrübt sind.«

Gertrud wandte sich um und sah ihn mit erschrockenen Augen an. Sie sagte nichts, aber er erriet, daß sie dachte: »Kommst du nun auch noch, mich zu hetzen und zu verfolgen?«

Gabriel biß sich auf die Lippen und verzog das Gesicht ein wenig, aber im nächsten Augenblick sagte er doch, was er beabsichtigt hatte.

»Wenn man einen Menschen sein ganzes Leben lang liebgehabt hat«, begann er, »dann hat man immer Angst, man könne ihn verlieren. Aber die größte Angst hat man doch davor, ihn zu verlieren, weil man sein hartes Herz sieht, das nicht vergeben und vergessen kann.«

Gabriel sprach seine harten Worte in sehr mildem Ton, und Gertrud wurde nicht böse darüber, sondern fing an zu weinen. Sie erinnerte sich, daß sie einmal geträumt hatte, sie steche Ingmar die Augen aus. »Nun zeigt es sich, daß es ein wahrer Traum war und daß ich wirklich hartherzig und rachgierig bin, genau wie in jenem Traum«, dachte sie. »Sicher verliert Ingmar sein Augenlicht noch durch meine Schuld.« Sie war tief betrübt, aber das Gefühl der Ohnmacht, das sie gefangenhielt, wich darum doch nicht von ihr, und als die Nacht anbrach und sie schlafen ging, hatte sie noch immer keinen Entschluß gefaßt.

Am Morgen stand sie frühzeitig auf und wanderte zum Ölberg. Sie war seit jenem Abend mit dem Derwisch nicht mehr dort gewesen. Nun aber war es ihr ein Bedürfnis, hinzugehen, um in der Einsamkeit zu einem Entschluß zu kommen.

Auf dem ganzen Weg kämpfte sie mit dem gleichen schweren Gefühl der Ohnmacht. Sie erkannte, was sie zu tun hatte, aber ihr Wille war gelähmt und konnte das, was ihn gefangenhielt, nicht überwinden.

Sie erinnerte sich, daß sie einmal eine Turmschwalbe gesehen hatte, die zu Boden gefallen war und mit den Flügeln auf den Sand schlug und doch nicht genug Luft unter die Schwingen bekam, um sich erheben zu können. Genauso, meinte sie, liege sie nun auch da und flattere hin und her, ohne vom Fleck zu kommen.

Aber als sie den Ölberg erreicht hatte und auf dem Platz stand, wo sie den Sonnenaufgang zu erwarten pflegte, gewahrte sie den Derwisch, der Jesus ähnlich war. Er saß auf der Erde mit gekreuzten Beinen, und seine großen Augen schauten über Jerusalem hin.

Nicht einen Augenblick vergaß Gertrud, daß der Mann nur ein armer Derwisch war, dessen einziger Ruhm darin bestand, daß er von seinen Anhängern ein noch wilderes Tanzen verlangte als andere. Aber als sie sein Gesicht sah, mit den dunklen Ringen um die Augen und dem Schmerzenszug um den Mund, lief ein Zittern durch ihren Körper. Mit gefalteten Händen blieb sie neben ihm stehen.

Sie träumte nicht, sie hatte auch keine Erscheinung, die

große Ähnlichkeit mit Christus allein war schuld daran, daß sie einen Gott in Menschengestalt vor sich zu sehen meinte.

Aufs neue glaubte sie, wenn er sich nur den Menschen offenbaren wollte, dann würde es sich gar bald zeigen, daß er die Tiefe aller Wissenschaft erreicht habe. Sie glaubte, daß Wind und Wellen ihm gehorsam sein würden, sie glaubte, daß Gott mit ihm redete, sie glaubte, daß er den Kelch des Leidens bis auf die Neige geleert habe und daß alle seine Gedanken den unbekannten Dingen nachjagten, die kein anderer verstehen konnte.

Sie fühlte, daß sie durch seinen Anblick schon geheilt würde, wenn sie krank wäre.

»Er kann kein gewöhnlicher Mensch sein«, dachte sie. »Ich fühle, daß sich die Seligkeit des Himmels auf mich herabsenkt, nur weil ich ihn anschaue.«

Sie hatte schon eine gute Weile neben dem Derwisch gestanden, ohne daß dieser sie gewahr zu werden schien. Doch plötzlich wandte er sich um und sah sie an.

Und indem er sie ansah, fuhr Gertrud zusammen, als könnte sie seinen Blick nicht ertragen.

Still und ruhig betrachtete er Gertrud wohl eine ganze Minute lang, dann bot er ihr die Hand dar, damit sie sie küsse, wie seine Anhänger zu tun pflegten. Und Gertrud küßte sie in aller Demut.

Hierauf bedeutete er ihr mit freundlichem Ernst, daß sie sich nun entfernen und ihn nicht länger stören solle.

Gehorsam wandte sich Gertrud um und ging langsam heimwärts. Es war ihr, als läge in der Art, in der er Abschied von ihr genommen hatte, eine große Bedeutung. Es war ihr, als hätte er zu ihr gesagt: »Eine Zeitlang hast du mir angehört und mir gedient, aber jetzt gebe ich dich frei. Lebe nun auf der Erde für deine Mitmenschen!«

Als sie der Kolonie näher kam, verschwand der beglükkende Zauber allmählich. »Ich weiß ja, daß er nicht Christus ist. Nein, ich glaube nicht, daß er Christus ist«, sagte sie noch einmal.

Aber sein Anblick hatte eine große Veränderung in ihr hervorgebracht. Allein dadurch, daß er ihr das Bild Christi vor Augen gestellt hatte, war es ihr, als ob jeder Stein auf dem Wege die heiligen Lehren wiederhole, die der Heiland einst in diesem Lande verkündigte, und daß die Blumen die Seligkeit priesen, die der empfindet, der auf seinen Wegen wandelt.

Als Gertrud die Kolonie erreicht hatte, ging sie zu Ingmar. »Nun werde ich mit dir ziehen, Ingmar«, sagte sie.

Ingmars Brust hob sich unter ein paar schweren Atemzügen. Er schien eine große Erleichterung zu empfinden.

Er umschloß Gertruds Hände mit den seinen und drückte sie. »Nun ist Gott sehr gut gegen mich gewesen«, sagte er.

»Ja gewiß, wir sehn uns wieder!«

Eine merkwürdige Emsigkeit herrschte in der Kolonie. Die Leute aus Dalarne waren in allen Stuben eifrig beschäftigt und hatten keine Zeit, sich zur Arbeit auf die Felder und in die Weinberge zu begeben, und die schwedischen Kinder hatten Ferien bekommen, um daheim helfen zu können.

Es war bestimmt worden, daß Ingmar und Gertrud in zwei Tagen abreisen sollten, und deshalb mußte alles, was man durch sie in die Heimat senden wollte, in Ordnung gebracht werden.

Nun war die Gelegenheit da, ein kleines Andenken an liebe Kameraden von der Schulbank zu schicken und an alte Freunde, die ein ganzes Leben lang treu geblieben waren – nun konnte man zeigen, daß man doch bisweilen manchen einen freundlichen Gedanken geschickt hatte, von denen man sich getrennt und mit denen man in der ersten schweren Zeit daheim nicht mehr hatte umgehen wollen –, und endlich auch an alte kluge Leute, deren Ratschläge man bei der Abreise übel aufgenommen hatte. Nun konnte man den Eltern und der Liebsten, sowie dem Pfarrer und dem Schulmeister, die sie alle erzogen hatten, eine kleine Freude machen.

Ljung Björn und Kolaas Gunnar hielten den ganzen Tag die Feder zwischen den steifen Fingern und schrieben Briefe an Freunde und Anverwandte, während Gabriel kleine Schalen aus Olivenholz drechselte und Karin Ingmarstochter in viele Pakete verschiedenen Umfangs große Photographien von Gethsemane und der heiligen Grabeskirche sowie von dem stattlichen Haus, wo sie wohnten, und von dem prächtigen Versammlungssaal packte.

Die Kinder plagten sich redlich, auf dünnen Plättchen aus Olivenholz Tuschezeichnungen auszuführen, wie sie es in der amerikanischen Schule gelernt hatten, auch verfertigten sie Photographierahmen, die sie mit den verschiedensten Arten von Getreide- und Samenkörnern und Obstkernen, wie es sie im Morgenland gibt, beklebten.

Märta Ingmarstochter zerschnitt ihre selbstgewebte Leinwand und stickte Namen in Handtücher und Servietten, die sie ihrem Schwager und der Schwägerin schicken wollte. Und sie lächelte, indem sie daran dachte, wie die daheim nun sehen würden, daß sie noch nicht verlernt hatte, ein feines dauerhaftes Gewebe zu weben, obgleich sie nach Jerusalem ausgewandert war.

Die beiden Ingmarstöchter, die in Amerika gewesen waren, banden Töpfe voll Aprikosen- und Pfirsichmarmelade zu, und unten auf die Töpfe schrieben sie die lieben Namen, an die sie nicht denken konnten, ohne daß ihnen die Tränen in die Augen traten.

Israel Tomassons Frau wellte einen Pfefferkuchenteig aus und hatte überdies eine Torte im Backofen, die sie eifrig bewachte. Die Torte sollten Ingmar und Gertrud unterwegs verzehren, die Pfefferkuchen aber, die man aufheben konnte, solange man wollte, sollten sie nicht essen, sondern der alten Frau am Myckelsumpf bringen, die damals bei der Abreise gewaschen und gekämmt am Weg stand, sowie auch Eva Gunnarstochter, die einmal der Gemeinde angehört hatte.

Sobald die kleinen Pakete fertig waren, wurden sie Gertrud gebracht, und diese packte alle die vielen Sendungen in eine große Kiste.

Aber wenn Gertrud nicht selbst ein Kind des Dorfes gewesen wäre, hätte sie es nicht übernehmen können, all die verschiedenen Sachen den rechtmäßigen Empfängern auszuliefern, denn auf mehreren standen ganz merkwürdige Adressen. Sie mußte oft lange überlegen, wo sie wohl den »Franz, der am Kreuzweg wohnte«, finden könne, oder die »Lisa, die die Schwester des Per Larsson war«, oder den »Erik, der vor zwei Jahren beim Bürgermeister diente«.

Gunnar, Ljung Björns Sohn, kam mit dem größten Paket daher. Es trug die Aufschrift: »An Karin, die neben mir in der Schule saß und in dem großen Wald wohnte.« Den Namen des Vaters hatte er vergessen, aber für Karin hatte er ein Paar Schuhe aus Glanzleder mit hohen, geschweiften Absätzen verfertigt. Er wußte, daß dies die beste Schuhmacherarbeit war, die je in der Kolonie ausgeführt worden war. »Und sage ihr, daß sie zu mir hierherkommen soll, wie wir ausgemacht haben, ehe ich abreiste«, sagte er, als er sein Paket Gertrud anvertraute.

Die Großbauern aber gingen zu Ingmar und übergaben ihm Briefe und wichtige Aufträge. »Und dann mußt du zum Pfarrer gehen und zum Bürgermeister und zum Schulmeister«, sagten sie zuletzt, »und ihnen erzählen, daß du mit eigenen Augen gesehen hast, wie gut es uns geht, und daß wir in einem richtigen Haus wohnen und nicht in Höhlen, und daß wir Arbeit und ordentliche Nahrung haben und ein anständiges Leben führen.«

Seit jener Nacht, in der Gabriel Ingmar im Tal Josaphat aufgefunden hatte, bestand große Freundschaft zwischen den beiden, und sobald Gabriel eine freie Stunde hatte, verbrachte er sie bei Ingmar, der während seiner Krankheit allein im Gastzimmer wohnte. Aber an dem Tag, wo Gertrud vom Ölberg herabkam und Ingmar versprach, mit ihm nach Dalarne zurückzukehren, zeigte sich kein Gabriel im Krankenzimmer. Ingmar fragte mehrere Male nach ihm, aber niemand konnte ihn ausfindig machen.

Als nun eine Stunde um die andere verging, wurde Ingmar unruhig. Im ersten Augenblick, als Gertrud ihm zu folgen versprach, hatte er sich befriedigt und glücklich gefühlt. Er war nur dankbar dafür gewesen, daß er sie aus diesem gefährlichen Land, in das sie durch seine Schuld getrieben worden war, wegführen durfte. Und sicherlich war er noch immer herzlich froh darüber; aber mit jeder Stunde wurde die Sehnsucht nach seiner Frau stärker und stärker. Es kam ihm ganz unmöglich vor, seinen Vorsatz durchzuführen. Bisweilen fühlte er die größte Lust, Gertrud seine ganze Geschichte zu erzählen, aber nach einigem Nachdenken wagte er es doch nicht. Sobald sie erführe, daß er sie nicht mehr liebhabe, würde sie sich weigern, mit ihm zu reisen. Auch wußte er gar nicht, wen Gertrud liebhatte, ob er selbst, Ingmar, es war oder ein anderer. Manchmal hatte er gemeint, es sei Gabriel, aber schließlich hatte er eingesehen, daß Gertrud, seit sie in der Kolonie wohnte, gewiß keinen andern geliebt hatte als den, den sie auf dem Ölberg erwartete. Und wenn sie nun wieder in die Welt hinauskam, dann würde vielleicht ihre alte Liebe zu Ingmar aufs neue erwachen. Und wenn dies geschah, dann war es wohl besser, er heiratete sie und versuchte sie glücklich zu machen, anstatt sich immerfort nach einer zu sehnen, die nie wieder die Seine werden konnte.

Aber obschon er es versuchte, auf diese Weise mit sich selbst zu rechten, so nahm doch der innere Widerwillen, der ihn quälte, immer mehr zu. Während er mit verbundenen Augen dasaß, sah er beständig seine Frau vor sich. »Es ist ganz klar, daß ich zu ihr gehöre«, dachte er, »es gibt sonst niemand, der solche Macht über mich hätte.«

»Ich weiß, was schuld daran war, daß ich mich auf dieses Unternehmen einließ«, fuhr er fort. »Ich wollte ebenso tüchtig sein wie Vater. So wie er die Mutter aus dem Gefängnis heimführte, so wollte ich Gertrud aus Jerusalem nach Hause bringen. Aber nun weiß ich, daß es mir nicht ebenso gehen kann wie dem Vater, ich komme zu kurz, weil ich kein so treues Herz habe wie er.«

Endlich, gegen Abend, kam Gabriel zu Ingmar. Er blieb an der Tür stehen, als sei es seine Absicht, gleich wieder zu gehen. »Ich habe gehört, daß du nach mir gefragt hast«, sagte er.

»Ja«, sagte Ingmar, »ich muß abreisen.«

»Ich weiß, daß es beschlossen worden ist«, erwiderte Gabriel ganz kurz.

Ingmar hatte einen Verband auf beiden Augen; er wandte den Kopf nach der Seite, wo Gabriel stand, als ob er ihn sehen möchte. »Es scheint, du hast es eilig«, sagte er.

»Ja, ich habe noch viel zu besorgen«, versetzte Gabriel und machte einen Schritt zur Tür hin.

»Ich hätte dich übrigens gern etwas gefragt!«

Gabriel trat wieder näher, und Ingmar begann: »Ich möchte wissen, ob du sehr dagegen wärest, für einen oder zwei Monate heimzureisen. Ich glaube, dein Vater würde sich sehr freuen, dich zu sehen.«

»Wie kommst du auf diesen Gedanken?«

»Wenn du Lust dazu hättest, würde ich die Reisekosten übernehmen«, fuhr Ingmar fort.

»Ach so«, sagte Gabriel.

»Ja«, sagte Ingmar, eifriger werdend, »ich würde Hök Matts gerne die Freude machen, dich vor seinem Tod noch einmal zu sehen.«

»Du möchtest wohl am liebsten die ganze Kolonie mitnehmen«, sagte Gabriel ein wenig verächtlich.

Da verstummte Ingmar vollständig. Er hatte seine letzte Hoffnung darauf gesetzt, Gabriel zum Mitreisen überreden zu können. »Ich glaube, daß Gertrud ihn bald liebgewinnen würde, wenn er uns begleitete«, hatte er gedacht. »Sie gehören beide dem gleichen Glauben an und haben sich hier in der Kolonie ganz aneinander gewöhnt, und es wird ja wohl etwas ausmachen, daß er sie liebt.«

Nach ein paar Augenblicken begann Ingmar aber doch

wieder zu hoffen. »Es war vielleicht mein Fehler, ich habe meine Bitte wohl dumm vorgebracht«, dachte er. »Na ja«, sagte er laut, »ich muß offen bekennen, daß ich dich hauptsächlich um meiner selbst willen gebeten habe.« Gabriel entgegnete nichts. Ingmar wartete auf seine Antwort, als aber keine kam, fuhr er fort: »Ich weiß nicht recht, wie es Gertrud und mir auf dieser schwierigen Reise gehen soll. Wenn ich mit verbundenen Augen reisen muß, kann ich mir nicht vorstellen, wie wir in alle die kleinen Boote, die zu den Dampfern hinausfahren, ein- und aussteigen sollen. Auch wird es nicht leicht sein, die Fallreeptreppen und dergleichen zu erklettern. Ich habe Angst, ich könnte fehltreten und ins Wasser fallen. Es wäre gut, wenn wir einen Mann bei uns hätten.«

»Da hast du schon recht«, sagte Gabriel.

»Und Gertrud kann doch nicht die Fahrkarten kaufen.«

»Ich bin auch der Ansicht, daß du noch jemand mitnehmen solltest«, gab Gabriel zu.

»Ja«, sagte Ingmar vergnügt, »ich meine, du müßtest begreifen, wie notwendig es ist, daß uns jemand begleitet.«

»Du solltest Hellgum bitten. Er hat von uns allen die größte Erfahrung im Reisen.«

Wieder schwieg Ingmar; er schien sehr niedergeschlagen zu sein, als er wieder sprach: »Ich hatte gedacht, du würdest mitkommen.«

»Nein, mich mußt du nicht darum bitten«, sagte Gabriel. »Ich bin so glücklich hier. Jeder andere von der Kolonie wird dich gewiß gern begleiten.«

»Es ist ein großer Unterschied, wer einen begleitet. Dich kenne ich besser als alle andern.«

»Ich kann aber jedenfalls nicht.«

Ingmar wurde von zunehmender Unruhe ergriffen. »Das ist mir eine große Enttäuschung«, sagte er. »Ich glaubte, es sei dir Ernst gewesen, als du sagtest, du wollest mein Freund sein.«

Da unterbrach Gabriel ihn hastig. »Ich danke dir für das Anerbieten, aber du magst sagen, was du willst, du bringst mich doch nicht auf andre Gedanken, und deshalb gehe ich jetzt auch wieder an meine Arbeit.« Damit wandte er sich rasch um und ging, ohne Ingmar Zeit zu lassen, noch ein Wort zu sagen.

Aber nachdem Gabriel Ingmar verlassen hatte, schien er keineswegs mehr solche Eile zu haben, wie er gesagt hatte. Langsam wanderte er zum Tor hinaus und setzte sich dort unter den großen Baum. Es war schon Abend, und jede Spur des Tageslichts war verschwunden, aber die Sterne und eine bleiche Mondsichel leuchteten gar schön.

Er hatte noch keine fünf Minuten dagesessen, als das Tor leise geöffnet wurde und Gertrud heraustrat. Sie sah sich einige Augenblicke um, dann entdeckte sie Gabriel. »Bist du es, Gabriel?« fragte sie, indem sie näher trat und sich neben ihn setzte. »Ich dachte mir, daß ich dich hier finden würde.«

»Ja, wir haben manchen Abend hier gesessen«, sagte er.

»Das ist wahr«, sagte Gertrud, »und das ist nun wohl der letzte.«

»Ja, so ist es wohl.« Gabriel saß sehr aufrecht und steif da, seine Stimme klang kalt und hart, so daß man hätte meinen können, sie redeten von etwas, was ihm mehr als gleichgültig sei.

»Ingmar sagte mir, daß er dich bitten wolle, uns zu begleiten.«

»Ja, er hat schon mit mir gesprochen, aber ich habe nein gesagt«, erwiderte Gabriel.

»Ich konnte es mir denken, daß du nicht mitreisen würdest«, sagte Gertrud.

Nun schwiegen beide, als hätten sie einander nichts zu sagen; aber Gertrud wandte immer wieder das Gesicht und betrachtete Gabriel. Er hatte den Kopf etwas erhoben und schaute starr zum Himmel auf.

Nach langem Schweigen begann Gabriel, ohne den Blick von den Sternen abzuwenden oder sonst eine Bewegung zu machen: »Friert dich nicht, wenn du so lange hier draußen bleibst?«

»Du möchtest gewiß, daß ich meiner Wege gehe.«

Gabriel machte eine bejahende Bewegung mit dem Kopf, glaubte jedoch nicht, daß Gertrud sie in der Dunkelheit sehen könne. Laut sagte er: »Nein, es ist mir schon recht, daß du hier bist.«

»Ich bin heute abend herausgekommen«, sagte Gertrud, »weil ich dachte, es sei nicht sicher, ob wir uns vor meiner Abreise noch einmal treffen würden. Und ich wollte es nicht versäumen, dir zu danken, daß du mich des Morgens so oft auf den Ölberg begleitet hast.«

»Das tat ich um meiner selbst willen«, sagte Gabriel.

»Dann möchte ich dir auch noch für den Gang zum Paradiesesbrunnen danken«, sagte Gertrud lächelnd.

Gabriel schien antworten zu wollen, aber anstatt der Worte kam nur ein leises Schluchzen. Gertrud fand, daß Gabriels Wesen an diesem Abend etwas unendlich Rührendes hatte, und sie fühlte großes Mitleid mit ihm. »Wenn ich nur wüßte, womit ich ihn trösten könnte! Wenn ich ihm doch etwas sagen könnte, was ihm Freude machen würde, wenn er an einsamen Abenden unter diesem Baum daran denkt!«

Aber während Gertrud so dachte, war es ihr, als krampfe sich ihr eigenes Herz schmerzlich zusammen und als käme eine sonderbare Erstarrung über sie. »Ja, ja, auch ich werde Gabriel vermissen«, dachte sie, »wir haben uns in der letzten Zeit sehr viel zu sagen gehabt. Ich hatte mich daran gewöhnt, daß sein Gesicht aufleuchtete und er froh wurde, sooft wir uns trafen, und es hat mir gutgetan, jemand zu haben, der immer zufrieden mit mir war, was ich auch tun mochte.«

Sie verhielt sich ganz still; wie eine plötzlich aufsteigende Krankheit fühlte sie schon die zukünftige Leere. »Was ist es, was ist es, das mich überkommt?« dachte sie. »Die Trennung von Gabriel kann doch kein so großer Schmerz sein!«

Plötzlich begann Gabriel zu sprechen. »Ich denke an etwas, was ich schon den ganzen Abend vor mir sehe.«

»Sag, was es ist«, sagte Gertrud eifrig, es wurde ihr leichter ums Herz, als er sprach.

»Ja«, sagte Gabriel, »Ingmar erzählte einmal von einer Sägemühle, die zum Ingmarshof gehört. Ich glaube, es war seine Absicht, sie mir zu verpachten, wenn ich mit ihm nach Hause käme.«

»Ingmar scheint große Freundschaft für dich gefaßt zu haben«, sagte Gertrud, »denn die Sägemühle ist ihm wichtiger als alles andere.«

»Nun höre ich die Säge den ganzen Tag in meinen Ohren rattern«, sagte Gabriel. »Der Wasserfall rauscht, und die Balken stoßen im Fluß gegeneinander. Du kannst dir nicht denken, wie schön das klingt. Und dann überlege ich, wie es wäre, wenn ich auf eigene Rechnung arbeitete und etwas für mich hätte und nicht ganz und gar in so einer Kolonie aufzugehen brauchte.«

»Ach so, also daran denkst du, während du so stumm dasitzest«, sagte Gertrud sehr kühl, denn sie fühlte sich durch Gabriels Rede enttäuscht. »Danach brauchst du nicht lange zu seufzen, du kannst einfach Ingmar heimbegleiten.«

»Da ist auch noch etwas anderes«, sagte Gabriel. »Siehst du, Ingmar hat mir erzählt, daß er schon das Bauholz zu einem Haus neben der Sägemühle bereit habe. Er sagte, er habe den Bauplatz auf einem Hügel ausgewählt, gerade über dem Wasserfall, wo ein paar große Birken stünden. Und nun sehe ich dieses Haus den ganzen Abend vor mir. Ich sehe es von außen und von innen. Ich sehe die grünen Fichtenzweige vor der Tür, und ich sehe das Feuer, das auf dem Herd brennt. Und wenn ich von der Sägemühle heimkomme, dann sehe ich eine, die unter der Tür steht und mich erwartet.«

»Es wird kalt, Gabriel«, unterbrach ihn Gertrud. »Meinst du nicht, wir sollten hineingehen?«

»So, nun willst du hineingehen?« sagte Gabriel.

Sie rührten sich jedoch nicht von der Stelle und unterbrachen das Schweigen nur selten.

Einmal sagte Gertrud: »Gabriel, ich glaubte, du liebst die Kolonie über alles und würdest dich um nichts auf der Welt von ihr trennen wollen.«

»O nein«, widersprach Gabriel, »es gibt schon etwas, wofür ich sie opfern würde.«

Wieder hing Gertrud ihren Gedanken nach, dann fragte sie: »Willst du mir nicht sagen, was es ist?«

Gabriel antwortete nicht sogleich, sondern erst nach einer langen Bedenkzeit und mit halberstickter Stimme: »Ich kann es dir ja schließlich sagen. Wenn der Fall einträte, daß das Mädchen, das ich liebe, käme und sagte, daß sie mich liebhabe.«

Gertrud verhielt sich so ruhig, daß sie kaum zu atmen wagte.

Aber obgleich keiner sprach, war es doch als hätte Gabriel Gertrud sagen hören, daß sie ihn liebe oder etwas Ähnliches, denn er sagte jetzt, ganz ohne zu stocken: »Du wirst sehen, Gertrud, nun erwacht die Liebe zu Ingmar aufs neue in dir. Du bist eine Zeitlang böse auf ihn gewesen, weil er dich aufgegeben hatte, aber nun, da du ihm vergeben hast, wirst du ihn wieder so liebgewinnen wie früher.« – Er hielt inne, um eine Antwort abzuwarten, aber Gertrud schwieg. – »Es wäre entsetzlich, wenn du ihn nicht liebtest«, fuhr Gabriel fort. »Bedenke, was er alles für dich getan hat! Er wollte ja lieber blind werden, als ohne dich heimkehren.«

»Ja, es wäre entsetzlich, wenn ich ihn nicht liebhätte«, sagte Gertrud mit ersterbender Stimme. Sie wußte, daß sie bis zu diesem Augenblick in ihrem tiefsten Herzen geglaubt hatte, sie könne nie einen andern lieben als Ingmar.

»Ich kann das heute abend nicht klar sehen, Gabriel«, sagte Gertrud. »Ich weiß nicht, was mit mir ist, aber du darfst nicht von Ingmar mit mir sprechen.«

Und dann sagte bald der eine, bald der andre etwas von Hineingehen, trotzdem blieben sie sitzen, bis Karin Ingmarstochter zu ihnen herauskam und sie ins Haus rief: »Ingmar läßt euch beide bitten, zu ihm zu kommen.«

Während nämlich Gertrud mit Gabriel gesprochen hatte, war Karin bei Ingmar gewesen. Sie hatte ihm Grüße an die in der Heimat Zurückgebliebenen aufgetragen, zog aber dann das Gespräch sehr in die Länge; es war deutlich, daß sie Ingmar noch etwas sagen wollte, aber nicht den Anfang dazu fand.

Schließlich sagte sie so langsam und gleichgültig, daß jeder verstehen konnte, daß sie nun mit ihrem eigentlichen Anliegen herausrückte: »Es ist ein Brief von Ljung Björns Bruder Per gekommen.«

»Ach so«, sagte Ingmar.

»Ich möchte dir sagen, daß ich dir unrecht tat, als wir damals, gleich nach deiner Ankunft, in meinem Zimmer miteinander sprachen.«

»Ach nein, du sagtest nur, was du für recht hieltest.«

»Nein, denn ich weiß jetzt, daß du Grund hattest, dich von Barbro scheiden zu lassen. Ljung Per schreibt, daß sie keine gute Frau sei.«

»Ich habe nie ein böses Wort über Barbro gesagt.«

»Es heißt jetzt, es sei ein Kind auf dem Ingmarshof.«

»Wie alt ist das Kind?«

»Es soll im August geboren sein.«

»Das ist eine Lüge, eine Lüge«, sagte Ingmar und schlug mit der Faust auf den Tisch. Er hätte dabei beinahe Karins Hand getroffen, die auf der Tischplatte lag.

»Schlägst du mich jetzt?« sagte sie.

»Ich sah nicht, daß deine Hand dalag«, sagte Ingmar.

Karin sprach noch weiter darüber, und Ingmar beruhigte sich schnell wieder. »Du begreifst doch wohl, daß eine solche Nachricht nicht angenehm für mich ist«, sagte er. »Deshalb möchte ich dich bitten, Ljung Per von mir zu grüßen und er soll darüber nichts bekanntwerden lassen, bis wir wissen, ob es die volle Wahrheit ist.«

»Ja, ich werde schon dafür sorgen, daß er schweigt.«

»Und dann möchte ich wissen, ob du Gabriel und Gertrud miteinander zu mir schicken kannst«, sagte Ingmar.

Als Gertrud und Gabriel in das Krankenzimmer traten,

kauerte Ingmar in einem dunklen Winkel, sie konnten ihn kaum sehen. »Was ist dir, Ingmar?« fragte Gabriel.

»Ach, ich habe etwas auf mich genommen, was über meine Kraft geht«, sagte Ingmar, indem er den Oberkörper hin und her wiegte.

»Ingmar«, sagte Gertrud, indem sie zu ihm trat, »sag mir nun aufrichtig, was dich quält. Von unserer Kindheit an haben wir ja kein Geheimnis voreinander gehabt.« Ingmar schwieg. Da trat Gertrud ganz dicht zu ihm und legte ihm die Hand auf den Kopf. »Ich glaube, ich kann erraten, was dir ist«, sagte sie.

Da richtete sich Ingmar plötzlich auf. »Ach nein, Gertrud, rate lieber nicht«, sagte er, indem er sein Taschentuch herauszog und es ihr reichte. »Sie nach, ob sich ein dicker Brief darin befindet, der an Barbro gerichtet ist.«

»Ja«, sagte Gertrud, »hier ist er.«

»Ich möchte dich bitten, ihn zu lesen. Du und Gabriel, ihr müßt ihn alle beide lesen. Ich schrieb ihn gleich am Anfang, als ich hierherkam, hatte aber damals noch die Kraft, ihn nicht abzuschicken.«

Gabriel und Gertrud setzten sich an den Tisch und begannen zu lesen. Ingmar blieb in seinem Winkel sitzen und horchte auf das Umwenden der Blätter. »Nun lesen sie dies«, dachte er, »und nun dies. Nun sind sie an der Stelle, wo Barbro mir erzählt, wie ihr Vater durch seine Schlauheit erreichte, daß wir heirateten. Nun lesen sie, wie sie die silbernen Humpen zurückkaufte, und nun sind sie an dem, was mir Stig Börjesson mitteilte. Und nun erfährt Gertrud, daß ich sie nicht mehr liebhabe, nun sieht sie deutlich, welch ein Tropf ich bin.«

Es war totenstill im Zimmer. Gertrud und Gabriel machten keine Bewegung, nur die Briefblätter wurden umgewendet. Es war, als wagten sie kaum zu atmen.

»Und wie soll Gertrud verstehen können, daß es gerade heute, wo sie eingewilligt hat, über meine Kraft geht und ich es nicht lassen kann, ihr zu sagen, daß ich Barbro liebe?« dachte Ingmar.

»Und wie soll ich selbst verstehen, daß ich, als Barbro vor mir verleumdet wurde, nicht ertragen konnte, an eine andre gebunden zu sein? Ich weiß nicht, was ich habe, ich glaube, ich bin gar kein rechter Mensch mehr.«

Er lauschte eifrig und wartete immerfort darauf, daß die andern etwas sagen würden, hörte aber nur das Rascheln des Papiers.

Endlich konnte er es nicht länger ertragen; vorsichtig hob er die Binde von dem Auge, mit dem er noch sehen konnte.

Er sah zu Gabriel und Gertrud hinüber. Sie lasen noch immer; ihre Köpfe waren sich so nahe gekommen, daß sie beinahe Wange an Wange dasaßen, und Gabriel hatte den Arm um Gertrud gelegt.

Und während sie lasen, und mit jedem Blatt, das sie umwandten, schmiegten sie sich näher aneinander. Ihre Wangen glühten, bisweilen hoben sie den Blick vom Papier und sahen einander tief in die Augen, und ihre Augen waren dunkler und strahlender denn je.

Als sie endlich den letzten Bogen zu Ende gelesen hatten, sah Ingmar, wie Gertrud sich innig an Gabriel anschmiegte und wie sie einander umschlungen hielten, tief gerührt und feierlich gestimmt. Sie hatten vielleicht von allem, was sie gelesen, nichts weiter erfaßt, als daß ihrer Liebe nun nichts mehr im Wege stand. Und Ingmar faltete still seine großen Hände, die aussahen wie die Hände eines alten, geplagten Mannes, und dankte Gott. Und es währte lange, ehe sich eins von den dreien bewegte.

Die Kolonisten versammelten sich im großen Saal zum Morgengebet. Es war die letzte Andachtsstunde, an der Ingmar in der Kolonie teilnahm. Er, Gertrud und Gabriel mußten in ein paar Stunden nach Jaffa aufbrechen.

Am vorhergehenden Tag hatte Gabriel Mrs. Gordon und einigen Leitern in der Kolonie mitgeteilt, daß es seine Absicht sei, Ingmar in das alte Land zu begleiten und dauernd dort zu bleiben. Dabei mußte er Ingmars ganze Geschichte erzählen. Mrs. Gordon dachte lange über das Gehörte nach, dann sagte sie: »Ich glaube nicht, daß irgend jemand die Verantwortung auf sich nehmen kann, Ingmar noch unglücklicher zu machen, als er schon ist, deshalb will ich dich nicht hindern, mit ihm heimzureisen. Aber ich sehe es zugleich auch als ein Zeichen von Gott an, daß wir den jungen Menschen in unserer Kolonie die Ehe gestatten sollen. Und wenn das wirklich einmal so sein wird, dann wirst du sicherlich eines Tages mit Gertrud zu uns zurückkehren. Ich bin überzeugt, daß ihr an keinem andern Ort ganz zufrieden sein werdet.«

Damit jedoch Ingmar und die beiden andern in Eintracht und Frieden von der Kolonie abreisen konnten, sollten die übrigen Mitglieder nichts weiter erfahren, als daß Gabriel Gertrud und Ingmar begleite, um ihnen auf der schwierigen Reise behilflich zu sein.

Als die Morgenandacht begann, wurde Ingmar in den Versammlungssaal geleitet. Mrs. Gordon stand auf und ging ihm entgegen. Sie nahm ihn bei der Hand und führte ihn zu einem Sitz neben dem ihrigen und sie half ihm sehr fürsorglich beim Niedersitzen.

Dann stimmte Miß Young, die an der Orgel saß, ein Lied an, und die Morgenandacht wurde wie gewöhnlich gehalten.

Aber als Mrs. Gordon die kurze Bibelerklärung, die sie jeden Morgen abhielt, beendet hatte, erhob sich die alte Miß Hoggs und betete um eine gute Reise und eine glückliche Heimkehr für Ingmar. Darauf standen die Amerikaner und Syrer einer nach dem andern auf und baten Gott, er möge für Ingmar das rechte Licht der Wahrheit aufgehen lassen.

Einige von ihnen drückten sich sehr schön aus. Sie versprachen jeden Tag für Ingmar zu beten, der ihr liebster Bruder sei, und hofften, daß er seine Gesundheit wiedererlange. Und alle wünschten, daß er nach Jerusalem zurückkehre.

Während die Fremden sprachen, schwiegen die Schweden. Sie hatten ihren Platz gerade vor Ingmar und betrachteten ihn unverwandt.

Und während sie Ingmar betrachteten, mußten sie unwillkürlich an all das denken, was zuverlässig, gerecht und wohlgeordnet in dem alten Lande war. Solange Ingmar hier bei ihnen weilte, hatten sie das Gefühl, als ob etwas davon zu ihnen gekommen war. Aber nun, da er abreiste, überfielen sie Angst und Hilflosigkeit. Sie fühlten sich wie verloren in einem gesetzlosen Land unter allen diesen Leuten, die ohne Schonung und Erbarmen um Menschenseelen miteinander kämpften.

Und dann wanderten ihre Gedanken mit großer Wehmut nach der Heimat. Sie sahen die ganze Gegend vor sich mit den Feldern und Höfen. Und auf den Wegen wandelten die Menschen still und friedlich, alles war sicher, ein Tag verlief wie der andre, und das eine Jahr war dem andern so ähnlich, daß man sie nicht voneinander unterscheiden konnte.

Aber gerade als sich die Bauern an die große Stille daheim erinnerten, überkam es sie, wie groß und berauschend es doch für sie war, daß sie hinausgekommen waren ins Leben, daß sie ein Ziel hatten, für das sie leben konnten, und daß sie von dem grauen Einerlei des Alltags weggekommen waren.

Und einer von ihnen hob seine Stimme und betete auf schwedisch, indem er sagte: »Mein Gott, ich danke dir, daß du mich nach Jerusalem geführt hast.«

Darauf erhob sich einer nach dem andern, und alle dankten Gott dafür, daß er sie nach Jerusalem geführt habe.

Sie dankten ihm für die geliebte Kolonie, die ihre größte Freude sei. Sie dankten ihm, daß ihre Kinder schon von Jugend auf lernten, mit allen Menschen in Eintracht zu leben. Sie sprachen die Erwartung aus, daß die Jungen es in der Vervollkommnung noch weiter bringen würden als sie selbst. Sie dankten für Verfolgungen und Leiden sowie für die schöne Lehre, der nachzufolgen sie berufen seien. Sie dankten für das Land, das wohl entblößt daliege, aber mit jedem Tag vor ihren Augen immer mehr und mehr aufblühe.

Keiner setzte sich nieder, ohne von dem großen Glück, das er in sich trug, Zeugnis abgelegt zu haben. Und Ingmar verstand wohl, daß das um seinetwillen gesagt wurde, denn sie wollten ja vor allem, daß er in der Heimat schilderte, wie glücklich sie alle seien.

Ingmar richtete sich ein wenig auf, als er die Bauern sprechen hörte. Er trug den Kopf höher, und der scharfe Zug um seinen Mund vertiefte sich.

Schließlich, nachdem der Strom der Bekenntnisse versiegt war, stimmte Miß Young ein Lied an, und dann glaubten alle, die Feier sei zu Ende, und wandten sich zum Gehen. Aber da sagte Mrs. Gordon: »Heute wollen wir auch noch ein schwedisches Lied singen.«

Da stimmten die Schweden dasselbe Lied an, das sie bei der Abreise aus dem Heimatland gesungen hatten: »Ja gewiß, wir sehn uns wieder, ja gewiß, wir sehn uns wieder, droben einst im Himmelreich!«

Und als der Gesang ertönte, wurden alle sehr bewegt, und die Tränen traten ihnen in die Augen. Denn nun dachten sie wieder an alle die, die sie entbehren mußten und erst im Himmel wiedersehen konnten.

Als das Lied zu Ende war, erhob sich Ingmar und versuchte, ein paar Gedanken auszusprechen. Er hätte denen, die zurückblieben, gern einige Worte gesagt, die gleichsam aus dem Land, in das er nun zurückkehrte, zu ihnen dringen sollten. »Ich glaube fest, daß ihr uns daheim große Ehre macht«, sagte er. »Ich glaube, daß sich alle freuen werden, euch wiederzusehen, sei es im Himmel oder auf Erden. Ich glaube, es gibt nichts Schöneres, als zu sehen, wie Menschen mit großen Opfern Gerechtigkeit üben.«

Das Kind

Nun ist zu berichten, wie es Barbro Svenstochter erging, während Ingmar in Jerusalem war.

Etwa einen Monat nach Ingmars Abreise fiel es der alten Lisa auf dem Ingmarshof auf, daß Barbro von beständiger Unruhe und Rastlosigkeit geplagt war. »Es ist merkwürdig, wie verwirrt sie aus den Augen schaut«, dachte das alte Weib. »Es sollte mich nicht wundern, wenn sie eines Tages verrückt würde.«

Eines Abends begann sie Barbro auszufragen. »Ich möchte wohl wissen, was dir fehlt«, sagte sie. »Als ich ein junges Ding war, sah ich in einem Winter die Hausmutter auf dem Ingmarshof auch mit solchen Augen herumgehen wie du jetzt.«

»War es die, die das Kind umbrachte?« fragte Barbro.

»Ja«, sagte Lisa, »und nun glaube ich beinahe, daß du dich mit denselben Gedanken trägst.«

Barbro gab keine direkte Antwort, sondern sagte: »Als ich diese Geschichte erfuhr, wunderte ich mich nur über eins.« – Die alte Lisa fragte, was das sei. – »Ja, daß sie nicht gleichzeitig mit sich selbst ein Ende machte.«

Die alte Lisa saß an ihrem Spinnrocken und spann. Jetzt legte sie die Hand auf das Rad, um es anzuhalten, und richtete ihre Augen auf Barbro. »Es kann ja niemand wundern, daß du unglücklich bist, wenn es jetzt Zuwachs auf dem Hofe gibt, seitdem dein Mann nicht mehr hier ist«, sagte sie langsam. »Er wußte doch wohl nichts davon, als er abreiste?«

»Wir wußten nichts davon, weder er noch ich«, sagte Barbro leise, als ob sie vor drückendem Kummer nicht sprechen könne.

»Aber nun mußt du ihn heimrufen.«

»Nein«, sagte Barbro, »mein einziger Trost ist ja, daß er fort ist.«

Das Weib ließ entsetzt die Hände sinken. »Ist das ein Trost?« rief sie.

Barbro stand am Fenster und starrte hinaus. »Weißt du denn nicht, daß ein Fluch auf mir liegt?« sagte sie.

»O ja, man kann wohl nicht in einem Hause aus und ein gehen, ohne daß man allerlei erfährt«, sagte die Alte. »Ich habe gehört, daß du von Sorgbackan, dem Sorgenhügel, abstammst.«

Eine Weile wurde nichts gesprochen; die alte Lisa ließ ihr Spinnrad schnurren und warf ab und zu einen Blick auf Barbro, die noch immer am Fenster stand, während immer wieder ein Zittern durch ihren Körper lief.

Nachdem wohl fünf Minuten vergangen waren, stellte die Alte ihre Arbeit ein und ging zur Tür.

»Wohin willst du?« fragte Barbro.

»Das kann ich dir gern sagen. Ich will jemand ausfindig machen, der es Ingmar schreiben kann.«

Da stellte sich ihr Barbro in den Weg. »Ich rate dir, laß das sein!« sagte sie. »Bevor der Brief geschrieben ist, liege ich im Sturzbach.«

Sie standen einander gegenüber und sahen sich an. Barbro war groß und stark, und die alte Lisa glaubte, sie wolle sie gewaltsam zurückhalten. Aber auf einmal brach Barbro in ein Gelächter aus und trat zur Seite.

»Ja, schreib nur«, sagte sie, »das macht mir nichts aus. Es wird dann einfach so, daß ich noch früher ein Ende machen muß, als ich beabsichtigt hatte.«

»O nein«, erwiderte die Alte, die begriff, daß sie behutsam mit Barbro umgehen müsse, weil sie in solcher Verzweiflung war. »Ich werde nicht schreiben; ich will dich nicht zu einer unbesonnenen Tat treiben.«

»Doch, schreib nur, für mich ändert sich dadurch nichts. Du begreifst doch wohl, daß ich jedenfalls ein Ende mit mir machen muß? Man kann doch wirklich nicht die Verantwortung auf sich nehmen, so ein Elend in Ewigkeit weitergehen zu lassen.«

Die Alte setzte sich wieder an ihr Spinnrad und begann zu spinnen. »Willst du nicht den Brief besorgen?« sagte Barbro, zu ihr tretend.

»Ich möchte wissen, ob ich ein vernünftiges Wort mit dir sprechen kann«, sagte die alte Lisa.

»O ja«, sagte Barbro, »das kannst du schon.«

»Ich denke nun so«, sagte Lisa, »ich will dir versprechen, es geheimzuhalten, aber dann mußt du darauf eingehen, daß du weder dir noch dem Kind etwas zuleid tust, bis wir ganz sicher sind, daß es so wird, wie du fürchtest.«

Barbro überlegte. »Versprichst du mir, daß ich nachher freie Hand bekomme?«

»Ja«, sagte die Alte, »nachher kannst du tun, was du willst, das verspreche ich dir.«

»Ach, eigentlich könnte ich ebensogut jetzt gleich ein Ende machen«, sagte Barbro mit gleichgültigem Gesicht.

»Ich glaubte, du wünschtest vor allem, daß Ingmar sein Unrecht wiedergutmacht«, sagte Lisa, »aber daraus wird wohl nichts werden, wenn er so eine Nachricht bekommt.«

Barbro fuhr zusammen und griff sich ans Herz. »Nun, wie du willst, aber es ist ein schweres Versprechen«, sagte sie. »Du mußt achtgeben, daß du mich nicht verrätst.«

Die Verabredung wurde genau eingehalten. Die alte Lisa verriet nichts, und Barbro nahm sich von da an so zusammen, daß niemand ahnte, was ihr bevorstand. Sie hatte auch insofern Glück, als der Frühling sehr frühzeitig anbrach. Schon im April schmolz der Schnee im Wald, und sobald sich die ersten grünen Grasspitzen zeigten, ließ Barbro etliche Kühe auf die Alm treiben, die weit entfernt zwischen einsamem Ödland lag. Sie und die alte Lisa zogen mit hinauf, um das Vieh zu versorgen.

Ende Mai kam dann ein Kind zur Welt. Es war ein Junge, und er sah viel weniger gut aus als das Kind, das Barbro im vorhergehenden Herbst geboren hatte. Es war klein und elend und schrie beständig. Als die alte Lisa es Barbro zeigte, lachte diese bitter.

»Um dieses Kindes willen hättest du mich nicht zum Weiterleben zu zwingen brauchen.«

»Einem so kleinen Geschöpf kann man nicht ansehen, was aus ihm werden wird«, sagte die Alte.

»Nun denke auch daran, daß du dein Versprechen hältst und mir freie Hand läßt«, sagte Barbro mit harter Stimme.

»Ja«, erwiderte die Alte, »aber ich muß zuerst wissen, ob es blind ist.«

»Du kannst ja tun, als ob du nicht sähst, was für ein Kind es ist«, sagte Barbro.

Auch Barbro war diesmal elender als im vorigen Jahr. In der ganzen ersten Woche war sie so schwach, daß sie nicht aufstehen konnte. Das Kind lag nicht im Zimmer, sondern die Alte hielt es in einem der kleinen Schuppen auf der Almwiese verborgen.

Sie pflegte es Tag und Nacht, gab ihm Ziegenmilch zu trinken und erhielt es nur mit großer Mühe am Leben. Ein paarmal am Tag brachte sie es in die Stube; da wandte sich Barbro gegen die Wand, um es nicht sehen zu müssen.

Eines Tages stand die alte Lisa an dem kleinen Fenster der Sennhütte und sah hinaus. Sie hatte das Kind auf dem Arm, das wie gewöhnlich schrie, und die Alte dachte eben, wie elend es doch sei. »Sieh, sieh!« sagte sie plötzlich und beugte sich vor, um besser sehen zu können, »da kommt jemand zu Besuch.« Im nächsten Augenblick war sie auch schon mit dem Kind bei Barbro. »Du mußt das Kind einstweilen nehmen. Ich will denen draußen entgegengehen und ihnen sagen, daß du krank im Bett liegst und sie nicht hereinkommen können.« Sie legte das Kind aufs Bett, und Barbro ließ es liegen, ohne es zu berühren. Es schrie unausgesetzt aus vollen Halse. Nach einem Augenblick kam die Alte wieder herein. »Das Kind schreit so laut, daß man es im ganzen Wald hört«, sagte sie. »Wenn du es nicht zum Schweigen bringen kannst, ist es unmöglich, die Leute in Unwissenheit darüber zu erhalten, daß ein Kind da ist.« Nach diesen Worten verschwand sie wieder, und Barbro wußte sich keinen Rat, als das Kind an die Brust zu legen.

Die Alte blieb eine gute Weile draußen. Als sie zurückkam, schlief das Kind, und Barbro betrachtete es. »Du brauchst keine Angst zu haben«, sagte die alte Lisa. »Sie haben nichts gehört, sie sind nach der andern Seite gegangen.«

Barbro warf ihr einen finsteren Blick zu. »Nun denkst du, du hast deine Sache gut gemacht. Meinst du, ich verstehe nicht, daß niemand draußen war und du mich nur erschrecken wolltest, damit ich das Kind nehme?«

»Jetzt kann ich es wohl wieder hinaustragen?« sagte die Alte.

»Laß es hier liegen, bis es aufwacht.«

Gegen Abend wollte die Alte den Jungen wieder hinausnehmen. Er war nun ganz still und lieb und machte die Händchen auf und zu. »Was machst du denn in der Nacht mit ihm?« fragte Barbro.

»Er liegt draußen in der Scheune.«

»Läßt du ihn da draußen liegen wie eine junge Katze?«

»Ich dachte nicht, daß es so wichtig wäre, wo dieses Kind liegt, aber wenn du willst, kann es auch in der Stube bleiben.«

Als der Junge sechs Tage alt war, sah Barbro vom Bett aus zu, wie die Alte ihn wickelte. »Wie ungeschickt du ihn hältst«, sagte Barbro, »da wundert es mich nicht, daß er so viel schreit.«

»Ich habe schon andre Kinder versorgt«, sagte die Alte, »und ich glaube, ich verstehe mich ebensogut darauf wie du.«

Barbro schwieg eine Weile, aber im stillen dachte sie, sie habe noch nie jemand so schlimm mit einem Kind umgehen sehen. »Du hältst ihn ja so, daß er ganz schwarzblau im Gesicht wird!« sagte sie ungeduldig.

»Ich glaubte, mit einem Wechselbalg brauche man nicht so viele Umstände zu machen, als wäre es ein Prinz«, sagte die Alte jetzt ärgerlich; »aber da ich nichts tauge, kannst du es ja selbst versuchen.« Mit diesen Worten überließ sie das Kind seiner Mutter und ging hinaus.

Barbro nahm das Kind; sie band es in die Windel ein, und der Junge war bald still und zufrieden. »Siehst du, nun schweigt er«, sagte sie, als Lisa wieder hereinkam, und sah ganz stolz dabei aus.

»Man hat mir immer gesagt, ich könnte gut mit Kindern

umgehen«, erwiderte die Alte, und noch lange nachher war sie schlechter Laune.

Von da ab sorgte Barbro immer selbst für den Jungen. Eines Tages, solange sie noch bettlägerig war, bat sie Lisa um eine reine Windel. Die Alte sagte, sie habe keine mehr im Vorrat, wolle aber gleich eine waschen.

Barbro errötete, und die Tränen traten ihr in die Augen.

»Das arme Kind hat es nicht besser, als wenn es von einer Bettelfrau geboren wäre«, sagte sie hastig.

»Du hättest selbst ein wenig an all das denken sollen«, sagte die Alte. »Ich möchte wohl wissen, wie es dir ergangen wäre, wenn ich nicht eingepackt hätte, was ich an Kindersachen finden konnte.«

Nun tauchte die Vergangenheit wieder vor Barbro auf. Die düstre Verzweiflung, die sie den ganzen Winter hindurch gequält hatte, überfiel sie aufs neue und machte sie hart. »Es wäre besser, wenn dies Kind weder gepflegt noch gewartet würde«, sagte sie.

Am nächsten Tag stand Barbro auf. Sie holte Nadel und Faden herbei und begann ein Laken zu zerschneiden, um Kinderzeug daraus zu machen. Nachdem sie eine Weile gearbeitet hatte, kehrten die düstern Gedanken wieder. »Was nützt es, daß ich auf diese Weise für ihn sorge? Es wäre besser, ich ginge mit ihm zum Moor hinaus, denn dort müssen wir alle beide enden.«

Sie ging zur alten Lisa, die die Kühe molk, bevor sie sie in den Wald hinaustrieb. »Lisa, weißt du, wie lange es dauern kann, bis wir sicher wissen, ob das Kind sieht?«

»Das wird schon noch acht bis vierzehn Tage andauern, bis man ganz sicher sein kann«, antwortete die Alte. Hierauf ging Barbro wieder an ihre Arbeit. Als sie die Schere führte, schnitt sie ungleich, sie fühlte, daß ihre Hand zitterte und bebte. Bald teilte sich das Zittern ihrem ganzen Körper mit, und sie mußte die Arbeit eine Weile einstellen. »Lieber Gott, was ist mir denn? Ist es denn möglich, daß ich mich über die Aussicht, ihn noch ein paar Wochen behalten zu dürfen, so freue, daß ich an allen Gliedern zittere?«

Die alte Lisa hatte es recht beschwerlich draußen im Wald. Sie mußte auf die Kühe achtgeben und auch die Milch allein versorgen. Barbro dachte nur noch an die Pflege des Kindes und half ihr bei nichts. »Du könntest auch etwas andres tun, als immerfort den Jungen anstarren«, sagte die Alte eines Tages, als sie ganz ermattet war.

Barbro stand auf und verließ die Hütte. Aber auf der Schwelle wandte sie sich wieder um. »Später im Sommer wirst du schon Hilfe bekommen«, sagte sie. »In diesen Tagen will ich nicht von ihm weggehen.«

Als nun Barbro den Jungen immer lieber gewann, sagte sie sich, daß die größte Barmherzigkeit, die sie ihm erweisen könnte, die wäre, ihren ersten Vorsatz auszuführen. Das Kind war die ganze Zeit schwach und kränklich. Es nahm kaum zu und war fast noch ebenso klein, wie es zur Welt gekommen war. Aber am meisten bekümmerte es Barbro, daß seine Augen immer geschwollen und rotgerändert waren. Es machte kaum einen Versuch, die Lider zu heben.

Eines Tages begann Lisa davon zu sprechen, wie alt das Kind sei. »Barbro, heute ist der Junge schon drei Wochen alt«, sagte sie.

»Nein«, erwiderte Barbro heftig, »erst morgen.«

»Ach so«, sagte die Alte, »dann habe ich mich verrechnet, aber ich erinnere mich genau, daß er an einem Mittwoch geboren wurde.«

»Ich meine, du könntest ihn mir wohl einen Tag länger gönnen«, sagte Barbro.

Als die alte Frau sich am nächsten Morgen ankleidete, sagte sie zu Barbro: »Das Futter ist recht knapp hier in der Nähe, ich will die Kühe etwas weiter in den Wald hineintreiben. Wir kommen erst am Abend zurück.«

Heftig wandte sich Barbro um und schien etwas sagen zu wollen, preßte jedoch die Lippen zusammen und schwieg.

»Wolltest du etwas?« fragte die Alte. Es kam ihr so vor, als wollte Barbro sie bitten, daheim zu bleiben. Aber es wurde nichts daraus.

Am Abend kam die Alte langsam mit dem Vieh zurück. Lockend und rufend ging sie vor den Kühen her, die immer wieder nach rechts und links ausbogen oder stehenblieben, sobald sie einen grünen Fleck sahen. Lisa wurde ungeduldig und schalt die eigensinnigen Tiere. »Ach«, sagte sie schließlich, »es ist gar nicht der Mühe wert, daß du dich so beeilst, du alte Lisa. Du kommst noch früh genug zu dem, was dich erwartet.«

Als sie die Tür der Sennhütte öffnete, hatte Barbro den Jungen auf dem Schoß und sang ihm vor. »Ach, lieber Gott, wie spät du kommst, Lisa!« rief sie. »Ich weiß gar nicht, was ich tun soll. Sieh, der Junge hat einen Ausschlag bekommen!« Und sie stand auf und wies auf ein paar rote Flecken am Hals des Kindes. Die alte Lisa stand noch immer unter der Tür; nun schlug sie die Hände zusammen vor Verwunderung und begann zu lachen. Barbro sah sie bestürzt an. »Ist denn der Ausschlag nicht gefährlich?« sagte sie.

»Der ist bis morgen wieder vorüber«, sagte die Alte und lachte noch immer.

Barbro wunderte sich sehr, bis ihr einfiel, welche Angst die arme Frau an diesem Tage ausgestanden haben mußte. »Ja, es wäre für uns alle besser gewesen, wenn ich es getan hätte«, sagte sie. »Das war wohl auch deine Ansicht, und deshalb bist du heute weggegangen.«

»Ich habe heute nacht überlegt, was ich tun soll«, sagte die Alte, »und da flüsterte mir etwas zu, daß der Junge sich am besten selbst bewachen würde, wenn ich dich allein mit ihm ließe.«

Als die Abendarbeit beendigt war und die beiden zur Ruhe gingen, sagte Lisa zu Barbro: »Bist du nun sicher, daß du den Jungen leben lassen willst?«

»Ja«, antwortete Barbro, »wenn Gott ihm Gesundheit gibt, so daß ich ihn behalten darf.«

»Aber wenn er nun schwachsinnig wird und blind dazu?«

»Ich weiß ja schon, daß er das ist«, sagte Barbro. »Aber

ich bin nicht imstande, ihm ein Leid anzutun. Wie es auch sein mag, ich bin dankbar, daß ich ihn pflegen darf.«

Die Alte setzte sich auf die Bettkante und überlegte. »Da es nun so gegangen ist, wirst du doch wohl an Ingmar schreiben?« sagte sie.

Da sagte Barbro mit entsetztem Gesicht: »Ich dachte, du möchtest, daß das Kind am Leben bleiben darf, aber wenn du an Ingmar schreibst, dann weiß ich nicht, was ich tue.«

»Dann sag mir nur, wie du es anders machen willst«, erwiderte Lisa. »Der erste beste, der erfährt, daß du ein Kind hast, kann doch an ihn schreiben und es ihm mitteilen.«

»Ich wollte versuchen, es vor allen geheimzuhalten, bis Ingmar mit Gertrud verheiratet ist.«

Die alte Lisa schwieg und grübelte lange über diese Worte nach. Sie sah deutlich, daß Barbro ganz erpicht darauf war, großes Unglück über sich zu bringen, und wagte nicht mehr, ihr zu widersprechen. »Du bist gegen uns alte Leute auf dem Ingmarshof sehr gut gewesen«, sagte sie zaghaft, »und es braucht dich nicht zu verwundern, daß wir dich gern als Hausmutter behalten möchten.«

»Wenn ich je gut gegen dich gewesen bin«, antwortete Barbro, »dann vergiltst du es mir tausendfach, wenn du mir in dieser Sache gehorsam bist.«

Barbro setzte ihren Willen durch, und den ganzen Sommer lang erfuhr niemand etwas von dem Jungen. Wenn Leute zur Sennhütte kamen, wurde er im Heuschuppen versteckt. Barbros größte Sorge war, wie sie im Herbst, wenn sie ins Dorf zurückkehren mußte, das Kind geheimhalten sollte. Darüber grübelte sie jeden Tag nach.

Aber mit jeder Stunde gewann sie das Kind lieber, und damit kehrte ihre frühere Seelenruhe teilweise zurück. Allmählich wurde der Junge auch kräftiger, obgleich er noch immer langsam wuchs und zunahm. Den ganzen Sommer hindurch weinte er viel, und seine Augenlider waren immer rot und geschwollen, so daß er sie kaum öffnen konnte. Barbro zweifelte keinen Augenblick, daß er schwachsinnig sei, und obgleich sie jetzt nichts andres mehr dachte, als ihn am Leben zu lassen, hatte sie um seinetwillen doch viele schwere Stunden. Am meisten quälten die Gedanken sie bei Nacht, und dann stand sie auf und betrachtete das Kind. Es war häßlich, hatte eine gelbliche Hautfarbe und dünnes, rötliches Haar. Die Nase war zu kurz, die Unterlippe zu groß, und wenn es schlief, zog es die Augenbrauen zusammen, so daß sich tiefe Falten auf seiner Stirne zeigten. Wenn Barbro den Knaben ansah, meinte sie, er habe ein richtiges Idiotengesicht, und dann weinte sie die ganze Nacht hindurch, weil ihr Sohn so ein armer Tropf werden müsse. Aber früh am Morgen erwachte das Kind, ausgeruht und wohlgelaunt lag es in seinem Korb, der ihm als Wiege diente, und streckte Barbro die Ärmchen entgegen, wenn sie mit ihm plauderte. Dann wurde Barbro aufs neue still und geduldig. »Ich glaube, daß andre, die gesunde Kinder haben, sie nicht so lieben wie ich dieses kränkliche«, sagte sie zu der alten Lisa.

Die Zeit verging, und der Sommer ging zu Ende. Barbro war sich noch nicht klar darüber, wie sie es anfangen sollte, um das Kind auch nach ihrer Rückkehr geheimzuhalten.

Anfang September war es an einem Abend sehr dunkel und rauh; es regnete und stürmte. Barbro und Lisa hatten ein Feuer im Kamin angezündet und wärmten sich an den Flammen. Barbro hatte das Kind auf dem Schoß, und wie gewöhnlich sann sie darüber nach, wie sie es machen sollte, daß Ingmar nichts erfuhr.

»Sonst kehrt er zu mir zurück«, dachte sie. »Ich weiß nicht, wie ich's ihm begreiflich machen soll, daß ich meine Last allein tragen will.«

Während sie das dachte, öffnete sich die Tür der Hütte ganz unerwartet, und ein Wandrer trat ein.

»Gott zum Gruß im Walde!« begann der Mann. »Es ist ein Glück, daß ich das Haus entdeckt habe. In dieser pechschwarzen Nacht hätte ich das Dorf nicht erreichen können; aber da fiel mir ein, daß Ingmars Sennhütte hierherum liegen müsse.«

Der Mann war ein armer Schlucker, der früher als Krämer umhergezogen war. Jetzt bot er keine Waren mehr feil, sondern bettelte nur. Er war gewiß nicht so verarmt, daß er nicht hätte leben können, ohne die Barmherzigkeit andrer Menschen in Anspruch zu nehmen, aber er konnte es nicht lassen, herumzuziehen und Neuigkeiten auszukramen.

Das erste, was er in der Sennhütte sah, war natürlich das Kind, und er machte große Augen, als er es erblickte.

»Wem gehört denn der?« fragte er schnell. Die beiden Frauen schwiegen einen Augenblick, dann sagte die alte Lisa kurz und bestimmt: »Er gehört Ingmar Ingmarsson.«

Der Mann sah noch verwunderter aus. Er wurde auch verlegen, weil er in etwas hineingeraten war, was er nicht hätte wissen sollen. In seiner Verwirrung beugte er sich über das Kind. »Wie alt mag der kleine Kerl sein?« fragte er. Und nun war es Barbro, die sich beeilte, zu antworten: »Er ist einen Monat alt.«

Der Mann war unverheiratet und verstand sich nicht besonders auf Kinder; er konnte nicht sehen, daß Barbro ihn betrog. Bestürzt sah er sie an; sie saß ganz ruhig da. »Ach, wirklich, erst einen Monat alt?« fragte er.

»Ja«, antwortete Barbro im selben Ton.

Der Mann wurde rot und verwirrt, so alt er auch war; aber Barbro sah aus, als ginge sie die Sache gar nichts an. Er merkte wohl, daß die alte Lisa ein warnendes Zeichen machte, Barbro aber saß mit stolz erhobenem Kopf und sah Lisa nicht an.

»Die Alte da fürchtet sich nicht vor dem Lügen«, dachte er, »aber Barbro sieht man wohl an, daß sie sich zu gut dafür dünkt.«

Am nächsten Morgen ergriff er Barbros Hand und drückte sie treuherzig. »Ich werde schon schweigen«, sagte er.

»Ja, ich verlasse mich drauf«, sagte Barbro.

»Nie und nimmer werde ich verstehen können, was dich angekommen ist, Barbro«, sagte die Alte, sobald er gegangen war. »Warum lügst du über dich selbst?«

»Es blieb mir nichts andres übrig«, entgegnete Barbro.

»Meinst du denn, der Krämer Johannes wird über so etwas schweigen?«

»Ich will gar nicht, daß er schweigen soll.«

»Sollen die Leute etwa glauben, daß der Junge nicht Ingmars Kind sei?«

»Ja«, sagte Barbro, »nun läßt sich sein Dasein ja unmöglich mehr verheimlichen. Da bleibt nichts andres übrig, als sie dies glauben zu lassen.«

»Und du denkst, daß ich darauf eingehe?« fragte die Alte.

»Du mußt wohl, wenn du nicht willst, daß so ein armer Tropf der Erbe des Ingmarshofs wird.«

Mitte September pflegten alle heimzukehren, die während des Sommers auf der Alm gewesen waren. Barbro und Lisa zogen also auch wieder zum Ingmarshof hinunter, und da merkten sie bald, daß die Neuigkeit über Barbro im ganzen Dorfe bekannt war. Sie versuchte es jetzt auch gar nicht mehr zu verheimlichen, daß sie ein Kind hatte, aber sie hatte große Angst davor, es jemand sehen zu lassen, und verbarg es immer bei der alten Lisa in der hinteren Kammer des Brauhauses. Der Gedanke, jemand könnte es betrachten und dabei entdecken, daß es krank war und nie ein rechter Mensch werden konnte, war ihr unerträglich.

Selbstverständlich wurde Barbro in diesem Herbst sehr viel getadelt und verachtet. Die Leute gaben sich keine Mühe zu verbergen, was sie über sie dachten, und Barbro scheute bald so vor ihnen, daß sie das Haus nicht mehr verlassen wollte. Aber selbst das Hofgesinde betrug sich anders gegen sie als früher. Knechte und Mägde machten gehässige Anspielungen, wenn sie in Hörweite war, und es wurde ihr schwer, sich Gehorsam zu verschaffen.

Das nahm jedoch ein schnelles Ende. Seit Ingmar im fremden Land weilte, wohnte Stark-Ingmar auf dem Hof und leitete ihn als Herr. Eines Tages hörte er, daß einer der Knechte Barbro eine unziemliche Antwort gab, da versetzte ihm Stark-Ingmar eine solche Ohrfeige, daß der

Knecht an die Wand taumelte. »Wenn ich noch einmal so etwas höre, kannst du mehr davon bekommen«, sagte der Alte.

Verwundert sah ihn Barbro an. »Ich danke dir«, sagte sie.

Er wandte sich ihr zu, aber es traf sie kein freundlicher Blick. »Dafür brauchst du mir nicht zu danken«, sagte er. »Solange du Hausfrau auf dem Ingmarshof bist, werde ich schon dafür sorgen, daß das Gesinde dir Achtung und Ehrerbietung erzeigt.«

Etwas später im Herbst kam Nachricht aus Jerusalem, daß Ingmar und Gertrud abgereist seien. »Vielleicht sind sie schon daheim, wenn Euch diese Zeilen erreichen«, stand in dem Brief. Als Barbro das erfuhr, empfand sie zuerst eine große Erleichterung. Nun war sie sicher, daß Ingmar die Scheidung vollziehen lassen würde, und wenn sie dann frei war, brauchte sie auch nicht einen Tag länger die schwere Last der Verachtung zu tragen, die sie jetzt bedrückte.

Aber später am Tage, bei ihrer Arbeit, wollten sich die Tränen immer wieder hervordrängen. Es war doch herzzerreißend, daß zwischen ihr und Ingmar nun alles aus sein sollte, so unglaublich leer, daß sie nun nichts mehr miteinander zu tun haben sollten.

Wieder daheim

Barbro Svenstochter hatte eines Morgens, kurz ehe sie aufstehen wollte, einen schönen Traum. Sie war wieder ein kleines Mädchen daheim auf dem Hof ihrer Eltern und war mit einem schweren Rodelschlitten unterwegs, den sie vor sich her schob. Es war ein kalter Winter, der Himmel wölbte sich grau und schwer über ihr, und vor ihr türmten sich hohe Schneewehen. Sie mußte einen steilen Weg bergauf gehen, und während sie den schweren Schlitten mühsam hinaufschob, keuchte und stöhnte sie und brauchte ihre ganze Kraft, um es zu schaffen. Endlich war sie oben auf dem Hügel angelangt. Sie drehte den Schlitten um und wollte den Hang wieder hinunterfahren. Da sah sie, daß alles verwandelt war. In einem einzigen Augenblick war es Frühling geworden. Die Sonne leuchtete zwischen kleinen weißen Wolken, der Schnee schmolz, sie mußte sich ganz schnell auf den Schlitten setzen und losfahren, damit nicht aller Schnee verschwunden war, noch ehe sie unten ankam. Noch nie war sie einen besseren Rodelhang hinuntergefahren. Sie sauste mit solcher Fahrt über den Hang dahin, daß die Freude sie schier überwältigte. Am Fuß des Hanges war schon aller Schnee weggetaut, aber der Schlitten sprang über Pfützen und Unebenheiten, ohne an Fahrt zu verlieren. Als er endlich stehenblieb, stand Barbro auf und betrachtete den Hang. Dort war nun schon voller Frühling. Es gab keinen Schnee mehr, dafür aber rieselten glitzernde Bäche und Rinnsale herunter, und überall wurde es grün und die Blumen begannen zu blühen. Das Merkwürdige daran aber war die unendliche Freude, die sie darüber empfand, so daß sie davon wach wurde. Und auch als sie schon wach war, hörte die Freude nicht auf, denn Barbro lag da, von Frühlingsgedanken erfüllt und wie von Frühlingsdüften umgeben. Ihr Herz klopfte unbeschwert und leicht wie schon lange nicht mehr, seitdem sie verheiratet war. Es war ein herrliches Gefühl der Sorglosigkeit, daß sie nicht wagte, sich zu bewegen, um es nicht zu verscheuchen. Unwillkürlich glaubte sie, dieser Traum habe eine gewisse Vorbedeutung. Wenn es mir nur gelingt, über den steilen Hang hinaufzukommen, an dem ich jetzt stehe, dann wird mein Leben hell und leicht werden wie ein Frühlingstag, dachte sie.

Als Barbro aufgestanden war, erinnerte sie sich, daß Sonntag war, und da der Traum sie so aufgemuntert hatte, wagte sie sich in die Kirche. Zwar meinte sie, es schicke sich nicht recht für sie, dorthin zu gehen, da sie sich aber schon seit langem danach gesehnt hatte, beschloß sie, es jetzt zu tun. Ihr schien, daß sie, die in so großer Betrübnis lebte, die Kirche nötiger brauchte als irgendein anderer. Sie zog ihr Sonntagsgewand an und ging ganz still von daheim fort, ohne einem Menschen zu sagen, wohin sie gehen wollte. Nur der alten Lisa gab sie Bescheid.

Als sie den Kirchberg hinaufstieg, hatte sie das Gefühl, daß die Leute ihr mit erstaunten Blicken nachschauten. Sie trat deshalb rasch in die Kirche und setzte sich auf ihren Platz, ohne mit irgend jemand zu sprechen, zog das Kopftuch weiter vor und senkte den Kopf. Sie wagte nicht, den Menschen in die Augen zu sehen, war aber doch froh, daß sie sich von daheim weggetraut hatte.

Während Barbro in der Kirche saß und auf den Beginn des Gottesdienstes wartete, kam Ingmar Ingmarsson auf dem Weg von der Bahnstation vorbeigefahren. Er saß vorn neben dem Kutscher, und hinter ihm saßen Gabriel und Gertrud. Gerade als sie über die Floßbrücke fuhren, hörten sie die Kirchenglocken läuten.

»Ich fürchte, es wird jetzt niemand von denen, die wir gerne treffen möchten, daheim sein«, sagte Ingmar und wandte sich zu Gabriel und Gertrud um. »Vielleicht gehen wir lieber gleich in die Kirche?« Die andern waren damit einverstanden, und Ingmar bat den Kutscher, zur Kirche hinaufzufahren.

Als sie dort eintraten, hatten die Leute schon das Lied angestimmt und saßen über ihre Gesangbücher gebeugt. Gertrud trat als erste ein und ging mit leichten Schritten durch den großen Mittelgang. Sie war schon ziemlich weit gelangt, bevor sie bemerkt wurde. Endlich sah eine ihrer Schulfreundinnen zufällig auf und erkannte sie. Sie stieß ihre Nachbarin an, und nun ging ein Tuscheln von Bank zu Bank:

»Gertrud ist da, Schulmeisters Gertrud!«

Auch Barbro hörte das Geflüster und blickte auf. Sie sah ein junges Mädchen durch die Mitte schreiten, schlank und hübsch, mit klarer, heller Haut, glänzenden Augen und anmutigen Bewegungen. Es lag etwas Liebliches und Anziehendes über ihr, und sie sah froh und glücklich aus. Und obwohl sie sich in der Kirche befand, schien sie ein Lächeln kaum zurückhalten zu können.

Barbro klopfte das Herz laut. Das war also Gertrud! Ja, so mußte sie wohl aussehen. Barbro meinte, sie hätte das gewußt, auch wenn sie nicht das Geflüster gehört hätte.

Barbro kam das alles recht seltsam vor. Jahrelang hatte sie gewünscht, daß Ingmar Gertrud heiraten sollte, damit sie selbst von ihrer Gewissensqual befreit wäre, die sie bedrückte, weil sie sich zwischen die beiden gedrängt hatte. Sie empfand es zwar dankbar, daß ihr diese Bürde abgenommen worden war, aber es war doch schmerzlich, zu wissen, daß Ingmar nun eine andere heiraten würde. Jetzt brauchte sie auch nicht mehr zu verheimlichen, wer der Vater ihres Kindes war, und auch das bedeutete eine große Erleichterung. »Es ist tatsächlich wahr, daß mir heute, so wie mein Traum es mir verkündete, ein großes Glück widerfahren ist«, sagte sie zu sich selbst, ohne jedoch die Freude darüber zu empfinden, die sie erwartet hatte.

Barbro sah, wie Gertrud auf die Bank zuging, in der Mutter Stina saß. Alles spielte sich so still ab. Die Leute rückten beiseite, um Gertrud den Weg zu ihrer Mutter frei zu machen, die nicht von ihrem Buch aufblickte und gar nicht bemerkte, wer sich da neben sie setzte. Mutter Stina sah alt aus, wie sie so dasaß. Ihr Rücken war gebeugt, und ihre Hände, die das Gesangbuch hielten, sahen recht alt und runzlig aus. Auf einmal legte sich eine weiche und rosige Hand auf die ihre. »Das könnte beinahe Gertruds Hand sein«, dachte Mutter Stina. »Ich habe nie so schöne Hände gesehen wie die von Gertrud.« Aber immer noch blickte sie nicht auf, denn sie war stumpf und müde geworden, und es war ihr alles gleichgültig. Die schöne Hand griff nach dem Buch und zog es ein wenig zu sich herüber.

»Darf ich in Eurem Buch mitlesen, Mutter?« flüsterte Gertrud. Da erst erkannte Mutter Stina die Stimme wieder, und ihr wäre das Buch aus der Hand gefallen, hätte Gertrud es nicht festgehalten. Ganz rasch blickte sie der Tochte ins Gesicht und sah darin eine strahlende Heiterkeit, wie man sie bei Menschen sieht, die von einer langen Reise heimkehren. Obwohl sie in der Kirche waren, schien Gertrud nur mit Mühe ein Lachen unterdrücken zu können. Sie hatte offenbar ihre gute Laune aus der Jugendzeit wiedergefunden.

»Jetzt wollen wir miteinander singen, Mutter, wie wir es früher immer getan haben«, sagte Gertrud flüsternd und fiel in den allgemeinen Gesang ein. Auch Mutter Stina versuchte mitzutun. Sie hatte zwar keine Stimme mehr, sang aber trotzdem, und ihr war dabei fast, als käme die Stimme wieder zurück, denn sie wurde mit jedem Ton immer kräftiger.

Um in der Kirche ihre Haltung zu bewahren, versuchte die Schulmeisterin, an die Worte Gottes zu denken, die sie sang. Aber es half nichts, sie mußte doch immer und immer wieder Gertrud ansehen. Nein, nein, der Tochter fehlte bestimmt nichts. Sie hatte immer noch ihre fünf Sinne beisammen. Und sie war ja auch froh und glücklich und schöner denn je.

»Mutter, Ihr müßt jetzt singen und nicht immer mich anschauen«, mahnte Gertrud und beugte sich dabei weit vor, um zu verbergen, wie sie über die Mutter lächelte.

Aber Barbro und die andern in den Bänken hinter ihnen merkten, daß bei jedem Seitenblick, den Mutter Stina auf Gertrud warf, ihr Rücken um ein kleines Stück straffer wurde, und gegen Ende des Gottesdienstes saß Mutter Stina beinahe ganz gerade und aufrecht in der Bank.

Barbro machte kaum einen Versuch, dem Gesang zu folgen, denn wenn Gertrud in die Kirche gekommen war, so durfte man wohl auch Ingmar bald erwarten. Sie saß also nur da und horchte, ob nicht seine schweren Schritte zu hören wären.

Auf der Seite der Männer saß Hök Matts Eriksson ganz außen auf einer Bank. Er sah gut und freundlich aus wie immer und war nicht sonderlich gealtert. Alle Leute in der Kirche sahen erfreut aus, als Gertrud kam und sich neben ihre Mutter setzte, Hök Matts aber, der sich sonst immer so freuen konnte über das Glück anderer Menschen, machte jetzt ein düsteres Gesicht und drehte den beiden den Rücken zu. Denn als er sie erblickte, schnitt es ihm ins Herz. »Die Storms haben Glück«, dachte er. »Die haben ihre Tochter wieder zurückbekommen aus dem Land der Verlorenen, aber zu mir kommt niemand zurück.« Und er erhob seine Stimme und sang, daß es schaurig klang. Er hatte eine abscheuliche Stimme und pflegte sonst nicht in der Kirche zu singen, aber jetzt mußte er etwas tun, um nicht von seinem Kummer überwältigt zu werden.

Es dauerte nicht lange, da hörte Barbro jemand den Gang heraufkommen. Es waren leichte, rasche Schritte, und darum konnte es nicht Ingmar sein. Sie konnte sich nicht bezwingen, sondern drehte den Kopf um und sah einen jungen Mann näher kommen, und auf seinen Lippen lag das gleiche unterdrückte Lächeln wie bei Gertrud. Er blieb bei Hök Matts stehen und legte ihm die Hand auf die Schulter, um ihm anzudeuten, daß er ihn in die Bank hereinlassen solle.

»Das ist Hök Gabriel«, flüsterte eine Frau, die neben Barbro saß. Aber auch Barbro hatte es schon erraten, obwohl der Junge von damals sich inzwischen zu einem hübschen Burschen entwickelt hatte. Sie erkannte ihn an den Augen wieder, die genauso freundlich dreinblickten wie die seines Vaters.

Vorher, als Gabriel das Kirchenportal öffnete, hörte er als erstes Hök Matts' Stimme, die ihre eigene Melodie herauskrächzte. »Was ist denn mit Vater, daß er singt?« dachte er. »Storm und der Pfarrer werden bald wütend sein, denn er singt doch so falsch, daß daneben kein Mensch die Melodie halten kann.« Das brachte ihn so zum Lachen, daß er es kaum wagte, in die Kirche einzutreten. Drinnen drehten alle die Köpfe nach ihm um, mit Ausnahme des Vaters, der unbeweglich dasaß, mit dem Rücken zum Gang, und nur laut sang. Nicht einmal als Gabriel ihn berührte, rückte er beiseite, und er sah ihn nicht an. Da setzte Gabriel sich in die Bank hinter ihm, schlug ein altes Gesangbuch auf, das dort lag, und stimmte in den allgemeinen Gesang ein. Er hatte eine helle kräftige Stimme und war seinerzeit einer der besten Sänger im Kirchspiel gewesen. Der alte Hök Matts sang auch den zweiten Vers noch auf seine besondere Art und so war es, als ob die beiden Stimmen miteinander wetteiferten. Schließlich aber wurden die krächzenden und pfeifenden Töne immer leiser und leiser, bis sie zuletzt ganz ausblieben. Aber merkwürdig, Hök Matts saß während des ganzen Liedes vollkommen unbeweglich da und sah sich nicht um! »Das ist Gabriel, der hinter mir sitzt und singt«, dachte er. Aber er fürchtete, es könnte ein Irrtum sein, so daß er nicht den Kopf umzudrehen wagte. Als das Lied zu Ende war, beugte er sich zu seinem Nebenmann hinüber und fragte:

»Wer war denn das, der da gesungen hat?«

»Das war doch Gabriel«, gab dieser flüsternd zurück.

Da erst drehte er sich um und sah den Sohn an. Und in seinem Blick lag neben dem Glück so viel Angst, Zärtlichkeit und Schüchternheit, daß Gabriel nicht begreifen konnte, wie er je von zu Hause hatte weggehen können.

Ingmar war vom Kutscher des gemieteten Wagens aufgehalten worden und kam deshalb erst später als die andern in die Kirche. Als er durch das Portal eintrat, war der Gesang bereits beendet, und der Pfarrer stand vor dem Altar. Um nicht zu stören, ging er deshalb nicht durch den Gang vor, sondern blieb ganz hinten am Ende des Kirchenschiffes stehen. Aber bald wußten alle, daß er gekommen war, und nun drehte sich einer nach dem andern nach ihm um. Das eine Auge von Ingmar war geschlossen, aber mit dem andern schaute er freimütiger um sich, als man es je in seiner Familie getan hatte. »Er sieht froh aus«, dachte Barbro. Sie wagte nur diesen einen Blick auf ihn zu werfen, denn die Tränen traten ihr in die Augen, und ihr Herz klopfte so laut, daß sie meinte, alle, die neben ihr saßen, müßten es hören. »Danach habe ich mich gesehnt, und das ist es auch, worauf ich mich gefreut habe!« dachte sie und kam sich unsagbar verlassen und armselig vor.

Als die Handlung am Altar beendet war, hörte sie schwere, aber zugleich vorsichtige Schritte durch den Gang heraufkommen. Es war Ingmar, der sich nun einen besseren Platz suchte. Angestrengt lauschte sie den Schritten. »Sicher geht er bis zu der Bank gegenüber von Gertrud«, dachte sie. Sie hörte jedoch, daß die Schritte an ihrer eigenen Bank haltmachten. Da mußte sie wieder den Kopf senken und sah, daß Ingmar in der gegenüberliegenden Bank Platz nahm. »Ja, das ist auch richtig so«, dachte sie. »Das ist ja die Bank, auf der die Leute vom Ingmarshof immer sitzen.« Aber sie freute sich trotzdem, daß er gerade diesen Platz gewählt hatte.

Nach Schluß der Predigt, als einige Kirchgänger, die es eilig hatten, aufbrachen, stand auch Barbro auf und folgte ihnen. Sie hob den Blick nicht, als sie aus der Bank trat, fühlte aber, daß Ingmar sie anschaute. Da dachte sie plötzlich, er könnte meinen, sie schämte sich, ihm in die Augen zu sehen, und deshalb blickte sie auf. Aber sie fand in seinem Gesicht einen ganz andern Ausdruck, als sie erwartet hatte. Auch er sah so freudig gestimmt aus, als ob er kaum ein breites Lachen unterdrücken könnte. Sie ging rasch an ihm vorbei und hielt sich auch nicht auf dem Platz vor der Kirche auf, sondern ging sofort nach Hause. War es denn möglich, daß Ingmar sich über sie und ihren ganzen Kummer lustig machte? Freilich, er war jetzt glücklich, aber er mußte doch verstehen, wie schwer alles für sie war. Sie ging rasch, um bald daheim zu sein, aber sie konnte Ingmars Gesichtsausdruck nicht vergessen. Wenn sie es aber genau bedachte, hatte sie in seinem Gesicht doch keinen Spott gelesen. Vielmehr hatte er sie so angesehen wie einer, der einen Menschen lange verfolgt hat und nun froh ist, ihn endlich eingeholt zu haben. »Ich habe den gleichen Ausdruck auch bei Vater gesehen, wenn er einen Fuchs in der Grube gefangen hatte und wußte, daß ihm das arme Tier nicht mehr entkommen konnte.«

Immer wieder schaute sie sich auf dem Heimweg um.

»Ich bin wohl verrückt, wenn ich mir einbilde, er würde

mir folgen«, sagte sie laut. »Er begleitet sicher Gertrud zu ihren Eltern.«

Ingmar verließ die Kirche wenige Minuten nach Barbro und hatte sich wahrscheinlich ausgerechnet, daß er sie unterwegs einholen würde. Aber kaum stand er draußen, wurde er von den Leuten umringt, die sich bei ihm nach ihren Verwandten in Jerusalem erkundigen wollten, und er fühlte sich verpflichtet, stehenzubleiben und mit ihnen zu sprechen. Die verschiedensten Gerüchte, die über die Verhältnisse draußen im Umlauf gewesen waren, hatten viel Sorge und Unruhe verursacht. Man hatte nicht gewagt, sich ganz auf die Briefe von drüben zu verlassen, denn das weiß man ja, keiner, der einmal von daheim fortgezogen ist, will später zugeben, daß sein Leben draußen schwer sei. Wenn aber Ingmar, der nicht zu der Gemeinde dort gehörte, ihnen berichtete, wie es den andern ging, dann konnte man sich darauf verlassen, daß er die reine Wahrheit sagen würde.

Während Ingmar so dastand und erzählte, stieg ihm plötzlich das Blut heiß ins Gesicht. Er sah Storm und Mutter Stina auf sich zukommen. Ingmar wußte, daß Gertrud von ihnen nie ein böses Wort zu hören bekommen hatte, als sie mit den Jerusalemfahrern von zu Hause fortgegangen war, aber er hatte sie seit jenem Tag nie mehr gegrüßt, und sie hatten auch nie mehr mit ihm sprechen wollen. Jetzt kamen sie beide auf ihn zu und reichten ihm die Hand zum Gruß. Ingmar schüttelte erst Mutter Stina und dann Storm die Hand. Keiner von ihnen erwähnte das Vergangene mit einem Wort. Sie wollten nicht in Gegenwart so vieler Menschen miteinander abrechnen.

»Mutter meint, ob du nicht Lust hast, mit uns zu kommen und bei uns zu essen«, sagte Storm.

»Wenn Mutter Stina nichts gegen einen so unerwarteten Gast einzuwenden hat, will ich gern kommen«, sagte Ingmar. Er war so froh, wieder mit den Schulmeistersleuten versöhnt zu sein, daß er Barbro für einen Augenblick ganz vergaß.

»Nun, jeden könnte ich freilich nicht zum Essen einladen«, wehrte Mutter Stina ab, »aber du bist ja ein alter Bekannter und nimmst wohl vorlieb mit dem, was ich habe.«

So kam es, daß Ingmar mit ins Schulhaus ging, wo – wie man sicher verstehen wird – große Freude herrschte. Es war ein ständiges Kommen und Gehen von Nachbarn, die die Zurückgekehrten begrüßen wollten. Man berichtete alles, was sich zugetragen hatte, und mitten in der Freude weinte man über die Verstorbenen. Gertrud brachte alle Geschenke herbei, die man ihr mitgegeben hatte. Sie legte sie nebeneinander auf einige Tische im Schulzimmer und richtete alle Grüße aus, die ihr aufgetragen worden waren. Es fiel Ingmar nicht leicht, sich von hier loszureißen, besonders weil die Storms sich darüber, daß sie ihn wieder zurückgewonnen hatten, fast ebenso zu freuen schienen wie über Gertruds Rückkehr.

»Du wirst doch nicht schon gehen wollen?« meinte Mutter Stina, als sie sah, daß er aufstand.

»Ich muß doch wohl nachsehen, wie daheim alles steht.«

»Du kommst noch früh genug heim.«

Aber während sie noch sprachen, brachte ein Bote die Nachricht, er solle gleich zum Ingmarshof kommen, denn Stark-Ingmar läge krank und im Sterben. Da mußte er sich auf den Weg machen.

Nicht weit von der Straße stand ein kleines ärmliches Haus. Als Ingmar noch ziemlich weit davon entfernt war, sah er einen Mann und eine Frau aus der Tür treten. Der Mann machte einen armseligen, dürftigen Eindruck, und Ingmar glaubte zu sehen, daß die Frau dem Mann etwas in die Hand drückte. Dann eilte sie auf die Straße hinaus und ging mit schnellen Schritten dem Ingmarshof zu.

Als Ingmar an der Hütte vorbeikam, stand der Mann noch immer auf der Schwelle. Er drehte und wandte ein paar Silbermünzen in der Hand. Nun erkannte ihn Ingmar; es war Stig Börjesson.

Stig sah erst auf, als Ingmar schon vorüber war. Da rief er: »Warte, Ingmar, warte!« und lief ihm nach. »Du darfst Barbro nicht glauben! Es ist nicht wahr, was sie über sich sagt.«

»Das weiß ich, auch ohne daß du mir das sagst«, gab Ingmar zur Antwort, nahm sich aber nicht die Zeit zum Stehenbleiben.

Schnell war Ingmar dicht bei der Frau, die sich eben von Stig Börjesson getrennt hatte. Sie hatte es offenbar sehr eilig und ging, so rasch sie konnte. Als sie hörte, daß jemand hinter ihr her kam, dachte sie, es sei Stig, und sagte, ohne sich umzudrehen: »Du mußt dich mit dem, was ich dir gegeben habe, begnügen; ich habe nicht mehr Geld bei mir.« – Ingmar sagte nichts, ging aber noch schneller. – »Morgen sollst du mehr bekommen, wenn du nur Ingmar nichts davon sagst«, fuhr sie fort. In diesem Augenblick hatte Ingmar sie erreicht und legte ihr die Hand auf die Schulter. Sie riß sich los und wandte sich zornig um.

Als sie sah, daß es Ingmar und nicht Stig war, schwand der Zorn aus ihrem Gesicht und machte einer wahrhaft rührenden Freude Platz. Doch da gewahrte sie in Ingmars Zügen den gleichen Ausdruck, den sie schon in der Kirche an ihm gesehen hatte. »Jetzt hab ich dich, jetzt kannst du mir nicht mehr entkommen«, schien der Blick zu sagen.

»Warum sieht er mich denn so an? Was will er denn?« dachte sie im stillen und trat einen Schritt zurück. »Er hat nun Gertrud heimgeholt und wird sie jetzt doch heiraten.«

Ingmars erste Frage galt Stark-Ingmar.

»Ich war noch kaum von der Kirche zurück«, sagte Barbro, »da kam er zu mir und erzählte, er habe in der Nacht Botschaft erhalten, daß er heute sterben werde.«

»Ist er denn nicht krank?« fragte Ingmar.

»Das ganze Jahr über hat er sehr viel Gliederreißen gehabt, und beständig klagte er, daß du nicht zurückkämst, damit er sterben könnte. Er sagte, er dürfe nicht heimgehen, ehe du von der Wallfahrt zurückgekehrt seist.«

»Aber ist er nicht heute besonders krank?«

»Nein, nicht kränker als sonst, aber er ist fest davon überzeugt, daß er sterben wird, und liegt jetzt in der kleinen Kammer auf dem Bett. Er hat sich in den Kopf gesetzt, daß er alles genauso haben will wie dein Vater, als der starb, und es mußte nach dem Pfarrer und dem Doktor geschickt werden, weil sie auch zu Groß-Ingmar geholt worden seien. Er fragte auch nach der prächtigen Decke, die man damals über Groß-Ingmar gebreitet hatte, aber diese fand sich nicht mehr auf dem Hof. Sie war bei der Auktion verkauft worden.«

»Ja, bei jener Auktion ist viel verkauft worden«, bestätigte Ingmar.

»Eine der Mägde glaubte, Stig Börjesson sei es gewesen, der darauf geboten habe, und da dachte ich, ich müsse einen Versuch machen, die Decke herbeizuschaffen, damit Stark-Ingmars Wunsch erfüllt würde. Und es gelang mir auch, sie zurückzukaufen. Siehst du, hier ist sie«, sagte sie und deutete auf ein Bündel, das sie in der Hand trug.

»Du warst immer gut gegen die alten Leute«, sagte Ingmar, und seine Stimme klang rauh. Er überquerte die Straße und blieb nun an Barbros Seite. Sein Atem ging schwer, und Barbro hatte das Gefühl, daß er sie umarmen würde, wenn sie jetzt nur einen Augenblick stehenbliebe.

Das war es wohl auch, was Ingmar hatte tun wollen, dann aber dachte er an Stark-Ingmar und beherrschte sich. »Es schickt sich wohl nicht, gerade jetzt darüber zu sprechen«, dachte er.

»Du hast mich noch gar nicht willkommen geheißen«, sagte Ingmar.

»Wahrhaftig«, gab Barbro zu und versuchte einen etwas leichteren Ton anzuschlagen, »aber du weißt doch, ich freue mich darüber, daß du zurückgekommen bist und Gertrud mitgebracht hast.«

»Es war keine leichte Aufgabe, die du mir da aufgetragen hattest.«

»Ja, das glaube ich. Aber Gertrud scheint sich doch zu freuen, daß sie wieder daheim ist?«

»Ich glaube, sie ist sehr zufrieden damit, wie nun alles gekommen ist«, bestätigte Ingmar. Mehr sagte er nicht. Aber er fing nun wieder zu lachen an und kam dicht an Barbro heran. »Was will er nur?« dachte sie. »Ich begreife ihn wirklich nicht.« Zugleich aber stieg eine wilde, unbezähmbare Freude in ihr auf. Es war genau wie in jenem Traum, als der Schlitten über den Hang hinunterfuhr und es rings um sie Frühling wurde.

Plötzlich aber meinte Barbro zu verstehen, warum Ingmar sich so benahm. Er war eben so glücklich, daß er seine Gefühle nicht verbergen konnte. Und wenn er sie nun ansah, so lachte er sich wahrscheinlich selber aus, weil er sich einmal eingebildet hatte, sie liebzuhaben. Jetzt gehörte er wieder Gertrud, gehörte ihr ganz und gar, so wie in der ersten Zeit seiner Ehe.

»Schrecklich, daß der Heimweg so lang ist«, dachte sie und schaute sehnsüchtig in die Ferne. »Wir brauchen noch mindestens eine halbe Stunde, und in der ganzen Zeit muß ich neben ihm her gehen, während er nur an eine andere denkt.«

Wiederum warf sie ihm einen raschen Seitenblick zu. Er fing ihn auf und erwiderte ihn mit einem Nicken, dabei sah er sie jedoch mit dem gleichen Blick an, den sie immer noch nicht richtig deuten konnte. »Vielleicht ist er mir dankbar dafür, daß ich ihn von mir weggeschickt habe«, sagte sie sich im stillen. »Wahrscheinlich denkt er daran, daß ich die Ursache zu seinem jetzigen Glück bin.«

»Ich muß dir wirklich dafür danken, daß du mich nach Jerusalem geschickt hast«, sagte Ingmar nun.

»Ich habe mir immer gedacht, du würdest froh sein, dort hinzukommen«, erwiderte Barbro.

»Ja, es ist eine merkwürdige Stadt.«

»Du bist so lange fortgeblieben, daß ich schon dachte, du würdest für immer dort bleiben.«

»Ich? O nein, dafür bestand keine Gefahr. Aber ich mußte erst manches lernen, bevor ich innerlich bereit war, zurückzukehren.«

»Was hast du denn noch lernen müssen?« fragte Barbro, nicht weil sie neugierig war, sondern weil sie es für besser hielt, die Unterhaltung fortzuführen, anstatt schweigend neben ihm her zu gehen.

»Nun«, sagte Ingmar, »vor allem war es merkwürdig, daß nichts von all der Herrlichkeit zu sehen war, von der wir immer gelesen hatten. Es gab keine Königsburg auf dem Berg Zion und auch keinen Gottestempel auf Moria, sondern nur einen Götzentempel. Und ebensowenig gab es Könige oder Kriegshäuptlinge oder Söldner und auch keine Oberpriester und Tempeldiener und keinen Bogen Gottes mit Cherubinen und Seraphinen. Ich wußte zwar, daß es das alles nicht mehr gab, trotzdem wunderte ich mich darüber, warum man dieses und so vieles andere, das einstmals groß und prächtig gewesen war, zerstört hatte. Ich dachte, wenn das alles, was die Menschen auf dieser Erde errichtet haben, noch vorhanden wäre, dann würde sie über und über von Herrlichkeit erfüllt sein. Denn man sieht ja bei jedem Schritt, wie unbeschreiblich schön es dort einmal war. Dann aber überlegte ich, wenn nun das alles noch bestünde, so hätten wir, die jetzt leben, ja gar nichts zu tun, denn dann wäre unsere Arbeit überhaupt nicht notwendig. Es ist aber doch das größte Glück für die Menschen, das aufbauen zu dürfen, was sie selbst brauchen, und so zu beweisen, wozu sie taugen. Und darum mußte wohl das Alte verschwinden. Und dann meinte ich auch zu verstehen, warum Gott ganze Reiche verfallen läßt, Städte auslöscht und Menschenwerke wegfegt wie der Wind das Laub. Das muß wohl so sein, damit die Menschen immer etwas aufzubauen haben und zeigen dürfen, was sie können. Er will nicht, daß wir auf ererbten Höfen und in geordneten Heimen weiterleben, sondern er will, daß wir alles, was uns gehören soll, stets von neuem erarbeiten.«

»So, das also hast du dort gelernt«, sagte Barbro und schien sich zu wundern.

»Ich weiß nicht, ob es für alle ein Trost ist«, meinte Ingmar, »aber ich stelle mir vor, wenn ich den Ingmarshof in dem Zustand geerbt hätte, in dem er bei Vaters Tod war, und wenn ich obendrein sein Ansehen mitgeerbt hätte, so wäre das wahrscheinlich nicht gut für mich gewesen. Ich weiß nicht, was ich dann zu tun gehabt hätte, denn ich hätte ja dann einfach mein ganzes Leben lang schlafen können. Ich lehnte mich oft gegen mein Schicksal auf, aber nun kann ich Gott dafür danken, daß er mein Glück zerstört hat und ich dadurch selbst daran arbeiten mußte, es wiederaufzubauen.«

»Ja, das mag für den richtig sein, dem es bereits geglückt ist«, meinte Barbro.

»Und noch etwas anderes habe ich gelernt«, fuhr Ingmar fort.

»Und was war das?«

»Ich konnte mich gar nicht mit dem Gedanken abfinden, daß gerade die besten Leute aus der Gemeinde hier auswandern und in ein Land mit harten Bedingungen ziehen sollten, in dem nichts anderes als Elend auf sie wartete.«

»Hast du auch darin einen Sinn erkannt?«

»Nein, darüber konnte ich mir nicht ganz klarwerden. So viel aber habe ich gesehen, daß die Arbeit dort drüben doch ihren Wert hat. Gott sandte Menschen aus allen Ländern dorthin. Er schuf gleichsam Außenposten, teils in den Städten, teils in den Dörfern. Ich würde gern so lange leben, daß ich den Tag kommen sähe, an dem er sie alle aufstehen und das schlafende Land durch sie wecken ließe.«

Barbro seufzte. Ingmar schien mit seinen Gedanken unendlich weit weg zu sein. Er machte sich nichts mehr aus den Dingen, die sie betrafen.

»Ob ich wohl auch solchen Trost finden würde, wenn ich dorthin käme?« meinte sie.

»Sicherlich würdest auch du dort etwas lernen können.«

»Wenn ich das sicher wüßte, würde ich noch morgen hinfahren.«

»Ich glaube, es wäre gut für dich, die verschiedenen Arten von Völkern zu sehen, die durch die Straßen Jerusalems gehen.«

Barbro konnte sich nicht vorstellen, was daran nützlich für sie sein sollte.

»Doch, denn sie gehen dort alle nebeneinander her, Araber und Türken und Juden und Russen, ja, Leute aus aller Welt, und trotzdem bleiben sie, was sie sind.«

»Jetzt weiß ich nicht, was du meinst.«

»Ich will damit sagen: man wird es dort nie erleben, daß einer abends als Araber einschläft und am andern Morgen als Grieche aufwacht.«

»Ja, aber . . .«

»Ich glaube zwar, daß das auch hier daheim nicht geschehen wird«, sagte Ingmar und legte nun große Zärtlichkeit in seine Stimme, »ich glaube nicht, daß eine Pflanze, die heute eine Rose ist, morgen eine Distel sein kann.«

»O doch, ein Rosenstrauch kann durchaus so schlecht behandelt werden, daß er schließlich nichts anderes mehr als nur Dornen hat.«

Als Barbro dies sagte, waren sie gerade beim Ingmarshof angelangt, und Ingmar hielt ihr das Tor auf. Die Einfahrt war überbaut und lag zwischen zwei Hausgiebeln. Hier konnte niemand sie sehen. Und nun konnte Ingmar sich nicht mehr beherrschen, er nahm Barbro in seine Arme und drückte sie eng an sich.

»Nein, nein, was meinst du denn?« rief sie aus und versuchte sich frei zu machen.

»Ich meine . . . ich meine, daß ich Gertrud nicht heiraten werde. Sie will mich nicht haben. Sie liebt Gabriel.«

»Aber nein, das ist doch nicht wahr!« Wiederum fühlte Barbro sich von Glück durchströmt. Dann aber riß sie sich los. Denn so schwer es ihr auch fiel, so wußte sie doch, daß sie nicht richtig an Ingmar handelte, wenn sie es zuließ, daß er sein Leben an das ihre band. »Es ist ja doch mehr zwischen uns als nur das«, sagte sie.

»Das bekümmert mich nicht. Glaubst du, ich werde wegen irgendwelcher Kindermärchen auf dich verzichten?«

Barbro wurde blaß wie der Tod. Sie erkannte, daß es nur noch eine einzige Möglichkeit gab, ihn zu vertreiben.

»Ist es dir auch gleichgültig, daß ich ein Kind bekommen habe, während du fort warst?«

»Das hat gar nicht soviel damit zu tun, wie du den Leuten immer weismachen willst.«

»Das glaubst nur du.«

»Du hast das alles nur erfunden, um mich von dir fernzuhalten. Aber ich kenne dich doch. Wenn das Kind nicht mein Kind wäre, lägest du jetzt auf dem Grunde des Meeres.«

»Es hat nicht viel dazu gefehlt, kann ich dir sagen.«

»Lüge doch nicht über dich selbst, Barbro!« bat er, und jetzt bebte seine Stimme vor Kummer. »Lüge doch nicht!«

»Ich lüge doch nicht«, sagte sie spröde. Sie schob seine Arme beiseite, die sie jetzt nicht mehr festzuhalten suchten, und ging ins Haus.

Stark-Ingmar lag in der Kammer auf dem Bett. Er hatte keine Schmerzen, aber sein Herz schlug nur schwach, und jeden Augenblick wurde ihm das Atmen schwerer. »Ja, es ist wahr und wahrhaftig, daß ich heute sterben werde«, dachte er.

Solange er allein war, hatte er seine Geige neben sich. Ganz leise ließ er ab und zu eine Saite erklingen und schien dann ganze Melodien und Lieder zu hören. Als der Doktor und der Pfarrer kamen, legte er die Geige weg und sprach mit ihnen von den wunderbaren Dingen, die ihm in seinem Leben begegnet waren. Die meisten drehten sich um Groß-Ingmar und die Wichte im Walde, die ihm lange gewogen waren. Aber seit Hellgum den Rosenbusch vor seiner Hütte umgehauen habe, sei es ihm nicht mehr so gut auf der Welt gegangen. Die Geistchen hätten aufgehört, ihn zu beschützen, und er sei von allerlei Übel befallen worden. »Ich habe mich nur gefreut, das darf mir der Herr Pfarrer glauben, als Groß-Ingmar heute nacht zu mir kam und mir sagte, ich brauchte nun nicht länger über seinen Hof zu wachen, sondern dürfe zur Ruhe eingehen.«

Stark-Ingmar war sehr feierlich gestimmt, und man sah deutlich, daß er fest und sicher an seinen Tod glaubte. Der Pfarrer bemerkte, daß er gar nicht so krank aussehe, aber der Doktor, der ihn untersucht und sein Herz abgehorcht hatte, sagte ganz ernst: »Nein, nein, Stark-Ingmar weiß, was er sagt. Er erwartet den Tod nicht umsonst!«

Als Barbro eintrat und die prächtige Decke über den Alten breitete, erbleichte er ein wenig. »Nun geht es zu Ende«, sagte er und streichelte Barbros Hand. »Ich danke dir dafür und für alles andere. Und dann mußt du mir verzeihen, daß ich in der letzten Zeit so hart gegen dich gewesen bin.« Barbro begann zu schluchzen. In ihrem Herzen hatte sich so viel Betrübnis angehäuft, daß sie leicht weinte. Noch einmal streichelte ihr der Alte die Hand und lächelte über ihre Tränen. »Nun haben wir Ingmar bald hier«, sagte er.

»Er ist schon da«, sagte Barbro. »Ich sollte nur vorausgehen und es dir sagen.«

Als Ingmar eintrat, richtete sich der Alte mühsam im Bett auf und streckte ihm die Hand entgegen. »Willkommen daheim!« sagte er.

Ingmar war ganz verändert im Vergleich zu vorher. Jetzt sah er müde und niedergeschlagen aus. »Ich hätte nicht geglaubt, daß du mir das Leid antätest, dich an dem Tage meiner Rückkehr hinzulegen und zu sterben«, sagte er.

»Dafür darfst du mich nicht tadeln«, erwiderte der Alte, sich gleichsam entschuldigend. »Du erinnerst dich doch, daß Groß-Ingmar mir versprach, ich dürfe zu ihm kommen, sobald du von der Wallfahrt zurückgekehrt seist?«

Ingmar setzte sich auf die Bettkante. Der Alte streichelte seine Hand, aber lange Zeit sprach er kein Wort. Man sah, daß der Tod herannahte. Er wurde immer blasser, und sein Atem keuchte schwer.

Dann verließ Barbro die Kammer, und nun begann er, Ingmar auszufragen. »Bist du gut heimgekommen?« Er sah ihn scharf an.

»Ja«, antwortete Ingmar und streichelte ihm die Hand. »Ich habe eine gute Reise hinter mir.«

»Hier ging das Gerücht, daß du Gertrud mitbringst.«

»Ja, sie ist mitgekommen und heiratet nun Gabriel, den Sohn von Hök Matts.«

»Ist dir das recht, Ingmar?«

»Ja, es ist mir ganz recht«, antwortete Ingmar mit fester Stimme.

Der Alte sah ihn forschend an; er schüttelte den Kopf. Es schien ihm vieles unverständlich zu sein. »Wie steht es mit deinem Auge?« fragte er.

»Das habe ich in Jerusalem eingebüßt«, sagte Ingmar schnell.

»Bist du auch damit zufrieden?« fragte der Alte.

»Du weißt wohl, Stark-Ingmar, daß der liebe Gott ein Pfand verlangt, wenn er einem ein großes Glück schenken will.«

»Hat er dir ein großes Glück geschenkt?«

»Ja«, antwortete Ingmar, »ich habe das wiedergutmachen dürfen, was ich falsch gemacht hatte.«

Der Sterbende begann sich unruhig hin und her zu bewegen.

»Hast du Schmerzen?« fragte Ingmar.

»Nein, aber Unruhe«, sagte der Alte.

»Sag mir, was es ist.«

»Du lügst mir doch wohl nicht etwas vor, damit ich eine ruhige Heimfahrt habe?« sagte der Alte mit großer Zärtlichkeit. Ingmar war ganz betroffen. Er verlor seine Ruhe und brach in Schluchzen aus. »Sag mir lieber die Wahrheit«, mahnte der Alte.

Da faßte sich Ingmar augenblicklich. »Ich darf doch wohl weinen, wenn ich einen Freund verlieren soll, wie du mir gewesen bist.«

Darauf wurde der Alte immer ruheloser, und der kalte Schweiß trat ihm auf die Stirn. »Du bist erst so kurz wieder im Lande, Ingmar«, sagte er schließlich, »daß ich nicht weiß, ob du schon etwas vom Hof gehört hast.«

»Doch«, sagte Ingmar, »das, woran du denkst, erfuhr ich schon in Jerusalem.«

»Ich hätte das, was dir gehörte, besser bewachen sollen.«

»Ich will dir etwas sagen, Stark-Ingmar, du tust unrecht, wenn du von Barbro etwas Schlechtes glaubst.«

»Tue ich unrecht?« fragte der Alte.

»Ja«, betonte Ingmar. »Es ist gut, daß ich heimgekommen bin, so daß sie jemand hat, der sie verteidigt.«

Stark-Ingmar wollte etwas erwidern, aber Barbro, die nebenan in der Groß-Stube war, um für die Gäste den Kaffe herzurichten, hatte durch die halboffene Tür das ganze Gespräch mit angehört. Nun trat sie hastig in die Kammer und ging auf Ingmar zu, wie um ihm etwas zu sagen. Aber im letzten Augenblick schien sie sich anders zu besinnen; sie beugte sich statt dessen über den Alten und fragte, wie es ihm gehe.

»Es geht mir besser, seit ich mit Ingmar gesprochen habe«, antwortete er.

»Ja, es ist gut mit ihm reden«, sagte Barbro leise.

Nun wurde es allen klar, daß Stark-Ingmar sich zum Fortgehen vorbereitete. Er lag mit geschlossenen Augen und gefalteten Händen da. Alle verhielten sich still, um ihn nicht zu stören.

Aber Stark-Ingmars Gedanken kehrten immer wieder zu dem Tag zurück, an dem Groß-Ingmar gestorben war. Er sah die Stube vor sich, wie sie ausgesehen hatte, als er gekommen war, um Abschied von ihm zu nehmen. Da fielen ihm die Kinder ein, die sein Herr gerettet hatte und die auf seinem Bett saßen, als er starb. Als er daran dachte, wurde ihm sehr weich ums Herz. »Siehst du, Groß-Ingmar, du hast doch noch etwas vor mir voraus«, flüsterte er, denn er wußte wohl, daß sein Jugendfreund in dieser Stunde nicht fern von ihm war. »Der Pfarrer und der Doktor sind hier, und deine Decke ist über mich gebreitet, aber ein kleines Kind, das da unten auf meinem Bett sitzen könnte, kann ich nicht auftreiben.«

Kaum hatte er es gesagt, als er jemand sprechen hörte:

»Es gibt wohl ein Kind auf dem Hof, dem du in deiner letzten Stunde etwas Gutes tun könntest.«

Als Stark-Ingmar das vernahm, lächelte er vor sich hin. Er verstand sogleich, was er jetzt zu tun hatte. Mit einer Stimme, die zwar schwach, aber doch noch deutlich war, begann er zu beklagen, daß der Pfarrer und der Doktor so lange auf seinen Tod warten müßten. »Aber da der Herr Pfarrer nun doch einmal da ist«, sagte er, »möchte ich ihm mitteilen, daß sich ein ungetauftes Kind im Haus befindet, und ich möchte fragen, ob der Herr Pfarrer nicht so gut sein würde, es zu taufen, während er hier wartet.«

Es war schon vorher still in der Kammer gewesen, aber nach diesen Worten wurde es noch stiller. Dann sagte der Pfarrer: »Das war ein guter Gedanke von dir, Stark-Ingmar. Das hätten wir schon lange vorbereiten sollen.«

Ganz bestürzt stand Barbro auf. »Ach nein«, sagte sie, »das wollen wir doch jetzt nicht tun.« Sie hatte immer daran gedacht, daß sie bei der Taufe des Kleinen sagen müßte, wessen Kind er sei, und deshalb hatte sie es so lange hinausgeschoben. »Wenn ich erst rechtmäßig geschieden bin, dann lasse ich ihn taufen«, hatte sie gedacht. Wie sollte sie sich denn jetzt verhalten, nachdem Ingmar Gertrud nicht heiraten würde?

»Du könntest mir die Freude lassen, in meiner letzten Stunde etwas Gutes tun zu dürfen«, sagte Stark-Ingmar.

»Nein, das kann nicht sein«, sagte Barbro.

Aber nun legte auch der Doktor ein gutes Wort für Stark-Ingmar ein. »Ich bin überzeugt, daß Stark-Ingmar eine Weile leichter atmen könnte, wenn er an etwas andres denken könnte als an seinen nahen Tod.«

Barbro fühlte sich wie gelähmt, weil beide sie in der Kammer darum baten, wo ein Mensch im Sterben lag. Sie sagte mit leisem Klagen: »Sie müssen doch verstehen, daß ich es nicht kann.«

Da trat der Pfarrer zu Barbro und sagte ernst: »Du weißt doch, daß dein Kind getauft werden muß, Barbro.«

»Ja, aber heute ist es mir zu schwer«, flüsterte sie. »Ich

will morgen mit dem Kind ins Pfarrhaus kommen. Es kann doch jetzt nicht getauft werden, wo Stark-Ingmar im Sterben liegt!«

»Du siehst ja, daß es eine Freude für Stark-Ingmar wäre«, sagte der Pfarrer.

Bis dahin hatte Ingmar still und unbeweglich dagesessen. Aber jetzt war er äußerst erregt, als er Barbro so gedemütigt und unglücklich sah. »Das ist entsetzlich schwer für jemand, der so stolz ist wie sie«, dachte er. Er konnte es einfach nicht ertragen, daß sie, die er mehr als irgend jemand sonst auf der Welt geliebt und geehrt hatte, der Schande und Schmach ausgesetzt wurde.

»Du mußt diesen Vorschlag fallenlassen, Stark-Ingmar«, sagte er. »Es ist zu schwer für Barbro.«

»Wir werden es ihr schon leicht machen, wenn sie nur das Kind holen will«, sagte der Pfarrer.

»Ach nein, es ist ganz unmöglich!« sagte Barbro und sann darüber nach, wie sie die Taufe aufschieben könnte.

Aber Stark-Ingmar richtete sich im Bett auf und sagte mit Nachdruck: »Es wird dir dein ganzes Leben lang schwer auf dem Herzen liegen, Ingmar, wenn du nicht dazu beiträgst, daß mein letzter Wunsch erfüllt wird.«

Da stand Ingmar schnell auf. Er trat zu Barbro, neigte sich über sie und flüsterte: »Du weißt doch, Barbro, daß eine verheiratete Frau auf dem Taufschein keinen anderen Namen anzugeben braucht als den ihres Mannes.« Und laut fügte er hinzu: »Ich gehe jetzt und sage, daß man das Kind bringen soll.« Er sah Barbro an. Sie zitterte, sagte aber kein Wort. »Ich glaube, sie ist nahe daran, den Verstand zu verlieren«, dachte er. Aber Barbro war tief erschrocken, als sie gewahr wurde, wie müde Ingmar plötzlich aussah, als könnte er nicht mehr leben.

»Ich quäle ihn noch zu Tode«, dachte sie.

Ingmar ging hinaus, und die einfachen Vorbereitungen waren bald getroffen. Talar und Gebetbuch wurden aus der Reisetasche herausgenommen, und eine Schale mit Wasser wurde hereingebracht.

Dann kam die alte Lisa mit dem Kind.

Der Pfarrer knöpfte den Talar zu. »Vor allem muß ich wissen, wie das Kind heißen soll«, sagte er.

»Barbro wird wohl selbst den Namen bestimmen«, schlug der Doktor vor.

Alle sahen Barbro an; sie bewegte die Lippen ein paarmal, aber kein Laut drang hervor.

Als Ingmar das sah, empfand er so viel Mitleid mit ihr, daß der Zorn verschwand und die große Liebe zu ihr ihn völlig übermannte. »Ihr Kind kann ja gern Ingmar heißen«, dachte er. »Was macht mir das aus? Wir müssen uns ja doch trennen. Das beste wäre, die Leute auf irgendeine Weise glauben zu machen, es sei mein Kind, damit sie ihren guten Namen und Ruf wiedererlangt.«

Da er das aber nicht geradezu sagen wollte, verfiel er auf einen Ausweg. »Da Stark-Ingmar die Taufe angeordnet hat, sollten wir dem Jungen seinen Namen geben.«

Aber Ingmar hatte kaum geendet, als Barbro aufstand. Sie trat langsam vor, bis sie dicht vor dem Pfarrer stand. Dann sagte sie mit fester Stimme: »Nun ist Ingmar so gut gegen mich gewesen, daß ich es nicht länger ertragen kann, ihn zu quälen, sondern bekennen will, daß das Kind sein Kind ist. Aber Ingmar soll es nicht heißen, weil es blind und schwachsinnig ist.«

Während sie das sagte, fühlte sie, wie entsetzlich bitter es war, daß ihr Geheimnis offenbar wurde. Sie brach in Weinen aus, und weil sie sich nicht beherrschen konnte, ging sie rasch hinaus, um den Sterbenden nicht zu stören.

Draußen in der Groß-Stube warf sie sich über den mächtigen Tisch und schluchzte bitterlich.

Nach einer Weile hob sie lauschend den Kopf. In der Kammer nebenan sprach jemand mit leiser Stimme. Es war die alte Lisa, die erzählte, wie es ihnen in der Sennhütte ergangen war.

Wieder empfand sie die ganze Bitterkeit, daß das Geheimnis verraten war, und wieder überfiel sie heftiges Weinen. Welche Macht hatte sie gezwungen, gerade da zu sprechen, wo Ingmar alles für sie so gewendet hatte, daß sie gut noch ein paar Wochen hätte schweigen können, bis die Scheidung vollzogen war. »Nun muß ich mich umbringen«, dachte sie, »dies ist meine letzte Stunde.«

Dann lauschte sie wieder. Nun las der Pfarrer die Taufformel. Er sprach so deutlich, daß sie jedes Wort verstehen konnte. Schließlich kam er zum Namen. Dieser wurde lauter als alles andere ausgesprochen. Er lautete *Ingmar*.

Kurz darauf ging die Tür auf, und Ingmar kam heraus. Sie ging auf ihn zu. »Du weißt doch, daß zwischen uns alles so bleiben muß, wie es vor deiner Abreise beschlossen wurde«, sagte sie.

Ingmar strich ihr sanft über das Haar. »Ich werde dich zu nichts zwingen«, sagte er. »Nach dem, was du jetzt getan hast, weiß ich doch, daß du mich mehr liebst als dein eigenes Leben.«

Nun erfaßte sie seine Hand mit hartem Griff. »Versprichst du mir, daß ich allein das Kind pflegen darf?«

»Ja«, antwortete Ingmar, »mach es ganz, wie du willst. Die alte Lisa hat uns erzählt, wie du um das Kind gekämpft hast. Niemand würde es übers Herz bringen, es dir zu rauben.«

Verwundert sah sie ihn an. »Ich glaubte, du würdest ganz unnachgiebig sein, wenn du die Wahrheit erfährst«, sagte sie. »Aber ich bin dir dankbarer, als ich sagen kann. Ich bin froh, daß wir uns in Frieden trennen. So können wir miteinander reden, wenn wir einmal zusammentreffen.«

Ein Lächeln flog über Ingmars Gesicht. »Ich denke daran, ob du nicht auf die Scheidung verzichten willst.«

Als Barbro sah, daß er lächelte, wurde sie aufmerksam. Noch nie hatte sie Ingmar so gesehen. Sein ganzes Gesicht war verwandelt. Seine groben Züge schienen verklärt zu sein. »Was ist, Ingmar?« fragte sie. »Ich hörte, daß du den Jungen Ingmar taufen ließest. Was hast du für Pläne?«

»Jetzt sollst du etwas Merkwürdiges hören, Barbro«, sagte Ingmar und ergriff ihre beiden Hände. »Sobald die alte Lisa uns erzählt hatte, wie ihr es droben im Wald gehabt habt, bat ich den Doktor, das Kind zu untersuchen. Und der Doktor fand keinen Fehler an ihm. Er sagt, es sei ein wenig klein für sein Alter, aber es sei gesund und habe seine fünf Sinne wie andere Kinder.«

»Meint der Doktor nicht, es sehe häßlich und sonderbar aus?« fragte Barbro atemlos.

»Ich fürchte, die kleinen Kinder in unserem Geschlecht sind nie schöner als dieses.«

»Hält er es denn auch nicht für blind?«

»Der Doktor wird dich auslachen, weil du dir so etwas einbilden konntest, Barbro. Er will dir ein Augenwasser schicken; und in acht Tagen wird er genau so klare Augen haben wie andere Kinder.«

Eilig wandte sich Barbro der Kammer zu, aber Ingmar hielt sie zurück. »Du kannst das Kind jetzt nicht bekommen«, sagte er. »Stark-Ingmar hat gebeten, daß man es ihm aufs Bett legt. Und nun, sagte er, habe er es ebenso gut wie Vater. Er will sich vor seinem Tod nicht mehr von dem Kind trennen.«

»Nein, ich will es ihm nicht nehmen«, sagte Barbro, »aber ich muß selbst mit dem Doktor sprechen.«

Als sie zurückkam, ging sie an Ingmar vorüber und stellte sich ans Fenster. »Ich habe den Doktor gefragt, und nun weiß ich, daß es wahr ist. Ach, Ingmar, du weißt nicht, was Unglück ist«, sagte sie, »niemand weiß es.«

»Barbro«, sagte Ingmar, »darf ich nun mit dir über unsre Zukunft sprechen?« Aber sie hörte ihn nicht. Sie hatte die Hände gefaltet und begann Gott zu danken. Sie sprach mit leiser, bewegter Stimme, aber Ingmar konnte es gut hören. All den Schmerz, den sie um ihr stiefmütterlich behandeltes Kind ausgestanden hatte, vertraute sie nun Gott an.

Dann trat sie zu Ingmar und sagte mit strahlenden Augen: »Nun weiß ich, warum Vater sagte, die Ingmarssöhne seien die besten Leute im Dorf.«

»Das kommt daher, daß Gott mit uns größeres Erbarmen hat als mit andern«, antwortete Ingmar.

»Nein, es ist darum, daß ihr euch nicht zufriedengebt,

bevor ihr euch nicht mit dem lieben Gott versöhnt habt«, sagte sie. »Gott sei uns gnädig, was wäre aus meinem Kinde geworden, wenn du nicht sein Vater gewesen wärst!«

»Ach, ich habe ihm nur wenig helfen können«

»Um deinetwillen ist der Fluch von ihm genommen worden«, sagte Barbro innig. »Darum hast du die Wallfahrt gemacht, die so gut abgelaufen ist. Das einzige, was mich im letzten Winter aufrecht erhalten hat, war, daß ich ab und zu hoffte, Gott werde dir und dem Kinde gnädig sein, weil du nach Jerusalem gezogen warst.«

Ingmar senkte den Kopf. »Ich weiß nur, daß ich mein Leben lang ein armer Tor gewesen bin«, sagte er.

Sie saßen nebeneinander auf der in die Wand eingelassenen Bank. Die Frau schmiegte sich an Ingmar, aber dessen Gesicht wurde immer düsterer.

»Nun glaube ich, daß du mir böse bist«, sagte Barbro. »Du denkst gewiß daran, wie hart und unfreundlich ich gegen dich gewesen bin.«

»Ich kann nicht froh sein«, sagte Ingmar, »denn ich weiß ja nicht, wie. Du sagst mir heute so viel Liebes, aber nicht, ob du als meine Frau bei mir bleiben willst.«

»Hab ich dir das nicht gesagt?« fragte Barbro verwundert und lachte. Gleichzeitig aber überkam sie etwas von der alten Furcht, und sie schauderte zusammen. Aber dann schaute sie sich um; sie umfaßte mit dem Blick die ganze alte Stube, das breite niedrige Fenster, die festgemachten Bänke und den Kamin, vor dem Geschlecht auf Geschlecht beim Schein des Torffeuers an der Arbeit gesessen hatte. All das umgab sie mit Sicherheit. Sie fühlte, daß dies sie beschützen und bewahren konnte.

»Nimmer will ich woanders leben als unter deinem Dach und in deinem Heim«, sagte sie.

Kurz darauf öffnete der Pfarrer die Tür von nebenan und winkte ihnen, hereinzukommen.

»Nun sieht Stark-Ingmar den Himmel offen«, sagte er, als sie an ihm vorbei in die Kammer traten.

SELMA LAGERLÖF

GESAMMELTE WERKE
ZWEITER BAND

Herausgegeben von
Hans A. Neunzig

NYMPHENBURGER

SELMA LAGERLÖF

GESCHICHTEN UND LEGENDEN

NYMPHENBURGER

Aus dem Schwedischen übersetzt von Marie Franzos; »Der Fuhrmann des Todes« von Pauline Klaiber-Gottschau.

Umschlaggestaltung: R. Susanne Berner, München
Satz: Bauer & Bökeler Filmsatz KG, Denkendorf
Druck und Bindung: Welsermühl, Wels
Printed in Austria
ISBN 3-485-00386-7

Der Fuhrmann des Todes

I

Eine arme junge Heilsarmeeschwester lag im Sterben. Ihre Tätigkeit hatte sie in die Slums, die verrufenen Viertel der Stadt, geführt; dann hatte sie die galoppierende Schwindsucht bekommen, und jetzt nach einem Jahre ging es zu Ende. Solange wie irgend möglich war sie ihren gewohnten Pflichten nachgekommen, und als alle ihre Kräfte aufgebraucht waren, schickte man sie in ein Sanatorium. Dort hatte sie einige Monate gelegen und war gut gepflegt worden; aber es wurde nicht besser mit ihr, und als sie schließlich begriff, wie hoffnungslos krank sie war, verlangte sie nach Hause zu ihrer Mutter, die in einer der Vorstädte in einem eigenen Häuschen wohnte. Nun lag sie in ihrer Kammer, derselben Kammer, die sie als Kind und als ganz junges Mädchen bewohnt hatte, und wartete auf den Tod.

Angstvoll und betrübt saß die Mutter an ihrem Bett; aber sie ging in all der Pflege, deren die Tochter bedurfte, so vollständig auf, daß sie keine Ruhe zum Weinen fand.

Eine andere Heilsarmeeschwester stand am Fußende des Bettes und weinte ganz leise vor sich hin. Ihre Augen waren voller Liebe auf das Gesicht der Sterbenden gerichtet, und wenn ihr die Tränen den Blick verdunkelten, wischte sie sie mit einer heftigen Bewegung ab.

Auf einem niederen unbequemen Stuhl, den die Kranke besonders lieb gehabt und den sie überall hin mitgenommen hatte, wo auch immer ihre Wohnstätte gewesen war, saß eine hochgewachsene Frau, auf deren Halskragen ein großes H eingestickt war. Man hatte ihr einen anderen Sitzplatz angeboten; aber sie blieb eigensinnig auf dem schlechten Stühlchen sitzen, als hielte sie das für eine Aufmerksamkeit gegenüber der Kranken.

Der Tag, an dem unsere Erzählung beginnt, war nicht ein Tag wie alle anderen, sondern es war Silvesterabend. Draußen hing der Himmel schwer und grau herab, und solange man im Zimmer war, meinte man, das Wetter sei unfreundlich und kalt. Wenn man aber hinauskam, fand man es überraschend warm und mild. Auf den Wegen lag kein Schnee, kahl und schwarz verloren sie sich in der Dunkelheit. Ganz vereinzelte Schneeflocken fielen sacht auf die Straße herab, wo sie sofort schmolzen. Es sah aus, als hänge der Himmel voller Schnee, der sich aber nicht recht losmachen könnte, ja es schien fast, als fänden es der Wind und der Schnee nicht der Mühe wert, sich im alten Jahre noch anzustrengen, und als wollten sie lieber ihre Kräfte für das neue heraufziehende Jahr sparen.

Und ungefähr ebenso war es bei den Menschen, auch sie schienen sich nichts mehr vornehmen zu wollen. Auf den Straßen war kein Getriebe und in den Häusern keine eifrige Arbeit im Gang. Gerade vor dem Häuschen, wo die Sterbende lag, war ein Platz, auf dem ein Haus gebaut werden sollte. Am Morgen waren ein paar Arbeiter dahergekommen und hatten den großen Rammbock unter den gewöhnlichen, grellen Arbeitsrufen heraufgezogen und wieder hinunterfallen lassen. Aber sie waren der Arbeit bald überdrüssig geworden, und so hatten sie sie eingestellt.

Und bei allem anderen war es geradeso. Eine Zeitlang waren Frauen mit Körben vorübergeeilt, die zum morgigen Feste einkaufen wollten; aber schon nach kurzem hatte diese Geschäftigkeit wieder aufgehört. Kinder, die auf der Straße spielten, waren hereingerufen worden, weil sie ihre Sonntagskleider anziehen und dann zu Hause bleiben sollten. Pferde, die sonst Lastwagen zogen, wurden an dem Häuschen vorbei nach dem am äußersten Ende der Vorstadt gelegenen Stall geführt, damit sie da einen vollen Tag ausruhen konnten. Je weiter der Tag voranschritt, desto stiller wurde es draußen, und sooft ein Geräusch verstummte, fühlten die in dem Krankenzimmer Anwesenden eine wahre Erleichterung.

»Wie gut, daß sie beim Herannahen eines Festtages sterben darf!« sagte die Mutter. »Bald hört man nichts mehr, das sie stören könnte.«

Die Kranke hatte schon seit dem Morgen bewußtlos dagelegen, und die drei, die um ihr Lager versammelt waren, mochten sagen, was sie wollten, sie hörte es nicht. Trotzdem sahen alle drei wohl, daß die Leidende nicht in einem starren Schlummer befangen war. Ihr Gesicht hatte während des Vormittags mehrere Male den Ausdruck gewechselt; es hatte überrascht und ängstlich ausgesehen, hatte bald einen flehenden, bald einen äußerst gequälten Ausdruck angenommen; jetzt trug es seit einer guten Weile die Zeichen einer heftigen, zornigen Erregung; ihre Züge wurden bedeutender und schöner.

Die junge Heilsarmeeschwester sah dadurch so verändert aus, daß sich ihre Freundin, die am Fußende des Bettes stand, zu der großen Frau, die auch zur Heilsarmee gehörte, niederbeugte und flüsterte:

»Sehen Sie, Hauptmännin, wie schön Schwester Edith wird! Sie sieht aus wie eine Königin.«

Die hochgewachsene Frau stand von dem niederen Stuhl auf, um besser sehen zu können.

Sie hatte die kranke Heilsarmeeschwester bis jetzt sicherlich noch nie anders als mit der demütigen frohen Miene gesehen, die sie, wie müde und krank sie sich auch fühlen mochte, immerfort beibehalten hatte, und sie war jetzt so überrascht über die Veränderung in dem Gesicht der Kranken, daß sie sich nicht mehr niedersetzte, sondern unwillkürlich stehenblieb.

Die Kranke hatte sich mit einer ungeduldigen Bewegung so hoch auf das Kissen hinaufgeschoben, daß sie nun halb aufgerichtet im Bett saß. Auf ihrer Stirne lag ein Zug unbeschreiblicher Hoheit, und obgleich sie den Mund geschlossen hielt, sah es aus, als drängen Worte der Strafe und der Verachtung über ihre Lippen.

Die Mutter richtete ihren Blick auf die beiden überraschten Gefährtinnen.

»So abwesend ist sie auch schon in den letzten Tagen gewesen«, sagte sie. »Hat sie nicht für gewöhnlich um diese Tageszeit ihre Runde gemacht?«

Die andere jüngere Heilsarmeeschwester warf einen Blick auf die kleine abgenützte Uhr der Kranken, die auf dem Tischchen neben dem Bett tickte.

»Jawohl«, sagte sie, »um diese Zeit pflegte Schwester Edith zu den Elenden zu gehen.«

Doch sie hielt rasch inne und führte das Taschentuch an die Augen; sobald sie etwas zu sagen versuchte, konnte sie die Tränen fast nicht mehr zurückhalten. Die Mutter nahm eine der harten kleinen Hände ihres kranken Kindes zwischen die ihrigen und streichelte sie zärtlich.

»Es ist wohl eine allzu schwere Aufgabe für sie gewesen, in diesen Höhlen Sauberkeit und Ordnung zu schaffen und den Armen wegen ihrer Schlechtigkeiten Vorwürfe zu machen«, sagte sie mit einem gewissen unterdrückten Ärger in der Stimme. »Wenn man eine zu schwere Aufgabe zu verrichten gehabt hat, gelingt es einem nicht, die Gedanken davon abzuwenden. Sie meint, sie gehe jetzt wieder bei den Verworfenen umher.«

»So geht es einem manchmal auch bei einer Arbeit, die man allzusehr geliebt hat«, warf die Hauptmännin der Heilsarmee leise ein.

Die um das Bett Versammelten sahen jetzt, wie sich die Oberlippe der Kranken kräuselte, wie ihre Brauen sich zusammenzogen, so daß sich die senkrechte Falte zwischen ihnen immer mehr vertiefte, und alle drei waren ganz darauf gefaßt, sogleich von einem zornflammenden Blick aus den geöffneten Augen der Kranken getroffen zu werden.

»Sie sieht aus wie ein Engel des Gerichts«, sagte die Heilsarmeehauptmännin in begeistertem Ton.

»Was können sie denn gerade heute da draußen vorhaben?« fragte Schwester Maria, die Mitarbeiterin der Kranken, indem sie sich zwischen den beiden anderen am Bett Stehenden durchdrängte, so daß sie der Sterbenden beruhigend über die Stirne streichen konnte.

»Du brauchst dich nicht mehr um sie zu sorgen, Schwester Edith«, fuhr sie fort und strich ihr noch einmal zart über die Stirn. »Du hast genug für sie getan.«

Diese Worte schienen die Kraft zu haben, die Kranke von dem im Geiste geschauten Auftritte, der sie offenbar festgehalten hatte, abzulenken. Die Spannung, die hochgradige zornige Erregung wich aus ihren Zügen, und der sanfte leidende Ausdruck, den ihr Gesicht während der Krankheit beständig getragen hatte, kehrte zurück.

Sie öffnete die Augen, und als sie das Gesicht ihrer Mitschwester über sich gebeugt sah, legte sie dieser die Hand auf den Arm und suchte sie näher zu sich heranzuziehen.

Schwester Maria konnte kaum ahnen, was diese leichte Berührung bedeuten sollte, aber sie verstand den flehenden Ausdruck in den Augen der Kranken, und so beugte sie sich dicht zu den Lippen der Kranken herab.

»David Holm!« flüsterte die Sterbende.

Schwester Maria schüttelte den Kopf; sie war nicht ganz sicher, ob sie recht gehört hatte.

Da strengte sich die Kranke aufs äußerste an, um sich verständlich zu machen, und sie sprach nun die Worte ganz langsam aus.

»Laß Da–vid–Holm–ho–len!«

Dabei hielt sie die Augen unverwandt auf die Freundin gerichtet, bis sie sicher war, daß diese sie verstanden hatte. Dann legte sie sich wieder zurück, wie um zu ruhen; und schon nach ein paar Minuten war ihr Geist wieder weit weg, und sie war nun offenbar Zeuge eines häßlichen Auftritts, der sie mit Zorn und Angst erfüllte.

Die Heilsarmeeschwester richtete sich aus ihrer vorgebeugten Stellung auf. Jetzt weinte sie nicht mehr, sie war von einer Gemütsbewegung ergriffen, die mächtiger war als die Tränen.

»Schwester Edith will, daß wir David Holm holen lassen«, sagte sie.

Aber mit diesem Wunsche schien die Kranke etwas ganz Entsetzliches begehrt zu haben. Die große grobknochige

Hauptmännin wurde nun ebenso erregt wie die anwesende Freundin.

»David Holm!« wiederholte sie. »Das ist doch wohl nicht möglich! Zu einer Sterbenden kann man David Holm nicht kommen lassen.«

Die Mutter der Kranken hatte bisher still am Bett gesessen und hatte auch gesehen, wie das Gesicht ihrer Tochter den Ausdruck der Entrüstung und Verurteilung annahm. Jetzt wendete sie sich an die beiden ratlosen Frauen und fragte, was es gebe.

»Schwester Edith verlangt, daß wir David Holm herbeiholen«, klärte sie die Hauptmännin auf. »Aber wir wissen nicht, ob das richtig ist.«

»David Holm?« fragte die Mutter der Kranken in unsicherem Ton. »Wer ist David Holm?«

»Es ist einer von denen, die Schwester Edith in ihrem Bezirk sehr viel Not und Arbeit gemacht haben, und um den sie sich besonders bemüht hat; aber der Herr hat sie keine Macht über ihn gewinnen lassen.«

»Ach, Hauptmännin, vielleicht ist es Gottes Absicht, gerade jetzt in diesen letzten Stunden durch sie zu wirken!« sagte Schwester Maria zögernd.

Doch die Mutter sah die Freundin ihrer Tochter unfreundlich an und sagte:

»Ihr habt ja meine Tochter so lange gehabt, als noch ein Funke von Leben in ihr war. Darum könntet ihr sie wenigstens jetzt, wo es zum Sterben geht, mir überlassen.«

Damit war die Sache entschieden, und Schwester Maria nahm ihren vorigen Platz am Fußende des Bettes wieder ein. Die Hauptmännin ließ sich wieder auf dem kleinen Stuhl nieder, schloß die Augen und versank in ein leise gemurmeltes Gebet. Ab und zu drang ein etwas lauteres Wort an das Ohr der anderen, und sie verstanden, daß die Hauptmännin Gott bat, die Seele der jungen Schwester in Frieden von dieser Welt scheiden zu lassen, ohne daß sie noch von den Pflichten und Sorgen, die der Welt der Prüfungen angehörten, gequält würde.

Als die Heilsarmeeoffizierin so im Gebet versunken dasaß, wurde sie plötzlich aus ihrer Andacht gerissen, weil ihr die junge Heilsarmeeschwester die Hand auf die Schulter legte.

Sie schaute hastig auf und sah, daß die Kranke noch einmal zum Bewußtsein gekommen war. Aber jetzt sah sie nicht mehr so freundlich und demütig aus wie zuvor. Etwas drohend Düsteres lag auf ihrer Stirne. Die junge Schwester beugte sich rasch über die Sterbende und hörte nun ganz deutlich die vorwurfsvolle Frage: »Schwester Maria, warum hast du David Holm nicht holen lassen?«

Höchstwahrscheinlich wollte die Freundin Einwendungen machen, aber in den Augen der Kranken stand ein Ausdruck, der sie zum Schweigen zwang.

»Ich werde ihn zu Schwester Edith holen«, sagte sie dann, und sich wie entschuldigend an die Mutter wendend, fuhr sie fort: »Ich habe Edith nie etwas abschlagen können, wenn sie mit einer Bitte zu mir kam, und ich kann es auch heute nicht.«

Da schloß die Kranke die Augen mit einem Seufzer der Erleichterung, und die junge Heilsarmeeschwester verließ die kleine Kammer, in der nun dieselbe Stille herrschte wie zuvor. Die Heilsarmeehauptmännin verharrte angsterfüllt in stillem Gebet. Die Brust der Sterbenden arbeitete immer härter, und die Mutter rückte näher an das Bett heran, wie um einen Versuch zu machen, ihr armes Kind vor Qualen und dem Tod zu beschützen.

Nach einer kleinen Weile schaute die Kranke wieder auf. Ihr Gesicht trug noch immer denselben ungeduldigen Ausdruck; aber als sie den Platz, wo die Freundin gestanden hatte, leer sah und also begriff, daß ihr Wunsch auf dem Wege der Erfüllung war, nahmen ihre Züge einen weicheren Ausdruck an. Sie machte keinen Versuch mehr zu sprechen und versank auch nicht wieder in die frühere Bewußtlosigkeit, sondern hielt sich wach.

Jetzt hörte man die äußere Tür gehen, und da richtete sich die Sterbende beinahe aufrecht im Bett auf. Gleich darauf erschien Schwester Maria an der Tür, die sie aber nur einen ganz kleinen Spalt breit öffnete. »Ich wage nicht hereinzukommen, denn ich bin zu kalt«, sagte sie. »Würden Sie nicht so gut sein, einen Augenblick zu mir herauszukommen, Hauptmännin Andersson?«

Sie sah wohl, wie erwartungsvoll die Augen der Kranken auf sie gerichtet waren, und so fügte sie noch hinzu:

»Ich hab' ihn nicht finden können, bin aber mit Gustavsson und ein paar anderen von den unsrigen zusammengetroffen, und sie haben mir versprochen, ihn herbeizuschaffen. Wenn es überhaupt möglich ist, so bringt ihn Gustavsson zu dir, Schwester Edith.«

Sie hatte kaum ausgesprochen, als die Sterbende schon wieder die Augen schloß und erneut in den hellseherischen Zustand versank, in dem sie schon den ganzen Tag befangen gewesen war.

»Sie sieht ihn ganz gut«, sagte die Heilsarmeeschwester, und ihre Stimme hatte einen etwas entrüsteten Klang; aber sie faßte sich rasch und fuhr fort: »Halleluja, es ist kein Unglück, wenn das geschieht, was Gottes Wille bestimmt hat.«

Damit zog sie sich leise ins äußere Zimmer zurück, und die Hauptmännin folgte ihr dahin.

Da draußen stand eine Frau, die kaum dreißig Jahre alt sein mochte, aber ein so graues und gramdurchfurchtes Gesicht, so dünnes Haar und eine so abgemagerte Gestalt hatte, daß sie viel älter und gebrochener aussah als manche Greisin. Überdies war sie äußerst ärmlich gekleidet, und es sah fast aus, als hätte sie sich in ihre jämmerlichsten Lumpen gehüllt, weil sie die Absicht gehabt hatte zu betteln.

Als die Heilsarmeehauptmännin diese Frau betrachtete, stieg plötzlich ein heftiges Angstgefühl in ihr auf. Nicht die Lumpen, in die das Weib gehüllt war, und nicht die vorzeitig gealterte Gestalt waren das schlimmste an der ganzen Erscheinung, sondern die starre Teilnahmslosigkeit ihrer Gesichtszüge. Diese Frau war allerdings ein Mensch, der sich bewegte, der ging und stand, aber sie schien durchaus nicht zu wissen, wo sie sich befand. Sie hatte offenbar so entsetzlich gelitten, daß ihre Seele jetzt vor einer Art Wendepunkt stand; im nächsten Augenblick schon konnte der Wahnsinn ausbrechen.

»Dies ist David Holms Frau«, sagte die junge Heilsarmeeschwester. »Ich habe sie in diesem Zustand in ihrer Wohnung gefunden, als ich den Mann holen wollte; da wagte ich nicht, sie allein zu lassen, und so nahm ich sie mit hierher.«

»Ist das David Holms Frau?« rief die Heilsarmeehauptmännin. »Ich muß sie bestimmt früher schon gesehen haben, kann mich aber nicht erinnern, wo. Was mag ihr denn geschehen sein?«

»Oh, man sieht wohl, was ihr geschehen ist«, erwiderte Schwester Maria heftig, wie von übermächtigem Zorn erfaßt. »Der Mann quält sie einfach zu Tode.« Die Heilsarmeehauptmännin betrachtete die Frau immer wieder prüfend: Die Augen der Unglücklichen standen weit offen, und die Pupillen starrten fortgesetzt geradeaus ins Leere. Sie hielt die Hände zusammengepreßt, einige ihrer Finger drehten sich unaufhörlich umeinander, und ab und zu drang ein schwaches zitterndes Stöhnen über ihre Lippen.

»Was hat er ihr getan?« fragte die Hauptmännin.

»Ich weiß es nicht«, antwortete die junge Schwester. »Als ich kam, saß sie auf einem Stuhl und stöhnte gerade wie jetzt. Die Kinder waren nicht daheim, und so konnte ich niemand fragen. Ach, du lieber Gott, daß dies auch gerade heute kommen muß! Wie soll ich jetzt für sie sorgen, wenn ich doch an nichts anderes denken kann als an Schwester Edith.«

»Er hat sie wohl geschlagen?« fragte die Hauptmännin.

»Ach, es muß etwas viel Schlimmeres gewesen sein. Ich habe oft solche gesehen, die geschlagen worden waren, aber so sahen sie nicht aus. Nein, nein, es muß etwas viel Schlimmeres gewesen sein«, wiederholte sie mit zunehmendem Entsetzen. »Wir haben ja auf Schwester Ediths Gesicht gesehen, daß etwas Furchtbares geschehen ist.«

»Allerdings«, stimmte jetzt auch die Hauptmännin bei. »Nun können wir auch verstehen, daß sie das gesehen hat. Und Gott sei Dank, daß Schwester Edith es gesehen hat, dadurch bist du, Schwester Maria, noch hingekommen, ehe es zu spät war. Ja, Gott sei Lob und Dank! Es ist sicher seine Absicht, daß wir ihren Verstand vor dem Untergang bewahren sollen.«

»Aber was soll ich denn mit ihr anfangen?« fragte Schwester Maria. »Sie folgt mir wohl, wenn ich sie bei der Hand nehme, aber sie hört nicht, was ich sage. Die Seele ist entflohen, wie sollen wir sie wieder einfangen? Ich habe keine Macht über sie. Vielleicht gelingt es Ihnen besser, Hauptmännin Andersson.«

Die hochgewachsene Hauptmännin nahm das arme Weib bei der Hand und redete mit ihr; sie versuchte es mit freundlichen und versuchte es mit strengen Worten, aber auf dem Gesicht der Ärmsten zeigte sich keine Spur von Bewußtsein.

Mitten unter diesen fruchtlosen Bemühungen steckte die Mutter der Kranken den Kopf durch die Tür und sagte: »Edith wird unruhig; es wäre gut, wenn Sie wieder hereinkämen.«

Die beiden Heilsarmeeschwestern eilten zurück in die kleine Kammer, wo sich die Kranke jetzt unruhig in ihrem Bett hin und her warf. Aber ihre Aufregung schien viel eher von einer seelischen Anfechtung als von körperlichen Leid herzukommen. Sie wurde auch sofort ruhiger, als sie ihre beiden Freundinnen auf den gewohnten Plätzen sah, und ihre Augen schlossen sich aufs neue.

Die Hauptmännin machte Schwester Maria ein Zeichen, bei der Kranken zu bleiben, sie selbst aber stand leise auf, um sich wieder hinauszuschleichen. In demselben Augenblick öffnete sich indes die Tür, und David Holms Frau trat ein.

Sie näherte sich dem Bett der Kranken und blieb da mit ausdruckslosen starren Augen stehen, sie schauderte und stöhnte noch immer wie zuvor und verdrehte ihre harten

Finger, daß sie in den Gelenken knackten. Eine gute Weile war nicht zu merken, ob sie wußte, was sie vor sich sah, aber ganz allmählich milderte sich die Starrheit ihres Blicks. Sie beugte sich vor und neigte ihr Gesicht immer tiefer über die Sterbende.

Dann aber bemächtigte sich etwas Drohendes, Unheimliches der Frau. Ihre Finger öffneten sich und krallten sich wieder zusammen, und die beiden Heilsarmeeschwestern sprangen rasch auf, voller Angst, sie würde sich auf die Sterbende stürzen.

Nun schlug die junge sterbende Schwester die Augen auf, und ihr Blick fiel auf die fürchterliche, halb wahnsinnige Gestalt, die sich über sie beugte. Da richtete sie sich im Bett auf, umschlang sie mit beiden Armen, zog sie mit der ganzen Kraft, deren sie noch fähig war, zu sich herab und küßte sie, küßte sie auf Stirne, Wangen und Mund, während sie dabei flüsternd hervorbrachte:

»Ach, arme Frau Holm! Arme, arme Frau Holm!« Die arme, vom Unglück geschlagene Frau schien zuerst zurückweichen zu wollen, aber dann lief ein Zittern durch ihren Körper. Sie brach in heftiges Schluchzen aus und sank, den Kopf noch immer dicht an der Wange der Sterbenden, neben dem Bett in die Knie.

»Sie weint, Schwester Maria, sie weint!« flüsterte die Hauptmännin bewegt. »Sie wird nicht wahnsinnig.« Schwester Maria preßte die Hand fest um das Taschentuch, mit dem sie ihre Tränen getrocknet hatte, und erwiderte mit einer verzweifelten Anstrengung, ihre Stimme fest zu machen:

»Sie allein kann so etwas tun, Hauptmännin Andersson. Ach, was wird aus uns werden, wenn sie nicht mehr da ist!«

Im nächsten Augenblick fingen die beiden einen flehenden Blick von der Mutter der Kranken auf und verstanden ihn.

»Ja, gewiß, wir müssen sie fortschaffen«, sagte die Hauptmännin. »Und es wäre wohl auch nicht gut, wenn sie der Mann hier anträfe, falls er noch kommen sollte. Nein, nein, Schwester Maria«, fuhr sie fort, als die junge Heilsarmeeschwester gleich das Zimmer verlassen wollte, »bleibe du hier bei deiner Freundin, ich werde für sie sorgen.«

2

An demselben Silversterabend, aber so spät, daß es finstere Nacht ist, sitzen drei Männer in der kleinen Anlage, die die Stadtkirche umgibt, und trinken eifrig Bier und Branntwein.

Die drei haben sich unter einer Lindengruppe, deren schwarzes Geäst vor Feuchtigkeit glänzt, auf einem verdorrten Rasenplatz niedergelassen. Zuvor haben sie in einem Bierkeller gesessen; aber da dieser zur Polizeistunde geschlossen worden ist, zechen sie nun im Freien weiter. Sie wissen recht wohl, daß es Silversterabend ist, und gerade deshalb haben sie sich hierher in die Kirchenanlagen begeben. Sie wollen nämlich der Kirchturmuhr so nahe sein, daß sie es ganz sicher hören, wenn es Zeit ist, Prosit Neujahr zu rufen und darauf anzustoßen.

Die drei Zechbrüder sitzen da nicht im Dunkeln, sondern sind von dem Schein, den die hohen elektrischen Lampen der anliegenden Straßen auf die Kirchenanlage werfen, ziemlich hell beleuchtet. Zwei von ihnen sind von kleiner Gestalt, alt und abgelebt, ein paar unglückliche Landstreicher, die sich in die Stadt geschlichen haben, um ihre erbettelten Kupfermünzen zu vertrinken. Der dritte ist ein Mann Anfang der Dreißiger. Auch er ist wie die anderen sehr unordentlich gekleidet, aber groß und gut gewachsen und scheint noch im Besitz seiner vollen ungebrochenen Kraft zu sein.

Sie haben Angst hier, von einem Schutzmann entdeckt und fortgejagt zu werden, und um sich recht leise, ja fast flüsternd unterhalten zu können, sitzen sie ganz nahe beieinander. Der jüngere von ihnen führt das Wort, und die beiden anderen hören ihm so aufmerksam zu, daß sie die Flaschen schon eine gute Weile ganz unberührt neben sich liegen haben.

»Ich habe einmal einen Kameraden gehabt«, sagt der Sprecher, und seine Stimme hat dabei einen ernsten, fast geheimnisvollen Klang, während ein arglistiger Funke in seinen Augen aufleuchtet, »der am Silvesterabend immer wie umgewandelt war. Nicht etwa, daß er an diesem Tag große Berechnungen angestellt hätte und etwa von dem Jahresverdienst unbefriedigt gewesen wäre; o nein, sondern weil er gehört hatte, daß einem an diesem Tag etwas Fürchterliches und Unheimliches widerfahren könnte. Ich versichere euch, ihr Herren, daß er sich an dem Tag vom Morgen bis Abend ganz still und ängstlich verhielt und von einem Schnaps nicht einmal etwas hören, geschweige denn einen trinken wollte. Sonst war er gar kein Spielverderber, aber es wäre völlig unmöglich gewesen, ihn an einem Neujahrsabend zu so einem kleinen Spaß wie diesem hier verleiten zu wollen, gerade wie es für euch, ihr Herren, eine Unmöglichkeit wäre, mit dem Landeshauptmann Schmollis zu trinken.

Ja so, meine Herren, ihr fragt, wovor er sich denn gefürchtet habe? Ja, das war nicht so leicht aus ihm herauszubringen, aber einmal hat er es doch verraten. Aber ihr möchtet es wohl heute lieber nicht hören, wie? Es ist ein wenig gruselig in so einer Kirchenanlage, die einst sicher ein Kirchhof gewesen ist, oder meint ihr etwa nicht?«

Die beiden Landstreicher erklärten natürlich sofort, daß sie von Gespensterfurcht nichts wüßten, und so fährt der dritte fort:

»Er, von dem ich spreche, stammte von besseren Leuten ab. Er hatte einst auf der Universität zu Uppsala studiert, so daß er ein bißchen mehr wußte als wir. Und seht nun, ihr Herren, am Neujahrsabend hielt er sich vollständig nüchtern, nur damit er nicht zufällig in eine Schlägerei verwickelt werden oder ihm sonst ein Unglück zustoßen sollte, das ihn an diesem Tag das Leben kosten könnte. An jedem anderen Tag wäre ihm das ziemlich einerlei gewesen;

aber an einem Neujahrsabend durfte ihm nichts Tödliches zustoßen; denn er glaubte, daß er sonst gezwungen wäre, den Totenkarren zu fahren.«

»Den Totenkarren?« wiederholen die beiden Zuhörer zugleich in fragendem Tone.

Der große Mann macht sich ein Vergnügen daraus, die Neugier seiner Gefährten aufzustacheln, indem er noch einmal fragt, ob sie denn auch wirklich beim Gedanken an den Ort, wo sie säßen, die Geschichte hören wollten; aber sie verlangten eifrig die Fortsetzung, und so nimmt der andere wieder das Wort.

»Nun also, dieser mein Kamerad behauptete ganz fest, es gäbe einen alten, alten Karren von der Art, wie ihn die Bauern gebrauchen, wenn sie ihre Waren auf den Markt fahren, er sei aber in so trostlosem Zustande, daß er sich eigentlich auf einer Landstraße gar nicht sehen lassen dürfte. Erstens sei er von Lehm und Straßenstaub so überzogen, daß man kaum noch sehen könne, aus welchem Material er gemacht sei. Dann seien die Radachsen gebrochen, die Radkränze säßen so lose, daß sie klapperten, die Räder seien seit Ewigkeit nicht geschmiert worden und knirschten und ächzten, daß es einen verrückt machen könnte. Der Karrenboden sei verfault und der Polstersitz zerlumpt und die halbe Einfassung um den Wagensitz sei weggerissen. Zu dem Karren gehöre ein alter, alter Gaul, eine einäugige Schindmähre, die so mager sei, daß das Rückgrat wie ein Sägeblatt unter der Haut aufrage und man alle ihre Rippen zählen könne. Sie sei steifbeinig und faul und störrisch und bewege sich nicht rascher als ein Kind, das auf dem Boden kriecht. Und zu dem Gaul gehöre ein Geschirr, das ganz abgeschabt und zerfressen sei und alle seine Schnallen und Haken verloren habe, so daß die Riemen jetzt nur noch mit alten Schnüren und Birkenweiden zusammengebunden seien. Nicht ein einziger silberner oder messingener Beschlag sei noch daran, nur noch ein paar spärliche, schmutzige Garntroddeln, die mehr zur Unzier als zur Zier dienten. Und die Leitseile paßten genau zum Geschirr, denn sie bestünden aus lauter Knoten, einer am anderen, und seien so oft wieder zusammengeknüpft worden, daß nun niemand mehr etwas daran ausbessern könnte.«

Hier schweigt der Erzähler und streckt die Hand nach der Flasche aus, vielleicht hauptsächlich, um den Zuhörern Zeit zu lassen, sich so recht klar zu machen, was sie gehört haben.

Dann nimmt er wieder das Wort und sagt:

»Nun, ihr Herren, das klänge vielleicht nicht gar so merkwürdig; aber seht, die Sache ist die, daß zu diesem Geschirr und den lumpigen Zügeln auch ein Fuhrmann gehört, der gebückt und jammervoll auf dem wackeligen Brett sitzt und den alten Gaul lenkt. Er hat blauschwarze Lippen und fahle Wangen, und die Augen sind dunkel und wie ein zerbrochener Spiegel. Er trägt einen langen, schwarzen, verfleckten Mantel mit einer großen Kapuze, die er tief ins Gesicht hereingezogen hat, und in der Hand hält er eine rostige schartige Sense an einem langen Stiel. Und seht, ihr Herren, der Mann, der da auf dem Karren sitzt und den Gaul an den zerlumpten Zügeln lenkt, ist kein gewöhnlicher Fuhrmann, sondern steht im Dienst eines gestrengen Herrn, der der Tod genannt wird. Tag und Nacht muß dieser Fuhrmann die Aufträge seines Herrn ausrichten. Versteht ihr wohl, ihr Herren, sobald es bei jemand ans Sterben geht, muß er zur Stelle sein, und dann kommt er auch mit seinem knirschenden alten Karren dahergerasselt, so rasch, wie der lahme Gaul den Karren nur ziehen kann.«

Wieder macht der Erzähler eine Pause und versucht, die Gesichter seiner Kameraden zu unterscheiden, und als er merkt, daß sie ihm so gebannt zuhören, wie er nur verlangen kann, fährt er fort:

»Ihr habt doch gewiß schon irgendein Bild gesehen, das den Tod vorstellen soll, und da habt ihr wohl gemerkt, daß er meistens zu Fuß geht. Aber dieser hier auf dem Karren ist auch nicht der Tod selbst, sondern nur sein Fuhrknecht. Seht, man könnte sich ja denken, daß so ein hoher Herr vielleicht nur die vornehmste Ernte bergen wollte, und für die kleinen erbärmlichen Gräser und Kräuter, die am Wegrand stehen, für die muß dann der Fuhrknecht sorgen. Aber nun, ihr Herren, nun gebt wohl acht, denn jetzt kommt das Allermerkwüdigste an der ganzen Geschichte. Ja, es scheint sich nämlich so zu verhalten, daß bei diesem Geschäft zwar immer derselbe Karren von demselben Gaul gezogen wird, der Fuhrknecht dagegen nicht immer derselbe bleibt. Der letzte Mensch, der in dem laufenden Jahre stirbt, also der Mensch, der in dem Augenblick den Geist aufgibt, wo die Glocke in der Neujahrsnacht die Mitternacht verkündigt, ist im voraus dazu bestimmt, der Fuhrknecht des Todes zu werden. Sein Leichnam wird zwar begraben, wie der aller Toten auch, aber sein Geist muß den Mantel anziehen und ein ganzes Jahr lang mit der Sense von Haus zu Haus fahren, wo immer ein Toter liegt, bis er in der nächsten Neujahrsnacht endlich abgelöst wird.«

Der Erzähler schweigt und betrachtet die beiden anderen mit einem boshaften erwartungsvollen Blick. Er sieht, daß sie die Augen nach oben gerichtet haben und sich vergeblich bemühen, herauszubringen, welche Zeit die Zeiger der Turmuhr angeben.

»Es hat eben erst drei Viertel auf zwölf geschlagen«, klärt er die Gefährten auf. »Ihr braucht euch also nicht die geringste Sorge zu machen, daß der gefährliche Augenblick schon herangekommen sei. Aber jetzt versteht ihr doch vielleicht, warum mein Kamerad so große Angst hatte. Ja, vor nichts weiter fürchtete er sich, als eben davor, der Tod könnte ihn möglicherweise in dem Augenblick überraschen, wo die Glocke in der Neujahrsnacht zwölf Uhr schlüge, und daß er dann gezwungen wäre, dessen Fuhrknecht zu werden. Ich glaube, daß er sich am letzten Tage des Jahres immerfort einbildete, er höre das Rasseln und Knirschen des Totenkarrens. Und wißt ihr wohl, ihr Herren, was das merkwürdigste war? Er scheint tatsächlich im letzten Jahre gerade in der Neujahrsnacht gestorben zu sein.«

»Was, ist er wirklich gerade vor Anbruch des neuen Jahres gestorben?«

»Ich weiß nichts weiter, als daß er in der Neujahrsnacht starb; aber bei welchem Glockenschlage, ist mir nicht bekannt. Nun, ich hätte ihm eigentlich prophezeien können, daß er gerade an diesem Tag ins Gras beißen müßte, er hat ja doch nichts anderes getan, als auf den Tod gewartet. Wenn ihr Herren euch so etwas fest einbilden würdet, ginge es euch genauso.«

Die beiden anderen Männer haben, während der dritte erzählte, wie auf gemeinsame Verabredung rasch den Hals ihrer Flasche umfaßt und trinken nun einen langen Schluck. Darauf stehen sie langsam und schwerfällig auf.

»Ach, die Herren werden doch nicht aufbrechen wollen, ehe es Mitternacht geschlagen hat«, sagt der Große, der die Geschichte erzählt hat, als er merkt, daß es ihm gelungen ist, den beiden anderen einen Schrecken einzujagen. »Ihr werdet doch einem solchen alten Ammenmärchen keinen Glauben schenken, nein, das ist doch wohl nicht möglich! Mein Kamerad war auch viel schwächer als ihr, nicht von dem alten urgesunden schwedischen Schlag wie wir. Kommt, nun trinken wir einen tüchtigen Schluck, und denn setzen wir uns wieder!« –

»Es ist nur gut, daß man uns hier ungestört sitzen läßt«, fährt er fort, nachdem er die anderen wieder neben sich auf dem Rasen hat. »Dies ist heute den lieben langen Tag hindurch der erste Ort, wo man mich in Ruhe läßt. Denn wo ich mich heute sehen ließ, bin ich immerfort von Heilsarmeesoldatinnen überfallen worden, die mich zu Schwester Edith, die im Sterben zu liegen scheint, mitnehmen wollten. Aber ich hab' mich dafür bedankt; das fehlte gerade noch, man setzt sich doch nicht freiwillig einer so widerlichen Predigt aus.«

Als die beiden Männer den Namen der Schwester Edith hören, fahren sie, obwohl ihr Gehirn von dem fortgesetzten Trinken umnebelt ist, heftig zusammen und fragen, ob es die Schwester sei, die der Rettungsstation vorstehe.

»Jawohl, die ist es«, antwortet der jüngere Mann. »Während dieses ganzen Jahres hat sie sich ganz besonders um mich gekümmert, und ich hoffe, sie gehört nicht zu euren näheren Bekannten, ihr Herren, damit ihr nicht zu sehr um sie trauern müßt.«

In den Herzen der beiden Landstreicher mußte indes irgendeine Erinnerung an eine von Schwester Edith empfangene Wohltat lebendig sein, denn beide erklären mit größter Bestimmtheit und Übereinstimmung, wenn Schwester Edith nach jemand verlange, so müßte er sich, wer er auch immer sei, unverzüglich zu ihr begeben.

»So, das ist eure Meinung, ihr Herren?« versetzt der dritte. »Nun, ich würde auch gleich hingehen, wenn ihr mir ungefähr sagen wolltet, welche Freude Schwester Edith an einem Zusammensein mit mir haben könnte.«

Keiner der beiden Landstreicher läßt sich auf die Beantwortung dieser Frage ein, aber beide versuchen ihn zu überreden, jetzt noch zu Schwester Edith zu gehen. Und als er sich fortgesetzt weigert, geraten sie in heftigen Zorn und erklären, wenn er nicht gutwillig gehe, würden sie ihn mit Gewalt hinschleppen.

Sie stehen auch gleich auf und krempeln ihre Rockärmel zurück, um zum Angriff überzugehen.

Ihr Widersacher, der wohl weiß, daß er der größte und stärkste Mann in der ganzen Stadt ist, hat plötzlich Mitleid mit den beiden schwächlichen Tröpfen.

»Wenn die Herren es denn durchaus nicht anders haben wollen, so bin ich selbstverständlich sofort bereit«, sagt er. »Aber ich muß gestehen, meiner Ansicht nach sollten wir uns lieber gütlich vertragen, besonders beim Gedanken an das, was ich erzählt habe.«

Die beiden betrunkenen Männer wissen wohl kaum noch, was sie in Zorn versetzt hat; aber jetzt ist ihre Streitsucht geweckt, und sie gehen mit geballten Fäusten auf den dritten los. Dieser ist sich aber seiner Überlegenheit so bewußt, daß er es nicht einmal der Mühe wert findet, aufzustehen, sondern ruhig sitzenbleibt. Er streckt nur die Arme aus und schleudert seine Angreifer wie ein paar junge Hunde nach rechts und links weg. Aber wie junge Hunde kommen sie auch gleich wieder heran, und dabei gelingt es dem einen, dem großen starken Mann einen heftigen Stoß auf die Brust zu versetzen. Im nächsten Augenblick fühlt dieser, daß ihm etwas Warmes die Kehle heraufsteigt und den Mund füllt. Und da er weiß, wie angegriffen sein einer Lungenflügel ist, ahnt er, daß dies der Anfang eines Blutsturzes ist. Er gibt den Kampf auf und wirft sich auf den Boden zurück, während ihm ein breiter Blutstrom über die Lippen quillt. Dies ist ja an und für sich schon ein schwerer Unfall, aber das schlimmste und verhängnisvollste dabei ist, daß die Kameraden, als ihnen das warme Blut auf die Hände spritzt und sie den Mann zurücksinken sehen, meinen, sie hätten ihn ermordet, sinnlos und in wilder Flucht davonjagen und den Verletzten ganz allein zurücklassen. Der Blutsturz läßt freilich allmählich nach, aber sobald der Mann den allergeringsten Versuch macht, sich aufzurichten, quillt das Blut von neuem hervor.

Es ist keine besonders kalte Nacht; aber als der Mann so auf der Erde ausgestreckt liegt, fühlt er sich bedrohlich der Feuchtigkeit und Kälte ausgesetzt, und nach und nach wird es ihm zur Gewißheit, daß er zugrunde gehen muß, wenn ihm nicht bald jemand zu Hilfe kommt und ihn unter Dach und Fach schafft. Er liegt hier so gut wie mitten in der Stadt, und da es Neujahrsnacht ist, sind auch noch eine Menge Menschen unterwegs; er hört sie auf den Straßen hin und her gehen und um den Kirchplatz herumwandern, aber niemand kommt in die Anlagen herein. Ja, die Menschen sind gar nicht weit weg, er kann ganz deutlich ihre Stimmen hören, und er denkt, es sei doch sehr hart, hier ohne Hilfe zugrunde gehen zu müssen und sie doch greifbar nahe zu wissen.

Wieder wartet er eine Weile, ob vielleicht jemand kommt. Die Kälte plagt ihn immer mehr; aber er kann sich nicht allein aufrichten, und so beschließt er, wenigstens einen Versuch zu machen, jemand herbeizurufen.

Aber auch diesmal hat er kein Glück, denn gerade als er einen Notschrei ausstößt, fängt die Glocke im Turme über ihm an, zwölf Uhr zu schlagen. Die menschliche Stimme wird von dem starken Erzklang vollkommen übertönt, kein Mensch gibt auf sie acht. Der Kranke kann auch keinen zweiten Versuch machen, denn nach der Anstrengung fließt das Blut von neuem, und zwar diesmal so heftig, daß er kaum noch den Gedanken fassen kann, auf diese Weise verliere er alles Blut aus seinem Körper bis auf den letzten Tropfen, als es auch schon geschehen zu sein scheint. Wie, werd' ich am Ende sterben, während die Glocke da droben Mitternacht schlägt, denkt er. Das kann doch nicht möglich sein! – Aber zugleich hat er das Gefühl, als verlösche er wie ein ausgebranntes Licht. Und in demselben Augenblick, als der letzte dröhnende Glockenschlag verhallt und den Anbruch des neuen Jahres verkündigt, versinkt der Mann in Finsternis und Bewußtlosigkeit.

3

Gleich nachdem die Turmuhr zwölf weithin hallende Schläge dröhnend über die Landschaft hingeschickt hat, dringt ein kurzes, scharfes Ächzen und Knirschen durch die Luft.

Nach einigen Augenblicken ertönt es aufs neue, und dann wiederholt es sich unaufhörlich in ganz kurzen Zwischenräumen von nur wenigen Augenblicken, gerade als käme es von einem ungeschmierten Wagenrad her; aber es ist ein noch viel schärferer, widerwärtigerer Laut, als ihn ein noch so elendes Fuhrwerk hervorbringen könnte. Und mit diesem Laut kommt die Angst; er erweckt Angst vor allem, was man sich an Schmerz und Qual nur ausdenken kann.

Es ist ein Glück, daß von denen, die hergekommen sind, den Jahreswechsel an der Kirche zu erwarten, keiner dieses Geräusch hören kann. Wenn es vernehmlich wäre, würden alle frohen jungen Leute, die während der ganzen Nacht auf den Straßen um den Platz und die Kirchenanlagen herumgewandert sind und sich nun lustig Prosit Neujahr zurufen, ihre Glückwünsche in Jammern und Klagen verwandelt haben über all das Schlimme, das sie selbst und ihre Freunde erwarte. Wenn das Geräusch vernehmlich gewesen wäre, würde die kleine Gemeinde in dem Vereinshause, die eben jetzt das Neujahrslied anstimmte, um Gott im Himmel Lob und Dank darzubringen, gemeint haben, es mischte sich höhnisches Pfeifen und Zischen gefallener Geister in den heiligen Gesang. Wenn das Geräusch vernehmlich gewesen wäre, würde der Redner, der mit dem Champagnerglas in der Hand in einer frohen Gesellschaft eben seine Glückwünsche zum neuen Jahr ausbrachte, verstummt sein, weil er ein widerwärtiges Rabengekrächze zu hören glaubte, das ihm für alles, was er hoffte und wollte, Mißerfolg und Unglück anzukündigen schien. Ja, wenn das Geräusch vernehmlich gewesen wäre, würden die Herzen aller derer, die in dieser Nacht in ihren stillen Heimstätten wachten und sich Rechenschaft über ihr Tun und Lassen im vergangenen Jahr ablegten, im Bewußtsein ihres Unvermögens und ihrer Schwachheit von Verzweiflung zerrissen worden sein!

Es ist ein Glück, daß dieses Geräusch nur ein einziger Mensch hören kann, und daß dieser eine Mensch zu denen gehört, die es sehr nötig haben, in Angst, Gewissensqual und Selbstverachtung gestürzt zu werden, wenn es überhaupt noch möglich ist.

4

Der Mann, der den schweren Blutsturz gehabt hat, liegt noch auf dem Boden und gibt sich alle Mühe, wieder zum Bewußtsein zu kommen. Es ist ihm, als wecke ihn etwas, als fliege ein Vogel, oder was es sonst sein mag, mit lautem Geschrei über seinen Kopf hin. Aber es umgibt ihn eine schöne, angenehme Ruhe, aus der er sich nicht losreißen kann.

Gleich darauf ist er überzeugt, daß das Geräusch nicht von einem Vogelschrei herrühren kann, sondern daß es der Totenkarren ist, dessen Geschichte er den beiden Landstreichern erzählt hat; dieser fährt jetzt durch die Kirchenanlagen und knirscht und rasselt so schrecklich, daß der Mann nicht schlafen kann. Aber halb unbewußt weist er, während er ruhig auf dem Boden liegt, den Gedanken, es könnte der Totenkarren sein, doch von sich. So etwas bildet er sich ja nur ein, weil er erst vorhin an ihn gedacht hatte.

Er versinkt von neuem in eine Art Schlummerzustand, aber das hartnäckige Knirschen dringt wieder schneidend durch die Luft und läßt ihm keine Ruhe. Jetzt wird ihm auch plötzlich klar, daß das, was er hört, von einem wirklichen Gefährt herrührt. Nein, das ist keine Einbildung, es ist volle Wirklichkeit, und so kann er nicht hoffen, daß es bald aufhören werde. Und da wird ihm etwas klar; es hilft alles nichts, er muß sich entschließen, aufzuwachen.

Er merkt sofort, daß er noch immer auf demselben Rasenplatz liegt wie zuvor und ihm also niemand zu Hilfe gekommen ist. Alles scheint noch unverändert zu sein, nur wiederholt dringt ein ächzender, knirschender Ton durch die Luft. Der Ton scheint aus weiter Ferne zu kommen, ist aber überaus langgezogen und dringt ihm schneidend scharf in die Ohren, und er weiß nun auch genau, daß ihn dieser Laut geweckt hat. Er fragt sich, ob er wohl lange bewußtlos dagelegen habe, was ihm aber nicht möglich erscheint. Er hört, wie sich die Leute, die in nächster Nähe umherwandern, Prosit Neujahr zurufen, und schließt daraus, daß es noch nicht lange nach Mitternacht sein kann.

Der ächzende, knirschende Ton dringt immer wieder an sein Ohr, und da der Mann von jeher sehr empfindlich gegen gellende, kreischende Töne gewesen ist, denkt er, es wäre gut, wenn er versuche, aufzustehen und fortzugehen, damit er dieses Unwesen nicht mehr hören müßte. Ja, einen Versuch könnte er doch wenigstens machen, jetzt beim Aufwachen fühlt er sich wieder ganz wohl. Er hat nicht mehr das Gefühl, als habe er eine offene, klaffende Wunde in der Brust. Es friert ihn nicht mehr, und er fühlt sich auch nicht mehr matt, fühlt überhaupt seinen Körper gar nicht, sondern es ist ihm ganz so zumute, wie es zu sein pflegt, wenn man vollkommen gesund ist.

Er liegt noch immer auf der Seite, wie er sich hingeworfen hat, als der Blutsturz anfing, und nun will er sich zuerst auf den Rücken legen und versuchen, was sein gebrechlicher Körper aushalten kann.

›Jetzt richte ich mich vorsichtig auf den Ellbogen auf, drehe mich um und lasse mich wieder zurücksinken‹, denkt er.

Der Mann ist, wie alle anderen Menschen auch, gewohnt, sobald der Gedanke sagt: »Nun tue ich dies oder das«, es auch in demselben Augenblick vollbracht zu haben. Aber diesmal widerfährt ihm etwas Seltsames: sein Körper bleibt ganz ruhig liegen, ohne die vorgeschriebenen Bewegungen auszuführen; vollkommen unbeweglich liegt er da.

›Wäre es denn möglich, daß ich sehr lange dagelegen habe und nun zu Eis erstarrt bin?‹ denkt der Mann. Aber wenn er so hartgefroren wäre, müßte er ja tot sein, und er lebt doch, er sieht und hört ja. Und außerdem herrscht auch gar keine eigentliche Kälte, denn von den Bäumen über ihm tropft und nieselt es ja auf ihn herunter.

Der Mann ist von dem Gedanken, was für eine seltsame Lähmung sich seiner bemächtigt habe, ganz erfüllt, und so hat er eine Weile das quälende Knirschen vergessen. Aber plötzlich hört er es aufs neue.

›Ja, nun kannst du dir alle weitere Überlegung, wie du dieser Musik entgehen könntest, sparen, David‹, denkt er. ›Jetzt mußt du es eben aushalten, so gut es geht.‹

Für jemand, der sich eben noch frisch und tatkräftig und kein bißchen krank gefühlt hat, ist es nicht leicht, ruhig und geduldig daliegen zu müssen, und der Mann macht unaufhörliche Versuche, wenigstens einen Finger zu bewegen oder die Augenlider zu heben. Aber das eine ist ihm ebenso unmöglich wie das andere, und er fragt sich unwillkürlich, wie er es denn früher gemacht habe, wo er seine Glieder voll gebrauchen konnte. Er denkt, er müsse diese Kunst durch irgendeinen Unfall vergessen haben.

Während der ganzen Zeit kommt das Knirschen immer näher. Jetzt ist es nicht mehr weit entfernt; er hört, daß es von einem Gefährt herrührt, das ganz langsam durch die Langestraße nach dem Marktplatz fährt. Und ein elender Schinderkarren muß es sein, so viel ist sicher. Jetzt hört man nicht nur das Knirschen der ungeschmierten Räder, sondern auch das Krachen im Holz und wie das Pferd bei jedem Schritt auf dem Straßenpflaster ausgleitet. Wahrhaftig, wenn der erbärmliche Totenkarren, vor dem sein alter Kamerad so eine Heidenangst gehabt hatte, dahergefahren käme, es könnte sich nicht schlimmer anhören.

›Du und ich, David‹, denkt der Mann, ›wir beide brauchen zwar keine besondere Sehnsucht nach der Polizei zu haben; aber wenn sie jetzt aufpassen und dem Unwesen ein Ende machen würde, so würden wir uns doch recht schön bei ihr bedanken.‹

Der Mann pflegt sich mit seinem stark ausgeprägten Sinn fürs Komische zu brüsten, aber jetzt fängt er doch an zu fürchten, diese Knirschmusik im Verein mit allem anderen, was ihm in dieser Nacht widerfahren ist, könnte seinem Humor den Garaus machen. Allerlei widerwärtige Überlegungen gehen ihm durch den Kopf: wenn er jetzt, wie er so daliegt, gefunden wird, könnte er für tot gehalten und lebendig eingesargt und begraben werden.

»Und dann mußt du alles, was um deinen Leichnam herum gesprochen wird, mit anhören, und das klingt vielleicht auch nicht schöner als der Spektakel, den du jetzt anhören mußt«, sagt er zu sich selbst.

Höchstwahrscheinlich ist dieses Knirschen die Ursache, warum er plötzlich an Schwester Edith denken muß, zwar nicht mit Gewissensbissen, aber mit dem empörten Gefühl, daß sie auf irgendeine Weise den Sieg über ihn davongetragen habe.

Das Knirschen erfüllt die Luft, und es zerreißt ihm die Ohren; aber es erweckt in dem daliegenden Manne keine Reue über das Unrecht, das er anderen zugefügt hat, sondern nur zornige Erinnerungen an alles Böse und Widerwärtige, das ihm andere angetan haben.

Aber gerade wie er sich so recht in diese Anklagen hineingesteigert hat, bricht er jäh ab und horcht eine ganze Minute lang angestrengt in die Nacht hinein. Das Gefährt ist zwar die Langestraße hinuntergefahren, aber nicht in den Marktplatz eingebogen. Das Pferd gleitet nicht mehr auf den runden spitzigen Pflastersteinen aus, jetzt schreitet es über einen Sandweg. Es nähert sich dem Platz, wo der Mann liegt, es ist in die Kirchhofanlagen hereingefahren.

In seiner Freude über die Möglichkeit, Hilfe zu erlangen, macht der Mann noch einen Versuch, sich aufzurichten. Aber es geht ihm dabei genau wie bei den vorhergehenden Malen. Nur allein seine Gedanken bewegen sich, der Körper nicht.

Dagegen hört er, daß das Gefährt tatsächlich näher herankommt. Das Holzwerk kracht immerfort, das Geschirr knarrt, und die ungeschmierten Räder quietschen und knirschen, und zwar so erbärmlich, daß der Mann allmählich Angst bekommt, sie könnten auseinanderfallen, ehe ihn das Gefährt erreichte.

Das Gefährt bewegt sich unglaublich langsam, und der Mann, der von dem einsamen und hilflosen Daliegen gereizt und ungeduldig geworden ist, meint, es dauere noch viel länger, bis das Gefährt ihn erreicht, als es tatsächlich der Fall ist. Und er kann auch gar nicht daraus klug werden, was denn das für ein Gefährt sein kann, das mitten in der Neujahrsnacht in die Kirchenanlagen hereinfährt. Der Kutscher ist vielleicht betrunken, wenn er solche Wege einschlägt, aber dann kann er ja keine Hilfe von ihm erwarten. ›Das Knirschen ist es, das dich so niederdrückt, David‹, denkt er. ›Das Gefährt hat gewiß nicht die andere Allee eingeschlagen, wie du dir jetzt einbildest, sondern kommt gerade auf dich zu.‹

Jetzt kann das Gefährt nur noch ein paar Schritte von ihm entfernt sein, aber das entsetzliche Knirschen hat den Mann ganz mutlos gemacht.

›Du hast heute Unglück, David‹, denkt er. ›Und du wirst sehen, daß hier nichts als ein neues Unglück heranrückt. Es ist gewiß eine schwere Straßenwalze, die über dich wegfährt, oder irgend etwas Ähnliches.‹

Im nächsten Augenblick sieht der Mann, was es ist, auf das er so eifrig gewartet hat, und obgleich es durchaus keine Straßenwalze ist, die ihn zu zermalmen droht, verliert er bei dem Anblick doch fast die Besinnung vor Schrecken.

Er kann seine Augen ebenso wenig bewegen wie irgendein anderes Glied seines Körpers, und deshalb sieht er nichts weiter, als was gerade vor ihm ist. Da nun das knirschende Gefährt von der Seite hergefahren kommt, taucht es erst allmählich in seinem Sehfeld auf. Das erste, was sich dem Manne zeigt, ist ein alter Pferdekopf mit ergrautem Stirnhaar und einem erblindeten Auge, das ihm zugewendet ist. Dann erscheint die vordere Hälfte eines Pferdes, das statt des einen Beins nur noch einen kurzen Stumpf aufzuweisen hat, und das in ein mit schlechten Schnüren und Birkenweiden zusammengebundenes und mit schmutzigen Garntroddeln verziertes Geschirr gespannt ist. Dann erscheint der ganze elende Gaul und der ganze elende Karren mit der zerbrochenen Holzeinfassung und den losen, wackeligen Rädern, ein gewöhnlicher, aber so schrecklich mitgenommener Marktkarren, der so aussieht, als könne man nichts mehr darauf laden. Der Fuhrmann sitzt auf dem Sitzbrett, und er stimmt genau mit der Beschreibung überein, die der Mann vor einer kleinen Weile selbst von ihm und seinem Gefährt und allem anderen gemacht hatte. Die Zügel, an denen der Fuhrmann den Gaul leitet, sind so oft zusammengebunden, daß ein Knoten am anderen sitzt, die Mantelkapuze hat er tief ins Gesicht hereingezogen, und er sitzt zusammengesunken auf dem Karren, wie von einer Müdigkeit gebeugt, von der er sich niemals genügend ausruhen darf.

Als der Mann nach dem heftigen Blutsturz in Ohnmacht sank, war es ihm, als sei seine Seele aus seinem Leibe entwichen und ausgeflackert wie eine verlöschende Flamme. Aber so ist es jetzt nicht mehr, jetzt ist ihm, als werde sie so geschüttelt und verrenkt und herumgewirbelt, daß sie nie wieder zur Ruhe kommen könnte.

Man sollte nun eigentlich meinen, der Mann hätte nach allem, was der Ankunft des Gefährts vorausgegangen war, darauf gefaßt sein müssen, etwas Übernatürliches daherkommen zu sehen; aber wenn ihm auch so ein Gedanke aufgestiegen war, so hatte er ihm keine Bedeutung beigelegt. Und als er jetzt das wirklich vor sich sieht, was ihm als eine alte Sage erzählt worden war, will es sich durchaus nicht mit irgendeinem seiner flüchtigen Erlebnisse in Einklang bringen lassen.

›Dies wird dich noch verrückt machen, David‹, denkt er mitten in seiner Verwirrung. ›Nicht allein mein Körper ist zugrunde gerichtet, nun komme ich auch noch um meinen Verstand.‹

Was ihn in diesem Augenblick hauptsächlich beschäftigt, ist das Gesicht des Fuhrmanns. Das Pferd ist dicht vor ihm stehengeblieben, und da hat sich der Fuhrmann aufgerichtet, als erwache er aus einem Traum. Mit einer müden Bewegung hat er die Kapuze zurückgeschlagen und schaut sich nun suchend nach allen Seiten um. Dabei sieht ihm der am Boden Liegende in die Augen, und er erkennt in dem Fuhrmann einen alten Bekannten.

›Ei, das ist ja der Georg!‹ denkt er. ›Er ist zwar höchst seltsam ausstaffiert, aber ich erkenne ihn doch!‹

›Kannst du mir sagen, David, wo er sich wohl diese ganze Zeit über aufgehalten hat?‹ fragt er im stillen weiter. ›Ich glaube, ich bin während des ganzen letzten Jahres nicht ein einziges Mal mit ihm zusammengetroffen. Aber weißt du, David, der Georg ist ein freier Mann und nicht an Frau und Kinder gebunden. Er hat wohl eine große Reise gemacht, ja vielleicht kommt er vom Nordpol, er sieht so erfroren aus.‹

Er betrachtet den Fuhrmann genau, denn in dessen Ausdruck liegt etwas, was er bisher nicht an ihm gekannt hat. Aber es muß der Georg sein, sein alter Kamerad und Saufkumpan, es ist nicht anders möglich. Er erkennt ihn an dem großen Kopf und der Adlernase, an dem mächtigen schwarzen Schnurrbart und dem spitzen Kinnbart. Wer ein Aussehen hat wie ein flotter Sergeant, ja man könnte sagen, ein Aussehen, auf das jeder General stolz sein würde, darf sich nicht der Hoffnung hingeben, von einem alten Bekannten nicht wiedererkannt zu werden.

›Was sagst du da, David?‹ beginnt der Mann von neuem. ›Hast du sagen hören, Georg sei im vorigen Jahr gerade in der Neujahrsnacht in einem Krankenhaus in Stockholm gestorben? Weißt du, mir ist, als habe ich es auch gehört, aber wir beide haben uns nicht zum erstenmal getäuscht. Denn der Fuhrknecht hier ist der Georg, wie er leibt und lebt. Sieh ihn nur an, jetzt wo er aufsteht. Ist das vielleicht nicht der Georg mit dem kleinen ärmlichen Körper, der nie mit seinem Korporalskopf übereinstimmte? Ja, was sagst du nun, David? Hast du gesehen, als er vom Karren heruntersprang, flog sein Mantel so weit auseinander, daß sein alter langer zerlumpter Rock, der ihm immer bis auf die Fersen hinunterhing, zum Vorschein kam? Und zugeknöpft bis zum Hals hinauf war er, David, genau wie immer, und das große rote Halstuch wedelte ihm um den Hals, aber ebenso wie früher hatte er weder Hemd noch Weste an.‹

Der Gelähmte fühlte sich ganz aufgemuntert. Er hätte laut lachen können, wenn es ihm überhaupt möglich gewesen wäre, ein Lachen hervorzubringen.

›Wenn wir beide, du und ich, David, einmal wieder zu Kräften kommen, wollen wir dem Georg diesen Spaß heimzahlen. Es ist ihm mit diesem Aufzug fast gelungen, mir den Verstand in die Luft zu sprengen, als hätte er Dynamit darunter gelegt. Aber es gehört auch so ein Kerl wie der Georg dazu, um darauf zu verfallen, sich so einen Gaul und so einen Karren zu verschaffen und damit bis zur Kirche herzufahren. Nicht einmal du, David, wärst imstande gewesen, so einen schnurrigen Aufzug auszuhecken. Ja, ja, der Georg ist dir immer über gewesen.‹

Der Fuhrmann ist indessen zu dem am Boden Liegenden getreten und betrachtet ihn. Sein Gesicht ist starr und ernst. Es ist ihm durchaus nicht anzusehen, ob er weiß, wen er vor sich hat.

›Ein paar Punkte sind doch noch da, über die ich durchaus nicht ins reine kommen kann‹, denkt der Mann. ›Erstens, wie der Georg herausgebracht hat, daß ich und die Kameraden uns hier auf dem Rasen niedergelassen haben, so daß er auf die Idee kam, hierher zu fahren, um uns zu erschrecken. Zweitens, daß er es gewagt hat, sich als Fuhrknecht des Todes zu verkleiden, vor dem er doch immer so große Angst hatte.‹

Jetzt beugt sich der Fuhrmann über den Daliegenden, aber immer noch mit demselben fremden Ausdruck. »Der Ärmste hier wird nicht sehr froh sein, wenn er erfährt, daß er mich ablösen muß«, hört David ihn vor sich hinmurmeln.

Auf die Sense gestützt, beugt er das Gesicht immer tiefer herab, und im nächsten Augenblick erkennt er seinen Kameraden. Da bückt er sich ganz hinunter und sieht ihm in die Augen.

»Ach, ach, es ist David Holm!« ruft er aus. »Das war das einzige, von dem ich hoffte, daß es mir erspart bleiben würde, ihn zu holen.«

»Ach, David, daß du es bist, daß du es bist!« stöhnt er, indem er die Sense wegwirft und neben dem Daliegenden in die Knie sinkt. »Während dieses ganzen Jahres«, fährt er mit großer Herzlichkeit und tiefer Betrübnis fort, »hab' ich immer gewünscht, Gelegenheit zu bekommen, dir nur ein einziges Wort zu sagen, ehe es zu spät ist. Einmal wäre es mir beinahe geglückt, aber du hast mir widerstanden, so daß ich nicht bis zu dir hingelangen konnte. Ich glaubte, ich würde es jetzt in der nächsten Stunde, gleich wenn ich von meinem Dienst abgelöst wäre, tun können, aber nun liegst du schon hier! Und jetzt komme ich zu spät, um dir zu sagen, du sollest dich in acht nehmen.«

David Holm hörte dies alles mit unbeschreiblichem Erstaunen.

›Was meint er nur?‹ denkt er. ›Er redet ja, als wäre er tot. Und wann soll denn das gewesen sein, wo er mir nahe war und ich ihm widerstanden hätte? Aber es ist wahr‹, beruhigt er sich, ›er muß ja so reden, wie es zu seiner Verkleidung paßt.‹

Nun fängt der Fuhrmann wieder an zu sprechen, und zwar mit tief bewegter Stimme.

»Ach, David, meinst du, ich wisse nicht, wieviel Schuld ich daran trage, daß es ein solches Ende mit dir genommen hat? Wenn du mir nicht begegnet wärst, hättest du auch fernerhin ein ruhiges, rechtschaffenes Leben geführt. Du hättest dich mit deiner Frau zum Wohlstand heraufgearbeitet; nichts hätte euch daran gehindert, denn ihr wart beide junge, tüchtige Leute. Du kannst versichert sein, David, während dieses ganzen letzten endlosen Jahres ist nicht ein einziger Tag vergangen, ohne daß ich voller Angst darüber nachgedacht hätte, daß ich es war, der dich von deinem fleißigen Lebenswandel weggelockt und dich meine eigenen schlechten Gewohnheiten gelehrt hat.« »Ach«, fährt er fort, indem er dem Freunde zärtlich übers Gesicht streicht, »ich fürchte, du bist noch weiter vom Guten abgekommen, als ich tatsächlich weiß. Wie hätten sich sonst diese furchtbaren Linien um deine Augen und deinen Mund eingraben können?«

David Holms gute Laune fängt an, sich in Ungeduld zu verwandeln.

›Hör jetzt auf zu scherzen, Georg‹, denkt er. ›Geh lieber und hole jemand herbei, der dir helfen kann, mich auf den Karren zu heben, und fahr' mich so rasch du kannst nach dem Lazarett.‹

»Ich nehme an, daß du weißt, was ich in diesem Jahr zu tun gehabt habe, David«, sagt der Fuhrmann. »Und du weißt auch, was das für ein Karren und was es für ein

Pferd ist, die mich hergebracht haben. Ich brauche dir auch nicht erst zu sagen, wer nach mir die Sense hier ergreifen und die Zügel führen soll. Aber, David, bedenke wohl und vergiß es nicht, ich bin es nicht, der dich zu diesem Schicksal bestimmt hat. Denk doch, während dieses ganzen entsetzlichen Jahres, das dich erwartet, nie und nimmer, ich hätte meinen eigenen Willen gehabt und es vermeiden können, heute nacht mit dir zusammenzutreffen. Sei überzeugt, wenn es möglich gewesen wäre, hätte ich alles getan, um es dir zu ersparen, dasselbe durchmachen zu müssen wie ich.«

›Vielleicht ist Georg tatsächlich verrückt geworden‹, denkt David Holm. ›Sonst müßte er doch begreifen, daß es sich für mich um Leben und Tod handelt, und er nicht auf diese Weise saumselig sein dürfte.‹

Doch in diesem Augenblick, in dem David Holm denkt, sieht ihn der Fuhrmann unsagbar wehmütig an.

»Du brauchst dich nicht aufzuregen, weil du nicht ins Lazarett gebracht wirst, David. Wenn ich zu einem Kranken komme, ist es zu spät für ärztliche Hilfe.«

›Ich glaube, heute nacht sind alle Teufel losgelassen, um ihren Spuk mit mir zu treiben‹, denkt David Holm. ›Wenn nun endlich ein Mensch daherkommt, der mir helfen könnte, dann ist er entweder verrückt oder so heimtükkisch, daß es ihm ganz einerlei ist, ob ich zugrunde gehe.‹

»Ich möchte dich an den vorigen Sommer erinnern, David«, fährt der Fuhrmann fort. »Es war an einem Sonntagnachmittag, da bist du durch ein schönes, breites Tal gewandert, wo dir überall, so weit das Auge reichte, große Äcker und schöne Höfe mit blühenden Baumwipfeln entgegenlachten. Es war ein erstickend heißer Nachmittag, wie sie manchmal im Hochsommer vorkommen, und ich glaube, es fiel dir auf, daß du in der ganzen Umgegend das einzige Wesen warst, das sich bewegte. Die Kühe standen regungslos auf den Weiden und wagten sich nicht von den schattenspendenden Bäumen weg, und die Menschen waren alle miteinander verschwunden. Sie mußten sich unter

Dach geflüchtet haben, um der Hitze zu entgehen. Sag, war es nicht so, David?«

›Das ist wohl möglich‹, denkt der Mann. ›Aber ich bin doch oft bei Hitze und Kälte unterwegs gewesen, wie soll ich mich da an ein einzelnes Mal erinnern können?‹

»Und David, gerade als die Stille ringsum am größten war, hast du dicht hinter dir plötzlich ein Knirschen gehört. Du hast dich umgedreht, weil du glaubtest, es fahre jemand hinter dir her, konntest aber niemand sehen. Du hast dich mehrere Male umgeschaut und dachtest, das sei doch das sonderbarste, was dir je vorgekommen sei. Du hörtest das Knirschen ganz deutlich, konntest aber nirgends etwas sehen. Es war heller Tag, nach allen Seiten hin lag die Landschaft offen da, und es war so still, daß dich nicht irgendein anderer Laut getäuscht haben konnte. Es war dir ganz unbegreiflich, wie man das Knirschen eines Wagenrades so deutlich hören könnte, ohne ein Gefährt zu sehen. Aber du wolltest dem Gedanken, es möchte etwas Übernatürliches mit im Spiel sein, durchaus keinen Platz einräumen. Ach, wenn du das nur getan hättest, David, dann hätte ich mich dir damals sichtbar machen können, ehe es zu spät war!«

Ja, jetzt fiel David Holm alles wieder ein. Er erinnerte sich, wie er hinter die Zäune und Gräben geguckt hatte, um herauszubringen, was denn da hinter ihm herkam. Schließlich hatte er wahrhaftig ein bißchen Angst bekommen und war in einen Bauernhof hineingegangen, nur um dem Unwesen zu entrinnen. Und als er später seinen Weg fortsetzte, war alles wieder still ringsum.

»Dies war das einzige Mal, da ich dir während dieses ganzen Jahres begegnet bin«, berichtete der Fuhrmann weiter. »Ich tat alles, was ich konnte, damit du mich sehen solltest, war aber nicht imstande, näher zu dir heranzukommen. Du konntest nur das Knirschen hören. Ach, wie ein Blinder bist du neben mir hergegangen!«

›Ja, ja, es ist ganz wahr, ich habe das Knirschen wirklich gehört‹, denkt David Holm. ›Aber was will er damit beweisen? Will er, ich solle glauben, er sei da hinter mir auf dem Wege gefahren? Ich habe die Geschichte vielleicht jemand erzählt, und von dem hat sie Georg wieder erfahren.‹

Der Fuhrmann beugt sich über David Holm und sagt in einem Ton, als wolle er einem kranken Kind zureden:

»Es nützt alles nichts, wenn du dich auch sträubst, David. Du kannst freilich jetzt nicht begreifen, was mit dir vorgegangen ist, das kann man auch nicht von dir verlangen, aber du weißt nur zu gut, daß der, der jetzt mit dir spricht, kein lebendiger Mensch ist. Du hast zwar meinen Tod erfahren, hast aber nicht daran glauben wollen. Und selbst wenn du ihn nicht erfahren hättest, so hast du mich ja jetzt auf dem Karren hierher fahren sehen. Auf diesem Karren, David, fahren keine Lebendigen.«

Damit deutet der Fuhrmann auf das Gefährt, das noch mitten in der Allee steht, und sagt: »Sieh aber nicht allein den Karren an, David, sondern betrachte auch die Bäume, die dahinter stehen!«

David Holm folgt der Aufforderung, und jetzt zum erstenmal muß er zugeben, daß er etwas sieht, was er nicht erklären kann. Er sieht die jenseits des Weges stehenden Baumstämme der Allee durch den Karren hindurch.

»Du hast früher meine Stimme oft genug gehört«, sagt der Fuhrmann, »und es muß dir darum ganz einfach auffallen, daß ich anders spreche als früher.«

Darin muß David Holm dem Fuhrmann unbedingt beistimmen. Georg hatte immer eine schöne Stimme gehabt, und dies ist zwar bei diesem Fuhrmann auch der Fall, aber jedenfalls hat sie einen anderen Ton. Sie klingt dünn und hoch und ist nicht leicht zu verstehen. Es ist derselbe Spielmann, der spielt, aber er hat ein anderes Instrument bekommen.

Der Fuhrmann streckt die Hand aus, und David Holm sieht einen klaren Wassertropfen darauffallen, der von den nassen Baumzweigen über ihm herabsinkt. Aber der Tropfen wird nicht aufgehalten, sondern fällt mitten durch die Hand auf die Erde.

Auf dem Sandweg, gerade vor den beiden, liegt ein abgebrochener Zweig. Der Fuhrmann streckt seine Sense darunter und fährt mit ihr aufwärts durch den Zweig, um ihn zu zerschneiden. Aber dieser fällt nicht in zwei Teilen zu Boden, sondern bleibt ganz wie zuvor.

»Faß es nicht falsch auf, David, sondern suche es zu verstehen«, sagt der Fuhrmann. »Hier siehst du mich, und du meinst, ich sei noch der frühere Mensch; aber der Körper, den ich jetzt habe, ist so bestellt, daß nur solche, die in den letzten Zügen liegen oder schon gestorben sind, mich sehen können. Deshalb aber denke ja nicht, mein Körper sei nichts. O nein, er dient einer Seele zur Wohnung, gerade wie dein eigener Körper und die der anderen Menschen. Du darfst ihn dir nur nicht fest oder schwer oder stark denken. Du mußt ihn dir wie ein Bild vorstellen, das du in einem Spiegel gesehen hast, und dir einzubilden versuchen, es sei aus dem Glas herausgestiegen und könne selbständig sprechen und sehen und sich bewegen.«

David Holms Gedanken leisten keinen Widerstand mehr. Er sieht der Wahrheit gerade in die Augen und findet es nicht mehr der Mühe wert, zu versuchen, ihr aus dem Wege zu gehen. Der Schemen eines Toten ist es, der mit ihm spricht, und sein eigener Körper ist ein Leichnam. Aber in dem Augenblick, wo er das zugibt, fühlt er einen rasenden Zorn in sich aufsteigen.

›Ich will nicht tot sein! Ich will nicht nur ein Schemen und ein Nichts sein!‹ denkt er. ›Ich will eine Faust haben, mit der ich zuschlagen, und einen Mund, mit dem ich essen kann.‹

Und damit ballt sich die Wut in ihm zu einer schweren, düsteren Wolke, die in Ekel und Überdruß hin und her treibt und vorerst keinen andern quält als nur ihn allein, aber, sobald sich eine Gelegenheit bietet, sich entladen kann.

»Um etwas möchte ich dich bitten, David, weil wir früher gute Freunde gewesen sind«, sagt der Fuhrmann. »Du weißt ebensogut wie ich, daß für jeden Menschen ein Augenblick kommt, wo sein Körper verbraucht ist, so daß die Seele, die darin gewohnt hat, gezwungen ist, ihn zu verlassen. Aber da zittert und bebt die Seele vor Angst, weil sie sich in ein Land hinauswagen soll, das ihr unbekannt ist. Wie ein kleines Kind, das am Badestrand steht und sich davor fürchtet, sich in die Wogen hinauszuwagen, so ungefähr ist es der Seele zumute. Um sich schließlich hinauszugetrauen, muß sie eine Stimme vernehmen von jemand, der schon die Ewigkeit erreicht hat, damit sie begreift, daß keine Gefahr dabei ist, und sich losreißt. Eine solche Stimme bin ich nun ein ganzes Jahr lang gewesen, David, und eine solche Stimme mußt du nun in dem eben angebrochenen auch sein. Und um was ich dich bitten möchte, ist, daß du dich gegen das, was dir bestimmt ist, nicht auflehnst, sondern es mit Ergebung hinnimmst, sonst bringst du schweres Leiden über dich und auch über mich.«

Der Fuhrmann senkt, als er dies sagt, den Kopf, um David Holm in die Augen zu sehen. Es sieht fast aus, als erschrecke er beim Anblick des Trotzes und Widerstandes, der ihm da entgegenschlägt.

»Vergiß nicht, David«, fährt er in dem Versuch, ihn zu überzeugen, noch eindringlicher fort, »dies ist nicht etwas, dem du entgehen kannst. Ich weiß noch nicht viel davon, wie es sich mit den Dingen des Jenseits verhält, bis jetzt habe ich mich sozusagen nur an der Grenze aufgehalten, aber soviel hab ich erkannt, daß es da keine Schonung gibt. Man muß das tun, was einem aufgetragen wird, ob man es mit oder gegen den Willen tut.«

Wieder schaut er David Holm in die Augen, aber nichts anderes sieht ihm daraus entgegen als maßloser Zorn.

»Ach, David, vielleicht ist es wirklich die gräßlichste Aufgabe, die jemand zugeteilt werden kann, auf diesem Karren zu sitzen und mit diesem Gaul von Hof zu Hof zu fahren. Wo immer der Fuhrmann hinkommt, überall erwarten ihn Tränen und Klagen, nichts anderes bekommt er zu sehen als Krankheit und Zerstörung, Wunden und Blut und Schrecken. Und das ist vielleicht noch lange nicht das schwerste. Viel schlimmer ist der Anblick dessen, was im Innern verborgen ist, das, was sich windet, sich in Reue verzehrt und sich vor dem fürchtet, was kommen wird. Ja noch mehr: ich habe dir gesagt, daß der Fuhrknecht nur an der Grenze steht; ihm geht es wie den Menschen, er meint nur Ungerechtigkeit und Enttäuschungen und ungleiche Verurteilung und erfolgloses Streben und Willkür zu sehen. Er kann nicht so weit ins Jenseits hineinschauen, um zu erkennen, ob sich dort eine Absicht und eine planmäßige Lenkung findet. Manchmal sieht er einen Schimmer davon, aber meistens muß er sich durch Dunkel und Zweifel hindurchkämpfen. Und noch etwas sollst du bedenken, David: nur ein Jahr lang muß der Fuhrknecht den Totenkarren fahren; aber dabei wird die Zeit nicht nach irdischen Stunden und Minuten gemessen, sondern damit er überall hingelangen kann, wo ihn seine Vorschrift hinruft, wird die Zeit in die Länge gezogen, und das eine Jahr wird so lang wie hundert und tausend andere. Und dazu kommt noch etwas: obgleich der Fuhrmann weiß, daß er nur das tut, was ihm zu tun befohlen ist, so kann sich niemand einen Begriff davon machen, wie widerwärtig, wie überdrüssig er sich selbst ist und für wie verworfen er sich seiner Aufgabe wegen hält. Aber am schlimmsten, am allerschlimmsten, David, ist doch, daß der Fuhrmann bei seinen Fahrten auch den Folgen von vielem Bösen begegnet, das er während seiner irdischen Wanderschaft begangen hat, denn wie sollte er dem entgehen können.«

Die Stimme des Fuhrmanns geht fast in ein Schreien über, und er faltet die Hände in großer Angst. Gleich darauf muß er indes gemerkt haben, daß ihm nur kalter Hohn von seinem früheren Freund entgegenströmt, und er zieht den Mantel zu, als friere er. Dann fährt er noch eindringlicher fort:

»Aber, David, ich sage dir, wie schwer das, was dich erwartet, auch immer sein mag, so solltest du dich doch nicht dagegen auflehnen, wenn du es für dich und auch für mich nicht schlimmer machen willst, als es schon ist. Denn ich darf dich jetzt nicht dir selbst überlassen, sondern es ist meine Aufgabe, dich in deine Tätigkeit einzuführen, und ich fürchte, dies ist das schwerste, was mir auferlegt worden ist. Du kannst mir Widerstand leisten, so lange du willst, du kannst mich wochen- und monatelang bei der Sense festhalten, ja, sogar bis zur nächsten Neujahrsnacht. Mein Jahr ist abgelaufen, aber ich bekomme meine Freiheit nicht eher, als bis ich dich gelehrt habe, dein Amt gutwillig zu tun.«

Während all dieser Mitteilungen hat der Fuhrmann immer noch neben David Holm auf den Knien gelegen, und alle seine Worte haben durch die große Eindringlichkeit, mit der sie ausgesprochen worden sind, ein noch größeres Gewicht bekommen. Er wartet noch einen Augenblick und forscht nach einem Zeichen, daß seine Worte gewirkt haben; aber bei dem früheren Kameraden ist nur der feste Entschluß lebendig, bis aufs äußerste Widerstand zu leisten.

›Ich muß am Ende doch tot sein, und daran kann ich ja nichts ändern‹, denkt er; ›aber nichts soll mich dazu bringen, etwas mit dem Totenkarren und dem Totengaul zu schaffen zu haben. Sie müssen eine andere Arbeit für mich ersinnen; mit diesem Zeug will ich mich nicht befassen.‹ Der Fuhrmann ist im Begriff, aufzustehen, als ihm plötzlich noch etwas einfällt, das er David Holm noch sagen müßte.

»Bedenke, David, bis jetzt hat nur der Georg mit dir gesprochen; aber jetzt bekommst du es mit dem Fuhrmann zu tun. Du weißt recht wohl von früher her, an wen man denkt, wenn man von dem spricht, der kein Verschonen kennt.«

Und im nächsten Augenblick steht er mit der Sense in der Hand und die Kapuze übers Gesicht hereingezogen aufrecht da.

»Gefangener, komm aus deinem Gefängnis heraus!« ruft er mit lauter, eherner Stimme.

Sofort richtet sich David Holm vom Boden auf. Er weiß nicht, wie es zugegangen ist, aber plötzlich steht er aufrecht da. Er schwankt, und die Bäume und die Kirche scheinen sich vor ihm im Kreise zu drehen, aber er findet doch rasch das Gleichgewicht wieder.

»Sieh dich um, David Holm!« befiehlt ihm eine starke Stimme; und er gehorcht in der Verwirrung des Augenblicks.

Vor ihm auf der Erde liegt lang ausgestreckt ein großer Mann von kräftigem Körperbau, der aber in schmutzige Lumpen gehüllt ist. Von Blut und Erde beschmiert, von leeren Flaschen umgeben, mit einem erhitzten, aufgedunsenen Gesicht, von dessen ursprünglichen Zügen man sich keine rechte Vorstellung mehr machen kann, liegt der Mann am Boden. Ein flackernder Lichtschein von den ziemlich entfernten Laternen wirft einen haßerfüllten widerwilligen Glanz in die schmalen Augenöffnungen.

Vor dieser liegenden Gestalt aber steht David Holm selbst. Auch er ist ein großer Mann von prächtigem Körperbau. Die alten häßlichen schmutzigen Kleidungsstücke, die der Tote trägt, hat auch er an. Er steht vor diesem andern als sein Doppelgänger.

Aber doch nicht ganz ein Doppelgänger, denn er ist ein Nichts. Oder es ist vielleicht unrichtig, wenn man ein Nichts sagt, nein, besser ist der Ausdruck: ein Bild. Ein Bild von dem andern, das sich in einem Spiegel gezeigt hat und nun aus dem Glas herausgestiegen ist und lebt und sich bewegt.

David Holm wendet sich hastig ab. Da steht Georg, und nun sieht er, daß auch dieser ein Nichts ist, nur ein Abbild von dem Körper, den er einmal besessen hat.

»Du Seele, die du in dem Augenblick die Herrschaft über deinen Körper verloren hast, wo die Glocke in der Neujahrsnacht zwölf Uhr schlug, mußt mich jetzt in meinem Amt ablösen!« sagt Georg. »Du mußt während des eben angebrochenen Jahres die Seelen aus dem Irdischen befreien!«

Bei diesen Worten findet David Holm sich selbst wieder. In wütendem Zorn stürzt er sich auf den Fuhrmann; er greift nach dessen Sense, um sie zu zerbrechen, und nach dessen Mantel, um ihn zu zerreißen. Da fühlt er, wie seine Hände niedergedrückt und die Beine unter ihm weggerissen werden. Dann werden seine Handgelenke mit etwas Unsichtbarem umwunden, das sie zusammenfesselt, und ebenso auch seine Fußgelenke.

Darauf fühlt er sich emporgehoben und wie eine tote Ware gefühllos in den Karren geworfen, wo man ihn liegen läßt, ohne daß jemand fragt, wie er zu liegen gekommen sei.

Im nächsten Augenblick setzt sich der Karren in Bewegung.

5

Es ist ein schmales, niederes aber ziemlich geräumiges Zimmer in einem Haus der Vorstadt, einem Haus, das so klein ist, daß es von diesem einen Raum sowie einem zweiten kleineren, der als Schlafstube dient, ganz eingenommen wird. Das Zimmer wird von einer Hängelampe erhellt, und bei deren Schein kann man sehen, daß es ein behaglich und freundlich ausgestattetes Gemach ist. Und nicht genug damit: es ist auch ein vergnügliches Zimmer, das meist ein Lächeln auf die Lippen dessen ruft, der es zum erstenmal betritt. Man sieht nämlich gleich, daß die Bewohner sich ein Vergnügen daraus gemacht haben, es so zu möblieren, daß es eine ganze Wohnung vorstellen soll. Der Eingang ist auf der einen Giebelseite, und dicht neben der Tür steht ein kleiner Kochherd. Hier ist also die Küche, und da ist alles beisammen, was zur Kücheneinrichtung gehört. Die Mitte des Zimmers ist als Eßzimmer eingerichtet, mit einem runden Eßtisch, einigen eichenen Stühlen, einer hohen Kastenuhr und einem kleinen Schrank für Porzellan und Glas. Hierher gehört natürlich auch die Hängelampe, die gerade über dem runden Tisch hängt, aber auch zur Erleuchtung der guten Stube dient, dem innersten Teil des Raumes mit dem Mahagonisofa und dem kleinen Tisch davor, dem geblümten Tischteppich, der Palme in ihrer prachtvollen Porzellanvase und den unzähligen Photographien.

Meistens denken die Leute, die in diesen Raum eintreten, zu wieviel Scherz und Fröhlichkeit diese Art von Möblierung Veranlassung gegeben haben muß. Wenn ein guter Bekannter von der Straße hereinkam, hatte man sich den Spaß gemacht, ihn durch den ganzen Raum hindurch bis in die gute Stube zu führen und dann um Entschuldigung gebeten, daß man ihn allein lasse, während man selbst gezwungen sei, in die Küche zu gehen. Am Mittagstisch, der so nahe an der Küchenabteilung steht, daß man da die Hitze vom Herd recht wohl fühlt, hatte man wohl oftmals mit großer Feierlichkeit gesagt: »Nein, nun müssen Sie klingeln, damit das Mädchen kommt und die Teller abräumt.« Und wenn ein Kind in der Küche weinte, hatte man es mit dem Witz zum Lachen gebracht, daß es doch ja nicht so laut schluchzen soll, damit der Vater, der in einem der inneren Zimmer sitze, es nicht höre.

Ja, wie gesagt, solche Gedanken stiegen gewöhnlich bei den Leuten, die das Zimmer zu sehen bekamen, auf; aber bei denen, die in der Neujahrsnacht, eine kleine Weile nach dem Jahreswechsel, in diesen Raum treten, erweckt der Anblick ganz gewiß keine solchen leichten, fröhlichen Betrachtungen. Denn herein kommen zwei so verkommene und zerlumpte Männer, daß man sie für gewöhnliche Landstreicher hätte halten können, wenn nicht der eine einen langen schwarzen Mantel über seinen Lumpen getragen und in der Hand eine lange schartige Sense gehalten hätte. Dies ist eine ungewöhnliche Ausstattung für einen Landstreicher, und noch eigentümlicher ist die Art, wie er hereinkommt; denn er dreht nicht den Schlüssel um und öffnet die Tür auch nicht den kleinsten Spalt, sondern geht geradenwegs durch sie hindurch, obgleich sie fest geschlossen ist.

Der andere Mann trägt kein erschreckendes Abzeichen; aber als er hereinkommt, und zwar nicht selbst gehend, sondern auf ganz seltsame Weise von seinem Gefährten hereingeschleppt, macht er einen noch erschreckenderen Eindruck als der erste. Obgleich er an Händen und Füßen gefesselt ist und von seinem Kameraden mit äußerster Verachtung auf den Boden geschleudert wird, wo er wie ein dunkler Haufen Lumpen und Elend liegenbleibt, flößt er doch durch die wilde Wut, die aus seinen Augen funkelt und sein Gesicht verzerrt, Entsetzen ein.

Die beiden Männer finden bei ihrem Eintritt das Zimmer nicht leer, sondern sehen, daß an dem runden Tisch in der Eßzimmerabteilung ein junger Mann mit weichen Zügen und einem kindlich treuherzigen Blick sowie eine etwas ältere aber kleine zarte Frau sitzen. Der Mann trägt ein rotes Trikotüberhemd, auf dem mit großen, in die Augen fallenden Buchstaben das Wort »Heilsarmee« quer über die Brust gestickt ist. Die Frau ist schwarz gekleidet und ohne ein Abzeichen, aber vor ihr auf dem Tisch liegt ein Hut von der gewohnten Form, wie ihn die Leute der Heilsarmee tragen; er ließ vermuten, daß auch die Frau zu dieser gehört.

Die beiden sind tief betrübt; die Frau weint leise vor sich hin und wischt sich einmal übers andere mit einem schon ganz nassen, zerknüllten Taschentuch die Augen. Sie tut es ungeduldig, als wären ihr die Tränen im Wege und hinderten sie an etwas anderem, das sie zu besorgen hat. Auch die Augen des Mannes sind vom Weinen gerötet, aber jetzt, in Gegenwart eines anderen, läßt er seinen Schmerz nicht Herr werden. Die beiden sagen ab und zu ein paar Worte zueinander, und aus diesen Worten ersieht man, daß ihre Gedanken in einem andern Zimmer bei einer Kranken sind, die sie eine Weile verlassen haben, damit ihre Mutter mit ihr allein sein könne. Aber so sehr sie auch mit der Kranken beschäftigt sind, erscheint es doch merkwürdig, daß keines von ihnen auf irgendeine Weise Notiz von den beiden eben hereingekommenen Männern nimmt. Diese verhalten sich allerdings vollkommen still und ruhig, der eine steht aufrecht, sich an den Türpfosten lehnend, da, der andere liegt vor ihm auf dem Boden. Aber man sollte doch meinen, die beiden am Tisch hätten sich über die Gäste, die mitten in der Nacht durch verschlossene Türen hereingekommen sind, verwundern müssen.

Wenigstens verwundert sich der am Boden liegende Mann, daß die beiden einmal ums andere nach der Seite hinsehen, wo er und sein Gefährte sich befinden, ohne daß sie sie wahrzunehmen scheinen. Er selbst sieht alles, und als er vorhin durch die Stadt fuhr, kam ihm noch alles ganz so vor, wie er es mit seinen menschlichen Augen gesehen hatte; ihn aber kann niemand sehen. Der Mann hat in seiner Wut auch daran gedacht, sich seinen Feinden unter den Menschen so zu zeigen, wie er jetzt ist, um ihnen einen Schrecken einzujagen, aber er merkt, daß er sich ihnen nicht einmal sichtbar machen kann.

Er ist früher noch nie in diesem Zimmer gewesen, erkennt aber die beiden, die am Tisch sitzen, und ist deshalb nicht im allergeringsten Zweifel darüber, wo er sich befindet. Wenn etwas seine Wut noch steigern kann, so ist es das Bewußtsein, nun doch gegen seinen Willen an den Ort geführt worden zu sein, wohin zu gehen er sich den ganzen Tag hindurch gesträubt hat. Plötzlich schiebt der Heilsarmeesoldat am Tisch drüben seinen Stuhl zurück.

»Es ist jetzt Mitternacht vorüber«, sagt er. »Die Frau meinte, er werde um diese Zeit heimkommen. Ich will jetzt hingehen und noch einen Versuch machen, ihn hierherzubringen.«

Damit steht er langsam und widerwillig auf und greift nach seinem Rock, um ihn anzuziehen.

»Ich begreife wohl, daß Sie meinen, es habe keinen Wert, noch einmal nach ihm zu gehen«, sagt die junge Person, die noch immer mit den hervorbrechenden Tränen kämpft, die ihre Stimme zu ersticken drohen. »Aber, Gustavsson, Sie müssen bedenken, dies ist der letzte Dienst, den Schwester Edith von uns begehrt.« Der Heilsarmeesoldat hält in dem Augenblick, da er den Arm ins Armloch stecken will, inne und sagt:

»Schwester Maria, es kann ja wahr sein, daß dies der letzte Dienst ist, den ich Schwester Edith erweisen kann; aber es wäre mir jedenfalls am liebsten, wenn David Holm nicht daheim wäre, oder wenn er nicht mit mir ginge. Ich habe ihn heute mehrere Male aufgesucht und ihn gebeten, mit mir zu kommen, weil Sie und Hauptmännin Andersson es mir befohlen haben, aber ich bin die ganze Zeit froh gewesen, daß er es mir abgeschlagen hat, und daß es weder mir noch anderen gelungen ist, ihn herzubringen.«

Die am Boden liegende Gestalt fährt zusammen, als sie ihren Namen hört, und ein häßliches Lächeln fliegt über ihr Gesicht.

»Dieser scheint doch ein bißchen mehr Verstand zu haben als die andern«, murmelt er.

Schwester Maria betrachtet den Heilsarmeesoldaten und sagt nun ziemlich scharf mit fester, nicht von Tränen erstickter Stimme:

»Es wäre am besten, Gustavsson, wenn Sie David Holm den Auftrag diesmal so ausrichteten, daß er nicht anders kann und kommen muß.«

Der Heilsarmeesoldat geht mit dem Ausdruck eines Menschen, der gehorcht, ohne überzeugt zu sein, nach der Tür.

»Soll ich ihn herführen, auch wenn er sinnlos betrunken ist?« fragt er noch vor dem Hinausgehen.

»Ja, bringen Sie ihn her, Gustavsson, lebend oder tot, hätte ich beinahe gesagt. Im schlimmsten Falle kann er hier übernachten und seinen Rausch ausschlafen. Die Hauptsache ist, daß wir ihn zu fassen kriegen.« Der Heilsarmeesoldat hat schon die Hand auf die Türklinke gelegt, als er sich plötzlich wieder umwendet und aufs neue an den Tisch tritt.

»Es gefällt mir nicht, daß so ein Kerl wie David Holm hierherkommen soll«, sagt er, und sein Gesicht ist jetzt ganz bleich vor Erregung. »Sie wissen wohl ebensogut wie ich, was er für ein Unmensch ist, Schwester Maria? Meinen Sie etwa, er passe hierher? Oder meinen Sie, er passe da hinein?« fährt er fort, indem er auf eine Tapetentür drüben an der Wohnzimmerabteilung deutet.

»Ob ich meine ...« beginnt Schwester Maria, aber er läßt sie nicht ausreden.

»Wissen Sie nicht, Schwester Maria, daß er uns nur verspotten wird? Er wird damit prahlen und sagen, eine von den Heilsarmeeschwestern sei so verliebt in ihn gewesen, daß sie nicht habe sterben können, ohne ihn noch einmal gesehen zu haben.«

Schwester Maria sieht rasch auf und öffnet schon die Lippen zu einer heftigen Antwort, unterdrückt diese aber und überlegt.

»Es ist mir unerträglich, daß er sie ins Gerede bringen soll, und vollends wenn sie tot ist!« ruft Gustavsson. Gleich darauf erwidert Schwester Maria ernst und nachdrücklich:

»Wissen Sie auch ganz gewiß, Gustavsson, ob David Holm nicht am Ende recht hätte, wenn er das sagte?«

Der am Boden liegende, gefesselte Schemen an der Tür fährt zusammen, und ein Gefühl der Freude durchzuckt ihn bei diesen Worten. Er ist selbst höchst überrascht und wirft einen hastigen Blick auf Georg, um zu sehen, ob dieser seine Bewegung wahrgenommen hat. Der Fuhrmann steht unbeweglich da, aber um ganz sicher zu sein, murmelt David Holm vor sich hin, wie schade es sein, daß er das nicht bei Lebzeiten gewußt habe. Das wäre etwas gewesen, mit dem er bei den Kameraden hätte ordentlich großtun können. Der Heilsarmeesoldat wird von dem, was er gehört hat, so verwirrt, daß er unwillkürlich nach der Stuhllehne greift, denn das Zimmer dreht sich vor ihm im Kreise.

»Warum sagen Sie das, Schwester Maria?« fragt er. »Sie werden mich doch nicht glauben machen wollen ...«

Die Heilsarmeeschwester befindet sich in großer Aufregung. Sie preßt das Taschentuch in ihrer Hand krampfhaft zusammen, während sie ihre Antwort leidenschaftlich und hastig hervorstößt, als ob sie es sehr eilig hätte, sie auszusprechen, ehe die Überlegung sie daran hindern könnte.

»Wen sollte sie sonst liebhaben? Wir beide, Gustavsson, und alle anderen, die sie kennengelernt haben, haben uns von ihr bekehren und von ihr gewinnen lassen. Wir haben ihr nicht bis aufs äußerste widerstanden. Wir haben sie nicht ausgelacht und verspottet. Unseretwegen braucht sie weder Gewissensqual zu leiden noch Reue zu fühlen. Weder Sie noch ich, Gustavsson, sind die Ursache, daß sie nun so daliegt.« Der Heilsarmeesoldat scheint sich bei diesem Ausbruch zu beruhigen.

»Ich hatte vorhin nicht gedacht, daß Sie von der Liebe zu den Sündern sprechen, Schwester Maria.«

»Das tue ich auch nicht, Gustavsson.«

Bei dieser bestimmten Versicherung durchbebt den einen der Schemen aufs neue ein Gefühl der Freude, das er sich nicht erklären kann. Aber aus Angst, daß sein Zorn, sein wütendes Begehren, Widerstand zu leisten, sich verflüchtigen könnte, sucht er das Gefühl sofort wieder zu unterdrücken. Die Überraschung hat ihn übermannt, er hatte geglaubt, hier würden ihn nur Predigten erwarten, und er beschließt, sich künftig besser vorzusehen.

Schwester Maria hat sich auf die Lippen gebissen, um ihre Gemütsbewegung zu überwinden; jetzt scheint sie rasch einen Entschluß zu fassen.

»Es schadet nichts, wenn ich mit Ihnen darüber rede, Gustavsson«, sagt sie. »Jetzt, wo sie am Sterben ist, schadet es nichts mehr. Setzen Sie sich noch eine Weile, dann will ich Ihnen erklären, wie ich es meine.«

Der Heilsarmeesoldat zieht seinen Rock wieder aus und setzt sich aufs neue an den Tisch. Ohne ein Wort zu sagen, betrachtet er die Schwester erwartungsvoll mit seinen schönen treuherzigen Augen, und sie beginnt:

»Zuerst will ich Ihnen erzählen, wie Schwester Edith und ich den letzten Silvesterabend verbracht haben. Im vorhergehenden Herbst war vom Hauptquartier bestimmt worden, daß hier in der Stadt eine Rettungsstation errichtet werden soll, und wir beiden waren hergeschickt worden, um sie in Gang zu setzen. Wir hatten ungeheuer viel

Arbeit gehabt; aber die Brüder und Schwestern hatten uns so gut wie nur möglich geholfen, und am Silvesterabend waren wir soweit, daß wir einziehen konnten. Die Küche und Schlafsäle waren schon in Ordnung, und wir hatten gehofft, die Rettungsstation am Neujahrsfest selbst eröffnen zu können, aber es ging nicht, weil der Desinfektionsofen und die Waschküche noch nicht fertig waren.«

Schwester Maria hat zuerst nur mit großer Anstrengung das Weinen zurückhalten können; aber je weiter sie in ihrer Erzählung kommt und von der Gegenwart weggeführt wird, desto mehr wird sie Herr ihrer Tränen, und ihre Stimme wird immer deutlicher.

»Sie gehörten damals noch nicht zur Armee, Gustavsson, sonst hätten Sie auch an dem frohen Silvesterabend teilnehmen dürfen«, sagt sie. »Einige von den Brüdern und Schwestern waren zu uns gekommen, und wir luden sie zum erstenmal in dem neuen Heim zum Tee ein. Sie können sich gar nicht denken, wie glücklich Schwester Edith war, daß sie hier eine Rettungsstation hatte errichten dürfen, hier, wo sie daheim war und alle armen Leute kannte und wußte, wo jeder einzelne wohnte. Sie ging umher, betrachtete unsere wollenen Decken und Matratzen und unsere frisch gestrichenen Wände und unsere blanken Kochtöpfe mit solcher Freude, daß wir sie ein wenig auslachten. Ach, sie war glücklich wie ein Kind, wie man zu sagen pflegt. Und Sie wissen wohl, Gustavsson, wenn Schwester Edith froh ist, werden es alle andern auch.«

»Ja, das weiß ich«, sagt Gustavsson.

»Die Freude dauerte so lange, wie die Gäste da waren«, fuhr Schwester Maria fort. »Aber als sie sich verabschiedet hatten, überkam Schwester Edith große Angst vor all dem Bösen, das es auf der Welt gibt, und sie sagte zu mir, ich solle mit ihr beten, daß es nicht zu übermächtig werde. Wir knieten dann nieder und beteten für unsere Station und für uns selbst und für alle die, denen wir zu helfen hofften. Und während wir noch im Gebet auf den Knien lagen, klingelte es an der Haustüre.

Die andern waren noch nicht lange gegangen, und wir sagten zueinander, vielleicht habe jemand etwas vergessen und komme nun, es zu holen; der Vorsicht halber aber gingen wir miteinander ans Tor hinunter. Als wir aufmachten, stand jedoch keiner von den Freunden vor uns, sondern einer von denen, für die unser Haus eingerichtet worden war.

Und ich sage Ihnen, Gustavsson, als er da am geöffneten Tor stand, zerlumpt und groß und so betrunken, daß er schwankte, machte er mir einen ganz entsetzlichen Eindruck, und mir wurde angst und bange. Ich hätte es auch fürs beste gehalten, wenn wir gesagt hätten die Station sei noch nicht geöffnet und ihn unter diesem Vorwand nicht aufgenommen hätten. Aber Schwester Edith freute sich und meinte, Gott habe ihr einen Gast geschickt. Sie glaubte, der Herr wolle uns damit zeigen, daß er in Gnaden auf unsere Arbeit sehe, und so ließ sie den Mann eintreten. Sie bot ihm ein Abendessen an; aber er fluchte und sagte, er wolle nur schlafen. Er durfte dann in den Schlafsaal, wo er sich gleich auf eine Pritsche warf, dann den Rock wegschleuderte und schon im nächsten Augenblick fest schlief.«

»So, du hast dich damals vor mir gefürchtet«, sagt David Holm vor sich hin, aber nicht, ohne zu hoffen, daß er noch immer derselbe David Holm sei wie vorher. »Es ist doch schade, daß du mich nicht so sehen kannst, wie ich jetzt bin. Da würde ich dir wohl einen tödlichen Schrecken einjagen.«

»Schwester Edith wollte dem ersten, der zu uns auf die Station kam, eine ganz besondere Freundlichkeit erweisen«, fährt Schwester Maria fort, »und ich sah, daß sie enttäuscht war, als der Mann so schnell einschlief. Aber im nächsten Augenblick war sie schon wieder froh, denn ihr Blick war auf seinen Rock gefallen. Ach, Gustavsson, ich glaube, ich habe in meinem ganzen Leben keinen so schmutzigen, zerlumpten Rock gesehen. Er roch nach Schnupftabak und Branntwein, ja er war so, daß man ihn nicht mit einem Stecken hätte anfassen mögen. Als nun Schwester Edith näher trat und den Rock betrachtete, überfiel mich die vorige Angst aufs neue, und ich bat sie, ihn doch liegen zu lassen, da wir weder den Ofen noch die Waschküche in Ordnung hätten, daß wir die Bakterien unschädlich machen könnten.

Aber Sie begreifen, Gustavsson, dieser Mann war für Schwester Edith vom ersten Augenblick an wie von Gott geschickt, und es schien ihr eine schöne Arbeit, wenigstens eines seiner Kleidungsstücke herzurichten. Es gelang mir nicht, sie davon abzuhalten, und ich durfte ihr auch nicht dabei helfen. Nein, ich hätte ja selbst gesagt, der Rock könnte Ansteckungsstoffe in sich tragen, deshalb dürfe ich ihn unter keinen Umständen anrühren. Sie sei verantwortlich für mich, weil ich ihr unterstellt sei, und sie müsse aufpassen, daß ich nichts Gesundheitsschädliches vornehme. Sie selbst aber setzte sich hin und flickte und nähte die ganze Neujahrsnacht hindurch an dem Rock.«

Der Rettungssoldat auf der anderen Seite des Tisches hebt die Hände empor und schlägt sie begeistert zusammen. »Halleluja!« sagt er. »Gott sei Lob und Dank für Schwester Edith.«

»Amen, Amen!« fällt Schwester Maria ein, und ihr Gesicht strahlt in plötzlicher Verzückung. »Ja, Gott sei Lob und Dank für Schwester Edith – das sollten wir immer sagen, in der Freude und im Leid. Gott sei Lob und Dank, daß sie so war! Da saß sie die ganze Nacht hindurch über diesem Rock gebeugt und nähte ebenso glücklich daran, als sei es ein Königsmantel.« Dem Schemen, der David Holm war, ist es, als liege eine seltsame Ruhe und Beruhigung in der Vorstellung, das junge Mädchen da habe in der stillen Nacht aufgesessen und an dem Rock des verkommenen Landstreichers genäht. Nach allem, was ihn geärgert und empört hat, enthält dies etwas Heilendes und Stärkendes. Wenn nur der Georg nicht hinter ihm stünde, düster und unbeweglich, dann hätte er gerne lange darüber nachgedacht.

»Gott sei Lob und Dank«, fährt die Rettungsschwester fort, »Schwester Edith hat nie bereut, daß sie in jener Nacht aufgesessen und bis morgens vier Uhr Knöpfe angenäht und Risse zugestopft hat, ohne an all den Schmutz und die ansteckenden Bakterien zu denken, die sie da einatmete! Gott sei Lob und Dank, sie hat es nie bereut, daß sie in einem Zimmer saß, in das die strenge Winterkälte hereindrang, und sie, als sie zu Bett ging, durch und durch fror. Sie war ganz starr und steif, als sie endlich aufhören konnte. Ich hörte, wie sie sich mehrere Stunden lang in ihrem Bett drehte und wendete, ohne warm zu werden. Schließlich war sie kaum eingeschlafen, als es auch schon wieder Zeit zum Aufstehen war; aber da überredete ich sie, liegenzubleiben und mich für den Gast sorgen zu lassen, falls er aufstünde, ehe sie ausgeschlafen hätte.« »Sie sind ihr immer eine treue Freundin gewesen, Schwester Maria«, wirft Gustavsson ein.

»Es fiel Schwester Edith schwer, das weiß ich wohl«, fährt Schwester Maria mit dem Anflug eines Lächelns fort, »aber sie tat es meinetwegen. Sie durfte indes nicht sehr lange liegenbleiben, denn als der Mann seinen Kaffee trank, fragte er, ob ich seinen Rock genäht hätte, und als ich es verneinte, bat er mich, doch die Schwester zu holen, die ihm geholfen habe.

Er war da nüchtern und friedfertig und wußte seine Worte besser zu setzen, als solche Leute es sonst tun; und da ich wußte, welche Freude es für Schwester Edith wäre, wenn er ihr selber danken würde, ging ich, sie zu holen. Als sie kam, sah sie nicht aus, als habe sie die ganze Nacht gewacht; ein zartes Rot lag auf ihren Wangen, und sie sah in ihrer frohen Erwartung so schön aus, daß den Mann bei ihrem Anblick eine Art Bestürzung überkam. Er hatte mit einem so boshaften Ausdruck an der Tür gestanden, daß ich gefürchtet hatte, er wolle sie schlagen; als aber Schwester Edith eintrat, klärte sich sein Gesicht auf. ›Das ist nicht gefährlich‹, dachte ich. ›Er tut ihr nichts. Ihr kann niemand etwas zuleide tun.‹«

»Halleluja!« stimmte der Heilsarmeesoldat bei.

»Aber plötzlich verfinsterte sich sein Gesicht wieder, und als Schwester Edith vor ihm stand, riß er den kurzen Rock, den er trug, so jäh auf, daß die neu angenähten Knöpfe absprangen. Dann steckte er die Hände so hastig in die geflickten Taschen, daß wir hörten, wie sie zerrissen, und zuletzt zerfetzte er das Rockfutter, daß es nun zerlumpter herunterhing als früher, ehe es geflickt worden war.

›Sehen Sie, Fräulein, so bin ich's gewohnt, so und nicht anders‹, sagte er. ›So finde ich es am leichtesten und bequemsten. Es ist recht schade, daß Sie sich so viel Mühe gegeben haben, aber ich kann es nicht ändern.‹«

Der am Boden liegende Schemen sieht ein glückstrahlendes Gesicht vor sich, das sich plötzlich verdunkelt, und er ist nahe daran zuzugeben, daß dieser Bubenstreich grausam und undankbar gewesen war, als der Gedanke an Georg ihn aufs neue überkommt.

›Es ist gut, daß Georg zu hören bekommt, wie ich bin, falls er es noch nicht wissen sollte‹, denkt er. ›David Holm ist nicht der Mann, der auf den ersten Angriff nachgibt. Er ist hart und boshaft, und es macht ihm Spaß, solche gefühlsduseligen Leute zu ärgern.‹

»Erst in diesem Augenblick wurde ich mir bewußt, wie der Mensch eigentlich aussah«, sagt Schwester Maria. »Als er da drüben stand und das, was Schwester Edith unter so schönen Gedanken geflickt hatte, zerriß, betrachtete ich ihn unwillkürlich. Und da sah ich, daß er ein sehr großer und sehr gut gewachsenener Mann war, ein wahres Meisterwerk der Natur. Er hatte auch eine gute freie Haltung und einen großen wohlgebildeten Kopf, und sein Gesicht mochte früher einmal schön gewesen sein, obgleich es jetzt rot und aufgedunsen war, mit verschwommenen Zügen, und man nicht wissen konnte, wie es eigentlich hätte aussehen sollen.

Aber trotz allem, was er in diesem Augenblick tat und wozu er noch ein lautes häßliches Gelächter ausstieß, und obgleich seine Augen gelb und boshaft zwischen den verschwollenen Liedern hervorfunkelten, dachte Schwester Edith wohl nur allein daran, daß sie etwas Großangelegtes vor sich hätte, das auf dem Weg des Verderbens war. Zuerst wich sie zurück, als sei sie ins Gesicht geschlagen worden, dann aber leuchtete ein helles Licht in ihren Augen auf, und sie trat einen Schritt näher auf ihn zu.

Sie sagte nichts weiter als: ehe er gehe, möchte sie ihn bitten, doch auch in der nächsten Silvesternacht wieder bei ihr einzukehren. Und als er sie darauf ganz verwundert anstarrte, fügte sie noch hinzu: ›Sehen Sie, ich habe Jesus heute nacht gebeten, dem ersten Gast in diesem Rettungsheim ein gutes neues Jahr zu schenken, und nun möchte ich Sie wiedersehen, damit ich erfahre, ob er mich erhört hat.‹

Als der Mann nun begriff, was Schwester Edith meinte, brach er in Verwünschungen aus und rief: ›Ja, das will ich Ihnen versprechen. Ich werde kommen und Ihnen zeigen, daß Jesus sich nicht das allergeringste um Sie und Ihre Gefühlsduselei gekümmert hat.‹«

Der am Boden Liegende, der auf diese Weise an das Versprechen erinnert worden ist, das er gegeben, aber ganz vergessen hatte und nun doch erfüllt hat, fühlt sich einen Augenblick wie ein schwaches Rohr in einer stärkeren Hand und fragt sich, ob nicht am Ende sein Widerstand völlig sinnlos sei? Aber er unterdrückt den Gedanken rasch wieder; er will sich nicht unterwerfen. Sich sträuben und dagegen ankämpfen will er, wenn es sein muß, bis zum Jüngsten Gericht.

Der Heilsarmeesoldat ist, während Schwester Maria von dieser Begegnung am Neujahrsmorgen berichtet, immer aufgeregter geworden. Jetzt kann er sich nicht länger zurückhalten, er springt auf und ruft:

»Sie haben mir den Namen dieses Menschen nicht gesagt, aber ich bin überzeugt, daß es David Holm war!«

Schwester Maria nickt.

»Aber lieber Gott im Himmel droben, Schwester Maria!« ruft er und streckt entsetzt beide Hände abwehrend aus. »Warum wollen Sie denn dann, daß ich ihn holen soll? Haben Sie etwa seit jenem Morgen irgendeine Besserung an ihm bemerkt? Es ist, als wollten Sie ihn hier haben, damit Schwester Edith sehen soll, daß sie Gott vergebens angefleht hat. Warum wollen Sie ihr ein solches Leid zufügen?«

Schwester Maria betrachtet ihren Mitarbeiter mit einer Ungeduld, die an Zorn grenzt, und sagt:

»Ich bin noch nicht fertig – – – «

Aber er unterbricht sie sofort.

»Wir müssen uns vor den Tücken der Rachsucht in acht nehmen, Schwester Maria!« mahnt er. »Auch in mir ist noch ein Rest von dem alten Adam lebendig, der David Holm gerade in dieser Nacht herbeiholen, ihn der Sterbenden da drinnen zeigen und ihr sagen möchte, daß gerade er schuld daran sei, daß sie von uns gehen muß. Schwester Maria, ich glaube, es ist Ihre Absicht, David Holm zu sagen, Schwester Edith sei beim Flicken seines Rockes, den er in seiner Undankbarkeit gleich wieder zerrissen hat, tödlich angesteckt worden. Ich habe Sie sagen hören, Schwester Edith habe seit der letzten Neujahrsnacht nicht einen gesunden Tag mehr gehabt. Aber wir müssen uns in acht nehmen, Schwester Maria. Wir, die mit Schwester Edith zusammengelebt haben und sie noch so deutlich vor uns sehen, müssen uns davor in acht nehmen, der Härte unserer Herzen nachzugeben.«

Schwester Maria beugt sich über den Tisch vor und redet nun, ohne aufzusehen, als hätte sie ihre Worte in Reih und Glied auf dem Tischtuch aufgestellt.

»Rache?« sagt sie. »Ist es Rache, wenn man einem Menschen zu verstehen gibt, daß er das Herrlichste besaß und es verloren hat? Oder ist es Rache, wenn ich das rostige Eisen ins Feuer lege, damit es aufs neue frisch und blank werde – ist das Rache?«

»Ja, ja, ich wußte es wohl, Schwester Maria«, fällt ihr der Rettungssoldat mit derselben Aufregung ins Wort. »Sie haben gehofft, David Holm bekehren zu können, indem

Sie ihm die Bürde der Gewissensqualen aufladen. Aber haben Sie auch recht bedacht, ob es nicht unsere eigene Rache ist, die wir pflegen und nähren wollen? Dies hier ist eine lauernde Schlinge, Schwester Maria, auch, man kann sich so leicht täuschen!«

Die kleine bleiche Rettungsschwester sieht den Gefährten mit einem Blick an, aus dem ihm die Begeisterung der Selbstverleugnung entgegenstrahlt.

»Heute nacht suche ich nicht das meinige«, sagt dieser Blick ganz deutlich. »Es gibt bei so etwas allerdings viele lauernde Schlingen«, wiederholt sie mit großem Nachdruck laut.

Der Rettungssoldat wird dunkelrot; er versucht zu antworten, aber er kann die Worte nicht finden. Im nächsten Augenblick wirft er sich über den Tisch, verbirgt das Gesicht in den Händen und fängt, von dem langen, zurückgehaltenen Kummer überwältigt, zu weinen an.

Die Rettungsschwester stört ihn nicht, über ihre Lippen dringt ein Gebet.

»Ach lieber Gott, lieber treuer Heiland, hilf uns durch diese schwere Nacht! Gib mir Kraft, allen meinen Freunden zu helfen, mir, die ich die schwächste bin und am wenigsten verstehe!«

Der Gefesselte hat der Anklage, daß er die Heilsarmeeschwester angesteckt habe, fast gar keine Aufmerksamkeit geschenkt, aber als der junge Rettungssoldat in Tränen ausbricht, macht er eine heftige Bewegung. Er hat eine Entdeckung gemacht, die ihn mächtig ergreift, und gibt sich keine Mühe, seine Erregung zu verbergen. Es gefällt ihm recht gut, daß die, die dieser schöne junge Mensch liebt, ihn selbst vorgezogen hat.

Als das Schluchzen des Rettungssoldaten an Heftigkeit abnimmt, hört die Schwester zu beten auf und sagt mit weicher Stimme:

»Sie denken an das, was ich vorhin von Edith und David Holm gesagt habe, Gustavsson.«

Ein ersticktes Ja dringt zwischen den Rockärmeln hervor, und der ganze Körper des Mannes wird von heftigem Schmerz erschüttert.

»Und es tut Ihnen sehr weh, das begreife ich gut«, fährt Schwester Maria fort. »Ich kenne einen anderen, der Schwester Edith auch von ganzer Seele liebt, und als sie es merkte, sagte sie zu sich selbst, sie könne das nicht begreifen. Sie meinte, wenn sie jemand lieben würde, so müßte es einer sein, der hoch über ihr stünde, und das denken Sie auch, Gustavsson. Wir können wohl unser Leben drangeben, um den Elenden zu dienen, aber es wäre uns nicht möglich, unsere natürliche und menschliche Liebe einem von ihnen zu schenken. Wenn ich Ihnen nun aber sage, daß Schwester Edith anders angelegt ist, so meinen Sie, das sei etwas Entwürdigendes, und es quält und schmerzt Sie, Gustavsson.«

Der Rettungssoldat rührt sich nicht; sein Kopf liegt noch auf der Tischplatte. Die unsichtbare Gestalt dagegen macht einen Versuch, sich den beiden am Tisch zu nähern, wie um besser hören zu können, erhält aber sofort von Georg den Befehl, sich ruhig zu verhalten.

»Wenn du dich bewegst, David, muß ich dir eine so schwere Strafe auferlegen, wie du dir noch nie eine hast träumen lassen«, sagt er. Und David Holm, der nun weiß, daß Georg Wort hält, bleibt unbeweglich liegen.

»Halleluja!« ruft Schwester Maria mit verzücktem Ausdruck im Gesicht. »Halleluja! Wer sind wir, daß wir sie verurteilen wollten? Haben Sie es nicht auch schon gesehen, Gustavsson; wenn ein Herz von Hochmut erfüllt ist, dann gibt es seine Liebe einem der Mächtigen und Großen in dieser Welt, wenn aber in einem Herzen nur Demut und Erbarmen wohnen, wem sollte es dann seine größte Liebe geben, wenn nicht dem, dessen Herz sich am stärksten verhärtet hat, der am tiefsten in Verkommenheit und Verirrung versunken ist?«

Bei diesen Worten fühlt David Holm einen Stich von Unbehagen.

›Aber du bist doch heute nacht recht sonderbar!‹ denkt

er im stillen. ›Warum kümmerst du dich darum, was die Menschen da über dich sagen? Hast du erwartet, sie würden dir ihre ganz besondere Hochachtung aussprechen?‹

Jetzt hebt der Rettungssoldat den Kopf vom Tisch auf, sieht die Schwester prüfend an und sagt:

»Es ist nicht allein das, Schwester Maria.«

»Ja, ja, ich verstehe wohl, was Sie meinen, Gustavsson. Aber Sie dürfen eines nicht vergessen; Schwester Edith wußte zuerst nicht, daß David Holm verheiratet war. Und jedenfalls«, fährt sie nach einem kurzen Zögern fort, »– es ist wenigstens sehr schwer, etwas anderes zu denken – ging meiner Ansicht nach ihre ganze Liebe darauf aus, ihn zu bekehren. Wenn er auf dem Podium gestanden und bekannt hätte, daß er gerettet sei, dann wäre sie befriedigt gewesen.«

Gustavsson hat Schwester Marias Hand ergriffen, und sein Blick hängt an ihrem Mund. Bei ihren letzten Worten dringt ein Seufzer der Erleichterung über seine Lippen.

»Aber dann war es doch nicht die Liebe, die ich meine«, sagt er.

Die Schwester zuckt die Achseln ein wenig und seufzt über diese Hartnäckigkeit, dann sagt sie:

»Schwester Edith hat mir in dieser Sache nie ihr Vertrauen geschenkt, und es wäre ja möglich, daß ich mich täuschte.«

»Wenn Sie aus Schwester Ediths eigenem Mund nichts gehört haben, dann glaube ich, daß Sie sich täuschen, Schwester Maria«, versetzt der junge Mann mit großem Ernst.

Der am Boden Liegende drüben an der Tür verdüstert sich; die Wendung, die das Gespräch jetzt genommen hat, gefällt ihm nicht.

Nun redet die junge Schwester wieder.

»Ich sage nicht, Schwester Edith habe beim erstenmal, als sie David Holm sah, etwas anderes als Mitleid mit ihm gefühlt, und sie hat ihn wohl auch später noch nicht geliebt, denn er widerstand ihr andauernd, so oft er auch ihren Weg kreuzte. Frauen kamen zu uns, die sich an uns wendeten und jammerten, seit David Holm in die Stadt gekommen sei, hätten sich ihre Männer verführen lassen, von der Arbeit wegzulaufen. Und man spürte eine zunehmende Frechheit in Gewalttaten und im Laster. Wo immer wir unter den Elenden umhergingen, bekamen wir das zu spüren. Und es war uns, als könnten wir immer David Holms Spuren erkennen. Aber so wie Schwester Edith war, ist es nur natürlich, daß sie gerade das anspornte, ihn für die Sache Gottes gewinnen zu wollen. Er war wie ein Wild, das sie mit starken Waffen verfolgte, und je mehr es sich gegen sie wendete, desto heftiger fiel sie es an in ihrer Zuversicht, daß sie doch schließlich den Sieg gewinnen werde, weil sie die stärkere sei.«

»So war es«, ruft der Rettungssoldat, »ja so war es, Schwester Maria! Erinnern Sie sich noch, wie Sie und Schwester Edith eines Abends in eine Wirtschaft kamen, da umhergingen und Flugblätter über die neue Rettungsstation austeilten? Da sah Schwester Edith an einem Tisch David Holm in Gesellschaft eines jungem Mannes, der eifrig zuhörte, wie sich der Landstreicher über die Rettungsstation lustig machte, und dann laut in dessen Gelächter einstimmte. Schwester Edith fiel der junge Mann auf, ihr Herz wurde gerührt, und sie sagte ein paar warnende Worte zu ihm, daß er sich nicht ins Verderben stürzen lassen solle. Der junge Mann erwiderte kein Wort und folgte ihr nicht gleich. Aber er brachte kein Lachen mehr über die Lippen, obgleich er noch in derselben Gesellschaft sitzenblieb und sich sein Glas füllte, das er aber nicht mehr an den Mund führen konnte. David Holm und die andern lachten ihn aus und sagten, er habe sich von der Rettungsschwester ins Bockshorn jagen lassen; aber das war nicht richtig, Schwester Maria, nein, so war es nicht, sondern was ihn gerührt und bezwungen hatte, daß er die andern verlassen und ihr folgen mußte, war einzig und allein ihr Erbarmen gewesen, das sie nicht ohne eine Warnung an ihm hatte vorübergehen lassen. Sie wissen, dies ist die

Wirklichkeit, Schwester Maria, und Sie wissen auch, wer der Mann war.«

»Ja, ich weiß, wer der Mann war, der von diesem Tag an unser bester Freund geworden ist«, sagt die Rettungsschwester, indem sie dem Heilsarmeesoldaten freundlich zunickt. »Ich will auch nicht sagen, Schwester Edith habe nicht ein paarmal über David Holm den Sieg davongetragen; aber in den meisten Fällen zog sie doch den kürzeren. Sie hatte sich auch in der Neujahrsnacht erkältet und war beständig von einem Husten geplagt, der nicht weichen wollte und der auch bis zum heutigen Tag nicht wieder gut geworden ist. Die Mutlosigkeit des Krankseins bedrückte sie, und das war vielleicht auch schuld daran, daß Schwester Edith nicht mit der alten Sieghaftigkeit kämpfte.«

»Schwester Maria«, unterbrach sie Gustavsson. »Von dem, was Sie mir sagen, deutet nichts darauf hin, daß sie ihn lieb gehabt hätte.«

»Nein, Gustavsson, da haben Sie recht; am Anfang deutete gar nichts darauf hin. Aber ich will Ihnen sagen, was mich auf den Gedanken brachte. Wir kannten eine arme Näherin, die an Schwindsucht litt, aber tapfer gegen die Krankheit kämpfte und vor allem fast übermenschliche Anstrengungen machte, jede Art von Ansteckungsstoff zu vertilgen, weil sie ein Kind hatte, das sie vor der Krankheit bewahren wollte. Diese Frau erzählte uns, als sie eines Tages auf der Straße von dem Husten überfallen worden war, sei eben ein Landstreicher an ihr vorübergegangen und habe sie wegen ihrer übertriebenen Vorsicht ausgescholten. ›Ich bin auch lungenkrank‹, hatte er gesagt, ›und der Doktor will, ich soll mich in acht nehmen; aber das tue ich nicht. Im Gegenteil, ich huste den Leuten gerade ins Gesicht, weil ich hoffe, sie werden dadurch angesteckt. Warum sollen sie es besser haben als wir? Das möchte ich wohl wissen?‹

Mehr hatte er nicht gesagt, aber die Näherin war so in Schrecken versetzt worden, daß sie sich den ganzen Tag sehr elend fühlte. Sie beschrieb den Landstreicher als einen großen Mann, der recht stattlich aussah, obgleich seine

Kleider ärmlich und zerlumpt waren. An das Gesicht erinnerte sie sich nicht ganz deutlich, aber stundenlang hatte sie immerfort seine Augen auf sich gerichtet gesehen, die wie zwei gelbe feurige Streifen zwischen den verschwollenen Lidern brannten. Aber am meisten entsetzt hatte sie sich darüber, daß er weder betrunken noch ganz verkommen ausgesehen hatte, und trotzdem so sprach, wie er es tat, und einen so furchtbaren Haß gegen seine Nebenmenschen hegte. An dieser Beschreibung erkannte Schwester Edith David Holm sofort, und das war ja nicht besonders schwierig. Sie suchte die Frau zu überzeugen, daß der Mann sich nur einen Scherz gemacht habe, um sie zu erschrecken, und sagte: ›Sie werden doch begreifen, daß ein Mann, der so kräftig aussieht, keine Tuberkulose haben kann? Ich glaube, er hat euch nur erschrecken wollen, und dazu ist er schlecht genug; aber so schlecht ist er doch nicht, daß er, wenn er wirklich krank wäre, mit Wissen und Willen hinginge und die Leute ansteckte. Er ist doch auch kein Unmensch.‹

Wir andern widersprachen und sagten, wir glaubten, er würde sich nicht schlechter machen, als er sei; aber sie verteidigte ihn immer eifriger und wurde fast böse auf uns, weil wir ihm etwas so Gemeines zutrauten.«

Zum zweitenmal macht der Fuhrmann ein Zeichen, daß er dem, was um ihn her vorgeht, folgt. Er bückt sich über seinen Gefährten und sieht ihm in die Augen. »Ich glaube, die Rettungsschwester hat recht, David. Wer sich dagegen sträubt, alles Böse von dir zu glauben, muß dich gewiß sehr lieb gehabt haben.«

»Es ist ja möglich, Gustavsson, daß es nichts bedeutet«, fährt Schwester Maria fort; »und was mir ein paar Tage später aufgefallen ist, bedeutet vielleicht noch weniger. Aber sehen Sie, als Schwester Edith eines Abends nach Hause ging und über verschiedene Widerwärtigkeiten, die ihre Schützlinge betroffen hatten, niedergeschlagen und bedrückt war, kam David Holm auf sie zu und redete sie an. Er wolle ihr nur mitteilen, sagte er in seiner wegwerfenden Weise, daß sie es nun besser und ruhiger bekomme, da er die Stadt verlassen werde.

Ich hatte erwartet, Schwester Edith werde sich über die Nachricht freuen, merkte aber an ihrer Antwort, daß es ihr nicht recht war. Sie sagte ihm auch gerade heraus, es wäre ihr lieber, wenn er dabliebe, damit sie noch eine Weile mit ihm kämpfen könnte.

Er erwiderte, er beklage das sehr, könne aber trotzdem nicht länger in der Stadt bleiben, denn er sei genötigt, eine Reise durch Schweden zu machen, um eine Person zu suchen, über deren Ergehen er notwendig Bescheid haben müsse. Er finde weder Ruhe noch Rast, bis er diese Person gefunden habe.

Und wissen Sie, Gustavsson, Schwester Edith fragte mit so offenbarer Angst, wer denn diese Person sei, daß ich nahe daran war, ihr zuzuflüstern, sie solle sich in acht nehmen und sich dem Gespött eines solchen Mannes nicht preisgeben. Aber er schien nichts zu merken, sondern antwortete nur, wenn er die fragliche Person gefunden habe, werde es ihr sicher nicht unbekannt bleiben, und er hoffe, sie werde sich dann mit ihm freuen, daß er nicht mehr als armer Landstreicher im Reiche umherziehen müsse.

Damit ging er, und er mußte Wort gehalten haben, denn wir sahen und hörten nichts mehr von ihm. Ich hoffte, wir würden nun nie mehr etwas mit ihm zu tun haben müssen, denn es war ja, als bringe er überall, wohin er auch kam, Unglück mit. Aber da geschah es eines Tages, daß eine Frau bei Schwester Edith auf der Rettungsstation erschien und sich nach David Holm erkundigte. Sie teilte Schwester Edith mit, sie sei David Holms Frau, die es wegen seiner Trunksucht und seines schlechten Lebenswandels nicht mehr bei ihm ausgehalten, sondern ihn verlassen hätte. Sie hatte sich ganz heimlich fortgestohlen, die Kinder auch mitgenommen und sich in unsere Stadt begeben, die von ihrem früheren Aufenthaltsort so weit entfernt war, daß es ihm nicht eingefallen sei, sie hier zu suchen. Hier habe sie nun in einer Fabrik Arbeit gefunden, und überdies so gut bezahlte, daß sie sich und die Kinder versorgen könne. Sie war eine gut gekleidete Frau, die Achtung und Vertrauen einflößte; sie war überdies eine Art Vorsteherin für die jungen Fabrikarbeiterinnen geworden und verdiente nun so viel, daß sie sich eine behagliche Wohnung mit den nötigen Möbeln und Hausgeräten hatte verschaffen können. Früher, solange sie noch bei ihrem Manne gewohnt hatte, waren sie bettelarm gewesen; sie hatte nicht das Nötigste für sich und die Kinder gehabt, und sie hatten oft hungern müssen.

Nun hatte sie jedoch gehört, daß ihr Mann sich in der Stadt aufhielt, und daß die Rettungsschwestern ihn kannten, und so war sie gekommen, um zu hören, wie es ihm ginge.

Wenn sie damals dabei gewesen wären, Gustavsson, und Schwester Edith gehört und gesehen hätten, so würden Sie dies nie wieder vergessen können. Zuerst, als die Frau kam und uns sagte, wer sie war, erblaßte Schwester Edith und sah aus, als sei sie zu Tode getroffen; aber sie faßte sich bald wieder, und in ihre Augen trat ein geradezu überirdischer Ausdruck. Es war, als habe sie sich selbst überwunden und begehre nun für sich nichts mehr von allem, was dieser Welt angehörte. Und mit seiner Frau sprach sie mit einer, fast möchte ich sagen, seligen Verklärtheit, daß diese zu Tränen gerührt wurde. Sie sagte ihr nicht ein einziges Wort des Vorwurfs und brachte sie doch dahin, zu bereuen, daß sie ihren Mann verlassen hatte. Ich glaube, sie brachte die Frau so weit, daß sie sich für einen wahren Ausbund von Härte hielt. Ja, noch mehr, Gustavsson, Schwester Edith verstand es, die alte Liebe in ihr zu erwekken, die jugendliche, die sie in der ersten Zeit ihrer Ehe für ihren Mann gefühlt hatte. Sie brachte die Frau dazu, ihr zu erzählen, wie es in der ersten Zeit ihres Ehestandes gewesen war, ja sogar, daß sie sich wieder nach ihrem Mann sehnte. Aber, Gustavsson, Sie dürfen nicht glauben, Schwester Edith habe der Frau verborgen, wie ihr Mann jetzt war; o nein, aber sie wußte in ihr den Wunsch zu erwekken, David Holm wieder zu einem rechten Menschen zu machen, wie Schwester Edith es selbst so sehr wünschte.«

Der Fuhrmann an der Tür hat sich während dieser Rede aufs neue über den Gefesselten gebeugt und ihn betrachtet, diesmal aber richtet er sich wieder auf, ohne etwas zu sagen. Um seinen früheren Kameraden zieht sich etwas Düsteres, Unheimliches zusammen, das dem Fuhrmann unerträglich zu sein scheint. Er lehnt sich hochaufgerichtet an die Wand und zieht die Kapuze tief über die Augen herein, um ihn nicht mehr sehen zu müssen.

»Sicherlich hatte die Frau vorher Gewissensbisse gehabt, weil sie ihren Mann seiner eigenen Torheit und Bosheit überlassen hatte«, fährt Schwester Maria fort. »Und während sie nun mit Schwester Edith redete, schlug all das Neue, das sie hörte, rasch Wurzeln. Bei diesem ersten Mal sprachen sie jedoch noch nicht davon, daß sie ihren Mann wissen lassen solle, wo sie sei, dieser Beschluß wurde erst nach anderen, langen Unterredungen gefaßt. Und, Gustavsson, ich will nicht sagen, Schwester Edith habe sie dazu überredet, auch nicht, sie habe ihr große Hoffnungen gemacht, aber ich weiß, sie wünschte innig, die Frau solle ihn wieder zu sich rufen. Sie glaubte, das würde ihn retten, und so riet sie nicht ab. Ich muß zugeben, es war Schwester Ediths Werk, daß es schließlich so weit kam, ja, sie ist es gewesen, die den Mann wieder mit denen vereinigte, die zu verderben er die Macht hatte. Ich habe viel darüber nachgedacht und mich oft darüber gewundert, und ich konnte nicht verstehen, woher Schwester Edith den Mut genommen hätte, eine solche Verantwortung auf sich zu nehmen, wenn sie ihn nicht geliebt hätte.«

Schwester Maria sprach diese Worte mit tiefster Überzeugung aus; aber die beiden, die sich vorher aufgeregt hatten, als sie von der Liebe der hübschen Rettungsschwester gesprochen hatte, verhielten sich nun ganz ruhig. Der Heilsarmeesoldat saß mit der Hand über den Augen unbeweglich da, und der am Boden Liegende hatte den Ausdruck düsteren Hasses wieder angenommen, den er gezeigt hatte, als er zuerst ins Zimmer hereingeschleppt worden war.

»Keine von uns wußte, wohin David Holm gewandert war«, begann Schwester Maria aufs neue; »aber Schwester Edith schickte ihm durch andere fahrende Leute die Nachricht, wir könnten ihm Auskunft geben, wo seine Frau und Kinder seien, und da dauerte es nicht lange, bis er sich einfand. Und Schwester Edith führte ihn und seine Frau zusammen, nachdem sie ihm zuerst eine ordentliche Kleidung und einen Platz an einem städtischen Bau verschafft hatte. Sie verlangte kein Gelübde und Versprechungen von ihm, sie wußte, so einer wie David Holm konnte nicht mit Gelübden gebunden werden; aber sie wollte die Saat, die bisher zwischen den Dornen aufgegangen war, in gute Erde verpflanzen und war überzeugt, daß es ihr gelingen würde.

Und wer weiß, ob Schwester Edith nicht ihr Ziel erreicht hätte, wenn nicht das große Unglück über sie hereingebrochen wäre. Zuerst bekam sie Lungenentzündung, und als diese behoben war und wir sie bald hergestellt zu sehen hofften, magerte sie im Gegenteil immer mehr ab, und wir mußten sie ins Sanatorium schicken.

Aber wie David Holm gegen seine Frau war, das brauche ich Ihnen wohl nicht erst zu sagen, Gustavsson. Sie wissen es ebensogut wie ich und alle andern. Die einzige, die wir in Unkenntnis darüber zu halten versuchten, ist Schwester Edith, weil wir barmherzig gegen sie sein wollten. Wir hofften, sie werde sterben dürfen, ohne es zu erfahren; aber jetzt bin ich nicht ganz sicher, wie es sich damit verhält. Ich glaube, sie weiß es.«

»Woher sollte sie es wissen?«

»Das Band, das sie mit David Holm verbindet, ist so stark, daß sie sich wohl auf anderen Wegen als den gewöhnlichen Nachricht von ihm zu verschaffen gewußt hat. Und weil sie alles weiß, deshalb hat sie ihn den ganzen Tag zu sprechen verlangt. Sie hat unsagbares Elend über seine Frau und Kinder gebracht, und sie hat nur noch diese wenigen Stunden zur Verfügung, um es wiedergutzumachen, wir aber sind so schwerfällig, daß wir ihr nicht einmal dabei helfen können, indem wir ihn herbeischaffen.«

»Aber was hätte es für einen Wert?« fragt Gustavsson hartnäckig. »Sie kann ja gar nicht mit ihm reden, sie ist zu schwach dazu.«

»Ich kann in ihrem Namen mit ihm reden«, versetzt Schwester Maria zuversichtlich. »Und er würde auf die Worte hören, die an ihrem Sterbebette zu ihm gesagt würden.«

»Was wollten Sie zu ihm sagen, Schwester Maria? Wollten Sie ihm sagen, Schwester Edith habe ihn geliebt?«

Die Rettungsschwester steht rasch auf. Sie faltet die Hände über der Brust und betet mit aufgehobenem Gesicht und geschlossenen Augen also:

»Ach lieber Gott, laß es doch geschehen, daß David Holm herkommt, ehe Schwester Edith stirbt! Guter Gott, laß es geschehen, daß er deine Liebe erkennt, und daß das Feuer ihrer Liebe sein Herz erweicht! Guter Gott, ist nicht deine Liebe ihr geschickt worden, daß sie seine Seele läutere? Guter Gott, mache mich mutig, daß ich nicht daran denke, sie zu schonen, sondern es wage, seine Seele in die Glut ihrer Liebe hineinzulegen! Guter Gott, laß ihn diese Liebe empfinden wie ein sanftes Säuseln, das durch seine Seele zieht, wie die Berührung einer Engelsschwinge, wie das rote Licht, das am Morgen im Osten aufleuchtet und die Finsternis der Nacht vertreibt! Guter Gott, laß ihn nicht glauben, daß ich mich an ihm rächen wolle! Guter Gott, laß ihn erkennen, daß Schwester Edith nur den innersten Kern seines Wesens geliebt hat, das, was er selbst zu ersticken und zu ertöten gesucht hat! Guter Gott –«

Schwester Maria fährt zusammen und schaut auf. Der Rettungssoldat zieht eben seinen Rock an.

»Ich hole ihn, Schwester Maria«, sagt er mit halberstickter Stimme. »Und ich kehre nicht ohne ihn zurück.«

Aber jetzt wendet sich die an der Tür auf dem Boden liegende Gestalt zu dem Fuhrmann und redet ihn an: »Georg, ist es noch nicht genug? Als ich zuerst hier hereinkam, wurde ich von dem, was sie sprachen, ergriffen. Auf diese Weise hättest du mich vielleicht erweichen können; aber du hättest sie warnen müssen. Sie hätten nicht von meiner Frau sprechen sollen.«

Der Fuhrmann gibt keine Antwort, sondern deutet nur mit einer leichten Bewegung nach dem inneren Zimmer. Eine alte Frau ist durch die Tapetentür, die sich ganz hinten in der Wohnzimmerabteilung des Gemachs befindet, eingetreten. Mit leisen Schritten tritt sie zu den beiden, die sich so lange unterhalten haben, und sagt mit einer Stimme, die im Bewußtsein der Wichtigkeit dessen, was sie mitzuteilen hat, bebt: »Sie will nicht mehr da drinnen bleiben, sondern hier heraus. Jetzt ist es bald zu Ende.«

6

Die arme kleine Rettungsschwester, die in den letzten Zügen liegt, fühlt sich mit jedem Augenblick schwächer und kraftloser werden. Sie hat keine Schmerzen, kämpft aber noch mit dem Tod, wie sie in so mancher Nacht bei einer Krankenwache mit dem Schlaf gekämpft hat.

»Ach, wie schön du lockst! Aber du darfst mich nicht übermannen!« hat sie da zum Schlaf gesagt. Und wenn sich dieser auch einmal einige Augenblicke auf sie herabgesenkt hatte, so war sie doch immer rasch wieder aufgefahren und zu ihren Pflichten zurückgekehrt.

Jetzt ist es ihr, als ob irgendwo in einem kühlen Zimmer mit unbeschreiblich reiner, frischer Luft, die einzuatmen für ihre Lungen ein wahres Labsal wäre, ein tiefes breites Bett mit weichen schwellenden Daunenkissen hergerichtet würde. Sie weiß, daß dieses Bett für sie bestimmt ist, und sie sehnt sich danach, hineinzusinken und ihre unaussprechliche Mattigkeit wegzuschlafen; aber sie hat das Gefühl, sie würde dann in einen so tiefen Schlaf sinken, daß sie nie mehr daraus erwachen könnte. Und sie widersteht dem Locken der Ruhe noch immer.

Als die kleine Rettungsschwester jetzt die Augen wieder aufschlägt, liegt ein Vorwurf darin. Sie sieht strenger aus als je zuvor.

»Wie hart seid ihr doch, daß ihr mir zu dem einzigen nicht verhelfen wollt, nach dem ich mich sehne!« scheint sie zu klagen. »Habe ich doch, solange ich gesund war, so viele Schritte gemacht, um euch allen zu dienen, so daß ihr euch jetzt wohl die Mühe machen könntet, den hierher zu holen, den ich sprechen möchte.«

Meist liegt sie jedoch mit geschlossenen Augen da und wartet und lauscht so eifrig, daß ihr kein Geräusch in dem Häuschen entgeht. Plötzlich hat sie den Eindruck, ein Gast sei ins äußere Zimmer getreten, der nun dort darauf warte, zu ihr hereingeführt zu werden. Sie schlägt die Augen auf und sieht ihre Mutter flehend an.

»Er steht ja draußen an der Küchentür. Kannst du ihn nicht hereinlassen, Mutter?«

Die Mutter steht auf, tritt an die Tapetentür, öffnet sie und schaut in das große Zimmer hinaus, kommt aber gleich wieder an das Bett her und schüttelt den Kopf.

»Es ist niemand draußen, Kind«, sagt sie. »Niemand als Schwester Maria und Gustavsson.«

Da seufzt die Kranke tief und schließt die Augen aufs neue. Aber noch einmal hat sie das Gefühl, daß er da drinnen dicht an der Tür sitzt. Wenn nur ihre Kleider wie gewöhnlich auf einem Stuhl am Fußende des Bettes lägen, dann würde sie sich anziehen, hineingehen und mit ihm sprechen können. Aber die Kleider liegen nicht da, und sie fürchtet auch, ihre Mutter würde ihr nicht erlauben, aufzustehen.

Sie überlegt und überlegt, wie sie in das vordere Zimmer hinausgelangen könnte, denn sie ist ganz sicher, daß er da draußen ist. Die Mutter will ihn nur nicht zu ihr hereinlassen, wahrscheinlich weil sie meint, er sehe zu schrecklich aus, und sie dürfe mit so einem Menschen nicht reden.

›Mutter meint, es hätte keinen Wert, wenn ich noch mit ihm zusammenträfe‹, denkt die Kranke. ›Sie meint, jetzt, wo ich am Sterben bin, könnte es mir ja einerlei sein, wie es ihm weiter ergeht.‹

Schließlich denkt sie sich etwas aus, das ihr äußerst schlau vorkommt.

›Ich werde Mutter bitten, mich in das große Zimmer hinauszuschaffen, weil ich so gerne dort liegen möchte. Ich werde sagen, ich sehne mich, es noch einmal zu sehen. Dagegen wird Mutter nichts einzuwenden haben.‹

Sie bringt ihren Wunsch vor, fragt sich aber gleich, ob die Mutter am Ende ihre verborgene Absicht durchschaut habe, denn diese hat viel dagegen einzuwenden.

»Liegst du denn hier nicht gut?« fragt sie. »Du warst ja bisher ganz zufrieden hier.«

Die Mutter tut nichts, um der Kranken zu gehorchen, sondern bleibt ruhig bei ihr sitzen. Der kleinen Heilsarmeeschwester ist es zumute wie einst, wenn sie, solange sie noch ein Weltkind gewesen war, die Mutter um etwas gebeten hatte, was diese nicht richtig fand. Und gerade wie ein kleines Kind fängt sie nun an zu bitten und zu betteln, um die Geduld der Mutter zu erschöpfen.

»Mutter, ich möchte so gern in das große Zimmer; Gustavsson und Schwester Maria tragen mich schon hinaus, wenn du sie hereinrufst. Ach Mutter, mein Bett wird nicht mehr lange dort stehen!«

Aber die Mutter erwidert: »Du wirst sehen, sobald du draußen bist, verlangst du wieder herein.« Aber sie steht doch auf und kehrt gleich darauf mit Gustavsson und Schwester Maria zurück.

Es ist ein Glück, daß Schwester Edith in der kleinen hölzernen Bettstelle liegt, in der sie schon als Kind geschlafen hat, so daß die drei, Schwester Maria, Gustavsson und die Mutter, sie recht gut hinaustragen können. Sobald sie durch die Tür gekommen ist, wirft sie einen raschen Blick auf die Küche des großen Raumes und ist ganz erstaunt, als sie David Holm nicht dort erblickt; diesmal war sie ihrer Sache so ganz gewiß gewesen.

Sie fühlt sich sehr enttäuscht, und anstatt sich in dem

dreiteiligen Zimmer, das so viele Erinnerungen enthält, umzusehen, schließt sie die Augen. Und da hat sie sofort wieder das Gefühl, daß sich an der Eingangstür jemand befindet, der wartet.

›Es ist unmöglich, daß ich mich täusche‹, denkt sie. ›Irgend jemand muß dort sein, entweder er oder ein anderer.‹

Sie öffnet die Augen aufs neue und läßt ihre Blicke sehr aufmerksam im Zimmer umherlaufen. Mit großer Mühe entdeckt sie, daß drüben an der Tür etwas steht; aber es ist ganz undeutlich, nicht einmal wie ein Schatten. Sie hätte sagen können, es sei der Schatten eines Schattens.

Die Mutter beugt sich über sie und fragt:

»Ist es dir nun leichter, seit du hier bist?«

Sie nickt und flüstert, sie sei sehr froh, daß man sie herausgebracht habe. Aber sie denkt nicht an das Zimmer, sondern starrt immerfort nach der Tür.

›Was mag das dort drüben nur sein?‹ fragt sie sich, und es ist ihr, als hänge ihr Leben daran, dies herauszubringen.

Schwester Maria stellt sich zufälligerweise so auf, daß sie der Kranken die Tür verdeckt, und mit Aufbietung aller ihrer Kräfte bringt Schwester Edith sich in eine andere Stellung.

Man hat die Kranke in den Teil des Zimmers gestellt, den sie und ihre Mutter die gute Stube zu nennen pflegen, und diese Abteilung liegt am weitesten entfernt von der Tür. Nachdem die Kranke nun eine Weile dagelegen hat, flüstert sie ihrer Mutter zu:

»Jetzt hab' ich gesehen, wie es in der guten Stube aussieht, aber nun möchte ich auch ins Eßzimmer.«

Sie merkt wohl, daß ihre Mutter einen bekümmerten Blick mit den beiden andern wechselt und daß diese den Kopf schütteln; sie legt sich das auf ihre Art aus und denkt, sie seien ängstlich, sie noch näher zu dem an der Tür stehenden Schatten hinzubringen. Allmählich ist eine Ahnung in ihr aufgestiegen, wer es ist, der dort steht; aber sie fürchtet sich nicht vor ihm, sondern wünscht nur, ihm näher zu kommen.

Sie sieht ihre Mutter und die beiden Freunde flehend an; und alle drei gehorchen ihr ohne weitere Einwendungen.

Als sie sich nun in der Abteilung befindet, die früher das Eßzimmer genannt worden war, ist sie der Türe näher und kann unterscheiden, daß dort eine dunkle Gestalt steht, die irgendein Werkzeug in der Hand hält. Das kann also nicht er sein, aber es ist jedenfalls jemand, mit dem zusammenzutreffen für sie außerordentlich wichtig ist.

Sie muß ihm noch näher kommen, sie muß; und indem sie sich alle Mühe gibt, ein entschuldigendes Lächeln hervorzubringen, macht sie ein Zeichen, daß sie auch noch in die Küche gebracht werden möchte. Sie sieht, wie betrübt ihre Mutter bei diesem Ansinnen wird, sieht, wie sie zu weinen anfängt, und ein flüchtiger Gedanke zieht durch ihre Seele, daß ihre Mutter sich wohl jetzt daran erinnere, wie die Tochter früher, während die Mutter das Abendessen kochte, vor dem Herd auf dem Boden gesessen und, von dem Feuerschein rot übergossen, von allem lustig plauderte, was in der Schule vorgekommen war; sie begreift auch, daß die Mutter tatsächlich ihr Kind auf allen den gewohnten Plätzen zu sehen vermeint und unter dem Gefühl der Leere und des Alleinseins, das sie überkommt, fast zusammenbricht.

Aber sie darf jetzt nicht an ihre Mutter denken, sie darf ihre Aufmerksamkeit auf nichts anderes richten als auf das Wichtige, das sie während der kurzen Zeit, die ihr noch zugemessen ist, ausrichten muß.

Jetzt, wo sie in der äußeren Abteilung des Zimmers angekommen ist, kann sie endlich das Undeutliche, was an der Tür steht, erkennen. Es ist die Gestalt eines Mannes in einem schwarzen Mantel mit einer Kapuze, die über das Gesicht herabgezogen ist. In der Hand hält er eine lange Sense; die Kranke braucht keinen Augenblick im Zweifel zu sein, wer es ist.

›Es ist der Tod‹, denkt sie. Und sie erschrickt, weil er zu früh für sie gekommen ist.

Während die arme Kranke immer näher zur Tür herangetragen wurde, hat sich der am Boden liegende gefesselte Schemen zusammengekrümmt, als wollte er versuchen, der Aufmerksamkeit der Kranken zu entgehen. Er sieht, daß sie unaufhörlich nach der Tür schaut, und er vermutet, daß sie da etwas unterscheiden kann. Aber sie soll ihn nicht sehen, das wäre eine zu große Demütigung für ihn. Ihre Blikke sind auch nicht auf ihn gerichtet, sondern auf den andern, und da denkt er, wenn sie überhaupt etwas sehe, so sei nicht er es, sondern Georg.

Kaum ist die Kranke indes ganz nahe herangekommen, als er sieht, daß sie mit einer leichten Kopfbewegung Georg an ihr Bett herruft. Georg zieht, als friere er, den Mantel fester um sich zusammen und tritt an ihr Lager. Sie sieht ihn mit einem herzbewegenden Lächeln an.

»Du siehst, daß ich keine Angst habe«, flüstert sie fast lautlos. »Ich folge deinem Rufe gerne, möchte dich aber fragen, ob du mir nicht bis morgen Aufschub gewähren kannst, damit ich die Aufgabe vollenden kann, für die mich Gott in die Welt geschickt hat.«

Während sie auf diese Weise von ihrer Unterredung mit Georg ganz erfüllt ist, hat David Holm den Kopf aufgehoben und sieht sie an; und da sieht er, daß ihr die heilige Erhabenheit ihres Geistes eine Schönheit verliehen hat, die sie früher nie gehabt hatte, etwas so Stolzes, Hohes, Unerreichbares, aber so unwiderstehlich Anziehendes, daß er seine Augen nicht mehr abwenden kann.

»Du verstehst mich vielleicht nicht«, sagt sie zu Georg. »Neige dich näher zu mir her. Ich muß mit dir reden, aber die anderen sollen nicht hören, was ich sage.«

Georg beugte sich so weit vor, daß seine Kapuze fast ihr Gesicht berührt.

»Sprich so leise, wie du willst«, sagt er. »Ich werde es doch verstehen.«

Da fängt sie in ganz leisem Flüsterton an, und keiner von den dreien, die um ihr Bett stehen, hat eine Ahnung, daß sie überhaupt etwas sagt. Nur der Fuhrmann und der andere Schemen hören sie.

»Ich weiß nicht, ob du dir auch bewußt bist, um was es sich für mich handelt«, sagt sie zu Georg. »Ich brauche notwendig einen Aufschub bis morgen, damit ich mit dem zusammentreffen kann, den ich auf den rechten Weg führen muß. Du weißt, wie schlecht ich gehandelt habe. Ich bin eigenmächtig und verwegen gewesen. Wie sollte ich vor Gottes Angesicht treten können, ich, die ein so großes Unglück verschuldet hat?«

Ihre Augen öffnen sich vor Angst weit, und sie ringt schwer nach Atem, fährt dann aber gleich fort, ohne eine Antwort abzuwarten. »Ich muß dir wohl mitteilen, daß der Mann, mit dem ich noch reden möchte, eben der ist, den ich liebe. Du verstehst mich doch wohl? Der Mann, den ich liebe.«

»Aber Schwester Edith«, erwidert der Fuhrmann, »der Mann – –«

Sie will jedoch seine Antwort nicht hören, ehe sie alles vorgebracht hat, was ihn erweichen soll.

»Ach, du begreifst, wie schwer es für mich ist, das zu sagen. Die Erkenntnis, daß ich gerade diesen Mann liebe, bedrückt mich schwer. Oh, wie hab' ich mich geschämt, daß ich so heruntergekommen sein soll, einen Mann zu lieben, der an eine andere gebunden ist. Ich habe dagegen gekämpft und gestritten, und es war mir, als sei ich, die eine Führerin und Helferin der Elenden sein sollte, schlechter als die schlechtesten unter ihnen geworden.«

Georgs eine Hand streicht ihr wie beruhigend über die Stirne; aber er sagt nichts, sondern läßt sie fortfahren.

»Aber die größte Demütigung liegt doch nicht darin, daß ich einen verheirateten Mann liebe. Die tiefste Erniedrigung liegt darin, daß er ein böser und schlechter Mensch ist. Ich weiß nicht, warum ich mich an einen solchen Lumpen weggeworfen habe. Ich hatte gehofft, hatte geglaubt, es sei etwas Gutes an ihm, aber ich bin immer enttäuscht worden. Ach, ich muß selbst schlecht sein, da sich mein Herz so hat verirren können! Kannst du nicht begreifen, daß es ganz unmöglich für mich ist, fortzugehen, ohne noch einen Versuch gemacht zu haben, ihn zu einem anderen Menschen zu machen?«

»Du hast ja schon so viele Versuche gemacht«, antwortet Georg ausweichend.

Sie schließt die Augen und überlegt, schlägt sie aber bald wieder auf, und jetzt leuchtet eine neue Zuversicht aus ihrem Gesicht.

»Du meinst, ich bitte nur meinetwegen, und denkst wie die anderen, es könne mir einerlei sein, wie es ihm weiter ergeht, ich müsse ja doch alles Irdische hinter mir lassen. Ich muß dir aber noch etwas sagen, was ich heute erlebt habe, damit du verstehst, daß ich den Aufschub brauche, um anderen zu helfen.«

Sie schließt die Augen und spricht weiter, ohne sie wieder zu öffnen:

»Siehst du, es war heute vormittag. Ich verstehe jetzt nicht mehr recht, wie es geschehen konnte, aber ich war mit einem Korb am Arm unterwegs, um einem Notleidenden Essen zu bringen. Plötzlich stand ich auf einem Hof, wo ich noch niemals gewesen war. Er war rings von hohen Häusern eingeschlossen, die ordentlich und gut aussahen, als wohnten wohlhabende Leute darin. Ich wußte nicht, was ich an diesem Ort zu tun haben sollte, und sah mich unschlüssig um; da entdeckte ich an der einen Häusermauer eine Art Anbau, der eigentlich aussah, als sei er ursprünglich zu einem Geflügelhaus bestimmt gewesen, den man aber neuerdings für eine menschliche Wohnung herzurichten versucht hatte. Da und dort waren einzelne Bretter und Stücke von Pappe aufgenagelt, auch ein paar schiefe Fenster eingesetzt, und aus dem Dach ragten zwei Ofenrohre heraus.

Aus dem einen dieser Rohre stieg ein dünner Rauch empor, und da ich daran erkannte, daß dieser Bau bewohnt war, sagte ich zu mir: ›Da muß ich selbstverständlich hin.‹

Ich stieg eine hölzerne Treppe hinauf, die steil wie eine Leiter war und mir noch einmal den Eindruck machte, als begebe ich mich in eine Art Taubenschlag, und legte die

Hand auf die Klinke der Eingangstür. Sie war unverschlossen, und da ich Stimmen drinnen hörte, trat ich ein, ohne anzuklopfen.

Niemand wendete sich nach mir um, als ich hereinkam. Ich zog mich in einen Winkel an der Tür zurück und blieb da stehen, bis man mich brauchen würde. Denn ich wußte ganz bestimmt, daß ich wegen einer ganz besonders wichtigen Sache hergekommen war. Während ich nun da wartete, drängte sich mir unwillkürlich der Gedanke auf, daß ich hier in irgendein Wirtschaftsgebäude und nicht in eine menschliche Wohnung gekommen sei. Es war kaum ein Möbelstück zu sehen, nicht einmal ein Bett. In einer Ecke lagen ein paar schmutzige Matratzen, die offenbar als Betten dienten. Keine Stühle waren da, wenigstens keine in einem Zustand, daß man sie hätte verkaufen können, und nur ein plumper roher Tisch.

Plötzlich wurde mir klar, wo ich mich befand. Die Frau mitten im Zimmer war ja David Holms Frau. Sie waren also ausgezogen, während ich im Sanatorium gelegen hatte. Aber warum waren sie nur so erbärmlich und unbequem eingerichtet? Und wo waren ihre Möbel? Wo waren der schöne Schrank und die Nähmaschine und –

Ich konnte nicht noch mehr aufzählen, es fehlte einfach alles, in diesem Raum war ja fast nichts.

›Wie verzweifelt die Frau aussieht!‹ dachte ich. ›Und wie ärmlich sie angezogen ist! Sie ist ja seit dem Frühjahr eine ganz andere geworden.‹

Ich wollte rasch vortreten, um sie zu fragen, hielt mich aber doch zurück, denn es waren noch zwei fremde Damen im Zimmer, die sich lebhaft mit David Holms Frau unterhielten.

Alle drei sahen sehr ernst aus, und ich verstand bald, um was es sich handelte. Die Damen wollten die beiden Kinder des armen Weibes in ein Kinderasyl bringen, damit sie nicht von dem Vater, der die Schwindsucht hatte, angesteckt würden.

Mir war, als höre ich nicht recht. ›David Holm kann

doch wohl keine Tuberkeln haben‹, dachte ich. Ich hatte zwar schon einmal davon reden hören, wollte es aber nicht glauben.

Und noch etwas konnte ich mir nicht erklären. Die Damen sprachen nur von zwei Kindern, und ich war doch der Meinung, es seien drei gewesen.

Es dauerte nicht lange, bis ich Aufklärung darüber erhielt. Die eine der Damen vom Wohltätigkeitsverein sah, daß die arme Mutter weinte, und sagte ihr mit freundlichen Worten, für die Kinder würde in einem Asyl in jeder Weise gesorgt, und sie hätten es da ebensogut, wie sie es daheim haben könnten.

›Ach, kümmern Sie sich nicht um meine Tränen, Frau Doktor‹, hörte ich jetzt die Frau erwidern. ›Ich würde noch mehr weinen, wenn ich die Kinder nicht wegschicken dürfte. Mein jüngstes ist schon im Spital, und als ich sah, wie sehr es leiden muß, hab' ich mir gelobt, wenn ich die beiden anderen vom Hause wegbringen könnte, würde ich kein Wort darüber sagen, sondern nur froh und dankbar sein.‹

Als die Frau dies sagte, überfiel mich eine beklemmende Angst. Was hatte David Holm seiner Frau, seinem Heim, seinen Kindern angetan? Oder besser gesagt, was hatte ich getan? Ich, ich hatte sie hierhergeschleppt.

Ich stand noch in meiner Ecke und konnte die Tränen nicht zurückhalten, ja, ich schluchzte laut, und es war mir unbegreiflich, daß die anderen nicht aufmerksam auf mich wurden; aber keine von den dreien schien mich zu bemerken.

Jetzt wendete sich die Frau zur Tür, indem sie sagte: ›Ich will auf die Straße hinuntergehen, um die Kinder zu holen, sie sind nicht weit weg.‹

Sie ging so dicht an mir vorüber, daß ihr ärmliches geflicktes Kleid meine Hand streifte. Da sank ich auf die Knie nieder, zog ihren Rock an meine Lippen und küßte ihn weinend. Aber ich brachte kein Wort heraus. Das Unrecht, das ich dieser Frau angetan hatte, war zu groß.

Sie kümmerte sich jedoch nicht im geringsten um mich, und das verwunderte mich über die Maßen; aber es war mir auch wohl verständlich, daß sie mit der, die sie und ihre Kinder ins Unglück gestürzt hatte, nicht reden wollte.

Die arme Mutter kam jedoch nicht dazu, das Zimmer zu verlassen, denn eine der Damen sagte, ehe sie die Kinder hereinrufe, müsse noch etwas in Ordnung gebracht werden. Damit nahm sie ein Papier aus ihrer Handtasche und las es Frau Holm vor. Es war ein Schein, in dem stand, daß die Eltern ihre Kinder der Obhut der Damen anvertrauen, solange in ihrer Wohnung Gefahr vorhanden sei, von Tuberkulose angesteckt zu werden, und er sollte von beiden Eltern unterschrieben werden.

An dem entgegengesetzten Ende des Zimmers war noch eine Tür. Jetzt öffnete sich diese, und David Holm trat ein. Ich war fest überzeugt, daß er horchend hinter der Tür gestanden und nur darauf gewartet hatte, sich im rechten Augenblick zu zeigen. Er trug den alten verflickten Anzug, und in seinen Augen funkelte der frühere boshafte Glanz, und ich konnte mir nicht verhehlen, daß er sich mit offenbarer Freude umsah, als sei er von dem in seinem Zimmer herrschenden Elend befriedigt.

Dann fing er an zu reden und sagte, er habe seine Kinder von Herzen lieb und finde es höchst grausam, daß man ihm auch noch die beiden anderen nehmen wolle, nachdem das eine schon ins Spital gebracht worden sei.

Die beiden Damen nahmen sich kaum die Mühe, ihn anzuhören, sondern sagten, wenn er die Kinder nicht hergebe, würden sie um so sicherer zugrunde gehen.

Während die Damen mit David Holm redeten, wendete ich meine Augen von diesem ab und richtete sie auf seine Frau. Sie war an die eine Wand zurückgewichen und sah ihren Mann mit einem Ausdruck an, bei dem mir schauderte: so muß ein armer Verurteilter, der ausgepeitscht und aufs Rad geflochten worden ist, seinen Henker ansehen.

Da begann ich zu begreifen, daß ich ein noch viel größeres Unrecht getan hatte, als mir bisher bewußt gewesen war. Ich erkannte, daß David Holm einen geheimen Haß gegen diese Frau im Herzen tragen mußte, und daß sein Wunsch, wieder mit ihr vereinigt zu werden, nicht aus der Sehnsucht nach einer behaglichen Heimat, sondern aus der Begierde, sie zu quälen, hervorgegangen war.

Ich hörte zu, wie er bei den vornehmen Damen seine Vaterliebe ins Feld führte. Sie erwiderten, diese könnte er jetzt beweisen, indem er die Vorschriften des Arztes genau befolge und sich Mühe gebe, die Ansteckung nicht zu verbreiten. Wenn er das tue, würden sie ihm die Kinder lassen.

Aber keine von den beiden ahnte, was er tatsächlich im Sinne hatte; ich begriff es zuerst und dachte seufzend: ›Er will die Kinder behalten, weil es ihm einerlei ist, ob sie angesteckt werden oder nicht.‹

Seiner Frau war indessen auch ein Licht über seine Absicht aufgegangen. Wild und außer sich schrie sie: ›Der Mörder! Er will mich die Kinder nicht fortschicken lassen! Er will sie zu Hause behalten, damit er sie anstecken kann! Er will, daß sie sterben! Er will sich dadurch an mir rächen!‹

David Holm drehte seiner Frau mit einem Achselzucken den Rücken.

›Ganz recht, ich will den Schein nicht unterschreiben‹, sagte er zu den beiden Damen.

Nun entspann sich ein heftiger Wortwechsel; die Frau drang mit leidenschaftlichen Worten auf David Holm ein, und selbst die beiden Damen bekamen erhitzte Wangen und sagten scharfe Worte.

Er aber stand ganz ruhig da und blieb dabei, er könne seine Kinder nicht entbehren.

Ich hörte mit unbeschreiblicher Angst zu. Keinem der anderen konnte der Auftritt so qualvoll sein wie mir, denn ich liebte ja den Mann, der diese Schandtat beging. Da stand ich und hoffte immer noch, die Damen würden das richtige, ihn erweichende Wort finden, aber ein sonderbarer Bann hielt mich gefangen, und ich konnte nicht von der Stelle.

›Ach, was hilft das Streiten und Überredenwollen? Einem Mann wie David Holm muß man Angst einjagen‹, dachte ich. Weder die Frau noch die beiden fremden Damen sagten ein Wort von Gott, keine drohte ihm mit dem Zorn des ewig Gerechten. Mir war, als hätte ich den strafenden Blitz in meiner Hand, aber ich konnte ihn nicht fortschleudern.

Plötzlich wurde es still im Zimmer, und die beiden vornehmen Damen standen auf, um zu gehen. Sie hatten nichts erreicht, so wenig wie die Frau. Diese stritt nicht mehr, sie war verzweifelt zusammengesunken.

Noch einmal machte ich eine übermenschliche Anstrengung, um mich zu bewegen und zu reden. Die Worte brannten mir auf der Zunge.

›O du Heuchler!‹ wollte ich sagen. ›Meinst du, ich sehe nicht, was du denkst und beabsichtigst? Ich, die Sterbende, ich lade dich vor Gottes Richterstuhl, mit mir sollst du dort erscheinen. Ich klage dich vor dem höchsten Richter an, deine eigenen Kinder ermorden zu wollen. Ich werde gegen dich zeugen!‹

Aber als ich mich aufrichtete, um dies zu sagen, war ich nicht mehr in David Holms Wohnung, sondern hier in meinem Zimmer und lag kraftlos in meinem Bett. Und seither hab' ich gerufen und gerufen, David Holm aber ist nicht gekommen!«

Die Heilsarmeeschwester hatte, während sie all dies erzählte, mit geschlossenen Augen dagelegen. Jetzt schlug sie sie weit auf und sah Georg mit unbeschreiblicher Angst an.

»Du kannst mich doch nicht sterben lassen, ehe ich mit ihm geredet habe?« sagte sie flehend. »Denk an die Kinder und an die Frau!«

Der am Boden liegende Schemen verwunderte sich über Georg. Er hätte die Sterbende ja mit einem Wort beruhigen können, indem er ihr gesagt hätte, David Holm habe ausgespielt und könne seiner Frau und seinen Kindern keinen Schaden mehr zufügen; aber er hielt mit dieser Nachricht zurück. Statt dessen entmutigte er sie noch mehr.

»Was könntest du für eine Macht über David Holm haben?« fragte er. »Er ist nicht der Mann, der sich erweichen läßt. Was du heute gesehen hast, ist nur die Rache, die er sich seit Jahren ausgedacht und auf die er sich die ganze Zeit gefreut hat.«

»Ach, sag das nicht, sag das nicht!« ruft die arme Kranke aus.

»Ich kenne ihn besser als du«, erwidert der Fuhrmann. »Und ich will dir sagen, was David Holm zu dem gemacht hat, was er jetzt ist.«

»Das möchte ich gerne hören!« sagt die Kranke. »Es wäre gut für mich, wenn ich ihn verstehen lernte.«

»Dann mußt du mit mir in eine andere Stadt kommen, und wir müssen dort vor dem Zellengefängnis warten«, sagt der Fuhrmann. »Es ist gegen Abend, und ein Mann, der wegen Trunksucht acht bis vierzehn Tage gesessen hat, wird soeben freigelassen. Niemand erwartet ihn am Gefängnistor; aber er bleibt stehen und schaut sich um, in der Hoffnung, jemand kommen zu sehen, denn das hat er sich so sehr gewünscht.

Der Mann, der aus dem Gefängnis kommt, hat kurz zuvor eine große seelische Erschütterung erfahren. Während er da drinnen saß, ist sein jüngerer Bruder ins Unglück geraten. Er hat im Rausch einen anderen erschlagen und ist nun im Gefängnis. Der ältere Bruder hat nichts von der ganzen Sache gewußt, bis ihn der Gefängnisgeistliche in die Zelle des Mörders geführt und ihm den jungen Mann gezeigt hat, der noch Handschellen trug; denn er hatte sich beim Festnehmen heftig gewehrt.

›Kennst du den, der da drinnen sitzt?‹ hat ihn der Pfarrer gefragt. Der Mann erkennt seinen Bruder und ist tief erschüttert; denn diesen Bruder hatte er immer herzlich lieb gehabt.

›Der Ärmste muß nun viele Jahre lang im Gefängnis sitzen‹, sagte der Pfarrer; ›aber, David Holm, wir alle hier sagen, eigentlich müßtest du statt seiner bestraft werden, denn du bist derjenige, der ihn verlockt und verführt hat, bis er ein solcher Trunkenbold geworden ist, der nicht mehr weiß, was er tut.‹

Nur mit knapper Not hatte David sich ruhig verhalten können, bis er wieder in seiner Zelle war; da aber war er in einen Tränenstrom ausgebrochen und hatte so geweint, wie er es seit seiner Kindheit nicht mehr getan hatte. Und dann hatte er sich gesagt, nun wolle er seinen bösen Weg verlassen. Er hat früher nicht gewußt, wie schrecklich das Bewußtsein auf einem lastet, einen anderen, den man liebhat, ins Unglück gestürzt zu haben. Dann waren seine Gedanken von seinem Bruder auf seine Frau und Kinder übergegangen, und er hatte plötzlich begriffen, wie schwer sie leiden mußten, und hatte sich gelobt, von nun an sollten sie sich nicht mehr über ihn zu beklagen haben. Und in dieser Stunde nun, wo er aus dem Gefängnis entlassen ist, sehnt er sich nach seiner Frau, um ihr zu sagen, daß er ein neues Leben beginnen wolle.

Aber sie erwartete ihn nicht vor dem Gefängnistor, und er begegnet ihr auch nicht auf dem Wege. Ja, als er an ihrer Wohnung anlangt und anklopft, öffnet sie ihm nicht die Tür weit, wie sie es sonst zu tun pflegte, wenn er lange fort gewesen war. Da durchzuckte ihn eine Ahnung, wie sich die Sache verhält; aber er will es nicht glauben. Es ist unmöglich, daß dies gerade jetzt, wo er ein neuer Mensch werden will, eintreffen sollte.

Seine Frau pflegt, wenn sie ausgeht, den Türschlüssel immer unter den Türvorleger zu stecken. David Holm bückt sich nieder und findet ihn an dem gewohnten Platz. Er öffnet die Tür, sieht sich in seiner Wohnung um und fragt sich, ob er am Ende falsch gegangen ist, denn das Zimmer ist vollkommen leer, das heißt, es ist eigentlich nicht leer, die meisten Möbel stehen noch drin, aber kein Mensch ist zu sehen.

Nein, kein Mensch, und auch keine Lebensmittel, kein Brennholz und keine Vorhänge an den Fenstern! Unfreundlich und kalt und verkommen sieht es in dem Raum aus, als wäre er seit mehreren Jahren nicht mehr bewohnt.

Er geht zu den Nachbarn und fragt, ob seine Frau während seiner Abwesenheit krank geworden sei. Er versucht sich einzubilden, sie sei vielleicht ins Spital gebracht worden.

Aber die Nachbarn antworten:

›O nein, sie war ganz gesund, als sie fortging.‹

›Aber wo ist sie denn hingegangen?‹ fragte er.

Ja, das weiß niemand.

Er sieht, daß die Nachbarn neugierig und schadenfroh sind, und er ahnt wieder, daß es nur eine Erklärung gibt. Ja, seine Frau hat die Gelegenheit benutzt, während er im Gefängnis saß, und ist auf und davon gegangen. Sie hat die Kinder und das Notwendigste mitgenommen, ihn aber hat sie nicht im geringsten darauf vorbereitet, sondern ihn in diese Öde heimkehren lassen. Und er, er hat mit einer so großen Freude zu ihr kommen wollen! Er hat sich genau eingeprägt, was er zu ihr sagen wollte, hat sie so recht von Herzen um Verzeihung bitten wollen! David Holm hatte einen Freund, einen Mann, der der gebildeten Gesellschaftsklasse angehört hat, aber ganz verkommen ist. Nun hat er fest versprechen wollen, dessen Gesellschaft nicht mehr aufzusuchen, obwohl er nicht nur von dem Schlechten in diesem Menschen angezogen wird, sondern auch, weil dieser Bildung und Kenntnisse hat. Am nächsten Tag hat er zu seinem alten Meister hingehen und diesen bitten wollen, ihn wieder in Arbeit zu nehmen. Er ist bereit gewesen, für seine Frau und Kinder wie ein Sklave zu arbeiten, damit sie hübsche Kleider bekommen und nicht einen einzigen sorgenvollen Tag mehr gehabt hätten. Und jetzt, jetzt, wo er sich das alles ausgedacht hat, ist sie auf und davon gegangen!

Es überläuft ihn heiß und kalt, es graust ihm vor ihrer Herzlosigkeit. Ja, er hätte es verstehen können, wenn sie nur offen und ehrlich von ihm gegangen wäre. Dann hätte er gar kein Recht gehabt, böse darüber zu sein; denn es ist ihr bei ihm wahrhaftig sehr schlecht ergangen. Aber daß sie sich so fortgestohlen hat und ihn ohne Benachrichtigung in die verlassene Wohnung hat kommen lassen, das würde er ihr nie verzeihen. Er war vor allen Menschen entehrt. In diesem Augenblick verspottete man ihn im ganzen Straßenviertel. Aber den Leuten sollte das Lachen vergehen, das gelobte er sich. Er würde seine Frau schon wiederfinden, und dann würde er sie so unglücklich machen, wie er selbst war, ja doppelt so unglücklich. Er wollte sie lehren, wie das ist, wenn man so bis ins innerste Herz hinein fror wie er gerade jetzt.

Die einzige Linderung, die er sich verschaffen konnte, war, sich auszudenken, wie er seine Frau strafen wollte, wenn er sie wiedergefunden hätte. Dann hat er drei Jahre lang nach ihr gesucht und gesucht und seinen Haß immer an dem Gedanken geschürt, was sie ihm angetan hatte, so daß es in seinen Augen schließlich zu einem maßlosen Verbrechen wurde. Allein war er auf einsamen Wegen umhergezogen, und während dieser Zeit hatten Haß und Rachsucht bei ihm immer zugenommen. Er überlegte und sinnierte so lange, bis er sich so recht spitzfindig ausgedacht hatte, wie er sie quälen könnte, wenn sie wieder beisammen wären.«

Die junge Heilsarmeeschwester hat bis dahin geschwiegen, ist aber der Erzählung mit lebhaftem Mienenspiel gefolgt. Doch jetzt unterbricht sie die düstere Gestalt mit ängstlicher Stimme:

»Ach nein, sag nichts mehr! Es ist zu schrecklich. Wie soll ich verantworten können, was ich getan habe? Ach, daß ich sie zusammengeführt habe! Seine Sündenschuld wäre nicht so groß geworden, wenn ich nicht gewesen wäre!«

»Nein, ich werde nichts mehr sagen«, versetzt der Fuhrmann. »Ich will dir ja nur begreiflich machen, daß es gar keinen Zweck hat, wenn du um Aufschub bittest.«

»Ach, aber ich möchte es trotzdem!« ruft sie in großer Seelenangst. »Ich kann nicht sterben, ich kann nicht! Gib mir nur noch einige Augenblicke! Du weißt ja, daß ich ihn liebe. Ich habe ihn noch nie so geliebt.« Der Schemen an der Tür zuckt zusammen. Während der ganzen Unterhaltung zwischen dem Fuhrmann und Schwester Edith hat er die Sterbende betrachtet. Jedes Wort hat er ihr förmlich von den Lippen gesogen, und jeder Wechsel in ihrem Ausdruck wird ihm ewig unvergeßlich sein. Alles, was sie gesagt hat, auch als sie ihn am härtesten verurteilte, klang ihm zart in den Ohren, ihre ganze Angst und ihr Mitleid, als Georg seine Geschichte erzählte, hat seine Wunden geheilt. Er könnte dem, was er für sie fühlt, noch keinen Namen geben, er weiß nur, daß er von ihr alles ertragen könnte. Die Tatsache, daß sie ihn gerade so geliebt hat, wie er gewesen ist, scheint ihm etwas übermenschlich Herrliches zu sein. So oft sie es ausspricht, daß sie ihn liebt, geht ein Entzücken durch seine Seele, wie er es nie für möglich gehalten hätte. Er versucht, die Aufmerksamkeit des Fuhrmanns auf sich zu lenken; dieser sieht aber gar nicht nach der Seite, wo er liegt. Da versucht er sich aufzurichten, fällt aber sofort unter unsäglichen Schmerzen wieder zurück.

Jetzt sieht er, wie sich die Kranke ängstlich und unruhig im Bett bewegt. Sie hebt flehend die gefalteten Hände zu Georg auf; aber dessen Gesicht bleibt streng und unerbittlich.

»Ich würde dir Aufschub geben, wenn er dir etwas nützen könnte«, sagt er zu ihr. »Aber ich weiß, daß du keine Macht über diesen Mann hast.«

Darauf neigt er sich über sie, um die Worte auszusprechen, die die Seele aus der irdischen Hülle befreien.

Doch in diesem Augenblick kommt eine dunkle Gestalt auf dem Boden zu der Sterbenden herangekrochen. Mit unerhörter Anstrengung und trotz der unsäglichsten Schmerzen, wie er sie niemals hätte ahnen können, hat David Holm seine Fesseln zerrissen, um zu ihr hinzugelangen. Er ist überzeugt, daß er für diese Widersetzlichkeit durch endlos andauernde Schmerzen gestraft werden wird; aber Schwester Edith soll nicht noch länger umsonst auf ihn warten, wenn er sich mit ihr in demselben Zimmer befindet. Er hat sich auf die andere Seite des Bettes geschlichen, wo sein Feind Georg ihn nicht sehen kann, und er kommt der Sterbenden wirklich so nahe, daß er eine ihrer Hände ergreifen kann.

So unmöglich es ihm auch ist, nur den allergeringsten Druck auf diese Hand auszuüben, so empfindet sie doch seine Nähe, und mit einer hastigen Bewegung wendet sie sich nun David Holm zu. Sie sieht ihn neben sich, auf den Knien, ja noch mehr, er hat den Kopf bis auf den Boden gedrückt und wagt nicht, zu ihr aufzusehen, nur mit der Hand, die die ihrige umfaßt, teilt er ihr seine Liebe, seine Dankbarkeit, die beginnende Reue seines Herzens mit.

Da fliegt der Glanz seligsten Glücks über ihr Antlitz hin. Sie hebt die Augen und sieht ihre Mutter, sieht die beiden Freunde an, als hätte sie erst jetzt Zeit, ihnen zum Abschied ein letztes Wort zu sagen, mit dem sie deren Mitgefühl für das Herrliche, das ihr widerfahren ist, gewinnen kann. Mit ihrer freien Hand deutet sie auf den Boden. Die anderen sollten David Holm bußfertig und reuevoll zu ihren Füßen liegen sehen und ihre unaussprechliche Freude teilen. Aber in demselben Augenblick beugt sich der Schwarzgekleidete über sie und sagt:

»Du Gefangene, du Holdselige, tritt heraus aus deinem Gefängnis!«

Da sinkt die Kranke in ihr Kissen zurück, und das Leben verläßt sie.

In demselben Augenblick wird David Holm von einer harten Hand weggerissen. Die Fesseln, die er nicht sehen, sondern nur fühlen kann, legen sich aufs neue um seine Arme, während seine Füße frei bleiben, und Georg ihm mit zornigem Flüstern sagt, daß David Holm nur um der alten Freundschaft willen jetzt nicht mit fürchterlichen Qualen gestraft werde. »Komm jetzt fort von hier!« setzt er hinzu. »Wir beide haben hier nichts mehr zu tun. Die sie aufnehmen sollen, sind da.«

Mit harter Gewalt reißt er David Holm mit sich. Dieser meint noch zu sehen, daß sich das ganze Gemach rasch mit lichten Gestalten füllt. Er meint, diesen Gestalten auf der Treppe und vor dem Hause zu begegnen, wird aber mit so schwindelnder Eile fortgeführt, daß er nichts deutlich unterscheiden kann.

7

David Holm liegt wieder ausgestreckt auf dem Totenkarren. Er ist zornig, nicht allein auf die ganze Welt, sondern auch auf sich selbst. Was war doch das für ein Wahnsinn, der ihn vorhin überfallen hatte? Warum hatte er sich wie ein reuevoller und bußfertiger Sünder Schwester Edith zu Füßen geworfen? Georg lachte ihn gewiß aus. Ein rechter Mann muß für seine Taten einstehen können. Er weiß ja, warum er sie begangen hat. Sicherlich wird ein rechter Mann nicht sich selbst aufgeben, nur weil ein junges Mädchen behauptet, sie sei in ihn verliebt.

Was war ihn nur angekommen? War das Liebe? Aber er war ja tot. Er war tot. Was für eine Liebe sollte das denn sein?

Der lahme Gaul hat sich wieder in Bewegung gesetzt. Jetzt geht es durch eine der äußeren Straßen der Stadt, ja, es geht zur Stadt hinaus. Die Häuser liegen immer vereinzelter, und die Straßenlaternen stehen immer weiter auseinander. Man kann jetzt schon die Stadtgrenze sehen.

Je näher das Gefährt der letzten Laterne kommt, desto mehr wird David Holm von einer sonderbaren Beklommenheit erfaßt, von einer unerklärlichen Angst, die Stadtgrenze zu überschreiten. Er fühlt, daß er nun von etwas fortgeführt wird, das er nie hätte verlassen sollen.

Und in demselben Augenblick, wo er diese Angst fühlt, hört er durch das entsetzliche Knirschen und Rasseln des Karrens hindurch den Laut sprechender Stimmen. Er senkt den Kopf, um zu lauschen. Es ist Georg, der mit jemand spricht, der offenbar mit im Karren fährt, ein Fahrgast, den David Holm bis jetzt nicht bemerkt hat.

»Jetzt darf ich nicht weiter mitkommen«, sagt eine sanfte, aber vor Schmerz und Leid kaum vernehmbare Stimme. »Ich hätte ihm so viel zu sagen gehabt; aber er liegt so böse und aufgebracht da, daß ich mich ihm weder sichtbar noch vernehmlich machen kann. Du mußt ihm deshalb meinen Gruß überbringen und ihm sagen, daß ich hier war, um mit ihm zu reden; aber von diesem Augenblick an ziehe ich fort, und ich darf mich ihm so nicht zeigen, wie ich jetzt bin – – «

»Aber wenn er sich bessert und bereut?« fragt Georg. »Du hast ja selbst gesagt, er könne sich nicht mehr bessern«, sagt die Stimme in bebendem Schmerz. »Du sollst ihn von mir grüßen und ihm sagen, ich hätte geglaubt, wir würden ewig zusammengehören; aber jetzt, von diesem Augenblick an, wird er mich nie wiedersehen.«

»Aber wenn er seine bösen Taten sühnt?« sagt Georg.

»Nicht wahr, du wirst ihn von mir grüßen und ihm sagen, daß ich ihn nicht weiter als bis an die Grenze der Stadt habe begleiten dürfen«, klagt die Stimme. »Und du bringst ihm mein Lebewohl?«

»Aber wenn er sich ändert und ein anderer wird?« versetzt Georg.

»Grüß ihn und sag ihm, ich werde ihn immer lieben. Eine andere Hoffnung kann ich ihm nicht geben«, sagt die Stimme mit noch wehmütigerem Klang als vorher.

David hat sich im Karren auf die Knie aufgerichtet. Bei diesen Worten strengt er sich aufs äußerste an, und plötzlich steht er in seiner vollen Größe aufrecht da. Er faßt nach etwas, das ihm zwischen dem unsicheren Griff seiner gefesselten Hände hindurchflattert. Er kann es nicht deutlich unterscheiden, aber es hinterläßt den Eindruck von etwas schimmernd Hellem und nie geahnter Schönheit.

David Holm will sich losreißen und der entfliehenden Erscheinung nacheilen; aber jetzt wird er von etwas zurückgehalten, das ihn mehr lähmt als Fesseln und Bande.

Die Liebe ist es, die Liebe der Geister, von der die Liebe irdischer Menschen nur eine schwache Nachbildung ist. Sie ist es, die ihn, gerade wie vorhin an dem Sterbebett, auch jetzt wieder überwältigt. Sie hat ihn langsam durchglüht, wie ein aufloderndes Feuer, das langsam das Brennholz durchglüht. Man merkt kaum etwas von ihrer Arbeit, aber ab und zu schickt sie doch eine lodernde Flammenzunge aus, die beweist, daß sie dabei ist, das ganze Wesen in volle Glut zu versetzen. Und eine solche Flammenzunge ist jetzt in David Holm aufgelodert. Sie leuchtet nicht mit voller Stärke, aber ihr Licht genügt ihm, die Geliebte so herrlich zu sehen, daß er niedersinken muß, von seiner Machtlosigkeit erschüttert. Und er erkennt, daß er es nicht wagen darf, es nicht wagen wollte und es nicht ertragen würde, sich ihr zu nähern.

8

Der Fuhrmann lenkte seinen Karren in tiefer Dunkelheit dahin.

Auf beiden Seiten ragte ein dichter hoher Wald auf, und der Weg war so schmal, daß man den Himmel über sich nicht wahrnehmen konnte. Hier schien sich das Pferd noch langsamer zu bewegen als sonst, und das Knirschen der Räder wurde noch schriller. Die Gedanken der Selbstanklage regten sich immer eindringlicher, die hoffnungslose Einförmigkeit wurde größer als bisher. Einmal zog Georg an den Zügeln, das Knirschen hörte einen Augenblick auf, und er rief mit lauter durchdringender Stimme: »Was ist all die Qual, die ich leide, was all die Qual, die mich erwartet, gegen das Bewußtsein, daß ich nicht mehr in Ungewißheit über das bin, das zu wissen von größtem Wert ist? Ich danke dir, Gott, daß ich aus der Finsternis der Welt herausgekommen bin. Ich lobe und preise dich in all meinem Elend, weil ich nun weiß, daß du mir die Gabe des ewigen Lebens geschenkt hast.«

Die Fahrt begann aufs neue mit dem Gerassel und Knirschen, aber die Worte des Fuhrmanns klangen noch lange in David Holms Ohren. Jetzt zum ersten Mal fühlte er ein bißchen Mitleid mit seinem alten Kameraden.

›Georg ist ein tapferer Mann‹, denkt er. ›Er klagt nicht, obwohl es für ihn keine Hoffnung gibt, seiner Qual zu entgehen.‹

Das war eine lange Reise, die kein Ende nehmen wollte.

Als die Fahrt so lange gedauert hatte, daß David Holm annahm, sie müßten einen vollen Tag gefahren sein, erreichten sie eine weite Ebene, über der sich jetzt ein klarer wolkenloser Himmel ausspannte, an dem ein glänzender Halbmond gerade zwischen dem Aronsstab und den Plejaden dahinsegelte.

Mit kriechender Langsamkeit hinkte der lahme Gaul über die Ebene hin, und als diese endlich hinter ihnen lag, schaute David Holm zum Mond empor, um zu sehen, wie weit er inzwischen auf seiner Bahn gekommen sei. Da bemerkte er, daß er gar nicht vorgerückt war, und David Holm verwunderte sich sehr darüber. Sie fuhren weiter. In langen Zwischenräumen warf David Holm einen Blick zum Himmel empor; aber immer noch blieb der Mond zwischen dem Aronstab und den Plejaden und rührte sich nicht.

Da erkannte David plötzlich, daß sie nur scheinbar einen vollen Tag lang gefahren waren, während in Wirklichkeit kein Wechsel von Nacht zum Morgen und nicht von Tag zum Abend eingetreten war, sondern dieselbe Nacht die ganze Zeit geherrscht hatte. Stundenlang, stundenlang, schien es ihm, fuhren sie immer weiter, aber an dem großen Zifferblatt des Himmels bewegte sich keiner der Zeiger, sondern alles blieb an demselben Platz.

Er hätte glauben können, die Welt sei in ihrem Lauf aufgehalten worden, wenn ihm jetzt nicht eingefallen wäre, daß ihm Georg gesagt hatte, die Zeit werde ausgedehnt und ausgedehnt, damit der Fuhrmann an alle die Orte, die er erreichen müsse, hingelangen könne. Mit Zittern fühlte er, daß das, was sich für ihn zu halben und ganzen Tagen ausdehnte, nach menschlicher Berechnung höchstens ein paar Minuten sein konnten.

In seiner Kindheit hatte er einmal von einem Mann erzählen hören, der zu den Seligen im Himmel gekommen war. Als dieser Mann dann wieder zurückgekehrt war, hatte er gesagt, hundert Jahre im Himmel seien so schnell vergangen wie ein Tag auf Erden. Aber wer den Totenkarren fahren mußte, für den wurde vielleicht ein einziger Tag ebenso lang wie hundert Jahre auf Erden.

Da fühlte David Holm aufs neue ein bißchen Mitleid mit Georg.

›Es wundert mich nicht, daß er sich nach Ablösung sehnt‹, denkt er. ›Dies ist ein sehr langes Jahr für ihn gewesen.‹ – – –

Während sie einen hohen Hügel hinauffuhren, bemerkten sie eine Person, die noch langsamer vorwärts kam als der Karren, und die sie also einholen konnten.

Es war eine alte buckelige, gebrechliche Frau, die sich mit Hilfe eines dicken Stocks vorwärts schleppte und trotz ihrer Schwäche ein sehr schweres Bündel trug, das die Ärmste ganz auf die eine Seite herabzog.

Es sah aus, als habe die Alte die Fähigkeit, den Totenkarren wahrzunehmen, denn sie ging ihm aus dem Weg, als er sie eingeholt hatte, und blieb am Grabenrand stehen.

Dann ging sie ein wenig rascher vorwärts und hielt Schritt mit dem Karren, den sie die ganze Zeit prüfend ansah, um herauszubringen, was für ein Fuhrwerk das war.

In dem hellen Mondschein blieb ihr nicht lange verborgen, daß eine alte blinde Schindmähre davorgespannt, daß das Wagengeschirr mit Weiden und alten Schnüren zusammengebunden und daß der Karren ganz ausgeleiert und in beständiger Gefahr war, seine beiden Räder zu verlieren.

»Das ist aber doch sonderbar!« murmelte sie vor sich hin, ohne zu ahnen, daß die Insassen sie hören konnten. »Wie kann jemand mit so einem Fuhrwerk und so einem Gaul umherfahren? Ich hatte gemeint, ich könnte den Fuhrmann bitten, mich eine Strecke weit mitzunehmen; aber das arme Tier kann sich ja kaum selbst weiter schleppen, und der Karren würde vollends zusammenbrechen, wenn ich aufstiege.«

Aber kaum hatte sie das gesagt, als Georg sich über den Karren herausbog und sein Fuhrwerk zu loben begann.

»Ach, der Karren und das Pferd sind gar nicht so schlecht, wie Ihr meint«, sagt er. »Ich bin mit ihm über brausende Meere gefahren, wo haushohe Wogen dahergerollt kamen, die große Schiffe zum Sinken brachten, während sie mir nichts anhaben konnten.« Die Alte war ein bißchen verblüfft, dachte aber, da sei sie mit einem spaßigen Fuhrmann zusammengetroffen, und sie war nicht faul mit ihrer Antwort.

»Ihr seid vielleicht Leute, die sich besser auf das brausende Meer verstehen als auf das Land«, erwiderte sie; »denn es sieht mir aus, als kämt ihr hier nur sehr mühsam vorwärts.«

»Ich bin durch jäh hinabführende Grubenschächte geradenwegs in die Eingeweide der Erde hineingefahren, ohne daß der Gaul ausgeglitten ist«, nahm der Fuhrmann wieder das Wort. »Und ich bin mitten durch brennende Städte gefahren, wo das Feuer auf allen Seiten wie ein Feuermeer loderte. Kein Feuerwehrmann hat sich so weit ins Feuer und in den Rauch hineingetraut wie dieses Pferd, ohne zurückzuscheuen.«

»Ihr wollt Euch über eine alte Person lustig machen, Fuhrmann«, sagte die Frau.

»Manchmal hab' ich auf den höchsten Bergen zu tun gehabt, wo nirgends ein gebahnter Pfad war«, fuhr der Fuhrmann fort. »Aber das Pferd ist Felswände hinaufgeklettert und hat sich bis über den Rand von Abgründen hinausgewagt, und der Karren hat doch zusammengehalten, wenn auch der Weg an manchen Stellen ganz mit Felsblöcken übersät war. Ich bin über Moore gefahren, auf denen man nirgends festen Fuß fassen konnte, weil keine Erdscholle herausragte, die auch nur ein Kind getragen hätte, und Schneewehen, die mannshoch aufgetürmt in meinem Weg lagen, haben mich nicht aufhalten können; deshalb glaube ich, keinen Grund zu haben, mich über mein Gefährt zu beklagen.«

»Ja, wenn es so ist, wie Ihr sagt, dann wundere ich mich nicht, wenn Ihr zufrieden seid«, sagte die Alte, dem Fuhrmann beipflichtend. »Ihr seid wohl selbst ein richtiger großer Herr, da Ihr so ein prächtiges Fuhrwerk habt.«

»Ich bin der Starke, der Gewalt über die Menschenkinder hat«, erwiderte der Fuhrmann, und nun hatte seine Stimme einen vollen und tiefen Klang. »Ich bezwinge sie, mögen sie in hohen Sälen oder in niederen Kellerlöchern wohnen. Dem Sklaven gebe ich die Freiheit, und ich reiße die Könige von ihren Thronen. Keine Burg ist so mächtig, daß ich ihre Mauern nicht erklimmen könnte. Keine Wissenschaft ist so tief, daß sie einen Damm gegen mein Vordringen aufwerfen könnte. Ich schlage die Sicheren, gerade wenn sie sich in ihrem Glück sonnen, und ich schenke Schätze und Güter den Elenden, die in Armut verschmachtet sind.«

»Hab' ich mir's nicht gedacht, daß ich hier mit einem großen Herrn zusammengetroffen bin«, rief die Alte lachend. »Aber da du so mächtig bist und ein so prächtiges Fuhrwerk hast, könntest du mich auch eine Strecke weit mitfahren lassen. Ich bin auf dem Weg zu meiner Tochter, um den Silvesterabend bei ihr zu verbringen, habe mich aber verirrt und fürchte, ich muß die ganze Nacht auf der Landstraße umherwandern, wenn du mir nicht hilfst.«

»Nein, darum sollt Ihr mich nicht bitten«, versetzt der Fuhrmann. »Es ist immer noch besser für Euch, Ihr geht auf der Landstraße weiter, als daß Ihr in meinem Karren fahrt.«

»Ja, da muß ich dir recht geben«, sagte die Alte. »Dein Pferd würde sicher zusammenbrechen, wenn es mich auch noch ziehen müßte. Aber mein Bündel will ich hier hinten hineinlegen, soviel könntest du mir doch helfen.«

Ohne eine Erlaubnis abzuwarten, hob sie ihr Bündel auf und legte es in den Karren hinein. Aber als hätte sie es auf wallenden Rauch oder wogenden Nebel gesetzt, sank es ohne den geringsten Widerstand auf die Erde herab.

Zugleich mußte jedoch die Alte die Kraft verloren haben, den Karren zu sehen, denn sie blieb ratlos und zitternd auf dem Weg stehen, ohne noch einen Versuch zu machen, mit dem Fuhrmann zu reden.

Diese Unterhaltung flößte David Holm abermals ein wenig Mitleid mit Georg ein.

›Er hat gewiß allerhand durchmachen müssen‹, denkt er. ›Ich kann mich nicht mehr darüber wundern, daß er sich verändert hat.‹

9

Der Fuhrmann hat David Holm in ein Gemach mit hohen, aber vergitterten Fenstern und kahlen, hellen Wänden ohne den geringsten Schmuck geführt. Mehrere Betten standen an den Wänden, von denen aber nur eines besetzt ist. Ein schwacher Arzneigeruch schlägt David Holm entgegen, ein Mann in der Uniform eines Gefangenenwärters sitzt neben dem Bett, und David Holm begreift, daß er in das Krankenzimmer eines Gefängnisses gekommen ist.

An der Decke brennt eine kleine elektrische Lampe, und bei deren Schein sieht David Holm in dem einen Bett einen jungen kranken Menschen mit einem schönen, aber abgezehrten Gesicht. Aber kaum hat er einen Blick auf den Gefangenen geworfen, als er auch schon vergißt, daß er vorhin milder gegen Georg gestimmt gewesen war, und er ist nahe daran, sich mit der vorigen Wut auf Georg zu stürzen.

»Was hast du hier zu tun?« bricht er los. »Wenn du dem, der da im Bett liegt, etwas zuleide tust, dann sind wir Feinde für ewige Zeiten, das laß dir gesagt sein!« Der Fuhrmann sieht David Holm mit einem Blick an, der eher mitleidsvoll als strafend ist.

»Ich begreife nun, wer es ist, der da liegt, David; aber ich hab' es nicht gewußt, als wir herfuhren.«

»Ob du es gewußt hast oder nicht, ist ganz einerlei, Georg, wenn du nur begreifst . . .« Doch jäh bricht er ab. Georg hat nur eine befehlende Bewegung mit der Hand gemacht, und David Holm versinkt, von einer unwiderstehlichen Angst bezwungen, in Schweigen.

»Für uns beide gibt's nichts anderes als Unterwerfung und Gehorsam«, sagt der Fuhrmann. »Du hast nichts zu wünschen oder zu verlangen, sondern nur ruhig auf Aufklärung zu warten.«

Damit zieht Georg seine Kapuze tief übers Gesicht herein, zum Zeichen, daß er vorderhand kein Wort mehr wechseln will, und in der nun eintretenden Stille hört David Holm, daß der kranke Gefangene mit seinem Wärter zu reden angefangen hat.

»Herr Aufseher, glauben Sie, daß ich wieder recht werden kann?« fragt er mit einer schwachen, aber durchaus nicht mutlosen oder traurigen Stimme.

»Freilich, freilich können Sie das, Holm«, sagt der Aufseher freundlich, obgleich mit etwas unsicherem Ton. »Sie müssen sich nur ein wenig erholen und das Fieber überwinden.«

»Sie wissen wohl, daß ich nicht an das Fieber gedacht habe«, erwidert der Kranke. »Ich meine, ob Sie glauben, ich könne wieder aufkommen. Das ist nicht so leicht, wenn man wegen Totschlag im Gefängnis gesessen hat.«

»Es wird schon gehen, Holm, da Sie jemand haben, zu dem Sie gehen können«, antwortet der Aufseher. »Sie haben mir wenigstens gesagt, Sie wüßten einen Ort, wo Sie aufgenommen würden.«

Ein Lächeln fliegt über das Gesicht des Kranken.

»Wie hat mich der Herr Doktor heute abend gefunden?« fragt er dann.

»Keine Gefahr, Holm, keine Gefahr! Der Doktor sagt immer das gleiche. ›Wenn ich ihn nur außerhalb dieser Mauern hätte, dann würde ich ihn bald wieder auf die Beine bringen‹, sagt er.«

Der Gefangene dehnt die Brust und zieht die Luft durch die Zähne ein.

»Außerhalb dieser Mauern, ja«, murmelt er leise vor sich hin.

»Ich wiederhole nur, was der Doktor zu mir zu sagen pflegt«, fährt der Aufseher fort. »Aber Sie dürfen das nicht so genau nehmen, Holm, damit Sie uns nicht wieder auf und davon gehen wie im Herbst vor einem Jahr. Dadurch ziehen Sie es nur selbst in die Länge, verstehen Sie?«

»Oh, Sie brauchen keine Angst zu haben, Herr Aufseher. Ich bin jetzt viel klüger als damals. Jetzt bin ich nur noch darauf aus, bald von hier entlassen zu werden. Und nachher fange ich ein neues Leben an.«

»Ja, da haben Sie recht, Holm, es wird ein neues Leben für Sie werden«, sagt der Wärter mit einem etwas feierlichen Ton.

David Holm sitzt dabei und ängstigt sich mehr als der Kranke.

»Er ist hier im Gefängnis angesteckt worden«, murmelt er, während er den Körper angstvoll hin und her wiegt. »Und jetzt ist er hoffnungslos zugrundegerichtet, er, der so schön und stark und so froh war!« »Herr Aufseher, haben Sie nicht . . .« fängt der Kranke wieder an; da er aber in demselben Augenblick eine leichte Bewegung der Ungeduld bei seinem Wärter wahrnimmt, fragt er hastig: »Vielleicht ist es gegen die Vorschrift, wenn ich rede?«

»Nein, nein, heute nacht dürfen Sie reden, so viel Sie wollen, Holm.«

»Heute nacht . . .« wiederholt der Kranke nachdenklich. »Ja so, vielleicht weil es Neujahrsnacht ist.« »Ja«, antwortet der Aufseher. »Ja, weil ein gutes neues Jahr für Sie beginnt, Holm.«

»Der Mann da weiß, daß er heute nacht sterben wird«, klagt in seiner Machtlosigkeit der Bruder des kranken Gefangenen. »Das ist der Grund, warum er so freundlich zu ihm ist.«

»Herr Aufseher, haben Sie nicht seit jener Flucht eine Veränderung an mir wahrgenommen?« nimmt der Kranke die vorhin unterbrochene Frage wieder auf. »Sie haben doch seither keine Mühe mehr mit mir gehabt, nicht wahr, Herr Aufseher?«

»Ganz recht, Sie sind seither so folgsam wie ein Lamm gewesen, und ich habe gar keinen Grund gehabt, unzufrieden mit Ihnen zu sein. Aber ich rate Ihnen aufs neue, tun Sie das nicht noch einmal.«

Der Kranke lächelt.

»Herr Aufseher, haben Sie sich nicht gefragt, was der Grund für diese Veränderung sein könnte?« fragt er dann. »Vielleicht haben Sie gedacht, sie komme nur daher, weil ich nach der Flucht kränker geworden bin?«

»Ja, das haben wir uns ungefähr gedacht.«

»Aber es war durchaus nicht deshalb, es hat einen ganz anderen Grund«, versetzt der Kranke. »Ich habe mich bisher nie getraut, davon zu reden, aber heute nacht will ich es Ihnen erzählen, Herr Aufseher.«

»Nun fürchte ich fast, daß Sie doch zuviel reden, Holm«, erwidert der Aufseher; als er aber sieht, daß sich das Gesicht des Kranken umwölkt, fügt er freundlich hinzu: »Ja, nicht weil ich es müde wäre, Ihnen zuzuhören, es geht mir dabei nur um Sie, Holm.«

»Haben Sie alle hier im Gefängnis es nicht merkwürdig gefunden, daß ich freiwillig wiedergekommen bin?« fährt der Kranke fort. »Niemand hat eine Ahnung gehabt, wo ich mich aufhielt, und ich selbst ging auf das Schultheißenamt und meldete mich aus ganz freien Stücken. Nun, Herr Aufseher, was glauben Sie, warum ich so etwas Ungewöhnliches getan habe?«

»Wir dachten natürlich, es sei Ihnen so schlecht gegangen, daß Sie es fürs beste hielten, sich gutwillig wieder einzufinden.«

»Ja, in den ersten Tagen, da war's mir freilich herzlich schlecht gegangen, das ist wahr. Aber ich war ja drei Wochen fort gewesen. Haben Sie denn alle gemeint, ich hätte die ganze Zeit im wilden Walde zugebracht und überdies mitten im Winter?«

»Wir mußten es ja glauben, da Sie es doch sagten, Holm.«

Der Gefangene sieht sehr vergnügt aus, als er sagt:

»Ja, man muß der hohen Obrigkeit manchmal so etwas weismachen, damit die, die einem geholfen haben, nicht in die Patsche kommen. Also darf man gar nichts anderes sagen. Wenn einer den Mut hat, einen ausgebrochenen Gefangenen aufzunehmen und gut gegen ihn zu sein, dann muß man ihn doch nachher schützen, so gut man kann. Damit sind Sie doch wohl einverstanden, Herr Aufseher?«

»Holm, jetzt fragen Sie mich mehr, als ich beantworten darf«, antwortet der Wächter mit derselben Geduld, die er die ganze Zeit gezeigt hat.

Der Gefangene stößt einen tiefen, sehnsüchtigen Seufzer aus.

»Wenn ich nur so lange durchhalte, bis ich wieder dorthin kommen kann!« beginnt er wieder. »Es war eine Familie, die ganz am Waldessaum wohnte.«

Er unterbricht sich und ringt eine Weile nach Luft. Der Aufseher sieht ihn besorgt an. Dann greift er nach der Arzneiflasche, und als er sieht, daß sie leer ist, steht er auf.

»Ich muß noch etwas von diesem hier holen«, sagt er und verläßt das Zimmer.

Im nächsten Augenblick sitzt der Fuhrmann auf seinem Platz neben dem Bett. Die Kapuze hat er zurückgeschlagen und die Sense so hingestellt, daß sie der Kranke nicht sehen kann.

Als David Holm den Fürchterlichen so nahe bei seinem Bruder sieht, bricht er in ein Wimmern aus, das fast wie das eines weinenden Kindes klingt; aber der Bruder selbst zeigt keine Aufregung. Da er hohes Fieber hat, merkt er gar nicht, daß ein anderer sich auf den Stuhl neben seinem Bett gesetzt hat, sondern meint, er habe noch immer denselben Aufseher vor sich.

»Es war ein ganz kleines Haus«, sagt er, keucht aber zwischen jedem Wort vor lauter Anstrengung.

»Sie sollten sich nicht so sehr mit dem Reden anstrengen«, sagt der Fuhrmann. »Was Sie denken, weiß die hohe Obrigkeit bis aufs Tüpfelchen genau; wir haben es nur nicht zeigen wollen.«

Der Kranke sperrt vor Verwunderung die Augen auf. »Ja, Sie sehen mich groß an, Holm«, sagt der Fuhrmann. »Warten Sie nur, dann sollen Sie es hören. Meinen Sie, wir hätten nicht gewußt, daß sich an einem Nachmittag ein Mann in ein Häuschen hineingeschlichen hat – es war das allerletzte vor dem langen Dorfe – weil er meinte, es sei niemand daheim. Er hatte lange am Waldrand gelegen und gelauert, ob die Frau nicht weggehen würde; ihr Mann war ja natürlich bei der Arbeit draußen, und Kinder hatte er keine gesehen. – Jetzt endlich kam die Frau mit einem Milchtopf im Arm heraus, und der Mann, der genau achtgegeben hatte, wo sie den Schlüssel versteckte, schlich sich ins Haus hinein.«

»Woher wissen Sie das, Herr Aufseher?« fragt der Kranke und will sich in seiner Überraschung im Bett aufsetzen.

»Bleiben Sie ruhig liegen, Holm«, sagt der Fuhrmann überaus gutmütig, »und haben Sie keine Angst um Ihre Freunde. Auch wir beim Gefängniswesen sind doch wohl noch Menschen. Nun will ich Ihnen sagen, was ich noch weiter weiß. Als der Mann in die Stube hineinkam, erschrak er, weil sie nicht leer war, wie er geglaubt hatte. In einem großen breiten Bett an der hinteren Wand lag ein krankes Kind und sah ihn an. Der Mann ging leise auf das Kind zu; aber da schloß es die Augen und lag ganz ruhig wie tot da.

›Warum liegst du hier mitten am Tag?‹ fragte der Mann. ›Bist du krank?‹ Aber das Kind rührte sich nicht. ›Du brauchst keine Angst vor mir zu haben‹, sagte der Mann wieder. ›Sag' mir nur, wo ich am raschesten etwas zu essen finden kann, dann gehe ich gleich wieder meiner Wege.‹

Da aber das Kind unbeweglich liegenblieb und keine Antwort gab, zog der Mann einen Strohhalm aus dem Bettstroh und kitzelte das Kind damit unter der Nase. Da mußte das Kind niesen, und der Mann fing an zu lachen. Das Kind sah ihn zuerst verwundert an, dann aber fing es auch an zu lachen. ›Ich habe versuchen wollen, mich tot zu stellen‹, sagte es. – ›Aber warum denn, wozu sollte das dienen?‹ – ›Ach, du hast doch wohl gehört, was du tun sollst, wenn du im Walde einem Bären begegnest?‹ sagte das Kind. ›Du sollst dich auf den Boden werfen und tun, als ob du schon tot wärst. Dann geht der Bär fort, um eine Grube zu graben, in die er dich hineinlegen kann, und inzwischen kannst du entfliehen.‹

Der Mann wurde dunkelrot. ›Aha, du hast gemeint, ich werde fortgehen, um die Grube zu graben, in die ich dich hineinstopfen wollte?‹ fragte er. – ›Ja, aber das war recht dumm von mir, denn ich hätte jedenfalls nicht davonlaufen können‹, erwiderte das Kind. ›Ich habe Schmerzen in der Hüfte und kann nicht gehen.‹«

Der kranke Gefangene scheint ganz aufgeregt vor Verwunderung.

»Vielleicht soll ich nicht weiter erzählen, Holm?« fragt der Fuhrmann.

»Doch, doch, ich hör so gern zu, ich freue mich, wenn ich gerade daran erinnert werde. Aber es ist mir unbegreiflich ...«

»Ach, es ist gar nicht so merkwürdig. Denn hören Sie, Holm, ein gewisser Landstreicher namens Georg – von ihm haben Sie doch wohl reden hören – hat die Geschichte auf einer seiner Wanderungen gehört und sie dann weitererzählt. Ich glaube, er wußte nicht einmal, wie der Mann, der sich in die Stube hineingeschlichen hatte, hieß.«

Nach diesen Worten entstand eine kleine Pause; aber schon nach kurzem fragt der Kranke mit schwacher Stimme:

»Wie ging es dann weiter mit dem Mann und dem Kind?«

»Nun, der Mann bat noch einmal um etwas zu essen. ›Es kommt doch wohl öfter vor, daß ein Armer in euer Haus hereinkommt und um etwas zu essen bittet‹, sagte er. – ›O ja, das kommt öfter vor‹, erwiderte das Kind. – ›Und deine Mutter gibt ihm dann wohl auch etwas?‹ – ›Ja, wenn sie etwas im Haus hat, gibt sie ihm davon.‹ – ›Siehst du‹, sagte der Mann, ›und auch jetzt handelt es sich um gar nichts anderes. Ein Armer ist zu dir hereingekommen und bittet dich um etwas zu essen. Sag' mir, wo etwas Eßbares ist, ich nehme gewiß nicht mehr, als zum Sattwerden nötig ist.‹

Das Kind sah den Mann mit einer lustigen, kindlich schlauen Miene an, dann sagte es: ›Mutter hat an den Flüchtling gedacht, der sich im Wald herumzutreiben scheint, und darum alles Eßbare weggestellt und im Schrank verschlossen.‹ – ›Aber du hast doch wohl gesehen, wo sie den Schlüssel hingelegt hat, so daß du es mir sagen kannst; sonst muß ich ja das Schloß aufbrechen.‹ – ›Oh, das ist nicht so leicht‹, versetzte das Kind. ›Wir haben feste Schlösser an den Schränken.‹ Der Mann ging im Zimmer herum und suchte nach dem Schlüssel. Er suchte auf dem Kaminschoß und in der Tischlade, konnte ihn aber nicht finden. Das Kind hatte sich indessen im Bett aufgesetzt und zum Fenster hinausgesehen. Jetzt sagte es: ›Es kommen Leute daher; Mutter und viele andere mit ihr.‹

Mit einem Sprung stand der Flüchtling an der Tür. – ›Wenn du da hinausläufst, rennst du ihnen gerade in die Hände. Es wäre besser, du verstecktest dich in unserem Schrank‹, sagte das Kind. – Der Mann zögerte an der Tür. ›Das ist wohl möglich, aber ich hab' den Schlüssel zu dem Schrank nicht.‹ – ›Aber ich hab' ihn!‹ rief das Kind, und zugleich streckte es die Hand aus, in der ein großer Schlüssel lag.

Der Flüchtling nahm den Schlüssel und eilte nach dem Schrank.

›Wirf mir den Schlüssel wieder her‹, rief das Kind, als der Mann den Schrank öffnete, ›und zieht die Tür von innen zu!‹ Der Flüchtling tat, wie ihm geheißen war, und im nächsten Augenblick war er eingesperrt!

Man kann sich denken, wie dem Mann das Herz klopfte, während er da drinnen stand und auf seine Verfolger lauschte. Er hörte, wie die Tür zum äußeren Zimmer aufgemacht wurde und daß viele Leute hereinkamen. Eine Frauenstimme schrie laut und gellend: ›Ist jemand hier gewesen?‹ – ›Ja‹, antwortete das Kind. ›Sobald du fortgegangen warst, Mutter, ist ein Mann hereingekommen.‹ – ›Ach Gott, ach Gott!‹ jammerte die Frau. ›Die Leute haben also recht gehabt. Sie sagten, sie hätten jemand aus dem Wald herauskommen und hier hineingehen sehen.‹

Der Flüchtling verwünschte in Gedanken das Kind, das ihn verriet. Der verschlagene Bengel hatte ihn wie in einer Mausefalle gefangen. Er versuchte schon die Tür zurückzuschieben, um mit einem Satz herauszustürzen und sich vielleicht durchzuschlagen. Da hörte er, daß jemand fragte, wo denn der Flüchtling hingekommen sei.

›Jetzt ist er nicht mehr im Hause‹, antwortete die Kinderstimme. ›Er bekam Angst, als er euch daherkommen sah.‹

›Hat er nichts mitgenommen?‹ fragte die Mutter. – ›Nein, er wollte etwas zu essen haben, aber ich konnte ihm nichts geben.‹ – ›Und er hat dir auch nichts getan?‹ – ›Doch, er hat mich unter der Nase gekitzelt‹, sagte das Kind, und der Flüchtling hörte, wie es dabei lachte. – ›Was, hat er das getan?‹ rief die Mutter, und nun lachte auch sie nach der ausgestandenen Angst. ›Nun, wenn er nicht mehr hier ist, dann wollen wir nicht länger hierbleiben und die Wände anstarren‹, sagte jetzt eine Männerstimme, und gleich darauf hörte der Flüchtling, daß die Leute das Zimmer verließen. – ›Ihr bleibt jetzt wohl daheim, Lisa?‹ sagte gleich darauf eine Stimme. – ›Ja, ich lasse Bernhard heute nicht mehr allein‹, antwortete die Stimme der Mutter.

Der Flüchtling hörte, wie die Haustür geschlossen wurde, und erriet, daß die Mutter und das Kind nun allein im Hause waren. ›Wie wird es mir nun gehen?‹ dachte er. – In demselben Augenblick hörte er Schritte auf den Schrank zukommen, und die Stimme der Mutter rief: ›Ihr in dem Schrank habt keine Angst, sondern kommt heraus, damit ich mit Euch reden kann.‹ Zugleich wurde der Schlüssel ins Schloß gesteckt und die Tür aufgemacht. Der Mann war ganz verzagt. ›Der dort drüben hat gesagt, ich solle mich hier verstecken‹, stammelte er, indem er auf das Kind deutete.

Der Junge lachte und war so aufgeräumt über das Abenteuer, daß er in die Hände klatschte. ›Er wird ganz pfiffig von dem ständigen Zubettliegen und der Beschäftigung mit seinen eigenen Gedanken‹, sagte die Mutter stolz. ›Man kann nächstens nicht mehr mit ihm fertig werden.‹ – Nun merkte der Flüchtling, daß die Mutter ihn nicht ausliefern wollte, weil der Junge sich seiner angenommen hatte. – ›Ja, da habt Ihr ganz recht. Ich will Euch gestehen, daß ich hereinkam, um mir etwas zum Essen zu verschaffen, aber ich habe nichts ergattern können. Das Kind hat mir den Schlüssel nicht gegeben. Er ist tüchtiger als viele, die auf ihren Beinen herumlaufen.‹ Die Mutter begriff wohl, was der Flüchtling mit seinen Schmeicheleien ausrichten wollte, aber sie hörte es jedenfalls gern. ›Nun will ich Euch zuerst etwas zu essen geben‹, sagte sie.

Während der Flüchtling aß, fragte ihn der Junge über seine Flucht aus, und der Mann berichtete alles ganz aufrichtig von Anfang bis zum Ende. Die Flucht war nicht vorbereitet gewesen, sondern es hatte sich ihm eine Gelegenheit gezeigt, als er im Gefängnishof arbeitete und das Tor offen stand, weil einige Fuhren Kohle hereingefahren werden sollten. Der Junge fragte und fragte und konnte gar nicht genug hören. Alles wollte er wissen. Wie der Flüchtling zur Stadt hinausgekommen und wie es ihm dann im Wald ergangen war. Ein paarmal sagte der Mann, jetzt müsse er gehen; aber davon wollte der Junge nichts hören. ›Nun, Ihr könnt ja ebensogut heute abend hier sitzenbleiben und Euch mit Bernhard unterhalten‹, sagte die Frau schließlich. ›Es sind so viele Leute unterwegs, die auf Euch lauern. Ihr werdet auf jeden Fall ergriffen, ob Ihr hierbleibt oder Euch fortschleicht.‹ Als der Mann heimkam, saß der Flüchtling noch da und erzählte dem Jungen. Es war jetzt dunkel im Zimmer, und der Häusler meinte zuerst, es sei einer der Nachbarn, der sich mit dem Kind unterhalte. ›Seid Ihr es, Petter, der hier sitzt und Bernhard Geschichten erzählt?‹ fragte er.

Das Kind fing in seiner Ausgelassenheit laut zu lachen

an. ›Nein, Vater, das ist nicht Petter, sondern was viel Besseres. Komm nur her, dann sollst du hören!‹ Der Vater trat ans Bett, aber er bekam nicht eher etwas zu hören, als bis er sein Ohr ganz dicht an den Mund des Jungen gelegt hatte. – ›Es ist der Flüchtling‹, flüsterte der Junge. – ›Um Himmels willen, Bernhard, red' nichts!‹ sagte der Vater. – ›Es ist aber doch wahr‹, erwiderte der Junge. ›Er hat mir erzählt, wie er sich zum Gefängnistor herausgeschlichen hat und dann tief drinnen im Wald in einer alten Blockhütte drei Nächte lang versteckt war. Ich weiß alles genau.‹

Die Mutter hatte in aller Eile ein Lämpchen angezündet, und der Häusler betrachtete jetzt den Flüchtling, der sich neben der Tür aufgestellt hatte. – ›Nun sagt mir zuerst genau, wie alles zusammenhängt‹, sagte der Häusler. Da fingen seine Frau und sein Kind an zu berichten, und in ihrem Eifer nahmen sie einander wiederholt das Wort vom Munde weg. Der Häusler war ein älterer Mann und sah klug und bedächtig aus. Aufmerksam betrachtete er sich den ausgebrochenen Sträfling, während die anderen erzählten. – ›Der Ärmste sieht ja aus, als wäre er todkrank‹, dachte er. ›Wenn er noch eine Nacht in der Blockhütte zubringen muß, ist es um ihn geschehen.‹

›Auf der Landstraße begegnet man vielen, die gefährlicher aussehen als Ihr, ohne daß es jemand einfällt, sie gefangenzunehmen‹, sagte er, als die anderen schwiegen. – ›Ich bin auch gar nicht so gefährlich‹, erwiderte der Flüchtling. ›Aber es hatte mich einer gereizt, als ich betrunken war.‹ – Der Häusler wollte nicht, daß der Flüchtling im Beisein des Jungen mehr von der Sache erzählte, und so unterbrach er ihn: ›Ja, ich kann mir wohl denken, daß es derartig zugegangen ist‹, sagte er.

Nun herrschte vollkommenes Schweigen in der Stube. Der Häusler saß nachdenklich da, und die anderen sahen ihn ängstlich an. Niemand wagte, noch ein weiteres Wort zugunsten des Flüchtlings zu sagen. Endlich wandte sich der Häusler an seine Frau. ›Ich weiß nicht, ob ich unrecht tue‹, sagte er. ›Aber es geht mir wie dir; da sich der Junge nun seiner angenommen hat, kann ich ihn nicht aus dem Hause jagen.‹

Somit wurde beschlossen, der Flüchtling solle über Nacht dableiben und am frühen Morgen weitergehen. Aber am nächsten Morgen hatte er so hohes Fieber, daß er sich nicht auf den Füßen halten konnte. Und auf diese Weise sahen sich die Leute genötigt, ihn ein paar Wochen bei sich zu behalten.«

Als der Fuhrknecht mit seinem Bericht soweit gekommen ist und erzählt, wie der Flüchtling in der Wohnung behalten wurde, bieten die beiden Brüder, die der Erzählung lauschen, einen merkwürdigen Anblick. Der Kranke hat sich in seinem Bett zu sanfter Ruhe ausgestreckt. Die Schmerzen scheinen von ihm gewichen zu sein, und er lebt völlig in einer glücklichen Vergangenheit. Aber mißtrauisch sitzt der andere da, er ahnt, daß sich hinter all diesem eine geheime Falle verbirgt. Einmal ums andere versucht er, dem Bruder ein Zeichen zu machen, nicht so ruhig dazuliegen, aber es gelingt ihm nicht, seine Aufmerksamkeit zu erregen.

»Sie wagten es nicht, einen Arzt zu holen«, setzte der Fuhrknecht seine Erzählung weiter fort. »Und sie wagten auch nicht, um Arznei in die Apotheke zu gehen. Der Kranke mußte sich ohne Mittel behelfen. Wenn jemand vorbeikam und Anstalten machte, in die Kate zu treten, so stellte sich die Frau auf die Schwelle und erzählte, Bernhard habe einen so sonderbaren Ausschlag am ganzen Körper, sie fürchte fast, es sei das Scharlachfieber. Und sie könne die Verantwortung nicht auf sich nehmen, jemand ins Haus hereinkommen zu lassen.

Als sich der Flüchtling nach vierzehn Tagen allmählich etwas erholte, sagte er sich, er könne nun nicht länger bei seinen freundlichen Wirtsleuten bleiben, sondern müsse sich davonmachen; unter keinen Umständen dürfe er den armen Leuten noch länger zur Last fallen.

Um diese Zeit fingen seine Wirtsleute ein Gespräch mit ihm an, das ihm das Herz schwer machte. Eines Abends fragte ihn nämlich Bernhard, wohin er sich wenden wolle, wenn er von ihnen fortgehe. – ›Ich gehe wohl am besten wieder hinaus in den Wald‹, antwortete er. – ›Ich will Euch etwas sagen‹, fiel die Frau ein. ›Das hat keinen Sinn, wenn Ihr in den Wald hinausgeht. An Eurer Stelle würde ich danach trachten, wieder mit dem Gesetz ins reine zu kommen. Es kann doch kein Vergnügen für Euch sein, wie ein wildes Tier im Walde zu hausen.‹ – ›Es ist aber auch kein Vergnügen für mich, im Loch zu sitzen.‹ – ›Nein, aber wenn das doch einmal durchgemacht sein muß, so ist es gewiß am besten, es je eher je lieber überstanden zu haben.‹ – ›Ach, ich hätte gar nicht mehr so lange sitzen müssen, als ich durchging‹, sagte er. ›Aber jetzt bekomme ich wahrscheinlich noch mehr aufgebrummt.‹ – ›Ja, diese Flucht ist ein rechtes Elend‹, meinte die Frau. – ›Nein‹, entgegnete rasch der Flüchtling. ›Es ist das Beste, was ich in meinem Leben getan habe.‹ Als er das sagte, schaute er dem Jungen in die Augen und lächelte ihn an, und dieser lachte und nickte ihm zu. Dieses Kind war ihm ans Herz gewachsen. Am liebsten hätte er es aus dem Bett herausgeholt, auf seine Schultern gehoben und es mit sich fortgenommen, wenn er nun weitergehen mußte. ›Es wird Euch schwerfallen, wieder mit Bernhard zusammenzutreffen, wenn Ihr Euer ganzes Leben lang als armer Flüchtling umherschweifen müßt‹, sagte die Frau. – ›Aber es würde noch viel schwieriger sein, wenn ich mich wieder einsperren ließe‹, versetzte er.

Der Häusler, der eben in der Stube anwesend war, mischte sich nun auch ins Gespräch. ›Wir haben uns recht an Euch gewöhnt‹, sagte er in seiner bedächtigen Art. ›Aber da Ihr nun wieder auf seid, können wir Euch nicht länger vor den Nachbarn verborgen halten. Wenn Ihr Eure richtige Entlassung aus dem Gefängnis hättet, wäre es etwas anderes.‹ Den Flüchtling durchzuckte plötzlich ein Verdacht. Vielleicht sollte er überredet werden, sich selbst zu stellen, damit die Leute keine Unannehmlichkeiten mit dem Gesetze zu gewärtigen hätten. Hastig gab er zur Antwort: ›Ich fühle mich so gesund, daß ich gut morgen meines Weges gehen kann.‹ – ›Das war es nicht, was ich sagen wollte‹, erwiderte der Häusler. ›Aber wenn Ihr frei gewesen wäret, hätte ich Euch angeboten, bei uns zu bleiben und uns bei der Feldarbeit zu helfen.‹ Der Flüchtling wußte, wie schwer einer, der im Zuchthaus gewesen ist, wieder Arbeit findet, und wurde darum bei diesem Anerbieten ganz gerührt. Aber es widerstrebte ihm sehr, in die Gefangenschaft zurückzukehren, und so blieb er schweigend sitzen.

An diesem Abend war der Junge weniger wohl als sonst. ›Sollte man ihn nicht lieber ins Spital bringen, damit er dort behandelt werde?‹ fragte endlich der Flüchtling. – ›Ach, er ist schon mehrere Male dort gewesen, aber die Ärzte sagen, es helfe alles nichts, wenn er nicht Seebäder nehmen könne; aber wer kann das bezahlen?‹ versetzte die Mutter. – ›Es ist wohl eine sehr weite Reise?‹ fragte der Flüchtling. – ›Es ist nicht allein die Reise, denn wo sollten wir das Geld für Kost und Wohnung hernehmen?‹ – ›Nein, dies ist natürlich gänzlich unmöglich‹, sagte der Flüchtling. Wieder saß er eine Weile schweigend da, aber in seinem Herzen spielte er mit dem Gedanken, wie er vielleicht eines Tages imstande wäre, Bernhard das Geld zu einer Badereise zu verschaffen.

Dann wendete er sich an den Häusler und nahm selbst das frühere Gespräch wieder auf: ›Es ist keine leichte Sache, einen Sträfling in Dienst zu nehmen‹. – ›Oh, das würde schon recht werden› erwiderte der Häusler. ›Aber Ihr seid vielleicht einer von denen, die auf dem Lande nicht recht gedeihen und auf alle Fälle in der Stadt sein wollen?‹ – ›An die Stadt denke ich niemals, wenn ich in meiner Zelle sitze‹, antwortete der Sträfling. ›Da denke ich nur immer an die grünen Fluren und die Wälder.‹

›Wenn Ihr Eure Strafe abgesessen hättet, so bekämt Ihr das Gefühl, als sei ein großer Teil der Last, die jetzt Euer Gemüt bedrückt, von Euch abgefallen‹, meinte der Häusler. – ›Ja, das sage ich auch‹, stimmte die Frau ein.

›Könntest du uns nicht etwas vorsingen, Bernhard? Aber du fühlst dich vielleicht heute abend zu schwach dazu?‹ – ›Ach nein‹, erwiderte der Junge. – ›Deinem Freund würde es gewiß Freude machen‹, sagte die Mutter. Dem Sträfling wurde ganz ängstlich zumute, fast als stünde ihm ein Unheil bevor. Er wollte den Jungen bitten, das Singen lieber zu unterlassen; aber da hatte dieser schon angefangen. Er sang mit weicher, heller Stimme, und es war höchst merkwürdig: erst wenn er sang, wurde einem so recht klar, daß auch er ein Gefangener auf Lebenszeit war, der sich nach Freiheit und Bewegung sehnte.

Der Sträfling barg das Gesicht in den Händen, aber die Tränen tropften ihm zwischen den Fingern hindurch. ›Ich, aus dem doch nie etwas Rechtes werden kann, will versuchen, etwas dazu beizutragen, dieses Kind aus seinen Banden zu befreien‹, dachte er.

Am nächsten Tag nahm er Abschied und ging fort. Niemand fragte ihn, wohin er sich wende. Alle drei sagten nur: ›Auf Wiedersehen!‹«

»Ja das taten sie«, sagte der Kranke, der nun endlich den Fuhrknecht unterbricht. »Wissen Sie, Herr Aufseher, daß dies das Schönste ist, was ich je erlebt habe.« Er liegt ganz still da, während ihm sachte ein paar Tränen über die Wangen laufen. »Ich bin froh, daß Sie, Herr Aufseher, das wissen«, fährt er fort. »Nun kann ich doch mit Ihnen von Bernhard reden ... Es ist mir zumute, als hätte ich meine Freiheit wieder gehabt — Es ist mir, als sei ich bei ihm gewesen — Ich hätte nie geglaubt, daß ich heute nacht noch so glücklich werden könnte ...«

Der Fuhrknecht beugte sich nun tief über den Kranken.

»Hört mich an, Holm!« sagte er. »Was würdet Ihr dazu sagen, wenn ich es nun so einrichten könnte, daß Ihr gleich wieder zu Euren Freunden kämet, wenn auch auf andere Weise, als Ihr Euch gedacht hattet. Wenn ich Euch nun das Anerbieten machte, Euch die langen Jahre der Sehnsucht abzukürzen und Euch noch in dieser Nacht frei zu machen, wäret Ihr bereit zu gehen?«

Während der Fuhrknecht das sagte, hat er die Kapuze heraufgezogen und die Sense ergriffen.

Der Kranke liegt da und sieht ihn mit großen Augen an, aus denen immer größere Sehnsucht spricht.

»Versteht Ihr, wie ich es meine, Holm?« fragte der Fuhrmann. »Ist es Euch klar, daß ich der bin, der alle Gefängnisse aufschließen kann, daß ich der bin, der Euch auf eine Flucht zu geleiten vermag, wo kein Verfolger Euch einholen kann?«

»Ich verstehe wohl, was du meinst«, antwortete der Gefangene. »Aber wäre das nicht wie ein Unrecht gegen Bernhard? Du weißt, ich bin hierher zurückgekehrt, damit ich auf ehrenhafte Weise frei würde und ihm dann helfen könnte.«

»Du hast ihm das größte Opfer gebracht, das du überhaupt bringen konntest«, erwidert ihm der Fuhrknecht. »Und zum Lohn dafür wird deine Strafzeit abgekürzt und dir die große unverlierbare Freiheit schon jetzt angeboten. Und um Bernhard brauchst du dir keine Gedanken mehr zu machen.«

»Aber ich hatte ihn doch ans Meer führen wollen«, sagte der Kranke. »Als wir Abschied nahmen, hab' ich ihm zugeflüstert, ich käme wieder und würde ihn dann ans Meer bringen. Ein Versprechen, das man einem Kinde gegeben hat, muß man doch halten.« »Du willst also die Freiheit, die ich dir zu bieten habe, nicht annehmen?« fragt der Fuhrknecht und richtet sich wieder auf.

»Ach doch, doch!« ruft der Kranke eifrig und faßt nach dem Mantel des Fuhrmanns. »Geh nicht fort! Du weißt nicht, wie mich die Sehnsucht verzehrt. Wenn sich nur ein anderer fände, der Bernhard helfen könnte! Aber er hat ja niemand als mich.«

Plötzlich sieht er mit einem leisen Ausruf der Freude auf.

»Da sitzt ja mein Bruder David!« sagt er. »Jetzt hat es keine Not mehr. Ihn kann ich bitten, Bernhard zu helfen.«

»Dein Bruder David!« sagt der Fuhrknecht voller Verachtung. »Nein, ihn kannst du nicht bitten, ein Kind zu beschützen. Du solltest nur sehen, wie er seine eigenen Kinder behandelt.«

Er bricht ab, denn da sitzt David Holm schon auf der anderen Bettkante und beugt sich über seinen Bruder. »David«, sagt der Kranke, »ich sehe grüne Fluren und das freie offene Meer vor mir. Ach, David, bedenke, ich habe gar so lange hier eingesperrt gesessen! Ich kann der Versuchung nicht widerstehen, wenn mir die Freiheit winkt und ich sie annehmen kann, ohne ein Unrecht damit zu begehen. Aber da ist das Kind! Du weißt doch, ich habe es ihm versprochen.«

»Mach' dir keine Sorgen!« sagt David Holm. »Ich sage dir, diesem Kind, diesen Leuten, die dir geholfen haben, werde auch ich helfen. Geh du nur hinaus in die Freiheit! Geh, wohin du willst! Ich werde für sie sorgen. Verlasse du nur ruhig dein Gefängnis!«

Bei diesen Worten fällt der Kranke in seine Kissen zurück.

»Du hast ihm das Todeswort gesagt, David«, spricht der Fuhrknecht. »Komm fort von hier! Es ist Zeit für uns zu gehen. Der Befreite soll uns nicht treffen, uns, die wir in Finsternis und Knechtschaft gebunden sind.«

10

›Wenn es mir möglich wäre, mich bei dem entsetzlichen Knirschen und Quietschen verständlich zu machen, würde ich Georg gern ein Wort des Dankes dafür sagen, daß er die beiden, Schwester Edith und meinem Bruder, in ihrem schwersten Augenblick geholfen hat‹, denkt David Holm. ›Ich würde mich zwar nicht dazu bereit finden, ihn in seinem Amt abzulösen, aber ihm zeigen, daß ich wohl weiß, was er bei dieser Gelegenheit getan hat, möchte ich doch.‹

Kaum hat David Holm dies gedacht, als der Fuhrmann am Leitseil zieht und das Pferd anhält, als seien ihm Davids Gedanken bekanntgeworden.

»Ich bin nur ein elender Stümper von einem Fuhrmann«,

sagt er. »Ab und zu gelingt es mir ja wohl, jemand zu helfen, aber ebenso oft mißlingt es. Diese beiden waren leicht über die Grenze zu befördern, weil sich die eine so innig nach dem Himmel sehnte und der andere so wenig hatte, was ihn an diese Welt fesselte. Weiß du, David«, fährt er fort und schlägt dabei rasch den alten kameradschaftlichen Ton an, »oft, wenn ich hier auf meinem Karren saß und hinausschaute, hab' ich gedacht, wenn ich doch nur einen sicheren Boten hätte, durch den ich den Menschen Botschaft zukommen lassen könnte, dann würde ich ihnen einen Gruß schicken.«

»Ja, das kann ich mir wohl denken«, versetzt David Holm.

»Weißt du, David«, fährt der Fuhrmann fort, »wenn auf dem Acker reife Frucht steht, dann ist es nicht schwer, Schnitter zu sein; wenn aber ein Erntearbeiter aufs Feld hinausgehen und arme Gewächse niedermähen müßte, die kaum zu ihrer halben Höhe herangewachsen sind, so würde ihn das eine grausame Arbeit dünken. Der Herr nun, dem ich diene, ist sich auch viel zu gut für solche Arbeit, und darum überläßt er das alles mir armem Fuhrmann.«

»Ich sehe ein, daß es so sein muß«, sagte David Holm. »Ach, wenn die Menschen nur wüßten, wie leicht es ist, denen über die Grenze zu helfen, die ihre Arbeit getan, ihre Pflicht erfüllt und ihre Fesseln schon fast durchgescheuert haben, wie schwer aber dagegen der zu befreien ist, der nichts Abgeschlossenes, nichts Vollendetes aufweisen kann, der alle, die er lieb hat, hinter sich zurücklassen muß, dann würden sie sich vielleicht Mühe geben, die Arbeit des armen Fuhrknechts zu erleichtern.«

»Wie meinst du das, Georg?«

»Denk nur an eins, David! Seit du jetzt bei mir bist, hast du eigentlich immer nur von einer einzigen Krankheit reden hören, und ich kann dir versichern, daß dies bei mir das ganze Jahr hindurch so gewesen ist. Aber das kommt nur daher, weil sich diese Krankheit unter der unreifen Saat ausbreitet, und meine Aufgabe ist es, die Saat, die vor der Reife fallen muß, einzuheimsen. Ach, wenn doch nur diese Krankheit aus der Welt geschafft wäre, dann wäre meine Arbeit nicht so schwer.«

»Ist das die Botschaft, die du den Menschen schicken möchtest, Georg?«

»Nein, David. Jetzt weiß ich besser als früher, was die Menschen ausrichten können, und sie werden sich in absehbarer Zeit durch ihre Kenntnisse und ihre Ausdauer von dieser Krankheit befreien. Sie werden nicht ruhen, bis sie sich von dieser und von allen den anderen volksverheerenden Krankheiten freigemacht haben. Nein, daran hängt die Sache nicht.«

»Wie könnten sie denn die Arbeit des Fuhrmanns erleichtern?«

»Die Menschen sind überaus mächtig«, antwortet Georg, »und deshalb glaube ich, daß der Tag kommen wird, wo man von Armut und Trunksucht oder all dem Elend, das das Leben verkürzt, nichts mehr weiß. Aber es ist nicht gesagt, daß die Arbeit des Fuhrmanns dadurch weniger mühselig sein wird.«

»Aber wie lautet denn dann die Botschaft, die du den Menschen schicken möchtest, Georg?«

»Der Neujahrsmorgen bricht bald an, David, und wenn die Menschen nun erwachen, denken sie zuerst an das neue Jahr und an alles, was es ihnen an Wünschen und Hoffnungen erfüllen soll, und dann denken sie an die Zukunft. Aber da möchte ich ihnen sagen können, sie sollen sich nicht Liebesglück oder Erfolg oder Reichtum oder Macht oder ein langes Leben, ja nicht einmal Gesundheit wünschen, ich möchte, daß sie ihre Hände falteten und ihre Gedanken in dem einen Gebet vereinigten:

›Gott, großer Gott, laß meine Seele zur Reife kommen, ehe sie geerntet wird!‹«

11

Zwei Frauen sitzen in eine ernste Unterhaltung vertieft, die schon stundenlang gedauert hat, beisammen. Das Gespräch war gegen Abend eine Weile unterbrochen worden, weil beide in einem Saal der Heilsarmee dem Gottesdienst beiwohnten, aber danach ist es wieder aufgenommen worden. Die ganze Zeit über hat die eine der Frauen sich angestrengt, bei der anderen Mut und Vertrauen zu erwecken; aber es sieht aus, als sei sie noch weit von ihrem Ziel entfernt.

»Wissen Sie, Frau Holm«, sagt die eine und versucht, der anderen Trost und Aufmunterung zu geben, »so sonderbar es auch klingen mag, so glaube ich doch, daß Sie es von jetzt an besser bekommen werden. Ich glaube, jetzt hat er sein Schlimmstes getan. Er hatte es sich wohl vorgenommen, um die Rache zu befriedigen, mit der er Ihnen seit Ihrer Wiedervereinigung immerfort gedroht hatte. Aber sehen Sie, Frau Holm, es ist eine Sache für sich, sich an einem Tag hart zu machen und zu sagen, die Kinder dürfen nicht fortgenommen werden; aber etwas anderes ist es, mit so einem Mordgedanken im Herzen umherzugehen und ihn Tag für Tag durchzuführen, und ich glaube nicht, daß das jemand auf die Dauer aushalten könnte.«

»Es ist gut von Ihnen, Hauptmännin, daß Sie mich zu trösten versuchen«, sagt Frau Holm.

Aber die Hauptmännin merkt wohl, was die arme Frau dabei denkt. Sie denkt: ›Wenn die Hauptmännin der Heilsarmee auch niemand kennt, der so etwas aushalten könnte, so kenne ich einen, der es kann.‹ Die Hauptmännin sieht aus, als sei sie nun fast an der Grenze ihrer Überredungskunst angekommen, aber rasch beschließt sie, noch einen Versuch zu machen.

»Und nun will ich Ihnen noch etwas sagen, Frau Holm«, sagt sie. »Ich weiß nicht, ob es eine so große Sünde gewesen ist, als Sie Ihren Mann vor ein paar Jahren verlassen haben, aber ich erkenne, es war ein Versäumnis. Damals haben Sie ihn preisgegeben, und die bösen Folgen zeigten sich rasch. Aber jetzt haben Sie es wieder gutzumachen versucht; da haben Sie getan, was Gottes Wille von Ihnen forderte, und deshalb glaube ich, daß nun eine Wendung zum Besseren eintreten wird. Ein starker Sturm war erregt worden, und der konnte nicht mit einem Schlag wieder beruhigt werden; aber was Sie, Frau Holm, und Schwester Edith angefangen haben, ist trotz allem ein Werk von guter Art, das die Früchte der guten Werke tragen wird.«

Als die Hauptmännin dies gesagt hat, ist sie nicht mehr allein mit David Holms Frau. David Holm und sein Kamerad Georg, oder besser gesagt, die Schemen dieser beiden sind in das Zimmer eingedrungen und an der Tür stehengeblieben.

David Holm ist jetzt weder an den Füßen noch an den Händen gefesselt. Er folgt dem Fuhrmann, ohne gezwungen werden zu müssen; aber als er jetzt sieht, wohin er geführt worden ist, steigt heftige Entrüstung in ihm auf. Hier soll doch wohl niemand sterben! Warum ihn also zwingen, seine Wohnung und seine Frau wiederzusehen?

Er will sich eben mit einer heftigen Frage an Georg wenden, als dieser ihm durch ein Zeichen bedeutet, sich still und ruhig zu verhalten.

Jetzt hebt David Holms Frau den Kopf, wie von der festen Überzeugung der anderen etwas gestärkt.

»Ach, wer doch glauben könnte, daß es wahr wäre!« seufzt sie.

»Es ist wahr«, bekräftigte die Hauptmännin, indem sie Frau Holm ermutigend zulächelt. »Von dem morgigen Tag an tritt eine Wendung ein, und Sie werden sehen, die Hilfe kommt mit dem neuen Jahre.«

»Mit dem neuen Jahre . . .« versetzt Frau Holm. »Freilich, es ist ja Neujahrsnacht, das hatte ich fast vergessen. Wie spät mag es denn sein, Hauptmännin Andersson?«

»Wir sind schon ein gutes Stück im neuen Jahr drinnen«, antwortete die Gefragte, indem sie auf ihre Uhr sieht. »Es ist ein Viertel vor zwei Uhr.«

»Aber dann dürfen Sie nicht noch länger bei mir sitzen«, sagt Frau Holm, »sondern müssen nach Hause gehen und sich zu Bett legen. Sie sehen ja, ich bin jetzt ganz ruhig.«

Die Hauptmännin sieht die Frau prüfend an.

»Mit der Ruhe ist es wohl noch nicht weit her«, sagt sie dann.

»Sie können meinethalben ganz beruhigt sein, Hauptmännin«, versichert Frau Holm. »Ich weiß wohl, daß ich heute nacht schreckliche Reden geführt habe, aber nun ist das mit Gottes Hilfe vorüber.«

»Glauben Sie, daß Sie jetzt alles in Gottes Hand legen und ihm vertrauen können, daß er alles zum Besten lenkt?« fragt die Hauptmännin.

»Ja, ja, ich kann es«, antwortet Frau Holm.

»Ich wäre gern noch bis zum Morgen bei Ihnen geblieben, aber ich sehe Ihnen an, daß es Ihnen lieber ist, wenn ich jetzt gehe.«

»Es war mir eine große Hilfe, daß Sie bei mir gewesen sind, Hauptmännin; aber jetzt kommt er bald nach Hause, und dann ist es besser, ich bin allein.«

Nach einigen weiteren Worten verlassen beide Frauen das Zimmer, und David Holm errät, daß seine Frau die Hauptmännin hinausgeleitet, um die Tür für sie aufzuschließen.

»David, hast du alles gehört?« fragt der Fuhrmann. »Erkennst du nun, daß die Leute schon alles wissen, was ihnen zu wissen nötig ist? Sie müssen nur noch in dem Verlangen, gesund und lange zu leben, gestärkt werden.«

Der Fuhrmann hatte seine Worte kaum ausgesprochen als Frau Holm wieder eintritt. Man sieht, daß sie im Sinne hat, ihr Wort zu halten und zu Bett zu gehen. Sie setzt sich auf einen Stuhl, bückt sich vor und fängt an, einen Stiefel aufzuschnüren.

Während sie so vorgebeugt dasitzt, fährt die Haustür mit einem heftigen Schlag zu; da richtet sie sich auf und lauscht.

»Kommt er?« fragt sie. »Ja, er wird es wohl sein.« Sie

läuft ans Fenster und versucht, in den dunklen Hof hinunterzusehen. Ein paar Minuten steht sie so, atemlos hinausspähend. Als sie sich dem Zimmer wieder zuwendet, ist ihr Gesicht seltsam verändert. Es ist aschgrau geworden, die Augen, die Lippen, alles miteinander ist wie mit Asche überschüttet. Ihre Bewegungen sind jetzt steif und schleppend, und ein schwaches Stöhnen dringt über ihre Lippen.

»Ich kann es nicht aushalten«, flüstert sie. »Ich kann es nicht aushalten.« –

»Ich soll an Gott glauben«, stößt sie nach einer kleinen Pause hervor und bleibt mitten im Zimmer stehen. »Sie sagen, ich soll an Gott glauben. Sie meinen vielleicht, ich hätte nicht zu ihm gebetet und nicht um Hilfe geschrien. Was soll ich tun, wie soll ich es anfangen, um Hilfe von ihm zu erlangen?«

Sie weint nicht, aber ihre Worte sind ein fortgesetztes Wimmern. Sie ist von einer solchen Verzweiflung beherrscht, daß sie offenbar nicht mehr für ihr Tun verantwortlich gemacht werden kann.

David Holm beugt sich vor, sieht sie scharf an, und ein Gedanke steigt plötzlich in ihm auf, vor dem ihm graust.

Die Frau geht nicht zu Bett, sie schleppt sich langsam bis zu dem Lager in der Ecke hin, wo ihre beiden Kinder schlafen.

»Es ist schade um sie«, sagt sie, indem sie sich zu ihnen niederbeugt. »Sie sind so schön.«

Sie setzt sich neben dem Lager auf den Boden und sieht die Kinder, eins nach dem anderen, lange an. »Aber ich muß fort, und ich kann sie nicht hinter mir zurücklassen.«

Sie streicht ihnen unbeholfen und ungelenk übers Haar.

»Ihr dürft mir für das, was ich tue, nicht böse sein«, sagt sie. »Ich bin nicht schuld daran.«

Während sie noch auf dem Boden sitzt und die Kinder liebkost, schlägt unten die Tür aufs neue. Sie zuckt wieder zusammen, bleibt aber unbeweglich sitzen, bis soviel Zeit vergangen ist, daß ihr Mann hereingekommen sein müßte, wenn er es drunten gewesen wäre. Dann steht sie rasch auf.

»Ich muß mich beeilen«, sagt sie geheimnisvoll flüsternd zu den Kindern. »Es wird bald geschehen sein, wenn er nur nicht kommt und mich daran hindert.«

Sie richtet sich auf, tut aber nichts, sondern wandert ruhelos im Zimmer hin und her.

»Irgend etwas sagt mir, ich solle bis morgen warten«, murmelt sie halblaut. »Aber was hätte das für einen Wert? Der morgige Tag ist ein Tag wie alle anderen. Warum sollte er da milder gestimmt sein als heute?« David Holm denkt an seinen Körper, der als Leichnam drüben in den Kirchenanlagen liegt und nun bald in die Erde vergraben wird, da er zu nichts zu gebrauchen war. Fast steigt das Verlangen in ihm auf, seine Frau doch auf irgendeine Weise wissen zu lassen, daß sie keine Angst mehr vor ihm zu haben brauche.

Wieder hört man ein schwaches Getöse, im Haus wird eine Tür geöffnet und wieder zugemacht, und aufs neue zittert die arme Frau und erinnert sich daran, welches Vorhaben sie ausführen will. Schleppend geht sie an den Herd hin und schichtet Holz hinein, um Feuer anzumachen.

»Es tut nichts, wenn er auch kommt und sieht, daß ich Feuer mache«, sagt sie, gleichsam als Antwort auf eine stumme Einwendung. »Ich muß doch wohl am Neujahrsmorgen Kaffee kochen dürfen, um etwas zu haben, das mich wach hält, während ich aufsitze und auf ihn warte.«

David Holm fühlt sich außerordentlich erleichtert, als sie dies sagt. Und nun fragt er sich wieder, ob Georg am Ende eine besondere Absicht gehabt habe, als er ihn hierherführte? Hier soll ja niemand sterben. Hier ist ja niemand krank.

Die Kapuze tief hereingezogen, ganz verschlossen und wie in tiefe Gedanken versunken, steht der Fuhrmann da. David Holm merkt wohl, daß es gar keinen Wert hätte, wenn er jetzt das Wort an ihn richten würde.

›Er will, ich soll die Meinigen noch ein letztes Mal sehen‹, denkt er. ›Vielleicht komme ich nie wieder in ihre Nähe.‹

»Das macht mir gerade keinen Kummer«, sagt er im nächsten Augenblick, und es ist ihm, als sei in seinem Herzen nur noch Raum für eine einzige; aber er geht doch nach der Ecke hin, wo die beiden Kinder schlafen. Während er vor ihnen steht und sie betrachtet, fällt ihm der Junge ein, den sein Bruder so innig lieb gehabt hat, daß er seinetwegen freiwillig ins Gefängnis zurückgekehrt ist, und nun empfindet er es als einen bedrückenden Mangel, daß er seine Kinder nicht auf diese Weise liebhaben kann.

›Möchte es ihnen jedenfalls gut gehen!‹ denkt er überaus freundlich. ›Sie werden morgen froh sein, wenn sie hören, daß sie keine Angst mehr vor mir zu haben brauchen.

Ich möchte wohl wissen, was später aus ihnen wird?‹ denkt er dann mit lebhafter Teilnahme, als er bisher für sie gefühlt hatte, und zugleich durchzuckt ihn eine plötzlich aufsteigende Angst, sie könnten geradeso werden wie er.

›Denn ich bin ein sehr unglücklicher Mensch gewesen‹, denkt er.

›Ich weiß nicht‹, denkt er weiter, ›warum ich mich nicht früher um sie gekümmert habe. Wenn es für mich eine Rückkehr gäbe, würde ich gerne zurückkommen, um rechte Menschen aus den beiden hier zu machen.‹

Er bleibt stehen und prüft sein Herz.

»Wie merkwürdig, ich hege keinen Haß mehr gegen sie!« murmelt er. »Und ich möchte, daß sie nach allem, was sie hat erdulden müssen, doch noch glücklich werde. Wenn es mir möglich wäre, würde ich ihr ihre Möbel wieder verschaffen, und ich möchte sie gerne sonntags in hübschen Kleidern in die Kirche gehen sehen. Aber jetzt, wo ich nicht mehr da bin, bekommt sie es ja gut. Ich glaube, Georg hat mich hierhergeführt, damit ich mich darüber freue, zu den Entschlafenen zu gehören.«

Plötzlich fährt er heftig zusammen. Er ist so versunken in seine Gedanken gewesen, daß er nicht darauf acht gab, was seine Frau indessen vornahm. Aber jetzt hat sie einen leisen Angstschrei ausgestoßen.

»Es kocht, das Wasser kocht, nun ist es bald soweit!

Jetzt muß es geschehen, nun gibt es keinen Aufschub mehr.«

Sie nimmt eine Büchse, die auf einem Brett dicht neben dem Herd steht, und schüttet daraus gemahlenen Kaffe in die Kaffeemaschine. Dann holt sie ein ganz kleines Päckchen hervor, das ein weißes Pulver enthält, und mischt dieses in das Wasser.

David steht unbeweglich da und starrt seine Frau an, ohne zu verstehen, was sie eigentlich tut und beabsichtigt.

»Du wirst sehen, daß es genügt, David«, sagt sie und wendet sich zugleich dem Zimmer zu, als sähe sie ihn. »Es reicht für beide Kinder und für mich. Ich kann es ja nicht aushalten, ein ganzes Jahr mit ansehen zu müssen, wie sie dahinsiechen. Wenn du nur noch eine Stunde fortbleibst, wird bei deiner Rückkehr alles so bestellt sein, wie du es haben willst.«

Doch jetzt steht der Mann nicht mehr ruhig da und hört ihr zu, sondern er ist auf den Fuhrknecht zugeeilt.

»Georg!« sagt er atemlos. »Ach, lieber Gott, Georg, hörst du nicht?«

»Doch, David«, antwortet der Fuhrknecht. »Hier stehe ich ja. Ich muß ja mit dabei sein, und ich versäume meine Pflicht nicht.«

»Aber du mußt es nicht verstanden haben, Georg! Es handelt sich nicht um sie allein, sondern auch um die Kinder. Sie hat die Absicht, sie mitzunehmen.«

»Ja, David«, bekräftigt der Fuhrmann. »Sie hat die Absicht, deine Kinder mitzunehmen.«

»Aber das darf nicht geschehen, Georg! Es ist ja unnötig. Kannst du sie denn nicht wissen lassen, daß es unnötig ist?«

»Nein, ich kann mich ihr nicht vernehmbar machen. Sie ist zu weit weg.«

»Aber kannst du nicht jemand herbeirufen, Georg, jemand, der ihr sagt, daß es unnötig ist?«

»Du verlangst Unmögliches, David. Welche Macht hätte ich über die Lebenden?«

Aber David Holm läßt sich nicht abschrecken, sondern wirft sich vor dem Fuhrknecht auf die Knie.

»Denk daran, Georg, daß du früher mein Freund gewesen bist, und laß dies hier nicht geschehen! Laß die armen unschuldigen Geschöpfe nicht sterben!«

Er richtet den Blick auf Georg, um eine Antwort zu erhalten; aber dieser schüttelt nur verneinend den Kopf.

»Ich will alles für dich tun, Georg, was nur in meiner Macht steht. Ich weigerte mich, als du mir befahlst, nach dir Fuhrknecht zu werden; aber ich übernehme das Amt mit Freuden, wenn ich nur das hier nicht durchmachen muß. Alle beide sind noch so klein, und eben jetzt, als ich da vor ihnen stand, hab' ich gewünscht, noch am Leben zu sein, um rechte Menschen aus ihnen zu machen. Und sie ist ja heute nacht von Sinnen. Sie weiß nicht, was sie tut. Habe Erbarmen mit ihr, Georg!«

Da aber der Fuhrmann noch immer unbeweglich und ungerührt dasteht, wendet sich David etwas von ihm ab.

»Ich bin so allein, so allein, und ich weiß nicht, wohin ich mich wenden soll«, seufzt er. »Ich weiß nicht, ob ich zu Gott oder zu Christus beten soll. Wie ganz neu in die Welt gekommen bin ich. Wer, wer hat die Macht? Wer kann mir sagen, wohin ich mit meinem Gebet gehen soll?

Oh, ich armer, sündiger Mensch, ich bete zu dem, der Herr über Leben und Tod ist! Wer bin ich, daß ich mich unterfange, vor dich zu treten! Gegen alle deine Gebote und Vorschriften hab' ich mich vergangen. Mich verdamme in die äußerste Finsternis! Vernichte mich ganz! Tu' mit mir, was du willst, wenn nur diese drei verschont werden!«

Er schweigt und lauscht auf eine Antwort. Aber er vernimmt nichts; nur seine Frau redet vor sich hin. »Jetzt ist es zerschmolzen und hat aufgekocht, nun muß ich es noch etwas abkühlen lassen.«

Da beugt sich Georg zu David Holm nieder. Seine Kapuze ist zurückgeschlagen und sein Gesicht wird von einem Lächeln erhellt.

»David«, sagt er, »wenn es dir wirklich Ernst ist, dann gibt es vielleicht doch noch einen Ausweg, sie zu retten. Du selbst, David, mußt deine Frau wissen lassen, daß sie keine Angst mehr vor dir zu haben braucht.«

»Aber ich kann mich ihr ja nicht vernehmbar machen. Oder kann ich es, Georg?«

»Nein, nicht in deiner jetzigen Gestalt. Du mußt zu dem David Holm zurückkehren, der drüben in den Kirchenanlagen liegt. Kannst du das?«

David Holm erschrickt, und ein Schauder erfaßt ihn. Das menschliche Leben steht jetzt vor ihm als etwas ihn Erdrückendes, etwas Tötendes. Wird nicht dies frische Wachstum der Seele ersticken, wenn er wieder ein Mensch wird? Sein ganzes Glück erwartet ihn in einer anderen Welt. Aber er zögert keinen Augenblick.

»Wenn ich kann, wenn ich frei bin ... Ich glaube, ich müßte ...«

»Ja, du hast recht«, versetzt Georg, und sein Antlitz strahlt immer schöner. »Dieses Jahr hindurch mußt du der Fuhrknecht des Todes sein, wenn nicht ein anderer für dich eintritt und das Amt für dich verwaltet.« »Ein anderer?« wiederholt David Holm fragend. »Wer würde sich für einen solchen armen Kerl, wie ich einer bin, aufopfern wollen?«

»David«, sagt Georg. »Du weißt, es gibt einen, der nie aufgehört hat, darüber zu trauern, daß er dich verleitet hat, vom guten Wege abzuweichen. Dieser Mann wird vielleicht vor lauter Freude, daß er nicht mehr über dich trauern muß, deine Arbeit übernehmen.«

Und ohne David Holm Zeit zu lassen, sich so recht klarzumachen, was der andere meint, beugt sich Georg tief zu ihm herab und sieht ihm mit herrlich strahlenden Augen ins Gesicht.

»Alter Freund, David Holm, mach' es, so gut du kannst! Ich bleibe hier, bis du zurückkommst. Du hast nicht mehr viel Zeit.«

»Aber du, Georg ...«

Doch der Fuhrmann unterbricht ihn mit der gebieterischen Handbewegung, der sich David Holm zu unterwerfen gelernt hat. In demselben Augenblick richtet sich Georg auf, zieht die Kapuze über die Stirn herein und sagt mit lauter, eherner Stimme:

»Du Gefangener, tritt wieder ein in dein Gefängnis.«

12

David Holm richtete sich auf den Ellbogen auf und sah sich um. Alle Laternen waren gelöscht; aber das Wetter hat sich aufgehellt, und ein klarer Halbmond stand hell leuchtend am Himmel. David Holm wurde es nicht schwer, sich zu vergewissern, daß er noch in der Kirchenanlage auf dem vom schwarzen Geäst der Linden überschatteten Rasenplatz lag.

Ohne sich einen Augenblick zu bedenken, versuchte er sich aufzurichten. Er fühlte sich zwar außerordentlich matt; sein Körper war von der Kälte ganz erstarrt, und der Kopf schwindelte ihm, aber es gelang ihm doch, auf die Beine zu kommen. Er machte einige schwankende Schritte die Allee entlang, mußte aber gleich wieder anhalten und sich gegen einen Baum lehnen, weil er am Umsinken war.

›Ich kann es nicht‹, dachte er. ›Es ist ganz unmöglich für mich, noch zu rechter Zeit hinzukommen.‹

Nicht einen einzigen Augenblick hatte er das Gefühl, daß all das, was er eben durchgemacht hatte, nicht volle Wirklichkeit sei. Er hatte einen vollkommen klaren Eindruck von den Ereignissen der Nacht.

›Der Fuhrmann steht in meiner Wohnung, ich muß mich beeilen‹, dachte er.

Er verließ den stützenden Baum und machte wieder ein paar Schritte; er war jedoch so jammervoll schwach, daß er in die Knie sank.

Da, in seiner grenzenlosen Verlassenheit, berührte etwas seine Stirne. Er wußte nicht, war es eine Hand oder ein Lippenpaar, oder vielleicht nur der Zipfel eines schleierartigen Gewandes, aber es genügte, sein ganzes Wesen mit seliger Freude zu durchrieseln.

»Sie ist zu mir zurückgekehrt!« jubelt er. »Sie ist mir wieder nahe. Sie beschützt mich!«

Hingerissen streckte er die Arme empor, vor Entzücken, daß die Liebe der Geliebten ihn umgab, vor Entzücken, daß die Liebe zu der Geliebten sein Herz mit ihrer Holdseligkeit auch jetzt noch, wo er wieder ins Irdische zurückgekehrt war, erfüllte.

Jetzt ertönte hinter ihm ein Schritt durch die Nacht. Eine kleine Gestalt, den Kopf von einem der großen Hüte der Heilsarmee verborgen, kam dahergeschritten.

»Schwester Maria«, sagte er, als sie an ihm vorbeigehen wollte. »Schwester Maria, helfen Sie mir!«

Die Rettungsschwester mußte David Holms Stimme erkannt haben, denn ihr Gesicht wurde streng, und sie ging weiter, ohne sich um ihn zu kümmern.

»Schwester Maria, ich bin nicht betrunken, sondern krank. Helfen Sie mir, daß ich nach Hause kommen kann!«

Sie glaubte ihm wohl kaum, aber ohne ein Wort der Erwiderung trat sie zu ihm, half ihm vom Boden auf und stützte ihn beim Weitergehen.

Nun war er also doch noch einmal auf dem Weg nach Hause. Aber wie langsam er ging! Daheim konnte ja jetzt schon alles vorbei sein. Keuchend blieb er stehen. »Schwester Maria, es wäre eine außerordentlich große Hilfe, wenn Sie vorausgehen würden und meiner Frau sagten . . .«

»Soll ich vorausgehen und ihr sagen, daß Sie wie gewöhnlich betrunken nach Hause kommen? Das ist ihr wohl nichts Ungewöhnliches.«

David Holm preßte die Lippen zusammen und ging schweigend weiter, indem er sich aufs äußerste anstrengte, rascher vorwärts zu kommen; aber sein von der Kälte erstarrter Körper wollte ihm nicht gehorchen.

Schon nach einer kleinen Weile machte er einen neuen Versuch, sie zum Vorausgehen zu überreden.

»Während ich dort auf dem Rasen lag, hatte ich einen Traum«, sagte er, »Ich habe Schwester Edith sterben sehen. Ich habe Schwester Edith auf ihrem Sterbebette gesehen ... Und ich habe auch die Meinigen daheim gesehen. Meine Frau ist heute nacht nicht bei Sinnen. Ich sage Ihnen, Schwester Maria, wenn Sie nicht vorauseilen, geschieht ein Unglück.«

Seine Worte kamen nur schwach und abgerissen über seine Lippen. Die Rettungsschwester erwiderte nichts. Sie war noch immer der Ansicht, es mit einem Betrunkenen zu tun zu haben.

Aber sie half ihm treulich weiter. Er merkte wohl, welche Überwindung es sie kostete, dem zu helfen, den sie für das Werkzeug hielt, das Schwester Ediths Tod verursacht hatte.

Während David Holm weiterschwankte, wurde er von einer neuen Angst ergriffen. Wie sollte er es anstellen, daß seine Frau, die sich vor ihm fürchtete, ihm glaubte, wenn nicht einmal Schwester Maria –

Endlich standen sie vor dem Hoftor, wo er wohnte, und die Rettungsschwester half ihm beim Öffnen. »Nun können Sie vollends allein gehen, Holm«, sagte sie, indem sie sich zum Gehen wendete.

»Ach, es wäre sehr gut von Ihnen, Schwester Maria, wenn Sie meine Frau rufen würden, damit sie herunterkommt und mir hinauf hilft.«

Die Schwester zuckte die Schultern. »Wissen Sie, Holm, in einer anderen Nacht würde ich Sie vielleicht hinaufgeleitet haben, aber heute habe ich keine Lust dazu.«

Ihre Stimme erstarb in einem Schluchzen, und sie eilte davon.

Als er sich die steile Treppe hinaufmühte, war ihm zumute, als sei es nun jedenfalls zu spät; und außerdem, wie könnte er seine Frau dazu bringen, ihm zu glauben?

Während er vor Schwäche und Mutlosigkeit fast auf der Treppe umsank, fühlte er aufs neue die leichte liebkosende Berührung an der Stirne.

›Sie ist mir nahe‹, dachte er. ›Sie wacht über mich!‹ Und er fand die Kraft, sich bis zur obersten Stufe hinaufzuschleppen.

Als er die Tür öffnete, stand seine Frau dicht davor, als sei sie herbeigeeilt, um sie zuzuriegeln, damit er nicht hereinkommen könnte. Als sie sah, daß sie es nicht mehr hatte verhindern können, zog sie sich nach dem Herd zurück und blieb, diesem den Rücken zugewendet, davor stehen, ganz als hätte sie dort etwas, was sie verbergen und wegtun möchte. Ihr Gesicht hatte noch immer den starren Ausdruck wie vorher, und David Holm sagte sich rasch: »Sie hat es nicht getan. Ich bin noch zu rechter Zeit gekommen.«

Mit einem raschen Blick auf die Kinder versicherte er sich, daß es tatsächlich so war.

»Sie schlafen noch. Sie hat es nicht getan. Ich bin noch zu rechter Zeit gekommen«, sagte er noch einmal zu sich selbst.

Er streckte die Hand nach der Seite aus, wo Georg vor seinem Fortgehen gestanden hat, und da vermeinte er zu fühlen, daß eine Hand die seinige faßte und drückte.

»Ich danke dir«, sagte er leise, aber seine Stimme zitterte, und ein Nebel legte sich ihm plötzlich vor die Augen. Er schwankte ins Zimmer hinein und sank auf einen Stuhl. Er sah, daß seine Frau alle seine Bewegungen beobachtete, wie sie es getan haben würde, wenn ein wildes Tier in die Stube hereingekommen wäre.

›Sie meint, ich sei betrunken, auch sie meint es‹, dachte er.

Aufs neue überfiel ihn große Mutlosigkeit, weil er so grenzenlos müde war und nicht ausruhen durfte. Im nächsten Zimmer stand allerdings ein Bett, und er sehnte sich unaussprechlich, sich dort ausstrecken zu dürfen und sich nicht noch länger aufrechthalten zu müssen; aber er wagte es nicht, dort hineinzugehen. Sobald er den Rücken kehrte, würde seine Frau das tun, was sie im Sinn hatte; er mußte also hierbleiben und sie bewachen.

»Schwester Edith ist tot, und ich bin noch bei ihr gewesen«, versuchte er zu sagen. »Ich hab' ihr versprochen, gut gegen dich und die Kinder zu sein. Morgen darfst du sie ins Asyl schicken.«

»Warum lügst du?« fragte seine Frau. »Gustavsson ist hier gewesen und hat Hauptmännin Andersson mitgeteilt, daß Schwester Edith gestorben ist, und sie sagte, du seiest nicht mehr gekommen.«

David sank auf dem Stuhl zusammen, und zu seiner eigenen großen Verwunderung fing er an zu weinen. Die Erkenntnis der Nutzlosigkeit seiner Rückkehr in diese Welt der langsamen Gedanken und der kurzsichtigen Augen drückte ihn nieder. Die lähmende Überzeugung, daß er nie über die Mauern hinauskommen könnte, die seine eigenen Taten um ihn aufgerichtet hatten, die Sehnsucht, die grenzenlose Sehnsucht, nun sogleich mit der Seele vereint zu werden, die ihn umschwebte und doch unerreichbar für ihn war, das, das brachte seine Tränen zum Fließen.

Während er so noch heftig weinte und schluchzte, hörte er die Stimme seiner Frau.

»Er weint?« sagte sie im Tone allerhöchster Verwunderung vor sich hin. Und nach einer Weile sagte sie noch einmal: »Er weint!«

Sie trat vom Herd weg und kam mit einer gewissen Angst näher zu ihm heran.

»Weinst du, David?« fragte sie.

Er hob das tränenüberstömte Gesicht zu ihr auf. »Ich will mich bessern«, sagte er mit zusammengebissenen Zähnen, so daß man fast hätte meinen können, er sei zornig. »Ich will ein guter Mensch werden, aber niemand will es mir glauben. Soll ich da nicht weinen?«

»Ach, David, das ist sehr schwer zu glauben«, versetzte sie noch unschlüssig. »Aber jetzt, wo du weinst, glaube ich dir. Jetzt glaube ich dir.«

Und wie um ihm einen Beweis zu geben, daß sie ihm glaube, setzte sie sich auf den Boden und lehnte ihren Kopf an seine Knie.

So saß sie einen Augenblick ganz still da, aber bald begann auch sie zu schluchzen.

Er fuhr zusammen.

»Weinst du jetzt auch?« fragte er.

»Ich kann nicht anders. Ich kann nicht glücklich werden, ehe ich das ganze Leid, das mich erfüllt, weggeweint habe.«

In diesem Augenblick fühlte David Holm jene Berührung noch einmal wie einen leichten frischen Hauch, der über seine Stirne strich. Seine Tränen versiegten und verwandelten sich in ein nach innen gerichtetes, geheimnisvolles Lächeln.

Er hatte das erste vollendet, das ihm durch die Ereignisse der Nacht vorgeschrieben worden war. Nun mußte er noch dem Jungen helfen, den sein Bruder so lieb gehabt hatte. Nun mußte er noch solchen Menschen, wie Schwester Maria, beweisen, daß Schwester Edith nicht unrecht gehabt hatte, als sie ihm ihre Liebe geschenkt. Nun mußte er noch sein eigenes Heim aus dem Verfall wieder heraufbringen. Nun mußte er noch den Menschen den Gruß des Fuhrmanns überbringen. Dann, wenn dies alles getan war, dann, dann durfte er zu der Geliebten, der Ersehnten gehen!

Er saß da und fühlte sich unaussprechlich alt. Er war geduldig und ergeben geworden, so wie die Alten es zu sein pflegen. Er wagte es nicht mehr, etwas zu hoffen oder zu wünschen, er faltete nur seine Hände und flüsterte den Neujahrswunsch des Fuhrmanns:

»Gott, großer Gott, laß meine Seele zur Reife kommen, ehe sie geerntet wird.«

Wie der Adjunkt die Pfarrerstochter freite

Denkt nur, als der Adjunkt zum ersten Male um die Pfarrerstochter freite, wollte sie ihn nicht nehmen.

Die Pfarrerstochter war jung, dazumal. Nachts rollte sie das Haar in Papilloten, und am Tage trug sie es in großen schweren Locken. Sie hatte lange weiße Perlen als Ohrgehänge, und sie war sehr schön.

Die Pfarrerstochter war sehr umworben, ja geradezu von Freiern umringt. Sie ging eben einher und überlegte bei sich selbst, ob sie einen jungen Baron heiraten sollte, der nun sein väterliches Erbe angetreten hatte, oder ob es klüger sei, mit einem Vetter vorlieb zu nehmen, der gerade in Malmö zum Ratsherrn gewählt werden sollte.

Beide waren schöne Männer, aber der Adjunkt war häßlich. Namentlich seine Hände konnte die Pfarrerstochter nicht ansehen. In seiner Kindheit war er als Bettler auf der Landstraße umhergestrichen, und da waren sie so erfroren, daß sie immer rot und verschwollen aussahen.

Der Adjunkt sah auf seine alten Tage besser aus; da hatte er graues Haar. Als er jung war, schaute er gar zu wild und sonderbar drein, mit diesem Wald von schwarzen Haaren. Er hätte es wohl auch nie zum Propst und Dompropst gebracht, wenn er nicht recht früh graue Haare und Augenbrauen bekommen hätte. Vorher sah er wie ein Räuber aus, und das konnte ja nicht für einen Geistlichen passen.

Die Pfarrerstochter pflegte zu erzählen, daß, als der Adjunkt in den Pfarrhof kam, um ihrem Vater bei seinen Predigten und bei der Führung der Kirchenbücher behilflich zu sein, und da einzog, die Schuhe an einem Stock über die Schulter gehängt, nicht viel gefehlt habe, und ihre Mutter hätte ihn für einen Zigeuner gehalten und ihn fortgewiesen. Die alte Pfarrerin konnte es nie lassen, um ihr Silber zu zittern, wenn der Adjunkt in das Eßzimmer kam, und der alte Pfarrer predigte Sonntag für Sonntag selbst, weil er sich nicht überwinden konnte, diesen wilden Räuber auf die Kanzel hinaufzulassen.

Als der Adjunkt im Pfarrhof aufgenommen wurde, verliebte er sich in die Pfarrerstochter. Das geschah schon beim ersten Mittagessen. Und dies war sicherlich nicht zu verwundern, denn die Pfarrerstochter hatte weiches, glänzendes, braunes Haar, sanfte graue Augen und eine klare rosige Haut. Außerdem war die Form des Gesichts ungemein schön, die Wangen rundeten sich weich und fein zum Halse hinab. Und in jeder Wange war ein kleines Grübchen, das sich noch heute zeigt, wenn sie lächelt.

Es erregte einen förmlichen Schrecken bei der Pfarrerstochter, als sie merkte, daß der Adjunkt ihr gut war. Sie wagte kaum allein in den Garten oder über die Landstraße zu gehen. Wer solche Augen hatte wie der Adjunkt, der konnte wohl auch auf die Idee kommen, ihr aufzulauern und sie zu entführen.

Der alte Pfarrer schrieb in aller Heimlichkeit an den Bischof und das Konsistorium und bat um einen andern Adjunkten. Der, den er jetzt hätte, wäre ein wahrer Wilder, und er könnte ihn nicht brauchen. Er würde wie ein Bauer bei Tische sitzen und die Ellenbogen auf das Tuch stützen. Er würde auf den Fußboden spucken und trüge grobe Schmierlederstiefel, die Spuren auf den Teppichen hinterließen.

Ganze vier Wochen ging der Adjunkt im Pfarrhof herum, ohne etwas zu tun zu haben. Der Pfarrer wollte ihn weder an die Kirchenbücher noch auf die Kanzel lassen. Der Adjunkt ging stumm umher und wartete, aber äußerte weder Erstaunen noch eine Klage. Er war vollauf damit beschäftigt, der Pfarrerstochter auf allen ihren Wegen und Stegen zu folgen. Sie pflegte in einem kleinen Giebelzimmerchen zu sitzen und zu weben. Der Adjunkt fand heraus, daß, wenn er über einen Heuboden kletterte und dann über einen Schuppen kroch, dessen Dach aus losen Klötzen bestand, er zu einer Luke kam, die einen Blick auf das

Fenster der Webkammer ermöglichte. Und in dieser Luke saß der Adjunkt Stunde um Stunde zusammengekauert und sah die Pfarrerstochter bloßarmig und rotwangig am Webstuhl arbeiten.

Es dauerte auch nicht lange, so entdeckte er, wo sie ihr Lieblingsplätzchen im Garten hatte. Der ganze Garten war natürlich von hohen Hecken umgeben, wie es in Schonen der Brauch ist, und man war da ebenso eingeschlossen wie in einer Stube. Aber es gab ein kleines Gatter, das auf die Felder hinausführte, und da pflegte die Pfarrerstochter stundenlang zu stehen und über die wogenden Felder zu blicken. Und während sie da stand, lag der Adjunkt ganz in der Nähe, in dem dichten Roggen verborgen, und verschlang sie mit den Augen.

Als jedoch einige Wochen vergangen waren, bekam der alte Pfarrer vom Bischof den Bescheid, daß er es so haben könnte, wie er es sich wünschte.

Der Pfarrer war darüber so erfreut, daß er keinen Augenblick zögern wollte, den Adjunkten zu verabschieden. Er steckte den Brief des Bischofs in die Tasche und begab sich hinunter in das Zimmer des Adjunkten.

Als der Pfarrer hereinkam, saß der junge Geistliche da und schrieb.

Er verfaßte eine Predigt, aber er geriet in solche Verlegenheit, als hätte er einen Liebesbrief geschrieben. Als der Pfarrer ihn fragte, was er denn da in die Schublade schiebe, konnte er kaum sagen, womit er sich beschäftigt hatte.

Der Alte wußte, daß er den Adjunkten jetzt los wurde, und darum war er milder gegen ihn gestimmt als früher. Und zum ersten Male begann er sich zu fragen, woher es wohl komme, daß der Adjunkt so war und warum ein solcher wie er Priester geworden sei. Er begann ihn auszufragen.

Da erzählte der Adjunkt alles. Er hatte immer solche Lust gehabt zu predigen. Er hatte den Bäumen am Straßenrand gepredigt, als er mit seiner Mutter herumzog und bettelte. Er wußte nicht, wann er angefangen hatte, aber er hatte immer Geistlicher werden wollen, nur um predigen zu können.

Der Alte wunderte sich, daß er trotz seiner Armut in die Schule gehen konnte und der Adjunkt fuhr fort zu erzählen.

Er schien die ganze Schulzeit hindurch gefroren und gehungert zu haben. Aber in allen Bedrängnissen hatte er sich damit getröstet, an den Augenblick zu denken, in dem er seine Stimme erheben und in Gottes Haus reden durfte.

Einmal ums andere steckte der Propst die Hand in die Tasche, um den Brief des Bischofs herauszuziehen, aber er hatte jetzt nicht den Mut, nicht das Herz, es zu tun. Vielmehr bat er den Adjunkten, ihn die Predigt lesen zu lassen, an der er eben arbeitete. Er las sie und schüttelte den Kopf und ging seiner Wege, ohne ein Wort zu sagen. Aber am nächsten Sonntag predigte der Adjunkt, und er machte seine Sache gar nicht so übel.

Der alte Propst ging nun daran, den Adjunkten zu erziehen. Er lehrte ihn predigen und die Kirchenbücher führen, aber er versicherte oft und oft, er habe nie eine größere Selbstverleugnung geübt als an dem Tage, an dem er darauf verzichtete, ihn zu verabschieden.

Es ist einleuchtend: wenn es einem klugen Manne so schwer fiel, sich mit dem jungen Geistlichen zu befreunden, mußte es doch noch viel schwerer für das Pfarrerstöchterlein sein, das so gefeiert und verwöhnt war und nicht mehr als zwanzig Jahre zählte. Es war ein schöner Sonntagnachmittag mitten im Sommer. Der Pfarrhof war voller Gäste, und sie befanden sich alle auf einer Spazierfahrt durch den großen Schloßwald. Die einzige, die daheim geblieben war, war die Pfarrerstochter. Sie sollte wohl auf das Haus achtgeben, denn auch die Dienstleute hatten Erlaubnis bekommen, auszugehen, so daß kein Knecht und keine Magd daheim weilte.

Der einzige, der nicht fort war, war der Adjunkt, aber die Pfarrerstochter wußte, daß er sich in die Annexgemeinde begeben sollte, um zu predigen. Sie hätte es vermutlich nicht gewagt, allein daheim zu bleiben, wenn sie nicht gewußt hätte, daß er fortgehen mußte.

Aber bevor der Adjunkt in die Kirche ging, wollte er sich mit einem Schluck Dünnbier aus dem Silberbecher erquikken, der immer auf dem Anrichtetisch im Speisesaal stand. Und als er in das Zimmer kam und die Pfarrerstochter da allein fand, da hielt er um sie an.

Sie antwortete ohne Bedenken nein, und er ging seiner Wege, ohne sie zu bitten oder zu drängen. Und die Pfarrerstochter war froh, daß dies Furchtbare jetzt überstanden war.

Sie ging in den Salon und drehte sich dort vor dem Spiegel. Als sie sah, wie fein und leicht und hell sie war, lachte sie über den schwarzen Adjunkten, der geglaubt hatte, er könnte sie bekommen.

Im selben Augenblick zuckte sie ganz erschrocken zusammen. Was hörte sie dann da? Sie lauschte atemlos und angestrengt. Ja, da war bestimmt jemand, der im Nebenzimmer stand und weinte.

Sie vermutete, daß einer von den Gästen nach Hause gekommen war, und ging in den Eßsaal, um nachzusehen, wer es sein mochte. Dort drinnen hörte sie das Weinen sehr deutlich, aber sie sah keine lebende Seele im Zimmer. Der Eßsaal war groß, aber es gab da keine Stelle, wo jemand sich verbergen konnte. Nichtsdestoweniger guckte die Pfarrerstochter unter den Tisch und hinter die Rohrstühle. Sie sah in der Kaminecke nach, im Schrank und hinter den Türen. Es war kein Mensch im Zimmer.

Aber während sie so suchte, hörte sie deutlich, wie jemand weinte. Und das Weinen kam von einer Stelle in der Nähe des Fensters, ungefähr da, wo der Adjunkt gestanden war, als er um sie gefreit hatte.

Die Pfarrerstochter versuchte sich selbst zu sagen, daß dies nur Einbildung sein konnte. Sie biß die Zähne zusammen und näherte sich mutig der Stelle, von der das Weinen ausging, und dachte, jetzt würde es wohl aufhören, aber es war keine Einbildung: das Seufzen und Schluchzen war auch weiter zu hören. Jemand weinte hoffnungslos und verzweifelt, nur zwei Schritte von ihr entfernt. Es war ein Schluchzen, wie wenn ein Mensch sich niederwirft und die Hände vors Gesicht schlägt und sich zu Tode weinen will.

Schließlich hatte sie solche Angst, daß sie sich auf einen Stuhl setzen mußte, um nicht ohnmächtig umzusinken. Und da saß sie eine volle Viertelstunde ganz still und lauschte, wie der Unsichtbare weinte. Sie konnte kein Glied rühren, sie konnte nicht fliehen, nicht rufen. Sie saß leichenblaß da, mit verschlungenen Händen, und bei jedem neuen Schluchzen zuckte sie vor Schrecken zusammen.

Ein einzigesmal während dieser ganzen Zeit regte sie sich. Es fiel ihr ein, daß das Weinen von jemandem vor dem Fenster kommen könnte. Sie zwang sich, aufzustehen, das Fenster zu öffnen und hinauszuschauen, aber der ganze Hof lag verödet da, und sie setzte sich wieder.

Es schien ihr, daß der Weinende von härterem Leid gequält sein müsse, als sie sich je hatte vorstellen können. Das war eine Seele, die sich in solcher Angst befand, daß Tod und Vernichtung Balsam für sie gewesen wären. Nichts auf der Welt konnte jemanden trösten, der so weinte.

Zum erstenmal in ihrem Leben begriff sie, was Leiden heißt. Sie hätte mitweinen können, wäre sie nicht vor Schrecken gelähmt gewesen.

Es klang so jammervoll und gequält, als käme es von einer Seele, die aus dem Himmel verwiesen wurde. Dies dauerte, wie gesagt, eine Viertelstunde, bis die Glocke der Annexgemeinde zu läuten begann. Nun hatte der Küster den Adjunkten über den Feldweg herankommen sehen, und da hatte er zu läuten angefangen. Und es fiel ihr ein, daß sie sich gefreut hätte, wenn er gerade jetzt daheim gewesen wäre. Sie wäre glücklich gewesen, wenn sie jemand gehabt hätte, den sie zu sich rufen konnte.

Aber ungefähr zur gleichen Zeit, zu der das Läuten begann, hörte das Weinen auf. Doch – nun begann die Pfarrerstochter zu weinen. Sie war so aufgewühlt, daß sie weinte, bis die Hausgenossen von dem Ausflug zurückkehrten.

»Möchte niemand je um meinetwillen so weinen müssen!« dachte sie. »Möchte ich nie solchen Schmerz verursachen!«

Als sie Wagenräder rollen hörte, lief sie den Heimkehrenden entgegen und wollte natürlich gleich erzählen, was geschehen war. Aber da schlossen sich ihre Lippen, und sie konnte nichts sagen. »Das war für dich«, sagte etwas in ihr, »du und kein anderer solltest es hören.«

Den ganzen Nachmittag hatte sie das Gefühl, daß sie sich in einer anderen Welt befand. Alles, was man tat, alles, wovon man sprach, schien ihr so seltsam fremd.

Aber plötzlich zuckte sie zusammen und war ganz hellwach. Sie stand gerade in der Küche und hörte die Mägde davon sprechen, daß der Adjunkt an diesem Nachmittag so seltsam gepredigt hatte. Jeder Mensch in der Kirche hätte weinen müssen. Worüber hatte er gesprochen?

Er hatte von dem Jammer der sündigen Seelen gesprochen, die vom Paradiese ausgeschlossen sind.

Da erschrak die Pfarrerstochter. Sie glaubte, daß eine große Sünde auf ihr lastete, die sie sühnen mußte.

Nach dem Abendbrot, als der Adjunkt gute Nacht gesagt hatte, folgte ihm die Pfarrerstochter in den Vorraum.

»Herr Pastor, um Gotteswillen, sagen Sie mir die Wahrheit!« sagte sie. »Haben Sie heute nachmittag geweint, als Sie zur Kirche gingen?«

»Das habe ich«, sagte er, »ich konnte es nicht lassen.«

Da wußte die Pfarrerstochter, daß er es war, den sie gehört hatte. Es war ein wunderliches Gefühl in ihrem Herzen, als sie begriff, daß seine Liebe zu ihr so groß war, und daß er ein so tiefes Leid über ihre Weigerung empfunden hatte.

Sie fand es unbeschreiblich schön, so sehr geliebt zu werden, und sie dachte nicht mehr an ihre anderen Freier, und es kam ihr auch gar nicht mehr in den Sinn, wie häßlich und arm der Adjunkt war.

»Ich will nicht, Herr Pastor, daß Sie so unglücklich sind«, sagte sie. »Ich will versuchen, Ihnen gut zu sein.«

Der Roman einer Fischersfrau

Am äußersten Ende des kleinen Fischerdorfes stand ein kleines Hüttchen auf einem niedrigen Hügel aus weißem Meersand. Es war nicht so gebaut, daß es in einer Reihe mit den gleichmäßigen, schmucken, regelrechten Häusern stehen konnte, die den breiten grünen Platz umgaben, wo die braunen Fischernetze trockneten, sondern es schien gleichsam aus der Reihe geschoben und auf den Sandhügel hingestellt zu sein. Die arme Witwe, die es gebaut hatte, war ihr eigner Baumeister gewesen, und sie hatte die Wände ihres Hüttchens niedriger gemacht als die aller anderen Hütten und sein steiles Strohdach höher als irgendein anderes Dach im Fischerdorf. Der Fußboden senkte sich tief in die Erde, das Fenster war weder hoch noch groß, aber reichte dennoch vom Dachsims bis zum Erdboden. Für den Herd und den Gänsestall war schließlich in dem einzigen engen Raum kein Platz geblieben, sondern dafür hatte man kleine viereckige Vorsprünge anmauern müssen. Diese Hütte hatte nicht wie andere Häuschen ihr Gärtchen mit Stachelbeerbüschen, von Winden umschlungen, und mit halb von Kletten erstickten Holundersträuchern. Von der ganzen Pflanzenwelt des Fischerdorfes waren nur die Kletten mit auf den Sandhügel gekommen. Im Sommer, wenn sie frische dunkelgrüne Blätter hatten und die stacheligen Körbchen sich mit hochroten Blumen füllten, waren sie hübsch genug. Aber gegen Herbst, wenn die Stacheln hart geworden und die Samen gereift waren, vernachlässigten sie ihr Aussehen und standen furchtbar häßlich und trokken da, die zerfetzten Blätter in ein Trauerkleid von staubigen Spinnweben gehüllt.

Die Hütte hatte ihren zweiten Besitzer, doch länger als zwei Generationen vermochte sie nicht, mit ihren Wänden aus Rohr und Lehm das schwere Dach zu tragen. Solange sie stand, war sie im Besitze von armen Witwen. Die zweite Witwe, die da wohnte, hatte ihre Freude daran, die Kletten zu betrachten, namentlich im Herbst, wenn sie trocken wurden und sich überall anhängten. Sie schienen ihr dann der ähnlich, die diese Hütte erbaut hatte. Sie war auch runzelig und trocken gewesen und hatte die Gabe gehabt, sich anzuklammern und hängenzubleiben, und alle ihre Kraft hatte sie für das Kind verwendet, das es in der Welt weit bringen sollte. Sie, die nun allein dasaß, mußte bei diesem Gedanken bald lachen, bald weinen. Wenn die Alte nicht diese Klettennatur gehabt hätte, wie anders wäre dann alles gekommen. Aber wer weiß, ob es besser gekommen wäre?

Die einsame Frau saß oft da und grübelte über das Schicksal nach, das sie an die flache Küste Schonens geführt hatte, zu diesem schmalen Sund und diesen stillen Menschen. Denn sie war in einer norwegischen Seestadt geboren, die auf einem schmalen Uferstreifen zwischen steilen Felsen und dem offenen Meere lag, und wenn sie auch, seit ihr Vater, der Kaufmann, gestorben und sie in Armut zurückgelassen, in bescheidenen Verhältnissen gelebt hatte, so war sie doch an Leben und Fortschritt gewöhnt. Sie pflegte sich selbst ihre Geschichte wieder und wieder vorzuerzählen, so wie man ein schwer verständliches Buch oft liest, um seinen Sinn zu ergründen.

Ihre merkwürdigen Erlebnisse hatten damit begonnen, daß sie eines Abends auf dem Heimwege von der Schneiderin, bei der sie arbeitete, von zwei Seeleuten überfallen und von einem dritten gerettet worden war. Dieser kämpfte mit wirklicher Lebensgefahr für sie und brachte sie dann nach Hause. Sie führte ihn zu der Mutter und den Geschwistern und erzählte ihnen begeistert, was er getan hatte. Es war, als hätte das Leben neuen Wert für sie, weil ein anderer so viel gewagt hatte, um es zu verteidigen. Er war von ihren Angehörigen sogleich freundlich aufgenommen und gebeten worden, so bald und so oft er konnte, wiederzukommen.

Sein Name war Börje Nilsson, und er war Matrose auf der schonischen Jacht Albertina. Solange das Schiff im

Hafen lag, kam er beinahe jeden Tag zu ihnen, und sie konnten es bald nicht mehr glauben, daß er nur ein simpler Matrose sein sollte. Er glänzte immer in reinem Umlegekragen und trug einen blauen Marineanzug aus feinem Tuch. Frisch und freimütig war er gegen sie, als wäre er es gewohnt, sich in derselben Gesellschaftsklasse wie sie zu bewegen. Ohne daß er es geradeheraus sagte, erhielten sie den Eindruck, daß er aus einem angesehenen Hause war, der einzige Sohn einer reichen Witwe, den eine unbezwingliche Lust zum Seemannsberufe dazu gebracht hatte, sich als einfachen Matrosen zu verdingen, um seine Mutter zu überzeugen, daß er es ernst meinte. Wenn er seine Prüfungen gemacht hatte, würde sie ihm wohl ein eigenes Schiff kaufen.

Die einsame Familie, die sich von allen früheren Freunden zurückgezogen hatte, empfing ihn ohne das leiseste Mißtrauen. Und er beschrieb leichten Herzens und mit fließender Beredsamkeit sein Heim mit dem hohen, spitzen Dach, dem offenen Kamin im Eßsaal und den kleinen Fensterscheiben. Er schilderte auch die stillen Straßen seiner Vaterstadt und die langen Reihen gleichmäßiger hoher Häuser, in denen sein Heim mit den unregelmäßigen Vorsprüngen und Erkern eine angenehme Unterbrechung bildete. Und seine Zuhörer glaubten, daß er aus einem jener alten Bürgerhäuser komme, die mit ihrem bildergeschmückten Giebel und dem vorragenden Obergeschoß einen so mächtigen Eindruck von Reichtum und ehrwürdigem Alter machen.

Sehr bald hatte sie es heraus, daß er ihr gut war. Und dies machte der Mutter und den Geschwistern große Freude. Der junge, reiche Schwede kam gleichsam, um sie alle aus der Armut emporzuheben. Selbst wenn er ihr nicht so gut gefallen hätte wie er es tat, wäre sie gar nicht auf den Gedanken gekommen, seine Werbung abzuweisen. Hätte sie einen Vater oder einen erwachsenen Bruder gehabt, so würden diese sich wohl genauer nach Herkunft und Lebensstellung des Fremdlings erkundigt haben, doch weder sie noch die Mutter dachten daran, ernstliche Nachforschungen anzustellen. Später erkannte sie, daß sie ihn förmlich zum Lügen gezwungen hatten. Anfangs hatte er sie ohne böse Absicht dazu gebracht, sich so große Vorstellungen von seinem Reichtum zu machen, aber als er später merkte, wie froh sie darüber waren, da hatte er es nicht mehr gewagt, die Wahrheit zu sagen, aus Furcht, sie zu verlieren.

Bevor er abreiste, waren sie verlobt, und als die Jacht zurückkam, hielten sie Hochzeit. Es war eine Enttäuschung für sie, daß er auch bei seiner Rückkehr als Matrose auftrat, aber er war durch seinen Kontrakt gebunden. Er brachte auch keine Grüße von seiner Mutter mit. Diese hätte erwartet, daß er eine andere Wahl treffe, aber sie würde schon zufrieden sein, sagte er, wenn sie nur Astrid erst sähe. – Trotz aller seiner Lügen wäre es ein leichtes gewesen, zu sehen, daß er ein armer Mann war, wenn sie nur die Augen aufgemacht hätte.

Der Schiffer erbot sich, ihr seine Kajüte zu überlassen, wenn sie die Überfahrt auf seiner Jacht machen wollte, und sie nahm das Anerbieten mit Freuden an. Börje wurde da fast ganz von seinem Dienst befreit und saß meistens mit seiner Frau plaudernd auf dem Achterdeck. Und jetzt schenkte er ihr das Glück der Einbildung, von dem er selbst sein ganzes Leben lang gezehrt hatte. Je mehr er an das kleine Hüttchen dachte, das zur Hälfte im Sandhügel begraben lag, desto höher erbaute er den Palast, den er ihr gerne geboten hätte. Er ließ sie im Geiste in einen Hafen gleiten, der zu Ehren der Braut Börje Nilssons mit Flaggen und Blumen geschmückt war. Er ließ sie die Begrüßungsrede des Bürgermeisters hören. Er ließ sie durch eine Triumphpforte fahren, während die Augen der Männer ihr folgten und die Frauen vor Neid erblaßten. Und er führte sie in das stattliche Haus, wo silberlockige, sich verneigende Diener an dem breiten Treppengeländer aufgereiht standen und der zur festlichen Mahlzeit gedeckte Tisch sich unter dem alten Familiensilber bog.

Als sie die Wahrheit entdeckte, glaubte sie zuerst, daß der Schiffer im Bunde mit Börje gewesen war, um sie zu betrügen, aber dann erkannte sie, daß es sich nicht so verhalten hatte. Sie hatten sich dort auf der Jacht daran gewöhnt, von Börje wie von einem großen Herrn zu reden. Es war an Bord der Hauptspaß, so recht im vollsten Ernst von seinen Reichtümern und seiner vornehmen Familie zu sprechen. Sie dachten, Börje hätte ihr die Wahrheit gesagt, und sie scherzte mit ihm wie sie alle, wenn sie von seinem großen Hause sprach. So war es möglich, daß sie, noch als die Jacht in dem Hafen Anker warf, der neben Börjes Heimatdorf lag, es nicht anders wußte, als daß sie eines reichen Mannes Gattin war.

Börje bekam für einen Tag Urlaub, um seine Frau in ihr künftiges Heim einzuführen und sie mit dem neuen Leben bekannt zu machen. Als sie nun an dem Kai landeten, wo Flaggen wehen und Menschenscharen den Neuvermählten entgegenjubeln sollten, herrschte da nur Leere und Alltagsruhe. Börje merkte, daß seine Frau sich mit einer gewissen Enttäuschung umsah.

»Wir sind zu früh gekommen«, hatte er da gesagt. »Die Fahrt ist bei diesem schönen Wetter merkwürdig rasch gegangen. Jetzt haben wir auch keinen Wagen da, und wir haben einen weiten Weg, denn das Haus liegt außerhalb der Stadt.«

»Das tut nichts, Börje«, hatte sie geantwortet, »das Gehen wird uns gut tun, nachdem wir so lange an Bord stillgesessen haben.«

Und so traten sie ihre Wanderung an, diese schreckensvolle Wanderung, an die sie noch in ihren alten Tagen nicht denken konnte, ohne vor Angst zu stöhnen und schmerzlich die Hände zu ringen. Sie gingen über weite, menschenleere Straßen, die sie sogleich nach seiner Beschreibung erkannte. Sie glaubte in der dunklen Kirche und in den gleichmäßigen Holzhäusern alte Freunde zu begrüßen, doch wo blinkten die bildergeschmückten Giebel und die Marmortreppe mit dem breiten Geländer?

Da hatte ihr Börje zugenickt, so, als erriete er ihre Gedanken. »Es ist noch weit hin«, hatte er gesagt.

Wäre er doch barmherzig gewesen. Hätte er doch ihrer Hoffnung auf einmal den Todesstoß gegeben. Sie hatte ihn damals so lieb gehabt. Wenn er ganz aus freien Stücken alles gesagt hätte, so wäre in ihrer Seele kein Groll gegen ihn aufgekeimt. Aber daß er ihre Angst, betrogen zu werden, sah, und dennoch fortfuhr, sie zu täuschen, das hatte ihr allzu schweren Schmerz bereitet. Das hatte sie ihm nie ganz verzeihen können.

Sie konnte sich freilich sagen, daß er sie so weit wie möglich führen wollte, damit sie ihm nicht entfliehen konnte, aber sein Betrug rief eine solche Todeskälte in ihr hervor, daß keine Liebe sie ganz aufzutauen vermochte.

Sie gingen durch die Stadt und kamen auf die angrenzende Ebene. Da zeigten sich mehrere Reihen dunkler Wallgräben und hoher, grüner Erdwälle, Überreste aus jener Zeit, als die Stadt befestigt gewesen war, und an dem Punkt, wo das alles sich zu einer Festung zusammenschloß, sah sie ein paar altertümliche Bauten und große, runde Türme. Sie warf einen scheuen Blick hin, doch Börje bog zu den Wällen ein, die am Meeresufer entlangführten.

»Das ist ein Abkürzungsweg«, sagte er, denn sie schien sich zu wundern, daß hier nur ein schmaler Pfad war.

Er war sehr einsilbig geworden, sie begriff dann, daß er es nicht so ergötzlich fand, wie er es sich gedacht hatte, mit seiner Frau zu der armseligen, kleinen Hütte im Fischerdorf zu kommen. Es schien ihm jetzt nicht so herrlich, eines besseren Mannes Kind heimzuführen. Er hatte große Angst vor dem, was sie tun würde, wenn sie die Wahrheit erfuhr.

»Börje«, sagte sie endlich, als sie lange den scharfen Winkeln der Strandwälle gefolgt waren, »wohin gehen wir?«

Da erhob er die Hand und deutete auf das Fischerdorf, wo seine Mutter in dem Hüttchen auf dem Sandhügel wohnte. Sie aber glaubte, er wiese auf eines der schönen

Landgüter, die am Rande der Ebene auftauchten, und wurde wieder heiterer.

Sie stiegen zu den öden Gemeindeweiden hinab, und da überfiel sie wieder die alte Angst. Da, wo jedes Erdhügelchen, wenn man nur einen Blick dafür hat, Schönheit und Abwechslung bietet, sah sie nur ein häßliches, sumpfiges Feld. Und der Wind, der draußen in steter Bewegung war, fuhr ihnen pfeifend entgegen und flüsterte von Unglück und Verrat.

Börje beschleunigte seine Schritte immer mehr, und schließlich erreichten sie das Ende der Weiden und waren bei dem Fischerdörfchen angelangt. Sie, die es zuletzt gar nicht mehr gewagt hatte, irgendwelche Fragen zu stellen, faßte wieder neuen Mut. Hier war abermals eine einförmige Häuserreihe, und diese erkannte sie noch besser als die in der Stadt. Vielleicht hatte er doch nicht gelogen.

Aber ihre Erwartungen waren so herabgestimmt, daß sie seelenvergnügt gewesen wäre, wenn sie bei einer der schmucken Wohnstätten hätte halt machen können, wo Blumen und weiße Gardinen hinter blanken Fensterscheiben blinkten. Es war ihr schmerzlich, an ihnen vorbeigehen zu müssen.

Da erblickte sie mit einem Male am äußersten Ende des Fischerdorfes eine elende Hütte, und es war ihr, als hätte sie diese schon längst in ihren Träumen so vor sich gesehen, wie sie jetzt in Wirklichkeit war.

»Ist es hier?« sagte sie und blieb gerade am Fuße des kleinen Sandhügels stehen.

Er nickte fast unmerklich mit dem Kopf und fuhr fort, auf die kleine Hütte zuzugehen.

»Warte«, rief sie ihm nach. »Wir müssen zuerst miteinander sprechen, bevor ich dein Heim betrete. Du hast mich belogen«, fuhr sie drohend fort, als er sich ihr zuwendete. »Du hast mich ärger belogen, als wenn du mein größter Feind wärest. Warum hast du das getan?«

»Ich wollte dich zur Frau«, antwortete er mit leiser, unsicherer Stimme.

»Wenn du mich doch nur mit Maß zum besten gehalten hättest! Warum mußtest du alles so reich und prächtig schildern? Was wolltest du mit Bedienten und Triumphpforten und all der anderen Herrlichkeit? Glaubtest du, ich sei so erpicht auf Geld? Sahst du nicht, daß ich verliebt genug in dich war, um mit dir zu gehen? Daß du glaubtest, mich hinters Licht führen zu müssen! Daß du das Herz haben konntest, bis zuletzt bei deinen Lügen zu beharren!«

»Willst du nicht hereinkommen und Mutter begrüßen?« fragte er ganz hilflos.

»Nein, ich gehe nicht hinein.«

»Willst du also nach Hause fahren?«

»Wie könnte ich nach Hause kommen? Wie sollte ich ihnen den Schmerz bereiten, zurückzukehren, wenn sie mich für glücklich und reich halten? Aber bei dir bleibe ich auch nicht. Für den, der arbeiten kann, findet sich immer ein Auskommen.«

»Bleib«, bat er, »ich tat es nur, um dich zu gewinnen.«

»Wenn du mir die Wahrheit gesagt hättest, so wäre ich geblieben.«

»Wäre ich ein reicher Mann gewesen und hätte mich für arm ausgegeben, so bliebest du schon.«

Sie zuckte die Achseln und wandte sich zum Gehen, als die Tür der Hütte aufgerissen wurde und Börjes Mutter herauskam. Sie war ein kleines, vertrocknetes altes Weiblein mit wenig Zähnen und viel Runzeln, aber nicht so alt an Jahren und Gemüt wie sie aussah. Sie hatte wohl einiges gehört und das übrige erraten; denn sie wußte, worüber sie zankten. »So«, sagte sie, »dies ist die feine Schwiegertochter, die du mir gebracht hast, Börje. Und du hast es wieder nicht mit der Wahrheit gehalten, wie ich höre.« Aber auf Astrid ging sie freundlich zu. »Komm du mit mir herein, du armes Kind. Ich kann mir denken, daß du müde und erschöpft bist. Siehst du, dies ist meine Hütte. Er darf nicht herein. Aber komm du nur. Jetzt bist du meine Tochter, und ich kann dich nicht zu fremden Leuten gehen lassen.«

Sie streichelte die Schwiegertochter und gab ihr Koseworte und schob und zog sie ganz unmerklich zur Tür hin. Schritt für Schritt lockte sie sie weiter und bekam sie schließlich in die Hütte, aber Börje schloß sie wirklich aus. Und drinnen begann nun die Alte zu fragen, wer sie sei und wie alles zugegangen wäre. Und sie weinte über sie und brachte sie dazu, auch über sich selbst zu weinen. Furchtbar streng war die Alte. Sie Astrid, tät ganz recht, bei einem solchen Manne könnte sie nicht bleiben. Es stimmte wohl, daß er lügt, ja, ganz gewiß stimmte es.

Sie erzählte ihr, wie es ihr mit dem Sohne ergangen war. Er war schon als kleines Kind so schön von Gesicht und Gestalt gewesen, daß sie sich immer darüber wundern mußte, daß er armer Leute Kind war. Er war wie ein kleiner verirrter Prinz gewesen. Und später hatte es immer so ausgesehen, als wäre er nicht auf seinem richtigen Platze. Er sah alles so groß. Er konnte nicht den richtigen Maßstab finden, wenn es sich um ihn selbst handelte. Seine Mutter hatte deswegen schon viele Tränen vergossen. Aber nie zuvor hatte er mit seinen Lügen etwas Böses angestellt. Hier, wo er bekannt war, lachten ihn die Leute nur aus. – Aber jetzt war er wohl so sehr in Versuchung geführt worden ... Schien es ihr, Astrid, nicht selbst wunderlich, wie sie dieser Fischerjunge hatte hinters Licht führen können? Er hatte immer so viel von feinen Dingen gewußt, als wäre es ihm angeboren. Er war wohl ganz verkehrt in die Welt gekommen. Das sah man ja auch daran, daß er nie daran gedacht hatte, sich eine Frau aus seinem eignen Stande zu wählen. Die Alte redete und redete. Astrid schwieg und dachte nach. »Sieh«, sagte die Alte unter anderem, »mir kann es nie gelingen, ihm den Hochmut und die Prahlsucht abzugewöhnen, aber eine, die klüger wäre als ich, könnte es vielleicht. Und er ist tüchtig und gut, mein Junge. Es lohnte wohl der Mühe. Aber du kannst morgen gehen. Ja, du sollst gehen.«

»Wo schläft er heute nacht?« fragte Astrid plötzlich.

»Ich denke, er liegt hier draußen im Sande. Er hat wohl nicht die Ruhe, von hier fortzugehen.«

»Es wäre wohl am besten, wenn er hereinkäme«, sagte Astrid.

»Liebstes Kind, du kannst ihn doch nicht sehen wollen! Er wird sich draußen schon behelfen, wenn ich ihm eine Decke gebe.«

Sie ließ ihn wirklich diese Nacht draußen im Sande schlafen und schickte ihn am nächsten Tage in aller Frühe in die Stadt, da sie es für das beste hielt, wenn Astrid ihn nicht sah. Und mit ihr redete und redete sie und hielt sie fest, nicht mit Zwang, sondern mit Klugheit, nicht mit Schmeichelei, sondern mit wirklicher Güte.

Doch als sie es endlich erreicht hatte, daß die Schwiegertochter blieb und dem Sohne erhalten war, und als sie die jungen Leute versöhnt und Astrid gelehrt hatte, daß es gerade ihre Lebensaufgabe war, Börje Nilssons Frau zu sein und ihm soviel Gutes zu tun wie sie konnte – und dies war nicht die Arbeit einer Abendstunde, sondern die Mühe vieler Tage gewesen –, da hatte sich die Alte zum Sterben hingelegt. Und in diesem Leben mit seiner treuen Fürsorge lag ein Sinn, dachte Börje Nilssons Frau.

Aber in ihrem eigenen Leben sah sie keinen Zweck. Der Mann ertrank nach einigen Jahren der Ehe, und ihr einziges Kind starb ganz jung. Sie hatte bei ihrem Mann keine Veränderung herbeiführen können. Ernst und Wahrhaftigkeit hatte sie ihn nicht zu lehren vermocht. Eher hatte sie sich verändert, denn sie war immer mehr wie die Fischersleute geworden. Sie wollte keinen der Ihren sehen; denn sie schämte sich, daß sie jetzt in allen Stücken einer Fischersfrau glich. Wenn nur dies alles irgend etwas genützt hätte! Wenn sie, die ihren Lebensunterhalt durch das Ausbessern der Fischernetze bestritt, nur wüßte, warum sie überhaupt lebte! Wenn sie doch jemanden glücklich oder besser gemacht hätte!

Nie kam es ihr in den Sinn, zu denken, daß, wer sein Leben für verfehlt hält, weil er anderen nichts Gutes getan habe, vielleicht durch diesen Gedanken der Demut seine Seele gerettet hat.

Der Fischerring

Um die Regierungszeit des Dogen Gradenigo lebte in Venedig ein alter Fischer namens Cecco. Er war einst sehr stark gewesen und noch jetzt rüstig für sein Alter, aber in der letzten Zeit hatte er doch aufgehört zu arbeiten. Er ließ sich von seinen zwei Söhnen erhalten. Er war sehr stolz auf diese Söhne und liebte sie, aber er hatte sie auch fast allein auferzogen. Ihre Mutter war früh gestorben, und so hatte Cecco für alles sorgen müssen. Er hatte ihnen Kleider und Essen gegeben; er hatte mit Nadel und Faden im Boot gesessen und genäht und geflickt und gar nicht danach gefragt, ob man ihn darum verlachte. Er allein hatte sie auch alles gelehrt, was ihnen zu wissen not tat. Ein paar tüchtige Fischer hatte er aus ihnen gemacht und sie dazu erzogen, Gott und San Marco zu ehren.

»Vergeßt nicht«, sagte er zu ihnen, »daß Venedig sich nie aus eigener Kraft erhalten könnte. Seht es an! Ist es nicht auf Wellen erbaut? Seht euch die niedrigen Inseln auf der Landseite an, wo das Wasser zwischen dem Seegras auf und nieder schaukelt. Ihr würdet den Fuß nicht hinsetzen wollen, und doch ruht auf solchem schwanken Grunde die ganze Stadt. Und wißt ihr nicht, daß der Nordsturm die Macht hat, Kirchen und Paläste ins Meer zu stürzen? Wißt ihr nicht, daß wir Feinde von so großer Gewalt haben, daß alle Fürsten der Christenheit sie nicht zu besiegen vermöchten? Darum sollt ihr allezeit zu San Marco beten, denn er ist es, der mit starker Hand Venedig über den Meerestiefen schwebend erhält.«

Abends wenn das Mondlicht auf Venedig fiel, wenn sie sachte den Canal Grande hinaufglitten und die Gondeln voller Sänger waren; wenn die Paläste erblichen und tausend Lichtstreifen über dem dunklen Wasser lagen, dann erinnerte er sie immer daran, daß sie für Leben und Glück San Marco zu preisen hätten. Aber er vergaß seiner auch am Tage nicht. Wenn sie von einem Fischfang heimkamen und über das lichtblaue und goldglänzende Lagunenwasser glitten, wenn die Stadt sich vor ihnen auf den Wellen schwebend erhob, wenn die großen Schiffe hafenaus und hafenein glitten und der Dogenpalast ihnen entgegenleuchtete wie ein großer, verschlossener Schmuckschrein, in dem alle Schätze der Welt verwahrt lagen, dann vergaß er nie, ihnen einzuprägen, daß dies alles San Marcos Gaben wären und daß alles vergehen würde, wenn ein einziger Venezianer undankbar genug wäre, ihn nicht mehr andächtig zu verehren.

Nun geschah es, daß die Söhne sich eines Tages auf einen großen Fischzug auf das offene Meer begaben. Sie waren in Gesellschaft, hatten eine prächtige Schaluppe und gedachten, einige Tage fortzubleiben. Das Wetter war schön, und sie hofften, einen guten Fang zu machen.

Als sie draußen auf dem Meer waren, stiegen einige Fischer in ein Boot und ruderten von der Schaluppe fort, um die Netze auszuwerfen. Es war heller Sonnenschein; niemand dachte an eine Gefahr. Sie hatten ein gutes Boot und waren seetüchtige Leute.

Nach einer Weile jedoch merkten die auf der Schaluppe Zurückgebliebenen, daß sich das Meer und der Himmel im Norden rasch verdunkelten. Sie begriffen, daß Nordwind im Anzuge war, und begannen, nach den Kameraden zu rufen, aber diese waren schon zu weit entfernt, um die Warnung zu hören.

Der Wind erreichte zuerst das Boot. Als die Fischer plötzlich die Wellen sahen, stellte sich einer von ihnen auf und winkte den Kameraden auf der Schaluppe, aber in demselben Augenblick taumelte er rücklings ins Meer. Gleich darauf kam eine Woge, die das Boot ganz auf die Spitze stellte, und man sah, wie die Leute gleichsam von den Ruderbänken geschüttelt und ins Meer geschleudert wurden. Alles war in einem Moment verschwunden. Dann kam das Boot mit umgekehrtem Kiel wieder zum Vorschein. Man versuchte nun, die Schaluppe an die Unglücksstelle zu bringen, aber man vermochte nicht, gegen den Wind zu arbeiten.

Es war ein furchtbarer Sturm, der über das Meer kam, und die Fischer in der Schaluppe hatten bald genug mit ihrer eigenen Rettung zu tun. Sie kehrten aber doch glücklich heim und erzählten das Unglück. Ceccos beide Söhne und drei andere waren umgekommen.

Lieber Gott, wie sich doch alles fügen kann! Cecco war an demselben Morgen hinunter zur Rialtobrücke gegangen, um sich den Fischhandel anzusehen. Er ging zwischen den Fischständen hin und her und brüstete sich wie ein Edelmann, weil er nicht zu arbeiten brauchte. Ja, er nahm sogar ein paar alte Fischer in eine Osteria mit und lud sie zu einem Becher Weines ein.

Er setzte sich breit auf die Bank und prahlte mit seinen Söhnen. Er geriet in so gute Laune, daß er die Zechine herausnahm, die er vom Dogen bekommen hatte, weil er ein Kind vor dem Ertrinken im Canal Grande gerettet hatte. Er hielt große Stücke auf die stattliche Goldmünze. Er trug sie immer bei sich und zeigte sie, sobald sich eine Gelegenheit dazu bot. Da kam ein Mann herein und begann von dem Unglück zu erzählen, ohne auf Cecco zu achten. Aber er hatte noch nicht lange gesprochen, als der Fischer sich über ihn warf und ihn an der Kehle packte.

»Du willst doch nicht sagen, daß sie tot sind«, schrie er ihn an, »nicht meine Söhne, hörst du, nicht meine Söhne!«

Der Mann riß sich los, aber Cecco gebärdete sich, als hätte er den Verstand verloren.

Die Vorübergehenden hörten ihn schreien und wehklagen; sie drängten sich in die Osteria und standen im Kreise um ihn herum wie um einen Gaukler.

Cecco lag auf dem Boden und krümmte sich. Er schlug mit der Hand auf den harten Stein und rief einmal ums andre: »Das ist San Marco, San Marco, San Marco.«

»Ah, Cecco, du bist durch deinen Schmerz von Sinnen«, sagte man zu ihm.

»Ich wußte, es würde draußen auf dem Meere geschehen«, sagte Cecco, »ich wußte, es würde geschehen. San Marco würde sie dort ereilen. Er trug ihnen Groll nach. Ich habe es lange gefürchtet. Ja«, sagte er, ohne auf die Beruhigungen der anderen zu hören, »sie haben ihn einmal verlacht als wir draußen waren. Er hatte es nicht vergessen. Er duldet es nicht, daß man ihn verlacht.«

Cecco ließ seine verwirrten Blicke rings über die Umstehenden wandern, als suche er Hilfe. »Hörst du, Beppo von Malamocco«, sagte er und reichte einem großen Fischer die Hand hin, »glaubst du nicht, daß es San Marco war?«

»Denke doch nur nicht so etwas, Cecco!«

»Du sollst hören, wie es war, Beppo. Siehst du, als meine Kinder noch klein waren, lagen wir einmal draußen auf dem Meere, und damit uns die Zeit nicht lang würde, erzählte ich ihnen, wie San Marco nach Venedig gekommen ist. San Marco, der Evangelist, sagte ich ihnen, lag zuerst in einem schönen Dome zu Alexandria in Ägypten begraben. Aber die Stadt kam in die Hände der Ungläubigen, und ihr Kalif befahl, einen prächtigen Palast in Alexandria zu erbauen und Säulen aus den Kirchen der Christen zu nehmen, um ihn zu schmücken. Aber gerade um diese Zeit weilten zwei venezianische Kaufleute im Hafen von Alexandria mit zehn reich beladenen Schiffen. Als diese Männer in die Kirche kamen, wo San Marco begraben lag, und von dem Befehle des Kalifen vernahmen, sagten sie zu den betrübten Priestern: ›Die kostbare Leiche, die ihr in eurer Kirche habt, ist in Gefahr, von den Sarazenen entweiht zu werden. Gebt sie uns! Wir wollen sie ehren, denn San Marco war der erste, der das Christentum auf den Lagunen predigte, und der Doge wird euch belohnen.‹ Da gaben die Priester ihre Zustimmung. Damit die Christen Alexandrias sich dem Vorhaben nicht widersetzten, legten sie die Leiche eines anderen heiligen Mannes in den Sarg des Evangelisten. Aber damit die Sarazenen auch nicht erführen, daß die Leiche fortgebracht wurde, legten sie sie auf den Boden einer großen Kiste und bedeckten sie mit Schinken und Rauchfleisch, dessen Geruch die Sarazenen nicht vertragen konnten, so daß die Zollwächter, als sie den Deckel der Kiste öffneten, wegeilten. Aber die beiden Kaufleute brachten San Marco unversehrt nach Venedig. Du kennst ja die Erzählung, Beppo.«

»Ja gewiß, Cecco.«

»Ja, aber nun sollst du hören«, und Cecco richtete sich halb auf und sprach mit dumpfer Stimme: »–als ich erzählte, daß der Heilige unter dem Speck gelegen hat, begannen die Jungen aus vollem Halse zu lachen. Ich hieß sie schweigen, aber sie lachten nur um so mehr. Giacomo lag flach im Vordersteven, und Pietro ließ die Beine über den Bootsrand hängen; und sie lachten so, daß man es weit übers Meer hinaus hörte.«

»Nun, aber Cecco, zwei Kinder werden doch wohl lachen dürfen.«

»Aber begreifst du denn nicht, daß sie heute dort gestorben sind. An derselben Stelle! Könntest du sonst begreifen, warum sie gerade dort sterben mußten?« Nun begannen sie alle zu sprechen und ihn zu trösten. Es sei sein Schmerz, der ihn irre leite. San Marco sei nicht so. Er nehme nicht Rache an zwei Kindern. Es sei ja natürlich, daß ein Boot auf offenem Meer in den Sturm gerate und nicht im Hafen.

Nein, seine Söhne hätten nicht in Feindschaft mit San Marco gelebt. Sie hätten ebenso eifrig wie jeder andere »Evviva San Marco« gerufen.

»Aber du, Cecco«, sagten sie, »du bringst Unglück über uns mit deinen Reden über San Marco. Du bist doch ein alter und weiser Mann, du solltest es besser wissen und ihn nicht gegen die Venezianer aufreizen. Was sind wir ohne ihn?«

Cecco saß da und sah sie mit verwirrten Blicken an. »Ihr glaubt es also nicht?« sagte er.

»Kein vernünftiger Mensch kann so etwas glauben.« Es sah aus, als wäre es ihnen geglückt, ihn zu beruhigen.

»Ich will auch versuchen, es nicht zu glauben«, sagte er, stand auf und ging zur Tür. »Es wäre zu grausam, nicht wahr? Sie waren zu schön und zu frisch, als daß jemand sie hätte hassen können. Ich will es nicht glauben.«

Er ging heim, und in dem Gäßchen vor seiner Tür traf er eine Nachbarsfrau.

»Sie lesen jetzt eben im Dom die Seelenmesse«, sagte sie zu Cecco und eilte fort. Sie hatte Furcht vor seinem Aussehen.

Da nahm Cecco das Boot und steuerte durch die kleinen Kanäle, bis er freien Ausblick hatte. Dort sah er nach dem

Meere hinaus. Ach, es war ein tüchtiger Wind, aber wahrlich kein Sturm. Und in solchem Wetter sollten seine Söhne ihr Leben eingebüßt haben? Es war unbegreiflich.

Er machte das Boot fest und ging über die Piazzetta in die Markuskirche hinein. Dort war viel Volk, und alle lagen auf den Knien und beteten in großer Herzensangst.

Cecco fiel nicht auf die Knie, sondern blieb stehen. Er erinnerte sich, wie er mit seinen Söhnen hierhergekommen war und sie gelehrt hatte, zu San Marco zu beten.

»Er ist es, der uns über die Meere führt, er ist es, der uns die Pforten von Byzanz geöffnet und uns die Herrschaft über die Inseln des Ostens geschenkt hat«, hatte er zu ihnen gesagt. Zum Dank dafür hatten die Venezianer San Marco den schönsten Tempel der Welt erbaut. Nie kehrte ein Schiff von einem ausländischen Hafen heim, ohne eine Gabe für die Kirche mitzubringen.

Dann hatten sie sich alle drei an den roten Marmorwänden des Domes erfreut und an der goldnen, mosaikgezierten Decke. Und er hatte ihnen gesagt, daß kein Unglück eine Stadt treffen könnte, die ihrem Schutzherrn eine solche Burg errichtet hätte.

Cecco sank in aller Hast auf die Knie und begann Pater noster um Pater noster zu beten.

Die schlimmen Gedanken kamen wieder, das fühlte er. Er wollte sie mit Gebeten von sich weisen. Er wollte nichts Böses von San Marco glauben.

Aber es war ja heute morgen gar kein Sturm gewesen. Und das stand fest: wenn der Heilige nicht selbst das Unglück hervorgerufen hatte, so hatte er auch nichts getan, um seinen Söhnen beizustehen; er hatte sie verderben lassen, zur Kurzweil gleichsam.

Sobald er sich bei solchen Gedanken ertappte, vertiefte er sich aufs neue ins Gebet, aber die Gedanken wollten sich nicht verscheuchen lassen.

Und dabei zu denken, daß San Marco hier im Dom eine Schatzkammer hatte, mit Märchenherrlichkeit gefüllt; zu denken, daß er selbst sein ganzes Leben lang zu ihm gebetet hatte und selten an der Piazzetta vorbeigerudert war, ohne hineinzugehen und ihn anzurufen ...

Es mußte wohl seinen Grund haben, daß die Söhne gerade dort draußen ihr Leben eingebüßt hatten. Ah, es war ein Elend für die Venezianer, nichts Besseres zu haben, worauf sie bauen konnten! Man denke: ein Heiliger, der Rache an zwei Kindern nahm, ein Schutzherr, der nicht vor einem Küstenwind zu schützen vermochte!

Er hatte sich erhoben, zuckte die Achseln und ließ die Arme sinken, als er zu dem Heiligengrab im Chore hinsah.

Ein Kirchendiener ging mit einem großen vergoldeten Teller umher und sammelte Gaben für San Marco ein. Er ging von Mann zu Mann und kam auch zu Cecco.

Cecco prallte zurück, als reiche ihm der böse Feind den Teller. Begehrte San Marco Gaben von ihm? Meinte er, Gaben von ihm verdient zu haben? Doch plötzlich griff er nach der großen, goldenen Zechine, die er im Gürtel trug, und schleuderte sie mit solcher Gewalt auf den Teller, daß man den Klang durch die ganze Kirche hörte. Die Betenden wendeten aufgestört die Köpfe. Und jeden, der Ceccos Antlitz sah, erfaßte Entsetzen. Er sah aus, als hätten die Dämonen Macht über ihn bekommen.

Cecco ging aus der Kirche und fühlte sich anfangs erleichtert, da er sich an dem Heiligen gerächt hatte. Er war mit ihm verfahren wie mit einem Wucherer, der mehr haben will, als er zu bekommen hat. »Nimm auch das«, sagt man und schleudert ihm das letzte Goldstück an den Kopf, aber der Wucherer schlägt nicht zurück; er bückt sich nur und hebt die Zechine auf. So hatte es auch San Marco gemacht.

Er hatte Ceccos Zechine angenommen, nachdem er ihm seine Söhne geraubt hatte. Er hatte eine Gabe angenommen, die mit Haß gegeben wurde. Hätte ein ehrlicher Mann sich dazu herbeigelassen? Aber San Marco war ein jämmerlicher Patron, ebenso feige wie rachsüchtig.

An Cecco würde er sich nicht rächen. Er war wohl froh und dankbar über die Zechine. Er strich sie ein und tat, als wäre sie ihm in aller Frömmigkeit gegeben.

Als Cecco in der Vorhalle von San Marco stand, kamen zwei Kirchendiener vorbeigeeilt. »Es steigt, es steigt ganz furchtbar«, sagte der eine.

»Was?« fragte Cecco.

»Das Wasser in der Krypta. In diesen letzten Minuten ist es um einen Fuß gestiegen.«

Als Cecco auf die Kirchentreppe hinauskam, bemerkte er eine kleine Wasserlache auf dem Platze, gleich bei der untersten Stufe. Das war das Meerwasser, das von der Piazzetta heraufspritzte.

Es überraschte ihn, daß das Meer so hoch gestiegen war; er eilte zur Riva hinunter, wo er sein Boot hatte. Dort war alles, wie er es verlassen hatte, nur daß das Wasser sich recht bedeutend erhoben hatte. Es kam in breiten Wellen herangerollt. Die Kanäle stiegen, so daß die Wassertore der Häuser geschlossen werden mußten. Der Himmel war gleichmäßig grau wie das Meer.

Es kam Cecco gar nicht in den Sinn, daß dies ein ernsthaftes Unwetter werden könnte. Er wollte an so etwas nicht glauben. San Marco hatte seine Söhne ohne Grund sterben lassen; dies war gewiß kein ernstlicher Sturm. Das wollte er doch sehen, ob daraus etwas werden könnte. Und er setzte sich neben sein Boot und wartete.

Da begann die glatte Wolkendecke, die den Himmel verhüllte, zu zerreißen. Große Gewitterwolken, schwarz wie Kriegsschiffe, zogen herauf und aus ihnen rauschte peitschender Regen und Hagel auf die Stadt hinunter.

Der Wind war jetzt so stark, daß die Möwen ihr ruhiges Schweben nicht fortsetzen konnten, sondern aus ihren Bahnen geschleudert wurden. Bald sah Cecco sie mühsam dem Meere zustreben, um nicht vom Sturme ergriffen und gegen die Mauern der Häuser geworfen zu werden. Die vielen hundert Tauben auf dem Markusplatz flogen auf und bargen sich in den Ecken und Winkeln des Kirchendachs.

Aber nicht nur die Vögel wurden von dem Unwetter erfaßt. Schon hatten sich ein paar Gondeln losgerissen. Sie wurden gegen den Strand geschleudert, daß sie dem Zerschellen nahe waren. Alle Gondolieri kamen herangestürzt, um die Boote in den Bootshütten zu bergen oder in die kleinen Kanäle wegzuführen. Die Seeleute auf den Schiffen im Hafen arbeiteten an den Ankertauen, drückten die Mützen tief in die Stirne und sahen sich nach allem beweglichem Gut um, das unter Deck gebracht werden mußte. Den Canal Grande herunter kam eine ganze Fischerflotte gestürmt. Alle Fischer waren auf der Flucht, um ihr Heim zu erreichen, bevor der Sturm übermächtig würde.

Cecco lachte, als er die Fischer über die Ruder gebeugt stehen sah, als flüchteten sie vor dem Tode. Sahen sie denn nicht, daß dies nur ein Windstoß war? Er brachte sein Boot nicht in Sicherheit. Der Sturm wurde immer heftiger. Die Wäschestege wurden von den Wellen emporgehoben und aufs Land geworfen, indes die Wäscherinnen schreiend flüchteten. Den Signori wurden die breitkrempigen Hüte von den Köpfen gerissen und in die Kanäle geschleudert. Gassenjungen fischten sie hocherfreut heraus. Segel wurden von den Masten gerissen und flatterten dröhnend durch die Luft; Kinder wurden umgeblasen, und die Wäschestücke, die in den schmalen Gäßchen auf Leinen hingen, flogen auf und fielen weit entfernt ganz zerfetzt zu Boden.

Cecco lachte über den Sturm, der da sein Spielchen trieb, die Vögel verscheuchte und Unfug in den Gassen anrichtete, zog aber doch sein Boot unter eine Brückenwölbung.

Gegen Abend fand Cecco, daß es gut wäre, jetzt auf dem Meere zu sein. Auf dem Lande war es unheimlich. Hier barsten Schornsteine; die Dächer der Bootshütten flogen ans Ufer. Dachziegel regneten in die Kanäle. Der Wind schlug Türen und Fenster zu, brauste in die offenen Loggien der Paläste und brach die Verzierungen los.

Cecco hielt sich noch tapfer, aber er ging nicht nach Hause, um sich niederzulegen. Als jemand an ihm vorüberging und sagte, dies sei ein schreckliches Wetter, wollte er es nicht zugeben. Er hätte in seiner Jugend schon ganz andre Wetter durchgemacht, sagte er. Als die Nacht kam, stürmten Meer und Wind so gewaltig, daß Venedig in seinen

Grundfesten erzitterte. Der Doge Gradenigo und die Herren des hohen Rats begaben sich in finstrer Nacht in die Markuskirche, um für die Stadt zu beten. Fackelträger gingen ihnen voraus. Die Flammen flatterten flach im Winde. Er zerrte so heftig an dem schweren Brokatgewand des Dogen, daß zwei Männer es halten mußten.

Cecco fand, dies sei das Wunderlichste, das er je gesehen hätte. Doge Gradenigo selbst zog zum Dom, um solch eines unbedeutenden Lüftchens willen. Was würden die Menschen erst beginnen, wenn ein richtiger Sturm käme?

Die Wellen schlugen unaufhörlich gegen den gepfählten Strand. Es war, als sprängen weißhäuptige Ungeheuer aus der Tiefe und klammerten sich mit Zähnen und Klauen an die Pfosten, um sie vom Strande loszureißen. Cecco vermeinte, ihr erbostes Zischen zu hören. Ein Schauer begann ihn zu packen.

Jetzt bei Nacht kam ihm der Sturm viel furchtbarer vor. Er hörte Rufe die Luft durchschneiden, die nicht die Rufe des Windes waren; zuweilen kamen schwarze Wolken wie eine Reihe schwerer Galeeren getrieben, und es war, als rückten sie zum Sturmlauf an.

Dann hörte er es deutlich aus ein paar zerrissenen Wolken sprechen.

»Nun schlägt die Stunde für Venedig«, ertönte es aus der einen Wolke, »bald kommen unsre Brüder, die Dämonen, und vernichten die Stadt.«

»Ich fürchte, San Marco läßt es nicht geschehen«, sprach es aus der andern Wolke.

»San Marco ist von einem Venezianer vor die Stirne geschlagen worden, so daß er machtlos daliegt und niemand helfen kann«, sagte die erste Stimme.

Die Worte erreichten den alten Cecco, und von Stund an lag er auf den Knien und betete zu San Marco um Gnade und Vergebung.

Denn es war so, wie die Dämonen gesagt hatten. Die schöne Inselkönigin war ihrem Untergange nahe. Ein Venezianer hatte San Marco gelästert, und darum war Venedig im Begriff, vom Meere hinweggespült zu werden. Es sollte keine Mondscheinfahrten mehr auf den Kanälen geben; keine Barcarolen sollten mehr von schwarzen Gondeln erklingen. Das Meer wollte die goldblonden Signoras, die stolzen Paläste und den güldenen Markusdom verschlingen.

Wenn niemand diese Schlamminseln schützte, waren sie dem Verderben geweiht. Bevor San Marco nach Venedig kam, war es oft geschehen, daß große Stücke der Inseln von den Wogen hinweggespült wurden.

Mit dem ersten Morgengrauen begannen die Glocken der Markuskirche zu läuten. Alles Volk strömte zur Kirche, während ihnen der Wind die Kleider fast vom Leibe riß. Die Priester öffneten die Hauptportale des Doms, und in langer Reihe ergoß sich die Prozession aus der Kirche. Voran wurde das Kreuz getragen, dann kamen die Fackelträger, am Ende führte man San Marcos Banner und die heilige Hostie. Aber der Sturm warf die Kreuzträger zu Boden, löschte die Wachslichter und schleuderte den Baldachin, der über der Hostie gehalten wurde, auf das Dach des Dogenpalastes. Mit knapper Not wurde San Marcos Banner mit dem geflügelten Löwen davor bewahrt, durch die Luft entführt zu werden.

Cecco sah dies alles und schlich laut klagend zum Boote hinunter. Den ganzen Tag lag er am Strande; oft gingen die Wellen über ihn hin, und er war nahe daran, ins Meer gerissen zu werden. Den ganzen Tag war er in unablässige Gebete zu Gott und San Marco versunken. Er fühlte, daß von seinen Gebeten das Schicksal der ganzen Stadt abhing.

Der Sturm dauerte den ganzen Tag mit der gleichen Heftigkeit fort. Gegen Abend versammelte sich eine große Menschenschar auf dem Markusplatz und der Piazzetta, obgleich diese überschwemmt waren. Die Menschen wagten es nicht, in den Häusern zu bleiben, die in ihren Grundfesten erbebten. Wohnstätten standen unter Wasser, Kinder ertranken in ihren Wiegen, Greise und Kranke folgten den einstürzenden Häusern in die Wellen.

Cecco lag noch immer da und betete zu San Marco. Ah, das Vergehen eines geringen Fischers konnte doch nicht so hoch angeschlagen werden! Der Heilige konnte nicht ohnmächtig sein um seinetwillen. Mochte er doch ihn und sein Boot den Dämonen übergeben. Er verdiente es nicht besser. Aber nicht die ganze Stadt! Gott sollte sich erbarmen!

»Meine Söhne«, sagte Cecco zu San Marco, »was bedeuten meine Söhne, wenn es Venedig gilt! Ich wollte einen Sohn hingeben für jeden Dachziegel, der in Gefahr ist, in den Kanal geweht zu werden, wenn ich ihn um diesen Preis festzuhalten vermöchte. Oh, San Marco, auch der geringste Stein von Venedig ist so viel wert wie ein blühender Sohn.«

Zuweilen sah er entsetzliche Dinge. Da war eine große Galeere, die sich vom Anker losgerissen hatte und nun ans Land getrieben wurde. Sie ging gerade gegen den gepfählten Strand los und stieß mit dem Widderkopfe, den sie am Vordersteven trug, zu, als sollte sie sich in ein feindliches Schiff bohren. Stoß um Stoß führte sie, und der Anprall war so furchtbar, daß das Schiff sogleich aus den Fugen ging. Die Wellen leckten hinein, die Spalten weiteten sich, und das stolze Fahrzeug wurde in Stücke gerissen. Aber die ganze Zeit klammerten sich der Kapitän und ein paar Leute der Besatzung, die das Schiff nicht verlassen wollten, an das Verdeck, ohne zu versuchen, dem Tode zu entkommen.

So kam die zweite Nacht, und Ceccos Gebete ließen nicht ab, an die Himmelstür zu pochen.

»Laß mich allein leiden«, sagte er. »San Marco, dies ist mehr, als ein Mann ertragen kann, wenn er andre mit ins Unglück stürzen sieht. Sende doch deinen Löwen und töte mich; ich will nicht von der Stelle weichen. Was ich für die Stadt dahingeben soll, sag es mir, ich opfere es gern.«

Als er dieses sagte, blickte er zur Piazzetta hinüber, und es war ihm, als könnte er den Markuslöwen auf der Granitsäule nicht mehr sehen. Hatte San Marco zugelassen, daß sein Löwe zur Erde geweht wurde? Der alte Cecco weinte. Er war nahe daran, an Venedig zu verzweifeln.

Während er so dalag, sah er die ganze Zeit über Gesichte und und hörte Stimmen. Die Dämonen sprachen und tobten rings um ihn. Er hörte sie gleich wilden Tieren zischen, wenn sie sich gegen die Strandpfähle warfen. Er fragte nicht viel danach. All sein Sinnen und Trachten galt Venedig.

Da hörte er über sich starken Schwingenschlag, und das Herz sank ihm im Leibe; das war sicherlich San Marcos Löwe, der da geflogen kam. Es regte sich in der Luft. Der alte Cecco dachte daran, ins Boot zu kriechen und sich in Sicherheit zu bringen, aber er ermannte sich und blieb, wo er war.

In demselben Augenblick stand urplötzlich ein großer, ehrwürdiger Mann neben ihm.

»Guten Abend, Cecco«, sagte der Mann, »nimm dein Boot und führe mich hinüber nach San Giorgio Maggiore.«

»Ja«, sagte der alte Fischer, »gleich, Herr.«

Es war ihm, als erwache er aus einem Traum. Der Löwe war verschwunden, und der Mann hier kannte ihn, obgleich Cecco sich nicht entsinnen konnte, ihm schon einmal begegnet zu sein. Er war recht froh, daß er Gesellschaft fand. Die furchtbare Last und Beklemmung, die auf ihm gelegen hatten, seit er in Feindschaft mit dem Heiligen geraten war, waren auf einmal gänzlich verschwunden. Aber was nun die Überfahrt nach San Giorgio betraf, so glaubte er keinen Augenblick, daß das glücken könnte.

»Wir können ja nicht einmal das Boot herausbekommen«, sagte er zu sich selbst. Aber der Mann neben ihm erschien ihm so vertrauenerweckend, daß er es wagte, und siehe, es glückte wirklich, das Boot hervorzuziehen. Er half dem Fremdling einsteigen und ergriff das Ruder.

Cecco lachte über sich selbst. »Glaubst du denn, du könntest abstoßen?« dachte er. »Hast du je solche Wellen gesehen? So sage, daß das nicht in menschlicher Macht steht.«

Aber er konnte dem Fremdling nicht sagen, daß es ein unmögliches Unternehmen sei. Dieser saß so gelassen da, als sollte er an einem Sommerabend zum Lido fahren. Und Cecco begann nach San Giorgio Maggiore zu rudern. Es war unheimlich; einmal ums andre gingen die Wellen über sie hin. Das Boot stieg steile Anhöhen hinan und glitt hinab in tiefe Täler, aber Cecco arbeitete sich doch immer näher an San Giorgio heran.

»Wer ist es, für den du all dies tust und Boot und Leben wagst?« überlegte er. »Du weißt ja nicht einmal, ob er dich bezahlen kann. Er sieht nicht aus wie ein vornehmer Herr.«

Aber das sagte Cecco nur, um guten Muts zu bleiben und sich seiner Nachgiebigkeit nicht zu schämen. Er fühlte sich gezwungen, alles zu tun, was der Mann im Boote verlangte.

»Aber nicht bis San Giorgio, du Narr«, sagte er, »da weht der Wind noch ärger als am Rialto.«

Aber er legte dort an und hielt das Boot fest, indes der Fremdling ans Land ging. Er wollte das Boot dalassen und sich fortschleichen, aber er tat es nicht. Er hätte eher den Tod erleiden, als den Fremden im Stich lassen mögen. Er sah diesen die Insel hinaufgehen und in die Kirche San Giorgio eintreten. Bald darauf kam er zurück, von einem eisengepanzerten Ritter begleitet.

»Rudre uns jetzt hinaus nach San Niccolo am Lido«.

»Ach ja, freilich«, dachte Cecco, » warum nicht auch zum Lido?« Da es schon Todesqual gewesen war, bis nach San Giorgio zu rudern, erschrak Cecco sehr, weil er dem Fremdling so bis in den Tod gehorsam war, – denn nun ruderte er wirklich zum Lido hin.

Jetzt, da er zwei Gäste im Boote hatte, war die Arbeit noch schwerer. Er wußte gar nicht, wie er es ertragen sollte. »Du hattest doch noch viele Jahre zu leben«, sagte er vorwurfsvoll zu sich selbst. Aber das Wunderliche war, daß er dennoch nicht betrübt war. Er trauerte weder über die Söhne noch über irgend etwas andres. Und wie stolz er war, daß er sich durch den Sturm zu arbeiten verstand. »Er weiß sein Ruder zu führen, der alte Cecco«, sagte er zu sich selbst.

Sie legten am Lido an, und die beiden Fremdlinge gingen ans Land. Sie stiegen zu San Niccolo hinauf und kamen bald in Gesellschaft eines alten Bischofs zurück, der mit der Stola bekleidet war, den Stab in der Hand und die Mitra auf dem Haupte hatte.

»Rudere nun hinaus ins offene Meer«, sagte der erste Fremdling. Der alte Cecco erbebte. Sollte er ins Meer hinausrudern, wo seine Söhne den Tod gefunden hatten? Nun sagte er kein Scherzwort mehr zu sich selbst. Er dachte auch nicht so sehr an den Sturm, als an das Grauen, das darin lag, zum Grabe der Söhne hinauszufahren. Er fühlte, daß er mehr als sein Leben für die Fremden hingab.

Die drei Männer saßen schweigend im Boote. Cecco sah, wie sie sich vorbeugten und in die Dunkelheit hinausspähten. Sie hatten die Meerespforte beim Lido erreicht, und das große, sturmdurchwühlte Meer lag vor ihnen.

In Cecco schluchzte es gleichsam auf. Er dachte daran, daß hier in diesen Wellen die zwei Leichen umherrollten. Er starrte ins Wasser hinab nach den wohlbekannten Gesichtern, aber vorwärts ging es trotz alledem. Cecco ließ sich nicht unterducken.

Da erhoben sich plötzlich die drei Männer im Boote, und Cecco sank in die Knie, obgleich er noch immer das Ruder festhielt. Ein großes Schiff kam gerade auf sie zugesteuert.

Das heißt, Cecco konnte nicht genau sehen, ob es ein Schiff war oder nur treibender Nebel. Die Segel waren groß, als wären sie zu den vier Enden des Himmels gespannt. Der Rumpf war gewaltig, aber gleichsam aus dem leichtesten Meeresdunst erbaut. Cecco vermeinte, eine Besatzung von Dämonen an Bord zu sehen und ihre Rufe zu hören; aber die Dämonen waren wie eine geballte Dunkelheit und ihre Rufe wie das Brüllen des Sturmes.

Jedenfalls war es zu furchtbar, das Schiff gerade auf sie zukommen zu sehen; und Cecco schloß die Augen. Doch mußten die drei im Boote den Stoß abgewehrt haben, denn das Boot wurde nicht übersegelt. Als Cecco aufsah, war das Schiff auf der Flucht ins Meer hinaus, und laute Klageschreie drangen durch die Nacht.

Er richtete sich zitternd auf, um weiterzurudern. Er fühlte eine solche Müdigkeit, daß er kaum das Ruder führen konnte. Die Gefahr war gebannt. Der Sturm hatte aufgehört, und die Wellen legten sich zur Ruhe.

»Führe uns nun heim nach Venedig«, sagte der Fremdling zum Fischer. Cecco brachte das Boot zum Lido, wo der Bischof ausstieg, und nach San Giorgio, wo der Ritter sie verließ. Der erste mächtige Fremdling begleitete ihn bis zum Rialto. Als sie ans Land stiegen, sagte er zum Fischer:

»Wenn es tagt, sollst du zum Dogen gehen und ihm sagen, was du heute nacht geschaut hast. Sage ihm, daß San Marco, San Giorgio und San Niccolo in dieser Nacht die Dämonen, die Venedig zerstören wollten, vertrieben haben.«

»Ja, Herr«, sagte der Fischer, »ich will alles berichten. Aber wie werde ich so zu reden wissen, daß der Doge mir Glauben schenkt?«

Da reichte San Marco ihm einen Ring mit einem wundersam strahlenden Edelstein. »Zeige diesen Ring dem Dogen«, sagte er, »dann weiß er, daß er von mir Kunde bringt. Er kennt meinen Ring.«

Der Fischer nahm den Ring und küßte ihn ehrfurchtsvoll.

»Und weiter sollst du dem Dogen sagen«, fuhr der Heilige fort, »daß ich diesen Ring als ein Zeichen gebe, daß ich Venedig niemals verlassen werde. Selbst wenn der letzte Doge aus dem Palazzo ducale gezogen ist, werde ich Venedig erhalten. Selbst wenn Venedig die Inseln des Ostens verliert und die Herrschaft über das Meer, werde ich die Stadt schön und strahlend bewahren. Stets wird sie reich und geliebt sein, stets besungen und gepriesen. Sage ihm dieses, Cecco, und der Doge wird deiner in deinen alten Tagen nicht vergessen!«

Damit verschwand der Apostel, und schon kurz darauf stieg die Sonne über der Meerespforte bei Torcello empor.

Mit den ersten herrlichen Strahlen warf sie einen Rosenschimmer über das weiße Venedig und das schillernde Meer. Und in den schönen Morgen traten strahlende Venezianerinnen und lächelten von den Loggien dem Tage entgegen.

Wieder war Venedig wie eine schöne Göttin, die in rosig glitzernder Muschel über den Wellen thront. Schön wie nie zuvor, strählte sie ihr Goldhaar und hüllte sich in ihren Purpurmantel, um einem ihrer seligsten Tage entgegenzugehen. Denn ein Rausch des Glücks erfüllte die Stadt, als der Fischer dem Dogen den Ring darbrachte und alle erfuhren, daß der Heilige heute und allezeit seine schützende Hand über sie halte.

Die Legende von der Christrose

Die Räubermutter, die in der Räuberhöhle im Göinger Walde hauste, hatte sich eines Tages auf einem Bettelzug in das Flachland hinunterbegeben. Der Räubervater war ein friedloser Mann und durfte den Wald nicht verlassen. Er mußte sich damit begnügen, den Wegfahrenden aufzulauern, die sich in den Wald wagten; doch zu der Zeit, als der Räubervater und die Räubermutter sich in dem Göinger Wald aufhielten, gab es im nördlichen Schonen nicht allzuviel Reisende. Wenn es sich also begab, daß der Räubervater ein paar Wochen lang kein Glück gehabt hatte, dann machte sich die Räubermutter auf die Wanderschaft. Sie nahm ihre fünf Kinder mit; und jedes der Kleinen hatte zerfetzte Fellkleider und Holzschuhe und trug auf dem Rücken einen Sack, der gerade so lang war wie es selbst. Wenn die Räubermutter zu einer Haustüre hereinkam, wagte niemand, ihr zu verweigern, was sie verlangte, denn sie überlegte manchmal nicht lange, sondern kehrte in der nächsten Nacht zurück und zündete das Haus an, in dem man sie nicht freundlich aufgenommen hatte. Die Räubermutter und ihre Nachkommenschaft waren ärger als die Wolfsbrut, und gar mancher hätte ihnen gern seinen guten Speer nachgeworfen, wenn nicht der Mann dort oben im Walde gewesen wäre und sich zu rächen gewußt hätte, wenn den Kindern oder der Alten etwas zuleide getan worden wäre.

Wie nun die Räubermutter bettelnd von Hof zu Hof zog, kam sie eines schönen Tages nach Öved, das zu jener Zeit ein Kloster war. Sie läutete an der Klosterpforte und verlangte etwas zu essen. Der Türhüter ließ ein kleines Schiebfensterchen herab und reichte ihr sechs runde Brote, eines für sie und eines für jedes Kind.

Während die Räubermutter still vor der Klosterpforte stand, liefen ihre Kinder umher. Dann kam eines von ihnen heran und zupfte die Mutter am Rocke, zum Zeichen, daß es etwas gefunden hätte, was sie sich ansehen sollte. Die Räubermutter ging auch gleich mit.

Das ganze Kloster war von einer hohen, starken Mauer umgeben, aber der kleine Junge hatte ein kleines angelehntes Hintertürchen gefunden. Die Räubermutter stieß sogleich das Pförtchen auf und trat, ohne erst viel zu fragen, ein, wie es eben bei ihr der Brauch war.

Das Kloster Öved wurde zu jener Zeit von Abt Johannes regiert, der ein gar pflanzenkundiger Mann war. Er hatte sich hinter der Klostermauer einen kleinen Lustgarten angelegt, und in diesen drang sie nun ein.

Im ersten Augenblick war sie so erstaunt, daß sie regungslos stehenblieb. Es war Hochsommerzeit, und der Garten des Abtes Johannes stand so voll Blumen, daß es blau und rot und gelb vor den Augen flimmerte, wenn man hinsah. Aber bald zeigte sich ein vergnügtes Lächeln auf dem Gesicht der Räubermutter. Sie begann, einen schmalen Gang zwischen vielen kleinen Blumenbeeten hinunterzugehen.

Im Garten stand ein Laienbruder, der Gärtnergehilfe war, und jätete das Unkraut aus. Er hatte die Tür in der Mauer halb offen gelassen, um Queckengras und Melde auf den Kehrichthaufen vor der Mauer werfen zu können. Als er die Räubermutter mit ihren fünf Bälgern in den Lustgarten treten sah, stürzte er ihnen sogleich entgegen und befahl ihnen, sich zu trollen. Die alte Bettlerin ging weiter, als sei nichts geschehen. Sie ließ die Blicke hinauf und hinab wandern, sah bald die starren weißen Lilien an, die sich auf einem Beet ausbreiteten, und bald den Efeu, der die Klosterwand hoch emporkletterte, und bekümmerte sich nicht im geringsten um den Laienbruder.

Der Laienbruder dachte, sie hätte ihn nicht verstanden, und wollte sie am Arm nehmen, um sie nach dem Ausgang umzudrehen, aber die Räubermutter warf ihm einen Blick zu, vor dem er zurückprallte. Sie war unter ihrem Bettelsack mit gebeugtem Rücken gegangen, aber jetzt richtete sie sich zur vollen Höhe auf.

»Ich bin die Räubermutter aus dem Göinger Wald«, sagte

sie. »Rühr mich nur an, wenn du es wagst.« Und es sah aus, als ob sie nach diesen Worten ebenso sicher wäre, in Frieden von dannen ziehen zu können, als hätte sie verkündet, daß sie die Königin von Dänemark sei.

Aber der Laienbruder wagte dennoch, sie zu stören, obgleich er jetzt, wo er wußte, wer sie war, recht sanftmütig zu ihr sprach.

»Du mußt wissen, Räubermutter«, sagte er, »daß dies ein Mönchskloster ist und daß es keiner Frau im Lande gestattet ist, hinter diese Mauer zu treten. Wenn du nun nicht deiner Wege gehst, werden die Mönche mir zürnen, weil ich vergessen habe, das Tor zu schließen; sie werden mich vielleicht von Kloster und Garten verjagen.«

Doch solche Bitten waren an die Räubermutter verschwendet. Sie ging weiter durch die Rosenbeete und sah sich den Ysop an, der mit lilafarbenen Blüten bedeckt war, und das Kaprifolium, das voll rotgelber Blumentrauben hing.

Da wußte sich der Laienbruder keinen anderen Rat, als in das Kloster zu laufen und um Hilfe zu rufen. Er kam mit zwei handfesten Mönchen zurück, und die Räubermutter sah sogleich, daß es nun ernst wurde. Sie stellte sich breitbeinig auf den Weg und begann mit gellender Stimme herauszuschreien, welche furchtbare Rache sie an dem Kloster nehmen würde, wenn sie nicht im Lustgarten bleiben dürfte, so lange sie wollte. Aber die Mönche fürchteten sie nicht und schickten sich an, sie zu vertreiben. Da stieß die Räubermutter schrille Schreie aus, stürzte sich auf die Mönche, kratzte und biß, und alle ihre Sprößlinge machten es ebenso. Den drei Männern blieb nichts anderes übrig, als in das Kloster zu gehen und Verstärkung zu holen.

Als sie über den Pfad liefen, der in das Kloster führte, begegneten sie dem Abt Johannes, der herbeigeeilt war, um zu sehen, wer da im Lustgarten so lärmte. Da mußten sie gestehen, daß die Räubermutter aus dem Göinger Walde in das Kloster eingedrungen war. Abt Johannes tadelte sie, daß sie Gewalt angewendet hatten, und verbot, um Hilfe zu rufen. Er schickte die beiden Mönche zu ihrer Arbeit zurück, und obgleich er ein alter, gebrechlicher Mann war, nahm er nur den Laienbruder mit in den Garten.

Als Abt Johannes dort anlangte, ging die Räubermutter wie zuvor zwischen den Beeten umher. Er konnte sich nicht genug über sie wundern. Er war ganz sicher, daß die Räubermutter nie zuvor in ihrem Leben einen Lustgarten erblickt hatte. Aber wie dem auch sein mochte – sie ging zwischen allen den kleinen Beeten mit den fremden und seltsamen Blumen umher und betrachtete sie, als wären es alte Bekannte. Es sah aus, als hätte sie schon öfters Immergrün und Salbei und Rosmarin gesehen. Einigen Blumen lächelte sie zu, und über andere wieder schüttelte sie den Kopf.

Abt Johannes liebte seinen Garten mehr als alle anderen irdischen und vergänglichen Dinge. So wild und grimmig die Räubermutter auch aussah, so konnte er es doch nicht lassen, Gefallen daran zu finden, daß sie mit drei Mönchen gekämpft hatte, um die Blumen in Ruhe betrachten zu können. Er ging auf sie zu und fragte sie freundlich, ob ihr der Garten gefalle.

Die Räubermutter wendete sich heftig gegen Abt Johannes, denn sie war nur auf Hinterhalt und Überfall gefaßt, aber als sie seine weißen Haare und seinen gebeugten Rükken sah, antwortete sie ganz freundlich: »Als ich ihn erblickte, schien es mir, als ob ich nie etwas Schöneres gesehen hätte, aber jetzt merke ich, daß er sich mit einem anderen Garten nicht messen kann, den ich kenne.«

Abt Johannes hatte sicherlich eine andere Antwort erwartet. Als er hörte, daß die Räubermutter einen Lustgarten kenne, der schöner wäre als der seine, bedeckten sich seine runzeligen Wangen mit einer schwachen Röte.

Der Gärtnergehilfe, der danebenstand, begann auch gleich die Räubermutter zurechtzuweisen.

»Dies ist Abt Johannes, Räubermutter«, sagte er, »der selber mit großem Fleiß und viel Mühe von fern und nah die Blumen für seinen Garten gesammelt hat. Wir wissen alle, daß es im ganzen schonischen Land keinen reicheren Lustgarten gibt, und es steht dir, die du das ganze liebe Jahr im wilden Walde hausest, wahrlich übel an, sein Werk zu tadeln.«

»Ich will niemand tadeln, weder ihn noch dich«, sagte die Räubermutter, »ich sage nur, wenn ihr den Lustgarten sehen könntet, an den ich denke, dann würdet ihr jegliche Blume, die hier steht, ausraufen und sie als Unkraut fortwerfen.«

Aber der Gärtnergehilfe war kaum weniger stolz auf die Blumen als Abt Johannes selbst, und als er diese Worte hörte, begann er höhnisch zu lachen.

»Ich kann mir wohl denken, daß du nur so schwätzest, Räubermutter, um uns zu reizen«, sagte er; »das wird mir ein schöner Garten sein, den du dir unter Tannen und Wacholderbüschen im Göinger Wald eingerichtet hast! Ich wollte meine Seele verschwören, daß du überhaupt noch nie hinter einer Gartenmauer gewesen bist.«

Die Räubermutter wurde rot vor Ärger, daß man ihr mißtraute, und rief: »Es mag wohl sein, daß ich niemals zuvor hinter einer Gartenmauer gestanden habe, aber ihr Mönche, die ihr heilige Männer seid, solltet wohl wissen, daß der große Göinger Wald sich in jeder Weihnachtsnacht in einen Lustgarten verwandelt, um die Geburtsstunde unseres Herrn und Heilandes zu feiern. Wir, die wir im Wald leben, sehen dies jedes Jahr. In diesem Lustgarten habe ich so herrliche Blumen geschaut, daß ich es nicht wagte, die Hand zu erheben, um sie zu brechen.«

Da lachte der Laienbruder noch lauter und stärker: »Es ist gar leicht für dich, dazustehen und mit Dingen zu prahlen, die kein Mensch sehen kann. Ich kann nicht glauben, daß der Wald Christi Geburtsstunde feiert, wenn so unheilige Leute darin wohnen wie du und der Räubervater.«

»Und das, was ich sage, ist doch ebenso wahr«, entgegnete die Räubermutter, »wie daß du es nicht wagen würdest, in einer Weihnachtsnacht in den Wald zu kommen, um es zu sehen.«

Der Laienbruder wollte ihr von neuem antworten, aber Abt Johannes bedeutete ihm durch ein Zeichen, stillzuschweigen. Abt Johannes hatte schon in seiner Kindheit erzählen hören, daß der Wald sich in der Weihnachtsnacht in ein Feierkleid hülle. Er hatte sich oft danach gesehnt, es zu sehen, aber es war ihm niemals gelungen. Nun begann er die Räubermutter zu bitten, sie möge ihn um die Weihnachtszeit in die Räuberhöhle kommen lassen. Wenn sie nur eins ihrer Kinder schickte, ihm den Weg zu zeigen, dann wollte er allein hinaufreiten und sie nie und nimmer verraten, sondern sie reich belohnen, wie es nur in seiner Macht stünde.

Die Räubermutter weigerte sich zuerst. Sie dachte an den Räubervater und an die Gefahr, der sie ihn preisgab, wenn sie Abt Johannes in ihre Höhle kommen ließe, aber dann wurde doch der Wunsch in ihr übermächtig, dem Abt zu zeigen, daß der Lustgarten, den sie kannte, schöner war als der seinige, und sie gab nach.

»Aber mehr als einen Begleiter darfst du nicht mitnehmen«, sagte sie. »Und du darfst uns keinen Hinterhalt legen, so gewiß du ein heiliger Mann bist.«

Dies versprach Abt Johannes, und damit ging die Räubermutter.

Abt Johannes befahl dem Laienbruder, niemand zu verraten, was vereinbart worden war. Er fürchtete, daß die Mönche, wenn sie von seinem Vorhaben etwas erführen, einem alten Mann, wie er es war, nicht gestatten würden, hinauf in die Räuberhöhle zu ziehen. Auch er selbst wollte den Plan keiner Menschenseele verraten. Aber da begab es sich, daß der Erzbischof Absalon aus Lund gereist kam und eine Nacht in Öved verbrachte. Als nun Abt Johannes ihm seinen Garten zeigte, fiel ihm der Besuch der Räubermutter ein; und der Laienbruder, der dort umherging und arbeitete, hörte, wie der Abt dem Bischof von dem Räubervater erzählte, der nun seit vielen Jahren vogelfrei im Walde hauste, und um einen Freibrief für ihn bat, damit er wieder ein ehrliches Leben unter anderen Menschen beginnen könnte.

»Wie es jetzt geht«, sagte Abt Johannes, »wachsen seine Kinder zu ärgeren Missetätern heran, als er selbst einer ist, und wir werden es bald mit einer ganzen Räuberbande zu tun bekommen.«

Doch Erzbischof Absalon erwiderte, daß er den bösen Räuber nicht auf die ehrlichen Leute im Lande loslassen wolle. Es sei für alle am besten, wenn er dort oben in seinem Walde bliebe.

Da wurde Abt Johannes eifrig und begann dem Bischof vom Göinger Wald zu erzählen, der sich jedes Jahr rings um die Räuberhöhle weihnachtlich schmücke. »Wenn diese Räuber nicht zu schlimm sind, Gottes Herrlichkeit zu sehen«, sagte er, »so können sie wohl auch nicht zu schlecht sein, um die Gnade der Menschen zu erfahren.«

Aber der Erzbischof wußte dem Abt zu antworten.

»Soviel kann ich dir versprechen, Abt Johannes«, sagte er und lächelte, »an welchem Tage immer du mir eine Blume aus dem Weihnachtsgarten des Göinger Waldes schickst, will ich dir einen Freibrief für alle Friedlosen geben, für die du bitten magst.«

Der Laienbruder sah, daß Bischof Absalon ebensowenig wie er selbst an die Geschichte der Räubermutter glaubte, aber Abt Johannes merkte nichts davon, sondern dankte Absalon für sein gütiges Versprechen und sagte, die Blume wolle er ihm schon schicken.

Abt Johannes setzte seinen Willen durch, und am nächsten Weihnachtsabend saß er nicht daheim in Öved, sondern war auf dem Wege nach Göinge. Einer der wilden Jungen der Räubermutter lief vor ihm her. Der Knecht, der im Lustgarten mit der Räubermutter gesprochen hatte, begleitete ihn. Abt Johannes hatte sich den ganzen Herbst schon sehr nach dieser Reise gesehnt und freute sich nun, daß sie zustande gekommen war. Ganz anders stand es mit dem Laienbruder, der ihm folgte. Er hatte Abt Johannes von Herzen lieb und würde es nicht gern einem anderen überlassen haben, ihn zu begleiten und über ihn zu wachen, aber er glaubte keineswegs, daß sie einen Weihnachtsgarten zu Gesicht bekommen würden. Er dachte, daß die Räubermutter Abt Johannes mit großer Schlauheit hereingelegt hatte, damit er ihrem Mann in die Hände falle.

Während Abt Johannes nordwärts zum Wald ritt, sah er, wie überall Anstalten getroffen wurden, das Weihnachtsfest zu feiern. In jedem Bauernhof machte man Feuer in der Badehütte; aus den Vorratskammern wurden große Mengen von Fleisch und Brot in die Wohnungen getragen, und aus den Tennen kamen die Burschen mit großen Strohgarben, die über den Boden gestreut werden sollten.

Als der Abt an dem kleinen Dorfkirchlein vorüberritt, sah er, wie der Priester und seine Küster damit beschäftigt waren, sie mit den besten Geweben zu schmücken, die sie nur hatten auftreiben können; und als er zu dem Wege kam, der nach dem Kloster Bosjö führte, sah er die Armen mit großen Brotlaiben und langen Kerzen daherwandern, die sie an der Klosterpforte geschenkt bekommen hatten.

Als Abt Johannes alle diese Weihnachtszurüstungen sah, spornte er zur Eile an. Er dachte daran, daß seiner das größte Fest harrte.

Doch der Knecht jammerte und klagte, als er sah, wie sie sich auch in der kleinsten Hütte anschickten, das Weihnachtsfest zu feiern. Er wurde immer ängstlicher und bat und beschwor Abt Johannes, umzukehren und sich nicht freiwillig in die Hände der Räuber zu geben.

Aber Abt Johannes ritt weiter, ohne sich um die Klagen zu kümmern. Er hatte bald das Flachland hinter sich und kam nun hinauf in die einsamen, wilden Wälder. Hier wurde der Weg schlechter. Er war eigentlich nur noch ein steiniger, nadelbestreuter Pfad; nicht Brücke und Steg führten über die Flüsse und Bäche. Je länger sie ritten, desto kälter wurde es, und tief drinnen im Walde war der Boden mit Schnee bedeckt.

Es war ein langer und beschwerlicher Ritt. Sie zogen auf steilen und schlüpfrigen Pfaden über Moor und Sumpf, drangen durch Windbrüche und Dickicht. Gerade als der Tag zur Neige ging, führte der Räuberjunge sie über eine Waldwiese, die von nackten Laubbäumen und grünen Nadelbäumen umgeben war. Hinter der Wiese erhob sich eine Felswand, und in der Felswand war eine Tür aus rohen Planken. Abt Johannes stieg vom Pferde. Das Kind öffnete die schwere Tür, und er sah eine ärmliche Berggrotte mit nackten Steinwänden. Die Räubermutter saß an einem Blockfeuer, das mitten auf dem Boden brannte; an den Wänden waren Lagerstätten aus Tannenreisig und Moos, und auf einer von ihnen lag der Räubervater und schlief.

»Kommt herein, ihr dort draußen!« rief die Räubermutter, ohne aufzusehen. »Und bringt die Pferde mit, damit sie nicht in der Nachtkälte zugrunde gehen!«

Abt Johannes trat nun kühnlich in die Grotte, und der Laienbruder folgte ihm. Da sah es ganz ärmlich und dürftig und gar nicht weihnachtlich aus. Die Räubermutter hatte weder gebraut noch gebacken; sie hatte weder gefegt noch gescheuert. Ihre Kinder lagen auf der Erde rings um einen Kessel, in dem nur dünne Wassergrütze war.

Doch die Räubermutter war ebenso stolz und selbstbewußt wie nur irgendeine wohlbestallte Bauersfrau.

»Setze dich nur hier ans Feuer, Abt Johannes, und wärme dich«, sagte sie, »und wenn du Wegzehrung mitgebracht hast, so iß, denn was wir hier im Walde kochen, wird dir wohl nicht munden. Und wenn du vom Ritt müde bist, kannst du dich auf einer dieser Lagerstätten ausstrecken. Du brauchst keine Angst zu haben, daß du verschlafen könntest. Ich sitze hier am Feuer und wache, ich werde dich schon wecken, damit du zu sehen bekommst, wonach du geritten bist.«

Abt Johannes gehorchte der Räubermutter in allen Stükken und nahm seinen Schnappsack hervor. Aber er war nach dem Ritt so müde, daß er kaum zu essen vermochte; und sowie er sich auf dem Lager ausgestreckt hatte, schlummerte er ein.

Dem Laienbruder ward auch eine Ruhestatt angewiesen, aber er wagte nicht zu schlafen. Er wollte ein wachsames Auge auf den Räubervater haben, damit dieser nicht aufstünde und Abt Johannes fesselte. Allmählich jedoch erlangte die Müdigkeit auch über ihn solche Gewalt, daß er einschlummerte. Als er erwachte, sah er, daß Abt Johannes sein Lager verlassen hatte, am Feuer saß und mit der Räubermutter

Zwiegespräch pflog. Der Räubervater saß daneben. Er war ein hochaufgeschossener magerer Mann und sah schwerfällig und trübsinnig aus. Er kehrte Abt Johannes den Rücken, und es sah aus, als wolle er nicht zeigen, daß er dem Gespräch lauschte. Abt Johannes erzählte der Räubermutter von den Weihnachtsvorbereitungen, die er unterwegs gesehen hatte. Er erinnerte sie an die Weihnachtsfeste und die fröhlichen Weihnachtsspiele, die wohl auch sie in ihrer Jugend mitgemacht hatte, als sie noch nicht geächtet war, sondern in Frieden unter den Menschen lebte.

»Es ist ein Jammer, daß eure Kinder nie auf der Dorfstraße umhertollen oder im Weihnachtsstroh spielen dürfen«, sagte Abt Johannes. Die Räubermutter hatte ihm kurz und barsch geantwortet, aber so allmählich wurde sie kleinlauter und lauschte eifrig. Plötzlich wendete sich der Räubervater gegen den Abt Johannes und hielt ihm die geballte Faust vor das Gesicht.

»Du elender Mönch, bist du hierhergekommen, um Weib und Kinder von mir fortzulocken? Weißt du nicht, daß ich ein friedloser Mann bin und diesen Wald nicht verlassen darf?«

Abt Johannes sah ihm unerschrocken und gerade in die Augen.

»Mein Wille ist es, dir einen Freibrief vom Erzbischof zu verschaffen«, sagte er. Kaum hatte er dies gesagt, als der Räubervater und die Räubermutter ein schallendes Gelächter anschlugen. Sie wußten nur zu wohl, welche Gnade ein Waldräuber vom Bischof Absalon zu erwarten hatte.

»Ja, wenn ich einen Freibrief von Absalon bekomme«, sagte der Räubervater, »dann gelobe ich dir, nie mehr auch nur eine Gans zu stehlen.«

Den Gärtnergehilfen verdroß es sehr, daß das Räuberpack sich vermaß, Abt Johannes auszulachen, aber dieser selbst schien es ganz zufrieden zu sein. Der Knecht hatte ihn kaum je friedvoller und milder unter seinen Mönchen auf Öved sitzen sehen, als er ihn jetzt unter den wilden Räuberleuten sah.

Plötzlich sprang die Räubermutter auf.

»Du sitzest hier und plauderst, Abt Johannes«, sagte sie, »und wir vergessen ganz, nach dem Wald zu sehen. Jetzt höre ich bis in unsere Höhle, wie die Weihnachtsglocken läuten.«

Kaum war dies gesagt, als alle aufsprangen und hinausliefen; aber im Wald war noch dunkle Nacht und grimmiger Winter. Das einzige, was man vernahm, war ferner Glockenklang, der von einem leisen Südwind hergetragen wurde.

»Wie soll dieser Glockenklang den toten Wald wecken können?« dachte Abt Johannes. Denn jetzt, wo er mitten im Waldesdunkel stand, schien es ihm viel unmöglicher als zuvor, daß hier ein Lustgarten erstehen könnte.

Aber als die Glocke ein paar Augenblicke geläutet hatte, zuckte plötzlich ein Lichtstrahl durch den Wald. Gleich darauf wurde es wieder dunkel, aber dann kam das Licht wieder. Es kämpfte sich wie ein leuchtender Nebel durch die dunklen Bäume. Langsam ging die Dunkelheit in schwache Morgendämmerung über.

Da sah Abt Johannes den Schnee vom Boden verschwinden, als hätte jemand einen Teppich fortgezogen; und die Erde begann zu grünen. Das Farnkraut streckte seine Triebe hervor. Die Erika, die auf der Steinhalde wuchs, und der Porsch, der im Moor wurzelte, kleideten sich rasch in frisches Grün. Die Mooshügelchen schwollen und hoben sich; und die Frühlingsblumen schossen mit schwellenden Knospen auf und hatten schon einen Schimmer von Farbe.

Abt Johannes klopfte das Herz heftig, als er die ersten Zeichen sah, daß der Wald erwachen wollte. »Soll nun ich alter Mann ein solches Wunder schauen?« dachte er. Und die Tränen wollten ihm in die Augen treten.

Nun wurde es wieder so dämmrig, daß er fürchtete, die nächtliche Finsternis könnte aufs neue Macht erlangen. Aber sogleich flutete eine neue Lichtwelle herein. Die brachte Bachgemurmel und das Rauschen eisbefreiter Bergströme mit. Da schlugen die Blätter der Laubbäume so rasch aus, als hätten sich grüne Schmetterlinge auf den Zweigen niedergelassen. Und nicht nur die Bäume und Pflanzen erwachten.

Die Kreuzschnäbel begannen über die Zweige zu hüpfen. Die Spechte hämmerten an die Stämme, daß die Holzsplitter nur so flogen. Ein Zug Stare ließ sich in einem Tannenwipfel nieder, um auszuruhen. Es waren prächtige Stare. Die Spitze jedes kleinen Federchens leuchtete glänzend rot. Wenn die Vögel sich bewegten, glitzerten sie wie Edelsteine. Wieder wurde es für ein Weilchen still, aber bald begann es von neuem. Ein starker, warmer Südwind blies und säte über die Waldwiese Samen aus südlichen Ländern, die von Vögeln und Schiffen und Winden in das Land gebracht worden waren. Sie schlugen Wurzeln und schossen Triebe in dem Augenblick, da sie den Boden berührten.

Als die nächste Welle kam, fingen Blaubeeren und Preiselbeeren zu blühen an. Wildgänse und Kraniche riefen hoch oben in der Luft; die Buchfinken bauten ihr Nest; Eichhörnchen spielten in den Baumzweigen.

Alles ging nun so rasch, daß Abt Johannes gar nicht mehr überlegen konnte; er konnte nur Augen und Ohren weit aufmachen. Die nächste Welle, die herangebraust kam, brachte den Duft frisch gepflügter Felder. Aus weiter Ferne hörte man Hirtinnen die Kühe locken und die Glöckchen der Lämmer klingeln. Tannen und Fichten bekleideten sich so dicht mit kleinen roten Zapfen, daß die Bäume wie Seide leuchteten. Der Wacholder trug Beeren, die jeden Augenblick die Farbe wechselten. Und die Waldblumen bedeckten den Boden, daß er ganz weiß und blau und gelb war. Abt Johannes beugte sich zur Erde und brach eine Erdbeerblüte. Und während er sich aufrichtete reifte die Beere. Die Füchsin kam mit einer großen Schar schwarzbeiniger Jungen aus ihrer Höhle. Sie ging auf die Räubermutter zu und rieb sich an ihrem Rock. Die Räubermutter beugte sich zu ihr hinunter und lobte ihre Jungen. Der Uhu, der eben seine nächtliche Jagd begonnen hatte, kehrte ganz erstaunt über das Licht wieder nach Hause zurück, suchte seine Schlucht auf und legte sich schlafen. Der Kuckuck rief; und das Kuckucksweibchen umkreiste mit einem Ei im Schnabel die Nester der Singvögel.

Die Kinder der Räubermutter stießen zwitschernde Freudenschreie aus. Sie aßen sich an den Waldbeeren satt, die groß wie Tannenzapfen an den Sträuchern hingen. Eines spielte mit einer Schar junger Hasen, ein anderes lief mit den jungen Krähen um die Wette, die aus dem Nest gehüpft waren, das dritte hob die Natter vom Boden und wickelte sie sich um den Hals und Arm. Der Räubervater stand draußen auf dem Moor und aß Brombeeren. Als er aufsah, stand ein großes schwarzes Tier neben ihm. Da brach der Räubervater einen Weidenzweig und schlug dem Bären auf die Schnauze.

»Bleib du, wo du hingehörst«, sagte er. »Das ist mein Platz.« Da machte der Bär kehrt und trabte davon.

Immer wieder kamen neue Wellen von Wärme und Licht. Entengeschnatter klang vom Waldmoor herüber. Gelber Blütenstaub von den Feldern schwebte in der Luft. Schmetterlinge kamen, so groß, daß sie wie fliegende Lilien aussahen. Das Nest der Bienen in einer hohlen Eiche war schon so voll Honig, daß er am Stamm heruntertropfte. Jetzt begannen auch die Blumen sich zu entfalten, deren Samen aus fremden Ländern gekommen waren. Die Rosenbüsche kletterten um die Wette mit den Brombeeren die Felswand hinan, und oben auf der Waldwiese sprossen Blumen, so groß wie ein Menschengesicht. Abt Johannes dachte an die Blume, die er für Bischof Absalon pflücken wollte, aber eine Blume wuchs herrlicher heran als die andere, und er wollte die allerschönste wählen.

Welle um Welle kam, und jetzt war die Luft so von Licht durchtränkt, daß sie glitzerte. Und alle Lust und aller Glanz und alles Glück des Sommers lächelten rings um Abt Johannes. Es war ihm, als könnte die Erde keine größere Freude bringen. Aber das Licht strömte noch immer, und Abt Johannes fühlte, daß überirdische Luft ihn umwehte. Zitternd erwartete er des Himmels Herrlichkeit. Abt Johannes merkte, daß alles still wurde: die Vögel verstummten, die jungen Fuchslein spielten nicht mehr, und die Blumen hörten auf zu wachsen. Eine Seligkeit nahte, die das Herz stillstehen ließ; das Auge weinte, ohne daß es darum wußte, die Seele sehnte sich, in die Ewigkeit hinüberzufliegen. Aus weiter, weiter

Ferne hörte man leise Harfentöne und überirdischen Gesang. Abt Johannes faltete die Hände und sank in die Knie. Sein Gesicht strahlte von Seligkeit. Nie hatte er erwartet, daß es ihm beschieden sein würde, schon in diesem Leben des Himmels Wonne zu kosten und die Engel Weihnachtslieder singen zu hören.

Aber neben Abt Johannes stand der Gärtnergehilfe, der ihn begleitet hatte. Er sah den Räuberwald voll Grün und Blumen, und er wurde zornig in seinem Herzen, weil er erkannte, daß er einen solchen Lustgarten nie und nimmer schaffen konnte, so sehr er sich auch mit Hacke und Spaten mühen mochte. Er vermochte nicht zu begreifen, warum Gott solche Herrlichkeit an das Räubergesindel verschwende, das seine Gebote mißachtete.

Finstere Gedanken zogen durch seinen Kopf. Das kann kein rechtes Wunder sein, dachte er, das sich bösen Missetätern zeigt. Das kann nicht von Gott stammen; das ist aus Zauberei entsprungen. Die Macht des bösen Feindes hat uns verhext und zwingt uns, das zu sehen, was nicht vorhanden ist.

In der Ferne hörte man Engelharfen klingen und Engelgesang ertönen, aber der Laienbruder glaubte, daß es die böse Macht des Teufels sei.

»Sie wollen uns locken und verführen«, seufzte er; »nie kommen wir mit heiler Haut davon; wir werden betört und der Hölle verkauft.«

Jetzt waren die Engelscharen so nahe, daß Abt Johannes ihre Lichtgestalten zwischen den Stämmen des Waldes schimmern sah. Und der Laienbruder sah dasselbe wie er, aber er hielt es für Arglist der bösen Geister und war empört, daß sie ihre Künste gerade in der Nacht trieben, in welcher der Heiland geboren war. Dies geschah ja nur, um die Christen um so sicherer ins Verderben zu stürzen.

Vögel umschwärmten das Haupt des Abtes, und er nahm sie in seine Hände. Aber vor dem Laienbruder fürchteten sich die Tiere; kein Vogel setzte sich auf seine Schulter, und auch keine Schlange spielte zu seinen Füßen. Nun war da eine kleine Waldtaube. Als sie merkte, daß die Engel nahe waren, nahm sie ihren ganzen Mut zusammen und flog dem Laienbruder auf die Schulter und schmiegte das Köpfchen an seine Wange. Da vermeinte er, daß ihm der Zauber endgültig auf den Leib rückte. Er wollte sich aber nicht in Versuchung führen und verderben lassen; er schlug mit der Hand nach der Waldtaube und rief mit lauter Stimme, daß es durch den Wald hallte:

»Zeuch zur Hölle, von wannen du kommen bist!« In diesem Augenblick waren die Engel so nahe, daß Abt Johannes den Hauch ihrer mächtigen Fittiche fühlte. Er hatte sich zur Erde geneigt, sie zu grüßen, aber als die Worte des Laienbruders ertönten, verstummte urplötzlich der Gesang, und die heiligen Gäste wandten sich zur Flucht. Ebenso flohen das Licht und die milde Wärme vor Schreck über die Kälte und Finsternis in einem Menschenherzen. Die Dunkelheit sank wieder auf die Erde herab; die Kälte kam, die Pflanzen verwelkten; die Tiere enteilten; das Rauschen der Wasserfälle verstummte; das Laub fiel von den Bäumen.

Abt Johannes fühlte, wie sein Herz, das eben vor Seligkeit gezittert hatte, sich jetzt in unsäglichem Schmerz zusammenkrampfte. Niemals kann ich dies überleben, dachte er, daß die Engel des Himmels mir so nahe waren und vertrieben wurden, daß sie mir Weihnachtslieder singen wollten und in die Flucht gejagt wurden.

In demselbem Augenblick erinnerte er sich an die Blume, die er Bischof Absalon versprochen hatte, und er beugte sich zur Erde und tastete unter dem Moos und Laub, um noch etwas zu finden. Aber er fühlte, wie die Erde unter seinen Fingern gefror. Da ward sein Herzeleid noch größer. Er konnte sich nicht erheben, sondern mußte auf dem Boden liegenbleiben.

Als die Räuberleute und der Laienbruder sich in der tiefen Dunkelheit zur Räuberhöhle zurückgetappt hatten, da vermißten sie Abt Johannes. Sie nahmen glühende Scheite aus dem Feuer und zogen aus, ihn zu suchen; und sie fanden ihn tot auf der Schneedecke liegen.

Und der Laienbruder hub an, zu weinen und zu klagen,

denn er erkannte, daß er es war, der Abt Johannes getötet hatte, weil er ihm den Freudenbecher entrissen, nach dem er gelechzt hatte.

Als Abt Johannes nach Öved hinuntergebracht worden war, sahen die Totenpfleger, daß er seine rechte Hand hart um etwas geschlossen hielt. Er mußte es in seiner Todesstunde umklammert haben. Und als sie die Hand endlich öffnen konnten, fanden sie ein paar weiße Wurzelknollen. Als der Laienbruder, der Abt Johannes geleitet hatte, diese Wurzel sah, nahm er sie und pflanzte sie in des Abtes Garten.

Er pflegte sie und wartete das ganze Jahr, daß eine Blume daraus erblühe, doch er wartete vergebens den ganzen Frühling und Sommer und Herbst. Als endlich der Winter anbrach und alle Blätter und Blumen tot waren, hörte er auf zu warten. Als aber der Weihnachtsabend kam, wurde die Erinnerung an Abt Johannes so mächtig, daß er in den Lustgarten hinausging, seiner zu gedenken. Und siehe, als er an die Stelle kam, wo er die Wurzelknollen eingepflanzt hatte, da sah er üppige grüne Stengel, die schöne Blumen mit silberweißen Blüten trugen. Da rief er alle Mönche von Öved zusammen; und als sie sahen, daß diese Pflanze am Weihnachtsabend blühte, wo alle anderen Blumen tot waren, wußten sie, daß es wirklich die Pflanze war, die Abt Johannes im Weihnachtslustgarten des Göinger Waldes gepflückt hatte.

Der Laienbruder bat die Mönche, da ein so großes Wunder geschehen sei, einige von den Blumen dem Bischof Absalon zu schicken. Als der Laienbruder vor Bischof Absalon hintrat, reichte er ihm die Blumen und sagte: »Dies schickt dir Abt Johannes. Es sind die Blumen, die er dir aus dem Weihnachtslustgarten im Göinger Walde versprach.«

Als Bischof Absalon die Blumen sah, die in dunkler Winternacht der Erde entsprossen waren, und als er die Worte hörte, wurde er so bleich, als wäre er einem Toten begegnet. Eine Weile saß er schweigend da, dann sagte er: »Abt Johannes hat sein Wort gehalten; so will auch ich das meine halten.« Und er ließ einen Freibrief für den wilden Räuber ausstellen, der von Jugend an friedlos im Walde gelebt hatte.

Er übergab dem Laienbruder den Brief, und dieser zog damit von dannen, hinauf in den Wald und zur Räuberhöhle. Er trat am Weihnachtstage dort ein, doch der Räuber eilte ihm mit erhobener Axt entgegen.

»Ich will euch Mönche niederschlagen, so viel euer auch sind!« rief er.

»Sicherlich hat sich um euretwillen der Göinger Wald nicht in sein Weihnachtskleid gehüllt.«

»Es ist einzig und allein meine Schuld«, sagte der Laienbruder, »und ich will gerne dafür sterben. Aber zuerst muß ich dir eine Botschaft von Abt Johannes bringen.« Und er zog den Brief des Bischofs heraus und verkündete dem Räuber, daß er nicht mehr vogelfrei sei, und zeigte ihm das Siegel Absalons, das an dem Pergamente hing.

»Fortab sollst du mit deinen Kindern im Weihnachtsstroh spielen, und das Christfest unter den Menschen feiern, wie es der Wunsch Abt Johannes war«, sagte er.

Da blieb der Räubervater stumm und bleich stehen, aber die Räubermutter sagte in seinem Namen: »Abt Johannes hat sein Wort getreulich gehalten, so wird auch der Räubervater das seine halten.«

Doch als der Räubervater und die Räubermutter aus der Räuberhöhle fortzogen, da zog der Laienbruder ein, hauste einsam im Walde und verbrachte seine Zeit in unablässigem Gebet, damit ihm seine Hartherzigkeit verziehen werde.

Und niemand darf ein strenges Wort über einen sagen, der bereut und sich bekehrt hat, wohl aber kann man wünschen, daß die bösen Worte des Laienbruders ungesagt geblieben wären, denn nie mehr hat der Göinger Wald die Geburtsstunde des Heilands gefeiert, und von seiner Herrlichkeit lebt nur noch die Pflanze, die Abt Johannes dereinst gepflückt hat.

Man hat sie Christrose genannt; und jedes Jahr läßt sie ihre weißen Blüten und ihre grünen Stengel um die Weihnachtszeit aus dem Erdreich sprießen, als könnte sie nie und nimmer vergessen, daß sie einmal in dem großen Weihnachtslustgarten gestanden hat.

Christuslegenden

Die Heilige Nacht

Als ich fünf Jahre alt war, hatte ich einen großen Kummer. Ich weiß kaum, ob ich seitdem einen größeren gehabt habe.

Das war, als meine Großmutter starb. Bis dahin hatte sie jeden Tag auf dem Ecksofa in ihrer Stube gesessen und Märchen erzählt.

Ich weiß es nicht anders, als daß Großmutter dasaß und erzählte, vom Morgen bis zum Abend, und wir Kinder saßen still neben ihr und hörten zu. Das war ein herrliches Leben. Es gab keine Kinder, denen es so gut ging wie uns.

Ich erinnere mich nicht an sehr viel von meiner Großmutter. Ich erinnere mich, daß sie schönes, kreideweißes Haar hatte, und daß sie sehr gebückt ging, und daß sie immer dasaß und an einem Strumpf strickte.

Dann erinnere ich mich auch, daß sie, wenn sie ein Märchen erzählte, ihre Hand auf meinen Kopf zu legen pflegte, und dann sagte sie: »Und das alles ist so wahr, wie daß ich dich sehe und du mich siehst.«

Ich entsinne mich auch, daß sie schöne Lieder singen konnte, aber das tat sie nicht alle Tage. Eines dieser Lieder handelte von einem Ritter und einer Meerjungfrau, und es hatte den Kehrreim: »Es weht so kalt, es weht so kalt, wohl über die weite See.«

Dann entsinne ich mich eines kleinen Gebets, das sie mich lehrte, und eines Psalmverses.

Von allen den Geschichten, die sie mir erzählte, habe ich nur eine schwache, unklare Erinnerung. Nur an eine einzige von ihnen erinnere ich mich so gut, daß ich sie erzählen könnte. Es ist eine kleine Geschichte von Jesu Geburt.

Seht, das ist beinahe alles, was ich noch von meiner Großmutter weiß, außer dem, woran ich mich am besten erinnere, nämlich dem großen Schmerz, als sie dahinging.

Ich erinnere mich an den Morgen, an dem das Ecksofa

leer stand und es unmöglich war, zu begreifen, wie die Stunden des Tages zu Ende gehen sollten. Daran erinnere ich mich. Das vergesse ich nie.

Und ich erinnere mich, daß wir Kinder hingeführt wurden, um die Hand der Toten zu küssen. Und wir hatten Angst, es zu tun, aber da sagte uns jemand, daß wir nun zum letztenmal Großmutter für alle die Freude danken könnten, die sie uns gebracht hatte. Und ich erinnere mich, wie Märchen und Lieder vom Hause wegfuhren, in einen langen, schwarzen Sarg gepackt, und niemals wiederkamen.

Ich erinnere mich, daß etwas aus dem Leben verschwunden war. Es war, als hätte sich die Tür zu einer ganzen schönen, verzauberten Welt geschlossen, in der wir früher frei aus und ein gehen durften. Und nun gab es niemand mehr, der sich darauf verstand, diese Tür zu öffnen.

Und ich erinnere mich, daß wir Kinder so allmählich lernten, mit Spielzeug und Puppen zu spielen und zu leben wie andere Kinder auch, und da konnte es ja den Anschein haben, als vermißten wir Großmutter nicht mehr, als erinnerten wir uns nicht mehr an sie.

Aber noch heute, nach vierzig Jahren, wie ich da sitze und die Legenden über Christus sammle, die ich drüben im Morgenland gehört habe, wacht die kleine Geschichte von Jesu Geburt, die meine Großmutter zu erzählen pflegte, in mir auf. Und ich bekomme Lust, sie noch einmal zu erzählen und sie auch in meine Sammlung mit aufzunehmen.

Es war an einem Weihnachtstag, alle waren zur Kirche gefahren, außer Großmutter und mir. Ich glaube, wir beide waren im ganzen Hause allein. Wir hatten nicht mitfahren können, weil die eine zu jung und die andere zu alt war. Und alle beide waren wir betrübt, daß wir nicht zum Mettegesang fahren und die Weihnachtslichter sehen konnten.

Aber wie wir so in unserer Einsamkeit saßen, fing Großmutter zu erzählen an.

»Es war einmal ein Mann«, sagte sie, »der in die dunkle

Nacht hinausging, um sich Feuer zu leihen. Er ging von Haus zu Haus und klopfte an. ›Ihr lieben Leute, helft mir!‹ sagte er. ›Mein Weib hat eben ein Kindlein geboren, und ich muß Feuer anzünden, um sie und den Kleinen zu erwärmen.‹

Aber es war tiefe Nacht, so daß alle Menschen schliefen, und niemand antwortete ihm.

Der Mann ging und ging. Endlich erblickte er in weiter Ferne einen Feuerschein. Da wanderte er dieser Richtung zu und sah, daß das Feuer im Freien brannte. Eine Menge weißer Schafe lagen rings um das Feuer und schliefen, und ein alter Hirt wachte über der Herde. Als der Mann, der Feuer leihen wollte, zu den Schafen kam, sah er, daß drei große Hunde zu Füßen des Hirten ruhten und schliefen. Sie erwachten alle drei bei seinem Kommen und sperrten ihre weiten Rachen auf, als ob sie bellen wollten, aber man vernahm keinen Laut. Der Mann sah, daß sich die Haare auf ihrem Rücken sträubten, er sah, wie ihre scharfen Zähne funkelnd weiß im Feuerschein leuchteten, und wie sie auf ihn losstürzten. Er fühlte, daß einer sich an seine Hand und einer sich an seine Kehle hängte. Aber die Kinnladen und die Zähne, mit denen die Hunde beißen wollten, gehorchten ihnen nicht, und der Mann litt nicht den kleinsten Schaden.

Nun wollte der Mann weitergehen, um das zu finden, was er brauchte. Aber die Schafe lagen so dicht nebeneinander, Rücken an Rücken, daß er nicht vorwärts kommen konnte. Da stieg der Mann auf die Rücken der Tiere und wanderte über sie hin dem Feuer zu. Und keins von den Tieren wachte auf oder regte sich.«

Soweit hatte Großmutter ungestört erzählen können, aber nun konnte ich es nicht lassen, sie zu unterbrechen. »Warum regten sie sich nicht, Großmutter?« fragte ich.

»Das wirst du nach einem Weilchen schon erfahren«, sagte Großmutter und fuhr mit ihrer Geschichte fort. »Als der Mann fast beim Feuer angelangt war, sah der Hirt auf. Es war ein alter, mürrischer Mann, der unwirsch und hart gegen alle Menschen war. Und als er einen Fremden kommen sah, griff er nach seinem langen, spitzigen Stabe, den er in der Hand zu halten pflegte, wenn er seine Herde hütete, und warf ihn nach ihm. Und der Stab fuhr zischend gerade auf den Mann los, aber ehe er ihn traf, wich er zur Seite und sauste, an ihm vorbei, weit über das Feld.«

Als Großmutter soweit gekommen war, unterbrach ich sie abermals. »Großmutter, warum wollte der Stock den Mann nicht schlagen?« Aber Großmutter ließ es sich nicht einfallen, mir zu antworten, sondern fuhr mit ihrer Erzählung fort.

»Nun kam der Mann zu dem Hirten und sagte zu ihm: ›Guter Freund, hilf mir und leih mir ein wenig Feuer. Mein Weib hat eben ein Kindlein geboren, und ich muß Feuer machen, um sie und den Kleinen zu erwärmen.‹ Der Hirt hätte am liebsten nein gesagt, aber als er daran dachte, daß die Hunde dem Manne nicht hatten schaden können, daß die Schafe nicht vor ihm davongelaufen waren und daß sein Stab ihn nicht fällen wollte, da wurde ihm ein wenig bange, und er wagte es nicht, dem Fremden das abzuschlagen, was er begehrte. ›Nimm, soviel du brauchst‹, sagte er zu dem Manne.

Aber das Feuer war beinahe ausgebrannt. Es waren keine Scheite und Zweige mehr übrig, sondern nur ein großer Gluthaufen, und der Fremde hatte weder Schaufel noch Eimer, worin er die roten Kohlen hätte tragen können.

Als der Hirt dies sah, sagte er abermals: ›Nimm, soviel du brauchst!‹ Und er freute sich, daß der Mann kein Feuer wegtragen konnte. Aber der Mann beugte sich hinunter, holte die Kohlen mit bloßen Händen aus der Asche und legte sie in seinen Mantel. Und weder versengten die Kohlen seine Hände, als er sie berührte, noch versengten sie seinen Mantel, sondern der Mann trug sie fort, als wenn es Nüsse oder Äpfel gewesen wären.«

Aber hier wurde die Märchenerzählerin zum drittenmal unterbrochen. »Großmutter, warum wollte die Kohle den Mann nicht brennen?«

»Das wirst du schon hören«, sagte die Großmutter, und dann erzählte sie weiter.

»Als dieser Hirt, der ein so böser, mürrischer Mann war, dies alles sah, begann er sich bei sich selbst zu wundern: ›Was kann dies für eine Nacht sein, wo die Hunde die Schafe nicht beißen, die Schafe nicht erschrecken, die Lanze nicht tötet und das Feuer nicht brennt?‹ Er rief den Fremden zurück und sagte zu ihm: ›Was ist dies für eine Nacht? Und woher kommt es, daß alle Dinge dir Barmherzigkeit zeigen?‹

Da sagte der Mann: ›Ich kann es dir nicht sagen, wenn du selber es nicht siehst.‹ Und er wollte seiner Wege gehen, um bald ein Feuer anzünden und Weib und Kind wärmen zu können.

Aber da dachte der Hirt, er wolle den Mann nicht ganz aus dem Gesicht verlieren, bevor er erfahren hätte, was dies alles bedeute. Er stand auf und ging ihm nach, bis er dorthin kam, wo der Fremde daheim war. Da sah der Hirt, daß der Mann nicht einmal eine Hütte hatte, sondern er hatte sein Weib und sein Kind in einer Berggrotte liegen, wo es nichts gab als nackte, kalte Steinwände.

Aber der Hirt dachte, daß das arme unschuldige Kindlein vielleicht dort in der Grotte erfrieren würde, und obgleich er ein harter Mann war, wurde er davon doch ergriffen und beschloß, dem Kinde zu helfen. Und er löste sein Ränzel von der Schulter und nahm daraus ein weiches, weißes Schaffell hervor. Das gab er dem fremden Mann und sagte, er möge das Kind darauf betten.

Aber in demselben Augenblick, in dem er zeigte, daß auch er barmherzig sein konnte, wurden ihm die Augen geöffnet, und er sah, was er vorher nicht hatte sehen, und hörte, was er vorher nicht hatte hören können.

Er sah, daß rund um ihn ein dichter Kreis von kleinen, silberbeflügelten Englein stand. Und jedes von ihnen hielt ein Saitenspiel in der Hand, und alle sangen sie mit lauter Stimme, daß in dieser Nacht der Heiland geboren wäre, der die Welt von ihren Sünden erlösen solle.

Da begriff er, warum in dieser Nacht alle Dinge so froh waren, daß sie niemand etwas zuleide tun wollten. Und nicht nur rings um den Hirten waren Engel, sondern er sah sie überall. Sie saßen in der Grotte, und sie saßen auf dem Berge, und sie flogen unter dem Himmel. Sie kamen in großen Scharen über den Weg gegangen, und wie sie vorbeikamen, blieben sie stehen und warfen einen Blick auf das Kind.

Es herrschte eitel Jubel und Freude und Singen und Spiel, und das alles sah er in der dunklen Nacht, in der er früher nichts zu gewahren vermocht hatte. Und er wurde so froh, daß seine Augen geöffnet waren, daß er auf die Knie fiel und Gott dankte.«

Aber als Großmutter soweit gekommen war, seufzte sie und sagte: »Aber was der Hirte sah, das könnten wir auch sehen, denn die Engel fliegen in jeder Weihnachtsnacht unter dem Himmel, wenn wir sie nur zu gewahren vermögen.«

Und dann legte Großmutter ihre Hand auf meinen Kopf und sagte: »Dies sollst du dir merken, denn es ist so wahr, wie daß ich dich sehe und du mich siehst. Nicht auf Lichter und Lampen kommt es an, und es liegt nicht an Mond und Sonne, sondern was not tut, ist, daß wir Augen haben, die Gottes Herrlichkeit sehen können.«

Die Vision des Kaisers

Es war zu der Zeit, da Augustus Kaiser vom Rom war und Herodes König in Jerusalem.

Da geschah es einmal, daß eine sehr große und heilige Nacht sich auf die Erde herabsenkte. Es war die dunkelste Nacht, die man noch je gesehen hatte; man hätte glauben können, die ganze Erde sei unter ein Kellergewölbe geraten. Es war unmöglich, Wasser von Land zu unterscheiden, und man konnte sich auf dem vertrautesten Wege nicht zurechtfinden. Und dies konnte nicht anders sein, denn vom Himmel kam kein Lichtstrahl. Alle Sterne waren daheim in ihren Häusern geblieben, und der liebliche Mond hielt sein Gesicht abgewendet.

Und ebenso tief wie die Dunkelheit war auch das Schweigen und die Stille. Die Flüsse hatten in ihrem Laufe innegehalten, kein Lüftchen regte sich, und selbst das Espenlaub hatte zu zittern aufgehört. Wäre man dem Meere entlanggegangen, so hätte man gefunden, daß die Welle nicht mehr an den Strand schlug, und wäre man durch die Wüste gewandert, so hätte der Sand nicht unter dem Fuße geknirscht. Alles war versteinert und regungslos, um nicht die heilige Nacht zu stören. Das Gras vermaß sich nicht zu wachsen, der Tau konnte nicht fallen, und die Blumen wagten nicht, Wohlgeruch auszuhauchen.

In dieser Nacht jagten die Raubtiere nicht, bissen die Schlangen nicht, bellten die Hunde nicht. Und was noch herrlicher war, keins von den leblosen Dingen hätte die Weihe der Nacht dadurch stören wollen, daß es sich zu einer bösen Tat hergab. Kein Dietrich hätte ein Schloß öffnen können, und kein Messer wäre imstande gewesen, Blut zu vergießen.

Eben in dieser Nacht trat in Rom ein kleines Häufchen Menschen aus den kaiserlichen Gemächern auf den Palatin und nahm seinen Weg über das Forum hinauf zum Kapitol. An dem eben zur Neige gegangenen Tage hatten nämlich die Räte den Kaiser gefragt, ob er etwas dagegen einzuwenden habe, daß sie ihm auf Roms heiligem Berge einen Tempel errichteten. Aber Augustus hatte nicht sogleich seine Zustimmung gegeben. Er wußte nicht, ob es den Göttern wohlgefällig wäre, daß er einen Tempel neben dem ihren besäße, und er hatte geantwortet, daß er erst seinem Schutzgeist ein nächtliches Opfer bringen wolle, um dadurch seinen Willen in dieser Sache zu erforschen. Er war es nun, der, von einigen Vertrauten geleitet, dranging, dieses Opfer darzubringen. Augustus ließ sich in seiner Sänfte tragen, denn er war alt, und die hohen Treppen des Kapitols fielen ihm beschwerlich. Er hielt selbst den Käfig mit den Tauben, die er opfern wollte. Nicht Priester noch Soldaten oder Ratsherren begleiteten ihn, sondern nur seine nächsten Freunde. Fackelträger gingen ihm voran, gleichsam um einen Weg in das nächtliche Dunkel zu bahnen, und ihm folgten Sklaven, die den dreifüßigen Altar trugen, die Kohlen, die Messer, das heilige Feuer und alles andere, was für das Opfer erforderlich war.

Auf dem Wege plauderte der Kaiser fröhlich mit seinen Vertrauten, und darum bemerkte niemand die unsägliche Stille und Verschwiegenheit der Nacht. Erst als sie auf dem obersten Teil des Kapitols den leeren Platz erreicht hatten, der für den neuen Tempel auserkoren war, wurde ihnen offenbar, daß etwas Ungewöhnliches bevorstand.

Dies konnte nicht eine Nacht sein wie alle andern, denn oben auf dem Rande des Felsens sahen sie das wunderbarste Wesen. Zuerst glaubten sie, es sei ein alter, verwitterter Olivenstamm, dann meinten sie, ein uraltes Steinbild vom Jupitertempel sei auf den Felsen hinausgewandert. Endlich gewahrten sie, daß dies niemand sein konnte als die alte Sibylle.

Etwas so Altes, so Wettergebräuntes und so Riesengroßes hatten sie niemals gesehen. Diese alte Frau war schreckenerregend. Wäre der Kaiser nicht gewesen, sie hätten sich alle heim in ihre Betten geflüchtet. »Sie ist es«, flüsterten sie einander zu, »die der Jahre so viele zählt, wie es Sandkörner an der Küste ihres Heimatlandes gibt. Warum ist sie gerade in dieser Nacht aus ihrer Höhle gekommen? Was kündet sie dem Kaiser und dem Reiche, sie, die ihre Prophezeiungen auf die Blätter der Bäume schreibt und weiß, daß der Wind das Orakelwort dem zuträgt, für den es bestimmt ist?«

Sie waren so erschrocken, daß sie alle auf die Knie gesunken wären und mit ihren Stirnen den Boden berührt hätten, wenn die Sibylle nur eine Bewegung gemacht hätte. Aber sie saß so still, als wäre sie leblos. Sie saß auf dem äußersten Rande des Felsens zusammengekauert, und die Augen mit der Hand beschattend, spähte sie hinaus in die Nacht. Sie saß da, als hätte sie den Hügel erstiegen, um etwas, was sich in weiter Ferne zutrug, besser zu sehen. Sie konnte also etwas sehen, sie, in einer solchen Nacht!

In dem selben Augenblick merkten der Kaiser und alle in seinem Gefolge, wie tief die Finsternis war. Keiner von ihnen konnte eine Handbreit vor sich sehen. Und welche Stille, welches Schweigen! Nicht einmal das dumpfe Gemurmel des Tiber konnten sie vernehmen. Aber die Luft wollte sie ersticken, der kalte Schweiß trat ihnen auf die Stirn, und ihre Hände waren starr und kraftlos. Sie dachten, es müsse etwas Furchtbares bevorstehen.

Aber niemand wollte zeigen, daß er Angst hatte, sondern alle sagten dem Kaiser, daß dies ein gutes Omen sei: die ganze Natur hielt den Atem an, um einen neuen Gott zu grüßen.

Sie forderten Augustus auf, an das Opfer zu gehen, und sagten, daß die alte Sibylle wahrscheinlich aus ihrer Höhle gekommen wäre, um seinen Genius zu grüßen.

Aber in Wahrheit war die alte Sibylle von einer Vision so gefesselt, daß sie es nicht einmal wußte, daß Augustus auf das Kapitol gekommen war. Sie war im Geiste in ein fernes Land versetzt, und dort meinte sie über eine große Ebene zu wandern. In der Dunkelheit stieß sie mit dem Fuße unablässig an etwas, was sie für Erdhügelchen hielt. Sie bückte sich und tastete mit der Hand. Nein, es waren keine Erdhügelchen, sondern Schafe. Sie wanderte zwischen großen schlafenden Schafherden.

Nun gewahrte sie das Feuer der Hirten. Es brannte mitten auf dem Felde, und sie tastete sich hin. Die Hirten lagen um das Feuer und schliefen, und neben sich hatten sie lange, spitzige Stäbe, mit denen sie die Herden gegen wilde Tiere zu verteidigen pflegten. Aber die kleinen Tiere mit den funkelnden Augen und den buschigen Schwänzen, die sich zum Feuer schlichen, waren das nicht Schakale? Und doch schleuderten ihnen die Hirten keine Stäbe nach, die Hunde schliefen weiter, die Schafe flohen nicht, und die wilden Tiere legten sich an der Seite der Menschen zur Ruhe. Dies sah die Sibylle, aber sie wußte nichts von dem, was sich hinter ihr auf der Bergeshöhe zutrug. Sie wußte nicht, daß man da einen Altar errichtete, die Kohlen entzündete, das Räucherwerk ausstreute, und daß der Kaiser die eine Taube aus dem Käfig nahm, um sie zu opfern. Aber seine Hände waren so erstarrt, daß er den Vogel nicht zu halten vermochte. Mit einem einzigen Flügelschlag befreite sich die Taube und verschwand, hinauf in das nächtliche Dunkel.

Als dies geschah, blickten die Hofleute mißtrauisch zu der alten Sibylle hin. Sie glaubten, daß sie es wäre, die das Unglück verschuldet hätte.

Konnten sie wissen, daß die Sibylle noch immer an dem Kohlenfeuer der Hirten zu stehen meinte und daß sie nun einem schwachen Klage lauschte, der zitternd durch die totenstille Nacht drang? Sie hörte ihn lange, ehe sie merkte, daß er nicht von der Erde kam, sondern aus den Wolken. Endlich erhob sie das Haupt, und da sah sie lichte, schimmernde Gestalten durch die Dunkelheit gleiten. Es waren kleine Engelscharen, die gar holdselig singend und gleichsam suchend über der weiten Ebene hin und wider flogen.

Während die Sibylle so dem Engelgesange lauschte, bereitete sich der Kaiser gerade zu einem neuen Opfer. Er wusch seine Hände, reinigte den Altar und ließ sich die zweite Taube reichen. Aber obgleich er sich bis zum äußersten anstrengte, um sie festzuhalten, entglitt der glatte Körper der Taube seiner Hand, und der Vogel schwang sich in die undurchdringliche Nacht empor.

Den Kaiser faßte ein Grauen. Er stürzte vor dem leeren Altar auf die Knie und betete zu seinem Genius. Er rief ihn um Kraft an, das Unheil abzuwenden, das diese Nacht zu künden schien.

Auch davon hatte die Sibylle nichts gehört. Sie lauschte mit ganzer Seele dem Engelgesang, der immer stärker wurde. Schließlich wurde er so mächtig, daß er die Hirten erweckte. Sie richteten sich auf dem Ellenbogen empor und sahen leuchtende Scharen silberweißer Engel in langen, wogenden Reihen gleich Zugvögeln droben durch das Dunkel schweben. Einige hatte Lauten und Violinen in den Händen, andere hatten Zithern und Harfen, und ihr Gesang klang fröhlich wie Kinderlachen und sorglos wie Lerchenzwitschern. Als die Hirten dieses hörten, machten sie sich auf, um zu dem Bergstädtlein zu gehen, wo sie daheim waren, und von dem Wunder zu erzählen.

Sie wanderten über einen schmalen, geschlängelten Pfad, und die alte Sibylle folgte ihnen. Mit einem Male wurde es oben auf dem Berg hell. Ein großer klarer Stern flammte mitten darüber auf, und die Stadt auf dem Bergesgipfel schimmerte wie Silber im Sternenlicht. Alle die umherirrenden Engelscharen eilten unter Jubelrufen hin, und die Hirten beschleunigten ihre Schritte, so daß sie beinahe liefen. Als sie die Stadt erreicht hatten, fanden sie, daß die Engel sich über einem niedrigen Stall in der Nähe des Stadttors gesammelt hatten. Es war ein ärmlicher Bau mit einem Dache aus Stroh und dem nackten Felsen als Rückwand. Darüber stand der Stern, und dahin scharten sich immer mehr und mehr Engel. Einige setzten sich auf das Strohdach oder ließen sich auf der steilen Felswand hinter dem Hause nieder, andere schwebten mit flatternden Flügeln darüber. Hoch, hoch hinauf war die Luft von den strahlenden Schwingen verklärt.

In demselben Augenblick, in dem der Stern über dem Bergstädtchen aufflammte, erwachte die ganze Natur, und die Männer, die auf der Höhe des Kapitols standen, mußten es auch merken. Sie fühlten frische, aber kosende Winde den Raum durchwehen, süße Wohlgerüche strömten rings um sie empor, Bäume rauschten, der Tiber begann zu murmeln, die Sterne strahlten, und der Mond stand mit einem Male hoch am Himmel und erleuchtete die Welt. Und aus den Wolken schwangen sich zwei Tauben nieder und setzten sich dem Kaiser auf die Schultern.

Als dies Wunder geschah, richtete sich Augustus in stolzer Freude empor, aber seine Freunde und Sklaven stürzten auf die Knie. »Ave Caesar!« riefen sie. »Dein Genius hat dir geantwortet. Du bist der Gott, der auf der Höhe des Kapitols angebetet werden soll.«

Und die Huldigung, die die hingerissenen Männer dem Kaiser zujubelten, war so laut, daß die alte Sibylle sie hörte. Sie wurde davon aus ihren Gesichten erweckt. Sie erhob sich von ihrem Platze auf dem Felsenrand und trat unter die Menschen. Es war, als hätte eine dunkle Wolke sich aus dem Abgrund erhoben, um über die Bergeshöhe hinabzustürzen. Sie war erschreckend in ihrem Alter. Wirres Haar hing in spärlichen Zotteln um ihren Kopf, die Gelenke der Glieder waren vergrößert, die gedunkelte Haut überzog den Körper hart wie Baumrinde, Runzel an Runzel.

Aber gewaltig und ehrfurchtgebietend schritt sie auf den Kaiser zu. Mit der einen Hand umfaßte sie sein Handgelenk, mit der andern wies sie nach dem fernen Osten.

»Sieh!« gebot sie ihm, und der Kaiser schlug die Augen auf und sah. Der Raum tat sich vor seinen Blicken auf, und sie drangen ins ferne Morgenland. Und er sah einen dürftigen Stall unter einer steilen Felswand, und in der offenen Tür einige kniende Hirten. Im Stall sah er eine junge Mutter auf den Knien vor einem kleinen Kindlein, das auf einem Strohbündel am Boden lag.

Und die großen knochigen Finger der Sibylle wiesen auf dieses arme Kind.

»Ave Caesar!« sagte die Sibylle mit einem Hohnlachen. »Da ist der Gott, der auf der Höhe des Kapitols angebetet werden wird!«

Da prallte Augustus vor ihr zurück, wie vor einer Wahnsinnigen.

Aber über die Sibylle kam der mächtige Sehergeist. Ihre trüben Augen begannen zu brennen, ihre Hände reckten sich zum Himmel empor, ihre Stimme verwandelte sich, so daß sie nicht ihre eigne zu sein schien, sondern solchen Klang und solche Kraft hatte, daß man sie über die ganze Welt hin hätte hören können. Und sie sprach Worte, die sie oben in den Sternen zu lesen schien.

»Anbeten wird man auf den Höhen des Kapitols den Welterneuerer, Christ oder Antichrist, doch nicht hinfällige Menschen.«

Als sie dies gesagt hatte, schritt sie durch die Reihen der schreckgelähmten Männer, ging langsam die Bergeshöhe hinunter und verschwand.

Aber Augustus ließ am nächsten Tage dem Volke streng verbieten, ihm einen Tempel auf dem Kapitol zu errichten. Anstatt dessen erbaute er dort ein Heiligtum für das neugeborene Gotteskind und nannte es ›Des Himmels Altar‹, Ara Coeli.

Der Brunnen der weisen Männer

In dem alten Lande Juda zog die Dürre umher, hohläugig und herb wanderte sie über gelbes Gras und verschrumpfte Disteln.

Es war Sommerzeit. Die Sonne brannte auf schattenlose Bergrücken, und der leiseste Wind wirbelte dichte Wolken von Kalkstaub aus dem weißgrauen Boden, die Herden standen in den Tälern um die versiegten Bäche geschart.

Die Dürre ging umher und prüfte die Wasservorräte. Sie wanderte zu Salomons Teichen und sah seufzend, daß ihre felsigen Ufer noch eine Menge Wasser umschlossen. Dann ging sie hinunter zu dem berühmten Davidsbrunnen bei Bethlehem und fand auch dort Wasser. Hierauf wanderte sie mit schleppenden Schritten über die große Heerstraße, die von Bethlehem nach Jerusalem führt.

Als sie ungefähr auf halbem Wege war, sah sie den Brunnen der weisen Männer, der dicht am Wegsaume liegt, und sie merkte sogleich, daß er nahe am Versiegen war. Die Dürre setzte sich auf die Brunnenschale, die aus einem einzigen großen ausgehöhlten Steine besteht, und sah in den Brunnen hinunter. Der blanke Wasserspiegel, der sonst ganz nahe der Öffnung sichtbar zu werden pflegte, war tief hinabgesunken, und Schlamm und Morast vom Grunde machten ihn unrein und trübe. Als der Brunnen das braungebrannte Gesicht der Dürre sich auf seinem Spiegel malen sah, ließ er ein Plätschern der Angst hören.

»Ich möchte wohl wissen, wann es mit dir zu Ende gehen wird«, sagte die Dürre, »du kannst wohl dort unten in der Tiefe keine Wasserader finden, die käme und dir neues Leben gäbe. Und von Regen kann, Gott sei Dank, vor zwei, drei Monaten keine Rede sein.«

»Du magst ruhig sein«, seufzte der Brunnen. »Nichts kann mir helfen. Da wäre zum mindesten ein Quell vom Paradiese vonnöten.«

»Dann will ich dich nicht verlassen, bevor alles aus ist«, sagte die Dürre. Sie sah, daß der alte Brunnen in den letzten Zügen lag, und nun wollte sie die Freude haben, ihn Tropfen für Tropfen sterben zu sehen.

Sie setzte sich wohlgemut auf dem Brunnenrande zurecht und freute sich zu hören, wie der Brunnen in der Tiefe seufzte. Sie hatte auch großes Wohlgefallen daran, durstige Wanderer herankommen zu sehen, zu sehen, wie sie den Eimer hinuntersenkten und ihn mit nur wenigen Tropfen schlammvermengten Wassers auf dem Grunde heraufzogen.

So verging der ganze Tag, und als die Dunkelheit anbrach, sah die Dürre wieder in den Brunnen hinunter. Es blinkte noch ein wenig Wasser dort unten.

»Ich bleibe hier, die ganze Nacht über«, rief sie, »spute dich nur nicht. Wenn es so hell ist, daß ich wieder in dich hinabsehen kann, ist es sicherlich zu Ende mit dir.«

Die Dürre kauerte sich auf dem Brunnendache zusammen, während die heiße Nacht, die noch grausamer und qualvoller war als der Tag, sich auf das Land Juda herniedersenkte. Hunde und Schakale heulten ohne Unterlaß, und durstige Kühe und Esel antworteten ihnen aus ihren heißen Ställen. Wenn sich zuweilen der Wind regte, brachte er keine Kühlung, sondern war heiß und schwül wie die keuchenden Atemzüge eines schlafenden Ungeheuers.

Aber die Sterne leuchteten im allerholdesten Glanz, und ein kleiner, flimmernder Neumond warf ein schönes grünblaues Licht über die grauen Hügel. Und in diesem Schein sah die Dürre eine große Karawane zum Hügel heraufziehen, auf dem der Brunnen der weisen Männer lag.

Die Dürre saß und blickte auf den langen Zug und frohlockte aufs neue bei dem Gedanken an all den Durst, der zum Brunnen heraufzog und keinen Tropfen Wasser finden wurde, um gelöscht zu werden. Da kamen so viele Tiere und Führer, daß sie den Brunnen hätten leeren können, selbst wenn er ganz voll gewesen wäre. Plötzlich wollte es sie bedünken, daß es etwas Ungewöhnliches, etwas

Gespenstisches um diese Karawane wäre, die durch die Nacht daherzog. Alle Kamele kamen erst auf einem Hügel zum Vorschein, der gerade hinauf zum Horizont ragte; es war, als wären sie vom Himmel herniedergestiegen. Sie sahen im Mondlicht größer aus als gewöhnliche Kamele und trugen allzu leicht die Bürden, die auf ihnen lasteten.

Aber sie konnte doch nichts anderes glauben, als daß sie ganz wirklich wären, denn sie sah sie ja ganz deutlich. Sie konnte sogar unterscheiden, daß die drei vordersten Tiere Dromedare waren. Dromedare mit grauem, glänzendem Fell, und daß sie reich gezäumt, mit befransten Schabrakken gesattelt waren und schöne, vornehme Reiter trugen.

Der ganze Zug machte beim Brunnen halt, die Dromedare legten sich mit dreimaligem scharfen Einknicken auf den Boden, und ihre Reiter stiegen ab. Die Packkamele blieben stehen, und wie sich ihrer immer mehr versammelten, schienen sie eine unübersehbare Wirrnis von hohen Hälsen und Buckeln und wunderlich aufgestapelten Bepakkungen zu bilden.

Die drei Dromedarreiter kamen sogleich auf die Dürre zu und begrüßten sie, indem sie die Hand an Stirn und Brust legten. Sie sah, daß sie blendend weiße Gewänder und ungeheure Turbane trugen, an deren oberem Rand ein klar funkelnder Stern befestigt war, der leuchtete, als sei er geradewegs vom Himmel genommen.

»Wir kommen aus einem fernen Lande«, sagte der eine der Fremdlinge, »und wir bitten dich, sag uns, ob dies wirklich der Brunnen der weisen Männer ist.«

»Er wird heute so genannt«, sagte die Dürre, »aber morgen gibt es hier keinen Brunnen mehr. Er wird heute nacht sterben.«

»Das leuchtet mir wohl ein, da ich dich hier sehe«, sagte der Mann. »Aber ist dies denn nicht einer der heiligen Brunnen, die niemals versiegen? Oder woher hat er sonst seinen Namen?«

»Ich weiß, daß er heilig ist«, sagte die Dürre, »aber was kann das helfen? Die drei Weisen sind im Paradiese.«

Die drei Wanderer sahen einander an. »Kennst du wirklich die Geschichte des alten Brunnens?« fragten sie.

»Ich kenne die Geschichte aller Brunnen und Flüsse und Bäche und Quellen«, sagte die Dürre stolz.

»Mach uns doch die Freude und erzähl sie uns«, baten die Fremdlinge. Und sie setzten sich um die alte Feindin alles Wachsenden und lauschten.

Die Dürre räusperte sich und rückte sich auf dem Brunnenrande zurecht wie ein Märchenerzähler auf seinem Hochsitz; dann begann sie zu erzählen.

»In Gabes in Medien, einer Stadt, die dicht am Rande der Wüste liegt und die mir daher oft eine liebe Zuflucht war, lebten vor vielen Jahren drei Männer, die ob ihrer Weisheit berühmt waren. Sie waren auch sehr arm, und das war etwas sehr Ungewöhnliches, denn in Gabes wurde das Wissen hoch in Ehren gehalten und reichlich bezahlt. Aber diesen drei Männern konnte es kaum anders gehen, denn der eine von ihnen war über die Maßen alt, einer war mit dem Aussatz behaftet, und der dritte war ein schwarzer Mann mit wulstigen Lippen. Die Menschen hielten den ersten für zu alt, um sie etwas lehren zu können, dem zweiten wichen sie aus Furcht vor Ansteckung aus, und dem dritten wollten sie nicht zuhören, weil sie zu wissen glaubten, daß noch niemals Weisheit aus Äthiopien gekommen wäre.

Die drei Weisen schlossen sich jedoch in ihrem Unglück aneinander. Sie bettelten tagsüber an derselben Tempelpforte und schliefen nachts auf demselben Dache. Auf diese Weise konnten sie sich wenigstens dadurch die Zeit verkürzen, daß sie gemeinsam über alles Wunderbare nachgrübelten, das sie an Dingen und Menschen bemerkten.

Eines Nachts, als sie Seite an Seite auf einem Dache schliefen, das dicht mit rotem, betäubendem Mohn bewachsen war, erwachte der älteste von ihnen, und kaum hatte er einen Blick um sich geworfen, als er auch die beiden andern weckte.

›Gepriesen sei unsere Armut, die uns nötigt, im Freien

zu schlafen‹, sprach er zu ihnen. ›Wacht auf und erhebt eure Blicke zum Himmel.‹

Nun wohl«, sagte die Dürre mit etwas milderer Stimme, »dies war eine Nacht, die keiner, der sie gesehen hat, vergessen kann. Der Raum war so hell, daß der Himmel, der zumeist doch einem festen Gewölbe gleicht, nun tief und durchsichtig erschien und mit Wogen erfüllt wie ein Meer. Das Licht wallte droben auf und nieder, und die Sterne schienen in verschiedenen Tiefen zu schwimmen, einzelne mitten in den Lichtwellen, andere auf deren Oberfläche.

Aber ganz fern, hoch oben sahen die drei Männer ein schwaches Dunkel auftauchen. Und dieses Dunkel durcheilte den Raum wie ein Ball und kam immer näher, und wie es so herankam, begann es sich zu erhellen, aber es erhellte sich so wie Rosen – möge Gott sie alle welken lassen –, wenn sie aus der Knospe springen. Es wurde immer größer, und die dunkle Hülle darum ward nach und nach gesprengt, und das Licht strahlte in vier klaren Blättern zu seinen Seiten aus. Endlich, als es so tief herniedergekommen war wie der nächste der Sterne, machte es halt. Da bogen sich die dunklen Enden ganz zur Seite, und Blatt und Blatt entfaltete sich schönes, rosenfarbenes Licht, bis es gleich einem Stern unter Sternen strahlte.

Als die armen Männer dies sahen, sagte ihnen ihre Weisheit, daß in dieser Stunde auf Erden ein mächtiger König geboren würde, einer, dessen Macht höher steigen sollte als die Cyrus' oder Alexanders. Und sie sagten zueinander: ›Lasset uns zu den Eltern des Neugeborenen gehen und ihnen sagen, was wir gesehen haben. Vielleicht lohnen sie es uns mit einem Beutel Münzen oder einem Armband aus Gold.‹

Sie ergriffen ihre langen Wanderstäbe und machten sich auf den Weg. Sie wanderten durch die Stadt und hinaus zum Stadttor, aber da standen sie einen Augenblick unschlüssig, denn jetzt breitete sich vor ihnen die große Wüste aus, die die Menschen verabscheuen. Da sahen sie, wie der neue Stern einen schmalen Lichtstreifen über den Wüstensand warf, und sie wanderten voll Zuversicht weiter mit dem Stern als Wegweiser.

Sie gingen die ganze Nacht über das weite Sandfeld, und auf ihrer Wanderung sprachen sie von dem jungen neugeborenen König, den sie in einer Wiege aus Gold schlafend finden würden, mit Edelsteinen spielend. Sie kürzten die Stunden der Nacht, indem sie davon sprachen, wie sie vor seinen Vater, den König, und seine Mutter, die Königin, treten würden und ihnen sagen, daß der Himmel ihrem Sohne Macht und Stärke, Schönheit und Glück verheiße, größer als Salomons Glück.

Sie brüsteten sich damit, daß Gott sie erkoren hatte, den Stern zu sehen. Sie sagten sich, daß die Eltern des Neugeborenen sie nicht mit weniger als zwanzig Beuteln Gold entlohnen könnten, vielleicht würden sie ihnen sogar so viel geben, daß sie niemals mehr die Qualen der Armut zu fühlen brauchten.

Ich lag wie der Löwe in der Wüste auf der Lauer«, fuhr die Dürre fort, »um mich mit allen Qualen des Durstes auf diese Wanderer zu stürzen; aber sie entkamen mir, die ganze Nacht führte der Stern sie, und am Morgen, als der Himmel sich erhellte und die andern Sterne verblichen, blieb dieser beharrlich und leuchtete über der Wüste, bis er sie zu einer Oase geführt hatte, wo sie eine Quelle und Dattelbäume fanden. Da ruhten sie den ganzen Tag, und erst mit sinkender Nacht, als sie den Sternenstrahl wieder den Wüstensand umranden sahen, gingen sie weiter.

Nach Menschenweise zu sehen«, fuhr die Dürre fort, »war es eine schöne Wanderung. Der Stern geleitete sie, daß sie weder zu hungern noch zu dürsten brauchten. Er führte sie an den scharfen Disteln vorbei, er vermied den tiefen, losen Flugsand, sie entgingen dem grellen Sonnenschein und den heißen Wüstenstürmen. Die Weisen sagten beständig zueinander: ›Gott schützt uns und segnet unsere Wanderung. Wir sind seine Sendboten.‹

Aber so allmählich gewann ich doch Macht über sie«, erzählte die Dürre weiter, »und in einigen Tagen waren die

Herzen dieser Sternenwanderer in eine Wüste verwandelt, ebenso trocken wie die, durch die sie wanderten. Sie waren mit unfruchtbarem Stolz und versengender Gier erfüllt.

›Wir sind Gottes Sendboten‹, wiederholten die drei Weisen, ›der Vater des neugeborenen Königs belohnt uns nicht zu hoch, wenn er uns eine mit Gold beladene Karawane schenkt.‹

Endlich führte der Stern sie über den vielgerühmten Jordanfluß und hinauf zu den Hügeln des Landes Juda. Und eines Nachts blieb er über der kleinen Stadt Bethlehem stehen, die unter grünen Olivenbäumen auf einem felsigen Hügel hervorschimmerte.

Die drei Weisen sahen sich nach Schlössern und befestigten Türmen und Mauern und allem dem andern um, was zu einer Königsstadt gehört, aber davon sahen sie nichts. Und was noch schlimmer war, das Sternenlicht leitete sie nicht einmal in die Stadt hinein, sondern blieb bei einer Grotte am Wegsaum stehen. Da glitt das milde Licht durch die Öffnung hinein und zeigte den drei Wanderern ein kleines Kind, das im Schoße seiner Mutter lag und in Schlaf gesungen wurde.

Aber ob auch die drei Weisen nun sahen, daß das Licht gleich einer Krone das Haupt des Kindes umschloß, blieben sie vor der Grotte stehen. Sie traten nicht ein, um dem Kleinen Ruhm und Königreiche zu prophezeien. Sie wendeten sich, und ohne ihre Gegenwart zu verraten, flohen sie vor dem Kinde und gingen wieder den Hügel hinan.

›Sind wir zu Bettlern ausgezogen, die ebenso arm und gering sind wie wir selbst?‹ sagten sie. ›Hat Gott uns hierher geführt, damit wir unseren Scherz treiben und dem Sohn eines Schafhirten alle Ehre weissagen? Dieses Kind wird nie etwas andres erreichen, als hier im Tale seine Herden zu hüten.‹«

Die Dürre hielt inne und nickte ihren Zuhörern bekräftigend zu. Hab' ich nicht recht? schien sie sagen zu wollen. Es gibt mancherlei, was dürrer ist als der Wüstensand. Aber nichts ist unfruchtbarer als das Menschenherz.

»Die drei Weisen waren nicht lange gegangen, als es ihnen einfiel, daß sie sich wohl verirrt hätten, dem Sterne nicht richtig gefolgt wären«, fuhr die Dürre fort, »und sie hoben ihre Augen empor, um den Stern und den rechten Weg wiederzufinden. Aber da war der Stern, dem sie vom Morgenlande her gefolgt waren, vom Himmel verschwunden.«

Die drei Fremdlinge machten eine heftige Bewegung, ihre Gesichter drückten tiefes Leiden aus.

»Was sich nun begab«, begann die Sprecherin von neuem, »ist, nach Menschenart zu urteilen, vielleicht etwas Erfreuliches. Gewiß ist, daß die drei Männer, als sie den Stern nicht mehr sahen, sogleich begriffen, daß sie gegen Gott gesündigt hatten. Und es geschah mit ihnen«, fuhr die Dürre schauernd fort, »was mit dem Boden im Herbst geschieht, wenn die Regenzeit beginnt. Sie zitterten vor Schrecken wie die Erde vor Blitz und Donner, ihr Wesen erweichte sich, die Demut sproß wie grünes Gras in ihren Sinnen empor.

Drei Tage und drei Nächte wanderten sie im Lande umher, um das Kind zu finden, das sie anbeten sollten. Aber der Stern zeigte sich ihnen nicht, sie verirrten sich immer mehr und fühlten die größte Trauer und Betrübnis. In der dritten Nacht langten sie bei diesem Brunnen an, um zu trinken. Und da hatte Gott ihnen ihre Sünde verziehen, so daß sie, als sie sich über das Wasser beugten, dort tief unten das Spiegelbild des Sternes sahen, der sie aus dem Morgenland herbeigeführt hatte.

Sogleich gewahrten sie ihn auch am Himmelszelt, und er führte sie aufs neue zur Grotte in Bethlehem, und sie fielen vor dem Kinde auf die Knie und sagten: ›Wir bringen dir Goldschalen voll Räucherwerk und köstlicher Gewürze. Du wirst der größte König werden, der auf Erden gelebt hat und leben wird von ihrer Erschaffung bis zu ihrem Untergange.‹ Da legte das Kind seine Hand auf ihre gesenkten Köpfe, und als sie sich erhoben – siehe, da hatte es ihnen Gaben gegeben, größer als ein König sie hätte schenken können. Denn der alte Bettler war jung geworden, und der Aussätzige gesund, und der Schwarze war ein schöner, weißer Mann. Und man sagt, sie waren so herrlich, daß sie von dannen zogen und Könige wurden, jeder in seinem Reich.«

Die Dürre hielt in ihrer Erzählung inne, und die drei Fremdlinge priesen sie. »Du hast gut erzählt«, sagten sie. »Aber es wundert mich, daß die drei Weisen nichts für den Brunnen tun, der ihnen den Stern zeigte. Sollten sie eine solche Wohltat ganz vergessen haben?«

»Muß nicht dieser Brunnen immer da sein«, sagte der zweite Fremdling, »um die Menschen daran zu erinnern, daß sich das Glück, das auf den Höhen des Stolzes entschwindet, in den Tiefen der Demut wiederfinden läßt?« – »Sind die Dahingeschiedenen schlechter als die Lebenden?« sagte der dritte. »Stirbt die Dankbarkeit bei denen, die im Paradiese leben?«

Aber als sie dieses sagten, fuhr die Dürre mit einem Schrei empor. Sie hatte die Fremdlinge erkannt, sie sah, wer die Wanderer waren. Und sie entfloh wie eine Rasende, um nicht sehen zu müssen, wie die weisen Männer ihre Diener riefen und ihre Kamele, die alle mit Wassersäcken beladen waren, herbeiführten und den armen sterbenden Brunnen mit Wasser füllten, das sie aus dem Paradiese gebracht hatten.

Das Kindlein von Bethlehem

Vor dem Stadttor in Bethlehem stand ein römischer Kriegsknecht Wache. Er trug Harnisch und Helm, er hatte ein kurzes Schwert an der Seite und hielt eine lange Lanze in der Hand. Den ganzen Tag stand er beinahe regungslos, so daß man ihn wirklich für einen Mann aus Eisen halten konnte. Die Stadtleute gingen durch das Tor aus und ein, Obstverkäufer und Weinhändler stellten ihre Körbe und Gefäße auf den Boden neben den Kriegsknecht hin, aber er gab sich kaum die Mühe, den Kopf zu wenden, um ihnen nachzusehen.

Das ist doch nichts, um es zu betrachten, schien er sagen zu wollen. Was kümmere ich mich um euch, die ihr arbeitet und Handel treibt und mit Ölkrügen und Weinschläuchen angezogen kommt! Laßt mich ein Kriegsheer sehen, das sich aufstellt, um dem Feinde entgegenzuziehen! Laßt mich das Gewühl sehen und den heißen Streit, wenn ein Reitertrupp sich auf eine Schar Fußvolk stürzt! Laßt mich die Tapferen sehen, die mit Sturmleitern vorwärts eilen, um die Mauern einer belagerten Stadt zu ersteigen! Nichts andres kann mein Auge erfreuen als der Krieg. Ich sehne mich danach, Roms Adler in der Luft blinken zu sehen. Ich sehne mich nach dem Schmettern der Kupferhörner, nach schimmernden Waffen, nach rot verspritzendem Blut.

Gerade vor dem Stadttor erstreckte sich ein prächtiges Feld, das ganz mit Lilien bewachsen war. Der Kriegsknecht stand jeden Tag da, die Blicke gerade auf dieses Feld gerichtet, aber es kam ihm keinen Augenblick in den Sinn, die außerordentliche Schönheit der Blumen zu bewundern. Zuweilen merkte er, daß die Vorübergehenden stehenblieben und sich an den Lilien freuten, und dann staunte er, daß sie ihre Wanderung verzögerten, um etwas so Unbedeutendes anzuschauen. Diese Menschen wissen nicht, was schön ist, dachte er. Und wie er so dachte, sah er nicht mehr die grünenden Felder und die Olivenhügel rings um Bethlehem vor seinen Augen, sondern er träumte sich fort in eine glühend heiße Wüste in dem sonnenreichen Libyen. Er sah eine Legion Soldaten in einer langen geraden Linie über den gelben Sand ziehen. Nirgends gab es Schutz vor den Sonnenstrahlen, nirgends einen labenden Quell, nirgends war eine Grenze der Wüste oder ein Ziel der Wanderung zu erblicken. Er sah die Soldaten, von Hunger und Durst ermattet, mit schwankenden Schritten vorwärts wandern. Er sah einen nach dem andern zu Boden stürzen, von der glühenden Sonnenhitze gefällt. Aber trotz allem zog die Truppe stetig vorwärts, ohne zu zaudern, ohne daran zu denken, den Feldherrn im Stich zu lassen oder umzukehren.

Sehet hier, was schön ist! dachte der Kriegsknecht. Seht, was den Blick eines tapfern Mannes verdient! Während der Kriegsknecht Tag für Tag an demselben Platze auf seinem Posten stand, hatte er die beste Gelegenheit, die schönen Kinder zu betrachten, die rings um ihn spielten. Aber es war mit den Kindern wie mit den Blumen. Er begriff nicht, daß es der Mühe wert sein könnte, sie zu betrachten. Was ist dies, um sich daran zu freuen? dachte er, als er die Menschen lächeln sah, wenn sie den Spielen der Kinder zusahen. Es ist seltsam, daß sich jemand über ein Nichts freuen kann.

Eines Tages, als der Kriegsknecht wie gewöhnlich auf seinem Posten vor dem Stadttore stand, sah er ein kleines Knäblein, das ungefähr drei Jahre alt sein mochte. Es war ein armes Kind, das in ein kleines Schaffell gekleidet war und ganz allein spielte. Der Soldat stand und beobachtete den kleinen Ankömmling, beinahe ohne es selbst zu merken. Das erste, was ihm auffiel, war, daß der Kleine so leicht über das Feld lief, daß er auf den Spitzen der Grashalme zu schweben schien. Aber als er dann anfing, seine Spiele zu verfolgen, da staunte er noch mehr. »Bei meinem Schwert«, sagte er schließlich, »dieses Kind spielt nicht wie andre! Was kann das sein, womit es sich da ergötzt?«

Das Kind spielte nur wenige Schritte von dem Kriegsknecht entfernt, so daß er darauf achten konnte, was es vornahm. Er sah, wie es die Hand ausstreckte, um eine Biene einzufangen, die auf dem Rande einer Blume saß und so schwer mit Blütenstaub beladen war, daß sie kaum die Flügel zum Fluge zu heben vermochte. Er sah zu seiner großen Verwunderung, daß die Biene sich, ohne einen Versuch zu entfliehen und ohne ihren Stachel zu gebrauchen, fangen ließ. Aber als der Kleine die Biene sicher zwischen seinen Fingern hielt, lief er fort zu einer Spalte in der Stadtmauer, wo ein Schwarm Bienen seine Wohnstatt hatte, und setzte das Tierchen dort ab. Und sowie er auf diese Weise einer Biene geholfen hatte, eilte er sogleich von dannen, um einer andern beizustehen. Den ganzen Tag sah ihn der Soldat Bienen einfangen und sie in ihr Heim tragen.

Dieses Knäblein ist wahrlich törichter als irgend jemand, den ich bis heute besehen habe, dachte der Kriegsknecht. Wie kann es ihm einfallen, zu versuchen, diesen Bienen beizustehen, die sich so gut ohne ihn helfen und die ihn obendrein mit ihrem Stachel stechen können! Was für ein Mensch soll aus ihm werden, wenn er am Leben bleibt?

Der Kleine kam Tag für Tag wieder und spielte draußen auf der Wiese, und der Kriegsknecht konnte es nicht lassen, sich über ihn und seine Spiele zu wundern. Es ist recht seltsam, dachte er, nun habe ich volle drei Jahre an diesem Tor Wache gestanden, und noch niemals habe ich etwas zu Gesicht bekommen, was meine Gedanken beschäftigt hätte, außer diesem Kinde. Aber der Kriegsknecht hatte durchaus keine Freude an dem Kinde. Im Gegenteil, der Kleine erinnerte ihn an eine furchtbare Weissagung eines alten jüdischen Sehers. Dieser hatte nämlich prophezeit, daß einmal eine Zeit des Friedens sich auf die Erde senken würde. Während eines Zeitraums von tausend Jahren würde kein Blut vergossen, kein Krieg geführt werden, sondern die Menschen würden einander lieben wie Brüder. Wenn der Kriegsknecht daran dachte, daß etwas so Entsetzliches wirklich eintreffen könnte, dann durcheilte seinen Körper ein Schauder, und er umklammerte hart seine Lanze, gleichsam um eine Stütze zu suchen.

Und je mehr nun der Kriegsknecht von dem Kleinen und seinen Spielen sah, desto häufiger mußte er an das Reich des tausendjährigen Friedens denken. Zwar fürchtete er nicht, daß es schon angebrochen sein könnte, aber er liebte es nicht, an etwas so Verabscheuungswürdiges auch nur denken zu müssen.

Eines Tages, als der Kleine zwischen den Blumen auf dem schönen Felde spielte, kam ein sehr heftiger Regenschauer aus den Wolken herniedergeprasselt. Als er merkte, wie groß und schwer die Tropfen waren, die auf die zarten Lilien niederschlugen, schien er für seine schönen Freundinnen besorgt zu werden. Er eilte zu der schönsten und größten unter ihnen und beugte den steifen Stengel, der die Blüten trug, zur Erde, so daß die Regentropfen die untere Seite der Kelche trafen. Und sowie er mit einer Blumenstaude in dieser Weise verfahren war, eilte er zu einer anderen und beugte ihren Stengel in gleicher Weise, so daß die Blumenkelche sich der Erde zuwendeten. Und dann zu einer dritten und vierten, bis alle Blumen der Flur gegen heftigen Regen geschützt waren.

Der Kriegsknecht mußte bei sich lächeln, als er die Arbeit des Knaben sah. »Ich fürchte, die Lilien werden ihm keinen Dank dafür wissen«, sagte er. »Alle Stengel sind natürlich abgebrochen. Es geht nicht an, die steifen Pflanzen auf diese Art zu beugen.«

Aber als der Regenschauer endlich aufhörte, sah der Kriegsknecht das Knäblein zu den Lilien eilen und sie aufrichten. Und zu seinem unbeschreiblichen Staunen richtete das Kind ohne die mindeste Mühe die steifen Stengel gerade. Es zeigte sich, daß kein einziger von ihnen gebrochen oder beschädigt war. Es eilte von Blume zu Blume, und alle geretteten Lilien strahlten bald in vollem Glanze auf der Flur.

Als der Kriegsknecht dies sah, bemächtigte sich seiner

ein seltsamer Groll. Sieh doch an, welch ein Kind! dachte er. Es ist kaum zu glauben, daß es etwas so Törichtes beginnen kann. Was für ein Mann soll aus diesem Kleinen werden, der es nicht einmal ertragen kann, eine Lilie zerstört zu sehen? Wie würde es ablaufen, wenn so einer in den Krieg müßte? Was würde er anfangen, wenn man ihm den Befehl gäbe, ein Haus anzuzünden, das voller Frauen und Kinder wäre, oder ein Schiff in Grund zu bohren, das mit seiner ganzen Besatzung über die Wellen führe?

Wieder mußte er an die alte Prophezeiung denken, und er begann zu fürchten, daß die Zeit wirklich angebrochen sein könnte, zu der sie in Erfüllung gehen sollte. Sintemalen ein Kind gekommen ist wie dieses, ist diese fürchterliche Zeit vielleicht ganz nahe. Schon jetzt herrscht Friede auf der ganzen Welt, und sicherlich wird der Tag des Krieges niemals mehr anbrechen. Von nun an werden alle Menschen von derselben Gemütsart sein wie dieses Kind. Sie werden fürchten, einander zu schaden, ja, sie werden es nicht einmal übers Herz bringen, eine Biene oder eine Blume zu zerstören. Keine großen Heldentaten werden mehr vollbracht. Keine herrlichen Siege wird man erringen, und kein glänzender Triumphator wird zum Kapitol hinanziehen. Es wird für einen tapferen Mann nichts mehr geben, was er ersehnen könnte.

Und der Kriegsknecht, der noch immer hoffte, neue Kriege zu erleben und sich durch Heldentaten zu Macht und Reichtum aufzuschwingen, war so ergrimmt gegen den kleinen Dreijährigen, daß er drohend die Lanze nach ihm ausstreckte, als er das nächste Mal an ihm vorbeilief.

An einem andern Tage jedoch waren es weder die Bienen noch die Lilien, denen der Kleine beizustehen suchte, sondern er tat etwas, was den Kriegsknecht noch viel unnötiger und undankbarer deuchte.

Es war ein furchtbar heißer Tag, und die Sonnenstrahlen, die auf den Helm und die Rüstung des Soldaten fielen, erhitzten sich so, daß ihm war, als trüge er ein Kleid aus Feuer. Für die Vorübergehenden hatte es den Anschein, als müßte er schrecklich unter der Wärme leiden. Seine Augen traten blutunterlaufen aus dem Kopfe, und die Haut seiner Lippen verschrumpfte, aber den Kriegsknecht, der gestählt war und die brennende Hitze in Afrikas Sandwüsten ertragen hatte, deuchte es, daß dies eine geringe Sache wäre, und er ließ es sich nicht einfallen, seinen gewohnten Platz zu verlassen. Er fand im Gegenteil Gefallen daran, den Vorübergehenden zu zeigen, daß er so stark und ausdauernd war und nicht Schutz vor der Sonne zu suchen brauchte.

Während er so dastand und sich beinahe lebendig braten ließ, kam der kleine Knabe, der auf dem Felde zu spielen pflegte, plötzlich auf ihn zu. Er wußte wohl, daß der Legionär nicht zu seinen Freunden gehörte, und er pflegte sich zu hüten, in den Bereich seiner Lanze zu kommen, aber nun trat er dicht an ihn heran, betrachtete ihn lange und genau und eilte dann in vollem Laufe über den Weg. Als er nach einer Weile zurückkam, hielt er beide Hände ausgebreitet wie eine Schale und brachte auf diese Weise ein paar Tropfen Wasser mit.

Ist dies Kind jetzt gar auf den Einfall gekommen, fortzulaufen und für mich Wasser zu holen? dachte der Soldat. Das ist wirklich ohne allen Verstand. Sollte ein römischer Legionär nicht ein bißchen Wärme ertragen können? Was braucht dieser Kleine herumzulaufen, um denen zu helfen, die keiner Hilfe bedürfen? Mich gelüstet nicht nach seiner Barmherzigkeit. Ich wünschte, daß er und alle, die ihm gleichen, nicht mehr auf dieser Welt wären.

Der Kleine kam sehr behutsam heran. Er hielt seine Finger fest zusammengepreßt, damit nichts verschüttet werde oder überlaufe. Während er sich dem Kriegsknecht näherte, hielt er die Augen ängstlich auf das kleine bißchen Wasser geheftet, das er mitbrachte, und sah also nicht, daß dieser mit tief gerunzelter Stirn und abweisenden Blicken dastand. Endlich blieb er dicht vor dem Legionär stehen und bot ihm das Wasser.

Im Gehen waren seine schweren, lichten Locken ihm immer tiefer in die Stirn und die Augen gefallen. Er schüttelte ein paarmal den Kopf, um das Haar zurückzuwerfen, damit er aufblicken könnte. Als ihm dies endlich gelang und er den harten Ausdruck in dem Gesichte des Kriegsknechts gewahrte, erschrak er gar nicht, sondern blieb stehen und lud ihn mit einem bezaubernden Lächeln ein, von dem Wasser zu trinken, das er mitbrachte. Aber der Kriegsknecht hatte keine Lust, eine Wohltat von diesem Kinde zu empfangen, das er als seinen Feind betrachtete. Er sah nicht hinab in sein schönes Gesicht, sondern stand starr und regungslos und machte nicht Miene, als verstünde er, was das Kind für ihn tun wollte.

Aber das Knäblein konnte gar nicht fassen, daß der andere es abweisen wollte. Es lächelte noch immer ebenso vertrauensvoll, stellte sich auf die Zehenspitzen und streckte die Hände so hoch in die Höhe, als es vermochte, damit der großgewachsene Soldat das Wasser leichter erreiche.

Der Legionär fühlte sich jedoch so verunglimpft dadurch, daß ein Kind ihm helfen wollte, daß er nach seiner Lanze griff, um den Kleinen in die Flucht zu jagen.

Aber nun begab es sich, daß gerade in demselben Augenblick die Hitze und der Sonnenschein mit solcher Heftigkeit auf den Kriegsknecht hereinbrachen, daß er rote Flammen vor seinen Augen lodern sah und fühlte, daß sein Gehirn im Kopfe schmolz. Er fürchtete, daß die Sonne ihn morden würde, wenn er nicht augenblicklich Linderung fände.

Und außer sich vor Schrecken über die Gefahr, in der er schwebte, schleuderte er die Lanze zu Boden, umfaßte mit beiden Händen das Kind, hob es empor und schlürfte soviel er konnte von dem Wasser, das es in den Händen hielt.

Es waren freilich nur ein paar Tropfen, die seine Zunge benetzten, aber mehr waren auch nicht vonnöten. Sowie er das Wasser gekostet hatte, durchrieselte wohlige Erquikkung seinen Körper, und er fühlte Helm und Harnisch nicht mehr lasten und brennen. Die Sonnenstrahlen hatten ihre tödliche Macht verloren. Seine trockenen Lippen wurden wieder weich, und die roten Flammen tanzten nicht mehr vor seinen Augen.

Bevor er noch Zeit hatte, dies alles zu merken, hatte er das Kind schon zu Boden gestellt, und es lief wieder fort und spielte auf der Flur. Nun begann er erstaunt zu sich selbst zu sagen: Was war dies für ein Wasser, das das Kind mir bot? Es war ein herrlicher Trank. Ich muß ihm wahrlich meine Dankbarkeit zeigen.

Aber da er den Kleinen haßte, schlug er sich diese Gedanken alsbald aus dem Sinn. Es ist ja nur ein Kind, dachte er, es weiß nicht, warum es so oder so handelt. Es spielt nur das Spiel, das ihm am besten gefällt. Findet es vielleicht Dankbarkeit bei den Bienen oder bei den Lilien? Um dieses Knäbleins willen brauchte ich mir keinerlei Ungemach zu bereiten. Es weiß nicht einmal, daß es mir beigestanden hat.

Und er empfand womöglich noch mehr Groll gegen das Kind, als er ein paar Augenblicke später den Anführer der römischen Soldaten, die in Bethlehem lagen, durch das Tor kommen sah. Man sehe nur, dachte er, in welcher Gefahr ich durch den Einfall des Kleinen geschwebt habe! Wäre Voltigius nur um ein weniges früher gekommen, er hätte mich mit einem Kinde in den Armen dastehen sehen.

Der Hauptmann schritt jedoch gerade auf den Kriegsknecht zu und fragte ihn, ob sie hier miteinander sprechen könnten, ohne daß jemand sie belauschte. Er hätte ihm ein Geheimnis anzuvertrauen. »Wenn wir uns nur zehn Schritte von dem Tore entfernen«, antwortete der Kriegsknecht, »so kann uns niemand hören.«

»Du weißt«, sagte der Hauptmann, »daß König Herodes einmal ums andre versucht hat, sich eines Kindleins zu bemächtigen, das hier in Bethlehem aufwächst. Seine Seher und Priester haben ihm gesagt, daß dieses Kind seinen Thron besteigen werde, und außerdem haben sie prophezeit, daß der neue König ein tausendjähriges Reich des Friedens und der Heiligkeit gründen werde. Du begreifst also, daß Herodes ihn gerne unschädlich machen will.«

»Freilich begreife ich es«, sagte der Kriegsknecht eifrig, »das muß doch das Leichteste auf der Welt sein.«

»Es wäre allerdings sehr leicht«, sagte der Hauptmann, »wenn der König nur wüßte, welches von allen Kindern hier in Bethlehem gemeint ist.« Die Stirne des Kriegsknechts legte sich in tiefe Falten. »Es ist bedauerlich, daß seine Wahrsager ihm hierüber keinen Aufschluß geben können.«

»Jetzt aber hat Herodes eine List gefunden, durch die er glaubt, den jungen Friedensfürsten unschädlich machen zu können«, fuhr der Hauptmann fort. »Er verspricht jedem eine herrliche Gabe, der ihm hierin beistehen will.«

»Was immer Voltigius befehlen mag, es wird auch ohne Lohn und Gabe vollbracht werden«, sagte der Soldat.

»Habe Dank«, sagte der Hauptmann. »Höre nun des Königs Plan! Er will den Jahrestag der Geburt seines jüngsten Sohnes durch ein Fest feiern, zu dem alle Knaben in Bethlehem, die zwischen zwei und drei Jahren alt sind, mit ihren Müttern geladen werden sollen. Und bei diesem Feste –« Er unterbrach sich und lachte, als er den Ausdruck des Abscheus sah, der sich auf dem Gesichte des Soldaten malte.

»Guter Freund«, fuhr er fort, »du brauchst nicht zu befürchten, daß Herodes uns als Kinderwärter verwenden will. Neige nun dein Ohr zu meinem Munde, so will ich dir seine Absichten anvertrauen.«

Der Hauptmann flüsterte lange mit dem Kriegsknecht, und als er ihm alles mitgeteilt hatte, fügte er hinzu:

»Ich brauche dir wohl nicht erst zu sagen, daß die strengste Verschwiegenheit nötig ist, wenn nicht das ganze Vorhaben mißlingen soll.«

»Du weißt, Voltigius, daß du dich auf mich verlassen kannst«, sagte der Kriegsknecht.

Als der Anführer sich entfernt hatte und der Kriegsknecht wieder allein auf seinem Posten stand, sah er sich nach dem Kinde um. Das spielte noch immer unter den Blumen, und er ertappte sich bei dem Gedanken, daß es sie so leicht und anmutsvoll umschwebte wie ein Schmetterling.

Auf einmal fing der Krieger zu lachen an. »Ja, richtig«, sagte er, »dieses Kind wird mir nicht lange mehr ein Dorn im Auge sein. Es wird ja auch an jenem Abende zum Fest des Herodes geladen werden.«

Der Kriegsknecht harrte den ganzen Tag auf seinem Posten aus, bis der Abend anbrach und es Zeit wurde, die Stadttore für die Nacht zu schließen.

Als dies geschehen war, wanderte er durch schmale, dunkle Gäßchen zu einem prächtigen Palaste, den Herodes in Bethlehem besaß.

Im Innern dieses gewaltigen Palastes befand sich ein großer, steingepflasterter Hof, der von Gebäuden umkränzt war, an denen entlang drei offene Galerien liefen, eine über der anderen. Auf der obersten dieser Galerien sollte, so hatte es der König bestimmt, das Fest für die bethlehemitischen Kinder stattfinden.

Diese Galerie war, gleichfalls auf den ausdrücklichen Befehl des Königs, so umgewandelt, daß sie einem gedeckten Gange in einem herrlichen Lustgarten glich. Über die Decke schlangen sich Weinranken, von denen üppige Trauben herabhingen, und den Wänden und Säulen entlang standen kleine Granat- und Orangenbäumchen, die über und über mit reifen Früchten bedeckt waren. Der Fußboden war mit Rosenblättern bestreut, die dicht und weich lagen wie ein Teppich, und entlang der Balustrade, den Deckengesimsen, den Tischen und den niedrigen Ruhebetten, überall erstreckten sich Girlanden von weißen strahlenden Lilien.

In diesem Blumenhain standen hier und da große Marmorbassins, wo gold- und silberglitzernde Fischlein in durchsichtigem Wasser spielten. Auf den Bäumen saßen bunte Vögel aus fernen Ländern, und in einem Käfig hockte ein alter Rabe, der ohne Unterlaß sprach.

Zu Beginn des Festes zogen Kinder und Mütter in die Galerie ein. Die Kinder waren gleich beim Betreten des Palastes in weiße Gewänder mit Purpurborten gekleidet worden, und man hatte ihnen Rosenkränze auf die dunkellokkigen Köpfchen gedrückt. Die Frauen kamen stattlich heran in ihren roten und blauen Gewändern und ihren weißen Schleiern, die von hohen kegelförmigen Kopfbedeckungen, mit Goldmünzen und Ketten besetzt, herniederwallten. Einige trugen ihr Kind hoch auf der Schulter sitzend, andere führten es an der Hand, einige wieder, deren Kinder verschüchtert waren, trugen sie auf dem Arm.

Die Frauen ließen sich auf dem Boden der Galerie nieder. Sowie sie Platz genommen hatten, kamen Sklaven herbei und stellten niedrige Tischchen vor sie hin, worauf sie auserlesene Speisen und Getränke stellten, so wie es sich bei dem Feste eines Königs geziemt. Und alle diese glücklichen Mütter begannen zu essen und zu trinken, ohne jene stolze anmutsvolle Würde abzulegen, die die schönste Zier der bethlehemitischen Frauen ist.

Der Wand der Galerie entlang und beinahe von Blumengirlanden und fruchtbeladenen Bäumen verdeckt, waren doppelte Reihen von Kriegsknechten in voller Rüstung aufgestellt. Sie standen vollkommen regungslos, als hätten sie nichts mit dem zu schaffen, was rund um sie vorging. Die Frauen konnten es nicht lassen, bisweilen einen verwunderten Blick auf die Schar von Geharnischten zu werfen. »Wozu bedarf es ihrer?« flüsterten sie. »Meint Herodes, daß wir uns nicht zu betragen wüßten? Glaubt er, daß es einer solchen Menge Kriegsknechte bedürfte, um uns im Zaume zu halten?«

Aber andere flüsterten zurück, daß es so wäre, wie es bei einem König sein müßte. Herodes selbst gäbe niemals ein Fest, ohne daß sein ganzes Haus von Kriegsknechten erfüllt wäre. Um sie zu ehren, stünden die bewaffneten Legionäre da und hielten Wacht in der Galerie.

Zu Beginn des Festes waren die kleinen Kinder scheu und unsicher und hielten sich still zu ihren Müttern. Aber bald begannen sie sich in Bewegung zu setzen und von den Herrlichkeiten Besitz zu ergreifen, die Herodes ihnen bot.

Es war ein Zauberland, das der König für seine kleinen Gäste geschaffen hatte. Als sie die Galerie durchwanderten, fanden sie Bienenkörbe, deren Honig sie plündern konnten, ohne daß eine einzige erzürnte Biene sie daran hinderte. Sie fanden Bäume, die mit sanftem Neigen ihre fruchtbeladenen Zweige zu ihnen heruntersenkten. Sie fanden in einer Ecke Zauberkünstler, die in einem Nu ihre Taschen voll Spielzeug zauberten, und in einem andern Winkel der Galerie einen Tierbändiger, der ihnen ein paar Tiger zeigte, so zahm, daß die auf ihrem Rücken reiten konnten. Aber in diesem Paradiese mit allen seinen Wonnen gab es doch nichts, was den Sinn der Kleinen so angezogen hätte wie die lange Reihe von Kriegsknechten, die unbeweglich an der einen Seite der Galerie standen. Ihre Blicke wurden von den glänzenden Helmen gefesselt, von den strengen, stolzen Gesichtern, von den kurzen Schwertern, die in reichverzierten Scheiden staken.

Während sie miteinander spielten und tollten, dachten sie doch unablässig an die Kriegsknechte. Sie hielten sich noch fern von ihnen, aber sie sehnten sich danach, ihnen nahe zu kommen, zu sehen, ob sie lebendig wären und sich wirklich bewegen könnten.

Das Spiel und die Festesfreude steigerten sich mit jedem Augenblick, aber die Soldaten standen noch immer regungslos. Es erschien den Kleinen unfaßlich, daß Menschen so nah bei diesen Trauben und allen diesen Leckerbissen stehen konnten, ohne die Hand auszustrecken und danach zu greifen.

Endlich konnte einer der Knaben seine Neugierde nicht länger bemeistern. Er näherte sich behutsam, zu rascher Flucht bereit, einem der Geharnischten, und da der Soldat noch immer regungslos blieb, kam er immer näher. Schließlich war er ihm so nahe, daß er nach seinen Sandalenriemen und seinen Beinschienen tasten konnte.

Da, als wäre dies ein unerhörtes Verbrechen gewesen, setzen sich mit einem Male alle diese Eisenmänner in Bewegung. In unbeschreiblicher Raserei stürzten sie sich auf die Kinder und packten sie. Einige schwangen sie über ihre Köpfe wie Wurfgeschosse und schleuderten sie zwischen den Lampen und Girlanden über die Balustrade der Galerie hinunter zu Boden, wo sie auf den Marmorfliesen zerschellten. Einige zogen ihr Schwert und durchbohrten die Herzen der Kinder, andere wieder zerschmetterten ihre Köpfe an der Wand, ehe sie sie auf den nächtlichen dunklen Hof warfen.

Im ersten Augenblick nach dem Vorfall herrschte Totenstille. Die kleinen Körper schwebten noch in der Luft, die Frauen waren vor Entsetzen versteinert. Aber auf einmal erwachten alle diese Unglücklichen zum Verständnis dessen, was geschehen war, und mit einem einzigen entsetzten Schrei stürzten sie auf die Schergen.

Auf der Galerie waren noch Kinder, die beim ersten Anfall nicht eingefangen worden waren. Die Kriegsknechte jagten sie, und ihre Mütter warfen sich vor ihnen nieder und umfaßten mit bloßen Händen die blanken Schwerter, um den Todesstreich abzuwenden. Einige Frauen, deren Kinder schon tot waren, stürzten sich auf die Kriegsknechte, packten sie an der Kehle und versuchten Rache für ihre Kleinen zu nehmen, indem sie deren Mörder erdrosselten.

In dieser wilden Verwirrung, während grauenvolle Schreie durch den Palast hallten und die grausamsten Bluttaten verübt wurden, stand der Kriegsknecht, der am Stadttor Wache zu halten pflegte, ohne sich zu regen, am obersten Absatz der Treppe, die von der Galerie hinunterführte. Er nahm nicht am Kampfe und am Morden teil; nur gegen die Frauen, denen es gelungen war, ihre Kinder an sich zu reißen, und die nun versuchten, mit ihnen die Treppe hinunterzufliehen, erhob er das Schwert, und sein bloßer Anblick, wie er da düster und unerbittlich stand, war so schrecklich, daß die Fliehenden sich lieber die Balustrade hinunter stürzten oder in das Streitgewühl zurückkehrten, als daß sie sich der Gefahr ausgesetzt hätten, sich an ihm vorbeizudrängen.

Voltigius hat wahrlich recht daran getan, mir diesen Posten zuzuweisen, dachte der Kriegsknecht. Ein junger unbedachter Krieger hätte seinen Posten verlassen und sich in das Gewühl gestürzt. Hätte ich mich von hier fortlocken lassen, so wären mindestens ein Dutzend Kinder entwischt.

Während er so dachte, fiel sein Blick auf ein junges Weib, das sein Kind an sich gerissen hatte und jetzt in eiliger Flucht auf ihn zugestürzt kam. Keiner der Legionäre, an denen sie vorbeieilen mußte, konnte ihr den Weg versperren, weil sie sich in vollem Kampfe mit andern Frauen befanden, und so war sie bis zum Ende der Galerie gelangt. Sieh da, eine, die drauf und dran ist, glücklich zu entwischen! dachte der Kriegsknecht. Weder sie noch das Kind ist verwundet. Stünd' ich jetzt nicht hier –

Die Frau stürzte so rasch auf den Kriegsknecht zu, als ob sie flöge, und er hatte nicht Zeit, ihr Gesicht oder das des Kindes deutlich zu sehen. Er streckte nur das Schwert gegen sie aus, und mit dem Kinde in ihren Armen stürzte sie darauf zu. Er erwartete, sie im nächsten Augenblicke mit dem Kinde durchbohrt zu Boden sinken zu sehen.

Doch in demselben Augenblick hörte der Soldat ein zorniges Summen über seinem Haupte, und gleich darauf fühlte er einen heftigen Schmerz in einem Auge. Der war so scharf und peinvoll, daß er ganz verwirrt und betäubt ward, und das Schwert fiel aus seiner Hand auf den Boden.

Er griff mit der Hand ans Auge, faßte eine Biene und begriff, daß, was ihm den entsetzlichen Schmerz verursacht hatte, nur der Stachel des kleinen Tieres gewesen war. Blitzschnell bückte er sich nach dem Schwerte, in der Hoffnung, daß es noch nicht zu spät wäre, die Fliehenden aufzuhalten.

Aber das kleine Bienlein hatte seine Sache sehr gut gemacht. In der kurzen Zeit, für die es den Kriegsknecht geblendet hatte, war es der jungen Mutter gelungen, an ihm vorüber die Treppe hinunterzustürzen, und obschon er ihr in aller Hast nacheilte, konnte er sie nicht mehr finden. Sie war verschwunden, und in dem ganzen großen Palast konnte sie niemand entdecken. –

Am nächsten Morgen stand der Kriegsknecht mit einigen seiner Kameraden dicht vor dem Stadttore Wache. Es war früh am Tage und die schweren Tore waren eben erst geöffnet worden. Aber es war, als ob niemand darauf gewartet hätte, daß sie sich an diesem Morgen auftun sollten, denn keine Scharen von Feldarbeitern strömten aus der Stadt, wie es sonst am Morgen der Brauch war. Alle Einwohner von Bethlehem waren so starr vor Entsetzen über das Blutbad in der Nacht, daß niemand sein Heim zu verlassen wagte.

»Bei meinem Schwerte«, sagte der Soldat, wie er da stand und in die enge Gasse hinunterblickte, die zu dem Tore führte, »ich glaube, daß Voltigius einen unklugen Entschluß gefaßt hat. Es wäre besser gewesen, die Tore zu verschließen und jedes Haus der Stadt durchsuchen zu lassen, bis er den Knaben gefunden hätte, dem es gelang, bei dem Feste zu entkommen.

Voltigius rechnet darauf, daß seine Eltern versuchen werden, ihn von hier fortzuführen, sobald sie erfahren, daß die Tore offenstehen, und er hofft auch, daß ich ihn gerade hier im Tore fangen werde. Aber ich fürchte, daß dies keine kluge Berechnung ist. Wie leicht kann es ihnen gelingen, ein Kind zu verstecken!« Und er erwog, ob sie wohl versuchen würden, das Kind in dem Obstkorb eines Esels zu verbergen oder in einem ungeheuren Ölkrug oder unter den Kornballen einer Karawane.

Während er so stand und wartete, daß man versuche, ihn dergestalt zu überlisten, erblickte er einen Mann und eine Frau, die eilig die Gasse heraufschritten und sich dem Tore näherten. Sie gingen rasch und warfen ängstliche Blicke hinter sich, als wären sie auf der Flucht vor irgendeiner Gefahr. Der Mann hielt eine Axt in der Hand und umklammerte sie mit festem Griff, als wäre er entschlossen, sich mit Gewalt einen Weg zu bahnen, wenn jemand sich ihm entgegenstellte.

Aber der Kriegsknecht sah nicht so sehr den Mann an als die Frau. Er sah, daß sie ebenso hochgewachsen war wie die junge Mutter, die ihm am Abend vorher entkommen war. Er bemerkte auch, daß sie ihren Rock über den Kopf geworfen trug. Sie trägt ihn vielleicht so, dachte er, um zu verbergen, daß sie ein Kind im Arm hält.

Je näher sie kamen, desto deutlicher sah der Kriegsknecht das Kind, das die Frau auf dem Arme trug, sich unter dem gehobenen Kleide abzeichnen. Ich bin sicher, daß sie es ist, die mir gestern abend entschlüpfte, dachte er. Ich konnte ihr Gesicht freilich nicht sehen, aber ich erkenne die hohe Gestalt wieder. Und da kommt sie nun mit dem Kinde auf dem Arm, ohne auch nur zu versuchen, es verborgen zu halten. Wahrlich, ich hatte nicht gewagt, auf einen solchen Glücksfall zu hoffen.

Der Mann und die Frau setzten ihre hurtige Wanderung bis zum Stadttor fort. Sie hatten offenbar nicht erwartet, daß man sie hier aufhalten würde, sie zuckten vor Schrekken zusammen, als der Kriegsknecht seine Lanze vor ihnen fällte und ihnen den Weg versperrte.

»Warum verwehrst du uns, ins Feld hinaus an unsere Arbeit zu gehen?« fragte der Mann.

»Du kannst gleich gehen«, sagte der Soldat, »ich muß vorher nur sehen, was dein Weib unter dem Kleide verborgen hält.«

»Was ist daran zu sehen?« sagte der Mann. »Es ist nur Brot und Wein, wovon wir den Tag über leben müssen.«

»Du sprichst vielleicht die Wahrheit«, sagte der Soldat, »aber wenn es so ist, warum läßt sie mich nicht gutwillig sehen, was sie trägt?«

»Ich will nicht, daß du es siehst«, sagte der Mann. »Und ich rate dir, daß du uns vorbei läßt.«

Damit erhob der Mann die Axt, aber die Frau legte die Hand auf seinen Arm.

»Lasse dich nicht in Streit ein!« bat sie. »Ich will etwas andres versuchen. Ich will ihn sehen lassen, was ich trage, und ich bin gewiß, daß er ihm nichts zuleide tun kann.«

Und mit einem vertrauenden Lächeln wendete sie sich dem Soldaten zu und lüftete einen Zipfel ihres Kleides.

In demselben Augenblick prallte der Soldat zurück und schloß die Augen, wie von einem starken Glanze geblendet. Was die Frau unter ihrem Kleide verborgen hielt, strahlte ihm so blendendweiß entgegen, daß er zuerst gar nicht wußte, was er sah.

»Ich glaube, du hieltest ein Kind im Arme«, sagte er.

»Du siehst, was ich trage«, erwiderte die Frau. Da endlich sah der Soldat, daß das, was so blendete und leuchtete, nur ein Büschel weißer Lilien war, von derselben Art, wie sie draußen auf dem Felde wuchsen. Aber ihr Glanz war viel reicher und strahlender. Er konnte es kaum ertragen, sie anzusehen.

Er streckte seine Hand zwischen die Blumen. Er konnte den Gedanken nicht loswerden, daß es ein Kind sein müsse, aber er fühlte nur die weichen Blumenblätter.

Er war bitter enttäuscht und hätte in seinem Zornesmute gern den Mann und die Frau gefangengenommen, aber er sah ein, daß er für ein solches Verfahren keinen Grund ins Treffen führen konnte.

Als die Frau seine Verwirrung sah, sagte sie: »Willst du uns nicht ziehen lassen?«

Der Kriegsknecht zog stumm die Lanze zurück, die er vor die Toröffnung gehalten hatte, und trat dann zur Seite.

Aber die Frau zog ihr Kleid wieder über die Blumen und betrachtete gleichzeitig, was sie auf ihrem Arme trug, mit holdseligem Lächeln. »Ich wußte, du würdest ihm nichts zuleide tun können, wenn du es nur sähest«, sagte sie zu dem Kriegsknechte.

Hierauf eilten sie von dannen, aber der Kriegsknecht blieb stehen und blickte ihnen nach, solange sie noch zu sehen waren.

Und während er ihnen mit den Blicken folgte, deuchte es ihn wieder ganz sicher, daß sie kein Büschel Lilien im Arm trüge, sondern ein wirkliches, lebendiges Kind.

Indes er noch so stand und den beiden Wanderern nachsah, hörte er von der Straße her laute Rufe. Es waren Voltigius und einige seiner Mannen, die herbeigeeilt waren.

»Halte sie auf!« riefen sie. »Schließe das Tor vor ihnen! Lasse sie nicht entkommen!«

Und als sie bei dem Kriegsknecht angelangt waren, erzählten sie, daß sie die Spur des entronnenen Knaben gefunden hätten. Sie hätten ihn nun in seiner Behausung gesucht, aber da wäre er wieder entflohen. Sie hätten seine Eltern mit ihm fortgehen sehen. Der Vater wäre ein starker, graubärtiger Mann, der eine Axt trüge, die Mutter eine hochgewachsene Frau, die das Kind unter den hinaufgenommenen Rockfalten verborgen hielte.

In demselben Augenblick, wo Voltigius dies erzählte, kam ein Beduine auf einem guten Pferde zum Tore hereingeritten. Ohne ein Wort zu sagen, stürzte der Kriegsknecht auf den Reiter zu. Er riß ihn mit Gewalt vom Pferde herunter und warf ihn zu Boden. Und mit einem Satze war er selbst auf dem Pferde und sprengte den Weg entlang.

Ein paar Tage darauf ritt der Kriegsknecht durch die furchtbare Bergwüste, die sich über den südlichen Teil von Judäa erstreckte. Er verfolgte noch immer die drei Flüchtlinge aus Bethlehem, und er war außer sich, daß diese fruchtlose Jagd niemals ein Ende nahm.

»Es sieht wahrlich aus, als wenn diese Menschen die Gabe hätten, in den Erdboden zu versinken«, murrte er. »Wie viele Male bin ich ihnen in diesen Tagen so nahe gewesen, daß ich dem Kinde gerade meine Lanze nachschleudern wollte, und dennoch sind sie mir entkommen! Ich fange zu glauben an, daß ich sie nie und nimmer einholen werde.«

Er fühlte sich mutlos wie einer, der zu merken glaubte, daß er gegen etwas Übermächtiges ankämpfe. Er fragte sich, ob es möglich sei, daß die Götter diese Menschen vor ihm beschützten.

»Es ist alles vergebliche Mühe. Besser, ich kehre um, ehe ich vor Hunger und Durst in dieser öden Wildnis vergehe!« sagte er einmal ums andere zu sich selbst.

Aber dann packte ihn die Furcht davor, was ihn bei der Heimkehr erwartete, wenn er unverrichteter Dinge zurückkäme. Er war es, der nun schon zweimal das Kind hatte entkommen lassen. Es war nicht wahrscheinlich, daß Voltigius oder Herodes ihm so etwas verzeihen würde.

»Solange Herodes weiß, daß eins von Bethlehems Kindern noch lebt, wird er immer unter derselben Angst leiden«, sagte der Kriegsknecht. »Das wahrscheinlichste ist, daß er versuchen wird, seine Qualen dadurch zu lindern, daß er mich ans Kreuz schlagen läßt.«

Es war eine heiße Mittagsstunde, und er litt furchtbar auf dem Ritt durch diese baumlose Felsgegend, auf einem Wege, der sich durch tiefe Talklüfte schlängelte, wo kein Lüftchen sich regte. Pferd und Reiter waren dem Umstürzen nahe.

Seit mehreren Stunden hatte der Kriegsknecht jede Spur von den Fliehenden verloren, und er fühlte sich mutloser denn je.

Ich muß es aufgeben, dachte er. Wahrlich, ich glaube nicht, daß es der Mühe lohnt, sie weiter zu verfolgen. Sie müssen in dieser furchtbaren Wüstenei ja so oder so zugrunde gehen.

Während er diesen Gedanken nachhing, gewahrte er in einer Felswand, die sich nahe dem Wege erhob, den gewölbten Eingang einer Grotte.

Sogleich lenkte er sein Pferd zu der Grottenöffnung. Ich will ein Weilchen in der kühlen Felshöhle rasten, dachte er. Vielleicht kann ich dann die Verfolgung mit frischer Kraft aufnehmen.

Als er gerade in die Grotte treten wollte, wurde er von etwas Seltsamen überrascht. Zu beiden Seiten des Eingangs wuchsen zwei schöne Lilienstauden. Sie standen hoch und aufrecht, voller Blüten. Sie verbreiteten einen berauschenden Honigduft, und eine Menge Bienen umschwärmten sie.

Dies war ein so ungewohnter Anblick in dieser Wüste, daß der Kriegsknecht etwas Wunderliches tat. Er brach eine große weiße Blume und nahm sie in die Felshöhle mit.

Die Grotte war weder tief noch dunkel, und sowie er

unter ihre Wölbung trat, sah er, daß schon drei Wanderer da weilten. Es waren ein Mann, eine Frau und ein Kind, die auf dem Boden lagen, in tiefen Schlummer gesunken.

Niemals hatte der Kriegsknecht sein Herz so pochen fühlen wie bei diesem Anblick. Es waren gerade die drei Flüchtlinge, denen er so lange nachgejagt war. Er erkannte sie alsogleich. Und hier lagen sie schlafend, außerstande, sich zu verteidigen, ganz und gar in seiner Gewalt.

Sein Schwert fuhr rasselnd aus der Scheide, und er beugte sich hinunter über das schlummernde Kind.

Behutsam senkte er das Schwert zu seinem Herzen und zielte genau, um es mit einem einzigen Stoße aus der Welt schaffen zu können.

Mitten im Zustoßen hielt er einen Augenblick inne, um das Gesicht des Kindes zu sehen. Nun er sich als Sieger wußte, war es ihm eine Wollust, sein Opfer zu betrachten.

Aber als er das Kind sah, da war seine Freude womöglich noch größer, denn er erkannte das kleine Knäblein wieder, das er mit Bienen und Lilien auf dem Felde vor dem Stadttore hatte spielen sehen.

Ja, gewiß, dachte er, das hätte ich schon längst begreifen sollen. Darum habe ich dieses Kind immer gehaßt. Es ist der verheißene Friedensfürst.

Er senkte das Schwert wieder, indes er dachte: Wenn ich den Kopf dieses Kindes vor Herodes niederlege, wird er mich zum Anführer seiner Leibwache machen. Während er die Schwertspitze dem Schlafenden immer näher brachte, sprach er voll Freude zu sich selber: »Diesmal wenigstens wird niemand ihn meiner Gewalt entreißen!«

Aber der Kriegsknecht hielt noch die Lilie in der Hand, die er am Eingang der Grotte gepflückt hatte, und während er so dachte, flog eine Biene, die in ihrem Kelch verborgen gewesen war, zu ihm auf und umkreiste summend einmal ums andere seinen Kopf.

Der Kriegsknecht zuckte zusammen. Er erinnerte sich auf einmal der Bienen, denen das Knäblein beigestanden hatte, und ihm fiel ein, daß es eine Biene gewesen war, die dem Kinde geholfen hatte, vom Gastmahl des Herodes zu entrinnen.

Dieser Gedanke versetzte ihn in Staunen. Er hielt das Schwert still und blieb stehen und horchte auf die Biene.

Nun hörte er das Summen des kleinen Tierchens nicht mehr. Aber während er so ganz still stand, atmete er den starken süßen Duft ein, der von der Lilie ausströmte, die er in der Hand hielt.

Da mußte er an die Lilien denken, denen das Knäblein beigestanden hatte, und er erinnerte sich, daß es ein Büschel Lilien war, die das Kind vor seinen Blicken verborgen und ihm geholfen hatten, durch das Stadttor zu entkommen. Er wurde immer gedankenvoller, und er zog das Schwert an sich.

»Die Biene und die Lilien haben ihm seine Wohltaten vergolten«, flüsterte er sich selbst zu.

Er mußte daran denken, daß der Kleine einmal auch ihm eine Wohltat erwiesen hatte, und eine tiefe Röte stieg in sein Gesicht. »Kann ein römischer Legionär vergessen, einen empfangenen Dienst zu vergelten?« flüsterte er.

Er kämpfte einen kurzen Kampf mit sich selbst. Er dachte an Herodes und an seine eigene Lust, den jungen Friedensfürsten zu vernichten.

»Es steht mir nicht wohl an, dieses Kind zu töten, das mir das Leben gerettet hat«, sagte er schließlich.

Und er beugte sich nieder und legte sein Schwert neben das Kind, damit die Flüchtlinge beim Erwachen erführen, welcher Gefahr sie entgangen waren.

Da sah er, daß das Kind wach war. Es lag und sah ihn mit seinen Augen an, die gleich Sternen leuchteten.

Und der Kriegsknecht beugte sein Knie vor dem Kinde. »Herr, du bist der Mächtigste«, sagte er. »Du bist der starke Sieger. Du bist der, den die Götter lieben. Du bist der, der auf Schlangen und Skorpione treten kann.« Er küßte seine Füße und ging dann sacht aus der Grotte, indes der Kleine dalag und ihm mit großen, erstaunten Kinderaugen nachsah.

Die Flucht nach Ägypten

Fern in einer der Wüsten des Morgenlandes wuchs vor vielen, vielen Jahren eine Palme, die ungeheuer alt und ungeheuer hoch war. Alle, die durch die Wüste zogen, mußten stehenbleiben und sie betrachten, denn sie war viel größer als andre Palmen, und man pflegte von ihr zu sagen, daß sie sicherlich höher werden würde als Obelisken und Pyramiden.

Wie nun diese große Palme in ihrer Einsamkeit dastand und hinaus über die Wüste schaute, sah sie eines Tages etwas, was sie dazu brachte, ihre gewaltige Blätterkrone vor Staunen auf dem schmalen Stamme hin und her zu wiegen. Dort am Wüstenrande kamen zwei einsame Menschen herangewandert. Sie waren noch in der Entfernung, in der Kamele so klein wie Ameisen erscheinen. Aber es waren sicherlich zwei Menschen.

Zwei, die Fremdlinge in der Wüste waren, denn die Palme kannte das Wüstenvolk, ein Mann und ein Weib, die weder Wegweiser noch Lasttiere hatten, weder Zelte noch Wassersäcke.

»Wahrlich«, sagte die Palme zu sich selbst, »diese beiden sind hergekommen, um zu sterben.«

Die Palme warf rasche Blicke um sich.

»Es wundert mich«, fuhr sie fort, »daß die Löwen nicht schon zur Stelle sind, um diese Beute zu erjagen. Aber ich sehe keinen einzigen in Bewegung. Auch keinen Räuber der Wüste sehe ich. Aber sie kommen wohl noch.«

»Ihrer harret ein siebenfältiger Tod«, dachte die Palme weiter. »Die Löwen werden sie verschlingen, die Schlangen sie stechen, der Durst wird sie vertrocknen, der Sandsturm sie begraben, die Räuber werden sie fällen, der Sonnenstich wird sie verbrennen, die Furcht sie vernichten.«

Und sie versuchte, an etwas andres zu denken. Dieser Menschen Schicksal stimmte sie wehmütig. Aber im ganzen Umkreis der Wüste, die unter der Palme ausgebreitet lag, fand sie nichts, was sie nicht schon seit Tausenden von Jahren gekannt und betrachtet hätte. Nichts konnte ihre Aufmerksamkeit fesseln. Sie mußte wieder an die beiden Wanderer denken.

»Bei der Dürre und dem Sturme!« sagte sie, des Lebens gefährlichste Feinde anrufend, »was ist es, was dieses Weib auf dem Arme trägt? Ich glaube gar, diese Toren führen auch ein kleines Kind mit sich.«

Die Palme, die weitsichtig war, wie es die Alten zu sein pflegen, sah wirklich richtig. Die Frau trug ein Kind, das den Kopf an ihre Schulter gelehnt hatte und schlief.

»Das Kind ist nicht einmal hinlänglich bekleidet«, fuhr die Palme fort. »Ich sehe, daß die Mutter ihren Rock aufgehoben und es damit eingehüllt hat. Sie hat es in großer Hast aus seinem Bette gerissen und ist mit ihm fortgestürzt. Jetzt verstehe ich alles: Diese Menschen sind Flüchtlinge.«

»Aber dennoch sind sie Toren«, fuhr die Palme fort. »Wenn nicht ein Engel sie beschützt, hätten sie lieber die Feinde ihr Schlimmstes tun lassen sollen, statt sich hinaus in die Wüste zu begeben. Ich kann mir denken, wie alles zugegangen ist. Der Mann stand bei der Arbeit, das Kind schlief in der Wiege, die Frau war ausgegangen, um Wasser zu holen. Als sie zwei Schritte vor die Tür gemacht hatte, sah sie die Feinde angestürmt kommen. Sie ist zurückgestürzt, sie hat das Kind an sich gerissen, dem Manne zugerufen, er solle ihr folgen, und ist aufgebrochen. Dann sind sie tagelang auf der Flucht gewesen, sie haben ganz gewiß keinen Augenblick geruht. Ja, so ist alles zugegangen, aber ich sage dennoch, wenn nicht ein Engel sie beschützt ...

Sie sind so erschrocken, daß sie weder Müdigkeit noch andre Leiden fühlen können, aber ich sehe, wie der Durst aus ihren Augen leuchtet. Ich kenne doch wohl das Gesicht eines dürstenden Menschen.«

Und als die Palme an den Durst dachte, ging ein krampfhaftes Zucken durch ihren langen Stamm, und die zahllosen Spitzen ihrer langen Blätter rollten sich zusammen, als würden sie über ein Feuer gehalten.

»Wäre ich ein Mensch«, sagte sie, »ich würde mich nie in die Wüste hinauswagen. Der ist gar mutig, der sich hierherwagt, ohne Wurzeln zu haben, die hinunter zu den niemals versiegenden Wasseradern dringen. Hier kann es gefährlich sein, selbst für eine solche Palme wie mich.

Wenn ich ihnen raten könnte, ich würde sie bitten umzukehren. Ihre Feinde können niemals so grausam gegen sie sein, wie die Wüste. Vielleicht glauben sie, daß es leicht sei, in der Wüste zu leben. Aber ich weiß, daß es selbst mir zuweilen schwergefallen ist, am Leben zu bleiben. Ich weiß noch, wie einmal in meiner Jugend ein Sturmwind einen ganzen Berg Sand über mich schüttete. Ich war daran, zu ersticken. Wenn ich hätte sterben können, wäre dies meine letzte Stunde gewesen.« Die Palme fuhr fort, laut zu denken, wie alte Einsiedler zu tun pflegen.

»Ich höre ein wunderbar melodisches Rauschen durch meine Krone eilen«, sagte sie. »Die Spitzen aller meiner Blätter müssen in Schwingungen beben. Ich weiß nicht, was mich beim Anblick dieser armen Fremdlinge durchfährt. Aber dieses betrübte Weib ist so schön. Sie bringt mir das Wunderbarste, das ich erlebt, wieder in Erinnerung.« Und während die Blätter fortfuhren, sich in einer rauschenden Melodie zu regen, dachte die Palme daran, wie einmal, vor sehr langer Zeit, zwei strahlende Menschen Gäste der Oase gewesen waren. Es war die Königin von Saba, die hierhergekommen war, mit ihr der weise Salomo. Die schöne Königin wollte wieder heimkehren in ihr Land, der König hatte sie ein Stück Weges geleitet, und nun wollten sie sich trennen. »Zur Erinnerung an diese Stunde«, sagte da die Königin, »pflanze ich einen Dattelkern in die Erde, und ich will, daß daraus eine Palme werde, die wachsen und leben soll, bis im Lande Juda ein König ersteht, der größer ist als Salomo.« Und als sie dies gesagt hatte, senkte sie den Kern in die Erde, und ihre Tränen netzten ihn.

»Woher mag es kommen, daß ich just heute daran denke?« fragte sich die Palme. »Sollte diese Frau so schön sein, daß sie mich an die herrlichste der Königinnen erinnert, an sie, auf deren Wort ich gewachsen bin und gelebt habe bis zum heutigen Tage?

Ich höre meine Blätter immer stärker rauschen«, sagte die Palme, »und es klingt wehmütig wie ein Totengesang. Es ist, als weissagten sie, daß jemand bald aus dem Leben scheiden müsse. Es ist gut zu wissen, daß es nicht mir gilt, da ich nicht sterben kann.«

Die Palme nahm an, daß das Todesrauschen in ihren Blättern den beiden einsamen Wanderern gelten müsse. Sicherlich glaubten auch diese selbst, daß ihre letzte Stunde nahe. Man sah es an dem Ausdruck ihrer Züge, als sie an einem der Kamelskelette vorüberwanderten, die den Weg umgrenzten. Man sah es an den Blicken, die sie ein paar vorüberfliegenden Geiern nachsandten. Es konnte ja gar nicht anders sein. Sie waren verloren.

Sie hatten die Palme und die Oase erblickt und eilten nun darauf zu, um Wasser zu finden. Aber als sie endlich herankamen, sanken sie in Verzweiflung zusammen, denn die Quelle war ausgetrocknet. Das ermattete Weib legte das Kind nieder und setzte sich weinend an den Rand der Quelle. Der Mann warf sich neben ihr hin, er lag und hämmerte mit beiden Fäusten auf die trockene Erde. Die Palme hörte, wie sie davon sprachen, daß sie sterben müßten.

Sie hörte auch aus ihren Reden, daß der König Herodes alle Kindlein im Alter von zwei und drei Jahren hatte töten lassen, aus Furcht, daß der große, erwartete König der Juden geboren sein könnte.

»Es rauscht immer mächtiger in meinen Blättern«, dachte die Palme. »Diesen armen Flüchtlingen schlägt bald ihr letztes Stündlein.«

Sie vernahm auch, daß die beiden die Wüste fürchteten. Der Mann sagte, es wäre besser gewesen, zu bleiben und mit den Kriegsknechten zu kämpfen, statt zu fliehen. Sie hätten so einen leichteren Tod gefunden.

»Gott wird uns beistehen«, sagte die Frau.

»Wir sind einsam unter Raubtieren und Schlangen«, sagte der Mann. »Wir haben nicht Speise und Trank. Wie soll Gott uns beistehen können?« Er zerriß seine Kleider in Verzweiflung und drückte sein Gesicht auf den Boden. Er war hoffnungslos, wie ein Mann mit einer Todeswunde im Herzen.

Die Frau saß aufrecht, die Hände über den Knien gefaltet. Doch die Blicke, die sie über die Wüste warf, sprachen von einer Trostlosigkeit ohne Grenzen.

Die Palme hörte, wie das wehmütige Rauschen in ihren Blättern immer stärker wurde. Die Frau mußte es auch gehört haben, denn sie hob die Augen zur Baumkrone auf. Und zugleich erhob sie unwillkürlich Arme und Hände.

»O Datteln, Datteln!« rief sie.

Es lag so große Sehnsucht in der Stimme, daß die alte Palme wünschte, sie wäre nicht höher als der Ginsterbusch und ihre Datteln so leicht erreichbar wie die Hagebutten des Dornenstrauches. Sie wußte wohl, daß ihre Krone voll von Dattelbüscheln hing, aber wie sollten wohl Menschen zu so schwindelnder Höhe hinaufreichen?

Der Mann hatte schon gesehen, wie unerreichbar hoch die Datteln hingen. Er hob nicht einmal den Kopf. Er bat nur die Frau, sich nicht nach dem Unmöglichen zu sehnen.

Aber das Kind, das für sich selbst umhergetrippelt war und mit Hälmchen und Gräsern gespielt hatte, hatte den Ausruf der Mutter gehört.

Der Kleine konnte sich wohl nicht denken, daß seine Mutter nicht alles bekommen könnte, was sie sich wünschte. Sowie man von Datteln sprach, begann er den Baum anzugucken. Er sann und grübelte, wie er die Datteln herunterbekommen sollte. Seine Stirn legte sich beinah in Falten unter dem hellen Gelock. Endlich huschte ein Lächeln über sein Antlitz. Er hatte das Mittel herausgefunden. Er ging auf die Palme zu und streichelte sie mit seiner kleinen Hand und sagte mit einer süßen Kinderstimme:

»Palme, beuge dich! Palme, beuge dich!«

Aber, was war das nur? Was war das? Die Palmenblätter rauschten, als wäre ein Orkan durch sie gefahren, und den langen Palmenstamm hinauf lief Schauer um Schauer. Und die Palme fühlte, daß der Kleine Macht über sie hatte. Sie konnte ihm nicht widerstehen.

Und sie beugte sich mit ihrem hohen Stamme vor dem Kinde, wie Menschen sich vor Fürsten beugen. In einem gewaltigen Bogen senkte sie sich zur Erde und kam endlich so tief herunter, daß die Krone mit den bebenden Blättern über den Wüstensand fegte.

Das Kind schien weder erschrocken noch erstaunt zu sein, sondern mit einem Freudenrufe kam es und pflückte Traube um Traube aus der Krone der alten Palme.

Als das Kind genug genommen hatte und der Baum noch immer auf der Erde lag, ging es wieder heran und liebkoste ihn und sagte mit der holdesten Stimme:

»Palme, erhebe dich! Palme, erhebe dich!«

Und der große Baum erhob sich still und ehrfürchtig auf seinem biegsamen Stamm, indes die Blätter gleich Harfen spielten.

»Jetzt weiß ich, für wen sie die Todesmelodie spielen«, sagte die alte Palme zu sich selbst, als sie wieder aufrecht stand. »Nicht für einen von diesen Menschen.«

Aber der Mann und das Weib lagen auf den Knien und lobten Gott.

»Du hast unsre Angst gesehen und sie von uns genommen. Du bist der Starke, der den Stamm der Palme beugt wie schwankes Rohr. Vor welchem Feinde sollten wir erbeben, wenn deine Stärke uns schützt?«

Als die nächste Karawane durch die Wüste zog, sahen die Reisenden, daß die Blätterkrone der großen Palme verwelkt war.

»Wie kann das zugehen?« sagte ein Wanderer. »Diese Palme sollte ja nicht sterben, bevor sie einen König gesehen hätte, der größer wäre als Salomo.«

»Vielleicht hat sie ihn gesehen«, antwortete ein anderer von den Wüstenfahrern.

In Nazareth

Einmal zu der Zeit, da Jesus erst fünf Jahre alt war, saß er auf der Schwelle vor seines Vaters Werkstatt in Nazareth und war damit beschäftigt, aus einem Klümpchen geschmeidigen Tons, das er von den Töpfern auf der anderen Seite der Straße erhalten hatte, Tonkuckucke zu verfertigen. Er war so glücklich wie nie zuvor, denn alle Kinder des Viertels hatten Jesus gesagt, daß der Töpfer ein mürrischer Mann sei, der sich weder durch freundliche Blicke noch durch honigsüße Worte erweichen ließe, und er hatte niemals gewagt, etwas von ihm zu verlangen.

Aber siehe da, er wußte kaum, wie es zugegangen war: er hatte nur auf seiner Schwelle gestanden und sehnsüchtig den Nachbarn betrachtet, wie er da an seinen Formen arbeitete, und da war er aus seinem Laden gekommen und hatte ihm so viel Ton geschenkt, daß er gereicht hätte, um einen Weinkrug daraus zu fertigen.

Auf der Treppenstufe vor dem nächsten Hause saß Judas, der häßlich und rothaarig war und das Gesicht voller blauer Flecke und die Kleider voller Risse hatte, die er sich bei seinen beständigen Kämpfen mit den Gassenjungen zugezogen hatte. Für den Augenblick war er still, er reizte niemand und balgte sich nicht, sondern arbeitete an einem Stück Ton, in gleicher Weise wie Jesus. Aber diesen Ton hatte er sich nicht selbst verschaffen können: er traute sich kaum, dem Töpfer unter die Augen zu treten, denn dieser beschuldigte ihn, daß er Steine auf sein zerbrechliches Gut zu werfen pflege, und hätte ihn mit Stockhieben verjagt; Jesus war es, der seinen Vorrat mit ihm geteilt hatte.

Wie die zwei Kinder ihre Tonkuckucke fertig machten, stellten sie sie in einem Kreise vor sich auf. Sie sahen so aus, wie Tonkuckucke zu allen Zeiten ausgesehen haben, sie hatten einen großen roten Klumpen als Füße, kurze Schwänze, keinen Hals und kaum sichtbare Flügel.

Aber wie das auch sein mochte, alsbald zeigte sich ein Unterschied in der Arbeit der kleinen Kameraden. Judas' Vögel waren so schief, daß sie immer umpurzelten, und wie er sich auch mit seinen kleinen harten Fingern mühte, er konnte ihre Körper doch nicht niedlich und wohlgeformt machen. Er sah zuweilen verstohlen zu Jesus hinüber, um zu sehen, wie der das anstellte, daß seine Vögel gleichmäßig und glatt wurden wie die Eichenblätter in den Wäldern auf dem Berge Tabor.

Mit jedem Vogel, den Jesus fertig hatte, wurde er glücklicher. Einer deuchte ihn schöner als der andere, und er betrachtete sie alle mit Stolz und Liebe. Sie sollten seine Spielgefährten werden, seine kleinen Geschwister, sie sollten in seinem Bette schlafen, mit ihm Zwiesprache halten, ihm ihre Lieder singen, wenn seine Mutter ihn allein ließ. Er hatte sich nie so reich gedünkt, niemals mehr würde er sich einsam oder verlassen fühlen können.

Der hochgewachsene Wasserträger ging vorbei, gebeugt unter seinem schweren Sack, und gleich nach ihm kam der Gemüsehändler, der mitten zwischen den großen leeren Weidenkörben auf dem Rücken seines Esels baumelte. Der Wasserträger legte seine Hand auf Jesus' blondlockigen Kopf und fragte ihn nach seinen Vögeln, und Jesus erzählte, daß sie Namen hätten und daß sie singen könnten. Alle seine kleinen Vögelchen wären aus fremden Ländern zu ihm gekommen und erzählten ihm Dinge, von denen nur sie und er wüßten. Und Jesus sprach so, daß der Wasserträger und der Gemüsehändler lange ihre Verrichtungen vergaßen, um ihm zu lauschen.

Als sie weiterziehen wollten, wies Jesus auf Judas. »Seht, was für schöne Vögel Judas macht!« sagte er.

Da hielt der Gemüsehändler gutmütig seinen Esel an und fragte Judas, ob auch seine Vögel Namen hätten und singen könnten. Aber Judas wußte nichts hierüber, er schwieg eigensinnig und hob die Augen nicht von seiner Arbeit; der Gemüsehändler stieß ärgerlich einen seiner Vögel mit dem Fuße weg und ritt weiter. So verstrich der

Nachmittag, und die Sonne sank so tief, daß ihr Schein durch das niedrige Stadttor hereinschreiten konnte, das sich, mit einem römischen Adler geschmückt, am Ende der Straße erhob. Dieses Sonnenlicht, das um die Neige des Tages kam, war ganz rosenrot, und, als wäre es aus Blut gemischt, gab es seine Farben allem, was ihm in den Weg kam, während es durch das schmale Gäßchen rieselte. Es malte die Gefäße des Töpfers ebenso wie die Planke, die unter der Säge des Zimmermanns knirschte, und das weiße Tuch, das Marias Gesicht umgab. Aber am allerschönsten blinkte der Sonnenschein in den kleinen Wasserpfützen, die sich zwischen den großen holprigen Steinfliesen, die die Straße bedeckten, angesammelt hatten. Und plötzlich steckte Jesus seine Hand in die Pfütze, die ihm zunächst war. Es war ihm eingefallen, daß er seine grauen Vögel mit dem glitzernden Sonnenschein anmalen wollte, der dem Wasser, den Hausmauern, kurz allem ringsum eine so schöne Farbe verliehen hatte.

Da war es dem Sonnenlicht eine Freude, sich auffangen zu lassen wie die Farbe aus einem Malertiegel, und als Jesus es über die kleinen Tonvögelchen strich, da lag es still und bedeckte sie vom Kopfe bis zum Fuße mit diamantenähnlichem Glanze.

Judas, der hie und da einen Blick hinüber zu Jesus warf, um zu sehen, ob dieser mehr und schönere Vögel mache als er, stieß einen Ausruf des Entzückens aus, als er sah, wie Jesus seine Tonkuckucke mit Sonnenschein bemalte, den er aus den Wassertümpeln der Gasse auffing. Und Judas tauchte seine Hand auch in das leuchtende Wasser und suchte, das Sonnenlicht aufzufangen.

Aber das Sonnenlicht ließ sich nicht von ihm fangen. Es glitt zwischen seinen Fingern hindurch, und wie hurtig er sich auch mühte, die Hände zu regen, um es zu greifen, es entschlüpfte ihm doch, und er konnte seinen armen Vögeln kein bißchen Farbe schaffen.

»Warte, Judas!« sagte Jesus. »Ich will kommen und deine Vögel malen.«

»Nein«, sagte Judas, »du darfst sie nicht anrühren. Sie sind gut genug, wie sie sind.«

Er stand auf, während seine Stirn sich furchte und seine Lippen sich aufeinanderpreßten.

Und er setzte seinen breiten Fuß auf die Vögel und verwandelte sie einen nach dem andern in kleine abgeplattete Lehmklumpen.

Als seine Vögel alle zerstört waren, ging er auf Jesus zu, der dasaß und seine kleinen Tonvögel streichelte, die wie Juwelen funkelten. Judas betrachtete sie eine Weile schweigend, aber dann hob er den Fuß und trat einen von ihnen nieder.

Als Judas den Fuß zurückzog und den ganzen kleinen Vogel in grauen Lehm verwandelt sah, empfand er eine solche Wollust, daß er zu lachen begann, und er hob den Fuß, um noch einen zu zertreten.

»Judas«, rief Jesus, »was tust du? Weißt du nicht, sie sind lebendig und können singen?«

Aber Judas lachte und zertrat noch einen Vogel.

Jesus sah sich nach Hilfe um. Judas war groß, und Jesus hatte nicht die Kraft, ihn zurückzuhalten. Er schaute nach seiner Mutter aus. Sie war nicht weit weg, aber ehe sie herankäme, konnte Judas schon alle seine Vögel zerstört haben.

Die Tränen traten Jesus in die Augen. Judas hatte schon vier seiner Vögel zertreten, es waren nur noch drei.

Er war seinen Vögeln gram, daß sie stille standen und sich niedertreten ließen, ohne auf die Gefahr zu achten.

Jesus klatschte in die Hände, um sie zu wecken, und rief ihnen zu: »Fliegt, fliegt!«

Da begannen die drei Vögel ihre kleinen Flügel zu regen und ängstlich flatternd vermochten sie sich auf den Rand des Daches zu schwingen, wo sie geborgen waren.

Aber als Judas sah, daß die Vögel auf Jesus' Wort die Flügel regten und flogen, da fing er zu weinen an. Er raufte sein Haar, wie er es die Alten hatte tun sehen, wenn sie in Angst und Sorge waren, und warf sich Jesus zu Füßen.

Und da lag Judas und wälzte sich vor Jesus im Staube wie ein Hund und küßte seine Füße und bat, daß er seinen Fuß erheben und ihn niedertreten möge, wie er mit den Tonvögeln getan hatte.

Denn Judas liebte Jesus und bewunderte ihn und betete ihn an und haßte ihn zugleich.

Aber Maria, die die ganze Zeit über das Spiel der Kinder mit angesehen hatte, stand jetzt auf und hob Judas empor und setzte ihn auf ihren Schoß und liebkoste ihn.

»Du armes Kind!« sagte sie zu ihm. »Du weißt nicht, daß du etwas versucht hast, was kein Geschöpf vermag. Vermiß dich nicht mehr, solches zu tun, wenn du nicht der unglücklichste aller Menschen werden willst! Wie sollte es wohl dem von uns ergehen, der es unternähme, mit ihm zu wetteifern, der mit Sonnenschein malt und dem toten Lehm den Odem des Lebens einhaucht?«

Im Tempel

Es waren einmal ein paar arme Leute, ein Mann, eine Frau und ihr kleines Söhnlein, die gingen in dem großen Tempel in Jerusalem umher. Der Sohn war ein bildschönes Kind. Er hatte Haare, die in weichen Locken lagen, und Augen, die ganz wie Sterne leuchteten.

Der Sohn war nicht im Tempel gewesen, seit er so groß war, daß er verstehen konnte, was er sah; und jetzt gingen seine Eltern mit ihm umher und zeigten ihm alle Herrlichkeiten. Da waren lange Säulenreihen, da waren vergoldete Altäre, da waren heilige Männer, die saßen und ihre Schüler unterwiesen, da war der oberste Priester mit seinem Brustschild aus Edelsteinen, da waren Vorhänge aus Babylon, die mit Goldrosen durchwebt waren, da waren die großen Kupfertore, die so schwer waren, daß es eine Arbeit für dreißig Männer war, sie in ihren Angeln hin und her zu schwingen.

Aber der kleine Knabe, der erst zwölf Jahre zählte, kümmerte sich nicht viel um das alles. Seine Mutter erzählte ihm, daß das, was sie ihm zeigten, das Merkwürdigste auf der Welt sei. Sie sagte ihm, daß es wohl lange dauern würde, ehe er noch einmal so etwas zu sehen bekäme. In dem armen Nazareth, wo sie daheim waren, gab es nichts anderes anzugucken als die grauen Gassen. Ihre Ermahnungen fruchteten aber nicht viel. Der Knabe sah aus, als wäre er gerne aus dem herrlichen Tempel fortgelaufen, wenn er dafür in der engen Gasse in Nazareth hätte spielen dürfen.

Aber es war wunderlich: je gleichgültiger der Knabe sich zeigte, desto froher und vergnügter wurden die Eltern.

Sie nickten einander über seinen Kopf hinweg zu und waren eitel Zufriedenheit

Endlich sah der Kleine so müde und erschöpft aus, daß er der Mutter leid tat. »Wir sind zu weit mit dir gegangen«, sagte sie. »Komm, du sollst dich ein Weilchen ausruhen!«

Sie ließ sich neben einer Säule nieder und sagte ihm, er solle sich auf den Boden legen und den Kopf in ihren Schoß betten. Und er tat es und schlummerte sogleich ein.

Kaum war er eingeschlafen, da sagte die Frau zu dem Manne: »Ich habe nichts so gefürchtet wie die Stunde, da er Jerusalems Tempel betreten würde. Ich glaubte, wenn er dieses Haus Gottes erblickte, würde er für alle Zeit hierbleiben wollen.«

»Auch mir hat vor dieser Fahrt gebangt«, sagte der Mann. »Zur Zeit, da er geboren wurde, geschahen mancherlei Zeichen, die darauf deuteten, daß er ein großer Herrscher werden würde. Aber was sollte ihm die Königswürde bringen als Sorgen und Gefahren? Ich habe immer gesagt, daß es das beste für ihn wie für uns wäre, wenn er niemals etwas andres würde als ein Zimmermann in Nazareth.«

»Seit seinem fünften Jahre«, sagte die Mutter nachdenklich, »sind keine Wunder um ihn geschehen. Und er selbst erinnert sich an nichts von dem, was sich in seiner frühesten Kindheit zugetragen hat. Er ist jetzt ganz wie ein Kind unter andern Kindern. Gottes Wille möge vor allem geschehen, aber ich habe fast zu hoffen begonnen, daß der Herr in seiner Gnade einen andern für die großen Schicksale erwählen und mir meinen Sohn lassen werde.«

»Was mich betrifft«, sagte der Mann, so bin ich gewiß, daß alles gut gehen wird, wenn er gar nicht von den Zeichen und Wundern erfährt, die sich in seinen ersten Lebensjahren begeben haben.«

»Ich spreche nie mit ihm über etwas von diesem Wunderbaren«, sagte die Frau. »Aber ich fürchte immer, daß ohne mein Hinzutun etwas geschehen könnte, was ihn erkennen läßt, wer er ist. Vor allem hatte ich Angst, ihn in diesen Tempel zu führen.«

»Du kannst froh sein, daß die Gefahr nun vorüber ist«, sagte der Mann. »Bald haben wir ihn wieder daheim in Nazareth.«

»Ich habe mich vor den Schriftgelehrten im Tempel gefürchtet«, sagte die Frau. »Ich fürchte mich vor den Wahrsagern, die hier auf ihren Matten sitzen. Ich glaubte, wenn er ihnen unter die Augen träte, würden sie aufstehen und sich vor dem Kinde beugen und es als den König der Juden grüßen. Es ist seltsam, daß sie seiner Herrlichkeit nicht gewahr werden. Ein solches Kind ist ihnen noch niemals vor Augen gekommen.«

Sie saß eine Weile schweigend und betrachtete das Kind. »Ich kann es kaum verstehen«, sagte sie. »Ich glaubte, wenn er diese Richter sehen würde, die in dem heiligen Hause sitzen und die Zwiste des Volkes schlichten, und diese Lehrer, die zu ihren Jüngern sprechen, und diese Priester, die dem Herrn dienen, so würde er aufwachen und rufen: ›Hier unter diesen Richtern, diesen Lehrern, diesen Priestern zu leben bin ich geboren.‹«

»Was sollte dies wohl für ein Glück sein, zwischen diesen Säulengängen eingesperrt zu sitzen?« fiel der Mann ein. »Es ist besser für ihn, auf den Hügeln und Bergen rings um Nazareth umherzuwandern.«

Die Mutter seufzte ein wenig. »Er ist so glücklich bei uns daheim«, sagte sie. »Wie zufrieden ist er, wenn er die Schafherden auf ihren einsamen Wanderungen begleiten darf, oder wenn er über die Felder geht und der Arbeit der Landleute zusieht! Ich kann nicht glauben, daß wir unrecht gegen ihn handeln, wenn wir versuchen, ihn für uns zu behalten.«

»Wir ersparen ihm nur das größte Leid«, sagte der Mann.

Sie fuhren fort, so miteinander zu sprechen, bis das Kind aus seinem Schlummer erwachte.

»Sieh da«, sagte die Mutter, »hast du dich jetzt ausgeruht? Stehe nun auf, denn der Abend bricht an, und wir müssen heim zum Lagerplatz.«

Sie befanden sich in dem entferntesten Teil des Gebäudes, als sie die Wanderung zum Ausgang antraten. Nach wenigen Augenblicken hatten sie ein altes Gewölbe zu durchschreiten, das sich noch aus der Zeit erhalten hatte, als zum ersten Male ein Tempel an dieser Stelle errichtet worden war, und da, an eine Wand gelehnt, stand ein altes Kupferhorn von ungeheurer Länge und Schwere gleich einer Säule da, damit man es an den Mund führe und darauf blase. Es stand da, bucklig und verschrammt, innen und außen voll Staub und Spinngeweben, und von einer kaum sichtbaren Schlinge von altertümlichen Buchstaben umgeben. Tausend Jahre mochten wohl vergangen sein, seit jemand versucht hatte, ihm einen Ton zu entlocken.

Aber als der kleine Knabe das ungeheure Horn erblickte, blieb er verwundert stehen. »Was ist das?« fragte er.

»Das ist das goldene Horn, das die Stimme des Weltenfürsten genannt wird«, antwortete die Mutter. »Mit ihm rief Moses die Kinder Israels zusammen, als sie in der Wüste zerstreut waren. Nach seiner Zeit hat niemand es vermocht, ihm auch nur einen einzigen Ton zu entlocken. Aber wer dies vermag, wird alle Völker der Erde unter seiner Gewalt sammeln.«

Sie lächelte über dies, was sie für ein altes Märchen hielt, aber der kleine Knabe blieb vor dem großen Horn stehen, bis sie ihn fortrief. Von allem, was er in dem Tempel gesehen, war dieses Horn das erste, was ihm wohlgefiel. Er hätte gern verweilt, um es lange und genau anzusehen.

Sie waren nicht lange gegangen, als sie in einen großen weiten Tempelhof kamen. Hier befand sich im Berggrunde selbst eine Kluft, tief und weit, so wie sie von Urzeit an gewesen war. Diese Spalte hatte König Salomo nicht ausfüllen wollen, als er den Tempel baute. Keine Brücke hatte er darüber geschlagen, kein Gitter hatte er vor dem schwindelnden Abgrund errichtet. Statt dessen hatte er über die Kluft eine mehrere Ellen lange Klinge aus Stahl gespannt, scharfgeschliffen, mit der Schneide nach oben. Und nach einer Unendlichkeit von Jahren und Wechselfällen lag die Klinge noch über dem Abgrund. Jetzt war sie doch beinahe verrostet, sie war nicht mehr sicher an ihren Endpunkten befestigt, sondern zitterte und schaukelte sich, sowie jemand mit schweren Schritten über den Tempelhof ging.

Als die Mutter den Knaben über einen Umweg an der Kluft vorbeiführte, fragte er sie: »Was ist dieses für eine Brücke?«

»Die ist von König Salomo hingelegt worden«, antwortete die Mutter, »und wir nennen sie die Paradiesbrücke. Wenn du diese Kluft auf dieser zitternden Brücke zu überschreiten vermagst, deren Schneide dünner ist als ein Sonnenstrahl, so kannst du gewiß sein, ins Paradies zu kommen.«

Und sie lächelte und eilte weiter, aber der Knabe blieb stehen und betrachtete die schmale, bebende Stahlklinge, bis die Mutter nach ihm rief.

Als er ihr gehorchte, seufzte er, weil sie ihm diese zwei wunderbaren Dinge nicht früher gezeigt hatte, so daß er vollauf Zeit gehabt hätte, sie zu betrachten.

Sie gingen nun ohne Aufenthalt, bis sie den großen Eingangsportikus mit seinen fünffachen Säulenreihen erreichten. Hier standen in einer Ecke ein paar Säulen aus schwarzem Marmor, auf demselben Fußgestell so nahe aneinander aufgerichtet, daß man kaum einen Strohhalm dazwischen durchzuschieben vermochte. Sie waren hoch und majestätisch, mit reichgeschmückten Kapitellen, um die eine Reihe seltsam geformter Tierköpfe lief. Aber nicht ein Zollbreit dieser schönen Säulen war ohne Risse und Schrammen, sie waren beschädigt und abgenützt wie nichts andres im Tempel. Sogar der Boden rings um sie war blankgescheuert und ein wenig ausgehöhlt von den Tritten vieler Füße.

Wieder hielt der Knabe seine Mutter an und fragte sie:

»Was sind dies für Säulen?«

»Es sind Säulen, die unser Vater Abraham aus dem fernen Chaldäa hierher nach Palästina gebracht hat und die er die Pforte der Gerechtigkeit nannte. Wer sich zwischen ihnen durchdrängen kann, der ist gerecht vor Gott und hat niemals eine Sünde begangen.«

Der Knabe blieb stehen und sah mit großen Augen die Säulen an.

»Du willst wohl nicht versuchen, dich zwischen ihnen durchzuzwängen?« sagte die Mutter und lachte. »Du siehst, wie ausgetreten der Boden rings um sie ist, von den vielen, die versucht haben, sich durch den schmalen Spalt zu drängen, aber du kannst es mir glauben, es ist keinem gelungen. Spute dich nun! Ich höre das Donnern der Kupfertore, an die die dreißig Tempeldiener ihre Schultern stemmen, um sie in Bewegung zu setzen.«

Aber die ganze Nacht lag der kleine Knabe im Zelte wach, und er sah nichts andres vor sich als die Pforte der Gerechtigkeit und die Paradiesbrücke und die Stimme des Weltenfürsten. Von so wunderbaren Dingen hatte er nie zuvor gehört. Und er konnte sie sich nicht aus dem Kopfe schlagen.

Und am Morgen des nächsten Tages erging es ihm ebenso. Er konnte an nichts andres denken.

An diesem Morgen sollten sie die Heimreise antreten. Die Eltern hatten viel zu tun, bis sie das Zelt abgebrochen und einem großen Kamel aufgeladen hatten und bis alles andere in Ordnung kam. Sie sollten nicht allein fahren, sondern in Gesellschaft von vielen Verwandten und Nachbarn, und da soviel Leute fortziehen sollten, ging das Einpacken natürlich sehr langsam vonstatten.

Der kleine Knabe half nicht bei der Arbeit mit, sondern mitten in dem Hasten und Eilen saß er still da und dachte an die drei wunderbaren Dinge.

Plötzlich fiel ihm ein, daß er noch Zeit hatte, in den Tempel zu gehen und sie noch einmal anzusehen. Da war noch viel, was aufgeladen werden mußte. Er könnte wohl noch vor dem Aufbruch vom Tempel zurückkommen.

Er eilte von dannen, ohne jemand zu sagen, wohin er sich begab. Er glaubte nicht, daß dies nötig sei. Er wollte ja bald wieder da sein.

Es währte nicht lange, so erreichte er den Tempel und trat in die Säulenhalle, wo die zwei schwarzen Geschwistersäulen aufgestellt waren.

Sowie er sie erblickte, begannen seine Augen vor Freude

zu leuchten. Er setzte sich auf den Boden neben sie und starrte zu ihnen empor. Wenn er daran dachte, daß, wer sich zwischen diesen zwei Säulen durchdrängen könnte, gerecht vor Gott wäre und niemals eine Sünde begangen hätte, da deuchte es ihn, daß er niemals etwas so Wunderbares beschaut hätte.

Er dachte, wie herrlich es sein müßte, sich zwischen diesen zwei Säulen durchdrängen zu können, aber sie standen so nah nebeneinander, daß es unmöglich war, es auch nur zu versuchen. So saß er wohl eine Stunde regungslos vor den Säulen, aber davon wußte er nichts. Er glaubte, daß er sie nur ein paar Augenblicke betrachtet hätte.

Aber es begab sich, daß in der prächtigen Säulenhalle, in der der Knabe saß, die Richter des Hohen Rats versammelt waren, um dem Volke bei seinen Zwistigkeiten zurechtzuhelfen. Der ganze Portikus war voller Menschen, die wegen Grenzmarken klagten, die man verschoben hatte, über Schafe, die aus der Herde geraubt und mit falschen Zeichen versehen worden waren, über Schuldner, die ihre Schulden nicht bezahlen wollten. Unter allen den andern kam auch ein reicher Mann, der in schleppende Purpurgewänder gekleidet war und eine arme Witwe vor den Richterstuhl führte, die ihm einige Säckel Silber schuldig sein sollte. Die arme Witwe jammerte und sagte, daß der Reiche unrecht an ihr handele. Sie hätte ihm schon einmal ihre Schuld bezahlt, nun wolle er sie zwingen, es noch einmal zu tun, aber das vermöge sie nicht. Sie wäre so arm, daß sie, wenn die Richter sie verurteilten, zu bezahlen, gezwungen wäre, dem Reichen ihre Töchter als Sklavinnen zu geben. Der zuhöchst auf dem Richterstuhl saß, wendete sich an den reichen Mann und sprach zu ihm: »Wagst du einen Eid darauf zu leisten, daß diese arme Frau dir das Geld noch nicht bezahlt hat?«

Da antwortete der Reiche: »Herr, ich bin ein reicher Mann. Sollte ich mir die Mühe machen, mein Geld von dieser armen Witwe zu fordern, wenn ich nicht das Recht dazu hätte? Ich schwöre dir, so gewiß niemand je durch die Pforte der Gerechtigkeit wandern wird, so gewiß ist mir diese Frau die Summe schuldig, die ich begehre.«

Als die Richter diesen Eid vernahmen, glaubten sie seinen Worten und fällten den Spruch, daß die arme Witwe ihre Töchter als Sklavinnen hingeben solle.

Aber der kleine Knabe saß dicht daneben und hörte das alles. Er dachte bei sich selbst: Wie gut wäre es doch, wenn jemand sich durch die Pforte der Gerechtigkeit drängen könnte! Dieser Reiche hat sicherlich nicht die Wahrheit gesprochen. Wie jammert mich die alte Frau, die ihre Töchter als Sklavinnen hingeben muß.

Er sprang auf das Fußgestell, von dem die beiden Säulen in die Höhe strebten, und blickte durch die Spalte. Ach, daß es doch nicht so ganz unmöglich wäre! dachte er. Er war so betrübt um der armen Frau willen. Nun dachte er gar nicht daran, da wer sich durch dieses Tor zu drängen vermöchte, gerecht und ohne Sünden wäre. Er wollte nur um des armen Weibes willen hindurchkommen.

Er stemmte seine Schulter in die Vertiefung zwischen den Säulen, gleichsam, um sich einen Weg zu bahnen.

In diesem Augenblick sahen alle Menschen, die in der Säulenhalle standen, zur Pforte der Gerechtigkeit hin. Denn es donnerte in den Gewölben, und es rauschte in den alten Säulen, und sie schoben sich zur Seite, eine nach rechts und eine nach links, und ließen einen so großen Raum frei, daß der schlanke Körper des Knaben zwischen ihnen durchschlüpfen konnte.

Da entstand großes Staunen und Aufsehen. Im ersten Augenblick wußte niemand, was er sagen sollte. Die Leute standen nur und starrten den kleinen Knaben an, der ein so großes Wunder vollbracht hatte. Der erste, der seine Fassung wiedererlangte, war der älteste unter den Richtern. Er rief, man solle den reichen Kaufmann ergreifen und ihn vor den Richterstuhl führen. Und er verurteilte ihn, sein ganzes Hab und Gut der armen Witwe zu geben, weil er falsch geschworen hatte in Gottes Tempel.

Als dies abgetan war, fragte der Richter nach dem Knaben, der die Pforte der Gerechtigkeit durchschritten hatte, aber da die Menschen sich nach ihm umsahen, war er verschwunden. Denn in demselben Augenblick, wo die Säulen auseinanderglitten, war er wie aus einem Traum erwacht, und er hatte sich an seine Eltern und die Heimreise erinnert. Jetzt muß ich von hier forteilen, damit meine Eltern nicht auf mich warten, dachte er.

Aber er wußte gar nicht, daß er eine volle Stunde vor der Pforte der Gerechtigkeit zugebracht hatte, sondern er wähnte, nur ein paar Minuten dort verweilt zu haben, darum meinte er, daß er wohl noch Zeit hätte, einen Blick auf die Paradiesbrücke zu werfen, ehe er den Tempel verließe.

Und auf leichten Füßen glitt er durch die Volksmenge und kam auf die Paradiesbrücke, die in einem ganz andern Teile des großen Tempels gelegen war.

Aber als er die scharfe Stahlklinge sah, die sich über die Kluft spannte, und daran dachte, daß der Mensch, der über diese Brücke wandern könne, gewiß wäre, ins Paradies zu kommen, da deuchte es ihn, daß dies das Merkwürdigste wäre, was er je geschaut hätte, und er setzte sich an den Rand der Kluft, um die Stahlklinge zu betrachten.

Da saß er und dachte, wie lieblich es sein müßte, ins Paradies zu kommen, und wie gern er über diese Brücke gehen wolle.

Aber zugleich sah er, daß es ganz unmöglich war, dies auch nur zu versuchen.

So saß er zwei Stunden und grübelte, aber er wußte nicht, daß soviel Zeit vergangen war. Er saß nur und dachte an das Paradies.

Aber es war so, daß auf dem Hofe, wo die tiefe Kluft sich befand, ein großer Opferaltar stand, und um ihn herum gingen weißgekleidete Priester, die das Feuer auf dem Altar hüteten und Opfergaben in Empfang nahmen. Auf dem Hofe standen auch viele, die opferten, und eine große Menge, die dem Gottesdienst nur zusah.

Kam da auch ein armer, alter Mann gegangen, der ein Lämmchen trug, das sehr klein und mager war und obendrein noch von einem Hunde gebissen worden war, so daß es eine große Wunde hatte.

Der Mann ging mit diesem Lamme zu den Priestern und bat sie, es opfern zu dürfen, aber sie schlugen es ihm ab. Sie sagten ihm, eine so armselige Gabe könne er dem Herrn nicht darbringen. Der Alte bat, sie möchten doch um der Barmherzigkeit willen das Lamm annehmen, denn sein Sohn liege krank auf den Tod, und er besitze nichts andres, was er Gott für seine Genesung opfern könnte. »Ihr müßt es mich opfern lassen«, sagte er, »sonst kommt mein Gebet nicht vor Gottes Angesicht, und mein Sohn stirbt.«

»Du kannst mir glauben, daß ich Mitleid mit dir habe«, sagte der Priester, »aber das Gesetz verbietet uns, ein verletztes Tier zu opfern. Es ist ebenso unmöglich, deiner Bitte zu willfahren, wie es unmöglich ist, die Paradiesesbrücke zu überschreiten.«

Der kleine Knabe saß so nah, daß er alles hörte. Er dachte gleich, wie schade es doch wäre, daß niemand die Brücke zu überschreiten vermochte. Vielleicht könnte der Arme seinen Sohn behalten, wenn das Lamm geopfert würde.

Der alte Mann ging betrübt vom Tempelhofe fort, aber der Knabe erhob sich, schritt auf die zitternde Brücke zu und setzte seinen Fuß darauf.

Er dachte gar nicht daran, hinübergehen zu wollen, um des Paradieses gewiß zu sein. Seine Gedanken weilten bei dem Armen, dem er zu helfen wünschte.

Aber er zog den Fuß wieder zurück, denn er dachte: es ist unmöglich. Sie ist gar zu alt und rostig, sie könnte mich nicht einmal tragen.

Aber noch einmal schweiften seine Gedanken zu dem Armen, dessen Sohn krank auf den Tod lag. Wieder setzte er den Fuß an die Schwertklinge.

Da merkte er, daß sie zu zittern aufhörte und sich unter seinem Fuße breit und fest anfühlte.

Und als er den nächsten Schritt darauf machte, fühlte er,

daß die Luft rings umher ihn unterstützte, so daß er nicht fallen konnte. Sie trug ihn, als wenn er ein Vogel wäre und Flügel hätte.

Aber aus der gespannten Klinge löste sich zitternd ein holder Ton, wie der Knabe darüber hinschritt, und einer von denen, die auf dem Hofe standen, wendete sich um, da er den Ton vernahm. Er stieß einen Ruf aus, und jetzt wendeten sich auch alle andern um, und sie gewahrten den kleinen Knaben, der über die Stahlklinge geschritten kam.

Da gerieten alle, die da standen, in große Verwunderung und Bestürzung. Die ersten, die sich faßten, waren die Priester. Sie sendeten sogleich einen Boten nach dem Armen, und als dieser zurückkam, sagten sie zu ihm: »Gott hat ein Wunder getan, um uns zu zeigen, daß er deine Gabe empfangen will. Gib dein Lamm her, wir wollen es opfern!«

Als dies geschehen war, fragten sie nach dem kleinen Knaben, der über die Kluft gewandert war. Aber als sie sich nach ihm umsahen, konnten sie ihn nicht finden. Denn gerade, als der Knabe die Kluft überschritten hatte, hatte er an die Heimreise und die Eltern denken müssen. Er wußte nicht, daß der Morgen und der Vormittag schon verstrichen waren, sondern er dachte: Ich muß mich jetzt sputen, heimzukommen, damit sie nicht zu warten brauchen. Ich will nur erst noch forteilen und einen Blick auf die Stimme des Weltenfürsten werfen. Und er schlich sich zwischen dem Volke durch und eilte auf leichten Sohlen nach dem halbdunklen Säulengang, wo das Kupferhorn an die Wand gelehnt stand.

Als er es sah und bedachte, daß, wer ihm einen Ton entlocken konnte, alle Völker der Erde unter seiner Herrschaft versammeln würde, da deuchte es ihn, daß er niemals etwas so Merkwürdiges gesehen hätte, und setzte sich daneben nieder und betrachtete es.

Er dachte, wie groß es sein müßte, alle Menschen der Erde zu gewinnen, und wie sehnlichst er sich wünschte, in das alte Horn blasen zu können. Aber er sah ein, daß dies unmöglich wäre, und so wagte er nicht einmal den Versuch.

So saß er mehrere Stunden, aber er wußte nicht, daß die Zeit verstrich. Er dachte nur daran, was für ein Gefühl es sein müßte, alle Menschen der Erde unter seiner Herrschaft zu sammeln.

Aber es war so, daß in diesem kühlen Säulengang ein heiliger Mann saß und seine Schüler unterwies. Und er wendete sich jetzt an einen der Jünglinge, die zu seinen Füßen saßen, und sagte ihm, daß er ein Betrüger sei. Der Geist hätte ihm verraten, sagte der Heilige, daß dieser Jüngling ein Fremder sei und kein Israelit. Und nun fragte ihn der Heilige, warum er sich unter einem falschen Namen unter seine Jünger eingeschlichen hätte. Da erhob sich der fremde Jüngling und sagte, er sei durch Wüsten gepilgert und über große Meere gezogen, um die wahre Weisheit und die Lehre des einzigen Gottes verkünden zu hören. »Meine Seele verschmachtet vor Sehnsucht«, sagte er zu dem Heiligen. »Aber ich wußte, daß du mich nicht unterrichten würdest, wenn ich nicht sagte, daß ich ein Israelit sei. Darum belog ich dich, auf daß meine Sehnsucht gestillt würde. Und ich bitte dich, laß mich bei dir bleiben.«

Aber der Heilige stand auf und streckte die Arme zum Himmel empor. »Ebensowenig sollst du bei mir bleiben, als jemand auferstehen wird und auf dem großen Kupferhorn blasen, das wir die Stimme des Weltenfürsten nennen. Es ist dir nicht einmal gestattet, diese Stelle des Tempels zu betreten, weil du ein Heide bist. Eile von hinnen, sonst werden meine anderen Schüler sich auf dich stürzen und in Stücke reißen, denn deine Gegenwart schändet den Tempel.«

Aber der Jüngling stand still und sprach: »Ich will nirgends hingehen, wo meine Seele keine Nahrung findet. Lieber will ich hier zu deinen Füßen sterben.«

Kaum hatte er dies gesagt, als die Schüler des Heiligen aufsprangen, um ihn zu vertreiben. Und als er sich wehrte, warfen sie ihn zu Boden und wollten ihn töten.

Aber der Knabe saß ganz nahe, so daß er alles sah und hörte, und er dachte: Dies ist eine große Hartherzigkeit. Ach, könnte ich doch in das Kupferhorn blasen, dann wäre ihm geholfen.

Er stand auf und legte seine Hand auf das Horn. In diesem Augenblick wünschte er nicht mehr, es an seine Lippen heben zu können, weil wer dies vermöchte, ein großer Herrscher werden würde, sondern weil er hoffte, einem beistehen zu können, dessen Leben in Gefahr war.

Und er umklammerte das Kupferhorn mit seinen kleinen Händchen und versuchte es zu heben.

Da fühlte er, daß das ungeheure Horn sich von selbst zu seinen Lippen hob.

Und wie er nur atmete, drang ein starker, klingender Ton aus dem Horn und schallte durch den ganzen großen Tempelraum.

Da wendeten alle ihre Blicke hin, und sie sahen, daß es ein kleiner Knabe war, der mit dem Horn an seinen Lippen dastand und ihm Töne entlockte, die die Wölbungen und Säulen erzittern ließen.

Allsogleich senkten sich da alle Hände, die sich erhoben hatten, um den fremden Jüngling zu schlagen, und der heilige Lehrer sprach zu ihm:

»Komm und setz dich hier zu meinen Füßen, wo du früher gesessen hast! Gott hat ein Wunder getan, um mir zu zeigen, daß es sein Wunsch ist, daß du in seine Anbetung eingeweiht werdest!«

Als der Tag zur Neige ging, wanderten ein Mann und ein Weib mit eiligen Schritten auf Jerusalem zu. Sie sahen erschrocken und unruhig aus, und sie riefen jedem, den sie trafen, zu: »Wir haben unseren Sohn verloren. Wir glaubten, er sei mit unsern Verwandten und Nachbarn gegangen, aber keiner von ihnen hat ihn gesehen. Ist jemand von euch unterwegs an einem einsamen Kinde vorbeigekommen?«

Die Leute, die von Jerusalem kamen, antworteten ihnen:

»Nein, euren Sohn haben wir nicht gesehen, aber im Tempel haben wir das schönste Kind geschaut. Es war ein Engel des Himmels, und es ist durch die Pforte der Gerechtigkeit gewandelt.«

Sie hätten gern dies alles haarklein erzählt, doch die Eltern hatten nicht Zeit, ihnen zuzuhören.

Als sie ein Stück weitergegangen waren, trafen sie andre Menschen und befragten diese.

Aber die von Jerusalem kamen, wollten nur von dem allerschönsten Kinde erzählen, das aussehe, als wäre es vom Himmel herabgestiegen, und das die Paradiesesbrücke überschritten hätte.

Sie wären gern stehengeblieben und hätten bis zum späten Abend davon gesprochen, allein der Mann und die Frau hatten nicht Zeit, ihnen zu lauschen, sondern sie eilten in die Stadt.

Sie gingen straßauf und straßab, ohne das Kind zu finden.

Endlich kamen sie zum Tempel

Als sie dort vorbeigingen, sagte die Frau: »Da wir nun hier sind, so laß uns doch eintreten und sehen, was für ein Kind das ist, von dem sie sagen, es sei vom Himmel herabgestiegen!« Sie traten ein und fragten, wo sie das Kind sehen könnten.

»Geht geradeaus, dorthin, wo die heiligen Lehrer mit ihren Schülern sitzen. Dort ist das Kind. Die alten Männer haben ihn in ihre Mitte gesetzt, sie fragen ihn, und er fragt sie, und sie verwundern sich alle über ihn. Aber alles Volk steht unten auf dem Tempelhofe, um nur einen Schimmer dessen zu sehen, der die Stimme des Weltenfürsten an seine Lippen geführt hat.«

Der Mann und die Frau bahnten sich einen Weg durch den Volkshaufen, und sie sahen, daß das Kind, das unter den weisen Lehrern saß, ihr Sohn war.

Aber sowie die Frau das Kind wiedererkannte, fing sie zu weinen an.

Und der Knabe, der unter den weisen Männern saß,

hörte, daß jemand weinte, und er erkannte, daß es seine Mutter war. Da stand er auf und kam zu seiner Mutter, und Vater und Mutter nahmen ihn in ihre Mitte und wanderten mit ihm aus dem Tempel fort.

Aber die ganze Zeit hörte die Mutter nicht auf zu weinen, und das Kind fragte sie: »Warum weinest du? Ich kam ja zu dir, wie ich nur deine Stimme hörte.«

»Wie sollte ich nicht weinen?« sagte die Mutter. »Ich glaubte, du seiest für mich verloren.«

Sie gingen aus der Stadt, und die Dunkelheit brach an, und noch immer weinte die Mutter.

»Warum weinest du?« sagte das Kind. »Ich wußte nichts davon, daß der Tag verstrichen war. Ich glaubte, es sei noch Morgen, und ich kam zu dir, wie ich nur deine Stimme hörte.«

»Wie sollte ich nicht weinen?« sagte die Mutter. »Ich habe dich den ganzen Tag gesucht. Ich glaubte, du seiest für mich verloren.«

Sie wanderten die ganze Nacht, und immer weinte die Mutter.

Da der Morgen zu grauen begann, sagte das Kind: »Warum weinest du? Ich habe nicht nach eigenem Ruhm getrachtet, aber Gott hat mich das Wunder vollbringen lassen, weil er den armen Menschen helfen wollte. Und wie ich nur deine Stimme hörte, kam ich wieder zu dir.«

Das Schweißtuch der heiligen Veronika

I

In einem der letzten Jahre der Regierung des Kaisers Tiberius begab es sich, daß ein armer Winzer und sein Weib sich in einer einsamen Hütte hoch oben in den Sabiner Bergen niederließen. Sie waren Fremdlinge und lebten in der größten Einsamkeit, ohne je den Besuch eines Menschen zu empfangen. Aber eines Morgens, als der Arbeiter seine Tür öffnete, fand er zu seinem Staunen, daß eine alte Frau zusammengekauert auf der Schwelle saß. Sie war in einen schlichten, grauen Mantel gehüllt und sah aus, als wäre sie sehr arm. Und dennoch erschien sie ihm, als sie sich erhob und ihm entgegentrat, so ehrfurchtgebietend, daß er daran denken mußte, was die Sagen von Göttinnen erzählen, die in der Gestalt einer alten Frau die Menschen heimsuchen. »Mein Freund«, sagte die Alte zu dem Winzer, »wundere dich nicht darüber, daß ich heute nacht auf deiner Schwelle geschlafen habe. Meine Eltern haben in dieser Hütte gwohnt, und hier wurde ich vor fast neunzig Jahren geboren. Ich hatte erwartet, sie leer und verlassen zu finden. Ich wußte nicht, daß aufs neue Menschen Besitz davon ergriffen hatten.«

»Ich wundre mich nicht, daß du glaubst, daß eine Hütte, die so hoch zwischen diesen einsamen Felsen liegt, leer und verlassen stehen würde«, sagte der Winzer. »Aber ich und mein Weib, wir sind aus einem fernen Lande, und wir armen Fremdlinge haben keine bessere Wohnstätte finden können. Und dir, die nach der langen Wanderung, die du in deinem hohen Alter unternommen hast, müde und hungrig sein mußt, dürfte es willkommen sein, daß die Hütte von Menschen bewohnt ist, anstatt von den Wölfen der Sabiner Berge. Du findest jetzt doch ein Bett drinnen, um darauf zu ruhen, sowie eine Schale Ziegenmilch und einen Laib Brot, wenn du damit vorlieb nehmen willst.« Die Alte lächelte ein wenig, aber dieses Lächeln war so flüchtig, daß es den Ausdruck schweren Kummers nicht zu zerstreuen vermochte, der auf ihrem Gesicht ruhte. »Ich habe meine ganze Jugend hier oben in den Bergen verlebt«, sagte sie. »Ich habe die Kunst noch nicht verlernt, einen Wolf aus seiner Höhle zu vertreiben.«

Und sie sah wirklich so stark und kräftig aus, daß der Arbeiter nicht daran zweifelte, daß sie trotz ihres hohen Alters noch Stärke genug besäße, um es mit den wilden Tieren des Waldes aufzunehmen.

Er wiederholte jedoch sein Anerbieten, und die Alte trat in die Hütte ein. Sie ließ sich zu der Mahlzeit der armen Leute nieder und nahm ohne Zögern daran teil. Aber obgleich sie sehr zufrieden damit schien, grobes in Milch aufgeweichtes Brot essen zu dürfen, dachten der Mann und die Frau: Woher kann diese alte Wanderin kommen? Sie hat gewiß öfter Fasane von Silberschüsseln gespeist als Ziegenmilch aus irdenen Schalen getrunken.

Zuweilen erhob sie die Augen vom Tische und sah sich um, als wolle sie versuchen, sich wieder in der Hütte zurechtzufinden. Die dürftige Behausung mit den nackten Lehmwänden und dem gestampften Boden war sicherlich nicht sehr verändert. Sie zeigte sogar ihren Wirtsleuten, daß an der Wand noch ein paar Spuren von Hunden und Hirschen sichtbar waren, die ihr Vater dorthin gezeichnet hatte, um seinen kleinen Kindern eine Freude zu machen. Und hoch oben auf einem Brett glaubte sie die Scherben eines Tongefäßes zu sehen, in das sie selbst einst Milch zu melken pflegte.

Aber der Mann und sein Weib dachten bei sich selbst: Es mag freilich wahr sein, daß sie in dieser Hütte geboren ist, aber sie hat doch im Leben so manches andre zu bestellen gehabt als Ziegen melken und Butter und Käse bereiten.

Sie merkten auch, daß sie oft mit ihren Gedanken weit weg war und jedesmal, wenn sie wieder zu sich selbst zurückkam, schwer und kummervoll seufzte.

Endlich erhob sie sich von der Mahlzeit. Sie dankte freundlich für die Gastfreundschaft, die sie genossen hatte, und ging auf die Tür zu.

Aber da deuchte sie den Winzer so beklagenswert einsam und arm, daß er ausrief: »Wenn ich mich nicht irre, war es keineswegs deine Absicht, als du gestern nacht heraufstiegst, diese Hütte so bald zu verlassen. Wenn du wirklich arm bist, wie es den Anschein hat, dann wird es wohl deine Meinung gewesen sein, all die Jahre, die du noch zu leben hast, hierzubleiben. Aber jetzt willst du gehen, weil wir, mein Weib und ich, schon von der Hütte Besitz genommen haben.«

Die Alte leugnete nicht, daß er richtig geraten hatte. »Aber diese Hütte, die so viele Jahre verlassen gestanden hat, gehört dir ebensogut wie mir«, sagte sie. »Ich habe kein Recht, dich von hier zu vertreiben.«

»Es ist aber doch deiner Eltern Hütte«, sagte der Winzer, »und du hast sicherlich mehr Anspruch darauf als ich. Wir sind überdies jung, und du bist alt. Darum sollst du bleiben, und wir werden gehen.«

Als die Alte diese Worte hörte, war sie ganz erstaunt. Sie wendete sich auf der Schwelle um und starrte den Mann an, als wenn sie nicht verstünde, was er mit seinen Worten meinte.

Aber nun mischte sich das junge Weib ins Gespräch.

»Wenn ich mitzureden hätte«, sagte sie zu dem Manne, »würde ich dich bitten, diese alte Frau zu fragen, ob sie uns nicht als ihre Kinder ansehen und uns erlauben will, bei ihr zu bleiben und sie zu pflegen. Welchen Nutzen hätte sie davon, wenn wir ihr diese elende Hütte schenkten und sie dann allein ließen? Es wäre furchtbar für sie, einsam in der Wildnis zu hausen und wovon sollte sie leben? Es wäre dasselbe, als wollten wir sie dem Hungertode preisgeben.«

Aber die Alte trat auf den Mann und die Frau zu und betrachtete sie prüfend. »Warum sprecht ihr so?« fragte sie. »Warum beweist ihr mir Barmherzigkeit? Ihr seid doch Fremde.«

Da antwortete ihr die junge Frau: »Darum, weil uns selbst einmal die große Barmherzigkeit begegnet ist.«

2

So kam es, daß die alte Frau in der Hütte des Winzers wohnte, und sie faßte große Freundschaft für die jungen Menschen. Aber dennoch sagte sie ihnen niemals, woher sie kam oder wer sie war, und sie begriffen, daß sie es nicht gut aufgenommen hätte, wenn sie sie danach gefragt hätten.

Aber eines Abends, als die Arbeit getan war und sie alle drei auf der großen, flachen Felsplatte saßen, die vor dem Eingang lag, und ihr Abendbrot verzehrten, erblickten sie einen alten Mann, der den Pfad heranstieg.

Es war ein hoher, kräftig gebauter Mann mit so breiten Schultern wie ein Ringer. Sein Gesicht trug einen düstern, herben Ausdruck. Die Stirne ragte über den tiefliegenden Augen vor, und die Linien des Mundes drückten Bitterkeit und Verachtung aus. Er ging in gerader Haltung und mit raschen Bewegungen. Der Mann trug ein schlichtes Gewand, und der Winzer dachte, sobald er ihn erblickt hatte: Das ist ein alter Legionär, einer, der seinen Abschied aus dem Dienste bekommen hat und nun auf der Wanderung nach seiner Heimat begriffen ist.

Als der Fremde an die Essenden herangekommen war, blieb er wie unschlüssig stehen. Der Arbeiter, der wußte, daß der Weg ein kleines Stück oberhalb der Hütte ein Ende hatte, legte den Löffel nieder und rief ihm zu: »Hast du dich verirrt, Fremdling, daß du hierher zu dieser Hütte kommst? Niemand pflegt sich die Mühe zu machen, hier heraufzukommen, es sei denn, er hätte eine Botschaft an einen von uns, die wir hier wohnen.«

Während er so fragte, trat der Fremdling näher. »Ja, es ist so, wie du sagst«, antwortete er, »ich habe den Weg verloren, und jetzt weiß ich nicht, wohin ich meine Schritte lenken soll. Wenn du mich hier ein Weilchen ruhen läßt und mir dann sagst, welchen Weg ich gehen muß, um zu meinem Landgut zu kommen, will ich dir dankbar sein.«

Mit diesen Worten ließ er sich auf einem der Steine nieder, die vor der Hütte lagen. Die junge Frau fragte ihn, ob er nicht an ihrer Mahlzeit teilnehmen wolle, doch dies lehnte er mit einem Lächeln ab. Hingegen zeigte es sich, daß er sehr geneigt war, mit ihnen zu plaudern, indes sie aßen.

Er fragte die jungen Menschen nach ihrer Lebensweise und ihrer Arbeit, und sie antworteten ihm fröhlich und rückhaltlos.

Aber auf einmal wendete sich der Arbeiter an den Fremden und begann ihn auszufragen: »Du siehst, wie abgeschieden und einsam wir leben«, sagte er. »Es ist wohl schon ein Jahr her, seit ich mit andern als Hirten und Winzern gesprochen habe. Kannst du, der ja wohl aus irgendeinem Feldlager kommt, uns nicht ein wenig von Rom und vom Kaiser erzählen?«

Kaum hatte der Mann dies gesagt, als die junge Frau merkte, wie die Alte ihm einen warnenden Blick zuwarf und mit der Hand das Zeichen machte, das bedeutet, man möge wohl auf der Hut sein mit dem, was man sage.

Der Fremdling antwortete dann aber ganz freundlich: »Ich sehe, daß du mich für einen Legionär hältst, und du hast wirklich nicht so ganz unrecht, obgleich ich schon vor langer Zeit den Dienst verlassen habe. Unter der Regierung des Tiberius hat es nicht viel Arbeit für uns Kriegsleute gegeben. Und er war doch einmal ein großer Feldherr. Das war die Zeit seines Glücks. Jetzt hat er nichts andres im Sinn, als sich vor Verschwörung zu hüten. In Rom sprechen alle Menschen davon, daß er vorige Woche, nur auf den allerleisesten Verdacht hin, den Senator Titus greifen und hinrichten ließ.«

»Der arme Kaiser, er weiß nicht mehr, was er tut«, rief die junge Frau. Sie rang die Hände und schüttelte bedauernd und staunend das Haupt.

»Du hast wirklich recht«, sagte der Fremdling, während

ein Zug tiefster Düsterkeit über sein Gesicht ging. »Tiberius weiß, daß alle Menschen ihn hassen, und dies treibt ihn noch zum Wahnsinn.«

»Was sagst du da?« rief die Frau. »Warum sollten wir ihn hassen? Wir beklagen es ja nur, daß er nun nicht mehr ein so großer Kaiser ist wie am Anfang seiner Regierung.«

»Du irrst dich«, sagte der Fremde. »Alle Menschen verachten und hassen Tiberius. Warum sollten sie es nicht? Er ist ja nur ein grausamer, schonungsloser Tyrann. Und in Rom glaubt man, daß er in Zukunft noch unverbesserlicher sein wird als bisher.«

»Hat sich denn etwas ereignet, was ihn zu einem noch ärgeren Ungeheuer machen könnte, als er schon ist?« fragte der Mann.

Als er dies sagte, merkte die Frau, daß die Alte ihm abermals ein warnendes Zeichen machte, aber so verstohlen, daß er es nicht sehen konnte.

Der Fremdling antwortete freundlich, aber gleichzeitig huschte ein eigentümliches Lächeln um seine Lippen.

»Du hast vielleicht gehört, daß Tiberius bis jetzt in seiner Umgebung einen Freund gehabt hatte, dem er vertrauen konnte und der ihm immer die Wahrheit sagte. Alle andern, die an seinem Hofe leben, sind Glücksjäger und Heuchler, die seine bösen und hinterlistigen Handlungen ebenso preisen wie seine guten und vortrefflichen. Es hat aber doch, wie gesagt, ein Wesen gegeben, das niemals fürchtete, ihn wissen zu lassen, was seine Handlungen wert waren. Dieser Mensch, der mutiger war als Senatoren und Feldherren, war des Kaisers alte Amme, Faustina.«

»Jawohl, ich habe von ihr reden hören«, sagte der Arbeiter. »Man sagte mir, daß der Kaiser ihr immer große Freundschaft bewiesen habe.«

»Ja, Tiberius wußte ihre Ergebenheit und Treue zu schätzen. Er hat diese arme Bäuerin, die einst aus einer elenden Hütte in den Sabiner Bergen kam, wie seine zweite Mutter behandelt. Solange er selbst in Rom weilte, ließ er sie in einem Hause auf dem Palatin wohnen, um sie immer in seiner Nähe zu haben. Keiner von Roms vornehmen Matronen ist es besser ergangen als ihr. Sie wurde in einer Sänfte über die Straße getragen, und ihre Kleidung war die einer Kaiserin. Als der Kaiser nach Capreae übersiedelte, mußte sie ihn begleiten, und er ließ ihr dort ein Landhaus voll Sklaven und kostbarem Hausrat kaufen.«

»Sie hat es wahrlich gut gehabt«, sagte der Mann. Er war es nun, der das Gespräch mit dem Fremden allein weiterführte. Die Frau saß stumm und beobachtete staunend die Veränderung, die mit der Alten vorgegangen war. Seit dem Kommen des Fremden hatte sie kein Wort gesprochen. Sie hatte ihr sanftes und freundliches Wesen ganz verloren. Die Schüssel hatte sie von sich geschoben und saß jetzt starr und aufrecht, an den Türpfosten gelehnt, und blickte mit versteinertem Gesicht gerade vor sich hin.

»Es ist des Kaisers Wille gewesen, daß sie ein glückliches Leben genieße«, sagte der Fremdling. »Aber trotz aller seiner Wohltaten hat nun auch sie ihn verlassen.«

Die alte Frau zuckte bei diesen Worten zusammen, doch die junge legte beschwichtigend die Hand auf ihren Arm. Dann begann sie mit ihrer warmen, milden Stimme zu sprechen. »Ich kann doch nicht glauben, daß die alte Faustina am Hofe so glücklich gewesen ist, wie du sagst«, sagte sie, indessen sie sich an den Fremdling wendete. »Ich bin gewiß, daß sie Tiberius so geliebt hat, als wenn er ihr eigener Sohn wäre. Ich kann mir denken, wie stolz sie auf seine edle Jugend gewesen ist, und ich kann auch begreifen, welch ein Kummer es für sie war, daß er sich in seinem Alter dem Mißtrauen und der Grausamkeit überließ. Sie hat ihn sicherlich jeden Tag ermahnt und gewarnt. Es ist furchtbar für sie gewesen, immer vergeblich zu bitten. Sie hat es nicht mehr ertragen können, ihn immer tiefer sinken zu sehen.«

Der Fremdling beugte sich überrascht ein wenig vor, als er diese Worte vernahm. Aber das junge Weib sah nicht zu ihm auf. Sie hielt die Augen niedergeschlagen und sprach sehr leise und demütig.

»Du hast vielleicht recht mit dem, was du von der alten Frau sagst«, antwortete er. »Faustina ist am Hofe wirklich nicht glücklich gewesen. Aber es scheint doch seltsam, daß sie den Kaiser in seinem hohen Alter verließ, nachdem sie ein ganzes Menschenleben bei ihm ausgeharrt hatte.«

»Was sagst du da?« rief der Mann. »Hat die alte Faustina den Kaiser verlassen?«

»Sie hat sich, ohne daß jemand darum wußte, von Capreae weggeschlichen«, sagte der Fremde. »Sie ist ebenso arm gegangen, wie sie gekommen war. Sie hat nichts von allen ihren Schätzen mitgenommen.«

»Und weiß der Kaiser wirklich nicht, wohin sie gegangen ist?« fragte die junge Frau mit ihrer sanften Stimme.

»Nein, niemand weiß mit Bestimmtheit, welchen Weg die Alte eingeschlagen hat. Man hält es jedoch für wahrscheinlich, daß sie ihre Zuflucht in ihren heimatlichen Bergen gesucht habe.«

»Und der Kaiser weiß auch nicht, warum sie von ihm fortgegangen ist?« fragte die junge Frau.

»Nein, der Kaiser weiß nichts darüber. Er kann doch nicht glauben, daß sie ihn verlassen hat, weil er einmal zu ihr sagte, sie diene ihm, um Lohn und Gaben zu empfangen, sie, wie alle andern. Sie weiß doch, daß er niemals an ihrer Uneigennützigkeit gezweifelt hat. Er hoffte immer noch, daß sie freiwillig zu ihm zurückkehren würde, denn niemand weiß besser als sie, daß er jetzt ganz ohne Freunde ist.«

»Ich kenne sie nicht«, sagte das junge Weib, »aber ich glaube doch, daß ich dir sagen kann, warum sie den Kaiser verlassen hat. Diese alte Frau ist hier in diesen Bergen zu Einfachheit und Frömmigkeit erzogen worden, und sie hat sich immer hierher zurückgesehnt. Sicherlich hätte sie dennoch den Kaiser nie verlassen, wenn er sie nicht beleidigt hätte. Aber ich begreife, daß sie nun hiernach, da ihres Lebens Tage bald zu Ende gehen müssen, das Recht zu haben meinte, an sich selbst zu denken. Wenn ich eine arme Frau aus den Bergen wäre, hätte ich vermutlich ebenso gehandelt wie sie. Ich hätte mir gedacht, daß ich genug getan hätte, wenn ich meinem Herrn ein ganzes Leben lang gedient habe. Ich wäre schließlich von Wohlleben und Kaisergunst fortgegangen, um meine Seele Ehre und Gerechtigkeit kosten zu lassen, ehe sie sich von mir scheidet, um die lange Fahrt anzutreten.«

Der Fremdling blickte die junge Frau trüb und schwermütig an. »Du bedenkst nicht, daß des Kaisers Treiben jetzt schrecklicher werden wird denn je. Jetzt gibt es keinen mehr, der ihn beruhigen könnte, wenn Mißtrauen und Menschenverachtung sich seiner bemächtigen. Denke dir dies«, fuhr er fort und bohrte seine düstern Blicke tief in die des jungen Weibes, »in der ganzen Welt gibt es jetzt keinen, den er nicht haßte, keinen, den er nicht verachtete, keinen.«

Als er diese Worte mit bitterer Verzweiflung aussprach, machte die Alte eine hastige Bewegung und wendete sich ihm zu, aber die Junge sah ihm fest in die Augen und antwortete: »Tiberius weiß, daß Faustina wieder zu ihm kommt, wann immer er es wünscht. Aber zuerst muß sie wissen, daß ihre alten Augen nicht mehr Laster und Schändlichkeit an seinem Hofe schauen müssen.«

Sie hatten sich bei diesen Worten alle erhoben, aber der Winzer und seine Frau stellten sich vor die Alte, gleichsam um sie zu schützen.

Der Fremdling sprach keine Silbe mehr, aber er betrachtete die Alte mit fragenden Blicken. Ist das auch dein letztes Wort? schien er sagen zu wollen. Die Lippen der Alten zitterten, und die Worte wollten sich nicht von ihnen lösen.

»Wenn der Kaiser seine alte Dienerin geliebt hat, so möge er ihr auch die Ruhe ihrer letzten Tage gönnen«, sagte die junge Frau.

Der Fremde zögerte noch, aber plötzlich erhellte sich sein düsteres Gesicht. »Meine Freunde«, sagte er, »was man auch von Tiberius sagen mag, es gibt doch eines, was er besser gelernt als andre, und das ist: verzichten. Ich habe euch nur noch eines zu sagen: Wenn diese alte Frau, von der wir gesprochen haben, diese Hütte aufsuchen sollte, so nehmet sie gut auf! Des Kaisers Gunst ruht über jedem, der ihr beisteht.«

Er hüllte sich in seinen Mantel und entfernte sich auf demselben Wege, den er gekommen war.

3

Nach diesem Vorfall sprachen der Winzer und sein Weib nie mehr mit der alten Frau vom Kaiser. Unterdessen wunderten sie sich darüber, daß sie in ihrem hohen Alter die Kraft gehabt hatte, all dem Reichtum und der Macht zu entsagen, an den sie gewohnt war. Ob sie nicht doch bald zu Tiberius zurückkehren wird? fragten sie sich. Sie liebt ihn sicherlich noch. In der Hoffnung, daß dies ihn zur Besinnung bringen und ihn bewegen werde, sich von seiner bösen Handlungsweise zu bekehren, hat sie ihn verlassen.

»Ein so alter Mann wie der Kaiser wird niemals mehr ein neues Leben beginnen«, sagte der Arbeiter. »Wie willst du seine große Verachtung der Menschen von ihm nehmen? Wer könnte vor ihn hintreten und ihn lehren, sie zu lieben? Bevor dies geschieht, kann er nicht von seinem Argwohn und seiner Grausamkeit geheilt werden.«

»Du weißt, daß es einen gibt, der dies in Wahrheit vermöchte«, sagte die Frau. »Ich denke oft daran, wie es wäre, wenn diese beiden sich begegneten. Aber Gottes Wege sind nicht unsre Wege.«

Die alte Frau schien ihr früheres Leben gar nicht zu entbehren. Nach einiger Zeit gebar das junge Weib ein Kind, und als die Alte nun dieses zu pflegen hatte, schien sie so zufrieden zu sein, daß man glauben konnte, sie hätte alle ihre Sorgen vergessen.

Jedes halbe Jahr einmal pflegte sie sich in den langen grauen Mantel zu hüllen und nach Rom hinunterzuwandern. Aber dort suchte sie keine Menschenseele auf, sondern ging geradewegs zum Forum. Hier blieb sie vor einem kleinen Tempel stehen, der sich auf der einen Seite des herrlich geschmückten Platzes erhob. Dieser Tempel bestand eigentlich nur aus einem außergewöhnlich großen Altar, der unter offenem Himmel auf einem marmorgepflasterten Hofe stand. Auf der Höhe des Altars thronte Fortuna, die Göttin des Glücks, und an seinem Fuße sah man eine Bildsäule des Tiberius. Rund um den Hof erhoben sich Gebäude für die Priester, Vorratskammern für Brennholz und Ställe für die Opfertiere.

Die Wanderung der alten Faustina erstreckte sich niemals weiter als bis zu diesem Tempel, den die aufzusuchen pflegten, die um Glück für Tiberius beten wollten. Wenn sie einen Blick hineingeworfen und gesehen hatte, daß die Göttin und die Kaiserstatue mit Blumen bekränzt waren, daß das Opferfeuer loderte und Scharen ehrfürchtiger Anbeter vor dem Altare versammelt waren, und wenn sie vernommen hatte, daß die leisen Hymnen der Priester ringsumher erklangen, dann kehrte sie um und begab sich wieder in die Berge. So erfuhr sie, ohne einen Menschen fragen zu müssen, daß Tiberius noch unter den Lebenden weilte und daß es ihm wohl erging.

Als sie diese Wanderung zum drittenmal antrat, harrte ihrer eine Überraschung. Als sie sich dem kleinen Tempel näherte, fand sie ihn verödet und leer. Kein Feuer flammte vor dem Bilde, und kein einziger Anbeter war davor zu sehen. Ein paar trockne Kränze hingen noch an der einen Seite des Altars, aber dies war alles, was von seiner früheren Herrlichkeit zeugte. Die Priester waren verschwunden, und die Kaiserstatue, die ohne Hüter dastand, war beschädigt und mit Schmutz beworfen.

Die alte Frau wendete sich an den ersten besten, der vorüberging. »Was hat dies zu bedeuten?« fragte sie. »Ist Tiberius tot? Haben wir einen anderen Kaiser?«

»Nein«, antwortete der Römer, »Tiberius ist noch Kaiser, aber wir haben aufgehört, für ihn zu beten. Unsere Gebete können ihm nicht mehr frommen.«

»Mein Freund«, sagte die Alte, »ich wohne weit von hier in den Bergen, wo man nichts von der Welt draußen erfährt. Willst du mir nicht sagen, welches Unglück den Kaiser getroffen hat?«

»Das furchtbarste Unglück«, erwiderte der Mann. »Er ist von einer Krankheit befallen worden, die bisher in Italien unbekannt war, die aber im Morgenlande häufig sein soll. Seit diese Seuche über den Kaiser gekommen ist, hat sich sein Gesicht verwandelt, seine Stimme ist wie die Stimme eines grunzenden Tiers, und seine Zehen und Finger werden zerfressen, und gegen diese Krankheit soll es kein Mittel geben. Man glaubt, daß er in ein paar Wochen tot sein wird, wenn er aber nicht stirbt, so muß man ihn absetzen, denn ein so kranker, elender Mann kann nicht weiter regieren. Du begreifst also, daß sein Schicksal besiegelt ist. Es nützt nichts, die Götter um Glück für ihn anzuflehen. Und es lohnt sich auch nicht«, fügte er mit leisem Lächeln hinzu. »Niemand hat von ihm noch etwas zu fürchten oder zu hoffen. Warum sollten wir uns also um seinetwillen Mühe machen?«

Er grüßte und ging, doch die Alte blieb wie betäubt stehen.

Zum erstenmal in ihrem Leben brach sie zusammen und sah aus wie eine, die das Alter besiegt hat. Sie stand mit gebeugtem Rücken und zitterndem Kopfe da, und mit Händen, die kraftlos in der Luft tasteten. Sie sehnte sich, von dieser Stelle fortzukommen, aber sie hob die Füße nur langsam und bewegte sich strauchelnd vorwärts. Sie sah sich um, um etwas zu finden, was sie als Stab gebrauchen könnte.

Nach einigen Augenblicken gelang es ihr doch, mit ungeheurer Willensanstrengung die Mattigkeit zurückzudrängen. Sie richtete sich wieder empor und zwang sich, mit festen Schritten durch die menschenerfüllten Gassen zu gehen.

4

Eine Woche später wanderte die alte Faustina die steilen Abhänge der Insel Capreae hinan. Es war ein heißer Tag, und das furchtbare Gefühl des Alters und der Mattigkeit überkam sie wieder, während sie die in die Felsen gehauenen Stufen erklomm, die zur Villa des Tiberius führten.

Dieses Gefühl steigerte sich noch, als sie zu merken anfing, wie sehr sich alles während der Zeit, die sie fern gewesen war, verändert hatte. Früher waren immer große Scharen von Menschen diese Treppen hinauf und herunter geeilt. Es hatte hier von Senatoren gewimmelt, die sich von riesigen Libyern tragen ließen; von Sendboten aus den Provinzen, die von langen Sklavenzügen geleitet ankamen; von Stellensuchenden und von vornehmen Männern, die eingeladen waren, an den Festen des Kaisers teilzunehmen. Aber heute waren diese Treppen und Gänge ganz verödet. Die graugrünen Eidechsen waren die einzigen lebenden Wesen, die die alte Frau auf ihrem Wege bemerkte.

Sie staunte, daß alles bereits zu verfallen schien. Die Krankheit des Kaisers konnte höchstens ein paar Monate gedauert haben, und doch war schon Unkraut in den Spalten zwischen den Marmorfliesen emporgewuchert. Edle Gewächse in schönen Vasen waren schon vertrocknet, und mutwillige Zerstörer, denen niemand Einhalt getan hatte, hatten an ein paar Stellen die Balustrade niedergebrochen.

Aber am allerseltsamsten deuchte sie doch die völlige Menschenleere. Wenn es auch Fremdlingen verboten war, sich auf der Insel sehen zu lassen, so mußten sie doch wohl noch da sein, diese unendlichen Scharen von Kriegsknechten und Sklaven, von Tänzerinnen und Musikanten, von Köchen und Tafeldeckern, von Palastwachen und Gartenarbeitern, die zum Haushalt des Kaisers gehörten.

Erst als Faustina die oberste Terrasse erreichte, erblickte sie ein paar alte Sklaven, die auf den Treppenstufen vor der Villa saßen. Als sie sich ihnen näherte, erhoben sie sich und neigten sich vor ihr.

»Sei gegrüßt, Faustina«, sagt der eine. »Ein Gott schickt dich, um unser Unglück zu lindern.«

»Was ist dies, Milo?« fragte Faustina. »Warum ist es hier so öde? Man hat mir doch gesagt, daß Tiberius noch auf Capreae weile?«

»Der Kaiser hat alle seine Sklaven vertrieben, weil er den Verdacht hegt, einer von uns habe ihm vergifteten Wein zu trinken gegeben, und dies habe die Krankheit hervorgerufen. Er hätte auch mich und Tito fortgejagt, wenn wir uns nicht geweigert hätten, ihm zu gehorchen. Und du weißt doch, daß wir unser ganzes Leben lang dem Kaiser und seiner Mutter gedient haben.«

»Ich frage nicht nur nach Sklaven«, sagte Faustina. »Wo sind die Senatoren und Feldherren? Wo sind des Kaisers Vertraute und alle schmeichelnden Speichellecker?«

»Tiberius will sich nicht mehr vor Fremden zeigen«, sagte der Sklave. »Der Senator Lucius und Macro, der Anführer der Leibwache, kommen jeden Tag her und nehmen seine Befehle entgegen. Sonst darf sich ihm niemand nahen.«

Faustina hatte die Treppe erstiegen, um in das Landhaus einzutreten. Der Sklave schritt ihr voran, und im Gehen fragte sie ihn:

»Was sagen die Ärzte über des Kaisers Krankheit?«

»Keiner von ihnen versteht diese Krankheit zu behandeln. Sie wissen nicht einmal, ob sie rasch oder langsam töte. Aber eins kann ich dir sagen, Faustina, daß Tiberius sterben muß, wenn er sich weigert, Nahrung zu sich zu nehmen, aus Furcht, daß sie vergiftet sein könnte. Und ich weiß, daß ein kranker Mann es nicht aushalten kann, Tag und Nacht zu wachen, wie der Kaiser tut, aus Angst, im Schlafe ermordet zu werden. Wenn er dir vertrauen will wie in früheren Tagen, wird es dir vielleicht gelingen, ihn zum Essen und Schlafen zu bewegen. Damit kannst du sein Leben um viele Tage verlängern.«

Der Sklave führte Faustina durch mehrere Gänge und Höfe zu einer Terrasse, auf der Tiberius sich aufzuhalten pflegte, um die Aussicht über die schönen Meeresbusen und den stolzen Vesuv zu genießen.

Als Faustina die Terrasse betrat, sah sie dort ein grausiges Wesen mit aufgeschwollenem Gesicht und tierischen Zügen. Seine Hände und Füße waren mit weißen Binden umwickelt, aber aus den Binden kamen halb abgefressene Finger und Zehen hervor. Und die Kleider dieses Menschen waren staubig und besudelt. Man sah, daß er nicht imstande war, aufrecht zu gehen, sondern über die Terrasse hatte kriechen müssen. Er lag mit geschlossenen Augen am äußersten Ende der Balustrade und regte sich nicht, als der Sklave und Faustina herankamen.

Doch Faustina flüsterte dem Sklaven, der ihr voranschritt, zu:

»Aber, Milo, wie kann sich ein solcher Mensch hier auf der Kaisertreppe aufhalten? Eile dich, ihn von hier fortzuschaffen.«

Aber kaum hatte sie dies gesagt, als sie sah, wie der Sklave sich vor dem liegenden, elenden Menschen tief zur Erde neigte.

»Cäsar Tiberius«, sagte er, »endlich habe ich dir frohe Kunde zu bringen.«

Zugleich wendete sich der Sklave an Faustina, prallte aber betroffen zurück und konnte kein Wort mehr hervorbringen.

Er sah nicht mehr die stolze Matrone, die so stark ausgesehen hatte, daß man erwarten konnte, ihr Alter werde dem einer Sibylle gleichkommen. In diesem Augenblick war sie in kraftloser Greisenhaftigkeit zusammengesunken, und der Sklave sah ein gebeugtes Mütterchen mit trübem Blick und tastenden Händen vor sich.

Denn wohl hatte man Faustina gesagt, daß der Kaiser furchtbar verändert sei, aber sie hatte doch keinen Augenblick aufgehört, sich ihn als den kräftigen Mann zu denken, der er gewesen war, als sie ihn das letzte Mal gesehen hatte. Sie hatte auch jemand sagen hören, daß diese Krankheit langsam wirke und daß sie Jahre brauche, um einen Menschen zu verwandeln. Aber hier war sie mit solcher Heftigkeit vorgeschritten, daß sie den Kaiser in wenigen Monaten schon unkenntlich gemacht hatte.

Sie wankte auf den Kaiser zu. Sie vermochte nicht zu sprechen, sondern stand stumm neben ihm und weinte. »Bist du endlich gekommen, Faustina?« sagte er, ohne die Augen zu öffnen. »Ich lag da und wähnte, du stündest hier und weintest über mich. Ich wage nicht aufzublicken, aus Furcht, daß dies nur ein Trugbild gewesen sein könnte.«

Da setzte sich die Alte neben ihn. Sie hob seinen Kopf empor und bettete ihn in ihren Schoß.

Aber Tiberius blieb still liegen, ohne sie anzusehen. Ein Gefühl süßen Friedens erfüllte ihn, und im nächsten Augenblick versank er in ruhigen Schlummer.

5

Einige Wochen später wanderte einer der Sklaven des Kaisers der einsamen Hütte in den Sabiner Bergen zu. Der Abend brach an, und der Winzer und seine Frau standen in ihrer Türe und sahen die Sonne im fernen Westen sinken. Der Sklave bog vom Wege ab und kam heran und grüßte sie. Dann zog er einen schweren Beutel hervor und legte ihn dem Manne in die Hand.

»Dieses schickt dir Faustina, die alte Frau, der du Barmherzigkeit erwiesen hast«, sagte der Sklave. »Sie läßt dir sagen, du möchtest dir für dieses Geld einen eigenen Weinberg kaufen und dir eine Wohnung erbauen, die nicht so hoch oben in den Lüften liegt wie die Horste der Adler.«

»Die alte Faustina lebt also wirklich noch?« sagte der Mann. »Wir haben sie in Klüften und Sümpfen gesucht. Als sie nicht zu uns zurückkehrte, glaubte ich, sie hätte in diesen elenden Bergen den Tod gefunden.«

»Erinnerst du dich nicht«, fiel die Frau ein, »daß ich nicht glauben wollte, daß sie tot sei? Habe ich dir nicht gesagt, sie würde zum Kaiser zurückgekehrt sein?«

»Ja«, gab der Mann zu, »so sagtest du wirklich, und ich

freue mich, daß du recht behalten hast, nicht nur, weil Faustina dadurch reich genug geworden ist, um uns aus unsrer Armut zu retten, sondern auch um des armen Kaisers willen.«

Der Sklave wollte nun sogleich Abschied nehmen, um bewohnte Gegenden zu erreichen, bevor die Dunkelheit anbräche, aber dies ließen die beiden Eheleute nicht zu. »Du mußt bis zum Morgen bei uns bleiben«, sagten sie, »wir können dich nicht ziehen lassen, ehe du uns alles erzählt hast, was Faustina widerfahren ist. Warum ist sie zum Kaiser zurückgekehrt? Wie war ihre Begegnung? Sind sie nun glücklich, daß sie wieder vereint sind?«

Der Sklave gab ihren Bitten nach. Er trat mit ihnen in die Hütte, und beim Abendbrot erzählte er von der Krankheit des Kaisers und Faustinas Rückkehr.

Als der Sklave seine Erzählung beendet hatte, sah er, wie der Mann und die Frau regungslos und staunend sitzenblieben. Ihre Blicke waren zu Boden geschlagen, gleichsam, um die Erregung nicht zu verraten, die sich ihrer bemächtigt hatte.

Endlich sah der Mann auf und sagte zu seinem Weibe: »Glaubst du nicht, daß dies eine Fügung Gottes ist?«

»Ja«, sagte die Frau, »sicherlich hat uns der Herr um dessentwillen über das Meer in diese Hütte gesendet. Gewiß war dies seine Absicht, als er die alte Frau an unsre Türe führte.«

Sowie die Frau diese Worte gesprochen hatte, wendete sich der Winzer wieder an den Sklaven.

»Freund«, sagte er zu ihm, »du sollst Faustina eine Botschaft von mir bringen! Sag ihr dies, Wort für Wort! Solches kündet dir dein Freund, der Winzer aus den Sabiner Bergen. Du hast die junge Frau gesehen, die mein Weib ist. Schien sie dir nicht hold in Schönheit und blühend in Gesundheit? Und doch hat diese junge Frau einmal an derselben Krankheit gelitten, die nun Tiberius befallen hat.«

Der Sklave machte eine Bewegung des Staunens, aber der Winzer fuhr mit immer größerem Nachdruck fort.

»Wenn Faustina sich weigert, meinen Worten Glauben zu schenken, so sag ihr, daß meine Frau und ich aus Palästina in Asien stammen, einem Lande, wo diese Krankheit häufig vorkommt. Und dort ist ein Gesetz, daß die Aussätzigen aus Städten und Dörfern vertrieben werden und auf öden Plätzen wohnen und ihre Zuflucht in Gräbern und Felsenhöhlen suchen müssen. Sage Faustina, daß mein Weib von kranken Eltern stammt und in einer Felshöhle geboren wurde. Und solange sie noch ein Kind war, war sie gesund, aber als sie zur Jungfrau heranwuchs, wurde sie von der Krankheit befallen.«

Als der Winzer dies gesagt hatte, neigte der Sklave freundlich lächelnd das Haupt und sagte ihm: »Wie willst du, daß Faustina dies glaube? Sie hat ja deine Frau in ihrer Gesundheit und Blüte gesehen? Und sie weiß ja, daß es kein Heilmittel gegen diese Krankheit gibt.«

Doch der Mann erwiderte: »Es wäre das beste für sie, wenn sie mir glauben wollte. Aber ich bin auch nicht ohne Zeugen. Sie möge Kundschafter hinüber nach Nazareth in Galiläa senden. Da wird jeder Mensch meine Aussage bestätigen!«

»Ist deine Frau vielleicht durch das Wunderwerk irgendeines Gottes geheilt worden?« fragte der Sklave.

»Ja«, antwortete der Arbeiter, »wie du sagst, so ist es. Eines Tages verbreitete sich ein Gerücht unter den Kranken, die in der Wildnis wohnten: ›Sehet, es ist ein großer Prophet erstanden, in der Stadt Nazareth in Galiläa. Er ist voll der Kraft von Gottes Geist, und er kann eure Krankheit heilen, wenn er nur seine Hand auf eure Stirn legt.‹ Aber die Kranken, die in ihrem Elend lagen, wollten nicht glauben, daß dieses Gerücht Wahrheit sei. ›Uns kann niemand heilen‹, sagten sie. ›Seit den Tagen des großen Propheten hat niemand einen von uns aus seinem Unglück retten können.‹

Aber es war eine unter ihnen, die glaubte, und diese eine war eine Jungfrau. Sie ging von den andern fort, um den Weg in die Stadt Nazareth zu suchen, wo der Prophet weilte. Und eines Tages, als sie über weite Ebenen wanderte, begegnete sie einem Manne, der hochgewachsen war und ein bleiches Gesicht hatte, und dessen Haar in blanken, schwarzen Locken lag. Seine dunklen Augen leuchteten gleich Sternen und zogen sie zu ihm hin. Aber bevor sie sich noch begegneten, rief sie ihm zu. ›Komm mir nicht zu nahe, denn ich bin eine Unreine, aber sage mir, wo kann ich den Propheten aus Nazareth finden?‹ Aber der Mann fuhr fort, ihr entgegenzugehen, und als er dicht vor ihr stand, sagte er: ›Warum suchest du den Propheten aus Nazareth?‹ – ›Ich suche ihn, auf daß er seine Hand auf meine Stirn lege und mich von meiner Krankheit heile.‹ Da trat der Mann heran und legte seine Hand auf ihre Stirn. – Aber sie sprach zu ihm: ›Was frommt es mir, daß du deine Hand auf meine Stirn legst? Du bist doch kein Prophet?‹ – Da lächelte er ihr zu und sagte: ›Gehe jetzt zur Stadt, die dort auf dem Bergesabhang liegt, und zeige dich den Priestern.‹

Die Kranke dachte bei sich selbst: Er treibt seinen Spott mit mir, weil ich glaube, daß ich geheilt werden kann. Von ihm kann ich nicht erfahren, was ich wissen will. Und sie ging weiter. Gleich darauf sah sie einen Mann, der zur Jagd auszog, über das weite Feld reiten. Als er ihr so nah gekommen war, daß er sie hören konnte, rief sie ihm zu: ›Komme nicht zu mir her, denn ich bin eine Unreine, aber sage mir, wo ich den Propheten aus Nazareth finden kann?‹ – ›Was willst du von dem Propheten?‹ fragte sie der Mann und ritt langsam auf sie zu. – ›Ich will nur, daß er seine Hand auf meine Stirn lege und mich gesund mache von meiner Krankheit.‹ Aber der Mann ritt noch näher. – ›Von welcher Krankheit willst du geheilt werden?‹ fragte er. ›Du bedarfst doch keines Arztes.‹ – ›Siehst du nicht, daß ich eine Unreine bin?‹ sagte sie. ›Ich stamme von kranken Eltern und bin in einer Felsenhöhle geboren.‹ Aber der Mann ließ sich nicht abhalten, auf sie zuzureiten, denn sie war hold und lieblich wie eine eben erblühte Blume. ›Du bist die schönste Jungfrau im Lande Juda‹, rief er. – ›Treibe nicht auch du deinen Spott mit mir‹, sagte sie. ›Ich weiß, daß meine Züge zerfressen sind und meine Stimme wie das Heulen eines wilden Tieres klingt.‹ Aber er sah ihr tief in die Augen und sprach zu ihr: ›Deine Stimme ist klingend wie die Stimme des Frühlingsbächleins, wenn es über Kieselsteine rieselt, und dein Gesicht glatt wie ein Tuch aus weicher Seide.‹ Zugleich ritt er so nahe an sie heran, daß sie ihr Gesicht in den blanken Beschlägen sehen konnte, die seinen Sattel zierten. ›Du sollst dich hier spiegeln‹, sagte er. Sie tat es, und sie sah ein Gesicht, das zart und weich war wie ein entfalteter Schmetterlingsflügel. – ›Was ist dies, was ich sehe?‹ sagte sie. ›Das ist nicht mein Gesicht.‹ – ›Doch, es ist dein Gesicht‹, sagte der Reiter. – ›Aber meine Stimme, klingt sie nicht röchelnd? Klingt sie nicht, wie wenn Wagen über einen steinigen Weg gezogen werden?‹ – ›Nein, sie klingt wie die süßesten Weisen eines Harfenspielers‹, sagte der Reiter.

Sie wendete sich und wies über den Weg. ›Weißt du, wer der Mann ist, der eben jetzt zwischen den zwei Eichen verschwindet?‹ fragte sie den Reiter.

›Er ist es, nach dem du vorhin fragtest, der Prophet aus Nazareth‹, sagte der Mann. Da schlug sie staunend die Hände zusammen, und ihre Augen füllten sich mit Tränen. ›Oh, du Heiliger! Oh, du Träger von Gottes Macht!‹ rief sie. ›Du hast mich geheilt!‹

Aber der Reiter hob sie in den Sattel und führte sie zu der Stadt auf dem Bergesabhang und ging mit ihr zu den Ältesten und Priestern und berichtete ihnen, wie er sie gefunden hatte. Sie befragten ihn genau nach allem.

Aber als sie dann hörten, daß die Jungfrau in der Wildnis von kranken Eltern geboren war, da wollten sie nicht glauben, daß sie geheilt sei. ›Gehe dorthin zurück, von wannen du gekommen bist‹, sagten sie. ›Wenn du krank warst, mußt du es dein ganzes Leben lang bleiben. Du sollst nicht hierher in die Stadt kommen, um uns andre mit deiner Krankheit anzustecken!‹

Sie sagte zu ihnen: ›Ich weiß, daß ich gesund bin, denn

der Prophet aus Nazareth hat seine Hand auf meine Stirn gelegt.‹

Als sie dies hörten, riefen sie: ›Wer ist er, daß er die Unreinen rein machen könnte? Alles dies ist ein Blendwerk böser Geister. Kehre zurück zu den Deinen, auf daß du nicht uns alle ins Verderben stürzest!‹

Sie wollten sie nicht für geheilt erklären, und sie verboten ihr, in der Stadt zu verweilen. Sie verordneten, daß jeglicher, der ihr Schutz gewährte, gleichfalls als unrein erklärt werde.

Als die Priester dieses Urteil gefällt hatten, sagte die junge Jungfrau zu dem Manne, der sie draußen auf dem Felde gefunden hatte: ›Wohin soll ich mich wenden? Muß ich zurück in die Wildnis zu den Kranken gehen?‹

Aber der Mann hob sie wieder auf sein Pferd und sprach zu ihr: ›Nein, wahrlich, du sollst nicht zu den Kranken in ihre Felshöhle gehen, sondern wir beide wollen fortziehen, über das Meer in ein andres Land, wo es nicht Gesetze gibt für Reine und für Unreine.‹ Und sie –«

Aber als der Winzer in seiner Erzählung so weit gekommen war, erhob sich der Sklave und fiel ihm in die Rede. »Du brauchst mir nichts mehr zu erzählen«, sagte er. »Stehe lieber auf und führe mich ein Stück Weges, du, der die Berge kennt, damit ich noch in dieser Nacht meine Heimfahrt antreten kann und nicht bis zum Morgen zu warten brauche. Der Kaiser und Faustina können deine Nachrichten nicht einen Augenblick zu früh erfahren.«

Als der Winzer dem Sklaven das Geleit gegeben hatte und wieder in die Hütte heimkam, fand er seine Frau noch wach.

»Ich kann nicht schlafen«, sagte sie, »ich denke daran, daß diese beiden sich begegnen werden. Er, der alle Menschen liebt, und er, der sie haßt. Es ist, als müßte diese Begegnung die Welt aus ihrer Bahn schleudern.«

6

Die alte Faustina war in dem fernen Palästina, auf dem Wege nach Jerusalem. Sie hatte nicht gewollt, daß der Auftrag, den Propheten zu suchen und ihn zum Kaiser zu führen, einem andern als ihr anvertraut werde. Sicherlich hatte sie bei sich selber gedacht: Was wir von diesem fremden Manne verlangen, ist etwas, was wir ihm weder durch Gewalt noch durch Gaben entlocken können. Aber vielleicht gewährt er es uns, wenn jemand ihm zu Füßen fällt und ihm sagt, in welcher Not sich der Kaiser befindet. Und wer kann die rechte Fürbitte für Tiberius tun, wenn nicht die, die unter seinem Unglück ebenso schwer leidet wie er selbst!

Die Hoffnung, Tiberius vielleicht retten zu können, hatte die alte Frau verjüngt. Ohne Schwierigkeit hatte sie die lange Seereise nach Joppe überstanden, und auf der Fahrt nach Jerusalem bediente sie sich nicht eines Tragesels, sondern sie ritt. Sie schien die beschwerliche Reise ebenso leicht zu ertragen wie die edlen Römer, die Krieger und die Sklaven, die ihr Gefolge bildeten.

Diese Fahrt von Joppe nach Jerusalem erfüllte das Herz der alten Frau mit Freude und lichter Hoffnung. Es war die Zeit des Frühlings, und die Ebene von Saron, die sie auf der ersten Tagesreise durchritten hatten, war ein einziger leuchtender Blumenteppich gewesen. Auch auf der Fahrt des zweiten Tages, als sie in die Berge von Judäa eindrangen, verließen die Blumen sie nicht. Alle die vielförmigen Hügel, zwischen denen der Weg sich durchschlängelte, waren mit Obstbäumen bepflanzt, die in reichster Blüte standen. Und wenn die Reisenden es müde wurden, die weißrosigen Blüten der Aprikosen und Pfirsichbäume zu betrachten, konnten sie ihre Augen erquicken, indem sie sie auf dem jungen Weinlaub ruhen ließen, das aus den schwarzbraunen Reben hervorquoll und dessen Wachstum so rasch war, daß man es mit den Augen verfolgen zu können meinte.

Aber nicht nur Blumen und Frühlingsgrün machten die Wanderung lieblich. Der größte Reiz wurde ihr von allen den Menschenscharen verliehen, die an diesem Morgen auf dem Wege nach Jerusalem waren. Von allen Wegen und Stegen, von einsamen Höhen und aus den fernsten Winkeln der Ebene kamen Wanderer. Wenn sie die Straße nach Jerusalem erreicht hatten, schlossen sich die einzelnen Reisenden zu großen Scharen zusammen und zogen unter frohem Jubel dahin. Rings um einen alten Mann, der auf einem schaukelnden Kamele ritt, gingen seine Söhne und Töchter, seine Eidame und Schwiegertöchter und alle seine Enkelkinder. Es war ein so großes Geschlecht, daß es ein ganzes kleines Heer bildete. Eine alte Mutter, die zu schwach war, um zu gehen, hatten die Söhne auf ihre Arme gehoben, und sie ließ sich stolz durch die ehrfürchtig zur Seite weichenden Scharen tragen.

Das war in Wahrheit ein Morgen, der selbst den Betrübtesten mit Freude erfüllen konnte. Der Himmel war freilich nicht klar, sondern mit einer dünnen weiß-grauen Wolkenschicht überzogen, aber keinem der Wanderer kam es in den Sinn, sich zu beklagen, daß der harte Glanz der Sonne gedämpft war. Unter diesem verschleierten Himmel strömten die Wohlgerüche der blühenden Bäume und des jungen Laubes nicht so rasch wie sonst in den weiten Raum, sondern sie verweilten über Wegen und Fluren. Und dieser schöne Tag, der mit seinem schwachen Licht und seinen reglosen Winden an die Ruhe und den Frieden der Nacht gemahnte, schien allen den vorwärtseilenden Menschenscharen etwas von seinem Wesen mitzuteilen, so daß sie fröhlich, aber doch weihevoll weiterzogen, mit gedämpfter Stimme uralte Hymnen singend oder auf seltsamen, altertümlichen Instrumenten spielend, aus denen Töne kamen, die gleich dem Summen der Mücken oder dem Zirpen der Heimchen waren.

Wie die alte Faustina zwischen allen diesen Menschen dahinritt, wurde auch sie von ihrem Eifer und ihrer Freude mitgerissen. Sie trieb ihren Zelter zu größerer Eile, während sie zu einem jungen Römer, der sich an ihrer Seite hielt, sagte: »Mir träumte heute nacht, daß ich Tiberius sähe und er mich bäte, die Reise ja nicht aufzuschieben, sondern gerade heute nach Jerusalem zu ziehen. Mich dünkt, die Götter wollten mir eine Mahnung schicken, es nicht zu verabsäumen, an diesem Morgen hinzuwandern.«

Als sie diese Worte sprach, hatten sie gerade die höchste Höhe eines langgestreckten Bergrückens erreicht, und dort hielt sie unwillkürlich an. Vor ihr lag ein großer, tiefer Talkessel, von schönen Anhöhen umkränzt, und aus der dunkeln, schattigen Tiefe dieses Tales hob sich der gewaltige Fels, der auf seinem Gipfel die Stadt Jerusalem trug.

Aber das enge Bergstädtchen, das mit seinen Mauern und Türmen einem krönenden Geschmeide gleich auf der flachen Höhe des Felsens lag, war an diesem Tage tausendfältig vergrößert. Alle die rings um das Tal ansteigenden Höhen waren von bunten Zelten und einem Gewühl von Menschen bedeckt.

Es wurde Faustina klar, daß die ganze Bevölkerung des Landes sich in Jerusalem sammelte, um irgendein großes Fest zu feiern. Die entfernter Wohnenden waren schon angelangt und hatten ihre Zelte aufgeschlagen. Die hingegen in der Nachbarschaft der Stadt wohnten, waren noch im Anzuge. Alle die lichten Bergeshöhen hinunter sah man sie kommen, gleich einem ununterbrochenen Strome von weißen Gewändern, Gesängen und Festesfreude.

Lange überschaute die alte Frau diese heranströmenden Menschenmassen und die langen Zeltreihen. Dann sagte sie zu dem jungen Römer, der an ihrer Seite ritt:

»Wahrlich, Sulpicius, das ganze Volk muß nach Jerusalem gekommen sein.«

»Es ist in Wirklichkeit so«, antwortete der Römer, der von Tiberius ausersehen worden war, Faustina zu geleiten, weil er mehrere Jahre lang in Judäa gelebt hatte. »Sie feiern jetzt das große Frühlingsfest, und da ziehen alle Menschen, jung und alt, nach Jerusalem.«

Faustina besann sich einen Augenblick. »Ich freue mich,

daß wir an dem Tage in diese Stadt gekommen sind, wo das Volk seinen Feiertag begeht«, sagte sie.

»Dies kann nichts andres bedeuten, als daß die Götter unsere Fahrt beschützen. Hältst du es nicht für wahrscheinlich, daß er, der Prophet aus Nazareth, auch gekommen ist, um an dem Feste teilzunehmen?«

»Du hast wirklich recht, Faustina«, sagte der Römer. »Er ist vermutlich hier in Jerusalem. Dies ist in Wahrheit eine Fügung der Götter. So stark und kräftig du auch bist, du kannst dich doch glücklich preisen, wenn du nicht die lange, beschwerliche Reise nach Galiläa hinaus machen mußt.«

Er ritt sogleich auf ein paar Wandrer zu, die eben vorbeizogen, und fragte sie, ob sie glaubten, daß der Prophet aus Nazareth sich in Jerusalem befinde.

»Wir haben ihn jedes Jahr um diese Zeit dort gesehen«, antwortete einer der Wandersleute. »Sicherlich ist er auch dieses Jahr gekommen, denn er ist ein frommer und gerechter Mann.«

Eine Frau streckte die Hand aus und wies auf eine Höhe, die östlich von der Stadt lag. »Siehst du diesen Bergabhang, der mit Olivenbäumchen bewachsen ist?« sagte sie. »Dort pflegen die Galiläer ihre Zelte aufzuschlagen, und da erhältst du die sichersten Nachrichten über den, den du suchst.«

Sie zogen weiter, einen geschlängelten Pfad bis in die Tiefe des Tales hinunter und begannen dann, den Berg Zion emporzureiten, um die Stadt auf seinem Gipfel zu erreichen.

Der steil ansteigende Weg war hier von niedrigen Mauern umsäumt, und auf ihnen saßen und lagen eine unzählige Menge Bettler und Krüppel, die die Barmherzigkeit der Reisenden anriefen.

Während der langsamen Fahrt kam eine der jüdischen Frauen auf Faustina zu. »Sieh dort«, sagte sie und wies auf einen Bettler, der auf der Mauer saß, »dies ist ein galiläischer Mann. Ich erinnere mich, ihn unter den Jüngern des

Propheten gesehen zu haben. Er kann dir sagen, wo er zu finden ist, den du suchst.«

Faustina ritt mit Sulpicius auf den Mann zu, den man ihr gezeigt hatte. Es war ein armer alter Mann mit großem, graugesprenkeltem Barte. Sein Gesicht war von Hitze und Sonnenschein gebräunt, und seine Hände waren schwielig von der Arbeit. Er begehrte keine Almosen, sondern schien im Gegenteil so tief in kummervolle Gedanken versunken zu sein, daß er nicht einmal zu den Vorübergehenden aufsah.

Er hörte auch nicht, daß Sulpicius ihn ansprach, sondern dieser mußte seine Frage ein paarmal wiederholen.

»Mein Freund, man hat mir gesagt, daß du ein Galiläer seist. Ich bitte dich, sage mir, wo kann ich den Propheten aus Nazareth finden?«

Der Galiläer fuhr heftig zusammen und sah sich verwirrt um. Aber als er endlich begriff, was man von ihm verlangte, geriet er in einen Zorn, in den sich Entsetzen mischte. »Was sagst du da?« brach er los. »Warum fragst du mich nach dem Manne? Ich weiß nichts von ihm. Ich bin kein Galiläer.«

Die jüdische Frau mischte sich jetzt ins Gespräch. »Ich habe dich doch mit ihm gesehen«, fiel sie ein. »Hege keine Furcht, sondern sage dieser vornehmen Römerin, die die Freundin des Kaisers ist, wo sie ihn schnell finden kann.«

Aber der erschrockene Jünger wurde immer erbitterter. »Sind heute alle Menschen wahnsinnig geworden?« rief er. »Sind sie von einem bösen Geiste besessen, da sie einer um den andern kommen und mich nach diesem Manne fragen? Warum will mir niemand glauben, wenn ich sage, daß ich den Propheten nicht kenne? Ich bin nicht aus seinem Lande gekommen. Ich habe ihn niemals gesehen.«

Seine Heftigkeit zog die Aufmerksamkeit auf ihn, und ein paar Bettler, die neben ihm auf der Mauer saßen, begannen gleichfalls seine Worte zu bestreiten. »Freilich hast du zu seinen Jüngern gehört«, sagten sie. »Wir wissen alle, daß du mit ihm aus Galiläa gekommen bist.«

Aber der Mann streckte beide Arme zum Himmel empor und rief: »Ich habe es heute in Jerusalem nicht aushalten können um dieses Mannes willen, und jetzt lassen sie mich nicht einmal hier draußen unter den Bettlern in Frieden. Warum wollt ihr mir nicht glauben, wenn ich euch sage, daß ich ihn nie gesehen habe?«

Faustina wendete sich mit einem Achselzucken ab. »Laß uns weiterziehen«, sagte sie. »Dieser Mann ist ja wahnsinnig. Von ihm können wir nichts erfahren.«

Sie zogen weiter, der Bergeshang hinauf. Faustina war nicht mehr als zwei Schritte vom Stadttor entfernt, als die israelitische Frau, die ihr hatte helfen wollen, den Propheten zu finden, ihr zurief, sie solle sich in acht nehmen. Sie zog die Zügel an und sah, daß dicht vor den Füßen der Pferde ein Mann auf dem Wege lag. Wie er da im Staube ausgestreckt lag, gerade da, wo das Gedränge am lebhaftesten wogte, mußte man es ein Wunder nennen, daß er nicht schon von Tieren oder Menschen niedergetreten war.

Der Mann lag auf dem Rücken und starrte mit erloschenen, glanzlosen Blicken empor. Er regte sich nicht, obgleich die Kamele ihre schweren Füße dicht neben ihm niedersetzten. Er war ärmlich gekleidet und überdies mit taub und Erde besudelt. Ja, er hatte so viel Staub über sich geschüttet, daß es aussah, als suche er sich zu verbergen, um leichter überritten oder niedergetreten zu werden.

»Was ist dies? Warum liegt dieser Mann hier auf dem Wege?« fragte Faustina.

In demselben Augenblicke begann der Liegende die Vorübergehenden anzurufen. »Bei eurer Barmherzigkeit, Brüder und Schwestern, führet eure Pferde und Lasttiere über mich hin! Weichet mir nicht aus! Zertretet mich zu Staub! Ich habe unschuldig Blut verraten. Zertretet mich zu Staub!«

Sulpicius faßte Faustinas Pferd am Zügel und führte es zur Seite. »Dies ist ein Sünder, der Buße tun will«, sagte er. »Lasse dich dadurch nicht aufhalten. Diese Leute sind wunderlich, man muß sie ihre eignen Wege gehen lassen.«

Der Mann auf dem Wege fuhr fort zu rufen: »Setzet eure Fersen auf mein Herz! Lasset die Kamele meine Brust zertreten und den Esel seine Hufe in meine Augen versenken!«

Aber Faustina brachte es nicht über sich, an diesem Elenden vorbeizureiten, ohne zu versuchen, ob sie ihn nicht bewegen könnte, aufzustehen. Sie hielt noch immer neben ihm.

Die israelitische Frau, die ihr schon einmal hatte dienen wollen, drängte sich jetzt wieder an sie heran. »Dieser Mann hat auch zu den Jüngern des Propheten gehört«, sagte sie. »Willst du, daß ich ihn nach seinem Meister frage?«

Faustina nickte, und die Frau beugte sich über den Liegenden.

»Was habt ihr Galiläer an diesem Tage mit euerm Meister gemacht?« fragte sie. »Ich treffe euch zerstreut auf Wegen und Stegen, aber ihn sehe ich nirgends.«

Aber als sie so fragte, richtete sich der Mann, der im Straßenstaube lag, auf seine Knie empor. »Was für ein böser Geist hat dir eingegeben, mich nach ihm zu fragen?« sagte er mit einer Stimme, die voll Verzweiflung war. »Du siehst ja, daß ich mich in den Straßenstaub geworfen habe, um zertreten zu werden. Ist dir das nicht genug? Mußt du noch kommen und mich fragen, was ich mit ihm angefangen habe?«

»Ich verstehe nicht, was du mir vorwirfst«, sagte die Frau. »Ich wollte ja nur wissen, wo dein Meister ist.«

Als sie die Frage wiederholte, sprang der Mann auf und steckte beide Zeigefinger in die Ohren.

»Wehe dir, daß du mich nicht in Frieden sterben lassen kannst«, rief er. Er bahnte sich einen Weg durch das Volk, das sich vor dem Tore drängte, und stürzte, vor Entsetzen brüllend, von dannen, während seine zerfetzten Kleider ihn gleich dunklen Flügeln umflatterten.

»Es will mich bedünken, daß wir zu einem Volke von Narren gekommen sind«, sagte Faustina, als sie den Mann fliehen sah. Sie war durch den Anblick der Schüler des Propheten ganz niedergeschlagen. Konnte ein Mann, der solche Tollhäusler zu seinen Begleitern zählte, imstande sein, etwas für den Kaiser zu tun?

Auch die israelitische Frau schaute betrübt drein, und sie sprach mit großem Ernste zu Faustina: »Herrscherin, zögere nicht, den aufzusuchen, den du finden willst. Ich fürchte, es ist ihm etwas Böses zugestoßen, da seine Jünger so von Sinnen sind und es nicht ertragen, von ihm reden zu hören.«

Faustina und ihr Gefolge ritten endlich durch die Torwölbung und kamen in enge, dunkle Gassen, die von Menschen wimmelten. Es erschien beinahe unmöglich, durch die Stadt zu kommen. Einmal ums andere mußten die Reiter haltmachen. Vergebens suchten Sklaven und Kriegsknechte einen Weg zu bahnen. Die Menschen hörten nicht auf, sich in einem dichten und unaufhaltsamen Strome vorbeizuwälzen.

»Wahrlich«, sagte die alte Frau zu Sulpicius, »Roms Straßen sind stille Lustgärten im Vergleiche zu diesen Gassen.« Sulpicius sah bald, daß fast unüberwindliche Schwierigkeiten ihrer harrten.

»In diesen überfüllten Gassen ist es beinahe leichter zu gehen als zu reiten«, sagte er. »Wenn du nicht allzu müde bist, würde ich dir raten, zu Fuße zum Palaste des Landpflegers zu gehen. Er liegt freilich weit weg, aber wenn wir hinreiten wollen, kommen wir sicherlich nicht vor Mitternacht ans Ziel.«

Faustina ging sogleich auf den Vorschlag ein. Sie stieg vom Pferde und überließ es der Obhut eines Sklaven.

Dann begannen die reisenden Römer die Stadt zu Fuß zu durchwandern.

Dies gelang ihnen weit besser. Sie drangen ziemlich rasch bis zum Herzen der Stadt vor, und Sulpicius zeigte Faustina gerade eine halbwegs breite Straße, die sie bald erreichen mußten.

»Sieh dort, Faustina«, sagte er, »wenn wir erst in dieser

Straße sind, sind wir bald am Ziele. Sie führt uns geradewegs zu unserer Herberge.«

Aber als sie eben in diese Straße einbiegen wollten, begegnete ihnen das größte Hindernis.

Es begab sich, daß in demselben Augenblick, wo Faustina die Straße erreichte, die sich vom Palaste des Landpflegers zur Pforte der Gerechtigkeit und nach Golgatha erstreckte, ein Gefangener vorbeigeführt wurde, der gekreuzigt werden sollte.

Ihm voran eilte eine Schar junger, wilder Menschen, die die Hinrichtung mit ansehen wollten. Sie jagten in ungestümem Laufe durch die Straße, streckten die Arme verzückt in die Höhe und stießen ein unverständliches Geheul aus, in ihrer Freude, etwas zu schauen, was sie nicht alle Tage zu sehen bekamen. Nach ihnen kamen Scharen von Menschen in schleppenden Gewändern, die zu den Ersten und Vornehmsten der Stadt zu gehören schienen. Hinter denen wanderten Frauen, von denen viele tränenüberströmte Gesichter hatten. Eine Anzahl Arme und Krüppel schritten vorbei und stießen Schreie aus, die in die Ohren gellten.

»O Gott«, riefen sie, »rette ihn! Sende deinen Engel und rette ihn! Schicke einen Helfer in seiner äußersten Not!«

Endlich kamen ein paar römische Kriegsknechte auf großen Pferden. Sie wachten darüber, daß niemand aus dem Volke zu dem Gefangenen hinstürze oder ihn zu befreien versuche.

Gleich hinter ihnen schritten die Henkersknechte, die den Mann, der gekreuzigt werden sollte, zu führen hatten. Sie hatten ihm ein großes schweres Kreuz aus Holz über die Schulter gelegt, aber er war zu schwach für diese Bürde. Sie drückte ihn, daß der Körper ganz zu Boden gebeugt wurde. Er hielt den Kopf so tief gesenkt, daß niemand sein Gesicht sehen konnte. Faustina stand in der Mündung des kleinen Nebengäßchens und sah die schwere Wanderung des Todgeweihten an. Mit Staunen gewahrte sie, daß er einen Purpurmantel trug und daß eine Dornenkrone auf sein Haupt gedrückt war.

»Wer ist dieser Mann?« fragte sie.

Einer der Umstehenden erwiderte: »Das ist einer, der sich zum Kaiser machen wollte.«

»Dann muß er den Tod um einer Sache willen leiden, die wenig erstrebenswert ist«, sagte die alte Frau wehmütig.

Der Verurteilte wankte unter dem Kreuze. Immer langsamer schritt er vorwärts. Die Henkersknechte hatten einen Strick um seinen Leib geschlungen, und sie begannen daran zu ziehen, um ihn zu größerer Eile anzutreiben. Aber als sie an dem Stricke zogen, fiel der Mann hin und blieb mit dem Kreuze über sich liegen.

Da entstand ein großer Aufruhr. Die römischen Reiter hatten die größte Mühe, das Volk zurückzuhalten. Sie zückten ihre Schwerter gegen ein paar Frauen, die herbeieilten und den Gefallenen aufzurichten bemüht waren. Die Henkersknechte suchten ihn durch Schläge und Stöße zu zwingen, daß er aufstehe, allein er vermochte es nicht, wegen des Kreuzes.

Endlich ergriffen ein paar von ihnen das Kreuz, um es fortzuheben.

Da richtete er das Haupt empor, und die alte Faustina konnte sein Gesicht sehen. Die Wangen trugen Striemen von Schlägen, und von seiner Stirn, die die Dornenkrone verwundet hatte, perlten ein paar Blutstropfen. Das Haar hing in wirren Büscheln, klebrig von Schweiß und Blut. Sein Mund war hart geschlossen, aber seine Lippen zitterten, als kämpften sie, um einen Schrei zurückzudrängen. Die Augen starrten tränenvoll und beinahe erloschen vor Qual und Mattigkeit.

Aber hinter dem Gesichte dieses halbtoten Menschen sah die Alte gleichsam in einer Vision ein schönes und bleiches Gesicht mit herrlichen, majestätischen Augen und milden Zügen, und sie ward plötzlich von Trauer und Rührung über das Unglück dieses fremden Mannes ergriffen.

»O du armer Mensch, was hat man dir getan?« rief sie und trat ihm einen Schritt entgegen, während ihre Augen sich mit Tränen füllten. Sie vergaß ihre eigene Sorge und

Unruhe über dieses gequälten Menschen Not. Ihr war, als müßte ihr Herz vor Mitleid zerspringen. Sie wollte gleich den andern Frauen hineilen, um ihn den Schergen zu entreißen.

Der Gefangene sah, wie sie auf ihn zukam, und er kroch näher an sie heran. Es war, als erwarte er bei ihr Schutz gegen alle zu finden, die ihn verfolgten und quälten. Er umfaßte ihre Knie. Er schmiegte sich an sie wie ein Kind, das sich zu seiner Mutter rettet.

Die Alte beugte sich über ihn, und während ihre Tränen strömten, fühlte sie die seligste Freude darüber, daß er gekommen war und bei ihr Schutz gesucht hatte. Sie legte ihren einen Arm um seinen Hals, und so wie eine Mutter zuallererst die Tränen aus den Augen des Kindes trocknet, so legte sie ihr Schweißtuch aus kühlem, feinem Leinen auf sein Gesicht, um die Tränen und das Blut fortzuwischen.

Aber in diesem Augenblick waren die Henkersknechte mit dem Heben des Kreuzes fertig. Sie kamen und rissen den Gefangenen mit sich. Ungeduldig wegen des Aufenthaltes, schleppten sie ihn in wilder Hast fort. Der Todgeweihte stöhnte auf, als er von der Freistatt fortgeführt wurde, die er gefunden hatte; aber er leistete keinen Widerstand.

Jedoch Faustina umklammerte ihn, um ihn zurückzuhalten, und als ihre schwachen, alten Hände nichts vermochten und sie ihn fortführen sah, war es ihr, als hätte ihr jemand ihr eigenes Kind entrissen, und sie rief: »Nein, nein! Nehmt ihn mir nicht! Er darf nicht sterben! Er darf nicht!«

Sie empfand den furchtbarsten Schmerz und Groll, weil man ihn fortführte. Sie wollte ihm nacheilen. Sie wollte mit den Schergen kämpfen und ihn ihnen entreißen.

Aber bei dem ersten Schritte, den sie machte, wurde sie von Schwindel und Ohnmacht befallen. Sulpicius beeilte sich, seinen Arm um sie zu legen, um sie vor dem Fallen zu bewahren.

Auf der einen Seite der Gasse sah er einen kleinen, dunklen Laden, und dort hinein trug er sie. Da war weder

Stuhl noch Bank, aber der Kaufmann war ein barmherziger Mann. Er schleppte eine Matte herbei und bereitete der Alten ein Lager auf dem Steinboden. Sie war nicht besinnungslos, aber ein so starker Schwindel hatte sie befallen, daß sie sich nicht aufrecht halten konnte, sondern sich niederlegen mußte.

»Sie hat heute eine lange Wanderung hinter sich, und der Lärm und das Gedränge in der Stadt sind ihr zu viel geworden«, sagte Sulpicius zu dem Kaufmanne. »Sie ist sehr alt, und keiner ist so stark, daß das Alter ihn nicht schließlich niederwerfen könnte.«

»Dies ist auch für jemand, der nicht alt ist, ein schwerer Tag«, sagte der Kaufmann. »Die Luft ist fast zu drückend beim Atmen. Es sollte mich nicht wundernehmen, wenn wir ein schweres Unwetter bekämen.«

Sulpicius beugte sich über die Alte. Sie war eingeschlummert und schlief mit ruhigen, regelmäßigen Atemzügen nach der Ermüdung und Gemütsbewegung.

Er ging und stellte sich in die Ladentür, um die Volksmenge zu beobachten, während er auf ihr Erwachen wartete.

7

Der römische Landpfleger in Jerusalem hatte eine junge Frau, und in der Nacht vor dem Tage, an dem Faustina in die Stadt einzog, lag sie und träumte.

Sie träumte, daß sie auf dem Dache ihres Hauses stünde und auf den großen, schönen Hofplan niedersähe, der nach der Sitte des Morgenlandes mit Marmor ausgelegt und mit edlen Gewächsen bepflanzt war.

Aber auf dem Hof sah sie alle Kranken und Blinden und Lahmen versammelt, die es auf der Welt gab. Sie sah die Pestkranken vor sich, mit beulengeschwollenen Körpern, die Aussätzigen mit zerfressenen Gesichtern, die Lahmen, die sich nicht zu rühren vermochten, sondern hilflos auf der Erde lagen, und alle Elenden, die sich in Qualen und Schmerzen krümmten.

Und sie drängten sich alle zum Eingange, um in das Haus zu kommen, und einige der Vordersten klopften mit harten Schlägen an die Tür des Palastes.

Endlich sah sie, daß ein Sklave die Türe öffnete und sie hörte, wie er fragte, was sie wollten.

Da antworteten sie ihm und sprachen: »Wir suchen den großen Propheten, den Gott auf die Erde gesandt hat. Wo ist der Prophet aus Nazareth, er, der aller Qualen Herr ist? Wo ist er, der uns von allen unsern Leiden erlösen kann?«

Da antwortete der Sklave in stolzem, gleichgültigem Tone, so wie Palastdiener zu tun pflegen, wenn sie arme Fremdlinge abweisen. »Es hilft euch nichts, nach dem großen Propheten zu suchen. Pilatus hat ihn getötet.«

Da erhob sich unter allen den Kranken ein Trauern und Jammern und Zähneknirschen, so daß sie nicht ertragen konnte, es zu hören. Ihr Herz wurde von Mitleid zerrissen, und Tränen strömten aus ihren Augen. Aber wie sie so zu weinen anfing, war sie erwacht.

Wieder war sie eingeschlummert, und wieder träumte sie, daß sie auf dem Dache ihres Hauses stünde und auf den Hof hinabsähe, der so weit war wie ein Marktplatz.

Und siehe da, der Hof war voll von allen Menschen, die wahnsinnig und toll waren und von bösen Geistern besessen. Und sie sah solche, die nackt waren, und solche, die sich in ihr langes Haar hüllten, und solche, die sich Kronen aus Stroh geflochten hatten und Mäntel aus Gras, und sich für Könige hielten, und solche, die auf dem Boden krochen und Tiere zu sein wähnten, und solche, die beständig über einen Kummer weinten, den sie nicht zu nennen vermochten, und solche, die schwere Steine heranschleppten, die sie für Gold ausgaben, und solche, die glaubten, daß die bösen Dämonen aus ihrem Munde sprächen.

Sie sah, wie alle diese Leute sich zum Tore des Palastes drängten; und die zuvorderst standen, klopften und pochten, um Einlaß zu finden.

Endlich tat sich die Tür auf, und ein Sklave trat auf die Schwelle und fragte sie: »Was ist euer Begehr?«

Da begannen sie alle zu rufen und zu sagen: »Wo ist der große Prophet aus Nazareth, er, der von Gott gesandt ist und der uns unsre Seele und unsre Vernunft wiedergeben soll?«

Sie hörte, wie der Sklave ihnen im gleichgültigsten Tone antwortete:

»Es führt zu nichts, daß ihr nach dem großen Propheten sucht. Pilatus hat ihn getötet.«

Als dies Wort gesprochen war, stießen alle die Wahnsinnigen einen Schrei aus, der dem Brüllen wilder Tiere gleich war, und in ihrer Verzweiflung begannen sie, sich selbst zu zerfleischen, daß das Blut auf die Steine floß. Und da sie, die träumte, all ihr Elend sah, begann sie die Hände zu ringen und zu jammern. Und ihr eigener Jammer hatte sie aufgeweckt.

Aber wieder war sie eingeschlummert, und wieder befand sie sich im Traume auf dem Dache ihres Hauses. Und rings um sie her saßen ihre Sklavinnen, die ihr auf der Cymbel und der Laute vorspielten, und die Mandelbäume streuten ihre weißen Blütenblätter über sie hin, und die Blüten der Kletterrosen dufteten.

Während sie da saß, sprach eine Stimme zu ihr: »Geh zu der Balustrade, die dein Dach umgibt, und sieh hinunter auf deinen Hof.«

Aber im Traume weigerte sie sich und sagte: »Ich will nicht noch mehr von jenen sehen, die sich heute nacht auf meinem Hof drängen.«

Im demselben Augenblick hörte sie von dort ein Rasseln von Ketten und ein Pochen schwerer Hämmer und ein Klopfen von Holz, das gegen Holz schlug. Ihre Sklavinnen hörten zu singen und zu spielen auf und eilten zum Dachgeländer und sahen hinab. Und auch sie konnte nicht still sitzenbleiben, sondern sie ging hin und sah auf den Hof hinunter.

Da sah sie, daß der Hof ihres Hauses von allen armen Gefangenen erfüllt war, die es auf der Welt gab. Sie sah die Leute, die sonst in dunklen Kerkerlöchern mit schweren

Eisenketten gefesselt lagen. Sie sah die Leute, die in den dunklen Gruben arbeiteten, ihre Hämmer schleppend, herankommen, und die, die Ruderer auf den Kriegsfahrzeugen waren, kamen mit ihren schweren, eisengeschmiedeten Rudern. Und die, die verurteilt waren, gekreuzigt zu werden, kamen und schleppten ihre Kreuze, und die, die geköpft werden sollten, kamen mit ihren Beilen. Sie sah die, die als Sklaven nach fremden Ländern geführt worden waren und deren Augen vor Heimweh brannten. Sie sah alle elenden Sklaven, die gleich Lasttieren arbeiten mußten und deren Rücken blutig waren von Geißelhieben.

Alle diese unglücklichen Menschen riefen wie aus einem einzigen Munde und sprachen: »Öffne, öffne!«

Da trat der Sklave, der den Eingang bewachte, zur Tür hinaus, und er fragte sie: »Was ist euer Begehr?« Und sie antworteten wie die andern: »Wir suchen den großen Propheten aus Nazareth, der auf die Erde gekommen ist, um den Gefangenen ihre Freiheit und den Sklaven ihr Glück wiederzugeben.«

Der Sklave antwortete ihnen in müdem und gleichgültigem Tone: »Ihr könnt ihn hier nicht finden. Pilatus hat ihn getötet.«

Als dies Wort gesprochen war, deuchte es sie, die träumte, daß sich unter allen diesen Unglücklichen ein solcher Ausbruch der Lästerung und des Hohnes erhebe, daß sie vernahm, wie Erde und Himmel erzitterten. Sie selbst war starr vor Schrecken, und ein solches Beben durchfuhr ihren Körper, daß sie erwachte.

Als sie ganz wach war, setzte sie sich im Bette auf und sagte zu sich selbst: Ich will nicht mehr träumen. Jetzt will ich mich die ganze Nacht wach halten, um nichts mehr von diesem Entsetzlichen sehen zu müssen.

Aber beinahe in demselben Augenblick, wo sie dies gedacht hatte, hatte der Schlummer sie aufs neue überwältigt, und sie hatte ihren Kopf auf das Kissen gelegt und war eingeschlummert.

Wieder träumte sie, daß sie auf dem Dache ihres Hauses

säße, und ihr kleines Söhnlein liefe dort oben auf und ab und spielte Ball.

Da hörte sie eine Stimme, die zu ihr sprach: »Geh zur Balustrade, die das Dach umgibt, und sieh, wer die sind, die auf dem Hofe stehen und warten.«

Aber sie, die träumte, sagte zu sich selbst: »Ich habe in dieser Nacht genug Elend gesehen. Mehr kann ich nicht ertragen. Ich will bleiben, wo ich bin.«

In demselben Augenblick warf ihr Söhnlein den Ball so, daß er über die Balustrade fiel, und das Kind eilte hin und kletterte auf das Gitterwerk.

Da erschrak sie und lief hinzu und erfaßte das Kind.

Aber dabei warf sie einen Blick hinunter, und noch einmal sah sie, daß der Hof voller Menschen war.

Aber dort in dem Hofe waren alle Menschen der Erde, die im Kriege verwundet worden waren. Sie kamen mit verstümmelten Körpern, mit abgehauenen Gliedern und großen, offenen Wunden, aus denen das Blut strömte, so daß der ganze Hof davon überschwemmt wurde.

Und neben ihnen drängten sich dort alle Menschen der Erde, die ihre Lieben auf dem Schlachtfelde verloren hatten. Es waren die Vaterlosen, die ihre Verteidiger betrauerten, und die junge Frauen, die nach ihren Geliebten riefen und die Alten, die nach ihren Söhnen seufzten.

Die Vordersten von ihnen drängten zur Tür, und der Türsteher kam wie früher und öffnete.

Er fragte diese Leute, die in Fehden und Kämpfen verwundet worden waren: »Was sucht ihr in diesem Hause?«

Und sie antworteten: »Wir suchen den großen Propheten aus Nazareth, der Krieg und Streit verbieten und Frieden auf Erden bringen wird. Wir suchen ihn, der die Lanzen zu Sensen machen wird und die Schwerter zu Rebenmessern.«

Da antwortete der Sklave ein wenig ungeduldig: »Kommt doch nicht mehr, um mich zu quälen! Ich habe es schon oft genug gesagt. Der große Prophet ist nicht hier. Pilatus hat ihn getötet.«

Damit schloß er das Tor. Aber sie, die träumte, dachte an allen Jammer, der nun ausbrechen mußte. »Ich will ihn nicht hören«, sagte sie und stürzte von der Balustrade fort.

In demselben Augenblick war sie erwacht. Und da hatte sie gesehen, daß sie in ihrer Angst aus dem Bette gesprungen war, hinunter auf den kalten Steinboden.

Wieder hatte sie gedacht, daß sie in dieser Nacht nicht mehr träumen wollte, und wieder hatte der Schlummer sie überwältigt, so daß sie die Augen schloß und zu träumen begann.

Noch einmal saß sie auf dem Dache ihres Hauses, und neben ihr stand ihr Mann. Und sie erzählte ihm von ihren Träumen, und er trieb seinen Spott mit ihr. Da hörte sie wieder eine Stimme, die zu ihr sagte: »Geh und sieh die Menschen, die auf deinem Hofe warten.« Aber sie dachte: Ich will sie nicht schauen. Ich habe heute nacht genug Unglückliche gesehen.

In demselben Augenblick hörte sie drei harte Schläge an das Tor, und ihr Mann ging zur Balustrade, um zu sehen, wer es wäre, der Einlaß in sein Haus begehrte. Aber kaum hatte er sich über das Geländer gebeugt, als er auch schon seiner Frau winkte, sie solle kommen.

»Kennst du diesen Mann nicht?« sagte er und wies hinunter.

Als sie in den Hof hinuntersah, fand sie, daß er von Reitern und Pferden erfüllt war. Sklaven waren damit beschäftigt, Eseln und Kamelen ihre Bürden abzuladen.

Es sah aus, als wäre ein vornehmer Reisender angekommen.

An der Eingangstür stand der Fremde. Es war ein hochgewachsener alter Mann mit breiten Schultern und trüber, düsterer Miene.

Die Träumerin erkannte den Fremdling sogleich, und sie flüsterte ihrem Manne zu: »Das ist Cäsar Tiberius, der nach Jerusalem gekommen ist. Es kann kein andrer sein.«

»Auch ich glaube ihn zu erkennen«, sagte ihr Mann und legte gleichzeitig den Finger an den Mund, zum Zeichen, daß sie stillschweigen und darauf horchen solle, was unten auf dem Hofe gesprochen würde.

Sie sahen, daß der Türhüter herauskam und den Fremden fragte: »Wer ist es, den du suchst?«

Und der Reisende antwortete: »Ich suche den großen Propheten aus Nazareth, der mit Gottes wundertätiger Kraft begabt ist. Kaiser Tiberius ruft ihn, auf daß er ihn von einer entsetzlichen Krankheit befreie, die kein anderer Arzt zu heilen vermag.«

Als er ausgesprochen hatte, neigte sich der Sklave sehr demüitg und sagte: »Herr, zürne nicht, aber dein Wunsch kann nicht erfüllt werden.«

Da wendete sich der Kaiser an seine Sklaven, die unten im Hofe warteten, und gab ihnen einen Befehl.

Da eilten die Sklaven herbei, einige hatten die Hände voll Geschmeide, andre hielten Schalen voll Perlen, wieder andre schleppten Säcke mit Goldmünzen.

Der Kaiser wendete sich an den Sklaven, der die Pforte bewachte, und sagte: »Dies alles soll ihm gehören, wenn er Tiberius beisteht. Damit kann er allen Armen der Erde Reichtum schenken.«

Aber der Türhüter neigte sich noch tiefer denn zuvor und sagte: »Herr, zürne deinem Diener nicht, aber dein Verlangen kann nicht erfüllt werden.«

Da winkte der Kaiser noch einmal seinen Sklaven, und ein paar von ihnen eilten mit einem reich bestickten Gewande herbei, auf dem ein Brustschild aus Juwelen erglänzte.

Und der Kaiser sprach zu dem Sklaven: »Sieh hier: was ich ihm biete, ist die Macht über das Judenland. Er soll sein Volk als der höchste Richter lenken. Möge er mir nur zuerst folgen und Tiberius heilen.«

Aber der Sklave neigte sich noch tiefer zur Erde: »Herr, es steht nicht in meiner Macht, dir zu helfen!«

Da winkte der Kaiser noch einmal, und seine Sklaven eilten mit einem goldenen Stirnreif und einem Purpurmantel herbei.

»Sieh«, sagte er, »dies ist des Kaisers Wille: er gelobt, ihn zu seinem Erbe zu ernennen und ihm die Herrschaft über die Welt zu geben. Er soll die Macht haben, die ganze Erde nach dem Willen seines Gottes zu regieren. Möge er zuerst nur seine Hand ausstrecken und Tiberius heilen!«

Da warf sich der Sklave vor den Füßen des Kaisers zu Boden und sagte mit wehklagender Stimme: »Herr, es steht nicht in meiner Macht, dir zu gehorchen. Er, den du suchst, ist nicht mehr. Pilatus hat ihn getötet.«

8

Als die junge Frau erwachte, war es schon voller, klarer Tag, und ihre Sklavinnen standen da und warteten, um ihr beim Ankleiden behilflich zu sein.

Sie war sehr schweigsam, während sie sich anziehen ließ, aber endlich fragte sie die Sklavin, die ihr Haar strählte, ob ihr Mann schon aufgestanden sei. Da erfuhr sie, daß er gerufen worden war, um über einen Verbrecher zu Gericht zu sitzen.

»Ich würde gern mit ihm sprechen«, sagte die junge Frau.

»Herrin«, sagte die Sklavin, »dies wird sich mitten in der Untersuchung schwer bewerkstelligen lassen. Wir werden dir Nachricht geben, sowie sie beendigt ist.«

Sie saß nun schweigend, bis sie fertig angekleidet war. Dann fragte sie: »Hat jemand von euch von dem Propheten aus Nazareth sprechen hören?«

»Der Prophet aus Nazareth, das ist ein jüdischer Wundertäter«, antwortete eine der Sklavinnen sogleich. »Es ist seltsam, Gebieterin, daß du gerade heute nach ihm fragst«, sagte eine andere der Sklavinnen. »Er ist es eben, den die Juden hierher in den Palast geführt haben, damit der Landpfleger ihn verhöre.«

Sie bat sie, alsogleich zu gehen und sich zu erkundigen, wessen er angeklagt werde, und eine der Sklavinnen entfernte sich. Als sie zurückkehrte, sagte sie: »Sie beschuldigen ihn, daß er sich zum König über dieses Land machen wolle, und sie rufen den Landpfleger an, er möge ihn kreuzigen lassen.«

Aber als des Landpflegers Frau dies hörte, erschrak sie gar sehr und sagte: »Ich muß mit meinem Manne sprechen, sonst geschieht heute hier ein furchtbares Unglück.«

Als die Sklavinnen ihr noch einmal sagten, daß dies unmöglich sei, da begann sie zu zittern und zu weinen. Und eine von ihnen wurde gerührt und sagte: »Wenn du dem Landpfleger eine geschriebene Botschaft senden willst, so will ich versuchen, sie zu überbringen.«

Da nahm sie allsogleich einen Stift und schrieb einige Worte auf ein Wachstäfelchen, und dieses wurde dem Pilatus gegeben.

Aber ihn selber traf sie den ganzen Tag über nicht allein, denn als er die Juden fortgeschickt hatte und sie den Verurteilten zum Richtplatz führten, war die Stunde für die Mahlzeit angebrochen, und zu dieser hatte Pilatus einige von den Römern eingeladen, die sich zu dieser Zeit in Jerusalem aufhielten. Es waren der Anführer der Truppen und ein junger Lehrer und noch einige andere.

Dieses Mahl war nicht sehr fröhlich, denn die Frau des Landpflegers saß die ganze Zeit über stumm und niedergeschlagen, ohne an dem Gespräche teilzunehmen. Als die Tischgäste fragten, ob sie krank oder betrübt sei, erzählte der Landpfleger lachend von der Botschaft, die sie ihm am Morgen gesandt hatte. Und er neckte sie, weil sie geglaubt hatte, ein römischer Landpfleger würde sich in seinen Urteilen von den Träumen eines Weibes lenken lassen.

Sie antwortete still und traurig: »Wahrlich, dies war kein Traum, sondern eine Warnung, die von den Göttern kam. Du hättest den Mann wenigstens diesen einen Tag noch leben lassen sollen.«

Sie sahen, daß sie ernstlich betrübt war. Sie wollte sich nicht trösten lassen, wie sehr sich die Tafelgäste auch bemühten, sie durch ein unterhaltendes Gespräch diese leeren Hirngespinste vergessen zu lassen.

Aber nach einer Weile erhob einer von ihnen den Kopf und sagte: »Was ist dies? Haben wir so lange bei Tisch gesessen, daß der Tag schon zur Neige gegangen ist?«

Alle sahen nun auf, und sie merkten, daß eine schwache Dämmerung sich über die Natur senkte. Es war vor allem seltsam zu sehen, wie das ganze bunte Farbenspiel, das über allen Dingen und Wesen gebreitet lag, sacht erlosch, so daß alles einfarbig grau erschien. Gleich allem andern verloren auch ihre eigenen Gesichter die Farbe.

»Wir sehen wirklich wie Tote aus«, sagte der junge Schönredner mit einem Schauer. »Unsere Wangen sind ja grau und unsere Lippen schwarz.«

Während diese Dunkelheit immer tiefer wurde, nahm auch das Entsetzen der jungen Frau zu. »Ach, mein Freund«, rief sie schließlich, »erkennst du auch jetzt nicht, daß die Unsterblichen dich warnen wollen? Sie zürnen, weil du einen heiligen und unschuldigen Mann zum Tode verurteilt hast. Ich denke mir, wenn er jetzt auch schon ans Kreuz geschlagen sein muß, kann er doch sicherlich noch nicht verblichen sein. Laß ihn vom Kreuze nehmen! Ich will mit meinen eigenen Händen seine Wunden pflegen. Erlaube nur, daß er ins Leben zurückgerufen werde.«

Aber Pilatus antwortete lachend: »Sicherlich hast du recht damit, daß dies ein Zeichen der Götter ist. Aber keineswegs lassen sie die Sonne ihren Schein verlieren, weil ein jüdischer Irrlehrer zum Kreuzestode verurteilt ist. Vielmehr können wir erwarten, daß wichtige Ereignisse eintreten werden, die das ganze Reich betreffen. Wer kann wissen, wie lange der alte Tiberius –«

Er vollendete den Satz nicht, denn die Dunkelheit war so tief geworden, daß er nicht einmal den Weinbecher sehen konnte, der vor ihm stand. Er unterbrach sich daher, um den Sklaven zu befehlen, eiligst ein paar Lampen hereinzubringen.

Als es so hell geworden war, daß er die Gesichter seiner Gäste sehen konnte, mußte er die Verstimmung bemerken, die sich ihrer bemächtigt hatte.

»Sieh doch«, sagte er ein wenig unmutig zu seiner Gattin, »nun scheint es dir wirklich gelungen zu sein, die Tafelfreude mit deinen Träumen zu verscheuchen. Aber wenn es schon durchaus so sein muß, daß du heute an nichts andres denken kannst, dann laß uns lieber hören, was du geträumt hast. Erzähl es uns, und wir wollen versuchen, den Sinn zu deuten!«

Dazu war die junge Frau sofort bereit. Und während sie Traumgesicht auf Traumgesicht erzählte, wurden die Gäste immer ernster. Sie hörten auf, ihre Becher zu leeren, und ihre Stirnen zogen sich kraus. Der einzige, der noch immer lachte und alles einen Wahnwitz nannte, war der Landpfleger selbst.

Als die Erzählung zu Ende war, sagte der junge Rhetor: »Wahrlich, dies ist doch mehr als ein Traum, denn ich sah heute zwar nicht den Kaiser, aber seine alte Freundin Faustina in die Stadt einziehen. Es nimmt mich nur wunder, daß sie sich nicht schon im Palaste des Landpflegers gezeigt hat.«

»Es geht ja wirklich das Gerücht, daß der Kaiser von einer entsetzlichen Krankheit befallen sei«, bemerkte der Anführer der Truppen. »Es scheint auch mir möglich, daß der Traum deiner Gattin eine Warnung von den Göttern sein kann.«

»Es liegt nichts Unglaubliches darin, daß Tiberius einen Boten nach dem Propheten ausgesandt hat, um ihn an sein Krankenlager zu rufen«, stimmte der junge Rhetor ein.

Der Anführer wendete sich mit tiefem Ernst an Pilatus: »Wenn der Kaiser wirklich den Einfall gehabt hat, diesen Wundertäter zu sich rufen zu lassen, dann wäre es besser für dich und für uns alle, wenn er ihn lebend träfe.«

Pilatus antwortete halb zürnend: »Ist es diese Dunkelheit, die euch zu Kindern gemacht hat? Man könnte glauben, ihr wäret alle in Traumdeuter und Propheten verwandelt.«

Aber der Hauptmann ließ nicht ab, in ihn zu dringen:

»Es wäre vielleicht nicht so unmöglich, das Leben des

Mannes zu retten, wenn du einen eiligen Boten abschicktest.«

»Ihr wollt mich wohl zum Gespött der Leute machen«, antwortete der Landpfleger. »Sagt selbst, was sollte in diesem Lande aus Recht und Ordnung werden, wenn man erführe, daß der Landpfleger einen Verbrecher begnadigt, weil seine Frau einen bösen Traum geträumt hat?«

»Es ist doch Wahrheit und kein Traum, daß ich Faustina in Jerusalem gesehen habe«, sagte der Rhetor.

»Ich nehme es auf mich, mein Vergehen vor dem Kaiser zu verantworten«, sagte Pilatus. »Er wird begreifen, daß dieser Schwärmer, der sich widerstandslos von meinen Knechten mißhandeln ließ, nicht die Macht gehabt hätte, ihm zu helfen.«

In demselben Augenblick, wo diese Worte ausgesprochen wurden, wurde das Haus von einem Getöse erschüttert, das wie heftig grollender Donner klang, und ein Erdbeben ließ den Boden erzittern. Der Palast des Landpflegers blieb unversehrt stehen, aber unmittelbar nach dem Erdbeben vernahm man von allen Seiten das entsetzeneinflößende Krachen von einstürzenden Häuser und fallenden Säulen.

Sowie eine Menschenstimme sich Gehör verschaffen konnte, rief der Landpfleger einen Sklaven zu sich.

»Eile zum Richtplatz und befiehl in meinem Namen, daß der Prophet aus Nazareth vom Kreuze genommen werde!«

Der Sklave eilte von dannen. Die Tischgesellschaft begab sich vom Speisesaale in das Peristyl, um unter offenem Himmel zu sein, falls das Erdbeben sich wiederholen sollte.

Niemand wagte ein Wort zu sagen, während sie der Rückkehr des Sklaven harrten.

Dieser kam sehr bald wieder. Er blieb vor dem Landpfleger stehen.

»Du hast ihn am Leben gefunden?« fragte dieser.

»Herr, er war verschieden, und in demselben Augenblick, wo er seinen Geist aufgab, geschah das Erdbeben.«

Kaum hatte er dies gesagt, als ein paar harte Schläge am Tor ertönten. Als sie diese Schläge hörten, zuckten alle zusammen und sprangen empor, als wäre wieder ein Erdbeben losgebrochen.

Gleich darauf erschien ein Sklave.

»Es sind die edle Faustina und Sulpicius, des Kaisers Verwandter. Sie sind gekommen, um dich zu bitten, du mögest ihnen helfen, den Propheten aus Nazareth zu finden.«

Ein leises Gemurmel ging durch das Peristyl, und leichte Schritte wurden hörbar. Als der Landpfleger sich umsah, merkte er, daß seine Freunde von ihm zurückgewichen waren wie von einem, der dem Unglück verfallen ist.

9

Die alte Faustina war in Capreae ans Land gestiegen und hatte den Kaiser aufgesucht. Sie erzählte ihm ihre Geschichte, und während sie sprach, wagte sie kaum, ihn anzusehen. Während ihrer Abwesenheit hatte die Krankheit furchtbare Fortschritte gemacht, und sie dachte bei sich selbst: Wenn bei den Himmlischen Barmherzigkeit wäre, so hätten sie mich sterben lassen, bevor ich diesem armen, gequälten Menschen sagen mußte, daß alle Hoffnung vorüber ist.

Zu ihrem Staunen hörte ihr Tiberius aber mit der größten Gleichgültigkeit zu. Als sie ihm erzählte, daß der große Wundertäter am selben Tage gekreuzigt worden war, an dem sie in Jerusalem anlangte, und wie nahe sie daran gewesen war, ihn zu retten, da begann sie unter der Schwere ihrer Enttäuschung zu weinen. Aber Tiberius sagte nur: »Du grämst dich also wirklich darüber. Ach, Faustina, ein ganzes Leben in Rom hat dir also den Glauben an Zauberer und Wundertäter nicht genommen, den du in deiner Kindheit in den Sabiner Bergen eingesogen hast.«

Da sah die Alte ein, daß Tiberius nie Hilfe von dem Propheten aus Nazareth erwartet hatte.

»Warum ließest du mich dann diese Fahrt in das ferne Land machen, wenn du sie die ganze Zeit über für fruchtlos hieltest?«

»Du bist mein einziger Freund«, sagte der Kaiser. »Warum sollte ich dir eine Bitte abschlagen, solange es noch in meiner Macht steht, sie zu gewähren?«

Aber die Alte wollte sich nicht darein schicken, daß der Kaiser sie zum besten gehalten hatte.

»Siehst du, das ist deine alte Hinterlist«, sagte sie aufbrausend. »Das ist es eben, was ich am wenigsten an dir leiden kann.«

»Du hättest nicht zu mir zurückkehren sollen«, sagte Tiberius. »Du hättest in deinen Bergen bleiben müssen.«

Für einen Augenblick sah es aus, als würden die beiden, die so oft aneinandergeraten waren, wieder in ein Wortgefecht geraten, aber der Groll der Alten verflog sogleich. Die Zeiten waren vorüber, wo sie ernstlich mit dem Kaiser hatte hadern können. Sie senkte die Stimme wieder. Doch konnte sie nicht ganz und gar von dem Versuche, recht zu behalten, abstehen.

»Aber dieser Mann war wirklich ein Prophet«, sagte sie. »Ich habe ihn gesehen. Als seine Augen den meinen begegneten, glaubte ich, er sei ein Gott. Ich war wahnsinnig, daß ich ihn in den Tod gehen ließ.«

»Ich bin froh, daß du ihn sterben ließest«, sagte Tiberius. »Er war ein Majestätsverbrecher und Aufrührer.«

Faustina war wieder nahe daran, in Zorn zu geraten.

»Ich habe mit vielen seiner Freunde in Jerusalem über ihn gesprochen«, sagte sie. »Er hat die Verbrechen nicht begangen, deren er bezichtigt wurde.«

»Wenn er auch nicht gerade diese Verbrechen begangen hat, so war er doch darum gewiß nicht besser als irgendein andrer«, sagte der Kaiser müde. »Wo ist der Mensch, der in seinem Leben nicht tausendmal den Tod verdient hätte?«

Aber diese Worte des Kaisers bestimmten Faustina, etwas zu tun, weswegen sie bis dahin unschlüssig gewesen war. »Ich will dir doch eine Probe seiner Macht geben«, sagte sie. »Ich sagte dir vorhin, daß ich mein Schweißtuch auf sein Gesicht legte. Es ist dasselbe Tuch, das ich jetzt in meiner Hand halte. Willst du es einen Augenblick betrachten?«

Sie breitete das Schweißtuch vor dem Kaiser aus, und er sah darauf den schattenhaften Umriß eines Menschengesichtes abgezeichnet.

Die Stimme der Alten zitterte vor Rührung, als sie fortfuhr: »Dieser Mann sah, daß ich ihn liebte. Ich weiß nicht, durch welche Macht er imstande war, mir sein Bild zu hinterlassen. Aber meine Augen füllen sich mit Tränen, da ich es sehe.«

Der Kaiser beugte sich vor und betrachtete dieses Bild, das aus Blut und Tränen und den schwarzen Schatten des Schmerzes gemacht schien. So allmählich trat das ganze Gesicht vor ihm hervor, wie es in das Schweißtuch eingedrückt war. Er sah die Blutstropfen auf der Stirn; die stechende Dornenkrone, das Haar, das klebrig von Blut war, und den Mund, dessen Lippen in Leid zu beben schienen.

Er beugte sich immer tiefer zu dem Bilde hinunter. Immer klarer trat das Gesicht hervor. Aus den schattenhaften Linien sah er mit einem Male die Augen gleichsam in verborgenem Leben strahlen. Und während sie zu ihm von dem furchtbaren Leid sprachen, zeigten sie ihm zugleich eine Reinheit und Hoheit, wie er sie nie zuvor geschaut hatte.

Er lag auf seiner Ruhebank und sog dieses Bild mit den Augen ein. »Ist dies ein Mensch?« fragte er sacht und leise. »Ist dies ein Mensch?«

Wieder lag er still und betrachtete das Bild. Die Tränen begannen über seine Wangen zu strömen. »Ich traure über deinen Tod, du Unbekannter«, flüsterte er.

»Faustina«, rief er endlich, »warum ließest du diesen Mann sterben? Er hätte mich geheilt.«

Und wieder versank er in die Betrachtung des Bildes.

»Du Mensch«, sagte er nach einer Weile. »Wenn ich

nicht mein Heil von dir empfangen kann, so kann ich dich doch rächen. Meine Hand wird schwer auf denen ruhen, die dich mir gestohlen haben.«

Wieder lag er lange Zeit schweigend, dann aber ließ er sich zu Boden gleiten und sank vor dem Bilde auf die Knie.

»Du bist der Mensch«, sagte er. »Du bist, was ich nie zu sehen gehofft habe.« Und er deutete auf sich selbst, sein zerstörtes Gesicht und seine zerfressenen Hände. »Ich und alle anderen, wir sind wilde Tiere und Ungeheuer, aber du bist der Mensch.«

Er neigte den Kopf so tief vor dem Bilde, daß er die Erde berührte.

»Erbarme dich meiner, du Unbekannter!« sagte er, und seine Tränen benetzten die Steine.

»Wenn du am Leben geblieben wärest, so hätte dein bloßer Anblick mich geheilt«, sagte er.

Die arme alte Frau erschrak darüber, was sie getan hatte. Es wäre klüger gewesen, dem Kaiser das Bild nicht zu zeigen, dachte sie. Sie hatte von Anfang an gefürchtet, daß sein Schmerz allzu groß sein würde, wenn er es sähe.

Und in ihrer Verzweiflung über den Kummer des Kaisers riß sie das Bild an sich, gleichsam, um es seinem Blicke zu entziehen.

Da sah der Kaiser auf. Und siehe da, seine Gesichtszüge waren verwandelt, und er war, wie er vor der Krankheit gewesen war. Es war, als hätte diese ihre Wurzel und Nahrung in dem Hasse und der Menschenverachtung gehabt, die in seinem Herzen gewohnt hatten; und sie hatte in demselben Augenblick entfliehen müssen, in dem er Liebe und Mitleid gefühlt hatte.

Aber am nächsten Tage sendete Tiberius drei Boten aus.

Der erste Bote ging nach Rom und befahl, daß der Senat eine Untersuchung anstelle, wie der Landpfleger in Palästina sein Amt verwalte, und ihn bestrafe, wenn es sich erweisen solle, daß er das Volk unterdrücke und Unschuldige zum Tode verurteile.

Der zweite Bote wurde zu dem Winzer und seiner Frau

geschickt, um ihnen zu danken und sie für den Rat zu belohnen, den sie dem Kaiser gegeben hatten, und um ihnen zugleich zu sagen, wie alles abgelaufen war. Als sie alles bis zu Ende gehört hatten, weinten sie still, und der Mann sagte: »Ich weiß, daß ich meiner Lebtag darüber nachgrübeln werde, was geschehen wäre, wenn diese beiden sich begegnet wären.« Aber die Frau erwiderte: »Es konnte nicht anders kommen. Es war ein zu großer Gedanke, daß diese beiden sich begegnen sollten. Gott der Herr wußte, daß die Welt ihn nicht zu ertragen vermochte.«

Der dritte Bote ging nach Palästina und brachte von dort einige von Jesu Jüngern nach Capreae, und diese begannen hier die Lehre zu verkünden, die der Gekreuzigte gepredigt hatte.

Als diese Lehrer in Capreae anlangten, lag die alte Faustina auf dem Totenbette. Aber sie konnten sie noch vor ihrem Tode zu der Jüngerin des großen Propheten machen und sie taufen. Und in der Taufe wurde sie Veronika genannt, weil es ihr beschieden gewesen war, den Menschen das wahre Bild des Erlösers zu bringen.

Das Rotkehlchen

Es war zu der Zeit, da unser Herr die Welt erschuf, er nicht nur Himmel und Erde schuf, sondern auch alle Tiere und Pflanzen, und ihnen zugleich ihre Namen gab. Es gibt viele Geschichten aus jener Zeit; und wüßte man sie alle, so wüßte man auch die Erklärung für alles in der Welt, was man jetzt nicht verstehen kann.

Damals war es, daß es sich eines Tages begab, als unser Herr im Paradiese saß und die Vögel malte, daß die Farbe in unsers Herrn Farbschalen ausging, so daß der Stieglitz ohne Farbe geblieben wäre, wenn unser Herr nicht alle Pinsel an seinen Federn abgewischt hätte.

Und damals geschah es, daß der Esel seine langen Ohren bekam, weil er sich nicht merkte, welchen Namen er bekommen hatte. Er vergaß es, sowie er nur ein paar Schritte auf den Fluren des Paradieses gemacht hatte, und dreimal kam er zurück und fragte, wie er heiße, bis unser Herr ein klein wenig ungeduldig wurde, ihn bei den Ohren nahm und sagte: »Dein Name ist Esel, Esel, Esel.«

Und während er so sprach, zog er seine Ohren lang, damit er ein besseres Gehör bekäme und sich merkte, was man ihm sagte.

An demselben Tage geschah es auch, daß die Biene bestraft wurde. Denn als die Biene geschaffen war, begann sie sogleich Honig zu sammeln, und Tiere und Menschen kamen und wollten ihn kosten. Aber die Biene wollte alles für sich behalten und jagte mit ihren giftigen Stichen alle fort, die sich der Honigwabe näherten. Dies sah unser Herr, und alsogleich rief er die Biene zu sich und strafte sie. »Ich verlieh dir die Gabe, Honig zu sammeln, der das Süßeste in der Schöpfung ist«, sagte unser Herr, »aber damit gab ich dir nicht das Recht, hart gegen deinen Nächsten zu sein. Merke dir nun, jedesmal, wenn du jemand stichst, der deinen Honig kosten will, mußt du sterben!«

Ach ja, damals geschah es, daß die Grille blind wurde und die Ameise ihre Flügel verlor; es begab sich so viel Wunderliches an diesem Tage.

Unser Herr saß den ganzen Tag groß und mild da und schuf und erweckte zum Leben, und gegen Abend kam es ihm in den Sinn, einen kleinen grauen Vogel zu erschaffen.

»Merke dir, daß dein Name Rotkehlchen ist!« sagte unser Herr zu dem Vogel, als er fertig war. Und er setzte ihn auf seine flache Hand und ließ ihn fliegen.

Aber als der Vogel ein Weilchen umhergeflogen war und sich die schöne Erde besehen hatte, auf der er leben sollte, bekam er auch Lust, sich selbst zu betrachten. Da sah er, daß er ganz grau war, und seine Kehle war ebenso grau wie alles andere. Das Rotkehlchen wendete und drehte sich und spiegelte sich im Wasser, aber es konnte keine einzige rote Feder entdecken.

Da flog der Vogel zu unserem Herrn zurück.

Unser Herr thronte gut und milde, aus seinen Händen gingen Schmetterlinge hervor, die um sein Haupt flatterten, Tauben gurrten auf seinen Schultern und aus dem Boden rings um ihn sproßten die Rosen, die Lilie und das Tausendschönchen.

Das Herz des kleinen Vogels pochte heftig vor Bangigkeit, aber in leichten Bogen flog er doch immer näher zu unserm Herrn, und schließlich ließ er sich auf seiner Hand nieder.

Da fragte unser Herr, was sein Begehr wäre.

»Ich möchte dich nur um eines fragen«, sagte der kleine Vogel.

»Was willst du denn wissen?« fragte unser Herr.

»Warum soll ich Rotkehlchen heißen, wenn ich doch ganz grau bin vom Schnabel bis zum Schwanze? Warum werde ich Rotkehlchen genannt, wenn ich keine einzige rote Feder mein Eigen nenne?«

Und der Vogel sah unseren Herrn mit seinen kleinen schwarzen Äuglein flehend an und wendete das Köpfchen. Ringsum sah er Fasanen, ganz rot unter einem leichten

Goldstaub, Papageien mit reichen roten Halskragen, Hähne mit roten Kämmen, ganz zu schweigen von den Schmetterlingen, den Goldfischen und den Rosen. Und natürlich dachte er sich, wie wenig vonnöten wäre, nur ein einziger kleiner Tropfen Farbe auf seiner Brust, und er wäre ein schöner Vogel und sein Name schicke sich für ihn.

»Warum soll ich Rotkehlchen heißen, wenn ich ganz grau bin?« fragte der Vogel abermals und wartete, daß unser Herr sagen würde:

»Ach, Freundchen, ich sehe, ich habe ganz vergessen, deine Brustfedern rot zu malen, aber warte nur einen Augenblick, dann wird es geschehen.«

Aber unser Herr lächelte nur still und sagte:

»Ich habe dich Rotkehlchen genannt, und Rotkehlchen sollst du heißen, aber du mußt selbst zusehen, daß du dir deine roten Brustfedern verdienst.«

Und damit erhob unser Herr die Hand und ließ den Vogel aufs neue in die Welt hinausfliegen.

Der Vogel flog sehr nachdenklich ins Paradies hinunter. Was sollte wohl ein kleiner Vogel wie er tun können, um sich rote Federn zu verschaffen?

Das einzige, was ihm einfiel, war, daß er sein Nest in einen Dornenbusch baute. Er nistete zwischen den Stacheln in dem dichten Dornengestrüpp. Es war, als erwarte er, daß ein Rosenblatt an seiner Kehle haften bliebe und ihm seine Farbe gäbe.Eine unendliche Menge von Jahren war seit diesem Tage verflossen, der der fröhlichste der Erde war. Seit dieser Zeit hatten sowohl die Tiere als auch die Menschen das Paradies verlassen und sich über die Erde verbreitet. Und die Menschen hatten es soweit gebracht, daß sie gelernt hatten, den Boden zu bebauen und das Meer zu befahren, sie hatten sich Kleider und Zierrat geschaffen, ja sie hatten längst gelernt, große Tempel und mächtige Städte zu bauen, wie Theben, Rom und Jerusalem.

Da brach ein neuer Tag an, der auch in der Geschichte der Erde lange nicht vergessen werden sollte, und am Morgen dieses Tages saß das Rotkehlchen auf einem kleinen nackten Hügel vor den Mauern Jerusalems und sang seinen Jungen vor, die in dem kleinen Nest in einem niedrigen Dornenbusch lagen.

Das Rotkehlchen erzählte seinen Kleinen von dem wunderbaren Schöpfungstage und von der Namengebung, wie jedes Rotkehlchen es seinen Kindern erzählt hatte, von dem ersten an, das Gottes Wort gehört hatte und aus Gottes Hand hervorgegangen war. »Und seht nun«, schloß es betrübt, »so viele Jahre sind seit dem Schöpfungstage verflossen, so viele Rosen haben geblüht, so viele junge Vögel sind aus ihren Eiern gekrochen, so viele, daß keiner sie zählen kann, aber das Rotkehlchen ist noch immer ein kleiner, grauer Vogel, es ist ihm noch nicht gelungen, die roten Brustfedern zu erringen.«

Die kleinen Jungen rissen ihre Schnäbel weit auf und fragten, ob ihre Vorfahren nicht versucht hätten, irgendeine Großtat zu vollbringen, um die unschätzbare rote Farbe zu erringen.

»Wir haben alle getan, was wir konnten«, sagte der kleine Vogel, »aber es ist uns allen mißlungen. Schon das erste Rotkehlchen traf einmal einen anderen Vogel, der ihm völlig glich, und es begann sogleich, ihn mit heftiger Liebe zu lieben, daß es seine Brust erglühen fühlte. Ach, dachte es da, nun verstehe ich es: der liebe Gott will, daß ich so heiß liebe, daß meine Brustfedern sich von der Liebesglut, die in meinem Herzen wohnt, rot färben. Aber es mißlang ihm, wie es allen nach ihm mißlungen ist, und wie es auch euch allen mißlingen wird.«

Die kleinen Jungen zwitscherten betrübt, sie begannen schon darüber zu trauern, daß die rote Farbe ihre kleine flaumige Kehle nicht schmücken sollte.

»Wir hofften auch auf den Gesang«, sagte der alte Vogel, in langgezogenen Tönen sprechend. »Schon das erste Rotkehlchen sang so, daß seine Brust vor Begeisterung schwoll, und es wagte wieder zu hoffen. Ach, dachte es, die Sangesglut, die in meiner Seele wohnt, wird meine

Brustfedern rot färben. Aber es täuschte sich, wie alle nach ihm sich getäuscht haben, und wie auch ihr euch täuschen werdet.«

Wieder hörte man ein trübseliges Piepsen aus den halbnackten Kehlen der Jungen.

»Wir hofften auch auf unsern Mut und unsre Tapferkeit«, sagte der Vogel. »Schon das erste Rotkehlchen kämpfte tapfer mit andern Vögeln, und seine Brust glühte vor Kampfeslust. Ach, dachte es, meine Brustfedern werden sich rot färben von der Kampfeslust, die in meinem Herzen flammt. Aber es scheiterte, wie alle nach ihm scheiterten, und wie auch ihr scheitern werdet.«

Die winzigen Jungen piepsten mutig, daß sie es doch versuchen wollten, den erstrebten Preis zu gewinnen, aber der alte Vogel antwortete ihnen betrübt, daß dies unmöglich sei. Was könnten sie hoffen, wenn so viele ausgezeichnete Vorfahren das Ziel nicht erreicht hätten? Was könnten sie mehr tun als lieben, singen und kämpfen? Was könnten –

Der Vogel hielt mitten im Satz inne, denn aus einem Tore Jerusalems kam eine Menschenmenge gezogen, und die ganze Schar eilte den Hügel hinan, wo der Vogel sein Nest hatte.

Da waren Reiter auf stolzen Rossen, Krieger mit langen Lanzen, Henkersknechte mit Nägeln und Hämmern, da waren würdig einherschreitende Priester und Richter, weinende Frauen, und allen voran eine Menge wilden Volkes, ein greuliches, heulendes Geleit von Landstreichern.

Der kleine graue Vogel saß zitternd auf dem Rande seines Nestes. Er fürchtete jeden Augenblick, daß der kleine Dornenbusch niedergetreten und seine kleinen Jungen getötet werden würden. »Nehmt euch in acht«, rief er den kleinen schutzlosen Jungen zu, »kriecht dicht zusammen und verhaltet euch still! Hier kommt ein Pferd, das gerade über uns hingeht!

Hier kommt ein Krieger mit eisenbeschlagenen Sandalen! Hier kommt die ganze wilde Schar angestürmt!«

Mit einem Male hörte der kleine Vogel mit seinen Warnungsrufen auf, er wurde still und stumm. Er vergaß beinahe die Gefahr, in der er schwebte.

Plötzlich hüpfte er in das Nest hinunter und breitete die Flügel über seine Jungen.

»Nein, das ist zu entsetzlich«, sagte er. »Ich will nicht, daß ihr diesen Anblick seht – da sind drei Missetäter, die gekreuzigt werden sollen.«

Und er breitete ängstlich seine Flügel aus, so daß die Kleinen nichts sehen konnten. Sie vernahmen nur donnernde Hammerschläge, Klagerufe und das wilde Geschrei des Volkes.

Das Rotkehlchen folgte dem ganzen Schauspiel mit Augen, die sich vor Entsetzen weiteten. Es konnte die Blicke nicht mehr von den drei Unglücklichen wenden.

»Wie grausam die Menschen sind!« sagte der Vogel nach einem Weilchen. »Es ist ihnen nicht genug, daß sie diese armen Wesen ans Kreuz nageln, nein, auf dem Kopfe des einen haben sie eine Krone aus stechenden Dornen befestigt.

Ich sehe, daß die Dornen seine Stirn verwundet haben und das Blut fließt«, fuhr er fort. »Und dieser Mann ist so schön und sieht mit so milden Blicken um sich, daß jeder ihn lieben müßte. Mir ist, als ginge eine Pfeilspitze durch mein Herz, wenn ich ihn leiden sehe.«

Der kleine Vogel begann immer stärkeres Mitleid mit dem Dornengekrönten zu fühlen. Wenn ich mein Bruder, der Adler wäre, dachte er, würde ich die Nägel aus seinen Händen reißen und mit meinen starken Klauen alle die Leute verscheuchen, die ihn peinigen.

Er sah, wie das Blut auf die Stirn des Gekreuzigten tropfte, und da vermochte er nicht mehr still in seinem Neste zu bleiben.

Wenn ich auch nur klein und schwach bin, so muß ich doch etwas für diesen armen Gequälten tun können, dachte der Vogel, und er verließ sein Nest und flog hinaus in die Luft, weite Kreise um den Gekreuzigten beschreibend.

Er umkreiste ihn mehrere Male, ohne daß er sich näher zu kommen traute, denn er war ein scheuer kleiner Vogel, der es nie gewagt hätte, sich einem Menschen zu nähern. Aber allmählich faßte er Mut, flog ganz nahe hinzu und zog mit seinem Schnabel einen Dorn aus, der in die Stirn des Gekreuzigten gedrungen war. Aber während er dies tat, fiel ein Tropfen von dem Blute des Gekreuzigten auf die Kehle des Vogels. Der verbreitete sich rasch und färbte alle die kleinen zarten Brustfedern.

Wie der Vogel wieder in sein Nest kam, riefen ihm seine kleinen Jungen zu:

»Deine Brust ist rot, deine Brustfedern sind roter als Rosen!«

»Es ist nur ein Blutstropfen von der Stirn des armen Mannes«, sagte der Vogel. »Er verschwindet, sobald ich in einem Bache bade oder in einer klaren Quelle.«

Aber soviel der kleine Vogel auch badete, die rote Farbe verschwand nicht von seiner Kehle, und als seine Kleinen herangewachsen waren, leuchtete die blutrote Farbe auch von ihren Brustfedern, wie sie auf jedes Rotkehlchens Brust und Kehle leuchtet, bis auf den heutigen Tag.

Unser Herr und der heilige Petrus

Es war um die Zeit, als unser Herr und der heilige Petrus eben ins Paradies gekommen waren, nachdem sie während vieler Jahre der Betrübnis auf Erden umhergewandert waren und manches erlitten hatten.

Man kann sich denken, daß dies eine Freude für Sankt Petrus war. Man kann sich denken, daß es ein ander Ding war, auf dem Berge des Paradieses zu sitzen und über die Welt hinauszusehen, denn als Bettler von Tür zu Tür zu wandern. Es war ein ander Ding, in den Lustgärten des Paradieses umherzuschlendern, als auf Erden einherzugehen und nicht zu wissen, ob man in stürmischer Nacht Obdach bekäme oder ob man genötigt sein würde, draußen auf der Landstraße in Kälte und Dunkel weiterzuwandern.

Man muß nur bedenken, welche Freude es gewesen sein muß, nach solcher Reise endlich an den rechten Ort zu kommen. Er hatte wohl nicht immer so sicher sein können, daß alles ein gutes Ende nehmen würde. Er hatte es nicht lassen können, bisweilen zu zweifeln und unruhig zu sein, denn es war ja für Sankt Petrus, den Armen, beinahe unmöglich gewesen, zu begreifen, wozu es dienen solle, daß sie ein so schweres Dasein hatten, wenn unser Herr und Heiland der Herr der Welt war.

Und nun sollte nie mehr die Sehnsucht kommen und ihn quälen. Man darf wohl glauben, daß er froh darüber war.

Nun konnte er förmlich darüber lachen, wieviel Betrübnis er und unser Herr hatten erdulden und mit wie wenig sie sich hatten begnügen müssen.

Einmal, als es ihnen so übel ergangen war, daß er gemeint hatte, es kaum länger ertragen zu können, hatte unser Herr ihn mit sich genommen und begonnen, einen hohen Berg hinanzusteigen, ohne ihm zu sagen, was sie dort oben zu tun hätten.

Sie waren an den Städten vorübergewandert, die am Fuße des Berges lagen, und an den Schlössern, die höher oben waren. Sie waren über die Bauernhöfe und Sennhütten hinausgekommen, und sie hatten die Steingrotte des letzten Holzhauers hinter sich gelassen.

Sie waren endlich dorthin gekommen, wo der Berg nackt, ohne Pflanzen und Bäume stand und wo ein Eremit sich eine Hütte erbaut hatte, um in Not geratenen Wandersleuten beispringen zu können.

Dann waren sie über die Schneefelder gegangen, wo die Murmeltiere schlafen, und hinauf zu den wilden, zusammengetürmten Eismassen gelangt, bis zu denen kaum ein Steinbock vordringen kann.

Dort oben hatte unser Herr einen kleinen Vogel mit roter Brust gefunden, der erfroren auf dem Eise lag, und er hatte den kleinen Dompfaffen aufgehoben und eingesteckt. Und Sankt Petrus erinnerte sich, daß er neugierig gewesen war, ob dieser Vogel ihr Mittagbrot sein würde.

Sie waren eine lange Strecke über die schlüpfrigen Eisstücke gewandert, und es wollte Sankt Petrus bedünken, als wäre er dem Totenreiche nie so nahe gewesen, denn ein todeskalter Wind und ein todesdunkler Nebel hüllten sie ein, und weit und breit fand sich nichts Lebendes. Und doch waren sie nicht höher gekommen als bis zur Mitte des Berges. Da hatte er unsern Herrn gebeten, umkehren zu dürfen.

»Noch nicht«, sagte unser Herr, »denn ich will dir etwas weisen, was dir den Mut geben wird, alle Sorgen zu tragen.«

Und sie waren durch Nebel und Kälte weitergewandert, bis sie eine unendlich hohe Mauer erreicht hatten, die sie nicht weiterkommen ließ.

»Diese Mauer geht rings um den Berg«, sagte unser Herr, »und du kannst sie an keinem Punkt übersteigen. Auch kann kein Mensch etwas von dem erblicken, was dahinter liegt, denn hier ist es, wo das Paradies anfängt, und hier wohnen die seligen Toten den ganzen Berghang hinauf.«

Da hatte der heilige Petrus es nicht lassen können, ein mißtrauisches Gesicht zu machen. »Dort drinnen ist nicht Dunkel und Kälte wie hier«, sagte unser Herr, »sondern dort ist grüner Sommer und heller Schein von Sonnen und Sternen.« Aber Sankt Petrus vermochte ihm nicht zu glauben.

Da nahm unser Herr den kleinen Vogel, den er vorhin auf dem Eisfelde gefunden hatte, und bog sich zurück und warf ihn über die Mauer, so daß er ins Paradies hineinfiel.

Und gleich darauf hörte der heilige Petrus ein jubelndes, fröhliches Zwitschern und erkannte den Gesang eines Dompfaffen und verwunderte sich höchstlich.

Er wendete sich an unsern Herrn und sagte: »Laß uns wieder auf die Erde hinuntergehen und alles erdulden, was erduldet werden muß, denn nun sehe ich, daß du wahr gesprochen hast und daß es einen Ort gibt, wo das Leben den Tod überwindet.«

Und sie waren den Berg hinuntergestiegen und hatten ihre Wanderung aufs neue begonnen.

Dann hatte Sankt Petrus lange Jahre nichts mehr vom Paradiese gesehen, sondern war nur einhergegangen und hatte sich nach dem Lande hinter der Mauer gesehnt. Und jetzt war er endlich dort und brauchte sich nicht mehr zu sehnen, sondern konnte den ganzen Tag mit vollen Händen Freude aus niemals versiegenden Quellen schöpfen.

Aber der heilige Petrus war kaum vierzehn Tage im Paradiese, als es geschah, daß ein Engel zu unserm Herrn kam, der auf seinem Stuhle saß, sich siebenmal vor ihm neigte und ihm sagte, es müsse ein schweres Unglück über Sankt Petrus gekommen sein. Er wolle weder essen noch trinken, und seine Augen wären rotgerändert, als hätte er Nächte nicht geschlafen. Sobald dies unser Herr vernahm, erhob er sich und ging und suchte Sankt Petrus auf.

Er fand ihn fern an der äußersten Grenze des Paradieses. Er lag auf dem Boden, als wäre er zu ermattet, um stehen zu können, und hatte seine Kleider zerrissen und Asche auf sein Haupt gestreut.

Als unser Herr ihn so betrübt sah, setzte er sich neben ihn auf den Boden und sprach zu ihm, wie er getan hätte, wenn sie noch in der Betrübnis der Welt umhergewandert wären.

»Was ist es, was dich so traurig macht, Sankt Petrus?« fragte unser Herr. Aber der Schmerz übermannte Sankt Petrus so sehr, daß er nichts zu antworten vermochte.

»Was ist es, was dich so traurig macht, Sankt Petrus?« fragte unser Herr abermals. Als unser Herr die Frage wiederholte, nahm Sankt Petrus seine Goldkrone vom Kopfe und warf sie unserm Herrn zu Füßen, als wollte er sagen, daß er fürderhin keinen Teil mehr haben wolle an seiner Ehre und Herrlichkeit.

Aber unser Herr begriff wohl, daß Sankt Petrus zu verzweifelt war, um zu wissen, was er tat, und so zeigte er ihm keinen Zorn. »Du mußt mir doch endlich sagen, was dich quält«, sagte er ebenso sanftmütig wie zuvor und mit noch größerer Liebe in der Stimme.

Jetzt aber sprang Sankt Petrus auf, und da sah unser Herr, daß er nicht nur betrübt war, sondern auch zornig.

»Ich will Urlaub aus deinen Diensten haben«, sagte Sankt Petrus. »Ich kann nicht einen Tag länger im Paradiese bleiben.«

Aber unser Herr suchte ihn zu beschwichtigen, was er früher oft hatte tun müssen, wenn Sankt Petrus aufgebraust war.

»Ich will dich wahrlich nicht hindern zu gehen«, sagte er, »aber erst mußt du mir sagen, was dir hier nicht gefällt.«

»Ich kann dir sagen, daß ich mir bessern Lohn versprach, als wir beide drunten auf Erden jede Art Elend erduldeten«, sagte Sankt Petrus. Unser Herr sah, daß Sankt Petrus' Seele von Bitterkeit erfüllt war, und er fühlte keinen Groll gegen ihn.

»Ich sage dir, daß du frei bist, zu ziehen, wohin du willst«, sagte er, »wenn du mich nur wissen läßt, was dich betrübt.«

Da endlich erzählte Sankt Petrus, warum er unglücklich war. »Ich hatte eine alte Mutter« , sagte er, »und sie ist vor ein paar Tagen gestorben.«

»Jetzt weiß ich, was dich quält«, sagte unser Herr. »Du leidest, weil deine Mutter nicht hierher ins Paradies gekommen ist.«

»So ist es«, sagte Sankt Petrus, und zugleich überwältigte ihn der Schmerz so sehr, daß er zu jammern und zu schluchzen anfing.

»Ich meine doch, ich hätte es wohl verdient, daß sie herkommen dürfte«, sagte er.

Als aber unser Herr erfahren hatte, was es war, worüber der heilige Petrus trauerte, wurde er gleichfalls betrübt. Denn Sankt Petrus' Mutter war nicht so gewesen, daß sie ins Himmelreich hätte kommen können. Sie hatte nie an etwas andres gedacht, als Geld zu sammeln; und armen Leuten, die vor ihre Tür gekommen waren, hatte sie niemals auch nur einen Groschen oder einen Bissen Brot gegeben. Aber unser Herr verstand es wohl: Sankt Petrus konnte es unmöglich wünschen, daß seine Mutter so geizig gewesen war, daß sie die Seligkeit nicht genießen konnte.

»Sankt Petrus«, sagte er, »woher weißt du, daß deine Mutter sich bei uns glücklich fühlen würde?«

»Sieh, das sagst du nur, damit du mich nicht zu erhören brauchst«, sagte Sankt Petrus. »Wer sollte sich im Paradiese nicht glücklich fühlen?«

»Wer nicht Freude über die Freude andrer fühlt, kann hier nicht glücklich sein«, sagte unser Herr.

»Dann sind noch andre hier als meine Mutter, die nicht hineinpassen«, sagte Sankt Petrus, und unser Herr merkte, daß er damit ihn im Sinn hatte.

Und er war tief betrübt, weil Sankt Petrus von einem so schweren Kummer getroffen war, daß er nicht mehr wußte, was er sagte. Er blieb eine Weile stehen und wartete, ob Sankt Petrus nicht bereute und einsähe, daß seine Mutter nicht ins Paradies gehörte, aber der wollte nicht zur Vernunft kommen.

Da rief unser Herr einen Engel zu sich und befahl ihm, zur Hölle hinunterzufahren und die Mutter des heiligen Petrus ins Paradies heraufzuholen.

»Laß mich dann auch sehen, wie er sie heraufholt«, sagte Sankt Petrus. Unser Herr nahm Sankt Petrus an der Hand und führte ihn auf einen Felsen hinaus, der auf der einen Seite kerzengerade und jäh abfiel. Und er zeigte ihm, daß er sich nur ein klein wenig über den Rand zu beugen brauchte, um gerade in die Hölle hinunterzusehen.

Als Sankt Petrus hinunterschaute, konnte er im Anfang nicht mehr unterscheiden, als wenn er in einen Brunnen hinabgesehen hätte. Es war, als öffne sich ein unendlicher, schwarzer Schlund unter ihm. Das erste, was er undeutlich unterschied, war der Engel, der sich schon auf den Weg in den Abgrund gemacht hatte. Er sah, wie er ohne jede Furcht in das große Dunkel hinuntereilte und nur die Flügel ein wenig ausbreitete, um nicht zu heftig zu fallen.

Aber als Sankt Petrus seine Augen ein bißchen daran gewöhnt hatte, fing er an, mehr und immer mehr zu sehen. Er begriff zunächst, daß das Paradies auf einem Ringberge lag, der eine weite Kluft einschloß, und in der Tiefe dieser Kluft hatten die Verdammten ihre Wohnstatt. Er sah, wie der Engel eine lange Weile fiel und fiel, ohne in die Tiefe hinunterzukommen. Er war ganz erschrocken darüber, daß es ein so weiter Weg war.

»Möchte er doch nur wieder mit meiner Mutter heraufkommen!« sagte er.

Unser Heiland blickte nur mit großen, traurigen Augen auf Sankt Petrus. »Es gibt keine Last, die mein Engel nicht heben könnte«, sagte er.

Es ging so tief hinein in den Abgrund, daß kein Sonnenstrahl dorthin dringen konnte, sondern schwarze Schatten dort herrschten. Aber nun war es, als hätte der Engel mit seinem Fluge ein wenig Klarheit und Licht hingebracht, so daß es Sankt Petrus möglich wurde, zu unterscheiden, wie es dort unten aussah.

Da war eine unendliche, schwarze Felsenwüste, scharfe,

spitze Klippen deckten den ganzen Grund, und zwischen ihnen blinkten Tümpel von schwarzem Wasser. Kein grünes Hälmchen, kein Baum, kein Zeichen des Lebens fand sich da.

Aber überall auf die scharfen Felsen waren die unseligen Toten hinaufgeklettert. Sie hingen über den Felsenspitzen, die sie in der Hoffnung erklettert hatten, sich aus der Kluft emporschwingen zu können, und als sie gesehen hatten, daß sie nirgend hinzukommen vermochten, waren sie dort oben verblieben, vor Verzweiflung versteinert.

Sankt Petrus sah einige von ihnen sitzen oder liegen, die Arme in ewiger Sehnsucht ausgestreckt, die Augen unverwandt nach oben gerichtet. Andre hatten die Hände vors Gesicht geschlagen, wie um das hoffnungslose Grauen um sich nicht sehen zu müssen. Sie waren alle reglos, keiner von ihnen bewegte sich. Manche lagen, ohne sich zu rühren, in den Wassertümpeln, ohne zu versuchen, herauszukommen.

Das Entsetzlichste war, daß ihrer eine solche Menge waren. Es war, als bestünde der Grund der Kluft aus nichts anderem als aus Leibern und Köpfen. Und Sankt Petrus ward von einer neuen Unruhe gepackt. »Du wirst sehen, er findet sie nicht«, sagte er zu unserm Herrn.

Unser Herr sah ihn nur mit demselben betrübten Blick an wie zuvor. Er wußte wohl, daß Sankt Petrus sich wegen des Engels nicht zu beunruhigen brauchte.

Aber für Sankt Petrus hatte es noch immer den Anschein, als ob der Engel seine Mutter unter der großen Menge von Unseligen nicht gleich finden könnte. Er breitete die Flügel aus und schwebte über dem Abgrund hin und her, indes er sie suchte.

Auf einmal gewahrte einer der unseligen Verdammten unten im Abgrund den Engel. Und er sprang auf und streckte die Arme zu ihm empor und rief: »Nimm mich mit, nimm mich mit!«

Da kam auf einmal Leben in die ganze Schar. Alle Millionen und Millionen, die unten in der Hölle verschmachteten, sprangen in demselben Augenblick auf und hoben ihre Arme und riefen den Engel an, er möchte sie hinauf zu dem seligen Paradiese führen.

Ihre Schreie drangen bis zu unserem Herrn und Sankt Petrus hinauf, und ihre Herzen bebten vor Schmerz, als sie es hörten.

Der Engel hielt sich schwebend hoch über den Verdammten, aber wie er hin und her glitt, um die zu entdekken, die er suchte, stürmten sie alle ihm nach, daß es aussah, als würden sie von einer Windsbraut dahingefegt.

Endlich hatte der Engel die erblickt, die er holen sollte. Er faltete die Flügel auf dem Rücken zusammen und schoß hinab wie ein Pfeil. Und Petrus schrie in frohem Erstaunen auf, als er ihn den Arm um seine Mutter schlingen und sie emporheben sah.

»Selig seist du, der mir die Mutter zuführt!« sagte er.

Unser Herr legte seine Hand warnend auf des heiligen Petrus Schulter, als wollte er ihn abhalten, sich zu früh der Freude hinzugeben. Aber Sankt Petrus war nahe daran, vor Glück zu weinen, weil seine Mutter gerettet war, und er konnte nicht verstehen, daß sie noch etwas trennen könnte. Und noch größere Freude bereitete es ihm, zu sehen, daß einige der Verdammten, so hurtig der Engel auch gewesen war, als er seine Mutter emporhob, doch noch behender waren, so daß sie sich an sie, die erlöst werden sollte, hängten, um zugleich mit ihr ins Paradies geführt zu werden.

Es waren ihrer etwa ein Dutzend, die sich an die alte Frau gehängt hatten, und Sankt Petrus dachte, daß es eine große Ehre für seine Mutter wäre, so vielen Unglücklichen aus der Verdammnis zu helfen.

Der Engel tat auch nichts, um sie zu hindern. Er schien von der Bürde gar nicht beschwert, sondern stieg nur und stieg, und er regte die Schwingen nicht mühsamer, als wenn er ein totes Vögelchen zum Himmel getragen hätte.

Aber da sah Sankt Petrus, wie seine Mutter anfing, die Unseligen von sich loszureißen, die an ihr festhingen. Sie packte die Hände und löste deren Griff, so daß einer nach dem andern hinuntertaumelte in die Hölle. Sankt Petrus konnte hören, wie sie baten und sie anflehten, aber die alte Frau schien es nicht dulden zu wollen, daß ein andrer außer ihr selbst selig werde. Sie machte sich von einem nach dem andern frei und ließ sie hinab ins Elend stürzen. Und wie sie stürzten, wurde der ganze Raum von Wehrufen und Verwünschungen erfüllt.

Da rief Sankt Petrus und bat seine Mutter, sie solle doch Barmherzigkeit zeigen, aber sie wollte nichts hören, sondern fuhr fort, wie sie begonnen hatte.

Und Sankt Petrus sah, wie der Engel immer langsamer und langsamer flog, je leichter seine Bürde wurde, und da wurde Sankt Petrus von solcher Angst gepackt, daß ihm seine Beine den Dienst versagten und er auf die Knie sinken mußte. Endlich war nur eine einzige übrig, die sich an Sankt Petrus' Mutter festhielt. Es war eine junge Frau, die ihr am Halse hing und dicht an ihrem Ohr flehte und bat, sie möchte sie mit in das gesegnete Paradies lassen. Da war der Engel mit seiner Bürde so weit gekommen, daß Sankt Petrus schon die Arme ausstreckte, um die Mutter zu empfangen. Es schien, der Engel brauchte nur noch ein paar Flügelschläge zu machen, um oben auf dem Berge zu sein.

Aber da hielt der Engel auf einmal die Schwingen ganz still, und sein Gesicht wurde düster wie die Nacht.

Denn jetzt streckte die alte Frau die Hände nach rückwärts und ergriff die andere, die an ihrem Halse hing, bei den Armen und riß und zerrte, bis es ihr glückte, die verschlungenen Hände zu trennen, so daß sie auch von der letzten befreit wurde.

Als die Unselige fiel, sank der Engel mehrere Klafter tiefer, und es sah aus, als vermöchte er nicht mehr die Schwingen zu heben.

Mit tiefbetrübten Blicken sah er auf die alte Frau hinunter, sein Griff um ihren Leib lockerte sich, und er ließ sie fallen, als sei sie eine allzu schwere Bürde für ihn, jetzt, da sie allein geblieben war.

Dann schwang er sich mit einem einzigen Flügelschlage ins Paradies hinauf.

Sankt Petrus blieb lange auf derselben Stelle liegen und schluchzte, und unser Herr stand still neben ihm.

»Sankt Petrus«, sagte unser Herr endlich, »nimmer hätte ich geglaubt, daß du so weinen würdest, nachdem du ins Paradies gekommen warst.«

Da erhob Gottes alter Diener sein Haupt und antwortete: »Was ist das für ein Paradies, wo ich meiner Liebsten Jammer höre und meiner Mitmenschen Leiden sehe?«

Aber unsres Herrn Angesicht verdüsterte sich in tiefstem Schmerze. »Was wollte ich lieber, als euch allen ein Paradies von eitel hellem Glück bereiten?« sagte er. »Begreifst du nicht, daß ich um dessentwillen zu den Menschen hinunterging und sie lehrte, ihre Nächsten zu lieben wie sich selbst. Solange sie dies nicht tun, gibt es keine Freistatt, weder im Himmel noch auf Erden, wo Schmerz und Betrübnis sie nicht zu ereilen vermöchten.«

Die Lichtflamme

I

Vor vielen, vielen Jahren, als die Stadt Florenz sich vor ganz kurzer Zeit zur Republik gemacht hatte, lebte dort ein Mann, der Raniero di Ranieri hieß. Es war der Sohn eines Waffenschmieds und hatte seines Vaters Gewerbe erlernt, aber er übte es nicht sonderlich gern aus.

Dieser Raniero war ein sehr starker Mann. Es hieß von ihm, daß er eine schwere Eisenrüstung ebenso leicht trüge wie ein anderer ein Seidenhemd. Er war ein noch junger Mann, aber er hatte schon viele Proben seiner Kraft gezeigt. Einmal war er in einem Haus gewesen, wo sie Korn auf den Dachboden gelegt hatten. Aber es war dort oben zu viel Korn aufgehäuft, und während Raniero sich in dem Hause befand, brach einer der Dachbalken, und das ganze Dach war im Begriff einzustürzen. Da waren alle fortgeeilt bis auf Raniero. Er hatte die Arme emporgereckt und sie gegen das Dach gestemmt, bis die Leute Balken und Pfähle geholt hatten, um es zu stützen.

Es hieß von Raniero auch, daß er der tapferste Mann wäre, den es jemals in Florenz gegeben hätte, und daß er am Kampfe niemals genug haben könnte. Sobald er von der Straße irgendeinen Lärm hörte, stürzte er aus der Werkstatt, in der Hoffnung, daß eine Schlägerei entstanden sei, an der er teilnehmen könne. Wenn er nur vom Leder ziehen konnte, kämpfte er ebenso gern mit schlichten Landleuten wie mit eisengepanzerten Rittern. Er stürzte sich wie ein Rasender in den Kampf, ohne seine Gegner zu zählen.

Nun war Florenz zu dieser Zeit nicht besonders mächtig. Die Bevölkerung bestand zum größten Teil aus Wollspinnern und Tuchwebern, und diese begehrten nichts andres, als in Frieden ihre Arbeit zu verrichten. Es gab tüchtige Kerle genug, aber sie waren nicht kampflustig, sondern setzten eine Ehre darein, daß in ihrer Stadt bessere Ordnung herrsche als anderswo. Raniero klagte oft darüber, daß er nicht in einem Lande geboren war, wo ein König herrschte, der tapfere Männer um sich scharte, und er sagte, daß er in diesem Falle zu hohen Ehren und Würden gekommen wäre.

Raniero war großsprecherisch und laut, grausam gegen Tiere, hart gegen seine Frau; es war nicht gut mit ihm leben. Er wäre ein schöner Mann gewesen, wenn er nicht quer über das Gesicht mehrere tiefe Narben gehabt hätte, die ihn entstellten. Er war rasch von Entschlüssen, und seine Art zu handeln war groß, wenn auch oft gewaltsam.

Raniero war mit Francesca vermählt, die die Tochter Jacopo degli Ubertis war, eines weisen und mächtigen Mannes. Jacopo hatte sich nicht gern dazu verstanden, seine Tochter einem solchen Raufbold wie Raniero zu geben, sondern er hatte sich der Heirat so lange wie möglich widersetzt. Aber Francesca hatte ihn gezwungen, nachzugeben, indem sie sagte, sie würde niemals einen andern heiraten. Als Jacopo endlich seine Einwilligung gab, sagte er zu Raniero: »Ich glaube, erfahren zu haben, daß Männer wie du die Liebe einer Frau leichter gewinnen als behalten, darum will ich dir ein Versprechen abnehmen: wenn meine Tochter bei dir ein so schweres Leben haben sollte, daß sie zu mir zurückkehren will, darfst du sie nicht daran hindern.« Francesca sagte, es sei unnötig, ihm ein solches Versprechen abzunehmen, denn sie habe Raniero so lieb, daß nichts sie von ihm trennen könne. Aber Raniero gab das Versprechen sogleich. »Dessen kannst du sicher sein, Jacopo«, sagte er, »daß ich nicht versuchen werde, ein Weib zurückzuhalten, das mir entfliehen will.«

Francesca zog nun zu Raniero, und alles zwischen ihnen war gut. Als sie ein paar Wochen verheiratet waren, kam es Raniero in den Sinn, sich im Scheibenschießen zu üben. Er schoß ein paar Tage lang auf eine Tafel, die an einer Mauer hing. Er wurde bald sehr geschickt und traf jedesmal ins

Schwarze. Schließlich wollte er jedoch versuchen, nach einem schwereren Ziel zu schießen. Er sah sich nach etwas Geeignetem um, entdeckte aber nichts außer einer Wachtel, die in einem Bauer über der Hoftür saß. Der Vogel gehörte Francesca, und sie hatte ihn sehr lieb, aber Raniero schickte gleichwohl einen Knecht hin, damit er den Käfig öffne, und schoß die Wachtel, als sie sich in die Luft schwang.

Dies deuchte ihm ein guter Schuß, und er rühmte sich seiner vor jedem, der es hören wollte.

Als Francesca erfuhr, daß Raniero ihren Vogel totgeschossen hatte, erblaßte sie und sah ihn groß an. Sie wunderte sich, daß er etwas hatte tun mögen, was ihr Schmerz verursachen mußte. Aber sie verzieh ihm sogleich und liebte ihn wie zuvor.

Wieder ging eine Zeitlang alles gut.

Ranieros Schwiegervater Jacopo war Leinenweber. Er hatte eine große Werkstatt, wo es viel zu tun gab. Raniero glaubte, herausgefunden zu haben, daß in Jacopos Werkstatt Hanf in den Flachs gemischt werde, und behielt das nicht für sich, sondern sprach hier und dort in der ganzen Stadt davon. Endlich kam dieses Gerede auch Jacopo zu Ohren, und er suchte, ihm sogleich ein Ende zu machen. Er ließ von mehreren anderen Leinenweber sein Garn und seine Gewebe untersuchen, und sie fanden, daß alles der feinste Flachs war. Nur in einem Packen, der außerhalb der Stadt Florenz verkauft werden sollte, fanden sie eine kleine Beimischung. Da sagte Jacopo, daß die Betrügerei ohne sein Wissen und seinen Willen von irgendeinem seiner Gesellen begangen worden sein müsse. Er sah jedoch selber ein, daß es ihm schwerfallen würde, die Leute zu bewegen, dies zu glauben. Er hatte immer im Rufe großer Redlichkeit gestanden und empfand es schwer, daß seine Ehre befleckt worden war.

Raniero hingegen brüstete sich, daß es ihm gelungen war, einen Betrug zu entlarven, und prahlte damit, auch wenn Francesca es hörte.

Sie fühlte großen Kummer und zugleich große Verwunderung, wie damals, als er den Vogel totschoß. Während sie noch daran dachte, war es plötzlich, als sähe sie ihre Liebe vor sich, und sie war wie ein großes Stück leuchtenden Goldstoffes. Sie konnte sehen, wie groß die Liebe war und wie schimmernd. Aber aus der einen Ecke war ein Zipfelchen fortgeschnitten, so daß sie nicht mehr so groß und herrlich war wie anfangs. Immerhin war sie noch so wenig beschädigt, daß Francesca dachte: Sie wird schon so lange reichen, wie ich lebe. Sie ist so groß, daß sie nie ein Ende nehmen kann.

Wieder verging eine Zeit, in der sie und Raniero ebenso glücklich waren wie zu Anfang.

Francesca hatte einen Bruder, der Taddeo hieß. Der war auf einer Geschäftsreise in Venedig gewesen, und dort hatte er sich Kleider aus Samt und Seide gekauft. Als er heimkam, ging er herum und prahlte damit, aber in Florenz war es nicht der Brauch, kostbar gekleidet zu gehen, so daß ihrer viele waren, die sich darüber lustig machten.

Eines Nachts waren Taddeo und Raniero in einer Weinschenke. Taddeo hatte einen grünen Mantel mit Zobelfutter und ein violettes Wams an. Raniero verlockte ihn nun, soviel Wein zu trinken, daß er einschlief, dann nahm er ihm den Mantel ab und hängte ihn einer Vogelscheuche um, die in einem Kohlbeet stand.

Als Francesca dies erfuhr, grollte sie Raniero wieder. Und zu gleicher Zeit sah sie das große Stück Goldstoff vor sich, das ihre Liebe war, und sie vermeinte zu sehen, wie es kleiner wurde, weil Raniero Stück für Stück abschnitt.

Darnach wurde es zwischen ihnen wieder für eine Zeit gut, aber Francesca war nicht mehr so glücklich wie zuvor, weil sie immer erwartete, Raniero würde eine Tat begehen, die ihrer Liebe schaden könnte.

Das ließ auch nicht lange auf sich warten, denn Raniero konnte sich nicht lange ruhig verhalten. Er wollte, daß die Menschen von ihm sprächen und seinen Mut und seine Unerschrockenheit rühmten.

An der Domkirche, die damals in Florenz stand und die viel kleiner war als die jetzige, hing hoch oben auf dem einen Turm ein großer, schwerer Schild; der war von einem der Vorfahren Francescas dort aufgehängt worden. Es soll der schwerste Schild gewesen sein, den ein Mann in Florenz zu tragen vermochte, und das ganze Geschlecht der Uberti war stolz darauf, daß einer von den ihren es vermocht hatte, den Turm zu erklettern und ihn dort aufzuhängen.

Aber nun klomm Raniero eines Tages zu dem Schilde hinauf, hängte ihn sich auf den Rücken und kam damit herunter.

Als Francesca dies vernahm, sprach sie zum ersten Male mit Raniero darüber, was sie quälte, und bat ihn, er solle nicht versuchen, solchermaßen den Stamm zu demütigen, dem sie angehörte. Raniero, der erwartet hatte, daß sie ihn ob seiner Heldentat rühmen würde, wurde sehr zornig. Er sagte, er merke schon lange, daß sie sich seiner Erfolge nicht freue, sondern nur an ihr eigenes Geschlecht denke. – »Ich denke an etwas andres«, sagte Francesca, »das ist meine Liebe. Ich weiß nicht, wie es ihr ergehen soll, wenn du so fortfährst.«

Von da an wechselten sie oftmals böse Worte, denn es zeigte sich, daß Raniero fast immer gerade das tat, was Francesca am wenigsten ertragen konnte.

Es gab in Ranieros Werkstatt einen Gesellen, der klein und hinkend war. Dieser Bursche hatte Francesca geliebt, bevor sie sich verheiratete, und er fuhr auch nach ihrer Heirat fort, sie zu lieben. Raniero, der darum wußte, ließ es sich angelegen sein, ihn zu hänseln, zumal wenn sie bei Tische saßen. Es kam schließlich dazu, daß sich dieser Mann, der es nicht ertragen konnte, in Francescas Gegenwart zum Gespött gemacht zu werden, einmal auf Raniero stürzte und mit ihm kämpfen wollte. Aber Raniero hohnlachte nur und stieß ihn beiseite. Da wollte der Arme nicht länger leben, sondern ging hin und erhängte sich.

Als dies geschah, waren Raniero und Francesca ungefähr ein Jahr verheiratet. Francesca deuchte es noch immer, daß sie ihre Liebe als ein schimmerndes Stück Stoff vor sich sah, aber auf allen Seiten waren große Stücke weggeschnitten, so daß es kaum halb so groß war, als es anfangs gewesen war.

Sie erschrak sehr, als sie dies sah, und dachte: Bleibe ich noch ein Jahr bei Raniero, so wird er meine Liebe zerstört haben. Ich werde ebenso arm sein, wie ich bisher reich gewesen bin.

Da entschloß sie sich, Ranieros Haus zu verlassen und zu ihrem Vater zu gehen und bei ihm zu leben. Auf daß nicht einmal der Tag käme, an dem sie Raniero ebenso sehr haßte, wie sie ihn jetzt liebte!

Jacopo degli Uberti saß an seinem Webstuhl, und alle seine Gesellen arbeiteten um ihn her, als er sie kommen sah. Er sagte, nun sei das eingetroffen, was er schon lange erwartet hätte, und hieß sie willkommen. Er ließ seine Leute sogleich die Arbeit unterbrechen und befahl ihnen, sich zu bewaffnen und das Haus zu verschließen.

Dann begab sich Jacopo zu Raniero. Er traf ihn in der Werkstatt. »Meine Tochter ist heute zu mir zurückgekehrt und hat mich gebeten, wieder unter meinem Dache leben zu dürfen«, sagte er zu seinem Eidam. »Und jetzt erwarte ich, daß du sie nicht zwingst, zu dir zurückzukehren, getreu dem Versprechen, das du mir gegeben hast.«

Raniero schien das nicht sehr ernst zu nehmen, sondern antwortete gleichmütig: »Auch wenn ich dir kein Versprechen gegeben hätte, würde ich nicht verlangen, eine Frau zurückzubekommen, die mir nicht angehören will.«

Er wußte, wie sehr Francesca ihn liebte, und sagte zu sich selbst: Ehe der Abend anbricht, ist sie wieder bei mir.

Sie ließ sich jedoch weder an diesem Tage noch am folgenden blicken.

Am dritten Tage zog Raniero aus und verfolgte ein paar Räuber, die die florentinischen Kaufleute seit langem beunruhigt hatten. Es gelang ihm, sie zu überwinden, und er brachte sie als Gefangene nach Florenz.

Ein paar Tage verhielt er sich still, bis er gewiß sein konnte, daß diese Heldentat in der ganzen Stadt bekannt wäre. Es kam aber nicht so, wie er erwartet hatte, und auch dies führte Francesca nicht zu ihm zurück.

Raniero hätte nun die größte Lust gehabt, sie durch Gesetz und Recht zu zwingen, zu ihm zurückzukehren, aber er glaubte, daß er dies seines Versprechens wegen nicht tun könne. Es deuchte ihn aber unmöglich, in derselben Stadt mit einer Frau zu leben, die ihn verlassen hatte, und er zog von Florenz fort.

Er wurde zuerst Söldner, und gar bald machte er sich zum Anführer einer Freischar.

Er war immer im Kriege und diente vielen Herren.

Er gewann viel Ehre als Krieger, wie er von jeher vorausgesagt hatte. Er wurde vom Kaiser zum Ritter geschlagen und wurde zu den mächtigen Männern gezählt.

Bevor er Florenz verließ, hatte er vor einem heiligen Madonnenbild in der Domkirche das Gelöbnis abgelegt, der Heiligen Jungfrau das Beste und Vornehmste zu schenken, was er in jedem Kampfe erbeuten würde.

Vor diesem Bilde sah man immer kostbare Gaben, die von Raniero gespendet waren.

Raniero wußte also, daß alle seine Heldentaten in seiner Geburtsstadt bekannt waren. Er wunderte sich sehr, daß Francesca degli Uberti nicht zu ihm zurückkam, obgleich sie alle seine Erfolge kannte.

Um diese Zeit wurde zu einem Kreuzzug zur Befreiung des Heiligen Grabes gepredigt, und Raniero nahm das Kreuz und zog ins Morgenland. Denn einmal erwartete er, daß er dort Schlösser und Land gewinnen würde, um darüber zu regieren, und dann dachte er, daß er dadurch in die Lage käme, so glänzende Heldentaten zu vollbringen, daß sein Weib ihn wieder liebgewänne und zu ihm zurückkehrte.

2

In der Nacht nach dem Tage, an dem Jerusalem erobert worden war, herrschte in dem Lager der Kreuzfahrer vor der Stadt große Freude. Fast in jedem Zelt wurden Trinkgelage abgehalten, und das Lachen und Lärmen wurde weit im Umkreise gehört.

Raniero di Ranieri saß mit einigen Kampfgenossen beim Weine, und bei ihm ging es fast noch wilder zu als sonst irgendwo. Die Knappen hatten die Becher kaum gefüllt, als sie auch schon wieder leer waren. Aber Raniero hatte auch die meiste Ursache, ein großes Fest zu feiern, denn er hatte an diesem Tage höhere Ehre gewonnen denn je zuvor. Am Morgen, als die Stadt gestürmt wurde, war er nächst Gottfried von Bouillon der erste gewesen, der die Mauern bestiegen hatte, und am Abend war er für seine Tapferkeit vor dem ganzen Heere geehrt worden.

Als das Plündern und Morden ein Ende genommen hatte und die Kreuzfahrer in Büßermänteln mit unentzündeten Wachskerzen in den Händen in die heilige Grabeskirche eingezogen waren, war ihm nämlich von Gottfried verkündet worden, daß er der erste sein solle, der seine Kerze an den heiligen Flammen entzünden dürfe, die vor Christi Grab brennen. Es deuchte Raniero, daß Gottfried ihm damit zeigen wolle, daß er ihn für den Tapfersten im ganzen Heere ansehe; und er freute sich sehr über die Art, wie er für seine Heldentat belohnt worden war.

Bei einbrechender Nacht, als Raniero und seine Gäste in bester Laune waren, kamen ein Narr und ein paar Spielleute, die überall im Lager umhergewandert waren und alle mit ihren Einfällen ergötzt hatten, in Ranieros Zelt, und der Narr bat um die Erlaubnis, ein spaßhaftes Abenteuer erzählen zu dürfen.

Raniero wußte, daß dieser Narr im Rufe großer Lustigkeit stand, und versprach, seiner Erzählung Gehör zu schenken.

»Es begab sich einmal«, sagte der Narr, »daß unser Herr

und der heilige Petrus einen ganzen Tag auf dem höchsten Turme der Burg des Paradieses gesessen und auf die Erde hinuntergesehen hatten. Sie hatten soviel anzugucken gehabt, daß sie kaum Zeit gefunden hatten, ein Wort miteinander zu wechseln. Unser Herr hatte sich die ganze Zeit still verhalten, aber der heilige Petrus hatte bald vor Freude in die Hände geklatscht und bald wieder den Kopf mit Abscheu abgewendet. Bald hatte er gelächelt und gejubelt, und bald hatte er geweint und gejammert. Endlich, als der Tag zur Neige ging und die Abenddämmerung sich auf das Paradies senkte, wendete sich unser Heiland an den heiligen Petrus und sagte, nun müsse er wohl froh und zufrieden sein. ›Womit sollte ich wohl zufrieden sein‹? fragte da Sankt Petrus in heftigem Tone. – ›Je nun‹, sagte unser Herr sanftmütig, ›ich glaube, du würdest mit dem, was du heute gesehen hast, zufrieden sein.‹ – ›Es ist ja wahr‹, sagte er, ›daß ich so manches liebe Jahr darüber geklagt habe, daß Jerusalem in der Gewalt der Ungläubigen ist, aber nach allem, was sich heute zugetragen hat, meine ich, daß es ebensogut hätte bleiben können wie es war.‹«

Raniero begriff nun, daß der Narr davon sprach, was im Laufe des Tages geschehen war. Er und die andern Ritter begannen nun mit größerer Teilnahme zuzuhören als im Anfang.

»Als der heilige Petrus dies gesagt hatte«, fuhr der Narr fort, indem er einen pfiffigen Blick auf die Ritter warf, »beugte er sich über die Zinnen des Turmes und wies zur Erde hinunter. Er zeigte unserm Herrn eine Stadt, die auf einem großen einsamen Felsen lag, der aus einem Gebirgstal aufragte. ›Siehst du diese Leichenhaufen?‹ sagte er, ›und siehst du das Blut, das über die Straßen strömt, und siehst du die nackten elenden Gefangenen, die in der Nachtkälte jammern, und siehst du alle die rauchenden Brandstätten?‹ Unser Herr schien ihm nichts erwidern zu wollen, und der heilige Petrus fuhr mit seinem Gejammer fort. Er sagte, wohl habe er dieser Stadt oft gezürnt, aber so übel habe er ihr doch nicht gewollt, daß es dort einmal so aussehen solle. Da endlich antwortete unser Herr und versuchte einen Einwand. – ›Du kannst doch nicht leugnen, daß die christlichen Ritter ihr Leben mit der größten Unerschrockenheit gewagt haben‹, sagte er.«

Hier wurde der Narr von Beifallsrufen unterbrochen, aber er beeilte sich fortzufahren.

»Nein, stört mich nicht«, bat er. »Jetzt weiß ich nicht mehr, wo ich geblieben war. Ja, richtig, ich wollte eben sagen, daß der heilige Petrus sich ein paar Tränen wegwischte, die ihm in die Augen getreten waren und ihn am Sehen hinderten. ›Nie hätte ich geglaubt, daß sie solch wilde Tiere sein würden‹ sagte er. ›Sie haben ja den ganzen Tag gemordet und geplündert. Ich verstehe nicht, daß du es dir gefallen lassen konntest, dich kreuzigen zu lassen, um dir solche Bekenner zu schaffen.‹«

Die Ritter nahmen den Scherz gut auf. Sie begannen laut und fröhlich zu lachen. »Was, Narr, der heilige Petrus ist wirklich so böse auf uns?« rief einer von ihnen.

»Sei jetzt still und laß uns hören, ob unser Herr uns nicht in Schutz genommen hat!« fiel ein andrer ein.

»Nein, unser Herr schwieg fürs erste still«, sagte der Narr. »Er wußte von alters her: wenn Sankt Petrus so recht in Eifer gekommen war, war es vergebliche Mühe, ihm zu widersprechen. Er eiferte weiter und sagte, unser Herr möge nicht einwenden, daß sie sich schließlich doch erinnert hätten, in welche Stadt sie gekommen waren, und auf bloßen Füßen im Büßergewand in die Kirche gegangen wären. Diese Andacht hätte ja gar nicht so lange gedauert, daß es überhaupt lohnte, davon zu sprechen. Und dann beugte er sich noch einmal über die Brüstung hinaus und wies auf Jerusalem hinunter. Er deutete auf das Lager der Christen davor. ›Siehst du, wie deine Ritter ihren Sieg feiern?‹ fragte er. Und unser Herr sah, daß überall im Lager Trinkgelage gefeiert wurden. Ritter und Knechte saßen da und sahen syrischen Tänzerinnen zu. Gefüllte Becher kreisten, man würfelte um die Kriegsbeute, und –«

»Man hörte Narren an, die alberne Geschichten erzählten«, fiel Raniero ein. »War das nicht auch eine große Sünde?«

Der Narr lachte und nickte Raniero zu, als wollte er sagen: Na, warte nur, ich zahl' dir's schon heim.

»Nein, unterbrecht mich nicht«, bat er abermals, »ein armer Narr vergißt so leicht, was er sagen wollte. Ja, richtig, der heilige Petrus fragte unsern Herrn mit der strengsten Stimme, ob er meinte, daß ihm dieses Volk große Ehre mache. Darauf mußte unser Herr natürlich antworten, daß er das nicht meine. ›Sie waren Räuber und Mörder, ehe sie von daheim auszogen‹, sagte Sankt Petrus, ›und Räuber und Mörder sind sie auch heute noch. Dieses Unternehmen hättest du ebensogut ungeschehen lassen können. Es kommt nichts Gutes dabei heraus.‹«

»Na, na, Narr!« sagte Raniero mit warnender Stimme.

Aber der Narr schien eine Ehre dareinzusetzen, zu probieren, wie weit er gehen könne, ohne daß jemand aufspränge und ihn hinauswürfe, und fuhr unerschrocken fort:

»Unser Herr neigte nur den Kopf wie einer, der zugesteht, daß er gerecht gestraft wird. Aber beinahe in demselben Augenblick beugte er sich eifrig vor und sah mit noch größerer Aufmerksamkeit als vorhin hinunter. Da guckte Sankt Petrus ebenfalls hin. ›Wonach blickst du denn aus?‹ fragte er.«

Der Narr erzählte dies mit sehr lebhaftem Mienenspiel. Alle Ritter sahen sowohl unsern Herrn als auch Sankt Petrus vor Augen, und sie waren begierig, was es wohl sein mochte, was unser Herr erblickt haben sollte.

»Unser Herr antwortete, es sei nichts Besonderes«, sagte der Narr, »aber er ließ auf jeden Fall nicht davon ab, hinabzublicken. Sankt Petrus folgte der Richtung der Blicke unsres Herrn, und er konnte nichts andres finden, als daß unser Herr dasaß und in ein großes Zelt hinuntersah, vor dem ein paar Sarazenenköpfe auf lange Lanzen gespießt waren, und wo eine Menge prächtiger Teppiche, goldner Tischgefäße und kostbarer Waffen, die in der Heiligen

Stadt erbeutet waren, aufgestapelt lagen. In diesem Zelt ging es ebenso zu wie sonst überall im Lager. Da saß eine Schar Ritter und leerte die Becher. Der einzige Unterschied mochte sein, daß hier noch mehr gelärmt und gezecht wurde als an irgendeinem andern Orte. Der heilige Petrus konnte nicht verstehen, warum unser Herr, als er dorthin blickte, so vergnügt war, daß ihm die Freude förmlich aus den Augen leuchtete. So viele strenge und furchtbare Gesichter, wie er dort erblickte, glaubte er kaum je um einen Zechtisch versammelt gesehen zu haben. Und der Wirt bei dem Gastmahl, der am obern Tischende saß, war der entsetzlichste von allen. Er war ein etwa fünfunddreißigjähriger Mann, furchtbar groß und grob, mit einem roten Gesicht, das von Narben und Schrammen durchkreuzt war, mit harten Fäusten und einer starken, polternden Stimme.«

Hier hielt der Narr einen Augenblick inne, als fürchte er, weiterzugehen, aber Raniero und den andern machte es Spaß, von sich selbst sprechen zu hören, und sie lachten nur über seine Dreistigkeit.

»Du bist ein kecker Bursche«, sagte Raniero, »laß uns sehen, wo du hinauswillst!«

»Endlich«, fuhr der Narr fort, »sagte unser Herr ein paar Worte, aus denen Sankt Petrus erriet, was der Grund seiner Freude war. Er fragte Sankt Petrus, ob er fehl sähe oder ob es wirklich so wäre, daß einer der Ritter ein brennendes Licht neben sich hätte.«

Raniero zuckte bei diesen Worten zusammen. Erst jetzt wurde er böse auf den Narren und streckte die Hand nach einem schweren Trinkhumpen aus, um ihn ihm ins Gesicht zu schleudern, aber er bezwang sich, um zu hören, ob der Bursche zu seiner Ehre oder seiner Schande sprechen wollte.

»Sankt Petrus sah nun«, erzählte der Narr, »daß das Zelt im übrigen zwar mit Fackeln beleuchtet war, daß aber einer der Ritter wirklich eine brennende Wachskerze neben sich stehen hatte. Es war eine große dicke Kerze, eine

Kerze, die bestimmt war, einen ganzen Tag und eine ganze Nacht zu brennen. Der Ritter, der keinen Leuchter hatte, worein er sie hätte stecken können, hatte eine ganze Menge Steine ringsherum aufgehäuft, damit das Licht stehen könnte.«

Die Tischgesellschaft brach bei diesen Worten in lautes Gelächter aus. Alle wiesen auf ein Licht, das neben Raniero auf dem Tische stand und ganz so aussah, wie der Narr es beschrieben hatte. Aber Raniero stieg das Blut zu Kopfe, denn dies war das Licht, das er vor ein paar Stunden am Heiligen Grabe hatte anzünden dürfen. Er hatte es nicht über sich gebracht, es auszulöschen.

»Als der heilige Petrus dieses Licht sah«, sagte der Narr, »wurde es ihm freilich klar, woran unser Herr seine Freude gehabt hatte, aber zugleich konnte er es nicht lassen, ihn ein wenig zu bemitleiden. ›Ja so‹, sagte er, ›das ist der Ritter, der heute morgen hinter Herrn Gottfried von Bouillon auf die Mauer sprang und am Abend sein Licht vor allen andern am Heiligen Grabe anzünden durfte.‹ – ›Ja, so ist es‹, sagte unser Herr, ›und wie du siehst, hat er sein Licht noch brennen.‹«

Der Narr sprach jetzt sehr rasch, während er ab und zu einen lauernden Blick auf Raniero warf: »Der heilige Petrus konnte es noch immer nicht lassen, unsern Herrn ein ganz klein wenig zu bemitleiden. ›Verstehst du denn nicht, warum er dieses Licht brennen hat?‹ sagte er. ›Du glaubst wohl, daß er an deine Qual und deinen Tod denke, wenn er es sieht. Aber er denkt an nichts anderes als an den Ruhm, den er errang, als er als der Tapferste im ganzen Heere nach Gottfried von Bouillon anerkannt wurde.‹«

Bei diesen Worten lachten alle Gäste Ranieros. Raniero war sehr zornig, aber er zwang sich, gleichfalls zu lachen. Er wußte, daß alle es lächerlich gefunden hätten, wenn er nicht ein bißchen Spaß vertragen hätte.

»Aber unser Herr widersprach dem heiligen Petrus«, sagte der Narr. »›Siehst du nicht, wie ängstlich er um das Licht besorgt ist?‹ fragte er. ›Er hält die Hand vor die

Flamme, sobald jemand das Zelttuch lüftet, aus Furcht, daß die Zugluft es ausblasen könnte. Und er hat vollauf damit zu tun, die Nachtschmetterlinge zu verscheuchen, die herumfliegen und es zu verlöschen drohen.‹«

Es wurde immer herzlicher gelacht, denn was der Narr sagte, war die reine Wahrheit. Raniero fiel es immer schwerer, sich zu beherrschen. Es war ihm, als könne er es nicht ertragen, daß jemand mit der heiligen Lichtflamme seinen Scherz trieb.

»Der heilige Petrus war jedoch mißtrauisch«, fuhr der Narr fort. »Er fragte unseren Herrn, ob er diesen Ritter kenne. ›Er ist nicht gerade einer, der häufig zur Messe ginge oder den Betschemel abnützte‹, sagte er. Aber unser Herr ließ sich von seiner Meinung nicht abbringen. ›Sankt Petrus, Sankt Petrus!‹ sagte er feierlich. ›Merke dir, daß der Ritter hier fortan frommer werden wird als Gottfried! Von wo gehen Milde und Frömmigkeit aus, wenn nicht von meinem Grabe? Du wirst Raniero di Ranieri Witwen und notleidenden Gefangenen zu Hilfe kommen sehen. Du wirst sehen, wie er Kranke und Betrübte in seine Hut nimmt, so wie er jetzt die heilige Lichtflamme hütet.‹«

Darüber erhob sich ein ungeheures Gelächter. Es deuchte alle, die Ranieros Laune und Leben kannten, sehr spaßhaft. Aber ihm selbst waren der Scherz und das Gelächter ganz unleidlich. Er sprang auf und wollte den Narren zurechtweisen. Dabei stieß er so heftig an den Tisch, der nichts andres war als eine auf lose Böcke gelegte Tür, daß er wackelte und das Licht umfiel. Es zeigte sich nun, wie sehr es Raniero am Herzen lag, das Licht brennend zu erhalten. Er dämpfte seinen Groll und nahm sich die Zeit, das Licht aufzuheben und die Flamme anzufachen, bevor er sich auf den Narren stürzte. Aber als er mit dem Lichte fertig war, war der Narr schon aus dem Zelte geeilt, und Raniero sah ein, daß es nicht der Mühe lohne, ihn im nächtlichen Dunkel zu verfolgen. Ich treffe ihn wohl noch ein andermal, dachte er und setzte sich wieder.

Die Tischgäste hatten inzwischen weidlich gelacht, und

einer von ihnen wollte den Spaß fortsetzen und wendete sich an Raniero. »Eins steht aber fest, Raniero, und das ist, daß du diesmal der Madonna in Florenz nicht das Kostbarste schicken kannst, was du im Kampfe errungen hast«, sagte er.

Raniero fragte, warum er glaube, daß er diesmal seinem alten Brauche nicht treu bleiben würde.

»Aus keinem andern Grunde«, sagte der Ritter, »als weil das Kostbarste, was du errungen hast, diese Lichtflamme ist, die du angesichts des ganzen Heeres in der Heiligen Grabeskirche entzünden durftest. Und die nach Florenz zu schicken, wirst du wohl nicht imstande sein.«

Wieder lachten die anderen Ritter, aber Raniero war jetzt in einer Laune, daß er das Verwegenste unternommen hätte, nur um ihrem Gelächter ein Ende zu machen. Er faßte rasch seinen Entschluß, rief einen alten Waffenträger zu sich und sagte zu ihm: »Mache dich zu langer Fahrt bereit, Giovanni! Morgen sollst du mit dieser heiligen Lichtflamme nach Florenz ziehen.«

Aber der Waffenträger weigerte sich schlankweg, diesen Befehl auszuführen. »Dies ist etwas, was ich nicht auf mich nehmen will«, sagte er. »Wie sollte es möglich sein, mit einer Lichtflamme nach Florenz zu reiten? Sie würde verlöschen, ehe ich noch das Lager verlasse.«

Raniero fragte einen seiner Mannen nach dem andern. Er erhielt von allen dieselbe Antwort. Sie schienen seinen Befehl kaum ernst zu nehmen.

Natürlich lachten die fremden Ritter, die seine Gäste waren, immer lauter und fröhlicher, je deutlicher es sich zeigte, daß keiner von den Mannen Ranieros Befehl ausführen wollte.

Raniero geriet in immer größere Erregung. Schließlich verlor er die Geduld und rief: »Diese Lichtflamme wird dennoch nach Florenz gebracht werden, und da kein andrer damit hinreiten will, werde ich es selbst tun.«

»Bedenke dich, bevor du so etwas versprichst!« sagte ein Ritter. »Du reitest von einem Fürstentum fort!«

»Ich schwöre euch, daß ich diese Lichtflamme nach Florenz bringen werde!« rief Raniero. »Ich werde tun, was kein anderer auf sich nehmen wollte.«

Der alte Waffenträger verteidigte sich: »Herr, für dich ist es ein ander Ding. Du kannst ein großes Gefolge mitnehmen, aber mich wolltest du allein ausschicken.«

Raniero jedoch war ganz außer sich und überlegte seine Worte nicht. »Ich werde auch allein ziehen«, sagte er. Aber damit hatte Raniero sein Ziel erreicht. Alle im Zelte hatten zu lachen aufgehört. Sie saßen erschrocken da und starrten ihn an.

»Warum lacht ihr nicht mehr?« fragte Raniero. »Für einen tapferen Mann ist dies Beginnen wohl für nichts mehr zu achten als ein Kinderspiel.«

3

Am nächsten Morgen, bei Tagesgrauen, bestieg Raniero sein Pferd. Er trug die volle Rüstung, aber darüber hatte er einen groben Pilgermantel geworfen, damit das Eisenkleid von den Sonnenstrahlen nicht allzusehr erhitzt werde. Er war mit einem Schwert und einer Streitaxt bewaffnet und ritt ein gutes Pferd. Ein brennendes Licht hielt er in der Hand, und am Sattel hatte er ein paar große Bündel langer Wachskerzen befestigt, damit die Flamme nicht aus Mangel an Nahrung sterbe.

Raniero ritt langsam durch die überfüllte Zeltstraße, und so lange ging alles gut. Es war noch so früh, daß die Nebel, die aus den tiefen Tälern rings um Jerusalem aufgestiegen waren, sich nicht zerstreut hatten, und Raniero ritt wie durch eine weiße Nacht. Das ganze Lager schlief, und Raniero kam leicht an den Wachtposten vorbei. Keiner von ihnen rief ihn an, denn durch den dichten Nebel konnten sie ihn nicht sehen, und auf den Wegen lag fußhoher Staub, der die Schritte des Pferdes unhörbar machte.

Raniero war bald aus dem Bereiche des Lagers und schlug die Straße ein, die nach Joppe führte. Er hatte nun einen besseren Weg, aber er ritt noch immer ganz langsam, der Lichtflamme wegen. Die brannte schlecht in dem dichten Nebel, mit einem rötlichen, zitternden Schein. Und immer wieder kamen große Insekten, die mit knatternden Flügelschlägen gerade ins Licht stürzten. Raniero hatte vollauf damit zu tun, es zu hüten, aber er war guten Mutes und meinte noch immer, daß die Aufgabe, die er sich gestellt hätte, nicht schwerer wäre, als daß ein Kind sie bewältigen könnte.

Doch das Pferd ermüdete bei dem langsamen Trott und setzte sich in Trab. Da begann die Lichtflamme in der Zugluft zu zucken. Es half nichts, daß Raniero sie mit der Hand und mit dem Mantel zu schützen suchte. Er sah, daß sie ganz nahe dran war, zu erlöschen. Aber er war durchaus nicht gewillt, sein Vorhaben so bald aufzugeben. Er hielt das Pferd an und saß ein Weilchen still und grübelte. Schließlich sprang er aus dem Sattel und versuchte, sich rücklings daraufzusetzen, so daß er die Flamme mit seinem Körper vor Wind und Zug schützte. So gelang es ihm, sie brennend zu erhalten, aber er merkte jetzt, daß die Reise sich beschwerlicher gestalten würde, als er anfangs geglaubt hatte.

Als er die Berge, die Jerusalem umgeben, hinter sich gelassen hatte, hörte der Nebel auf. Er ritt nun durch die tiefste Einsamkeit. Es gab weder Menschen noch Häuser, noch grüne Bäume oder Pflanzen, nur kahle Höhen.

Hier wurde Raniero von Räubern angefallen. Es war loses Gesindel, das dem Heere ohne Erlaubnis folgte und vom Rauben und Plündern lebte. Sie hatten hinter einem Hügel im Hinterhalt gelegen, und Raniero, der rücklings ritt, sah sie erst, als sie ihn schon umringt hatten und ihre Schwerter gegen ihn zückten.

Es waren etwa zwölf Männer, sie sahen recht jämmerlich aus und ritten auf erbärmlichen Pferden. Raniero sah gleich, daß es ihm nicht schwerfallen konnte, sich einen Weg durch die Schar zu bahnen und von dannen zu reiten. Aber er begriff, daß dies sich nicht tun ließe, ohne daß er das Licht von sich werfe. Und er wollte nach den stolzen Worten, die er heute nacht gesprochen hatte, nicht so leicht von seinem Vorsatz abstehen.

Er sah daher keinen anderen Ausweg, als mit den Räubern ein Übereinkommen zu schließen. Er sagte, daß es ihnen, da er wohlbewaffnet sei und ein gutes Pferd reite, schwerfallen würde, ihn zu überwinden, wenn er sich verteidige. Aber da er durch ein Gelöbnis gebunden sei, wolle er keinen Widerstand leisten, sondern sie dürften ohne Kampf alles nehmen, was sie begehrten, wenn sie nur versprächen, sein Licht nicht auszulöschen.

Die Räuber hatten sich auf einen harten Strauß gefaßt gemacht. Sie waren über Ranieros Vorschlag sehr erfreut und machten sich sogleich daran, ihn auszuplündern. Sie nahmen ihm Rüstung und Roß, Waffen und Geld. Das einzige, was sie ihm ließen, waren der grobe Mantel und die beiden Kerzenbündel. Sie hielten auch ehrlich ihr Versprechen, die Lichtflamme nicht zu löschen.

Einer von ihnen hatte sich auf Ranieros Pferd geschwungen. Als er merkte, wie gut es war, schien er ein wenig Mitleid mit dem Ritter zu empfinden. Er rief ihm zu: »Siehst du, wir wollen nicht gar zu hart gegen einen Christenmenschen sein. Du sollst mein altes Pferd haben, um darauf zu reiten.«

Es war eine elende Schindmähre und bewegte sich so starr und steif, als wenn sie aus Holz wäre.

Als die Räuber endlich verschwunden waren und Raniero daranging, sich auf den elenden Klepper zu setzen, sagte er zu sich selbst: »Ich muß wohl von dieser Lichtflamme verhext sein. Um ihretwillen reite ich nun wie ein toller Bettler meinen Weg.«

Er sah ein, daß es das klügste gewesen wäre, umzukehren, weil das Vorhaben wirklich unausführbar war. Aber ein so heftiges Verlangen, es zu vollbringen, war über ihn gekommen, daß er der Lust nicht widerstehen konnte, auszuharren.

Er zog also weiter. Noch immer sah er dieselben kahlen,

lichtgelben Höhen um sich. Nach einer Weile ritt er an einem jungen Hirten vorbei, der vier Ziegen hütete. Als Raniero die Tiere auf dem nackten Boden weiden sah, fragte er sich, ob sie wohl Erde äßen.

Dieser Hirte hatte wahrscheinlich früher ein größere Herde besessen, die ihm von den Kreuzfahrern gestohlen worden war. Als er nun einen einsamen Christen heranreiten sah, suchte er ihm alles Böse zu tun, was er nur konnte. Er stürzte auf ihn zu und schlug mit seinem Stab nach seinem Lichte. Raniero war von der Lichtflamme so gefesselt, daß er sich nicht einmal gegen einen Hirten verteidigen konnte. Er zog nur das Licht an sich, um es zu schützen. Der Hirte schlug noch ein paarmal danach, aber dann blieb er erstaunt stehen und hörte zu schlagen auf. Er sah, daß Ranieros Mantel in Brand geraten war, aber Raniero tat nichts, um das Feuer zu ersticken, solange die Lichtflamme in Gefahr war. Man sah es dem Hirten an, daß er sich schämte. Er folgte Raniero lange nach, und an einer Stelle, wo der Weg sehr schmal an zwei Abgründen vorüberging, kam er heran und führte sein Pferd.

Raniero lächelte und dachte, daß der Hirte ihn sicherlich für einen heiligen Mann halte, der eine Bußübung vornehme.

Gegen Abend begannen Raniero Menschen entgegenzukommen. Es war nämlich so, daß das Gerücht vom Falle Jerusalems sich schon während der Nacht die Küste entlang verbreitet hatte, und eine Menge Leute hatte sich sogleich bereit gemacht, hinzuziehen. Es waren Pilger, die schon jahrelang auf die Gelegenheit warteten, Jerusalem zu betreten, es waren nachgesendete Truppen, und vor allem waren es Kaufleute, die mit Wagenladungen von Lebensmitteln hineilten.

Als diese Scharen Raniero begegneten, der rücklings mit einem brennenden Lichte in der Hand geritten kam, riefen sie: »Ein Toller, ein Toller!« Die meisten waren Italiener, und Raniero hörte, wie sie in seiner eigenen Zunge riefen: Pazzo, pazzo!, was: ein Toller, ein Toller! bedeutet.

Raniero, der sich den ganzen Tag so wohl im Zaum zu halten verstanden hatte, wurde durch diese sich stets wiederholenden Rufe heftig gereizt. Mit einem Male sprang er aus dem Sattel und begann mit seinen Fäusten die Rufenden zu züchtigen. Als die Leute merkten, wie schwer die Schläge waren, die da fielen, entstand eine allgemeine Flucht, und er stand bald allein da.

Nun kam Raniero wieder zu sich selbst. »Wahrlich, sie hatten recht, als sie dich einen Tollen nannten«, sagte er, indem er sich nach dem Lichte umsah, denn er wußte nicht, was er damit angefangen hatte. Endlich sah er, daß es vom Wege in einen Graben gekollert war. Die Flamme war erloschen, aber er sah Feuer in einem trockenen Grasbüschel dicht daneben glimmen und begriff, daß das Glück ihn nicht verlassen hatte, denn das Licht mußte das Gras in Brand gesetzt haben, bevor es erloschen war.

Dies hätte leicht ein trauriges Ende großer Mühsal werden können, dachte er, während er das Licht entzündete und sich wieder in den Sattel schwang. Er fühlte sich recht gedemütigt. Es kam ihm jetzt nicht sehr wahrscheinlich vor, daß seine Fahrt gelingen würde.

Gegen Abend kam Raniero nach Ramle und ritt dort zu einem Hause, wo Karawanen Herberge für die Nacht zu suchen pflegten. Es war ein großer überbauter Hof. Ringsum waren kleine Verschläge, wo die Reisenden ihre Pferde einstellen konnten. Es gab keine Stuben, sondern die Menschen schliefen neben den Tieren.

Es war schon eine große Menschenmenge da, aber der Wirt schaffte doch Raum für Raniero und sein Pferd. Er gab auch dem Pferde Futter und dem Reiter Nahrung.

Als Raniero merkte, daß er so gut behandelt wurde, dachte er: Ich fange fast zu glauben an, daß die Räuber mir einen Dienst erwiesen haben, als sie mir meine Rüstung und mein Pferd raubten. Sicherlich komme ich mit meiner Bürde leichter durchs Land, wenn man mich für einen Wahnsinnigen hält.

Als Raniero das Pferd in den Stand geführt hatte, setzte

er sich auf einen Bund Stroh und behielt das Licht in den Händen. Es war seine Absicht, nicht zu schlafen, sondern die ganze Nacht wachzubleiben.

Doch kaum hatte sich Raniero niedergesetzt, als er auch schon einschlummerte. Er war furchtbar müde, er streckte sich im Schlafe aus, so lang er war, und schlief bis zum Morgen.

Als er erwachte, sah er weder die Lichtflamme noch die Kerze. Er suchte im Stroh danach, aber fand sie nirgends.

»Jemand wird sie mir weggenommen und ausgelöscht haben«, sagte er. Und er versuchte zu glauben, daß er sich freue, weil alles aus war und er ein unmögliches Vorhaben nicht zu verfolgen brauchte.

Aber während er so dachte, empfand er zugleich eine innere Leere und Trauer. Es war ihm, als hätte er sich das Gelingen eines Vorsatzes nie sehnlicher gewünscht als eben diesmal.

Er führte das Pferd aus dem Stande, striegelte es und legte den Sattel auf.

Als er fertig war, kam der Wirt, dem die Karawanserei gehörte, mit einem brennenden Lichte auf ihn zu. Er sagte auf fränkisch: »Ich mußte dir gestern dein Licht nehmen, als du einschliefst , aber hier hast du es wieder.«

Raniero ließ sich nichts anmerken, sondern sagte ganz gelassen: »Es war klug von dir, daß du es ausgelöscht hast.«

»Ich habe es nicht ausgelöscht«, sagte der Mann. »Ich sah, daß du es brennen hattest, als du kamst, und ich glaubte, es sei von Gewicht für dich, daß es weiter brenne. Wenn du siehst, um wieviel es sich verringert hat, wirst du begreifen, daß es die ganze Nacht gebrannt hat.«

Raniero strahlte vor Freude.

Er rühmte den Wirt sehr und ritt in bester Laune weiter.

4

Als Raniero von Jerusalem aufbrach, hatte er den Seeweg von Joppe nach Italien nehmen wollen, aber er änderte diesen Entschluß, als die Räuber ihn um sein Geld plünderten, und beschloß, über Land zu ziehen.

Es war eine lange Reise. Er zog von Joppe nördlich, der Küste Syriens entlang. Dann ging die Fahrt nach Westen, längs der Halbinsel von Kleinasien. Dann wieder nördlich bis hinauf nach Konstantinopel. Und von dort hatte er noch eine ansehnliche Strecke Wegs bis Florenz. Während dieser ganzen Zeit lebte Raniero von frommen Gaben.

Meistens waren es die Pilger, die nun in Massen nach Jerusalem strömten, die ihr Brot mit ihm teilten.

Obgleich Raniero fast immer allein ritt, waren seine Tage weder lang noch einförmig. Er hatte allezeit die Lichtflamme zu hüten und konnte sich um ihretwillen niemals ruhig fühlen. Es brauchte nur ein Wind, nur ein Regentropfen zu kommen, und es war um sie geschehen.

Während Raniero einsame Wege ritt und nur daran dachte, die Lichtflamme am Leben zu erhalten, kam es ihm in den Sinn, daß er schon einmal zuvor etwas Ähnliches erlebt hatte. Er hatte schon einmal zuvor einen Menschen über etwas wachen sehen, was ebenso verletzlich war wie eine Lichtflamme.

Dies schwebte ihm anfangs so undeutlich vor, daß er nicht recht wußte, ob es etwas war, was er geträumt hatte. Aber während er einsam durch das Land zog, kam der Gedanke, daß er schon einmal etwas Ähnliches miterlebt habe, unablässig wieder.

»Es ist, als hätt ich mein ganzes Leben lang von nichts anderem gehört«, sagte er.

Eines Abends ritt Raniero in eine Stadt ein. Es dunkelte und die Frauen standen in den Türen und schauten nach ihren Männern aus. Da sah Raniero eine, die hoch und schlank war und ernste Augen hatte. Sie erinnerte ihn an Francesca degli Uberti.

In demselben Augenblick gelangte Raniero zur Klarheit, worüber er nachgegrübelt hatte. Er dachte, daß für Francesca ihre Liebe sicherlich wie eine Lichtflamme gewesen war, die sie immer brennend hatte erhalten wollen, und von der sie stets gefürchtet hatte, daß Raniero sie verlöschen würde. Er wunderte sich über diesen Gedanken, aber immer mehr ward es ihm zur Gewißheit, daß es sich so verhielt. Zum ersten Male begann er zu verstehen, warum Francesca ihn verlassen hatte und daß er sie nicht durch Waffentaten wiedererobern konnte. Ranieros Reise wurde sehr langwierig. Und dies nicht zum wenigsten darum, weil er sie nicht fortsetzen konnte, wenn das Wetter ungünstig war. Dann saß er in der Karawanserei und bewachte die Lichtflamme. Das waren sehr harte Tage.

Eines Tages, als Raniero über den Berg Libanon ritt, sah er, daß sich die Wolken zu einem Unwetter zusammenzogen. Er war da hoch oben zwischen furchtbaren Klüften und Abstürzen, fern von allen menschlichen Behausungen. Endlich erblickte er auf einer Felsspitze ein sarazenisches Heiligengrab. Es war ein kleiner viereckiger Steinbau mit gewölbtem Dache. Es deuchte ihn am besten, seine Zuflucht dorthin zu nehmen.

Kaum war Raniero hineingekommen, als ein Schneesturm losbrach, der zwei Tage raste. Zugleich kam eine so furchtbare Kälte, daß er nahe daran war zu erfrieren.

Raniero wußte, daß es draußen auf dem Berge genug Zweige und Reisig gab, so daß es ein leichtes für ihn gewesen wäre, Brennstoff zu einem Feuer zu sammeln. Allein er hielt die Lichtflamme, die er trug, sehr heilig und wollte mit ihr nichts andres entzünden als die Lichter vor dem Altar der Heiligen Jungfrau.

Das Unwetter wurde immer ärger, und schließlich hörte er heftiges Donnern und sah Blitze.

Und ein Blitz schlug auf dem Berge dicht vor dem Grabe ein und entzündete einen Baum. Und so hatte Raniero eine Flamme, ohne daß er das heilige Feuer dazu brauchte.

Als Raniero durch einen öden Teil einer Berggegend

ritt, ging sein Licht zur Neige. Die Kerzenbündel, die er von Jerusalem mitgebracht hatte, waren längst aufgebraucht, aber er hatte sich doch weiterhelfen können, weil auf dem ganzen Wege christliche Gemeinden gewesen waren, wo er sich neue Lichter erbetteln konnte.

Aber nun war sein Vorrat zu Ende, und er glaubte, daß dies das Ende seiner Fahrt sein würde.

Als das Licht so tief herabgebrannt war, daß die Flamme seine Hand versengte, sprang er vom Pferde, sammelte Reisig und trockenes Gras und entzündete dies mit dem letzten Überbleibsel der Flamme. Aber auf dem Berge fand sich nicht viel, was brennen konnte, und das Feuer mußte bald verlöschen.

Wie Raniero sich darüber betrübte, daß die heilige Flamme sterben mußte, hörte er vom Wege her Gesang, und eine Prozession von Wallfahrern kam mit Kerzen in den Händen den Pfad herangezogen. Sie waren auf dem Wege zu einer Grotte, in der ein heiliger Mann gelebt hatte, und Raniero schloß sich ihnen an. Unter ihnen befand sich auch eine Frau, die alt war und nur schwer gehen konnte, und Raniero half ihr und schleppte sie den Berg hinauf.

Als sie ihm dann dankte, machte er ihr ein Zeichen, daß sie ihm ihre Kerze geben möge. Und sie tat es, und auch mehrere andere schenkten ihm Kerzen, die sie trugen.

Er löschte die Lichter und eilte den Pfad hinunter und entzündete eines von ihnen an der letzten Glut des Feuers, das von der heiligen Flamme entzündet war.

Einmal um die Mittagsstunde war es sehr heiß, und Raniero hatte sich in ein Gebüsch schlafen gelegt. Er schlief tief, und das Licht stand zwischen ein paar Steinen neben ihm. Aber als Raniero ein Weilchen geschlafen hatte, begann es zu regnen, und dies dauerte ziemlich lange, ohne daß er erwachte. Als er endlich aus dem Schlummer auffuhr, war der Boden rings um ihn naß, und er wagte kaum zu dem Lichte hinzusehen, aus Furcht, daß es erloschen sein könnte.

Aber das Licht brannte still und ruhig mitten im Regen, und Raniero sah, daß dies daher kam, daß zwei kleine Vögelchen über der Flamme flogen und flatterten. Sie schnäbelten sich und hielten die Flügel ausgebreitet, und so hatten sie die Lichtflamme vor dem Regen geschützt.

Raniero nahm sogleich seine Kapuze ab und hing sie über das Licht. Dann streckte er die Hand nach den kleinen Vögeln aus, denn er hatte Lust, sie zu liebkosen. Und sieh da, keiner von ihnen flog von ihm fort, sondern er konnte sie einfangen.

Raniero staunte sehr, daß die Vögel keine Angst vor ihm hatten. Aber er dachte: das kommt daher, daß sie wissen, daß ich keinen andern Gedanken habe, als das zu schützen, was das Schutzbedürftigste ist, darum fürchten sie mich nicht. Raniero ritt in der Nähe von Nicäa. Da begegnete er ein paar abendländischen Rittern, die ein Entsatzheer ins heilige Land führten. In dieser Schar befand sich auch Robert Taillefer, der ein wandernder Ritter und Troubadour war.

Raniero kam in seinem fadenscheinigen Mantel mit dem Lichte in der Hand herangeritten, und die Krieger begannen wie gewöhnlich zu rufen: »Ein Toller, ein Toller!« Aber Robert hieß sie schweigen und sprach den Reiter an:

»Bist du lange so gezogen?« fragte er ihn.

»Ich bin so von Jerusalem hergeritten«, antwortete Raniero.

»Ist dein Licht nicht unterwegs oftmals erloschen?«

»An meiner Kerze brennt noch dieselbe Flamme, wie da ich von Jerusalem auszog«, sagte Raniero.

Da sprach Robert Taillefer zu ihm: »Ich bin auch einer von denen, die eine Flamme tragen, und ich wollte, daß sie ewig brennen könnte. Aber vielleicht kannst du, der du dein Licht brennend von Jerusalem hergebracht hast, mir sagen, was ich tun soll, damit sie nicht erlösche.«

Da erwiderte Raniero: »Herr, das ist ein schweres Beginnen, obgleich es von geringem Gewicht scheint. Ich will Euch wahrlich nicht zu solch einem Vorhaben raten. Denn diese kleine Flamme verlangt von Euch, daß Ihr ganz aufhört, an etwas anderes zu denken. Sie gestattet Euch nicht, eine Liebste zu haben, falls Ihr zu derlei geneigt sein solltet, auch dürft Ihr es um dieser Flamme willen nicht wagen, Euch bei einem Trinkgelage niederzulassen. Ihr dürft nichts anderes im Sinne haben als eben diese Flamme, und keine andre Freude darf Euch eigen sein. Aber warum ich Euch vor allem abrate, dieselbe Fahrt zu tun, die ich nun versucht habe, das ist, weil Ihr Euch keinen Augenblick sicher fühlen könnt. Aus wie vielen Gefahren Ihr auch die Flamme gerettet haben mögt, Ihr dürft Euch keinen Augenblick geborgen wähnen, sondern Ihr müßt darauf gefaßt sein, daß sie Euch im nächsten Augenblick entrissen werde.« Raniero war nach Italien gekommen. Er ritt eines Tages auf einsamen Pfaden durch das Gebirge. Da kam ihm eine Frau nachgeeilt und bat ihn um Feuer von seinem Lichte. »Bei mir ist das Feuer erloschen«, sagte sie, »meine Kinder hungern. Leihe mir Feuer, damit ich meinen Ofen wärmen und ihnen Brot backen kann!«

Sie streckte die Hand nach dem Lichte aus, aber Raniero entzog es ihr, weil er nicht zulassen wollte, daß etwas anderes an dieser Flamme entzündet werde als die Lichter vor dem Bilde der Heiligen Jungfrau.

Da sagte die Frau zu ihm: »Gib mir Feuer, Pilger, denn meiner Kinder Leben ist die Flamme, die brennend zu bewahren mir auferlegt ist!« Und um dieser Worte willen ließ Raniero sie den Docht an seiner Flamme entzünden.

Einige Stunden später ritt Raniero in ein Dorf. Es lag hoch oben auf dem Berge, so daß bittre Kälte dort herrschte. Ein junger Bauer stand am Wege und sah den armen Mann, der in seinem fadenscheinigen Rocke geritten kam. Rasch nahm er den kurzen Mantel ab, den er trug, und warf ihn dem Reiter zu. Aber der Mantel fiel gerade auf das Licht und löschte die Flamme.

Da erinnerte sich Raniero an die Frau, die Feuer von ihm geliehen hatte. Er kehrte zu ihr zurück und entzündete sein Licht wiederum mit dem heiligen Feuer.

Als er weiterreiten wollte, sagte er zu ihr: »Du sagst, die Lichtflamme, die du zu hüten hast, sei das Leben deiner Kinder. Kannst du mir sagen, welchen Namen die Lichtflamme trägt, die ich so weither bringe?«

»Wo wurde deine Lichtflamme entzündet?« fragte die Frau.

»Sie wurde an Christi Grab entzündet.«

»Dann kann sie wohl nicht anders heißen als Milde und Menschenliebe«, sagte sie.

Raniero mußte über die Antwort lachen. Er deuchte sich ein seltsamer Apostel für solche Tugenden. Raniero ritt zwischen blauen Hügeln von schöner Gestalt. Er sah, daß er sich in der Nähe von Florenz befand.

Er dachte daran, daß er nun bald von der Lichtflamme befreit sein würde. Er erinnerte sich an sein Zelt in Jerusalem, das er voll Kriegsbeute zurückgelassen hatte, und an die tapferen Krieger, die er noch in Palästina hatte und die sich freuen würden, wenn er das Kriegerhandwerk wieder aufnähme und sie zu Siegen und Eroberungen führte.

Da merkte Raniero, daß er keineswegs Freude empfand, wenn er daran dachte, sondern daß seine Gedanken lieber eine andre Richtung nahmen.

Raniero sah zum ersten Male ein, daß er nicht mehr derselbe Mann war, als der er Jerusalem verlassen hatte. Dieser Ritt mit der Lichtflamme hatte ihn gezwungen, sich an allen zu freuen, die friedfertig und klug und barmherzig waren, und die Wilden und Streitsüchtigen zu verabscheuen. Er wurde jedesmal froh, wenn er an Menschen dachte, die friedlich in ihrem Heim arbeiteten, und es ging ihm durch den Sinn, daß er gern in seine alte Werkstatt in Florenz einziehen und schöne, kunstreiche Arbeit verfertigen wolle.

Wahrlich, diese Flamme hat mich umgewandelt, dachte er. Ich glaube, sie hat einen andern Menschen aus mir gemacht.

5

Es war Ostern, als Raniero in Florenz einritt.

Kaum war er durch das Stadttor gekommen, rücklings reitend, die Kapuze über das Gesicht gezogen und das brennende Licht in der Hand, als auch schon ein Bettler aufsprang und das gewohnte »Pazzo, pazzo!« rief.

Auf diesen Ruf stürzte ein Gassenjunge aus einem Torweg, und ein Tagedieb, der die längste Zeit nichts andres zu tun gehabt hatte, als dazuliegen und den Himmel anzugucken, sprang auf seine Füße. Und beide begannen dasselbe zu rufen: »Pazzo, pazzo!« Da ihrer nun drei waren, die schrien, so machten sie Lärm genug, um alle Burschen aus der ganzen Straße aufzuscheuchen. Diese kamen aus Ecken und Winkeln herbeigestürzt, und sowie sie Raniero in seinem fadenscheinigen Mantel auf seinem elenden Klepper gewahrten, riefen sie: »Pazzo, pazzo!«

Aber dies war nichts andres, als woran Raniero schon gewöhnt war. Er ritt still durch die Gasse, ohne die Schreier zu beachten.

Sie begnügten sich jedoch nicht damit, zu rufen, sondern einer von ihnen sprang in die Höhe und versuchte das Licht auszublasen.

Raniero hob das Licht empor. Zugleich versuchte er, das Pferd anzutreiben, um den Jungen zu entkommen.

Doch die hielten gleichen Schritt mit ihm und taten alles, was sie konnten, um das Licht auszulöschen.

Je mehr Raniero sich anstrengte, die Flamme zu behüten, desto eifriger wurden sie. Sie sprangen einander auf den Rücken, sie bliesen die Backen auf und pusteten. Sie warfen ihre Mützen nach dem Licht. Nur weil ihrer so viele waren und sie einander wegdrängten, gelang es ihnen nicht, die Lichtflamme zu töten.

Auf der Gasse herrschte das fröhlichste Treiben. An den Fenstern standen Leute und lachten. Niemand fühlte Mitleid mit dem Verrückten, der seine Lichtflamme verteidigen wollte. Es war Kirchenzeit, und viele Kirchenbesucher waren auf dem Wege zur Messe. Auch sie blieben stehen und lachten über den Spaß.

Aber nun stand Raniero aufrecht im Sattel, um das Licht zu bergen. Er sah wild aus. Die Kapuze war hinabgesunken, und man sah sein Gesicht, das bleich und abgezehrt war wie das eines Märtyrers. Das Licht hielt er erhoben, so hoch er vermochte.

Die ganze Gasse war ein einziges Gewühl. Auch die Älteren begannen an dem Spiele teilzunehmen. Die Frauen wehten mit ihren Kopftüchern, und die Männer schwenkten die Barette. Alle arbeiteten daran, das Licht zu verlöschen.

Raniero ritt nun an einem Hause vorbei, das einen Altan hatte. In diesem stand eine Frau. Sie beugte sich über das Geländer, riß das Licht an sich und eilte damit hinein.

Das ganze Volk brach in Gelächter und Jubel aus, aber Raniero wankte im Sattel und stürzte auf die Straße.

Aber wie er da ohnmächtig und geschlagen lag, wurde die Straße sogleich menschenleer.

Keiner wollte sich des Gefallenen annehmen. Sein Pferd allein blieb neben ihm stehen.

Sowie die Volksmenge sich von der Straße zurückgezogen hatte, kam Francesca degli Uberti mit einem brennenden Lichte in der Hand aus ihrem Hause. Sie war noch schön, ihre Züge sanft, und ihre Augen ernst und tief.

Sie ging auf Raniero zu und beugte sich über ihn. Raniero lag bewußtlos, aber in dem Augenblick, in dem der Lichtschein auf sein Antlitz fiel, machte er eine Bewegung und fuhr auf. Es sah aus, als ob die Lichtflamme alle Macht über ihn hätte.

Als Francesca sah, daß er zur Besinnung erwacht war, sagte sie: »Hier hast du dein Licht. Ich entriß es dir, weil ich sah, wie sehr es dir am Herzen lag, es brennend zu erhalten. Ich wußte keinen andern Weg, um dir zu helfen.«

Raniero hatte sich beim Fallen übel zugerichtet. Aber nun konnte niemand ihn halten. Er begann sich langsam aufzurichten. Er wollte gehen, schwankte aber und war nahe daran, wieder zu fallen. Da versuchte er sein Pferd zu besteigen. Francesca half ihm. »Wo willst du hin?« fragte sie, als er wieder im Sattel saß.

»Ich will zur Domkirche«, sagte er.

»Dann will ich dich geleiten«, sagte sie, »denn ich gehe zur Messe.« Und sie nahm den Zügel und führte das Pferd.

Francesca hatte Raniero vom ersten Augenblick an erkannt. Aber Raniero sah nicht, wer sie war, denn er gönnte sich nicht die Zeit, sie zu betrachten. Er hielt den Blick nur auf die Lichtflamme geheftet.

Auf dem Wege sprachen sie kein Wort. Raniero dachte nur an die Lichtflamme, daran, sie in diesen letzten Augenblicken wohl zu hüten. Francesca konnte nicht sprechen, weil sie es deuchte, daß sie nicht klaren Bescheid über das haben wolle, was sie fürchtete. Sie konnte nichts anderes glauben, als daß Raniero wahnsinnig heimgekommen wäre. Aber obgleich sie beinahe davon überzeugt war, wollte sie doch lieber nicht mit ihm sprechen, um nicht volle Gewißheit zu erlangen.

Nach einer Weile hörte Raniero, wie jemand neben ihm weinte. Er sah sich um und merkte, daß es Francesca degli Uberti war, die neben ihm ging, und wie sie so ging, weinte sie. Aber Raniero sah sie nur einen Augenblick und sagte nichts zu ihr. Er wollte nur an die Lichtflamme denken.

Raniero ließ sich zur Sakristei führen. Da stieg er vom Pferde. Er dankte Francesca für ihre Hilfe, sah aber noch immer nicht sie an, sondern das Licht. Er ging allein in die Sakristei zu den Geistlichen.

Francesca trat in die Kirche. Es war Karsamstag, und alle Lichter in der Kirche standen unentzündet auf ihren Altären, zum Zeichen der Trauer. Francesca deuchte es, daß auch bei ihr jede Flamme der Hoffnung, die einst in ihr gebrannt hatte, erloschen wäre.

In der Kirche ging es feierlich zu. Vor dem Altare standen viele Priester. Zahlreiche Domherren saßen im Chore, der Bischof zuoberst unter ihnen.

Nach einer Weile merkte Francesca, daß unter den

Geistlichen eine Bewegung entstand. Beinahe alle, die nicht bei der Messe anwesend sein mußten, erhoben sich und gingen in die Sakristei. Schließlich ging auch der Bischof.

Als die Messe zu Ende war, betrat ein Geistlicher den Chor und begann zum Volke zu sprechen. Er erzählte, daß Raniero di Ranieri mit heiligem Feuer aus Jerusalem nach Florenz gekommen war. Er erzählte, was der Ritter auf dem Wege geduldet und erlitten hatte. Und er pries ihn über alle Maßen.

Die Menschen saßen staunend da und hörten dies. Francesca hatte nie eine so selige Stunde erlebt. »Oh, Gott«, seufzte sie, »dies ist mehr Glück, als ich tragen kann.« Ihre Tränen strömten, während sie lauschte. Der Priester sprach lange und beredt. Zum Schlusse sagte er mit mächtiger Stimme: »Nun kann es gewißlich eine geringe Sache scheinen, daß eine Lichtflamme hierher nach Florenz gebracht wurde. Aber ich sage euch: Betet zu Gott, daß er Florenz viele Träger des ewigen Feuers schenke, dann wird es eine große Macht werden und gebenedeit unter den Städten.«

Als der Priester zu Ende gesprochen hatte, wurden die Haupttore der Domkirche weit geöffnet, und eine Prozession, so gut sie sich in aller Eile hatte ordnen können, zog herein. Da gingen Domherren und Mönche und Geistliche, und sie zogen durch den Mittelgang zum Altare. Zuallerletzt ging der Bischof und an seiner Seite Raniero in demselben Mantel, den er auf dem ganzen Wege getragen hatte.

Aber als Raniero über die Schwelle der Kirche trat, stand ein alter Mann auf und ging auf ihn zu. Es war Oddo, der Vater eines Gesellen, den Raniero in seiner Werkstatt gehabt hatte und der sich um seinetwillen erhängt hatte.

Als dieser Mann zum Bischof und zu Raniero gekommen war, neigte er sich vor ihnen. Hierauf sagte er mit so lauter Stimme, daß alle in der Kirche ihn hörten: »Es ist eine große Sache für Florenz, daß Raniero mit heiligem Feuer aus Jerusalem gekommen ist. Solches ist nie zuvor vernommen worden. Vielleicht, daß darum auch manche sagen werden, es sei unmöglich. Darum bitte ich, daß man das ganze Volk wissen lasse, welche Beweise und Zeugen Raniero dafür gebracht hat, daß dies wirklich Feuer ist, das in Jerusalem entzündet wurde.«

Als Raniero diese Worte vernahm, sagte er: »Nun helfe mir Gott. Wie könnte ich Zeugen haben? Ich habe den Weg allein gemacht. Wüsten und Wildnisse mögen kommen und für mich zeugen.«

»Raniero ist ein ehrlicher Ritter«, sagte der Bischof, »und wir glauben ihm auf sein Wort.«

»Raniero hätte wohl selbst wissen können, daß hierüber Zweifel entstehen würden«, sagte Oddo. »Er wird wohl nicht ganz allein geritten sein. Seine Knappen können wohl für ihn zeugen.«

Da trat Francesca degli Uberti aus der Volksmenge und eilte auf Raniero zu. »Was braucht es Zeugen?« rief sie. »Alle Frauen von Florenz wollen einen Eid ablegen, daß Raniero die Wahrheit spricht.«

Da lächelte Raniero, und sein Gesicht erhellte sich für einen Augenblick. Aber dann wendete er seine Blicke und seine Gedanken wieder der Lichtflamme zu.

In der Kirche entstand ein großer Aufruhr. Einige sagten, daß Raniero die Lichter auf dem Altar nicht entzünden dürfe, ehe seine Sache bewiesen war. Zu diesen gesellten sich viele seiner alten Feinde.

Da erhob sich Jacopo degli Uberti und sprach für Ranieros Sache. »Ich denke, daß alle hier wissen, daß zwischen mir und meinem Eidam nicht allzu große Freundschaft geherrscht hat«, sagte er, »aber jetzt wollen sowohl ich wie meine Söhne uns für ihn verbürgen. Wir glauben, daß er die Tat vollbracht hat, und wir wissen, daß er, der es vermocht hat, ein solches Unternehmen auszuführen, ein weiser, behutsamer und edelgesinnter Mann ist, den wir uns freuen, in unsrer Mitte aufzunehmen.«

Aber Oddo und viele andre waren nicht gesonnen, Raniero das Glück, das er erstrebte, zu gönnen. Sie sammelten sich in einem dichten Haufen, und es war leicht zu sehen, daß sie von ihrer Forderung nicht abstehen wollten.

Raniero begriff, daß sie, wenn es nun zum Kampfe käme, gleich versuchen würden, nach der Lichtflamme zu trachten. Während er die Blicke fest auf seine Widersacher geheftet hielt, hob er das Licht so hoch empor als er nur konnte.

Er sah todmüde und verzweifelt aus. Man sah ihm an, daß er, wenn er auch so lange wie möglich aushalten wollte, doch nur eine Niederlage erwartete. Was frommte es ihm nun, wenn er die Flamme entzünden dürfte. Oddos Worte waren ein Todesstreich gewesen. Wenn der Zweifel einmal geweckt war, dann mußte er sich verbreiten und wachsen. Es deuchte ihn, daß Oddo schon die Lichtflamme für alle Zeit gelöscht hätte.

Ein kleines Vöglein flatterte durch die großen geöffneten Tore in die Kirche. Es flog geradewegs auf Ranieros Licht zu. Dieser konnte es nicht so rasch zurückziehen, und der Vogel stieß daran und löschte die Flamme.

Ranieros Arm sank herunter, und die Tränen traten ihm in die Augen. Aber im ersten Augenblick empfand er dies als eine Erleichterung. Es war besser, als daß Menschen sie getötet hätten. Das kleine Vöglein setzte seinen Flug in die Kirche fort, verwirrt hin und her flatternd, wie Vögel zu tun pflegen, wenn sie in einen geschlossenen Raum kommen. Da brauste mit einem Male durch die ganze Kirche der laute Ruf: »Der Vogel brennt! Die heilige Lichtflamme hat seine Flügel entzündet!«

Der kleine Vogel piepste ängstlich. Er flog ein paar Augenblicke wie eine flatternde Flamme unter den hohen Wölbungen des Chors umher. Dann sank er rasch und fiel tot vor dem Altar der Madonna nieder. Aber in demselben Augenblick, wo der Vogel auf den Altar niederfiel, stand Raniero da. Er hatte sich einen Weg durch die Kirche gebahnt, nichts hatte ihn halten können. Und an den Flammen, die die Schwingen des Vogels verzehrten, entzündete er die Kerzen vor dem Altar der Heiligen Jungfrau.

Da erhob der Bischof seinen Stab und rief: »Gott wollte es! Gott hat für ihn gezeugt!«

Von Raniero ist noch zu berichten, daß er hinfort seiner Lebtag großes Glück genoß und weise, behutsam und barmherzig war. Aber das Volk von Florenz nannte ihn immer Pazzo di Raniero, zur Erinnerung daran, daß man ihn für toll gehalten hatte. Und dies ward ein Ehrentitel für ihn. Er gründete ein edles Geschlecht, und dieses nahm den Namen Pazzi an, und so nennt es sich noch heute.

Es mag weiter berichtet werden, daß es in Florenz Sitte wurde, jedes Jahr am Karsamstag ein Fest zur Erinnerung an Ranieros Heimkunft mit dem heiligen Feuer zu feiern, und daß man dabei immer einen künstlichen Vogel mit Feuer durch den Dom fliegen läßt. Und so wird dieses Fest wohl auch noch in diesem Jahr begangen worden sein, wenn nicht ganz vor kurzem eine Änderung eingetreten ist.

Aber ob es wahr ist, wie viele meinen, daß die Träger heiligen Feuers, die in Florenz gelebt und die Stadt zu einer der herrlichsten der Erde gemacht haben, ihr Vorbild in Raniero fanden und dadurch ermutigt wurden, zu opfern, zu leiden und auszuharren, dies mag hier unausgesagt bleiben.

Denn was von dem Lichte bewirkt wurde, das in dunklen Zeiten von Jerusalem ausgegangen ist, läßt sich weder messen noch zählen.

Inhalt

SELMA LAGERLÖF

GESAMMELTE WERKE
ERSTER BAND

Herausgegeben von
Hans A. Neunzig

NYMPHENBURGER

SELMA LAGERLÖF

GESCHICHTEN UND SAGEN

NYMPHENBURGER

Aus dem Schwedischen übersetzt von Marie Franzos; »Das Mädchen vom Moorhof« von Marie Franzos und Pauline Klaiber-Gottschau, neu bearbeitet von Carola von Crailsheim.

Umschlaggestaltung: R. Susanne Berner, München
Satz: Bauer & Bökeler Filmsatz KG, Denkendorf
Druck und Bindung: Welsermühl, Wels
Printed in Austria
ISBN 3-485-00386-7

Das Mädchen vom Moorhof

I

Die Geschichte beginnt in einem Thingsaal draußen auf dem Land. Am Richtertisch weit oben im Saal sitzt der Richter, ein großer, starker Mann mit breitem, grobgeschnittenem Gesicht. Seit vielen Stunden hat er einen Fall nach dem anderen entschieden, und schließlich ist etwas wie Überdruß und Düsterheit über ihn gekommen. Es ist schwer zu beurteilen, ob es die Hitze und Schwüle des Gerichtssaales ist, die ihn bedrückt, oder die Beschäftigung mit diesen vielen kleinlichen Zwistigkeiten, die alle aus Händelsucht, Unbarmherzigkeit und Geldgier entstanden sind. Er hat gerade mit einer der letzten Verhandlungen begonnen, die heute durchgeführt werden sollen. Es handelt sich um die Forderung eines Erziehungsbeitrages.

Dieser Fall ist schon am vorigen Gerichtstag verhandelt worden, und das Protokoll des früheren Prozesses wird eben verlesen. Daraus erfährt man, daß die Klägerin eine arme Dienstmagd ist und der Beklagte ein verheirateter Mann.

Weiter geht aus dem Protokoll hervor, daß der Beklagte erklärt hat, die Klägerin habe ihn zu Unrecht und nur aus Gewinnsucht hierher laden lassen. Er gibt zu, daß die Klägerin eine Zeitlang auf seinem Hof in Dienst gestanden hat; er aber habe sich während dieser Zeit in keinerlei Liebeshändel mit ihr eingelassen, und sie habe kein Recht, irgendwelche Unterstützung von ihm zu begehren. Die Klägerin jedoch hat an ihrer Behauptung festgehalten; und nachdem einige Zeugen vernommen waren, ist dem Beklagten auferlegt worden, einen Eid zu leisten, wenn er nicht verurteilt werden wolle, der Klägerin die verlangte Unterstützung zu zahlen.

Beide Parteien haben sich eingefunden und stehen nebeneinander vor dem Gerichtstisch. Die Klägerin ist sehr jung und sieht ganz verschüchtert aus. Sie weint vor Scham und trocknet mühsam ihre Tränen mit einem zusammengeknüllten Taschentuch; es scheint, als könne sie es nicht auseinanderfalten. Sie trägt schwarze Kleider, die ziemlich neu und ungetragen aussehen, aber sie sitzen so schlecht, daß man versucht ist zu glauben, sie habe sie sich ausgeliehen, um anständig vor Gericht erscheinen zu können.

Was den Beklagten anlangt, so sieht man ihm gleich an, daß er ein wohlgestellter Mann ist. Er mag etwa vierzig Jahre alt sein und hat ein zuversichtliches und frisches Aussehen. Wie er da vor dem Richterstuhl steht, zeigt er eine sehr gute Haltung. Es sieht ja nicht aus, als fände er ein besonderes Vergnügen daran, da zu stehen, aber er macht auch durchaus keinen befangenen Eindruck.

Als das Protokoll verlesen ist, wendet sich der Richter an den Beklagten und fragt ihn, ob er an seinem Leugnen festhalte und ob er bereit sei, den Eid zu schwören.

Auf diese Frage antwortet der Beklagte sogleich mit einem raschen Ja. Er fängt an, in seiner Westentasche zu suchen, und holt ein Zeugnis des Pfarrers hervor, daß er die Wichtigkeit und Bedeutung des Eides kenne und kein Hinderungsgrund für ihn vorliege, ihn zu schwören.

Während dieser ganzen Zeit hat die Klägerin nicht aufgehört zu weinen. Sie scheint unüberwindlich scheu zu sein und hält die Augen hartnäckig zu Boden gesenkt. Sie hat den Blick noch nicht so weit erhoben, daß sie dem Beklagten ins Gesicht sehen könnte.

Als er nun sein Ja gesagt hat, zuckt sie zusammen. Sie tritt ein paar Schritte näher an den Richter heran, als hätte sie etwas einzuwenden; aber dann bleibt sie stehen. Es sei wohl nicht möglich, scheint sie sich zu sagen, er könne nicht ja gesagt haben. – Ich habe nicht recht gehört . . .

Indessen nimmt der Richter das Zeugnis in die Hand und gibt zugleich dem Gerichtsdiener einen Wink. Der Gerichtsdiener tritt an den Tisch, um die Bibel zu nehmen und sie vor den Beklagten hinzulegen.

Die Klägerin hört, daß jemand an ihr vorbeigeht, und wird unruhig. Sie zwingt sich, den Blick so weit zu heben, daß sie über den Tisch hinsehen kann, und da sieht sie, daß der Gerichtsdiener die Bibel zurechtlegt.

Noch einmal sieht es aus, als wollte sie Einspruch erheben. Aber sie hält sich wieder zurück. – Es ist ja nicht möglich, daß er den Eid ablegt. Der Richter muß ihn doch daran hindern.

Der Richter war ein kluger Mann, er wußte gar wohl, was die Leute in seiner Heimat dachten und fühlten. Er mußte doch wissen, wie streng alle diese Menschen sind, sobald es sich um etwas handelt, was die Ehe betrifft. Sie kannten keine ärgere Sünde als die, die sie begangen hatte. Würde sie je so etwas aus sich selbst eingestanden haben, wenn es nicht wahr gewesen wäre? Der Richter mußte wissen, welche furchtbare Verachtung sie sich zugezogen hatte. Und nicht nur Verachtung allein, sondern auch alles mögliche Elend. Niemand wollte sie in Dienst nehmen. Niemand wollte ihre Arbeit haben. Ihre eignen Eltern duldeten sie kaum im Haus, sondern sprachen jeden Tag davon, sie hinauszuwerfen. Nein, der Richter mußte wohl begreifen, daß sie keine Unterstützung von einem verheirateten Mann verlangt hätte, wenn ihr kein Recht darauf zustünde.

Der Richter konnte doch nicht glauben, daß sie in einer solchen Sache lüge, daß sie so furchtbares Unglück auf sich heraufbeschworen hätte, wenn sie einen andern hätte anklagen können als einen verheirateten Mann. Und wenn er dies wußte, müßte er den Eid doch verhindern.

Sie sieht, daß der Richter das Zeugnis des Pfarrers ein paarmal durchliest. Darum fängt sie zu glauben an, daß er eingreifen werde.

Es ist auch richtig, daß der Richter nachdenklich aussieht. Er heftet seine Blicke ein paarmal auf die Klägerin. Der Ausdruck von Widerwillen auf seinem Gesicht wird immer deutlicher. Er ist gegen sie eingenommen. Selbst wenn die Klägerin die Wahrheit spricht, ist sie eine schlechte Person, und der Richter kann keine Teilnahme für sie empfinden.

Es kommt manchmal vor, daß der Richter in einen Prozeß eingreift als ein guter und kluger Ratgeber, der die Parteien davor behütet, sich ganz und gar zugrunde zu richten. Aber diesmal ist er müde und mißgestimmt und läßt dem gesetzlichen Verfahren seinen Lauf.

Er legt das Zeugnis hin und sagt dem Beklagten, er hoffe, daß dieser die verhängnisvollen Folgen eines falschen Schwurs genau bedacht habe. Der Beklagte hört ihn mit derselben Ruhe an, die er die ganze Zeit über an den Tag gelegt hat, und antwortet ehrerbietig und nicht ohne Würde.

Die Klägerin hört dies mit dem äußersten Schrecken. Sie macht ein paar heftige Bewegungen und preßt die Hände zusammen. Nun will sie vor dem Richterstuhl sprechen. Sie kämpft einen furchtbaren Kampf mit ihrer Scheu und mit dem Schluchzen, das ihr die Kehle zusammenschnürt. Aber sie bringt kein hörbares Wort hervor.

Der Eid soll also geleistet werden. Er wird ihn ablegen. Niemand wird ihn hindern, seine Seele zu verschwören.

Bis dahin hat sie nicht glauben können, daß es geschehen würde. Aber jetzt packt sie die Gewißheit, daß es unmittelbar bevorsteht, daß es im nächsten Augenblick geschehen wird. Ein Schrecken, der viel überwältigender ist als alles, was sie bisher gekannt hat, bemächtigt sich ihrer. Sie steht wie versteinert, sie weint nicht einmal mehr. Die Augen erstarren ihr im Kopf.

Es ist also seine Absicht, sich um seines Weibes willen freizuschwören. Aber wenn er auch einen schweren Stand mit ihr haben sollte – deshalb darf er doch nicht seiner Seele Seligkeit preisgeben.

Es gibt nichts Furchtbareres als einen Meineid. Es ist etwas Geheimnisvolles und Gräßliches um diese Sünde. Es gibt keine Gnade, keine Vergebung für sie. Die Tore des Abgrundes öffnen sich von selbst, wenn der Name des Meineidigen genannt wird.

Wenn sie jetzt die Blicke zu seinem Gesicht erhoben hätte – sie hätte gefürchtet, es schon mit irgendeinem Zeichen der Verdammnis gebrandmarkt zu sehen, ihm aufgeprägt von Gottes Zorn.

Während sie so dasteht und immer größere Angst sich ihrer bemächtigt, hat der Richter dem Beklagten gezeigt, wie er die Finger auf die Bibel zu legen hat. Dann schlägt der Richter im Gesetzbuch nach, um die Eidesformel zu finden.

Als sie ihn die Finger auf das Buch legen sieht, macht sie noch einen Schritt zum Richterstuhl hin; es sieht aus, als wollte sie sich über den Tisch beugen und seine Hand fortziehen.

Aber noch wird sie von einer letzten Hoffnung zurückgehalten. Sie glaubt, daß er jetzt im letzten Augenblick noch vom Schwur abstehen werde.

Der Richter hat die Seite im Gesetzbuch gefunden, nach der er gesucht hat; und jetzt beginnt er, den Eid laut und deutlich vorzusagen. Dann macht er eine Pause, damit der Beklagte seine Worte nachsprechen könne. Und der Beklagte fängt wirklich an, sie nachzusprechen; aber er macht einen kleinen Fehler, so daß der Richter von vorn anfangen muß.

Jetzt kann sie keinen Schimmer von Hoffnung mehr haben. Jetzt weiß sie, daß er falsch schwören, daß er Gottes Zorn für das weitere Leben auf sich herabschwören will.

Sie steht da und ringt in ihrer Hilflosigkeit die Hände. Alles ist ihre Schuld, weil sie ihn verklagt hat. Aber sie war ohne Arbeit, sie hat gehungert und gefroren. Das Kind lag im Sterben. An wen sonst hätte sie sich um Hilfe wenden sollen?

Nie hätte sie geglaubt, daß er eine so schreckliche Sünde begehen könnte.

Jetzt hat der Richter den Eid noch einmal vorgesprochen. In wenigen Augenblicken wird die Tat vollbracht sein. Jene Tat, von der es keine Umkehr gibt, die niemals gutgemacht, niemals ausgelöscht werden kann.

Gerade als der Beklagte anfängt, den Eid nachzusprechen, stürzt sie vor, schleudert seine ausgestreckte Hand beiseite und reißt die Bibel an sich.

Ein furchtbares Entsetzen hat ihr endlich Mut gegeben. Er darf seine Seele nicht verschwören. Er darf nicht.

Der Gerichtsdiener eilt herbei, sie zur Ordnung zu rufen und ihr die Bibel abzunehmen. Sie hat ungeheure Angst vor allem, was mit dem Gericht zusammenhängt, und sie glaubt, daß, was sie jetzt getan hat, sie auf die Festung bringen werde. Aber sie gibt die Bibel nicht her. Was es auch kosten möge, er darf den Eid nicht ablegen. Auch der, der schwören will, läuft herbei, um das Buch zu ergreifen; aber sie leistet auch ihm Widerstand.

»Du darfst den Eid nicht schwören!« ruft sie. »Du darfst nicht!«

Was jetzt vorgeht, erweckt natürlich das größte Staunen. Die Versammelten drängen zum Richtertisch, die Geschworenen erheben sich, der Protokollführer springt auf, das Tintenfaß in der Hand, damit es nicht umgestürzt werde.

Da ruft der Richter mit lauter, zorniger Stimme: »Ruhe!«, und alle Menschen bleiben regungslos stehen.

»Was fällt dir ein? Was hast du mit der Bibel zu schaffen?« fragt der Richter die Klägerin mit harter, strenger Stimme.

Nachdem sie ihrer Angst in einer Tat der Verzweiflung Luft gemacht hat, ist ihre Beklommenheit gewichen, so daß sie antworten kann: »Er darf den Eid nicht ablegen!«

»Sei still und gib das Buch zurück!« ruft der Richter. Aber sie gehorcht nicht, sondern umklammert das Buch mit beiden Händen.

»Er darf den Eid nicht ablegen!« ruft sie mit ungezügelter Heftigkeit.

»Ist es dir so sehr darum zu tun, den Prozeß zu gewinnen?« fragt der Richter in immer schärferem Ton.

»Ich will die Klage zurückziehen!« ruft sie mit lauter Stimme. »Ich will ihn nicht zwingen zu schwören!«

»Was schreist du da?« fragt der Richter. »Hast du den Verstand verloren?«

Sie ringt heftig nach Atem und versucht sich zu beruhigen. Sie hört selbst, wie sie schreit. Der Richter muß wohl glauben, daß sie toll geworden sei, weil sie das, was sie will, nicht in ruhigen Worten sagen kann. Noch einmal kämpft sie mit sich selbst, um Macht über ihre Stimme zu erlangen, und diesmal gelingt es ihr. Sie sagt langsam, ernst, laut, während sie dem Richter ins Gesicht sieht:

»Ich will die Klage zurückziehen. Er ist der Vater des Kindes. Aber ich hab' ihn noch lieb. Ich will nicht, daß er falsch schwört!«

Sie steht aufrecht und entschlossen vor dem Richtertisch und sieht in das strenge Gesicht des Richters. Er hat beide Hände auf den Tisch gestützt und wendet lange, lange nicht den Blick von ihr. Während der Richter sie betrachtet, geht eine große Veränderung in ihm vor. Der Widerwille in seinen Zügen schwindet, und das große, grobe Gesicht wird durch die Rührung geradezu schön. Sieh da, denkt der Richter, sieh da, so ist mein Volk. Ich will mich nicht darüber beklagen, wo doch bei einer der Geringsten so viel Liebe und Gottesfurcht zu finden ist.

Plötzlich aber spürt der Richter, daß seine Augen sich mit Tränen füllen, und da zuckt er beinahe beschämt zusammen und wirft einen raschen Blick um sich. Da sieht er, daß die Schreiber und die Gerichtsdiener und die ganze lange Reihe der Beisitzer sich vorgebeugt haben, um das Mädchen anzusehen, das vor dem Richtertisch steht, die Bibel an die Brust gepreßt. Und er sieht einen Schimmer auf ihren Gesichtern, als hätten sie etwas Wunderschönes erlebt, das sie bis in das tiefste Herz erfreut hat.

Hierauf sieht der Richter auch über das versammelte Volk hin, und ihm ist, als säßen alle diese Menschen stumm und atemlos da, als hätten sie gerade jetzt das gehört, wonach sie sich am meisten sehnten. Zu allerletzt sieht der Richter den Beklagten an. Jetzt ist er es, der mit gesenktem Kopf dasteht und zu Boden blickt.

Der Richter wendet sich abermals an das arme Mädchen. »Es soll so sein, wie du es willst«, sagt er. »Die Klage wird zurückgezogen«, diktiert er dem Protokollführer.

Der Beklagte macht eine Bewegung, als wolle er einen Einwand vorbringen. »Was denn? Was denn?« schreit ihn der Richter an: »Hast du vielleicht etwas dagegen?« Der Beklagte läßt den Kopf noch tiefer sinken und sagt dann kaum hörbar: »Ach nein, es ist wohl am besten so.«

Der Richter sitzt noch einen Augenblick still, dann schiebt er den schweren Stuhl zurück, erhebt sich und geht um den Tisch herum zur Klägerin hin.

»Ich danke dir«, sagt er und reicht ihr die Hand.

Sie hat die Bibel jetzt fortgelegt und steht da und weint und trocknet die Tränen mit dem zusammengerollten Taschentuch.

»Ich danke dir«, sagt der Richter noch einmal und ergreift ihre Hand so leicht und behutsam, als wäre sie etwas gar Feines und Kostbares.

2

Niemand darf glauben, daß das Mädchen, das eine so schwere Stunde vor dem Gericht durchgemacht hat, meinte, sie habe etwas Ungewöhnliches getan. Sie fühlte sich vielmehr von allen verachtet. Sie verstand auch nicht die Ehre, die darin lag, daß der Richter auf sie zugekommen war und ihr die Hand geschüttelt hatte. Sie glaubte, das bedeute nur, daß die Verhandlung zu Ende sei und sie ihrer Wege gehen könne. Sie sah auch nicht, daß die Leute ihr freundliche Blicke zuwarfen und daß ihr mehrere die Hand drücken wollten. Sie schlich sich nur davon und wollte fort. Aber unten an der Tür herrschte ein großes Gedränge. Die Sitzung war zu Ende, und viele wollten wieder ins Freie. Sie drückte sich an die Wand und war die letzte, die den Thingsaal verließ. Sie meinte, daß alle andern vor ihr hinausgehen müßten.

Als sie endlich ins Freie kam, stand Gudmund Erlandssons Wägelchen angespannt vor der Freitreppe. Gudmund saß darin, die Zügel in der Hand, und schien auf jemand zu warten. Sowie er ihrer unter allem Volk, das aus dem Thingsaal strömte, ansichtig wurde, rief er ihr zu: »Komm her, Helga! Du kannst mit mir fahren, wir haben denselben Weg.«

Aber obgleich sie ihren Namen hörte – sie konnte nicht glauben, daß er sie rief. Es war nicht möglich, daß Gudmund Erlandsson sie fahren wollte. Er war der schmuckste Bursche im ganzen Kirchspiel, jung und schön und aus gutem Hause und bei allen Leuten beliebt. Sie konnte nicht glauben, daß er etwas mit ihr zu tun haben wolle.

Sie ging, das Kopftuch tief in die Stirn geschoben, an ihm vorbei, ohne aufzusehen oder zu antworten.

»Hör doch, Helga, du kannst mit mir fahren«, rief Gudmund freundlich. Aber sie konnte es nicht glauben, daß er es gut mit ihr meine. Gewiß wollte er sie nur verspotten. Sicher würden die herumstehenden Leute gleich anfangen, über sie zu lachen. Sie warf ihm einen erschrockenen und zornigen Blick zu und lief vom Thingplatz fort, um außer Hörweite zu sein, wenn das Lachen einsetzen würde.

Gudmund war damals noch unverheiratet und wohnte bei seinen Eltern. Der Vater war ein kleiner Bauer. Er hatte keinen großen Hof und war nicht vermögend, aber er konnte sorgenfrei leben. Der Sohn war zum Thing gefahren, um einige Urkunden für seinen Vater zu holen, aber da er noch eine andre Absicht mit seiner Fahrt verband, hatte er sich fein hergerichtet. Er hatte das neue Wägelchen genommen, dessen Lackierung keine Schramme aufwies; das Pferd hatte er gestriegelt, bis es wie Seide glänzte, und das Sattelzeug fein geputzt. Er hatte eine schmukke, rote Decke neben sich auf den Sitz gelegt, und sich selbst hatte er mit einem kurzen Jagdrock, einem kleinen grauen Filzhut und hohen Stiefeln ausstaffiert, in die die Hosen hineingesteckt waren. Es war kein Feiertagsgewand, aber er wußte, daß er männlich und stattlich darin aussah.

Als Gudmund am Morgen von daheim fortfuhr, hatte er allein im Wagen gesessen, aber er war in angenehme Gedanken versunken, und die Zeit war ihm nicht lang erschienen. Ungefähr auf halbem Wege fuhr er an einem armen Mädchen vorbei, das sehr langsam ging und aussah, als könne es vor Müdigkeit kaum einen Fuß vor den andern setzen. Es war Herbst, der Weg war vom Regen aufgeweicht, und Gudmund sah, wie sie bei jedem Schritt tief in den Schmutz einsank. Er hielt an und fragte, wohin sie gehe, und als er erfuhr, daß sie zum Thing wolle, bot er ihr an, mitzufahren. Sie dankte und stieg rückwärts auf den Wagen, auf das schmale Brett, an dem der Heusack festgebunden war, als wagte sie es nicht, die rote Decke neben Gudmund zu berühren. Es war auch nicht seine Absicht gewesen, daß sie sich neben ihn setzte. Er kannte sie nicht, vermutete aber, sie sei die Tochter irgendeines armen Häuslers, und fand, es sei schon Ehre genug, wenn sie hinten sitzen dürfe.

Als sie an einen Hügel kamen und das Pferd den Schritt verlangsamte, begann Gudmund zu plaudern. Er wollte wissen, wie sie heiße und wo sie daheim sei. Als er hörte, daß sie Helga hieß und von einem Waldgütchen stammte, das man den Moorhof nannte, begann er unruhig zu werden. »Bist du immer daheim gewesen oder warst du im Dienst?« fragte er. Das letzte Jahr wäre sie daheim gewesen, früher hätte sie einen Dienstplatz gehabt. »Bei wem denn?« fragte Gudmund hastig.

Die Antwort ließ lange auf sich warten. »Im Sternhof, bei Per Martensson«, flüsterte sie so leise, als solle er es nicht hören. Aber Gudmund verstand sie doch. »Ja, so, dann bist du also die . . .«, sagte er, beendete aber den Satz nicht. Dann wandte er sich ab, richtete sich gerade auf und sprach kein einziges Wort mehr zu ihr.

Gudmund versetzte dem Pferde einen Hieb nach dem andern, fluchte laut über den schlechten Weg und schien schlechter Laune zu sein. Ein Weilchen verhielt sich das Mädchen still, aber bald fühlte Gudmund seine Hand auf seinem Arm. »Was willst du?« fragte er, ohne den Kopf zu wenden. Ja, er solle halten, damit sie abspringen könne. »Ach, warum denn?« sagte Gudmund in verächtlichem Tone. »Fährst du nicht gut?« – »Ja, danke, aber ich gehe doch lieber.« Gudmund kämpfte ein wenig mit sich selbst. Er war ärgerlich, daß er gerade an diesem Tage eine solche wie Helga aufgefordert hatte, mitzufahren. Aber er fand, daß er sie, nun er sie einmal in den Wagen genommen hatte, nicht wieder absetzen könne. »Halte, Gudmund«, sagte das Mädchen noch einmal. Sie sprach sehr bestimmt, und Gudmund zog die Zügel an. – »Wenn sie durchaus aussteigen will«, dachte er, »brauche ich sie doch nicht zu zwingen, gegen ihren Willen zu fahren.« Sie war schon unten auf der Straße, bevor noch das Pferd ganz stehengeblieben war. – »Ich glaubte, du kanntest mich, als du mich aufferdertest, mitzufahren«, sagte sie, »sonst wäre ich gar nicht eingestiegen.« Gudmund sagte kurz: »Behüt Gott!« und fuhr weiter. Sie hatte Grund gehabt zu glauben, daß er sie kenne. Er hatte ja das Dirnlein vom Moorhof oftmals als Kind gesehen; aber sie hatte sich verändert, seit sie herangewachsen war. Zuerst war er sehr froh, die Reisekameradin los zu sein, aber allmählich begann er mit sich selbst unzufrieden zu werden. Er hätte kaum anders handeln können, aber er war nicht gern grausam gegen irgend jemand.

Ein kleines Weilchen, nachdem Gudmund sich von Helga getrennt hatte, bog er von der Straße ab, fuhr ein enges Gäßchen hinauf und kam zu einem prächtigen, großen Bauernhof. Als Gudmund vor dem Hause hielt, öffnete sich die Eingangstür und eine der Töchter kam heraus. Gudmund zog den Hut und grüßte, dabei huschte eine leichte Röte über sein Gesicht. »Ich möchte wohl wissen, ob der Herr Amtmann daheim ist«, sagte er. – »Nein, Vater ist zum Thing gefahren«, antwortete die Tochter. – »So, so, ist er schon fort?« sagte Gudmund. »Ich bin hergekommen, um zu fragen, ob der Herr Amtmann nicht mit mir fahren möchte. Ich will auch zum Thing.« – »Ach, Vater ist immer so überpünktlich«, klagte die Tochter. – »Das ist nicht weiter schlimm«, sagte Gudmund. – »Vater wäre gewiß gern mit einem so prächtigen Pferd und in einem so schmucken Wagen gefahren«, sagte das Mädchen freundlich. Gudmund lächelte ein wenig, als er das Lob hörte. – »Ja, da muß ich also wieder abziehen«, sagte er. – »Du willst nicht hereinkommen, Gudmund?« – »Danke schön, Hildur, aber ich darf nicht zu spät kommen.«

Gudmund fuhr nun geradewegs zum Thinghause. Er war sehr vergnügt und dachte nicht mehr an seine Begegnung mit Helga. Es war doch schön, daß gerade Hildur herausgekommen war und daß sie den Wagen und die Decke und das Pferd und das Sattelzeug gesehen hatte.

Es war das erstemal, daß Gudmund auf einem Thing war. Er fand, daß es da sehr viel zu hören und zu erfahren gäbe, und blieb den ganzen Tag dort. Er saß im Thingsaal, als Helgas Sache geführt wurde, und sah, wie sie die Bibel an sich riß und Gerichtsdienern und Richtern standhielt. Als alles zu Ende war und der Richter Helga die Hand gedrückt hatte, stand Gudmund schnell auf und verließ den Saal. Rasch spannte er das Pferd vor den Wagen und fuhr vor der Treppe vor. Er fand, daß Helga sehr tapfer gewesen war und wollte sie dafür ehren. Aber sie war so verschüchtert, daß sie seine Absicht nicht verstand und der ihr zugedachten Ehrung entfloh.

Am gleichen Tag kam Gudmund spät abends zum Moorhof. Das war ein kleines Gehöft auf dem Abhang des bewaldeten Hügels. Der Weg, der hinaufführte, war nur im Winter für Schlitten fahrbar. Gudmund mußte zu Fuß gehen. Es war ihm sauer geworden, vorwärtszukommen, so unwegsam und holprig waren die Pfade. An mehreren Stellen wurden sie von Bächen durchschnitten, die er durchwaten mußte. Wäre nicht Vollmond gewesen, hätte er kaum hinfinden können, und er dachte, dies sei ein beschwerlicher Weg, den Helga hatte heute gehen müssen.

Der Moorhof lag an einer ausgerodeten Stelle, etwa auf halber Höhe des Hügels. Gudmund war noch nie dort gewesen, aber er hatte den Hof oft unten vom Tal aus gesehen, wußte daher, daß er richtig gegangen war.

Rings um die ausgerodete Stelle zog sich ein Reisigzaun, der sehr dicht und sehr schwer zu übersteigen war. Er sollte wohl gleichsam Wehr und Hort gegen die Wildnis sein, die das Gehöft umgab. Das Haus selbst stand am oberen Rand des Zauns. Davor breitete sich ein abschüssiger, von kurzem, grünem Gras bewachsener Hof aus. Unterhalb des Hofes standen ein paar graue Schuppen und ein Keller mit grünem Torfdach. Es war ein ärmliches und bescheidenes Anwesen, aber es ließ sich nicht leugnen, hier oben war es schön. Das Moor, nach dem der Hof hieß, lag ganz in der Nähe und sandte Nebel herauf, die im Mondschein prachtvoll und silberglänzend heranwogten und einen Kranz um den Hügel bildeten. Nur der höchste Gipfel ragte noch aus dem Nebel empor. Er zeichnete sich mit seinen Tannen scharf und zackig vom Himmel ab. Unten, über dem Tal, lag das Licht des Mondes so hell, daß man Felder und Gehöfte und einen geschlängelten Bach unterscheiden konnte, über dem der Nebel wie ein leichter Duft schwebte. Es war nicht weit dort hinunter, aber das Seltsame war, daß das Tal wie eine fremde Welt dalag, mit der das, was hier oben dem Wald angehörte, nichts gemein hatte. Es war, als müßten die Menschen, die hier auf dem Waldgut hausten, immer unter diesen Bäumen gehen, als könnten sie unten im Tal ebensowenig leben wie Auerhähne, Bergeulen, Luchse und das Gezweig der Heidelbeeren.

Gudmund schritt über die Wiese auf das Haus zu. Es war beleuchtet, aber die Scheiben waren nicht verhangen. Er spähte hinein, um zu sehen, ob Helga da sei. Auf einem Tisch am Fenster brannte ein kleines Lämpchen, davor flickte der Hausvater alte Schuhe. Neben dem Herd, in dem ein schwaches Feuer flackerte, saß die Hausmutter am Spinnrocken. Aber sie hatte aufgehört zu arbeiten, um mit einem kleinen Kind zu spielen. Sie hatte es aus der Wiege genommen, und Gudmund hörte bis zu sich heraus, wie sie mit ihm lachte und scherzte. Ihr Gesicht war von Runzeln durchfurcht, und sie sah streng aus. Aber wie sie sich so über das Kind beugte, bekam ihr Gesicht einen sanften Ausdruck, und sie lächelte dem Kind so zärtlich zu, wie seine eigene Mutter es nicht zärtlicher konnte.

Gudmund suchte nach Helga, konnte sie aber nirgends entdecken. Es war wohl am besten, draußen auf sie zu warten, bis sie käme.

Er wunderte sich, daß sie noch nicht zu Hause war. Vielleicht war sie auf dem Heimweg bei Bekannten eingekehrt, um auszuruhen und um etwas zu essen? Wollte sie aber vor Einbruch der Dunkelheit nach Hause kommen, durfte sie nicht mehr lange ausbleiben.

Gudmund blieb eine Weile mitten im Hof stehen und lauschte. Tiefe Stille umgab ihn. Kein Lüftchen regte sich. Ihm war, als habe er nie vorher solche Stille erlebt. Es war, als hielte der ganze Wald den Atem an und warte auf etwas Merkwürdiges.

Niemand ging durch den Wald, niemand knickte ein Zweiglein oder brachte einen Stein zum Rollen. Helga kam scheinbar noch lange nicht. »Ich möchte wissen, was sie sagt, wenn sie mich hier sieht«, dachte Gudmund. »Vielleicht schreit sie, läuft in den Wald und wagt sich die ganze Nacht nicht heim.«

Dabei fiel ihm ein, es sei doch recht sonderbar, daß er nun auf einmal soviel mit dieser Häuslerdirne zu schaffen hatte.

Als er vom Thing heimkam, war er wie gewöhnlich zu seiner Mutter hineingegangen, um ihr alles zu erzählen, was er während des Tages erlebt hatte. Gudmunds Mutter war klug und großzügig und hatte es verstanden, sich das Vertrauen des Sohnes zu erhalten. Seit mehreren Jahren war sie leidend und saß den ganzen Tag still in ihrem Lehnstuhl. Es war immer eine gute Stunde für sie, wenn Gudmund nach Hause kam und ihr Neuigkeiten erzählte.

Als er nun von Helga vom Moorhof berichtete, sah er, daß die Mutter gedankenvoll wurde. Lange saß sie stumm da und sah gerade vor sich hin. »Es scheint doch ein guter

Kern in diesem Mädchen zu stecken«, sagte sie dann. »Man darf niemand verdammen, weil er einmal ins Unglück gekommen ist. Sicher würde sie sich dem, der ihr jetzt beistünde, dankbar erweisen.« Gudmund begriff sogleich, woran die Mutter dachte. Sie konnte sich nicht mehr selbst helfen, sondern mußte beständig jemand um sich haben, der ihr beistand. Es war immer wieder schwer, jemand Passendes zu finden. Die Mutter war anspruchsvoll und nicht leicht zu befriedigen, und die jungen Mägde wollten lieber eine andere Arbeit haben, bei der sie mehr Freiheit genossen. Nun war es sicher der Mutter eingefallen, daß sie Helga vom Moorhof in Dienst nehmen könnte. Gudmund fand, dies sei eine gute Idee. Helga würde der Mutter gewiß treu dienen. Außerdem würde ihr auf diese Weise auf lange geholfen.

»Am schwersten wird es mit dem Kinde sein«, sagte die Mutter nach einer Weile, und Gudmund begriff, daß sie ernsthaft an die Sache dachte. – »Das muß wohl bei den Großeltern bleiben«, sagte Gudmund. – »Es ist nicht ausgemacht, daß sie sich von ihm trennen will.« – »Sie wird es sich abgewöhnen müssen, daran zu denken, was sie will und nicht will. Ich finde, daß sie förmlich verhungert aussieht. Dort oben auf dem Moorhofe ist wohl Schmalhans Küchenmeister.«

Darauf antwortete die Mutter nichts, sondern begann, von etwas anderem zu sprechen.

Er merkte, daß neue Bedenken sie zu keinem Entschluß kommen ließen.

Gudmund begann nun zu erzählen, wie er den Amtmann auf Älvåkra aufgesucht und Hildur getroffen hatte. Er berichtete, was sie über das Pferd und den Wagen gesagt hatte, und es war leicht zu merken, daß er sich der Begegnung freute. Auch die Mutter schien sehr vergnügt. Wie sie so unbeweglich in ihrem Lehnstuhl saß, war es ihre stete Beschäftigung, Pläne für die Zukunft des Sohnes zu schmieden. Der Einfall, um die schöne Amtmannstochter zu werben, stammte von der Mutter. Das wäre die großartigste Heirat, die er machen könnte. Der Amtmann war ein richtiger Großbauer. Er besaß nicht nur den größten Hof im Kirchspiel, sondern auch Macht und Geld. Natürlich war es töricht zu hoffen, er würde sich mit einem Schwiegersohn zufriedengeben, der kein größeres Vermögen aufzuweisen hatte als Gudmund. Aber es war immerhin möglich, daß er Wünsche der Tochter achtete. Und daß Gudmund Hildur gewinnen könne, wenn er es nur wollte, davon war die Mutter fest überzeugt.

Dies war das erstemal, daß Gudmund die Mutter merken ließ, wie der Gedanke bei ihm Wurzel geschlagen hatte, und sie sprachen nun ein langes und breites von Hildur und von allen Reichtümern und Vorteilen, die dem zufallen würden, der sie einmal bekäme. Aber bald stockte das Gespräch wieder, weil die Mutter von neuem in ihre Grübeleien versunken war. »Könntest du diese Helga nicht holen lassen? Ich möchte sie doch sehen, bevor ich sie in meine Dienste nehme«, sagte sie schließlich. – »Das ist schön, daß du dich ihrer annehmen willst, Mutter«, entgegnete Gudmund und dachte bei sich: wenn die Mutter eine Pflegerin bekäme, mit der sie zufrieden wäre, würde seine Frau hier ein behaglicheres Leben führen. »Du wirst sehen, daß du mit dem Mädchen zufrieden sein wirst«, fuhr er fort. – »Es ist ja auch ein gutes Werk, sich ihrer anzunehmen«, sagte die Mutter.

Als es zu dämmern begann, begab sich die Kranke zu Bett, und Gudmund ging in den Stall, um die Pferde zu striegeln. Es war schönes Wetter, die Luft war klar, der ganze Hof lag vom Mondschein übergossen da. Da fiel ihm ein, daß er schon heute in den Moorhof gehen und die Botschaft der Mutter bestellen könne. Wäre morgen schönes Wetter, dann würde man es so eilig haben, den Hafer einzubringen, daß weder er noch irgendein andrer Zeit hätte, hinzugehen.

Während Gudmund so vor dem Moorhof stand und horchte, vernahm er zwar nicht das Geräusch von Schritten. Aber andere Laute durchbrachen in kurzen Abständen die Stille. Es waren Klagetöne, leises und ersticktes Jammern, hier und da ein Aufschluchzen. Gudmund glaubte zu hören, daß die Laute von dem Schuppen herkämen, und ging auf diesen zu. Als er sich näherte, hörte das Schluchzen auf. Aber es bestand kein Zweifel, daß sich jemand im Holzschuppen bewegte. Mit einem Male begriff Gudmund, wer dort drinnen war. »Bist du es, Helga, die da drinnen sitzt und weint?« rief er und stellte sich in die Türöffnung, damit das Mädchen nicht entwischen könnte, ehe er mit ihm gesprochen hätte.

Wieder wurde es ganz still. Gudmund hatte recht geraten: es war Helga, die da saß und weinte; aber sie versuchte, das Schluchzen zu unterdrücken, damit Gudmund glaubte, er habe sich verhört, und seiner Wege ginge. Es war stockfinster in dem Schuppen, und sie wußte, daß er sie nicht sehen konnte.

Aber Helga war an diesem Abend in solcher Verzweiflung, daß es ihr nicht leichtfiel, die Tränen zurückzudrängen. Sie war noch nicht im Hause gewesen, hatte die Eltern noch nicht begrüßt. Sie hatte nicht den Mut dazu gehabt. Als sie in der Dämmerung den steilen Hügel heraufstieg und sich vorstellte, daß sie den Eltern jetzt sagen mußte, sie habe keinen Erziehungsbeitrag von Per Martensson zu erwarten, überfiel sie solche Angst vor den harten und grausamen Worten, die sie ihr sagen würden, daß sie es einfach nicht wagte, hineinzugehen. Sie wollte draußen bleiben, bis die Eltern zu Bett gegangen waren. Dann brauchte sie vielleicht erst morgen von der unglückseligen Sache sprechen. So hatte sie sich im Holzschuppen versteckt. Aber während sie dort saß und fror und hungerte, kam es ihr erst recht zum Bewußtsein, wie unglücklich und ausgestoßen sie war. Alle Schmach und Angst, die sie hatte erleiden müssen, und alle Schmach und Angst, die ihrer noch harrte, stand vor ihr und drückte sie mit Bleischwere zu Boden. Sie weinte über sich selbst, darüber, daß sie so elend war und daß niemand etwas von ihr wissen wollte. Sie erinnerte sich, wie sie einmal als Kind im Moor gefallen und gleich untergesunken war. Je mehr sie sich gemüht hatte, in die Höhe zu kommen, desto tiefer war sie gesunken. Alle Büsche und Sträucher, nach denen sie gegriffen, hatten nachgegeben. So war es auch jetzt. Alles, wonach sie zu greifen versuchte, um sich aufrecht zu halten, ließ sie im Stich. Niemand wollte ihr helfen. Damals war schließlich ein Hirtenbub gekommen und hatte sie herausgezogen; jetzt aber kam niemand, sie zu retten. Jetzt war es gewiß ihre Bestimmung, zugrunde zu gehen.

Als Helga das Moor in den Sinn kam, wurde es ihr mit einem Male klar: Das beste, was sie tun konnte, war ins Moor hinauszuwandern, sich einsinken und begraben lassen. Wer so elend dastand, daß alle Menschen sich von ihm abwandten, konnte nichts Besseres tun als sterben. Dies wäre auch für das Kind das beste, wenn sie fortginge; denn Helgas Mutter hatte es gern, obgleich sie es nicht zeigen wollte, wenn Helga daheim war. Aber wenn Helga einmal für immer aus dem Wege war, dann würde sich die Großmutter des Kindes wohl so annehmen, als wäre es ihr eigenes.

Sie begriff nicht, daß sie mitten in ihrem größten Leid etwas getan hatte, das die Menschen veranlaßte, ihre Meinung über sie zu ändern. Das einzige, was sie beschäftigte, war die Gewißheit, das Moor sei ihre letzte Zuflucht. Und je klarer sie dies einsah, desto mehr weinte sie.

Gudmund war nichts verhaßter, als wenn Weibsleute weinten. Er hatte die größte Lust, auf und davon zu laufen; aber er sagte sich, wenn er sich nun einmal die Mühe gemacht hatte, zum Moorhof hinaufzuklettern, mußte er seinen Auftrag auch ausführen.

»Was hast du denn, Helga?« fragte er barsch. »Warum gehst du nicht ins Haus?« – »Ach, ich traue mich nicht«, antwortete Helga und ihre Zähne schlugen aufeinander. »Ich traue mich nicht.«

»Wovor hast du denn Angst? Du hast dich heute morgen so tapfer beim Gericht benommen. Da kannst du dich doch nicht vor deinen Eltern fürchten?«

»O doch, die sind viel schlimmer als alle anderen.«

»Warum sollten sie denn gerade heute so böse sein?«

»Weil ich kein Geld bekomme.«

»Aber du bist doch so tüchtig, du kannst doch alles für dich und dein Kind verdienen.«

»Ja, aber niemand will mich nehmen.«

Plötzlich fiel Helga ein, die Eltern könnten sie hören und herauskommen. Dann müßte sie alles berichten und könnte nicht mehr ins Moor.

Sie sprang erschrocken auf und wollte an Gudmund vorbeilaufen. Aber er packte sie am Arm und hielt sie fest.

»Nein, du kommst mir nicht aus, bis ich mit dir gesprochen habe.«

»Laß mich los«, rief sie und blickte ihn wild an.

»Du siehst aus, als wolltest du ins Wasser gehen«, sagte er. Denn jetzt stand sie draußen im Mondschein, und er konnte ihr Gesicht sehen. – »Das würde auch niemand etwas angehen«, entgegnete Helga, warf dabei den Kopf zurück und sah Gudmund in die Augen. »Heute morgen wolltest du mich nicht einmal hinten auf deinem Wagen mitfahren lassen. Keiner will etwas mit mir zu tun haben. Da mußt du doch verstehen, daß es für ein so armes Geschöpf, wie ich es bin, am besten ist, wenn ich ein Ende mache.«

Gudmund wußte keinen Rat. Er wünschte sich weit weg. Aber gleichzeitig fühlte er, daß er einen Menschen in solcher Verzweiflung nicht verlassen durfte. »Hör einen Augenblick zu«, begann er. »Versprich mir, daß du zuhörst, was ich dir zu sagen habe. Nachher kannst du hingehen, wohin du willst.«

Sie versprach es – »Kann man hier nirgends sitzen?«

»Drüben steht der Hackklotz.«

»Also setz dich dort hin und sei still.«

»Weine jetzt nicht mehr«, befahl er. Denn ihm war, als finge er an, Macht über sie zu gewinnen. Aber das hätte er nicht sagen sollen, denn sie ließ sogleich den Kopf in die Hände sinken und weinte heftiger als vorher.

»Weine nicht«, befahl er wieder und war nahe daran, mit dem Fuß aufzustampfen. »Es gibt viele Leute, denen es schlechter geht als dir.«

»Nein, niemand kann es schlechter gehen.«

»Du bist jung und gesund. Du solltest wissen, wie meine Mutter es hat. Sie ist so von Schmerzen gequält, daß sie sich nicht rühren kann. Aber sie klagt nie.«

»Sie ist auch nicht so verlassen wie ich.«

»Du bist auch nicht verlassen. Ich habe mit Mutter über dich gesprochen, und Mutter hat mich zu dir geschickt.«

Das Schluchzen hörte auf. Man vernahm gleichsam das große Schweigen des Waldes, als ob er den Atem anhielte und auf etwas Wunderbares wartete. »Ich soll dir bestellen, daß Mutter dich morgen erwartet. Sie will dich sehen und dich fragen, ob du zu uns in Dienst kommen willst?« – »Das will sie mich fragen?« – »Ja, aber zuerst will sie dich sehen.« – »Weiß sie, daß . . .?« – »Sie weiß ebensoviel von dir wie alle andern.«

Mit einem Schrei des Staunens und der Freude sprang das Mädchen auf, und im nächsten Augenblick fühlte Gudmund ein Paar Arme um seinen Hals. Er erschrak, und sein erster Gedanke war, sich loszureißen, aber dann faßte er sich und blieb stehen. Er begriff, daß das Mädchen so außer sich vor Freude war, daß sie nicht wußte, was sie tat; in diesem Augenblick hätte sie sich dem ärgsten Schurken an den Hals werfen können, nur um in dem großen Glück, das über sie gekommen war, ein klein wenig Mitgefühl zu finden. »Wenn sie mich bei sich aufnehmen will, dann kann ich ja am Leben bleiben!« sagte sie und legte den Kopf an Gudmunds Brust und weinte wieder, aber nicht so heftig wie zuvor. »Ich kann dir jetzt sagen, daß es mir damit Ernst war, ins Moor zu gehen«, sagte sie. »Ich danke dir, daß du gekommen bist! Du hast mir das Leben gerettet.« Gudmund hatte bisher unbeweglich dagestanden, jetzt aber fühlte er, wie sich etwas warm und zärtlich in ihm zu regen begann. Er hob die Hand und strich ihr übers Haar. Da zuckte sie zusammen, als hätte er sie aus einem Traum geweckt, und stellte sich kerzengerade vor ihn hin. »Ich danke dir, daß du gekommen bist!« sagte sie noch einmal. Sie war flammend rot im Gesicht geworden, und er errötete auch. »Wir erwarten dich also morgen.«

»Ich werde nie vergessen, daß du heute abend zu mir gekommen bist«, sagte Helga wieder. Die große Dankbarkeit siegte über ihre Befangenheit.

»Es war vielleicht ganz gut, daß ich da war«, meinte Gudmund ruhig. Aber er war mit sich zufrieden.

»Jetzt gehst du doch ins Haus?« fragte er.

»Ja, das werde ich wohl tun.«

Gudmund hatte plötzlich Freude an Helga, wie man sie hat, wenn man jemand helfen kann. Er konnte sich nicht von ihr trennen. »Ich möchte dich gerne im Haus wissen, ehe ich gehe.«

»Ich wollte erst hineingehen, wenn die Eltern sich hingelegt haben.«

»Nein, tu es gleich. Du mußt etwas essen und unter Dach kommen«, sagte er und fand es hübsch, so für sie zu sorgen.

Sie ging sogleich auf das Haus zu, und er begleitete sie. Er war stolz und zufrieden, weil sie ihm gehorchte. Auf der Schwelle sagten sie einander noch einmal Lebewohl. Aber kaum war er ein paar Schritte gegangen, kam sie ihm nach.

»Bleib hier draußen stehen, bis ich drinnen bin! Es geht leichter, wenn ich weiß, daß du draußen bist!« – »Ja«, sagte er, »ich werde hierbleiben, bis du das Ärgste überstanden hast.«

Nun öffnete Helga die Haustür, und Gudmund merkte, daß sie diese, gleichsam um nicht allzu abgetrennt von ihm zu sein, leicht angelehnt ließ. Er machte sich auch kein Gewissen daraus, alles zu hören und zu sehen, was drinnen in der Stube geschah.

Die Alten nickten Helga, als sie eintrat, freundlich zu. Die Mutter legte sogleich das Kind in die Wiege, ging zum Schrank und holte einen Laib Brot und eine Schale Milch und stellte sie auf den Tisch.

»Bist du da? Setz dich jetzt und iß«, sagte sie. Dann ging sie zum Herd und legte ein Stück Holz nach. »Ich habe das Feuer nicht ausgehen lassen, damit du dir die Kleider trocknen und dich erwärmen kannst, wenn du kommst. Aber iß jetzt zuerst! Das hast du wohl am nötigsten.«

Helga war die ganze Zeit an der Tür stehengeblieben. »Ihr sollt nicht so freundlich zu mir sein, Mutter«, sagte sie mit leiser Stimme. »Ich bekomme kein Geld von Per. Ich habe auf die Unterstützung verzichtet.«

»Es ist heute abend schon jemand dagewesen, der bei dem Thing war und gehört hat, wie es dir ergangen ist«, sagte die Mutter. »Wir wissen alles.«

Helga stand noch immer unschlüssig an der Tür.

Da legte der Vater die Arbeit nieder, schob die Brille auf die Stirn und räusperte sich, um eine Rede zu halten, die er den ganzen Abend vorbereitet hatte. »Es ist nämlich so, Helga«, hob er an, »Mutter und ich wollten immer anständige und ehrliche Leute sein. Wir fürchteten, du habest Unehre über uns gebracht. Hatten wir versäumt, dir den Unterschied zwischen Gut und Böse zu zeigen? Aber als wir hörten, was du heute getan hast, sagten Mutter und ich, jetzt könnten die Leute doch sehen, daß du eine ordentliche Erziehung genossen hast. Wir glauben jetzt, daß wir vielleicht doch noch Freude an dir erleben werden. Mutter wollte nicht, daß wir uns niederlegen, ehe du kamst, damit du doch freundlich empfangen wirst.«

3

Nun kam Helga vom Moorhof nach Närlunda; und dort ging alles gut. Sie war willig und anstellig und dankbar für jedes gute Wort. Sie fühlte sich als die Geringste unter den Mägden und drängte sich nie vor. Es dauerte nicht lange, so hatten Herrschaft und Gesinde sie liebgewonnen.

In den ersten Tagen sah es aus, als fürchte sich Gudmund, mit Helga zu sprechen. Er hatte Angst, daß das Mädchen sich etwas einbilde, weil er ihr zu Hilfe gekommen war. Aber dies war eine unnötige Sorge. Helga erschien er viel zu hochstehend, als daß sie gewagt hätte, ihre Blicke zu ihm zu erheben. Gudmund merkte bald, daß er sich nicht fernzuhalten brauchte. Sie war vor ihm scheuer als vor irgend jemand sonst. In diesem Herbst, da Helga nach Närlunda kam, war Gudmund oft zu Besuch bei der Familie des Amtmanns auf Älvåkra, und es wurde viel darüber gesprochen, daß er alle Aussicht hätte, dort im Hause Schwiegersohn zu werden. Volle Gewißheit, daß seine Werbung Erfolg hatte, erhielten die Leute jedoch erst zu Weihnachten. Da kam der Amtmann mit Frau und Tochter nach Närlunda, und es war ganz klar, daß sie nur hierher gefahren waren, um zu sehen, wie es Hildur gehen würde, wenn sie sich mit Gudmund verheiratete.

Das war das erstemal, daß Helga das Mädchen, welches Gudmund heimführen wollte, aus der Nähe sah. Hildur Erikstochter war noch nicht zwanzig Jahre, aber das Merkwürdigste an ihr war, daß niemand sie ansehen konnte, ohne zu denken, welche stattliche und prächtige Hausmutter einmal aus ihr werden würde. Sie war groß, kräftig, blond und schön und sah aus wie jemand, der gern für viele sorgt. Sie war weder scheu noch schüchtern, sprach viel und schien alles am besten zu wissen. Sie war ein paar Jahre in der Stadt zur Schule gegangen und trug die schönsten Kleider, die Helga je gesehen hatte, aber sie machte keinen eiteln oder prunkliebenden Eindruck. Reich und schön, wie sie war, hätte sie jeden Tag einen Mann von Stand heiraten können, aber sie sagte immer, sie wolle keine feine Dame werden und mit den Händen im Schoß dasitzen. Sie wollte einen Bauern heiraten und ihr Haus selbst versehen wie eine richtige Bäuerin. Hildur erschien Helga als ein wahres Wunder. Nie hatte sie einen Menschen gesehen, der so großartig auftrat. Auch hätte sie nie geglaubt, daß jemand in jeder Hinsicht so vollkommen sein könne. Sie empfand es als Glück, in Zukunft einer solchen Frau zu dienen.

Bei dem Besuch der Amtmannsfamilie war alles gut abgelaufen. Aber wenn Helga an den Tag zurückdachte, bemächtigte sich ihrer eine gewisse Unruhe. Als die Gäste gekommen waren, hatte sie den Kaffee eingeschenkt. Sie kam gerade mit den Kannen herein, als die Frau des Amtmanns sich zu ihrer Herrin vorbeugte und fragte, ob sie nicht das Mädchen vom Moorhof sei. Sie sprach nicht sehr leise, Helga konnte jedes Wort hören. Mutter Ingeborg hatte die Frage bejaht, und die andere hatte darauf etwas erwidert, was Helga nicht verstehen konnte. Aber der Sinn mochte der sein, sie fände es wunderlich, daß eine solche Person im Hause geduldet würde. Helga war darüber sehr traurig, suchte sich aber damit zu trösten, daß es die Mutter und nicht Hildur war, die diese Worte gesagt hatte.

An einem Sonntag im Vorfrühling fügte es sich, daß Gudmund und Helga gleichzeitig aus der Kirche traten. Auf dem Kirchenhügel befanden sie sich inmitten einer großen Schar anderer Kirchenbesucher. Aber bald begab sich einer nach dem anderen auf den Heimweg. Gudmund und Helga blieben allein.

Es fiel ihm ein, daß er seit jenem Abend auf dem Moorhof nie mehr mit Helga allein gewesen war. Während des Winters hatte er oft an ihre erste Begegnung gedacht und dabei immer gefühlt, wie etwas Süßes und Warmes an sein Herz rührte. War er allein bei der Arbeit, durchlebte er in Gedanken wieder und wieder jene schöne Nacht: den weißen Nebel, den strahlenden Mondschein, die schwarze Waldeshöhe, das lichte Tal. Vor allem sah er das Mädchen wieder vor sich, das die Arme um seinen Hals geschlungen und vor Freude geweint hatte. Je mehr er an dies Erlebnis dachte, desto schöner wurde es. Aber wenn Gudmund Helga zu Hause zwischen den anderen Mägden bei der Arbeit sah, konnte er sich diesen Augenblick kaum mehr vorstellen. Jetzt aber, da er mit ihr den Kirchweg zurückging, wünschte er sie sich so, wie sie an jenem Abend gewesen war.

Helga begann sogleich von Hildur zu sprechen. Sie rühmte sie, nannte sie das schönste und klügste Mädchen der ganzen Gegend und beglückwünschte Gudmund, daß er eine so ausgezeichnete Frau bekäme. »Du mußt ihr sagen, daß sie mich immer auf Närlunda bleiben läßt«, bat sie. »Es wird schön sein, einer solchen Frau zu dienen.«

Gudmund lächelte über Helgas Eifer, gab jedoch nur einsilbige Antworten. Es war ja recht, daß Hildur ihr gut gefiel und daß sie sich über seine Heirat freute.

»Du bist diesen Winter doch gern bei uns gewesen?« fragte er. – »Ja gewiß. Ich kann gar nicht sagen, wie gut Mutter Ingeborg und ihr alle gegen mich wart.« – »Hast du dich nach dem Walde gesehnt?« – »Ach ja, anfangs wohl, aber jetzt nicht mehr.« – »Ich glaubte, wer im Walde daheim ist, kann es nicht lassen, sich nach ihm zu sehnen.«

Helga wandte sich halb um und sah Gudmund an, der auf der anderen Seite des Wegs ging. Er war ihr in letzter Zeit ganz fremd geworden, aber jetzt lag etwas in seinem Tonfall und seinem Lächeln, das sie wiedererkannte. Ja, er war noch derselbe, der sie in ihrer höchsten Not gerettet hatte. Obwohl er eine andere heiraten wollte, war sie überzeugt, daß er ihr ein guter Freund und treuer Helfer bleiben würde.

Es wurde ihr so leicht ums Herz; sie fühlte, daß sie Vertrauen zu ihm haben könnte wie zu keinem andern, und sie mußte ihm alles erzählen, was sie erlebt hatte, seit sie zuletzt miteinander gesprochen hatten. »In den ersten Wochen auf Närlunda hatte ich eine schwere Zeit«, begann sie. »Aber du darfst es Mutter Ingeborg nicht wiedererzählen.« – »Wenn du willst, daß ich schweigen soll, so schweige ich.« – »Anfangs hatte ich furchtbares Heimweh. Ich war drauf und dran, wieder in den Wald hinaufzulaufen.«

»Du hattest Heimweh? Und ich glaubte, du seiest froh, bei uns zu sein.« – »Ich konnte nichts dafür«, sagte sie entschuldigend. »Ich sah wohl ein, welches Glück es für mich war, hier sein zu dürfen. Ihr wart alle so freundlich gegen mich, und die Arbeit war nicht schwer; aber ich sehnte mich doch. Der Wald zog und lockte mich zu sich zurück. Mir war, als verriete ich ihn, wenn ich unten im Tal blieb.«

»Das war vielleicht . . .« begann Gudmund, aber er hielt mitten im Satz inne. – »Nein, es war nicht der Kleine, nach dem ich mich sehnte. Ich wußte ja, daß es ihm gut ging und daß Mutter freundlich zu ihm war. Es war nichts Bestimmtes. Ich hatte das Gefühl, als sei ich ein wilder Vogel, den man in einen Käfig gesperrt hat, und ich glaubte, ich müßte sterben, wenn man mich nicht losließ.«

»Nein, daß es dir so schlecht ging!« sagte Gudmund, und dabei lächelte er; denn jetzt kam es ihm mit einem Male vor, als kenne er sie wieder. Jetzt war es, als läge nichts zwischen ihnen, als hätten sie sich erst gestern abend oben auf dem Moorhof voneinander getrennt. Helga lächelte wieder, fuhr aber fort, von allem zu sprechen, was sie durchgemacht hatte.

»Ich schlief keine Nacht«, sagte sie. »Kaum hatte ich mich niedergelegt, so begannen die Tränen zu fließen, und stand ich am Morgen auf, war das Kopfkissen ganz naß. Unter Tag konnte ich das Weinen unterdrücken. Aber sowie ich allein war, kamen mir die Tränen.«

»Du hast schon viel geweint in deinem Leben«, sagte Gudmund, aber er sah gar nicht mitleidig aus, als er diese Bemerkung machte. Helga war es, als ob er die ganze Zeit ein Lachen unterdrücke. »Es ging mir wirklich schlecht«, sagte sie und sprach immer lebhafter im Bemühen, sich ihm verständlich zu machen. »Ich war voller Sehnsucht, konnte keinen Augenblick glücklich sein, fand nichts schön, nichts heiter, konnte niemand liebgewinnen. Ihr bliebt mir alle so fremd wie an dem Tag, als ich zum ersten Male in die Stube trat.«

»Aber«, verwunderte sich Gudmund, »sagtest du nicht eben, daß du bei uns bleiben willst?« – »Ja, gewiß sagte ich das.« – »Und du hast keine Sehnsucht mehr?«

»Nein, jetzt habe ich sie überwunden.«

Als sie dies sagte, überquerte Gudmund den Weg und ging an ihrer Seite weiter. Die ganze Zeit lächelte er. Es schien ihm Freude zu machen, sie reden zu hören, aber er legte dem, was sie erzählte, nicht viel Gewicht bei. So allmählich kam Helga in dieselbe Stimmung. Es schien ihr, als ob alles leicht und hell würde. Der Weg von der Kirche war lang und beschwerlich; aber an diesem Tage wurde sie nicht müde. Irgend etwas schien sie zu tragen. Sie fuhr fort zu erzählen, weil sie einmal begonnen hatte; aber es war nicht mehr so wichtig für sie, sich auszusprechen. Sie hätte ebenso vergnügt sein können, wenn sie stumm neben ihm einhergegangen wäre.

»Als ich am allerunglücklichsten war, bat ich Mutter Ingeborg eines Samstagabends, mir zu erlauben, nach Hause zu gehen und über den Sonntag daheim zu bleiben. Als ich an diesem Abend die Hügel zum Moor hinaufwanderte, glaubte ich felsenfest, daß ich nie mehr nach Närlunda zurückkommen würde. Aber daheim waren Vater und Mutter so froh, daß ich eine Stelle in einem angesehenen Hause hatte, daß ich es nicht übers Herz brachte, ihnen zu sagen, ich hielte es nicht aus, bei euch zu bleiben. Sobald ich in den Wald hinaufkam, war auch alle Angst und Qual verschwunden. Und es schien mir, als ob das Ganze nur Einbildung gewesen wäre. Und dann war es so schwer mit dem Kind. Mutter hatte sich seiner angenommen und es zu dem ihren gemacht. Es gehörte mir nicht mehr. Und es war so gut, daß es so war; aber es fiel mir doch schwer, mich daran zu gewöhnen.«

»Vielleicht fingst du nun gar an, dich zu uns hinunter zu sehnen?« warf Gudmund hin. – »Ach nein. Als ich am Montagmorgen erwachte und daran dachte, daß ich jetzt gehen müßte, kam die Sehnsucht wieder über mich. Ich lag da und weinte und ängstigte mich, denn das einzig Richtige war doch, daß ich im Dienste blieb; aber ich hätte das Gefühl, als müßte ich krank werden oder den Verstand verlieren, wenn ich zurückkehrte. Da fiel mir plötzlich ein, was ich einmal gehört hatte: wenn man ein wenig Asche aus dem Herd in seinem Hause nimmt und sie dann auf den Herd im fremden Hause streut, dann wird man von seiner Sehnsucht befreit.« – »Na, das ist ein Heilmittel, das leicht anzuwenden ist«, sagte Gudmund. – »Ja, wenn es damit nur nicht die Bewandtnis hätte, daß man sich nachher nirgendwo anders heimisch fühlen kann. Geht man von dem Hause weg, in das man die Asche getragen hat, dann sehnt man sich ebensosehr dorthin zurück, als man sich früher von dort weggesehnt hat.« – »Kann man die Asche nicht wieder dorthin mitnehmen, wohin man geht?« – »Nein, das kann man nur einmal im Leben. Es gibt keine Umkehr. Darum ist es sehr gefährlich, so etwas zu tun.«

»Ich hätte nie so etwas gewagt«, sagte Gudmund, und sie hörte sehr wohl, daß er sie nur neckte. – »Ich hab' es doch gewagt«, sagte Helga. »Es war besser, als vor Mutter Ingeborg und dir, die mir helfen wollten, als undankbar dazustehen. Ich nahm ein klein wenig Asche von daheim mit, und wie ich nach Närlunda zurückkam, benutzte ich einen Augenblick, da ich allein war, und streute sie auf die Herdplatte.«

»Und jetzt glaubst du, die Asche hat dir geholfen?«

»Das erzähle ich dir gleich. Ich ging an meine Arbeit und dachte nicht mehr an die Asche. Ich hatte Heimweh wie immer, und wie immer war mir alles zuwider. Es gab an diesem Tag besonders viel zu tun. Als ich am Abend im Stall fertig war und ins Haus ging, brannte schon das Feuer im Herd.«

»Jetzt bin ich aber wirklich neugierig, wie es weitergeht«, sagte Gudmund. – »Stell dir vor, schon vom Hof aus kam es mir vor, als sei im Feuerschein etwas Vertrautes, und als ich die Tür öffnete, hatte ich das Gefühl, in unsere eigene Stube zu treten, in der Vater und Mutter am Feuer saßen. Diese Empfindung flog nur an mir vorbei wie ein Traum. Aber als ich wirklich hineinkam, da war ich ganz erstaunt, wie schön und traulich es in der Stube war. Nie hatten Mutter Ingeborg und ihr andern so freundlich ausgesehen wie an diesem Abend, als ihr da im Feuerschein saßet. Es war ein köstliches Gefühl hereinzukommen, und das war sonst nie so gewesen. Ich war so erstaunt, daß ich fast laut aufgeschrien und in die Hände geklatscht hätte. Es schien mir, als ob ihr wie verwandelt wäret. Ihr wart mir nicht mehr fremd, sondern ich konnte mit euch über alles reden. Du kannst dir denken, daß ich mich freute; aber dabei mußte ich mich doch immer wieder wundern. Ich fragte mich, ob ich denn verhext wäre, und sieh, da fiel mir plötzlich die Asche ein, die ich auf die Herdplatte gestreut hatte.«

»Ja, das ist seltsam«, sagte Gudmund. Er glaubte nicht im geringsten an Zauber und Hexerei; aber es mißfiel ihm nicht, Helga von solchen Dingen sprechen zu hören. »Jetzt ist das Waldkind wieder zum Vorschein gekommen«, dachte er. »Kann man verstehen, daß jemand, der so viel durchmachte wie sie, noch so kindisch ist?«

»Ja, gewiß war es seltsam«, sagte Helga. »Und dasselbe hat sich den ganzen Winter hindurch wiederholt. Sowie das Feuer im Herd brannte, war es mir ebenso behaglich, als wenn ich daheim gewesen wäre. Aber es ist auch etwas Seltsames mit dem Feuer. Nicht mit anderm Feuer vielleicht, aber mit Feuer, das auf einem Herd brennt und um das sich alle Hausgenossen Abend für Abend versammeln. Das wird, möcht' man sagen, so vertraut mit einem. Es spielt und tanzt vor einem und prasselt, und manchmal ist es mürrisch und schlechter Laune. Es ist, als läge es in seiner Macht, Traulichkeit oder Unbehagen zu verbreiten. Und nun war es mir, als wäre das Feuer von daheim zu mir gekommen und als gäbe es allem hier denselben traulichen Schein wie daheim.

»Aber wenn du nun gezwungen wärest, aus Närlunda fortzugehen?« sagte Gudmund. – »Dann muß ich mich all mein Lebtag danach sehnen«, erwiderte sie, und man hörte an ihrer Stimme, daß sie dies im tiefsten Ernst meinte. – »Ich werde dich gewiß nicht vertreiben«, beteuerte Gudmund. Hinter seinen Worten schwang ein warmer Ton. – Die letzte Strecke Wegs wanderten sie stumm dahin. Gudmund sah Helga zuweilen von der Seite an. Sie hatte sich von der schweren Zeit, die sie im vorigen Jahr durchgemacht hatte, erholt. Jetzt sah sie wieder frisch und rosig aus. Blondes, lockiges Haar umrahmte das feine Gesicht mit den reinen Zügen. Helga schritt leicht und beschwingt dahin. Sprach sie, sprudelte sie, trotz ihrer Scheu, die Worte hervor. Sie hatte immer Angst, ausgelacht zu werden, doch mußte sie heraussagen, was sie auf dem Herzen hatte.

Gudmund fragte sich, ob er sich wünsche, daß Hildur so wäre; aber das wollte er doch nicht. Helga war nichts zum Heiraten.

Ein paar Wochen später erfuhr Helga, daß sie im April von Närlunda fort müsse, weil Hildur Erikstochter nicht mit ihr unter einem Dache hausen wollte. Ihre Herrschaft sagte ihr das nicht gerade heraus. Aber Mutter Ingeborg begann davon zu sprechen, sie würden an ihrer neuen Schwiegertochter genug Hilfe haben, daß sie sich nicht so viele Dienstleute zu halten brauchten. Ein andermal sagte sie wieder, sie habe von einer guten Stelle gehört, wo es Helga viel besser gehen würde als bei ihnen.

Helga verstand, daß sie fort müsse. Sie erklärte sich auch gleich dazu bereit. Aber eine andere Stelle wollte sie nicht annehmen, sondern lieber nach Hause zurückkehren.

Man merkte wohl, daß sie auf Närlunda Helga nicht aus freiem Willen kündigten.

Am Abschiedstag gab es ein richtiges Festessen. Außerdem steckte Mutter Ingeborg ihr so viele Kleider und Schuhe zu, daß Helga, die nur mit einem Bündel gekommen war, ihre Habseligkeiten jetzt kaum in einer Lade unterbringen konnte.

»Ich werde nie wieder eine so gute Magd wie dich finden«, sagte Mutter Ingeborg. »Denke nur nicht schlecht von mir, weil ich dich ziehen lasse. Du weißt ja, es geschieht nicht mit meinem Willen. Ich werde dich nicht vergessen. Solange ich noch etwas zu sagen habe, wirst du keine Not leiden.«

Sie beauftragte Helga, ihr Laken und Handtücher zu weben, gab ihr Arbeit für mindestens ein halbes Jahr. Gudmund stand im Schuppen und hackte Holz. Er kam nicht herein, um Helga Lebewohl zu sagen, obwohl das Pferd schon vor der Türe stand. Er schien so vertieft in seine Arbeit zu sein, daß er gar nicht merkte, was vorging. Sie mußte hinausgehen, um sich zu verabschieden.

Er legte die Axt hin, gab Helga die Hand, murmelte: »Ich danke dir für alles« und begann schon wieder zu arbeiten. Helga hätte noch gerne etwas gesagt, aber Gudmund schlug zu, daß die Späne flogen. Da war es unmöglich zu sprechen.

Das Merkwürdigste an Helgas Auszug war, daß der Bauer selbst, der alte Erland Erlandsson, Helga zum Moorhof hinauffuhr.

Gudmunds Vater war ein kleines, kahles Männchen mit schönen, klugen Augen. Er war so verschlossen und schweigsam, daß er zuweilen den ganzen Tag kein Wort sprach. Solange alles ging, wie es gehen sollte, bemerkte man ihn kaum. Aber klappte irgend etwas nicht, kam er zum Vorschein, sagte, was gesagt und getan werden mußte, um die Ordnung wiederherzustellen. Er war sehr geschickt im Rechnungsführen und genoß unter den Männern des Kirchspiels großes Vertrauen. Er bekam auch alle möglichen kommunalen Aufträge und war angesehener als so mancher mit schönem Hof und großem Reichtum.

Erland Erlandsson also fuhr Helga auf dem schlechten Wege heim und ließ nicht zu, daß sie bei irgendeiner steilen Stelle ausstieg. Als sie auf dem Moorhof angelangt waren, saß er lange in der Hütte, sprach mit Helgas Eltern und erzählte ihnen, wie zufrieden er und Mutter Ingeborg mit ihr gewesen waren. Nur weil sie jetzt nicht mehr so viele Dienstleute brauchten, mußten sie sie nach Hause schikken. Sie hätte gehen müssen, weil sie die Jüngste sei. Sie hätten es unrecht gefunden, jemand fortzuschicken, der schon lange bei ihnen diente.

Erland Erlandssons Rede machte einen guten Eindruck, und die Eltern bereiteten Helga einen freundlichen Empfang. Als sie außerdem hörten, sie hätte so große Bestellungen, daß sie sich mit ihrer Weberei das Brot verdienen könne, waren sie es zufrieden, daß sie nun zu Hause blieb.

4

Gudmund kam es vor, als habe er Hildur Erikstochter bis zu dem Tag geliebt, an dem sie ihm das Versprechen abgezwungen hatte, Helga aus Närlunda fortzuweisen. Jedenfalls hatte es bis dahin niemand gegeben, den er mehr bewundert und geachtet hätte. Für ihn gab es kein junges Mädchen, das mit Hildur verglichen werden konnte, und er war sehr stolz darauf, sie gewonnen zu haben. Es war ihm auch ein lieber Gedanke, sich die Zukunft zusammen mit ihr vorzustellen. Sie würden reich und angesehen sein, und er hatte das sichere Gefühl, daß es sich in dem Haus, in dem Hildur das Regiment führte, gut leben ließ. Er dachte auch gern daran, daß er viel Geld haben würde. Er konnte seine Wirtschaft verbessern, Ställe und Scheunen ausbauen, den Hof erweitern, so daß er ein richtiger Großbauer würde.

Am gleichen Sonntag, da er mit Helga von der Kirche heimging, war er abends nach Älvåkra gefahren. Da hatte Hildur angefangen von Helga zu sprechen und gesagt, daß sie nicht nach Närlunda kommen würde, ehe die Magd fort sei. Gudmund versuchte erst, Hildurs Wunsch als Scherz zu betrachten. Aber es zeigte sich bald, daß es ihr Ernst war. Er führte Helgas Sache mit Wärme, sagte, sie sei noch sehr jung gewesen, als man sie in den Dienst schickte. Da sie an einen so schlechten Menschen gekommen war wie Per Martensson, sei es nicht zu verwundern, daß sie ins Unglück geraten sei. Aber seit sich seine Mutter ihrer angenommen, habe Helga sich gut geführt. »Es kann nicht recht sein, sie zu entfernen«, sagte er, »da könnte sie wieder in Not kommen.«

Aber Hildur hatte nicht nachgeben wollen. »Wenn das Mädchen auf Närlunda bleibt, so komme ich nie hin«, sagte sie. »Ich kann eine solche Person in meinem Hause nicht dulden.«

»Du weißt nicht, was du tust«, sagte Gudmund.

»Niemand hat Mutter noch so gut gepflegt wie Helga.

Wir sind alle froh, daß sie zu uns gekommen ist. Früher war Mutter oft verdrießlicher und schlechter Laune.«

»Ich zwinge dich nicht, sie fortzuschicken«, antwortete Hildur. Aber er merkte, fügte er sich nicht, war sie entschlossen, die Heirat aufzugeben.

»Es soll sein, wie du willst«, sagte Gudmund. Er konnte ja Helgas wegen nicht seine Zukunft aufs Spiel setzen. Aber er war sehr blaß, als er nachgab, und blieb den ganzen Abend schweigsam und verstimmt. Von jenem Tag an fürchtete Gudmund, Hildur sei vielleicht nicht ganz so, wie er sie sich vorgestellt hatte. Es mißfiel ihm, daß sie durchaus ihren Willen durchsetzen wollte.

Das Schlimmste war: Er konnte sich nicht verhehlen, daß Hildur im Unrecht war. Er wäre gerne bereit gewesen nachzugeben, hätte sie sich großzügig gezeigt. Aber sie war nur kleinlich und herzlos.

Sooft Gudmund nun Hildur traf, beobachtete er sie heimlich. Seit sein Mißtrauen geweckt war, entdeckte er manches, was nicht so war, wie er es sich gewünscht hätte. »Sie ist wohl so eine, die zu allererst an sich selbst denkt«, dachte er jedesmal, wenn er sich von ihr trennte, und er fragte sich, wie lange wohl ihre Liebe zu ihm standhalten würde, wenn man sie auf die Probe stellte.

Er suchte sich mit dem Gedanken zu trösten, daß alle Menschen zuerst an sich denken. Aber sogleich fiel ihm Helga ein. Er sah sie vor sich, wie sie im Thingsaal gestanden und die Bibel an sich gerissen hatte, er hörte, wie sie rief: »Ich will die Klage zurückziehen. Ich hab' ihn noch lieb. Ich will nicht, daß er falsch schwört.« So hätte er sich Hildur gewünscht. Helga war ihm ein Maß geworden, nach dem er die Menschen beurteilte. Es gab nicht viele, die ein so liebevolles Herz hatten.

Von Tag zu Tag gefiel Hildur ihm weniger. Aber er kam nicht auf den Gedanken, von der Heirat abzustehen. Er versuchte sich einzureden, sein Mißmut sei unbegründet. Noch vor einigen Wochen hatte er sie für die Allerbeste gehalten.

Wäre er noch am Anfang seiner Werbung gewesen, hätte er sich vielleicht doch zurückgezogen. Aber nun waren sie schon aufgeboten, der Hochzeitstag war bestimmt, und bei ihm zu Haus hatten sie bereits große Ausbesserungen in Angriff genommen. Er wollte auch den Reichtum und die gute Stellung, die ihn erwarteten, nicht preisgeben. Welchen Grund hätte er auch für einen Bruch anzuführen vermocht? Seine Einwände gegen Hildur waren viel zu geringfügig, um ernsthaft in Betracht gezogen zu werden. Aber das Herz war ihm oft schwer, und wenn er im Kirchdorf oder in der Stadt etwas zu besorgen hatte, ließ er sich Bier oder Wein geben, um sich gute Laune anzutrinken. Hatte er ein paar Flaschen geleert, war er wieder zufrieden mit Hildur und stolz auf die Heirat.

Gudmund dachte oft an Helga und hatte Sehnsucht, sie wiederzusehen. Aber sicher hielt Helga ihn für einen schlechten Kerl, weil er sein Versprechen, sein freiwilliges Versprechen, nicht gehalten und sie hatte ziehen lassen. Er konnte ihr seine Lage weder erklären noch sich rechtfertigen, darum vermied er es, mit ihr zusammenzutreffen.

Doch eines Morgens begegnete er Helga. Sie war im Tal, um Milch zu holen. Gudmund schloß sich ihr an. Sie schien über seine Gesellschaft wenig erfreut, hatte es sehr eilig und sagte kein Wort.

Auch Gudmund schwieg, weil er nicht wußte, wie ein Gespräch beginnen.

Da kam ihnen ein Gefährt entgegen. Gudmund war so in Gedanken versunken, daß er es gar nicht merkte, aber Helga sah es und sagte rasch: »Geh nicht mit mir weiter Gudmund, denn dort kommen Amtmanns aus Älvåkra gefahren.«

Gudmund sah rasch auf, erkannte Pferd und Wagen und machte eine Bewegung, als wolle er umkehren. Im nächsten Augenblick jedoch richtete er sich auf und ging ruhig an Helgas Seite weiter wie zuvor. Sie trennten sich, ohne daß Gudmund mit Helga gesprochen hatte. Aber er war zufriedener mit sich, als er es lange gewesen war.

5

Gudmunds und Hildurs Hochzeit sollte am zweiten Pfingsttag auf Älvåkra gefeiert werden. Am Freitag vor Pfingsten fuhr Gudmund in die Stadt, um noch einige Einkäufe für das Festessen zu machen, mit dem Hildur am Tag nach der Hochzeit in Närlunda willkommen geheißen werden sollte. In der Stadt traf er mit einigen jungen Burschen aus seinem Kirchspiel zusammen. Sie wußten, daß dies Gudmunds letzter Stadtbesuch vor der Hochzeit war, und nahmen dies zum Anlaß, ein großes Trinkgelage zu veranstalten. Alle legten es darauf an, daß Gudmund trinke, und es gelang ihnen auch, ihn ganz bewußtlos zu machen.

Am Samstagmorgen kam er so spät nach Hause, daß sein Vater und der Knecht schon zur Arbeit gegangen waren. Er schlief bis tief in den Nachmittag. Als er aufstand und sich anziehen wollte, sah er, daß sein Rock an mehreren Stellen zerrissen war. »Das sieht ja aus, als hätte ich heut' nacht eine Schlägerei gehabt«, dachte er und versuchte sich zu besinnen, was er erlebt hatte. Aber er erinnerte sich nur, daß er gegen elf Uhr mit den anderen Burschen aus dem Wirtshaus gegangen war. Was sie dann getan hatten, wußte er nicht mehr.

Hatten sie sich nur auf den Straßen herumgetrieben, oder waren sie noch irgendwo eingekehrt. Er konnte sich auch nicht entsinnen, ob er selbst oder irgendein anderer sein Pferd eingespannt hatte. Ebenso hatte er alles vergessen, was mit der Heimfahrt zusammenhing.

Als Gudmund die Wohnstube betrat, war sie feiertägig gescheuert. Die Arbeit war beendet. Das Gesinde trank Kaffee. Niemand erwähnte sein Ausbleiben. Stillschweigend gönnte man ihm in diesen letzten Wochen die Freiheit, so zu leben, wie es ihm behagte. Gudmund setzte sich an den Tisch und bekam seinen Kaffee wie die anderen. Während er so dasaß und ihn aus der Schale in die Untertasse und dann wieder in die Schale goß, damit er abkühlte, nahm Mutter Ingeborg die Zeitung, die eben gekommen war. Sie las Spalte um Spalte vor. Gudmund, der Vater und die Leute hörten zu.

Unter anderem las sie einen Bericht vor über eine Schlägerei, die in der vorhergehenden Nacht auf dem großen Marktplatz zwischen einer Schar betrunkener Bauern und einigen Arbeitern stattgefunden hatte. Sobald die Polizei sich zeigte, waren die Streitenden entflohen. Nur einer von ihnen lag bewußtlos auf dem Marktplatz. Man trug ihn auf die Polizeistation, und da man keine äußere Verletzung an ihm entdecken konnte, begann man Belebungsversuche zu machen. Alle Bemühungen waren jedoch vergebens. Schließlich entdeckte man eine Messerklinge in seinem Kopf. Es war die Klinge eines ungewöhnlich großen Taschenmessers, die durch die Hirnschale ins Gehirn eingedrungen und dicht am Kopfe abgebrochen war. Der Mörder war mit dem Messerschaft entflohen, aber da die Polizei die Leute, die an der Schlägerei beteiligt waren, genau kannte, bestand Hoffnung, man würde ihn bald finden.

Während Mutter Ingeborg dies las, stellte Gudmund die Kaffeetasse hin, fuhr mit der Hand in die Tasche, zog sein Messer hervor und warf einen gleichgültigen Blick darauf. Aber mit einem Male zuckte er zusammen, drehte das Messer um und steckte es dann so schnell in die Tasche, als habe er sich daran verbrannt. Er rührte den Kaffee nicht mehr an, sondern blieb lange ganz still und nachdenklich sitzen.

Es war deutlich zu sehen, daß er versuchte, sich über etwas klarzuwerden.

Endlich stand er auf, streckte sich, gähnte und ging langsam auf die Tür zu. »Ich muß mir ein bißchen Bewegung machen. Ich bin den ganzen Tag nicht aus dem Hause gewesen«, sagte er und verließ das Zimmer.

Erland Erlandsson erhob sich gleichzeitig. Er hatte seine Pfeife ausgeraucht und ging nun in die Kammer, um sich neuen Tabak zu holen. Während er die Pfeife stopfte, sah er Gudmund vorübergehen. Die Fenster der Kammer gingen nicht auf den Hof, wie die der Wohnstube, sondern auf ein kleines Gärtchen, in dem ein paar hohe Apfelbäume standen. Unterhalb des Gärtchens breitete sich Sumpfland aus. Im Frühling bildeten sich hier große Wasserlachen, die jedoch im Sommer fast ganz austrockneten. Hierher verirrte sich selten jemand. Erland überlegte, was der Sohn wohl vorhabe. Da sah er, wie dieser die Hand in die Tasche steckte, einen Gegenstand herauszog und ihn in den Sumpf warf. Dann sprang er über einen Zaun und entfernte sich in der Richtung zur Straße.

Kaum war Gudmund außer Sehweite, begab sich Erland auch an den Sumpf, beugte sich hinunter und hob etwas auf, woran er mit dem Fuß gestoßen war: ein großes Taschenmesser, dessen stärkste Klinge abgebrochen war. Er drehte es nach allen Seiten und besah es genau, während er noch immer im Wasser stand. Dann steckte er es in die Tasche, zog es aber noch ein paarmal heraus und betrachtete es prüfend, ehe er wieder ins Haus zurückging.

Gudmund kam erst heim, als sich alle schon niedergelegt hatten. Er ging sofort zu Bett, ohne das Abendbrot zu berühren, das in der Wohnstube aufgetischt stand.

Erland Erlandsson und seine Frau schliefen in der Kammer. Als der Morgen graute, hörte er Schritte vor dem Fenster. Er erhob sich, schob die Gardinen zurück und sah Gudmund zum Sumpf hinuntergehen. Dort legte er Strümpfe und Schuhe ab, ging ins Wasser hinaus und wanderte hin und her, wie einer, der etwas sucht. Das tat er lange, entfernte sich dann, als wolle er seiner Wege gehen, kehrte aber um und begann wieder zu suchen. Eine ganze Stunde stand der Vater und sah ihm zu. Endlich begab sich Gudmund ins Haus und legte sich schlafen.

Am Pfingsttag sollte Gudmund zur Kirche fahren. Als er das Pferd einzuspannen begann, kam der Vater über den Hof. »Du hast vergessen, das Geschirr zu putzen«, sagte er. Denn Geschirr und Wagen waren schmutzig. – »Ich hatte an anderes zu denken«, erwiderte Gudmund mürrisch und fuhr davon, ohne etwas dergleichen zu tun.

Nach dem Gottesdienst begleitete Gudmund seine Braut nach Älvåkra und blieb den ganzen Tag dort. Es kam eine Menge jungen Volkes zusammen, um Hildurs letzten Jungfernabend zu feiern, und man tanzte bis tief in die Nacht hinein. Es gab auch viel zu trinken, aber Gudmund rührte nichts an. Den ganzen Abend sprach er kaum ein Wort, aber er tanzte wild und lachte zuweilen laut und schrill auf, ohne daß jemand wußte, worüber.

Gudmund kam nicht vor zwei Uhr nach Hause, und sobald er das Pferd in den Stall geführt hatte, ging er zu dem Sumpf hinter dem Hause. Er streifte die Schuhe ab, krempelte die Hosen hinauf und watete ins Wasser. Es war eine helle Sommernacht, der Vater stand in dem Kämmerchen hinter der Gardine und sah dem Sohne zu. Er sah, wie er tief über das Wasser gebeugt einherging und suchte wie in der Nacht zuvor. Von Zeit zu Zeit ging er wieder an das Ufer, so als verzweifelte er, etwas zu finden, aber nach einer Weile watete er wieder in das Wasser hinaus. Einmal ging er in den Stall und holte einen Eimer und begann Wasser aus den kleinen Pfützen zu schöpfen, als wollte er sie trockenlegen, aber fand es sicherlich zwecklos und stellte den Eimer wieder weg. Er versuchte es auch mit einem Sieb. Er durchsuchte den ganzen Sumpf damit, schien aber nichts anderes heraufzubekommen als Schlamm. Erst um die Morgenstunde kam er herein, als die Leute sich im Haus schon zu rühren begannen. Er war so müde und übernächtigt, daß er im Gehen schwankte. Er warf sich aufs Bett, ohne sich auszuziehen.

Als die Uhr acht schlug, weckte ihn der Vater. Gudmund lag und schlief in seinen lehmigen Kleidern. Der Vater fragte nichts, sagte nur, es sei Zeit aufzustehen.

Nach einer Weile kam Gudmund in seinem feinen Hochzeitsanzug in die Wohnstube herunter. Er war bleich, die Augen brannten in unruhigem Glanz. Niemand hatte ihn je so schön gesehen. Er wirkte wie jemand, der nicht mehr aus Fleisch und Blut bestand, sondern nur noch aus Wille und Seele.

In der Wohnstube sah es festlich aus. Die Mutter hatte ihr schwarzes Kleid angezogen und einen schönen Seidenschal umgelegt, obwohl sie nicht zur Hochzeit fahren wollte. Auch alle Dienstleute trugen ihre besten Kleider. Über dem Herd hing frisches Birkenlaub, auf dem Tisch lag eine feine Decke. Darauf standen viele Schüsseln.

Als sie gegessen hatten, las Mutter Ingeborg einen Psalm und ein Stück aus der Bibel vor. Dann wandte sie sich an Gudmund, dankte ihm, daß er ihr ein so guter Sohn gewesen war, wünschte ihm Glück für sein zukünftiges Leben und gab ihm ihren Segen. Mutter Ingeborg sprach schön und Gudmund war sehr gerührt. Immer wieder traten ihm Tränen in die Augen. Aber es gelang ihm doch, sie zu unterdrücken. Auch der Vater richtete ein paar Worte an ihn: »Es wird schwer für deine Eltern sein, dich zu verlieren«, sagte er. Gudmund war wieder nahe daran, in Schluchzen auszubrechen. Alle Dienstleute traten vor, schüttelten ihm die Hand und dankten ihm für die Zeit, die nun zu Ende ging. Gudmund versuchte zu sprechen, doch brachte er vor innerer Bewegung kaum ein Wort über die Lippen.

Der Vater sollte ihn in das Haus der Braut fahren und die Hochzeit mitfeiern. Er ging auf den Hof und spannte das Pferd ein und kam dann wieder, um zu sagen, daß es Zeit sei, sich auf den Weg zu machen. Als Gudmund sich in den Wagen setzte, merkte er, daß alles so spiegelblank war, wie er es selbst immer gern gehabt hatte. Zugleich sah er auch, wie fein der Hof herausgeputzt war; der Zufahrtsweg war frisch beschottert; alte Holzhaufen und anderes Gerümpel, das zeit seines Lebens dort gelegen, waren fortgeschafft. Zu beiden Seiten der Eingangstür standen ein paar abgehauene Birken als Triumphpforte, an der Wetterfahne hing ein großer Blumenkranz, und aus allen Fenstern guckten lichtgrüne Birkenreiser. Wieder war Gudmund nahe daran, in Tränen auszubrechen. Er drückte dem Vater, der eben das Pferd in Gang brachte, heftig die Hand. Es war, als wollte er ihn von der Fahrt abhalten. »Willst du etwas?« sagte der Vater. – »Ach nein«, sagte Gudmund.

Sie waren noch nicht weit gekommen, als Gudmund noch ein Abschied bevorstand. An der Stelle, an der der Waldpfad auf die Straße mündete, stand Helga. Der Vater, der kutschierte, hielt an. »Ich hab' auf euch gewartet, weil ich Gudmund Glück wünschen möchte«, sagte Helga. Gudmund beugte sich aus dem Wagen und schüttelte Helga die Hand. Sie war mager geworden, die Augen waren rot gerändert. Sicher lag sie nachts und sehnte sich nach Närlunda. Aber jetzt versuchte sie, fröhlich auszusehen und Gudmund zuzulächeln. Wieder rührte sie ihn, wieder brachte er kein Wort heraus.

Der Vater, der im Ruf stand, nur im äußersten Fall zu sprechen, half ihm: »Ich glaube, über diesen Glückwunsch freut sich Gudmund mehr als über irgendeinen anderen.«

»Ja, das ist wahr«, sagte Gudmund. Sie schüttelten sich noch einmal die Hand, dann fuhr der Vater weiter. Gudmund drehte sich immer wieder nach Helga um.

Als sie hinter den Bäumen verschwand, riß er plötzlich den Fußsack fort und wollte aus dem Wagen springen.

»Willst du Helga noch etwas sagen?« fragte der Vater.

»Nein, ach nein«, antwortete Gudmund und setzte sich wieder zurecht.

Der Vater fuhr in der Freude, den Sohn neben sich zu haben, gemächlich dahin.

Plötzlich ließ Gudmund den Kopf auf die Schulter des Vaters sinken und brach in heftiges Schluchzen aus. »Was hast du denn?« fragte Erland und zog die Zügel so plötzlich an, daß das Pferd stehenblieb.

»Alle sind so gut gegen mich und das verdiene ich nicht.«

»Du hast doch nichts Böses getan?«

»Doch, Vater, das habe ich.«

»Das kann ich nicht glauben.«

»Vater, ich habe einen Menschen erschlagen.«

Erland holte tief Atem. Es klang fast wie ein Seufzer der Erleichterung. Gudmund hob erstaunt den Kopf und sah ihn an.

»Ich bin froh, daß du es mir gesagt hast.«

»Wußtet Ihr es denn schon, Vater?«

»Ich merkte schon Samstagabend, daß etwas nicht in Ordnung war. Und dann fand ich dein Messer im Sumpf.«

»*Ihr* fandet das Messer?«

»Ja, und ich sah, daß eine Klinge abgebrochen ist.«

»Ich weiß, daß die Klinge abgebrochen ist. Aber ich kann nicht glauben, daß ich eine so schreckliche Tat begangen habe.«

»Du hast wohl im Rausch gehandelt.«

»Ich kann mich einfach an nichts erinnern. Nur an meinen Kleidern sah ich, daß ich bei einer Rauferei gewesen sein muß.«

»Ich verstehe, daß du alles verschweigen wolltest, Gudmund«, sagte Erland.

»Wahrscheinlich waren die anderen ebenso sinnlos betrunken, wissen ebenso wenig wie ich. Es gibt keinen Beweis gegen mich als das Messer. Darum habe ich es fortgeworfen.«

»So also hast du dir die Sache zurechtgelegt.«

»Versteht mich doch, Vater: ich weiß nicht, wer der Tote ist. Ich habe ihn wahrscheinlich nie im Leben gesehen. Ich brauchte doch nicht für etwas zu leiden, wovon ich nichts weiß. Es war sinnlos, das Messer in den Sumpf zu werfen. Er trocknet doch im Sommer aus, da kann jeder es finden. Darum suchte ich gestern und heute nacht danach.«

»War es nicht deine Absicht, zu gestehen?«

»Nein. Noch gestern überlegte ich, wie ich alles geheimhalten könne. Ich tanzte und versuchte vergnügt zu sein, damit mir niemand etwas anmerke.«

»Wolltest du wirklich vor den Traualtar treten, ohne ein Geständnis abzulegen? Das wäre ein großes Unrecht. Entdeckt man dich, ziehst du Hildur und ihre Familie mit ins Elend.«

»Ich glaubte, sie am besten durch mein Schweigen zu schonen.«

Der Vater fuhr jetzt schneller. Er schien es plötzlich sehr eilig zu haben, ans Ziel zu kommen. Er sprach die ganze Zeit mit seinem Sohn. Er hatte nie im Leben so viel zu ihm gesprochen.

»Wieso hast du eigentlich deine Meinung geändert?«

»Daran ist Helga schuld. Als sie mir Glück wünschte, brach etwas Hartes in mir, so gerührt war ich über sie. Heute morgen war ich auch über Mutter und Euch gerührt und wollte Euch sagen, daß ich Eure Liebe nicht verdiene. Das Harte in mir leistete Widerstand. Aber als Helga kam, konnte ich nicht mehr. Ich hatte immer angenommen, sie sei mir böse, weil ich doch schuld daran bin, daß sie von Närlunda fort mußte.«

»Meinst du nicht, daß wir dem Amtmann gleich alles sagen sollten?«

»Ja«, antwortete Gudmund leise. Aber gleich darauf fuhr er lauter fort: »Ich will Hildur nicht in mein Unglück hineinziehen. Auch würde sie es mir nie verzeihen.«

»Die Älvåkraleute halten ihre Ehre hoch«, sagte der Vater. »Als wir heute morgen von Närlunda fortfuhren, beschloß ich, falls du es nicht selbst tust, dem Amtmann alles zu sagen. Ich kann doch nicht schweigend zusehen und Hildur jemand heiraten lassen, dem jede Stunde eine Anklage wegen Mordes drohen kann.«

Er knallte mit der Peitsche und fuhr immer schneller. »Wir müssen es so einrichten, daß es bald überstanden ist. Ich denke, der Amtmann und seine Familie werden es recht von dir finden, daß du dich selbst angibst, und sie werden freundlich gegen dich sein.«

Gudmund antwortete nichts. Er sah immer gequälter aus, je mehr sie sich Älvåkra näherten. Der Vater sprach weiter, um ihm Mut zu machen.

»Ich habe einmal eine ähnliche Geschichte gehört«, sagte er. »Ein Bräutigam hatte einen Kameraden auf der Jagd erschossen. Es war nicht seine Absicht gewesen, und man hatte nicht entdeckt, daß er es war, der den tödlichen Schuß abgefeuert hatte. Aber ein paar Tage später sollte er heiraten; und als er in das Hochzeitshaus kam, ging er zur Braut und sagte: ›Aus der Hochzeit kann nichts werden. Ich will dich nicht in das Elend hineinziehen, das mich erwartet.‹ Aber sie stand schon fertig geschmückt da, in Krone und Schleier, und sie nahm ihn bei der Hand und führte ihn in den Saal, wo die Gäste versammelt waren und alles für die Trauung bereit war. Und sie erzählte allen mit lauter Stimme, was ihr der Bräutigam eben gesagt hatte. ›Dies erzähle ich, damit alle wissen, daß du nicht falsch gegen mich gehandelt hast‹, sagte sie und wandte sich an den Bräutigam. ›Aber jetzt will ich mich gleich mit dir trauen lassen. Denn du bleibst der du bist auch im Unglück. Was dich erwarten mag, will ich gemeinsam mit dir tragen.‹ «

Gerade als der Vater seine Erzählung beendete, bogen sie in die lange Allee ein, die nach Älvåkra führte. »So wird es mir nicht ergehen«, sagte Gudmund mit wehmütigem Lächeln.

»Wer weiß«, meinte der Vater, der immer wieder seinen Sohn anschaute und staunte, wie schön er heute war. »Es sollte mich nicht wundern, widerführe ihm etwas Großes und Unerwartetes«, dachte er.

Es sollte eine Kirchenhochzeit sein, und eine Menge Leute hatten sich schon bei den Brautleuten versammelt, um im Hochzeitszuge mitzufahren. Auch viele Verwandte des Amtmanns waren von weit und breit gekommen. Sie saßen in ihrem besten Staat auf dem Flur, bereit zur Fahrt in die Kirche. Wagen und Kutschen standen im Hof, und man hörte, wie die Pferde im Stalle stampften, während sie gestriegelt wurden. Der Dorfspielmann saß auf der Treppe der Scheuer und stimmte die Fiedel. An einem Fenster im oberen Stockwerk stand die Braut fertig angekleidet und hielt Ausschau, um den Bräutigam zu sehen, ehe er sie sah.

Erland und Gudmund stiegen aus dem Wagen und baten, sogleich mit Hildur und ihren Eltern allein sprechen zu dürfen. Man geleitete sie in ein kleines Zimmer, in dem sich das Schreibpult des Amtmanns befand.

»Ich denke, Herr Amtmann, Sie haben in den Zeitungen

von jener Schlägerei in der Stadt gelesen, bei der ein Mensch erstochen wurde, in der Nacht vom Freitag auf Samstag«, sagte Gudmund so rasch, als leiere er eine Lektion herunter. – »Ja, freilich habe ich davon gelesen«, sagte der Amtmann. – »Ich war nämlich in jener Nacht in der Stadt«, fuhr Gudmund fort. Es wurde totenstill im Raum. Alle starrten Gudmund so voller Entsetzen an, daß er nicht weitersprechen konnte. Aber der Vater kam ihm zu Hilfe. – »Gudmund war von ein paar Freunden eingeladen. – Er hat in jener Nacht wohl zuviel getrunken, denn als er heimkam, wußte er gar nicht, was mit ihm geschehen war. Aber man merkte es ihm an, daß er bei einer Rauferei gewesen war, denn seine Kleider waren zerrissen.« Gudmund sah, wie das Entsetzen, das die andern empfanden, mit jedem Worte zunahm, aber er selbst wurde ruhiger. Ein Gefühl des Trotzes erwachte in ihm, und er ergriff wieder das Wort: »Als nun am Samstagabend die Zeitung kam und ich von der Schlägerei las und von der Messerklinge, die in der Hirnschale des Mannes steckengeblieben war, da zog ich mein Messer hervor und sah, daß eine Klinge fehlte.« – »Das sind schlimme Neuigkeiten, die du da bringst, Gudmund«, sagte der Amtmann. Gudmund schwieg. Wieder half ihm der Vater. »Es war schwer für Gudmund. Die Versuchung, alles zu verschweigen, war groß. Er verliert sehr viel durch sein Geständnis.«

»Wir müssen froh sein, daß er uns jetzt alles gesagt hat«, gab der Amtmann bitter zu.

Gudmund hielt seine Augen die ganze Zeit auf Hildur gerichtet. Sie trug Krone und Schleier; und nun sah er, wie sie die Hand hob und eine der großen Nadeln herauszog, die die Krone festhielten. Sie schien dies ganz unbewußt zu tun. Als sie merkte, daß Gudmunds Blicke auf ihr ruhten, steckte sie die Nadel wieder hinein.

»Es ist noch keineswegs bewiesen, daß Gudmund der Schuldige ist«, fuhr Erland fort. »Aber ich verstehe natürlich, daß Ihr wünscht, die Hochzeit aufzuschieben, bis alles geklärt ist.«

»Es hat wohl wenig Sinn, von Aufschub zu sprechen«, sagte der Amtmann. »Ich denke, Gudmund ist seiner Sache recht sicher, und wir könnten uns wohl darüber einigen, daß es zwischen ihm und Hildur ein für allemal aus ist.«

Gudmund antwortete nicht gleich. Er ging zu seiner Braut hinüber und streckte ihr die Hand hin. Sie saß regungslos da und schien ihn nicht zu sehen. »Willst du mir nicht Lebewohl sagen, Hildur?« Jetzt sah sie auf. Ihre großen Augen blitzten ihn kalt an.

»Ist das die Hand, mit der du das Messer führtest?« fragte sie.

Gudmund antwortete nicht, sondern wandte sich an den Amtmann. »Es ist wirklich sinnlos, die Hochzeit aufzuschieben«, sagte er. Damit war die Unterredung beendet, und Gudmund und Erland gingen ihrer Wege. Sie schritten durch mehrere Zimmer und Kammern, ehe sie hinauskamen, und überall sahen sie Vorbereitungen zur Hochzeit. Die Tür zur Küche stand offen, viele Menschen liefen geschäftig darin umher. Der Duft von Braten und Backwerk drang heraus, der Herd stand voll kleiner und großer Töpfe, die Kupferkasserollen, die sonst die Wände schmückten, waren heruntergenommen und im Gebrauch. »Ach, daß sie alle diese Vorbereitungen für meine Hochzeit machen!« dachte Gudmund, als er vorüberging.

Er bekam Einblick in den ganzen Reichtum dieses alten Bauernhofes, wie er so durch das Haus wanderte. Er sah den Eßsaal, wo große Tische mit langen Reihen von Silberbechern und Kannen gedeckt waren. Er kam durch die Kleiderkammer, wo auf dem Boden große Truhen standen und an den Wänden Kleider in unendlicher Reihe hingen. Als er dann in den Hof hinaustrat, sah er eine Menge alte und neue Wagen, prächtige Pferde wurden aus dem Stall geführt und schöne Wagendecken in die Kutschen gelegt. Er sah über ein paar Höfe hin, die von Scheunen, Ställen, Schuppen, Vorratskammern und noch vielen andern Gebäuden umgeben waren. »Das alles hätte mein sein können«, dachte er, als er sich in den Wagen setzte.

Plötzlich überkam ihn bittere Reue. Er wäre am liebsten aus dem Wagen gesprungen und ins Haus zurückgelaufen, um ihr zu sagen, nichts von dem, was er berichtet habe, sei wahr. Er habe nur mit ihnen spaßen und sie erschrecken wollen. Wie töricht von ihm, zu bekennen. Was nützte sein Geständnis? Dadurch wurde die Sache für niemand besser. Der Tote blieb ja tot. Nichts anderes bewirkte sein Geständnis, als daß es ihn ins Verderben stürzte.

In den letzten Wochen hatte er diese Heirat nicht mehr so eifrig gewünscht; aber jetzt, da er darauf verzichten mußte, fühlte er erst, was sie wert war. Es bedeutete viel, Hildur Erikstochter und alles, was mit ihr zusammenhing, zu verlieren. Keine andere weit und breit war wie sie, und durch sie wäre er zu großer Macht und Ehre gelangt.

Er trauerte jetzt nicht nur um Hildur und ihr Hab und Gut, sondern auch um kleinere Dinge. In diesem Augenblick wäre er zur Kirche gefahren, und alle, die ihn gesehen, hätten ihn beneidet. Und heute hätte er zuoberst an der Hochzeitstafel gesessen. Heute wäre er mitten in Tanz und Fröhlichkeit gewesen. Es war sein großer Glückstag, der ihm nun entging.

Erland betrachtete immer wieder seinen Sohn. Er war jetzt nicht so schön und verklärt wie am Morgen, sondern saß stumpf und schwerfällig da mit erloschenem Blick. Der Vater hätte wohl gerne gewußt, ob der Sohn sein Geständnis bereue, und er wollte ihn danach fragen, hielt es aber doch für richtiger, zu schweigen. Gudmund fragte nach einer Weile: »Wäre es nicht das beste, sich gleich zum Gericht zu begeben?« – »Du mußt zuerst nach Hause, damit du ruhen und dich ausschlafen kannst«, sagte der Vater. »Du hast in den letzten Nächten wohl nicht viel Schlaf gefunden.« – »Mutter wird erschrecken, wenn sie uns sieht.« – »Sie wird nicht erstaunt sein«, sagte der Vater, »sie weiß ebensoviel wie ich. Sie wird sich freuen, daß du gestanden hast.« – »Ich glaube, Mutter und ihr alle miteinander daheim seid froh, mich ins Gefängnis zu bringen«, sagte Gudmund bitter. – »Wir wissen, daß du viel verlierst, weil du recht gehandelt hast«, sagte der Vater, »wir können nicht anders: wir müssen uns freuen, daß du dich selbst überwunden hast.«

Gudmund glaubte, es nicht ertragen zu können, nach Hause zu fahren und allen Leuten zuzuhören, die ihn rühmen würden, weil er seine Zukunft vernichtet hatte. Er suchte einen Vorwand, um niemand treffen zu müssen, bevor er sich mehr Ruhe erkämpft hatte. Nun fuhren sie an der Stelle vorüber, wo der Pfad zum Moorhof abbog. »Wollt Ihr hier halten, Vater? Ich denke, ich gehe zu Helga hinauf und spreche mit ihr.«

Der Vater hielt bereitwillig das Pferd an. »Komm nur, sobald du kannst, nach Hause, damit du dich ausruhst«, sagte er.

Gudmund schlug den Weg in den Wald ein und war bald zwischen den Bäumen verschwunden. Er dachte nicht daran, Helga aufzusuchen. Er war nur froh, allein zu sein, so daß er sich keinen Zwang auferlegen brauchte. Er fühlte eine unvernünftige Wut gegen alles, er stieß Steine fort, die ihm im Wege lagen, und blieb zuweilen stehen, um einen großen Ast abzubrechen, nur weil ein Blatt sein Gesicht gestreift hatte. Er schlug den Weg zum Moorhof ein, ging aber an der Hütte vorbei und kletterte den Berg hinauf. Hier wurde es ihm bald schwer, weiterzukommen. Er hatte den Pfad verlassen; und um den nächsten Gipfel zu erreichen, mußte er über ein breites Flußbett voll kantiger Felsblöcke gehen. Es war eine gefährliche Wanderung über die scharfen Felskanten, und er konnte sich Arme und Beine brechen, wenn er einen Fehltritt machte. Das wußte er sehr wohl, aber er ging doch weiter, als mache es ihm Freude, sich einer Gefahr auszusetzen. »Und wenn ich mich zuschanden falle, so findet mich hier oben niemand«, dachte er. »Aber was tut das? Ich kann ebensogut hier liegen und sterben wie jahrelang hinter Gefängnismauern sitzen.«

Doch alles ging gut ab, und ein paar Minuten später stand er auf der Höhe. Über den Berg war einmal ein Waldbrand hingegangen. Die oberste Spitze war noch kahl, von dort hatte man eine meilenweite Aussicht. Er sah Täler und Seen, dunkle Wälder und fruchtbare Äcker, Kirchen und Herrenhöfe, kleine Bauernhütten und große Dörfer. In der Ferne lag die Stadt, in einem weißen Schleier von Sonnenrauch gehüllt, aus dem ein paar funkelnde Türme aufragten. Durch die Täler schlängelten sich Wege, und ein Eisenbahnzug rollte unten am Waldessaum vorbei. Weithin breitete sich das Land aus.

Er warf sich zu Boden, ließ aber die Blicke schweifen. Es lag etwas Großes und Stolzes in dieser Landschaft. Seine Sorgen wurden vor ihr klein und unbedeutend. Eine Erinnerung aus seiner Kindheit stieg in ihm auf. Als er gelesen hatte, daß der Versucher Jesus auf einen hohen Berg geführt und ihm alle Herrlichkeit der Welt zeigte, war er überzeugt davon, die beiden müßten auf dem Gipfel hier oben gestanden haben. Gudmund sprach die Worte vor sich hin: »Dies alles will ich dir geben, wenn du niederfällst und mich anbetest.« Plötzlich kam es ihm vor, als habe ihn selbst in den letzten Tagen eine solche Versuchung heimgesucht.

Hatte ihn nicht der Versucher auch auf einen hohen Berg geführt und ihm alle Herrlichkeit des Reichtums und der Macht gezeigt? »Wenn du das Böse verschweigst, das du getan hast«, sagte er, »will ich dir dies alles geben.«

Ich habe der Versuchung widerstanden, dachte Gudmund und ein klein wenig Befriedigung überkam ihn. Plötzlich war es ihm klar: hätte er geschwiegen, wäre er sein ganzes Leben lang verurteilt gewesen, den Versucher anzubeten. Er wäre ein scheuer, mutloser Mann geworden, ein Sklave von Hab und Gut. Furcht vor Entdeckung hätte auf ihm gelastet. Nie mehr hätte er sich als freier Mann fühlen können.

Eine große Ruhe bemächtigte sich seiner. Er wurde ganz glücklich im Bewußtsein, recht gehandelt zu haben. Dachte er an die letzten Tage zurück, so war ihm, als habe er in tiefer Dunkelheit gelebt. Daß er zuletzt doch aus ihr herausgefunden hatte, schien ihm ein Wunder. Wie war es zugegangen, daß er nicht in die Irre gegangen war? »Ich danke es ihnen, die zu Hause alle so gut gegen mich waren«, dachte er. »Aber die entscheidende Hilfe war doch, daß Helga kam und mir Glück wünschte.«

Er blieb noch eine Weile oben auf dem Gipfel, aber dann hielt er es für seine Pflicht, zu Vater und Mutter heimzugehen und ihnen zu sagen, er habe seinen inneren Frieden wiedergefunden. Als er gehen wollte, erblickte er Helga. Sie saß ein Stück weiter unten auf einem Felsenvorsprung, nur ein kleines Stückchen des Tales war für sie sichtbar. Es war die Gegend, wo Närlunda lag, und sie sah vermutlich ein Stück des Hofes. Als Gudmund sie erblickte, fühlte er, wie sein Herz, das den ganzen Tag mühsam und ängstlich gearbeitet hatte, leicht und fröhlich zu klopfen begann, und zu gleicher Zeit durchzuckte ihn ein so starkes Glücksgefühl, daß er stehenblieb und über sich selbst staunte.

»Was ist mir denn? Was ist das? Was ist das?« dachte er, während das Blut durch seinen Körper strömte und das Glück ihn mit solcher Macht ergriff, daß es beinah schmerzhaft war. Endlich sagte er voller Staunen zu sich selbst: »Aber ich hab' sie ja lieb! Nein, daß ich das bis jetzt gar nicht wußte!«

Es überfiel ihn mit der Stärke eines befreiten Wasserfalls. Er war die ganze Zeit, seit er sie kannte, gebunden gewesen, hatte alles, was ihn zu ihr zog, zurückgedrängt. Jetzt erst war er frei von dem Gedanken, eine andere zu heiraten. Jetzt erst besaß er die Freiheit, sie zu lieben.

»Helga«, rief er und begann sogleich den Abhang zu ihr hinunterzuklettern. Sie wandte sich mit einem erschrockenen Aufschrei um. »Hab keine Angst, ich bin es, Gudmund ...« – »Aber bist du denn nicht in der Kirche und wirst getraut?« – »Ach nein, aus der Hochzeit wird nichts. Sie will mich nicht haben, Helga.«

Helga erhob sich. Sie preßte die Hand aufs Herz und schloß die Augen. Sie dachte in diesem Augenblick wohl, er könne es nicht selbst sein, der zu ihr kam. Sie dachte, wahrscheinlich seien ihr Augen und Ohren hier im Wald verhext worden. Aber schön und herrlich war es doch, daß er sich zeigte, wenn auch nur als Traumerscheinung. Sie blieb reglos stehen, um das Trugbild noch ein paar Augenblicke festzuhalten.

Aber Gudmund war wie wild und toll von der großen Liebe, die in ihm loderte. Sobald er zu Helga heruntergekommen war, schlang er die Arme um sie und küßte sie, und sie ließ es geschehen; denn sie war ganz betäubt und benommen vor Überraschung. Es war ja zu wunderbar, daß er, der gerade jetzt, in dieser Stunde, an der Seite seiner Braut in der Kirche stehen sollte, hierher in den Wald gekommen war. Sein Geist oder Doppelgänger mochte sie immerhin küssen.

Aber in dem Augenblick, da Gudmund Helga küßte, wachte sie auf und stieß ihn von sich. Und nun begann sie ihn mit Fragen zu überschütten. Ob er es wirklich selbst sei? Was tue er hier im Wald? Sei ein Unglück geschehen? Warum habe man die Hochzeit aufgeschoben? Ob Hildur krank sei? Oder habe den Pfarrer in der Kirche der Schlag gerührt?

Gudmund wollte mit ihr von nichts anderm auf der Welt sprechen als von seiner Liebe; aber sie zwang ihn, zu erzählen, wie alles zugegangen war. Während er sprach, saß sie still da und hörte mit tiefer Andacht zu.

Sie unterbrach ihn nicht, bis er von der abgebrochenen Klinge erzählte. Da fuhr sie auf und fragte, ob es sein gewöhnliches Messer sei, das er gehabt hätte, als sie noch auf Närlunda diente.

»Ja, gerade das war es«, sagte er. – »Wieviel Klingen waren denn abgebrochen?« fragte sie. – »Nicht mehr als eine.«

In Helgas Kopf begann es zu arbeiten. Sie saß mit gerunzelter Stirn da und suchte sich an etwas zu erinnern. Wie war es doch? Ja gewiß. Sie entsann sich deutlich, daß sie sich dieses Messer an dem Tage, bevor sie fortging, von ihm ausgeliehen hatte, um Holz zu spalten; dabei hatte sie es zerbrochen, aber sie war nicht dazugekommen, es ihm zu sagen. Er war ihr damals ausgewichen und hatte nicht mit ihr sprechen wollen. Und nun hatte er das Messer wohl seitdem in der Tasche gehabt und gar nicht bemerkt, daß es zerbrochen war.

Sie hob den Kopf und war dabei, ihm alles zu erklären. Aber er sprach wieder von seinem Besuch heute morgen im Hochzeitshaus, und sie wollte ihn nicht unterbrechen. Als sie hörte, wie er von Hildur geschieden war, erschien ihr dies als ein so furchtbares Unglück, daß sie ihn mit Vorwürfen überhäufte. »Das ist deine eigene Schuld«, hob sie an. »Da kommt ihr, du und dein Vater, angefahren und erschreckt sie zu Tod mit der entsetzlichen Botschaft. Wäre sie bei Sinnen gewesen, hätte sie dir anders geantwortet. Gewiß bereut sie ihre Worte längst.«

»Meinetwegen mag sie bereuen, soviel sie will«, sagte Gudmund, »ich weiß jetzt, daß sie immer nur an sich selbst denkt. Ich bin froh, daß ich sie los bin.«

Helga preßte die Lippen aufeinander, damit ihr das große Geheimnis nicht entschlüpfe. Sie hatte viel zu denken. Es galt, Gudmund von jedem Verdacht des Mordes zu befreien wie ihn wieder mit seiner Braut zu versöhnen. War sie, Helga nicht ausersehen, auf Grund ihres heimlichen Wissens beides zu versuchen? Wieder saß sie stumm da, bis Gudmund anfing, von seiner Liebe zu ihr zu sprechen.

Das erschien ihr als das größte Unglück, das ihn an diesem Tage traf. Es war schon schlimm, daß die vorteilhafte Heirat zu scheitern drohte, noch schlimmer aber, daß er um eine wie sie werben wollte.

»Nein, davon darfst du gar nicht mit mir sprechen«, rief sie und sprang auf.

»Und warum nicht?« Gudmund erblaßte. »Geht es dir am Ende wie Hildur? Hast du Angst vor mir?«

»Nein, keineswegs.« Sie wollte ihm erklären, daß er in sein eigenes Verderben renne, aber er hörte ihr nicht zu. »Früher gab es Frauen, die den Männern beistanden, wenn sie in Not kamen«, sagte er, »aber solche Frauen scheint es heute nicht mehr zu geben.«

Helga erzitterte. Sie hätte die Arme um seinen Hals schlingen wollen, aber sie verhielt sich still. Heute mußte sie vernünftig sein.

»Natürlich hätte ich dich nie am Tag, an dem ich ins Gefängnis muß, bitten dürfen, meine Frau zu werden. Aber der Gedanke, du wartest auf mich, bis ich wieder frei bin, hätte mir geholfen.«

»Eine andere wird auf dich warten, Gudmund. Nicht ich.«

»Alle Menschen werden mich jetzt als Säufer und Mörder betrachten. Fände sich doch jemand, der mich lieb hat. Das würde mich aufrecht halten.«

»Du weißt, Gudmund, daß ich immer nur das Beste von dir denken werde«, sagte Helga leise.

Sie war sehr still. Seine Bitten wurden fast zu viel für sie. Sie wußte nicht, wie ihm entkommen. Gudmund verstand nichts, begann zu glauben, er habe geirrt. Sie empfand nicht das gleiche wie er. Er kam ganz dicht an sie heran und sah sie an, als wollte er mitten durch sie hindurchsehen. »Sitzest du nicht gerade auf diesem Felsen hier, um nach Närlunda hinunterzusehen?« – »Ja, das tu ich.« – »Sehnst du dich nicht Tag und Nacht hin?« – »Ja. Aber ich sehne mich nicht nach einem Menschen.« – »Und mich magst du gar nicht?« – »O ja, aber ich will dich nicht heiraten.« – »Wen hast du denn gern?« – Helga schwieg. – »Per Martensson?« – »Ja, ihm hab' ich gesagt, daß ich ihn gern habe«, sagte sie ganz verstört. – Gudmund blieb ein Weilchen stehen und sah sie zornig an. »Also lebe wohl. Von nun an sind unsere Wege getrennt«, sagte er, machte einen gewaltigen Sprung von dem Stein zum nächsten Felsabsatz und verschwand im Wald.

6

Kaum war Gudmund verschwunden, als Helga auf anderem Weg den Berg hinuntereilte. Sie lief am Moorhof vorbei, ohne stehenzubleiben, sprang, so rasch sie konnte, den Waldhügel hinab und erreichte die Straße. Im ersten Bauernhof, an dem sie vorüberkam, bat sie, ihr Pferd und Wagen zu leihen, damit sie nach Älvåkra fahren könne. Sie sagte, es gälte das Leben, und versprach dafür zu zahlen. Die Kirchenbesucher waren schon heimgekehrt und erzählten von der unterbliebenen Trauung. Alle waren sehr bewegt und mitleidig, und man wollte Helga die Hilfe nicht verweigern, da sie eine wichtige Botschaft für die Leute auf Älvåkra zu haben schien.

In Älvåkra saß Hildur Erikstochter in einer kleinen Kammer im oberen Stock, wo sie ihr Brautkleid abgelegt hatte. Die Mutter und ein paar andre Bäuerinnen waren um sie. Hildur weinte nicht, aber sie war ungewöhnlich still und blaß; es sah aus, als würde sie jeden Augenblick umsinken. Die Frauen sprachen die ganze Zeit von Gudmund. Alle tadelten ihn und sahen es als Glück für Hildur an, daß sie von ihm befreit war. Einige meinten, er habe wenig Rücksicht bewiesen. Er hätte den Schwiegereltern schon am Pfingsttag alles gestehen müssen.

Andere betonten, wem ein so großes Glück bevorstehe, müsse besser auf sich achten. Wieder andere beglückwünschten Hildur, dem Schicksal entgangen zu sein, jemand zu heiraten, der sich so sinnlos betrinkt, daß er nicht mehr weiß, was er tut.

Während dieser Reden verließ Hildur ungeduldig den Raum. Vor der Tür traf sie ihre beste Freundin, ein junges Bauernmädchen. Diese flüsterte ihr zu: »Unten wartet jemand auf dich, der dich sprechen will.« – »Ist es Gudmund?« fragte Hildur und ein Strahl des Lebens leuchtete in ihren Augen auf.

»Nein. Aber ich glaube, er schickt dir eine Botschaft. Die Fremde will dich allein sprechen.«

Hildur hatte den ganzen Tag gedacht, jemand müsse kommen und ihrer Not ein Ende machen. Sie konnte das furchtbare Unglück, das sie getroffen hatte, nicht fassen, meinte, es müsse unbedingt etwas geschehen, damit sie Krone und Kranz wieder aufsetzen, mit dem Hochzeitszug zur Kirche fahren und getraut werden konnte. Als sie nun von einer Botschaft Gudmunds hörte, wurde sie ganz aufgeregt und lief, so schnell ihre Füße sie trugen, zu Helga hinunter, die vor der Küchentür stand.

Hildur wunderte sich zwar, daß Gudmund Helga schickte, nahm aber an, er habe heute am Feiertag keine andere Botin gefunden, und begrüßte sie freundlich.

Sie winkte Helga, ihr in die Milchkammer zu folgen, die auf der anderen Seite des Hofes lag. »Ich weiß keinen anderen Ort, wo wir allein sprechen können«, sagte sie. »Wir haben das ganze Haus voller Gäste.« In der Milchkammer sah Helga Hildur lange an.

»Ehe ich zu reden anfange, muß ich wissen, ob du Gudmund lieb hast, Hildur?«

Hildur zuckte zusammen. Es war ihr eine Qual, mit Helga über Gudmund zu reden. Sie hatte nicht die geringste Lust, sie zu ihrer Vertrauten zu machen. Aber in ihrer Notlage zwang sie sich doch zu antworten: »Warum hätte ich ihn sonst heiraten wollen?« – »Ich meine, ob du ihn noch lieb hast, Hildur?« – Hildur wurde wie zu Stein, aber unter dem forschenden Blick der andern konnte sie nicht lügen. – »Vielleicht habe ich ihn noch nie so lieb gehabt wie heute«, sagte sie, jedoch so leise, daß man glauben konnte, es tue ihr weh, die Worte auszusprechen.

»Dann komm gleich mit mir«, sagte Helga. »Draußen auf der Straße habe ich einen Wagen. Du brauchst dich nur fertig zu machen, dann können wir, so schnell es geht, nach Närlunda fahren.«

»Warum soll ich dorthin?« fragte Hildur.

»Damit du Gudmund sagen kannst, daß du ihm angehören und treu auf ihn warten wirst, während er im Gefängnis sitzt.« – »Warum soll ich das sagen?« – »Damit alles zwischen euch wieder gut wird.« – »Aber das ist ja unmöglich. Ich will niemand heiraten, der im Gefängnis war.«

Helga prallte zurück, als wäre sie an eine Mauer gestoßen. Aber sie faßte sich rasch wieder. Sie konnte ja verstehen, daß, wer reich war wie Hildur, so denken mußte.

»Ich wäre nicht hierhergekommen, und hätte dich nicht gebeten, nach Närlunda zu fahren, wüßte ich nicht, daß Gudmund unschuldig ist«, sagte sie. Jetzt war es Hildur, die einen Schritt vor Helga zurückwich. – »Weißt du das oder glaubst du es nur?« – »Das Wichtigste wäre, daß wir schnell losführen, dann könnte ich es dir unterwegs erzählen, Hildur.« – »Nein, erst mußt du mir alles sagen. Ich muß wissen, was ich tue.« Helga war so voll brennenden Eifers, daß sie kaum stillstehen konnte. Aber sie mußte Hildur doch von Gudmunds Unschuld überzeugen. – »Hast du das Gudmund nicht gleich gesagt?« – »Nein, ich wollte es dir zuerst sagen. Sonst weiß es niemand.«

»Und warum kommst du zu mir, Helga?«

»Damit zwischen euch alles wieder gut wird. Er soll auch gleich alles erfahren. Aber ich will, daß du wie von selbst kommst, Hildur.«

»Ich soll tun, als wüßte ich nichts von seiner Unschuld?«

»Du darfst ihm auch nie verraten, daß ich bei dir war. Sonst verzeiht er dir nicht, was du ihm heute morgen gesagt hast.«

Hildur hörte schweigend zu. Es lag etwas in diesen Worten, was ihr noch nie im Leben begegnet war, und sie versuchte, es zu verstehen.

»Weißt du, daß ich es war, die verlangte, daß du von Närlunda fort solltest?« – »Ich weiß nur, daß es nicht Mutter Ingeborg und Erland waren, die mich forthaben wollten.«

»Ich kann gar nicht verstehen, warum du mir heute helfen willst.« – »Komm nur mit, Hildur, so kann alles noch gut werden.«

»Vielleicht hat Gudmund dich lieb«, rief sie hin. Aber nun riß Helga die Geduld. »Was hätte er schon an mir?«

antwortete sie heftig. »Du weißt doch, Hildur, ich bin nur ein armes Häuslerkind. Und dies ist noch nicht einmal das Schlimmste . . .«

Die beiden jungen Mädchen schlichen sich unbemerkt aus dem Haus und saßen bald im Wagen. Helga kutschierte, und sie schonte das Pferd nicht, sondern ließ es traben. Sie waren beide stumm. Hildur saß da und sah Helga an. Es war, als könne sie sich nicht genug über sie wundern und als denke sie mehr an sie als an irgend etwas anderes.

Als sie in die Nähe des Hofes kamen, übergab Helga Hildur die Zügel. »Jetzt sollst du allein hinfahren, Hildur, und mit Gudmund sprechen. Ich komme später nach und erzähle die Geschichte von dem Messer.«

Gudmund saß in der Wohnstube auf Närlunda neben Mutter Ingeborg und sprach mit ihr. Der Vater saß etwas abseits und rauchte. Er sah zufrieden aus und sagte kein Wort. Man merkte, er war der Meinung, jetzt gehe alles, wie es sollte, so daß er nicht einzugreifen brauchte.

»Ich wüßte gerne, Mutter, was Ihr gesagt hättet, wäre Helga Eure Schwiegertochter geworden?«

Mutter Ingeborg antwortete mit fester Stimme: »Ich freue mich über jede Schwiegertochter, von der ich weiß, daß sie dich lieb hat, wie eine Frau einen Mann liebhaben soll.«

In diesem Augenblick fuhr Hildur Erikstochter auf dem Hof ein. Ein paar Minuten später war sie im Haus. Sie trat nicht siegesgewiß wie sonst ins Zimmer, sondern blieb wie ein armes Bettelmädchen an der Tür stehen.

Dann aber kam sie näher, gab Mutter Ingeborg und Erland die Hand. Zu Gudmund sagte sie: »Ich möchte gerne mit dir sprechen.«

Er geleitete sie in die Kammer. Sie war rot vor Verlegenheit und brachte die Worte nur mühsam heraus. »Es war wohl . . . wohl zu hart, was ich heute morgen sagte.«

»Du warst ganz unvorbereitet«, antwortete Gudmund.

Sie wurde noch röter und beschämter. »Ich hätte es mir besser überlegen sollen. Wir könnten – es sollte doch –«

»Laß gut sein, Hildur, wir wollen nicht mehr darüber sprechen. Aber es ist schön, daß du gekommen bist.« Sie schlug die Hände vors Gesicht, holte so tief Atem, daß es fast wie Schluchzen klang, hob dann aber wieder das Gesicht. »Nein«, sagte sie. »Es geht nicht. Ich will nicht, daß du mich für besser hältst, als ich bin. Jemand kam zu mir, erzählte mir, du seiest unschuldig, riet mir aber, dies nicht zu erwähnen. Wäre ich doch selbst auf den Gedanken gekommen. Doch ich kam nicht darauf.

Und dabei habe ich mich den ganzen Tag nach dir gesehnt und mir gewünscht, es möchte wieder gut zwischen uns werden. Aber das Allerwichtigste ist doch: ich freue mich, daß der schreckliche Verdacht von dir genommen ist.«

»Wer hat dir denn diesen Rat gegeben, Hildur?« fragte Gudmund. – »Das darf ich nicht sagen.« – »Ich wundere mich, daß schon jemand von meiner Unschuld weiß. Vater kommt eben erst vom Bürgermeister. Er hat in die Stadt telegraphiert und erfahren, daß der wahre Täter gefunden ist.«

Hildur fühlte, wie ihr die Beine versagten. Sie mußte sich setzen. Sie war bange, weil Gudmund so ruhig und freundlich war, und sie begann zu verstehen, daß sie ihre Macht über ihn verloren hatte.

»Ich sehe schon, du kannst es nicht vergessen, wie ich heute vormittag zu dir war.«

»Doch, das kann ich dir verzeihen, Hildur«, entgegnete er im gleichen ruhigen Ton.

Hildur zitterte, schlug die Augen nieder und saß da, als warte sie auf etwas.

Gudmund kam auf sie zu, ergriff ihre Hand, sagte unvermittelt: »Es ist ein großes Glück, daß es zwischen uns aus ist, Hildur. Denn heute ist mir klar geworden, daß ich eine andere liebe. Ich glaube, ich hatte sie schon lange lieb, aber ich weiß es erst seit heute.«

»Wer ist es Gudmund?« fragte Hildur tonlos.

»Der Name tut nichts zur Sache. Ich werde sie nicht heiraten, denn sie will mich nicht. Doch sie ist die einzige, die für mich in Betracht kommt.«

Hildur hob den Kopf. Es war schwer für sie, zu sagen, was in ihr vorging. Sie fühlte deutlich, daß sie, die Großbauerntochter, trotz ihrer Reize und ihres Hab und Gutes Gudmund nichts mehr bedeutete. Aber ihr Stolz gebot ihr, sich in dieser Stunde des Abschieds von ihrer besten Seite zu zeigen.

»Sag mir, Gudmund, ob es Helga vom Moorhof ist, die du liebhast?«

Gudmund schwieg. »Denn wenn es Helga ist, weiß ich, daß sie dich liebt. Sie kam zu mir und riet mir, was ich tun solle, damit wir beide wieder zusammenfänden. Sie wußte, daß du unschuldig bist. Aber sie sagte es *mir* zuerst. Nicht dir.«

Gudmund sah Hildur in die Augen.

»Ist dies ein Beweis für ihre Liebe?«

»Niemand in der Welt kann dich lieber haben als sie.« Gudmund ging aufgeregt hin und her. Dann blieb er vor Hildur stehen. »Warum sagst du mir das?«

»Weil ich Helga nicht an Großmut nachstehen will.«

»Ach, Hildur, Hildur –« Gudmund legte ihr die Hand auf die Schulter und schüttelte sie, um seiner Rührung Herr zu werden. »Du weißt nicht, nein, du weißt nicht, wie gut ich dir in diesem Augenblick bin. Du weißt nicht, wie glücklich du mich gemacht hast –«

Helga saß am Wegrand und wartete. Sie sah Gudmund und Hildur vor sich und stellte sich vor, wie glücklich sie jetzt waren.

Ein Knecht von Närlunda kam vorüber. Als er sie sah, blieb er stehen.

»Du hast doch sicher von Gudmund gehört, Helga«, rief er ihr zu. – Ja, das hatte sie.

»Denk dir, die ganze Geschichte ist gar nicht wahr. Der wahre Täter ist eben ermittelt worden.«

»Es konnte ja auch nicht wahr sein«, antwortete sie. Der

Knecht ging weiter. Helga blieb am Wegrand sitzen. In Närlunda wußten sie also schon Bescheid. Da erübrigte es sich, hinüberzugehen und ihnen alles zu berichten.

Plötzlich wurde sie sich ihrer Einsamkeit bewußt. Es ist schwer, für die, die man liebhat, nichts zu bedeuten.

Jetzt brauchte Gudmund sie nicht mehr. Auch ihre eigenes Kind brauchte sie nicht. Es gehörte ihrer Mutter, die Helga kaum gönnte, es anzusehen.

Sie dachte daran, daß sie nach Hause müsse. Aber die Hügel erschienen ihr so steil, sie konnte sich nicht vorstellen, wie sie hinaufkäme.

Ein Wagen aus Närlunda näherte sich. Hildur und Gudmund saßen darin. Jetzt fuhren sie wohl nach Älvåkra, um zu sagen, daß sie sich ausgesöhnt hatten – und morgen findet dann die Hochzeit statt.

Als sie Helga erblickten, hielten sie an. Gudmund sprang aus dem Wagen, Hildur nickte Helga zu und fuhr weiter.

Gudmund blieb vor Helga stehen. »Wie froh bin ich, daß du hier bist«, sagte er. »Ich fürchtete schon, ich müsse zum Moorhof hinaufgehen, um dich zu finden.« Er sagte dies heftig, fast hart, und hielt dabei ihre Hand fest umklammert. Sie las in seinen Augen, daß er wußte, wie es um sie stand. Nun konnte sie ihm nicht mehr entfliehen –

Eine alte Almgeschichte

Es war einmal eine Sennerin, die stand in ihrer Sennhütte und machte gerade Käse. Sie hatte beide Hände in dem Käseschaff und drückte zu, so fest sie konnte, um die Molke aus dem Käse zu pressen.

Neben ihr auf dem Herde stand ein großer Kessel, der voll Molke war. Der quirlte und brodelte, so daß das Mädchen das Gefühl hatte, er leistete ihr gleichsam Gesellschaft in der tiefen Einsamkeit. Der Hirtenjunge war mit den Kühen im Wald, und die Magd, die sie während des Sommers zur Hilfe gehabt hatte, war vor ein paar Tagen mit einem Teil der Herde heimgewandert. Eigentlich hätte sie auch schon im Tal sein sollen. Der Herbst hatte schon begonnen, und alle anderen Sennhütten waren verlassen; aber sie hatte bleiben müssen, denn bei der besten Kuh hatte sich das Kalben verzögert.

Während sie so dastand und dem Kessel zuhörte, kam es ihr vor, als änderte er plötzlich seinen Ton. Während er früher ganz freundlich und ruhig gebrodelt hatte, klang es nun unruhig und klagend. Es machte ganz den Eindruck, als wäre er über irgend etwas ungehalten.

»Was ist denn mit dir?« fragte sie, während sie ihren Käse bearbeitete. »Stehst du nicht fest auf deinen Beinen, oder hast du nicht genug Feuer unter dir?« Sie bückte sich und sah nach, aber der Kessel schien ganz vortrefflich auf dem Herde zu stehen. Ja, ein Herd war es nun eigentlich nicht, sondern nur eine große Steinplatte, die auf ein paar kleineren Steinen ruhte, aber sie nannte ihn auf jeden Fall so.

Es ist eine recht langwierige Arbeit, einen Käse zu machen. Und da das Mädchen gerade nichts anderes zu denken hatte, horchte sie wieder auf den Kessel. Noch immer klang es, als hätte er es schwer; er stand da und jammerte förmlich.

»Du liebe Zeit, so etwas habe ich doch den ganzen Sommer nicht von dir gehört«, sagte das Mädchen und lachte. »Es ist dir gewiß nicht recht, daß du hier im Walde bleiben mußt, wo alle die Alm schon verlassen haben und Leute und Gerätschaften unten im Tale sind.«

Der Kessel ließ gar nicht mit sich reden. Er brummte und brodelte, zornig und böse, und plötzlich kam der Sennerin der Gedanke, daß er doch ganz wie die alte Ahnl unten im Bauernhofe war. Die ging auch immer herum und warnte und eiferte und ärgerte sich, weil keiner sich darum kümmerte, was sie sagte. Wieder fing sie zu lachen an.

»Du mußt doch selbst einsehen, daß mir nichts anderes übrig blieb, wenn die Schellenkuh nicht gekalbt hatte und man es jeden Augenblick erwarten konnte«, sagte sie. »Aber jetzt ist ja alles glücklich überstanden, und wenn das Kalb erst so weit ist, daß es auf seinen Beinen stehen kann, dann packen wir zusammen.«

Aber der Kessel kam nicht in bessere Laune. Er brodelte und brummte weiter, von den langen, dunklen Abenden, von dem ewigen Regnen, von den durchweichten Wegen und von den Kühen, die sich im Nebel verirrten und im Moor versanken.

»Ich weiß wirklich nicht, warum Ihr so unwirsch seid«, sagte das Mädchen schließlich, und sie war jetzt so ganz in der Vorstellung befangen, daß sie zu ihrer alten Herrin sprach, daß sie den Kessel nicht mehr duzte. »Ihr wißt doch, mir war es wahrhaftig nicht darum zu tun, allein im Walde droben zu bleiben, und Ihr wißt auch, wem zuliebe ich versuche, Euch zu zeigen, daß Ihr Euch auf mich besser verlassen könnt als auf die anderen Dienstleute.«

Aber aus dem Kessel kam nur Lärmen und Tosen zurück.

»Jetzt ist sie mit allem anderen fertig«, sagte die Sennerin, »jetzt fängt sie von den Kobolden an. Das kann ich am Ton hören.«

Das Mädchen hatte wie andere auch oft davon gehört, daß die Kobolde darauf lauerten, in die Sennhütten einzuziehen, sobald die Menschen sie im Herbst geräumt hatten.

Das war ja auch nicht zu verwundern. Sie hatten es da in jeder Hinsicht besser als auf den Steinhalden und Reisighaufen, wo sie sich sonst aufzuhalten pflegten. Aber sie hatte keine rechte Angst vor den Kobolden. Soviel Verstand mußten die doch wohl haben, daß sie sich ferne hielten, solange noch Menschen und Herden auf den Almen waren.

Aber der Kessel beruhigte sich nicht. Es war wirklich die Stimme der Ahnl, die ihr einprägen wollte, was für gefährliche Kobolde es hier im Walde gab. Denn die Ahnl war einmal in ihrer Jugend länger als die andern auf der Alm zurückgeblieben, um auf eine Kuh zu warten, ganz wie jetzt sie selbst. Aber eines Abends, als sie draußen auf der Wiese gewesen war, um zu melken, hatte sie von einem Berg, der etwas weiter nördlich von der Weide lag, ein lautes Gebrüll gehört. Es kam wieder und wieder und wieder, und schließlich hatte sie die folgende Frage verstanden:

Du, du Bullidaus,
Wann kommst aus dem Ameisenhaufen raus?

Die Ahnl merkte gleich, daß es der Kobold vom Nordfelsen war, der einen anderen Kobold, der in einem Ameisenhaufen wohnte, fragte, wann er in eine der Sennhütten einziehen würde. Und sie horchte genau nach der Antwort, um herauszubekommen, von welcher der Sennhütten die Rede war. Und richtig! Sie hörte, wie Bullidaus wie aus einer tiefen Grube heraus antwortete. Es war nicht leicht, ihn zu verstehen, denn die Kobolde haben so brüllende, heisere Stimmen, daß man nur schwer die Worte von all den anderen Lauten unterscheiden kann. Aber sie brachte doch heraus, daß er ungefähr so sagte:

Kein Kalbel hat noch die Kuh
Und die Sigrid sperrt nicht zu.

Sigrid, das war eben sie, die Ahnl. Jetzt lauschte sie noch gespannter nach dem nächsten Ruf. Und sie hörte, wie der erste Kobold den zweiten unterwies:

Mit den Klauen zerreißen,
Auf den Ofen den heißen,
Dann gibt's was zu beißen.
Junges Mädel fett und frisch
Schmeckt besser als ein trockner Fisch.

Nun wußte die Ahnl, daß es die Absicht der Kobolde war, sie zu braten und zu essen, und wer nicht länger allein in der Sennhütte blieb, das war sie. Noch in derselben Nacht war sie mit der Herde daheim.

Zu Hause im Bauernhof hatten die Knechte und Mägde alle Mühe, das Lachen zu verbeißen, wenn die Ahnl von den Kobolden erzählte, die sie hatten braten wollen. Aber jetzt, wo die Sennerin mutterseelenallein dastand und an das Abenteuer dachte, bekam sie eine Gänsehaut.

»Gott tröste uns«, sagte sie zum Kessel. »Ich glaube, Ihr wollt mir Angst machen.«

Im selben Augenblick schnellte sie in die Höhe wie ein Fisch im See, denn sie hörte draußen Schritte.

Im ganzen Walde war kein Mensch außer ihr und dem Hirtenjungen, und der war weit weg. So war es wohl doch ein Kobold, der da herankam.

Nein, ein Kobold war es nicht, der die Türe aufriß und über die Schwelle trat. Es war schon ein Mensch, aber ob das nun besser sein sollte? Ein großer, langer Geselle, mit zottigem Haar und wirrem Bart. Nicht ein gewebtes Stück Zeug hatte er auf dem Leibe, alles stammte aus dem Wald. Der Bär hatte ihm die Jacke geliefert, der Elch die Hosen, das Eichhörnchen die Mütze und die Birke die Rindenschuhe.

Er hatte einen langen Spieß in der Hand, und den schleppte er mit in die Stube herein. Nicht weniger als drei Messer staken in dem Bärenpelz.

Das Mädchen sah sofort, daß das einer der Bösewichte war, die vogelfrei im Walde lebten. An einen Gefährlicheren hätte sie kaum geraten können. Das war etwas anderes als dieser Bullidaus, der die Ahnl hatte auffressen wollen.

Da stand sie in der Stube, die nur ein einziges kleines Fensterchen und nicht mehr als eine Türe hatte, und konnte nicht entrinnen. Ihre Gedanken flogen hin und her, und es kam ihr in den Sinn, daß der Räuber vielleicht gerade so wie die Kobolde nur darauf aus sei, im Winter unter ein Dach zu kommen, und daß er gekommen sei, um nachzusehen, ob die Sennhütte schon verlassen wäre. Aber er konnte auch einen gefährlicheren Wunsch haben. Das einzige, was dem Mädchen klar wurde, war, daß sie nicht rufen oder um Erbarmen bitten oder ihre Angst zeigen dürfe, denn dann war bei solchen Gesellen alles verloren.

Sie beugte sich daher über den Käse und arbeitete ohne aufzusehen aus Leibeskräften weiter darauf los. Aber sie hörte, wie er zu ihr hergeschlichen kam, und plötzlich streckte er eine große, häßliche, haarige Hand aus, die den Griff eines langen Messers umklammert hielt.

»Hast du schon einmal ein schärferes Messer gesehen?« fragte er mit jener Neckerei, wie sie die Katze gegenüber der Maus zu zeigen pflegt, wenn sie weiß, daß sie schon ganz in ihrer Gewalt ist.

War die Sennerin bisher nur ängstlich gewesen, so wurde sie jetzt auch zornig. Und daher kam es wohl, daß sie plötzlich ein Mittel fand, sich zu verteidigen. Sie griff nach dem Käseschöpfer, den sie verwendet hatte, um den Käse aus dem Topf zu schöpfen.

»Hast du schon einmal heißere Molke verspürt?« rief sie zurück und schleuderte dem Waldräuber einen Schöpflöffel kochender Molke ins Gesicht.

Messer und Spieß fielen ihm aus den Händen, und er taumelte zurück, bis er an der Wand eine Stütze fand. Da blieb er stehen, beide Handrücken auf die Augen gepreßt, und stieß ein wildes Geheul aus.

Sie hob rasch das Messer auf und steckte es in ihr Kleid. Dann blieb sie neben dem Kessel stehen, da sie sah, daß dies ihr bester Schutz und Schirm war. Schweigend hörte sie eine Zeitlang sein Geheul an, aber als es gar kein Ende zu nehmen schien, sagte sie ganz leise:

»Wenn du jetzt nicht gleich schweigst und dich trollst, kannst du noch einen Schöpfer voll haben.«

»Zu Hilfe, zu Hilfe!« schrie da der Mann in höchstem Entsetzen. »Zu Hilfe, Toste! Hilf, Bärenheiner! Helft mir, Luder und Broms! Zu Hilfe, zu Hilfe!« Im selben Augenblick glaubte sie zu spüren, wie das Getrappel schwerer Füße den Boden erschütterte, und jetzt litt es sie nicht länger hinten beim Kessel, sondern sie eilte zur Fensterluke.

Da sah sie, daß fünf, sechs Kerle derselben Art wie der, den sie in der Stube hatte, über den Wiesenhang zum Walde hinuntereilten. Sie begriff nun, daß es eine ganze Räuberbande war, und daß einer von ihnen in die Hütte vorausgegangen war um nachzusehen, ob sie leer sei. Als dieser nun schrie und um Hilfe rief, glaubten die anderen, daß er einem gefährlichen Feind begegnet sei. Anstatt ihm zu Hilfe zu kommen, liefen sie in den Wald.

»Die du rufst, laufen nur um so geschwinder, je mehr du schreist«, sagte das Mädchen zu dem Räuber. Er verstummte plötzlich und stürzte mit ausgestreckten Armen auf sie zu, um sie einzufangen und zu zermalmen.

Der Angriff kam so plötzlich, daß sie ihn nicht mit einem neuen Schöpflöffel Molke empfangen konnte. Das einzige, was sie tun konnte, war, sich niederzuducken, und zu versuchen, unter seinem Arm durchzuschlüpfen, ungefähr so, wie man sich beim Blindekuhspiel flüchtet.

Er stürzte bis zur Wand vor und blieb da stehen und tastete, anstatt ihr nachzulaufen. Aber sie zerbrach sich nicht lange den Kopf, warum er sich so wunderlich anstellte. Sie dachte einzig und allein daran, daß der Weg zur Türe nun frei war, und lief ohne viel Federlesens ins Freie. Glücklich draußen, warf sie flink die Türe zu, schob den Riegel vor, so gut sie konnte, und floh dann in rasender Eile talwärts.

Sie glaubte nicht anders, als daß sie ihn auf den Fersen habe, denn der Riegel, den sie vor die Türe geschoben hatte, konnte einen großen starken Mann wohl nicht länger gefangen halten, als er selbst wollte. Und sie konnte sich ja denken, daß er versuchen würde, sie einzuholen. Er würde sie nicht ins Tal hinab kommen lassen, damit sie dort erzählte, daß eine ganze Räuberbande sich im Walde aufhielt.

Sie nahm sich nicht die Zeit, stehenzubleiben und sich umzusehen, ob er ihr nachkam, sondern lief nur immer weiter und weiter. Und die ganze Zeit war es ihr, als hörte sie ihn auf weichen Rindenschuhen hinter ihr herschleichen. Jeden Augenblick erwartete sie, daß er ihr Haar, das hinter ihr herflatterte, packen, sie zurückreißen und ihr das Messer an die Kehle setzen würde. Wenn sie die Herde zu treiben hatte, dann brauchte sie mehr als einen halben Tag, um ins Tal hinunterzukommen. Aber jetzt, wo sie allein war, ging es natürlich viel rascher. Jetzt ringelte sie sich durch das Gestrüpp wie eine Schlange und machte Sätze über die Moore wie ein Frosch und schoß über den Weg wie ein Hase. Jetzt glaubte sie, daß sie um die Mittagszeit unten sein würde.

Aber wie sie so an die Heimkehr dachte, machte sie plötzlich halt. Denn sie wußte, zu allererst würden sie sie fragen, was mit dem Hirtenbuben und den Kühen geschehen sei.

Sie biß die Zähne aufeinander und zog die Augenbrauen zusammen. Ein Weilchen stand sie da und überlegte, aber dann machte sie kehrt. Die Ahnl war nicht ohne die Herde heimgekommen, dazumal, als sie vor den Kobolden geflüchtet war.

Nie mehr würde man ihr wichtigere Aufgaben als dem andern Gesinde anvertrauen, wenn sie nicht zuerst an die Kühe dachte.

Wieder stieg sie den Berg hinauf, den sie eben in so großer Eile hinuntergestürzt war. Sie wagte es nicht, über den gebahnten Pfad zu gehen, sondern sie schlich sich durch die Waldwildnis, und dies machte den Weg nicht leichter. Wer konnte auch wissen, an welcher Stelle im Walde der Hirtenjunge sich mit der Herde aufhielt.

Schließlich fand sie ihn.

Die Kühe weideten ruhig und friedlich, und kein Räuber

hatte sich in der Nähe gezeigt. Nun hieß es, noch einmal ins Tal zu wandern. Es war unendlich mühselig, die Herde durch offenes Wiesenland zu treiben, wenn man schnell vorwärts kommen wollte. Eine Kuh nach der anderen irrte ab, so daß sie ihr nachlaufen, sie rufen und locken mußte. Das kleine Kälbchen konnte nicht den ganzen langen Weg laufen, sie und der Hirtenbub mußten es abwechselnd tragen.

Sie war ganz bleich und erschöpft, als sie schließlich daheim in der Hütte stand. Es war schon dunkel geworden, und die Leute saßen in Ruhe beim Abendbrot. Sie wäre am liebsten jemandem um den Hals gefallen und hätte geweint, als sie zu den Menschen kam, die sie beschützen konnten. Aber jetzt war keine Zeit, an derlei zu denken, jetzt mußte sie erst rasch erzählen, was sich begeben hatte, damit sie ihr dann helfen könnten, die Kühe im Stall anzubinden.

Alle Leute in der Stube sprangen vom Tisch auf, als sie hereinstürzte. Sie brauchten ja nur einen Blick auf sie zu werfen, wie sie da in die Stube hereingeschossen kam, mit gelöstem Haar, ein blankes Messer in der Hand, um zu wissen, daß sich etwas Schlimmes im Walde ereignet haben mußte. Anfangs wagte niemand sie zu fragen, was ihr widerfahren war, sondern sie warteten darauf, daß sie von selber zu reden anfinge, aber sie war so außer Atem, daß sie nur dastand und keuchte, ohne ein Wort hervorbringen zu können.

»Hat sich eine Kuh unten im Schwarzsumpf verlaufen?« fragte die Ahnl. Sie war die einzige, die sich entschloß, eine Frage zu stellen.

Das Mädchen konnte noch immer nicht antworten. Sie schüttelte nur den Kopf und wehrte mit der Hand ab. »Du siehst aus wie meine Tochter, als sie unser bestes Pferd über die Almwiese rennen sah, mit einem Bären auf dem Rücken«, sagte die Ahnl.

Nein, nein, das Mädchen zeigte durch deutliche Zeichen, daß es auch nichts der Art war.

Da mußte die Ahnl das Schlimmste vermuten.

»Sind die Kobolde über dich gekommen?«

Aber das sagte sie mit einem solchen Gesicht, daß das Mädchen beinahe in Lachen ausgebrochen wäre, und so kam sie wieder zu sich, konnte erzählen, was sie so erschreckt hatte.

»Es war schon was Ärgeres als die Kobolde«, sagte sie. »Droben auf der Alm ist eine ganze Räuberbande.«

Und sie erzählte, wie der Räuber in die Sennhütte gekommen war, und wie wunderbar es sich gefügt hatte, daß sie entkommen konnte.

Sie waren alle ganz erstaunt und voll Besorgnis um sie. Sie vergaßen ganz, nach der Herde zu fragen. Sie waren nur froh, daß sie einer so großen Gefahr entronnen war, ohne Schaden zu leiden.

Aber plötzlich sah sie, wie der Sohn der Ahnl, der Bauer, seine Axt von der Wand nahm. »Jetzt müssen wir aber alle in den Wald hinauf, wir anderen, die Herde und den Hirtenjungen heimholen«, sagte er. »Die Herde«, sagte die Sennerin, und jetzt war sie so froh, daß sie hätte lachen können, »die steht hier unten vor dem Gatter, ich möchte Euch nur bitten, daß Ihr sie in den Stall bringen laßt. Denn ich glaube, heute kann ich's nimmer.«

Nun sahen sie sie alle mit großen Augen an. Sie kamen auf sie zu und gaben ihr die Hand und dankten ihr, die Ahnl und ihr Sohn, der Bauer, und ihr Enkel, der es eines Tages werden sollte. Sie begegneten ihr mit solcher Achtung, als hätte sie ihnen plötzlich verraten, daß sie die Tochter des höchsten Mannes im Lande war.

Es war Frühling, und Ragnhild wanderte den Weg zur Alm hinauf. Sie war jetzt keine Sennerin mehr, sondern eine wohlbestallte Bauersfrau. Am zweiten Weihnachtsfeiertage war sie mit Egil, dem Enkel der Ahnl, getraut worden, und nun ritt sie auf einem Pferde, an der Spitze des Zuges. Sie saß rücklings auf dem Pferd, mitten unter Kochgeschirr und Milchbutten und lockte die Kuhherde mit hohen Hirtenrufen. Egil ging daneben und führte ihr Pferd. Der Hirtenjunge, die Magd und ein paar Knechte gingen hinter der Herde einher, schwere Lasten auf dem Rücken tragend.

Als sie alle Weideplätze hinter sich gelassen hatten und durch den Föhrenwald kamen, gingen die Kühe williger vorwärts, ohne daß man sie erst locken mußte. Da begann Egil mit Ragnhild zu sprechen:

»Ich kann's nicht begreifen, Ragnhild, daß du auch heuer durchaus auf der Alm sein willst«, sagte er. »Manchmal glaube ich, du vergißt ganz, daß du mein Weib bist, und dich nicht mehr zu plagen brauchst wie die Dienstleute.«

Aber Ragnhild streckte die starken Arme in die Luft und lachte. »Was sollte ich mit denen da anfangen, wenn ich nicht arbeiten würde?« fragte sie. »Glaub mir, es ist gerade heuer recht nötig, daß ich auf die Alm komme. Die Leute würden immer nur an die Räuber denken, und ich glaube kaum, daß wir sie in den Wald hinauf gebracht hätten, wenn ich mich nicht entschlossen hätte, selbst oben zu bleiben.«

»Das kann schon wahr sein«, gab er zu, »aber wenn ich es mir so recht überlege, wie gefährlich das für dich werden kann, dann glaube ich nicht, daß es recht von mir ist, wenn ich dir deinen Willen lasse. Du kannst dir doch denken, daß der Räuber noch im Walde ist und versuchen wird, sich an dir zu rächen.« Die Frau lachte nur. »Es soll Leute geben, die ganz bange werden, wenn sie nur in einen Wald kommen«, scherzte sie, »und mir scheint, du gehörst zu denen. Aber ich sage dir, mir wär's eine rechte Freude, wenn ich diesem Räuber begegnen könnte. Ich möchte ihm danken, weil er mein ganzes Glück begründet hat. Dir wäre es doch nie im Leben eingefallen, mich zu heiraten, wenn er mir nicht zu Hilfe gekommen wäre.«

»Wenn wir doch lieber gleich hinaufgegangen wären«, fuhr der Mann fort, ohne sich von seinen Befürchtungen losmachen zu können, »und versucht hätten, ihn zu fangen. Aber Vater und Großmutter waren ja dagegen und sagten, daß es besser für uns Bauern ist, mit den Waldräubern nicht in Streit zu kommen. Jetzt werde ich den ganzen Sommer herumgehen und diesen Kerl nicht aus meinen Gedanken bringen.«

»Was fällt dir ein«, sagte die Frau, »du weißt doch, ich habe immer Glück.«

»Ja, du, das Glück«, sagte der junge Ehemann immer niedergeschlagener, »das ist oft nur wie solch ein Fleischstück, das ich den Wölfen zur Lockung hinlege, damit sie mir so nahe kommen, daß ich sie erschießen kann. Gerade, wenn einem alles nach Wunsch gegangen ist, soll man aufpassen, ob das Unglück nicht im Hinterhalt liegt, einen zu fällen.«

»Ich glaube, du siehst Gespenster gerade wie die Ahnl«, sagte die Frau. »Das ist das erstemal, daß ich merke, daß ich einen rechten Hasenfuß zum Manne habe.«

Sie kamen jetzt zu einer scharfen Steigung, Ragnhild sprang vom Pferde, und sie gingen schweigend, bis der Weg ebener wurde. Die Frau begann nun zu merken, daß der Mann ernstlich bekümmert war, und sie überlegte, wie sie ihn beruhigen sollte.

»Sage mir doch, ob du findest, daß ich mein Glück mißbraucht habe«, sagte sie.

»Nein, nein, so meine ich es nicht«, sagte er. »Aber ich habe so oft an das mit den Wölfen gedacht. Es ist ganz, als wären sie blind, wenn sie das große Stück Fleisch sehen. Sie sollten doch den Verdacht haben, daß etwas, das so offen in ihrem Weg liegt, gefährlich sein könnte, aber sie sagen gewiß zueinander: Heute haben wir Glück, und stürzen sich darauf.«

»Aber du meinst doch nicht, daß es mit uns Menschen ebenso ist«, sagte die Frau und sah ihn fast erschrocken an. »Sollte es jemanden geben, der uns das Glück hinlegt, nur damit wir alle Vorsicht vergessen und in eine Falle gehen?«

»Ja, ja, mir scheint, es sieht manchmal so aus«, sagte er.

Wieder wurde der Weg steinig und steil. Auch Ragnhild begann es schwer ums Herz zu werden. Sie ging ganz langsam und ließ einen Knecht das Pferd führen. Die Kühe mochten vorausgehen, sie wollte ruhig überlegen, was am besten zu tun war, denn sie begann schon zu merken, daß sie dem Mann zuliebe darauf verzichten mußte, auf der Alm zu bleiben. Er würde sich sonst so sehr ängstigen, daß er jede Stunde des Tages unglücklich sein würde.

»Wenn du mich durchaus nicht auf der Alm arbeiten lassen willst, dann muß ich wohl nach Hause zurückkehren«, sagte sie schließlich. Als sie ihm dieses Versprechen gegeben hatte, wurde der Mann sogleich sehr froh. Am liebsten hätte er sie sofort mit heimgenommen, ohne auch nur bis zur Alm zu gehen, aber das war ja unmöglich. Er mußte sich damit zufrieden geben, daß sie am nächsten Tag mit hinunter in den Bauernhof kam.

Ragnhild war ein wenig ärgerlich darüber, daß sie hatte nachgeben müssen; und um dem Mann zu zeigen, wie wenig Angst sie vor dem Räuber hatte, begann sie ihm zu erzählen, daß sie in diesem Winter öfter daran gedacht hatte, wie es wohl ihm und seinen Kameraden oben in ihrer Sennhütte ergehen mochte. Ja, sie hatte sogar nicht übel Lust gehabt, ihm Proviant hinaufzuschicken. Wohl zum Teil aus Dankbarkeit, weil er ihr dazu verholfen hatte, das zu erreichen, was sie sich am sehnlichsten gewünscht hatte.

»Das hätte ein gefährlicher Spaß für dich werden können«, sagte der Mann. »Es heißt, Bären wissen, was Dankbarkeit ist, aber nie habe ich gehört, daß diese wilden Waldräuber etwas davon verstehen.«

»Es war auch nicht nur deshalb«, sagte Ragnhild. »Auch, damit ich aufhörte, von ihm zu träumen. Er kam manchmal im Traum zu mir und setzte mir das Messer an die Kehle und befahl mir, ihm etwas zu essen zu geben. Eines Nachts träumte mir, ein Hund stehe vor unserer Tür und bellte. Ich öffnete, aber da hatte der Hund plötzlich das Gesicht dieses Mannes bekommen. Und ich machte ganz geschwind die Türe wieder zu und sperrte ihn aus. Da heulte er vor Hunger so gräßlich, daß ich den Laut noch im Ohre hatte, als ich aufwachte.«

»Nun ja, das ist ja nicht zu verwundern, daß du von dem, der dich so erschreckt hat, träumtest«, sagte der Mann, aber er beschleunigte dabei seine Schritte und sah nun wieder unruhig und ängstlich aus.

»Wir sind zurückgeblieben«, fuhr er fort, »wir sollten doch zugleich mit den andern zur Hütte kommen, damit es beim Auspacken keine Unordnung gibt.«

Ragnhild folgte ihm, während sie weitererzählte.

»Ein paarmal habe ich daran gedacht, dich zu bitten, daß du Leute mitnimmst und auf die Alm hinaufgehst.«

»Ja, das hättest du tun sollen«, sagte der Mann rasch.

»Aber du kannst doch begreifen, daß ich es nicht sagen wollte. Ich wollte doch nicht, daß du einer Räuberbande entgegengehst, damit ich meine bösen Träume los werde.«

Der Mann beschleunigte seine Schritte noch mehr, und es ging jetzt so steil aufwärts, daß die Frau ganz außer Atem kam, wenn sie sprach, aber sie redete doch weiter.

»Einmal, da ging ich wie im Schlafe herum und wußte nichts von mir. Da steckte ich, ohne daß es jemand merkte, Proviant in ein Ränzel und hängte es über den Rücken und ging in den Wald hinauf. Erst als ich auf dem Hügel über unserem Hof war, wachte ich auf. Ich begriff nicht, wie es mir hatte einfallen können, aber ich wußte, daß ich die Absicht gehabt hatte, den Räubern oben in der Sennhütte etwas zu essen zu bringen. Natürlich kehrte ich um und lief heim, so rasch ich nur konnte.«

Der Mann antwortete nichts. Er eilte nur immer weiter. Sie mußte laufen, um mit ihm Schritt halten zu können.

»Hätte ich dir das vielleicht früher erzählen sollen?« fragte sie, als sie seine Unruhe bemerkte.

»Ja«, sagte er beinahe hart. »Das hättest du mir viel früher erzählen sollen.«

»Nie kam ein Holzhauer oder Köhler aus dem Walde herunter«, fuhr sie fort, »ohne daß ich ihn fragte, ob er nicht an unserer Sennhütte vorbeigekommen sei und die Räuber gesehen habe. Aber alle antworteten mir, daß sich dort heuer kein Mensch habe sehen lassen.«

»Weißt du noch, was ich vorhin sagte?« fragte Egil.

»Nun glaube ich, ist es dir ergangen wie den Wölfen. Du hast nicht auf das geachtet, was dir zur Warnung gesandt war. Du bist zu sicher gewesen. Du bist in die Falle gegangen.«

Er eilte jetzt so rasch vorwärts, daß sie kaum folgen konnte, und erklärte seine Worte nicht weiter. Sie begriff nicht, was er fürchtete, aber seine Angst steckte auch sie an, während sie sich anstrengte, ihm zu folgen.

Endlich waren sie so weit, daß sie die Almwiese sahen. Die kleinen Hütten lagen gerade so da, wie man sie im vorigen Herbst verlassen hatte, und nichts Schlimmes schien vorgefallen zu sein. Herde und Hirten zogen eben in guter Ordnung über den Weg zu den Hütten.

Doch nun merkten Mann und Frau plötzlich etwas Wunderliches. Als die Kühe auf die Wiese zwischen den Häuschen kamen, begannen sie einander mit den Hörnern zu stoßen, nicht zum Spaße, sondern wild und zornig, als wollten sie sich gegenseitig töten, sie kämpften gegeneinander und stießen sich in heller Raserei zu Boden.

»Was ist denn in die Kühe gefahren?« schrie Ragnhild. Aber Egil antwortete nicht. Er eilte nur in großen Sprüngen den Weg hinauf und stürzte sich mitten in den Haufen.

»Nur fort mit ihnen! Treibt sie wieder in den Wald!« schrie er den Leuten zu, und mit wütenden Hieben gelang es ihm endlich, die Schar zu zerstreuen. Sobald sie von der Wiese fort waren, beruhigten sie sich und gingen still wie gewöhnlich den Weg hinunter.

Als die Herde vertrieben war, ging Egil auf die Sennhütte zu und öffnete die Türe, aber er trat nicht über die Schwelle. In einem Augenblick stand er wieder bei Ragnhild, er war sehr bleich.

Ragnhild hatte nun auch die Almwiese erreicht. Sie war auf einen Stein niedergesunken, ihr war, als könnte sie kein Glied mehr rühren.

»Sag, Egil, was ist das für ein Geruch, den ich hier spüre?« fragte sie. »So riecht es doch sonst nie im Walde.« Er wagte nicht zu antworten. Aber sie fragte gleich darauf: »Warum sitzen so viele Raben auf dem Dache, Egil?«

»Ragnhild«, sagte der Mann, und seine Stimme zitterte vor Schmerz, weil er ihr etwas so Schweres sagen mußte. »Wir wollen gleich wieder nach Hause wandern. Wir können die Sennhütte heuer nicht benützen. Dieser Mann, dem du die Molke ins Gesicht geschüttet hast, ist sicherlich gleich blind geworden. Er hat aus der Hütte nicht heraus können, und seine Kameraden sind ihm nicht zu Hilfe gekommen. – Liebste, du darfst es dir nicht zu Herzen nehmen. Es war ein böser Räuber. Er kam herein, um dich zu töten. Dich trifft keine Schuld. Nein, geh nicht in die Sennhütte! Er ist den ganzen Winter drinnen gewesen. Er ist noch da.«

Die Frau sprang auf. Der Mann griff nach ihr, aber sie war ihm zu rasch. Sie erreichte die Sennhütte, riß die Türe auf und sah hinein.

Gleich darauf erklang ihr Lachen schrill und schneidend. Sie stürzte laut lachend heraus, mit hocherhobenen Armen.

»Hast du schon einmal ein stärkeres Glück gesehen?« schrie sie. »Hast du je ein stärkeres Glück gesehen?«

Sie stürzte in den dunklen Wald, und als der Mann sie fand, war sie wahnsinnig.

Der Hochzeitsmarsch

Nun will ich eine schöne Geschichte erzählen.

Vor vielen Jahren sollte im Kirchspiel Svartsjö in Värmland eine sehr große Hochzeit gefeiert werden. Zuerst die kirchliche Trauung, nachher drei Tage lang eine große Schmauserei. Und an jedem der drei Tage sollte vom frühen Abend bis tief in die Nacht hinein getanzt werden.

Da es soviel Tanz geben sollte, war es natürlich sehr wichtig, einen guten Spielmann herbeizuschaffen. Darüber machte sich der Großbauer Nils Olofson, der die Hochzeit ausrichtete, fast mehr Sorge als über irgend etwas anderes. Den Spielmann, den sie in Svartsjö hatten, wollte er nämlich nicht laden. Der hieß Jan Oester, und der Großbauer wußte wohl, daß Jan in großem Ruf stand; doch der Musikant war so arm, daß er manchmal in zerrissenem Wams und barfuß zum Hochzeitsfest kam. Und einen solchen zerlumpten Kerl wollte der Großbauer nicht an der Spitze des Brautzuges sehen.

Endlich entschloß er sich, einen Boten zu einem Burschen im Jössesprengel zu schicken, der allgemein Spiel-Martin genannt wurde, und ihn zu fragen, ob er kommen und bei der Hochzeit aufspielen wolle.

Spiel-Martin bedachte sich keinen Augenblick, sondern antwortete sogleich, daß er nicht nach Svartsjö fahren und dort spielen wolle, weil in diesem Kirchspiel ein Spielmann wohne, der tüchtiger sei als alle anderen in ganz Värmland. Solange sie den hätten, brauchten sie keinen andern zu laden.

Als Nils Olofson diesen Bescheid erhalten hatte, ließ er sich ein paar Tage Bedenkzeit. Dann schickte er einen Boten zu einem Spielmann, der im Storakilskirchspiel wohnte und Olle aus Säby hieß, und fragte, ob er kommen und zur Hochzeit seiner Tochter aufspielen wolle. Aber Olle aus Säby antwortete wie Spiel-Martin. Er bat, Nils Olofson zu sagen, solange es in Svartsjö einen so vortrefflichen Spielmann gebe wie Jan Oester, werde er dort nicht spielen.

Nils Olofson paßte es nun gar nicht, daß ihm die Spielleute den aufzwingen wollten, den er nicht haben mochte. Er fand, gerade jetzt sei es eine Ehrensache für ihn, einen anderen Spielmann zu bekommen als Jan Oester.

Ein paar Tage, nachdem er die Antwort von Olle aus Säby erhalten hatte, sandte er seinen Knecht zu dem Spielmann Lars Larson, der auf der Peterswiese im Kirchspiel Ullerud wohnte.

Das war ein wohlbestallter Mann, der einen schönen Hof sein Eigen nannte. Er war klug und bedächtig, kein Brausekopf wie die andern Spielleute. Aber ihm kam, wie den andern, gleich Jan Oester in den Sinn, und er fragte, warum denn der nicht auf der Hochzeit spielen solle. Nils Olofsons Knecht hielt es für das Klügste, zu erwidern, daß Jan Oester in Svartsjö daheim sei, daß man ihn also alle Tage hören könne. Wenn Nils Olofson eine so große Hochzeit ausrichte, wolle er den Leuten etwas Besseres und Selteneres bieten.

»Ich bezweifle, daß er etwas Besseres bekommen kann«, sagte Lars Larson.

»Ach, ihr wollt wohl dasselbe antworten, wie Spiel-Martin und Olle aus Säby«, sagte der Knecht und erzählte, wie es ihm da ergangen war.

Lars Larson hörte die Erzählung des Knechtes aufmerksam an; dann saß er lange schweigend und grübelte. Endlich gab er doch seine Einwilligung. »Bestelle deinem Herrn, daß ich für die Einladung danke und kommen werde«, sagte er zu dem Knecht.

Am nächsten Sonntag fuhr Lars Larson nach der Svartsjöer Kirche. Er fuhr gerade über den Kirchenhügel, als die Hochzeitsschar sich aufzustellen begann, um nach der Kirche zu ziehen. Er kam in seinem eigenen Wagen mit einem guten Pferde gefahren, war in einen schwarzen Tuchanzug gekleidet und nahm die Violine aus einem polierten Futteral. Nils Olofson begrüßte ihn freundlich und dachte bei sich, das sei doch ein Spielmann, mit dem er Ehre einlegen werde.

Gleich nach Lars Larson kam auch Jan Oester, mit der Geige unterm Arm, zur Kirche herauf. Er ging geraden Weges auf die Schar zu, die die Braut umstand, ganz, als sei er geladen, bei der Hochzeit aufzuspielen.

Jan Oester kam in der alten grauen Friesjacke, die man schon seit vielen Jahren an ihm kannte; weil es aber eine so große Hochzeit war, hatte sein Weib versucht, die Löcher an den Ellbogen auszubessern, und große grüne Flicken darauf gesetzt. Jan Oester war ein großer, schöner Kerl und hätte sich stattlich an der Spitze des Hochzeitszuges ausgenommen, wenn er nicht so schlecht gekleidet und sein Gesicht nicht von Sorgen und hartem Kampf mit dem Unglück so zerfurcht gewesen wäre.

Als Lars Larson Jan Oester kommen sah, schien er ein wenig mißmutig. »Ja so, Ihr habt Jan Oester auch herbestellt«, sagte er halblaut zu Nils Olofson. »Na, es kann ja nicht schaden, wenn wir zwei Spielleute sind. Bei einer so großen Hochzeit!«

»Ich habe ihn nicht hergerufen!« beteuerte Nils Olofson. »Ich begreife nicht, warum er gekommen ist. Warte nur: ich will ihn gleich wissen lassen, daß er hier nichts zu suchen hat.«

»Dann hat ihn irgendein Störenfried herbestellt«, sagte Lars Larson. »Aber wenn Ihr meinem Rat folgen wollt, dann tut nichts dergleichen, sondern geht hin und heißt ihn willkommen. Ich habe gehört, er sei ein jähzorniger Bursche, und niemand kann wissen, ob er nicht Zank und Händel anstiften würde, wenn Ihr ihm sagtet, daß er nicht geladen ist.«

Das sah auch der Großbauer ein. Jetzt, da der Hochzeitszug sich gerade auf dem Kirchenhügel ordnete, durfte es keinen Zank geben. Nils ging deshalb auf Jan Oester zu und hieß ihn willkommen. Darauf stellten sich die beiden Spielleute an die Spitze des Zuges. Das Brautpaar ging unter dem Baldachin, die Ehrenjungfrauen und Führer der

Braut folgten, Paar hinter Paar, dann kamen die Eltern und die Verwandten. Ein langer, ansehnlicher Zug. Als alles bereit war, ging ein Brautführer zu den Musikanten und bat sie, den Hochzeitsmarsch anzustimmen. Beide Spielleute setzten die Geigen ans Kinn, aber weiter kamen sie nicht: so blieben sie stehen. Es war nämlich ein alter Brauch in Svartsjö, daß der vornehmste der Spielleute den Hochzeitsmarsch anstimmte.

Der Brautführer sah Lars Larson an, als erwarte er, daß er anfange. Doch Lars Larson sah Jan Oester an und sagte: »Jan Oester muß anfangen.« Jan Oester konnte aber nicht begreifen, daß der andre, der so fein gekleidet war wie nur irgendein vornehmer Herr, nicht mehr sein solle, als er, der in seinem zerrissenen Frieskittel aus der elenden Hütte kam, aus Armut und Not.

»Nein! Um Gottes willen!« sagte er nur. »Nein! Um Gottes willen!« Er sah, wie der Bräutigam den Arm ausstreckte, Lars Larson anstieß und rief: »Lars Larson soll anfangen!«

Als Jan Oester den Bräutigam das sagen hörte, nahm er sogleich die Geige vom Kinn und trat einen Schritt zurück. Lars Larson rührte sich aber nicht vom Fleck, sondern blieb ruhig und selbstzufrieden auf seinem Platz stehen. Aber auch er hob den Bogen nicht.

»Jan Oester soll anfangen«, wiederholte er. Er sagte die Worte eigensinnig und beharrlich wie einer, der gewohnt ist, seinen Willen durchzusetzen.

Im Hochzeitszug entstand Unruhe über die Verzögerung. Der Brautvater kam heran und bat Lars Larson, anzufangen. Der Küster wäre schon in die Kirchentür getreten und winke ihnen, sich zu sputen. Der Geistliche stünde schon am Altar und warte.

»Dann mußt du Jan Oester bitten, daß er zu spielen anfängt«, sagte Lars Larson. »Wir Spielleute halten ihn nun einmal für den Tüchtigsten unter uns.«

»Das mag wohl sein«, sagte der Bauer, »aber wir Bauern halten wieder dich, Lars Larson, für den trefflichsten.«

Auch die andern Bauern versammelten sich um sie. »Fangt nun an!« sagten sie; »der Pfarrer wartet schon. Die Gemeinde lacht uns ja aus.«

Lars Larson stand ebenso hartnäckig und unerschütterlich da wie zuvor. »Ich verstehe nicht, warum die Leute dieses Kirchspiels durchaus nicht wollen, daß ihr eigener Spielmann über alle andern gestellt wird«, sagte er.

Nils Olofson raste vor Wut darüber, daß alle sich verschworen hatten, ihm Jan Oester aufzuzwingen. Er trat dicht an Lars Larson heran und flüsterte: »Jetzt merke ich, daß du es bist, der Jan Oester gerufen hat, und daß du das Ganze angezettelt hast, um ihn zu ehren. Aber nun spute dich und fange zu spielen an, sonst jage ich den Lumpenkerl mit Schimpf und Schande vom Kirchenhügel fort.«

Lars Larson sah ihm gerade ins Gesicht und nickte ihm zu, ohne den geringsten Groll zu zeigen. »Ja, ihr habt recht«, antwortete er. »Das muß ein Ende nehmen.« Er winkte Jan Oester, an seinen früheren Platz zurückzukehren. Hierauf ging er selbst ein paar Schritte vor und drehte sich um, so daß alle ihn sehen konnten. Dann schleuderte er den Bogen weit von sich, zog sein Messer aus der Tasche und schnitt alle vier Geigensaiten durch; sie sprangen mit scharfem Klang.

»Man soll nicht von mir sagen, daß ich mich mehr dünke als Jan Oester«, rief er.

Mit Jan Oester aber verhielt es sich so: Seit drei Jahren ging er einher und grübelte über eine Weise, von der er fühlte, daß sie in ihm lebe, die er aber nicht über die Saiten brachte, weil er daheim immer von grauen Sorgen bedrückt war und ihm nie etwas widerfuhr, das ihn über die tägliche Plage hinausheben konnte. Als er jetzt Lars Larsons Saiten springen hörte, warf er den Kopf zurück und sog die Luft in tiefen Zügen ein. Seine Gesichtszüge waren gespannt, als lausche er Tönen, die aus weiter, weiter Ferne zu ihm klängen. Dann begann er zu spielen. Die Weise, über die er drei Jahre gegrübelt hatte, stand auf einmal klar vor ihm; und während sie ertönte, ging er mit stolzen

Schritten zur Kirche hinab. Nie zuvor hatte die Hochzeitsschar solche Weise vernommen. Sie zog sie so unwiderstehlich mit sich fort, daß niemand stehenbleiben konnte.

Und alle waren so froh über Jan Oester und Lars Larson, daß der ganze Hochzeitszug mit feuchten Augen in die Kirche kam.

Herrn Arnes Schatz

Im Pfarrhofe von Solberga

I

Zur Zeit, als König Friedrich II. von Dänemark über Bohuslän regierte, wohnte in Marstrand ein armer Fischkrämer, der Torarin hieß. Er war ein schwacher und geringer Mann, sein einer Arm war lahm, so daß er weder zur Fischerei noch zum Rudern taugte. Er konnte seinen Unterhalt nicht auf der See verdienen wie die anderen Inselbewohner, sondern er zog umher und verkaufte eingesalzene und getrocknete Fische an die Leute auf dem Festlande. Er war nicht viele Tage des Jahres daheim, er zog immer von Dorf zu Dorf mit seinem Fischwagen.

An einem Februartage, als die Dämmerung hereinbrach, kam Torarin den Weg gefahren, der von Kunghäll nach dem Kirchspiel Solberga führte. Es war ganz einsam und menschenleer auf dem Wege, aber Torarin brauchte darum nicht zu schweigen. Er hatte neben sich auf der Fuhre einen verläßlichen Freund, mit dem er Zwiesprache pflegen konnte. Das war ein kleiner schwarzer Hund mit buschigem Fell, den Torarin Grim nannte. Er lag meistens still da, den Kopf zwischen die Beine geklemmt, und blinzelte nur zu allem, was sein Herr sagte. Aber wenn er etwas zu hören bekam, was ihm nicht behagte, dann stellte er sich auf, streckte die Schnauze in die Luft und heulte ärger als ein Wolf.

»Nun will ich dir erzählen, Grim, mein Hund«, sagte Torarin, »daß ich heute große Neuigkeiten gehört habe. Sowohl in Kunghäll als in Kareby sagten sie mir, daß das Meer zugefroren sei. Es ist nun eine Zeitlang ruhiges, schönes Wetter gewesen, das weißt du ja am besten, der du alle Tage draußen gewesen bist, und das Meer soll nicht nur in den Buchten und Sunden zugefroren sein, sondern weit hinaus ins Kattegatt. Es gibt jetzt zwischen den Schären keinen Weg für Boote und Schiffe, da ist überall nur starkes hartes Eis, und man kann nun mit Schlitten und Pferd bis hinaus nach Marstrand und zur Paternosterschäre fahren.«

Alles dies hörte der Hund, und es schien ihm nicht zu mißfallen. Er lag still da und blinzelte Torarin an. »Wir haben nicht mehr sonderlich viel Fische hier auf der Fuhre übrig«, sagte jetzt Torarin gleichsam überredend. »Was würdest du nun dazu sagen, wenn wir bei der nächsten Wegscheide einbögen und nach Westen zum Meere führen? Wir fahren an der Solberger Kirche vorbei und hinunter nach Ödmalsskil, und dann glaube ich nicht, daß es viel mehr als fünfviertel Meilen Wegs nach Marstrand sind. Es wäre doch eine schöne Sache, einmal heimkommen zu können, ohne Boot oder Fähre zu benutzen.«

Sie fuhren über die lange Karebyer Heide, und obgleich den ganzen Tag ruhiges Wetter gewesen war, strich jetzt ein kalter Lufthauch über die Heide und machte die Fahrt unbehaglich.

»Es mag weichlich aussehen, daß wir so mitten in der besten Arbeitszeit heimfahren«, sagte Torarin und schlug der Kälte wegen mit den Armen um sich. »Aber wir sind nun doch viele Wochen unterwegs gewesen, du und ich, und können es gut brauchen, ein paar Tage daheim zu sitzen und die Kälte aus dem Körper zu vertreiben.«

Da der Hund noch immer still dalag, schien Torarin seiner Sache sicherer zu werden, und er fuhr in zuversichtlicherem Tone fort:

»Nun hat Mutter viele, viele Tage einsam daheim in der Hütte gesessen. Sie sehnt sich wohl danach, uns wiederzusehen. Und in Marstrand geht es nun im Winter hoch her. Straßen und Gäßchen, Grim, sind voll von fremden Fischern und Kaufleuten. In den Seeschuppen gibt es jeden Abend Tanz. Und das viele Bier, das in den Schenken fließt! Das kannst du dir gar nicht denken.«

Als Torarin dies sagte, beugte er sich zu dem Hunde

hinab, um zu sehen, ob er auf das hörte, was er zu ihm sprach.

Aber da der Hund ganz wach dalag und kein Zeichen des Mißvergnügens gab, bog Torarin in den ersten Weg ein, der nach Westen zum Meere führte. Er knallte mit der Peitsche und ließ das Pferd rasch traben.

»Da wir am Solberger Pfarrhof vorbeikommen«, sagte Torarin, »werde ich wohl dort vorsprechen und fragen, ob es sicher ist, daß das Eis bis nach Marstrand trägt. Dort müssen sie wohl darüber Bescheid wissen.«

Torarin hatte dies mit leiser Stimme gesagt, ohne daran zu denken, ob der Hund ihn hörte oder nicht. Aber kaum waren die Worte gesprochen, als der Hund sich auf der Fuhre aufstellte und ein entsetzliches Geheul ausstieß.

Das Pferd machte einen Sprung zur Seite, und auch Torarin erschrak und drehte sich um, um zu sehen, ob ihm Wölfe nachjagten. Aber als er merkte, daß es Grim war, der so heulte, versuchte er ihn zu beruhigen.

»Lieber«, sagte er zu ihm, »wie viele Male sind wir, du und ich, im Pfarrhof von Solberga eingekehrt. Ich kann ja nicht sagen, ob Herr Arne weiß, wie es mit dem Eise steht, aber das weiß ich sicher, daß er uns ein gutes Abendbrot vorsetzt, ehe wir unsere Seereise antreten.«

Doch seine Worte vermochten den Hund nicht zu beschwichtigen. Er richtete die Schnauze empor und heulte immer furchtbarer.

Da fehlte nicht viel, und es wäre Torarin unheimlich zumute geworden. Es war nun beinahe dunkel, aber Torarin konnte doch die Kirche von Solberga sehen und die weite Ebene ringsherum, die nach der Landseite von breiten bewaldeten Höhen, nach dem Meere zu von runden nackten Felsenklippen geschützt dalag. Wie er da ganz mutterseelenallein über die weite weiße Fläche fuhr, kam er sich wie ein ganz geringes und kleines Gewürm vor, aber von den dunklen Wäldern und den öden Felsenklippen zogen große Ungeheuer und Trolle aller Art heran, die sich nach Anbruch der Dunkelheit hinaus ins Land wagten. Und auf der ganzen Ebene gab es sonst niemand, auf den sie sich stürzen konnten, als den armen Torarin. Aber zu gleicher Zeit versuchte er den Hund zu beruhigen.

»Lieber, was hast du gegen Herrn Arne? Er ist der reichste Mann im Lande. Er ist aus hohem Geschlecht, und wäre er nicht Geistlicher, so würde er ein mächtiger Herrscher geworden sein.«

Aber damit konnte er den Hund nicht zum Schweigen bringen. Da riß Torarin die Geduld, so daß er den Hund beim Nackenfell packte und ihn vom Wagen hinunterwarf.

Der Hund lief ihm nicht nach, als er weiterfuhr, sondern blieb auf dem Wege stehen und heulte, bis Torarin durch ein dunkles Tor einfuhr und in den Hof des Pfarrhauses kam, der von vier langen niedrigen Holzbauten eingeschlossen wurde.

2

Im Pfarrhof von Solberga saß der Pfarrer, Herr Arne, und aß sein Abendbrot im Kreise aller seiner Hausgenossen. Es war kein Fremder zugegen außer Torarin.

Der Pfarrer war ein alter, weißhaariger Mann, aber er war doch noch groß und kräftig. Er hatte seine Gattin neben sich sitzen. Ihr hatten die Jahre übel mitgespielt. Ihr Kopf und ihre Hände zitterten, und sie war beinahe taub. An Herrn Arnes anderer Seite saß der Hilfspfarrer. Er war jung und bleich und hatte ein bekümmertes Aussehen, als könnte er alle die Gelehrsamkeit nicht tragen, die er während seines Studienjahres in Wittenberg eingesammelt hatte.

Diese drei saßen zu oberst am Tische, gleichsam ein wenig für sich. Nach ihnen kam Torarin, und dann die Diener. Diese waren auch alte Leute. Da waren drei Knechte, sie hatten Kahlköpfe, ihre Rücken waren gebeugt, und die Augen zwinkerten und tränten. Mägde gab es nur zwei. Sie waren etwas jünger und rüstiger als die Knechte, aber sie schienen doch hinfällig und voller Altersleiden.

Am untersten Ende des Tisches saßen zwei Kinder. Das eine war Herrn Arnes Sohnestochter, sie zählte nicht mehr als vierzehn Jahre. Sie war blondhaarig und zartgliedrig, das Gesicht war noch nicht recht fertig, aber sie sah aus, als würde sie lieblich werden. Sie hatte ein anderes kleines Jüngferchen neben sich. Das war ein armes vater- und mutterloses Kind, die immer im Pfarrhof lebte. Die beiden saßen dicht aneinandergeschmiegt auf der Bank, und es hatte den Anschein, als herrschte große Freundschaft zwischen ihnen.

Alle diese Leute saßen da und aßen im tiefsten Schweigen. Torarin sah vom einen zum andern, aber keiner hatte Lust, während der Mahlzeit zu sprechen. Alle die Alten dachten bei sich: Es ist eine große Sache, sein Essen zu haben und nicht Not leiden oder hungern zu müssen wie so oft in unserem Leben. Während wir essen, dürfen wir an nichts anderes denken als daran, Gott für seine Güte zu danken.

Da Torarin niemand hatte, mit dem er reden konnte, wanderten seine Blicke das Zimmer hinauf und hinab. Er ließ die Augen von dem großen Ofen, der in vielen Geschossen nahe der Eingangstüre hinaufgemauert war, zu dem großen Himmelbette schweifen, das in der entferntesten Ecke des Zimmers stand. Er blickte von den wandfesten Bänken, die rings um die Stube liefen, hinauf zum Windfang an der Decke, durch den der Rauch hinauszog und die Winterkälte hereinströmte.

Als Torarin, der Fischkrämer, der in der kleinsten und ärmlichsten Hütte der Schären hauste, dies alles sah, dachte er: »Wenn ich ein großer Herr wäre wie Herr Arne, dann würde ich mich nicht damit begnügen, in einer uralten Hütte mit einer einzigen Stube zu wohnen. Ich würde mir ein Haus bauen mit Giebeln und vielen Gemächern, so wie der Bürgermeister und die Ratsmänner in Marstrand es tun.«

Aber am häufigsten heftete Torarin seine Blicke auf eine große Eichentruhe, die zu Füßen des Himmelbettes stand.

Er sah sie so oft an, weil er wußte, daß Herr Arne darin all sein Silbergeld verwahrte, und er hatte gehört, es wäre so viel, daß es die Truhe bis hinauf zum Rande füllte.

Und Torarin, der so arm war, daß er fast nie einen Silberling in der Tasche hatte, sagte zu sich selber: Ich möchte dieses Geld dennoch nicht haben. Man sagt, Herr Arne hätte es aus den großen Klöstern genommen, die früher einmal hier im Lande waren, und die alten Mönche hätten prophezeit, daß dieses Geld ihn ins Unglück stürzen würde.

Als Torarin eben in diese Gedanken versunken dasaß, sah er, wie die alte Hausmutter die Hand an das Ohr hielt, um besser zu hören. Hierauf wandte sie sich an Herrn Arne und fragte ihn: »Warum schleifen sie Messer auf Branehög?«

Es war eine so tiefe Stille im Zimmer, daß alle zusammenzuckten und erschrocken aufblickten, als die alte Frau dies fragte. Als sie sahen, daß sie dasaß und auf etwas horchte, hielten sie ihre Milchlöffel still und lauschten angestrengt.

Eine Weile war es ganz totenstill in der Stube, aber dabei wurde die alte Frau immer unruhiger und unruhiger. Sie legte die Hand auf Herrn Arnes Arm und fragte ihn: »Ich weiß nicht, warum sie heute abend auf Branehög so lange Messer schleifen?«

Torarin sah, daß Herr Arne ihr über die Hand strich, um sie zu beruhigen. Aber er dachte nicht daran zu antworten, sondern aß ruhig wie zuvor weiter.

Die alte Frau saß noch immer da und horchte. Vor Angst traten ihr Tränen in die Augen, und ihre Hände und ihr Kopf zitterten immer heftiger.

Da begannen die beiden kleinen Jüngferchen, die am Tischende saßen, vor Angst zu weinen.

»Könnt ihr nicht hören, wie es scharrt und kratzt?« fragte die Alte. »Könnt ihr nicht hören, wie es zischt und knirscht?«

Herr Arne saß still und streichelte seiner Frau die Hand.

Solange er schwieg, wagte niemand sonst ein Wort zu äußern.

Aber alle glaubten, daß die alte Hausmutter etwas hörte, was entsetzlich und unheilbringend sei. Alle fühlten, wie das Blut in ihren Adern erstarrte. Es saß niemand am Tische, der noch einen Bissen zum Munde führte, außer dem alten Herrn Arne selbst.

Sie dachten daran, daß die alte Hausmutter viele Jahre hindurch Sorge für das Haus getragen hatte. Sie war immer daheim auf dem Hofe geblieben und hatte mit Klugheit und Fürsorglichkeit über Kinder und Gesinde, über Hab und Gut und Viehstand gewacht, so daß alles gedieh. Nun war sie abgearbeitet und steinalt, aber es war doch gewiß, daß sie es vor allen anderen merken würde, wenn dem Hofe Gefahr drohte.

Die alte Frau wurde immer ängstlicher und ängstlicher. Sie faltete die Hände, und in ihrer Hilflosigkeit begann sie so bitterlich zu weinen, daß große Tränen über die runzligen Wangen rollten.

»Fragst du gar nicht danach, Arne Arneson, warum ich so Angst habe?« klagte sie.

Herr Arne beugte sich nun zu ihr hinab und sagte: »Ich weiß nicht, wovor du dich fürchtest.«

»Ich fürchte mich vor den langen Messern, die sie auf Branehög schleifen«, sagte sie.

»Wie kannst du hören, daß sie auf Branehög Messer schleifen?« sagte Herr Arne und lachte. »Der Hof liegt ja eine Viertelmeile Wegs von hier. Nimm nur wieder den Löffel zur Hand und laß uns unser Abendbrot beenden.«

Die Alte versuchte, ihr Entsetzen zu unterdrücken. Sie nahm den Löffel und steckte ihn in die Milchschale, aber dabei zitterte ihre Hand so, daß alle hörten, wie der Löffel an den Rand schlug. Sie legte ihn gleich zurück. »Wie kann ich essen?« sagte sie. »Höre ich denn nicht, wie es knirscht? Höre ich denn nicht, wie es feilt?«

Im selben Augenblick schob Herr Arne den Milchnapf von sich und faltete die Hände. Alle anderen taten ein

Gleiches, und der Hilfsgeistliche begann das Tischgebet zu sprechen.

Als dieses beendet war, sah Herr Arne zu denen hinunter, die unten am Tische saßen, und als er merkte, daß sie bleich und erschrocken aussahen, wurde er zornig.

Er fing mit ihnen von den Zeiten zu sprechen an, als er eben nach Bohuslän gekommen war, um die lutherische Lehre zu predigen. Da hatten er und seine Diener vor den Päpstlichen fliehen müssen wie gehetzte wilde Tiere. »Haben wir nicht unsere Feinde im Hinterhalt auf uns lauern sehen, wenn wir in das Haus Gottes zogen? Waren wir nicht aus dem Pfarrhof vertrieben, und haben wir nicht gleich Friedlosen in den Wald ziehen müssen? Steht es uns an, eines bösen Omens wegen den Mut zu verlieren?«

Wie Herr Arne so sprach, sah er aus wie ein Recke, und die anderen faßten frischen Mut, als sie ihn hörten.

Das ist ja wahr, dachten sie. Gott hat Herrn Arne in den größten Gefahren beschützt. Er hält seine Hand über ihm. Er läßt seinen Diener nicht untergehen.

3

Als Torarin auf die Straße hinausfuhr, kam ihm sein Hund Grim entgegen und sprang auf die Fuhre hinauf. Als Torarin sah, daß der Hund vor dem Pfarrhof gewartet hatte, wurde er aufs neue unruhig. »Lieber, warum stehst du den ganzen Abend hier unterm Tor? Warum gehst du nicht in die Hütte und läßt dir einen Abendimbiß geben?« sagte er zum Hunde. »Kann Herrn Arne etwas Böses bevorstehen? Vielleicht habe ich ihn zum letztenmal gesehen. Aber auch ein solcher Recke wie er muß wohl einmal sterben. Er ist nun wohl an die neunzig Jahre alt.«

Er lenkte das Pferd auf einen Weg, der an dem Hofe Branehög vorbei hinab nach Ödmalsskil führte.

Als er nach Branehög kam, sah er, daß Schlitten auf dem Hofe standen und ein Lichtschein durch die verschlossenen Fensterläden drang.

Da sagte Torarin zu Grim: »Hier sind die Leute noch auf. Ich will hineinfahren und fragen, ob sie heute abend hier im Hause Messer geschliffen haben.«

Er fuhr in den Hof, aber als er die Tür zur Stube öffnete, sah er, daß drinnen ein Gastmahl abgehalten wurde. Auf den Bänken, den Wänden entlang, saßen alte Männer und tranken Bier, und auf der Diele gingen die Jungen umher und spielten und tanzten.

Torarin sah sogleich, daß hier niemand daran dachte, seine Waffen zu blutiger Tat zu bereiten. Er schlug die Türe wieder zu und wollte seiner Wege gehen, aber der Herr des Hauses kam ihm nach. Er bat Torarin zu bleiben, da er nun einmal gekommen wäre, und zog ihn in die Stube.

Torarin saß eine gute Weile in großem Behagen da und plauderte mit den Bauern. Sie waren sehr aufgeräumt, und Torarin war froh, sich alle düsteren Gedanken aus dem Sinne schlagen zu können.

Aber Torarin war nicht der einzige, der an diesem Abend spät zum Gastmahl kam. Lange nachher traten ein Mann und eine Frau zur Türe herein. Sie waren dürftig gekleidet, und sie blieben verzagt in der Ecke zwischen der Tür und dem Herde stehen.

Der Wirt ging sogleich zu den beiden Gästen hin. Er nahm sie beide bei der Hand und führte sie hinauf in die Stube. Dann sagte er zu den übrigen: »Ist es nicht wahr, was man sagt: die, die den kürzesten Weg haben, kommen am spätesten ans Ziel? Dies sind meine nächsten Nachbarn. Es gibt keine anderen Ansiedler hier in Branehög, als sie und mich.«

»Sage lieber gleich, daß es keine gibt außer dir«, sagte der Mann. »Du kannst mich nicht einen Ansiedler nennen. Ich bin nur ein armer Köhler, den du auf deinem Boden bauen ließest.«

Der Mann setzte sich neben Torarin, und sie begannen miteinander zu sprechen. Der neue Ankömmling erzählte Torarin, warum er so spät zum Gastmahl käme. Das wäre, weil sie daheim in ihrer Hütte einen Besuch gehabt hätten, den sie nicht allein zu lassen wagten. Es wären drei Gerbergesellen, die den ganzen Tag bei ihnen verbracht hätten. Am Morgen, als sie gekommen, wären sie ermattet und krank gewesen. Sie hätten gesagt, sie seien eine ganze Woche im Walde umhergeirrt. Aber nachdem sie gegessen und geschlafen hätten, wären sie bald zu Kräften gekommen, und am Abend hätten sie gefragt, welches Gehöft das reichste und größte in der Gegend sei. Dorthin wollten sie gehen, um Arbeit zu suchen. Die Frau hätte ihnen geantwortet, daß der Pfarrhof, wo Herr Arne wohnte, das ansehnlichste Anwesen wäre. Da hätten sie allsogleich aus ihren Ränzeln lange Messer gezogen und angefangen, sie zu schleifen. Dies hätten sie eine gute Weile fortgesetzt, und dabei hätten sie so wild ausgesehen, daß der Köhler und sein Weib nicht gewagt hätten, das Haus zu verlassen. »Ich sehe sie noch vor mir, wie sie dasaßen und mit ihren Messern knirschten«, sagte der Mann. »Sie sahen furchtbar aus, sie hatten große Bärte, die sie so manchen Tag nicht gestutzt oder gepflegt hatten, und sie waren in zottige Fellröcke gekleidet, die zerfetzt und schmutzig waren. Ich glaubte, es seien drei Werwölfe in die Stube gekommen. Ich war froh, als sie sich endlich trollten.« Als Torarin dies hörte, erzählte er dem Köhler, was er selbst im Pfarrhof mitgemacht hatte.

»Also war es doch wahr, daß sie heute abend in Branehög Messer schliffen«, sagte Torarin und lachte. Er hatte viel getrunken, weil er so traurig und bedrückt auf den Hof gekommen war. Und so hatte er denn versuchen müssen, sich zu trösten, so gut er konnte. »Nun bin ich wieder froh«, sagte er, »da ich jetzt weiß, daß die Pfarrersfrau kein anderes Vorzeichen gehört hat, als ein paar Gerber, die ihre Werkzeuge in Ordnung brachten.«

4

Lange nach Mitternacht traten ein paar Männer aus der Stube auf Branehög, um ihre Pferde anzuschirren und heimzufahren.

Als sie auf den Hof kamen, sahen sie im Norden eine Feuersbrunst zum Himmel flackern. Sie eilten sogleich in die Stube zurück und riefen: »Stehet auf! Stehet auf! Der Pfarrhof von Solberga steht in Flammen!«

Es waren viele Leute bei dem Gastmahl, und wer ein Pferd hatte, schwang sich darauf und eilte zum Pfarrhof, aber beinahe ebenso rasch kamen die ans Ziel, die auf ihren eigenen flinken Füßen hinlaufen mußten. Als die Leute zum Pfarrhof kamen, schien da kein Mensch auf zu sein, sondern alle schienen zu schlafen, obgleich das Feuer hoch zum Himmel loderte. Aber es war keines der Häuser, das brannte, sondern ein großer Haufen Reisig und Stroh und Holz, der an der Wand des alten Pfarrhauses aufgeschichtet war. Er konnte noch nicht lange gebrannt haben. Die Flammen hatten gerade nur das gute Zimmerholz der Wand geschwärzt und den Schnee auf dem Strohdache zum Schmelzen gebracht. Jetzt begann jedoch das Stroh des Daches anzubrennen. Alle begriffen sogleich, daß dies ein Mordbrand war. Sie zweifelten, ob Herr Arne und seine Hausgenossen wirklich schliefen, oder ob ein Unglück sie getroffen hätte.

Aber bevor die Retter in das Haus drangen, wälzten sie mit langen Stangen den brennenden Scheiterhaufen von der Hauswand fort und kletterten auf das Dach und rissen das Stroh ab.

Dann gingen ein paar Männer auf die Haustüre zu, um einzutreten und Herrn Arne zu wecken, aber als der Vorangehende zur Schwelle kam, wich er zur Seite und ließ einem anderen den Vortritt.

Dieser machte einen Schritt vorwärts, aber als er die Hand nach dem Türgriff ausstrecken wollte, ging er zurück und machte jenen Platz, die hinter ihm standen.

Es deuchte sie eine grausige Tür, die da zu öffnen war; denn es kam ein breiter Blutstrom unter der Schwelle hervorgerieselt, und auch der Türgriff war ganz mit Blut besudelt.

Da ging die Tür vor ihnen auf, und Herrn Arnes Hilfsgeistlicher kam heraus. Er taumelte auf die Männer zu, er hatte eine tiefe Wunde im Kopfe und war blutüberströmt. Er stand einen Augenblick aufrecht und reckte seine Hand empor, um Schweigen zu gebieten. Dann sagte er mit röchelnder Stimme:

»In dieser Nacht ist Herr Arne und sein ganzes Haus von drei Männern ermordet worden, die durch den Windfang des Daches hereingeklettert kamen und in zottige Felle gehüllt waren. Sie stürzten sich über uns her wie wilde Tiere und töteten uns.«

Mehr vermochte er nicht zu sagen. Er fiel vor den Füßen der Männer hin und war tot.

Nun traten die Leute in das Haus und fanden alles so, wie der Hilfspfarrer gesagt hatte.

Die große Eichentruhe, in der Herr Arne sein Geld verwahrte, war verschwunden, und Herrn Arnes Pferd war aus dem Stalle genommen und sein Schlitten aus dem Schuppen.

Es führten Schlittenspuren vom Hofe über die Pfarrhofwiesen hinab zum Meere, und ein Dutzend Männer eilte davon, um die Mörder zu greifen. Aber die Frauen mühten sich um die Toten und trugen sie aus der bluttriefenden Stube hinaus in den reinen Schnee. Da fand man nicht alle von Herrn Arnes Hausgenossen, sondern einer fehlte. Es war die arme Jungfrau, die Herr Arne in sein Haus aufgenommen hatte. Da herrschte große Verwunderung, ob es ihr vielleicht geglückt wäre, zu entfliehen, oder ob die Räuber sie mitgenommen hätten.

Aber als sie das ganze Haus genau durchsuchten, fanden sie sie zwischen dem großen Ofen und der Wand versteckt. Sie hatte sich während des Kampfes dort verborgen gehalten und es war ihr nichts geschehen. Aber sie war vom

Schrecken so mitgenommen, daß sie nicht Rede und Antwort stehen konnte.

Auf den Brücken

Torarin hatte das arme Mädchen, das von dem Blutbade verschont geblieben war, mit nach Marstrand genommen. Er hatte ein so großes Mitleid für sie gefaßt, daß er ihr angeboten hatte, in seiner engen Hütte zu wohnen und Speise und Trank mit ihm und seiner Mutter zu teilen.

Dies ist das einzige, was ich für Herrn Arne tun kann, dachte Torarin, zum Lohn für alle die vielen Male, wo er mir meine Fische abkaufte und mich an seinem Tisch essen ließ.

So arm und gering ich auch bin, dachte Torarin, ist es doch besser für das Mädchen, mit mir in die Stadt zu kommen als hier bei den Bauern zu bleiben. In Marstrand gibt es viele reiche Bürger, und das Mädchen wird vielleicht bei einem von ihnen einen Dienst finden und so ihr gutes Auskommen haben.

In den ersten Tagen, nachdem das Mädchen zur Stadt gekommen war, saß sie da und weinte vom Morgen bis zum Abend. Sie jammerte über Herrn Arne und sein Haus, und sie klagte, weil sie alle verloren hatte, die ihr nahe standen. Am meisten jedoch beklagte sie ihre Pflegeschwester und sagte, sie wünschte, sie hätte sich nicht an der Mauer versteckt und ihr in den Tod folgen können.

Torarins Mutter sagte nichts dazu, solange der Sohn daheim war. Aber als er wieder seine Fahrt angetreten hatte, sagte sie eines Morgens zu dem Mädchen: »Ich bin nicht so reich, Elsalill, um dir so viel Nahrung und Kleidung geben zu können, daß du hier mit den Händen im Schoße sitzen und deinen Kummer hüten kannst. Komm du mit mir hinunter auf die Brücken und lerne Fische reinigen!«

Da ging Elsalill mit ihr hinunter auf die Brücken und arbeitete den ganzen Tag unter den anderen Fischerinnen.

Aber die meisten Frauen auf den Brücken waren jung und guter Dinge. Sie begannen mit Elsalill zu sprechen und fragten sie, warum sie so traurig und stumm wäre.

Da begann Elsalill ihnen zu erzählen, was für ein Abenteuer ihr vor nicht mehr als drei Nächten widerfahren war. Sie erzählte von den drei Räubern, die durch den Windfang des Daches in die Stube gedrungen waren und alle ermordet hatten, die ihr im Leben nahestanden.

Als Elsalill dies erzählte, fiel ein schwarzer Schatten auf den Tisch, an dem sie stand und arbeitete. Und als sie aufsah, standen vor ihr drei vornehme Herren, die breite Hüte mit großen Federn trugen und Samtkleider mit großen Puffen, die mit Seide und Gold bestickt waren.

Einer von ihnen schien der Vornehmste zu sein. Er war sehr bleich, sein Bart war geschoren, und die Augen lagen tief in ihren Höhlen. Es hatte den Anschein, als wäre er jüngst krank gewesen. Aber sonst sah er aus wie ein fröhlicher und kühner Kavalier, der auf den besonnten Brücken umherging, um den Leuten seine schönen Kleider und sein schönes Gesicht zu zeigen.

Elsalill hielt mit der Arbeit und mit der Erzählung inne. Sie stand mit offenem Munde und aufgerissenen Augen da und betrachtete ihn. Und er lächelte ihr zu. »Wir sind nicht hergekommen, um dich zu erschrecken, Mädchen«, sagte er, »und wir bitten dich, daß du auch uns gestattest, deiner Erzählung zuzuhören.« Die arme Elsalill, niemals in ihrem ganzen Leben hatte sie einen solchen Mann gesehen. Sie glaubte, vor ihm nicht sprechen zu können. Sie schwieg nur und sah hinunter auf ihre Arbeit.

Da begann der Fremde noch einmal: »Sei doch nicht bange, Mädchen. Wir sind Schotten, die wohl an die zehn Jahre in den Diensten des Königs Johann von Schweden gestanden haben, aber jetzt haben wir Urlaub und wollen heimreisen. Wir sind nach Marstrand gekommen, um eine Fahrgelegenheit nach Schottland hinüber zu finden, aber als wir herkamen, waren alle Sunde und Fjorde gefroren, und hier müssen wir nun bleiben und warten. Wir haben keinerlei Beschäftigung, und darum schlendern wir über die Brücken, um Leute zu treffen. Wir wären froh, wenn du uns deine Geschichte hören ließest.«

Elsalill begriff, daß er so lange sprach, um ihr Zeit zu geben, ihre Fassung wiederzuerlangen. Endlich dachte sie bei sich selber: Du mußt doch wohl zeigen, daß du nicht zu gering bist, um mit einem hohen Herrn zu sprechen, Elsalill! Du bist doch von guter Geburt und keine Fischerdirne!

»Ich sprach nur von dem großen Blutbade im Pfarrhofe von Solberga«, sagte Elsalill. »Es erzählen ja jetzt so viele davon.«

»Ja«, sagte der Fremde, »aber ich wußte bis jetzt nicht, daß jemand von Herrn Arnes Leuten mit dem Leben davongekommen ist.«

Da erzählte Elsalill noch einmal von dem Eindringen der wilden Räuber. Sie erzählte, wie die alten Knechte sich um Herrn Arne geschart hatten, um ihn zu schützen, und wie Herr Arne selbst sein Schwert von der Wand gerissen hatte und auf die Räuber eingedrungen war; die aber hatten sie alle besiegt. Und die alte Pfarrersfrau hatte das Schwert ihres Mannes aufgehoben und war auf die Räuber losgegangen, aber sie hatten sie nur ausgelacht und sie mit einem Holzscheit zu Boden geschlagen. Und alle die anderen Frauen hatten sich auf die Ofenmauer verkrochen, aber als die Männer tot waren, kamen die Mörder und rissen sie herunter und mordeten sie. »Die letzte, die sie töteten«, sagte Elsalill, »war meine liebe Pflegeschwester. Sie bat so flehentlich um ihr Leben, und zwei von ihnen wollten es ihr schenken, aber der dritte sagte, alle müßten sterben, und stach ihr sein Messer ins Herz.«

Solange Elsalill von Mord und Blut sprach, standen die drei Männer vor ihr still. Sie tauschten keinen Blick miteinander, aber ihre Ohren wurden gleichsam lang vom Horchen, und ihre Augen funkelten, und zuweilen öffneten sich ihre Lippen, so daß die Zahnreihen weiß hervorleuchteten.

Elsalill stand da, die Augen voll Tränen, nicht ein einziges Mal sah sie auf, während sie sprach. Sie sah nicht, daß der Mann vor ihr Augen und Zähne hatte wie ein Wolf. Erst als sie zu Ende gesprochen hatte, trocknete sie ihre Tränen und sah zu ihm auf.

Doch als er Elsalills Augen begegnete, veränderte sich sein Gesicht sofort.

»Da du die Mörder so gut gesehen hast, Jungfrau«, sagte er, »hättest du sie wohl sogleich wiedererkannt, wenn du ihnen begegnet wärest?«

»Hab' ich sie doch nicht anders gesehn als beim Schein der Kienspäne, die sie aus dem Herde rissen, um sich beim Morden zu leuchten«, sagte Elsalill, »aber dennoch würde ich sie mit Gottes Hilfe wohl wiedererkennen. Und ich bete alle Tage zu Gott, daß ich ihnen begegnen möchte.«

»Was meinst du damit, Jungfrau?« fragte der Fremde. »Ist es nicht wahr, daß die mörderischen Wanderer tot sind?«

»Ja, das weiß ich wohl«, sagte Elsalill. »Die Bauern, die ihnen nachjagten, verfolgten ihre Spuren vom Pfarrhofe bis zu einer Wake im Eise. Bis dorthin sahen sie auf dem blanken Eisspiegel Spuren von Schlittenkufen, Spuren von Pferdehufen, Fußstapfen von Menschen, die harte, eisenbeschlagene Schuhe getragen hatten. Aber von der Wake führten keine Spuren weiter über das Eis, darum glaubten die Bauern, daß alle tot wären.«

»Glaubst du, Elsalill, denn nicht, daß sie tot sind?« fragte der Fremde.

»Doch, ich glaube wohl, daß sie ertrunken sind«, sagte Elsalill, »und dennoch bete ich jeden Tag zu Gott, daß sie entronnen sein möchten. Ich spreche so zu Gott: Laß es so sein, daß sie nur mit Pferd und Schlitten in die Wake gefahren, daß sie selbst aber davongekommen sein möchten.«

»Warum willst du das, Elsalill?« fragte der Fremde.

Das zarte Mädchen Elsalill warf den Kopf zurück, und ihre Augen leuchteten: »Ich wollte wohl, daß sie lebten, damit ich sie ausfindig machen und greifen könnte. Ich wollte, daß sie lebten, damit ich ihnen das Herz aus der

Brust reißen könnte. Ich wollte, daß sie lebten, damit ich ihren Leib in vier Teile zerstückelt auf das Rad geflochten sähe.«

»Wie wolltest du dies alles bewerkstelligen?« sagte der Fremde. »Du bist ja nur so ein schwaches, kleines Jungfräulein.«

»Wenn sie lebten«, sagte Elsalill, »dann würde ich sie schon der Strafe zuführen. Lieber wollte ich selbst in den Tod gehen, als sie entrinnen lassen. Sie mögen wohl stark und gewaltig sein, das weiß ich, aber mir würden sie nicht entrinnen können.«

Da lächelte der Fremde, aber Elsalill stampfte mit dem Fuße.

»Wenn sie lebten, dann würde ich immer daran denken, daß sie mir mein Heim genommen haben, so daß ich jetzt eine arme Dirne bin, die auf der kalten Brücke stehen und Fische schuppen muß. Ich würde mich daran erinnern, daß sie alle getötet haben, die mir nahe standen. Und besonders würde ich mich an den erinnern, der meine Pflegeschwester von der Mauer herunterzerrte und sie mordete, die mir so gut gesinnt war.«

Aber als das kleine zarte Mädchen so großen Zorn zeigte, da begannen die drei schottischen Kriegsleute zu lachen. Sie waren so lachlustig, daß sie ihrer Wege gingen, damit Elsalill keinen Anstoß daran nähme. Sie gingen über den Hafen ein enges Gäßchen hinauf, das zum Marktplatz führte. Aber noch lange, nachdem sie verschwunden waren, hörte Elsalill, wie sie aus vollem Halse lachten, höhnisch und gellend.

Die Ausgesandte

Acht Tage nach seinem Tode wurde Herr Arne in der Kirche von Solberga beigesetzt und an demselben Tage wurde auf dem Thingplatze von Branehög Untersuchung über den Mord gehalten.

Aber Herr Arne war ein wohlbekannter Mann in Bohuslän gewesen, und an seinem Begräbnistage kamen so viele Menschen, vom Festlande wie von den Schären, zusammen, daß es war, als versammle sich ein Kriegsheer um seinen Anführer. Und über die Felder zwischen der Kirche von Solberga und Branehög wanderten so viele Leute, daß es am Abend keinen Zollbreit Schnee gab, der nicht von Menschen niedergetreten war.

Doch spät nachts, als alle diese Leute ihrer Wege gezogen waren, kam Torarin, der Fischkrämer, den Weg von Branehög herauf nach Solberga gefahren.

Torarin hatte im Laufe des Tages mit vielen Menschen gesprochen. Wieder und wieder hatte er von Herrn Arnes Tod erzählt. Er war auch auf dem Thingplatze gut verpflegt worden und hatte so manchen Bierkrug leeren müssen, mit Wanderern, die von weither gekommen waren.

Torarin fühlte sich schwer und träge, er hatte sich auf seiner Fuhre niedergelegt. Er war betrübt, daß Herr Arne dahingegangen war, und als er in die Nähe des Pfarrhofs kam, begannen ihn noch schwerere Gedanken zu quälen. »Grim, mein Hund«, sagte er, »wenn ich an dieses Vorzeichen mit den Messern geglaubt hätte, hätte ich das ganze Unheil abwehren können. Ich denke oft daran, Grim, mein Hund. Mir ist so ängstlich zumute, ganz, als hätte ich selbst mit dazu geholfen, Herrn Arne aus der Welt zu schaffen. Merke nun wohl, was ich sage: wenn ich das nächste Mal so etwas höre, werde ich es glauben und mich danach richten.«

Aber während Torarin auf dem Wagen lag und mit halbgeschlossenen Augen vor sich hindämmerte, ging sein Pferd, wie es ihm gefiel; und als es zum Pfarrhof von Solberga kam, da trabte es aus alter Gewohnheit in den Hof und ging bis zur Stalltüre. Torarin wußte von nichts. Erst als das Pferd stehen blieb, richtete er sich auf und sah sich um. Er schauderte zusammen, als er sah, daß er sich auf dem Hofe vor einem Hause befand, wo erst vor einer Woche so viele Menschen ermordet worden waren.

Er griff sogleich nach den Zügeln. Er wollte das Pferd umdrehen und wieder auf den Weg hinausfahren, aber in demselben Augenblick klopfte ihm jemand auf die Schulter, und er sah sich um. Da stand neben ihm der alte Olof, der Pferdeknecht, der im Pfarrhofe gedient hatte, solange Torarin überhaupt zurückdenken konnte.

»Hast du es so eilig, heute nacht vom Hofe wegzufahren, Torarin?« sagte der Alte. »Komm doch lieber ins Haus hinein! Herr Arne sitzt da und wartet auf dich.«

Torarin gingen tausend Gedanken durch den Kopf. Er wußte nicht, ob er träumte oder wachte. Olof, den Pferdeknecht, den er frisch und lebend vor sich stehen sah, hatte er vor einer Woche tot neben den anderen liegen sehen, mit einer großen Wunde im Halse.

Torarin faßte den Zügel fester. Es schien ihm das beste, rasch fortzukommen. Aber die Hand Olofs, des Pferdeknechts, lag noch auf seiner Schulter, und der Alte fuhr fort, ihn zu bedrängen.

Torarin grübelte hin und her, um eine Ausflucht zu finden. »Es lag mir nicht im Sinn, Herrn Arne zu so später Stunde zu stören«, sagte er. »Das Pferd ist hergetrabt, ohne daß ich davon wußte. Ich will jetzt weiterfahren und mir eine Herberge für die Nacht suchen. Wenn Herr Arne mich sprechen will, kann ich wohl morgen wiederkommen.«

Damit beugte Torarin sich vor und schlug mit der Peitsche nach dem Pferde, damit es sich in Bewegung setze.

Allein im selben Augenblick stand der Pfarrhofknecht vorne beim Kopfe des Pferdes, faßte es am Zaumzeug und zwang es, still zu stehen. »Sei nicht halsstarrig, Torarin«, sagte der Knecht. »Herr Arne ist noch nicht zu Bett gegangen, er sitzt da und wartet auf dich. Und du mußt doch wissen, daß du hier ein ebenso gutes Nachtquartier finden kannst wie auf irgendeinem anderen Hofe im Kirchspiel.«

Da wollte Torarin antworten, daß er sich nicht damit begnügen könnte, in einem Hause ohne Dach zu wohnen. Aber bevor er etwas sagte, warf er einen Blick auf das

Wohngebäude. Da sah er das alte Dach ebenso wohlbehalten und ansehnlich wie vor dem Brande dastehen.

Und doch hatte Torarin noch an demselben Morgen den nackten Dachstuhl in die Luft ragen sehen.

Er schaute und schaute und rieb sich die Augen, aber das Pfarrhaus stand ganz gewiß unversehrt da, mit Stroh und Schnee auf dem Dache. Durch den Windfang sah er Rauch und Funken aufflattern. Und durch die wohlverschlossenen Fensterläden sah er den Lichtschein auf den Schnee fallen.

Wer weit auf der kalten Landstraße umherzieht, kennt keinen traulicheren Anblick als den Lichtschein, der aus einer warmen Stube dringt. Aber Torarin wurde nur noch erschrockener, als er vorher gewesen war. Er peitschte das Pferd, so daß es sich bäumte und ausschlug. Aber nicht um einen Schritt brachte er es von der Stalltüre fort.

»Komm du nur mit herein, Torarin«, sagte der Stallknecht. »Ich dachte, du wolltest doch in dieser Sache nichts mehr zu bereuen haben.«

Nun kam es Torarin wieder in den Sinn, was er sich auf dem Wege gelobt hatte. Und während er eben noch mit hocherhobener Peitsche auf dem Wagen gestanden hatte, wurde er mit einem Male so zahm wie ein Lamm.

»Sieh her, Olof, hier bin ich also!« sagte er und sprang von der Fuhre hinunter. »Es ist wahr, daß ich in dieser Sache nichts zu bereuen haben will. Führe mich jetzt hinein zu Herrn Arne!«

Aber die schwersten Schritte, die Torarin je gegangen war, waren die über den Hof zum Hause hin.

Als die Tür aufging, schloß Torarin die Augen, um nicht in die Stube sehen zu müssen. Aber er suchte sich Mut zu machen, indem er an Herrn Arne dachte. »Er hat dir so manche gute Mahlzeit gegeben. Er hat deine Fische gekauft, wenn auch seine eigene Vorratskammer voll war. Er ist dir immer im Leben wohlgesinnt gewesen, und sicherlich will er dir auch nach seinem Tod nicht schaden. Vielleicht will er einen Dienst von dir verlangen. Du darfst nicht vergessen, Torarin, daß man Dankbarkeit zeigen muß, auch gegen die Toten.«

Torarin schlug die Augen auf und sah in die Stube. Da sah er den großen Raum, ganz wie er ihn immer gesehen hatte. Er erkannte den hohen gemauerten Ofen wieder und die gewebten Tücher an den Wänden. Aber er schaute viele Male von Wand zu Wand und vom Boden zur Decke, bevor er sich ein Herz faßte und zu dem Tische und der Bank hinsah, wo Herr Arne immer gesessen hatte.

Aber endlich blickte er auch dorthin, und da sah er Herrn Arne selbst leibhaftig am Tische sitzen mit seiner Gattin und dem Hilfspastor zur Rechten und zur Linken, so wie er ihn vor acht Tagen gesehen hatte. Er schien eben seine Mahlzeit beendigt zu haben, er hatte den Teller zurückgeschoben, und der Löffel lag vor ihm auf dem Tische. Alle die alten Diener und Dienerinnen saßen am Tische, aber nur eines von den jungen Mädchen.

Torarin stand lange unten an der Tür und betrachtete die, die am Tische saßen. Sie sahen alle ängstlich und betrübt aus, und auch Herr Arne saß schwermütig da wie die anderen und stützte das Haupt in die Hand.

Endlich sah Torarin, daß Herr Arne den Kopf erhob. »Bringst du jemand Fremdes mit in die Stube, Pferdeknecht Olof?«

»Ja«, antwortete der Knecht, »es ist Torarin, der Fischkrämer, der heute auf dem Thing in Branehög gewesen ist.«

Da schien Herr Arne fröhlicher auszusehen, und Torarin hörte ihn sagen: »Tritt näher, Torarin, und laß uns die Neuigkeiten vom Thing hören! Hier habe ich jetzt die halbe Nacht gesessen und auf dich gewartet!« Das alles klang so wirklich und natürlich, daß Torarin anfing, sich immer beherzter zu fühlen. Er ging ganz mutig durch die Stube, auf Herrn Arne zu. Er fragte sich, ob es nicht ein böser Traum gewesen wäre, daß Herr Arne ermordet sei, und ob er nicht in Wahrheit lebte.

Aber während Torarin durch die Stube ging, warf er aus

alter Gewohnheit einen Blick auf das Himmelbett, neben dem die große Geldtruhe zu stehen pflegte. Aber die eisenbeschlagene Truhe stand nicht mehr auf ihrem Platze, und als Torarin dies sah, durchlief ihn wieder ein Gruseln.

»Nun, Torarin, sage uns, wie es heute auf dem Thing abgelaufen ist«, hub Herr Arne an.

Torarin suchte so zu tun, wie ihm geheißen war, und erzählte vom Thing und von der Untersuchung, aber er konnte weder seiner Lippen noch seiner Zunge Herr werden, sondern sprach schlecht und stammelnd. Herr Arne unterbrach ihn auch sogleich: »Sag mir nur das Wichtigste. Sind unsre Mörder gefunden und bestraft worden?«

»Nein, Herr Arne«, wagte da Torarin zu antworten. »Eure Mörder liegen auf dem Grunde des Hakefjords. Wie wollt Ihr, daß jemand Rache an ihnen nehme?«

Als Torarin diese Antwort gab, schien in Herrn Arne wieder seine alte Laune zu fahren, und er schlug mit der Hand hart auf den Tisch. »Was sagst du da, Torarin? Der Amtmann auf Bohus wäre mit seinen Beiständen und Schreibern hier gewesen und hätte Thing gehalten, und da hätte ihm niemand sagen können, wo er meine Mörder finden soll?«

»Nein, Herr Arne«, antwortete Torarin, »das kann ihm niemand unter den Lebenden sagen.«

Herr Arne saß eine Weile mit gerunzelter Stirn und blickte düster vor sich hin. Dann wandte er sich noch einmal an Torarin.

»Ich weiß, daß du mir ergeben bist, Torarin. Kannst du mir sagen, wie ich Rache nehmen soll an meinen Mördern?«

»Ich kann es wohl verstehen, Herr Arne«, sagte Torarin, »daß Ihr wünscht, Euch an jenen zu rächen, die Euch so roh ums Leben gebracht haben. Aber es gibt niemand unter uns, die wir auf Gottes grüner Erde wandeln, der Euch da behilflich sein könnte.«

Als Herr Arne diese Antwort erhalten hatte, versank er in tiefes Grübeln.

Und es entstand ein langes Stillschweigen. Nach einer Weile wagte Torarin sich mit einer Bitte hervor. »Ich habe nun Euren Wunsch erfüllt, Herr Arne, und Euch gesagt, wie es auf dem Thing abgelaufen ist. Habt ihr mich noch etwas zu fragen, oder wollt Ihr mich jetzt ziehen lassen?«

»Du sollst nicht gehen, Torarin«, sagte Herr Arne, »ehe du mir nicht noch einmal geantwortet hast, ob keiner von den Lebenden uns rächen kann.«

»Selbst, wenn alle Männer aus Bohuslän und Norwegen zusammenkämen, um Rache an Euern Mördern zu nehmen, würde es ihnen nicht gelingen, sie zu finden«, sagte Torarin.

Da sprach Herr Arne:

»Wenn die Lebenden uns nicht helfen können, müssen wir uns selber helfen.«

Damit begann Herr Arne mit lauter Stimme ein Vaterunser zu beten, aber nicht auf norwegisch, sondern auf lateinisch, wie es vor seiner Zeit im Lande der Brauch gewesen war. Und bei jedem Worte des Gebetes, das er aussprach, wies er mit dem Finger auf einen von denen, die mit ihm am Tische saßen. Er ging sie auf diese Weise mehrere Male durch, bis er zum Amen kam. Aber als er dieses Wort sagte, streckte er den Finger gegen das junge Mädchen aus, das seine Sohnestochter war.

Sie erhob sich allsogleich von der Bank, und Herr Arne sagte zu ihr: »Du weißt, was du zu tun hast.«

Da klagte das Mädchen sehr und sagte: »Sende mich nicht mit diesem Auftrag aus. Das ist ein zu schweres Beginnen für ein so schwaches Wesen wie mich.«

»Ganz gewiß sollst du gehen«, sagte Herr Arne. »Es ist nur billig, daß du gehst, denn du hast am meisten zu rächen. Niemandem von uns sind so viele Jahre des Lebens geraubt worden wie dir, der Jüngsten unter uns.«

»Ich will keine Rache an irgendeinem Menschen«, sagte das Mädchen.

»Du sollst sogleich gehen«, sagte Herr Arne, »und du wirst nicht allein stehen. Du weißt, daß es unter den Lebenden zwei gibt, die vor acht Tagen hier mit uns an diesem Tische saßen.«

Aber als Torarin Herrn Arne dieses sagen hörte, glaubte er zu verstehen, daß Herr Arne ihn ausersähe, gegen Missetäter und Mörder zu kämpfen, und er rief:

»Um Gottes Barmherzigkeit willen beschwöre ich Euch, Herr Arne.«

Im selben Augenblick schien es Torarin, daß Herr Arne und der Pfarrhof in einem Nebel verschwänden, und er selbst sank tief hinab, als fiele er von einer schwindelnden Höhe, und damit verlor er das Bewußtsein.

Als er wieder zum Leben erwachte, begann der Morgen zu dämmern. Da sah er, daß er im Hofe des Solberger Pfarrhauses auf dem Boden lag. Das Pferd mit dem beladenen Wagen stand neben ihm, und Grim heulte über ihm.

»Es war alles nur ein Traum«, sagte Torarin, »nun sehe ich es ein. Der Hof ist öde und zerstört. Ich habe weder Herrn Arne gesehen noch irgendeinen andern. Aber ich habe mich im Traume so erschreckt, daß ich vom Wagen heruntergestürzt bin.«

Im Mondenschein

Als vierzehn Tage seit Herrn Arnes Tod verstrichen waren, kamen ein paar Nächte mit starkem, klarem Mondschein. Und eines Abends war Torarin unterwegs und fuhr durch den Mondschein. Einmal ums andre hielt er das Pferd an, als fiele es ihm schwer, den Weg zu finden. Und er fuhr doch durch keinen unwegsamen Wald; vielmehr glaubte er, offene Erde um sich zu sehen, auf der sich viele steinige Hügel erhoben.

Die ganze Gegend war von weißem, schimmerndem Schnee bedeckt. Er war bei gutem Wetter still und gleichmäßig gefallen, er lag nicht in Haufen oder Wirbeln. So weit das Auge reichte, gab es nichts anderes als die gleiche glatte Ebene und die gleichen steinigen Hügel.

»Grim, mein Hund«, sagte Torarin, »wenn wir dies heute abend zum ersten Male sähen, dann würden wir wohl glauben, daß wir über eine große Heide zögen. Aber wir würden uns wohl darüber verwundern, daß der Boden so eben ist und der Weg ohne Steine oder Gruben. Was ist dies für eine Gegend, würden wir sagen, wo es weder Gräben noch Zäune gibt, und wie kommt es, daß kein Strauch und kein Hälmchen aus dem Schnee hervorguckt? Und warum sehen wir keine Flüsse oder Bächlein, die doch sonst selbst in der strengsten Kälte ihre schwarzen Furchen durch die weißen Felder ziehen?«

Torarin ergötzte sich sehr an diesen Gedanken, und auch Grim fand Gefallen an ihnen. Er regte sich nicht von seinem Platz auf der Wagenladung, sondern lag still und blinzelte.

Aber gerade, als Torarin seine Rede geschlossen hatte, fuhr er an einer hohen Stange vorbei, an der ein Büschel festgebunden war.

»Wenn wir hier fremd wären, Grim, mein Hund«, sagte Torarin, »dann würden wir uns wohl fragen, was dies für eine Heide sei, wo sie dieselben Zeichen aufstellen, wie man sie auf dem Meere benutzt. Dies kann doch wohl nicht das Meer selber sein, würden wir schließlich sagen. Aber das würde uns wohl ganz unmöglich vorkommen. Das so stetig und sicher daliegt, sollte das bloßes Wasser sein? Und alle diese Felsenhügel, die da so fest vereint ruhen, sollten es nur Inseln sein? Nein, wir könnten es nicht glauben, Grim, mein Hund.«

Torarin lachte, und Grim lag noch immer still und regungslos. Torarin fuhr weiter, bis er um einen hohen Felsenhügel bog. Da stieß er einen Ruf aus, als hätte er etwas Merkwürdiges gesehen. Er tat sehr erstaunt, zog die Zügel an und schlug die Hände zusammen.

»Grim, mein Hund, und du wolltest nicht glauben, daß dies das Meer sei! Jetzt siehst du doch, was es ist. Richte dich auf, dann wirst du sehen, daß hier vor uns ein großes Fahrzeug liegt. Du wolltest das Seezeichen nicht kennen, aber hierin kannst du dich nicht täuschen. Jetzt mußt du es einsehen und kannst es gar nicht mehr leugnen, daß es das Meer selbst ist, worüber wir ziehen.«

Torarin blieb noch eine Weile stehen und betrachtete ein großes Fahrzeug, das im Eise eingefroren dalag. Es sah ganz verlassen aus, wie es da mitten in der glatten weißen Schneedecke lag.

Aber als Torarin sah, daß ein schwacher Rauch aus dem hinteren Teil des Fahrzeugs aufstieg, fuhr er hin und rief den Schiffer an, um zu hören, ob er ihm Fische abkaufen wolle. Er hatte nur noch ein paar Dorsche auf dem Grunde seines Wagens, da er im Laufe des Tages zu allen den eingefrorenen Schuten gefahren war und ihnen Fische verkauft hatte.

An Bord saß der Schiffer mit seinen Leuten in trübseligster Laune. Sie kauften dem Handelsmanne Fische ab, nicht weil sie sie gebraucht hätten, sondern um jemanden zu haben, mit dem sie sprechen konnten.

Als sie zu Torarin hinunter aufs Eis kamen, machte dieser ein unschuldiges Gesicht und begann mit ihnen vom Wetter zu sprechen. »Seit Menschengedenken hat es kein so schönes Wetter gegeben wie heuer«, sagte Torarin. »Seit beinahe drei Wochen haben wir jetzt ruhige Luft und strenge Kälte. Das ist anders, als wir es sonst bei den Inseln gewohnt sind.«

Aber der Schiffer, der mit seiner großen Galeasse voll Heringstonnen dalag und in einer Bucht nahe bei Marstrand eingefroren war, gerade als er sich anschicken wollte, ins Meer hinauszusteuern, sah Torarin grimmig an und antwortete:

»Ja so, das nennst du schönes Wetter?«

»Wie sollte ich es sonst nennen?« sagte Torarin. Er sah unschuldig aus wie ein Kind. »Der Himmel ist klar und ruhig und blau, und die Nacht ist ebenso schön wie der Tag. Nie zuvor habe ich es erlebt, daß ich so Woche für Woche auf dem Eise umherfahren konnte. Das Meer friert hier draußen nicht so häufig zu, und wenn es einmal einen

Winter vereist war, so kam immer gleich ein Sturm und riß die Eisdecke in wenigen Stunden wieder auf.«

Der Schiffer stand finster und verdüstert da; er antwortete gar nicht auf Torarins Geschwätz. Da begann Torarin zu fragen, warum er sich nicht nach Marstrand hinein begebe. »Es ist ja eine Wanderung von nicht mehr als einer Stunde über das Eis«, sagte Torarin.

Darauf erhielt er auch keine Antwort. Torarin begriff, daß der Mann die Galeasse keinen Augenblick verlassen wollte, aus Furcht, nicht zur Stelle zu sein, wenn das Eis bräche. Selten habe ich jemanden mit so sehnsuchtskranken Augen gesehen, dachte Torarin. Aber der Schiffer, der nun Tag für Tag zwischen den Inseln eingeschlossen dagesessen hatte, ohne sein Segel hissen und ins Meer hinaussteuern zu können, hatte inzwischen mancherlei gedacht, und er sagte zu Torarin:

»Du, der da überall herumzieht und von allem reden hört, was sich zuträgt, weißt du, warum Gott dieses Jahr die Wege ins Meer hinaus so lange verschließt und uns alle in Gefangenschaft hält?«

Als er dies sagte, hörte Torarin zu lächeln auf, aber er stellte sich unwissend und sagte: »Jetzt weiß ich nicht, wie du dies meinst.«

»Je nun«, sagte der Schiffer, »ich lag einmal einen ganzen Monat im Hafen von Bergen, und es blies alle Tage Gegenwind, so daß kein Schiff in See stechen konnte. Aber an Bord von einem der Schiffe, die im Hafen eingeschlossen waren, war ein Mann, der in Kirchen gestohlen hatte, und er wäre entkommen, wenn der Sturm nicht gewütet hätte. Nun gelang es ihnen, auszukundschaften, wo er sich befand, und sobald er ans Land gebracht war, kam sogleich schönes Wetter und guter Wind. Verstehst du nun, was ich meine, wenn ich frage, ob du weißt, warum Gott die Pforten des Meeres verschlossen hält?«

Torarin stand nun eine Weile schweigend da. Er sah aus, als hätte er nicht übel Lust, mit ernsten Worten zu entgegnen. Aber er schlug es sich aus dem Sinn und sagte: »Du wirst ganz kopfhängerisch davon, daß du hier zwischen den Inseln eingeschlossen dasitzst. Warum begibst du dich nicht nach Marstrand? Ich will dir sagen, daß dort ein fröhliches Leben geführt wird. Da gehen Hunderte von Fremden herum, die nichts anderes tun, als tanzen und trinken.«

»Warum geht es denn dort so fröhlich zu?« fragte der Schiffer.

»Ach«, sagte Torarin, »dort sind Seeleute, deren Schiffe eingefroren sind wie das deine. Da sind auch eine Menge Fischer, die eben ihren Heringsfang beendet hatten, als sie durch das Eis verhindert wurden, heimzufahren. Und da gehen vielleicht hundert schottische Söldlinge herum, die von ihrem Kriegsdienst beurlaubt sind und hier auf die Gelegenheit warten, heimzufahren nach Schottland. Glaubst du, daß sie alle die Köpfe hängen lassen und die Gelegenheit versäumen, sich frohe Tage zu machen?«

»Ja, es mag wohl sein, daß die Leute sich vergnügen können, aber mir ist es nun einmal am liebsten, hier zu warten«, sagte der Schiffer.

Torarin warf einen raschen Blick auf ihn. Der Schiffer war ein großer magerer Mann. Seine Augen waren hell und wasserklar, mit schwermütigem Blick. Diesen Mann kann ich nicht froh machen, und ein andrer auch nicht, dachte Torarin.

Noch einmal begann der Schiffer aus freien Stücken mit ihm zu sprechen. »Diese schottischen Krieger«, sagte er, »sind das ordentliche Leute?«

»Solltest du sie am Ende nach Schottland hinüberführen?« sagte Torarin.

»Ja«, sagte der Schiffer, »ich habe eine Ladung nach Edinburgh, und einer von ihnen ist eben hier bei mir gewesen und hat mich gebeten, sie mitzunehmen. Aber ich liebe es nicht, mit solchen wilden Gesellen an Bord zu segeln, und ich habe ihn um Bedenkzeit gebeten. Hast du etwas über sie gehört? Glaubst du, daß ich es wagen kann, sie aufzunehmen?«

»Ich habe nichts anderes von ihnen gehört, als daß sie tapfere Leute sein sollen. Sicherlich kannst du sie mitnehmen.«

Aber in demselben Augenblick, als Torarin dies sagte, richtete sich sein Hund auf dem Wagen auf, streckte die Schnauze in die Luft und begann zu heulen.

Da brach Torarin sogleich das Lob der Schotten ab. »Was hast du nur, Grim, mein Hund?« sagte er. »Findest du, daß ich gar zu lange auf dem Eise bleibe und die Zeit verschwatze?«

Er machte sich bereit, weiterzufahren. »Ja, lebt wohl, hier draußen«, sagte er.

Torarin fuhr durch den schmalen Sund zwischen der Kleeinsel und der Kuhinsel nach Marstrand zu. Als er so weit gekommen war, daß er Marstrand sehen konnte, merkte er, daß er sich nicht allein auf dem Eise befand.

Im klaren Mondenschein sah er einen hohen Mann in stolzer Haltung über den Schnee wandern. Er sah, daß er einen federgeschmückten Hut und reich ausstaffierte Kleider mit weiten Puffen trug.

»Sieh da«, sagte Torarin zu sich selbst, »da geht Sir Archie, der Anführer der Schotten, der heute abend auf der Galeasse gewesen ist, um sich die Überfahrt nach Schottland zu sichern.«

Torarin war dem Manne so nahe, daß er schon seinen langen Schatten eingeholt hatte, der hinter ihm herglitt. Sein Pferd setzte gerade die Hufe auf die Hutfedern des Schattenbildes.

»Grim«, sagte Torarin, »sollen wir ihn fragen, ob er mit uns in die Stadt fahren will?«

Der Hund begann sich sogleich aufzurichten, aber Torarin legte ihm beschwichtigend die Hand auf den Rücken. »Sei nur ruhig, Grim, mein Hund! Ich sehe, daß du die Schottischen nicht liebst!«

Sir Archie hatte nicht bemerkt, daß ihm jemand so nahe war. Er ging weiter, ohne sich umzusehen. Torarin bog ganz sachte zur Seite, um an ihm vorbeizukommen.

Aber im selben Augenblick gewahrte Torarin hinter dem schottischen Herrn etwas, das einem zweiten Schatten glich. Er sah etwas, das lang und dünn und grau war und über den Boden hinschwebte, ohne Fußspuren auf dem Wege zu hinterlassen und ohne den weißen Schnee zum Knirschen zu bringen.

Der Schotte ging mit großen Schritten vorwärts. Er sah sich weder nach rechts noch nach links um. Aber der graue Schatten glitt von rückwärts an ihn heran, so nahe, daß es aussah, als wollte er ihm etwas ins Ohr flüstern.

Torarin fuhr behutsam vorwärts, bis er auf gleiche Höhe mit den beiden kam. Da sah er das Gesicht des Schotten im klaren Mondschein. Er ging mit zusammengezogenen Augenbrauen und sah unmutig aus, als würde er von einem Gedanken beschäftigt, der ihm Mißbehagen verursachte.

Gerade als Torarin an ihm vorbeifuhr, drehte er sich um und blickte hinter sich, als hätte er dort jemand bemerkt.

Torarin sah deutlich, daß hinter Sir Archie ein junges Mädchen in schleppendem, grauem Gewande einherschlich, aber Sir Archie sah sie nicht. Als er den Kopf wandte, stand sie regungslos still, und Sir Archies eigener Schatten legte sich dunkel und breit über sie und verdeckte sie.

Sir Archie wandte sich sogleich um und setzte seine Wanderung fort, und wieder eilte das Mädchen herbei und ging so, als ob sie ihm etwas ins Ohr flüstere. Aber als Torarin dies sah, packte ihn ein Grauen, das er nicht bemeistern konnte. Er schrie laut auf, und er hieb auf sein Pferd ein, so daß er in vollem Galopp mit der schweißtriefenden Mähre vor der Türe seiner Hütte ankam.

Verfolgung

I

Auf jener Seite der Marstrandinsel, die dem Schärenarchipel zugekehrt und von einem Kranz von Inselchen geschützt war, lag die Stadt mit allen ihren Häusern und Bauwerken. Da bewegten sich die Menschen in Straßen und Gäßchen, da lag der Hafen, der voll von Booten und Schiffen war, da wurden Heringe eingesalzen und Fische gereinigt, da lag die Kirche und der Kirchhof, da waren das Rathaus und der Marktplatz, und da stand mancher hohe Baum, der im Sommer grünes Laub trug.

Aber auf jener Hälfte der Marstrandinsel, die vom offenen Meere umgeben und nicht von Inseln geschützt wurde, gab es nichts anderes als einsame nackte Klippen und zerklüftete Bergvorsprünge, die ins Meer hineinragten. Da war Heidekraut mit braunen Köpfchen und stechendes Gestrüpp von Dornenbüschen, da waren Höhlen für Ottern und Füchse, Nester für Eidergänse und Möwen, doch keine Wege, keine Häuser und keine Menschen.

Torarins Hütte aber lag hoch oben auf dem Kamme der Insel; die eine Seite war der Stadt zugekehrt und die andere der Wildnis. Und wenn Elsalill die Tür öffnete, lagen vor ihr breite nackte Felsenplatten, von denen sie weit nach Westen blicken konnte, wo das offene Meer lag.

Aber alle die Seeleute und Fischer, die in Marstrand eingefroren waren, pflegten an Torarins Hütte vorbeizugehen, um die Klippen zu besteigen und zu sehen, ob Buchten und Sunde noch nicht angefangen hätten, ihre Eisdekke abzuwerfen.

Oft stand Elsalill in der Haustür und sah ihnen nach, wie sie dort hinaufgingen. Nach dem großen Kummer, der sie getroffen hatte, lebte sie ohne jede Freude, und sie dachte: Mir scheint, daß alle glücklich sind, die etwas haben, wonach sie sich sehnen können. Aber ich habe auf der weiten Welt nichts zu wünschen.

Eines Abends sah Elsalill, wie ein hochgewachsener Mann, der einen breitrandigen Hut mit einer großen Feder trug, oben auf den Felsplatten stand und nach Westen übers Meer hinausblickte wie alle die andern. Und Elsalill sah sogleich, daß der Mann Sir Archie war, der Anführer der Schotten, der auf der Brücke mit ihr gesprochen hatte.

Als er auf dem Wege zur Stadt an der Hütte vorbeikam, stand Elsalill noch immer in der Tür, und sie weinte.

»Warum weinst du?« fragte er und blieb vor ihr stehen.

»Ich weine, weil ich nichts habe, wonach ich mich sehnen kann«, sagte Elsalill. »Als ich Euch auf der Klippe stehen und über das Meer hinausblicken sah, da dachte ich: Sicherlich hat er dort oben auf der anderen Seite des Meeres ein Heim, wohin er nun fahren will.«

Da wurde es Sir Archie weich ums Herz und er sagte: »Seit langen Jahren hat niemand mit mir von meinem Heim gesprochen. Weiß Gott, wie es auf meines Vaters Hof steht. Als ich siebzehn Jahre alt war, zog ich von dort fort, um in fremden Heeren zu dienen.« Damit trat Sir Archie in die Hütte zu Elsalill, und er begann mit ihr von seinem Elternhause zu reden.

Und Elsalill saß stumm da und hörte Sir Archie lange und wie gebannt zu. Sie fühlte sich glücklich über jedes Wort, das sie Sir Archie sagen hörte.

Aber als die Zeit herankam, wo Sir Archie gehen wollte, bat er Elsalill, sie küssen zu dürfen.

Da sagte Elsalill nein und sprang zur Türe, aber Sir Archie stellte sich ihr in den Weg und wollte sie zwingen.

In demselben Augenblick ging die Tür der Hütte auf, und die Hausmutter kam sehr hastig herein.

Da wich Sir Archie von Elsalill zurück. Er bot ihr nur die Hand zum Abschied und eilte davon.

Aber Torarins Mutter sagte zu Elsalill: »Es war recht von dir, daß du mir Botschaft sandtest. Es gehört sich nicht für ein Mädchen, mit einem solchen Manne wie Sir Archie allein in der Hütte zu sein. Das weißt du wohl: ein Söldling hat weder Ehre noch Gewissen.«

»Ich hätte Euch Botschaft gesandt?« sagte Elsalill erstaunt.

»Ja«, antwortete die Alte, »als ich auf der Brücke bei der Arbeit stand, kam ein kleines Mädchen, das ich nie zuvor gesehen habe, und sagte, du schicktest mir Grüße und bätest, ich solle heimkommen.«

»Wie sah das Mädchen aus?« fragte Elsalill.

»Ich sah sie nicht so genau an, daß ich dir das sagen könnte«, antwortete die Alte. »Aber eins merkte ich, sie ging so leicht über den Schnee, daß kein Laut vernehmbar war.«

Als Elsalill dies hörte, wurde sie ganz bleich, und sie sagte: »Dann war es wohl einer von Gottes Engeln, der Euch Kunde brachte und Euch nach Hause führte.«

2

Ein anderes Mal saß Sir Archie in Torarins Hütte und plauderte mit Elsalill. Die beiden waren allein. Sie sprachen fröhlich miteinander und waren ganz vergnügt.

Sir Archie saß da und sprach mit Elsalill davon, daß sie ihn nach Schottland begleiten solle. Dort wolle er ihr ein Schloß bauen und sie zu einer vornehmen Burgfrau machen. Er sagte ihr, sie würde hundert Zofen unter sich haben und am Hofe des Königs tanzen.

Elsalill saß stumm da und lauschte jedem Worte, das Sir Archie zu ihr sagte, und sie glaubte sie alle. Und Sir Archie fand, daß er niemals ein Mädchen getroffen hatte, das so leicht zu betören gewesen wäre wie Elsalill.

Plötzlich ward Sir Archie ganz stumm und sah hinab auf seine linke Hand.

»Was habt Ihr, Sir Archie, warum sprecht ihr nicht weiter?« fragte Elsalill.

Sir Archie öffnete und schloß die Hand krampfhaft. Er wand sie hin und her.

»Was ist Euch, Sir Archie?« fragte Elsalill. »Ihr habt doch nicht am Ende Schmerzen in Eurer Hand?«

Da wendete sich Sir Archie mit verstörtem Gesicht Elsalill zu und sagte: »Siehst du das Haar, Elsalill, das sich um meine Hand schlingt? Siehst du die lichte Haarlocke?«

Als er zu sprechen begann, sah das junge Mädchen nichts, aber noch ehe er geendet, sah sie, wie eine Schlinge aus hellem, feinem Haar sich ein paarmal um Sir Archies Hand ringelte.

Das Mädchen sprang entsetzt auf und rief: »Sir Archie, von wem ist dieses Haar, das Ihr um Eure Hand geschlungen habt?«

Sir Archie blickte bestürzt und ratlos zu ihr hin. »Ich fühle, Elsalill, daß es wirklich Haar ist. Es legt sich kühl und weich um die Hand. Aber wo ist es hergekommen?«

Die Jungfrau saß da und starrte die Hand mit Augen an, die ihr aus dem Kopfe zu treten schienen.

»So hatte sich das Haar meiner Pflegeschwester um die Hand dessen geschlungen, der sie tötete«, sagte sie.

Aber dann begann Sir Archie zu lachen. Rasch zog er seine Hand zurück.

»Sieh«, sagte er, »du und ich, Elsalill, wir lassen uns erschrecken wie kleine Kinder. Es waren nur ein paar starke Sonnenstrahlen, die durch das Fenster hereinfielen.«

Aber die Jungfrau brach in Tränen aus und sagte: »Mir ist, als läge ich wieder auf der Ofenmauer und sähe die Mörder am Werk. Ach, ich hoffte doch bis zuletzt, daß sie meine geliebte Pflegeschwester nicht finden würden, aber endlich kam doch einer von ihnen und zog sie von der Mauer herunter, und als sie entfliehen wollte, da wickelte er ihr Haar um seine Hand und hielt sie fest. Aber sie lag auf den Knien vor ihm und sagte: ›Sieh, wie jung ich bin. Verschone mich! Laß mich wenigstens solange leben, daß ich begreifen lerne, warum ich zur Welt gekommen bin! Ich habe dir doch nichts zuleide getan, warum willst du mich töten? Warum willst du mir nicht das Leben gönnen?‹ Und er hörte nicht auf sie, sondern tötete sie.«

Als Elsalill dies sagte, stand Sir Archie mit gerunzelter Stirne da und blickte zur Seite.

»Ach, wenn ich dem Manne einmal begegnete!« sagte Elsalill. Sie stand mit geballten Fäusten vor Sir Archie.

»Du kannst dem Manne nicht begegnen«, sagte Sir Archie. »Er ist tot.«

Aber die Jungfrau warf sich auf die Bank und schluchzte. »Sir Archie, Sir Archie, warum habt Ihr mich dazu gebracht, an die Toten zu denken? Den ganzen Abend und die Nacht muß ich nun weinen. Geht, Sir Archie, denn jetzt habe ich nur noch Sinn für die Toten, nun muß ich an meine Pflegeschwester denken, daran, wie freundlich sie zu mir war.«

Und es gelang Sir Archie nicht, sie zu trösten, und er wurde von ihren Tränen und Klagen vertrieben und ging zu seinen Zechgenossen.

3

Sir Archie konnte nicht begreifen, warum sein Sinn stets von so trüben Gedanken erfüllt war. Er vergaß sie nicht, wenn er bei Elsalill saß und mit ihr plauderte, und nicht, wenn er bei seinen Kameraden war und mit ihnen trank. Wenn er auch die Nächte in den Seeschuppen durchtanzte, konnte er sie doch nicht vertreiben, und auch nicht, wenn er lange Strecken über das gefrorene Meer wanderte.

»Warum muß ich stets an etwas denken, woran ich mich nicht erinnern will?« sagte Sir Archie zu sich selbst. »Es ist mir, als schliche jemand mir immer nach und flüstere mir ins Ohr.«

»Es ist mir, als würde ein Netz um mich gesponnen«, sagte Sir Archie, »um alle meine Gedanken einzufangen und mir diesen einzigen übrig zu lassen. Ich kann den Jäger nicht sehen, der das Netz auswirft, aber ich höre seine Schritte, wenn er mir nachschleicht.«

»Es ist mir, als ginge ein Maler vor mir her und bemale alles, was ich betrachte, mit demselben Bilde«, sagte Sir Archie. »Ob ich die Blicke zum Himmel oder zur Erde wende, so sehe ich doch nichts anderes als eine einzige Sache.«

»Es ist mir, als säße ein Steinklopfer auf meinem Herzen und hämmerte einen einzigen Kummer hinein«, sagte Sir Archie. »Ich kann den Steinklopfer nicht sehen, aber Tag und Nacht höre ich, wie sein Hammer klopft und schlägt. Du steinernes Herz, du steinernes Herz, sagt er, jetzt mußt du nachgeben. Jetzt will ich einen Kummer in dich hineinhämmern.« Sir Archie hatte zwei Freunde, Sir Philip und Sir Reginald, die ihm überallhin folgten. Es bekümmerte sie, daß er immer unfroh war und nichts ihm Glück bringen konnte.

»Was fehlt dir?« pflegten sie zu sagen. »Warum sind deine Augen so brennend, und warum sind deine Wangen so bleich?«

Sir Archie wollte ihnen nicht sagen, was ihn quälte. Er dachte: was würden meine Genossen von mir denken, wenn sie erführen, daß ich mich von etwas so Unmännlichem gefangennehmen lasse? Sie würden mir nicht mehr gehorchen, wenn sie wüßten, daß ich von Reue über eine Tat gemartert werde, die notwendig war.

Doch als sie immer mehr in ihn drangen, sagte er zu ihnen, um sie auf falsche Fährte zu leiten:

»Es geht mir in diesen Tagen so wunderlich. Da ist ein Mädchen, das ich erobern will, aber ich kann es nicht erringen. Immer stellt sich mir etwas in den Weg.«

»Vielleicht liebt dich das Mädchen nicht?« fragte Sir Reginald.

»Ich glaube sicher, daß sie mich gern hat«, sagte Sir Archie, »aber es gibt etwas, was über ihr wacht, so daß ich sie nicht gewinnen kann.«

Da fingen Sir Reginald und Sir Philip zu lachen an, und sie sagten: »Das Mädchen wollen wir dir schon verschaffen.« –

Am Abend kam Elsalill einsam durch das Gäßchen gegangen. Sie kam müde von der Arbeit, und sie dachte bei sich selbst: »Dies Leben ist hart, und es macht mir keine Freude. Es graut mir davor, den ganzen Tag dazustehen und den Fischgeruch um mich zu haben. Es graut mir, wenn ich die anderen Frauen mit so harten Stimmen lachen und scherzen höre. Es graut mir vor den hungrigen Möwen, die über die Tische fliegen und mir die Fischstücke aus den Händen reißen wollen. Wenn doch jemand kommen und mich von hier fortnehmen wollte! Ich würde ihm bis ans Ende der Welt folgen.«

Als Elsalill an der Stelle ging, wo das Gäßchen am finstersten war, traten Sir Reginald und Sir Philip aus dem Schatten und grüßten sie.

»Jungfrau Elsalill!« sagten sie. »Wir bringen dir Kunde von Sir Archie. Er liegt krank daheim in der Herberge. Er sehnt sich danach, mit dir zu sprechen, und bittet dich, uns zu ihm nach Hause zu folgen.«

Elsalill begann sich zu ängstigen, daß Sir Archie sehr krank sein könnte, und sie kehrte sogleich mit den beiden schottischen Herren um, die sie zu ihm führen wollten.

Sir Philip und Sir Reginald nahmen sie in die Mitte. Sie lächelten einander zu und dachten, daß nichts leichter sein könnte, als Elsalill zu betören.

Elsalill war in großer Hast und Eile. Sie lief beinahe das Gäßchen hinab. Sir Philip und Sir Reginald mußten gewaltig ausschreiten, um ihr folgen zu können. Aber als Elsalill so rasch vorwärtseilte, begann vor ihrem Fuße etwas zu rollen. Sie wäre fast darüber gestolpert.

Was ist das, was vor meinen Füßen rollt? dachte Elsalill. Es muß ein Stein sein, den ich aus der Erde gelöst habe und der nun den Abhang hinunterrollt. Sie hatte es so eilig, zu Sir Archie zu kommen, daß sie sich nicht von dem, was dicht vor ihren Füßen rollte, hindern lassen wollte. Sie stieß es beiseite, aber es kam sofort zurück und rollte vor ihr das Gäßchen hinunter.

Elsalill hörte, daß es wie Silber klang, als sie es fortstieß, und sie sah, daß es blinkte und schimmerte.

Das ist kein gewöhnlicher Stein, dachte Elsalill. Mir scheint, es ist eine Silbermünze. Aber sie hatte es so eilig, zu Sir Archie zu kommen, daß sie sich nicht die Zeit nahm, sie von der Straße aufzulesen.

Aber wieder und wieder rollte das Ding vor ihre Füße, und sie dachte: Du kommst rascher vorwärts, wenn du dich bückst und es aufhebst. Du kannst es weit weg werfen, wenn es etwas Wertloses ist.

Sie beugte sich hinunter und hob es auf. Es war eine große Silbermünze, die weiß in ihrer Hand leuchtete. »Was hast du da auf der Straße gefunden?« sagte Sir Reginald. »Es leuchtet so weiß im Mondenschein.« Sie gingen da gerade an einem der großen Seeschuppen vorbei, wo fremde Fischer wohnten, solange sie in Marstrand arbeiteten. Vor dem Eingang hing eine Hornlaterne, die einen schwachen Schein auf die Straße warf.

»Laß uns sehen, was du gefunden hast«, sagte Sir Philip und blieb unter der Laterne stehen.

Elsalill hielt die Münze in den Schein der Laterne, und kaum hatte sie einen Blick darauf geworfen, als sie ausrief: »Dies ist eines von Herrn Arnes Geldstücken! Ich kenne es wieder!«

»Was sagst du da?« fragte Sir Reginald. »Warum sagst du, daß dies eines von Herrn Arnes Geldstücken sei?«

»Ich kenne es«, sagte Elsalill. »Ich habe oft gesehen, wie Herr Arne es in der Hand hielt. Ja, sicherlich ist dies eines von Herrn Arnes Geldstücken.«

»Rufe nicht so laut!« sagte Sir Philip. »Hier kommen schon Leute, die herbeieilen, um zu hören, warum du so schreist.«

Aber Elsalill achtete nicht auf Sir Philip. Sie sah, daß die Türe zu dem Seeschuppen offen stand. Mitten im Raume brannte ein Feuer, und rings um die Flamme saßen eine Menge Männer in ruhigem, bedächtigem Gespräche.

Elsalill eilte zu ihnen hinein. Sie hielt die Münze hoch erhoben.

»Ihr Männer, hört alle her«, rief sie. »Jetzt weiß ich, daß Herrn Arnes Mörder am Leben sind. Seht her, ich habe eines von Herrn Arnes Geldstücken gefunden!«

Alle Männer wandten sich ihr zu. Da sah sie, daß Torarin, der Fischmakler, auch im Kreise saß.

»Womit kommst du da, Mädchen, und was rufst du?« fragte nun Torarin. »Wie kannst du Herrn Arnes Geldstükke von anderen Münzen unterscheiden?«

»Ich muß wohl diese Münze von allen anderen unterscheiden können«, sagte Elsalill. »Sie ist alt und groß, und sie hat einen Ausschnitt am Rande. Herr Arne sagte, sie sei aus der Zeit der alten norwegischen Könige, und niemals trennte er sich von ihr, um einen Einkauf zu bezahlen.«

»Nun erzähle, wo du sie gefunden hast, Mädchen«, sagte ein anderer Fischer.

»Ich habe sie auf der Straße gefunden, wo sie vor meinen Füßen rollte«, sagte Elsalill. »Da hat sie wohl einer der Mörder fallen lassen.«

»Es mag wahr oder unwahr sein, was du sagst«, versetzte Torarin. »Aber was können wir dabei tun? Wir können die Mörder doch nicht finden, nur weil du weißt, daß sie durch eine unserer Gassen gegangen sind.«

Die Fischer fanden, daß Torarin klug gesprochen hatte. Und sie setzten sich wieder um das Feuer.

»Komm du mit mir heim, Elsalill«, sagte Torarin. »Dies ist keine Stunde, in der ein Mädchen auf Gassen und Märkten herumlaufen soll.«

Als Torarin dies sagte, sah Elsalill sich nach ihren Begleitern um. Aber Sir Reginald und Sir Philip hatten sich fortgeschlichen, ohne daß sie es gemerkt hatte.

Im Rathauskeller

I

Die Wirtin des Rathauskellers zu Marstrand machte eines Morgens die Türen auf, um Treppe und Flur zu kehren. Da sah sie ein junges Mädchen auf einer Treppenstufe sitzen und warten. Sie war in ein langes, graues Gewand gekleidet, das mit einem Gürtel um den Leib zusammengenommen war. Das Haar war licht, und es war weder aufgesteckt noch geflochten, sondern hing an beiden Seiten des Gesichtes glatt hinunter.

Als die Tür geöffnet wurde, stand sie auf und ging die Treppe in den Flur hinunter, aber der Wirtin war es, als ginge sie wie eine, die im Schlafe wandelt. Die ganze Zeit hielt sie die Augenlider gesenkt und die Arme hart an den Körper gepreßt. Je näher sie kam, desto mehr verwunderte sich die Wirtin darüber, wie zart und feingliedrig sie war. Auch ihr Gesicht war lieblich, aber es war dünn und durchsichtig, als wäre es aus sprödem Glas geformt.

Als sie zur Wirtin herankam, fragte sie, ob es hier einen Platz versehen könnte, und bat, sie in Dienst zu nehmen.

Da dachte die Wirtin an alle die wilden Gesellen, die des Abends im Gastzimmer sitzen und Bier und Wein zu trinken pflegten, und konnte sich ein Lächeln nicht verbeißen. »Nein, hier bei uns gibt es keinen Platz für solch ein kleines Jungfräulein wie dich«, sagte sie.

Das Mädchen schlug weder die Augen auf, noch machte sie sonst die geringste Bewegung, aber sie bat abermals, sie in Dienst zu nehmen. Sie verlange weder Kost noch Lohn, sagte sie, nur eine Arbeit.

»Nein«, sagte die Wirtin, »wenn meine eigene Tochter wäre wie du, ich würde es ihr abschlagen. Ich gönne dir etwas Besseres, als bei mir zu dienen.«

Das Mädchen ging sachte die Treppe hinauf, und die Wirtin blieb stehen und blickte ihr nach. Da sah sie so klein und hilflos aus, daß die Wirtin sich ihrer erbarmte.

Sie rief sie zurück und sagte ihr: »Vielleicht läufst du größere Gefahr, wenn du allein in Straßen und Gäßchen umhergehst, als wenn du zu mir kommst. Du darfst einen Tag bei mir bleiben und Tassen und Teller waschen, dann kann ich sehen, wozu du taugst.«

Die Wirtin führte sie in ein kleines Kämmerchen, das sie hinter dem Kellersaal eingerichtet hatte. Es war nicht größer als ein Schrank, und da war weder ein Fenster noch ein Guckloch, sondern es bekam nur Licht durch eine Luke in der Wand zum Schankzimmer.

»Steh heute hier«, sagte die Wirtin zu ihr, »und spüle alle die Tassen und Teller, die ich dir durch diese Luke reiche, dann will ich sehen, ob ich dich behalten kann.«

Das Mädchen ging in das Kämmerchen und bewegte sich so leise, daß es der Wirtin schien, als wäre eine Tote in ihr Grab geglitten.

Sie stand den ganzen Tag dort drinnen, mit niemandem sprach sie, und niemals steckte sie den Kopf durch die Luke, um die Leute anzusehen, die in dem Kellersaal aus und ein gingen. Das Essen, das man ihr gab, berührte sie nicht.

Niemand hörte sie beim Tellerwaschen klappern, aber wann immer die Wirtin die Hand durch die Luke streckte, reichte sie ihr die frischgewaschenen Tassen und Teller, auf denen kein Fleckchen war.

Aber wenn die Wirtin sie nahm, um sie auf die Tische zu stellen, da waren sie so kalt, daß sie glaubte, sie würden ihr die Haut von den Fingern brennen. Und ihr schauderte, und sie sagte: »Es ist, als nähme ich sie dem kalten Tode aus den Händen.«

2

Eines Tages hatte es auf den Brücken keine Fische zu reinigen gegeben, so daß Elsalill daheim bleiben durfte. Sie saß allein in der Hütte und spann. Es war ein tüchtiges Feuer im Herde und ziemlich hell in der Hütte.

Mitten in der Arbeit fühlte sie einen leichten Hauch, als striche ein kalter Wind über ihre Stirn. Sie blickte auf, und da sah sie, daß ihre tote Pflegeschwester vor ihr stand.

Elsalill legte die Hand auf das Spinnrad, so daß es stehen blieb, und saß still da und betrachtete ihre Pflegeschwester. Zuerst erschrak sie, aber sie dachte bei sich: Warum sollte ich mich vor meiner Pflegeschwester fürchten. Ob sie nun tot oder lebendig ist, bin ich doch froh, sie zu sehen.

»Mein Liebchen«, sagte sie zu der Toten, »wünschst du etwas von mir?«

Da sprach die andre mit einer Stimme, die ohne Stärke und Ton war: »Schwesterchen Elsalill, ich habe mich im Gasthause verdingt, und die Wirtin hat mich den ganzen Tag stehen und Tassen und Teller waschen lassen. Nun, am Abend, bin ich so müde, daß ich es nicht mehr ertrage. Ich bin nun hergekommen, um zu fragen, ob du nicht kommen und mir helfen willst?«

Als Elsalill dies vernahm, war es ihr, als legte sich ein Schleier über ihren Verstand. Sie konnte nicht mehr denken oder wollen oder Furcht empfinden. Sie konnte nur Freude darüber fühlen, daß sie ihre Pflegeschwester wiedersah, und sie antwortete: »Ja, mein Liebchen, ich will sogleich kommen und dir helfen.«

Da schritt die Tote auf die Tür zu, und Elsalill folgte ihr. Aber als sie auf der Schwelle standen, blieb ihre Pflegeschwester stehen und sagte zu Elsalill: »Du mußt deinen Mantel umnehmen. Draußen weht ein heftiger Sturm.« Und als sie dies sagte, klang ihre Stimme ein bißchen deutlicher als früher und weniger tonlos.

Da nahm Elsalill ihren Mantel von der Wand und hüllte sich hinein. Sie dachte bei sich: Meine Pflegeschwester liebt mich noch. Sie will mir nichts zuleide tun. Ich bin glücklich, ihr zu folgen, wohin sie mich auch führen mag.

Und sie folgte der Toten durch viele Gassen, von Torarins Hütte, die auf einer steinigen Anhöhe lag, bis zu den ebeneren Straßen am Platze und am Hafen.

Die Tote ging die ganze Zeit zwei Schritte vor Elsalill. Es war ein starker Sturm, der an diesem Abend durch die Gassen heulte, und Elsalill merkte, wenn der Wind sehr heftig kam und sie an die Wand pressen wollte, daß die Tote sich zwischen sie und den Wind stellte und sie, so gut sie konnte, mit ihrem zarten Leibe schützte.

Als sie endlich zum Rathause kamen, ging die Tote die Kellertreppe hinunter und winkte Elsalill, ihr zu folgen. Aber als sie die Treppe hinuntergingen, blies der Wind das Licht der Laterne aus, die im Flure hing, und sie standen im Dunkeln. Da wußte Elsalill nicht, wohin sie ihre Schritte wenden sollte, und die Tote mußte ihre Hand auf die Elsalills legen, um sie zu führen. Aber die Hand der Toten war so kalt, daß Elsalill zusammenzuckte und vor Schrekken zu zittern begann. Da entfernte die Tote ihre Hand und wickelte sie in einen Zipfel von Elsalills Mantel, bevor sie wieder versuchte, sie zu führen. Aber Elsalill fühlte die Eiseskälte durch Futter und Pelzwerk.

Nun führte die Tote Elsalill durch einen langen Gang und öffnete dann eine Tür. Sie kamen in ein kleines, dunkles Kämmerchen, in das durch eine Luke in der Wand ein schwacher Lichtschein fiel. Elsalill sah, daß sie sich in einem Raum befanden, wohin die Wirtin ihr Schankmädchen zu stellen pflegte, um die Tassen und Teller zu waschen, die sie für die Gäste brauchte. Elsalill konnte erkennen, daß ein Wasserschaff auf einem Schemel stand, und in der Luke standen Becher und Gefäße, die gespült werden sollten.

»Willst du mir heut abend bei dieser Arbeit helfen, Elsalill?« sagte die Tote.

»Ja, mein Liebchen«, sagte Elsalill, »du weißt, daß ich dir bei allem helfe, was du willst.«

Damit legte Elsalill den Mantel ab. Sie streifte ihre Ärmel auf und machte sich an die Arbeit.

»Willst du nun sehr ruhig und still hier sein, Elsalill, daß die Wirtin es nicht merkt, daß ich mir eine Hilfe angeschafft habe?«

»Ja, mein Liebchen«, sagte Elsalill.

»Ja, dann lebe wohl, Elsalill«, sagte die Tote. »Nun will ich dich nur um eines bitten. Und das ist, daß du mir hiernach nicht allzusehr zürnen mögest.«

»Soll dies bedeuten, daß du mir Lebewohl sagst?« sagte Elsalill. »Ich will gerne abends kommen und dir helfen.«

»Nein, öfter als heute abend brauchst du wohl nicht zu kommen«, sagte die Tote. »Ich denke, du wirst mir heute nacht so helfen, daß dieses Werk vollbracht ist.«

Während sie so sprachen, hatte Elsalill sich schon über

die Arbeit gebeugt. Ein Weilchen war alles still, aber dann spürte sie einen leisen Hauch auf der Stirne, gerade wie damals, als die Tote in Torarins Hütte zu ihr gekommen war. Da sah sie auf und merkte, daß sie allein war. Sie begriff, was es war, das sie wie einen leichten Hauch auf der Stirne gespürt hatte, und sagte zu sich selbst: »Meine tote Pflegeschwester hat mich auf die Stirne geküßt, ehe sie von mir schied.«

Elsalill machte nun zuerst ihre Arbeit fertig. Sie spülte alle Schalen und Kannen ab und trocknete sie. Dann ging sie zur Luke, um zu sehen, ob neue hingestellt worden waren. Sie fand keine dort, und so blieb sie vor der Luke stehen und sah hinaus in den Kellersaal.

Es war zu einer Stunde des Tages, wo keine Gäste in den Keller zu kommen pflegten. Die Wirtin saß nicht hinter ihrem Schanktisch, und keiner ihrer Dienstleute befand sich in der Stube. Die einzigen, die man sah, waren drei Männer, die am Ende eines großen Tisches saßen. Sie waren Gäste, schienen aber hier ganz heimisch zu sein, denn einer von ihnen, der seinen Becher geleert hatte, ging zum Schanktisch, füllte ihn aus einem der großen Fässer, die dort aufgestapelt lagen, und setzte sich wieder hin, um weiterzutrinken.

Elsalill stand da, als wäre sie aus einer fremden Welt gekommen. Ihre Gedanken weilten bei der toten Pflegeschwester, und sie konnte nicht recht unterscheiden, was sie sah. Es dauerte lange, bis sie merkte, daß die drei Männer am Tische ihr wohlvertraut und lieb waren. Denn die dort saßen, waren keine anderen als Sir Archie und seine beiden Freunde, Sir Reginald und Sir Philip.

In den letzten Tagen war Sir Archie nicht zu Elsalill gekommen, und sie war froh, ihn zu sehen. Sie wollte ihm sogleich zurufen, daß sie da, ganz in der Nähe wäre, aber da dachte sie, wie wunderlich es war, daß er gar nicht mehr zu ihr kam, und sie verhielt sich still. Vielleicht hat er eine andere lieb gewonnen, dachte Elsalill. Vielleicht denkt er jetzt an sie.

Denn Sir Archie saß ein kleines Stück von den anderen entfernt. Er saß stumm und starrte gerade vor sich hin, ohne zu trinken. Er nahm am Gespräch nicht teil, und wenn seine Freunde etwas zu ihm sagten, fand er es meist nicht der Mühe wert, darauf zu antworten.

Elsalill hörte, daß die anderen versuchten, ihn aufzumuntern. Sie fragten ihn, warum er nicht trinke. Sie rieten ihm sogar, zu Elsalill zu gehen und mit ihr zu plaudern, um wieder froh zu werden.

»Ihr sollt euch nicht um mich kümmern«, sagte Sir Archie. »Eine andere liegt mir im Sinn. Stets sehe ich sie vor mir, und stets höre ich ihre Stimme mir im Ohr erklingen.«

Und Elsalill sah, daß Archie dasaß und auf eine der breiten Säulen starrte, die die Kellerdecke trugen. Nun sah sie auch, was sie früher nicht bemerkt hatte, daß ihre Pflegeschwester an dieser Säule stand und Sir Archie ansah. Sie stand ganz regungslos in ihrem grauen Gewande, und es war nicht leicht, sie zu unterscheiden, wie sie sich da eng an die Säule drückte. Elsalill stand mäuschenstill und blickte in das Gemach. Sie merkte, daß ihre Pflegeschwester die Augen aufgeschlagen hatte, als sie Sir Archie ansah. Die ganze Zeit, die sie mit Elsalill verbracht hatte, war sie mit gesenkten Augen einhergegangen.

Aber ihre Augen waren das einzige, was an ihr furchtbar war. Elsalill sah, daß sie gebrochen und trübe waren. Sie waren ohne Blick, und das Licht spiegelte sich nicht mehr in ihnen wider.

Nach einer Weile begann Sir Archie wieder zu wehklagen. »Ich sehe sie immer. Sie folgt mir auf Schritt und Tritt«, sagte er.

Er saß der Säule zugekehrt, wo die Tote stand, und starrte sie an. Aber Elsalill begriff, daß er die Tote nicht sah. Er sprach nicht von ihr, sondern von jemandem, der stets in seinen Gedanken war.

Elsalill blieb an der Luke stehen und verfolgte alles, was geschah. Sie hätte gar zu gern gewußt, an wen Sir Archie beständig dachte.

Plötzlich merkte sie, daß die Tote sich auf die Bank neben Sir Archie gesetzt hatte und ihm etwas ins Ohr flüsterte.

Aber Sir Archie wußte noch immer nichts davon, daß sie ihm so nahe war, und daß sie dasaß und ihm ins Ohr flüsterte. Er merkte ihre Gegenwart nur durch die furchtbare Angst, die über ihn kam.

Elsalill sah, daß Sir Archie, nachdem die Tote ein paar Augenblicke neben ihm gesessen und ihm ins Ohr geflüstert hatte, seinen Kopf in die Hände sinken ließ und weinte: »Ach, hätt' ich doch niemals dieses junge Mädchen gefunden!« sagte er. »Ich bereue nichts anderes, als daß ich sie nicht verschonte, als sie mich anflehte.«

Die beiden anderen Schotten hörten zu trinken auf und sahen Sir Archie erschrocken an, der solchermaßen alle Männlichkeit ablegte und sich der Reue hingab. Ein Weilchen saßen sie ratlos da, aber dann ging einer von ihnen zum Schanktisch hin, nahm die größte Trinkkanne, die dort stand, und füllte sie mit rotem Wein. Dann ging er auf Sir Archie zu, schlug ihm auf die Schulter und sagte: »Trinke, Bruderherz: Noch währt Herrn Arnes Schatz! Solange wir die Mittel haben, uns solchen Wein zu schaffen wie diesen, braucht der Kummer nicht Macht über uns zu gewinnen.«

Aber in demselben Augenblick, in dem dies gesprochen war: »Trinke Bruderherz! Noch währt Herrn Arnes Schatz«, sah Elsalill, wie die Tote sich von der Bank erhob und verschwand.

Und zugleich sah Elsalill drei Männer vor sich, die große Bärte und zottige Fellgewänder hatten und mit Herrn Arnes Leuten kämpften. Und nun erkannte sie, daß dies die drei Männer waren, die im Keller saßen: Sir Archie, Sir Philip und Sir Reginald.

3

Elsalill verließ das Kämmerlein, wo sie gestanden und die Becher der Wirtin gespült hatte, und schloß sacht die Türe hinter sich zu. In dem schmalen Gange davor blieb sie stehen. Sie lehnte sich an die Wand und stand da wohl eine Stunde regungslos.

Während sie so stand, dachte sie bei sich selbst: Ich kann ihn nicht verraten. Was er auch Böses getan haben mag, ich bin ihm doch von ganzem Herzen gut. Ich kann ihn nicht auf das Rad und an den Galgen bringen. Ich kann nicht sehen, wie sie ihm Hand und Fuß abbrennen.

Der Sturm, der den ganzen Tag gerast hatte, nahm zu und wurde immer gewaltiger, je mehr der Abend vorschritt, und Elsalill hörte sein starkes Brausen, wie sie da in der Dunkelheit stand.

Nun ist der erste Frühlingssturm gekommen, dachte sie. Nun ist er gekommen in aller seiner Gewalt, um das Meer frei zu machen und das Eis zu brechen. In ein paar Tagen werden wir offenes Wasser haben, und dann wird Sir Archie von dannen ziehen, und niemals kehrt er wieder. Er wird keine ferneren Missetaten in diesem Lande begehen. Wozu soll es dann nützen, daß er gefangen und bestraft wird? Weder die Toten noch die Lebenden haben Freude daran.

Elsalill zog den Mantel um sich. Sie dachte, daß sie heimgehen und sich still an ihre Arbeit setzen wolle, ohne irgendeinem das Geheimnis zu verraten.

Aber bevor sie noch den Fuß erhoben hatte, um zu gehen, hatte sie ihr Vorhaben aufgegeben und blieb stehen.

Sie stand still und hörte den Sturm brausen. Sie dachte wieder daran, daß es nun bald Frühling werden würde. Der Schnee würde schmelzen und die Erde sich in Grün kleiden.

Daß Gott sich erbarme, was wird das für ein Frühling für mich, dachte Elsalill. Nicht Freude noch Glück kann mir nach der Kälte dieses Winters mehr grünen.

Es ist nur ein Jahr her, dachte sie, da war ich so glücklich, daß der Winter zu Ende war und der Frühling kam.

Ich erinnere mich an einen Abend, der war so schön, daß es mich nicht daheim auf dem Hofe litt. Da nahm ich mein Schwesterlein an der Hand, und wir gingen hinaus auf die Flur, grünes Laub zu holen, um die Ofenmauer zu schmücken.

Sie stand da und rief sich ins Gedächtnis, wie sie und ihre Pflegeschwester über einen grünen Pfad gewandert waren. Und da, neben dem Wege, hatten sie eine kleine junge Birke gesehen, die abgehauen worden war. Man sah es am Holze, daß sie vor einigen Tagen gefällt war. Aber nun merkten sie, daß der arme abgehauene Baum zu grünen begonnen hatte und daß sich seine Blätter entfalteten.

Da war ihre Pflegeschwester stehen geblieben und hatte sich über den Baum gebeugt. »Ach, du armes Bäumchen«, sagte sie, »was hast du wohl Böses begangen, daß du nicht sterben kannst, wenn du gleich abgehauen bist? Warum mußt du deine Blätter entfalten, als lebtest du noch?«

Da hatte Elsalill gelacht und ihr geantwortet: »Er grünt wohl so lieblich, damit der, der ihn abgehauen hat, sieht, welchen Schaden er getan hat, und Reue darüber fühlt.«

Aber ihre Pflegeschwester hatte nicht gelacht. Ihr waren Tränen in die Augen gekommen.

»Dies ist eine große Sünde, einen Baum in der Zeit des Knospenspringens zu fällen, wo er so voll Kraft ist, daß er nicht sterben kann. Es ist furchtbar für einen Toten, wenn er nicht Ruhe findet in seinem Grabe. Die tot sind, haben nicht mehr viel Gutes zu erwarten, nicht Liebe noch Glück kann sie erreichen. Das einzige Gute, was sie noch begehren, ist in stiller Ruhe zu schlummern. Wohl muß ich weinen, wenn du sagst, daß die Birke nicht sterben kann, weil sie an ihren Mörder denkt. Es ist wohl das härteste Schicksal für einen, dem das Leben genommen wurde, nicht in Ruhe schlummern zu können, weil er seinen Mörder verfolgen muß. Die Toten haben nichts anderes zu wollen als einen ruhigen Schlaf.«

Als Elsalill sich daran erinnerte, begann sie zu weinen und die Hände zu ringen.

»Meine Pflegeschwester findet keine Ruhe in ihrem Grabe«, sagte sie, »wenn ich nicht meinen Geliebten verrate. Wenn ich ihr hierin nicht beistehe, muß sie über die Erde irren, ohne Ruhe und Rast. Meine arme Pflegeschwester, sie hat keinen anderen Wunsch mehr, als Ruhe in ihrem Grabe zu finden, und die kann ich ihr nicht geben, ohne daß ich den, den ich lieb habe, auf das Rad und an den Galgen bringe.«

4

Sir Archie trat aus dem Kellersaal und ging durch den schmalen Gang. Jetzt war die Laterne, die an der Decke hing, wieder angezündet, und bei ihrem Scheine sah er, daß ein junges Mädchen an der Wand lehnte.

Sie war bleich, und sie stand so still, daß Sir Archie erschrak und dachte: Jetzt endlich steht die Tote, die mich alle Tage verfolgt, vor meinen Augen.

Als Sir Archie an Elsalill vorbeikam, legte er seine Hand auf ihre, um zu erfahren, ob es wirklich eine Tote wäre, die dastand. Und die Hand war so kalt, daß er nicht sagen konnte, ob sie einer Toten oder einer Lebenden angehörte.

Aber als Sir Archie Elsalills Hand berührte, zog sie sie zurück, und da erkannte Sir Archie Elsalill.

Er glaubte, daß sie um seinetwillen hergekommen wäre, und er wurde sehr froh, als er sie sah. In demselben Augenblick durchfuhr ihn ein Gedanke. Jetzt weiß ich, was ich tun will, damit ich die Tote versöhne, und damit sie davon ablasse, mich zu verfolgen.

Er nahm Elsalills Hände zwischen seine und führte sie an seine Lippen. »Gott segne dich dafür, daß du heute abend zu mir gekommen bist, Elsalill«, sagte er. Aber Elsalills Herz war zu Tode betrübt. Sie konnte vor Tränen Herrn Archie nicht einmal sagen, daß sie nicht hergekommen war, um ihn zu treffen.

Sir Archie stand lange schweigend da, aber die ganze Zeit über hielt er Elsalills Hände in seinen beiden. Und je länger er so stand, desto klarer und schöner wurde sein Gesicht.

»Elsalill«, sagte Sir Archie, und er sprach mit großer Feierlichkeit. »Seit mehreren Tagen bin ich nicht zu dir gekommen, weil ich von schweren Gedanken gequält war. Sie haben mir niemals Ruhe gelassen, und ich glaubte, daß ich auf dem Wege sei, den Verstand zu verlieren. Aber heute abend steht es besser mit mir, und ich sehe vor meinen Augen das Bild nicht mehr, das mich quälte. Und als ich dich hier draußen fand, da sagte mir mein Herz, was ich tun sollte, um meiner Qual für alle Zeit los und ledig zu werden.«

Er beugte sich hinunter, um Elsalill in die Augen sehen zu können, aber als sie mit gesenkten Lidern dastand, fuhr er fort:

»Du zürnst mir, Elsalill, weil ich mehrere Tage nicht zu dir gekommen bin. Aber ich konnte nicht kommen, denn wenn ich dich sah, wurde ich noch mehr an das erinnert, was mich quälte. Wenn ich dich sah, mußte ich noch mehr an ein Mädchen denken, gegen das ich übel gehandelt habe. Ich habe auch sonst gegen viele Menschen übel gehandelt, Elsalill, aber mein Gewissen verfolgt mich einzig und allein um dessentwillen, was ich an diesem jungen Mädchen begangen habe.«

Als Elsalill noch immer schwieg, ergriff er wieder ihre Hände und führte sie an seine Lippen und küßte sie. »Höre nun, Elsalill, was mein Herz mir sagte, als ich sah, daß du dort draußen standst und auf mich wartetest: Du hast an einer Jungfrau unrecht gehandelt, darum sollst du an einer anderen sühnen, was du ihr zuleide getan hast. Du sollst sie zu deinem Weibe nehmen, und du sollst so gut gegen sie sein, daß sie niemals Kummer fühlt. Du sollst ihr solche Treue bewahren, daß du sie an deinem letzten Lebenstage mehr liebst als an deinem Hochzeitstage.«

Elsalill stand noch immer unbeweglich mit niedergeschlagenen Augen da. Da legte Sir Archie die Hand auf ihren Kopf und richtete ihn empor. »Ich muß wissen, Elsalill, ob du hörst, was ich sage«, sagte er. Da sah er, daß Elsalill so heftig weinte, daß große Tränen über ihre Wangen rollten.

»Warum weinst du, Elsalill?« fragte Sir Archie.

»Ich weine, Sir Archie«, sagte Elsalill, »weil ich eine allzu große Liebe zu Euch in meinem Herzen trage.«

Da trat Sir Archie noch näher an Elsalill heran und legte seinen Arm um sie. »Hörst du, wie der Sturm draußen heult?« sagte er. »Das bedeutet, daß das Meer bald frei ist, und daß Schiffe und Fahrzeuge wieder in mein Heimatland ziehen können. Sage mir nun, Elsalill, ob du mir dort hinüber folgen willst, so daß ich an dir gut machen kann, was ich an einer anderen verbrochen habe?«

Sir Archie begann Elsalill flüsternd von dem herrlichen Leben zu erzählen, das ihrer harrte, und Elsalill fing an, bei sich selbst zu denken: Ach, daß ich doch nicht wüßte, was er Böses getan hat. Dann würde ich ihm folgen und glücklich mit ihm leben. Sir Archie kam ihr immer näher, und als Elsalill aufblickte, sah sie, daß sein Gesicht über sie gebeugt war, und daß er sie eben auf die Stirne küssen wollte. Da erinnert sie sich an die Tote, die jüngst bei ihr gewesen war und sie geküßt hatte. Sie riß sich von Sir Archie los und sagte: »Nein, Sir Archie, ich werde Euch niemals folgen.«

»Doch«, sagte Sir Archie, »du mußt mir folgen, Elsalill, sonst stürze ich ins Verderben.«

Er begann der Jungfrau immer zärtlichere Worte zuzuflüstern, und wieder dachte sie bei sich selbst: Wäre es nicht Gott und den Menschen wohlgefälliger, wenn er sein böses Leben sühnen und ein rechtschaffener Mann werden könnte? Wem nützt es wohl, wenn er gestraft und getötet wird?

Als Elsalill so zu denken begann, kamen ein paar Männer vorbei, die in den Kellersaal gingen. Wie Sir Archie merkte, daß sie auf ihn und das Mädchen neugierige Blicke warfen, sagte er zu ihr: »Komm, Elsalill, ich will dich heimgeleiten. Ich will nicht, daß jemand sieht, daß du zu mir in den Kellersaal gekommen bist.«

Da blickte Elsalill auf, als käme es ihr plötzlich in den Sinn, daß sie einen anderen Auftrag zu erfüllen hatte, als Sir Archie zu lauschen. Aber ihr Herz tat ihr so weh, als sie daran dachte, sein Verbrechen zu verraten. Wenn du ihn dem Büttel auslieferst, dann muß ich brechen, sagte ihr Herz zu ihr. Aber Sir Archie hüllte die Jungfrau enger in ihren Mantel und führte sie hinaus auf die Straße. Dann ging er mit ihr bis zu Torarins Hütte. Und sie merkte, wie er sich jedesmal, wenn der Sturm sehr ungestüm an sie heranbrauste, vor sie stellte und sie schützte.

Elsalill dachte die ganze Zeit, während sie so gingen: Meine tote Pflegeschwester wußte nichts davon, daß er sein Vergehen sühnen und ein guter Mensch werden will.

Sir Archie flüsterte noch immer Elsalill die zärtlichsten Worte ins Ohr. Und je länger Elsalill ihm lauschte, desto größer wurde ihre Zuversicht.

Nur damit ich Sir Archie solche Worte in mein Ohr flüstern höre, hat mich meine Pflegeschwester herbeschieden, dachte sie. Sie liebt mich so innig. Sie will nicht mein Unglück, sondern mein Glück.

Und als sie vor der Hütte stehen blieben, fragte Sir Archie Elsalill noch einmal, ob sie ihm übers Meer folgen wolle? Und Elsalill antwortete, mit Gottes Hilfe wolle sie ihn geleiten.

Die Friedlose

Am nächsten Tage hatte der Sturm aufgehört. Es war nun mildes Wetter, aber das konnte dem Schnee nicht viel anhaben, das Meer war ebenso verschlossen wie zuvor.

Als Elsalill am Morgen erwachte, dachte sie: Sicherlich ist es besser, wenn ein Missetäter sich bekehrt und nach Gottes Geboten lebt, als wenn er gestraft und getötet wird.

Im Laufe des Tages sandte Sir Archie einen Boten zu Elsalill, der ihr einen breiten Armreif aus Gold brachte.

Und es beglückte Elsalill, daß Sir Archie dran gedacht hatte, ihr eine Freude zu bereiten, und sie dankte dem Boten und empfing die Gabe.

Aber als er gegangen war, mußte sie daran denken, daß Sir Archie diesen Reif mit Münzen aus Herrn Arnes Schatz gekauft hatte. Sie konnte es nicht ertragen, ihn vor Augen zu sehen, als sie daran dachte. Sie riß ihn vom Arm und warf ihn weit von sich.

Was für ein Leben wird das für mich werden, wenn ich stets denken muß, daß ich von Herrn Arnes Schatz lebe, dachte sie.

Wenn ich einen Bissen zu den Lippen führe, muß ich da nicht an die geraubten Goldstücke denken? Und wenn ich ein neues Kleid bekomme, dann muß es mir in den Ohren klingen, daß dies von unrechtmäßigem Gut gekauft ist. Jetzt sehe ich doch, daß es mir nicht möglich ist, Sir Archie zu folgen und mit ihm zu leben. Ich werde es ihm sagen, wenn er zu mir kommt.

Als der Abend anbrach, kam Sir Archie zu ihr. Er war voll Freude, denn keinerlei böse Gedanken hatten ihn gequält, und er glaubte, dies komme daher, weil er versprochen hatte, an einem jungen Mädchen gutzumachen, was er an dem anderen verbrochen hatte.

Als Elsalill ihn sah und ihn reden hörte, brachte sie es nicht über sich, ihm zu sagen, daß sie betrübt war und sich von ihm trennen wollte.

Alle die Sorgen, die an ihr nagten, vergaß sie, wenn sie so saß und Sir Archie zuhörte.

Der nächste Tag war ein Sonntag, und da ging Elsalill zur Kirche. Sie ging zur hohen Messe und zum Abendgesang.

Als sie bei der hohen Messe saß und dem Geistlichen lauschte, hörte sie ganz in der Nähe jemanden schluchzen und weinen.

Sie glaubte, es sei einer von jenen, die neben ihr in der

Bank saßen, aber sie konnte nach rechts und nach links blicken, sie sah doch nichts anderes als ruhige und feierliche Menschen.

Gleichwohl hörte sie deutlich, daß jemand weinte, und der Weinende schien ihr so nahe, daß sie ihn erreichen mußte, wenn sie nur die Hand ausstreckte.

Elsalill saß da und hörte, wie es seufzte und schluchzte, und sie dachte bei sich selbst, daß sie nie etwas gehört hatte, was so todtraurig geklungen hätte.

Wer ist es, der so tief bekümmert ist, daß er so bittere Tränen vergießen muß? dachte Elsalill.

Sie schaute sich um, und sie beugte sich über die nächste Bank vor, um es zu sehen. Aber alle saßen stumm da, und kein Gesicht war von Tränen überströmt.

Da dachte Elsalill, daß sie wohl nicht zu fragen und zu grübeln brauchte. Hatte sie doch vom ersten Augenblick an gewußt, wer es war, der neben ihr weinte.

»Mein Liebchen«, flüsterte sie, »warum zeigst du dich mir nicht, wie du es gestern tatest. Du weißt ja doch, daß ich gerne alles tun will, was in meinen Kräften steht, um deine Tränen zu trocknen.«

Sie horchte nach einer Antwort, aber sie erhielt keine. Sie hörte nur, wie die Tote neben ihr schluchzte.

Elsalill versuchte, darauf zu hören, was der Priester auf seiner Kanzel sagte, aber sie konnte dem nicht recht folgen, was er sprach. Und sie ward ungeduldig und flüsterte: »Ich weiß eine, die mehr Grund hat zu weinen als sonst irgend jemand, und das bin ich selbst. Hätte meine Pflegeschwester mich nicht wissen lassen, wer ihre Mörder sind, so könnte ich hier jetzt in Lust und Freude sitzen.«

Während sie dem Weinen lauschte, wurde sie immer erzürnter, so daß sie dachte: Wie kann meine tote Pflegeschwester von mir verlangen, daß ich den verrate, den ich lieb habe? Niemals hätte sie selbst so etwas begehen wollen, wenn sie noch am Leben gewesen wäre.

Sie saß in die Kirchenbank eingeschlossen, aber sie konnte sich kaum still halten. Sie wiegte den Körper hin und her, und sie rang die Hände. Nun wird mich dies wohl den ganzen Tag verfolgen, dachte sie. Wer weiß, fuhr sie fort und wurde immer ängstlicher, wer weiß, ob es mich nicht immer verfolgen wird?

Aber immer tiefer und schwerer wurde das Schluchzen, das sie neben sich hörte, und schließlich rührte es doch ihr Herz, so daß sie selber zu weinen anfing.

Wer so weint, muß wohl einen furchtbar schweren Kummer tragen, dachte sie. Dem muß wohl ein Leid auferlegt sein, das schwerer ist, als ein Lebender fassen könnte.

Als der Gottesdienst zu Ende war und Elsalill die Kirche verlassen hatte, hörte sie das Schluchzen nicht mehr. Aber auf dem ganzen Heimwege ging sie selbst daher und weinte, weil ihre Pflegeschwester keine Ruhe finden konnte in ihrem Grabe.

Aber als abends wieder Gottesdienst gehalten wurde, ging Elsalill abermals zur Kirche, denn sie mußte wissen, ob ihre Pflegeschwester noch dort säße und weinte.

Elsalill hörte sie, sobald sie in die Kirche trat, und war im Innersten getroffen, als sie das Schluchzen vernahm. Sie fühlte, daß ihre Stärke verging, und sie hatte keinen anderen Willen mehr, als der Toten zu helfen, die friedlos unter den Menschen umherwanderte.

Als Elsalill aus der Kirche kam, war es noch so hell, daß sie sehen konnte, wie einer von denen, die vor ihr gingen, blutige Fußstapfen auf dem Schnee hinterließ.

Wer kann das sein, der so arm ist, daß er mit nackten Füßen geht und blutige Fußspuren im Schnee hinterläßt? dachte sie.

Alle, die vor ihr gingen, sahen aus wie wohlgestellte Leute. Sie waren alle fein säuberlich gekleidet und hatten Schuhe an den Füßen.

Aber die roten Fußstapfen waren nicht alt. Elsalill sah, wie sie sich in der Schneerinde abdrückten.

Das ist jemand, der sich auf weiten Wegen wundgegangen hat, dachte sie. Gott lasse ihn nicht mehr lange wandern, bis er ein schützendes Dach und Ruhe findet.

Sie wollte gerne wissen, wer es war, der eine so schwere Wanderung gemacht hatte, und sie folgte den Fußstapfen, obgleich sie so von ihrem eigenen Wege abweichen mußte.

Aber plötzlich merkte sie, daß alle Kirchenbesucher eine andre Richtung eingeschlagen hatten, und daß sie sich allein auf dem Wege befand. Aber dennoch zeichneten sich noch immer die blutroten Fußstapfen vor ihr ab.

Es ist meine arme Pflegeschwester, die da geht, dachte sie, und sie erkannte mit einem Male, daß sie die ganze Zeit geahnt hatte, daß es jene war.

»Ach, mein armes Schwesterlein, ich glaubte, du wandeltest so leicht über die Erde, daß du deinen Fuß nicht an dem Boden stießest. Aber keiner der Lebenden kann verstehen, wie qualvoll deine Wanderung sein mag.«

Die Tränen traten ihr in die Augen, und sie seufzte: »Daß sie doch keine Ruhe finden kann in ihrem Grabe. Weh mir, daß sie hier so lange umherirren mußte, bis ihre Füße blutig geworden sind.«

»Bleib stehen, mein liebes Schwesterlein«, rief sie, »bleib stehen, damit ich mit dir sprechen kann.«

Aber als sie so rief, sah sie, wie die Fußstapfen sich noch rascher vom Schnee abhoben, als beschleunigte die Tote ihre Schritte. »Jetzt flieht sie vor mir. Sie erwartet von mir keine Hilfe mehr«, sagte Elsalill.

Die blutigen Fußstapfen brachten sie ganz außer sich, und sie rief: »Mein herzallerliebstes Schwesterlein, ich will alles tun, was du willst, daß du Ruhe findest in deinem Grabe.«

Kurz nachdem Elsalill diese Worte gesprochen hatte, kam eine hochgewachsene Frau, die hinter ihr gegangen war, auf sie zu und legte die Hand auf ihren Arm.

»Wer bist du, die du hier über die Landstraße gehst und weinst und die Hände ringst?« sagte die Frau. »Du gleichest einem kleinen Jüngferchen, das am Freitag zu mir kam und in meine Dienste treten wollte und dann fortblieb. Oder bist du's vielleicht gar selber?«

»Nein, ich bin's nicht selber«, sagte Elsalill, »aber wenn

es so ist, wie ich meine, daß Ihr die Wirtin vom Ratskeller seid, so weiß ich, von welcher Jungfrau Ihr sprecht.«

»Dann mußt du mir sagen, warum sie von mir fortging und nicht wiederkam«, sagte die Wirtin.

»Sie ging von Euch fort«, sagte Elsalill, »weil sie die Reden der Missetäter nicht hören wollte, die in Eurem Saale saßen.«

»Wohl sitzen manche wilde Gesellen in meinem Saal, aber keine Missetäter«, sprach die Wirtin.

»Und doch hörte sie, wie drei Männer, die dort saßen, miteinander sprachen«, erwiderte Elsalill, »und einer von ihnen sagte: ›Trink, Bruderherz! Noch währt Herrn Arnes Schatz.‹«

Als Elsalill dies gesagt hatte, dachte sie: Nun habe ich meiner Pflegeschwester geholfen und erzählt, was ich gehört habe. Möge nun Gott mir helfen, daß die Wirtin es sich nicht einfallen läßt, meinen Worten Glauben zu schenken, dann trage ich keine Schuld.

Aber als sie an dem Gesicht der Wirtin sah, daß sie ihr glaubte, da erschrak sie sehr und wollte fliehen.

Doch bevor sie noch einen Schritt machen konnte, hatte die schwere Hand der Wirtin mit sicherem Griff die ihre gefaßt, so daß sie nicht entrinnen konnte.

»Hast du erzählen hören, daß solche Worte in meinem Kellersaal gefallen sind«, sagte die Wirtin, »dann geht es nicht an, daß du dich aus dem Staube machst. Du mußt mir zu jenen folgen, die den Willen und die Macht haben, die Mörder zu greifen und sie der Strafe zu überantworten.«

Sir Archies Flucht

Elsalill kam in den Kellersaal, in ihren langen Mantel gehüllt, und ging zu einem Tische, an dem Sir Archie saß und mit seinen Freunden zechte. Es waren eine Menge Gäste um die Tische geschart, aber Elsalill kümmerte sich nicht um alle die staunenden Blicke, die ihr folgten, als sie hinging und sich an die Seite dessen setzte, dem sie gut war. Sie dachte nur, daß sie die letzten Augenblicke, in denen Sir Archie noch seine Freiheit hatte, mit ihm beisammen sein wollte. Als Sir Archie Elsalill kommen und sich neben ihm niederlassen sah, da stand er auf und setzte sich mit ihr an einen Tisch, der weit unten im Saale hinter einer Säule verborgen stand. Sie konnte sehen, daß es ihm nicht gefiel, daß sie zu ihm in den Keller gekommen war, da es nicht Brauch war, daß junge Mädchen sich dort sehen ließen.

»Ich habe Euch keine lange Botschaft zu sagen, Sir Archie«, sagte Elsalill, »aber Ihr müßt doch wissen, daß es nicht bei mir steht, Euch in Euer Land zu folgen.«

Als Sir Archie Elsalill dies sagen hörte, da erschrak er sehr, denn er fürchtete, wenn er Elsalill verlöre, würden die bösen Gedanken wieder Gewalt über ihn gewinnen. »Warum willst du mir nicht folgen, Elsalill?« sagte Sir Archie.

Elsalill saß bleich wie der Tod, ihre Gedanken waren so verwirrt, daß sie kaum wußte, was sie ihm antwortete.

»Es tut nicht gut, einem Landsknecht zu folgen«, sagte sie. »Niemand weiß, ob so einer Treu und Gelöbnis hält.«

Bevor Sir Archie noch antworten konnte, trat ein Seemann in den Kellersaal.

Er ging auf Sir Archie zu und sagte ihm, daß er von dem Schiffer der Galeasse ausgesandt sei, die hinter der Kleeinsel eingefroren lag. Nun ließ der Schiffer sagen, daß Sir Archie und alle seine Mannen an diesem Abend ihre Habseligkeiten in Ordnung bringen und an Bord kommen sollten. Der Sturm hätte sich aufs neue erhoben. Das Meer war bis weit nach Westen frei geworden. Es könnte wohl sein, daß noch vor Tagesanbruch der Weg nach Schottland offen wäre. »Du hörst, was er sagt«, sagte Sir Archie zu Elsalill. »Willst du mich geleiten?«

»Nein«, sagte Elsalill, »ich will Euch nicht geleiten.« Aber im tiefsten Herzen war sie sehr froh, denn sie dachte: Nun kann es sich doch so fügen, daß er fortzieht, ehe noch die Wache kommt und ihn greift.

Sir Archie stand auf und ging zu Sir Philip und Sir Reginald und sprach von der Botschaft. »Geht ihr vor mir heim nach der Herberge«, sagte er, »und macht alles bereit! Ich muß noch ein paar Worte mit Elsalill sprechen.«

Als Elsalill sah, daß Sir Archie zu ihr zurückkam, streckte sie die Hände gegen ihn aus. »Warum kommt Ihr zurück, Sir Archie?« sagte sie. »Warum eilt Ihr nicht hinunter zum Meere, so rasch Eure Füße Euch tragen?«

Denn ihre Liebe zu Sir Archie war so groß. Sie hatte ihn wohl um ihrer lieben Pflegeschwester willen verraten, aber sie wünschte nichts sehnlicher, als daß er entrinnen möchte.

»Nein, ich will dich zuerst noch einmal bitten, daß du mit mir kommst«, sagte Sir Archie.

»Ihr wißt doch, Sir Archie, daß ich Euch nicht folgen kann«, sagte Elsalill.

»Warum kannst du nicht?« sagte Sir Archie.

»Du bist ein so einsames und armes Mädchen, daß keine Menschenseele danach fragt, was aus dir wird. Aber wenn du mit mir kommst, will ich dich zu einer mächtigen Frau machen. Ich bin ein vornehmer Mann in meinem Heimatlande. Du wirst in Seide und Gold gekleidet gehen, und du wirst an des Königs Hof den Reigen führen.«

Elsalill zitterte, daß er bei ihr blieb, während noch die Flucht möglich war. Sie hatte kaum die Ruhe, ihm zu antworten: »Zieht nun fort, Sir Archie! Ihr sollt nicht länger bleiben, um mich zu bitten.«

»Ich will dir etwas sagen, Elsalill!« sagte Sir Archie und sprach mit immer weicherer Stimme zu ihr. »Als ich dich zuerst sah, da dachte ich nur daran, dich zu locken und zu betören. Ich habe dir so manches Mal zuvor goldene Berge versprochen, aber seit gestern abend meine ich es ehrlich mit dir. Und nun ist es mein Wille und mein Wunsch, dich zu meinem Ehegemahl zu machen. Du kannst mir vertrauen, so wahr ich ein Edelmann und ein Krieger bin.«

Im selben Augenblick hörte Elsalill, daß bewaffnete Männer über den Marktplatz vor den Keller zogen. Wenn ich ihm nun folge, dachte sie, so kann er noch entrinnen. Ich ziehe ihn ins Verderben. Um meinetwillen bleibt er hier so lange, daß die Wache ihn ergreifen kann. Aber ich kann doch dem Manne nicht folgen, der alle die Meinen gemordet hat, dachte sie. »Sir Archie«, sagte Elsalill, und sie hoffte, daß sie ihm Furcht einjagen würde. »Hört Ihr nicht, daß bewaffnete Männer über den Markt gezogen kommen?«

»Freilich höre ich es«, sagte Sir Archie. »Es hat wohl irgendwo in einer Schenke eine Schlägerei gegeben. Sei unbesorgt, Elsalill, es sind nur ein paar Fischer, die über Wetter und Wind in Zank geraten sind.«

»Sir Archie«, sagte Elsalill, »hört Ihr nicht, daß sie vor dem Rathaus haltmachen?«

Elsalill zitterte vom Scheitel bis zur Sohle, aber Sir Archie merkte es nicht, sondern war ganz ruhig.

»Wo sollen sie wohl sonst haltmachen?« sagte Sir Archie. »Sie müssen doch die Unruhestifter herführen, um sie im Rathause ins Gefängnis zu werfen. Höre nicht auf sie, Elsalill, höre auf mich, der dich bittet, ihm übers Meer zu folgen!«

Aber Elsalill versuchte noch einmal, Sir Archie zu erschrecken.

»Sir Archie«, sagte sie, »hört Ihr nicht, wie die Gewappneten die Treppe zum Rathauskeller hinuntersteigen?«

»Freilich höre ich es«, sagte Sir Archie, »sie kommen wohl her, um eine Kanne Bier zu leeren, nachdem sie ihre Gefangenen in sicheren Gewahrsam gebracht haben. Denke nicht an sie, Elsalill, sondern denke daran, daß morgen du und ich über das freie Meer in meine Heimat ziehen.«

Aber Elsalill war leichenblaß, und sie zitterte so, daß sie kaum sprechen konnte.

»Sir Archie«, sagte sie, »seht Ihr nicht, wie sie dort oben beim Schanktisch mit der Wirtin sprechen? Sie fragen sie wohl, ob einer von denen, die sie suchen, hier zu finden sei.«

»Sie machen wohl mit ihr aus, daß sie ihnen in dieser

stürmischen Nacht einen starken heißen Trunk brauen soll«, sagte Sir Archie. »Du sollst nicht so sehr zittern und ängstlich sein, Elsalill. Du kannst mir ohne Furcht folgen. Ich sage dir, wenn mein Vater mich jetzt mit dem edelsten Fräulein in meinem Lande vermählen wollte, ich würde ihr nein sagen. Komm du getrost mit mir übers Meer, Elsalill! Du wirst dem größten Glück entgegenziehen.«

Unten an der Tür versammelten sich immer mehr Landsknechte, und Elsalill wußte vor Angst nicht mehr aus noch ein. Ich kann es nicht mit ansehen, daß sie kommen und ihn greifen, dachte sie. Sie beugte sich zu Sir Archie und flüsterte ihm zu: »Höret Ihr nicht, Sir Archie, daß jene Männer dort die Wirtin fragen, ob Herrn Arnes Mörder vielleicht hier im Saale sind?«

Da warf Sir Archie einen Blick durch das Gemach und sah die Landsknechte, die mit der Wirtin sprachen. Aber er sprang nicht auf, um zu fliehen, wie Elsalill erwartet hatte, sondern er beugte sich hinab und sah Elsalill in die Augen. »Hast du, Elsalill, mich erkannt und verraten?« fragte er.

»Ich habe es um meiner lieben Pflegeschwester willen getan, damit sie Ruhe finde in ihrem Grabe«, sagte Elsalill. »Gott weiß, was es mich gekostet hat. Aber flieht nun, Sir Archie! Noch ist es Zeit. Noch haben sie nicht Türen und Vorsaal verrammelt.«

»Du Wolfsjunges!« sagte Sir Archie. »Als ich dich zum ersten Male auf den Brücken sah, da dachte ich, daß ich dich töten sollte.«

Aber Elsalill legte ihre Hand auf seinen Arm. »Flieht, Sir Archie, ich kann nicht stillsitzen und sehen, wie sie kommen und Euch greifen. Wollt Ihr nicht ohne mich fliehen, so werde ich Euch in Gottes Namen folgen. Aber bleibt nicht länger um meinetwillen hier, Sir Archie. Alles, was Ihr begehrt, will ich für Euch tun, wenn Ihr nur Euer Leben rettet.«

Aber Sir Archie war jetzt sehr zornig, und er sprach hohnvoll zu Elsalill.

»Nun wirst du niemals, o Jungfrau, in goldgestickten

Schuhen durch weite Schloßgemächer wandeln. Nun kannst du dein Leben lang hier in Marstrand bleiben und Heringe putzen. Niemals bekommst du einen Gatten, der Schloß und Lehen hat, Elsalill. Dein Mann wird ein armer Fischer sein, und deine Wohnstatt eine Hütte auf der kahlen Schäre.«

»Hört Ihr nicht, wie sie alle Türen besetzen und mit gestreckten Lanzen alle Eingänge bewachen?« fragte Elsalill. »Warum eilt Ihr nicht weg von hier? Warum flieht Ihr nicht hinunter aufs Eis und verbergt Euch auf einem Schiffe?«

»Ich fliehe nicht, weil es mich ergötzt, mit dir Zwiesprache zu halten, Elsalill«, sagte Sir Archie. »Denkst du auch daran, daß es jetzt mit aller Freude für dich vorbei ist, Elsalill? Denkst du auch daran, daß es jetzt aus ist mit meiner Hoffnung, meine Schuld zu sühnen?«

»Sir Archie«, flüsterte Elsalill und erhob sich in ihrer großen Angst, »jetzt sind sie bereit. Jetzt kommen sie, um Euch zu greifen. Flieht, ach flieht! Ich will zu Euch auf das Schiff kommen, wenn Ihr nur flieht.«

»Du brauchst dich nicht so zu ängstigen, Elsalill«, sagte Sir Archie. »Wir haben noch Zeit, ein wenig miteinander zu plaudern. Die Landsknechte haben nicht im Sinn, sich hier auf mich zu stürzen, wo ich mich verteidigen kann. Sie wollen mich wohl auf der engen Kellertreppe fangen. Da wollen sie mich auf ihre langen Lanzen spießen. Das ist es ja, was du mir immer gewünscht hast, Elsalill.«

Aber je erschrockener Elsalill sich zeigte, desto ruhiger wurde Sir Archie. Sie flehte ihn an, zu fliehen, aber er lachte nur.

»Du sollst nicht so sicher sein, daß die Landsknechte mich fangen können. Ich habe schon schlimmere Gefahren bestanden als diese und bin mit heiler Haut davongekommen. Da sah es vor ein paar Monaten in Schweden ärger für mich aus. Da hatten ein paar Verleumder König Johann gesagt, seine schottische Garde wäre ihm nicht treu. Und der König glaubte ihnen. Er ließ die drei Anführer in den Turm werfen, und ihre Mannen wies er aus seinem Reich und ließ sie bewachen, bis sie über die Grenze waren.«

»Flieht, Sir Archie, flieht!« bat Elsalill.

»Du sollst keine Angst um mich haben, Elsalill«, sagte Sir Archie und lachte hart auf. »Heute abend bin ich wieder der alte, jetzt bin ich wieder in meiner Laune von einst. Jetzt sehe ich das junge Mädchen nicht mehr vor meinen Augen, da weiß ich mir schon zu helfen. Ich will dir von den dreien erzählen, die in König Johanns Gefängnis saßen. Die schlichen sich eines Nachts, als die Wächter berauscht waren, aus dem Turm und machten sich davon. Dann flüchteten sie zur Grenze. Aber solange sie im Land des Schwedenkönigs wanderten, wagten sie nicht zu verraten, wer sie waren. Sie wußten sich keinen andern Rat, Elsalill, sie verschafften sich Kleider aus zottigen Fellen und sagten, sie wären Gerbergesellen, die über Land gingen, um Arbeit zu suchen.«

Aber jetzt begann Elsalill zu merken, wie verändert Sir Archie gegen sie war. Sie begriff, daß er sie haßte, seit er wußte, daß sie ihn verraten hatte.

»Sprecht nicht so, Sir Archie!« sagte Elsalill.

»Warum mußtest du mich betrügen, als ich dir am meisten glaubte?« sagte Sir Archie. »Jetzt bin ich wieder so, wie ich früher war. Jetzt lasse ich es mir nicht einfallen, jemanden zu schonen. Und jetzt wirst du sehen, daß mir alles wieder glücken wird wie einst im Leben. Waren wir nicht übel daran, ich und meine Genossen, als wir endlich Schweden durchwandert hatten und hierher an die Küste kamen? Wir hatten kein Geld, um uns ehrliche Kleider zu kaufen. Wir hatten kein Geld, um die Überfahrt nach Schottland zu bezahlen. Wir wußten uns keinen andern Rat, als in den Pfarrhof von Solberga einzudringen.«

»Sprecht nicht mehr davon!« sagte Elsalill.

»Doch, jetzt sollst du alles hören, Elsalill«, sagte Sir Archie. »Es gibt eins, was du nicht weißt, und das ist, daß wir zuerst, als wir in den Pfarrhof gekommen waren, zu Herrn

Arne gingen, ihn weckten und ihm sagten, daß er uns Geld geben solle. Wenn er es gutwillig täte, wollten wir ihm nichts zuleide tun. Aber Herr Arne fing Händel mit uns an, und da mußten wir ihn niederwerfen. Und nachdem wir ihn getötet hatten, mußten wir auch seine Leute alle umbringen.« Elsalill unterbrach Sir Archie nicht mehr, aber es wurde kalt und leer in ihrem Herzen. Sie schauderte, als sie Sir Archie sah und hörte, denn während er sprach, bekam er ein grausames, blutdürstiges Aussehen. Was wollte ich tun? dachte sie. Bin ich toll gewesen, und habe ich den geliebt, der alle die Meinen gemordet hat? Möge Gott mir meine Sünde vergeben. »Als wir glaubten, daß alle tot seien«, sagte Sir Archie, »schleppten wir die schwere Geldtruhe aus dem Hause. Dann legten wir ringsherum Feuer an, damit die Menschen glaubten, Herr Arne sei verbrannt.«

»Ich habe einen Wolf im Walde geliebt«, sagte Elsalill zu sich selbst. »Und ihn habe ich vor der Strafe retten wollen!«

»Aber wir fuhren aufs Eis hinunter und flohen übers Meer«, fuhr Sir Archie fort. »Wir hatten keine Furcht, solange wir das Feuer zum Himmel lodern sahen; aber als wir es abnehmen sahen, erschranken wir. Wir wußten nun, daß Leute dorthin gekommen waren, die die Feuersbrunst gelöscht hatten, und daß man uns nachsetzen könnte. Da fuhren wir ans Land zurück, wo wir eine Flußmündung mit schwachem Eise gesehen hatten. Wir hoben die Geldtruhe vom Schlitten und fuhren weiter, bis das Eis unter dem Pferde brach. Da ließen wir dieses ertrinken und sprangen selbst zur Seite. Wenn du kein Mädchen wärst, Elsalill, würdest du begreifen, daß dies kühn gehandelt war. Wir haben uns wie Männer benommen.«

Jetzt war Elsalill ganz still. Sie saß da und fühlte einen brennenden Schmerz im Herzen. Aber Sir Archie haßte sie und war es froh, sie zu quälen. »Darauf nahmen wir unsere Gürtel und befestigten sie an der Truhe und begannen sie zu ziehen. Aber da die Truhe Spuren auf dem Eise hinterließ, gingen wir ans Land, rissen einer Tanne die Äste ab und legten Tannenreisig unter die Truhe. Dann streiften wir unsere Schuhe ab und wanderten über das Eis, ohne Spuren zu hinterlassen.«

Sir Archie hielt inne, um einen hohnvollen Blick auf Elsalill zu werfen.

»Obwohl dies alles uns trefflich geglückt war, waren wir doch übel dran. Wohin wir auch mit unsern blutigen Kleidern gekommen wären, überall hätte man uns erkannt und ergriffen. Aber höre nun dies, Elsalill, und sage es allen, die uns etwa nachsetzen wollen, damit sie verstehen, daß wir nicht zu denen gehören, die sich leicht fangen lassen! Höre dies: als wir über das Eis in der Richtung nach Marstrand gingen, da trafen wir auf dem Meere unsre Landsleute und Kameraden, dieselben, die König Johann aus seinem Lande verwiesen hatte. Sie hatten Marstrand des Eises wegen nicht verlassen können, und sie halfen uns in unsrer Not, so daß wir zu Kleidern kamen. Seither sind wir ohne Gefahr hier in Marstrand umhergegangen. Und es hätte uns auch weiterhin keine Gefahr gedroht, wenn du nicht treulos gewesen wärest und mich verraten hättest.«

Elsalill saß still da, der Schmerz war zu groß für sie. Sie konnte kaum fühlen, daß ihr Herz schlug.

Aber Sir Archie sprang auf und rief:

»Und auch heute abend wird uns nichts Böses widerfahren. Davon sollst du Zeuge sein, Elsalill.«

Und damit ergriff er Elsalill mit seinen beiden Händen und hob sie empor. Und mit Elsalill vor sich, wie mit einem Schild, eilte Sir Archie durch den Kellersaal dem Ausgange zu. Und die Landsknechte, die als Wachen vor der Türe standen, streckten ihre langen Hellebarden gegen ihn aus, aber sie konnten sie nicht gebrauchen, aus Furcht, Elsalill zu verwunden.

Als Sir Archie auf die enge Treppe kam, streckte er Elsalill wieder vor sich aus. Und sie schützte ihn besser als der prächtigste Harnisch, denn die Krieger, die dort aufgestellt waren, konnten keinen Gebrauch von ihren Waffen machen. So kam er ein gutes Stück die Treppe hinauf, und

Elsalill fühlte, wie ihr die freie Luft des Himmels entgegenwehte.

Aber Elsalill empfand keine Liebe mehr zu Sir Archie, sondern den tödlichsten Haß, und sie dachte nur daran, daß er ein böser Mörder war. Und als sie nun sah, daß sie ihn mit ihrem Leibe schützte, so daß er nahe daran war, zu entrinnen, da streckte sie ihre Hand aus und zog eine der Lanzen, die die Krieger hielten, an sich heran und richtete sie auf ihr Herz. Nun will ich meiner Pflegeschwester so dienen, daß dies Werk endlich vollbracht sei, dachte Elsalill. Und beim nächsten Schritte, den Sir Archie über die Treppe machte, drang die Lanze in Elsalills Herz.

Aber da stand Sir Archie schon auf der obersten Stufe. Und die Kriegsleute fuhren zurück, als sie sahen, daß einer von ihnen die Jungfrau verwundet hatte. Und er eilte an ihnen vorbei.

Als Sir Archie auf den Marktplatz kam, hörte er aus einem Gäßchen Feldgeschrei und schottische Rufe: »Zu Hilfe! Zu Hilfe! Für Schottland, für Schottland!«

Das waren Sir Philip und Sir Reginald, die die Schotten gesammelt hatten und nun kamen, um ihn zu retten.

Und Sir Archie eilte ihnen entgegen und rief mit lauter Stimme: »Hierher! Hierher! Für Schottland! Für Schottland!«

Über das Eis

Als Sir Archie über das Eis wanderte, hielt er noch immer Elsalill im Arm.

Sir Philip und Sir Reginald schritten an seiner Seite. Sie wollten ihm erzählen, wie sie den Anschlag entdeckt hatten, und wie es ihnen geglückt war, die schwere Geldtruhe auf die Galeasse zu schaffen und ihre Landsleute zu versammeln, aber Sir Archie achtete nicht auf sie. Er schien einherzugehen und mit der zu sprechen, die er in seinen Armen trug.

»Wer ist es, den du mit dir führst?« fragte Sir Reginald.

»Das ist Elsalill«, antwortete Sir Archie. »Ich will sie mit hinüber nach Schottland nehmen. Ich will sie nicht hier zurücklassen. Hier würde sie nie etwas andres sein als ein armes Fischermädchen.«

»Nein, das kann doch wohl nicht dein Ernst sein«, sagte Sir Reginald.

»Hier würde ihr niemand etwas anderes geben als Kleider aus grober Wolle«, sagte Sir Archie, »und in einem engen Bett aus harten Planken müßte sie schlafen. Ich will sie in die weichsten Kissen betten, und aus Marmor will ich ihre Ruhestatt aufführen lassen. Ich will sie in die kostbarsten Pelze hüllen, und ihre Füße sollen Schuhe mit Juwelenspangen umschließen.«

»Fürwahr, du denkst ihr große Ehren zu«, sagte Sir Reginald.

»Ich kann sie nicht hier daheim zurücklassen«, sagte Sir Archie. »Denn wer würde hier wohl Zeit finden, an solch ein armes kleines Ding zu denken? In wenigen Monaten schon würde sie von allen vergessen sein. Niemand würde sich nach ihr umsehen, niemand sie in ihrer Einsamkeit aufsuchen. Aber wenn ich einmal meine Heimat erreiche, dann will ich ihr dort eine schöne Wohnstatt erbauen lassen. Da soll ihr Name in den harten Stein eingegraben sein, so daß niemand ihn vergißt. Da werde ich selbst jeden Tag zu ihr kommen, und da wird alles so herrlich geschmückt sein, daß die Leute von weit und breit herbeiströmen werden, um sie zu besuchen. Da werden Tag und Nacht Kerzen und Lampen brennen, und da wird Musik und Gesang erklingen, als wäre da ein ewiges Fest.«

»Fürwahr, du denkst ihr große Ehren zu«, sagte Sir Reginald noch einmal.

»Ich muß es so einrichten, daß sie es gut hat«, sagte Sir Archie. »Sie ist es, die die bösen Gedanken von mir ferne hält. Wenn ich sie verlasse, weicht das Glück von mir.«

Der Sturm brauste ihnen heftig entgegen. Er riß Elsalills Mantel los und ließ ihn flattern wie eine Fahne.

»Willst du mir einen Augenblick helfen, Elsalill zu tragen«, sagte Sir Archie, »damit ich den Mantel um sie legen kann?«

Sir Reginald empfing Elsalill in seinen Armen, aber in demselben Augenblick erschrak er so heftig, daß er sie zwischen seinen Händen auf das Eis hinuntergleiten ließ.

»Ich wußte nicht, daß Elsalill tot ist«, sagte er.

Wellenrauschen

Die ganze Nacht schritt der Schiffer der großen Galeasse auf dem hohen Verdeck auf und nieder. Es war dunkel, und der Sturm pfiff um ihn her. Er kam bald mit Schnee und bald mit Regen herangetrieben. Noch immer lag das Eis fest und sicher rings um die Galeasse, so daß der Schiffer eigentlich ruhig in seiner Koje hätte schlummern können.

Aber er blieb die ganze Nacht wach. Einmal ums andre führte er die Hand ans Ohr und horchte.

Es war nicht leicht, zu erraten, worauf er horchte. Alle seine Leute hatte er an Bord und auch alle die Reisenden, die er nach Schottland bringen wollte. Die lagen jetzt alle in den Schiffsräumen und schliefen. Keiner von ihnen führte ein Gespräch, dem der Schiffer hätte lauschen können.

Als der Sturm heranbrauste und die festgefrorene Galeasse erreicht hatte, stürzte er sich über das Fahrzeug, gleichsam wie aus alter Gewohnheit, um es vor sich her übers Meer zu treiben. Und als die Galeasse noch immer still lag, packte sie der Sturm immer wieder. Es rasselte in allen den kleinen Eiszapfen, die im Takelwerk und an den Tauen hingen. Es knackte und knisterte im Schiffsbug. Es knatterte in den Masten, daß sie nahe daran waren, zu zersplittern. Das war keine stille Nacht. Man vernahm es wie ein leichtes Knirschen in der Luft, wenn der Schnee herangesaust kam. Man hörte Klatschen und Plätschern, wenn der Regen niederpeitschte.

Aber im Eise tat sich eine Spalte nach der andern auf, und dabei hörte man ein Donnern, als lägen Kriegsschiffe im Meere, die sich heftig beschossen.

Aber auf dies alles horchte der Schiffer nicht.

Er ging die ganze Nacht auf und nieder, bis ein grauer Schein sich über den Himmel verbreitete, aber er hörte dennoch nicht, was er hören wollte.

Endlich erklang durch die Nacht ein singendes, eintöniges Brausen, ein wiegender, kosender Laut, wie von fernem Gesang.

Da eilte der Schiffer quer über die Ruderbänke in der Mitte der Galeasse zu dem hohen Aufbau im Kiel, wo seine Leute schliefen. »Steht jetzt auf«, rief er ihnen zu, »und fasset Bootshaken und Ruder. Nun wird bald die Stunde der Befreiung angebrochen sein. Ich höre das Brausen des offenen Wassers. Ich höre den Gesang der freien Wellen.«

Die Männer erhoben sich sogleich aus ihrem Schlummer. Sie standen auf dem Posten längs der Schiffsseiten, während der Morgen langsam anbrach.

Als es endlich so hell wurde, daß sie sehen konnten, was sich in der Nacht zugetragen hatte, fanden sie, daß Buchten und Sunde, weit hinaus ins Meer, offen wogten. Aber in der Bucht, in der sie eingefroren lagen, klaffte nicht eine Spalte im Eise; fest und ungebrochen lag es da.

Und in dem Sunde, der aus der Bucht führte, hatte sich eine hohe Eismauer aufgetürmt. Die Wellen, die frei davor spielten, schleuderten eine Eisscholle nach der andern hinauf.

Draußen im Sunde wimmelte es von Segeln. Das waren alle die Fischer, die in Marstrand eingefroren gewesen waren und jetzt davoneilten. Die See ging hoch, und Eisstükke tanzten noch über die Wogen, aber die Fischer gönnten sich wohl nicht die Zeit, auf ein ruhiges, gefahrloses Meer zu warten, sondern traten ihre Fahrt an. Sie standen im Bug ihrer Boote und hielten scharfen Ausguck. Die kleinen Eisstücke drängten sie mit dem Ruder weg, aber wenn die großen kamen, rissen sie das Steuer herum und wichen aus.

Auf der Galeasse stand der Schiffer in dem hochaufgebauten Achterteil und sah ihnen nach. Er merkte wohl, daß sie eine beschwerliche Fahrt hatten, aber er sah auch, wie einer nach dem andern sich durchschlug und das offene Meer erreichte.

Und als der Schiffer die Segel über die blaue Flut gleiten sah, da packte ihn die Sehnsucht so stark, daß ihm die Tränen in die Augen traten.

Aber sein Schiff lag still, und vor ihm türmte sich das Eis zu einer immer gewaltigeren Mauer auf.

Draußen auf dem Meere schwammen nicht nur Fahrzeuge und Boote, sondern zuweilen kamen auch kleine weiße Eisberge herangezogen. Das waren gewaltige Schollen, die aufeinander geschleudert worden waren und jetzt südwärts trieben. Sie blinkten in der Morgensonne weiß wie Silber, und manchmal leuchteten sie so rot, als wären sie mit Rosen bestreut.

Aber mitten durch den zischenden Sturm ertönten laute Rufe. Bald klang es wie singende Stimmen, und bald wie schmetternde Fanfaren. Ein starker Jubel jauchzte aus diesen Lauten. Es war so, daß einem das Herz aufging. Sie kamen von einem langen Zuge von Schwänen, die vom Süden heranflogen.

Aber als der Schiffer die Eisberge gen Süden ziehen und die Schwäne gen Norden fliegen sah, da kam eine solche Sehnsucht über ihn, daß er die Hände rang.

»Weh mir, daß ich hier bleiben muß!« rief er. »Wann kommt der Eisbruch hier in diese Bucht? Vielleicht muß ich noch viele Tage hier liegen und warten.«

Als er gerade so dachte, sah er einen Mann über das Eis heranfahren. Er kam aus einem engen Sunde in der Richtung von Marstrand, und er fuhr so ruhig über das Eis, als wüßte er nicht, daß die Wellen wieder anfingen, Boote und Schiffe zu tragen.

Als er an die Galeasse heranfuhr, rief er zum Schiffer hinauf:

»Guter Freund, hast du etwas zu essen, wenn du da im

Eise festgefroren liegst? Willst du mir nicht gepökelte Heringe abkaufen oder getrockneten Kabeljau oder geräucherten Aal?«

Der Schiffer ließ sich nicht einfallen, ihm zu antworten. Er erhob die geballte Faust gegen ihn und fluchte.

Da stieg der Fischkrämer von seiner Fuhre herunter. Er nahm ein Bund Heu aus dem Schlitten und legte es dem Pferde vor. Dann erkletterte er das Verdeck der Galeasse.

Als er vor dem Schiffer stand, sagte er sehr ernst zu ihm:

»Ich bin heute nicht hier, um Fische zu verkaufen. Aber ich weiß, daß du ein frommer Mann bist. Darum bin ich hergekommen, um dich zu bitten, daß du mir ein Mädchen herbeischaffst, das die schottischen Krieger gestern mit auf das Schiff geführt haben.«

»Ich weiß nichts davon, daß sie ein Mädchen hierher geführt hätten«, sagte der Schiffer. »Keine Frauenstimme habe ich in dieser Nacht an Bord des Schiffes vernommen.«

»Ich bin Torarin, der Fischkrämer«, sagte der andre, »du hast wohl schon von mir gehört? Ich habe im Pfarrhof von Solberga mit Herrn Arne in derselben Nacht zu Abend gegessen, in der er getötet wurde. Seither habe ich Herrn Arnes Pflegetochter in meinem Hause gehabt, aber gestern nacht wurde sie von seinen Mördern geraubt, und sie haben sie wohl mit hierher auf das Fahrzeug gebracht.«

»Sind Herrn Arnes Mörder an Bord meines Fahrzeugs?« rief der Schiffer entsetzt.

»Du siehst, daß ich ein so geringer und schwacher Mann bin«, sagte Torarin. »Mein einer Arm ist lahm, darum habe ich Angst, mich auf irgendein gewagtes Vorhaben einzulassen. Ich weiß schon seit ein paar Wochen, wer Herrn Arnes Mörder sind, aber ich wagte nicht, zu versuchen, Rache an ihnen zu nehmen. Aber weil ich geschwiegen habe, sind sie jetzt entkommen, und es ist ihnen geglückt, das Mädchen fortzuführen. Doch jetzt habe ich mir gesagt, daß ich in dieser Sache nichts mehr zu bereuen haben will. Ich will es wenigstens versuchen, das junge Mädchen zu retten.«

»Wenn Herrn Arnes Mörder hier auf dem Schiffe sind, warum kommt dann nicht die Stadtwache heraus und greift sie?«

»Ich habe die ganze Nacht und den ganzen Morgen gebeten und gesprochen«, sagte Torarin. »Aber die Wache wagt sich nicht hier heraus, sie sagt, hier wären hundert Söldlinge an Bord, und sie wage es nicht, den Kampf mit ihnen aufzunehmen. Da dachte ich, daß ich in Gottes Namen wohl allein herausfahren und dich bitten müßte, mir das Mädchen zur Stelle zu schaffen, denn ich weiß, daß du ein frommer Mann bist.«

Aber der Schiffer sagte ihm nichts über das Mädchen. Er dachte nur an das andre. »Wie kannst du wissen, daß die Mörder hier an Bord sind?« sagte er.

Torarin wies auf eine große Eichentruhe, die zwischen den Ruderbänken stand.

»Ich habe diese Truhe zu oft in Herrn Arnes Haus gesehen, als daß ich sie nicht kennen sollte«, sagte er. »Darin liegt Herrn Arnes Schatz, und wo sein Schatz ist, da sind wohl auch seine Mörder.«

»Diese Truhe gehört Sir Archie und seinen beiden Freunden, Sir Reginald und Sir Philip«, sagte der Schiffer.

»Ja«, sagte Torarin und sah den Schiffer fest an, »so ist es. Sie gehört Sir Archie und Sir Philip und Sir Reginald.«

Der Schiffer stand eine Weile schweigend und sah sich nach allen Seiten um. »Wann glaubst du, daß hier in der Bucht der Eisbruch kommt?« sagte er zu Torarin.

»Es ist heuer wunderlich«, sagte Torarin. »In dieser Bucht pflegt das Eis früh zu schmelzen, denn hier ist starke Strömung. Aber wie es jetzt steht, mußt du dich in acht nehmen, daß du nicht ans Land gedrängt wirst, wenn das Eis in Bewegung kommt.«

»Ich denke an nichts andres«, sagte der Schiffer.

Wieder stand er ein Weilchen stumm da. Er wandte das Gesicht dem Meere zu. Die Morgensonne leuchtete hoch am Himmel, und die Wellen warfen ihren Glanz zurück. Hin und wider zogen die befreiten Schiffe, und die Meervögel kamen mit Freudenschreien vom Süden geflogen. Die Fische hielten sich am Wassersaum, sie machten hohe Sprünge und schnellten glitzernd aus dem Wasser, übermütig nach der Gefangenschaft unter dem Eise. Die Möwen, die draußen an der Eiskante Jagd gehalten hatten, kamen jetzt zu Scharen ans Land, um in den bekannten Revieren zu jagen.

Der Schiffer konnte diesen Anblick nicht ertragen.

»Bin ich ein Freund von Mördern und Missetätern?« sagte er. »Soll ich mir die Augen verschließen und nicht sehen, warum Gott meinem Fahrzeug die Pforten des Meeres nicht auftut? Soll ich leiden für die Unrechten, die ihre Zuflucht hierher genommen haben?«

Und der Schiffer ging zu seinen Leuten und sagte ihnen: »Ich weiß jetzt, warum wir hier eingeschlossen liegen müssen, während alle andern Fahrzeuge ins Meer hinausziehen. Das ist, weil wir Mörder und Missetäter an Bord haben.«

Darauf begab sich der Schiffer zu den schottischen Söldlingen, die noch im Schiffsraum lagen und schliefen. »Liebe Leute«, sagte er zu ihnen, »verhaltet euch noch ein Weilchen still, was ihr auch für Rufen und Lärmen an Bord hören möget! Wir müssen Gottes Geboten folgen und keine Missetäter unter uns dulden. Wenn ihr mir gehorcht, verspreche ich euch, daß ich euch die Truhe ausliefern will, in der Herrn Arnes Schatz ist, und ihr sollt ihn untereinander teilen dürfen.«

Aber zu Torarin sagte der Schiffer: »Gehe hinunter zu deinem Schlitten und wirf deine Fische aufs Eis. Du wirst jetzt eine andere Ladung zu führen haben.« Darauf brach der Schiffer mit seiner Mannschaft in die Kajüte ein, wo Sir Archie und seine Freunde schliefen. Und sie stürzten sich über sie, während sie noch im Schlummer lagen, um sie zu binden.

Und als die drei Schotten sich zu verteidigen suchten, da schlugen sie mit ihren Äxten und Spaken hart auf sie ein und sagten zu ihnen: »Ihr seid Mörder und Missetäter.

Habt ihr geglaubt, ihr würdet eurer Strafe entgehen? Wißt ihr nicht, daß Gott um euretwillen die Pforten des Meeres verschlossen hält?«

Da riefen die drei Männer laut nach ihren Kameraden, daß sie kommen sollten und ihnen helfen.

»Ihr sollt nicht nach ihnen rufen«, sagte der Schiffer. »Sie kommen nicht. Sie haben Herrn Arnes Schatz zum Teilen bekommen, und sie sind dabei, die Silbermünzen in ihren Hüten zu messen. Um dieses Geldes willen ist der böse Handel geschehen, und um dieses Geldes willen kommt die Strafe über euch.«

Und ehe noch Torarin die Fische aus dem Schlitten geladen hatte, kamen der Schiffer und seine Mannschaft zu ihm aufs Eis hinab. Sie führten in ihrer Mitte drei Männer, die gefesselt waren. Sie waren jämmerlich geschlagen und ohnmächtig von ihren Wunden.

»Gott hat nicht vergeblich nach mir gerufen«, sagte der Schiffer. »Sowie ich seinen Willen verstanden habe, habe ich ihn befolgt.«

Sie legten die Gefangenen auf Torarins Schlitten, und Torarin fuhr mit ihnen durch enge Buchten und Sunde, wo das Eis noch fest lag, nach Marstrand.

Aber am Nachmittag stand der Schiffer noch auf der hohen Warte seines Fahrzeugs und blickte auf das Meer. Ringsumher war alles noch unverändert, und die Eismauer vor dem Fahrzeug türmte sich höher und immer höher auf.

Als es zu dämmern begann, sah der Schiffer ein kleines Häuflein Menschen von der Landseite her über das Eis ziehen und sich seinem Schiffe nähern.

Es dauerte lange, bis er die Kommenden so deutlich zu unterscheiden vermochte, daß er sehen konnte, was es für Leute waren. Doch dachte er gleich, daß sie alt und gebrechlich sein müßten, denn sie kamen nur langsam vorwärts.

Endlich, als sie ganz nahe waren, sah er, daß an der Spitze des Zuges zwei Priester in Mantel und Kragen schritten. Der eine war jung und der andre sehr alt. Hinter ihnen gingen ein paar Männer, die eine Bahre trugen, und zu allerletzt kam eine alte, alte Frau, die von zwei Dienerinnen gestützt wurde.

Sie blieben auf dem Eise unter dem Schiffe stehen, und der alte Geistliche sagte zum Schiffer:

»Wir sind hergekommen, um eine Jungfrau zu holen, die tot ist. Die Mörder haben gestanden, daß sie ihr Leben hingab, um sie an der Flucht zu hindern, und jetzt kommen wir und wollen sie holen, damit sie mit allen den Ehren begraben werde, die ihr gebühren, und Ruhe unter den Ihren finde.«

Da wurde Elsalill gefunden und hinunter aufs Eis gebracht. Sie wurde auf die Bahre gelegt, die die alten Männer trugen, und der alte Priester dankte dem Schiffer und wanderte wieder an der Spitze seiner Leute dem Lande zu.

Aber wie sie sich wendeten, um zu gehen, sah der Schiffer, daß eine andere Jungfrau, die er früher nicht gesehen hatte, neben der Bahre einherging, und sie beugte sich einmal ums andre zu der Toten hinunter und küßte sie zärtlich.

Aber wie die Trauernden dahinschritten, brachen Sturm und Wogen hinter ihnen herein und schleuderten das Eis empor, über das sie eben gewandert waren. Und kaum waren sie mit Elsalill hinter einer Landzunge verschwunden, als das Eis auch schon zersplittert war und die große Galeasse den Weg frei hatte, hinaus ins offene Meer.

Reors Geschichte

Es war da ein Mann, der hieß Reor. Er war aus Fuglekärr im Kirchspiel Svarteborg und galt für den besten Schützen der Gegend. Er wurde getauft, als König Olof die alte Lehre in Viken ausrottete, und war fortan ein eifriger Christ. Er war von freier Geburt, aber arm, schön, aber nicht hochgewachsen, stark, aber sanft. Er zähmte junge Fohlen mit Blick und Wort allein, und er konnte mit einem einzigen Zuruf die kleinen Vöglein an sich locken. Er hielt sich fast immer im Wald auf, und die Natur hatte große Macht über ihn. Das Wachstum der Pflanzen und das Knospen der Bäume, das Spiel der Hasen in den Waldlichtungen und der Sprung des Barsches in dem abendstillen See, der Kampf der Jahreszeiten und der Wechsel der Witterung, dies waren die Hauptgeschehnisse in seinem Leben. Schmerz und Freude bereitete ihm derlei und nicht das, was sich unter den Menschen zutrug.

Eines Tages tat der geschickte Jäger einen guten Fang. Er traf im tiefen Waldesdickicht einen alten Bären und erlegte ihn mit einem einzigen Schuß. Die scharfe Spitze des grünen Pfeils drang in das Herz des Gewaltigen, und er sank dem Jäger tot zu Füßen. Es war Sommer und der Pelz des Bären war weder dicht noch glatt, dennoch zog der Schütze ihn ab, rollte ihn zu einem harten Bündel zusammen und ging mit dem Bärenfell auf dem Rücken weiter.

Er war noch nicht lange gewandert, als er einen überaus starken Honigduft verspürte. Der kam von den kleinen, blühenden Pflanzen, die den Boden bedeckten. Sie wuchsen auf dünnen Stielen, hatten lichtgrüne, glatte Blätter, die sehr schön geädert waren, und auf der Spitze des Stengels ein kleines Büschelchen, das dicht mit weißen Blüten besetzt war. Die kleinen Kronen waren nach winzigem Maßstab geraten, doch aus ihnen ragte eine kleine Bürste von Stempeln auf, deren blütenstaubgefüllte Knöpfchen auf weißen Saiten zitterten. Reor dachte, während er so unter ihnen einherging, daß diese Blumen, die einsam und unbemerkt im Waldesdunkel standen, Botschaft um Botschaft, Ruf um Ruf aussandten. Der starke honigsüße Duft war ihr Ruf, der verbreitete die Kunde ihres Daseins weit unter die Bäume und hoch hinauf in die Wolken. Aber es lag etwas Beängstigendes in dem schweren Duft. Die Blumen hatten ihre Becher gefüllt und ihre Tischlein gedeckt, der geflügelten Gäste harrend, aber niemand kam. Sie sehnten sich zu Tode in ihrer trüben Einsamkeit in dem dunklen, windstillen Waldesdickicht. Sie schienen schreien und jammern zu wollen, weil die schönen Schmetterlinge nicht kamen, um bei ihnen zu Gast zu sein. Da wo die Blumen am dichtesten beisammenstanden, deuchte es ihn, als sängen sie zusammen ein eintöniges Lied: »Kommt, ihr schönen Gäste, kommt heute, denn morgen sind wir tot. Morgen liegen wir auf dem trocknen Laub.«

Doch es sollte Reor vergönnt sein, das frohe Ende des Blumenmärchens zu sehen. Er vernahm hinter sich ein Flattern wie das allerleiseste Lüftchen und sah einen weißen Schmetterling im Dunkel zwischen den dicken Stämmen umherirren. Unruhig suchend flog er hin und her, als wüßte er den Weg nicht. Er war nicht allein, ein Schmetterling nach dem andern tauchte im Dunkel auf, bis endlich ein ganzes Heer der weißbeschwingten Honigsucher versammelt war. Aber der erste war der Anführer und er fand, vom Duft geleitet, die Blumen. Nach ihm kam das ganze Schmetterlingsheer herangestürmt. Es stürzte sich auf die sehnsüchtigen Blumen, wie der Sieger sich auf die Beute stürzt. Wie ein Schneefall von weißen Flügeln senkten sie sich auf sie herab. Und nun gab es ein Fest- und Trinkgelage um jede Blume. Der Wald war voll von stillem Jubel.

Reor ging weiter. Doch nun war es, als folgte ihm der honigsüße Duft auf dem Fuße, wohin er auch ging. Und er empfand, daß sich drinnen im Wald eine Sehnsucht verbarg, stärker als die der Blumen. Daß da etwas war, was ihn zu sich zog, so wie die Blumen die Schmetterlinge angelockt hatten. Er ging mit einer stillen Freude im Herzen einher, so, als harrte er eines großen unbekannten Glückes. Das einzige, was ihn ängstigte, war, ob er auch den Weg zu diesem finden konnte, was sich nach ihm sehnte.

Vor ihm auf dem schmalen Pfad kroch eine weiße Schlange. Er bückte sich, um das glückbringende Tier aufzuheben, aber die Schlange glitt ihm aus den Händen und eilte rasch den Pfad hinauf. Da rollte sie sich zusammen und lag still, doch als der Schütze wieder nach ihr griff, glitt sie so glatt wie Eis zwischen seinen Fingern durch. Nun war Reor ganz und gar darauf erpicht, das kluge Tier zu besitzen. Er lief der Schlange nach, konnte sie aber nicht erreichen, und sie lockte ihn von dem Pfad fort auf den ungebahnten Waldboden.

Dieser war mit Föhren bestanden, und in einem Föhrenwalde findet man selten Rasen. Aber jetzt verschwanden plötzlich das trockne Moos und die braunen Nadeln, Farnkräuter und Preißelbeerbüsche zogen sich zurück und Reor fühlte seidenweiches Gras unter seinen Füßen. Über der grünen Matte zitterten federleichte Blumenrispen auf sanftgeneigten Stengeln, und zwischen den langen schmalen Blättern zeigten sich die kleinen, halb erblühten Blumen der Steinnelke. Es war nur eine ganz kleine Stelle, und darüber breiteten die hochstämmigen Föhren ihre knorrigen, braunen Äste mit dichten Nadelbüscheln. Doch zwischen diesen konnten die Sonnenstrahlen viele Wege zur Erde finden, und es war erstickend heiß.

Aber gerade vor dieser kleinen Wiese erhob sich eine Felswand lotrecht aus dem Boden. Sie lag im hellen Sonnenschein, und man sah deutlich die moosigen Steinflächen, die frischen Brüche, da, wo der Winterfrost zuletzt gewaltige Blöcke gelöst hatte, die großen Stauden Steinwurz, die die braunen Wurzeln in erdgefüllte Spalten drängten, und die zollbreiten Absätze, wo die Säulenflechte ihre rotgestreiften Pokale aufrichtete und eine grasgrüne Moosart auf nadelfeinen Stiftchen die kleinen grauen Mützen erhob, die ihre Befruchtungsorgane enthielten.

Diese Felswald schien in allen Stücken jeder andern Felswand zu gleichen, aber Reor bemerkte sogleich, daß er gerade vor die Giebelwand einer Riesenbehausung gekommen war, und er entdeckte unter Moos und Flechten die Angeln, auf denen das Steintor des Berges sich drehte.

Er glaubte jetzt, daß die Schlange sich in das Gras verkrochen habe, um sich da zu verbergen, bis sie unbemerkt in den Felsen schlüpfen konnte, und er gab die Hoffnung auf, sie zu fangen. Er spürte jetzt wieder den honigsüßen Duft der sehnsüchtigen Blumen und merkte, daß hier oben unter der Bergwand eine erstickende Hitze herrschte. Es war auch seltsam still: kein Vogel rührte sich, keine Nadel spielte im Wind, es war, als hielte alles den Atem an, um in unbeschreiblicher Spannung zu warten und zu lauschen. Reor war gleichsam in ein Gemach gekommen, wo er nicht allein war, obgleich er niemanden sah. Er hatte das Gefühl, als ob jemand ihn beobachtete, es war ihm, als würde er erwartet. Er empfand keine Angst, nur ein wohliger Schauer durchrieselte ihn, so, als sollte er bald etwas überaus Schönes zu sehen bekommen.

In diesem Augenblick gewahrte er wieder die Schlange. Sie hatte sich nicht versteckt, sie war vielmehr auf einen der Blöcke gekrochen, die der Frost von der Felswand abgesprengt hatte. Und dicht unter der weißen Schlange sah er den lichten Leib eines Mädchens, das im weichen Gras lag und schlief. Sie lag ohne andre Decke als ein paar spinnwebdünne Schleier, gerade, als hätte sie sich dort hingeworfen, nachdem sie die Nacht hindurch im Elfenreigen getanzt, aber die langen Grashalme und die zitternden, federleichten Blumenrispen erhoben sich hoch über der Schlafenden, so daß Reor nur undeutlich die weichen Linien ihres Körpers gewahren konnte. Er trat auch nicht näher, um besser zu sehen, aber sein gutes Messer zog er aus der Scheide und warf es zwischen das Mädchen und die Felswand, damit die den Stahl fürchtende Riesentochter nicht in den Berg fliehen konnte, wenn sie erwachte.

Dann blieb er in tiefe Gedanken versunken stehen. Eines

wußte er sogleich: das Mägdlein, das hier schlief, wollte er besitzen; aber noch war er nicht recht einig mit sich selbst, wie er gegen sie handeln sollte.

Doch da lauschte er, der die Sprache der Natur besser kannte als die der Menschen, dem großen ernsten Wald und dem strengen Berg. »Sieh«, sagten sie, »dir, der du die Wildnis liebst, geben wir unsre schöne Tochter. Besser ziemt sie dir als die Töchter der Ebene. Reor, bist du der edelsten Gabe würdig?«

Da dankte er in seinem Herzen der großen wohltätigen Natur und beschloß, das Mädchen zu seiner Frau zu machen und nicht nur zu seiner Magd. Und da er dachte, daß sie, wenn sie das Christentum und Menschensitte angenommen hatte, sich bei dem Gedanken, daß sie so unverhüllt dagelegen habe, schämen würde, löste er die Bärenhaut von seinem Rücken, entrollte das Fell und warf den grauen, zottigen Pelz des alten Bären über sie.

Doch als er dies tat, erdröhnte hinter der Felswand ein Lachen, von dem die Erde erzitterte. Es klang nicht wie Hohn, nur so, als hätte jemand in großer Angst gewartet, der lachen mußte, als er ganz plötzlich davon befreit wurde. Die furchtbare Stille und die drückende Hitze hatten nun auch ein Ende. Über das Gras schwebte ein erquickender Wind, und die Nadeln begannen ihren rauschenden Gesang. Der glückliche Jäger fühlte, daß der ganze Wald den Atem angehalten hatte, in Unruhe, wie die Tochter der Wildnis von dem Menschensohn behandelt werden würde.

Die Schlange schlüpfte jetzt in das hohe Gras; aber die Schlummernde lag in Zauberschlaf versunken und regte sich nicht. Da rollte Reor sie in die grobe Bärenhaut, so daß nur ihr Kopf aus dem zottigen Fell hervorguckte. Obgleich sie sicherlich eine Tochter des alten Riesen im Berge war, war sie doch zart und fein gebaut, und der starke Schütze hob sie in seine Arme und trug sie fort durch den Wald.

Nach einem Weilchen fühlte er, wie jemand seinen breitrandigen Hut abhob. Da sah er auf und merkte, daß die

Riesentochter erwacht war. Sie saß ganz ruhig in seinem Arm, aber nun wollte sie sehen, wie der Mann aussah, der sie trug. Er ließ es gewähren, er machte größere Schritte, aber sagte nichts.

Da mußte sie wohl gemerkt haben, wie heiß ihm die Sonne auf den Kopf brannte, nachdem sie ihm den Hut abgenommen hatte. Sie hielt ihn darum über seinen Kopf wie einen Sonnenschirm, aber sie setzte ihn ihm nicht auf, sondern hielt ihn so, daß sie immerzu in sein Gesicht sehen konnte. Da deuchte es ihm, daß er nichts zu fragen, nichts zu sagen brauchte. Stumm trug er sie hinab zu seiner Mutter Hütte. Doch sein ganzes Wesen durchbebte Glückseligkeit, und als er auf der Schwelle seines Heims stand, da sah er, wie die weiße Schlange, die Glück ins Haus bringt, unter die Grundmauer schlüpfte.

Das Heinzelmännchen von Töreby

Ich weiß noch, wie ich einmal als Kind an einem alten Hof vorüberfuhr, von dem man wußte, daß es dort ein Heinzelmännchen gab. Dieser Hof lag sehr einsam an einem flachen Seeufer. Es war kein Garten um das hohe, weiße Wohnhaus; nur ein paar verkrüppelte Bäume standen da. Es war der reizloseste Ort, den ich je gesehen habe. Aber es schien ein reicher Hof zu sein. Die Wirtschaftsgebäude waren wohlgebaut und großzügig angelegt; und auf den Feldern stand die Saat so üppig, daß ich mich noch heute dessen entsinne.

Das merkwürdigste war die Ordnung, die überall herrschte. Ich erinnere mich, daß wir ganz langsam vorbeifuhren, um zu sehen, wie gut die Gräben gezogen waren, wie schnurgerade die Wege liefen und wie fest die Brücken gebaut waren. Wir betrachteten die hübschen bemalten Boote, die sich am Strand schaukelten, und eine lange Waschbrücke, die gerade hinaus in den See lief.

»Wahrscheinlich will das Heinzelmännchen, daß die Wäsche in richtig tiefem Wasser und nicht im seichten Strandwasser gespült wird«, sagten wir.

Niemand zweifelte daran, daß alles auf diesem Hofe dem Heinzelmännchen zu danken war. Aus Angst vor dem Heinzelmännchen durften kein Strohhalm und kein Span auf dem Hofplatz herumliegen; darum war der Viehstall geputzt wie eine gute Stube, und die Felder waren wie Gartenbeete.

Dieses Heinzelmännchen gab es seit undenklichen Zeiten auf dem Hof, und man erzählte sich allerlei Geschichten von ihm. Hier will ich eine berichten, die sich vor etwa zweihundert Jahren zugetragen haben mag.

Es war in einer dunklen Herbstnacht; der Regen goß über die grauen Klotzwände, denn damals war der Herrenhof weder bretterverkleidet noch getüncht, und der

Sturm peitschte alle Zweige des hohen Holzapfelbaums gegen den Dachfirst.

Mitten im ärgsten Unwetter kam eine Eule geflogen. Sie hatte ihr Nest oben im Dachstuhl und pflegte durch ein kleines Loch dicht unter der Dachrinne hineinzufliegen. Aber bevor sie die Luke finden konnte, packte sie der Wind, blähte ihr dichtes Federkleid auf, so daß sie wie ein runder Ball aussah, und schleuderte sie ein paarmal gegen die Wand. Da gab der Vogel jeden weiteren Versuch auf, setzte sich auf den Holzapfelbaum und schrie die ganze Nacht hindurch.

Drinnen im Hause war es ganz stumm und still, nur an dem Lichtschein, der durch die Spalten der Fensterläden rieselte, merkte man, daß die Hausbewohner noch nicht zu Bett gegangen waren. Hin und wieder hörte man Lärmen und Lachen, darauf wurde es wieder totenstill.

Gegen elf Uhr nachts trat die alte Haushälterin des Gutshofs auf den Flur. Sie war völlig angekleidet und trug ihre schweren Schlüssel an der Seite, von denen sie sich weder Tag noch Nacht trennte. Die schwere Tür war mit vier verschiedenen Schlössern versperrt, und es dauerte geraume Zeit, bis die alte Frau sie geöffnet hatte. Gleich war der Wind zur Stelle, riß die Tür sperrangelweit auf, warf der Haushälterin einen Regenschauer ins Gesicht und wirbelte die Strohmatten des Hausflurs herum, daß sie sich krümmten wie die Schlangen.

Die alte Frau schloß die Tür hinter sich zu und wanderte in die Nacht hinaus. Sie ging sehr rasch und murmelte unaufhörlich: »Der Herr bewahre uns! Der Herr bewahre uns!«

Sie leuchtete sich mit einer Hornlaterne, aber sie war so in Gedanken, daß sie sich das Licht gar nicht zunutze machte, sondern in Wasserpfützen trat, die sie leicht hätte vermeiden können. Einmal ums andere kam sie in der Verwirrung von dem ausgetretenen Pfad ab. Sie blieb an einer Dornenhecke hängen, die ihr ein Stück aus dem Kleid riß, aber das schien sie gar nicht zu merken. Sie setzte ihre

Wanderung unverdrossen fort und murmelte weiter: »Der Herr bewahre uns! Der Herr bewahre uns!« Endlich kam sie zu dem Stallgebäude. Sie stieg die Bodentreppe hinauf, die klein und schmal war und sich an der Außenseite des Hauses entlangschlängelte, und blieb vor dem Türchen zum Heuboden stehen.

Hinter dem Türchen schimmerte ein Lichtschein. Als die Haushälterin sich vorbeugte, konnte sie in ein kleines Stübchen sehen, dessen Wände mit Pferdegeschirr, Zügeln, Sätteln und Riemen behangen waren. Eigentlich war es gar keine Stube, sondern nur ein Bretterverschlag des Heubodens. Das Heu quoll durch die undichten Bretterwände herein; und mitten auf dem Boden war eine große Klappe, durch die man in den Stall hinunterklettern konnte. Auf einem Bett in der Ecke der Kammer saß der alte Gutskutscher. Er leuchtete sich mit einem Kienspan und las in Gottes Wort. Er saß da, als hätte er nicht die Ruhe gehabt, sich bei diesem schweren Unwetter niederzulegen. Jeden Augenblick hob er den Kopf vom Buch und lauschte dem Sturm, dem Regen und dem Eulenschrei.

Die Haushälterin pochte an, und der Kutscher öffnete ihr. Er begann sich sogleich zu entschuldigen, daß er bei offenem Licht auf dem Boden saß. Er glaubte wohl, daß sie eigens in die Nacht hinausgegangen war, um ihn zu ermahnen, achtsam mit dem Feuer zu sein.

»Ich weiß schon, daß es gefährlich ist«, sagte er, »aber ich meinte, es täte not, daß jemand in dieser Nacht in Gottes Wort liest.«

Die alte Frau gab darauf keine Antwort. Sie setzte sich auf eine Kiste, die voller Lederstücke und altem Eisen war. Ihr lag ein solcher Schrecken in den Gliedern, daß sie sich noch nicht davon erholt hatte. Die Hände zerrten an der Schürze und die Lippen regten sich zu einem unverständlichen Gemurmel.

Der Kutscher saß da und sah sie an, bis der Schrecken, der auf ihr lastete, sich auch ihm mitteilte. Seine alten Hände und zahnlosen Kinnladen begannen zu zittern.

»Ist dir der Altvater begegnet?« fragte er flüsternd.

Der Altvater war das Heinzelmännchen. Man kannte ihn dort auf dem Hof unter keinem anderen Namen.

»Nein«, sagte die Haushälterin, »und vor dem Altvater würde ich mich auch nicht fürchten. Er will uns nur wohl.«

»Dessen solltest du nicht so sicher sein«, sagte der Kutscher. »Er ist ein gar strenger Herr, und in letzter Zeit haben sich wohl allerhand Dinge auf dem Hof zugetragen, mit denen er nicht einverstanden ist.«

»Wenn er so streng wäre, wie du glaubst, würde er den Rittmeister nicht ungestraft so hausen lassen.«

Der Kutscher suchte sie zu beschwichtigen: »Du darfst nicht vergessen, daß du vom Herrn sprichst.«

»Ich kann darum doch nicht die Augen davor verschließen, daß er sich selbst und den Hof zugrunde richtet«, klagte sie.

»Der Herr Rittmeister ist nun einmal der Herr im Haus. Wir sind nur seine armen Diener«, wiederholte der Kutscher mit wichtiger Stimme. Aber plötzlich schlug die Stimme um und er fragte in äußerster Angst: »Hat er wieder eine neue Tollheit ausgeheckt?«

»Ich habe den ganzen Abend an der Speisesaaltür gestanden und gehört, wie er all sein Geld verspielt hat«, sagte die Haushälterin. »Als das Geld zu Ende ging, verspielte er Pferde und Kühe. Als es mit den Tieren zu Ende ging, begann er um den Hof zu spielen. Er setzte Kate um Kate, Wald um Wald, Weide um Weide, Acker um Acker und verlor alles miteinander.«

Der Kutscher hatte sich, als er dies hörte, halb von seinem Platz erhoben, als wollte er forteilen und das Unheil verhindern. Aber dann setzte er sich wieder hin.

»Der Rittmeister ist der Herr«, sagte er. »Er kann mit dem, was sein ist, tun, was er will. Aber ich verstehe nicht, daß der Altvater sich nicht ins Spiel mischt.«

»Er hält sich ja immer hier im Stall auf; er weiß wohl nicht, was sich drinnen bei uns zuträgt«, sagte die Haushälterin.

Lange blieb es auf dem Dachboden still. Endlich sagte der Kutscher: »Wer ist's denn, der heute mit ihm spielt?«

»Es ist der Hauptmann Duwe. Er gewinnt, wenn er nur die Würfel anrührt.«

»Der Kerl ist ebenso arm an Geld und Gut wie an Herz und Gemüt«, sagte der Kutscher nachdenklich. »Von ihm hat der Herr Rittmeister keine Barmherzigkeit zu erwarten.«

»Bald gehört ihm ganz Töreby«, sagte die Haushälterin. Der Kutscher griff zur Bibel, wandte sich zum Licht und begann wieder zu lesen.

»Ich glaubte, ich müßte den Verstand verlieren, wie ich so dastand und ihnen zuhörte«, sagte die Haushälterin, »so unheimlich war es. Anfangs waren sie lustig und unser gnädiger Herr lachte, wenn er verlor, aber jetzt sind sie ganz still.«

Über die zitternden Lippen des alten Kutschers kam nichts anderes als: »Kate um Kate, Wald um Wald, Weide um Weide, Acker um Acker.«

»Was hilft es«, sagte die Haushälterin. »Wenn du ein ganzer Kerl wärest, gingest du hinein und brächtest ihn im guten oder bösen dazu, aufzuhören, bevor er noch den ganzen Hof verspielt hat.«

»Ich habe lange genug in diesem Haus gedient; ich weiß, wie schwer es ist, einen Silfverbrandt zum Aufhören zu bewegen, wenn er einmal im Zuge ist. Geradeso gut könnte ich versuchen, die Toten aufzuwecken.«

»Ja, dies müßte seine Eltern aus dem Grab wecken«, sagte die Haushälterin.

Der Kutscher schlug das Buch zu. »Das ist das schlimmste an der ganzen Sache, daß er nicht einsieht, daß er auf diesem Hofe kein solches Leben führen kann. Ich weiß noch, wie oft ich zu seinem seligen Vater sagte: ›Gebt Töreby nicht Herrn Henrik, er kann nie ein Herr nach Altvaters Sinn werden. Gebt es seinem Bruder, der ist gesetzt und ernst. Überlaßt Herrn Henrik einen Hof, der keine solche Verantwortung auferlegt.‹«

»Ja, jetzt fällt Töreby weder an Herrn Henrik noch an Herrn August. Jetzt kommt es an diesen Hauptmann Duwe, bis der es wieder an einen anderen verspielt.«

Der Kutscher erhob sich entschlossen. Er knöpfte seine Jacke zu und nahm den Kienspan aus dem Halter. Man sah deutlich, daß es seine Absicht war, zu versuchen, mit seinem Herrn zu sprechen.

Aber als er den Kienspan hob, fiel ein Lichtschein auf die viereckige Öffnung im Boden, durch die er in den Stall hinunter zu klettern pflegte. Und nun sahen beide, der Kutscher und die Haushälterin, daß auf der Leiter ein Heinzelmännchen stand. Es stand auf der obersten Sprosse; klein und grau war es und trug Kniehosen und eine graue Jacke mit Silberknöpfen. Es lauschte mit solcher Bestürzung und Verblüffung, daß es aussah, als sei es völlig versteinert.

Kutscher und Haushälterin wandten sofort den Blick ab. Keines von ihnen verriet auch nur durch eine Miene, daß sie das Heinzelmännchen gesehen hatten. »Ja, nun, glaub ich, ist's das beste, wenn wir alten Leute gehen und uns niederlegen«, sagte der Kutscher in einem möglichst unbefangenen Ton. »Du weißt, in diesem Hofe braucht man nachts nicht aufzubleiben, auch wenn ein Unglück droht. Hier ist jemand, der wacht.«

»Ja, du hast recht. Hier ist einer, der wacht«, sagte die Haushälterin unterwürfig. Ohne ein weiteres Wort nahm sie die Laterne vom Boden auf, kroch durch die Luke hinaus und verschwand über die Bodentreppe.

Als die alte Frau ins Haus zurückkam, war es ihre Absicht, sich ungesäumt zur Ruhe zu legen. Einerseits wußte sie, daß das Heinzelmännchen unnötige Nachtwachen nicht leiden mochte, andrerseits glaubte sie, daß die ganze Sache ohnehin in den besten Händen war. Aber sie hatte kaum den schweren Schlüsselbund hingelegt, da überkam sie die Lust, nach den Spielern zu schauen. Leise schlich sie wieder zur Speisesaaltür.

Als sie sich bückte und das Auge an das Schlüsselloch

legte, sah sie, daß Rittmeister Silfverbrandt und Hauptmann Duwe noch am Spieltisch saßen. Der Rittmeister sah furchtbar müde und matt aus. Er war bleich und verstört, hatte Säcke unter den Augen, Runzeln auf der Stirn und zitternde Hände. Duwe war rot im Gesicht und die Augen standen ihm blutunterlaufen aus dem Kopf, aber er verbarg alle Erregung unter frohem Plaudern und Lachen.

Die Haushälterin hatte noch keine zwei Minuten an der Speisesaaltür gelauscht, als Silfverbrandt den Stuhl zurückschob und rief: »Jetzt ist es aus, Duwe. Jetzt habe ich vom ganzen Hofe nur noch die Tanneninsel draußen im See übrig. Die mußt du mir lassen, damit es noch etwas auf Erden gibt, was ich mein nennen kann.«

Duwe lachte, aber er sah unzufrieden drein. »Ewig schade, das Spiel abzubrechen«, sagte er. »Wenn du all das andere gewagt hast, kannst du uns wohl auch um diesen Steinhaufen würfeln lassen.«

Silfverbrandt ging im Zimmer auf und ab. Man sah es ihm wohl an, daß er noch vom Spielteufel besessen war. Er trauerte weniger um den Verlust als vielmehr um das Ende des Spiels.

»Was setzt du gegen die Insel?« fragte er. Duwe bedachte sich einen Augenblick. Die Haushälterin begriff, daß er einen Einsatz ausfindig zu machen suchte, der Silfverbrandt zum Weiterspielen bewegen konnte.

»Ich setzte dein Reitpferd«, sagte Duwe.

Silfverbrandt liebte sein Reitpferd über alles auf Erden. Er begann ganz schrecklich zu fluchen. Er fragte Duwe, ob er der leibhaftige Böse wäre, da er ihn solchermaßen versuchte.

Die Haushälterin sah, daß der Rittmeister jedesmal wenn er auf seiner Wanderung zu einer dunklen Ecke des Zimmers kam, wo Duwe ihn nicht sehen konnte, vor Zorn die Hände ballte.

»Das ärgste ist, daß ich weiß, daß ich dich erschlagen werde, wenn ich dich auf meinem Pferd reiten sehe und auf meinem Hof befehlen höre«, sagte er.

»Kannst du es einem armen Kerl nicht gönnen, wenn er es auf seine alten Tage ein bißchen sorgenfrei hat?« fragte Duwe und lachte. »Du bist ja jung und stark; du findest schon bald anderswo Pferd und Hof.«

Die ganze Zeit wunderte sich die Haushälterin, was wohl mit der Türe los sein mochte, die vom Saal in den Flur führte. Einmal ums andere öffnete sie sich ein wenig und schloß sich wieder. Jedesmal wenn Silfverbrandt an dieser Tür vorbeiging, war es, als ob eine kleine Hand ihm zuwinkte.

Silfverbrandt ging mehrere Male an der Tür vorbei, ohne etwas zu merken, aber plötzlich blieb er stehen und starrte die Tür an.

»Na, kommst du jetzt?« fragte Duwe.

»Ich bin im Augenblick wieder da«, sagte Silfverbrandt und ging in den Flur hinaus.

Die Haushälterin glitt stumm wie ein Schatten von der Speisesaaltür fort. Eine Sekunde darauf stand sie in der Vorratskammer, das Gesicht an ein Fensterchen gedrückt, das auf den Flur ging.

Da stand Silfverbrandt über das Heinzelmännchen gebeugt. Altvater hielt eine kleine Laterne in der Hand, die ein wenig Licht in dem dunklen Raum verbreitete.

»Was gibst du mir, wenn ich es so einrichte, daß du den Hof zurückgewinnst?« fragte der Hausgeist.

»Ich gebe dir, was du willst«, sagte Silfverbrandt.

Der Heinzelmännchen fuhr mit der Hand in die Tasche und zog ein paar Würfel heraus. »Wenn ich dir diese Würfel leihe und du heute nacht mit ihnen spielst, gewinnst du den Hof zurück«, sagte er zu Silfverbrandt.

Dieser streckte die Hand aus. »Gib her! Gib her!« sagte er.

»Du bekommst sie nur unter der Bedingung, daß du morgen mit mir um einen Einsatz spielst, den ich selbst bestimme«, sagte das Heinzelmännchen.

Just in diesem Augenblick schrie die arme Eule laut und schaurig. Silfverbrandt sah auf und lauschte.

Die alte Haushälterin sah, daß die Augen des Heinzelmännchens böse und gehässig zu funkeln begannen. Sie wollte schon die Scheibe einschlagen und ihrem Herrn zurufen, auf seiner Hut zu sein und kein voreiliges Bündnis einzugehen, aber im selben Augenblick sah der Hausgeist mit einem furchtbaren Blick zu ihr auf. Sie blieb still und wagte sich nicht zu rühren.

Aber auch Silfverbrandt schien eine Gefahr zu ahnen. Er zog die Hand zurück und schien im Begriff, sich in den Saal zu begeben. Dann blieb er stehen.

»Ich weiß nicht, warum ich dir etwas Böses zutrauen soll, Altvater; du hast ja immer getreulich für dieses Haus gesorgt«, sagte er. »Du willst gewiß nur mein Bestes. So gib mir die Würfel her! Morgen mag es gehen, wie es will, wenn ich nur heute nacht Duwe ebenso arm machen kann, wie er war, da er in diesen Hausflur trat.«

Im Augenblick darauf war Silfverbrandt wieder im Saale. »Jetzt bleibe ich auch nicht länger hier sitzen und höre mir das Eulengeschrei und den Sturm an, ohne zu spielen«, brach Duwe los. »Ich gehe jetzt zu Bett.«

»Willst du mir nicht noch zuerst die Tanneninsel abgewinnen?« fragte Silfverbrandt, indem er sich am Spieltisch niederließ.

Er nahm den kleinen Becher, in dem die Würfel lagen, und schüttelte sie. Dann spielten er und Duwe mehrere Stunden lang, aber Silfverbrandt gewann jedesmal. Unterdessen hörte das Unwetter auf; die Eule fand den Weg in ihr Nest; die alte Haushälterin mußte vor Müdigkeit ihr Lager aufsuchen; Silfverbrandt ging aber erst zur Ruhe, als er Acker um Acker, Weide um Weide, Wald um Wald, Kate um Kate zurückgewonnen hatte und ganz Töreby wieder sein war.

Ein prächtiger Morgen folgte der Unwetternacht: hoher, blauer Himmel, frische Luft und ein spiegelnder klarer See. Die alte Haushälterin wurde zu ihrem Herrn gerufen, während dieser noch zu Bett lag.

Als sie die Schlafkammertür öffnete, war es ihr, als ob

etwas Kleines und Graues an ihr vorbeihuschte. Sie zuckte zusammen.

Rittmeister Silfverbrandt lag sehr bleich im Bett. »Hat Sie ihn gesehen?« fragte er.

»Nein«, sagte die Haushälterin aus alter Gewohnheit, denn es war dem Heinzelmännchen nicht recht, wenn man sagte, daß man es gesehen hatte.

»Es war der Altvater«, sagte der Rittmeister. »Er ging gerade, als Sie hereinkam. Er war hier und hat mit mir gewürfelt.«

Die Haushälterin stand da und starrte ihren Herrn an.

»Altvater ist mit mir nicht zufrieden«, sagte der Rittmeister. »Es will, daß mein Bruder den Hof bekommt. Und Sie wünscht es sich vielleicht auch.«

Der Rittmeister sah ganz sonderbar aus. Die alte Frau wußte nicht, was sie antworten sollte.

»Ja, den alten Duwe habe ich ja doch vom Hof weggebracht«, fuhr Silfverbrandt fort. »Ich will Altvater die Hilfe lohnen, indem ich es hier auf dem Hof so werden lasse, wie er es haben will.

Er setzt wunderliche Dinge im Spiel ein, dieser Kobold. Er ist ärger als Duwe.«

Die Haushälterin begann zu zittern und murmelte wie in der Nacht: »Der Herr bewahre uns!«

»Na, stehe Sie nicht so da, Menschenskind, und mache Sie kein so bekümmertes Gesicht«, sagte Silfverbrandt, »spute Sie sich lieber und putze Sie mir meine Uniform! Poliere Sie das Bandelier, putze Sie die Knöpfe und reibe Sie die Flecken weg! Das Reitpferd soll auch mit dem besten Zaumzeug gesattelt werden. Die Mähne muß gestrählt sein; die Steigbügel müssen blinken und die Lederriemen glänzen!«

Die Haushälterin sah ihren Herrn erstaunt an. Sie ging und kam sogleich mit der Uniform wieder. In Töreby gab es nichts, das nicht geputzt und gestriegelt, poliert und wohlgepflegt gewesen wäre.

So stand denn Rittmeister Silfverbrandt auf, legte die

blaue Uniform an, rückte den dreikantigen Hut auf dem Kopf zurecht, schnallte den Säbel an die Seite und zog die langen steifen Stulphandschuhe an. Er trat auf die Schwelle und sprang auf sein Pferd.

Zweimal ritt er rings um den Hof, dann schwenkte er zum See hinab zu der langen Waschbrücke, die damals schon stand. Er sah so prächtig und stolz aus, wie er da ritt, daß alles Hausgesinde herauskam, um ihn anzusehen. Und der Kutscher und die Haushälterin sahen beide, wie das Heinzelmännchen sich zur Stalluke hinausbog und dem Gutsherrn nachsah.

Als der Rittmeister zum Seeufer hinabkam, ritt er auf die Brücke hinaus. Er saß hoch und stolz im Sattel wie ein Held, und das Pferd ging mit kurzen, tanzenden Schritten. Als die Brücke zu Ende geritten war, entstand ein kurzer Kampf zwischen Reiter und Pferd. Das Pferd wollte wenden, aber Rittmeister Silfverbrandt zwang es mit Reitpeitsche und Sporen, weiterzugehen. Und mit einem hohen Sprung stürzte sich das Pferd in das Wasser.

Alle, die auf dem Hofe standen, liefen nun zum See hinab, aber als sie hinkamen, waren Reiter und Pferd verschwunden. Sie waren sogleich untergegangen, ohne wieder aufzutauchen.

Die jungen Burschen sprangen in die Boote und ruderten auf den See hinaus. Alle sprachen durcheinander und suchten Rat und Hilfe zu bringen, nur die alte Haushälterin blieb still.

»Es nützt nichts«, sagte sie. »Das ist der Hausgeist. Er hat sein Leben an den Hausgeist verspielt, der ihm heute nacht geholfen hat.«

Als die Menschen, bestürzt und entsetzt, zum Hof zurückkehrten, stand das Heinzelmännchen von Töreby allen sichtbar in der Stalluke und winkte siegesstolz mit seiner roten Mütze.

Denn nun wußte es, daß Ordnung und Stille und ein ernstes Leben wieder auf Töreby einziehen würden.

Der Wechselbalg

Die Trollin kam durch den Wald geschlichen. Ihr Junges trug sie in einer Rindenbutte auf dem Rücken. Es war groß und häßlich, mit Haaren wie Borsten, nadelscharfen Zähnen und einer Kralle am kleinen Finger; aber die Trollin glaubte, daß es kein schöneres Kind geben könnte.

Wie die Trollin so einherging, kam sie zu einer Waldlichtung. Über den holprigen Waldweg kamen ein Bauer und sein Weib geritten.

Zuerst wollte die Trollin wieder in den Wald fliehen, damit niemand sie zu Gesicht bekäme, aber plötzlich bemerkte sie, daß die Bäuerin ein Kind auf dem Arm trug, und da wurde sie andern Sinnes. Sie schlich näher zum Weg heran und versteckte sich hinter einem Haselstrauch. »Ich will doch sehen, ob das Menschenkind ebenso schön ist wie meines«, dachte die Trollin. Aber in ihrem Eifer sah sie zu weit aus dem Busch hervor; und als die Reitenden sich näherten, erblickten die Pferde den großen schwarzen Trollkopf. Sie erschraken, stellten sich auf die Hinterbeine, scheuten und gingen durch. Fast wären der Bauer und sein Weib abgeworfen worden. Sie stießen einen Schrei aus, beugten sich vor, um die Zügel anzureißen, und waren im nächsten Augenblick verschwunden. Die Trollin war wütend, weil sie das Menschenkind kaum zu Gesicht bekommen hatte. Aber plötzlich wurde sie wieder seelenvergnügt, denn da lag ja das Kind vor ihr auf der Erde. Als die Pferde durchgingen, war es der Bäuerin aus dem Arm gefallen.

Das Kind lag auf einem Haufen dürrer Blätter und war ganz unversehrt. Es schrie vor Schreck über den Fall; aber als die Trollin sich darüberbeugte, schien es über den Anblick so belustigt, daß es verstummte und lächelte und das Händchen ausstreckte, um an dem schwarzen Bart der Trollin zu zupfen.

Die Trollin stand ganz verblüfft da und betrachtete das

Menschenkind. Sie sah die kleinen Händchen mit den rosenroten Nägeln, die klaren blauen Äuglein und das kleine Mündchen. Sie befühlte das weiche Haar, strich über die Wangen und wußte sich vor Staunen gar nicht zu fassen, daß ein Kind so rosig und weich und fein sein konnte.

Plötzlich riß die Trollin ihre Rindenbutte vom Rücken, holte ihr eignes Junges heraus und setzte es neben das Menschenkind. Als sie nun den Unterschied zwischen den beiden sah, konnte sie es nicht lassen, vor Wut laut aufzuheulen.

Unterdessen hatten der Bauer und sein Weib ihre Pferde wieder gebändigt. Sie kamen nun zurück, um ihr Kind zu suchen. Als die Trollin sie kommen hörte, kamen ihr fast die Tränen, denn sie hatte sich noch lange nicht an dem Menschenkind satt gesehen. Sie blieb sitzen, bis die Reiter fast in Sichtweite waren, dann faßte sie einen raschen Entschluß. Sie ließ ihr Junges am Wegesrand liegen, steckte das Menschenkind in ihre Rindenbutte und lief damit in den Wald.

Kaum war die Trollin in den Wald verschwunden, da kamen der Bauer und seine Frau, um nach dem Kind zu suchen.

Es waren prächtige Bauersleute, reich und geachtet und mit einem schönen Hof am Fuß des Waldhügels. Sie waren schon viele Jahre verheiratet, aber sie hatten nur dieses einzige Kindchen. Man kann sich also denken, wie sehr es ihnen am Herzen lag.

Die Frau war dem Mann um ein paar Pferdelängen voraus und erblickte zuerst das Kind am Wegesrand. Es schrie aus Leibeskräften, um die Trollin zurückzurufen; und die Bäuerin hätte schon an dem Geheul merken können, was für ein Kind das war, aber sie hatte solche Angst ausgestanden, daß sie bei dem Geschrei nur dachte: »Gott sei Dank, daß es am Leben ist.«

»Da liegt das Kind«, rief sie dem Mann zu, glitt aus dem Sattel und lief auf das Trolljunge zu.

Als der Bauer zur Stelle kam, saß die Frau am Wegesrand und drehte das Kind hin und her. Sie glaubte, ihren Sinnen nicht trauen zu können.

»Mein Kind hatte doch keine Stachelzähne«, sagte sie; »mein Kind hatte doch keine Haare wie Schweinsborsten; mein Kind hatte doch keine Kralle am kleinen Finger.«

Der Bauer mußte annehmen, daß sein Weib verrückt geworden sei. Rasch sprang er vom Pferd.

»Sieh das Kind an und sage, ob du begreifen kannst, wie es sich so verändern konnte«, sagte die Frau und reichte es ihm. Er nahm es aus ihren Händen, aber kaum hatte er einen Blick darauf geworfen, da spuckte er dreimal aus und schleuderte es von sich. »Das ist doch ein Trolljunges«, rief er. »Das ist nicht unser Kind.«

Die Frau saß noch immer am Wegesrand. Sie konnte nicht fassen, was sich begeben hatte.

»Aber was tust du denn mit dem Kind?« fragte sie.

»Ja merkst du denn nicht, daß das ein Wechselbalg ist?« sagte der Mann. »Die Trolle haben die Gelegenheit benutzt; als unsere Pferde durchgingen, haben sie unser Kind gestohlen und dafür ein Trolljunges hingelegt.«

»Aber wo ist denn dann jetzt mein Kind?« fragte die Frau.

»Das ist bei den Trollen«, antwortete der Mann.

Nun begriff die Frau endlich das ganze Unglück. Sie erbleichte und der Mann glaubte, daß sie auf der Stelle ihren Geist aufgeben würde.

»Unser Kind kann ja nicht weit fort sein«, sagte der Mann und versuchte sie zu beschwichtigen, obgleich er selbst nicht viel Hoffnung hatte. »Wir wollen in den Wald gehen und es suchen.« Damit band er die Pferde an einen Baum und begab sich in das Dickicht. Die Frau stand auch auf, um ihm zu folgen, da sah sie das Trolljunge auf dem Boden liegen; es konnte jeden Augenblick von den Pferden totgetrampelt werden, die unruhig waren und einmal ums andre wild nach hinten ausschlugen. Sie schauderte bei dem Gedanken, den Wechselbalg anrühren zu müssen, schob ihn aber doch so, daß die Pferde ihn nicht zertreten konnten.

»Hier liegt die Schelle, die unser Kind in der Hand hatte, als du es fallen ließest«, rief der Bauer aus dem Wald. »Jetzt weiß ich, daß ich auf der rechten Spur bin.«

Die Frau eilte ihm nach; und sie gingen in den Wald und suchten lange und eifrig. Aber sie fanden weder Kind noch Troll; und als die Dämmerung einbrach, mußten sie zu ihren Pferden zurückkehren.

Die Frau weinte und rang die Hände. Der Mann ging mit aufeinandergepreßten Lippen und sagte nicht ein Trostwort. Er war aus einem alten guten Geschlecht, das erloschen wäre, wenn er nicht einen Sohn bekommen hätte. Jetzt zürnte er der Frau, weil sie das Kind hatte zu Boden fallen lassen. Sie hätte es doch festhalten können! Aber als er sah, wie betrübt sie war, brachte er es nicht übers Herz, sie zu tadeln. Der Bauer half der Frau in den Sattel, da fiel ihr der Wechselbalg ein. »Was sollen wir mit dem Trolljungen anfangen?« rief sie.

»Ja, wo ist es denn hingekommen?« fragte der Mann.

»Es liegt dort unter dem Busch.«

»Da liegt es ja ganz gut«, sagte der Mann und lächelte bitter.

»Wir müssen es aber doch mitnehmen. Wir können es doch nicht hier in der Wildnis lassen.«

»Doch, das können wir sehr gut«, sagte der Bauer.

Die Frau fand, daß der Mann eigentlich ganz recht hätte und ließ das Pferd ein paar Schritte machen, aber da sie von weicher und warmherziger Gemütsart war, konnte sie unmöglich weiterreiten.

»Nein, es ist ja doch ein Kind«, sagte sie. »Ich kann es nicht hierlassen, den Wölfen zum Fraße. Du mußt mir den Jungen reichen.«

»Das tu ich nicht«, sagte der Mann. »Er liegt ganz gut, wo er liegt.«

»Wenn du ihn mir jetzt nicht bringst, muß ich heute abend wieder herkommen und ihn holen«, sagte sie.

»Nicht genug damit, daß die Trolle meinen Knaben gestohlen haben«, sagte er, »sie haben auch noch meinem Weib den Kopf verdreht.« Aber dabei hob er doch das Kind auf und reichte es der Frau, denn er hatte eine große Liebe zu ihr und war es gewohnt, ihr gefällig zu sein.

Am nächsten Tag war das Unglück im ganzen Kirchspiel bekannt, und alle, die alt und klug waren, eilten in die Hütte des Bauern, um gute Ratschläge zu geben.

»Wer einen Wechselbalg im Haus hat, muß ihm jeden Tag mit einem derben Stecken Schläge geben«, sagte eine Alte.

»Warum soll ich denn so übel mit ihm umgehen?« fragte die Bäuerin. »Freilich ist er häßlich, aber er hat doch nichts Böses getan.«

»Ja, wenn man das Junge schlägt, bis das Blut fließt, dann kommt schließlich die Trollin herbeigesaust, wirft einem das eigene Kind zu und nimmt ihres mit. Ich weiß viele, die es so gemacht haben, um ihr Kind wieder zu bekommen.«

»Aber diese Kinder sind dann nicht lange am Leben geblieben«, sagte eine andere. Die Bäuerin wußte, daß sie dieses Mittel nicht anwenden würde; es wäre ihr unmöglich gewesen.

In demselben Augenblick kam der Mann mit einem Stock in der Hand in die Stube und fragte nach dem Wechselbalg. Da sah die Frau, daß der Mann den Rat der klugen Frau befolgen und das Trollkind prügeln wollte, um sein eigenes zurückzubekommen. »Es ist gut, daß er es tut«, dachte sie. »Ich bin zu dumm. Ich könnte nie ein unschuldiges Kind schlagen.«

Aber kaum hatte der Mann dem Trollkind einen Hieb versetzt, da stürzte die Frau herbei und packte ihn am Arm. »Nein, schlag nicht, schlag nicht!« bat sie.

»Du willst wohl dein eigenes Kind nicht wiederhaben?« sagte der Mann und versuchte sich loszumachen.

»Freilich will ich es wiederhaben, aber nicht auf diese Art«, sagte die Frau. Der Mann erhob den Arm zu einem neuen Schlag, aber die Frau warf sich auf das Kind, so daß der Hieb ihren Rücken traf.

»Gott schütze mich«, sagte der Mann, »jetzt sehe ich, du willst unser Kind gar nicht wiederhaben, sonst würdest du dich nicht so anstellen.« Er blieb stehen und wartete, aber die Frau blieb liegen und schützte das Kind. Da warf der Mann den Stock fort und ging unmutig aus der Stube. Er wunderte sich später, daß er seinen Vorsatz nicht doch ausgeführt hatte, aber wenn seine Frau da war, bezwang ihn irgend etwas: er konnte ihr nicht zuwiderhandeln.

Ein paar Tage vergingen in Schmerz und Trauer. Was die Bäuerin am meisten quälte, war die Sorge für das Trollkind. Fast nahm es ihr die Kraft, ihr eignes Kind zu betrauern.

»Ich weiß nicht, was ich dem Wechselbalg zu essen geben soll«, sagte sie eines Morgens zu ihrem Mann. »Er will nichts essen – was ich ihm auch vorsetze.«

»Das ist nicht verwunderlich«, sagte der Mann. »Du wirst doch schon gehört haben, daß die Trolle nichts anderes essen als Frösche und Mäuse.«

»Aber du kannst doch nicht verlangen, daß ich zum Froschsumpf gehe und dort das Essen hole«, sagte die Frau.

»Nein, ich verlange nichts dergleichen«, antwortete der Bauer. »Ich finde, es wäre am besten, wenn der Wechselbalg verhungern würde.«

Die Woche verging, ohne daß die Bäuerin das Trolljunge bewegen konnte, irgend etwas zu sich zu nehmen. Es schrie nur in seiner Wiege und wurde ganz elend und mager. Die Bäuerin versuchte es mit allen möglichen guten Speisen; aber der Wechselbalg fauchte und spuckte nur, wenn sie ihn überreden wollte, etwas von den Leckerbissen zu kosten.

Eines Abends, als das Trollkind schon beinahe Hungers gestorben war, kam die Katze mit einer Maus zwischen den Zähnen in die Stube gelaufen. Da riß die Bäuerin der Katze die Maus aus dem Rachen, warf sie dem Kind hin und verließ hastig die Stube, um nicht sehen zu müssen, wie das Trolljunge aß.

Als der Bauer merkte, daß die Frau wirklich Frösche und Spinnen für den Wechselbalg sammelte, begann er einen solchen Abscheu vor ihr zu empfinden, daß er es kaum verbergen konnte. Er konnte sich nicht überwinden, seiner Frau ein freundliches Wort zu sagen; und wäre nicht jene wunderliche Macht gewesen, die sie über ihn besaß, hätte er sie sogleich verlassen.

Auch die Dienstleute begannen der Bäuerin Ungehorsam und Unehrerbietigkeit zu zeigen, ohne daß der Bauer sich darum kümmerte.

Die Frau merkte bald: wenn sie fortfuhr, den Wechselbalg in Schutz zu nehmen, würde sie es mit ihrem Mann, dem Gesinde und den Nachbarn sehr schwer haben; aber sie war nun einmal so: alles Schwache und Verfolgte mußte sie beschützen. Je mehr sie um des Wechselbalgs willen litt, desto getreulicher wachte sie darüber, daß ihm nichts Böses widerfuhr.

Ein paar Jahre später saß die Bäuerin an einem Vormittag allein in der Stube und nähte Flicken um Flicken auf ein kleines Kinderkleid. »Ach ja«, dachte sie, während sie so nähte, »der hat keine guten Tage, der für ein fremdes Kind sorgen muß.«

Sie nähte und nähte, aber die Löcher waren so groß und so zahlreich, daß ihr die Tränen in die Augen kamen. »So viel weiß ich«, dachte sie, »wenn ich meines eignen Sohnes Kittelchen flickte, würde ich die Löcher nicht zählen.

Ich habe es doch gar zu schwer mit dem Wechselbalg«, dachte die Bäuerin, als sie ein neues Loch entdeckte. »Das beste wäre es schon, wenn ich ihn tief in den Wald führte und ihn dort zurückließe.

Ich brauchte mir gar nicht so viel Mühe zu geben, ihn loszuwerden«, fuhr sie nach einem Weilchen fort. »Ich brauchte ihn nur einen Augenblick ohne Aufsicht zu lassen, dann würde er schon im Brunnen ertrinken oder im Herd verbrennen oder vom Hund gebissen oder von den Pferden gestoßen oder von den Knechten erschlagen werden. Ja, es wäre ein leichtes, ihn loszuwerden, denn ausgelassen und schlimm ist er, und es gibt keinen, der ihn nicht haßte. Ich glaube, wenn ich nicht beständig um ihn wäre, würde ihn gleich jemand umbringen.«

Sie ging hin und sah das Kind an, das in einer Ecke der Stube lag und schlief. Es war inzwischen sehr gewachsen und sah jetzt noch viel häßlicher aus als am Anfang. Es hatte große, wulstige Lippen; die Augenbrauen waren wie zwei steife Bürsten, und die Haut war ganz braun.

»Deine Kleider flicken und über dich wachen, ginge wohl noch an«, dachte sie. »Wenn ich deinetwegen nicht schlimmere Sorgen hätte. Es ist ja fast, als hätte ich den Verstand verloren, da ich so viel um dich leide, wo du doch nur ein widerwärtiger Troll bist. Mein Mann verabscheut mich; die Knechte verachten mich; die Mägde höhnen mich; die Katze faucht mich an; der Hund knurrt, wenn er mir begegnet; und an dem allen bist nur du schuld.

Aber daß Tiere und Menschen mich hassen, ist noch nicht das schlimmste«, fuhr sie nachdenklich fort. »Das schlimmste ist, daß ich mich jedesmal, wenn ich dich ansehe, um so mehr nach meinem eignen Sohn sehne. Oh, mein liebes Kind, mein allerliebstes Goldkind, wo bist du jetzt? Schläfst du bei der Trollin auf Moos und Reisig?«

Da ging die Tür auf. Die Frau begab sich wieder zum Tisch und setzte sich zu ihrer Näharbeit. Es war ihr Mann, der eintrat. Er lächelte und sprach seit langer Zeit endlich wieder einmal mit freundlicher Stimme.

»Heute ist im Nachbardorf Jahrmarkt«, sagte er. »Wie wär es, wenn wir hingingen?«

»Ach, das wollte ich gar so gerne«, sagte die Frau und wurde sehr froh.

»Nun, dann mach dich rasch fertig«, sagte der Mann, »Wir müssen zu Fuß gehen, denn die Pferde sind bei der Arbeit. Aber wir kommen noch zurecht, wenn wir den Weg über den Hügel nehmen.«

Ein kleines Weilchen später stand die Frau in Feiertagskleidern auf der Schwelle. Das war das Freudigste, was ihr seit Jahren begegnete, und sie hatte das Trollkind völlig vergessen. »Aber«, dachte sie ganz plötzlich, »vielleicht will mein Mann mich nur fortlocken, damit einer der Knechte das Trollkind erschlagen kann.« Sogleich ging sie in die Stube und kam mit dem großen Trolljungen auf dem Arm zurück.

»Kannst du den Wechselbalg nicht daheim lassen?« fragte der Mann, aber er lachte dabei und war ganz sanft.

»Nein, ich traue mich nicht, von ihm fortzugehen«, sagte sie.

»Ja, das ist deine Sache«, sagte der Bauer, »aber es wird dir schwer werden, solch einen Bengel den Hügel hinaufzuschleppen.«

Sie begannen ihre Wanderung. Es ging steil aufwärts. Sie mußten einen hohen Gebirgsgrat erklimmen, ehe sie in das benachbarte Dörfchen kamen.

Die Frau wurde schließlich so müde, daß sie kaum mehr einen Fuß vor den andern setzen konnte. Einmal ums andre suchte sie den großen Burschen zu überreden, selbst zu gehen, aber er wollte nicht.

Der Mann war die ganze Zeit vergnügt und so freundlich, wie er es nie mehr gewesen war, seit sie ihr Kind verloren hatten.

»Jetzt mußt du mir aber den Wechselbalg geben«, sagte er, »ich werde ihn ein Weilchen tragen.«

»Ach nein, ich kann schon«, sagte die Frau, »ich will nicht, daß du durch dieses Trollzeug Beschwerden hast.«

»Warum sollst du dich allein damit abplagen«, sagte er und nahm den Wechselbalg.

Als der Bauer das Kind nahm, war der Weg gerade am allersteilsten. Er führte ganz schmal und schlüpfrig am Rande eines Abgrundes vorbei. Es war kaum Platz, den Fuß aufzusetzen. Die Frau ging hinter ihm und bekam plötzlich große Angst. »Geh hier vorsichtig«, rief sie. Gleich darauf glitt er auch wirklich aus und hätte fast das Trolljunge in den Abgrund fallen lassen.

»Wenn das Kind jetzt gefallen wäre, dann wären wir es für alle Zeit los gewesen«, dachte sie. Aber in demselben Augenblick wußte sie, daß es die Absicht des Mannes war, das Kind hier hinunterzuwerfen und dann zu tun, als wäre ein Unglück geschehen. »Ach«, dachte sie, »er hat das alles nur so eingerichtet, um das Kind beseitigen zu können, ohne daß ich die Absicht merke. Ja, wäre es nicht am besten, wenn ich ihm seinen Willen ließe?«

Wieder rutschte der Mann auf einem lockeren Stein aus; wieder wäre ihm das Kind fast aus dem Arm gefallen.

»Gib mir das Kind, du fällst damit«, sagte die Frau. »Nein«, sagte der Mann, »ich werde schon aufpassen.«

»Du sollst es mir geben« rief die Frau, »du bist schon zweimal ausgeglitten.«

In demselben Augenblick rutschte der Mann zum drittenmal aus. Er streckte die Arme nach einem Baumast, um sich daran festzuhalten, und das Kind fiel. Die Frau stürzte vor, packte einen Zipfel des Kittelchens und zog das Kind daran wieder auf den Weg.

Da wandte sich der Mann ihr zu. Sein Gesicht war jetzt häßlich und böse. »Als du unser Kind im Walde fallen ließest, warst du nicht so flink«, sagte er zornig.

Die Frau antwortete nicht. Sie saß auf der Erde und weinte darüber, daß die Freundlichkeit des Mannes nur gespielt gewesen war.

»Warum weinst du?« sagte er hart. »Es wäre wohl kein so großes Unglück gewesen, wenn ich den Balg hätte fallenlassen. Komm jetzt, es wird spät.«

»Ich glaube, ich hab keine Lust mehr, auf den Markt zu gehen«, sagte sie.

»Na ja, mir ist die Lust auch vergangen«, sagte er.

»Ich will lieber nach Hause«, sagte die Frau.

»Ja, warum sollten wir auch auf den Markt, wenn es uns keine Freude macht«, sagte er und war einig mit ihr.

Auf dem Heimweg fragte sich der Mann, wie lange er es noch mit seinem Weib aushalten könnte. – Wenn er von seiner Macht Gebrauch machte und sie zwänge, das Trollkind zu lassen, dann könnte alles zwischen ihnen wieder gut werden, meinte er; aber so, wie es jetzt war, wollte er am liebsten von ihr befreit sein. Er war nahe daran, Gewalt gegen sie anzuwenden und das Kind an sich zu reißen, aber da begegnete er ihrem Blick, der so schwermütig und traurig war, daß er es nicht vermochte, hart gegen sie zu sein. Um ihrer Trauer willen tat er sich Gewalt an, wie er es bisher getan hatte, und alles blieb, wie es gewesen war.

Wieder vergingen einige Jahre und es kam eine Sommernacht, da auf dem Bauernhof eine Feuersbrunst ausbrach. Als die Leute aufwachten, waren Stube und Kammer voll Rauch; und der ganze Dachboden war ein Feuermeer. Es war gar nicht daran zu denken, zu löschen; man konnte nur hinausstürmen, um nicht zu verbrennen.

Der Bauer lief auf den Hof hinaus und stand da und sah das brennende Haus an.

»Ich möchte wissen, wer mir das angetan hat?«

»Wer? Nun, wer sollte es wohl anders gewesen sein als der Wechselbalg?« sagte ein Knecht. »Es war schon immer sein Spiel, Reisighaufen zu machen und sie anzuzünden.«

»Gestern hat er einen großen Haufen trockner Zweige auf den Dachboden getragen«, sagte die Magd. »Er wollte sie eben anzünden, als ich kam und es bemerkte.«

»Gewiß hat er gestern abend den Brand gelegt«, sagte der Knecht. »Ihr könnt ganz sicher sein, daß er das Unglück verursacht hat.«

»Wenn er nur wenigstens verbrennen wollte«, sagte der Bauer, »dann wollte ich nicht klagen, daß meine alte Hütte in Flammen aufgegangen ist.«

Als er das sagte, trat die Frau aus dem Hause und schleppte das Kind hinter sich her. Da stürzte der Bauer heran, entriß ihr das Kind, hob es hoch in die Luft und warf es wieder in das Haus zurück. Das Feuer schlug gerade zum Dach und zu den Fenstern heraus. Die Hitze war fürchterlich. Einen Augenblick sah die Frau den Mann an, leichenblaß vor Schreck, dann kehrte sie um und eilte in das Haus zurück, – dem Kind nach.

»Es macht mir gar nichts, wenn du mitverbrennst«, rief ihr der Bauer nach. Sie kam jedoch wieder heraus und hatte das Kind in den Armen. Ihre Hände waren arg verbrannt und das Haar war fast abgesengt. Niemand sagte ein Wort zu ihr, als sie herauskam. Sie ging zum Brunnen, löschte ein paar Funken, die an ihrem Rocksaum glühten, und setzte sich dann auf den Boden. Das Trollkind lag auf ihrem Schoß und schlummerte bald ein, doch sie saß hochaufgerichtet und starrte mit traurigen Augen vor sich hin. Viele Menschen eilten herbei, um zu löschen, aber niemand sprach zu ihr. Es war, als ob sie etwas Häßliches und Unheimliches an sich hätte, das Schrecken und Abscheu erregte.

Bei Tagesanbruch, als das Feuer gelöscht war, kam der Bauer auf sie zu.

»Ich halte es nicht länger aus; ich kann nicht mit Trollen zusammenleben, obgleich ich dich ungern verlasse. Ich gehe jetzt meiner Wege und komme nie wieder.«

Als die Frau diese Worte hörte und sah, wie der Mann sich gleich darauf abwandte, um seiner Wege zu gehen, da zuckte es in ihr, als wollte sie ihm nacheilen – aber das Trollkind lag schwer auf ihrem Schoß. Sie schien nicht Kraft genug zu haben, es abzuschütteln, und blieb sitzen.

Kaum war der Bauer in den Wald gekommen, als ihm ein kleiner Knirps in vollem Lauf über die Hügel entgegenkam. Er war schön wie ein junges Bäumchen und schmal und schlank. Das Haar war seidenweich und die Augen leuchteten wie blauer Stahl.

»Ach ja, so wäre mein Sohn jetzt, wenn ich ihn hätte behalten dürfen«, dachte der Bauer. »Einen sochen Erben hätte ich gehabt. Das wäre ein ander Ding gewesen als das Ungetüm, das meine Frau mir ins Haus gebracht hat.«

»Grüß Gott«, sagte der Bauer zu dem Kind, »wohin gehst du denn?«

»Grüß Gott«, sagte das Bürschchen und reichte ihm die Hand. »Wenn du erraten kannst, wer ich bin, sollst du erfahren, wohin ich gehe.«

Als der Bauer die Stimme hörte, wurde er ganz blaß. »Ich kenne diese Stimme«, sagte er. »Wenn mein Sohn nicht bei den Trollen wäre, würde ich sagen, daß du es bist.«

»Ja, jetzt habt Ihr recht geraten, Vater«, sagte das Bürschchen und lachte. »Und weil Ihr recht geraten habt, sollt Ihr auch wissen, daß ich auf dem Wege zur Mutter bin.«

»Du sollst nicht zur Mutter gehen«, sagte der Bauer. »Sie fragt gar nicht nach dir. Sie hat für niemand ein Herz, nur für ein großes garstiges Trolljunges.«

»Meint Ihr das, Vater?« fragte der Knabe und sah dem Vater tief in die Augen. »Dann ist es vielleicht besser, wenn ich fürs erste bei Euch bleibe.«

Der Bauer war so froh über das Kind, daß ihm die Tränen in die Augen kamen. »Ja, bleib du nur bei mir«, sagte er und nahm den Knaben in seine Arme und küßte ihn. Er hatte große Angst, ihn aufs neue zu verlieren und wagte es nicht, ihn wieder auf den Boden zu stellen, sondern wanderte mit dem Kind im Arm weiter.

Als er ein paar Schritte gegangen war, begann der Kleine zu plaudern.

»Das ist nicht gut, daß Ihr mich nicht so tragt, wie Ihr den Wechselbalg getragen habt«, sagte der Knabe.

»Was meinst du damit?« fragte der Bauer.

»Ja, die Trollin ging auf der andern Seite der Kluft mit mir, und jedesmal, wenn Ihr mit dem Kind ausglittet, Vater, glitt sie mit mir aus.«

»Ach was, ihr gingt auf der andern Seite der Kluft?« sagte der Bauer und wurde plötzlich ganz nachdenklich.

»Nie habe ich solche Angst gehabt«, sagte das Bürschchen.

»Als Ihr das Trollkind in die Schlucht warft, wollte mich die Trollin hinterherwerfen. Wäre Mutter nicht so geschwind gewesen . . .«

Der Bauer begann langsamer zu gehen, während er dem Kleinen Fragen stellte.

»Du mußt mir erzählen, wie es dir bei den Trollen ergangen ist.«

»Manches Mal recht schlimm«, sagte der Kleine, »aber wenn Mutter gut zu dem Trolljungen war, dann war die Trollin auch gut zu mir.«

»Pflegte sie dich zu schlagen?« fragte der Bauer.

»Sie schlug mich nicht öfter, als Ihr das andre Kind schlugt.«

»Was kriegtest du denn zu essen?« fragte der Bauer.

»Jedesmal, wenn Mutter dem Wechselbalg Spinnen und Mäuse gab, bekam ich Butterbrot. Aber wenn ihr dem Trolljungen Kuchen und Fleisch vorsetztet, dann setzte mir die Trollin Schlangen und Kröten vor. In der ersten Zeit wäre ich fast verhungert. Wenn Mutter dann nicht mehr Barmherzigkeit bewiesen hätte als ihr andern, wäre ich wohl gestorben.«

Als das Kind dies sagte, machte der Bauer kehrt und ging rasch in das Tal hinab, seinem Hof zu.

»Ich weiß nicht, woher das kommt«, sagte er, »aber es ist mir, als spürte ich einen Brandgeruch, wenn ich dich anrühre; und dein Haar sieht aus, als ob es vom Feuer versengt wäre.«

»Das ist doch nicht zu verwundern«, sagte das Kind. »Ich wurde doch heute nacht ins Feuer geworfen, als Ihr das Trollkind in die brennende Hütte schleudertet. Und wenn Mutter das Trolljunge nicht gerettet hätte, so wäre ich wohl auch verbrannt.«

Der Bauer schien nun solche Eile zu haben, daß er fast lief, um in sein Heim und zu seinem Weibe zurückzukommen. Aber plötzlich blieb er stehen.

»Jetzt mußt du mir aber sagen, woher es kommt, daß die Trolle dich freigegeben haben?« sagte er.

»Als Mutter das opferte, was ihr mehr ist als das Leben, hatten die Trolle keine Macht mehr über mich und ließen mich ziehen«, sagte das Kind.

»Hat sie geopfert, was ihr mehr ist als das Leben?« fragte der Bauer.

»Ja, das hat sie, als sie Euch ziehen ließ, ohne einen Versuch zu machen, Euch zurückzuhalten«, sagte das Kind.

Die Frau saß noch immer am Brunnen. Sie schlief nicht, aber sie schien wie versteinert. Sie vermochte sich nicht zu rühren; was rings um sie vorging, bemerkte sie ebensowenig, als wenn sie tot gewesen wäre. Da hörte sie ihren Mann nach ihr rufen, und ihr Herz begann wieder zu pochen. Neues Leben erwachte in ihr. Sie schlug die Augen auf und sah sich wie eine Schlaftrunkene um. Es war helllichter Tag; die Sonne schien und die Vögel sangen und es schien ihr ganz unmöglich, an einem so schönen Morgen unglücklich zu sein. Aber gleich darauf sah sie die verkohlten Balken, wo einst die Hütte gestanden hatte. Sie sah Menschen mit geschwärzten Händen und berußten Gesichtern. Da kam es ihr zum Bewußtsein, daß sie zu einem schwereren Unglück erwachte als je zuvor; aber dennoch hatte sie das Gefühl, als ob alles Leid nun zu Ende sein müßte. Sie sah sich nach dem Wechselbalg um. Er lag nicht mehr auf ihrem Schoß und war auch nirgends zu sehen. Da hörte sie ihren Mann aus weiter Ferne rufen. Er kam aus dem Wald, zum Hof herunter, und all die fremden Menschen, die beim Löschen geholfen hatten, liefen ihm entgegen und umringten ihn, so daß sie ihn nicht sehen konnte. Sie hörte nur, wie er unaufhörlich rief: »Mutter, Mutter! Komm doch und sieh! Komm und sieh!« Und die Stimme brachte Kunde von einer großen Freude. Sie blieb dennoch regungslos sitzen. Sie wagte ihm nicht entgegenzugehen. Endlich kam die ganze Menschenschar auf sie zu; und der Mann trennte sich von den andern und kam heran und legte ein schönes Kind in ihre Arme.

»Hier ist unser Sohn; er ist zu uns zurückgekehrt«, sagte der Mann. »Und du – und kein andrer – hast ihn gerettet.«

Die Geisterhand

Gerade als es ein Uhr schlug, kam jemand und klingelte an der Glocke des Doktors. Das erste Läuten hatte keinen Erfolg, aber als das zweite und dritte Läuten verrieten, daß es unerschütterlicher Ernst war, kam Doktors Karin durch die Küchentür, um zu sehen, was es gebe. Und als Karin eine Weile unterhandelt hatte, mußte sie sich darein finden, den Doktor zu wecken. Sie klopfte an die Schlafzimmertür.

»Es ist jemand da von der Braut vom Herrn Doktor. Der Herr Doktor muß hin.«

»Ist sie krank?« ertönte es von drinnen.

»Sie wissen nicht, was ihr fehlt. Sie glauben, daß sie etwas ›gesehen‹ hat.«

»Ja, ich lasse grüßen und komme.«

Der Doktor fragte nicht weiter. Er liebte es nicht, das Mägdegeschwätz über seine Braut zu hören.

Eine wunderliche Sache ist's mit diesem Aberglauben, dachte er, während er sich ankleidete. Nun liegt doch das Haus mitten in der Stadt, nicht das geringste Romantische daran. Ein ganz gewöhnliches, häßliches, altes Haus, eingerichtet wie alle andern in dem Viertel. Aber der Geisterspuk nistet sich dort fest.

Wenn es noch in einem finstern Gäßchen läge oder ein wenig außerhalb der Stadt in irgendeinem verwilderten Garten, wo unheimliche alte Bäume die Fensterscheiben peitschten, in solch einer stürmischen Winternacht! Aber mit der Kirche und der Sparkasse und der Kaserne und der Zuckerfabrik ganz in der Nähe! Sollte man nicht glauben, daß die Zuckerfabrik mit allem ihrem Rasseln und Kochen und den großen glühenden Dampfkesseln es dem Gespenst unbehaglich machen müßte. Aber nein – durchaus nicht.

Auf seine Weise konnte das Gespenst Bewunderung verdienen. Es hatte Energie, unglaubliche Energie und die Fähigkeit, sich im Bewußtsein der Leute zu erhalten. Man gab wohl zu, daß es sich jetzt etwa zwanzig Jahre nicht hatte sehen lassen, seit die Fräulein Burmann in die Geisterzimmer gezogen waren. Aber hatte jemand es vergessen! Das zeigte sich ja jetzt: bloß weil Ellen ganz plötzlich krank geworden war, mußte es gleich heißen, sie hätte etwas »gesehen«.

Daß sie sich vor etwas erschreckt hätte, ja, das war wohl nicht unmöglich. Sie war prädestiniert, Gespenster zu sehen, weil sie ihr ganzes Leben mit den zwei nervösen, alten Tanten verbracht hatte. Und daß es ein Gespenst im Hause gab, hatte sie wohl immer gehört und geglaubt. Von Kindheit auf war ihre Phantasie durch das alles aufgereizt.

Als er das erstemal auf Krankenbesuch bei den Tanten gewesen war, hatte sie ihm gleichsam triumphierend gesagt: »Hier ist das Geisterzimmer«, in einem Ton, als zeige sie eine Familienkostbarkeit.

»Sehen Sie, Herr Doktor, es geht nicht an, in diesem Zimmer Karten zu spielen.«

»Ach, warum nicht?«

»Ja, wenn einer der Spielenden den geringsten Fehler macht, den allerunbedeutendsten Kniff, da kommt eine Hand und legt sich neben ihm auf den Spieltisch.«

»Was für eine Hand?«

»Eine alte, häßliche Hand mit schweren Diamantringen auf den krummen Fingern und mit echten Spitzen ums Handgelenk.«

»Nun, und dann?«

»Ja, man sieht nichts als die Hand.«

»Aber woher kommt das?«

»Das weiß niemand, sie hat sich immer hier gezeigt.«

Sie hatte das sehr keck erzählt; aber wer konnte wissen, wer konnte wissen? Sie glaubte wohl an den Spuk.

»So kommt sie, sehen Sie, Herr Doktor, kommt die Tischkante heraufgeschlichen, dicht neben dem, der spielt. Hu, und dann weist sie mit einem großen, gekrümmten Finger auf eine der Karten! Sie hat Nägel wie Klauen.«

Nein wirklich, daran glauben konnte sie doch wohl nicht. Sie hatte ja gerade das Gespensterzimmer zu ihrem Zimmer erwählt . . .

Der Doktor jagte an der großen Zuckerfabrik vorüber, wo die Arbeit die ganze Nacht fortging, und gelangte über die hohe Steintreppe in das Haus.

Gott erbarme sich, auch er war nahe daran, zu erschrekken. Im Stiegenhaus stand eine lange Gestalt, ganz in einen schwarzen Schal eingerollt. Tante Malin war selbst heruntergekommen, um ihm die Stiege hinaufzuleuchten.

»Wie geht es Ellen?« fragte der Doktor.

»Wie gut von dir, daß du so rasch gekommen bist«, sagte Tante Malin. »Ich weiß nicht, was sie hat. Du mußt kommen und selbst sehen.«

Sie sprang beinahe die Stiegen hinauf, so alt sie war. Der Doktor bekam erst jetzt den lebendigen Eindruck, daß wirklich Gefahr im Verzuge wäre.

Ärgerlich, wenn nun jetzt etwas dazwischen kommen sollte, mit dem kleinen Mädchen dort oben, das er sich zur Frau gewählt hatte! Er hatte in seinem ganzen Leben keine gesehen, die ihm besser gepaßt hätte. Recht schön, und keine andern Verwandten als die zwei alten Tanten, und natürlich streng erzogen, ans Heim gewöhnt, tüchtig im Häuslichen, friedfertig.

Als sie ins Vorzimmer kamen, wendete sich Tante Malin wieder an ihn.

»Wir erwachten mitten in der Nacht davon, daß sie so furchtbar schrie, und wir haben sie seitdem nicht beruhigen können. Wir wußten uns keinen andern Rat, als dich holen zu lassen.«

Sie öffnete die Tür zu Ellens Zimmer, steckte den Kopf hinein und sagte, daß er gekommen sei. Gleich darauf wurde er eingelassen.

Drinnen war es so hell, daß er im ersten Augenblick kaum etwas sehen konnte. Sie hatten wohl alles hereingebracht, was es in der Wohnung an Lampen und Leuchten gab. In dieser Beleuchtung wurde es einem klar, daß dies einst, in den Glanzzeiten des Hauses, der Festsaal gewesen war.

Also hier hatten sie an den Spieltischen gesessen, und gerade da hatte die Gespensterhand sich gezeigt. Das mußte einen Schrecken und einen Aufstand gegeben haben! Man brauchte nur seine Braut anzuschauen, um zu wissen, wie sie ausgesehen haben mochten.

Sie saß mitten im Zimmer in einem großen Lehnstuhl, sie hielt sich ganz aufrecht, sah sich mit wunderlich warnenden Blicken um, war bleich, von einer richtigen Totenfarbe, ihre Zähne schlugen aufeinander, und sie bebte.

Der Lehnstuhl war mitten ins Zimmer gerückt. Es war einer mit freien Füßen. Kein Möbel stand in der Nähe, nichts konnte darunter verborgen liegen und plötzlich hervorkriechen.

Sie achtete nicht auf die, die hereinkamen. Sie hielt jetzt die Augen fest, ganz fest auf den Schatten des Schrankes geheftet, der sich gegen die Ecke des Kachelofens streckte. Sie hatte den Schatten wohl im Verdacht, daß er ihr irgendeinen häßlichen Streich spielen wolle. Sie zog die Röcke an sich, wie um bereit zu sein, zu fliehen, wenn der Schatten sich verdichtete und sich als etwas entpuppte, vielleicht als eine große Hand mit Fingern und Klauen. Der Doktor rückte also in aller Eile eine Lampe hinüber, so daß ihr Licht in die Ecke fiel. Sie sank wieder in den Stuhl.

Nun kam Tante Berta und stattete denselben Rapport ab wie Tante Malin.

»Wir erwachten davon, daß sie schrie, als wäre sie wahnsinnig geworden, und so ist sie dann die ganze Zeit gewesen. Sie will nur Licht haben, immer mehr Licht. Was, glaubst du, kann das sein?«

»Ein Schrecken, nichts als ein Schrecken«, flüsterte der Doktor.

So, nun waren ihre Blicke bemüht, sich hinter eine Gardine einzubohren. Er ging einmal ums Zimmer. Es konnte ja möglich sein, daß er entdeckte, was sie erschreckt hatte. Auf dem Schreibtisch lag ein tintenbekleckstes Briefpapier.

Sie hatte etwas zu schreiben begonnen, aber die Feder war ihr aus der Hand gefallen und übers Papier gerollt. Ein Billett, das er ihr spät abends geschickt hatte, um zu fragen, ob sie und die Tanten am nächsten Tag einen Ausflug mit ihm machen wollten, lag dicht daneben.

Es war offenbar, daß sie sich an den Schreibtisch gesetzt hatte, um ihm zu antworten. Sie hatte eben »Mein gel . . .« geschrieben. Dann war sie erschrocken und hatte die Feder fallen lassen.

Der Doktor fühlte, wie die Blicke der Tanten ihm folgten. Sie wunderten sich wohl, daß er kein Wort zu Ellen sagte. Das erste, was er tun mußte, war, alle aus dem Zimmer zu bringen, sowohl Tante Malin als auch Tante Berta und das Hausmädchen, damit sie den Schrecken nicht in ihr wach erhielten.

»Ich glaube, sie wird mir schon alles erzählen, wenn ich allein mit ihr sprechen kann«, sagte er und hatte rasch das Zimmer ausgeräumt.

Er zog einen Sessel heran und setzte sich neben sie.

Wunderbar, wie viele Gesichter ein Mensch haben kann! Er hätte Ellen kaum wiedererkannt. Ruhe, friedvolle Ruhe war das Hauptmerkmal ihres Aussehens. Er war davon bezaubert worden, daß er sie immer gleich ruhig fand: eine förmliche Meisterin in der Kunst, die Tanten zu behandeln. Sie sah kaum von der Stickerei auf, wie sehr sie auch zankten. Und dann hatte er einmal gleichsam eine Offenbarung gehabt. Einmal, als er heimkam, vermeinte er eines Abends eine zarte, geneigte Gestalt im Lampenscheine am Arbeitstisch sitzen zu sehen. Er hatte ein deutliches Bild des feinen Nackens und der kleinen Hände empfangen. Das ganze Zimmer war durch sie geschmückt. Darauf hatte er um sie angehalten.

Und jetzt! Nur bleiches Entsetzen und aufgescheuchte Wildheit. Gerade, was er nicht wollte. Eine hysterische Frau! Ah, Gott behüte, Gott behüte!

»Sag, Ellen, was hast du?«

Sie antwortete nicht.

»Mir mußt du es sagen, verstehst du?« sagte er ein bißchen streng.

Sie heftete die Augen auf ihn, es war, als blitze ein Schimmer von Hoffnung in ihnen auf.

»Du wirst ruhig werden, wenn du es sagst.«

Es war schade um ihre schönen, hellen Augen. Sie hatten auf dem, mit dem sie gesprochen hatte, immer mit einem Schimmer geruht, so still wie der der Sonne. Sie waren vielleicht glänzender jetzt. Aber das war ein Glanz, nach dem er eigentlich gar nicht fragte.

Sie kämpfte heftig mit sich selbst. Sie konnte den Unterkiefer nicht still halten. Sie stopfte ein Taschentuch zwischen die Zähne, damit man nicht hörte, wie sie aufeinanderschlugen.

Endlich hörte er sie ein paar Worte sagen. Sie saß da und schlug mit der einen Hand auf die andre und dachte laut. »Ich muß es ihm sagen. Ich muß, ich muß. Sie kommt sonst wieder. Ja, sie kommt wieder.«

Dann begann sie zu sprechen, und er wurde wunderlich herabgestimmt dabei. Es glich am ehesten der Stimmung, die über einen kommt, wenn man im Frack in einem feierlichen Aufzug geht, und es kommt ein Platzregen. Man fühlt, wie man seine ganze Größe und Würde einbüßt.

Sie gestand mit einem Male, daß sie ihn nicht lieb hätte. Sie hätte ihn gern heiraten wollen, aber bloß, um von daheim wegzukommen.

Hätte es sich nicht um ihn selbst gehandelt, er hätte darüber lachen können, wie dieses Kind sich nach einem Mann gesehnt hatte. Nach dem ersten besten. Sie war so fest entschlossen, fortzukommen. Es war der Tanten wegen. Zwar waren die ja sehr gut gegen sie gewesen und wußten selbst nicht, wie sie sie quälten.

Sie sah ihn mit verzweifelten Augen an und bettelte gleichsam, er möchte sie doch verstehen und für sie fühlen. Er wußte ja, wie die Tanten waren, er hatte sie ja viele Jahre hindurch behandelt. Sie waren so eigen, so eigen, so voll fixer Ideen und Beängstigungen. Tante Malin erwartete immer eine Feuersbrunst, Tante Berta glaubte immer, daß sie auf der Straße überfahren werden würde. Er wußte, wie sie waren. Und, wenn sie, Ellen, weiter bei ihnen bliebe, würde sie ebenso wunderlich werden.

Aber sie wollte ein ordentlicher Mensch werden. Und sie hatte die Tanten gebeten, fortgehen und arbeiten zu dürfen. Das hatten die natürlich nicht erlauben wollen. Da könnte er doch begreifen, daß ihr nichts andres übrig geblieben wäre, als zu heiraten.

Der Doktor konnte es nicht lassen, sie zu fragen, ob sie bei einer Verheiratung mit jemand, aus dem sie sich nichts machte, nicht gefürchtet hätte, ein noch ärgeres Leben führen zu müssen, als hier bei den Tanten.

Ach nein, ärger könnte es wohl nie sein. Ein Mann wäre wenigstens manchmal fort. Die Tanten wären den ganzen Tag zu Hause.

Nun, da sie schon so offenherzig wäre – ob es ihr nie in den Sinn gekommen wäre, ihn lieb zu haben? Sie schüttelte den Kopf; das war etwas, was ganz außerhalb des Denkbaren lag. Und warum? Ob er zu häßlich wäre? Nein; sie schlug beteuernd die Augen auf. Ob er langweilig wäre? Sie machte eine abwehrende Handbewegung. Was für ein Fehler also an ihm wäre? Er sei zu kalt. Ja so, er war zu kalt.

Der Doktor machte ein paar Schritte durchs Zimmer. Das war doch unglaublich, daß ein solches Kind da herumgegangen war und etwas Derartiges zusammengebraut hatte. Hatte sich von ihm küssen lassen, ohne eine Spur von Neigung für ihn zu empfinden. Und sie hatte ihre Rolle gar nicht schlecht gespielt. Er war der Betrogene gewesen. Und daß er so unsympathisch sein sollte, daß ein junges Mädchen gar nicht daran denken könnte, ihm gut zu sein . . .!

Aber natürlich hatte sie bei den beiden Alten ein elendes Leben geführt. Er konnte schon begreifen, daß ihr viel daran gelegen hatte, sich zu verheiraten. Das war ihr wohl wie eine Erlösung fürs ganze Leben gewesen. Sie legte ihr Bekenntnis ab, ohne irgendein Erbarmen zu zeigen. Es fiel ihr gar nicht ein, daß sie ihn verletzte. Sie mußte wohl glauben, daß er gepanzert sei, ganz eisenhart.

Ihre Stimme erhob sich plötzlich zu einem Schrei. »Du weißt ja«, sagte sie, »daß alle, die falsch spielen, in diesem Zimmer hier die Hand sehen. Ich habe sie gesehen. Ich saß dort, dort.« Und sie wendete sich heftig zum Schreibtisch. »Dort hab ich sie gesehen.«

»Glaubst du nicht, daß ich sie gesehen habe?« fuhr sie fort und bohrte ihre Augen in ihn, als wolle sie die Wahrheit hervorzwingen.

»Laß mich hören, wie es war«, sagte er beruhigend.

»Ja, du weißt doch, daß du mir am Abend geschrieben hattest, und ich wollte die Antwort schreiben, bevor ich mich niederlegte. Aber als ich mich an den Schreibtisch setzte, wurde ich unruhig und saß lange da und dachte, denn ich wußte nicht, wie ich die Überschrift schreiben sollte. Ich mußte ja ›geliebter‹ schreiben, aber das kam mir nicht recht vor. Es war das erstemal, daß ich an dich schrieb. Ich fand, daß es schrecklich war, etwas zu schreiben, was nicht wahr war – aber schließlich schien es mir, daß ich nicht weniger schreiben könnte.«

»Ist ein so großer Unterschied zwischen dem, was man schreibt, und dem, was man sagt?«

»Du hattest mich nicht gefragt, ob ich dich liebte, nur ob ich deine Frau werden wollte –«

»Ah so!«

»Aber da, in demselben Augenblick, in demselben Augenblick, als ich begonnen hatte, das Wort zu schreiben, war die Hand da. Sie kam über die Tischkante heraufgeglitten, und ich glaubte, ich saß da und starrte sie ein paar Sekunden an, bevor ich begriff, was es war. Ich schrie nicht gleich. Ich konnte gleichsam nicht verstehen, daß es etwas Übernatürliches war. Aber da legte sie sich über das Papier und zeigte mit den gekrümmten Fingern auf das Wort da.

Ich glaube, sie war froh, sie zitterte förmlich vor Freude. Es war falsches Spiel. Da wollte sie mit dabei sein.

Sie kam gekrochen, auf den gelben Fingern, wie eine große Spinne. Gerade, als hätte sie Eile. Es war so lange her, seit sie Anlaß gehabt hatte, hervorzukommen. Nun mußte sie sich sputen. Sie griff förmlich nach der Feder mit den feuchten, knochigen Fingern. Es war ja falsches Spiel. Da wollte sie mit dabei sein.

Ich schrie auf, als wäre es eine Schlange, und da verschwand sie, aber ich weiß nicht, ob sie nicht noch hier ist. Ich glaube, ich fühle, daß sie sich noch im Zimmer befindet. Und wenn sie wiederkommt, sterbe ich. Ich war nahe daran, zu sterben.«

»Nein, sie darf nicht wiederkommen«, sagte er tröstend.

»Ich weiß, daß ich eins tun muß«, sagte sie, »ich muß es tun, damit sie nicht wiederkommt. Aber es ist so furchtbar hart.«

Sie nahm den Verlobungsring vom Finger, steckte ihre kalte, zitternde Hand in die des Doktors und ließ den Ring zurück. Dann weinte sie in der Bitterkeit der Entsagung.

Der Doktor sagte nichts, er legte die Fingerspitzen aufeinander und ließ den Ring dazwischen hin und her gleiten.

Es wäre nicht so schwer, mit der Geisterhand fertig zu werden wie mit dem andern, meinte er. Die Hand hatte gleichsam seine Partei ergriffen, ihm ein wenig Rache verschafft. Er fühlte Sympathie für sie.

Es ist wohl mit manchen Leuten so, dachte er, daß das Gewissen in der einen oder andern Weise über sie kommt, wie sehr sie auch versuchen, es zu betrügen. Es hat seine eignen verschwiegnen Wege. Da hatte nun seine kleine Braut alles aufs beste ausgeklügelt, um ein gutes Heim zu bekommen. Bloß ein bißchen Heuchelei brauchte sie sich aufzuerlegen, und alles Glück der Welt war ihr eigen. Und da kommt das Gewissen ganz still heran und gräbt seine Mine tief unten in der Seele und sprengt endlich alle Klugheit, alle Berechnung in einem Augenblick in die Luft.

Ja ja, ja ja. Sie hatte wohl geglaubt, daß sie so ein ganzes Leben würde weiterlügen können. Hatte wohl gesehen, wie es andern geglückt war. Aber da stellt es sich heraus, daß sie aus feinerem Stoff gemacht ist. Es ist ein Nachteil, einer verfeinerten Rasse von Gewissensmenschen anzugehören. Wenn man es am wenigsten erwartet, ist die Gewissenshalluzination da. Natürlich nimmt sie dann die Form an, die am nächsten zur Hand liegt. Es war ja sonnenklar, daß das Gewissen in diesem Zimmer zu einer Geisterhand werden mußte.

Er saß noch immer da und spielte mit dem Ring und ließ ihn von einem Finger zum andern gleiten. Er fühlte etwas andres als Zorn darüber, daß er sie nicht hatte gewinnen können. Er war beinahe betrübt. Sie fing jetzt wohl an, sich seiner zu erinnern, zu denken, daß ihm ein Unrecht widerfahren sei, denn sie beugte sich hinab und küßte seine Hand. »Verzeih mir«, sagte sie.

Es war merkwürdig, wie weich sie war. Wenn sie sich darüber klar geworden war, daß sie ein Unrecht getan hatte, wußte sie gar nicht, was sie alles anfangen sollte, um es zu sühnen. Es hatte wirklich keinen Zweck, sie länger zu quälen. Er brauchte ja nur gerade heraus zu sprechen, zu sagen, daß er nicht viel besser gewesen war als sie. Räsonnement auf beiden Seiten. Die eine hatte ein Heim, der andre eine Haushälterin gesucht. Es würde sie beruhigen, das zu hören.

Er sollte ihr sagen, daß es keine so bittre Enttäuschung für ihn hatte werden können. Er war nicht so furchtbar verliebt gewesen, er auch nicht.

Ja, gewiß, er hatte ja keinen Anlaß, die Qual länger hinauszuziehen. Das beste war, ein Ende zu machen. Alle zur Ruhe kommen zu lassen und morgen unverlobt zu erwachen.

Als er sich erhob, um zu gehen, traten ihm die Tränen in die Augen. Es tat ihm doch weh, sie zu verlieren. Und nun war es das, was er ihr sagte.

Er begann damit, ihr unzusammenhängende Dinge zu sagen, daß sie ein Gewissensmensch sei, daß sie der feineren Rasse von Nervenmenschen angehöre, die gerade jetzt angefangen hätten, hier und dort aufzutauchen. Sie sei ihm gerade darum teuer. Gerade um dessentwillen, was ihr in dieser Nacht widerfahren sei, fiele es ihm schwer, auf sie zu verzichten.

Sie sei frei, ja, natürlich, aber wenn sie einmal könne und wolle – –

Er sah sie erstaunt an. Quälte sie das nicht? Nein, jetzt erst verschwand die Starrheit aus ihren Zügen, und die Augen wurden ruhig. Sie saß mit halbgeöffnetem Mund und lauschte –

Er sprach davon, wie er das Leben für sie hätte ordnen wollen, sprach davon, wie er sich nach ihr gesehnt hatte. Er sprach ganz anders davon, als er vor einer halben Stunde gesprochen hätte. Aber er sah es auch ganz anders, jetzt, da er sie verlieren sollte. Er sprach viel schöner, als er es sich zugetraut hätte. Das Zusammenleben mit einem weichen, liebenswerten Wesen, ja, gerade das Zusammenleben mit ihr, nahm sich auf einmal sehr hold für seine Phantasie aus, und er sagte es ihr.

Als er näher trat und ihr die Hand zum Abschied reichte, kamen ihm noch einmal die Tränen in die Augen. Sie war so schön, gerade jetzt, die Farbe entzündete sich wieder auf ihren Wangen, sie war wie eine frischerblühte Blume. Sie sah ebenso froh aus wie jemand, der einer Todesgefahr entronnen ist.

Der Doktor stand mit ihrer Hand in der seinen und zog seine Schlüsse so rasch wie nie zuvor.

Sie verstand sich natürlich selbst nicht, nicht im geringsten. Ah! Er schöpfte tief Atem. Alle Niedergeschlagenheit war fort. Ein jubelndes Siegesgefühl durchblitzte ihn. Nur mit einer einzigen Anstrengung hatte er sich ihre Liebe ersprochen. Sie hatte ja nur gebraucht, daß er zeigte, daß er sie lieb hatte.

Er nahm den Verlobungsring und steckte ihn ihr ruhig wieder auf den Ringfinger. »Keine Torheiten«, sagte er, als sie die Hand wegziehen wollte.

»Aber«, sagte sie. »Ich weiß nicht, ich wage nicht –«

»Ich wage es, ich«, sagte der Doktor, »ich war nie so, daß ich vor dem Glück davongelaufen bin.«

Er ging ins Vorzimmer hinaus, fand seinen Überrock und kam wieder herein, um seine Zigarre anzuzünden.

»Arme Kleine«, sagte er, während er ein paar Züge machte. »Bist jetzt wie gebunden und gefesselt, mich zu lieben, sollte ich meinen. Sonst kommt noch die Hand dort und preßt dir das Leben aus.«

Vineta

Es war vor einigen Jahren in einer Juninacht. Ein Dampfschiff, das die Tour zwischen Stockholm und Visby machte, glitt über die Ostsee hin. Es war vollkommen still. Das Meer machte keine einzige Bewegung, es schien nur darauf bedacht, den bleichroten Himmel widerzuspiegeln. Es entstanden Schattierungen und Farbenbrechungen wie auf Seide, wenn Kette und Einschlag von verschiedener Farbe sind.

Als die Passagiere in die Kajüte gegangen waren, begann der Steuermann des Dampfschiffes eine alte, schöne Melodie zu summen. Bald darauf sang er die Worte zu der Melodie, und je weiter die Nacht fortschritt, desto deutlicher sang er, obgleich er die Stimme nie mit voller Kraft ertönen ließ. Er änderte die Melodie nicht, sondern fuhr die ganze Zeit fort, dieselbe Weise zu singen.

An Bord befand sich ein reisender Engländer, der, von der Schönheit der Nacht gefesselt, auf dem Verdeck geblieben war. Er hatte dem Singen lange zugehört und war ganz vertieft darin gewesen, dann hatte er sich losgerissen und war nach rückwärts gegangen, gleichsam um außer Hörweite zu kommen. Nun schritt er wieder nach vorn gerade zu dem Steuermann hin.

»Was ist das für ein Lied?« fragte er auf englisch.

Der Seemann, der auf großen Reisen gewesen war, verstand recht gut Englisch, aber mit seiner Fähigkeit, es zu sprechen, sah es windig aus. Er wußte nichts anderes von seinem Liede zu sagen, als daß es die Weise von Vineta sei. »Ja«, sagte der Engländer, »das dachte ich mir schon, die Weise von Vineta.« Sein Ton war im höchsten Grade ärgerlich, aber gleichzeitig lächelte sein ganzes Gesicht, als wolle er es sich vorbehalten, daß es ihm nicht Ernst sei. »Dieses Wort habe ich Sie jetzt die ganze Nacht hindurch singen hören, es war alles, was ich verstehen konnte. Aber jetzt frage ich. Ist das ein Lied für einen Steuermann? Vineta, das ist ja eine versunkene Stadt auf dem Grunde des Meeres. Denken Sie sich nun, daß hier an Bord einer wäre, der an Vorbedeutungen glaubte. Müßte der sich nicht fragen, ob Vineta das Ziel ist, nach dem Sie dieses Boot steuern?«

Er sprach mit derselben Gereiztheit und demselben Lächeln, als bäte er sich aus, daß man meine, es sei sein Ernst. Der Seemann stand auch ganz gelassen da und lächelte. Er verstand jedes Wort, konnte aber keine Antwort zusammensetzen.

Der Engländer fuhr fort. »Wollen wir vernünftig sprechen«, sagte er, aber das Lächeln wich noch immer nicht von seinem Gesicht. »Ich möchte gern, daß Sie mir ein paar Fragen beantworten. Glauben Sie wirklich nicht, daß es Ereignisse gibt, die nur da sind, um andre Ereignisse vorzubereiten?«

Diesmal hatte der Seemann ihn nicht verstanden. Er schüttelte den Kopf. Der Engländer schwieg eine Weile und dachte nach, wie er seine Frage deutlicher vorbringen könnte. »Ich will Ihnen etwas erzählen, damit Sie mich begreifen«, sagte er endlich. »Als ich zwölf Jahre alt war, entschlossen sich meine Eltern, auszuwandern, und ich sollte natürlich mit. Auf der Eisenbahnreise nach Liverpool sah ich von einem Kupeefenster aus eine Schule vorbeiziehen. Ich sage Ihnen, ich sehe diese Knaben noch, die von einem freien Tag im Grünen heimkehrten. Ich entsinne mich ihrer roten Wangen, der Blumen, die sie trugen, des Laubs, mit dem sie ihre Hüte geschmückt hatten. Nicht wahr, es war doch nur ein schöner Anblick, sie zu sehen? Und doch erfaßte mich Angst. Es deuchte mich, als seinen die Knaben in Wirklichkeit gar nicht da, als verkündeten sie nur etwas, das kommen sollte. Und ohne daß ich bis zu diesem Augenblick weiß, warum, schlug ich die Hände vor die Augen und fing zu weinen an. – – – Und in der Nacht, die wir in Liverpool zubrachten, hatte ich einen warnenden Traum. Ich träumte, daß ich an Bord des Auswanderungsdampfers sei. Und im Traume sah ich, wie das Schiff eben in See stechen wollte, und ich bemerkte, daß ein Matrose damit beschäftigt war, einen Wimpel auf dem Toppmast zu hissen. Da dachte ich im Traum: ›Dieser Wimpel kommt niemals hinauf‹, und so war es. Als er in halber Höhe des Mastes war, verwickelte er sich in dem Tauwerk und saß fest. Ich sah, wie der Mann zerrte und zog, um ihn herunterzubekommen, und wie er aufs neue festsaß, als er ihn abermals hinaufhißte. Er konnte ihn nie weiter als auf halbe Höhe des Mastes bringen. Mehrere eilten hinzu, ihm zu helfen; es entstand Aufregung und Verwirrung, der Kapitän kam, und die Steuermänner kamen. Es war mir, als könnte ich gar nicht verstehen, warum die Leute soviel Aufhebens wegen eines Wimpels machten. Es wurden ihrer immer mehr, die zogen und zerrten; aber der Wimpel ging nicht hinauf, und es verbreitete sich ein unerklärliches Entsetzen. Alle an Bord scharten sich um den Mast, und sie gerieten alle außer sich vor Angst, als sie sahen, daß der Wimpel nicht hinaufging. Sie warfen sich alle auf die Knie, um Gott zu bitten, er möge den Wimpel hinaufgehen lassen. Ich, in meinem Traum, war noch gar nicht ängstlich, aber plötzlich wurde ich es, als ich das Entsetzen der andern gewahrte. Die Menschen waren leichenblaß, ihre Haare sträubten sich, die Augen drangen aus ihren Höhlen, es röchelte in ihren Kehlen, und sie falteten die Hände so krampfhaft, daß die Gelenke knackten. Da erfaßte mich eine Angst, daß ich erwachte. Noch am nächsten Tage lag mir der Schrecken in den Gliedern. Man wollte mich an Bord bringen; aber ich ging nicht. Es lag ein solches Entsetzen über mir, daß meine Eltern glaubten, ich würde wahnsinnig werden, wenn sie mich zwängen, mitzukommen, und so ließen sie mich in England. Nachher zeigte es sich, daß dies ein Omen gewesen war. Ich wurde in die Schule gebracht, deren Zöglinge ich auf dem Wege gesehen hatte, und das Auswandererschiff erlitt Schiffbruch. Meine Eltern und Geschwister und die meisten von meiner Familie ertranken.«

Während der Engländer dies erzählte, war seine Stimme sehr düster und sein Gesicht ganz ernst; aber kaum hatte er aufgehört, von dem Traume zu sprechen, als auch schon das Lächeln, das stets gegen seine Worte zu protestieren schien, wieder auf seinem Gesichte zeigte. »Nun«, sagte er, »verstehen Sie es jetzt? Glauben Sie nicht, daß manche Ereignisse nur Vorboten von andern sind, die kommen sollen?«

Der Steuermann wendete nun die Augen von dem Kompass ab und sah den Engländer an. Er sah einen jungen Mann, der etwas blaß war, mit einem gewöhnlichen und recht angenehmen Äußern. Der Mann sah ihn an, als ob er etwas Merkwürdiges in ihm suche. Während der Fremde von seinem Traume sprach, hatte er sich von einem Schauer nach dem andern durchschüttelt gefühlt.

Aber er antwortete nur: »Wie sollte das möglich sein!« Der Engländer zuckte die Achseln. »Möglich!« wiederholte er in beinahe überredendem Tone. »Könnte man sich nicht denken, daß die Natur mehr Besorgnis für den einen als für den andern an den Tag legte? Das Meer zum Beispiel«, fügte er einschmeichelnd hinzu, »gibt ja immer dem einen gutes Wetter und dem andern schlechtes.«

Der Seemann nickte zustimmend.

Der Fremde fuhr mit neuem Mute fort. »Und haben Sie wirklich selbst nie ein solches Warnungszeichen an sich erfahren? Haben Sie nie daran gedacht, daß dieses Lied von Vineta als Omen aufgefaßt werden könnte? Pflegen Sie es jede Nacht zu singen?«

Es gab dem Steuermann einen Ruck, und er blickte beinahe mit Angst auf den Engländer. Plötzlich raffte er sich auf, lächelte gutmütig und wies auf eine Bekanntmachung, die dicht neben ihm angeschlagen war: »Die Passagiere werden ersucht, den Steuermann nicht anzusprechen.« Er übersetzte dies langsam und ausdrucksvoll.

Der Engländer starrte ihn eine Sekunde an, ohne ihn zu verstehen. Dann begriff er und ging lächelnd nach rückwärts.

Aber der Steuermann atmete leichter. Wenn der Mann Gelegenheit gehabt hätte, mehr zu fragen, hätte er wohl aus ihm herausgelockt, wer ihn die Weise gelehrt und warum er sie so lange nicht gesungen hatte. Schließlich würde er ihm noch weisgemacht haben, es habe etwas zu bedeuten, daß er das Lied nun wieder gesungen hatte. Er lächelte unwillkürlich darüber, daß es Tod und Untergang bedeuten solle, daß er die Weise sang. Lag irgendein Sinn darin, so kündete es wohl eher Auferstehung. Und er begann aufs neue zu summen.

Seit drei Tagen lag ein Nebel über Visby. Er war eines Morgens um die sechste Stunde über die Stadt gekommen, einen Augenblick, bevor das Stockholmer Boot in den Hafen eingelaufen war; und seither hatte er dicht über der Stadt geruht. Es war ein recht angenehmer Nebel. Ganz weiß, sehr mollig, leicht und in ständiger Bewegung. Er flößte immer die besten Hoffnungen ein, daß er im nächsten Moment schwinden würde, er hinderte die Sommerwärme nicht, sich geltend zu machen, er klebte sich nicht fest, wie rauhe Feuchtigkeit, weder an Mauern noch an Bäume; der Boden war trocken, wie bei Sonnenschein. Trotz alledem wirkte der Nebel ein wenig niederdrückend, es war, als würden auch die Gehirne unsicher und tastend, weil die Blicke es nie vermochten, den weißen Schleier zu durchdringen. Er hatte eine ähnliche Wirkung wie die Dunkelheit der Nacht. Die Leute fühlten sich geneigt, an übernatürliche Dinge zu glauben, etwas für möglich und wahr zu halten, dem sie sonst überhaupt keinen Gedanken geschenkt hätten.

Um diese Zeit wohnten die alten Fräulein Isfeldt in Visby. Dies waren drei alte Damen, die den Ort und seine Geschichte kannten, Damen, die selbst mit zu seiner Geschichte gehörten. Es verhielt sich nämlich so, daß die armen Leute in Visby die Gewohnheit angenommen hatten, mit allen ihren Kümmernissen zu diesen Damen zu kommen. Und so nach und nach war ein Mittelding zwischen

Seelsorgern, Armenvorstehern und regierenden Fürstinnen aus ihnen geworden. Es waren sehr gute Frauen, aber sie hatten etwas von »Vorsehung« an sich.

Am Abend des dritten Nebeltages bekamen diese Fräulein in ihrem alten Hause den Besuch eines reisenden Engländers, der sanft und angenehm aussah; er stellte sich als Mr. Edward Stone vor, Lehrer an einer Schule in London; er befinde sich nun auf einer Reise durch Skandinavien, um geologische Studien zu machen.

Mr. Stone erschien nicht allein; mit ihm kam Tom Sundling, der Steuermann eines der Stockholmboote und ein alter Bekannter der Fräulein war. Sie kannten ja im übrigen den ganzen Ort.

Tom ging sofort auf Fräulein Maria zu, und da wußten die Fräulein gleich, daß er eine Helferin brauchte, die beredt wäre; denn hätte es sich um etwas Geschriebenes gehandelt, so hätte er sich an Fräulein Hilda gewendet, und wäre von tatkräftiger Hilfe die Rede gewesen, dann hätte Fräulein Alma herhalten müssen. »Fräulein Maria«, sagte er in müdem und niedergeschlagenem Ton, »ich habe mit diesem Herrn eine Sache zu besprechen; aber ich kann nicht gut genug Englisch. Ich verstehe ihn; aber wenn ich selbst sprechen soll, finde ich die Worte nicht.«

Daraufhin setzte sich Tom auf ein Sofa, ohne daß ihn jemand dazu aufgefordert hätte, und der Engländer tat ein Gleiches. Die Schwestern sahen einander lächelnd an und schüttelten alle drei gleichzeitig den Kopf. Diese Männer waren augenscheinlich ganz aus dem Gleichgewicht. Schwester Maria würde es wohl mit einem ungewöhnlichen Anliegen zu tun bekommen.

»Fräulein Maria«, fuhr Tom fort, »niemand ist so mit in der ganzen Sache gewesen, wie Sie und die anderen Fräulein, und Sie können Englisch sprechen. Wenn Sie darum so gut sein wollen, mir zu helfen, müssen Sie diesem Herrn Veras Geschichte erzählen.«

»Tom«, erwiderte Fräulein Maria Isfeldt und erhob sich in ihrer ganzen Würde. »Das will ich keineswegs.«

Und gleichzeitig mit Fräulein Maria erhoben sich auch Fräulein Hilda und Fräulein Alma, und der Engländer, der nichts von dem verstand, was gesagt worden war, merkte plötzlich, daß die drei einfachen Frauen feine und vornehme Damen waren.

Der Seemann zuckte die Achseln, als wolle er sagen, daß er sich schon geweigert hätte, aber vergebens. »Sie will es selbst«, sagte er.

Fräulein Maria fuhr mit ihrem gewöhnlichen Eifer auf: »Dies hätte ich nicht von Ihnen erwartet, Tom Sundling«, sagte sie. »Wenn Vera auch schlecht gegen Sie gehandelt hat, Tom, so hätte ich doch nicht geglaubt, daß Sie sie an einen Fremden verraten würden. Was will er mit ihr? Will er ein Buch über euch schreiben? Es gibt genug schlechte Bücher in der Welt. Sind Sie so sicher, Tom, daß Sie Vera nicht größeres Unrecht zugefügt haben als Vera Ihnen?«

Tom nahm den Tadel in Geduld entgegen. Er war wie ein Pferd, das müde gehetzt worden ist und sich nicht einmal bei einem Peitschenhieb aufraffen kann. Er wendete sich jetzt an den Engländer und sagte: »Fräulein Maria will wissen, warum Sie es wissen wollen.« Darauf setzte er sich auf das schmale Sofa, lehnte den Kopf gegen die Wand und saß so, starr und unbeweglich, als wäre er festgenagelt, während der Engländer sprach.

Dieser wünschte nichts sehnlicher, als sprechen zu dürfen. Die Fräulein hätten darauf schwören mögen, daß der Mann sonst ebenso schweigsam wäre, wie Tom offen und gesprächig. Sie schienen beide aus ihrem gewohnten Gemütszustande gerissen zu sein, was ihnen auch sonst widerfahren sein mochte.

»Fräulein Maria«, sagte er, »ich kam vorgestern nach Visby, und in dieser Zeit ist es mir gelungen, eine Menge Dummheiten anzustellen.« Er lachte leise, und die drei kleinen alten Damen tauten sichtlich auf. Er weckte offenbar ihr Mitgefühl.

»Es ist alles die Folge davon, daß ich vorgestern nacht aufs Meer hinaus kam. Ich werde immer erregt, wenn ich auf der See bin. Das Meer ist schuld daran, daß ich ein einsames und freudloses Dasein führen mußte. Ich glaube nicht, daß es etwas gibt, was ich so haßte, wie das Meer.«

Mr. Stone merkte, wie die kleinen alten Damen ihm gleichsam näher kamen. Auf einmal hatte er nicht mehr das Gefühl, unter Fremden zu sein; er saß zwischen alten, treuen Freunden.

»Es ist wohl am besten, wenn ich gleich eine Bemerkung über mich selbst vorausschicke«, sagte er. »Ich bin ein Mann der Wissenschaft, und die natürlichen Beziehungen zwischen Ursache und Wirkung sind das, woran ich in Wirklichkeit felsenfest glaube. Aber als Kind erhielt ich einen starken Stoß zum Mystischen hin, und das fordert zuweilen sein Recht. Ich habe zwei verschiedene Menschen in mir!«

Mr. Stones Blick wurde mit einem Male unsicher, und sein Mund lächelte geheimnisvoll. »In meiner Jugend, in meiner einsamen, sehnsüchtigen Jugend kannte ich keine andere Freude, als zu träumen. Da dachte ich wohl, daß das Meer seine Schuld gegen mich sühnen würde, indem es mich reich machte. Nun, vorgestern nacht, als das Meer ganz still lag, tauchte der Gedanke in mir auf, daß es sich so freundlich zeigte, weil ich an Bord war. Und der alte Gedanke von der Versöhnung kam gleich wieder hervor. Denken Sie«, sagte er mit einem entschuldigenden Lächeln, »ich hatte oft geträumt, daß ich als Taucher auf den Grund des Meeres hinabstiege und nach Perlen suchte. Und das Meer zeigte mir, was es nie zuvor einem Menschen gezeigt hatte. Die Tangwirrnis glitt zur Seite, und ich sah eine Grotte sich öffnen, dicht mit wunderbaren, großen Muscheln besetzt. Riesengroß waren sie und lagen eng aneinander, an den Wänden der Grotte befestigt, wie Weihwasserkessel. Aber wenn ich eintrat, da erschlossen sie alle auf einmal ihre Schalen, und ich sah ihr Innres von großen, leuchtenden Perlen erfüllt.

»Dieser Traum kam nun wieder. Aber ich liebe es nicht, in die Phantasien meiner Kindheit zurückversetzt zu werden. Sie bringen die Erinnerung an so viel Kummer und Einsamkeit mit sich. Ich begann auf dem Verdeck auf und ab zu gehen, um diese Gedanken zu verscheuchen. Da hörte ich, wie der Mann am Steuer eine Weise sang. Ich fing ein Wort auf, Vineta, und sogleich war ich aufs neue gefangen. Ich lauschte, ja, Fräulein, ich lauschte dieser Weise, wie ich nie auf Erden auf etwas gelauscht habe. Und ich betrachte den Mann, der singt. Sein Aussehen, seine Tracht, alles nehme ich in mich auf. Und dann fange ich an, mich zu wundern, warum ich mich in dieses vertiefe, ob das etwas zu bedeuten, etwas zu verkünden habe.«

Er beugte sich vornüber und sah zu Boden. Es war, als starre er in eine unendliche Tiefe einsamen Schmerzes hinab. Gleich hatte Fräulein Maria ihre Hand in der seinen, und Fräulein Hilda klopfte ihm auf die Schulter.

»Ich wäre als Kind nicht so einsam gewesen, wenn nicht etwas in mir gelegen hätte, das mich von andern trennte. Ich bildete mir stets ein, von warnenden Erscheinungen, von Omen umgeben zu sein. Und ich war stolz darauf; es war, als ob die Vorsehung ganz besonders über mich wachte. Aber das hieß ja nur, das Leben zu einer wilden Jagd von Ahnungen und Voraussagungen machen, in der ich hin und her geschleudert wurde.« Der Mann nahm sich wieder zusammen. »Verzeihen Sie«, sagte er lächelnd, »ich bin nicht hergekommen, um zu klagen. Ich wollte nur sagen, daß all dies vorgestern nacht wieder über mich kam; und wissen Sie, was ich da tat? Ich ging zum Manne am Steuer und fragte ihn, ob er nicht fühle, wie ich. Aber er hielt meine Frage nicht für ernst; hätte er es getan, hätte er mir geantwortet, daß er sei wie ich, ich wäre ihm gewiß vor Freude um den Hals gefallen.

Am Morgen, als wir hier in Visby erwachten, hatte ich alles Übernatürliche von mir gewiesen; aber der Nebel brachte es zurück. Das Omen hatte recht, die Stadt, in die ich kam, war ja Vineta. Wie sie auch in Wirklichkeit heißen mochte, der Nebel machte sie zu Vineta.

Dies war unwiderstehlich, unwiderleglich. Es ist möglich, daß ich der erste war, der das Wort aussprach; aber in einem Augenblick flog es von Mund zu Mund unter allen Reisenden. Wir waren ja draußen auf dem Meere eingeschlummert, und als wir nun erwachten, umgab uns nicht Luft, sondern helle Feuchtigkeit. Wir konnten nicht weit sehen; doch erblickten wir die verschwommenen Umrisse von altertümlichen Türmen und Giebeln, als wären wir in eine große Ruinenstadt gekommen. Es war augenscheinlich für uns, daß wir uns auf dem Grunde des Meeres befänden; all das Weiße, das um uns dampfte, – es war das Meer selbst, und die Stadt vor uns, das war die tote Stadt des Meeresgrundes, das versunkene Vineta.

Ich habe Ihnen gesagt, Fräulein, wie ich als Kind geträumt habe, wie ich träumte, daß das Meer mich reich machen würde. Ich träumte auch, das Meer würde mich glücklich machen. Im Traum pflegte ich mir einzubilden, daß ich in eine Stadt auf dem Grunde des Meeres gekommen sei. Ich fühlte, daß ich von Wasser umgeben war; aber ich ging meines Weges, ohne daß es mich behindert hätte. Und dabei war ich unglücklich. Es gehörte mit zu diesem Traum, daß ich an alles denken mußte, was unangenehm war, an zerrissene Kleider und an schwere Lektionen. Aber am tiefsten empfand ich es, daß ich allein war. Ich wanderte Gasse auf, Gasse ab, war sehr müde und hungrig und wußte gar nicht, welchen Weg ich nehmen solle. Aber da kam ich zu einer Gasse, die ich wiederzuerkennen meinte, ich sah ein freundliches, altes Haus mit einer großen Steintreppe, und auf der Treppe saß ein Mädchen. Als ich kam, sprang mir das Mädchen gleich entgegen, sie umfaßte mein Handgelenk mit ihrer Hand und zog mich mit sich ins Haus. Und das Mädchen war meine Schwester, das Haus war unser altes Haus, meine Eltern saßen darinnen und warteten auf mich. Aber in das Haus hinein kam ich nie, ich träumte eigentlich immer nur bis dahin, daß meine Schwester ihre Hand auf meinen Arm legte. Ich empfand die Berührung dieser kleinen, festen Hand als etwas unsäglich Weiches; da war es mit allem

Kummer vorbei, es war die schönste Verwandlung, ich fühlte mich von Glück durchströmt. Sehen Sie, Fräulein Maria, als ich durch Visbys Gassen schritt, empfand ich genau das gleiche. Ich war unglücklich, wie ich es in meinen Phantasien zu sein pflegte. Und ohne zu erwägen, wie nutzlos es sei, ging ich und suchte nach unserm alten Hause.

Das kam wohl alles vom Nebel. Ich bin ja an Nebel gewöhnt; aber der ist dunkel, schmutzig, grau. Hier hingegen ist er fein, weiß wie Blütenstaub. Dieser Nebel gibt Illusionen. Er macht alles so grenzenlos groß, die Straßen nehmen niemals ein Ende, und die Turmspitzen verlieren sich auch oben im Unendlichen. Dieser Nebel macht alles ehrwürdig-altertümlich, er verleiht den Ruinen das Alter von Jahrtausenden, er drängt sich zwischen die Bäume, vergrößert die Stämme und macht das Laub dicht und üppig. Ich sah kein frühlingsjunges Laub. Diese Blätter waren vor Jahrhunderten erschaffen, sie hatten schon Jahrhunderte durchlebt.

Und der Nebel gibt vor allem Schönheit. Wie er drapiert, wie er verhüllt, wie er nachdunkelt! Schönheit gibt er. Und alles dies machte, daß diese Stadt ganz wohl meine geträumte Stadt hätte sein können. Es deuchte mich, ich sei auf dem Grunde des Meeres der Zeit. Hier war nicht mehr das Vergängliche, das auf ihrer Oberfläche tändelte; hier war der mächtige Bodensatz der Erinnerungen. Hier mußte ich meine Toten finden.«

Er blickte zu den alten Damen hin, um zu sehen, ob sie ihn verstünden. Und sie nickten zustimmend, als hätten sie schon lange das Ganze herausgefunden. »Es deuchte mich«, fuhr der Engländer fort, »daß alle Menschen, die ich traf, Leute wären, die das Glück besessen und verloren hätten. Ich sah sie hier gehen, in nach innen gekehrter Freude, niemand suchend, nichts wünschend, dem Gegenwärtigen fremd, in allem lebend, was gewesen ist. Ich verstand die Sagen von Atlantis und Vineta, von den Ländern und Städten der Tiefe, die so herrlich sind, daß Goldäpfel auf den Teilen von ihnen erblühen, die die Oberfläche des Meeres erreichen. Das entschwundene Glück will auch ein Heim haben. Das sind die Städte und die Länder der Erinnerung. So ist es, so hat die Dichtung es verstanden. Nun wohl, eine solche Stimmung war es, in die der Nebel mich versetzt hatte. Ich war zurückgekehrt zu meinem entschwundenen Glück, ich war in meiner Heimat. Da saß ich nun und blätterte in unserm alten japanischen Bilderbuch. Denn, sehen Sie, der Nebel verbirgt ja alles, man sieht nur ein Ding auf einmal, ganz ohne Perspektive; aber man sieht das eine Ding um so viel besser, gerade wie auf den japanischen Bildern.

Es war ein kleines, schwarzes Haus mit weißen Fensterbrettern und weißen Ecken, und die Fenster waren voll roter Pelargonien. Da stand es, auf seiner eigenen Seite im Bilderbuche, man konnte nicht vermeiden, es zu sehen, man sah nichts anderes. Und an einer andern Stelle war ein großer Fliederstrauch, schwer von Blüten. Er prahlte damit, als wäre er der einzige Fliederstrauch der Welt.

Aber was sagen Sie dazu, Fräulein Maria, daß ich mitten in dem allen das Lied des Steuermanns hörte? Vineta, Vineta, erklingt es vor meinem Ohr; aber der Nebel ist dicht um mich, und ich kann nicht sehen, wer es ist, der da singt. Und ich begebe mich auf die Jagd nach dem Liede. Ich durchblättere das Bilderbuch Blatt für Blatt, während ich nach dem Liede forsche. Da waren Portale, da waren Mauern mit Schlingpflanzen, da war eine Seilerwerkstätte. Es ist verblüffend, zu sehen, wie die Menschen sich darauf eingerichtet haben, in der Stadt der Erinnerung zu leben, wie sie ihre kleinen Hütten an die ewige Ringmauer lehnen, wie sie ihre Torwege mit den geschnitzten Pforten der Mönche verschließen. Was ich zuletzt sah, war eine Schmiede. Die stand so prächtig schwarz gegen die weiße Luft, und sie war uralt. Sie hatte keine Tür auf die Gasse, nur eine große Luke, und durch die konnte man die Esse mit den glühenden Kohlen sehen. Folgen Sie mir, Fräulein Maria?«

»Mister Stone«, antwortete Fräulein Maria munter, »Sie haben mich am Arme. Ich begleite Sie. Sollen wir bei der Schmiede stehen bleiben?«

Mr. Stone strich sich mit der Hand über die Stirn und schöpfte tief Atem. »Es ist töricht von mir, mit Ihnen von Dingen zu sprechen, die Sie tausendmal gesehen haben; aber ich möchte, daß Sie wüßten, wie ich es gesehen habe. Nein, wir wollen bei der Schmiede nicht stehen bleiben; ich will von ihr nur sagen, daß sie mir unheilverkündend vorkam, daß sie mir einen unheimlichen Eindruck machte.«

Die Fräulein tauschten einen hastigen Blick voll Erstaunen und Interesse. Mr. Stone fuhr fort:

»Hinter der Schmiede fand ich das Lied. Dort wird die Gasse nicht von Häusern oder Mauern begrenzt, nur der Berg selbst springt vor. Den Felsen hinauf rankt sich Efeu, und darüber hin hängt Klematis; aber auf seiner Spitze steht ein Goldregenbusch. Und dank des Nebels denkt der Busch, ebenso wie der Fliederstrauch vorhin, er sei der einzige in der Welt, und blüht danach; aber die Bürde ist ihm zu drückend geworden, und die blütenschweren Zweige sind dem Zusammenknicken nahe. Da liegt ein Mädchen auf den Knien und bindet den Goldregen auf. Sie ist es, die das Lied singt.

Es wäre ja Wahnwitz, zu sagen, diese Weise sei die schönste auf Erden, oder das Mädchen, das sie sang, holder als andere Frauen; aber nie habe ich mich so zu irgendeiner Melodie oder zu irgendeinem anderen Mädchen hingezogen gefühlt.

Ich habe gesagt, daß ich die Stadt mit einem japanischen Bilderbuch verglich. Ich erinnere Sie daran, damit Sie bemerken, wie gut das Mädchen, das den Goldregen aufband, in das Bild hineinpaßt. Ist der Typus nicht japanisch? Der Körper ist so zart, daß der Kopf mit dem schweren Haar zu groß zu sein scheint, und die Augen sind schräg. Dazu kommt, daß sie den Kopf immer auf die eine Seite gleiten läßt, und die Hände hängen so hilflos hinab. Sie gleicht sicher keiner andern auf der Insel. Es dünkt mich, daß sie anders sein muß als alle übrigen, auch in seelischer Beziehung, und daß das Leben hier schwer für sie sein muß, als gehöre sie einer fremden Rasse an.« – Hier tauschten die alten Damen denselben verwunderten und bekräftigenden Blick wie vorhin.

»Als ich durch den Ort ging, war mir aufgefallen, daß an jedem Hause ein kleiner Zettel hing. Diese Zettel bedeuteten jedenfalls, daß es Zimmer zu vermieten gebe. Nun war nur eins möglich, nämlich nachzusehen, ob die Sängerin ein Heim hätte, und ob ein solcher weißer Zettel daran zu sehen wäre. Alles war so, wie es sein sollte. Hinter dem Goldregenbusch stand ein Haus; an der Tür des Hauses hing ein weißer Zettel. Ich gehe ins Hotel hinab, suche den Portier auf, der englisch spricht, und bringe die Sache in Ordnung. Bevor der Abend angebrochen ist, bin ich in ein kleines Zimmer eingezogen, dessen vierte Wand die Ringmauer ist. Dicht neben mir höre ich das beständige Ticktack einer Nähmaschine. Ich denke mir, die Mutter der Sängerin müsse Näherin sein.

Von meinem Fenster aus sehe ich auch den Felsen mit dem Goldregen. Da ist auch ein kleiner, verwilderter Garten. Die Sängerin geht darin umher und jätet; aber es will nicht recht vorwärtsgehen. Wenn das Unkraut schön ist, läßt sie es stehen, sie hat nicht das Herz, es auszureißen.

Anfänglich bringe ich die Zeit an meinem Fenster zu und folge ihr mit den Augen. Sie sieht es und findet mein Betragen wohl wunderlich; aber sie läßt mich gewähren. Als sie endlich auf einer kleinen, schmalen Bank ausruht, gehe ich hinaus und lege mich ins Gras, zu ihren Füßen. ›Vineta‹, sage ich und sehe sie bittend an. ›Vineta‹, wiederholt sie fragend, sie will mir gern gefällig sein, aber ich erscheine ihr sehr seltsam. Dann versteht sie, was ich will, und beginnt das Lied zu singen. Sie lehrt es mich später, Laut für Laut. Ich verstehe nicht ein Wort, aber ich bin nie so zufrieden gewesen.

Als ich das Lied gelernt habe, ist es klar, daß wir Freunde sind. Sie will mir ihr Eigentum zeigen, da ich ein unbekannter Fremdling bin. Und wissen Sie, was sie tut, sie legt ihre Hand um mein Handgelenk. Sehn Sie, sie will mich mit sich nehmen, und sie kann mir nicht sagen, wohin ich gehen soll. Wie ich schon früher bemerkte: es ist seltsam, wie die Menschen sich darauf eingerichtet haben, in der Stadt der Erinnerung zu leben. Hier hatten sie an einigen Nischen der Ringmauer Türen angebracht und verwahrten ihre Eßvorräte dort. Wozu konnte die Mauer nicht gebraucht werden! Sie war hohl, da verwendete sie sie als Hühnerhaus. Darüber war ein Starkäfig und ein Taubenschlag, da hing sogar ein Kanarienvogel in seinem Bauer. Vogelhaus an Vogelhaus, so weit sie hinaufreichen konnte. Aber damals dachte ich nicht an dies alles, obgleich ich es sah. Ich dachte daran, daß sie die Hand auf meinen Arm gelegt hatte. Die kühle Hand hatte sich darum geschlossen, wie der Glücksring des Märchens. Das war mein Traum. Ich wurde mit einem Schlage ganz ruhig, so fröhlich und vergnügt wurde mir zumute. Nun war ich wirklich heimgekehrt. Wenn ich früher im Leben geglaubt hatte, ich sei zufrieden, so war es, weil ich vergessen hatte, was Glück war.

Gestern führte sie mich im Orte umher und zeigte mir auch die Gegend außerhalb der Mauern. Sie fühlt für mich wie für ein verirrtes Kind, und ich lasse sie für mich Sorge tragen.

Heute zur Mittagszeit wurde es mir klar, daß sie meine Frau werden muß. Ich will sie mit mir nach England nehmen. Sie macht mich glücklich. Sie ist das, was das Meer mir zum Ersatz für meine einsame Jugend geben will.

Ich gehe also wieder zum Portier des Hotels hinunter, und mit seiner Hilfe suche ich den Steuermann auf, der das Lied des Mädchens gesungen hatte. Sehen Sie, es schien mir, daß der, der ihr Lied gesungen hatte, auch etwas von ihr selbst wissen würde. Und ich wollte ja so gern etwas über sie erfahren.

Nun zeigt es sich, daß der Steuermann die Sängerin kennt, es zeigt sich auch, daß er nicht die mindeste Auskunft über sie geben will.

Da verliere ich die Geduld und vertraue mich ihm an. Ich erzähle von meiner Lage und meinem Wunsche, die Sängerin zu heiraten. Der Seemann zuckt mit keiner Miene. Endlich sagt er, er wolle mit mir zu ihr gehen. Er tut es, und ich sehe, wie sie sich begegnen. Ihre Augen sind Freunde und ihre Stimmen Feinde. Ich weiß nicht, was sie miteinander sprechen, aber bald darauf berichtet er mir, er hätte ihr gesagt, daß ich sie heiraten wolle, und sie hätte erwidert, sie wünschte, daß ich ihre Geschichte hörte. Und da verfällt er darauf, zu Ihnen zu gehen, um einen Dolmetsch zu haben.«

Hiermit schloß er seine lange Geschichte, völlig gleichgültig gegen das, was er hören sollte, aber ganz glücklich darüber, daß er sich Luft gemacht, daß er dies alles den verständnisvollen alten Damen erzählt hatte.

Und nun rückte Fräulein Maria sich mit ihrem Strickzeug zurecht; denn jetzt kam die Reihe an sie. Was sie zu tun hatte, erschien ihr ebenso anstrengend wie ehrenvoll. Aber erst wendete sie sich an den Seemann und sagte auf schwedisch: »Sobald du hier hereinkamst, Tom Sundling, merkten meine Schwestern und ich, daß du sie gesehen hattest. Ist es nun wirklich dein Wille, Tom, daß ich die Geschichte erzähle? Kannst du Vera einem andern abtreten?«

Sie und die andern kleinen, alten Damen wendeten ihre Blicke Tom zu; aber der erwiderte kein Wort. Da wendete sie sich an Mister Stone und sagte auf englisch: »Mir und meinen Schwestern gefallen Sie sehr gut, Mister Stone, und gerade deshalb will ich ehrlich gegen Sie sein und Ihnen sagen, daß wir in dieser Sache nicht auf Ihrer Seite sind. Wir werden Ihnen entgegenarbeiten, Mister Stone, aber wir arbeiten Ihnen am besten entgegen, wenn wir Ihnen gerade jetzt die Geschichte erzählen. Dies sage ich Ihnen, damit Sie uns späterhin nichts nachtragen.«

Und sie und ihre Schwestern winkten ihm zu, mit dem freundlichsten Lächeln in ihren verrunzelten Gesichtern. Dann lächelten die beiden, die nicht das Wort führten, einander an. Sie wußten schon, wie Maria die Sache anpacken würde. Die eine wußte immer alles von der andern.

»Es war hoch oben im Orte, dicht unter der Ringmauer«, begann Fräulein Maria, und man sah ihr an, daß sie es zu schätzen wußte, daß sie einem guten Zuhörer eine gute Geschichte erzählen durfte. Sie war übrigens von Anfang an so eifrig, daß das Englisch ihr nicht die geringste Schwierigkeit verursachte. »Dort wohnte eine arme Witwe in einer sehr kleinen Hütte. Es war nicht viel daran, aber die Ringmauer bildete ihre vierte Wand, Efeu schmückte die andern, und ein Turm erhob sich dicht daneben, so daß sie ein gewisses vornehmes Aussehen hatte. Die Witwe selbst saß den ganzen Tag an ihrer Maschine und nähte Wäsche. Ihre Tochter besorgte alle Hausarbeit.

Und diese Tochter, die kleine Vera, die durchaus nicht zur Erinnerung an irgendeine Nihilistin Vera hieß, sondern nur als Abkürzung ihres langen Taufnamens Veronika, sie ist es, die schon von ihrer frühesten Kindheit an bei uns wegen ihrer – Dummheit bekannt war.

Sie war so leichtgläubig, wissen Sie, daß es nichts gab, was man ihr nicht hätte einreden können. Als sie vier Jahre als war, stellten sie die Spielkameraden an, die Sperlinge zu hüten, als sie fünf war, lehrten sie sie, daß die Sperlinge sich fangen ließen, wenn man ihnen Salz auf den Schwanz streut. So etwas sagt man allen Kindern, und sie probieren es und überzeugen sich, daß es nicht wahr ist. Aber sie saß stundenlang mit einer Peitsche in der Hand da und glaubte, daß sie die Sperlinge hüte. Sie lief den ganzen Tag durch unsere trockenen Wassergräben und verfolgte die Vögel. Sie kann eigentlich alles glauben, nur nicht, daß man sie zum besten hält.

Eines schönen Tages kommt sie in die Schule, und man lehrt sie lesen und schreiben. Das geht recht leicht, aber später ist es fast unmöglich, mehr in den schönen, kleinen Kopf hineinzubekommen. Aber sie hat auch ihre starken Seiten, besonders schreibt sie sehr schön. In ihren Schreibheften ist nie ein Klecks, nie ein Eselsohr. Sie hat eine wunderbare Gabe, sich sauber und schmuck zu halten. Wenn sie weint, geschieht es, weil einer oder der andere Tinte auf ihr Kleid spritzt, oder weil sie sie wegen des altmodischen Tuches verspotten, das sie auf dem Kopfe trägt. Das findet sie so kränkend, daß sie sich den Tag darauf weigert, in die Schule zu gehen, sie, die sich sonst nichts daraus macht, wenn die ganze Klasse sie auslacht.

Die Schulzeit wird etwas hart für sie. Sie kann gar nicht rechnen. Ihre Mutter kommt oft zum Schulmeister und kann sich nicht genug darüber wundern, daß das Mädchen so dumm im Rechnen ist. Sie sagt, sie könne sie nach was immer auf den Markt schicken. Sie läßt sich von den Verkäuferinnen nie auch nur um einen Öre betrügen. Aber wenn das arme, kleine Ding mit Tafel und Griffel zu tun hat, kann sie nicht eine Zahl ausrechnen. Wenn sie an die schwarze Tafel tritt, malt sie die Zahlen darauf, keine in der Klasse schreibt sie schöner als sie, aber die Addenden setzt sie in eine Reihe, und Minuend unter Subtrahend.

In solch einem Augenblick der Verzweiflung an der schwarzen Tafel faßt sie Freundschaft für einen der Knaben. Sie soll eine Zahl durch eine andere teilen, und man hat ihr gesagt, sie müsse dividieren, aber sie hat die Zahlen untereinander geschrieben und kann nicht von der Stelle kommen. Sie hat das Gefühl, als wäre alles für sie vorbei, und mit leeren Blicken sieht sie über die Klasse hin. Da ist ein Junge, der anfängt, ihr zuzublinzeln und seinen Griffel in einen Winkel zu seinem Lineal zu setzen. Da erinnert sie sich, wie man eine Division aufschreibt, und wie sie das nur weiß, kann sie auch schon rechnen.

Sie hat gegen niemand Verdacht; aber nichts kann mit dem Vertrauen verglichen werden, das sie seit dieser Zeit auf den Knaben setzt. Sobald eine Frage an sie gerichtet wird, heftet sie die Augen auf ihn. Er flüstert ihr ein, bald richtig, bald falsch; was von ihm kommt, nimmt sie mit blindem Vertrauen auf.

Manchmal machte es ihm Spaß, sie die ärgsten Dummheiten sagen zu lassen; es schadet nichts. Sie wird sich über die Sache nicht klar, oder sie denkt vielleicht, daß sie falsch gehört habe, und bei der nächsten Frage wendet sich ihr Blick ebenso geduldig flehend ihm zu.

Ebenso geht es in den Freiviertelstunden. Sie begibt sich immer unter seinen Schutz; es ist, als könnte darüber gar kein Zweifel mehr obwalten. Im Anfange fühlt er sich etwas geniert von der Zärtlichkeit des dummen Mädchens; aber sie besiegt ihn, und bald duldet er es nicht, daß ein anderer als er selbst sie zum besten hält. Das ist sein Recht. Er sagt ihr, wenn sie eine Nacht in einem Eckturm wachen wolle, könne sie die Toten sehen, die durch Visby aus und ein ziehen. Und sie tut es. Und da die Toten nicht kommen, macht er ihr weis, sie wäre im richtigen Augenblick eingeschlafen.

Es ist wohl der Schutz dieses Knaben, der das Leben für sie erträglich macht, die nichts anderes lernen kann, als was gewissermaßen auf der Straße liegt. Und wenn die beiden allein sind, haben sie ihren Spaß.

Einmal sah ich sie auf einer Wanderung. Sie pflegen sich bei dem Tore zu treffen, das vom botanischen Garten zu den Zuggräben hinaus führt. Sie kommt ganz still durch das Tor und stellt sich auf, um zu warten. Er erscheint mit Spektakel. Erst kommt ein Hagelwetter von Steinchen, die rings um sie niederprasseln, dann hallt die Wölbung von einem gellenden Krähen wider, schließlich taumelt einer rücklings aus dem Tore, zuerst ein Bein, dann ein Rücken, dann ein Kopf. Das geschieht, weil sie so lange als möglich glauben soll, es sei ein gewöhnlicher Gassenjunge und nicht ihr Freund. Sie hat auch Angst gehabt, das kann man an der Art ansehen, wie sie die Hände faltet, als sie ihn erkennt. Aber er kann sich kein Vergnügen versagen, und als er beim Graben über die Brücke gehen soll, klettert er auf das Geländer und balanciert da weiter. Er neigt sich viel stärker zur Seite als notwendig ist, und sie sinkt vor Entsetzen zusammen. Aber nachher gehen sie in vollendeter Einigkeit den Strand entlang. Sie spielen nicht; sie gehen und sprechen wie erwachsene Menschen. Und sie ist es, die das

Wort führt. Sie weiß alles, was in der ganzen Gasse geschieht.

Nun sollen Sie eine andere Geschichte hören. Es ist eine Menge Holz in den Hafen getrieben, eine ganze verunglückte Holzlast liegt da und schaukelt sich. Das ist etwas für die Visbyer Kinder. Tom Sundling hilft ihnen, Vera einzureden, daß sie versuchen solle, dieses Brennmaterial, das niemand gehöre, in Sicherheit zu bringen. Ihre Mutter würde für viele Winter Feuerung haben, wenn es ihr glücke, das Holz ans Land zu bringen. Sofort eilt Vera zum Hafen hinunter; dort liegt das Treibholz wie ein großes Floß. Und das arme kleine Ding kriecht über eine Schute in ein Ruderboot, und von dort klettert sie auf die Blöcke hinaus. Aber es weht frisch vom Lande, die Strömung geht vom Hafen weg. Der kleine Stoß, mit dem Vera auf den Brettern anlangt, setzt diese in Bewegung, und die Kinderschar am Strande, die eben noch darüber jubelte, daß sie die schweren Blöcke zu ihrer Mutter heimschleppen will, beginnt vor Entsetzen zu schreien. Aber den ganzen Hafenkai hinunter, bis zu dem engen Auslauf stürzt Veras Freund, Tom Sundling. Als sie vorbeitreibt, steht er auf der äußersten Kante. Er tut einen verzweifelten Sprung zu ihr hinunter, nicht weil er sie dadurch retten könnte, sondern weil er bei ihr sein muß. Und sie treiben ins Meer hinaus, dicht aneinandergeschmiegt, beide weinend, denn sie sehen, wie die hohen Wellen draußen die Planken zu trennen beginnen. Da begegnen sie einem Segler, der sie rettet. Aber sie hätten so untergehen können, ohne daß sie ihm einen Vorwurf gemacht und ohne daß er etwas anderes gedacht hätte, als daß es seine Pflicht sei, mit ihr zu sterben.«

Hier sandte Fräulein Maria Tom einen schnellen Blick zu; aber Tom saß jetzt so gebückt, daß sie sein Gesicht nicht sehen konnte. Sie wendete sich wieder an den Engländer.

»Aber am nächsten Tag kann dieser Ritter seiner Dame weismachen, daß er einen Ohrwurm in ihr Ohr kriechen gesehen hätte. Und sie weint und jammert zur Freude der ganzen Schule und sagt, sie fühle es, wie das Tier in ihrem Kopfe umherkrieche, und gebärdet sich ganz verzweifelt, obgleich es doch ein so alter und gewöhnlicher Gassenjungenstreich ist, daß niemand begreift, wie sie es nur glauben kann. Da erbarmt sich Tom ihrer endlich und zieht den Ohrwurm mit einer Zange aus dem andern Ohr heraus. Und sie haben einen Ohrwurm an der Zange, den sie ihr zeigen; und sie wird wieder froh, aber an den Ohrwurm glaubt sie ihr Leben lang.«

Hier brach Fräulein Maria ihr Erzählung ab. »Wenn Sie jetzt so viel gehört haben, daß Sie nicht mehr an diese Heirat denken, Mister Stone, so sagen Sie es, und ich will den Schluß kurz machen.«

»Fräulein Maria«, antwortete Mr. Stone streng. »Sie setzen mich in Erstaunen. Ich habe nie etwas so Rührendes gehört. Ein Hirn, daß nie zweifeln gelernt hat, nennen Sie dumm. Sind Sie übrigens überzeugt, daß wir die Dummheit hassen? Vielleicht lieben wir sie sogar ebensosehr wie die Weisheit. Glauben Sie nicht, daß dieser Ehrenmann von einem Burschen gerade ihre Dummheit geliebt hat? Sie paßt zu ihr, sie hat einen so süßen Mund, Dummheiten damit zu sagen, und sie hat eine so milde Art, zu vergeben, wenn er schlecht gegen sie gewesen ist. Glauben Sie nicht, daß ich begreifen kann, daß sie gerade so sein muß? Ihre Seele hat etwas Fremdes an sich, das wir nicht verstehen; lassen Sie uns verständnisvoller werden, und wir werden vielleicht sehen, daß ihre Gedanken einen geraderen und klareren Weg gehen als unsere.«

»Mister Stone«, sagte Fräulein Maria mit warmer Feierlichkeit, »ich danke Ihnen, das war gut gesprochen. Nun will ich gleich in meiner Erzählung fortfahren. Aber Sie gefallen mir, Mister Stone, und Sie gefallen auch meinen Schwestern, und deshalb sage ich Ihnen, daß Sie hier gleichsam ein Spielball der Vorsehung sind. Und vergessen Sie nicht, daß ich Ihnen gesagt habe, ich würde Ihnen entgegenarbeiten.«

Dann wandte sie sich in schwedischer Sprache an Tom Sundling. »Ich hoffe, Sie leiden wie ein Hund, Tom, so wie Sie da sitzen. Verdient haben Sie es.« Dann fuhr sie englisch fort: »Als sie beide sechzehn Jahre sind, geht Tom zur See, und nun greift ein anderer Mann in Veras Leben ein. Ich sehe ihn oft vor mir, den lahmen Schmied. Es ist etwas Unheimliches an diesem Mann mit dem mächtigen Oberkörper und den lahmen Beinen. Es erregt Grauen, wenn man seine starken Arme sieht und den großen Kopf, der bis auf zwei Haarbüschel an den Ohren ganz kahl ist, und das dunkle, gefurchte Gesicht voller Rußflecken.

Sie wissen, daß die Schmiede in demselben Hause ist, wo Vera mit ihrer Mutter lebt. Das Mädchen hat den Schmied von ihrer frühesten Kindheit an gesehen. Sie ist an ihn gewöhnt, sie merkt gar nicht, wie abschreckend er ist. Die Arbeit in der Schmiede fesselt sie, sie kommt oft hin, zuzuschauen. Es macht ihr immer Spaß, die Funken von dem weißglühenden Eisen sprühen zu sehen. Sie kann stundenlang dastehen und diese sicheren Hammerschläge bewundern, die niemals ihr Ziel verfehlen. Der Schmied ist barsch gegen sie, wie gegen alle, und jagt sie mit Grobheiten fort; aber das Mädchen kann es nicht lassen, wiederzukommen. Es gibt immer etwas in der Schmiede zu sehen, da kommen Bauern herein, um Hufeisen zu kaufen, der Wagner erscheint, um Raddauben machen zu lassen. Eines Tages brüllt der Schmied Vera nicht mehr an, sondern sagt mit barscher Zärtlichkeit: ›He, du Dirnchen, gefällt dir der Schmied? Sollst auch einmal meine Frau werden, wenn du groß bist.‹ Da erschrickt sie und läuft ihrer Wege.

Aber die Furcht geht vorüber, und sie kehrt zur Schmiede zurück. Dort stehen eine Menge Leute, und Vera hofft, der Schmied werde nicht Zeit haben, an sie zu denken. Aber bevor sie noch eine Minute dort gestanden hat, pufft der Schmied einen Bauer in die Seite und weist auf sie hin: ›Sieh die mal an, die soll mein Weibchen werden.‹ Sie entflieht wie ein Windhund, und die Burschen lachen brüllend über den Spaß.

Dies bleibt seitdem der empfindliche Punkt ihres Lebens. Sie muß unablässig zurückkommen, um zu sehen, ob die Gefahr auch dort ist. Hie und da einmal unterläßt es der Schmied, etwas zu sagen, und ein paar Tage lang hat sie keine Angst mehr. Dann kommt sie wieder, um zu sehen, ob es wirklich vorbei sei, und dann sagt er immer etwas.

Auf jeden Fall ist es ja schon seit langem klar, daß sie Tom heiraten soll. Sie kann nicht begreifen, was der Schmied sich denkt. Aber es macht ihr Angst.

Da zerbricht Veras Mutter die Nähmaschine. Sie wird wieder und wieder instandgesetzt; aber sie wird nie mehr wie früher. Sie näht leere Stiche, geht schief und macht schlechte Arbeit. Da kommt die Frau vor Angst außer sich, sie glaubt, daß sie alle ihre Kunden verlieren werde und daß sie vor Hunger sterben müssen, sie und Vera. Nun kommt der Schmied und verspricht ihr eine neue Nähmaschine, wenn er Vera bekäme.

Sie wehrt sich ein bißchen; aber zuletzt gibt sie nach. Nichts in der Welt vermag sie so zu locken wie eine neue Nähmaschine; überdies, sehen Sie, hat sie die Tochter wohl gern, aber sie rechnet sie für nichts. Sie hat nie auf eine gute Heirat für sie gehofft.

Sie machen alles in größter Heimlichkeit ab, dort oben beim Schmiede. Wir Schwestern erfahren es erst, als sie in der Kirche aufgeboten werden. Vera selbst tut bei allem mit, ohne daß sie auch nur versucht, Widerstand zu leisten. Tom ist fort, und so kann sie bei niemand Hilfe suchen. Sie ist so jung, so jung, erst siebzehn Jahre.

Als Tom heimkam, war sie also schon verheiratet. Im Anfang macht es ihm keinen besonders großen Eindruck. Er pflegte mit den andern Seeleuten von ihr als dem dummen Mädchen zu sprechen, das ihm immer nachgelaufen sei. Ich habe gehört, daß Tom das belebende Element an Bord des Fahrzeugs war, wegen aller der Geschichten, die er von seiner Liebsten zu erzählen wußte. Aber unter dem allen lag Liebe verborgen; denn er sprach gern von ihr, er prahlte mit ihrer Dummheit, da er mit ihrer Klugheit nicht prahlen konnte. Die Klugen sind in Toms Augen beschränkte, gewöhnliche Leute im Vergleich zu seinem dummen Mädchen.

Aber als Tom heimkam, hatte er ein wenig Gewissensbisse. Und jetzt mit ihr als seiner Braut umherzugehen, nachdem er so viel über sie gelacht hatte, das wäre ihm peinlich vorgekommen. Darum nimmt er es sich nicht allzusehr zu Herzen, als er hört, daß sie verheiratet ist. Aber so nach und nach kommt eine Leere über ihn und eine Sehnsucht. Er geht umher und klagt. Er besitzt in der ganzen Welt nichts, wenn er nicht sie zu beschützen und zu beherrschen hat. Wenn er allein ist, streckt er die Arme aus und ruft nach ihr. Und er geht zu ihrer Mutter und weint. Der junge Bursche sagt der alten Frau die Wahrheit. Er sagt ihr, daß sie herzlos ist, daß sie ihr Kind verkauft hat, daß Vera so unendlich mehr wert ist als sie.

Als er gerade im besten Zuge ist, steht Vera im Zimmer. Er weint, als er sie sieht, und sie zieht ihn mit sich in die Kammer, die Stube, in der jetzt Sie wohnen, Mister Stone, und tröstet ihn auf ihre süße, unverständliche Weise. Tom Sundling hat mir selbst erzählt, Mister Stone, was sie sagte.

Was bedeutet es eigentlich, daß sie verheiratet ist. Der ganze Unterschied ist ja, daß sie jetzt außer für ihre Mutter auch für den Schmied das Essen zubereitet. Aber sie hat doch noch Zeit genug. Er kann ganz gut wie früher zu ihnen kommen, und sie kann auch mit ihm spazierengehen.

Da muß er lachen, weil sie noch ebenso dumm ist wie früher, worauf alles wieder in das alte Geleise zu kommen scheint. Aber als Tom sich ein bißchen in der Heimat zurechtfindet, merkt er schon, daß es nicht so bleibt wie früher. Sobald er kann, begibt er sich auf eine lange Reise. Aber als er recht weit weggekommen ist, wechselt er das Schiff, um rasch wieder heimzukommen. Er kann es fern von ihr nicht aushalten.

Als er endlich wieder daheim in Visby ist, hört er überall

erzählen, wie schlecht Vera geworden sei, seit sie sich mit dem Lahmen verheiratet habe, sie mache Jagd auf arme Schuldner und pfände sie, gerade wenn sie etwas hätten, womit sie sich einen frohen Tag zu machen hofften. Sie geht auch über Land, um bei Pfändungsauktionen zu sitzen und den Preis der Waren hinaufzutreiben, die sonst für so gut wie nichts abgegangen und dem Eigentümer zurückgegeben worden wären.

Eines Sonntagnachmittags sieht Tom sie bei der Andacht im Bethaus. Sie kommt, nachdem der Prediger zu sprechen angefangen hat, geht mit knarrenden Schuhen zu einer der vordersten Bänke, läßt das Psalmbuch hart auf den Boden fallen und beginnt mit einer der Nachbarinnen zu sprechen. Sie führt sich so lärmend auf – ja, wir haben es auch gesehen – daß der Prediger innehält und sie ansieht. Aber sie läßt sich nicht stören, und die Predigt ist in Gefahr, abgebrochen werden zu müssen. Da erhebt sie sich, als wolle sie sagen, daß dies nicht wert sei, angehört zu werden, und geht ihrer Wege. Die Leute sprechen später viel darüber. Wir Schwestern wissen ja gleich, daß das etwas ist, was sie von dem Lahmen gelernt hat. Der Prediger hat ihn einmal wegen seiner Gottlosigkeit ermahnt, und nun will er sich rächen.

Sie können mir glauben, Mister Stone, der Lahme ist ein Unhold. Seine Bosheit ist bisher durch seine Krankheit ohnmächtig gewesen; aber jetzt hat er sich ein Wesen verschafft, das ausführen kann, was er ersinnt. Und sie gehorcht. Tom und andere, auch ich, Mister Stone, sagen ihr, daß sie sich nicht zu etwas zwingen lassen dürfe, was unrecht ist; aber es gibt nichts, nichts in der Welt, wovor sie solche Angst hätte, wie vor dem Schmied. Tom glaubt, daß sie ihn ermorden würde, wenn der Mann es haben wolle.

Und er gewinnt die Überzeugung, daß ihn etwas Entsetzliches erwartet. Dieses Geschöpf ohne Willen oder Verstand wird sich ins Verderben stürzen lassen.

Der Schmied bekommt um diese Zeit einen neuen

Schlaganfall. Jetzt kann er nicht mehr den Hammer führen, und in der aufgezwungenen Muße wird er noch schlimmer.

Tom bemerkt jetzt, daß ein häßliches Gerücht über seine Schwester durch die ganze Stadt verbreitet wird. Wir helfen ihm, der Nachrede bis zur Quelle nachzuspüren und finden, daß sie von der Schmiede ausgeht. Aber niemand hat den Schmied etwas sagen hören, nur seine Frau ist es, die geplaudert hat.

Tom hat den Schlag wohl erwartet, aber er empfindet ihn dennoch tief. Er hält es für das beste, wenn er nicht mehr versucht, Vera zu treffen, und er sieht sie acht Tage nicht.

Andererseits tut er, was er kann, er erklärt und mildert alles. Und er will diese arme Willenlose wenigstens nicht mehr gänzlich verlassen. Er nimmt eine Stelle auf einem der Dampfschiffe an, die zwischen Stockholm und Visby verkehren, und braucht sich so nicht für länger als für ein paar Tage hintereinander von der Heimat zu entfernen.

Eines Abends jedoch trifft er sie bei der Schwester. Vera kommt ganz verweint herein, wirft sich auf die Knie und bittet um Vergebung. Toms Schwester ist hart gegen sie; niemand hatte damals so recht Erbarmen mit Vera. Tom steht still dabei und hört zu, bis sie sich eine widerwillige Verzeihung erbettelt hat, dann begleitet er sie nach Hause.

Auf dem Wege bittet und fleht er sie an, stark zu sein. Da erschließt sie ihm ihr Herz wie früher, und er sieht, was sie für ein Leben hat. Die böse Laune des Kranken brummt und zischt unaufhörlich um sie her. Er hat tausend boshafte Einfälle, und am ärgsten quält er sie damit, daß er Tom für sein ganzes Leben unglücklich machen könne.«

»Nun, Mister Stone«, fragte Fräulein Maria, »wissen Sie jetzt genug?«

»Haben Sie nie«, erwiderte Mr. Stone beinahe mit Heftigkeit, »von Wesen sprechen hören, die zu fein für ihre Umgebung sind? In diesen Tagen hat ihre Nähe allein mir Glück geschenkt. Soll ich sie lassen, weil sie zu schwach war, weil man ihren Willen mißhandelt, weil man sie vor Angst wahnsinnig gemacht hat?«

Die Gesichter der drei alten Damen leuchteten vor Wohlbehagen. Fräulein Maria fuhr, ohne eine Bemerkung zu machen, fort:

»Nachdem Tom sie zu dem Geständnis gebracht hat, daß sie sich um seinetwillen fürchtet, kann er sie auch beruhigen. Er sagt ihr, daß niemand ihm schaden könne, darum brauche sie ihrem Manne nicht zu gehorchen.

Am nächsten Tage scheint sie dies dem Lahmen auch gesagt zu haben, und da erleidet er noch einen Schlaganfall. Seit dieser Zeit ist sie so verschüchtert, daß sie nichts anderes wagt, als zu gehorchen. Aber der Schmied liegt jetzt so darnieder, daß er kein Glied rühren kann; sprechen und essen, – das ist alles, wozu er imstande ist.

Da kommt es Schlag auf Schlag. Eines Morgens, als Tom an Land kommt, erfährt er, daß der Schmied tot ist, kurz darauf erzählt man ihm, daß Vera den Mann getötet habe; dann sagt einer, sie sei schon im Gefängnis.«

Fräulein Maria schwieg einen Augenblick. Einer ihrer Zuhörer, sie wußte nicht welcher, hatte so tief Atem geschöpft, daß es wie ein Stöhnen klang. Äußerlich waren sie beide gleich unbeweglich, Tom war noch immer über das Sofa gebeugt, so daß man sein Gesicht nicht sehen konnte, der Engländer saß gerade, steif, beinahe, als wüchse er.

»Der Schmied«, fuhr Fräulein Maria fort, »hatte sie eines Morgens in aller Frühe gezwungen, ihn zum Meere hinunterzubringen. Sie hat ihn auf einem Handwagen hinuntergefahren, ihn in ein Boot gesetzt und ist mit ihm aus dem Hafen gerudert. Als sie weit genug draußen waren, muß sie ihm über den Bootrand ins Meer geholfen haben.

Der Mann war lebensmüde, das steht fest; aber er hatte den Plan zu seinem Tode so entworfen, daß seine Frau des Mordes verdächtigt werden mußte. Jeder wußte, daß er nicht ohne Hilfe ins Meer kommen konnte. Und wenn er Tom auf diese Weise unglücklich machen wollte, so ist es ihm geglückt.

Denn Tom kann nicht darüber hinwegkommen, Mister Stone. Jedesmal, wenn er an Glück denken will, türmt sich gleichsam eine Mauer vor ihm auf, an der er sich stößt. Er glaubt nicht, daß Vera den Mann mit freiem Willen ertränkt hat. Er weiß wohl, daß sie es bloß in törichtem Gehorsam tat. Er glaubt, daß der Mann es ihr befohlen hat.

Aber er hat Angst vor ihr bekommen. Man kann sie ja zu allem verlocken. Ihm scheint es unmöglich, daß einer ein solches Weib zu seiner Frau machen könnte. Sie hätte weder Verstand noch Willen.

Jedenfalls aber stand Tom ihr zur Seite. Die Sache kam vor Gericht, und sie hat es wohl Toms Zeugnis zu verdanken, daß sie freigesprochen wurde. Er half ihr tüchtig und rechtschaffen, bis sie wieder auf freiem Fuß war. Dann sagte er ihr, daß es jetzt zwischen ihnen aus sein müsse. Er will sie nicht mehr sehen; was sie getan hat, trennt sie für immer.

Er leugnet nicht, daß er sie noch lieb hat; aber Tom ist nach diesem schweren Kummer ein müder, lebensüberdrüssiger Mann geworden. ›Es würde mich toll machen, wenn die Leute das Recht hätten, etwas Böses von meiner Frau zu reden‹, sagte er. ›Ich könnte mich nie auf sie verlassen.‹ Und er beschließt, sie nicht mehr in ihrem Haus aufzusuchen und fortzusehen, wenn sie sich auf der Gasse treffen; denn sie ist trotzdem eine Verlockung für ihn.

Sie unterwirft sich wie gewöhnlich. Die Schmiede wird verkauft, und sie zieht heim, zu ihrer Mutter. Und trotz allem, was ihr widerfahren ist, bleibt sie unbegreiflich jung. Das Kind sitzt fest in ihr. Tom ist um ihretwillen vorzeitig gealtert; aber sie vergißt alles und blüht.«

Die Alte nickte bekräftigend, dann fuhr sie mit großer Feierlichkeit fort:

»Nun ist der dritte Mann in Veras Leben getreten. Es ist ein Fremder, ein Ausländer, er kann nicht einmal mit ihr sprechen, er hat ihr einen Heiratsantrag gemacht, ohne ihre Geschichte zu kennen. Sie hat Tom aufgetragen, er solle ihm von ihr erzählen lassen. Dies ist ein bemerkenswerter

Zug, der so manches bedeuten kann. Seit langer Zeit hat keiner von uns sie gesehen. Hat sie sich entwickelt, hat sie begonnen, über sich selbst nachzudenken?

Niemand von uns hat das Recht, auf Mister Stones Entschließung einzuwirken, jetzt, da er alles weiß; aber bevor er sich entscheidet, ist es Toms Pflicht, ihm zu sagen, welchen Eindruck sie auf ihn gemacht hat, als er sie wiedersah.«

Tom Sundling sah auf. »Als ich ihr sagte, daß der Engländer sie haben wolle, antwortete sie, daß sie niemand täuschen wolle. Ich sagte, er brauche nichts anderes zu wissen, als daß sie Witwe wäre; dies genüge doch, da er sie fort in ein fremdes Land führen wolle. Sie erwiderte, sie verstehe wohl, daß ich die Sache nur deshalb so eifrig betriebe, um mich nicht länger mit ihr befassen zu müssen.«

Tom schwieg, die Worte blieben ihm im Halse stecken, er sank zu schlaffer Unbeweglichkeit zusammen wie zuvor.

Eine volle Minute war es ganz still in der kleinen Stube der Fräulein. Sie alle blickten Tom Sundling an, der in dumpfer, hoffnungsloser Regungslosigkeit dasaß und fühlte, was die andern von ihm erwarteten, aber außerstande war, es zu tun.

»Sie sehen, er kann nicht darüber hinweg«, sagte Fräulein Maria, indem sie von Tom wie von einem Schlafenden sprach.

Mr. Stone erhob sich und redete von dem Manne wie von einem Toten, mit dem man nicht mehr rechnet.

»Ich beklage den Mann«, sagte er. »Er hat sein Glück verscherzt. Er hat das Glück verscherzt, eine feine, weiche Seele ausbilden zu können, die sein war. Ich verstehe ihn, aber ich beklage ihn. Was mich betrifft . . .«

Und in der kleinen Pause, die folgte, war es, als spräche eine Stimme leise das englische »for my part« nach.

»Was mich betrifft«, sagte der Engländer, und er war jetzt so hoch gewachsen, wie er nur sein konnte, »so entsinnen Sie sich, Fräulein Maria, was ich Ihnen von ihrer Hand sagte, die sich um mein Handgelenk schloß. Sie ist es, die mir geschenkt ist. Sie ist mir von meiner Kindheit an verheißen worden, und ich sollte sie aufgeben, jetzt, da ich sie gefunden habe? Ich nehme sie mit mir in meine Heimat und werde Freude um mich haben mein Leben lang.«

Diese Nacht schlief Mr. Stone im Hotel; aber früh am nächsten Vormittag wanderte er zu dem kleinen Haus unter der Ringmauer. Er öffnete die Tür und blickte hinein. Die Mutter saß mit ihrer Nähmaschine am Fenster, es sah nicht aus, als schenke sie ihm Aufmerksamkeit. Die Tochter stand beim Rauchfang, er winkte ihr zu, und sie kam zu ihm heraus.

Nun handelte er nach einem bestimmten Plan. Er wußte bestimmt, wie alles verlaufen würde. Er nahm sie mit sich hinaus vor die Stadt, aus den Ringmauern und Gräben hinaus. Dort draußen stand eine einsame Ruine; es lag etwas Ansprechendes darin, daß sie allein zu stehen wagte, ohne von den Mauern beschützt zu werden. Und rings um die Ruine erstreckte sich eine Halde, die dem Meeresgrunde der Phantasie mehr glich als irgend etwas in Visby. Die ganze Halde war scharf und schreiend blau von großen, starren Pflanzen, deren schlanke Stiele ganz von blauen Blüten bedeckt waren. Aber mitten zwischen dem Blauen nickte feuerroter Mohn, leuchtend wie Flammen. Dicht daneben erhob sich der Kalkberg mit seinen unregelmäßigen Absätzen, und auf diesen lagen losgerissene Blöcke, denen man in dem unbestimmten Tageslichte wohl die Gestalt ruhender Meerestiere zuschreiben konnte. Und über dem allen der leichte, schwebende Nebel, der mit seinen Wurzelfasern Nahrung aus der Erde zu saugen schien.

Alles ging, wie er wollte. Sie setzte sich auf einen Stein, und er lag zu ihren Füßen. »Vineta, Vineta«, sagte er und machte ihr ein Zeichen, daß sie singen möge. Und er schloß die Augen, während sie sang; er sog ihr Wesen mit dem Liede ein: er fühlte mit jeder Fiber, wie süß ihre Gegenwart war. Ach, wie lieb und teuer war sie ihm!

Aber plötzlich brach ihr Gesang ab. Er sah empor und

gewahrte, daß sie unbeweglich dasaß, die Hände gegen das Herz gedrückt, indes ihre Augenlider sich langsam schlossen. Der Mund hatte sich geöffnet, wie um zu schreien; aber der Schrei kam nicht. Es war, als wäre alles in ihr erstarrt.

Sie konnte es nicht mehr ertragen, sie wollte ihr Schicksal hören. Und er, der sie gequält hatte, weil er sie warten ließ! Wenn er früher gezweifelt hatte, ob diese wunderliche Vineta-Liebe auch die wahre, die echte Liebe sei, so wußte er jetzt, daß er nicht mehr zu zweifeln brauchte. Er liebte! Denn er fühlte ihre Leiden!

Im nächsten Augenblick stand er neben Vera, beugte sich über sie und sprach; aber da sie ja nicht verstand, was er sagte, hatte er sich einen Ring besorgt. Er schob ihn auf ihre Finger, und nun begriff sie.

Da erfaßte sie seine Hände und küßte sie. Sie hätte sich zu seinen Füßen niedergeworfen und sie geküßt, wenn er es hätte geschehen lassen. Die Tränen strömten aus ihren Augen, und gleichzeitig lachte sie laut.

Er verstand sie wohl. Ein Mann, der ihre Geschichte kannte, wollte sie zu seiner Frau machen. Wer sein ganzes Leben lang geknechtet und verachtet gewesen war, mußte ja so fühlen. Dennoch hätte er gewünscht, daß sie nicht von so lauter Freude, von so unterwürfiger Demut gewesen wäre. Es war offenbar, daß sie nicht einen Schatten von Liebe für ihn empfand.

Aber die Hauptsache war ja, daß sie seinen Ring angenommen hatte. Nun war der erste Schritt getan; nach und nach würde er sie so zu der Seinen machen. Er legte sich wieder zu ihren Füßen hin, und sie sang das Lied zu Ende. Sie sang auch andere Lieder. Er lag wieder da und sog das Glück ein. Wie selig war er doch, und um wie viel mehr würde er es erst sein, wenn er sie lieben gelehrt hätte!

Später gingen sie Arm in Arm nach Hause. Sie war von übersprudelnder Munterkeit, sie sprach zu ihm, und er bildete sich beinahe ein, daß er sie verstehe. Als sie daheim bei der Schmiede angelangt waren, kam ihnen ein Mann entgegen. Es ist Tom; und als sie ihn sieht, bleibt sie wie hilflos stehen und streckt ihm die Hand, an der der Ring des Engländers glänzt, entgegen. Aber Toms Gesicht ist in qualvoller Angst verzerrt, er lacht hart, und als er den neuen, blinkenden Ring sieht, reißt er ihn von ihrem Finger und wirft ihn auf die Straße. Dann reißt er auch das Weib an sich, er zieht sie mit sich fort wie einen entlaufenen Hund, und geht mit ihr davon und läßt Mr. Stone allein, vernichtet zurück, außerstande, zu begreifen, was vorgefallen ist.

Dies war am Vormittag des vierten Nebeltages, und damit hatte dessen Macht ein Ende erreicht. Gegen Abend zerstreute er sich.

Tom suchte später am Tage Mr. Stone auf und erklärte sich ihm. Als er Vera wiedergesehen hatte, war alles in ihm erwacht, und am schlimmsten war es geworden, als er so viel von ihr hören mußte. Nein, am ärgsten war es, daß ein anderer sie inniger liebte als er. Die ganze Nacht war er vor Schmerz wie toll gewesen. Er hatte seine Angst überwinden müssen, er konnte sie keinem andern überlassen. »Und sie hat doch immer nur mich lieb gehabt«, sagte er endlich.

Die drei Fräulein kamen auch zu Mr. Stone; sie strahlten. »Sie haben es vollbracht, Sie sind es, der die beiden zusammengeführt hat«, sagten sie zu ihm. »Wir haben nichts getan, obgleich wir Ihnen ehrlich entgegenarbeiteten. Sie haben das Feuer aufs neue entzündet. Sie sind füreinander geschaffen, die zwei, sie gehören zusammen. Sie haben ein gutes Werk getan.« –

So kam es, daß Mr. Stone am Abend Visby verließ, zu gleicher Zeit mit dem Nebel. Beim Fortsegeln sah er Visby zum erstenmal. Es war ein ganz kleines Örtchen mit einer Menge roter Dächer und recht viel Grün. Die Türme der Ringmauer sanken von ihrer Riesenhöhe hinab, die Ruinen verschwanden zwischen den roten Dächern. Und die Umgebung war im Grunde trostlos grau.

Aber er bekümmerte sich nicht weiter um die Aussicht.

Er fragte sich nur: warum, warum? Wenn er nur gekommen war, um diese beiden zusammenzuführen, warum war dann seine Liebe so stark geworden? Warum mußte er diese Leere fühlen, die wie eisige Kälte brannte, diesen Schmerz, diese Verzweiflung?

Er wendete sich wieder zum Meere.

»Wann«, sagte er, »wann wirst du aufhören, mich zu verfolgen?«

Es währte geraume Zeit, bis er entdeckte, daß er dem Meere unrecht getan hatte. Es ist kein wirkliches, lebendiges Glück, das seine Märchenstadt zu bieten hat, es ist nur eine Wiederholung des Vergangenen. Das Meer hatte ihn zum Kinde gemacht, es hatte ihm die Traulichkeit des Heims gegeben, hatte eine kühle Hand um seinen Puls gelegt. Was konnte er sich mehr zu wünschen vermessen?

Die Königinnen von Kungahälla

Wo einst das große Kungahälla stand

Wenn jemand, der von der alten Stadt Kungahälla reden gehört, zu dem Ort am Nordre Älf käme, wo sie einstmals lag, würde er gewiß höchst verwundert fragen, ob Kirchen und Kastelle dahinschmelzen können wie Schnee, oder ob die Erde sich aufgetan habe, um sie zu verschlingen. Er ist an eine Stelle gekommen, wo in früheren Zeiten eine mächtige Stadt stand, und er findet nicht eine Gasse, nicht eine Schiffsbrücke. Er bekommt weder Ruinenhaufen noch leergebrannte Stätten zu sehen. Er findet nur einen Herrenhof, umgeben von grünen Bäumen und roten Scheunen. Er sieht nur weite Wiesen und Felder, über die der Pflug jahraus, jahrein geht, ohne von Grundmauern oder steingepflasterten Höfen behindert zu werden.

Man kann sich ja denken, daß er zuallererst hinab zum Ufer des Älf gehen wird. Er wird wohl nicht erwarten, dort einige der großen Schiffe zu finden, die einst zu den Ostseehäfen und dem fernen Spanien fuhren. Aber er wird hoffen, irgendeine Spur der alten Schiffswerften zu finden, der großen Bootshütten, der Brücken und der großen Öfen, in denen man Salz brannte. Er wird das ausgetretene Steinpflaster der Straße sehen wollen, die zum Hafen führte. Er wird nach der deutschen Brücke und nach der schwedischen Brücke fragen, und er wird die Tränenbrükke sehen wollen, auf der Kungahällas Frauen ihren Männern und Söhnen Lebewohl sagten, wenn diese auf lange Fahrt auszogen. Aber wenn er hinab zum Älfstrand kommt, da erblickt er nichts anderes als das wogende Schilf. Er sieht einen holprigen Fahrweg, der hinab zur Fähre führt. Er sieht ein paar schwanke Ruderboote und eine kleine platte Fähre, die einen Bauernwagen hinüber nach Hisingen bringt. Aber keine großen Fahrzeuge kommen sachte den Fluß hinan. Er kann nicht einmal Schiffswracks unten auf dem Älfgrund liegen sehen.

Da er nichts Bemerkenswertes unten am Hafen findet, sucht er vielleicht den berühmten Klosterhügel auf. Er wird wohl Spuren der Palisaden und Wälle sehen wollen, die den Hügel einst umgaben. Er wird das hohe Kastell sehen wollen und die langgestreckten Klostergebäude. Er wird sich sagen, daß doch wenigstens einige Trümmer der herrlichen Kirche erhalten sein müßten, in der das Kreuz verwahrt wurde, das wundertätige Kreuz, das von Jerusalem heimgebracht worden war. Er wird an die heiligen Hügel denken, und sein Herz wird in froher Erwartung pochen. Aber wenn er zu dem alten Hügel kommt, der sich über den Äckern erhebt, findet er dort nichts anderes als einige rauschende Bäume. Er wird dort keine Mauern finden, keine Türme, keine Giebel, von Spitzbogenfenstern durchzogen. Gartenbänke und Stühle wird er unter den Bäumen sehen, doch keinen säulengeschmückten Klosterhof, keine schönbehauenen Grabsteine.

Nun, da er auch hier nichts gefunden hat, wird er vielleicht beginnen, nach dem alten Königshof zu fahnden. Er wird an die großen Säle denken, von denen Kungahälla seinen Namen erhalten hat. Vielleicht könnte doch etwas von dem ellendicken Zimmerholz der Wände übrig sein oder von den tiefen Kellern unter der großen Halle, wo die norwegischen Könige ihre Gastmahle feierten. Er denkt an den glattgrünen Hofplan des Königsschlosses, wo die Könige silberbehufte Fohlen einritten und die Königinnen goldgehörnte Kühe molken. Er muß an das hohe Jungfrauenkämmerlein denken, an das Bräuhaus mit den großen Kesseln, an den großen Bratherd, wo ein halber Ochse auf einmal in den Topf getan wurde und ganze Schweine sich am Spieß drehten. Er denkt an das Gesindehaus und die Falkenkäfige und die Vorratskammern, Gebäude an Gebäude rings um den ganzen Hof, moosbewachsen vom Alter, mit Drachenköpfen geziert. Von so vielen Bauten muß doch irgendeine Spur übrig sein, denkt er. Aber wenn er nach dem alten Königshof fragt, führt man ihn zu einem Herrenhofgebäude mit Glasveranda und Wintergarten.

Der Hochsitz ist verschwunden, und alle silberbeschlagenen Trinkhörner und alle ochsenhautbezogenen Schilde. Man kann ihm nicht einmal den glatten Hofplatz zeigen mit dem kurzen dichten Gras und den schmalen, in dem schwarzen Erdreich ausgetretenen Gehwegen. Er sieht Gärten und Rosen, fröhliche Kinder und junge Mädchen. Keine Ritter sieht er, die sich im Wettkampf messen.

Vielleicht fragt er nach der Eiche auf dem Marktplatz, wo die Könige Thing hielten, oder nach der langen Gasse, von der man behauptet, daß sie meilenlang gewesen sei! Oder nach den reichen Kaufmannshöfen, die durch dunkle Gäßchen getrennt waren und alle ihre Anlegebrücken und ihr Bootshaus unten am Älf hatten! Oder nach der Marienkirche am Marktplatz, wo die Seefahrer kleine Schiffe opferten und die Betrübten kleine Herzen aus Silber!

Aber nichts wird man ihm zeigen können. Kühe und Schafe weiden da, wo die lange Gasse sich erstreckte. Roggen und Hafer wächst auf dem Markt, und Ställe und Scheunen erheben sich, wo sich einst die Menschen um lockende Kaufstände drängten.

Sicherlich wird ihn dies sehr betrüben. Ist denn nichts übrig, wird er sagen; hat man denn gar nichts, das man mir zeigen kann? Und er wird vielleicht glauben, daß man ihn betrogen hat. Er wird sagen, daß das große Kungahälla unmöglich hier gelegen haben kann. Es muß an anderer Stelle gewesen sein. Da wird man ihn hinab zum Älfstrand führen, und man wird ihm einen grobbehauenen Steinblock zeigen, und wird die silbergrauen Moosflechten herunterscharren, so daß er sehen kann, daß Figuren in den Stein geritzt sind. Er wird gar nicht verstehen können, was sie vorstellen. Sie werden für ihn ebenso undeutbar sein wie die Flecken auf der Mondscheibe. Aber man wird ihm versichern, daß sie ein Schiff und ein Elentier vorstellen und daß sie dort eingeritzt wurden zur Erinnerung an die erste Grundlegung der Stadt.

Und da er noch immer nicht begreift, wird man ihm erzählen, was die Felszeichnung bedeutet.

Die Waldkönigin

Markus Antonius Poppius war ein angesehener römischer Kaufmann. Er trieb Handel mit entlegenen Ländern, und vom Hafen in Ostia sandte er wohlausgerüstete Dreiriemer nach Spanien, nach Britannien und auch nach Germaniens Nordküste. Das Glück war ihm günstig, und er sammelte unermeßliche Reichtümer, die er seinem einzigen Sohn als Erbteil zu hinterlassen gedachte. Leider aber hatte dieser Sohn nicht die Tüchtigkeit seines Vaters geerbt. Ach, die ganze Welt kennt solche Verhältnisse! Der einzige Sohn eines reichen Mannes! Braucht man mehr zu sagen? Es ist stets dasselbe gewesen.

Man könnte glauben, daß die Götter den reichen Männern diese unleidlichen Faulenzer, diese stumpfen, blassen, müden Toren zu Söhnen geben, um den Menschen zu zeigen, welche grenzenlose Narretei es ist, Reichtümer anzusammeln. Wann werden die Menschen ihre Augen öffnen? Wann werden sie anfangen, die Lehren der Götter zu beherzigen?

Der junge Silvius Antonius Poppius war im Alter von zwanzig Jahren so weit, daß er alle Genüsse des Lebens erprobt hatte. Er gab auch gerne zu verstehen, daß er ihrer müde war, aber dessen ungeachtet merkte man kein Erkalten in dem Eifer, mit dem er ihnen nachjagte. Im Gegenteil, er wurde ganz verzweifelt, als ein hartnäckiges wunderliches Mißgeschick, das auf einmal anfing, ihn zu verfolgen, störend in sein Genußleben eingriff. Seine numidischen Pferde lahmten am Tag vor dem vornehmsten Wettfahren des Jahres, seine unerlaubten Liebesverbindungen wurden entdeckt, sein geschicktester Koch starb am Sumpffieber. Dies war mehr als genug, um eine Sinnesstärke zu brechen, die sich nicht in Mühen und Anstrengung gestählt hatte. Der junge Poppius fühlte sich so unglücklich, daß er beschloß, sich das Leben zu nehmen. Er schien zu glauben, daß er in keiner wirksameren Weise jene Götter des Mißgeschicks prellen konnte, die ihn verfolgten und ihm das Leben zur Qual machten.

Es gibt Unglückliche, die Hand an sich legen, um den Verfolgungen der Menschen zu entfliehen, doch nur ein Tor wie Silvius Antonius konnte einen solchen Ausweg suchen wollen, um den Göttern zu entfliehen. Man denkt dabei an die berühmte Erzählung von dem Mann, der vor dem Löwen floh und gerade in seinen aufgerissenen Rachen sprang. Der junge Poppius war allzu weich gesinnt, um einen blutigen Tod zu wählen. Ebensowenig sagte es ihm zu, durch ein qualvolles Gift zu sterben. Nach reiflicher Überlegung beschloß er den sanften Tod in den Wellen. Aber als er hinab zum Tiber kam, um sich zu ertränken, konnte er sich nicht überwinden, seinen Körper dem schmutzigen, schwer dahingleitenden Flußwasser anzuvertrauen. Eine gute Weile stand er unentschlossen und starrte in den Strom. Da war er von der Zaubermacht ergriffen, die träumend über den Flüssen liegt. Er empfand das große heilige Sehnen, das Meer zu sehen.

»Ich will in einem klarblauen Meer sterben, das bis hinab zu seinem Grund vom Sonnenlicht durchleuchtet wird«, sagte Silvius Antonius. »Mein Leib soll auf einem roten Bett von Korallen ruhen. Die Schaumwellen, die ich emporjage, wenn ich in die Tiefe versinke, sollen schneeweiß und frisch sein, sie sollen nicht den rußbefleckten Schaumblasen gleichen, die hier am Flußrande stehen und zittern.«

Er eilte sogleich heim, ließ einspannen und fuhr hinaus nach Ostia. Er wußte, daß ein Schiff seines Vaters segelfertig im Hafen lag. Der junge Poppius trieb seine Pferde zur äußersten Eile an, und es glückte ihm, an Bord zu kommen, gerade als die Anker gelichtet wurden. Es ist leicht zu begreifen, daß er keinerlei Gepäck oder Ausrüstung nötig zu haben meinte. Es fiel ihm nicht einmal ein, den Schiffer zu fragen, wohin er steuerte. Es ging ja auf alle Fälle hinaus ins Meer, und das war genug für ihn.

Es dauerte auch nicht lange, so erreichte der junge

Selbstmörder das, was er wünschte. Der Dreiriemer hatte die Tibermündung hinter sich gelassen, und das Mittelmeer breitete sich vor Silvius Antonius aus, blau, schaumglitzernd und sonnenbeglänzt. Das Meer war so, daß Silvius Antonius den Poeten glaubte, die das wallende Wasser nur eine dünne Hülle nennen, hinter der sich die schönste Welt verberge. Er glaubte ihren Worten, daß der, welcher mutig die Wasserdecke durchdringt, sogleich das Perlenschloß des Meeresgottes erreicht. Der junge Mann beglückwünschte sich, diese Todesart gewählt zu haben. Eigentlich konnte man es nicht so nennen; es war unmöglich zu glauben, daß dieses schöne Wasser töten konnte. Es war nur ein Weg in eine Welt, deren Genüsse nicht trügerisch sein und nicht Müdigkeit und Ekel hinterlassen würden.

Nur mit Mühe konnte er seinen Eifer zügeln. Doch das Verdeck rings um ihn war voller Seeleute. Silvius Antonius sah ein, daß, wenn er jetzt ins Meer sprang, ganz einfach einer der hurtigen Seeleute seines Vater sich ins Wasser stürzen und ihn herausfischen würde. Inzwischen kam der Schiffer, nachdem die Segel gehißt und die Ruderer recht in Fahrt gekommen waren, mit der größten Höflichkeit auf ihn zu.

»Du willst mir also nach Germanien folgen, mein Silvius«, sagte er. »Du erweist mir eine große Ehre.«

Der junge Poppius erinnerte sich mit einem Mal, daß dieser Mann nie von einer Reise heimgekehrt war, ohne ihm irgendeinen seltenen Gegenstand aus den Barbarenländern mitgebracht zu haben. Er hatte ihm Holzstücke geschenkt, aus denen die Wilden Feuer hervorlocken konnten, große Ochsenhörner, die sie als Trinkgefäße benutzten, und ein Halsband aus Bärenzähnen, das die besondere Zierde eines großen Häuptlings gewesen war.

Dieser prächtige Mann strahlte vor Befriedigung darüber, den Sohn seines Herrn an Bord seines Schiffes zu haben. Er sah es als einen neuen Beweis der Klugheit des alten Poppius an, daß er den Sohn in entlegene Länder sandte und ihn nicht länger verweichlichen ließ.

Der junge Poppius riß ihn nicht aus seinem Irrtum. Er fürchtete, daß der Schiffer sogleich mit ihm umkehren würde, wenn er ihm etwas von seiner Absicht verriet.

»Wahrlich, Galenas«, sagte er, »ich wollte dich nur zu gerne auf dieser Reise begleiten; allein ich fürchte, daß ich dich bitten muß, mich in Bajae ans Land zu setzen. Ich habe meinen Entschluß zu spät gefaßt. Hier siehst du mich ohne Gepäck, ohne Geld.«

Aber Galenas beteuerte, daß dieser Mangel leicht behoben werden könne und er deshalb nicht auf die Reise zu verzichten brauche. Befand er sich nicht auf dem wohlausgerüsteten Schiff seines Vaters? Er müsse weder warme pelzgefütterte Kleider entbehren, wenn das Wetter rauh würde, noch leichte Gewänder aus syrischen Geweben, wie Seeleute sie anzulegen pflegen, wenn sie bei gutem Wetter in irgendeinem freundlichen Archipel kreuzen.

Drei Monate nach der Abfahrt von Ostia ruderte Galenas' Dreiriemer durch eine felsige Inselgruppe. Weder der Schiffer noch irgend jemand aus der Mannschaft wußte genau, wo sie sich befanden, aber sie waren froh, für eine Weile vor den Stürmen geschützt zu sein, die draußen auf dem offenen Meer tobten. Man hätte wirklich glauben können, Silvius Antonius habe recht mit seiner Behauptung, daß eine Gottheit ihn verfolge. Niemand auf dem Schiff hatte je eine solche Reise erlebt. Die unglücklichen Seeleute sagten einander, sie hätten seit ihrer Abfahrt in Ostia nicht zwei Tage lang schönes Wetter gehabt. Ein Sturm hatte den andern gejagt. Unglaublichen Leiden hatten sie sich unterwerfen müssen. Hunger und Durst hatte sie gequält, während sie Tag und Nacht, ermattet und beinahe krank vor Müdigkeit, Ruder und Segel hatten bedienen müssen.

Es erhöhte den Mißmut der Seeleute, daß sie keinen Handel treiben konnten. Wie hätten sie einer Küste nahen sollen, um ihre Waren auf dem Strand auszubreiten und Tauschgeschäfte abzuschließen, bei solchem Wetter! Im

Gegenteil, sowie sie eine Küste aus dem hartnäckigen, regenschweren Nebel, der sie umgab, auftauchen sahen, hatten sie hinaus ins Meer steuern müssen, aus Furcht vor ihren schaumumsprühten Klippen. Eines Nachts, als sie auf einer Klippe festsaßen, hatten sie die halbe Ladung ins Meer werfen müssen. Und an die andere Hälfte wagten sie kaum zu denken, denn war es nicht zu befürchten, daß auch sie gänzlich verdorben sein würde, nach all den Sturzwellen, die über das Schiff gekommen waren?

Aber wenn Galenas und seine Männer gewußt hätten, warum der junge Poppius an Bord gekommen war, würden sie es ganz gewiß bitter beklagt haben, daß er seine Absicht nicht ausführte, denn sie waren alle überzeugt, daß seine Anwesenheit dieses Mißgeschick verschuldet hatte. In mancher dunklen Nacht hatte Galenas befürchtet, die Seeleute würden sich auf den Sohn des Reeders stürzen und ihn ins Meer werfen. Mehrere von ihnen erzählten, sie hätten in den schauerlichen Sturmnächten dunkle Hände gesehen, die sich aus dem Wasser emporreckten und nach dem Schiff griffen. Und man glaubte, kein Los unter der Schiffsmannschaft werfen zu müssen, um den zu finden, den diese Hände hinab in die Tiefe reißen wollten. Der Schiffer wie die Mannschaft erwiesen Silvius Antonius die große Ehre, zu glauben, daß um seinetwillen alle diese Stürme die Luft durchbrausten und das Meer aufpeitschten.

Wenn Silvius Antonius sich in dieser Zeit wie ein Mann betragen, wenn er seinen Teil an der Arbeit auf sich genommen hätte, vielleicht hätte einer seiner Begleiter Mitleid mit ihm gehabt als einem Unglücklichen, der sich den Zorn der Götter zugezogen. Aber der junge Mann hatte es nicht verstanden, ihr Mitgefühl zu erwerben. Er hatte an nichts anderes gedacht, als sich gegen den Wind zu schützen und Pelzwerk und Decken aus der Ladung hervorzusuchen, um nicht frieren zu müssen.

Doch für den Augenblick waren alle Klagen über seine Anwesenheit verstummt. Als es dem Sturm gelungen war, den Dreiriemer in die erwähnte Inselgruppe zu treiben, hatte er aufgehört zu rasen. Er betrug sich wie ein Schäferhund, der verstummt und sich stillhält, sobald er die Herde auf dem rechten Weg heim zum Stall sieht. Die schweren Wolken zogen vom Himmel fort. Die Sonne schien. Zum erstenmal auf dieser Reise fühlte die Schiffsmannschaft, wie sich das Wohlbehagen des Sommers über die Natur breitete.

Auf diese sturmgejagten Männer wirkten der Sonnenschein und die Wärme fast wie ein Rausch. Anstatt sich nach Ruhe und Schlaf zu sehnen, kühlten sie sich munter wie morgenfrohe Kinder. Die Hoffnung erwachte aufs neue in ihnen. Sie vermuteten, daß sie ein großes bewohntes Festland hinter dieser Menge von felsigen Klippen finden würden. An dieser fremden Küste, die vielleicht noch nie zuvor ein römisches Schiff besucht hatte, würden ihre Waren höchstwahrscheinlich guten Absatz finden. Es würde ihnen vielleicht doch noch glücken, einen vorteilhaften Tauschhandel abzuschließen, die Schiffsräume mit großen Häuten von Bären und Elentieren zu füllen, mit weißem Wachs und goldschimmerndem Bernstein. Während der Dreiriemer sich weiter seinen Weg durch die Klippen suchte, die immer höher wurden und immer reicher an saftigem Grün und Wald, eilte man, ihn zu schmücken, damit er die Blicke der Barbaren auf sich ziehe. Das Schiff, schon ohne allen Zierat das schönste aller Menschenwerke, lag bald auf den Wellen, an Pracht mit dem herrlichstbefiederten Vogel wetteifernd. Eben erst vom Sturm getrieben und verheert, trug es nun eine goldene Mastspitze und herrliche purpurgeränderte Segel. Am Kiel erhob sich ein herrliches Neptunbild und am Hintersteven ein Zelt aus vierfarbigen seidenen Tüchern. Und man darf nicht glauben, daß die Seeleute es versäumten, die Schiffsseiten mit Teppichen zu behängen, deren Fransen auf dem Wasser schleiften, oder die schweren Ruder mit Goldbändern zu umwinden.

Auch behielt das Schiffsvolk nicht die salzgetränkten Kleider an, die es während der Reise getragen und die das

Meerwasser und die Stürme in Lumpen verwandelt hatten. Sie hüllten sich in weiße Gewänder, schlangen Purpurschärpen um den Leib und drückten sich blinkende Ringe ins Haar. Selbst Silvius Antonius raffte sich aus seiner Dumpfheit auf. Er sah aus, als freue er sich, daß er nun endlich etwas zu tun bekam, worauf er sich verstand. Er ließ sein Haupthaar scheren und seinen ganzen Körper mit duftenden Essenzen einreiben. Dann warf er ein bis zum Boden reichendes Gewand um, befestigte einen Mantel auf seinen Schultern, drückte sich einen breiten Goldreif ins Haar, und aus dem großen Schmuckschrein, den Galenas für ihn öffnete, nahm er Ringe und Armbänder, eine Halskette und einen goldenen Gürtel. Als er fertig gekleidet war, rollte er die Purpurgardinen des Seidenzeltes zurück und legte sich auf ein niedriges Ruhebett in der Zeltöffnung, um von den Bewohnern der Ufer gesehen zu werden.

Während dieser Zurüstungen war das Schiff durch einen immer engeren und engeren Sund geglitten, und endlich merkten die Seeleute, daß sie in die Mündung eines Flusses geraten waren. Man segelte in Süßwasser. Das Festland breitete sich zu beiden Seiten des Schiffes aus.

Der Dreiriemer glitt langsam auf dem glitzernden Älf dahin. Das Wetter war herrlich, die ganze Natur strahlend ruhig. Aber wie lieblich wurde die große Einsamkeit durch das prachtvolle Kauffahrteischiff belebt!

An beiden Ufern des Flusses wuchs hoher, dichter Urwald. Die dunklen Nadelbäume standen dichtgedrängt bis zum Wasser hinab. In seinem ewigen Lauf war es dem Älf gelungen, die Erde zwischen den Baumwurzeln zu entführen, und noch mehr als durch den Anblick der uralten Bäume wurden die Seeleute durch die nackten Wurzeln, die Riesengliedern ähnelten, ehrfürchtig gestimmt. Hier, dachten sie, wird es dem Menschen niemals glücken, Saat auszuwerfen, nie wird hier Raum für eine Stadt oder auch nur für ein Landgut geschaffen werden können. In meilenweitem Umkreis ist ja der Boden von diesem Netzwerk stahlharter Wurzeln durchzogen. Dies allein ist genug, um die Macht des Waldes ewig, unveränderlich zu gestalten.

Den Fluß entlang standen die Bäume so dicht, und ihr Astwerk war so ineinander verflochten, daß es feste und undurchdringliche Mauern bildete. Diese Mauern aus stechenden Nadeln waren so stark und hoch, daß keine befestigte Stadt sich eine gewaltigere Verschanzung hätte wünschen können.

Aber hier und dort fand sich doch eine Öffnung in der Nadelmauer. Das waren die Mündungen der Pfade, auf denen die Tiere hinab zum Älf zu kommen pflegten, um zu trinken. Durch diese Öffnungen konnten die Fremdlinge einen Blick in den Wald werfen. Nie hatten sie etwas Ähnliches gesehen. In sonnenloser Dämmerung wuchsen Bäume, deren Stämme mächtiger waren als die Türme an Roms Pforten. Da war ein Gewirr von Bäumen, die miteinander um Luft stritten. Bäume drängten sich und kämpften, Bäume verkümmerten und wurden von anderen Bäumen zu Boden gebeugt. Bäume wurzelten in Ästen anderer Bäume. Bäume stritten und wetteiferten wie Menschen.

Aber wenn Tiere oder Menschen in dieser Baumwelt ihr Wesen trieben, dann mußten sie auf eine andere Art leben als die Römer; denn vom Boden bis hinauf zu den Wipfeln war der ganze Wald ein Netzwerk aus steifen, starren Zweigen. Von diesen Zweigen flatterten ellenlange Zipfel grauer Moosflechten herab und verwandelten Bäume in Zauberriesen mit Haar und Bart. Aber unter ihnen war der Waldboden mit modernden Stämmen bedeckt, und der Fuß wäre in dem vermorschenden Holz eingesunken wie in schmelzendem Schnee.

Aus dem Wald heraus drang ein Duft, den alle auf dem Schiff als etwas zart Betäubendes empfanden. Es war der starke Duft von Harz und wildem Honig, der sich mit dem modrigen Geruch von faulenden Stämmen und roten und gelben Riesenpilzen vermischte.

Ohne Zweifel lag in alledem etwas Erschreckendes, aber es war auch erhebend, der Natur in ihrer ganzen Macht zu begegnen, ehe noch Menschen in ihre Gewalt eingegriffen hatten. Es währte nicht lange, so begann einer der Seeleute eine Hymne an den Waldesgott zu summen, und unwillkürlich fiel die ganze Mannschaft in den Sang ein. Es war nicht mehr so, daß sie erwarteten, Menschen in dieser Waldwelt zu finden. Ihre Herzen wurden von frommen Gedanken aufgeschlossen. Sie dachten an den Waldesgott und seine Nymphen. Sie sagten sich, daß Pan, aus Hellas' Wäldern verscheucht, in den äußersten Norden geflohen war. Mit frommen Gesängen zogen sie in sein Reich ein.

Während jeder Pause im Gesang hörten sie eine leise Musik im Wald. Die Nadeln hoch oben in den Baumwipfeln, die in der Mittagshitze zitterten, spielten und sangen. Immer häufiger hielten die Seeleute im Gesang inne, um zu horchen, ob nicht auch Pans Flöte bald erklingen wollte. Immer langsamer wurde das Schiff von den Rudern dahingetrieben. Die Seeleute spähten hinab ins Wasser, das goldgrün und schwarzviolett unter den Tannen floß. Sie spähten in das hohe Schilf, dessen Blätter in der Strömung bebten und raschelten. Es lag eine solche Erwartung über ihnen, daß sie beim Anblick einer irrenden Libelle und beim Anblick der weißen Wasserrosen, die in dem schönen Dunkel tief zwischen den Schilfhalmen leuchteten, zusammenzuckten. Und wieder ertönte der Sang: »Pan, du, des Waldes Beherrscher!«

Sie hatten jeden Gedanken an Kauf und Handel aufgegeben. Sie fühlten, daß sie an der Pforte zu den Wohnstätten der Götter standen. Alle irdische Sorge war von ihnen gewichen.

Da, mit einem Male, an der Mündung eines dieser Tierpfade – da stand ein Elen, ein königliches Tier mit breiter Stirn und einem Wald von Geweihenden.

Auf dem Dreiriemer entstand atemloses Schweigen. Die Ruder, gegen das Wasser gestemmt, hemmten die Fahrt. Silvius Antonius erhob sich von seinem Purpurbett.

Aller Augen waren auf den Elenhirsch gerichtet. Man glaubte etwas wahrzunehmen, das er auf seinem Rücken trug, doch das Waldesdunkel und die herabhängenden Zweige machten es unmöglich, deutlich zu sehen.

Das gewaltige Elen stand lange und witterte mit erhobener Schnauze gegen den Dreiriemer. Endlich schien es einzusehen, daß es kein feindlicher Gegenstand war; es machte einen Schritt hinab ins Wasser. Noch einen. Hinter den breiten Hörnern schimmerte immer deutlicher etwas Helles, Rosiges hervor. Trug vielleicht das Elen auf seinem Rücken eine ganze Ernte wilder Rosen?

Die Schiffsmannschaft machte einige vorsichtige Bewegungen mit den Rudern. Der Dreiriemer kam dem Tier entgegen. Er glitt gleichsam wie von selbst immer näher an die Schilfkante heran.

Der Elenhirsch schritt sachte hinaus ins Wasser, setzte behutsam den Fuß auf, um nicht in den Wurzeln am Grunde des Älfs hängenzubleiben.

Nun sah man deutlich über den Hörnern ein Mädchenantlitz, von hellem Haar umgeben. Das Elen trug auf seinem Rücken eine jener Nymphen, die man erwartet hatte, die sich naturnotwendig in dieser Urwelt befinden mußten.

Das Volk auf dem Dreiriemer ward von heiliger Verzükkung ergriffen. Einer aus ihrer Mitte, der aus Sizilien stammte, erinnerte sich an ein Lied, das er in seiner Jugend gesungen, als er auf den blumenreichen Ebenen um Syracusa spielte.

Er begann zu summen:

»Nymphe, Arethusa genannt,
Nymphe, aus Blumen geboren,
Du, die durch Wälder und Flur wandeltest,
Mondscheinweiß . . .«

Und als die sturmfesten Männer die Worte erfaßten, suchten sie das orkangleiche Brausen ihrer Stimmen zu dämpfen und sangen:

»Nymphe, Arethusa genannt,
Nymphe, aus Blumen geboren . . .«

Man lenkte das Schiff immer näher und näher an die Schilfkante. Man achtete nicht darauf, daß es schon ein paar Mal auf dem Grund gescharrt hatte. Aber das junge Waldwesen saß und spielte Verstecken hinter dem Geweih des Elenhirsches. Bald verbarg sie sich, bald lugte sie hervor. Sie hielt das Elen nicht an; sie trieb es weiter hinaus ins Wasser.

Als das hochbeinige Tier ein Stück vorwärtsgekommen war, liebkoste sie es, um es aufzuhalten. Sie beugte sich hinab und riß ein paar Wasserrosen ab. Die Männer auf dem Schiffe sahen einander beschämt an. Die Nymphe war also einzig und allein gekommen, um die weißen Seerosen zu pflücken, die auf dem Älfwasser schaukelten. Sie war nicht um der römischen Seeleute willen gekommen.

Da zog Silvius Antonius einen Ring vom Finger, stieß einen Ruf aus, der die Nymphe aufblicken ließ und warf ihr den Ring zu. Sie streckte die Hand vor und fing ihn auf. Ihre Augen begannen zu glänzen. Sie streckte die Hand nach mehr aus. Silvius Antonius warf noch einen Ring. Sie warf mit einem Mal die Wasserrosen zurück in den Fluß und trieb den Elenhirsch weiter hinaus ins Wasser. Zuweilen hielt sie an, da kam ein Ring von Silvius Antonius und lockte sie vorwärts.

Plötzlich wich alles Zaudern von ihr. Die Farbe auf ihren Wangen stieg. Sie kam dem Schiff näher, ohne daß man sie zu locken brauchte. Das Elen ging bis zu den Schultern im Wasser. Und da beugten sich die Seeleute über die Brüstung, um der schönen Nymphe an Bord zu helfen, für den Fall, daß sie das Verdeck des Dreiriemers besteigen wollte.

Doch sie sah keinen anderen als Silvius Antonius, der ringgeziert und perlgeschmückt dastand, prächtig wie ein Sonnenaufgang. Und als der junge Römer merkte, daß die Augen der Nymphe auf ihn gerichtet waren, beugte er sich weiter vor als jeder andere. Man rief ihm zu, sich zu hüten, festen Fuß zu verlieren und ins Wasser zu stürzen. Aber diese Warnung war vergeblich. Ungewiß ist es, ob die

Nymphe durch einen heftigen Ruck Silvius Antonius an sich zog oder wie es sonst zuging, genug, er war über Bord, ehe jemand daran denken konnte, ihn zu ergreifen.

Doch war keine Gefahr, daß Silvius Antonius ertrank. Die Nymphe streckte ihre rosigen Arme aus und fing ihn auf. Er hatte kaum den Wasserspiegel berührt. Im selben Augenblick machte ihr Traber kehrt, stürzte durchs Wasser fort und verschwand im Wald. Und laut vernahm man das Lachen der Reiterin, als sie Silvius Antonius entführte.

Galenas und seine Mannen standen einen Augenblick lang schreckgelähmt. Wie bei einem Unglück zur See warfen etliche die Kleider ab, um ans Land zu schwimmen. Galenas gebot ihnen Halt.

»Zweifelsohne ist dies der Götter Wille«, sagte er. »Um dessentwillen haben sie Silvius Antonius Poppius durch tausend Stürme hin zu diesem unbekannten Land gejagt. Laßt uns froh sein, daß wir ein Werkzeug ihres Willens waren. Aber laßt uns auch nicht versuchen, die Götter zu hindern!«

Und die Seeleute nahmen gehorsam ihre Ruder wieder auf und fuhren den Älf hinan, und zu dem taktmäßigen Schlag der Ruder summten sie leise den Sang von Arethusas Flucht.

Wenn man nun diese Erzählung beendet hat, muß ja der Reisende die alte Felsenzeichnung verstehen. Er muß den Elenhirsch mit dem vielverzweigten Geweih sehen können und den Dreiriemer mit den langen Rudern. Man verlangt nicht, daß er Silvius Antonius Poppius sehe und die schöne Urwaldkönigin, denn um sie zu sehen, ist es notwendig, daß man mit den Augen der alten Sagenerzähler sieht.

Und er wird auch verstehen, daß die Felseneinritzung von dem jungen Römer selbst herrührt und daß es sich mit der alten Erzählung ebenso verhalt. Silvius Antonius hat sie Wort für Wort seine Nachkommen gelehrt. Er wußte ja, daß es sie freuen würde zu wissen, daß sie von den weltberühmten Römern abstammten.

Aber natürlich braucht der Fremde nicht zu glauben, daß eine von Pans Nymphen an diesem Flußufer wandelte. Er kann ja begreifen, daß ein wilder Menschenstamm im Urwald umherzog und daß die Reiterin des großen Elenhirschs die Tochter des Königs war, der diese Menschen beherrschte. Als die Königstochter Silvius Antonius entführte, hatte sie sicherlich nur seinen Schmuck an sich reißen wollen! Sie hatte gar nicht an Silvius Antonius gedacht, sie hatte wohl kaum gewußt, daß er ein Mensch war wie sie!

Und der Reisende kann ja verstehen, daß Silvius Antonius' Name nicht noch heute an diesen Ufern in Erinnerung wäre, wenn er immer derselbe Tor geblieben wäre. Er kann ahnen, daß der junge Römer durch das Unglück und die Not erhoben wurde, und daß er, nachdem er der verachtete Sklave der Wilden gewesen war, ihr König ward. Er war es, der auf den Urwald mit Feuer und Stahl losging. Er errichtete den ersten festgezimmerten Hof. Er ließ Schiffe bauen und Saat auswerfen. Er legte den Grund zu der Herrlichkeit des großen Kungahälla.

Und wenn der Reisende dies hört, wird er mit froheren Blicken über die Fluren sehen als früher. Denn obgleich der Stadtgrund sich in Felder und Wiesen verwandelt hat und auf dem Älf keine Segler mehr fahren, ist es doch dieser Boden, der ihn Bilder aus der Vergangenheit sehen und ihn die Luft der Träume atmen läßt.

Sigrid Storråda

Es war einmal ein schöner Frühling. Und das war gerade der Frühling, in dem die schwedische Königin Sigrid Storråda in Kungahälla mit dem norwegischen König Olaf Tryggvason zusammentreffen sollte, um mit ihm über ihre Heirat zu beschließen.

Es war ganz wunderlich, daß König Olaf Königin Sigrid besitzen wollte, denn freilich war sie reich, schön und hochgesinnt, aber dabei die ärgste Heidin, während König Olaf Christ war und nichts anderes im Sinn hatte, als Kirchen zu bauen und die Menschen zu zwingen, sich taufen zu lassen. Aber vielleicht dachte er, daß der Herr, Gott in der Höh, sie bekehren würde.

Doch noch wunderlicher war es, daß der Frühling sogleich begann, als Storråda König Olafs Sendboten kundgetan hatte, sie wollte nach Kungahälla segeln, sobald das Meer eisfrei sei. Alle Kälte und aller Schnee flohen dahin, während sonst um diese Zeit noch strenger Winter zu sein pflegte.

Und als Storråda davon sprach, daß sie anfangen wollte, ihre Schiffe auszurüsten, verschwand das Eis aus den Fjorden, die Wiesen begannen zu grünen, und obgleich es noch lange vor Mariä Verkündigung war, konnte das Vieh hinaus auf die Weide getrieben werden.

Als das Schiff der Königin zwischen den Ostgotlandinseln hinaus in die Ostsee fuhr, saßen Kuckucke auf den Klippen und riefen, obschon es noch so früh war, daß man kaum hätte hoffen können, eine Lerche zu hören.

Und wo Storråda vorbeizog, war große Freude. All die Riesen, die unter König Olafs Regierung aus Norwegen hatten fliehen müssen, weil sie das Geläute der Kirchenglocken nicht hören konnten, zogen auf die Berggipfel, als sie Storråda vorübersegeln sahen. Sie rissen junge Laubbäume mit der Wurzel aus und winkten mit ihnen der Königin zu, und als sie in ihre Steinhütten gingen, wo ihre Frauen in Sehnsucht und Kummer saßen, lachten sie und sagten:

»Nun, Weib, sollst du nicht mehr betrübt sein. Nun fährt Storråda zu König Olaf. Nun können wir bald wieder nach Norwegen kommen.«

Als die Königin am Kullaberg vorbeisegelte, kam der Kullamann aus seiner Berghöhle. Und er ließ den schwarzen Berg sich auftun, so daß sie die Gold- und Silberadern dort drinnen sehen konnte und sie ergötzte sich an dem Reichtum.

Als Storråda an den Hallandsflüssen vorbeifuhr, trieb der Nöck seine Fälle und Gießbäche hinab und kam bis zur Flußmündung und spielte auf seiner Harfe, so daß die Schiffe auf den Wellen tanzten.

Als sie an der Nidingerklippe vorübersegelte, da lagen die Meerfrauen da und bliesen in Muscheln, so daß das Wasser in hohen Schaumpfeilern emporspritzte. Aber als Gegenwind aufkam, stiegen häßliche Trolle aus der Tiefe und halfen Storråda das Schiff über die Wellen zu führen. Einige schoben, andere nahmen Seile aus Seegras in den Mund und spannten sich vor das Schiff wie Pferde.

Die wildesten Wikinger, die König Olaf um ihrer Arglist willen nicht im Lande dulden wollte, kamen zum Schiff der Königin herangerudert, mit herabgezogenen Segeln und erhobenen Enterhaken, um Streit zu beginnen. Aber als sie die Königin erkannten, ließen sie sie unversehrt weiterfahren und riefen ihr nach: »Wir trinken einen Becher auf deine Hochzeit, Storråda.«

Alle Heiden, die an der Küste entlang hausten, legten Holz auf ihre Steinaltäre und opferten den alten Göttern Schafe und Ziegen, damit sie Storråda beistehen sollten auf ihrer Fahrt zu dem norwegischen König.

Als die Königin den Nordre Älf hinaufsegelte, kam die Seejungfer an das Schiff geschwommen, streckte ihren weißen Arm aus der Tiefe empor und reichte ihr eine große klare Perle. »Trage sie, Storråda«, sagte sie, »auf daß König Olaf bezaubert werde von deiner Schönheit und dich niemals vergessen kann.« Als die Königin den Fluß eine kleine Strecke hinaufgefahren war, hörte sie ein starkes Brausen und Tosen, so daß sie meinte, sich einem Wasserfall zu nähern. Je weiter die Königin kam, desto mehr nahm das Lärmen zu, und sie glaubte schließlich, sie käme mitten in eine große Schlacht.

Aber als die Königin an der Gullinsel vorbeiruderte und in eine breite Bucht einbog, sah sie das große Kungahälla am Flußufer liegen.

Die Stadt war so groß, daß, so weit sie auch den Fluß hinaufsah, immer noch Hof an Hof lag. Jeder war ansehnlich und wohlgezimmert, mit vielen Nebengebäuden; schmale Gäßchen liefen zwischen den grauen Holzwänden hinab zum Fluß, breite Höfe öffneten sich vor den Häusern, festgestampfte Wege führten von jedem Haus hinab zur Bootshütte und zu den Brücken.

Storråda befahl ihren Ruderern, die Ruder langsam zu heben. Sie stand hoch im Hintersteven des Schiffes und sah zum Strand. »Nie habe ich etwas Ähnliches gesehen«, sagte sie.

Nun begriff sie, daß das starke Getöse, welches sie gehört, einzig und allein von all der Arbeit kam, die in Kungahälla im Frühling vor sich ging, wenn die Schiffe ihre langen Fahrten antraten. Sie hörte Schmiede hämmern; die Teigwalker klapperten in der Backstube, Zimmerholzplanken wurden geräuschvoll auf schwere Prahme geladen, junge Burschen entrindeten Mastbäume und hobelten breite Ruderblätter.

Manchen grünen Hof sah sie, wo Mädchen saßen und Seile für die Seefahrenden drehten, wo alte Männer mit der Nadel in der Hand hockten und in graue Friessegel Lappen einsetzten. Sie sah Bootsbauer die neuen Boote teeren. Nägel wurden in starke Eichenplanken geschlagen. Aus den Bootshütten wurden Schiffe geschoben, um verdichtet zu werden. Alte Fahrzeuge wurden mit neugemalten Drachenbildern geschmückt. Waren wurden aufgestapelt. Leute sagten hastig Lebewohl. Schwer bepackte Schiffskisten wurden an Bord getragen. Schiffe, die schon fertig waren, stießen vom Land ab. Storråda sah, daß die Schiffe, welche den Fluß hinaufruderten, schwere Ladungen von Heringen und Salz mit sich führten, während andere nach Westen dem offenen Meer zusteuerten, hoch mit kostbarem Eichenholz, Häuten und Fellen beladen. Als die Königin dieses sah, lachte sie vor Freude. Sie sagte, daß sie gerne König Olafs Gemahlin sein wollte, um über eine solche Stadt zu herrschen.

Storråda ruderte zur Brücke des Königshofs. Da stand König Olaf zu ihrem Empfang, und als sie ihm entgegentrat, da schien sie ihm die Schönste, die er je gesehn.

Sie gingen miteinander hinauf zum Königshof, und zwischen ihnen beiden war große Eintracht und Freundschaft. Und als sie sich zu Tisch setzten, lachte und scherzte Storråda mit dem König die ganze Zeit, während der Bischof das Tischgebet las, und der König lachte und sprach auch, als er sah, daß es Storråda so gefiel.

Als sie die Mahlzeit beendet hatten und alle die Hände falteten, um dem Gebete des Bischofs zu lauschen, begann Storråda dem König von ihren Reichtümern zu erzählen. Sie fuhr damit fort, solange das Tischgebet dauerte.

Und der König hörte auf Storråda, aber nicht auf den Bischof.

Der König setzte Storråda auf den Hochsitz, und er selbst ruhte zu ihren Füßen, und Storråda erzählte ihm, wie sie zwei Unterkönige, die es gewagt hatten, sie zu freien, hatte einschließen und verbrennen lassen. Und der König freute sich und dachte, so sollte es allen Unterkönigen ergehen, die es wagten, um ein solches Weib wie Storråda zu freien.

Als es zur Vesper läutete, erhob sich der König, um nach seiner Gepflogenheit zur Marienkirche zu gehen und dort zu beten. Aber da rief Storråda ihren Skalden, und er sang das Lied von Brünhild, die Sigurd Fafnisbane töten ließ. Und König Olaf ging nicht in die Kirche, sondern saß da und betrachtete Storrådas mächtige Augen und sah, wie dicht die schwarzen Augenbrauen sich abzeichneten. Da begriff er, daß Storråda Brünhild war und daß sie ihn töten würde, wenn er ungetreu wäre. Er dachte auch, daß sie das Weib dazu war, sich zusammen mit ihm auf einem Scheiterhaufen verbrennen zu lassen. Während in der Marienkirche zu Kungahälla die Priester die Messe lasen und beteten, saß König Olaf und dachte, daß er wohl nach Walhall reiten wollte, mit Storråda vor sich auf dem Pferd.

Nachts hatte der Fährmann am Älfhügel, der die Leute in seinem Nachen über den Götaälf brachte, mehr zu tun, denn je zuvor. Einmal ums andere wurde er hinüber zum andern Ufer gerufen, aber wenn er hinkam war nie jemand zu sehen. Doch hörte er Schritte rings um sich, und das Boot wurde so schwer, daß es beinahe sank. Er fuhr die ganze Nacht hin und her und wußte nicht, was das bedeuten sollte. Aber am Morgen war der Sand am Flußufer voll kleiner Fußstapfen, und in den Fußstapfen fand der Fährmann kleine welke Blätter, die, als er sie näher betrachtete, sich als eitel Gold erwiesen. Da wurde es ihm klar, daß all die Kobolde und Heinzelmännchen, die um des Christentums willen aus Norwegen geflohen waren, nun wiedergekehrt waren.

Aber der Riese, der im Fontinsberge östlich von Kungahälla hauste, nahm große Steinblöcke und warf Block um Block gegen den Turm der Marienkirche, solange die Nacht währte. Wäre der Riese nicht so stark gewesen, daß alle seine Steine weit weg in Hisingen niederfielen, hätte ein großer Schaden daraus entstehen können.

König Olaf hatte die Gepflogenheit, jeden Morgen zur Messe zu gehen, aber da Storråda in Kungahälla war, meinte er keine Zeit zu haben. Sowie er aufgestanden war, wollte er sogleich hinab zum Hafen gehen, wo sie auf ihrem Schiff wohnte, um sie zu fragen, ob sie am Abend ihr Verlöbnis mit ihm feiern wolle.

Der Bischof hatte den ganzen Morgen die Glocken in der Marienkirche läuten lassen; und als der König aus dem

Königshof trat und über den Markt ging, da wurden die Kirchentüren weit geöffnet, und lieblicher Gesang strömte ihm entgegen. Aber der König ging weiter, als hätte er nichts gehört. Da ließ der Bischof die Glocken innehalten; der Gesang hörte auf und die Lichter erloschen.

Das kam so plötzlich, daß der König einen Augenblick stehenblieb und zurück zur Kirche sah. Es dünkte ihn, daß die Kirche unansehnlicher war, als er je zuvor gemerkt hatte. Sie war niedriger als andere Häuser in der Stadt; das Dach lag schwer über den fensterlosen Wänden, das Tor war niedrig und dunkel, mit einem kleinen Schutzdach aus Tannenrinde. Wie der König so stand, kam eine junge, zarte Frau aus der dunklen Kirchentür. Sie war in einen roten Rock und einen blauen Mantel gekleidet und trug ein blondgelocktes Kind auf dem Arm. Ihre Tracht war dürftig, aber dem König erschien sie wie eine edelgeborene Frau. Sie war hoch und von schöner Gestalt und sie hatte ein holdseliges Antlitz. Der König sah mit großer Rührung, wie die junge Frau ihr Kind an sich drückte und es mit solcher Liebe trug, als gäbe es nichts Lieberes und Köstlicheres auf der Welt.

Als die Frau an das Tor gekommen war, wandte sie das holde Antlitz und sah zurück in die dämmrige arme Kirche, mit großer Sehnsucht im Blick. Als sie sich dann wieder zum Marktplatz wandte, hatte sie Tränen in den Augen. Aber als sie über die Schwelle gehen sollte, hinaus auf den Marktplatz, da verließ sie der Mut. Sie stützte sich an den Türpfosten und sah auf das Kind mit solcher Angst, als wollte sie sagen: »Wo, wo in der ganzen weiten Welt sollen nun wir beide ein Dach über unserm Haupt haben?«

Der König stand noch immer unbeweglich und betrachtete die Heimatlose. Was ihn am meisten rührte, war das Kind, das ganz sorglos in ihren Armen saß, eine Blume zu ihrem Gesicht emporstreckte, um ihr ein Lächeln zu entlocken. Und da sah er, daß sie die Sorge aus ihren Gesichtszügen zu verdrängen suchte, um dem Sohn zuzulächeln.

›Wer ist diese Frau‹, dachte der König, ›es dünkt mich, daß ich sie schon zuvor gesehen habe. Zweifelsohne ist sie eine hochgeborene Frau, die in Not geraten ist.‹

So eilig der König es auch hatte, zu Storråda zu kommen, konnte er doch seine Augen nicht von der Frau abwenden. Er mußte immerzu nachdenken, wo er schon früher so milde Augen gesehen hatte und ein so lieblich geformtes Antlitz.

Noch immer stand die Frau in der Kirchentür, als könnte sie sich nicht von dort losreißen. Da ging der König auf sie zu und fragte: »Warum bist du so betrübt?«

»Ich bin aus meinem Heim vertrieben«, sagte die Frau und wies hinein in das dunkle kleine Kirchlein. Der König meinte, sie hätte sich in der Kirche aufgehalten, weil sie keine andere Wohnstätte besaß. Er fragte weiter: »Wer hat dich vertrieben?«

Da sah sie ihn mit unsäglicher Betrübnis an.

»Weißt du es nicht?« fragte sie.

Aber da wandte sich der König von ihr ab. Er hatte keine Zeit, er wollte nicht stehen und Rätsel raten. Glaubte die Frau etwa, er hätte sie vertrieben? Er konnte nicht begreifen, was sie wollte.

Der König ging rasch weiter. Er kam hinab zur Königsbrücke, wo Storrådas Schiffe verankert lagen. Unten am Hafen begegnete er den Dienern der Königin, die alle Goldstreifen an den Gewändern hatten und Silberhelme auf dem Haupt.

Storråda stand hoch auf dem Schiff und blickte hinaus über Kungahälla und freute sich an seiner Macht und seinem Reichtum. Sie stand da und sah auf die Stadt hinab, als betrachtete sie sich schon als ihre Königin.

Aber als der König Storråda sah, dachte er sogleich an die holde Frau, die arm und elend aus der Kirche gekommen war. Was ist das, dachte er, mir ist, als ob sie schöner wäre als Storråda. Als Storråda ihm nun zulächelte, mußte er daran denken, wie die Tränen in den Augen der anderen Frau geglänzt hatten.

König Olaf hatte das Antlitz der Fremden so deutlich vor sich, daß er Storrådas Gesicht Zug um Zug damit vergleichen konnte, und als er so verglich, da verschwand alle Schönheit Storrådas. Er sah, daß Storrådas Augen grausam waren und ihr Mund wollüstig. In jedem Zug ihres Gesichts spürte er eine Sünde. Er sah wohl noch immer, daß sie schön war, doch er fand keinen Gefallen mehr an ihrem Anblick. Er begann sie zu verabscheuen, als wäre sie eine glänzende Giftschlange.

Als die Königin den König kommen sah, zog ein stolzes Lächeln über ihre Lippen.

»Ich habe dich nicht so zeitig erwartet, König Olaf«, sagte sie. »Ich glaubte, du würdest in der Messe sein.«

Da überkam den König die Lust, Storråda zu reizen und alles zu tun, was sie nicht wollte.

»Die Messe hat noch nicht begonnen«, sagte er. »Ich komme, um dich zu bitten, daß du mich in das Haus meines Gottes begleitest.«

Als der König dies sagte, sah er, daß in Storrådas Augen ein stechendes Leuchten kam, aber sie lächelte noch immer.

»Komm lieber hierher auf das Schiff«, sagte sie. »Ich will dir die Angebinde zeigen, die ich dir mitgebracht habe.«

Sie hob ein goldenes Schwert auf, um ihn damit zu lokken, aber der König vermeinte, noch immer die andere Frau neben ihr zu sehen. Und es war ihm, als ob Storråda über ihren Schätzen stand wie ein abscheulicher Drache.

»Ich will zuerst wissen«, sagte der König, »ob du mit mir in die Kirche gehen willst.«

»Was sollte ich in deiner Kirche?« fragte sie und sah spöttisch aus.

Da merkte sie, daß das Königs Augenbrauen sich zusammenzogen, und sie begriff, daß er nicht desselben Sinnes war wie am vorhergehenden Tag. Sie änderte sogleich ihr Betragen und wurde milde und versöhnlich.

»Geh du in die Kirche, sooft dein Sinn begehrt«, sagte sie, »wenn ich auch nicht gehe. Um dessentwillen braucht kein Unfrieden zwischen uns zu entstehen.« Die Königin stieg von dem Schiff herab und kam auf den König zu. Sie hielt in der Hand ein Schwert und einen pelzverbrämten Mantel, den sie ihm zum Angebinde geben wollte.

Gerade in demselben Augenblick sah der König zufällig nach dem Hafen. In weiter Ferne sah der die andere Frau herankommen. Sie ging gebeugt, mit müden Schritten, noch immer mit dem Kind auf dem Arm.

»Was ist es, wonach du so eifrig Ausschau hältst, König Olaf?« fragte Storråda.

Da blickte die andere Frau den König an, und wie sie ihn anblickte, glaubte er zu sehen, daß über ihrem Haupt und dem des Kindes goldene Lichtringe aufflammten, schöner als alles Geschmeide von Königen und Königinnen. Aber gleich darauf schritt sie wieder der Stadt zu und er sah sie nicht mehr.

»Was ist es, wonach zu so eifrig blickst, König Olaf?« fragte Storråda noch einmal.

Aber als König Olaf sich der Königin zuwandte, da sah er sie alt und häßlich, von aller Arglist und Sünde der Welt umgeben, und er erschrak darüber, daß er beinahe in ihre Netze gefallen wäre.

Er hatte den Handschuh abgestreift, um ihr die Hand zu reichen. Aber nun nahm er den Handschuh und schlug ihn ihr ins Gesicht. »Was soll ich mit dir, du alte heidnische Hexe?« sagte er.

Da fuhr Storråda drei Schritte zurück. Aber sie faßte sich rasch und antwortete: »Dieser Schlag wird dein Fluch werden, Olaf Tryggvason.«

Und sie war rot wie die Hölle, als sie sich von ihm abwandte und das Schiff bestieg.

In der nächsten Nacht hatte König Olaf einen seltsamen Traum.

Was er vor sich sah, war nicht die Erde, sondern der Meeresgrund. Es war ein grünlich-gelber Boden, über dem das Wasser viele Ellen hoch stand. Er sah Fische nach

Raub schwimmen, Schiffe sah er oben auf dem Wasserspiegel wie dunkle Wolken vorbeigleiten, und die Sonnenscheibe sah er matt blinken wie einen bleichen Mond. Da kam die Frau, die er in der Kirchentüre gesehen, unten auf dem Meeresgrund gegangen. Sie hatte dieselbe geneigte Haltung und dieselben abgetragenen Kleider wie am Tag, als er ihr zuletzt begegnet war, und ihr Gesicht war noch immer voll Kummer.

Aber wie sie auf dem Meeresgrund ging, teilte sich das Wasser vor ihr. Er sah, wie es sich gleichsam vor Ehrfurcht zu einer Wölbung erhob und zu Pfeilern zusammenschloß, so daß die Frau wie durch den herrlichsten Tempelsaal ging.

Plötzlich sah der König, daß das Wasser, welches sich über der Frau erhob, anfing, die Farbe zu ändern. Die Säulen und Gewölbe wurden zuerst hellrot, nahmen aber rasch eine immer tiefere Färbung an. Das ganze Meer ringsum war auch rot, als wäre es in Blut verwandelt worden. Auf dem Meeresgund, über den die Frau schritt, sah der König zerbrochene Schwerter und Pfeile, gesprungene Bogen und Lanzen. Zuerst waren ihrer nicht viele, aber je weiter sie in das rote Wasser wanderte, desto dichter lagen sie gehäuft.

Der König sah bebend, wie die Frau vom Weg abwich, um nicht auf einen toten Mann zu treten, der auf dem grünen Tangbett ausgestreckt lag. Der Mann trug einen Harnisch, er hatte ein Schwert in der Hand und eine tiefe Wunde im Kopf.

Dem König schien es, daß die Frau die Augen schloß, um nichts zu sehen. Sie strebte einem bestimmten Ziel zu, ohne Zögern und Angst. Aber er, der Träumende, konnte die Augen nicht abwenden.

Er sah den ganzen Meeresgrund mit Trümmern übersät. Er sah schwere Schiffsanker; dicke Seile krümmten sich wie Schlangen, Schiffe lagen da mit geborstenem Bugspriet; die goldenen Drachenköpfe, die den Steven geziert hatten, blickten ihn aus roten, drohenden Augen an.

Ich möchte wohl wissen, wer hier eine Schlacht zur See

gekämpft und all dies der Vergänglichkeit zum Raub gelassen hat, dachte der Träumende.

Überall sah er Tote; sie hingen über die Schiffsgeländer hinab oder lagen in dem üppigen Tang versunken. Aber er hatte nicht viel Zeit, sie zu betrachten, weil er der Frau nachsehen mußte, die noch immer weiterwanderte.

Endlich sah der König sie vor einem toten Mann stehenbleiben. Er hatte einen roten Leibrock an, einen blanken Helm auf dem Haupt, der Schild war über den Arm gezogen und ein bloßes Schwert hielt er in der Hand.

Die Frau beugte sich über ihn und flüsterte, als wolle sie einen Schlafenden wecken: »König Olaf! König Olaf!«

Da sah der Träumende, daß der Mann auf dem Meeresgrund er selbst war. Er erkannte deutlich, daß er der Tote war.

»König Olaf«, flüsterte die Frau noch einmal, »ich bin es, die du vor der Kirche in Kungahälla sahst. Kennst du mich nicht?«

Als der Tote noch immer unbeweglich lag, warf sie sich neben ihm auf die Knie und flüsterte ihm ins Ohr:

»Nun hat Storråda ihre Flotte gegen dich ausgesandt und Rache an dir genommen. Bereust du, König Olaf?«

Noch einmal fragte sie: »Nun leidest du des Todes Bitterkeit, weil du mich wähltest und nicht Storråda. Bereust du es? Bereust du es?«

Da schlug der Tote endlich die Augen auf und die Frau half ihm, sich aufzurichten. Er stützte sich auf ihre Schulter, und sie wanderte langsam mit ihm fort. Wieder sah König Olaf sie wandern und wandern, durch Nacht und Tag, durch Meer und Land. Endlich vermeinte er zu sehen, daß sie weitergekommen waren als die Wolken und höher als die Sterne.

Sie wanderten in einem Lustgarten, wo der Boden leuchtete wie weißes Licht und die Blumen blank waren wie Tautropfen.

Der König sah, daß die Frau, als sie den Lustgarten betrat, den Kopf erhob, und daß ihr Gang leichter wurde. Als sie ein Stück weitergegangen war, begannen ihre Kleider zu strahlen. Er sah, wie sie von Goldstreifen und von bunten Farben erleuchtet wurden. Er sah auch, daß ein Strahl um ihren Scheitel aufflammte und ihr Antlitz beglänzte.

Aber der Gefallene, der sich auf ihre Schulter stützte, hob den Kopf und fragte: »Wer bist du?«

»Weißt du es nicht, König Olaf?« antwortete sie da, und unendliche Hoheit und Herrlichkeit umgaben ihr Wesen.

Aber der König ward dabei im Traum von großer Freude erfüllt, daß er den Dienst der holden Himmelskönigin erwählt hatte. Das war eine Freude, wie er sie nie zuvor erfahren, und sie war so stark, daß sie ihn erweckte.

Als er aufwachte, fühlte er Tränen sein Antlitz benetzen, und er lag da, die Hände zum Gebet gefaltet.

Astrid

Zwischen den niedrigen Häuschen des alten Königshofs zu Uppsala stand der Jungfernturm. Der war auf Pfosten erhoben, so wie ein Taubenschlag. Man kam hinauf über eine Treppe, so steil wie eine Leiter, und trat ein durch eine Tür, so niedrig wie eine Luke. Die Wände dort drinnen waren mit Runen bedeckt, die Liebe und Sehnsucht bedeuten sollten. An den engen Gucklöchern sah man kleine runde Gruben in die Holzverschalung gedrückt, denn dort pflegten die Mägdlein zu stehen mit aufgestützten Ellenbogen und hinab auf den Hofplan zu schauen.

Seit einigen Tagen beherbergte der Königshof den alten Hjalte, den Skalden, als Gast, und er kam jeden Tag hinauf in den Jungfernturm zu Prinzeß Ingegerd und sprach mit ihr vom König in Norwegen, Olaf Haraldson. Und jedesmal, wenn Hjalte kam, saß Ingegerds Magd Astrid da und hörte auf seine Rede mit ebenso großer Freude wie die Prinzessin. Während Hjalte sprach, lauschten die beiden Jungfrauen so eifrig, daß sie die Arbeit in den Schoß sinken ließen und die Hände stille hielten. Wer sie sah, hätte nicht geglaubt, daß da im Jungfernturm irgendwelche Frauenarbeit verrichtet wurde. Man würde auch nicht geglaubt haben, daß sie Hjaltes Worte aufsammelten, als wären es Seidenfäden, und daß jede daraus ihr Bild von König Olaf formte. Man hätte nicht geglaubt, daß jede in Gedanken die Worte des Skalden zu einem strahlenden Wandbehang verwebte.

Aber auf alle Fälle war es so, und das Bild war so schön, daß die Prinzessin jedesmal, wenn sie es vor sich sah, voll Verehrung auf die Knie hätte sinken mögen. Denn sie sah den König kronengeschmückt auf seinem Thron sitzen; sie sah einen rot- und goldgestickten Mantel von seinen Schultern bis hinab auf seine Füße wallen. Sie sah kein Schwert in seiner Hand, sondern heilige Schriften, und sein Thron wurde von einem unterjochten Troll getragen. Weiß wie Wachs schimmerte sein Antlitz, umrahmt von langen, schönen Locken, und seine Augen leuchteten von Frömmigkeit und Frieden. Ach, sie erschrak beinahe, als sie die übermenschliche Kraft sah, die aus diesem bleichen Angesicht leuchtete. Sie begriff, daß König Olaf nicht allein ein König, sondern ein Heiliger war und den Engeln gleich.

Aber so war keineswegs das Bild, das Astrid sich vom König schuf. Die blondhaarige Magd, die Kälte und Hunger gekostet und viele Mühe ertragen hatte, aber dennoch diejenige war, welche den Jungfernturm mit Scherz und Gaukelspiel erfüllte, dachte sich den König ganz anders. Sie konnte sich nicht helfen, aber jedesmal, wenn sie von ihm sprechen hörte, mußte sie den Jungen des Holzhauers vor sich sehen, der des Abends aus dem Wald kam, mit der Axt auf der Schulter. »Ich sehe dich, ich sehe dich so gut«, sagte Astrid zu dem Bild, ganz als stünde da wirklich jemand vor ihr. »Hoch bist du nicht, aber schulterbreit und leicht und geschmeidig, und nachdem du den ganzen gottlieben Tag im Waldesdunkel gegangen bist, nimmst du das letzte Stück mit einem Satz und lachst und springst hoch, wenn du hinaus auf den Weg kommst. Da blitzen die Zähne und das Haar fliegt, und das gefällt mir wohl. Ich sehe dich, du hast ein rotwangiges Gesicht und Sommersprossen über der Nase. Und blaue Augen hast du, die dunkel und düster werden, drinnen im tiefen Wald, aber siehst du das Tal und dein Heim, da leuchten sie auf und werden milde. Sobald du deine eigene Hütte im Talgrund siehst, schwenkst du die Mütze und grüßt, und da sehe ich deine Stirn. Sollte diese Stirn nicht einem König taugen? Sollte diese breite Stirn nicht Krone und Helm tragen können?«

Aber so verschieden diese Bilder auch waren, ist doch eines gewiß: Ebenso tief wie die Prinzessin das heilige Bild liebte, das sie heraufbeschwor, liebte die arme Magd den kecken, jungen Gesellen, den sie aus dem tiefen Wald auf sich zukommen sah.

Und wenn Hjalte, der Skalde, die beiden Bilder zu sehen bekommen hätte, würde er sie gewißlich beide gepriesen haben. Er hätte gesagt, daß sie beide dem König glichen. Denn König Olafs guter Stern, würde er gesagt haben, hat es gewollt, daß er ein frischer, munterer Jüngling ist und zugleich ein heiliger Held Gottes.

Der alte Hjalte liebte König Olaf, und obgleich er von Hof zu Hof gezogen war und gar viele Menschen gesehen hatte, konnte er doch niemals seinesgleichen finden. »Wo finde ich einen, der mich Olaf Haraldson vergessen läßt?« pflegte er zu sagen. »Wo soll ich einem trefflicheren Mann begegnen?«

Hjalte, der Skalde, war ein rauher alter Mann von barschem Aussehen. So alt er auch war, hatte er doch schwarzes Haar, seine Gesichtsfarbe war dunkel und sein Blick scharf. Und sein Singen hatte immer gar wohl zu seinem Aussehen gepaßt. Nie waren andere Worte über seine Lippen gekommen als Kampfworte. Er hatte niemals andere Lieder gedichtet als Kampflieder.

Des alten Hjaltes Herz war bis dahin gewesen wie die Wildnis vor der Hütte des Waldbewohners. Wie eine große Steinhalde war es gewesen, aus der nichts anderes wachsen will als mageres Schlangenkraut und hartes Felsengras.

Aber auf seinen Wanderungen war Hjalte an den Hof von Uppsala gekommen. Er hatte Prinzeß Ingegerd gesehen und gefunden, daß sie edler war als jedes andere Weib. Wahrlich, war nicht die Prinzessin eben um so vieles holder als andere Frauen, wie König Olaf herrlicher war als andere Männer?

Da hatte Hjalte ganz plötzlich den Gedanken, daß er versuchen sollte, Liebe zwischen der schwedischen Prinzessin und dem norwegischen König zu wecken. Er fragte sich, warum sie, die zuoberst bei den Frauen stand, nicht König Olaf lieben sollte, der unter den Männern der trefflichste war.

Und nachdem dieser Gedanke in Hjalte Wurzel geschlagen hatte, dichtete er nicht mehr seine finsteren Heldengesänge. Er stand davon ab, Preis und Ehre bei den rauhen Kämpen am Hof zu Uppsala zu gewinnen, und saß lange Stunden bei den Frauen im Jungfernturm. Man würde nicht geglaubt haben, daß es Hjalte war, der sprach. Man würde nicht geglaubt haben, daß er so süße und milde Worte finden konnte, wie er sie jetzt fand, um von König Olaf zu sprechen. Niemand hätte Hjalte wiedererkannt. Seit der Gedanke an diesen Ehebund in ihm lebte, war er völlig verwandelt. Es war, als wüchse eine farbenprächtige Rose mit duftenden, zarten Blättern aus einer Steinhalde empor.

Eines Tages saß Hjalte wieder bei der Prinzessin im Jungfernturm. Alle Jungfrauen waren fortgegangen, mit Ausnahme von Astrid. Hjalte dachte, daß er nun lange genug von Olaf Haraldson gesprochen. Er hatte von ihm alles Schöne gesagt, das er wußte. Aber hatte es nun etwas gefruchtet? Was dachte die Prinzessin von dem König? Hjalte begann der Prinzessin Fallen zu legen, um ihre Meinung über König Olaf zu erfahren. Ich werde es an einem Blick sehen können oder an einem Erröten, dachte er.

Aber die Prinzessin war von hoher Abstammung und verstand es, ihre Gedanken zu verbergen. Sie errötete weder, noch lächelte sie. Ihre Augen nahmen keinen Strahlenglanz an. Sie ließ Hjalte nicht ahnen, was sie dachte.

Während der Skalde in ihr edles Antlitz blickte, begann er sich seiner selbst zu schämen. Sie ist zu jung, als daß man trachten sollte, sie zu überrumpeln, dachte er. Man muß ihr im offenen Kampf gegenübertreten. Und Hjalte sagte gerade heraus: »Königstochter, wenn Olaf Haraldson dich von deinem Vater begehrte, was würdest du dazu sagen?«

Der jungen Prinzessin Antlitz leuchtete auf, wie die Gesichter von Menschen aufleuchten, wenn sie auf einen Berg kommen und das Meer schauen. Sie antwortete sogleich ohne Umschweife.

»Ist er ein solcher König und ein solcher Christ, wie du gesagt hast, Hjalte, dann wäre das für mich ein großes Glück.«

Aber kaum hatte sie dies gesagt, als der Glanz in ihren Augen erlosch. Man hätte glauben können, daß eine Nebelwand sich zwischen sie und das große schöne Bild in der Ferne geschoben hätte.

»Ach, Hjalte«, sagte sie, »du vergißt eines: König Olaf ist unser Feind. Krieg und nicht Freiersbotschaft haben wir von ihm zu erwarten.«

»Laß dich dadurch nicht betrüben«, sagte Hjalte. »Wenn nur du es willst, so ist alles gut. Ich kenne König Olafs Willen in dieser Sache.«

Hjalte, der Skalde, war so vergnügt, daß er lachte, als er dieses sagte, aber die Prinzessin wurde immer niedergeschlagener.

»Nein«, sagte sie, »weder von mir, noch von König Olaf hängt es ab, sondern von meinem Vater Olof Schoßkönig. Und du weißt, daß er Olaf Haraldson haßt und nicht einmal gestattet, daß jemand seinen Namen nennt. Nie läßt er mich einem Feind seines Reichs folgen. Nie gibt er seine Tochter Olaf Haraldson.«

Als die Prinzessin dieses gesagt hatte, legte sie all ihren Stolz ab und begann vor Hjalte zu klagen. »Was hilft es mir, daß ich nun Olaf Haraldson kenne«, sagte sie, »daß ich alle Nächte von ihm träume und mich alle Tage nach ihm sehne! Wäre es nicht besser gewesen, ich hätte nie etwas von ihm gehört? Wäre es nicht besser gewesen, du wärst nie hergekommen, um mit mir von ihm zu sprechen?«

Als die Prinzessin dies sagte, füllten sich ihre Augen mit Tränen, und als Hjalte diese Tränen sah, erhob er im Eifer die Hand.

»Gott will es«, rief er. »Ihr gehört zusammen. Der Streit muß seinen roten Mantel mit den weißen Gewändern des Friedens vertauschen, auf daß euer Glück die Erde erfreue.«

Als Hjalte dies sagte, neigte die Prinzessin zuerst ihr Haupt vor Gottes hohem Namen, dann erhob sie es in neuerwachter Hoffnung.

Als der alte Hjalte aus der niedrigen Tür des Jungfernturmes trat und über den schmalen Gang ging, der nicht durch das kleinste Geländer geschützt wurde, kam Astrid ihm nach.

»Oh, Hjalte«, rief sie ihm zu. »Warum fragst du nicht mich, was ich Olaf Haraldson antworten würde, wenn er meine Hand begehrte?«

Es war das erstemal, daß Astrid zu Hjalte sprach. Aber Hjalte warf bloß einen raschen Blick auf die goldhaarige Magd, die das Haar an den Schläfen und im Nacken lokkig trug, die die breitesten Armbänder und die schwersten Ohrgehänge hatte, die den Rock mit Seidenschnüren gebunden trug und das Leibchen so mit Perlen bespickt, daß es steif war wie ein Harnisch, dann ging er weiter, ohne zu antworten.

»Warum fragst du nur die Prinzessin Ingegerd?« fuhr Astrid fort. »Warum fragst du nicht auch mich? Weißt du denn nicht, daß auch ich des Sveakönigs Tochter bin?«

»Weißt du nicht«, fuhr sie fort, da Hjalte gar nichts erwiderte, »daß, obgleich meine Mutter eine Hörige war, sie doch des Königs Jugendbraut wurde? Weißt du nicht, daß, solange sie lebte, niemand wagte, sich ihrer Geburt zu entsinnen? Oh, Hjalte, weißt du nicht, daß erst, als sie tot war und der König eine Königin hatte, alle sich erinnerten, daß sie eine Unfreie war? Erst nachdem ich eine Stiefmutter bekommen hatte, fing der König an, daran zu denken, daß ich von niederer Herkunft war. Aber bin ich nicht eine Königstochter, Hjalte, obgleich mein Vater mich so gering und verächtlich ansieht, daß er mich zu dem Gesinde tat? Bin ich nicht eine Königstochter, wenn meine Stiefmutter mich auch in Lumpen gehen ließ, während meine Schwester in Goldkleidern ging? Bin ich nicht eine Königstochter, trotzdem meine Stiefmutter mich Enten und Gänse hüten ließ und trotzdem ich mit der Gesindepeitsche gestraft wurde? Und wenn ich eine Königstochter bin, warum fragst du mich nicht, ob ich mich Olaf Haraldson vermählen will? Sieh, ich habe krauses Goldhaar, das so leicht um meinen Kopf steht wie Flaum. Sieh, ich habe schöne Augen, ich habe blühende Wangen. Warum sollte König Olaf mich nicht besitzen wollen?« Sie folgte Hjalte über den Hof bis zum Königshaus. Aber Hjalte achtete ebensowenig auf ihre Klage, als ein gewappneter Kämpe der Steinwürfe eines Knaben achtet. Er lauschte der Magd nicht mehr, als wäre sie die schnatternde Elster der Baumwipfel gewesen.

Niemand darf glauben, daß Hjalte sich damit begnügte, daß er Ingegerd für seinen König gewonnen hatte. Nein, am folgenden Tag nahm der alte Isländer all seinen Mut zusammen und sprach mit Olof Schoßkönig von Olaf Haraldson. Aber Hjalte konnte kaum zu Wort kommen; der König unterbrach den Skalden, sowie dieser von seinem Feind sprechen wollte. Hjalte sah ein, daß die edle Prinzeß recht hatte. Nie glaubte er größerem Haß begegnet zu sein. »Aber diese Heirat muß doch geschehen«, sagte Hjalte. »Es ist Gottes Wille, Gottes Wille.«

Und es sah ganz so aus, als hätte Hjalte recht. Wenige Tage später kam ein Bote vom König Olaf von Norwegen, um Frieden mit den Schweden auszuhandeln. Und Hjalte suchte diesen Sendboten auf und sagte ihm, daß der Friede zwischen den beiden Ländern nicht besser befestigt werden könne als durch eine Heirat zwischen Prinzessin Ingegerd und Olaf Haraldson.

Der Sendbote glaubte wohl kaum, daß der alte Hjalte eines Mägdleins Sinn einem fremden Manne hatte zuwenden können, aber er sah trotzdem ein, daß der Vorschlag gut war. Und er versprach Hjalte, diesen Ehevorschlag Olof Schoßkönig auf dem großen Winterthing zu Uppsala vorzutragen.

Gleich darauf verließ Hjalte Uppsala. Er zog umher von Hof zu Hof auf der weiten Ebene. Er drang tief in die Wälder ein. Er kam bis zum Meeresstrand.

Nie traf Hjalte einen Menschen, ohne von Olaf Haraldson und Prinzessin Ingegerd zu sprechen. »Hast du je von einem ausgezeichneteren Mann oder von einem holdseligeren Weib gehört?« sagte er. »Sicherlich ist es Gottes Wille, daß sie zusammen durchs Leben wandeln sollen.« Hjalte kam zu alten Wikingern, die an der Meeresküste überwinterten und die ehemals an jedem Strand Frauen geraubt hatten. Er sprach mit ihnen von der schönen Prinzessin, bis sie aufsprangen und, die Hand am Schwertgriff, ihm gelobten, daß sie ihr zu ihrem Glück verhelfen wollten.

Hjalte ging zu alten herrischen Bauersleuten, die nie den Klagen ihrer eigenen Töchter gelauscht, sondern sie so verheiratet hatten, wie es die Klugheit und die Ehre des Geschlechts erheischten, und er sprach mit ihnen so weislich von Frieden und Eheschließung, daß sie schworen, eher dem König das Reich zu nehmen, als daß eine solche Verbindung nicht zustande kommen sollte.

Aber dem jungen Weibervolk sagte Hjalte so innige Worte von Olaf Haraldson, daß sie gelobten, niemals mit Wohlgefallen auf einen Jüngling zu blicken, der nicht auf dem Thing dem Sendboten beistand und dazu half, des großen Königs Widerstand zu brechen. So ging Hjalte umher und sprach, bis der Winterthing sich versammeln sollte und das Volk auf beschneiten Wegen hinabzog zu den großen Thinghügeln in Uppsala.

Und als der Thing eröffnet wurde, da war der Eifer des Volkes so groß, daß es war, als müßten die Sterne am Himmel erlöschen, wenn diese Heirat nicht beschlossen wurde.

Und obgleich der König zweimal ein barsches Nein zu Frieden wie zu Freierei sagte, was half das? Was half es, daß er König Olafs Namen nicht nennen hören wollte? »Wir wollen nicht Krieg mit Norwegen führen«, rief das Volk. »Wir wollen, daß diese beiden, die von allen am höchsten gehalten werden, gemeinsam durch das Leben wandern!« Und was konnte der alte Olof Schoßkönig tun, als das Volk gegen ihn losbrach mit Drohungen und harten

Worten und Waffenlärm? Was konnte er tun, als er vor sich nichts anderes sah als gezückte Schwerter und rasende Menschen? Mußte er nicht seine Tochter versprechen, wollte er Krone und Leben behalten? Mußte er nicht schwören, im nächsten Sommer die Prinzessin nach Kungahälla zu König Olaf zu schicken? Seht, auf solche Weise wurde Ingegerds Liebe von allem Volk gefördert. Aber niemand war da, der Astrid zu helfen suchte, ihr Glück zu erreichen; kein Mensch fand sich, der nach ihrer Liebe fragte. Und doch lebte diese Liebe wie das Kind der armen Fischerwitwe in Not und Entbehrung, aber sie wuchs doch froh und hoffnungsvoll heran. Sie wuchs und lebte, denn in Astrids Seele gab es wie am Meer frische Luft und Licht, und üppigen Schaum und Wogenschwall.

In dem reichen Kungahälla, weit weg an der Grenze, lag ein großer, alter Königshof, der war von einem hohen, torfverkleideten Wall umgeben. Vor den Toren standen gewaltige Grabdenkmäler Wacht, und drinnen wuchs eine Eiche, die dem ganzen Hof des Königs Schatten gab. Auf dem ganzen Gebiet innerhalb des Walls standen lange, niedrige Holzgebäude. Sie waren so alt, daß auf den Dachfirsten Moosflechten wuchsen. Die Balken der Wände waren vor Alter silberweiß. Die Torfdächer grünten und blühten; der Hauslauch saß so dicht wie die Schuppen auf einem Fisch; das Riedgras fand kaum Raum, ein paar vereinzelte Halme dazwischen hervorzustecken.

Zu Beginn des Sommers kam Olaf Haraldson nach Kungahälla, und in dem großen, alten Königshof sammelte er alles ein, was erforderlich war, um Hochzeit zu feiern. Die lange Straße hinauf zogen da ein paar Wochen hindurch lange Reihen von Bauern, die auf ihren Pferden Butter in Butten brachten und Käse in Säcken, Hopfen, Salz, Rüben und Mehl.

Als diese Fuhren endlich aufhörten, kamen ein paar Wochen lang die Hochzeitsgäste über die Straße gezogen. Da kamen hochgewachsene Männer und Frauen zu Pferd mit großem Gefolge von Dienern und Knechten. Hierauf folgten Scharen von Gauklern, von Liedersängern und Sagenerzählern. Kaufleute kamen aus dem fernen Deutschland und Rußland, um den König zu verlocken, Brautgaben zu kaufen. Nachdem diese Züge zwei Wochen durch die Stadt gezogen waren, wartete man nur noch auf den letzten Zug, den Brautzug.

Aber der Zug der Braut wollte und wollte nicht kommen. Jeden Tag hoffte man, daß die Braut an der Königsbrücke ans Land steigen würde, um dann, geführt von Pfeifern und Trommlern, von fröhlichen, jungen Knappen und ernsten Priestern, die Straße zum Königshöf hinanzuschreiten. Doch der Brautzug kam nicht.

Als die Braut so lange auf sich warten ließ, suchten aller Blicke König Olaf, um zu sehen, ob er von Unruhe gequält wurde. Aber der König zeigte ein ruhiges Antlitz. »Wenn Gott will«, sagte der König, »daß ich dieses schöne Weib besitzen soll, dann muß sie wohl kommen.«

Und der König wartete, indem das Gras gemäht wurde und die Kornblume im Roggenfeld erblühte.

Der König wartete noch, als der Flachs aus der Erde gerissen wurde und als die Hopfenranken auf den hohen Stangen sich gelb färbten.

Er wartete noch, als die Brombeeren in den Felsenspalten schwarz wurden und als die Hagebutte auf den nackten Zweigen des Dornbusches rot zu leuchten begann.

Den ganzen Sommer war Hjalte unten in Kungahälla umhergegangen und hatte auf die Hochzeit gewartet. Niemand konnte die Prinzessin mehr erwarten als er. Er sehnte sich sicherlich mit viel größerer und quälender Unruhe als König Olaf selbst. Auch jetzt war es Hjalte unter den Kämpen im Köngishaus nicht wohl. Aber weit unten am Fluß befand sich eine Brücke, zu der die Frauen Kungahällas zu gehen pflegten, um ihren Männern und Söhnen nachzublicken, wenn sie auf weite Fahrt auszogen. Hier pflegten sie sich auch den ganzen Sommer über zu versammeln, um den Fluß hinab nach Segeln auszulugen und den Fortgefahrenen nachzuweinen. Hinab zu dieser Brücke kam nun Hjalte alle Tage. Er liebte es, sich unter jenen aufzuhalten, die trauerten und sich sehnten.

Ganz sicherlich hatte keine der Frauen, die je auf der ›Tränenbrücke‹ gesessen und gewartet hatte, den Lauf des Flusses mit ängstlicheren Blicken hinabgeschaut als Hjalte, der Skalde. Es gab niemanden, der mit größerer Erwartung seine Blicke auf jedes vorübergleitende Segel heftete.

Zuweilen schlich sich Hjalte auch in die Marienkirche. Er betete nie für sich selbst. Er kam nur herein, um die Heiligen an diese Heirat zu erinnern, die geschehen mußte, da Gott selbst sie gefördert hatte. Am allerliebsten sprach aber Hjalte ganz allein mit Olaf Haraldson. Es war ihm eine Freude dazusitzen und jedes Wort der Königstochter zu wiederholen und ihre Gesichtszüge ausführlich zu schildern.

»König«, sagte er, »bitte Gott, daß sie zu dir kommt. Jeden Tag sehe ich dich auf die Jagd ausziehen gegen das alte Heidentum, das wie ein Uhu in dem Schatten des Waldes und der Klüfte verborgen liegt. Aber dein Falke, König, wird niemals den Uhu überwinden. Eine Taube allein kann es, allein eine Taube.« Der Sklade fragte den König, ob es nicht wahr sei, daß er alle seine Widersacher niederwerfen wollte. War es nicht so, daß er allein Herr sein wollte im Land? Aber nie würde ihm das glücken. Nie würde es glücken, solange er nicht die Krone besaß, die Hjalte ihm auserwählt, eine Krone, die so mit Adel und Glanz geschmückt war, daß alle Menschen gehorchen mußten.

Und zuletzt fragte er den König, ob er nicht die Herrschaft über sich selbst gewinnen wolle. Aber es konnte ihm niemals gelingen, des eigenen Herzens Widerstand zu überwinden, wenn er nicht ein Schild gewann, das Hjalte im Jungfernturm des Königshofes zu Uppsala gesehen. Das war ein Schild, der des Himmels Reinheit dem Besitzer widerspiegelte. Das war ein Schild, der vor aller Arglist und aller Fleischeslust schützte.

Aber der Herbst kam, und noch immer säumte die Prinzessin. Einer nach dem anderen von den tapferen Helden, die um des Hochzeitsfests willen Kungahälla besucht hatten, mußte von dannen ziehen. Zuletzt zog auch der alte Hjalte, der Skalde. Mit schwerem Herzen segelte er fort, mußte er doch vor dem Weihnachtsfest sein Heim im fernen Island erreichen.

Der alte Hjalte war kaum zu den felsigen Schären hinter der Mündung des Nordre Älf gekommen, als er einem Langschiff begegnete. Sogleich gebot er seinen Mannen, mit dem Rudern innezuhalten. Er hatte auf den ersten Blick erkannt, daß es Prinzessin Ingegerds Drache war.

Ohne Zögern ließ Hjalte sich zu dem Drachen rudern. Er verließ seinen Platz am Steuer und stellte sich mit freudestrahlendem Antlitz ganz vorne in den Kiel. »Es freut mich, daß ich die schöne Maid noch einmal schauen darf«, sagte der Skalde. »Es freut mich, daß ihr holdes Antlitz das letzte ist, was mir vor der Islandfahrt begegnet.«

Da war kaum eine Runzel in Hjaltes Antlitz zu sehen, als er an Bord des Drachen trat. Er grüßte die rüstigen Gesellen, welche die Ruder führten, so freundlich, als wären es seine Genossen, und er gab dem Mägdlein, das ihn ehrfurchtsvoll zum Frauenzelt im Hintersteven des Schiffes geleitete, ein goldenes Ringlein.

Hjaltes Hand zitterte, als er den Vorhang hob, der vor der Zeltöffnung herabhing. Dieser Augenblick dünkte ihn der schönste seines Lebens. »Nie habe ich für eine größere Sache gekämpft«, sagte er. »Nie habe ich etwas so eifrig erstrebt wie diese Verbindung.«

Aber als Hjalte in das Zelt kam, wich er erschrocken einen Schritt zurück. Sein Gesicht drückte die größte Verwirrung aus.

Ein hohes, schönes Weib sah er dort drinnen, das ihm mit ausgestreckter Hand entgegenkam, aber das war nicht Ingegerd. Hjaltes Augen irrten suchend in dem engen Zelt umher, um die Prinzessin zu finden. Wohl sah er, daß sie, die dort drinnen stand, eine Königstocher war. Nur eine

Königstocher konnte ihn mit so stolzen Blicken ansehen und ihn mit solcher Würde begrüßen. Und sie trug den fürstlichen Stirnreif und königliches Gewand. Aber wo war Ingegerd?

Hjalte begann die Fremde heftig auszufragen. »Wer bist du?« fragte er.

»Kennst du mich nicht, Hjalte, ich bin die Königstochter, mit der du von Olaf Haraldson gesprochen.«

»Ich habe mit einer Königstochter von Olaf Haraldson gesprochen, aber sie nannte sich Ingegerd.«

»Ich nenne mich auch Ingegerd.«

»Du magst dich nennen wie du willst, aber du bist nicht die Prinzessin. Was will all dies heißen? Will der Sveakönig Olaf hintergehen?«

»Er hintergeht ihn nicht. Er sendet ihm seine Tochter, so wie er es versprochen.«

Es fehlte nicht viel, und Hjalte hätte sein Schwert gezogen, um die fremde Frau niederzuschlagen. Er hatte schon die Hand am Schwertgriff, aber dann besann er sich, wie übel es einem Kämpen anstand, einem Weib das Leben zu nehmen. Aber mehr Worte wollte er nicht an diese Betrügerin vergeuden. Er wandte sich zum Gehen.

Die Fremde rief ihn mit sehr sanfter Stimme zurück. »Wohin gehst du, Hjalte, willst du nach Kungahälla fahren, um Olaf Haraldson zu warnen?«

»Jawohl, dies ist meine Absicht«, antwortete Hjalte, ohne sie anzusehen.

»Warum willst du mich dann verlassen, Hjalte, warum bleibst du nicht bei mir? Ich fahre ja auch nach Kungahälla.«

Nun wandte sich Hjalte um und sah sie an. »Bist du das Weib, um Erbarmen mit einem alten Mann zu haben?« sagte er. »Ich will dir sagen, daß ich mein ganzes Herz darein gesetzt habe, daß diese Heirat zustande kommt. Laß mich nun mein ganzes Unglück wissen. Darf Ingegerd überhaupt nicht kommen?«

Da hörte die Prinzessin auf, mit Hjalte ihren Scherz zu

treiben. »Komm herein und setze dich hier unter das Zelt«, sagte sie, »und ich werde dir alles sagen, was du wissen willst. Ich begreife wohl, daß es nichts nützt, die Wahrheit vor dir zu verbergen.«

Und sie begann ihm zu erzählen. »Schon neigte der Sommer sich seinem Ende zu«, sagte sie, »schon hatten die munteren Küchlein des Birkhuhns starke Federn in dem gespaltenen Schwanz und Festigkeit in den runden Flügeln, schon hatten sie angefangen, mit hurtigen, lärmenden Flügelschlägen in dem Astgewirr des Tannenwalds umherzuflattern – da war der Sveakönig eines Morgens über die Ebene geritten gekommen. Er war von glücklicher Jagd heimgekehrt. Am Sattelknopf hingen ein alter Birkhahn, dunkelglänzend und blauschwarz, und vier seiner unerfahrenen Jungen in gesprenkeltem Kleid. Und der König war sehr stolz gewesen. Es trug sich nicht oft zu, daß man mit Falke und Habicht an einem Morgen bessere Jagd machte.«

Aber nun mußte Hjalte wissen, daß an diesem Morgen Prinzeß Ingegerd mit ihren Zofen im Burgtor gestanden und den König erwartet hatte. Und unter den Jungfrauen war eine gewesen, die sich Astrid nannte und die ebenso wie Ingegerd eine Tochter des Sveakönigs war, obgleich von einer unfreien Mutter geboren und darum wie eine Leibeigene gehalten. Und diese junge Maid hatte dagestanden und ihrer Schwester gezeigt, wie die Schwalben sich draußen über dem Feld versammelten und sich einen Führer wählten für den langen Flug. Sie erinnerte sie daran, daß der Sommer nun im Scheiden war – dieser Sommer, der Ingegerds Hochzeit hätte schauen sollen. Sie reizte sie auf, den König zu fragen, warum sie nicht zu König Olaf fahren dürfte. Denn Astrid hatte diese Fahrt mit ihrer Schwester machen wollen. Sie dachte, daß sie alle Tage froh sein würde, wenn sie bloß ein einziges Mal Olaf Haraldson schauen dürfte.

Aber als der Sveakönig die Prinzessin erblickt hatte, war er auf sie zugeritten. »Sieh, Ingegerd«, hatte er gesagt,

»hier hängen fünf Birkhühner am Sattelknopf. An diesem einen Morgen habe ich fünf Birkhühner erlegt. Wer, glaubst du, kann sich eines größeren Glückes rühmen? Hast du je gehört, daß ein König bessere Jagd machte?«

Aber da war die Prinzessin unwillig geworden, weil er so stolz war und sein eigenes Glück pries, während er ihr den Weg zum Glück versperrte. Und um der Angst, die sie seit Wochen verzehrte, ein Ende zu machen, antwortete sie: »Du, Vater, hast mit großen Ehren fünf Birkhühner erlegt, aber ich weiß einen König, der in einer Morgenstunde fünf Könige fing, und das war Olaf, der Held, den du mir zum Gemahl erwählt.«

Da war der Sveakönig zornig aus dem Sattel gesprungen und mit geballten Fäusten auf die Prinzessin losgegangen. »Welcher Troll hat dich gebissen?« hatte er gefragt. »Welches Kraut hat dich behext? Wie konnte sich dein Sinn diesem Mann zuwenden?«

Da hatte Ingegerd nicht geantwortet. Sie war erschrokken einen Schritt zurückgewichen. Und der König war ruhiger geworden. »Süße Tochter«, hatte er gesagt, »weißt du denn nicht, daß ich dich liebhabe? Wie kann ich dich dann dem schenken, den ich nicht ertragen kann! Ich möchte dich mit trauten Wünschen geleiten. Ich will in deinen Saal treten können. Ich sage dir, daß du deinen Sinn den Königen anderer Länder zuwenden mußt, denn Norwegens König wird dich niemals besitzen!«

Da war die Prinzessin so verwirrt geworden, daß sie dem König nichts anderes zu antworten wußte als: »Ich bat dich nicht. Es war des Volkes Wille!«

Und der König hatte sie sogleich gefragt, ob sie meinte, daß der Sveakönig ein Knecht sei, der nicht über seine eigenen Kinder verfügen dürfe, ob er einen Herrn habe, der die Macht besäße, seine Tochter zu verschenken.

»Will der Sveakönig es gestatten, daß man ihn wortbrüchig nennt?« hatte die Prinzessin gefragt.

Der Sveakönig hatte laut gelacht. »Sei du ohne Sorge! Solches wird nicht gesagt werden. Warum fragst du danach, du, ein Weib? Noch sitzen Männer in meinem Rat, Dafür werden Männer Hilfe zu finden wissen.«

Und der König hatte sich den Kämpen zugewandt, die in der Jägerschar ritten. »Mein Wille wird durch dieses Gelöbnis gebunden«, sagte er. »Ich will frei sein von diesem Band.«

Aber keiner der Männer des Königs hatte ein Wort erwidert, keiner wußte irgendeinen Rat zu geben.

Immer größerer Zorn hatte da Olof Schoßkönig gepackt. Er war so wild geworden wie ein Wahnsinniger. »Wehe eurer Weisheit!« hatte er einmal ums andere seinen Mannen zugerufen. »Frei will ich sein! Warum preist man eure Weisheit?«

Aber während der König so getobt und gewütet hatte, und weil niemand ihm etwas zu antworten wußte, trat Astrid aus dem Kreise der Jungfrauen heraus und brachte ihren Rat vor. Aber sie sprach ihn nur aus, das mußte Hjalte glauben und wissen, weil er ihr ergötzlich schien und ihr gleichsam kitzelnd auf der Zunge lag, durchaus nicht, weil er ihr möglich oder ausführbar erschien.

»Warum sendest du nicht mich?« sagte sie. »Ich bin auch deine Tochter. Warum schickst du nicht mich zu dem norwegischen König?«

Aber als Astrid dies gesagt hatte, war Ingegerd ganz blaß geworden. »Schweige still und geh«, sagte sie erzürnt. »Geh, du Plappermaul, du heimtückisches, böses Ding, das meinem Vater solche Schmach vorschlägt.«

Aber der König hatte Astrid nicht erlaubt zu gehen. Im Gegenteil! Er hatte die Hand ausgestreckt und sie an seine Brust gezogen. Er hatte gelacht und geweint und war ganz wirr gewesen vor Freude, wie ein ausgelassenes Kind.

»Ah«, hatte er gerufen, »was für ein Einfall! Was für ein heidnischer Streich! Wir werden Astrid Ingegerd nennen! Wir werden Norwegens König verlocken, sie zu ehelichen. Und wenn es dann kund wird rings im Land, daß sie von unfreier Geburt ist, wird man seinen Spott treiben mit diesem ehrenfesten Mann!«

Aber da war Ingegerd auf den König zugeeilt und hatte gefleht: »O Vater, o Vater, tu das nicht! Ich habe König Olaf von Herzen lieb, es macht mir großen Kummer, daß du ihn betrügen willst.«

Und sie sagte, sie wolle in Geduld dem Befehl ihres Vaters gehorchen und von der Heirat mit Olaf Haraldson abstehen. Er sollte ihr nur versprechen, ihm das nicht anzutun, nicht das.

Aber der Sveakönig hatte gar nicht auf ihre Bitten gehört. Er hatte sich allein Astrid zugewandt, die er liebkoste, als wäre sie süß wie die Rache selbst. »Du sollst fahren, du sollst bald fahren, morgen schon«, hatte er zu ihr gesagt. »Wir müssen wohl irgendein Schiff haben, das seetüchtig ist. Alles, was du an Heiratsgut brauchst, deine Kleider, liebe Tochter, und dein Gefolge, das kann in größter Eile beschafft werden. Der norwegische König denkt nicht an Derartiges, er denkt bloß an die Freude, des Sveakönigs hochgeborenes Töchterlein zu besitzen.«

Als er das gesagt, hatte Ingegerd nur zu wohl verstanden, daß hier keine Änderung zu erhoffen war. Und da war sie auf die Schwester zugegangen, hatte ihr die Hand um den Hals gelegt und sie mit sich in ihren Saal geführt und auf ihre eigene Hochbank gesetzt, während sie selbst auf dem niedrigen Schemel zu ihren Füßen Platz nahm. Und sie hatte zu Astrid gesagt, daß sie nun dort oben sitzen sollte, um sich an den ersten Platz zu gewöhnen. Sie sollte dort sitzen, um zu wissen, welchen Platz sie als Königin einnehmen würde. Denn Ingegerd wollte nicht, daß Olaf sich seiner Königin schämen müßte.

Dann hatte die Prinzessin ihre anderen Jungfrauen zu Kleiderschränken und Vorratskammern geschickt, um den Brautschatz zu holen, den sie für sich selbst geordnet hatte. Und das alles hatte sie ihrer Schwester geschenkt, damit Astrid nicht wie eine Magd zu Norwegens König kam.

Sie hatte auch aufgezählt, welche Diener und Zofen Astrid begleiten sollten, und zum Schluß hatte sie ihr das schöne Langschiff gegeben.

»Sicherlich sollst du mein Langschiff nehmen«, sagte sie. »Du weißt, daß viele gute Gesellen dort das Ruder führen. Denn es ist mein Wille, daß du stolz zu Norwegens König kommst, so daß er sich geehrt fühlt durch seine Königin.«

Und dann hatte die Prinzessin gar lange bei ihrer Schwester gesessen und mit ihr von König Olaf gesprochen. Aber sie hatte so gesprochen, wie man von Gottes heiligen Männern spricht und nicht von Königen, und Astrid hatte nicht viel von ihrer Rede verstanden. Aber soviel hatte sie verstanden, daß die Königstochter Astrid alle guten Gedanken schenken wollte, die in ihr wohnten, nur damit König Olaf nicht so genarrt wurde, wie ihr Vater wünschte. Und da hatte schließlich Astrid, die wohl doch nicht so böse war, wie alle glaubten, vergessen, wie oft sie gerade um ihrer Schwester willen hatte leiden müssen, und sie hatte gewünscht, daß sie die Freiheit besäße zu sagen: »Ich fahre nicht.« Sie hatte auch von diesem Wunsch zur Prinzessin gesprochen und sie hatten beide geweint und zum erstenmal hatten sie sich als Schwestern gefühlt.

Aber nun mußte Hjalte verstehen, daß Astrid nicht eine von denen war, die grübeln und trauern. Als sie hinaus auf das Meer gekommen war, da hatte sie alle Sorge und Furcht vergessen. Sie hatte als Herrscherin gebieten können, sie war wie eine Königstochter bedient worden. Zum erstenmal seit dem Tod ihrer Mutter war sie glücklich gewesen. Die schöne Königstochter schwieg einen Augenblick, als sie all dieses gesagt hatte. Sie sah hastig zu Hjalte auf, der sich, solange sie sprach, nicht geregt hatte. Sie erblaßte, als sie sah, welchen Schmerz sein Antlitz widerspiegelte. »Sage mir, was du glaubst, Hjalte«, rief sie. »Nun sind wir ja bald in Kungahälla. Wie wird es mir dort ergehen? Wird der König mich töten? Wird er mich zurückschicken, mit rotglühendem Eisen gebrandmarkt? Sag mir die Wahrheit, Hjalte?«

Aber Hjalte antwortete ihr nicht. Er saß da und sprach zu sich selbst, ohne daß er es wußte. Astrid hörte, wie er murmelte, daß es drüben in Kungahälla keinen gebe, der

Ingegerd kannte, und daß er selbst geringe Lust habe, zurückzukehren. Dann fiel Hjaltes düsterer Blick auf Astrid, und er begann sie auszufragen. Sie hatte sich ja die Freiheit gewünscht, um Nein zu dieser Fahrt sagen zu können. Und wenn sie jetzt nach Kungahälla kam, war sie frei. Was gedachte sie also zu tun? Gedachte sie König Olaf zu sagen, wer sie war?

Das war eine Frage, die Astrid gar sehr verwirrte. Sie schwieg lange. Aber dann hub sie an, Hjalte zu bitten, daß er sie nach Kungahälla geleite, um dem König die Wahrheit zu sagen. Sie sagte Hjalte, daß ihre Schiffsleute und Zofen sich verpflichtet hatten zu schweigen. »Und ich selbst weiß ja nicht, was ich tue«, sagte sie. »Wie kann ich wissen, was ich tun werde? Ich habe ja alles gehört, was du Ingegerd von Olaf Haraldson erzählt hast.«

Als Astrid dies sagte, sah sie, wie Hjalte wieder in Grübeln versank. Sie hörte, wie er dasaß und murmelte, daß er nicht glaube, daß sie gestehen würde. »Aber ich muß ihr doch sagen, was ihrer wartet«, sagte er.

Und Hjalte richtete sich auf und sprach mit tiefem Ernst. »Höre noch eines, Astrid, was ich dir früher nicht von König Olaf erzählt habe.

Es war zu der Zeit, als König Olaf nur ein armer Seekönig war, als er bloß einige gute Schiffe besaß und einige getreue Kämpen, aber keinen Teil am Reich seiner Väter hatte. Das war damals, als er mit Ehren auf fremden Meeren stritt, als er die Wikinger verfolgte und die Kaufleute schützte und sein Schwert christlichen Fürsten lieh. Da träumte der König einmal, daß ein Fürst des Lichts, ein schöner Engel Gottes nachts zu seinem Schiff hinabstieg und alle Segel hißte und gen Norden steuerte. Und es dünkte den König, daß sie nicht längere Zeit segelten, als ein Stern braucht, um am Morgen zu erlöschen, als sie zu einem hohen felsigen Strand kamen, von Fjorden durchbrochen und von milchweißer Brandung bespült. Aber als sie dem Strand nahten, streckte der Engel die Hand aus und sprach mit seiner Silberstimme, die das Lärmen des

Windes in den Segeln übertönte und das wilde Brausen der Wellen, die der Kiel in schwindelnder Fahrt durchschnitt. ›Du König Olaf‹, so lauteten die Worte des Engels, ›sollst dieses Land für ewige Zeit besitzen.‹ Und als er dies gesagt hatte, war der Traum zu Ende.«

Aber nun suchte Hjalte Astrid zu erklären, daß die Morgenröte den Übergang von der Nacht zum sonnenblanken Tag mildere. Deshalb habe Gott seine Verkündigung in einen Traum gekleidet, der die übermenschliche Ehre, daß es sein Wille sei, Könige kommen und Könige gehen zu lassen, aber dem heiligen König Olaf Ewigkeit zu verleihen, und dunkel andeutet, so daß er vom König in aller Demut so ausgelegt werden kann, daß er und die Männer seines Geschlechts immer das Land beherrschen sollten, das der Engel ihm gezeigt hatte. Und da er in diesem Lande das Reich seiner Väter wiederzuerkennen glaubte, steuerte er hin und ward, vom Glück begünstigt, bald dessen König.

»Und so, Astrid, ist es in allem. Wohl deutet alles darauf, daß eine himmlische Kraft in König Olaf wohnt, doch zögert er noch und denkt, daß er nur zu einem irdischen König berufen ist. Er greift noch nicht nach der Heiligenkrone. Aber jetzt ist die Stunde nicht mehr fern, wo volle Klarheit über seine Aufgabe über ihn kommen muß. Jetzt ist die Stunde nicht mehr fern.«

Und der alte Hjalte sprach weiter, während Seherkraft ihn erfüllte.

»Gibt es wohl außer Ingegerd ein Weib, das nicht von Olaf Haraldson verworfen und von seiner Seite verstoßen werden wird, wenn er aufsteht und des Engels Worte begreift, daß er Norwegens König für ewige Zeiten ist? Gibt es eine, die ihm da auf seiner hohen Wanderung folgen kann, mit Ausnahme von Ingegerd?«

Und noch einmal wendete Hjalte sich an Astrid und fragte mit großer Strenge: »Antworte nun und sage mir, ob du nicht die Wahrheit sprechen willst vor König Olaf?«

Astrid war ganz verschüchtert. Sie antwortete sehr demütig: »Warum willst du nicht mit mir nach Kungahälla kommen? Dann bin ich gezwungen, alles zu offenbaren. Siehst du nicht, Hjalte, daß ich nicht weiß, was ich will? Ich würde ja geloben, was du heischest, wenn mein Sinn danach stände, den König zu betrügen. Ich würde dich verlocken, weiterzureisen, aber ich bin schwach. Ich bitte dich ja nur, mir das Geleit zu geben.«

Aber kaum hatte sie das erwidert, da sah sie in Hjaltes Antlitz einen furchtbaren Zorn. »Warum soll ich dir dazu verhelfen, deinem harten Schicksal zu entgehen?« fragte er.

Er sagte, daß er an ihr nicht Barmherzigkeit zu üben brauche. Er haßte sie wegen ihrer Sünde gegen die Schwester. Ingegerds war der Mann gewesen, den sie sich erlisten wollte, Diebin, die sie war. Ein gestählter Kämpe wie Hjalte mußte vor Schmerz stöhnen, wenn er bedachte, was Ingegerd gelitten. Aber Astrid hatte nichts gefühlt. Den Schmerz der edlen jungen Maid hatte sie mit grausamer Verschlagenheit mißbraucht, um ihre niederen Wünsche erfüllt zu sehen. O weh, Astrid!

Astrid hörte Hjaltes Stimme so wild und düster, als murmelte er einen Zaubergesang.

»Du«, sagte er zu ihr, »du hast mein schönstes Gedicht verzerrt. Denn der Skalde Hjalte wollte die frommste der Frauen mit dem vortrefflichsten der Männer zusammensingen. Aber du hast das Gedicht in ein Narrenspiel verwandelt. Und ich werde dich strafen, du Abkömmling der Hölle! Ich werde dich strafen, so wie Gott Vater den Versucher strafte, der die Sünde in die Welt brachte. Ich werde dich strafen.

Bitte mich nicht«, fuhr er fort, »daß ich dir, Weib, folgen soll, um dich vor dir selbst zu schützen. Ich denke an die Prinzessin. Sie leidet durch dein falsches Spiel, das du mit König Olaf treibst. Um ihretwillen mußt du gestraft werden und um meinetwillen. Ich werde nicht mit dir gehen, um dich zu verraten. Dies ist meine Rache, Astrid. Ich werde dich nicht verraten. Du sollst in Kungahälla einziehen, du, Astrid, und wenn du nicht von selbst sprichst, magst du des Königs Braut werden. Aber dann, du Schlange, wird die Strafe dich ereilen. So schwer wird dein Leben werden, daß du dir den Tod wünschst, jeden Tag.«

Als Hjalte dies gesagt, wandte er sich von ihr und ging.

Astrid saß lange da und dachte über das nach, was sie gehört hatte. Aber dann zog ein Lächeln über ihr Antlitz. Er vergaß, der alte Hjalte, daß sie alle Leiden gekostet, daß sie gelernt hatte, zu Qualen zu lächeln. Aber das Glück, das Glück hatte sie nie gekostet!

Und Astrid erhob sich und trat in die Zeltöffnung. Sie sah des grimmen Hjalte Schiff gen Westen steuern. Und weit in der Ferne glaubte sie das nebelverhüllte Island zu sehen, das mit Kälte und Finsternis seinen weitgereisten Sohn willkommen hieß.

Es war ein sonnenblanker Tag im Herbst. Nicht die kleinste Wolke war am Himmel. Es war ein Tag, an dem man dachte: die Sonne will der Erde alles Licht schenken! Die holde Sonne ist wie eine Mutter, deren Sohn fortreisen soll, und die nun in der Abschiedsstunde kein Auge von dem geliebten Sohn wenden mag.

In dem langen Tal, in dem Kungahälla lag, erhoben sich viele kleine, runde Hügelchen, die mit Buchenwald bekleidet waren. Und nun im Herbst hatten die Bäume so prächtige Gewänder angelegt, daß man sich über sie verwundern mußte. Es war, als wollten die Bäume auf Freiersfahrt ausziehen. Es war, als hätten sie sich in Gold und Scharlach gekleidet, um reiche Bräute zu gewinnen mit ihrer Herrlichkeit. Die große Insel Hisingen am anderen Ufer des Älfs war auch geschmückt. Aber auf Hisingen standen weißgelbe Birken. Auf Hisingen standen die Bäume hell gekleidet, als wären sie Mägdlein im bräutlichen Schmuck.

Aber den Fluß hinauf, der so stolz und ungestüm herab zum Meer stürzte, als hätte der Regen des Herbstes ihn mit brausendem Wein erfüllt, kam Schiff auf Schiff der Heimat zugerudert. Und wenn die Schiffe in die Nähe von Kungahälla kamen, da wurden ihre grauen Friessegel mit neuen, weißen vertauscht. Und man muß an Sagen von

Königssöhnen denken, die in Bettlerlumpen auf Abenteuer auszogen und sie abwarfen, sobald sie wieder in den hohen Königshof eintraten.

Aber alles Volk von Kungahälla war unten an den Brükken versammelt. Alt und jung lud Waren von den Schiffen. Sie füllten die Vorratshäuser mit Salz und Tran, mit kostbaren Waffen und schimmernden Geweben. Sie zogen Fahrzeuge und Boote ans Land und fragten die Heimgekehrten nach ihrer Reise aus. Aber plötzlich stockte alle Arbeit, und alle wandten die Blicke dem Älf zu. Mitten zwischen den schweren Kauffahrteischiffen kam ein großes Langschiff gerudert. Und das Volk wunderte sich, wer es sein mochte, der purpurgeränderte Segel hißte und ein goldenes Zeichen im Steven führte. Man mochte wohl wissen, was für ein Schiff das war, das so leicht wie ein Vogel über die Wellen flog. Man pries seine Fährleute, die die Ruder so gleichmäßig führten, daß sie zu seiten des Schiffes blitzten wie Adlerschwingen. »Es muß die schwedische Prinzessin sein«, sagte man. »Die schöne Prinzeß Ingegerd muß es sein, die Olaf Haraldson den ganzen Sommer und Herbst hindurch erwartet hat.«

Und die Frauen eilten hinaus auf die Brücken, um die Prinzessin zu sehen, deren Schiff der Königsbrücke zusteuerte. Männer und Knaben sprangen hinaus auf die Schiffe und erkletterten die Dächer der Bootshütten.

Als die Frauen die Prinzessin herrlich geschmückt auf dem Verdeck stehen sahen, fingen sie an, ihr zuzurufen und sie mit Willkommensworten zu grüßen. Und alle Männer, die ihr hold lächelndes Antlitz schauten, lüfteten die Mütze und schwenkten sie hoch in die Luft.

Aber unten auf der Königsbrücke stand König Olaf selbst, und als er die Prinzessin sah, strahlte sein Angesicht in Freude, und seine Augen leuchteten in sanfter Zärtlichkeit. Und da es so spät im Jahr war, daß alle Blumen dahin waren, pflückten die jungen Mädchen rotgelbes Herbstlaub von den Bäumen und streuten es auf die Brücke und die Straße. Und mit aller Hast eilten sie, die Hauswände mit glänzenden Vogelbeeren und dunkelroten Espenblättern zu verkleiden.

Die Prinzessin, die hoch auf ihrem Schiff stand, sah das Volk, das winkte und sie willkommen hieß, sie sah das rotgelbe Laub, auf dem sie wandeln sollte. Und ganz vorne auf der Brücke sah sie den König, der ihr entgegenlächelte.

Und die Prinzessin vergaß all das, was sie sagen und beichten sollte. Sie vergaß, daß sie nicht Ingegerd war. Sie vergaß alles, nur das nicht, daß sie Olaf Haraldsons Weib werden wollte.

Eines Sonntags saß Olaf Haraldson beim Mittagstische, und seine schöne Königin saß an seiner Seite. Er sprach eifrig mit ihr, stützte den Ellenbogen auf den Tisch und wendete sich so, daß er ihr Antlitz sehen konnte. Aber als Astrid sprach, senkte der König den Blick, um nur an den Liebreiz ihrer Stimme zu denken, und als sie lange sprach, begann er, ohne es zu bemerken, mit dem Messer an der Tischplatte zu schnitzen.

Alle Mannen König Olafs wußten, daß er dies nicht getan haben würde, wenn er sich erinnert hätte, daß es Sonntag war. Aber sie hatten zu viel Ehrfurcht vor dem König, als daß sie gewagt hätten, ihn daran zu erinnern.

Je länger Astrid sprach, desto unruhiger wurden die Kämpen. Die Königin sah wohl, daß sie verwunderte Blikke miteinander tauschten, aber sie wußte nicht, was die Ursache war.

Alle hatten aufgehört zu essen, und die Speisen waren fortgetragen, aber König Olaf saß noch immer still da, sprach mit Astrid und schnitt an der Tischplatte. Ein ganzer Haufen kleiner Späne lag vor ihm.

Da sprach endlich sein Freund Björn, Sohn des Ogru auf der Seehundsinsel: »Welchen Tag haben wir morgen, Eilif?« fragte er und wandte sich an einen Knappen.

»Morgen haben wir Montag«, antwortete Eilif mit hoher, klarer Stimme.

Da erhob der König sein Haupt und sah Eilif an. »Sagtest du, daß morgen Montag ist?« fragte er nachdenklich. Ohne ein weiteres Wort sammelte er alle Späne, die er aus dem Tisch geschnitten, in seine Hand, ging zum Herd, nahm eine Feuerkohle und legte sie auf die Späne, die allsogleich Feuer fingen. Der König stand still und ließ sie in seiner Hand zu Asche brennen. Da freuten sich alle Kämpen, aber die junge Königin wurde blaß wie eine Leiche.

Wie wird er mich richten, wenn er einmal meine Sünde erfährt, dachte sie, wenn er selbst das geringste Vergehen so hart ahndet.

Acke von Gardarike lag krank auf seiner Schute im Hafen von Kungahälla. Er lag unten in dem engen Schiffsraum und erwartete den Tod. Er hatte lange Zeit schlimme Schmerzen in seinem Fuß gehabt, nun war es eine offene Wunde geworden; in den letzten Stunden hatte der Fuß begonnen, schwarz zu werden.

»Du mußt nicht sterben, Acke«, sagte Ludolf von Kungahälla, der in den Schiffsraum herabgekommen war, um nach Acke zu sehen. »Weißt du nicht, daß König Olaf in der Stadt ist und daß Gott ihm große Kräfte gegeben um seines heiligen Lebenswandels und seiner Frömmigkeit willen? Laß ihn bitten, daß er zu dir kommt und dir seine Hand auflegt, dann bleibst du am Leben!«

»Nein, ich kann nicht Hilfe von ihm begehren«, sagte Acke. »Olaf Haraldson haßt mich, weil ich seinen Pflegebruder totgeschlagen, Reor, den Weißen. Wenn er wüßte, daß ich mit meinem Schiff hier im Hafen liege, würde er mich töten.«

Aber als Ludolf Acke verließ und hinauf auf die Straße kam, begegnete er der jungen Königin, die im Wald gewesen war und Nüsse gepflückt hate.

»Königin«, rief Ludolf ihr zu, »sage König Olaf dieses: Acke von Gardarike, der ihm den Pflegebruder getötet, liegt auf den Tod in seiner Schute hier im Hafen.«

Die schöne Königin eilte heim und ging zu König Olaf, der im Hof stand und sein Pferd wartete.

»Freue dich, König Olaf!« sagte sie. »Acke von Gardarike, der deinen Pflegebruder getötet, liegt krank auf seiner Schute hier im Hafen, dem Tod nahe.«

Olaf Haraldson führte eilig das Pferd in den Stall. Dann ging er ohne Schwert und Helm hinaus auf die Straße. Er eilte rasch zwischen den Häusern hindurch, bis er hinab zum Hafen kam, und suchte Ackes Schute. Der König stand unten im Schiffsraum bei dem Kranken, bevor seine Mannen ihn daran hindern konnten.

»Acke«, sagte König Olaf, »gar manches Mal habe ich draußen auf dem Meer Jagd auf dich gemacht, und du bist mir immer entkommen. Nun bist du hier in meiner Stadt vom Siechtum ereilt worden. Das ist mir ein Zeichen, daß Gott dein Leben in meine Hand gegeben.«

Acke antwortete nicht. Er war ganz machtlos; der Tod war ihm sehr nahe. Olaf Haraldson legte die Hände auf seine Brust und betete zu Gott: »Gib mir dieses meines Feindes Leben.«

Aber die Königin, die den König ohne Helm und Schwert zum Hafen hatte eilen sehen, war in den Königshof gegangen, hatte seine Waffen geholt und einige seiner Mannen gerufen. Sie kam ihm nun auf das Schiff nach.

Aber als sie vor dem engen Schiffsraum stand, hörte sie König Olaf für den Kranken beten.

Astrid blickte zum König und zu Acke hinein, ohne zu verraten, daß sie da war. Sie sah, wie, während des Königs Hände auf Stirn und Brust des Sterbenden ruhten, die Todesblässe aus seinem Antlitz verschwand; er begann leicht und still zu atmen, er hörte auf zu stöhnen, und endlich versank er in süßen Schlummer.

Astrid ging sachte zurück, dem Königshof zu. Schwer schleppte sie des Königs Schwert über die Straße. Ihr Antlitz war fahler als das des Sterbenden. Ihre Atemzüge waren so schwer wie Todesröcheln.

Es war am Morgen des Allerheiligentags, und König Olaf wollte zur Messe gehen. Er kam aus dem Königshaus und schritt über den Hof dem Tor zu. Mehrere Mannen standen draußen auf dem Hof, um den König in die Messe zu begleiten. Als er nun kam, stellten sie sich in zwei Reihen auf, und der König ging zwischen ihnen hindurch.

Astrid stand oben auf dem schmalen Gang vor der Frauenkemenate und blickte auf den König hinab. Er trug einen breiten Goldreif ums Haupt und war in einen langen Mantel aus rotem Samt gekleidet. Er ging sehr still; Feiertagsfriede lag auf seinem Antlitz. Astrid erschrak, als sie sah, wie sehr er Gottes heiligen Männern und Königen glich, die in Holz geschnitzt über dem Altar der Marienkirche thronten. Ganz unten am Tor stand ein Mann im Schlapphut, einen großen Mantel um die Schultern geworfen. Als der König sich ihm näherte, ließ er den Mantel fallen, zückte ein bloßes Schwert, das er darunter verborgen, hoch in die Luft und stürzte sich auf den König.

Aber als er ganz nahe kam, fiel König Olafs Blick hell und milde auf ihn, und er hielt in seinem Lauf inne. Er ließ das Schwert zu Boden fallen und sank auf seine Knie.

König Olaf stand still und sah den Mann mit demselben klaren Blick an, und der Mann versuchte, die Augen von ihm zu wenden, aber er konnte nicht. Endlich begann er zu schluchzen und zu weinen.

»Oh, König Olaf, König Olaf«, klagte er, »deine Feinde sandten mich her, um dich zu töten, aber als ich deines Angesichts Heiligkeit sah, fiel das Schwert aus meiner Hand. Deine Augen, König Olaf, haben mich zu Boden gestreckt.«

Astrid sank auf dem Söller in die Knie. »O Gott, hab Erbarmen mit mir Sünderin«, sagte sie. »Weh mir, weh mir, weh mir, daß ich mit Lüge und List dieses Mannes Weib geworden.«

Am Abend des Allerheiligentags war klarer Mondenschein. Der König war rings um den Hof gegangen und hatte einen Blick in den Stall und den Viehhof geworfen, um nachzusehen, ob alles in Ordnung war, und er war auch in den Hütten gewesen, wo Leibeigene und Dienstleute wohnten und hatte gesehen, daß sie gut verpflegt wurden. Als er wieder zum Königshof zurückkehrte, sah er, wie ein Weib mit schwarzer Kapuze über dem Kopf sich zum Hoftor schlich. Er glaubte sie zu erkennen und folgte daher ihren Schritten. Sie ging durch das Tor, kreuzte den Marktplatz und huschte durch die engen Gäßchen zum Älf hinab.

Olaf Haraldson folgte ihr, so leise er konnte. Er sah sie auf eine der hohen Brücken hinausgehen, dort stehenbleiben und hinab ins Wasser blicken. Gleich darauf streckte sie die Arme empor und ging, schwer seufzend, so weit auf die Brücke vor, daß der König deutlich sah, daß sie sich in den Älf stürzen wollte.

Der König näherte sich ihr mit unhörbaren Schritten, die er in vielen Gefahren gelernt hatte. Zweimal schon hatte die Frau den Fuß erhoben, um den Sprung ins Wasser zu tun, doch stets hatte sie sich wieder besonnen. Bevor sie noch einen neuen Versuch machen konnte, hatte Olaf Haraldson den Arm um ihren Leib gelegt und sie von der Brücke zurückgerissen.

»Du Unglückliche«, sagte er zu ihr, »du willst das tun, was Gott verboten hat.«

Als die Frau seine Stimme hörte, schlug sie beide Hände vors Gesicht, um es zu verbergen. Aber König Olaf wußte, wer sie war. Das Rauschen ihrer Kleider, die Form ihres Kopfes, der Glanz der Ringe um ihre Arme hatten ihm schon gesagt, daß es die Königin war.

Im ersten Augenblick hatte Astrid gekämpft, um sich freizumachen, aber dann wurde sie plötzlich still und versuchte dem König den Glauben, daß sie sich habe töten wollen, zu nehmen.

»Oh, König Olaf, warum schleichst du einer armen Frau

nach, die zum Fluß hinabgegangen, um zu sehen, wie sich der Mond im Wasser spiegelt? Was soll ich von dir denken?«

Astrids Stimme klang ruhig und scherzend. Der König stand schweigend.

»Du hättest mich so erschrecken können, daß ich in den Fluß gestürzt wäre«, sagte Astrid. »Glaubst du vielleicht, daß ich mich ertränken wollte?«

Der König antwortete: »Ich weiß nicht, was ich glauben soll. Gott wird mich erleuchten.«

Astrid lachte laut auf und küßte ihn. »Tötet man sich, wenn man glücklich ist, wie ich? Tötet man sich im Paradies?«

»Ich verstehe es nicht«, sagte König Olaf in seiner stillen Weise. »Gott wird mich erleuchten. Er wird mir sagen, ob ich schuld daran bin, daß du eine so große Sünde begehen wolltest.«

Astrid kam nun auf ihn zu und streichelte sein Antlitz. Die Ehrfurcht, die sie stets für König Olaf empfunden, hatte sie bis jetzt abgehalten, ihm die ganze Zärtlichkeit ihrer Liebe zu zeigen. Nun schloß sie ihn mit einem Mal leidenschaftlich in ihre Arme und küßte ihn unzählige Male, dann begann sie mit einer Stimme zu sprechen, die süß und zwitschernd war.

»Höre nun, wie stark meine Liebe zur dir ist«, sagte sie. Sie bewog König Olaf, auf einem umgestülpten Boote Platz zu nehmen. Sie selbst kniete zu seinen Füßen.

»König Olaf«, sagte sie, »ich will nicht länger Königin sein. Wer jemanden so lieb hat, wie ich dich, kann nicht Königin sein. Ich wollte, du zögest tief in den Wald und ließest mich deine Magd sein. Da könnte ich dir dienen jeden Tag. Da würde ich dein Essen bereiten, dein Lager richten und deine Hütte bewachen, wenn du schläfst. Niemand außer mir dürfte dir dienen. Wenn du abends von der Jagd heimkämest, würde ich dir entgegengehen und mich vor dir auf dem Wege auf die Knie werfen und sagen: König Olaf, mein Leben ist dein! Und du würdest lächeln und deine Lanze auf meine Brust senken und sagen: Ja, dein Leben ist mein. Du hast nicht Vater, nicht Mutter, du bist mein, und in meiner Hand ist dein Leben.«

Als Astrid dies sagte, nahm sie spielend König Olafs Schwert aus der Scheide. Sie drückte den Griff in König Olafs Hand, doch die Spitze führte sie gegen ihr Herz. »Sage nun dies zu mir, König Olaf«, sagte sie, »so, als wären wir einsam im Walde und ich wäre deine Magd. Sage dies: dein Leben ist mein.«

»Dein Leben ist Gottes«, sagte der König.

Astrid lachte leicht. »Mein Leben ist dein«, wiederholte sie mit großer Zärtlichkeit in der Stimme, und in demselben Augenblick fühlte König Olaf, daß sie das Schwert gegen ihre Brust drückte.

Aber der König hielt sein Schwert mit kräftiger Hand. Er raffte es an sich, bevor es Astrid gelungen war, sich etwas zuleide zu tun.

Und er sprang auf. Zum ersten Mal in seinem Leben war er so erschrocken, daß er zitterte. Die Königin hatte durch seine Hand sterben wollen, und beinahe wäre es ihr gelungen.

Aber im selben Augenblick kam eine Eingebung über ihn. Er begriff ihre Verzweiflung. Sie hat sich vergangen, dachte er. Sie hat eine Sünde auf dem Gewissen. Er beugte sich über Astrid. »Sage, was du verbrochen hast«, sagte er. Astrid hatte sich in verzweifeltem Weinen auf die groben Planken der Brücke geworfen.

So weint keine Schuldfreie, dachte der König. Aber wie kann die edle Königstochter eine so schwere Angst auf sich geladen haben? fragte er sich. Wie kann der hohen Ingegerd Gewissen mit einem Verbrechen belastet sein?

»Ingegerd, sage mir, worin hast du gefehlt?« fragte er aufs neue. Aber Astrids Kehle wurde von Schluchzen zusammengeschnürt, und sie konnte nicht antworten. Statt dessen streifte sie die funkelnden Ringe und Armspangen ab und reichte sie mit abgewandtem Antlitz dem König.

Wie wenig glich all dies der frommen Königstochter,

von der Hjalte gesprochen. Ist das Hjaltes Ingegerd, die hier zu meinen Füßen schluchzt? dachte der König. Er beugte sich hinab und faßte Astrid an den Schultern. »Wer bist du, wer bist du?« sagte er und schüttelte ihren Arm. »Ich sehe, daß du nicht Ingegerd bist. Wer bist du?«

Noch immer schluchzte Astrid so, daß sie nicht antworten konnte. Aber um dem König Klarheit über das zu geben, was er zu wissen verlangte, ließ sie ihr langes Haar herab und schlang eine Locke um ihre Arme, streckte sie gegen den König aus und saß dann wartend da mit gebeugtem Rücken und gesenktem Haupte.

Der König dachte: Sie will bekennen, daß sie eine von denen ist, die Fesseln tragen, daß sie eine Magd ist.

Wieder kam eine Eingebung über König Olaf, die ihn den Zusammenhang begreifen ließ.

»Hat nicht der Sveakönig eine Tochter, die das Kind einer Magd ist?« fragte er plötzlich.

Er hörte kein Wort von Astrid, nur immer stärker werdendes Wimmern.

»Hat mir der Sveakönig«, fragte nun König Olaf, »nicht das Kind seiner Königin gegönnt, sondern das der Magd geschickt?«

Auch jetzt bekam er keine Antwort, aber er hörte Astrid beben und zähneklappern, als friere sie.

König Olaf hatte noch eine Frage: »Hast du, die ich zu meiner Gattin gemacht, so schimpflichen Sinn, daß man dich dazu gebrauchen kann, die Ehre eines Mannes herabzusetzen? Bist du so niedrig, daß du dich darüber freust, wenn meine Feinde mich verlachen?«

Astrid hörte an der Stimme des Königs, wie bitter er durch den Schimpf litt, der ihm zugefügt worden war. Sie vergaß darüber ihr eigenes Leid und hörte auf zu weinen: »Nimm mein Leben«, sagte sie.

Und König Olaf empfand eine schwere Versuchung. Stich die elende Magd tot, sagte der alte, sündige Mensch in ihm, zeige dem Sveakönig, was es kostet, mit Norwegens König seinen Spott zu treiben!

Olaf Haraldson fühlte in diesem Augenblick keine Liebe zu Astrid. Er haßte sie, weil sie ein Werkzeug seiner Demütigung war. Er wußte, daß alle ihn loben würden, wenn er Böses mit Bösem vergalt. Aber wenn er die Beleidung nicht bestrafte, dann würden die Skalden ihn zum Gespött machen und seine Feinde aufhören, ihn zu fürchten.

Er hatte nur eine Sehnsucht: Astrid niederzustoßen, ihr Leben auszulöschen. Wenn er Astrid als blutige Leiche auf ihr Schiff legte und sie ihrem Vater zurücksandte, würde man dann nicht von König Olaf sagen, daß er ein würdiger Sproß des großen Königs Harald Harfager war?

Aber König Olaf hielt sein Schwert in der Hand und fühlte den Griff, in dessen Gold er einmal hatte einritzen lassen: »Selig sind die Friedfertigen! Selig sind die Demütigen! Selig sind die Barmherzigen!« Und jedesmal, wenn er in der Angst der Stunde das Schwert hart umklammerte, um Astrid niederzustoßen, fühlte er diese Worte in seiner Hand. Er glaubte jeden Buchstaben zu spüren.

Er entsann sich des Tages, an dem er zum ersten Mal diese Worte gehört. »Dies soll mit goldenen Buchstaben auf dem Griff meines Schwertes stehen«, hatte er gesagt, »so daß die Worte die Hand brennen mögen, wenn ich mein Schwert mit zügellosem Mut führen will oder für eine ungerechte Sache.«

Nun fühlte er, wie der Schwertgriff in seiner Hand brannte.

König Olaf sagte laut zu sich selbst: »Ehedem bist du vieler Gelüste Diener gewesen. Nun hast du nur einen Herrn, und der ist Gott.«

Mit diesen Worten steckte er das Schwert in die Scheide. Und er begann auf der Brücke auf und ab zu gehen. Astrid lag noch immer in derselben Stellung. König Olaf sah, wie sie sich in Todesfurcht zusammenduckte, jedesmal, wenn er an ihr vorbeiging. »Ich werde dich nicht töten«, sagte er zu Astrid, aber seine Stimme klang hart vor Haß.

Noch eine Weile ging König Olaf auf der Brücke auf und nieder. Dann kam er auf Astrid zu und fragte mit derselben harten Stimme nach ihrem wirklichen Namen, und darauf konnte sie antworten.

König Olaf sah nun, wie dieses Weib, das er am höchsten geschätzt, auf der Brücke lag, wie ein zuschanden geschossenes Tier. Er kam Astrid näher und sprach, als hätte diese kein Leben mehr und könnte das nicht hören, was er sagte.

»Man hatte mir gesagt, daß es eine Königstochter gebe, deren Herz so hoch und heilig sei, daß sie jeglichem Frieden schenke, der in ihre Nähe komme. Man hatte von ihrer Sanftmut gesprochen, in deren Nähe sich jeder geborgen fühle wie ein schutzloses Kind bei der Mutter. Und als dieses schöne Weib, das nun hier liegt, zu mir kam, da glaubte ich, sie wäre Ingegerd, und sie wurde mir sehr teuer. Sie war hold und fröhlich, und sie machte meine schweren Stunden leicht. Wenn sie auch zuweilen anders sprach und handelte, als ich es von der stolzen Ingegerd erwartete, war sie mir doch allzu teuer, als daß ich an ihr hätte zweifeln können. Sie schlich sich in meinen Sinn mit ihrer Freude und mit ihrer Schönheit.«

Er schwieg eine Weile und dachte daran, wie lieb Astrid ihm gewesen, und wie mit ihr das Glück in sein Haus gezogen.

»Ich könnte ihr verzeihen«, sagte er dann laut. »Ich könnte sie in Liebe auf meinen Armen emporheben, aber das darf ich nicht tun, denn meine Seele würde doch heimatlos bleiben. Oh, du schönes Weib«, sagte er, »warum wohnt die Lüge in dir? Warum ist bei dir keine Sicherheit, keine Traulichkeit!«

Er hätte noch länger geklagt, aber da erhob sich Astrid. »König Olaf, sprich nicht so zu mir«, sagte sie. »Ich will lieber sterben. Vergiß nicht, daß dies mein Ernst ist.«

Darauf versuchte sie einige Worte zu sagen, um sich zu entschuldigen. Sie sagte ihm, wie sie nach Kungahälla gefahren, nicht in der Absicht, ihn zu betrügen, sondern um ein paar Wochen hindurch Fürstin zu sein, um bedient zu werden, um auf dem Meer zu segeln. Aber sie gedachte zu gestehen, wer sie war, sobald sie Kungahälla erreicht hatte. Dort erwartete sie, Hjalte zu finden und andere Mannen, die Ingegerd kannten. Aber wie durch eine böse Macht vertrieben, waren alle fort, die Ingegerd kannten, und da war sie zur Lüge verlockt worden. »Als ich dich sah, König Olaf«, sagte sie, »vergaß ich alles, um dein werden zu können. Und ich dachte, daß ich mich mit Freuden töten lassen wollte, wenn ich nur für einen Tag dein Weib sein könnte.«

König Olaf antwortete ihr: »Wohl verstehe ich, daß es ein Spiel für dich bedeutete, was für mich todesschwerer Ernst war. Nie hast du bedacht, was es bedeutet, zu kommen und zu einem Manne zu sagen: Ich bin die, die du heiß begehrst. Ich bin die hochgeborene Jungfrau, die zu gewinnen der größte Ruhm ist. Und nun bist du nicht dieses Weib; du bist eine lügenhafte Magd.«

»Ich habe dich liebgehabt, seit ich deinen Namen nennen hörte«, sagte Astrid leise.

Der König ballte seine Hand ingrimmig gegen sie. »Wisse es, Astrid, nach Ingegerd habe ich mich gesehnt, so wie kein Mann sich nach einem Weib sehnt. An ihr wollte ich mich festhalten, so wie die Seele des Toten an den tragenden Engeln, um emporzusteigen. Ich glaubte, sie sei so fromm, daß sie mir helfen könnte, ein schuldfreies Leben zu leben.« Und er brach in wilde Sehnsucht aus, und er sprach davon, daß er nach der Gewalt schmachte, die die Heiligen des Herrn besaßen, aber daß er zu schwach und zu sündig sei, um diese Vollkommenheit zu erreichen. »Aber die Königstochter würde mir geholfen haben«, sagte er, »sie, die heilig Holde, würde mir geholfen haben. O Gott«, sagte er, »wohin ich mich auch wende, sehe ich Sünder, wo ich gehe, begegne ich solchen, die mich zur Sünde verlocken. Warum ließest du nicht die Königstochter kommen, die keinen bösen Gedanken in ihrem Herzen trägt? Ihre milden Augen hätten den rechten Weg für mich erspäht. Sobald ich gegen ein Gebot Gottes hätte handeln wollen, würde ihre Hand mich zurückgehalten haben.«

Eine tiefe Müdigkeit der Verzweiflung überkam Olaf Haraldson. »Das war es, worauf ich gehofft hatte«, sagte er, »einen guten Menschen an meiner Seite zu haben. Nicht beständig einsam unter Wildheit und Arglist zu wandern! Nun fühle ich, daß ich unterliegen werde. Ich vermag es nicht länger, zu streiten. Gott hat mir nicht die Frau schenken wollen, die mir beistehen sollte auf meiner Wanderung. Nun weiß ich, daß ich niemals die Heiligenkrone erringen werde.«

Und der König schwieg in trostloser Verzweiflung. Da trat Astrid näher zu ihm heran.

»König Olaf«, sagte sie, »das, was du nun sagst, haben mir sowohl die Prinzessin wie Hjalte schon längst gesagt, aber ich wollte nicht glauben, daß du etwas anderes seist als ein guter, tapferer Held und ein edler König. Erst seit ich unter deinem Dach lebe, hat meine Seele angefangen, dich zu fürchten. Ich habe gefühlt, daß es schlimmer ist als der Tod, mit einer Lüge auf der Zunge vor dich hinzutreten.

Nie hat etwas mich so erschreckt«, fuhr Astrid fort, »als da ich begriff, daß du ein Heiliger bist, als ich dich die Späne in deiner Hand verbrennen sah, als ich gewahrte, daß die Krankheit auf dein Geheiß floh, und das Schwert aus deines Feindes Hand fiel. Es hat mich zu Tode erschreckt, daß du ein heiliger Mann bist. Und ich beschloß zu sterben, bevor du erfahren würdest, daß ich dich betrogen habe.«

König Olaf antwortete nicht. Astrid sah zu ihm auf. Seine Augen waren zum Himmel gerichtet. Sie wußte nicht, ob er sie hörte.

»Oh, diesen Augenblick, den wir nun erleben«, sagte sie, »den habe ich gefürchtet, jeden Tag und jede Stunde, seit ich herkam. Lieber wollte ich sterben, als ihn erleben.«

Noch immer schwieg Olaf Haraldson.

»König Olaf«, sagte sie, »ich wollte etwas für dich tun, dir mein Leben geben. Ich wollte mich in den grauen Älf stürzen, damit du keine Lügnerin an deiner Seite zu haben brauchst. Je mehr ich von deiner Heiligkeit sah, desto deutlicher erkannte ich, daß ich von dir gehen mußte. Ein Heiliger Gottes kann keine lügnerische Magd zum Weib haben.«

Noch immer schwieg der König, aber nun erhob Astrid die Augen zu seinem Angesicht, und sie rief: »König Olaf, dein Antlitz strahlt!«

Während Astrid sprach, war es König Olaf, als wären seine Augen einer Erscheinung geöffnet.

Alle Sterne des Firmaments sah er ihre Plätze verlassen und am Himmel fliegen, wie schwärmende Bienen. Aber plötzlich hatten sie sich alle über seinem Haupte vereint und eine glanzumflossene Krone gebildet.

»Astrid«, sagte er mit bebender Stimme. »Gott hat zu mir gesprochen. Es ist so, wie du sagst. Ich soll Gottes Heiliger werden.«

Seine Stimme zitterte vor Rührung, und sein Antlitz leuchtete in der Nacht.

Aber als Astrid das Licht sah, das sein Haupt umstrahlte, erhob sie sich. Die letzte Hoffnung war für sie erloschen. »Nun will ich gehen«, sagte sie. »nun weißt du, wer du bist; niemals kannst du mich mehr an deiner Seite dulden. Aber denke meiner in Milde. Ohne Glück und Freude lebte ich mein ganzes Leben. Denke, ich bin geschlagen worden, ich bin in Lumpen gegangen. Verzeih mir, wenn ich fort bin. Meine Liebe hat dir nicht geschadet!«

Als Astrid in schwerer Verzweiflung über die Brücke fortschritt, erwachte Olaf Haraldson aus seiner Verzükkung. Er eilte ihr nach.

»Warum willst du gehen?« fragte er. »Warum willst du gehen?«

»Muß ich nicht gehen, jetzt, wo du ein Heiliger bist?« flüsterte sie kaum hörbar.

»Nimmer sollst du gehen, gerade jetzt mußt du bleiben«, sagte König Olaf. »Ein geringer Mann war ich zuvor und mußte zittern vor allem Bösen. Ein armer, irdischer König war ich, zu arm, um dir meine Gnade zu schenken. Doch nun ist mir des Himmels Kraft gegeben. Wenn du schwach bist, so bin ich stark durch den Herrn. Wenn du fällst, so kann ich dich aufrichten. Gott wird mich schirmen; Astrid, du kannst mir nicht schaden, aber ich kann dir beistehen. Ach, wie ich spreche! In dieser Stunde hat Gott so überreich seine Liebe in mein Herz gegossen, daß ich nicht weiß, ob du gefehlt hast.«

Und in großer Milde hob er die bebende Gestalt empor; und sie, die noch immer schluchzte und sich kaum aufrecht halten konnte, zärtlich stützend, so kehrten sie zurück in den Königshof.

Margareta Fredkulla

So ging es zu, als Margareta Fredkulla, die nach Norwegen ritt, um sich mit dem König Magnus Barfot zu vermählen, in das Storgarddorf in Westgotland kam, das am südlichen Älfufer liegt, ein Stück oberhalb von Kungahälla:

Vor allen anderen hatten die beiden alten Mütterchen Karin Wullum und Valborg Toot, die oben im großen Wald gewesen waren, um Moos zu sammeln, einen Schimmer der Prinzessin, von einer hohen Bergspitze aus, zu sehen bekommen. Sie hatten allsogleich ihre Traglasten abgeworfen und waren hinunter ins Dorf gestürzt, um zu erzählen, daß etwas Helles und Zartes über den Waldweg reite, daß schöne Menschen unter den Bäumen einherzogen. Aber niemand, der sie hörte, wollte ihnen Glauben schenken. »Wehe euren trüben Augen!« rief man ihnen zu. »Das kann keine Prinzessin gewesen sein; das war sicherlich nichts anderes als der Moornebel, der unter den roten Fichtenstämmen tanzte.«

Gleich nach den alten Weiblein kam Rasmus, der Köhlerjunge, gelaufen. Die Augen leuchteten in seinem Gesicht, und er war so atemlos, als er ins Dorf kam, daß er kaum zu sprechen vermochte. Aber sobald er Atem genug hatte, begann er überlaut zu rufen: »Freut euch! Die Prinzessin kommt! Ich habe die Schöne unter den Bäumen reiten sehen. Freut euch!«

Rasmus, der Köhlerjunge, hatte auf dem dreieckigen Platz mitten im Dorf haltgemacht, da, wo drei Wege sich begegnen. Ein paar Bauern standen da und flüsterten miteinander davon, daß der Krieg mit Norwegen bald aufs neue ausbrechen würde, und als sie Rasmus hörten, glaubten sie, er wollte seinen Spott mit ihrem Unglück treiben. »Bärenjunges«, sagten sie und drohten ihm mit den Fäusten, »schweig, wenn dir dein Leben lieb ist! Kein Wort mehr davon, du Wechselbalg!«

Aber Rasmus, der Köhlerjunge, war nicht so leicht zum Schweigen zu bringen. Er begann noch einmal mit seinem Sprüchlein! »Die Prinzessin kommt. Die Vögel des Fichtenwalds hörte ich zwitschern, um sie zu grüßen. Wie sie einherzog, schwang sich das Eichhörnchen aus den Baumwipfeln herab und saß still auf dem untersten Zweig, den Schwanz aufrecht in die Höhe und mit Augen wie Feuerkohlen. Und der Auerhahn flog zwischen den Bäumen auf, knatternd wie Donner.«

Als er dies gesagt hatte, stürzte Per, der Schmied, vor und nahm Rasmus, den Köhlerjungen, beim Ohr. »Die Prinzessin!« zischte er ihn an, »du sagst, daß du die Prinzessin gesehen hast! Es war ein Geist, verstehst du, ein schöner Waldgeist. Die Prinzessin kommt nicht. Gott erbarme sich, die Prinzessin kommt nicht!«

Aber obgleich niemand das Gerücht glauben wollte, lief es im Augenblick durchs ganze Dorf, und Leute kamen von allen Seiten auf den Platz, um zu hören, was der Knabe zu sagen hatte. Das Storgarddorf war während des damaligen Kriegs zum größten Teil verbrannt worden und bestand nun zumeist aus schwarzen Brandstätten, auf denen man aus Furcht vor dem Krieg nicht gewagt hatte, neue Häuser zu errichten. Aber aus Kellern und elenden Erdlöchern, in denen die Menschen hausten, kamen sie herangeschlichen, abgezehrt und in Lumpen. Sie gingen sehr still und trauten sich kaum recht, zu Rasmus, dem Köhlerjungen, hinzutreten, so, als wagten sie es nicht, seine Botschaft zu hören.

Aber als Per, der Schmied, sah, daß ihrer immer mehr kamen, kniff er den Jungen so derb ins Ohr, daß er jammerte. Gleichzeitig versuchte der Schmied mit klugen Worten den Knaben zum Schweigen zu überreden.

»Du sollst keinen Scherz mit uns armen Bauern treiben, die im Grenzland leben, in diesen schlimmen Zeiten, wo die Könige des Nordens den Frieden nicht halten«, sagte er. »Wir sind Schafe, die von der Herde getrennt wurden. Wir werden von Bären gejagt, wir werden in Abgründe gestürzt. Jeden Tag und jede Stunde blicken wir dem Tod ins grimmige Antlitz.«

Während der Schmied sprach, kamen immer mehr und mehr Bauern zusammen. Da kam einer mit Namen Hallvard, der am vorigen Tage so sicher gewesen war, daß der Krieg von neuem beginnen würde, daß er seine Schatzkiste hinaus auf die Heerstraße gestellt und alle Vorübergehenden gebeten hatte, daraus zu nehmen, was sie wollten. Und da kamen die Leute aus Westerhof, die all ihr Erbgut in Bier und Essen verwandelt hatten und den Krieg erwarteten, indes sie sich in Sünden wälzten; und zum Schluß kamen die Menschen von einem kleinen Hof ganz am Ende des Dorfes, die sich jüngst daran gemacht hatten, selbst ihr Heu zu verbrennen und ihr Vieh zu schlachten, damit die Norweger keinen Nutzen davon haben sollten.

Als der Schmied all diese Menschen kommen sah, stumm und still, aber mit Augen, in denen der Wahnsinn brannte, da erschrak er vor dem Gedanken, daß sie zu allem fähig sein könnten, wenn sie jetzt in ihrer Hoffnung auf Frieden genarrt würden.

»Begreifst du nicht, daß es die Waldelfe war?« sagte er wieder zu Rasmus und sprach laut, damit alle ihn hören sollten. »Die geht dort oben im Wald um und lächelt und winkt und verdreht euch Köhlern den Kopf. Das kannst du dir wohl denken, daß die Waldelfe weiß, daß König Inge mit dem norwegischen König Magnus im vorigen Sommer zu Kungahälla über den Frieden verhandelte. Sie weiß wohl, daß da als Friedensbedingung festgelegt wurde, daß Inges Tochter nach Norwegen kommen und sich mit König Magnus vermählen soll. Und da die Waldelfe sich nun denken kann, daß wir alle einhergehen und nach der Friedensjungfrau spähen, verzaubert sie unsere Augen und zeigt sich in der Gestalt einer Prinzessin. Solchen Schabernack spielt das Trollpack nur zu gerne.«

Rasmus, der Köhlerjunge, stand still und hörte Per, dem Schmied, ganz scheinheilig zu, so daß dieser glaubte, er hätte den Knaben überzeugt, und ihn losließ. Aber kaum war Rasmus befreit, als er auch schon noch lauter als vorher zu schreien begann: »Die Prinzessin kommt! Ich habe die Prinzessin gesehen!« Und damit man ihm glauben sollte, erzählte er von der Krone, die gleich einer Blume mit Perlentau geschmückt war, und von der Satteldecke, die so prächtig leuchtete wie der rote Fliegenpilz.

Aber da trat das alte Mütterchen Sigrid Torsdotter aus der Menge. Sie schwang ihren Stock hoch in die Luft und begann zu rufen: »Wer ist es, der sagt, daß die Prinzessin kommt? Ich weiß, was kommt. Den lieben langen Winter saß ich allein in meiner Hütte und sah den Rauch vom Herd aufqualmen. Aber jeden Abend war der Rauch voll Zeichen. Er füllte sich vor meinen Augen mit Gestalten, die Schwert und Panzer trugen. Und ich weiß, was es bedeutet, wenn der Rauch voll Krieger ist. Es sind die Vorboten des Kriegs, die in dunkler Nacht, wenn wir in tiefem Schlummer liegen, an unsere Häuser herangeschlichen kommen. Wir hören sie nicht, wenn sie nahen, denn wir schlafen, aber wir erwachen, wenn der roten Hahn auf dem Dache zu krähen beginnt, wenn wir erstickt werden in unseren raucherfüllten Hütten, wenn die Mannen des norwegischen Königs das Siegesgeschrei ausstoßen.«

Alle Menschen fühlten Schauer und Furcht, als sie Sigrid Torsdotter hörten, aber der Köhlerjunge stellte sich ihr gerade in den Weg.

»Ich schere mich einen blauen Teufel um Eure Rauchwolken«, sagte er. »Ich habe die Prinzessin gesehen. Zart und schön leuchtete ihr Angesicht unter der Krone.«

Per, der Schmied, der für die getäuschten Hoffnungen der armen Menschen fürchtete, warf sich über Rasmus, den Köhlerjungen, und schleifte ihn fort zu der Erdhöhle, wo er seine Schmiede hatte, steckte ihn dort hinein und wälzte vor den Eingang einen großen Stein, der als Tür diente.

Aber Rasmus schrie ihne Unterlaß: »Ich habe die Prinzessin gesehen! Ihr solltet euch freuen, daß sie kommt!«

Aber kaum hatte Per, der Schmied, den Köhlerjungen

fortgeschafft, als ein Mann, der seit mehreren Jahren friedlos im großen Wald umherwanderte, hinab ins Dorf kam. Er sah aus wie ein wildes Tier, in seinen Fellen und mit seinem langen, ungestutzten Bart, aber er lachte laut vor Freude und schwenkte einen grünen Zweig über seinem Haupt als Friedenszeichen. Er lief durch das ganze Dorf, blieb bei jedem schwarzen Brandplatz stehen und rief so laut, daß man es bis hinab in die dunklen Keller hörte: »Die Prinzessin kommt. Ich habe die Prinzessin gesehen.«

So kam der Friedlose auch zu Folkes, des Landrichters großem Hof, und rief dort ebenso laut, aber Folke, der Landrichter, der ihn hörte, kam alt und gebückt aus einem Kellergang und rief ihm zu: »Friede sei mit dir, du Friedloser. Du mußt nicht mit Lügen kommen, um uns zu locken, dir zu verzeihen. Ich hebe den Fluch von deinem Haupt. Du sollst nicht in den Wald zurückkehren. Wir sind selbst gleich Friedlosen; wir verdammen keinen, geächtet von uns zu gehen.«

»Warum willst du mir nicht glauben?« sagte der Friedlose. »Weißt du nicht, daß König Inge gelobt hat, im Lenz die Friedensjungfrau zu entsenden.«

Als er dies sagte, sah der Alte ihn mit müden, hoffnungslosen Blicken an. »Nicht weiß ich, daß es jetzt Frühling ist«, sagte er. »Freund, für uns arme Bauern ist nun Herbst und Frühling ein und dasselbe. Für uns kann der Schnee auf dem Acker liegenbleiben, denn wir werden ihn nicht mit unseren Pflügen furchen. Der Regen mag in den Wolken hängenbleiben und der Samen still in der Erde liegen, ohne zu keimen und zu wachsen. Wir werden nicht säen noch ernten. Wir sitzen still und harren des Verderbens.«

Aber mittlerweile kamen arme Jäger und Knechte, die ihren Herren entlaufen waren, aus dem Wald herab und brachten dem Volk, das sich auf dem dreieckigen Platz versammelt hatte, neue Kunde. Aus vielen Augen begann die Hoffnung zu leuchten, nur das alte Mütterchen Sigrid Torsdotter saß noch trübe und düster da und erzählte von ihren Träumen.

»Wehe dem, der hofft, ehe er die Prinzessin mit eigenen Augen geschaut«, rief sie. »Wenn es am Waldessaum flimmert von einem silberbehuften Fohlen, wenn die Perlenkrone übers Tal leuchtet, dann ist es Zeit für die Grenzbauern zu hoffen.«

Kaum hatte sie dies gesagt, als Karin Wullum und Valborg Toot ein »Mutter Gottes, hilf uns!« ausstießen und zum Waldessaum aufsahen, wo der Weg aus dem dichten Wald wie aus einem Kellergewölbe hervorkam.

Und alle begannen durcheinander zu rufen: »Kommt her und seht! – Was ist das? Mutter Gottes, hilf uns! – Beschattet eure Augen mit der Hand und blickt zum Wald auf! – Macht das Kreuzeszeichen und seht zum Wald auf! – Ist es nicht eine Jungfrau, die dort naht, mit herrlichem Troß? Sehen wir sie alle?«

All die erschreckten und verwilderten Menschen begannen zu rufen und die Hände emporzustrecken.

»Ist dies nicht ein Waldgeist?« schrien sie. »Ist es nicht ein Gaukelspiel der Hölle? Sehen wir alle eine Prinzessin?«

Sie warfen sich auf die Knie und fingen an zu beten und fromme Lieder zu singen. Sie eilten zum Glockenstuhl und läuteten, um zu prüfen, ob die schöne Jungfrau ein Troll war und Glockengeläute fürchtete. Aber als die alte Sigrid Torsdotter mit ihren weitsichtigen Augen sah, daß eine Jungfrau aus dem dunklen Wald geritten kam, da zögerte sie nicht mehr, sondern war die erste, die rief:

»O du Liebe, du Zarte, du Morgensonne und Blume. Du bist keine Waldelfe, du bist eine Königstochter! Dankt, lobt den Herrn! O Teure, daß du endlich gekommen bist! Daß du nun hinabreitest in unser Tal!«

Sigrid Torsdotter schwang den Stock hoch über ihrem Haupt, und von allem Volk gefolgt, eilte sie der Prinzessin entgegen.

»Du Liebe, du Reine, du Morgensonne und Blume!« riefen sie alle ihr zu.

Und als sie ihr ganz nahe waren, riefen sie:

»Du Liebe, du Zarte, wie leuchtest du herrlich unter der

Krone, schlage das Seidentuch zurück. Laß uns dich recht sehen!«

Sie drängten sich dicht an den großen schwarzen Traber, der feierlich einherschritt unter seiner Purpurdecke, mit großem wehenden Federbusch am Ohr, die Mähne in Flechten geteilt und mit Goldbändern durchwunden.

»Du Liebe, du Reine!« riefen sie. »Es ist wohl sanft, das große schwarze Pferd. Oh, Liebe, daß du endlich gekommen bist!«

Wie Margarete Fredkulla, dieFriedensjungfrau, geritten kam, folgten ihr viel edle Herren und Frauen aus ihres Vaters Land, aber vor ihrem Pferde ging ein armer Bauer, der eine zerbrochene Lanze in der Hand trug und unablässig rief: »Hier reitet die schöne Friedensjungfrau. Hier reitet Margareta Fredkulla!«

Während ihres ganzen Rittes durch das Grenzland hatte die Prinzessin gesehen, wie Ruhe und Freude sich unter dem Volk ausbreitete. Wohin immer sie gekommen war, hatte sie Bauern gesehen, die den Pflug in die Erde senkten, und Hausmütter, die Linnen auf die Bleiche trugen. Hungrige Herden waren auf die Weide geführt worden; die Jugend hatte wieder gewagt, sich mit Armspangen und Ringen zu schmücken. Helme und Schwerter waren in die Waffentruhe geworfen worden.

Wo immer sie vorbeigezogen war, waren ihr Kinder und Frauen mit Blumen und mit zartem Frühlingslaub entgegengeeilt. Und oben im tiefen Wald war der alte wilde Köhler gelaufen gekommen und hatte sie in seine Hütte gebeten und ihr erfrorene Beeren vorgesetzt. Aber niemals war die schöne Königstochter mit solcher Freude begrüßt worden wie im Storgarddorf. Ein paar der Männer nahmen das Pferd am Zügel und begannen, es behutsam den steilen Abhang hinabzuführen.

»Gott segne dich!« riefen sie ihr zu. »Gott segne dein schönes Angesicht! Gott segne dich, Fredkulla!«

Während der Zug sich hinab zum Storgarddorf bewegte, liefen die Bauern neben der Königstochter einher und erzählten ihr keuchend, wie sie geharrt und gelitten hatten. Sie sagten ihr alles, was sie während des langen Unfriedens ausstehen mußten.

Als sie endlich hinab auf den dreieckigen Platz gekommen waren, nahm Fredkulla die Zügel an sich und hielt den stattlichen Traber an. Sie hatte nie zuvor soviel Elend gesehen. Sie sah auf die Brandstätten, die geplünderten Häuser und auf die armen Menschen. Und ihre Augen füllten sich mit Tränen. Aber da küßten die Bauersfrauen ihre Hände und riefen ihr zu, nun wären sie nicht mehr betrübt, da sie gekommen sei. Nun hatten sie die Friedensjungfrau in ihrer Mitte, nun waren ihre Leiden vorüber. »Denke nicht an uns, o Fredkulla«, sagten sie, »weine nicht über unser Elend. Denke an König Magnus, den herrlichen Helden, dem du angehören sollst. Lächle ihm in Huld. Streichle in Gedanken sein langes helles, seidenblasses Haar.«

Und da sie noch immer still auf dem Pferd saß und weinte, fingen sie alle an, sie zu trösten.

»Jetzt ist es nicht Zeit zu weinen, Jungfrau«, riefen sie. »Siehst du, hier liegt der Älf, und am anderen Ufer ist Norwegen, da ist das schiffreiche Kungahälla, wo dein Bräutigam deiner harrt. Gott segne dich! König Magnus freut sich wohl der Stunde, da er dich in seine Arme schließen darf. Sieh, Jungfrau, nun weiß man es schon längs der Älfgestade, daß du gekommen bist. Sieh die Freudenfeuer, die auf allen Hügeln aufflammen! Sieh das Volk hinab zum Älf strömen! Und höre, dort drüben rufen sie schon: ›Fredkulla, Heil!‹ Du kannst die Worte hören, sie werden deutlich über das Wasser getragen.«

Aber Fredkulla ließ sich nicht trösten, sondern hielt noch immer betrübt das Pferd an und ließ ihre Blicke von dem einen zum andern wandern. Alle waren krank und zerlumpt. Sie sahen so verwildert aus, daß sie nicht mehr menschenähnlich waren.

Da erhob sie die Hand zum Zeichen, daß sie sprechen wollte, und es wurde still rings um sie.

Dann sprach Margareta Fredkulla auf dem Platz des niedergebrannten Storgarddorfs, und alle die armen Menschen hörten sie, und ebenso hörten sie die hohen Herren und Frauen, die in ihrem Gefolge ritten.

»Ich will, daß ihr alle es im Sinn behaltet, was ich nun gelobe, bei Gott und allen Heiligen. Solange ich Worte auf meiner Zunge, solange ich Blut in meinem Herzen habe, solange will ich dem Werk des Friedens dienen.«

Hier verstummte sie, als begriffe sie, daß in diesem Versprechen eine Gefahr lag, und dann fügte sie hinzu: »Und sollte es mich auch Glück und Leben kosten.« Als die Königstochter dieses Gelöbnis abgelegt hatte, blickte sie mit freudigem Mut auf und weinte nicht mehr. Sie trieb das Pferd auf dem Weg vorwärts, der hinab zur Flußfähre führte. Aber da saß am grünen Wegesrand ein kleiner Hirtenbube. Der war so froh wie nur irgendeiner, und er wollte der Prinzessin das Beste geben, was er hatte. So fing er an, ihr ein kleines Liebeslied vorzusingen, von einem König hoch oben im Norden, der sich nach der Kaisertochter im Morgenland sehnte.

Und wieder saß Fredkulla still auf dem Pferd und lauschte dem Knaben, der mit hoher und klarer Stimme sang:

Eine gibt es, die mich bindet,
Tag und Nacht an sie zu denken.
Und sie wird doch nimmer, nimmer
Mir ihr Herz in Liebe schenken.
Die holde Maid im Osten
Hat kriegerischen Mut;
Matilda, Kaiserstochter,
Dir weih ich Gut und Blut.

Nichts köstlicher auf Erden
Als stolz-vielliebe Fraue.
Ach, nun folget mir mein Sehnen
Wohl über Feld und Aue.

Vom Thing die Sorge reitet
Still neben mir zu Pferde,
Die Sorge, daß ich niemals
Der Schönen Liebster werde.

So lautete die Weise, und als die Königstochter sie zu Ende gehört hatte, lächelte sie dem Knaben zu und fragte, wer sie gedichtet hätte. Und da war keiner, der die Antwort des Hirtenknaben zu verhindern gewußt hätte.

»Es ist König Magnus, der das Lied gedichtet hat, in Gedanken an Matilda, des Kaisers Tochter.«

Ach, welche Betrübnis ergriff da die liebliche Fredkulla. »Hat König Magnus die Weise gedichtet!« rief sie. »Was soll ich dann bei ihm, der sich in Liebessehnsucht nach der Kaiserstochter des Morgenlandes verzehrt? Für mich hat er keine Weisen gedichtet, die von Mund zu Mund gehen, wohl übers ganze Land. Zu mir trägt er keine Liebe im Herzen.«

Und in großer Bestürzung vernahmen die armen Bauern, wie die Jungfrau ihr Gefolge rief.

»Oh, liebe Herren und gute Frauen, geleitet mich wieder heim! Habt Erbarmen mit mir, ihr meines Vaters gute Diener! Laßt mich nicht zu König Magnus ziehen. Hört ihr nicht das Lied? Nicht nach mir schmachtet er, dieser Mann. Er sehnt sich nach einer schönen Kaiserstochter.«

Als Fredkulla dies sagte, hörte sie, wie die Volksschar, die den Weg entlang stand und wartete, laut rief: »Fredkulla, Heil!« Und von all den Tausenden, die aus dem großen Kungahälla strömten, um sie zu empfangen, ertönte es in vielstimmigem Widerhall: »Fredkulla, Heil!« Aber die Jungfrau fuhr fort zu klagen und zu bitten. »Liebe, gute Herren und edle Frauen, führt mich heim! Hörtet ihr nicht das Liedchen? Wir begehen eine Sünde gegen den König. Ich will mir den Namen einer Königin nicht erzwingen Ich will nur heim.«

Doch all die Menschen, die am Älfgestade standen, riefen immer wieder: »Fredkulla, Fredkulla!«

Da hielt Fredkulla sich die Hände vor die Ohren. Sie hatte schon das Pferd gewendet und es mit lauten Zurufen vorwärts getrieben.

»Ach, daß das Volk doch schwiege«, sagte sie. »Fredkulla rufen sie, aber es wird wohl auch Friede werden, wenn ich nicht komme. König Magnus beginnt keinen Krieg um meinetwillen. Es bringt ihm nur Freude, wenn ich wieder heimkehre.«

Noch immer riefen die Leute, die am Wegessaume standen und warteten, »Fredkulla«. Aber alle, die am nächsten standen, fingen an zu fragen und sich zu verwundern: »Wohin reitet sie? Wohin reitet sie?« Und als sie sahen, daß sie hinauf zum Walde reiten wollte, da stürmten sie ihr nach.

»Höre, Königstochter, was die alte Frau sagt«, riefen sie.

»Ich bin gebeugt von der Last der Jahre«, sagte sie, »soll mir nun der Krieg meinen Sohn rauben?«

»Nun, Königstochter«, schrien sie, »nun werden alle Türen im ganzen Tal ins Schloß fallen. Nun werden die Waffentruhen geöffnet! Der Bauer wird die Pflugschar aus der Erde reißen. Warum hältst du die Hände vor die Ohren? Du mußt hören, hören hören!«

»Fredkulla«, riefen sie, während sie hinter ihr herjagten. »Du trägst deinen Namen vergebens. Fredkulla, wir wagen nicht, Samen in die Erde zu streuen! Fredkulla, unsere Tochter wird dieses Jahr nicht Hochzeit feiern! Fredkulla, wenn unsere Gehöfte niedergebrannt sind, werden unsere alten Frauen einen Schandpfahl aufrichten auf der verbrannten Erde, und darauf werden sie deinen Namen schreiben, Fredkulla, Fredkulla!«

Der ganze Haufe aus dem Storgarddorf war hinter ihr her. Sie brüllten rings um sie, all die unglücklichen Menschen.

»Fredkulla, denke an uns, wenn wir fallen! Wenn uns unsere Herden geraubt werden, denk an uns! Wenn wir wilde Taten verüben, denke an uns! Denke an uns, wie wir immer an dich denken werden!«

»Du darfst nicht heimwärts reiten, Jungfrau. Du darfst nicht von uns reiten. Was hast du eben erst geschworen, du Meineidige! Hörst du, was das Volk dir vom andern Älfgestade zuruft?«

Und das Volk aus dem Storgarddorf umringte Fredkulla und warf sich vor ihr auf den Weg.

»Über unsere Leiber, Jungfrau, kannst du heimreiten!« riefen sie.

Aber einige küßten die Hände der Jungfrau und baten leise und herzinniglich. »Oh, bleibe, reite nicht fort!«

Sie sah, daß sie ihr nichts zuleide tun wollten. Aber das arme, elende, kriegsmüde Volk wußte sich keinen Rat. Einige griffen nach den Zügeln des Pferdes, um es umzuwenden.

Da hielt Fredkulla ihr Pferd an, obgleich sie wohl wußte, daß sie unversehrt nach Hause reiten konnte, denn wenn auch einige wilde und friedlose Männer aus dem Wald da waren, denen sie Verzeihung versprochen und die nun drohend die Messer gegen sie zückten, so küßten sie doch gleichzeitig den Saum ihres Gewandes. Sie ließ die Reitgerte mitten in die Schar sausen und rief: »Hinweg, hinweg!« Und als die Bauern das sahen, wichen sie von ihr zurück und standen da, von Verzweiflung gelähmt. Sie sahen, daß eine solche Angst auf ihr lastete, daß sie es nicht wagten, ihre Barmherzigkeit anzurufen.

»Dein Wille geschehe, o Jungfrau!« riefen sie. »Dein Weg ist frei.«

Fredkulla saß regungslos, und ihre Blicke glitten sehnsuchtsvoll zu den bewaldeten Hügeln in der Ferne, hinter denen die Heimat lag, in die sie fliehen wollte – wie ein verwundetes Tier in seine Höhle flieht. Eine lange Weile blieb sie so sitzen und starrte aus Augen, die so heiß waren, daß jegliche Träne in ihnen vertrocknete. Dann wandte die Königstochter ganz still ihr Pferd und ritt wieder hinab ins Tal. Sie kehrte um, freiwillig, nicht gezwungen, aus Liebe zu dem großen schönen Frieden. Wieder ging es hinab ins Tal, aber nicht rasch und munter, nur Schritt für Schritt.

Sachte ritt Fredkulla den Waldabhang hinab zum Storgarddorf, vorbei an den Brandstätten, hinunter zum Älf und zur Fähre.

Das Volk schlich stumm hinter ihr her und flüsterte und sagte, man sollte die Jungfrau ungestört lassen; niemand sollte es wagen, ihre Tat zu preisen.

Als Fredkulla in dem großen Nachen über den Älf fahren sollte, da stieg sie vom Pferd und blieb stehen, blickte ins Wasser hinab und begann, leise zu sich selbst zu sprechen.

»Siehst du hier dieses große Wasser«, sagte sie, »das unerbittlich hinab zum Meer fließt? Die weichen Wogen, sie dürfen nicht zögern, sich in die Umarmung des Starken zu werfen, wenn es auch bitter und furchtbar scheint. Wenn die Welle auch eine kleine friedliche schilfumkränzte Bucht findet auf ihrem Weg, nie darf sie dort weilen. Und wenn sie zurückkehren wollte zu dem friedlichen Quell im tiefen Versteck des Waldes – sie kann es nicht. Sie muß vorwärts, unerbittlich vorwärts. Siehst du, so will es die Bestimmung. Du mußt die sanfte Welle sein, die in den Unfrieden der Welt gegossen werden soll.«

Aber mittlerweile kamen ein paar stolze Rittersleute aus Kungahälla geritten und näherten sich der Fähre. Möge nun die Jungfrau den Blick vom Boden erheben! Möge sie König Magnus schauen! Auf dem Helm ruht der goldene Löwe, der sein Wahrzeichen ist; es flattert das Banner über seinem Haupt, es leuchtet sein rotseidenes Gewand. Möge sie ihn sehen! Er selbst ist des Nordens Löwe! Möge sie sehen, wie das lange, seidenblasse Haar um die Schultern flattert. Da kam er. Eine Staubwolke flog vor ihm auf. Er kam. Ein schwarzer Schatten ritt im Abendsonnenschein weit über das Feld, und die Erde bebte unter dem Ritt.

Schlage die Augen auf, Jungfrau, und lächle dem Bräutigam zu! Denke nicht mehr, daß du dich unter diese raschen Hufe, die dir entgegenkommen, werfen wolltest, um dem Tod zu begegnen.

Die Königin auf der Ragnhildsinsel

Es war einmal ein König, der von Osten den Nordre Älf entlanggeritten kam, um hinab nach Kungahälla zu ziehen. Das Jahr neigte sich seinem Ende zu. Die Luft war schwer und der Himmel grau, so wie es um diese Zeit oft ist.

Der Pfad, über den der König ritt, schlängelte sich über hügelige Strandwiesen. Hier und dort lugten Erlengebüsche aus den Riedgrashügeln hervor, und längs des Weges hatten sie sich so gehäuft, als wären sie neugierig, den Vorüberreitenden zu sehen. Sie drängten sich sogar hinaus auf den Weg, so daß es dem König schwer wurde, sein Pferd zwischen ihnen hindurchzuführen.

Die Jahreszeit war so vorgerückt, daß alles entlaubt und alles Leben in Wiese und Wald zur Ruhe gegangen war. Auf dem Boden lagen die Sommerblätter blaß und verwelkt, und von dem langen Herbstregen waren sie zu einer fahlen Decke zusammengedrückt worden, unter der zahllose Spinnen und Erdschnecken im Winterschlaf lagen.

Grau und neblig war es ringsumher, und der König dachte: »Das ist kein schöner Weg für einen König.« Aber gerade vor ihm am Wegesrand erhob sich der schöne Fontinsberg.

Ganz unten am Fuß ward er von klargelbem Sand umgürtet, dann erhob sich lotrecht ein Stück nackte Bergwand; eine Reihe blaugrüner Fichten lief um einen schmalen Vorsprung. Höher hinauf war zersplittertes Gestein, von kleinen blinkenden Rinnen durchfurcht, dann kam eine Reihe Birken mit weißen Stämmen und rotbraunem Geäst. Dann erhob sich ein tiefgrüner Tannenwald, der dicht und kräftig oben auf der flachen Bergeshöhe wuchs. Aber der König hatte keine Freude daran, dem schönen Berg so nahe zu sein, denn Nebelzipfel strichen über die Bergwand, und Wolkenzapfen hingen über sie hinab, und aus allen Klüften und Gehölzen stieg grauer Regenrauch auf. Und so kam es, daß der vielfarbige Fontinsberg den König ebenso grau dünkte wie alles andere.

Der König seufzte tief und schwer, indes er durch die Erlenbüsche ritt, die auf ihn und sein Pferd einen ganzen Regen großer Tropfen schüttelten.

Mit einem Mal wurde er so betrübt, wie er wohl noch nie gewesen war.

›So ergeht es mir immer‹, dachte er, ›alles ist grau und regnerisch, wohin ich auch komme. Segle ich auf dem Meer, so steigt der Nebel auf, daß ich die Hand vor dem Auge nicht sehe, und reite ich des Nachts aus, so hüllt der Mond sich in die schwärzesten Wolken, um mir nicht leuchten zu müssen.‹

»Ich glaube, wenn ich einmal zum Himmel fahre«, sagte der König zu sich selbst, »werden alle Sterne erlöschen. So ist es mit allem, was ich unternehme! Anderen Königen wurde Pracht und Ehre und Ruhm und Glanz, aber ich bin ein richtiger König Nebelwetter. Ich habe nur an Aufruhr zu denken, und ein großer Teil des Landes verweigert mir den Gehorsam. Da ging es den alten Königen anders, sie saßen in Uppsala und regierten das ganze Reich. Denen konnte es freilich gefallen, König zu sein. Gott hat es wohl so bestimmt, daß es mir allzeit so ergehen soll!« Gleichzeitig kämpfte er gegen diese trübe Stimmung an. Er hielt das Pferd an und horchte, ob nicht Vogelgezwitscher als gutes Zeichen gedeutet werden könnte. Aber der Himmel war glattgrau, und der Berg stand in Nebel gehüllt, und alle Vögel waren fortgezogen. Der einzige Laut, den man in der sumpfigen Gegend hörte, war der leichte Klang von Wassertropfen, die von den Erlenzweigen zu Boden fielen.

Und das Haupt des Königs sank immer tiefer.

»Ich möchte etwas Brennendrotes sehen«, sagte er. »Etwas Rabenschwarzes möchte ich sehen, das Goldglanz in der Tiefe hat; ich möchte klaren Gesang und klingendes Lachen hören.«

Wieder sah er sich um, aber alles war unverändert, und er merkte, daß selbst der sonst glitzernde Fluß dunkel wie die Nacht zwischen den Schilfgestaden dahinfloß. Da wurde er so niedergeschlagen, daß alles, was er sein eigen nannte, ihm häßlich und wertlos dünkte. Er dachte an seinen schönen Königshof, als wäre er eine elende Köhlerhütte. All seine Siege verwandelten sich in Niederlagen, und seine Untertanen schienen ihm Schurken oder Bettler.

Aber gegen all das ließe sich noch ankämpfen, dachte er, wenn nicht meine Königin das Härteste von allem wäre. Es ist doch ohnehin schon schwer genug zu leben, muß ich auch noch damit gequält werden, an eine Frau zu denken. Die Sorge, die ich für das Reich trage, ist so groß, daß sie mir keine ruhige Stunde läßt. Und doch verlangen die Menschen von mir, daß ich mir eine neue Last aufbürde.

Es verhielt sich so, daß der König mit einer norwegischen Königstochter vermählt war. Seine Königin war eine reiche und mächtige Prinzessin, aber das Unglück wollte es, daß man sie dem König schon angetraut hatte, als sie noch ein Kind war. Man hatte das so einrichten müssen, damit kein anderer kam und sie wegholte, aber nun wäre es ihm lieber gewesen, nicht an sie gebunden zu sein.

Schon seit dem Hochzeitstag hauste die Königin auf einer kleinen felsigen Insel, die im Nordre Älf gerade gegenüber von Kungahälla lag und Ragnhildsinsel genannt wurde. Dort hatte man einen Turm aus Stein gebaut, damit sie wohlbehütet aufwachsen konnte, bis sie alt genug war, um von ihrem Gatten heimgeholt werden zu können.

Aber der König hatte sich all die Zeit gar nicht um sie gekümmert, obgleich er wohl wußte, daß die Königin herangewachsen war, und viele ihn daran erinnerten, daß er sie nun heimführen müßte. Er konnte sich kein Herz fassen, sie an seinen Hof zu holen. Er schützte schwere Zeiten und Aufruhr vor; und Jahr um Jahr ließ er die Königin in dem grauen Turm mit ein paar alten Frauen, die ihr aufwarteten. Sie sah nichts anderes, als den grauen Fluß

Nun war er endlich auf dem Weg, die Königin zu holen. Aber während er so an sie dachte, war ein solcher Mißmut über ihn gekommen, daß er sich von seinem Gefolge getrennt hatte, um allein zu reiten und ungestört gegen seinen Kummer ankämpfen zu können.

Er kam nun aus den Erlen heraus und ritt über eine weite Wiese. Wenn Sommer gewesen wäre, hätte er hier große Herden von Kühen und Schafen gesehen, aber nun war es gänzlich öde und nichts anderes zu erblicken als aufgewühlter Boden und abgeweidete Grashügel. Und der König gab seinem Pferd die Sporen und ritt, so rasch er konnte, über die Wiese, um nicht noch mißmutiger zu werden, als er schon war.

Er war ein tapferer Mann, und hätte die Königstochter in einem verzauberten Schloß gefangen gesessen, von Riesen und Drachen bewacht, er wäre spornstreichs geritten gekommen, um sie zu befreien; aber nun wollte es das Unglück, daß sie wohlverwahrt in ihrem Turm saß und auf ihn wartete, und daß niemand auf der ganzen weiten Welt sie ihm streitig machte.

Er bereute bitter, daß er sich mit ihr vermählt hatte.

»Alles, was groß und stolz und schön ist, das bleibt mir verweigert«, sagte er. »Nicht einmal das ist mir beschieden, mir mein Weib erkämpfen zu können.«

Er ritt immer langsamer und langsamer, denn nun lief der Weg einen steilen Hügel hinan, und auf der anderen Seite fing die lange Straße von Kungahälla an.

Von der Kuppe des Hügels sah der König deutlich die kleine Ragnhildsinsel vor sich, wo seine Königin saß und auf ihn wartete.

Er sah sie düster mitten in dem schwarzen Älf liegen; er sah die grauen Torfwälle über den fahlen Erdboden laufen; er sah die Steinwände des Turms. Alles dünkte ihn unheimlich und abschreckend. Da war kein Heidekrauthügelchen, das ihm entgegenglühte; kein grünes Hälmchen leuchtete auf der Weide. Der Herbst hatte alles mit Stumpf und Stiel ausgerottet. Aber wonach der König sich sehnte, das war blitzendes Rot, ein scharfes Schwarz, das ins Goldene spielt, und er glaubte zu wissen, daß hier nicht der rechte Platz war, um das zu finden. Je länger er den

Turm ansah, desto klarer wurde es ihm, daß er aus dem Felsen selbst hervorgewachsen sein mußte. Es schien ihm unmöglich, daß er auf gewöhnliche Weise von Menschen errichtet worden sein sollte. Der Berg selbst war es, der einmal hatte wachsen wollen, wie Wald und Gras aus der Erde wachsen. So mußte der Turm entstanden sein.

Wie er nun an seine Königin dachte, die dort aufgewachsen war, glaubte er, sie müsse einem grob behauenen Steinbild gleichen, wie er es über dem Eingangstore einer Kirche gesehen. Er dachte sie sich als eine graue Gestalt mit langem unbeweglichen Gesicht, plattem Körper und mit Händen und Füßen, die zweimal länger und breiter waren, als die irgendeines anderen Menschen.

Aber das ist mein Schicksal, dachte der König und ritt weiter. Und er kam der Fähre so nahe, daß der Wächter auf der anderen Seite das Horn zu den Lippen hob, um die Ankunft des Königs zu verkünden. Die Zugbrücke wurde aufgezogen und das Tor des festen Turms öffnete sich. Da erhob der König das Haupt und hielt das Pferd an.

»Ich bin ja doch noch König«, sagte er, »und kein Mensch kann mich zwingen, das zu tun, was ich nicht will. Niemand auf der ganzen Welt kann mich bewegen, diesem Steinbild zu begegnen. Ich muß doch wohl irgend etwas davon haben, daß ich ein König bin.«

Damit drehte er sein Pferd herum und ritt denselben Weg zurück, den er gekommen war. Er ritt in stürmender Eile, gleichsam als hätte er Angst, gefangen zu werden; und er verlangsamte den Trab seines Pferdes nicht eher, als bis er in das Erlengebüsch auf den Strandwiesen unter dem Fontinsberg gekommen war.

Die Königin mußte weiter in dem Turm sitzen und trauern und sich sehnen. Und sie hatte zarte Wangen und brennende rote Lippen; sie hatte wallendes, rabenschwarzes Haar, golddurchsponnen; sie hatte eine Stimme klar wie Gesang und ein klingendes Lachen.

Aber was half das dem König? Er ritt fort, über den schmalen Weg zwischen den Erlen.

Inhalt

SELMA LAGERLÖF

GESAMMELTE WERKE
VIERTER BAND

Herausgegeben von
Hans A. Neunzig

NYMPHENBURGER

SELMA LAGERLÖF

GÖSTA BERLING

Roman

NYMPHENBURGER

Autorisierte Übersetzung aus dem Schwedischen von Pauline Klaiber-Gottschau.

Umschlaggestaltung: R. Susanne Berner, München
Satz: Bauer & Bökeler Filmsatz KG, Denkendorf
Druck und Bindung: Welsermühl, Wels
Printed in Austria
ISBN 3-485-00386-7

Einleitung

Der Pfarrer

Endlich stand der Pfarrer auf der Kanzel.

Die Gemeinde erhob die Köpfe. So, da war er wirklich! So fiel denn die Predigt heute nicht wieder aus wie am vorigen Sonntag und wie an vielen vorhergehenden Sonntagen auch.

Der Pfarrer war jung, hochgewachsen, schlank und strahlend schön. Hätte man ihm einen Helm aufs Haupt gesetzt, ihm Schwert und Harnisch gegeben, so hätte man ihn als Modell für den schönsten Athener gebrauchen können.

Der Pfarrer hatte die tiefen Augen eines Dichters und das feste, runde Kinn des Feldherrn; alles an ihm war schön, fein, ausdrucksvoll, von Genialität und geistigem Leben durchglüht.

Die Leute in der Kirche fühlten sich merkwürdig ergriffen, als sie ihn so sahen. Sie waren mehr gewöhnt, ihn schwankenden Schrittes aus dem Wirtshaus kommen zu sehen, in Gesellschaft seiner guten Kameraden, des hünenhaften Hauptmanns Bergh und des Obersten Beerencreutz mit dem dichten weißen Schnurrbart.

Der Pfarrer hatte so schrecklich getrunken, daß er seit mehreren Wochen sein Amt nicht mehr hatte verwalten können. Deshalb hatte die Gemeinde sich über ihn beschwert, zuerst beim Propst und dann bei dem Bischof und dem Domkapitel. Jetzt war der Bischof selbst gekommen, um Visitation und Abrechnung zu halten. Er saß, das goldene Kreuz auf der Brust, im Chor, und um ihn her saßen die Mitglieder des Karlstädter Domkapitels und die Pfarrer aus den Nachbardörfern.

Es unterlag durchaus keinem Zweifel, daß die Aufführung des Pfarrers die Grenzen des Erlaubten überschritten hatte. Zu jenen Zeiten – in den zwanziger Jahren des neunzehnten Jahrhunderts – nahm man es nicht so genau mit dem Trinken, aber dieser Mann hatte aus Trunkenheit sein Amt vernachlässigt, und nun würde er es deshalb verlieren.

Er stand auf der Kanzel und wartete, während der letzte Vers des Liedes vor der Predigt gesungen wurde.

Während er nun da oben stand, überkam ihn die Gewißheit, daß er in der Kirche lauter Feinde habe, Feinde auf allen Bänken. Die Herrschaften auf den Emporen, die Bauern drunten in der Kirche, die Konfirmanden im Chor – lauter Feinde. Ein Feind trat die Bälge, ein Feind spielte die Orgel. Auf den Bänken der Kirchenältesten – Feinde. Alle haßten ihn, von den kleinen Kindern an, die in die Kirche getragen wurden, bis zu dem Kirchendiener, einem alten, steifen Soldaten, der die Schlacht bei Leipzig mitgemacht hatte.

Der Pfarrer wäre gern auf die Knie niedergefallen und hätte sie um Erbarmen angefleht.

Aber im nächsten Augenblick überkam ihn ein dumpfer Zorn. Er wußte wohl noch, wie er gewesen war, als er vor einem Jahre zum erstenmal die Kanzel betreten hatte. Da war er ein unbescholtener Mann gewesen, und nun stand er hier und schaute hinab auf den Mann mit dem goldenen Kreuz, der gekommen war, um ihn zu richten.

Während er das Eingangsgebet las, wallte eine Blutwelle um die andere in seinem Gesichte auf: das war der Zorn.

Jawohl, er trank. Aber wer hatte ein Recht, ihn deswegen anzuklagen? Hatte einer das Pfarrhaus gesehen, worin er leben mußte? Bis dicht an die Fenster heran reichte der düstere Tannenwald, der es von allen Seiten umschloß. Die Feuchtigkeit sickerte durch das schwarze Dach und lief an den mit Schimmel bedeckten Wänden herunter. Bedurfte es da nicht des Branntweins, um den Mut aufrechtzuerhalten, wenn Regen oder Schneegestöber durch die zerbrochenen Scheiben hereinsauste, wenn der verwahrloste Akker nicht Brot genug geben wollte, um den Hunger fernzuhalten?

Er war ein Pfarrer, wie sie ihn verdienten, jawohl! Sie tranken ja alle. Warum sollte er allein sich Zwang antun? Der Mann, der seine Frau begraben hatte, betrank sich beim Leichenschmause, der Vater, der sein Kind taufen ließ, hielt hinterher ein Saufgelage. Die Kirchgänger tranken auf dem Heimweg, so daß die meisten betrunken nach Hause kamen. Für sie war so ein Pfarrer gut genug.

Auf den Amtsreisen, wenn er in seinem dünnen Mantel meilenweit über die gefrorenen Seen gefahren war, wo alle kalten Winde sich ein Stelldichein gaben, wenn er bei Sturm und Platzregen auf denselben Seen das schwankende Boot steuern mußte, wenn er beim Schneegestöber aus dem Schlitten steigen und dem Pferd einen Weg durch haushohe Schneewehen bahnen oder wenn er durch Waldmoore waten mußte, da, da hatte er den Branntwein lieben gelernt.

Schwer und düster hatten sich die Tage des Jahres hingeschleppt. Den Tag über waren Bauer und Edelmann mit allen ihren Gedanken an das irdische Tagwerk gebunden, aber am Abend, da hatten die Geister die Fesseln abgeworfen, der Branntwein hatte sie befreit. Die Phantasie erwachte, das Herz wurde warm, das Leben strahlend, Gesang ertönte, und Rosen dufteten. Das Gastzimmer der Schenke war ihm da zu einem Blumengarten unter südlichem Himmel geworden. Trauben und Oliven hingen über seinem Haupte, Marmorbilder glänzten im dunkeln Laube, Weise und Dichter wandelten unter Palmen und Platanen.

Nein, er, der Pfarrer hier oben auf der Kanzel, er wußte, daß man in diesem Teile des Landes ohne Branntwein nicht leben konnte, alle seine Zuhörer wußten es, und jetzt wollten sie über ihn zu Gericht sitzen.

Sie wollten ihm den Talar abreißen, weil er betrunken in ihr Gotteshaus gekommen war. Ha, alle diese Menschen, hatten die denn – wollten die sich denn einbilden, daß sie einen anderen Gott hätten als den Branntwein?

Er hatte das Eingangsgebet gesprochen und beugte sich jetzt nieder, um das stille Vaterunser zu beten.

Atemloses Schweigen herrschte während des Gebetes in der Kirche. Doch plötzlich griff der Pfarrer mit beiden Händen heftig nach den Bändern, mit denen sein Talar umgebunden war. Es war ihm, als schliche die ganze Gemeinde mit dem Bischof an der Spitze die Treppe zur Kanzel herauf, um ihm den Talar abzureißen. Er lag auf den Knien und wandte den Kopf nicht um, aber er fühlte, wie sie daran zogen, und er sah sie so deutlich, den Bischof mit dem Domkapitel, die Pfarrer, die Kirchenältesten, den Küster und die ganze Gemeinde, in einer langen Reihe, zerrend und ziehend, um ihm den Talar abzureißen. Und er konnte sich deutlich vorstellen, wie alle, die jetzt so eifrig zerrten, einer über den andern die Treppe hinabfallen würden, sobald das Gewand nachgäbe, und wie die ganze Reihe der Untenstehenden, die nicht an den Talar selbst hätten kommen können, sondern nur die Rockschöße der vor ihnen Stehenden festhielten, ebenfalls auf den Rücken fallen würden.

Er sah es so deutlich vor sich, daß er lächeln mußte, während er betend auf den Knien lag, zugleich aber trat ihm der kalte Schweiß auf die Stirn. Das war doch zu schrecklich!

Um des Branntweins willen sollte er nun verworfen werden! Ein abgesetzter Pfarrer. Gab es wohl auf der weiten Welt etwas Erbärmlicheres?

Er sollte ein Bettler auf den Landstraßen werden, betrunken am Grabenrand liegen, in Lumpen umhergehen, sich zu den Landstreichern halten?

Das Gebet war zu Ende. Jetzt sollte er predigen. Da stieg ein Gedanke in ihm auf, der ihm das Wort auf den Lippen zurückhielt. Er wußte, daß er heute zum letztenmal auf der Kanzel stehen und die Ehre Gottes verkündigen durfte.

Zum letztenmal – dies erschütterte den Pfarrer. Branntwein und Bischof waren vergessen, er dachte nur noch daran, daß er die Gelegenheit benützen und zur Ehre Gottes Zeugnis ablegen müsse.

Es war ihm, als versinke der Fußboden der Kirche in einen tiefen Abgrund, und als werde das Dach abgehoben, so daß er gerade in den Himmel hineinschauen könne. Er stand allein, ganz allein auf seiner Kanzel, sein Geist schwang sich zu dem über ihm geöffneten Himmel empor, seine Stimme wurde stark und gewaltig, und er verkündete die Ehre Gottes.

Er war ein Mann der Inspiration, er dachte nicht mehr an seine ausgearbeitete Predigt, die Gedanken senkten sich auf ihn herab wie eine Schar zahmer Tauben. Es war ihm, als spreche nicht er selbst, sondern ein anderer, aber er fühlte auch, daß dies das Höchste sei, was es auf Erden gebe, und daß niemand größeren Glanz und größere Herrlichkeit erreichen könne als er, der hier stand und Gottes Ehre verkündete.

Solange die Feuerzunge der Inspiration über ihm flammte, redete er, aber als sie erloschen war, als das Dach sich wieder auf die Kirche herabgesenkt hatte und der Fußboden aus der unendlichen Tiefe wieder heraufgestiegen war, da beugte er sich nieder und weinte, denn er fühlte, daß das Leben ihm soeben seine beste Stunde gegeben hatte, und daß sie nun zu Ende war.

Nach dem Gottesdienst war Sitzung im Kirchenrat. Der Bischof fragte, ob die Gemeinde eine Klage über ihren Pfarrer vorzubringen habe.

Der Pfarrer war nicht mehr voll Zorn und Trotz wie vor der Predigt. Jetzt schämte er sich und senkte das Haupt. Ach, nun würden alle die elenden Branntweingeschichten vorgebracht werden! Aber es kam nicht eine einzige. Um den großen Tisch in der Gemeindestube blieb alles still.

Der Pfarrer schaute auf, zuerst schaute er den Küster an – nein, der schwieg; dann die Kirchenältesten, dann die Bauern, die Gutsbesitzer – alle schwiegen. Sie hatten die Lippen fest zusammengepreßt und sahen halb verlegen auf den Tisch nieder.

Sie warten darauf, daß einer den Anfang mache, dachte der Pfarrer.

Der eine Kirchenälteste räusperte sich.

»Ich finde, daß wir einen guten Pfarrer haben«, sagte er.

»Euer Hochwürden haben ja selbst gehört, wie er predigt«, fiel der Küster ein.

Der Bischof sagte etwas vom häufigen Ausfallen der Predigt.

»Der Pfarrer kann doch ebensogut einmal krank sein wie andere Leute«, meinte ein Bauer.

Der Bischof spielte nun darauf an, daß man in der Gemeinde Anstoß an dem Lebenswandel des Pfarrers genommen habe. Da verteidigten ihn alle wie aus einem Munde. Er sei ja noch so jung, ihr Pfarrer, da habe es keine Gefahr. Nein, wenn er nur immer so predigen wolle wie heute, dann wollten sie ihn selbst für den Herrn Bischof nicht hergeben.

Wo kein Kläger ist, da ist auch kein Richter.

Dem Pfarrer wurde das Herz weit, und das Blut strömte ihm leicht durch die Adern. Er war also nicht länger von Feinden umgeben, er hatte sie gewonnen, als er es am wenigsten gedacht hatte, er durfte in seinem Amt bleiben!

Nach der Visitation aßen der Bischof, die Herren vom Domkapitel, die Pfarrer und die Vornehmsten des Kirchspiels im Pfarrhause zu Mittag.

Eine benachbarte Pfarrfrau hatte alle Vorbereitungen zu dem Feste getroffen, denn der Pfarrer war unverheiratet. Sie hatte alles aufs beste geordnet, und da gingen dem Pfarrer die Augen darüber auf, daß das Pfarrhaus eigentlich gar nicht so unbehaglich sei. Die lange Mittagstafel war draußen unter den Tannen gedeckt und prangte gar einladend mit dem weißen Tischtuch, dem blau und weißen Porzellan, den funkelnden Gläsern und zierlich gefalteten Servietten. Zwei schlanke Birken waren vor der Haustür aufgepflanzt, die Diele war mit Wacholderzweigen bestreut, oben am Giebel hing ein frischer Kranz, in allen Zimmern dufteten Blumen; der moderige Geruch war vertrieben worden, und die grünen Fensterscheiben glitzerten hell im Sonnenschein.

Er war so seelenvergnügt, der Pfarrer; er dachte, nun werde er mit dem Trinken nie wieder anfangen.

An diesem Mittagstische gab es keinen, der nicht froh gewesen wäre. Die Männer, die sich großmütig gezeigt und verziehen hatten, waren froh; die Herren vom Domkapitel und die Pfarrer aber waren froh, daß der Skandal vermieden worden war.

Der gute Bischof erhob sein Glas und hielt eine Rede. Er sagte, er habe diese Reise mit schwerem Herzen angetreten, denn es seien ihm viele böse Gerüchte zu Ohren gekommen. Er sei ausgezogen, um einen Saulus zu finden, aber siehe da! aus dem Saulus sei schon ein Paulus geworden, der mehr arbeiten werde als alle andern. Und der fromme Herr sprach weiter und pries die reichen Gaben, die ihr junger Bruder in Christo von dem Herrn empfangen habe. Nicht aber dürfte er hochmütig darauf werden, sondern er solle alle seine Kräfte anspannen und wohl acht auf sich geben, wie es dem gezieme, der eine über die Maßen schwere und kostbare Last auf den Schultern trage.

An diesem Tage trank der Pfarrer nicht zu viel, und doch war er berauscht. Das große, unerwartete Glück war ihm zu Kopf gestiegen. Der Himmel hatte die feurige Zunge der Inspiration über ihm flammen lassen, und die Menschen hatten ihm ihre Liebe geschenkt. Als der Abend kam und die Gäste ihn verließen, wogte ihm das Blut noch immer fieberheiß und schnell durch die Adern. Bis tief in die Nacht hinein saß er in seinem Zimmer und ließ die Nachtluft durchs offene Fenster hereinströmen, um dieses Fieber der Glückseligkeit, diese jauchzende Unruhe, die ihn nicht schlafen ließen, zu kühlen. Da hörte er eine Stimme:

»Pfarrer, wachst du?«

Über den Rasen kam ein Mann auf das Fenster zugeschritten. Der Pfarrer schaute auf und erkannte den Hauptmann Christian Bergh, einen seiner getreuen Zechbrüder. Ein fahrender Mann, ohne Haus und Hof, war dieser Hauptmann Christian, ein Riese an Wuchs und Körperkraft, groß wie der Berg Gurlitta und dumm wie ein Bergtroll.

»Freilich bin ich noch auf, Hauptmann Christian«, antwortete der Pfarrer. »Meinst du, ich könnte in einer solchen Nacht schlafen?«

Und nun hört, was ihm Hauptmann Christian erzählt. Der Riese hatte seine Ahnungen gehabt; er hat begriffen, daß der Pfarrer nun Angst vor dem Trinken bekommen werde. Nun werde er nie mehr ruhig sein, dachte der Hauptmann, denn diese Herren von Karlstadt, die einmal dagewesen waren, könnten ja wiederkommen und ihm das Amt nehmen, wenn er wieder tränke.

Doch nun hat Hauptmann Christian seine schwere Hand an das gute Werk gelegt; er hat dafür gesorgt, daß diese Herren von Karlstadt nie wiederkommen werden, weder sie noch der Bischof. Von nun an kann der Pfarrer im Pfarrhaus mit seinen Freunden trinken, soviel er will.

Hört, welche Heldentat er ausgeführt hat, er, Christian Bergh, der starke Hauptmann!

Als der Bischof und die beiden Mitglieder des Domkapitels in ihren geschlossenen Wagen gestiegen waren und die Tür sorgfältig hinter ihnen zugemacht war, hatte er sich selbst auf den Bock gesetzt und sie in der hellen Sommernacht ein oder zwei Meilen weit gefahren.

Und da hatte Christian Bergh die hochwürdigen Herren fühlen lassen, wie lose das Leben im Menschenleibe sitzt. Im rasendsten Galopp hatte er die Pferde dahinsausen lassen. Das geschah den Herren recht, die nicht dulden wollten, daß ein ehrlicher Mann sich einen Rausch tränke.

Meint ihr, er sei mit ihnen auf der Landstraße geblieben, meint ihr, er habe sie vor Stößen behütet? Er fuhr über Gräben und Felder, er fuhr in sausendem Galopp die steilen Hügel hinab, er fuhr in den See hinein, daß das Wasser um die Räder spritzte, er wäre beinahe im Moor steckengeblieben, und er jagte die glatten Felsen hinunter, daß die Pferde mit zurückgestemmten Beinen die Abhänge hinabrutschten. Und die ganze Zeit hindurch saßen der Bischof und die beiden Geistlichen mit bleichen Gesichtern hinter den ledernen Vorhängen und murmelten Gebete. Eine schlimmere Fahrt hatten sie noch nie gemacht.

Und denkt nur, wie sie ausgesehen haben mögen, als sie im Gasthof zu Rissäta ankamen, allerdings lebendig, aber durchgeschüttelt wie Schrotkörner im ledernen Beutel!

»Was soll das bedeuten, Hauptmann Christian?« fragte der Bischof, als Bergh die Wagentür öffnete.

»Das bedeutet, daß der Herr Bischof es sich zweimal überlegen soll, ehe er wieder eine Visitationsreise zu Gösta Berling macht«, sagt Hauptmann Christian; und diesen Satz hat er sich vorher genau ausgedacht, um ja nicht stekkenzubleiben.

»Dann grüßt Gösta Berling von mir«, erwidert der Bischof, »und sagt ihm, daß weder ich noch irgendein anderer Bischof je wieder zu ihm kommen werden.«

Seht, diese Heldentat berichtet der starke Hauptmann Christian dem Pfarrer am offenen Fenster in der Sommernacht. Denn Hauptmann Christian hat nur rasch die Pferde in der Posthalterei abgeliefert und ist dann mit seiner Neuigkeit sofort zum Pfarrer geeilt.

»Nun kannst du ruhig sein, Herzensbruder«, sagt er zuletzt.

Ach, Hauptmann Christian! Mit bleichen Gesichtern saßen die geistlichen Herren im Wagen, aber das Gesicht des Pfarrers am Fenster erscheint in der hellen Sommernacht noch viel, viel bleicher. Ach, Hauptmann Christian!

Der Pfarrer holte sogar schon mit dem Arm aus, um dem Riesen einen furchtbaren Schlag in das grobe, dumme Gesicht zu versetzen, doch er bezwang sich. Er schlug das Fenster zu, daß es klirrte, blieb mitten im Zimmer stehen und hob die geballte Faust drohend empor.

Er, über dem die feurige Zunge der Inspiration geflammt hatte, er, der die Ehre Gottes hatte verkündigen dürfen, er dachte jetzt, daß Gott seiner gespottet habe. Mußte der Bischof nicht glauben, daß der Hauptmann im Auftrag des Pfarrers also gehandelt habe? Mußte er nicht glauben, daß er den ganzen Tag geheuchelt und gelogen habe? Jetzt würde er sicher Ernst machen mit dem Verfahren gegen ihn, jetzt würde er ihn suspendieren und absetzen.

Als der Morgen anbrach, war der Pfarrer aus dem Pfarrhaus verschwunden. Er hatte nicht dableiben und sich verteidigen wollen. Gott hatte seiner gespottet. Gott wollte ihm nicht helfen. Er wußte, daß er abgesetzt werden würde. Gott wollte es so. Da konnte er ebensogut gleich gehen.

Dies geschah zu Anfang der zwanziger Jahre des neunzehnten Jahrhunderts in einem entlegenen Kirchspiel im westlichen Värmland.

Es war das erste Unglück, das über Gösta Berling hereinbrach; es sollte nicht das letzte sein.

Denn für die Füllen, die sich weder Sporen noch Peitsche gefallen lassen wollen, ist das Leben schwer. Bei jedem Schmerz, der sie trifft, rasen sie auf ungebahnten Wegen gähnenden Abgründen zu. Sobald der Weg steinig und die Fahrt mühselig ist, wissen sie sich nicht anders zu helfen, als den Wagen umzuwerfen und wie toll davonzujagen.

Der Bettler

An einem kalten Tag im Dezember wanderte ein Bettler über die Brobyer Hügel. Er war in die elendsten Lumpen gekleidet, und seine Schuhe waren so zerrissen, daß der kalte Schnee ihm die Füße näßte.

Der Löfven ist ein langgestreckter See im Värmland, der sich an mehreren Stellen zu einem langen, schmalen Sunde verengt. Im Norden erstreckt er sich bis zu den finnischen Wäldern, im Süden bis zum Wenern hinab. Mehrere Kirchspiele breiten sich an seinen Ufern aus, doch das Kirchspiel Bro ist das größte und reichste. Es nimmt einen guten Teil des östlichen wie des westlichen Ufers ein; auf dieser Seite aber liegen die größten Güter, Herrensitze wie

Ekeby und Björne, die wegen ihres Reichtums und ihrer Schönheit weit berühmt sind, sowie das große Dorf Broby mit der Posthalterei, dem Rathaus, der Amtmannswohnung, dem Pfarrhaus und dem Marktplatz.

Broby liegt an einem steilen Abhang. Der Bettler war an der Posthalterei, die am Fuße des Hügels liegt, vorbeigegangen und schleppte sich nun langsam nach dem ganz oben gelegenen Pfarrhaus hinauf.

Vor ihm her ging ein kleines Mädchen, das zog einen Schlitten, auf dem ein Sack Mehl lag. Der Bettler holte die Kleine ein und fing ein Gespräch mit ihr an.

»Das ist ein kleines Pferd für eine so schwere Last«, sagte er.

Das Kind wendete sich um und sah ihn an. Es war ein kleines, ungefähr zwölfjähriges Mädchen mit spähenden scharfen Augen und einem fest zusammengekniffenen Mund.

»Wollte Gott, das Pferd wäre kleiner und die Last größer, dann hielte sie länger vor!« antwortete das Kind.

»Ist es dein eigenes Futter, das du nach Hause schleppst?«

»Ja, Gott sei's geklagt! Ich muß mir selbst mein Brot schaffen, so klein ich auch bin.«

Der Bettler faßte an, um zu schieben.

Das Mädchen wandte sich um und sah ihn an.

»Denke ja nicht, daß du etwas dafür bekommst«, sagte es.

Der Bettler lachte laut auf.

»Du bist gewiß die Tochter des Pfarrers von Broby, du.«

»Ja, allerdings, die bin ich. Einen ärmeren Vater haben viele Kinder, einen schlechteren hat keines. Es ist die reine Wahrheit, obgleich es eine Schande ist, daß sein eigenes Kind so etwas von ihm sagen muß.«

»Er ist wohl geizig und boshaft, dein Vater?«

»Geizig ist er und boshaft ist er, aber die Leute sagen, seine Tochter werde noch schlimmer, wenn sie am Leben bliebe.«

»Ich glaube, die Leute haben recht. Ich möchte wohl wissen, wie du zu diesem Sack Mehl gekommen bist?«

»Es kann wohl nichts schaden, wenn ich es dir sage. Ich holte heute morgen Korn aus des Vaters Scheune und bin damit in der Mühle gewesen.«

»Wird er dich denn nicht sehen, wenn du nach Hause kommst?«

»Du bist wohl nicht recht gebacken! Als ob Vater nicht auf einer Amtsreise wäre! – So hell hättest du selber sein können.«

»Da kommt jemand hinter uns den Berg heraufgefahren. Ich höre den Schnee unter den Schlittenkufen knirschen. Wenn er das nun wäre, was dann?«

Das Mädchen horchte und spähte zurück, dann brach es in lautes Weinen aus.

»Es ist Vater«, schluchzte sie. »Er schlägt mich tot! Er schlägt mich tot!«

»Ja, nun ist guter Rat teuer und schnelle Hilfe besser als Silber und Gold«, sagte der Bettler.

»Komm«, sagte das Kind, »du kannst mir helfen. Zieh du den Schlitten, dann meint Vater, es sei deiner.«

»Was soll ich aber nachher damit machen?« fragte der Bettler, indem er das Seil über die Schulter warf.

»Zieh ihn jetzt nur fort, wohin du willst, komm aber damit nach dem Pfarrhaus, sobald es dunkel wird. Ich werde schon aufpassen. Du sollst also mit dem Sack und dem Schlitten kommen, hörst du!«

»Ich werde es versuchen.«

»Gnade dir Gott, wenn du nicht kommst!« rief das Mädchen und lief dann, so schnell es konnte, davon, um vor dem Vater nach Hause zu kommen.

Mit schwerem Herzen wandte der Bettler den Schlitten und schob ihn den Berg nach dem Wirtshaus hinunter.

Der Ärmste hatte einen schönen Traum gehabt, während er mit halbnackten Füßen durch den Schnee watete. Er hatte an die großen, nördlich des Löfven gelegenen Wälder gedacht, an die großen, finnischen Wälder.

Hier unten im Kirchspiel Bro, wo er an dem Sunde entlang wanderte, der den oberen und unteren Löfven verbindet, in dieser weitberühmten reichen und lachenden Gegend, wo Herrenhof an Herrenhof, Eisenhammer an Eisenhammer liegt, hier wurde ihm jeder Weg zu schwer, jede Stube zu eng, jedes Bett zu hart. Hier erfüllte ihn heiße Sehnsucht nach dem Frieden der großen, ewigen Wälder.

Hier hörte er den Lärm der Dreschflegel in jeder Scheune, als könnte das Korn niemals ganz ausgedroschen werden. Holzladungen und Kohlenfuhren kamen unablässig aus den unerschöpflichen Wäldern herunter. Endlose Reihen von erzbeladenen Wagen zogen in den tiefen Furchen daher, die Hunderte ihrer Vorgänger eingedrückt hatten. Hier sah er zwischen den Gütern herrschaftliche Schlitten dahinsausen, und es war ihm, als hielte die Freude die Zügel, während die Schönheit und die Liebe auf den Schlittenkufen standen. Ach, wie sich der Ärmste nach dem Frieden der großen, ewigen Wälder sehnte!

Dorthin hätte er ziehen mögen, wo die Bäume wie schlanke Säulen aus dem ebenen Boden emporwachsen, wo der Schnee dicht und schwer auf den unbeweglichen Zweigen ruht, wo der Wind keine Macht hat und nur leise in den Nadeln der Wipfel spielt – dort hätte er tiefer und tiefer in den Wald hineinwandern mögen, bis ihn eines Tages die Kräfte verließen und er, vor Hunger und Kälte erschöpft, unter den Bäumen niedersänke, um zu sterben.

Er sehnte sich nach dem großen, rauschenden Grabe weit oberhalb des Löfven, wo ihn die Mächte der Vergänglichkeit übermannen würden, wo es dem Hunger, der Kälte, der Müdigkeit und dem Branntwein endlich gelingen würde, diesen armen Leib, der alles aushalten konnte, zu zerstören.

Er war nun vor dem Wirtshause angekommen, wo er den Einbruch der Dunkelheit abwarten wollte. Er trat in die Schenkstube und setzte sich auf die Bank neben der Tür, in dumpfer Ruhe noch immer von den ewigen Wäldern träumend.

Die Wirtin hatte Mitleid mit ihm und gab ihm ein Gläschen Branntwein. Und da er so inständig darum bat, gab sie ihm deren sogar zwei.

Mehr aber wollte sie ihm nicht umsonst geben, und da geriet der Bettler in helle Verzweiflung. Er mußte mehr haben von diesem starken, süßen Branntwein. Noch einmal sollte ihm im Rausche das Herz im Leibe hüpfen und seine Gedanken sollten flammen. O dieser süße Kornwein! Des Sommers Sonne, des Sommers Vogelsang, des Sommers Duft und Schönheit perlten in diesem weißen Naß. Noch einmal, ehe er in Dunkel und Nacht versinkt, will er Sonne und Glück trinken.

So tauschte er denn zuerst das Mehl, dann den Mehlsack und zuletzt den Schlitten um Branntwein ein. Er berauschte sich vollständig und verschlief den größten Teil des Nachmittags auf einer Bank in der Schenkstube.

Als er erwachte, wurde es ihm klar, daß ihm jetzt nur noch eins übrigbliebe. Da dieser elende Körper die ganze Herrschaft über seine Seele gewonnen hatte, da er hatte vertrinken können, was ein Kind ihm anvertraut hatte, da er eine Schmach für die Erde war, mußte er sie von der Last seiner Schlechtigkeit befreien.

Er mußte seiner Seele die Freiheit wiedergeben, sie zu Gott zurückkehren lassen.

Er lag auf der Bank in der Schenkstube und saß über sich selbst zu Gericht: »Gösta Berling, abgesetzter Pfarrer, angeklagt, das Mehl eines hungrigen Kindes vertrunken zu haben, muß des Todes sterben. Welches Todes? Des Todes im Schnee.«

Er ergriff seine Mütze und wankte hinaus. Er war weder ganz wach, noch ganz nüchtern. Er weinte aus Mitleid über sich selbst, über seine arme, befleckte Seele, die er freigeben mußte.

Er ging nicht weit und wich auch nicht vom Wege ab. Dicht am Wegrande lag eine hohe Schneewehe, da warf er sich nieder, um zu sterben. Er schloß die Augen und versuchte zu schlafen.

Niemand weiß, wie lange er da gelegen hat; aber es war noch Leben in ihm, als die Tochter des Brobyer Pfarrers mit einer Laterne in der Hand dahergestürzt kam und ihn am Wegrande im Schnee liegen sah. Stundenlang hatte sie vergeblich auf ihn gewartet, nun war sie den Brobyer Berg heruntergelaufen, um ihn zu suchen.

Sie erkannte ihn sofort und gab sich alle Mühe, ihn durch Schütteln und Rufen zu erwecken.

Sie mußte ihn wieder ins Leben zurückrufen, wenigstens auf so lange, daß er ihr sagen könnte, was aus ihrem Schlitten und ihrem Sack Mehl geworden sei. Ihr lieber Vater würde sie ja totschlagen, wenn sie seinen Schlitten verschleudert hätte. Sie biß dem Bettler in den Finger, zerkratzte ihm das Gesicht und schrie dabei wie eine Verzweifelte.

Da kam ein Wagen auf der Landstraße daher.

»Wer zum Teufel schreit denn hier so?« fragte eine barsche Stimme.

»Ich will wissen, was der Kerl mit meinem Sack Mehl und mit meinem Schlitten gemacht hat«, schluchzte das Kind und schlug den Bettler mit der Faust auf die Brust.

»Wie kannst du einen Erfrorenen kratzen? Weg mit dir, du Wildkatze!«

Im Schlitten saß eine hochgewachsene, grobknochige Frau, die jetzt ausstieg und zu dem Schneehaufen trat. Sie ergriff das Kind beim Nacken und schleuderte es zurück. Dann bückte sie sich, schob die Arme unter den Leib des Bettlers und hob ihn auf. Sie trug ihn an den Schlitten und legte ihn hinein.

»Komm mit in die Schenke, Wildkatze!« rief sie der Pfarrerstochter zu. »Wir wollen hören, was du von dieser Sache weißt.«

Eine Stunde später saß der Bettler auf einem Stuhl neben der Tür in dem besten Zimmer des Wirtshauses, und vor ihm stand die gebieterische Frau, die ihn aus dem Schnee errettet hatte.

So, wie Gösta Berling sie hier auf dem Heimwege vom Kohlenfahren in den Wäldern vor sich sah, mit rußigen Händen, eine Tonpfeife im Munde, in einem kurzen, ungefütterten Schafpelz und einem gestreiften, selbstgewebten wollenen Kleide, mit nägelbeschlagenen Schuhen und dem Dolchmesser im Gürtel, das schöne alte Gesicht von grauem Haar umrahmt, so hatte er sie wohl tausendmal beschreiben hören, und er wußte, daß er mit der weitberühmten Majorin auf Ekeby zusammengetroffen war.

Sie war die mächtigste Frau in Värmland, Herrin von sieben Gütern und Eisenwerken, gewohnt zu befehlen, gewohnt, daß ihr gehorcht wurde; er aber war nur ein armer, zum Tode verurteilter Mann, aller Mittel entblößt, der wußte, daß ihm jeder Weg zu schwer und jede Stube zu eng war. Er bebte vor Angst am ganzen Leibe.

Schweigend betrachtete sie das Stück menschlichen Elends da vor sich, die roten, aufgelaufenen Hände, die abgezehrte Gestalt und den herrlichen Kopf, der trotz des Verfalls und der Vernachlässigung in wilder Schönheit strahlte.

»Ist Er nicht Gösta Berling, der verrückte Pfarrer?« fragte sie.

Der Bettler rührte sich nicht.

»Ich bin die Majorin von Ekeby.«

Ein Zittern lief durch den Körper des Bettlers. Er faltete die Hände und heftete einen flehenden Blick auf sie. Was wollte sie von ihm? Wollte sie ihn zwingen, zu leben? Er fürchtete sich vor ihrer Kraft. Und er war doch so nahe daran gewesen, den Frieden der ewigen Wälder zu erreichen.

Sie eröffnete den Kampf, indem sie ihm sagte, daß das Pfarrerstöchterlein seinen Schlitten und seinen Sack Mehl wiederbekommen habe, und daß sie, die Majorin, in dem Kavalierflügel auf Ekeby eine Freistatt für ihn habe, wie für so manchen anderen armen Heimatlosen auch. Sie bot ihm ein Leben voll Lust und Freude, er aber antwortete ihr, daß er sterben müsse.

Da schlug sie mit der Hand auf den Tisch und tat ihm ihres Herzens Meinung kund.

»Also sterben will Er? So, das will Er! Ich würde mich auch gar nicht darüber verwundern, wenn Er nur überhaupt noch am Leben wäre. Aber seh Er nur Seinen abgezehrten Leib, Seine kraftlosen Glieder, Seine matten Augen an, meint Er wirklich, daß da noch etwas zum Umbringen sei? Meint Er denn wirklich, man müsse steif und kalt unter einem Sargdeckel liegen, um tot zu sein? Glaubt Er nicht, daß ich recht gut sehen kann, wie tot Er ist, Gösta Berling?

Ich sehe, daß Sein Kopf ein Totenschädel ist, und ich sehe, wie die Würmer aus Seinen Augenhöhlen herauskriechen. Fühlt Er nicht, wie Er den Mund voll Erde hat? Hört Er nicht Seine Gebeine bei jeder Bewegung klappern?

Er hat sich in Branntwein ertränkt, Gösta Berling, und tot ist Er.

Was sich jetzt noch in Ihm rührt, sind nur die Todeszuckungen, und denen nicht einmal will Er das Leben gönnen, wenn man das überhaupt Leben nennen kann. Es ist gerade, als wolle Er den Toten einen Tanz im Sternenschein über die Grabhügel mißgönnen.

Schämt Er sich, weil Er abgesetzt ist, und will Er deshalb sterben? Es wäre doch ehrenvoller, wenn Er Seine Gaben zum Guten anwenden und etwas Nützliches auf Gottes fruchtbarer Erde schaffen würde, – das kann Er mir glauben. Warum kam Er nicht gleich zu mir, dann hätte ich alles für Ihn wieder in Ordnung gebracht. Ja, nun meint Er wohl, wunders welche Ehre Er davon habe, wenn Er in ein Leichentuch gehüllt, auf Hobelspäne gebettet und eine schöne Leiche genannt wird?«

Ruhig, beinahe lächelnd hörte der Bettler zu, wie sie ihm ihre zornigen Worte entgegendonnerte. Es hat keine Not, jubelte es in seinem Herzen, keine Not! Die ewigen Wälder warten, und sie hat keine Macht, deine Seele davon abzuwenden.

Aber die Majorin schwieg und ging ein paarmal im Zimmer auf und ab; dann setzte sie sich vor den Kamin, stellte die Füße auf die steinerne Einfassung und stützte die Ellbogen auf die Knie.

»Bei allen Teufeln!« rief sie und kicherte dabei in sich hinein. »Es liegt mehr Wahrheit in meinen Worten, als ich selbst wußte. Glaubt Er nicht, Gösta Berling, daß die meisten Leute auf dieser Welt tot oder wenigstens halbtot sind? Glaubt Er etwa, daß ich lebe? Ach nein! Ach nein!

Ja, seh Er mich nur recht an! Ich bin die Majorin von Ekeby und wohl die reichste und mächtigste Frau in ganz Värmland. Wenn ich nur mit einem Finger winke, so springt der Landrat herbei, und wenn ich mit zweien winke, dann eilt der Bischof, und wenn ich mit dreien winke, dann tanzen das ganze Domkapitel, die Ratsherrn und alle Grundbesitzer in Värmland auf dem Markte in Karlstadt Polka. Bei allen Teufeln, junger Mensch, ich sage Euch, daß ich doch nichts anderes bin als eine lebendige Leiche. Gott weiß, wie wenig Leben in mir ist!«

Der Bettler beugte sich auf dem Stuhle vor und lauschte mit gespannter Aufmerksamkeit. Die alte Majorin saß vor dem Feuer und wiegte den Oberkörper hin und her. Sie sah ihn nicht an, während sie mit ihm sprach.

»Glaubt Er denn nicht«, fuhr sie fort, »daß ich, wenn ich noch ein lebendiger Mensch wäre und Ihn dasitzen sähe, so elend und traurig, mit Selbstmordgedanken im Herzen, glaubt Er denn nicht, daß ich Ihn im Umsehen davon abbringen könnte? Dann hätte ich Tränen für Ihn gehabt und Gebete, die Ihm durch Mark und Bein gegangen wären, und ich hätte Seine Seele gerettet; aber ich bin tot.

Hat Er gehört, daß ich einstmals die schöne Margareta Celsing war? Es ist schon lange her, aber noch heute kann ich mir meine alten Augen über sie rot weinen. Warum muß Margareta Celsing tot sein und Margareta Samzelius leben; warum muß die Majorin von Ekeby leben, sag, Gösta Berling, warum?

Weiß Er, wie Margareta Celsing war? Sie war schlank und zart, schüchtern und unschuldig, Gösta Berling. Sie gehörte zu denen, auf deren Gräbern die Engel weinen. Sie wußte von nichts Bösem, niemand hatte ihr Kummer bereitet, sie selbst war gut gegen alle. Und schön war sie, wunderschön.

Es gab auch einen stattlichen Mann, der hieß Altringer. Gott mag wissen, wie es zuging, daß er in die Einöden des Älftales kam, wo das Gut ihrer Eltern lag. Margareta Celsing sah ihn; er war ein schöner, ein herrlicher Mann, und er liebte sie. Aber er war arm, und die beiden kamen überein, fünf Jahre aufeinander zu warten, wie es im Liede heißt.

Als drei Jahre vergangen waren, meldete sich ein anderer Freier. Er war häßlich und widerwärtig, aber ihre Eltern meinten, er sei reich, und sie zwangen Margareta Celsing mit Lockungen und Versprechungen, mit Schlägen und bösen Worten, ihn zum Manne zu nehmen. Siehst du, an jenem Tage starb Margareta Celsing.

Von da an gab es keine Margareta Celsing mehr, nur noch die Majorin Samzelius, und sie war weder gut noch weichherzig, sie glaubte an das Böse und hatte kein Auge für das Gute.

Du wirst wissen, was dann später geschah. Wir wohnten auf Sjö hier am Löfven, der Major und ich. Aber er war nicht reich, wie die Leute gesagt hatten. Ich hatte oft schwere Tage. Da kehrte Altringer zurück als ein reicher Mann. Er kaufte das Gut Ekeby, das dicht neben Sjö liegt, und er kaufte auch noch sechs andere Güter am Löfven. Er war tüchtig und unternehmend; er war ein herrlicher Mann.

Er stand uns bei in unserer Armut. Wir fuhren in seinem Wagen, er schickte Essen in unsere Küche, Wein in unsere Keller. Er brachte Feste und Freuden in mein Leben. Der Major zog in den Krieg; was kümmerten wir uns darum! Den einen Tag war ich bei ihm auf Ekeby, am nächsten kam er nach Sjö. Ach, es war wie ein ununterbrochener Freudentanz am Ufer des Löfven dahin! Aber dann fing man an, über mich und Altringer zu tuscheln. Hätte Margareta Celsing noch gelebt, so wäre es ihr ein großer Kummer gewesen, ich aber machte mir nichts daraus. Ich verstand damals freilich noch nicht, daß ich schon tot war und nur deshalb so gefühllos sein konnte.

Dann drang das Gerücht auch zu meinem Vater und zu meiner Mutter, die droben zwischen ihren Kohlenmeilern im Älftalswalde lebten. Meine Mutter besann sich auch nicht lange; sie reiste hierher, um mit mir zu reden.

Eines Tages, als der Major fort war und ich mit Altringer und mehreren andern zu Tisch saß, kam sie in Sjö an. Ich sah sie in den Saal treten, aber ich hatte nicht das Gefühl, daß es meine Mutter sei, Gösta Berling. Ich begrüßte sie wie eine Fremde, bat sie, sich zu setzen und an unserer Mahlzeit teilzunehmen.

Sie wollte mit mir reden, wie eine Mutter mit ihrer Tochter, aber ich sagte ihr, daß sie sich in einem Irrtum befinde, meine Eltern seien tot, sie seien beide an meinem Hochzeitstage gestorben.

Sie ging auf meinen Ton ein. Siebzig Jahre alt war sie, zwanzig Meilen hatte sie in drei Tagen zu Wagen zurückgelegt. Jetzt setzte sie sich ohne Umstände mit uns zu Tisch und langte zu; sie war eine überaus kräftige Frau.

Sie sagte, es sei doch recht traurig, daß ich gerade an jenem Tage einen solchen Verlust erlitten hätte.

›Das traurigste ist doch, daß meine Eltern nicht einen Tag vorher gestorben sind, denn dann hätte die Hochzeit gar nicht stattgefunden‹, lautete meine Antwort.

›Ist die gnädige Frau nicht glücklich in Ihrer Ehe?‹ fragte sie dann.

›Doch‹, sagte ich, ›jetzt bin ich glücklich. Ich werde mich jederzeit freuen, daß ich dem Willen meiner lieben Eltern gehorcht habe.‹

Sie fragte mich, ob es vielleicht auch der Wille meiner Eltern gewesen sei, Schmach und Schande über sie und mich zu bringen und meinen Mann zu betrügen? Dadurch, daß ich mir selber einen bösen Leumund mache, erweise ich meinen Eltern sehr wenig Achtung.

›Wie man sich bettet, so liegt man‹, erwiderte ich ihr. Übrigens werde die fremde Dame wohl verstehen, daß in meiner Gegenwart niemand die Tochter meiner Eltern beleidigen dürfe.

Wir aßen allein, wir beide. Die Männer um uns her saßen schweigend und vermochten weder Gabel noch Messer zu rühren.

Die alte Frau blieb einen Tag und eine Nacht bei mir, um auszuruhen, dann reiste sie wieder ab.

Aber solange ich sie sah, konnte ich nicht begreifen, daß dies meine Mutter sein sollte. Ich wußte nur, daß meine Mutter für mich tot war.

Bei der Abreise, Gösta Berling, stand ich neben ihr auf den Stufen, und der Wagen war schon vorgefahren; da sagte sie noch zu mir:

›Einen Tag und eine Nacht bin ich hier gewesen, ohne daß du mich als Mutter anerkannt hast. Auf ungebahnten Wegen bin ich hierhergefahren, zwanzig Meilen in drei Tagen. Aus Scham über dich bebe ich am ganzen Leibe, als sei ich mit Ruten gepeitscht worden. Mögest du verleugnet werden, wie du mich verleugnet hast, verstoßen werden, wie ich von dir verstoßen worden bin. Die Landstraße dein Heim, der Strohhaufen dein Bett, der Kohlenmeiler dein Herd! Schande und Spott sei dein Lohn, mögen andere dich einst schlagen, so wie ich dich jetzt schlage.‹

Und sie gab mir einen harten Schlag auf die Wange.

Ich aber hob sie auf, trug sie die Stufen hinunter und setzte sie in den Wagen.

›Wer bist du, daß du mich zu verfluchen wagst?‹ fragte ich. ›Wer bist du, daß du mich schlägst? Das lasse ich mir von niemand gefallen.‹

Und ich gab ihr die Ohrfeige zurück.

Der Wagen fuhr sogleich ab; aber da, Gösta Berling, in diesem Augenblick, da wußte ich, daß Margareta Celsing tot war.

Die war gut und unschuldig; sie wußte von nichts Bösem. Die Engel hatten auf ihrem Grabe geweint. Wäre sie noch am Leben gewesen, sie hätte ihre Mutter nicht geschlagen.«

Der Bettler an der Tür hatte aufmerksam zugehört, und die Worte hatten für einen Augenblick das lockende Rauschen der ewigen Wälder übertönt: Sieh, sieh, diese hochstehende Frau zeigte sich als seinesgleichen in der Sünde, sie stellte sich auf dieselbe Stufe, als seine Schwester in der Verdammung, nur um ihm Mut zum Leben zu machen. Er sollte erkennen lernen, daß Sorge und Schuld auch auf andern lastete. Er stand auf und trat zu der Majorin.

»Will Er jetzt leben, Gösta Berling?« fragte sie mit tränenerstickter Stimme. »Weshalb will Er sterben? Es hätte wohl ein guter Pfarrer aus Ihm werden können, und doch hat der Gösta Berling, den Er im Branntwein ertränkt hat, niemals in solch einem reinen Weiß der Unschuld gestrahlt, wie die Margareta Celsing, die ich im Haß erwürgt habe. Will Er leben?«

Gösta fiel vor der Majorin auf die Knie.

»Verzeiht mir«, sagte er, »aber ich kann nicht.«

»Ich bin eine alte, durch viel Kummer verhärtete Frau«, erwiderte die Majorin, »und ich sitze hier und gebe mich selbst einem Bettler preis, den ich halb erfroren im Schnee am Wege gefunden habe. Aber es geschieht mir recht. Geh Er nur hin und werde Er ein Selbstmörder, so kann Er wenigstens keinem von meiner Torheit erzählen.«

»Frau Majorin, ich bin kein Selbstmörder, ich bin ein zum Tode Verurteilter. Macht mir den Kampf nicht zu schwer. Ich darf nicht leben. Mein Körper hat die Herrschaft über meine Seele gewonnen, deshalb muß ich sie freigeben, sie zu Gott zurückgehen lassen.«

»Er glaubt also, daß Er in den Himmel käme?«

»Lebt wohl, Frau Majorin, und habt Dank für diese Stunde.«

»Lebt wohl, Gösta Berling.«

Der Bettler erhob sich und schleppte sich mit gesenktem Kopfe nach der Tür. Diese Frau machte ihm den Weg nach den großen, ewigen Wäldern schwer.

Als er die Tür erreicht hatte, konnte er nicht anders, er mußte sich umwenden. Da begegnete er dem Blick der Majorin, die regungslos dasaß und ihm nachschaute. Noch nie hatte Gösta Berling eine solche Veränderung in einem Gesichte wahrgenommen. Er blieb stehen und starrte sie erstaunt an. Sie, die eben erst noch so zornig und drohend mit ihm gesprochen hatte, saß still und verklärt da, und ihre Augen leuchteten von erbarmender, mitleidiger Liebe. Unter diesem Blick schmolz etwas in ihm, in seinem eigenen verirrten Herzen; er lehnte die Stirn an den Türpfosten, hob die Arme über den Kopf und weinte, als wollte ihm das Herz brechen. Die Majorin warf die Tonpfeife ins Feuer und trat zu ihm. Ihre Bewegungen waren auf einmal so weich wie die einer Mutter.

»Nun, nun, mein Junge.«

Und sie zog ihn neben sich auf die Bank an der Tür nieder, so daß sein Kopf in ihrem Schoß ruhte, während er noch leise weinte.

»Will Er noch immer sterben?«

Er wollte aufspringen; sie mußte ihn mit Gewalt halten.

»Hör Er mich, Gösta Berling, nun kann Er tun, was Er will. Aber das verspreche ich Ihm, wenn Er es mit dem Leben wieder aufnehmen will, dann werde ich die Tochter des Brobyer Pfarrers zu mir nehmen und einen tüchtigen Menschen aus ihr machen, und dann kann sie ja noch Gott danken, daß Er ihr das Mehl stahl. Nun, will Er?«

Er hob den Kopf und sah ihr fest in die Augen.

»Ist es Ernst?«

»Ja, Gösta Berling.«

Er rang die Hände in unaussprechlicher Angst. Vor sich sah er die spähenden Augen, die zusammengekniffenen Lippen und die kleinen, abgemagerten Hände der Pfarrerstochter. Das arme kleine Geschöpf würde Schutz und Pflege bekommen, das Brandmal der Erniedrigung sollte von ihrem Leibe verschwinden wie das Böse aus ihrer Seele. Jetzt war ihm der Weg zu den ewigen Wäldern versperrt.

»Ich werde mir nicht das Leben nehmen, solange sie unter Eurem Schutz steht«, sagte er. »Ich wußte ja, daß Ihr mich zum Leben zwingen würdet, Frau Majorin. Ich fühlte sogleich, daß Ihr stärker seid als ich.«

»Gösta Berling«, sagte sie feierlich. »Ich habe um Ihn gekämpft, wie um mich selbst. Ich sagte zu Gott: Wenn noch irgend etwas von Margareta Celsing in mir lebt, dann gib, daß sie hervortritt und diesen Mann verhindert, sich das Leben zu nehmen. Und er erhörte mein Flehen, du sahst sie und konntest nicht gehen. Und sie flüsterte mir zu, daß du vielleicht um des armen Kindes willen deinen Vorsatz aufgeben würdest. Ach, ihr flieget wohl hoch, ihr wilden Vögel, Gott aber weiß euch in seinem Netz zu fangen!«

»Er ist ein großer, wunderbarer Gott«, sagte Gösta Berling. »Er hat meiner gespottet und mich verworfen, aber er will mich nicht sterben lassen. Sein Wille geschehe!«

Von diesem Tage an wurde Gösta Berling einer der Kavaliere auf Ekeby. Zweimal versuchte er es, sich dort loszumachen und sich sein Brot mit seiner Hände Arbeit zu verdienen. Einmal schenkte ihm die Majorin ein Grundstück in der Nähe von Ekeby; er zog dorthin und wollte als Bauer leben. Es gelang ihm eine Zeitlang, aber er war der Einsamkeit und der schweren Arbeit bald müde und kehrte wieder in das Kavalierhaus zurück. Das andere Mal wurde er Hauslehrer beim Grafen Heinrich Dohna auf Borg. Dort verliebte er sich in die junge Ebba Dohna, des Grafen Schwester; aber da sie starb, gerade als er meinte, sie gewinnen zu können, gab er jeden Gedanken daran auf, daß er noch etwas anderes werden könne als ein Kavalier auf Ekeby. Es schien ihm, als seien einem abgesetzten Pfarrer alle Wege zur Umkehr und zur Wiederherstellung seiner Ehre verschlossen.

Erster Teil

Die Landschaft

Ich muß jetzt den langgestreckten See, die reiche Ebene und die blauen Berge beschreiben, weil sie den Schauplatz bilden, wo Gösta Berling und die Kavaliere von Ekeby ihr lustiges Leben führten.

Die Quellen des Sees liegen ganz oben im Norden, und dort ist ein herrliches Land für einen See. Der Wald und die Berge sammeln unaufhörlich Wasser für ihn. Ströme und Bäche ergießen sich das ganze Jahr hindurch in sein Becken. Er kann sich auf feinem, weißem Sand ausstrekken, Landzungen und kleine Inseln widerspiegeln und beschauen, der Neck und die Nixe können sich da fröhlich tummeln, und er wird in kurzer Zeit schön und groß. Dort oben im Norden ist er froh und heiter; man sehe ihn nur an einem Sommermorgen noch schlaftrunken unter seinen Nebelschleiern liegen, da sieht man gleich, wie er fröhlich ist. Erst spielt er eine Weile Verstecken, dann schlüpft er leise heraus aus der leichten Umhüllung und zeigt sich so zauberhaft schön, daß man ihn kaum wiedererkennt; aber dann wirft er wie mit einem Ruck die ganze Decke zurück und liegt nun frei und offen glänzend, vom rosigen Morgenlicht umflossen.

Aber mit diesem neckischen Spiel ist der See noch nicht zufrieden; er schnürt sich zu einem schmalen Sunde zusammen, zwängt sich durch einige im Süden liegende Sandhügel hindurch und sucht sich ein neues Reich. Er findet es auch, wird größer und kräftiger, füllt bodenlose Tiefen aus und verschönt eine fruchtbare Landschaft. Aber nun werden auch seine Wasser dunkler, die Ufer einförmiger, schärfere Winde sausen daher, der ganze Charakter wird strenger. Nun ist er ein stattlicher, prächtiger See. Viele Schiffe und Flöße durchschneiden seine Fluten, spät erst, ja, selten vor Weihnachten, hat er Zeit, unter Eis und Schnee seine Winterruhe zu halten. Oft ist er auch schlechter Laune, schäumt vor Wut und stürzt Segelboote um, manchmal liegt er aber auch in träumerischer Ruhe und spiegelt den Himmel wider.

Doch er will noch weiter hinaus in die Welt, der See, obgleich die Berge immer steiler, der Raum immer enger wird, je weiter er nach dem Süden kommt, so daß er noch einmal als ein schmaler Sund zwischen hohen Ufern hindurchschlüpfen muß. Dann breitet er sich zum drittenmal aus, aber nicht mehr mit derselben Schönheit und dem früheren Umfang.

Die Ufer werden flacher und einförmig, mildere Winde wehen, der See legt sich zeitig unter der Eisdecke zur Ruhe. Noch immer ist er schön, aber er hat den Jugendübermut und die Manneskraft eingebüßt, er ist ein See wie andere auch. Mit ausgestreckten Armen sucht er tastend den Weg zum Wenern, und wenn er ihn gefunden hat, stürzt er in Altersschwäche einen steilen Abhang hinunter und geht mit einem donnernden Getöse zu seiner Ruhe ein.

Ebenso lang wie der See ist die Ebene; aber ihr dürft es mir glauben, es wird ihr schwer, sich zwischen den Seen und Bergen hindurchzuzwängen; von dem Talkessel am nördlichen Ende des Sees an, wo sie es zuerst wagt, sich auszubreiten, dann immer weiter, bis sie sich endlich, nachdem alle Hindernisse überwunden sind, am Ufer des Wenern zur wohlverdienten Rast niederlegen kann. Es steht natürlich außer aller Frage, daß die Ebene am liebsten den Ufern des Sees entlang ziehen würde, aber das lassen die Berge nicht zu. Die Berge sind gewaltige, auf den Gipfeln bewaldete und vielfach zerklüftete Felsenmauern, die schwer zugänglich, aber so reich an Moosen und Flechten sind, daß sie in jenen alten Zeiten der Aufenthaltsort für unendlich viel Wild waren. Oft trifft man mitten auf den langgestreckten Bergrücken ausgetrocknete Moore, oder Sümpfe mit schwarzem Wasser. Da und dort sieht man auch Spuren von Kohlenmeilern, oder ein Stück urbar gemachtes Land, und alles dies legt Zeugnis davon ab, daß die Berge sich der Arbeit der Menschenhand unterworfen haben; doch meistens liegen sie in sorgloser Ruhe da und lassen Schatten und Licht ungestört ihr ewiges Spiel auf ihren Abhängen treiben.

Und mit diesen Bergen führt die fromme, reiche, arbeitsliebende Ebene einen beständigen Krieg in aller Freundschaft.

»Es genügt ja vollständig«, sagt die Ebene zu den Bergen, »wenn ihr eure Mauern um mich aufstellt, das ist mir Schutz genug.«

Aber die Berge wollen nichts davon hören. Sie schicken lange Hügelreihen und kahle Hochebenen, die sich bis zum See erstrecken. Sie errichten prächtige Aussichtstürme auf jeder Landzunge und entfernen sich höchst selten sehr weit vom Seeufer, so daß sich die Ebene nur an ganz wenigen Stellen in dem weichen Sand ausstrecken kann. Aber es nützt ihr gar nichts, wenn sie sich auch darüber beklagt.

»Sei du froh, daß wir hier stehen«, sagen die Berge.

»Denk an die Zeit vor Weihnachten, wo Tag um Tag todbringende Nebel über den Löfven hinziehen. Wir leisten dir nur einen guten Dienst.«

Die Ebene beklagt sich über Mangel an Platz und schlechte Aussicht.

»Du bist recht dumm«, erwidern die Berge, »du solltest nur einmal fühlen, wie es drunten am See bläst. Um solches Wetter aushalten zu können, muß man zum wenigsten einen Felsrücken und einen Tannenpelz haben. Und im übrigen hast du Aussicht genug, wenn du uns ansiehst.«

Und hinaufschauen zu den Bergen, ja, das tut die Ebene. Sie kennt sehr genau den wunderbaren Wechsel von Licht und Schatten, der über sie hinzieht; die Ebene weiß wohl, wie die Berge in der Mittagsbeleuchtung heruntersinken gegen den Horizont und nieder und lichtblau aussehen, und wie sie sich im Morgen- und Abendlicht erheben zu ehrfurchtgebietender Höhe und blau sind wie der Himmel im Zenit. Bisweilen kann das Licht so scharf über sie hinfallen, daß sie grün oder schwarzblau erscheinen, und daß jede einzelne Föhre, jeder Weg und jede Kluft auf meilenweite Entfernung deutlich zu unterscheiden ist.

Es kommt allerdings auch vor, daß die Berge einmal zurücktreten und der Ebene einen Blick auf den See gestatten. Wenn diese aber dann den See in seinem Zorne sieht, wenn er wie eine wilde Katze faucht und sprüht, oder wenn sie ihn von dem kalten Rauch bedeckt sieht, der davon kommt, daß die Nixe drunten braut und bäckt, dann gibt sie schnell den Bergen recht und zieht sich wieder in ihr enges Gefängnis zurück.

Von Urzeiten her haben die Menschen die prächtige Ebene bebaut, und sie ist dicht bevölkert. Wo immer ein Bach sich mit weißschäumenden Wogen den Abhang hinunterstürzt, sind Sägewerke und Mühlen errichtet worden. Auf den lachenden, offenen Plätzen, wo die Ebene den See erreicht, wurden Kirchen und Pfarrhäuser erbaut, am Rande des Tales jedoch, den Abhang hinauf, auf dem steinigen Boden, wo das Korn nicht so recht gedeiht, da liegen die Bauernhöfe, die Offizierswohnungen und einige Herrensitze.

Doch muß man bedenken, daß diese Gegend in jenen zwanziger Jahren bei weitem nicht so urbar gemacht war wie heutzutage. Wo jetzt fruchtbarer Boden ist, waren damals Wälder, Seen und Moore. Die Bevölkerung war auch nicht so zahlreich, und die Leute verdienten sich ihren Unterhalt durch Fuhren und Taglöhnerarbeit, teils auf den Eisenhämmern und Sägewerken, teils durch Arbeit an fremden Orten; vom Ackerbau konnten sie nicht leben. Dazumal kleideten sich die Bewohner der Ebene in selbstgewebte Stoffe, aßen Haferbrot und waren mit einem Taglohn von zwölf Hellern zufrieden. Allerdings war bei vielen die Not groß, aber ein genügsames, fröhliches Gemüt und eine angeborene Geschicklichkeit und Tüchtigkeit machte ihnen das schwere Los erträglicher.

Die drei aber, der lange See, die reiche Ebene und die blauen Berge bildeten eine der schönsten Landschaften und tun das auch heute noch; desgleichen sind die Bewohner dort auch noch immer kräftig, mutig und begabt. Und heutzutage haben sie auch in Wohlstand und Bildung große Fortschritte gemacht.

Möge es ihnen, die dort oben an dem langen See zwischen den blauen Bergen leben, in allem wohl gehen! Einige ihrer Erinnerungen sind es, die ich in diesen Blättern erzählen will.

Die Christnacht

Sintram heißt der böse Gutsherr auf Fors, der Mann mit dem plumpen, affenartigen Leib, mit dem kahlen Schädel und dem häßlichen, grinsenden Gesicht, der Mann, dessen größte Lust es ist, Böses anzustiften.

Sintram heißt er, und nimmt nur Landstreicher und Raufbolde als Knechte und nur keifende, verlogene Mägde in seinen Dienst; er, der die Hunde dadurch in Wut versetzt, daß er sie mit Nadeln in die Schnauze sticht, er fühlt sich unter boshaften Menschen und bissigen Tieren am wohlsten.

Sintram heißt er, dessen höchste Freude es ist, sich als Teufel zu verkleiden, mit Hörnern, Schwanz und Pferdefuß und zottigem Leibe, und der durch plötzliches Hervorspringen aus dunklen Ecken, aus dem Backofen oder Holzschuppen furchtsame Kinder und abergläubische Weiber erschreckt.

Sintram heißt er, den es freut, wenn er alte Freundschaft in jungen Haß verwandeln und ein treues Herz mit Lügen vergiften kann.

Sintram heißt er – und eines Tages kam er nach Ekeby.

Zieht den großen Holzschlitten in die Schmiede herein, stellt ihn in die Mitte des Raumes, legt einen umgestülpten Karren darüber, dann haben wir einen Tisch. Hurra, der Tisch ist fertig!

Herbei nun mit Stühlen und mit allem, worauf sich sitzen läßt! Herbei mit dreibeinigen Schuhmacherhockern und leeren Kisten! Herbei mit zerfetzten alten Polsterstühlen ohne Rücklehne, und herbei mit dem Wurstschlitten ohne Kufen und der alten Karosse! Ha, ha, ha, herbei mit der alten Karosse, sie soll als Rednerbühne dienen!

Seht nur, das eine Rad ist ab, und der ganze Wagenkorb fehlt! Nur der Bock ist noch da; das Polster ist zerfetzt, das Moos hängt heraus, das Leder ist rot vor Alter. Hoch wie ein Haus ist der alte Rumpelkasten. Stützt ihn, sonst fällt er um! Hurra, Hurra! Auf Ekeby feiert man Weihnachten!

Hinter den seidenen Gardinen des breiten Himmelbetts schlafen der Major und die Majorin; sie schlafen und glauben, daß auch im Kavalierflügel alles schlafe. Die Knechte und Mägde mögen schlafen – sie haben allzuviel Weihnachtsgrütze gegessen und zuviel starkes Weihnachtsbier getrunken – nicht aber die Herren im Kavalierflügel. Wie kann überhaupt jemand glauben, daß im Kavalierflügel geschlafen werde!

Keine barfüßigen Schmiede wenden die glühenden Eisen um, die rußigen Buben ziehen keine Kohlenkarren herbei, der große Hammer hängt wie ein Arm mit geballter Faust von der Decke herab, der Amboß steht leer, die Öfen öffnen nicht ihren roten Schlund, um Kohlen zu verschlingen, die Bälge knirschen nicht – es ist Weihnachten, die Schmiede schläft. Schlafen, schlafen! O du Menschenkind, schlafen, wenn doch die Kavaliere wachen! Die langen Zangen stehen aufrecht auf dem Fußboden, Talglichter zwischen den Zähnen. Aus dem Zehnkannenkessel von blankem Kupfer steigen die blauen Flammen des dampfenden Punsches bis zu dem Dunkel des Daches empor. Beerencreutz hat seine Hornlaterne an der Stange des großen Hammers aufgehängt. Der gelbe Punsch schimmert in der Bowle wie die helle Sonne. Ein Tisch ist da, Bänke sind da. Die Kavaliere feiern Weihnachten in der Schmiede!

Hier herrscht Leben und Lustigkeit, Musik und Gesang. Doch das mitternächtige Getöse weckt niemand. Das gewaltige Rauschen des Gießbachs vor der Schmiede übertönt allen Lärm in der Schmiede.

Hier herrscht Leben und Lustigkeit! Aber wenn die Frau Majorin die Kavaliere jetzt sähe!

Nun, was dann! Gewiß würde sie sich zu ihnen setzen und mit ihnen trinken! Sie ist ein tüchtiges Weib, das nicht vor einem donnernden Trinklied oder einem Kartenspiel davonläuft. Sie ist die reichste Frau in Värmland, derb wie ein Mann und stolz wie eine Königin. Sie liebt Gesang und Geigenspiel und schallende Waldhörner. Auch Wein und Spiel liebt sie, und eine fröhliche Tafelrunde ist ihre Freude. Sie sieht es gern, wenn die Vorräte der Speisekammern verwendet werden, wenn Tanz und Fröhlichkeit in den Zimmern und Sälen herrscht, und wenn der Kavalierflügel voller Kavaliere ist.

Seht, dort sitzen sie im Kreise um die Bowle, ein Kavalier neben dem andern! Es sind ihrer zwölf, zwölf Männer. Keine Eintagsfliegen, keine Modehelden, sondern Männer, deren Ruf erst spät in Värmland verhallen wird, mutige Männer, starke Männer!

Sie sind keine ausgetrockneten Pergamente, keine zugeschnürten Geldbeutel; arm sind sie und sorglos, Kavaliere den lieben langen Tag hindurch.

Keine Muttersöhnchen, keine schläfrigen Herren auf dem eigenen Besitz. Heimatlose Männer, fröhliche Gesellen! Ritter, zu jedem Abenteuer bereit!

Seit vielen Jahren schon steht nun der Kavalierflügel auf Ekeby leer. Ekeby ist nicht mehr der auserkorene Zufluchtsort für heimatlose Kavaliere. Pensionierte Offiziere und arme Edelleute ziehen nicht mehr in lotterigen Einspännern in Värmland umher. Aber laßt die Toten leben, laßt sie auferstehen, die Fröhlichen, die Sorglosen, die ewig Jungen!

Alle diese berühmten Männer können ein Instrument, wenn nicht verschiedene, spielen. Sie sind alle so voller Eigenheiten, voller Sprichwörter, Einfälle und Lieder, wie ein Ameisenhaufen voller Ameisen ist, aber ein jeder hat doch seine besondere charakteristische Eigenschaft, seine hochgeschätzte Kavaliertugend, die ihn von den andern unterscheidet.

Von allen, die da um die Bowle herumsitzen, nenne ich zuerst Beerencreutz, den Obersten mit dem großen weißen Schnurrbart, den Killespieler, den Bellmansänger; dann neben ihm seinen Freund und Kriegskameraden, den wortkargen Major, den großen Bärenjäger Anders Fuchs, und als Dritten im Bunde den kleinen Ruster, den Tambour, der lange nur der Diener des Obersten gewesen war, sich aber durch seine Tüchtigkeit im Punschbrauen und im Generalbaß den Rang eines Kavaliers erworben hatte. Dann muß der alte Fähnrich Rudger von Örneclou genannt werden, der Herzensbrecher mit hoher Halsbinde, Jabot, Perücke, und geschminkt wie eine Frau. Er war einer der hervorragendsten Kavaliere, wie auch Christian Bergh, der starke Hauptmann, ein mächtiger Held, der sich nur ebenso leicht an der Nase herumführen ließ wie der Riese im Märchen. Mit diesen beiden zusammen sah man sehr häufig den kleinen kugelrunden Patron Julius, einen witzigen, lustigen und begabten Herrn, einen Redner, Maler, Sänger und Anekdotenerzähler, der den gichtbrüchigen Fähnrich und den dummen Hauptmann sehr oft zum besten hatte.

Da saß auch der deutsche Recke Kevenhüller, der Erfinder des selbsttätigen Wagens und der Flugmaschine, er, dessen Name noch heute in den rauschenden Wäldern widerhallt. Ein Ritter war er von Geburt und an Gestalt, mit spitzigem Knebelbart, einer Adlernase und kleinen, schiefen Augen in einem Netz sich kreuzender Runzeln. Da saß der große Kriegsheld, Vetter Christoffer, der das Kavalierhaus nur verließ, wenn eine Bärenjagd oder sonst ein verwegenes Abenteuer in Aussicht war, und neben ihm Onkel Eberhard, der Philosoph, der nicht um Lust und Spiel nach Ekeby gezogen war, sondern um da frei von Nahrungssorgen sein großes Werk über die Wissenschaft der Wissenschaften zu vollenden. Zuallerletzt nenne ich nun noch die Besten der Schar, den sanften Lövenborg, den frommen Mann, der zu gut war für diese Welt und von ihrem Treiben gar wenig verstand, und Liljecrona, den großen Musiker, der ein gutes Heim hatte und sich stets dorthin zurücksehnte, aber doch nicht von Ekeby weg konnte, weil sein Geist Reichtum und Abwechslung brauchte, um das Leben ertragen zu können.

Diese elf hatten alle die Jugend hinter sich, ja mehrere sogar die Schwelle des Alters schon überschritten, aber in ihrer Mitte gab es einen, der erst dreißig Jahre zählte, und dessen geistige und körperliche Kräfte noch ungebrochen waren. Das war Gösta Berling, der Kavalier der Kavaliere, der für sich allein ein größerer Redner, Sänger, Musiker, Jäger, Zecher und Spieler war als die andern alle zusammen. In ihm waren alle Kavaliertugenden vereinigt. Welchen Mann hatte die Majorin aus ihm gemacht!

Seht ihn nun dort auf der Rednerbühne! Die Dunkelheit hängt über ihm wie schwere Laubgewinde von der schwarzen Decke herab; sein blondes Haupt schimmert daraus hervor wie das der jungen Götter, jener Lichtbringer, die das Chaos ordnen. Schlank, schön, aberteuerlustig steht er da!

Aber er spricht mit tiefem Ernst.

»Kavaliere, Brüder! Die Mitternacht naht heran, das Fest ist weit vorgeschritten; es ist Zeit, daß wir auf das Wohl des Dreizehnten am Tisch trinken.«

»Lieber Bruder Gösta«, ruft Patron Julius, »hier gibt es keinen Dreizehnten, wir sind nur zwölf!«

»Auf Ekeby stirbt alljährlich ein Mann«, fährt Gösta Berling mit düsterer Stimme fort. »Einer der Bewohner des Kavalierflügels stirbt, einer der Fröhlichen, der Sorglosen, der ewig Jungen. Doch was tut es? Kavaliere dürfen ja nicht alt werden. Wenn unsere zitternden Hände das Glas nicht mehr erheben, unsere trübgewordenen Augen die Karten nicht mehr unterscheiden können, was ist das Leben dann für uns, und was sind wir dann für das Leben? Einer von den dreizehn, die das Weihnachtsfest in der Schmiede auf Ekeby feiern, muß sterben; aber jedes Jahr kommt ein neuer, um unsere Zahl vollzumachen, ein Mann, der wohlerfahren ist in dem Handwerk der Freude, ein Mann, der den Fiedelbogen regieren und Karten spielen kann, muß kommen, muß die Schar vollständig machen. Alte Schmetterlinge müssen zu sterben wissen, solange die Sonne scheint. Es lebe der Dreizehnte!«

»Wir sind aber nur zwölf, Gösta!« wenden die Kavaliere ein und erheben ihre Gläser nicht.

Gösta Berling, den sie den Poeten nannten, trotzdem er nie einen Vers schrieb, fährt mit unerschütterlicher Ruhe fort: »Kavaliere und Brüder! Habt ihr vergessen, wer ihr seid! Ihr seid es, die hier in Värmland die Freude am Leben erhalten. Ihr seid es, die den Bogen rascher über die Saiten streichen lassen, die den Reigen anführen, die Gesang und Spiel im Lande erklingen lassen. Ihr versteht es, eure Herzen von der Gier nach dem Golde, eure Hände von der Sucht nach der Arbeit frei zu erhalten. Wenn ihr nicht wäret, würde alles hinsterben, der Tanz, der Sommer, die Rosen, das Kartenspiel und der Gesang, und man würde in diesem ganzen herrlichen Lande nichts weiter finden als Eisen und Fabrikbesitzer. So lange ihr lebt, so lange wird auch die Freude leben. Sechsmal habe ich jetzt Weihnachten in der Schmiede gefeiert, und noch nie hat sich einer geweigert, auf das Wohl des Dreizehnten zu trinken!«

»Aber Gösta«, riefen die andern, »wir sind ja nur zwölf, wie könnten wir da auf den Dreizehnten trinken?«

Göstas Gesicht nimmt den Ausdruck tiefsten Kummers an. »Sind wir nur zwölf?« sagte er. »Warum das, sollen wir vielleicht aussterben? – Sollen wir nächstes Jahr nur elf sein und wieder im nächsten nur zehn? Soll unser Name eine Sage, unsere Schar vernichtet werden? Ich rufe ihn, den Dreizehnten; ich habe mich erhoben, um auf sein Wohl zu trinken! Aus der Tiefe des Meeres, vom Himmel herab, aus der Hölle herauf rufe ich ihn, der die Zahl der Kavaliere voll machen soll!«

Da rasselt es im Schornstein, da geht die Tür des Schmelzofens auf, da erscheint der Dreizehnte.

Zottig ist er, mit Schwanz und Pferdefuß, mit Hörnern und spitzigem Knebelbart, und bei seinem Anblick fahren die Kavaliere mit einem Schrei auf.

Aber in grenzenlosem Jubel ruft Gösta Berling:

»Der Dreizehnte ist gekommen – ein Hoch auf den Dreizehnten!«

So ist er denn gekommen, der Erzfeind der Menschen, gekommen zu den Verwegenen, die den Frieden der heiligen Nacht stören. Der Freund der Hexen vom Blåkullaberg*, der den Kontrakt auf kohlschwarzes Papier mit Blut schreibt, er, der mit der Gräfin auf Ivarsnäs sieben Tage lang tanzte, und den sieben Pfarrer nicht bannen konnten – er ist gekommen!

In stürmischer Hast jagen den alten Abenteurern bei diesem Anblick die Gedanken durch den Kopf. Sie fragen sich, wen er wohl in dieser Nacht holen wolle!

Die meisten wären vor Angst am liebsten gleich davongelaufen; bald aber merken sie, daß der Gehörnte nicht gekommen war, um sie in sein finsteres Reich hinabzuholen, sondern daß der Becherklang und die lustigen Lieder ihn herbeigelockt hatten. In der heiligen Christnacht wollte er an der Freude der Menschen teilnehmen und in dieser Zeit der Freude die Last der Regierung abschütteln.

Kavaliere! Kavaliere! Wer von euch denkt wohl noch daran, daß heute Christnacht ist? Jetzt verkündigen die Engel den Hirten auf dem Felde die frohe Botschaft! Jetzt liegen die Kinder in den Betten und haben Angst, sie könnten am Ende so fest schlafen, daß sie nicht zu der herrlichen Christmette in die Kirche kämen.

Bald ist es Zeit, die Weihnachtskerzen in der Broer Kirche anzuzünden, und ganz draußen in der Waldhütte hat der Bursche eine Kienfackel verfertigt, mit der er seiner Herzliebsten auf dem Weg zur Kirche leuchten will. Überall haben die Hausmütter die mehrarmigen Leuchter mit Kerzen ans Fenster gestellt, die angezündet werden sollen, wenn die Kirchgänger vorüberkommen. Der Küster sagt

* Der »Blåkulla« ist der Blocksberg in Schweden.

im Schlaf die Weihnachtslieder her, und der alte Probst probiert im Bett, ob seine Stimme noch ausreicht, um zu singen: Ehre sei Gott in der Höhe und Friede auf Erden und den Menschen ein Wohlgefallen!

Oh, ihr Kavaliere! Es wäre besser für euch, wenn ihr in dieser Friedensnacht schlafend in euren Betten läget, anstatt mit dem Fürsten der Hölle Umgang zu pflegen!

Aber alle begrüßten ihn mit lautem Jubel, so wie Gösta es getan hat. Ein Becher voll dampfenden Punsches wird ihm in die Hand gedrückt. Sie räumen ihm den Ehrenplatz bei Tisch ein, und sie sehen erfreut aus, als trüge sein häßliches Satyrgesicht die holden Züge ihrer Jugendgeliebten.

Beerencreutz fordert ihn zu einem Spiel Kille auf, der Patron Julius singt ihm seine schönsten Lieder vor, und Örneclou spricht mit ihm über schöne Frauen, jene liebreizenden Wesen, die das Leben versüßen.

Es gefällt dem Gehörnten gut hier; er lehnt sich mit fürstlicher Haltung gegen den Kutscherbock der alten Karosse und hebt den gefüllten Becher in seiner Klauenhand an den grinsenden Mund.

Und Gösta Berling hält eine Rede auf ihn.

»Wir haben Euer Gnaden schon lange hier in Ekeby erwartet«, sagt er, »denn der Zugang zu einem andern Paradiese wird Euch wohl kaum gestattet sein. Hier lebt man, ohne zu säen oder zu spinnen, was Euer Gnaden wohl schon wissen wird. Hier fliegen einem die gebratenen Tauben in den Mund, hier fließen starkes Bier und süßer Branntwein in Strömen. Hier ist gut sein, merkt Euch das, Euer Gnaden.

Wir Kavaliere haben aber auch wirklich auf Euch gewartet, denn wir sind bisher nicht recht vollzählig gewesen. Seht, wir sind nämlich mehr, als wir scheinen, wir sind die Zwölfmännerschar der Sage, die sich durch die Zeiten hinzieht. Zwölf waren wir, als wir von dem wolkenverhüllten Gipfel des Olymps aus die Welt regierten, und zwölf auch, als wir, Vögeln gleich, in der grünen Krone des Yggdrasils wohnten. Wohin die Sage zog, folgten wir ihr nach. Saßen wir nicht als zwölf Ritter an König Artus' Tafelrunde, waren nicht zwölf Paladine in dem Heere Karls des Großen? Einer von uns war Thor, ein anderer Jupiter, das muß uns jedermann heute noch ansehen können. Man erkennt den Götterglanz unter den Lumpen, die Löwenmähne unter der Eselshaut. Die Zeit hat uns übel mitgespielt; aber wo immer wir auch sind, die Schmiede wird zum Olymp, der Kavalierflügel zur Walhalla! Aber, Euer Gnaden, wir sind bis jetzt nicht vollzählig gewesen. Es ist wohlbekannt, daß sich unter den Zwölfen der Dichtung stets ein Loke, ein Prometheus befand. Er hat uns gefehlt.

Euer Gnaden, ich heiße Euch willkommen!«

»Sieh, sieh, sieh!« sagte der Böse. »Schöne Worte, schöne Worte! Und ich habe leider keine Zeit, darauf zu antworten. Geschäfte, meine Jungen, Geschäfte. Muß gleich wieder fort, würde euch sonst gern in jeder beliebigen Rolle zu Diensten stehen. Schönen Dank für die freundliche Aufnahme, ihr alten Schwätzer! Auf Wiedersehen!«

Die Kavaliere fragen ihn, wohin er denn so eilig wolle, und er antwortet, daß die edle Majorin, die Herrin auf Ekeby, seiner warte, um ihren Kontrakt zu erneuern.

Große Verwunderung ergreift die Kavaliere. Eine gestrenge, tüchtige Frau ist sie, die Majorin auf Ekeby. Sie kann einen Sack Roggen auf ihren breiten Schultern tragen. Sie begleitet die Erzfuhren den ganzen langen Weg bis Ekeby. Sie schläft wie ein Bauer auf der Scheunentenne, nur einen Sack als Kopfkissen. Sie kann im Winter einen Kohlenmeiler in Brand erhalten und im Sommer ein Floß über den Löfven steuern. Eine willensstarke Frau ist sie. Sie flucht wie ein Fuhrknecht und herrscht wie ein König über ihre sieben Güter und über die ihrer Nachbarn, sie regiert ihr eigenes Dorf und die Nachbardörfer, ja das ganze schöne Värmland. Aber den heimatlosen Kavalieren ist sie eine Mutter gewesen, und deshalb haben sie sich die Ohren verstopft, wenn die Verleumdung ihnen zuflüsterte, daß sie mit dem Bösen einen Pakt geschlossen habe.

Deshalb fragen sie diesen jetzt auch mit großer Verwunderung, welche Art von Bund sie denn mit ihm geschlossen habe. Und er, der Schwarze, antwortet ihnen, daß er der Majorin ihre sieben Güter geschenkt habe unter der Bedingung, daß sie ihm dafür alljährlich eine Seele liefere.

Oh, welches Entsetzen ergreift da die Kavaliere und schnürt ihnen die Brust zusammen! Sie wußten es ja, aber sie hatten es sich bisher nicht klargemacht.

Auf Ekeby stirbt jedes Jahr ein Mann, einer der Bewohner des Kavalierflügels stirbt; einer der Frohen, der Sorglosen, der ewig Jungen stirbt! Aber was tut es, die Kavaliere dürfen ja nicht alt werden! Wenn ihre zitternden Hände das Glas nicht mehr halten, ihre blind gewordenen Augen die Karten nicht mehr unterscheiden können, was ist ihnen da noch das Leben, und was sind sie da noch dem Leben? Schmetterlinge müssen zu sterben wissen, solange die Sonne scheint.

Aber jetzt, erst jetzt verstehen sie, wie es gemeint ist.

Wehe dem Weibe! Deshalb hat sie ihnen manches gute Mahl vorgesetzt, deshalb dürfen sie ihr starkes Bier, ihren süßen Branntwein austrinken, damit sie, einer um den andern, in jedem flüchtigen Jahr einer, von den Zechgelagen und Spieltischen auf Ekeby weg zum Fürsten der Verdammnis hinabtaumeln.

Wehe dem Weibe, der Hexe! Starke, herrliche Männer waren nach diesem Ekeby gekommen, um unterzugehen! Denn da wurden sie zugrunde gerichtet! Ihr Gehirn war zu einem Schwamm geworden, ihre Lungen zu trockener Asche, und ihr Geist umnachtet, wenn sie aufs Totenbett niedersanken, um ohne Hoffnung, ohne Seele, ohne Tugend die lange Reise ins Jenseits anzutreten.

Wehe dem Weibe! So sind Bessere vor ihnen untergegangen, und so müssen auch sie sterben!

Aber nicht lange stehen die Kavaliere vor Schrecken gelähmt unbeweglich.

»Du Fürst der Verdammnis«, rufen sie. »Nie wieder darfst du mit dieser Hexe den mit Blut geschriebenen Pakt erneuern. Sie muß sterben!«

Christian Bergh, der starke Hauptmann, schwingt den schwersten Hammer der Schmiede über die Achsel. Den Schädel will er der Hexe einschlagen.

»Sie soll dir keine Seele mehr opfern dürfen.«

»Und dich selbst, Gehörnter, legen wir auf den Amboß, und dann lassen wir den großen Hammer auf dich niedersausen. Mit Zangen werden wir dich unter den Hammerschlägen festhalten und dich lehren, nach Kavalierseelen auf die Jagd zu gehen.«

Feig ist er, der schwarze Herr, das weiß man von alters her, und die Rede von dem großen Hammer behagt ihm nicht. Er ruft Christian Bergh zurück und fängt an, mit den Kavalieren zu unterhandeln.

»Nehmt die sieben Güter in diesem Jahr, behaltet sie für euch selbst, ihr Kavaliere, und überlaßt mir die Majorin.«

»Meinst du, wir seien ebenso niederträchtig wie sie?« ruft der Patron Julius. »Ekeby und all die andern Güter wollen wir haben, mit der Majorin aber mußt du dich selbst abfinden.«

»Was sagt Gösta, was sagt Gösta?« fragt der sanfte Lövenborg. »Laßt Gösta Berling sprechen; bei einer so wichtigen Angelegenheit muß man seine Ansicht hören.«

»Das ist der reine Wahnsinn«, sagte Gösta. »Kavaliere, laßt euch nicht von ihm betrügen. Was sind wir gegen die Majorin? Mit unseren Seelen mag es gehen wie es will, aber wenn ich es hindern kann, werden wir uns nicht schnöden Undanks schuldig machen und uns wie Halunken und Verräter betragen. Ich habe das Brot der Majorin zu lange gegessen, um sie nun im Stich zu lassen.«

»Ja, fahr du zur Hölle, Gösta, wenn du dazu Lust hast! Wir wollen lieber selbst auf Ekeby herrschen!«

»Aber seid ihr denn rein toll oder sinnlos betrunken? Meint ihr denn, dies sei Wirklichkeit? Haltet ihr den da wirklich für den Teufel? Merkt ihr denn nicht, daß alles nur eine verdammte Lüge ist?«

»Sieh, sieh, sieh!« sagt der Schwarze. »Das ist also einer, der nicht merkt, daß er auf dem besten Wege ist, zur Hölle zu fahren, und doch lebt er seit sieben Jahren auf Ekeby. Er merkt nicht, wie weit es schon mit ihm gekommen ist.«

»Pfui, schäm dich, Alter, ich habe dir ja selbst geholfen, in den Ofen hineinzukriechen.«

»Als ob das einen Unterschied machte, als ob ich deshalb nicht ein ebenso guter Teufel sein könnte wie jeder andere. Ja, ja, Gösta Berling, du bist mir sicher. Du bist unter der Behandlung der Majorin reif geworden.«

»Sie hat mich gerettet«, sagte Gösta Berling. »Was wäre ich ohne sie?«

»Sieh, sieh, als ob sie nicht ihren eigenen Zweck dabei gehabt hätte, als sie dich auf Ekeby behielt. Du bist sehr begabt, du kannst viele in die Falle locken. Einmal versuchtest du es, ihr zu entkommen, du ließest dir von ihr ein Grundstück geben, wurdest Ackersmann und wolltes dein eigenes Brot essen. Jeden Tag ging sie an deinem Besitztum vorüber, immer in Begleitung hübscher Mädchen. Einmal war Marianne dabei; da warfst du Spaten und Schurzfell weg, Gösta Berling, und wurdest wieder Kavalier.«

»Der Weg führte dort vorbei, Schafskopf!«

»Jawohl, der Weg führte dort vorbei. Später kamst du nach Borg, wurdest Henrik Dohnas Hauslehrer und wärest beinahe der Schwiegersohn der Gräfin Märta geworden. Wer war schuld daran, daß die junge Ebba erfuhr, du seist nur ein abgesetzter Pfarrer, so daß sie nichts mehr von dir wissen wollte? Die Majorin war schuld daran, Gösta Berling. Sie wollte dich wiederhaben.«

»Das zählt nicht«, erwiderte Gösta. »Ebba Dohna starb bald darauf; ich hätte sie also doch nicht bekommen.«

Da trat der Schwarze ganz dicht zu ihm hin und zischte ihm ins Gesicht.

»Starb, ja freilich starb sie. Umgebracht hat sie sich um deinetwillen, jawohl, aber das hat dir bis jetzt noch niemand gesagt.«

»Du verstehst es ja recht gut, den Teufel zu spielen.«

»Die Majorin, die steckte dahinter, sage ich dir. Sie wollte dich wieder in ihrem Kavalierflügel haben.«

Gösta lachte laut auf.

»Nein, du bist kein schlechter Teufel!« rief er wild. »Weshalb sollten wir nicht einen Pakt mit dir schließen? Du kannst uns gewiß die sieben Güter verschaffen, wenn du nur willst.«

»Es freut mich, daß du deinem Glück nicht länger im Wege stehst.«

Die Kavaliere atmeten erleichtert auf. Es war so weit mit ihnen gekommen, daß sie ohne Gösta nichts mehr beschließen konnten. Der Handel wäre nicht abgeschlossen worden, wenn er nicht darauf eingegangen wäre. Und doch war es für die armen Kavaliere keine Kleinigkeit, in den Besitz von sieben Gütern zu kommen.

»Hör nun, was ich dir sage«, begann Gösta wieder, »wir nehmen die sieben Güter, um unsere Seelen zu retten, nicht aber, um Gutsherren und Bergwerksbesitzer zu werden, die ihr Geld zählen und ihr Eisen abwägen. Wir wollen keine trockenen Pergamente, keine zugeschnürten Geldbeutel werden, Kavaliere wollen wir sein und bleiben.«

»Die Weisheit selbst«, murmelte der Schwarze.

»Wenn du uns also die sieben Güter auf ein Jahr geben willst, dann nehmen wir sie an; merk dir aber eins: wenn wir während der Zeit etwas tun, was nicht kavaliermäßig ist, wenn wir etwas Kluges oder Nützliches ausrichten oder etwas Unmännliches tun, dann kannst du, wenn das Jahr um ist, uns alle zwölf nehmen und die Güter geben, wem du willst.«

Der Böse rieb sich vor Wonne die Hände.

»Wenn wir uns jedoch immerfort wie echte Kavaliere benehmen«, fährt Gösta fort, »dann darfst du nie wieder einen Kontrakt über Ekeby aufsetzen und bekommst weder von uns noch von der Majorin einen Lohn für dieses Jahr.«

»Das ist hart«, sagte der Böse. »Ach, lieber Gösta, eine Seele könntest du mir doch gönnen, ein einziges kleines Seelchen. Die Majorin müßte ich eigentlich bekommen! Weswegen schonst du die Majorin?«

»Mit dergleichen Waren treibe ich keinen Handel«, donnerte ihn Gösta an. »Willst du durchaus eine Seele haben, so hole dir den alten Sintram auf Fors, er ist reif für dich, dafür stehe ich ein.«

»Sieh, sieh, sieh, das läßt sich hören«, sagt der Schwarze, ohne eine Miene zu verziehen. »Die Kavaliere oder Sintram – das geht gegeneinander auf. Das wird ein gutes Jahr.«

Und nun wird der Kontrakt geschrieben, mit Blut aus Gösta Berlings kleinem Finger, auf das schwarze Papier des Bösen und mit seinem eigenen Gänsekiel.

Aber als dies getan ist, jubeln die Kavaliere. Nun soll ihnen ein ganzes Jahr lang alle Herrlichkeit der Welt zu eigen sein, und später – nun, da werde sich schon ein Ausweg finden, dachten sie.

Sie schieben die Stühle zurück, bilden einen Kreis um den Punschkessel, der mitten auf dem schwarzen Fußboden steht, und schwingen sich in wildem Tanze im Kreis herum. In der Mitte tanzt der Böse mit hohen Sprüngen, und schließlich läßt er sich, so lang er ist, neben dem Kessel niederfallen, zieht ihn zu sich herunter und trinkt daraus.

Da wirft sich Beerencreutz neben ihm nieder, Gösta Berling ebenfalls, und dann lagern sich alle im Kreise um den Kessel, der nun von Mund zu Mund geneigt wird. Schließlich bekommt er einen Stoß, so daß er umstürzt und der heiße, klebrige Trank sich über die Liegenden ergießt.

Als sie sich fluchend erheben, ist der Böse verschwunden; aber seine goldenen Verheißungen schweben wie glänzende Kronen über den Scheiteln der Kavaliere.

Das Weihnachtsmahl

Am Weihnachtsfest gibt die Majorin Samzelius ein großes Festmahl auf Ekeby. Dann sitzt sie als Wirtin an einem für fünfzig Gäste gedeckten Tisch. Sie sitzt dort in Glanz und in Herrlichkeit; der kurze Pelz, der gestreifte wollene Rock, die Tonpfeife sind verschwunden. Sie prunkt in Seide, Gold glänzt an ihren entblößten Armen, Perlen kühlen ihren weißen Hals.

Wo aber sind die Kavaliere? Wo sind sie, die auf dem schwarzen Fußboden der Schmiede aus dem blanken Kupferkessel auf das Wohl der neuen Herren auf Ekeby tranken?

In der Ecke am Ofen sitzen sie an einem besonderen Tisch; heute findet sich für sie kein Platz an der großen Tafel. Zu ihnen gelangen die Speisen spät, der Wein wird nur spärlich eingeschenkt, die schönen Frauen werfen ihnen keine Blicke zu, niemand gibt acht auf Gösta Berlings Scherzreden.

Doch die Kavaliere gleichen gezähmten Füllen, gesättigten Raubtieren. Eine Stunde nur haben sie in dieser Nacht geschlafen, dann fuhren sie bei Fackelschein und Sternenlicht zur Frühmette. Sie sahen die Weihnachtskerzen, sie hörten die Weihnachtslieder, und ihre Gesichter strahlten wie die glücklicher Kinder. Sie vergaßen die Christnacht in der Schmiede, wie man einen bösen Traum vergißt.

Groß und mächtig ist die Majorin auf Ekeby. Wer wagt es, den Arm aufzuheben, um sie zu schlagen? Wessen Zunge ist kühn genug, Zeugnis wider sie abzulegen? Sicherlich wagen das die armen Kavaliere nicht, sie nicht, die so viele Jahre lang ihr Brot gegessen und unter ihrem Dache geschlafen haben. Sie setzt sie dahin, wo es ihr beliebt, sie kann ihnen ihre Tür verschließen, und sie haben nicht die Kraft, sich ihrer Herrschaft zu entziehen. Gott sei ihren Seelen gnädig! Fern von Ekeby können sie nicht leben!

An der großen Tafel geht es hoch her; da strahlen Marianne Sinclaires schöne Augen, da klingt das milde Lachen der fröhlichen Gräfin Dohna.

Bei den Kavalieren aber herrscht trübe Stimmung. Wäre es nicht recht und billig, daß sie, die um der Majorin willen der Hölle verfallen sind, an demselben Tische säßen wie die andern Gäste? Was ist es für eine gemeine Anordnung, dieser Tisch hier unten im Ofenwinkel? Als ob die Kavaliere nicht würdig wären, mit vornehmen Leuten zu Tisch zu sitzen!

Die Majorin tut sich groß mit ihrem Platz zwischen dem Grafen von Borg und dem Propst von Bro. Die Kavaliere lassen die Köpfe hängen wie Kinder, die in die Ecke gestellt worden sind. Und allmählich erwachen in ihnen die Gedanken der verflossenen Nacht.

Wie schüchterne Gäste kommen die munteren Einfälle, die lustigen Lügen an den Tisch in der Ofenecke. Dort halten der Zorn der Nacht und die Verheißungen der Nacht ihren Einzug in die Köpfe. Patron Julius macht dem Hauptmann Christian Bergh weis, daß die gebratenen Haselhühner, die jetzt am großen Tisch herumgereicht werden, nicht für alle Gäste reichen könnten; aber dies erregt keine Heiterkeit.

»Sie können nicht reichen«, sagt er. »Ich weiß, wie viele da waren. Aber man hat sich zu helfen gewußt; für den kleinen Tisch hier sind Krähen gebraten worden.«

Aber Oberst Beerencreutz' Lippen verziehen sich unter dem martialischen Schnurrbart nur zu einem matten Lächeln. Und Gösta sieht aus, als möchte er am liebsten jemand totschlagen.

»Ist denn nicht alles gut genug für die Kavaliere?« fragt er.

Dann gelangt endlich eine hochgetürmte Schüssel mit prächtigen Haselhühnern an den kleinen Tisch.

Aber Hauptmann Christian Bergh ist wütend. Hat er nicht die Krähen, dieses häßliche, krächzende Vogelvieh, sein ganzes Leben lang gehaßt? Ja, so bitter hat er sie gehaßt, daß er sich im Herbst oft in einen Weiberrock hüllte, ein Tuch um den Kopf band und sich zum Gespött seiner ganzen Umgebung machte, nur um ihnen, während sie auf den Feldern Korn suchten, auf Schußweite nahekommen zu können.

Er überraschte sie im Frühling bei ihrem Liebestanze auf den kahlen Feldern und brachte sie um. Er suchte im Sommer ihre Nester, warf die schreienden nackten Jungen heraus oder zerbrach die halbausgebrüteten Eier.

Jetzt zieht er die Schüssel mit den Haselhühnern zu sich heran. »Meinst du, ich erkenne sie nicht?« schnaubt er den Diener an. »Meinst du, ich müsse sie krächzen hören, um sie zu kennen? Zum Teufel, wer wagt es, Christian Bergh Krähen anzubieten? Pfui Teufel!«

Damit ergreift er ein Haselhuhn nach dem andern und schleudert es gegen die Wand.

»Zum Teufel«, schreit er, daß es im Saale widerhallt, »wer wagt es, Christian Bergh Krähen anzubieten? Pfui Teufel!«

Und wie er die hilflosen Krähenjungen gegen die Klippen zu schleudern pflegte, so läßt er jetzt die Haselhühner an die Wand sausen.

Soße und Fett spritzen umher, die zerschmetterten Vögel fallen zu Boden. Die Kavaliere jubeln.

Da dringt die zornige Stimme der Majorin an ihre Ohren. »Werft ihn hinaus!« ruft sie den Dienern zu.

Aber diese wagen sich nicht an ihn heran. Es ist ja Christian Bergh, der starke Hauptmann!

»Werft ihn hinaus!«

Er hört den Ruf, und furchtbar in seinem Zorn, wendet er sich nun an die Majorin, einem Bären gleich, der sich von einem gefallenen Feind einem neuen Angreifer zuwendet. Er tritt an die in Hufeisenform gedeckte Tafel. Der Fußboden zittert unter den Schritten des Gewaltigen. Er bleibt ihr gegenüber stehen; nur der Tisch trennt sie voneinander.

»Werft ihn hinaus!« ruft die Majorin noch einmal.

Er aber ist rasend; seine gerunzelte Stirne, seine grobe, geballte Faust jagen allen Schrecken ein. Er ist groß wie ein Riese, stark wie ein Riese. Gäste und Diener zittern, keiner wagt Hand an ihn zu legen. Wer sollte es auch wagen, den anzurühren, dem der Zorn den Verstand geraubt hat?

Er steht der Majorin gerade gegenüber und droht ihr mit der Faust.

»Ich warf die Krähen an die Wand. Hab ich nicht recht daran getan?«

»Hinaus mit dir, Hauptmann!«

»Still, Weib! Christian Bergh Krähen anbieten! Wenn es nach Recht und Gerechtigkeit ginge, so würde ich dich mit samt deinen sieben verfluchten . . .«

»Beim Satan, Christian Bergh, fluche nicht, hier darf nur ich allein fluchen!«

»Meinst du, ich fürchte mich vor dir, du Hexe? Glaubst du, ich wüßte nicht, wie du zu deinen sieben Gütern gekommen bist?«

»Schweig, Hauptmann!«

»Als Altringer starb, gab er sie deinem Mann, weil du seine Liebste gewesen warst.«

»Will Er wohl schweigen!«

»Weil du eine so treue Gattin gewesen bist, Margareta Samzelius. Und der Major nahm die sieben Güter, überließ dir die Verwaltung und tat, als wüßte er von nichts. Alles dies hatte der Teufel angezettelt, aber jetzt ist der Tag der Abrechnung gekommen, jetzt ist es aus mit dir.«

Bleich und zitternd sinkt die Majorin auf ihren Stuhl nieder. Dann bestätigt sie mit leiser, sonderbarer Stimme: »Ja, nun ist es aus mit mir, und das ist dein Werk, Christian Bergh.«

Bei diesem Ton erbebt Hauptmann Christian, seine Züge verzerren sich, Tränen der Angst füllen seine Augen.

»Ich bin betrunken!« schreit er auf. »Ich weiß nicht, was ich sage. Ich habe nichts gesagt. Vierzig Jahre lang bin ich nichts gewesen als ihr Hund und Sklave, ihr Hund und Sklave, weiter nichts. Sie ist Margareta Celsing, der ich mein ganzes Leben gedient habe. Ich sage nichts Böses über sie. Sollte ich der schönen Margareta Celsing etwas Böses nachsagen? Ich bin der Hund, der ihre Tür bewacht, der Sklave, der ihre Lasten trägt. Sie darf mich mit Füßen treten, sie darf mich schlagen. Ihr seht ja, daß ich bettle und schweige. Ich habe sie vierzig Jahre lang geliebt. Wie könnte ich ihr etwas Böses nachsagen?«

Und ein merkwürdiger Anblick ist es, wie er sich nun ihr zu Füßen wirft und sie um Vergebung anfleht. Und da sie auf der andern Seite des Tisches sitzt, rutscht er auf seinen Knien um den Tisch herum, bis er ihren Platz erreicht; da beugt er sich nieder, küßt den Saum ihres Gewandes und benetzt den Fußboden mit seinen Tränen.

Aber nicht weit von der Majorin sitzt ein kleiner, starker Mann. Er hat borstiges Haar, kleine zusammengekniffene Augen und einen hervortretenden Unterkiefer. Er gleicht einem Bären. Ein wortkarger Mann ist er, der am liebsten seine eigenen stillen Wege geht und sich um die Welt und ihr Treiben wenig kümmert. Es ist der Major Samzelius.

Bei den Worten des Hauptmanns steht die Majorin auf, und alle die fünfzig Gäste stehen auch auf. Die Frauen weinen aus Angst vor dem, was kommen wird, die Männer stehen verzagt da, und zu den Füßen der Majorin liegt Hauptmann Christian und küßt den Saum ihres Gewandes, während seine Tränen den Fußboden benetzen.

Die breiten, behaarten Hände des Majors ballen sich langsam, er erhebt den Arm.

Doch seine Frau ergreift zuerst das Wort. Ihre Stimme hat einen dumpfen Klang, der ihr sonst nicht eigen ist.

»Du hast mich gestohlen!« ruft sie aus. »Du kamst wie ein Räuber und nahmst mich in Besitz. Daheim zwang man mich mit Hieben und Schlägen, mit Hunger und Scheltworten, dein Weib zu werden. Ich habe an dir gehandelt, wie du es verdientest.«

Die breite Hand des Majors ballt sich fester; die Majorin tritt ein paar Schritte zurück. Dann beginnt sie wieder.

»Ein lebender Aal windet sich unter dem Messer, eine zur Ehe gezwungene Gattin schafft sich einen Geliebten an. Willst du mich jetzt dafür schlagen, was vor zwanzig Jahren geschehen ist? Warum schlugst du mich damals nicht? Weißt du nicht mehr, wie er auf Ekeby, wir aber auf Sjö wohnten? Hast du vergessen, wie er uns in unserer Armut half? Wir fuhren in seinem Wagen, wir tranken seinen Wein. Haben wir dir vielleicht etwas verheimlicht? Waren seine Diener nicht unsere Diener? Füllte sein Gold nicht deine Taschen? Nahmst du nicht alles an? Damals hättest du zuschlagen sollen, Berndt Samzelius, da hättest du zuschlagen sollen.«

Der Mann wendet sich von ihr ab und sieht die andern Anwesenden an. Er liest in ihren Gesichtern, daß sie ihr recht geben, daß sie alle geglaubt haben, er habe sich mit Gold und Gut sein Stillschweigen abkaufen lassen.

»Ich wußte es nicht«, sagt er und stampft mit dem Fuß auf den Boden.

»Gut, dann weißt du es jetzt«, fällt sie ihm mit schneidender Stimme ins Wort. »Ich fürchtete schon, du könntest sterben, ohne es erfahren zu haben. Gut, daß du es nun weißt, nun kann ich offen mit dir reden, mit dir, der du mein Herr und Kerkermeister warst. So wisse denn, daß ich ihm, dem du mich gestohlen hattest, angehört habe. Mögen es nun alle wissen, die je über mich getuschelt haben!«

Die alte Liebe ist es, die in ihrer Stimme jubelt, die in ihren Augen strahlt. Sie sieht ihren Mann vor sich mit erhobener Faust; Abscheu und Verachtung liest sie in den fünfzig Gesichtern ringsum. Sie fühlt, daß die letzte Stunde ihrer Macht geschlagen hat. Und trotzdem freut sie sich – sie kann nicht anders als sich freuen –, daß sie offen von den schönsten Erinnerungen ihres Lebens reden darf.

»Er war ein Mann, ein herrlicher Mann! Wer warst du, daß du dich zwischen uns zu stellen wagtest? Nie habe ich seinesgleichen gesehen. Er machte mich glücklich, er schenkte mir Hab und Gut. Gesegnet sei sein Andenken!«

Da läßt der Major den Arm sinken, ohne zuzuschlagen – jetzt weiß er, womit er sie strafen kann.

»Hinaus!« brüllt er. »Hinaus aus meinem Haus!«

Sie rührt sich nicht.

Doch die Kavaliere starren einander mit bleichen Gesichtern an. Nun schien ja alles so zu kommen, wie der Schwarze prophezeit hatte. Nun sahen sie die Folge davon, daß er seinen Kontrakt mit der Majorin nicht erneuert hatte. Wenn aber dieses wahr war, so war es wohl auch wahr, daß sie seit mehr als zwanzig Jahren Kavaliere in die Hölle sendete, und daß auch sie, die gegenwärtigen Kavaliere, dazu bestimmt waren, diesen Weg zu gehen. O die Hexe!

»Hinaus mit dir!« fuhr der Major fort. »Erbettle dir dein Brot auf der Landstraße. Du sollst keine Freude mehr an seinem Gelde haben, du sollst nicht mehr auf seinen Gütern wohnen. Es ist aus mit der Majorin auf Ekeby. An dem Tage, wo du mein Haus wieder betrittst, schlage ich dich tot.«

»Willst du mich aus meinem Hause jagen?«

»Du hast kein Haus. Ekeby gehört mir.«

Verzagtheit bemächtigt sich der Majorin.

Sie weicht bis an die Tür zurück, und er folgt ihr dicht auf dem Fuße.

»Du, der das Unglück meines Lebens war, sollst du nun auch noch die Macht haben, mir dieses anzutun?«

»Hinaus! Hinaus!«

Sie stützt sich gegen den Türpfosten, faltet die Hände und schlägt sie vors Gesicht. Sie denkt an ihre Mutter und murmelt:

»Mögest du verleugnet werden, wie ich verleugnet worden bin, die Landstraße sei dein Heim, ein Strohhaufen dein Bett! Nun kommt es doch soweit. Es kommt soweit.«

Der gute, alte Propst von Bro und der Amtmann aus Munkerud treten nun zu dem Major Samzelius und versuchen, ihn zu beruhigen. Sie sagen ihm, es wäre am besten, wenn er die alten Geschichten ruhen ließe, er solle alles beim alten lassen und vergeben und vergessen.

Er aber schüttelt die sanften Hände von den Schultern ab. Es ist jetzt ebenso gefährlich, sich ihm zu nähern, wie vor einer Weile dem Hauptmann Christian Bergh.

»Es sind keine alten Geschichten«, schnaubt er. »Bis zum heutigen Tage habe ich nichts davon gewußt. Ich habe die Ehebrecherin nicht früher strafen können.«

Bei diesem Wort hebt die Majorin den Kopf, ihr alter Mut kehrt zurück.

»Eher solltest du das Haus verlassen als ich. Meinst du, ich würde dir weichen?« sagt sie, indem sie von der Tür zurücktritt.

Der Major gibt keine Antwort; er bewacht jede ihrer Bewegungen mit scharfem Blick, fest entschlossen, zuzuschlagen, wenn er sie anders nicht loswerden kann.

»Helft mir, ihr guten Herren!« ruft sie. »Bindet den Mann hier und schafft ihn hinaus, bis er wieder zur Besinnung gekommen ist. Bedenkt, wer ich bin und wer er ist! Bedenkt es, ehe ich ihm weichen muß. Ich verwalte die ganze Wirtschaft auf Ekeby, und er sitzt nur tagaus tagein an der Bärengrube und füttert seine Bären. Helft mir, ihr guten Freunde und Nachbarn! Es wird grenzenloses Elend entstehen, wenn ich nicht mehr auf Ekeby bin. Der Bauer verdient sich seinen Unterhalt durch das Abholzen *meiner* Wälder und das Fortschaffen *meines* Eisens. Der Köhler lebt davon, daß er Kohlen für *mich* brennt, der Flößer, daß er *meine* Baumstämme stromabwärts führt. *Ich* bin es, die die lohnende Arbeit austeilt. Schmiede, Handwerker, Zimmerleute leben von dem, was sie für *mich* verrichten. Glaubt ihr, der da sei imstande, mein Werk fortzuführen? Ich sage euch, wenn ihr mich fortjagt, öffnet ihr der Hungersnot die Tür!«

Wieder erheben sich eine Menge Hände für die Majorin, und abermals legen sich zwei milde Hände beschwichtigend auf die Schultern des Majors.

»Nein«, sagt er, »weg mit euch! Wer will die Ehebrecherin verteidigen? Ich sage euch, geht sie nicht gutwillig, dann hebe ich sie mit meinen Armen auf und trage sie hinunter zu meinen Bären.«

Bei diesen Worten sinken die erhobenen Hände wieder herunter.

Da, in ihrer äußersten Not, wendet sich die Majorin an die Kavaliere.

»Gebt ihr auch zu, daß ich aus meinem Hause gejagt werde? Habe ich euch im Winter draußen im Schnee frieren lassen? Habe ich euch Bier und Branntwein versagt?

Habe ich für die Nahrung und Kleidung, die ich euch gab, Lohn oder Arbeit genommen? Habt ihr nicht zu meinen Füßen gespielt, so ruhig wie das Kind an der Seite der Mutter? Habt ihr nicht in meinen Sälen getanzt? Sind nicht Vergnügungen und Feste euer tägliches Brot gewesen? Kavaliere, gebt nicht zu, daß dieser Mann, der das Unglück meines Lebens gewesen ist, mich von Haus und Hof verjagt! Laßt mich nicht zur Bettlerin auf der Landstraße werden!«

Bei diesen Worten schleicht sich Gösta Berling zu einem schönen, dunkellockigen Mädchen hin, das an dem großen Tische sitzt.

»Du warst vor fünf Jahren oft auf Borg, Anna«, sagt er. »Weißt du, ob die Majorin Ebba Dohna erzählt hat, daß ich ein abgesetzter Pfarrer bin?«

»Hilf der Majorin, Gösta!« ist die einzige Antwort des Mädchens.

»Du wirst begreifen, daß ich erst wissen muß, ob sie mich zum Mörder gemacht hat.«

»Ach Gösta, was sind das für Gedanken? Hilf ihr, Gösta!«

»Ich merke, daß du mir nicht antworten willst. Dann hat also Sintram die Wahrheit gesprochen.«

Und Gösta mischt sich wieder unter die Kavaliere; er rührt keinen Finger, um der Majorin zu helfen.

Ach, hätte doch die Majorin die Kavaliere nicht an einen besonderen Tisch in die Ecke gesetzt! Nun sind die Gedanken der verflossenen Nacht in ihrem Gehirn erwacht, nun flammt in ihrem Gesicht ein Zorn, der nicht geringer ist als der des Majors.

Hart und unbarmherzig bleiben sie bei dem Flehen der Frau. Bekräftigt nicht alles, was sie sehen, die Geschichte der vergangenen Nacht?

»Man merkt, daß der Pakt nicht erneuert worden ist«, murmelt einer.

»Fahr zur Hölle, Hexe!« schreit ein anderer. »Wir müßten dich eigentlich selbst zur Tür hinausjagen!«

»Dummköpfe!« ruft der alte, schwache Onkel Eberhard den Kavalieren zu. »Versteht ihr denn nicht, daß es Sintram war?«

»Doch, das wissen wir sehr gut«, antwortet Julius. »Aber was tut das zur Sache? Könnte es nicht doch wahr sein? Ist Sintram nicht ein Diener des Bösen? Sind die beiden nicht längst miteinander einig?«

»Ja, geh nur, Eberhard, geh und hilf ihr!« höhnen die andern. »Du glaubst ja nicht an die Hölle. Geh nur!«

Gösta Berling aber steht still dabei, ohne ein Wort, ohne eine Bewegung.

Nein, von dieser murrenden, drohenden, streitenden Kavalierschar ist für die Majorin keine Hilfe zu erwarten.

So weicht sie denn wieder bis zur Tür zurück und schlägt beide Hände vors Gesicht.

»Mögest du verleugnet werden, wie ich verleugnet worden bin!« ruft sie sich selbst in bitterm Schmerze zu. »Möge die Landstraße dein Heim, der Strohhaufen dein Bett sein!«

Dann legt sie die Hand auf die Türklinke, die andere aber hebt sie hoch in die Höhe.

»Hört mich alle, die ihr mich jetzt fallen laßt! Ich sage euch, eure Stunde wird bald kommen. Ihr werdet verstreut werden, und euer Platz wird leer stehen. Wie wollt ihr euch behaupten, wenn ich euch nicht stütze? Du, Melchior Sinclaire, der du eine schwere Hand hast und sie deine Frau fühlen läßt, nimm dich in acht! Du, Pfarrer von Broby, jetzt kommt das Strafgericht! Du, Hauptmännin Uggla, sorge für dein Haus, die Armut steht vor der Tür! Ihr jungen Schönen, Elisabeth Dohna, Marianne Sinclaire, Anna Stjärnhök, glaubt nicht, daß ich die einzige bleibe, die aus ihrem Hause fliehen muß! Und ihr, nehmet euch in acht, ihr Kavaliere, nun bricht ein Sturm über das Land herein! Nun werdet ihr von der Erde weggefegt werden, euer Tag ist vorüber, ja wahrlich, er ist vorbei! Ich klage nicht meinetwegen, ich klage euretwegen, denn über eure Häupter wird der Sturm hinfegen, und wer will da stehen, wo ich gefallen bin? Und die armen Leute dauern mich von ganzem Herzen. Wer wird ihnen Arbeit geben, wenn ich fort bin?«

Jetzt öffnet die Majorin die Tür; in diesem Augenblick aber richtet Hauptmann Christian den Kopf auf und sagt:

»Wie lange soll ich hier zu deinen Füßen liegen, Margareta Celsing? Willst du mir nicht vergeben, damit ich aufstehen und für dich streiten kann?«

Die Majorin kämpft einen harten Kampf mit sich selbst; aber sie erkennt, daß er, wenn sie ihm verzeiht, aufstehen und mit ihrem Mann kämpfen wird, und daß dann der Mann, der sie vierzig Jahre lang treu geliebt hat, zum Mörder werden wird.

»Soll ich nun auch noch verzeihen?« fragt sie. »Bist du nicht schuld an all meinem Unglück, Christian Bergh? Geh zurück zu den Kavalieren und freue dich deines Werks.«

Damit ging die Majorin. Sie ging ruhig, aber sie ließ Entsetzen hinter sich zurück. Sie fiel, aber selbst gedemütigt war sie nicht ohne Größe. Sie gab sich keinem weichlichen Schmerz hin, sondern jubelte noch im Alter über ihre Jugendliebe. Sie erniedrigte sich weder zu Klagen noch zu weichlichen Tränen, als sie alles verließ; sie schreckte nicht davor zurück, mit dem Bettelsack und dem Wanderstab durchs Land zu ziehen. Sie bedauerte nur die armen Bauern und die frohen, sorglosen Menschen am Ufer des Löfven, sowie die armen Kavaliere: alle, denen sie Schutz und Stütze gewesen war.

Von allen war sie verlassen, und dennoch hatte sie die Kraft, ihren letzten Freund von sich zu weisen, damit er nicht zum Mörder werde.

Sie war eine merkwürdige Frau, geistesstark und tatkräftig. Wir werden ihresgleichen nicht so leicht wiederfinden.

Am nächsten Tag brach der Major Samzelius von Ekeby auf und zog nach Sjö, seinem eigenen Gute, das dicht neben dem großen Eisenwerk liegt.

In Altringers Testament, kraft dessen der Major alle die Güter bekommen hatte, war ausdrücklich bestimmt worden, daß keines davon verkauft oder verschenkt werden dürfe, sondern daß nach dem Tode des Majors alle an seine Frau oder deren Erben fallen sollten. Da er also das verhaßte Erbe nicht verschleudern konnte, setzte er die Kavaliere als Herren ein, in dem Glauben, daß er dadurch Ekeby und den sechs andern Gütern den ärgsten Schaden zufüge.

Da nun niemand im Lande daran zweifelte, daß der böse Sintram mit dem Teufel im Bunde stehe, und da alles, was er ihnen versprochen hatte, so glänzend in Erfüllung ging, waren die Kavaliere fest überzeugt, daß auch der Kontrakt Punkt für Punkt eingehalten werden würde. Sie waren daher fest entschlossen, das ganze Jahr hindurch weder etwas Gutes noch etwas Nützliches, noch etwas Barmherziges zu tun, auch waren sie vollständig davon überzeugt, daß die Majorin eine böse Hexe sei, die ihrer aller Verderben gewollt habe.

Der alte Onkel Eberhard, der Philosoph, machte sich über diesen Glauben lustig; doch wer kümmerte sich um das Gerede eines Menschen, der an seinem Unglauben so eigensinnig festhielt, daß er, selbst wenn die Flammen der Hölle um ihn zusammenschlügen und alle Teufel um ihn herum ihn angrinsten, doch noch behaupten würde, daß es keine Teufel gebe, weil es eben keine geben könne; Onkel Eberhard war nun einmal ein großer Philosoph!

Gösta Berling sagte keinem, was er glaubte. Soviel ist sicher, daß er sich der Majorin dafür, daß sie ihn zum Kavalier auf Ekeby gemacht hatte, recht wenig verpflichtet fühlte; er dachte, er wollte lieber tot sein, als jetzt das Bewußtsein mit sich herumtragen müssen, daß er Ebba Dohnas Selbstmord verschuldet habe. Er rührte keinen Finger, um sich an der Majorin zu rächen, aber er tat auch nichts, um ihr zu helfen. Er brachte es nicht über sich.

Aber die Kavaliere waren zu großer Macht und Herrlichkeit gekommen. Das Weihnachtsfest mit seinen Gastmählern und Lustbarkeiten stand vor der Tür, die Herzen der Kavaliere waren voller Jubel, und welcher Kummer

Gösta Berling auch immer bedrücken mochte, er stand ihm weder auf dem Gesicht geschrieben, noch redeten seine Lippen davon.

Gösta Berling, der Dichter

Es war Weihnachten, und auf Borg sollte ein Ball stattfinden. Dazumal wohnte ein junger Graf Dohna auf Borg; er war frisch verheiratet und hatte eine junge, schöne Gattin. Es sollte lustig hergehen auf dem alten Grafensitze.

Auch nach Ekeby war eine Einladung gekommen; aber von allen, die in diesem Jahre dort Weihnachten feierten, war Gösta Berling, der Poet, wie er genannt wurde, der einzige, der Lust hatte, der Aufforderung Folge zu leisten.

Borg und Ekeby liegen beide am Löfven, jedoch auf den gegenüberliegenden Ufern. Borg liegt im Kirchspiel Svartsjö, während Ekeby zur Broer Gemeinde gehörte. Wenn der See nicht gefroren ist, hat man zwei Meilen von Ekeby nach Borg. Der arme Gösta Berling wurde von den alten Herren zu diesem Feste ausgerüstet, als sei er ein Königssohn, der die Ehre eines Königreichs zu vertreten habe.

Funkelnagelneu war der Frack mit den silbernen Knöpfen, steif das Jabot, spiegelblank glänzten die Lackstiefel. Er trug einen Pelz aus feinstem Biberfell, und eine Zobelmütze saß auf seinem blonden, lockigen Haar. Sie ließen ein Bärenfell mit silbernen Klauen über den Schlitten breiten und den schwarzen »Don Juan«, den Stolz des Stalles, vorspannen.

Gösta pfiff seinem weißen »Tankred« und ergriff die geflochtenen Zügel. Jubelnd fuhr er von dannen, im Glanz von Pracht und Reichtum, er, der ohnedies schon durch seine körperliche Schönheit, seine sprühenden Geistesgaben glänzte.

Früh am Morgen fuhr er ab. Es war ein Sonntag, und als er an der Broer Kirche vorüberfuhr, hörte er den Gesang der Gemeinde drinnen. Dann schlug er den einsamen

Waldweg ein, der nach Berga führte, wo Hauptmann Uggla damals wohnte, und wo Gösta über Mittag zu bleiben gedachte.

Berga war nicht das Haus eines reichen Mannes. Der Hunger kannte den Weg zu des Hauptmanns rasenbedecktem Hause; aber er wurde mit Scherzen empfangen wie andere Gäste, mit Gesang und Spiel unterhalten und verabschiedete sich ebenso ungern wie diese.

Auf der Freitreppe stand die alte Mamsell Ulrika Dillner, die dem Haushalt und der Webstube vorstand, und hieß Gösta Berling willkommen. Sie machte einen tiefen Knicks, und die falschen Locken, die ihr braunes, von unzähligen Runzeln durchfurchtes Gesicht umgaben, hüpften vor Freude. Sie führte ihn in den Saal und begann dann von der Gutsherrschaft und ihren wechselnden Geschicken zu erzählen.

Die Sorge stehe vor der Tür, sagte sie, es seien schwere Zeiten für Berga. Sie hätten nicht einmal Meerrettich zu dem gesalzenen Fleisch zu Mittag; aber Ferdinand und die jungen Mädchen hätten »Disa« vor den Schlitten gespannt und seien nach Munkerud gefahren, um sich ein wenig zu borgen.

Der Hauptmann sei wieder im Walde und werde wohl mit einem alten, zähen Hasen heimkommen, daß man beim Braten mehr Butter dran wenden müsse, als das ganze Gericht wert sei. Das nenne er dann »Essen ins Haus schaffen«. Und das gehe ja noch an, nur solle er nicht mit einem elenden Fuchs daherkommen, dem schlechtesten Tier, das der liebe Gott erschaffen habe, und das weder tot noch lebendig von irgendwelchem Nutzen sei.

Und die gnädige Frau, sie sei noch gar nicht aufgestanden. Sie liege im Bett und lese Romane wie alle Tage. Dieses Engelsgeschöpf sei nicht für die Arbeit geschaffen.

Nein, die Arbeit müsse sie verrichten, sie, die alte, grauhaarige Ulrika Dillner. Tag und Nacht müsse man auf den Beinen sein, um die ganze Elendigkeit in Gang zu erhalten. Und das sei nicht immer leicht; den ganzen Winter hindurch hätten sie kein anderes Fleisch im Haus als Bärenschinken. Auf einen hohen Lohn rechne sie nicht, bis jetzt habe sie überhaupt noch keinen Groschen davon gesehen, aber man würde sie wohl auch nicht auf die Straße hinauswerfen, wenn sie einmal nichts mehr leisten könne. Hier im Hause werde sogar eine Haushälterin als Mensch betrachtet, und die Herrschaft werde ihr wohl auch ein ehrliches Begräbnis zuteil werden lassen, wenn sie selbst nur so viel hätten, um einen Sarg zu kaufen.

»Denn wer kann wissen, wie es gehen wird?« sagt sie schluchzend und trocknet sich die Augen, die ihr so leicht übergehen. »Wir haben Schulden bei dem bösen Gutsherrn Sintram, und er kann uns alles nehmen. Freilich ist Ferdinand jetzt mit der reichen Anna Stjärnhök verlobt, aber er wird ihr langweilig, er wird ihr langweilig! Und was wird dann aus uns, mit unsern drei Kühen und unsern neun Pferden, aus unsern lebenslustigen Fräulein, die so gern auf Bälle gehen, aus unsern dürren Äckern, wo nichts wächst, aus unserm guten Ferdinand, aus dem sein Leben lang kein rechter Mann wird? Was soll aus diesem lieben Hause werden, wo alles sich wohl fühlt, ausgenommen die Arbeit?«

Es wurde Mittag, und die Hausbewohner versammelten sich. Der sanfte Sohn des Hauses, der gute Ferdinand, und die munteren Töchter erschienen mit dem geborgten Meerrettich. Der Hauptmann kam, erfrischt durch ein Bad in einer Wake des Sees und durch die Jagd im Walde.

Er riß das Fenster auf, um frische Luft hereinzulassen und schüttelte Gösta Berling kräftig die Hand. Und die gnädige Frau erschien; sie war in Seide gekleidet, und breite Spitzen fielen über ihre weißen Hände herab, die sie Gösta Berling zum Kusse reichte.

Alle begrüßten Gösta mit großer Freude. Scherz und Lachen kamen förmlich herbeigeflogen. Und scherzend wurde er auch gefragt:

»Nun, wie steht's auf Ekeby, wie geht's im gelobten Lande?«

»Dort fließen Milch und Honig«, lautete Göstas Antwort. »Wir nehmen den Bergen ihr Erz und füllen unsre Keller mit Wein. Die Äcker tragen Gold, damit vergolden wir das Elend des Lebens, und unsere Wälder hauen wir nieder, um Kegelbahnen und Lusthäuser zu bauen.«

Frau Uggla aber seufzte bei dieser Antwort; dann lächelte sie, und über ihre Lippen kam nur ein einziges Wort:

»Poet!«

»Ich habe viele Sünden auf meinem Gewissen«, erwiderte Gösta, »aber ich habe in meinem ganzen Leben noch nicht einen Vers gemacht.«

»Du bist trotzdem ein Poet, Gösta, den Beinamen mußt du dir gefallen lassen. Du hast mehr Gedichte erlebt, als unsere Dichter geschrieben haben.«

Dann sprach Frau Uggla mit ihm über sein vergeudetes Leben, sie sprach mild und freundlich wie eine Mutter.

»Ich werde es gewiß noch erleben, daß ein ganzer Mann aus dir wird«, sagte sie. Und ihm deuchte es süß, sich zureden zu lassen von dieser milden Frau, die ihm eine so treue Freundin war, und deren starkes, schwärmerisches Herz in Liebe zu großen Taten glühte.

Aber als die muntere Mahlzeit beendet, als das Fleisch mit Meerrettichsauce und Kohl verzehrt war und man sich noch an Spritzkuchen und Weihnachtsbier gütlich getan hatte, als Gösta sie durch seine Erzählungen von dem Major und der Majorin und dem Brobyer Pfarrer so ins Lachen gebracht hatte, daß ihnen die Tränen in den Augen standen, vernahm man plötzlich Schellengeläute im Hof, und gleich darauf trat der boshafte Sintram ins Zimmer.

Von seinem kahlen Schädel an bis zu den langen Plattfüßen strahlte er vor Vergnügen. Er focht mit den langen Armen in der Luft umher und verzerrte das Gesicht; man sah ihm auf den ersten Blick an, daß er schlechte Nachrichten mitbrachte.

»Habt ihr es schon gehört?« fragte er. »Habt ihr gehört, daß Anna Stjärnhök heute mit dem reichen Dahlberg in der Svartsjöer Kirche aufgeboten worden ist? Sie muß ganz vergessen haben, daß sie mit Ferdinand verlobt ist.«

Sie hatten kein Wort davon gehört. Sie waren erstaunt und sehr betrübt. Im Geiste sahen sie ihr Heim schon zerstört, damit dem bösen Sintram seine Schulden bezahlt werden könnten; sie sahen die geliebten Pferde verkauft und die abgenützten Möbel, die noch aus dem Elternhause der Frau Hauptmann stammten, in alle Winde zerstreut. Sie sahen das lustige Leben mit Gesellschaften und Fahrten von Ball zu Ball ein Ende nehmen. Der Bärenschinken würde wieder täglich auf dem Tisch stehen, und die Kinder müßten in die Fremde gehen, um sich ihr Brot zu verdienen.

Frau Uggla streichelte ihren Sohn zärtlich und ließ ihn den Trost der nie versagenden Mutterliebe empfinden.

Doch – mitten unter ihnen saß Gösta Berling, und dem Unbesiegbaren gingen tausenderlei Pläne durch den Kopf.

»Hört mich«, rief er, »noch ist es nicht Zeit zu klagen! Sicherlich steckt die Pfarrerin von Svartsjö dahinter! Seit Anna dort im Pfarrhause wohnt, hat sie das Mädchen ganz in ihrer Gewalt. Sie hat sie dazu gebracht, Ferdinand ihr Wort zu brechen und den alten Dahlberg zu nehmen; aber noch sind sie nicht getraut und sollen es auch nicht werden. Jetzt fahre ich nach Borg, dort treffe ich Anna. Ich werde mit ihr reden, ich werde sie den Pfarrersleuten und ihrem jetzigen Bräutigam entreißen. Heute nacht werde ich sie mit hierher bringen, dann wird der alte Dahlberg das Nachsehen haben.«

Und so geschah es. Gösta fuhr allein nach Borg, ohne eines der munteren Fräulein mitzunehmen, aber die heißen Wünsche der Zurückbleibenden begleiteten ihn auf seiner Fahrt. Und Sintram, der frohlockte, daß der alte Dahlberg so angeführt werden sollte, beschloß, auf Berga zu bleiben, bis Gösta mit der Ungetreuen zurückkäme. In einem Anfall von Wohlwollen hüllte er sogar Gösta in seinen grünen Reiseteppich, ein Geschenk von Mamsell Ulrika selber.

Frau Uggla aber trat vor die Haustür, drei kleine, rot eingebundene Bücher in der Hand.

»Nimm sie«, sagte sie zu Gösta, der schon im Schlitten

saß, »und wenn dein Plan mißlingen sollte, dann behalte sie. Es ist ›Corinne‹, Madame de Staëls ›Corinne‹. Ich will nicht, daß diese Bücher unter den Hammer kommen.«

»Mein Plan wird nicht mißlingen.«

»Ach, Gösta, Gösta«, seufzte sie und fuhr ihm mit der Hand über das unbedeckte Haupt, »du, der Stärkste und Schwächste unter den Menschen! Wie lange wirst du daran denken, daß das Glück einiger armen Menschen in deiner Hand liegt?«

Wieder flog Gösta, von dem schwarzen »Don Juan« gezogen, über die Landstraße dahin, während der weiße »Tankred« unermüdlich nebenher lief.

Er kam sich wie ein junger Eroberer vor; der Geist war über ihm.

Sein Weg führte ihn am Svartsjöer Pfarrhofe vorüber. Er fuhr dort vor und fragte, ob er nicht Anna Stjärnhök zum Balle fahren dürfe; und es wurde ihm gestattet. Ein schönes, eigensinniges Mädchen stieg zu ihm in den Schlitten. Wer wäre nicht gern mit dem schwarzen »Don Juan« gefahren?

Anfangs waren beide still, aber dann begann sie in einem heftigen Tone, wie nur der Übermut selbst ihn anschlägt:

»Gösta, hast du gehört, was der Pfarrer in der Kirche verkündet hat?«

»Hat er gesagt, daß du das schönste Mädchen zwischen dem Löfven und dem Klarälf seiest?«

»Du bist dumm, Gösta, das weiß doch jedermann. Nein, er hat mich mit dem alten Dahlberg aufgeboten.«

»Meinst du, ich hätte dich in den Schlitten gesetzt und wäre selbst hinten aufgesessen, wenn ich das gewußt hätte? Nie und nimmer hätte ich dich mitgenommen!«

Die stolze Erbin erwiderte:

»Ich wäre auch ohne Gösta Berling nach Borg gekommen.«

»Es ist doch schade um dich, Anna, daß du keine Eltern mehr hast. Deshalb bist du so, wie du bist, und man darf es nicht so genau mit dir nehmen.«

»Es ist noch mehr schade, daß du mir das nicht früher gesagt hast, dann hätte mich ein anderer nach Borg fahren können.«

»Die Pfarrerin denkt gerade wie ich, daß du jemand haben mußt, der Vaterstelle an dir vertritt, sonst hätte sie dir wohl nicht einen so alten Bräutigam ausgewählt.«

»Die Pfarrerin hat nichts damit zu tun.«

»Gott bewahre uns, hast du dir diesen stattlichen Kerl selbst ausgesucht?«

»Er nimmt mich nicht meines Geldes wegen.«

»Nein, die Alten laufen nur blauen Augen und roten Wangen nach, und das macht sich besonders reizend bei ihnen.«

»Ach, Gösta, du solltest dich schämen!«

»Denk aber auch daran, daß du jetzt nicht mehr mit den jungen Herrn Kurzweil treiben darfst. Mit Tanz und Spiel ist es nun vorbei. Dein Platz ist in der Sofaecke – wenn du es nicht vorziehen solltest, mit dem alten Dahlberg eine Partie ›Viro‹ zu spielen.«

Dann schwiegen beide, bis sie die steilen Hügel zum Borger Schlosse hinauffuhren.

»Ich danke für die gütige Beförderung. Es wird wohl eine Weile dauern, bis ich wieder mit Gösta Berling fahre.«

»Danke bestens für das freundliche Versprechen. Ich kenne mehr als einen, der den Tag bitter bereut hat, an dem er mit dir zum Fest fuhr.«

In einer nichts weniger als sanften Stimmung betrat die trotzige Schöne den Tanzsaal und ließ den Blick über die versammelten Gäste hinschweifen.

Zuallererst erblickte sie den kleinen, kahlköpfigen Dahlberg neben dem großen, schlanken, blondlockigen Gösta Berling. Am liebsten hätte sie alle beide zur Tür hinauswerfen lassen. Ihr Bräutigam trat zu ihr, um sie zum Tanz aufzufordern, aber sie empfing ihn mit höhnischem Erstaunen.

»Willst du tanzen? Das tust du doch sonst nicht?«

Die jungen Mädchen drängten sich herbei, um ihr Glück zu wünschen.

»Verstellt euch nicht, Kinder! Der alte Dahlberg ist nicht zum Verlieben. Aber er ist reich und ich bin reich, das paßt gut zusammen.«

Die alten Damen kamen jetzt auch herbei, drückten ihr die weiße Hand und sprachen von dem großen Glück des Lebens.

»Gratuliert der Pfarrerin«, gab sie zur Antwort. »Sie freut sich mehr über meine Verlobung als ich.«

Aber dort stand Gösta Berling, der muntre Kavalier, der von jedermann mit Jubel begrüßt wurde, denn sein frisches Lachen, seine glänzende Unterhaltungsgabe streuten Goldstaub auf das graue Gewebe des Lebens. Noch nie hatte Anna Stjärnhök ihn so gesehen wie an diesem Abend. Er war kein Ausgestoßener, kein Verworfener, kein heimatloser Witzreißer, nein, er war ein König unter den Männern, ein geborener König.

Er und die andern jungen Herren verschworen sich gegen sie. Sie sollte einsehen, wie schlecht es von ihr war, daß sie sich mit ihrem schönen Gesicht und ihrem großen Reichtum an einen alten Mann wegwerfen wollte. Und sie ließen sie zehn Tänze hindurch sitzen.

Sie kochte vor Wut.

Als der elfte Tanz begann, trat der geringste aller anwesenden Herren, ein armer Schlucker, mit dem keins der andern Mädchen tanzen wollte, zu ihr und forderte sie auf.

»Ihr meint wohl, wenn der Teufel Hunger habe, fresse er Fliegen?« sagte sie trocken.

Dann kamen Pfänderspiele an die Reihe.

Ein paar blondlockige junge Mädchen steckten die Köpfe zusammen und verurteilten sie dazu, den zu küssen, der ihr am liebsten sei. Und mit lächelnden Mienen warteten sie auf das Schauspiel, wie die stolze Schöne den alten Dahlberg küssen würde.

Doch prächtig anzusehen in ihrem Zorn, erhob sie sich und sagte:

»Darf ich nicht lieber dem eine Ohrfeige geben, den ich am wenigsten leiden kann?«

Und im nächsten Augenblick brannte Göstas Wange unter ihrer festen Hand. Er wurde dunkelrot, beherrschte sich aber, ergriff ihre Hand, hielt sie eine Sekunde fest und flüsterte:

»Erwarte mich in einer halben Stunde unten im roten Saal.«

Seine blauen Augen strahlten auf sie hinunter und umschlossen sie mit magischen Banden. Sie fühlte, daß sie ihm gehorchen mußte.

Dort unten trat sie ihm mit stolzer Haltung und bösen Worten entgegen.

»Was geht es dich an, Gösta Berling, mit wem ich mich verheirate?«

Auch er hatte noch keine milden Worte auf der Zunge, und es schien ihm auch nicht ratsam, jetzt gleich von Ferdinand zu reden.

»Mir scheint die Strafe, daß du zehn Tänze hindurch sitzen mußtest, durchaus nicht zu groß zu sein. Aber du willst deine Eide und Gelübde ungestraft brechen dürfen. Hätte ein besserer Mann als ich die Zuchtrute in die Hand genommen, es wäre dir noch schlechter ergangen.«

»Was habe ich denn dir und euch allen getan, daß ihr mich nicht in Ruhe laßt? Ihr verfolgt mich nur meines Geldes wegen. Ich werde es in den Löfven werfen, mag es da auffischen, wer Lust hat!«

Sie verbarg das Gesicht in den Händen und weinte vor Verdruß.

Dies rührte das Herz des Poeten. Er schämte sich seiner Härte. In weichem Ton begann er:

»Ach, Kind, vergib mir! Vergib dem armen Gösta Berling! Niemand kehrt sich daran, was so ein Lump sagt oder tut. Sein Zorn bringt niemand zum Weinen, ebensogut könnte man über einen Mückenstich weinen. Es war Wahnsinn – aber ich wollte verhindern, daß unser schönstes und reichstes Mädchen diesen alten Mann heirate. Und nun habe ich nichts weiter getan, als dich traurig gemacht.«

Er setzte sich zu ihr aufs Sofa und legte leise den Arm um sie, um sie mit zarter Fürsorge zu stützen und aufzurichten. Sie wich nicht zurück. Sie schmiegte sich an ihn an, schlang die Arme um seinen Hals, lehnte das schöne Haupt an seine Schulter und weinte.

Ach, Dichter, du, der Stärkste und Schwächste unter den Menschen, nicht um deinen Hals sollten die weißen Arme sich legen.

»Wenn ich das gewußt hätte«, flüsterte sie, »hätte ich den Alten nie genommen; heute abend habe ich dich erst recht gesehen, keiner kommt dir gleich.«

Aber zwischen bleichen Lippen stieß Gösta Berling mühsam ein Wort hervor:

»Ferdinand!«

Ein Kuß verschloß ihm den Mund.

»Er ist nichts, du bist mehr als sie alle. Dir würde ich treu sein.«

»Ich bin Gösta Berling«, sagte er finster, »mich kannst du nicht heiraten.«

»Du bist der, den ich liebe, der erste unter allen Männern. Du brauchst nichts zu tun, nichts zu sein. Du bist ein geborener König.«

Da wallte das Dichterblut in ihm auf. Sie war so schön und hold in der Liebe. Er schloß sie in seine Arme.

»Wenn du mein werden willst, kannst du nicht im Pfarrhaus bleiben. Laß mich dich gleich heute nacht nach Ekeby fahren, dort werde ich dich schon zu verteidigen wissen, bis wir Hochzeit halten können.«

In fliegender Eile ging es durch die Nacht dahin. Dem Gebote der Liebe gehorchend, ließen sie sich von »Don Juan« entführen. Das Knirschen des Schnees unter den Schlittenkufen klang wie die Klage der Betrogenen! Was kümmerten sie sich darum? Sie hing an seinem Halse, er beugte sich zu ihr hinunter und flüsterte ihr ins Ohr:

»Kann irgendeine Seligkeit mit geraubtem Glück verglichen werden?«

Was bedeutete das Aufgebot? Sie liebten einander.

Und der Zorn der Menschen? Gösta Berling glaubte an das Schicksal; das Schicksal hatte sie bezwungen; gegen das Schicksal kann niemand streiten.

Wären die Sterne Hochzeitsfackeln gewesen, zu ihrer Trauung angezündet, wären Don Juans Schellen Kirchenglocken gewesen, die die Leute zu ihrer Trauung mit dem alten Dahlberg zusammenriefen, – sie hätte dennoch mit Gösta Berling fliehen müssen. So mächtig ist das Schicksal.

Sie waren glücklich am Pfarrhof von Munkerud vorübergekommen. Jetzt hatten sie noch eine halbe Meile bis Berga und eine zweite halbe Meile bis Ekeby zurückzulegen. Der Weg führte am Waldessaum hin; rechts von ihnen erhoben sich niedrige, düstere, dunkle Berge, links ein langes, weißes Tal.

Da kam Tankred herbeigestürzt. Er rannte so, daß sein Bauch den Boden zu berühren schien. Heulend vor Angst sprang er in den Schlitten und verkroch sich zu Annas Füßen.

Don Juan machte einen Satz und stürmte im Galopp davon.

»Wölfe!« sagte Gösta Berling.

Sie sahen eine lange, graue Linie, die sich am Waldesrande dahinbewegte. Es mußten wenigstens ein Dutzend sein.

Anna erschrak nicht. Der Tag war schon reich an Abenteuern gewesen, nun versprach die Nacht ebenso zu werden. Dahinsausen über den knirschenden Schnee, den wilden Tieren und den Menschen trotzen – das war Leben!

Gösta stieß einen Fluch aus, beugte sich vor und versetzte Don Juan einen wuchtigen Hieb mit der Peitsche.

»Fürchtest du dich?« fragte er.

»Sie wollen uns vorauskommen und schneiden die Biegung des Weges ab.«

Don Juan lief mit den wilden Tieren des Waldes um die Wette, und Tankred heulte vor Wut und Angst. Sie erreichten die Krümmung des Weges gleichzeitig mit den

Wölfen, und Gösta gelang es, den vordersten mit der Peitsche zurückzutreiben.

»Ach, Don Juan, mein Junge, wie leicht könntest du zwölf Wölfen entkommen, wenn du nicht uns Menschen zu ziehen hättest!«

Sie banden den grünen Reiseteppich hinten an den Schlitten. Dies erschreckte die Wölfe, und sie hielten sich eine Zeitlang in einiger Entfernung. Aber nachdem sie ihre Scheu überwunden hatten, sprang einer von ihnen keuchend, mit offenem Rachen und lang heraushängender Zunge auf den Schlitten los. Da ergriff Gösta Madame de Staëls »Corinne« und schleuderte ihm die Bände in den Rachen.

Wieder konnten sie einen Augenblick aufatmen, während die Bestien diese Beute zerrissen; dann aber fühlten sie wiederholtes Zerren, als die Wölfe in das grüne Tuch bissen, und hörten ihren keuchenden Atem dicht hinter sich. Sie wußten, daß sie vor Berga an keiner menschlichen Wohnung vorüberkamen; doch weit schlimmer als der Tod erschien es Gösta, daß er denen ins Auge sehen sollte, die er betrogen hatte. Er wußte auch, daß das Pferd nicht länger aushalten könne, und was sollte dann aus ihnen werden?

Am Waldrande tauchte Berga auf. An den Fenstern standen brennende Kerzen. Gösta wußte, wem sie galten.

Doch – jetzt entflohen die Wölfe, bange vor der Nähe der Menschen, und Gösta fuhr an Berga vorüber. Er kam aber doch nicht weiter als bis an die Stelle, wo der Weg wieder in den Wald einbiegt; da sah er wieder eine dunkle Gruppe vor sich – die Wölfe erwarteten ihn.

»Laß uns ins Pfarrhaus zurückkehren und sagen, wir hätten nur eine kleine Schlittenfahrt im Sternenschein gemacht. Dies nimmt kein gutes Ende.«

Sie wendeten um, doch im nächsten Augenblick war der Schlitten von Wölfen umringt. Graue Gestalten huschten an ihnen vorüber, weiße Zähne schimmerten in weit aufgerissenen Rachen, glühende Augen funkelten. Die Wölfe heulten vor Hunger und Blutdurst. Die blitzenden Zähne verlangten danach, sich in weiches Menschenfleisch zu vergraben. Die Wölfe sprangen an Don Juan in die Höhe und hängten sich in dem Geschirr fest. Anna saß regungslos, und der einzige Gedanke, der in ihr aufstieg, war, ob die Wölfe sie wohl mit Haut und Haaren auffressen würden, oder ob irgend etwas von ihnen übrigbliebe, so daß die Leute am nächsten Morgen ihre zerfleischten Glieder auf dem zerstampften Schnee finden könnten.

»Jetzt gilt es unser Leben«, sagte sie, indem sie sich niederbeugte und Tankred im Nacken packte.

»Laß nur, es nützt nichts! Die Wölfe sind nicht des Hundes wegen auf der Jagd.«

Damit fuhr Gösta in den Bergaer Hof hinein; aber die Wölfe verfolgten ihn noch bis an die Treppe. Er mußte sich ihrer mit der Peitsche erwehren.

»Anna«, sagte er, als der Schlitten an der Freitreppe hielt, »Gott hat es nicht gewollt. Laß dir nichts merken. Wenn du das Mädchen bist, für das ich dich halte, laß dir nichts merken!«

Drinnen hatten sie das Schlittengeläute gehört, und alle eilten heraus.

»Er hat sie!« jubelten sie. »Er hat sie mitgebracht! Gösta Berling soll leben!« Und die Angekommenen wurden von einem Arm in den andern gerissen.

Es wurden nicht viele Fragen gestellt. Die Nacht war schon weit vorgeschritten, die Reisenden waren von ihrer schrecklichen Fahrt erschöpft und bedurften der Ruhe. Es war ja auch alles gut, da Anna gekommen war.

Alles war gut. Nur Corinne und der grüne Reiseteppich, Mamsell Ulrikas werte Gabe, waren verloren.

Im Hause schlief noch alles, als Gösta sich erhob; er kleidete sich an und schlich sich hinaus. Von niemand gesehen, zog er Don Juan aus dem Stalle, spannte ihn vor den Schlitten und wollte eben davonfahren, als Anna Stjärnhök aus dem Hause trat.

»Ich hörte dich hinausgehen«, sagte sie, »da stand ich auch auf; ich bin bereit, mit dir zu fahren.«

Er trat zu ihr und ergriff ihre Hand.

»Begreifst du denn noch nicht, daß es nicht sein kann? Gott will es nicht. Höre mich jetzt an und versuche mich zu verstehen. Gestern mittag war ich hier und war Zeuge ihres Jammers über deine Treulosigkeit. Da fuhr ich nach Borg, um dich zu Ferdinand zurückzuholen. Aber ich bin von jeher ein erbärmlicher Kerl gewesen und werde nie anders. Ich verriet ihn und behielt dich für mich. Hier auf Berga wohnt eine alte Frau, die glaubt, daß noch einmal ein rechter Mann aus mir werden könne. Auch sie habe ich betrogen. Und eine andere arme Alte will hier frieren und darben, nur um unter Freunden sterben zu können; ich aber war nahe daran, ihr von dem bösen Sintram die Heimat rauben zu lassen. Du warst so schön, und es war so süß, zu sündigen. Gösta Berling ist so leicht zu verlocken! Ach, was für ein Elender bin ich doch! – Ich weiß, wie sehr sie ihre Heimat lieben, die Ärmsten da drinnen, und war doch bereit, sie dem Untergang preiszugeben. Aber jetzt, Anna, wo ich Zeuge ihres Entzückens gewesen bin, will ich dich nicht behalten, nein, ich kann es nicht. Du hättest einen Menschen aus mir machen können, aber ich darf dich nicht behalten. O Geliebte! Er da droben spottet unseres Willens. Jetzt ist es Zeit, daß wir uns unter seine züchtigende Hand beugen. Sag mir, daß du von heute an dein Kreuz auf dich nehmen willst. Alle in diesem Hause setzen ihre Hoffnung auf dich. Versprich mir, daß du bei ihnen bleiben, ihnen Trost und Hilfe sein wirst. Wenn du mich liebst, wenn du mein bitteres Leid lindern willst, dann versprich mir das. Geliebte, ist dein Herz so groß, daß du dich selbst überwinden und dabei lächeln kannst?«

Voller Begeisterung nahm sie das Gebot der Entsagung an.

»Ich werde tun, was du verlangst – mich opfern und dabei lächeln.«

»Und meine armen Freunde nicht hassen?«

Sie lächelte wehmütig.

»Solange ich dich liebe, werde ich auch sie lieben.«

»Jetzt erst weiß ich, was für ein Weib du bist. Es wird mir schwer, von dir zu scheiden.«

»Lebe wohl, Gösta. Geh mit Gott! Meine Liebe soll dich nicht zur Sünde verleiten.«

Sie wandte sich zum Gehen. Er ging ihr nach.

»Wirst du mich bald vergessen haben?«

»Geh jetzt, Gösta. Wir sind nur Menschen.«

Er sprang in den Schlitten, da aber kam sie zurück.

»Denkst du nicht mehr an die Wölfe?«

»Doch, ich denke an sie, aber sie haben ihre Aufgabe erfüllt. Mit mir haben sie heute nichts mehr zu schaffen.«

Noch einmal streckte er die Arme nach ihr aus, aber Don Juan wurde ungeduldig und zog an. Gösta griff nicht nach den Zügeln. Umgewendet saß er da und starrte zurück. Dann beugte er sich tief auf den Rand des Schlittens und weinte wie ein Verzweifelter.

»Ich habe das Glück besessen und es zurückgestoßen. Ich selbst habe sie von mir gestoßen. Warum habe ich sie nicht festgehalten?«

Ach, Gösta Berling, du, der Stärkste und Schwächste unter den Menschen!

La cachucha

Streitroß, Streitroß! Du Alter, der du nun auf dem Acker angebunden stehst, erinnerst du dich deiner Jugend?

Erinnerst du dich des Tages der Schlacht, du Mutiger? Du sprengtest voran wie von Flügeln getragen, deine Mähne flatterte zügelnden Flammen gleich über deinem Haupt, Blut und Schaumflocken deckten deine schwarze Brust! In goldglänzendem Zaumzeug sprengtest du dahin, der Boden erdröhnte unter deinen Hufschlägen. Du zittertest vor Freude, du Kühner! Oh, wie warst du schön!

Graue Dämmerung liegt über dem Kavalierflügel. Im

großen Saale stehen die rotangestrichenen Truhen der Kavaliere an den Wänden, und ihre Festgewänder hängen am Kleiderhaken in der Ecke. Der Feuerschein aus dem offenen Kamin spielt auf den weißgetünchten Wänden und den gelbgewürfelten Gardinen, die vor den in die Mauer eingelassenen Bettnischen hängen. Der Kavalierflügel ist kein königliches Gemach, kein Serail mit gepolsterten Ruhebetten und weichen Kissen.

Aber da drinnen ertönt Liljecronas Geige. Er spielt in der Dämmerstunde »La cachucha«, er spielt sie wieder und immer wieder.

Zerschneidet ihm doch die Saiten, zerbrecht ihm den Bogen! Warum spielt er denn diesen verwünschten Tanz? Warum spielt er ihn gerade jetzt, wo Örneclou, der Fähnrich, an der Gicht darniederliegt, daß er kaum ein Glied rühren kann? Nein, reißt ihm die Geige aus der Hand und zerschmettert sie an der Wand, wenn er nicht aufhören will!

La cachucha, ist das etwas für uns, Maëstro? Kann sie auf den schwankenden Brettern, zwischen den engen, rauchgeschwärzten und schmierigen Wänden unter der niedrigen Decke des Kavalierhauses getanzt werden? Wehe dir, daß du sie spielst!

La cachucha, ist das etwas für uns, für die Kavaliere? Draußen heult der Schneesturm. Willst du die Schneeflokken lehren, im Takt zu tanzen? Spielst du für die leichtfüßigen Kinder des Schneegestöbers?

Frauenkörper, die unter den Pulsschlägen des heißen Bluts erschauern, kleine berußte Hände, die den Kochtopf beiseite schieben und nach den Kastagnetten greifen, nackte Füße unter den aufgeschürzten Röcken, ein mit Marmorfliesen gepflasterter Hof, Zigeuner, die mit Sackpfeife und Tamburin am Boden kauern, maurische Bogengänge, Mondschein und schwarze Augen, hast du das, Maëstro? Sonst laß deine Geige ruhen!

Die Kavaliere trocknen ihre nassen Kleider am offenen Feuer. Können sie sich in ihren hohen Stiefeln mit eisenbeschlagenen Absätzen und fingerdicken Sohlen im Tanze drehen? Den ganzen Tag sind sie durch ellenhohen Schnee gewatet, um zu der Bärenhöhle zu gelangen. Glaubst du denn, daß sie in ihren feuchten, dampfenden Friesröcken mit dem zottigen Petz tanzen möchten?

Ein sternfunkelnder Abendhimmel, rote Rosen in dunkelm Frauenhaar, berauschender Duft in der Abendluft, angeborene Grazie in den Bewegungen, Liebe, die von der Erde aufsteigt, die vom Himmel herabtaut, die in der Luft schwebt – hast du das Maëstro? Weshalb willst du uns sonst zwingen, uns nach solchen Dingen zu sehnen?

Du grausamster aller Menschen! Stößt du ins Horn, um das angebundene Streitroß zur Schlacht zu rufen? Rudger von Örneclou liegt von Gicht gefesselt auf seinem Lager. Erspare ihm die Qual süßer Erinnerungen, Maëstro! Auch er hat einst den Sombrero und das bunte Haarnetz getragen, auch ihm gehörte einst die Samtjacke und der Dolch im Gürtel! Schone den alten Örneclou, Maëstro!

Aber Liljecrona spielt la cachucha, und Örneclou leidet Qual wie der Liebende, der die Schwalbe den Weg zu der fernen Wohnung der Geliebten nehmen sieht, wie der lechzende Hirsch, der von den Treibern an der labenden Quelle vorübergejagt wird.

Liljecrona läßt die Geige einen Augenblick sinken.

»Fähnrich, erinnerst du dich der schönen Rosalie von Berger?«

Örneclou stößt einen kräftigen Fluch aus.

»Sie war so leicht wie ein Flämmchen, sie glänzte und tanzte wie der Diamant an der Spitze des Violinbogens. Du wirst dich ihrer wohl noch vom Karlstadter Theater erinnern? Wir sahen sie, als wir jung waren. Weißt du es noch, Fähnrich?«

Ob der Fähnrich es noch weiß? Sie war klein und lebhaft. Feurig und ausgelassen war sie. Sie tanzte la cachucha, und sie lehrte auch alle jungen Herren in Karlstadt cachucha tanzen und die Kastagnetten dazu schlagen. Auf dem Balle des Landrats hatten dann der Fähnrich und

Fräulein Berger in spanischer Tracht la cachucha vorgetanzt.

Und er hatte so getanzt, wie man unter Feigenbäumen und Platanen zu tanzen pflegt, wie ein echter Spanier!

Niemand in ganz Värmland konnte la cachucha tanzen wie er. Außer ihm konnte sie niemand so tanzen, daß es sich davon zu reden verlohnt hätte.

Welchen Ritter verlor doch das Värmland, als die Gicht seine Beine steif machte und sich an seinen Gelenken Knoten bildeten! Und welch ein Ritter war er gewesen, so schlank, so schön, so durch und durch ritterlich! Den »schönen Örneclou« nannten ihn die jungen Mädchen, die wegen eines Tanzes mit ihm in tödliche Feindschaft geraten konnten.

Wieder stimmt Liljecrona la cachucha an, und Örneclou wird in alte Zeiten zurückversetzt.

Da stehen sie, er und Rosalie von Berger. Die beiden waren soeben allein in der Garderobe gewesen. Sie war Spanierin, er war Spanier. Er durfte sie küssen, aber vorsichtig, denn sie fürchtete seinen gefärbten Schnurrbart. Jetzt tanzen sie. Ach, so tanzt man unter Feigenbäumen! Sie weicht zurück, er verfolgt sie; er wird kühn, sie stolz; er stellt sich beleidigt, sie zeigt sich versöhnlich. Als er sich zuletzt aufs Knie niederläßt und sie in seinen ausgebreiteten Armen auffängt, geht ein Seufzer durch den Ballsaal, ein Seufzer des Entzückens. Er war ein Spanier gewesen, ein echter Spanier!

Und gerade bei den letzten Bogenstrichen hatte er sich so vorgebeugt, so die Arme ausgebreitet, den Fuß so erhoben, um auf den Zehen vorwärts zu schweben. Welche Grazie! Man hätte ihn in Marmor meißeln können!

Er weiß nicht, wie es zugeht, aber er hat den Fuß über die Bettkante herausgestreckt, er steht aufrecht, er beugt sich vor, er erhebt die Arme, knipst mit den Fingern und will über den Fußboden hinschweben, gerade wie damals, wo er so enge Lackstiefel trug, daß er die Vorderstrümpfe abschneiden mußte.

»Bravo, Örneclou! Bravo, Liljecrona, spiel ihn gesund!«

Der Fuß versagt ihm den Dienst; er kann nicht auf die Zehenspitzen kommen. Er bewegt das eine Bein ein paarmal, dann kann er nicht mehr, er fällt aufs Bett zurück.

Schöner Señor, Ihr seid alt geworden!

Und die Señorita vielleicht auch?

Nur unter Granadas Platanen wird la cachucha von ewig jungen Gitanas getanzt. Ewig jung sind sie wie die Rosen, weil jeder Lenz neue bringt.

So ist denn der Augenblick gekommen, wo die Saiten der Geige zerschnitten werden müssen?

Nein, spiel weiter, Liljecrona, spiel la cachucha, immerzu la cachucha!

Lehr uns, daß wir hier im Kavalierflügel, ob auch unsere Körper schwerfällig und unsere Glieder steif werden, im Herzen doch immer dieselben bleiben – immer Spanier!

Streitroß! Streitroß!

Sag, daß du ihn liebst, den Trompetenstoß, der dich zum Galopp verleiten will, auch wenn du dir das Bein blutig reißt an der eisernen Fußfessel.

Der Ball auf Ekeby

Oh, ihr Frauen entschwundener Zeiten!

Wenn man von euch redet, ist es, als spräche man vom Himmelreich: eitel Schönheit waret ihr, eitel Licht. Ihr wart ewig jung, ewig schön und milde wie das Auge einer Mutter, wenn sie ihr Kind anschaut. Weich wie die Eichkätzchen hingt ihr am Halse des Gatten. Nie ließ der Zorn eure Stimme erbeben, nie legte sich eure Stirn in Falten, eure weiche Hand wurde niemals rauh und hart. Ihr lieblichen Heiligen! Gleich geschmückten Götterbildern standet ihr im häuslichen Tempel; Weihrauch und Gebete wurden euch dargebracht. Durch euch verrichtete die Liebe ihre Wunderwerke, und um eure Scheitel wob Poesie ihren goldenen Schein.

Oh, ihr Frauen entschwundener Zeiten! Laß mich berichten, wie wieder eine von euch Gösta Berling ihre Liebe schenkte! Vierzehn Tage nach dem Feste auf Borg wurde ein Ball auf Ekeby gegeben. Welch ein Fest! Greise und alte Frauen konnten wieder jung werden, lachen und sich freuen, wenn sie nur davon sprachen.

Aber damals waren die Kavaliere auch Alleinherrscher auf Ekeby.

Die Majorin wanderte mit Bettelsack und Wanderstab im Lande umher, und der Major wohnte auf Sjö. Er konnte nicht einmal dem Fest anwohnen, denn auf Sjö waren die Pocken ausgebrochen, und er fürchtete, die böse Krankheit weiter zu verbreiten.

Welche Fülle von Genuß umschlossen nicht diese herrlichen zwölf Stunden von dem Knallen des ersten Korkens beim Mittagstisch bis zu dem letzten Bogenstrich, wenn die Mitternachtsstunde längst geschlagen hatte! Hinab in den Abgrund der Zeit sanken sie, diese preisgekrönten Stunden, Stunden, die hinreißend waren durch die feurigsten Weine, die leckersten Speisen, die herrlichste Musik, die geistreichsten Theaterstücke, die schönsten lebenden Bilder. Hinab sanken sie, schwindlig vom schwindligsten Tanz. Wo fand man auch so glatte Fußböden, so galante Ritter, so schöne Frauen!

Oh, ihr Frauen entschwundener Zeiten! Ihr verstandet es, ein Fest zu verschönen. Jeder, der sich euch näherte, fühlte einen feurigen Strom von Geistes- und Jugendkraft durch die Adern fließen. Es lohnte sich, sein Gold für die Kerzen auszugeben, die eure Schönheit bestrahlen sollten, sowie für den Wein, der die Lebenslust in euren Herzen erweckte; es lohnte sich, euretwegen die Schuhsohlen durchzutanzen und den Arm, der den Geigenbogen führte, lahmzuspielen.

Oh, ihr Frauen entschwundener Zeiten! Ihr besaßet den Schlüssel zu den Pforten des Paradieses.

In Ekebys Sälen sind die Holdesten eurer holden Schar versammelt! Dort steht die junge Gräfin Dohna, übersprudelnd munter und stets aufgelegt zu Tanz und Spiel, wie es sich für ihre zwanzig Jahre geziemt. Da sind auch die schönen Töchter des Amtmanns aus Munkerud und die muntern Fräulein aus Berga. Da ist auch Anna Stjärnhök, tausendmal schöner als früher durch die sanfte Schwermut, die seit jener Nacht, wo sie von den Wölfen verfolgt wurde, ihrem ganzen Wesen aufgedrückt ist. Da sind noch viele andere, die allerdings noch nicht vergessen sind, es aber bald sein werden, und da ist auch die schöne Marianne Sinclaire.

Sie, die Weitberühmte, die am Königshof geglänzt, in Grafenschlössern gestrahlt hatte, die Königin der Schönheit, der im ganzen Lande, wohin sie auch kam, gehuldigt wurde, sie, die den Funken der Liebe entzündete, sobald sie sich zeigte, sie hatte sich herabgelassen, dem Feste der Kavaliere anzuwohnen.

Hell glänzte dazumal noch Värmlands Ehre, viele stolze Namen hielten sie aufrecht. Vieles hatten die lebensfrohen Kinder des schönen Landes, worauf sie stolz sein konnten, aber wenn sie von ihren schönen Frauen sprachen, vergaßen sie nie, Marianne Sinclaires Namen zu nennen.

Das Gerücht ihrer Triumphe erfüllte das ganze Land.

Man sprach von den Grafenkronen, die über ihrem Haupte geschwebt hatten, von den Millionen, die ihr zu Füßen gelegt worden waren, von den Heldenschwertern und Dichterkränzen, deren Glanz sie zu locken versucht hatte.

Und sie war nicht allein schön, sie war auch geistreich und belesen. Die besten Männer ihrer Zeit unterhielten sich gern mit ihr. Sie schrieb nicht selbst, aber viele ihrer Gedanken, die sie in die Seelen ihrer dichtenden Freunde niedergelegt hatte, erstanden bei ihnen in Liedern und Gesängen.

In Värmland, im Lande der Bären, hielt sie sich nur selten auf. Sie war beinahe immer auf Reisen. Ihr Vater, der reiche Melchior Sinclaire, saß mit seiner Frau jahraus jahrein daheim auf Björne und ließ Marianne zu ihren vornehmen Freunden in die großen Städte oder auf die prächtigen Herrenhöfe reisen. Er prahlte mit dem vielen Gelde, das sie verbrauchte, und die beiden Alten lebten glücklich in dem Glanze des strahlenden Daseins ihrer Tochter.

Mariannes Leben war eine Kette von Vergnügungen, von Huldigungen. Die Luft um sie her war Liebe, Liebe war ihr Licht und ihre Leuchte, Liebe ihr tägliches Brot.

Oft hatte sie selbst schon geliebt, wieder und wieder; aber dieses Liebesfeuer hatte nie so lange gebrannt, daß man dabei eine Fessel hätte schmieden können, die fürs ganze Leben bindet.

»Ich warte noch auf ihn, den kühnen Eroberer«, pflegte sie zu sagen, wenn von der Liebe die Rede war.

»Bis jetzt ist er weder über Wälle gestiegen, noch durch Gräben geschwommen. Gezähmt kam er, in seinem Blicke lag keine Wildheit, keine überwältigende Leidenschaft wohnte in seinem Herzen. Ich warte auf den Gewaltigen, der mich mir selbst entreißt; so stark muß ich die Liebe in meinem eigenen Herzen empfinden, daß ich davor erbebe. Bis jetzt kenne ich nur die Liebe, über die mein Verstand lächeln muß.«

Ihre Gegenwart brachte Leben in die Unterhaltung, verlieh dem Wein Feuer. Ihre glühende Seele beschleunigte die Bogenstriche, und rascher ging der Tanz über den Fußboden, sobald sie ihn mit ihrem schmalen Fuß berührte. Sie strahlte in den lebenden Bildern, sie ließ die Lustspiele geistreich erscheinen, ihre schönen Lippen ...

Ach, stille, es war nicht ihre Schuld, es war nie ihre Absicht gewesen! Der Balkon, der Mondschein, der Spitzenschleier, die Rittertracht, der Gesang, sie waren schuld daran! Die armen jungen Menschenkinder waren unschuldig!

Alles das, wodurch so viel Unglück angerichtet wurde, war doch nur in bester Absicht getan worden. Patron Julius, der sich auf alles verstand, hatte ein lebendes Bild gestellt, nur damit Marianne in vollem Glanze strahle.

Vor der Bühne, die in dem großen Saal zu Ekeby aufgeschlagen worden war, saßen hundert Gäste und sahen Spaniens gelben Mond an dem dunkeln nächtlichen Himmel hinziehen. Ein Don Juan schlich sich die Straßen Sevillas entlang und machte unter einem efeuumrankten Balkon halt. Er hatte sich als Mönch verkleidet, doch sah man eine Spitzenmanschette aus dem Ärmel und eine glänzende Degenspitze unter der Kutte hervorgucken.

Der Vermummte stimmte ein Lied an:

»Nicht küss' ich ein Mädchen zum süßen Bund,
nicht setz' ich dürstend den Becher zum Mund,
ich trinke keinen Wein.
Was soll mir die Wange rosig und rund,
für mich erglüht in der Liebe Stund'
der Blick, der selige Wonne tut kund –
nichts rühret das Herze mein!

Im Glanz der Schönheit nicht tritt hervor,
Señora, ach, kommt nicht ans Gittertor,
der Anblick macht mir Pein!
Das Recht zu lieben ich längst verlor,
denn Kutt' und Rosenkranz ich erkor,
dem Weine zieh das Wasser ich vor –
das muß zum Trost mir sein!«

Als der letzte Ton verklang, trat Marianne in schwarzem Samtgewand und einen Spitzenschleier über dem Haar auf den Balkon. Sie beugte sich über das Geländer und sang langsam und ironisch:

»Warum denn stimmst du, frommer Mann,
hier am Balkon die Weise an,
sag, betest du für mich?«

Aber dann auf einmal warm und lebhaft:

»O fliehe, flieh, man schleicht heran,
den Degen dein man sehen kann.
Stimmst du auch heil'ge Lieder an,
der Sporn verrät den Rittersmann –
o flieh, errette dich!«

Bei diesen Worten warf der Mönch die Verkleidung ab, und Gösta Berling stand in goldgesticktem seidenen Rittergewand unter dem Balkon. Er kehrte sich nicht an die Warnung der Schönen, sondern kletterte an einem der Pfeiler, die den Balkon trugen, hinauf, schwang sich übers Geländer und fiel – wie Patron Julius es angeordnet hatte – vor der schönen Marianne auf die Knie.

Sie lächelte ihn huldreich an, reichte ihm die Hand zum Kusse, und während die beiden einander in Liebe versunken betrachteten, fiel der Vorhang.

Und vor ihr kniete Gösta Berling, mit einem Ausdruck, so sanft wie der eines Dichters und keck wie der eines Feldherrn; seine tiefen Augen blitzten vor Schelmerei und Geist – sie strahlten, flehten und bettelten. Er war geschmeidig und doch kraftvoll, feurig und berückend.

Während der Vorhang immer wieder aufging und fiel, verharrte das junge Paar regungslos in derselben Stellung. Göstas Augen ruhten unverwandt auf der schönen Marianne – sie flehten, sie bettelten.

Das Beifallklatschen verstummte, der Vorhang ward nicht mehr aufgezogen, niemand konnte die beiden mehr sehen.

Da beugte sich die schöne Marianne nieder und küßte Gösta Berling. Sie wußte nicht, warum sie es tat, sie konnte nicht anders. Er schlang die Arme um ihren Hals und hielt sie fest. Sie küßte ihn wieder und wieder.

Aber der Balkon, der Mondschein, der Spitzenschleier, das Ritterkleid, der Gesang, der Beifall, sie allein waren schuld daran, die armen jungen Menschenkinder waren unschuldig. Sie hatten es nicht beabsichtigt. Nicht aus Sehnsucht nach Gösta hatte sie die Grafenkronen, die über ihrem Haupte schwebten, zurückgewiesen, oder war an den Millionen, die zu ihren Füßen lagen, vorübergegangen, und auch Gösta Berling hatte Anna Stjärnhök noch nicht vergessen.

Nein, sie waren ohne Schuld, keines von beiden hatte es gewollt.

Der sanfte Lövenborg, er, mit den Tränen in den Augen und dem Lächeln auf den Lippen, zog an jenem Tage den Vorhang auf. Von der Erinnerung an kummervolle Zeiten bedrückt, schenkte er den Dingen dieser Welt nur wenig Aufmerksamkeit, und er hatte sich nie Mühe gegeben, sie so gut wie möglich auszuführen. Als er nun sah, daß Gösta und Marianne eine neue Stellung eingenommen hatten, glaubte er, dies gehöre ebenfalls zu dem lebenden Bilde und begann wieder an der Schnur des Vorhanges zu ziehen.

Das junge Paar auf dem Balkon wurde es erst gewahr, als ein neuer Beifallssturm losbrach.

Marianne schreckte auf, sie wollte entfliehen, Gösta aber hielt sie fest und flüsterte ihr zu:

»Bleibt ruhig stehen, man glaubt, es gehöre noch zur Aufführung.«

Er fühlte, wie sie am ganzen Körper zitterte, wie die Glut ihrer Küsse erlosch.

»Habt keine Furcht«, flüsterte er, »schöne Lippen haben das Recht zu küssen.«

Sie mußte in derselben Stellung verharren, während der Vorhang fiel und wieder aufging, und jedesmal, wenn die hundert Augenpaare sie ansahen, erhoben sich ebenso viele Hände zu stürmischem Applaus.

Denn es ist schön, zwei junge, schöne Menschen das Glück der Liebe darstellen zu sehen. Niemand kam auf den Gedanken, daß diese Küsse etwas anderes sein könnten als Theaterblendwerk, niemand ahnte, daß die Señora vor Scham errötete und der Ritter vor Unruhe bebte. Jedermann glaubte, die Fortsetzung des lebenden Bildes vor sich zu sehen.

Endlich standen Marianne und Gösta hinter der Bühne.

Sie fuhr mit der Hand über die Stirne.

»Ich kann mich selbst nicht begreifen«, flüsterte sie.

»O pfui, pfui, Fräulein Marianne«, sagte er mit einer Grimasse und erhob entrüstet die Arme. »Gösta Berling zu küssen, pfui, pfui!«

Marianne mußte lachen.

»Ach, alle Welt weiß, daß Gösta Berling unwiderstehlich ist. Mein Verbrechen ist also nicht größer als das der andern.«

Und so kamen sie denn ganz friedlich miteinander überein, daß sie gute Miene dazu machen wollten, damit niemand die Wahrheit ahne.

»Kann ich mich darauf verlassen, daß nie jemand die Wahrheit erfährt, Herr Gösta?« fragte sie, ehe sie sich mit Gösta wieder unter die Zuschauer mischte.

»Ja, das könnt Ihr, Fräulein Marianne. Die Kavaliere können schweigen, ich verbürge mich für sie.«

Sie schlug die Augen nieder. Ein eigentümliches Lächeln spielte um ihre Lippen.

»Wenn aber die Wahrheit trotzdem an den Tag käme, was würden dann die Leute von mir denken, Herr Gösta?«

»Nichts würden sie denken; denn sie wüßten, daß es nichts zu bedeuten hatte. Sie würden glauben, daß wir uns in unsere Rolle ganz eingelebt und weitergespielt hätten.«

Und noch eine Frage stellte sie mit gesenktem Blick, mit erzwungenem Lächeln.

»Aber Ihr selbst, Herr Gösta, was denkt Ihr von mir?«

»Ich denke, daß Fräulein Marianne sich in mich verliebt hat«, scherzte er.

»Glaubt so etwas ja nicht, Herr Gösta«, erwiderte sie lächelnd, »sonst müßte ich Euch mit diesem spanischen Dolche durchbohren, um zu beweisen, daß der Herr Gösta im Irrtum ist.«

»Frauenküsse sind teuer«, sagte Gösta. »Kostet es wirklich das Leben, von Fräulein Marianne geküßt zu werden?«

Da drang ein Blick aus Mariannes Augen, der ihn traf wie ein Dolchstoß.

»Ich möchte Euch tot vor mir sehen, Gösta Berling, tot, tot.«

Die Worte erweckten das alte Sehnen aufs neue in dem Herzen des Poeten.

»Ach«, seufzte er, »daß diese Worte mehr wären als nur

Worte! Wären es doch Pfeile, die sausend aus einem dunklen Gebüsch kämen, wären sie ein Dolch oder ein Gift, das die Macht hätte, diesen elenden Körper zu zerstören, so daß meine Seele ihre Freiheit wieder erhielte!«

Sie hatte ihre Ruhe wiedergewonnen.

»Kindereien!« sagte sie, indem sie ihren Arm in den seinen legte, um sich mit ihm zu den Gästen zu begeben.

Sie waren in ihren Kostümen geblieben, und als sie sich im Saale zeigten, feierten sie neue Triumphe. Alle waren des Lobes voll, niemand hatte den geringsten Verdacht geschöpft. Der Ball nahm seinen Fortgang; aber Gösta entfloh aus dem Tanzsaal.

Das Herz tat ihm weh, Mariannes Blick hatte ihn getroffen wie ein scharfer Stahl; er verstand sehr wohl den Sinn ihrer Worte. Eine Schande war es, ihn zu lieben, eine Schande, von ihm geliebt zu werden, schlimmer als der Tod. Er wollte nie wieder tanzen, nie wieder schöne Frauen sehen!

Er wußte ja wohl, daß diese schönen Augen, diese roten Wangen nicht für ihn erglühten. Nicht seinetwegen schwebten diese Füße leicht dahin, nicht für ihn erklang dieses holde Lachen!

Ja, mit ihm tanzen, mit ihm schwärmen, das konnten sie – keine aber hätte im Ernst die Seine werden wollen.

Der Poet begab sich ins Rauchzimmer zu den alten Herren und setzte sich an einen der Spieltische. Zufällig hatte er an demselben Tische Platz genommen, wo der reiche Herr von Björne saß und »Knack« spielte; bald spielte er, bald hielt er die Bank, und vor ihm wuchs ein großer Haufen von Sechs- und Zwölfgroschenstücken an.

Es wurde schon hoch gespielt, und nun trieb Gösta die Einsätze noch mehr in die Höhe. Die grünen Banknoten kamen zum Vorschein, und vor dem reichen Melchior Sinclaire wurde der Geldhaufen immer größer.

Aber auch vor Gösta häuften sich Banknoten und Geldstücke, und bald war er der einzige, der den Kampf mit dem reichen Gutsherrn von Björne aushielt. Nach kurzer

Zeit wanderte sogar der große Geldhaufen von Melchior Sinclaire zu Gösta Berling hinüber.

»Gösta, mein Junge«, rief der Gutsherr lächelnd, als alles, was er in seiner Tasche und in seiner Börse gehabt hatte, dahin war, »was sollen wir nun tun? Ich bin ganz ausgeplündert, und mit geliehenem Geld spiele ich niemals, das habe ich meiner Mutter versprochen.«

Er fand aber doch einen Ausweg. Er verspielte seine Uhr, seinen Biberpelz und war eben im Begriff, sein Pferd und seinen Schlitten zu setzen, als Sintram ihn zurückhielt.

»Setz doch etwas, was sich verlohnt!« sagte der böse Gutsherr von Fors. »Setz etwas, was den Bann brechen kann.«

»Weiß der Teufel, was ich da setzen soll!«

»Spiel um dein Herzblut, Bruder Melchior, spiel um deine Tochter!«

»Das kann der Herr Sinclaire ruhig wagen«, sagte Gösta Berling lachend, »den Preis gewinne ich doch nicht.«

Der reiche Melchior mußte ebenfalls lachen. Er duldete es nicht gerne, daß der Name seiner Tochter am Spieltisch genannt wurde, aber dies war ein so hirnverrückter Vorschlag, daß er nicht böse darüber werden konnte. Marianne an Gösta zu verspielen, ja, das konnte er getrost wagen.

»Das heißt«, erklärte er, »nur unter der Bedingung, daß du ihr Jawort erringen kannst, Gösta, setze ich meinen väterlichen Segen zum Ehebunde auf diese Karte.«

Gösta setzte seinen ganzen Gewinn dagegen, und das Spiel begann. Gösta gewann, doch jetzt gab der Gutsherr Melchior das Spielen auf. Bei solchem Pech war nichts zu machen, das sah er ein.

Es wurde spät; Mitternacht war schon vorüber. Die Wangen der Schönen begannen bleich zu werden, die Lokken lösten sich, die Garnierungen waren zerdrückt. Die alten Damen erhoben sich aus ihren Sofaecken und sagten, das Fest habe nun volle zwölf Stunden gedauert, da sei es Zeit, nach Hause zu fahren.

Das schöne Fest sollte nun wirklich ein Ende nehmen;

doch da griff Liljecrona selbst zur Geige und spielte zur letzten Polka auf. Die Schlitten hielten vor der Tür, die alten Damen hüllten sich in ihre Pelze und Kapuzen, die alten Herren knüpften die Halstücher um und knöpften die Pelzstiefel zu. Die jungen Leute aber konnten sich nicht vom Tanze losreißen. Sie tanzten in Mänteln und Hüten, tanzten Viermannspolka, Stampfpolka, Ringpolka; es war ein wildes, rasendes Tanzen. Sobald ein Herr eine Dame losließ, kam ein anderer und riß sie mit sich fort.

Selbst der schwermütige Gösta Berling wurde in den Wirbel mit hineingerissen. Er wollte den Kummer und die Demütigung forttanzen, er wollte wieder schäumende Lebenslust in seinem Blut fühlen, er wollte ebenso fröhlich sein wie die andern. Und er tanzte, daß die Wände des Saales sich vor ihm im Kreise drehten und seine Gedanken sich verwirrten.

Aber was für eine Dame war es denn eigentlich, die er aus der Menge mit sich fortgerissen hatte? Sie war leicht und geschmeidig, und er fühlte, daß Ströme von Feuer zwischen ihnen hin und her gingen. Ach, es war Marianne!

Während Gösta mit Marianne tanzte, saß Sintram schon in seinem Schlitten unten auf dem Hof, und neben ihm stand Melchior Sinclaire.

Der reiche Gutsherr war ärgerlich darüber, daß er auf Marianne warten mußte. Er stampfte mit seinen großen Pelzstiefeln im Schnee und machte sich Bewegung mit den Armen, denn es war bitterkalt.

»Du hättest Marianne doch lieber nicht an Gösta verspielen sollen, Sinclaire!« sagte Sintram.

»Was sagst du?«

Sintram brachte seine Zügel in Ordnung und hob die Peitsche, dann erst antwortete er:

»Die Küsserei gehörte nicht zu den lebenden Bildern.«

Der mächtige Gutsherr Melchior Sinclaire hob den Arm und holte zu einem tödlichen Schlag aus; aber Sintram war schon fort. Er jagte davon, schlug auf das Pferd ein, daß es in wilder Fahrt dahinstürmte, und wagte nicht, sich umzusehen; denn Melchior hatte eine schwere Hand und nur eine kurze Geduld.

Der Gutsherr ging in den Tanzsaal zurück, um seine Tochter zu holen, und da sah er denn, wie Gösta und Marianne miteinander tanzten.

Wild und toll wurde diese letzte Polka getanzt. Einige der Paare waren bleich, andere glühend rot, der Staub wogte wie ein Nebel durch den Saal, die heruntergebrannten Wachskerzen glimmten in den Leuchtern, und mitten in diesem spukhaften Durcheinander flogen Gösta und Marianne dahin, königlich in ihrer unermüdlichen Kraft, von tadelloser Schönheit, glücklich in dem Gefühl, sich dieser herrlichen Bewegung ganz hingeben zu können.

Melchior Sinclaire sah ihnen eine Weile zu, aber dann ging er fort und ließ Marianne tanzen. Er schlug die Tür hinter sich zu, stapfte mit schweren, dröhnenden Schritten die Treppe hinunter, setzte sich ohne weiteres in seinen Schlitten, in dem seine Frau schon auf ihn wartete, und fuhr davon.

Als Marianne ausgetanzt hatte und nach ihren Eltern fragte, waren sie fort.

Sie ließ sich jedoch ihre Überraschung nicht anmerken, sondern kleidete sich ruhig an und verließ das Haus. Die Damen im Ankleidezimmer glaubten, sie sei in einem besonderen Schlitten gekommen.

Sie aber eilte in ihren dünnen seidenen Schuhen auf der Straße dahin, ohne irgend jemand ihre Not zu klagen. In der Dunkelheit erkannte sie keiner der Vorüberfahrenden. Wer hätte auch ahnen können, daß dieser späte Wanderer, der von den vorübereilenden Schlitten in die hohen Schneeschanzen am Wegrande getrieben wurde, die schöne Marianne sei!

Sobald sie sich in der Mitte des Weges sicher fühlen konnte, fing sie zu laufen an. Sie lief, bis ihr der Atem versagte, dann ging sie eine Strecke, fing aber bald wieder zu laufen an; eine unheimliche, qualvolle Angst trieb sie vorwärts.

Von Ekeby nach Björne ist es höchstens eine Viertelmeile. Marianne hatte den Weg bald zurückgelegt, aber sie glaubte beinahe, sie habe sich verirrt, denn als sie auf den Hof kam, waren alle Türen verschlossen, alle Lichter ausgelöscht – sie glaubte anfänglich, ihre Eltern seien noch gar nicht nach Hause gekommen.

Sie ging an die Haustür und klopfte laut. Sie rüttelte an der Klinke, daß es durchs ganze Haus schallte. Niemand kam, um ihr zu öffnen, aber als sie den eisernen Handgriff, den sie mit bloßen Händen erfaßt hatte, losließ, riß sie sich die an dem Metall festgefrorene Haut von der Handfläche und den Fingern.

Der großmächtige Gutsherr Melchior Sinclaire war nach Hause gefahren, um Björnes Pforten vor seinem einzigen Kinde zu verschließen.

Er war berauscht vom vielen Trinken und raste vor Zorn. Er haßte seine Tochter, weil sie an Gösta Berling Gefallen fand. Jetzt sperrte er seine Dienstboten in die Küche und seine Frau in die Schlafstube; und er schwur einen heiligen Eid, daß er den, der einen Versuch mache, Marianne einzulassen, auf der Stelle totschlagen werde; und Melchior Sinclaire war dafür bekannt, daß er sein Wort hielt.

So wütend hatte ihn noch niemand gesehen; aber es hatte ihn auch noch niemals ein größerer Kummer betroffen. Wäre ihm seine Tochter jetzt vor die Augen gekommen, er hätte sie vielleicht umgebracht.

Er hatte ihr goldenes Geschmeide und seidene Kleider geschenkt, er hatte sie in Kunst und Wissenschaften unterrichten lassen. Sie war sein Stolz gewesen, seine Ehre! Er hatte zu ihr aufgesehen, als trüge sie eine Krone. Ach, seine Königin, seine Göttin, seine gefeierte, schöne, stolze Marianne! Hatte er ihr je etwas versagt? Hatte er sich nicht selbst für zu gewöhnlich gehalten, ihr Vater zu sein? O Marianne, Marianne!

Muß er sie nicht hassen, wenn sie in Gösta Berling verliebt ist und ihn küßt? Muß er sie nicht verstoßen, ihr seine

Tür verschließen, wenn sie sich so tief herabwürdigt, einen solchen Mann zu lieben? Mag sie auf Ekeby bleiben, mag sie zu den Nachbarn laufen und um ein Nachtquartier betteln, mag sie im Schnee schlafen, ihm soll es gleich sein! Sie ist ja doch schon durch den Schmutz gezogen, die schöne Marianne. Ihr Glanz ist ja doch schon dahin. Der Glanz seines Lebens ist dahin.

Er liegt in seinem Bett und hört sie an der Haustür klopfen. Was geht das ihn an? Er schläft. Draußen steht ja nur ein Mädchen, das einen abgesetzten Pfarrer heiraten will – für solche Geschöpfe ist in seinem Haus kein Raum. Wenn er sie weniger geliebt hätte, wenn er weniger stolz auf sie gewesen wäre, dann hätte er sie hereingelassen.

Freilich, seinen Segen konnte er ihnen nicht vorenthalten, den hatte er verspielt, aber seine Tür zu öffnen, nein, das wollte er nicht. O Marianne!

Das schöne junge Mädchen stand noch immer vor der Tür ihres Elternhauses. Bald rüttelte sie in ohnmächtigem Zorn an der Klinke, bald fiel sie auf die Knie, faltete die wunden Hände und flehte um Vergebung.

Aber niemand hörte sie, niemand antwortete ihr, niemand öffnete ihr!

Ach, war dies nicht zu schrecklich! Entsetzen ergreift mich, während ich es erzähle. Sie kam von einem Ball, dessen Königin sie gewesen war. Sie war stolz, reich und glücklich gewesen, und nun war sie in einem einzigen Augenblick in bodenloses Elend hinabgestürzt. Aus ihrer Heimat ausgeschlossen, der Kälte preisgegeben, nicht verhöhnt, nicht verflucht, nur mit kalter, mitleidloser Gefühllosigkeit ausgeschlossen.

Ich denke an die kalte, sternhelle Nacht, die sie umgab, an die große, unbegrenzte Nacht mit den leeren, öden Schneefeldern und den schweigenden Wäldern. Alles schlief, alles war in schmerzlosen Schlummer versunken, nur einen einzigen lebenden Punkt gab es in allem diesem schlafenden Weiß. Alle Sorge, alle Angst und aller Schrekken, die sonst auf der ganzen Welt verteilt sind, krochen zu diesem einen Punkt hin. O Gott, so allein leiden zu müssen, mitten in der schlafenden Welt!

Zum erstenmal in ihrem Leben traten Marianne Härte und Unbarmherzigkeit entgegen. Ihre Mutter verließ nicht einmal das Bett, um sie einzulassen. Alte, treue Diener, die ihre ersten Schritte geleitet hatten, hörten sie, rührten aber ihretwegen kein Glied.

Für welches Verbrechen wurde sie eigentlich gestraft? Wo hätte sie auf Mitleid hoffen dürfen, wenn nicht an dieser Tür? Hätte sie auch einen Mord begangen, so hätte sie doch hier angeklopft, in dem festen Glauben, daß man ihr hier vergeben würde. Wäre sie das verworfenste Geschöpf geworden, wäre sie elend und in Lumpen gehüllt aus der Fremde heimgekehrt, sie hätte doch vertrauensvoll und eines liebevollen Empfangs sicher an dieser Tür geklopft. Diese Tür war ja der Eingang zu ihrer Heimat, hinter dieser Tür konnte ihr nur Liebe entgegentreten.

Hatte ihr Vater sie jetzt nicht genug geprüft? Würde er nicht bald öffnen?

»Vater, Vater!« rief sie. »Laß mich ein! Mich friert, ich zittre vor Kälte! Es ist schrecklich hier draußen!«

»Mutter, Mutter, du hast so manchen Schritt mir zuliebe getan! Du hast so manche Nacht an meinem Bett gewacht, warum schläfst du jetzt? Mutter, Mutter, so wache doch noch diese eine Nacht, und ich will dir nie wieder Kummer bereiten!«

Sie ruft und versinkt dann in atemloses Schweigen, Antwort erwartend. Aber niemand hörte sie, niemand gehorchte ihr, niemand kam.

Da ringt sie angstvoll die Hände, doch ihre Augen haben keine Tränen.

Unheimlich und unbeweglich liegt das lange, dunkle Haus mit seinen verschlossenen Türen und dunklen Fenstern vor ihr. Was sollte jetzt aus ihr werden, sie war ja heimatlos? Gebrandmarkt, entehrt war sie, so lange der Himmel dieser Erde sich über ihr wölbte. Und ihr Vater selbst drückte das rotglühende Eisen auf ihre Schulter.

»Vater«, ruft sie noch einmal, »was soll aus mir werden? Die Menschen werden das Schlimmste von mir glauben.«

Sie weinte und schluchzte, ihr Körper war erstarrt vor Kälte. Ach, daß solch ein Jammer über ein Menschenkind hereinbrechen konnte, das eben noch so hoch gestanden hatte! Daß man so leicht in das tiefste Elend hinabstürzen kann! Muß es uns da nicht vor dem Leben grauen? Wer sitzt in einem sicheren Schiff? Um uns herum wogen die Sorgen gleich einem brandenden Meere, begehrlich lecken die Wellen an den Seiten des Schiffes empor, sieh! sie stürzen sich darüber, um es zum Sinken zu bringen. Ach, nirgends ein sicherer Halt, kein fester Boden, kein zuverlässiges Boot! Soweit das Auge reicht, nur ein unbekannter Himmel über einem Ozean von Sorge.

Doch still! Endlich, endlich ertönen Schritte.

»Bist du es Mutter?« fragt Marianne.

»Ja, mein Kind.«

»Darf ich jetzt hinein?«

»Der Vater will dich nicht hereinlassen.«

»Ich bin in meinen dünnen Schuhen von Ekeby bis hierher durch den Schnee gelaufen. Seit einer Stunde stehe ich hier und rufe und klopfe. Ich erfriere in dieser Kälte. Warum seid ihr ohne mich fortgefahren?«

»Kind, Kind, weshalb küßtest du Gösta Berling?«

»Aber so sage Vater doch, daß ich mir nichts aus ihm mache. Es war nur ein Scherz. Wie kann er glauben, daß ich Gösta Berling heiraten wolle?«

»Geh in die Pächterwohnung, Marianne, und bitte, daß man dich über Nacht aufnimmt. Vater ist betrunken und nimmt keine Vernunft an. Er hat mich droben gefangengehalten. Jetzt ist er eingeschlafen, da habe ich mich weggestohlen. Er schlägt dich tot, wenn du ins Haus kommst.«

»Mutter, Mutter, soll ich zu Fremden gehen, wenn ich ein Elternhaus habe? Ist denn meine Mutter ebenso hart wie mein Vater? Wie kannst du es zulassen, daß ich ausgeschlossen werde? Ich lege mich hier vor die Tür in den Schnee, wenn du mich nicht einläßt.«

Schon legte Mariannes Mutter die Hand auf das Schloß, um zu öffnen; aber da ertönten schwere Tritte auf der Treppe, und eine scharfe Stimme rief ihren Namen.

Marianne lauschte, die Mutter aber eilte hinauf – die rauhe Stimme stieß einen Fluch aus, und dann ...

Marianne hörte etwas Entsetzliches – sie konnte jeden Laut in dem stillen Hause hören.

Sie vernahm den Schall eines Schlages, eines Stockschlages oder einer Ohrfeige, dann ein schwaches Geräusch, und dann wieder einen Schlag.

Er schlug die Mutter, der Schreckliche! Der riesenstarke Melchior Sinclaire schlug seine Frau!

In jähem Entsetzen warf sich Marianne auf der Türschwelle nieder und krümmte sich in bittrer Angst. Jetzt konnte sie weinen, und ihre Tränen froren zu Eis auf der Schwelle ihrer Heimat.

Gnade, Erbarmen! Öffnet, öffnet! damit sie hineinkommen und ihren eigenen Rücken unter den Schlägen beugen kann. Ach, daß er die Mutter schlagen kann, sie schlagen, weil sie ihre Tochter nicht am nächsten Morgen tot im Schnee finden will, weil sie ihr Kind trösten wollte!

In jener Nacht wurde Marianne tief gedemütigt. Sie hatte geträumt, daß sie eine Königin sei, und nun lag sie hier, wenig besser als eine ausgepeitschte Sklavin!

Endlich erhob sie sich in kaltem Zorn. Noch einmal schlug sie mit der blutigen Hand an die Tür und rief:

»Höre, was ich dir sage, der du meine Mutter schlägst! Du sollst weinen, Melchior Sinclaire, weinen sollst du!«

Darauf ging die schöne Marianne hin und legte sich in den Schnee, um zu schlafen. Sie warf den Pelz ab und lag dort in ihrem schwarzen Samtkleide, das von dem weißen Schnee grell abstach. Sie malte sich aus, wie ihr Vater sie hier am nächsten Morgen, wenn er seinen gewohnten Spaziergang machte, tot finden werde, und sie hatte nur den einen Wunsch, daß er selber sie finden möchte.

O Tod, du bleicher Freund, ist es ebenso wahr wie tröstreich, daß ich dich einst treffen muß? Auch zu mir, ob ich auch am längsten der Last der Erdenarbeit widerstehe, auch zu mir wirst du kommen, mir den zerschlissenen Lederschuh vom Fuß ziehen, mir den Besen und das Mehlfaß aus der Hand nehmen und mir das Arbeitskleid ausziehen. Mit milder Gewalt legst du mich auf ein spitzenbesetztes Lager, hüllst mich in Leinen und Seide. Meine Füße bedürfen der Schuhe nicht mehr, aber meine Hände kleidet man in schneeweiße Handschuhe, die keine Arbeit mehr beschmutzen wird. Von dir zur süßen Ruhe eingeweiht, schlafe ich den tausendjährigen Schlaf! O Erlöser! Der am längsten zaudernde der Erdenarbeiter bin ich, und doch träume ich mit wollüstigem Beben von dem Augenblick, wo ich in dein Reich aufgenommen werde.

Bleicher Freund, an mir magst du getrost deine Stärke erproben, aber das sage ich dir, bei den Frauen der entschwundenen Zeiten hattest du einen schweren Kampf! Ihr schlanker Leib war lebenskräftiger, keine Kälte brachte ihr heißes Blut zum Erstarren.

Du hattest die schöne Marianne auf dein Bett gelegt, o Tod, und du saßest an ihrer Seite, wie eine alte Kinderfrau an der Wiege sitzt, um das Kindlein in den Schlaf zu lullen. Du treue alte Wärterin, du weißt, was den Menschenkindern gut ist, wie muß es dich da verdrießen, wenn Spielkameraden kommen, die mit Lärmen und Schreien dein eben eingeschlummertes Kind wecken. Mußtest du nicht zürnen, als die Kavaliere die schöne Marianne aus dem Bett hoben, als ein Mann sie an seine Brust drückte und seine heißen Tränen auf ihr Gesicht fielen?

Auf Ekeby waren alle Lichter erloschen und alle Gäste abgefahren. Nur die Kavaliere waren noch um die halbgeleerte Punschbowle im Kavalierflügel versammelt.

Da schlug Gösta Berling an die Bowle und hielt eine Rede auf euch, ihr Frauen entschwundener Zeiten. Von euch zu reden, sagte er, hieße vom Himmelreich reden, eitel

Schönheit wäret ihr, eitel Licht. Ewig jung, ewig schön, und mild wie das Auge der Mutter, wenn sie ihr Kind anschaut. Weich wie junge Eichkätzchen hinget ihr am Halse des Mannes. Nie hörte man eure Stimme im Zorn erbeben, nie legte sich eure Stirn in Falten, eure weiche Hand würde nie rauh und hart. Sanfte Heilige wäret ihr, geschmückte Götterbilder im häuslichen Tempel. Die Männer lägen euch zu Füßen und brächten euch Weihrauch und Gebete dar. Durch euch vollbrächte die Liebe ihre Wunderwerke, um eure Stirne wöbe die Poesie ihren glänzenden Schein!

Und die Kavaliere sprangen auf, berauscht vom Wein, berauscht von seinen Worten; ihr Blut wallte heiß vor Festfreude. Selbst der alte Onkel Eberhard und der träge Vetter Christoffer schlossen sich nicht aus. In fliegender Eile spannten die Kavaliere Pferde vor die Schlitten, und nun ging es hurtig in die kalte Nacht hinaus, um ihnen noch eine Huldigung darzubringen, denen nie genug gehuldigt werden konnte, um jedem der holden Wesen, dessen rote Wangen und leuchtende, klare Augen noch vor kurzem in Ekebys Sälen gestrahlt hatten, eine Serenade zu bringen.

Oh, ihr Frauen entschwundener Zeiten! Ja, es konnte euch wohlgefallen, durch eine Serenade, von den treuesten eurer Ritter dargebracht, aus euren süßen Träumen geweckt zu werden. Ja, es konnte euch wohlgefallen, wie es einer entschlafenen Seele wohlgefällt, von himmlischer Musik geweckt zu werden.

Doch die Kavaliere kamen nicht weit auf dieser frommen Fahrt, denn schon als sie Björne erreichten, fanden sie die schöne Marianne vor der Tür ihres Elternhauses im Schnee liegen.

Sie erbebten vor Schrecken und Zorn, als sie ihrer ansichtig wurden. Es war ihnen, als fänden sie ein angebetetes Heiligenbild verstümmelt und beraubt vor der Kirchentür.

Gösta schüttelte die geballte Faust drohend gegen das dunkle Haus.

»Ihr Kinder des Hasses«, rief er, »ihr Hagelschauer, ihr Nordstürme, ihr Verheerer von Gottes Paradies!«

Beerencreutz zündete seine Hornlaterne an und beleuchtete das totenblasse Gesicht. Da sahen die Kavaliere Mariannes wunde Hände und die Tränen, die an ihren Wimpern zu Eis erstarrt waren, und sie jammerten wie die Weiber; denn sie war doch nicht nur ein Heiligenbild, sondern ein schönes Weib, an dem auch alte Herzen ihre Freude gehabt hatten.

Gösta Berling warf sich neben ihr auf die Knie.

»Hier liegt sie nun, meine Braut«, sagte er. »Vor wenigen Stunden gab sie mir den Brautkuß, und ihr Vater hat mir seinen Segen versprochen. Hier liegt sie nun und wartet darauf, daß ich komme und ihr weißes Bett mit ihr teile.«

Und Gösta hob die Leblose mit seinen starken Armen auf.

»Heim nach Ekeby mit ihr!« rief er. »Jetzt ist sie mein. Im Schnee habe ich sie gefunden, nun soll sie mir niemand mehr entreißen. Wir wollen niemand da drinnen wecken. Was soll sie auch hinter der Tür, an der sie sich die Hände blutig geschlagen hat?«

Und die andern willfahrten ihm. Er legte Marianne in den vordersten Schlitten und setzte sich neben sie. Beerencreutz stellte sich hintenauf und ergriff die Zügel.

»Reibe sie mit Schnee, Gösta!« befahl er.

Die Kälte hatte ihr nur die Glieder gelähmt, das wild erregte Herz schlug noch. Sie hatte nicht einmal das Bewußtsein verloren, sie wußte, daß die Kavaliere sie gefunden hatten; aber sie konnte kein Glied rühren. Steif und starr lag sie im Schlitten, während Gösta sie mit Schnee rieb und abwechselnd weinte und sie küßte. Sie empfand ein unaussprechliches Verlangen, nur eine Hand rühren, nur eine Liebkosung erwidern zu können.

Sie wußte alles, was geschehen war; steif und starr lag sie da und konnte doch so klar denken wie noch nie. Liebte sie Gösta Berling? Ja, sie liebte ihn. War es nur die Laune dieses einen Abends? Ach nein – es mußte schon lange her sein, schon viele Jahre.

Sie verglich sich mit ihm und mit den andern Menschen in Värmland. Sie waren alle wie die Kinder, ließen und taten, was ihnen gerade einfiel. Sie lebten an der Oberfläche, hatten die Tiefen ihrer Seelen nie erforscht. Sie aber war ganz anders geworden, wie man wird, wenn man in die Welt hinauskommt und mit fremden Menschen verkehrt, sie konnte sich nie ganz hingeben. Wenn sie liebte – wie sehr sie sich auch Mühe gab –, immer stand gleichsam die eine Hälfte ihres Ichs da und schaute mit kaltem Hohnlächeln zu. Sie hatte sich immer nach einer Leidenschaft gesehnt, die kommen und sie in wildem, besinnungslosem Taumel mit fortreißen würde. Und jetzt war er gekommen, der Gewaltige! Als sie Gösta Berling auf dem Balkon küßte, da hatte sie zum ersten Male sich selbst vergessen.

Und jetzt ergriff sie die Leidenschaft aufs neue, ihr Herz klopfte so heftig, daß sie sein Pochen hören konnte. Erhielt sie denn noch immer nicht die Herrschaft über ihre Glieder zurück? Jetzt empfand sie eine wilde Freude, daß ihr Vater sie verstoßen hatte. Nun wollte sie Gösta angehören ohne Zaudern. Wie dumm war sie doch gewesen, daß sie ihre Liebe so viele Jahre unterdrückt hatte. O welche Seligkeit, sich der Liebe hinzugeben! Würde sie denn aber niemals, niemals die Eisfesseln abschütteln können? Bisher war sie im Innern Eis und nach außen Feuer gewesen; jetzt war es gerade umgekehrt, jetzt brannte eine Feuerseele in einem Eiskörper.

Da fühlte Gösta, daß zwei Arme sich mit schwachem, kraftlosem Druck um seinen Hals legen.

Er fühlte es kaum, Marianne aber glaubte der ganzen zusammengepreßten Leidenschaft in ihrem Innern in einer erstickenden Umarmung Luft gemacht zu haben.

Doch als Beerencreutz dies sah, ließ er das Pferd auf dem wohlbekannten Wege nach eigenem Gutdünken dahinlaufen. Er erhob den Blick und schaute unverwandt zu dem Siebengestirn empor.

Freunde, Menschenkinder! Sollte es geschehen, daß ihr dieses in später Nacht leset – ob ihr noch auf seid oder euch schon zu Bett gelegt habt –, so wie ich es jetzt in den stillen Nachtstunden niederschreibe, dann solltet ihr nicht erleichtert aufatmen und glauben, daß die guten Herrn Kavaliere sich eines ungestörten Schlafes erfreuen durften, nachdem sie mit Marianne auf Ekeby angekommen waren und sie in dem besten Fremdenzimmer neben dem großen Salon gut untergebracht hatten.

Zu Bett gingen sie allerdings, und in Schlaf fielen sie auch, aber es war ihnen nicht beschieden, in ungestörter Ruhe bis zum Mittag zu schlafen, wie wir es vielleicht könnten, ich und du, lieber Leser, wenn wir bis vier Uhr gewacht hätten und uns vor Müdigkeit alle Glieder weh täten.

Es darf nämlich nicht vergessen werden, daß zu jener Zeit die alte Majorin mit Bettelsack und Wanderstab durchs Land zog, und daß es nie ihre Art war, auf die Bequemlichkeit eines ermüdeten Sünders Rücksicht zu nehmen. Und jetzt war dies um so weniger ihre Absicht, denn sie hatte beschlossen, in dieser Nacht die Kavaliere aus Ekeby zu verjagen.

Denn die Zeit war nicht mehr, wo sie in Glanz und Herrlichkeit auf Ekeby gesessen und Freude auf Erden aussäte, wie Gott Sterne über den Himmel ausstreut. Und während sie heimatlos im Lande umherzog, waren Macht und Ehre der großen Güter in den Händen der Kavaliere, die sie hüteten, wie der Wind die Asche behütet, wie die Frühlingssonne den Schnee.

Manchmal geschah es, daß die Kavaliere zu sechs oder acht in einem langen Schlitten mit Schellen und geflochtenen Zügeln ausfuhren. Begegneten sie dann der Majorin, die als Bettlerin daherkam, dann schlugen sie nicht einmal die Augen nieder.

Mit der Faust drohte ihr die lärmende Schar, durch eine

rasche Wendung des Schlittens trieben sie die Ärmste in den hohen Schnee am Weg hinein, und Major Fuchs, der Bärentöter, vergaß nie, dreimal auszuspucken, um alle bösen Folgen der Begegnung mit dem alten Weibe zu vertreiben.

Sie hatten kein Mitleid mit ihr; ihr Anblick war ihnen widerwärtig, wie der einer alten Hexe. Wäre ihr ein Unglück zugestoßen, so hätten sie sich nicht mehr darüber gegrämt, als es jemand tun würde, der am Osterabend eine mit Messingstiften geladene Flinte abschießt und eine auf dem Besenstiel durch die Luft fliegende Hexe trifft.

Es war den armen Kavalieren, als hinge ihrer Seelen Seligkeit davon ab, daß sie die Majorin verfolgten. Die Menschen sind oft grausam gewesen und haben einander mit großer Härte gepeinigt, wenn sie für ihr Seelenheil zitterten.

Wenn die Kavaliere spät in der Nacht vom Zechtisch ans Fenster taumelten, um zu sehen, ob die Nacht ruhig und sternhell sei, bemerkten sie oft einen dunklen Schatten, der über den Hofplatz hinglitt, und sie waren überzeugt, daß die Majorin gekommen war, um ihr geliebtes Heim zu betrachten. Aber dann erdröhnte der Kavalierflügel von dem Hohngelächter der alten Sünder, die Fenster wurden aufgerissen, und spöttische Zurufe flogen zu ihr hinunter.

Wahrlich – Lieblosigkeit und Übermut begannen wirklich von dem Gehirn der mittellosen Abenteurer Besitz zu ergreifen. Sintram hatte Haß in ihre Herzen gesät. Ihre Seelen hätten nicht in größere Gefahr geraten können, wenn die Majorin auf Ekeby geblieben wäre; es fallen mehr Soldaten auf der Flucht als in der Schlacht.

Die Majorin dagegen hegte keinen allzu großen Zorn gegen die Kavaliere.

Hätte es in ihrer Macht gestanden, dann hätte sie sie wie unartige Jungen mit der Rute gezüchtigt und wäre ihnen hinterher wieder von Herzen gut gewesen.

Jetzt aber fürchtete sie für ihr geliebtes Besitztum, das der Obhut der Kavaliere übergeben war, die es behüteten, wie die Wölfe die Schafe, wie die Kraniche die Frühlingssaat.

Es gibt viele, die auch dieselbe Sorge haben durchmachen müssen. Sie ist nicht die einzige, die den Ruin über ein geliebtes Heim hereinbrechen sah und gefühlt hat, was es heißt, wenn die sorgsam gehegten Höfe verfallen. Mit den Augen eines zu Tode getroffenen Rehs scheint die Heimat ihrer Kindheit sie anzublicken. Viele kommen sich wie Verbrecher vor, wenn sie die von Flechten überwucherten Bäume absterben und die Kieswege, von Gras und Unkraut bedeckt, verschwinden sehen. Sie möchten auf den einst mit wogendem Getreide bedeckten Feldern niederknien und diese bitten, die Schmach, die ihnen angetan wird, nicht ihnen zur Last zu legen. Und sie wenden sich ab von den armen alten Pferden; deren Blick auszuhalten, dazu gehört ein robusteres Herz! Sie wagen es nicht, am Zaune zu stehen, wenn das Vieh von der Weide heimkehrt! Kein Ort auf der weiten Welt ist so schwer zu betreten wie ein verfallenes Heim.

Oh, ich bitte euch alle, die ihr der Felder und Wiesen, der Baumgüter und der geliebten, freudebringenden Blumengärten wartet, wartet ihrer recht! Wartet ihrer mit Liebe, mit emsiger Arbeit! Es ist nicht gut, wenn die Natur über die Menschen klagt!

Wenn ich bedenke, was dieses stolze Ekeby unter der Herrschaft der Kavaliere leiden mußte, dann wünsche ich, daß der Plan der Majorin in Erfüllung gegangen und Ekeby den Kavalieren genommen worden wäre.

Es war nicht ihre Absicht, selbst wieder zur Herrschaft zu kommen.

Sie hatte nur ein Ziel: Ihr Heim von diesen Narren zu befreien, diesen Heuschrecken, diesen wilden Räubern, auf deren Wegen kein Gras mehr wuchs.

Während sie bettelnd im Lande umherzog und von Almosen lebte, mußte sie beständig an ihre Mutter denken, und der Gedanke, daß nur dann bessere Zeiten für sie kommen könnten, wenn ihre Mutter die Last des Fluchs von ihren Schultern genommen hätte, setzte sich in ihrem Herzen fest.

Noch hatte niemand ihr den Tod der Alten gemeldet, sie mußte also noch da oben auf dem Sägewerk in den Älftalswäldern leben. Trotz ihrer neunzig Jahre stand sie noch in ununterbrochener Arbeit, sorgte im Sommer für ihre Milchschüsseln und im Winter für ihre Kohlenmeiler, sich abmühend fast bis zu Tode und voller Sehnsucht nach der Stunde, wo sie ihr Tagewerk vollbracht hätte.

Und die Majorin dachte, die Alte müsse sicherlich nur deshalb so lange leben, damit sie den Fluch wieder von ihrer Tochter nehmen könne. Eine Mutter, die ein solches Elend über ihr Kind heraufbeschworen hatte, konnte unmöglich sterben.

So beschloß denn die Majorin, zu ihrer Mutter zu gehen, damit sie beide Ruhe bekämen. Sie wollte durch die dunklen Wälder, den Fluß entlang, nach ihrer Kinderheimat ziehen. Eher konnte sie ja keine Ruhe finden.

Gar viele boten ihr in jenen Tagen eine warme Heimat und die Gaben treuer Freundschaft an, aber sie ließ sich nirgends festhalten. Streng und grimmig ging sie von Hof zu Hof, denn der Fluch lastete gar schwer auf ihr.

Ja, sie wollte zu ihrer Mutter gehen, zuvor aber wollte sie noch für ihr geliebtes Ekeby sorgen. Sie wollte es nicht in den Händen leichtsinniger Verschwender, nichtswürdiger Saufkumpane, gleichgültiger Verschleuderer der Gaben Gottes lassen.

Sollte sie gehen, um bei ihrer Rückkehr ihr Erbe vergeudet, ihre Eisenhämmer verödet, ihre Pferde abgemagert, ihre Dienstboten zerstreut zu finden?

O nein, noch einmal wird sie sich in ihrer ganzen Kraft erheben und die Kavaliere verjagen!

Sie wußte recht wohl, daß es ihrem Mann Freude machte, wenn er sah, wie ihr Erbe vergeudet wurde. Doch sie kannte ihn hinreichend, um zu wissen, daß er viel zu träg war, einen neuen Heuschreckenschwarm herbeizuschaffen, wenn sie diesen vertriebe. Waren die Kavaliere erst einmal fort, dann würden ihre alten Knechte und ihr Inspektor auf Ekeby wieder alles in das gewohnte Geleise bringen.

Deshalb war ihr dunkler Schatten so viele Nächte hindurch auf den schwarzen Wegen der Eisenwerke dahingeglitten.

Sie war heimlich bei den Häuslern aus und ein gegangen, hatte mit dem Müller und den Mahlknechten im Erdgeschoß der großen Mühle gesprochen und mit den Schmieden in dem dunklen Kohlenschuppen Rat gepflogen.

Und alle hatten ihr geschworen, ihr zu helfen. Die Macht und Ehre des großen Besitztums sollten nicht länger in den Händen fahrlässiger Kavaliere bleiben, die sie behüteten, wie der Wind die Asche behütet, wie der Wolf die Schafherde.

Und in der Nacht, wo die lustigen Herren getanzt, gespielt und getrunken hatten, bis sie todmüde auf ihre Betten sanken, gerade in dieser Nacht sollten sie fort. Sie hat sie großtun lassen, die Leichtsinnigen!

Finsteren Blickes hat sie in der Schmiede gesessen und das Ende des Balls abgewartet. Sie hat auch noch die Rückkehr der Kavaliere von ihrer nächtlichen Fahrt abgewartet; schweigend und starr saß sie da, bis ihr gemeldet wurde, daß der letzte Lichtschein an den Fenstern des Kavalierflügels erloschen sei, und daß der große Hof schlafe.

Da stand sie auf und ging hinaus.

Die Majorin befahl nun, daß alle Untergebenen des Gutes sich am Kavalierflügel versammeln sollten; sie selbst ging voraus nach den Wohngebäuden. An dem großen Herrenhause klopfte sie an und wurde sogleich eingelassen. Die Tochter des Brobyer Pfarrers, die sie zu einer tüchtigen Dienerin erzogen hatte, erwartete sie.

»Die gnädige Frau ist herzlich willkommen«, sagte das Mädchen und küßte ihr die Hand.

»Lösch das Licht!« befahl die Majorin. »Meinst du, ich könnte den Weg hier nicht im Dunkeln finden?«

Und dann begann sie eine Wanderung durch das stille

Haus. Sie ging vom Keller bis auf den Boden und nahm Abschied. Leise, leise gingen sie von Zimmer zu Zimmer.

Die Majorin sprach mit ihren Erinnerungen. Die Dienerin seufzte und schluchzte nicht, aber Träne um Träne rollte ihr über die Wangen herab, während sie ihre Herrin begleitete. Die Majorin ließ sich den Leinenschrank und den Silberschrank öffnen; sie strich mit der Hand zärtlich über die feinen Damastgedecke und die prächtigen silbernen Kannen, und liebkosend befühlte sie die hochaufgetürmten Daunenbetten in der Kammer. Alle Hausgeräte, Webstühle, Spinnrocken und Garnwinden mußte sie berühren. Prüfend steckte sie die Hand in die Gewürzlade, und sie befühlte auch die Reihen der an einem Stocke unter dem Dache aufgehängten Talglichter.

»Die Lichter sind trocken«, sagte sie, »sie können abgenommen und eingepackt werden.«

Unten im Keller neigte sie prüfend die Fässer und fuhr tastend mit der Hand über die Reihen der Weinflaschen.

Sie war in der Speisekammer und in der Küche, sie befühlte, untersuchte alles. Sie streckte die Hand aus und sagte allem in ihrem Hause »Lebewohl«.

Ganz zuletzt ging sie in die Zimmer. Im Speisesaale fuhr sie mit dem Finger über die Platte des großen Eßtisches hin.

»Viele haben sich an diesem Tisch sattgegessen«, sagte sie.

Und sie schritt durch alle Zimmer. Sie fand die langen, breiten Sofas an ihrem Platz, sie legte die Hand auf die kühlen Platten der Marmortische; von vergoldeten Greifen getragen, stützten sie die mit einem Fries von tanzenden Göttinnen geschmückten Spiegel.

»Dies ist ein reiches Haus«, sagte sie. »Er war ein herrlicher Mann, der mich hier zur Herrin einsetzte.«

Im Salon, wo eben noch der Tanz gerast hatte, standen die hochlehnigen Armstühle schon wieder in steifer Ordnung an den Wänden.

Sie trat ans Klavier und schlug leise einen Ton an.

»Auch zu meiner Zeit hat es hier nicht an Lust und Freude gefehlt«, sagte sie.

Sie ging auch in das Fremdenzimmer neben dem Salon.

Da drinnen war es stockfinster. Die Majorin tastete mit der Hand umher und berührte dabei das Gesicht der Dienerin.

»Weinst du?« fragte sie, als sie Tränen an ihrer Hand fühlte.

Da begann das junge Mädchen zu schluchzen.

»Ach Herrin, teure Herrin!« rief sie. »Sie werden noch alles zerstören! Ach, warum seid Ihr von uns gegangen und habt die Kavaliere hier hausen lassen?«

Die Majorin zog den Vorhang zurück und deutete auf den Hof hinaus.

»Habe ich dich weinen und jammern gelehrt?« fragte sie scharf. »Sieh, die vielen Leute im Hof, morgen wird kein Kavalier mehr auf Ekeby sein.«

»Kehrt Ihr dann wieder hierher zurück?« fragte die Dienerin.

»Meine Zeit ist noch nicht gekommen«, antwortete die Majorin. »Die Landstraße ist meine Heimat, der Strohhaufen mein Bett. Aber du mußt mir Ekeby behüten, Mädchen, solange ich fort bin.«

Sie gingen weiter. Keine von ihnen wußte oder kam auf den Gedanken, daß Marianne in diesem Zimmer schliefe.

Sie schlief auch nicht. Sie war ganz wach, hatte alles gehört und alles verstanden.

Sie hatte still im Bett gelegen und eine Hymne auf die Liebe gedichtet.

»Du Herrliche, du hast mich über mich selbst hinausgehoben!« sagte sie. »In bodenloses Elend war ich versunken, und du hast es in dein Paradies verwandelt. Der eiserne Griff der verriegelten Tür des Elternhauses hielt meine Hände fest, und sie bluteten, als ich sie losriß, auf der Schwelle meiner Heimat froren meine Tränen zu Eisperlen. Der kalte Zorn ließ mein Herz erstarren, als ich die Schläge auf den Rücken meiner Mutter fallen hörte. Im eisigen Schnee wollte ich meinen Harm verschlafen. Aber du bist gekommen! O Liebe, du Kind des Feuers, du kamst zu der vor Kälte Erstarrten! Wenn ich mein Elend mit der dadurch gewonnenen Herrlichkeit vergleiche, so erscheint es mir wie nichts. Losgelöst bin ich von allen irdischen Banden, ich habe nicht Vater noch Mutter und keine Heimat. Die Menschen werden alles Schlechte von mir denken und sich von mir abwenden. Nun wohl, so hast du es gewollt, o Liebe! Denn warum sollte ich höher stehen als mein Geliebter?

Hand in Hand werden wir in die Welt hinauswandern. Gösta Berlings Braut ist arm. Im Schnee hat er sie gefunden. Wir wollen uns eine Heimat gründen, nicht in den hohen Sälen, sondern in des Taglöhners Hütte am Waldessaum. Ich werde ihm helfen, den Meiler zu bewachen, ihm helfen, den Hasen und Auerhähnen Schlingen zu legen, ich werde das Essen für ihn kochen und seine Kleider flicken. O mein Geliebter! Ich werde trauern und mich nach dir sehnen, wenn ich einsam am Waldesrand sitze und dich erwarte. Glaubst du es? Ja, so wird es sein, so wird es sein! Aber nicht nach den Tagen des Reichtums werde ich mich sehnen, nur nach dir, nach dir allein! Nach dir nur werde ich ausspähen und verlangen, nach deinem Schritt auf dem Waldpfad, nach deinem fröhlichen Gesang, wenn du, die Axt auf der Schulter, heimkehrst. O mein Geliebter, mein Geliebter! Mein ganzes Leben lang könnte ich deiner harren!«

So hatte sie dagelegen und dem allmächtigen Gott des Herzens Hymnen gedichtet, und ihre Augen hatten sich noch nicht zum Schlummer geschlossen, als die Majorin eintrat.

Nachdem diese wieder gegangen war, stand Marianne auf und kleidete sich an. Noch einmal mußte sie das schwarze Samtkleid und die dünnen Ballschuhe anlegen. Sie hüllte sich in ihre Decke wie in einen Schal und eilte noch einmal hinaus in die schreckliche Nacht.

Ruhig, sternenhell und bitter kalt lag die Februarnacht

noch über der Erde; es war, als wollte sie nie ein Ende nehmen. Und die Dunkelheit und Kälte, die diese Nacht verbreitete, war noch auf der Erde zu verspüren, lange, lange nachdem der Schnee, den die schöne Marianne durchwatete, sich in Wasser verwandelt hatte.

Marianne verließ Ekeby so eilig, um Hilfe zu holen. Sie konnte die Männer nicht verjagen lassen, die sie aus dem Schnee aufgehoben und ihr Haus und Herz geöffnet hatten. Sie wollte nach Sjö gehen zu dem Major Samzelius. Sie hatte große Eile, denn sie konnte erst in einer Stunde wieder zurück sein.

Als die Majorin von ihrem Hause Abschied genommen hatte, ging sie auf den Hof, wo die Leute sie erwarteten; und nun begann der Kampf um den Kavalierflügel.

Die Majorin stellte ihre Leute rings um das hohe, schmale Haus, in dessen oberem Stockwerk die verrufene Wohnung der Kavaliere war.

In der großen Stube mit den weißgetünchten Wänden, den rotangestrichenen Truhen und dem großen Klapptisch, wo die Spielkarten noch in dem verschütteten Branntwein schwimmen, wo die breiten Betten unter gewürfelten Vorhängen stehen, schlafen die Kavaliere. Oh, die Sorglosen!

Und im Stalle vor den gefüllten Krippen schlafen die Kavalierpferde und träumen von den Taten ihrer Jugend. Süß ist es, in den Tagen der Ruhe zu träumen von den wilden Jugendstreichen oder von den Reisen zu den Jahrmärkten, wo sie Tag und Nacht unter freiem Himmel stehen mußten, oder von den Wettfahrten bei der Rückkehr von der Frühmette zu Weihnachten, wo sich berauschte Herren mit erhobenen Zügeln weit über das Spritzleder weg auf ihren Rücken vorbeugten und ihnen Flüche ins Ohr brüllten. Süß ist es für sie, zu träumen, daß sie Ekebys volle Krippen und die warmen Ställe nicht wieder zu verlassen brauchen!

In einem schlechten, alten Wagenschuppen, wohin zerbrochene Karossen und abgedankte Schlitten verwiesen wurden, steht eine wunderbare Versammlung alter Gefährte. Da stehen grünangestrichene Korbschlitten und allerlei rote und gelbe Rumpelkästen. Da steht das erste zweirädrige Karriol, das man in Värmland gesehen hat; Beerencreutz hatte es im Jahre 1814 als Kriegsbeute mitgebracht. Da stehen alle erdenklichen Arten von Einspännern, Chaisen mit schwankenden Federn und Postwagen, seltsame Marterfuhrwerke, deren Bänke auf Holzträgern ruhen. Da sind sie alle versammelt, die merkwürdigen Beförderungsmittel, die die allersonderbarsten Namen haben und die zu den Zeiten des Landstraßenverkehrs so viel besungen worden sind. Da findet sich auch der lange Schlitten, in dem zwölf Kavaliere Platz haben, und der Kurschlitten des stets frierenden Vetters Christoffer und Örneclous alter Familienschlitten mit einem mottenzerfressenen Bärenfell darüber und einem halbverschwundenen Wappen auf dem Wagenleder, sowie einsitzige Schlitten. Ach, eine unendliche Menge einsitziger Schlitten!

Viele Kavaliere haben auf Ekeby gelebt und sind da gestorben. Ihre Namen sind vergessen, und sie haben keinen Platz mehr in der Erinnerung der Menschen. Aber die Majorin hat die Wagen, in denen sie zu ihr gekommen sind, aufgehoben und alle in dem alten Wagenschuppen zusammengestellt.

Und da drinnen stehen sie nun und schlafen und lassen den Staub dicht, dicht auf sich herunterfallen.

Nägel und Beschläge wollen nicht länger an dem morschen Holze festhalten, die Farbe fällt in langen Stücken ab, an den Kissen quillt die Polsterung durch die mottenzerfressenen Überzüge heraus.

»Laßt uns ruhen, laßt uns zerfallen!« sagen die alten Wagen. »Wir sind lange genug über die Landstraßen hingerasselt, wir haben bei Regenwetter Wasser genug eingesogen. Laßt uns ruhen! Es ist lange her, daß wir mit den jungen Herren zu ihrem ersten Ball fuhren, lange her, daß wir sauber gewaschen und geputzt auf die lustigen Abenteuer einer Schlittenpartie auszogen, lange her, daß wir die munteren Helden auf grundlosen Wegen im Frühjahr nach dem Troßnäser Manöverfelde brachten. Die meisten von ihnen schlafen den ewigen Schlaf, und die letzten und die besten gedenken Ekeby nie mehr zu verlassen, nein, nie mehr.«

Und dann zerplatzt das Leder des Fußsacks, es lösen sich die eisernen Reifen der Räder, die Speichen und Nabenringe werden morsch. Die alten Wagen machen sich nichts mehr aus dem Leben, sie wollen sterben.

Der Staub liegt über den alten Wagen wie ein Bahrtuch, und unter seinem Schutze lassen sie das Alter Herr über sich werden. In unbesiegbarem Leichtsinn stehen sie da und verfallen. Niemand berührt sie, und doch gehen sie in Stücke. Einmal im Jahre wird der Schuppen geöffnet, falls ein neuer Kamerad gekommen ist, der sich im Ernst auf Ekeby niederlassen will, und sobald das Tor wieder geschlossen ist, überfallen Müdigkeit und Schlaf, Altersschwäche und Verfall auch diesen. Ratten und andere Nagetiere, Motten und Holzwürmer, und wie die Raubgierigen sonst noch heißen, stürzen sich auf ihn, und er rostet und vermodert in süßer, traumloser Ruhe.

Aber in dieser Februarnacht läßt die Majorin die Tür des Wagenschuppens öffnen.

Und bei Laternen- und Fackelschein läßt sie die Wagen, die den jetzigen Kavalieren auf Ekeby gehören, heraussuchen: Beerencreutz' altes Karriol, Örneclous wappengeschmücktes Fuhrwerk, und auch die schmale Kalesche, die einst Vetter Christoffer gebracht hat.

Sie fragt nichts danach, ob die Fuhrwerke für den Sommer oder für den Winter eingerichtet sind, sie sorgt nur dafür, daß jeder Kavalier das seine bekommt.

Und im Stalle werden die alten Kavalierpferde, die eben noch im Traum vor den vollen Krippen standen, geweckt.

Jetzt wird der Traum zur Wahrheit, ihr Sorglosen! Ihr sollt wieder die steilen Abhänge kennenlernen und das dumpfige Heu in dem Winkel des Wirtshauses, die stachelige Peitsche des Pferdehändlers, die halsbrecherischen

Wettfahrten auf so blankem Glatteis, daß ihr zittert, wenn euer Fuß es betritt.

Und ihr richtiges Aussehen bekommen sie, die alten Fuhrwerke, wenn kleine graue Nordlandpferde vor eine hohe, gespensterhafte Karosse, oder hochbeinige, knochige Reitpferde vor niedrige, einsitzige Schlitten gespannt werden. Die alten Tiere wiehern und schnauben, als ihnen das Gebiß in das zahnlose Maul gelegt wird, die alten Wagen ächzen und knarren. Eine jammerwürdige Gebrechlichkeit, die man bis ans Ende aller Tage hätte schlafen lassen sollen, wird jetzt dem Auge enthüllt. Steife Fesseln, hinkende Vorderbeine, Spat und Hasenhack kommen zum Vorschein.

Den Stallknechten gelingt es aber doch, die Pferde vor die Wagen zu spannen; dann gehen sie zu der Majorin, um zu fragen, in welchem Fuhrwerk Gösta Berling fahren soll, denn sie wissen alle, daß er mit dem Kohlenwagen der Majorin nach Ekeby gekommen ist.

»Spannt Don Juan vor unsern besten Schlitten«, sagt die Majorin, »und breitet das Bärenfell mit den silbernen Klauen darüber!« Und als die Stallknechte zögern, setzt sie hinzu: »Es ist kein Pferd in meinem Stalle, das ich nicht opfern würde, um diesen Menschen loszuwerden!«

So, nun sind die Fuhrwerke geweckt, die Pferde gleichfalls, aber die Kavaliere schlafen noch immer.

Nun ist für sie die Stunde gekommen, wo sie in die Winternacht hinausgejagt werden sollen; aber sie in ihren Betten angreifen, ist eine größere Leistung, als die steifbeinigen Pferde und die alten zerbrochenen Wagen herauszuführen. Die Kavaliere sind kühne, starke, in hundert Abenteuern gestählte, schreckliche Männer. Sie werden sich auf Tod und Leben verteidigen; es ist nicht leicht, sie wider ihren Willen aus den Betten zu holen und sie in die Fuhrwerke zu setzen, die sie fortführen sollen.

Die Majorin läßt einen Strohhaufen in Brand setzen, der so nahe beim Hofe liegt, daß der Feuerschein die schlafenden Kavaliere aufwecken muß.

»Der Strohhaufen gehört mir, ganz Ekeby gehört mir«, sagt sie.

Und als das Stroh in hellen Flammen steht, ruft sie:

»Weckt sie jetzt auf!«

Aber die Kavaliere schlafen hinter festverriegelten Türen. Die ganze Schar auf dem Hofe stößt den schrecklichen, furchterregenden Ruf »Feuer! Feuer!« aus, – aber die Kavaliere schlafen.

Der schwere Hammer des Schmiedemeisters donnert gegen die Haustür, – aber die Kavaliere schlafen.

Ein harter Schneeball zerschmettert eine Fensterscheibe, fliegt in die Stube hinein und trifft den Bettvorhang, – aber die Kavaliere schlafen.

Sie träumen, daß ein schönes Mädchen ihnen das Taschentuch zuwirft, sie träumen von Beifallklatschen, nachdem der Vorhang gefallen ist, sie träumen von fröhlichem Lachen und dem betäubenden Lärm mitternächtlicher Gelage.

Eines Kanonenschusses hätte es bedurft, einer Sturzsee eiskalten Wassers, um sie zu erwecken.

Sie haben sich verbeugt, getanzt, musiziert, gespielt und gesungen. Sie sind trunken vom Wein, ihre Kräfte sind erschöpft, und sie liegen in tiefem, totenähnlichem Schlafe.

Und dieser herrliche Schlaf ist ihre Rettung.

Die Leute fangen zu glauben an, daß hinter dieser Ruhe eine Gefahr laure. Wie, wenn die Kavaliere schon fort wären?

Wie, wenn dies bedeutete, daß die Kavaliere das Haus schon verlassen hätten, um Hilfe herbeizuholen? Wie, wenn es bedeutete, daß sie mit gespanntem Hahn an den Fenstern oder hinter der Tür stünden, um den ersten, der sich naht oder eintritt, niederzuknallen?

Diese Kavaliere sind schlaue, streitbare Männer, ihr Schweigen muß etwas bedeuten. Wer könnte glauben, daß sie sich überraschen ließen wie ein Bär in seiner Höhle?

Die Leute schreien noch immer: »Feuer! Feuer!« – aber es ist alles umsonst.

Da, als alle vor Angst zittern, ergreift die Majorin selbst eine Axt und sprengt die Haustür.

Dann stürzt sie allein die Treppe hinauf, reißt die Stubentür auf und ruft ins Zimmer hinein: »Feuer! Feuer!«

Diese Stimme findet in den Ohren der Kavaliere einen beßren Widerhall als das Brüllen der Leute.

Dieser Stimme zu gehorchen gewohnt, springen zwölf Männer zugleich aus den Betten, sie sehen den Feuerschein, greifen nach ihren Kleidern und eilen die Treppe hinunter auf den Hof.

Doch an der Haustür steht der Schmiedemeister mit zwei handfesten Müllersknechten, und sobald einer der Kavaliere zur Tür heraus will, wird er ergriffen und zu Boden geworfen. Es werden ihm die Füße zusammengebunden, und dann wird er ohne weiteres in den für ihn bestimmten Wagen getragen.

Keiner entkam, alle wurden gefangen. Beerencreutz, der grimmige Oberst, mußte sich ebensogut binden und wegtragen lassen wie Christian Bergh, der starke Hauptmann, und Onkel Eberhard, der Philosoph.

Auch der unüberwindliche, der furchtbare Gösta Berling wurde gefangen. Der Plan der Majorin ist gelungen. Sie ist doch mächtiger als die Kavaliere.

Jammerwürdig sehen sie aus, wie sie mit gefesselten Gliedern in den alten, wackeligen Wagen sitzen, mit hängenden Köpfen, mit zornigen Blicken; und der Hof hallt von Flüchen und wilden Ausbrüchen ohnmächtiger Wut wider.

Die Majorin geht von einem zum andern.

»Schwöre«, sagt sie, »daß du Ekeby nie wieder betreten wirst.«

»Halt den Mund, Hexe!«

»Du mußt schwören«, sagt sie, »sonst lasse ich dich gebunden in den Kavalierflügel zurücktragen, und da ich diesen heute nacht in Flammen aufgehen lasse, wirst du mit verbrennen. So, jetzt weißt du's.«

»Das wagt Ihr nicht, Frau Majorin.«

»Nicht wagen! Gehört Ekeby nicht mir? Oh, du Schurke! Meinst du, ich hätte vergessen, wie du mich auf der Landstraße verhöhnt hast? Meinst du, ich hätte nicht große Lust gehabt, den Kavalierflügel anzuzünden und euch alle miteinander verbrennen zu lassen? Hast du nur einen Finger für mich gerührt, als ich aus meinem Hause vertrieben wurde? Nein, du mußt schwören!«

Furchtbar steht die Majorin vor ihnen – wenn sie sich vielleicht auch zorniger stellt, als sie in Wirklichkeit ist –, und im Kreise umher stehen viele mit Äxten bewaffnete Männer, so daß die Kavaliere, um großes Unglück zu verhüten, den verlangten Eid leisten müssen.

Die Majorin läßt ihre Kleider und Truhen aus dem Kavalierflügel holen, dann befiehlt sie, den Kavalieren die Hände zu lösen und ihnen die Zügel zu reichen.

Indessen aber ist viel Zeit verflossen, und Marianne ist auf Sjö angekommen.

Der Major war kein Langschläfer, er war schon auf, als sie ankam. Sie trifft ihn auf dem Hofe; er hatte seinen Bären eben das Frühstück gebracht.

Er sagte nicht viel auf ihre Erzählung; er ging nur zu den Bären zurück, legte ihnen Maulkörbe an, ließ sie heraus und eilte mit ihnen nach Ekeby.

Marianne folgte ihm in einiger Entfernung. Sie sank beinahe um vor Erschöpfung, aber da sah sie plötzlich einen hellen Feuerschein am Himmel und wäre beinahe zu Tod erschrocken.

Welche eine Nacht! Ein Gatte schlägt seine Frau und läßt sein Kind vor seiner Tür erfrieren. Wollte jetzt eine Frau ihre Feinde verbrennen, wollte der Major die Bären auf seine eignen Leute hetzen?

Sie überwand ihre Müdigkeit, überholte den Major und eilte in wildem Laufe nach Ekeby.

Sie gewann einen großen Vorsprung. Als sie den Hof ohne Unfall erreicht hatte, bahnte sie sich einen Weg durch die Menge, und als sie mitten im Kreise dicht vor der Majorin stand, rief sie so laut sie konnte:

»Der Major kommt mit den Bären!«

Die Leute wurden bestürzt, aller Blicke richteten sich auf die Majorin.

»Hast du ihn geholt?« sagte diese zu Marianne.

»Flieht!« rief Marianne immer eifriger. »Fort, fort um Gottes willen! Ich weiß nicht, was der Major im Sinn hat, aber er bringt die Bären mit.«

Alle standen wie erstarrt und sahen die Majorin an.

»Ich danke euch für die Hilfe, Kinder«, sagte sie ruhig. »Alles, was heute nacht geschehen ist, war so ausgedacht, daß keiner dafür zur Verantwortung gezogen werden und keinem etwas geschehen kann. Geht jetzt nur heim. Ich will nicht, daß meine Leute morden, oder daß sie selbst gemordet werden. Geht, geht!«

Aber niemand rührte sich.

Die Majorin wendete sich an Marianne.

»Ich weiß, daß du liebst«, sagte sie. »Du hast im Liebeswahnsinn gehandelt. Möge nie der Tag kommen, wo du der Zerstörung deiner Heimat ohnmächtig zuschauen mußt! Mögest du immer Herr über deine Zunge und deine Hand bleiben, wenn Empörung dein Herz erfüllt!«

»Kommt nun, kommt, Kinder!« fuhr sie, an die Schar gewandt, fort. »Nun möge Gott Ekeby beschützen, ich geh zu meiner Mutter. O Marianne, wenn du wieder klug geworden bist, wenn Ekeby verheert ist und das Land in schwerer Not seufzt, dann bedenke, was du in dieser Nacht getan hast, und nimm dich der Untergebenen an.«

Damit ging sie, und alle ihre Leute folgten ihr.

Als der Major auf dem Hof ankam, fand er kein anderes lebendes Wesen vor als Marianne und eine lange Reihe mit allerhand merkwürdigen, mit alten Pferden bespannten Fuhrwerken, es war ein langer, trauriger Zug, wo die Pferde nicht schlechter waren als die Wagenlenker, das Fuhrwerk nicht schlechter als der Besitzer; gleich übel zugerichtet im Kampfe waren alle.

Marianne löste die Bande der Kavaliere.

Sie merkte, daß sie die Lippen zusammenpreßten und

die Blicke abwendeten. Sie schämten sich, wie sie sich noch nie geschämt hatten. Eine größere Schande hatten sie noch nie erduldet.

»Mir ging es auch nicht besser, als ich vor ein paar Stunden in Björne auf den Stufen vor der Türe kniete«, sagte Marianne.

Und nun, lieber Leser, was in dieser Nacht noch weiter geschah, wie die alten Fuhrwerke in die Schuppen, die Pferde in den Stall und die Kavaliere ins Haus hineinkamen, werde ich nicht zu erzählen brauchen. Der Morgen graute über den Bergen im Osten, und der Tag brach klar und ruhig an. Wie viel ruhiger sind doch die hellen sonnigen Tage als die dunklen Nächte, unter deren schützendem Flügel die Raubtiere auf Beute ausgehen und der Uhu schreit!

Nur so viel will ich noch sagen, daß die Kavaliere, als sie wieder in ihrer Stube waren und da noch einen kleinen Rest in der letzten Bowle vorfanden, von plötzlicher Begeisterung ergriffen, diese letzten Tropfen in ihre Gläser füllten und »Es lebe die Majorin!« riefen.

Oh, sie war ein Weib ohnegleichen! Was hätten sie Besseres begehrt, als ihr zu dienen, sie verehren zu können!

War es nicht schrecklich, daß der Teufel Macht über sie gewonnen hatte, und daß ihr Streben darauf ausging, die Seelen der Kavaliere zur Hölle zu schicken?

Der große Bär auf dem Gurlittafelsen

Im Dunkel der Wälder wohnen ruchlose Tiere, deren Kiefer mit unheimlich glänzenden Zähnen oder scharfen Schnäbeln versehen sind, deren Füße scharfe Klauen tragen, die danach verlangen, sich um die Kehle eines Wesens mit warmem rotem Blut zu klammern, und deren Augen vor Mordlust funkeln.

Dort hausen die Wölfe, die bei Nacht hervorkommen und die Schlitten der Bauern so lange verfolgen, bis die

Frau ihnen das Kind auf ihrem Schoße vorwerfen muß, um ihr eigenes Leben und das ihres Mannes zu retten.

Dort haust auch der Luchs, der beim Volk »Göpa« heißt, weil es – im Walde wenigstens – gefährlich ist, ihn beim rechten Namen zu nennen. Wer bei Tag von ihm spricht, mag wohl zusehen, daß er am Abend die Türen und Luken seines Schafstalles sorgfältig zuschließe, denn sonst kommt der Luchs. Er klettert einfach an der Mauer empor, denn seine Krallen sind stark wie Eisen, zwängt sich durch die engste Öffnung und stürzt sich auf die Schafe. Der Göpa hängt sich an deren Hals und saugt ihnen das Blut aus den Halsadern, ermordet und zerfleischt sie, bis alle Schafe tot sind. Er stellt seinen wilden Totentanz unter den erschreckten Tieren nicht ein, solange noch eines von ihnen ein Lebenszeichen von sich gibt.

Und am nächsten Morgen findet der Bauer alle seine Schafe mit zerfleischten Kehlen tot am Boden liegen, denn der Göpa läßt nichts Lebendes hinter sich zurück.

Dort haust der Uhu, der in der Dämmerung schreit. Wenn man ihn nachäfft, kommt er mit ausgebreiteten Flügeln auf einen zugesaust und hackt einem die Augen aus, denn er ist kein richtiger Vogel, ein böser Geist ist er.

Dort wohnt auch der Schrecklichste von allen, der Bär, der Zwölfmännerstärke hat und gefeit ist, so daß er nur mit silbernen Kugeln erlegt werden kann. Kann etwas einem Tier einen fürchterlicheren Nimbus verleihen als die Tatsache, daß er nur mit einer silbernen Kugel getötet werden kann? Was sind das für geheime schreckliche Kräfte, die in ihm vorhanden sind und ihn gegen gewöhnliches Blei gefeit machen? Muß nicht ein Kind stundenlang wach liegen und vor diesem Tier, das die bösen Mächte beschützen, schaudern? Und wenn man ihm im Walde begegnet, mächtig und groß, wie ein wandernder Felsen, soll man weder davonlaufen noch sich zur Wehr setzen, sondern sich auf die Erde werfen und sich totstellen. Viele kleine Kinder haben es sich in Gedanken ausgemalt, daß der Bär sie beim Spiel auf dem Felde überraschte. –

Er hat sie mit seinen Tatzen hin und her gerollt, und sie haben seinen heißen, keuchenden Atem in ihrem Gesicht gespürt, aber sie haben sich nicht gerührt, bis er wieder fortging, um ein Loch zu graben, in das er sie legen wollte. Da haben sie sich leise erhoben und sich fortgeschlichen, zuerst langsam, dann in schnellem Laufe.

Aber denkt euch, denkt euch, wenn der Bär sie nun nicht für tot gehalten und zugebissen hätte! Oder wenn er sehr hungrig gewesen wäre und sie gleich hätte fressen wollen! Oder wenn er sie gesehen hätte, als sie davon liefen, und ihnen nachgerannt wäre! O Gott!

Die Furcht ist eine Hölle. Sie sitzt in der Dämmerung der Wälder, singt Zauberlieder in die Ohren der Menschen und füllt ihnen das Herz mit unheimlichen Gedanken. Daher kommt die lähmende Angst, die das Leben bedrückt und die Schönheit lachender Gegenden trübt. Boshaft ist die Natur, hinterlistig wie eine schlafende Schlange; in nichts kann man ihr trauen. Da liegt der Löfven in herrlicher Schönheit, aber trau ihm nicht, er lauert auf Beute! Jedes Jahr verlangt er seinen Tribut an ertrunkenen Menschen. Da liegt der Wald, er lockt dich mit seinem Frieden, aber trau ihm nicht! Im Walde hausen unheimliche Tiere, in denen die Seelen böser Hexen und blutdürstiger Verbrecher wohnen.

Trau dem Bache mit dem klaren Wasser nicht! Ihn nach Sonnenuntergang zu durchwaten, bringt schwere Krankheit und Tod. Trau dem Kuckuck nicht, der im Frühling so lustig ruft! Im Herbst wird er zum Habicht mit bösen Augen und unheimlichen Krallen. Trau nicht dem Moos, nicht dem Heidekraut, nicht den kahlen Felsen – böse ist die Natur, von unsichtbaren Mächten beherrscht, die die Menschen hassen. Es gibt keine Stelle, wo dein Fuß sicher auftreten kann, und es ist merkwürdig, daß dein schwaches Geschlecht so vieler Verfolgung entgehen kann.

Eine Hexe ist die Furcht. Sitzt sie immer noch im Dunkel der värmländischen Wälder und singt dort Zauberlieder? Verdunkelt sie immer noch die Schönheit der lachenden Gegenden, lähmt sie immer noch die Lebensfreude? Groß ist ihre Macht gewesen, das weiß ich, mir hat man Stahl in die Wiege und Kohlen in die Badewanne gelegt; ich weiß es, denn ich habe gefühlt, wie mir ihre eiserne Hand das Herz zusammenpreßte.

Aber das soll niemand glauben, daß ich nun etwas Unheimliches und Schreckliches erzählen wollte, es ist nur eine alte Geschichte von dem großen Bären auf dem Gurlittafelsen, und jedem steht es frei, sie zu glauben oder nicht zu glauben, wie es ja bei allen richtigen Jagdgeschichten sein soll.

Der große Bär hat seine Behausung auf dem prächtigen Berggipfel, dem sogenannten Gurlittafelsen, der sich steil und schwer zugänglich am Ufer des oberen Löfven erhebt.

Die Wurzeln einer umgestürzten Föhre, an denen noch die bemooste Erde festsitzt, bilden die Wände und das Dach der Wohnung des großen Bären. Äste und Reisig schützen sie, der Schnee macht sie dicht. Da drinnen kann er ruhig von einem Sommer zum anderen schlafen.

Ist denn dieser zottige König der Wälder, dieser schiefäugige Räuber ein Dichter, ein wirklicher Träumer? Will er die dunkeln Nächte und die farblosen Tage verschlafen und sich erst von plätschernden Bächen und Vogelgezwitscher wieder aufwecken lassen? Will er da liegen und träumen von den roten Preiselbeerhalden, von den Ameisenhaufen, in denen es von braunen, leckeren Wesen wimmelt, sowie von den weißen Lämmern, die auf grünen Abhängen grasen? Will er, der Glückliche, dem Winter des Lebens entgehen?

Von draußen fegt das Schneegestöber zwischen die Föhren herein; da draußen streifen Wolf und Fuchs ganz toll vor Hunger umher. Warum soll der Bär allein schlafen dürfen – er soll aufstehen und auch fühlen, wie die Kälte beißt, wie beschwerlich das Waten durch den tiefen Schnee ist. Er soll aufstehen!

Er hat sich so gut gebettet! Er gleicht der schlafenden

Prinzessin im Märchen; wie sie von der Liebe geweckt wurde, so möchte er vom Lenze geweckt werden. Von einem Sonnenstrahl, der durch die Zweige hereindringt und ihm die Nase wärmt, von ein paar Tropfen schmelzenden Schnees, die ihm durch den Pelz dringen, will er geweckt werden. Wehe dem, der ihn zur Unzeit weckt!

Ja, wenn nur jedermann danach fragen würde, wie der Waldkönig sich seine Welt einzurichten wünscht. Wenn nur nicht plötzlich eine Ladung Schrot durch die Zweige sauste und blutgierigen Mücken gleich in seine Haut eindränge!

Er hört plötzlich Rufe, Lärm und Schüsse. Er streckt die Glieder und schiebt die Zweige beiseite, um zu sehen, was es gibt.

Ha, es gibt Arbeit für den alten Raufbold! Nicht der Lenz ist es, der vor der Höhle lärmt, auch nicht der Sausewind, der Tannen entwurzelt und Schnee aufwirbelt, nein, die Kavaliere sind es, die Kavaliere von Ekeby.

Alte Bekannte des Waldkönigs sind es. Er hat die Nacht nicht vergessen, wo Fuchs und Beerencreutz in dem Kuhstall des Nygaarder Bauern auf ihn lauerten, als man dort seinen Besuch erwartet hatte. Sie waren gerade über ihrer Branntweinflasche eingenickt, als er durch das Rasendach eindrang; aber als er die tote Kuh aus dem Stalle fortschleppen wollte, erwachten sie und fielen mit Flinte und Messer über ihn her. Sie entrissen ihm die Kuh und überdies ein Auge, doch kam er mit dem Leben davon.

Ja, wahrlich, er und die Kavaliere sind alte Bekannte. Der Waldkönig erinnert sich wohl, wie sie ihn ein anderes Mal überraschten, als er sich mit seiner Gemahlin eben in der alten Königsburg auf dem Gurlittafelsen zum Winterschlaf niedergelegt hatte, damals als sie Junge in ihrer Wohnung hatten. Er erinnert sich recht gut, wie die Jäger ganz unversehens ankamen. Allerdings entkam er ihnen, indem er alles, was ihm den Weg versperrte, niederriß, aber ein Schuß traf ihn in die Lende, so daß er fürs ganze Leben lahm geworden war, und als er in der Nacht wieder in die Königsburg zurückkehrte, war der Schnee von dem Blute seiner hohen Gemahlin rot gefärbt, und die königlichen Kinder waren hinabgeführt worden in die Ebene, um dort aufzuwachsen, um Diener und Freunde der Menschen zu werden.

Ja, jetzt dröhnt der Boden, jetzt rieselt der Schnee von der Decke herab, jetzt bricht er hervor, der große Bär, der alte Kavalierfeind!

Gib nun acht, Fuchs, alter Bärentöter, gib acht, Beerencreutz, Oberst und Killespieler, gib acht, Gösta Berling, Held in hundert Abenteuern!

Wehe allen Dichtern, allen Träumern, allen Liebeshelden! Da steht nun Gösta Berling mit gespanntem Hahn, und der Bär kommt gerade auf ihn zu. Warum schießt er nicht, woran denkt er?

Warum schickt er ihm nicht schnell eine Kugel in die breite Brust. Er steht am richtigen Platze dazu. Und die andern können deshalb nicht im rechten Augenblick losschießen. Bildet er sich ein, daß er hier vor der Waldmajestät das Gewehr präsentiere?

Gösta hat natürlich von der schönen Marianne geträumt, die schwerkrank auf Ekeby liegt, seit sie sich in jener Nacht im Schnee erkältete.

Er denkt daran, daß auch sie ein Opfer des Hasses geworden ist, der als Fluch auf der Erde lastet, und es schaudert ihm vor sich selbst, daß er ausgezogen ist, um zu verfolgen und zu töten.

Und da kommt der große Bär gerade auf ihn zu. Auf dem einen Auge von dem Messer eines Kavaliers blind, an dem einen Bein von der Kugel aus der Büchse eines Kavaliers gelähmt, zornig, wütend, alt und einsam, seit die Kavaliere sein Weib getötet und seine Kinder geraubt hatten. Und Gösta sieht nun, was dieser Bär in Wirklichkeit ist: ein armes, verfolgtes Tier, dem er nicht auch noch das Leben, das letzte, was es hat, seit die Menschen ihm alles andere genommen haben, rauben will.

»Mag er mich töten«, denkt Gösta, »ich schieße nicht.«

Während der Bär auf ihn losgeht, steht er ganz unbeweglich, wie ein Soldat beim Salutieren, und als der Waldkönig gerade vor ihm steht, schultert er das Gewehr und tritt einen Schritt zur Seite.

Da geht der Bär, der wohl weiß, daß er keine Zeit zu verlieren hat, ohne anzuhalten, weiter; er dringt in den Wald hinein, bahnt sich einen Weg durch mannshohe Schneewehen, läßt sich steile Abhänge hinunterrollen und entflieht unaufhaltsam, während alle Kavaliere, die mit gespanntem Hahn auf Gösta Berlings Schuß gewartet haben, ihm ihre Kugeln nachsenden. Aber es ist umsonst, der Ring ist durchbrochen, und der Bär ist entkommen. Fuchs schilt, und Beerencreutz flucht, aber Gösta Berling lacht nur.

Wie können sie nur von einem Menschen, der so glücklich ist wie er, verlangen, daß er einem der von Gott geschaffenen Wesen ein Leid antue?

Der große Bär auf dem Gurlittafelsen kam also mit dem Leben davon, aber aus dem Winterschlaf geweckt ist er, das müssen die Bauern erfahren. Kein Bär durchbricht mit größerer Geschicklichkeit das Dach auf ihren niederen, kellerartigen Schafställen, keiner entgeht mit größerer Schlauheit einem wohlausgeheckten Hinterhalt.

Die Leute am oberen Löfven wußten bald nicht mehr, wie sie sich vor ihm schützen sollten. Bote auf Bote wurde an die Kavaliere geschickt, daß sie kämen und den Bären erlegten.

Tag um Tag, Nacht um Nacht, den ganzen Februar hindurch, ziehen jetzt die Kavaliere nach dem oberen Löfven und stellen dem Bären nach, aber vergebens. Er hat vom Fuchs die Schlauheit, vom Wolf die Schnelligkeit erlernt. Wenn die Kavaliere in dem einen Hof auf der Lauer liegen, wütet er gewiß im Nachbarhofe, wenn sie ihn im Walde suchen, überfällt er den über den gefrorenen See fahrenden Bauern. Er ist der kühnste aller Räuber geworden, er kriecht in die Vorratskammer und leert den Honigtopf der Hausmutter, er schlägt das vor den Schlitten des Hausherrn gespannte Pferd tot.

Allmählich aber lernen die Leute verstehen, was das für ein Bär ist, und warum Gösta damals nicht auf ihn schießen konnte. Es ist unheimlich auszusprechen, schrecklich zu glauben, aber es ist sicher kein gewöhnlicher Bär. Niemand darf sich der Hoffnung hingeben, ihn zu erlegen, wenn er nicht eine silberne Kugel in der Büchse hat. Eine Kugel aus Silber und Glockenerz, an einem Donnerstagabend bei Neumond im Kirchturm gegossen, ohne daß ein Pfarrer oder Priester oder irgend jemand etwas davon wüßte, würde ihn sicherlich töten; aber eine solche Kugel ist eben nicht so leicht zu bekommen.

Auf Ekeby wohnt ein Mann, der sich mehr als alle andern über dies alles grämen muß. Das ist, wie man leicht erraten kann, Anders Fuchs, der Bärentöter. Er kann weder essen noch schlafen vor Kummer darüber, daß er den großen Bären auf dem Gurlittafelsen nicht töten kann.

Schließlich ist auch er überzeugt, daß der Bär nur mit einer silbernen Kugel erlegt werden könnte.

Der grimmige Major Anders Fuchs war kein schöner Mann. Er hatte einen plumpen, schwerfälligen Körper und ein breites, rotes Gesicht mit Hängebacken und einem tüchtigen Doppelkinn. Steif wie die Borsten saß der kleine schwarze Schnurrbart über den dicken Lippen, und das schwarze Haar stand ihm steif und struppig um den Kopf. Dazu war er wortkarg und ein Vielfraß. Er gehörte nicht zu den Männern, denen die Frauen mit sonnigem Lächeln und offenen Armen entgegenkommen, und auch er ließ ihnen keine freundlichen Blicke zuteil werden. Er glaubte nicht, daß er je einer Frau begegnen würde, die ihm auch nur erträglich erscheinen könnte, und alles, was Liebe und Schwärmerei hieß, war ihm vollständig fremd.

Da, an einem Donnerstagabend, als der Mond sich nur ein paar Stunden nach Sonnenuntergang wie eine schmale Sichel zeigt, da verläßt der Major Fuchs Ekeby, ohne zu sagen, wohin er geht. Das Feuerzeug und eine Kugelform in der Jagdtasche und die Büchse auf dem Rücken, schlägt er den Weg nach der Broer Kirche ein, um zu erproben, was das Glück für einen ehrlichen Mann zu tun geneigt sei.

Die Kirche liegt auf dem östlichen Ufer des schmalen Sunds, zwischen dem oberen und unteren Löfven. Und der Major Fuchs mußte also die Brücke des Sunds überschreiten, um nach der Kirche zu gelangen. So wandert er denn, in tiefe Gedanken versunken, seine Straße, ohne einen Blick auf die Brobyer Hügel zu werfen, wo sich die Häuser vor dem klaren Nachthimmel scharf abheben, oder den Gurlittafelsen zu betrachten, dessen runde Kuppe im Widerschein des Sonnenuntergangs glänzt. Er sieht nur auf den Boden zu seinen Füßen und grübelt darüber nach, wie er den Kirchenschlüssel bekommen könnte, ohne daß jemand etwas davon erführe.

Als er an die Brücke kommt, hört er ein verzweifeltes Geschrei, so daß er unwillkürlich aufschaut.

Damals war ein Deutscher, der kleine Faber, Organist in Bro. Er war ein schmächtiger Mann, klein von Körper und klein an Geist. Und Küster war Jan Larsson, ein tüchtiger aber armer Bauer, denn der Pfarrer von Broby hatte ihn um sein ganzes väterliches Erbe gebracht, um ganze fünfhundert Reichstaler.

Der Küster hätte gern die Schwester des Organisten, die kleine, feine Jungfer Faber geheiratet, aber der Organist wollte es nicht zugeben, und deshalb waren die beiden keine guten Freunde. Heute abend nun ist der Küster dem Organisten auf der großen Brücke begegnet, da ist er über diesen hergefallen, hat ihn an der Brust gepackt und ihn mit steifem Arm über das Brückengeländer hinausgehalten, und dabei hat er hoch und teuer geschworen, daß er ihn ins Wasser werfe, wenn er ihm seine kleine, feine Schwester nicht gebe. Der kleine Deutsche will jedoch nicht nachgeben, er zappelt und schreit und sagt immerfort nein, obgleich er tief unter sich die schwarze offene Wasserrinne zwischen weißen Ufern brausen sieht.

»Nein, nein!« schreit er. »Nein, nein!«

Und wer weiß, ob der Küster ihn nicht in seinem Zorn

in das kalte schwarze Wasser hätte hinunterwirbeln lassen, wenn nicht gerade Major Fuchs auf die Brücke gekommen wäre. Da erschrickt der Küster, er stellt Faber wieder auf den festen Boden und läuft davon, so schnell er kann.

Der kleine Faber fällt nun dem Major um den Hals und will ihm für seine Lebensrettung danken; aber der Major stößt ihn zurück und sagt, das sei nicht der Rede wert. Seitdem der Major während des pommerschen Kriegs in Putbus auf Rügen im Quartier gelegen hat, empfindet er durchaus keine Liebe für die Deutschen.

Nie in seinem Leben war er der Gefahr des Verhungerns so ausgesetzt gewesen wie damals.

Nun will der kleine Faber zum Amtsrichter Scharling laufen und den Küster des Mordversuchs anklagen; aber der Major gibt ihm zu verstehen, daß das nicht der Mühe verlohne, denn es koste hiesigen Landes keine Strafe, wenn man einen Deutschen totschlage.

Hierauf beruhigt sich der kleine Faber und ladet den Major ein, mit ihm nach Hause zu kommen zu Bratwurst und Mumme.

Der Major geht mit ihm, denn es fällt ihm ein, daß der Organist sicher einen Kirchenschlüssel haben müsse; und so gehen sie miteinander den Hügel hinauf, auf dessen Gipfel die Broer Kirche liegt, umgeben von dem Pfarrhof, dem Küsterhause und der Amtswohnung des Organisten.

»Ich bitte sehr um Entschuldigung«, sagte der kleine Faber, als der Major sein Haus betrat. »Es ist heute nicht besonders schön bei uns. Meine Schwester und ich haben viel Unruhe gehabt. Wir haben einen Hahn geschlachtet.«

»Teufel auch!« rief der Major.

Die kleine, feine Jungfer Faber kommt gleich darauf mit zwei großen Tonkrügen voll Mumme herein. Nun war es allbekannt, daß der Major das weibliche Geschlecht nicht mit freundlichen Blicken zu betrachten pflegte, aber die kleine Jungfer Faber machte ihm doch einen recht wohlgefälligen Eindruck; sie sah in ihrem Mieder und dem Värmlandhäubchen gar hübsch aus. Das blonde Haar lag so glatt gekämmt um die Stirne, das selbstgewebte Gewand saß so gut und war so blendend rein, ihre kleinen Hände waren so flink und geschäftig, und ihr Gesichtchen war so weich und rund, daß er unwillkürlich dachte, wenn er vor fünfundzwanzig Jahren solch ein Frauenzimmer gesehen hätte, wäre er sicherlich auch auf Freiersfüßen gegangen.

Aber so hübsch, so rosig und so flink sie auch ist, ihre Augen sind doch ganz verweint. Und das gerade stimmt ihn so freundlich gegen sie.

Während die Männer essen und trinken, geht sie ab und zu. Einmal tritt sie vor ihren Bruder hin, macht einen Knicks und sagt:

»Wie sollen die Kühe im Stall aufgestellt werden?«

»Stell zwölf auf die linke und elf auf die rechte Seite, dann stoßen sie einander nicht«, erwidert der kleine Faber.

»Ei der tausend, Faber, habt ihr so viele Kühe?« ruft der Major aus.

Aber damit verhielt es sich folgendermaßen. Der Organist hatte nur zwei Kühe, hatte ihnen aber die Namen »Elf« und »Zwölf« gegeben, damit es richtig großartig klinge, wenn die Rede von ihnen wäre.

Und zugleich erfährt der Major auch, daß Fabers Stall eben umgebaut wird, und daß die Kühe deshalb den Tag im Freien zubringen müssen, zur Nacht aber im Holzstall untergebracht werden.

Die kleine Jungfer Faber geht ab und zu; noch einmal tritt sie vor den Bruder, macht einen Knicks und sagt, daß der Zimmermann gefragt habe, wie hoch der Stall gebaut werden solle.

»Nimm an der Kuh das Maß«, antwortete der Organist, »nimm an der Kuh das Maß.«

Diese Antwort deuchte dem Major sehr gut.

Und es dauerte gar nicht lange, da fragte der Major den Organisten, warum seine Schwester so rote Augen habe, und er erfährt, daß sie geweint hat, weil der Bruder nicht zugeben will, daß sie den bettelhaften Küster, der von Haus aus arm und überdies verschuldet sei, heirate.

Darauf hängt der Major immer mehr seinen eigenen Gedanken nach. Und ohne es selbst zu wissen, leert er einen Krug Bier nach dem andern, ißt eine Wurst nach der andern. Dem kleinen Faber schwindelt es förmlich vor den Augen bei solch einem Appetit und Durst, aber je mehr der Major ißt und trinkt, desto klarer wird es ihm im Kopf, und desto entschlossener wird sein Sinn.

Desto fester wird auch sein Entschluß, etwas für die kleine Jungfer Faber zu tun.

Sein Blick hat indessen unverwandt auf dem großen Schlüssel mit dem verschnörkelten Bart, der an einem Knopf neben der Tür hängt, geruht, und kaum hat der kleine Faber, der auch dem Major beim Trinken fleißig hatte Bescheid tun müssen, den Kopf auf den Tisch gebeugt und zu schnarchen angefangen, als auch der Major nach dem Schlüssel greift, sich die Mütze aufstülpt und hinausstürzt.

Eine Minute später tappt er mit seiner kleinen Hornlaterne die Treppe im Kirchturm hinauf und gelangt so in die Glockenstube, wo die Glocken weit und groß über ihm gähnen.

Er schabt zuerst mit einer Feile ein wenig Glockenerz ab und will eben die Kugelform und das Kohlenbecken aus der Jagdtasche nehmen, als er merkt, daß ihm das Allerwichtigste fehlt, nämlich das Silber. Wenn aber die Kugel irgendwelche Kraft haben soll, muß sie hier im Turm gegossen werden.

Ach, jetzt hätte alles so gut gestimmt! Es ist Donnerstagabend, es ist Neumond, niemand hat eine Ahnung, daß er hier ist – und nun kann er nichts ausrichten. Er stößt in der Stille der Nacht einen so nachdrücklichen Fluch aus, daß die Glocken leise widerhallen.

Gleich darauf ertönt drunten in der Kirche ein leises Geräusch, und er glaubt Schritte auf der Treppe zu hören. Ja, wahrhaftig, es kommen schwere Tritte die Stufen herauf.

Major Fuchs, der eben noch geflucht hat, daß die Glokken erbebten, wird es etwas beklommen zumute. Wer mag es sein, der ihm beim Kugelgießen helfen will? Die Schritte kommen näher und näher. Wer da kommt, will ohne Zweifel in die Glockenstube. Der Major kriecht zwischen die Balken und das Sparrenwerk und löscht dann seine Laterne. Er fürchtet sich zwar nicht gerade, aber sein ganzes Vorhaben würde ja scheitern, wenn ihn jemand hier oben sähe. Kaum hat er sich versteckt, als auch schon der Kopf des Besuchers über dem Boden sichtbar wird.

Der Major kennt ihn gut, es ist der geizige Brobyer Pfarrer. Dieser Mensch, der vor Geiz beinahe verrückt ist, hat die Gewohnheit, seine Schätze an den sonderbarsten Orten zu verbergen. Jetzt kommt er mit einem Paket Banknoten, die er im Turmzimmer verstecken will. Er hat keine Ahnung, daß ihn jemand beobachtet; rasch hebt er ein Brett vom Boden auf, legt das Geld darunter und geht wieder fort.

Aber der Major, nicht faul, hebt das Brett wieder auf. Oh, welch ein Schatz! Ein Bund Banknoten neben dem andern, und dazwischen braune, mit Silbergeld gefüllte lederne Beutel. Der Major nimmt genau so viel Silber, als er zu einer Kugel braucht; das andere läßt er liegen.

Als er wieder die Treppe hinuntergeht, hat er die silberne Kugel in der Flinte. Er fragt sich, was ihm das Glück heute nacht wohl noch bringen wird! Es hat seine eigene Bewandtnis mit den Donnerstagnächten, das ist ja allgemein bekannt.

Zuerst geht er wieder nach der Organistenwohnung. Himmel, wenn diese Canaille von einem Bären wüßte, daß Fabers Kühe so gut wie unter freiem Himmel in einem elenden Schuppen stehen!

Wahrhaftig! Dort drüben läuft wirklich etwas Schwarzes, Großes, das über das Feld auf den Schuppen zukommt! Es muß der Bär sein!

Er legt an, will losdrücken, besinnt sich anders.

Die rotgeweinten Augen der kleinen Jungfer Faber tauchen vor ihm auf, und er beschließt, ihr und dem Küster ein wenig zu helfen, obgleich es ihm ordentlich schwer wird, darauf zu verzichten, den großen Bären vom Gurlittafelsen selbst zu erlegen. Er sagte später selbst, daß ihm nie etwas so schwergefallen sei, da aber die kleine Jungfer ein so niedliches, liebes Frauenzimmerchen gewesen sei, habe er das Opfer bringen müssen.

Er geht also nach dem Küsterhaus, weckt den Küster, treibt ihn halbnackt heraus und befiehlt ihm, auf den Bären, der um den Holzschuppen herumstreiche, zu schießen.

»Wenn du den Bären erlegst, wird er dir seine Schwester schon geben«, sagt er, »denn dann wirst du mit einem Schlage ein begehrter Mann sein. Dies ist kein gewöhnlicher Bär, und die besten Männer im Lande würden es sich zur Ehre rechnen, ihn erschossen zu haben.«

Und er gibt dem Küster die Flinte in die Hand, seine eigene mit der Zauberkugel geladene Flinte, geladen mit der Kugel, die aus Silber und Glockenerz an einem Donnerstagabend bei Neumond in einem Kirchturm gegossen worden ist, und bebt doch unwillkürlich vor heimlichem Neid, weil ein anderer als er den großen Waldkönig, den alten Bären vom Gurlittafelsen, erschießen darf.

Der Küster zielt, Gott steh uns bei! Er zielt, als wollte er den sogenannten großen Bären, den sogenannten großen Wagen, der hoch oben am Himmel um den Polarstern kreist, und nicht einen auf ebener Erde wandernden Bären erlegen, und der Schuß knallt so laut, daß man es bis oben auf dem Gurlittafelsen hören kann.

Doch wie er auch gezielt haben mag, der Bär ist getroffen. So geht es, wenn man mit einer Silberkugel schießt. Da trifft man den Bären ins Herz, sogar wenn man auf den Himmelswagen gezielt hat.

Aus allen Häusern kommen jetzt die Leute dahergestürzt, um zu sehen, was es gebe. Kein Schuß hat je so laut geknallt und so viele schlafende Echos geweckt, und der Küster erntet reiches Lob; denn der Bär war eine tüchtige Landplage gewesen.

Der kleine Faber kommt auch herbei; aber nun wird der Major Fuchs grausam enttäuscht. Da steht der ruhmbedeckte Küster, der überdies noch Fabers Kühe gerettet hat, der kleine Organist aber zeigt weder Rührung noch Dankbarkeit. Er breitet auch nicht die Arme aus, um ihn als Helden und Schwager zu begrüßen.

Der Major runzelt die Stirne vor Zorn und stampft auf den Boden über solch eine Gemeinheit. Er will mit dem geizigen, engherzigen kleinen Kerl reden, um ihm klarzumachen, welch eine Heldentat ausgeführt worden ist; aber da beginnt er zu stammeln, daß er kein einziges zusammenhängendes Wort hervorbringt. Und er wird immer erregter bei dem Gedanken, daß er nun ganz umsonst auf die Ehre, den großen Bären erlegt zu haben, verzichtet hat.

Er kann es ganz und gar nicht fassen, daß der Mann, der eine solche Heldentat begangen hat, nicht der stolzesten Braut wert sein solle.

Der Küster und einige der jungen Männer wollen nun dem Bären die Haut abziehen; sie gehen zum Schleifstein, um ihre Messer zu wetzen, die anderen Leute aber gehen wieder zu Bett, und Major Fuchs bleibt allein bei dem toten Bären zurück.

Plötzlich läuft er eilig wieder nach der Kirche, steckt zum zweiten Mal den Schlüssel ins Schloß, klettert die schmalen Treppen und schiefen Leitern abermals hinauf und betritt wieder die Glockenstube.

Als dem Bären dann etwas später unter Aufsicht des Majors die Haut abgezogen wird, findet man in dem Bärenrachen zwischen den Kinnladen fünfhundert Reichstaler in Banknoten. Wie diese dahingekommen sind, weiß niemand. Das ist doch wirklich ein zu merkwürdiger Bär! Aber da der Küster den Bären erlegt hat, so gehört das Geld ihm, das ist selbstverständlich.

Als dies bekannt wird, da wird es auch endlich dem kleinen Faber klar, welch eine ehrenvolle Tat der Küster ausgeführt hat, und er erklärt, daß er stolz sein werde, wenn er ihn zum Schwager bekomme.

Am Freitagabend, nachdem er beim Küster einer Feier zu Ehren des Meisterschusses und im Organistenhause einem Verlobungsschmause beigewohnt hat, kehrt Major Anders Fuchs nach Ekeby zurück. Schweren Herzens zieht er seine Straße; er empfindet keine Freude über den Fall seines Feindes, und ebensowenig freut er sich über die prächtige Bärenhaut, die ihm der Küster verehrt hat.

Viele werden nun vielleicht glauben, er gräme sich darüber, daß die kleine, feine Jungfer Faber einem andern angehören wird! O nein, das macht ihm keinen Kummer. Aber das geht ihm zu Herzen, daß der alte einäugige Waldeskönig nun gefallen ist, ohne daß er ihm eine Silberkugel in den Leib gejagt hat.

So erreicht er den Kavalierflügel, wo die Kavaliere vor dem Feuer sitzen und wirft die Bärenhaut schweigend mitten unter sie. Aber niemand möge glauben, daß er ihnen sein Abenteuer erzählt; erst lange, lange nachher gelang es ihnen, den richtigen Zusammenhang aus ihm herauszulokken. Und ebensowenig verriet er ihnen das Versteck des Brobyer Pfarrers; und dieser hat vielleicht den Diebstahl nie entdeckt.

Die Kavaliere untersuchen die Bärenhaut.

»Das ist ein schönes Fell«, sagt Beerencreutz. »Ich möchte wohl wissen, wer den guten Petz aus dem Winterschlaf geweckt hat, oder hast du ihn vielleicht in seiner Höhle erschossen?«

»Er wurde in Bro erlegt.«

»Ja, so groß wie der Gurlittabär ist er allerdings nicht«, sagt Gösta, »aber ein tüchtiger Kerl war es doch.«

»Wenn er einäugig gewesen wäre, würde ich glauben, daß du den Alten selbst erlegt hättest, so groß ist das Fell, da er aber weder eine Narbe noch Eiter am Auge hat, kann es der Alte vom Berge nicht gewesen sein.«

Fuchs stößt einen Fluch aus vor Zorn über seine eigene Dummheit, dann aber klärt sich sein Gesicht auf, so daß er ordentlich schön aussieht. So ist der große Gurlittabär doch wenigstens nicht von einem andern erlegt worden.

»Ach lieber Gott, wie gut bist du!« flüsterte er mit gefalteten Händen.

Oftmals mußten wir Jungen uns über die Erzählungen der Alten sehr verwundern.

»Gab es denn damals jeden Tag einen Ball, solange eure strahlende Jugend währte? War euer Leben ein einziges langes Märchen?« fragten wir sie.

»Waren dazumal alle jungen Damen schön und liebenswürdig, und schloß jedes Fest damit, daß Gösta Berling eine von ihnen entführte?«

Dann schüttelten die Alten wohl ihre ehrwürdigen Häupter und erzählten von dem Schnurren des Spinnrokkens und dem Klappern der Webstühle, von der Arbeit in der Küche, von dem Schlag des Dreschflegels auf der Tenne und dem Klang der Axt im Walde, aber ehe man sich's versah, waren sie schon wieder im alten Geleise angekommen. Da hielten die Schlitten an der Freitreppe, da eilten die Pferde mit fröhlichen jungen Leuten durch dunkle Wälder, da wurde getanzt, bis die Saiten der Geigen zersprangen.

Mit Lärm und Peitschenknall sauste die wilde Jagd rund um den langen Löfven. Aus weiter Ferne hörte man das Getöse, der Wald schwankte und fiel, alle Mächte der Zerstörung wurden frei: die Feuersbrunst flammte, der Gießbach verheerte, die Raubtiere strichen hungrig um die Gehöfte. Unter den Hufen der achtfüßigen Rosse wurde alles stille Glück in den Staub getreten. Wo die Jagd vorübersauste, da entbrannten die Herzen der Männer in wilder Glut, und die Frauen mußten in bleichem Entsetzen von Haus und Hof fliehen.

Und wir Jungen hörten staunend und schweigend zu; es ward uns unheimlich zumut, aber doch fühlten wir uns beglückt.

»Was sind das für Menschen!« dachten wir. »So gibt es jetzt keine mehr.«

»*Dachten* denn die Menschen nie über das nach, was sie taten?« fragten wir.

»O freilich, was denkt ihr denn, Kinder?« antworteten die Alten.

»Aber sie dachten nicht so, wie wir denken«, behaupteten wir.

Und dann verstanden uns die Alten nicht, verstanden nicht, was wir meinten.

Wir aber dachten an den merkwürdigen Geist der Selbstkritik, der schon in unsere Herzen eingezogen war, an ihn, mit den Eisaugen und den langen, gekrümmten Fingern, der in dem dunkelsten Winkel der Seele sitzt und unser Wesen zerpflückt, wie alte Frauen wollene und seidene Lappen auseinanderzupfen.

Stück für Stück zerzupfen die langen, harten, gekrümmten Finger, bis unser ganzes Ich daliegt wie ein Haufen Lumpen, und dann sind unsere besten Gefühle, unsere unmittelbarsten Gedanken, alles, was wir getan und gesagt haben, untersucht, durchforscht, zerlegt, und die Eisaugen haben zugeschaut, und der zahnlose Mund hat hohnlächelnd geflüstert: »Seht, lauter Lumpen, nichts als Lumpen.«

Wohl gab es auch dazumal schon einzelne Menschen, die dem Geist mit den geistigen Augen ihre Seele erschlossen hatten, und bei einem von ihnen stand er, einer Schildwache gleich, an der Quelle seines Tuns, über alles, Böses und Gutes, höhnisch lächelnd, alles verstehend, nicht verdammend, forschend, untersuchend, zerpflückend und durch sein unablässiges Hohnlächeln die Regungen des Herzens und die Kraft der Gedanken lähmend.

Die schöne Marianne war es, die diesen Geist der Selbstkritik in sich trug. Sie fühlte seine eiskalten Augen und sein Hohnlächeln bei jedem Schritt, bei jedem Wort. Ihr Leben war ein Schauspiel geworden, bei dem er der einzige Zuschauer war. Sie war kein Mensch mehr, sie litt nicht, freute sich nicht, liebte nicht; sie spielte die Rolle der schönen Marianne Sinclaire, und die Selbstkritik saß mit starren, eiskalten Augen und fleißig zupfenden Fingern dabei und sah zu.

Sie war in zwei Hälften geteilt. Bleich, teilnahmslos und höhnisch saß die eine Hälfte ihres Ichs da und beobachtete das Tun der andern, aber nie hatte der sonderbare Geist, der ihr Wesen zerpflückte, ein einziges liebevolles oder teilnehmendes Wort.

Doch wo war er denn gewesen, der bleiche Wächter an der Quelle ihres Tuns, in jener Nacht, wo sie die Liebe des Lebens kennengelernt hatte? Wo war er, als sie, die kluge Marianne, Gösta Berling vor Hunderten von Augen küßte, als sie sich in Verzweiflung auf den Schnee warf, um zu sterben? Da waren unter dem Sturm der Leidenschaft, der in ihrer Seele tobte, die Eisaugen geblendet, das Hohnlächeln gelähmt. Das Getöse der wilden Jagd hatte ihr in den Ohren gedröhnt. In jener entsetzlichen Nacht war sie ein ganzer Mensch gewesen.

O du Gott der Selbstverspottung! Als es Marianne mit unendlicher Mühe gelang, ihre erstarrten Arme um Gösta Berlings Hals zu legen, da mußtest auch du, wie der alte Beerencreutz, die Augen von der Erde abwenden und zu den Sternen emporschauen.

In jener Nacht warst du machtlos. Tot warst du, während sie ihre Liebeshymne dichtete, tot, während sie zum Major nach Sjö eilte, tot, als der Himmel über dem Walde in roter Glut leuchtete.

Seht, sie waren gekommen, die mächtigen Sturmvögel, die Greife der dämonischen Leidenschaften! Mit feurigen Schwingen und eisernen Krallen waren sie über dich, du Geist mit den eiskalten Augen, hergefallen, hatten dich mit ihren Klauen im Nacken gepackt und dich hinausgeschleudert in das Unbekannte. Tot und vernichtet warst du!

Aber nun sind sie weitergestürmt, die Stolzen, die Gewaltigen, sie, deren Weg keine Berechnung kennt, denen kein Beobachter zu folgen vermag, und aus der Tiefe des Unbekannten ist er wieder heraufgestiegen, der seltsame Geist der Selbstkritik, und noch einmal hat er sich der Seele der schönen Marianne bemächtigt.

Den ganzen Februar hindurch lag Marianne auf Ekeby

krank. Als sie den Major von Sjö holte, war sie von den Pocken angesteckt worden. Erkältet und erschöpft, wie sie damals gewesen war, hatten die Blattern sich mit ihrer ganzen Gewalt auf sie geworfen. Sie war dem Tode nahe gewesen, gegen Ende des Monats aber war sie auf dem Wege der Genesung; doch war sie noch immer schwach und durch die schreckliche Krankheit auch sehr entstellt. Nie mehr würde sie die »schöne Marianne« genannt werden.

Das aber wußte außer Marianne und ihrer Pflegerin bis jetzt niemand; nicht einmal die Kavaliere wußten es.

Das Krankenzimmer, in dem die Pocken herrschten, stand nicht jedem offen.

Doch wann ist die Macht der Selbstkritik größer als in den langen Stunden der Genesung? Da sitzt sie und starrt einen mit ihren Eisaugen unaufhörlich an und zupft unablässig mit ihren knöcherigen, harten Fingern. Und wenn man genau hinsieht, dann sitzt hinter ihr noch ein anderes, ein noch blasseres Wesen, das auch starrt und lähmt und hohnlächelt, und hinter diesem noch eins und wieder eins, die eins über das andere und über die ganze Welt hohnlächeln.

Und während Marianne sich selbst mit allen den starren Eisaugen betrachtete, erstarben alle ursprünglichen Gefühle ihres Herzens. Sie lag da und spielte die Kranke, spielte die Unglückliche spielte die Verliebte, spielte die Rachsüchtige.

Sie war dies alles, und doch war es nur ein Spiel. Alles wurde zu Spiel und Schein unter den Eisaugen, die sie bewachten, und die doch selber wieder von einem andern Augenpaar bewacht wurden, und dieses wieder von einem andern, und so fort in endloser Perspektive.

Alle starken Kräfte des Lebens waren eingeschlummert. Eine Nacht hindurch hatte sie glühend hassen und hingebend lieben können, eine einzige Nacht, nicht länger.

Sie wußte nicht einmal, ob sie Gösta Berling liebte. Sie sehnte sich nach einem Wiedersehen mit ihm nur, um zu prüfen, ob er sie über ihr eigenes Ich hinausheben könne.

Solange die Krankheit noch nicht gebrochen war, hatte sie nur einen klaren Gedanken gehabt: es sollte nicht bekannt werden, an welcher Krankheit sie darniederlag. Sie wollte ihre Eltern nicht sehen, wollte keine Versöhnung mit ihrem Vater, denn sie wußte, daß er bereuen würde, was er getan hatte, sobald er etwas von ihrer Erkrankung erführe. Deshalb durfte ihren Eltern und allen andern nur mitgeteilt werden, daß ein Augenleiden, das sie immer befiel, sobald sie in ihrer Heimat weilte, sie zwinge, zu Hause zu bleiben und im Dunkeln zu sitzen. Sie verbot ihrer Pflegerin, zu sagen, wie krank sie war, und sie verbot auch den Kavalieren, einen Arzt aus Karlstadt zu holen. Sie habe allerdings die Pocken, aber nur in sehr leichtem Grad, in der Hausapotheke auf Ekeby fänden sich Mittel genug, ihr Leben zu retten, sagte sie.

Der Gedanke, daß sie sterben könne, stieg gar nicht in ihr auf; sie wartete nur immer auf den Tag, wo sie soweit hergestellt sein würde, um imstande zu sein, mit Gösta Berling zum Pfarrer zu fahren und das Aufgebot zu bestellen.

Aber jetzt waren Krankheit und Fieber überwunden, und da war sie wieder kühl und klug. Es war ihr, als sei sie in dieser Welt voller Toren die einzig Vernünftige. Sie empfand weder Haß noch Liebe. Sie verstand ihren Vater, sie verstand alle andern.

Sie hatte erfahren, daß Melchior Sinclaire auf Björne eine Auktion halten und alles, was er besaß, verschleudern wolle, damit seine Tochter nichts von ihm erben könne. Man sagte, er wolle die Sache so gründlich wie möglich machen: zuerst wolle er die Möbel und allen Hausrat verkaufen, dann das Vieh und die landwirtschaftlichen Geräte, und zuletzt den ganzen Hof. Alles Geld wolle er dann in einen Sack stecken und ihn in den Löfven versenken; Verschleuderung, Verwirrung und Vernichtung sollte ihr Erbe heißen.

Marianne lächelte verständnisvoll, als sie dies hörte; gerade so mußte er seinem Charakter nach handeln.

Es erschien ihr seltsam, daß sie die große Liebeshymne

gedichtet hatte. Sie hatte von einem Herzen und von einer Hütte geträumt wie alle anderen. Nun konnte sie nicht mehr begreifen, daß sie jemals einen solchen Traum gehabt hatte.

Sie seufzte nach wahrer Natur, sie war dieses ewigen Spiels müde. Nie hatte sie ein starkes, echtes Gefühl. Sie trauerte zwar kaum um ihre Schönheit, aber es graute ihr vor fremdem Mitleid.

Oh, nur eine einzige Sekunde des Selbstvergessens! Nur eine Gebärde, eine Aussage, eine Tat, die nicht berechnet wäre!

An dem Tage, wo das Zimmer von dem Ansteckungsstoff gründlich gereinigt wurde und sie angekleidet auf dem Sofa lag, ließ sie Gösta Berling rufen. Sie erhielt die Antwort, daß er nach Björne zur Auktion gefahren sei.

Das war in der Tat eine große Auktion auf Björne. Es war ein altes, reiches Haus. Von weit her waren die Leute gekommen, um zu kaufen.

Der reiche Melchior Sinclaire hatte allen Hausrat in den großen Salon schaffen lassen. Da lagen nun tausenderlei Gegenstände bunt durcheinander in großen Haufen, die vom Boden bis an die Decke reichten.

Er selbst war wie ein Engel der Vernichtung am Tage des Gerichts umhergegangen und hatte alles herbeigeschleppt, was verkauft werden sollte. Alle Küchengeräte: die schwarzen Kochtöpfe, die hölzernen Stühle, das Zinngeschirr, die kupfernen Kessel ließ er in Frieden, denn mit ihnen war keine Erinnerung an Marianne verknüpft; aber dies war auch das einzige, was sein Zorn verschonte.

Er drang in Mariannes Zimmer ein und ließ dort nichts, wie es war. Ihre Puppenstube und ihre Bücherständer, der kleine Stuhl, den er für sie hatte machen lassen, ihre Nippsachen und Kleider, ihr Sofa und ihr Bett – alles mußte fort.

Dann ging er von Zimmer zu Zimmer, raffte alles, was ihm unangenehm war, an sich und trug es ins Auktionszimmer. Er keuchte unter der Last der Ruhebetten und Marmortische, aber er hielt aus. Und er warf alles in einem entsetzlichen Durcheinander auf große Haufen. Er hatte die Schränke erbrochen und das prachtvolle Silberzeug der Familie herausgenommen. Fort damit! Marianne hat es berührt. Er riß ganze Arme voll Leinenzeug heraus, schneeweißen Damast und glatte Bettücher mit handbreitem Durchbruch, fleißige Hausarbeit, die Früchte jahrelanger Mühe, und warf alles auf einen Haufen! Fort damit! Marianne war nicht wert, es zu besitzen. Er stürmte mit aufgehäuftem Porzellan durch die Zimmer, ohne sich daran zu kehren, daß er Dutzende von Tellern zerbrach; er griff nach den echten Tassen, auf denen das Familienwappen eingebrannt war. Fort mit ihnen! Trinke daraus, wer Lust hat! Er wälzte Berge von Betten vom Boden herab, so weiche Kissen und Matratzen, daß man förmlich darin versank. Fort damit! Marianne hatte darauf geschlafen. Den alten, wohlbekannten Möbeln warf er wütende Blicke zu. Gab es wohl einen Stuhl, ein Sofa, auf dem sie nicht gesessen oder geruht hatte, ein Bild, das sie nicht betrachtet, einen Kronleuchter, der ihr nicht geleuchtet, einen Spiegel, der ihr Bild nicht widergestrahlt hatte? Finster drohte er mit der geballten Faust dieser Welt von Erinnerungen. Am liebsten wäre er mit geschwungener Keule auf sie losgegangen und hätte alles kurz und klein geschlagen.

Doch erschien es ihm, als sei es eine noch größere Rache, wenn er alles verkaufte. Fort zu Fremden sollte es kommen! Fort, um in Tagelöhnerhütten beschmutzt zu werden, um in den Händen gleichgültiger Leute zugrunde zu gehen! Kannte er sie vielleicht nicht, die abgestoßenen Auktionsmöbel in den Bauernstuben, die ebenso entehrt waren wie seine schöne Tochter. Fort damit! Mochten sie dastehen mit zerfetzten Polstern und abgenützter Vergoldung, mit wackeligen Beinen und fleckigen Tischplatten, mochten sie sich nach ihrem früheren Heim sehnen! Fort damit, nach allen Windrichtungen, so daß kein Auge sie finden, keine Hand sie wieder vereinigen kann!

Als die Auktion begann, hatte er den halben Saal mit einem unglaublichen Durcheinander von aufgestapeltem Hausrat angefüllt.

Quer durch den Saal hatte er einen langen Tisch gestellt, hinter diesem stand der Auktionator, neben ihm saßen die Schreiber, und bei diesen hatte Melchior Sinclaire auch ein Branntweinfäßchen aufgestellt. In der andern Hälfte des Saals, im Flur und auf dem Hofe standen die Käufer. Es waren viele Leute da, und es ging laut und lustig zu. Die Angebote kamen Schlag auf Schlag, und einer überbot den andern. Aber neben dem Branntweinfaß, sein Hab und Gut in grenzenloser Verwirrung hinter sich, saß Melchior Sinclaire, halb betrunken und halb verrückt. Sein Haar sträubte sich in borstigen Strähnen über seinem roten Gesicht, seine blutunterlaufenen Augen rollten wild und finster umher. Er schrie und lachte, als sei er in der allerbesten Laune, und wenn einer ein recht gutes Angebot machte, so rief er ihn zu sich heran und bot ihm einen Schnaps.

Unter denen, die ihn dort sahen, war auch Gösta Berling, der sich unter die Käufer gemischt hatte, es aber vermied, Melchior Sinclaire vor die Augen zu kommen. Er wurde sehr bedenklich bei diesem Anblick, und sein Herz schnürte sich zusammen wie im Vorgefühl eines Unglücks.

Er fragte sich, wo denn Mariannes Mutter sein könnte, und schließlich machte er sich halb wider seinen Willen, jedoch vom Schicksal getrieben, auf, um Frau Gustava Sinclaire zu suchen.

Er mußte durch viele Türen gehen, ehe er sie fand.

Der große Gutsherr hatte nur wenig Geduld und recht wenig Freude an Weibertränen und Klagen. Er hatte es satt gehabt, seine Frau über das Schicksal, das über die Schätze ihres Hauses hereinbrach, weinen zu sehen, und er war wütend geworden, daß über Leinenzeug und Bettstücke ihre Tränen geflossen waren, da ja seine schöne Tochter selbst, die doch weit mehr wert war, verloren war, und da hatte er seine Frau mit geballter Faust durch die ganze Wohnung bis in die Speisekammer gejagt.

Weiter konnte sie nicht mehr fliehen, und er hatte sich zufriedengegeben, als er sie, Schläge, ja vielleicht den Tod erwartend, hinter der Trittleiter ängstlich zusammengekauert sah. Dort ließ er sie sitzen, schloß aber die Tür ab und steckte den Schlüssel in die Tasche. Dort sollte sie bleiben, bis die Auktion vorüber war. Verhungern konnte sie da nicht, und seine Ohren hatten Ruhe vor ihrem Jammer.

So saß sie denn in ihrer eigenen Speisekammer gefangen, als Gösta durch den Flur zwischen der Küche und dem Saal ging. Er entdeckte Frau Gustavas Gesicht an einem kleinen Fenster ganz oben an der Wand. Sie war auf die Trittleiter gestiegen und guckte aus ihrem Gefängnis heraus.

»Was machst du dort oben, Tante Gustava?« fragte Gösta.

»Er hat mich eingeschlossen«, flüsterte sie.

»Wer, Melchior Sinclaire?«

»Ja, ich fürchtete, er würde mich totschlagen. Aber höre nun, Gösta, zieh den Schlüssel aus der Saaltür, geh damit durch die Küche und schließe die Speisekammer auf, damit ich herauskommen kann. Der Schlüssel paßt in das Schloß.«

Gösta gehorchte, und wenige Minuten später stand die kleine Frau in der Küche, die ganz menschenleer war.

»Du hättest dir von einer der Mägde mit dem Saalschlüssel aufschließen lassen sollen, Tante«, sagte Gösta.

»Meinst du, ich wolle sie den Kniff lehren? Dann würde es gut aussehen in meiner Speisekammer. Und im übrigen habe ich indessen die obersten Borde aufgeräumt. Sie hatten es wahrhaftig nötig. Ich begreife gar nicht, wie ich sie so verstauben lassen konnte.«

»Du hast gar so viel zu tun, Tante«, sagte Gösta entschuldigend.

»Ja, du hast recht, wenn ich nicht überall selbst dabei bin, geht weder der Webstuhl noch der Spinnrocken im richtigen Takt, und wenn . . .«

Sie stockte und wischte sich eine Träne aus dem Auge.

»Gott helfe mir, was rede ich da für dummes Zeug!« sagte sie. »Ich werde wohl nie mehr etwas zu überwachen bekommen. Er verkauft ja alles, was wir haben.«

»Ja, es ist ein Elend«, sagte Gösta.

»Du kennst doch den großen Spiegel im Saal, Gösta? Er ist so wertvoll, weil das Spiegelglas aus einem Stück ist, und die Vergoldung ist noch ganz tadellos. Ich habe ihn von meiner Mutter, und jetzt will er ihn verkaufen.«

»Er ist verrückt.«

»Ja, da hast du recht, viel fehlt jedenfalls nicht mehr dazu. Er ruht nicht eher, bis er es so weit gebracht hat, daß wir betteln gehen müssen wie die Majorin.«

»Soweit wird es doch nicht kommen«, erwiderte Gösta.

»Doch Gösta. Als die Majorin Ekeby verließ, prophezeite sie uns das Unglück, und jetzt trifft dies ein. Sie hätte nicht zugegeben, daß er Björne verkaufte. Und denk dir, sein eigenes Porzellan, selbst die echten Tassen aus seinem Elternhause, will er verkaufen. Das hätte die Majorin sicherlich nicht zugelassen.«

»Aber was hat er denn auf einmal?« fragte Gösta.

»Oh, es ist nur, weil Marianne nicht zurückgekommen ist. Er hat immerfort auf sie gewartet. Ganze Tage lang ist er in der Allee auf und ab gegangen und hat auf ihre Rückkehr geharrt. Die Sehnsucht nach ihr macht ihn noch ganz verrückt, aber ich darf ja nichts sagen.«

»Marianne glaubt, daß er ihr zürne.«

»Du, das glaubt sie nicht. Sie kennt ihn genau, aber sie ist stolz und will den ersten Schritt nicht tun. Ach, sie sind alle beide hart und eigensinnig, und sie können es aushalten, ich aber, ich muß dazwischenstehen.«

»Tante, weißt du, daß Marianne meine Frau wird?«

»Ach, Gösta, glaub doch das nicht, das wird nie geschehen. Sie sagt nur so, um ihn zu reizen. Sie ist viel zu verwöhnt, um einen armen Mann zu heiraten, und auch zu stolz. Fahr du nach Hause und sag ihr, daß ihr ganzes Erbe zugrund gehe, wenn sie nicht bald komme. Er verschleudert wohl alles um einen Spottpreis.«

Gösta wurde förmlich böse auf Frau Gustava. Da saß sie nun auf einem großen Küchentisch und dachte an nichts weiter als an ihre Spiegel und ihr Porzellan.

»Du solltest dich schämen, Tante Gustava!« fuhr er sie an. »Ihr jagt eure Tochter in den Schnee hinaus, und dann glaubt ihr, daß sie aus lauter Bosheit nicht wiederkomme. Und ihr traut ihr zu, daß sie den, dem sie ihr ganzes Herz geschenkt hat, aufgebe, nur weil sie sonst um ihr Erbe käme.«

»Lieber Gösta, werde du jetzt nicht auch noch böse. Ich weiß ja nicht, was ich rede. Ich habe alles versucht, um Marianne hereinzulassen, aber er riß mich von der Tür weg. Hier muß ich den ganzen Tag hören, daß ich nichts verstehe. Ich gönne dir Marianne von Herzen, Gösta, wenn du sie glücklich machen kannst. Es ist nicht so leicht, eine Frau glücklich zu machen, Gösta.«

Gösta sah Frau Gustava an. Wie hatte er sie auch nur so zornig anfahren können! Eine arme, verschüchterte und unterdrückte Frau war sie, aber sie hatte ein gutes Herz.

»Du hast mich noch gar nicht gefragt, wie es Marianne geht, Tante«, sagte er leise.

Sie brach in Tränen aus.

»Wirst du nicht böse, wenn ich dich frage?« erwiderte sie. »Ich hätte dich schon die ganze Zeit gerne gefragt, denn ich weiß ja nichts weiter von ihr, als daß sie noch am Leben ist. Nicht einen Gruß hat sie mir geschickt, nicht einmal, als ich ihre Kleider nach Ekeby schickte, und da dachte ich, ihr würdet wohl alle beide nicht wollen, daß ich eine Nachricht von ihr bekomme.«

Gösta konnte es nicht länger aushalten. Er war zwar wild und unbändig – bisweilen mußte Gott seine Wölfe hinter ihm her schicken, um ihn zum Gehorsam zu zwingen –, aber die Tränen und Klagen der Alten erschienen ihm schlimmer als das Geheul der Wölfe. So teilte er ihr denn die Wahrheit mit.

»Marianne ist die ganze Zeit über krank gewesen«, sagte er. »Sie hat die Pocken gehabt. Heute darf sie zum erstenmal aufstehen und eine Weile auf dem Sofa liegen. Ich habe sie seit jener ersten Nacht nicht wieder gesehen.«

Frau Gustava sprang mit einem Satz vom Tisch herunter. Sie ließ Gösta stehen, und ohne noch ein Wort zu sagen, lief sie zu ihrem Manne.

Die Leute im Auktionszimmer sahen, wie sie rasch zu ihm trat und ihm etwas ins Ohr flüsterte. Sie sahen auch, wie sein Gesicht noch röter wurde, und wie seine Hand, die auf dem Faßhahne ruhte, diesen umdrehte, so daß der Branntwein auf den Boden floß.

Und sie hatten alle das Gefühl, daß Frau Gustava mit einer so wichtigen Nachricht gekommen sei, daß die Auktion sofort unterbrochen werden müsse. Der Hammer des Auktionators fiel nicht nieder, die Federn der Schreiber kratzten nicht mehr auf dem Papier, kein Angebot wurde laut.

Melchior Sinclaire fuhr aus seinen Gedanken auf.

»Nun!« rief er. »Wird's bald?«

Da kam die Auktion gleich wieder in vollen Gang.

Gösta saß noch in der Küche, als Frau Gustava weinend wiederkam.

»Es hat nichts geholfen«, sagte sie. »Ich dachte, er würde die Auktion einstellen, sobald er hörte, daß Marianne krank sei; aber er läßt doch fortmachen. Er möchte wohl, aber er schämt sich jetzt.«

Gösta zuckte die Achseln und verabschiedete sich ziemlich rasch von ihr.

Auf dem Flur begegnete er Sintram.

»Ei der Tausend, hier geht es hübsch zu!« rief dieser, indem er sich vergnügt die Hände rieb. »Du verstehst deine Sache, Gösta, was du nicht alles zustande bringst!«

»Es wird bald noch hübscher werden«, flüsterte ihm Gösta zu. »Der Brobyer Pfarrer ist mit einem ganzen Schlitten voll Geld gekommen. Es heißt, er wolle ganz Björne kaufen und auch gleich bar bezahlen. Da will ich sehen, was der große Gutsherr für ein Gesicht macht, Onkel Sintram.«

Sintram zog den Kopf zwischen die Schultern und kicherte eine gute Weile in sich hinein. Dann begab er sich ins Auktionszimmer und trat dicht zu Melchior Sinclaire.

»Wenn du einen Schnaps willst, Sintram, dann mußt du, hol mich der Teufel, erst bieten.«

Sintram trat noch näher zu ihm.

»Du hast doch immer Glück, Melchior Sinclaire«, sagte er. »Eben kommt so ein Geldprotz mit einem ganzen Schlitten voll Geld angefahren. Er will ganz Björne mitsamt dem Haus- und Hofinventar kaufen. Er hat auch schon mit einer Menge von Leuten abgemacht, daß sie für ihn bieten, denn er will sich vorerst nicht zeigen.«

»Sag mir, wer es ist, Bruder Sintram, dann gebe ich dir einen Schnaps.«

Sintram nahm das Glas und trat zwei Schritte zurück, ehe er antwortete:

»Es soll der Pfarrer von Broby sein, Bruder Melchior.«

Melchior Sinclaire hatte viele Freunde, die ihm lieber waren als der Pfarrer von Broby. Jahrelange Fehde herrschte zwischen ihnen. Man erzählte sich, daß der große Gutsherr in dunklen Nächten oft auf der Lauer gelegen und dem Fuchsschwänzer und Bauernschinder manche wohlverdiente Tracht Prügel verabreicht habe.

Wohl hatte sich Sintram ein paar Schritte zurückgezogen, er entging aber trotzdem nicht ganz dem Zorn des großen Mannes. Ein Schnapsglas flog ihm ins Gesicht und das ganze Branntweinfaß an die Füße. Aber dann folgte auch ein Auftritt, an dem sich sein Herz noch nach Jahren erfreute.

»Der Brobyer Pfarrer will mein Gut kaufen?« brüllte Melchior Sinclaire. »Steht ihr hier und bietet für den Brobyer Pfarrer auf meine Sachen, ihr Leute? Schämt ihr euch nicht? Pfui, ins Herz hinein solltet ihr euch schämen!«

Er ergriff einen Leuchter und ein Tintenfaß und schleuderte beides unter die Umstehenden.

Jetzt endlich konnte sich die Bitterkeit, die sich in seinem Herzen angesammelt hatte, Luft machen. Wie ein wildes Tier brüllend drohte er den Umstehenden mit der geballten Faust und warf mit allem, was ihm unter die Hand kam, um sich. Branntweingläser und Flaschen flogen durchs Zimmer. Er wußte vor lauter Wut nicht mehr, was er tat.

»Die Auktion ist aus!« schrie er wild. »Hinaus mit euch! So lange ich lebe, bekommt der Brobyer Pfarrer Björne nicht. Hinaus mit euch. Ich will euch lehren, für den Brobyer Pfarrer zu bieten!«

Er fuhr auf den Auktionator und die Schreiber los. Sie entflohen. In der Verwirrung stießen sie den Tisch um, und der Gutsherr stürmte jetzt wie ein Rasender auf die Schar der friedlichen Leute los.

Es entstand eine grenzenlose Verwirrung. Ein paar hundert Menschen drängten sich nach der Tür, in wilder Flucht vor einem einzigen Mann. Er aber blieb stehen und brüllte: »Hinaus mit euch, hinaus!«

Er schickte ihnen Flüche nach, während er einen Stuhl wie eine Keule über dem Kopf schwang.

Bis in den Flur verfolgte er sie, aber nicht weiter. Als der letzte die Treppe hinunter war, ging er in den Salon zurück und riegelte die Tür hinter sich zu. Dann suchte er eine Matratze und ein paar Kissen zusammen, legte sich darauf und fiel inmitten all der Zerstörung in einen tiefen Schlaf, aus dem er erst am nächsten Morgen erwachte.

Als Gösta nach Hause kam, erfuhr er, daß Marianne ihn hatte sprechen wollen. Das traf sich günstig, er hatte sich gerade besonnen, wie er eine Unterredung mit ihr herbeiführen könnte.

Als er in das dämmrige Zimmer trat, in dem Marianne lag, blieb er einen Augenblick an der Tür stehen, denn er konnte nicht sehen, wo sie war.

»Bleibe, wo du bist, Gösta«, sagte Marianne. »Es ist vielleicht gefährlich, wenn du mir nahe kommst.«

Aber Gösta war, von Eifer und Sehnsucht getrieben, mit zwei Sprüngen die Treppe hinaufgestürmt; was kümmerte er sich jetzt um Ansteckung? Er wollte die Seligkeit ihres Anblicks genießen.

Sie war ja so schön, seine Marianne! Keine andere hatte so schönes Haar, eine so klare, reine Stirn, so schöne Züge, ein so entzückendes Mienenspiel.

Er dachte an die scharf und deutlich gezeichneten Augenbrauen, an die kühn gebogene Nase, an die fein geschwungenen Lippen, an das langgestreckte Oval der Wangen und die ausgesucht feine Form des Kinns.

Und er dachte an den rosigen Schimmer ihrer Haut, an den zauberhaft schönen Ausdruck, den die nachtschwarzen Augenbrauen im Verein mit dem hellen Haar boten, an die in klarem Weiß schwimmenden blauen Augensterne und an den Lichtglanz in den Augenwinkeln.

Herrlich war sie, seine Geliebte! Er dachte, welch ein warmes Herz sich unter diesem stolzen Äußern barg! Sie hatte die Kraft, sich hinzugeben, sich zu opfern, versteckte es aber unter der feinen Haut und den stolzen Worten. Ihr Anblick allein war Seligkeit.

In zwei Sprüngen war er die Treppe hinaufgestürzt, und sie konnte jetzt glauben, er würde an der Tür stehen bleiben! Er eilte zu ihr hin und sank neben ihrem Lager auf die Knie. Er wollte sie sehen, sie küssen, Abschied von ihr nehmen.

Er liebte sie. Er würde sicher nie aufhören, sie zu lieben; aber sein Herz war daran gewöhnt, zertreten zu werden.

Oh, wo sollte er sie finden, die Rose, so entwurzelt und so schutzlos, daß er sie an sein Herz nehmen und sein eigen nennen dürfte? Nicht einmal die, die er ausgestoßen und halb tot am Wege gefunden hatte, sollte er haben und behalten dürfen!

Wann würde seine Liebe ein so hohes, reines Lied sein, daß sich kein Mißton darin fände. Wann würde es ihm gelingen, das Schloß seines Glücks auf einem Grunde aufzubauen, nach dem kein anderes Herz unruhig und sehnsuchtsvoll verlangte?

Er überlegte, wie er ihr Lebewohl sagen sollte.

»In deinem Elternhaus herrscht große Betrübnis«, wollte er sagen. »Mein Herz blutet, wenn ich daran denke. Du mußt nach Hause zurückkehren und deinen Vater wieder zur Vernunft bringen. Deine Mutter schwebt in beständiger Todesgefahr. Du mußt nach Hause, Geliebte.«

Seht, solche Worte der Entsagung schwebten ihm auf den Lippen; aber sie wurden nicht ausgesprochen.

Er fiel vor ihrem Lager auf die Knie, nahm ihren Kopf zwischen beide Hände und küßte sie, aber dann brachte er kein Wort über die Lippen. Sein Herz begann so heftig zu schlagen, als wollte es ihm die Brust zersprengen.

Die Blattern hatten ihre Spuren auf dem liebreizenden Gesicht zurückgelassen. Die Haut war grob und voller Narben. Nie wieder würde das rote Blut durch die Wangen schimmern oder das blaue Geäder an den Schläfen sichtbar werden. Die Augen lagen matt unter geschwollenen Lidern, die Brauen waren ausgefallen, und der holde Emailglanz des Augapfels hatte eine gelbliche Farbe angenommen.

Alles war zerstört. Die kühnen Linien waren grob und schwerfällig geworden.

Es waren ihrer nicht wenige, die späterhin um Marianne Sinclaires entschwundene Schönheit trauerten. Überall in Värmland wurde der Verlust ihrer zarten Hautfarbe, ihrer glänzenden Augen und ihres blonden Haares beklagt. Dort wird die Schönheit geschätzt wie sonst nirgends. Die lebensfrohen Menschen trauerten, als hätte das Land einen Edelstein aus einer Ehrenkrone eingebüßt, als hätte sich der Sonnenglanz des Daseins getrübt.

Aber der erste Mann, der sie sah, nachdem sie ihre Schönheit eingebüßt hatte, gab sich dem Schmerze nicht hin.

Unaussprechliche Gefühle erfüllten seine Seele. Je länger er sie betrachtete, desto wärmer wurde es ihm ums Herz. Die Liebe wuchs und schwoll wie ein Fluß im Frühling. Wie feurige Wogen strömte sie aus seinem Herzen. Sie erfüllte sein ganzes Sein; sie trieb ihm die Tränen in die Augen, seufzte auf seinen Lippen, bebte in seinen Händen und durch seinen ganzen Körper.

Oh, Marianne zu lieben, sie zu verteidigen, sie zu entschädigen – entschädigen!

Ihr Sklave zu sein, ihr Schutzgeist!

Stark ist die Liebe, die die Feuertaufe des Schmerzes empfangen hat. Er konnte nicht von Trennung und Entsagung mit Marianne reden. Er konnte sie nicht verlassen. Er schuldete ihr sein Leben. Um ihretwillen hätte er Todsünden begehen können.

Er sagte nicht ein vernünftiges Wort. Er weinte nur und küßte sie, bis die alte Pflegerin ihm bedeutete, daß es nun Zeit für ihn sei, zu gehen.

Als er gegangen war, dachte Marianne nur immer an ihn und seine Ergriffenheit.

»Wie wohl tut es, so geliebt zu werden«, dachte sie.

Ja, es tat wohl, geliebt zu werden. Doch wie war es mit ihr selbst? Was empfand sie? Ach, nichts, weniger als nichts!

War sie tot, ihre Liebe, oder wohin war sie entflohen? Wo verbarg es sich, das Kind ihres Herzens?

Lebte es noch, war es in den dunkelsten Winkel ihres Herzens gekrochen und fror nun dort unter dem Blicke der Eisaugen, von dem Hohnlachen eingeschüchtert, von den knochigen Fingern halb erstickt?

»Ach, meine Liebe!« seufzte sie. »Kind meines Herzens! Lebst du oder bist du tot, tot wie meine Schönheit?«

Am nächsten Tage trat der reiche Gutsherr zu früher Stunde in das Zimmer seiner Frau.

»Sorge dafür, daß hier alles wieder in Ordnung gebracht wird, Gustava«, sagte er. »Ich fahre nach Ekeby, um Marianne zu holen.«

»Ja, lieber Melchior, es soll alles aufgeräumt werden«, erwiderte sie.

Damit war alles zwischen ihnen wieder gut.

Eine Stunde später war der reiche Gutsherr auf dem Wege nach Ekeby.

Man hätte sich keinen vornehmeren und wohlwollenderen Herrn vorstellen können als den Gutsherrn, wie er nun in der zurückgeschlagenen Schlittendroschke saß, in seinem besten Pelz und seiner schönsten Schärpe. Sein Haar lag jetzt glattgekämmt über dem Scheitel, aber das Gesicht war bleich, und die Augen lagen tief in ihren Höhlen.

Und unbeschreiblich schön war auch der Glanz, der von dem klaren Himmel über den Februartag herabströmte. Der Schnee glänzte wie die Augen der jungen Mädchen, wenn zum ersten Tanz aufgespielt wird. Die Birken streckten ihr feines Spitzengewebe aus dünnen braunroten Zweigen zum Himmel empor, und an einigen saß noch eine Franse von kleinen glitzernden Eiszapfen.

Ein wahrer Festglanz lag über dem Tage. Die Pferde hoben tanzend die Vorderbeine, und der Kutscher knallte vor lauter Vergnügen wiederholt mit der Peitsche.

Nach einer kurzen Fahrt hielt der Schlitten des reichen Gutsherrn vor der Ekebyer Freitreppe.

Der Bediente kam heraus.

»Wo sind deine Herren?« fragte Melchior Sinclaire.

»Sie jagen den großen Bären auf dem Gurlittafelsen.«

»Alle miteinander?«

»Ja, alle miteinander, gnädiger Herr. Wer nicht des Bären wegen mit ist, ist mit wegen des Futtersacks.«

Der Gutsherr lachte, daß es im ganzen Hof erschallte. Er gab dem Bedienten einen Speziestaler für seine Antwort.

»Sage meiner Tochter, daß ich hier bin, um sie zu holen. Sie brauche keine Angst zu haben, daß sie frieren könnte. Ich habe eine Schlittendroschke und einen Wolfspelz zum Warmhalten.«

»Hat der gnädige Herr nicht Lust, einzutreten?«

»Nein, ich danke, ich sitze hier recht gut.«

Der Mann verschwand, und der Gutsherr schickte sich an, zu warten.

Heute war er in so strahlender Laune, daß ihn nichts ärgerte. Er hatte sich wohl gedacht, daß er auf Marianne ein wenig werde warten müssen; vielleicht war sie noch nicht einmal aufgestanden. Doch er konnte sich ja die Zeit vertreiben, indem er sich ein wenig umsah.

Dort an der Dachrinne hing ein langer Eiszapfen, der der Sonne grausam viel Arbeit machte. Sie fing von oben an, taute einen Tropfen auf und wollte, daß dieser an dem Eiszapfen hinabrolle und auf den Boden falle. Ehe aber der Tropfen den halben Weg zurückgelegt hatte, war er schon wieder gefroren. Die Sonne versuchte es immer von neuem, aber jedesmal mißlang es. Schließlich jedoch hängte sich ein wahrer Freibeuter von einem Sonnenstrahl an der Spitze des Eiszapfens fest – es war ein ganz kleiner Strahl, der vor Eifer glänzte und gleißte – und, hast du nicht gesehen! da war der Zweck erreicht – ein Tropfen fiel klatschend auf die Erde.

Der Gutsbesitzer hatte lachend zugesehen.

»Du bist nicht dumm, du«, sagte er zu dem Sonnenstrahl.

Auf dem Hofe war es still und öde. Kein Laut drang aus dem großen Hause heraus. Aber der Gutsherr wurde nicht ungeduldig. Er wußte, daß die Frauen viel Zeit brauchen, um sich fertig zu machen.

Er betrachtete den Taubenschlag. Das Flugloch war vergittert. Die Tauben waren den Winter über eingesperrt, damit der Habicht sie nicht umbringen konnte. Von Zeit zu Zeit kam eine Taube und streckte ihren weißen Kopf durch das Drahtnetz.

»Sie wartet auf den Frühling«, sagte Melchior Sinclaire, »aber da muß sie schon noch eine Weile Geduld haben.«

Die Taube zeigte sich in so regelmäßigen Zwischenräumen, daß Melchior Sinclaire seine Uhr herauszog. Genau alle drei Minuten steckte sie das Köpfchen heraus.

»Nein, mein Herzchen«, sagte er, »du mußt warten lernen. Meinst du, der Frühling komme in drei Minuten?«

Und er selbst mußte auch warten; aber er hatte Zeit.

Die Pferde scharrten anfangs ungeduldig im Schnee, dann aber wurden sie schläfrig vom Stehen. Sie steckten die Köpfe zusammen und schliefen.

Der Kutscher saß, Peitsche und Zügel in der Hand, das Gesicht der Sonne zugewandt, kerzengerade auf dem Bock und schlief, schlief so fest, daß er schnarchte.

Aber der Gutsherr schlief nicht. Er war noch nie weniger zum Schlafen aufgelegt gewesen. Selten hatte er sich so behaglich gefühlt, als während dieser frohen Wartezeit. Marianne war krank gewesen. Sie hatte nicht früher kommen können, jetzt aber würde sie kommen. Ja, natürlich würde sie kommen. Und dann würde alles wieder gut sein.

Jetzt konnte sie ja sehen, daß er ihr nicht mehr zürnte. Er war ja selbst gekommen mit der Schlittendroschke und zwei Pferden.

Auf dem Brette vor dem Bienenkorbe saß eine Kohlmeise, die eben dabei war, einen wahrhaft satanischen Streich auszuführen. Sie wollte natürlich ein Mittagessen haben, deshalb pochte sie mit ihrem kleinen scharfen Schnabel an das Brett. Aber innen im Bienenkorbe hingen die Bienen in einem großen schwarzen Knäuel. Alles geht da in strengster Ordnung zu. Die Arbeiterinnen teilen die Rationen aus, der Mundschenk eilt von Mund zu Mund mit Nektar und Ambrosia. Die Bienen, die ganz innen hängen, wechseln unter beständigem Krabbeln den Platz mit denen, die außen hängen, damit Wärme und Bequemlichkeit gleichmäßig verteilt werde.

Da hören sie das Klopfen der Kohlmeise, und im ganzen Korbe summt es vor lauter Neugierde. Ist es ein Freund oder ein Feind? Droht dem Staate Gefahr? Die Königin hat ein schlechtes Gewissen, sie ist nicht imstande, ruhig zu warten. Sind es am Ende die Geister der ermordeten Drohnen, die draußen spuken?

»Geh hinaus und sieh, was es gibt«, befiehlt sie der Pförtnerin. Diese gehorcht. Mit einem »Es lebe die Königin!« stürzt sie hinaus; und heida! fällt die Meise über sie her. Mit vorgestrecktem Hals und vor Eifer zitternden Flügeln packt sie die arme Biene, zerquetscht sie, verschlingt sie, und niemand bringt der Herrscherin Kunde von ihrem Tode. Doch die Kohlmeise klopft wieder, und die Bienenkönigin fährt fort, ihre Pförtnerinnen auszusenden; und alle verschwinden, keine kehrt zurück, um zu melden, wer draußen klopft. Hu, es wird unheimlich in dem dunklen Bienenkorb! Rachsüchtige Geister treiben ihr Wesen da draußen! Wer doch keine Ohren hätte! Wer doch seine Neugierde bezwingen könnte! Wer doch ruhig abwarten könnte!

Der reiche Melchior Sinclaire lachte über die dummen Frauenzimmer in dem Bienenkorb und über die schlaue grüngelbe Canaille, daß ihm die Tränen in die Augen traten. Ach, da ist es keine Kunst zu warten, wenn man seiner Sache ganz sicher ist, und wenn man so vielerlei sieht, womit man sich die Zeit vertreiben kann!

Jetzt kommt der große Hofhund daher. Er geht auf den äußersten Zehenspitzen, heftet die Augen auf den Boden und wedelt leicht mit dem Schwanz, als habe er ganz und gar nichts Besonderes im Sinn. Auf einmal aber beginnt er eifrig im Schnee zu scharren. Der alte Schlaukopf hat da sicherlich unrecht Gut vergraben.

Als er dann den Kopf erhebt, um zu sehen, ob er seine Beute jetzt in Ruhe verzehren könne, wird er ganz verdutzt, denn vor ihm sitzen zwei Elstern.

»Dieb!« sagen die Elstern und sehen aus wie das leibhaftige Gewissen. »Wir sind die Polizeidiener. Her mit dem Gestohlenen.«

»Still, ihr Racker! Ich bin der Vogt hier.«

»Ja, du bist der rechte dazu«, höhnen sie.

Der Hund wirft sich auf sie, und sie entfliehen mit langsamen Flügelschlägen. Der Hund jagt ihnen bellend nach. Aber während er die eine verfolgt, kehrt die andere zu der Grube zurück. Sie fliegt hinein, zerrt an dem Fleischstück, vermag es jedoch nicht zu tragen. Der Hund reißt das Fleisch an sich, hält es mit den Pfoten fest und beißt hinein.

Die Elstern setzen sich dicht vor ihn hin und schelten auf ihn los. Er wirft ihnen während des Fressens wütende Blikke zu, und als ihm das Geschimpfe zu toll wird, springt er auf und jagt die sogenannte Polizei fort.

Schon begann die Sonne hinter den Bergen im Westen zu versinken. Der reiche Gutsherr sah auf seine Uhr. Es war drei. Und Mutter hatte das Mittagessen schon bis zwölf Uhr bereit halten wollen.

Da kam der Bediente und meldete, daß Fräulein Marianne mit Herrn Sinclaire zu sprechen wünsche.

Der Gutsherr hängte den Wolfspelz über den Arm und ging in heiterster Stimmung die Treppe hinauf.

Als Marianne seine schweren Tritte auf der Treppe hörte, war sie noch immer nicht ganz schlüssig geworden, ob sie mit ihrem Vater heimkehren oder auf Ekeby bleiben wolle. Sie fühlte nur, daß sie diesem langen Warten durchaus ein Ende machen müsse.

Sie hatte gehofft, die Kavaliere würden zeitig zurückkehren; aber bis jetzt waren sie nicht gekommen. So mußte sie denn selbst die Entscheidung herbeiführen. Sie konnte die Spannung nicht länger ertragen.

Sie hatte gedacht, ihr Vater werde nach fünf Minuten vergeblichen Wartens zornig davonfahren; oder er werde die Türen einschlagen, ja am Ende das Haus anzünden.

Aber er saß ganz still da, lächelte und wartete. Sie empfand nichts für ihn, weder Haß noch Liebe, aber eine innere Stimme warnte sie gleichsam davor, sich noch einmal in seine Gewalt zu begeben. Und außerdem wollte sie Gösta ihr Wort halten.

Wenn er drunten auf dem Hofe eingeschlafen, wenn er in laute Ausrufe ausgebrochen oder aufgeregt gewesen wäre, wenn er sich nur im geringsten unschlüssig gezeigt hätte, wenn er den Schlitten in den Schatten hätte fahren lassen! Aber er war ganz geduldig und fühlte sich vollständig sicher. Sicher, so unbedingt sicher, daß sie kommen würde, wenn er nur wartete.

Der Kopf tat ihr weh. Jeder Nerv zuckte. Sie konnte keine Ruhe finden, solange sie wußte, daß er dort unten saß. Es war, als schleppe sie sein Wille gebunden die Treppe hinunter.

Dann wollte sie wenigstens mit ihm reden.

Ehe er kam, ließ sie die Rouleaus aufziehen und legte sich dann so aufs Sofa, daß ihr das Tageslicht voll ins Gesicht schien.

Damit wollte sie ihn gewissermaßen auf die Probe stellen; aber Melchior Sinclaire war an diesem Tag ein merkwürdiger Mann.

Als er sie erblickte, verzog er keine Miene, kein Laut drang über seine Lippen. Es war, als habe er keine Veränderung an ihr wahrgenommen. Marianne wußte, wie stolz ihr Vater auf ihre Schönheit gewesen war. Aber er ließ sich keinen Kummer anmerken. Er beherrschte sich vollständig, um sie nicht zu betrüben. Das rührte sie tief, und sie begann zu verstehen, warum ihre Mutter ihn noch immer lieb hatte.

Melchior Sinclaire war keinen Augenblick unschlüssig. Von Vorwürfen und Entschuldigungen war auch nicht die Rede. »Ich werde dich in den Wolfspelz hüllen, Marianne. Er ist nicht kalt, er hat die ganze Zeit auf meinen Knien gelegen.« Trotzdem ging er damit an den Kamin und wärmte ihn.

Dann half er ihr vom Sofa auf, hüllte sie in den Pelz, schlang ihr ein Tuch um den Kopf, legte es ihr kreuzweise über die Brust und knüpfte es auf dem Rücken zusammen.

Sie ließ es geschehen; sie war willenlos. Es tat so wohl, von Liebe umgeben zu sein; es war so schön, selbst nicht wollen zu müssen. Und besonders schön war es für sie mit ihrem zermarterten, aufgeriebenen Gemüte, für sie, die glaubte, keine echten Gedanken, kein wahres Gefühl ihr eigen nennen zu können.

Der reiche Gutsherr hob sie auf und trug sie hinunter in den Schlitten. Er schlug das Verdeck hoch, legte die Pelzdecke sorgsam um sie und verließ mit ihr Ekeby.

Sie schloß die Augen und seufzte, teils vor Wohlbehagen, teils vor Wehmut. Sie verließ das Leben, das wirkliche Leben; aber schließlich konnte es ihr ja einerlei sein, ihr, die nicht leben, sondern nur Komödie spielen konnte.

Ein paar Tage später richtete es ihre Mutter so ein, daß Marianne mit Gösta Berling sprechen konnte. Sie schickte nach ihm, während der Gutsherr seinen langen Spaziergang zu den Holzfällern machte, und führte Gösta dann selbst zu ihrer Tochter hinein.

Gösta trat ein, aber er grüßte nicht und sprach auch kein Wort. Er blieb an der Tür stehen und starrte wie ein trotziger Junge zu Boden.

»Aber Gösta!« rief Marianne aus. Sie saß in einem Lehnstuhl und sah halb belustigt aus.

»Ja, so heiße ich.«

»Komm, komm her zu mir, Gösta!«

Still trat er näher, schlug aber die Augen nicht auf.

»Komm näher heran! Knie nieder!«

»Mein Gott, wozu das alles?« rief er, gehorchte aber doch.

»Gösta, ich will dir nur sagen, daß ich glaube, es war richtig von mir, daß ich nach Hause zurückkehrte.«

»Hoffen wir, daß man Fräulein Marianne nicht wieder in den Schnee hinausjagt.«

»O Gösta, liebst du mich nicht mehr? Bin ich dir jetzt zu häßlich?«

Er zog ihren Kopf zu sich herunter und küßte sie; aber er sah doch noch ebenso kalt aus wie zuvor.

Dies ergötzte sie eigentlich. Was tat es, wenn es ihm beliebte, auf ihre Eltern eifersüchtig zu sein! Das ging wohl vorüber. Jetzt machte es ihr Spaß, ihn wieder zu erobern. Sie wußte kaum, warum sie ihn festhalten wollte; aber sie wollte es. Sie dachte daran, daß es ihm doch gelungen war, sie einmal von sich selbst zu befreien. Es war also der einzige, der dies noch einmal könnte.

Und nun begann sie zu sprechen, um ihn wiederzugewinnen. Sie sagte, es sei nicht ihre Absicht gewesen, ihn für immer zu verlassen, aber der Leute wegen sei es besser, ihre Verbindung auf einige Zeit abzubrechen. Er habe ja selbst gesehen, daß ihr Vater dem Wahnsinn nahe gewesen sei und ihre Mutter in beständiger Lebensgefahr geschwebt habe. Er müsse doch verstehen, daß sie gezwungen gewesen sei, nach Hause zu fahren.

Da machte sich sein Zorn in Worten Luft. Sie brauche sich nicht zu verstellen, rief er. Er wolle nicht länger ihr Spielball sein. Sie habe ihn verlassen, sobald ihr das Elternhaus wieder geöffnet worden sei, und er könne sie nicht mehr lieben. Als er vorgestern von der Jagd zurückgekommen sei und erfahren habe, daß sie weggefahren sei, ohne einen Gruß, ohne ein Wort für ihn, da sei ihm das Blut in den Adern erstarrt, er wäre beinahe gestorben vor Kummer. Wer ihm ein solches Leid angetan habe, den könne er nicht mehr lieben. Und sie selbst habe ihn ja nie geliebt. Sie sei eine Kokette, die auch hier in ihrer Heimat jemand haben wolle, der sie küsse und liebkose, das sei alles.

Ob er denn wirklich glaube, daß es ihre Gewohnheit sei, sich von jungen Herren liebkosen zu lassen? fragte sie.

Allerdings glaube er das, erwiderte er; die Frauen seien nicht so heilig, wie sie sich den Anschein geben. Selbstsucht und Koketterie von Anfang bis zu Ende! Ach, wenn sie ahnte, was er empfunden habe, als er von der Jagd zurückgekehrt sei! Es sei ihm gewesen, als müsse er durch eiskaltes Wasser waten. Nie, niemals würde er diesen Schmerz überwinden. Durchs ganze Leben werde er ihn begleiten. Er werde nie wieder ein Mensch werden.

Sie versuchte, ihm zu erklären, wie alles gekommen war, und suchte ihn zu überzeugen, daß sie ihm immer noch treu sei. Ach, das sei ihm jetzt gleichgültig, denn er liebe sie nicht mehr. Er habe sie jetzt durchschaut. Sie sei eine Egoistin; sie habe ihn nie geliebt. Ohne einen Gruß, ohne ein Wort sei sie von ihm gegangen.

Darauf kam er immer wieder zurück. Ihr aber machte der ganze Auftritt beinahe Spaß. Sie konnte nicht böse werden, denn sie verstand seinen Zorn so gut. Einen wirklichen Bruch fürchtete sie nicht. Schließlich wurde sie aber doch unruhig. War in seinen Gefühlen wirklich ein solcher Umschlag eingetreten, daß er sie nicht mehr liebhaben konnte?

»Gösta«, sagte sie, »war ich egoistisch, als ich nach Sjö ging und den Major holte? Ich wußte wohl, daß die Pokken dort waren. Und außerdem ist es auch nicht angenehm, in dünnen Schuhen im kalten Schnee zu waten.«

»Die Liebe lebt von Liebe und nicht von Wohltaten und Dienstleistungen«, erwiderte Gösta.

»Du willst also, daß wir in Zukunft fremd seien, Gösta?«

»Ja, das will ich!«

»Du bist sehr veränderlich, Gösta Berling.«

»Man pflegt mich dessen zu beschuldigen.«

Er war und blieb kalt; Marianne gelang es nicht, ihn zu erwärmen, und eigentlich war sie selbst noch kälter. Die Selbstkritik lächelte höhnisch über ihren Versuch, die Verliebte zu spielen.

»Gösta«, sagte sie, indem sie sich zu einer letzten Anstrengung zwang, »ich habe dir nie absichtlich Schmerz bereitet, wenn es vielleicht auch so aussieht. Vergib mir.«

»Ich kann dir nicht vergeben.«

Sie wußte, daß sie ihn wiedergewinnen würde, wenn es ihr gelänge, echtes und wahres Gefühl zu zeigen. Und so versuchte sie, die Leidenschaftliche zu spielen. Die Eisaugen verhöhnten sie zwar, aber sie versuchte es trotzdem; sie wollte ihn nicht verlieren.

»Geh nicht von mir, Gösta! Geh nicht im Zorn! Bedenke, wie häßlich ich geworden bin. Mich wird niemand mehr lieben!«

»Auch ich liebe dich nicht mehr«, sagte er. »Du mußt dich wie andere darein finden, daß dein Herz zertreten wird.«

»Gösta, ich habe nie einen anderen lieben können, als dich allein. Vergib mir! Verlaß mich nicht! Du bist der einzige, der mich vor mir selbst retten kann.«

Er stieß sie zurück.

»Du sprichst nicht die Wahrheit«, sagte er mit eisiger Ruhe. »Ich weiß nicht, was du von mir willst, aber ich sehe, daß du lügst! Warum willst du mich festhalten? Du bist ja so reich, daß es dir nie an Freiern fehlen wird.«

Damit ging er.

Doch kaum hatte er die Tür hinter sich geschlossen, als die Sehnsucht und der Schmerz in ihrer ganzen Majestät den Einzug in Mariannes Herz hielten.

Die Liebe war es, das Kind ihres eigenen Herzens, das aus seinem Winkel hervorkam, wohin es die Eisaugen verbannt hatten. Jetzt kam sie, die Ersehnte, jetzt, wo es zu spät war. Nun trat sie hervor, ernst und allmächtig, und Schmerz und Entsagung trugen die Schleppe ihres Königsmantels.

Als Marianne sich mit vollständiger Bestimmtheit sagen mußte, daß Gösta Berling sie verlassen hatte, empfand sie einen geradezu körperlichen Schmerz, einen so überwältigenden Schmerz, daß sie beinahe die Besinnung verlor. Sie preßte die Hände aufs Herz und saß stundenlang auf derselben Stelle, tränenlos mit ihrem Leid kämpfend.

Und jetzt war sie selbst es, die litt, sie selbst und nicht eine Schauspielerin – sie, sie selbst.

Weshalb war ihr Vater gekommen und hatte sie von Gösta getrennt? Ihre Liebe war ja nicht tot gewesen. Sie selbst war ja nur nach der Krankheit so schwach gewesen, daß sie die Macht der Liebe nicht hatte empfinden können.

Ach Gott, ach Gott, daß sie ihn verloren hatte! Ach Gott, daß sie zu spät erwacht war!

Ach, er war der einzige, er war der Herr ihres Herzens! Von ihm konnte sie alles erdulden. Härte und böse Worte riefen bei ihr nur demütige Liebe hervor. Wenn er sie geschlagen hätte, so wäre sie wie ein Hund zu ihm hingekrochen und hätte ihm die Hand geküßt.

Sie wußte nicht, was sie tun sollte, um diesen dumpfen Schmerz zu lindern.

Sie ergriff Feder und Papier und schrieb mit fieberhaftem Eifer. Zuerst schrieb sie von ihrer Liebe und ihrer Sehnsucht. Dann bat sie – nicht um seine Liebe, nein, nur um sein Erbarmen. Was sie schrieb, war eine Art Gedicht.

Als sie fertig war, dachte sie, wenn er dies Schreiben zu sehen bekäme, würde er endlich glauben, daß sie ihn liebe.

Also warum sollte sie es ihm nicht schicken? Ja, morgen wollte sie es abschicken, und sie glaubte sicher, daß es ihn zu ihr zurückführen werde.

Am nächsten Tage kämpfte sie voller Angst mit sich selbst. Was sie geschrieben hatte, kam ihr so erbärmlich und dumm vor. Es hatte weder Reim noch Versmaß.

Es war eitel Prosa. Er würde sicher nur lachen über solche Verse.

Auch ihr Stolz erwachte. Wenn er sie nicht mehr liebte, war es eine schreckliche Entwürdigung, um seine Liebe zu betteln. Bisweilen meldete sich auch die Klugheit und sagte, sie müsse froh sein, daß sie der Verbindung mit Gösta und allen den traurigen Verhältnissen, die daraus hätten erwachsen müssen, entgangen sei.

Ihre Herzensqual war aber so entsetzlich, daß die Gefühle zuletzt die Oberhand gewannen. Drei Tage, nachdem sie sich ihrer Liebe bewußt geworden war, wurden die Verse zusammengepackt und Gösta Berlings Name wurde auf den Umschlag geschrieben. Aber sie wurden doch nicht abgeschickt.

Ehe Marianne einen geeigneten Boten fand, waren Nachrichten über Gösta Berling zu ihr gedrungen, die sie überzeugten, daß es zu einem Versuch, ihn wiederzugewinnen, schon zu spät war.

Aber ihr ganzes Leben lang grämte sie sich darüber, daß sie die Verse nicht abgeschickt hatte, solange es noch Zeit dazu gewesen wäre.

Ihr ganzer Schmerz drehte sich um diesen einen Punkt: »Hätte ich doch nicht solange gewartet, hätte ich nur nicht so viele Tage gewartet!«

Das Glück des Lebens, oder doch wenigstens ein wirkliches Leben hätten ihr diese geschriebenen Worte gewinnen können. Sie war überzeugt, daß sie ihn wieder zu ihr zurückgeführt hätten.

Das Leid leistete ihr indes denselben Dienst wie die Liebe. Es reifte sie zu einem ganzen Menschen heran mit der Fähigkeit, sich im Guten wie im Bösen hinzugeben. Heiße

Gefühle strömten frei durch ihre Seele, ohne von der Eiseskälte der Selbstkritik gehemmt zu werden. Daher wurde sie auch trotz ihrer Häßlichkeit von vielen geliebt.

Man behauptet jedoch, sie habe Gösta Berling nie vergessen, und sie habe um ihn getrauert, wie man um ein verspieltes Leben trauert.

Ihre armen Verse, die seinerzeit viel gelesen wurden, sind jetzt lange vergessen. Es ergreift mich eine seltsame Rührung bei ihrem Anblick. Da liegen sie vor mir, eng geschrieben auf vergilbtem Papier mit verblaßter Tinte und in einer zierlichen Handschrift. Das Entbehren eines ganzen Lebens knüpft sich an diese armen Worte, und ich schreibe sie mit einem gewissen seltsamen Beben ab; es ist, als lebten geheimnisvolle Kräfte in ihnen.

Ich bitte euch, lest sie, und denkt darüber nach! Wer weiß, welche Macht sie gehabt hätten, wenn sie abgeschickt worden wären? Sie sind leidenschaftlich genug, um von einem wahren Gefühle Zeugnis abzulegen. Vielleicht hätten sie ihn doch wieder zu ihr zurückgeführt.

Rührend, zärtlich genug dazu sind sie in ihrer ungewandten Formlosigkeit. Niemand könnte wünschen, daß sie anders wären. Niemand möchte sie in die Fesseln des Reims und des Versmaßes gezwängt sehen; und doch ist es ein gar wehmütiger Gedanke, daß gerade diese Unvollkommenheit Marianne daran hinderte, sie zur rechten Zeit abzuschicken. Ich bitte euch, lest und liebt sie! Sie sind von einem Menschenkind in schwerer Herzensnot geschrieben worden.

Du liebtest, mein Kind, doch nimmermehr
wirst du fühlen der Liebe Glück.
Im Sturme der Leidenschaft hast du gebebt,
sei froh, daß dein Herz nun hat Ruh'!
Nicht himmelhoch jauchzend freust du dich mehr,
sei froh, daß dein Herz nun hat Ruh'!
Auch zum Tode betrübt wirst nimmer du sein,
nein, niemals mehr!

Du liebtest, mein Kind, doch nimmermehr
wird die Seele in Flammen erglühen.
Wie das Gras im Sonnenbrand warst du versengt,
du branntest, doch ach, einen Augenblick nur!
Vor glühenden Funken und qualmendem Rauch
mit lautem Geschrei die Vögel entflohn.
Kehrt ruhig zurück! Du brennst jetzt nicht mehr,
brennst niemals mehr!

Du liebtest, mein Kind, doch nimmermehr
die Stimme der Liebe dich ruft.
Die Kräfte des Herzens, wie Kinder gar müd',
die drin auf die harte Schulbank gebannt,
sie lechzen nach Freiheit und Spiel;
doch niemand locket sie mehr!
Sie gleichen den Posten, vergessen im Feld,
denn niemand rufet sie mehr!

Gegangen, mein Kind, ist der einzige Freund,
und mit ihm die Lieb' und das Glück.
Ihn, den du liebtest, als hätt' er gelehrt dich,
zu schweben auf Flügeln im Himmelsraum,
ihn, den du liebtest, als hätt' er geschenkt dir
die einzige Zuflucht in Wassersnot schwer,
gegangen ist er, der einzig verstand,
zu öffnen des Herzens Tür!

Um eins nur fleh' ich von Herzensgrund, o mein Geliebter,
Nicht lege mir auf die Bürde des Hasses!
Ein Menschenherz ist ja das schwächste von allem, was schwach ist,
Wie könnt' es da leben, beschwert von dem schweren Gedanken,
daß es sei einem andern zur Plage!

Geliebter, ach nein, wenn du morden mich wolltest,
so nimm keinen Dolch, auch Gift nicht, noch Strick,
laß einzig mich wissen, daß ich soll verschwinden

hinweg von der Erde, hinweg aus dem Reiche des Lebens.
Und schnell werd' ich sinken ins Grab.

Du gabst mir das Leben, die Liebe auch hast du gegeben,
nun ziehst du die Gaben zurück – ach, mag es so sein!
Doch wandle sie niemals in Haß!
Ich möchte ja doch gerne leben, bedenk es!
Denn unter dem Hasse, da sterb' ich, das weiß ich!

Die junge Gräfin

Die junge Gräfin schläft bis zehn Uhr und will jeden Tag frisches Brot auf dem Frühstückstisch sehen. Die junge Gräfin macht feine Stickereien und liest Gedichte. Sie kann nicht weben, nicht kochen; die junge Gräfin ist verwöhnt.

Aber die junge Gräfin ist vergnügt und läßt ihre Fröhlichkeit allen leuchten. Man verzeiht ihr gern den langen Morgenschlaf und das frische Brot, denn sie ist wahrhaft verschwenderisch gegen die Armen und freundlich gegen jedermann.

Der Vater der jungen Gräfin ist ein schwedischer Edelmann, der sich für immer in Italien niedergelassen hat; das herrliche Land und eine der schönen Töchter des herrlichen Landes haben ihn festgehalten.

Als Graf Henrik Dohna Italien bereiste, war er in dem Hause dieses Landsmannes freundlich aufgenommen worden, hatte die Töchter kennengelernt, die eine davon geheiratet und sie nach Schweden mitgenommen.

Ihr, der die schwedische Sprache von jeher vertraut war, und die in ihrem Elternhause alles, was schwedisch war, lieben gelernt hatte, behagt es sehr gut in dem Bärenlande. Sie schwingt sich gar fröhlich im Kreise der Vergnügungen, der sich rund um den Löfven dreht, daß man glauben könnte, sie habe von jeher hier oben gelebt. Freilich versteht sie es sehr wenig, mit der Würde einer Gräfin aufzutreten. Es findet sich keine Spur von steifer Gemessenheit, keine herablassende Würde an diesem jungen, heiteren Geschöpf.

Ganz besonders entzückt von ihr sind die alten Herren. Es ist merkwürdig, welche Eroberungen sie bei den alten Herren macht. Wenn sie auf einem Ball mit ihr zusammengetroffen sind, kann man ganz sicher sein, daß alle miteinander – der Munkeruder Landrichter, der Broer Propst und Melchior Sinclaire mitsamt dem Hauptmann von Berga – hinterher ihren Frauen im tiefsten Vertrauen mitteilen, wenn sie die junge Gräfin vor vierzig oder dreißig Jahren getroffen hätten, so …

»Ach, damals war sie ja noch gar nicht geboren«, fallen die alten Frauen ihnen ins Wort.

Und beim nächsten Zusammentreffen necken sie die junge Gräfin damit, daß sie ihnen die Herzen ihrer Männer entwende.

Die alten Damen betrachten sie mit einer gewissen Angst. Sie erinnern sich der alten Gräfin Märta gar zu gut. Diese war ebenso heiter, gut und beliebt gewesen, als sie zuerst nach Berga kam. Und aus ihr war doch eine eitle, vergnügungssüchtige, gefallsüchtige Frau geworden, die an nichts anderes mehr dachte als an Genuß und Vergnügen.

»Wenn sie wenigstens einen Mann hätte, der sie zur Arbeit anhalten könnte!« sagten die alten Damen. »Wenn sie nur einen Zettel auf den Webstuhl aufziehen könnte!« Denn einen Zettel aufziehen, das tröstet in allem Kummer, das nimmt alles Interesse gefangen und hat schon manche Frau gerettet.

Die junge Gräfin möchte selbst gern eine gute Hausfrau werden. In ihren Augen gibt es nichts Schöneres, als eine glückliche Gattin in einem guten Hause zu sein; und bei den großen Gesellschaften setzt sie sich oft zu den alten Damen. »Henrik möchte, daß ich im Hauswesen ebenso tüchtig werde wie seine Mutter«, sagt sie. »Gebt mir doch Unterricht im Weben.«

Da stoßen die Alten einen zwiefachen Seufzer aus; erstens über den Grafen Henrik, daß er seine Mutter für eine tüchtige Hausfrau halten kann, und zweitens über die Schwierigkeit, dieses junge, unwissende Geschöpf in so verwickelte Sachen einzuweihen. Man brauchte mit ihr nur von Zettel und Einschlag, von Schaft und Winkeln, von Warp und Gitter zu reden, so wirbelte ihr schon der Kopf, wieviel mehr, wenn von Korndrell und Gänseaugen und sonstigen Webarten die Rede wäre.

Wer immer die junge Gräfin kennenlernt, fragt sich unwillkürlich, wie es wohl gekommen sei, daß dieses holde Geschöpf den dummen Grafen Henrik genommen hat.

Wie traurig, wenn einer dumm ist! Er kann einem leid tun, wo er auch sein mag. Aber am schlimmsten ist es für den, der dumm ist und im Värmland wohnt.

Schon sind eine Menge Geschichten über Graf Henriks Dummheit im Umlauf, und er ist im Anfang der Zwanziger. Man erzählt sich, wie er sich vor ein paar Jahren mit Anna Stjärnhök auf einer Schlittenfahrt unterhalten habe.

»Du bist schön, Anna«, sagte er.

»Ach, Unsinn, Henrik.«

»Du bist die Schönste in ganz Värmland.«

»Nein, das bin ich nicht.«

»Jedenfalls aber bist du die Schönste auf der Schlittenpartie.«

»Ach Henrik, das bin ich auch nicht.«

»Ja, aber in diesem Schlitten bist du doch die Schönste, das kannst du nicht leugnen.«

Nein, das konnte sie allerdings nicht.

Denn Graf Henrik ist nicht schön, er ist ebenso häßlich wie dumm. Man sagt, daß der Kopf, der auf seinem dünnen Hals sitzt, sich schon seit ein paar Jahrhunderten in der Familie vererbt habe. Deshalb sei das Gehirn des letzten Erben so verbraucht.

»Es ist ganz offenbar, daß er ja keinen eigenen Kopf hat«, sagen die Leute. »Er hat den seines Vaters entlehnt. Er wagt ihn gar nicht zu beugen, denn er hat Angst, er könnte ihm herunterfallen. Er hat ja schon eine ganz gelbe Haut und Runzeln auf der Stirne. Den Kopf haben gewiß schon sein Vater und sein Großvater in Gebrauch gehabt. Woher wäre denn sonst das Haar so dünn, die Lippen so blutleer und das Kinn so spitzig.«

Immer hat Graf Henrik die Spaßmacher um sich her, die ihn verleiten, Dummheiten zu sagen, die sie dann, ausgeschmückt und verbessert, in Umlauf setzen.

Ein wahres Glück ist es für ihn, daß er nichts davon merkt. Er selber ist feierlich und gemessen in seinem ganzen Auftreten.

Die Würde ist ihm zur andern Natur geworden; er bewegt sich gemessen, er geht kerzengerade, und er dreht nie den Kopf, ohne daß der ganze Körper die Bewegung mitmachte. Vor einigen Jahren hat er einmal bei dem Landrichter in Munkerud einen Besuch gemacht. Er war zu Pferd, in gelben Hosen, blankgewichsten Stiefeln, einen hohen Hut auf dem Kopf, und saß steif und stolz im Sattel. Bei der Ankunft ging alles ganz gut. Als er aber wieder wegritt, schlug ihm einer der herabhängenden Zweige in der Birkenallee den Hut vom Kopfe. Er stieg ab, setzte den Hut wieder auf und ritt abermals unter demselben Zweige durch. Wieder wurde ihm der Hut heruntergeschlagen. Dies wiederholte sich viermal.

Schließlich trat der Landrichter zu ihm und sagte:

»Könntest du nicht das nächstemal neben dem Zweig vorbeireiten, Bruder Henrik?«

Beim fünften Male kam er denn auch glücklich an dem Zweige vorüber.

Aber die junge Gräfin hat ihn trotz seines Greisenhauptes lieb. Als sie ihn in Rom kennenlernte, wußte sie ja nicht, daß er in seiner Heimat von einer solchen Märtyrerglorie der Dummheit umgeben war. Dort unten hatte ihn sogar eine Art Jugendglanz umstrahlt, und ihre Hochzeit hatte unter äußerst romantischen Umständen stattgefunden. Man muß nur die junge Gräfin erzählen hören, wie Graf Henrik sie entführt hatte. Mönche und Kardinäle waren wütend gewesen, daß sie dem Glauben ihrer Mutter, zu dem sie sich bis dahin bekannt hatte, abtrünnig werden und zum Protestantismus übertreten wollte. Der ganze Pöbel war in Aufruhr geraten, der Palast ihres Vaters war belagert und Henrik von Banditen verfolgt worden. Mutter und Schwester flehten sie an, der Heirat zu entsagen. Ihr Vater aber war wütend darüber geworden, daß das italienische Pack ihn hindern wollte, seine Tochter zu geben, wem es ihm beliebt. Er befahl dem Grafen Henrik, sie zu entführen. Da es jedoch unmöglich war, sie zu Hause zu trauen, ohne daß es entdeckt worden wäre, hatten sich die beiden durch allerlei Hintergäßchen nach dem schwedischen Konsulat schleichen müssen. Und nachdem die Gräfin dort ihrem katholischen Glauben abgeschworen und den protestantischen angenommen hatte, waren sie augenblicklich getraut und mit den schnellsten Pferden nach Norden geschickt worden.

»Zum Aufgebot blieb uns keine Zeit, das war einfach unmöglich«, pflegte die junge Gräfin zu sagen. »Und es war ja auch recht trübselig, daß wir auf dem Konsulat anstatt in einer der schönen Kirchen getraut wurden, aber Henrik hätte mich sonst nicht bekommen. Dort unten im Süden sind alle Menschen so heißblütig, Papa und Mama, die Kardinäle und die Mönche, alle sind so erregt. Deshalb mußte alles ganz heimlich vor sich gehen, und wenn die Leute uns hätten wegschleichen sehen, hätten sie uns sicherlich alle beide totgeschlagen, – nur um meine Seele zu retten. Henrik hielten sie natürlich schon für verdammt.«

Aber die junge Gräfin hat ihren Mann lieb, auch seit sie miteinander in der nordischen Heimat auf Borg wohnen und ein ruhigeres Leben führen. Sie liebt in ihm den Glanz des alten Stammes und der ruhmreichen Vorfahren. Sie freut sich, wenn sie sieht, daß er in ihrer Nähe seine steife Haltung verliert, und hört, daß seine Stimme einen weichen Klang bekommt, sobald er mit ihr spricht. Und überdies hat er sie auch lieb und verwöhnt sie, und dann ist sie nun einmal mit ihm verheiratet. Die junge Gräfin kann sich gar nicht denken, daß eine Frau ihren Mann nicht liebhaben könnte.

Gewissermaßen entspricht Graf Henrik sogar ihrem Ideal von Männlichkeit. Er ist rechtschaffen und wahrheitsliebend und hat nie sein Wort gebrochen. Sie hält ihn für einen wahren Edelmann.

Am achten März feiert der Landrichter Scharling seinen Geburtstag, und da ziehen gar viele Gäste die Brobyer Hügel hinauf. Von Osten und Westen stellen sie sich ein, Bekannte und Unbekannte, Geladene und Ungeladene! Und alle sind willkommen. Für alle gibt es Speise und Trank genug, und im Tanzsaal ist Platz für alle Tanzlustigen aus der ganzen Umgegend.

Die junge Gräfin kommt auch zu diesem Fest; sie geht überall hin, wo man auf einen Tanz und fröhliche Gesellschaft rechnen kann.

Aber die junge Gräfin ist bei ihrer Ankunft nicht so heiter wie sonst. Es ist, als habe sie eine Ahnung, daß nun auch an sie die Reihe komme, von der wilden Jagd der Ereignisse mit fortgerissen zu werden.

Sie hat unterwegs dem Sonnenuntergang zugeschaut. Die Sonne versank an einem wolkenlosen Himmel, auch nicht das kleinste Wölkchen zeigte einen goldenen Saum. Graubleiche Dämmerung bedeckte die Gegend, kalte Windstöße fegten darüber hin.

Die junge Gräfin sah, wie der Tag und die Nacht miteinander kämpften, und wie bei dem Streit der Gewaltigen alles Lebendige von Entsetzen ergriffen wurde. Die Pferde jagten mit der letzten Fuhre heimwärts, um bald unter Dach zu kommen. Die Holzfäller eilten aus dem Walde, die Mädchen aus dem Stalle nach Hause. Die Raubtiere heulten im Walde. Der Tag, der Liebling der Menschen, wurde überwunden.

Das Licht erlosch, die Farben erblichen. Kalt und unschön war alles, was sie sah. Auch was sie gehofft, geliebt und gewirkt hatte, erschien ihr jetzt von einem grauen Dämmerschein umhüllt. Es war die Stunde der Ermattung, der Niederlage, die Stunde der Ohnmacht, für sie selbst, wie für die ganze Natur.

Sie dachte, daß ihr eigenes Herz, das jetzt in seiner sprudelnden Freude das ganze Dasein wie in Gold und Purpur hüllte, vielleicht auch einmal die Kraft verlieren würde, ihr die Welt zu erhellen.

»O Ohnmacht, Ohnmacht meines eigenen Herzens!« sagte sie zu sich selbst. »Graue Dämmerungsgöttin, Unterdrückerin, du wirst einstmals auch in meiner Seele herrschen. Dann wird mir das Leben häßlich und grau erscheinen, wie es ja vielleicht in Wirklichkeit ist, dann wird mein Haar erbleichen, mein Rücken sich krümmen, mein Gehirn schwach werden.«

In diesem Augenblick bog der Schlitten in den Amtmannshof ein, und als die junge Gräfin aufschaute, fiel ihr Blick auf ein vergittertes Fenster in einem Nebengebäude, aus dem ein finster blickendes Gesicht schaute.

Es war das Gesicht der Majorin von Ekeby, und die junge Frau fühlte, daß es mit ihrem Vergnügen für diesen Abend vorbei war.

Man kann wohl heiter sein, wenn man den Kummer nicht sieht, wenn man nur von ihm sprechen hört, wie von einem Gast in einem fremden Lande. Aber schwerer ist es, sich die Freude des Herzens zu bewahren, wenn man der nachtschwarzen, finster blickenden Not gerade ins Gesicht schaut.

Die Gräfin weiß wohl, daß der Landrichter Scharling die Majorin festnehmen ließ, und daß die Untersuchung wegen der Gewalttaten in jener Ballnacht auf Ekeby eingeleitet worden ist. Aber sie hatte nicht gedacht, daß die Majorin im Amtshofe selbst in Verwahrung gehalten würde, und zwar so ganz in der Nähe des Ballsaals, daß man von da in ihr Zimmer hineinsehen konnte, und sie selbst die Tanzmusik und den fröhlichen Lärm hören mußte. Und nun raubt der Gedanke an die Majorin der jungen Gräfin alle Freude.

Die junge Gräfin tanzt Walzer und Quadrille. Sie tanzt

auch Menuett und Anglaise; aber zwischen jedem Tanz schleicht sie ans Fenster und schaut nach dem Seitenflügel hinüber.

Das Fenster dort drüben ist erhellt, und die Gräfin sieht die Majorin ruhelos auf und ab gehen. Sie scheint keiner Ruhe zu bedürfen, sie geht, geht.

Der Gräfin macht das Tanzen heute gar kein Vergnügen. Sie muß immer an die Majorin denken, die ihr Gefängnis durchmißt wie ein gefangenes Raubtier seinen Käfig. Es ist ihr unbegreiflich, daß die andern tanzen mögen. Es sind doch gewiß viele da, die ebenso empört darüber sind, daß die Majorin so ganz in ihrer Nähe gefangen sitzt, und doch läßt sich keins etwas davon merken. Es wohnt ein verträgliches Volk in Värmland.

Aber so oft sie nach dem vergitterten Fenster hinüberschaut, wird ihr das Tanzen schwerer, und das Lachen bleibt ihr im Halse stecken.

Die Frau des Landrichters bemerkt, daß sie die angelaufene Scheibe abreibt, um hinausschauen zu können, und tritt zu ihr.

»Welch ein Elend! Ach, welch ein Elend das ist!« flüstert sie der Gräfin zu.

»Es ist mir heute abend beinahe unmöglich zu tanzen«, gibt die Gräfin flüsternd zurück.

»Es ist auch ganz gegen meinen Willen, daß wir einen Ball hier geben, solange sie da drüben gefangen sitzt«, erwiderte Frau Scharling. »Sie ist seit ihrer Festnahme in Karlstadt gewesen, aber jetzt soll das Verhör beginnen, und deshalb ist sie heute hierher gebracht worden. Wir konnten sie doch nicht in dem elenden Gefängnis des Amtsgerichts sitzen lassen, deshalb schlossen wir sie in die Webekammer dort drüben im Flügel. Wenn nicht gerade heute alle diese Gäste gekommen wären, hätte ich ihr meine beste Stube eingeräumt. Sie, Frau Gräfin, haben die Majorin ja kaum gekannt, aber uns andern allen ist sie gleichsam eine Mutter und eine Königin gewesen. Was muß sie von uns denken, daß wir hier tanzen, während sie in großer Not ist? Es ist nur gut, daß die meisten nichts von ihrem Hiersein ahnen.«

»Sie hätte gar nicht festgenommen werden dürfen«, sagte die junge Gräfin streng.

»Das ist ein wahres Wort, Frau Gräfin; aber es mußte geschehen, wenn noch größerem Unheil vorgebeugt werden sollte. Es hätte ihr niemand verwehrt, ihre eigenen Strohhaufen anzuzünden, um die Kavaliere fortzujagen, aber der Major machte ja förmlich Jagd auf sie. Gott weiß, was er getan hätte, wenn sie nicht festgenommen worden wäre. Scharling hat sehr viel Ärger damit gehabt, Frau Gräfin. Selbst in Karlstadt waren sie unzufrieden mit ihm, weil er nicht bei allem, was auf Ekeby vorfiel, ein Auge zudrückte; aber er glaubte, recht getan zu haben.«

»Jetzt wird sie wohl verurteilt?« sagte die Gräfin.

»Ach nein, Frau Gräfin, verurteilt wird sie nicht. Die Majorin von Ekeby wird jedenfalls freigesprochen, – aber was sie in diesen Tagen durchmachen mußte, ist doch zu viel für sie gewesen. Sie verliert sicher den Verstand. Glaubt mir, eine so stolze Frau kann es nicht ertragen, wie eine Verbrecherin behandelt zu werden. Ich glaube, es wäre am besten gewesen, wenn man sie gelassen hätte, wo sie war, dann hätte sie vielleicht Mittel und Wege gefunden, auf eigene Hand zu entkommen.« »Ach, laßt sie doch entkommen!« sagte die Gräfin.

»Das kann jeder andere, nur nicht der Landrichter oder seine Frau«, flüsterte Frau Scharling. »Wir müssen sie ja bewachen. Und heute nacht, wo so viele von ihren Freunden hier sind, halten zwei Männer vor ihrer Tür Wache, und die Tür ist verschlossen und verriegelt, damit niemand zu ihr kommen kann. Wenn sie aber trotzdem jemand befreien würde, so wären mein Mann und ich nur von Herzen froh darüber.«

»Kann ich nicht zu ihr gehen?« fragt die junge Gräfin.

Frau Scharling nimmt sie eifrig bei der Hand und zieht sie mit sich hinaus. Im Vorzimmer werfen sich beide ein Tuch über, und dann eilen sie über den Hof.

»Es ist gar nicht sicher, ob sie überhaupt mit uns spricht«, sagte die Frau Landrichter. »Aber dann sieht sie wenigstens, daß wir sie nicht vergessen haben.«

Sie gehen durch das erste Zimmer, wo die beiden Männer die verriegelte Tür bewachen, und werden ohne weiteres zur Majorin hineingelassen. Diese ist in einem großen Gemach, in dem Webstühle und ähnliche Gerätschaften aufbewahrt sind. Es wurde eigentlich als Webstube benutzt, aber es hatte vergitterte Fenster und feste Riegel an der Tür, um im Notfall auch als Gefängnis zu dienen.

Die Majorin setzte ihre Wanderung fort, ohne die beiden sonderlich zu beachten.

Sie hat in diesen Tagen einen weiten Weg zurückzulegen. Sie kann an nichts anderes denken, als daß sie zwanzig Meilen wandern muß, um zu ihrer Mutter zu gelangen, die da droben in den Älftalwäldern wohnt und sie erwartet. Sie hat keine Zeit zu ruhen. Sie muß weiter, sie hat Eile, Eile. Ihre Mutter ist über neunzig Jahre alt; sie kann bald sterben.

Sie hat die Länge des Zimmers nach Ellen gemessen und rechnet nun aus, wie weit sie gekommen ist; aus Ellen werden Klafter, aus diesen halbe und ganze Meilen.

Schwer und lang erscheint ihr der Weg, und doch darf sie nicht ruhen. Sie watet durch tiefen Schnee. Sie hört das Rauschen der ewigen Wälder über sich. Sie kehrt in der Pörte des Finnen ein und in der Reisighütte des Kohlenbrenners. Bisweilen, wenn sich meilenweit keine menschliche Wohnung findet, bereitet sie sich ein Lager aus Zweigen und schläft unter einer umgestürzten Tanne.

Und schließlich hat sie ihr Ziel erreicht, die zwanzig Meilen sind zurückgelegt, der Wald öffnet sich, und ein Gehöft zeigt sich mit rot angestrichenen Wohnhäusern. Der Klarälf stürzt schäumend in einer Reihe kleiner Wasserfälle herab, und an dem wohlbekannten Rauschen hört sie, daß sie in ihrer Heimat angelangt ist.

Und ihre Mutter, die die Tochter kommen sieht, als Bettlerin, wie sie es gewollt hat, geht ihr entgegen . . .

Wenn die Majorin so weit gekommen ist, schaut sie immer auf; sie wendet den Kopf, erblickt die verschlossene Tür – und weiß, wo sie ist.

Dann fragt sie sich selbst, ob sie im Begriff sei, wahnsinnig zu werden, und sie setzt sich nieder, um nachzudenken und zu ruhen. Aber gleich darauf ist sie schon wieder auf ihrer Wanderung, sie rechnet und zählt zusammen, Ellen zu Klaftern und Klafter zu halben und zu ganzen Meilen; sie hält kurze Rast in der Finnenpörte und schläft weder Tag noch Nacht, bis sie wieder die zwanzig Meilen zurückgelegt hat. Während der ganzen Zeit ihrer Gefangenschaft hat sie fast gar nicht geschlafen, und die beiden Frauen, die gekommen sind, sie zu besuchen, schauen sie voller Angst an.

Die junge Gräfin wird diesen Augenblick nie wieder vergessen. Sie wird die unglückliche Frau oft in ihren Träumen rastlos auf und ab wandern sehen und wird dann mit nassen Augen und einem Seufzer auf den Lippen erwachen.

Die Alte hat sich traurig verändert; das Haar ist dünn geworden, und lose Strähnen hängen aus der schmalen Flechte heraus. Das Gesicht ist schlaff und eingefallen, die Kleider unordentlich und zerlumpt. Aber trotz alledem hat sie noch soviel von der einstigen vornehmen Alleinherrscherin an sich, daß sie nicht nur Mitleid, sondern auch Ehrfurcht einflößt.

Was die Gräfin aber gar nicht wieder vergessen kann, sind die Augen, die eingesunkenen Augen mit dem nach innen gerichteten Blick. Noch waren sie nicht des Lichtes der Vernunft beraubt, aber es schien dem Verlöschen nahe, und ein Funke von Wildheit schien in der Tiefe zu lauern, so daß man fürchten mußte, die Alte werde im nächsten Augenblick über einen herfallen, um zu beißen und zu kratzen.

Schon eine ganze Weile haben die beiden stumm dagestanden, als die Majorin plötzlich vor der jungen Gräfin anhält und sie mit einem strengen Blick mißt. Die Gräfin weicht einen Schritt zurück und greift nach Frau Scharlings Arm.

Auf einmal erhalten die Züge der Majorin Leben und Ausdruck, und ihre Augen schauen wieder mit voller Klarheit in die Welt um sich her.

»Ach nein, ach nein«, sagt sie lächelnd, »soweit ist es doch noch nicht mit mir gekommen, meine liebe junge Gräfin.«

Sie fordert die beiden nun auf, sich zu setzen, und setzt sich selbst auch. Sie nimmt jene Miene altmodischer Feierlichkeit an, die ihr von den großen Gesellschaften auf Ekeby und den Königsbällen in dem Präsidentenschlosse zu Karlstadt so wohlbekannt ist. Und die beiden Frauen vergessen die Lumpen und das Gefängnis und sehen nur noch Värmlands stolzeste und reichste Frau.

»Meine liebe Gräfin«, sagte sie. »Was konnte Euch bewegen, den Tanzsaal zu verlassen, um mich einsame Frau aufzusuchen? Ihr müßt sehr gut sein.«

Die Gräfin kann nicht antworten, Bewegung erstickt ihre Stimme. Frau Scharling ergreift das Wort für sie und sagt, daß die Gräfin nicht tanzen könne, weil sie immer an die Majorin denken müsse.

»Ach, liebe Frau Scharling«, erwiderte die Majorin, »ist es jetzt so weit mit mir gekommen, daß ich die Jungen in ihrer Freude störe? Ihr dürft nicht über mich weinen, meine liebe junge Gräfin«, fuhr sie fort. »Ich bin eine böse alte Frau, die ihr Schicksal verdient hat. Ihr haltet es doch nicht für recht, daß man seine Mutter schlägt?«

»Nein, aber . . .«

Die Majorin unterbricht sie und streicht ihr das krause blonde Haar aus der Stirn.

»Kind, Kind«, sagt sie, »wie konntet Ihr nur den dummen Henrik Dohna heiraten?«

»Aber ich liebe ihn.«

»Ja, ich sehe, ich sehe, wie das ist«, sagt die Majorin. »Ein gutes Kind, weiter nichts; es weint mit den Weinenden und freut sich mit den Fröhlichen. Und es kann nicht anders, es muß dem ersten, der ›ich liebe dich‹ zu ihm sagt, sein ›Ja‹ geben. Ja, ja, so ist es. Geht jetzt wieder hinein und tanzt, meine liebe junge Gräfin. Tanzt und seid glücklich! In Euch ist nichts Böses!«

»Aber ich möchte so gerne etwas für die Frau Majorin tun.«

»Kind«, sagte die Majorin feierlich, »auf Ekeby wohnte eine alte Frau, die die Winde des Himmels gefangenhielt. Jetzt ist sie selbst gefangen, und die Winde sind frei. Ist es da zum Verwundern, wenn ein Sturm durch das Land braust?

Ich, die ich alt bin, habe ihn schon früher gesehen, Frau Gräfin. Ich kenne ihn. Ich weiß, daß der Sturm Gottes wie ein Gewitter über uns losbricht. Bald bricht er über große Reiche, bald über kleine vergessene Ortschaften herein. Gottes Sturm verschont niemand. Er trifft die Großen und die Kleinen. Es ist ein großes Schauspiel, wenn Gottes Sturm daherbraust.

Sturm Gottes, du gesegnetes Wetter des Herrn, fege über die Erde dahin! Ihr Stimmen in der Luft, ihr Stimmen im Wasser, ertönet, ruft Entsetzen hervor! Laßt Gottes Sturm wie Donner rollen! Laßt Gottes Sturm Entsetzen verbreiten! Möge der Sturm durch das Land brausen, schwankende Wände niederreißen, verrostete Schlösser sprengen und baufällige Häuser zu Fall bringen!

Schrecken soll sich über das ganze Land ausbreiten. Die kleinen Vogelnester werden von den Zweigen fallen. Das Habichtnest im Gipfel der Föhre wird mit lautem Krachen herabstürzen, und bis hinauf zum Nest des Uhus in der Felsenspalte wird der Wind mit seiner Drachenzunge zischen.

Wir glaubten, es sei alles gut bei uns, aber es war nicht so. Gottes Sturm ist notwendig. Ich sehe es ein, und ich klage nicht. Ich wollte nur, ich dürfte zu meiner Mutter gehen.«

Sie sinkt auf einmal zusammen.

»Geht jetzt, geht«, sagt sie. »Ich habe keine Zeit mehr.

Ich muß weiter. Geht jetzt und hütet Euch vor denen, die auf Sturmwolken reiten.«

Damit beginnt sie ihre Wanderung aufs neue. Die Züge erschlaffen, der Blick ist nach innen gerichtet. Die Gräfin und Frau Scharling müssen gehen.

Sobald sie wieder im Ballsaal angekommen sind, geht die junge Gräfin geradewegs auf Gösta Berling zu.

»Ich soll Euch von der Frau Majorin grüßen, Herr Berling«, sagte sie. »Sie erwartet, daß Ihr sie aus ihrem Gefängnis befreit.«

»Da wird sie lange warten müssen, Frau Gräfin.«

»Ach, helft ihr, Herr Berling!«

Gösta schaute finster zu Boden.

»Nein«, sagte er, »warum sollte ich ihr helfen? Wofür bin ich ihr Dank schuldig? Alles, was sie für mich getan hat, war zu meinem Verderben.«

»Aber, Herr Berling . . .«

»Wenn sie nicht gewesen wäre«, unterbricht er sie heftig, »dann würde ich jetzt dort oben in den ewigen Wäldern schlafen. Bin ich verpflichtet, mein Leben zu wagen, weil sie mich zum Kavalier von Ekeby gemacht hat? Glaubt Ihr vielleicht, Frau Gräfin, daß dies ein sehr ehrenvolles Amt sei?«

Die junge Gräfin wendet sich schweigend von ihm ab. Sie ist böse auf ihn.

Mit bitteren Gedanken über die Kavaliere begibt sie sich an ihren Platz. Mit Waldhorn und Geige sind sie hierhergekommen; sie wollen den Bogen über die Saiten gleiten lassen, bis diese zerspringen, und denken nicht daran, daß die lustigen Töne in den elenden Aufenthaltsort der Gefangenen hinübertönen. Sie sind hierhergekommen, um zu tanzen, bis die Schuhsohlen durchtanzt sind, und denken nicht daran, daß ihre alte Wohltäterin ihre Schatten an den beschlagenen Fensterscheiben vorübergleiten sieht.

Oh, wie grau und häßlich war die Welt geworden! Ach, welche Schatten hatten die Not und die Hartherzigkeit auf die Seele der jungen Gräfin geworfen!

Nach einer Weile kommt Gösta und fordert sie zum Tanz auf.

Sie dankte kurz.

»Wollt Ihr nicht mit mir tanzen, Frau Gräfin?« fragte er, tief errötend.

»Weder mit Euch noch mit irgendeinem der Ekebyer Kavaliere«, gibt sie zur Antwort.

»Wir sind also einer solchen Ehre nicht wert.«

»Es ist keine Ehre, Herr Berling. Aber es macht mir kein Vergnügen, mit Leuten zu tanzen, die alle Gebote der Dankbarkeit vergessen.«

Gösta hat sich schon auf dem Absatz herumgedreht.

Dieser Auftritt wurde von gar vielen gesehen und gehört.

Alle gaben der Gräfin recht. Die Undankbarkeit und Herzlosigkeit der Kavaliere gegen die Majorin hatte allgemeine Entrüstung hervorgerufen.

Aber in dieser Zeit ist Gösta Berling gefährlicher als ein wildes Tier im Walde. Seit er damals von der Jagd heimkehrte und Marianne nicht mehr vorfand, gleicht sein Herz einer offenen Wunde. Er möchte am liebsten irgend jemand ein blutiges Unrecht zufügen und Jammer und Qual in weite Kreise verbreiten.

»Wenn sie es durchaus so haben will«, sagt er zu sich selbst, »so mag es denn nach ihrem Willen gehen. Aber sie soll dann auch ihre eigene Haut zu Markte tragen. Die junge Gräfin schwärmt ja für Entführungen, nun soll sie ihre Lust büßen.«

Er hat nichts gegen ein neues Abenteuer einzuwenden. Acht Tage lang hat er sich nun um ein Weib gegrämt. Das ist lange genug.

Er ruft Beerencreutz, den Oberst, Christian Bergh, den starken Hauptmann und den langsamen Vetter Christoffer, der aber nie vor einem wahnsinnigen Abenteuer zurückschreckt, und beratschlagt mit ihnen, wie man die gekränkte Ehre des Kavalierflügels rächen soll.

Das Ende des Festes naht. Eine lange Schlittenreihe hält auf dem Hofe. Die Herren ziehen ihre Pelze an, die Damen suchen in dem grenzenlosen Durcheinander im Ankleidezimmer ihre Sachen zusammen.

Die junge Gräfin hat diesen verhaßten Ball so schnell wie möglich verlassen wollen. Sie ist von allen Damen zuerst fertig. Lächelnd steht sie mitten im Ankleidezimmer und sieht der allgemeinen Verwirrung zu. Da wird die Tür aufgerissen, und Gösta Berling erscheint auf der Schwelle.

Kein Mann hat das Recht, in dieses Zimmer einzudringen.

Die alten Damen stehen da mit kahlen Scheiteln, von denen sie eben den Schmuck der Hauben abgenommen haben. Und die jungen habe ihre Kleider unter den Pelzmänteln hoch aufgeschürzt, damit die steifen Garnierungen auf der Fahrt nicht zerdrückt werden.

Aber ohne der abwehrenden Rufe zu achten, springt Gösta Berling auf die Gräfin zu und ergreift sie.

Er nimmt sie auf seine Arme und stürmt mit ihr auf den Flur hinaus und die Treppe hinunter.

Das Geschrei der überraschten Frauen vermochte ihn nicht aufzuhalten. Als sie hinter ihm dreinlaufen, sehen sie nur noch, wie er sich, die Gräfin noch immer im Arm, in einen Schlitten wirft.

Sie hören den Kutscher mit der Peitsche knallen und sehen, daß die Pferde anziehen. Sie kennen den Kutscher – es ist Beerencreutz. Sie kennen das Pferd – es ist Don Juan. Und in tiefer Besorgnis um das Schicksal der Gräfin rufen sie die Herren herbei.

Diese verspielen keine Zeit mit Fragen, sondern werfen sich gleich in die Schlitten. Den Grafen an der Spitze, jagen sie dem Frauenräuber nach.

Doch er sitzt im Schlitten und hält die junge Gräfin fest. Aller Kummer ist vergessen, und von der berauschenden Freude des Abenteuers hingerissen, singt er aus voller Kehle ein Lied von Liebe und Rosen.

Er hält sie fest an sich gepreßt, doch sie macht keinen

Versuch, sich ihm zu entwinden. Weiß und wie versteinert ruht ihr Gesicht an seiner Brust.

Ach, was soll ein Mann tun, wenn er ein bleiches, hilfloses Gesicht so ganz in seiner Nähe hat, wenn das blonde Haar, das sonst die weiße Stirn beschattet, wirr zurückfällt, wenn die Lider sich schwer über den schelmischen Augen geschlossen haben.

Was soll ein Mann tun, wenn die roten Lippen unter seinen Blicken erbleichen?

Küssen natürlich! Küssen die blassen Lippen, die geschlossenen Augen, die weiße Stirn!

Aber da erwacht die junge Frau und reißt sich aus seiner Umarmung. Elastisch wie eine Feder will sie aus dem Schlitten springen, und mit seiner ganzen Kraft muß er mit ihr ringen, um sie schließlich besiegt und bebend in einer Ecke des Schlittens halten zu können.

»Sieh«, sagte Gösta dann ganz ruhig zu Beerencreutz, »die Frau Gräfin ist die dritte, die Don Juan und ich in diesem Winter entführen. Die beiden andern hingen küssend an meinem Halse, diese jedoch will sich weder von mir küssen lassen, noch will sie mit mir tanzen. Kannst du aus den Weibern klug werden, Beerencreutz?«

Aber als Gösta vom Hofe fortfuhr, als die Frauen schrien und die Männer fluchten, als die Schlitten klingelten und die Peitschen knallten, und überall Lärm und Verwirrung herrschte, wurde es den Männern, die die Majorin bewachten, ganz sonderbar zumute.

»Was gibt es denn da?« dachten sie. »Warum schreien die Leute so?«

Plötzlich wird eine Tür aufgerissen, und eine Stimme ruft ihnen zu:

»Sie ist fort, jetzt fährt er mit ihr davon!«

Da stürmen die beiden Wächter wie toll hinaus, ohne nachzusehen, wer denn eigentlich fort sei; denn sie dachten nur an die Majorin. Sie hatten auch insofern Glück, als sie gerade noch Platz in einem eben abfahrenden Schlitten fanden. Und sie waren schon ein gutes Stück Wegs dahingefahren, als sie endlich erfuhren, wer eigentlich verfolgt wurde.

Aber Bergh und Vetter Christoffer gingen ganz gemächlich zu der Tür, sprengten das Schloß und öffneten der Frau Majorin.

»Ihr seid frei, Frau Majorin«, sagten sie.

Sie traten heraus. Steif wie die Bildsäulen standen die beiden rechts und links von der Tür, sahen sie aber nicht an.

»Vor der Tür steht ein Schlitten für Euch bereit, Frau Majorin.«

Sie ging hinaus, setzte sich in den Schlitten und fuhr ab. Niemand verfolgte sie, und es wußte auch niemand, wohin sie fuhr.

Don Juan eilte indessen den Brobyer Hügel hinab und der spiegelglatten Eisfläche des Löfven zu. Der stolze Renner fliegt förmlich dahin. Erfrischende, eiskalte Luft pfeift den im Schlitten Sitzenden um die Ohren. Die Schellen klingeln, Mond und Sterne glänzen. Der Schnee flimmert in bläulich-weißem Glanze.

Gösta fühlt poetische Gedanken in sich erwachen.

»Beerencreutz«, sagt er, »sieh, das ist das Leben. Wie Don Juan mit dieser jungen Frau dahineilt, so entflieht die Zeit mit den Menschen. Du bist die bittere Notwendigkeit, die die Zügel führt. Ich bin die Begierde, die den Willen gefangenhält. Und so wird die Machtlose tiefer und tiefer hinabgezogen.«

»Halt jetzt keine Reden!« brüllt Beerencreutz. »Sie sind uns auf den Fersen.« Und mit sausenden Peitschenhieben treibt er Don Juan zu immer größerer Eile an.

»Dort die Wölfe, hier die Beute!« ruft Gösta. »Don Juan, mein Junge, bilde dir ein, du seist ein junger Elch. Stürze durchs Gestrüpp, wate durchs Moor, springe vom Felsrücken hinab in den klaren See, durchschwimme ihn mit mutig erhobenem Haupt und verschwinde, verschwinde in dem rettenden Dunkel des Tannenwaldes! Renne, Don Juan, alter Frauenräuber! Renne wie ein junger Elch!«

Sein wildes Herz schwillt vor Freude bei der eiligen Fahrt.

Ihm tönt das Schreien der Verfolger wie ein Jubelgesang, Freude erfüllt sein wildes Herz, als er den Körper der Gräfin vor Schrecken erbeben fühlt, als er ihre Zähne klappern hört.

Plötzlich löst sich der eiserne Griff, mit dem er sie festgehalten hat. Gösta richtet sich hoch auf im Schlitten und schwingt die Mütze.

»Ich bin Gösta Berling!« ruft er. »Der Besitzer von zehntausend Küssen und dreizehntausend Liebesbriefen! Ein Hoch auf Gösta Berling! Fange ihn, wer kann!«

Und im nächsten Augenblick flüstert er der Gräfin ins Ohr:

»Ist die Fahrt nicht schön? Ist es nicht eine königliche Fahrt? Hinter dem Löfven liegt der Wenern, hinter dem Wenern liegt das Meer. Überall endlose Flächen des glänzenden blauschwarzen Eises, und dahinter eine strahlende Welt. Rollender Donner im krachenden Eis unter uns, gellende Rufe hinter uns. Sternschnuppen in der Höhe, und lustiges Schellengetön vor uns! Vorwärts! Immer vorwärts! Habt Ihr Lust, die Fahrt mit mir zu wagen, schöne Frau?«

Er hat sie losgelassen. Sie stößt ihn heftig zurück.

Im nächsten Augenblick kniet er zu ihren Füßen.

»Ich bin ein Elender, ein Lump! Ihr hättet mich nicht reizen sollen, Frau Gräfin. Stolz und vornehm standet Ihr da und glaubtet, daß Euch eine Kavalierfaust nie treffen könnte. Himmel und Erde lieben Euch. Ihr solltet denen ihre Last nicht noch schwerer machen, die von Himmel und Erde verachtet sind.«

Er ergreift ihre Hände und preßt sie an sein Gesicht.

»Wenn Ihr nur wüßtet, was das für ein Gefühl ist, sich von allen verachtet zu wissen. Da fragt man nicht mehr danach, was man tut. Nein, man fragt nicht mehr danach.«

Da bemerkt er plötzlich, daß ihre Hände bloß sind; er nimmt seine großen Lederhandschuhe aus der Tasche und zieht sie ihr an.

Auf einmal ist er ganz ruhig geworden und setzt sich nun im Schlitten zurecht, so weit wie möglich von der jungen Gräfin entfernt.

»Ihr braucht Euch nicht zu fürchten, Frau Gräfin«, sagt er. »Seht Ihr denn nicht, wohin wir fahren? Ihr werdet Euch doch denken können, daß wir Euch nichts zuleid tun wollen.«

Und die Gräfin, die vor Schrecken beinahe von Sinnen gewesen war, sieht nun, daß sie schon über den See gefahren sind, und daß Don Juan jetzt den steilen Hügel hinaufkeucht.

Sie halten vor der Freitreppe des Schlosses und lassen die Gräfin an der Pforte ihres eigenen Hauses aussteigen.

Als sie sich jedoch von den herbeieilenden Dienern umringt sieht, kehren ihr Mut und Geistesgegenwart zurück.

»Sorg du für das Pferd, Andersson«, sagt sie zum Kutscher. »Die Herren, die mich nach Hause gefahren haben, sind wohl so freundlich, eine Weile auszusteigen. Der Graf muß gleich hier sein.«

»Wie Ihr befehlt, Frau Gräfin«, sagt Gösta und steigt sofort aus dem Schlitten.

Beerencreutz wirft ohne Zögern die Zügel weg. Die junge Gräfin geht ihnen voran und führt sie mit schlecht verhehlter Schadenfreude in den Saal.

Die Gräfin hatte erwartet, daß sich die Kavaliere bei dem Vorschlage, ihren Mann zu erwarten, unschlüssig zeigen würden.

Sie wußten also nicht, welch ein strenger, gerechter Mann er war. Sie fürchteten nicht, daß er streng mit denen ins Gericht gehen würde, die seine Gattin gewaltsam entrissen und gezwungen hatten, die Fahrt mit ihnen zu machen. Sie wollte es mit anhören, wie er ihnen ein für allemal verböte, je wieder sein Haus zu betreten.

Sie wollte Zeuge sein, wie er das Gesinde hereinrufen und ihm kundtun würde, daß diese Herren nie wieder auf Borg eingelassen werden dürften, und wie er dann den Kavalieren selbst seine Verachtung nicht nur darüber, was sie ihr, der Gräfin, angetan hatten, sondern auch über ihr Verhalten gegen die Majorin, ihre Wohltäterin, aussprechen würde.

Er, der ihr gegenüber eitel Zärtlichkeit und Rücksicht ist, wird mit gerechter Strenge gegen ihre Verfolger auftreten. Die Liebe wird seiner Rede Feuer verleihen. Er, der sie beschützt und wie ein Wesen von feinerer Art als alle andern Frauen betrachtet, er wird sicher nicht dulden, daß rohe Männer über sie herfallen wie Raubvögel über einen Sperling. Sie glühte vor Durst nach Rache.

Beerencreutz, der Oberst mit dem dichten weißen Schnurrbart, trat jedoch unerschrocken in den Speisesaal und an den Kamin, wo ein helles Feuer brannte, wie immer, wenn die Gräfin von einer Gesellschaft nach Hause kam.

Gösta blieb im Dunkel an der Tür stehen und betrachtete schweigend die Gräfin, während ihr der Diener beim Ablegen des Mantels half. Und als er die junge Frau ansah, wurde es ihm so wohl ums Herz, wie seit vielen Jahren nicht. Es wurde ihm klar, ja, es drängte sich ihm auf wie eine Offenbarung, obgleich er selbst nicht wußte, wie er die Entdeckung gemacht hatte, daß in dieser holden Gestalt auch die schönste Seele wohnen mußte.

Freilich lag diese Seele jetzt noch in einem Schlummerzustand, aber sie würde zu ihrer Zeit schon erwachen. Er aber freute sich, daß er all die Reinheit, Frömmigkeit und Unschuld, die in ihr wohnte, entdeckt hatte. Er hätte sie auslachen können, weil sie so erzürnt dreinsah und mit glühenden Wangen und gerunzelter Stirn dastand.

Du weißt selbst nicht, wie mild und gut du bist, dachte er.

Die der Außenwelt zugekehrte Seite ihres Wesens könne ihrem inneren Ich nie volles Recht widerfahren lassen, dachte er. Aber von diesem Augenblick an war Gösta Berling ihr Diener, wie man allem Schönen und Göttlichen dienstbar wird. Es war ihm nicht möglich, zu bereuen, daß er vorhin so gewaltsam gegen sie vorgegangen war. Wenn sie nicht so bange gewesen wäre, wenn sie ihn nicht so heftig zurückgestoßen hätte, wenn er nicht gefühlt hätte, wie sich ihr ganzes Wesen über seine Roheit empörte, hätte er ja nie erfahren, welch edler Geist in ihr wohnte.

Er hatte es ja bis jetzt gar nicht erraten können. Sie war ja lauter Tanzlust und Frohsinn gewesen. Und dann hatte sie ja sogar den dummen Grafen Henrik geheiratet.

Jetzt aber, jetzt war er ihr Sklave bis zu seinem Tode; Hund und Sklave, wie Hauptmann Christian zu sagen pflegte, sonst nichts.

Er setzte sich auf seinen Stuhl neben der Tür und hielt mit gefalteten Händen eine Art Gottesdienst. Seit jenem Tage, wo er die feurige Zunge der Inspiration über sich hatte flammen fühlen, war keine solche heilige Andacht mehr bei ihm eingekehrt. Er ließ sich nicht stören, obgleich nun Graf Dohna und eine Menge anderer Herren eintraten, die über die bösen Streiche der Kavaliere schimpften und fluchten.

Er ließ Beerencreutz den ersten Anprall aushalten. In gemächlicher Ruhe stand der in vielen Abenteuern erprobte Ritter vor dem hellodernden Feuer. Er stellte den einen Fuß auf das Kamingitter, stützte den Arm aufs Knie und das Kinn in die Hand und sah die Hereinstürmenden an.

»Was hat dies alles zu bedeuten?« brüllte der kleine Graf ihn an.

»Es bedeutet das«, erwiderte er, »solange es Weiber auf Erden gibt, gibt es auch Narren, die nach ihrer Pfeife tanzen.«

Der kleine Graf wurde dunkelrot.

»Ich frage, was dies alles zu bedeuten hat?« wiederholte er.

»Das frage ich auch«, höhnte Beerencreutz. »Ich frage, was es zu bedeuten hat, daß Henrik Dohnas Gemahlin sich weigert, mit Gösta Berling zu tanzen?«

Der Graf wendete sich fragend an seine Gattin.

»Ich konnte es nicht, Henrik!« rief sie. »Ich konnte mit keinem von diesen Kavalieren tanzen, denn ich mußte immer an die arme Majorin denken, die sie im Gefängnis schmachten lassen.«

Der kleine Graf richtete seinen steifen Körper kerzengerade auf und warf das Greisenhaupt in den Nacken.

»Wir Kavaliere«, sagte Beerencreutz, »lassen uns von keinem Menschen beschimpfen. Wer nicht mit uns tanzen will, muß mit uns fahren. Der Frau Gräfin ist nicht ein Haar gekrümmt worden, und damit können wir die Sache wohl abgetan sein lassen.«

»Nein«, sagte der Graf. »Damit ist sie nicht abgetan. Ich bin für das Tun meiner Frau verantwortlich. Jetzt frage ich, warum sich Gösta Berling nicht an mich gewendet hat, um für die ihm von meiner Frau zugefügte Beleidigung Genugtuung zu verlangen?«

Beerencreutz lächelte.

»Ich frage«, wiederholte der Graf.

»Man fragt den Fuchs nicht um Erlaubnis, wenn man ihm das Fell abziehen will«, sagte Beerencreutz.

Der Graf legte die Hand auf seine schmale Brust.

»Ich bin als ein gerechter Mann bekannt«, rief er. »Ich kann über meine Diener zu Gericht sitzen, weshalb sollte ich es nicht über meine Frau können? Die Kavaliere hatten kein Recht, sie zu richten. Die Strafe, die sie ihr auferlegt haben, hebe ich auf. Sie hat nie stattgefunden, hört ihr, meine Herren, sie hat nicht bestanden!«

Der Graf stieß diese Worte im höchsten Falsett hervor. Beerencreutz ließ seinen Blick rasch über die Gesellschaft hingleiten. In dieser befand sich nicht ein einziger – Sintram, Daniel, Bendix, Dahlberg, und wer sonst noch mit hereingekommen war –, der nicht darüber geschmunzelt hätte, wie Beerencreutz den dummen Grafen Henrik zum besten hatte.

Die junge Gräfin verstand es nicht sofort. Was sollte aufgehoben und für nichts gerechnet werden? Ihre Angst, der harte Griff der Kavaliere um ihren zarten Körper, der wilde Gesang, die wilden Worte, die wilden Küsse, sollte das alles einfach für nichts gerechnet werden? Fand sich denn an diesem Abend gar nichts, worüber nicht die graue Dämmerungsgöttin geherrscht hätte?

»Aber Henrik . . .«

»Still!« herrschte er sie an, indem er sich aufrichtete und sich jetzt mit einer Strafpredigt an sie wendete. »Wehe dir, daß du, die du eine Frau bist, jemand zu beleidigen wagst, dessen Hand ich gerne drücke! Was geht es dich an, daß die Kavaliere die Majorin ins Gefängnis gebracht haben? Taten sie nicht recht daran? Du kannst freilich nicht wissen, wie es einen Mann in der tiefsten Seele empört, wenn er von der Untreue der Weiber sprechen hört, daß du ein solches Weib in Schutz nimmst?«

»Aber Henrik . . .«

Sie klagte wie ein Kind und streckte die Arme aus, als wolle sie die bösen Worte abwehren. In ihrem ganzen Leben hatte sie vielleicht noch keine so harten Worte zu hören bekommen. Sie war ja hilflos zwischen diesen harten Männern, und jetzt wandte sich ihr einziger Verteidiger gegen sie. Ach, ihr Herz würde nie mehr die Kraft haben, die Welt zu erhellen!

»Aber Henrik, du solltest mich ja doch beschützen.«

Jetzt, wo es zu spät war, wurde Gösta Berling aufmerksam. Er wußte wirklich nicht, was er tun sollte. Er meinte es herzlich gut mit ihr, wagte es aber nicht, sich zwischen Mann und Frau zu stellen.

»Wo ist Gösta Berling?« fragte der Graf.

»Hier«, sagte Gösta. Und er machte einen kläglichen Versuch, das Ganze als einen Scherz darzustellen. »Der Herr Graf hat wohl eben eine Rede gehalten, und ich habe geschlafen. Wäre es nicht besser, wenn wir jetzt alle nach Hause führen, damit Ihr Euch auch zur Ruhe niederlegen könntet?«

»Gösta Berling«, sagte Henrik Dohna, »sintemal meine Gemahlin sich geweigert hat, mit dir zu tanzen, befehle ich ihr, dir die Hand zu küssen und dich um Verzeihung zu bitten.«

»Mein lieber Graf Henrik«, sagte Gösta Berling lächelnd, »meine Hand ist nicht dazu angetan, von einer jungen Dame geküßt zu werden. Gestern war sie rot vom Blut eines erlegten Elchs, heute ist sie schwarz von Ruß nach einer Schlägerei mit einem Köhler. Ihr habt ein sehr hochsinniges Urteil gefällt, Herr Graf, das ist eine hinreichende Genugtuung für mich. Komm Beerencreutz!«

Der Graf stellte sich ihm in den Weg.

»Du gehst nicht!« befahl er. »Meine Frau muß mir gehorchen. Meine Gemahlin soll es sehen, wozu es führt, wenn sie eigenmächtig handelt.«

Gösta blieb unschlüssig stehen; die Gräfin war tief erblaßt, rührte sich aber nicht.

»Nun!« sagte der Graf.

»Henrik, ich kann nicht.«

»Du kannst«, sagte er hart. »Du kannst wohl. Aber ich weiß, was du willst. Du willst mich zwingen, mich mit diesem Manne zu schlagen, weil du ihn in deiner Launenhaftigkeit nicht leiden kannst. Nun wohl, wenn du ihm keine Genugtuung gibst, so werde ich es tun. Ihr Frauen liebt es ja, wenn sich die Männer euretwegen töten. Du hast den Fehler begangen, willst ihn aber nicht sühnen. Ich werde mich duellieren, Frau Gräfin. In wenigen Stunden werde ich eine Leiche sein.«

Sie warf ihm einen langen Blick zu. Und jetzt sah sie ihn so, wie er war: dumm, feig, aufgeblasen vor Hochmut und Eitelkeit, ein erbärmlicher Mensch.

»Beruhige dich«, sagte sie kalt wie Eis, »ich werde es tun.«

Aber nun geriet Gösta Berling außer sich.

»Das dürft Ihr nicht, Gräfin! Nein, Ihr dürft nicht! Ihr seid ja nur ein Kind, ein schwaches, unschuldiges Kind. Und Ihr solltet mir die Hand küssen! Ihr habt eine so schöne, reine Seele! Ich werde nie wieder in Eure Nähe kommen. Nein, nie, nie wieder! Ich bringe allem, was gut und schuldlos ist, Tod und Verderben. Ihr dürft mich nicht anrühren. Ich schrecke vor Euch zurück, wie das Feuer vor dem Wasser. Ihr dürft es nicht tun!«

Er legte die Hände auf den Rücken.

»Es kostet mich gar keine Überwindung mehr, Herr Berling. Jetzt macht es mir nichts mehr aus. Ich bitte Euch um Verzeihung. Ich bitte Euch, laßt mich Eure Hand küssen!«

Gösta hielt die Hände noch immer auf dem Rücken. Er ließ die Blicke durch den Saal gleiten und näherte sich der Tür.

»Wenn du die Genugtuung, die meine Gattin dir geben will, nicht annimmst, muß ich mich mit dir schlagen, Gösta Berling; und außerdem muß ich ihr eine andere, noch härtere Strafe auferlegen.«

Die Gräfin zuckte die Achseln.

»Er ist von Sinnen vor Feigheit«, flüsterte sie. »Laßt es jetzt geschehen! Was tut es, wenn ich gedemütigt werde? Das habt Ihr ja von Anfang an gewollt.«

»Hab' ich es gewollt? Glaubt Ihr, ich hätte es gewollt? Nun, wenn ich keine Hände mehr habe, die Ihr küssen könntet, dann werdet Ihr wohl glauben, daß ich es nicht gewollt habe.« Er lief an den Kamin und streckte die Hände ins Feuer hinein. Die Flammen schlugen darüber zusammen, die Haut schrumpfte ein, die Nägel knackten. Aber in derselben Sekunde ergriff ihn Beerencreutz beim Nacken und schleuderte ihn mit aller Gewalt zurück. Er taumelte auf einen Stuhl und blieb da sitzen. Jetzt hätte er sich beinahe seiner törichten Kühnheit geschämt. Mußte sie nicht glauben, daß er es nur aus Prahlerei getan hätte? So etwas in einem Saale voller Menschen zu tun, mußte ja wie eine dumme Großtuerei aussehen. Es war ja keine Spur von Gefahr dabei gewesen.

Doch ehe er sich vom Stuhl erheben konnte, lag die Gräfin neben ihm auf den Knien. Sie ergriff die roten, geschwärzten Hände und betrachtete sie.

»Ich will sie küssen, ich will sie küssen«, rief sie, »sobald sie nicht mehr zu schmerzhaft und wund sind!«

Die Tränen strömten ihr aus den Augen, als sie sah, wie sich unter der verbrannten Haut Blasen bildeten.

So ward Gösta Berling für sie die Offenbarung einer bis dahin ungekannten Herrlichkeit. Daß so etwas noch auf Erden geschehen konnte, daß es um ihretwillen geschehen war! Welch ein Mann, welch ein Mann war dieser Gösta Berling! Zu allem fähig, groß im Guten wie im Bösen, der Mann großer Taten, gewaltiger Worte, leuchtender Handlungen.

Ein Held, ein Held! Aus anderem Stoffe gemacht als die gewöhnlichen Menschen. Der Sklave einer Laune, der augenblicklichen Lust, wild und schrecklich, aber im Besitz einer ungeheuren Kraft, die vor nichts zurückbebte.

Sie war den ganzen Abend so niedergedrückt gewesen, hatte nichts anderes gesehen als Herzeleid, Grausamkeit und Feigheit. Jetzt war alles vergessen. Die junge Gräfin freute sich wieder, ein Mensch zu sein. Die Dämmerungsgöttin war besiegt. Die junge Gräfin sah die Welt in Licht und Farben erstrahlen.

Es war in derselben Nacht, im Kavalierflügel. Dort wurde ach und weh über Gösta Berling gerufen. Die alten Herren wollten schlafen, aber es war ihnen unmöglich, Gösta ließ ihnen keine Ruhe. Umsonst zogen sie die Bettgardinen vor und löschten das Licht aus; er schwatzte immer weiter.

Jetzt tat er ihnen kund, daß die junge Gräfin ein Engel sei, und daß er sie verehre. Er wolle ihr dienen, sie anbeten. Er freue sich jetzt darüber, daß alle anderen sich von ihm abgewandt hätten. Nun könne er sein ganzes Leben ihrem Dienste weihen. Sie verachte ihn natürlich; er aber sei zufrieden, wenn er nur wie ein Hund zu ihren Füßen liegen dürfe.

Ob sie jemals die Insel Lagö draußen im Löfven genau betrachtet hätten? Ob sie sie von Süden aus gesehen hätten, dort, wo die zerklüfteten Felsen senkrecht aus dem Wasser aufragen? Ob sie sie auch von Norden aus gesehen hätten, wo sie sanft gegen den See abfalle, und wo die schmalen, mit großen herrlichen Tannen bewachsenen Sandbänke sich am Wasser hinzögen und die wunderbaren Teiche bildeten? Dort auf dem steilen Felsengipfel, wo noch die Trümmer einer alten Seeräuberburg zu sehen seien, da wolle er ein Schloß für die junge Gräfin bauen, ein Schloß aus Marmor. Breite Treppen, an denen bewimpelte Boote anlegen könnten, sollten zum Wasser hinab in den Felsen gehauen werden. Das Schloß solle glänzende Säle enthalten und hohe Türme mit vergoldeten Zinnen haben. Das würde eine passende Wohnung für die junge Gräfin werden. Der alte Rumpelkasten auf Borg sei nicht wert, daß sie ihn je wieder betrete.

Nachdem er eine Weile in diesem Tone fortgemacht hatte, ließ sich hinter mehreren der gelbgewürfelten Gardinen ein lautes Schnarchen vernehmen. Aber die meisten der Kavaliere fluchten und stöhnten über Gösta und seine Verrücktheiten.

»Menschenskinder!« sagte er schließlich feierlich. »Ich sehe die grüne Erde mit Menschenwerk oder mit Trümmern von Menschenwerk bedeckt. Die Pyramiden belasten die Erde, der Turm von Babel hat die Wolken zerteilt, der schöne Tempel und die grauen Burgen haben sich aus dem Staube erhoben. Aber ist unter allem, was Menschenhände errichtet haben, etwas, was nicht gefallen ist oder fallen wird? Oh, ihr Menschenkinder, werft die Maurerkelle und den Mörtel weg! Breitet die Maurerschürze über den Kopf und legt euch nieder, um holde Traumschlösser zu bauen! Was soll der Geist mit Tempeln aus Stein und Mörtel? Lernet unvergängliche Schlösser aus Träumen und Phantasiebildern errichten!«

Damit ging er lachend zur Ruhe. –

Als die Gräfin kurz nachher erfuhr, daß die Majorin befreit worden war, gab sie den Kavalieren zu Ehren ein großes Festmahl.

Damit begann die Freundschaft zwischen ihr und Gösta Berling.

Oh, ihr Kinder entschwundener Zeiten!

Ich habe euch nichts Neues, sondern nur das, was alt und beinahe vergessen ist, zu erzählen! Märchen weiß ich aus Kinderstuben, wo die Kleinen auf niedrigen Schemeln um die greise Erzählerin herumsaßen, oder Sagen aus der Hütte, wo die Knechte und Mägde vor dem flackernden Holzfeuer versammelt waren und sie einander flüsternd erzählten, während ihre Kleider vor Nässe dampften und sie ihre Messer aus der am Hals hängenden Lederscheide zogen, um Butter auf dicke, weiche Brotscheiben zu streichen, oder aus dem Saal, wo sich alte Herren in Schaukelstühlen wiegten und, von dampfendem Punsch aufgeheitert, von entschwundenen Zeiten redeten.

Stand dann ein Kind, das der Märchenerzählerin, den Tagelöhnern oder den alten Herren zugehört hatte, an einem Winterabend am Fenster, dann sah es kleine Wolken am Himmelsrande hinziehen; alle die Wolken waren zu Kavalieren geworden, die in wackligen Gefährten am Firmament hinfuhren, die Sterne waren die Wachslichter, die in dem alten Grafenschlosse auf der Borger Landzunge angezündet wurden, und das Spinnrad, das im Nebenzimmer schnurrte, wurde von der alten Ulrika Dillner getreten. Denn das Kind hatte nur die Menschen der alten Zeiten im Kopf; mit ihnen lebte es, für sie schwärmte es.

Schickt einmal ein solches Kind, dessen ganze Seele von Märchen und Sagen erfüllt ist, auf den dunklen Boden, um aus der Vorratskammer Flachs oder Zwieback zu holen; da laufen die kleinen Füße, da kommt es in fliegender Eile die Treppe herunter durch den Flur und in die Küche hinein. Denn da oben in der Dunkelheit sind dem Kinde all die alten Geschichten eingefallen, die es gehört hat, von ihm, der sich dem Teufel verschrieben hatte, von dem bösen Gutsherrn auf Fors.

Die irdischen Überreste des bösen Sintram ruhen jetzt längst auf dem Svartsjöer Kirchhof, aber daß seine Seele zu Gott gegangen sei, wie es auf dem Grabstein geschrieben steht, das glaubt kein Mensch.

Bei Lebzeiten war er einer von denen, vor deren Haus an langen regnerischen Sonntagnachmittagen eine schwere, mit schwarzen Pferden bespannte Karosse angefahren kam. Ein eleganter schwarzgekleideter Herr steigt aus und hilft nun dem Herrn des Hauses die langen Stunden, die ihn mit ihrer Eintönigkeit zur Verzweiflung bringen, mit Würfel- und Kartenspiel zu vertreiben. Das Spiel dauert die ganze Nacht hindurch, und wenn der Fremde beim Morgengrauen abfährt, läßt er immer ein unheilvolles Abschiedsgeschenk zurück.

Solange Sintram auf Erden weilte, war er einer von denen, deren Kommen von Geistern angekündigt wird. Allerlei unheimliche Vorbedeutungen gehen solchen voraus, ihr Wagen rollt auf den Hof, ihre Peitsche knallt, ihre Stimme ertönt auf der Treppe, die Haustür wird geöffnet und wieder zugeschlagen. Es ist ein solcher Lärm, daß Hunde und Menschen erwachen; aber doch ist niemand gekommen, es ist nur der Spuk, der solchen Menschen vorangeht.

Hu, diese entsetzlichen Menschen, die mit bösen Geistern verkehren! Was war das wohl für ein großer schwarzer Hund, der sich zu Sintrams Zeit auf Fors zeigte? Er hatte schreckliche, funkelnde Augen und eine lange, feuerrote Zunge, die ihm weit aus dem keuchenden Schlunde heraushing. Eines Tages, als die Knechte gerade in der Küche beim Mittagessen saßen, hatte er an der Küchentür gekratzt, alle Mägde hatten vor Entsetzen laut aufgeschrien, aber der größte und stärkste der Knechte hatte rasch ein brennendes Holzscheit aus dem Herd genommen, die Tür aufgerissen und es dem Hund in den Rachen geworfen.

Da war er mit entsetzlichem Geheul entflohen. Feuer und Rauch waren ihm zum Maule herausgeschlagen, Funken sprühten um ihn her, und seine Fußspuren auf dem Wege hatten wie Feuer geleuchtet.

Und etwas ganz Schreckliches war es, wenn der Gutsherr von einer Reise heimkehrte, denn da war immer das Gespann vertauscht. Er fuhr mit Pferden ab, und wenn er des Nachts heimkam, war der Wagen immer mit schwarzen Stieren bespannt. Leute, die an der Landstraße wohnten, konnten, während er vorbeifuhr, die großen schwarzen Hörner vom Nachthimmel sich abzeichnen sehen, sie hörten das Brüllen der Stiere und entsetzten sich über die sprühenden Funken, die die Hufe und Wagenräder aus dem Kies herausschlugen.

Ja, die kleinen Füße taten recht daran, sich zu beeilen, um schnell über den großen, dunkeln Bodenraum zu kommen. Denkt euch, wenn etwas Gräßliches, wenn er, dessen Namen man nicht aussprechen darf, aus einem dunklen Winkel hervorgekommen wäre! Wer ist sicher vor ihm? Er zeigt sich ja nicht nur den bösen Menschen. War er nicht Ulrika Dillner erschienen? Sie und Anna Stjärnhök erzählten, daß sie ihn mit eigenen Augen gesehen hätten.

Freunde, Menschenkinder! Ihr, die ihr tanzt! Ihr, die ihr lacht! Ich bitte euch inständig, tanzt mit Bedacht, lacht nicht laut, denn es kann ein großes Unglück entstehen, wenn eure dünnsohligen seidnen Schuhe auf empfindsame Herzen anstatt auf harte Bretter treten, und euer munteres Lachen kann eine Seele zur Verzweiflung bringen!

So muß es sicherlich bei der alten Ulrika Dillner gewesen sein; die Füße der Jugend waren gewiß zu hart auf ihr Herz getreten, und das Lachen hatte zu übermütig in ihren Ohren geklungen, denn es überkam sie plötzlich eine unwiderstehliche Sehnsucht nach dem Namen und der Würde einer verheirateten Frau, und so sagte sie schließlich ja, als der böse Sintram zum soundsovielten Male um ihre Hand anhielt. Sie folgte ihm als sein Weib nach Fors und lebte fortan getrennt von ihren alten Freunden auf Berga, fern von der lieben altgewohnten Arbeit und fern von der Sorge ums tägliche Brot.

Es ging Hals über Kopf mit dieser Heirat. Sintram freite zu Weihnachten, und im Februar war die Hochzeit.

Dazumal lebte Anna Stjärnhök in Hauptmann Ugglas Hause. Sie konnte die alte Ulrika gut ersetzen, so daß diese ohne Gewissensbisse fortziehen und sich den Frauentitel erobern konnte.

Ja, ohne Gewissensbisse, aber nicht ohne Reue. Es war kein guter Ort, an den sie gekommen war. In den großen, leeren Zimmern herrschte das Grauen. Zittern und Beben ergriff sie, sobald es dunkel wurde; sie wäre vor Heimweh beinahe gestorben.

Die langen Sonntagnachmittage waren schlimmer als alles andere. Sie wollten gar kein Ende nehmen; so wenig, wie die quälenden Gedanken, die in endloser Reihe durch Ulrikas Gehirn zogen.

Eines Tages im März, als Sintram von der Kirche um Mittag nicht nach Hause gekommen war, ging sie in den Salon im oberen Stockwerk und setzte sich ans Klavier. Das war ihr letzter Trost. Das Klavier, auf dessen weißem Deckel ein Flötenspieler und eine Hirtin gemalt waren, gehörte ihr zu eigen; es war ein Erbstück aus ihrem Elternhause. Und diesem Klavier konnte sie ihr Leid klagen; es verstand sie.

Aber ist das nicht traurig und komisch zugleich? Wißt ihr, was sie spielt? Nur eine Polka! Denkt euch, sie, die so betrübt ist, spielt eine Polka!

Sie kann eben sonst nichts spielen. Eh ihre Finger um den Kochlöffel und das Tranchiermesser steif wurden, hatte sie diese eine Polka gelernt. Und nun liegt sie ihr noch in den Fingern; außer dieser Polka kann sie auch nicht das kleinste Stück spielen, keinen Trauermarsch, keine leidenschaftliche Sonate, nicht einmal ein melancholisches Volkslied – nur diese eine Polka!

Und sie spielt diesen Tanz, so oft sie dem alten Klavier etwas anzuvertrauen hat. Sie spielt ihn, wenn sie zum Lachen aufgelegt ist, und spielt ihn, wenn sie weinen möchte. Als sie Hochzeit feierte, spielte sie ihn, sie spielte ihn auch, als sie zum erstenmal in ihr eigenes Heim kam, und sie spielt ihn auch jetzt.

Die alten Saiten verstehen sie recht gut: sie ist unglücklich – tief unglücklich.

Ein vorübergehender Wanderer, der diese Töne hört, könnte glauben, der böse Gutsherr gebe seinen Nachbarn und Freunden einen Ball, so lustig klingen die Töne zu ihm heraus. Es ist eine ungemein flotte und heitere Melodie. Mit ihr hat sie in früheren Tagen die Sorglosigkeit in das Bergaer Herrenhaus herein- und den Hunger hinausgespielt; wenn sie erklang, mußten sich alle im Tanze drehen. Diese Polka verjagte Gicht und Rheumatismus aus den Gelenken und verführte achtzigjährige Greise zum Tanzen. Alle Welt würde Lust bekommen, bei den Klängen dieser Polka zu tanzen – aber die alte Ulrika weint dabei.

Ihre Umgebung besteht aus griesgrämigen, widerwilligen Dienern und bösen, bissigen Tieren. Sie sehnt sich nach freundlichen Gesichtern und heiterem Lachen, und die Polka ist der Ausdruck ihrer verzweiflungsvollen Sehnsucht.

Es wird den Leuten schwer, in ihr Sintrams Frau zu sehen. Alle nennen sie Mamsell Dillner. Seht, die Melodie ihrer geliebten Polka soll die Reue ausdrücken, ihre Reue über die Eitelkeit, die sie verlockte, nach dem Frauentitel zu trachten.

Die alte Ulrika spielt, als wolle sie die Saiten zersprengen. Die Polka soll ja so vieles übertäuben; die Wehklagen der armen Bauern, die Flüche ausgesogener Taglöhner, das Hohnlachen trotziger Dienstboten, und vor allem die Schande, die Schande, die Frau eines so bösen Mannes zu sein.

Bei diesen Tönen hat Gösta Berling die junge Gräfin Dohna zum Tanz geführt. Marianne Sinclaire hat mit ihren vielen Verehrern danach getanzt, und die Majorin von Ekeby hat sich dabei im Takt gedreht, als der schöne Altringer noch lebte. Ulrika sieht sie vorüberwirbeln, Paar um Paar, vereint in Jugend und Schönheit; ein Strom von Heiterkeit ging von ihnen auf sie über, und von ihr wieder zu ihnen. Ihre Polka war es ja gewesen, die alle die Wangen erglühen, all diese Augen hatte erstrahlen lassen. Jetzt ist sie von dem allen geschieden. Ja, laß die Polka erklingen, sie muß so viele Erinnerungen, so viele süße Erinnerungen übertönen!

Ulrika spielt, um ihre Angst einzuschläfern. Das Herz steht ihr beinahe still vor Entsetzen, wenn sie den schwarzen Hund sieht, wenn sie den Diener von den schwarzen Stieren flüstern hört. Sie spielt die Polka wieder und wieder, um ihre Angst einzuschläfern.

Da merkt sie plötzlich, daß ihr Mann nach Hause gekommen ist. Sie hört ihn ins Zimmer treten und sich in den Schaukelstuhl setzen. Sie kennt seine Art und Weise, wie er den Schaukelstuhl in Bewegung setzt, so genau, daß sie sich nicht einmal umsieht.

Sie spielt weiter, und das Schaukeln geht weiter, aber jetzt hört sie nicht mehr die Töne, sondern nur das Schaukeln.

Arme alte Ulrika! So vergrämt, so einsam, so hilflos in Feindesland verirrt, ohne einen Freund, dem sie ihr Leid klagen könnte, ohne einen andern Tröster als ein klappriges Klavier, das ihr mit einer Polka antwortet! Es klingt wie ein schallendes Gelächter bei einem Begräbnis, wie ein Trinklied in einer Kirche.

Während der Schaukelstuhl weiterschaukelt, ist es ihr plötzlich, als spotte das Klavier ihre Klagen, und sie hört mitten in einem Takt auf. Sie erhebt sich und sieht nach dem Schaukelstuhl hinüber.

Im nächsten Augenblick aber liegt sie ohnmächtig am Boden. In dem Stuhl sitzt nicht ihr Mann sondern – er, dessen Namen die Kinder nicht auszusprechen wagen, er, der ihnen einen Todesschrecken einjagen würde, wenn sie ihm oben auf dem einsamen Boden begegneten.

Kann sich wohl einer, dessen Seele von Sagen und Märchen erfüllt ist, jemals aus deren Macht befreien? Draußen heult der Nachtwind, Fikus und Oleander schlagen mit ihren steifen Blättern gegen die Säulen des Altans, der Himmel wölbt sich düster über den langgestreckten Bergen, und ich, die ich in stiller Nacht einsam beim Schein der Lampe und bei geschlossenen Gardinen hier sitze und schreibe, ich, die ich jetzt alt bin und vernünftig sein sollte, ich fühle, wie es mir ebenso kalt den Rücken hinabläuft wie damals, als ich diese Geschichte zum erstenmal hörte, und ich muß jeden Augenblick den Blick von der Arbeit erheben und mich umschauen, ob nicht jemand hereingekommen ist und sich dort in der Ecke versteckt hat; ich muß auf den Altan hinaus, um mich zu überzeugen, daß nicht ein schwarzer Kopf über das Geländer guckt. Nie verläßt sie mich, diese Furcht, die die alten Geschichten in mir erwecken, wenn die Nacht sehr dunkel ist, wenn tiefe Einsamkeit mich umgibt, und schließlich wird sie so übermächtig, daß ich die Feder wegwerfe, ins Bett krieche und mir die Decke über den Kopf ziehe. Ich habe mich als Kind nie genug darüber verwundern können, daß Ulrika Dillner jenen Nachmittag überlebt hat. Ich hätte ihn nicht überlebt.

Ein Glück war es, daß Anna Stjärnhök gleich nachher nach Fors gefahren kam; sie fand ihre alte Freundin ohnmächtig am Boden liegen und brachte sie wieder zum Bewußtsein. Bei mir wäre das nicht gelungen, ich wäre auf der Stelle tot gewesen.

Ich will euch wünschen, meine lieben Feunde, daß es euch erspart bleibe, Tränen in den Augen alter Leute zu sehen! Oder daß ihr nicht machtlos dastehen müsset, wenn ein graues Haupt sich hilfesuchend an eure Brust lehnt, oder alte Hände sich in schweigendem Flehen um die eurigen falten. Möge es euch erspart bleiben, alte Leute in einem Kummer versenkt zu sehen, den ihr nicht zu lindern vermöget!

Was bedeuten die Klagen der Jugend? Ihr bleibt die Kraft, die Hoffnung. Aber welch ein Jammer, die Alten weinen sehen zu müssen; welch verzweifelter Schmerz durchdringt uns, wenn die, so die Stütze unserer Jugend waren, in hilflose Klagen ausbrechen.

Da saß nun Anna Stjärnhök bei der alten Ulrika; sie hörte schweigend ihre Klagen, sie konnte ihr nicht helfen. Die Alte weinte und bebte am ganzen Leibe. Ihre Augen glühten wild; sie redete unaufhörlich, manchmal so unzusammenhängend, als wisse sie nicht mehr, wo sie sei. Die vielen Runzeln, die ihr Gesicht durchfurchten, waren noch einmal so tief als gewöhnlich, die falschen Scheitellocken, die ihr ins Gesicht hereinhingen, lösten sich von ihren Tränen, und die ganze lange, magere Gestalt erbebte in krampfhaftem Schluchzen.

Schließlich mußte Anna dem Jammer ein Ende machen. Ihr Entschluß war gefaßt. Sie wollte die Alte mit sich nach Berga nehmen. Ulrika war allerdings Sintrams Frau, aber auf Fors konnte sie nicht bleiben. Sie würde ja den Verstand verlieren, wenn sie bei diesem Mann bliebe. Deshalb beschloß Anna Stjärnhök, die alte Ulrika mitzunehmen.

Ach, wie die Ärmste sich über diesen Beschluß freute, aber welche Angst ergriff sie trotzdem! Sie dürfe gewiß nicht wagen, ihren Mann und ihr Haus zu verlassen, wendete sie ein. Er würde ihr am Ende den großen schwarzen Hund nachschicken.

Anna Stjärnhök überwand jedoch alle ihre Bedenken, teils mit Scherzen, teils mit Drohungen, und nach einer halben Stunde hatte sie Ulrika wirklich neben sich im Schlitten. Anna kutschierte selbst, und die alte »Disa« zog den Schlitten. Die Schlittenbahn war schlecht, denn es war gegen Ende März, aber es tat der alten Ulrika innig wohl, wieder in dem bekannten Schlitten zu sitzen, mit dem bekannten Pferde davor, das auf Berga ebenso lange und treu gedient hatte wie sie selbst.

Da nun diese alte Haussklavin im Grunde einen guten Humor und ein unerschrockenes Gemüt hatte, hörte sie schon auf zu weinen, als sie am Arvidstorp vorüberkamen, am Högberg lachte sie schon, und als sie an Munkeby vorüberfuhren, war sie mitten drin in ihren Jugenderinnerungen und erzählte allerlei, was sie damals bei der Gräfin auf Svaneholm erlebt hatte.

Sie fuhren nun auf einem hügeligen und steinigen Weg durch die öde, spärlich bewohnte Gegend nördlich von Munkeby. Der Weg führte über alle Hügel hin, die er erreichen konnte, er kroch in langsamen Schlangenlinien bis zu ihrem Gipfel hinauf, stürzte sich dann kopfüber an ihm hinab und eilte hierauf, so rasch er konnte, im ebenen Tale weiter, um schnell wieder eine neue Anhöhe erklettern zu können.

Sie fuhren eben den Vestratorpshügel hinauf, als die alte Ulrika mitten in einem Satze verstummte und Anna heftig am Arme faßte. Ihr Blick war starr auf einen großen schwarzen Hund am Wegrand gerichtet.

»Sieh!« sagte sie.

Der Hund lief dem Walde zu; Anna sah nicht viel von ihm.

»Fahr zu!« stieß Ulrika hervor. »Fahr zu, so schnell du kannst! Jetzt erfährt Sintram, daß ich weggefahren bin.«

Anna hätte sie beinahe wegen ihrer Furcht ausgelacht; aber sie bezwang sich, und die alte Ulrika fuhr fort:

»Du wirst sehen, wir hören seine Schlittenglocken, noch ehe wir auf dem Gipfel des nächsten Hügels angekommen sind.«

Und siehe da, während sich die alte Disa auf der Höhe des Elofshügels einen Augenblick verschnaufte, erklang von unten her Schlittengeläute.

Nun geriet die alte Ulrika ganz außer sich vor Angst. Sie zitterte, schluchzte und jammerte, gerade so wie vorhin auf Fors. Anna wollte Disa antreiben, diese aber wandte nur den Kopf und warf ihr einen Blick unaussprechlicher Verwunderung zu. Glaubte das Fräulein vielleicht, Disa habe vergessen, wann es Zeit sei, zu traben, und wann zu gehen? Wollte Anna sie vielleicht einen Schlitten ziehen lehren, sie, die hier jeden Stein, jede Brücke, jeden Zaun und jeden Hügel seit mehr als zwanzig Jahren kannte?

Inzwischen kam das Schellengeläute immer näher.

»Er ist es, er ist es! Ich kenne seine Glocken!« jammerte die alte Ulrika.

Der Klang kommt immer näher. Bald ist er so unnatürlich laut, daß Anna sich umdreht, um zu sehen, ob Sintrams Pferd mit seinem Kopf nicht schon ihren Schlitten berührt, bald erstirbt er ganz. Sie hören die Glocken einmal auf der rechten, dann auf der linken Seite des Wegs, aber sie sehen kein Fuhrwerk; es ist, als würden sie nur vom Schellengeläute verfolgt.

Wie es immer ist, wenn man spät in der Nacht von einem Feste nach Hause fährt, so ist es auch jetzt, die Schellen erklingen in Melodien, sie singen, sprechen, antworten. Der Wald hallt wider von ihrem Getöne.

Anna Stjärnhök sehnt sich beinahe danach, daß der Verfolger doch endlich ganz nah herankomme, damit sie Sintram und sein fuchsrotes Pferd selbst sehen könnte. Bei dem unablässigen Schellengeläute wird ihr ganz unheimlich zumut.

»Diese Schlittenglocken peinigen mich«, sagt sie.

Und sofort fangen die Schellen das Wort auf.

»Peinigen mich, peinigen, peinigen, peinigen mich!« singen sie in allen möglichen Tonarten.

Es war noch gar nicht lange her, daß Anna, von den Wölfen verfolgt, denselben Weg gefahren war. Sie hatte in der Dunkelheit weiße Zähne in weit aufgerissenen Rachen schimmern sehen, sie war darauf gefaßt gewesen, von den wilden Tieren des Waldes zerrissen zu werden, und doch hatte sie sich nicht gefürchtet. Eine herrlichere Nacht hatte sie nie erlebt! Stark und schön war das Pferd vor dem Schlitten gewesen, und stark und schön war der Mann gewesen, der die Freude des Abenteuers mit ihr geteilt hatte.

Und jetzt? Ein altes Pferd, eine alte zitternde, hilflose Gefährtin! Sie fühlte sich so machtlos, daß sie am liebsten geweint hätte. Sie kann diesem entsetzlichen, aufregenden Schellengeläute nicht entfliehen.

Sie hält das Pferd an und steigt aus. Diesem Spuk mußte ein Ende gemacht werden. Warum soll sie fliehen, als fürchte sie sich vor dem bösen, verächtlichen Schurken?

Endlich sieht sie in der zunehmenden Dämmerung einen

Pferdekopf auftauchen, dann das ganze Pferd, dahinter einen Schlitten, und in dem Schlitten sitzt Sintram selbst.

Sie bemerkt indes, daß es nicht aussieht, als sei der Schlitten auf der Landstraße dahergekommen, es erscheint vielmehr so, als seien Pferd und Schlitten und Gutsherr in diesem Augenblick vor ihren Augen entstanden und seien nur ihrem Auge in der Reihenfolge, wie sie fertig geworden waren, sichtbar geworden.

Anna wirft Ulrika die Zügel zu und geht Sintram entgegen. Er hält sein Pferd an.

»Sieh, sieh«, sagt er, »welch ein glücklicher Zufall! Liebes Fräulein Stjärnhök, gestattet mir, meinen Gefährten in Euern Schlitten zu setzen. Er muß heute abend noch nach Berga, und ich sollte schnell nach Hause kommen.«

»Wo ist denn Euer Reisekamerad, Herr Gutsbesitzer?«

Sintram knöpft das Spritzleder auf und zeigt Anna einen Mann, der schlafend auf dem Boden des Schlittens liegt.

»Er ist ein wenig angetrunken«, sagt er, »aber das tut nichts. Er schläft wohl den ganzen Weg. Es ist übrigens ein Bekannter von Ihnen, Fräulein Stjärnhök, es ist Gösta Berling.«

Anna zuckt zusammen.

»Ja, ja, das kann ich Euch sagen, wer seinen Geliebten aufgibt, der verkauft ihn dem Teufel«, fährt Sintram fort. »So bin auch ich einst in seine Klauen geraten. Man meint, man mache es recht gut, selbstverständlich! Entsagen ist gut, aber lieben, das ist vom Bösen, ja freilich.«

»Was meint Ihr denn damit? Wovon redet Ihr?« fragte Anna ganz erregt.

»Ich meine, Ihr hättet damals Gösta Berling nicht allein fahren lassen sollen, Fräulein Anna.«

»Gott hat es so gewollt, Herr Sintram.«

»Ja, ja, – es ist, wie ich vorhin sagte; entsagen ist gut, lieben ist vom Übel. Der liebe Gott hat keine Freude daran, wenn Menschen glücklich sind. Er schickt Wölfe hinter ihnen her. Wenn es aber Gott nicht gewesen wäre, der die Wölfe ausgeschickt hat, was dann, Fräulein Anna? Könnte nicht ebensogut ich der gewesen sein, der seine kleinen grauen Lämmer von Dovrefjeld holte und sie hinter dem jungen Mädchen und dem jungen Mann herjagte? Wie, wenn ich nun die Wölfe geschickt hätte, um nicht einen der Meinigen zu verlieren? Wie, wenn Gott es nicht gewesen wäre?«

»Ach, Herr Sintram, Ihr solltet es nicht versuchen, Zweifel in meiner Seele zu erwecken« sagt Anna mit leiser Stimme, »wenn ich in dieser Sache zu zweifeln beginne, bin ich verloren.«

»Seht hierher«, sagt Sintram und beugt sich über den schlafenden Gösta Berling. »Betrachtet einmal seinen kleinen Finger. Die kleine Wunde dort heilt niemals. Dort zapften wir ihm das Blut ab, als er den Pakt unterschrieb. Er ist mein. Es liegt eine eigentümliche Kraft im Blute. Er ist mein; nur die Liebe kann ihn erlösen, aber wenn ich ihn behalten darf, wird etwas Rechtes aus ihm werden.«

Anna Stjärnhök gibt sich alle Mühe, um den Zauber, der sie ergriffen hat, abzuschütteln. Dies ist ja Wahnsinn, der reine Wahnsinn! Niemand kann seine Seele dem Teufel verschreiben. Aber sie hat keine Gewalt über ihre Gedanken, die Dämmerung liegt schwer auf ihr; der Wald ist so still und dunkel. Sie kann das unheimliche Grauen nicht abschütteln.

»Meint Ihr vielleicht«, fährt der Gutsherr fort, »daß an ihm nicht mehr viel zu verderben sei? Glaubt doch das nicht! Ist er je ein Bauernschinder gewesen? Hat er liebe Freunde betrogen, hat er falsch gespielt? Ist er je der Geliebte einer verheirateten Frau gewesen?«

»Ich glaube, Ihr seid der Böse selbst, Herr Sintram.«

»Laßt uns tauschen, Fräulein Anna. Nehmt Gösta Berling, nehmt ihn, heiratet ihn und gebt denen auf Berga Euer Geld. Ich trete ihn Euch ab. Ihr wißt, er ist mein. Nehmet an, es sei nicht Gott gewesen, der in jener Nacht die Wölfe ausgeschickt hat, und lasset uns tauschen.«

»Was wollt Ihr für ihn haben?«

Sintram grinste.

»Was ich haben will? Oh, ich begnüge mich mit recht wenig. Ich will nur das alte Weib, das dort in Eurem Schlitten sitzt, Fräulein Anna.«

»Satan! Versucher!« ruft Anna. »Hebe dich von mir! Soll ich meine alte Freundin, die sich auf mich verläßt, verraten? Soll ich sie dir ausliefern, damit du sie quälst, bis sie den Verstand verliert?«

»Sieh, sieh, sieh! Nur ruhig, Fräulein Anna! Überleget Euch erst einmal die Sache. Hier ist ein junger, schöner Mann und dort ein altes, gebrechliches Weib. Eins von ihnen muß ich haben. Wen wollt Ihr mir überlassen?«

Anna Stjärnhök lacht vor Verzweiflung.

»Meint Ihr vielleicht, wir handelten hier um Seelen, wie man auf dem Brobyer Markt um Pferde handelt?«

»Gerade so, ja. Aber wenn Ihr wollt, so können wir die Sache auf eine andere Weise einrichten. Wir wollen die Rücksicht auf die Stjärnhöksche Ehre nicht außer acht lassen.«

Hierauf ruft er mit lauter Stimme seine Frau, die noch in Annas Schlitten sitzt, mit Namen, und zu Annas unbeschreiblichem Entsetzen gehorcht sie sofort; sie steigt aus dem Schlitten und tritt zitternd und bebend näher.

»Sieh, sieh, sieh! Was für eine gehorsame Gattin!« sagt Sintram. »Seht, Fräulein Anna, sie kommt, sobald ihr Mann ruft, da könnt Ihr nichts dagegen tun. Jetzt hebe ich Gösta Berling aus meinem Schlitten und lasse ihn hier. Ich lasse ihn für immer, Fräulein Anna. Nehme ihn, wer da will!«

Er bückt sich, um Gösta aufzuheben, aber da neigt Anna ihr Gesicht dicht zu dem seinen, sieht ihn durchbohrend an und zischt wie ein gereiztes Tier:

»Im Namen Gottes, hebe dich weg von hier und fahr nach Hause! Weißt du nicht, wer in deinem Salon im Schaukelstuhl sitzt und auf dich wartet? Wagst du es, diesen Herrn warten zu lassen?«

Die Wirkung dieser Worte auf den bösen Mann ist für Anna beinahe der Höhepunkt aller Schrecken dieses Tages. Er reißt die Zügel an sich, wendet den Schlitten und fährt heimwärts, indem er das Pferd mit Peitschenhieben und wilden Flüchen so antreibt, daß es beinahe durchgeht. In lebensgefährlicher Fahrt rast er den steilen Hügel hinunter, während eine lange Reihe von Funken unter den Hufen und den Schlittenkufen auf dem Märzschnee hervorsprüht.

Anna Stjärnhök und Ulrika Dillner stehen allein auf der Landstraße, aber keine spricht ein Wort. Ulrika zittert vor Annas wildem Blick, und diese hat der Ärmsten, um derentwillen sie den Geliebten geopfert hat, nichts zu sagen.

Weinen hätte sie mögen, weinen, toben, sich auf der Erde wälzen und sich Schnee und Sand aufs Haupt streuen.

Bisher hatte sie die Süßigkeit der Entsagung empfunden, jetzt fühlte sie nur deren Bitterkeit. Was war die Aufopferung ihrer Liebe im Vergleich zu diesem Opfer, dem Verlust der Seele des Geliebten?

Unter fortgesetztem Schweigen fuhren sie nach Berga, aber als sie dort angekommen waren und in den Saal traten, fiel Anna zum ersten und einzigen Mal in ihrem Leben in Ohnmacht. Da drinnen saßen Sintram und Gösta in gemütlicher Unterhaltung. Vor ihnen standen die Punschgläser; sie mußten wenigstens eine Stunde da sein.

Anna Stjärnhök wurde ohnmächtig. Ulrika aber blieb ganz ruhig. Sie hatte von Anfang an das Gefühl gehabt, daß es mit der Erscheinung, die sie auf der Landstraße verfolgt hatte, nicht geheuer gewesen wäre.

Im Laufe des Abends wurde dann ausgemacht, daß Ulrika für längere Zeit bei ihren alten Freunden auf Berga bleiben solle. Als der Hauptmann und seine Frau Sintram den Plan mitteilten, willigte er auf das freundlichste ein. Er wolle gewiß nicht, daß seine Frau verrückt werde, sagte er.

Oh, ihr Kinder der Gegenwart!

Ich verlange ja nicht, daß ihr die alten Geschichten glaubt. Sie können nichts weiter als Lüge und Erfindung sein! Aber die Reue, die durchs Herz zieht, bis es ächzt, wie die Bretter in Sintrams Saal unter den Kufen des

Schaukelstuhls ächzten, und der Zweifel, der in den Ohren gellt, wie das Schlittengeläut in dem öden Walde in Anna Stjärnhöks Ohren gellte, wann werden sie Lüge und Erfindung sein?

Ach, wären sie es doch!

Ebba Dohnas Geschichte

Hüte dich, die schöne Landspitze zu betreten, dort am östlichen Ufer des Löfven, die so sanft umspült wird von den plätschernden Wogen! Diese schöne Landzunge, wo das Schloß Borg liegt, – hüte dich, sie zu betreten!

Nirgends bietet der See einen schöneren Anblick als von dem Gipfel dieser Landspitze aus.

Niemand kann sich von der Schönheit des Sees – dem See meiner Träume – eine Vorstellung machen, ehe er von der Borger Landspitze aus die Morgennebel über seinen glatten Spiegel hat hingleiten sehen, ehe er von dem Fenster des kleinen blauen Kabinetts, in dem so viele Erinnerungen wohnen, die weite Wasserfläche in rosigem Schimmer des Sonnenuntergangs erstrahlen sah.

Und doch sage ich: Geh nicht dahin!

Denn vielleicht ergreift dich das Verlangen, in den Sälen des alten Herrensitzes, die so viel Kummer gesehen haben, zu weilen, vielleicht machst du dich zum Besitzer dieses schönen Flecks Erde; und wenn du jung, reich und glücklich bist, schlägst du vielleicht – wie so viele andere vor dir – dort dein Heim mit einer jungen Gattin auf.

Nein, es ist besser, du siehst die schöne Landzunge gar nicht, denn auf Borg kann kein Glück gedeihen! Wisse, wie reich und glücklich du auch sein mögest, wenn du dort einziehst, werden die alten tränengetränkten Dielen bald auch deine Tränen trinken, und diese Wände, die so manchen Klagelaut widertönen könnten, werden auch deine Seufzer aufnehmen. Ein hartes Schicksal ruht über dieser schönen Besitzung. Es ist, als wär' das Unglück dort begraben, fände aber keine Ruhe in seinem Grabe und stände nun beständig auf, um die Lebenden zu ängstigen. Wäre ich Herr auf Borg, ich würde den Boden durchsuchen lassen, sowohl den steinigen Grund des Tannengehölzes als auch den gemauerten Boden, auf dem das Schloß steht, und ebenso die fruchtbare Erde auf den Feldern, bis ich die wurmzerfressene Leiche der Hexe gefunden hätte, die ich dann auf dem Svartsjöer Kirchhof in geweihter Erde begraben lassen würde. Und bei dem Begräbnis würde ich nicht an der Bezahlung für den Glöckner sparen: lange und kräftig müßten die Glocken erschallen, und dem Pfarrer und dem Kantor würde ich reiche Gaben schicken, damit sie mit verdoppelter Kraft die Tote mit Rede und Gesang zur ewigen Ruhe weihten.

Oder wenn dies nichts hülfe, würde ich in einer stürmischen Nacht die alten Holzwände in Brand stecken und die Flammen alles miteinander verzehren lassen, so daß die Menschen nicht mehr in Versuchung geführt würden, in dem Haus des Unglücks ihr Heim aufzuschlagen. Dann sollte niemand mehr diesen verfluchten Ort betreten dürfen, nur die schwarzen Dohlen des Kirchturms sollten die Erlaubnis haben, sich in der großen Schornsteinmauer, die sich rauchgeschwärzt und unheimlich über den öden Brandplatz erhöbe, anzusiedeln.

Doch sicherlich würde ich mich ängstigen, wenn ich die Flammen über dem Dache zusammenschlagen sähe, wenn dicker, von Feuerschein geröteter, von Funken durchsprühter Rauch aus dem alten Grafenschlosse herausdränge. Es wäre mir, als vernähme ich in dem Knistern und Zischen des Feuers die Klagelaute heimatloser Erinnerungen, als sähe ich über den blauzüngelnden Flammen die aus ihrer Ruhe aufgeschreckten Geister des Hauses schweben. Ich müßte daran denken, wie das Leid verschönt, wie das Unglück zum Schmuck gereicht, und ich würde weinen, als wäre ein Tempel der alten Götter dem Untergang geweiht worden.

Doch still, du unheilverkündender Rabe! Noch liegt

Borg herrlich auf der Höhe der Landzunge, beschützt von den riesigen Tannen seines Parks, und die schneebedeckten Felder da unten glitzern im stechenden Sonnenschein des Märztages, noch hört man innerhalb seiner Wände das fröhliche Lachen der lebensfrohen Gräfin Elisabet.

Sonntags geht sie in die nahegelegene Svartsjöer Kirche und ladet nach dem Gottesdienst eine ganze kleine Gesellschaft nach Borg ein. Der Munkeruder Landrichter und seine Frau pflegen zu kommen, Hauptmann Ugglas von Berga, die Pfarrersfamilie und der böse Sintram.

Und wenn Gösta Berling zu Fuß über das Eis nach Svartsjö gekommen ist, dann ladet sie ihn auch ein. Warum sollte sie ihn nicht einladen?

Sie weiß ja nicht, daß die Verleumdung schon zu tuscheln beginnt, Gösta Berling zeige sich nur deshalb so oft auf dem östlichen Ufer des Sees, um mit ihr zusammenzutreffen. Vielleicht kommt er auch, um mit Sintram zu trinken und zu spielen, aber das ist den Leuten nicht so wichtig; jedermann weiß ja, daß er zwar eine eiserne Gesundheit hat, daß aber sein Herz durchaus nicht gestählt ist. Niemand glaubt, daß er ein strahlendes Augenpaar und lichtes Blondhaar, das sich um eine reine weiße Stirn kräuselt, sehen könne, ohne sich zu verlieben.

Die junge Gräfin ist gut gegen ihn. Darin liegt nichts Auffallendes; sie ist gut gegen alle. Sie nimmt schmutzige Bettelkinder auf den Schoß, und wenn sie auf der Landstraße an einem armen Alten vorüberfährt, läßt sie halten und läßt den Wanderer zu sich in den Schlitten steigen.

Gösta sitzt oft bei ihr in dem kleinen blauen Kabinett, wo man die prächtigste Aussicht auf den See hat, und liest ihr Gedichte vor. Dabei kann doch wirklich nichts Böses sein! Er vergißt nicht, daß sie eine Gräfin, er aber nur ein heimatloser Abenteurer ist, und es tut ihm so wohl, daß er mit einer Frau verkehren darf, die hoch und heilig für ihn dasteht. Er hätte sich ebensogut in die Königin von Saba, deren Bild im Chor der Svartsjöer Kirche hängt, als in Graf Henrik Dohnas junge Gemahlin verlieben können.

Er begehrte nur, ihr dienen zu dürfen, wie ein Page seiner hohen Herrin dient, ihr die Schlittschuhe anschnallen, ihr das Garn halten, ihren Schlitten lenken zu dürfen. Von Liebe kann zwischen ihnen keine Rede sein; er ist gerade der Mann, der in einer romantischen, ungefährlichen Schwärmerei sein Glück finden kann.

Der junge Graf ist still und ernst, Gösta aber von sprudelnder Lebhaftigkeit. Das ist ein Umgang, wie ihn die Gräfin liebt. Kein Mensch, der die beiden zusammen sieht, würde ihr eine unerlaubte Liebe zutrauen. Sie denkt ja nur an Tanz und Vergnügen. Ihr wäre es am liebsten, wenn die Erde ganz eben wäre, ohne Steine, ohne Berge und Seen, so daß man tanzend überall hingelangen könnte. Ach, sie wünschte, daß das Leben von der Wiege bis zum Grabe nur ein einziger Tanz in schmalen leichten Seidenschuhen wäre!

Aber das Gerücht ist nicht sehr barmherzig gegen junge Frauen.

Wenn die Gäste zum Mittagessen nach Borg kommen, pflegen die Herren nach Tisch im Zimmer des Grafen eine Zigarre zu rauchen oder auch ein Schläfchen zu machen, die alten Damen lassen sich in den Lehnstühlen des Salons nieder und neigen ihre ehrwürdigen Häupter gegen die hohen Rücklehnen, aber die Gräfin und Anna Stjärnhök gehen ins blaue Kabinett, wo sie in vertraulichem Gespräch den ganzen Nachmittag beisammen sitzen.

Dort sitzen sie auch an dem Sonntag, nachdem Anna Stjärnhök Ulrika Dillner nach Berga zurückgebracht hat.

Niemand auf der weiten Welt kann unglücklicher sein als das junge Mädchen. Ihr ganzer Frohsinn ist verschwunden, verschwunden auch ist der lachende Trotz, den sie allen, die ihr zu nahe kommen wollten, entgegensetzte.

Alles, was sich auf jenem Heimweg zugetragen hat, ist in ihrer Erinnerung wieder in die Dämmerung zurückgesunken, aus der es wie durch einen Zauber hervorgerufen worden war; kein einziger klarer Eindruck ist davon zurückgeblieben.

Doch, einer ist noch da, und der vergiftet ihre Liebe.

»Wenn es nun nicht Gott gewesen wäre, der es getan hat?« flüstert sie immer wieder vor sich hin. »Wenn die Wölfe nicht von Gott ausgeschickt gewesen wären?«

Sie begehrt Zeichen und Wunder. Sie späht am Himmel und auf der Erde umher. Aber keine Hand zeigt sich am Himmel, um ihr den Weg zu weisen. Keine Feuersäule, keine Wolke wandert vor ihr her.

Wie sie nun der Gräfin in dem kleinen blauen Kabinett gegenübersitzt, fällt ihr Blick auf ein Sträußchen blauer Anemonen, das die junge Frau in der Hand hält. Wie ein Blitz durchzuckt es sie – sie weiß, wo diese Anemonen gewachsen sind, und sie weiß auch, wer sie gepflückt hat.

Sie braucht nicht zu fragen. Wo in der ganzen Gegend blühen Anfang April schon blaue Anemonen, außer an dem Abhang des Birkenwäldchens am Seeufer bei Ekeby?

Sie starrt die kleinen blauen Sterne unverwandt an, diese Glücklichen, denen alle Herzen zugetan sind, diese kleinen Propheten, die an sich schön, auch noch umstrahlt sind von dem Glanz alles des Schönen, das sie verkündigen, alles des Schönen, das noch kommen soll. Und je länger sie die Blüten betrachtet, desto mächtiger erhebt sich in ihrem Herzen ein Zorn, grollend wie der Donner, besinnungraubend wie der Blitz.

»Mit welchem Recht«, denkt sie, »trägt die Gräfin Dohna den am Ekebyer Ufer gepflückten Anemonenstrauß?«

Alle miteinander waren Versucher: Sintram, die Gräfin, ja, alle Menschen; alle wollten Gösta Berling zum Bösen verlocken, sie aber würde ihn gegen alle verteidigen. Und sollte es ihr Herzblut kosten, sie würde es doch tun.

Sie fühlt, ehe sie die kleine blaue Stube verläßt, muß sie diese Blumen der Hand der Gräfin entrissen, auf die Erde geworfen, zertreten und zermalmt sehen.

Sie fühlt dies, und sie beginnt mit den kleinen blauen Sternen zu kämpfen. Draußen im Salon lehnen die alten Damen nichtsahnend ihre ehrwürdigen Häupter gegen die Polster der Lehnstühle, die Herren rauchen in gemütlicher

Ruhe ihre Pfeifen im Zimmer des Grafen, überall herrscht Frieden – nur in dem kleinen blauen Kabinett tobt ein verzweifelter Kampf.

Ach, wie wohlgetan ist es, wenn der Mensch nicht gleich nach dem Schwerte greift, wenn er zu schweigen und zu warten versteht, wenn er seinem Herzen Ruhe gebieten und Gott walten lassen kann! Immer geht das unruhige Herz irre. Böses läßt sich nicht mit Bösem vertreiben.

Aber Anna Stjärnhök meint endlich einen Fingerzeig am Himmel gesehen zu haben.

»Anna«, sagt die Gräfin, »erzähl eine Geschichte.«

»Wovon soll sie handeln?«

»Oh«, sagt die Gräfin, den Strauß in ihrer weißen Hand liebkosend. »Weißt du keine Liebesgeschichte, kannst du nicht etwas von der Liebe erzählen?«

»Nein, von der Liebe weiß ich nichts.«

»Wie du redest! Gibt es denn hier nicht einen Ort, der Ekeby heißt, und wimmelt es dort nicht von Kavalieren?«

»Ja«, sagt Anna, »es gibt hier einen Ort, der Ekeby heißt, und es gibt dort Männer, die das Mark des Landes aussaugen, die uns zu ernster Arbeit untauglich machen, die unsre heranwachsende Jugend verderben und unsre begabten Männer verführen. Soll ich dir von ihnen, von ihren Liebesgeschichten erzählen?«

»Ja, von ihnen möchte ich hören. Die Kavaliere gefallen mir.«

Da erzählt Anna Stjärnhök; sie spricht in abgerissenen Sätzen, wie eine alte Chronik, denn die auf sie einströmenden Gefühle rauben ihr fast den Atem. Verhaltene Leidenschaft bebt in jedem Wort, und die Gräfin lauscht halb furchtsam, halb hingerissen.

»Was ist die Liebe, was die Treue eines Kavaliers? Ein Liebchen heute, eins morgen, eins im Osten, eins im Westen. Nichts ist ihm zu hoch, nichts zu gering; heute eine Grafentochter, morgen eine Betteldirne. Nichts auf der Welt ist so weit wie das Herz des Kavaliers. Aber wehe, wehe der Ärmsten, die einen Kavalier liebt! Sie findet ihn betrunken am Wegrand liegen! Sie muß schweigend zusehen, wie er am Spieltisch das Hab und Gut ihrer Kinder verspielt. Sie muß Zeuge sein, wie er andere Frauen umschwärmt. Ach, Elisabet, wenn ein Kavalier eine ehrbare Frau um einen Tanz bittet, sollte sie ihn ihm weigern, wenn er ihr einen Strauß schenkt, sollte sie die Blumen mit Füßen treten, wenn sie ihn liebt, sollte sie lieber sterben, als ihn heiraten!

Unter den Kavalieren war einst ein abgesetzter Pfarrer. Die Trunksucht hatte ihn sein Amt gekostet. Er war betrunken in die Kirche gekommen. Er hatte den Abendmahlwein ausgetrunken. Hast du je von ihm gehört?«

»Nein.«

»Als er seines Amtes entsetzt war, irrte er bettelnd im Land umher. Er trank wie ein Wahnsinniger, ja, er hatte sogar gestohlen, nur um sich Branntwein zu verschaffen.«

»Wie heißt er?«

»Er ist nicht mehr auf Ekeby. – Die Majorin nahm sich seiner an, gab ihm Kleider und überredete deine Schwiegermutter, die Gräfin Dohna, ihn als Hauslehrer für deinen Mann, den jungen Grafen Henrik, anzunehmen.«

»Einen abgesetzten Pfarrer?«

»Ach, er war ein junger, kräftiger, kenntnisreicher Mann. Wenn er nicht trank, war nichts gegen ihn einzuwenden. Und Gräfin Märta war nicht engherzig. Es machte ihr Spaß, den Svartsjöer Propst und die Pfarrer dort ein wenig zu ärgern. Doch verbot sie, daß irgend jemand ihren Kindern etwas von seinem früheren Leben erzählen dürfe, weil ihr Sohn sonst die Achtung vor ihm verlieren würde und ihre Tochter ihn nicht in ihrer Nähe dulden könnte; denn die war eine Heilige.

So kam er denn hierher nach Borg. Er blieb an der Tür stehen, setzte sich auf den äußersten Rand des Stuhls und entfloh in den Park, sobald Besuch kam.

Aber da unten im Park, auf den einsamen Pfaden pflegte er der jungen Dohna zu begegnen. Sie liebte die lärmenden Feste nicht, die in den Borger Sälen gefeiert wurden, seit die Gräfin verwitwet war. Sie schaute nicht keck in die Welt hinein. Sie war so sanft, so schüchtern. Selbst nachdem sie schon ihr siebzehntes Jahr zurückgelegt hatte, war sie nichts weiter als ein weichherziges Kind; und doch war sie gar schön mit ihren braunen Augen und dem feinen rosigen Schimmer auf den Wangen. Ihr zarter, schlanker Körper neigte sich ein klein wenig vor. Ihre schmale Hand stahl sich mit schüchternem Druck in die seine. Ihr kleiner Mund war so schweigsam und ernst wie sonst keiner. Ach, und ihre Stimme, ihre süße, sanfte Stimme sprach alle Worte gar langsam und richtig aus; aber sie war nie so recht eigentlich frisch, nie recht jugendlich warm, sondern drang mit mattem Tonfall wie der Schlußakkord eines müden Künstlers, nur zögernd über die Lippen.

Gräfin Ebba war nicht wie andre. Ihr Fuß berührte die Erde so leise, so leicht, als sei sie nur ein banger Flüchtling hienieden. Sie hielt die Augenlider gesenkt, um nicht gestört zu werden im Anschauen der holden Bilder, die vor ihrem inneren Auge auftauchten. In ihrer Kindheit schon hatte sich ihre Seele von der Erde abgewendet. Als sie klein war, erzählte ihr die Großmutter die alten, schönen Märchen; doch eines Abends, als sie wieder miteinander vor dem Kaminfeuer saßen, da war der Großmutter Vorrat an Sagen und Märchen erschöpft. ›Carsus und Moderus‹, ›Lukentus‹ und ›Die schöne Melusine‹ waren lebendig geworden und an dem Auge des Kindes vorübergezogen. Sie hatten sich wie die Flammen des Kaminfeuers in Glanz und Herrlichkeit getummelt, aber nun lagen die Helden erschlagen, und die schönen Prinzessinnen waren verkohlt, bis ein neues Feuer sie wieder zum Leben erwecken würde. Aber noch immer lag die Hand der Kleinen auf dem Schoß der Großmutter, und sachte strich sie über deren seidenes Kleid, über den lustigen Stoff, der wie ein kleiner Vogel piepte. Und diese kleine Handbewegung war eine Bitte; denn Ebba gehörte zu den Kindern, die nie mit Worten bitten.

Da begann die Großmutter ihr mit leiser Stimme von einem kleinen Kinde im jüdischen Land zu erzählen, von einem kleinen Kinde, das geboren wurde, um ein großer König zu werden. Bei seiner Geburt waren die Engel herniedergestiegen und hatten die Erde mit Lobgesängen erfüllt. Von seinem Stern geleitet, waren Könige gekommen aus dem Morgenlande und hatten ihm Gold, Weihrauch und Myrrhen dargebracht, und betagte Männer und Frauen hatten seine Herrlichkeit verkündigt. Dieses Kind wuchs zu größerer Schönheit und Weisheit heran als alle andern Kinder. Schon mit zwölf Jahren war seine Weisheit größer als die der Hohenpriester und Schriftgelehrten.

Und dann erzählte die Alte der Enkelin von dem Schönsten, was die Erde je geschaut hat, von dem Leben dieses Kindes, während es unter den Menschen weilte, unter den bösen Menschen, die es nicht als ihren König anerkennen wollten.

Sie erzählte weiter, wie aus dem Kinde ein Mann wurde, wie ihn aber das Wunder überall umstrahlte.

Alles auf Erden liebte ihn und diente ihm, nur die Menschen nicht. Die Fische ließen sich in seinem Netze fangen, das Brot vermehrte sich in seinem Korbe, das Wasser verwandelte sich in Wein, wenn er es wollte.

Aber die Menschen gaben dem großen König keine goldene Krone, keinen glänzenden Thron. Keine untertänigen Höflinge scharten sich um ihn. Als Bettler ließen sie ihn umherziehen.

Und doch war er gut gegen sie, der große König. Er heilte ihre Kranken, machte die Blinden sehend und erweckte die Toten.

›Aber die Menschen wollten den guten König nicht zu ihrem Herrn haben‹, sagte die Alte.

›Sie sendeten ihre Kriegsknechte aus, um ihn zu greifen. Sie schmückten ihn zum Spott mit Krone und Zepter und hängten ihm einen purpurnen Mantel um, und sie ließen ihn zur Richtstätte führen. Er mußte sein eigenes Kreuz tragen. Ach, mein Kind, der gute König liebte die hohen Berge. Des Nachts stieg er oft hinauf, um dort mit den Bewohnern des Himmels Zwiesprache zu halten, und bei Tag saß er gern am Bergabhang und lehrte das lauschende Volk. Jetzt aber führten sie ihn auf einen Berg, um ihn zu kreuzigen. Sie schlugen ihm Nägel durch seine Hände und Füße, und der gute König mußte am Kreuz hängen wie ein Räuber und Missetäter.

Und das Volk verspottete ihn. Nur seine Mutter und seine Freunde weinten, weil er sterben mußte, ehe er wirklich König geworden war.

Oh, wie die Natur bei seinem Tode trauerte! Die Sonne verlor ihren Schein, die Erde erbebte, der Vorhang im Tempel zerriß, die Gräber öffneten sich, daß die Toten herausgehen und den Lebenden ihren Schmerz zeigen konnten.‹

Da verbarg die Kleine ihr Gesicht im Schoße der Großmutter und weinte und schluchzte zum Herzbrechen.

›Weine nicht, mein Kind, der gute König ist von den Toten auferstanden und aufgestiegen zu seinem Vater in den Himmel.‹

›Großmutter‹, schluchzte das Kind, ›bekam er denn niemals ein Königreich?‹

›Er sitzt zur rechten Hand Gottes im Himmel.‹

Aber das war kein Trost für die Kleine. Sie weinte so heftig und unaufhaltsam, wie nur ein Kind weinen kann.

›Warum waren sie denn so böse gegen ihn? Warum durften sie denn so böse gegen ihn sein?‹

Die Alte erschrak beinahe bei diesem übermäßigen Schmerz der Enkelin.

›Großmutter, Großmutter, sag, daß du nicht richtig erzählt hast! Sag, daß es nicht so endet! Sag, daß sie nicht so böse gegen den guten König gewesen sind! Sag, daß er ein Königreich auf Erden bekommen hat!‹

Sie schlang ihr Ärmchen um den Hals ihrer Großmutter und bat und flehte mit noch immer strömenden Tränen.

›Kind, Kind!‹ sagte die Großmutter da, um sie zu trösten. ›Es gibt viele, die glauben, daß er einst wiederkommen werde. Dann wird er die Erde unter sein Zepter stellen und sie regieren. Dann wird die schöne Erde ein herrliches Königreich werden. Dies wird tausend Jahre bestehen. Da werden die wilden Tiere zahm sein, kleine Kinder werden mit giftigen Schlangen spielen, und Bären und Kühe werden friedlich miteinander grasen. Keiner wird dem andern mehr schaden oder ihn umbringen. Aus Speeren werden Sensen, aus den Schwertern Pflüge geschmiedet. Und überall wird lauter Lust und Freude sein, denn die Guten werden die Erde besitzen.‹

Da leuchteten die Augen der Kleinen durch ihre Tränen.

›Bekommt der gute König dann auch einen Thron, Großmutter?‹

›Ja, einen goldenen Thron.‹

›Und Diener und Hofleute und eine goldene Krone?‹

›Ja, alles das bekommt er.‹

›Kommt er bald, Großmutter?‹

›Das weiß niemand.‹

›Darf ich dann auf einem Schemel zu seinen Füßen sitzen?‹

›Das darfst du, mein Liebling.‹

›O Großmutter, ich bin so froh!‹ sagte die Kleine.

Viele Winter hindurch saßen die beiden Abend für Abend vor dem Kaminfeuer und sprachen von dem guten König und seinem Reiche. Die Kleine träumte Tag und Nacht von dem tausendjährigen Reich, und sie ward nie müde, es mit allem Schönen, das sie sich nur ausdenken konnte, zu schmücken.

So ist es bei vielen der stillen Kinder in unserer Umgebung; sie tragen sich mit heimlichen Träumen, die sie nicht auszusprechen wagen. Wunderliche Gedanken wohnen oft unter weichem Haar; die milden, braunen Augen sehen mit geschlossenen Lidern oft wunderbare Dinge; manche schöne Jungfrau sucht ihren Bräutigam im Himmel; manches rosige Mägdlein möchte die Füße des guten Königs mit köstlicher Narde salben und sie mit ihrem langen Haar trocknen.

Ebba Dohna wagte mit niemand von ihrem Traume zu

reden, aber seit jenem Abend lebte sie nur in der Erwartung des Herrn und seines tausendjährigen Reichs.

Wenn die Abendröte im Westen des Himmels goldenes Tor öffnete, fragte sie sich, ob er jetzt nicht da heraustreten und in mildem Glanze inmitten der himmlischen Heerscharen an ihr vorüberziehen werde, und sie hoffte, daß er ihr dann gestatten würde, den Saum seines Gewandes zu berühren.

Sie dachte auch gern an die frommen Frauen, die ihr Haupt mit einem Schleier verhüllten und die Augen nie vom Boden erhoben, sondern sich in die Stille der grauen Klöster verschlossen und in kleinen, dunklen Zellen wohnten, nur um immer die strahlenden Gesichter schauen zu können, die aus der Nacht der Seele auftauchen.

So war sie herangewachsen, so war sie, als sie und der neue Hauslehrer auf den einsamen Pfaden des Parkes einander trafen.

Ich will nicht mehr Böses von ihm sagen, als ich muß. Ich will glauben, daß er dieses Kind, das ihn bald zum Gefährten auf seinen einsamen Spaziergängen wählte, liebte. Ich glaube, daß seiner Seele die Schwingen wieder wuchsen an der Seite dieses stillen jungen Wesens, das sich nie einem andern anvertraut hatte. Ich glaube, daß er sich da selbst wieder als ein Kind fühlte, fromm und gut.

Aber wenn er sie wirklich liebte, warum dachte er denn nicht daran, daß er ihr keine schlechtere Gabe schenken könnte als seine Liebe? Er, ein von der Welt Verworfener, was wollte er, was dachte er, während er an der Seite der Grafentochter wandelte? Was dachte der abgesetzte Pfarrer, als sie ihm ihre frommen Träume anvertraute? Was wollte er, der ein Säufer und Raufbold gewesen war und es bei der ersten Gelegenheit wieder werden würde, was wollte er an der Seite dieser Jungfrau, die von einem Bräutigam im Himmel träumte? Warum floh er nicht weit, weit weg von ihr? Wäre es nicht besser für ihn gewesen, wenn er bettelnd und stehlend im Land umhergezogen wäre, als dort in den schweigenden Fichtenalleen zu wandeln und wieder gut, fromm und unschuldig zu werden, wenn er das Leben, das er geführt hatte, doch nicht ungeschehen machen konnte und es nicht zu vermeiden war, daß Ebba Dohna ihn liebte?

Denke ja nicht, er habe wie ein Trunkenbold ausgesehen, mit aschgrauen Wangen und rotunterlaufenen Augen. Er war noch immer ein stattlicher Mann von ungebrochener geistiger und körperlicher Kraft. Er hat die Haltung eines Königs und einen eisernen Körper, dem selbst das wildeste Leben nichts anzuhaben vermag.«

»Lebt er noch?« fragt die Gräfin.

»Ach nein, jetzt ist er wohl tot – es ist ja so lange her, seit dies alles geschah.«

Anna Stjärnhök überfällt plötzlich große Angst vor dem, was sie tut. Sie beschließt, der Gräfin nicht zu sagen, wer der Mann ist, von dem sie redet, und sie bei dem Glauben zu lassen, daß er tot sei.

»Damals war er noch jung«, fährt sie fort. »Die Freude am Leben erwachte wieder in ihm. Er hatte die Gabe der Beredsamkeit und ein feuriges, leichtbegeistertes Herz.

Und es kam ein Abend, wo er mit Ebba Dohna von Liebe sprach. Sie antwortete ihm nicht, sie sagte ihm nur, was ihr die Großmutter an den Winterabenden erzählt hatte, und beschrieb ihm das Land ihrer Träume. Dann nahm sie ihm ein Versprechen ab. Er mußte ihr schwören, ein Verkündiger des göttlichen Evangeliums zu werden, einer von denen, die dem Herrn den Weg bereiten, damit seine Wiederkehr beschleunigt werde.

Was sollte er tun? Er war ein abgesetzter Pfarrer, und kein Weg war ihm strenger verschlossen, als der, den zu betreten sie von ihm forderte. Aber er wagte es nicht, ihr die Wahrheit zu sagen. Er hatte nicht den Mut, dieses holde Kind, das er liebte, zu betrüben. Er versprach alles, was sie verlangte.

Nun bedurfte es keiner weiteren Aussprache mehr zwischen ihnen. Es war ja klar, daß sie einmal seine Gattin werden würde. Es war keine Liebe mit Küssen und Zärtlichkeiten. Er wagte kaum, sich ihr zu nähern. Sie war so empfindsam wie eine zarte Blume. Zuweilen aber schlug sie die braunen Augen auf, um die seinen zu suchen. An den Mondscheinabenden, wenn sie auf der Veranda saßen, schmiegte sie sich dicht an ihn, und da küßte er ihr Haar, ohne daß sie es merkte.

Du siehst, sein Unrecht bestand darin, daß er Vergangenheit und Zukunft vergaß. Daß er arm und gering war, mochte er ja vergessen, aber er hätte sich sagen müssen, daß der Tag sicher kommen würde, wo sich in ihrem Herzen die Liebe gegen die Liebe, die Erde gegen den Himmel erheben werde, wo sie gezwungen sein würde, zwischen ihm und dem strahlenden Herrn des tausendjährigen Reiches zu wählen. Und sie war nicht dazu geschaffen, einen solchen Kampf auszufechten.

Der Sommer verging, der Herbst, der Winter. Als der Frühling kam und das Eis schmolz, wurde Ebba Dohna krank. Die Täler waren überflutet von den aufs neue hervorsprudelnden Quellen, von den Hügeln lief das Wasser in Strömen herab, das Eis auf den Seen trug nicht mehr, und die Wege waren unfahrbar für Wagen und Schlitten.

Die Gräfin Dohna wollte einen Arzt aus Karlstadt holen lassen, weil in größerer Nähe keiner zu haben war. Aber sie befahl vergebens. Weder mit Bitten noch mit Drohungen brachte sie einen der Diener dazu, sich auf den Weg zu machen. Sie lag vor dem Kutscher auf den Knien, aber er sagte nein. Sie fiel vor Sorge über ihr Kind in hysterische Krämpfe – sie war übermäßig im Leid wie in der Freude, die Gräfin Märta.

Ebba Dohna hatte Lungenentzündung, ihr Leben schwebte in Gefahr, und ein Arzt konnte nicht geholt werden.

Da fuhr der Hauslehrer nach Karlstadt. Bei dem Zustande, in dem die Wege sich befanden, diese Fahrt zu machen, das hieß sein Leben aufs Spiel setzen – aber er tat es. Er ging über schwankendes Eis und über halsbrecherisch glatte Hügel, bald mußte er dem Pferde Stufen ins Eis hauen, bald es aus dem tiefen Schlamm der aufgeweichten Wege herausziehen. Es hieß, der Doktor habe sich geweigert, mitzukommen, da habe ihn der Hauslehrer mit der Pistole in der Hand dazu gezwungen.

Und als er zurückkam, hatte sich ihm die Gräfin beinahe zu Füßen geworfen.

›Nehmt alles‹, sagte sie. ›Sagt, was Ihr begehrt, meine Tochter, mein Gut, mein Geld!‹

›Eure Tochter‹, sagte der Hauslehrer.«

Anna Stjärnhök verstummt plötzlich.

»Und dann? Und dann?« fragt die Gräfin Elisabet.

»Nun ist die Geschichte aus«, sagt Anna, denn sie gehört zu den unglückseligen Menschenkindern, die stets von der Angst und der Furcht des Zweifels beherrscht sind. Und schon seit acht Tagen befindet sie sich in diesem unglückseligen Zustande. Sie weiß nicht, was sie will. Was sie in diesem Augenblick recht dünkt, erscheint ihr im nächsten schon wieder unrecht. Jetzt verwünschte sie es, daß sie die Geschichte überhaupt begonnen hat.

»Ich glaube gar, du willst mich zum besten haben, Anna. Begreifst du denn nicht, daß ich den Schluß der Geschichte hören muß?«

»Es ist ja nicht mehr viel zu erzählen übrig. Für die junge Ebba war die Zeit des Kampfes gekommen. Die Liebe erhob sich gegen die Liebe, die Erde gegen den Himmel.

Gräfin Märta erzählte ihr von der unerhörten Fahrt, die der junge Mann um ihretwillen unternommen hatte, und sagte ihr auch, daß sie ihm zum Lohne dafür Ebbas Hand versprochen habe.

Ebba war da schon so weit genesen, daß sie angekleidet auf dem Sofa liegen konnte. Sie war matt und bleich und noch schweigsamer als gewöhnlich.

Als sie diese Worte hörte, richtete sie ihre braunen Augen mit vorwurfsvollem Blick auf die Mutter und sagte:

›Mutter, willst du mich einem abgesetzten Pfarrer geben, einem, der das Recht verwirkt hat, Gottes Diener zu sein, einem Mann, der ein Dieb, ein Bettler gewesen ist?‹

›Aber Kind, wer hat dir das gesagt? Ich glaubte, du hättest davon keine Ahnung.‹

›Ich erfuhr es zufällig. Deine Gäste sprachen bei Tisch von ihm: es war an dem Tag, wo ich krank wurde.‹

›Ach, Kind, denk daran, daß er dir das Leben gerettet hat!‹

›Ich denke nur daran, daß er mich betrogen hat. Er hätte mir sagen müssen, wer er ist.‹

›Er sagt, daß du ihn liebest.‹

›Ich habe ihn geliebt. Aber ich kann den nicht lieben, der mich betrogen hat!‹

›Inwiefern hat er dich betrogen?‹

›Das kannst du nicht verstehen, Mama.‹

Sie wollte mit ihrer Mutter nicht von dem tausendjährigen Reich ihrer Träume sprechen, bei dessen Verwirklichung ihr der Geliebte hätte helfen sollen.

›Ebba‹, sagte die Gräfin, ›wenn du ihn liebst, solltest du nicht fragen, was er gewesen ist, sondern ihn einfach heiraten. Der Mann einer Gräfin Dohna ist so reich und mächtig, daß seine Jugendverirrungen ihm leicht vergeben werden.‹

›Um seine Jugendverirrungen kümmere ich mich nicht, Mama; ich kann ihn nicht heiraten, denn er kann nie erfüllen, was ich von ihm erwartet habe.‹

›Ebba bedenke, daß ich ihm mein Wort gegeben habe‹, sagte die Gräfin.

Das junge Mädchen wurde leichenblaß.

›Mama, wenn du mich zwingst, ihn zu heiraten, dann scheidest du mich von meinem Gott, das sage ich dir.‹

›Ich will nur dein Glück‹, sagte die Gräfin, ›und ich bin überzeugt, daß du mit diesem Manne glücklich wirst.

Es ist dir ja schon gelungen, einen Heiligen aus ihm zu machen. Ich habe beschlossen, den Standesunterschied zu übersehen und zu vergessen, daß er arm und verachtet ist, um dir Gelegenheit zu geben, ihn wieder zu Ehren zu bringen. Ich fühle, daß ich darin recht tue. Du weißt, daß ich alle alten Vorurteile verachte.‹

Dies alles aber sagte sie nur, weil sie keine Auflehnung gegen ihren Willen ertragen konnte. Vielleicht war sie auch von dem, was sie sagte, wirklich überzeugt. Aus der Gräfin Märta kann man nicht so leicht klug werden.

Als die Mutter das Zimmer verlassen hatte, blieb das junge Mädchen noch lange still auf dem Sofa liegen. Sie kämpfte ihren Streit aus. Die Erde erhob sich gegen den Himmel, die Liebe gegen die Liebe, aber die Geliebte ihrer Kindheit trug den Sieg davon. Da, wo sie lag – es war hier auf diesem Sofa – sah sie den westlichen Himmel im Glanz der untergehenden Sonne erglühen. Es war ihr, als sei diese Herrlichkeit ein Gruß von dem guten König, und da sie ihm nicht treu bleiben konnte, wenn sie am Leben bliebe, so beschloß sie, zu sterben. Es blieb ihr nichts anderes übrig, da ihre Mutter ja verlangte, sie solle dem gehören, der kein Diener des guten Königs werden konnte.

Sie trat ans Fenster, öffnete es und ließ die feuchte, kalte Abendluft ihren armen, schwachen Körper durchkälten.

Es war ihr ein leichtes, sich den Tod zu holen. Wenn die Krankheit wiederkam, war sie verloren – und sie kam wieder.

Außer mir weiß niemand, daß sie den Tod gesucht hat, Elisabet. Ich fand sie am Fenster. Ich hörte ihre Fieberphantasien. Sie wollte mich in den letzten Tagen ihres Lebens nicht mehr von ihrer Seite lassen.

Ich habe sie sterben sehen, ich habe gesehen, wie sie eines Abends die Arme nach dem leuchtenden Abendhimmel ausstreckte und dann lächelnd starb, als habe sie aus dem Glanz der untergehenden Sonne jemand heraustreten und ihr entgegenkommen sehen. Ich war es auch, die ihm, den sie geliebt hatte, ihren letzten Gruß bringen mußte. Ich sollte ihn bitten, ihr zu verzeihen, daß sie nicht seine Gattin habe werden können. Der gute König habe es nicht erlaubt.

Aber ich wagte es nicht, dem Manne zu sagen, daß er ihr Mörder sei. Ich wagte es nicht, die Last solcher Qual auf seine Schultern zu legen. Und doch – er, der sich ihre

Liebe erschlichen hatte, war er nicht ihr Mörder? Sag, Elisabet, war er das nicht?«

Die junge Gräfin Dohna spielt schon lange nicht mehr mit den blauen Blumen. Jetzt steht sie auf, das Sträußchen fällt zu Boden.

»Anna, du führst mich die ganze Zeit hinters Licht. Du sagst, es sei eine alte Geschichte, und der Mann sei schon lange tot. Ich weiß jedoch, daß Ebba Dohna vor kaum fünf Jahren gestorben ist, und du sagst ja auch, daß du alles miterlebt habest. Du bist nicht alt. Sag mir jetzt, wer der Mann ist.«

Anna Stjärnhök fängt zu lachen an.

»Du wolltest ja so gern eine Liebesgeschichte hören. Nun habe ich dir eine erzählt, die dich Tränen und eine unruhige Stunde gekostet hat.«

»Willst du damit sagen, daß sie nicht wahr sei?«

»Sie ist lauter Lüge und Erfindung von Anfang bis zu Ende.«

»Du bist schlecht, Anna.«

»Das ist wohl möglich. Ich bin auch nicht allzu glücklich, das kann ich dir sagen. – Aber die alten Damen sind erwacht, und die Herren kommen eben in den Salon. Wir wollen auch hineingehen.«

An der Tür wurden sie von Gösta Berling zurückgehalten, der die beiden jungen Damen gerade aufsuchen wollte.

»Ihr müsset mir ein wenig Gehör schenken«, sagte er lachend. »Ich werde euch höchstens zehn Minuten zur Last fallen, aber ihr müßt meine Verse anhören.«

Er erzählte ihnen, daß er in der letzten Nacht so lebhaft geträumt habe, wie noch nie; es habe ihm geträumt, daß er Verse schreibe. Er, den die Leute den Poeten nannten, obgleich er diesen Beinamen bisher ganz unverdient getragen habe, sei mitten in der Nacht aufgestanden und habe sich, halb im Schlaf, halb wachend, hingesetzt und seine Gedanken niedergeschrieben, und am Morgen habe er ein ganzes Gedicht auf seinem Schreibtisch gefunden. Er hätte sich selbst so etwas nicht zugetraut. Jetzt sollten die Damen die Verse hören. Und er liest:

Der Mond ging auf – des Tages schönste Stunde
naht sich, ein holder Zauberschein
umglänzet die Veranda weinumrankt,
wo sanft auf ihrem Stiele schlank und fein,
die gelbgestreifte rote Lilie schwankt.
Wir saßen auf den Stufen in der Runde,
in stiller Andacht lauschte jung und alt
Dem Lied des Herzens, das niemals verhallt,
dem Zauberliede dieser schönsten Stunde.

Von dem Resedabeete nahen holde Düfte,
Und dort, wo geisterhaft steht Strauch und Dickicht,
schwankt Schatten neben Schatten auf dem hellen Land.
Also zum lichten Äther, auf zum ew'gen Licht
steigt nun der Geist empor, den trägt hier band
des Körpers Last; nun tragen mild're Lüfte
ihn fort zum hohen, lichtdurchfloss'nen Raum.
Dem Flug des Geistes folgt man so gern im Traum
des Mondenzaubers und der süßen Düfte.

Still fallen die Blätter der Rose zur Erde,
wenn ihre Schönheit im Glanze des Sommers verglüht!
Könnten die Menschen doch auch aus dem Leben so gehn,
im Herbst, wenn das Laub fällt, wenn jede Blume verblüht!
Könnten sie, Tönen gleich, sanft im Äther verwehn,
frei und erlöst von des ird'schen Lebens Beschwerde!
Ach, auf der Erde herrscht Kampf nur und ewiger Streit,
und aller wartet der Tod; dürften von Leid sie befreit
den Blättern der Rose gleich sinken zur Erde!

Die Fledermaus flattert umher auf rastlosen Schwingen,
hurtige Kreise zieht sie auf mondheller Bahn,
und da steigt sie auf im Herzen, die Frage so bang,
die Frage des Leids, die bebend so viele getan:
»Wohin geht der Weg, wenn Freiheit die Seele errang,
wird durch die Nacht des Todes zum Lichte sie dringen?«

Kein Geist sagt dem andern, wie dort es wird sein,
denn über die Schwelle des Todes geht jeder allein,
viel eher zeigtest den Weg du den Fledermausschwingen.

Und an meine Schulter schmieget ihr Köpfchen bebend
sie, die ich Liebling nannte, leise flüstert sie:
»Oh, glaube nicht, daß eine Seele nach dem Tode sich
entführen läßt nach fernen Welten! Nie, ach nie
will anderswo sie wohnen, nirgends ist sie glücklich
als in der Seele ihres Freunds; da weiterlebend,
fänd' sie die Heimat. Und ich, ich komm' zu dir!«
O bitters Weh! Soll sie denn sterben mir?
Drück' ich den letzten Kuß aufs weiche Haar ihr bebend?

Jahre vergingen – oftmals in nächtlicher Stunde
zum alten Platz aufs neue hin mich's trieb,
doch bange ist mir stets, wenn sich der Mond erhebt;
der Mond hat ja gesehen, wie einst ich küßte mein Lieb!
Er sah im Auge die Träne, sah, wie sie gebebt,
als vom Sterben sie gab die traurige Kunde.
Weh, der Erinnerung Qual! des sünd'gen Herzens Pein!
Ich ahne der Liebsten Näh'. Weh, diese Seele so rein
hab' ich an mich gefesselt in einer unseligen Stunde!

»Gösta«, sagt Anna in scherzendem Ton, während sich ihr die Kehle vor Angst zusammenschnürt, »man sagt, du habest mehr Gedichte erlebt, als andere, die sich mit nichts weiter beschäftigen, in ihrem ganzen Leben je gedichtet haben; aber du tust sicher am besten daran, wenn du bei deiner früheren Art und Weise zu dichten bleibst. Man merkt, daß dies eine Nachtarbeit ist.«

»Du bist nicht mild in deinem Urteil, Anna.«

»Daß du es wagst, hierherzukommen und uns so etwas von Tod und Elend vorzulesen! Schämst du dich nicht?«

Gösta hört nicht mehr auf sie. Sein Blick ruht auf der jungen Gräfin. Sie sitzt da wie eine Bildsäule. Er fürchtet, sie sei einer Ohnmacht nahe. Doch mit unendlicher Mühe ringt sich ein Wort über ihre Lippen.

»Geht!« sagt sie.
»Wer soll gehen? Soll *ich* gehen?«
»Der Pfarrer soll gehen«, stammelt sie.
»Elisabet! So schweig doch!«
»Der Trunkenbold soll mein Haus verlassen!«
»Anna! Anna!« fragt Gösta. »Was meint sie?«
»Es ist am besten, du gehst, Gösta.«
»Warum soll ich gehen? Was bedeutet dies alles?«
»Anna«, sagt Gräfin Elisabet, »sag ihm, sag ihm . . .«
»Nein, sag du es ihm selbst.«

Die Gräfin beißt die Zähne zusammen und sucht ihrer Bewegung Herr zu werden.

»Herr Berling«, sagt sie und geht auf ihn zu. »Ihr habt ein merkwürdiges Talent, die Leute vergessen zu machen, wer Ihr seid. Ich habe es bis heute nicht gewußt. Erst vorhin hab' ich gehört, wie Ebba Dohna gestorben ist, und daß das Bewußtsein, einen Unwürdigen geliebt zu haben, sie getötet hat. Euer Gedicht hat mir klargemacht, daß Ihr dieser Mann seid. Ich kann nicht verstehen, daß ein Mann mit Eurer Vergangenheit es noch wagt, sich in der Gesellschaft einer anständigen Frau sehen zu lassen. Es ist mir unbegreiflich, Herr Berling. Bin ich jetzt deutlich genug?«

»Ja, Frau Gräfin, das seid Ihr. Ich will nur ein einziges Wort zu meiner Entschuldigung sagen. Ich bin die ganze Zeit über vollständig überzeugt gewesen, daß Ihr alles von mir wüßtet. Nie habe ich versucht, etwas zu verbergen, aber keinem Menschen wird es angenehm sein, wenn er das bitterste Leid seines Lebens auf den Gassen ausposaunen hört, und am wenigsten wird er selbst es ausposaunen wollen.«

Er geht. – Und in demselben Augenblick setzte die Gräfin ihren schmalen Fuß auf das Sträußchen, auf die kleinen blauen Sterne.

»Jetzt hast du getan, was ich gewollt habe«, sagt Anna Stjärnhök hart, »aber nun ist es aus mit unserer Freundschaft. Glaube nicht, daß ich dir diese Grausamkeit gegen ihn verzeihen werde. Du hast ihn fortgewiesen, ihn verhöhnt und verletzt, und ich, ich würde ihm gerne ins Gefängnis oder an den Schandpfahl folgen, wenn es sein müßte. Ich werde ihn behüten und bewahren. Du hast getan, was ich wollte, aber ich werde dir nie verzeihen, daß du es getan hast.«

»Aber Anna, Anna!«

»Daß ich dir dies alles erzählt habe – meinst du, ich hätte es mit frohem Herzen getan? Ich habe hier bei dir gesessen und mir das Herz Stück für Stück aus der Brust gerissen.«

»Warum hast du es denn getan!«

»Warum? Weil – weil ich nicht wollte, daß — daß er der Geliebte einer verheirateten Frau werde . . .«

Mamsell Marie

Ach still! Bitte, still!

Es summt über meinem Kopf. Eine Hummel muß hereingeflogen sein. Still, nur still! Welch ein Duft! So wahr ich lebe, es duftet nach Thymian, Lavendel, Faulbaum, Flieder und Narzissen! Dieser Duft ist wie ein wahrer Genuß an einem grauen Herbstabend mitten in der Stadt. Wenn ich nur an jenes wunderschöne Fleckchen Erde denke, beginnt es sogleich um mich her zu summen und zu duften, und ehe ich mich's versehe, befinde ich mich in einem kleinen, viereckigen, von einer Ligusterhecke umschlossenen Rosengarten, wo alles blüht und duftet. In den Ecken sind Fliederlauben mit schmalen Holzbänken, und um die stern- und herzförmigen Beete ziehen sich schmale, mit weißem Flußsand bestreute Wege. Der Rosengarten ist auf drei Seiten von Wald umgeben. Die Ebereschen und der Faulbaum, die halb zivilisiert sind und schöne Blüten haben, stehen dicht am Garten und vereinen ihren Duft mit dem des Flieders. Hinter ihnen kommt eine Reihe Birken, und dann erst beginnt der Tannenwald, der eigentliche Wald, still und dunkel, hoch und feierlich.

Auf der vierten Seite liegt ein graues Häuschen. Der Rosengarten, an den ich jetzt denke, gehörte vor sechzig Jahren der alten Frau Moräus in Svartsjö, die ihren Unterhalt dadurch verdiente, daß sie für die Bauern Steppdecken auf dem Rahmen arbeitete und bei ihren Festen die Mahlzeiten kochte.

Liebe Freunde! Unter allem Guten, was ich euch wünsche, möchte ich in erster Linie einen Stepprahmen und einen Rosengarten nennen. Einen großen, zerlegbaren, altmodischen Rahmen zum Steppen von Decken, mit abgenützten Läufen und Rollen, an dem fünf bis sechs Personen auf einmal arbeiten können, an dem man um die Wette näht, wer auf der Rückseite die schönsten Stiche hat, wobei man gebratene Äpfel ißt und plaudert und Gesellschaftsspiele macht, wie »nach Grönland reisen«, »Ringverstecken mit Vorbehalt«, und dabei so herzlich lacht, daß die Eichhörnchen im Wald vor Schrecken kopfüber zur Erde purzeln. Einen Stepprahmen für den Winter, liebe Freunde, und einen Rosengarten für den Sommer! Keinen großen Garten, in den man mehr Geld hineinstecken muß, als das ganze Vergnügen wert ist, nein, einen kleinen Garten, ein »Rosenquartier«, wie man es früher nannte. Er müßte gerade so groß sein, daß ihr ihn selber in Ordnung halten könntet. Auf den kleinen Erdhügeln müssen kleine Rosenbüsche stehen, und ein Kranz Vergißmeinnicht muß rund um die Büsche blühen. Der großblumige, zerflatterte Mohn, der sich selbst säet, muß überall aufschießen, sowohl in der Rasenkante wie in den Sandwegen, und dort müßte eine von der Sonne versengte Rasenbank stehen, auf deren Sitz und Lehne Akelei und Kaiserkronen wachsen.

Die alte Frau Moräus besaß zu ihrer Zeit gar vielerlei. Sie hatte drei fröhliche, fleißige Töchter und ein kleines Haus an der Landstraße. Sie hatte einen Notpfennig auf dem Boden ihrer Truhe, schwere seidene Tücher, hochlehnige Stühle und Erfahrung in so mancherlei Dingen, die für jemand, der sich selbst sein Brot verdienen muß, sehr nützlich zu wissen sind.

Das Beste aber, was sie ihr eigen nannte, war der Stepprahmen, der ihr das ganze Jahr hindurch Arbeit gab, und der Rosengarten, der ihr Freude bereitete, solange der Sommer währte.

Nun muß ich noch berichten, daß sich in Frau Moräus' Häuschen auch noch eine Mieterin fand, eine kleine, etwa vierzigjährige alte Jungfer, die in einem Giebelstübchen auf dem Boden wohnte. Mamsell Marie, wie sie immer genannt wurde, hatte über viele Dinge ihre ganz eigenen Anschauungen, wie sie die Menschen leicht bekommen, die viel allein sind und deren Gedanken sich nur um das drehen, was ihre eigenen Augen gesehen haben.

Mamsell Marie hielt die Liebe für die Wurzel und den Ursprung alles Übels in dieser traurigen Welt.

Jeden Abend, ehe sie einschlief, faltete sie die Hände und sprach ihr Abendgebet. Wenn sie dann das »Unser Vater« und »der Herr segne uns« gebetet hatte, fügte sie stets noch hinzu: »Gott möge mich in Gnaden vor der Liebe bewahren.« »Daraus würde nur Elend entstehen«, sagte sie. »Ich bin alt, arm und häßlich. Nein, Gott möge mich davor bewahren, daß ich mich jemals verliebe.«

Tagaus, tagein saß sie droben im Giebelstübchen der Frau Moräus und strickte Filetgardinen und Filetdecken, die sie dann an die Bauern und Herrschaften in der Umgegend verkaufte. Sie hatte die Absicht, sich ein eigenes Häuschen zu erstricken.

Denn ein kleines Häuschen auf dem Aussichtshügel, der Svartsjöer Kirche gerade gegenüber, das war ihr höchster Wunsch, ein Häuschen, das hoch oben auf einem Hügel läge, so daß man weit und ungehindert umherschauen könnte; aber von der Liebe wollte sie nichts wissen.

Wenn sie am Sommerabend Geigentöne vom Kreuzweg her vernahm, wo der Spielmann auf einem Zaunpfosten am Weideplatz saß und die Jugend sich im Tanze schwang, daß der Staub aufwirbelte – dann machte sie einen weiten Umweg durch den Wald, nur um nichts davon zu hören und zu sehen.

Am zweiten Weihnachtstage kamen zuweilen die Bauernbräute selbfünft und selbsechst, um sich von Frau Moräus und ihren Töchtern den Brautstaat anlegen zu lassen. Wenn ihnen da die Myrtenkränze und die hohen Brautkronen aus Seide und Glasperlen aufgesetzt, die prächtigen seidenen Schärpen umgebunden, die Sträuße von selbstgemachten Rosen angesteckt und die Röcke mit Girlanden von seidenen Blumen eingefaßt wurden, dann blieb Jungfer Marie auf ihrem Zimmer, um nicht sehen zu müssen, wie diese jungen Mädchen der Liebe zu Ehren herausgeputzt wurden.

Wenn die Töchter an den Winterabenden am Stepprahmen saßen und das große Zimmer links vom Eingang von Gemütlichkeit strahlte, wenn die vor dem Herdfeuer aufgehängten Äpfel zischten und schmorten, wenn der schöne Gösta Berling oder der gute Ferdinand, die zu Besuch gekommen waren, die Mädchen neckten, indem sie ihnen den Faden aus der Nadel zogen und sie dazu brachten, schiefe Stiche zu machen, und das Zimmer von Scherzen und Lachen und Kurmacherei widerhallte, wenn sich die Hände unter dem Stepprahmen fanden, dann wickelte Mamsell Marie verdrießlich ihre Arbeit zusammen und ging hinauf in ihr Stübchen, denn sie haßte die Liebe und alles, was damit zusammenhing.

Aber die Missetaten der Liebe, die kannte sie, und davon konnte sie erzählen. Sie verwunderte sich nur, daß der Liebesgott sich noch immer auf der Erde zu zeigen wagte, daß er sich nicht verscheuchen ließ durch den Jammer der Verlassenen, durch die Flüche derer, die er zu Verbrechern gemacht, und durch die Wehklagen aller, die er in verhaßte Fesseln geschmiedet hatte. Sie verwunderte sich, daß seine Flügel ihn noch so frei und leicht trugen, daß er nicht schon lange, von Qual und Scham bedrückt, in bodenlose Tiefe versunken war.

Nein, wohl war auch sie jung gewesen wie alle andern, aber der Liebe war sie niemals hold gewesen. Nie hatte sie sich zu Tanz und Zärtlichkeiten verlocken lassen. Die Gitarre ihrer Mutter hing verstaubt und ohne Saiten auf dem Boden. Niemals hatte sie sanfte Liebeslieder darauf gespielt.

Die Rosenstöcke ihrer Mutter standen an ihrem Fenster. Sie begoß sie kaum. Sie liebte die Blumen, diese Kinder der Liebe, nicht. Die Blätter waren verstaubt, zwischen den Zweigen trieben sich Spinnen umher, und die Knospen kamen nie zur Blüte.

Und in Frau Moräus' Rosengarten, wo die Schmetterlinge gaukelten und die Vögel sangen, wo duftende Blumen den summenden Bienen Liebesgrüße sandten, wo alles von der Verhaßten zeugte – da hinein setzte sie nur selten den Fuß.

Da geschah es einstmals, daß die Svartsjöer Gemeinde eine Orgel in ihrer Kirche aufstellen ließ. Es war im Sommer vor dem Jahr, in dem die Kavaliere regierten. Ein junger Orgelbauer kam nach Svartsjö, und er mietete sich bei Frau Moräus ein, die ihm das andere Giebelstübchen auf dem Boden überließ.

Und dann stellte er die Orgel auf, jene merkwürdige Orgel, deren schreckliche Posaunenstimme oft plötzlich mitten in einem feierlichen Psalm hervorbricht – niemand weiß woher und warum –, und die die Kinder in der Frühmette am Weihnachtstag zum Weinen bringt.

Daß der junge Orgelbauer ein Meister in seinem Fache war, darf man wohl mit Recht bezweifeln. Aber ein lustiger Bursche war er mit dem hellen Sonnenschein in den Augen. Er hatte für jedermann, reich oder arm, jung oder alt, ein freundliches Lächeln. Mit seinen Hausgenossen wurde er bald befreundet, ach, nur zu gut befreundet!

Wenn er abends von der Arbeit kam, hielt er Frau Moräus das Garn oder er arbeitete mit den jungen Mädchen im Rosengarten. Er deklamierte ihnen »Axel« und sang den »Frithjof«. Er hob Mamsell Maries Knäuel auf, wenn sie ihn auch noch so oft fallen ließ, und brachte sogar ihre Standuhr wieder in Gang.

Niemals verließ er einen Ball, ohne daß er mit allen, von

der ältesten Frau an bis zu dem jüngsten Mädchen, getanzt hatte, und wenn ihn irgendein Mißgeschick traf, setzte er sich zu dem ersten weiblichen Wesen, das ihm in den Wurf kam, und machte es zu seiner Vertrauten. Ja, der Orgelbauer war ein Mann, wie ihn die Frauen sich in ihren Träumen ausmalen! Man konnte nicht behaupten, daß er mit irgendeiner von Liebe gesprochen hätte. Aber ein paar Wochen nach seinem Einzug in Frau Moräus' Giebelstübchen hatten sich die Töchter bis über die Ohren in ihn verliebt, und selbst die arme Mamsell Marie wußte, daß sie ihre Gebete umsonst gesprochen hatte.

Es war eine Zeit des Kummers und eine Zeit der Freude. Tränen fielen auf den Stepprahmen und löschten die Kreidestriche aus. Des Abends saß oft eine blasse Träumerin in der Fliederlaube, und droben in Mamsell Maries Stübchen erklang die mit neuen Saiten versehene Gitarre zu den schmachtenden Liebesliedern, die das alte Mädchen einst von seiner Mutter gelernt hatte.

Der junge Orgelbauer aber ging sorglos und fröhlich umher, hatte Freundlichkeiten und kleine Dienste für die schmachtenden Frauen, die sich um ihn zankten, wenn er fern von ihnen bei seiner Arbeit war. Und schließlich kam der Tag, wo er abreisen mußte.

Der Wagen hielt vor der Tür. Der Koffer war hinten festgebunden, und der junge Mann nahm Abschied. Er küßte Frau Moräus die Hand, umarmte die weinenden Mädchen und küßte sie auf die Wangen. Er weinte selbst, weil er abreisen mußte, denn er hatte in dem grauen Häuschen einen gar schönen Sommer verlebt. Zuletzt sah er sich nach Mamsell Marie um.

Da kam sie in ihrem besten Staat die alte Treppe herunter. Die Gitarre hing an einem breiten grünseidenen Band um ihren Hals, und in ihrer Hand hielt sie einen Strauß Monatsrosen; denn in diesem Jahre hatten die Rosenstöcke ihrer Mutter geblüht. Sie blieb vor dem jungen Mann stehen, klimperte auf der Gitarre und sang:

»Du gehst von uns. Oh, kehr zurück,
die treuen Freunde dein warten,
vergiß nicht das Värmland ob anderem Glück,
nicht das Häuschen am Rosengarten!«

Darauf steckte sie ihm Blumen ins Knopfloch und küßte ihn gerade auf den Mund. Ja, und dann entfloh sie die Bodentreppe hinauf, die arme, alte Jungfer!

Die Liebe hatte sich an ihr gerächt und sie zum Gespött aller gemacht. Aber sie schalt nie wieder auf die Liebe. Sie verbannte die Gitarre nicht mehr in die Rumpelkammer und vergaß nie wieder, die Rosenstöcke ihrer Mutter zu pflegen.

Sie hatte die Liebe kennengelernt und liebgewonnen, die Liebe mit all ihrer Qual, mit ihren Tränen, mit ihrer Sehnsucht!

»Lieber traurig sein mit der Liebe, als fröhlich ohne sie!« pflegte sie zu sagen.

Die Zeit verging. Die Majorin ward aus Ekeby vertrieben, die Kavaliere kamen zur Herrschaft, und an einem Sonntagnachmittag las – wie ich erzählt habe – Gösta Berling der jungen Gräfin auf Borg sein Gedicht vor, worauf er für immer von ihrer Schwelle verbannt wurde.

Nun erzählt man, daß Gösta, als er die Haustür hinter sich zumachte, einige Schlitten in den Hof hineinfahren sah. Er warf einen Blick auf die kleine Dame, die in dem ersten Schlitten saß, und wie düster ihm in diesem Augenblick auch zumute war, bei diesem Anblick wurde er noch finsterer gestimmt. Er eilte davon, um nicht erkannt zu werden, aber er konnte sich der Ahnung kommenden Unheils nicht entschlagen. Hatte das Gespräch da drinnen diese Frau herbeibeschworen? Ein Unglück kommt selten allein.

Die Bedienten eilten herbei, die Fußsäcke wurden aufgeknöpft, die Teppiche zurückgeschlagen. Wer war angekommen? Wer war die kleine Dame, die im Schlitten aufstand? War sie es wirklich selbst, Märta Dohna, die berüchtigte Gräfin?

Sie war die lustigste und leichtsinnigste aller Frauen. Die Freude dieser Welt hatte sie auf ihren Thron gehoben und sie zu ihrer Königin gemacht. Spiel und Scherz waren ihre Untertanen. Spiel und Tanz und Abenteuer waren ihr zugefallen, als die Lose des Lebens verteilt wurden.

Sie war jetzt nicht weit von den Fünfzigern, aber sie gehörte zu den Weisen, die die Zahl ihrer Jahre nicht zählen.

»Wer den Fuß nicht mehr im Tanze rühren, die Lippen nicht mehr zum Lächeln verziehen kann, der, ja der ist alt«, pflegte sie zu sagen. »Der fühlt die schwere Bürde der Jahre, ich nicht.«

In den Tagen ihrer Jugend hatte der Frohsinn nicht ungestört auf seinem Thron gesessen, aber der rauhe Wechsel und die Unsicherheit hatten das Behagen an dessen lustigem Dasein nur noch vergrößert. Die Majestät mit den Schmetterlingsflügeln gab den einen Tag eine Kaffeegesellschaft in den Gemächern der Hofdamen auf dem Stockholmer Schloß und tanzte am nächsten im Frack mit einem Knüppel bewaffnet in Paris. Sie stellte sich in Napoleons Feldlager ein und fuhr mit Nelsons Flotte über das blaue Mittelmeer, sie wohnte dem Wiener Kongresse bei, sie wagte sich in der Nacht vor einer berühmten Schlacht in Brüssel auf einen Ball.

Und wo immer der Frohsinn sich aufhielt, da war Märta Dohna seine auserwählte Königin. Tanzend, spielend, scherzend war Gräfin Märta in der Welt umhergejagt. Was hatte sie nicht gesehen, was hatte sie nicht erlebt? Throne waren umgetanzt worden, um Fürstentümer war Ecarté gespielt, und durch leicht hingeworfene Scherze waren verheerende Kriege hervorgerufen worden. In Lust und Leichtsinn hatte sie bisher ihr Leben verbracht, und sie würde es auch ferner so verbringen. Ihr Körper war zum Tanzen, ihr Herz zum Lieben nicht zu alt. Wann wäre sie der Maskenbälle und Schauspiele, lustiger Anekdoten oder wehmütiger Lieder je überdrüssig gewesen?

Wenn der Frohsinn in der zum Schlachtfeld verwandelten Welt manchmal heimatlos war, pflegte die Gräfin für längere oder kürzere Zeit in dem alten Grafenschlosse am Ufer des Löfven zu weilen. Dorthin hatte sie sich ebenfalls begeben, als die Fürsten und deren Höfe ihr zur Zeit der heiligen Allianz zu trübselig geworden waren. Bei einem dieser Besuche hatte sie es für gut befunden, Gösta Berling zum Hauslehrer ihres Sohnes zu machen. Sie pflegte sich da oben in Värmland recht wohl zu fühlen. Nirgends hatte der Frohsinn ein schöneres Reich gehabt als dort. Da gab es Spiel und Gesang, zu Abenteuern aufgelegte Männer und schöne, lebenslustige Frauen. Da fehlte es weder an Festgelagen und Bällen, noch an Kahnfahrten auf dem mondbeglänzten See, noch an Schlittenfahrten durch dunkle Wälder, und ebensowenig an herzerschütternden Ereignissen, oder an der Liebe Leid und Schmerzen.

Aber seit dem Tode ihrer Tochter hatte Gräfin Märta Borg nicht mehr besucht. Fünf Jahre waren seit ihrem letzten Aufenthalt vergangen. Jetzt kam sie, um zu sehen, wie ihre Schwiegertochter das Leben zwischen den Tannenwäldern, den Bären und den Schneewällen ertrüge. Sie hielt es für ihre Pflicht, nachzusehen, ob der dumme Henrik seine Frau nicht zu Tode langweile. Nun wollte sie der gute Engel des heimischen Herdes werden. Sonnenschein und Glück lagen wohlverwahrt in ihren vierzig Lederkoffern, Heiterkeit hieß ihre Kammerzofe, Scherz ihr Kutscher und Spiel ihre Gesellschafterin.

Als sie die Treppe hinaufflog, wurde sie mit offenen Armen empfangen. Ihre alten Zimmer zu ebener Erde waren zu ihrem Empfange bereit. Ihr Bedienter, ihre Gesellschafterin und ihre Kammerzofe, ihre vierzig Lederkoffer, ihre dreißig Hutschachteln, ihre Necessaires und Tücher und Pelze, alles wurde so nach und nach ins Haus geschafft. Überall herrschte Lärm und geschäftiges Treiben. Türen wurden zugeschlagen, man lief treppauf, treppab. Man merkte wohl, daß die Gräfin Märta angekommen war.

Es war an einem Frühlingsabend, einem wundervollen Abend, obgleich man sich erst im April befand und das Eis noch nicht geschmolzen war. Mamsell Marie saß in ihrem Stübchen am offenen Fenster und sang zur Gitarre.

Sie war so vertieft in ihre Erinnerungen und in ihr Spiel, daß sie es gar nicht hörte, als ein Wagen des Weges daherkam und vor dem Hause hielt. In dem Wagen saß die Gräfin Märta, die sich an dem Anblick der alten Jungfer, die am Fenster saß, die Gitarre an einem Band um den Hals, die Augen schmachtend gen Himmel gerichtet und altmodische, sentimentale Liebeslieder singend, höchlich ergötzte.

Schließlich stieg die Gräfin aus und trat bei Frau Moräus ein, wo die netten jungen Mädchen am Stepprahmen saßen. Gräfin Märta war durchaus nicht hochmütig; der Sturm der Revolution war über sie hingesaust und hatte ihr frische Luft in die Lungen geblasen.

Sie könne nichts dafür, daß sie eine Gräfin sei, pflegte sie zu sagen, aber sie wolle nun einmal so leben, wie es ihr gefalle; und sie war auf einer Bauernhochzeit in der Tat oft ebenso vergnügt wie auf einem Hofball. Sie spielte, wenn keine anderen Zuschauer zur Hand waren, ihren Mägden Theaterstücke vor, und sie erheiterte jede Gesellschaft, wenn sie sich mit ihrem hübschen Gesichtchen und ihrer übersprudelnden Lebenslust einfand.

Jetzt bestellte sie mehrere Decken bei Frau Moräus und lobte nebenbei den Fleiß der Töchter. Dann sah sie sich draußen im Rosengarten um und erzählte von ihren Reiseabenteuern. Überall begegnete ihr irgendein Abenteuer. Und schließlich wagte sie sich die Bodentreppe hinauf, die schrecklich steil und schmal war, und besuchte Mamsell Marie in ihrem Giebelstübchen.

Hier ließ sie ihre schwarzen Augen lustig blitzen und ihre melodische Stimme drang schmeichelnd in das Ohr der einsamen alten Jungfer.

Gräfin Märta kaufte ihr auch Gardinen ab. Sie könne auf Borg nicht leben, wenn sie nicht Filetgardinen an allen

Fenstern und auf allen Tischen eine von Mamsell Maries hübschen Decken habe, sagte sie.

Dann ergriff sie die Gitarre und sang ihr von Freude und von Liebe vor, und sie erzählte ihr Geschichten, daß sich Mamsell Marie auf einmal mitten in die lustige brausende Welt hineinversetzt fühlte. Das Lachen der Gräfin war so melodisch, daß die frierenden Vögel im Rosengarten zu singen begannen, und ihr Gesicht, das kaum mehr schön genannt werden konnte – denn der Teint war durch Schminke verdorben, und um den Mund lag ein Zug roher Sinnlichkeit –, erschien der alten Mamsell Marie wunderschön; sie konnte nicht begreifen, daß der Spiegel es nicht für immer festhielt, wenn er es einmal auf seiner blanken Fläche aufgefangen hatte.

Als die Gräfin dann ging, küßte sie Mamsell Marie und lud sie zu sich nach Borg ein.

Mamsell Maries Herz stand leer wie die Schwalbennester zur Weihnachtszeit. Sie war frei, aber sie sehnte sich nach Fesseln wie ein auf seine alten Tage freigelassener Sklave.

Nun begann wieder eine Zeit der Freude und der Sorge für Mamsell Marie; sie währte jedoch nicht lange, nur acht kurze Tage.

Die Gräfin ließ sie einmal ums andere nach Borg holen. Sie spielte ihr Theater vor und erzählte ihr von ihren Freiern; und Mamsell Marie lachte, wie sie noch nie gelacht hatte. Sie und Gräfin Märta wurden die besten Freundinnen der Welt. Bald wußte die Gräfin alles von dem jungen Orgelbauer und dem zärtlichen Abschied. Und in der Dämmerung nötigte sie Mamsell Marie, sich in dem blauen Kabinett auf den Stuhl am Fenster zu setzen. Dann hängte sie ihr die Gitarre um und bat sie, Liebeslieder zu singen. Die Gräfin setzte sich etwas weiter zurück und betrachtete die dürre Gestalt und den kleinen häßlichen Kopf, die sich scharf von dem roten Abendhimmel draußen abzeichneten, und sagte, daß die arme Mamsell einem schmachtenden Burgfräulein gleiche. Da nun jedes Lied von zärtlichen

Hirten und grausamen Hirtinnen handelte und Mamsell Marie eine sehr dünne Stimme hatte, ist es nur zu begreiflich, daß die Gräfin an einer solchen Komödie riesigen Spaß fand.

Dann wurde natürlich auf Borg ein Fest gegeben, da ja die Mutter des Grafen zu Besuch gekommen war, und wie gewöhnlich ging es dabei sehr lustig zu. Es war jedoch keine große Gesellschaft, nur die zum Kirchspiel gehörigen Nachbarn waren geladen.

Der Speisesaal lag im unteren Stockwerk, und nach der Mahlzeit gingen die Gäste nicht wieder die Treppe hinauf, sondern begaben sich in Frau Märtas Zimmer, die neben dem Speisesaal lagen. Da ergriff die Gräfin Mamsell Maries Gitarre und begann den Gästen etwas vorzusingen. Sie war eine muntere Dame, die Gräfin Märta; sie konnte alle Leute nachmachen und sie ins Lächerliche ziehen. Nun kam sie auf den Einfall, Mamsell Marie nachzumachen. Sie richtete den Blick gen Himmel und begann mit einer dünnen, kreischenden Kinderstimme zu singen.

»Ach nein, nein, Frau Gräfin!« flehte Mamsell Marie.

Aber Gräfin Märta machte es nun einmal Vergnügen, und die meisten der Gäste konnten das Lachen nicht unterdrücken, obgleich ihnen die alte Jungfer leid tat.

Die Gräfin nahm eine Handvoll trockener Rosenblätter aus einer Potpourrivase, trat mit tragischer Gebärde zu Mamsell Marie und sang äußerst rührend:

»Du gehst von uns. Oh, kehr zurück,
die treuen Freunde dein warten,
vergiß nicht das Värmland ob anderem Glück,
nicht das Häuschen am Rosengarten!«

Dann streute sie ihr die Rosenblätter aufs Haupt. Die Gäste lachten; aber Mamsell Marie geriet außer sich vor Zorn. Sie sah aus, als wolle sie der Gräfin die Augen auskratzen.

»Du bist ein schlechtes Weib, Märta Dohna«, sagte sie. »Keine anständige Frau sollte mehr mit dir verkehren.«

Nun wurde Gräfin Märta auch böse.

»Hinaus, Mamsell!« rief sie. »Ich bin Ihrer Verrücktheiten müde.«

»Ja, ich gehe«, erwiderte Marie, »aber erst will ich das Geld für meine Decken und Gardinen haben.«

»Die alten Fetzen!« rief die Gräfin. »Für diesen Schund will Sie auch noch Geld haben! Nehmen Sie ihn nur wieder mit. Ich will das Zeug nie wieder sehen!«

Damit wirft sie ihr die Decken hin und zerrt an den Gardinen; denn jetzt ist sie außer sich vor Wut.

Am nächsten Tage bat die junge Gräfin ihre Schwiegermutter, sich doch mit Mamsell Marie zu versöhnen; aber Gräfin Märta wollte nichts davon hören. Sie war der alten Jungfer überdrüssig geworden.

Da fuhr Gräfin Elisabet hin und kaufte Mamsell Marie ihren ganzen Vorrat an fertigen Gardinen ab, die sie dann in ihren eigenen Zimmern aufhängte. Das war für Mamsell Marie eine wirkliche Genugtuung.

Gräfin Märta neckte ihre Schwiegertochter oft mit ihrer Vorliebe für Filetgardinen. Sie konnte ihren Groll auch verbergen – ja, ihn jahrelang unvermindert frisch bewahren. Gräfin Märta war ein reichbegabtes Geschöpf.

Zweiter Teil

Vetter Christoffer

Im Kavalierflügel lebte ein alter Raubvogel. Er saß immer im Ofenwinkel und paßte auf, daß das Feuer nicht ausginge. Der alte Raubvogel war grau und zerzaust. Sein kleiner Kopf mit dem großen Schnabel und den halberloschenen Augen neigte sich traurig auf einem langen, mageren Halse, der über einem dicken Pelzkragen aufragte. Denn der Raubvogel trug Sommer und Winter einen Pelz.

Einst hatte er zu dem Schwarm gehört, der im Gefolge des großen Kaisers über Europa hinstürmte, aber welchen Namen und Titel er damals trug, wird heute niemand mehr zu sagen wagen. In Värmland wußte man nur, daß er den großen Krieg mitgemacht, sich in blutigen Schlachten ausgezeichnet hatte, und daß er nach dem Jahr 1815 die Schwingen ausbreiten mußte, um ein undankbares Vaterland für immer zu verlassen.

Er hatte bei dem schwedischen Kronprinzen Schutz gefunden, und dieser hatte ihm geraten, in dem fernen Värmland zu verschwinden.

Jene Zeiten waren derart, daß der Mann, dessen Name Welten erschüttert hatte, jetzt froh sein mußte, daß niemand seinen einst so gefürchteten Namen kannte.

Er hatte dem Kronprinzen sein Ehrenwort gegeben, daß er Värmland nicht verlassen und nicht ohne zwingende Not sagen werde, wer er sei.

Und dann hatte ihn der Kronprinz zu Major Samzelius geschickt mit einem Handschreiben, in dem der hohe Herr ihn dem Värmländer Gutsherrn aufs fürsorglichste anempfahl. Da hatten sich ihm die Pforten des Kavalierflügels geöffnet.

Anfangs zerbrach man sich sehr den Kopf darüber, welche Berühmtheit sich wohl unter dem angenommenen Namen verberge? Aber allmählich verwandelte der Mann sich in einen Kavalier und Värmländer. Jedermann nannte ihn Vetter Christoffer, ohne daß man wußte, woher er gerade diesen Namen bekommen hatte.

Aber ein Raubvogel ist nicht glücklich in einem Käfig. Er ist ja an andres gewöhnt, als von einer Stange auf die andere zu hüpfen und seinem Wärter aus der Hand zu fressen. Die Aufregung der Schlachten und der Todesgefahr hat einst sein Blut entflammt, der schläfrige Friede ekelt ihn an.

Freilich waren auch die anderen Kavaliere nicht lauter zahme Vögel; keiner aber hatte so heißes Blut wie Vetter Christoffer. Eine Bärenjagd war das einzige, was seine erschlaffte Lebenslust wieder anzuregen vermochte – eine Bärenjagd oder ein Weib, ein einziges Weib.

Vor zehn Jahren, als er die Gräfin Märta, die damals schon Witwe war, zum erstenmal gesehen hatte, da waren seine Lebensgeister wieder erwacht. Eine Frau, launenhaft wie das Kriegsglück, aufreizend wie die Gefahr, ein sprudelndes, ausgelassenes Geschöpf. –

Er liebte sie.

Und nun saß er da und wurde alt und grau, ohne sie zum Weibe begehren zu können. Jetzt hatte er sie seit fünf Jahren nicht mehr gesehen. Er siechte allmählich hin wie ein Adler in der Gefangenschaft. Mit jedem Jahre wurde er magerer und litt mehr unter der Kälte. Er mußte sich immer dichter in den Pelz hüllen und immer näher ans Feuer rücken.

So sitzt er eines Morgens da, frierend, zerzaust und grau. Am Abend sollen die Osterschüsse abgefeuert und die Osterhexe verbrannt werden. Die Kavaliere sind alle aus, er aber sitzt in seiner Ofenecke.

O Vetter Christoffer, Vetter Christoffer! Weißt du es denn nicht?

Er ist gekommen, der lächelnde, lockende Lenz!

Die Natur erwacht aus ihrem Winterschlaf, und in der blauen Luft tummeln sich leichtbeschwingte Geister in übermütigem Spiele. Dicht aneinander geschmiegt, wie die Blüten an einem wilden Rosenbusche, schimmern ihre Gesichter zwischen den Wolken hervor.

Die große Mutter Erde beginnt wieder zu leben. Aus den Frühlingsfluten und aus dem Frühlingsregen geht sie hervor wie ein übermütiges Kind, Steine und Erde glänzen vor Wonne. »Hinein in den Kreislauf des Lebens!« jubelt das kleinste Atom. »Wir werden als Flügel in der klaren Luft schweben! Wir werden leuchten in den errötenden Wangen junger Mädchen!«

Die lustigen Frühlingsgeister dringen mit Wasser und Luft in die Körper hinein, sie zappeln im Blut wie Aale und setzen das Herz in Bewegung. Überall erklingt derselbe Ton. An den Herzen, an den Blumen, an allem, was sich bewegen und vibrieren kann, hängen die Leichtbeschwingten sich fest und läuten wie mit tausendstimmigem Geläute die frohe Botschaft in die Welt hinein: »Lust und Freude, Lust und Freude! Er ist gekommen, der holde Lenz!«

Aber Vetter Christoffer sitzt still da und hört nichts. Er stützt den Kopf auf die steifgewordenen Finger und träumt vom Kugelregen und von der auf dem Schlachtfeld erworbenen Ehre. Vor seinem inneren Auge läßt er Rosen und Lorbeeren erstehen, die nicht der sanften Schönheit des Lenzes bedürfen, um blühen zu können.

Er kann einem doch herzlich leid tun, der einsame alte Fremdling, der da im Kavalierflügel sitzt, ohne Volk, ohne Land, ohne je einen Laut seiner Muttersprache zu hören, er, dessen Los es sein wird, ein namenloses Grab auf dem Broer Kirchhof zu erhalten. Kann er dafür, daß er ein Adler ist, geschaffen, zu verfolgen und zu töten?

O Vetter Christoffer, lange genug hast du träumend im Kavalierflügel gesessen! Steh auf und trinke den sprudelnden Wein des Lebens in den hohen Schlössern! Wisse, Vetter Christoffer, daß der Major heute einen Brief bekommen hat, ein königliches Handschreiben mit dem Siegel des Sveareiches darauf. Er ist an den Major gerichtet, aber sein Inhalt geht dich an. Wie merkwürdig siehst du aus, während du den Brief liest, du alter Raubvogel! Dein Auge leuchtet, dein Kopf richtet sich auf, du siehst die Tür deines Käfigs offen und freien Raum vor dir zum Regen deiner Schwingen.

Vetter Christoffer durchwühlt seine Truhe bis auf den Grund. Er holt die ängstlich verwahrte goldbestickte Uniform heraus und zieht sie an. Er drückt sich den Federhut auf den Kopf, und kurz nachher sprengt er auf seinem erlesenen weißen Rosse vom Ekebyer Hofe.

Dies ist doch etwas anderes, als frierend in der Ofenecke zu sitzen. Jetzt sieht er auch, daß der Frühling gekommen ist.

Er hebt sich im Sattel und spornt das Pferd zum Galopp an. Der pelzgefütterte Dolman flattert, die Federn auf seinem Hute wehen, der Mann ist verjüngt wie die Erde auch; aus einem langen Winterschlaf ist er erwacht, das alte Gold kann noch glänzen; das kühne Kriegergesicht unter dem Dreispitz bietet einen stolzen Anblick.

Das war ein merkwürdiger Ritt. Aus dem Boden sprudeln Quellen hervor, Anemonen sprießen aus der Erde, wo er reitet. Die Zugvögel jubeln um den befreiten Gefangenen her. Die ganze Natur nimmt teil an seiner Freude.

Herrlich wie ein Triumphator reitet er dahin. Der Lenz selbst reitet auf einer schwebenden Wolke vor ihm her. Leicht und luftig ist er, der lichte Geist. Er bläst in das Waldhorn und hüpft in übersprudelnder Freude lustig im Sattel. Und rings um Vetter Christoffer her tummelt sich sein ganzer Stab alter Waffenbrüder zu Pferde; das ist das Glück, das sich im Sattel auf den Zehenspitzen erhebt, und die Ehre auf ihrem stolzen Renner, und auch die Liebe auf ihrem feurigen Araber! Merkwürdig ist der Ritt, merkwürdig der Reiter. Die sprachkundige Drossel ruft ihm zu:

»Vetter Christoffer! Vetter Christoffer! Wohin? Wohin?«

»Nach Borg, um zu freien! Nach Borg, um zu freien!« antwortet Vetter Christoffer.

»Zieh nicht nach Borg, zieh nicht nach Borg! Ein freier Mann hat keine Sorgen!« ruft die Drossel ihm nach.

Aber er hört nicht auf die Warnung. Bergauf, bergab reitet er, bis er endlich sein Ziel erreicht hat. Er springt aus dem Sattel und wird zu den Gräfinnen geführt.

Alles geht gut. Gräfin Märta ist gnädig gegen ihn. Vetter Christoffer merkt, daß sie nicht abgeneigt ist, seinen stolzen Namen zu tragen und in seinem Schloß zu regieren. Er schiebt den entzückenden Augenblick, wo er ihr den Königsbrief zeigen wird, noch hinaus. Darauf zu warten ist ihm ein Genuß.

Gräfin Märta plaudert und unterhält ihn mit tausenderlei Geschichten. Er lacht über alles und bewundert alles. Da sie aber in einem der Zimmer sitzen, wo Gräfin Elisabet die Fenster mit Mamsell Maries Gardinen geschmückt hat, erzählt ihm Gräfin Märta nun auch die Geschichte dieser Gardinen, und sie trägt sie so komisch wie möglich vor.

»Seht«, sagt sie schließlich, »seht, so böse bin ich. Hier hängen nun diese Gardinen, damit ich täglich und stündlich an meine Sünden denke. Es ist eine Buße ohnegleichen. Oh, diese abscheuliche Filetarbeit!«

Der große Krieger Vetter Christoffer sieht sie mit blitzenden Augen an.

»Ich bin auch arm und alt«, sagt er, »und ich habe zehn Jahre in der Ofenecke gesessen und mich nach meiner Geliebten gesehnt. Lacht Ihr am Ende darüber auch, meine gnädigste Gräfin?«

»Oh, das ist etwas ganz anderes!« ruft die Gräfin.

»Gott hat mir mein Glück und mein Vaterland genommen und mich gezwungen, das Gnadenbrot bei Freunden zu essen«, sagt Vetter Christoffer ernst. »Ich habe gelernt, vor der Armut Achtung zu haben.«

»Ihr auch!« ruft die Gräfin und hebt entsetzt die Hände in die Höhe. »Wie tugendhaft die Menschen doch sind! Mein Gott, wie tugendhaft sie doch geworden sind!«

»Ja«, sagt er, »merkt Euch das, Frau Gräfin, wollte mir

Gott eines Tages Macht und Reichtum zurückgeben, dann würde ich einen besseren Gebrauch davon machen, als ihn mit so einer Weltdame zu teilen, mit einer geschminkten, herzlosen Meerkatze, die über die Armut lacht.«

»Da tut Ihr recht daran, Vetter Christoffer!«

Und damit marschiert Vetter Christoffer aus dem Zimmer und reitet zurück nach Ekeby. Aber die Genien begleiten ihn nicht mehr, die Drossel ruft ihm nichts mehr zu, und er sieht nicht mehr den lachenden Frühling.

Er erreicht Ekeby, als man gerade dabei ist, die Osterschüsse abzufeuern und die Osterhexe zu verbrennen. Die Osterhexe ist eine große Strohpuppe mit einem Gesicht aus einem Lappen, auf dem Augen, Nase und Mund mit Kohle gezeichnet sind. Sie hat die abgelegten Kleider einer Armenhäuslerin an. Eine lange Ofengabel und ein Besenstiel stehen neben ihr, und um ihren Hals hängt das Salbenhorn. Sie ist zur Fahrt nach dem Blåkulla bereit.

Major Fuchs ladet seine Flinte und schießt einmal ums andere in die Luft. Ein Scheiterhaufen aus dürrem Reisig wird angezündet und die Hexe darauf geworfen, die auch sogleich lustig aufflammt. Ja, die Kavaliere tun alles, was sie können, um nach alterprobtem Brauche die Macht des Bösen zu brechen.

Vetter Christoffer steht dabei und schaut mit finsterer Miene zu. Plötzlich zieht er das große königliche Handschreiben aus seinem Ärmelumschlag und wirft es in die Flammen. Gott allein weiß, was er dabei dachte. Vielleicht bildete er sich ein, Gräfin Märta selbst dort auf dem Scheiterhaufen brennen zu sehen. Vielleicht dachte er auch, daß es auf Erden nichts Wertvolles mehr gebe, da ja die Frau, die er zehn Jahre lang geliebt hatte, schließlich doch nur aus Stroh und Lumpen zusammengesetzt war.

Er geht wieder in den Kavalierflügel zurück, macht ein Feuer an und packt seine Uniform ein. Wieder setzt er sich in die Ofenecke und wird mit jedem Tag zerzauster und grauer. Und er stirbt allmählich hin, wie ein alter Adler in der Gefangenschaft.

Er ist kein Gefangener mehr; aber es liegt ihm nichts an der Freiheit. Die Welt steht ihm offen; die Walstatt, die Ehre, das Leben warten auf ihn. Aber er hat keine Kraft mehr, die Schwingen zum Fluge auszubreiten.

Lebenswege

Mühselig sind die Wege, die die Menschen hier auf Erden wandern müssen.

Wüstenpfade, Sumpfpfade, Gebirgspfade!

Weshalb darf soviel Kummer ungehindert weitergehen, bis er sich in der Wüste verirrt, im Sumpf versinkt oder vom Berge herabstürzt? Wo sind die kleinen Blumenengel, wo sind die kleinen Märchenprinzessinnen, unter deren Fußtritten Rosen aufblühen, wo sind sie, die unsere mühseligen Wege mit Blumen bestreuen sollen?

Nun hat Gösta Berling, der Poet, beschlossen, sich zu verheiraten. Er sieht sich nur noch nach einer Braut um, die arm und gering genug ist für den verrückten Pfarrer.

Schöne, edle Frauen haben ihn geliebt; aber sie sollen sich keine Hoffnungen auf seine Hand machen, der Verstoßene wählt unter den Verstoßenen.

Wen soll er wählen? Wohin soll er gehen?

Nach Ekeby kommt zuweilen ein armes junges Mädchen aus dem einsamen, hoch oben zwischen den Bergen liegenden Walddorf, um Besen zu verkaufen. In diesem Dorfe, wo beständige Armut und großes Elend herrschen, gibt es viele, die nicht im Besitz ihres vollen Verstandes sind, und zu diesen gehört die arme Besenverkäuferin.

Aber schön ist sie. Ihr langes schwarzes Haar ist in zwei Zöpfe geflochten, die kaum Platz auf ihrem Kopfe finden. Sie hat zartgerundete Wangen, eine gerade, nicht zu große Nase und blaue Augen. Sie gehört zu dem melancholischen madonnenartigen Schönheitstypus, wie man ihn noch heute bei schönen Mädchen am Ufer des Löfven findet.

Nun, da hat Gösta eine Braut gefunden – eine halbverrückte Besenbinderin ist die rechte Frau für einen tollen Pfarrer. Etwas Passenderes ließe sich nicht finden.

Er braucht nur nach Karlstadt zu reisen, um die Ringe zu kaufen, und dann kann man sich am Löfven einen vergnügten Tag machen. Die Leute dürfen noch einmal über Gösta Berling lachen, wenn er sich mit dem Besenmädchen verlobt, wenn er Hochzeit mit ihr hält. Mögen sie lachen! Er hat noch nie einen lustigeren Streich geplant.

Muß nicht der Verstoßene den Weg der Verstoßenen gehen, den Weg des Zorns, den Weg des Kummers, den Weg des Unglücks? Was tut es, wenn er hinabsteigt, wenn er zugrunde geht? Gibt sich jemand Mühe, ihn zu warnen? Ist jemand da, der ihm eine stützende Hand oder einen labenden Trunk reichte? Wo sind die kleinen Blumenengel, wo die kleinen Märchenprinzessinnen, wo sind sie, die unsern Weg mit Rosen bestreuen sollen.

Nein, nein, die junge sanfte Gräfin auf Borg wird Gösta Berling in seinen Plänen nicht stören. Sie wird an ihren guten Ruf, an den Zorn ihres Mannes, an den Haß ihrer Schwiegermutter denken und keinen Finger rühren, um ihn zurückzuhalten.

Während des langen Gottesdienstes in der Svartsjöer Kirche wird sie das Haupt beugen, ihre Hände falten und für ihn beten. In schlaflosen Nächten kann sie um ihn weinen und sich um ihn ängstigen, aber dem Verstoßenen Blumen auf den Weg streuen, dem Durstigen einen Labetrunk reichen, das kann sie nicht. Sie streckt die Hand nicht aus, um ihn vom Rande des Abgrunds zurückzureißen.

Gösta Berling hat kein Verlangen danach, seine Auserwählte in Seide zu kleiden oder mit Juwelen zu schmükken. Er läßt sie ihrer Gewohnheit gemäß mit ihren Besen von Hof zu Hof gehen, an dem Tag aber, wo er alle die vornehmen Männer und Frauen der Umgegend zu einem großen Gastmahl auf Ekeby versammelt, will er seine Verlobung veröffentlichen. Dann wird er sie aus der Küche hereinrufen, wie sie ist, mit Staub und Schmutz bedeckt, vielleicht die Kleider von den langen Wegen zerlumpt, vielleicht ungekämmt, mit irren Augen und einem unverständlichen Wortschwall auf den Lippen. Und er wird die Gäste fragen, ob er jetzt nicht eine passende Braut gewählt habe, ob der tolle Pfarrer nicht stolz sein könne auf seine schöne Auserwählte, auf ihr sanftes Madonnengesicht, auf ihre blauen schwärmerischen Augen?

Er wollte, daß vorher niemand etwas erfahren sollte; aber es gelang ihm nicht, das Geheimnis zu bewahren, und zu denen, die etwas davon erfuhren, gehörte auch die junge Gräfin Dohna.

Aber was kann sie tun, um ihn an seinem Vorhaben zu hindern? Der Verlobungstag ist da, die Dämmerstunde ist angebrochen. Die Gräfin steht in dem blauen Kabinett am Fenster und schaut gen Norden. Es ist ihr fast, als sehe sie Ekeby vor sich, obwohl sie durch Tränen und Nebel hindurch nichts sehen kann. Aber vor ihr steht deutlich das große dreistöckige Haus mit seinen erhellten Fenstern; sie stellt sich vor, wie der Champagner eingeschenkt wird, wie die Hochrufe erschallen, und wie Gösta Berling seine Verlobung mit dem Besenmädchen verkündet.

Wenn sie ihm nun nahe wäre und ganz leise ihre Hand auf seinen Arm legte, oder wenn sie ihm nur einen freundlichen Blick zuwürfe, würde er da nicht vielleicht umwenden auf dem bösen Wege der Verstoßenen? Wenn ein Wort von ihr ihn zu diesem Schritte der Verzweiflung getrieben hat, könnte ihn da nicht am Ende ein Wort von ihr auch wieder zur Umkehr bewegen?

Sie schaudert, wenn sie daran denkt, welche Sünde er gegen das arme unglückliche Kind begehen will, gegen dieses bedauernswürdige Geschöpf, das nun verlockt wurde, ihn zu lieben, vielleicht nur zur Kurzweil eines einzigen Tages. Vielleicht auch – und da schaudert die Gräfin noch mehr vor der Sünde, die er an sich selbst zu begehen im Begriff ist – um sie als eine drückende Fessel an sein Leben zu schmieden, so daß seinem Geiste für immer die Kraft geraubt wäre, sich aufzuschwingen und die Höhen zu erreichen.

Und wenn sie alles bedachte, so war dies ihre Schuld. Sie hatte ihn mit ihrem verdammten Wort auf den bösen Weg hinausgetrieben. Sie, die mit der Absicht gekommen war, Segen zu verbreiten und das Leid zu mildern, warum hatte sie noch einen weiteren Stachel in die Dornenkrone des Sünders geflochten?

Ja, nun weiß sie, was sie tun will. Sie will die schwarzen Pferde vor den Schlitten spannen lassen, will über den Löfven fahren, auf Ekeby in den Saal stürmen, gerade vor Gösta Berling hintreten und ihm sagen, daß sie ihn nicht verachte, daß sie nicht gewußt habe, was sie sagte, als sie ihm damals die Türe wies ... Ach nein, das konnte sie doch nicht tun, sie würde vor lauter Scham kein Wort herausbringen. Eine verheiratete Frau mußte sich in acht nehmen. Durch so etwas würde sie sich in aller Leute Mund bringen. Aber wenn sie es nicht täte, was würde dann aus Gösta werden?

Sie mußte es tun, sie mußte hinfahren.

Dann fällt ihr ein, daß die Fahrt unmöglich ist. In diesem Jahr kann kein Pferd mehr über den See hinüber, das Eis schmilzt, es hat sich schon vom Ufer abgelöst. Schwankend und voller Risse liegt es auf dem Wasser – ein unheimlicher Anblick! Das Wasser quillt zwischen den Eisschollen hervor, an einigen Stellen hat es sich zu schwarzen Pfützen angesammelt, an anderen Stellen ist das Eis wieder blendend weiß; meistens jedoch ist es schmutziggrau von schmelzendem Schnee, und die Wege laufen wie lange schwarze Streifen über seine Fläche hin.

Wie kann sie nur daran denken, diese Fahrt zu wagen? Die alte Gräfin Märta, ihre Schwiegermutter, würde ihr so etwas nie erlauben. Sie muß den ganzen Abend neben ihr im Salon sitzen und die alten Hofgeschichten anhören, die das Entzücken der alten Dame sind.

Doch die Nacht kommt – ihr Mann ist verreist; nun ist sie frei.

Fahren kann sie nicht; sie wagt es nicht, die Dienstboten zu wecken, aber die Angst treibt sie aus dem Hause.

Mühselig sind die Wege, die die Menschen auf Erden wandern müssen.

Wüstenpfade, Sumpfpfade, Gebirgspfade!

Diesen nächtlichen Weg jedoch über das schmelzende Eis, womit soll ich ihn vergleichen? Ist es nicht ein Weg, den nur Blumenengel gehen können, ein unsicherer, schwankender, schlüpfriger Weg, der Weg derer, die geschlagene Wunden heilen wollen, der Weg derer, die Unrecht wieder gutmachen wollen, der Weg des leichten Fußes, des klugen Auges und des mutigen, liebevollen Herzens?

Mitternacht war vorüber, als die Gräfin das Ekebyer Ufer erreichte. Sie war auf dem Eis gefallen, war über breite Risse gesprungen, war über die Stellen hingeeilt, wo das Wasser unter ihrem Fuß hervorquoll, sie war ausgeglitten, und hatte oftmals kriechen müssen.

Es war eine mühsame Wanderung gewesen; sie hatte unterwegs geweint. Sie war naß und müde geworden, und da draußen auf dem Eis hatten die Müdigkeit, die Einsamkeit und die Öde unheimliche Gedanken in ihr hervorgerufen.

Und gerade vor Ekeby hatte sie noch bis zu den Knöcheln im Wasser waten müssen, um das Ufer zu erreichen. Und als sie es endlich erreichte, da hat sie aller Mut verlassen; sie wagte keinen Schritt mehr zu machen, setzte sich nur auf einen Stein und weinte vor Müdigkeit und Verlassenheit.

Schwere Wege wandern die Menschenkinder, und die kleinen Blumenengel sinken oft neben ihrem Korbe nieder, gerade wenn sie den Pfad erreicht haben, den sie mit Blumen bestreuen wollen.

Diese junge, vornehme Dame ist doch eine liebe kleine Heldin. In ihrem sonnigen Vaterlande war sie nie solche Wege gegangen. Wie wird sie jetzt, wo sie durchnäßt, müde, unglücklich am Rande dieses unheimlichen schrecklichen Sees sitzt, an die sanften, von Blumen eingefaßten Pfade ihres südlichen Vaterlandes denken!

Ach, für sie handelt es sich nicht mehr um Süden oder

Norden! Sie steht mitten im Leben. Sie weint nicht aus Heimweh. Der kleine Blumenengel, die kleine Heldin weint! Ja, die Gräfin weint, weil sie müde ist, daß sie den Weg, den sie mit Blumen bestreuen wollte, nicht erreichen kann. Sie weint, weil sie glaubt, sie sei zu spät gekommen.

Da kommen Leute hastig das Ufer entlang gelaufen. Sie eilen an ihr vorüber, ohne sie zu sehen, aber sie hört ihre Worte.

»Wenn der Damm weicht, ist die Schmiede verloren«, sagen sie.

»Und die Mühle und die Werkstätten und das Haus des Schmiedes auch«, fügt ein anderer hinzu.

Da kehrt ihr Mut zurück, sie steht auf und geht ihnen nach.

Die Schmiede und die Mühle von Ekeby lagen auf einer schmalen Landzunge, die der Björkseebach umbraust. Brausend und tosend kommt der Fluß dahergestürzt; er bildet oberhalb der Landzunge einen weißschäumenden Wasserfall, und um die bebaute Strecke vor dem Wasser zu schützen, hatte man damals einen gewaltigen Wogenbrecher aufgeführt. Aber der Damm wurde jetzt alt, und die Kavaliere regierten. Wohl führte sie ihr Weg zu Tanz und Spiel über die Hügel, aber keiner nahm sich Zeit nachzusehen, wie der Strom und die Kälte und der Zahn der Zeit an dem alten Steindamm gearbeitet hatten.

Dann kommen die Frühlingsfluten, und der Damm fängt an nachzugeben.

Der Ekebyer Wasserfall wird vom Björkseebach gebildet, dessen Wogen wild brausend über eine gewaltige Felsentreppe herabstürzen. Es wird ihnen schwindlig von dem wilden Lauf, sie überschlagen sich und prallen aufeinander. Zornig fahren sie auf und bespritzen einander mit Schaum, fallen wieder über einen Stein oder einen Floßbalken, raffen sich wieder auf, um wieder zu fallen, wieder und immer wieder unter beständigem Schäumen, Zischen und Brüllen.

Und diese wilderregten Wogen, berauscht von der Lenzesluft, trunken von der neu gewonnenen Freiheit, laufen nun Sturm gegen die alten Steinmauern. Sie kommen zischend und keuchend heran, stürmen hoch hinauf und ziehen sich wieder zurück, als hätten sie die weißgelockten Köpfe angestoßen. Es ist ein regelrechter Sturm; sie benutzen große Eisschollen als Schilder, die Floßbalken als Mauerbrecher, sie stoßen, brechen, brausen gegen die arme Mauer, bis es plötzlich aussieht, als rufe ihnen jemand zu: Achtung! Ihr Wogen! Da stürzen sie zurück, und hinter ihnen drein kommt ein großer Stein, der sich vom Damm losgelöst hat und donnernd im Strom versinkt.

Es sieht aus, als habe sie dies verdutzt gemacht, sie bleiben stehen, sie jubeln, sie ratschlagen ... und dann geht es wieder drauflos! Da sind sie wieder mit Eisschollen und Floßbalken, ausgelassen, unbarmherzig, wild und toll vor Zerstörungslust.

Wenn nur der Damm erst fort wäre – sagen die Wogen – wenn nur der Damm fort wäre, dann käme die Reihe gar bald an die Schmiede und an die Mühle!

Jetzt ist der Tag der Freiheit gekommen ... fort mit den Menschen und allem Menschenwerk! Sie haben uns mit Kohlen beschmutzt, sie haben uns mit Mehl bestäubt, sie haben uns ins Joch gespannt wie die Ochsen, sind mit uns im Kreis herumgefahren, haben uns eingesperrt und mit Schleusen gehemmt, uns gezwungen, die schweren Räder zu treiben und die klotzigen Floßbalken zu tragen. Aber jetzt werden wir die Freiheit zurückgewinnen.

Der Tag der Freiheit ist gekommen! Hört es, ihr Wogen im Björksee, hört es, ihr Brüder und Schwestern in Sumpf und Moor, in den Gebirgswassern und den Waldbächen! Kommt, mit frischen Kräften, donnernd, zischend, bereit, das hundertjährige Joch zu zerbrechen! Kommt, kommt! Das Bollwerk der Tyrannei soll fallen! Verderben über Ekeby!

Und sie kommen. – Woge auf Woge stürzt sich über die Felsen herab, um mit dem Kopfe gegen den Damm zu rennen, um an dem großen Werke mitzuhelfen. Berauscht von der neuerrungenen Frühlingsluft, einig und stark kommen sie heran, lösen Stein um Stein, Erdscholle um Erdscholle von dem wankenden Wellenbrecher.

Aber warum lassen denn die Menschen die wilden Wogen toben, ohne ihnen Widerstand zu leisten? Ist Ekeby ausgestorben?

Nein, es gibt dort Menschen, eine verwirrte, ratlose, hilflose Schar. Die Nacht ist dunkel, sie können einander nicht sehen, können ihren eigenen Weg nicht unterscheiden. Laut rauscht der Wasserfall, schrecklich dröhnen das berstende Eis und die aufeinanderstoßenden Balken, man kann sein eigenes Wort nicht hören. Der wilde Taumel, der die brüllenden Wogen beseelt, erfüllt auch das Gehirn der Menschen: sie haben keine Gedanken, keinen Verstand mehr.

Die Glocke auf dem Hofe ertönt. Wer Ohren hat zu hören, der höre! Wir hier unten an der Ekebyer Schmiede sind in der höchsten Not. Der Fluß ist über uns! Der Damm wankt, die Schmiede, die Mühle sind in Gefahr und mit ihnen unsere eigenen armseligen Wohnungen, die wir trotz ihrer Niedrigkeit lieben!

Die Wogen meinen wohl, die Glocke solle ihre Freunde herbeirufen, denn kein Mensch zeigt sich. Aber drinnen in den Wäldern und Sümpfen entsteht ein geschäftiges Treiben. »Zu Hilfe! Zu Hilfe!« ruft das Glockengeläute. »Nach hundertjähriger Sklaverei haben wir uns endlich freigemacht. Kommt, kommt!« rauschen die Wogen. Die brausenden Wasser und die schallende Glocke singen Ekebys Ehre und Glanz den Grabgesang.

Und indessen wird ein Bote um den anderen ins Herrenhaus geschickt.

Sind die wohl in der Laune, an Mühle und Schmiede zu denken? Über hundert Gäste sind in Ekebys weiten Sälen versammelt. Das Besenmädchen wartet in der Küche. Der aufregende Augenblick der Überraschung ist gekommen. Der Champagner perlt in den Gläsern, Patron Julius erhebt sich, um die Festrede zu halten. Alle die alten Abenteurer auf Ekeby freuen sich auf die versteinernde Verwunderung, die sich der ganzen Versammlung bemächtigen wird.

Draußen auf dem Eise des Löfven geht die junge Gräfin Dohna einen unheimlichen, lebensgefährlichen Weg, um Gösta Berling ein Wort der Warnung ins Ohr flüstern zu können. Drunten am Wasserfall laufen die Wogen Sturm gegen Ekebys Macht und Ehre, aber in den weiten Sälen herrscht nur Frohsinn und gespannte Erwartung, Wachskerzen strahlen, und der Wein fließt in Strömen. Da drinnen denkt niemand an das, was draußen in der dunklen, stürmischen Frühlingsnacht vorgeht.

Jetzt ist der Augenblick da. Gösta steht auf und geht hinaus, um seine Braut zu holen. Er muß durch den Flur gehen, dessen große Tür weit offen ist, er bleibt stehen, er schaut in die kohlschwarze Nacht hinaus ... und er hört, er hört.

Er hört das Läuten der Glocke, er hört den Gießbach rauschen. Er hört das Krachen berstenden Eises, den Lärm zersplitternder Balken, hört den rauschenden, donnernden, siegesgewissen Freiheitsgesang der aufrührerischen Wogen.

Da vergißt er alles andere und stürzt hinaus in die Nacht. Seinetwegen können sie da drinnen mit den erhobenen Gläsern warten bis zum Jüngsten Tag, er kümmert sich nicht mehr um sie. Die Braut kann warten, Patron Julius' Rede muß ungesprochen bleiben. Heute werden keine Ringe gewechselt, die glänzende Versammlung wird nicht dastehen, starr vor Erstaunen.

Jetzt wehe euch, ihr aufrührerischen Wogen, jetzt gilt es wirklich, für die Freiheit zu kämpfen! Nun ist Gösta Berling unten beim Wasserfall angelangt, nun haben die Leute einen Anführer, nun fassen die erschrockenen Herzen wieder Mut, nun steigen die Verteidiger auf die Mauern, nun beginnt ein furchtbarer Kampf.

Hört, wie er den Leuten zuruft, ihnen befiehlt, sie zur Tätigkeit anspornt!

»Licht müssen wir haben, vor allen Dingen Licht! Hier genügt die Hornlaterne des Müllers nicht! Nehmt die Reisigbündel dort, tragt sie auf den Abhang und zündet sie an! Das ist eine Arbeit für die Frauen und Kinder! Nur schnell! Errichtet einen großen Scheiterhaufen und zündet ihn an! Er wird uns bei der Arbeit leuchten, er wird weithin sichtbar sein und Hilfe herbeirufen. Und laßt ihn nicht erlöschen! Holt Stroh und Reisig herbei, damit helle Flammen auflodern!

Hierher, ihr Männer, hier ist Arbeit für euch! Hier sind Balken und Bretter. Schlagt einen Notdamm zusammen, den wir vor der wankenden Mauer hinabsenken können! Schnell, schnell ans Werk, macht den Damm fest und schafft Steine und Sandsäcke herbei und haltet sie bereit, um das Gerüst damit zu beschweren, wenn wir es hinabsenken! Schnell, schwingt eure Äxte, laßt die Hammerschläge dröhnen, die Bohrer sich ins Holz beißen, die Säge in den trockenen Brettern kreischen!

Und wo sind die Jungen? Herbei, herbei, ihr wilden Taugenichtse! Verschafft euch Stangen und Bootshaken und kommt hierher, kommt mitten ins Kampfgewühl herein! Auf den Damm hinaus mit euch, ihr Buben, mitten in die zischenden, schäumenden Wogen hinein, die uns mit weißem Gischt überspritzen! Wehrt sie ab, schwächt sie, schlagt sie zurück, diese Angriffe, die die Mauern zum Wanken bringen wollen! Stoßt Balken und Eisklötze hinein, werft euch selbst hinein, wenn alles andere nichts helfen will; haltet die losgelösten Steine mit euren eigenen Händen fest, beißt hinein, umklammert sie mit eisernen Krallen! Kämpft, ihr Jungen, ihr Taugenichtse, ihr Wildfänge! Hinaus auf den Damm mit euch! Wir müssen um jeden Zollbreit Erde kämpfen!«

Gösta selbst stellte sich auf den äußersten Rand des Dammes; er steht dort, von Schaum über und über bespritzt; der Grund schwankt unter seinen Füßen, die Wogen donnern und toben; sein wildes Herz aber freut sich der Gefahr, der Unruhe, des Kampfes. Er lacht, er scherzt mit den Jungen auf dem Wall um ihn her; noch nie hat er eine lustigere Nacht erlebt.

Das Rettungswerk schreitet schnell vorwärts, die Flammen lodern hell in die Nacht hinein, die Äxte der Zimmerleute dröhnen – und der Damm hält.

Auch die übrigen Kavaliere und die hundert Gäste sind jetzt beim Wasserfall angekommen. Von nah und fern kommen die Leute herbeigestürzt; alles arbeitet – am Feuer, am Notdamm, an den Sandsäcken, auf dem wankenden, schwankenden Damm.

So, jetzt haben die Zimmerleute den Notdamm fertig, nun soll er dicht vor dem schwankenden Wellenbrecher hinabgelassen werden. Haltet Steine und Sandsäcke, Bootshaken und Stricke bereit, damit die Menschen den Sieg davontragen!

Da, kurz vor dem entscheidenden Augenblicke, fällt Göstas Blick auf eine weibliche Gestalt, die auf einem Stein am Flußufer sitzt. Die Flammen des Scheiterhaufens beleuchten die in die Wogen Starrende; er kann sie durch den Nebel und Schaum hindurch nicht deutlich erkennen, aber wieder und wieder kehrt sein Auge zu ihr zurück. Immer wieder muß er sie ansehen. Es ist ihm, als habe diese Frau gerade ihm etwas Bestimmtes zu sagen.

Unter allen den Hunderten, die am Flußufer schaffen und arbeiten, ist sie die einzige, die müßig ist, und zu ihr müssen seine Blicke immer wieder zurückkehren; er sieht nur sie allein.

Sie sitzt so dicht am Wasser, daß die Wellen gegen ihre Füße schlagen und sie mit Schaum bespritzen. Sie muß ganz durchnäßt sein. Sie ist dunkel gekleidet, hat ein schwarzes Tuch um den Kopf; zusammengekauert sitzt sie da, stützt das Kinn in die Hand und hält den Blick unverwandt auf Gösta gerichtet, der dort auf dem Wellenbrecher steht. Er fühlt, wie dieser starre Blick ihn lockt und zieht, obgleich er nicht einmal ihr Gesicht zu erkennen vermag; er denkt an nichts anderes mehr als an das Weib, das da am Rande der weißen Wogen sitzt.

»Es ist die Nixe des Löfven, die aus dem Flusse herausgestiegen ist, um mich ins Unglück zu locken«, denkt er. »Sie sitzt da und lockt und lockt – ich muß sie wegjagen.«

Es ist ihm, als seien alle diese Wogen mit den weißen Köpfen die Heerscharen der schwarzen Frau; sie hat sie aufgestachelt, hat sie zum Angriff gegen ihn geführt.

»Ich muß sie wahrhaftig fortjagen!« sagt er.

Er ergreift einen Bootshaken, springt ans Land und eilt auf die Frauengestalt zu.

Er verläßt seinen Platz am äußersten Rand des Wellenbrechers, um die Nixe zu verjagen. In diesem Augenblick der höchsten Erregung war es ihm, als ob die bösen Mächte der Tiefe mit ihm kämpften. Er wußte selbst nicht, was er eigentlich dachte, was er glaubte; er fühlte nur, daß er die schwarze Gestalt von dem Stein am Flußufer wegjagen müsse.

Ach, Gösta, warum steht dein Platz leer im entscheidenden Augenblick? Jetzt kommen sie mit dem Notdamm; die Männer stellen sich in einer langen Reihe auf dem Wellenbrecher auf, sie haben Stricke, Steine und Sandsäcke bereit, um ihn zu beschweren und ihn festzuhalten, sie stehen bereit, sie warten, sie lauschen. Wo ist der Anführer? Läßt sich jetzt die Stimme, die befehlen soll, nicht vernehmen?

Nein, Gösta Berling jagt der Nixe nach, seine Stimme ertönt nicht, sein Befehl führt die Leute nicht mehr.

Da muß der Notdamm ohne ihn hinabgesenkt werden. Die Wogen weichen zurück, er stürzt in die Tiefe und Steine und Sandsäcke ihm nach. Aber wie könnte ein solches Werk ohne einen Anführer vollbracht werden? Vorsicht und Ordnung fehlen. Die Wogen stürmen wieder heran, mit erneuter Wucht brechen sie sich an diesem neuen Hindernis, sie wälzen die Sandsäcke weg, reißen die Stricke entzwei, spülen die Steine fort; und es glückt ihnen, es glückt ihnen! Hohnlachend und jubelnd heben sie das ganze Gerüst auf starke Schultern, reißen und ziehen an ihm – jetzt ist es in ihrer Gewalt. Fort mit dem erbärmlichen Verteidigungswerk, hinein in den Löfven mit ihm! Und dann geht es aufs neue gegen den wankenden hilflosen Steindamm.

Aber Gösta Berling macht Jagd auf die Nixe. Sie sieht ihn mit hoch erhobenem Bootshaken auf sich zukommen, und sie erschrickt. Es sieht einen Augenblick aus, als wolle sie sich ins Wasser stürzen, doch sie besinnt sich und flüchtet ans Land.

»Nixe!« ruft Gösta Berling und schwingt den Bootshaken über ihr. Sie eilt ins Erlengebüsch am Ufer, drückt sich ins dichte Gesträuch und bleibt dort stehen.

Da wirft Gösta den Bootshaken weg, tritt zu ihr und legt ihr die Hand auf die Schulter.

»Ihr seid heute spät draußen, Gräfin Elisabet«, sagt er.

»Laßt mich, Herr Berling, laßt mich nach Hause gehen!«

Er gehorcht sogleich und wendet sich von ihr ab.

Da sie aber nicht nur eine vornehme Dame, sondern auch ein gutherziges Weib ist, das den Gedanken, einen Menschen zur Verzweiflung gebracht zu haben, nicht aushalten kann, da sie auch ein kleiner Blumenengel ist, der immer Rosen genug in seinem Korb hat, um den ödesten Weg damit zu schmücken, bereut sie ihre Worte schnell: sie geht ihm nach und ergreift seine Hand.

»Ich kam«, stammelte sie, »ich kam, um ... o Herr Berling, Ihr habt es doch nicht getan! Sagt mir, daß Ihr es nicht getan habt ... Ich war so erschrocken, als Ihr mir nachlieft, und doch kam ich nur, um Euch zu treffen. Ich wollte Euch bitten, nicht mehr daran zu denken, was ich neulich gesagt habe, und wieder wie sonst zu uns nach Borg zu kommen.«

»Wie seid Ihr hierhergekommen, Frau Gräfin?«

Sie lacht erregt.

»Ich wußte wohl, daß ich zu spät kommen würde, aber ich wollte niemand sagen, daß ich hierherging, und über den See kann man, wie Ihr wißt, nicht mehr fahren.«

»Seid Ihr über den See zu Fuß gegangen?«

»Ja freilich. Aber, Herr Berling, sagt mir nun alles. Seid

Ihr verlobt? Ach, ich möchte so gern, daß es nicht der Fall wäre, das werdet Ihr verstehen. Glaubt mir, es ist ein großes Unrecht; und ich habe das Gefühl, daß ich schuld daran sei. Ihr hättet Euch meine Worte nicht so sehr zu Herzen nehmen sollen. Ich bin eine Fremde, die die Sitten und Gebräuche des Landes nicht kennt. Es ist so leer auf Borg, seit Ihr uns nicht mehr besucht, Herr Berling.«

Gösta Berling steht auf dem sumpfigen Boden zwischen dem nassen Erlengestrüpp, und doch ist ihm, als lasse jemand Rosen auf ihn herabregnen. Er watet bis an die Knie in Rosen, sie leuchten ihm aus dem Dunkel entgegen, er saugt gierig ihren Duft ein.

»Ist es wirklich geschehen?« fragt sie wieder.

Er muß sich entschließen, ihr zu antworten, um ihrer Angst ein Ende zu machen, obgleich er eine so große Freude darüber empfindet. Es wird ihm so warm und wonnig ums Herz, wenn er bedenkt, welchen Weg sie gemacht hat, wie durchnäßt sie ist, wie verfroren, wie ängstlich sie sein muß, und wie verweint ihre Stimme klingt.

»Nein«, sagt er, »ich bin nicht verlobt.«

Da ergreift sie noch einmal seine Hand und drückt sie innig.

»Ich bin so froh, so froh«, sagt sie, und ihre bisher von Angst zusammengeschnürte Brust erbebt jetzt in heftigem Schluchzen.

Nun ist der Weg des Poeten ganz mit Blumen bestreut; alles Böse, aller Haß verschwindet aus seinem Herzen.

»Wie gut Ihr seid, wie gut!«flüstert er.

Dicht neben ihm laufen die Wogen Sturm auf Ekebys Ehre und Glanz. Jetzt haben die Leute keinen Führer mehr, niemand, der ihnen Mut und Hoffnung einflößt; jetzt stürzt der Wellenbrecher, die Wogen schlagen über ihm zusammen und wälzen sich siegesgewiß nach der Landzunge, wo die Schmiede und die Mühle stehen. Niemand macht noch einen Versuch, den Wassern Widerstand zu leisten, niemand denkt an etwas anderes, als sein Leben und sein Hab und Gut zu retten.

Die beiden jungen Menschen finden es ganz selbstverständlich, daß Gösta die Gräfin nach Hause begleitet; er kann sie doch nicht allein lassen in der dunklen Nacht, kann sie nicht noch einmal allein über die schmelzende Eisdecke wandern lassen. Es fällt ihnen gar nicht ein, daß er eigentlich an der Schmiede sein müßte, sie sind so glücklich, daß ihre Freundschaft wieder hergestellt ist.

Nun liegt es recht nahe, zu glauben, daß diese jungen Menschen von warmer Liebe füreinander erfüllt seien, aber wer kann das sicher wissen? In einzelnen abgerissenen Stücken ist das strahlende Märchen ihres Lebens zu mir gedrungen. Von dem, was im tiefsten Innern ihrer Seele vorging, weiß ich nichts, so viel wie nichts. Was kann ich also von den Beweggründen ihrer Handlungen berichten? Ich weiß nur, daß in jener Nacht ein schönes, junges Weib sein Leben, seine Ehre, seinen Ruf, seine Gesundheit aufs Spiel setzte, um einen armen Verlorenen wieder auf den rechten Weg zurückzuführen. Ich weiß nur, daß in jener Nacht Gösta Berling die Macht und den Glanz des geliebten Hofes preisgab, um sie, die um seinetwillen die Furcht vor dem Tode, vor der Schande und vor der Strafe überwunden hatte, nach Hause zu begleiten.

Oft habe ich die beiden in jener schrecklichen Nacht, die doch für sie so gut endete, in Gedanken über das Eis begleitet. Ich glaube nicht, daß sich in ihren Seelen etwas Verstecktes oder etwas Verbotenes fand, das gerade jetzt unterdrückt und erstickt werden mußte, während sie über den See wanderten und munter von allem plauderten, was in der Zeit ihrer Trennung vorgefallen war.

Er ist wieder ihr Sklave, ihr Page, der zu ihren Füßen liegt, und sie ist seine Dame.

Sie sind nur froh, nur glücklich. Keines sagt ein Wort, das auf Liebe schließen ließe.

Lachend waten sie durch das Wasser am Ufer. Sie lachen, wenn sie den Weg finden, sie lachen, wenn sie ihn verlieren, wenn sie ausgleiten, wenn sie fallen, wenn sie wieder aufstehen – immer lachen sie.

Es ist wieder zum fröhlichen Spiel geworden, das herrliche Leben, und sie sind Kinder, die unartig gewesen waren und sich gezankt hatten. Ach, wie schön ist es, wieder versöhnt zu sein und wieder miteinander spielen zu können!

Gerüchte entstanden und verbreiteten sich. Nach einiger Zeit drang die Erzählung von der nächtlichen Wanderung der Gräfin auch zu Anna Stjärnhök.

»Jetzt seh ich, daß Gottes Bogen mehr als eine Sehne hat«, sagte sie. »Ich werde mein Herz zur Ruhe bringen und bleiben, wo man meiner bedarf. Gott kann auch ohne meine Hilfe einen Mann aus Gösta Berling machen.«

Die Buße

Liebe Freunde, wenn es geschehen sollte, daß ihr auf eurem Wege einem armen unglücklichen Geschöpf begegnet, einem traurigen Wesen, dem der Hut auf dem Rücken hängt, und das die Schuhe in der Hand trägt, um keinen Schutz gegen den Sonnenbrand oder gegen die Steine des Weges zu haben, einem verteidigungslosen Menschen, der aus freiem Willen alles Unglück auf sein Haupt herabruft, dann geht mit stiller Scheu an ihm vorüber. Es ist ein Büßer auf der Pilgerfahrt nach dem heiligen Grabe.

Der Büßer muß eine Kutte tragen und von Wasser und Brot leben, und wäre er auch ein König. Er muß zu Fuß gehen und darf nicht fahren. Er muß betteln und darf nichts besitzen. Er muß auf Disteln schlafen und auf den Knien über die harten Grabsteine rutschen. Er muß die geknotete Geißel auf seinen Rücken fallen lassen. Er darf nur im Leiden Genuß, nur im Kummer Freude finden.

Die junge Gräfin Elisabet gehörte auch einst zu denen, die die Kutte trugen und die dornenvollen Pfade wandelten. Ihr Herz klagte sie der Sünde an. Es verlangte nach Schmerz wie der Müde nach einem warmen Bade. Schweres Unheil brachte sie über sich, während sie jubelnd in die Nacht der Leiden hinabstieg.

Ihr Gatte, der junge Graf mit dem Greisenhaupt, kehrte am Morgen nach der Nacht, in der die Frühlingsfluten die Ekebyer Schmiede und Mühle überschwemmten, nach Hause zurück. Er war kaum angelangt, als Gräfin Märta ihn zu sich rufen ließ und ihm gar seltsame Dinge erzählte.

»Deine Frau ist heute nacht aus gewesen, Henrik. Sie war mehrere Stunden lang fort und kam in Begleitung eines Mannes zurück. Ich hörte, wie er ihr gute Nacht sagte. Ich weiß auch, wer er war. Ich hörte deine Frau fortgehen und wiederkommen, obgleich es wohl nicht ihre Absicht war, daß ich es wüßte. Sie betrügt dich, Henrik. Ja, sie hintergeht dich, das scheinheilige Geschöpf, das an alle Fenster Filetgardinen hängt, nur um mich zu ärgern. Sie hat dich nie geliebt, mein armer Junge. Ihr Vater wollte sie nur mit einem reichen Manne verheiratet sehen. Sie nahm dich nur, um versorgt zu sein.«

Gräfin Märta wußte die Sache so hinzustellen, daß der Graf ganz außer sich geriet. Er wollte sich scheiden lassen. Er wollte seine Frau zu ihrem Vater zurückschicken.

»Nein, mein Sohn«, sagte die Gräfin, »auf diese Weise würde sie erst recht ganz zugrunde gerichtet. Sie ist verwöhnt und schlecht erzogen. Aber überlaß sie mir, ich werde sie auf den Weg der Pflicht zurückführen.«

Da ließ der Graf seine Frau rufen und erklärte ihr, daß sie fortan unter der Aufsicht seiner Mutter stehe.

Ach, welch eine Szene! Ein jammerwürdigerer Auftritt als der nun folgende hat sich wohl nie in diesem dem Unglück geweihten Hause abgespielt!

Viele böse Worte ließ der junge Ehemann seine Frau hören. Er hob die Hände gen Himmel und klagte Gott an, daß er zugelassen habe, daß ein schamloses Weib seinen Namen durch den Schmutz ziehe. Er hielt seiner Frau die geballte Faust vors Gesicht und fragte sie, welche Strafe für ein solches Verbrechen wie das ihre groß genug sei?

Sie fürchtete sich gar nicht vor ihrem Manne. Sie sagte, sie habe schon einen schrecklichen Schnupfen bekommen, das sei wohl Strafe genug.

»Elisabet«, sagte die Gräfin Märta, »dies ist nicht zum Scherzen.«

»Wir beide«, erwiderte die junge Gräfin, »haben uns nie darüber einigen können, wann die richtige Zeit zum Scherzen sei.«

»Aber du mußt doch verstehen, Elisabet, daß keine ehrbare Frau mitten in der Nacht ihr Haus verläßt, um mit einem berüchtigten Abenteurer umherzustreifen.«

Da erkannte Elisabet Dohna, daß ihre Schwiegermutter ihr Verderben beschlossen hatte, und daß sie aufs äußerste kämpfen müsse, wenn es dieser Frau nicht gelingen sollte, fürchterliches Unglück über sie zu bringen.

»Henrik«, bat sie, »laß deine Mutter nicht zwischen uns treten. Ich will dir erzählen, wie sich alles zugetragen hat. Du bist gerecht, du wirst mich nicht ungehört verdammen. Ich will dir alles sagen, und du wirst sehen, daß ich nur so gehandelt habe, wie du es mich gelehrt hast.«

Der Graf nickte schweigend zum Zeichen seiner Einwilligung, und Gräfin Elisabet erzählte nun, wie sie dazu gekommen war, Gösta Berling auf den Weg des Bösen zu treiben. Sie erzählte alles, was in dem blauen Kabinett vorgegangen war, und wie ihr Gewissen sie getrieben habe, den zu retten, dem sie Unrecht getan hatte. »Denn ich war ja nicht berechtigt gewesen, ihn zu verurteilen«, sagte sie, »und mein Mann hat mich selbst gelehrt, daß uns kein Opfer zu groß sein dürfe, wenn es sich darum handle, ein Unrecht wieder gutzumachen, nicht wahr, Henrik?«

Der Graf wandte sich an seine Mutter.

»Was sagst du dazu, Mutter?« fragt er.

Sein kleiner Körper war jetzt ganz steif vor Würde, und seine hohe, schmale Stirn war in majestätische Falten gelegt.

»Ich«, sagte die Gräfin Märta, »ich sage, daß Anna Stjärnhök ein kluges Mädchen ist, und daß sie wohl wußte, was sie tat, als sie Elisabet diese Geschichte erzählte.«

»Es beliebt meiner Mutter, mich mißzuverstehen«, sagte der Graf. »Ich frage dich, wie es sich mit dieser Geschichte verhält? Hat die Gräfin Märta Dohna wirklich versucht, ihre Tochter, meine Schwester Ebba, zu einer Ehe mit einem abgesetzten Pfarrer zu überreden?«

Gräfin Märta schwieg einen Augenblick. Ach, dieser Henrik war doch zu dumm! Jetzt jagte er einer ganz falschen Spur nach. Ihr Jagdhund verfolgte ja den Jäger selbst und ließ den Hasen laufen. Aber wenn Märta Dohna auch einen Augenblick um eine Antwort verlegen gewesen war, sie besann sich schnell.

»Lieber Freund«, sagte sie mit einem Achselzucken, »wir haben guten Grund, alle diese alten Geschichten von dem unglücklichen Manne ruhen zu lassen, und aus demselben Grunde bitte ich dich jetzt auch, allen öffentlichen Skandal zu vermeiden. Es ist nämlich höchst wahrscheinlich, daß er in dieser Nacht ums Leben gekommen ist.«

Sie sprach es in einem sanften, teilnehmenden Ton; aber es war kein wahres Wort an ihrer Rede.

»Elisabet hat heute lange geschlafen und deshalb nicht gehört, daß schon rings um den See Leute ausgesandt worden sind, um Herrn Berling zu suchen. Er ist nicht nach Ekeby zurückgekehrt, und man fürchtet, daß er ertrunken sei. Das Eis ist heute morgen aufgegangen. Sieh, der Sturm hat es in tausend Stücke zersplittert.«

Gräfin Elisabet schaute hinaus; der See war beinahe eisfrei.

Da schämte sie sich über sich selbst. Sie hatte sich Gottes Gerechtigkeit entziehen wollen. Sie hatte gelogen und geheuchelt; sie hatte sich in den weißen Mantel der Unschuld gehüllt.

In ihrer Verzweiflung warf sie sich vor ihrem Gatten nieder, und das Bekenntnis drang unaufhaltsam über ihre Lippen.

»Richte mich, verstoße mich! Ich hab ihn geliebt. Zweifle nicht daran, daß ich ihn geliebt habe! Ich zerraufe mir das Haar, zerreiße meine Kleider vor Schmerz. Alles ist mir jetzt gleichgültig, wo er tot ist. Ich mache mir nichts mehr daraus, mich zu verteidigen. Du sollst die ganze

Wahrheit erfahren. Ich habe mein Herz von meinem Manne gewandt und es einem Fremden geschenkt. Ach, ich bin eine Verworfene, ich bin eine von denen, die sich zu verbotener Liebe haben hinreißen lassen!«

Du junges verzweifeltes Weib! Winde dich zu den Füßen deiner Richter und sag ihnen alles! Willkommen Märtyrertum! Willkommen Schande, willkommen! Ach, wie kannst du nur den Himmel zwingen, seinen Blitzstrahl auf dein junges Haupt herabzuschleudern! Sag deinem Gatten, wie du erschrakst, als die Leidenschaft dich heftig und unwiderstehlich ergriff, und wie du vor der Schlechtigkeit deines Herzens zurückschaudertest. Du wärst ja lieber den Gespenstern auf dem Kirchhof entgegengetreten als den Dämonen in deiner eigenen Brust.

Sag ihnen, wie du dich von Gottes Angesicht verbannt, dich unwürdig gefühlt hast, auf Erden zu wandeln. In Gebet und Tränen hast du gekämpft. »O Gott, rette mich! O du Sohn Gottes, der du die Teufel ausgetrieben hast, rette mich!« hast du gebetet.

Sag ihnen, daß du glaubtest, es sei am besten, alles zu verschweigen. Niemand sollte deine Schlechtigkeit kennenlernen. Daß du meintest, es sei Gott wohlgefällig, so zu handeln. Du glaubtest auch, auf Gottes Wegen zu wandeln, als du den Mann, den du liebtest, retten wolltest. Er ahnte nichts von deiner Liebe. Er sollte nicht deinetwegen verloren gehen. Wußtest du, was recht und was unrecht war? Gott allein wußte es, und er hat dich gerichtet. Er hat den Abgott deines Herzens geschlagen. Er hat dich auf die breite Straße der Rettung, auf den Weg der Buße geführt.

Sag ihnen, du wissest wohl, daß in der Verheimlichung keine Erlösung zu finden sei. Die Dämonen lieben die Finsternis. Die Hände deiner Richter möchten nur nach der Geißel greifen! Die Strafe werde wie lindernder Balsam auf die Wunden der Sünde fallen. Dein Herz sehne sich nach Leiden.

Sag ihnen das alles, während du vor ihnen auf den Knien liegst und die Hände ringst in heftigem Schmerze, während du die Worte in dem irren Tone der Verzweiflung hervorstößt und den Gedanken an Schande und Strafe mit schrillem Lachen begrüßt, bis endlich dein Mann dich ergreift und vom Boden aufzieht.

»Betrage dich so, wie es einer Gräfin Dohna geziemt, oder ich muß meine Mutter bitten, dich wie ein Kind zu züchtigen.«

»Mache mit mir, was du willst.«

Da sprach ihr der Graf das Urteil.

»Meine Mutter hat für dich gebeten«, sagte er, »deshalb darfst du auch ferner in meinem Hause bleiben. Aber von jetzt an wird sie befehlen, und du wirst gehorchen.«

Seht den Weg der Buße! Die junge Gräfin ist die geringste unter den Mägden geworden. Wie lange, ach, wie lange!

Wie lange soll ein stolzes Haupt sich beugen? Wie lange sollen ungeduldige Lippen schweigen und eine heftige Hand sich zurückhalten?

Süß ist das Elend der Demütigung. Während der Rükken von harter Arbeit schmerzt, ist das Herz still. Wer nur kurze Stunden auf einem harten Strohlager schlafen darf, zu dem kommt der Schlaf ungerufen.

Mag die ältere Frau sich immerhin in einen bösen Geist verwandeln, um die junge ordentlich plagen zu können; diese dankt ihr doch als ihrer Wohltäterin. Noch ist das Böse in ihr nicht erstorben. Jage die Todmüde jeden Morgen um vier aus dem Schlafe auf! Gib der ungeübten Arbeiterin eine übergroße Aufgabe an dem schweren Webstuhl! Das ist gut. Die Büßerin hätte vielleicht nicht Kraft genug, um die Geißel selbst genügend stark zu schwingen.

Als die große Frühjahrswäsche gehalten wird, stellt Gräfin Märta sie an den Zuber im Waschhaus, und sie kommt selbst, um nachzusehen, wie die Ärmste diese Arbeit verrichtet.

»Das Wasser ist zu kalt in deinem Zuber«, sagt sie, schöpft siedendes Wasser aus einem Kessel und gießt es ihrer Schwiegertochter über die bloßen Arme.

Als die Wäscherinnen die Wäsche drunten am See spülen, ist es sehr kalt. Regenschauer kommen dahergezogen und übergießen sie mit Schnee und Regen. Triefend naß und schwer wie Blei werden die Kleider der Wäscherinnen. Die Arbeit mit dem Waschholz ist sehr mühsam; das Blut springt der jungen Frau unter den feinen Nägeln hervor.

Aber Gräfin Elisabet klagt nicht. Gelobt sei Gottes Gnade! Wo findet der Büßer eine Erquickung als im Leiden? Die Stacheln der Geißel fallen so weich auf den Rücken, als wären es Rosenblätter.

Die junge Frau erfährt bald, daß Gösta Berling lebt. Die Alte hat ihr nur mit List das Bekenntnis entlocken wollen. Aber was tut es? Seht Gottes Wege! Seht Gottes Regiment! Er hat die Sünderin auf den Weg der Versöhnung geleitet.

Nur eins beängstigt sie. Wie wird es ihrer Schwiegermutter gehen, deren Herz Gott um ihretwillen verhärtet hat? Ach, er wird sie milde richten! Sie mußte ja böse sein, um der Sünderin zu helfen, Gottes Liebe wiederzugewinnen.

Sie wußte nicht, wie oft eine Seele, die alle andere Wollust gekostet hat, zuletzt einen wirklichen Genuß in der Grausamkeit findet. Wenn die unduldsame, verfinsterte Seele Schmeicheleien, Liebkosungen, den Rausch des Tanzes und die Aufregung des Spiels entbehren muß, taucht sie nieder in ihre dunkelste Tiefe und holt die Grausamkeit hervor. In der Tier- und Menschenquälerei findet sich noch ein Kitzel für die erschlafften Gefühle.

Die Alte ist sich nichts Böses bewußt. Sie glaubt, nur eine leichtsinnige Gattin zu züchtigen; sie liegt nachts oft stundenlang wach und denkt sich neue Quälereien aus.

Eines Abends muß die Gräfin sie auf ihrer Runde durchs Haus begleiten und ihr leuchten. Die junge Gräfin trägt die Kerze ohne Leuchter in der Hand.

»Das Licht ist heruntergebrannt«, sagt sie.

»Wenn die Kerze heruntergebrannt ist, dann laß den Leuchter brennen«, erwidert die Gräfin Märta.

Und sie gehen weiter, bis der qualmende Docht in der verbrannten Hand erlischt.

Aber dies sind nur Kleinigkeiten. Es gibt eine Seelenqual, die alle körperliche Pein übersteigt. Gräfin Märta gibt eine Gesellschaft und läßt die Hausfrau an ihrem eigenen Tische die Gäste bedienen.

Seht, dies ist der große Tag der Büßerin! Fremde Menschen werden sie in ihrer Erniedrigung sehen. Sie werden sehen, daß sie nicht mehr würdig ist, am Tische ihres Mannes zu sitzen. Und mit welchem Hohn werden die kalten Blicke auf ihr ruhen! Und doch kommt es noch schlimmer, dreimal schlimmer! Nicht ein Blick begegnet dem ihren. Alle Gäste sitzen stumm und trübselig am Tisch.

Das brennt sie wie glühende Kohlen. Ist denn ihre Sünde gar so schrecklich? Ist es eine Schande, in ihrer Nähe zu sein?

Dann kommt die Versuchung. Seht! Anna Stjärnhök, ihre einstige Freundin, und der Munkeruder Amtmann, Annas Tischnachbar, halten sie fest, als sie zu ihnen kommt. Sie nehmen ihr die Bratenschüssel aus der Hand, schieben ihr einen Stuhl hin und wollen sie nicht gehen lassen.

»Setz dich zu uns, Kind«, sagt der Amtmann. »Du hast nichts Böses getan.«

Und wie aus einem Munde erklären nun alle Gäste, daß sie sogleich gehen würden, wenn sie sich nicht zu ihnen setze. Sie seien keine Henkersknechte und nicht die Bedienten der Gräfin Märta. Sie ließen sich nicht so leicht betrügen wie gräfliche Schafsköpfe.

»O ihr guten Herren! O ihr geliebten Freunde! Seid nicht so unbarmherzig. Ihr zwingt mich, meine Sünde selber auszuposaunen. Ich habe einen anderen zu lieb gehabt.«

»Kind, du weißt ja gar nicht, was Sünde ist. Du weißt nicht, wie unschuldig du bist. Gösta Berling wußte ja nicht einmal, daß du ihn lieb hattest. Nimm jetzt wieder deinen Platz in deinem Hause ein. Du hast nichts Böses getan.«

Für eine Weile flößen sie ihr Mut ein, und sie sind selbst plötzlich so fröhlich wie die Kinder. Scherzen und Lachen ertönen rings im Kreise.

Die heißblütigen, leichtgerührten Menschen sind so gut; und doch sind sie vom Versucher ausgesandt. Sie wollen ihr weismachen, daß sie eine Märtyrerin sei; sie spotten offen über Gräfin Märta und nennen sie eine alte Hexe. Aber sie verstehen eben den wirklichen Sachverhalt nicht. Sie wissen nicht, wie die Seele sich nach Reinheit sehnt, nicht, wie der Büßer von dem eigenen Herzen gezwungen wird, sich der Glut der Sonne und den Steinen des Weges auszusetzen.

Bisweilen zwingt Gräfin Märta ihre Schwiergertochter, den ganzen Tag am Stickrahmen zu sitzen, und dann erzählt sie ihr endlose Geschichten von Gösta Berling, dem Pfarrer und Abenteurer. Wenn ihr Gedächtnis nicht ausreicht, dann dichtet sie selbst neue Geschichten dazu und sorgt nur dafür, daß sein Name den ganzen Tag hindurch der jungen Frau in den Ohren klingt. Davor fürchtet sich Gräfin Elisabet am meisten. An solchen Tagen erkennt sie, daß ihre Buße nie ein Ende nehmen wird. Ihre Liebe will nicht sterben. Sie glaubt, daß eher sie selbst sterben wird als ihre Liebe. Die Kräfte ihres Körpers sind allmählich erschöpft. Sie fühlt sich oft sehr krank.

»Nun, warum zögert dein Held?« fragt die Gräfin Märta höhnisch. »Tag für Tag habe ich ihn an der Spitze der Kavaliere erwartet. Warum erstürmt er Schloß Borg nicht, setzt dich auf den Thron und wirft mich und deinen Mann gebunden in den Turm? Bist du schon vergessen?«

Elisabet fühlt sich beinahe versucht, ihn zu verteidigen und zu sagen, daß sie selbst jede Hilfe von ihm zurückgewiesen habe. Aber nein, schweigen ist besser, schweigen und dulden.

Immer mehr werden ihre Kräfte von der täglichen Überanstrengung aufgezehrt. Sie hat beständig Fieber und ist so matt, daß sie sich kaum aufrechthalten kann. Sie möchte nur noch sterben. Die frische Lebenskraft ist gebrochen. Die Liebe und die Freude wagen nicht mehr, sich zu rühren. Sie hat keine Angst mehr vor dem Leiden.

Es ist, als habe ihr Mann ihr Dasein vollständig vergessen. Er sitzt fast den ganzen Tag auf seinem Zimmer und studiert kaum leserliche Handschriften und alte schmierige Drucksachen.

Er liest auf Pergament gedruckte Adelsbriefe, an denen das schwedische Reichssiegel hängt, das große, gewaltige Wappen des Sveareiches, in rotes Wachs gedrückt und in einer hölzernen Kapsel verwahrt. Er studiert alte Wappenschilder mit Lilien in weißem und Greifen in blauem Felde. Solche Dinge versteht er und weiß sie mit Leichtigkeit zu deuten. Und immer wieder von neuem liest er auch alte Leichenreden und die Lebensläufe der ersten Grafen von Dohna, in denen ihre Taten mit denen der Helden Israels und der Götter Griechenlands verglichen sind.

Seht! Diese alten Sachen sind von jeher seine Freude gewesen; aber an seine junge Frau mag er nicht denken.

Gräfin Märta hat ein Wort gesagt, das seiner Liebe den Todesstoß versetzt hat. »Sie hat dich um deines Geldes willen genommen.« So etwas verträgt kein Mann. Das löscht alle Liebe aus. Jetzt war es ihm gleichgültig, wie es dieser jungen Frau erging. Wenn seine Mutter sie auf den Weg der Pflicht zurückführen konnte, dann war es gut. Graf Henrik Dohna bewunderte seine Mutter in hohem Grade.

Dieses Elend dauerte einen ganzen Monat. Doch war diese Zeit nicht so stürmisch und bewegt, wie es den Anschein hat, wenn die Ereignisse auf wenige beschriebene Seiten zusammengedrängt sind. Gräfin Elisabet hat, wie es heißt, äußerlich immer ihre Ruhe bewahrt. Nur das einemal, als man ihr Gösta Berlings vermeintlichen Tod mitteilte, war sie vor ihrer Gemütsbewegung überwältigt worden. Aber ihre Gewissensangst darüber, daß sie ihrem Mann ihre Liebe nicht hatte erhalten können, war so groß, daß sie sich wahrscheinlich von Gräfin Märta hätte zu Tode martern lassen, wenn nicht eines Abends die alte Haushälterin mit ihr geredet hätte.

»Die Frau Gräfin müssen mit dem Herrn Grafen reden«, sagte die Alte. »Lieber Gott, die Frau Gräfin ist das reine Kind. Ihr wißt wohl selbst nicht, was Euch bevorsteht.«

Aber gerade das konnte sie ihrem Manne nicht sagen, solange er einen solchen Verdacht gegen sie hegte.

In der darauffolgenden Nacht kleidete sie sich leise an und ging aus dem Hause. Sie war wie ein einfaches Bauernmädchen gekleidet und trug ein Bündel in der Hand. Sie hatte die Absicht, aus ihrer bisherigen Heimat zu entfliehen und nie wieder dahin zurückzukehren.

Sie floh nicht, um sich den Leiden und der Quälerei zu entziehen. Sie glaubte vielmehr, Gott habe ihr ein Zeichen gegeben, daß sie jetzt gehen dürfe, um sich die Kräfte und die Gesundheit ihres Körpers zu erhalten.

Sie wandte sich nicht gen Westen über den See, denn dort wohnte er, den sie so innig liebte. Sie ging auch nicht nach Norden, denn dort wohnten viele Freunde und auch nicht nach Süden, denn weit, weit im Süden lag ja ihr Vaterhaus, und diesem wollte sie auch nicht einen Schritt näher kommen. Nach Osten wendete sie sich, dort gab es für sie, wie sie wohl wußte, keine Heimat, keinen geliebten Freund, keine bekannte Seele, keine Hilfe, keinen Trost.

Sie ging nicht mit leichten Schritten, denn sie fühlte sich noch nicht mit Gott versöhnt. Und doch war sie froh, daß sie von nun an die Last ihrer Sünde unter Fremden tragen durfte. Die gleichgültigen Blicke fremder Menschen würden auf ihr ruhen und ihr wohltun, wie die Berührung von kaltem Stahl einem geschwollenen Gliede wohltut.

Ihre Absicht war, immer weiter zu wandern, bis sie eine ärmliche Hütte am Waldessaum fände, wo niemand sie kannte. »Ihr seht, wie es um mich steht, und meine Eltern haben mich fortgejagt«, wollte sie sagen. »Gebt mir Nahrung und Kleidung und Obdach, bis ich mir selbst mein Brot verdienen kann. Ich bin nicht ganz ohne Geld.«

Und so wanderte sie fürbaß in der hellen Juninacht, denn der Mai war unter ihrer schweren Leidenszeit vergangen. Ach, der Mai, der Wonnemonat, wo die Birken ihr lichtes Grün in das Dunkel der Tannenwälder mischen, und wo der Südwind wieder aus fernen südlichen Ländern von Wärme gesättigt gezogen kommt!

Undankbarer als andere mag ich dir erscheinen, ich, die deine Gaben genossen hat, du schöner Monat. Mit keinem Wort habe ich deinen Liebreiz beschrieben.

Ach lieber Mai, du lieber, holder Monat, hast du jemals ein Kind beobachtet, das auf dem Schoße der Mutter sitzt und den Sagen lauscht, die sie ihm erzählt? Solange das Kind von grausamen Riesen und den bitteren Leiden schöner Prinzessinnen hört, hält es den Kopf aufrecht und die Augen offen; wenn aber die Mutter von Glück und Sonnenschein zu erzählen beginnt, dann schließt das Kind seine Augen, und, das Köpfchen an die Brust der Mutter geschmiegt, schlummert es sanft ein.

Siehe, du schöner Monat, ein solches Kind bin auch ich! Mögen andere sich von Blumen und Sonnenschein erzählen lassen, ich wähle die dunklen Nächte voller Spukgestalten und Abenteuer, ich wähle die harten Schicksale, die schweren Leiden der von heißer Leidenschaft erfüllten Herzen.

Das Ekebyer Eisen

Es war Frühling, und das Eisen von allen värmländischen Eisenwerken sollte nach Göteborg geschickt werden.

Aber auf Ekeby fand sich kein Eisen zum Versenden. Im Herbst war lange Zeit großer Wassermangel gewesen, und im Frühling hatten die Kavaliere regiert.

Zu ihrer Zeit schäumte starkes, würziges Bier die breiten Granitstufen des Björkseefalls herab, und der Löfven war nicht mit Wasser, sondern mit Branntwein gefüllt. Zu ihrer Zeit lagen keine Eisenstangen in der Esse, sondern die Schmiede standen in Hemdärmeln und Holzschuhen vor dem Feuer und drehten ungeheure Braten an langen Spießen, während die Schmiedegesellen gespickte Kapaunen mit langen Zangen über die Glut hielten. Man schlief auf der Hobelbank und spielte auf dem Amboß Karten. In jenen Tagen wurde kein Eisen geschmiedet.

Doch der Frühling kam, und auf den Kontoren der Großhändler in Göteborg fing man an, nach dem Ekebyer Eisen auszuschauen. Man holte die mit dem Major und der Majorin abgeschlossenen Kontrakte hervor, in denen es sich um Lieferungen von vielen hundert Zentnern handelte.

Aber was kümmerten die Kavaliere sich um die Kontrakte der Majorin? Sie mußten die Freude, das Geigenspiel und die Festgelage im Gang erhalten. Sie paßten auf, daß der Tanz über die Hügel hinginge.

Von Stömme kam Eisen, und es kam Eisen von Sölje. Das Eisen vom Kymsberg fand seinen Weg durch die Wildnis bis hinunter an den Wenern. Von Uddeholm kam Eisen, und von Munkfors, und von allen den übrigen Eisenwerken ringsumher. Aber wo blieb das Eisen aus Ekeby?

Ist denn Ekeby nicht mehr das erste Eisenwerk in ganz Värmland? Wacht niemand mehr über die Ehre des alten Gutes? Ach nein, sie ist wie Asche dem Winde überlassen, den Händen nachlässiger Kavaliere. Sie jagen dem Tanz und dem Vergnügen nach. Was könnte ihr erbärmliches Gehirn auch sonst ausrichten?

Aber Wasserfälle und Flüsse, Schuiten und Prahme, Häfen und Schleusen wundern sich und fragen: »Kommt denn von Ekeby kein Eisen?«

Und ein Raunen und Flüstern geht vom Walde zum See, von Berg zu Tal: »Kommt das Ekebyer Eisen nicht? Kommt denn gar kein Eisen mehr von Ekeby?«

Und tief drinnen im Walde beginnt der Kohlenmeiler zu lachen, die großen Hammerköpfe in den dunklen Schmieden machen höhnische Gesichter, die Gruben machen den weiten Schlund auf und stimmen ein Hohngelächter an, die Pulte in den Kontoren der Großhändler, wo die Kontrakte der Majorin aufbewahrt sind, schütteln sich vor Lachen. »Habt ihr je so etwas Komisches gehört? In Ekeby gibt es kein Eisen, in dem ersten Eisenwerke von ganz Värmland gibt es kein Eisen.«

Auf, ihr Sorglosen! Ihr Heimatlosen, auf! Wollt ihr eine

solche Schande auf Ekeby sitzen lassen? So wahr ihr den schönsten Ort auf Gottes grüner Erde liebt, so wahr er das Ziel eurer Sehnsucht auf fernen Wegen ist, so wahr ihr seinen Namen nicht ohne feuchte Augen unter Fremden nennen könnt, erhebt euch, Kavaliere, erhebt euch und rettet Ekebys Ehre!

Wenn auch die Hämmer in Ekeby geruht haben, so ist doch wohl auf den andern sechs Eisenwerken gearbeitet worden? Dort muß es Eisen genug geben, ja mehr als genug.

Und Gösta Berling macht sich auf, um mit dem Verwalter der andern sechs Eisenhämmer zu reden.

Er hielt es jedoch nicht für nötig, gleich zuerst auf Högfors, das am Björkseebach dicht bei Ekeby liegt, anzufragen. Dieser Eisenhammer lag nahe bei Ekeby, er hatte sozusagen auch unter dem Regime der Kavaliere gestanden.

Gösta fuhr vielmehr ein paar Meilen weiter nach Norden, bis er an den Lötafors kam. Das ist ohne Zweifel ein hübscher Ort. Der obere Teil des Löfven breitet sich vor ihm aus, und dicht hinter ihm erhebt sich der Gurlittafelsen mit seinem steilen Gipfel in seiner ganzen wildromantischen Schönheit, die so gut für einen alten Berg paßt. Die Schmiede jedoch, die ist nicht so, wie sie sein sollte; das Triebrad ist entzwei und ist es schon das ganze letzte Jahr über gewesen.

»Aber warum habt ihr es denn nicht ausbessern lassen?«

»Ja, lieber Freund, der Schreiner hier, der einzige Schreiner in der Gegend, der es wieder hätte instand setzen können, war anderswo beschäftigt. Wir haben nicht einen einzigen Zentner Eisen herstellen können.«

»Warum habt ihr denn aber nicht nach dem Schreiner geschickt?«

»Nach ihm geschickt? Als ob wir nicht jeden Tag nach ihm geschickt hätten! Aber er hatte ja nie Zeit; er mußte in Ekeby Kegelbahnen und ein Lusthaus zimmern.«

Da wird es Gösta plötzlich klar, wie es ihm auf dieser Reise ergehen wird.

Er fährt weiter gen Norden nach Björnidet. Auch dies ist ein schöner prächtiger Besitz an einem Platze, der einem Schloß anstehen würde. Das große Herrenhaus beherrscht ein halbkreisförmiges Tal, das auf drei Seiten von mächtigen Höhenzügen umgeben ist, und auf der vierten hat es den Löfven, der hier seinen Endpunkt erreicht. Und Gösta weiß, daß man nirgends so schöne Mondscheinspaziergänge machen und so für die Natur schwärmen kann wie hier an dem Ufer des Flusses, am Wasserfall vorbei und nach der Schmiede hinunter, die in einer mächtigen, in den Felsen gesprengten Grotte liegt.

Nein, natürlich nicht. Sie hatten ja keine Kohlen gehabt, und von Ekeby war kein Geld zu erlangen gewesen, um Köhler und Fuhrleute zu bezahlen. Den ganzen Winter hindurch hatte das Werk stillgestanden.

Jetzt wendet sich Gösta wieder nach Süden. Er kommt nach Han am östlichen Ufer des Löfven und nach Löfstafors tief im Walde, – aber auch da ergeht es ihm nicht besser. Nirgends gibt es Eisen, und überall scheint es die Schuld der Kavaliere zu sein, daß es so ist.

Gösta kehrt nach Ekeby zurück, und mit finsterer Miene betrachten die Kavaliere die hundert Zentner, die sie auf Lager haben, und sie lassen beschämt und bekümmert die Köpfe hängen, denn sie hören, wie die ganze Natur über Ekeby lacht, und es ist ihnen, als erbebte die Erde von Schluchzen, als drohten die Bäume mit zornigen Gebärden, als klagten die Gräser und Kräuter über die verlorene Ehre des stolzen Ekeby.

Aber wozu so viele Worte, warum so große Verwunderung? Da ist ja das Eisen von Ekeby!

Da ist es; am Ufer das Klarälf auf Prahme verladen, bereit, den Fluß hinabzufahren, fertig, um in Karlstadt auf der Eisenwaage gewogen und auf einer Wenerschuite nach Göteborg geführt zu werden. So ist sie denn gerettet, die Ehre von Ekeby!

Aber wie ist das möglich? In Ekeby waren ja kaum hundert Zentner Eisen, und auf den andern Eisenhämmern war gar keins gewesen. Wie ist es möglich, daß nun doch schwerbeladene Prahme eine so unerhörte Menge nach der Karlstädter Waage führen können? Ja, danach muß man die Kavaliere fragen.

Die Kavaliere sind selbst an Bord der schweren, häßlichen Fahrzeuge, sie selbst wollen das Eisen von Ekeby nach Göteborg bringen. Kein gewöhnlicher Bootsmann, kein gemeiner Sterblicher darf das Eisen begleiten. Mit Flaschen und Proviantkörben, mit Waldhörnern und Geigen, mit Flinten, Angeln und Spielkarten sind die Kavaliere an Bord gegangen. Sie wollen alles für ihr geliebtes Eisen tun und es nicht verlassen, bis es auf dem Göteborger Kai ausgeladen ist. Sie wollen selbst ein- und ausladen, wollen Segel und Steuer besorgen. Sie sind gerade die rechten Leute für eine solche Aufgabe. Gibt es wohl eine Sandbank im Klarälf, ein Felsenriff im Wenern, die sie nicht kannten? Handhaben sie das Steuer und die Schiffsleine nicht ebensogut wie Violine und Zügel?

Wenn sie etwas auf der Welt lieben, so ist es das Eisen auf den Prahmen. Sie behüten es wie das feinste Glas, sie breiten geteerte Leinwand darüber. Keine noch so kleine Stelle darf unbedeckt bleiben. Diese schweren grauen Stangen sollen ja Ekebys Ehre wieder herstellen. Kein Fremder darf gleichgültige Blicke darauf werfen. O Ekeby, du Land unsrer Sehnsucht, deine Ehre muß leuchten!

Keiner von den Kavalieren ist daheim geblieben. Onkel Eberhard hat sein Schreibpult verlassen, und Vetter Christoffer ist aus seinem Ofenwinkel herausgekrochen. Sogar der sanfte Lövenborg ist dabei. Keiner will zurückbleiben, wenn es Ekebys Ehre gilt.

Doch für Lövenborg ist der Anblick des Klarälf nicht gut. Er hat ihn seit siebenunddreißig Jahren nicht mehr gesehen, und ebensolange hat er kein Boot mehr bestiegen. Er haßt den glatten Spiegel der Seen und die grauen Flüsse. Allzu traurige Erinnerungen stellen sich bei ihm ein, sobald er aufs Wasser kommt, und deshalb meidet er es für gewöhnlich; aber heute hat es ihn nicht zu Hause gelitten. Auch er mußte mit, um Ekebys Ehre zu retten.

Vor siebenunddreißig Jahren hatte Lövenborg nämlich seine Braut im Klarälf ertrinken sehen, und seitdem war sein armer Kopf ganz verwirrt.

Und wie er nun in den Fluß hineinschaut, verwirren sich die Gedanken in seinem alten Gehirn mehr und mehr. Der graue Strom mit seinen vielen glitzernden Wellen ist eine große Schlange mit silbernen Schuppen, die auf Beute lauert. Die hohen, gelben Sandufer, durch die der Fluß sein Bett gegraben hat, sind die Wände einer Fallgrube, auf deren Grunde die Schlange lauert, und die breite Landstraße, die ein Loch in die Bergwand bricht und im tiefen Sand nach der Fähre watet, wo die Prahme vertäut liegen, ist der Eingang zu der schauerlichen Totengrube.

Und der kleine alte Mann schaut mit seinen kleinen blauen Augen unverwandt in den Strom. Sein langes weißes Haar flattert im Winde, und seine sonst von einer sanften Röte gefärbten Wangen sind ganz bleich vor Angst. Er weiß so gewiß, als hätte es ihm jemand gesagt, daß bald ein Mensch auf dem Wege daherkommen und sich in den Rachen der auf ihn lauernden Schlange werfen wird.

Jetzt wollen die Kavaliere abstoßen, und sie ergreifen die langen Stangen, um die Prahme in die Strömung zu treiben, da aber ruft Lövenborg:

»Haltet, um Gottes willen, haltet!«

Sie meinen, es werde ihm schwindlig, weil er das Schaukeln des Prahms fühle, lassen aber doch unwillkürlich die Stangen sinken.

Und er, der den Fluß auf Raub lauern sieht, und weiß, daß notwendigerweise ein Mensch kommen und sich hineinstürzen muß, deutet mit abwehrender Gebärde nach der Landstraße, ganz so, als sähe er jemand herankommen.

Jedermann weiß, wie oft das Leben gerade solche Begegnungen herbeiführt wie die, die nun folgte. Wer sich noch darüber verwundern kann, der möge staunen, daß die Kavaliere gerade am Morgen nach der Nacht, wo Gräfin

Elisabet ihre Wanderung nach Osten antrat, mit ihren Prahmen an der Fähre des Klarälf lagen. Und doch wäre es noch viel merkwürdiger gewesen, wenn die junge Frau keine Hilfe in ihrer Not gefunden hätte.

Der Zufall wollte es, daß sie, die die ganze Nacht gewandert war, gerade in dem Augenblick, wo die Kavaliere vom Ufer abstoßen wollten, auf der zu der Fähre führenden Landstraße auftauchte. Sie ließen, wie schon gesagt, bei Lövenborgs Worten die Bootshaken sinken und sahen zu, wie die Gräfin am Ufer anlangte, wie sie mit dem Fährmann sprach und wie dieser sein Boot losmachte. Gräfin Elisabet war wie ein Bauernmädchen gekleidet, und die Kavaliere hatten keine Ahnung, wen sie dort sahen. Aber sie starrten die Fremde doch unverwandt an, weil sie ihnen so bekannt vorkam. Während sie noch mit dem Fährmann sprach, zeigte sich eine Staubwolke auf der Landstraße und in der Staubwolke eine große gelbe Kalesche. Die Gräfin erkannte den Borger Wagen und begriff, daß man auf der Suche nach ihr war, und daß sie nun entdeckt werden mußte. Sie hatte keine Zeit mehr, um in dem Boot des Fährmannes zu entkommen, und das einzige Versteck, das sie entdecken konnte, waren die Prahme der Kavaliere. Sie stürzte auf einen von diesen zu, ohne einen Blick auf die Leute zu werfen, die an Bord waren. Und es war gut, daß sie dies nicht tat, denn sonst hätte sie sich wohl lieber unter die Hufe der Pferde geworfen, als sich dorthin geflüchtet.

Als sie an Bord gekommen war, rief sie nur: »Verbergt mich! Verbergt mich!« Dann stolperte sie und fiel auf die Eisenladung. Die Kavaliere versuchten sie zu beruhigen. Rasch stießen sie vom Lande ab, so daß der Prahm mitten in die Strömung hineinkam und schon gen Karlstadt trieb, als die Kalesche das Fährhaus erreichte.

In dem Wagen saßen Graf Henrik und Gräfin Märta. Der Graf sprang heraus, lief auf den Fährknecht zu und fragte ihn, ob er die Gräfin Elisabet gesehen habe. Da Graf Henrik aber verlegen war und sich scheute, nach einer entlaufenen Frau zu fragen, sagte er nur:

»Es ist etwas verschwunden.«

»So!« sagte der Fährmann.

»Es ist etwas verschwunden. Hat Er etwas gesehen?«

»Was ist denn verschwunden?«

»Ach, das ist einerlei; aber es ist etwas verschwunden, und ich frage Ihn, ob Er heute schon etwas über den Fluß gesetzt hat.«

Auf diese Weise erfuhr er natürlich nichts, und die Gräfin Märta mußte selbst noch mit dem Fährmann reden. Eine Minute später wußte sie, daß die Vermißte sich an Bord eines der langsam dahingleitenden Prahme befand.

»Was für Leute sind denn auf den Prahmen?«

»Ach, es sind ja die Kavaliere, wie wir sie nennen.«

»Ha!« ruft nun die Gräfin. »Ja, nun ist deine Frau gut aufgehoben, Henrik. Da können wir ebensogut gleich wieder nach Hause fahren.«

Draußen auf dem Prahm herrschte indes keine so große Freude, wie Gräfin Märta glaubte. Solange die gelbe Kalesche sichtbar war, saß die erschrockene junge Frau zusammengekauert auf der Schiffslast, ohne sich zu bewegen und ohne ein Wort zu sagen. Ihr Blick war nur unverwandt aufs Ufer gerichtet.

Wahrscheinlich erkannte sie die Kavaliere auch erst, nachdem sie die gelbe Kalesche wieder hatte davonfahren sehen. Da aber sprang sie auf, und es war, als wolle sie von neuem entfliehen. Der ihr zunächst stehende Kavalier hielt sie jedoch zurück, und da sank sie leise wimmernd wieder auf das Eisen nieder.

Und die Kavaliere wagten sie weder anzureden, noch Fragen an sie zu stellen. Sie sah aus, als stehe sie am Rande des Wahnsinns.

Da begann das Gefühl der Verantwortung die sorglosen Häupter zu bedrücken. Das Eisen war schon eine schwere Last für ihre ungewohnten Schultern, jetzt sollten sie auch noch obendrein die Sorge für eine junge Dame von adliger Herkunft, die ihrem Mann entlaufen war, übernehmen.

Als sie mit dieser jungen Frau im Winter auf den verschiedenen Festen zusammengetroffen waren, hatte der eine oder der andere unwillkürlich an eine junge Schwester denken müssen, die ihm einst sehr teuer gewesen war. Beim Spielen hatte er mit diesem Schwesterchen gar behutsam umgehen und sich im Gespräch mit ihr auch vor häßlichen Ausdrücken in acht nehmen müssen. Wenn ein fremder Junge im Spiel zu wild hinter ihr dreinjagte oder ihr gar unpassende Lieder vorsang, dann war er in grenzenloser Wut über den Bösewicht hergefallen und hatte ihn halbtot geprügelt; denn sein Schwesterchen sollte nichts Böses hören, keinen Schmerz empfinden und weder Haß noch Feindschaft kennenlernen.

Gräfin Elisabet war allen Kavalieren eine fröhliche Schwester gewesen. Wenn sie ihre kleinen Hände in ihre harten Fäuste legte, war es gerade, als wolle sie sagen: »Fühle nur, wie gebrechlich ich bin, aber du bist mein großer Bruder, du wirst mich gegen andere und gegen dich selbst beschützen.« Und ihr gegenüber waren sie stets ehrfurchtsvolle Ritter gewesen.

Jetzt aber erschraken sie bei ihrem Anblick, ja, sie erkannten sie kaum wieder, so mager und abgezehrt war sie. Der Hals hatte seine Rundung verloren, das Gesicht war durchsichtig geworden. Sie mußte sich bei der nächtlichen Wanderung gestoßen haben, denn aus einer kleinen Wunde an der Schläfe quoll ab und zu ein Blutstropfen, und an dem lockigen, blonden Stirnhaar klebte geronnenes Blut. Ihre Kleidung war von der langen Wanderung auf den taufeuchten Wegen schmutzig geworden, und ihre Schuhe befanden sich in einem traurigen Zustand. Sie machte den Kavalieren einen unheimlichen, fremden Eindruck. Die Gräfin Elisabet, die sie kannten, hatte keine so wilden, glühenden Augen. Ihr armes Schwesterchen war an den Rand des Wahnsinns getrieben worden. Es war, als kämpfte eine aus anderen Regionen herabgestiegene Seele mit der eigentlichen um die Herrschaft in diesem abgezehrten Körper.

Aber sie brauchen sich keine Sorgen darüber zu machen, was sie mit ihr anfangen sollen. In ihr selbst erwachen die alten Gedanken. Die Versuchung ist wieder zu ihr getreten. Gott will sie abermals prüfen. Siehe da, sie ist unter Freunden. Wird sie den Weg der Buße verlassen?

Sie stand auf und erklärte aufgeregt, daß sie den Prahm sogleich verlassen müsse.

Die Kavaliere versuchten sie zu beruhigen. Sie sagten ihr, daß sie ohne Sorgen sein könne, sie würden sie vor jeder Verfolgung beschützen.

Sie aber bat nur, in das kleine am Prahm angebundene Boot steigen und an Land rudern zu dürfen, um dort allein ihren Weg fortzusetzen.

Die Kavaliere erwiderten, daß sie das nie und nimmer zugeben könnten. Was würde dann aus ihr werden? Es wäre viel besser, sie bliebe bei ihnen auf dem Prahm. Sie seien freilich nur arme alte Männer, aber sie würden schon Mittel und Wege finden, um ihr zu helfen.

Da rang sie die Hände und wiederholte nur immer wieder ihre Bitte.

Aber sie konnten ihr nicht zu Willen sein. Sie sahen ja, wie schwach und elend sie war, und daß sie auf der Landstraße umkommen würde.

Gösta Berling stand etwas entfernt von den andern und schaute ins Wasser hinunter. Er dachte, die junge Frau werde ihn vielleicht nicht gerne sehen. Er war sich nicht ganz klar darüber, wie es sich verhalten könnte, aber seine eigenen Gedanken jubelten, sie jubelten. »Nun weiß niemand, wo sie sich befindet«, tönte es in seinem Herzen, »jetzt können wir sie gleich nach Ekeby mitnehmen. Wir Kavaliere werden sie dort verborgen halten, und wir werden recht gut gegen sie sein. Unsre Königin, unsre Gebieterin soll sie sein; aber kein andrer Mensch soll wissen, daß sie bei uns ist. Oh, wir werden sie gut, sehr gut bewachen! Vielleicht wird sie sich glücklich unter uns fühlen, wenn alle die Alten sie wie eine Tochter hegen und pflegen.«

Er hatte sich nie so recht klarzumachen gewagt, ob er sie

liebe. Er konnte sie nicht ohne Sünde besitzen und wollte sie nicht zu etwas Niedrigem und Schlechtem herabwürdigen; das war alles, was er wußte. Aber sie auf Ekeby zu verbergen und gut gegen sie sein zu dürfen, nachdem die andern schlecht gegen sie gewesen waren, und sie alles genießen zu lassen, was das Leben Gutes besitzt, ach, welche Träume, welch selige Träume!

Aus diesen Träumen erwachte er jedoch, als er die in dem schneidenden Ton der Verzweiflung ausgestoßenen Worte der Gräfin vernahm. Sie hatte sich vor den Kavalieren auf die Knie geworfen und flehte sie an, sie doch gehen zu lassen.

»Gott hat mir noch nicht verziehen!« rief sie. »Laßt mich gehen!«

Gösta wußte, daß keiner der andern es übers Herz bringen werde, ihr zu gehorchen, und er sah ein, daß er es also tun müsse. Er, der sie liebte, mußte es tun.

Es wurde ihm sehr schwer, auch nur einen Schritt vorzutreten, es war ihm, als ob jedes Glied seines Körpers sich seinem Willen widersetze, aber er schleppte sich zu der Gräfin hin und sagte, daß er sie ans Land bringen wolle.

Sie stand sofort auf; er hob sie in das Boot und ruderte sie ans östliche Ufer. An einem schmalen Stege landete er und half ihr beim Aussteigen.

»Was wird jetzt aus Euch werden, Gräfin?« fragte er.

Sie hob die Hand auf und deutete ernst gen Himmel.

»Wenn Ihr in Not sein solltet, Gräfin . . .«

Er konnte nicht aussprechen, die Stimme versagte ihm. Aber sie verstand ihn und erwiderte:

»Ich werde nach Euch schicken, wenn ich Eurer bedarf.«

»Ich hätte Euch gern vor allem Bösen beschützt, Frau Gräfin«, sagte er.

Sie reichte ihm die Hand zum Abschied; er war nicht imstande, noch etwas zu sagen. Ihre Hand lag kalt und schlaff in seiner.

Die Gräfin hörte in diesem Augenblick nichts als die Stimme in ihrem Innern, die sie zwang, unter fremde Menschen zu gehen. Sie wußte wohl kaum, daß der Mann, den sie jetzt verließ, gerade der war, den sie liebte.

So ließ er sie denn gehen und ruderte zu den Kavalieren zurück. Als er den Prahm wieder erreicht hatte, zitterte er vor Müdigkeit und sah vollständig erschöpft und kraftlos aus. Es kam ihm vor, als habe er soeben die schwerste Arbeit seines Lebens vollbracht.

Noch einige Tage gelang es ihm, seinen Mut aufrechtzuerhalten, gerade so lange, bis Ekebys Ehre gerettet war. Er brachte das Eisen auf die große Waage nach Karlstadt; dann aber war es für lange Zeit vorbei mit seinen Kräften und seinem Lebensmut.

Die Kavaliere bemerkten keine Veränderung an ihm, solange sie an Bord waren. Er spannte jeden Nerv an, um die Fröhlichkeit und die Sorglosigkeit aufrechtzuerhalten, denn dadurch allein konnte Ekebys Ehre gerettet werden. Wie hätte ihnen das Wagnis gelingen sollen, wenn sie es mit bekümmerten Mienen und mutlosen Herzen versucht hätten?

Wenn es wirklich wahr ist, was das Gerücht erzählt, daß die Kavaliere damals mehr Sand als Eisen auf dem Prahm hatten; wenn es wahr ist, daß sie unablässig dieselben Stangen von und zu der Waage trugen, bis die vielen hundert Zentner aufgewogen waren; wenn es wahr ist, daß dies nur geschehen konnte, weil der Waagemeister und seine Leute aus den von Ekeby mitgenommenen Proviantkörben und Flaschen gar so reichlich bewirtet wurden, dann kann man es ganz gut begreifen, daß es auf dem Eisenprahm lustig hergehen mußte.

Wer kann das alles jetzt wissen? Und wenn es wirklich so gewesen ist, dann hat Gösta Berling sicherlich keine Zeit zum Trauern gehabt. Von der Freude am Abenteuer und an der Gefahr empfand er allerdings nichts. Sobald er sich seinem Schmerz hinzugeben wagte, übermannte ihn die Verzweiflung.

»O Ekeby, Land meiner Sehnsucht«, rief er sich selbst zu, »deine Ehre muß leuchten!«

Sobald die Kavaliere die Bescheinigung von dem Waagemeister erhalten hatten, luden sie das Eisen auf eine Wenerschuite. Gewöhnlich pflegten erfahrene Schiffer die Last nach Göteborg zu schaffen, und die värmländischen Gutsbesitzer kümmerten sich in der Regel nicht mehr um ihr Eisen, sobald sie die richtige Ablieferung von dem Waagemeister bestätigt erhalten hatten. Aber die Kavaliere wollten die Sache nicht halb machen, sie wollten ihr Eisen selber nach Göteborg bringen.

Auf dem Wege dahin wurden sie von einem Unglück betroffen. In der Nacht brach ein Sturm los, das Schiff trieb steuerlos umher, wurde auf ein Riff geworfen und versank mit seiner ganzen kostbaren Ladung. Waldhörner, Kartenspiele und ungeleerte Weinflaschen gingen mit zugrunde. Doch genau betrachtet, was tat es, daß das Eisen verloren war? Ekebys Ehre war ja gerettet. Das Eisen war auf der Waage am Kanikenäs in Karlstadt gewogen worden. Und daß der Major sich hinsetzen und in einem kurzen, bündigen Brief den Großhändlern in der großen Stadt da drunten erklären mußte, daß er auf ihr Geld verzichte, sintemal sie kein Eisen bekommen hätten, tat auch nichts; Ekeby war ja reich, und seine Ehre war gerettet.

Wenn nun aber Häfen und Schleusen, Gruben und Meiler, Schuiten und Prahme sich seltsame Dinge zuflüstern? Wenn ein dumpfes Rauschen durch die Wälder geht, daß die ganze Reise nur ein Betrug gewesen sei? Wenn man in ganz Värmland behauptet, daß sich nicht mehr als die ärmlichen hundert Zentner auf den Prahmen befunden hätten, und daß der Schiffbruch absichtlich ins Werk gesetzt gewesen sei? Dann ist eine kühne Tat, ein echter Kavalierstreich ausgeführt worden. Aber dergleichen schadet der Ehre des alten Gutes nicht.

Doch dies ist nun schon lange her. Es ist ja möglich, daß die Kavaliere anderwärts Eisen aufgekauft, oder daß sie noch einen Vorrat auf irgendeinem unbekannten Lagerplatz gefunden haben. In solchen Dingen kommt die Wahrheit nie ans Licht. Der Waagemeister wollte jedenfalls nichts davon hören, daß ein Betrug möglich gewesen wäre, und er mußte es ja am besten wissen.

Als die Kavaliere wieder nach Hause kamen, erfuhren sie die große Neuigkeit; die Ehe des Grafen Dohna sollte für null und nichtig erklärt werden. Der Graf hatte seinen Haushofmeister nach Italien geschickt, um Beweise herbeizuschaffen, daß die Ehe nicht rechtsgültig geschlossen worden wäre.

Dieser kehrte denn auch im Sommer mit genügenden Aufklärungen zurück. Worin diese bestanden, kann ich nicht mit Bestimmtheit sagen. Man muß behutsam mit den alten Sagen umgehen, sie gleichen welken Rosen, sie verlieren leicht die Blätter, wenn man sie zu fest anfaßt. Die Leute behaupten, die Trauung in Italien sei nicht von einem wirklichen Pfarrer vollzogen gewesen. Weiter weiß ich auch nichts; eins aber steht fest, daß das Gericht zu Bro die Ehe zwischen dem Grafen Dohna und Elisabet von Thurn für ungültig erklärte.

Davon erfuhr die junge Frau jedoch nichts. Sie lebte unter Bauern in einer entlegenen Gegend, – wenn sie überhaupt noch am Leben war.

Liljecronas Heimat

Unter den Kavalieren war einer, den ich schon als großen Musiker erwähnt habe. Er war ein hochgewachsener, breitgebauter Mann mit einem mächtigen Kopf und buschigem schwarzem Haar. Damals konnte er nicht viel über vierzig Jahre alt sein, aber er hatte ein häßliches, grobgeschnittenes Gesicht und ein gemessenes Wesen, so daß ihn viele schon für einen alten Mann hielten. Er war ein guter, aber schwermütiger Mensch.

Eines Nachmittags nahm er die Geige unter den Arm und verließ Ekeby. Er verabschiedete sich von niemand, obgleich es seine Absicht war, nie wieder zurückzukehren. Seit er die Gräfin Elisabet in ihrem Unglück gesehen hatte, war ihm das Leben auf Ekeby verleidet. Er wanderte den ganzen Abend und die ganze Nacht hindurch, ohne sich auszuruhen, bis er bei Sonnenaufgang einen kleinen Herrenhof namens Löfdala erreichte, dessen Besitzer er war.

Es war noch so früh, daß kein Mensch wach war. Liljecrona setzte sich auf das grünangestrichene Schaukelbrett vor dem Herrenhaus und betrachtete sein Besitztum.

Lieber Gott, einen schöneren Ort gab es gewiß nicht wieder! Der Platz vor dem Hause senkte sich leicht und war mit feinem hellgrünem Gras bedeckt. Einen solchen Rasen gab es sonst nirgends. Die Schafe durften darauf weiden und die Kinder sich im Spiel dort tummeln, aber trotzdem blieb er ebenso frisch und grün. Er wurde nie gemäht, aber wenigstens einmal in der Woche ließ die Hausmutter alle Zweige, Strohhalme und dürren Blätter von dem frischen Grase entfernen. Er betrachtete den mit Sand bestreuten Weg vor dem Hause und zog plötzlich die Füße zurück. Die Kinder hatten gestern abend noch richtige Muster darauf geharkt, und seine großen Füße hatten nun an der feinen Arbeit großen Schaden angerichtet. Nein, wie hier alles gedieh! Die sechs Ebereschen, die den Rasenplatz bewachten, waren so hoch wie Buchen und so stämmig wie Eichen. Solche Bäume hatte es gewiß noch nie gegeben! Großartig waren sie mit ihren dicken, von gelben Flechten bewachsenen Stämmen und mit den großen weißen Blütenbüschen, die aus dem dunklen Laub aufragten. Er mußte an den Himmel und seine Sterne denken. Es war wirklich zum Verwundern, wie die Bäume hier gediehen!

Dort stand ein alter Weidenbaum, der so dick war, daß ihn zwei Männer nicht umspannen konnten. Er war jetzt morsch und hohl, und der Blitz hatte ihm die Krone geraubt, aber er wollte nicht sterben. In jedem Frühling sproßten frische grüne Zweige aus dem abgebrochenen Stamm auf, um zu zeigen, daß noch Leben in ihm war.

Der Faulbaum am östlichen Giebel des Hauses war so groß geworden, daß er das ganze Haus beschattete. Das Rasendach war von den abgefallenen Blütenblättern ganz weiß, denn der Faulbaum hatte eben ausgeblüht. Und die Buchen, die in kleinen Gruppen da und dort auf den Feldern standen, sie hatten sicher das Paradies auf seinem Gute. Sie zeigten so viele verschiedene Baumformen, als ob sie übereingekommen wären, alle andern Bäume nachzumachen. Eine glich einer Linde mit einem gewölbten, dichten und schattigen Blätterdach, eine andere stand schlank und kegelförmig da wie eine Pappel, und eine dritte ließ die Zweige hängen wie eine Trauerweide. Keine glich der andern, aber schön waren sie alle.

Liljecrona stand auf und ging ums Haus herum. Da lag der Garten so wunderbar schön, daß er stillstehen und tief aufatmen mußte. Die Apfelbäume blühten. Ja, das hatte er gewußt. Er hatte sie ja auf allen den andern Gütern blühen sehen; aber nirgends blühten sie so schön wie hier auf diesem Hofe, wo er sie schon als Kind in ihrer Blütenpracht bewundert hatte. Mit gefalteten Händen und vorsichtigen Schritten wandelte er auf den Wegen hin und her.

Der Boden war weiß, und die Bäume waren weiß, hier und da mit einem blaßroten Schimmer. Etwas so Schönes hatte er noch nie gesehen. Jeden von diesen Bäumen kannte er so gut, wie man seine Geschwister und Spielkameraden kennt. Die Astrachanäpfel und die Winteräpfel blühten ganz weiß, die Blüten der Sommeräpfel waren rosa und die der Paradiesäpfel leuchtend rot. Am schönsten war der alte Holzapfelbaum, dessen kleine, bittere Früchte niemand essen konnte. Er geizte wahrlich nicht mit Blüten, er sah im Morgenglanze wie eine große Schneewehe aus.

Denn bedenkt nur, es war noch früh am Morgen! Der Tau glänzte auf jedem Blatt; aller Staub war abgewaschen. Hinter den bewaldeten Bergen, an deren Fuß der Herrenhof lag, drangen die ersten Strahlen der Morgensonne hervor. Es sah aus, als hätten sie die Wipfel der Tannen angezündet. Über den jungen Kleeäckern, über Roggen- und Gerstenfeldern und über der hervorsprossenden Hafersaat lag der lichteste Nebel, und die Schatten waren ebenso scharf wie bei hellem Vollmondschein.

Er bleibt stehen und betrachtet die großen Gewürzbeete zwischen den Gartenwegen. Er erkennt, daß seine Frau mit ihren Mägden hier gearbeitet hat. Sie haben gegraben, gehackt und gedüngt und das Unkraut ausgerissen, dann haben sie die Erde geharkt, bis sie fein und leicht geworden ist. Hierauf wurden die Beete gerade gemacht, die Ränder scharf abgestochen und die Beete dann mit Schnüren und Pflöcken in Streifen und Vierecke abgeteilt. Dann sind mit kleinen lustigen Schritten schmale Gänge ausgetreten worden, und zum Schluß wurde gesät und gepflanzt, bis alle Streifen und Vierecke voll waren. Und die Kinder waren auch dabei, voll Freude und Eifer, weil sie helfen durften, obgleich es eine recht schwere Arbeit für sie war, so vorgebeugt stehen und die Arme so weit über die breiten Beete strecken zu müssen. Und natürlich haben sie unglaublich viel geleistet, wie sich jedermann wohl denken kann.

Jetzt begann der Samen aufzugehen.

Gott segne sie! Wie keck sie dastanden, die Erbsen und die Bohnen mit ihren zwei dicken Keimblättern, und wie gleichmäßig und hübsch die Karotten und die Rüben aufgegangen waren! Am lustigsten waren die kleinen krausen Petersilienblätter anzuschauen, die die Erdschicht über sich ein klein wenig in die Höhe hoben und noch Versteck mit dem Leben spielten.

Und dann war da ein kleines Beet, das nicht so genau abgeteilt war, und wo die kleinen Vierecke aussahen wie eine kleine Musterkarte von allem, was gepflanzt und gesät werden konnte. Das war der Garten der Kinder.

Und Liljecrona legte rasch die Geige ans Kinn und begann zu spielen. In dem hohen Gebüsch, das den Garten vor dem Nordwind schützt, stimmen die Vögel nun auch ihr Morgenlied an. An solch einem herrlichen Morgen war es keinem mit einer Stimme begabten Wesen möglich, zu schweigen. Der Fidelbogen bewegte sich ganz von selbst.

Liljecrona ging in den Wegen auf und ab und spielte. »Nein«, dachte er, »einen schöneren Ort gibt es auf der Welt nicht!« Was war Ekeby gegen Löfdala? Sein Haus war einstöckig und nur mit Rasen bedeckt. Es lag am Waldsaum, die Berge dicht hinter sich und das lange Tal vor sich. Es war nichts Merkwürdiges da: kein See, kein Wasserfall, keine Uferwiesen, kein Park, und doch war es so schön! Es war schön, weil es eine gute, friedliche Heimat war. Hier war das Leben leicht. Alles, was anderswo Bitterkeit und Haß hervorgerufen hätte, wurde hier mit Milde ausgeglichen. So sollte es in jedem Hause sein.

Drinnen im Hause schläft die Hausfrau in einem Zimmer nach dem Garten. Sie erwacht plötzlich und lauscht, aber sie rührt sich nicht. Sie lauscht und beginnt zu lächeln. Die Musik kommt näher und immer näher, schließlich ist es, als sei der Spielmann vor ihrem Fenster stehengeblieben. Es ist nicht das erstemal, daß Geigenspiel vor ihrem Fenster ertönt. So pflegt ihr Mann heimzukommen, wenn sie dort auf Ekeby einen außergewöhnlich wilden Streich ausgeführt haben.

Da draußen steht er nun und beichtet und bittet um Vergebung. Er beschreibt ihr die finstern Mächte, die ihn von dem weglocken, was er am meisten liebt, von ihr und den Kindern. Aber er liebt sie! O gewiß, er liebt sie!

Während er spielt, steht sie auf und kleidet sich an, ohne recht zu wissen, was sie tut. Sein Spiel nimmt alle ihre Gedanken gefangen.

»Nicht Luxus und Wohlleben haben mich fortgelockt«, spielt er, »nicht Liebe zu andern Frauen und nicht Ruhm, sondern die verlockende Vielseitigkeit des Lebens. Ich muß mich von seiner Schönheit, seiner Bitterkeit, seinem Reichtum umgeben fühlen. Aber jetzt habe ich genug davon, jetzt bin ich müde und befriedigt. Ich werde meine Heimat nicht mehr verlassen. Vergib mir, habe Nachsicht mit mir!«

Sie zieht die Gardinen zurück und öffnet das Fenster; er sieht ihr schönes, gutes Gesicht.

Sie ist gut und sie ist weise. Ihre Blicke bringen, den Strahlen der Sonne gleich, Segen, wohin sie fallen. Sie befiehlt und sie behütet. Wo sie ist, muß alles wachsen und gedeihen. Sie trägt das Glück in sich.

Er schwingt sich zu ihr aufs Fensterbrett und ist glücklich wie ein jugendlicher Liebhaber.

Dann hebt er sie aus dem Fenster und trägt sie in den Garten unter die Apfelbäume. Dort sagt er ihr, wie schön dies alles sei, und zeigt ihr die Gewürzbeete und die Pflanzungen der Kinder und die kleinen lustigen Petersilienblätter.

Als die Kinder erwachen, entsteht Jubel und Entzücken über die Heimkehr des Vaters. Sie nehmen ihn ganz in Beschlag. Er muß nun alles Neue und Merkwürdige besehen, das kleine Hammerwerk, das drunten am Bache klappert, das Vogelnest im Weidenbaum und die Karauschen im Teiche, die zu Tausenden an der Oberfläche des Wassers schwimmen. Dann machen Vater und Mutter mit den Kindern einen langen Spaziergang durch die Felder. Vater muß sehen, wie dicht der Roggen steht, wie der Klee wächst und wie die Kartoffeln anfangen, ihre runzligen Blätter aus der Erde herauszustrecken.

Er muß die von der Weide heimkehrenden Kühe sehen, muß die jungen Kälber in ihrem Verschlag und die Lämmer im Schafstall begrüßen, muß helfen, Eier suchen, und allen Pferden Zucker geben.

Die Kinder lassen ihn den ganzen Tag keinen Augenblick los. Keine Schule, keine Aufgaben – nur umherstreifen mit dem Vater!

Am Abend spielt er ihnen zum Tanz auf, und den ganzen Tag über ist er ihnen ein so guter Freund und Spielkamerad gewesen, daß sie vor dem Einschlafen den lieben Gott bitten, er möge Vater doch immer zu Haus bleiben lassen.

Er bleibt auch volle acht Tage und ist während der Zeit so fröhlich wie ein Kind. Er ist in alles daheim verliebt, in seine Frau und in seine Kinder, und er denkt gar nicht an Ekeby.

Aber eines Morgens ist er verschwunden. Er konnte es nicht länger aushalten – das Glück war zu groß für ihn. Ekeby war tausendmal geringer, aber Ekeby lag mitten im

Strudel der Ereignisse. Ach, wieviel gab es dort, wovon man träumen und spielen konnte! Wie könnte er das Leben ertragen, fern von den Heldentaten der Kavaliere und fern von dem langen See, um den die wilde Jagd der Abenteuer dahinströmt?

Auf seinem Gute ging alles ruhig seinen Gang. Alles wuchs und gedieh unter der Obhut der milden Hausmutter. Dort genossen alle ein stilles Glück. Alles, was anderswo Zwist und Bitterkeit hervorgerufen hätte, ging hier ohne Schmerz und Klage vorüber. Alles war, wie es sein sollte. Wenn nun der Herr des Hauses durchaus als Kavalier auf Ekeby leben wollte, was tat es? Würde es vielleicht etwas nützen, wenn man sich über die Sonne beklagte, daß sie jeden Tag im Westen verschwindet und die Erde im Finstern zurückläßt?

Wer ist unbezwinglich, wenn nicht die Demut? Wer ist des Sieges gewiß, wenn nicht die Geduld?

Die Hexe von Dovre

Nun spukt die Hexe von Dovre am Ufer des Löfven. Dort hat man sie gesehen, klein und bucklig, in einem Lederkittel und mit einem silberbeschlagenen Gürtel. Warum kommt sie aus den Wolfsgruben in die Welt der Menschen? Was sucht die Alte vom Hochgebirge in den grünen Tälern?

Sie bettelt. Sie ist geizig und trotz ihres Reichtums auf Gaben erpicht. In den Bergklüften verbirgt die Alte schwere Silberbarren, und auf saftigen Wiesen tief im Gebirge weiden in großen Herden ihre schwarzen, goldgehörnten Kühe. Und doch geht sie in Schuhen aus Birkenrinde und einem fettigen Lederkittel, dessen bunte Kante unter hundertjährigem Schmutze kaum noch zu erkennen ist. Sie raucht Moos in ihrer Pfeife und bettelt selbst die Allerärmsten an. O pfui, wer mag einem solchen Weibe etwas geben, das nie dankt und nie genug bekommt!

Sie ist sehr alt. Hat wohl jemals der rosige Schimmer der Jugend auf diesem breiten Gesicht gelegen, auf der braunen, fettglänzenden Haut, über der platten Nase und den schmalen Augen, die in dem Schmutz leuchten wie Kohlen aus grauer Asche heraus? Wie lange ist es her, daß sie als junge Dirne droben auf der Alm saß und die Liebeslieder des Hirtenknaben mit den Tönen des Alphorns beantwortete?

Sie ist mehrere hundert Jahre alt. Die ältesten Leute können sich nicht erinnern, daß es eine Zeit gegeben hat, wo sie nicht im Lande umherwanderte. Ihre Väter haben sie alt gesehen, als sie selbst noch jung waren. Und sie ist auch jetzt noch nicht tot. Ich selbst, die dieses schreibt, habe sie gesehen.

Sie ist mächtig; die Tochter der zauberkundigen Finnen beugt sich vor niemand. Ihre breiten Füße drücken keine ängstlichen Spuren in die kiesbedeckte Landstraße. Sie kann ein Hagelwetter heraufbeschwören und den Blitzstrahl lenken. Sie kann Herden irreleiten und den Wolf unter die Schafe schicken. Wenig Gutes bringt sie zustande, aber um so mehr Böses. Der Mensch tut am besten, wenn er sich gut mit ihr stellt. Und bettelte sie dir auch deine letzte Ziege ab und verlangte noch einen ganzen Pack Wolle obendrein, gib ihr beides, sonst stürzt dein Pferd, sonst brennt dein Haus, sonst fällt deine Kuh, sonst stirbt dein Kind, sonst verliert deine sparsame Hausfrau den Verstand.

Sie ist nirgends willkommen; und doch ist es am besten, sie mit freundlicher Miene zu empfangen. Wer weiß, um welches Menschen willen die Unheilbringende das Tal durchstreift? Sie kommt nicht nur, um den Bettelsack zu füllen. Böse Zeichen begleiten sie; der Heerwurm zeigt sich, Füchse und Wölfe heulen unheimlich in der Dämmerstunde, rote und schwarze Schnecken, die Eiter speien, kriechen aus dem Wald heraus und bis an die Türschwellen.

Sie ist stolz. In ihrem Kopfe lebt die mächtige Weisheit

der Vorväter. So etwas gibt ein gewisses Bewußtsein. Wertvolle Runen sind auf ihrem Stab eingeritzt. Um alles Gold des Tales gibt sie ihn nicht her. Sie kann Zauberlieder singen, Tränke brauen, sie versteht sich auf die Heilkraft der Kräuter, sie kann übers Wasser hinüber Zauberschüsse abfeuern und Sturmknoten schürzen.

Könnte ich nur die Gedanken dieses vielhundertjährigen Gehirns deuten!

Was denkt sie wohl von den Talbewohnern, sie, die aus dem Dunkel der Wälder, von dem gewaltigen Hochgebirge herunterkommt? Für sie, die an Thor, den Riesentöter, glaubt und an die anderen mächtigen Finnengötter, sind die Christen dasselbe, was zahme Hofhunde für die Wölfe sind. Ungezähmt wie der Schneesturm, stark wie der Wasserfall ist sie, sie kann die Söhne der Ebene nicht lieben.

Und doch steigt sie immer wieder vom Gebirge nieder, um dem Treiben des Zwergengeschlechts zuzuschauen. Die Menschen schaudern bei ihrem Anblick vor Entsetzen; aber die starke Tochter der Wildnis wandelt sicher unter ihnen, der Schrecken verleiht ihr Schutz. Die Taten ihres Stammes sind nicht vergessen, so wenig wie ihre eigenen. Wie die Katze sich auf ihre Krallen verläßt, so verläßt sie sich auf die Klugheit ihres Gehirns und auf die Macht der von den Göttern überkommenen Zauberlieder. Kein König ist seiner Macht so sicher wie sie der ihren in dem Reiche des Schreckens, das sie beherrscht.

So ist die Dovrehexe durch viele Ortschaften gezogen. Jetzt hat sie Borg erreicht, und ohne Zaudern tritt sie in das Grafenschloß. Durch die Küche geht sie nur selten, sie steigt geradewegs die zu den Terrassen führende Freitreppe empor. Sie setzt ihre breiten Rindenschuhe ebenso unbekümmert auf blumenumsäumte Kieswege, als ginge sie auf festgetretenen Bergpfaden dahin.

Zufälligerweise ist Gräfin Märta eben auf die Terrasse hinausgetreten, um sich an der Pracht des Junitages zu erfreuen. Auf dem Kieswege unten an der Freitreppe sind zwei Mägde auf dem Wege nach dem Vorratshause stehengeblieben. Sie kommen aus dem Badehaus, wo das Fleisch im Rauche hängt, und tragen fertig geräucherte Schinken auf einer Stange zwischen sich.

Sie fragen, ob die Gräfin nicht einmal die Schinken befühlen und betrachten wolle, um sich zu überzeugen, daß sie ganz geräuchert seien.

Gräfin Märta, die jetzt alleinige Herrin auf Borg ist, lehnt sich übers Treppengeländer und betrachtet die Speckseiten, doch in demselben Augenblick legt die Finnin ihre Hand auf einen der Schinken.

»Ei sieh doch die braune, glänzende Schwarte, die dicke Fettschicht! Ah, der herrliche Wacholderduft, der den frischgeräucherten Schinken entströmt! Das ist ein wahrer Götterschmaus! Die Hexe will alles dies haben.« Und sie legt ihre Hand auf das Fleisch.

Ha, die Tochter der Berge ist nicht gewohnt, zu bitten und zu betteln! Hängt nicht das Blühen der Blumen, das Wohl der Menschen von ihrer Gnade ab? Frost und Unwetter und Hochflut, alles steht in ihrer Macht, sie kann senden, was ihr beliebt. Deshalb braucht sie nicht zu bitten und zu betteln. Sie legt ihre Hand auf das, was sie wünscht, und es gehört ihr. Gräfin Märta weiß jedoch nichts von der Macht der Alten.

»Weg mit dir, du Bettelweib!« ruft sie.

»Gib mir den Schinken!« sagt die Dovrehexe, die den Wolf als Reittier benutzt.

»Sie ist verrückt«, ruft die Gräfin. Und befiehlt den Mägden, den Schinken ins Vorratshaus zu tragen.

Die Augen der Vielhundertjährigen glühen vor Zorn und Begierde.

»Gib mir den braunen Schinken«, wiederholt sie, »sonst geht es dir schlecht.«

»Eher gebe ich ihn den Elstern als so einer wie dir.«

Da zittert die Alte in wildem Zorn. Sie erhebt den Runenstab und schwingt ihn mit wilder Gebärde. Ihr Mund stößt seltsame Worte hervor. Ihr Haar sträubt sich, die Augen sprühen Funken, das Gesicht verzerrt sich.

»Dich selbst sollen die Elstern fressen!« schreit sie schließlich.

Und dann geht sie, noch immer Flüche murmelnd und den Stab schwingend. Sie lenkt ihre Schritte heimwärts; weiter nach Süden geht sie nicht. Die Tochter der Wildnis hat die Arbeit, um derentwillen sie von den Bergen herabgestiegen ist, vollbracht.

Gräfin Märta bleibt auf der Freitreppe stehen und lacht über die Wut der Alten; doch bald verstummt das Lachen auf ihren Lippen. Denn dort kommen sie. Sie will ihren eigenen Augen nicht trauen. Sie glaubt zu träumen; aber da kommen sie, die Elstern, die sie fressen sollen.

Aus dem Park und aus dem Garten kommen sie auf sie zugesaust. Dutzende von Elstern mit ausgestreckten Krallen und gierigen Schnäbeln. Schreiend und lärmend fliegen sie herbei. Schwarz-weiße Flügel schimmern ihr vor den Augen. Sie sieht wie im Schwindel hinter diesem ersten Schwarm alle Elstern aus der ganzen Gegend heranfliegen, der ganze Himmel scheint voller schwarz-weißer Flügel zu sein. Die Metallfarben der Federn glänzen in dem scharfen Licht der Morgensonne. Die Halsfedern sträuben sich wie bei wütenden Raubtieren. In immer engeren Kreisen fliegen die Ungetüme um die Gräfin her und zielen mit ihren Schnäbeln und ihren Krallen nach ihrem Gesicht und ihren Händen. Sie muß ins Haus flüchten und die Tür hinter sich schließen. Keuchend vor Angst lehnt sie sich dagegen, während die schreienden Elstern draußen umherfliegen.

Damit war ihr aber auch die lichte Schönheit des Sommers, alle Freude des Lebens verschlossen. Für sie gab es hinfort nichts mehr als geschlossene Türen und herabgelassene Gardinen, für sie gab es nur noch Angst und Verzweiflung und eine an Wahnsinn grenzende Unruhe.

Auch diese Erzählung mag wie Wahnsinn erscheinen, aber wahr muß sie doch wohl sein. Hunderte von Menschen werden sich ihrer erinnern und mir bezeugen, daß die alte Sage so lautet.

Die Vögel ließen sich auf dem Geländer der Terrasse

und auf dem Dache nieder. Sie saßen da, als warteten sie nur auf das Erscheinen der Gräfin, um über sie herzufallen. Sie schlugen ihre Wohnung im Park auf, und da blieben sie. Es war unmöglich, sie vom Hofe zu verjagen. Schoß man auf sie, so wurde die Sache nur noch schlimmer; denn für jede, die fiel, kamen immer zehn neue dahergeflogen. Manchmal entfernten sich allerdings ganze Scharen, um Futter herbeizuschaffen, aber es blieben stets zuverlässige Schildwachen zurück. Und wenn die Gräfin Märta sich zeigte, wenn sie aus einem Fenster schaute oder die Gardine nur für einen Augenblick beiseite schob, oder wenn sie es versuchte, auf die Treppe hinauszugehen – gleich waren sie da. Die ganze fürchterliche Schar stürzte dann mit lauten Flügelschlägen aufs Wohnhaus zu, und die Gräfin mußte ins innerste Zimmer flüchten.

Sie wohnte in der Schlafstube hinter dem roten Salon. Ich habe das Zimmer oft beschreiben hören, wie es in jener Schreckenszeit aussah, als die Elstern Borg belagerten. Schwere Vorhänge vor Türen und Fenstern, dicke Teppiche auf dem Fußboden, vorsichtig auftretende flüsternde Menschen.

In dem Herzen der Gräfin wohnte das bleiche Entsetzen. Ihr Haar ergraute. Ihr Gesicht wurde runzelig. Sie wurde in vier Wochen zur Greisin. Sie konnte ihr Herz nicht stählen gegen diesen entsetzlichen Zauber. Des Nachts fuhr sie aus ihren Träumen auf und schrie laut, daß die Elstern sie fressen wollten. Den ganzen Tag weinte und klagte sie über dieses Schicksal, dem sie nicht entgehen könne. Sie scheute die Menschen aus Angst, daß der Vogelschwarm jedem Eintretenden auf den Fersen folgen werde. Gewöhnlich saß sie stumm in ihrem Lehnstuhl, die Hände vor dem Gesicht, und wiegte sich ruhelos hin und her. Die eingeschlossene Luft machte sie krank und verstimmt, und oft fuhr sie plötzlich mit einem lauten Schrei von ihrem Sitz auf.

Ein traurigeres Los ist keinem gefallen. Wer könnte es übers Herz bringen, sie nicht zu beklagen?

Ich habe nicht mehr viel von ihr zu erzählen, und was ich von ihr berichtet habe, ist nichts Gutes gewesen. Es ist mir fast, als schlüge mich mein Gewissen. Sie war doch gutmütig und lebensfroh, als sie noch jung war, und viele lustige Geschichten von ihr haben mein Herz erfreut, wenn auch hier nicht der Ort ist, sie zu erzählen.

Aber es ist so, obgleich die arme Wanderin es nicht wußte, daß die Seele immer hungert. Von Tand und Spiel kann sie nicht leben. Bekommt sie keine andere Nahrung, zerfleischt sie, einem wilden Tiere gleich, zuerst andere und zuletzt sich selbst.

Das ist der Sinn der Geschichte.

Mittsommerzeit

Es war ein heißer Sommer damals wie jetzt, wo ich dieses schreibe. Die herrlichste Zeit des Jahres war gekommen.

Es war die Zeit, wo Sintram, der böse Gutsherr auf Fors, sich ängstigte und grämte. Ihn ärgerte der Sieg des Lichtes über alle vierundzwanzig Stunden des Tages und die Niederlage der Nacht. Er ergrimmte über den Blätterschmuck der Bäume und über den bunten Teppich der Wiesen.

Alles hüllte sich in Schönheit. Jeder Weg, er mochte noch so grau und schmutzig sein, bekam doch seine Einfassung von Blumen: gelbe und blaue Sommerblumen, Hundskraut und Löwenzahn.

Als die Pracht des Johannistags über den Bergen lag und die Glockentöne der Broer Kirche durch die wogende Luft sogar bis nach Fors drangen, als die unbeschreibliche Ruhe des Feiertages das ganze Land beherrschte, da erhob er sich zornig. Es schien ihm, als wagten Gott und Menschen zu vergessen, daß er auch noch da sei, und er beschloß, ebenfalls in die Kirche zu fahren. Alle, die dort dem Sommer entgegenjubelten, sollten ihn sehen, ihn, Sintram, den Verehrer der Dunkelheit ohne Morgen, des Todes ohne Auferstehung, des Winters ohne Frühling.

Er zog seinen Wolfspelz und die Pelzhandschuhe an. Er ließ den Fuchs vor seinen Schlitten spannen und an das glänzende, mit Muscheln verzierte Geschirr Schellen hängen. Ausgerüstet wie bei dreißig Grad Kälte fuhr er in die Kirche. Er glaubte, das Knirschen unter den Hufen komme von der scharfen Kälte, und er hielt die weißen Schaumflocken auf dem Rücken des Pferdes für Reif. Er selbst fühlte keine Wärme. Kälte strahlte von ihm aus, wie Wärme von der Sonne.

Er fuhr über die große Ebene, die sich nördlich von der Broer Kirche ausbreitet. Er kam an großen, reichen Dörfern vorüber und an Feldern, über denen trillernde Lerchen schwebten. Nirgends habe ich die Lerchen so singen hören wie über diesen Feldern, und ich habe mich oft gefragt, ob es ihm wirklich möglich gewesen sei, diesen Hunderten von Sängern sein Ohr zu verschließen.

An vielem mußte er vorübergehen, was ihn sehr geärgert hätte, wenn er ihm nur einen Blick geschenkt hätte. Er hätte vor jeder Haustür zwei schwanke Birken gesehen, und durch die geöffneten Fenster hätte er in Zimmer hineinsehen können, die mit Blumen und grünen Zweigen geschmückt waren. Das kleinste Bettelmädchen kam mit einem Fliederzweig in der Hand daher, und jede Bäuerin trug ein kleines Sträußchen auf dem Taschentuch.

Auf den Höfen standen Maibäume mit schlaffen Blumen und welkenden Kränzen. Um sie herum war das Gras niedergetreten, denn hier war in der Nacht lustig getanzt worden.

Drunten auf dem Löfven drängen sich die Flößer. Zur Feier des Tages sind die kleinen weißen Segel gehißt, obgleich kein Wind sie füllt, und an jedem Maste hängt ein grüner Kranz.

Auf den vielen Wegen, die nach Bro führen, kamen die festlich gekleideten Kirchgänger dahergewandelt. Die Frauen sahen in ihren hellen selbstgewebten Sommerkleidern, die gerade zum Fest fertig geworden waren, besonders hübsch aus.

Und die Menschen konnten sich gar nicht genug freuen über den Feiertagsfrieden und die Ruhe vor der Arbeit des Werktags, über die angenehme Wärme, über die vielversprechende Ernte und über die Erdbeeren am Wegrande, die schon anfingen, sich rot zu färben. Sie gaben auf die Stille der Luft acht, auf den wolkenlosen Himmel und das Zwitschern der Lerchen, und sie sagten: »Man merkt, daß heute der Tag des Herrn ist.«

Da kam Sintram dahergefahren. Er fluchte und schwang die Peitsche über dem störrischen Pferde. Der Sand knirschte unangenehm unter den Schlittenkufen, der schrille Ton seiner Schellen übertönte den Klang der Glocken. Seine Stirne war unter der Pelzmütze finster gerunzelt.

Da erschraken die Kirchgänger, und es war ihnen, als hätten sie den Bösen selbst gesehen. Nicht einmal heute, am Tag des Sommerfestes, durften sie das Böse und die Kälte vergessen. Bitter ist das Los der Erdenpilger!

Die vielen Leute, die im Schatten der Kirchenmauern standen oder auf der Friedhofmauer saßen und dort den Anfang des Gottesdienstes erwarteten, betrachteten Sintram mit schweigendem Staunen, als er nun auf die Kirchentür zuging. Eben noch hatte der herrliche Tag ihre Herzen mit Freude darüber erfüllt, daß sie noch auf Erden wandeln und die Schönheit des Lebens genießen durften; aber bei dem Anblick dieses Mannes überfiel sie eine Ahnung kommenden Unheils.

Sintram trat in die Kirche und nahm in seinem Stuhle Platz. Er warf die Handschuhe so hart auf die Bank, daß man das Klappern der in dem Fell eingenähten Wolfskrallen in der ganzen Kirche hörte. Und ein paar Frauen, die sich schon in den vordersten Bänken niedergelassen hatten, fielen beim Anblick der zottigen Gestalt in Ohnmacht und mußten hinausgetragen werden.

Aber niemand wagte es, Sintram fortzujagen. Er störte allerdings die Andacht der Gemeinde, aber er war viel zu gefürchtet, als daß jemand das Herz gehabt hätte, ihn aus der Kirche zu weisen.

Umsonst redete der alte Pfarrer von der schönen herrlichen Sommerzeit. Kein Mensch hörte ihm zu. Die Leute dachten nur an die Bosheit und die Kälte und an das kommende Unheil, das die Anwesenheit des bösen Gutsherrn ihnen verkündigte.

Als der Gottesdienst vorüber war, sah man ihn den steilen Abhang des Hügels, auf dem die Kirche liegt, hinaufsteigen. Von dort sah er auf den Brobyer Sund hinunter. Sein Blick glitt an der Propstei vorbei und hinaus auf die drei Landzungen des westlichen Ufers bis zum Löfven. Man sah, wie er die Faust ballte und sie drohend über dem Sunde und dessen grünen Ufern schüttelte. Dann schweiften seine Blicke nach Süden über den unteren Löfven hin bis zu den bläulichen weit vorspringenden Landzungen, die ihn scheinbar abschließen. Und nach Norden flogen seine Blicke meilenweit hinaus; am Gurlittafelsen vorbei bis hinauf zum Björnidet, wo der See zu Ende ist. Er schaute nach Westen und Osten, wo die langen Bergketten das Tal einfassen, und ballte wieder die Faust, und alle fühlten, daß der schlimme Gutsherr, wenn er jetzt den Blitzstrahl in seiner rechten Hand hielte, ihn mit wilder Freude auf das friedliche Land hinabschleudern würde, um Jammer und Tod zu verbreiten, so weit seine Macht reichte.

Denn jetzt hatte er sein Herz so an das Böse gewöhnt, daß ihm nur das Elend anderer noch Freude bereitete. Er hatte sich selbst allmählich gelehrt, alles Häßliche und Schlechte zu lieben. Er war wahnsinniger als ein vollkommen Verrückter; aber das verstand niemand.

Seltsame Gerüchte kamen über ihn in Umlauf. So hieß es, daß der Bart des Schlüssels abgebrochen sei, als der Küster die Kirchentür zuschließen wollte; ein fest zusammengefaltetes Papier habe im Schlüsselloch gesteckt. Er gab das Papier dem Propst. Es war, wie man sich denken kann, ein Schreiben an ein Wesen in der andern Welt gewesen.

Viel wurde darüber gemunkelt, was in dem Schreiben gestanden habe. Der Propst hatte das Papier verbrannt, aber der Küster hatte zugesehen, als das Teufelszeug verbrannte. Feuerrot hatten die Buchstaben auf schwarzem Grunde geleuchtet. Er hatte sie lesen müssen. Und da las er – so behaupteten die Leute – daß der Böse das Land verwüsten wolle, und zwar so weit umher als man den Broer Kirchturm sehen könne. Der Wald sollte um die Kirche her wachsen und sie verdecken, Bären und Füchse sollten in den Wohnungen der Menschen hausen. Die Äcker sollten unbestellt bleiben, und in der ganzen Gegend sollte weder ein Hund bellen noch ein Hahn krähen. Der böse Sintram würde seinem Herrn damit dienen, daß er jedermann Unglück bringe.

Und die Leute warteten in stiller Verzweiflung, denn sie wußten, daß die Macht des bösen Mannes sehr groß war, daß er alles Lebendige haßte, daß er wünschte, die Wildnis ins Tal hereindringen zu sehen, und daß er gerne Pestilenz, Hungersnot und Krieg in seinen Dienst genommen hätte, um alle auszurotten, die die segensreiche, freudenbringende Arbeit liebten.

Frau Musika

Da nichts Gösta Berling aufzuheitern vermochte, seit er damals der jungen Gräfin zur Flucht verholfen hatte, beschlossen die Kavaliere, bei der guten Frau Musika, die eine mächtige Fee ist und so viele Unglückliche tröstet, Hilfe zu suchen.

Deshalb ließen sie an einem Juliabend die Türen und Fenster des großen Saales weit aufmachen, Sonne und Luft wurden eingelassen; des späten Abends große, rote Sonne und kühle, milde, erfrischende Luft.

Die gestreiften Überzüge wurden von den Möbeln genommen, das Klavier wurde geöffnet und der verhüllende Tüll von den venezianischen Kronleuchtern entfernt. Die goldenen Greife unter den weißen Marmorplatten durften wieder im Lichte glänzen. Die weißen Göttinnen tanzten auf dem schwarzen Felde über den Spiegeln. Die wunderlich geformten Blumen des Seidendamastes schimmerten in der Abendröte. Rosen wurden gepflückt und hereingetragen. Der ganze Saal ward von ihrem Duft erfüllt. Es gab auf Ekeby wunderbare Rosen, deren Namen niemand kannte; sie waren aus fremden Ländern hergebracht worden. Es gab da gelbe Rosen, in deren Adern es rot schimmerte wie in denen der Menschen, und gelbweiße mit zerflatterten Rändern, und die rosenroten mit den großen Blättern, die ganz außen am Rand farblos wie Wasser sind, und die ganz dunkelroten mit den schwarzen Schatten. Man holte sie alle herein, die schönen Rosen Altringers, die er aus fernen Ländern hatte kommen lassen, um die Augen holder Frauen zu erfreuen.

Dann werden Notenpulte, Blechinstrumente, Bogen und Geigen in allen Größen hereingebracht, denn die gute Frau Musika ist es, die nun auf Ekeby versuchen soll, Gösta Berling zu trösten.

Frau Musika hat die Oxfordsymphonie des freundlichen Vater Haydn ausgewählt, und die Kavaliere haben sie einüben müssen. Patron Julius führt den Taktstock, und die andern spielen die verschiedenen Stimmen. Alle Kavaliere können spielen – sonst wären sie keine Kavaliere.

Als alles bereit ist, wird nach Gösta geschickt. Er ist noch immer schwach und gedrückt, aber er freut sich doch über den prächtigen, geschmückten Saal und die schöne Musik, die er bald hören wird. Denn das ist ja altbekannt, daß die gute Frau Musika für den, der leidet, die beste Gesellschaft ist. Sie ist munter und fröhlich wie ein Kind. Sie ist feurig und hinreißend wie ein junges Weib. Sie ist gut und weise wie die Alten, die ein gutes Leben geführt haben.

Und dann spielen die Kavaliere, leise, ganz leise, wie ein mildes Säuseln.

Der kleine Ruster nimmt die Sache ernst. Er liest die Noten mit einer Brille auf der Nase, küßt sanfte Töne aus der Flöte heraus und läßt die Finger auf den Klappen und Löchern spielen. Onkel Eberhard sitzt gebückt über dem Cello, die Perücke ist ihm aufs Ohr gerutscht, die Lippen beben vor Erregung. Bergh steht stolz da mit seinem langen Fagott. Er vergißt sich hin und wieder und setzt mit der ganzen Kraft seiner Lungen ein; aber da schlägt Patron Julius ihn mit dem Taktstock auf seinen dicken Schädel.

Gut geht es, brillant geht's. Aus der toten Notenschrift zaubern sie die Frau Musika selbst heraus. Entfalte deinen Zaubermantel, liebe Frau Musika, und führe Gösta Berling zurück in das Land der Freude, wo er zu leben pflegte!

Ach, daß es Gösta Berling ist, der bleich und niedergedrückt dasitzt, und daß die alten Herren ihn aufheitern müssen, als wäre er ein Kind! Da sieht es traurig aus mit der Freude in Värmland.

Ich weiß wohl, warum die Alten ihn liebten. Ich weiß wohl, wie lang ein Winterabend sein kann, und wie da auf den einsamen Gehöften der Trübsinn sich der Gemüter bemächtigt. Ja, ich verstehe recht gut, wie es ist, wenn er sich einstellt.

Oh, denkt euch einen Sonntagnachmittag, wo die Arbeit ruht und die Gedanken matt werden! Denkt euch, daß der anhaltende Nordwind Kälte ins Zimmer hereinjage, eine Kälte, bei der alles Einheizen nichts nützt! Denkt euch ein einziges Talglicht, das unaufhörlich geputzt werden muß! Denkt euch den einförmigen Gesang geistlicher Lieder in der Küche!

Nun, und dann ertönt plötzlich Schlittengeläute, schnelle Füße stampfen sich draußen auf den Stufen den Schnee von den Schuhen, und Gösta Berling tritt lachend und mit einem Scherz auf den Lippen ins Zimmer. Er bringt lauter Leben, lauter Wärme mit sich. Er schlägt das Klavier auf und spielt so schön, daß man sich nur über die alten Saiten wundern muß. Er kann alle Lieder singen, jede Melodie spielen. Er macht alle Hausbewohner glücklich. Ihn fror nie, er war niemals müde. Bei seinem Anblick vergaß der Betrubte seine Sorgen. Ach, was für ein gutes Herz er hatte! Wie mitleidig war er gegen die Armen und Schwachen! Und welch ein Genie! Ja, ihr hättet nur die Alten von ihm reden hören sollen!

Aber jetzt bricht er mitten im Spiel in Tränen aus. Das Leben, das ganze Leben erscheint ihm unsäglich traurig. Er verbirgt das Gesicht in den Händen und weint. Die Kavaliere erschrecken. Dies sind nicht die sanften, heilenden Tränen, die ihre liebe Frau Musika hervorzulocken pflegt. Er schluchzt zum Herzbrechen. Ganz ratlos legen sie die Instrumente aus der Hand.

Und die gute Frau Musika, die Gösta Berling lieb hat, ist auch nahe daran, den Mut zu verlieren; aber dann fällt ihr ein, daß sie noch einen gewaltigen Kämpen unter den Kavalieren hat.

Lövenborg ist es, der sanfte Lövenborg, der seine Braut einst in dem trüben, gelben Flusse verloren hat, und der Gösta ergeben ist wie sonst keiner. Er schleicht sich nun ans Klavier hin, geht um das Instrument herum, befühlt es vorsichtig und fährt mit weicher Hand liebkosend über die Tasten.

Drüben im Kavalierflügel hat Lövenborg einen großen hölzernen Tisch, auf den er eine Klaviatur gemalt und einen Notenständer gestellt hat. Stundenlang kann er davorsitzen und die Finger über die weißen und schwarzen Tasten gleiten lassen. Da übt er Tonleitern und Etüden, und da spielt er seinen Beethoven. Er spielt immer nur Beethoven. Frau Musika hat ihm mit besonderer Gnade beigestanden, so daß er sich viele von den sechsunddreißig Sonaten abschreiben konnte.

Aber der Alte wagt sich nie an ein anderes Instrument als an seinen hölzernen Tisch. Vor dem Klavier hat er eine ehrfurchtsvolle Scheu. Es lockt ihn, aber es erschreckt ihn noch mehr. Das schrille Instrument, auf dem andere so viele Tänze heruntergehämmert haben, ist ihm ein Heiligtum. Er hat nie gewagt, es zu berühren. Wie ist es nur möglich, daß dieses wunderbare Ding mit den vielen Saiten den Werken der großen Meister Leben zu geben vermag! Er braucht nur das Ohr darauf zu legen, dann hört er sogleich Andante und Scherzo drinnen säuseln. Ja, das Klavier ist der Altar, wo Frau Musika verehrt werden soll. Aber niemals hat er darauf gespielt. Er selbst wird ja in seinem ganzen Leben nie so reich sein, um sich eins zu kaufen, und auf diesem hier hat er nie zu spielen gewagt; die Majorin hatte ihn auch niemals dazu aufgefordert.

Er hat freilich Polka und Walzer darauf trommeln und Bellmanmelodien darauf klimpern hören. Doch bei so gottloser Musik konnte das herrliche Instrument ja nur schreien und jammern. Nein, wenn Beethoven käme, da würde es seinen richtigen, lieblichen Klang ertönen lassen.

Jetzt glaubt er die Stunde für sich selbst und für Beethoven gekommen. Er wird Mut fassen und das Heiligtum berühren, und er wird seinen jungen Herrn und Meister mit dem jetzt schlummernden Wohllaut erfreuen. Er setzt sich nieder und beginnt zu spielen. Er fühlt sich ganz unsicher und aufgeregt, aber schlägt doch prüfend ein paar Takte an und versucht in die richtige Tonart hineinzukommen. Er runzelt die Stirne, versucht es noch einmal, dann schlägt er die Hände vors Gesicht und bricht in Tränen aus.

Ja, liebe Frau Musika, das ist eine bittere Enttäuschung für ihn. Das Heiligtum ist gar kein Heiligtum. Es enthält keine klaren, holden Töne, keine lieblichen Träume, keinen betäubenden, grollenden Donner, keinen mächtig dahinbrausenden Orkan; nichts, nichts von dem unendlichen Wohllaut, der die Luft des Paradieses erfüllte, ist darin zurückgeblieben. Es ist ein altes, klappriges Klavier und weiter nichts.

Aber da gibt Frau Musika dem schlauen Beerencreutz einen Wink. Er nimmt Ruster mit sich; sie gehen hinüber in den Kavalierflügel und holen Lövenborgs Tisch mit der gemalten Klaviatur.

»Sieh hier, Lövenborg«, sagt Beerencreutz, als sie mit dem Tisch zurückkommen, »hier hast du dein eigenes Klavier. Spiel Gösta etwas auf diesem.«

Da hört Lövenborg zu weinen auf, und er spielt seinem jungen, betrübten Freunde Beethoven vor. Nun wird er gewiß wieder froh werden!

Im Kopfe des Alten erklingen die herrlichsten Töne. Er

ist fest überzeugt, daß Gösta hört, wie schön er spielt. Gösta merkt ganz gewiß, wie ausgezeichnet ich heute abend spiele, denkt er. Es gibt keine Schwierigkeit mehr für ihn. Er spielt seine Läufe und Triller ohne jede Anstrengung. Die schwersten Griffe überwindet er mit Leichtigkeit. Er wünschte nur, daß der große Meister selbst ihn hören könnte.

Und je länger er spielt, desto begeisterter wird er.

»Leid, Leid«, spielt er, »warum sollte ich dich nicht lieben? Weil deine Lippen kalt und deine Wangen verblüht sind, weil deine Umarmung erstickt und deine Blicke versteinern?

Leid, Leid! Du bist eine von jenen stolzen, schönen Frauen, deren Liebe so schwer zu gewinnen ist, die aber heißer brennt als die aller andern. Du Verstoßene, ich nahm dich an mein Herz und liebte dich. Ich wärmte deine erstarrten Glieder mit meinen Liebkosungen, und deine Liebe hat mich glücklich gemacht.

Ach, was habe ich gelitten! Wie habe ich mich in Sehnsucht verzehrt, seit ich sie verloren habe, die mir vor allen teuer war. Nacht war es um mich her, Nacht in mir selbst. In heißem Gebet lag ich auf den Knien, in verzweiflungsvollem Flehen, das nicht erhört wurde. Der Himmel war und blieb verschlossen. Aus dem sternbesäten Himmelsraum stieg kein Engel herab, um mich zu trösten.

Aber meine Sehnsucht schlug den verhüllenden Vorhang zurück. Und da kamst du, du schwebtest zu mir herab auf den Strahlen des Mondes. Lichtumflossen erschienst du mir, o meine Geliebte, ein Lächeln auf den Lippen, im Kreise fröhlicher Genien. Sie trugen Rosenkränze um die Stirne und spielten auf der Zither und der Flöte. Selig war ich, als ich dich sah.

Aber du verschwandest, verschwandest. Und für mich waren die Mondstrahlen keine Brücke, auf der ich dir hätte folgen können. Auf der Erde lag ich ohne Flügel, gebunden ans Irdische. Meine Klagen glichen dem Brüllen des wilden Tieres, dem betäubenden Donner des Gewitters.

Den Blitz hätte ich dir gern als Boten gesandt. Mochte das Feuer der Erde das Wachstum zerstören, mochte die Pest die Menschen hinwegraffen! Ich rief den Tod und den Abgrund an. Die Qual des ewigen Feuers schien mir Wollust zu sein im Vergleich mit meinem Elend.

Leid, Leid! Da wurden wir Freunde. Warum hätte ich dich nicht lieben sollen, so wie man jene stolzen, strengen Frauen liebt, deren Liebe schwer zu erringen ist, aber heißer brennt als die aller anderen?«

So spielt Lövenborg, der arme Mystiker. Strahlend vor Begeisterung und Rührung saß er da; er hörte die wunderbarsten Töne und war fest überzeugt, daß Gösta sie auch hören müsse und aus ihnen Trost schöpfen werde. Gösta betrachtete ihn unverwandt. Zuerst war er ärgerlich über dieses Gaukelspiel, aber allmählich machte der Verdruß einer weicheren Stimmung Platz. Er war unwiderstehlich, der Alte, der dort seinen Beethoven in tiefster Seele genoß.

Und Gösta mußte daran denken, daß auch dieser jetzt so sanfte und heitere Mann einst in schweres Leid versenkt gewesen war, daß auch er die Geliebte verloren hatte. Nun saß er glücklich vor einem hölzernen Tisch. Mehr bedurfte es also nicht, um einen Menschen glücklich zu machen?

Er fühlte sich gedemütigt. »Wie, Gösta«, sagte er zu sich selbst, »kannst du nicht mehr leiden, nichts mehr ertragen? Du, der sein Leben lang in Armut abgehärtet worden ist, du, der gehört hat, wie jeder Baum im Walde, jede Erdscholle auf der Wiese Geduld predigt, du, der in einem Lande aufgewachsen ist, wo der Winter streng und der Sommer nur kurz ist, hast du die Kunst des Ausharrens vergessen?

Ach, Gösta, ein Mann muß alles, was das Leben bringt, mit mutigem Herzen und lächelnden Lippen hinnehmen, sonst ist er kein Mann. Traure, so viel du willst, um den Verlust deiner Geliebten, laß Gewissensqualen in deinem Innern wühlen und nagen, aber zeige dich als ein Mann, als ein Värmländer. Laß den Blick freudig aufleuchten und tritt deinen Freunden mit fröhlichen Worten entgegen.

Ernst ist das Leben, ernst ist die Natur. Aber sie erwekken Mut und Freude als Gegengewicht gegen ihre eigene Strenge, sonst könnte sie wohl niemand ertragen.

Mut und Freude! Scheint es nicht, als seien sie die Hauptsache, die erste Pflicht im Leben? Du hast sie bis jetzt nie verleugnet, du wirst sie auch jetzt nicht verleugnen.

Bist du schlechter als Lövenborg, der da an seinem hölzernen Klavier sitzt, als alle die andern Kavaliere, die mutigen, die sorglosen, die ewig jungen? Du weißt wohl, daß jeder von ihnen das Leid kennengelernt hat.«

Und Gösta Berling läßt den Blick über sie hinwegschweifen. Ach, welch ein Anblick! Da sitzen sie alle mit tiefernsten Gesichtern und lauschen der Musik, die keiner hört.

Plötzlich wird Lövenborg durch ein fröhliches Lachen aus seinen Träumen gerissen. Er nimmt die Hände von den Tasten und lauscht wie verzückt. Das ist Gösta Berlings altes Lachen, sein gutes, freundliches, ansteckendes Lachen. Dies ist die holdeste Musik, die der Alte je in seinem Leben gehört hat.

»Ich habe es ja gewußt, daß Beethoven dir helfen würde!« ruft er aus. »Nun bist du wieder gesund!«

Seht, auf diese Weise hat also die gute Frau Musika Gösta Berling von seiner Schwermut geheilt.

Der Brobyer Pfarrer

Eros, du allherrschender Gott, du weißt wohl, daß man oft glauben könnte, dieser oder jener Mensch habe das Joch deiner Herrschaft ganz abgeschüttelt. Alle die schönen Gefühle, die die Menschenkinder vereinen, scheinen in seinem Herzen erstorben zu sein. Der Wahnsinn streckt schon seine Krallen nach dem Unglücklichen aus – aber, da kommst du in deiner Allmacht, und wie der heilige Stab Arons treibt das vertrocknete Herz wieder Blüten.

Es gibt keinen größeren Geizhals als den Pfarrer von Broby, keinen, der durch seine Bosheit und seine Unbarmherzigkeit seinen Beichtkindern ferner stünde als er. Seine Zimmer werden im Winter nicht geheizt, er sitzt auf einer rohen Holzbank, er kleidet sich in Lumpen, lebt von trokkenem Brot und wird wütend, wenn ein Bettler über seine Schwelle tritt. Er läßt das Pferd im Stalle hungern, seine Kühe fressen das magere Gras am Wegrande und das auf der Mauer seines Hauses wachsende Moos. Bis hinaus auf die Landstraße dringt das jämmerliche Blöken der hungrigen Schafe. Die Bauern geben ihm Speisereste, die ihre Hunde nicht fressen wollen, und alte Kleider, die die Armen verschmähen. Seine Hand ist stets ausgestreckt, um zu betteln, sein Rücken krümmt sich von untertänigem Danken. Er bettelt von den Reichen und leiht den Armen. Wenn er irgendein Geldstück sieht, so brennt sein Herz vor Begierde, bis es sich in seiner Tasche befindet. Wehe dem, der ihn am Verfalltage nicht bezahlen kann!

Er hatte sich erst spät verheiratet; aber es wäre besser gewesen, wenn er es nie getan hätte, denn er hat seine Frau gequält, und sie starb vor der Zeit, als ihre letzten Kräfte verzehrt waren. Jetzt dient seine Tochter bei Fremden. Er wird alt, aber das Alter mildert seine Begierde nach Besitz nicht. Der Wahnsinn des Geizes läßt ihn nicht mehr los.

An einem schönen Tage im Anfang August fährt eine von vier Pferden gezogene schwere Karosse den Brobyer Hügel hinauf. Ein altes, feines Edelfräulein kommt mit großem Gepränge, mit Kutscher, Diener und Kammerjungfer, dahergefahren. Sie kommt, um den Brobyer Pfarrer zu besuchen. Er ist ihre Jugendliebe gewesen. Er war als Hauslehrer auf das Gut ihrer Eltern gekommen, und da hatten sie einander kennen und lieben gelernt; aber die stolze Familie hatte sie getrennt. Und jetzt fährt sie den Brobyer Berg hinauf, um ihn vor ihrem Tode noch einmal zu sehen. Alles, was das Leben ihr noch gewähren kann, ist ein Wiedersehen mit dem Jugendgeliebten.

Das kleine, feine Fräulein sitzt in seine Träume versunken in dem großen Wagen. Sie fährt nicht den Brobyer Berg hinauf, um in einem ärmlichen Pfarrhause einzukehren, sie ist auf dem Wege nach der dichten, kühlen Laube im Park, wo der Geliebte ihrer harrt. Sie sieht ihn vor sich; er ist jung, er kann küssen, er kann lieben. Jetzt, wo sie weiß, daß sie ihn bald sehen wird, taucht sein Bild merkwürdig deutlich vor ihr auf. Wie schön ist er, ach, wie schön! Er kann schwärmen, er kann heiß erglühen, und er erfüllt ihr ganzes Ich mit dem Feuer der Begeisterung.

Sie selbst ist jetzt verblichen, verblüht und alt. Vielleicht wird er sie mit ihren sechzig Jahren nicht wiedererkennen; aber sie kommt ja nicht, um gesehen zu werden, sie kommt, um selbst zu sehen, um ihn, den Geliebten ihrer Jugend zu sehen, ihn, dem die Jahre nichts anhaben konnten, der noch immer jung, schön und warmherzig sein muß.

Sie kommt aus so weiter Ferne, daß keine Nachricht über den Brobyer Pfarrer je an ihr Ohr gedrungen ist.

Nun rasselt die Karosse den Hügel hinauf, und dort drüben taucht das Pfarrhaus auf.

»Um Gottes Barmherzigkeit willen gebt einem Armen ein Scherflein«, winselt ein Bettler am Wege.

Die edle Dame reicht ihm eine Silbermünze und fragt zugleich, ob das Brobyer Pfarrhaus hier in der Nähe liege.

Der Bettler betrachtet sie mit einem schlauen, mißtrauischen Blick.

»Das Pfarrhaus liegt dort drüben«, sagt er, »aber der Pfarrer ist nicht daheim, es ist überhaupt niemand zu Hause.«

Das kleine, feine Fräulein wird todesblaß. Die kühle Laube verschwindet, der Geliebte ist nicht dort. Wie hatte sie auch erwarten können, ihn jetzt, nach vierzigjährigem Warten, dort zu finden.

Der Bettler fragte, was das gnädige Fräulein im Pfarrhause wolle.

Das gnädige Fräulein wolle den Pfarrer besuchen, lautete die Antwort. Der Pfarrer sei ein alter Bekannter von ihr.

Vierzig Jahre und vierzig Meilen haben zwischen ihnen gelegen. Und mit jeder Meile, die sie zurückgelegt hat, hat sie zugleich auch ein Jahr mit seiner Last von Sorgen und Erinnerungen hinter sich gelassen, so daß sie jetzt, wo sie vor dem Pfarrhaus angekommen, wieder ein zwanzigjähriges Mädchen ist, ohne Sorgen, ohne Erinnerungen.

Der Bettler betrachtete sie unverwandt, und in seinen Augen verwandelte sich die Zwanzigjährige in eine Sechzigjährige und die Sechzigjährige wieder in eine Zwanzigjährige.

Der Pfarrer komme am Nachmittag zurück, sagt der Bettler. Das gnädige Fräulein würde deshalb am besten tun, im Brobyer Gasthause abzusteigen und am Nachmittag noch einmal herzukommen. Da sei der Pfarrer daheim, dafür könne der Bettler einstehen.

Im nächsten Augenblick rollte die schwere Karosse mit dem kleinen, verblühten Fräulein den Berg hinunter nach dem Gasthofe. Der Bettler aber schaut ihr, am ganzen Leibe zitternd, nach. Es ist ihm, als müsse er niederknien und die Spuren ihres Wagens küssen.

Mit feinem Anstand, rasiert und herausgeputzt, in blankgewichsten Schuhen und mit silbernen Schnallen, in seidenen Strümpfen, mit Jabot und Manschetten steht der Brobyer Pfarrer um Mittag vor der Frau des Propstes.

»Ein feines Fräulein«, sagt er, »eine Grafentochter, Frau Pröpstin! Meint Ihr, daß ich, ein ganz armer Mann, sie bitten kann, bei mir einzukehren? Meine Fußböden sind geschwärzt, mein Wohnzimmer ist ohne Möbel, die Decke im Eßzimmer ist von Schimmel und Feuchtigkeit ganz grün. Helft mir, Frau Pröpstin! Bedenkt, daß sie eine vornehme Grafentochter ist.«

»Laßt ihr sagen, ihr wäret verreist.«

»Liebe Frau Pröpstin, sie hat vierzig Meilen zurückgelegt, um mich armen Mann zu sehen. Sie weiß nicht, wie es bei mir aussieht. Ich habe kein Bett, das ich ihr anbieten könnte. Und ich habe auch keine Betten für ihre Dienerschaft.«

»Dann laßt sie eben wieder wegfahren.«

»Liebe, gute Frau Pröpstin, versteht Ihr nicht, was ich sagen will. Lieber möchte ich alles, was ich besitze, alles, was ich mit Mühe und Not zusammengespart habe, hingeben, als daß sie wieder fortfahren müßte, ohne daß ich sie unter meinem Dach aufgenommen hätte. Sie war zwanzig Jahre alt, als ich sie zuletzt sah, das ist nun vierzig Jahre her, o bedenkt dies, Frau Pröpstin! Helft mir, daß ich sie bei mir aufnehmen kann. Hier ist Geld, wenn Geld helfen kann, aber hier ist mehr als Geld nötig.«

O Eros, alle Frauen lieben dich! Sie machen lieber hundert Schritte für dich als einen einzigen für die andern Götter.

In der Broer Propstei werden Zimmer, Küche und Speisekammer geleert. In der Broer Propstei werden Lastwagen voll geladen und nach dem Pfarrhause gefahren. Wenn der Propst aus dem Konfirmandenunterricht nach Hause kommt, werden alle Zimmer geleert sein, und wenn er die Küchentür öffnet, um nach seinem Mittagessen zu fragen, so wird er auch dort niemand finden. Kein Mittagessen, keine Frau, keine Magd! Wer kann es ändern! Eros hat es so gewollt, Eros, der Allherrschende!

Am Nachmittag rasselt die schwere Karosse den Berg wieder herauf. Und das kleine Fräulein im Wagen fragt sich ängstlich, ob nicht ein neues Mißgeschick ihrer warte, ob es wirklich wahr sei, daß sie jetzt ihrer einzigen Lebensfreude entgegengehe.

Jetzt fährt die Karosse in den Pfarrhof ein, aber sie muß am Tor halten. Der große Wagen ist zu breit, der Torweg zu eng. Der Kutscher knallt mit der Peitsche; der Bediente flucht, aber die hinteren Räder sind festgeklemmt; keine Möglichkeit, sie loszumachen. Die Grafentochter kann nicht in den Hof des Geliebten einfahren.

Aber dort kommt jemand, dort kommt er. Er hebt sie aus dem Wagen, er trägt sie auf seinen Armen, deren Kraft noch ungebrochen ist, er drückt sie ebenso innig an sein Herz wie vor vierzig Jahren. Sie liebt seine Augen, die noch ebenso strahlen, wie sie gestrahlt haben, als sie erst fünfundzwanzig Lenze gesehen hatten.

Ein Sturm von Gefühlen ergreift sie – von Gefühlen, heißer als je zuvor. Sie muß daran denken, daß er sie einmal die Stufen zur Terrasse hinaufgetragen hat. Sie, die geglaubt hatte, daß ihre Liebe in all diesen Jahren lebendig geblieben sei, von starken Armen umschlungen zu werden und in junge, strahlende Augen zu schauen.

Sie sieht nicht, daß er alt ist, sie sieht nur die Augen, die Augen.

Sie sieht nicht die schwarzen Fußböden, nicht die von Feuchtigkeit grünen Decken, sie sieht nur seine strahlenden Augen. Der Brobyer Pfarrer ist in diesem Augenblick ein stattlicher Mann, ein schöner Herr. Er wird schön, wenn er sie nur ansieht.

Sie hört seine Stimme, seine klare, starke Stimme, die wie liebkosend an ihr Ohr dringt. So spricht er nur mit ihr. Wozu brauchte er Möbel aus der Propstei, um seine leeren Zimmer zu füllen, wozu Speise, wozu Dienstboten? Das alte Fräulein würde wohl kaum etwas vermißt haben. Sie hört seine Stimme, sie sieht seine Augen.

Nie, niemals ist er so glücklich gewesen.

Wie zierlich er sich verbeugt, zierlich und stolz, als wäre sie eine Fürstin und er der bevorzugte Günstling. Er wendet in der Unterhaltung mit ihr all die umständlichen Redensarten an, die in seiner Jugend Mode gewesen sind. Sie lächelt nur dazu und ist glücklich.

Gegen Abend bietet er ihr den Arm, und sie gehen in dem alten, verwahrlosten Garten spazieren. Sie sieht nichts Häßliches und Vernachlässigtes. Verkrüppelte Büsche werden zu beschnittenen Hecken, das Unkraut breitet sich zu einem gleichmäßigen, glänzenden Rasenteppich aus, sie wandeln in schattigen Alleen, und aus dunklem Grün leuchten weiße Marmorgestalten hevor: die Jugend, die Treue, die Hoffnung, die Liebe!

Sie weiß, daß er verheiratet gewesen ist, aber sie denkt nicht daran. Wie hätte sie sich auch an so etwas erinnern können? Er ist ja sicherlich erst fünfundzwanzig, voll schwellender Jugendkraft. Wäre es möglich, daß aus ihm der geizige Brobyer Pfarrer werden könnte, aus diesem lächelnden Jüngling! Ab und zu klingt es in seinen Ohren wie die Botschaft von einem dunklen Schicksal. Aber der Jammer der Armen, die Verwünschungen der Betrogenen, das Achselzucken der Verachtung, die Spottlieder, der Hohn, alles dies existiert jetzt noch nicht für ihn. In seinem Herzen glüht nur eine unschuldige, reine Liebe. Dieser stolze Jüngling wird sicher niemals das Gold so lieben lernen, daß er es aus dem gemeinsten Schmutz aufhebt, es von den Vorübergehenden erbettelt und, nur um es zu erlangen, Demütigungen, Schmach, Kälte und Hunger erduldet! Wird er sein Kind verhungern lassen, seine Frau quälen, dieses elenden Goldes wegen? Das ist unmöglich! Niemals wird er so werden. Er ist ein ebenso guter Mensch wie die andern, und kein Unmensch.

Seine Jugendgeliebte wandelt nicht an der Seite eines Verworfenen, der des Amtes, das er zu übernehmen gewagt hat, unwürdig ist. Nein, das tut sie nicht.

O Eros, allherrschender Gott, nicht an diesem Abend, nein, an diesem Abend ist er nicht der Brobyer Pfarrer, und auch nicht am nächsten Tag, und nicht am übernächsten!

Am dritten Tag reist sie ab. Das Tor ist erweitert worden. Die Karosse fährt so rasch über den Brobyer Hügel, wie ausgeruhte Pferde laufen können.

Welch ein Traum, welch ein wunderschöner Traum! In drei Tagen nicht eine Wolke!

Lächelnd fuhr sie zurück auf ihr Schloß und zu ihren Erinnerungen. Niemals wieder hörte sie seinen Namen nennen, und sie erkundigte sich auch nicht wieder nach ihm. Sie wollte diesen Traum festhalten, so lange sie lebte.

Der Brobyer Pfarrer saß in seinem leeren Hause und weinte wie ein Verzweifelter. Sie hatte ihn wieder jung gemacht. Würde er jetzt wieder alt werden? Würde der böse Geist wieder über ihn kommen und ihn wieder verabscheuenswert machen, wie er vorher gewesen war?

Patron Julius

Patron Julius trug seine rotangestrichene Truhe zum Kavalierflügel hinaus. Ein grünes Fäßchen, das ihn auf vielen Reisen begleitet hatte, füllte er mit duftendem Pomeranzenbranntwein, und in einen großen geschnitzten Proviantkasten packte er Butter, Brot und lebhaft grün und braun schimmernden alten Käse, fetten Schinken und kleine, mit eingemachten Himbeeren gefüllte Pfannkuchen. Dann nahm Patron Julius mit Tränen in den Augen Abschied von der ganzen Ekebyer Herrlichkeit. Zum letztenmal streichelte er die alten Kegelkugeln und die rundwangigen Kinder der Arbeiter. Er besuchte noch einmal die Lauben im Garten und die Grotten im Park. Er war noch einmal in der Scheune und den Ställen, strich über das glänzende Fell der Pferde, schüttelte den bösen Stier an den Hörnern und ließ sich von den Kälbern die Hände lekken. Zuletzt ging er tränenden Auges nach dem Wohnhause, wo das Abschiedsmahl seiner wartete.

Wehe dem Leben! Wie kann es nur so viel Trübes bringen? Gift war in den Speisen, Galle im Wein. Den Kavalieren war der Hals wie zugeschnürt und dem Patron Julius desgleichen. Tränen verschleierten ihm den Blick. Die Abschiedsrede wurde von Schluchzen unterbrochen. Wehe dem Leben! Von nun an würde sein Dasein ein einziges langes Sehnen sein. Nie wieder würden sich seine Lippen zum Lächeln verziehen, die Lieder würden aus seinem Gedächtnis verschwinden wie die Blumen im Herbst von der Erde. Er würde verblassen, abfallen, verwelken wie eine vom Frost getroffene Rose, wie eine dürstende Lilie. Niemals würden die Kavaliere den armen Julius wiedersehen. Dunkle Ahnungen zogen durch seine Seele, wie die Schatten sturmgepeitschter Wolken über unsere frischgepflügten Felder dahinjagen. Er würde nach Hause reisen, um zu sterben.

Vor Gesundheit und Wohlbehagen strotzend stand er nun vor den Kavalieren. Sie würden ihn nie wiedersehen.

Nie wieder würden sie ihn scherzend fragen, wann er zuletzt seine Zehenspitzen habe sehen können, nie wieder sich seine Wangen zu Kegelkugeln erbitten. In seiner Leber und Lunge hatte sich eine böse Krankheit festgesetzt. Sie nagte und zehrte an ihm. Er hatte es schon lange gefühlt. Seine Tage waren gezählt.

Ach, ihr Kavaliere, behaltet den Toten in teurem Andenken! Ach, vergeßt ihn nicht!

Die Pflicht rief ihn. Zu Hause erwartete ihn seine Mutter. Seit siebzehn Jahren wartete sie auf seine Rückkehr von Ekeby. Jetzt hatte sie ihm geschrieben und ihn innig gebeten, doch heimzukehren, und er mußte folgen. Er wußte, daß es sein Tod sein würde, aber ein guter Sohn gehorcht seiner Mutter.

O die göttlichen Feste! O die lieblichen Uferwiesen, der stolze Gießbach! O die lustigen Abenteuer, die weißen glatten Tanzböden, der beliebte Kavalierflügel! O Geigen und Waldhörner, o Leben des Glücks und der Freude! Sich von dem allen losreißen zu müssen, das war für ihn soviel wie sterben.

Nun ging Patron Julius in die Küche und verabschiedete sich von den Leuten. Von Rührung überwältigt umarmte und küßte er alle miteinander, von der Haushälterin an bis zu der Bettelfrau, die gerade in der Küche stand. Die Mägde weinten und bedauerten sein Geschick. Ach, daß ein so guter fröhlicher Herr so bald sterben müsse und sie ihn nie wieder sehen sollten! jammerten sie.

Patron Julius befahl, seine Chaise aus dem Wagenschuppen und sein Pferd aus dem Stalle zu holen. Die Stimme versagte ihm beinahe, als er diesen Befehl gab. Seine Chaise sollte also nicht in Ruhe auf Ekeby vermodern dürfen, und die alte »Kajsa« mußte auch von der wohlbekannten Krippe scheiden. Patron Julius wollte nichts Böses über seine Mutter sagen; wenn sie auch nicht an ihn dachte, so hätte sie doch auf die Chaise und Kajsa Rücksicht nehmen können. Wie würden diese beiden die lange Reise aushalten?

Aber am bittersten war doch der Abschied von den Kavalieren selbst.

Der kleine, runde Patron Julius, der mehr zum Rollen als zum Gehen geschaffen war, fühlte sich bis in die Fingerspitzen tragisch gestimmt. Er mußte an den großen Athener denken, der im Kreise seiner weinenden Jünger den Giftbecher leerte. Er mußte an den alten König Gustav Wasa denken, der dem schwedischen Volke vorausgesagt hatte, daß es einst wünschen würde, ihn aus dem Grabe herauskratzen zu können. Zuletzt sang er ihnen noch sein schönstes Lied vor. Er mußte an den Schwan denken, der sterbend singt. So sollten sie ihn in Erinnerung behalten; als einen königlichen Geist, der sich nicht zu Klagen erniedrigt, sondern unter holdseligen Tönen von hinnen geht.

Endlich war der letzte Becher geleert, das letzte Lied gesungen, der letzte Händedruck ausgeteilt. Er zog den Mantel an und nahm die Peitsche in die Hand. Kein Auge blieb trocken, und seine eigenen waren von dem heißaufsteigenden Schmerze getrübt, daß er fast nichts sehen konnte.

Da ergriffen ihn die Kavaliere und hoben ihn auf ihre Schultern. Donnernde Hurrarufe erschallten. Sie setzten ihn nieder, er wußte nicht, wo. Eine Peitsche knallte, das Fuhrwerk setzte sich unter ihm in Bewegung. Es fuhr mit ihm fort, und als der gute Julius wieder etwas unterscheiden konnte, befand er sich schon auf der Landstraße.

Wohl hatten die Kavaliere geweint und waren vom Abschiedsweh tief ergriffen gewesen, und doch hatte der Kummer nicht alle lustigen Einfälle ihres Herzens erstikken können. Einer von ihnen – war es Gösta Berling, der Poet, oder Beerencreutz, der killespielende alte Krieger, oder der lebensmüde Vetter Christoffer – hatte es so eingerichtet, daß weder Kajsa ihren Stall noch die wacklige Chaise ihren Schuppen zu verlassen brauchten. Aber ein großer rötlicher Ochse war vor einen Leiterwagen gespannt, die rote Truhe, das grüne Fäßchen, der geschnitzte

Proviantkasten daraufgestellt worden, und schließlich war Patron Julius selbst, dessen Augen von Tränen getrübt waren, nicht auf den Kasten, nicht auf die Truhe, sondern auf den Rücken des rötlichen Ochsen gesetzt worden.

Seht, so ist der Mensch, zu schwach, um den Kummer mit aller seiner Bitterkeit auf sich zu nehmen! Wohl trauerten die Kavaliere um den Freund, der von ihnen ging, um zu sterben, diese welkende Lilie, diesen zum Tode getroffenen Singschwan, aber doch löste sich die Beklemmung ihrer Herzen, als sie ihn auf dem Rücken des großen Ochsen wegreiten sahen, während sein dicker Leib von Schluchzen erbebte, seine zu einer letzten Umarmung ausgebreiteten Arme verzweifelt herabsanken und seine Augen Gerechtigkeit bei einem unfreundlichen Himmel suchten.

Draußen auf der Landstraße begann der Nebel sich vor Patron Julius' Augen zu zerteilen, und er sah, daß er auf dem wiegenden Rücken eines Tieres saß. Und es wird behauptet, daß er angefangen habe, sich schwere Gedanken darüber zu machen, was doch in siebzehn langen Jahren alles geschehen könne. Die alte Kajsa hatte sich sichtlich verändert. Hatten der reichlich zugemessene Hafer und die Kleefelder auf Ekeby das bewirken können? Und er rief – ich weiß nicht, ob es die Steine auf der Landstraße oder die Vögel in den Büschen gehört haben – aber wahr ist es, daß er rief: »Hol mich der Teufel, Kajsa, aber ich glaube wahrhaftig, du hast Hörner bekommen!«

Nachdem er noch eine Weile über dieses wunderbare Ereignis nachgedacht hatte, ließ er sich von dem Rücken des Ochsen herabgleiten, stieg auf den Wagen, setzte sich auf den Proviantkasten und fuhr in trüber Stimmung weiter.

Nach einer Weile, als er nahe bei Broby war, hörte er einen taktfesten Gesang:

»Eins, zwei drei,
eins, zwei, drei,
Värmlands Jäger kommen herbei.«

So tönte es ihm entgegen, aber nicht die värmländischen Jäger, sondern die lustigen Fräulein von Berga mit den hübschen Töchtern des Munkeruder Amtmanns kamen auf der Straße daher. Sie hatten ihre kleinen Butterbrotpakete an langen Stöcken befestigt, die sie wie Gewehre schulterten, und marschierten mutig und taktfest in der Sommerhitze. »Eins, zwei, drei, eins, zwei, drei . . .«

»Wohin, Patron Julius?« riefen sie, als ihn erblickten, ohne der Kummerwolken zu achten, die seine Stirne bedeckten.

»Ich habe das Heim der Sünde und der Eitelkeit verlassen«, antwortete Patron Julius. »Ich will nicht länger unter leichtsinnigen, nichtsnutzigen Leuten leben. Ich kehre zu meiner Mutter zurück.«

»Ach, das kann nicht wahr sein, Patron Julius. Ihr wollt doch Ekeby nicht verlassen?«

»Doch«, sagte er und schlug mit der Faust auf die Truhe. »Wie Lot aus Sodom und Gomorrha geflohen ist, so fliehe ich aus Ekeby. Nun gibt es dort keinen Gerechten mehr. Aber wenn ein Abgrund sich unter ihnen öffnet, wenn es Schwefel vom Himmel herabregnet, dann werde ich mich über Gottes gerechtes Gericht freuen. Adieu, ihr Mädchen, und hütet euch vor Ekeby!«

Damit wollte er weiterfahren, aber das war durchaus nicht nach dem Sinn der lustigen Mädchen. Sie wollten den Dunderfelsen besteigen, und da sie also noch einen sehr weiten Weg vor sich hatten, wären sie gerne in Julius' Leiterwagen bis an den Fuß des Berges gefahren. Glücklich, wer sich an dem Sonnenschein des Lebens erfreuen kann und keines Kürbisses bedarf, um seinen Scheitel davor zu bewahren! Ehe zwei Minuten verflossen waren, hatten die Mädchen ihren Willen durchgesetzt. Patron Julius wendete um und fuhr in der Richtung nach dem Dunderfelsen weiter. Lächelnd saß er auf seinem Kasten, während sich der Wagen mit jungen Mädchen füllte. Am Wegrande wuchsen Gänseblumen, Ehrenpreis, wilde Wicken und Kuckucksblumen. Der Ochse mußte ab und zu ein wenig ausruhen; da sprangen die Mädchen vom Wagen und pflückten Blumen. Bald prangte ein prächtiger Kranz auf Julius' Haupt und einer auf den Hörnern des Ochsen.

Nach einiger Zeit erreichten sie eine Gruppe hellgrüner Buchen und dunkler Erlen. Wieder stiegen die Mädchen aus und brachen Zweige ab, um den Wagen zu schmükken, der bald aussah wie ein wandelnder Hain. Der ganze Tag verging unter Spielen und Scherzen.

Je weiter der Tag vorschritt, desto milder und freundlicher wurde Patron Julius gestimmt. Er teilte seine Vorräte mit den Mädchen und sang ihnen Lieder vor. Als sie auf dem Gipfel des Dunderfelsens standen und die Landschaft so stolz und schön vor sich liegen sahen, daß ihnen beim Anblick dieser ganzen Schönheit die Tränen in die Augen traten, da schlug Patron Julius' Herz mit heftigen Schlägen, die Worte drängten sich ihm auf die Lippen, und er hielt eine Rede auf sein geliebtes Land.

»Ach, Värmland«, sagte er, »du schönes, du herrliches Land! Oftmals, wenn ich dich auf einer Landkarte vor mir sah, habe ich mich vergeblich gefragt, was du eigentlich vorstelltest, aber jetzt weiß ich, wem du gleichst. Ein alter, frommer Eremit bist du, der, mit übereinandergeschlagenen Beinen und die Hände im Schoß, in stille Träume versunken ist. Über die halbgeschlossenen Augen hat er eine spitzige Mütze hereingezogen. Du bist ein Grübler, ein heiliger Träumer, und du bist sehr schön. Weite Wälder bilden dein Gewand. Von langen Bändern aus blauem Wasser, von nebeneinander herlaufenden bläulich schimmernden Hügelreihen ist es eingefaßt. Du bist so einfach, daß die Fremden gar nicht sehen, wie schön du bist. Du bist arm, wie die Frommen es zu sein trachten. Still sitzest du da und lässest dir vom Wenern die Füße und deine übereinandergeschlagenen Beine bespülen. Links hast du deine Erzgruben, dort ist dein klopfendes Herz. Im Norden liegen die schönen, dunkeln Landstriche der Einsamkeit, des Geheimnisses. Dort ist dein träumendes Haupt.

Wenn ich dich sehe, du Riesenhafter, du Ernster, füllen

sich meine Augen mit Tränen. Du bist streng in deiner Schönheit; bei dir ist Erwägung, Armut, Entsagung, und doch sehe ich mitten in deiner Strenge die freundlichen Züge der Nachsicht. Ich sehe dich, und ich bringe dir meine Huldigungen dar. Werfe ich nur einen Blick auf deine Wälder, berührt mich nur ein Zipfel deines Gewandes, so bringt dies der Seele Genesung. Stunde um Stunde, Jahr um Jahr habe ich dein heiliges Antlitz geschaut.

Welche Rätsel bergen sich da unter den gesenkten Augenlidern, du Gott der Entbehrung? Hast du das Rätsel des Lebens und des Todes gelöst, oder grübelst du noch immer darüber nach, du Heiliger, du Gewaltiger? Für mich bist du der Hüter großer, ernster Gedanken. Aber ich sehe die Menschen auf dir und um dich herumkriechen, Geschöpfe, die den majestätischen Ernst deiner Stirne gar nicht zu verstehen scheinen. Sie sehen nur die Schönheit deines Antlitzes und deiner Glieder und lassen sich davon so hinnehmen, daß sie alles andere darüber vergessen.

Weh mir, weh uns Kindern des Värmlandes! Schönheit, Schönheit und nichts weiter fordern wir vom Leben. Wir Kinder der Entbehrung, des Ernstes, der Armut erheben die Hände zu einem einzigen langen Gebet und begehren nur ein einziges Gut: Schönheit. Das Leben soll wie ein Rosenbusch sein, an dem Liebe, Wein und Genuß blühen, und jeder soll das Recht haben, von den Rosen zu pflükken. Seht, dies wünschen wir, und doch trägt unser Land die Züge der Strenge, des Ernstes, der Entbehrung. Unser Land ist das Symbol ewigen Grübelns, aber wir haben keine Gedanken.

O Värmland, du schönes, du herrliches Land!«

So sprach Patron Julius mit Tränen in den Augen und mit vor Rührung zitternder Stimme. Die Mädchen hörten ihm verwundert und nicht ohne Bewegung zu. Wenig ahnten sie, wie tief das Gemüt war, das sich unter diesem von Scherz und Lachen sprudelnden Äußeren verbarg.

Als der Abend anbrach und alle wieder auf dem Wagen saßen, waren die Mädchen sich nicht klar darüber, wohin

Patron Julius eigentlich mit ihnen fuhr, bis sie endlich vor der Ekebyer Freitreppe hielten.

»Jetzt müssen wir hinein und ein Tänzchen machen«, sagte Patron Julius.

Aber was sagten die Kavaliere, als sie den Patron Julius mit einem verwelkten Kranz um den Hut und einem Wagen voll junger Mädchen ankommen sahen?

»Wir konnten uns wohl denken, daß die Mädchen ihn mitgenommen hatten, sonst wäre er wohl schon einige Stunden früher zurückgekommen«, sagten sie.

Denn die Kavaliere wußten ganz genau, daß Patron Julius es jedes Jahr einmal versuchte, Ekeby für immer zu verlassen, und daß dies das siebzehnte Mal gewesen war. Jetzt hatte Patron Julius auch diesen Versuch schon wieder vergessen, wie alle die vorhergehenden. Sein Gewissen schlief wieder seinen einjährigen Schlaf.

Er war ein ausgezeichneter Mann, der Patron Julius. Er war ein flotter Tänzer, ein unermüdlicher Spieler. Er führte die Feder, den Pinsel, den Bogen mit gleicher Gewandtheit. Er hatte ein leichtgerührtes Herz, schöne Worte auf der Zunge und die Kehle voll herrlicher Lieder. Welch ein Mann hätte aus ihm werden können, wenn er nicht ein Gewissen gehabt hätte, das sich nur einmal im Jahr vernehmen ließ, ein Gewissen das jenen Eintagsfliegen glich, die aus der dunkeln Tiefe heraufsteigen und Flügel erhalten, um nur wenige Stunden im Tageslicht und im Sonnenglanz zu leben.

Die tönernen Heiligen

Die Svartsjöer Kirche ist innen und außen ganz weiß, die Wände sind weiß, die Kanzel, die Bänke, der Chor, die Decke, die Fensterrahmen, das Altartuch, alles ist weiß. In der Svartsjöer Kirche findet sich kein Schmuck, keine Bilder, keine Wappenschilde. Nur auf dem Altar liegt ein weißes, leinenes Tuch, und darauf steht ein hölzernes Kreuz.

Früher war es nicht so gewesen. Die Decke war bemalt, und viele bunte Figuren aus Stein und Ton fanden sich in diesem Gotteshaus.

Einstmals, vor vielen Jahren, hatte ein Künstler den Sommerhimmel in Svartsjö betrachtet und den Zug der Wolken beobachtet, die da oben der Sonne zuwallten. Er hatte die weißen, leuchtenden Wolken, die am Morgen unten am Horizonte stehen, höher und immer höher aufsteigen, größer und immer größer werden sehen, bis sie, jagenden Kolossen gleich, sich aufrichteten, um der Höhe zuzustürmen. Sie spannten die Segel aus wie Schiffe; sie erhoben Standarten wie Krieger; sie zogen aus, um den ganzen Himmel einzunehmen. Vor der Sonne, der Beherrscherin des Weltraumes, verstellten sich die wachsenden Ungetüme und nahmen eine ganz harmlose Gestalt an. Da war ein Löwe mit aufgesperrtem Rachen, und er verwandelte sich in eine gepuderte Dame. Da war ein Riese, dessen Arme jeden, den sie umschlängen, ersticken zu wollen schienen, der legte sich hin wie eine träumende Sphinx. Einige verhüllten ihre weiße Nacktheit mit goldverbrämten Mänteln, andere schminkten sich die schneeweißen Wangen rot. Da waren Ebenen und Wälder, da waren auch Burgen mit hohen Türmen. Die weißen Wolken wurden die Beherrscher des Sonnenhimmels. Sie nahmen das ganze blaue Gewölbe ein. Sie erreichten die Sonne und verdeckten sie.

»Ach, wie schön«, dachte da der fromme Künstler, »wenn die sehnsüchtigen Geister auf diese turmhohen Berge hinaufsteigen könnten und von ihnen wie auf einem schaukelnden Schiffe höher und immer höher hinaufgetragen würden!«

Und es wurde ihm auf einmal klar, daß die weißen Sommerwolken die Fahrzeuge sind, auf denen die Seelen der Seligen dahinziehen.

Er sah sie dort oben. Da standen sie auf den schwebenden Massen, Lilien in der Hand und goldene Kronen auf dem Kopfe. Der Weltraum hallte von ihrem Gesang wider,

Engel schwebten auf starken, breiten Flügeln ihnen entgegen. Oh, welch eine Menge von Seligen! Je mehr sich die Wolken ausbreiteten, desto mehr wurden sichtbar. Sie ruhten auf den Wolkenschichten wie weiße Wasserrosen auf einem stillen Teiche. Sie schmückten sie, wie Lilien die Wiese schmücken. Welch ein jubelndes Emporsteigen! Eine Wolke nach der andern wogte daher. Und alle waren dicht besetzt mit himmlischen Heerscharen in silbernen Rüstungen, mit unsterblichen Sängern in purpurverbrämten Mänteln.

Dieser Künstler hatte später die Decke in der Svartsjöer Kirche gemalt. Er hatte die aufsteigenden Sommerwolken wiedergeben wollen, die die seligen Geister in die Herrlichkeit des Himmels tragen. Die Hand, die den Pinsel führte, war zwar kräftig, aber etwas steif gewesen, so daß die Wolken mehr Ähnlichkeit hatten mit den krausen Locken einer Allongeperücke als mit einem wachsenden Berg aus weicher Nebelmasse. Und auch die Heiligen hatte er nicht so wiederzugeben vermocht, wie sie sich in seiner Phantasie gebildet hatten, sondern er hatte sie nach Menschenweise in lange, rote Mäntel und hohe Bischofsmützen oder in schwarze Kaftane mit steifen Halskrausen gekleidet. Er hatte sie mit großen Köpfen und kleinen Gliedern ausgestattet und ihnen Taschentücher und Gesangbücher in die Hand gegeben. Lateinische Sprüche flogen ihnen aus dem Munde, und für die, die er für die vornehmsten hielt, hatte er hölzerne Stühle auf den Wolkenkämmen angebracht, damit sie in einer bequemen sitzenden Stellung in die Ewigkeit reisen könnten.

Da aber jedermann wußte, daß dem armen Künstler weder Geister noch Engel erschienen waren, verwunderte man sich nicht besonders darüber, daß er sie nicht hatte überirdisch schön machen können. Das fromme Werk des guten Meisters hatte auch manchen außerordentlich hold gedeucht und manche heilige Stimmung erweckt. Es wäre wohl würdig gewesen, auch von unsern Augen geschaut zu werden.

Aber im Kavalierjahre ließ Graf Dohna die ganze Kirche weiß übertünchen. Da wurde das Deckengemälde überstrichen, und alle die tönernen Heiligen wurden vernichtet.

Ach, diese tönernen Heiligen!

Es wäre besser für mich, wenn mir irgendein menschliches Elend einen solchen Kummer bereitet hätte, wie ich ihn über den Untergang der Heiligen empfand, ja, es wäre besser für mich, wenn die Grausamkeit der Menschen gegen ihre Nebenmenschen mich mit der Bitterkeit erfüllen könnte, die ich um dieser tönernen Heiligen willen geschmeckt habe.

Aber bedenkt einmal, was es da alles gegeben hatte! Einen St. Olof mit einer Krone auf dem Helm, einer Axt in der Hand und einem überwundenen Riesen unter den Füßen; auf der Kanzel stand eine Judith in rotem Mieder und blauem Rock, mit einem Schwert in der einen Hand und einem Stundenglas in der andern – anstatt des Hauptes des assyrischen Feldherrn –; dann eine geheimnisvolle Königin von Saba in blauem Mieder und rotem Rock, mit einem Gänsefuß an dem einen Bein und in den Händen sibyllinische Bücher; ferner einen grauen St. Georg, der ganz allein auf einer Bank im Chor lag, denn Pferd und Drachen waren ihm zerschlagen; und auch einen St. Christoffer mit dem grünenden Stab, und St. Erik mit Zepter und Keule, in einem bis auf die Füße herabwallenden, mit goldenen Blumen durchwobenen Mantel.

Gar manchen Sonntag habe ich dort in der Svartsjöer Kirche gesessen und mich darüber gegrämt, daß die Tonfiguren nicht mehr da waren, ja, ich habe sie innig wieder herbeigesehnt. Ich hätte es nicht so genau genommen, wenn ihnen die Nase oder die Füße gefehlt hätten, wenn die Vergoldung abgegangen oder die Farben verblichen gewesen wären. Für mich wären sie immer vom Glanz der Legende umstrahlt gewesen.

Nun hieß es, daß bei diesen tönernen Heiligen gar manchmal Zepter oder Ohren oder Hände verlorengingen, so daß die fehlenden Stücke neu aufgesetzt und die ganzen

Figuren frisch angestrichen werden mußten. Das wurde der Gemeinde schließlich zuviel, und sie wären die Heiligen gerne los gewesen. Aber die Bauern würden ihnen trotzdem nichts getan haben, wenn Graf Dohna nicht gewesen wäre. Er war es, der sie fortschaffen ließ.

Ich habe ihn dafür gehaßt, wie nur ein Kind hassen kann. Ja, ich habe ihn gehaßt, wie der hungrige Bettler eine geizige Hausmutter haßt, die ihm ein Stück Brot verweigert. Ich habe ihn gehaßt, wie der arme Fischer einen unerfahrenen Jungen haßt, der ihm sein Netz zerrissen und ein Loch ins Boot gestoßen hat. Wie habe ich während der langen Gottesdienste gehungert und gedürstet. Er hatte mir das Brot weggenommen, an dem mein Geist sich hätte nähren sollen. Wie sehnte ich mich nach der Ewigkeit, hinauf in den Himmel! Und er hatte mir mein Fahrzeug zerstört und das Netz zerrissen, mit dem ich heilige Gesichte hatte fangen wollen.

In der Welt der Erwachsenen findet sich kein Raum für einen richtigen Haß. Wie könnte ich jetzt wohl ein so erbärmliches Wesen wie diesen Grafen Dohna, oder einen so wahnsinnigen Menschen wie Sintram, oder eine abgelebte Weltdame wie die Gräfin Märta hassen können? Aber als Kind – da war es ein Glück für diese Menschen, daß sie schon lange tot waren.

Der Pfarrer stand vielleicht gerade auf der Kanzel und predigte von Frieden oder Versöhnlichkeit, aber unser Platz war so weit entfernt, daß wir nie ein Wort von der Predigt verstehen konnten. Ach, hätte ich doch da die alten tönernen Heiligen gehabt! Sie würden mir schon eine Predigt gehalten haben, die ich nicht allein gehört, sondern auch verstanden hätte.

Nun aber dachte ich während der Predigt meistens darüber nach, wie es wohl bei dem Fortschaffen und Zerstören der Heiligen zugegangen sei.

Als Graf Dohna seine Ehe für ungültig erklären ließ, anstatt sie rechtskräftig zu machen und seine Frau zu suchen, hatte dies allgemeine Entrüstung hervorgerufen, denn jedermann wußte, daß Gräfin Elisabet sein Haus nur verlassen hatte, um nicht zu Tode gequält zu werden. Es schien nun, als wolle er die Gnade Gottes und die Achtung der Menschen durch ein gutes Werk wiedergewinnen, und deshalb ließ er die Svartsjöer Kirche restaurieren. Er ließ die ganze Kirche weiß anstreichen und das Deckengemälde herunterschlagen. Er selbst und seine Knechte trugen die Bildwerke in ein Boot und versenkten sie in die Tiefe des Löfven.

Wie hat er es nur wagen können, seine Hand an diese Gewaltigen des Herrn zu legen? Oh, daß die Missetat geschehen durfte! Führte denn die Hand, die dem Holofernes das Haupt abgeschlagen hatte, kein Schwert mehr? Hatte denn die Königin von Saba all ihr geheimes Wissen, das gefährlicher verwundet als ein vergifteter Pfeil, vergessen? St. Olof, St. Olof, alter Wikinger, St. Georg, St. Georg, alter Drachentöter, der Ruf eurer Heldentaten ist also verklungen, der Heiligenschein eurer Wunderwerke ist erloschen! Aber die Heiligen wollten eben wahrscheinlich keine Gewalt gegen die Kirchenschänder gebrauchen. Da die Svartsjöer Bauern keine Farbe mehr zu ihren Gewändern und keine Vergoldung mehr zu ihren Kronen bestreiten wollten, ließen sie es zu, daß Graf Dohna sie hinaustrug und in die grundlose Tiefe des Löfven versenkte. Sie wollten nicht länger so entstellt dastehen und Gottes Haus verunzieren. O die Hilflosen! Ob sie wohl jener Zeit gedachten, wo ihnen Gebete und Kniebeugungen dargebracht worden waren? Ich mußte an jenes Boot denken, wie es mit Heiligen vollbeladen an einem stillen Augustabend über den Löfven hinglitt. Der Fährmann ruderte mit langsamen Schlägen und warf scheue Blicke auf die seltsamen Passagiere, die da im Boot waren; aber Graf Dohna, der auch dabei war, hatte keine Angst. Mit höchsteigenen Händen ergriff er einen nach dem andern und warf ihn ins Wasser. Seine Stirn war klar, und er atmete tief auf. Er fühlte sich als Kämpfer für die reine evangelische Lehre. Und es geschah den alten katholischen Heiligen zu Ehren kein Wunder. Still und widerstandslos sanken sie hinab in die Vernichtung.

Aber am nächsten Sonntagmorgen stand die Svartsjöer Kirche glänzend weiß da. Keine Bildwerke störten mehr die stille, ruhige Andacht. Nur mit den Augen der Seele sollten die Frommen die Herrlichkeit des Himmels und das Antlitz der Heiligen schauen. Die Gebete der Menschen sollten sich auf eigenen starken Flügeln zu dem Höchsten emporschwingen. Sie sollten sich nicht mehr an den Kleidersaum der Heiligen klammern.

Ach, grün ist die Erde, die geliebte Wohnung der Menschen, blau ist der Himmel, das Ziel ihrer Sehnsucht! Die Welt strahlt von Farben. Warum ist die Kirche weiß? Weiß wie der Winter, nackt wie die Armut, bleich wie die Angst! Sie glitzert nicht im Schmuck des Reifs wie der winterliche Wald. Sie strahlt nicht in Perlen und Spitzen wie eine weißgeschmückte Braut. Überall nur kalte weiße Leimfarbe, kein Standbild, kein Gemälde!

An jenem Sonntag saß Graf Dohna im Chor auf einem mit Blumen geschmückten Lehnstuhl, um von allen gesehen und gepriesen zu werden. Nun wollte er geehrt werden, weil er die alten Bänke hatte ausbessern lassen, weil er die verunzierenden Bildsäulen hatte wegschaffen und zerstören, für die zersprungenen Fensterscheiben neue einsetzen und die ganze Kirche mit Leimfarbe hatte anstreichen lassen. Und es stand ihm ja gewiß frei, dies alles zu tun. Wenn er den Zorn des Allmächtigen besänftigen wollte, so war es ja recht, daß er seinen Tempel schmückte, so gut er es verstand. Aber weshalb wollte er noch dafür gelobt sein?

Er, der mit unversöhnter Härte auf dem Gewissen in die Kirche kam, hätte ja an der Armesünderbank niederknien und seine Brüder und Schwestern in der Kirche bitten sollen, Gott mit ihm anzuflehen, daß er ihn in seinem Heiligtum dulde. Es wäre besser für ihn gewesen, wenn er wie ein armer Missetäter hinten geblieben wäre, um sich mit Gott zu versöhnen, als daß er geehrt und gepriesen vorne im Chor gesessen hätte.

O Graf Henrik! Gott hätte sicher erwartet, dich auf der Armesünderbank zu sehen. Er ließ sich nicht dadurch betören, daß die Menschen dich nicht zu tadeln wagten. Er ist noch immer der eifrige Gott, der die Steine reden läßt, wenn die Menschen schweigen.

Als der Gottesdienst zu Ende und das letzte Lied gesungen war, verließ niemand die Kirche; denn der Pfarrer bestieg noch einmal die Kanzel, um dem Grafen seine Dankesrede zu halten; aber so weit sollte es doch nicht kommen.

Denn plötzlich flogen die Türen auf, und herein traten die alten Heiligen. Sie trieften vom Wasser des Löfven, und ihre Kleider waren mit grünem Schlamm und braunem Schmutz bedeckt. Sie hatten wohl gehört, daß dem, der sie der Vernichtung übergeben hatte, dem, der sie aus Gottes heiligem Haus vertrieben und in die kalten zerstörenden Wogen versenkt hatte, hier eine Lobrede gehalten werden sollte. Das konnten sie nicht ertragen. Und da wollten die alten Heiligen auch ein Wort mitreden.

Sie lieben das eintönige Rauschen der Wogen nicht. Sie sind an frommen Gesang und Gebete gewöhnt. Sie schwiegen und ließen alles über sich ergehen, solange sie glaubten, daß es zur Ehre des Höchsten beitragen sollte. Doch dem war nicht so. Da sitzt Graf Dohna in Ruhm und Ehren im Chor und will sich in Gottes Haus ehren und verehren lassen. Das können sie nicht zulassen. Deshalb sind sie aus ihrem nassen Grabe heraufgestiegen und ziehen der ganzen Gemeinde sichtbarlich in die Kirche. Da kommt St. Olof mit der Krone auf dem Helm und St. Erik mit der goldgeblümten Kutte und der graue St. Georg und St. Christoffer, sonst aber keiner. Die Königin von Saba und Judith sind nicht mitgekommen.

Und als die Leute sich ein wenig von ihrem Erstaunen erholt haben, geht ein vernehmliches Flüstern durch die Kirche:

»Die Kavaliere!«

Ja, gewiß, die Kavaliere sind es. Und ohne ein Wort zu

sagen, gehen sie gerade auf den Grafen zu, heben seinen Stuhl auf ihre Schultern, tragen ihn zur Kirche hinaus und setzen ihn auf dem Hügel nieder.

Sie sagen nichts, sie sehen nicht nach rechts und nicht nach links. Sie tragen einfach den Grafen Dohna aus dem Gotteshause hinaus, und als dies getan ist, entfernen sie sich wieder auf dem nächsten Wege nach dem See.

Niemand hatte sie in ihrem Vorhaben gehindert, und sie selbst hielten sich auch nicht damit auf, irgendeine Erklärung für ihr Tun zu geben. Dies war deutlich genug. Wir Ekebyer Kavaliere haben unsere eigene Meinung. Graf Henrik Dohna verdient nicht, im Gotteshause gepriesen zu werden, deshalb tragen wir ihn hinaus. Wer Lust dazu hat, der trage ihn wieder hinein!

Aber er ward nicht wieder hineingetragen, und die Lobrede des Pfarrers wurde auch nicht gehalten. Die Leute strömten aus der Kirche. Alle gaben den Kavalieren recht.

Sie gedachten der jungen blonden Gräfin, die auf Borg so schrecklich mißhandelt worden war. Sie erinnerten sich daran, wie gut sie immer gegen die Armen gewesen war, und wie schon der Anblick ihres holden Gesichtes ihnen Trost gebracht hatte.

Es war allerdings sündhaft, einen solchen Mummenschanz in der Kirche zu treiben; aber der Pfarrer und auch die Gemeinde fühlten, daß sie selbst im Begriff gewesen waren, noch größeren Spott mit dem Allwissenden zu treiben, und sie schämten sich vor den verwilderten alten Tollköpfen.

»Wenn die Menschen schweigen, werden die Steine reden«, sagten sie.

Aber von dem Tage an konnte es Graf Henrik nicht mehr auf Borg aushalten. In einer dunklen Nacht Anfang August hielt eine geschlossene Kutsche dicht vor der großen Freitreppe. Die ganze Dienerschaft stellte sich im Kreise um sie auf, und Gräfin Märta trat aus dem Schlosse, dicht verschleiert und in große Tücher gehüllt. Zitternd und bebend hing sie am Arm des Grafen. Nur mit der größten Schwierigkeit konnte man sie bewegen, die Treppe hinunterzusteigen.

Endlich saß sie im Wagen; der Graf stieg rasch hinter ihr ein, und der Kutscher ließ die Pferde in gestrecktem Laufe davonstürmen. Als die Elstern am nächsten Morgen erwachten, war Gräfin Märta schon über alle Berge.

Der Graf lebte dann mit seiner Mutter im Süden. Borg wurde verkauft und hat nachher noch häufig den Besitzer gewechselt. Allen hatte es das schöne Stück Erde angetan, aber nur wenige sind dort glücklich gewesen.

Der Bote Gottes

Der Bote Gottes, Hauptmann Lennart, kam an einem Augustnachmittag in das Brobyer Wirtshaus und ging dort geradewegs in die Küche. Er war auf dem Wege nach seiner Heimat Helgesäter, die eine Viertelmeile nordwestlich von Broby dicht am Waldsaum liegt.

Hauptmann Lennart wußte damals noch nicht, daß er ein Bote Gottes hier auf Erden werden sollte. Sein Herz jubelte vor Freude, daß er nun bald seine Heimat wiedersehen würde. Er hatte viel Not und Elend durchgemacht, aber jetzt war er daheim, jetzt war alles wieder gut. Er ahnte nicht, daß er einer von denen werden sollte, die nicht unter dem eigenen Dach weilen und sich nicht am eigenen Herd wärmen dürfen.

Der Bote Gottes, Hauptmann Lennart, hatte ein fröhliches Gemüt. Als er in der Küche niemand antraf, wirtschaftete er darin herum wie ein ausgelassener Junge. Im Handumdrehen verstellte er den Webstuhl und brachte den Spinnrocken in Unordnung. Er schleuderte die Katze dem Hund an den Kopf, und als die beiden Kameraden in der Hitze des Augenblicks ihrer alten Freundschaft vergaßen und mit ausgestreckten Krallen, funkelnden Augen und gesträubtem Haar aufeinander losfuhren, lachte er, daß es im ganzen Haus widerhallte.

Der Lärm lockte die Wirtin herbei. Sie blieb auf der Schwelle stehen und betrachtete den Mann, der über die sich balgenden Tiere lachte. Sie kannte ihn sehr gut; aber als sie ihn das letztemal sah, hatte er mit Handschellen gefesselt auf einem Gefängniskarren gesessen. Sie entsann sich dessen noch recht gut. Vor fünfeinhalb Jahren waren der Frau des Landeshauptmanns in Karlstadt während des Wintermarkts alle ihre Schmucksachen gestohlen worden. Viele Ringe, Armbänder und Spangen, die die vornehme Frau besonders wert hielt – denn die meisten davon waren alte Familienstücke und Andenken gewesen –, waren da verlorengegangen. Sie erlangte sie auch nie wieder; aber bald nachher verbreitete sich im ganzen Lande das Gerücht, Hauptmann Lennart auf Helgesäter sei der Dieb, er habe die Sachen gestohlen.

Die Bäuerin hatte nie begriffen, daß ein solches Gerücht überhaupt hatte entstehen können. Der Hauptmann war doch immer ein guter, ehrenhafter Mann gewesen. Er hatte sich erst vor ein paar Jahren verheiratet, weil früher seine Einnahmen nicht hingereicht hätten, sich einen eigenen Herd zu gründen, und lebte nun äußerst glücklich mit seiner jungen Frau. Er hatte ja jetzt sein gutes Auskommen durch sein Gehalt und den Ertrag der Güter, die zu der Amtswohnung gehörten. Wie hätte ein solcher Mann dazu kommen sollen, Ringe und Armbänder zu stehlen? Und noch verwunderlicher kam es ihr vor, daß man einem solchen Gerücht hatte Glauben schenken können, und daß die Beweise so überzeugend gewesen waren, daß Hauptmann Lennart seinen Abschied bekam, den Schwertorden verlor und zu fünf Jahren Zwangsarbeit verurteilt wurde.

Er selbst hatte ausgesagt, er sei allerdings auf dem Jahrmarkt gewesen, aber wieder fortgegangen, ohne ein Wort von dem Diebstahl gehört zu haben. Auf der Landstraße habe er dann eine häßliche Spange gefunden, die er für seine Kinder mitgenommen habe. Diese Spange aber war von Gold gewesen. Sie hatte zu den gestohlenen Sachen gehört, und sie stürzte ihn nun ins Unglück. Im Grunde jedoch war Sintram der eigentliche Urheber gewesen. Der böse Gutsherr hatte den Angeber gemacht und war überdies als belastender Zeuge aufgetreten. Es sah aus, als habe er den Hauptmann Lennart aus dem Wege schaffen müssen, denn kurz nachher wurde gegen Sintram selbst eine gerichtliche Untersuchung eingeleitet, weil die Regierung dahintergekommen war, daß er im Kriegsjahr 1814 den Norwegern Pulver verkauft hatte. Man behauptete allgemein, daß er das Zeugnis des Hauptmanns Lennart zu fürchten gehabt hätte; nun mußte er aus Mangel an Beweisen freigesprochen werden.

Die Wirtin konnte sich nicht sattsehen an dem Manne. Sein Haar war ergraut, sein Rücken gebeugt; er hatte sicher schwere Zeiten hinter sich, aber sein freundliches Gesicht und seine gute Laune hatten sich nicht verändert. Das war noch immer derselbe Hauptmann Lennart, der als Brautführer auf ihrer Hochzeit getanzt hatte. Er mußte gewiß unterwegs immer noch bei jedem Menschen, dem er begegnete, stehenbleiben, um mit ihm zu plaudern, und jedem Kind einen Heller zuwerfen; er sagte gewiß noch jedem alten, runzeligen Weibe, daß sie mit jedem Tage jünger und hübscher werde, und er würde sich auch jetzt wieder sicherlich auf die Tonne stellen und den Leuten zum Tanze um den Maibaum aufspielen. Ach, du lieber Gott, ja!

»Nun, Mutter Karin«, begann er. »Ihr wagt es wohl gar nicht, mich anzusehen?«

Er war eigentlich nur eingekehrt, um zu hören, wie es bei ihm zu Hause stehe, und ob ihn die Seinigen erwarteten. Sie mußten ja wissen, daß er um diese Zeit seine Strafe abgesessen hatte.

Die Wirtin konnte ihm nur Gutes berichten. Seine Frau sei so tüchtig gewesen wie ein Mann. Sie habe die Amtswohnung von dem neuen Inhaber gepachtet, und alles sei ihr wohl gelungen. Die Kinder seien gesund und frisch, und es sei eine Freude, sie nur anzusehen. Natürlich werde er erwartet. Die Frau Hauptmann sei eine gestrenge, verschlossene Frau, die nicht ausspreche, was sie denke; aber das wisse die Wirtin, daß in der ganzen Zeit niemand habe mit des Hauptmanns Löffel essen oder auf seinem Stuhl sitzen dürfen. Und jetzt im Frühling sei kein Tag vergangen, an dem sie nicht den Brobyer Hügel bestiegen habe, um auszuspähen, ob er noch nicht komme. Ein ganz neuer Anzug aus selbstgewebtem Stoff, den sie fast ganz allein angefertigt habe, sei auch für ihn bereit. An dem allen könne man sehen, daß er erwartet werde, wenn sie es auch nicht ausspreche.

»Sie glaubt es doch wohl nicht?« sagte Hauptmann Lennart.

»Nein, Herr Hauptmann«, antwortete die Bauernfrau, »niemand glaubt es.«

Da litt es den Hauptmann nicht länger im Zimmer, er wollte heim.

Doch vor der Tür traf er mit lieben alten Freunden zusammen. Die Kavaliere aus Ekeby waren eben im Begriff, ins Wirtshaus hineinzugehen, Sintram hatte sie zur Feier seines Geburtstags eingeladen. Die Kavaliere drückten dem Sträfling ohne jegliches Zögern die Hand und begrüßten ihn aufs herzlichste. Dasselbe tat auch Sintram.

»Lieber Lennart«, sagte er, »sei überzeugt, daß Gott seine weise Absicht dabei gehabt hat.«

»Halt dein Maul, du Lümmel!« rief Hauptmann Lennart. »Meinst du, ich wüßte nicht, daß ein anderer als unser Herrgott dich vom Schafott errettet hat.«

Die andern lachten. Aber Sintram wurde nicht im geringsten böse. Er hatte durchaus nichts dagegen, daß man auf sein Bündnis mit dem Bösen anspielte.

Nun, und dann überredeten sie den Hauptmann, wieder mit ihnen hineinzugehen, um einen Willkommbecher mit ihnen zu leeren. Er könne gleich nachher weitergehen, sagten sie. Aber bei diesem Willkommtrunk ging es dem Hauptmann schlecht. Er hatte seit fünf Jahren keinen Tropfen von solch heimtückischem Getränk über die Lippen gebracht. Wahrscheinlich hatte er auch den ganzen

Tag über so gut wie nichts gegessen, und er war von dem langen Wege, den er zurückgelegt hatte, erschöpft. Da ward er denn schon nach ein paar Gläsern ganz wirr im Kopfe.

Als die Kavaliere ihn so weit hatten, daß er nicht mehr recht wußte, was er tat, zwangen sie ihm ein Glas nach dem andern auf; und sie dachten sich nichts Böses dabei, es war lauter Wohlwollen gegen den Ärmsten, der seit fünf Jahren keinen guten Tropfen geschmeckt hatte.

Sonst war er der nüchternste Mann, den man sich nur denken konnte, und sicherlich hatte ihm nichts ferner gelegen, als sich zu berauschen, denn er wollte ja zu Frau und Kindern nach Hause. Statt dessen legte er sich nun auf die Bank im Schenkzimmer und schlief ein.

Wie er nun so geradezu verführerisch bewußtlos dalag, nahm Gösta Berling eine Kohle und ein wenig Preiselbeersaft und malte ihn damit an. Er machte ihm eine richtige Verbrecherphysiognomie, wie es ihn für einen, der eben aus dem Gefängnis zurückkehrte, passend deuchte. Er machte ihm ein »blaues« Auge, zeichnete eine rote Narbe auf die Nase, strich ihm das Haar wirr über die Stirn herein und verschmierte ihm das ganze Gesicht.

Die Kavaliere lachten eine Weile darüber, dann wollte Gösta es wieder abwaschen.

»Laß es, wie es ist«, sagte Sintram, »dann kann er es sehen, wenn er erwacht. Das wird ihm Spaß machen.«

Da ließ es Gösta, wie es war, und die Kavaliere dachten nicht mehr an den Hauptmann. Das Gelage dauerte die ganze Nacht hindurch. Beim Morgengrauen brachen sie auf, und da war mehr Wein als Verstand in ihren Köpfen.

Die Frage war nun, was sie mit Hauptmann Lennart anfangen sollten.

»Wir fahren ihn nach Hause«, sagte Sintram. »Denkt, welche Freude für seine Frau! Das wird ein Hochgenuß sein, ihre Freude mit anzusehen. Ich bin schon ganz gerührt, wenn ich nur daran denke. Kommt, wir wollen ihn nach Hause fahren.«

Sie wurden alle weich gestimmt bei diesem Gedanken. Wie würde sich die gestrenge Frau auf Helgesäter freuen!

Sie rüttelten den Hauptmann, bis er erwachte, und setzten ihn dann in einen der Wagen, die die schläfrigen Stallknechte schon lange angespannt hatten. Und dann fuhr die ganze Schar nach Helgesäter, einige schliefen noch halb und waren nahe daran, aus dem Wagen zu fallen; andere sangen, um sich wach zu erhalten. Sie sahen mit ihren übernächtigten, aufgedunsenen Gesichtern alle miteinander nicht viel besser aus als Landstreicher.

Sie erreichten indes ihr Ziel, ließen die Pferde und Wagen im Wirtschaftshof halten und wendeten sich mit einer gewissen Feierlichkeit der Freitreppe zu. Beerencreutz und Patron Julius führten Hauptmann Lennart zwischen sich.

»Wach doch auf, Lennart«, sagten sie zu ihm. »Siehst du denn nicht, daß du zu Hause bist?«

Er öffnete die Augen und wurde beinahe nüchtern; er war ganz gerührt, daß sie ihm das Geleite gegeben hatten.

»Freunde«, sagte er, indem er stehenblieb und sich an alle zusammen wendete. »Freunde, ich habe Gott gefragt, warum er mir soviel Böses habe widerfahren lassen.«

»Schweig, Lennart, laß das Predigen!« brüllte Beerencreutz.

»Laß ihn«, sagte Sintram. »Er spricht gut.«

»Ich habe ihn gefragt und habe es nicht verstanden; jetzt aber verstehe ich es sehr gut. Gott wollte mir zeigen, was für Freunde ich habe. Freunde, die mich nach Hause begleiten, um meine und meiner Gattin Freude zu sehen. Denn meine Frau erwartet mich. Was sind dagegen fünf Jahre des Elends?«

Jetzt donnerten harte Fäuste gegen die Tür, die Kavaliere hatten keine Zeit mehr, ihm noch länger zuzuhören.

Drinnen begann man sich zu rühren. Die Mädchen erwachten und guckten aus dem Fenster. Sie zogen sich rasch an, wagten es aber nicht, dieser Schar Männer zu öffnen. Endlich wurde der Riegel zurückgeschoben. Frau Lennart trat selbst heraus.

»Was wollt ihr?« fragte sie.

Beerencreutz ergriff das Wort.

»Wir bringen dir deinen Mann«, sagte er.

Sie schoben den Hauptmann vor, und sie sah ihn, betrunken und mit einer wahren Verbrecherphysiognomie, auf sich zuschwanken. Und hinter ihm sah sie die ganze betrunkene, taumelnde Männerschar.

Sie wich einen Schritt zurück, er folgte ihr mit ausgebreiteten Armen.

»Du gingst als ein Dieb«, rief sie, »und du kehrst als ein Landstreicher zurück!«

Damit wollte sie ins Haus gehen.

Lennart begriff sie nicht. Er wollte ihr folgen, sie aber stieß ihn zurück.

»Meinst du, ich würde einen Menschen wie dich wieder als Herrn über mein Haus und meine Kinder anerkennen?«

Die Tür fiel ins Schloß, und der Riegel wurde wieder vorgeschoben.

Hauptmann Lennart stürzte auf die Tür zu und begann daran zu rütteln.

Da konnten die Kavaliere sich des Lachens nicht erwehren. Er war seiner Gattin so sicher gewesen, und nun wollte sie nichts von ihm wissen. Das kam ihnen zu lächerlich vor.

Als Hauptmann Lennart die Kavaliere lachen hörte, fuhr er auf sie los und wollte sie schlagen. Sie wichen ihm aus und sprangen in die Wagen. Er lief ihnen nach, aber in seinem Eifer stolperte er über einen Stein und fiel zu Boden. Er stand zwar gleich wieder auf, verfolgte sie aber nicht mehr. Ein Gedanke war plötzlich in seinem umnebelten Gehirn aufgestiegen. Ohne den Willen Gottes geschieht nichts auf dieser Welt, nein, nicht das geringste, dachte er.

»Wohin willst du mich führen, o Gott?« sagte er. »Ich bin eine Feder, die ein Hauch deines Atems davonträgt. Ich bin ein Spielball in deiner Hand. Wohin willst du mich führen? Warum verschließest du mir die Pforte meiner Heimat?«

Er wanderte von seinem Hause fort, fest überzeugt, daß dies Gottes Wille sei.

Als die Sonne aufging, stand er auf dem höchsten Gipfel der Brobyer Hügel und schaute hinab ins Tal. Ach, die armen Bewohner des Tals wußten da noch nicht, daß ihr Retter sich nahte! Kein Armer, kein Betrübter hatte Kränze aus Preiselbeerkraut gewunden und an der Tür seiner Hütte aufgehängt. Die Schwellen, die er überschreiten sollte, waren nicht mit duftenden Lavendelblättern und Blumen des Feldes bestreut. Die Mütter nahmen nicht ihre Kinder auf die Arme, damit sie den sich Nahenden sehen könnten. Die Hütten waren weder gescheuert noch geschmückt, der schwarze Feuerherd war nicht hinter wohlriechenden Wacholderzweigen verborgen, und die Männer arbeiteten nicht mit eifrigem Fleiß auf den Feldern, damit seine Blicke sich an wohlbestellten Äckern und sorgfältig gegrabenen Wassergräben erfreuen könnten.

Ach! er sah von seinem Platze aus mit bekümmertem Blick, wie die Dürre die Gegend verwüstet hatte, wie die Saaten verbrannt waren, und wie die Leute es kaum für der Mühe wert zu halten schienen, die Äcker für die Saat des nächsten Jahres zu bestellen. Er schaute über die blauen Berge hin, und der klare Morgensonnenschein zeigte ihm die braunen, vom Waldbrand versengten Strecken. Er sah die in der Hitze fast verdorrten Birken am Wege. Er merkte an verschiedenen kleinen Anzeichen – an dem Maischgeruch, den er kannte, wenn er an einem Hofe vorbeikam, an den verfallenen Zäunen, an den kleinen Vorräten Brennholz, die in großen Scheiten oder zerkleinert auf den Höfen lagen –, daß die Leute nicht mehr ordentlich arbeiteten, daß die Not eingekehrt war, und daß die Menschen ihren Trost in Branntwein und stumpfer Gleichgültigkeit suchten.

Aber vielleicht war es gut für ihn, daß seine Augen sahen, was sich ihnen darbot. Denn ihm war es nicht vergönnt, auf eigenen Feldern grüne Saaten aufsprießen zu sehen oder ruhig am eigenen Herdfeuer zu sitzen und die weichen Hände seiner Kinder in seinen eigenen zu fühlen oder eine fromme Gattin als Stütze zu haben. Vielleicht war es gut für ihn, dem das Gemüt von schweren Sorgen bedrückt war, daß er sah, wie viele andere Menschen es gab, denen er zum Trost in ihrer Armut werden konnte. Vielleicht war es gut für ihn, daß diese schwere Zeit im Lande herrschte, wo die karge Natur die kleinen Leute mit Not heimgesucht hatte, und wo mancher, der besser gestellt war, noch dazu beitrug, sie vollends zu verderben.

Hauptmann Lennart stand dort oben auf dem Brobyer Hügel, und der Gedanke stieg in ihm auf, daß doch Gott seiner vielleicht bedürfe, wenn ihn auch seine Frau nicht nach Hause rief.

Es muß noch erwähnt werden, daß die Kavaliere keine Ahnung davon hatten, daß sie schuld waren an Frau Lennarts hartem Benehmen. Sintram schwieg. In der ganzen Gegend wurden viele mißbilligende Worte über Frau Lennart laut, die darin gipfelten, daß sie eben zu stolz sei, um ihren guten Mann wieder aufzunehmen. Es hieß, sie breche jedes Gespräch kurz ab, sobald es jemand versuche, mit ihr von ihrem Manne zu reden. Sie wolle nicht einmal seinen Namen aussprechen hören. Hauptmann Lennart aber tat nichts, um ihr andere Gedanken über sich beizubringen.

Es war einen Tag später.

In Högberg liegt ein alter Bauer auf dem Sterbebett. Er hat das Abendmahl empfangen, seine Lebenskräfte sind verzehrt; er muß sterben.

Ruhelos, wie jemand, der eine lange Reise zu machen hat, läßt er sein Bett aus der Stube in die Küche, und aus der Küche wieder in die Stube bringen. Hieraus kann man deutlicher als aus dem schweren Röcheln und dem brechenden Blick erkennen, daß seine letzte Stunde gekommen ist.

Um ihn herum stehen seine Frau, seine Kinder und sein Gesinde. Er ist glücklich, reich und angesehen gewesen. Er ist nicht verlassen im Sterben. Keine ungeduldigen Fremden umgeben ihn in seiner letzten Stunde. Der alte Mann spricht von sich selbst, als stünde er vor dem Angesichte Gottes, und mit schweren Seufzern und zustimmenden Worten bezeugen die Umstehenden, daß er die Wahrheit spreche.

»Ich bin ein fleißiger Arbeiter und ein guter Hausvater gewesen«, sagt er. »Ich habe meine Frau wert gehalten wie meine rechte Hand. Ich habe meine Kinder nicht ohne Zucht und Pflege aufwachsen lassen. Ich habe nicht getrunken. Ich habe keine Marksteine verrückt. Ich habe die Pferde nicht angetrieben, wenn es bergauf ging. Ich habe die Kühe im Winter nicht darben lassen. Ich habe die Schafe im Sommer nicht in ihrer Winterwolle schwitzen lassen.«

Und um ihn herum wiederholt das weinende Gesinde wie ein Echo:

»Er ist ein guter Hausvater gewesen. Ach, lieber Gott, er hat die Pferde nicht angetrieben, wenn es bergauf ging, er hat die Schafe im Sommer nicht in ihrer Winterwolle schwitzen lassen!«

Aber ganz unbemerkt ist ein armer Mann eingetreten, der um etwas zu essen bitten wollte. Auch er hört die Worte des Sterbenden, während er schweigend an der Tür stehenbleibt.

Der Kranke fährt fort:

»Ich habe das Waldland urbar gemacht, ich habe die feuchten Wiesen ausgetrocknet. Ich habe den Pflug in geraden Furchen gezogen. Ich habe die Scheune dreimal so groß gebaut, um eine dreimal so große Ernte darin zu bergen, als zur Zeit meiner Väter. Ich habe aus blanken Speziestalern drei silberne Humpen machen lassen; mein Vater brachte es nur zu einem.«

Die Worte des Sterbenden dringen zu dem Lauscher an der Tür. Er hört ihn für sich selbst Zeugnis ablegen, als stände er vor dem Throne Gottes, er hört auch das Gesinde und die Kinder zustimmend wiederholen:

»Er hat den Pflug in geraden Furchen gezogen, ja, das hat er.«

»Gott wird mir einen guten Platz im Himmel geben«, sagt der Alte.

»Unser Herrgott wird unsern Herrn gut aufnehmen«, sagt das Gesinde.

Der Mann an der Tür hört die Worte, und Entsetzen ergreift den, der fünf Jahre lang ein Spielball in Gottes Hand gewesen ist, eine Feder, die der Hauch seines Atems davongetrieben hat.

Er tritt an das Bett und ergreift die Hand des Kranken.

»Freund, Freund!« sagt er, und seine Stimme zittert vor Erregung. »Hast du bedacht, wer der Herr ist, vor dessen Angesicht du bald treten wirst? Er ist ein großer, ein schrecklicher Gott. Die Welten sind sein Ackerland. Der Sturm ist sein Pferd. Weite Himmel erbeben unter der Schwere seiner Fußtritte. Und du willst dich vor ihn hinstellen und zu ihm sagen: ›Ich habe gerade Furchen gezogen, ich habe Roggen gesäet, ich habe einen Wald abgeholzt.‹ Willst du dich vor ihm rühmen und dich mit ihm messen? Du weißt nicht, wie mächtig der Herr ist, in dessen Reich du nun kommen wirst.«

Die Augen des Alten erweitern sich, um seinen Mund zuckt es angstvoll, sein Atem geht schwerer.

»Tritt nicht mit großen Worten vor diesen Gott«, fährt der Wanderer fort. »Die Mächtigen der Erde sind wie ausgedroschenes Stroh in seiner Scheune. Sein Tagewerk ist, Welten zu schaffen. Er hat die Meere gegraben und die Berge aufgetürmt. Er hat die Erde mit Kräutern bekleidet. Er ist ein Arbeiter ohnegleichen, du darfst dich nicht mit ihm messen. Beuge dich vor ihm, du entfliehende Menschenseele! Tief im Staube liege vor deinem Herrn, deinem Gott! Gottes Sturm fährt über dich hin. Gottes Zorn trifft dich wie ein verheerender Blitz. Beuge dich! Erfasse den Saum seines Mantels wie ein hilfloses Kind und flehe ihn um seinen Schutz an! Liege tief im Staub und flehe um Gnade. Demütige dich vor deinem Schöpfer, o Menschenseele!«

Die Augen des Kranken stehen weit offen, seine Hände

falten sich, sein Gesicht hellt sich auf, und er röchelt nicht mehr.

»Menschenseele, entfliehende Menschenseele«, ruft der Mann nun. »So gewiß du dich jetzt in deiner letzten Stunde in Demut vor Gott gebeugt hast, so gewiß wird er dich als Kind auf seine Arme nehmen und dich in die Herrlichkeit seines Himmels aufnehmen.«

Der Alte seufzte noch einmal tief auf, dann ist alles zu Ende. Hauptmann Lennart neigt das Haupt und betet. Alle im Zimmer Versammelten beten unter schwerem Seufzen.

Als sie aufschauen, liegt der alte Bauer in stillem Frieden da. Seine Augen scheinen noch von dem Widerschein herrlicher Gesichte zu strahlen, sein Mund lächelt, das ganze Gesicht scheint verklärt; er hat Gott geschaut.

O du große schöne Menschenseele, nun hast du die irdischen Fesseln abgeworfen! denken alle, die den Blick auf ihn gerichtet haben. In deiner letzten Stunde hast du dich zu deinem Schöpfer aufgeschwungen. Du demütigtest dich vor ihm, und er nahm dich wie ein Kind auf seinen Arm.

»Er hat Gott geschaut«, sagt der Sohn und drückt dem Toten die Augen zu.

»Er sah den Himmel offen«, schluchzen die Kinder und das Gesinde.

Die alte Bäuerin legt ihre zitternde Hand in die des Hauptmanns.

»Hauptmann Lennart, Ihr habt ihm über das Schlimmste hinweggeholfen«, sagt sie.

Er steht stumm da. Ihm ist die Gabe der kraftvollen Worte und der großen Taten gegeben, ohne daß er es selbst gewußt hat. Er zittert wie ein Schmetterling auf der eben verlassenen Puppenhülle, dessen Flügel sich im Sonnenlicht entfalten und selbst strahlen wie Sonnenlicht.

Dies war der Augenblick, der Hauptmann Lennart unter das Volk führte. Sonst wäre er wohl nach Hause gegangen und hätte seiner Frau sein rechtes Gesicht gezeigt, aber von diesem Augenblick an glaubte er, daß Gott seiner bedürfe.

So wurde er denn der Bote Gottes, der den Armen Hilfe brachte. Die Not war groß zu jener Zeit, und es gab allenthalben viel Elend, dem Klugheit und ein guter Wille besser steuern konnten, als Gold und Macht es vermocht hätten.

Hauptmann Lennart kam eines Tages zu den armen Bauern, die am Fuße des Gurlittafelsens wohnten. Bei ihnen war die Not groß, die Kartoffeln waren zu Ende, und die versengten Roggenfelder konnten nicht bestellt werden; denn es fehlte dazu an dem nötigen Saatkorn.

Da nahm Hauptmann Lennart einen kleinen Kahn und ruderte quer über den See nach Fors; er wollte Sintram um Kartoffeln und Saatkorn bitten. Sintram nahm ihn freundlich auf, führte ihn dann in einen großen vollen Kornspeicher sowie hinunter in die Keller, wo sich noch Kartoffelvorräte von der vorjährigen Ernte fanden, und gab Befehl, alle Säcke und Beutel zu füllen, die der Hauptmann mitgebracht hatte.

Aber als Sintram den kleinen Kahn sah, erklärte er ihn als viel zu leicht gebaut für solch eine schwere Last. Der böse Mann ließ die Säcke in eines seiner eigenen großen Boote schaffen und dieses von seinem Knechte, dem starken Måns, über den See rudern. Hauptmann Lennart hatte nur seinen eigenen kleinen Kahn zu besorgen.

Er blieb jedoch hinter dem starken Måns zurück, denn dieser war ein Meister im Rudern und hatte Riesenkräfte. Und Hauptmann Lennart träumt auch in seinem Kahne, während er über den schönen See fährt; er denkt an das merkwürdige Schicksal der kleinen Saatkörner. Nun werden sie in die schwarze Aschenerde des abgebrannten Waldes und zwischen Steine und Baumstümpfe gelegt, aber sie werden schon wachsen und Wurzel schlagen in dem Ödland. Er denkt an die weichen, hellgrünen Halme, die die Erde bedecken werden, und in Gedanken bückt er sich und streicht mit der Hand liebkosend über die zarten Keime. Und dann muß er daran denken, wie Herbst und Winter über diese zarten Keime hinstreichen, und wie sie trotzdem frisch und mutig dastehen und alsdann ernstlich wachsen und gedeihen werden. Dann freut sich sein altes Soldatenherz im Gedanken an die steifen Halme, die mehrere Ellen hoch mit spitzigen Ähren schlank und gerade dastehen werden. Die kleinen Federbüsche der Pistillen zittern, der Samenstaub fliegt bis zu den Baumwipfeln hinauf, und ohne sichtlichen Kampf und ohne Mühe füllen sich die Ähren mit süßen, weichen Körnern. Und später, wenn dann die Sense kommt und die Halme fallen und der Dreschflegel auf sie niedersaust, wenn die Mühle das Korn in Mehl verwandelt und das Mehl zu Brot verbacken ist – ach, wieviel Hunger wird dann durch die Saatkörner, die jetzt dort in dem Boote liegen, gestillt!

Sintrams Knecht legte an dem Landungsplatz der Gurlittabauern an, und viele hungrige Leute drängten sich um das Boot.

Da sagte der Knecht, wie sein Herr es ihm befohlen hatte: »Der Gutsherr schickt euch hier Malz und Korn. Er hat gehört, daß es euch an Branntwein fehlt.«

Da wurden die Menschen wie verrückt. Sie eilten nach dem Boot und sprangen ins Wasser, um sich der Säcke und Beutel zu bemächtigen. Aber das war doch ganz und gar nicht die Absicht des Hauptmanns gewesen.

Er war nun ebenfalls am Landungsplatz angekommen, und er ward zornig, als er das Gebaren der Bauern sah. Er hatte die Kartoffeln zur Speise und den Roggen zur Aussaat austeilen wollen; an Malz hatte er gar nicht gedacht, als er zu Sintram fuhr.

Er rief den Leuten zu, sie sollten die Säcke liegen lassen, aber sie hörten gar nicht auf ihn.

»So soll das Korn in eurem Munde zu Sand und die Kartoffeln zu Stein in eurem Halse werden!« rief er, denn er war sehr erbittert darüber, daß sie das Saatkorn an sich rissen.

Es sah aus, als hätten seine Worte in demselben Augenblick schon Wunder gewirkt. Zwei Weiber, die sich um einen Beutel zankten, rissen ein Loch hinein, und da zeigte es sich, daß nur Sand darin war. Und die Männer, die sich

Kartoffelsäcke aufgeladen hatten, fühlten, daß diese so schwer waren, als seien sie mit Steinen gefüllt.

Es war auch wirklich nichts weiter in den Säcken als Sand und Steine, nur Sand und Steine. Die Leute erschraken und betrachteten mit stummem Entsetzen den Wundertäter, der zu ihnen gekommen war. Hauptmann Lennart selbst war einen Augenblick ganz starr vor Erstaunen. Nur der starke Måns lachte.

»Mach, daß du fortkommst, ehe es den Bauern klar wird, daß nie etwas anderes als Sand in diesen Säcken gewesen ist, sonst bohren sie dir am Ende dein Boot in den Grund.«

»Oh, ich hab keine Angst«, sagte der Knecht.

»Stoßt ab!« sagte Hauptmann Lennart in so bestimmtem Ton, daß der Knecht gehorchte.

Dann teilte Hauptmann Lennart den Leuten mit, daß Sintram sie zum besten gehabt habe; aber wie es sich nun auch verhalten mochte, sie ließen sich nicht ausreden, daß ein Wunder geschehen sei. Das Gerücht verbreitete sich wie ein Lauffeuer, und da das Volk stets eine Vorliebe für das Wunderbare hat, so entstand allgemein der Glaube, daß Hauptmann Lennart Wunder tun könne. Dadurch erhielt er eine große Macht unter den Bauern, und sie nannten ihn den »Boten Gottes«.

Der Kirchhof

Es war an einem schönen Augustabend. Der Löfven war spiegelklar, Sonnenrauch verhüllte die Berge, erfrischende Kühle hatte sich eingestellt.

Da wanderte Beerencreutz, der breitschultrige, riesenstarke Oberst mit dem weißen Schnurrbart, ein Kartenspiel in der Tasche, nach dem Seeufer hinunter und nahm in einem flachen Kahne Platz. Ihm auf dem Fuße folgten Major Anders Fuchs, sein alter Waffenbruder, und der kleine Ruster, der Flötenspieler, der bei den värmländischen Jägern Trommler gewesen war und jetzt schon seit vielen Jahren bei dem Obersten als Freund und Diener lebte.

Auf dem andern Ufer des Sees liegt der Kirchhof, der ungepflegte Kirchhof der Svartsjöer Gemeinde, auf dem nur wenige schiefe, klirrende eiserne Kreuze stehen; er ist uneben wie eine umgepflügte Wiese, mit hartem, gestreiftem Gras, sogenanntem Menschengras, bepflanzt, das daran erinnern soll, daß die Schicksale der Menschen so verschieden sind wie diese gestreiften Grashalme. Es gibt dort keine kiesbestreuten Wege, keine schattenspendenden Bäume, außer einer einzigen großen Linde, auf dem vergessenen Grabe eines alten Pfarrers. Eine dicke, hohe Mauer umschließt den armen Gottesacker. Ja, arm und trostlos ist dieser Kirchhof, häßlich wie das Gesicht eines Geizhalses und hinsterbend wie das Wehklagen derer, die er um ihr Geld gebracht hat. Und doch sind sie selig, die hier ruhen, sie, die unter Gebet und frommem Gesang in geweihte Erde versenkt worden sind. Acquilon, der Spieler, der im vorigen Jahr auf Ekeby gestorben war, mußte hinter der Mauer begraben werden. Dieser Mann, der einst so stolz und ritterlich gewesen war, der kühne Jäger, der so oft vom Glück begünstigte Spieler, hatte schließlich das Erbteil seiner Kinder, alles, was er selbst erworben, und alles, was seine Frau erspart hatte, durchgebracht. Schon vor vielen Jahren hatte er Frau und Kinder verlassen, um als Kavalier auf Ekeby zu leben. An einem Abend im vorigen Sommer hatte er den Hof verspielt, der den Seinen noch eine Zufluchtsstätte bot, und um die Schuld nicht einlösen zu müssen, hatte er sich erschossen. Aber die Leiche des Selbstmörders mußte hinter der bemoosten Mauer des ärmlichen Kirchhofs begraben werden. Seit seinem Tode waren die Kavaliere nur noch zwölf; es war seither niemand gekommen, um den Platz des dreizehnten einzunehmen, niemand als der Schwarze, der in der Christnacht aus dem Schmelzofen gekrochen war.

Die Kavaliere hielten das Los des armen Selbstmörders für weit bittrer als das seiner Vorgänger. Sie wußten ja wohl, daß jedes Jahr einer von ihnen sterben mußte. Doch was tat das? Die Kavaliere dürfen nicht alt werden. Wenn ihre trübgewordenen Augen die Karten nicht mehr unterscheiden und ihre zitternden Hände das Glas nicht mehr erheben können, was ist dann das Leben noch für sie, und was sind sie für das Leben? Aber wie ein Hund hinter der Mauer liegen zu müssen, wo man dem Rasen, der das Grab deckt, keine Ruhe gönnt, sondern wo er von den Schafen abgeweidet, von Spaten und Pflug aufgerissen wird, wo der Wanderer vorübergeht, ohne in Andacht die Eile seiner Schritte zu mäßigen, wo die Kinder spielen, ohne ihr Lachen und die lauten Neckereien zu dämpfen, da liegen zu müssen, wo die Steinmauer den Schall nicht hindrängen läßt, wenn der Engel des Jüngsten Gerichts in die Posaune stößt, um die Toten zu wecken – ach, da ruhen zu müssen!

Jetzt rudert Beerencreutz seinen Kahn über den Löfven. Er fährt am Abend über den See meiner Träume, an dessen Ufer ich Götter habe wandeln sehen, und aus dessen Tiefe mein Zauberschloß aufsteigt. Er gleitet vorüber an den Lagunen der Insel Lagö, wo die Bäume auf niedrigen, kreisförmigen Sandbänken gerade aus dem Wasser herauszuwachsen scheinen, und wo auf dem steilen Gipfel dieser Insel noch immer die Trümmer einer alten Seeräuberburg liegen; er fährt an dem Tannengehölz der Borger Landzunge hin, wo die alte Föhre mit den dicken Wurzeln noch immer über die Kluft hinaushängt, wo einmal ein gewaltiger Bär gefangen worden ist, und wo alte Bautasteine und Hünengräber von dem Alter des Ortes Zeugnis ablegen.

Er rudert um die Landzunge herum, steigt unterhalb des Kirchhofs aus und geht dann über die Borger Stoppelfelder nach Acquilons Grab.

Dort angekommen, bückt er sich nieder und streicht zärtlich über den Rasen, wie man über die Decke hinstreicht, unter der ein kranker Freund ruht. Dann zieht er ein Kartenspiel aus der Tasche und setzt sich am Grabe nieder.

»Er ist hier so allein, der arme Johann Friedrich. Er sehnt sich gewiß nach einer Partie.«

»Es ist eine Sünde und eine Schande, daß ein solcher Mann hier draußen liegen muß«, sagt der große Bärenjäger Anders Fuchs und läßt sich neben Beerencreutz nieder.

Aber der kleine Ruster, der Flötenspieler, spricht mit gerührter Stimme, während ihm die Tränen unaufhaltsam aus seinen kleinen, roten Augen fließen:

»Nächst Euch, Herr Oberst, nächst Euch war er der beste Mann, den ich gekannt habe.«

Diese drei würdigen Männer sitzen nun um das Grab herum und verteilen ernsthaft und eifrig die Karten.

Ich schaue über die Welt hin, ich sehe viele Gräber. Dort ruht der Gewaltige unter schwerem Marmor. Der Trauermarsch tönt über das Grab hin, Fahnen werden darauf gesenkt. Ich sehe die Gräber derer, die viel geliebt worden sind. Von Tränen feuchte, oftmals geküßte Blumen ruhen leicht auf der grünen Rasendecke. Ich sehe vergessene Gräber, anmaßende Gräber, lügnerische Ruhestätten, sowie andere, die mir nichts sagen: aber noch nie habe ich die schwarz und weiß karierte Killekarte oder den Buben mit der Schellenkappe dem Bewohner eines Grabes zur Kurzweil anbieten sehen.

»Johann Friedrich hat gewonnen«, sagt der Oberst stolz. »Hab' ich es nicht gewußt! Ich hab' ihn das Spiel gelehrt. Ja, nun sind wir andern drei tot, und er allein ist lebendig.«

Damit sammelt er die Karten ein, steht auf und kehrt mit den andern nach Ekeby zurück.

Nun muß der Tote doch wohl gewußt und gefühlt haben, daß er und sein einsames Grab nicht von allen vergessen sind. Seltsame Huldigungen bringen verwilderte Herzen denen dar, die sie lieben; wer aber hinter der Mauer liegt, er, dessen toter Leib nicht in geweihter Erde ruhen darf, der wird sich gewiß freuen, daß ihn nicht alle verwerfen.

Freunde, Menschenkinder! Wenn ich sterbe, darf ich sicherlich mitten auf dem Friedhof in dem Grabe meiner Väter ruhen. Sicherlich werde ich die Meinen weder um ihr Vermögen gebracht, noch Hand an mein eigenes Leben gelegt haben, aber ganz gewiß werde ich keine solche Liebe gewonnen haben, ganz gewiß wird niemand so viel für mich tun, wie die Kavaliere für diesen Missetäter getan haben. So viel weiß ich, daß an einem Abend, wenn die Sonne versinkt und es einsam und traurig in dem Garten der Toten ist, niemand zu meinem Grabe kommen wird, um in meine Knochenhand bunte Spielkarten zu legen.

Man wird nicht einmal – was mir lieber wäre, denn Karten locken mich äußerst wenig – mit Geige und Fiedelbogen an mein Grab treten, so daß mein Geist, der um die vermoderten Überreste kreist, sich auf der Flut der Töne wie auf glitzernden Wogen wiegen könnte.

Alte Lieder

Marianne Sinclaire saß an einem stillen Augustnachmittag in ihrem Zimmer und ordnete Briefe und andere Papiere. Um sie herum war alles in Unordnung. Große Lederkoffer und eisenbeschlagene Wagenkisten standen im Zimmer. Auf Sofa und Stühlen lagen Kleider. Vom Boden herab, aus den Schränken und den gebeizten Truhen war alles hervorgeholt, Seide und Leinwand glänzte, Schmucksachen waren herausgelegt, um geputzt zu werden, Tücher und Pelzwerk sollten ausgesucht und nachgesehen werden.

Marianne traf ihre Vorbereitungen zu einer langen Reise. Es war ungewiß, ob sie je wieder zurückkehren würde. Sie stand an einem Wendepunkt ihres Lebens und verbrannte deshalb eine Menge alter Briefe und Tagebücher. Sie wollte sich von den Erinnerungen frei machen.

Wie sie nun so ihre Papiere sichtet, fällt ihr ein Päckchen alter Gedichte in die Hand. Es waren Abschriften alter Volkslieder, die ihre Mutter ihr oft vorgesungen hatte. Sie löste die Schnur und begann zu lesen.

Als sie eine Weile gelesen hatte, lächelte sie wehmütig; die alten Lieder verkündigten ihr eine wunderbare Weisheit:

»Trau nicht dem Glück! Trau nicht dem Zeichen des Glücks, trau nicht den Rosen und ihren holden Blättern!

Trau nicht dem Lachen! Sieh, die schöne Jungfer Valborg fährt in einer goldenen Kutsche, und ihre Lippen lachen, während sie doch so traurig ist, als gingen die Hufe und Räder über ihr Lebensglück.

Trau nicht dem Tanz! Zuweilen gleitet der Fuß leicht über die gebohnten Dielen, während das Herz so schwer wie Blei ist. Gar lustig und ausgelassen drehte sich jung Kerstin im Tanz und tanzte ihr junges Leben zu Tode.

Trau nicht dem Scherz! Mancher nimmt mit einem Scherz auf den Lippen am Mahle teil und möchte dabei vor Kummer sterben. Da sitzt die junge Adeline und läßt sich zum Scherz das Herz des Herzogs Fröjdenborg vorsetzen, weil sie sicher ist, daß ihr dieser Anblick Kraft zum Sterben verleihen wird.«

O ihr alten Lieder, wem soll man denn trauen? Den Tränen und dem Kummer?

Leicht kann man einen Traurigen zum Lachen bringen, aber der Fröhliche kann nicht weinen. An Tränen und Seufzer glauben die alten Lieder, nur an den Kummer und an die Kennzeichen des Kummers. Der Kummer ist das Wirkliche, das Bestehende, das Leid ist das Felsgestein unter dem losen Sande. Dem Kummer kann man trauen, ihm und seinen Kennzeichen.

Aber die Freude ist nichts als Kummer, der sich verstellt. Auf der weiten Welt gibt es nichts weiter als Kummer.

»O ihr Trostlosen!« sagte Marianne. »Wie weit bleibt eure Weisheit hinter der Fülle des Lebens zurück.«

Sie trat ans Fenster und sah ihre Eltern im Garten lustwandeln. Sie gingen miteinander auf den breiten Wegen auf und ab und sprachen über alles, was ihren Blicken begegnete, über das Gras auf dem Felde und über die Vögel des Himmels.

»Siehe«, sagte Marianne, »da geht nun ein Herz, das vor Kummer seufzt, während es doch noch niemals so glücklich gewesen ist wie jetzt.«

Und der Gedanke stieg plötzlich in ihr auf, daß vielleicht doch alles schließlich an dem Menschen selbst liege, daß Freud und Leid nur von der verschiedenen Art abhänge, womit die Menschen diese Dinge betrachteten. Sie fragte sich, ob es wohl Glück oder Unglück gewesen sei, was sie in diesem Jahre betroffen habe; aber sie wußte es selbst kaum.

Sie hatte schwere Zeiten durchgemacht. Ihre Seele war krank gewesen; die tiefe Erniedrigung, die ihr widerfahren war, hatte sie zu Boden gedrückt. Als sie damals nach Hause zurückgekehrt war, hatte sie zu sich selbst gesagt: »Ich will meinem Vater nichts Böses nachtragen.« Aber ihr Herz sprach anders: »Er hat mich zu Tode betrübt«, sagte es, »er hat mich von dem Geliebten getrennt, er hat mich zur Verzweiflung getrieben, als er meine Mutter schlug. Ich wünsche ihm freilich nichts Böses, aber ich fürchte mich vor ihm.« Und dann merkte sie, daß sie sich zwingen mußte, ruhig sitzen zu bleiben, wenn ihr Vater sich neben sie setzte; sie wäre am liebsten jedesmal davongelaufen. Sie versuchte sich zu beherrschen, sie sprach mit ihm wie gewöhnlich, und sie war fast beständig in seiner Gesellschaft. Beherrschen konnte sie sich, aber sie litt unsäglich. Schließlich verabscheute sie alles an ihm: seine grobe, laute Stimme, seinen schwerfälligen Gang, seine großen Hände, die ganze mächtige Hünengestalt. Sie wünschte ihm nichts Böses, sie wollte ihm nicht schaden, aber sie konnte ihm nicht mehr nahe sein, ohne ein Gefühl des Schreckens und des Widerwillens zu empfinden. Ihr unterjochtes Herz rächte sich. »Du hast mich nicht lieben lassen«, sagte es, »aber ich bin dennoch dein Herr, und du wirst zuletzt noch hassen lernen.«

Da sie gewohnt war, auf jede Regung in ihrem Innern zu achten, merkte sie recht wohl, daß dieser Widerwille immer fester Wurzel faßte, daß er sich mit jedem Tag steigerte. Gleichzeitig aber war es ihr, als sei sie nun auf ewig an ihre Heimat gebunden. Sie sah ein, daß es am besten für sie wäre, wenn sie fortging und unter andre Menschen käme; aber seit ihrer Krankheit konnte sie sich zu keiner Reise mehr entschließen. So würde es also nie wieder besser werden, sie würde sich nur immer unglücklicher fühlen, eines Tages würde es mit ihrer Selbstbeherrschung zu Ende sein, sie würde sich gegen ihren Vater auflehnen und ihm die ganze Bitterkeit ihres Herzens zu erkennen geben. Ach, und dann würde nur Streit und Unglück daraus entstehen!

So war der Frühling vergangen und auch die erste Hälfte des Sommers. Und im Juli hatte sie sich dann mit Baron Adrian verlobt, nur um ein eigenes Heim zu bekommen.

Eines schönen Vormittags war Baron Adrian auf einem prächtigen Rosse auf den Hof gesprengt gekommen. Seine Husarenjacke hatte in der Sonne geleuchtet, Sporen, Säbel und Wehrgehenk hatten geglänzt und gegleißt, gar nicht zu reden von seinem frischen Gesicht und seinen lachenden Augen. Melchior Sinclaire hatte ihn selbst an der Freitreppe in Empfang genommen, während Marianne mit ihrer Handarbeit am Fenster gesessen hatte. Sie sah ihn kommen und hörte jedes Wort, das er mit ihrem Vater sprach.

»Guten Tag, Ritter Sonnenschein!« rief ihm der Gutsherr entgegen. »Ei der Tausend, wie fein du bist! Du bist doch wohl nicht auf der Brautschau?«

»Du hast den Nagel auf den Kopf getroffen, Oheim«, erwiderte er lachend.

»Hast du denn gar keine Scham im Leibe, Junge? Womit willst du denn eine Frau ernähren?«

»Mit nichts, Oheim, mit nichts! Hätt' ich etwas, würd' ich das Freien bleibenlassen!«

»Was du nicht sagst, Ritter Sonnenschein! Aber die prächtige Jacke da, die hast du dir doch anschaffen können!«

»Auf Kredit, Oheim, auf Kredit!«

»Und das Pferd, auf dem der gnädige Herr Junker reitet, das ist auch einen ganzen Sack voll Gold wert. Woher hast du denn das?«

»Geborgt, Onkel, geborgt!«

Dieser guten Laune konnte der reiche Gutsherr nicht widerstehen.

»Gott soll mich bewahren, Junge!« sagte er. »Du brauchst allerdings eine reiche Frau. Aber wenn du Marianne gewinnen kannst, dann nimm sie.«

Auf diese Weise waren die beiden miteinander einig geworden, ehe Baron Adrian vom Pferd gestiegen war. Aber Melchior Sinclaire wußte wohl, was er tat, denn der Baron Adrian war ein tüchtiger und guter Mensch.

Dann war der Freier geradewegs in Mariannes Zimmer gegangen und dort gleich mit seinem Anliegen herausgeplatzt.

»Ach, Marianne, liebste Marianne! Ich habe schon mit deinem Vater gesprochen, ich möchte dich so gerne zur Frau haben. Sag ja, Marianne!«

Sie hatte dann die ganze Wahrheit aus ihm herausgebracht. Sein Vater, der alte Baron, hatte sich abermals verleiten lassen, einige leere Gruben zu kaufen.

Der alte Baron hatte sein ganzes Leben lang Gruben gekauft, in denen nie etwas zu finden gewesen war. Adrians Mutter war äußerst bekümmert darüber, er selbst war in Schulden geraten, und nun freite er um Marianne, um mit ihrem Gelde das väterliche Gut und seine Husarenjacke zu retten.

Sein Heim war der Meierhof Hedeby und lag auf der andern Seite des Sees, Björne fast gerade gegenüber. Marianne kannte Adrian sehr gut, sie waren Altersgenossen und hatten als Kinder oft miteinander gespielt.

»Du solltest mich wirklich nehmen, Marianne«, sagte er, »ich führe ein erbärmliches Leben. Auf geborgten Pferden muß ich reiten und kann nicht einmal meine Schneiderrechnung bezahlen. Das geht unmöglich auf die Dauer. Ich werde meinen Abschied nehmen müssen, und dann schieße ich mich tot.«

»Aber Adrian, was für eine Ehe würde denn das geben? Wir sind ja nicht die Spur ineinander verliebt.«

»Ach, was die Liebe anbelangt, so mache ich mir gar nichts aus diesem Trödel«, hatte er ihr erklärt. »Ich reite gern ein gutes Pferd und gehe auch zuweilen auf die Jagd; aber ich bin kein Kavalier, sondern ein Landmann. Wenn ich nur soviel hätte, um unser Gut übernehmen und meiner Mutter ein sorgenfreies Alter bereiten zu können, dann wäre ich zufrieden. Ich würde pflügen und säen, denn die Arbeit ist mir eine Lust.«

Dabei hatte er sie mit seinen ehrlichen Augen angesehen, und sie wußte, daß er die Wahrheit sprach, und daß er ein Mann war, auf den man sich verlassen konnte. So gab sie ihm denn ihr Jawort, in erster Linie, um von Hause fortzukommen, dann aber doch auch, weil sie Adrian von jeher gern gehabt hatte.

Aber den Monat, der jenem Augustabend folgte, an dem ihre Verlobung gefeiert wurde, den Monat wird sie nie vergessen, diese ganze Zeit der Verblendung.

Baron Adrian wurde mit jedem Tag trauriger und schweigsamer. Er kam allerdings sehr oft nach Björne, oft mehreremal am Tage, aber sie konnte sich nicht verhehlen, daß er sehr verstimmt war. Mit andern konnte er noch immer scherzen und lachen. In ihrer Gesellschaft aber wurde er unausstehlich langweilig und verstummte vollständig. Sie verstand wohl, was ihn drückte: eine häßliche Frau zu heiraten, war doch nicht so leicht, als er sich gedacht hatte. Er hatte einen Widerwillen gegen sie gefaßt, und sie selbst wußte nur zu gut, wie häßlich sie war. Sie hatte ihm freilich zu verstehen gegeben, daß sie Liebkosungen und andere Zärtlichkeitsbeweise nicht wünsche, aber es war ihm natürlich schon eine Qual, sie sich als seine Frau vorzustellen, und das wurde mit jedem Tage schlimmer. Aber warum quälte er sich dann so schrecklich? Warum löste er die Verlobung nicht? An deutlichen Winken hatte sie es nicht fehlen lassen. Ihr selbst waren die Hände gebunden, denn ihr Vater hatte ihr rund heraus erklärt, daß ihr Ruf keine weiteren Verlobungsgeschichten vertrüge. Da hatte sie alle beide, den Vater und den Bräutigam, gleich gründlich verachtet und jeder Ausweg erschien ihr gut genug, um diesen beiden zu entgehen.

Aber dann, nur ein paar Wochen nach dem großen Verlobungsfeste, war ein ebenso plötzlicher wie seltsamer Umschlag eingetreten.

Auf dem Kieswege gerade vor der Freitreppe zu Björne lag ein großer Stein, ein richtiger Stein des Anstoßes und des Ärgernisses. Wagen wurden hier umgeworfen, Pferde und Menschen fielen darüber, die Mägde, die mit ihren schweren Milcheimern über den Hof gingen, stießen daran und verschütteten die Milch, aber trotzdem blieb der Stein, wo er war, und zwar aus keinem andern Grunde, als weil er eben von jeher dagelegen hatte. Er war ja schon bei Lebzeiten der Eltern des Gutsherrn dagewesen, lange ehe man daran gedacht hatte, hier das Björner Herrenhaus zu bauen, und Melchior Sinclaire konnte nicht einsehen, weshalb der Stein nicht auch ferner da liegenbleiben sollte.

Aber an einem der letzten Augusttage geschah es, daß zwei Mägde, die einen großen Bottich trugen, über den Stein fielen und sich schwer verletzten. Da erhob sich im ganzen Hause ein gerechter Zorn über den Stein.

Es war noch früh am Tage, und der Hausherr machte eben seinen täglichen Morgenspaziergang; da aber das Gesinde zwischen acht und neun Uhr gerade zum Frühstück auf dem Hofe war, befahl Frau Gustava zwei Knechten, den großen Stein herauszugraben.

Sie kamen mit Spaten und Brechstangen, gruben und hoben, und schließlich gelang es ihnen, den alten Störenfried aus seiner Höhle zu entfernen; dann trugen sie ihn auf den Wirtschaftshof, wozu sechs Männer nötig waren.

Kaum war der Stein fortgetragen, als der Gutsherr von seiner Runde zurückkehrte und sogleich sah, was geschehen war. Aber da kam er ganz außer sich. Er behauptete, der ganze Hof sei verändert und nicht wiederzuerkennen.

Wer hatte befohlen, den Stein fortzuschaffen? Also seine Frau hatte den Befehl erteilt! Diese Frauenzimmer hatten doch gar kein Herz im Leibe. Hatte sie denn nicht gewußt, wie lieb ihm der Stein war?

Und dann lief er spornstreichs nach dem Wirtschaftshofe, wo der Stein lag, hob ihn mit seiner Riesenkraft auf und trug ihn die ganze Strecke zurück bis zu dem Platz, wo er vorher gelegen hatte, und warf ihn wieder in das Loch hinein. Denkt euch, den Stein, den sechs Männer kaum zu tragen vermocht hatten! Diese Tat rief in ganz Värmland die größte Bewunderung hervor.

Während er den Stein über den Hof trug, stand Marianne am Fenster des Eßzimmers und sah ihm zu. Noch niemals war er ihr so fürchterlich vorgekommen wie in diesem Augenblick. Er war ihr Herr, dieser Schreckliche mit der unermeßlichen Kraft, ein unvernünftiger, launenhafter Herr, der sich nie um die Wünsche anderer bekümmerte, sondern nur nach seinem eigenen Gefallen handelte.

Man war eben beim Frühstück gewesen, und Marianne hielt noch ein Messer in der Hand, unwillkürlich erhob sie es.

Frau Gustava ergriff sie beim Handgelenk.

»Marianne!«

»Was willst du, Mutter?«

»Ach, Marianne, du sahst so sonderbar aus. Mir wurde ganz Angst.«

Marianne betrachtete sie mit einem langen Blick. Ihre Mutter war eine kleine, hagere Frau mit grauem Haar und vielen Runzeln, obgleich sie kaum fünfzig Jahre zählte. Sie liebte wie ein Hund, ohne sich an Schläge und Fußtritte zu kehren. Sie war meistens guter Laune, machte aber trotzdem einen traurigen Eindruck. Sie war wie ein sturmgepeitschter Baum am Meeresstrand, nie hatte sie sich frei entwickeln dürfen. Sie hatte gelernt, Schleichwege zu gehen, wenn es nötig war, ja, auch zu lügen, und sie stellte sich oft absichtlich dumm, um Vorwürfen zu entgehen. Sie war ganz und gar das Werk ihres Mannes.

»Würdest du dich sehr grämen, wenn Vater stürbe?« fragte Marianne.

»Marianne, du zürnst deinem Vater, du zürnst ihm noch immer. Warum kann jetzt nicht alles gut werden, du hast ja jetzt wieder einen Bräutigam?«

»Ach, Mutter, es ist nicht meine Schuld. Kann ich dafür, daß mir vor ihm graut? Siehst du denn nicht auch, wie er ist? Warum sollte ich ihn liebhaben? Er ist heftig, er ist roh, er hat dich geplagt, so daß du vor der Zeit alt geworden bist. Warum soll er unser Herr sein? Er beträgt sich wie ein Verrückter. Warum soll ich ihn achten und ehren? Er ist nicht gut, er ist nicht barmherzig. Ich weiß, daß er stark ist, er kann uns jeden Augenblick totschlagen. Er kann uns aus dem Haus werfen, sobald es ihm beliebt. Sollte ich ihn deshalb etwa lieben?«

Aber da war Frau Gustava plötzlich wie verwandelt. Mutig und bestimmt trat sie der Tochter entgegen.

»Nimm dich in acht, Marianne! Ich glaube fast, Vater tat recht daran, als er dir im Winter seine Tür verschloß. Du sollst sehen, wie du hierfür gestraft werden wirst. O Marianne, du mußt lernen, zu dulden, ohne zu hassen, zu leiden, ohne dich zu rächen.«

»Ach Mutter, ich bin so unglücklich.«

Gleich darauf kam die Entscheidung. Im Flur hörten sie das Dröhnen eines schweren Falls.

Sie haben nie erfahren, ob Melchior Sinclaire auf der Treppe gestanden und durch die offene Eßzimmertür Mariannes Worte gehört hatte, oder ob nur die körperliche Anstrengung einen Schlaganfall herbeiführte. Als sie hinauskamen, lag Melchior Sinclaire bewußtlos am Boden. Sie wagten es auch später nicht, ihn nach der Veranlassung zu fragen, und er selbst ließ sie niemals merken, ob er etwas gehört hatte. Marianne wagte es nie, den Gedanken auszudenken, daß sie sich unfreiwillig gerächt habe. Aber der Anblick des Vaters, der nun auf denselben Stufen lag, wo sie ihn damals hassen gelernt hatte, vertrieb auf einmal alle Bitterkeit aus ihrem Herzen.

Er kam auch bald wieder zum Bewußtsein, und nachdem er sich ein paar Tage ruhig verhalten hatte, war er wieder der Alte – und doch ein ganz anderer.

Marianne sah die Eltern im Garten spazierengehen. Das taten sie jetzt immer. Er ging nie mehr allein, fuhr auch nicht mehr aus, war verdrießlich, wenn Besuch kam und überhaupt über alles, was ihn von seiner Frau trennte. Er war plötzlich alt geworden. Er konnte sich nicht überwinden, einen Brief zu schreiben, und Frau Gustava mußte es für ihn tun. Er beschloß nicht das Geringste, ohne seine Frau vorher zu fragen, und er ließ dann alles so geschehen, wie sie es bestimmte. Und er war stets sanft und freundlich. Er fühlte selbst, wie sehr er sich verändert hatte und wie glücklich seine Frau jetzt war.

»Jetzt hat sie es gut«, sagte er eines Tages zu Marianne, indem er auf Frau Gustava deutete.

»Ach, lieber Melchior«, rief diese, »du weißt recht wohl, daß ich dich lieber wieder frisch und gesund sähe.«

Und sie wünschte es wirklich. Es war ihre größte Freude, zu erzählen, wie stark ihr Mann in seinen gesunden Tagen gewesen war. Sie prahlte damit, daß er im selben Saus und Braus habe leben können wie die Ekebyer Kavaliere, daß er Geschäfte gemacht und viel Geld dabei verdient habe, gerade als sie glaubte, daß er sie durch sein wildes Leben von Haus und Hof bringen werde. Marianne aber wußte, daß sie trotz aller ihrer Klagen glücklich war. Ihrem Manne alles sein zu dürfen, das war ihr genug. Sie sahen beide alt und vor der Zeit gebrochen aus; Marianne konnte sich das künftige Leben ihrer Eltern deutlich vorstellen. Sie würden allmählich immer schwächer werden, wiederholte Schlaganfälle würden ihren Vater immer hilfloser machen, ihre Mutter aber würde immer um ihn sein und ihn treu pflegen, bis der Tod sie schied. Allein das Ende konnte noch weit entfernt sein, und Frau Gustava konnte sich in Ruhe noch lange ihres Glückes erfreuen. Marianne fand, daß es so sein müsse; das Leben sei ihrer Mutter das schuldig.

Auch mit ihr selber war es besser geworden. Keine bange Verzweiflung zwang sie jetzt dazu, sich zu verheiraten, nur um den Herrn zu wechseln. Ihr wundes Herz war ruhig geworden. Haß und Liebe waren hindurchgezogen; aber sie dachte jetzt nicht mehr an die Schmerzen, die sie dadurch erlitten hatte. Sie sah ein, daß sie dadurch wahrer, reicher, größer geworden war als vorher. Weshalb sollte sie da wünschen, daß das Geschehene nicht geschehen wäre? Ist es nicht so, daß jedes Leid etwas Gutes im Gefolge hat? Konnte sich nicht alles noch zum Guten wenden? Sie hatte angefangen, alles für gut zu achten, was zu der innern Entwicklung eines Menschen beiträgt, und was ihn eine höhere Stufe des Menschentums erreichen läßt. Die alten Lieder hatten nicht recht. Das Leid war nicht das einzige, was Bestand hatte. Sie wollte nun ihr Elternhaus verlassen und sich irgendwo nützlich machen. Wenn ihr Vater jetzt noch wie früher gewesen wäre, er hätte nie seine Einwilligung zur Auflösung ihrer Verlobung mit Adrian gegeben. Jetzt aber hatte ihm Frau Gustava die Sache auseinandergesetzt, und Marianne hatte sogar die Erlaubnis erhalten, Baron Adrian die Summe vorzustrecken, deren er bedurfte.

Auch an ihn konnte sie nun mit frohem Herzen denken – sie selbst würde ja frei werden. Er hatte sie mit seiner Keckheit und seiner Lebenslust immer an Gösta erinnert, nun würde auch er wieder froh werden. Er sollte wieder der Ritter Sonnenschein sein, der damals in seinem ganzen Glanz hoch zu Roß auf ihres Vaters Hof gekommen war. Sie würde ihm den Boden verschaffen, wo er nach Herzenslust pflügen und säen könnte, und eines Tages würde sie ihn eine schöne Braut zum Altar führen sehen.

Mit diesen Gedanken setzt sie sich hin und schreibt ihm einen Absagebrief, der ihm seine Freiheit wiedergeben soll. Sie schreibt sanfte, überredende Worte, redet vernünfig in der Form des Scherzes und doch so, daß er verstehen muß, wie ernst sie es meint.

Während sie noch schreibt, ertönen Hufschläge auf dem Kiesweg.

»Mein lieber Ritter Sonnenschein«, denkt sie »du kommst zum letztenmal.«

Gleich darauf tritt Baron Adrian zu ihr ins Zimmer.

»Aber Adrian, du kommst hier herein?« ruft sie und läßt entsetzt den Blick über die Unordnung im Zimmer hinweggleiten. Er wird sogleich verlegen und stammelt einige Worte der Entschuldigung.

»Ich schreibe eben an dich«, sagt sie. »Hier, nun kannst du den Brief gleich lesen.«

Er nimmt den Brief, und sie beobachtet ihn, während er liest. Sie sehnt sich danach, sein Antlitz vor Freude aufleuchten zu sehen.

Aber er ist noch nicht weit gekommen, als eine dunkle Röte in seinem Gesicht aufsteigt; er wirft den Brief auf den Boden, stampft mit dem Fuß darauf und beginnt zu fluchen und zu wettern.

Da geht ein leises Beben durch Marianne. Sie ist keine Anfängerin im Studium der Liebe, und doch hat sie diesen unerfahrenen Knaben, dies große Kind nicht verstanden.

»Adrian, lieber Adrian«, sagt sie. »Was für eine Komödie hast du mir vorgespielt! Komm her und sag mir die Wahrheit.«

Da erstickt er sie fast unter seinen Liebkosungen. Der arme Junge hatte sich vor Sehnsucht beinahe verzehrt.

Nach einer Weile schaut sie zum Fenster hinaus. Dort wandelte Frau Gustava noch immer und redete mit dem großen Gutsherrn von Blumen und Vögeln, hier aber saß sie und plauderte mit Adrian von Liebe. »Wir haben beide den Ernst des Lebens kennengelernt«, dachte sie und lächelte wehmütig. »Wir können uns damit trösten, daß jedes sein großes Kind bekommen hat, mit dem es spielen kann.«

Es war aber doch schön, geliebt zu werden. Es war süß, wenn er ihr ins Ohr flüsterte, daß ein Zauber von ihr ausgehe, und wie er sich jener Worte schäme, die er ihr bei seiner ersten Unterredung gesagt hatte. Damals habe er nicht geahnt, welche Macht sie auf ihn ausübe. Oh, kein

Mann könne in ihrer Nähe weilen, ohne sie zu lieben; aber sie habe ihn eingeschüchtert, er sei sich so merkwürdig klein ihr gegenüber vorgekommen.

Nun, sie fühlte sich weder glücklich noch unglücklich, aber jedenfalls wollte sie es versuchen, ihr Leben mit diesem Mann aufzunehmen.

Sie fing sich selbst zu verstehen an; sie gedachte der Worte des alten Liedes von der Turteltaube, dem Vogel der Sehnsucht. Die Turteltaube trinkt nie ganz klares Wasser, sondern trübt es vorher mit ihrem Fuß, damit es besser zu ihrem trüben Sinn passe. So sollte auch sie nicht klares ungemischtes Glück an der Quelle des Lebens trinken. Von Wehmut getrübt – so paßte das Leben am besten für sie.

Der Befreier Tod

Mein bleicher Freund, der Befreier Tod, kam im August in einer hellen Mondscheinnacht an das Haus des Hauptmanns Uggla. Aber er wagte nicht ohne weiteres das gastfreie Haus zu betreten, denn es sind ihrer nur wenige, die ihn lieben.

Mein bleicher Freund, der Befreier Tod, hat ein mutiges Herz. Es ist ihm eine Lust, auf glühenden Kanonenkugeln durch die Luft zu reiten. Er nimmt die sprühende Granate auf den Nacken und lacht, wenn sie zerplatzt und die Splitter herumfliegen. Er tanzt mit den Gespenstern auf den Kirchhöfen und scheut sich nicht vor den Pestsälen in den Spitälern; aber auf der Schwelle des Redlichen, an der Tür des Guten, da überfällt ihn ein Beben. Denn er möchte nicht mit Tränen, sondern mit stiller Freude begrüßt werden, er, der die Geister aus den Banden des Schmerzes befreit, der ihnen hilft, den Erdenstaub abzuschütteln und ihnen das freie, herrliche Leben im Weltall zuteil werden läßt.

In dem alten Wäldchen hinter dem Wohnhause, wo noch heutzutage weiße, schlanke Birken sich abmühen, ihre dünnen Wipfel dem Himmelslichte zuzuwenden, da hielt sich der Tod verborgen. In diesem Haine, der damals jung war und kühlenden Schatten spendete, verbarg sich mein bleicher Freund, solang der Tag herrschte, bei Nacht aber stand er am Waldessaum, weiß und bleich, und ließ die Sense im Mondschein blitzen.

O Eros! Du warst der Gott, der am häufigsten diesen Hain bewohnte. Die Alten wissen von den Liebespaaren zu erzählen, die seine Stille aufsuchten. Und heute noch, wenn ich an Berga vorüberkomme und mich über die beschwerlichen Hügel und den erstickenden Staub ärgere, erfreut mich der Anblick des Hains mit den vereinzelten weißen Stämmen, die in der Erinnerung an die Liebe schöner, junger Menschen strahlen.

Doch jetzt stand der Tod dort, und die Tiere der Nacht sahen ihn. Abend um Abend hörten die Bewohner von Berga das Heulen des Fuchses, der seine Ankunft verkündete. Die Natter schlängelte sich auf dem Kiesweg bis zum Wohnhaus hinauf. Sie konnte nicht sprechen, aber alle verstanden, daß sie als Vorbote des Gewaltigen kam. Und im Apfelbaum vor Frau Ugglas Schlafzimmerfenster ließ das Käuzchen seinen Schrei ertönen. Denn alles in der Natur kennt den Tod und erbebt bei seinem Nahen.

Da geschah es, daß der Munkeruder Amtmann und seine Frau, die im Broer Pfarrhaus bei einem Festmahl gewesen waren, nachts um zwei Uhr an Berga vorüberfuhren und am Fenster des Fremdenzimmers ein Licht brennen sahen. Sie sahen ganz deutlich die gelbe Flamme und die weiße Kerze und erzählten später, wie sehr sie sich gewundert hätten, in der hellen Sommernacht ein Licht brennen zu sehen.

Da lachten die lustigen Bergaer Fräulein und sagten, Amtmanns müßten Gespenster gesehen haben, denn die Talglichter seien bei ihnen schon seit März zu Ende gegangen, und der Hauptmann schwur, daß seit Wochen niemand im Fremdenzimmer geschlafen habe. Frau Uggla aber erblaßte und schwieg, denn die weiße Kerze mit der hellen Flamme pflegte sich stets zu zeigen, wenn jemand aus ihrer Familie von dem Tode, dem Befreier, der Erde entrückt werden sollte.

Bald darauf, an einem strahlend schönen Augusttage, kam Ferdinand von einer Landvermessung in den nördlichen Wäldern heim. Er kam bleich und krank an, von einem unheilbaren Lungenleiden befallen, und sobald Frau Uggla ihn sah, wußte sie, daß ihr Sohn sterben würde.

So mußte er also von hinnen gehen, dieser gute Sohn, der seinen Eltern nie einen Kummer bereitet hatte. Der Jüngling sollte die Lust und das Glück dieser Welt verlassen, verlassen auch die schöne Braut, die seiner wartete, verlassen die reichen Güter und die dröhnenden Eisenwerke, die sein Eigentum hätten werden sollen.

Endlich, nachdem mein bleicher Freund einen Mondwechsel lang gezögert hatte, faßte er Mut und begab sich eines Nachts nach dem Wohnhause. Er dachte daran, daß hier selbst der Hunger und die Not mit fröhlicher Miene aufgenommen wurden, warum sollte man da nicht auch ihn mit Freude empfangen?

Er ging sachte den Kiesweg hinauf, und sein dunkler Schatten fiel auf den Rasenplatz, wo die Tautropfen im Mondschein glänzten. Er kam nicht als ein fröhlicher Schnitter mit Blumen am Hut, den Arm um sein Liebchen geschlungen; er ging gebeugt wie ein abgezehrter Kranker und hielt die Sense in den Falten des Mantels verborgen, während die Eulen und Fledermäuse um ihn her flatterten.

In jener Nacht hörte Frau Uggla, die wach in ihrem Bette lag, jemand ans Fenster pochen. Sie richtete sich auf und fragte:

»Wer klopft da?«

Und die Alten erzählten, daß der Tod ihr antwortete:

»Der Tod klopft.«

Da stand Frau Uggla auf und öffnete das Fenster. Sie sah Eulen und Fledermäuse im Mondschein umherflattern, aber den Tod sah sie nicht.

»Komm!« sagte sie halblaut. »Freund und Befreier, weshalb hast du so lange gezögert? Ich habe auf dich gewartet, ich habe gerufen. Komm und erlöse meinen Sohn.«

Da glitt der Tod ins Haus hinein, froh wie ein armer, abgesetzter König, der als gebrechlicher Greis seine Krone wiedererhält, froh wie ein Kind, das zum Spiel gerufen wird.

Am nächsten Tage setzte sich Frau Uggla an das Krankenlager ihres Sohnes und redete mit ihm von der Seligkeit und von ihrem herrlichen Leben in der Ewigkeit.

»Sie arbeiten«, sagte sie, »sie wirken und schaffen. Das sind große Künstler, mein Sohn, große Künstler! Sag mir, was du werden willst, wenn du nun zu ihnen kommst? Einer der Bildhauer ohne Meißel, die Rosen und Lilien schaffen, oder einer der Meister der Farben? Wenn dann die Sonne am herrlichsten untergeht, werde ich denken: ›Das ist Ferdinands Werk.‹

Mein lieber Junge, denke nur, wie viel du da sehen, wie viel du zu tun haben wirst! Denk an all die Samenkörner, die vom Frühling zum Leben erweckt werden sollen, an die Stürme, die gelenkt, an die Träume, die ausgeschickt werden sollen. Und denk auch an die langen Reisen durch den Himmelsraum von einer Welt zur andern.

Denk an mich, mein Junge, wenn du so viel Schönes zu sehen bekommst! Deine arme Mutter hat nie etwas andres gesehen als das Värmland.

Aber eines Tages trittst du vor den Herrn und bittest ihn, dir einen der kleinen Sterne, die im Weltenraum umherrollen, zu überlassen; und er gibt ihn dir. Wenn du ihn bekommst, ist er kalt und dunkel, voller Klippen und Abgründe, und es gibt da weder Blumen noch Tiere. Aber du wirst auf dem Stern, den Gott dir gegeben hat, arbeiten. Du verbreitest dort Licht, Luft und Wärme, du bringst Pflanzen und Nachtigallen und helläugige Gazellen hin, du läßt Gießbäche in die Abgründe hinabstürzen, läßt Gebirge sich erheben und bepflanzt die Ebenen mit den schönsten roten Rosen.

Und wenn ich einst sterbe, Ferdinand, wenn meine Seele vor der langen Reise bebt und sich fürchtet, die bekannten Gegenden zu verlassen, dann wartest du meiner vor dem Fenster in einem mit Paradiesvögeln bespannten Wagen, ja, in einem Wagen aus schimmerndem Golde.

Und du nimmst meine arme, unruhige Seele in deinen Wagen; sie darf neben dir sitzen, geehrt wie eine Königin. Dann fahren wir durch den ewigen Raum, an den schimmernden Wolken vorüber, und wenn wir uns den himmlischen Gefilden nähern, die herrlicher und immer herrlicher werden, dann frage ich mehrmals, weil ich es nicht besser verstehe: ›Wollen wir nicht hier bleiben?‹

Aber da lächelst du nur leise und treibst das Vogelgespann an. Endlich kommen wir zu der kleinsten der Welten, die aber die schönste von allen ist, die ich gesehen habe, und da halten wir vor einem goldenen Schlosse, und du läßt mich eingehen in die ewige Heimat der Freude.

Da ist alles in Hülle und Fülle in Haus und Hof. Der Tannenwald reicht nicht so dicht heran wie hier auf Berga, daß er die Aussicht auf die schöne Welt verhüllt, sondern ich kann hinausschauen aufs weite Meer und auf sonnige Ebenen, und tausend Jahre werden mir sein wie ein Tag.«

So starb Ferdinand, das Herz von lieblichen Bildern erfüllt, der künftigen Herrlichkeit entgegenlächelnd.

Mein bleicher Freund, der Befreier Tod, hatte noch niemals einem so schönen Sterben beigewohnt. Wohl standen die Seinen weinend um Ferdinand Ugglas Sterbebett, aber er selbst lächelte dem Manne mit der Sense zu, als er sich an seinem Lager niederließ, und seine Mutter lauschte dem Todesröcheln wie einer lieblichen Musik. Sie zitterte, daß der Tod vielleicht nicht imstande sein würde, sein Werk zu vollenden, und als alles vorüber war, füllten sich zwar ihre Augen mit Tränen, die auf das erstarrte Gesicht ihres Sohnes fielen, aber es waren Tränen der Freude, nicht des Leides.

Noch nie war mein bleicher Freund so geehrt worden, wie bei Ferdinand Ugglas Begräbnis. Wenn er sich zu zeigen gewagt hätte, wäre er mit federgeschmücktem Barett und goldgesticktem Mantel gekommen und hätte vor dem Leichenzug auf dem Wege nach dem Kirchhof hergetanzt, aber nun saß er da, der einsame Alte in seinem alten schwarzen Mantel, zusammengekauert auf der Kirchhofmauer und sah dem Zuge entgegen.

Oh, das war ein merkwürdiger Leichenzug! Hell strahlte die Sonne, lichte Sommerwölkchen zogen am Himmel hin, lange Garbenreihen schmückten die Felder, die Ernteäpfel im Garten der Propstei schimmerten hell und durchsichtig, und im Blumengarten des Küsters prangten Dahlien und Georginen.

Das war ein merkwürdiger Leichenzug, der durch die Lindenallee nach dem Kirchhof zog! Vor dem blumengeschmückten Sarge gingen liebliche Kinder und streuten Blumen auf den Weg. Nirgends sah man Trauerkleider, keinen Trauerflor, keine Trauerkragen; Frau Uggla hatte es so gewollt, sie wollte, daß er, der so fröhlich gestorben war, nicht von einem düsteren Leichengefolge, sondern von einem glänzenden Hochzeitszug nach der guten Freistatt, die seiner wartete, gebracht würde.

Dicht hinter dem Sarge ging Anna Stjärnhök, die schöne, strahlende Braut des Verstorbenen. Sie trug Kranz und Schleier und ein lang nachschleppendes Brautkleid aus weißer, schimmernder Seide. So geschmückt schritt sie zum Grabe, um sich dort einem der Verwesung anheimfallenden Bräutigam zu vermählen.

Hinter ihr folgten Paar auf Paar, stolze Damen und stattliche Herren. Die schönen, vornehmen Frauen hatten sich mit blitzenden Spangen und Broschen, mit milchweißen Perlenschnüren und goldenen Armbändern geschmückt. Alle trugen helle, seidene Kleider. Auf ihren gesteckten Locken erhob sich ein reicher Kopfputz aus Federn, Seide und Spitzen, und von ihren Schultern fielen auf die Festkleider dünne seidene Echarpen, die sie einst als Brautgeschenk erhalten hatten. Die Herren waren auch im höchsten Staat, mit fein gefälteten Jabots, Leibröcken mit hohen Kragen und vergoldeten Knöpfen und Westen aus steifem Brokat oder aus reichgesticktem Samt. Es war ein Hochzeitszug; so hatte es die Herrin von Berga gewollt.

Sie selbst ging am Arm ihres Mannes neben Anna Stjärnhök. Wenn sie ein Gewand aus schimmerndem Brokat besessen hätte, sie hätte es angelegt, und wenn sie Geschmeide und einen prächtigen Kopfputz ihr eigen genannt hätte, so hätte auch sie sich heute, am Ehrentag ihres Sohnes, damit geschmückt. Aber sie hatte nichts als das schwarze Taffetkleid und die vergilbten Spitzen, die sie schon auf so vielen Festen getragen hatte und die sie auch jetzt trug.

Obgleich das Leichengefolge mit Pomp und Pracht wie zu einer Hochzeit gekommen war, blieb doch kein Auge trocken, als der Zug sich unter Glockengeläute dem Kirchhof näherte. Männer und Frauen weinten, nicht so sehr über den Toten als über sich selbst. Seht! Dort ging die Braut, dort wurde der Bräutigam getragen, hier gingen sie selbst zum Feste geschmückt, und doch – wo ist der Mensch, der auf Gottes grüner Erde wandelt und nicht weiß, daß er dem Kummer, der Sorge, dem Unglück, dem Tode verfallen ist? Sie weinten bei dem Gedanken, daß nichts Irdisches sie zu schützen vermochte. Frau Uggla weinte nicht; sie war die einzige, deren Augen trocken blieben.

Als nun das Gebet gesprochen und das Grab zugeworfen war, verließen alle den Kirchhof und begaben sich zu ihren Wagen zurück. Nur Frau Uggla und Anna Stjärnhök zögerten noch am Grabe, um dem Toten ein letztes Lebewohl zu sagen. Die Mutter setzte sich auf den Grabhügel, und Anna ließ sich neben ihr nieder.

»Hör mich, Anna«, sagte Frau Uggla, »ich habe zu Gott gesagt: ›Laß den Befreier Tod kommen und meinen Sohn holen, laß den, der mir das Liebste auf Erden ist, in die Wohnungen des Friedens führen, und ich werde nur Freudentränen weinen. Mit Hochzeitsgepränge will ich ihn zu Grabe geleiten lassen, und den roten Rosenbusch, der vor meinem Schlafstubenfenster steht, will ich auf sein

Grab pflanzen.‹ Und nun ist es so gekommen, nun ist mein Sohn tot. Ich habe den Tod begrüßt wie einen Freund, ich habe ihn mit den zärtlichsten Namen gerufen, ich habe Freudentränen geweint über dem erstarrten Gesicht meines Kindes, und im Herbst, wenn die Blätter abgefallen sind, werde ich meinen roten Rosenbusch auf seinen Grabhügel pflanzen. Aber weißt du, du, die hier an meiner Seite sitzt, weißt du, warum ich solche Gebete zu Gott emporgeschickt habe?«

Fragend schaute sie Anna Stjärnhök an, aber das junge Mädchen saß still und bleich neben ihr. Vielleicht rang sie mit sich, um die Stimmen in ihrem Innern zum Schweigen zu bringen, die ihr schon hier, an dem frischaufgeworfenen Grabe des Toten zuflüsterten, daß sie jetzt frei sei.

»Du bist schuld daran«, sagte Frau Uggla.

Wie von einem Schlage getroffen zuckte das Mädchen zusammen. Sie erwiderte kein Wort.

»Anna Stjärnhök, du warst einst stolz und eigensinnig, du spieltest mit meinem Sohne, verlobtest dich mit ihm und gabst ihn wieder auf. Nun, was tat das? Er mußte sich darein finden, wie so mancher andere auch. Es ist auch möglich, daß er und wir alle dein Geld ebenso geliebt haben wie dich selbst. Aber du kehrtest wieder zu uns zurück und brachtest reichen Segen in unser Haus, und als du wiederkamst, warst du mild und sanftmütig, stark und gut. Du umgabst uns mit Liebe, du machtest uns sehr glücklich, Anna Stjärnhök, und wir armen Menschen lagen dir zu Füßen.

Und doch, und doch – ich wünschte, du wärest nicht wiedergekommen. Dann hätte ich Gott nicht anzuflehen brauchen, daß er das Leben meines Sohnes verkürze. Um Weihnachten, da hätte er deinen Verlust noch verschmerzen können, aber dich dann wieder verlieren, nachdem er dich so kennengelernt hatte, wie du jetzt bist, dazu hätte er nicht mehr die Kraft gehabt.

So wisse denn, Anna Stjärnhök, heute hast du dein Brautgewand angelegt, um meinem toten Sohne das Geleite zu geben; aber wenn er am Leben geblieben wäre, hättest du niemals in diesem Gewande mit ihm vor den Traualtar treten dürfen, denn du hast ihn nicht geliebt.

Ich sah es wohl, daß du nur aus Barmherzigkeit gekommen warst, denn du wolltest unser hartes Los mildern. Du liebtest ihn nicht. Glaube mir, ich kenne die Liebe, ich sehe es, wenn sie da ist, ich erkenne, wo sie fehlt. Da dachte ich: Möchte doch Gott meinen Sohn zu sich nehmen, ehe ihm die Augen aufgehen!

O hättest du ihn doch geliebt! O wärest du nie zu uns gekommen, um unser Leben zu versüßen, wenn du ihn doch nicht liebtest! Ich kannte meine Pflicht. Wenn er nicht gestorben wäre, hätte ich ihm sagen müssen, daß du ihn nicht liebtest, daß du ihn nur aus übergroßer Barmherzigkeit heiraten wolltest. Ich hätte ihn zwingen müssen, dir dein Wort zurückzugeben, und dann wäre das Glück seines Lebens für immer vernichtet gewesen. Siehst du, deshalb bat ich Gott, ihn sterben zu lassen, damit ich nicht selbst den Frieden seines Herzens stören müßte. Und ich habe mich über seine eingefallenen Wangen gefreut, mich gefreut über seine mühsamen Atemzüge und nur immer gezittert, daß der Tod am Ende sein Werk nicht vollenden werde.«

Sie schwieg und wartete auf eine Antwort; aber Anna Stjärnhök konnte nicht sprechen, zu viele Stimmen drangen aus der Tiefe ihrer Seele, ihnen mußte sie lauschen.

Da rief Frau Uggla ganz verzweifelt aus:

»Oh, wie glücklich sind die, die über ihre Toten trauern dürfen, die Ströme von Tränen um sie weinen können! Ich aber muß trockenen Auges an dem Grabe meines Sohnes stehen, ich muß mich über seinen Tod freuen. Oh, wie unglücklich bin ich!«

Da preßte Anna Stjärnhök die Hände fest auf die Brust. Sie dachte an jene Winternacht, wo sie bei ihrer jungen Liebe geschworen hatte, diesen armen Menschen Trost und Stütze zu sein; und sie erschrak. War denn alles, alles vergeblich gewesen? War ihr Opfer keines von denen, die

Gnade vor Gott finden? Sollte sich alles in Fluch verwandeln?

Aber wie, wenn sie nun alles opferte, würde dann Gott nicht ihr Werk segnen und sie diesen Menschen zur Glückspenderin, zum Trost, zur Hilfe werden lassen?

»Was verlangst du denn, damit du um deinen Sohn trauern könntest?« fragte sie.

»Ich müßte dem Zeugnisse meiner alten Augen nicht mehr trauen können. Wenn ich glauben dürfte, daß du meinen Sohn geliebt habest, dann könnte ich über seinen Tod trauern.«

Da sprang Anna auf. Ihre Augen glühten vor Begeisterung. Sie riß ihren Brautschleier ab und breitete ihn über das Grab, sie nahm Kranz und Krone vom Haupt und legte sie darauf.

»Sieh, wie ich ihn liebe! Ich schenke ihm meinen Kranz und meinen Schleier. Ich vermähle mich ihm und werde nie einem andern angehören.«

Da stand auch Frau Uggla auf; schweigend, am ganzen Leibe zitternd stand sie da, in ihrem Gesicht zuckte es krampfhaft, und schließlich kamen die Tränen; die Tränen der Trauer.

Aber mein bleicher Freund, der Befreier Tod, erbebte, als er diese Tränen sah, also war er auch hier nicht mit Freude begrüßt worden, nicht einmal hier hatte man sich von ganzem Herzen über sein Kommen gefreut.

Er zog die Kapuze tief ins Gesicht herein, glitt leise von der Kirchhofsmauer hinunter und verschwand zwischen den Garben auf dem Felde.

Die Dürre

Wenn leblose Dinge lieben, wenn Erde und Wasser Freunde von Feinden unterscheiden können, möchte ich gerne ihre Liebe besitzen. Ich möchte gern, daß die grüne Erde meine Schritte nicht als eine schwere Bürde empfände. Ich möchte, daß sie mir gern verzeihen würde, wenn sie um meinetwillen mit Pflug und Egge verwundet wird, und daß sie sich einst willig meinem toten Leib öffne. Und ich möchte, daß die Woge, deren blanken Spiegel meine Ruder zerschlagen, dieselbe Geduld mit mir hätte, die eine Mutter mit einem lebhaften, eifrigen Kinde hat, das ihr auf den Schoß klettert, ohne acht darauf zu haben, daß es ihr das seidene Sonntagskleid zerknittert. Mit der klaren Luft, die über den Bergen zittert, mit der glänzenden Sonne und mit den schönen Sternen, mit allen möchte ich gut Freund sein. Denn es ist mir oft, als fühlten und litten die leblosen Dinge mit den lebendigen Wesen. Die Schranke zwischen ihnen ist nicht so groß, wie wir Menschen glauben. Wo ist der Teil des Erdenstaubes, der sich nicht im Kreislauf des Lebens mitbewegte? Ist nicht der auf der Landstraße aufwirbelnde Staub einst als weiches Haar liebkost, als gute wohltätige Hand geliebt worden? Ist nicht das trübe Wasser in den Wagengeleisen ehedem als Blut durch unser klopfendes Herz geströmt?

Der Geist des Lebens wohnt noch in den leblosen Dingen. Was vernimmt er, dieweil er in traumlosen Schlummer versenkt ist? Die Stimme Gottes hört er – doch achtet er wohl auch auf die der Menschen?

O ihr Kinder der Gegenwart! habt ihr es nicht gesehen? Wenn Unfriede und Haß auf Erden herrschen, müssen auch die toten Dinge viel leiden. Da wird die Woge wild und raubgierig wie ein Räuber; da wird der Acker karg wie ein Geizhals. Aber wehe dem, um dessentwillen der Wald ächzt und die Berge weinen!

Das war ein merkwürdiges Jahr, in dem die Kavaliere regierten. Und ich meine fast, die Unruhe der Menschen habe da die Ruhe der leblosen Dinge gestört. Wie soll ich den Ansteckungsstoff bezeichnen, der sich damals über das Land verbreitete? Hätte man nicht glauben können, die Kavaliere seien die Götter der Gegend, und alles sei von ihrem Geiste beseelt? Von dem Geiste der Abenteuerlust, der Sorglosigkeit, der Wildheit.

Könnte man alles erzählen, was sich in jenem Jahre unter den Menschen, die an den Ufern des Löfven wohnten, zutrug, dann würde alle Welt höchlich erstaunen. Denn da erwachte alte Liebe und neue wurde entzündet. Da loderte alter Haß wieder auf, und längst geplante Rache stürzte sich auf ihre Beute. Da jagten alle voll Begierde dem eiteln Genusse des Lebens nach; nach Tanz und Vergnügen, Trunk und Spiel, danach trachteten die Menschen. Da wurde alles offenbar, was sich sonst im tiefsten Herzen verbirgt.

Von Ekeby ging die Ansteckung aus. Von dort aus verbreitete sich die fieberhafte Unruhe über die Eisenwerke und die großen Güter und stachelte die Menschen zu Unrecht und Sünde auf. So weit haben wir sie bis zu einem gewissen Grade verfolgen können, weil sich auf einigen der großen Güter bei den Alten die Erinnerung an jene Ereignisse frisch erhalten hat; aber wie die Seuche sich dann weiter unter dem Volk ausbreitete, davon wissen wir nur sehr wenig. So viel aber steht fest, daß die Unruhe jener Zeit von Dorf zu Dorf, von Hütte zu Hütte schlich. Wo ein Laster unterdrückt worden war, wachte es auf, wo zwischen Mann und Frau ein Riß vorhanden war, da wurde er zur Kluft, wo eine große Tugend oder mächtige Willensstärke im stillen wirkten, traten sie hervor, ja auch sie traten hervor. Denn nicht alles, was geschah, war böse, aber in jener Zeit war es so, daß das Gute oft ebenso verderblich war wie das Böse. Es war wie bei den großen Stürmen, die durch die Wälder brausen, ein Baum stürzt über den andern, eine Föhre reißt die andere mit, und selbst das Unterholz wird von den niederstürzenden Baumriesen mit umgerissen.

Ja, denkt doch ja nicht, daß Bauern und Gesinde von dem Wahnsinn nicht ergriffen worden wären! Überall wurden die Herzen wild und die Köpfe verwirrt. Noch nie war so lustig am Kreuzwege getanzt worden, nie waren die Bierfässer so rasch geleert, nie so viel Korn in den Branntweinkessel geschüttet worden. Noch nie waren so viele

Gastmähler gehalten worden, und nie waren einander zornige Worte und Messerstiche so rasch auf dem Fuße gefolgt.

Aber die Unruhe beschränkte sich nicht auf die Menschen. Sie ergriff alles, was überhaupt Leben hatte. Niemals hatten Wolf und Bär schlimmer gehaust, niemals der Fuchs und der Uhu unheimlicher geschrien oder frecher geraubt, niemals hatten die Schafe sich häufiger im Wald verirrt, niemals unter dem wertvollsten Vieh so viele Krankheiten gewütet.

Wer den Zusammenhang der Dinge deutlich erkennen will, muß den Lärm der Städte verlassen und in einer einsamen Hütte am Waldsaum leben. Er möge ganze Nächte hindurch bei den Kohlenmeilern im Walde wachen oder während eines ganzen hellen Sommermonats auf einem Floße wohnen, das langsam den See entlang nach dem Wenern hinunterzieht; dann wird er lernen, auf die Zeichen der Natur zu achten, und dann wird er verstehen, wie abhängig die leblosen Dinge von den lebendigen sind. Er wird sehen, daß der Frieden der leblosen Dinge gestört wird, sobald Unruhe auf Erden herrscht. Das niedere Volk weiß dies. In solchen Zeiten löscht die Waldfrau den Meiler aus, die Nixe zertrümmert das Boot, der Neck schickt Krankheit, der Kobold treibt den Kühen den Leib auf.

Und so war es in jenem Jahre. Noch nie waren die Flüsse im Frühjahr so weit über ihre Ufer getreten. Die Mühle und die Schmiede auf Ekeby waren nicht die einzigen Opfer der Elemente geworden. Kleine Bäche, die sonst, wenn der Frühling ihnen Kräfte verliehen hatte, höchstens eine leere Scheune fortgespült hatten, rückten nun zum Angriff auf ganze Höfe vor und führten sie mit sich fort. Noch niemals hatte man vor Johanni von so viel Gewitterschaden gehört – nach Johanni zeigte sich kein Gewitter mehr; da kam die Dürre.

Während der langen Tage fiel kein Regen. Von Mitte Juni bis Anfang September lag der lange Bezirk des Löfven in ununterbrochenen Sonnenschein gebadet da.

Der Regen wollte nicht fallen. Die Erde wollte keine Nahrung geben, die Winde wollten nicht wehen. Ach, der schöne Sonnenschein, der lebenspendende Sonnenschein! Wie soll ich erzählen, was er Böses getan hat? Mit dem Sonnenschein ist es wie mit der Liebe – wer kennt nicht die Missetaten, die diese begangen hat, und wer kann es lassen, sie zu verzeihen? Der Sonnenschein gleicht Gösta Berling – er erfreut alle Menschen, und deshalb schweigt jedermann von dem Bösen, das dieser Sonnenschein anrichtet.

Eine solche Dürre nach Johanni wäre in einer andern Gegend wohl nicht so verderbenbringend gewesen wie gerade in Värmland. Aber hier war der Frühling spät gekommen. Das Gras war noch nicht sehr hoch und konnte nun seine volle Höhe nicht erreichen, dem Roggen fehlte es gerade zu der Zeit an Nahrung, wo er Ähren ansetzen sollte, die Frühlingssaat, die damals das meiste Brot lieferte, trug nur kleine, dünne Ähren auf Halmen, die kaum eine Viertel Elle hoch waren. Die spätgesäten Rüben wuchsen gar nicht, und nicht einmal die Kartoffeln vermochten Nahrung aus der steinharten Erde zu saugen.

In solchen Jahren kehrt die Angst in den Waldhütten ein, und von den Bergen steigt der Schrecken zu der ruhigen Bevölkerung in den Ebenen hinab.

»Gottes Hand sucht jemand«, sagen die Bauern.

Und jeder schlägt an seine Brust und sagt: »Bin ich's? O Mutter Natur, bin ich's? Bleibt der Regen aus Schrecken über mich aus? Wird die Erde aus Zorn über mich trocken und hart? Und dieser ewige Sonnenschein, strahlt er jeden Tag in seiner Milde vom wolkenlosen Himmel herab, um mein schuldiges Haupt zu versengen? Oder wenn ich's nicht bin, wer ist es dann, den die Hand Gottes sucht?«

Während die Roggenkörner in den kleinen Ähren hinschwinden, während die Kartoffeln keine Nahrung aus der Erde ziehen können, während sich das Vieh mit entzündeten Augen und vor Hitze keuchend um die versiegenden Quellen drängt, während die Angst vor der Zukunft die

Herzen zusammenpreßt, werden dort in der Gegend seltsame Reden laut:

»Eine solche Heimsuchung schickt Gott nicht ohne Grund«, sagen die Leute. »Wen sucht die Hand Gottes?«

Es war an einem Sonntag im August. Der Gottesdienst war zu Ende. In kleinen Gruppen wanderten die Leute auf den sonnenheißen Wegen dahin. Ringsumher sahen sie verbrannte Wälder und vernichtete Ernten. Der Roggen war in Hocken aufgesetzt; aber es waren nur spärliche, dünne Garben. Wer Land abzubrennen hatte, dem war die Arbeit in diesem Jahr leicht gemacht, aber oft war dadurch auch der dürre Wald angezündet worden. Und was der Waldbrand verschont hatte, das hatten die Insekten verzehrt, der Tannenwald hatte seine Nadeln verloren und stand kahl wie ein Laubwald im Spätherbst, und von den Birkenblättern hing nur noch das leere Gerippe an den Zweigen.

Den bekümmerten Gruppen der Kirchenbesucher fehlte es nicht an Gesprächsstoff. Gar mancher konnte erzählen, wie groß die Not gewesen war in den Jahren 1808 und 1809 und in dem kalten Winter 1812, wo die Sperlinge tot von den Dächern gefallen waren. Die Hungersnot war den Bauern nicht fremd, sie hatten schon früher ihr finsteres Antlitz gesehen. Sie verstanden, aus Rinde Brot zu backen, und wußten, wie man die Kühe ans Moosfressen gewöhnt.

Eine Frau hatte den Versuch gemacht, aus Preiselbeeren und Gerstenmehl Brot zu backen. Sie hatte eine Probe davon bei sich und ließ die andern Leute davon kosten. Sie war ganz stolz auf ihre Erfindung.

Über allen aber schwebte dieselbe Frage; sie starrte aus jedem Auge, sie tönte von jeder Lippe:

»Wen, o Herr, sucht deine Hand?«

»Du gestrenger Gott, wer hat es unterlassen, dir Gebete und gute Werke darzubringen, daß du uns jetzt unser karges Brot vorenthälst?«

Ein Mann aus diesen finsterblickenden Scharen, die westwärts über die Sundbrücke gezogen waren und nun den Brobyer Hügel erstiegen hatten, blieb einen Augenblick auf dem Pfade stehen, der zu dem Hause des geizigen Brobyer Pfarrers führte. Er hob einen dürren Zweig vom Boden auf und warf ihn auf den Pfarrhofweg.

»So trocken wie dieser Zweig sind die Gebete gewesen, die er zu Gott emporgeschickt hat«, sagte der Mann.

Der neben ihm gehende Mann blieb auch stehen. Er nahm einen dürren Ast und warf ihn auf den trockenen Zweig.

»Das ist die richtige Opfergabe für diesen Pfarrer«, sagte er.

Der dritte in der Schar folgte dem gegebenen Beispiel.

»Er ist selbst gewesen wie die Dürre; Reisig und verdorrtes Gras ist alles, was er uns gelassen hat.«

»Wir geben ihm wieder, was er uns gegeben hat«, sagte der vierte.

Und der fünfte: »Zur ewigen Schmach werfe ich ihm dies hin. Möge er verdorren und absterben wie dieser Zweig.«

»Trockenes Futter dem Prediger der Dürre«, sagte der sechste.

Die Leute, die nachkommen, sehen, was die andern getan haben, und hören auch, was sie sagen. Nun wird ihnen Antwort auf ihr langes Fragen.

»Gebt ihm, was er verdient! Er hat die Dürre über uns gebracht!« ertönt es aus der Menge.

Und jeder bleibt stehen, jeder tut seinen Spruch und wirft einen Zweig hin, ehe er weitergeht.

Im Winkel zwischen den beiden Wegen lag bald ein großer Haufen von Stroh und dürren Zweigen – der Schandhaufen des Brobyer Pfarrers.

Das war des Volkes ganze Rache. Keiner erhob die Hand gegen den Pfarrer oder sagte ihm ein böses Wort ins Gesicht. Verzweifelte Herzen entledigten sich eines Teils ihrer Last, indem sie einen dürren Ast auf den Haufen warfen. Sie rächten sich nicht selbst; sie bezeichneten nur dem Gott der Vergeltung den Schuldigen.

»Wenn wir dir nicht gedient haben, wie wir sollten, so ist dieser Mann schuld daran. Sei barmherzig, o Herr, und laß ihn allein leiden! Wir brandmarken ihn mit Schmach und Schande. Wir haben nichts mit ihm gemein.«

Es wurde sehr bald Sitte, daß jeder, der an dem Pfarrweg vorüberkam, einen trockenen Zweig auf den Schandhaufen warf.

Mögen Gott und Menschen es sehen! dachte jeder Vorübergehende. Auch ich verachte den, der Gottes Zorn über uns gebracht hat.

Dem alten Geizhals fiel der Haufen am Wege bald auf. Er ließ ihn fortschaffen – einige behaupteten, er heize seinen Herd damit. Am nächsten Tag hatte sich an derselben Stelle ein neuer Haufen angesammelt, und als auch dieser entfernt wurde, entstand ein dritter.

Die dürren Zweige lagen da und riefen: »Schande, Schande über den Brobyer Pfarrer!«

Es war in den heißen, trockenen Hundstagen. Schwer von Rauch und Brandgeruch gesättigt lag die Luft über der Gegend; sie glich beim Einatmen drückender Verzweiflung. Die Gedanken verwirrten sich in dem erhitzten Gehirn der Leute. Der Brobyer Pfarrer war für sie zum Dämon der Dürre geworden. Den Bauern war es, als bewache der Geizhals die Schleusen des Himmels.

Der Pfarrer erkannte auch bald die Absicht der Leute, er begriff, daß sie ihn als den Urheber des Unglücks bezeichnen wollten. Sie wollten ihm sagen, daß Gott aus Zorn über ihn die Erde verschmachten lasse. Die Schiffsbesatzung, die auf dem wilden Meere in großer Not war, hatte das Los geworfen. Er war der Mann, der über Bord geworfen werden sollte. Er versuchte, über die Leute und ihre trockenen Zweige zu lachen, aber als es eine Woche so fortgegangen war, lachte er nicht mehr. Wie kindisch war doch dieses Gebaren! Was konnten ihm diese trockenen Zweige anhaben? Er begriff sehr wohl, daß jahrelanger Haß eine Gelegenheit suchte, sich Luft zu machen. Was tat das? Er war ja nicht an Liebe gewöhnt!

So etwas stimmte ihn nicht milder. Seit dem Besuche des alten Fräuleins hatte er vielleicht gewünscht, sich zu bessern; jetzt konnte er es nicht mehr. Er wollte sich nicht dazu zwingen lassen.

Allmählich aber wurde ihm der Haufen zu mächtig.

Er mußte immerfort an ihn denken, und die Ansicht, die alle hegten, begann sich auch bei ihm festzusetzen. Diese dürren Zweige legten ein schreckliches Zeugnis gegen ihn ab. Er betrachtete den Haufen, er zählte jeden Tag die neu hinzugekommenen Zweige. Der Gedanke daran verdrängte allmählich alle andern Gedanken. Der Haufen brachte ihn um.

Mit jedem Tag mußte er den Leuten mehr recht geben. Er verfiel sichtlich, und in wenigen Wochen ward er zum Greis. Gewissensbisse und Krämpfe quälten ihn; aber es war ihm, als ob an allem nur der Haufen drunten vor seinem Hause schuld sei. Es war ihm, als müßten die Gewissensqualen aufhören und die Last des Alters wieder von ihm weichen, sobald sich der Haufen nicht mehr vergrößerte.

Schließlich saß er den ganzen Tag dort auf der Wache. Aber die Leute waren unbarmherzig, und nachts wurden immer wieder neue Zweige auf den Haufen geworfen.

Eines Tages kam Gösta Berling dieses Weges dahergefahren. Der Brobyer Pfarrer saß alt und verfallen am Grabenrand. Er zerrte die trockenen Zweige auseinander, legte sie in Reihen und auf kleine Haufen und spielte damit wie ein Kind. Gösta jammerte das Elend des alten Mannes.

»Was tut Ihr da, Herr Pfarrer?« fragte er, indem er rasch aus dem Wagen sprang.

»Ach, ich suche nur die Zweige aus, ich tue eigentlich nichts.«

»Ihr solltet lieber nach Hause gehen, statt hier im Staube zu sitzen.«

»Es ist jedenfalls besser, ich bleibe hier.«

Da setzte sich Gösta Berling zu ihm.

»Es ist nicht so leicht, Pfarrer zu sein«, sagte er nach einer Weile.

»Hier unten, wo es noch Menschen gibt, geht es schon noch an, droben im Norden ist es weit schlimmer«, erwiderte der Pfarrer.

Gösta versteht wohl, was der Pfarrer damit sagen will. Er kennt jene Gemeinden im nördlichen Värmland, wo es oft nicht einmal ein Pfarrhaus gibt, jene großen Waldgemeinden, wo die Finnen in den Rauchhütten wohnen, wo nur eine Handvoll Menschen auf eine ganze Quadratmeile kommen, und wo der Pfarrer der einzige Gebildete im ganzen Kirchspiel ist. Der Brobyer Pfarrer war mehr als zwanzig Jahre in einer solchen Gemeinde gewesen.

»Ja, man schickt uns dahin, wenn wir jung sind«, sagt Gösta.

»Aber man kann das Leben dort unmöglich aushalten, und man wird für immer verdorben. Viele sind dort oben zugrunde gegangen.«

»Ja, so ist es«, sagt der Brobyer Pfarrer, »die Einsamkeit verdirbt den Menschen.«

»Wenn man hinkommt, ist man feurig und voller Eifer; man predigt und ermahnt und meint, es werde alles gut werden und die Leute würden sich bald dem Guten zuwenden.«

»Ja, so ist es.«

»Aber bald merken wir, daß wir mit Worten nichts ausrichten können. Die Armut steht uns im Wege. Die Armut steht jeder Besserung im Wege.«

»Die Armut«, wiederholt der Pfarrer, »ja, die Armut ist der Fluch meines Lebens gewesen.«

»Der junge Pfarrer kommt da hinauf«, erklärt Gösta, »gerade so arm wie die, zu denen er kommt. Und er sagt zum Säufer: Laß das Trinken!«

»Da erwidert ihm der Säufer«, fällt der Pfarrer Gösta ins Wort, »dann gibt mir etwas Besseres als den Branntwein! Der Branntwein ist mir der Pelz im Winter und der kühle Trunk im Sommer. Der Branntwein ersetzt mir eine warme Stube und ein weiches Bett. Gib mir dies alles, dann will ich das Trinken lassen.«

»Und dann«, fährt Gösta fort, »dann sagt der Pfarrer zum Diebe: Du sollst nicht stehlen; und zu dem bösen Manne: Du darfst dein Weib nicht schlagen; und zu dem Abergläubischen: Du sollst an Gott glauben und nicht an Teufel und an Gespenster! Aber der Dieb erwidert: Gib uns Brot; und der böse Mann sagt: Mach uns reich, dann werden wir uns nicht mehr zanken; und der Abergläubische ruft: Belehre uns eines Besseren! Aber wer kann ihnen helfen ohne Geld?«

»Das ist wahr, es ist alles buchstäblich wahr!« ruft der Alte.

»Sie glaubten wohl an Gott, aber noch mehr an den Teufel, am allermeisten jedoch an die Berggeister und an den Kobold auf der Tenne. Alles Korn wanderte in den Branntweinkessel. Niemand konnte ein Ende des Elends absehen. In den meisten der düsteren Hütten herrschte bittere Not. Die unterdrückte Not legte den Frauen bittre Worte auf die Zunge. Die Ungemütlichkeit trieb die Männer der Trunksucht in die Arme. Von Ackerbau und Viehzucht verstanden sie nichts. Sie fürchteten sich vor den Gutsbesitzern und machten sich über den Pfarrer lustig. Was ich sie lehren wollte, das glaubten sie nicht. Und es war niemand da, bei dem ich mir hätte Rats holen, niemand, der mir hätte Mut zusprechen können.«

»Es gibt aber doch solche, die es ausgehalten haben«, sagt Gösta. »Einigen ist Gott gnädig gewesen, so daß sie nicht als gebrochene Männer von dort zurückgekehrt sind. Ihre Kräfte haben ausgehalten, sie haben Armut und Hoffnungslosigkeit ertragen. Sie haben das wenige Gute, was in ihrer Macht stand, ausgerichtet und sind nicht verzweifelt. Es hat jederzeit solche Männer gegeben und gibt deren auch heute noch. Ich nenne sie Helden und will sie ehren, solange ich lebe. Ich hätte es dort nicht aushalten können.«

»Ich habe es auch nicht gekonnt«, sagte der Pfarrer.

»Der Pfarrer dort oben denkt«, sagt Gösta Berling, »er müsse reich, sehr reich sein, denn ein Armer könne dem Elend nicht abhelfen. Und er beginnt zu sparen.«

»Jawohl, denn wenn er nicht sparte, müßte er zu trinken anfangen«, entgegnete der Alte; »er sieht allzuviel Elend um sich her.«

»Oder er würde stumpf und faul werden und alle Arbeitslust verlieren. Es ist gefährlich, dort hinauf zu kommen, wenn man nicht dort geboren ist.«

»Er muß sich hart machen, um Geld zu sammeln. Anfangs tut er nur so, aber schließlich wird ihm das Sammeln zur Gewohnheit.«

»Er muß gegen sich selbst und gegen die andern hart sein«, fährt Gösta fort, »denn es ist sehr schwer, sich etwas zu ersparen. Er muß Haß und Verachtung auf sich nehmen, muß frieren und hungern und sein Herz verhärten; es ist fast, als wisse er selbst nicht mehr, warum er eigentlich zu sparen begonnen hat.«

Der Brobyer Pfarrer sah Gösta scheu an. Er fragte sich, ob Gösta ihn nicht am Ende verhöhnen wolle. Aber Gösta war so eifrig und ernsthaft, als spreche er von eigenen Erlebnissen.

»So ist es mit mir gegangen«, sagt der Alte leise.

»Aber Gott behütet ihn«, fällt Gösta ein. »Wenn er genug gespart hat, dann erweckt er die Gedanken der Jugend aufs neue in ihm. Und er gibt ihm ein Zeichen, wenn das Volk seiner bedarf.«

»Wenn aber der Pfarrer dem Zeichen nicht gehorcht, Gösta Berling?«

»Das ist unmöglich, er kann nicht widerstehen«, sagt Gösta mit frohem Lächeln. »Der Gedanke an die warmen Hütten, die er den Armen bauen könnte, ist gar zu verlokkend.«

Der Pfarrer betrachtet die kleinen Gebäude, die er aus den Stecken des Schandhaufens gebaut hat. Je länger er mit Gösta spricht, desto mehr fühlt er sich überzeugt, daß dieser recht hat. Er hat wirklich stets den Gedanken gehabt, Gutes zu tun, wenn er einmal genug gesammelt hätte. Er klammert sich fest an diesem: sicherlich habe ich immer diesen Gedanken gehabt.

»Weshalb baut er denn dann die Hütten nicht?« fragt er scheu.

»Er schämt sich; man könnte ja glauben, daß er das, was er immer hat tun wollen, nun aus Angst vor den Leuten tue.«

»Er kann den Gedanken nicht ertragen, daß er es gezwungen tue, ja, das ist der Grund.«

»Aber er kann doch im geheimen helfen. In diesem Jahre ist gar viele Hilfe nötig. Er kann seine Gaben auch durch jemand anders austeilen lassen. Oh, ich verstehe, was er im Sinne hat!« rief Gösta mit strahlenden Augen. »In diesem Jahr sollen Tausende von dem ihr Brot erhalten, den sie mit Schmähungen überhäuft haben.«

»Ja, so soll es sein, Gösta.«

Ein Rausch ergriff diese beiden, die ihren selbsterwählten Beruf so schlecht erfüllt hatten. Der Traum ihrer Jünglingsjahre, Gott und den Menschen zu dienen, überkam sie aufs neue. Sie schwelgten in den Wohltaten, die sie den Armen erweisen wollten. Gösta sollte der Gehilfe des Pfarrers werden.

»Zuerst müssen wir Brot schaffen«, sagte der Pfarrer. »Wir müssen Schullehrer herbeischaffen. Wir müssen Feldmesser kommen lassen, die den Boden austeilen. Und dann müssen die Leute im Ackerbau und in der Viehzucht unterwiesen werden.«

»Wir müssen Straßen bauen und Land urbar machen.«

»Wir wollen am Berger Gießbach Schleusen errichten, so daß man vom Löfven geradewegs in den Wenern kommen kann. Der ganze Reichtum unserer Wälder wird zu doppeltem Segen werden, wenn der Weg zum Meer eröffnet ist.«

»Segen wird auf Euer Haupt kommen!« ruft Gösta.

Der Pfarrer schaut auf. Jeder liest in den Augen des andern dieselbe glühende Begeisterung.

Aber in demselben Augenblick fallen ihre Blicke auf den Schandhaufen.

»Gösta«, sagt der Alte, »zu allem diesem bedarf es der

Kräfte eines gesunden Mannes, ich aber bin dem Sterben nahe. Du siehst, was mich umbringt.«

»So schafft es fort!«

»Wie, Gösta Berling?«

Gösta beugt sich über ihn und sieht ihm forschend in die Augen.

»Bittet Gott um Regen«, sagt er. »Ihr predigt ja am nächsten Sonntag. Da bittet Gott um Regen.«

Entsetzt sinkt der alte Mann zusammen.

»Wenn es wahr ist, daß Ihr nicht die Dürre über das Land gebracht habt, wenn Ihr mit Eurer Härte wirklich Gott habt dienen wollen, so bittet Gott um Regen. Das soll uns ein Zeichen sein. Daran werden wir erkennen, ob Gott seinen Segen zu unserem Vorhaben gibt.«

Als Gösta wieder fortfuhr, verwunderte er sich über sich selbst, sowie über die Begeisterung, die ihn ergriffen hatte. Aber wenn es gelang, so konnte das Leben doch noch schön werden. Ja, aber nicht für ihn. Die droben wollten nichts von seinen Diensten wissen.

In der Brobyer Kirche war die Predigt zu Ende, und die gewöhnlichen Gebete waren gesprochen. Der Pfarrer war im Begriff, die Kanzel zu verlassen. Aber er zögerte. Schließlich fiel er auf die Knie und begann Gott laut um Regen anzuflehen. Er betete, wie ein verzweifelter Mensch betet, mit abgerissenen Worten, ohne inneren Zusammenhang.

»Wenn es meine Sünde ist, die deinen Zorn erregt hat, so strafe nur mich allein! Wenn Barmherzigkeit bei dir ist, du Gott der Gnade, so laß es regnen! Nimm die Schmach von mir! Erhöre mich, Gott, und gib uns Regen! Laß Regen fallen auf die Äcker! Gib deinem Volke Brot!«

Der Tag war heiß, es war unerträglich schwül. Die Gemeinde hatte während der Predigt halb im Schlaf dagesessen; aber bei diesen abgerissenen Lauten erwachten alle.

»Wenn es für mich noch einen Weg zur Umkehr gibt, so sende Regen . . .«

Er verstummte. Die Türen standen weit offen. Nun fuhr ein heftiger Windstoß in die Kirche herein. Er kam vom Felde dahergebraust und trieb eine Staubwolke voller Stroh und Reisig herein. Der Pfarrer konnte nicht weitersprechen, er schwankte von der Kanzel herab.

Die Menschen zitterten. Sollte das eine Antwort sein?

Aber der Windstoß war nur ein Vorläufer des Gewitters gewesen. Das zog sich mit einer Geschwindigkeit ohnegleichen zusammen. Als das Lied gesungen war und der Pfarrer am Altar stand, zuckten schon die Blitze, der Donner brach los und übertönte die Worte des Pfarrers. Als der Kantor den letzten Vers spielte, schlugen schon die ersten Regentropfen gegen die grünen Fensterscheiben, und alle stürmten hinaus, um den Regen zu sehen. Aber sie begnügten sich nicht mit dem Sehen; die einen weinten, die andern lachten, während sie den heftigen Gewitterregen auf sich herabströmen ließen. Ach, wie groß war ihre Not gewesen! Wie unglücklich waren sie gewesen! Aber Gott ist gut, Gott läßt Regen fallen! O welche Freude, welche Freude!

Der Brobyer Pfarrer war der einzige, der nicht in den Regen hinauskam. Er kniete vor dem Altar und stand nicht wieder auf. Die Freude war zu heftig für ihn gewesen. Er war vor Wonne gestorben.

Die Mutter des Kindes

Das Kind war in einer Bauernhütte östlich vom Klarälf geboren. Anfang Juni war die Mutter des Kindes dahingekommen und dort in Dienst getreten. Den Bauersleuten sagte sie, sie sei ins Unglück geraten, und ihre Mutter sei seither so hart gegen sie gewesen, daß sie es nicht mehr habe aushalten können. Sie nannte sich Elisabet Karlstochter, wollte aber nicht sagen, woher sie sei, weil die Bauersleute dann am Ende ihren Eltern ihren Aufenthaltsort verraten würden, und wenn ihre Eltern sie fänden, würde sie sicher zu Tode gequält. Sie verlange keinen Lohn, sie könne für ihren Unterhalt arbeiten – weben oder spinnen oder die Kühe versorgen – alles, was man von ihr verlange. Wenn es nicht anders gehe, könne sie auch ein Kostgeld bezahlen.

Sie war so vorsichtig gewesen, barfuß, die Schuhe unter dem Arm, auf den Hof zu kommen. Sie hatte grobe Hände, redete den Dialekt des Landes, war wie ein Bauernmädchen gekleidet, und die Leute glaubten ihr.

Der Bauer meinte, sie sähe schwächlich aus, und ihre Tüchtigkeit werde nicht weit her sein. Aber irgendwo müsse das arme Ding doch unterkommen; so möge sie denn in Gottes Namen dableiben.

Sie hatte etwas an sich, was alle Leute auf dem Hofe freundlich gegen sie stimmte. Sie war in ein gutes Haus gekommen. Die Leute waren ernst und schweigsam. Die Bäuerin war ihr zugetan, seit sie entdeckt hatte, daß die Fremde Drell zu weben verstand. Sie liehen sich im Pfarrhaus einen Webstuhl, und so hatte die Mutter des Kindes den ganzen Sommer über am Webstuhl gesessen.

Niemand fiel es ein, daß sie geschont werden müsse, sie mußte die ganze Zeit wie ein Bauernmädchen arbeiten. Und sie saß auch am liebsten bei der Arbeit. Sie fühlte sich nicht besonders unglücklich. Das Leben unter den Bauern behagte ihr, obwohl sie alle Bequemlichkeiten, an die sie gewöhnt war, entbehren mußte. Hier wurde alles so einfach und ruhig hingenommen. Jeder dachte nur an seine Arbeit, und die Tage vergingen so einförmig, daß man oft selbst nicht mehr wußte, welcher Wochentag heute wäre, und meinte, man sei noch mitten in der Woche, wenn schon der Sonntag anbrach.

Eines Tages gegen Ende August war alles eifrig auf dem Felde beschäftigt gewesen; der Hafer wurde geschnitten, und die Mutter des Kindes hatte beim Garbenbinden geholfen. Da hatte sie sich überanstrengt, und das Kind wurde zu früh geboren. Sie hatte es erst im Oktober erwartet.

Jetzt stand die Bäuerin mit dem Kind in der großen Stube, um es am Feuer zu erwärmen, denn das arme Würmchen fror trotz der Augusthitze. Des Kindes Mutter lag nebenan in der Kammer und hörte alles, was über das Kind gesagt wurde. Sie konnte sich vorstellen, wie die Knechte und Mägde hinzutraten und es betrachteten.

»So ein armes kleines Ding!« sagten sie dann immer. Und unmittelbar darauf kamen die Worte:

»Armes Kind, das keinen Vater hat!«

Sie beklagten sich nicht über das Kindergeschrei; sie wußten ja, daß kleine Kinder zu schreien pflegen, und den Umständen angemessen war das Kind ja auch recht kräftig. Wenn es nur einen Vater gehabt hätte, dann wäre alles gut gewesen.

Die Mutter hörte alles und dachte darüber nach. Nun kam ihr die Sache auf einmal unbeschreiblich wichtig vor. Wie sollte der arme Kleine, der keinen Vater hatte, durchs Leben kommen?

Sie hatte sich schon vorher einen Plan zurechtgelegt. Sie wollte das erste Jahr auf dem Bauernhofe bleiben. Dann wollte sie sich eine Stube mieten und sich ihren Unterhalt mit Weben verdienen. Sie hoffte, selbst so viel zu verdienen, um das Kind nähren und kleiden zu können. Mochte ihr Mann sie immerhin für seiner unwürdig halten; sie dachte, das Kind würde vielleicht ein besserer Mensch werden, wenn es von ihr allein erzogen würde, anstatt von einem dummen und hoffärtigen Vater geleitet zu werden.

Aber jetzt, nachdem das Kind geboren war, erschien ihr die Sache in einem anderen Lichte. Nun kam sie sich recht selbstsüchtig vor. »Das Kind muß einen Vater haben«, sagte sie sich.

Wenn der Kleine nicht gar so ein elendes Geschöpfchen gewesen wäre, wenn er wie andere Kinder hätte schlafen und Nahrung zu sich nehmen können, wenn sein Köpfchen nicht beständig auf die eine Seite gefallen und er nicht während der Krampfanfälle immer am Sterben gewesen wäre, dann wäre die Frage nicht von so ungeheurer Wichtigkeit gewesen.

Es war nicht so leicht, eine Entscheidung zu treffen,

aber sie mußte sich entscheiden, und zwar sogleich. Das Kind war nun drei Tage alt, und die Bauern in Värmland schieben die Taufe selten länger hinaus. Unter welchem Namen sollte nun der Kleine ins Kirchenbuch eingetragen werden, und wieviel mußte sie dem Pfarrer von sich selbst mitteilen? Es war doch wohl ein Unrecht gegen das Kind, es als unehelich auszugeben. Wenn nun ein schwacher, kränklicher Mensch aus ihm würde, wie könnte sie es da verantworten, ihn der Vorteile der Geburt und des Reichtums beraubt zu haben?

Die Mutter des Kindes wußte recht wohl, welch ein freudiges Ereignis sonst die Geburt eines Kindes ist. Nun deuchte es sie, als stehe diesem Kleinen, den alle nur bedauerten, ein schweres Leben bevor. Sie hätte ihn gern in Spitzen und Seide gehüllt gesehen, wie es sich für einen Grafensohn geziemt, und sie wollte, daß er mit Stolz und Freude betrachtet werde.

Der Mutter des Kindes kam auch allmählich der Gedanke, daß sie ein zu großes Unrecht gegen dessen Vater begehe. Hatte sie das Recht, das Kind für sich allein zu behalten? Das ging doch wohl nicht an? So ein teures kleines Wesen, dessen Wert kein Mensch schätzen kann, durfte sie es sich aneignen? Das wäre wohl nicht recht gehandelt.

Aber sie wollte nicht zu ihrem Manne zurück. Das würde ihr Tod sein. Und doch schwebte der Kleine in noch größerer Gefahr, er konnte jeden Augenblick sterben, und er war noch nicht getauft.

Was sie von zu Hause fortgetrieben hatte, die schwere Sünde in ihrem Herzen, sie war von ihr gewichen. Jetzt empfand sie keine andere Liebe mehr als die Liebe der Mutter zu ihrem Kind, und die Pflicht, ihm seinen richtigen Platz im Leben zu verschaffen, durfte ihr nicht zu schwer sein.

Sie ließ die Bauersleute zu sich rufen und gestand ihnen alles. Hierauf fuhr der Mann nach Borg, um dem Grafen Dohna mitzuteilen, daß seine Gemahlin noch lebe und eines Kindes genesen sei.

Erst spät in der Nacht kehrte er zurück. Er hatte den Grafen nicht getroffen, denn er war verreist; aber er war beim Pfarrer in Svartsjö gewesen und hatte mit ihm über die Sache gesprochen.

Und da erfuhr denn die Gräfin, daß ihre Ehe ungültig erklärt worden war, und daß sie keinen Mann mehr hatte.

Der Pfarrer hatte dem Bauern einen Brief mitgegeben, in dem er der Gräfin ein Obdach in seinem Hause anbot.

Zugleich mit diesem Briefe schickte er ihr auch ein Schreiben von ihrem eigenen Vater an den Grafen Henrik, das ein paar Tage nach ihrer Flucht auf Borg eingetroffen war. Vielleicht hatte gerade dieser Brief, worin ihr Vater den Grafen Henrik bat, die Legalisierung seiner Ehe zu beschleunigen, diesem gezeigt, wie er sich am leichtesten seiner Frau entledigen könne.

Wie man sich wohl denken kann, wurde die Mutter des Kindes bei der Erzählung des Bauern von Kummer und noch mehr von Empörung ergriffen.

Sie konnte die ganze Nacht nicht schlafen. Das Kind muß einen Vater haben, dachte sie wieder und immer wieder.

Am nächsten Morgen mußte der Bauer in ihrem Auftrag nach Ekeby und Gösta Berling holen.

Gösta richtete viele Fragen an den schweigsamen Bauern, erfuhr aber so viel wie nichts. Ja, die Gräfin sei den ganzen Sommer über in seinem Hause gewesen. Sie sei gesund gewesen und habe fleißig gearbeitet. Jetzt sei ein Kind da. Das Kind sei schwächlich, aber die Mutter werde bald wieder hergestellt sein.

Gösta fragte, ob die Gräfin wisse, daß ihre Ehe aufgelöst worden sei.

Ja, sie wisse es, gestern habe sie es erfahren, antwortete der Bauer.

Gösta war während der ganzen Fahrt wie im Fieber, es überlief ihn heiß und kalt.

Was konnte sie von ihm wollen? Weshalb hatte sie nach ihm geschickt?

Er dachte an das Leben im Sommer da oben am Ufer des Löfven. Unter Scherz und Spiel und Lustpartien waren für die Kavaliere die Tage vergangen, und während dieser Zeit hatte sie gearbeitet und gelitten.

Er hatte gar nicht an die Möglichkeit gedacht, daß er sie je wiedersehen werde. Ach, wenn er doch gewagt hätte, darauf zu hoffen! Dann könnte er jetzt als ein besserer Mensch vor sie hintreten. Worauf konnte er jetzt zurückblicken? Nur auf die gewöhnlichen Torheiten.

Gegen acht Uhr abends erreichte er den Bauernhof und wurde sogleich zu der Mutter des Kindes hineingeführt. Es war dämmrig im Zimmer, und er konnte sie kaum sehen. Der Bauer und die Bäuerin kamen auch herein.

Wir dürfen nicht vergessen, daß sie, deren blasses Gesicht Gösta durch die Dämmerung entgegenleuchtete, noch immer das Höchste und Reinste war, was es für ihn auf Erden gab, die schönste Seele, die sich je in eine irdische Hülle gekleidet hatte. Als er nun aufs neue den Segen ihrer Nähe empfand, hätte er sich auf die Knie werfen mögen, um ihr zu danken, daß sie sich ihm abermals offenbarte. Aber die Rührung hatte ihn so überwältigt, daß er weder etwas sagen noch etwas tun konnte.

»Liebe Gräfin Elisabet«, stammelte er nur.

»Guten Abend, Gösta.«

Sie reichte ihm ihre Hand, die wieder weiß und durchsichtig geworden war; dann lag sie ganz still da, während Gösta seiner Gemütsbewegung Herr zu werden versuchte.

Der Anblick Gösta Berlings rief keinen Sturm von Gefühlen in der Seele der Mutter des Kindes hervor. Sie wunderte sich nur, daß er sich hauptsächlich mit ihr zu beschäftigen schien, da er ja doch wissen mußte, daß es sich hier nur um das Kind handelte.

»Gösta«, sagte sie sanft, »jetzt mußt du dein Versprechen halten und mir helfen. Du weißt, daß mein Mann mich verlassen hat, so daß mein Kind nun keinen Vater hat.«

»Ja, Frau Gräfin, aber das läßt sich noch ändern. Jetzt

wo ein Kind da ist, kann der Graf sicher zur Legalisierung der Ehe gezwungen werden. Seid versichert, daß ich tun werde, was in meiner Macht steht, Frau Gräfin.«

Die Gräfin lächelte. »Meinst du, ich wolle mich dem Grafen Dohna aufdrängen?«

Gösta stieg das Blut in den Kopf. Was wollte sie nur? Was begehrte sie von ihm?

»Komm her, Gösta«, sagte sie und reichte ihm wieder die Hand. »Du darfst nicht böse werden, wenn ich dir sage, was ich von dir begehre, aber ich dachte, daß du, der der . . .«

»Ein abgesetzter Pfarrer bist, ein Saufkumpan, ein Kavalier, Ebba Dohnas Mörder – oh, ich weiß die ganze Liste meiner edlen Taten auswendig!«

»Bist du jetzt schon böse, Gösta?«

»Ich möchte lieber nichts mehr hören.«

Sie aber fuhr fort:

»Mehr als ein Mädchen wäre gern aus Liebe dein Weib geworden, Gösta, aber das ist bei mir nicht der Fall. Wenn ich dich liebte, hätte ich nicht den Mut, so mit dir zu reden, wie ich es jetzt tue. Um meiner selbst willen würde ich nie eine solche Bitte an dich richten, Gösta, aber um des Kindes willen habe ich die Kraft dazu. Du verstehst gewiß schon, um was ich dich bitten will. Es ist freilich eine große Schmach für dich, weil ich unverheiratet bin und ein Kind habe. Ich bitte dich auch nicht darum, weil ich dich für geringer hielte als andere, obwohl – ja, ich dachte auch daran. Hauptsächlich aber dachte ich, daß du es tun würdest, weil du so gut bist, Gösta, weil du ein Held bist und dich aufopfern kannst. Aber ich verlange vielleicht doch zu viel. Das ist einem Manne vielleicht unmöglich. Wenn du mich zu sehr verachtest, wenn es dir unerträglich scheint, für den Vater des Kindes eines anderen Mannes gehalten zu werden, dann sag es nur aufrichtig. Ich werde dir nicht darob zürnen. Ich sehe es wohl ein, daß es zu viel verlangt ist, aber das Kind ist so krank, Gösta. Es ist so hart, daß bei seiner Taufe keines Vaters Name genannt werden soll.«

Während Gösta ihren Worten lauschte, hatte er dasselbe Gefühl wie damals, als er sie an jenem Frühlingstage ans Land setzen und ihrem Schicksal überlassen mußte. Jetzt mußte er ihr helfen, ihre Zukunft zu zerstören; ihre ganze Zukunft. Er mußte es tun, er, der sie liebte!

»Ich will alles tun, was Ihr wünscht, Frau Gräfin«, sagte Gösta.

Am nächsten Tage sprach er mit dem Propst von Bro; denn Svartsjö gehört zu dem Broer Sprengel, und in Bro mußte das Aufgebot stattfinden.

Der gute alte Propst war tief gerührt über Göstas Bericht und versprach, alle Verantwortung für die Heirat und was damit zusammenhing auf sich zu nehmen.

»Ja, Gösta«, sagte er, »du mußt ihr helfen, das ist deine Pflicht. Sie könnte sonst am Ende den Verstand verlieren. Sie glaubt, dem Kinde einen großen Schaden zugefügt zu haben, weil sie es durch ihre Flucht um seine vornehme Stellung gebracht hat. Diese junge Frau hat ein sehr zartes Gewissen.«

»Aber ich weiß, daß ich sie unglücklich machen werde«, rief Gösta schmerzlich aus.

»Das darfst du nicht, Gösta. Du mußt nun ein vernünftiger Mann werden und für Frau und Kind sorgen.«

Der Propst hielt es für seine Pflicht, nach Svartsjö zu fahren und dort mit dem Pfarrer und dem Amtmann zu reden. Das Resultat dieser Besprechung war, daß am nächsten Sonntage, dem ersten September, Gösta Berling mit Elisabet von Thurn in der Svartsjöer Kirche aufgeboten wurde.

Dann wurde des Kindes Mutter mit der größten Vorsicht nach Ekeby gebracht, und dort wurde das Kind getauft.

Bei der Taufe sprach dann der Propst mit der Gräfin; er sagte ihr, daß sie ihren Entschluß noch rückgängig machen könne. Ehe sie sich mit einem Manne wie Gösta Berling verheirate, müsse sie jedenfalls an ihren Vater schreiben.

»Ich kann meinen Entschluß nicht bereuen«, entgegnete

sie. »Denkt nur, wenn mein Kind stürbe, ohne einen Vater gehabt zu haben!«

Am Tage des dritten Aufgebotes war des Kindes Mutter schon mehrere Tage wieder ganz frisch und gesund. An demselben Nachmittag kam der Propst nach Ekeby und traute sie mit Gösta Berling. Aber niemand dachte, daß ein Hochzeitsfest gefeiert werde. Gäste waren keine geladen worden. Man verschaffte nur dem Kinde einen Vater, das war alles.

Das Gesicht der Mutter trug den Ausdruck stiller Freude, als ob sie ein großes Ziel erreicht hätte. Der Bräutigam aber war betrübt. Er mußte immer daran denken, daß sie sich durch diese Ehe mit ihm ihre ganze Zukunft verderbe. Und mit Entsetzen bemerkte er, daß er eigentlich kaum für sie da war. Alle ihre Gedanken drehten sich um das Kind.

Einige Tage später wurden die Eheleute in Trauer versetzt. Das Kind war an Krämpfen gestorben.

Dem einen und dem andern kam es vor, als ob die Mutter nicht so tief betrübt sei, wie man erwartet hatte. Ihr Gesicht trug den Ausdruck stillen Triumphs. Es war, als juble sie im stillen darüber, daß sie um des Kindes willen ihre ganze Zukunft zerstört hatte. Wenn der Kleine nun auch zu den Engeln hinaufkam, er würde doch immer noch wissen, daß er auf Erden eine Mutter gehabt hatte, die ihn liebte.

Dies alles ging still und unbemerkt vor sich. Als Gösta Berling und Elisabet von Thurn in der Svartsjöer Kirche aufgeboten wurden, wußten die meisten nicht einmal, wer die Braut war. Die Pfarrer und die Edelleute, die eingeweiht waren, sprachen nicht gern darüber. Es war, als fürchteten sie, daß solche, die die Macht des Gewissens nicht kannten, der Handlungsweise der jungen Frau eine üble Deutung geben könnten. Sie hatten große Angst, daß eines Tages jemand kommen könnte und sagen: »Da könnt ihr sehen, daß sie ihre Liebe zu Gösta nicht überwinden konnte, nun hat sie ihn unter einem scheinbar edlen

Vorwand geheiratet!« Ach, die alten Leute waren immer sehr besorgt um die junge Frau. Sie duldeten nicht, daß man ihr etwas Böses nachsagte, ja, sie wollten kaum zugeben, daß sie überhaupt gesündigt habe! Diese Seele, die alles Böse so sehr fürchtete, sollte auch nicht die kleinste Schuld beflecken.

Ein anderes großes Ereignis, das um dieselbe Zeit eintrat, trug auch dazu bei, Gösta Berlings Heirat in den Hintergrund zu drängen, so daß man kaum davon sprach.

Major Samzelius wurde von einem Unglück betroffen. Er war mit der Zeit immer sonderbarer und menschenscheuer geworden. Er verkehrte fast ausschließlich mit Tieren und hatte sich auf Sjö einen ganzen Tiergarten eingerichtet.

Er war auch geradezu gemeingefährlich geworden, denn er ging immer mit geladenem Gewehr und feuerte es einmal ums andere ab, ganz aufs Geratewohl, ohne darauf zu achten, wohin der Schuß ging. Und eines Tages wurde er von einem zahmen Bären gebissen, den er aus Versehen angeschossen hatte. Das verwundete Tier hatte sich auf ihn gestürzt, während er dicht vor dem Gitter stand, war dann ausgebrochen und in den Wald geflohen.

Der Major mußte lange Zeit das Bett hüten und starb kurz vor Weihnachten an den Folgen dieser Verwundung.

Hätte die Majorin gewußt, daß er krank lag, so hätte sie die Herrschaft über Ekeby wieder erlangen können. Aber die Kavaliere wußten wohl, daß sie nicht zurückkehren würde, ehe das ihnen bewilligte Jahr zu Ende war.

Amor vincit omnia

Unter der zur Orgel emporführenden Treppe im Chor der Svartsjöer Kirche ist eine Rumpelkammer, in der die abgenützten Spaten des Totengräbers, zerbrochene Kirchenstühle, abgerissene Blechschilder und anderes Gerümpel herumliegen.

Dort steht, dicht mit Staub bedeckt, der sie gleichsam jedem menschlichen Auge verbirgt, eine alte, mit Perlmutt in feinster Mosaikarbeit ausgelegte Truhe. Wenn man den Staub abkratzt, so glänzt und gleißt sie wie eine Bergwand im Märchen. Die Truhe ist verschlossen, und der Schlüssel ist gut verwahrt; er darf nicht benutzt werden. Kein Sterblicher darf einen Blick in die Truhe werfen. Niemand weiß, was sich darin birgt. Erst, wenn das Jahrhundert zu Ende ist, darf der Schlüssel ins Schloß gesteckt, darf der Deckel aufgehoben und dürfen die darin bewahrten Schätze von Menschen betrachtet werden.

So hat der Eigentümer der Truhe es bestimmt.

Auf der Messingplatte der Truhe steht eine Inschrift: »Labor vincit omnia«. Aber eine andere Inschrift würde besser passen, eigentlich müßte dort stehen: »Amor vincit omnia«. Auch die alte Truhe in der Rumpelkammer unter der Treppe legt Zeugnis ab von der Allmacht der Liebe.

O Eros, du allherrschender Gott!

Du, o Liebe, sicherlich währst du ewig! Die Menschen auf Erden sind alt, aber du hast sie durch alle Zeiten hindurch begleitet.

Wo sind die Götter des Morgenlandes? Wo die starken Helden, denen der Blitz als Waffe diente? Wo sind sie, denen an den Ufern der heiligen Ströme Milch und Honig geopfert wurde? Sie sind tot. Tot ist Baal, der starke Krieger, und Thoth, der Kämpe mit dem Ibiskopfe. Tot sind die Herrlichen, die auf dem wolkenumhüllten Olymp thronten, tot auch die Tatenreichen, die in der wallumgürteten Walhalla wohnten. Alle die alten Götter sind tot, außer Eros, Eros, dem Allherrschenden.

Alles, was dein Auge sieht, ist sein Werk. Er allein erhält die Geschlechter der Menschen. Überall spürst du sein Dasein. Wohin könntest du gehen, wo du die Spur seines nackten Fußes nicht fändest? Hat dein Ohr je etwas vernommen, worin nicht das Rauschen seiner Flügel der Grundton gewesen wäre? Er wohnt in den Herzen der Menschen ebenso wie in dem schlummernden Saatkorn.

Beobachte mit stillem Beben, wie er selbst in leblosen Dingen lebendig ist!

Was gibt es auf Erden, das sich nicht sehnte, das nicht lockte? Was gibt es, das seiner Herrschaft entginge? Alle Götter der Rache, alle Mächte der Stärke und der rohen Gewalt sind gefallen. Du, o Liebe, du allein währst ewig!

Der alte Onkel Eberhard sitzt an seinem Schreibtisch, einem prächtigen Möbel mit hundert Schubladen, einer Marmorplatte und trübgewordenen Messingbeschlägen. Er ist allein daheim im Kavalierflügel und arbeitet mit rastlosem Eifer.

O Eberhard, warum schwärmst du nicht mit den andern Kavalieren durch Wald und Feld umher in diesen letzten Tagen des schwindenden Sommers? Du weißt doch, daß niemand ungestraft den Göttern der Weisheit huldigt? Du bist kaum sechzig Jahre alt, und doch ist dein Rücken gebeugt, das Haar, das deinen Scheitel deckt, ist nicht dein eigenes, deine Stirn, die sich über deinen eingesunkenen Augen wölbt, ist tief gefurcht, und der Verfall des herannahenden Alters zeigt sich in den tausend Falten um deinen zahnlosen Mund. O Eberhard, warum schwärmst du nicht in Wald und Flur umher? Der Tod wird dich nur um so eher von deinem Schreibtisch abrufen, weil du dich nicht durch das Leben davon weglocken ließest.

Onkel Eberhard zieht einen dicken Tintenstrich unter die letzte Zeile. Aus den unzähligen Fächern des Schreibtisches zieht er vergilbte, dichtbeschriebene Papierbündel hervor; alle die verschiedenen Teile eines großen Werkes, dieses Werkes, das Eberhard Berggrens Namen unsterblich machen soll. Und als er eben alle Bündel aufeinandergelegt hat und sie mit stillem Entzücken betrachtet, öffnet sich die Tür, und die junge Gräfin tritt ein.

Da ist sie, die junge Gebieterin der alten Herren! Sie, der sie dienen und die sie vergöttern, mehr als Großeltern ihren ersten Enkel! Da ist sie, die sie in Armut und Elend fanden, und der sie nun alle Herrlichkeit der Welt geschenkt haben, gerade wie der König im Märchen der schönen armen Maid, die er im Walde antraf, alles schenkte. Ihretwegen ertönen nun Waldhorn und Geigen auf Ekeby. Alles auf dem großen Hofe dreht sich nur um sie.

Sie ist jetzt wieder gesund, wenn auch immer noch ein wenig schwach. Die Einsamkeit in dem großen Hause ist ihr drückend geworden, und da sie weiß, daß die Kavaliere fort sind, will sie sehen, wie es im Kavalierflügel, in diesen weit und breit bekannten Räumen, aussieht.

Sie tritt leise ein und läßt den Blick über die getünchten Wände und die gelbgewürfelten Bettumhänge hingleiten, aber sie wird verlegen, als sie merkt, daß das Zimmer nicht leer ist.

Onkel Eberhard geht ihr feierlich entgegen und führt sie zu dem großen Haufen dichtbeschriebenen Papiers hin.

»Seht, Gräfin«, sagt er, »jetzt ist mein Werk fertig. Jetzt soll das, was ich geschrieben habe, in die Welt hinaus. Nun werden sich große Dinge ereignen.«

»Was soll sich ereignen, Onkel Eberhard?«

»Ach, Gräfin, wie ein Blitz wird es niederfahren, wie ein Blitz, der erhellt und tötet. Seit Moses ihn aus der Donnerwolke des Sinai herausholte und ihn auf den Gnadenstuhl im Allerheiligsten der Stiftshütte setzte, seitdem hat er einen sicheren Platz gehabt, der alte Jehova, aber nun werden die Menschen sehen, was er ist: Einbildung, Nichtigkeit, Dunst, das totgeborene Kind unsres eignen Gehirns. Er wird sich in nichts auflösen«, sagte der Alte und legte seine runzlige Hand auf den Papierhaufen. »Hier steht es, und wenn die Menschen dies lesen, müssen sie es glauben. Sie werden auffahren und ihre eigene Dummheit einsehen; sie werden die Kreuze zum Einheizen benützen, aus den Kirchen Kornspeicher machen, und die Pfarrer werden das Land bebauen.«

»Oh, Onkel Eberhard«, sagt die Gräfin mit einem leichten Schauder, »seid Ihr ein so schrecklicher Mensch? Stehen solche entsetzlichen Dinge in Eurem Werke?«

»Entsetzliche?« wiederholt der Alte. »Es ist ja die Wahrheit. Wir aber gleichen kleinen Knirpsen, die beim Anblick eines Fremden ihr Gesicht im Kleide der Mutter verstekken; wir haben uns daran gewöhnt, uns vor der Wahrheit, die uns ewig fremd geblieben ist, zu verstecken. Aber jetzt wird sie kommen und unter uns wohnen, und dann werden alle Menschen sie kennenlernen.«

»Alle?«

»Nicht nur die Philosophen, sondern jedermann, versteht Ihr, Gräfin, jedermann!«

»Und dann soll Jehova sterben?«

»Er und alle Engel, alle Heiligen, alle Teufel, alle Lügen.«

»Wer wird dann die Welt regieren?«

»Glaubt Ihr denn, daß sie bisher von jemand regiert worden sei? Glaubt Ihr denn an eine Vorsehung, die die Haare auf unserem Haupte zählte und die Sperlinge unter dem Himmel behütete? Niemand hat sie regiert, niemand wird sie regieren.«

»Aber was wird dann aus uns, aus den Menschen?«

»Dasselbe, was wir sind – Staub. Wer ausgebrannt ist, kann nicht mehr brennen, er ist tot. Wir sind Brennholz, das die Flammen des Lebens umzüngeln. Der Lebensfunke fliegt von einem zum andern. Man wird angezündet, man flammt auf, man erlischt; das ist das Leben.«

»Oh, gibt es denn kein Leben des Geistes?«

»Nein.«

»Kein Jenseits hinter dem Grabe?«

»Nein.«

»Nichts Gutes, nichts Böses, kein Ziel, keine Hoffnung?«

»Nichts.«

Die junge Frau tritt ans Fenster. Sie betrachtet das herbstlich gelbe Laub, die Georginen und Astern, die mit schweren Köpfen auf den vom Herbstwind geknickten Stengeln hängen. Sie sieht die schwarzen Wogen des Löfven, den dunkeln, sturmdrohenden Herbsthimmel, und auch sie fühlt sich einen Augenblick versucht, zu verneinen.

»Onkel Eberhard«, sagt sie, »wie grau und häßlich ist die Welt, wie nutzlos ist alles! Ich möchte mich hinlegen und sterben.«

Aber da ist ihr, als dringe ein Klagelaut aus ihrer Seele. Die starke Lebenskraft und die erregten Gefühle rufen laut nach dem Glücke, leben zu dürfen.

»Gibt es denn nichts, was dem Leben Glanz und Schönheit verleihen kann, wenn Ihr uns Gott und die Unsterblichkeit genommen habt?« ruft sie.

»Die Arbeit«, antwortet der Alte.

Aber sie schaut wieder zum Fenster hinaus, und ein Gefühl der Verachtung über diese arme Weisheit überkommt sie. Das Unerforschliche taucht vor ihr auf, sie fühlt, daß der Geist in allem lebt, sie empfindet die Macht, die gebunden in der scheinbar toten Materie liegt, die sich aber zu tausendfach wechselndem Leben entfalten kann. Mit schwindelnden Gedanken sucht sie nach einem Namen für die Gegenwart Gottes in der Natur.

»O Eberhard«, sagt sie, »was ist die Arbeit? Ist sie ein Gott? Hat sie in sich selbst einen Zweck? Nenne mir etwas andres!«

»Ich weiß nichts andres«, erwidert der Alte.

Doch nun hat sie den Namen, den sie sucht, gefunden, einen armen, oft besudelten Namen.

»Onkel Eberhard, warum nennt Ihr nicht die Liebe?«

Da zieht ein Lächeln um den von so vielen Fältchen umgebenen zahnlosen Mund.

»Hier«, sagt der alte Philosoph, indem er mit der Faust auf den Haufen Papier schlägt, »hier werden alle Götter ermordet, und ich habe Eros nicht vergessen. Was ist die Liebe anderes als eine fleischliche Begierde? Warum soll sie höher stehen als andere körperliche Bedürfnisse? Macht den Hunger zu einem Gott! Oder die Müdigkeit! Sie verdienen es ebensosehr. Solcher Torheit muß ein Ende gemacht werden. Es lebe die Wahrheit!«

Da senkt die junge Gräfin das Haupt. Es ist nicht so, aber sie kann nicht mit dem Alten darüber streiten.

»Eure Worte haben mir in der Seele weh getan«, sagt sie, »aber ich glaube Euch doch noch nicht. Die Götter der Rache und der Gewalt mögt Ihr vielleicht töten, mehr nicht.«

Doch der Alte ergreift ihre Hand, legt sie auf das Manuskript und erwidert mit dem Fanatismus des Unglaubens:

»Wenn Ihr dies leset, müßt Ihr glauben.«

»Dann wünsche ich, daß es mir nie vor die Augen komme«, sagt sie; »denn wenn ich es glaube, könnte ich nicht weiterleben.«

Und tief bekümmert verläßt sie den Philosophen. Er aber sitzt noch lange in tiefes Grübeln versunken da.

Diese alten, mit Lästerungen besudelten Schriften sind noch nicht von der Welt geprüft worden. Noch hat Onkel Eberhards Name den Gipfel des Ruhms nicht erreicht. Sein großes Werk liegt in der Truhe, die in der Rumpelkammer unter der Orgeltreppe im Chor der Svartsjöer Kirche steht; erst im nächsten Jahrhundert soll es das Tageslicht erblikken.

Aber warum hat er das wohl getan? Fürchtet er, seine Behauptungen nicht genau bewiesen zu haben? Hatte er Angst vor Verfolgungen? Da kennt ihr denn Onkel Eberhard schlecht. So wisset denn: er liebte die Wahrheit und nicht die eigene Ehre. Nicht die Wahrheit, wohl aber die eigene Ehre hat er geopfert, damit ein väterlich geliebtes Kind im Glauben an das, was es lieb hatte, sterben könnte.

O Liebe, du währst sicherlich ewig!

Das Mädchen von Nygaard

Niemand kennt den Platz unten am Berge, wo die Tannen am dichtesten stehen, und wo ein dicker, weicher Moosteppich die Erde bedeckt. Wie sollte auch jemand diesen Platz kennen? Kein menschlicher Fuß hat ihn je betreten, keine menschliche Zunge hat ihm je einen Namen gegeben. Kein Fußpfad führt zu diesem Versteck. Felsblöcke türmen sich ringsum auf; dichtes Wacholdergebüsch bewacht ihn, vom Sturme gefällte Bäume versperren den Zutritt, der Hirtenknabe findet ihn nicht, und der Fuchs verachtet ihn. Es ist die einsamste Stelle im Walde, aber jetzt suchen Tausende von Menschen danach. Welch unendlich langer Zug von Menschen, die suchen! Sie würden die Kirche von Bro füllen, ja nicht allein die von Bro, sondern auch die von Löfvik und die von Svartsjö. Nein, was für ein unendlicher Zug von Menschen.

Die Kinder der Vornehmen, die sich nicht anschließen dürfen, stehen am Wege und sitzen auf den Hecken, wo der große Zug vorüberkommt. Die Kleinen hätten gar nicht geglaubt, daß es eine solche Menge Menschen auf der Welt gäbe, eine solche unzählbare Menge. Wenn sie schon groß und erwachsen sind, werden sie sich noch oft an diese lange wogende Menschenflut erinnern. Ihre Augen werden sich bei der bloßen Erinnerung an jenen überwältigenden Anblick mit Tränen füllen; unauslöschlich ist der Eindruck des unendlich langen Zugs auf dem Wege, wo man sonst tagelang nichts sieht als einige einsame Fußgänger, ein paar Bettler, oder einen Bauernwagen.

Aus allen Häusern an der Landstraße stürzen die Leute heraus und fragen: »Ist ein Unglück über das Land hereingebrochen? Ist der Feind eingefallen? Wohin wollt ihr, ihr Wanderer, wohin?«

»Wir suchen«, lautet die Antwort. »Wir suchen schon seit zwei Tagen. Wir wollen auch heute noch suchen, länger können wir nicht mehr. Jetzt wollen wir noch den Björner Wald und die bewaldeten Höhen westlich von Ekeby absuchen.«

Von Nygaard, einem armen Dorfe in den östlichen Bergen, sind die Leute zuerst auf die Suche gegangen.

Das schöne Mädchen mit dem langen schwarzen Haar und den roten Wangen ist seit acht Tagen verschwunden. Das Besenmädchen, das Gösta Berling zu seiner Braut machen wollte, muß sich in den großen Wäldern verirrt haben. Sie ist seit acht Tagen nicht mehr gesehen worden.

Da brachen die Leute aus Nygaard auf, um sie zu suchen. Und wer ihnen begegnete, der schloß sich an, um suchen zu helfen. Da geschieht es denn häufig, daß ein Neuhinzugekommener fragt:

»Ihr Leute von Nygaard, wer ist schuld daran? Warum lasset ihr das schöne Mädchen allein auf unbekannten Wegen gehen? Der Wald ist tief, und Gott hat ihr den Verstand genommen.«

»Ach, ihr tut niemand etwas zuleid«, antworteten die Leute, »und auch sie beunruhigt niemand. Sie geht so sicher wie ein Kind. Wer geht sicherer seiner Wege als der, den Gott selbst behüten muß? Sie ist sonst immer wieder nach Hause gekommen.«

So sind die Leute durch die östlichen Wälder gezogen, die Nygaard von der Ebene abschließen, und jetzt, am dritten Tage, kommt der Zug an der Broer Kirche vorüber und wendet sich nun den westlich von Ekeby gelegenen Wäldern zu.

Aber wo immer der Zug vorüberkommt, erregt er gewaltiges Aufsehen; beständig muß irgendeiner aus dem Zuge stehenbleiben, um die eifrigen Fragen zu beantworten. »Wohin wollt ihr? Was suchet ihr?« ertönt es wieder und wieder.

»Wir suchen das blauäugige, schwarzhaarige Mädchen. Sie ist in den Wald gegangen, um zu sterben. Seit acht Tagen ist sie nicht mehr gesehen worden.«

» Warum ist sie in den Wald gegangen, um zu sterben? Mußte sie Hunger leiden? Fühlte sie sich unglücklich?«

»Nein, Not hat sie nicht gelitten, aber im Frühling ist ihr ein Unglück zugestoßen. Sie hat den verrückten Pfarrer Gösta Berling gesehen und schon seit ein paar Jahren geliebt. Aber sie konnte nichts dafür. Gott hatte ihr ja den Verstand genommen.«

»Da hatte ihr Gott wahrhaftig den Verstand genommen, ihr Leute von Nygaard.«

»Im Frühling geschah das Unglück. Bis dahin hatte er sie nie beachtet. Aber damals sagte er zu ihr, sie solle seine

Braut werden. Es war nur ein Scherz, und er ließ sie wieder laufen, aber sie konnte sich gar nicht trösten. Sie kehrte immer wieder nach Ekeby zurück. Sie lief ihm überall nach, und dies wurde ihm widerwärtig. Als sie das letztemal nach Ekeby kam, hetzte man die Hunde auf sie, und seitdem ist sie verschwunden.«

Auf, ihr Männer, herbei, herbei! Es gilt ein Menschenleben! Ein Menschenkind ist in den Wald gelaufen, um dort zu sterben. Vielleicht ist sie schon tot. Vielleicht irrt sie noch da draußen umher und kann den Heimweg nicht finden. Der Wald ist groß, und ihr Verstand ist bei Gott.

Schließt euch dem Zuge an, kommt, kommt mit! Laßt die Garben auf dem Felde stehen, bis die dünnen Haferkörner ausfallen, laßt die Kartoffeln in der Erde verfaulen, laßt die Pferde los, damit sie nicht im Stall verschmachten, laßt die Viehställe offenstehen, damit die Kühe nachts unter Dach kommen können, nehmt die Kinder auch mit, denn die Kinder sind Gottes! Gott ist mit den Kleinen, er leitet ihre Schritte. Sie müssen helfen, wenn die Klugheit der Erwachsenen in die Irre geht.

Kommt alle herbei, Männer, Weiber und Kinder! Wer wagt es, zu Hause zu bleiben? Wer weiß, ob nicht Gott gerade ihn zu seinem Werkzeug gebrauchen will? Kommet alle, die ihr der Barmherzigkeit bedürfet, damit eure Seele nicht einst hilflos auf dürren Stätten umherirren muß, wo sie Ruhe sucht und doch keine findet! Kommt, kommt, Gott hat ihr den Verstand genommen, und der Wald ist groß!

Wer findet den Platz, wo die Tannen am dichtesten stehen, wo das Moos am weichsten ist? Liegt nicht dort an der Feldwand etwas Dunkles? Ach, es ist nur ein riesiger Ameisenhaufen! Gelobt sei der, der die Schritte der Toren lenkt! Es ist nichts andres!

Welch ein Zug! Kein Festzug fröhlicher Menschen, der dem Sieger entgegengeht, ihm Blumen auf den Weg streut und seine Ohren mit Jubelgeschrei erfüllt; kein Pilgerzug, der unter frommen Gesängen und sausenden Geißelhieben nach den Gräbern der Heiligen wallfahrtet; kein Auswandererzug auf knarrenden Leiterwagen, der eine neue Heimat für die Notleidenden suchen will; keine Armee mit Trommeln und Waffen – nur Bauern im Arbeitskittel und mit abgenutzten Schurzfellen, nur deren Weiber mit dem Strickzeug in den Händen und mit ihren Kindern, die sie auf dem Rücken tragen oder neben sich herschleppen.

Es ist etwas Erhebendes, wenn sich Menschen zu einem großen Zwecke vereinigen. Mögen sie ausziehen, um ihren Wohltäter zu begrüßen, um ihren Gott zu preisen, um sich eine neue Heimat zu suchen, um ihr Vaterland zu verteidigen; laßt sie ziehen! Diese Menschen hier aber hat nicht der Hunger, nicht die Gottesfurcht, nicht der Krieg hinausgetrieben. Sie mühen sich nicht um Gewinn, sie arbeiten ohne Lohn; sie ziehen nur aus, um eine Irrsinnige zu suchen. Wie viele Schweißtropfen, wie viele Schritte, wie viel Angst und wie viele Gebete es auch kostet, sie werden doch keinen andern Lohn dafür bekommen als die Wiedererlangung einer armen Verirrten, deren Verstand bei Gott ist.

Muß man solche Menschen nicht lieben? Müssen nicht denen, die am Wege standen und sie haben vorüberziehen sehen, immer wieder die Tränen in die Augen treten, wenn in späteren Jahren dieser Zug wieder vor ihrer Seele auftaucht, die Männer mit ihren ernsten Gesichtern und den arbeitsharten Händen, die vor der Zeit gealterten Frauen und die müden Kinder, die Gott zu der rechten Stelle führen sollte?

Der Zug dieser traurig suchenden Menschen füllt die ganze Landstraße. Mit ernsten Blicken betrachten sie prüfend den Wald, mit düsterem Ausdruck gehen sie weiter, denn sie wissen, daß sie viel eher eine Leiche als ein lebendiges Menschenkind finden werden.

Ach, das Schwarze dort unten an der Felswand ist am Ende doch kein Ameisenhaufen, – aber vielleicht ein umgestürzter Baum. Doch kann man es auch jetzt noch nicht deutlich sehen, die Tannen stehen gar so dicht beieinander.

Der Zug ist so lang, daß die Vordersten, die starken

Männer, schon am Walde westlich von Björne anlangen, während die Letzten, die Krüppel, die arbeitsunfähigen Greise und Frauen, die ihre kleinen Kinder tragen, kaum an der Brobyer Kirche vorübergekommen sind.

Nun verschwindet der sich auf dem Wege dahinschlängelnde Zug in der Dunkelheit des Waldes. Die Morgensonne leuchtet den Suchenden unter den Tannen – die sinkende Abendsonne wird sie begrüßen, wenn sie wieder aus dem Walde herauskommen.

Es ist nun der dritte Tag, daß sie suchen, und sie verstehen sich auf die Arbeit. Sie suchen unten an der steilen Bergwand, auf der der Fuß ausgleiten kann, an den umgestürzten Bäumen, wo man leicht Arm und Bein brechen kann, unter den tief herabhängenden Zweigen der Tannen, wo das weiche Moos zur Ruhe einladet.

Die Bärengrube, den Fuchsbau, die unterirdische Wohnung des Dachses, die schwarzen Vertiefungen, wo die Kohlenmeiler gestanden haben, die roten Preiselbeerhügel, die Tannen mit den weißen Nadeln, den Berg, wo der Waldbrand vor einem Monat gewütet hat, den Felsblock, den einst ein Riese hierher schleuderte, all das haben sie gefunden, nur nicht den Platz unten an der Bergwand, wo das Schwarze liegt. Niemand ist dort gewesen, um zu sehen, ob es ein Ameisenhaufen, ein Baumstamm oder ein Mensch ist. Ach, es ist freilich ein Mensch, aber niemand ist dort gewesen, um nachzusehen!

Die Abendsonne sieht die Schar auf der andern Seite des Waldes, aber das junge Mädchen, dem Gott den Verstand genommen hat, ist nicht gefunden worden. Was soll man jetzt tun? Soll man den Wald noch einmal durchsuchen? In der Dunkelheit ist es gefährlich im Walde, es gibt bodenlose Sümpfe und jähe Abhänge. Und wie könnte man bei Nacht finden, was man am Tage nicht gefunden hat?

»Laßt uns nach Ekeby gehen!« ruft einer aus der Menge.

»Laßt uns nach Ekeby gehen!« stimmten die andern ein. »Ja, laßt uns nach Ekeby gehen!«

»Dort wollen wir die Kavaliere fragen, weshalb sie die

Hunde auf ein armes Mädchen hetzten, dem Gott den Verstand genommen hat, warum sie eine Verrückte zur Verzweiflung trieben? Unsere armen, hungrigen Kinder weinen, unsere Kleider sind zerrissen, der Hafer steht in Garben auf dem Felde, bis die Körner ausfallen, die Kartoffeln verfaulen in der Erde, unsere Pferde laufen wild umher, unsere Kühe werden nicht besorgt, wir selbst sind am Umfallen vor Müdigkeit – und sie allein sind schuld daran. Wir wollen nach Ekeby und Gericht über sie halten! Auf nach Ekeby!«

»In diesem Jahr des Fluches müssen wir Bauern alles entgelten. Die Hand Gottes liegt schwer auf uns, der Winter wird uns Hungersnot bringen. Wen sucht die Hand Gottes? Der Brobyer Pfarrer war es nicht. Seine Gebete drangen noch bis zum Throne Gottes. Wer könnte es anders sein als die Kavaliere? Auf, laßt uns nach Ekeby ziehen!

Sie haben das Gut zugrunde gerichtet, sie haben die Majorin als Bettlerin auf die Straße hinausgejagt. Ihre Schuld ist es, daß wir ohne Arbeit sind, ihre Schuld, daß wir verhungern müssen! Die Not ist ihr Werk. Auf nach Ekeby!«

Und dann ziehen finstere, erbitterte Männer nach Ekeby, hungrige Weiber mit weinenden Kindern auf den Armen folgen ihnen, zuletzt kommen die Krüppel und die gebrechlichen Greise. Die Erbitterung geht wie ein wachsender Strom durch die Reihen, von den Alten zu den Weibern, und von den Weibern zu den starken Männern an der Spitze des Zuges.

Jetzt kommen die Herbstfluten. Erinnert ihr euch der Frühlingsfluten ihr Kavaliere? Jetzt stürzen wieder Wogen von den Bergen herab, jetzt bricht aufs neue das Verderben über Ekebys Ehre und Macht herein.

Ein Häusler, der auf einem Felde am Waldsaum pflügt, hört das wütende Schreien der Menge. Er spannt schnell das Pferd aus, wirft sich darauf und jagt nach Ekeby.

»Das Unglück kommt!« ruft er. »Die Bären kommen, die Wölfe kommen, die bösen Geister kommen und nehmen Ekeby!«

Er reitet halb wahnsinnig vor Schrecken ziellos im ganzen Hof umher. »Alle bösen Waldgeister sind los!« ruft er. »Die Berggeister kommen und nehmen Ekeby! Rettet euch! Rettet euch! Sie werden den Hof anzünden und die Kavaliere totschlagen!«

Und hinter ihm ertönt der Lärm und das Gebrüll der herbeistürmenden Menschenmenge. Die Herbstflut wälzt sich auf Ekeby zu.

Weiß denn dieser daherbrausende Strom der Erbitterung eigentlich, was er will? Will er sengen, morden, plündern?

Das sind keine Menschen mehr, böse Waldgeister sind es, die Raubtiere der Wildnis. Wir, die finstern Mächte, die wir uns in der Erde verborgen halten müssen, wir sind für einen einzigen, seligen Augenblick frei geworden! Die Rache hat unsere Bande gelöst!

Es sind die Geister der Berge, die das Erz gebrochen haben, die Geister des Waldes, die Bäume gefällt und Meiler bewacht haben, die Geister des Feldes, die das Korn wachsen lassen; jetzt sind sie frei, sie trachten danach, zu zerstören. Verderben über Ekeby! Tod den Kavalieren!

Auf Ekeby, da fließt der Branntwein in Strömen. Da liegt das Gold in den Kellergewölben aufgehäuft. Da sind die Vorratskammern mit Korn und Fleisch gefüllt. Warum sollten die Gerechten hungern und die Übeltäter im Überfluß leben?

Aber nun ist ihre Zeit vorbei, das Maß ist voll, ihr Kavaliere! Ihr Lilien, die ihr nie gesät, ihr Vögel, die ihr nie in die Scheunen gesammelt habt, euer Maß ist voll! Im Wald liegt sie, die euch richtet; wir sind ihre Boten. Kein Amtmann, kein Vogt wird euch das Urteil sprechen, die Tote, die draußen im Walde liegt, hat euch gerichtet.

Die Kavaliere sind im Herrenhause versammelt und erwarten die Leute. Sie wissen schon, wessen man sie anklagt. Dies eine Mal sind sie wirklich unschuldig. Wenn das arme Mädchen sich in den Wald geflüchtet hat, um dort zu sterben, so geschah es nicht, weil die Kavaliere die Hunde auf sie gehetzt hätten – das haben sie nie getan –

sondern weil Gösta Berling sich vor acht Tagen mit der Gräfin Elisabet verheiratet hat.

Aber was könnte es nützen, mit diesen rasenden Menschen zu reden? Sie sind müde, sie sind hungrig: der Rachedurst reizt sie, die Raubgier spornt sie an. Sie kommen mit wildem Geschrei herbeigestürzt, und vor ihnen her reitet der Häusler, den der Schreck wahnsinnig gemacht hat.

»Die Bären kommen, die Wölfe kommen, die bösen Geister kommen und nehmen Ekeby!«

Die Kavaliere haben die junge Gräfin im innersten Zimmer verborgen, Lövenborg und Onkel Eberhard sollen bei ihr bleiben und über sie wachen, die übrigen gehen hinaus, um die heranstürmende Menge zu erwarten. Und als die erste Schar mit lautem Geschrei ankommt, stehen sie unbewaffnet und lächelnd auf der großen Freitreppe vor dem Herrenhause.

Die Leute stutzen beim Anblick dieser kleinen Zahl ruhiger Männer. Wohl waren verschiedene unter ihnen, die sie in ihrer glühenden Erbitterung gern zu Boden geworfen und mit ihren nägelbeschlagenen Schuhen totgetreten hätten, wie die Arbeiter es vor fünfzig Jahren mit dem Verwalter und dem Inspektor auf dem Sunder Bergwerk gemacht hatten; aber sie waren auf verschlossene Türen, auf entschlossen erhobene Waffen gefaßt gewesen und hatten Widerstand und Verteidigung erwartet.

»Liebe Freunde«, sagten die Kavaliere, »liebe Freunde, ihr seid jetzt hungrig und müde, stillt deshalb zuerst euren Hunger und labt euch an einem Schluck unseres selbstgebrannten Branntweins.«

Die Leute wollen jedoch nicht auf sie hören; sie erheben ein drohendes Geschrei, aber die Kavaliere werden nicht böse.

»Wartet nur«, sagen sie, »wartet nur einen Augenblick. Seht, Ekeby steht euch offen. Das Kellertor ist geöffnet, und desgleichen die Türen des Vorratshauses und der Milchkammer. Eure Frauen fallen fast um vor Müdigkeit, und die Kinder schreien. Wir wollen ihnen vor allem zu essen geben. Dann könnt ihr uns ja immer noch totschlagen. Wir laufen euch nicht davon. Aber wir haben den ganzen Boden voller Äpfel, die wollen wir für eure Kinder holen.«

Eine Stunde später ist das Fest auf Ekeby in vollstem Gange. Das größte Fest, das der vornehme Hof je geschaut hatte, wird in der Herbstnacht bei Vollmond gefeiert.

Das aufeinandergestapelte Brennholz ist auseinandergerissen und angezündet worden. Auf dem ganzen Hofe flammt ein Feuer neben dem andern. Die Leute sitzen in Gruppen umher und ruhen sich aus, während alle guten Gaben der Erde über sie ausgeschüttet werden.

Entschlossene Männer sind in die Vorratskammern und in die Ställe gegangen und haben alles Nötige herbeigeschafft, Kälber und Schafe, ja sogar einige Ochsen sind geschlachtet, zerlegt und im Handumdrehen gebraten worden. Diese Hunderte von ausgehungerten Menschen verschlingen die Speisen. Ein Stück Vieh nach dem andern wird aus dem Stall geholt und geschlachtet. Es sieht aus, als sollte der ganze Viehstall in dieser einen Nacht geleert werden.

In den letzten Tagen war gerade der große Wintervorrat an hartem Brot gebacken worden. Seit die junge Gräfin auf Ekeby weilte, hatte sie wieder Ordnung in den vernachlässigten Haushalt gebracht. Es war, als denke die junge Frau keinen Augenblick daran, daß sie nun Gösta Berlings Frau sei; alle beide schienen es vergessen zu haben. Dagegen betrachtete sie sich nun als Herrin auf Ekeby, und wie es die Pflicht jeder guten Hausfrau ist, versuchte sie mit glühendem Eifer der Verschwendung und der Unordnung, die auf dem Hofe eingerissen waren, zu steuern. Und man gehorchte ihr ohne Widerrede, das Gesinde empfand es selbst als ein gewisses Wohlbehagen, daß es wieder unter einer Hausfrau stand.

Aber was half es nun, daß die Gräfin den Küchenkasten mit Brot hatte füllen lassen, daß sie den ganzen September hindurch hatte brauen, buttern und Käse bereiten lassen?

Hinaus damit zu den Leuten auf dem Hof, damit sie Ekeby nicht anzünden und die Kavaliere nicht totschlagen! Hinaus mit Brot, Butter und Käse! Hinaus mit Tonnen und Fässern voll würzigen Biers, hinaus mit den Schinken aus der Vorratskammer, hinaus mit den Branntweinfässern, hinaus mit den Äpfeln!

Kann der ganze Reichtum Ekebys hinreichen, um den Zorn der Menge zu besänftigen, Wenn wir sie loswerden, ohne daß es ein großes Unglück gibt, müssen wir froh sein!

Und dies alles geschieht doch eigentlich nur um ihretwillen, die jetzt die Herrin auf Ekeby ist. Die Kavaliere sind mutige, waffenkundige Männer; wenn es nach ihnen gegangen wäre, hätten sie sich verteidigt. Wenn nicht sie, die so sanft und mild ist, für die Leute gebeten hätte, dann hätten sie die raubgierigen Scharen mit ein paar scharfen Schüssen davongejagt.

Je später es wird, desto mehr besänftigt sich die Menge. Die Wärme, die Ruhe, die Speisen und der Branntwein beschwichtigen die erhitzten Gemüter. Sie fangen zu scherzen und zu lachen an. Sie sind auf dem Leichenschmause des Mädchens von Nygaard. Schande über den, der es bei einem Leichenschmause am Trinken und Scherzen fehlen läßt, das gehört durchaus dazu!

Die Kinder fallen über das Obst her, das man ihnen bringt.

Diese armen Taglöhnerkinder, die Schlehen und Preiselbeeren für Leckerbissen halten, schwelgen nun in durchsichtigen Astrachanäpfeln, die einem auf der Zunge zerschmelzen, in länglichen süßen Paradiesäpfeln, gelblichen Zitronenäpfeln, in Birnen mit roten Wangen und in gelben, roten und blauen Pflaumen. Ach, nichts ist zu gut für das Volk, wenn es ihm beliebt, seine Macht zu zeigen!

Um Mitternacht scheinen die Scharen sich zum Aufbruch rüsten zu wollen. Die Kavaliere bringen weder Getränke noch Speisen mehr, sie ziehen keine Korken mehr aus Flaschen und verzapfen kein Bier mehr. In dem Gefühl, die Gefahr sei überstanden, seufzen sie erleichtert auf.

Da erhellt sich plötzlich ein Fenster im Herrenhaus. Alle, die es sehen, schreien auf. Eine weibliche Gestalt hält ein brennendes Licht in der Hand. Es dauerte nur einen Augenblick. Die Erscheinung verschwand sofort wieder; aber die Leute glauben sie erkannt zu haben.

»Sie hatte langes schwarzes Haar und rote Wangen!« rufen sie. »Sie ist hier, sie halten sie hier verborgen!«

»Habt ihr sie hier, ihr Kavaliere? Habt ihr unser Kind, dem Gott den Verstand genommen hat, hier auf Ekeby? Ihr Ruchlosen, was habt ihr mit ihr gemacht? Die ganze Woche hindurch laßt ihr uns in der schrecklichen Angst um sie schweben und drei Tage lang nach ihr suchen? Fort mit dem Wein und den Speisen! Weh uns, daß wir von eurer Hand etwas angenommen haben! Gebt sie uns erst heraus, dann werden wir sehen, was wir tun sollen!«

Das gezähmte Raubtier wütet und brüllt. In wildem Sprunge stürzt es auf Ekeby los.

Die Leute sind schnell, aber die Kavaliere sind noch schneller. Sie stürzen ins Haus und verriegeln das Tor. Aber was können sie gegen die nachdrängende Menge ausrichten? Eine Tür nach der andern wird gesprengt. Die Kavaliere werden beiseite gestoßen; sie haben keine Waffen. Sie werden von der dichten Menge so in die Enge getrieben, daß sie bald kein Glied mehr rühren können. Die Leute wollen das Mädchen von Nygaard herausholen.

Sie finden sie im innersten Zimmer. Niemand nimmt sich Zeit, zu sehen, ob sie blond oder braun ist. Sie heben sie auf ihre Arme und tragen sie hinaus. Sie solle sich nicht fürchten, sagen sie zu ihr. Sie seien gekommen, um sie zu retten und den Kavalieren ihren verdienten Lohn zu geben.

Aber als sie nun mit ihr zum Hause hinausstürmen, kommt ihnen ein anderer Zug entgegen. Auf dem einsamsten Platz im Walde liegt nicht mehr die Leiche des von der steilen Felswand abgestürzten Mädchens. Ein Kind hat sie gefunden. Einige von denen, die im Wald zurückgeblieben sind, haben sie auf die Schultern genommen und kommen nun mit ihr des Wegs daher.

Sie ist schöner im Tode, als sie im Leben war; schön liegt sie da, von den langen schwarzen Haaren umflossen, eine herrliche Gestalt, jetzt, wo der ewige Friede auf ihr ruht.

Hoch auf die Schultern der Männer gehoben, wird sie durch die Volksmenge getragen. Es wird still und lautlos, wo sie vorüberkommt. Gesenkten Hauptes huldigen alle der Majestät des Todes.

»Sie muß eben erst gestorben sein«, flüstern die Männer, »sie ist gewiß heute noch im Wald umhergestreift. Wahrscheinlich hat sie unser Suchen erschreckt, sie hat uns entfliehen wollen und ist dabei den Felsen hinabgestürzt.«

Aber wenn dies das Mädchen von Nygaard ist, wen haben die Leute dann aus dem Herrenhaus herausgetragen?

Der Zug aus dem Walde stößt nun mit dem Zug aus dem Herrenhause zusammen. Die hellen Feuer brennen auf dem Hofe. Die Leute können die beiden Frauen deutlich erkennen. Die andere ist ja die junge Gräfin von Borg.

»Aber was hat das zu bedeuten? Kommen wir hier einem neuen Verbrechen auf die Spur? Warum ist die junge Gräfin auf Ekeby? Warum hat man uns gesagt, daß sie weit weg oder gar tot sei? Im Namen der ewigen Gerechtigkeit, sollen wir uns jetzt nicht auf die Kavaliere stürzen und sie zertreten?«

Da ertönt eine weithinschallende Stimme. Gösta Berling ist auf das Geländer der Freitreppe gestiegen und redet von da aus zu den Leuten.

»Hört mich, ihr Ungetüme, ihr Teufel! Glaubt ihr denn, es gäbe hier auf Ekeby kein Pulver und keine Gewehre? Ihr Toren, meint ihr, ich hätte euch nicht am liebsten alle miteinander wie tolle Hunde über den Haufen geschossen? Aber sie dort hat für euch gebeten. Ach, hätte ich gewußt, daß ihr euch an ihr vergreifen würdet, so wäre nicht einer von euch am Leben geblieben!

Was ist das für eine Art, daß ihr uns heute abend überfallt wie Räuber und uns mit Mord und Brand droht? Was habe ich mit euern verrückten Mädchen zu tun? Weiß ich, wo sie herumlaufen? Ich bin zu gut gegen sie gewesen, das ist das Ganze. Ich hätte die Hunde auf sie hetzen sollen – das wäre für uns beide besser gewesen – aber ich habe es nicht getan. Ebensowenig habe ich ihr die Ehe versprochen, nie habe ich das getan. Hört es wohl!

Und jetzt laßt die augenblicklich los, die ihr aus dem Hause herausgeschleppt habt. Laßt sie los, sage ich! Die Fäuste, die sich an ihr vergriffen haben, sollen im ewigen Feuer brennen! Versteht ihr denn nicht, daß sie so hoch über euch steht wie der Himmel über der Erde? Sie ist ebenso fein wie ihr grob seid – ebenso gut, wie ihr böse seid.

Jetzt will ich euch sagen, wer sie ist. Erstens ein Engel vom Himmel und zweitens die ehemalige Gattin des Grafen auf Borg. Aber ihre Schwiegermutter plagte sie Tag und Nacht; sie mußte wie ein gewöhnliches Dienstmädchen am See die Wäsche spülen, wie wurde so geschlagen und gepeinigt, daß keine von euren Frauen es schlimmer haben kann. Ja, sie war, wie wir alle wissen, nahe daran, sich ins Wasser zu stürzen, weil man sie fast zu Tode quälte. Aber wer von euch, ihr Kanaillen, war da zur Hand, um sie zu retten? Niemand von euch war da, aber wir, die Kavaliere, wir taten es. Ja, ja, wir haben es getan.

Und als sie dann weit weg in einem Bauernhofe ein Kind gebar, ließ der Graf ihr sagen: ›Unsere Ehe wurde im fremden Lande geschlossen, die gesetzlichen Vorschriften sind nicht erfüllt worden, deshalb sind wir nicht Mann und Frau, und dein Kind geht mich nichts an!‹ Ja, als die Sachen so standen, sie aber nicht wollte, daß ihr Kind vaterlos im Kirchenbuche stehe, was hättet ihr da getan, wenn sie zu einem von euch gesagt hätte: ›Heirate mich, ich muß einen Vater für mein Kind haben?‹ Ihr wäret sicherlich zu hochmütig dazu gewesen und hättet euch geweigert. Doch sie wählte keinen von euch. Sie nahm Gösta Berling, den armen Pfarrer, der nie wieder von einer Kanzel herab Gottes Wort verkündigen darf. Und ich sage euch, ihr Bauern, nie ist mir etwas so schwer geworden, denn ich war ihrer so unwürdig, daß ich ihr kaum ins Auge zu sehen wagte, und doch konnte ich es ihr nicht abschlagen, denn sie war am Rande der Verzweiflung.

Und nun glaubt von uns Kavalieren nur alles Böse, – gegen sie sind wir aber so gut gewesen, wie es in unsrer Macht stand. Auch ist es ihr Verdienst, daß wir euch heute nicht samt und sonders niedergeschossen haben. Jetzt aber sage ich euch: Laßt sie los und geht eurer Wege, sonst könnte es sein, daß die Erde sich öffnet und euch verschlänge! Und wenn ihr von hier wegzieht, dann bittet Gott um Verzeihung, daß ihr sie, die so gut und unschuldig ist, erschreckt und betrübt habt. Und jetzt fort mit euch! Wir haben übergenug von euch!«

Lange ehe er seine Rede beendigt hatte, war die Gräfin auf die Freitreppe niedergesetzt worden, und nun trat ein großer Bauer zu ihr und reichte ihr seine große Hand.

»Schönen Dank und gute Nacht!« sagte er. »Wir wollten Euch kein Leid zufügen, Gräfin!«

Nach ihm trat ein anderer vor und drückte ihr vorsichtig die Hand. »Schönen Dank und gute Nacht! Seid nicht böse auf uns«, sagte er.

Gösta sprang vom Geländer herab und stellte sich neben sie. Da reichten die Männer auch ihm die Hand.

Einer nach dem andern trat bedächtig näher, um den beiden gute Nacht zu sagen, ehe er sich entfernte. Sie waren jetzt wieder gezähmt, waren jetzt wieder die Menschen, die sie gewesen waren, als sie am Morgen auszogen, um ein armes verirrtes Menschenkind zu suchen, als noch nicht Hunger und Rachgier sie zu wilden Tieren gemacht hatten.

Sie schauten der Gräfin gerade ins Gesicht, und Gösta merkte, daß bei dem Anblick der Unschuld und Frömmigkeit, die ihnen da entgegenleuchtete, gar manchem die Tränen in die Augen traten. Sie huldigten alle schweigend dem Edelsten, das sie jemals geschaut hatten, es waren Menschen, die sich darüber freuten, daß es einen anderen Menschen gab, der so große Liebe zum Guten hatte.

Alle konnten ihr ja nicht die Hand drücken, es waren ihrer so unendlich viele, und die junge Frau war müde und schwach. Aber sie wollten sie doch wenigstens sehen, und dann konnten sie ja Gösta Berling die Hand schütteln – sein Arm konnte es schon aushalten.

Gösta war es wie im Traum. In seinem Herzen erwachte an diesem Abend eine neue Liebe.

»O mein Volk, wie liebe ich dich!« dachte er.

Er fühlte, wie er diese ganze Schar liebte, die nun, die Tote an der Spitze des Zuges, in der dunklen Nacht verschwand, alle diese Menschen in den groben Kleidern, in übelriechenden Schuhen, alle diese Leute, die in düstern Hütten am Walde wohnten, die nicht schreiben und oft nicht einmal lesen konnten, sie alle, die die Fülle und den Reichtum des Lebens nicht kannten, sondern nur den Kampf ums tägliche Brot.

Er liebte sie mit schmerzlichem, heißem Mitleid, das ihm die Tränen in die Augen trieb. Er wußte nicht, was er für sie tun könnte, aber er liebte sie alle, alle, mit ihren Fehlern und ihren Lastern und ihren Gebrechen. Ach, lieber Gott, wenn doch der Tag schon käme, wo auch sie ihn liebten!

Er erwachte aus seinem Traum, als seine Frau ihm die Hand auf den Arm legte. Die Leute hatten alle den Hof verlassen, sie standen allein auf der Treppe.

»O Gösta, Gösta, wie konntest du nur!«

Sie schlug die Hände vors Gesicht und weinte.

»Ich habe nur die Wahrheit gesprochen«, rief er, »denn ich hatte dem Mädchen von Nygaard nie gesagt, daß ich sie heiraten wolle. ›Komm am nächsten Freitag wieder, da wird es lustig hergehen‹, das war alles. Ich kann nichts dafür, daß sie sich in mich verliebte.«

»Ach, das meine ich nicht. Aber wie konntest du sagen, ich sei gut und rein? Gösta, Gösta, weißt du denn nicht, daß ich dich liebte, als ich dich noch nicht lieben durfte? Ich schämte mich vor den Leuten, Gösta. Ich hätte vor Scham in die Erde sinken mögen.«

Sie schluchzte laut.

»Ach, Geliebte, Geliebte!« sagte er leise. »Wie glücklich bist du, daß du so gut bist! Wie glücklich bist du, daß so eine schöne Seele in dir wohnt!«

Khevenhüller

Im Jahre 1770 wurde der später so gelehrte und kenntnisreiche Khevenhüller in Deutschland als Sohn eines Burggrafen geboren. Er hätte in einem prächtigen Schlosse wohnen und an der Seite des Kaisers reiten können, wenn er Lust dazu gehabt hätte; aber er, Khevenhüller, hatte eben keine gehabt.

Er hätte gerne auf dem höchsten Turm seiner Burg Windmühlenflügel angebracht, den Rittersaal in eine Schmiede und das Frauengemach in eine Uhrmacherwerkstätte verwandelt. Er hätte am liebsten die ganze Burg mit schnurrenden Rädern und klopfendem Hammerwerk angefüllt. Da dies jedoch nicht anging, wandte er der ganzen Herrlichkeit den Rücken und ging zu einem Uhrmacher in die Lehre. Da lernte er alles, was er über Triebräder, Spiralfedern und Pendel lernen konnte. Er lernte auch Sonnen- und Sternuhren machen, sowie Standuhren mit piependen Kanarienvögeln und Hirten, die auf der Schalmei bliesen, desgleichen auch Glockenspiele, die einen ganzen Kirchturm mit ihrer wunderbaren Maschinerie füllten, und auch wieder so kleine Uhrwerke, daß man sie in ein Medaillon setzen konnte.

Als er sein Meisterstück gemacht hatte, hängte er sein Ränzel auf den Rücken, nahm den Knotenstock in die Hand und begab sich auf die Wanderschaft. Er zog von Ort zu Ort und studierte alles, was auf Rollen und Rädern laufen konnte. Khevenhüller war kein gewöhnlicher Uhrmacher, er wollte ein großer Erfinder und Weltverbesserer werden.

Als er auf diese Weise viele Länder durchwandert hatte, zog er auch nach Värmland, um dort die Mühlenwerke und den Bergbau zu studieren. An einem schönen Sommermorgen ging er über den Karlstadter Marktplatz. Aber in derselben schönen Morgenstunde hatte es die Waldfrau für gut befunden, ihren Spaziergang bis in die Stadt auszudehnen. Auch sie ging gerade über den Markt, nur von der entgegengesetzten Seite, und da traf sie mit Khevenhüller zusammen.

Das war eine Begegnung für einen jungen Uhrmacher! Sie hatte funkelnde, grüne Augen, wallendes, blondes Haar, das fast bis auf die Erde hinabreichte, und sie trug ein schillerndes, grünseidenes Gewand. Mochte sie immerhin eine Hexe und eine Heidin sein, unter allen den christlichen Frauen, die Khevenhüller je gesehen hatte, war nicht eine so schön und so hold gewesen. Er stand wie gebannt da und starrte sie an, während sie ihm entgegenkam.

Sie kam geradewegs aus dem tiefsten Wald heraus, wo die Farrenkräuter so hoch wie Bäume stehen, wo die riesigen Fichten das Sonnenlicht ausschließen, so daß es nur wie goldene Tropfen auf dem gelben Moose leuchten kann, und wo Linneen über flechtenbewachsene Steine hinkriechen.

Ich wäre gern an Khevenhüllers Stelle gewesen, als sie mit Farrenkräutern und Tannenzweigen im Haar und einer kleinen schwarzen Kreuzotter um den Hals auf ihn zukam. Stellt sie euch vor, mit dem geschmeidigen Gang eines Raubtiers, während ein würziger Duft von Harz und Erdbeeren, Leinkraut und Moos von ihr ausströmte.

Wie mögen die Leute sie angestarrt haben, als sie so über den Karlstadter Markt ging! Die Pferde scheuten gewiß vor ihrem langen im Morgenwind flatternden Haar. Die Gassenjungen sind ihr sicher nachgelaufen. Die Männer ließen Waage und Fleischmesser los und starrten ihr nach, die Weiber liefen schreiend zum Bischof und Domkapitel, damit der böse Geist aus der Stadt vertrieben werde.

Sie aber ging in majestätischer Ruhe einher und lächelte nur über die allgemeine Aufregung, und dabei sah Khevenhüller ihre kleinen spitzigen Raubtierzähne zwischen den roten Lippen hervorschimmern.

Sie hatte einen Mantel übergeworfen, damit sie niemand erkenne, aber das Unglück wollte, daß sie vergessen hatte, ihren Schwanz zu verbergen, und nun schleppte sie ihn auf dem Pflaster hinter sich her.

Auch Khevenhüller sah den Schwanz, und es tat ihm leid, daß eine so hochgeborene Dame dem Gespötte der Städter preisgegeben sein sollte; er verbeugte sich daher vor ihr und sagte mit großer Ehrerbietung:

»Wollen Ihre Gnaden nicht die Schleppe ein wenig aufnehmen?«

Die Waldfrau war gerührt über sein Wohlwollen und auch über seine Höflichkeit. Sie blieb vor ihm stehen und betrachtete ihn aufmerksam. Dabei war es ihm, als flögen aus ihren grünen Augen Funken in sein Gehirn.

»Höre, was ich dir sage, Khevenhüller«, sprach sie, »von nun an wirst du mit deinen beiden Händen jedwedes Kunstwerk fertig bringen; aber von jeder Art immer nur eins.«

So sprach sie, und was sie sagte, ging in Erfüllung. Denn wer weiß nicht, daß die grüne Frau aus dem Waldesdunkel die Macht hat, denen, die sich ihre Gunst erworben haben, Genialität und wunderbare Kräfte zu verleihen?

Khevenhüller blieb nun in Karlstadt und mietete sich eine Werkstatt. Er hämmerte und arbeitete Tag und Nacht, und in acht Tagen hatte er ein Wunderwerk zustande gebracht, einen Wagen, der von selbst lief. Der Wagen lief bergauf und bergab, schnell und langsam, ließ sich leiten und wenden, anhalten und in Gang setzen, wie man es wollte. Es war ein ausgezeichneter Wagen.

Nun wurde Khevenhüller ein berühmter Mann und bekam viele Freunde in der Stadt. Er war so stolz auf seinen Wagen, daß er darin nach Stockholm fuhr, um ihn dem König zu zeigen. Er brauchte nicht auf Vorspann zu warten oder sich mit den Postknechten herumzuzanken, er brauchte sich nicht in der Postkutsche durchrütteln zu lassen und nicht in der Posthalterei auf einer harten Bank schlafen; stolz fuhr er in seinem eigenen Wagen und war in ein paar Stunden in Stockholm.

Dort angekommen, fuhr er gleich vor das königliche Schloß. Der König kam mit seinem ganzen Hofstaat, Damen und Herren, heraus, und als sie ihn fahren gesehen hatten, fanden sie des Lobes kein Ende.

Da sagte der König: »Gib mir den Wagen, Khevenhüller!«

Und obgleich dieser sich weigerte, bestand doch der König eigensinnig auf seinem Begehren, er wollte den Wagen haben.

Da sah Khevenhüller im Gefolge des Königs eine Dame in einem grünen Kleide und mit langem blondem Haar. Er erkannte sie sogleich und fühlte, daß sie dem König den Wunsch nach dem Besitz des Wagens eingegeben hatte. Das brachte ihn zur Verzweiflung. Er konnte den Gedanken, daß ein anderer als er seinen Wagen besitzen sollte, nicht ertragen, und doch wagte er nicht, sich dem König zu widersetzen. Deshalb fuhr er mit solcher Gewalt an die Schloßmauer, daß der Wagen in tausend Stücke zersplitterte.

Nach Karlstadt zurückgekehrt, versuchte er einen neuen Wagen zu bauen. Aber es gelang ihm nicht. Da entsetzte er sich über die Gabe, die ihm die Waldfrau verliehen hatte. Er hatte das behagliche Leben auf dem Schlosse seines Vaters verlassen, um ein Wohltäter für viele zu werden, und nicht um Zauberkunstwerke herzustellen, die nur einem zugute kamen. Was half es ihm, wenn er selbst ein großer Meister, ja der größte Meister der Welt würde, wenn er seine Kunstwerke nicht vervielfältigen konnte, so daß sie Tausenden zu Nutz und Frommen würden?

Und der gelehrte, kenntnisreiche Mann sehnte sich so sehr nach einer ruhigen, vernünftigen Arbeit, daß er Steinmetz und Baumeister wurde. Damals baute er den großen steinernen Turm an der Westbrücke nach dem Vorbilde des runden Turms seiner väterlichen Burg, und er hatte wohl auch die Absicht, dort an den Ufern des Klarälf noch weitere Gebäude, Tore, Burghöfe, Wälle und Türme, kurz, eine ganze alte Ritterburg aufzuführen.

Und in der Burg wollte er dann den Traum seiner Jugend verwirklichen. Alles, was Industrie und Handwerk heißt, sollte in den Sälen des Schlosses eine Wohnstätte finden. Weiße Müllerburschen und schwarze Schmiedeknechte, Uhrmacher mit grünen Schirmen über den überanstrengten Augen, Färber mit dunklen Händen, Weber, Drechsler, Metalldreher, alle sollten ihre Werkstätten im Schlosse haben.

Und alles ging gut. Aus den Steinen, die er selbst behauen hatte, baute er seinen Turm. Er setzte Windmühlenflügel darauf, – denn der Turm sollte eine Mühle werden, und – nun wollte er sich an die Schmiede machen.

Eines Tages aber, als er die leichten, starken Flügel sich im Winde drehen sah, da überkam ihn sein altes Übel aufs neue.

Es war ihm, als betrachte ihn die Grüngekleidete mit ihren funkelnden Augen, bis sein Gehirn abermals wie in hellen Flammen stand. Er schloß sich in seiner Werkstatt ein, aß nicht und trank nicht, gönnte sich auch keine Ruhe, sondern arbeitete, arbeitete. Acht Tage darauf hatte er ein neues Wunderwerk geschaffen.

Er stieg auf die Zinne seines Turmes und befestigte Flügel an seinen Schultern.

Zwei Straßenjungen und ein Gymnasiast, die auf dem Brückenpfeiler saßen und angelten, erblickten ihn und erhoben ein so lautes Geschrei, daß man es in der ganzen Stadt hörte. Sie ließen ihre Angeln im Stich, rannten in höchster Aufregung durch alle Straßen, wetterten an den Haustüren und schrien, ohne anzuhalten:

»Der Khevenhüller will fliegen! Der Khevenhüller will fliegen!«

Er selbst stand noch ruhig oben auf seinem Turm und befestigte die Flügel, als schon aus den engen Gassen der alten Stadt eine große Menschenmenge herausströmte.

Die Mägde verließen die brodelnde Grütze und den aufgehenden Brotteig. Die alten Frauen ließen den Strickstrumpf fallen, setzten die Brille auf und liefen auf die Straße. Die Ratsherrn und der Bürgermeister standen vom Richtertisch auf. Der Rektor warf die Grammatik in die Ecke, und die Schuljungen stürzten zur Klasse hinaus, ohne erst um Erlaubnis zu fragen. Die ganze Stadt war auf den Beinen, alles eilte nach der Westbrücke.

Bald war es ganz schwarz auf der Brücke vor lauter Menschen. Der Salzmarkt war gedrängt voll, und das ganze Flußufer bis zum Bischofshause hin wimmelte von Menschen. Es war ein größeres Gedränge als bei der Petersmesse: der Schaulustigen waren es mehr als damals, da König Gustav III. in einem von acht Pferden gezogenen Wagen wie rasend durch die Stadt jagte.

Schließlich hatte Khevenhüller die Flügel an seinen Schultern befestigt. Er tat ein paar Flügelschläge, und dann befand er sich im freien Luftraum. Hoch über der Erde segelte er durch die Lüfte dahin.

Er atmete in vollen Zügen die reine, kräftige Luft ein. Seine Brust dehnte sich, und das alte Ritterblut in ihm begann zu wallen und zu sieden. Er tummelte sich wie eine Taube, er kreiste wie ein Habicht, seine Flügel waren schnell wie die einer Schwalbe, er verfolgte seinen Weg so sicher wie ein Falke. Und er schaute hinab auf die große Menge der an die Erde gefesselten Menschen, die da unten standen und zu ihm, der hoch durch die Luft segelte, aufschauten. Hätte er nur jedem von ihnen ein paar solcher Flügel machen können! Hätte er nur jedem die Macht geben können, sich auch in die stärkende Himmelsluft emporzuschwingen! Was für Menschen würden dann aus ihnen werden! Nicht einmal in diesem Augenblick des Triumphs verließ ihn die Erinnerung an den Kummer seines Lebens. Er konnte und wollte die Vorzüge seiner Arbeit nicht allein genießen. Ach, die Waldfrau, wenn er sie nur jetzt hier hätte.

Da sah er mit seinen von dem scharfen Sonnenschein

und der schimmernden Luft geblendeten Augen, daß etwas auf ihn zugeflogen kam. Er sah, wie große Flügel, die seinen eigenen glichen, sich vor ihm bewegten, und zwischen den Flügeln war ein Menschenleib. Gelbes Haar flatterte, grüne Seide wogte, wilde Augen leuchteten. Das war sie, ja, das war sie!

Khevenhüller besann sich nicht lange. Wild stürzte er sich auf die Erscheinung, um sie zu küssen oder zu schlagen, – er wußte selbst nicht, was von beiden, – jedenfalls aber wollte er sie zwingen, den Fluch von ihm zu nehmen. Bei dem hastigen Flug verlor er jedoch alle Besinnung und Vernunft. Er sah nicht, wohin er stürmte, er sah nur das flatternde Haar und die funkelnden Augen. Er erreichte sie, er streckte die Arme aus, um sie zu greifen. Da verwikkelten sich seine Flügel in ihre, und die ihren waren stärker. Die seinigen zerrissen und zerbrachen, er selbst aber wirbelte haltlos in der Luft umher und stürzte hinab; er verlor die Besinnung.

Als er wieder zu sich kam, lag er, seine zertrümmerte Flugmaschine neben sich, auf dem Dache seines eigenen Turms. Er war nämlich auf seine eigene Windmühle losgeflogen, die Flügel hatten ihn ergriffen, ihn ein paarmal herumgedreht und ihn dann auf das Dach des Turms geschleudert.

Damit war das Spiel zu Ende.

Khevenhüller war nun wieder ein Raub der Verzweiflung. Ehrliche Arbeit widerte ihn an, und die Hexenkunst wagte er nicht wieder zu benutzen. Wenn er abermals ein Wunderwerk schüfe und auch dieses wieder zerstört würde, dann würde ihm sicher das Herz darüber brechen. Und wenn er es nicht zerstörte, würde ihn der Gedanke, daß er keinen andern Menschen damit nützen könne, wahrscheinlich verrückt machen.

Da suchte er denn sein Ränzel und seinen Knotenstock hervor, ließ die Mühle Mühle sein und beschloß, auf die Suche nach der Waldfrau zu gehen.

Er kaufte sich Pferd und Wagen, denn er war jetzt nicht

mehr so jung und leichtfüßig wie ehedem. Und man erzählt, daß er in jedem Walde, an dem er vorüberkam, ausstieg, hineinging und laut nach der grünen Waldfrau rief.

»Waldfrau, Waldfrau, ich bin es, der Khevenhüller, der Khevenhüller! Komm, ach, komm doch!«

Aber sie kam nicht.

Auf diesen Reisen war er im Jahre vor der Vertreibung der Majorin auch nach Ekeby gekommen. Er wurde aufs freundlichste aufgenommen, und es gefiel ihm so gut, daß er für immer da blieb. Und die Schar im Kavalierflügel hatte sich um eine hochgewachsene, kräftige Rittergestalt vermehrt, um einen prächtigen Gefährten, der bei einem Trinkgelage und auf der Jagd seinen Mann stellte. Die Erinnerungen an seine Kindheit erwachten wieder; er erlaubte, daß man ihm den Grafentitel beilegte, und allmählich sah er einem echten deutschen Raubritter immer ähnlicher, wozu seine große Adlernase, seine buschigen Brauen, der spitzige Knebelbart und der keck hinaufgestrichene Schnurrbart nicht wenig beitrugen.

Er wurde also ein Kavalier unter den Kavalieren und war nicht besser als die andern in der Schar, die, wie das Volk glaubte, die Majorin für den Teufel gesammelt hatte. Sein Haar ergraute, und sein Gehirn schlummerte. Er war jetzt so alt, daß er selbst nicht mehr an die Taten seiner Jugend glaubte. Nein, er sei nicht der Mann, der wunderbare Kunstwerke hergestellt habe, er habe weder einen selbsttätigen Wagen gebaut, noch eine Flugmaschine verfertigt. Ach nein, das seien nur Sagen, nur Erfindungen, pflegte er zu sagen.

Aber dann wurde die Majorin von Ekeby vertrieben, und die Kavaliere wurden die Herren des großen Gutes. Da begann ein Leben, wie man es sich nicht schlimmer denken kann. Ein Sturm fuhr über das Land hin, alle alte Torheit erwachte und überkam die Menschen wie ein Jugendtaumel, alles Böse trat hervor, alles Gute zitterte – die Menschen kämpften auf Erden, die Geister im Himmel. Von Dovre herab kamen die Hexen auf Wölfen dahergeritten, die Naturmächte wurden frei, und die Waldfrau kam nach Ekeby.

Die Kavaliere kannten sie nicht. Sie hielten sie für eine arme, notleidende Frau, die eine böse Schwiegermutter zur Verzweiflung getrieben hatte. Sie gewährten ihr Schutz, huldigten ihr wie einer Königin und liebten sie, wie man ein Kind liebt.

Khevenhüller allein sah, wer sie war. Im Anfang war er freilich ebenso verblendet wie die andern. Aber eines Tages trug sie ein grünes Kleid aus schimmernder Seide, und als Khevenhüller das Kleid sah, erkannte er sie.

Da saß sie nun, in Seide gehüllt, auf dem besten Sofa des Herrenhauses, und die alten Männer machten sich zu Narren, um ihr zu dienen. Der eine war Koch, der andere Kammerdiener, der dritte Vorleser, der vierte Hofmusikus, der fünfte gar Schuhmacher; jeder wollte etwas für sie tun.

Sie gab sich für krank aus, die abscheuliche Hexe, aber Khevenhüller wußte schon, wie es sich mit dieser Krankheit verhielt. Sie führte sie einfach alle miteinander an der Nase herum.

Er warnte die Kavaliere vor ihr.

»Seht doch nur die kleinen scharfen Zähne und die wilden, funkelnden Augen!« sagte er. »Es ist die Waldfrau, in dieser schrecklichen, bösen Zeit ist alles losgelassen. Ich sage euch, es ist die Waldfrau, die zu unserem Verderben hierhergekommen ist. Glaubt mir, ich habe früher schon ihre Bekanntschaft gemacht.«

Aber sobald Khevenhüller die Waldfrau erkannt hatte, erwachte die Arbeitslust wieder in ihm. In seinem Gehirn begann es zu wallen und zu sieden, in seinen Fingern zuckte es vor lauter Lust, mit Hammer und Feile zu wirken und zu schaffen; es nützte alles nichts, so sehr er auch dagegen ankämpfte. Mit bitteren Gefühlen zog er eines Tages den Arbeitskittel an und schloß sich in die Schlosserei ein, die ihm als Werkstatt dienen sollte. Da klang es mit lautem Rufe von Ekeby hinaus ins ganze Värmland:

»Der Khevenhüller hat wieder angefangen zu arbeiten!«

Und man lauschte atemlos auf die Hammerschläge, auf das Surren der Feilen und das Ächzen der Bälge in der verschlossenen Werkstatt.

»Ein neues Wunderwerk soll das Tageslicht erblicken. Was mag es sein! Wird er uns nun lehren, auf dem Wasser zu gehen oder eine Leiter zu dem Siebengestirn zu errichten?«

»Einem solchen Mann ist nichts unmöglich. Wir haben ihn mit eigenen Augen durch die Luft fliegen sehen. Wir haben seinen Wagen durch die Straßen jagen sehen. Er hat die Gabe der Waldfrau, deshalb ist ihm nichts unmöglich.«

Am ersten oder zweiten Oktober spät abends wurde das Kunstwerk fertig. Er hielt es in der Hand, als er aus der Werkstatt trat. Es war ein Rad, das sich unaufhörlich drehte, wobei die Speichen wie Feuer glänzten und Licht und Wärme ausstrahlten. Khevenhüller hat eine Sonne geschaffen. Sobald er damit aus seiner Werkstatt trat, wurde es ringsum so hell, daß die Sperlinge zu zwitschern und die Wolken wie im Morgenrot zu schimmern begannen.

Es war die herrlichste Erfindung, die man je gesehen hatte. Nun sollte es auf Erden keine Kälte und keine Dunkelheit mehr geben. Es schwindelte ihm, wenn er sich das klarzumachen versuchte. Die Sonne am Himmel würde auch ferner auf- und untergehen, aber wenn sie verschwand, dann würden Tausende und aber Tausende seiner Feuerräder das Land erhellen, die Luft würde vor Wärme zittern und flimmern wie am heißesten Sommertag.

Da würde man mitten im Winter beim Sternenhimmel reife Garben einheimsen, das ganze Jahr hindurch würden auf den Waldhügeln Erdbeeren und Preiselbeeren in Hülle und Fülle wachsen, und die Gewässer würden nie mehr vom Eis gefesselt werden.

Seine Erfindung würde die ganze Welt umgestalten. Sein Feuerrad würde der Pelz des Armen und die Sonne des Grubenarbeiters werden. Er würde den Fabriken eine ganz andere Triebkraft, der Natur ein neues Leben, der

Menschheit ein reicheres, glücklicheres Dasein bringen. Aber in demselben Augenblick wußte Khevenhüller, daß das alles nur eitle Träume waren, und daß die Waldfrau ihm nie erlauben würde, sein Rad zu vervielfältigen.

Zorn und Rachgier ergriffen ihn; er beschloß, das Waldweib zu töten, und nun wußte er vor lauter Aufregung nicht mehr, was er tat.

Er ging hinein ins Herrenhaus und stellte sein Feuerrad in den Flur, dicht unter die Treppe. Er wollte das Haus anzünden und die Hexe verbrennen.

Dann ging er in seine Werkstatt zurück, setzte sich nieder und lauschte gespannt.

Bald erklang lautes Rufen und Schreien. Aha, nun zeigte es sich, was er zustande gebracht hatte!

Ja, lauft nur, schreit, laßt die Sturmglocke erschallen! Jetzt verbrennt sie, die Hexe, die ihr auf Seide gebettet habt.

Ob sie sich wohl in Schmerzen windet? Ob sie vor den Flammen von Zimmer zu Zimmer flüchtet? Ah, wie wird das grünseidene Gewand aufflammen! Wie werden die Flammen mit dem gelben Haar spielen! Frisch auf, ihr Flammen, frisch auf! Fangt sie, verbrennt sie! Hexen müssen verbrannt werden! Fürchtet euch nicht vor ihren Zaubersprüchen, verbrennt sie! Es gibt einen Menschen, der um ihretwillen ein ganzes Leben lang brennen mußte!

Die Glocke läutete Sturm, die Wagen rasselten, Feuerspritzen wurden herausgezogen, Wasser vom See heraufgeschafft, aus allen Dörfern strömten die Leute herbei, man hörte Geschrei und Jammern und Befehle, Dächer stürzten ein, es dröhnte, es knisterte, es knatterte in dem brennenden Hause. Aber nichts störte Khevenhüller; er saß auf dem Haublock und rieb sich vergnügt die Hände.

Da hörte er ein Getöse, als stürzte der Himmel ein, und jubelnd fuhr er auf: »Nun ist es vollbracht! Nun kann sie nicht mehr entfliehen, sie ist unter den Balken zerschmettert worden und in den Flammen verbrannt. Nun ist alles vollbracht.«

Und er dachte an die Ehre und die Macht des stolzen Ekeby, die hatte er opfern müssen, um die Hexe aus der Welt zu schaffen. Die prächtigen Säle, in denen soviel Freude geherrscht, die Räume, in denen so viele frohe Erinnerungen gewohnt hatten, der Tisch, der mit leckeren Speisen gedeckt gewesen war, die kostbaren alten Möbel, das Silber und Porzellan, das man gar nicht mehr ersetzen konnte.

Da fuhr er plötzlich auf und stieß einen lauten Schreckensruf aus. Sein Feuerrad, seine Sonne, das Modell, von dem alles abhing, hatte er es denn nicht unter die Treppe gestellt, um das Herrenhaus damit anzuzünden?

Khevenhüller starrte geradeaus, er war wie versteinert vor Schrecken.

»Bin ich verrückt?« fragte er sich nun. »Wie konnte ich das tun?« In diesem Augenblick sprang die verschlossene Tür auf, die Waldfrau trat ein.

Hold lächelnd stand sie auf der Schwelle. Ihr grünes Kleid zeigte auch nicht einen Flecken, kein Brandgeruch hatte sich in ihrem wogenden Haar festgesetzt. So hatte er sie in seiner Jugend auf dem Markte zu Karlstadt gesehen, der lange Schwanz schleppte hinter ihr her, der ganze frische Waldesduft und die freie Waldesluft strömten von ihr aus.

»Nun brennt Ekeby«, sagte sie lachend.

Khevenhüller hatte den Hammer ergriffen und wollte ihn ihr eben an den Kopf schleudern, da sah er, daß sie sein Feuerrad in der Hand hielt.

»Sieh, was ich für dich gerettet habe«, sagte sie.

Da stürzte er ihr zu Füßen.

»Du hast meinen Wagen zerschmettert, du hast meine Flügel zerbrochen und du hast mein Leben zerstört. Sei gnädig und habe Erbarmen mit mir!«

Sie schwang sich auf die Hobelbank und saß nun vor ihm, ebenso jung und schelmisch wie damals, als er sie zum erstenmal auf dem Karlstädter Markt sah.

»Ich merke, daß du weißt, wer ich bin«, sagte sie.

»Ja, ich kenne dich und habe immer gewußt, wer du bist«, sagte der arme Mann. »Du bist ein Genie. Aber nun gib mich frei. Nimm deine Gabe zurück. Befreie mich von der Wundergabe. Laß mich ein gewöhnlicher Mensch sein. Weshalb verfolgst du mich?«

»Tor!« sagte die Waldfrau. »Ich habe es immer gut mit dir gemeint. Ich gab dir eine große Belohnung; aber wenn dir meine Gabe nicht behagt, kann ich sie auch wieder zurücknehmen. Überlege es dir wohl. Du wirst es bereuen.«

»Nein, nein«, rief er, »nimm die Wunderkräfte von mir!«

»Erst mußt du das hier zerstören«, sagte sie und warf ihm das Feuerrad vor die Füße.

Er zögerte nicht. Er schwang den Hammer über die funkensprühende Sonne, die doch nur ein abscheuliches Hexenwerk war, weil sie nicht Tausenden zugute kommen durfte. Die Funken flogen knisternd umher, Feuergarben und Flammen umgaben ihn, und dann lag auch sein letztes Wunderwerk in Trümmer.

»Nun, so nehme ich denn meine Gabe zurück«, sagte die Waldfrau.

Sie wandte sich zum Gehen; doch an der Tür drehte sie sich noch einmal um, und vom Schein der draußen wütenden Feuersbrunst übergossen, sah er sie zum letztenmal.

Und schöner denn je erschien sie ihm jetzt, auch nicht mehr boshaft, nur streng und stolz.

»Wahnsinniger«, sagte sie. »Hatte ich dir je verboten, andere dein Kunstwerk nachmachen zu lassen? Was wollte ich anderes, als das Genie vor handwerksmäßiger Arbeit beschützen!«

Damit ging sie. Khevenhüller war noch ein paar Tage ganz verrückt, danach war er aber wieder wie ein gewöhnlicher Mensch.

Doch in seinem Wahnsinn hatte er Ekeby niedergebrannt. Es waren keine Menschen dabei umgekommen, aber den Kavalieren war es ein großer Schmerz, daß das gastfreie Haus, wo sie soviel Gutes genossen hatten, während der Zeit ihrer Regierung zerstört worden war.

Ach, ihr Kinder der Gegenwart, wenn doch eines von euch oder ich der Waldfrau auf dem Markte zu Karlstadt begegnet wäre! Glaubt ihr nicht, daß ich auch in den Wald gegangen wäre und gerufen hätte: »Waldfrau! Waldfrau! Ich bin da, der Khevenhüller! Der Khevenhüller!« Aber wer sieht sie heute noch? Wer klagt in unseren Tagen darüber, daß sie ihm zuviel von ihren Gaben verliehen habe?

Der Brobyer Jahrmarkt

Am ersten Freitag im Oktober beginnt der große Brobyer Jahrmarkt, der acht Tage dauert. Dies ist das größte Fest im ganzen Jahr. In jedem Hause wird dazu geschlachtet und gebacken. Bis zu diesem Tage müssen die neuen Winterkleider fertig sein, die da zum erstenmal angezogen werden. Sonntagsgerichte, wie Käsekuchen und Schmalzgebackenes, stehen jeden Tag auf dem Tisch. Es wird noch einmal soviel Branntwein geschenkt als gewöhnlich, alle Arbeit ruht; in jedem Hause wird gefeiert und geschmaust. Dem Gesinde und den Taglöhnern wird der Lohn ausbezahlt, und sie halten lange Beratungen, was sie sich auf dem Markte kaufen sollen. Von weit her kommen die Leute in kleinen Gruppen mit dem Ränzel auf dem Rücken und dem Stab in der Hand gewandert. Viele treiben auch ihr Vieh zum Verkauf auf den Markt. Kleine eigensinnige junge Stiere und Ziegen, die nicht weiter wollen, machen ihren Eigentümern viel Verdruß und den Zuschauern viel Spaß. Die Fremdenzimmer auf den Herrenhöfen sind voll willkommener Gäste; es werden Neuigkeiten ausgetauscht, der Preis für landwirtschaftliche Geräte und Vieh wird besprochen, die Kinder träumen vom Marktgeld und von Meßgeschenken.

Und am ersten Markttage – welches Menschengewühl auf den Brobyer Hügeln und auf dem weiten Marktplatze! Die Händler aus der Stadt bieten ihre Waren in Buden feil, während die Leute aus Dalarna und Westgotland ihren

Kram auf langen Reihen von Bretterständen, über denen weiße Segeltücher flattern, ausgebreitet haben. Seiltänzer, Drehorgeln und blinde Geiger gibt es in Menge, desgleichen Wahrsager, Zuckerwarenhändler und Branntweinverkäufer. Hinter den Budenreihen sind steinerne und hölzerne Gefäße aufgestellt. Zwiebeln und Meerrettich, Äpfel und Birnen werden von den Gärtnern der großen Güter feilgeboten. Große Strecken des Jahrmarktplatzes sind mit rotbraunem, innen weißverzinntem Kupfergeschirr bedeckt.

Diesmal merkt man aber leider an dem Umsatz nur zu gut, daß in Svartsjö und Bro und Löfvik und in den anderen Kirchspielen am Löfven Not herrscht, denn der Handel an den Buden und Ständen geht nur flau. Am lebhaftesten ist es noch auf dem großen Viehmarkt, denn viele sind gezwungen, ihre Kühe und Pferde zu verkaufen, um selber den Winter überleben zu können. Da spielt sich auch der wilde, aufregende »Pferdetausch« ab.

Es geht lustig zu auf dem Brobyer Jahrmarkt. Wenn man nur soviel Geld hat, um ein paar Schnäpse bezahlen zu können, dann braucht man den Kopf nicht hängen zu lassen. Der Branntwein allein ist es jedoch nicht, der die gute Laune hervorruft. Wenn die Menschen aus ihren einsamen Waldhütten in das Gedränge des Jahrmarkts kommen und das Schreien und Lachen und den Umtrieb dieser Menge von Menschen hören und sehen, werden sie selbst von dem lärmenden Treiben angesteckt, und die richtige ausgelassene Jahrmarktstimmung bemächtigt sich ihrer.

Wo so viele Menschen zusammenkommen, wird natürlich viel gekauft und verkauft, aber das ist doch nicht die Hauptsache. Das Wichtigste ist, eine Schar von Verwandten und Freunden an seinen Wagen zu führen und sie mit Schafwurst, Schmalzküchlein und Branntwein zu bewirten, oder seine Herzliebste zu überreden, ein Gesangbuch und ein seidenes Kopftuch anzunehmen, oder Marktgeschenke für die Kinder daheim einzukaufen.

Alle, die nicht des Hauses oder Viehes wegen notgedrungen daheim bleiben müssen, sind auf dem Brobyer Jahrmarkt. Da sind die Kavaliere aus Ekeby, die Waldbauern aus Nygaard, die Pferdehändler aus Norwegen, Finnen aus den nördlichen Wäldern und Landstreicher, die nirgends daheim sind.

Hin und wieder staut sich das brausende Gewoge wie zu einem Wirbel, der sich in wildem Kreise um einen Mittelpunkt dreht. Niemand weiß, was sich in der Mitte befindet, bis sich ein paar Landjäger durch den Knäuel hindurchdrängen und einer Schlägerei ein Ende machen oder einen umgestürzten Wagen wieder aufrichten. Im nächsten Augenblick jedoch staut sich der Strom schon wieder um einen Kaufmann, der sich mit einer zungenfertigen Dirne herumstreitet.

Dann – gegen Mittag – beginnt die große Schlägerei. Die Bauern haben sich in den Kopf gesetzt, daß die Verkäufer aus Westgotland ein zu knappes Ellenmaß gebrauchten, und darüber entsteht um ihre Stände her zuerst Streit und Zank, der aber bald in Tätlichkeiten übergeht. Für viele, die in jenen Tagen nichts als Not und Elend daheim sahen, ist es geradezu eine Freude, dreinschlagen zu können, einerlei wen oder was es trifft. Und sobald die Starken und Streitlustigen sehen, daß eine Prügelei im Gang ist, stürzen sie von allen Seiten herbei. Die Kavaliere wollen sich durchdrängen, um auf ihre Weise Frieden zu schaffen, und die Dalekarlier laufen auch herbei, um den Westgotländern zu helfen.

Der starke Måns aus Fors ist der eifrigste von allen. Er ist betrunken, und wütend ist er auch; er hat soeben einen Westgotländer umgerissen und bearbeitet ihn nun mit den Fäusten; aber die Hilferufe des Gotländers rufen seine Landsleute herbei, und sie versuchen, den starken Måns von ihrem Kameraden zu trennen. Da wirft der starke Måns alle Warenballen von einem der Bretterstände herunter; er ergreift das Brett, das eine Elle breit und acht Ellen lang ist, mitsamt dem Gestell, auf dem es befestigt ist, und schwingt es als Waffe.

Måns ist ein fürchterlich starker Mann. Im Gefängnis zu Philippstadt stieß er einmal eine Mauer ein; er kann ein Boot auf die Schultern nehmen und es vom See bis an sein Haus tragen. Da ist es sehr begreiflich, daß der Volkshaufen und die Westgotländer und selbst seine eigenen Landsleute die Flucht ergreifen, als er mit dem schweren Brett um sich schlägt. Aber der starke Måns stürzt ihnen nach und schlägt in blinder Wut um sich. Gleichviel, ob Freund oder Feind, er will nur noch auf etwas schlagen.

Die Leute fliehen entsetzt nach allen Seiten, Männer und Frauen laufen schreiend wild durcheinander. Aber die Frauen können nicht so rasch vorwärts, sie haben ja ihre Kinder an der Hand, die Buden und Wagen versperren ihnen den Weg, die vom Lärm wildgewordenen Ochsen und Kühe hindern sie in ihrer Flucht.

In eine Ecke zwischen den Buden ist eine Anzahl Weiber eingeklemmt worden, und auf sie stürzt nun der Riese los. Glaubt er doch, einen Westgotländer unter ihnen erblickt zu haben! Er hebt das Brett und läßt es niedersausen. Bleich vor Angst und an allen Gliedern zitternd ducken sich die Frauen in Erwartung des tödlichen Schlags nieder.

Aber als nun das Brett auf sie niedersaust, wird es von den ausgestreckten Armen eines Mannes aufgehalten. Einer hat sich nicht niedergeduckt, sondern hochaufgerichtet, einer hat freiwillig den Schlag aufgefangen, aber nun liegt er bewußtlos am Boden.

Der starke Måns holt nicht von neuem aus. Als der Mann unter dem heftigen Schlage zusammenbrach, hat ihn ein Blick aus dessen Augen getroffen, der ihm bis ins Innerste dringt. Wie gelähmt steht er da; ohne Widerstand läßt er sich binden und fortführen.

Aber wie ein Lauffeuer verbreitet sich die Nachricht auf dem ganzen Markte, daß Hauptmann Lennart von dem starken Måns erschlagen worden sei; er, der Freund des Volkes, habe sein Leben hingegeben, um Frauen und schutzlose Kinder zu retten.

Und auf dem weiten Felde, wo noch eben das Leben in

wildem Taumel dahinbrauste, wird es still; der Handel stockt, die Prügeleien hören auf, an den Buden mit Eßwaren hört das Schmausen auf, vergeblich locken die Seiltänzer die Zuschauer herbei.

Der Freund des Volkes ist tot; das Volk ist in Trauer versenkt. In tiefem Schweigen drängt alles nach dem Platze, wo er gefallen ist. Regungslos liegt er am Boden; es ist keine Wunde zu sehen, aber die Hirnschale scheint eingeschlagen zu sein.

Einige Männer heben ihn vorsichtig auf das Brett, das der Riese hat fallen lassen. Es kommt ihnen vor, als sei noch Leben in ihm.

»Wohin sollen wir ihn tragen?« fragen sie einander.

»Nach Hause!« ruft eine barsche, laute Stimme aus der Menge.

O ja, ihr guten Leute, tragt ihn nach Hause. Hebt ihn auf eure Schultern und tragt ihn heim! Er ist ein Spielball in der Hand Gottes gewesen, der Hauch seines Geistes hat ihn umhergetrieben wie eine Feder. Tragt ihn nun heim!

Das verwundete Haupt hat oft auf der harten Pritsche des Gefängnisses und auf dem Strohbündel geschlafen. Laßt es jetzt auf einem weichen Kissen in seinem eigenen Hause ruhen! Er hat unverschuldet Schmach und Not erlitten, er ist von seiner eigenen Tür verjagt worden. Ein ruheloser Flüchtling ist er gewesen, er, der stets darauf bedacht war, auf Gottes Wegen zu wandeln; aber das Land seiner Sehnsucht ist doch stets die Heimat gewesen, deren Tür Gott ihm verschlossen hatte. Vielleicht steht sie dem jetzt offen, der sein Leben hingab, um schutzlose Frauen und Kinder zu retten.

Jetzt kommt er nicht als Verbrecher, von taumelnden Zechbrüdern umgeben, ihm folgt ein trauerndes Volk, in dessen Hütten er gewohnt und dessen Leiden er gemildert hat. Tragt ihn nun heim!

Und sie tun es. Sechs Männer heben die Tischplatte, auf der er liegt, auf ihre Schultern und tragen ihn fort vom Marktplatze. Überall wird ihnen Platz gemacht, die Männer nehmen die Mütze ab, und die Weiber verneigen sich wie in der Kirche, wenn der Name Gottes genannt wird. Viele weinen und wischen sich die Augen, andere fangen zu erzählen an, was für ein guter, freundlicher, hilfsbereiter und gottesfürchtiger Mann der Hauptmann gewesen sei. Und sobald einer der Träger ermüdet ist, tritt ein anderer herzu und stemmt seine Schulter unter die Tischplatte.

So wird Hauptmann Lennart auch an der Stelle vorübergetragen, wo die Kavaliere stehen.

»Ich muß wohl mitgehen und sehen, daß er gut nach Hause kommt«, sagt Beerencreutz. Und er verläßt seinen Platz am Wegrand, um mit nach Helgesäter zu gehen; und gar viele folgen seinem Beispiel.

Auf dem Markt ist es leer geworden; alle wollen Hauptmann Lennart nach Helgesäter begleiten. Man mußte doch sehen, daß er gut nach Hause gebracht wurde. Alle die notwendigen Einkäufe unterbleiben, die Marktgeschenke für die Kinder daheim werden vergessen, das Gesangbuch wird nicht gekauft; das seidene Kopftuch, das dem Mädchen in die Augen stach, bleibt auf dem Budentisch liegen. Alle müssen Hauptmann Lennart nach Hause begleiten.

Als der Zug Helgesäter erreicht, ist es dort still und leer. Wieder trommeln die Fäuste des Oberst Beerencreutz auf die verschlossene Haustür. Das Gesinde ist auf dem Jahrmarkt, Frau Lennart ist allein daheim geblieben und bewacht das Haus. Sie öffnet auch heute.

Und sie fragt, wie sie schon einmal gefragt hat:

»Was wollt ihr?«

Und darauf antwortet der Oberst, wie auch er schon einmal geantwortet hat:

»Wir bringen dir deinen Mann.« Sie sieht ihn an, der wie immer steif und ruhig vor ihr steht. Sie betrachtet die weinenden Träger und die ganze Volksmenge dahinter. Sie steht auf den Stufen und sieht Hunderte von weinenden Augen, die ängstlich auf sie gerichtet sind. Zuletzt fällt ihr Blick auf ihren Mann, der ausgestreckt auf der Bahre liegt, und da preßt sie die Hand aufs Herz.

»Das ist sein wahres Gesicht«, murmelt sie.

Ohne zu fragen, bückt sie sich, schiebt den Riegel zurück und schlägt die beiden Torflügel weit auf. Dann geht sie den andern voran in die Schlafstube.

Mit Hilfe des Obersten macht sie das Bett zurecht, und bald liegt Hauptmann Lennart auf weichen Kissen, in weißes Linnen gebettet.

»Lebt er?« fragt sie.

»Ja«, antwortet der Oberst.

»Ist Hoffnung vorhanden?«

»Nein, es kann nichts mehr getan werden.«

Eine Weile herrscht tiefes Schweigen, dann durchzuckt sie ein Gedanke.

»Weinen alle diese Leute seinetwegen?«

»Ja.«

»Was hat er denn getan?«

»Das letzte, was er tat, war, daß er sich von dem starken Måns erschlagen ließ, um Weiber und Kinder vor dem sichern Tode zu retten.«

Sie versinkt wieder in Gedanken.

»Was hatte er nur für ein Gesicht, Oberst, als er vor zwei Monaten nach Hause kam?«

Der Oberst zuckte zusammen. Ach, jetzt versteht er, erst jetzt versteht er!

»Gösta hatte ihn ja angemalt.«

»So habe ich ihm also eines Kavalierstreichs wegen sein eigenes Haus verschlossen? Wie wollt Ihr das verantworten, Oberst Beerencreutz?«

Der Oberst zuckte die breiten Schultern.

»Ich habe viel zu verantworten.«

»Das ist aber sicher das Schlimmste von allem, was Ihr auf dem Gewissen habt.«

»Dafür ist mir auch nie ein Gang so schwer geworden wie dieser nach Helgesäter. Übrigens sind noch zwei Mitschuldige da.«

»Wer sind sie?«

»Der eine ist Sintram, der andere seid Ihr selbst, Frau

Lennart. Ihr seid eine strenge Frau. Ich weiß, daß es viele versucht haben, bei Euch ein gutes Wort für Euren Mann einzulegen.«

»Das ist wahr«, sagte sie.

Dann bittet sie den Oberst, ihr von dem Trinkgelage in Broby zu erzählen.

Er erzählt alles, so gut er sich der Vorgänge noch entsinnen kann, und sie hört ihm schweigend zu. Hauptmann Lennart liegt noch immer bewußtlos da. Das Zimmer ist mit weinenden Menschen angefüllt, niemand denkt daran, die traurige Schar hinauszuweisen. Alle Türen stehen offen, auf Treppen und Gängen stehen schweigende, bekümmerte Menschen – bis weit auf den Hof hinaus stehen sie in dichten Scharen.

Als der Oberst seine Erzählung beendet hat, sagt Frau Lennart laut:

»Ich bitte die Kavaliere, das Zimmer zu verlassen. Es ist mir zu schwer, sie hier am Sterbebett meines Mannes zu sehen.«

Ohne ein Wort steht der Oberst auf und geht hinaus. Gösta Berling und die andern, die Hauptmann Lennart das Geleit gegeben haben, folgen ihm. Das Volk weicht vor dieser kleinen Schar gedemütigter Männer scheu zur Seite.

Als sie gegangen sind, sagt Frau Lennart: »Will mir nicht einer von denen, die meinen Mann während dieser letzten Monate gesehen haben, sagen, wo er sich aufgehalten und womit er sich beschäftigt hat?«

Und die Leute, die im Zimmer stehen, fangen an, vor seiner Frau, die ihn verkannt hat und die in ihrer Strenge ihr Herz gegen ihn verhärtete, Zeugnis abzulegen.

Jetzt ertönt wieder die Sprache der alten Psalmen. Es reden Männer, die nie ein anderes Buch gelesen haben als die Bibel. In der Bildersprache des Buches Hiob, in der Ausdrucksweise aus den Zeiten der Patriarchen sprechen sie vom Gottesboten, der umherging und dem Volke half.

Es dauert lange, bis sie fertig sind. Während die Dämmerung und der Abend hereinbrechen, tritt einer nach dem andern vor und erzählt der Frau, die nicht einmal den Namen ihres Gatten hat hören wollen, welch ein guter Mann er gewesen ist!

Die einen hat er auf dem Krankenbett gefunden, und er hat sie gesund gemacht; andere sind wilde Raufbolde gewesen, und er hat sie gezähmt. Da waren Traurige, die er getröstet, dem Trunke Verfallene, die er zu einem nüchternen Leben zurückgeführt hat. Jeder, der in schwerer Not war, hat nach dem Boten Gottes geschickt, und er hat ihm geholfen, wenigstens ist er imstande gewesen, Hoffnung und Glauben in den Herzen zu erwecken.

Den ganzen Abend ertönt die Sprache der heiligen Bücher in dem Krankenzimmer.

Draußen auf dem Hofe steht das Volk dichtgedrängt und wartet auf das Ende. Sie wissen, was drinnen vorgeht. Was an dem Sterbebett laut gesprochen wird, geht draußen leise von Mund zu Mund. Jeder, der etwas zu sagen hat, drängt sich sachte vor.

»Dort ist einer, der Zeugnis ablegen kann«, heißt es, und alle machen Platz. Und er tritt aus dem Dunkel hervor, legt sein Zeugnis ab und verschwindet wieder in der Dunkelheit.

»Was sagt sie jetzt?« fragen die Draußenstehenden, sooft jemand herauskommt. »Was sagt die gestrenge Frau von Helgesäter?«

»Sie strahlt wie eine Königin. Sie lächelt wie eine Braut. Sie hat seinen Lehnstuhl ans Bett gerückt und die Kleider darauf gelegt, die sie selbst für ihn gewoben hat.«

Auf einmal wird es ganz still unter den Leuten. Keiner spricht es aus, aber alle wissen plötzlich, daß nun der Augenblick des Sterbens gekommen ist.

Hauptmann Lennart schlägt die Augen auf, er sieht, und er sieht genug.

Er sieht die Heimat, das Gesinde, seine Frau, seine Kinder, die Kleider – und er lächelt. Aber er ist nur erwacht, um zu sterben. Ein leises Röcheln noch, und er gibt den Geist auf.

Nun verstummen die Berichte, aber einer aus der Menge stimmt ein Sterbelied an. Alle fallen ein, und von vielen hundert Stimmen getragen, steigt der Gesang zum Himmel empor.

Das ist der Abschiedsgruß der Erde an die entfliehende Seele.

Das Waldhaus

Es war viele Jahre vor der Zeit, wo die Kavaliere auf Ekeby herrschten.

Der Hirtenbub und das Hirtenmädchen spielten zusammen im Walde; sie bauten sich ein Haus aus flachen Steinen, pflückten Beeren und trieben allerlei Kurzweil. Beide waren im Walde geboren; der Wald war ihr Haus, ihr Garten. Sie lebten in Frieden mit allem, was darinnen war, wie man mit dem Gesinde und mit den Haustieren in Frieden lebt.

Die Kleinen betrachteten die Luchse und Füchse als ihre Hofhunde, das Wiesel war ihre Katze, Hasen und Eichhörnchen waren ihr Vieh, Eulen und Auerhähne saßen in ihrem Vogelbauer, die Tannen waren ihre Diener und die jungen Birken die Gäste bei ihren Festen. Sie kannten die Höhle, wo die Kreuzottern zusammengeringelt ihren Winterschlaf hielten, und beim Baden hatten sie die Schlangenkönigin im klaren Wasser daherschwimmen sehen; aber sie fürchteten sich weder vor Schlangen noch vor Geistern, sie gehörten ja mit zum Walde, und der Wald war ihre Heimat. Da konnte sie nichts erschrecken.

Der Hirtenknabe wohnte tief im Wald in einer einsamen Hütte. Ein unebener Pfad führte dahin, hohe Berge versperrten dem Sonnenlicht den Weg, ein grundloser Sumpf, aus dem das ganze Jahr ein feuchtkalter Nebel aufstieg, lag dicht dabei. Für die Bewohner der Ebene hat eine solche Wohnstätte sehr wenig Verlockendes.

Der Hirte und die Hirtin hatten einst daran gedacht,

Mann und Frau zu werden, miteinander in der Waldhütte zu wohnen und sich von ihrer Hände Arbeit zu ernähren. Aber ehe sie getraut werden konnten, brach Krieg über das Land herein, und der Hirte ließ sich anwerben. Er kehrte auch unverwundet und mit gesunden Gliedern wieder heim, aber das Kriegsleben hatte ihm für immer einen Stempel aufgedrückt. Er hatte zu viel gesehen von der Schlechtigkeit der Welt und der Grausamkeit der Menschen gegen ihre Nächsten und war nun nicht mehr imstande, das Gute vom Bösen zu unterscheiden.

Anfangs merkte man keine Veränderung an ihm. Mit seiner Jugendgeliebten ging er zum Pfarrer und bestellte das Aufgebot. Das Waldhaus oberhalb Ekeby wurde, wie es längst ausgemacht war, ihre Wohnstätte; aber das Glück wohnte nicht darin.

Der jungen Frau kam es vor, als sei ihr Mann ein ganz fremder Mensch. Seit er aus dem Kriege zurückgekommen war, erkannte sie ihn gar nicht wieder. Er lachte so hart und sprach nur wenig. Sie fürchtete sich vor ihm.

Er tat niemand etwas zuleid und war ein fleißiger Arbeiter. Doch war er nur wenig beliebt, denn er traute allen Menschen nur Schlechtes zu. Er selbst kam sich wie ein verhaßter Fremdling vor. Jetzt waren die Tiere des Waldes seine Feinde. Der Berg, der ihm die Sonne verbarg, der Sumpf, der den Nebel aufsteigen ließ, waren seine Widersacher. Der Wald wird dem, der böse Gedanken hegt, bald ein unheimlicher Aufenthaltsort.

Wer in der Wildnis lebt, muß lichte Erinnerungen im Herzen tragen, sonst sieht er nur Mord und Unterdrükkung bei Tieren und Pflanzen, gerade so, wie er es vorher bei den Menschen gesehen hat, und er erwartet nur Böses von allem, was ihm entgegentritt.

Jan Hök, der frühere Soldat, konnte sich selbst nicht erklären, was ihm fehlte, aber er fühlte wohl, daß er nicht glücklich war. In seinem Hause wohnte kein Friede.

Die Söhne, die heranwuchsen, wurden zwar groß und stark, aber sie hatten einen wilden Sinn. Es waren mutige, abgehärtete Männer, aber sie lebten mit jedermann in Feindschaft.

Seine Frau ließ sich von ihrem Kummer verleiten, die Geheimnisse der Wildnis zu erforschen. In Moor und Dikkicht suchte sie nach heilkräftigen Kräutern. Sie drang in das Wesen der Unterirdischen ein und wußte, welches Opfer ihnen behagte. Sie konnte Krankheiten heilen und gegen Liebeskummer guten Rat erteilen. Sie stand im Rufe der Zauberei und wurde deshalb gemieden, obgleich sie vielen von großem Nutzen war.

Einmal faßte sie sich ein Herz und redete mit ihrem Manne über seinen Kummer.

»Seit du im Kriege gewesen bist«, sagte sie, »bist du wie verwandelt. Was hat man dir dort getan?«

Da fuhr er auf und hätte sie beinahe geschlagen. Und so ging es von nun an jedesmal; sobald sie nur das Wort Krieg aussprach, geriet er in fürchterliche Wut. Kein Mensch durfte dieses Wort vor ihm aussprechen, und dies wurde bald so allgemein bekannt, daß sich die Leute wohl in acht nahmen, in seiner Gegenwart vom Krieg anzufangen.

Aber keiner seiner Kriegskameraden hätte ihm nachsagen können, daß er mehr Böses getan habe als andere. Er hatte wie ein guter Soldat gekämpft. Die Kriegsgreuel, die er hatte sehen müssen, sie allein hatten einen so tiefen, unauslöschlichen Eindruck auf ihn gemacht, daß er jetzt überall nur noch Böses sah. Der Krieg war an allem schuld. Er glaubte, die ganze Natur hasse ihn, weil er an solchen Greueln teilgenommen hatte. Die Leute, die es besser verstehen, können sich damit trösten, daß sie für ihr Vaterland und die Ehre kämpfen. Was wußte er davon? Er fühlte nur, daß alles ihn haßte, weil er Blut vergossen und Gewalt geübt hatte.

Zu der Zeit, wo die Majorin aus Ekeby vertrieben wurde, lebte er allein in seiner Hütte. Seine Frau war gestorben, die Söhne waren fortgezogen. Nur um die Jahrmarktzeiten war die Hütte voller Gäste. Schwarzhaarige braune

Zigeuner kehrten bei ihm ein; ihnen ist am wohlsten bei denen, die von den andern Menschen gemieden werden. Um diese Zeit kletterten kleine, zottige Pferde die Waldpfade hinauf. Sie waren vor Karren gespannt, die mit Werkzeug zum Verzinnen, mit Kindern und allerlei Lumpen beladen waren. Frühzeitig gealterte Weiber mit vom Rauchen und Trinken aufgedunsenen Gesichtern und Männer mit bleichen scharfen Zügen und sehnigen Körpern gingen hinter den Wagen her. Wenn die Zigeuner im Waldhaus einkehrten, dann ging es da lustig zu. Sie brachten Branntwein und Kartenspiele: es wurde gelärmt und geschrien, und sie wußten vom Diebstahl, vom Pferdehandel und blutigen Schlägereien zu erzählen.

An einem Freitag hatte der Brobyer Markt begonnen, und an demselben Tag war Hauptmann Lennart erschlagen worden.

Der starke Måns, der die Tat vollbracht hatte, war der Sohn des Häuslers im Walde. Als die Zigeuner am Sonntagnachmittag in der Hütte beisammensaßen, reichten sie dem alten Jan Hök die Branntweinflasche öfter als sonst und sprachen mit ihm vom Gefängnisleben, von der Gefangenenkost und von Verhören, denn darin wußten sie aus eigener Erfahrung Bescheid.

Der Alte saß auf dem Haublock in der Ecke am Herd und sprach nur wenig. Seine großen glanzlosen Augen starrten auf die wilde Schar, die die Hütte füllte. Die Dämmerung war angebrochen, aber ein flackerndes Holzfeuer erhellte den Raum. Es beleuchtete Lumpen und Elend und bittere Not.

Da wurde die Tür ganz leise geöffnet, und zwei Frauen traten herein. Es waren die junge Gräfin Elisabet und die Tochter des Brobyer Pfarrers. Ein seltsames Gefühl bemächtigte sich des Alten, als die Gräfin, lieblich und in milder Schönheit strahlend, in den Lichtkreis des Feuers trat.

Sie erzählte den Anwesenden, daß sich Gösta Berling seit Hauptmann Lennarts Tod nicht mehr auf Ekeby habe sehen lassen, und daß sie und ihre Dienerin ihn den ganzen

Nachmittag im Walde gesucht hätten. Sie habe gesehen, daß hier Männer seien, die gewiß alle Wege im Walde kennten. Deshalb wollte sie nur fragen, ob keiner von ihnen Gösta Berling gesehen habe. Sie sei hereingekommen, um danach zu fragen und sich ein wenig auszuruhen.

Aber das war eine vergebliche Frage. Niemand hatte Gösta Berling gesehen.

Die Männer trugen ihr einen Stuhl herbei; sie sank darauf nieder und saß eine Weile ganz still da. Der Lärm in der Hütte war verstummt. Alle sahen sie neugierig an. Tiefes Schweigen herrschte in der Hütte. Das wurde ihr unheimlich, sie fuhr zusammen und suchte nach irgendeinem Gesprächsstoff, über den sie mit den Leuten reden könnte.

Sie wandte sich an den Greis in der Ecke.

»Ich meine gehört zu haben, daß Ihr Soldat gewesen seid, mein guter Alter«, sagte sie. »Erzählt mir doch etwas vom Krieg.«

Das Schweigen wurde nur noch unheimlicher. Der Alte schien nichts gehört zu haben.

»Ich möchte gerne von jemand, der selbst dabei gewesen ist, vom Krieg erzählen hören«, fuhr die Gräfin fort; aber sie brach schnell ab, denn sie sah, daß ihre Begleiterin abwehrend mit dem Kopfe winkte. Sie mußte etwas Ungeschicktes gesagt haben. Alle um sie her sahen sie an, als habe sie die einfachste Höflichkeitsregel übertreten. Plötzlich begann eine der Zigeunerinnen mit scharfer Stimme:

»Seid Ihr nicht die ehemalige Gräfin auf Borg?«

»Allerdings.«

»Das war doch etwas anderes, als dem verrückten Pfarrer im Walde nachzulaufen. Pfui, welch ein Unterschied!«

Die Gräfin stand auf und sagte, sie wolle gehen, sie habe lange genug ausgeruht. Die Zigeunerin begleitete sie bis vor die Tür.

»Nehmt mir nicht übel, was ich gesagt habe, Frau Gräfin, ich mußte so etwas sagen, denn der Alte wird ganz rasend, wenn man mit ihm vom Kriege redet. Er kann das Wort nicht hören. Ich habe es sicherlich gut gemeint.«

Gräfin Elisabet eilte davon, blieb aber bald wieder stehen. Sie betrachtete den drohenden Wald, die hochaufragenden Berge, das dampfende Moor. Welch ein unheimlicher Wohnort für den, dessen Gemüt von trüben Erinnerungen bedrückt ist! Sie hatte Mitleid mit dem alten Manne, der da drinnen saß und nur die dunklen Zigeuner um sich hatte.

»Laß uns umkehren, Anna Lisa«, sagte sie. »Die Leute da drinnen sind gut gegen uns gewesen, ich aber habe mich unpassend betragen. Ich will mit dem Alten von freundlichen Dingen reden.«

Und glücklich, jemand gefunden zu haben, den sie trösten konnte, ging sie wieder zurück in die Hütte.

»Ich glaube, daß Gösta Berling sich hier im Walde das Leben nehmen will«, sagte sie. »Es ist deshalb sehr wichtig, daß er bald aufgefunden und an seinem Vorhaben verhindert werde. Ich und Jungfer Anna Lisa haben ihn ein paarmal zu sehen geglaubt, aber er ist uns immer wieder entschwunden. Er streift in der Gegend umher, wo das Mädchen von Nygaard abgestürzt ist. Nicht wahr, ich brauche wohl nicht erst Hilfe von Ekeby herbeiholen? Hier sind ja viele starke Männer, die Gösta Berling sicher fangen können.«

»Rasch fort, ihr Männer!« rief das Zigeunerweib. »Wenn die Frau Gräfin sich herabläßt, unsereinen um einen Dienst zu bitten, so müßt ihr so schnell wie möglich gehen.«

Die Männer standen sofort auf und begaben sich auf die Suche.

Der alte Jan Hök saß ruhig in seiner Ecke und starrte mit glanzlosen Augen vor sich hin. Er sah zum Erschrekken finster und hart aus. Die junge Frau wußte nicht, was sie zu ihm sagen könnte. Da sah sie ein krankes Kind auf einem Bündel Stroh liegen und eine Frau mit einer bösen Hand am Fenster sitzen. Sofort begann sie, der Kranken zu helfen und wurde bald gut Freund mit den Weibern, die nun ihre kleinen Kinder herbeibrachten.

Nach einer Stunde kehrten die Männer zurück. Sie trugen Gösta Berling gebunden in die Hütte und legten ihn vor dem Herd auf den Boden. Seine Kleider waren beschmutzt und zerrissen, sein Gesicht eingefallen, und seine Augen rollten wild umher. In den letzten Tagen war er in einer ganz verzweifelten Stimmung gewesen. Er hatte sich auf die feuchte Erde gelegt, hatte die Hände und das Gesicht ins dichte Moos vergraben, sich über Steinhaufen hingeschleppt und sich durch das dichteste Gestrüpp gezwängt. Er war den Männern nicht gutwillig gefolgt, sie hatten ihn übermannen und binden müssen. Als seine Frau ihn so wiedersah, wurde sie zornig. Sie ließ ihn auf dem Boden liegen, ohne seine Bande zu lösen. Mit Verachtung wendete sie sich von ihm ab.

»Wie du aussiehst!« sagte sie.

»Ich hatte nicht die Absicht, dir je wieder vor die Augen zu kommen«, erwiderte er.

»Bin ich nicht deine Frau? Habe ich nicht das Recht zu erwarten, daß du mit deinem Kummer zu mir kommst? In diesen zwei Tagen habe ich große Angst um dich ausgestanden!«

»Ich bin ja schuld am Tode des Hauptmann Lennart. Wie konnte ich dir da noch unter die Augen treten? Wie hätte ich das gekonnt?«

»Du fürchtest dich sonst nicht so leicht, Gösta.«

»Den einzigen Dienst, den ich dir erweisen konnte, Elisabet, war, dich von mir zu befreien.«

Mit gerunzelter Stirn sah sie ihn an. Eine unsägliche Verachtung leuchtete aus ihrem Blick.

»Du wolltest mich zur Witwe eines Selbstmörders machen?«

Sein Gesicht verzog sich schmerzlich.

»Elisabet, laß uns in den stillen Wald gehen und dort miteinander reden.«

»Warum sollen die Leute nicht zuhören dürfen?« rief sie mit schriller Stimme. »Sind wir besser als sie? Hat einer von ihnen mehr Kummer und Schaden verursacht als wir? Sie sind die von allen gehaßten Kinder des Waldes und der Landstraße. Laß sie nur hören, daß Sünde und Leid auch dem Herrn von Ekeby, dem von allen geliebten Gösta Berling, anhaften! Meinst du, deine Frau halte sich für besser als diese hier – oder tust du es vielleicht?«

Er richtete sich mühsam auf den Ellbogen auf und sah sie mit flammendem Trotz an.

»Ich bin nicht so schlecht, wie du denkst«, sagte er.

Und nun erzählte er ihr die Geschichte der beiden letzten Tage.

Den ganzen ersten Tag war er, von verzweiflungsvoller Gewissensqual getrieben, ohne Rast und Ruhe im Wald umhergelaufen. Der Gedanke, einem Menschen ins Auge sehen zu müssen, war ihm unerträglich. Aber er dachte nicht daran, sich das Leben zu nehmen, er wollte in die Fremde ziehen. Am Sonntag war er aber doch vom Berg heruntergestiegen und in die Broer Kirche gegangen. Er wollte das Volk noch einmal sehen, das arme, hungernde Volk aus dem Bezirk des Löfven, für dessen Wohl er mit dem Pfarrer von Broby dort am Schandhaufen so schöne Pläne geschmiedet hatte, und das er liebgewonnen hatte, als er es in jener Nacht dem toten Mädchen von Nygaard das Geleit geben sah.

Der Gottesdienst hatte schon begonnen, als er in die Kirche kam. Er schlich sich auf eine Empore und sah von da auf das Volk hinab. Da ergriff ihn eine entsetzliche Qual. Er hätte den Leuten zureden, ihnen in ihrer hoffnungslosen Armut Trost zusprechen mögen. Ach, hätte er hier im Hause Gottes mit ihnen reden dürfen, er hätte, so hoffnungslos er auch selber war, Worte der Hoffnung und des Trostes gehabt!

Er verließ die Kirche, trat in die Sakristei und schrieb dort die Bekanntmachung, die seine Frau schon kannte, daß die Arbeit auf Ekeby wieder aufgenommen und dort Korn an die Bedürftigen ausgeteilt werden solle. Er hatte gehofft, daß seine Frau und die Kavaliere sein Versprechen erfüllen würden.

Als er ins Freie trat, sah er vor dem Gemeindehaus einen Sarg stehen. Er war ganz einfach aus rohen Brettern zusammengeschlagen, aber mit Trauerflor und Kränzen aus Preiselbeerkraut geschmückt. Gösta ahnte, daß dies Hauptmann Lennarts Sarg war. Wahrscheinlich hatten die Leute Frau Lennart gebeten, ihn früher als die Sitte es sonst erheischte, begraben zu lassen, damit die vielen Marktbesucher dem Begräbnis beiwohnen könnten.

Gösta stand in traurigen Gedanken versunken vor dem Sarg, als sich eine schwere Hand auf seine Schulter legte. Sintram stand hinter ihm.

»Gösta«, sagte er, »willst du jemand einen rechten Streich spielen, dann leg dich hin und stirb. Es gibt nichts Hinterlistigeres als zu sterben, nichts, was einem ehrlichen Mann, der nichts Böses ahnt, einen solchen Strich durch die Rechnung machte. Leg dich hin und stirb, sag ich dir.«

Entsetzt vernahm Gösta diese Worte des Bösen.

Er beklagte sich ja über die Vereitlung schlau ausgeheckter Pläne. Er hatte die Ufer des Löfven wieder in eine Wildnis verwandeln wollen. Deshalb hatte er die Kavaliere zu den Herren der ganzen Gegend gemacht, deshalb hatte er den Pfarrer von Broby das Volk aussaugen lassen, deshalb hatte er die Dürre und die Hungersnot herbeigerufen. Auf dem Brobyer Markt hatte es zur entscheidenden Schlacht kommen sollen. Vom Unglück aufgestachelt, hätten die Leute morden und stehlen sollen. Dann hätten die Gerichtsverhandlungen und die Geldstrafen die Leute noch ärmer gemacht, Hungersnot, Aufruhr und alle Arten von bösen Krankheiten hätten gewütet. So schrecklich und unerträglich hätte das Land schließlich werden sollen, daß es niemand mehr da hätte aushalten können, und dies alles wäre Sintrams Werk gewesen. Das wäre sein Stolz und seine Freude gewesen, denn er war böse. Er liebte die Wildnis, er sah unbebautes Land gern. Aber dieser hier, der im rechten Augenblick starb, er hatte ihm alles verdorben.

Da fragte ihn Gösta, welchen Zweck er dabei im Auge gehabt habe.

»Es hätte mir Freude gemacht, Gösta, denn ich bin böse. Ich bin der Würgbär des Gebirges, ich bin der Schneesturm in der Ebene, meine Lust ist es, zu morden und zu verfolgen. Hinweg, sage ich, hinweg mit Menschen und Menschenwerk! Ich kann sie nicht leiden. Ich lasse sie wohl zwischen meinen Krallen hindurchlaufen und ihre Sprünge machen – das macht mir auch eine Weile Spaß –, aber nun hatte ich dieses Spiel satt, Gösta, nun wollte ich zuschlagen, nun wollte ich töten und verderben.«

Er war wahnsinnig, vollständig wahnsinnig. Er hatte sich seit langem nur zum Spaß mit Teufelskünsten abgegeben, jetzt hatte im Laufe der Jahre das Böse so Besitz von ihm ergriffen, daß er sich selbst für einen Geist der Hölle hielt. Nun hatte er das Böse in sich so genährt und gepflegt, daß es ganz die Herrschaft über seine Seele gewonnen hatte. So kann die Bosheit die Menschen ebenso verrückt machen wie die Liebe und das Grübeln.

Der böse Gutsherr war rasend, und in seinem Zorn begann er an dem Flor und an den Kränzen auf dem Sarg zu zerren; aber da rief Gösta Berling:

»Rühre den Sarg nicht an!«

»Sieh, sieh, sieh! Ich soll ihn nicht anrühren? Oho, ich werde meinen Freund Lennart aus dem Sarg herauswerfen und seine Kränze zertreten. Verstehst du denn nicht, was er mir getan hat? Siehst du nicht, in was für einer feinen grauen Kalesche ich angefahren kam?«

Da sah Gösta Berling, daß der Gefängniswagen mit dem Vogt und zwei Landjägern vor der Kirchhofmauer hielt.

»Sieh, sieh, sieh! Soll ich mich bei der Frau Hauptmann auf Helgesäter recht schön dafür bedanken, daß sie gestern abend die alten Akten hervorholte und sie studierte, um Beweise gegen mich zu finden in jener alten Pulvergeschichte? Soll ich ihr nicht sagen lassen, daß sie sich lieber mit Backen und Brauen hätte abgeben sollen, als mir den Vogt und die Landjäger auf den Hals zu schicken? Soll ich die Tränen ganz umsonst vergossen haben, mit denen ich dem Vogt Scharling das Herz erweichte, daß er mich hierher fahren ließ, damit ich noch ein Gebet am Sarge meines guten Freundes sprechen könnte?«

Und er begann wieder an dem Trauerflor zu zerren.

Da trat Gösta dicht zu ihm und hielt seinen Arm fest.

»Wage es nicht, den Sarg zu berühren, ich werde dich daran hindern, koste es, was es wolle!« sagte er.

»Mach, was du willst«, sagte der Verrückte. »Schrei, wenn es dir beliebt. Ehe der Vogt kommt, habe ich schon etwas abgerissen. Kämpfe mit mir, wenn du Lust hast. Das wäre ja recht nett, hier vor der Kirche. Komm, wir wollen uns mit den Kränzen und dem Bahrtuch schlagen!«

»Ich will dem Toten die Ruhe erkaufen, welchen Preis du auch immer forderst, Sintram. Nimm mein Leben, nimm alles!«

»Du versprichst viel, mein Junge.«

»Du kannst mich auf die Probe stellen.«

»Nun so töte dich.«

»Das kann ich tun, aber erst muß der Sarg sicher begraben sein.«

Der Pakt wurde geschlossen. Sintram ließ Gösta schwören, zwölf Stunden nach der Beerdigung des Hauptmanns nicht mehr am Leben zu sein.

»Dann weiß ich doch, daß aus dir nie wieder ein guter Mensch werden kann«, sagte er.

Es wurde Gösta nicht schwer, dieses Gelübde abzulegen. Er freute sich, dadurch seiner Frau die Freiheit zurückgeben zu können. Die Gewissensqual hatte ihn todmüde gehetzt. Nur eins erfüllte ihn mit Grauen: sein der Majorin gegebenes Versprechen, sich nicht zu töten, solange die Tochter des Brobyer Pfarrers auf Ekeby einen Platz habe. Sintram erwiderte ihm auf diesen Einwand, sie brauche ja nicht mehr auf Ekeby Dienerin zu sein, da sie ihres Vaters Reichtümer geerbt habe. Aber Gösta sagte, das Geld sei so gut versteckt, daß man es bis jetzt nirgends gefunden habe. Da erwiderte Sintram lachend, es liege unter den Taubennestern im Brobyer Kirchturm. Damit ging er, und Gösta wendete sich wieder dem Walde zu. Da, wo das Mädchen von Nygaard abgestürzt war, wollte er auch sterben; dies schien ihm der beste Platz im ganzen Walde. Und dort war er dann den ganzen Nachmittag umhergeirrt. Er hatte seine Frau im Walde wohl gesehen und deshalb war er nicht imstande gewesen, sich zu töten.

Dies alles erzählte er der Gräfin, während er gebunden auf dem Boden der Waldhütte lag.

»Ach«, sagte sie traurig, als er geendet hatte, »wie gut kenne ich dies alles! Heldenphrasen und Heldenmanieren! Immer bereit, die Hände ins Feuer zu stecken, Gösta, immer bereit, dich selbst wegzuwerfen. Wie groß erschien mir das einst! Aber jetzt liebe ich Ruhe und Besonnenheit. Was hast du dem Toten mit diesem Versprechen genützt? Wie, wenn es nun Sintram gelungen wäre, den Sarg umzuwerfen und den Flor abzureißen? Der Sarg wäre eben wieder aufgerichtet und mit neuem Flor und neuen Kränzen geschmückt worden. Hättest du vor Sintrams Augen deine Hand auf den Sarg gelegt und geschworen, daß du dein armes Volk, das er verderben wollte, retten werdest, dann hätte ich dich gelobt. Hättest du in der Kirche, als du das Volk sahst, gedacht, du wolltest, um ihm zu helfen, alle deine Kräfte anwenden, anstatt deiner schwachen Frau und Männern mit gebrochenen Kräften die Last aufzubürden, so hätte ich dich auch dafür gelobt.«

Gösta Berling schwieg eine Weile.

»Wir Kavaliere sind keine freien Männer«, sagte er schließlich. »Wir haben einander gelobt, für die Freude zu leben, nur für die Freude. Wehe uns allen, wenn wir meineidig werden!«

»Wehe dir selbst«, rief die Gräfin zornig, »daß du der feigste der Kavaliere bist und der letzte, der zur Besserung bereit ist! Gestern nachmittag saßen alle elf tief betrübt im Kavalierflügel. Du warst dahin, Hauptmann Lennart war dahin, Ekebys Glanz und Ehre waren dahin. Die Punschgläser blieben unberührt, vor mir wollten sie sich nicht sehen lassen. Da ging Jungfer Anna Lisa zu ihnen hinauf. Du weißt, daß sie eine beherzte kleine Person ist, die das ganze Jahr hindurch mit verzweifelter Ausdauer gegen die Verschwendung und die Mißwirtschaft angekämpft hat.

›Heute bin ich wieder zu Hause gewesen und habe nach dem Gelde meines Vaters gesucht‹, sagte sie zu den Kavalieren, ›aber ich habe nichts gefunden. Alle Schuldscheine sind durchgestrichen, die Schubfächer und Schränke stehen leer.‹

›Das tut uns sehr leid für Euch, Jungfer Anna Lisa‹, sagte Beerencreutz.

›Als die Majorin Ekeby verließ‹, fuhr die Pfarrerstochter fort, ›bat sie mich, in ihrem Hause nach dem Rechten zu sehen. Und wenn ich jetzt das Geld meines Vaters fände, würde ich Ekeby wieder aufbauen lassen.

Da ich nun nirgends etwas Wertvolles fand, nahm ich einige der Zweige von Vaters Schandhaufen mit, denn ach, ich werde nur mit Schande bestehen können, wenn meine Herrin zurückkehrt und mich fragt, was ich aus Ekeby habe werden lassen.‹

›Nehmt Euch das nicht so zu Herzen, Jungfer Anna Lisa‹, entgegnete Beerencreutz, ›Ihr habt keine Schuld daran.‹

›Aber ich habe nicht nur für mich Zweige von dem Schandhaufen mitgenommen‹, fuhr das junge Mädchen fort. ›Ich nahm auch einige für die guten Herren hier mit. Mein Vater ist nicht der einzige, der Schande über sich und Unglück über andere gebracht hat.‹

Und sie ging von einem zum andern und legte vor jeden ein paar von den trockenen Zweigen. Einige fluchten, die meisten aber ließen sie gewähren. Schließlich sagte Beerencreutz mit der ruhigen Würde eines vornehmen Herrn:

›Es ist gut. Und wir bedanken uns schön, Jungfer Anna Lisa. Ihr könnt jetzt gehen.‹

Als sie gegangen war, schlug er mit der Faust auf den Tisch, daß die Gläser klirrten.

›Von jetzt an wird kein Tropfen mehr getrunken!‹ sagte er. ›So etwas soll der Branntwein nicht zum zweitenmal über mich bringen.‹

Danach stand er auf und verließ das Zimmer. Und die Kavaliere folgten ihm alle, einer nach dem andern. Und weißt du, wohin sie gingen, Gösta? Zum Fluß hinab, auf die Landzunge, wo die Mühle und die Schmiede früher standen, und da begannen sie zu arbeiten. Sie schafften Balken und Steine weg und fingen an, den Platz aufzuräumen. Die Alten haben schwere Zeiten durchgemacht, mehrere hat der Kummer fast erdrückt. Und jetzt können sie die Schande, Ekeby zerstört zu haben, nicht mehr ertragen. Ich weiß wohl, daß ihr Kavaliere Arbeit für eine Schande haltet, aber nun haben die andern diese Schande auf sich genommen. Und noch mehr, Gösta, sie wollen Jungfer Anna Lisa ins Älftal schicken, um die Majorin zu holen. Aber du, was tust du, Gösta?«

»Was verlangst du von mir, von einem abgesetzten Pfarrer, den die Menschen ausgestoßen und den Gott verworfen hat?«

»Auch ich bin heute in der Brobyer Kirche gewesen, Gösta, und ich bringe die Grüße zweier Frauen. ›Sage Gösta‹, sagte Marianne Sinclaire, ›daß ein Weib nicht über den erröten will, den sie einst geliebt hat!‹ – ›Sage Gösta‹, sagte Anna Stjärnhök, ›daß es mir jetzt gut geht. Ich bewirtschafte meine Güter selbst, und die Leute sagen, ich würde eine zweite Majorin werden. Ich denke nicht mehr an Liebe, ich denke nur noch an Arbeit. Auch auf Berga haben sie die erste Bitterkeit ihres Leids überwunden. Aber wir trauern alle um Gösta Berling. Wir glauben an ihn, und wir beten für ihn – wann, wann wird er ein Mann werden?‹

Siehst du nun, wie du von den Menschen verworfen bist?« fuhr die Gräfin fort. »Allzuviel Liebe ist dir zuteil geworden, das ist dein Unglück. Frauen und Männer haben dich verwöhnt. Du brauchtest nur zu scherzen und zu lachen, zu singen und zu spielen, und sie verziehen dir alles.

Du konntest tun, was du wolltest, alles war ihnen recht; und du wagst es, dich einen Ausgestoßenen zu nennen? Oder bist du etwa von Gott verworfen? Warum hast du der Beerdigung Hauptmann Lennarts nicht beigewohnt?

Da er an einem Markttage gestorben war, hatte sich die Nachricht von seinem Tode mit Blitzesschnelle verbreitet. Nach dem Gottesdienst versammelten sich die Leute zu Tausenden vor der Kirche. Auf dem Kirchhof, auf der Mauer und auf den umliegenden Feldern wimmelte es von Menschen. Der Leichenzug ordnete sich vor dem Gemeindehaus. Man erwartete nur noch den alten Propst. Er war krank und hatte nicht gepredigt, aber er hatte versprochen, Hauptmann Lennarts Beerdigung zu übernehmen. Und dann kam er; mit gesenktem Haupt, in tiefe Gedanken versunken, stellte er sich an die Spitze des Zuges. Er sah nichts Ungewöhnliches, der alte Herr hatte schon viele zu Grabe geleitet. Ohne aufzublicken, wanderte er auf dem gewohnten Wege dahin. Er sprach die Gebete, warf eine Handvoll Erde auf den Sarg und merkte noch immer nichts. Aber dann stimmte der Küster ein Lied an. Ich hätte nie geglaubt, daß diese grobe Stimme, die sonst immer vorsingt, imstande wäre, den Propst aus seinen Träumen zu wecken.

Aber der Küster sang nicht allein, Hunderte und aber Hunderte vereinigten ihre Stimmen mit seiner. Männer, Frauen und Kinder sangen mit. Da erwachte der Propst aus seinen Gedanken. Er fuhr sich mit der Hand über die Augen und stieg auf den aufgeworfenen Erdhügel, um sich umzusehen. Ein solches Trauergeleit hatte er noch nie gesehen. Die Männer trugen ihre alten abgenützten Begräbnishüte, die Frauen hatten weiße, in breite Falten gelegte Schürzen an. Alle sangen, alle hatten Tränen in den Augen – alle trauerten.

Da begann der alte Propst zu zittern und zu beben. Was sollte er diesen trauernden Leuten sagen? Er konnte sie nicht ohne ein Wort des Trostes ziehen lassen.

Als das Lied gesungen war, breitete er die Arme über die Menge aus.

›Ich sehe, daß ihr alle tief betrübt seid, ihr guten Leute‹, sagte er, ›und wer noch ein langes Leben vor sich hat, trägt schwerer an seinem Leid als ich, der bald von hinnen scheiden muß.‹

Er schwieg erschrocken. Seine Stimme war zu schwach, und es wurde ihm schwer, das rechte Wort zu finden.

Doch bald begann er wieder. Seine Stimme hatte jetzt wieder jugendliche Kraft, und seine Augen strahlten.

Er hielt eine herrliche Rede, Gösta. Zuerst erzählte er alles, was er von dem Boten Gottes wußte. Dann machte er uns darauf aufmerksam, daß kein äußerer Glanz und keine großen Talente diesen Mann so geehrt gemacht hätten, sondern die einfache Tatsache, daß er immer auf Gottes Wegen gewandelt sei. Und dann bat er uns, es um Gottes und des Heilands willen ebenso zu machen.

Jeder sollte seinen Nächsten lieben und ihm beistehen. Jeder solle Gutes von den andern denken. Jeder solle handeln wie der gute Hauptmann Lennart, denn dazu brauche es keiner großen Gaben, sondern nur eines frommen Gemüts. Und dann legte er uns alles aus, was in diesem Jahr geschehen ist. Er sagte, es sei eine Vorbereitung auf die Zeit voller Glück und Liebe, der wir nun sicher entgegengingen. Er habe in diesem Jahr oft einzelne Strahlen wirklicher menschlicher Güte hervorbrechen sehen. Bald werde sie wie eine glänzende Sonne hervortreten.

Und uns allen war, als hörten wir einen Propheten. Wir wollten einander lieben, wir wollten gut sein. Er hob seine Augen zum Himmel auf, breitete segnend die Arme aus und betete um Frieden für das Land.

›Im Namen Gottes‹, sprach er, ›die Unruhe soll aufhören! Der Frieden soll in unsere Herzen und in die ganze Natur einkehren! Die leblosen Dinge, die Tiere und Gewächse sollen Ruhe finden und aufhören, Schaden zu bringen!‹

Und es war, als senke sich eine heilige Ruhe auf die ganze Gegend herab. Es war, als erstrahlten die Höhen, als lächelten die Täler, als färbten die Herbstnebel sich rosig.

Dann flehte er zu Gott um einen Helfer für das Volk. ›Es wird ein Helfer kommen‹, sagte er. ›Es ist nicht Gottes Wille, daß ihr untergeht. Gott wird einen Mann erwecken, der die Hungrigen sättigt und sie auf seine Wege führt!‹

Da dachten wir alle an dich, Gösta, wir fühlten, daß der Prophet dich meinte. Die Leute, die deine Erklärung vernommen hatten, sprachen auf dem Heimweg nur von dir. Du aber triebst dich im Walde umher und wolltest sterben! Gösta, das Volk erwartet dich! In allen Hütten ringsumher sagt man, daß nun gewiß bald alles gut werde, da der verrückte Pfarrer auf Ekeby ihnen helfen wolle. Du bist ihr Held, Gösta. Alle sehen in dir den Helden.

Ja, Gösta, dich hat der Alte gemeint, und das wird dir wohl neuen Mut zum Leben geben, ich aber, deine Frau, ich sage nur: gehe hin und tue deine Pflicht. Du sollst nicht träumen, daß du von Gott gesandt seiest – das ist eigentlich jeder Mensch. Du sollst arbeiten, ohne Heldentaten auszuführen, du sollst nicht glänzen und in Erstaunen setzen, du mußt dich hüten, deinen Namen zu oft in den Mund der Leute kommen zu lassen. Überlege es dir aber wohl, ehe du Sintram sein Wort zurückgibst. Du hast dir nun gewissermaßen das Recht erworben, zu sterben, und das Leben dürfte dir nicht viel Glanz und Herrlichkeit mehr zu bieten haben. Es war eine Zeitlang mein Wunsch, nach dem Süden zurückzukehren, Gösta. Mir, der Schuldbeladenen, schien das Glück, an deiner Seite durchs Leben gehen zu dürfen, allzu groß zu sein. Nun aber werde ich hierbleiben. Wenn du weiter zu leben wagst, werde ich bei dir bleiben. Erwarte jedoch keine Freude davon. Ich werde dich zwingen, den schweren Weg zur Pflicht zu gehen. Erwarte nicht, frohe, hoffnungsvolle Worte von mir zu hören. Alles Leid und alles Unglück, das wir verschuldet haben, werde ich als Wache um unsern Herd aufstellen. Kann ein Herz, das so viel gelitten hat wie das meine, wohl noch lieben? Tränenlos, freudlos werde ich neben dir hergehen. Überlege es dir wohl, Gösta, ehe du das Leben wählst. Der Weg der Buße ist es, der vor uns liegt.«

Sie winkte der Pfarrerstochter, und ohne Göstas Antwort abzuwarten, verließ sie die Hütte. Als sie im Walde war, begann sie bitterlich zu weinen, und sie weinte, bis sie Ekeby erreichten. Als sie dort angekommen waren, fiel ihr plötzlich ein, daß sie ganz vergessen hatte, mit dem Soldaten Jan Hök von etwas Freundlichem zu reden.

In der Waldhütte blieb alles still, nachdem sie gegangen war.

»Dem Herrn sei Lob und Preis!« sagte endlich der alte Soldat.

Aller Blicke richteten sich auf ihn. Er war aufgestanden und sah erregt um sich.

»Bosheit, lauter Bosheit ist alles gewesen«, sagte er. »Alles, was ich sah, seit mir die Augen geöffnet wurden, war nur Bosheit. Böse Männer, böse Frauen, Haß und Zorn in Wald und Feld. Aber sie ist gut. Ein guter Mensch ist in meiner Hütte gewesen. Wenn ich wieder allein bin, werde ich an sie denken. Sie wird immer bei mir sein auf den einsamen Waldwegen.«

Er beugte sich über Gösta, löste seine Bande und richtete ihn dann auf. Dann ergriff er feierlich Göstas Hand.

»Von Gott verworfen, ja, das ist das rechte Wort«, sagte er mit dem Kopfe nickend. »Aber nun seid Ihr es nicht mehr, und ich bin es auch nicht mehr, seit sie unter meinem Dache gewesen ist. Sie ist gut.«

Am nächsten Tag kam der alte Jan Hök zum Vogt Scharling.

»Ich will mein Kreuz auf mich nehmen«, sagte er. »Ich bin ein böser Mensch gewesen, und deshalb sind meine Söhne auch böse geworden.«

Und er bat den Richter, ihn anstatt seines Sohnes ins Zuchthaus zu schicken; aber das ging natürlich nicht an.

Die rührendste aller alten Geschichten ist aber doch die, die erzählt, wie er seinen Sohn begleitete, wie er neben dem Gefängniskarren herging, wie er vor der Tür seiner Zelle schlief und nicht von ihm wich, bis er seine Strafe verbüßt hatte; und diese Erzählung wird sicherlich auch noch ihren Berichterstatter finden.

Kurz vor Weihnachten erreichte die Majorin das Gebiet des Löfven; aber nach Ekeby selbst gelangte sie erst am Heiligabend. Während der ganzen Reise war sie krank. Sie hatte Lungenentzündung und hohes Fieber; doch hatte man sie noch nie so heiter gesehen und noch nie so freundliche Worte von ihr gehört.

Die Tochter des Pfarrers von Broby, die seit dem Oktober bei ihr im Älftal gewesen war, saß neben ihr im Schlitten und hätte den Kutscher gern zu größerer Eile angetrieben; aber sie konnte nicht verhindern, daß die Majorin immer wieder halten ließ und jeden, der des Weges daherkam, an den Schlitten heranrief und ihn nach seinem Ergehen fragte.

»Wie geht es euch hier am Löfven?« fragte die Majorin.

»Es geht uns gut«, lautete die Antwort. »Bessere Zeiten kommen. Der tolle Pfarrer von Ekeby drüben und seine Frau helfen uns allen.«

»Eine gute Zeit ist angebrochen«, antwortete ein anderer.

»Sintram ist nicht mehr da. Die Ekebyer Kavaliere arbeiten. Das Geld des Brobyer Pfarrers ist im Kirchturm gefunden worden. Es ist so viel, daß Ekeby in neuem Glanz erstehen kann, und es bleibt noch genug übrig, um die Hungrigen zu sättigen.«

»Unser alter Propst ist zu neuer Kraft und zu neuem Leben erwacht«, sagte ein dritter. »Jeden Sonntag predigt er von der Wiederkehr des Reiches Gottes. Wer möchte da noch sündigen? Die Herrschaft des Guten bricht an.«

Die Majorin fuhr weiter, aber schon den nächsten, dem sie begegnete, fragte sie wieder: »Wie geht es euch? Leidet ihr keine Not in eurem Dorfe?«

Und die Fieberhitze und der stechende Schmerz in ihrer Brust ließen nach, wenn die Leute ihr antworteten: »Wir haben zwei reiche, gute Frauen hier, die Gösta Berling helfen, Marianne Sinclaire und Anna Stjärnhök. Sie besuchen die Hütten der Armen, so daß niemand mehr zu hungern braucht. Jetzt wird kein Korn mehr in den Branntweinkessel geschüttet.«

Diese Schlittenfahrt kam der Majorin wie ein langer Gottesdienst vor. Sie war in ein heiliges Land gekommen. Sie sah, wie alle gefurchten Gesichter sich erhellten, wenn sie von der Zeit sprachen, die jetzt angebrochen war. Die Kranken vergaßen ihre Schmerzen und priesen den Tag ihrer Freude.

»Wir wollen alle werden wie der gute Hauptmann Lennart«, sagten sie. »Wir wollen alle gut sein, wir wollen den andern nur Gutes zutrauen. Wir wollen niemand Schaden zufügen. Das wird die Wiederkehr des Reiches Gottes beschleunigen.«

Sie fand alle von demselben Geiste beseelt. Auf den Herrenhöfen wurden die ganz Armen gespeist. Wer eine Arbeit zu verrichten hatte, ließ sie jetzt ausführen, und auf allen Eisenwerken der Majorin war die Tätigkeit in vollem Gang.

Nie hatte die Majorin sich so wohl gefühlt wie jetzt, wo ihre schmerzende Brust die kalte Luft einatmete. Sie konnte an keinem Gehöft vorbeifahren, ohne anzuhalten und die Leute auszufragen.

»Nun ist alles gut«, lautete auch hier die Antwort. »Bei uns herrschte große Not, aber die guten Herren von Ekeby halfen uns. Die Frau Majorin wird sich verwundern, wieviel dort geschehen ist. Die Mühle ist beinahe fertig, die Schmiede ist in vollem Gang, und das niedergebrannte Haus ist schon wieder aufgerichtet.«

Die Not und die erschütternden Ereignisse hatten alle verwandelt. Ach, das würde wohl nur kurze Zeit anhalten! Aber es war doch schön, in ein Land zurückzukehren, wo der eine dem andern diente, und wo alle das Gute wollen. Die Majorin fühlte, daß sie den Kavalieren verzeihen konnte, und dankte Gott dafür.

»Anna Lisa«, sagte sie. »Es ist mir fast, als führe ich schon jetzt durch die Gefilde der Seligen.«

Als sie endlich Ekeby erreichten und die Kavaliere herauseilten, um ihr beim Aussteigen behilflich zu sein, erkannten sie ihre alte Herrin kaum wieder, denn sie war ebenso mild und freundlich wie ihre junge Gräfin. Die alten Herren, die sie in ihrer Jugend gekannt hatten, flüsterten einander zu:

»Es ist nicht die Majorin von Ekeby, es ist Margareta Celsing, die wiederkehrt.«

Groß war die Freude der Kavaliere, als sie sie so mild und so ohne alle Rachegedanken sahen; allein diese Freude verwandelte sich schnell in Kummer, als sie erkannten, wie krank sie war. Sie mußte sofort ins Schlafzimmer getragen und ins Bett gebracht werden. Aber auf der Schwelle wendete sie sich um und sagte zu ihnen:

»Gottes Sturm ist über das Land hingegangen, ja, Gottes Sturm. Aber ich weiß, daß alles zu unserm Besten gewesen ist.« Damit schloß sich die Tür des Krankenzimmers, und die Kavaliere sahen sie nicht mehr.

Aber einem Sterbenden hat man noch viel zu sagen. Die Worte drängen sich auf die Zunge, wenn man weiß, daß im Zimmer nebenan jemand liegt, dessen Ohr bald nichts mehr vernehmen kann. »Ach, mein Freund, mein Freund«, möchte man sagen, »kannst du mir verzeihen? Kannst du mir glauben, daß ich dich trotz allem geliebt habe? Wie ist es nur gekommen, daß ich dir so viel Kummer bereitet habe, während wir hier auf Erden beisammen waren? Ach, mein Freund, ich danke dir für alle Freude, die du mir geschenkt hast.«

Solche Worte möchte man sprechen, und noch viele andere.

Aber die Majorin lag im höchsten Fieber, und die Stimme der Kavaliere konnte sie nicht erreichen. Sollte sie nun am Ende nie erfahren, wie sie gearbeitet hatten, wie sie ihr Werk wieder aufgenommen, wie sie alles getan hatten, um Ekebys Ehre und Glanz neu erstehen zu lassen? Sollte sie das nie erfahren?

Kurz darauf gingen die Kavaliere nach der Schmiede.

Dort war alle Arbeit eingestellt worden; aber nun warfen sie frische Kohlen und neues Erz ins Feuer und bereiteten alles zum Schmelzen vor. Sie riefen nicht die Schmiede herbei, die nach Hause gegangen waren, um Weihnachten zu feiern, sondern verrichteten alle Arbeit selbst.

Wenn die Majorin nur so lange lebte, bis der große Hammer im Gang war, dann würde der schon bei ihr für die Kavaliere sprechen!

Es wurde Abend, und es wurde Nacht, und immer noch arbeiteten die Kavaliere in der Schmiede. Mehrere von ihnen mußten daran denken, wie merkwürdig es doch sei, daß sie auch in diesem Jahre den Heiligen Abend in der Schmiede verbrachten.

Der vielerfahrene Khevenhüller, der in so kurzer Zeit die Mühle und die Schmiede gebaut hatte, und Christian Bergh, der starke Hauptmann, standen am Ofen und beaufsichtigten das Schmelzen. Gösta und Julius trugen Kohlen herbei. Von den übrigen saßen einige auf dem Amboß unter dem hinaufgezogenen Hammer, andere hatten sich auf Kohlenkarren und Eisenhaufen niedergelassen. Lövenborg, der alte Mystiker, sprach mit Onkel Eberhard, dem Philosophen, der neben ihm auf dem Amboß saß.

»Heute nacht stirbt Sintram«, sagte er.

»Weshalb gerade heute nacht?« fragte Eberhard.

»Du weißt doch, daß wir voriges Jahr eine Wette mit ihm eingingen. Nun haben wir nichts getan, was Kavalieren zur Schande gereichte, folglich hat er verloren.«

»Wenn du wirklich an so etwas glaubst, müßtest du doch auch wissen, daß wir viel getan haben, was nicht kavaliermäßig war und uns als Kavalieren also zur Schande gereicht. Erstens haben wir der Majorin nicht geholfen, zweitens fingen wir an zu arbeiten, und drittens war es nicht ganz richtig, daß Gösta Berling sich nicht das Leben nahm, wie er doch versprochen hatte.«

»Ich habe mir das auch überlegt«, entgegnete Lövenborg, »aber ich glaube, daß du dich irrst. Es war uns nur verboten, aus kleinlichen, selbstsüchtigen Beweggründen zu handeln, nicht aber das zu tun, was die Liebe oder die Ehre oder die ewige Seligkeit von uns fordert. Ich glaube, daß Sintram verloren hat.«

»Du könntest recht haben.«

»Ja, ich weiß ganz gewiß, daß es so ist. Ich habe schon den ganzen Abend seine Schlittenglocken gehört; aber es war gar kein natürliches Geläute. Er kommt sicher heute nacht hierher.«

Und der kleine alte Mann starrte nach der Tür der Schmiede, durch die man den Himmel sah, an dem nur wenige Sterne blinkten.

Plötzlich sprang er auf.

»Sahst du ihn?« flüsterte er. »Dort kommt er geschlichen. Siehst du ihn nicht an der Tür?«

»Ich sehe nichts«, erwiderte Onkel Eberhard. »Du bist schläfrig und siehst nicht mehr deutlich.«

»Ich sah ihn; er hob sich deutlich vom lichten Himmel ab. Er trug seinen langen Wolfspelz und die Pelzmütze. Nun steht er dort in der Dunkelheit, und ich kann ihn nicht mehr wahrnehmen. Doch, jetzt steht er dort vorne am Ofen. Er steht neben Christian Bergh, aber Christian scheint ihn nicht zu sehen. Nun bückt er sich und wirft etwas ins Feuer. Oh, wie abscheulich er aussieht! Nehmt euch in acht, Freunde, nehmt euch in acht!«

Lövenborg hatte die letzten Worte kaum ausgesprochen, als eine Feuergarbe aus dem Ofen schlug und die Schmiede und ihre Gehilfen mit Funken und Asche überschüttete. Aber niemand wurde verletzt.

»Er will sich rächen«, sagte Lövenborg.

»Du bist doch zu verrückt!« rief Eberhard. »Du könntest nachgerade an solchen Sachen genug haben.«

»Ja, das kann man wohl denken und es auch versuchen, aber es nützt alles nichts. Siehst du denn nicht, wie er dort am Balken steht und uns angrinst? Und, bei Gott, er macht den großen Hammer los!«

Lövenborg sprang auf und riß Eberhard mit sich. Im nächsten Augenblick schlug der Hammer dröhnend auf den Amboß. Es hatte sich freilich nur eine Krampe gelöst, aber Eberhard und Lövenborg waren nur mit knapper Not dem Tode entgangen.

»Siehst du nun, daß er keine Macht über uns hat?« sagte Lövenborg triumphierend. »Aber er will sich rächen.«

Und er rief Gösta Berling zu sich heran.

»Geh zu den Frauen hinauf, Gösta, vielleicht läßt er sich auch bei ihnen sehen. Sie sind nicht an solche Erscheinungen gewöhnt und könnten erschrecken. Und nimm du dich auch selbst in acht, Gösta, denn er grollt dir, und um deines gebrochenen Eides willen hat er vielleicht Macht über dich. Man kann so etwas nie wissen.«

Später erfuhr man, daß Lövenborg recht gehabt hatte und Sintram wirklich in der Christnacht gestorben war. Einige sagten, er habe sich im Gefängnis erhängt. Andere behaupteten, die Diener der Gerechtigkeit hätten ihn in aller Stille umbringen lassen, denn der Verlauf der Verhandlung habe sich zu seinen Gunsten gewendet, und man hätte ihn doch unmöglich wieder freigeben und ihn wieder sein altes böses Wesen unter dem Volk treiben lassen können. Noch andere wollten wissen, daß ihn ein Herr in einem schwarzen, mit kohlschwarzen Pferden bespannten Wagen aus dem Gefängnis entführt habe. Lövenborg war auch nicht der einzige, der ihn in der Christnacht gesehen hatte. Auf Fors hatte er sich gezeigt; Ulrika Dillner hatte ihn im Traum gesehen. Viele erzählten, daß er ihnen erscheine; aber Ulrika Dillner ließ seine Leiche auf dem Broer Kirchhof beisetzen, gab dem schlechten Gesinde auf Fors den Abschied und führte ein christliches Regiment dort ein. Von da an spukte es nicht mehr auf Fors.

Es wird auch erzählt, daß kurz vor Gösta Berlings Ankunft in dem Wirtschaftsgebäude, wo die Majorin lag, ein Fremder gekommen sei und einen Brief für die Frau Major Samzelius abgegeben habe. Niemand kannte den Boten, und der Brief wurde auf den Tisch neben dem Krankenbette gelegt. Bald nachher fühlte sich die Majorin auffallend besser; das Fieber und die Schmerzen ließen nach, und sie war imstande, das Schreiben zu lesen.

Die alten Leute schreiben heute noch diese Besserung mit Vorliebe dem Einfluß der finstern Mächte zu, denn es konnte ja für Sintram und seine Freunde von großem Vorteil sein, wenn die Majorin den Brief las.

Es war eine mit Blut geschriebene Urkunde auf schwarzem Papier. Die Kavaliere würden sie gleich wiedererkannt haben, sie war in der vorigen Christnacht in der Ekebyer Schmiede aufgesetzt worden.

Und nun las die Majorin, daß sie verurteilt werde, ihre Güter zu verlieren, weil sie eine Hexe sei und alljährlich eine Kavalierseele zur Hölle sende. Diese und andere Torheiten las sie. Sie sah nach Datum und Unterschrift, und da fand sie neben Gösta Berlings Namen folgende Bemerkung: »Sintemal die Majorin sich meine Schwäche zunutze gemacht hat, mich von ehrlicher Arbeit abzuhalten, damit ich als Kavalier auf Ekeby bleibe, sintemal sie mich zu Ebba Dohnas Mörder gemacht hat, indem sie ihr verriet, daß ich ein abgesetzter Pfarrer bin, unterschreibe ich!«

Die Majorin faltete das Papier langsam zusammen und legte es wieder in den Umschlag. Dann lag sie still da und dachte über das eben Gelesene nach. Sie erkannte mit bitterem Schmerz, welche Meinung die Leute von ihr gehabt hatten. Für alle, denen sie Arbeit und Brot gegeben hatte, war sie eine Hexe und Zauberin gewesen. Das war ihr Lohn, dies würde ihr Nachruhm sein. Einer Ehebrecherin konnte man nichts Besseres zutrauen.

Doch was kümmerten sie jene Unwissenden? Sie hatten ihr ja so fern gestanden. Aber diese blutarmen Kavaliere hier, die von ihrer Gnade gelebt hatten und sie so gut kannten, selbst sie hatten es geglaubt, oder wenigstens getan, als ob sie es glaubten, um einen Vorwand zu haben, ihr Ekeby zu entreißen. Mit Blitzesschnelle jagten sich die Gedanken in ihrem Gehirn, wilder Zorn und Rachgier flammten in ihrem Herzen auf. Sie befahl der Tochter des Pfarrers von Broby, die mit der Gräfin Elisabet bei ihr wachte, nach Högfors zu schicken und den Gutsverwalter sowie den Inspektor holen zu lassen. Sie wollte ihr Testament machen.

Dann lag sie wieder still da und überlegte. Ihre Stirne runzelte sich, und ihr Gesicht verzerrte sich unheimlich vor Schmerz.

»Ihr seid sehr krank, Frau Majorin«, sagte die Gräfin leise. »Ja, kränker denn je.«

Es wurde wieder still im Gemach, aber dann sprach die Majorin mit harter, scharfer Stimme:

»Es ist sonderbar, daß auch Ihr, Gräfin, die Frau, die von allen geliebt wird, eine Ehebrecherin seid.«

Die junge Frau zuckte zusammen.

»Ja, wenn auch nicht mit der Tat, so doch in Gedanken und Begierden, und das macht keinen Unterschied. Ich fühle hier auf meinem Sterbebette, daß es keinen Unterschied macht.«

»Ich weiß es, Frau Majorin.«

»Und doch seid Ihr jetzt glücklich. Ihr dürft Euern Geliebten ohne Sünde besitzen. Das schwarze Gespenst wird nicht zwischen euch stehen, wenn ihr zusammen seid. Ihr dürft einander vor der Welt angehören, einander am hellen Tage lieben, Seite an Seite durchs Leben gehen.«

»Ach, Frau Majorin, Frau Majorin!«

»Wie könnt Ihr es wagen, bei ihm zu bleiben?« rief die Alte mit steigender Heftigkeit. »Tut Buße, tut Buße, solange es noch Zeit ist! Kehrt zu Euren Eltern zurück, ehe sie kommen und Euch verfluchen. Wagt Ihr es, Gösta Berling als Euren Gatten zu betrachten? Verlaßt ihn! Ich will ihm Ekeby geben. Ich will ihm Macht und Ehre geben. Wagt Ihr es, sie mit ihm zu teilen? Wagt Ihr es, Glück und Ehre anzunehmen? Ich habe es gewagt. Wißt Ihr, wie es mir dafür gegangen ist? Erinnert Ihr Euch des letzten Weihnachtsfestes auf Ekeby? Erinnert Ihr Euch des Gefängnisses im Amtshause?«

»Ach, Frau Majorin, wir Schuldbeladenen gehen ohne Glück nebeneinander her. Ich bin hier geblieben, um darüber zu wachen, daß keine Freude an unserm Herde heimisch werde. Meint Ihr, ich sehnte mich nicht nach Hause? Ach, ich sehne mich bitter nach dem Schirm und Schutz des Elternhauses, aber sie werden mir nie wieder zuteil werden! Ich muß hier weiterleben und mit Zittern und Zagen erkennen, daß alles, was ich tue, nur Sünde und Kummer mit sich bringt, und daß ich dem einen schade, während ich einem andern helfe. Ich bin zu schwach und zu töricht für das Leben hier, und doch bin ich zu ewiger Buße daran gebunden.«

»Mit solchen Gedanken betören wir unsere Herzen?« rief die Majorin. »Aber sie haben ihren Ursprung in der Schwäche. Ihr wollt ihn nicht verlassen, das ist der einzige Grund.«

Ehe die Gräfin antworten konnte, trat Gösta Berling ins Zimmer.

»Komm hierher, Gösta«, sagte die Majorin schnell, und ihre Stimme klang noch schärfer und härter. »Komm her, du, den alle am Löfven preisen! Komm her, du, der nach seinem Tode als Retter des Volkes gepriesen sein will! Nun sollst du hören, wie es deiner alten Majorin gegangen ist, die du verachtet und verlassen im Lande umherziehen ließest.

Zuerst will ich dir erzählen, wie es mir erging, als ich im Frühling zu meiner Mutter kam, denn den Schluß dieser Geschichte mußt du zuerst wissen.

Im März erreichte ich den Hof im Älftalwalde. Ich sah nicht viel besser aus als eine wirkliche Bettlerin. Als ich auf den Hof kam, sagte man mir, meine Mutter sei in der Milchkammer. Ich ging dorthin und blieb stumm an der Tür stehen. Ringsumher an den Wänden auf langen Borden stand die Milch in blanken kupfernen Schüsseln. Und meine Mutter, die über neunzig Jahre alt war, nahm Schüssel um Schüssel herab und schöpfte die Sahne ab. Sie war noch immer eine recht rüstige Frau, aber ich merkte wohl, wie schwer es ihr wurde, sich nach den obersten Borden zu strecken. Ich wußte nicht, ob sie mich gesehen hatte, doch nach einer Weile redete sie mich mit einer eigentümlich schrillen Stimme an.

›Es ist dir also gegangen, wie ich es gewollt habe‹, sagte meine Mutter zu mir.

Ich hätte sie gerne angeredet und sie um Verzeihung gebeten, aber es wäre umsonst gewesen. Sie hätte kein Wort davon gehört, denn sie war stocktaub.

Aber nach einer Weile begann sie wieder.

›Du kannst mir helfen‹, sagte sie.

Da trat ich vor und schöpfte die Sahne ab. Ich nahm die Schüsseln der Reihe nach herunter und stellte sie wieder auf den richtigen Platz; ich tauchte den Sahnelöffel gleichmäßig ein, so daß sie zufrieden mit mir war.

Sie hatte dieses Geschäft noch nie einem Dienstboten anvertraut, aber ich wußte ja von früher her, wie sie es haben wollte.

›Diese Arbeit kannst du von jetzt an übernehmen‹, sagte sie. Und daran erkannte ich, daß sie mir vergeben hatte.

Von da an aber schien sie plötzlich nicht mehr arbeiten zu können. Sie saß ruhig in ihrem Lehnstuhl und schlief fast den ganzen Tag. Einige Wochen vor Weihnachten starb sie. Ich wäre gern früher hierher zurückgekehrt, Gösta, aber ich konnte die Alte nicht verlassen.«

Die Majorin hielt inne. Das Atmen wurde ihr schwer, aber sie überwand sich und fuhr fort:

»Es ist wahr, Gösta, daß ich dich gern bei mir auf Ekeby haben wollte – es wird ja jedermann wohl in deiner Gesellschaft. Wenn du ein ordentlicher Mann geworden wärest, hätte ich dir viel Macht gegeben. Ich hatte immer gehofft, du werdest eine gute Frau finden. Zuerst dachte ich an Marianne Sinclaire, denn ich wußte, daß sie dich schon damals liebte, während du als Holzhacker im Walde lebtest. Dann glaubte ich, daß Ebba Dohna dir bestimmt sei, und eines Tages fuhr ich nach Borg und sagte ihr, daß ich dir Ekeby vermachen würde, wenn sie dich zum Manne nähme. Wenn ich damals unrecht getan habe, mußt du es mir verzeihen.«

Gösta lag neben dem Bett auf den Knien und preßte das Gesicht auf den Bettrand; ein dumpfes Stöhnen entrang sich seiner Brust.

»Sag mir nun, Gösta, wie du dir dein Leben einzurichten gedenkst. Wie willst du deine Frau erhalten? Sag es mir, du weißt ja, daß ich immer nur dein Bestes gewollt habe.«

Und Gösta antwortete ihr mit lächelndem Munde, während ihm doch das Herz vor Schmerz brechen wollte:

»In jenen Tagen, wo ich mir mein Brot mit meiner Hände Arbeit verdienen wollte, schenktet Ihr mir ein Stück Land mit einer Kätnerhütte, und das habe ich noch. Im Herbst habe ich die Hütte instand gesetzt. Lövenborg hat mir geholfen: wir haben die Decke geweißt, die Wände tapeziert und die Türen und Fenster mit Ölfarbe angestrichen. Das innere kleine Zimmer nennt Lövenborg das Boudoir der Gräfin, und er hat auf allen Bauernhöfen ringsumher nach Möbeln gesucht, die auf Auktionen von Gutsherrschaften verkauft worden sind; diese hat er erhandelt, so daß wir jetzt hochlehnige Stühle und Truhen mit Messingbeschlägen haben. In dem vorderen großen Zimmer aber steht der Webstuhl der jungen Frau und meine Drehbank. Das Haus ist nun ganz eingerichtet, und ich habe schon manchen Abend mit Lövenborg dort gesessen und mir mit ihm ausgemalt, wie die junge Gräfin und ich in der Kätnerhütte leben werden. Aber meine Frau hat bis jetzt noch nichts davon gewußt, Frau Majorin. Wir wollten es ihr erst sagen, wenn wir Ekeby verließen.«

»Weiter, weiter, Gösta!«

»Lövenborg sprach immer davon, daß wir unbedingt eine Magd haben müßten. ›Im Sommer ist es ja auf Björknäs wunderschön‹, sagte er, ›aber im Winter wird es zu einsam für die junge Frau. Du mußt ein Mädchen halten, Gösta.‹

Ich war ganz seiner Meinung, aber ich wußte nicht recht, wo ich das Geld hernehmen sollte, um eine Magd zu halten. Da kam er eines Tages mit einem Pack Noten und seinem Tisch mit der Klaviatur daher. ›Du willst wohl selbst das Mädchen hier im Hause werden, Lövenborg?‹ sagte ich zu ihm. Und er antwortete, daß wir schon noch froh über ihn sein würden. Ob ich denn meine, daß die junge Gräfin selbst das Essen kochen und Holz und Wasser herbeitragen solle? ›O nein‹, erwiderte ich, ›ich habe wirklich nicht gedacht, daß sie das tun solle, solange ich selbst noch kräftige Arme zum Arbeiten habe.‹ Aber er meinte dennoch, daß es am besten wäre, wenn wir zu zweit das Hauswesen versorgten, dann könne die Gräfin den ganzen Tag auf dem Sofa sitzen und feine Handarbeiten machen. Ich wisse ja nicht, wieviel Bedienung so eine Dame brauche, sagte er.«

»Erzähl weiter, Gösta, das lindert meine Schmerzen. Glaubtest du, daß deine junge Gräfin in dieser Kätnerhütte mit dir wohnen würde?«

Gösta erstaunte über den höhnischen Ton, in dem die Majorin das sagte, fuhr aber dann fort:

»Ach, Frau Majorin, ich wagte nicht daran zu glauben; aber es wäre so schön gewesen, wenn sie eingewilligt hätte. Von hier aus sind es ja fünf Meilen bis zum nächsten Arzt, und ihr, die eine leichte Hand und ein weiches Herz hat, hätte es gewiß nicht an Arbeit gefehlt; sie hätte Wunden verbinden und Fieber stillen können. Und ich dachte, daß alle Betrübten den Weg zu der Frau in der Kätnerhütte gefunden hätten. Es gibt soviel Not unter den Armen, die ein freundliches Wort und ein mitleidiges Herz lindern können.«

»Aber du selbst, Gösta Berling?« »Ich werde an der Hobelbank und der Drehbank arbeiten. Ich muß jetzt mein eigenes Leben leben. Wenn meine Frau nicht mit mir gehen will, dann muß ich mich darein finden. Wenn man mir jetzt auch alle Reichtümer der Welt böte, so würde mich das nicht mehr locken. Ich will nichts weiter sein und bleiben als ein armer Bauer unter den Bauern, der ihnen hilft, wo er kann. Sie brauchen jemand, der ihnen bei ihren Hochzeiten und bei ihren Festgelagen zum Tanz aufspielt, jemand, der ihnen die Briefe an die Söhne in der Fremde schreibt, und das kann ich alles tun. Aber arm muß ich sein, Frau Majorin.«

»Das wird ein trübseliges Leben, Gösta.«

»Ach nein, Frau Majorin, es wäre gewiß kein trübseliges Leben, wenn wir es miteinander teilten. Die Reichen und Fröhlichen würden den Weg ebensogut zu uns finden wie die Armen. Es würde fröhlich bei uns zugehen, in unserer Hütte. Die Gäste würden sich nicht daran stoßen, daß das Essen vor ihren Augen zubereitet würde, und sich nicht beleidigt fühlen, daß sie zu zweit von einem Teller essen müßten.«

»Und welchen Nutzen würdest du mit dem allen schaffen, Gösta? Welche Ehre würdest du damit erlangen?«

»Oh, es wäre mir Ehre genug, wenn ich im Gedächtnis der Armen noch ein paar Jahre nach meinem Tode weiterlebte! Ich hätte genug Nutzen geschaffen, wenn ich Apfelbäume vor den Häusern gepflanzt, wenn ich die Spielleute einige der herrlichen Melodien der alten Meister gelehrt und wenn ich den Hirtenbuben auf dem Waldpfad einige gute Lieder beigebracht hätte.

Glaubt mir, Frau Majorin, ich bin noch immer der tolle Gösta Berling von früher. Ein Bauernspielmann, das ist alles, was aus mir werden kann, aber das genügt. Ich habe viel gutzumachen; aber Klagen und Tränen der Reue sind nichts für mich. Ich will den Armen Freude bereiten, das soll meine Buße sein.«

»Gösta«, sagte die Majorin, »ein solches Leben ist zu gering für einen Mann von deiner Begabung. Ich will dir Ekeby geben.«

»Ach, Frau Majorin«, rief Gösta entsetzt, »macht mich nicht reich! Bürdet mir keine solchen Pflichten auf! Scheidet mich nicht von den Armen!«

»Ich will dir und den Kavalieren Ekeby geben«, wiederholte die Majorin. »Du bist ja ein tugendhafter Mann, den die Leute preisen. Nun sage ich wie meine Mutter: Von jetzt an wirst du diese Arbeit übernehmen.«

»Nein, Frau Majorin, das können wir nicht annehmen.

Wir, die Euch so verkannt und Euch soviel Kummer bereitet haben.«

»Ich werde euch Ekeby geben, hörst du!«

Sie sprach hart und ohne eine Spur von Freundlichkeit; Gösta erschrak.

»Führt die Alten nicht so in Versuchung, Frau Majorin! Es würde sie ja wieder zu Trinkern und Müßiggängern machen. Gott im Himmel, die Kavaliere reich! Was würde da wohl aus uns werden?«

»Ich will dir Ekeby geben, Gösta, aber du mußt mir dafür versprechen, deiner Frau ihre Freiheit zurückzugeben. Siehst du, so eine feine, zarte Frau paßt nicht für dich, sie hat hier im Bärenlande zu viel leiden müssen, und sie sehnt sich zurück in ihr sonniges Heimatland. Du mußt sie ziehen lassen. Deshalb gebe ich dir Ekeby.«

Doch nun trat Gräfin Elisabet näher und kniete neben Gösta am Bette nieder.

»Ich sehne mich nicht mehr fort, Frau Majorin; mein Mann hat das Rätsel für mich gelöst und mir das Leben gezeigt, das für mich gut ist. Ich brauche nicht mehr kalt und streng neben ihm herzugehen und ihn beständig an Reue und Buße zu erinnern. Armut und Entbehrung und harte Arbeit werden es ohne mich tun. Die Wege, die zu den Armen und Kranken führen, werde ich ohne Sünde gehen können. Ich fürchte mich nicht mehr vor dem Leben hier oben im Norden. Aber macht ihn nicht reich, Frau Majorin, sonst wage ich nicht zu bleiben.«

Die Majorin richtete sich im Bett auf und drohte den beiden mit der Faust.

»Alles Glück verlangt ihr für euch«, rief sie, »alles Glück und allen Segen! Nein, die Kavaliere sollen Ekeby bekommen zu ihrem eigenen Verderben. Mann und Frau sollen sich trennen müssen, damit sie zugrunde gehen. Ich bin ja eine Hexe, eine Zauberin, und ich will euch zum Bösen aufstacheln! Wie mein Ruf ist, so will ich nun auch in Wirklichkeit sein.«

Sie ergriff den Brief und warf ihn Gösta ins Gesicht.

Das schwarze Papier flatterte aus dem Umschlag und fiel zu Boden. Gösta erkannte es sogleich.

»Du hast dich an mir versündigt, Gösta, du hast die verkannt, die eine zweite Mutter für dich gewesen ist. Wagst du es, dich zu weigern, deine Strafe von mir hinzunehmen? Du wirst Ekeby bekommen, und Ekeby wird dich verderben, denn du bist schwach. Du sollst deine Frau in ihre Heimat zurückschicken, damit dir niemand zur Seite stehe, der dich retten könnte. Bei deinem Tode wird dein Name ebenso verhaßt sein wie meiner. Margareta Celsing ist als Hexe verschrien, von dir aber wird es heißen, du seist ein Verschwender und Bauernschinder gewesen.«

Sie sank wieder in ihre Kissen zurück, und es wurde ganz still im Zimmer.

Plötzlich ertönte durch die Stille der Nacht ein dumpfer Schlag. Ihm folgte ein zweiter, ein dritter. Der große Schmiedehammer hatte seine dröhnende Arbeit wieder begonnen.

»Hört!« sagte Gösta Berling. »Da tönt Margareta Celsings Nachruhm! Das ist kein toller Streich betrunkener Kavaliere. Es ist das Siegeslied der Arbeit, angestimmt zu Ehren einer guten alten Arbeiterin, Frau Majorin, hört Ihr, was der Hammer spricht! ›Dank, Dank!‹ sagt er. ›Dank für die gute Arbeit! Dank für das Brot, das du den Armen gegeben hast. Dank für die Wege, die du gebahnt, für das Ackerland, das du urbar gemacht hast! Dank für die Freude, die in deinen Sälen herrschen durfte! – Dank‹, sagt er, ›Dank, und schlaf in Frieden! Dein Werk wird leben und bestehen! Ekeby wird immer eine Freistatt für die glückbringende Arbeit sein. Dank‹, sagt er, ›und verdamme uns nicht, daß wir gefehlt haben. Du trittst nun die Reise in die Heimat des Friedens an, gedenke in Milde derer, die noch leben.‹ «

Gösta schwieg; aber der Schmiedehammer fuhr fort zu sprechen. Alle Stimmen, die je gut und freundlich mit der Majorin gesprochen hatten, vermischten sich mit dem Klange dieser Hammerschläge. Allmählich verschwand die

Spannung aus ihren Zügen; sie erschlafften, und es war, als sei der Schatten des Todes darauf gefallen.

Anna Lisa trat herein und meldete, daß die Herren aus Högfors da seien. Aber die Majorin ließ ihnen sagen, daß sie kein Testament machen wolle.

»O Gösta Berling, du, der so manche Heldentat ausgeführt hat, jetzt hast du noch einmal gesiegt! Beuge dich zu mir herab, daß ich dich segne!«

Nun kehrte das Fieber mit verdoppelter Gewalt zurück. Das Todesröcheln begann. Der Körper hatte noch einen schweren Kampf zu bestehen, aber die Seele wußte nichts mehr davon. Sie schaute in die Gefilde hinein, die sich vor den Sterbenden auftun.

So verging eine Stunde; dann war der kurze Todeskampf zu Ende.

Nun breitete sich ein solch friedvoller, schöner Ausdruck über die Züge der Majorin, daß die Umstehenden tief gerührt wurden.

»Meine liebe, alte Majorin«, sagte Gösta Berling, »so hab ich dich schon einmal gesehen. Jetzt ist Margareta Celsing wieder zum Leben erwacht, jetzt wird sie sich nie mehr in die Majorin auf Ekeby verwandeln.«

Als die Kavaliere aus der Schmiede kamen, wurden sie mit der Nachricht vom Tode der Majorin empfangen.

»Hat sie den Hammer noch gehört?« fragten sie.

Ja, sie hatte ihn noch gehört; und damit mußten sie sich zufrieden geben.

Später erfuhren sie auch, daß sie ihnen Ekeby hatte vermachen wollen, daß das Testament aber nicht aufgesetzt worden war.

Dies betrachteten sie als eine große Ehre, deren sie sich rühmten, solange sie lebten. Niemand aber hörte je ein Wort des Bedauerns wegen der Reichtümer, die ihnen entgangen waren.

Es wird auch erzählt, daß Gösta Berling in dieser Christnacht an der Seite seiner Gattin vor die Kavaliere trat und seine letzte Rede an sie hielt. Er bedauerte sie von ganzem Herzen, daß sie nun alle Ekeby verlassen müßten. Die Gebrechen des Alters würden sich nun einstellen; einem alten griesgrämigen Mann aber werde bei den früheren guten Freunden nur ein kühler Empfang zuteil. Den armen Kavalier erwarteten keine frohen Tage; ohne Freunde und ohne lustige Streiche sieche der Einsame dahin.

Und so redete er zu ihnen, den Sorglosen, die gegen alle Wechselfälle des Glücks abgehärtet seien. Noch einmal nenne er sie alte Götter und Ritter, die auferstanden seien, um den Frohsinn in das Eisenland und in das eiserne Zeitalter zu führen. Und er klage nur darüber, daß der Lustgarten, in dem die Freuden leichtbeschwingten Schmetterlingen gleich schwärmten, jetzt zerstörenden Raupen anheimfalle, so daß seine Früchte verkümmern würden.

Wohl wisse er, daß der Frohsinn ein kostbares Gut für die Menschenkinder und ihnen nötig sei. Aber wie ein dunkles Rätsel laste noch immer die Frage auf der Welt, wie ein Mensch *gut* und *fröhlich* zugleich sein könne. Er nannte dies das leichteste und schwerste, was es gebe. Bisher hätten auch sie dies Rätsel nicht lösen können. Jetzt aber glaube er, daß sie es in diesem Jahr der Freude und der Not, des Glücks und des Leides gelernt hätten.

Ach, ihr guten Herren Kavaliere, auch für mich ist die bittere Stunde des Abschieds gekommen! Das ist die letzte Nacht, die wir zusammen durchwacht haben. Ich werde euer fröhliches Lachen und eure lustigen Lieder nicht mehr hören. Ich muß jetzt von euch und von allen den fröhlichen Menschen an den Ufern des Löfven scheiden.

Ihr lieben Alten! Ihr habt mir in früheren Zeiten reiche Gaben geschenkt. Mir, die in großer Einsamkeit lebte, brachtet ihr die erste Botschaft von den mannigfaltig wechselnden Geschicken des Lebens.

Ich sah euch als gewaltige Kämpfer der Götterdämmerung den Kampf am See meiner Kinderträume auskämpfen. Aber was habe ich euch dafür gegeben?

Vielleicht wird es euch doch freuen, daß eure Namen wieder mit der Geschichte der geliebten Höfe verknüpft sind. Möge aller Glanz, der euer Leben erhellt hat, wieder auf die Gegend fallen, wo ihr gelebt habt. Noch stehen Borg und Björne, noch liegt Ekeby am Löfven, herrlich umgeben von See und Wasserfall, von seinem Park und seinen lachenden Waldwiesen, und wenn man auf den breiten Altanen steht, umschwärmen einen die alten Geschichten wie die Bienen im Sommer.

Aber da wir gerade von Bienen sprechen, will ich euch noch eine alte Geschichte erzählen. Der kleine Ruster, der als Trommler im Jahre 1813 mit der schwedischen Armee nach Deutschland gezogen war, wurde später nie müde, von dem wunderbaren Land im Süden zu erzählen. Die Menschen seien dort so groß wie Kirchtürme, die Schwalben so groß wie Adler und die Bienen wie Gänse.

»Nun, und die Bienenkörbe?«

»Die Bienenkörbe? Ja, die sind wie gewöhnliche Bienenkörbe.«

»Wie können die Bienen dann aber hineinkommen?«

»Ja, das ist ihre Sache«, sagte der kleine Ruster.

Lieber Leser, muß ich nicht dasselbe sagen? Hier haben uns nun die Riesenbienen der Phantasie Jahr und Tag umschwärmt, wie sie aber in den Bienenkorb der Wirklichkeit hineinkommen wollen, das ist ihre Sache.